RÉPERTOIRE

UNIVERSEL ET RAISONNÉ

DE JURISPRUDENCE.

TOME CINQUIÈME.

EXHÉR.—HYP.

DE L'IMPRIMERIE D'A. CLO, A L'INSTITUTION DES SOURDS-MUETS,
RUE SAINT-JACQUES, N° 256.

RÉPERTOIRE

UNIVERSEL ET RAISONNÉ

DE JURISPRUDENCE.

QUATRIÈME ÉDITION.

Corrigée, réduite aux objets dont la connaissance peut encore être utile, et augmentée 1°. d'un grand nombre d'Articles, 2°. de Notes indicatives des changemens apportés aux Lois anciennes par les Lois nouvelles, 3°. de Dissertations, de Plaidoyers et de Réquisitoires de l'Éditeur sur les unes et les autres;

Par M. le Comte MERLIN, grand Officier de la Légion d'Honneur, Conseiller d'État, Procureur-Général Impérial à la Cour de Cassation et Membre de l'Institut de France.

TOME CINQUIÈME.

EXHÉR.—HYP.

À PARIS,

CHEZ GARNERY, LIBRAIRE, HOTEL MIRABEAU, RUE DE SEINE.

1812.

RÉPERTOIRE
UNIVERSEL ET RAISONNÉ
DE JURISPRUDENCE.

EXHÉRÉDATION.

EXHÉRÉDATION. C'est une peine qu'on inflige à ses héritiers, en les privant de sa succession.

Suivant la loi des douze tables, un père pouvait déshériter son fils sans cause. Les jurisconsultes voyant que les pères abusaient de la loi, en restreignirent la disposition, en n'accordant cette faculté aux pères que dans le cas où ils auraient de justes raisons de sévir contre leurs enfans. Mais comme les jurisconsultes ne pouvaient déroger à la loi, ils empruntèrent le secours d'une fiction; et en interprétant la loi, ils supposèrent qu'un père qui avait déshérité ses enfans sans cause, n'avait pas l'usage de sa raison en faisant son testament; qu'il fallait que ce père, sourd aux cris de la nature, fût agité par quelques passions violentes, lesquelles ne troublent pas moins la raison que l'ivresse ou la fureur. En conséquence, on accorda aux enfans le droit d'attaquer le testament de leur père par la querelle d'inofficiosité, et de le faire déclarer nul. *Quia plerumque* (est-il dit dans les Instituts de Justinien, titre *de testamento inofficioso*), *parentes sine causâ liberos suos exheredant...., inductum est ut de inofficioso testamento agere possint liberi, qui queruntur, aut iniquè exheredatos, aut iniquè præteritos, hoc colore quasi non sanæ mentis fuerint cùm testamentum ordinarent; sed hoc non dicitur, non quasi verè furiosus sit, sed rectè quidem feceri testamentum, non autem ex officio pietatis.*

On peut remarquer ici qu'on emploie encore les mêmes moyens pour faire annuller un testament fait *ab irato*. Car, quoiqu'un père puisse, parmi nous, disposer de tous ses meubles et acquêts en laissant à ses enfans leur légitime, lorsqu'on voit que le père a réduit ses enfans à leur légitime par haine ou par vengeance, on déclare le testament nul. *V. ab irato.*

[Pour traiter d'une manière distincte les objets que nous présente cet article, nous le diviserons en huit paragraphes dont voici l'ordre. — 1° Des causes qui peuvent donner lieu à l'Exhérédation. — 2° De la forme de l'Exhérédation. — 3° De la révocation de l'Exhérédation. — 4° Un père ou une mère peuvent-ils, par leur testament, défendre à leur fils d'épouser une certaine personne, et le déshériter dans le cas où il l'épouserait après leur mort (1)? — 5° Des effets de l'Exhérédation : celle du fils préjudicie-t-elle aux petits-enfans? — 6° L'appel comme d'abus interjeté par un père, du mariage contracté par son fils sans son consentement, forme-t-il obstacle à l'Exhérédation de celui-ci? — Un mariage clandestin et nul, contracté par une fille mineure, avec celui qui l'a enlevée de son consentement, est-il une cause légitime d'Exhérédation; ou faut-il, pour donner lieu à cette peine, qu'il existe un mariage valable? — 7° De l'Exhérédation officieuse.] — 8° [[Quel est, sur l'Exhérédation, l'état actuel de la législation française?]]

[§. I. *Des causes qui peuvent donner lieu à l'Exhérédation.*]

I. Depuis l'invention de la querelle d'inofficiosité, il ne fut plus libre aux parens de déshériter leurs enfans sans cause. Mais les causes d'Exhérédation étaient incertaines; l'empereur Justinien les a déterminées par sa Novelle 115, dont nous avons adopté les dispositions. — Ces causes sont,

1° Lorsqu'un enfant a frappé son père ou sa mère;

2° Qu'il leur a fait outrage ou excité quelqu'un à le leur faire;

3° Lorsqu'il les a dénoncés comme coupables de crimes autres que ceux de lèse-majesté;

4° Lorsqu'il a eu des relations habituelles avec des scélérats, et a vécu comme eux;

5° S'il a attenté à la vie de ses parens, ou employant le poison, ou de quelque autre manière que ce soit;

6° S'il a eu un commerce charnel avec sa belle-mère, ou s'il a attenté à sa pudicité;

7° S'il a suscité à son père ou à sa mère des procès, et leur a, par ce moyen, causé quelque dommage considérable; — Mais des procès que des enfans in-

---

(1) On traitera sous le mot *Puissance paternelle*, sect. 6, la question de savoir si une aïeule peut imposer à sa petite-fille la condition de ne pouvoir se marier sans le consentement d'un étranger, indépendamment de celui de son père

tenteraient à cause des droits qu'ils auraient à exercer contre leur père, ne seraient pas des causes d'Exhérédation; car si les enfans doivent du respect à leurs parens, ceux-ci doivent se faire justice et rendre à leurs enfans ce qui leur appartient; lorsqu'ils ne le font pas, il est juste que les enfans aient recours à l'autorité des tribunaux. C'est donc par les circonstances qu'il faut décider si ces procès peuvent faire une cause d'Exhérédation, comme s'ils sont absolument injustes, et qu'on remarque dans la conduite des enfans une intention et une volonté déterminée de vexer leurs parens;

8° Lorsque les enfans ont refusé de se rendre cautions pour tirer leurs parens de prison, pouvant le faire. —Il faut remarquer les termes de la loi, qui ne fait encourir aux enfans la peine de l'Exhérédation que lorsqu'ils se sont refusés aux sollicitations de leurs parens; mais lorsque les pères ou les mères n'ont pas demandé des secours, leurs enfans pouvaient ignorer qu'ils en eussent besoin : *Si quemlibet de prædictis parentibus inclusum esse contigerit, et liberi qui possunt ab intestato ad ejus successionem venire*, petiti ab eo, *vel unus ex his in suâ eum noluerit fidejussione suscipere*, *vel pro personâ*, *vel pro debito, in quantum esse qui petitur probatur idoneus*;

9° Quand les enfans ont empêché leur père ou mère de tester;

10° Qnand ils ont embrassé une profession infâme qui n'est pas celle de leurs parens;

11° Lorsqu'une fille s'est livrée à la débauche (mais ils ne peuvent la déshériter, que quand elle a péché contre la continence avant l'âge de vingt-cinq ans; car après vingt-cinq ans, les parens doivent s'imputer de n'avoir pas plutôt pourvu à l'établissement de leur fille, et ils ne peuvent pas punir une faute dont la loi les regarde en quelque sorte comme les auteurs);

12° Si les enfans ont manqué de donner du secours à leurs parens tombés en démence ou devenus furieux;

13° S'ils ont négligé de retirer leurs parens de captivité, pourvu qu'ils fussent alors âgés de dix-huit ans;

14° Lorsqu'ils ont embrassé quelque hérésie;

15° Les ordonnances de nos rois ont ajouté une nouvelle cause d'Exhérédation, qui a lieu lorsque les enfans se marient sans le consentement de leurs parens. Elles ont fait, à cet égard, une distinction considérable entre les majeurs et les mineurs.

Les majeurs, savoir, les hommes excédant l'âge de trente ans, et les filles ou les veuves celui de vingt-cinq ans, ne sont pas obligés d'attendre le consentement de leurs parens pour se marier; il leur suffit de l'avoir requis par trois sommations respectueuses, parce qu'à cet âge ils ont acquis la maturité du jugement, et qu'ils doivent avoir la liberté de choisir selon leur goût la personne avec laquelle ils veulent unir leur destinée, sans qu'il soit au pouvoir de parens, souvent bizarres ou chagrins, de les en empêcher.

Les ordonnances requièrent les sommations comme une preuve du respect et de la soumission que les enfans doivent à leur père et à leur mère; et comme ce respect et cette soumission des enfans doivent durer autant que la vie des pères ou des mères, ces sommations doivent être faites à tout âge, sous peine d'Exhérédation.

Les ordonnances punissent avec plus de sévérité les mineurs qui se sont mariés sans avoir obtenu le consentement de leurs parens. Elles les déclarent, eux et les enfans nés de leur mariage, incapables de toute succession directe ou collatérale; et elles les privent de toute donation et de tout avantage qui pourraient leur avoir été faits tant par dispositions entre-vifs que par testament. On a voulu, par la terreur des peines, arrêter l'effet de la séduction à laquelle les mineurs sont exposés.

L'application de toutes ces dispositions dépend de la prudence du juge, de même que celle de toutes les autres peines qui sont infligées suivant les circonstances. Car s'il est de la sagesse du législateur d'effrayer par des menaces, il est de celle du juge d'y apporter les modifications que la nature et les caractères du délit exigent.

La séduction suppose une sorte d'aliénation d'esprit dans la personne séduite. L'amour, cette passion qui domine à tout âge, agite avec d'autant plus de force les mineurs, qu'ils sont moins capables de lui résister.

Quoique les lois prescrivent impérativement la peine, les tribunaux laissent toujours aux parens la liberté de la remettre. En effet, les enfans ne peuvent encourir les peines prononcées par les ordonnances que par le défaut du consentement de leurs parens. Lorsque les parens ratifient le mariage, il faut présumer qu'ils ont un juste sujet de le faire, et donner à la ratification un effet rétroactif. Alors, les dispositions des ordonnances n'ont plus d'application.

On va plus loin; on suppose cette ratification quand les parens n'ont pas déshérité leurs enfans.

II. Les enfans peuvent aussi déshériter leurs pères et leurs mères lorsqu'ils en ont de justes causes : savoir, si les parens ont attenté à la vie de leurs enfans; s'ils les ont mis en danger de la perdre, en les accusant de quelque crime capital, excepté celui de lèse-majesté; si le père a commis un inceste avec la femme de son fils; si les pères ou mères ont empêché leurs enfans de tester; s'ils les ont abandonnés dans leur démence ou dans leur captivité. Si le père ou la mère ont attenté à la vie l'un de l'autre, ou que l'un ait donné à l'autre quelque breuvage pour le faire tomber en démence, l'enfant commun peut déshériter l'auteur du crime.

III. On peut aussi, pour les mêmes causes, déshériter des parens collatéraux, surtout en pays coutumiers, où les réserves sont comme une espèce de légitime que les héritiers des propres tiennent de la loi. La Novelle 115, §. 12, permet d'exhéréder le parent collatéral qui, voyant son parent dont il est présomptif héritier, devenu furieux ou tombé en démence, n'en a pas pris soin. A plus forte raison doit-on décider la même chose, lorsque ce présomptif héritier a attenté à la vie de son parent, ou s'en est rendu dénonciateur, et l'a mis en danger de perdre l'honneur ou la vie.

§. II. *De la forme de l'Exhérédation.*

L'Exhérédation, pour être valable en pays de droit écrit, doit être faite par un testament solennel. La nullité ou la caducité de l'institution d'héritier rend nulle l'Exhérédation, quand même le testament contiendrait la clause codicillaire, car cette clause, qui fait d'un testament un codicille, ne peut pas rendre valable une Exhérédation qui ne peut pas être faite par un codicille.

En pays coutumier, l'Exhérédation peut être faite par toutes sortes d'actes. [*V.* ci-après, §. 3, l'arrêt du parlement de Paris du 21 mars 1778.]

Une condition essentielle pour la validité de l'Exhérédation, est qu'elle en contienne la cause : et c'est à ceux qui soutiennent l'Exhérédation, à prouver que cette cause est juste : la personne exhérédée n'est pas obligée de prouver son innocence, qui se présume toujours.

§. III. *De la révocation de l'Exhérédation.*

I. Comme le testateur est maître d'infliger la peine, il l'est toujours aussi de la remettre quand il lui plaît. [*V. Rappel à succession.*]

L'Exhérédation peut être révoquée par toutes sortes d'actes, même en pays de droit écrit : comme c'est une peine, et qu'elle est odieuse, elle est facilement détruite par la réconciliation. C'est un foudre qui ne se conserve qu'avec l'éclat et la colère, tellement que si la tempête s'appaise, et que le père regarde une fois son fils d'un visage serein, tous les nuages sont dissipés, et il est présumé avoir oublié le passé : cela est si véritable, que le pardon ayant une fois servi pour effacer la honte du fils, le père ne peut plus s'en prévaloir pour faire subsister l'Exhérédation qu'il aura faite, et encore moins pour en faire une nouvelle.

II. Les auteurs et les arrêts paraissent se contrarier sur la question de savoir si l'on doit admettre la preuve par témoins des faits de réconciliation?

La dernière jurisprudence paraît être qu'on ne reçoit pas la preuve testimoniale sans un commencement de preuves par écrit. Il y en a deux arrêts récens des 21 mars 1778 et 7 mai 1782.

Dans l'espèce jugée par le premier, Marguerite Lemonde, âgée de quarante-neuf ans, veuve en premières noces de Nicolas Gagneux, dont elle avait eu plusieurs enfans, épousa, dans le courant du mois de juin 1775, Antoine Bonet, laboureur à Véel. Ce mariage avait déplu au père de Marguerite Lemonde, qui y avait formé opposition, et qui en avait été débouté par sentence contradictoire du 3 du même mois de juin. Marguerite Lemonde, autorisée par sentence à passer outre à la célébration de son mariage, avait cru ne devoir pas être obligée de faire des sommations respectueuses à son père. A peine le mariage eût-il été célébré, que Nicolas Lemonde et sa femme se rendirent à Bar-le-Duc, dans l'étude de Bouillard, notaire, où ils firent, le 16 juin 1775, un acte par lequel ils déclarèrent « que Marguerite Lemonde, sans leur consentement et au préjudice de l'opposition qui avait été formée par le sieur Lemonde, au mariage par elle projeté avec Antoine Bonet, laboureur, demeurant à Véel, de laquelle il a été débouté par sentence du 3 juin présent mois, elle a passé outre audit mariage. Ce mariage étant une injure sensible audit Lemonde et sa femme..., déclarent qu'ils exhérèdent leur fille, et la privent de tout le droit, part et portion qu'elle pourrait prétendre dans leurs biens et successions, et ce à quelque titre que ce puisse être; à l'effet de quoi, après le décès desdits Nicolas Lemonde et sa femme, leurs meubles ou la part qui en serait advenue de droit à ladite Marguerite Lemonde, si ces présentes n'étaient intervenues, sera vendue, et le prix en provenant, ensemble le recouvrement des effets mobiliers, à la réserve de trente et une livres, qui seront remises à ladite Marguerite Lemonde, employés en acquisition d'héritages ou rentes, et l'usufruit et revenu desdits biens seulement appartiendra aux enfans de ladite Marguerite Lemonde, nés et à naître en légitime mariage. A l'égard de la propriété d'iceux, ils déclarent pareillement qu'ils les substituent aux enfans nés et à naître, comme dit est, de ladite Marguerite Lemonde, pour les conserver à ses petits-enfans qui naîtront en légitime mariage ». — La mère est décédée le 24 février 1776; partie des biens compris dans sa succession, avait été substituée par la dame Longchamp, sa mère, à ses enfans. — Bonet et sa femme firent assigner leurs co-héritier au bailliage de Bar, d'abord, à fin de partage des biens substitués par la dame Longchamp, leur aïeule; ensuite, rectifiant leurs conclusions, ils demandèrent aussi le partage des biens libres.—Sentence interlocutoire qui ordonne que les enfans de la femme Bonet seront mis en cause; le père intervient dans la contestation pour soutenir la validité de l'Exhérédation; sentence définitive qui déboute Bonet et sa femme de leurs demandes. — Appel au parlement de Paris.

On disait, pour la femme Bonet, 1° que l'acte d'Exhérédation était nul; 2° que l'Exhérédation était faite sans cause; 3° que, quand on la supposerait valable, elle avait été révoquée par la réconciliation; 4° que Nicolas Lemonde avait, par menaces et par violence, empêché sa femme de la révoquer expressément; 5° et enfin subsidiairement que les biens substitués ne devaient pas faire partie de l'Exhérédation.—On soutenait l'acte d'Exhérédation nul, parce qu'il avait été fait par le père et la mère conjointement; on disait : l'acte du 16 juin 1775 est un vrai testament; la loi définit le testament un acte légitime qui contient notre intention sur ce que nous voulons qui soit après notre mort. (Loi 1, D. *qui testam fac. pos.*). L'Exhérédation est un acte de dernière volonté, qui n'a d'effet qu'après la mort de son auteur; car on ne peut être privé d'une succession que quand elle est ouverte, et elle n'est ouverte qu'à la mort : avant ce temps, il n'y a pas de succession; l'Exhérédation est, comme tout autre acte testamentaire, révocable jusqu'au dernier instant de la vie. Cela doit souffrir d'autant moins de difficulté, par rapport à l'acte dont il s'agit, qu'il ne contient pas une simple Exhérédation, mais Nicolas Lemonde et sa femme y disposent encore de la portion dont ils privent leur fille, au profit de ses enfans, avec charge de substitution en faveur de ses petits-enfans. Cette disposition ne peut être regardée que comme un legs universel et une disposition testamentaire qui est nulle aux termes de l'art. 17 de l'ordonnance de 1735. — On prouvait la seconde proposition, que l'Exhérédation était faite sans cause, en disant : l'Exhérédation est la peine la plus grave que des pères puissent infliger à leurs enfans qui se sont rendus coupables envers eux d'un excès d'ingratitude. Elle retranche, en quelque sorte, de la famille ceux qui en sont frappés ; elle les dépouille d'un droit qu'ils ont reçu des mains de la nature, celui de représenter leurs pères et leurs mères après leur mort, et de leur succéder. Cette vengeance d'un père a toujours quelque chose d'odieux, lors même que la peine est justement méritée. La loi, en faisant le père juge dans sa propre cause, ne lui donne qu'un pouvoir limité ; elle lui marque précisément les délits qu'il peut punir, et les règles qu'il doit observer. Mais si, violant toutes ces règles, il ne suit que les mouvemens d'une passion injuste, si sa colère lui fait excéder les bornes qui lui sont prescrites, et qu'il punisse sans cause légitime, comme il a excédé son pouvoir, tout ce qu'il a fait est nul, et l'enfant injustement exhérédé conserve tous ses droits. Nicolas Lemonde et sa femme n'ont pas rempli les conditions que la loi leur prescrivait, et l'ordonnance rejette l'acte qui contient leur jugement. Leur fille ne leur avait pas fait une injure grave, et ils n'avaient pas de délit à punir. Ils ont déclaré qu'ils déshéritaient leur fille pour s'être mariée sans leur consentement, et au préjudice de l'opposition qu'ils avaient formée à son mariage ; mais cela ne peut être une cause d'Exhérédation, puisque les majeurs de trente ans ne sont pas obligés d'attendre le consentement de leurs parens. Nous avons restreint, dans nos mœurs, cette puissance illimitée qu'avaient les Romains sur leurs enfans. Nos lois ont apporté un juste tempérament entre cette puissance et la liberté des mariages, en laissant aux enfans parvenus à un âge mûr, et où ils sont capables d'exercer les plus grands emplois, la liberté de se marier à leur volonté. La femme Bonet a requis le consentement de son père ; à la vérité, elle ne l'a pas sommé directement, par la raison que Nicolas Lemonde l'avait prévenu en formant opposition à son mariage, mais elle l'a assigné en main-levée de cette opposition. Cette assignation contient une sommation indirecte de consentir à son mariage ; c'est comme si elle eût dit à son père : donnez-moi votre consentement, et levez l'empêchement que vous avez fait à mon mariage, ou venez devant le juge qui décidera du mérite de votre opposition. Aucune de nos ordonnances n'a prescrit la forme dans laquelle les enfans seraient tenus de requérir ce consentement, à peine de nullité. L'édit de 1556 se contente de dire : *Pourvu qu'ils se soient mis en devoir de requérir l'avis et conseil de leurs dits pères et mères.* L'arrêt de réglement du 27 août 1692 prescrit bien la forme qu'on doit employer en faisant les sommations respectueuses ; mais il ne dit pas qu'on ne pourra faire que des sommations respectueuses. Le motif de la cour, en faisant ce réglement, n'a été que de prévenir les fraudes que commettaient les huissiers dans la signification de ces sommations ; ce qui paraît clairement par le réquisitoire de M. de Lamoignon, alors avocat-général, qui représenta *qu'on rapportait souvent des sommations respectueuses qui étaient très-suspectes.... ; que cela pouvait venir de ce qu'elles n'étaient le plus souvent attestées que par un sergent.* Il proposa à la cour d'ordonner qu'elles seraient faites par des notaires royaux. La cour a adopté ce réquisitoire. Ici, il n'y a nulle suspicion de fraude ; tout s'est passé publiquement et devant le juge. La sentence qui a autorisé Marguerite Lemonde à se marier, a été rendue contradictoirement avec son père, et supplée nécessairement à son consentement. Il ne peut se plaindre de ce qu'elle a pris cette voie, puisqu'elle y a été forcée par son opposition. Enfin elle n'a fait en se mariant, aucune injure à son père, puisqu'elle y était autorisée par la sentence, et que *juris executio non habet injuriam.* — Mais il importe peu d'examiner si la femme Bonet a requis le consentement de son père, ou comment elle devait le requérir, si Nicolas Lemonde a consenti à son mariage. Quand on lit la sentence du 3 juin 1775, on y voit qu'il s'est désisté de son opposition : or, se désister d'une opposition formée à son mariage, c'est nécessairement y consentir. Dès-lors, Nicolas Lemonde ne peut accuser sa fille de lui avoir fait injure, et d'avoir méprisé son autorité. Il est hors des termes de la loi ; et l'Exhérédation qu'il a prononcée conjointement avec sa femme, est nulle comme faite sans cause. — On avait objecté que la sentence qui avait fait main-levée de l'opposition de Nicolas Lemonde, n'avait rien prononcé à l'égard de sa femme, qui n'avait pas fait d'opposition, et qui n'était pas en cause. — On répondit : si Bonet et sa femme n'avaient qu'à justifier leurs procédés à l'égard de leur mère et belle-mère, ils prouveraient aisément que, non-seulement ils lui ont demandé son consentement, ainsi que celui de Nicolas Lemonde, mais même qu'ils ont engagé le curé à le leur demander, et que toutes leurs démarches ont été infructueuses. Ils pourraient dire que les sommations respectueuses sont moins des preuves de soumission et de respect que des formalités judiciaires ; et que, s'ils avaient eu intention de braver l'autorité paternelle, une formalité de plus ne leur aurait rien coûté ; mais puisqu'il faut se renfermer dans les termes de droit, ils diront que la mère, soumise elle-même à l'autorité de son mari, ne peut autoriser le mariage de ses enfans ni s'y opposer ; que toute sa puissance réside en la personne du père ; qu'il agit tant pour lui que pour sa femme ; et que la sentence rendue contradictoirement avec lui, doit recevoir son exécution à l'égard de la mère ; enfin, que, comme il avait seul le droit de s'opposer au mariage de sa fille, son seul consentement était suffisant. — La troisième proposition était que, supposé l'Exhérédation valable, elle était révoquée par la réconciliation. Le père, disait-on, peut remettre l'injure et la peine; il est même certain que cela se présume aisément. Bonet et sa femme articulaient des faits précis de réconciliation; qu'ils avaient bu et mangé plus de trente fois dans la maison paternelle et en famille; que la mère était venue manger chez sa fille, et lui avait fait des présens; qu'elle l'avait traitée en fille et lui avait témoigné une tendresse maternelle. Tous ces faits sont de nature à ne pouvoir être prouvés autrement que par témoins; car il est impossible d'avoir la preuve par écrit d'un commerce familier entre une mère et sa fille, et des visites qu'elles se font. Un enfant qui se ferait accompagner d'un notaire, afin de dresser des procès-verbaux de ses allées et venues chez son père et chez sa mère, et de leur conversation, ne leur ferait-il pas une injure aussi grande que celle qui mérite l'Exhérédation? Ne serait-ce pas leur dire : je soupçonne votre bonne foi; malgré les preuves de tendresse et d'amitié que vous me donnez, vous pourriez me trahir; je veux me mettre en garde contre votre surprise? L'ordonnance de 1667 ne fait pas obstacle à ce que Bonet et sa femme soient admis à la preuve de la réconciliation qu'ils ont articulée; car ils ne demandent pas à prouver que les testateurs n'ont pas voulu faire l'Exhérédation qui est écrite dans leur testament, mais seulement à prouver des faits qui, n'attaquant pas la disposition en elle-même, en détruisent seulement le sujet par une conséquence indirecte. Le père a usé de violence pour empêcher sa femme de révoquer cette Exhérédation. Ces violences sont de véritables délits dont Bonet et sa femme auraient pu rendre plainte, et dont la preuve ne peut être refusée. Il en résultera nécessairement que leur mère avait intention de révoquer son testament; et que, si elle ne l'a pas fait, c'est qu'elle en a été empêchée. — En tout événement, les biens substitués par la dame de Longchamp, mère de la femme Lemonde, à ses petits-enfans, ne peuvent être compris dans l'Exhédération. La propriété en a passé, à l'instant du décès de la dame Lemonde, sur la tête des appelés à recueillir la substitution. Ainsi, quand on supposerait que la femme Lemonde a pu priver sa fille de sa succession, celle-ci ne pourrait pas être dépouillée de la portion qui lui revient dans les biens substitués, parce qu'ils n'ont jamais fait partie de la succession de sa mère, qui ne les avait reçus que pour les transmettre à ses enfans. Par l'art. 29 du tit. 1 de l'ordonnance de 1747, il est dit: « L'Exhérédation prononcée par les pères ou mères, ne pourra priver les enfans déshérités des biens qu'ils doivent recueillir en vertu de substitutions faites par leurs ascendans ou autres, si ce n'est que l'auteur de la substitution eût ordonné expressément que les enfans qui auraient encouru l'Exhérédation, seraient privés des biens par lui substitués, ou qu'ils ne soient pas dans un des cas où, par la disposition des ordonnances, ils sont déclarés déchus et incapables de toute succession ». L'édit de 1556 permet bien aux pères ou mères de déshériter leurs enfans qui se sont mariés sans leur consentement; mais il ne déclare pas les enfans exhérédés incapables de recueillir les biens qui leur ont été substitués. La déclaration du 26 novembre 1639, art. 2, contient deux dispositions différentes qu'il ne faut pas confondre. La première concerne les mineurs qui, pour s'être mariés sans le consentement de leurs parens, sont déclarés incapables, par le seul fait, de toutes successions; la seconde est relative aux majeurs qui se sont mariés sans avoir requis au préalable l'avis de leurs parens : la loi leur conserve la capacité de succéder, et il est seulement permis aux pères et aux mères de les déshériter suivant l'édit de 1556. La femme Lemonde était grevée de substitution envers ses enfans, sans réserve et sans condition; la femme Bonet, sa fille, est appelée à recueillir un quart des biens qui en font partie : elle n'est frappée d'aucune incapacité, puisqu'elle avait quarante-sept ans lorsqu'elle a épousé Antoine Bonet; la mère n'aurait donc pu, quand l'Exhérédation ne serait pas nulle et révoquée, comme elle l'est, la priver des biens de son aïeule.

M. Joly de Fleury, qui porta la parole dans cette cause, dit que l'acte du 16 juin 1775 contenait deux parties. Dans la première, le père et la mère de la femme Bonet, la déshéritaient; dans la seconde, ils disposaient de la part qu'elle aurait prise dans leur succession au profit de ses enfans, avec charge de substitution en faveur de ses petits-enfans. L'Exhérédation peut être faite par toutes sortes d'actes, parce que les ordonnances n'en ont pas prescrit la forme. Le père et la mère de la femme Bonet ont pu la déshériter conjointement, parce que l'offense a été faite à tous les deux. L'omission des sommations respectueuses est un manque de respect envers les pères et les mères et une cause d'Exhérédation. La sentence qui a levé l'opposition de Nicolas Lemonde, n'a pas dispensé la femme Bonet de satisfaire à ce devoir. La sentence n'a autorisé la femme Bonet à passer outre à la célébration de son mariage, qu'en remplissant les conditions prescrites par les lois du royaume. Quant aux faits de réconciliation articulés, il dit que la femme Bonet ne pouvait être admise à en faire la preuve, puisqu'elle ne rapportait pas de commencement de preuve par écrit. — Il adopta les moyens employés pour soutenir que les biens substitués n'étaient pas compris dans l'Exhérédation.

La cour confirma l'Exhérédation, et ordonna que la femme Bonet entrerait au partage des biens substitués.

Dans l'espèce de l'arrêté du 7 mai 1782, Marc Boucherie, meunier en Angoumois, avait, entr'autres enfans, une fille qu'il maria, au mois de novembre 1767, avec le sieur Lacroix. Devenue veuve sans enfans, celle-ci forma le projet de convoler en secondes noces avec François Phelippeaux, meunier. Le père n'ayant pas jugé à propos de donner son consentement à ce mariage, il ne voulut pas même être témoin de la bénédiction nuptiale, et se retira dans une auberge. Les choses étant en cet état, cette fille se remaria le 6 février 1776, sans avoir fait aucune des sommations respecteuses ordonnées par l'arrêt de réglement du 27 août 1692. Depuis, ayant fait assigner son père en restitution des biens de sa mère et en partage des biens de la communauté, il fut passé entre les parties une transaction, au mois de janvier 1778, qui porte que, *par amour de la paix, et pour entretenir l'union dans la famille*, le père abandonne à sa fille les objets qui y sont indiqués. Au mois d'avril 1770, ce père tombe dangereusement malade : il appelle deux notaires, et fait son testament, par lequel, après avoir institué ses deux fils légataires universels, et fait des legs particuliers à ses deux filles, il déclare qu'*attendu que Jeanne Boucherie, sa fille, s'est mariée sans son consentement, et sans lui avoir fait aucunes sommations respectueuses, il entend qu'elle soit absolument exclue de sa succession, sans qu'elle puisse y rien prétendre.*—Trois jours après, ce père décède : alors Jeanne Boucherie et François Phelippeaux, son mari, forment leur demande en partage contre les deux fils institués légataires. Ceux-ci, pour toute réponse, opposent le testament du père, qui prononce contre leur sœur une Exhérédation pour une cause légitime et exprimée. Alors, Jeanne Boucherie prétendit que l'Exhérédation portée au testament de son père, était nulle, par la raison qu'il avait réellement consenti à son mariage, et lui avait d'ailleurs pardonné l'injure faite à la puissance paternelle ; et pour le prouver, elle articula, 1° qu'avant son mariage, son père avait consenti à son établissement avec François Phelippeaux ; que ce fait était tellement certain, qu'il s'était rendu chez elle accompagné d'un de ses fils et de ses gendres ; qu'il y avait soupé avec sa fille et son futur, et qu'il avait même couché dans la maison ; 2° qu'à la vérité, lorsqu'il fut question des conditions du mariage, le père ayant voulu exiger qu'elle renonçât à sa succession, et celle-ci n'y ayant pas voulu consentir, le père se retira alors dans une auberge ; 3° que le jour même du mariage, le curé étant venu trouver le père dans son auberge, ce père lui déclara qu'il n'entendait pas former opposition au mariage, mais qu'il ne paraîtrait pas à la célébration ; 4° qu'aussitôt le mariage fait, la fille et son mari s'étant rendus avec toute l'assemblée à l'auberge du père, ils l'engagèrent à venir à la noce ; mais que le père s'en excusa à raison d'affaires qui l'appelaient à Angoulême ; qu'alors, la fille ayant dit à son père, *vous m'en voulez donc*, celui-ci répondit, *non*, *ma fille : je souhaite que Dieu répande sur vous sa bénédiction*, *comme je vous donne la mienne ;* qu'il demanda ensuite du vin, et tous burent ensemble ; 5° enfin, que postérieurement, la fille et son mari avaient été plusieurs fois chez leur père et beau-père ; qu'il les avait très-bien reçus ; qu'ils avaient même mangé et couché chez lui à différentes reprises. — Néanmoins, la cause portée à l'audience de la sénéchaussée d'Angoulême, il y intervint sentence contradictoire qui ordonna l'exécution du testament du père, et en conséquence déclara Jeanne Boucherie et François Phelippeaux, son mari, non-recevables dans leur demande, avec dépens. Appel à la cour.

M. Rimbert, chargé de la défense de la fille Boucherie, déclara d'abord qu'il n'entendait pas contester qu'une fille majeure qui se mariait sans le consentement de son père et de sa mère, et sans avoir rempli la formalité des sommations respectueuses, ne fût dans le cas d'encourir la peine de l'Exhérédation. Mais il soutint en même temps que cette loi ne pouvait être invoquée dans l'espèce, 1° parce que dans le fait, le père, par ses démarches antérieures au mariage, avait visiblement donné son consentement ; et que, si ensuite il n'avait pas voulu paraître à la célébration, ce n'était uniquement qu'à raison de la résistance que sa fille avait apportée à la renonciation qu'il avait prétendu exiger, à l'instigation de ses fils, pour lesquels il avait toujours eu un faible marqué ; 2° qu'au surplus, il était de principe reconnu par tous les auteurs, que, lorsqu'un père avait pardonné, il n'était plus en son pouvoir de faire usage de la peine odieuse et capitale de l'Exhérédation ; que, dans ces sortes de matières, *les juges*, suivant ce qu'exposait Ricard, *devaient*, *en quelque sorte*, *chercher à se tromper ;* mais qu'ils n'étaient pas réduits à cette dure extrémité, puisque la preuve du pardon et de la réconciliation se trouvait consignée, dans une transaction passée entre le père et la fille, antérieure de trois jours au décès du père, qui annonçait *la paix et l'union qui régnaient entr'eux*, et qu'on y lisait que les parties transigeaient, *par amour de la paix*, *et pour entretenir l'union dans la famille*, qu'au surplus, les faits par lui articulés achevaient de convaincre la justice, du pardon et de la réconciliation, puisque le père, à l'instant même de la célébration du mariage, avait déclaré publiquement à sa fille *qu'il ne lui en voulait pas ;* qu'il souhaitait que *le ciel répandît sur elle sa bénédiction ;* qu'il lui *donnait aussi la sienne ;* que, sur-le-champ même, il fit apporter du vin ; qu'il n'avait cessé de les recevoir chez lui, de les admettre à sa table ; que la preuve de tous ces faits était d'autant plus admissible, qu'il y avait un commencement de preuve par écrit résultant de la transaction du mois de janvier 1778 ; enfin, que dans les matières ordinaires, l'injure se trouvait prescrite par le laps de temps d'une année ; et cette maxime devait, à bien plus forte raison, s'appliquer dans une cause aussi favorable : d'où il résultait que le père n'avait pu, plus de deux ans après, prononcer contre sa fille une Exhérédation pour raison d'une faute dont la remise et le pardon étaient censés accordés depuis long-temps.

M. Breton, pour les intimés, répondit que c'était avec de justes raisons qu'on n'avait pas entrepris de contester aux pères et aux mères le pouvoir de punir, par la voie de l'Exhérédation, des enfans qui, en se mariant sans leur consentement, et sans leur avoir fait des sommations respectueuses, avaient commis envers les auteurs de leurs jours l'injure la plus grave, puisque, sans remonter aux anciennes ordonnances du royaume, on lisait dans l'art. 7 de l'édit du mois de mars 1697, la disposition suivante : « ajoutant à l'ordonnance de 1556, et l'art. 2 de celle de 1639, permettons aux pères et mères d'exhéréder leurs filles, veuves, même majeures de vingt-cinq ans, lesquelles se marieront sans avoir requis par écrit leurs avis et conseils » ; que de cette loi il résultait que le consentement des pères et des mères ne pouvant se justifier que *par écrit*, c'est-à-dire, par une procuration *ad hoc*, ou par l'acte de célébration, ou par des sommations respectueuses qui en tiennent lieu, il fallait commencer par écarter de cette affaire les trois premiers faits antérieurs au mariage, comme tendant à prouver, *par la voie testimoniale*, un fait dont la preuve ne peut être administrée que *par écrit*. Cela posé, a ajouté M. Breton, toute la difficulté de cette affaire se réduit au point unique de savoir si de la transaction du mois de janvier 1778, on peut induire la remise du pardon et de la réconciliation, et si la preuve offerte des deux faits postérieurs au mariage, est admissible ou non. D'abord, quant à la transaction de 1778, il n'en résulte rien autre chose, sinon que les parties étant en instance *pour un objet purement civil*, à raison des biens de la mère et du partage de la communauté, elles se sont respectivement prêtées à éteindre ce procès, *par amour de la paix, et pour entretenir l'union*; mais vouloir en conclure qu'elle offre, de la part du père, la remise d'une injure qui lui a été faite, et la preuve du pardon et de la réconciliation, c'est vouloir forcer les expressions, et étendre les dispositions de cet acte à un objet qui n'a été ni prévu ni agité. A l'égard des deux faits articulés, la preuve en est inadmissible ; parce qu'ils sont antérieurs au testament du père, et qu'on ne peut pas dire qu'un père ait révoqué une Exhérédation qu'il n'avait point encore prononcée et qui n'existait pas. Voici en effet de quelle manière s'expliquait à ce sujet M. le Bret, dans l'affaire du baron de Saint-Hilaire : « Il faut pénétrer avant tout dans l'in» tention du père ; et ce qui est le plus à considérer, » c'est que, quand les docteurs ont traité les questions » de ces révocations tacites, par le moyen d'une ré» conciliation, ils ont tous dit qu'*ultima pœnitentia* » *putanda est;* qu'il faut soigneusement considérer » ce qui s'est passé en dernier lieu ». Or le dernier mot du père au lit de la mort, ayant été de prononcer une Exhédération légale contre sa fille, il en résulte que ce père, au lieu de lui pardonner, a toujours persisté dans l'intention de la punir ; ce qu'il a exécuté en effet par le dernier acte de sa vie, qui détruit radicalement le prétendu fait de sa réconciliation. — Il est bien vrai qu'en général la preuve par témoins de la réconciliation peut être admise ; mais en quel cas? Ecoutons à ce sujet ce que disait M. Joly de Fleury, lors de l'arrêt du 6 mars 1739 : « mais comme » cette preuve par témoins tend à anéantir un acte » par écrit, il faut des pièces ou un commencement » de preuves par écrit ». Ce serait s'abuser que de prétendre que la transaction de 1778 présente un commencement de preuves ; car cet acte n'étant relatif qu'à un objet totalement étranger, on ne pourrait sans inconséquence le faire réfléchir, ou du moins l'appliquer à un fait de réconciliation dont il n'a été question en aucune manière. Enfin, si les arrêts ont jugé que des alimens fournis par le père pendant sa vie à son fils exhérédé, le payement qu'il avait fait de ses dettes, la correspondance qu'ils avaient entretenue ensemble, ses visites qu'il avait reçues, l'admission à sa table, n'induisent pas la révocation d'une Exhérédation, ainsi que cela a été singulièrement jugé par l'arrêt du 3 septembre 1683, rendu contre le sieur Lescot, à combien plus forte raison doivent-ils s'appliquer à l'espèce présente, où il s'en faut beaucoup que toutes ces circonstances se rencontrent. La nature et la religion peuvent bien déterminer un père à faire un acte d'humanité en faveur d'un de ses enfans, et dans le cas de l'Exhérédation, à ne pas commettre un scandale public, en le chassant de chez lui ; mais il ne résultera jamais de ce qu'il n'a pas tenu une conduite qu'on n'eût pas manqué de réprouver, qu'il se soit interdit le droit d'infliger à ses enfans la peine prononcée par la loi.....

Ces moyens présentés par les intimés, ayant paru déterminans, la sentence de la sénéchaussée d'Angoulême a été confirmée par l'arrêt cité, avec amende et dépens.

Voici un arrêt qui a admis le fils à la preuve des faits de réconciliation.

Louis Quelier, étant encore mineur, épousa la demoiselle Saint-Martin, sans le consentement de son père et de sa mère. — Le père et la mère n'usèrent pas du droit qu'ils avaient d'attaquer ce mariage ; mais ils déclarèrent par un acte du 10 octobre 1671, qu'ils deshéritaient leur fils, comme s'étant marié avant vingt-cinq ans sans leur consentement, et d'ailleurs désobéissant à ses parens. — Après un long silence, Louis Quelier forma contre son père une demande à fins d'alimens. Il en fut débouté par sentence du 28 juin 1680, fondée sur l'Exhérédation et sur sa mauvaise conduite. — Le premier juillet suivant, le père et la mère confirmèrent de nouveau l'Exhérédation ; ils accordèrent cependant aux enfans de Louis Quelier une pension viagère de 200 liv., à la charge de ne pas attaquer l'Exhérédation. — Le père étant décédé au mois de janvier 1690, le 5 décembre suivant, la mère de Louis Quelier rendit plainte contre lui de violence et de menace, d'un coup de fusil tiré dans la muraille de sa maison, d'attentat à sa vie ; et elle obtint permission d'informer. — Le 9 du même mois, seconde plainte de ce que son fils a enfoncé les portes, rompu les fenêtres et emporté tout ce qu'il a voulu de la maison de sa mère. Nouvelle ordonnance qui permet à la mère d'informer. — Elle avait encore présenté une requête pour avoir permission d'expulser son fils de sa maison, dont elle disait qu'il s'était emparé. — Louis Quelier se défendait, en disant que l'Exhérédation était injuste ; mais qu'en tout cas, elle avait été remise et effacée par le pardon qui lui avait été accordé en présence de M. l'évêque d'Angers, et par une réconciliation parfaite dans le temps de la maladie de son père. — La mère fut interrogée sur faits et articles; et elle déclara, par son interrogatoire, qu'elle voulait du bien à ses petits-enfans, mais qu'elle craignait que son fils, qu'elle ne haïssait pas, ne dissipât sa fortune, qu'elle lui avait dit, après la mort de son père, qu'elle avait de bonnes intentions, sans néanmoins vouloir être forcée à les exécuter; mais que sa dissipation lui avait fait prendre le parti de conserver du bien à ses petits-enfans; qu'elle confirmait l'Exhérédation et ne voulait pas s'en départir. Elle convenait qu'elle avait prié un religieux de procurer la bénédiction du père à son fils.

L'affaire portée à l'audience de la sénéchaussée d'Angers, la mère, ainsi que les frères de Louis Quelier, demandaient la confirmation pure et simple de l'Exhérédation. On convenait du pardon, mais on disait que le père avait remis l'injure et non la peine; qu'il avait marqué sa volonté de persévérer dans l'Exhérédation, en chargeant, deux jours avant sa mort, son second fils de la pension viagère envers ses petits-enfans.

Louis Quelier disait au contraire que M. l'évêque d'Angers avait certifié le pardon, qu'il avait reçu de son père des preuves d'une réconciliation parfaite, tant par la bénédiction que son père lui avait donnée, que par les autres faits dont la mère était demeurée d'accord par ses réponses sur les faits et articles; qu'elle avait fait habiller de deuil son fils, sa fille et ses petits-enfans.

Les petits-enfans demandaient que l'Exhérédation fût convertie en substitution.

La sentence rendue en la sénéchaussée d'Angers, accordait aux petits-enfans la propriété par forme de substitution, et au fils l'usufruit. — Appel de la sentence au parlement de Paris. — Par un acte du 14 mai 1694, la mère confirme de nouveau l'Exhérédation en ce qui la regarde.

Les appelans disaient : trois causes doivent concourir pour rendre une Exhérédation juste et solennelle, et ces trois causes se trouvent réunies. — La première, Louis Quelier était mineur de vingt-cinq ans, lorsqu'il s'est marié sans le consentement de ses parens. C'est une cause d'ingratitude établie par une loi expresse. L'Exhérédation est le seul remède que la loi ait cru capable d'arrêter cette licence. — La seconde condition, que la cause soit expliquée. Le père l'a marquée expressément dans un acte valable, publié, insinué; rien de plus solennel. — La troisième, que cette cause soit prouvée; Louis Quelier la reconnaît lui-même. — L'Exhérédation étant valable, les petits-enfans ne peuvent succéder à la place de leur père. Il est vrai que l'Exhérédation est une peine, et qu'en général toute peine doit être personnelle à ceux qui l'ont méritée. Mais ici l'injure et la cause de l'Exhérédation ont leur principe dans le mariage qui a donné naissance aux enfans. Il faut donc exclure les petits-enfans des successions de leur aïeul; car, sans cela, le délit de leur père leur profiterait. — Les appelans répondaient à l'objection tirée de la réconciliation, en disant : il faut distinguer ce qui regarde le père de ce qui regarde la mère. La mère peut avoir fait, dans son interrogatoire, des déclarations favorables aux petits-enfans, mais elles sont étrangères au jugement du père. — L'unique preuve qu'on rapporte de la réconciliation du père, c'est un certificat de M. l'évêque d'Angers, certificat qu'il n'a pas signé. — D'ailleurs on doit distinguer entre le pardon de l'injure et la rémission de la peine. Le père pardonne en chrétien, mais il punit en juge. Sans cette distinction, les ordonnances seraient contraires à la religion. Un père ne pourrait jamais déshériter ses enfans; toujours obligé de leur pardonner, il détruirait en mourant ce qu'il aurait fait pendant sa vie. Les enfans ne craindraient plus ce foudre redoutable que les lois mettent entre les mains des pères. — Bien loin qu'il y ait preuve de cette prétendue réconciliation, elle est détruite par un acte qui n'a précédé la mort du père que de deux jours, où l'on voit qu'il charge son second fils de la pension viagère promise aux petits-enfans par force d'alimens. Enfin, il fallait confirmer l'Exhérédation ou la détruire. La sentence ne fait ni l'un ni l'autre, mais elle fait un testament et une substitution. — Louis Quelier disait au contraire qu'il fallait distinguer, dans le mariage du fils contracté contre la volonté de son père, deux espèces d'injures : l'une faite au père dont il a méprisé l'autorité, l'autre faite à la famille qu'il déshonore par une alliance indigne; que de ces deux injures, la dernière ne se rencontrait pas dans ce mariage, puisqu'il n'avait rien de déshonorant pour la famille; que la première ne subsisterait pas, si le père eût mieux aimé demander la nullité du mariage, que songer uniquement à sa vengeance; qu'il avait été assez puni par vingt ans de bannissement de la maison paternelle, par la misère, la pauvreté, la douleur de se voir chargé de quatre enfans, compagnons de son malheur sans l'avoir été de son crime; qu'il avait, par sa patience, amolli le cœur de son père, lequel lui avait pardonné solennellement, et l'avait embrassé en présence de M. l'évêque d'Angers; et que sa mère elle-même lui avait fait donner la bénédiction paternelle; qu'on était convenu de ne pas parler de l'Exhérédation, et d'oublier jusqu'au nom d'un acte aussi odieux; qu'on avait même travaillé au partage; et que ce n'était que par de faux prétextes et des calomnies, qu'on avait cherché à irriter sa mère, à laquelle on avait fait rendre plainte contre lui. — Ce n'est pas le cas, disait-on, de faire une distinction subtile entre la rémission de la peine et celle de l'offense. Le père n'a pas fait de protestations, il a pardonné entièrement; par là, le crime et la punition du crime sont entièrement effacés. — Il concluait par demander à être admis à faire preuve de la réconciliation. L'Exhérédation étant une fois révoquée par la réconciliation, il n'y avait que lui qui pût se plaindre de la sentence qui le grevait de substitution; mais que cette sentence avait été rendue du consentement des parties, et qu'elle était très-judicieuse en elle-même.

M. d'Aguesseau, qui portait la parole dans cette affaire, dit : Il n'y a pas de cause d'Exhérédation plus juste ni plus légitime, qu'un mariage contracté sans le consentement des parens. Cette proposition général ne reçoit aucune distinction. L'Exhérédation étant faite pour cette cause, il est certain que les petits-enfans ne peuvent être admis à la succession de leur aïeul ; cela est sans difficulté, lorsque le père est vivant. Il les exclurait, s'il était héritier; et ils sont exclus, lorsqu'il est déshérité. C'est ce qui est décidé par la loi 1, §, 6, D. *de conjungendis cum emancipatis liberis*. Il en serait de même, si leur père était mort. Il y a une grande différence entre les autres Exhérédations et celle qui est fondée sur un mariage fait au mépris de l'autorité paternelle. Dans les premières, le délit du père n'emporte pas de peine contre le fils innocent; mais dans ce genre d'Exhérédation, ce sont des enfans nés *infectâ radice*. La loi ne souffre pas qu'on donne à l'aïeul un héritier malgré lui, *ne invito secùs heres agnascatur*. Le fils qui se marie sans le consentement de son père, serait trop légèrement puni, si la privation des biens ne s'étendait pas à ses enfans. — Il est constant que le père peut remettre l'injure et la peine; il est même certain que cela se présume aisément. Mais cette remise doit-elle comprendre l'une et l'autre, ou faut-il la borner à l'injure seule? D'un côté, on peut dire qu'il semble que la distinction entre l'offense et la peine, soit contraire à la nature et à la religion ; qu'il n'appartient qu'à la loi, ou tout au plus aux magistrats qui sont appelés la loi vivante, de condamner sans colère, et de punir sans terme ; que le retour à l'état naturel doit être facile ; que, dans le doute sur l'étendue du pardon, *benignior interpretatio sequenda est*. — De l'autre, si la nature pardonne, la justice punit ; et cela n'est pas contraire à la religion, autrement l'ordonnance qui autorise cette peine, contiendrait une disposition absurde ; et les ecclésiastiques, qui doivent porter à remettre l'injure, seraient les maîtres du sort des familles par rapport à la succession. On peut ajouter que le père fait la fonction de juge ; la loi lui confie des droits ; il en doit user dans le même esprit. Enfin, il ne doit pas remettre si facilement une offense qui ne lui est pas particulière, mais qui est, en quelque manière, publique. Dans ce combat de raisons opposées, M. d'Aguesseau pense que la loi rend le père maître et arbitre de la peine et du pardon ; en conséquence qu'il peut remettre l'une et accorder l'autre. — Mais quand le père est-il censé avoir pardonné? Il faut distinguer : s'il n'y a pas d'autres circonstances que la bénédiction donnée par le père mourant à l'enfant qu'il a déshérité, on peut dire que l'Exhérédation subsiste ; mais si, outre cette circonstance, il l'a traité en fils et lui a témoigné une tendresse paternelle, l'Exhérédation est éteinte. Ici, nous voyons pardon avant la maladie, bénédiction pendant la maladie, le fils reçu dans la maison paternelle, paroles données de l'admettre au partage, continuées après le décès du père. — M. d'Aguesseau conclut à la confirmation de la sentence de la sénéchaussée d'Angers, ou au moins à ce que Louis Quelier fût admis à la preuve des faits de réconciliation. Par arrêt du 19 juillet 1695, la cour a ordonné que l'intimé ferait preuve des faits articulés dans sa requête.

La réconciliation entre le père et le fils fait cesser l'Exhérédation, de sorte que le père ne peut plus la prononcer contre son fils pour le même fait.

§. IV. *Un père ou une mère peuvent-ils défendre par leur testament à leur fils d'épouser une certaine personne, et le déshériter dans le cas où il l'épouserait après leur mort?*

Cette question a été jugée par arrêt du 13 février 1674 ; elle était accompagnée de circonstances particulières.

Marie Laurent avait eu, en 1652, du marquis de Termes, avec lequel elle vivait en concubinage, un enfant, dont Antoine Salnove fut parrain. — En 1654, Antoine Salnove et Marie Laurent se firent une promesse réciproque de mariage. Il paraît que Marie Laurent continuait d'avoir un commerce charnel avec le marquis de Termes et avec Salnove tout à la fois, et que de leur fréquentation sont nés deux enfans. — En 1661, Salnove, âgé de trente ans, épousa sa concubine, sans faire de sommations respectueuses à son père et à sa mère. Salnove reconnut que les deux enfans nés depuis 1654 étaient de lui, et qu'ils avaient été baptisés sous le nom du marquis de Termes, pour dérober à ses parens son mauvais commerce. — Le père et la mère de Salnove ayant été informés de ce mariage, en demandèrent la nullité devant l'official, attendu l'alliance spirituelle qui était entre leurs fils et Marie Laurent. — Dans le cours de la procédure, Antoine Salnove avait été interrogé sur faits et articles, et entre autres si sa femme n'avait pas eu d'autres habitudes; il avait répondu que, depuis son mariage, il ne croyait pas que sa femme eût eu d'autres habitudes qu'avec lui ; et que quant aux deux enfans qu'il avait reconnus, il croyait y avoir bonne part. Marie Laurent interrogée aussi sur ce fait, avait dit qu'elle n'était tenue de répondre de ces faits qu'à son mari qui en savait la vérité. — Sentence intervint en l'officialité, qui déclara le mariage nul, et fit défense à Salnove et à Marie Laurent de se hanter ni fréquenter.

Nonobstant cette sentence, Salnove ne laissa pas de continuer son mauvais commerce avec Marie Laurent; et voyant que l'alliance spirituelle qui était entre eux, avait donné lieu à faire déclarer nul leur mariage, il se pourvut en cour de Rome pour obtenir des dispenses de cette alliance spirituelle. Mais comme elles ne pouvaient pas être sitôt expédiées, et qu'il était malade, il obtint dispense de M. l'archevêque de Paris, en vertu de laquelle il réitéra son mariage et reconnut de nouveau les deux enfans. — Le père de Salnove meurt, et la mère décède peu après ; mais ayant été informée, quelque temps avant sa mort, que son fils fréquentait toujours Marie Laurent, elle avait fait un testament par lequel elle l'instituait héritier et lui substituait ses enfans nés en légitime mariage; elle lui défendait en même temps d'épouser marie Laurent ; et dans le cas où il ferait ce mariage, elle le déshéritait. — Antoine

Salnove, après la mort de sa mère, craignant que l'état de son mariage ne fût pas suffisamment assuré, le réitère de nouveau en conséquence d'une dispense du pape. Ce mariage ainsi célébré, il se présente pour recueillir la succession maternelle; les autres héritiers lui exposent le testament de sa mère, par lequel il est déshérité. — Salnove meurt, sa veuve prend la qualité de mère et de tutrice naturelle de ses deux enfans, et demande que leurs extraits baptistaires soient réformés; les héritiers s'opposent à la qualité de veuve, et soutiennent que les extraits baptistaires ne doivent pas être réformés. — Sur ces contestations, sentence intervient au châtelet, qui confirme la qualité de veuve, ordonne la réformation des extraits baptistaires, et confirme l'Exhérédation prononcée par la mère. — Appel au parlement de Paris. On disait que l'Exhérédation était nulle, puisque le mariage qui y avait donné lieu, avait été contracté par un majeur; que l'Exhérédation était un acte légitime qui ne recevait ni jour ni condition; qu'une mère ne peut pas étendre son pouvoir au-delà du tombeau, et défendre à son fils d'épouser une telle femme; que la mort dégage l'enfant, non-seulement de la dépendance filiale, mais même du simple respect, auxquels il est obligé du vivant de son père et de sa mère. Si Antoine Salnove a fait quelque chose qui ne soit pas dans l'ordre, il a expié sa faute par sa mort : et on ne peut pas faire passer à la personne de ses enfans une peine qu'ils n'ont pas méritée. — On soutenait, au contraire, que l'Exhérédation était légitime; car quoique le mariage dont il s'agit, eût été contracté en pleine majorité de trente années, toutefois les sommations respectueuses n'avaient pas été faites. Ce mépris de la puissance paternelle a donné lieu à l'Exhérédation que l'ordonnance autorise en ce cas. — A ce qu'on disait que l'Exhérédation était conditionnelle, et que la mère avait voulu étendre sa puissance au-delà même de la vie, on répondait que, si un père ou une mère interdisait le mariage à un enfant avec une personne de bonnes mœurs, l'Exhérédation ne mériterait pas d'être appuyée, parce que cela troublerait, en quelque sorte, la liberté favorable des mariages, mais que, quand un père et une mère, sachant le mauvais commerce d'un de leurs enfans, lui défendent, sous peine d'Exhérédation, de contracter mariage avec des personnes qui leur sont suspectes, et dont la vie déréglée fait scandale dans le public, en ce cas ces sortes d'Exhérédations sont légitimes. Or, dans l'espèce présente, c'est un mariage avec une femme qui s'est prostituée à plusieurs, et dont les désordres étaient connus de la mère Salnove; mariage d'ailleurs contracté contre les prohibitions expresses du père et de la mère, et au préjudice d'une sentence qui, l'ayant déclaré nul, avait fait défenses aux parties de se hanter ni fréquenter. — L'arrêt confirma l'Exhérédation, et maintint les héritiers collatéraux dans la possession des biens d'Antoine Salnove; la sentence du châtelet qui confirmait la qualité de veuve, sortissant au surplus son effet. (M. La Forest). *

[§. V. *Des effets de l'Exhérédation. — Celle du fils préjudicie-t-elle aux petits-enfans?*

I. Par l'Exhérédation, celui contre qui elle est prononcée, perd tous les droits qu'il aurait pu prétendre sur les biens du testateur, soit comme héritier *ab intestat*, soit comme légitimaire.

Nous avons examiné à l'article *Alimens*, s'il peut du moins exiger sur ces biens de quoi fournir à sa subsistance.

Mais la privation qu'il est dans le cas d'essuyer, ne s'étend point au-delà du patrimoine de celui qui a prononcé son Exhérédation; nous en avons déjà vu la preuve dans ce qui a été dit ci-devant, §. 3; au sujet des biens substitués dans la personne de ce dernier.]

* Il a été jugé, par un arrêt du parlement de Navarre, du 21 juin 1709, au rapport de M. de Salles, que l'Exhérédation prononcée par un père contre son fils aîné, qui s'était marié sans son consentement avec une Juive, privait les enfans de l'exhérédé des biens dotaux et avitins provenant du chef de celui qui avait exhérédé, mais qu'elle ne pouvait les priver de l'augment que leur aïeul avait gagné sur la dot de l'aïeule, et qui fut considéré comme bien maternel *origine inspectâ*. Outre cette considération, il y avait encore cette circonstance, que l'aïeule avait passé à de secondes noces, avant que son fils eût fait le mariage qui lui avait attiré l'Exhérédation; en sorte qu'il avait déjà perdu, avant cet événement, la propriété de l'augment. (M. Mounot) *

* II. L'Exhérédation ne préjudicie pas aux petits-enfans, lorsqu'elle est fondée sur toute autre cause que le mariage contracté sans le consentement des parens, ou sans sommations respectueuses à l'âge où il est permis d'en faire, encore que les petits-enfans soient nés depuis l'acte d'Exhérédation; car, quoique l'enfant exhérédé soit, en quelque sorte, retranché de la famille, et qu'il ne fasse pas nombre dans la supputation de la légitime, ce n'est qu'une fiction qui n'opère que dans son cas, et seulement à l'égard de l'exhérédé, toute faute et toute peine étant personnelle. D'ailleurs l'Exhérédation ne peut être confirmée que par la mort de son auteur; ce n'est jusqu'à l'instant fatal, qu'un projet qui peut être détruit par une volonté contraire; ce n'est qu'à cet instant que le fils déshérité, en perdant son père, perd tout espoir de le voir changer de volonté. Lors donc que le fils prédécède son père, l'Exhérédation est caduque; et les petits-enfans, qui ne trouvent plus d'obstacles, succèdent à leur aïeul, soit de leur chef, soit par représentation de leur père.

Si au contraire l'aïeul prédécède, les enfans du fils déshérité ne peuvent venir à sa succession par représentation de leur père, parce qu'on ne peut représenter une personne vivante; si ce n'est dans le cas de la mort civile.

Si les enfans de l'exhérédé étaient les plus prochains en degré, ils succéderaient de plein droit.

III. Lorsque l'Exhérédation est causée par mariage contracté sans le consentement des parens, les enfans de l'exhérédé sont-ils compris dans l'Exhérédation, leur père étant décédé avant leur aïeul, ou l'aïeul peut-il les déshériter directement?

Cette question s'est présentée dans les tribunaux, et les arrêts ont presque toujours été favorables aux petits-enfans : la justice saisit le moindre prétexte pour détruire l'Exhérédation.

Un particulier s'étant marié sans le consentement de son père, le père attaqua ce mariage ; mais le procès s'étant périmé faute de poursuites, le fils mourut ; le père refusa de reconnaître les enfans nés de ce mariage, et les déshérita par son testament ; l'Exhérédation fut annullée par arrêt prononcé à Noël l'an 1584. Chopin en donne cette raison, que le père n'ayant pas déshérité son fils de son vivant, il ne pouvait pas, après la mort de ce fils, déshériter ses petits-enfans.

Un jeune homme de Paris ayant quitté la maison paternelle, se maria à Libourne, en 1635, à l'insu de ses parens, étant seulement âgé de vingt-deux ans ; l'année d'ensuite, il contracta un second mariage à la Rochefoucault, tout semblable au premier ; de là il avait passé dans la ville de la Charité, où, en 1644, il s'était marié pour la troisième fois, et avait épousé la fille d'un perruquier qui lui avait apporté quelques biens : il était pour lors âgé de trente-deux ans. Ce dernier mariage était solennel. — Le père et la mère ayant été informés de la conduite que leur fils avait tenue, et des différens mariages qu'il avait contractés, le déshéritèrent conjointement, par acte devant notaires, en 1644. Le fils vint à Paris en 1649, amenant avec lui sa dernière femme, et les enfans nés de leur mariage. Le père et la mère lui donnèrent un logement dans une de leurs maisons, où il leva une boutique d'éperonnier ; la mère étant tombée malade, fit, conjointement avec son mari, un testament mutuel, par lequel ils disposèrent de leurs biens au profit de deux filles qu'ils avaient, et confirmèrent de nouveau l'Exhérédation, déclarant qu'ils n'avaient pas entendu se réconcilier avec leur fils par le logement qu'ils lui avaient donné, qu'ils ne l'avaient fait que pour lui donner du pain, et par charité comme à un étranger. — La mère étant morte, son fils la suivit de près ; la bru fit apposer les scellés sur les biens de la succesion de sa belle-mère, et fit nommer son beau-père tuteur de ses enfans ; le beau-père interjeta appel de cette nomination de tutelle, et incidemment appel comme d'abus des mariages contractés par son fils. — La cause fut portée à l'audience : M. l'avocat-général Bignon dit qu'il n'y avait pas de difficulté sur la validié des mariages : que les deux premiers étaient nuls étant faits par un mineur sans le consentement de ses parens ; que le troisième était solennel, qu'il n'y manquait que le consentement du père ; mais que ce défaut n'opérait aucune nullité à l'égard d'un majeur de trente ans, qui le rendait seulement sujet à l'Exhérédation. — On employait deux moyens pour prouver que l'Exhérédation devait être sans effet. On disait en premier lieu, que, supposé qu'elle dût recevoir son exécution à l'égard du fils, ses enfans venaient à la succession de sa mère *jure proprio* au défaut de leur père. On se fondait sur l'arrêt de 1584. — M. Bignon dit qu'il ferait difficulté de juger la question sur cet arrêt, qui paraissait n'avoir été rendu que sur la circonstance particulière que le père s'était réconcilié avec son fils, puisqu'il lui avait accordé un logement ; mais le père avait expliqué trop clairement son intention, en disant qu'il n'avait donné un logement à son fils que par charité, et comme à un étranger ; que néanmoins on devait traiter ces sortes d'affaires favorablement, quand les pères paraissaient s'être relâchés de leur rigueur ; qu'il n'était pas juste qu'ils parussent plus rigides à la mort qu'ils n'avaient été pendant leur vie. — Par arrêt du 3 avril 1753, la cour déclara l'acte d'Exhérédation et le testament mutuel nuls.

Ces arrêts n'ont été rendus que sur des circonstances particulières ; mais dans la thèse générale, les auteurs paraissent se réunir pour décider que, lorsque l'Exhérédation est fondée sur le défaut de consentement du père au mariage de son fils, ou sur le défaut de sommations respectueuses, et au mépris de l'autorité paternelle, le coup qui frappe le père, porte également sur les enfans procréés de ce mariage.

Pour moi, je pense qu'il faut distinguer, d'après les ordonnances, les mariages contractés par les mineurs d'avec ceux qu'ont contractés les majeurs de trente ans à l'égard des hommes, et de vingt-cinq ans pour les femmes. Les premiers portent toujours l'empreinte de la séduction, qui est une espèce de rapt dont les ordonnances ont voulu arrêter l'effet en prescrivant des peines plus sévères, et en déclarant les pères, les mères et les enfans nés de ces sortes de mariages, incapables de toutes successions.

Mais les ordonnances ne prescrivent pas la même peine contre les majeurs ; elles permettent seulement aux parens de déshériter leurs enfans qui ont manqué à la soumission et au respect qu'ils leur doivent, en se mariant sans leur consentement. Cette faute, grave à la vérité, ne mérite pas qu'on en fasse supporter la peine à toute la postérité de celui qui s'en est rendu coupable, et qu'on étende la disposition des ordonnances au-delà de leur expression littérale. Il n'y a qu'à lire avec quelque attention l'art. 2 de la déclation du 26 novembre 1739, et on verra aisément la différence considérable qu'elle a mise entre les majeurs et les mineurs.

Cette raison donnée par les auteurs, que la loi ne permet pas au fils de donner à son père un héritier malgré lui, pouvait valoir dans le droit romain, où les enfans soumis à la puissance paternelle, ne pouvaient contracter mariage sans le consentement de leur père ; mais elle n'est d'aucun poids dans notre droit, suivant lequel les mâles à trente ans, et les filles à vingt-cinq peuvent se marier sans le consentement et contre la volonté de leurs parens.

[Quelle clarté, quelle justesse, dans le peu de lignes qu'a écrites sur toute cette matière, le savant et judicieux annotateur de Ricard, M. Bergier ! Trancrivons ici ses termes, c'est lui rendre hommage, que d'enrichir notre Recueil de son travail :

2.

« On peut proposer quatre questions, la première, si les enfans de l'exhérédé qui a survécu, sont admis à la succession de leur aïeul; — La seconde, si l'on y admet les enfans de celui qui est prédécédé; — La troisième, si l'on doit mettre quelque différence entre les enfans nés avant l'Exhérédation, et ceux qui ne sont venus au monde que postérieurement; — La quatrième, enfin, si l'Exhéradation qui n'a pas été prononcée du vivant de celui qui l'a encourue, peut l'être après sa mort contre ses enfans.

» Dans le premier cas, je crois qu'on doit admettre une distinction : ou l'exhérédé est fils unique; ou le père qui a prononcé l'Exhérédation, a d'autres enfans.

» Si l'exhérédé a des frères ou des sœurs, ses enfans ne pourraient venir à la succession de leur aïeul, que par représentation de leur père exhérédé; car par eux-mêmes, ils se trouvent à un degré plus reculé que leurs oncles; or, on ne représente pas une personne vivante. Ce seul moyen les exclut par une fin de non-recevoir sans réponse; et c'est précisément l'espèce de l'arrêt de Lescot, du 3 septembre 1683, par lequel il a été jugé que Raymond ayant survécu son père qui l'avait déshérité, et ayant une sœur, ses enfans étaient exclus par cette sœur de la succession de leur aïeul.

» Mais si l'exhérédé est fils unique, ses enfans qui réclament la succession de leur aïeul, n'ayant à combattre qu'avec des collatéraux, ils n'ont pas besoin du secours de la représentation, pour être à un degré plus proche que ces collatéraux; ainsi nul obstacle à vaincre du côté de la proximité du degré. Il faudrait donc une incapacité personnelle pour les exclure; voyons si elle existe.

» La déclaration du 26 novembre 1639 rend *indignes et incapables à jamais des successions de leurs père, mère et aïeuls et de toutes autres directes et collatérales.*

» 1° Les enfans qui naissent des mariages contractés par des veuves, fils et filles de famille, mineurs de vingt-cinq ans, à l'insu et sans le consentement de leurs parens;

» 2° Les enfans qui naissent des mariages contractés entre le ravisseur et la personne ravie, quoique le mariage ait été réhabilité en majorité par un nouveau consentement de la personne ravie, après qu'elle a été remise en liberté;

» 3° Les enfans nés des mariages clandestins, tenus secrets et cachés pendant la vie des époux;

» 4° Enfin, les enfans nés de femme que les pères ont entretenues et qu'ils ont épousées à l'extrémité de la vie.

» L'édit de 1697, en confirmant la déclaration de 1639, ajoute un cinquième cas, et prononce la même incapacité contre les enfans nés des mariages des personnes, même âgées de plus de vingt-cinq ou trente ans, *lesquelles demeurant actuellement avec leurs pères et mères, contractent à leur insu des mariages, comme habitans d'une autre paroisse, sous prétexte de quelque logement qu'ils y ont pris, peu de temps avant leurs mariages.*

» Mais on remarquera aisément que, dans tous ces cas, les mariages sont nuls; et les enfans qui en naissent, sont réputés bâtards.

» Au premier cas, la nullité est textuellement prononcée par la déclaration même de 1639, et par toutes les lois du royaume.

» Au cinquième cas, elle naît de ce que le mariage ne se trouve pas contracté en présence du propre curé des parties, conformément à l'édit de 1697.

» Dans l'un et l'autre de ces deux cas, le mariage n'est pas seulement nul quant aux effets civils; il l'est aussi quant au sacrement.

» Dans les trois autres cas, le mariage est valable, quant au sacrement, mais nul quant aux effets civils.

» De là naît la conséquence, que les enfans issus de ces mariages ne tiennent dans la société que le rang d'enfans naturels; et par suite, qu'ils n'ont pas la capacité de succéder à leurs parens, ni d'exclure les collatéraux.

» On remarquera même qu'il n'est pas besoin, pour les exclure, que leur père ait essuyé une Exhérédation expresse; ils sont déclarés exclus par la loi par le seul fait de leur naissance illégitime, et n'ont rien à attendre d'une famille à laquelle ils n'appartiennent point. Cette rigueur salutaire est un frein à la licence, que le maintien des mœurs a rendu nécessaire.

» Mais hors de ces cas, c'est-à-dire, toutes les fois que les petits-enfans tiennent à la famille de leur père par des liens que la loi civile avoue, innocens des torts de l'auteur de leurs jours, pourquoi en seraient-ils victimes? Pourquoi leur préférer, dans la succession de leur aïeul, des collatéraux qui sont plus éloignés qu'eux, et qui n'ont pas comme eux en leur faveur, le vœu de la nature et du sentiment?

» Passons à la seconde question, et supposons que l'exhérédé meurt avant son père et sa mère : l'Exhérédation excluera-t-elle ses enfans de la succession de leur aïeul?

» Sans difficulté, ils seront exclus, s'ils se trouvent dans l'un des cinq cas expliqués sur la question précédente, dans lesquels ils ne sont considérés que comme enfans naturels, c'est-à-dire, s'ils sont nés d'un mariage auquel les lois du royaume refusent les effets civils.

» Mais s'ils ne se trouvent dans aucun de ces cinq cas, ils sont issus d'un mariage valide et produisant les effets civils; si l'on ne peut pas leur contester, en un mot, l'état d'enfans légitimes, je ne vois aucune raison de les exclure de la succession de leur aïeul, même dans les cas où ils ont à concourir avec des enfans au premier degré.

» Point d'incapacité en leur personne dans ce cas, comme je l'ai déjà dit. Leurs oncles ne pourraient donc les exclure que par la proximité du degré; mais la représentation qui a toujours lieu en ligne directe, ne les porte-t-elle pas au degré de leur père décédé? On ne représente jamais un homme *vivant;* mais on peut prendre, par la représentation, le degré d'un incapable, sans prendre son incapacité (1) : de là je

(1) Voyez *Représentation*, sect. 4, §. 6.

conclus que, quoique les petits-enfans ne puissent pas concourir avec leurs oncles, du vivant de leur père exhérédé, rien n'empêche qu'ils ne concourent lorsqu'il est décédé.

» La troisième question ne me semble pas faire une difficulté sérieuse; et je pense volontiers avec Ricard, qu'il n'y a pas de différence à mettre entre les enfans nés avant l'Exhérédation, et ceux qui naissent après.

» L'Exhérédation produit une incapacité, ou, si l'on veut, une indignité; mais elle retranche si peu l'exhérédé de la famille, qu'il a droit de jouir de tous les avantages de sa naissance, qui ne sont point attachés au titre d'héritier, ainsi, il recueille les substitutions, et a droit d'exercer le retrait, etc. Or, dès que l'exhérédé n'est pas retranché de la famille, on doit convenir que ses enfans ne sont pas étrangers à cette famille, quoiques nés après l'Exhérédation. Pourquoi ne jouiraient-ils donc pas des droits de leur naissance?

» Enfin, la dernière question me paraît hors de doute; la colère du père dégénérerait en cruauté, si elle poursuivait, dans la postérité du fils, la vengeance d'une injure expiée par sa mort ».

§. VI. *L'appel comme d'abus interjeté par un père du mariage que son fils a contracté sans son consentement, forme-t-il obstacle à l'Exhérédation de celui-ci? — Un mariage clandestin et nul, contracté par une fille mineure avec celui qui l'a enlevée de son consentement, est-il une cause légitime d'Exhérédation, ou faut-il, pour donner lieu à cette peine, qu'il existe un mariage valable?*]

I. Quoique le père ait appelé comme d'abus du mariage de son fils mineur, il a encore, après, le droit de le déshériter. L'appel comme d'abus et l'Exhérédation sont deux sortes d'armes différentes que la loi met entre les mains du père; il peut s'en servir comme il lui plaît, et même les employer toutes deux contre un fils rebelle à ses volontés; car il est de principe que la peine est encourue, lorsque l'auteur du délit a manifesté son intention par des actes quoique le délit n'ait pas eu sa pleine exécution. Or, l'enfant mineur qui se marie sans le consentement de ses parens, commet envers eux un crime que les lois autorisent les parens à punir de la peine de l'Exhérédation; et cette peine peut être infligée, quoique le mariage soit ensuite déclaré nul.

[Voyez ce que nous disons encore sur cette matière, à l'article *Mariage*.

II. La question de savoir si un mariage nul, contracté par une fille mineure avec celui qui l'a enlevée de son consentement, est une cause légitime d'Exhérédation, ou s'il faut, pour donner lieu à cette peine, qu'il existe un mariage valable, s'est présentée au parlement de Paris dans la célèbre affaire de la demoiselle de Brun contre la comtesse de La Rivière.

Le 25 mai 1732, la demoiselle de Brun, fille du marquis de ce nom, s'évada du château de la Marche en Bourgogne, où elle demeurait avec sa mère; et accompagnée du marquis de Tavannes, fils, qu'elle voulait épouser malgré ses parens, elle se rendit à Saarbruck, dans le comté de Nassau. Là, le lundi 2 juin 1732, seconde fête de la Pentecôte, le marquis de Tavannes et la demoiselle de Brun se trouvant à la grand'messe dans l'église de Saint-Jean, déclarèrent devant le peuple qu'ils se prenaient pour mari et femme; et le 7 du même mois, il en fut dressé une espèce d'enquête par un notaire impérial. — Le marquis de Brun, instruit de l'outrage que lui avait fait le marquis de Tavannes, en rendit plainte; et fit rendre au parlement de Dijon, le 10 février 1738, un arrêt par contumace, qui le déclara atteint et convaincu d'avoir enlevé la demoiselle de Brun, de son consentement, et pour réparation de ce crime, le condamna à avoir la tête tranchée. — Quant à la marquise de Brun, elle avait fait, dès le 1er juin 1733, un testament par lequel elle déshéritait sa fille, et entr'autres dispositions, instituait la comtesse de La Rivière, sa nièce, héritière universelle, à la charge de l'usufruit qu'elle laissait au comte du Montal. — Après sa mort, arrivée le 15 décembre 1748, la demoiselle de Brun demanda la nullité du testament. L'affaire ayant été évoquée aux requêtes du palais à Paris, il y intervint sentence, le 29 juillet 1754, par laquelle le comte du Montal et la comtesse de La Rivière, qui soutenaient la validité des dispositions dont il s'agissait, et concluaient à la délivrance des biens, furent, d'une voix unanime, déboutés de leur demande. — MM. des requêtes du palais n'ont dissimulé à personne le motif de leur décision : c'est que la marquise de Brun n'avait fondé l'Exhérédation prononcée contre sa fille, que sur le consentement qu'elle avait donné à son enlèvement et sur le mariage qu'elle avait contracté avec le marquis de Tavannes, mariage qui blessait toutes les lois divines et humaines; que le consentement à l'enlèvement, surtout lorsqu'il n'était que momentané et qu'il n'avait été suivi d'aucun libertinage, n'était point, dans nos lois, une cause suffisante d'Exhérédation; que le mariage contracté par une fille mineure, sans l'aveu de son père et de sa mère, en serait une valable; mais qu'il n'y avait aucune preuve légale du mariage imputé à la demoiselle de Brun. — Sur l'appel de cette sentence, le comte du Montal et la comtesse de La Rivière ont soutenu d'abord que le consentement donné à un rapt, est un motif légal d'Exhérédation.

» S'il n'y avait pas de loi qui le punît de cette peine (disaient-ils), la pureté des mœurs et l'honneur des familles la feraient prononcer. — Dans la pureté des mœurs, il est plus déshonorant pour une fille, de s'abandonner à son ravisseur, que de l'épouser : elle serait déshéritée pour se marier, et elle ne le serait pas pour avoir consenti à son enlèvement. L'esprit de la loi romaine, la Novelle 115, qui règle les Exhérédations, et l'esprit de nos lois, ne permettent pas de balancer sur ce point. — L'injure grave faite au père et à la mère par leurs enfans, les autorise à les déshériter : *Si injuriam gravem*, dit la Novelle, *parentibus injecerit*. Une fille ne fait-elle pas une injure cruelle à ses parens et à sa famille, de quitter la maison paternelle, et de se jeter entre les bras d'un ravisseur? Un père et une mère qui ne se croiraient pas grièvement offensés par le consentement de leur fille à son enlèvement, ne renonceraient-ils pas à l'honneur? Entre nos lois, l'art. 4 de la déclaration de 1639 est absolument décisif; le souverain, pour faire connaître combien il déteste *toute sorte de rapt*, défend de solliciter, de lui faire instance pour réhabiliter ceux qui ont été déclarés incapables de succession. La loi ne distingue pas le simple rapt de celui qui a été suivi du mariage; l'un et l'autre sont également l'objet de sa sévérité. Le prince défend, pour *toutes sortes de rapts*, de lui demander de réhabiliter aux successions ceux qui en sont déchus. La déchéance a lieu par conséquent pour tout rapt sans distinction, soit rapt simple, soit rapt suivi du mariage. Cette déchéance est même nécessairement établie par nos lois. — Ainsi, quand ce motif serait le seul qui eût déterminé la dame de Brun à lancer l'Exhérédation contre sa fille, son testament serait inattaquable. Mais ce n'est pas l'unique crime qu'elle ait commis contre l'autorité maternelle; elle a réellement épousé son ravisseur, et a réellement consommé le mariage. C'est même sauver son honneur qu'elle veut perdre, que de le prouver. — Que penser en effet de la demoiselle de Brun, qui, ayant provoqué elle-même son enlèvement, a été si long-temps en la possession de son ravisseur, si elle n'était pas mariée? — La plus grande injure qu'on puisse lui faire, ce serait d'en douter; mais les preuves les plus victorieuses établissent ce mariage : il est prouvé par ses propres lettres, par celles de son ravisseur, et par sa possession d'état de femme du marquis de Tavannes. Sa famille, celle du marquis de Tavannes, leurs plus intimes amis, en ont été convaincus. La notoriété publique s'est jointe à la conviction de toute la famille. Un acte authentique passé devant les notaires de Saarbruck, qu'on a qualifié d'enquête, contient le certificat de neuf témoins qui attestent ce mariage, et assurent y avoir assisté; et pour mettre le comble à la preuve, le comte du Montal et la comtesse de La Rivière ont articulé le fait de la célébration du mariage, et celui de la possession publique de la demoiselle de Brun de femme du marquis de Tavannes ».

M. l'avocat général d'Ormesson, qui portait la parole dans cette affaire, examina successivement les deux moyens employés par le comte du Montal et la comtesse de La Rivière. — Sur le premier, après avoir discuté la question avec la plus grande attention, il décida nettement que le consentement au rapt était seul une juste cause d'Exhérédation. — Sur le deuxième, il dit qu'il fallait distinguer deux sortes de mariages : l'un solennel, revêtu des formalités requises, qui est valable; l'autre, fait sans formalité et sans consentement de père et mère, qui est nul et clandestin; qu'il n'était point nécessaire pour appliquer la peine d'exhérédation avec effet, que le mariage fût valable, puisque c'était précisément les mariages clandestins que l'édit de 1556 punissait de la peine d'Exhérédation; qu'on ne pouvait douter que la demoiselle de Brun n'en eût contracté un de ce genre avec le marquis de Tavannes; et il lut à ce sujet les dispositions de l'enquête faite à Saarbruck, le 7 juin 1732, à la requête du marquis de Tavannes, dont il résultait, dit-il, que le marquis de Tavannes et la demoiselle de Brun s'étaient donné la foi mutuelle, et pris réciproquement pour mari et femme, le 2 du même mois, dans l'église de Saarbruk; que la demoiselle de Brun avait, à la vérité, prétendu que cette enquête était nulle, sous prétexte qu'elle n'avait pas été ordonnée par le juge, et qu'on n'en trouvait pas la minute; mais que, s'agissant d'un point de fait, et l'enquête n'étant attaquée par aucune voie de droit, ces moyens n'étaient pas recevables. — Il ajoute que la demoiselle de Brun s'était présentée à l'autel, qu'elle avait pris à témoins tous ceux qui étaient dans l'église, et les avait priés de rendre témoignage qu'elle avait juré la foi conjugale au marquis de Tavannes, et le prenait pour son époux; qu'elle en avait reçu l'anneau nuptial, et lui avait promis fidélité pour le reste de ses jours, que neuf témoins déposaient l'avoir vu et entendu; que cet acte était fait suivant les formes qui se pratiquent dans le pays, par demandes et par réponses; que c'était la manière dont on peut prouver les mariages qui ne sont pas destinés à être couchés sur les registres, faute des consentemens nécessaires; que cet acte était authentique, puisqu'il était passé devant notaire, en faveur duquel sa qualité d'homme public formait une présomption : que ces témoins qui avaient été entendus, n'avaient aucun intérêt à la chose et n'étaient point suspects; que d'ailleurs leurs dépositions avaient été précédées de la religion du serment; qu'ainsi, cet acte était juridique; et que la preuve qui en résultait, était légale, d'autant qu'on n'y avait opposé aucune preuve contraire; qu'il n'y avait point eu, à la vérité, de bénédiction du prêtre; mais qu'il y avait eu un consentement mutuel, et que ce consentement était la base du mariage; *que les parties avaient fait tout ce qui dépendait d'elles pour le contracter; qu'à leur égard, il devait être réputé l'avoir été.*

Par ces considérations, M. d'Ormesson se détermina à conclure à ce que la sentence fût mise au néant, et que l'Exhérédation portée par le testament de la marquise de Brun fût confirmée; et ces conclusions furent suivies par l'arrêt du 23 janvier 1755.

La demoiselle de Brun, qui ne croyait pas mériter la sévérité de ce jugement, se pourvut en cassation. Mais les moyens qu'elle présenta, ou n'étaient pas solides, ou n'étaient que des ouvertures de requête civile; et il est de principe au conseil que les ouvertures de requête civile ne se transforment jamais en moyen de cassation, que quand la voie de la requête civile a été épuisée, et que la requête qui devait être entérinée a été rejetée, parce qu'il y a alors contravention à l'ordonnance.

Voici au surplus quels étaient les moyens de cassation de la demoiselle de Brun.

1° On avait ordonné l'exécution d'un testament qui n'avait été insinué ni contrôlé, ce qui devait, suivant elle, entraîner la ruine de toute la procédure, et conséquemment celle de l'arrêt, aux termes de l'édit du mois de décembre 1703 et de la déclaration du mois de juillet 1704. — Mais ces lois ne concernent que l'intérêt du fermier qui, dans l'espèce, ne réclamait pas, et qui même avait été satisfait; d'ailleurs elles ne prononcent point la peine de nullité, et les peines ne s'étendent ni ne se suppléent. *V. Nullité.*

2° Les ordonnances, tant celle de Blois que celle de 1667, ne permettent d'admettre la preuve par témoins des mariages, que dans le seul cas où les registres publics sont perdus; or, il était prouvé, par un certificat authentique, que ceux de l'église de Saarbruck existaient sans interruption depuis 1700. — Mais l'arrêt n'admettait aucune preuve par témoins, il avait jugé sur une preuve toute faite; les ordonnances de 1579 et de 1667 parlent d'un mariage valable, et lors duquel il y a eu une bénédiction nuptiale; mais elles ne peuvent recevoir d'application à un mariage nul et clandestin, mariage que l'édit de 1556 ne punit pas moins de la peine de l'Exhérédation, lorsqu'il a été contracté, quoique dénué des solennités requises, que s'il était valable.

3° La demoiselle de Brun a dit que l'enquête était fausse; qu'un des témoins prétendus instrumentaires de l'acte n'avait jamais existé; que les dispositions en avaient été rédigées dans un cabaret, sans avoir été lues aux témoins qui ne les ont jamais connues; que la fausseté de ces dispositions était prouvée par une information juridique faite à Saarbruck, qui constatait qu'il était faux que la demoiselle de Brun eût reçu un anneau du marquis de Tavannes; qu'il était même certain que le marquis de Tavannes avait parlé au peuple en langue allemande que la demoiselle de Brun n'entendait pas, et qu'elle n'y avait rien répondu, ni proféré une seule parole dans l'église; d'où il résultait qu'on avait jugé sur une pièce fausse. — Mais ce n'était là qu'une ouverture de requête civile, qui ne pouvait même être admise tant que la pièce arguée de faux n'avait pas été déclarée fausse par un jugement authentique, et qui, tant que la voie de la requête civile n'était pas épuisée, ne pourrait former un moyen de cassation.

Par arrêt du conseil du 12 avril 1756, la demoiselle de Brun a été déboutée de sa demande.

§. VII. *De l'Exhérédation officieuse.*

Il y a une autre espèce d'Exhérédation qu'on appelle officieuse; elle diffère de l'autre en ce qu'elle est moins une peine qu'une sage précaution d'un père qui veut assurer la subsistance à son fils dissipateur, et faire passer ses biens à ses petits-enfans. Elle est autorisée par le §. 2 de la loi 16, D. *de curatoribus furioso*, qui porte: *Potuit pater et aliàs providere nepotibus suis, si eos jussisset heredes esse, et exheredasset filium, eique quod sufficeret alimentorum nomine ab eis certum legasset, additâ causâ necessitateque judicis sui.*

Trois conditions, comme on le voit par ce texte, sont requises pour la validité de l'Exhérédation officieuse: il faut 1° que le père institue héritiers ou légataires universels ses petits-enfans; 2° qu'il donne des alimens à son fils; 3° qu'il exprime la cause de l'Exhérédation. L'omission d'une de ces conditions rendrait l'Exhérédation nulle.

Il faut encore que la dissipation du fils soit prouvée. L'expression vague et générale que le père déshérite son fils pour de bonnes et justes considérations, n'est pas suffisante: c'est ce qui a été jugé dans l'espèce suivante.

Michel Millet avait déclaré, par son testament passé devant notaire le 6 février 1676, que « pour de bonnes et justes considérations, il substituait la portion héréditaire qui appartiendrait à Me Pierre Millet, son fils, avocat au parlement, aux enfans à naître de sondit fils; voulant que Me Pierre Millet se contentât de l'usufruit de ladite portion héréditaire pour tout droit de légitime, lequel usufruit ne pourrait être saisi par les créanciers de son fils; et qu'en cas de saisie, cet usufruit serait aussitôt réuni à la propriété, à la charge par les substitués de fournir des alimens convenables audit Me Pierre Millet, lequel venant à décéder avant d'être marié, ou étant marié, sans enfans, le sieur Millet père avait substitué aux frères et sœurs dudit Me Pierre Millet la propriété desdits biens, tant en meubles qu'immeubles, et à défaut de frères et sœurs, à leurs enfans ». — Le père étant mort, Me Millet fit assigner ses cohéritiers aux requêtes de l'hôtel, pour voir dire que, sans s'arrêter à cette substitution qui serait déclarée nulle, les parties procéderaient au partage des biens de leur père, pour en jouir également suivant la coutume. — La cause plaidée solennellement, sentence intervint, qui appointa les parties en droit. — Appel de cette sentence.

On disait pour Me Millet, que, quoique le testateur parût avoir voulu faire une substitution, il n'y en avait réellement pas; car pour faire une substitution, il fallait que le grevé fût chargé de rendre: or il était impossible que Me Millet restituât à ses enfans sa portion héréditaire, puisqu'on ne lui en avait laissé que l'usufruit; que, s'il n'y avait pas de substitution, le testament du père contenait nécessairement une Exhérédation. On le prouvait encore en disant: la légitime doit être laissée aux enfans *ex substantiâ patris*; elle leur doit être délivrée en corps héréditaires avec la propriété et l'usufruit; il n'est pas au pouvoir du père d'en disposer à leur préjudice, à moins qu'ils n'aient mérité cette punition par leur ingratitude ou leur désobéissance. Quand donc un père réduit ses enfans au simple usufruit, quand il ne leur laisse que des alimens, c'est une véritable Exhérédation qu'il prononce contre eux; Exhérédation d'autant plus injuste, qu'en les privant de leur légitime, il leur ôte ce qui leur appartient par le suffrage de la nature et de la loi, et qu'il dispose d'un bien dont il n'est que le gardien et le dépositaire. La loi 16, §. 2, D. *de curatoribus*, qualifie d'Exhérédation, la disposition d'un père qui ne laisse que des alimens à son fils; et c'est ce que le testateur a pratiqué à l'égard de l'appelant, car il a déclaré par une première clause, qu'il voulait que son fils se contentât de l'usufruit de sa portion héréditaire pour tout droit de légitime; et par une seconde, qu'en cas de saisie, l'usufruit fût réuni à la propriété, et lui réduit à de simples alimens : ainsi, en lui ôtant tout ce qui lui était acquis par les droits du sang et par la sage disposition de la loi, il l'a véritablement exhérédé. Cette Exhérédation est nulle suivant nos mœurs; car, suivant la Novelle 115 de l'empereur Justinien, dont nous avons adopté les dispositions, les enfans doivent être institués ou exhérédés avec cause, à peine de nullité. On a même été plus loin : car pour empêcher les pères d'éluder cette sage disposition de la loi, en ne laissant que très-peu de chose à leurs enfans, on les a assujettis à leur laisser leur légitime franche et exempte de toutes charges. — Il est vrai qu'un père connaissant les débauches et les déréglemens de son fils, peut, par une espèce d'Exhérédation prudente et officieuse, que les lois appellent *bonâ mente*, *bono animo*, lui substituer sa portion héréditaire, et même sa légitime; mais aussi pour connaître si ces sortes d'Exhérédations peuvent subsister, il faut que cette espèce d'Exhérédation ait un fondement et un motif légitime; il faut encore que la cause en soit exprimée. Ces deux conditions ont été judicieusement marquées par la loi; la première, afin qu'il ne dépendît pas du caprice d'un père, de déshériter ses enfans par un pur mouvement de sa volonté; la seconde, afin qu'il ne fût pas au pouvoir des autres héritiers, de supposer d'autres causes que celle qui a porté le testateur à prononcer l'Exhérédation; le testament dont il s'agit, ne contient aucune cause d'Exhérédation; le testateur s'est contenté de dire, en termes généraux, *que, pour de bonnes et justes considérations, il a substitué*; mais ce n'est pas là satisfaire à la loi. Ces considérations vagues et indéfinies ne désignent rien, pour trop désigner; quiconque peut se résoudre à déshériter son fils, en peut bien dire le sujet : l'expression de la cause n'ajoute rien à l'injure qu'il lui fait; il n'est pas permis d'envelopper l'Exhérédation dans des éloges mystérieux et énigmatiques, qui font soupçonner ce qui n'est pas, et dont on ne se sert que quand on manque de véritables causes pour exhéréder.

On disait au contraire de la part des intimés : De quelque manière que l'on considère le testament de Me Millet père, soit comme contenant une substitution, soit comme contenant une Exhérédation, il ne peut recevoir d'atteinte. — Les lois permettent de substituer la légitime à l'imbécille, à l'exemple de la substitution pupillaire (Loi *humanitatis*, *C. de impuberum et aliis substitutionibus*). Un dissipateur, un prodigue n'a pas l'usage de la saine raison; puisqu'il se conduit comme un insensé dans l'administration de ses affaires; on l'enchaîne comme le furieux et l'imbécille dans les liens de l'interdiction. La légitime peut donc être substituée en certains cas; mais supposé que le père ait dû la laisser à son fils, il a satisfait à ce devoir, en lui laissant l'usufruit de toute sa portion héréditaire, parce que *ususfructus in multis casibus pars dominii est* : à toute extrémité, les intimés seraient quittes pour la fournir en propriété. Si l'on veut considérer cet acte comme une Exhérédation, c'est une Exhérédation officieuse que le testateur n'a prononcé contre son fils, que sous l'autorité des lois qui la permettent pour le bien et l'utilité des enfans prodigues et dissipateurs; c'est un acte de prudence et de charité pour conserver le bien dans une famille, et assurer à ce fils une subsistance honnête le reste de ses jours. — Quant à ce qu'on allègue, que la cause de l'Exhérédation a dû être exprimée, on convient que toute Exhérédation, de quelque nature qu'elle soit, doit avoir une cause légitime; mais il n'est pas toujours nécessaire que cette cause soit marquée spécifiquement. Il suffit qu'un père témoigne qu'il ne fait cela que pour de bonnes et justes considérations; son témoignage n'est jamais suspect dans ces matières; on sait qu'il ne passe pas à ces extrémités, sans y être forcé par des raisons très-pressantes; et s'il n'en explique pas le détail, c'est qu'il veut, autant qu'il lui est possible, cacher au public la honte de sa famille. Le défunt sieur Millet a dit assez, lorsqu'il a déclaré que, pour de bonnes et justes considérations, il substituait la portion héréditaire de l'appelant : car, quoique ce soit un éloge général et indéfini par rapport à ceux qui ne connaissent pas le secret de sa famille, néanmoins, par rapport à lui-même et à son fils, c'était un éloge particulier sous lequel le pére voulait masquer la dissipation et la conduite déréglée de son fils. Cette dissipation était fondée sur un emprunt de 15,000 l. que Me Millet fils avait fait, et qu'il avait remboursé depuis; son père lui avait même procuré une recette de plus de 300,000 l., et l'avait cautionné pour cet emploi.

Par arrêt du 31 mai 1680, la cour a mis l'appellation au néant, émendant et évoquant le principal, a ordonné que l'appelant viendrait avec ses frères et sœurs au partage de tous les biens, sans aucune charge de substitution.

On remarque trois circonstances considérables dans l'affaire jugée par cet arrêt : la première, que la cause d'Exhérédation n'était pas suffisamment exprimée; la seconde, que la dissipation n'était pas prouvée; la troisième, que le père avait lui-même cautionné son fils. La première rendait l'Exhérédation nulle en elle-même; les deux dernières l'auraient fait annuller, quand elle aurait été régulière dans la forme.

[Voici une autre espèce où l'on a jugé que l'expression et même la preuve d'une cause juste ne suffisait pas pour faire subsister une Exhérédation officieuse valablement prononcée, lorsque cette cause n'existait plus au moment de l'ouverture de la succession.

Le sieur N.... avait quatre enfans, trois garçons et une fille. En 1754, il fit son testament; ses enfans y furent institués ses légataires universels pour moitié de ses biens dans sa succession, et grevée de substitution, les uns envers les autres, pour l'autre moitié; et par une clause particulière du testament, le sieur N.... donna la liberté à la dame son épouse de lever la substitution, en tout ou en partie, sur ceux qu'elle jugerait à propos. Il est décédé en 1763. — Six mois après son décès, la dame N....., en vertu du pouvoir qui lui avait été conféré, a levé purement et simplement, en faveur de tous ses enfans, la substitution portée au testament de leur père. — Le 24 avril 1768, elle fit un premier testament, par lequel elle institua ses quatre enfans ses légataires universels, chacun pour un quart : à la suite de ces premières dispositions, elle déclara que la substitution faite par son mari, n'avait eu vraisemblablement pour objet que son fils aîné, les autres étant trop jeunes, à l'époque de son testament, pour que leur âge et leur goût pussent donner des inquiétudes capables d'exiger les précautions que son mari avait prises de faire une substitution; que, depuis, le goût de son fils aîné s'était manifesté pour la dépense; qu'elle savait d'ailleurs qu'il avait contracté beaucoup de dettes depuis la mort de son père, qu'il vivait avec une comédienne, au profit de laquelle il avait souscrit tout récemment, pardevant notaire, une obligation de 50,000 liv., portant constitution d'une rente de 2,500 liv., réversible sur trois têtes; et d'après toutes ses folies, qu'elle caractérisa d'imbécillité, elle avait cru devoir substituer sa portion héréditaire à ses enfans à naître, et au défaut d'enfans, à ses frères et à sa sœur. — Le même jour, 28 avril, après avoir rayé seulement la signature qu'elle avait apposée à ce premier testament, la dame N.... en fit un second, contenant les mêmes dispositions en faveur de ses trois autres enfans, et la substitution relative à son fils aîné, avec la seule différence qu'elle cacha le motif de cette dernière disposition; elle déclara ensuite que ce motif serait écrit dans un codicille séparé, remis cacheté entre les mains d'un notaire; codicille qui ne devait être ouvert que dans le cas où son fils viendrait à attaquer cette disposition dont elle voulait bien, pour son honneur, cacher les raisons. Ce codicille fut fait le même jour; il ne contenait pas d'autres motifs que la conduite de son fils avec la comédienne. — Cependant, deux ans avant la mort de la dame N..., son fils avait fait annuller, par des lettres de rescision, le contrat de constitution de 2,500 liv. qu'il avait souscrit au profit de l'actrice; et malgré ce retour sur lui-même, la dame N..... laissa subsister la substitution dont elle l'avait grevé par ses testamens. Elle est décédée en 1774. — Peu de temps après, le sieur N... se pourvoit contre le testament qui le grève. Sentence par défaut au châtelet de Paris, qui lui adjuge ses conclusions. Appel au parlement, de la part du curateur à la substitution des frères et de la sœur du sieur N.... — Arrêt le 20 décembre 1776, qui, sur les conclusions de M. l'avocat-général Séguier, confirme la sentence. M. Séguier a pensé que le motif qui avait déterminé la disposition de la dame N...., ne subsistant plus au moment de l'ouverture du testament, il n'était ni juste ni raisonnable que le sieur N... fût puni de l'erreur d'un moment, qu'il avait reconnue lui-même, et dont il avait entièrement anéanti l'effet.]

On a pensé long-temps que l'Exhérédation officieuse ne pouvait pas préjudicier aux créanciers du fils antérieurs à la mort du père ou de la mère, et que ces créanciers pouvaient, comme exerçant les droits de leur débiteur, demander la distraction de sa légitime.

Anne de Rainsi, mère de Nicolas de Mirlavaud, passa un acte pardevant notaires, en l'année 1617, par lequel elle déclara que, « pour cause à elle très-particulière, elle substituait aux enfans qui naîtraient du mariage de son fils, la portion qu'il prendrait en sa succession, dont il aurait l'usufruit sa vie durant, sans que ledit usufruit pût être saisi ni arrêté par aucun créancier de son fils, d'autant qu'il était destiné pour ses alimens ». — Mirlavaud ayant eu des enfans, leur mère fut élue leur tutrice; elle demanda, en cette qualité, l'exécution du testament d'Anne de Rainsi. Les créanciers du mari intervinrent pour demander la distraction de la légitime. — M. d'Aguesseau, qui porta la parole dans cette cause, dit :

« Personne n'ignore que la loi qui accorde la légitime aux enfans, peut être appelée *non scripta sed nata lex*, que la nature a gravée dans le cœur de tous les pères, et qu'elle ne leur permet pas de mépriser impunément.

» La légitime doit être laissée en corps héréditaires; l'usufruit ne suffit pas; on doit la laisser sans charge, sans condition, sans retardement. Un père qui prive son fils de sa légitime, doit rendre raison de sa conduite, et une raison approuvée par les lois.

» Le testament d'Anne de Rainsi contient une substitution ou une Exhérédation. Si c'est une substitution, elle résiste à toutes les lois qui, suivant en cela l'esprit de la nature, considèrent la légitime comme un bien propre aux enfans dont le père ne peut disposer, auquel il ne peut imposer aucune condition. Une légitime substituée, une légitime laissée en usufruit, est un paradoxe en jurisprudence.

» Si c'est une Exhérédation, quelle est la cause qui a déterminé la mère? Elle n'en a exprimé aucune.

» Il faut avouer que les jurisconsultes ont toujours distingué deux sortes d'Exhérédations : l'une de rigueur; c'est l'effet de la justice et de la sévérité paternelle qui déclare son fils indigne de sa succession; l'autre favorable, qui, bien loin d'être regardée comme l'effet d'une passion aveugle, est regardée au contraire comme une marque de la tendresse paternelle et de l'amour qu'il a pour son fils et ses petits-enfans.

» Mais parce que cette Exhérédation est contraire en quelque manière au droit commun, et qu'elle s'oppose à la faveur de la légitime, on n'a pas voulu accorder aux pères ni aux mères le pouvoir absolu de prononcer de telles Exhérédations; on les a soumis à de certaines conditions qui sont de rigueur; ces conditions sont écrites dans la loi, et confirmées par les arrêts. Le père, en déshéritant son fils, doit instituer ses petits-enfans; les collatéraux ne peuvent être admis à cette substitution; elle doit être faite en ligne directe; la seule faveur des petits-enfans du testateur, le seul intérêt de ses descendans, peut autoriser une telle disposition.

» Ce n'est pas assez que les petits-enfans soient appelés, il faut encore que le père exprime la cause et la nécessité de son jugement; il doit rendre raison de sa conduite, et justifier ses dernières volontés; autrement, on pourrait toujours soupçonner qu'un motif de haine ou de colère l'aurait fait agir. Une simple énonciation vague et générale ne peut suffire; la cause doit être expresse; c'est la condition essentielle de cette Exhérédation : et nous croyons que ce seul défaut serait capable, à la rigueur, de l'anéantir entièrement.

» Si le père a observé toutes les formalités, il est sans difficulté que le fils ne peut se plaindre d'une disposition qu'il a méritée par sa conduite.

» Mais lorsque ce sont des créanciers qui demandent la distraction de sa légitime, leur qualité change la cause de face, car la loi ne fait aucune mention des créanciers; et pour les priver d'un droit qui leur est acquis, il faudrait que la loi les eût compris expressément dans sa disposition; sans cela, ils peuvent toujours soutenir que la légitime est un bien propre aux enfans, qui leur est déféré par la loi sans le ministère de l'homme, auquel ils ne peuvent renoncer en fraude de leurs créanciers, et dont le père ne peut les priver sans observer les formalités les plus rigoureuses.

» Dans l'espèce de cette cause, les créanciers sont antérieurs à la substitution; ils ont contracté de bonne foi dans un temps où leur débiteur ne passait pas encore pour un prodigue, et lorsqu'il avait l'administration libre de tous ses biens : ils ont eu en vue, non-seulement ses biens présens, mais encore ses biens à venir, et la succession future d'un père ou d'une mère.

» Il në serait pas juste que des créanciers pussent être privés de la seule ressource qui leur reste pour être payés d'une dette légitime par un père auquel la loi ne donne ce pouvoir qu'à l'égard de ses enfans ».

Par arrêt du 5 avril 1691, il fut ordonné que distraction serait faite de la légitime au profit des créanciers, sans tirer à conséquence.

Les termes, *sans tirer à conséquence*, prouvent que la cour ne s'est déterminée que par les circonstances, et qu'elle n'a pas entendu juger la question si les créanciers avaient le droit de demander la distraction de la légitime due à leur débiteur. Cet arrêt a cela de commun avec le précédent, que la testatrice n'avait pas exprimé la cause de l'Exhérédation.

Mais la question a été décidée par arrêt rendu en 1760, à la seconde chambre des enquêtes, sur les conclusions de M. de Saint-Fargeau, avocat-général. Il a été jugé que, quand l'Exhérédation est régulière, les créanciers n'ont pas le droit de demander la distraction de la légitime. C'est ce qu'a encore décidé postérieurement un autre arrêt rapporté à l'article *Légitime*, sect. 7, §. 3.

Je crois que les raisons de cette jurisprudence sont faciles à trouver. La légitime a été établie en faveur des enfans et non en faveur de leurs créanciers.

Le débiteur ne peut pas renoncer à ses droits en fraude de ses créanciers; mais l'Exhérédation officieuse est régulière : il est dépouillé de son droit même malgré lui : il ne commet donc pas de fraude.

C'est la dissipation du fils qui fait craindre au père que sa succession ne soit envahie par les créanciers de son fils; c'est donc contre l'invasion de ces créanciers, que la loi autorise le père à se prémunir et à assurer ses biens à ses petits-enfans, en laissant des alimens à son fils : donner aux créanciers du fils la distraction de sa légitime, c'est aller contre l'esprit de la loi, et mettre sa sagesse et sa prévoyance en défaut.

Si la loi veut que les enfans aient leur légitime en corps héréditaires et sans charge, elle a apporté en même temps une exception à cette règle générale, qui en détruit l'effet à l'égard de l'enfant dissipateur justement exhérédé.

Les créanciers du fils n'ont pas plus de droit qu'il n'en avait lui-même; donc si on suppose l'Exhérédation valable à l'égard du fils, elle doit valoir contre ses créanciers.

Les créanciers du fils n'ont pas de droit acquis sur les biens du père; ils n'ont donc pas dû compter sur sa succession.

V. Cujas sur le titre du Digeste de inofficioso testamento, *et sur les Novelles* 18 *et* 115; *Despeisses; Henrys, tom.* 2, *liv.* 5, *quest.* 2; *Leprestre, centurie* 2, *chap.* 67; *Chopin, sur la coutume d'Anjou, liv.* 3, *chap.* 1, *tit.* 1; *Mornac, sur la loi* 33, C. de inoff. testam.; *Anne Robert, liv.* 2, *chap.* 9; *Duplessis, sur Paris*, Traité des successions, *liv.* 1, *chap.* 1; *Domat; M. d'Aguesseau, plaidoyers* 3 *et* 33; *Brodeau, sur Louet, lett.* 5, *n.* 20; *le Journal du palais et celui des audiences. V.* aussi *Légitime* et *Mariage*. (M. La Forest.) *

[[§. VIII. *Etat actuel de la législation française sur l'Exhérédation.*

Le pouvoir d'exhéréder a été virtuellement ôté aux pères, par la loi du 7 mars 1793; et il l'a été également aux enfans et aux frères, par les lois des 5 brumaire et 17 nivose an 2. Aussi l'art. 23 de la loi du 9 fructidor de la même année déclare-t-il expressément « que toute Exhérédation qui tend nécessairement à donner à l'un ce dont on prive l'autre, est implicitement abolie, avec tous ses effets, depuis le 14 juillet 1789 », époque que les lois des 9 fructidor an 3 et 3 vendémiaire an 4 ont reportée à la publication des lois citées.

Le Code Napoléon est muet sur l'Exhérédation proprement dite, et par conséquent il en maintient l'abrogation; mais il conserve à certains égards l'Exhérédation officieuse. Écoutons là-dessus M. Bigot-Préameneu, conseiller d'État, dans l'exposé qu'il a fait, au nom du gouvernement, à la séance du corps législatif du 2 floréal an 11, des motifs de la loi qui compose aujourd'hui le tit. 2 du liv. 3 du Code Napoléon :

« La loi établit des règles particulières à certaines dispositions entre-vifs ou de dernière volonté, qui exigent des mesures qui leur sont propres.

» Telles sont les dispositions permises aux pères et

mères, et aux frères ou sœurs, dont la sollicitude, se prolongeant dans l'avenir, leur aurait fait craindre que des petits-enfans ou des neveux ne fussent exposés à l'infortune par l'inconduite ou par les revers de ceux qui leur ont donné le jour.

» Dans la plupart des législations et dans la nôtre jusqu'aux derniers temps, la puissance paternelle a eu dans l'Exhérédation un des plus grands moyens de prévenir et de punir les fautes des enfans. Mais en remettant cette arme terrible dans la main des pères et mères, on n'a songé qu'à venger leur autorité outragée, et on s'est écarté des principes sur la transmission des biens.

» Un des motifs qui a fait supprimer le droit d'Exhérédation, est que l'application de la peine à l'enfant coupable s'étendait à sa postérité innocente. Cependant cette postérité ne devait pas être moins chère au père équitable dans sa vengeance; elle n'en était pas moins une partie essentielle de la famille, et devait y trouver la même faveur et les mêmes droits.

» Or, il n'y avait qu'un petit nombre de cas dans lesquels les enfans de l'exhérédé fussent admis à la succession de celui qui avait prononcé la fatale condamnation.

» Ainsi, sous le rapport de la transmission des biens dans la famille, l'Exhérédation n'avait que des effets funestes. La postérité la plus nombreuse d'un seul coupable était enveloppée dans sa proscription; et combien n'étaient-ils pas scandaleux dans les tribunaux, ces combats où, pour des intérêts pécuniaires, la mémoire du père était déchirée par ceux qui s'opposaient à l'Exhérédation, et la conduite de l'enfant exhérédé présentée sous les traits que la cupidité cherchait encore à rendre plus odieux!

» Cependant il fallait trouver un moyen de conserver à la puissance des pères et mères la force nécessaire, sans blesser la justice.

» On avait d'abord cru que l'on pourrait atteindre à ce but, si on donnait aux pères et mères le droit de réduire l'enfant qui se rendait coupable d'une dissipation notoire, au simple usufruit de sa portion héréditaire, ce qui eût assuré la propriété aux descendans nés et à naître de cet enfant.

» On avait trouvé les traces de cette disposition officieuse dans les lois romaines; mais après un examen plus approfondi, on y a découvert la plupart des inconvéniens de l'Exhérédation.

» La plus grande puissance des pères et mères, c'est de la nature et non des lois qu'ils la tiennent. Les efforts des législateurs doivent tendre à seconder la nature et à maintenir le respect qu'elle a inspiré aux enfans : la loi qui donnerait au fils le droit d'attaquer la mémoire de son père, et de le présenter aux tribunaux comme coupable d'avoir violé ses devoirs par une prescription injuste et barbare, serait elle-même une sorte d'attentat à la puissance paternelle; elle tendrait à la dégrader dans l'opinion des enfans. Le premier principe dans cette partie de la législation, est d'éviter, autant qu'il est possible, de faire intervenir les tribunaux entre les pères et mères et leurs enfans. Il est le plus souvent inutile et toujours dangereux de remettre entre les mains des pères et des mères, des armes que les enfans puissent combattre et rendre impuissantes.

» C'eût été une erreur de croire que l'enfant réduit à l'usufruit de sa portion héréditaire, ne verrait lui-même que l'avantage de sa postérité, et qu'il ne se plaindrait pas d'une disposition qui lui laisserait la jouissance entière des revenus. Cette disposition, officieuse pour les petits-enfans, eût été, contre leur père ainsi grevé, une véritable interdiction qui eût pu avoir sur son sort, pendant le reste de sa vie, une influence funeste. Comment celui qui aurait été proclamé dissipateur par son père même, pourrait-il se présenter pour des emplois publics? Comment obtiendrait-il de la confiance dans tous les genres de profession?

» N'était-il pas trop rigoureux de rendre perpetuels les effets d'une peine aussi grave quand la cause ne pouvait être que passagère?

» Il a donc été facile de prévoir que tous les enfans ainsi condamnés par l'autorité des pères et mères, se pourvoiraient devant les tribunaux; et avec quel avantage n'y paraîtraient-ils pas? La dissipation se compose d'une suite de faits que la loi ne peut pas déterminer : ce qui est dissipation dans une circonstance, ne l'est pas dans une autre. Le premier juge, celui dont la voix serait si nécessaire à entendre, pour connaître les motifs de sa décision, n'existerait plus.

» Serait-il possible d'imaginer une scène plus contraire aux bonnes mœurs, que celle d'un aïeul dont la mémoire serait déchirée par son fils réduit à l'usufruit, en même temps que la conduite de ce fils serait dévoilée par ses propres enfans? Cette famille ne deviendrait-elle pas le scandale et la honte de la société? Et à quelle époque pourrait-on espérer que le respect des enfans pour les pères s'y rétablirait? Il aurait donc bien mal rempli ses vues, le père de famille qui, en réduisant son fils à l'usufruit, n'aurait eu qu'une intention bienfaisante envers ses petits-enfans; et s'il eût prévu les conséquences funestes que sa disposition pouvait avoir, n'eût-il pas dû s'en abstenir!

» La loi qui eût admis cette disposition, eût encore été vicieuse en ce que la réduction à l'usufruit pouvait s'appliquer à la portion héréditaire en entier. C'était porter atteinte au droit de légitime qui a été jusqu'ici regardé comme ne pouvant pas être réduit par les pères et mères eux-mêmes, si ce n'est dans le cas d'Exhérédation. Or, la dissipation notoire n'a jamais été une cause d'Exhérédation, mais seulement d'une interdiction susceptible d'être levée, quand la cause n'existait plus.

» Quoique la disposition officieuse, telle qu'on l'avait d'abord conçue, fût exposée à des inconvéniens qui ont empêché de l'admettre, l'idée n'en était pas moins en elle-même juste et utile. L'erreur n'eût pas été moins grande, si on ne l'eût pas conservée en la modifiant.

» Il fallait éviter, d'une part, que la disposition ne fût un germe de discorde et d'accusations respectives ; et, de l'autre, que la loi qui soustrait une certaine quotité de biens aux volontés du père, ne fût violée.

» Ces conditions se trouvent remplies, en donnant aux pères et mères la faculté d'assurer à leurs petits-enfans la portion de biens dont la loi leur laisse la libre disposition. Ils pourront l'assurer, en la donnant à un ou à plusieurs de leurs enfans, et ceux-ci seront chargés de la rendre à leurs enfans. Vous avez vu que la portion disponible laissée au père, suffira pour atteindre au but proposé : elle sera, eu égard à la fortune de chacun, assez considérable pour qu'elle puisse préserver les petits-enfans de la misère à laquelle l'inconduite ou les malheurs du père les exposeraient.

» L'aïeul ne peut pas espérer de la loi une faculté plus étendue que celle dont il a besoin, en n'écoutant que des sentimens d'une affection pure envers sa postérité ; et d'une autre part, la quotité réservée aux enfans, est de droit public ; sa volonté, quoique raisonnable, ne peut y déroger.

» Lorsque la charge de rendre les biens est imposée, ce doit être en faveur de toute la postérité de l'enfant ainsi grevé, sans aucune préférence à raison de l'âge et du sexe, et non seulement au profit des enfans nés lors de la disposition, mais encore de tous ceux à naître.

» Ce moyen est préférable à celui de la *disposition officieuse :* la réserve légale est intacte : la volonté du père ne s'applique qu'à des biens dont il est absolument le maître de disposer ; elle ne peut être contestée ni compromise, elle ne porte plus les caractères d'une peine contre l'enfant grevé de restitution ; elle pourra s'appliquer à l'enfant dissipateur comme à celui qui déjà aura eu des revers de fortune, ou qui, par son état, y serait exposé.

» Il est possible que les pères et mères, qui sont seuls juges des motifs qui les portent à disposer ainsi d'une partie de leur fortune, avec la charge de la rendre, aient seulement la volonté de préférer à la fois l'enfant auquel il donne l'usufruit et sa postérité. Mais la loi les laisse maîtres de disposer au profit de celui de leurs enfans qu'il leur plaît ; et on a beaucoup moins à craindre une préférence aveugle, lorsque les biens doivent passer de l'enfant grevé de restitution, à tous les petits-enfans, sans distinction, et au premier degré seulement.

» C'est dans cet esprit de conservation de la famille, que la loi proposée a étendu à celui qui meurt ne laissant que des frères ou sœurs, la faculté de les grever de restitution, jusqu'à concurrence de la portion disponible, au profit de tous les enfans de chacun des grevés.

» On voit que la faculté accordée aux pères et mères, de donner à un ou plusieurs de leurs enfans tout ou partie des biens disponibles, à la charge de les rendre aux petits-enfans, a si peu de rapport avec l'ancien régime des substitutions, qu'on ne lui en a même pas donné le nom.

» C'est une substitution, en ce qu'il y a une transmission successive de l'enfant donataire aux petits-enfans. Mais cela est contraire aux anciennes substitutions, en ce que l'objet de la faculté donnée aux pères et mères et aux frères, n'est point de créer un ordre de succession, et d'intervertir les droits naturels de ceux que la loi eût appelés, mais plutôt de maintenir cet ordre et ces droits, en faveur d'une génération qui en eût été procréée.

» Dans les anciennes substitutions, c'était une branche qui était préférée à l'autre : dans la disposition nouvelle, c'est une branche menacée et que l'on veut conserver.

» En autorisant cette espèce de disposition officieuse, il a fallu établir les règles nécessaires pour son exécution ».

V. l'article *Substitution fidéicommissaire.*]]

* EXHIBITION DE PIÈCES. C'est la représentation que l'on en fait.

I. L'Exhibition a beaucoup de rapport avec la communication qui se fait *sans déplacer.*

Cependant la communication a des effets plus étendus ; car on peut *exhiber* une pièce en la montrant seulement ; et on ne peut communiquer une même pièce sans déplacer, qu'en la laissant examiner.

On exhibe les minutes pour les vérifier et en faire l'examen.

Les actes judiciaires d'une juridiction contre lesquels on s'inscrit en faux, doivent être *exhibés.*

Personne n'est tenu d'exhiber des titres qui sont contraires à ses propres intérêts. *Nemo tenetur titulum edere contra se.*

Par arrêt du 8 mai 1647, rendu par la chambre des comptes, aides et finances de Provence, il a été jugé que le fermier ne pouvait exiger l'Exhibition *du livre de raison* d'un marchand, pour vérifier si ce dernier n'avait pas commis quelque fraude aux droits de la ferme ; le même arrêt ordonna seulement que le marchand étant exempt de payer les droits dont il s'agissait, serait tenu d'affirmer qu'il n'avait point prêté son nom. *V. Compulsoire* et *Représentation de chose.* (M. Desessarts.)*

[[II. Quelle est la nature de l'action en Exhibition des titres que l'on prétend avoir précédemment remis à la personne à laquelle on en demande la restitution ? et devant quels juges doit-elle être portée, lorsqu'elle est formée comme base d'une demande en revendication d'immeubles dont cette personne est en possession ? est-ce devant les juges du domicile de cette personne, ou devant ceux de la situation des biens ?

Le sieur Gasté fait citer la demoiselle Gasté, sa sœur, domiciliée à Rennes, dans le ressort de la cour d'appel du même nom, devant le tribunal de première instance de Mayenne, ressortissant à la cour d'appel d'Angers, pour se faire condamner à représenter des traités qu'il dit avoir été passés entre eux et qu'il prétend avoir laissés entre ses mains, et par suite à lui délaisser, conformément à l'une des clauses de ces traités, une partie de la terre de Lapallu, située dans l'arrondissement de ce dernier tribunal. — La demoiselle Gasté comparaît, et demande son renvoi devant le tribunal de première instance de Rennes.

— Le sieur Gasté répond que son action n'est pas personnelle, mais réelle. — Le tribunal de Mayenne le juge ainsi et rejette le déclinatoire. — La demoiselle Gasté se pourvoit en réglement de juges devant la cour de cassation. — Par arrêt du 3 février 1806, au rapport de M. Pajon, « attendu que, s'il est vrai que la demande en revendication ou partage formée par le sieur Gasté contre la demoiselle sa sœur, était une action réelle, il ne l'est pas moins non plus qu'il ne la fondait que sur une prétendue remise de titres faite à la demoiselle Gasté, qui, loin de convenir qu'ils lui eussent été remis, contestait jusqu'à leur existence; d'où il suit évidemment que la question relative à la restitution, était nécessairement préjudicielle à toute autre; et attendu qu'une demande à fin d'Exhibition ou restitution de titres est purement personnelle, et doit être en conséquence portée devant le juge du domicile du défendeur; sans s'arrêter ni avoir égard aux jugemens du tribunal d'arrondissement séant à Mayenne, lesquels seront regardés comme nuls et non avenus, la cour renvoie la cause et les parties devant le tribunal d'arrondissement séant à Rennes ».

V. mon *Recueil de Questions de droit*, article *Action ad exhibendum.*]]

* EXHUMATION. C'est l'action de déterrer les morts ou de les enlever du lieu de leur sépulture.

Cette action peut être licite ou criminelle.

Elle est légitime, lorsqu'elle est faite en vertu de l'autorité de la justice.

C'est un délit, lorsqu'elle a pour but la violation de la sépulture en haine de la personne enterrée, ou pour dépouiller le cadavre des choses qui ont été mises dans son cercueil. *V. Cimetière.*

On ne peut faire aucune Exhumation sans ordonnance de justice [[ou de police.]].

Ainsi, quand on veut exhumer quelqu'un pour le transférer dans un autre lieu, il faut en obtenir la permission [[de la police.]]

Il faut une ordonnance de justice pour exhumer un cadavre, lorsqu'il s'agit d'en faire la visite à l'occasion de quelque procédure criminelle. *V. Cadavre.* (M. Desessarts.) *

* EXIL. Peine prononcée par le souverain lui-même, et qui consiste, ou à s'abstenir d'un lieu jusqu'à une certaine distance, ou à se retirer nommément dans tel endroit, avec défenses d'en sortir jusqu'à nouvel ordre.

Il y a cette différence entre l'Exil et le bannissement, que l'Exil ne donne aucune atteinte à l'honneur de celui qui est obligé de le subir; au lieu que le bannissement est une peine criminelle, qui rend infâme celui contre lequel elle est prononcée.

L'Exil s'annonce ordinairement à celui qui doit le subir, par une lettre de cachet : il est rare que le temps pendant lequel il doit durer, soit déterminé; il dure de plein droit jusqu'à la révocation des ordres donnés à ce sujet; la mort du prince ne suffit pas pour en induire tacitement cette révocation.

La peine de l'Exil se prononce quelquefois autrement que par une lettre de cachet. Dans les affaires qui sont pendantes devant sa majesté en son conseil, lorsqu'il se trouve des cas qui méritent une certaine répréhension, le prince, pour les punir, sans néanmoins blesser l'honneur de ses sujets et sans compromettre la dignité du trône, emploie quelquefois la voie de l'Exil pour tenir lieu de bannissement que les juges ordinaires auraient pu prononcer. Nous en avons un exemple particulier dans une affaire où le sieur Daudé-Sejas, un prêtre et un particulier, furent *exilés* pour un an par arrêt du conseil d'état du roi du 7 juillet 1710, à l'occasion de quelques mémoires diffamatoires donnés au ministère contre le comte Peyre, lieutenant-général de Languedoc.

Quand on est exilé nommément dans tel endroit, il n'est pas permis d'en découcher sans enfreindre son Exil; mais on en est pas moins exposé au danger de la prescription lorsqu'on néglige la poursuite de ses droits, parce que, si l'on ne peut agir par soi-même, on peut toujours agir par un fondé de procuration.

L'Exil est une excuse pour ne point comparaître, soit à l'effet de répondre à un décret, soit à l'effet de déposer devant un juge qui a son tribunal hors de l'endroit où l'on est exilé; il faut, ou que le juge se transporte sur les lieux, ou qu'il donne commission rogatoire, ou enfin qu'il y ait une permission du prince pour que l'exilé soit obligé de satisfaire aux ordonnances du juge.

Un exilé étant comme sous la main du roi, ses créanciers ne peuvent point exercer contre lui de contrainte par corps; mais il n'est, à proprement parler, sous la main du roi, que lorsque le lieu de son Exil est nommément déterminé. Si un homme, par exemple, était simplement exilé à trente lieues de Paris, comme le pays au-delà serait entièrement à sa disposition, rien n'empêcherait qu'au-delà de ces trente lieues, il ne pût être constitué prisonnier, pourvu qu'il ne fût point ensuite traduit dans des prisons situées dans les trente lieues de la ville d'où il aurait été exilé.

Quoique l'Exil, comme nous l'avons dit, ne donne aucune atteinte à l'honneur, il n'est cependant rien moins qu'honorable lorsqu'il a lieu en vertu d'un arrêt tel que celui que nous venons de citer. Mais l'Exil qui n'émane que d'une lettre de cachet, n'imprime pas la tache même la plus légère à la réputation, parce qu'ordinairement on ne connaît point les motifs qui l'ont déterminé.

Les juges prononcent quelquefois une peine assez approchante de l'Exil, sous le nom d'*Abstention. V.* ce mot. (M. Dareau.) *

[[*V. Bannissement*, *Lettres de cachet*, *Commission*, sect. 5, n. 3; *Condamné*, n. 6; et *Forçat.*]]

* EXOINE. C'est l'excuse par laquelle celui qui devait comparaître en justice, fait voir qu'il est dans l'impossibilité de le faire.

Le titre 11 de l'ordonnance criminelle du mois d'août 1670 règle ce qui doit être observé relativement aux Exoines des accusés.

Suivant l'article premier de ce titre, l'accusé qui ne peut comparaître en justice, pour *cause de maladie ou blessure*, est obligé de faire présenter ses excuses par procuration spéciale passée pardevant notaires. Cette procuration doit être très-circonstanciée, c'est-à-dire, contenir exactement le nom de la ville, bourg ou village, celui de la paroisse, de la ville et de la maison où se trouve détenu celui qui propose l'Exoine.

Il faut d'ailleurs, suivant l'art. 2, que la procuration dont il s'agit, soit accompagnée du rapport d'un médecin, contenant les accidens et la qualité de la maladie ou de la blessure, et dont la vérité soit attestée par lui devant le juge du lieu, qui doit en dresser procès-verbal. Ce médecin doit être d'une faculté approuvée dans le royaume, aux termes de l'ordonnance; cependant, lorsqu'il y a de la difficulté d'en trouver de cette espèce, on permet de faire faire le rapport par des chirurgiens au lieu d'un médecin.

La procédure pour parvenir au jugement de l'Exoine, est très-sommaire : elle se réduit à une simple communication de l'Exoine, et des pièces qui y servent de fondement, au ministère public, ainsi qu'à la partie civile, s'il y en a une, et à donner un avenir sur lequel l'incident est porté à l'audience criminelle pour y être statué.

On agite alors la question de la légitimité ou non légitimité des causes de l'Exoine : si elles sont jugées légitimes en elles-mêmes, et que le ministère public ou la partie civile se réduise à en contester la réalité, on doit ordonner que les parties informeront respectivement de la vérité de l'Exoine, et du contraire, dans un bref délai.

Lorsque le délai est expiré, on doit juger définitivement l'Exoine sur ce qui se trouve produit, ou contradictoirement, ou par l'une des parties. Le juge alors prend un des partis suivans : ou il prononce qu'il sera sursis à l'exécution du décret décerné contre l'accusé, ou il ordonne qu'il se transportera lui-même chez l'accusé pour l'interroger, ou il commet un autre juge pour remplir cet objet.

L'art. 4 du titre 25 de l'ordonnance de 1670 veut que les accusés soient reçus à proposer leurs Exoines, même après une condamnation par contumace prononcée contr'eux. (M. Desessarts) *

[[*V.* le Code des délits et des peines, du 3 brumaire an 4, art. 461 et 468; et le Code d'instruction criminelle de 1808, art. 468 et 469.

V. aussi *Juré* et *Témoin judiciaire.*]]

* EXORCISME. On donne ce nom à la cérémonie que l'Eglise emploie pour chasser les démons du corps des personnes que l'on prétend en être possédées, et pour soustraire à l'empire du diable les autres créatures même inanimées dont l'esprit infernal, dit-on, abuse.

Le terme *Exorcisme* est tiré d'un mot grec qui signifie *adjurare*, *conjurare*.

Les Exorcismes sont en usage dans l'Eglise romaine. Il en est de deux sortes, les Exorcismes ordinaires et les Exorcismes extraordinaires. On emploie les premiers dans la cérémonie du baptême et dans la bénédiction de l'eau qui se fait tous les dimanches. On fait usage des seconds sur les démoniaques et contre les maladies, les insectes, les orages, etc. (M. Desessarts.) *

[[*V.* mon *Recueil de Questions de droit*, aux mots *Hiérarchie judiciaire*, §. 1.]]

* EXPÉDIENT. Ce terme vient du mot français *expédier*, ou du mot latin *expediens* : au palais, il signifie un *arrangement* fait pour l'*Expédition* d'une affaire.

On est dans l'usage au palais de renvoyer les affaires d'une légère importance devant un ancien avocat, qui décide la contestation ; et l'arrêt est conforme à son avis. On appelle cette manière de juger les affaires, *vider les causes par Expédient.*

[[Cet usage a cessé avec les anciens tribunaux, dont la suppression a été prononcée par la loi du 7 septembre 1790.]]

Il y a une autre sorte d'Expédient qui est purement volontaire : il a lieu lorsque les parties ou leurs procureurs signent un accord qu'ils proposent à l'audience.

En Provence, chaque partie peut proposer un Expédient : s'il est adopté, on le met au greffe ; si on le refuse, et qu'il soit admis par le juge, la partie qui l'a refusé, est condamnée aux dépens faits depuis son refus.

Cet usage a lieu, tant en matière criminelle qu'en matière civile; mais il est indispensable que les procureurs qui signent un Expédient, aient un pouvoir spécial de leurs cliens.

On admet aussi l'usage des Expédiens au parlement de Grenoble.

Les arrêts d'*Expédiens* ont la même autorité que les autres arrêts, et ils ne peuvent être attaqués que par les mêmes voies. (M. Desessarts.) *

[[Sur cette dernière assertion, *V. Jugement*, §. 1, n. 1; et le plaidoyer du 12 germinal an 13, rapporté à l'article *Conventions matrimoniales*, §. 2.]]

* EXPÉDITION. Ce mot en général signifie la copie grossoyée d'un acte quelconque.

§. I. *Des Expéditions des actes notariés.*

[[I. On distingue, par rapport aux actes notariés, l'Expédition exécutoire de l'Expédition simple,

L'expédition exécutoire, que l'on nomme plus communément *grosse*, est une copie de la minute, qui est intitulée et terminée comme les jugemens. (Loi du 25 ventose an 11, art. 25).

L'Expédition simple est une copie littérale de la minute, qui est terminée par ces seuls mots, *pour Expédition*.

Ce n'est donc pas à l'Expédition simple, mais seulement à l'Expédition exécutoire, que l'on doit appliquer l'art. 1283 du Code Napoléon, qui porte que « la remise volontaire de la *grosse* du titre fait présumer la remise de la dette ou le payement, sans préjudice de la preuve contraire ».]]

II. Lorsqu'une personne a besoin de l'Expédition d'un acte dans lequel elle a été partie, et que le notaire ou greffier dépositaire de la minute, refuse mal à propos de lui donner cette Expédition, il faut qu'elle présente une requête au juge, pour obtenir la permission de faire sommer le dépositaire de lui délivrer cette Expédition, sinon, de le faire assigner pour voir dire qu'il y sera contraint.

Le juge rend une ordonnance conforme aux conclusions, et en vertu de laquelle on somme le dépositaire de délivrer l'Expédition requise : s'il refuse, on l'assigne par le même exploit au premier jour, pour se voir condamner, et par corps, à délivrer cette Expédition. En conséquence, on le condamne à la délivrer et aux dépens, quand il n'a point de raisons valables pour autoriser son refus.

[[*V.* le Code de procédure civile, art. 839 et et 840.]]

III. Lorsqu'un acte n'est pas revêtu des formalités nécessaires pour le rendre valable, l'officier public qui en est dépositaire, n'en doit point délivrer d'Expédition sans y être autorisé par les parties intéressées ou par une ordonnance du juge. En pareil cas, la partie qui a besoin de cet acte doit, au défaut du consentement des parties intéressées, présenter une requête au juge, afin qu'il lui permette d'en lever une Expédition. Si le juge ne voit aucun inconvénient dans cette permission, il l'accorde; sinon, il permet seulement d'assigner la partie.

Lorsqu'il est permis de délivrer l'Expédition, on joint la requête et l'ordonnance à la minute de l'acte, et on les transcrit à la suite de cette expédition.

[[*V.* le Code de procédure civile, art. 851, 842 et 843.]]

IV. Suivant l'ordonnance de 1539, les notaires ne peuvent point expédier de seconde grosse d'un acte sans y être autorisés par le juge. Cette seconde grosse se demande particulièrement dans trois cas : 1° lorsque la première grosse est entre les mains d'une personne qui y a droit et qui refuse de la donner; 2° lorsque la première grosse se trouve, par quelque événement, en main tierce sous scellé; 3° lorsque la première grosse se trouve adirée et qu'on veut poursuivre le payement de la créance qui y est portée.

Dans tous ces cas et autres où l'on peut avoir besoin d'une seconde grosse, on présente au juge une requête qui permet au bas d'expier cette seconde grosse; mais il ne le fait qu'à la charge d'appeler les parties intéressées, et de faire mention de la requête et de son ordonnance au bas.

S'il arrive qu'une des parties intéressées s'oppose à la délivrance de la seconde grosse, le notaire doit, avant de passer outre, renvoyer les parties devant le juge, pour statuer sur la difficulté. (M. GUYOT.)*

[[*V.* la loi du 25 ventose an 11, art. 26; et le Code de procédure civile, art. 844 et 845.

Comment doit-il être procédé, lorsqu'on a besoin de l'Expédition d'un acte dans lequel on n'a pas été partie? *V. Compulsoire.*

V. aussi *Acte notarié*, *Copie*, *Grosse*, *Minute* et *Notaire*.

§. II. *Des Expéditions des actes judiciaires.*

C'est au greffier de chaque tribunal que la loi confie le soin d'expédier « tous les actes et procès-verbaux du ministère du juge ». *Code de procédure civile*, *art.* 1040.

Il ne peut être délivré d'Expédition d'aucun jugement, avant que la minute en ait été signée. Les greffiers qui contreviennent à cette règle, doivent être poursuivis comme faussaires. *Ibid.*, art. 139.

Mais l'Expédition que l'on représente d'un jugement dont la minute ne se trouve pas au greffe, ne laisse pas de faire foi jusqu'à inscription de faux. Arrêt de la cour de cassation, du 29 messidor an 8, rapporté dans mon *Recueil de Questions de droit*, au mot *Signature*, §. 5.

Les greffiers des juges de paix ne peuvent pas expédier les jugemens non définitifs qui ont été rendus contradictoirement et prononcés en présence des parties. *Code de procédure civile*, *art.* 38.

V. Exécutoire, *Greffier*, n. 14; *Grosse* et *Inscription de faux*.

§. III. *Des Expéditions des actes administratifs et des actes de l'Etat civil.*

Les Expéditions des arrêtés des préfets, de ceux des conseils de préfecture, et des délibérations des conseils généraux des départemens, doivent être délivrées et signées par les secrétaires généraux des préfectures. *V.* la loi du 28 pluviose an 8, art. 7.

Les Expéditions des arrêtés des sous-préfets ne peuvent être délivrées et signées que par ces administrateurs.

Quant aux Expéditions des arrêtés des maires, des délibérations des conseils municipaux et des actes de l'état civil, les maires ont seuls le droit de les signer. *V.* l'avis du conseil d'Etat du 2 juillet 1807, rapporté à l'article *Maire*.

On a vu à l'article *Etat civil*, quels sont les droits que les maires peuvent exiger pour les Expéditions des actes de naissance, de mariage, de décès, d'adoption et de divorce.

A l'égard des droits qui peuvent être exigés pour les Expéditions des actes administratifs, voici ce que porte un avis du conseil d'Etat, du 4 août 1807, approuvé par l'Empereur le 18 de ce mois :

« Le conseil d'Etat, d'après le renvoi qui lui a été fait d'un rapport du ministre de l'intérieur, proposant de régler le droit d'Expédition des actes déposés dans les archives, ou faits par les administrations publiques;

» Vu l'art. 37 de la loi du 7 messidor an 2, portant : *tout citoyen pourra demander, dans tous les dépôts, aux jours et heures qui seront fixés, communication des pièces qu'ils renferment : elle leur sera donnée sans frais et sans déplacement, et avec les précautions convenables de surveillance. Les Expéditions ou extraits qui en seront demandés, seront délivrés à raison de 15 sous du rôle.*

» Considérant que les administrations publiques expliquent diversement le vœu de la loi, en ce qui doit constituer les archives publiques, ainsi que relativement à la nature des actes dont les Expéditions ou extraits doivent être passibles de la taxe; et qu'il convient de fixer à cet égard les droits des citoyens et des administrateurs de préfectures, sous-préfectures et municipalités;

» Est d'avis, 1° que toutes les premières Expéditions des décisions des autorités administratives, de préfectures, de sous-préfectures, ou de municipalités, doivent être, aux termes des lois, délivrées gratuitement; 2° que les secondes ou ultérieures Expéditions desdites décisions, ou les expéditions des titres, pièces ou renseignemens déposés dans les bureaux des administrations, doivent être payées au taux fixé par l'art. 37 de la loi du 7 messidor an 2.... ».

§. IV. *Des Expéditions des actes du gouvernement, et des décisions du conseil d'Etat en matière contentieuse.*

Les actes du gouvernement sont expédiés par le ministre-secrétaire d'Etat.

Les décisions du conseil d'Etat en matière contentieuse, lorsqu'elles ont reçu l'approbation de l'Empereur, sont expédiées par le secrétaire général de ce conseil; et ces Expéditions sont exécutoires. Telle est la disposition de l'art. 35 du décret impérial du 11 juin 1806.

» Les règlemens ne font pas de distinction, sous ce rapport, entre le cas où l'exécution du jugement est poursuivie par l'administration, et celui où elle l'est par un particulier. Je doute cependant qu'un ministre, dans le cas où l'exécution du décret lui est confiée, soit obligé de faire lever une Expédition au secrétariat du conseil: il a entre les mains l'Expédition officielle et authentique qui lui est adressée par le ministre-secrétaire d'État ». — Ainsi s'exprime M. Locré, secrétaire-général du conseil d'Etat, dans sa *Législation et Jurisprudence française*, tom. 1, page 255.]]

* EXPERT. On donne ce nom à des gens nommés par autorité de justice, ou choisis par les parties intéressées, pour examiner ou pour estimer certaines choses, et en faire leur rapport.

I. L'usage de nommer des Experts nous vient des Romains. Outre les arpenteurs qui faisaient la mesure des terres, et les huissiers-priseurs qui estimaient les biens, on prenait des gens de chaque profession pour les choses dont la connaissance dépendait de celle des principes de leur art. On voit, par exemple, dans la Novelle 64, que l'estimation des légumes devait être faite par des jardiniers de Constantinople.

Les Experts sont qualifiés d'*arbitres* dans quelques lois, quoique les fonctions des arbitres soient différentes de celles des Experts, attendu que ceux-ci ne sont pas juges.

En France, il n'y avait autrefois d'autres Experts que ceux que choisissaient les parties, ou que le juge nommait d'office, lorsqu'il y avait lieu de le faire; mais aujourd'hui il y a des Experts créés en titre d'office par différens édits, notamment par celui du mois de mai 1690, qui porte «que les pourvus de cette sorte d'office pourront être nommés Experts, savoir, ceux de la ville de Paris, tant dans la prévôté et vicomté que dans toutes les autres villes et lieux du royaume; ceux des villes où il y a parlement, tant dans ces villes que dans l'étendue du ressort du parlement; ceux des autres villes, chacun dans les lieux de leur établissement et dans le ressort du présidial, ou autre juridiction ordinaire de ladite ville, pour y faire toutes les visites, rapports des ouvrages, tant à l'amiable qu'en justice, en toute matière, pour raison des partages, licitations, servitudes, alignemens, périls éminens, visite de carrière, moulins à vent et à eau, cours d'eau et chaussée desdits moulins, terrasses, jardinages, toisés, prisées, estimation de tous ouvrages de maçonnerie, charpenterie, couverture, menuiserie, sculpture, peinture, dorure, marbre, serrurerie, vitrerie, plomb, pavé, et généralement de tout ce qui concerne et dépend de l'expérience des choses ci-dessus exprimées, avec défenses à toutes autres personnes de faire aucun rapport et autres actes qui concernent ces sortes d'opérations, et aux parties de convenir d'autres Experts, aux juges d'en nommer d'autres d'office, et d'avoir égard aux rapports qui pourraient être faits par d'autres».

[[Ni cet édit ni ceux qui l'avaient précédé, n'ont été enregistrés au parlement de Flandre. Les offices qu'ils avaient créés, ont d'ailleurs été supprimés dans toute la France par une loi du..... 1790.]]

II. Lorsque la contestation est dans un lieu où il n'y a point d'Experts en titre, on nomme pour Experts les personnes qui connaissent le mieux la matière dont il est question.

[Observez que cette nomination ne doit pas tomber sur des Experts éloignés du lieu où existe le fonds ou l'ouvrage litigieux. Outre qu'ils ne sont pas censés connaître l'usage du canton, relativement aux travaux manuels et à la culture des terres, chacune des parties ne serait pas à portée de vérifier leur expérience et leur probité.

Il y a là-dessus un arrêt du parlement de Rouen, du 15 mars 1722. Le sieur Rombosc avait fait nommer par le juge un tiers-Expert, distant de cinq à six lieues de l'héritage dont il fallait estimer la valeur. La partie adverse appela de cette nomination. Et par l'arrêt dont il s'agit, la cour mit l'appellation et ce au néant, émendant, ordonna qu'il serait nommé un autre Expert par un autre juge que celui dont était appel, lequel serait pris dans la paroisse de la situation de l'héritage, ou à défaut, dans la plus voisine.

Lorsqu'il y a trois parties dans une cause, doit-il être nommé trois Experts? Cette question s'est présentée au parlement de Normandie, conjointement avec celle de savoir si une partie a le droit de nommer un Expert-juré, quoiqu'il ne s'agisse que d'estimer des terres, et qu'un laboureur paraisse plus en état qu'un autre de faire une pareille estimation.

Voici les circonstances de cette affaire. — Quatre frères, nommés Biset, avaient vendu à Langlois, différens biens situés dans l'étendue du bailliage du Pont-de-l'Arche. Un de leurs oncles en exerça le retrait. Langlois consentit de les lui abandonner; mais à l'instant où il allait en faire la remise, il parut un autre retrait de la part d'une des sœurs des vendeurs. Langlois consentit également de lui délaisser les biens. Avant que ce délaissement fût effectué, autre retrait de la part de l'aîné des vendeurs, au nom et comme tuteur de ses enfans. Postérieurement à ce troisième retrait, les trois autres co-vendeurs prirent des lettres de rescision contre le contrat de vente, pour cause de lésion ultradimidiaire. Ces lettres furent dénoncées par Langlois au frère aîné, avec assignation pour prendre ses fait et cause, et le garantir de toutes les condamnations qui pourraient intervenir contre lui. Comme il ne pouvait être question que de savoir s'il y avait lésion ou non, il fut ordonné, par sentence, que les biens seraient estimés; mais le juge ajouta qu'à cet effet, le frère aîné, retrayant, Langlois, acquéreur, et les trois autres frères, demandeurs en rescision, nommeraient chacun un Expert juré et laboureur, ce qui donnait trois Experts.—Toutes les parties appelèrent de cette sentence : les trois frères cadets, sur le principe qu'il ne devait y avoir que deux Experts, un pour eux et un autre qui serait nommé conjointement par leur frère aîné et par Langlois; le frère aîné, sur le même principe qu'il ne devait y avoir que deux Experts, mais en soutenant qu'il en serait nommé un par lui seul; et Langlois, en ce que les Experts, selon lui, devaient être laboureurs et non pas architectes, puisqu'il s'agissait d'estimation de terres. Du reste, Langlois soutint qu'il avait été bien jugé en ordonnant qu'il serait nommé trois Experts, parce qu'il avait personnellement intérêt de faire voir le peu de fondement de la demande en rescision, attendu l'indécision où était encore le retrait exercé par l'aîné des frères. —Par arrêt du 12 mai 1775, le parlement de Rouen, sans avoir égard à l'appel incident de Langlois, faisant droit sur l'appel incident de l'aîné des quatre frères, et sur l'appel originaire des trois frères cadets, « a mis l'appellation et ce au néant; émendant, quant à ce, a ordonné qu'il ne serait nommé que deux Experts, l'un par le frère aîné, et l'autre par les trois frères cadets et Langlois conjointement; la sentence, au résidu, sortissant effet ».

Un arrêt de la cour des comptes, aides et finances de Provence, du 3 juin 1643, a fait défenses de nommer pour Experts ceux qui ne possèdent aucun bien. (Boniface, tom. 1, liv. 1, tit. 30, n. 3.)

Un avocat qui possède et fait valoir des immeubles, peut-il être nommé Expert pour estimer de pareils biens?—Cette question s'est présentée au grand conseil, dans le commencement de ce siècle. Les religieux de l'abbaye de Fommorigny, ordre de Cîteaux, s'étant servis d'un avocat pour Expert, le sieur Flamen, leur abbé commandataire, avec qui il s'agissait de faire un partage valable et en forme, prétendit que l'estimation faite par un tel Expert, ne devait pas être considérée, attendu qu'il n'était point versé dans cet art; et qu'il était dévoué aux religieux, dont jusque-là il avait fait les affaires. On répondit que, si cet avocat avait eu occasion de donner quelques conseils aux religieux, ce n'était pas dans l'affaire dont il s'agissait; que, bien qu'il ne fût pas Expert en titre d'office, il avait, dans sa province, des domaines et des terres qu'il faisait valoir; qu'il était capable de les estimer, et que cela suffisait. Aussi, ajoutait-on, dans tous les arrêts et jugemens, même dans les lois où il s'agit d'estimation, on met toujours *en présence d'Experts et gens à ce connaissant*. Ces moyens furent appuyés par M. l'avocat-général Benoît de St.-Port; et par arrêt du 10 mars 1703, le grand-conseil confirma l'estimation. (Brillon, au mot *Expert*, n. 4.)]

[[Le Code de procédure civile ne limite ni ne gêne par aucune disposition, la liberté des parties et du juge, dans le choix des Experts; mais il établit, quant à leur nombre et au mode de leur nomination, des règles tout-à-fait nouvelles, sauf qu'elles étaient déjà tracées par le Code Napoléon, relativement aux estimations à faire en cas de réclamation contre une vente d'immeubles pour cause de lésion. *V*. ci-après, n. 4.]]

[III. On a mis en question s'il peut être procédé à une visite d'Expert, sans descente du juge sur les lieux; et par arrêt du 14 juin 1677, le parlement de Provence a adopté l'affirmative. (Boniface, tom. 3, liv. 2, tit. 5, chap. 2.) Cela devait souffrir d'autant moins de difficulté, que, par l'art. 1 du tit. 21 de l'ordonnance de 1667, il est fait defenses à tous juges, même à ceux des cours souveraines, « de faire descente sur les lieux dans les matières où il n'échet qu'un simple rapport d'Experts ».]

[[Telle est aussi la disposition du Code de procédure civile, art. 295; mais elle n'a pas lieu dans les justices de paix. *V*. ci-après, n. 4.]]

Suivant l'art. 8 du tit. 21 de l'ordonnance du mois d'avril 1667, les jugemens qui ordonnent que des ouvrages seront vus, visités, toisés et estimés par Experts, doivent faire mention expresse des faits auxquels les rapports doivent être appliqués, du juge commis pour procéder à la nomination des Experts, et à la réception de leur serment et rapport, ainsi que du délai dans lequel les parties sont tenues de comparoir devant le commissaire.

Lorsque les objets à visiter sont dans une juridiction différente de celle où l'instance est pendante, on peut commettre le juge du lieu pour procéder à la nomination des Experts, et recevoir leur serment : cette commission doit être donnée par le siége où le procès s'instruit, et non par le lieutenant-général seul, ou autre juge chargé de l'instruction.

Si, au jour de l'assignation, une des parties ne comparaît pas ou refuse de convenir d'Experts, le commissaire en doit nommer un d'office pour cette partie, lequel procède à la visite avec l'Expert nommé par l'autre partie : si les deux parties refusent d'en nommer, le juge en nomme aussi d'office, le tout sauf à récuser; et si la récusation est jugée valable, on en nomme d'autres à la place de ceux qui ont été récusés.

Par le procès-verbal qui contient la nomination des Experts, le commissaire doit indiquer le jour et l'heure pour recevoir leur serment. En conséquence, la partie qui demande la visite, fait assigner les Experts pour affirmer, et les autres parties pour être présentes à ce serment. Les Experts sont obligés de comparoir à cette assignation; quant aux parties, on procède à tant en leur présence qu'en leur absence;

il suffit, à leur égard, qu'elles aient été bien et dûment appelées.

Lorsque les Experts ont prêté leur serment, dont on dresse procès-verbal, on leur met entre les mains le jugement qui ordonne la visite, afin qu'ils y puissent vaquer sans délai.

Sur la représentation de leur rapport, ou ils sont d'avis uniforme, ou ils sont d'avis différens. Si leur avis se trouve uniforme, il sert ordinairement de base au jugement qui intervient; mais s'ils sont contraires entr'eux dans leur façon de penser, la justice nomme d'office un tiers-Expert pour les départager: on observe, pour la nomination et la prestation de serment de ce tiers-Expert, les mêmes formalités que pour les autres Experts.

Si les premiers Experts se sont accordés sur quelques points, le tiers-Expert ne doit donner son avis que sur les objets relativement auxquels les premiers Experts sont divisés d'opinion.

Il faut d'ailleurs que le tiers-Expert se fasse assister des deux premiers Experts, et se conforme à l'avis de l'un ou de l'autre.

[Le parlement de Normandie l'a ainsi jugé par arrêt du 14 août 1734, rendu au rapport de M. de Moy-d'Ectot, entre les sieurs de Bonnisent et Pardieu de Croisset.

Quoique cet arrêt eût été rendu après le plus scrupuleux examen des principes relatifs aux pouvoirs des Experts, la question s'est encore renouvelée en 1777.

Une sentence du bailliage de Neufchâtel, du 17 mars 1774, avait nommé d'office un laboureur, pour estimer, en qualité de tiers-Expert, la valeur extrinsèque de terres sujettes à une légitime, au temps du décès du père et de la mère des parties. Ce laboureur, quoique saisi des procès-verbaux des deux premiers Experts, et même assisté d'eux, ne leur fit aucune interpellation pour savoir s'ils persistaient dans leurs rapports, et il fit une estimation à sa fantaisie. — Le sieur Lebrument, l'une des parties, demanda la nullité de cette estimation. Il soutint qu'un tiers-Expert était tenu d'adopter l'avis de l'un des deux Experts qui lui paraissait approcher le plus de la juste valeur des choses; qu'en suivant une autre règle, le tiers-Expert ne pourrait déterminer le jugement de la cause, puisqu'après son rapport, différent des deux autres, on aurait trois opinions contraires, et que nul motif ne ferait préférer la troisième à l'une des deux premières. — Malgré ces raisons, le sieur Lebrument perdit sa cause au bailliage de Neufchâtel; mais, sur son appel, il est intervenu, le 17 février 1777, arrêt à la chambre des enquêtes, qui a cassé le rapport du tiers-Expert, faute d'avoir adopté l'estimation de l'un des deux premiers; les parties ont été renvoyées devant un autre juge que celui dont était appel, à l'effet d'être nommé un tiers-Expert, « lequel serait tenu de se faire assister des deux premiers, conformément à l'art. 13 du tit. 21 de l'ordonnance de 1667, et d'adopter l'estimation de l'un d'eux ».]

Il faut néanmoins convenir que cette opinion souffre des difficultés, et n'est point admise partout. Beaucoup de jurisconsultes y sont opposés, et pensent que le tiers est nommé, non pour embrasser l'avis de l'un des deux premiers Experts, mais pour donner le sien propre.

[[C'est aussi ce qu'a jugé un arrêt de la cour de cassation du 21 brumaire an 3, rapporté dans mon *Recueil de Questions de droit*, aux mots *Tiers-Expert*.

IV. Du reste, sur tout ce qu'on vient de lire, il a été fait de grands changemens, d'abord par le Code Napoléon, ensuite par le Code de procédure civile.

Le Code Napoléon prescrit, pour l'expertise à faire en matière de lésion dans les ventes d'immeubles, les règles suivantes :

« *Art.* 1678. Cette preuve (celle de la lésion) ne pourra se faire que par un rapport de trois Experts, qui seront tenus de dresser un seul procès-verbal commun, et de ne former qu'un seul avis à la pluralité des voix.

» 1679. S'il y a des avis différens, le procès-verbal en contiendra les motifs, sans qu'il soit permis de faire connaître de quel avis chaque Expert a été.

» 1680. Les trois Experts seront nommés d'office, à moins que les parties ne se soient accordées pour les nommer tous les trois conjointement ».

Le Code de procédure civile distingue, par rapport aux expertises, entre les justices de paix, les tribunaux de commerce et les tribunaux ordinaires.

Voici d'abord quelles sont ses dispositions pour les expertises à faire dans les justices de paix.

« *Art.* 41. Lorsqu'il s'agira, soit de constater l'état des lieux, soit d'apprécier la valeur des indemnités et dédommagemens demandés, le juge de paix ordonnera que le lieu contentieux sera visité par lui, en présence des parties.

» 42. Si l'objet de la visite ou de l'appréciation exige des connaissances qui soient étrangères au juge, il ordonnera que les gens de l'art qu'il nommera par le même jugement, feront la visite avec lui, et donneront leur avis : il pourra juger sur le lieu même sans désamparer. Dans les causes sujettes à l'appel, procès-verbal de la visite sera dressé par le greffier, qui constatera le serment prêté par les Experts. Le procès-verbal sera signé par le juge, par le greffier et par les Experts; et si les Experts ne savent ni ne peuvent signer, il en sera fait mention.

» 43. Dans les causes non sujettes à l'appel, il ne sera point dressé de procès-verbal; mais le jugement énoncera les noms des Experts, la prestation de leur serment et le résultat de leur avis ».

Pour les tribunaux de commerce, l'art. 429 porte que, « s'il y a lieu à visite ou estimation d'ouvrages ou marchandises, il sera nommé un ou trois Experts; (et que) les Experts seront nommés d'office par le tribunal, à moins que les parties n'en conviennent à l'audience ».

A l'égard des tribunaux ordinaires, le Code de procédure règle ainsi la marche à suivre dans les expertises qui s'y font :

« *Art.* 302. Lorsqu'il y aura lieu à un rapport d'Experts, il sera ordonné par un jugement, lequel énoncera clairement les objets de l'expertise.

» 303. L'expertise ne pourra se faire que par trois

Experts, à moins que les parties ne consentent qu'il y soit procédé par un seul.

» 304. Si, lors du jugement qui ordonne l'expertise, les parties se sont accordées pour nommer les Experts, le même jugement leur donnera acte de la nomination.

» 305. Si les Experts ne sont pas convenus par les parties, le jugement ordonnera qu'elles seront tenues d'en nommer dans les trois jours de la signification; sinon, qu'il sera procédé à l'opération par les Experts qui seront nommés d'office par le même jugement. — Ce même jugement nommera le juge-commissaire, qui recevra le serment des Experts convenus ou nommés d'office : pourra néanmoins le tribunal ordonner que les Experts prêteront leur serment devant le juge de paix du canton où ils procéderont.

» 306. Dans le délai ci-dessus, les parties qui se seront accordées pour la nomination des Experts, en feront leur déclaration au greffe.

» 307. Après l'expiration du délai ci-dessus, la partie la plus diligente prendra l'ordonnance du juge, et fera sommation aux Experts nommés par les parties ou d'office, pour faire leur serment, sans qu'il soit nécessaire que les parties y soient présentes.

» 308. Les récusations ne pourront être proposées que contre les Experts nommés d'office, à moins que les causes n'en soient survenues depuis la nomination et avant le serment.

» 309. La partie qui aura des moyens de récusation à proposer, sera tenue de le faire dans les trois jours de la nomination, par un simple acte signé d'elle ou de son mandataire spécial, contenant les causes de récusation, et les preuves, si elle en a, ou l'offre de les vérifier par témoins : le délai ci-dessus expiré, la récusation ne pourra être proposée, et l'Expert prêtera serment au jour indiqué par la sommation.

» 310. Les Experts pourront être récusés par les motifs pour lesquels les témoins peuvent être reprochés.

» 311. La récusation contestée sera jugée sommairement à l'audience, sur un simple acte, et sur les conclusions du ministère public; les juges pourront ordonner la preuve par témoins, laquelle sera faite dans la forme ci-après prescrite pour les enquêtes sommaires.

» 312. Le jugement sur la récusation sera exécutoire, nonobstant l'appel.

» 313. Si la récusation est admise, il sera d'office, par le même jugement, nommé un nouvel Expert ou de nouveaux Experts, à la place de celui ou de ceux récusés.

» 314. Si la récusation est rejetée, la partie qui l'aura faite, sera condamnée en tels dommages et intérêts qu'il appartiendra, même envers l'Expert, s'il le requiert, mais, dans ce dernier cas, il ne pourra demeurer Expert.

» 315. Le procès-verbal de prestation de serment contiendra indication, par les Experts, du lieu et des jour et heure de leur opération. — En cas de présence des parties ou de leurs avoués, cette indication vaudra sommation. — En cas d'absence, il sera fait sommation aux parties, par acte d'avoué, de se trouver aux jour et heure que les Experts auront indiqués.

» 316. Si quelque expert n'accepte point la nomination ou ne se présente point, soit pour le serment, soit pour l'expertise, aux jour et heure indiqués, les parties s'accorderont sur-le-champ pour en nommer un autre à sa place; sinon, la nomination pourra être faite d'office par le tribunal. — L'Expert qui, après avoir prêté serment, ne remplira pas sa mission, pourra être condamné, par le tribunal qui l'avait commis, à tous les frais frustratoires, et même aux dommages-intérêts, s'il y échet.

» 317. Le jugement qui aura ordonné le rapport et les pièces nécessaires sera remis aux Experts; les parties pourront faire tels dires et réquisitions qu'elles jugeront convenables; il en sera fait mention dans le rapport rédigé sur les lieux contentieux, ou dans le lieu et aux jour et heure qui seront indiqués par les Experts. — La rédaction sera écrite par un des Experts et signée par tous : s'ils ne savent pas tous écrire, elle sera écrite et signée par le greffier de la justice de paix du lieu où ils auront procédé.

» 318. Les Experts dresseront un seul rapport; ils ne formeront qu'un seul avis à la pluralité des voix. — Ils indiqueront néanmoins, en cas d'avis différens, les motifs des divers avis, sans faire connaître quel a été l'avis personnel de chacun d'eux ».

Remarquez cependant que, dans les expertises ordonnées à la requête de la régie de l'enregistrement, dans le cas prévu par l'art. 17 de la loi du 22 frimaire an 7, on doit encore, même depuis la publication du Code de procédure civile, se conformer aux règles prescrites par l'art. 18 de la même loi. Cela résulte de l'avis du conseil d'Etat du 12 mai 1807, rapporté à l'art. *Enregistrement* (*droit d'*), §. 58; et la cour de cassation l'a ainsi jugé, le 25 octobre 1808, en cassant un jugement du tribunal civil de Nismes; le 30 janvier 1809, en cassant un jugement du tribunal civil de Milhaud; le 9 octobre de la même année, en cassant un jugement du tribunal civil de Montpellier; le 2 mai 1810, en cassant un jugement du tribunal civil de Clermont-Ferrant; et le 24 juillet suivant, en cassant un jugement du tribunal civil de Saint-Gaudens.

Les dispositions du Code de procédure civile sur la nomination des Experts, ne s'appliquent pas non plus aux expertises qui sont ordonnées administrativement. — L'art. 8 de la loi du 16 septembre 1807, relative au desséchement des marais et à d'autres objets d'utilité publique, porte que, pour les estimations qui, d'après les articles précédens, devront être faites dans le cas où le desséchement des marais serait entrepris par d'autres que ceux à qui ils appartiennent, les propriétaires des marais, par l'organe de leurs syndics, « nommeront et présenteront un Expert au préfet du département; les concessionnaires en présenteront un autre, le préfet nommera un tiers-Expert. Si le desséchement est fait par l'Etat (continue-t-il,) le préfet nommera le second Expert, et le tiers-Expert sera nommé par le ministre de l'intérieur ». — L'art. 56 ajoute : « Les Experts, pour l'évaluation des indemnités relatives à une occupation de terrain, seront nommés, pour les objets de travaux de grande voirie, l'un par le propriétaire, l'autre par le préfet; et le tiers-Expert, s'il en est besoin, sera de droit l'ingénieur en chef du département. Lorsqu'il y aura des concessionnaires, un Expert sera nommé par le propriétaire, un autre par le concessionnaire, et le tiers-Expert par le préfet. Quant aux travaux des villes, un Expert sera nommé par le propriétaire, ou par le maire de la ville ou de l'arrondissement pour Paris, et le tiers-Expert par le préfet. »]]

V. L'ordonnance de 1667 a abrogé l'usage de faire recevoir en justice les rapports d'Experts, et dit seulement que les parties peuvent les produire, ou les contester, si bon leur semble. La production dont parle l'ordonnance, ne se fait que quand l'affaire est appointée; l'usage est de demander l'entérinement du rapport; ce que le juge n'ordonne que quand il trouve le rapport en bonne forme, et qu'il n'y a pas lieu d'en ordonner un nouveau.

La partie la plus diligente peut faire donner au procureur de l'autre partie, copie des procès-verbaux et rapports d'Experts; et trois jours après, poursuivre l'audience sur un simple acte, si l'affaire est d'audience, ou produire le rapport d'Experts, si le procès est appointé.

[[A ces dispositions de l'ordonnance de 1667, le Code de procédure civile a substitué celles-ci :

« *Art.* 319. La minute du rapport sera déposée au greffe du tribunal qui aura ordonné l'expertise, sans nouveau serment de la part des Experts : leurs vacations seront taxées par le président au bas de la minute; et il en sera délivré exécutoire contre la partie qui aura requis l'expertise, ou qui l'aura poursuivie, si elle a été ordonnée d'office.

» 320. En cas de retard ou de refus de la part des Experts de déposer leur rapport, ils pourront être assignés à trois jours, sans préliminaire de conciliation, par-devant le tribunal qui les aura commis, pour se voir condamner, même par corps, s'il y échet, à faire ledit dépôt; il y sera statué sommairement et sans instruction.

» 321. Le rapport sera levé et signifié à avoué par la partie la plus diligente; l'audience sera poursuivie sur un simple acte ».]]

VI. Les Experts ne sont point juges : leur rapport n'est jamais considéré que comme un avis donné pour instruire la religion du juge; et celui-ci n'est point astreint à suivre l'avis des Experts.

[[C'est ce qu'ont jugé deux arrêts de la cour de cassation qui sont cités dans le plaidoyer du 2 fructidor an 13, rapporté à l'article *Succession future;* et l'art. 323 du Code de procédure civile érige cette jurisprudence en loi.]]

[L'avis des Experts est cependant regardé comme authentique, et il fait foi de ce qu'il énonce.

Dans un procès porté au parlement de Provence, sur l'appel d'une sentence du lieutenant de Toulon, il était question de savoir si des Experts ayant déclaré dans leur rapport avoir pris l'avis de tels *sapiteurs*, on était recevable à prouver que cette énonciation était contraire à la vérité. La partie qui avait soutenu l'affirmative devant le premier juge, avait obtenu gain de cause. Mais, par arrêt du 13 février 1696, cette sentence fut infirmée et la preuve rejetée : — « J'étais des juges (dit M. le président de Bézieux), et pour l'arrêt; parce qu'on ne peut vérifier un fait qui détruit la foi d'un acte public, et qu'il n'y a que l'inscription en faux qui ait cet effet, suivant la disposition du droit, et cette sentence de Paulus, *testes, cùm de fide tabularum non dubitatur, interrogari non opportet*, fondé sur la loi première, C. *de testibus*, selon laquelle les arrêts rejettent la preuve par témoins des faits qui vont contre la teneur des actes, tels que sont les contrats et les rapports, et celui particulièrement dont il était question, à cause que les Experts y faisant la fonction de juges, on doit ajouter foi et déférer à leur assertion. C'est en effet sur ce fondement qu'il est porté par le statut de la province, compilé par Morgues, pag. 34 de l'édition de 1642, que, quand les estimateurs des communautés disent avoir appelé les parties, on ajoute foi à leur relation. De là vient aussi que, quand le rapport porte que les parties ont donné pouvoir verbal aux Experts pour certains chefs, cette énonciation fait la preuve du pouvoir, et on y doit déférer, parce que les Experts parlent d'une chose qui concerne leur fonction; et comme ils sont crus quand ils disent avoir procédé en présence ou en absence des parties, on doit les en croire aussi lorsqu'ils certifient d'avoir procédé de leur consentement, et principalement quand les parties leur ont remis des pièces qui concernent les chefs pour lesquels il est soutenu que le pouvoir verbal a été donné ».]

[[C'est ce qu'a pareillement jugé un arrêt de la cour de cassation du 6 frimaire an 14. — Le sieur Makilot avait acquis par acte public un immeuble situé dans l'arrondissement de Verdun, pour le prix de 35,000 francs. — La régie de l'enregistrement, pensant que le prix de cet immeuble avait été dissimulé par le contrat, a demandé que, conformément à l'art. 17 de la loi du 22 frimaire an 7, il fût estimé par Experts; en conséquence, des Experts ont été nommés respectivement par les parties. — Ces Experts ont été partagés d'opinion; et d'après l'art. 18 de la même loi, ils se sont rendus devant le juge de paix du lieu de la situation des biens, qui, par ordonnance du 1er messidor an 12, a nommé pour tiers-Expert le sieur Remy, notaire, qui a prêté serment le même jour. — Le sieur Remy a ensuite procédé, conjointement avec les deux premiers Experts, à son opération, et en a dressé un procès-verbal qu'il a signé avec eux le 25 du même mois. — Le 27, la régie fit notifier, tant au sieur Remy tiers-Expert qu'au sieur Makilot, un acte extrajudiciaire par lequel, en récusant le sieur Remy sur le fondement qu'elle avait une contestation avec lui, elle assignait le sieur Makilot devant le tribunal civil de Verdun, pour voir déclarer nulle toute l'expertise, et ordonner, que par d'autres Experts, il serait procédé à une nouvelle estimation. — Sur cette assignation, jugement par défaut, du 23 brumaire an 13, qui prononce conformément aux conclusions de la régie, « Attendu que le procès-verbal arrêté par le tiers-Expert, signé de lui et de deux autres Experts, est un acte sous signature privée qui n'a de date certaine que du jour de son enregistrement; et que n'ayant subi cette formalité que le 18 thermidor, et la récusation de la régie étant du 27 messidor, elle a eu lieu en temps opportun». — Opposition à ce jugement de la part du sieur Makilot; mais le 16 pluviose suivant, le sieur Makilot est, par le même motif, débouté de son opposition. — Le sieur Makilot se pourvoit en cassation; et par l'arrêt cité, — «Vu les art. 18 et 22 de la loi du 22 frimaire an 7; attendu que les Experts ont été nommés en conformité de la loi; que le tiers-Expert a été nommé par le juge de paix, d'après l'art. 18 de la loi du 22 frimaire an 7; qu'il a dressé et signé son procès-verbal conjointement avec les deux premiers Experts, avant la récusation par la régie dudit tiers-Expert; que ce procès-verbal ne peut être assimilé aux actes dont parle l'art. 22 de la même loi, qui n'ont de date certaine que du jour de leur enregistrement, par la raison que des Experts ont une mission légale qui fait que leurs actes ne peuvent pas être rangés dans la cathégorie des actes sous signature privée : d'où il suit que la récusation de la régie a été tardive, et que le tribunal de première instance de Verdun a fait une fausse application de cet article; la cour casse et annulle....]]

[C'est encore parce que les Experts font, à certains égards la fonction de juges, qu'il leur est défendu de faire des rapports les jours de dimanche ou de fêtes. Par arrêt du parlement de Provence, du 18 novembre 1694, «on a jugé (dit M. le président de Bézieux), qu'un rapport étant daté d'un jour de fête solennelle, il ne pouvait pas subsister. Mais comme ce défaut venait de la propre faute des Experts, la cour ordonna qu'il serait refait à leurs dépens». La partie qui en soutenait la validité, disait «que la date du jour de fête ne devait être considérée que pour dénoter que la remise des pièces des parties leur avait été faite ce jour-là»; mais cette défaite ne fut pas écoutée.]

VII. Si le rapport est nul, ou que la matière ne se trouve pas suffisamment éclaircie, le juge peut ordonner un second et même un troisième rapport. Si c'est une des parties qui requiert le nouveau rapport, et que le juge l'ordonne, ce rapport doit être fait aux dépens de la partie qui l'a demandé.

[Mais le juge doit-il ordonner un nouveau rapport, toutes les fois qu'une des parties le demande et offre d'en avancer les frais? Non, et il y a sur cette matière une distinction qui fait notre droit commun.

Si les Experts ont opéré d'après des principes faux, s'ils se sont déterminés par des motifs erronés, inexacts, invraisemblables, nul doute que chaque partie ne soit recevable et fondée à demander un nouveau rapport.

Mais si les deux Experts sont d'accord, si leur procès-verbal est étayé de bons motifs, s'ils sont partis des vrais principes, si enfin rien n'annonce en eux de la partialité, les parties doivent se soumettre à leur rapport, et l'on ne doit pas écouter celle qui en demanderait un nouveau, même à ses frais. Autrement, les procès n'auraient point de fin; et puis, quelle foi mériterait plutôt un second rapport qu'un premier?

C'est sur ce principe qu'a été réformée une des dispositions de l'ancienne coutume de Paris : l'art. 79 de cette loi portait «qu'à un rapport de jurés dûment fait par autorité de justice, partie présente ou appelée, de ce qui gît en leur art et industrie, foi doit être ajoutée, s'il n'en est demandé l'amendement des bacheliers». — Cet article fut retranché de la nouvelle coutume, et l'on y substitua le 184, qui est ainsi conçu : «doit être le rapport apporté en justice, pour, en plaidant ou jugeant le procès, y avoir tel égard que de raison, *sans qu'on puisse demander un amendement* : peut néanmoins le juge ordonner autre ou plus ample visitation, s'il y échet».

D'après cet article, dit Rousseaud de Lacombe, (*Jurisprudence civile*, au mot *Experts)*, on tient pour très-constant que, «l'une des parties n'est point recevable à demander un nouveau rapport, à moins qu'elle ne prouve qu'il y a des irrégularités ou des nullités dans le premier rapport, parce qu'il n'est pas permis d'enfreindre impunément la disposition expresse et prohibitive de la loi».

Cet auteur ajoute que l'on suit la même règle dans les coutumes muettes; et c'est ce que confirme Coquille, *Institutions au droit français*, titre *des servitudes* : la disposition de l'art. 184 de la coutume de Paris, dit-il, «est très-raisonnable, pour éviter les inconvéniens que les lois et les décrétales redoutent, quand elles défendent d'examiner autres témoins sur d'autres faits dont il y a déjà enquête; et, selon le rapport de tels Experts, doit être jugé».

Deghewiet, dans ses *Institutions au droit belgique*, part. 4, tit. 2, §. 6, rapporte deux arrêts du parlement de Flandre de 1689 et du 5 décembre 1725, qui jugent qu'on n'est pas recevable à demander un nouveau rapport, quand il en existe un d'Experts nommés par les parties.

Il en a été décidé de même par un autre arrêt de la même cour du 22 janvier 1781. Delroux avait vendu à Semet un cheval que celui-ci prétendait être infecté de la morve. Les échevins de Valenciennes ordonnèrent que le cheval serait visité par Experts. En conséquence, chacune des parties nomma un maréchal; et il fut constaté, par un rapport bien motivé, que le cheval n'avait ni morve ni autre vice redhibitoire, mais qu'il n'était pas sans défaut. Sur ce rapport, il intervint, le 27 novembre 1780, sentence qui condamna Semet. Appel, et demande d'un nouveau rapport. Delroux, pour qui j'écrivais, s'y opposa et soutint que le premier procès-verbal étant régulier, devait faire loi. Par l'arrêt cité, rendu au rapport de M. de Gillaboz, la cour, sans avoir égard à la nouvelle visite requise par Semet, ordonna aux parties de comparoir devant M. le rapporteur, pour répondre aux points qui leur seraient proposés d'office; et il fut arrêté que Semet serait interrogé s'il entendait prouver que Delroux lui avait garanti son cheval de tous défauts, autres que les vices redhibitoires; que, dans le cas où il déclarerait que oui, il serait admis à preuve; que, dans le cas contraire, il serait déclaré aux parties que la sentence était confirmée avec amende et dépens.

Cette jurisprudence n'est pourtant pas générale; l'art. 521 de la coutume de Bourbonnais permet, comme le faisait l'art. 79 de l'ancienne coutume de

Paris, à toute partie qui n'est pas contente d'un rapport, d'en demander l'amendement.

La coutume de Cambresis porte qu'après avoir fait mesurer et borner deux héritages voisins par Experts nommés de main commune, on peut, si l'on n'en est pas satisfait, requérir un second et même un troisième bornage *V. Cerquemanage.*

En Provence, il est pareillement d'usage, suivant un acte de notoriété du parquet d'Aix du 29 janvier 1686, « que, lorsqu'en exécution des sentences ou des arrêts, il y a des rapports de liquidations de sommes, ou autres adjugés, faits par Experts convenus ou commis d'office..., il est permis de *recourir*, jusqu'à trois fois, des jugemens et rapports desdits Experts, *et jusqu'à ce qu'il y ait trois rapports conformes*, et c'est ainsi qu'on l'a toujours pratiqué et jugé par les arrêts ».

Un autre acte de notoriété donné au même parquet, le 22 mai suivant, atteste « l'usage de la Provence être qu'en matière des rapports qui sont faits par des Experts et gens à ce connaissant, commis par les juges ou convenus par les parties, elles en peuvent réciproquement recourir à autres Experts deux fois; et par-dessus cela, elles peuvent encore, suivant le même usage observé par la cour, se servir du même recours aux juges, soit souverains, soit subalternes, de l'autorité desquels tels rapports ont été faits, comme arbitres de droit, étant tels recours reçus jusqu'à trente ans.... ».

Il y a un troisième acte de notoriété, du 21 mai 1697, qui atteste que, suivant les maximes reçues au parlement de Provence, « chaque partie ne peut *recourir* que deux fois d'un même rapport (d'Experts); et qu'après le second recours, le premier rapport est exécutoire par provision pour la moitié ».

Par un quatrième acte de notoriété du 3 août 1728, MM. les gens du roi du parlement d'Aix attestent « que les habitans de cette province jouissent du droit de recourir deux fois à des rapports qui sont faits d'une propriété par les Experts convenus ou pris d'office; et qu'ils ne sont privés du droit de recours, que lorsqu'il y a trois rapports conformes: cette maxime étant constante et établie sur le statut et sur l'usage toujours suivi dans cette province ».

Les mêmes magistrats ont expédié un acte de notoriété semblable, le 20 décembre 1740.

Le 21 mars 1741, ils ont également certifié, « 1° que dans toutes les causes dont la décision dépend de l'événement d'un rapport, il est permis à la partie à qui le rapport est contraire, d'en déclarer recours, lequel recours est admis jusqu'à ce qu'il y ait trois rapports conformes; 2° que, si les premiers Experts n'ont pas fait des observations qui étaient une dépendance de leur commission, craignant d'en passer les bornes, la partie qui se plaint de cette omission, et qui craint que les seconds Experts ne suivent l'exemple des premiers, peut se pourvoir au juge et demander qu'il soit ordonné aux nouveaux Experts de faire ces mêmes observations; 3° que, lorsque la commission ne leur donne pas le pouvoir de faire ces observations, qui cependant sont nécessaires pour l'éclaircissement du point contentieux, on peut demander au juge une ampliation du pouvoir des Experts ».

Quelque tems auparavant, le 22 juin 1729, ces magistrats avaient donné un autre acte de notoriété portant « que l'usage de cette province est, en matière de rapports de recours, que les Experts commis déclarent, en vidant le recours, qu'ils confirment ou réforment le précédent rapport en tout ou en partie, ou qu'ils disent qu'il n'y a lieu ou qu'il y a lieu au recours; et que, dans le cas où il doit être fait des opérations géométriques, si l'un des Experts ne fait pas la fonction de géomètre, celui qui est commis pour la faire, peut se retirer dès que ses opérations sont finies, et qu'il suffit qu'il remette sa déclaration ou relation aux Experts avant même la fin de leur commission, sans qu'il soit nécessaire de le répéter ni rappeler ».

Le 30 novembre de la même année, autre acte de notoriété qui certifie « que, lorsque sur le recours de l'une des parties, un premier rapport a été réformé par un second rapport, alors le premier n'a plus aucune autorité et ne peut plus être exécuté; que, si l'une des parties se pourvoit contre le second rapport par voie de cassation ou de recours en droit, si les moyens de cassation ou de recours en droit ne sont pas jugés valables, alors ce second rapport est exécuté; sauf cependant le recours simple auquel on peut être reçu ».

On comprend aisément, d'après une différence aussi marquée entre les maximes du droit commun et les usages de la Provence sur l'effet des rapports d'Experts, que l'on ne doit pas, en ce dernier pays, décider par les principes généraux la question de savoir si les Experts qui ont fait le premier rapport dont il y a *recours*, doivent assister au second.

Aussi est-il attesté par un acte de notoriété du parquet d'Aix, du 13 janvier 1720, « que, suivant l'usage observé dans cette province, lorsqu'une partie fait procéder au recours d'un rapport fait par deux Experts, elle ne fait point assigner les Experts qui ont procédé au premier rapport, pour avoir voix instructive ».

La Touloubre nous a laissé sur cet acte de notoriété, une observation qui mérite d'être remarquée. Voici ses termes: — « l'usage du recours envers un rapport d'Experts, est inconnu ailleurs qu'en Provence. Cependant, lorsqu'il y a la disposition expresse d'une coutume telle, par exemple, que celle de Paris, art. 184, qui interdit aux parties le droit de demander un nouveau rapport, le juge, s'il croit que sa religion n'est pas instruite, peut en ordonner un nouveau, et que les premiers Experts y assisteront pour avoir voix instructive. On suit aussi la même règle dans les coutumes muettes; les parties ne peuvent elles-mêmes demander un nouveau rapport, à moins que le premier ne soit irrégulier et nul. Mais en Provence, le rapport des Experts étant regardé comme un jugement, et le recours comparé à l'appel, on n'a jamais connu cette pratique de faire assister les premiers Experts au second rapport ».

Une autre particularité bien remarquable dans le ressort du parlement de Provence, c'est, aux termes d'un acte de notoriété donné par MM. les gens du roi de cette cour, le 27 février 1741, « que, quand, en matière de rapports, il est nécessaire d'entendre témoins et sapiteurs, le pouvoir en est donné aux Experts qui en sont regardés capables, et qui donnent eux-mêmes le serment auxdits témoins et sapiteurs, et redigent leurs dépositions dans leurs rapports; comme aussi que la cour est en coutume d'amplier le pouvoir desdits Experts, à l'effet d'entendre lesdits témoins et sapiteurs, quand l'arrêt ne le leur a pas donné ».]

ss Il y a dans mon *Recueil de Questions de droit*, au mot *Appel*, §. 7, de nouveaux détails sur ces usages provençaux.

Au surplus, ces usages sont abrogés par l'art. 1041 du Code de procédure civile, et l'art. 322 du même Code porte que, « si les juges ne trouvent point dans le rapport les éclaircissemens suffisans, ils pourront ordonner d'office une nouvelle expertise, par un ou plusieurs Experts qu'ils nommeront également d'office, et qui pourront demander aux précédens Experts les renseignemens qu'ils trouveront convenables ».]]

VIII. La rétribution des Experts en titre de Paris est de six livres pour chaque vacation de trois heures, quand ils travaillent à Paris et dans les faubourgs; et de sept livres dix sous, lorsqu'ils sont obligés de se rendre dans la banlieue.

Au-delà de la banlieue, ces experts sont payés à raison de vingt-quatre livres par jour. M. le lieutenant civil est dans l'usage de leur allouer cette somme.

Quant aux vacations des Experts créés dans les autres villes, l'édit du mois de juillet 1690 veut qu'elles soient payées à raison de trois livres chacune, quand ils travaillent dans le lieu de leur résidence; et de cinq livres, lorsqu'ils sont obligés de se transporter ailleurs. (M. GUYOT) *

[[*V.* le décret impérial du 16 février 1807, contenant le tarif des frais et dépens pour le ressort de la cour d'appel de Paris, art. 25, 150, 160, 161, 162, 163, 164 et 165; et le décret impérial du même jour, qui règle les mêmes objets pour les ressorts des autres cours.]]

IX. Les Experts ont-ils une action solidaire contre chacune des parties pour lesquelles ils ont opéré?

Cette question s'est présentée au parlement de Provence, le 11 juillet 1671; et par arrêt rendu le même jour à l'audience, elle a été jugée pour l'affirmative, sur le fondement (dit Boniface, tom. 3, liv. 2, tit. 5, ch. 3), « que les vacations des Experts sont comme les vacations et épices des juges, lesquelles sont dues solidairement ».

[[Le parlement de Dijon a jugé la même chose par arrêt du 24 juillet 1769, rapporté dans mon *Recueil de Questions de droit*, au mot *Expert*. Mais cette jurisprudence paraît abrogée par l'art. 319 du Code de procédure civile, transcrit ci-dessus, n. 5.

V. Descente, Faux, Inscription de faux, Partage, Rapport, Visite, etc.]]

* EXPILATION D'HÉRÉDITÉ. C'est la soustraction en tout ou en partie des effets d'une hérédité non encore appréhendée par l'héritier.

L'action à laquelle ce délit donnait ouverture, [[dans le droit romain]], était moins grave que celle qu'on appelait *actio furti*; elle n'était pas publique, mais privée, c'est-à-dire que celui qui l'intentait, ne poursuivait que pour son intérêt particulier, et non pour la vengeance publique. Néanmoins le jugement qui intervenait, emportait note d'infamie; c'est pourquoi cette action ne pouvait être intentée que contre des étrangers, et non contre des co-héritiers, ni contre la femme qui avait détourné quelques effets de la succession de son mari. Au reste, la peine de ce délit était arbitraire chez les Romains, *V. Recélé*. (M. GUYOT.) *

* EXPLOIT. C'est l'acte que fait un huissier ou sergent pour assigner, ajourner, saisir, etc.

I. Les formalités des Exploits sont les mêmes dans tous les tribunaux: elles sont aussi à peu près les mêmes dans toutes les matières personnelles, réelles, hypothécaires ou mixtes, civiles ou criminelles, sauf le libelle de l'Exploit qui est différent selon l'objet de la contestation.

Dans l'Alsace et le Roussillon, on donnait autrefois des assignations verbalement et sans écrit; mais cet usage a été abrogé par l'édit du mois de février 1690; et la première règle à observer dans un Exploit, est qu'il doit être rédigé par écrit, à peine de nullité.

Il y a néanmoins encore quelques Exploits qui se font verbalement, tels que la clameur de haro; les gardes-chasse assignent verbalement à comparaître à la capitainerie; les sergens verdiers, les sergens dangereux et les messiers donnent aussi des assignations verbales; mais hors ces cas, l'Exploit doit être écrit.

[[Aujourd'hui, il doit l'être dans tous les cas. *V. Gardes de bois*, sect. 1, §. 3.]]

II. Il n'est pas nécessaire que l'Exploit soit entièrement écrit de la main de l'huissier ou sergent exploiteur; il peut être écrit de la main de son clerc ou de toute autre personne; mais il est nécessaire, à peine de nullité, qu'il en signe l'original et la copie.

[[Doit-on regarder comme valable, un Exploit d'ajournement dont la copie est laissée au domestique du parent et commensal de la partie. *V.* le plaidoyer et l'arrêt du 7 août 1807, rapportés à l'article *Loi*, §. 5, n. 5.

III. Il est défendu aux huissiers et sergens, par plusieurs arrêts de réglemens, de faire faire aucune signification par leurs clercs, à peine de faux, notamment par un arrêt du 22 janvier 1806; et par un réglement du 7 septembre 1654, il est défendu aux procureurs, sous les mêmes peines, de recevoir aucune signification que par les mains des huissiers. Mais ce dernier réglement ne s'observe pas à la rigueur; les huissiers envoient ordinairement par leurs clercs les significations qui se font de procureur à procureur.

[[C'est un abus contre lequel les tribunaux ne sauraient sévir avec trop de rigueur.

Un huissier du département de l'Aisne ayant fait porter par un tiers, au domicile de la personne qu'il était chargé d'assigner, l'Exploit contenant cette assignation, et ayant certifié en avoir remis lui-même la copie, la partie assignée a rendu contre lui une plainte en faux, sur laquelle il est intervenu arrêt de la cour de justice criminelle et spéciale de ce département, qui a déclaré cette cour compétente pour en connaître, conformément à l'art. 2 de la loi du 23 floréal an 10. — L'huissier s'est pourvu en cassation contre cet arrêt, et il a invoqué l'usage dans lequel étaient tous ses confrères de se donner de pareilles licences. Mais par arrêt du 9 nivose an 12, au rapport de M. Lachèse, le jugement de compétence a été confirmé.

Pierre Fauri père, huissier à Verdun, département de la Haute-Garonne, était dans l'usage de faire porter par son fils les copies de ses Exploits signées de lui en faisant mention de la remise qui en avait été faite, *en parlant aux personnes des assignés*. Traduit devant la cour de justice criminelle et spéciale de ce département, il s'est excusé sur l'exactitude constante de son fils à remettre les copies d'Exploit aux personnes qu'elles indiquaient. Mais par arrêt du 17 nivose an 14, cette cour ne s'en est pas moins déclarée compétente pour le juger; et cet arrêt a été confirmé par la cour de cassation, le 16 janvier 1806, au rapport de M. Audier-Massillon, « attendu que Pierre Fauri père, huissier, est prévenu de faux en écritures publiques, délits dont la connaissance est attribuée aux tribunaux spéciaux par l'art. 2 de la loi du 23 floréal an 10 ».

Le 20 juillet 1809, au rapport de M. Carnot, arrêt semblable qui confirme un arrêt de compétence de la cour spéciale du département de la Seine rendu contre le sieur Dorez, huissier.

Il est d'ailleurs à remarquer que, toutes les fois que des cours spéciales, dans le temps où la loi leur attribuait la connaissance des faux en écritures, se sont déclarées incompétentes pour faire le procès à des huissiers prévenus d'avoir fait remettre les copies de leurs exploits par des clercs, la cour de cassation a constamment annullé leurs arrêts; et c'est ce qu'elle a fait notamment,

Le 22 mai 1806, au rapport de M. Babille;

Le 2 janvier 1807, au rapport de M. Audier-Massillon;

Le 22 du même mois, au rapport de M. Lamarque;

Et le 21 juin 1810, au rapport de M. Favart de Langlade. — « Attendu (porte ce dernier arrêt), que la loi impose aux huissiers les devoirs de faire eux-mêmes les actes et notifications qui sont de leur ministère : que la foi qu'elle accorde, jusqu'à inscription de faux, à leurs déclarations dans ces actes et notifications, leur est personnelle et n'est pas étendue aux faits de leurs mandataires; qu'un huissier qui fait signifier par un clerc ou par toute autre personne, un acte dans lequel il dit en faire lui-meme la signification, non-seulement fait dans cet acte une déclaration fausse, mais commet un faux caractérisé, puisqu'il trompe sciemment, dans ses fonctions, le vœu de la loi, et transporte au fait d'un tiers la foi que la loi ne donne qu'à son fait propre; qu'il y a essentiellement moralité criminelle dans toute action faite sciemment contre la prohibition de la loi; que cette moralité existe surtout dans les déclarations par lesquelles des fonctionnaires publics, dans les actes relatifs à leurs fonctions, certifient sciemment et contre la vérité, comme ayant été fait, ce qui était prescrit par la loi pour la validité de ces actes et qu'il était de leur ministère de faire réputer par leur déclaration avoir été fait; que la fausseté de cette déclaration ainsi faite sciemment, étant une prévarication, un abus de la confiance et du caractère public dont la loi aurait investi ces fonctionnaires pour l'intérêt des particuliers et de la société, exclut la possibilité de toute intention légitime et renferme intrinsèquement une intention criminelle; que le dessein de nuire ne doit pas s'apprécier sur le résultat réel et circonstanciel du fait, mais sur la possibilité éventuelle du préjudice que ce fait pouvait produire; que, dans l'espèce particulière, il résulte même de l'arrêt que, non-seulement l'huissier n'a pas parlé lui-même à la personne à qui l'Exploit a été signifié, mais qu'il n'a pas encore porté lui-même l'exploit à son domicile; que, si la circonstance d'un usage ancien et général à Paris, pouvait modifier la criminalité du faux imputé à G....., c'était une considération qui pouvait être examinée dans les débats relatifs à l'arrêt définitif, mais que ce prétendu usage étant contraire à la loi, pouvant d'ailleurs donner lieu à des négligences ou des prévarications dommageables, et ne devant pas, dès-lors, être toléré par les tribunaux, il ne pouvait, dans aucun cas, arrêter l'action de la justice criminelle et ne pourrait justifier un arrêt d'incompétence; qu'en se déclarant incompétente sur la prévention qui lui était soumise, la cour de justice criminelle spéciale du département de la Seine a donc commis un excès de pouvoir, violé les règles de compétence établies par la loi, et a spécialement violé l'art. 2 de la loi du 23 floréal an 10; la cour casse et annulle..... »]]

IV. Depuis 1674 que le papier timbré a été établi en France, tout Exploit doit être écrit sur du papier de cette espèce, à peine de nullité. Il faut se servir du papier de la généralité et du temps où se fait l'Exploit : l'original et la copie doivent être écrits sur du papier de cette qualité. Il y a pourtant quelques provinces en France où l'on ne s'en sert pas.

[[Aujourd'hui, la formalité du timbre est nécessaire dans toutes les parties de la France, mais elle ne l'est plus qu'à peine d'amende et non de nullité. *V. Timbre.*]]

V. Tout Exploit doit être rédigé en français, à peine de nullité, conformément aux ordonnances qui ont enjoint de rédiger en français tout acte public.

[*V. Langue française.*]

VI. L'ordonnance ne donne point de recours à la partie contre l'huissier, pour raison des nullités qu'il peut commettre : c'est pour cela qu'on dit communément, *à mal exploiter point de garant* : cependant lorsque la nullité est telle qu'elle emporte la déchéance de l'action, l'huissier en est responsable. *V. Nullité.*

VII. Les huissiers sont tenus de faire contrôler [[aujourd'hui enregistrer]] leurs Exploits dans les delais fixés par les réglemens. [[*V. Enregistrement (droit d')*, §. 44; et *Répertoire.*]]

V. d'ailleurs sur cette matière, *Ajournement*, *Ci-*

tation, *Huissier*, *Signification de jugement* et *Saisie*. (M. Guyot.) *

[[VIII. Est-il nécessaire, à peine de nullité, que les huissiers fassent, dans leurs Exploits, mention de la patente dont ils sont munis. — Les formalités prescrites pour les Exploits d'ajournement par l'art. 61 du Code de procédure civile, sont-elles applicables aux assignations données devant la cour de cassation, en conséquence d'arrêts portant admission de requêtes en cassation de jugement en dernier ressort? — Ces deux questions se sont présentées dans l'espèce suivante.

Le 21 janvier 1807, arrêt de la section des requêtes qui admet la demande de la régie de l'enregistrement en cassation d'un jugement du tribunal civil de Luxembourg, rendu en faveur du sieur Francq. — Le 27 mars suivant, cet arrêt est signifié au sieur Francq, avec assignation *à comparaître devant la section civile dans les délais du règlement*. — Le 2 novembre suivant, l'affaire est rapportée à la section civile : le sieur Francq y conclut à ce que l'assignation soit déclarée nulle, 1° parce qu'elle n'indique pas le délai précis de la comparution, et que, par-là, elle se trouve destituée de l'une des formalités prescrites à peine de nullité par l'art. 61 du Code de procédure civile; 2° parce que le domicile du défendeur n'y est pas désigné, ce qui forme une deuxième contravention au même article; 3° parce que l'huissier n'y a pas fait mention de sa patente, formalité requise, à peine de nullité, par l'art. 18 de la loi du 6 fructidor an 4 et par l'art. 2 de la loi du 7 nivose an 7. — Par arrêt du même jour, 2 novembre 1807, au rapport de M. Doutrepont, « attendu, sur les deux premières nullités proposées par le défendeur contre l'Exploit de signification de l'arrêt d'admission, que cet Exploit contient deux parties bien distinctes, la signification de l'arrêt d'admission, et l'assignation afin de comparaître; — Attendu que cette seconde partie sur laquelle frappent les deux premières nullités est absolument superflue, puisque, selon l'art. 6 du tit. 1er de la seconde partie du règlement de 1738; *lorsque les instances sont introduites par arrêt de* soit communiqué, *la signification desdits arrêts emportera de droit sommation d'y satisfaire, et de se présenter au conseil dans les délais ci-dessus prescrits*; d'où il suit qu'en supposant même nulle l'assignation matérielle, la signification d'arrêt d'admission subsiste : elle est valablement faite, elle emporte de *droit* sommation de répondre dans les délais du règlement. — Attendu, sur la troisième exception proposée par le défendeur, que la peine de nullité prononcée par l'art. 18 de la loi du 6 fructidor an 4, a été remplacée par une amende dans l'art. 37 de la loi du 1er brumaire an 7 : — Attendu que quel que soit le sens de l'art. 2 de la loi du 7 nivose an 7, cette loi a été abrogée par l'art. 1041 du Code judiciaire, qui abroge toutes les lois, coutumes, usages et règlemens relatifs à la procédure civile; — La cour rejette les moyens de nullité ».

IX. Lorsque, dans le *parlant à....*, l'huissier n'énonce pas le rapport qu'il y a entre l'assigné et la personne à qui il a parlé, l'Exploit est incontestablement nul; et il y a plusieurs arrêts de la cour de cassation qui l'ont ainsi jugé (1).

Mais que doit-on penser d'un Exploit dans lequel l'huissier énonce qu'il a parlé à un *domestique*, ou à un *commis*, sans exprimer que c'est le domestique ou le commis de l'assigné?

Un arrêt de la section civile de la cour de cassation, du 22 janvier 1810, l'a jugé valable. Mais, le 15 février suivant, un autre arrêt de la section des requêtes l'a jugé nul (2).

La question s'est présentée quelque temps après à la section civile; et le parti adopté par le second arrêt, a prévalu. Voici l'espèce.

Le 24 janvier 1809, la dame Lorieux fait signifier au sieur Roi-Garnier un arrêt de la section des requêtes, portant admission de son recours en cassation. L'Exploit est laissé au domicile du sieur Roi-Garnier, *parlant à une domestique*, *pour lui faire savoir*, *de ce sommée*.

Le sieur Roi-Garnier se présente devant la section civile, et demande la nullité de l'Exploit, faute par l'huissier de la dame Lorieux, d'y avoir exprimé que la domestique à qui il avait parlé, fût la sienne.

M. l'avocat-général Daniels dit que les mots, *parlant à une domestique*, emportent d'eux-mêmes la désignation du domestique du maître de la maison; qu'il n'y aurait de vague dans l'expression, qu'autant qu'il serait allégué qu'il y eût plusieurs maîtres dans la maison dont il s'agit; qu'ainsi, il y a lieu de rejeter la nullité proposée par le sieur Roi-Garnier.

Par arrêt du 28 août 1810, au rapport de M. Cochard, après partage, « Vu les art. 61 et 68 du Code de procédure civile; et attendu que la citation signifiée au défendeur, à la requête de la demanderesse, lui ayant été notifiée en son domicile, *en parlant à une domestique*, *pour lui faire savoir*, *de ce sommée*, ainsi conçue, ne remplit ni le vœu, ni l'esprit, ni la lettre desdits articles, puisqu'elle laisse ignorer si la domestique est étrangère au défendeur, ou si, au contraire, elle est à son service; d'où il suit qu'une pareille signification est en contravention formelle, soit avec ledit art. 61, qui exige impérieusement que la copie soit donnée à personne ou à domicile, soit avec ledit art. 68, qui veut qu'elle soit délivrée à un parent ou à un serviteur de la partie assignée, la cour déclare nul l'Exploit d'assignation ».

Au surplus, *V.* l'article *Enregistrement (droit d')*, §. 44, 48 et 59.]]

EXPONSE. *V. Déguerpissement.*

[[EXPOSITION. C'était, sous le Code pénal du 25 septembre 1791, une partie, ou plutôt le préliminaire de la peine, que devaient subir les condamnés aux fers, à la réclusion, à la gêne ou à la détention. Voici ce que portait à ce sujet le Code cité, part. 1, tit. 1, art. 28 :

« Quiconque aura été condamné à l'une des peines

(1) *V.* mon *Recueil de Questions de Droit*, au mot *Exploit*, §. 1, n. 1.

(2) *Ibid.*, n. 2.

des fers, de la réclusion dans la maison de force, de la gêne, de la détention, avant de subir sa peine, sera préalablement conduit sur la place publique de la ville où le jury d'accusation aura été convoqué. Il y sera attaché à un poteau placé sur un échafaud, et il y demeurera exposé aux regards du peuple, pendant six heures, s'il est condamné aux peines des fers, ou de la réclusion dans la maison de force; pendant quatre heures, s'il est condamné à la peine de la gêne; pendant deux heures, s'il est condamné à la peine de la détention. Au-dessus de sa tête, sur un écriteau, seront inscrits, en gros caractères, ses noms, sa profession, son domicile, la cause de sa condamnation, et le jugement rendu contre lui ».

V. Carcan, *Fers*, *Réclusion*, *Gêne*, *Détention*, *Peine*, etc.]]

EXPOSITION DE PART. C'est l'abandonnement fait dans un lieu public ou privé, d'un enfant incapable de pourvoir lui-même à sa subsistance.

I. Cette action a toujours été regardée comme un crime. La loi 4, D. *de agnoscendis liberis*, la compare à un homicide : *necare videtur*, *non tantùm is qui partum præfocat*, *sed et is qui abjicit*, *et qui alimoniam denegat*, *et qui publicis locis*, *misericordiæ causâ*, *exponit*, *quam ipse non habet*. On ne la punit cependant pas toujours comme un homicide véritable : le seul cas où cela pourrait avoir lieu, ce serait celui d'une Exposition faite dans un endroit désert, comme dans une forêt, en pleine campagne, de manière que l'enfant eût couru les plus grands risques de mourir de faim. Dans tout autre cas, la peine de ce crime est arbitraire, c'est-à-dire qu'elle dépend de la prudence du juge et des circonstances qui ont précédé et accompagné l'Exposition.

Une jeune fille de qualité fut déchargée, par arrêt du parlement de Paris, du 16 décembre 1547, de l'accusation intentée contre elle au sujet d'un enfant dont elle était accouchée clandestinement, et que la crainte de l'infamie l'avait induite à exposer.

Une autre fille ayant exposé la nuit, devant la porte de son voisin, un enfant qu'elle avait eu d'un domestique de son père, fut condamnée, par arrêt du 24 octobre 1576, confirmatif d'une sentence du châtelet, à être fouettée devant la maison des recommandaresses.

Un arrêt au parlement de Flandre, du 22 novembre 1683, condamna une fille de Lille, qui avait exposé son enfant, au fouet et au bannissement pour trois ans.

Par arrêt du même parlement, rendu le 27 avril 1690, une fille de Cambrai fut condamnée, pour le même crime, à un bannissement de quinze années.

Un arrêt du 6 juin 1739, rendu au parlement de Paris, sur les conclusions de M. l'avocat-général d'Aguesseau, condamna un particulier convaincu d'avoir exposé un enfant dans une allée, à cent livres d'amende au profit des Enfans-Trouvés.

[[Le Code pénal du 25 septembre 1791 était muet sur l'Exposition de part; et l'on sait que dans la législation qu'il avait établie, il n'y avait plus de peines arbitraires.

Par arrêt du 13 nivose an 5, la cour de justice criminelle du département de la Meurthe avait condamné Remy Guyot à quinze années de fers, pour avoir exposé un enfant; et elle avait fondé cette condamnation sur l'article du Code pénal du 25 septembre 1791, qui punissait de cette peine la destruction volontaire de l'état civil d'une personne. Mais cet arrêt a été cassé le 28 germinal suivant, au rapport de M. Seignette, «attendu que l'art. 32 de la première section du tit. 2 de la seconde partie du Code pénal ne s'applique qu'à celui qui a volontairement détruit la preuve de l'état civil d'une personne, ce qui ne peut s'entendre que de la destruction matérielle d'un corps constatant cet état; que cet article ne peut s'entendre de l'Exposition d'un enfant, la perte de son état civil dût-elle en être la suite; que ce délit n'est point compris au Code pénal, et n'était prévu par aucune loi avant celle du 25 frimaire an 5, laquelle, par l'art. 5, punit d'une détention de trois décades, celui qui portera un enfant abandonné ailleurs qu'à l'hospice civil le plus voisin, loi postérieure au délit dont Guyot est prévenu, et qui par conséquent est inapplicable dans cette cause ».

Le maire de la ville de Nice dénonce au magistrat de sûreté Angélique Ville, *sage-femme*, prévenue d'avoir voulu exposer ou fait exposer un enfant nouveau-né qui lui avait été confié pour le mettre en nourrice. L'affaire s'instruit, et le tribunal correctionnel faisant à ce cas l'application de l'art. 5, de la loi du 27 frimaire an 5 rapportée ci-après, n. 5, condamne Angélique Ville à un mois d'emprisonnement. Sur l'appel, la cour de justice criminelle du département des Alpes Maritimes annulle le jugement, et vu l'art. 32 de la première section du tit. 2 de la seconde partie du Code pénal du 25 septembre 1791, ordonne le renvoi de l'affaire devant le jury d'accusation.—Recours en cassation de la part d'Angélique Ville; et le 15 floréal an 11, arrêt, au rapport de M. Carnot, par lequel, « vu l'art. 456 du Code des délits et des peines; et attendu que l'art. 32 de la première section du tit. 2 de la seconde partie du Code pénal n'est relatif qu'à celui qui a volontairement détruit la preuve de l'état civil d'une personne, c'est-à-dire, qui a détruit matériellement un acte constatant cet état; et qu'en fait, Angélique Ville n'est pas prévenue d'avoir matériellement détruit le titre constatant l'état civil de l'enfant qu'elle a voulu faire exposer; le tribunal casse et annulle le jugement rendu par le tribunal criminel du département des Alpes Maritimes le 7 pluviose dernier, renvoie la cause et les parties devant le tribunal criminel du département des Basses-Alpes, pour être statué sur l'appel de ladite Angélique Ville....».

Mais l'art. 5 de la loi du 27 frimaire an 5 était-il applicable à cette espèce, et en conséquence Angélique Ville pouvait-elle être condamnée à un emprisonnement d'un mois, comme si elle eût *porté un enfant abandonné ailleurs qu'à l'hospice civil le plus voisin*?

L'affirmative a été prononcée par un arrêt du 27 janvier 1809, dont le *Bulletin criminel* de la cour de cassation nous retrace ainsi l'espèce et le dispositif.

« Il s'agissait de l'exposition d'un enfant faite pendant la nuit dans une des rues de la ville de Gand.

Des recherches ayant fait découvrir la mère de cet enfant, elle prétendit qu'avant son départ, elle l'avait confié aux soins du sieur Coppenolle, chirurgien accoucheur, qui s'était chargé de le mettre en nourrice, et auquel elle avait donné une somme de 60 l. pour subvenir aux premiers frais. Le sieur Coppenolle fut, en conséquence, poursuivi comme prévenu d'être auteur de l'Exposition, et en outre d'escroquerie. Sous ce dernier rapport, aucune circonstance de nature à caractériser l'escroquerie, n'ayant été reconnue, l'acquittement prononcé en faveur de Coppenolle, ne présente rien de contraire à la loi. Mais, relativement au fait d'Exposition, il a été reconnu et déclaré constant que le prévenu l'avait ordonnée, ou y avait coopéré; et cependant il a été pareillement acquitté, sur le motif que le simple fait d'Exposition n'est prévu par aucune loi, et que celle du 27 frimaire an 5 n'est pas applicable à ceux qui exposent, mais qu'elle ne parle que de ceux qui portent un enfant abandonné ailleurs qu'aux hospices. Fausse interprétation de cette loi, en ce que le fait d'abandon se trouve essentiellement lié à celui de l'Exposition; et arrêt de cassation ainsi qu'il suit:

« Ouï le rapport de M. Rataud....; Vu l'art. 5 de la loi du 27 frimaire an 5; attendu qu'un enfant est abandonné par le fait même de son Exposition; et qu'ainsi, celui qui le porte ou qui charge de le porter ailleurs qu'à l'hospice, est passible de la peine déterminée par la loi ci-dessus citée; attendu que, dans l'espèce, il a été reconnu et déclaré constant, en fait, que le sieur Coppenolle avait ordonné l'Exposition effectuée de l'enfant dont il s'agit, dans une des rues de la ville de Gand, ou y avait coopéré; que dès-lors la disposition de l'art. 5 de la loi du 27 frimaire an 5 était applicable; et que la cour de justice criminelle dont l'arrêt est attaqué, l'a violé formellement, en acquittant le prévenu, sur le motif que le simple fait d'Exposition d'un enfant n'était prévu ni puni par aucune loi; par ces motifs, la cour casse et annulle.... ».

Le Code pénal de 1810 contient, sur cette matière, des dispositions qui suppléent au silence de celui de 1791, et réparent l'insuffisance de la loi du 27 frimaire an 5. Les voici:

« *Art.* 347. Toute personne qui, ayant trouvé un enfant nouveau-né, ne l'aura pas remis à l'officier de l'état civil, ainsi qu'il est prescrit par l'article 58 du Code Napoléon, sera punie des peines portées au précédent article (1). — La présente disposition n'est point applicable à celui qui aurait consenti à se charger de l'enfant, et qui aurait fait sa déclaration à cet égard devant la municipalité du lieu où l'enfant a été trouvé.

» 348. Ceux qui auront porté à un hospice un enfant au-dessous de l'âge de sept ans accomplis, qui leur aurait été confié afin qu'ils en prissent soin ou pour toute autre cause, seront punis d'un emprisonnement de six semaines à six mois, et d'une amende de 16 francs à 50 francs. — Toutefois aucune peine ne sera prononcée, s'ils n'étaient pas tenus ou ne s'étaient pas obligés de pourvoir gratuitement à la nourriture et à l'entretien de l'enfant, et si personne n'y avait pourvu.

» 349. Ceux qui auront exposé et délaissé, en un lieu solitaire, un enfant au-dessous de l'âge de sept ans accomplis, ceux qui auront donné l'ordre de l'exposer ainsi, seront, pour ce seul fait, condamnés à un emprisonnement de six mois à deux ans, et à une amende de 16 à 200 francs.

» 350. La peine portée au précédent article, sera de deux ans et cinq ans, à l'amende de 50 à 400 fr., contre les tuteurs ou tutrices, instituteurs ou institutrices de l'enfant exposé et délaissé par eux ou par leur ordre.

» 351. Si, par suite de l'Exposition et du délaissement prévu par les art. 349 et 350, l'enfant est demeuré mutilé ou estropié, l'action sera considérée comme blessures volontaires à lui faites par la personne qui l'a exposé et délaissé; et si la mort s'en est ensuivie, l'action sera considérée comme meurtre: au premier cas, les coupables subiront la peine applicable aux blessures volontaires; et au second cas, celle du meurtre.

» 352. Ceux qui auront exposé et délaissé, en un lieu non solitaire, un enfant au-dessous de l'âge de sept ans accomplis, seront punis d'un emprisonnement de trois mois à un an, et d'une amende de 16 francs à 100 francs.

» 353. Le délit prévu par le précédent article, sera puni d'un emprisonnement de six mois à deux ans, et d'une amende de 25 francs à 200 francs, s'il a été commis par les tuteurs ou tutrices, instituteurs ou institutrices de l'enfant ».]]

II. Chez les Romains, un maître qui exposait un enfant né de son esclave, perdait tous les droits qu'il avait sur lui: cet enfant, devenu grand, était regardé comme libre, et pouvait, en cette qualité, s'approprier tout ce qu'il acquérait par son industrie.

On a demandé, à ce sujet, si un père conserve sous sa puissance l'enfant qu'il a exposé.

Les interprètes soutiennent la négative, fondés sur l'analogie qu'il y a entre ce cas et le précédent. Le contraire nous paraît cependant résulter de plusieurs textes.

La loi 2, C. *de infantibus expositis*, parlant tout à la fois, et du père qui expose son fils, et du maître qui expose son esclave, déclare que le premier *subjacebit animadversioni quæ constituta est*, et prive le second du droit de revendiquer l'enfant qu'il avait en sa propriété: *sed nec dominis repetendi aditum relinquimus, si ab ipsis expositos quodammodo ad mortem voluntas misericordiæ amica collegerit.* Cette différence de peine que la loi établit contre le père et contre le maître, prouve assez que l'intention du législateur n'était pas de soustraire l'enfant exposé par son père, à la puissance de celui-ci.

La loi suivante du même titre confirme cette idée. L'espèce en est remarquable. Il s'était introduit dans l'empire un usage qui donnait à celui qui avait recueilli, nourri et élevé un enfant exposé, le droit de le traiter et de le retenir comme son esclave, ou au moins comme son affranchi. L'empereur Justinien,

(1) C'est-à-dire, d'un emprisonnement de six jours à six mois, et d'une amende de 16 fr. à 300 fr.

en abolissant cet usage, déclare d'abord que personne ne pourra se regarder comme maître d'un enfant pour l'avoir recueilli et élevé, soit que, né dans une condition libre, il eût été exposé par ses propres parens; soit que, né dans la servitude, il eût été exposé par son maître. *Sancimus nemini licere, sive ab ingenuis genitoribus puer parvulus procreatus, sive à libertinâ progenie, sive servili conditione maculatus, expositus sit, eum puerum in suum dominium vendicare.* — Le législateur va plus loin, et ajoute, conformément à la loi citée plus haut, que le maître ne peut plus prétendre le moindre droit sur l'esclave qu'il a exposé : mais il n'établit rien de semblable à l'égard du père. *Neque enim oportet eos qui ab initio infantes abjecerunt, hos iterum ad se revocare conari, et servili necessitati subjugare.* Que conclure d'une loi qui parlant également des pères et des maîtres, ne prive que ceux-ci de leurs droits? La conséquence se fait sentir d'elle-même : c'est que l'on ne peut pas étendre sous prétexte de parité de raison, une peine que la loi avait l'occasion la plus favorable d'étendre elle-même, si cette extension eût été dans ses vues.

Enfin, la loi 16, C. *de nuptiis*, achève de démontrer qu'un père qui a exposé son enfant, ne cesse pas pour cela de l'avoir sous sa puissance. Il s'agit d'une fille qui a été exposée par son père, et que voudrait marier à son fils celui qui l'a élevée et nourrie par humanité. Il convient (disent à ce dernier les empereurs Dioclétien et Maximien, auteurs de la loi), « il convient que le père de la fille se prête à vos vues, et consente au mariage que vous projetez entre elle et votre fils; mais s'il s'y oppose, vous pouvez répéter contre lui tous les frais de nourriture et d'entretien que vous a coûté sa fille; c'est même le seul cas où vous puissiez être fondé à faire cette répétition». *Patrem qui filiam exposuit, hanc nunc adultam sumptibus et labore tuo factam, matrimonio conjungi filio tuo desiderantis favere voto convenit; qui si renitatur, alimentorum solutioni, in hoc solummodo casu, parere debet.* — Cette loi suppose évidemment qu'une fille qui a été exposée par son père dans son enfance, ne laisse pas d'avoir besoin de son consentement pour se marier : et certainement la puissance paternelle est le seul motif qui détermine cette supposition; puisqu'au temps où cette loi fut portée, les filles mineures, lorsqu'elles étaient émancipées, pouvaient se marier sans le consentement de leur père : ce ne fut que postérieurement, et par une loi des empereurs Valentinien, Valens et Gratien, qui est la dix-huitième du titre cité, qu'elles furent assujetties à cette formalité dans le cas d'émancipation.

III. Un enfant qui a été exposé, et dont on ignore absolument la naissance, doit-il être présumé légitime ou bâtard?

On doit le présumer légitime, parce que, bien qu'assez souvent la honte engage les personnes non mariées à exposer les fruits de leurs débauches, néanmoins il peut arriver aussi qu'une mère pressée par une extrême nécessité, ait abandonné son enfant légitime, dans l'espérance que des personnes charitables en prendraient soin. Or, dans le doute, et surtout en fait de question d'état, il faut toujours s'attacher à l'opinion la plus favorable : *Semper in dubiis benigniora præferenda sunt.*

IV. Une des plus importantes questions que présente cette matière, est de savoir aux frais de qui doivent être nourris les enfans exposés dans un lieu où il n'y a point d'hôpital destiné à leur servir d'asile.

Dans les premiers temps, les enfans exposés appartenaient, comme esclaves, à ceux qui en prenaient soin; mais Justinien les ayant déclarés libres par une loi citée plus haut, il fallut pourvoir autrement à leur subsistance. L'Eglise en fut long-temps chargée : on voit dans le concile de Vaison, tenu sous le pape Léon Ier, que, les dix premiers jours, les enfans exposés étaient présentés au-devant de l'église, pour savoir si quelqu'un les reconnaissait; et qu'après ce temps, les ecclésiastiques étaient obligés de les nourrir. Le concile de Mâcon fournit encore des preuves de cet ancien usage, et il a même servi de base à un arrêt des grands jours de Poitiers, du 15 septembre 1579, qui, en condamnant par provision des religieuses à nourrir un enfant trouvé devant leur porte, a ordonné qu'avant faire droit, les monastères et chapitres ecclésiastiques du lieu seraient appelés pour régler leur contribution à la nourriture de l'enfant.

A l'époque de cet arrêt, l'usage qui en avait été le motif, était déjà changé en plusieurs endroits : l'Eglise s'était débarrassée peu à peu du fardeau des enfans exposés; et de là est venue la question de savoir sur qui on le ferait tomber.

On a prétendu en charger les communautés d'habitans; et l'on s'est fondé sur l'art. 73 de l'ordonnance de Moulins, qui les oblige de nourrir leurs pauvres. Celles-ci, de leur côté, ont soutenu que ces charges ne pouvaient regarder que les seigneurs; que, profitant des épaves et des biens vacans qui se trouvaient dans les paroisses, ils devaient, par une juste compensation de la perte avec le profit, pourvoir à la subsistance des enfans exposés, d'autant plus que ces enfans n'ayant pour la plupart aucun parent connu, les seigneurs pouvaient dans la suite être dans le cas de leur succéder à titre de déshérence.

La jurisprudence du parlement de Paris n'a pas toujours été la même sur cette question.

Par un arrêt du 22 avril 1599, rendu entre l'abbé de Saint-Aubin d'Angers, et les habitans du même endroit, cette cour a ordonné que les habitans fourniraient les deux tiers de la nourriture de l'enfant exposé, et le seigneur l'autre tiers.

Le *Recueil des réglemens de l'aumône publique de la ville d'Angers*, contient un arrêt du même parlement séant à Tours, du 7 septembre 1591, qui ordonne que les enfans exposés seront nourris et entretenus sur l'aumône publique, dont il prescrit le rétablissement.

Dès l'an 1547, il était intervenu, contre les seigneurs de la ville de Paris, un arrêt qui les condamnait à fournir la nourriture des enfans exposés dans leurs justices. La même chose fut encore ordonnée par un arrêt du 13 août 1552, que Chopin assure avoir été confirmé par les édits de 1554 et 1556.

L'exemple de la capitale devint bientôt une loi pour les provinces, et l'on commença partout à obliger les seigneurs de se charger des enfans exposés. Il y en a un arrêt du mois de juillet 1594, rapporté dans les *Actions forenses* de Peleus. Mornac en cite deux semblables du 7 septembre 1615 et 27 juin 1616. Bardet en rapporte un autre du 23 juin 1620.

Ces arrêts particuliers, et plusieurs autres qu'on omet ici, ont été suivis d'un réglement qui en a appliqué la décision à tout le ressort du parlement de Paris. Le procès qui y a donné occasion, s'était élevé au sujet d'un enfant trouvé dans un terrain de la ville d'Angers, qui faisait partie de la censive du chapitre de la même ville. Les maires et échevins soutenaient que c'était au chapitre à le nourrir. Le chapitre, au contraire, prétendait rejeter cette charge sur la ville, et il se fondait principalement sur l'autorité de Dupineau, qui avance, sur l'art. 10 de la coutume d'Anjou, que, dans la ville d'Angers les citoyens de tous les ordres contribuent à la nourriture des enfans exposés, et que, dans la province, cette contribution se fait par tiers entre les décimateurs, les seigneurs de fief et les communautés d'habitans. Malgré cet usage prétendu, le chapitre fut condamné, par arrêt du 30 juin 1664, à se charger de l'enfant dont il s'agissait; et par le même arrêt, la cour, faisant droit sur les conclusions de M. l'avocat-général Talon, ordonna que tous les seigneurs de justice ou de fief seraient tenus de se charger de la nourriture des enfans nés de pères et de mères inconnus, et qui seraient exposés dans l'étendue de leur justice. Cet arrêt est rapporté différemment dans le Journal des audiences; mais les registres du parlement démentent hautement ce Recueil.

Les communautés d'habitans n'ont pas réussi partout, comme dans le ressort du parlement de Paris, à rejeter sur les seigneurs le fardeau de la nourriture des enfans exposés. Il y a plusieurs endroits où elles en sont chargées directement. Tel est le ressort du parlement de Provence, comme il résulte de deux arrêts de cette cour, des 11 mai 1662 et 7 mai 1666, rapportés par Boniface, tome 2, liv. 3, tit. 6. Telle est aussi la Bretagne, suivant l'art. 533 de la coutume de cette province. Tels sont encore les Pays-Bas, comme l'attestent tous les auteurs flamands, et entre autres Christin, sur la coutume de Malines, Zype dans ses consultations canoniques, Sande dans son recueil d'arrêts du conseil souverain de Frise, Perèz sur le Code, et Voët sur le Digeste. C'est aussi ce qu'ont décidé un arrêt du grand-conseil de Malines du 1er mai 1608, et trois jugemens du conseil provincial de Gand, des 4 mai 1655, 7 janvier 1655 et 26 octobre 1666, rapportés par Dulaury, page 127.

Le parlement de Flandre a trouvé cette jurisprudence établie au moment de sa création, et il s'y est toujours conformé. Deghewiet en rapporte un arrêt du 20 février 1713, rendu entre l'abbaye de Flines et la communauté du même nom. Cette cour avait préjugé la même chose par un arrêt du 15 octobre 1693, que l'on trouve dans le Recueil de Pollet.

Quoique l'Artois ressortisse au parlement de Paris, on ne laisse pas d'y observer, à cet égard, les mêmes principes que dans le reste des Pays-Bas. L'arrêt cité du 1er mai 1608 a été rendu pour cette province : il ainfirmé une sentence du conseil d'Artois qui avait condamné le chapitre de la cathédrale d'Arras à nourrir un enfant exposé dans le territoire de Saint-Nicolas-en-Mioléns dont la haute justice appartient à ce chapitre; et en conséquence, il a ordonné aux officiers municipaux du lieu de pourvoir à sa nourriture et à son entretien. Cette décision a été adoptée au conseil d'Artois par une sentence de l'année 1702, qui est rapportée par Hébert dans ses notes manuscrites sur la coutume de cette province, et par une autre rendue le 12 octobre 1775, sur les conclusions de M. l'avocat-général Foacier de Ruzé, en faveur du comte d'Egmont contre la communauté de Lecomte.

Il s'élève quelquefois des procès entre différentes communautés pour savoir à laquelle doit être imposée la charge de nourrir un enfant abandonné. Voici une espèce assez remarquable que nous offre Dulaury dans son Recueil d'arrêts du grand-conseil de Malines. — Un enfant était né et avait été exposé dans un canton de Flandre qui faisait partie, quant au spirituel, de la paroisse d'Oost-Ecloo, et quant au temporel, de celle de Lembeecke. Les deux paroisses avaient chacune sa *table des pauvres*, des revenus de laquelle on pouvait aisément fournir aux frais de l'entretien de cet enfant; mais elles prétendaient respectivement rejeter ces frais l'une sur l'autre. Une sentence du conseil de Gand jugea d'abord qu'ils devaient être supportés par la table des pauvres d'Ost-Ecloo, paroisse spirituelle du lieu où l'enfant avait été abandonné : mais sur l'appel interjeté de celle-ci par les administrateurs, le grand-conseil de Malines infirma le jugement, et condamna ceux de Lembeecke à se charger de l'enfant. L'arrêt est du 13 novembre 1713.

Une autre question non moins intéressante est de savoir à la charge de quelle communauté doit demeurer un enfant qui est né dans un lieu et qui a été exposé dans un autre. — Il faut distinguer si la mère est une femme sans feu ni lieu, ou si elle a un domicile connu et certain. — Dans le premier cas, c'est la communauté du lieu où l'enfant a été exposé, qui doit le nourrir. C'est l'espèce et la décision précise de l'arrêt déjà cité du 15 octobre 1693, rapporté par Pollet, dans son Recueil d'arrêts du parlement de Flandre. — Mais lorsque le domicile de la mère est connu et certain, il est indifférent d'examiner où l'enfant est né, et même où il a été exposé, parce que c'est la communauté du domicile qui doit en être chargée. C'est ce qu'ont jugé les deux arrêts du parlement de Provence que nous avons cités plus haut d'après Boniface. La sentence déjà citée du conseil d'Artois du 12 octobre 1775 a pareillement décidé que l'enfant dont il s'agissait, devait être nourri par la communauté du domicile de la mère, quoiqu'il eût été exposé dans un village où elle avait été servante pendant sa grossesse.

On peut appliquer ces différentes décisions au ressort du parlement de Paris, et en tirer pour cette partie du royaume, une règle certaine sur la question de savoir auquel des seigneurs de différens lieux doit être imposée la charge des enfans nés dans une seigneurie et abandonnés dans une autre. On sent que les principes sont les mêmes, à cet égard, pour les seigneurs que pour les communautés : aussi trouvons-nous un arrêt du parlement de Paris qui a préjugé qu'un enfant mis au monde par une femme sans aveu, devait être nourri par le seigneur du lieu où il avait été exposé, quoiqu'il fût né dans un autre. — Voici l'espèce. Une femme mendiant sa vie, passa par la ville de Chinon, où elle accoucha. Après y avoir séjourné pendant quinze jours ou trois semaines avec son enfant, elle se rendit dans une terre voisine où elle l'abandonna ; on le porta à l'Hôtel-Dieu de Chinon, dont le gouverneur voulut obliger les habitans à le nourrir. Par arrêt du mois de juillet 1594, la cour ordonna que, par provision, les habitans de Chinon resteraient chargés de cet enfant, mais que le seigneur haut-justicier de la terre où il avait été trouvé, serait appelé pour être ordonné avec lui ce qu'il appartiendrait. On voit clairement que le préjugé résultant de la mise en cause de ce seigneur, est semblable, tant pour l'espèce que pour la décision, à l'arrêt du parlement de Flandre que nous avons cité d'après Pollet.

Un des points jugés par l'arrêt du parlement de Provence, du 7 mai 1666, cité plus haut, est qu'un homme n'est pas obligé de nourrir un enfant né de sa femme dans le cinquième mois de son mariage, et que, s'il vient à l'exposer, c'est à la communauté du lieu de s'en charger. *V. Légitimité.*

Jusqu'à quel âge les enfans qui ont été exposés, doivent-ils être nourris, soit par les seigneurs, soit par les communautés ? Nous n'avons là-dessus aucune règle certaine : on pourrait peut-être, d'après une loi romaine (1), fixer cet âge à dix-huit ans pour les mâles, et à quatorze pour les filles ; mais il ne paraît pas que cette loi puisse s'appliquer à une matière où l'on doit, autant que l'humanité le permet, tendre à la décharge des seigneurs et des communautés. Brillon, au mot *Exposé,* dit que le seigneur ne doit nourrir les enfans que jusqu'à sept ans, parce qu'à cet âge, ils doivent être en état de gagner leur vie. On peut sans contredit douter et de la sagesse de cette décision, et de la justesse de la raison qui y sert de fondement. Le conseil d'Artois, moins rigoureux, a ordonné, par la sentence ci-dessus rappelée du 12 octobre 1775, que l'enfant dont il s'agissait, serait nourri par la communauté de Lecomte jusqu'à l'âge de seize ans.

[[V. Les lois nouvelles ont apporté de grands changemens à l'ancienne jurisprudence sur cette matière.

Le 27 novembre 1790, l'assemblée constituante, « considérant que la suppression des droits de justice avait opéré l'extinction des profits et des charges qui y étaient attachés, et qu'il était de son devoir et de son humanité de s'occuper sans délai, à la décharge des ci-devant seigneurs haut-justiciers, du sort des enfans qui avaient été exposés et abandonnés dans leur territoire », a décrété ce qui suit :

« *Art.* 1. Les ci-devant seigneurs hauts-justiciers sont déchargés de l'obligation de nourrir et entretenir les enfans exposés et abandonnés dans leur territoire ; et il sera pourvu provisoirement à la nourriture et à l'entretien desdits enfans, de la même manière que pour les enfans trouvés dont l'État est chargé.

» 2. Ceux des ci-devant seigneurs hauts-justiciers qui sont actuellement chargés de quelque enfant exposé ou abandonné, en instruiront par écrit l'administration de l'hôpital ou autre hospice désigné particulièrement pour ce genre de secours, lequel se trouvera être le plus voisin du lieu où l'enfant est élevé ; et à compter du jour de cet avertissement, l'enfant sera à la charge de l'hôpital ou de l'hospice, qui, s'il n'est point chargé de ce genre de dépense par le titre de son établissement, pourra le recouvrer sur le trésor public.

» 3. L'assemblée nationale se réserve de statuer sur le nouveau régime qu'il convient d'adopter pour l'éducation et la conservation des enfans trouvés, et elle charge son comité de lui en présenter le plan ».

L'art. 7 du tit. 1 de la loi du 13 avril 1791 a fait remonter jusqu'à la publication des lois du 4 août 1789, l'effet de l'abolition des droits de justice ; et il a en conséquence voulu que « les ci-devant seigneurs demeurassent, depuis cette époque, déchargés de l'entretien des enfans abandonnés ».

La loi du 19 août 1793 a fixé les indemnités auxquelles auraient droit de prétendre, contre le trésor public, *les familles ou les individus* qui, depuis le 10 décembre 1790, avaient nourri des enfans abandonnés, qui, si le régime féodal n'eût pas été aboli, auraient été à la charge des ci-devant seigneurs hauts-justiciers ; et elle a réglé, art. 2, que ces indemnités ne seraient payées que pour les années au-dessous de l'*âge de douze ans accomplis*, pendant lesquelles ils auraient nourri ces enfans.

La loi du 4 germinal an 2 a réglé les formalités à observer pour les réclamations d'indemnités de la part des *citoyens qui étaient demeurés chargés d'enfans abandonnés, lesquels n'étaient pas à la charge des ci-devant seigneurs.*

La loi du 25 frimaire an 5 établit sur cette matière un ordre définitif. En voici les termes :

« *Art.* 1. Les enfans abandonnés, nouvellement nés, seront reçus gratuitement dans tous les hospices civils de la république.

» 2. Le trésor national fournira à la dépense de ceux qui seront portés dans les hospices qui n'ont pas de fonds affectés à cet objet.

» 3. Le directoire exécutif est chargé de faire un réglement sur la manière dont les enfans abandonnés seront élevés et instruits.

» 4. Les enfans abandonnés seront, jusqu'à majorité ou émancipation, sous la tutelle du président de l'administration municipale dans l'arrondissement de laquelle sera l'hospice où ils auront été portés. Les membres de l'administration seront les conseils de la tutelle.

---

(1) Il s'agit dans cette loi de savoir jusqu'à quel âge a droit d'être nourri un enfant à qui un testateur a laissé des alimens jusqu'à sa puberté. Voici ce qu'elle répond : *Certè si usque ad pubertatem alimenta relinquuntur, si quis exemplum alimentorum quæ dudum pueris et puellis dabantur, velit sequi, sciat Hadrianum constituisse ut puer usque ad decimum et octavum, puellæ usque ad decimum et quartum annum alantur.* (Loi 14, D. *de alimentis legatis*).

» 5. Celui qui portera un enfant abandonné ailleurs qu'à l'hospice civil le plus voisin, sera puni d'une détention de trois décades, par voie de police correctionnelle : celui qui l'en aura chargé, sera puni de la même peine.

Le réglement que le directoire exécutif était chargé, par cette loi, de faire pour son exécution, est contenu dans un arrêté du 30 ventose an 5, que l'on peut voir dans le Bulletin des lois.

Un arrêté du gouvernement consulaire, du 25 floréal an 8, ordonne que les fonds provenans des portions d'amendes et des confiscations attribuées par les lois précédentes aux hôpitaux, aux maisons de secours et aux pauvres, seront exclusivement employés au payement des mois de nourrice des enfans abandonnés.

V. Enfant abandonné et *Nourrice.*]]

* [[EXPROPRIATION FORCÉE (1). Cette dénomination, inconnue dans l'ancienne langue du barreau, fut introduite par la loi du 9 messidor an 3, elle a été conservée successivement par la loi du 11 brumaire an 7 et par le Code Napoléon.

« Les biens du débiteur, dit l'art. 2093 du Code Napoléon, sont le gage commun de ses créanciers, et le prix s'en distribue entre eux..... ». — De là dérive le droit qu'ont les créanciers de poursuivre en justice la vente forcée des biens de leur débiteur, et de s'en faire distribuer le prix à concurrence de leurs créances, et selon l'ordre de préférence dont elles jouissent. La vente forcée des biens autres que les immeubles et les poursuites nécessaires pour y parvenir, se nomme *saisie.* Le nom d'*Expropriation forcée* désigne particulièrement la vente des immeubles.

Le Code de procédure civile a abondonné cette expression et a rétabli les anciennes dénominations. Il appelle *saisie immobilière* les poursuites à faire pour parvenir à la vente des immeubles; et il donne à la vente elle-même le nom d'*adjudication définitive.* (*V.* le Code de procédure civile, art. 673 et suivans).

Cependant il convient de conserver la dénomination d'Expropriation forcée, comme une expression générale qui désigne la vente des immeubles du débiteur faite d'autorité de justice sur la poursuite des créanciers.

Il ne faut point confondre avec l'Expropriation forcée, les ventes des immeubles appartenans aux mineurs ou interdits à une succession vacante ou acceptée sous bénéfice d'inventaire, à un failli etc. ; quoique plusieurs de ces ventes soient provoquées par des créanciers, quoiqu'elles soient toutes faites sous l'autorité de justice, elles ont néanmoins des modes et des effets très-différens de ceux qui appartiennent à l'Expropriation forcée, ainsi que nous l'expliquons en détail sous les mots *Aliénation*, *Mineur*, *Interdit*, *Bénéfice d'inventaire*, *Curateur*, §. 3, n. 1; et *Faillite*, sect. 2.

On doit mettre dans le même rang les adjudications sur enchères faites en conformité de l'art. 747 du Code de procédure civile, d'après le vœu unanime des intéressés, lorsqu'ils se trouvent tous majeurs et maîtres de leurs droits. Cette espèce de vente, quoique entamée par une saisie immobilière, dégénère évidemment en une vente volontaire.

Pour bien déterminer les caractères distinctifs de l'Expropriation forcée indiquée dans notre définition, nous examinerons, 1° par qui l'Expropriation forcée peut être poursuivie; — 2° Contre qui cette poursuite doit être dirigée; — 3° Sur quels biens l'Expropriation peut être exercée; — 4° Devant quel tribunal elle doit être portée; — 5° Quels droits elle confère à l'adjudicataire, et à quelles charges elle le soumet.

I. Le créancier peut seul provoquer et poursuivre la vente forcée des immeubles de son débiteur. Il est vrai que, dans le cas où, sur la notification du contrat d'un acquéreur volontaire, la mise de l'immeuble aux enchères et adjudication publique a été requise, la revente doit avoir lieu suivant les formes établies pour les Expropriations forcées, et peut être poursuivie à la diligence de l'acquéreur, suivant l'art. 2187 du Code Napoléon; mais il est vrai aussi que cette procédure particulière, quoiqu'elle doive se terminer par les formes de l'Expropriation forcée, n'en a pas les caractères dans son principe, puisqu'elle commence par une Expropriation volontaire qui est, en quelque sorte, l'opposé d'une Expropriation forcée. — Il faut remarquer en outre que la surenchère, qui entraîne avec elle les formes de l'Expropriation forcée, émane nécessairement d'un créancier; et que ce même créancier, d'après l'art. 2187 déjà cité, partage avec l'acquéreur volontaire, la faculté de poursuivre la revente sur enchères. — Ces réflexions justifient notre proposition, qui consiste à dire qu'il n'y a que le créancier qui puisse provoquer et poursuivre la vente forcée des immeubles de son débiteur.

Il n'est pas nécessaire que la créance soit hypothécaire. Un créancier chirographaire peut provoquer l'Expropriation, tout comme un créancier hypothécaire, pourvu que sa créance ait les qualités dont nous parlerons bientôt. Ce dernier a cet avantage, qu'il peut suivre l'immeuble hypothéqué dans les mains d'un tiers-détenteur; ce que ne pourrait pas un créancier chirographaire : mais, d'un autre côté, il est soumis à des discussions qui sont étrangères au créancier chirographaire. En effet, le créancier hypothécaire doit discuter d'abord les biens hypothéqués à sa créance; il ne peut poursuivre l'Expropriation des biens qui ne lui sont pas hypothéqués, qu'en cas d'insuffisance des premiers. (Art. 2209 du Code Napoléon). *V. Discussion.*

Pour autoriser la poursuite de l'Expropriation forcée de la part d'un créancier, soit chirographaire, soit hypothécaire, la créance doit reposer sur un titre authentique et exécutoire; elle doit de plus être certaine et liquide. (Art. 2213 du Code Napoléon).

On comprend généralement sous le nom de titres authentiques et exécutoires, les actes notariés passés, et les jugemens rendus en France. (Art. 19 de la loi du 25 ventose an 11; art. 547 du Code de procédure civile.) — Les grosses des actes notariés et les jugemens doivent, pour devenir exécutoires, porter l'in-

(1) Cet article, à l'exception de ce qui est en note à la fin du n. 2, appartient à M. TARRIBLE, ci-devant membre du tribunat, aujourd'hui maître des comptes.

titulé prescrit par la loi, et être terminés par un mandement aux officiers de justice. (Art. 25 de la loi du 25 ventose an 11, et art. 545 du Code de procédure civile. *V. Exécution parée*). — Le titre n'est d'ailleurs exécutoire, que lorsque le terme prescrit pour l'exécution, est échu. (Art. 1185 du Code Napoléon).

La dette est certaine, lorsqu'elle n'est subordonnée à aucune condition, ou qu'elle ne dépend que d'une condition résolutoire. (Art. 1183 du Code Napoléon). La condition suspensive rend la dette incertaine et insusceptible d'exécution avant son événement. (Art. 1181 du Code Napoléon).

La dette est liquide, lorsque la somme à payer est determinée par le titre; si la dette comprenait, non une somme fixe, mais des espèces non appréciées, la poursuite serait valable, mais l'adjudication ne pourrait être faite qu'après la liquidation ou l'appréciation. (Art. 2113 du Code Napoléon).

On peut de même commencer les poursuites de l'Expropriation en vertu d'un jugement provisoire ou définitif exécutoire par provision, nonobstant l'appel; mais l'adjudication ne peut se faire qu'après un jugement définitif en dernier ressort, ou passé en force de chose jugée. (Art. 2215 du Code Napoléon). — Le même article interdit la poursuite en vertu d'un jugement par défaut durant le délai de l'opposition.

Il y a plusieurs cas où, bien qu'une dette soit certaine, liquide et fondée sur un titre exécutoire, l'Expropriation forcée ne peut néanmoins être poursuivie par le créancier qu'après qu'il a rempli certains préalables.

Ainsi, le cessionnaire ne peut poursuivre l'Expropriation qu'après avoir signifié le transport au débiteur. Cette disposition contenue dans l'art. 2214 du Code Napoléon, est dans un accord parfait avec celle de l'art. 1690, portant que le cessionnaire n'est saisi, à l'égard des tiers, que par la signification du transport fait au débiteur.

Ainsi, la part indivise d'un cohéritier dans les immeubles d'une succession, ne peut, d'après l'art. 2205, être mise en vente par ces créanciers *personnels*, avant le partage, vu la licitation qu'ils peuvent provoquer, s'ils le jugent convenable. — Le créancier *personnel* du cohéritier est celui envers lequel ce cohéritier est personnellement tenu de la dette, sans que ses cohéritiers y soient engagés. — La disposition de l'article cité s'applique indistinctement au cas où la dette est hypothécaire, et à celui où elle ne l'est pas. Nous nous permettons cette courte observation pour écarter les doutes qu'auraient pu faire naître sur ce point les raisonnemens équivoques de l'orateur du tribunat dans son discours devant le corps législatif, rapporté dans l'édition des Discours de Firmin Didot, tom. 7, pag. 124 et 125.

Ainsi encore, les immeubles d'un mineur, même émancipé, ou d'un interdit, ne peuvent, selon l'art. 2206 du Code Napoléon, être mis en vente avant la discussion du mobilier. Mais la nécessité de cette discussion préalable cesse dans le cas où les immeubles et la dette sont communs entre un majeur et un mineur, et dans celui où il ne s'agit que de continuer contre un mineur des poursuites déjà commencées contre un majeur. (Art. 2207.)

C'est enfin par une exception du même genre, que, dans le cas où le revenu net et libre des immeubles du débiteur pendant une année, paraît suffisant pour le payement de la dette entière, et où la délégation en est offerte au créancier, la poursuite peut être suspendue par les juges, sauf à être reprise, s'il survient quelque obstacle au payement. (Art. 2212 du Code Napoléon.)

II. L'Expropriation forcée doit être régulièrement poursuivie contre la personne du débiteur.

Le mari est le maître de la communauté et des biens qui la composent : l'action en Expropriation d'un immeuble faisant partie de la communauté, doit donc être dirigée contre le mari seul, lors même que la femme se serait obligée à la dette. (Art. 2208 du Code Napoléon.)

L'Expropriation des immeubles de la femme majeure qui ne sont point entrés en communauté, se poursuit contre la femme et le mari : mais si celui-ci refuse de procéder avec la femme, ou bien s'il est mineur, le poursuivant fait autoriser la femme par la justice.

Lorsque la femme est mineure, et que le mari ne veut ou ne peut pas procéder avec elle, la poursuite s'exerce contre un tuteur nommé à la femme par le tribunal : ces dispositions se trouvent encore dans l'art. 2208.

L'Expropriation des immeubles appartenans à un débiteur solidaire, peut être poursuivie contre ce débiteur seul, sans qu'il soit même nécessaire de faire un commandement préalable aux autres co-débiteurs; car un co-débiteur solidaire est obligé personnellement à acquitter la dette toute entière; et conséquemment les poursuites dirigées contre lui seul, sont valables. Les mêmes motifs doivent faire prononcer la même décision à l'égard de la caution, du moins lorsqu'elle a renoncé au bénéfice de discussion.

Les poursuites en Expropriation d'un immeuble commun entre plusieurs co-débiteurs non solidaires, doivent être faites contre tous les co-débiteurs, sans distinguer si la communauté de l'immeuble et de la dette a été établie par succession ou par toute autre cause. En effet, chacun étant tout à la fois co-propriétaire de l'immeuble et co-débiteur de la dette, le créancier ne peut provoquer la vente de l'immeuble tout entier, sans agir directement et collectivement contre tous.

Les règles que nous venons d'établir, s'appliquent indistinctement au cas où l'immeuble mis en vente est grevé d'hypothèque envers le poursuivant, et à celui où il ne l'est pas, pourvu que l'immeuble soit dans la main du débiteur que l'on veut exproprier. Mais si l'immeuble se trouvait aliéné en faveur d'un tiers-détenteur, cette aliénation amènerait une grande différence entre le sort des créanciers hypothécaires et celui des créanciers non hypothécaires. Ceux-ci n'ayant aucun droit réel sur la chose, ne pourraient la suivre dans la main du tiers-détenteur; tandis que les créanciers hypothécaires peuvent, selon l'art. 2166 du Code Napoléon, suivre l'immeuble hypothéqué, en quelque main qu'il passe, pour être colloqués et payés suivant l'ordre de leurs créances ou inscriptions.

L'art. 2169 du même Code trace au créancier hypothécaire, la conduite qu'il doit tenir dans ce cas. Il doit toujours faire commandement au débiteur originaire; mais il doit, en même temps, faire sommation au tiers-détenteur de payer la dette exigible ou de délaisser l'héritage : et ce n'est que trente jours après ces deux actes, qu'il peut faire vendre l'immeuble sur le tiers-détenteur.

C'est de la même manière qu'il doit procéder à l'égard de l'un des co-héritiers qui possède le fonds hypothéqué pour une dette de la succession. L'art. 1221 du Code Napoléon dit, à la vérité, que ce co-héritier possesseur peut être poursuivi pour le tout sur le fonds hypothéqué, sauf le recours contre ses co-héritiers; mais il n'est pas moins certain que tous les co-héritiers sont des débiteurs vrais et personnels, chacun pour sa part; que chacun d'eux a eu, à l'instant de l'ouverture de la succession, un droit de copropriété égal à celui des autres, sur l'immeuble hypothéqué; que l'assignation de cet immeuble dans le lot d'un seul, est, de la part des autres, une espèce d'aliénation de ce même immeuble; mais que cette assignation ne dérange pas la division originaire de la dette; et qu'ainsi, ce co-héritier est, dans le fait, un tiers-détenteur du fonds hypothéqué pour une dette qui n'est pas la sienne, du moins jusqu'à concurrence des parts dont les autres co-héritiers sont directement et personnellement tenus. — Nous concluons de là que dans ce cas, comme dans celui de la vente de l'immeuble hypothéqué en faveur d'un tiers, le créancier doit faire commandement à tous les co-héritiers débiteurs personnels, et qu'il doit en même temps faire sommation particulière au co-héritier possesseur de l'immeuble hypothéqué, de payer la dette entière. Mais il n'ajoutera pas à sa sommation l'alternative de délaisser l'héritage; parce que la faculté du délaissement n'appartient qu'à celui qui n'est pas personnellement obligé à la dette, suivant l'art. 2172; et que, dans notre hypothèse, ce possesseur est personnellement obligé à la dette, du moins en partie, par sa qualité de co-héritier qu'il ne peut abdiquer, quand il l'a une fois acceptée purement et simplement (1).

III. Tous les biens du débiteur, quelle que soit leur nature, peuvent, avons-nous dit, être saisis et

(1) [[Peut-on, pendant la guerre, poursuivre une Expropriation forcée contre un militaire qui est en activité de service?

La loi du 6 brumaire an 5 décide nettement que non. Elle établit d'abord, art. 2, « qu'aucune prescription, expiration de délais ou péremption d'instance ne peut être acquises contre les défenseurs de la patrie et autres citoyens attachés au service des armées de terre et de mer, pendant tout le temps qui s'est écoulé ou s'écoulera depuis leur départ de leur domicile, s'il est postérieur à la déclaration de la présente guerre, ou depuis ladite déclaration, s'ils étaient déjà au service, jusqu'à l'expiration d'un mois après la publication de la paix générale, ou après la signature du congé absolu qui leur aurait été ou leur serait délivré à cette époque ». Et elle déclare que, « le délai sera de trois mois, si, au moment de la publication de la paix ou de l'obtention du congé absolu, ces citoyens font leur service hors de la république, mais en Europe; de huit mois dans les colonies en deçà du cap de Bonne-Espérance; de deux ans, au-delà de ce cap ». Puis elle ajoute, art. 4 : « Les jugemens prononcés contre les défenseurs de la patrie et autres citoyens de service aux armées, *ne peuvent donner lieu au décret et à la dépossession d'aucun immeuble pendant les délais énoncés en l'art. 2 de la présente loi* ».

Mais cette loi est-elle encore en vigueur?

L'affirmative est établie dans un plaidoyer du 24 thermidor an 13, rapporté à l'article *Divorce*, sect. 4, § 9.

La cour de Nismes avait cependant jugé le contraire, le 7 janvier 1808, sur le fondement que la paix générale avait, par le traité d'Amiens du 30 floréal an 10, fait cesser la guerre à la durée de laquelle était limitée celle de la loi dont il s'agit.

Mais son arrêt a été cassé le 20 avril 1811, au rapport de M. Carnot, — « Attendu qu'il a été déclaré en fait, par l'arrêt attaqué, que le réclamant était attaché aux armées à l'époque du 6 décembre 1806, que fut prononcée l'adjudication définitive de ses biens, par voie d'Expropriation; que la loi citée a fait défense sous peine de nullité des poursuites, d'exproprier aucun individu attaché aux armées; et que cependant, contre sa volonté, l'adjudication faite des biens du réclamant, le 6 décembre 1806, a été maintenue; que, pour le juger ainsi, la cour d'appel s'est vainement appuyée de la publication du traité de paix d'Amiens, du 30 floréal an 10, qui donnait bien l'espoir d'une paix générale, mais qui ne réalisait pas cet espoir; que le traité d'Amiens fut plutôt une trève entre les puissances belligérantes qu'une véritable paix; qu'il ne reçut pas d'exécution, les hostilités ayant recommencé dans un temps très-prochain de sa ratification; que le gouvernement l'a reconnu, de la manière la plus formelle, en ordonnant par un décret impérial du 16 mars 1807, que la loi du 6 brumaire an 5 serait publiée dans les départemens au-delà des Alpes, pour y être exécutée comme loi de l'empire; qu'une loi abrogée ne se publie pas pour être exécutée comme loi; que la publication ordonnée de celle de brumaire an 5, annonce suffisamment qu'elle n'a jamais été considérée comme abrogée par le traité du 30 floréal an 10; que l'on ne peut tirer un argument sérieux, en sens contraire, de ce que le gouvernement a maintenu les tribunaux spéciaux qui devaient avoir autorité deux ans après la publication de la paix générale, parce que cette mesure ne fut prise que pour lever toute incertitude qui aurait pu naître sur l'intelligence de la loi de leur institution; que le décret de l'an 12, portant que les tribunaux spéciaux continueraient à demeurer en activité, a été au besoin interprété par celui du 16 mars 1807, qui ne peut prêter à aucune interprétation favorable au système de la cour d'appel de Nismes ».

Le privilége accordé aux militaires par l'art. 4 de la loi du 6 brumaire an 5, s'étend-il jusqu'aux immeubles de la femme, lorsque le mari en jouit, soit à titre de dot, soit par droit de communauté, et lors surtout qu'il en est donataire en cas de survie?

Voici un arrêt de la cour de cassation, du 26 janvier 1811, qui juge pour l'affirmative. Nous le puisons dans le Bulletin civil de cette cour.

« Le 11 nivose an 6, la demoiselle Delaunay avait vendu quelques immeubles au sieur Lucas. Elle devait au sieur de Vasservas, en vertu d'un titre antérieur, une rente annuelle de 1000 fr., au principal de 20,000 francs. Le sieur de Vasservas avait pris une inscription hypothécaire sur les biens de sa débitrice. En ventose an 8, il forma contre le sieur Lucas une demande en déclaration d'hypothèque, et conclut à ce qu'il fût condamné à payer les arrérages échus et à échoir de la rente de 1000 francs, ou à délaisser les immeubles qu'il avait acquis. Dans l'intervalle, la demoiselle Delaunay s'était mariée avec le sieur Compère (général de brigade); et par leur contrat de mariage, ils s'étaient fait donation mutuelle, en cas de survie, de tous les biens qui pourraient appartenir à celui d'entre eux qui décéderait le premier. Le sieur Lucas, actionné par le sieur de Vasservas, appela en garantie les sieur et dame Compère. Le 27 germinal an 8, jugement qui accueillit la demande principale et celle en garantie. Le sieur Lucas, préféra déguerpir, et chercha à se remplir en-

vendus à la requête de ses créanciers. Mais l'Expropriation forcée dont nous nous occupons ici, ne peut être exercée avec les formes qui lui sont propres, que sur les biens immobiliers et leurs accessoires réputés immeubles, et sur l'usufruit des biens de même nature appartenans au débiteur. (Art. 2204 du Code Napoléon.)

Il est utile de remarquer que le Code Napoléon distingue trois genres de biens immeubles. — Les biens sont immeubles, dit l'art. 517, ou par leur nature, ou par leur destination, ou par l'objet auquel ils s'appliquent. — Les articles suivans expliquent très-clairement quels sont les biens qui sont immeubles par leur nature ou par leur destination; et il est sensible que les immeubles par destination sont des biens qui, étant meubles dans leur nature, deviennent, par la destination, des accessoires des immeubles réels, et finissent par être réputés immeubles. — Les biens immeubles par l'objet auquel ils s'appliquent, qui forment le troisième genre, sont très-clairement détaillés dans l'art. 526 : les immeubles de ce genre sont l'usufruit des choses immobilières, les servitudes ou les services fonciers, et les actions qui tendent à revendiquer un immeuble.

En rapprochant ces textes de l'art. 2204 cité plus haut, on reconnaît aisément que tous les immeubles des deux premiers genres peuvent devenir l'objet d'une Expropriation forcée; mais que, parmi les trois espèces qui composent le dernier genre, l'usufruit seul peut être soumis à ce mode de procédure.

Comment, en effet, concevoir que l'on pût mettre en vente une servitude foncière active, ou une action tendante à revendiquer un immeuble? — Une servitude foncière active est inhérente au fonds dominant. Si le propriétaire de ce fonds a des dettes, il est tout simple que ses créanciers poursuivent la vente forcée du fonds qui comprendra celle de la servitude active qui y est jointe, et qui ne peut en être séparée. — Quant à l'action tendante à revendiquer un immeuble, il serait également contraire à l'intérêt des créanciers et du débiteur, et à la nature de cette espèce de droit, que l'Expropriation en fût suivie dans la forme prescrite pour l'Expropriation des immeubles; les créanciers, en vertu du droit que leur donne l'art. 1166, pourront exercer l'action en revendication et poursuivre ensuite la vente forcée de l'immeuble revendiqué, lorsqu'ils en auront obtenu le délaissement. Cette marche est plus simple, plus naturelle et plus avantageuse pour tous, que ne le serait la vente de l'action en revendication.

Ce n'est donc pas sans raison que l'art. 2204, en parlant des biens dont un créancier peut poursuivre l'Expropriation, ne désigne que les biens immeubles et leurs accessoires réputés immeubles appartenans en propriété à son débiteur, et l'usufruit appartenant au débiteur sur les biens de même nature. Ces expressions excluent formellement l'action en réméré, l'action en rescision et les autres semblables du rang des biens susceptibles d'Expropriation forcée. Ces actions, en effet, ne sont pas des immeubles : et quoiqu'elles tendent à revendiquer un immeuble, on ne peut pas dire, tant qu'elles n'ont pas été amenées à leur fin, que l'immeuble qui en fait l'objet, *appartient en propriété au débiteur investi de l'action*.

L'art. 2204 est de plus dans un accord parfait avec l'art. 2118, qui désigne nominativement les mêmes biens comme seuls susceptibles d'hypothèque. Le législateur ne pouvait pas exprimer plus nettement que les services fonciers et les actions tendantes à revendiquer un immeuble, étaient également insusceptibles d'hypothèque et de poursuite en Expropriation forcée. *V. Hypothèque* et *Saisie immobilière*.

IV. L'action en Expropriation doit être suivie devant le tribunal du lieu où l'immeuble est situé. Cette action est réelle par sa nature. Elle l'est encore par sa combinaison nécessaire avec la purgation des hypothèques qui sont un droit purement réel. Ce motif seul suffirait pour en attribuer la compétence au tribunal du lieu où l'immeuble est situé. Mais

---

vers les sieur et dame Compère, de tout ce qu'il avait déboursé pour son acquisition. Il poursuivit la vente par voie d'Expropriation forcée, de quelques immeubles appartenant à la dame Compère. A l'audience indiquée pour l'adjudication, un membre du conseil officieux des défenseurs de la patrie parut et demanda, en cette qualité, pour le sieur Compère, qu'il plût au tribunal, vu les art. 2 et 4 de la loi du 6 brumaire an 5, déclarer prématurée la poursuite en Expropriation. Le tribunal ne s'arrêta pas à cette demande, attendu qu'il ne s'agissait pas de l'Expropriation des biens du sieur Compère, que la poursuite n'avait pour objet que des biens propres à sa femme, et qu'elle avait pour cause une dette antérieure au mariage. Il fut donc procédé à l'adjudication, et le 8 messidor an 9, les biens saisis furent adjugés aux sieurs *Cacheux*, *Nayresse* et *Hurès*. Appel du jugement d'adjudication. La cour de Douai a confirmé ce jugement, sur le fondement que, s'agissant d'une obligation personnelle à la dame Compère, antérieure à son mariage, et de l'Expropriation de biens appartenans personnellement à cette dame, on ne pouvait se prévaloir du privilége accordé aux défenseurs de la patrie par la loi du 6 brumaire an 5. — Violation des articles 2, 4 et 5 de cette loi; cette violotion a été réprimée par l'arrêt suivant ;

« Ouï le rapport de M. Vallée.....; vu les articles 2 et 4 de la loi du 6 brumaire an 5; et attendu que cette loi a essentiellement pour objet la conservation des propriétés des défenseurs de la patrie en activité de service; qu'elle a établi des mesures particulières pour prévenir les atteintes qui pourraient être portées aux droits de ces militaires; que toute action dirigée contre eux, et dont le résultat peut leur préjudicier, a donc été soumise à ces mesures que, suivant l'article 2 de cette loi, aucune prescription ne peut être acquise contre un militaire en activité de service avant la publication de la paix générale; et qu'aux termes de l'article 4, ce militaire ne peut être dépossédé d'aucun immeuble pendant ce délai; que le sieur Compère avait l'administration et la jouissance des biens personnels de sa femme; que même, par l'effet du don mutuel, il pouvait en devenir propriétaire; que, dès-lors, il était sous un double rapport, intéressé à la conservation de ses biens; que ce militaire était en activité de service lors du jugement en vertu duquel l'Expropriation a été poursuivie, et de celui d'adjudication qui l'a consommée; qu'il a été partie dans l'un et dans l'autre de ces jugemens; qu'il devait donc jouir du bénéfice des dispositions de la loi du 6 brumaire an 5, et que cependant il a été dépossédé d'une partie des biens de sa femme; d'où il suit que la cour d'appel de Douai, en déclarant valable, même vis-à-vis du sieur Compère, l'adjudication dont il s'agit, a violé les articles 2 et 4 de la loi du 6 brumaire an 5; la cour casse et annulle l'arrêt de la cour d'appel de Douay, du 26 mars 1808..... »]]

cette compétence est de plus textuellement déterminée par l'art. 2210 du Code Napoléon, qui porte que la vente forcée d'un immeuble est suivie dans le tribunal dans le ressort duquel se trouve le chef-lieu de l'exploitation, et à défaut de chef-lieu, la partie des biens qui présente le plus grand revenu, d'après la matrice du rôle. La compétence et la forme de procéder seront mieux développées sous les mots *Saisie immobilière*.

V. L'adjudication définitive ne transmet à l'adjudicataire, dit l'art. 731 du Code de procédure civile, d'autres droits à la propriété que ceux qu'avait le saisi.

Cet article décide une grande question qui était diversement jugée par les anciens parlemens, celle de savoir si l'Expropriation forcée ou l'adjudication définitive qui la termine, purge, en faveur de l'adjudicataire, tous les droits de propriété que des étrangers pourraient avoir sur l'immeuble vendu.

Le premier projet du Code de procédure civile voulait que la revendication de la part d'un tiers, fût formée avant l'adjudication définitive, sous peine de déchéance du droit.

L'article cité conserve au contraire au tiers propriétaire, l'intégrité de son droit, quoiqu'il n'ait pas réclamé avant l'adjudication; et en cela, il s'est littéralement conformé à la disposition de l'art. 25 de la loi du 11 brumaire an 7.

Le même projet (art. 751) prescrivait de prendre inscription avant la mise de l'enchère au greffe, pour la conservation des charges réelles sur le fonds mis en vente, à moins qu'il ne s'agît de servitudes naturelles ou patentes.

La loi antérieure du 11 brumaire an 7, dans l'article déjà cité, conservait au contraire l'intégrité de ces droits à celui qui en était nanti; et elle se contentait de fixer le terme de leur prescription à dix ans, à partir du jour de la transcription du jugement d'adjudication.

Ni le Code Napoléon, ni le Code de procédure, n'ont littéralement prononcé sur les mesures à prendre pour la conservation des droits de ce genre. Cependant on ne peut révoquer en doute que l'intention du législateur n'ait été de les conserver intacts, et de les comprendre dans la disposition générale qui déclare que l'adjudication définitive ne transmet à l'adjudicataire d'autres droits à la propriété, que ceux qu'avait le saisi.

Le livre second du Code Napoléon est intitulé ainsi : *Des biens et des différentes modifications de la propriété*; et l'art. 543 déclare « qu'on peut avoir sur les biens un droit de propriété ou un simple droit de jouissance, ou seulement des services fonciers à prétendre ». Ces expressions annoncent que la propriété, les droits de jouissance et ceux résultans des services fonciers, sont mis, en quelque sorte, sur la même ligne; et que ces derniers droits ne sont qu'une modification de la propriété. Les auteurs du Code de procédure civile, en effaçant du texte les dispositions de l'art. 751 du projet, ont entendu visiblement rejeter la forme de l'inscription, qui, consacrée uniquement à la conservation des créances, ne peut s'adapter à la conservation de droits très-différens, tels que l'usufruit ou le service foncier : ils ont voulu se raccorder avec le système opposé qui ne souffre pas que l'adjudication porte aucune atteinte aux droits généraux de la propriété, qui peuvent appartenir à un autre que le débiteur.

Cette intention se manifeste, d'une manière non équivoque, dans un passage du discours de l'orateur du gouvernement, rapporté dans le Recueil de la discussion du Code de procédure, édition de Firmin Didot, pag. 216. Cet orateur, en parlant des art. 726 et suivans, qui regardent les demandes en distraction, s'exprime ainsi : « Ces articles ne disent point à quelle hauteur de la procédure les demandes à fin *de charge* ou de distraction doivent être formées : *ils n'opposent à cet égard aucune fin de non-recevoir*; et l'art. 731 du projet, rappelant dans les mêmes termes la disposition consacrée par l'art. 25 de la loi du 11 brumaire an 7, décide que l'adjudication définitive ne transmet à l'adjudicataire d'autres droits à la propriété, que ceux qu'avait le saisi».

La demande *à fin de distraction*, désigne la revendication de la propriété; la demande *à fin de charge*, désigne la revendication d'un service foncier : l'une et l'autre sont placées dans la même catégorie, et peuvent être formées après, comme avant l'adjudication définitive. On doit conclure de là que l'adjudication définitive ne purge pas plus le droit d'usufruit ou de service foncier, appartenant à un tiers sur l'immeuble vendu, qu'elle ne purge le droit de propriété.

Mais l'adjudication définitive purgera-t-elle les hypothèques, et particulièrement celles qui existent indépendamment de l'inscription : ou bien l'adjudicataire sera-t-il tenu, après l'adjudication, d'employer les voies ordinaires pour purger ces hypothèques? Cette question très-importante sera traitée sous les mots *Saisie immobilière*, §. 7, n. 3.

Les autres charges auxquelles l'adjudicataire est soumis, sont celles exprimées dans le cahier des charges qui doit être déposé au greffe par le poursuivant, et qui doit contenir les conditions de la vente, ainsi qu'il est prescrit par l'art. 697 du Code de procédure civile. Nous en parlerons plus amplement sous les mots *Saisie immobilière*.]] *

EXTINCTION DE LA CHANDELLE ou DES FEUX. *V. Bougies* et *Enchères*.

[[EXTRADITION. C'est, en termes de jurisprudence criminelle, l'action de remettre le prévenu d'un crime, entre les mains d'une puissance étrangère, pour le faire juger et punir.

Régulièrement celui qui, ayant commis un crime dans un pays étranger, se refugie dans un autre État, ne peut être arrêté ni jugé dans celui-ci. *V. Compétence*, §. 2.

Mais cette règle cesse dans plusieurs cas.

Elle cesse notamment, lorsqu'il y est dérogé par des conventions diplomatiques. *V.* l'art. 18 du traité du 22 septembre 1803, rapporté au mot *Suisse*.

Elle cesse encore, toutes les fois que le souverain de l'État où s'est réfugié le prévenu, juge à propos de le livrer à la puissance dans le territoire de laquelle a été commis le crime. Voici ce que porte à ce sujet le décret impérial du 25 octobre 1811.

« NAPOLÉON.....; Sur le rapport de notre grand-juge, ministre de la jussice, ayant pour objet de faire statuer sur les cas où un Français se serait réfugié en France, après avoir commis un crime sur le territoire d'une puissance étrangère;

» Vu les art. 5 et 7 de notre Code d'instruction criminelle, portant, le premier : *Tout Français qui se sera rendu coupable hors du territoire de France, d'un crime attenattoire à la sûreté de l'État, de contrefaction du sceau de l'Etat, de monnaies nationales ayant cours, de papiers nationaux, de billets de banque autorisés par la loi, pourra être poursuivi, jugé et puni en France, d'après les dispositions des lois françaises;* — Le second : *Tout Français qui se sera rendu coupable hors du territoire de l'empire, d'un crime contre un Français, pourra, à son retour en France, y être poursuivi et jugé, s'il n'a pas été poursuivi et jugé en pays étranger, et si le Français offensé rend plainte contre lui;*

« Considérant que, dans la question présentée, il ne s'agit que de crimes commis par un Français, hors de France et contre des étrangers; que le Français prévenu d'un tel crime, ne peut, lorsqu'il s'est réfugié en France, être livré, poursuivi et jugé en pays étranger que sur la demande d'Extradition qui nous serait faite par le gouvernement qui se prétend offensé ; que si, d'un côté, il est de notre justice de ne pas apporter d'obstacle à la poursuite du crime, lors même qu'il ne blesse ni nous ni nos sujets; d'un autre côté, la protection que nous leur devons, ne nous permet pas de les livrer à une juridiction étrangère sans de graves et légitimes motifs, reconnus et jugés tels par nous;

» Notre conseil d'état entendu, nous avons décrété et décrétons ce qui suit :

» Art. 1er. Toute demande en Extradition, faite par un gouvernement étranger, contre un de nos sujets prévenu d'avoir commis un crime contre des étrangers sur le territoire de ce gouvernement, nous sera soumise par notre grand-juge ministre de la justice, pour y être par nous statué ainsi qu'il appartiendra.

» 2. A cet effet, ladite demande appuyée de pièces justificatives, sera adressée à notre ministre des relations extérieures, lequel la transmettra, avec son avis, à notre grand-juge ministre de la justice ».]]

*EXTRAIT. C'est ce qui est tiré d'un acte ou d'un registre.

On appelle *Extrait sur minute*, l'expédition tirée sur la minute même d'un acte, à la différence de celle qui est tirée seulement sur une copie collationnée : la première est la plus authentique. (M. GUYOT) *

[[*V. Copie*, *Etat civil*, *Enregistrement* (droit d'), §. 59; *Preuve*, etc.]]

*EXTRAJUDICIAIRE. Ce terme se dit des actes ou significations qui ne sont point relatifs à un procès actuellement pendant en justice.

Le terme *Extrajudiciaire* est opposé à *judiciaire*. Les actes judiciaires ou procédures tombent en péremption, au lieu que les actes Extrajudiciaires ne sont sujets qu'à la prescription. (M. GUYOT.)*

*EXTRAVAGANTES. On appelle ainsi, dans le droit canonique, les constitutions des papes postérieures aux clémentines ; elles ont été ainsi appelées, *quasi vagantes extra corpus juris*, pour dire qu'elles étaient hors du droit canonique, qui ne comprenait d'abord que le décret de Gratien ; on y ajouta ensuite les décrétales de Grégoire IX, le sexte de Boniface VIII, les clémentines et enfin les Extravagantes.

Il y a les Extravagantes de Jean XXII, et les Extravagantes communes. Les premières sont vingt épîtres, décrétales, ou constitutions de ce pape, distribuées sous quatorze titres, sans aucune division par livre. Les autres sont des épîtres décrétales, ou constitutions des papes qui tinrent le siège, soit avant Jean XXII, soit depuis ; elles sont divisées par livres, comme les décrétales. Ces Extravagantes n'ont d'autorité en France, qu'autant qu'elles se trouvent conformes aux ordonnances de nos rois et aux maximes du royaume. *V. Droit* et *Citation*. (M. GUYOT.)*

F.

*FABRIQUE. C'est ce qui appartient à une église; tant pour les fonds et les revenus affectés à l'entretien et à la réparation de l'église, que l'argenterie et les ornemens. — On désigne aussi par ce terme de *Fabrique*, le corps ou l'assemblée de ceux qui ont l'administration des fonds et revenus dont on vient de parler.

[[Et c'est dans ce sens que, par l'art. 76 de la loi du 18 germinal an 10, il est dit « qu'il sera établi des *Fabriques*, pour veiller à l'entretien et à la conservation des temples, à l'administration des aumônes ».]]

I. Dans la primitive Eglise, les offrandes qu'elle recevait, et les biens qu'elle possédait, étaient en commun. Comme il s'éleva des difficultés dans les distributions, les revenus de chaque église ou évêché furent partagés en quatre lots ou parts égales, la première pour l'évêque, la seconde pour son clergé et pour les autres clercs de son diocèse, la troisième pour les pauvres, et la quatrième pour l'entretien et les réparations des églises. Le pape Simplicius écrivit à plusieurs évêques, que ce quart devait être employé *ecclesiasticis fabriciis*, origine du terme de Fabrique.

II. Les biens des Fabriques des églises paroissiales sont gouvernés par des particuliers laïques, qui, dans plusieurs endroits, sont appelés *Fabriciens*. Mais ces biens ne laissent pas d'être considérés comme des biens ecclésiastiques; c'est pourquoi les priviléges attachés aux biens du clergé, doivent aussi être appliqués aux biens des Fabriques. La cour des aides de Paris a rendu, le 26 novembre 1636, un arrêt conforme à cette décision, et qui se trouve rapporté au Journal des audiences.

L'évêque de Rennes s'étant cru en droit d'instituer un receveur des deniers et droits casuels de la Fabrique de Saint-Germain de Rennes, le parlement de Bretagne déclara, par arrêt du 1er juillet 1732, l'ordonnance de ce prélat abusive, et ordonna que le sacristain nommé par les paroissiens, continuerait à faire la recette dont il s'agissait.

Par un autre arrêt du 1er février 1734, la même cour déclara qu'il y avait abus dans une ordonnance de l'évêque de Nantes, portant réglement sur le temporel et le droit des Fabriques.

Les marguilliers et les autres administrateurs des biens des Fabriques sont tenus d'en rendre compte tous les ans. Cela est ainsi ordonné par les lettres-patentes des 3 octobre 1571, 16 mars 1609 et 4 septembre 1619, ainsi que par divers arrêts rendus en conformité de cette disposition. Le parlement de Paris a même jugé qu'un laps de temps considérable ne dispensait pas de rendre ces comptes; car, par un arrêt du 30 juin 1567, rapporté au tome 3 des *Mémoires du clergé*, il a condamné des marguilliers, qui n'avaient pas rendu compte depuis trente ans, à le rendre aux marguilliers en charge.

Les comptes des Fabriques doivent être présentés aux évêques ou à leurs archidiacres, lorsqu'ils font leurs visites dans le cours de l'année; mais, après l'année révolue, ces comptes doivent être examinés et arrêtés par les curés, les officiers et autres principaux habitans des lieux, pour ensuite être représentés aux évêques ou à leurs archidiacres, lors de leurs premières visites. Cela est ainsi ordonné par l'art. 17 de l'édit du mois d'avril 1695. Au reste, les évêques ne pourraient pas, sans abus, envoyer à leurs officiaux la connaissance des comptes des Fabriques. Bardet rapporte un arrêt du 7 décembre 1633, qui l'a ainsi jugé.

Par un autre arrêt, du 21 août 1702, rendu pour le diocèse de Sens, le parlement de Paris a jugé que les comptes de Fabrique devaient être rendus au banc de l'œuvre.

Le même arrêt a aussi décidé que les juges ordinaires pouvaient obliger les marguilliers à rendre leurs comptes, sur la poursuite du ministère public ou des nouveaux marguilliers, lorsque les évêques ou leurs archidiacres avaient négligé de faire leurs visites; mais qu'ils ne pouvaient prendre connaissance de ces comptes que deux mois après l'expiration de l'année; le tout sans que cela pût empêcher les évêques ou leurs archidiacres de se faire représenter les mêmes comptes lors de leurs prochaines visites.

Les ordonnances rendues par les évêques ou leurs archidiacres, au sujet des comptes de Fabrique, et les jugemens intervenus sur ces comptes, sont exécutoires par provision, nonobstant l'appel. Cela est ainsi réglé par les lettres-patentes des 8 octobre 1571, 16 mars 1609, et 4 septembre 1619.

Les contestations qui surviennent touchant les comptes de Fabrique, soit entre les anciens et les nouveaux marguilliers, soit entre les marguilliers et les habitans ou autres, doivent se porter devant le juge royal ordinaire. Divers arrêts l'ont ainsi décidé, et particulièrement celui qui a été rendu au conseil le 12 avril 1609: il est rapporté dans les *Mémoires du clergé*.

[[Aujourd'hui, ni les évêques, ni les tribunaux ne peuvent plus prendre connaissance des comptes des Fabriques. Ces comptes doivent être rendus administrativement. *V.* la loi du 23 octobre-5 novembre 1790, tit. 1, art. 14; et *Fondation*.]]

III. Il ne doit être alloué dans les comptes de Fabrique, que les dépenses nécessaires pour le service divin, l'acquit des fondations et l'entretien de l'église. Cela est ainsi prescrit par l'art. 9 de l'édit de Melun.

IV. Les biens des Fabriques ne peuvent être aliénés sans nécessité, et sans y observer les formalités requises pour l'aliénation des biens d'église.

On ne peut pas même faire les baux des biens des Fabriques sans publication, ni par anticipation, ni pour plus de six ans. [[*V. Bail*, §. 18; *Ferme* et *Hôpital*.]]

V. Les Fabriques, non plus que les communautés ecclésiastiques, ne peuvent être légataires de l'universalité des biens d'une succession : et lorsqu'il se fait de pareilles dispositions à leur profit, on a coutume de les réduire, lors même que le testateur n'a que des collatéraux pour héritiers. [[*V. Institution d'héritier*, sect. 5, §. 1, n. 17.]]

Les marguilliers ne peuvent accepter aucune fondation sans l'avis du curé. C'est ce qui résulte de l'art. 53 de l'ordonnance de Blois. Et par arrêt du parlement de Toulouse, du 6 février 1681, il a été jugé que des marguilliers ne pouvaient refuser une fondation sous prétexte qu'elle était insuffisante, sauf à eux néanmoins à se pourvoir devant l'évêque diocésain pour en obtenir la réduction. (M. GUYOT.)*

[[Aujourd'hui les Fabriques ne peuvent accepter aucune fondation, que de l'autorisation du gouvernement, qui l'accorde ou la refuse, suivant les circonstances, après avoir pris l'avis du préfet du département. *V.* le Code Napoléon, art. 910.

On trouvera aux articles *Fondation* et *Hôpital*, plusieurs réglemens qui sont communs aux Fabriques, aux services religieux dont elles sont chargées, et aux hospices.

Il existe d'ailleurs, sur les Fabriques, un décret impérial du 30 décembre 1809, en 114 articles, qu'on peut voir dans le *Bulletin des lois*, 4e série, n. 303.

Au surplus, *V. Marguillier*, *Banc*, *Chaise* et *Sépulture*.]]

* FACTEUR. C'est celui qui est chargé de quelque négoce pour le compte d'un autre.

La commission des Facteurs consiste à acheter ou à vendre des marchandises, et quelquefois à faire l'une et l'autre de ces choses.

Les Facteurs établis pour acheter, résident communément dans les lieux où il y a des manufactures considérables, ou dans les villes bien commerçantes. Leur fonction est de faire des achats pour des marchands qui ne résident pas dans le lieu, de faire emballer les marchandises, et de les envoyer à ceux pour lesquels ils les ont achetées.

Les Facteurs pour la vente sont ordinairement fixés dans les endroits où l'on fait un grand commerce; les marchands et fabricans leur envoient leurs marchandises, pour les vendre au prix et aux autres conditions dont ils les chargent dans les ordres qu'ils leur donnent.

Les Facteurs sont distingués des mandataires, en ce que ceux-ci n'ont point de gages, et que ceux-là en ont.

Les Facteurs engagent leurs maîtres et s'obligent envers eux pour raison des fonctions auxquelles ils sont préposés, de la même manière que le maître lui-même pourrait s'obliger envers une autre personne ou obliger quelqu'un envers lui.

Par arrêt du 20 juin 1770, rapporté dans la *Collection de jurisprudence*, le parlement de Paris a jugé qu'un Facteur qui avait entre ses mains des marchandises que lui avait envoyées le marchand pour lequel il travaillait, était bien fondé à retenir ces marchandises pour sûreté des sommes qu'il avait avancées pour ce marchand; et que les créanciers de ce dernier tombé en faillite depuis l'envoi des mêmes marchandises, n'avaient nul droit pour les réclamer: mais il a en même temps jugé que ce Facteur ne devait avoir aucune préférence sur d'autres marchandises que le marchand, avant sa faillite, avait déclaré par écrit qu'il lui envoyait pour le remplir de ses avances, attendu que, lors de la faillite, ces marchandises étaient encore entre les mains du voiturier qui les avait chargées. (M. GUYOT.)*

[[*V. Commissionnaire, Courtier, Garde-vente, Mandat*, *Revendication, Consuls des marchands*, *Tribunal de commerce*, et *Etranger*, §. 2.]]

* FACULTÉ. On appelle ainsi le corps ou l'assemblée des docteurs, des maîtres qui professent ou enseignent certaines sciences dans les universités. *V. Université.*

[[FACULTÉ (actes de pure). *V. Droits facultatifs.*]]

* FACULTÉ DE RACHAT. C'est une convention qui donne au vendeur d'un héritage, le droit de le retirer, en remboursant à l'acheteur le prix et les frais de son acquisition. [[*Code Napoléon*, art. 1659.]]

I. Il y a, entre un contrat d'engagement et une vente faite avec Faculté de rachat, cette différence, que celui qui engage des héritages, en conserve la propriété, et qu'il ne transfère à l'engagiste que le droit de le posséder et d'en percevoir les fruits jusqu'au rachat: au lieu que celui qui vend un immeuble avec Faculté de rachat, transfère à l'acheteur la propriété de cet immeuble, et conserve seulement le droit de le racheter.

[[Mais que serait-ce si l'on vendait par engagement ou *à titre* d'antichrèse? *V. Engagement d'immeubles.*]]

II. La Faculté de rachat que le vendeur se réserve, est un droit qui passe à ses héritiers; parce que les conventions que fait une personne sont censées faites pour ses héritiers comme pour elle-même, à moins qu'il ne conste du contraire, soit par la nature de l'objet de la convention, soit par les circonstances et la qualité du fait.

Non-seulement la Faculté de rachat peut être exercée par les héritiers du vendeur, mais il peut encore la céder à un étranger. La raison en est que cette Faculté fait partie des biens du vendeur, et qu'il a le droit d'en disposer comme de ses autres biens.

Cette décision a été confirmée par un arrêt rendu au parlement de Paris, le 28 juin 1760, dans l'espèce suivante. Le sieur Pourajaud avait, en acquérant des immeubles appartenans à Daniel Epinoux, accordé au vendeur, par le contrat, *la Faculté de les retirer pour lui, à son profit et sans fraude.* Epinoux ayant cédé son droit de rachat à son frère, Pourajaud contesta cette cession, sous prétexte que c'était une fraude; mais cette prétention a été rejetée par l'arrêt cité, confirmatif d'une sentence de la sénéchaussée d'Angoulême.

Despeisses et Tiraqueau sont d'avis que, dans le cas où l'on aurait stipulé que le *vendeur seul* pourrait exercer la Faculté de rachat, ce terme seul empêcherait seulement que le droit du vendeur pût être cédé, mais qu'il ne serait pas un obstacle à ce que ce même droit passât aux héritiers du vendeur. Cette opinion est juste, et elle est fondée sur ce que les héritiers du vendeur succèdent à la qualité de *vendeur.*

Il en serait différemment si l'on avait stipulé que la Faculté de rachat ne pourrait être exercée que par la personne du vendeur. Dans ce cas, l'exercice de cette Faculté serait restreint à la personne du vendeur et ne passerait point à ses héritiers.

III. Quelques auteurs ont pensé que, quand un mineur acquérait un immeuble, la Faculté de rachat apposée au contrat en faveur du vendeur, ne pouvait produire aucun effet. Ils se sont fondés sur ce que la stipulation par laquelle un mineur s'obligeait à souffrir l'exercice de la Faculté de rachat, était une espèce d'aliénation, et par conséquent une contravention aux lois qui veulent que les immeubles d'un mineur ne puissent être aliénés qu'en vertu d'une ordonnance du juge. Mais Baldé, Pinellus, Tiraqueau, Pothier et plusieurs autres ont rejeté cette opinion comme erronée. En effet, les aliénations défendues relativement aux biens des mineurs, sont celles qui sont purement volontaires, et non celles qui sont nécessaires, telle que celle qui a lieu en vertu d'une clause de l'acquisition même. Ajoutez que le rachat d'un héritage ainsi exercé sur un acquéreur, est bien moins une aliénation faite par cet acquéreur, qu'une résolution de la vente qui lui avait été faite. Cela est si vrai que les biens qui retournent au vendeur par l'exercice de la Faculté de rachat, reprennent entre ses mains la qualité de propre, s'ils l'avaient avant l'aliénation. D'ailleurs, on sait qu'une vente avec Faculté de rachat se fait à moindre prix qu'une vente pure et simple; par conséquent on blesserait les règles de l'équité, si l'on voulait que l'acquéreur mineur profitât du bon marché, sans qu'il fût tenu de se conformer à la clause qui l'aurait occasionné.

IV. Quand la convention ne détermine aucun temps pour exercer la Faculté de rachat, cette Faculté dure trente années; et après ce laps de temps, elle est prescrite. En vain quelques auteurs ont prétendu que ce droit était imprescriptible, sur le fondement qu'on tient pour principe que ce qui est de Faculté, n'est pas sujet à la prescription : cette opinion a été rejetée avec raison. En effet le principe que ce qui est de Faculté, n'est pas sujet à prescription, ne peut s'appliquer qu'à ce qui est de Faculté naturelle, comme le droit qu'une personne a de bâtir sur son terrain, ou à ce qui est de Faculté de droit public, comme la liberté que peuvent avoir les habitans d'une paroisse d'envoyer paître leur bétail sur les terres vaines de la communauté, ou enfin à une Faculté inhérente à la nature du contrat d'où elle dérive, comme le droit qu'a un débiteur de racheter une rente qu'il a constituée. Dans tout autre cas, ce qui est de Faculté, peut se prescrire comme tout autre droit : aussi l'art. 120 de la coutume de Paris porte-t-il que *la Faculté donnée par contrat de racheter héritage, ou rente de bail d'héritage à toujours, se prescrit par trente ans entre âgés et non privilégiés.*

Cette règle doit être observée, quand même on aurait stipulé une Faculté perpétuelle de rachat, ou que cette Faculté ne serait pas sujette à prescription. La raison en est que les prescriptions étant de droit public, les particuliers ne peuvent pas y déroger par leurs conventions. Cela est fondé sur la loi 45, §. 1, *D. de regulis juris.*

[[Aujourd'hui, « la Faculté de rachat ne peut être stipulée pour un terme excédant cinq années; si elle a été stipulée pour un terme plus long, elle est réduite à ce terme ». *Code Napoléon*, art. 1660.]]

Observez toutefois qu'il en est autrement de la Faculté de rachat qui est inhérente aux aliénations du domaine du roi : cette Faculté est imprescriptible, ce qui est une conséquence du principe que le domaine du roi est inaliénable. [[Mais *V. Domaine public.*]]

V. L'action qui dérive de la Faculté de rachat, peut s'intenter, non-seulement contre l'acheteur ou contre ses héritiers, lorsqu'ils ont aliéné l'immeuble sujet au rachat, mais encore contre les tiers détenteurs de cet immeuble, quoiqu'ils ne l'aient point acquis avec la clause de Faculté de rachat. [[*Code Napoléon*, *art:* 1664.]]

Si l'usufruit d'un tel immeuble est séparé de la propriété, l'action doit être intentée tant contre l'usufruitier que contre le propriétaire de l'héritage.

VI. L'acquéreur ou le détenteur d'un héritage vendu avec clause de Faculté de rachat, doit, en conséquence de l'action dont on vient de parler, être condamné à rendre cet héritage en l'état où il est, excepté que s'il se trouve détérioré par la faute de l'acquéreur, celui-ci doit en outre être condamné aux dommages et intérêts résultans de cette détérioration.

Il en serait différemment, si la détérioration ne provenait pas de la faute de l'acquéreur : le vendeur qui exercerait alors la Faculté de rachat, ne pourrait prétendre à cet égard aucune indemnité.

On demande si le vendeur qui exerce la Faculté de rachat, doit profiter des augmentations naturelles survenues par alluvion, par exemple, à l'héritage vendu depuis le contrat? Plusieurs auteurs, et entre autres Despeisses et Pothier, soutiennent la négative, mais cette opinion paraît souffrir beaucoup de difficultés. En effet, il est de principe que l'acquéreur sur lequel on exerce la Faculté de rachat, doit rendre tout ce qu'on lui a vendu : or, l'augmentation survenue par alluvion à l'héritage vendu, s'est tellement identifiée avec cet héritage, que, si l'acquéreur la retenait, il retiendrait une partie de ce qu'on lui aurait vendu. C'est en vain qu'on opposerait que l'augmentation n'a commencé d'exister que depuis la vente : la réponse est que l'exercice de la Faculté de rachat remet les choses dans le même état que s'il n'y avait point eu de vente.

A l'égard des augmentations que l'acquéreur a faites à ses dépens, et qui peuvent être séparées de l'héritage, comme des boiseries, une alcove, etc., il peut les emporter, en remettant les lieux dans l'état où il les a trouvés. Mais si ces augmentations ne peuvent point être séparées de l'héritage, il faut considérer si elles ont été nécessaires ou utiles, ou de pur agrément. Si ces augmentations ont été nécessaires, elles doivent être, sans difficulté, remboursées à l'acquéreur. Si elles n'ont été qu'utiles sans être nécessaires, quelques coutumes, telles que celles de Poitou et d'Angoumois, ont distingué entre le cas où la Faculté de rachat n'est accordée que pour un an, et celui où elle est accordée pour plusieurs années : au premier cas, elles refusent le remboursement des augmentations, et elles l'accordent dans le second cas. Cette disposition est judicieuse, et doit être étendue aux coutumes qui n'ont rien dit à cet égard. En effet, l'acquéreur qui est empêché d'agir pendant un an, ne reçoit pas un grand préjudice; mais il en serait autrement, si l'obstacle durait plusieurs années.

Mais si les augmentations n'ont été que de pur agrément, l'acquéreur n'a nul droit d'en exiger le remboursement; il peut seulement les enlever, si cela se peut sans détérioration.

[[L'art. 1673 du Code Napoléon porte que « le vendeur qui use du pacte du rachat, doit rembourser, non-seulement le prix principal, mais encore les frais et loyaux coûts de la vente, les réparations nécessaires, et celles qui ont augmenté la valeur du fonds, jusqu'à concurrence de cette augmentation. Il ne peut entrer en possession qu'après avoir satisfait à toutes ces obligations ».]]

VII. L'acquéreur sur qui on exerce la Faculté

de rachat, n'est obligé à rendre les fruits, qu'à compter du jour que le vendeur lui a offert le remboursement du prix de la vente. C'est une conséquence du principe, que le rachat n'opérant la résolution de la vente que pour l'avenir, tout ce qu'a produit jusqu'alors la chose vendue, doit appartenir à l'acquéreur.

[[Dans une espèce dont il sera parlé ci-après, n. 13, le sieur Rollant prétendait que les fruits devaient lui être adjugés à compter du jour de la demande en rachat, quoiqu'il ne l'eût pas accompagnée d'une offre réelle du prix; et la cour d'appel de Toulouse l'ayant débouté de ce chef de ses demandes, il s'est pourvu en cassation. Mais arrêt du 14 mai 1807, au rapport de M. Cassaigne, « attendu que l'acquéreur sur lequel le rachat est exercé, n'est tenu de rendre les fruits qu'à compter du jour des offres réelles ou consignation du prix de la vente; que c'est la conséquence nécessaire du principe, que le rachat n'opérant la résolution de la vente que pour l'avenir, tout ce qu'a produit jusqu'alors la chose vendue, doit appartenir à l'acquéreur; que telle était même, dans l'espèce, la convention expresse des parties; la cour rejette..... ».]]

Quant aux fruits qui se trouvent près d'être recueillis lors de l'exercice de la Faculté de rachat, ils doivent, selon la coutume de Poitou, se partager entre le vendeur et l'acquéreur, à proportion du temps qui s'est écoulé de l'année de la récolte; c'est-à-dire que, si le vendeur a joui, pendant six mois de cette année, du prix de la vente, l'acquéreur doit retenir la moitié des fruits. Cette disposition est conforme à l'opinion de plusieurs jurisconsultes, et nous paraît très-équitable. Cependant les coutumes de la Marche, de Lodunois et d'Auvergne ont des dispositions contraires : elles adjugent au vendeur qui exerce la Faculté de rachat, la totalité des fruits recueillis depuis ses offres suivies de consignation, à la charge par lui de rembourser les labours et semences.

VIII. On demande si, en stipulant la Faculté de rachat, on peut ajouter qu'elle ne pourra être exercée qu'en payant dix mille francs, par exemple, quoique le prix de la vente n'ait été que de six mille? Il faut répondre que cela peut se faire. La raison en est que la Faculté de rachat n'étant pas due au vendeur par la nature du contrat de vente, il ne peut pas se plaindre qu'on la lui ait fait acheter, même pour une somme fort au-dessus de celle de la vente, attendu qu'il dépend de lui de ne pas payer cette somme, en s'abstenant d'exercer la Faculté de rachat; et qu'en ne l'exerçant pas, il se trouve au même état que si elle ne lui eût pas été accordée par le contrat.

On peut pareillement convenir que le vendeur pourra exercer la Faculté de rachat pour une somme moindre que celle qui a fait le prix de l'immeuble : mais il faut, en ce cas, que le vendeur ne soit pas du nombre de ceux en faveur desquels la loi défend à l'acquéreur de faire des libéralités.

IX. Lorsque le vendeur exerce la Faculté de rachat, le prix de la vente, tel qu'il l'a reçu en payement, doit être remboursé en espèces qui aient cours alors, quand même ces espèces seraient d'un aloi plus faible ou meilleur que celles qui ont été délivrées lors de la vente. La raison en est que, dans la monnaie, ce ne sont pas les espèces que l'on considère, mais la somme ou valeur que le prince a voulu qu'elles représentassent. *V. Monnaie.*

Si, par le contrat de vente, le vendeur a imposé quelque charge à l'acheteur, outre le prix, et que la charge ait été acquittée par ce dernier, il n'est pas douteux que, lorsque le vendeur exerce la Faculté de rachat, il ne doive payer la valeur de cette charge selon l'estimation. Par exemple, si, en me vendant un héritage, vous m'avez chargé, en ma qualité d'architecte, de vous faire le plan d'un château, vous serez tenu de me payer ce plan, quand vous exercerez le rachat de l'héritage que vous m'avez vendu.

Il faut pareillement que le vendeur rembourse à l'acquéreur, tout ce que celui-ci a payé par forme de pot-de-vin ou d'épingles à la femme, aux enfans ou aux domestiques du vendeur, et en général tous les frais et loyaux-coûts de l'acquisition.

[[*V.* l'art 1673 du Code Napoléon, rapporté ci-dessus, n. 6.

Lorsque l'acquéreur à réméré d'un immeuble a consenti de le délaisser, sans exiger, comme il en avait le droit, le remboursement de la totalité de son prix, a-t-il un privilége sur l'immeuble, même pour le payement de ce qui lui reste dû? Dans le cas où le remboursement du prix a été effectué avec des deniers empruntés à cet effet d'un tiers, celui-ci a-t-il, par subrogation, un privilége sur l'immeuble qu'il a, par ce moyen, fait rentrer dans le domaine du vendeur? *V. Privilége de créance*, sect. 4, §. 5, n. 4 et 5.

Lorsque l'acquéreur sous Faculté de rachat a revendu le bien à un tiers pour une somme inférieure au prix de son acquisition, le vendeur peut-il, en exerçant cette Faculté, se prévaloir du bénéfice introduit par les lois *per diversas* et *ab Anastasio*, pour ne restituer au tiers-détenteur que la somme qu'il a déboursée ?

Voici ce que je trouve, sur cette question, dans les manuscrits de Dubosc, célèbre avocat au parlement de Pau :

« Arrêt du parlement de Pau, du 27 septembre 1673, qui juge que les lois *per diversas* et *ab Anastasio*, ont lieu en vente de fonds, comme en cession d'actions. Titius vend pour 1,500 liv. une pièce de terre à Faculté de rachat. Mœvius la décrète sur l'acquéreur, et la vend ensuite à Sempronius pour 1000 liv. Titius exerce le rachat sur Sempronius, auquel il offre 1000 liv., prix de son achat. Celui-ci prétend qu'il faut lui payer la somme de 1,500 liv., prix du premier achat. Il fut dit que la revente serait faite moyennant la somme de 1000 liv. seulement.

Mais on ne pourrait certainement plus juger de même aujourd'hui. *V.* les art. 1699 et 1700 du Code Napoléon.]]

X. L'exercice de la Faculté de rachat opère, pour l'avenir, la résolution de la vente.

Ainsi, 1° le vendeur qui exerce la Faculté de rachat, redevient propriétaire au même titre qu'il l'était avant d'avoir vendu.

2° Le bien vendu reprend les qualités de propre ou d'acquêt qu'il avait avant l'aliénation.

3° Le vendeur reprend l'immeuble vendu sans la charge des hypothèques et des autres droits réels que l'acquéreur y avait imposés. La raison en est qu'il ne tient pas cet immeuble de l'acheteur, et qu'il en redevient propriétaire par la résolution de la vente. [[*Code Napoléon*, *art.* 1673, §. 2.]]

Il en serait différemment, si la Faculté de rachat n'avait été accordée que par une convention postérieure au contrat de vente: en ce cas, le rachat ferait une revente que l'acquéreur ferait au vendeur en conséquence d'une convention qui n'aurait rien de commun avec le premier contrat de vente; ainsi, il serait de un nouveau profit de vente; l'héritage serait acquêt pour le vendeur redevenu propriétaire, quand même il lui aurait été propre lors de la première vente; et le même nouveau propriétaire serait tenu des hypothèques et autres droits réels imposés sur l'héritage depuis la première vente, jusqu'au moment où la Faculté de rachat aurait été accordée par un acte passé devant notaires ou reconnu en justice.

[[XI. L'art. 1673 du Code Napoléon oblige le vendeur qui rentre dans son fonds par rachat conventionnel, « d'exécuter les baux faits sans fraude par l'acquéreur ».]]

XII. Lorsque la convention par laquelle la Faculté de rachat est accordée, ne contient aucun temps limité, nous avons dit plus haut que cette Faculté se prescrit par trente [[aujourd'hui cinq]] années; mais la minorité de ceux à qui ce droit appartient, empêche-t-elle cette prescription de courir? Despeisses rapporte un arrêt de 1575, qui a jugé pour le négative. Cette décision [[conforme aux lois romaines, *V. Prescription*, sect. 1, §. 7, art. 2, quest. 2]], est fondée sur ce que la minorité ne doit pas changer la condition de convention, ni établir contre l'acquéreur une obligation plus étendue que celle qu'il a voulu contracter. [[*Code Napoléon*, *art.* 1663.]]

XIII. Suivant la jurisprudence des parlemens de Paris et de Toulouse, il y a cette différence entre la prescription légale et la prescription conventionnelle, relativement à la Faculté de rachat, que la première éteint de plein droit cette Faculté; et que, pour que la seconde produise cet effet, il faut que l'acquéreur ait préalablement obtenu contre le vendeur, une sentence qui déclare ce dernier déchu de la Faculté de rachat. Tant que l'acquéreur n'a point obtenu de pareil jugement, le vendeur peut exercer cette Faculté jusqu'à ce qu'il en soit déchu par la prescription légale de trente ans. Cette jurisprudence, [[contraire à la loi 7, §. 1, D. *de distractione pignorum*, et à la loi 7, C. *de pactis inter emptorem et venditorem*]], est fondée sur ce qu'il arrive communément que, dans les ventes faites avec clause de Faculté de rachat, l'acquéreur a profité des besoins du vendeur pour acquérir à vil prix, ce qui rend la cause de ce dernier beaucoup plus favorable que celle du premier.

Observez que cette même jurisprudence reçoit une exception pour la province de Poitou. Le vendeur qui n'a point exercé la Faculté de rachat dans le temps limité, y est déchu de plein droit, sans que l'acquéreur soit obligé d'obtenir un jugement de déchéance. Cela est fondé sur ce que l'art. 366 de la coutume de cette province n'autorise l'exercice de cette Faculté, que dans le temps fixé par la convention; et Valin rapporte un arrêt du 18 août 1747, qui a confirmé cette disposition.

[[Mais depuis, le parlement de Paris s'est permis de juger le contraire, même par forme de réglement: l'arrêt est du 10 août 1781.]]

Nous remarquerons, sur la matière dont il s'agit, que, par deux arrêts, l'un du 17 mars 1758, et l'autre du 25 avril 1760, le parlement de Paris a jugé que l'appel d'une sentence qui a déclaré le vendeur déchu de la Faculté de rachat, ne prolonge pas cette Faculté.

Dans l'espèce de ce dernier arrêt, le jugement de première instance avait accordé quinze jours au vendeur pour exercer la Faculté de rachat, et l'avait condamné aux dépens. Il prétendit qu'on avait mal jugé, en ce qu'on l'avait condamné aux dépens; en conséquence, il appela, avant l'expiration de quinze jours qu'on lui avait accordés; et quatre mois après, il fit des offres à l'acquéreur. Mais le parlement déclara les offres tardives; et en confirmant le jugement dont était appel, il refusa d'accorder à l'appelant un nouveau délai pour exercer la Faculté de rachat.

Cette décision, qui est contraire au sentiment d'Argon, est fondée sur ce qu'il ne serait pas juste que, par un appel, un plaideur pût faire durer à son gré une Faculté de rachat, et vexer ainsi un acquéreur.

[[Au surplus, les parlemens de Bordeaux, de Dijon, de Grenoble, de Pau et de Douai jugeaient constamment que l'expiration du délai fixé par le contrat de vente, emportait de plein droit la déchéance de la Faculté de rachat. *V. Retrait conventionel et* mon *Recueil de Questions de droit*, *aux* mots *Faculté de rachat*, §. 1.]]

La même règle a lieu en Normandie, conformément à l'art. 109 des placités de 1666.

[[Et le Code Napoléon, art. 1661 et 1662, l'a rendue commune à toute la France.

Mais le Code Napoléon n'a point d'effet rétroactif. Ainsi, l'on ne pourrait pas casser, sous le prétexte de contravention aux lois romaines, un jugement qui, dans une contrée où était reçue la jurisprudence des parlemens de Paris et de Toulouse, prorogerait une Faculté de rachat stipulée par un contrat antérieur au Code Napoléon. — Par arrêt du 8 messidor an 12, la cour de cassation a rejeté, au rapport de M. Target, la demande en cassation d'un jugement en dernier ressort du tribunal civil de Barbézieux, qui avait admis un réméré que le vendeur n'avait exercé qu'un mois après l'expiration du délai convenu, et elle l'a rejetée, a-t-elle dit, « attendu qu'il est prouvé qu'en Angoumois, l'usage était établi de n'opérer la déchéance de la Faculté de rachat, même après le délai, que par un jugement; ce qui est décidé en fait par le jugement attaqué ». — Par un autre arrêt du 14 mai 1807, la même cour a rejeté, au rapport de

M. Cassaigne, la demande des sieurs Fajon et Sarrus en cassation d'un arrêt de la cour d'appel de Toulouse, du 6 floréal an 13, qui, après le délai convenu, avait admis le sieur Rolland à l'exercice d'un réméré qu'il s'était réservé pour deux ans, par un contrat de vente du 8 germinal an 6, avec renonciation expresse à tout usage et à toute jurispudence qui autorisait les juges à proroger ces sortes de délais; et elle l'a rejeté, « attendu qu'il est constant en principe que la jurisprudence du parlement de Toulouse prorogeait la Faculté de rachat pendant trente ans, quoique, par la stipulation, elle eût été limitée à un moindre terme : attendu que l'arrêt a pu, sans donner ouverture à la cassation, juger que cette jurisprudence n'était point abolie lors du contrat de vente du 16 germinal an 6, dont il s'agit, puisqu'aucune loi n'en contient l'abolition expresse; que la loi du 14 fructidor an 3, invoquée par les demandeurs, comme contenant cette abolition, parle seulement de l'action en rescision des contrats de vente et équipollens à vente, pour lésion d'outre-moitié; qu'elle ne fait aucune mention des réserves du rachat, ni des prorogations des termes convenus pour son exercice, tandis que ces derniers cas ne reposent pas principalement sur la lésion intervenue dans le prix de la vente, comme l'action en rescision, mais sur la nature même des réserves, sur l'attachement des vendeurs à leur propriété; attendu que, d'après le principe consacré par cette jurisprudence, les limitations de la Faculté de rachat à un terme moindre de trente ans, n'étant pas de rigueur, mais simplement comminatoires, il en est de même des renonciations à cette jurisprudence, et autres clauses apposées pour confirmer ces limitations; sans quoi, ce serait s'écarter du but et des motifs de cette jurisprudence, et la rendre purement illusoire; attendu enfin qu'en décidant que, dans l'intention du vendeur, ces clauses de renonciation n'étaient point rigoureusement obligatoires dans l'espèce, l'arrêt n'en a fait qu'une juste interprétation d'après l'esprit de la jurisprudence, et d'après les faits et la circonstance de la cause; la cour rejette.... ».

On ne pourrait cependant pas non plus casser un jugement qui déciderait le contraire. *V.* le plaidoyer du 3 floréal an 13, rapporté à l'art. *Appel*, sect. 1, §. 5]]

XIV. Le vendeur est censé avoir renoncé à l'exercice de la Faculté de rachat, lorsqu'il a consenti à la vente que l'acquéreur a faite à un tiers, sans déclarer que l'héritage était sujet au rachat. Tel est l'avis de Despeisses.

Le même auteur pense qu'il y a aussi renonciation tacite à la Faculté de rachat, lorsque le vendeur, après avoir intenté son action, et consigné les deniers nécessaires pour exercer cette Faculté, a retiré sa consignation. (M. GUYOT.)*

[[Cette opinion était incontestable dans les pays où, soit par un statut, soit par un usage particulier, la consignation était, pour le vendeur, une formalité nécessaire à l'exercice du rachat. *V.* mon *Recueil de Questions de droit*, aux mots *Faculté de rachat*, §. 2.

XV. On a dit plus haut, n. 1, qu'avant l'exercice de la Faculté de rachat, l'acquéreur est considéré comme propriétaire : de là, les deux articles suivans du Code Napoléon.

« 1665. L'acquéreur à pacte de rachat exerce tous les droits de son vendeur; il peut prescrire tant contre le véritable maître que contre ceux qui prétendraient des droits ou hypothèques sur la chose vendue.

» 1666. Il peut opposer le bénéfice de la discussion aux créanciers de son vendeur ».

XVI. Voici d'autres articles non moins importans.

« 1667. Si l'acquéreur à pacte de réméré d'une partie indivise d'un héritage, s'est rendu adjudicataire de la totalité sur une licitation provoquée contre lui, il peut obliger le vendeur à retirer le tout, lorsque celui-ci veut user du pacte.

» 1668. Si plusieurs ont vendu conjointement et par un seul contrat, un héritage commun entre eux, chacun ne peut exercer l'action du réméré que pour la part qu'il y avait.

» 1669. Il en est de même si celui qui a vendu seul un héritage, a laissé plusieurs héritiers. — Chacun de ces co-héritiers ne peut user de la Faculté du rachat, que pour la part qu'il prend dans la succession

» 1670. Mais dans le cas des deux articles précédens, l'acquéreur peut exiger que tous les co-vendeurs ou tous les héritiers soient mis en cause, afin de se concilier entre eux pour la reprise de l'héritage entier; et s'ils ne se concilient pas, il sera renvoyé de la demande.

» 1671. Si la vente d'un héritage appartenant à plusieurs, n'a pas été faite conjointement et de tout l'héritage ensemble, et que chacun n'ait vendu que la part qu'il y avait, ils peuvent exercer séparément l'action en réméré, sur la portion qui leur appartenait. — Et l'acquéreur ne peut forcer celui qui l'exercera de cette manière, à retirer le tout.

» 1672. Si l'acquéreur a laissé plusieurs héritiers, l'action en réméré ne peut être exercée contre chacun d'eux, que pour sa part, dans le cas où elle est encore indivise, et dans celui où la chose vendue a été partagée entre eux. — Mais s'il y a eu partage de l'hérédité, et que la chose vendue soit échue au lot de l'un des héritiers, l'action en réméré peut être intentée contre lui pour le tout ».

XVII. Les communes peuvent-elles encore aujourd'hui exercer la Faculté de rachat qui leur est accordée par les anciennes lois, de racheter leurs biens communaux aliénés en temps de détresse? *V.* mon *Recueil de Questions de droit*, aux mots *Faculté de rachat*, §. 3.

XVIII. Sur les droits d'enregistrement auxquels donne lieu la faculté de rachat, *V. Enregistrement (droit d')*, §. 7, 8 et 9.

XIX. Dans quels cas et dans quels lieux le réméré faisait-il, dans l'ancienne jurisprudence, dégénérer la vente en *contrat pignoratif*? *V. Pignoratif (contrat)*.

Au surplus, *V. Retrait conventionnel.*]]

* FAILLITE ET BANQUEROUTE. C'est la déroute des affaires d'un débiteur.

[[La Faillite ne diffère pas, à proprement parler, de la Banqueroute : l'une est, comme l'autre, l'état d'un commerçant, d'un banquier ou d'un comptab des deniers publics, qui, par le désordre dans lequel se trouvent ses affaires, est forcé d'en rompre le cours.

Mais, dans l'usage, on appelle *Faillite*, la Banqueroute qui a sa cause dans les accidens arrivés au débiteur et dans les pertes qu'il a essuyées; et l'on nomme *Banqueroute frauduleuse*, ou simplement *Banqueroute*, la Faillite qui est accompagnée de mauvaise foi.

Le Code de commerce, liv. 3, art. 1 et 2, va plus loin : en conservant la dénomination de *Faillite* à l'état de *tout commerçant qui cesse ses payemens*, il qualifie de *Banqueroute* l'état de *tout commerçant failli qui se trouve dans l'un des cas*, non seulement de *fraude*, mais même de *faute grave*, prévus par cette loi.

On divisera cet article en deux sections : la première retracera les lois et les maximes qui, avant le Code de commerce, régissaient les Faillites et les Banqueroutes; la deuxième contiendra toutes les dispositions du Code de commerce sur cette matière.

SECTION I. *Maximes et lois qui régissaient les Faillites et les Banqueroutes, avant le Code de commerce.*]]

§. I. *Quel est le caractère de la Faillite? A quelle époque est-elle censée ouverte?*

Suivant l'art. 1er du tit. 11 de l'ordonnance de mars 1673, l'ouverture d'une Faillite ou Banqueroute peut partir de deux époques : l'une, de l'instant où quelqu'un s'est retiré ou absenté pour éviter les poursuites des ses créanciers; l'autre, du moment où les scellés ont été mis sur ses effets pour la conservation des intérêts de ses créanciers.

Cependant il serait dangereux de prendre toutes les absences d'un négociant ou commerçant, pour une marque de Banqueroute ou de Faillite; tous les jours des raisons de commerce obligent les négocians à voyager, et par conséquent à s'absenter, dans des temps même où leur commerce est le plus florissant. Il faut donc que l'absence soit accompagnée de circonstances qui manifestent évidemment un dérangement total dans les affaires pour pouvoir en induire une Faillite ou une Banqueroute.

[L'autre époque d'où peut partir l'ouverture d'une Faillite, suivant l'art. 1er du tit. 11 de l'ordonnance de 1673, est le moment où les scellés ont été apposés sur les effets d'un débiteur, pour la conservation des droits de ses créanciers, en conséquence du bruit répandu de sa déconfiture et de la cessation de ses payemens. — Ainsi, tout débiteur chez qui il existe une apposition de scellé contre laquelle il ne réclame pas et qui a été pratiquée pour l'intérêt de ses créanciers, est par cela seul censé failli, et il doit être jugé tel, même quand il soutiendrait ne l'être pas. — C'est ce qui a été décidé par un arrêt du parlement de Flandre, dont voici l'espèce.

Les sieurs Cloteau, négocians associés à Givet, jouissaient de la plus grande considération, lorsque différens protêts, dont l'ensemble pouvait monter à 35,000 liv. commencèrent à donner des inquiétudes sur l'état de leurs affaires. Tout à coup une caisse de deniers royaux confiée à l'un deux, sous le cautionnement des autres, offrit un vide de 41,835 liv. Le directeur des domaines de la généralité de Hainaut décerna à leur charge une contrainte, et faute par eux d'y satisfaire, il fit apposer, par le subdélégué de Givet, les scellés sur tous leurs meubles et effets. Alors les créanciers dont les billets avaient été protestés quelques jours auparavant, se réveillèrent; et il intervint, sur leur demande, une ordonnance de la prévôté de Givet, du 24 avril 1780, qui, suivant l'usage observé dans le ressort du parlement de Flandre, nomma un curateur à leur Faillite. *V. Curateur*, §. 6.

Les sieurs Cloteau se sont rendus appelans de cette ordonnance; et ils ont prétendu n'être point faillis, 1° parce que l'apposition du scellé était nulle; 2° parce que, dans les circonstances où elle avait été pratiquée, on ne pouvait la regarder que comme une exécution; 3° parce que, dans le fait, ils avaient, selon leur calcul, plus de biens qu'il n'en fallait pour payer tous leurs créanciers.

Les sieurs Cloteau établissaient ainsi leur premier moyen : « L'apposition de scellé que nous avons souffert, est nulle, 1° parce que la contrainte qui l'a précédée, n'a été visée, ni par les officiers du bureau des finances de Lille, ni par le commissaire départi en la généralité du Hainaut; 2° elle est nulle, parce qu'elle a été faite par un juge incompétent, par le subdélégué de Givet; 3° elle est nulle, parce que le sceau avec lequel elle a été faite, ne porte pas l'empreinte des armes du roi ».

Les créanciers, que je défendais, ont réfuté par ordre chacune de ces raisons.

« 1° Il est vrai (disais-je pour eux), que la contrainte décernée contre les sieurs Cloteau, n'a été visée de personne : mais où sont les lois qui exigent ce *visa* dans le ressort du parlement de Flandre? La déclaration du 14 décembre 1777, enregistrée en cette cour le 23 du même mois, est la seule loi que l'on connaisse en Flandre et en Hainaut, sur les contraintes qui se décernent au nom de Jean Vincent René; et elle ne parle nullement de *visa*.

» 2° On convient que l'édit de création du bureau des finances de Lille, attribue aux officiers de ce tribunal le droit d'apposer les scellés dans les maisons des comptables de deniers royaux, qui décèdent ou prennent la fuite; mais cette disposition n'a jamais été entendue que des comptables en titre d'office, qui rendent leurs comptes et *font état* devant le bureau des finances. Or, celui d'entre les sieurs Cloteau qui avait le maniement d'une caisse de deniers royaux, n'était que commis; il n'avait point d'office en titre; il ne rendait aucun compte et ne faisait point état devant le bureau des finances; par conséquent il n'était ni ne pouvait être justiciable de cette juridiction; et il n'appartenait qu'à l'intendant ou à son subdélégué, d'apposer le scellé chez lui et ses frères comme l'ont décidé en pareil cas cinq arrêts du conseil des 3 décembre 1740, 20 septembre 1741, 22 juillet 1749, 31 mai 1757, et 21 juin 1774. Il n'existe à la vérité aucun édit ou déclaration qui attribue nommément aux intendans une juridiction sur les commis comptables; mais leur autorité à cet égard dérive de leur qualité même d'intendans de justice, police et finances et de commissaires du roi dans les provinces. M. l'intendant est à ce titre l'œil du conseil, le conservateur et le protecteur des droits, revenus et deniers du roi, il peut, il doit même, de son autorité et sans en être requis, les assurer dans tous les cas où il a lieu de soupçonner, soit du déficit, soit de la malversation. C'est un membre du conseil qui en transfère l'autorité et en attire la juridiction dans les lieux où il se trouve. D'ailleurs c'est à lui qu'est ordinairement confiée l'exécution des arrêts de finances, et singulièrement de celui du 14 décembre 1777, qui est la loi de l'administration.

» 3° Il est fort indifférent que le sceau qui a été apposé aux meubles et effets des sieurs Cloteau, porte ou non l'empreinte des armes du roi. Il n'y a point de loi en Flandre ni en Hainaut qui détermine la forme des scellés; et il doit être aussi bien permis à un subdélégué d'y employer son cachet, qu'il l'est à un juge seigneurial d'y faire servir le cachet de son seigneur.

» 4° Ce n'est point devant la cour, que les sieurs Cloteau peuvent arguer de nullité l'apposition de scellés dont il s'agit; elle a été et a dû être pratiquée de l'autorité du commissaire départi; il n'y a donc que le commissaire départi qui puisse juger de sa validité; et puisqu'elle n'a point été attaquée devant lui, elle ne peut qu'être réputée valable ».

Pour second moyen, c'est-à-dire, pour prouver que l'apposition de scellés pratiquée chez eux, ne les avait pas constitués en Faillite, les sieurs Cloteau soutenaient que l'art. 1 du tit. 11 de l'ordonnance de 1673 ne pouvait leur être objecté avec fondement. 1° Cet article, disaient-ils, suppose que le débiteur est dans un état de Faillite réel et existant, lorsqu'on appose le scellé à ses meubles et effets. 2° Le scellé dont parle l'ordonnance, est un scellé conservatoire de l'intérêt de la généralité des créanciers, un scellé apposé pour cause d'insolvabilité et de Faillite, pour cause de délaissement de tous les biens, manifesté, soit par la retraite du débiteur, soit par une requête en abandonnement.

Je répondais pour les créanciers, que l'ordonnance parle en termes généraux; qu'à la vérité, sa disposition ne doit s'entendre que des scellés apposés à la suite d'une cessation de payement; mais que ceux qu'on avait apposés chez les sieurs Cloteau, l'avait précisément été en pareille circonstance, puisqu'il y avait eu, dans les cinq ou six jours précédens, des protêts et une contrainte qui avaient ensemble pour objet une somme de plus de 70,000 livres: que les voyant dans cette position, leurs créanciers n'avaient pas dû se croire plus sages que la loi; qu'avertis par un scellé, c'est-à-dire, par l'étendard de la Faillite, qu'il y avait chez le débiteur, *rupture de commerce*, *clôture de magasin et interruption de registres*, ils avaient été aussi fondés à se rallier pour nommer un curateur, que l'est un voyageur à entrer dans une maison à laquelle il voit appendre une enseigne qui l'annonce pour une hôtellerie.

A l'appui de leur troisième moyen, les sieurs Cloteau présentaient un tableau de leurs biens et de leurs dettes qu'ils offraient de justifier; et ils en inféraient que leur actif surpassait beaucoup leur passif.

A cela, je répondais en deux mots: « Quand il n'y aurait, ni exagération dans le tableau qu'ils font de leur fortune, ni diminution dans l'idée qu'ils donnent de leur passif, il n'en faudrait pas encore conclure qu'ils ne sont pas faillis. On peut faillir de posséder plus que l'on ne doit; Savary l'a dit il y a long-temps (1); et ce qui justifie bien son assertion, c'est que le failli a une action, après le payement de toutes ses dettes, pour se faire restituer par le curateur établi à sa Faillite, l'excédant de son actif. En un mot, on ne juge de la réalité d'une Faillite ou Banqueroute, que par les signes extérieurs qui l'annonçent ».

Sur ces raisons, arrêt du 9 janvier 1781, à la seconde chambre, qui met l'appellation au néant, ordonne que ce dont est appel sortira effet, condamne les sieurs Cloteau à l'amende et aux dépens.

Les sieurs Cloteau ont pris successivement, contre cet arrêt, les voies de requête civile, de cassation et de révision. Ils ont été déboutés de la première par un arrêt du parlement de Flandre du 2 mars 1781, de la seconde par un arrêt du conseil du 19 août 1782, et de la troisième, comme on le verra ci-après, §. 2, par un arrêt du parlement de Flandre, chambres assemblées, du 29 novembre 1784.

Il est donc jugé que l'apposition des scellés praquée pour défaut de payement, suffit, lorsqu'elle n'est point attaquée par le débiteur qui la souffre, pour constituer celui-ci en Faillite.

Mais que faudrait-il décider, si le débiteur réclamait? Cette question, qui revient à celle de savoir si l'on peut faire faillir une personne malgré elle, mérite un examen particulier. Elle est traitée à fond ci-après, §. 2.

Du reste, il est à remarquer que la disposition de l'ordonnance de 1673, concernant les cas où l'on doit réputer un débiteur failli, n'est point *limitative*. On convient généralement qu'il y a quelquefois ouverture de Faillite, quoiqu'il n'y ait, ni absence de la part du débiteur, ni scellés apposés sur ses biens. C'est ce qui arrive, 1° lorsqu'après avoir obtenu des lettres de cession, il les présente à l'entérinement; 2° lorsqu'il fait avec ses créanciers un contrat d'abandonnement; 3° lorsqu'il dépose son bilan au greffe, déclarant qu'il est hors d'état de payer. Dans tous ces cas, en effet, il est visible qu'il se retire du commerce, qu'il est dans l'impuissance de satisfaire à ses engagemens, que ses biens cessent d'être à sa disposition, qu'ils deviennent le gage commun de tous ses créanciers.

En est-il de même lorsqu'il est seulement en retard de payer, ou, si l'on veut, qu'il cesse ses payemens; qu'il laisse protester ses lettres de change, et qu'il intervient contre lui des condamnations?

Il y a des auteurs qui regardent l'affirmative comme une vérité sur laquelle ils ne soupçonnent même pas que l'on puisse élever des doutes.

Les rédacteurs du Dictionnaire de Trévoux, au mot *Banqueroute*, disent: «L'on tient qu'un homme a fait Faillite, dès qu'il a manqué à acquitter ses lettres de change, ou qu'il y a quelque désordre dans son négoce ». Les mêmes auteurs, au mot *Faillir*, établissent que «*Faillir*, en termes de marchands, signifie manquer à payer des lettres de change, les laisser venir à protêt ».

---

(1) *Parfait négociant*, part. 1, liv. 4, chap. 9.

Ferrière, dans son *Dictionnaire de droit et de pratique*, au mot *Faillite*, s'explique à peu près de même : « Un failli, (ce sont ses termes), est celui qui ne paye point à l'échéance les lettres de change qu'il a acceptées ; qui ne rend pas l'argent à ceux à qui il a fourni les lettres de change qui sont revenues à protêt et qui lui ont été dénoncées, enfin, qui n'acquitte point ses engagemens, à cause de l'impuissance où l'ont réduit les révolutions imprévues du commerce, ou quelque autre accident subit ».

Jousse, sur l'art. 1 du tit. 11 de l'ordonnance de 1673, dit pareillement que « la Faillite ou Banqueroute est aussi réputée ouverte du jour que le débiteur est devenu insolvable et a cessé entièrement de payer ses créanciers....., et qu'il y a eu contre lui plusieurs condamnations en différentes juridictions ».

Mais toutes ces assertions n'ont d'autre base qu'une imagination systématique, et elles ne s'accordent ni avec les principes ni avec la jurisprudence des arrêts.

Dans l'exactitude des principes, il n'y a jamais de Faillite sans un abandon du débiteur, soit de fait, soit par déclaration : de fait, lorsqu'il se retire, ou lorsqu'étant présent, il laisse apposer les scellés sur ses biens ; par déclaration, lorsqu'il fait cession, qu'il dépose son bilan, etc.

Mais qu'il y ait une Faillite ouverte sans le consentement du débiteur, lorsqu'il reste chez lui, qu'il n'abandonne ni ses biens ni ses affaires, précisément parce qu'il est en retard de payer et qu'il est poursuivi ou même exécuté, c'est une supposition absurde.

Combien n'y a-t-il pas de rentiers, de gens d'affaires, de négocians, qui ont essuyé des exécutions, et qui ont cependant toujours conservé leur état, sans que jamais on n'ait pu les qualifier de faillis !

Les circonstances qui donnent lieu, soit à une condamnation, soit à une exécution, ou qui les accompagnent ordinairement, n'en changent point les véritables effets. Que l'on condamne, que l'on exécute pour peu ou pour beaucoup, ce n'est toujours qu'une condamnation, qu'une exécution. Que, dans le même temps, on ait protesté des lettres de change, c'est la suite et l'accessoire ordinaire de la condamnation et de l'exécution. On ne doit pas avoir de quoi payer une dette, quand on est condamné ou exécuté pour une autre dette. Quand l'une sera payée, on songera à l'autre. Ainsi, il n'est pas possible que des protêts qui accompagnent même une exécution, opèrent par eux-mêmes une Faillite.

Dans le système contraire, il faudrait dire qu'*insolvabilité* et *Faillite* sont une seule et même chose. Il ne se peut cependant rien de plus faux. On peut faillir et posséder plus qu'on ne doit ; Savary, comme on l'a déjà observé, l'a dit il y a plus d'un siècle ; et c'est sur ce fondement que le parlement de Flandre, par ses arrêts des 9 janvier 1781 et 29 novembre 1784, cités plus haut, n'a eu aucun égard à l'offre que faisaient les sieurs Cloteau, de vérifier que, malgré l'apposition des scellés qu'ils avaient soufferte sans se plaindre, ils possédaient autant et plus de biens qu'il n'en fallait pour payer toutes leurs dettes.

Réciproquement, on peut être insolvable, c'est-à-dire, au-dessous du courant de ses affaires, et ne point faillir ; c'est une vérité justifiée par les arrêts les plus précis.

Denizart, au mot *Banqueroute*, nous apprend que, par arrêt rendu au rapport de M. l'abbé Terray, le 24 mai 1762, le parlement de Paris a déclaré valable un transport fait par le sieur Lay de Sérisy, le 25 juin 1745, quoiqu'à cette époque, il existât contre lui plusieurs sentences qui avaient été *suivies de nombre d'autres* ; et cela, par la seule raison que « ses livres prouvaient que, jusqu'au 12 octobre suivant, les relations de son commerce s'étaient soutenues ». A cette occasion, Denizart dit que « l'on a pensé au palais qu'une Faillite n'était réputée ouverte par cessation de payement, que quand cette cessation était accompagnée de rupture de commerce, clôture de boutique, de magasin, de banque, ou dépôt de bilan ».

Voici un arrêt du parlement de Flandre qui est encore plus positif.

Le 10 décembre 1728, le nommé Gounon, marchand à Lille, écrit à tous ses créanciers de Paris, *leur avisant le mauvais état de ses affaires, les requérant de lui être favorables, d'avoir pitié de lui et de sa famille, et d'envoyer à Lille incessamment un député d'entre eux pour s'arranger* (1). — Le lendemain, Gounon est condamné à payer aux sieurs Surmond une somme considérable. — Le 20 du même mois, Gounon présente aux juge et consuls une requête *exposant l'état déplorable de ses affaires, qu'il n'était pas puissant de payer ses créanciers, requérant ordonnance de faire assigner lesdits créanciers, pour les convoquer dans une assemblée générale, afin de prendre des arrangemens convenables ; et que, pendant le temps du délibéré définitif desdits créanciers, toutes sentences prises et à prendre à sa charge, seront suspendues et sursies, du moins que le temps de leurs hypothèques et préférences sera arrêté jusqu'alors.*

Sur cette requête les juge et consuls ordonnent *qu'elle sera communiquée à tous les créanciers, pour y dire dans le délai de l'ordonnance ; accordant les surséances requises touchant les contraintes, à caution.* — Gounon ne trouve point de fidéjusseurs. — Deux jours après, le 22 décembre, les sieurs de Surmond obtiennent contre lui une nouvelle sentence. — Le 4 janvier 1729, Gounon, écrasé par une foule de condamnations et de contraintes qui pleuvent sur lui toutes à la fois, fait apposer le scellé sur tous ses meubles et effets, et se déclare failli. — Question de savoir si les sentences des 11 et 22 décembre 1728 ont acquis hypothèque aux sieurs de Surmond. — On dit pour la négative, que, dès le 5 décembre, six jours avant la première sentence, Gounon a reconnu sa déconfiture ; que neuf jours après, il a réitéré cette reconnaissance judiciairement et de la manière la plus solennelle, que, du reste, son bilan, déposé depuis, constate l'insuffisance de son actif pour payer ses dettes. — On répondait que Gounon n'avait abandonné le timon de ses affaires qu'après l'apposition des scellés pra-

(1) Ceci et tout ce qu'on va lire en caractères italiques, est extrait mot pour mot de la sentence du 5 février 1729, dont il sera parlé dans l'instant.

tiquée à sa requête le 4 janvier 1729; que, dès-lors, il n'y avait eu chez lui *rupture de commerce*, que postérieurement aux dix jours d'intervalle requis par la déclaration de 1702; qu'au surplus, il ne fallait pas confondre l'insolvabilité et la déconfiture, avec la Faillite, etc. — Sur cela, sentence des juge et consuls de Lille, du 5 février 1729, qui déclare que les jugemens obtenus par les sieurs de Surmond les 11 et 22 septembre 1728, ne leur ont pas donné hypothèque. — Appel au parlement de Flandre. — Arrêt du 19 octobre 1729, qui appointe les parties au conseil; et le 19 juin 1730, arrêt qui infirme la sentence, déclare les sieurs de Surmond hypothécaires, et juge par conséquent que la Faillite de Gounon ne remontait pas au-delà de l'apposition des scellés, pratiqués chez lui à sa requête.

Le parlement de Flandre vient encore de rendre sur cette matière un arrêt bien précis, le 5 novembre 1769. Louis Varlet, négociant à Douai, après avoir essuyé une infinité de protêts, écrit à une partie de ses créanciers que ses affaires sont dérangées, qu'il est dans l'impuissance de les satisfaire, et qu'il les prie de s'assembler pour prendre un parti sur sa situation. Le 8 du même mois, le sieur Herbout, négociant à Saint Omer, fait exploiter une mise de fait sur la maison de Varlet, pour sûreté d'une somme de 2,010 liv. dont celui-ci lui était redevable. — Le 12, c'est-à-dire, quatre jours après, Varlet adresse au sieur Herbout même, une lettre semblable à celle qu'il avait écrite le 5. — Le 22, Varlet fait un contrat amiable d'aterrnoiement avec une partie de ses créanciers. Il veut le faire homologuer, mais il échoue dans sa tentative. Poursuivi de tous côtés, il obtient des lettres de répit en la chancellerie près le parlement de Flandre; mais par arrêt du 31 janvier 1771, elles sont déclarées nulles, et l'on ordonne qu'il sera établi un curateur à sa Faillite. — Les choses en cet état, question de savoir si la mise de fait du 8 novembre 1769 a produit hypothèque en faveur du sieur Herbout. La négative est incontestable, si l'on adopte la maxime de Ferrière et de Jousse, que l'on est failli du moment que l'on essuie des protêts, et que l'on se trouve dans l'impuissance de continuer ses payemens: car la déclaration du 18 novembre 1702 annulle toute hypothèque acquise sur les biens d'un failli dans les dix jours qui précèdent la dévolution. — Cependant par sentence du 7 avril 1783, la mise de fait est décrétée, et le curateur à la Faillite de Varlet est condamné aux dépens. — Le curateur appelle de cette sentence, et produit, entre autres pièces, une consultation dans laquelle on remarque ces termes: « La Faillite de Varlet était annoncée et reconnue publiquement dès avant la mise de fait: elle a été connue personnellement du sieur Herbout, quatre jours après son obtention.... En vain a-t-il ensuite obtenu des lettres de répit.... Il faut bien donner une époque à la Faillite de Varlet: la reculer jusqu'aux lettres de répit, ce serait contredire la notoriété publique, les propres faits du débiteur, les reconnaissances et les démarches de ses créanciers. Il reste donc à la fixer au moment où il l'a annoncée à ses créanciers, et où les suites ont vérifié qu'elle était alors inévitable et forcée. Ainsi, on a lieu d'espérer qu'une mise de fait impétrée à cette époque, sera déclarée inopérante ». — Ces moyens n'ont pas plus fait d'impression sur le parlement de Flandre qu'ils n'en avaient fait sur la gouvernance de Douai. Par arrêt du 3 février 1784, rendu au rapport de M. l'abbé de Wery, la sentence a été confirmée avec amende et dépens.

On trouvera dans le §. suivant, un arrêt de la même cour du 20 juillet 1742, qui consacre encore plus formellement l'opinion adoptée par ceux dont nous venons de rendre compte.]

[[Mais n'a-t-il pas été dérogé à cette jurisprudence par l'art. 5 de la loi du 11 brumaire an 7, sur le régime hypothécaire? oui et non.

Il y a été dérogé, en ce que, relativement à la faculté de prendre inscription sur les biens d'un débiteur, cet article place la *cessation publique de payement* sur la même ligne que *la Faillite* ou *Banqueroute*: « L'inscription qui serait faite (porte-t-il), dans les dix jours avant la Faillite, Banqueroute ou cessation publique de payement, ne confère point hypothèque ».

Mais cet article n'assimilant la cessation publique de payement à la Faillite ou Banqueroute que pour cet objet, il est clair que, pour tout autre acte, l'ancien droit a subsisté, tant qu'il n'a pas été aboli, (comme on verra ci-après, sect. 2, qu'il l'a été par l'art. 437 du Code de commerce.]]

[§. II. *Peut-on faire faillir quelqu'un malgré lui, ou, en d'autres termes, lorsqu'un commerçant, un banquier, un comptable des deniers publics, n'a dans son extérieur, aucun des signes caractéristiques de la Faillite, peut-on, sous le prétexte que ses affaires sont en mauvais ordre, faire apposer le scellé sur ses biens, lui en ôter toute disposition, l'obliger de déposer son bilan, en un mot, le réduire à l'état de failli?*

Nous ne connaissons que deux parlemens où cette question se soit présentée, celui de Provence et celui de Flandre.

Voici le seul monument que nous avons de la jurisprudence du premier sur cette matière. (Nous le tirons du Recueil de M. le président de Bézieux).

Le sieur Perrin, créancier de plus de 100,000 livres des sieurs Deplanis et Albert, marchands, par contrats passés devant notaires, avait fait apposer le scellé à leur magasin de commerce et à leur maison. — Ceux-ci appelèrent de l'ordonnance qui avait permis cette apposition de scellé; et par une requête incidente, demandèrent la cassation de tout ce qui s'était fait en conséquence, avec les dommages-intérêts résultans de la cessation de leur commerce. — La cause portée à l'audience de la grand'chambre, ils disaient que la procédure faite contre eux par le sieur Perrin, était injuste, vexatoire, extraordinaire; qu'ils n'étaient en demeure ni envers le sieur Perrin ni envers leurs autres créanciers; qu'à l'exception de 20,000 livres dont le premier pouvait actuellement se faire payer, il n'y avait aucune de leurs dettes dont le terme fût échu; que le sieur Perrin, pour demander ces

20,000 livres, avait bien pu prendre la voie de *clameur* ou saisie, qui n'aurait pas interrompu leur commerce; mais que nulle loi, nul principe ne l'avait autorisé à faire apposer le scellé chez eux, tandis qu'ils n'étaient ni fugitifs ni décédés, qu'ils tenaient leur banque, que leur magasin était ouvert à tout le monde, qu'ils allaient faire leurs emplettes aux foires, qu'en un mot, ils négociaient publiquement et sans fraude.

» Le sieur Perrin répondait (nous employons ici les propres termes de l'arrêtiste), que, si les appelans n'étaient pas banqueroutiers, ils étaient au moins faillis, puisqu'ils n'avaient pas été aux emplettes l'été précédent à Paris; qu'Albert avait été véritablement à Lyon, mais qu'il avait toujours demeuré caché, de peur d'être emprisonné, à cause que les lettres de change qu'ils avaient envoyées, avaient pour la plupart été protestées; que leur désordre était si réel, que les sieurs Canceries et Vaisse, leurs cautions pour 27,000 livres envers le sieur Perrin, avaient demandé l'avération de diverses écritures privées depuis le mois de juillet lors dernier, et long-temps avant l'apposition du scellé; et que Bégon, père d'un de leurs garçons de Boutique, avait fait avérer une promesse de 6,000 liv., à l'imitation de plusieurs autres créanciers qui en avaient fait de même pour ce qui leur était dû. — Après cela, le sieur Perrin, créancier de plus de 100,000 livres, a eu raison de s'assurer par cette voie, qui n'est pas plus rude que celle de la clameur; car l'une et l'autre dessaisissent le débiteur, et le privent de la jouissance de ses effets, au moyen de la saisie et séquestration qui se fait en force et exécution de la clameur ».

M. de Piolène, avocat général, qui portait la parole dans cette cause, dit « qu'on voyait ordinairement élever ces sortes de contestations entre les débiteurs et les créanciers; les premiers (a-t-il ajouté), se plaignent toujours de la morosité des autres, et ceux-ci de la mauvaise foi des débiteurs. Il ne faut point entrer dans de pareils détails, qui ne sont bien souvent que des exagérations outrées et hors d'œuvre; il suffit, en cette cause, d'examiner si Deplanis et Albert étaient faillis lors de l'apposition du scellé; car en ce cas, la procédure est bonne, puisque, suivant l'ordonnance du commerce, tit. 11, art. 1, *la Faillite ou Banqueroute est réputée ouverte du jour que le débiteur se sera retiré, ou que le scellé aura été apposé sur ses biens.* Cette ordonnance déclare par ces termes, *sera réputée ouverte*, que le scellé ne fait pas la faillite ni la banqueroute, comme le supposent Deplanis et Albert, quand ils disent que cette procédure leur a fait faire faillite, et qu'ils prétendent, par là, d'avoir des dommages-intérêts contre les hoirs du sieur Perrin; mais ils donnent à connaître que le marchand était déjà failli lors de l'apposition du scellé. C'est en effet dans ce sens que Bornier, sur cet article, s'explique, quand il dit que, *dès le moment qu'on est averti de la fuite et de la Banqueroute du débiteur, les créanciers, ou le moindre d'iceux peuvent faire procéder au scellé dans la maison du banqueroutier, d'autorité de justice, sans attendre partie ni procédure, et ensuite faire procéder à l'inventaire de ses effets, ce qui ne peut ni ne doit leur être dénié*; et cela après avoir dit *que la Faillite est quand un négociant n'a pas payé à l'échéance les lettres de change qu'il a acceptées, qu'il n'a pas rendu l'argent à ceux à qui il a fourni des lettres qui sont revenues à protêt, et qu'il n'a pas payé ses billets aux termes.* — Et c'est dans ce cas que se sont trouvés Deplanis et Albert, lorsque la procédure du scellé a été faite; leur conduite est d'ailleurs pleine de mauvaise foi; car dans ce même temps, ils étaient en arrière envers la communauté d'Aix, dont ils étaient trésoriers, de 28,000 livres, d'une part, et de 14,000 livres pour la recette de la capitation qu'ils avaient exigée, d'autre: on ne peut les regarder, après cela, que comme des débiteurs faillis et de mauvaise foi, puisqu'on n'a trouvé que 900 liv. dans leur caisse, dans le temps qu'ils avaient exigé près de 45,000 livres des deniers publics qu'ils ont ainsi recelés et tournés à leur avantage ».

Sur ces raisons, arrêt du 15 février 1700, par lequel, « avant faire droit, tant sur l'appel de l'ordonnance portant permission d'apposer le scellé, et de la procédure faite en conséquence, que sur la demande formée par les appelans en dommages-intérêts, sans préjudice au droit des parties, ni leur rien attribuer de nouveau, la cour ordonne que, par le commissaire qui sera à ce député, il sera procédé à la levée du scellé, après examen et reconnaissance par le juge qui l'a apposé; qu'ensuite, il sera, par experts convenus ou pris d'office, fait estimation des marchandises, meubles et effets existans dans les magasins et maisons des appelans, suivant leur valeur, au temps de l'apposition du scellé, et dépouillement de leurs registres, tant en débet qu'en crédit; pour, leur rapport vu et consigné au procureur général, être ordonné ce qu'il appartiendra ».

Cet arrêt fut exécuté; et le procès-verbal des experts ayant mis en évidence que les appelans étaient de beaucoup au-dessous de leurs affaires; que même, depuis plus d'un an, *ils étaient*, suivant l'expression de l'arrêtiste, *dans une très-mauvaise foi à l'égard de leurs créanciers*; par arrêt définitif du 30 juin 1701, rendu à l'extraordinaire, en la tournelle, au rapport de M. Boyer d'Éguilles, la procédure du sieur Perrin fut confirmée avec dépens; il y eut même des opinions à décréter de prise de corps Deplanis et Albert ».

Le parlement de Provence a donc jugé qu'à l'égard d'un commerçant qui est en même temps comptable de deniers publics, *Faillite* et *insolvabilité* sont synonymes; que celle-ci emporte celle-là; et que tout créancier qui veut, à l'aide d'une opposition de scellé, entreprendre la preuve qu'un tel débiteur n'est pas en état de faire face à tous ses engagemens, doit y être admis.

On verra bientôt pourquoi, dans l'espèce particulière sur laquelle cette cour a prononcé de la sorte, les deux débiteurs que poursuivait le sieur Perrin, ont dû être ainsi traités. Mais doit-on prendre pour règle générale les arrêts qui ont consacré la procédure contre laquelle ils réclamaient, et la permettre à quiconque croit avoir, comme le sieur Perrin, de justes raisons pour suspecter la bonne foi et la solvabilité de son débiteur?

L'affirmative a été reçue fort long-temps à Lille; et elle s'y était si profondément enracinée, que, dans le principe de l'affaire dont nous allons rendre compte, tout le monde traitait de paradoxe la critique qu'un négociant, vexé de la manière la plus odieuse, se voyait obligé d'en faire.

Le sieur Delecourt de la Fontaine, raffineur de sucre et banquier en cette ville, avait toujours dirigé et soutenu ses affaires avec honneur, lorsqu'en septembre 1783, il s'est trouvé gêné par le retour de plus d'un million de lettres de change qu'il avait créées pour le prince de S.... K...., et que les agens de ce seigneur avaient laissé protester. Bien des négocians, dans une position aussi critique, auraient perdu courage et seraient faillis d'eux-mêmes. Le sieur Delecourt a été plus heureux. Il a réuni tous ses efforts; et par des délégations, des transports, des négociations habilement ménagées, il est parvenu à se libérer de la dette énorme qu'on lui avait fait contracter, sans toucher à ce qu'il possédait précédemment.

Cependant le bruit de l'embarras dans lequel il s'était trouvé, avait frappé les oreilles de deux de ses créanciers, les sieurs Fourmentel et Dudicourt, associés avec lui dans une partie des négociations auxquelles il se livrait habituellement: ils avaient commencé par se faire donner amiablement un état de sa situation, et après l'avoir examiné, ils avaient paru tranquilles. Mais peu de temps après, le 19 novembre 1783, ils s'adressent aux échevins de Lille, et dans une requête, à laquelle n'était jointe aucune pièce justificative, pas même la preuve de leurs créances, ils exposent que, depuis plusieurs jours, il leur est parvenu que le sieur Delecourt avait formé le projet de fuir en Amérique; qu'il avait commis des altérations considérables dans ses registres, qu'il séquestrait, toutes les nuits, ses marchandises et effets; que son magasin se vidait à vue d'œil, etc. En conséquence, ils demandent acte, suivant l'usage, de ce qu'à leurs risques et périls, ils déclarent le sieur Delecourt failli; et ils concluent à ce que le scellé soit apposé sur ses meubles, effets et marchandises.

Sur-le-champ, les échevins de Lille rendent une ordonnance conforme à ces conclusions; et dans le même instant, elle est exécutée.

Le sieur Delecourt forme opposition à cette ordonnance, mais il ne peut en arrêter l'effet provisoire; et quoiqu'il n'y ait contre lui, ni protêt, ni sentence, ni poursuite quelconque dans aucune juridiction consulaire, les scellés sont mis sur tous ses effets.

Le lendemain, un autre créancier, nommé Parquet, *dont la dette n'était pas encore échue*, vient l'enlever de sa maison pour le jeter dans les fers.

Cependant la cause se plaide au siége échevinal. Une sentence du 24 novembre déclare l'emprisonnement nul. Parquet en appelle au parlement de Flandres. Les sieurs Fourmentel et Dudicourt se joignent à lui, et demandent la jonction de la cause en déclaration de Faillite avec celle de la contrainte par corps. Le sieur Delecourt y consent, et l'on instruit le principal.

Deux questions, l'une de fait, l'autre de droit, faisaient toute la matière de ce procès, sur lequel toute la province avait les yeux ouverts.

Dans le fait, le sieur Delecourt était-il coupable du projet de fuite, des séquestrations, des enlèvemens nocturnes qu'on lui reprochait; et avait-il encore de quoi satisfaire tous ses créanciers?

Dans le droit, en supposant qu'il y eût des doutes sur ce point de fait, devait-on, comme l'avait fait le parlement de Provence en 1700, admettre les sieurs Fourmentel et Dudicourt à prouver ce qu'ils avançaient, et par conséquent confirmer le principe des praticiens de Lille, que l'on peut déclarer failli, malgré lui, tout débiteur qui est bien ou mal suspecté?

Telles étaient les deux questions que la cour avait à décider.

Sur la première, la justice ne pouvait avoir que doute et incertitude. Tout ce qu'avançait une partie, était nié par l'autre; et le peu de pièces que le scellé n'avait pas dérobées au sieur Delecourt, faisait seulement entrevoir qu'il était possible qu'on ne pût lui rien reprocher.

La seconde question restait donc entière; et à ce sujet les parties sont entrées dans les plus grands détails sur l'usage de Lille, qu'il s'agissait de confirmer ou d'anéantir.

Moyens des créanciers. « L'art. 1 du tit. 11 de l'ordonnance de 1673, en indiquant le scellé comme une des causes qui opèrent l'ouverture d'une Faillite, ne dit pas, ne suppose pas même que cette formalité ne puisse être remplie qu'à la requête du débiteur.

» Son silence, auquel le législateur seul peut suppléer, laisse donc aux créanciers la faculté de requérir que le scellé soit apposé sur les biens de leur débiteur.

» On ne peut nier cette conséquence, qu'en ajoutant une modification, une restriction au texte de la loi, qui est général et indéfini, et qui ne parle que d'une apposition de scellés précisément, sans exiger qu'elle soit faite à la requête du débiteur plutôt qu'à celle du créancier, ou de l'homme public, selon que peuvent l'exiger les circonstances.

» On ne peut même la nier qu'en blessant l'esprit de la loi, qui s'oppose à ce qu'il soit au pouvoir des débiteurs, dont la Faillite est prochaine, de diminuer, par des transports, la masse de leurs biens, ou d'accorder des préférences que l'équité réprouve.

» En effet, une conséquence nécessaire et évidente de cet esprit, est que les créanciers puissent prendre les précautions que la loi ne défend pas, et que la prudence exige pour obvier en temps aux inconvéniens qu'elle a voulu écarter.

» A l'appui de ces principes, viennent différens arrêts qui ont jugé, dans les coutumes de Lille et de Cambrai (1), qu'un créancier peut, à ses risques et périls, faire arrêter son débiteur, quoique bourgeois, en alléguant son insolvabilité, et que, si on vérifie par la suite qu'il n'avait pas pris l'alarme mal à propos, l'emprisonnement doit être confirmé.

» Ce que ces arrêts ont décidé relativement à la plus rigoureuse de toutes les poursuites judiciaires, la contrainte par corps, un usage ancien et immémorial l'a établi à Lille par rapport à la Faillite.

(1) V. l'article *Clain*, §. I.

» Eh! quels désordres, quels inconvéniens ne produirait pas l'abrogation de cet usage! Il dépendrait donc d'un marchand de dire impunément : *Je sais que je suis insolvable, déconfit, hors d'état de satisfaire mes créanciers; mais pour favoriser tels et tels qui viennent d'acquérir hypothèque, pour mettre à l'abri de toute inquiétude tel autre à qui j'ai fait des transports de meubles ou de marchandises, je ne veux ni me retirer, ni déposer mon bilan, ni recourir au bénéfice de cession, ni demander que le scellé soit apposé chez moi; en un mot, je ne veux rien faire qui donne ouverture à la dévolution de mon actif; ou du moins je veux attendre plus de dix jours, afin que ceux de mes créanciers que j'affectionne, soient payés au préjudice des autres.* — Un autre pourrait donc aller plus loin et dire : *J'ai beaucoup de marchandises dans mon magasin; au fur et à mesure que les billets de mes premiers créanciers échoiront, je les payerai avec ces marchandises; et les autres se passeront de rien; tel est mon plaisir.* — Si l'on admet qu'il ne répugne pas aux lois, qu'un marchand puisse raisonner et agir de la sorte, alors on peut conclure qu'il n'est jamais permis de le déclarer failli contre son gré. — Mais si l'on trouve qu'il serait absurde et absolument contraire aux lois du commerce, de le souffrir; si l'on trouve qu'il serait ridicule d'avoir porté la loi qui annulle les hypothèques et les transports dont la date n'est pas antérieure de dix jours à la faillite d'un marchand, si celui-ci avait la liberté d'en déterminer l'époque, ou de dire qu'il ne veut pas être failli, alors il faut conclure que, le cas échéant, on peut déclarer un marchand failli malgré lui.

» Enfin, deux arrêts rendus en grande connaissance de cause, ont tranché la question, et ont à jamais consacré l'opinion que l'intérêt du commerce a forcé les habitans de Lille d'embrasser.

» Voici l'espèce du premier. — Jean-Baptiste Hellin, marchand à Lille, meurt dans une situation douteuse, sans néanmoins qu'aucune de ses traites eût jamais été protestée faute de payement, sans qu'il fût intervenu de condamnation à sa charge dans aucun tribunal. — Son fils s'abstient de sa succession, et déclare un mineur pour héritier. — Le sieur Nollet, créancier de la somme de 15,970 florins 9 pat. 3 deniers, fait pratiquer, 31 mars 1756, une saisie par clain sur tous les biens de l'hérédité de son débiteur. — Les autres créanciers, pour écarter la préférence hypothécaire résultante de cette saisie, prennent le parti de déclarer failli, à leurs risques, périls et fortune, non-seulement Hellin, qui était mort, mais encore son petit-fils, héritier déclaré et en minorité. — Procès s'élève entre eux et le sieur Nollet. Entre autres moyens, celui-ci défendu par un jurisconsulte qui a obtenu, au plus juste titre, la confiance de toute la province (Me Le Saffre), posa et établit, 1° qu'*on ne pouvait pas déclarer faillie une personne après sa mort*; 2° qu'*on ne pouvait pas déclarer une personne vivante faillie malgré elle*; 3° que *l'insuffisance actuelle d'un débiteur ne suffisait pas pour le faire réputer failli.* — Les créanciers, au contraire, soutinrent la légitimité et la régularité de la déclaration du failli par eux faite, et ils se prévalurent des dispositions de la déclaration du 27 mars 1718 qui veut que les sentences ne puissent acquérir hypothèque sur les biens des faillis, si les sentences ne sont point rendues au moins dix jours avant l'ouverture de la Faillite. — Mais comme cette loi ne faisait pas mention des *saisies par clain*, la cour douta si elle devait s'appliquer à l'espèce qu'elle avait à juger. — En conséquence, par arrêt rendu le 14 août 1759, au rapport de M. de Franqueville de Fontaine, la cour ordonna aux parties de se retirer pardevers le roi pour avoir l'interprétation de sa volonté sur sa déclaration du 27 mars 1718. Par ce renvoi, la cour a préjugé la question qui nous divise. — En effet, il n'y aurait eu matière ni au doute ni au renvoi, sur l'interprétation d'une loi qui ne peut opérer que dans le cas d'une Faillite ouverte, si la cour n'avait pas cru que la maison mortuaire d'Hellin et son héritier mineur fussent dans ce cas. — Cette décision a d'autant plus de poids, qu'elle est intervenue dans une espèce qui ne présentait aucune circonstance de fraude, de divertissement, de machination, de fuite, etc.

» Cet arrêt a été suivi d'un autre rendu le 30 mars 1774, au rapport de M. de Warenghien de Flory. Dans cette espèce, un créancier de Philippe-Auguste Lardinois, pour la modique somme de 800 liv., s'était pourvu, le 14 mars 1773, pardevant les échevins de Lille, par requête tendante à ce qu'il lui fût donné acte de ce qu'à ses risques et périls, il déclarait son débiteur failli. Lardinois s'opposa à cette demande; ses autres créanciers intervinrent pour la faire accueillir; et elle le fut en effet par sentence du 23 du même mois, sur l'appel de laquelle la cour a mis l'appellation au néant avec amende et dépens «.

Moyens du sieur Delecourt (que je défendais). « Pour réfuter l'interprétation forcée que les adversaires donnent à l'art. 1 du tit. 11 de l'ordonnance de 1673, nous n'avons besoin que de leur porter le défi de citer un seul commentateur qui la propose. Non; l'ordonnance, en indiquant l'apposition de scellés comme l'enseigne de la faillite, ne dit pas à la requête de qui cette formalité peut être remplie; mais c'est précisément ce silence qui, en général, interdit au créancier le droit de la requérir : ne pas lui accorder ce droit, c'est le lui refuser; car l'honneur, l'état d'un citoyen ne peuvent pas dépendre du caprice d'un autre citoyen : ils n'appartiennent qu'à lui et à la loi, et sa volonté seule ou la loi peuvent l'en dépouiller.

» Ainsi, un débiteur sera censé failli, s'il a fait lui-même apposer les scellés sur ses biens, ou s'il a souffert, sans se plaindre, que l'homme de la loi en fît faire l'apposition, comme dans l'espèce de l'arrêt du 9 janvier 1781 (rapporté dans le §. précédent). Mais que son créancier, au lieu de le poursuivre judiciairement, au lieu de prendre contre lui les voies de sûreté que la coutume lui ouvre (1), en-

(1) La *mise de fait* avec apposition de gardiens. *V.* l'article *Mise de fait.*

treprennent de rompre son commerce, de le déshonorer par une apposition de scellés, la loi laissera le débiteur en possession de son état et sévira contre le créancier.

» Il est inutile de citer les arrêts par lesquels il a été jugé (bien ou mal, il n'importe), qu'un débiteur qualifié d'insolvable, peut être arrêté sans formalité. Quelle différence entre la contrainte par corps et la déclaration de failli ! Un homme arrêté pour dettes, peut continuer son commerce par le ministère de ses agens, de son épouse, de ses enfans, et se procurer, en peu de temps, de quoi rompre ses fers par un payement effectif. Celui que l'on a déclaré failli, souffre une interception générale de toutes ses ressources : et voulût-il payer, il ne le peut plus. L'un conserve son état, l'autre le perd sans retour. Le premier, au sortir de la prison, va reprendre les fonctions qu'il exerçait avant d'y entrer; le second, même après avoir payé ses dettes, demeure toute sa vie dans l'opprobre, s'il ne plaît à la bonté du roi de lui accorder des lettres de réhabilitation.

» Il est inutile encore de se récrier sur les inconvéniens qu'il y a de laisser un débiteur maître de payer certains créanciers au préjudice des autres. Cette objection suppose qu'il n'y a pas d'autre moyen d'ôter ce pouvoir au débiteur, que de le déclarer failli. C'est une méprise. La voie de la mise de fait est ouverte à tous les créanciers indistinctement, même à ceux qui n'ont qu'une preuve testimoniale de leur créance (1); et cette voie légale, permise par la coutume, confirmée par les arrêts, procure des ressources aussi sûres, aussi promptes, qu'une déclaration de failli, sans marquer le débiteur du sceau de l'infamie, sans le constituer dans une espèce de mort civile, sans lui ôter les moyens de se libérer....

» Vous parlez d'*inconvéniens*, de *désordres !* et moi je dis, je ne cesserai pas de répéter, que c'est une horreur, une atrocité, de permettre au premier venu de constituer en Faillite, même *provisoirement*, même *à ses risques et périls*, une personne dont l'état ne doit dépendre que de la loi.

» En effet, s'il vous est permis, comme vous le dites insolemment, de me déclarer failli à vos risques et périls, *sans même justifier préparatoirement mon insolvabilité*, que vais-je devenir ? Riche d'un million, je me trouve aussi dénué de ressources que si je ne possédais pas un sou. Que, dans cet état, je manque d'amis ou de parens assez généreux pour fournir aux frais d'une réclamation judiciaire, qui peut occuper successivement plusieurs tribunaux, il faudra que je recoure au lent et humiliant *pro Deo* (2) ! Pendant ce temps-là, pour couvrir vos calomnies, pour justifier vos vexations, vous préparerez, vous comblerez ma ruine par la dilapidation de tous mes biens ! En supposant que j'aie le bonheur d'obtenir enfin justice, si vous n'avez pas de quoi m'indemniser, ou si des coups imprévus et amenés par le bras vengeur de la Providence, vous ont vous-même rendu insolvable, il faudra que j'aille finir mes jours dans un des asiles consacrés à l'indigence et à la misère ! — Mais je vais plus loin ; je veux qu'au moment où j'aurai obtenu contre vous des dommages-intérêts, vous possédiez de quoi les payer, croyez-vous, quel qu'en soit le taux, qu'ils puissent jamais compenser le tort que vous m'avez fait ? Hélas ! vous le savez (et si vous ne le saviez pas, m'auriez-vous fait déclarer failli ?), les plaies faites à la réputation d'un négociant, ne se cicatrisent jamais.

L'honneur est comme une île escarpée et sans bords,
On n'y peut plus rentrer dès qu'on en est dehors.

» Maintenant comparons les inconvéniens.

» Le débiteur, comme on vient de le voir, risque tout, perd tout, dès qu'on le déclare failli. Le créancier au contraire ne perd rien, ne risque rien, surtout à Lille, lorsqu'à cette voie barbare, et dont il n'existe pas la moindre trace dans les lois, il substitue la voie légale et ordinaire de la *mise de fait*.

» Et remarquons bien que ce n'est pas seulement à l'état des négocians, que c'est encore à celui de tous les hommes sans distinction, que ce système destructeur peut porter journellement les atteintes les plus funestes. Magistrats, guerriers, citoyens paisibles, vous tous qui vous croyez en sûreté à l'ombre des lois qui vous protègent, tremblez, si un procédé aussi inouï trouve en ce moment des approbateurs dans le sénat auguste à qui le sieur Delecourt le défère. Il n'est pas un de vous qui, soit pour se procurer un établissement honorable, soit pour augmenter la masse de ses biens-fonds, n'ait contracté des engagemens pécuniaires, dont il remet l'accomplissement à des époques où il n'en sentira aucune gêne. Eh bien ! votre créancier va concevoir des terreurs paniques sur vos dépenses ; il va scruter sourdement la direction de votre ménage ; votre solvabilité va lui devenir suspecte; et sur-le-champ, au lieu de se pourvoir contre vous en remboursement, au lieu de poursuivre contre vous une condamnation contradictoire et légale, il va, non saisir vos meubles, non discuter vos héritages, non vous contraindre par corps, mais vous ôter votre existence civile, vous réduire à un état de mort, en un mot, vous déclarer failli.

» Mais rassurons-nous, ces malheurs ne seront à craindre que lorsque la justice et la raison cesseront de présider au premier tribunal de la province. Déjà même un arrêt solennel a proscrit hautement le système affreux dont ils seraient les résultats nécessaires. Cet arrêt est tombé dans l'oubli à Lille, mais il existe dans les registres de la cour, il n'est pas ancien ; il a été rendu à l'audience du 20 juillet 1742, sur les conclusions de M. l'avocat général Waymel du Parcq; et il a infirmé, avec dommages-intérêts, une sentence des consuls de Lille du 3 du même mois (1).

(1) Coutume de Lille, chap. 12, art. 2.

(2) Dans le ressort du parlement de Flandre, les pauvres plaident *pro Deo*, c'est-à-dire, gratis. *V. Miséricorde*.

(1) Pour ne laisser aucun doute sur la veritable espèce de cette sentence, nous la transcrivons ici.

« Les juge et consuls établis par le roi à Lille, à tous ceux qui ces présentes verront, salut. Savoir faisons que, sur les différens mus et pendans pardevant nous, entre

» A cet arrêt, les adversaires en opposent deux, celui du 14 août 1759 et celui du 30 mars 1774.

» Mais d'abord, le premier ne juge rien, puisqu'il ne fait que renvoyer les parties au pied du trône, pour avoir une interprétation de la déclaration du 27 mars 1718. — Ensuite, quel a été l'objet de ce renvoi? — Ce n'a pas pu être la question de savoir si la loi qui annulle les hypothèques acquises dans les dix jours antérieurs à l'ouverture de la Faillite, peut s'appliquer aux *saisies par clain*, puisque, d'une part, le mémoire de Me Le Saffre que nous avons sous les yeux, prouve que cette question n'était pas même agitée au procès; et que, de l'autre, il y avait long-temps que la jurisprudence de la cour était fixée pour l'affirmative, ainsi que nous l'apprennent, 1° l'arrêt rendu le 31 octobre 1721, en faveur du curateur de la Faillite de Marie-Angélique Vaz, intimée, contre Jean-François Mulier, appelant d'une sentence des juge et consuls de Lille du 28 février 1719; 2° l'arrêt rendu le 25 octobre 1730, en faveur de J.-B. Henry et consorts, créanciers de Charles-François Mourette, contre Charles-Martin Dubuisson, négociant à Lille; 3° l'arrêt de révision du 15 mai 1733, au rapport de M. de La Verdure d'Allennes, qui déclare qu'erreur n'est intervenue dans ce dernier, et condamne Dubuisson à l'amende et aux dépens. — Sur quoi donc a porté le renvoi au con-

---

Gaspard-Théodore Schmidt, bourgeois et marchand en cette ville, demandeur en requête à nous présentée le 2 de ce mois, sur laquelle est portée notre ordonnance dudit jour de soit communique à partie, pour s'en venir à notre audience prochaine, comparant en personne avec Deneullin, son conseil, d'une part; le sieur Fruit, procureur spécial du sieur Joannes Hansdich, marchand, demeurant à Altona, comparant en personne, Duhamel, demeurant dans cette ville, comparant par sa femme, le sieur Daussy, en personne, créanciers du demandeur, défendeurs d'autre part: par le demandeur a été dit qu'en vertu de notre ordonnance ci-dessus, et par exploit de Bresou, huissier de cette juridiction, du 2 de ce mois, il a fait donner assignation aux défendeurs à comparaître cejourd'hui pardevant nous, pour voir procéder sur et aux fins de sa requête expositive que les nommés Fruit et autres créanciers ont, cejourd'hui 2 juillet 1742, fait apposer les scellés dans la maison du demandeur, l'ayant déclaré failli, ensuite de la requête qu'ils nous ont présentée le 30 juin dernier; et comme le demandeur y a formé opposition, ladite déclaration lui étant injurieuse et diffamante, pour les causes et raisons qu'il a déduites au procès-verbal lors de ladite apposition de scellé, il a recours à nous; ce considéré, il nous plaise rejeter la requête des défendeurs et autres créanciers; ordonner en conséquence que le scellé apposé sera levé, et les condamner en outre à tous dépens, dommages et intérêts; le demandeur ramenant a fait ladite requête, après avoir fait emploi des raisons déduites au procès-verbal lors de l'apposition des scellés, nous a priés d'observer que ce procès-verbal contient deux chefs de nullité: le premier, en ce que le sieur commissaire dénommé a inséré dans son procès-verbal, d'avoir fait rapport des oppositions qui ont été formées lors de l'apposition des scellés, ce qui est constamment contre la vérité, ayant apposé le scellé sur-le-champ; que le second chef de nullité du même procès-verbal est que ledit sieur commissaire n'a pas dressé d'inventaire des effets qui se trouvaient dans la maison, conformément à l'ordonnance portée sur la requête des créanciers, et au désir des arrêts du roi; en pareils cas, ces deux chefs emportent essentiellement une nullité de ladite apposition de scellé et de requête, avec dépens, dommages et intérêts; quant au fond, il est notoire qu'on ne peut obliger qui que ce soit de faire un acte diffamatoire, et que ce serait renverser la jurisprudence et la coutume notoire; que, dans le cas qui se présente, le demandeur, pour satisfaire ses créanciers, a laissé vendre judiciairement ses meubles et effets, qui montent à une somme considérable, lesquels créanciers pouvaient discuter, avant être en droit de faire pareille déclaration; qu'au surplus ledit demandeur avait des biens en fonds, tant en cette ville qu'à la campagne, que lesdits créanciers devaient aussi discuter; et qu'après toute la discussion faite, ils n'étaient en droit, au cas de courteresse, que de lui faire, en qualité de bourgeois de Lille, sommation d'indiquer des biens pour satisfaire à ladite courteresse; et à faute de ce, agir par la voie d'arrêt de corps. Si le prétexte que prennent les créanciers dudit Schmidt pouvait être suivi, ce serait bouleverser l'ordre, la coutume de Lille, et donner une atteinte aux lois mêmes, faire interdiction de tous ceux qui pourraient être en titre d'office, et donner matière à des créanciers mutins d'obliger leurs débiteurs de faillir, par le discrédit qu'ils causeraient. Ce cas a été jugé entre Franc-homme et ses créanciers, par arrêt qui a déclaré l'établissement de curateur nul et de nul effet. — Et par les créanciers comparans a été dit qu'ils rejettent toutes les allégations du demandeur par insuffisance; persistant dans les fins et conclusions de leur requête, par laquelle ils ont déclaré failli le demandeur, comme il l'est en effet, puisqu'il y a une multiplicité de sentences obtenues à sa charge, et auxquelles il ne peut pas faire face; qu'il n'a plus rien à lui appartenant; qu'il a dissipé tout, jusques-là qu'il a pris en rente 23,000 florins sur de prétendus biens en fonds; et de plus, que l'acte que le demandeur a fait au profit de sa belle mère défunte, par lequel il a reconnu lui être redevable de la somme de 38,000 florins, en date du 6 juin dernier, et la disposition du même jour, de sadite belle-mère, faite au profit de sa petite-fille, laquelle en conséquence a fait exploiter une saisie sur tous les meubles, effets et marchandises de Schmidt son père, et fait procéder à la vente d'iceux, font visiblement voir la fraude, l'entente et collusion qu'il y a entre eux au préjudice de leurs légitimes créanciers: pourquoi ils concluent et persistent dans les fins et conclusions prises dans leur requête; faisant au surplus observer que le sieur commissaire dénommé dans ladite requête, n'a point dressé d'inventaire, attendu que, par la déclaration même du demandeur, reprise par le procès-verbal du 2 de ce mois, il a dit qu'il n'avait plus rien à lui appartenant dans la maison qu'il occupe, et que tout avait été vendu tout *novissimè*, et que ceux qui y étaient appartiennent à Blanche Rose sa fille, comme les ayant achetés, à sa vendue, des deniers de sa mère-grande; quant à ce que le demandeur allègue, que ledit sieur commissaire a inséré dans ledit procès-verbal, d'avoir fait rapport des oppositions qui ont été formées lors de l'apposition des scellés, il est constant que ledit sieur commissaire ayant été prévenu par la partie de l'opposition qu'elle aurait formée à ladite apposition des scellés, en avait fait son rapport, et qu'il lui a été enjoint, nonobstant ladite opposition, de suivre l'effet de notre ordonnance, si la partie le requérait; et l'ayant requis, il a été procédé aux fins d'apposition de scellé, ainsi qu'il conste par le procès-verbal qui en a été tenu; faisant enfin observer que l'arrêt dont se prévaut le demandeur, ne peut avoir ici son application, le cas et les circonstances étant différentes. — Nous, après avoir ouï plus amplement les parties dans leurs demande et défense, lecture faite desdites requête, ordonnance et exploit susdaté, avant faire droit, avons ordonné et ordonnons que le demandeur fera assigner tous ses créanciers pour l'audience prochaine, et qu'il comparaîtra en personne, muni d'un état de ses biens, dettes actives et autres effets, pour faire conster qu'il en a plus que suffisamment pour les payer, dépens réservés ».

seil, prononcé par l'arrêt dont il s'agit? — Ce n'est assurément pas sur la question de savoir si la succession de J.-B. Hellin, et J.-B. Albert-Joseph Hellin, son petit-fils et héritier, étaient ou non valablement déclarés faillis; car cette question (quoique oiseusement traitée par les parties), n'en pouvait pas être une dans les circonstances de la cause, puisque l'héritier sur qui retombait directement l'opprobre de la Faillite, ne réclamait pas, et n'était pas même partie au procès; que, dès-lors, on ne pouvait pas dire qu'il eût été déclaré failli malgré lui; et que très-certainement, si aujourd'hui le sieur Delecourt consentait à la déclaration de failli, prononcée contre lui le 19 novembre, aucun tiers n'aurait qualité pour venir prétendre que mal à propos on l'a déclaré failli, et demander la nullité des scellés apposés sur ses effets. — Encore une fois, quel est donc le doute qui a motivé le renvoi porté par l'arrêt de 1759? Uniquement de savoir si l'on peut appliquer à la simple déconfiture d'une hérédité, la disposition citée de la déclaration du 27 mars 1718, question étrangère à notre objet, mais qui, avant 1759, avait singulièrement partagé la jurisprudence de la cour (1).

» Reste donc l'arrêt du 30 mars 1774; et nous conviendrons que, vérification faite des pièces de l'instance dans laquelle il a été rendu, il n'est pas permis de douter qu'il n'ait proscrit la réclamation de Lardinois contre la déclaration de failli prononcée contre lui sur la requête de ses créanciers. — Mais, 1° nous savons que ce Lardinois s'était rendu indigne, à tous égards, de l'attention de la justice. Après avoir consumé en folles dépenses la modique fortune avec laquelle il était né, sans talens, sans goût pour le travail, et par conséquent sans ressource, il était parvenu, à l'aide d'un extérieur séduisant, à captiver le cœur de Marie-Antoinette D...., veuve avec enfans de Pierre-François F...., et il l'avait fait consentir à l'épouser. Ce mariage, loin de lui inspirer des sentimens conformes à l'état d'un père de famille, n'avait fait qu'ouvrir devant lui une plus libre carrière à la dissipation et la débauche. Le bien de sa femme commença à disparaître, et celui de ses beaux-enfans reçut de fortes atteintes, des dettes sans nombre s'accumulèrent sur sa tête, tous ses créanciers fondaient sur lui, pas un seul ne pouvait toucher un sou, et cependant chacun d'eux le voyait journellement dévorer par l'inconduite la plus monstrueuse, et séquestrer par des enlèvemens les mieux vérifiés, les seuls gages qui leur restaient. Dans ces circonstanes, quelqu'un hasarda de le déclarer failli, mais ce ne fut pas de son chef; il ne s'exposa à cette démarche qu'à la réquisition de la femme et des tuteurs des beaux-enfans de Lardinois même. Assurément, s'il est des cas où la justice peut se permettre de passer au-dessus des règles ordinaires, c'était bien celui-là. Lardinois ne méritait pas l'ombre de considération; tout s'elevait contre lui; et ce qui a bien justifié par la suite le mépris que la cour a fait de sa personne, c'est que, peu de temps après, ses parens ont été obligés de le faire enfermer dans la maison de force dite *des Bons Fils*. — 2° Ce qu'il y a de plus remarquable, c'est que ce Lardinois, au désavantage d'avoir une cause défavorable, a joint celui de la défendre de la manière la plus faible. — A-t-il fait voir que, non-seulement il n'y avait ni loi, ni statut, ni ordonnance qui eût jamais permis de déclarer forcément quelqu'un failli, mais qu'il serait de la plus dangereuse conséquence d'en autoriser ou simplement d'en tolérer la pratique. ? — A-t-il fait sentir qu'il n'y aurait en effet rien de plus pernicieux pour l'État, que de permettre à des créanciers de déclarer leurs débiteurs faillis au moment qu'ils y penseraient peut-être le moins, et lors même qu'ils seraient le plus occupés de la recherche des moyens de pouvoir les satisfaire tous? — A-t-il représenté qu'il ne faudrait donc plus que de la malignité, de la jalousie ou de la mauvaise humeur de la part d'un créancier, pour faire tomber d'un moment à l'autre dans le discrédit le plus affreux, le négociant ou le marchand le plus accrédité et en qui le public mettait toute sa confiance? — A-t-il exposé qu'il y a tel banquier qui, faisant chaque année pour dix millions d'affaires, n'a pas en propre la moitié ni souvent le tiers des fonds qui forment le courant de sa circulation journalière? — A-t-il demandé comment un banquier de cette espèce pourrait jamais parer le coup fatal que la haine, l'envie, la jalousie, le ressentiment ou quelque autre passion lui aurait porté, en demandant, sous le nom d'un créancier qui n'aurait rien ou que très-peu de chose à perdre, *qu'à ses risques et périls* ce banquier fût déclaré failli? A-t-il bien insisté sur l'impossibilité où serait ce banquier de faire face, dans le moment, à tous les engagemens qu'il n'aurait contractés que sur la foi de son crédit? A-t-il montré combien il serait affreux que ce crédit, cimenté par une longue suite d'années, fût détruit dans un seul instant, par le seul effet des mauvais bruits que la demande en déclaration de Faillite aurait répandus dans le public? — Non, Lardinois n'a rien dit, n'a rien représenté, n'a rien exposé de tout cela; il a même fait tout ce qui était en lui pour détourner de ces grands objets l'attention des juges: car on voit par ses principales écritures, qu'il ne s'est attaché qu'à de mauvais incidens.

» Au reste, préjugé pour préjugé, celui qui est contraire aux principes, ne peut sûrement pas balancer celui qui y est conforme; et sous ce point de vue, l'arrêt du 20 juillet 1742, dont la décision si simple, si parfaitement connue, a été préparée par le choc de la discussion la plus exacte et la plus lumineuse, ne peut pas manquer de l'emporter sur celui du 20 mars.

Telle a été la défense du sieur Delecourt. Voici l'arrêt qui l'a couronnée, après un rapport de dix-sept séances, de quatre heures chacune, fait par M. Remy d'Evin:

« La cour, en tant que touche l'appel de ladite sentence du 24 novembre 1783, a mis et met l'appellation au néant; ordonne que la sentence dont a été appelé, sortira effet; condamne ledit Parquet

(1) V. l'article *Mise de fait*.

en l'amende et aux dépens de la cause d'appel, lesdits Fourmentel et Dudicourt en ceux de leur intervention, et lesdits Parquet, Fourmentel et Dudicourt, aux dommages et intérêts à cet égard, chacun en ce qui les concerne. — Et en tant que touche la demande en évocation desdits Fourmentel et Dudicourt, ensemble celle en intervention et en adhésion desdits Leroy, Salembier, Wleschauwerc et Tirsel (*créanciers qui étaient intervenus pour soutenir la déclaration de la Faillite*), trouvant le principal suffisamment instruit, l'évoquant et y faisant droit, reçoit ledit Delecourt opposant à l'ordonnance des prévôts, maïeur et échevins de Lille, du 19 novembre 1783, et faisant droit sur ladite opposition, déclare ladite ordonnance, l'apposition de scellé faite en conséquence et dont il s'agit au procès, et tout ce qui s'en est ensuivi, nuls et de nul effet; ordonne que les scellés et gardiens apposés aux meubles, et effets et marchandises dudit Delecourt, seront levés; condamne lesdits Fourmentel, Dudicourt, Leroy, Salembier, Wleschauwerc et Tirsel aux dommages et intérêts, et aux dépens à cet égard, chacun en ce qui les concerne; déclare suivant ce, que la demande dudit Delecourt en réintégration provisoire vient à cesser; condamne néanmoins lesdits Fourmentel, Dudicourt, Leroy, Salembier, Wleshauwerc et Tirsel aux dépens à cet égard; permet audit Delecourt de faire imprimer et afficher le présent arrêt, au nombre de cent exemplaires, aux frais desdits Parquet, Fourmentel, Dudicourt, Leroy, Salembier, Wleschauwerc et Tirsel: ordonne que tous leurs mémoires et écritures seront déposés au greffe de la cour pour y être supprimés. — Fait à Douai, en parlement, le 1er mars 1784 ».

Les motifs qui ont dicté cet arrêt, ainsi que je l'ai appris des juges mêmes, ont été que, pour déclarer un homme failli malgré lui, il faudrait avoir une preuve *évidente et absolument sans réplique*, non seulement de son insolvabilité, mais encore des mesures qu'il serait accusé de prendre pour frauder ses créanciers; que ce cas, presque métaphysique, n'était pas, à beaucoup près, celui de la cause; et que, dès que les demandeurs en déclaration de Faillite étaient réduits à provoquer une admission à la preuve de leurs faits, ils devaient être déboutés sans aucun examen.

La suite de cette affaire a bien justifié la sagesse de l'arrêt. Dès le 2 mars, le sieur Delecourt qui ne s'était opposé à la preuve offerte par ses adversaires, que dans la crainte d'allonger l'instruction et de laisser plus long-temps son crédit en souffrance, a demandé lui-même que M. le rapporteur se transportât sur les lieux pour dresser procès-verbal de l'état de sa fabrique, de ses magasins et de son comptoir; et ce procès-verbal ayant constaté, de la manière la plus authentique, la fausseté de toutes les imputations qu'on lui avait faites dans le cours du procès, ses adversaires, justement effrayés, lui ont accordé, par transaction du 7 du même mois de mars, des dommages-intérêts très-considérables.

Maintenant revenons au point jugé par l'arrêt du parlement de Provence, rapporté au commencement de ce §. — Cet arrêt est-il contraire à celui dont nous venons de rendre compte?

J'ai soutenu que non, lors de l'arrêt de révision du 29 novembre 1784, rendu contre les sieurs Cloteau, de Givet, et qui est cité dans le §. précédent. Aux moyens déjà rapportés dans ce même §., j'en ajoutais, par surabondance, un autre qui consistait à dire que le directeur des domaines et bois du Hainaut avait pu, le 25 avril 1780, constituer les frères Cloteau en état de Faillite, ou, si l'on veut, faire apposer les scellés sur tous leurs biens.

«Nous savons (disais-je alors dans un mémoire qui a été lu chambres assemblées), nous savons qu'on a dit et répété dans le monde, que nous avions sans doute voulu nous jouer de notre propre raison, en nous dévouant à soutenir pour les créanciers des frères Cloteau, des principes tout différens de ceux que nous soutenions, il y a huit mois, pour Xavier Delecourt.

» Cette accusation, qui n'a pas le droit de nous affecter, est une injure que l'on nous a faite, et qu'on nous a faite de mauvaise foi; car nous déclarons hautement que les principes que nous allons développer aujourd'hui pour les créanciers des frères Cloteau, sont les mêmes que ceux qui ont motivé l'arrêt rendu en faveur de Xavier Delecourt.

» Qu'avait-on à oppposer à Xavier Delecourt, lorsqu'on s'est avisé de faire apposer les scellés à ses meubles et effets? Il n'existait pas un seul protêt à sa charge; à la vérité, il en avait été fait plusieurs sur les traites qu'il avait créées pour le compte du prince de S..... K.....; mais les actes les plus authentiques établissaient sa pleine libération à cet égard. Il était débiteur de sommes considérables, mais aucune ou presque aucune de ses dettes n'était encore échue. De tous ses créanciers, le sieur V..., à qui il n'était dû qu'une somme de 1,200 liv., était le seul qui se fût pourvu contre lui; et il était prouvé, par le registre du courtier qui avait fait pour lui le marché dont il demandait le prix, qu'il s'était pourvu trop tôt. Enfin, il n'y avait chez Xavier Delecourt, ni cessation de payemens annoncée au-dehors, ni poursuites judiciaires, ni preuve même apparente d'insolvabilité. Comment donc la cour l'aurait-elle déclaré failli?

» Aussi, quel est le motif qui a déterminé l'arrêt éclatant qu'elle a porté en sa faveur? Nous osons attester ici les magistrats qui l'ont rendu. Il a jugé qu'on ne peut pas déclarer forcément failli, un débiteur qui prétend conserver son état, lorsqu'on n'a pas une preuve claire, évidente et sans réplique de son insolvabilité et de sa mauvaise foi.

» *Une preuve claire, évidente et sans réplique de son insolvabilité et de sa mauvaise foi!* Si donc nous avons ici une preuve de ce genre contre les frères Cloteau, il n'en faut point douter, les principes même qui ont fait triompher Xavier Delecourt, militent en notre faveur; nous pouvons, nous devons nous en saisir: ils vont foudroyer nos adversaires.

» Ainsi (en supposant toujours que nous n'ayons à plaider ici que la cause du directeur des domaines), nous n'avons qu'un point à examiner, celui de savoir si les frères Cloteau ont contre eux *des preuves claires, évidentes et sans réplique d'insolvabilité et de mauvaise foi!* Si nous établissons l'affirmative, il demeurera prouvé que le directeur même des domaines, quand il serait en cause, triompherait des vaines clameurs des frères Cloteau; et à plus forte raison, sans doute, devons-nous espérer le même succès.

» Mais pour rendre nos principes plus sensibles, entrons dans un certain détail.

» D'abord, nous conviendrons qu'en général, et surtout *relativement aux créanciers entre eux*, on ne doit pas confondre la simple insolvabilité avec la Faillite: la cour l'a ainsi jugé par les arrêts de Gounon et de Varlet, en 1730 et 1784 (rapportés ci-devant §. 1.)

» Ne voyons-nous pas d'ailleurs que souvent un homme tombe en Faillite, possédant beaucoup plus de biens qu'il n'en faut pour payer ses dettes? C'est une vérité reconnue par Savary, *Parfait négociant*, part. 1, liv. 4, chap. 9: « l'on voit (dit-il), des marchands qui ont une fois plus de biens qu'il ne leur » en faut pour payer leurs dettes, et qui cependant » font Faillite; et lorsque les créanciers viennent à » examiner leurs affaires, ils trouvent qu'ils peuvent » être satisfaits entièrement de leur dû, tant en principal qu'intérêts ».

» Et enfin, ce qui paraît déterminer absolument la différence de la Faillite, c'est-à-dire, du signe extérieur et légal de l'insolvabilité, d'avec l'insolvabilité elle-même considérée en soi, c'est que la cassation de celle-ci ne met point fin à celle-là. Tout le monde sait qu'un failli n'efface point, par le seul payement de ses dettes, la tache qu'il a contractée en faillissant: le prince seul peut le réhabiliter; et ce qu'il y a de remarquable, ce n'est qu'en sa grande chancellerie qu'il accorde de pareilles grâces.

» Cependant, il est des personnes chez qui, par la nature de leur état, la seule insolvabilité, ou, pour mieux dire, la seule apparence d'insolvabilité, dès qu'elle est manifestée par une cessation de payemens, produit, en cette matière, des effets tout particuliers; et ces personnes, ce sont les comptables de deniers publics. A la vérité, elle n'emporte pas ouverture de Faillite *ipso facto* (car où est le peuple policé chez qui on fait remonter la peine au-delà de l'époque de l'acte judiciaire qui la déclare encourue?); et voilà pourquoi, dans l'espèce de l'arrêt de la cour des aides de Paris, du 29 juillet 1783, le sieur Bolle, quoique receveur des domaines d'une grande province, n'a pas été regardé comme failli, *par rapport à ses créanciers entre eux*, du jour que son insolvabilité avait été manifestée. Mais si, à la preuve de l'insolvabilité de ces personnes, se joignent des poursuites, dont le but est de les faire déclarer faillies, même malgré elles, nul doute que ces poursuites ne doivent être accueillies.

» Cette vérité a été sentie, même par des écrivains qui n'étaient pas jurisconsultes. Le sieur Linguet, lorsqu'il exerçait la profession d'avocat, avait à défendre une cause dans laquelle il importait pour son client, d'établir que la cessation des payemens n'est point, dans un marchand détailleur, un véritable caractère de Faillite. Voici comment il s'est expliqué (1): « Les ordonnances n'indiquent que » trois caractères auxquels on peut distinguer une » Faillite: fuite du débiteur; apposition de scellé » sur ses effets, ou dépôt de son bilan dans un greffe » public. Les créanciers qui ne peuvent trouver aucun de ces symptômes dans la conduite de Descourtieux, avant la fin de juillet 1768, imaginent, » de leur autorité privée, d'expliquer les réglemens, » et d'ajouter un quatrième caractère de Faillite aux » trois qui sont connus: c'est, suivant eux, la cessation des payemens. Il avoue bien qu'*à l'égard* » *d'une personne publique*, telle qu'un notaire, » *dont les caisses reçoivent et rendent à chaque* » *instant de l'argent, et dont le commerce ne* » *consiste que dans le flux et le reflux perpétuel* » *qu'ils savent donner à ce métal, le moment où* » *il serait suspendu, pourrait être regardé comme* » *l'époque d'une Faillite.* La cessation des payemens chez eux est la destruction de leur état, » *et leur commerce est anéanti du jour où ils se soustraient à l'accomplissement des obligations pécuniaires qui le constituent.* Mais il n'en est pas de » même d'un marchand détailleur, etc. ».

» On n'objectera pas, sans doute, à cette autorité, que le sieur Linguet avait intérêt, pour son client, de parler comme il l'a fait; car sa cause exigeait précisément qu'il soutînt le contraire. Il avait à prouver que la cessation des payemens n'emporte pas Faillite; et assurément on ne peut regarder l'hommage qu'il a rendu à l'opinion contraire, en tant qu'elle concernait les *personnes publiques*, que comme l'expression de la vérité même.

» Mais peut-être dira-t-on que le sieur Linguet n'a parlé que d'après lui-même. Prouvons donc que ses principes, avant même qu'il les avançât, avaient été consacrés par la jurisprudence des tribunaux......

» M. le président de Bésieux nous apprend quel fut, au parlement d'Aix, en 1700, le sort de deux débiteurs que les frères Cloteau ont imités en 1780....
L'arrêt rapporté par ce magistrat, mérite ici une grande attention.

» D'abord, il juge qu'en général, un homme peut être déclaré failli malgré lui....

» Ensuite, nous voyons que, quoiqu'il n'y eût pas de poursuites contre Deplanis et Albert, de la part de la ville d'Aix dont ils avaient dissipé les deniers, néanmoins, sur la seule apparence d'un vide de caisse qu'aucun procès-verbal n'avait constaté juridiquement, on a autorisé un créancier particulier, non seulement à faire apposer les scellés à leur maison, mais encore à faire le dépouillement de tous leurs registres, pour vérifier leur insolvabilité.

» En troisième lieu, il est décidé, par-là, que, relativement à un comptable de deniers publics, la seule insolvabilité emporte la Faillite; et que l'une est dans sa personne la conséquence nécessaire de l'autre.

» Et qu'on ne dise pas que du moins il résulte de cet arrêt, que, si les frères Cloteau s'étaient pourvus

(1) Précis pour le sieur Duboc contre les créanciers unis de Louis Descourtieux. *Mémoires et plaidoyers de Linguet*, tom. 2, pag. 310.

contre le directeur des domaines en nullité d'apposition de scellés, ils auraient eu droit d'offrir la preuve de la suffisance de leur actif pour remplir toutes leurs dettes.

» 1° Il n'est pas ici question d'examiner ce que les frères Cloteau auraient pu faire contre le directeur des domaines, mais ce qu'ils ont fait réellement. Or, à son égard, ils s'en sont tenus à un morne et stupide silence. Ainsi, de même que, dans l'espèce de l'arrêt cité, si Deplanis et Albert n'avaient point réclamé contre le sieur Perrin, il n'aurait point fallu de jugement pour que les autres créanciers fussent autorisés à le traiter en failli; de même, dans le cas présent, les frères Cloteau n'ayant pas osé élever la voix contre le directeur des domaines, il est clair que la procédure faite contre eux par celui-ci, leur a imprimé sans retour le sceau de la faillite.

» 2° Mais il y a plus. Dans l'espèce de l'arrêt du parlement de Provence, il n'y avait, comme nous l'avons dit, aucun acte juridique et antérieur à l'apposition des scellés, qui constatât légalement le vide de la caisse de Deplanis et Albert. Ici, au contraire, le vide de caisse est prouvé par un procès-verbal rédigé dans la meilleure forme; il est même avoué; et, ce qu'il y a de bien plus fort, les frères Cloteau ont eux-mêmes reconnu, lorsqu'on en a fait la vérification, qu'ils n'avaient pas un denier en main pour en couvrir du moins une partie quelconque.

» Et c'est sans doute à ce cas que s'applique, dans toute son étendue, le principe adopté par la cour, lors de son arrêt du 1er mars 1784, qu'on peut déclarer un homme failli malgré lui, lorsqu'il y a des *preuves claires, évidentes et sans réplique de son insolvabilité et de sa mauvaise foi.*

» En effet, personne n'ignore à quelles peines s'expose tout receveur des deniers publics qui détourne et dissipe l'argent de sa caisse : le législateur n'a pas cru que la violation d'un dépôt aussi sacré pût être expiée par un châtiment moindre que la mort (1); c'est donc sa tête même que hasarde l'officier comptable, lorsqu'il porte la main sur les fonds dont il est dépositaire.

» Mais, sans doute, on conviendra que, pour courir un risque aussi terrible, il faut se trouver dans la dernière détresse. — On conviendra donc aussi que tout homme qui s'expose de la sorte, prouve nécessairement qu'il est sans ressources, et donne, par cela seul, un certificat authentique de son insolvabilité. — On conviendra par conséquent que c'est là, ou que ce ne sera jamais, le cas de cette *preuve claire, évidente et sans réplique*, dans lequel la cour a unanimement reconnu, le 1er mars 1784, que l'on peut apposer les scellés chez un débiteur, malgré sa réclamation

» En vain dira-t-on, avec les frères Cloteau, que la plupart des receveurs de deniers royaux touchent habituellement et sans scrupule aux deniers de leur caisse; et qu'on ne les déclare pas, pour cela, faillis.

» Entendons-nous, et d'abord gardons-nous bien d'apporter dans les jugemens la légèreté et les principes des sociétés.

» Dans le monde financier, il est vrai, on n'aperçoit rien d'extraordinaire dans ce qu'un abus répréhensible a fait appeler *jeu de caisse*. Mais la justice ne voit les choses que telles que la loi les lui montre. Ici, la loi ne nous présente le *jeu de caisse* que comme un crime digne de mort : la justice ne peut donc pas le voir sous un autre aspect; et dès-là, il est impossible qu'elle ne regarde pas comme dénué de toute ressource, comme plongé dans la plus grande détresse, en un mot comme insolvable, tout officier comptable qui se voit réduit à la malheureuse nécessité de risquer sa tête, en violant le dépôt confié à ses mains infidèles.

» Et que ce prévaricateur ne vienne pas crier au rigorisme : qu'il ne vienne pas dire qu'il est bien dur de le déclarer failli pour avoir touché à sa caisse, tandis que peut-être il a un patrimoine suffisant pour en remplir le vide et satisfaire à tous ses autres engagemens.

» Du *rigorisme!* de la *dureté!* Que ces reproches siéraient bien dans la bouche d'un homme que la loi dévoue à la mort! Quoi! la justice peut d'un mot vous envoyer à la potence, et vous la trouvez dure, vous la taxez de rigueur, parce qu'elle se contente de vous déclarer failli! Ah! bénissez plutôt la main qui vous frappe : elle vous dépouille de votre état, mais elle vous laisse la vie, qu'elle pourrait vous ôter. Heureux de sa tolérance, ne l'accusez pas; que des plaintes amères ne prennent point sur vos lèvres la place des accens de la reconnaissance; et souvenez-vous toujours que si, dans le cas particulier où vous vous trouvez, c'est mal-à-propos qu'elle vous fait l'application du principe qui répute insolvable et permet de déclarer failli tout officier comptable qui a touché à sa caisse, cette erreur, cette méprise, cet inconvenient n'ont point d'autre auteur que vous-même, d'autre source que votre prévarication, d'autre fondement que votre propre fait.

» Voilà ce que nous dirons à un receveur de deniers publics qui, ayant contre lui un procès-verbal de vide de caisse, serait néanmoins en état de représenter, ou sur-le-champ, ou sous peu de jours, des effets équivalens aux sommes qu'il a eu l'indiscrétion de puiser dans son dépôt : voilà ce que nous opposerions à un comptable qui pourrait dire : « Oui, j'ai porté sur les fonds de ma caisse une » main imprudente; mais je ne les ai point dissipés; » ils n'ont fait que changer de place, ils existent » dans mon porte-feuille en billets très-solides; et » dans un instant, ces billets me rendront, par une » négociation facile, la valeur entière des sommes » qu'ils représentent ».

» Eh! quel prétexte alléguera donc celui qui ne s'est pas borné à convertir en billets fructueux les

---

(1) *S'il se trouve quelqu'un maniant nos finances, qui prête nos deniers, les billonne, les baille à usure, les mette en marchandises, les applique à son profit particulier ou les convertisse en autre chose que ce que les commissions, les ordonnances et leurs offices portent,* VOULONS QU'ILS SOIENT PENDUS. Art. 5 de l'edit du mois de juin 1532, renouvelé par la déclaration de 1701. [[*V.* ci-après, §. 4, n. 5.

deniers de sa caisse, mais qui les a *pillés*, dans toute l'étendue de ce terme, mais qui ne les peut représenter ni en espèces, ni en équivalent, mais qui, après s'être épuisé pendant plusieurs jours, en efforts et en démarches, pour appaiser le préposé du souverain, est forcé de reconnaître son impuissance absolue, de dévorer en silence le reproche sanglant d'avoir volé les fonds de l'État, et de baisser une tête humiliée sous le joug des poursuites flétrissantes qu'il s'est attirées? N'en doutons point, un tel homme sera partout regardé comme insolvable, comme failli, parce que partout on ne verra en lui qu'un homme que le désespoir a aveuglé, qu'un homme à qui une détresse fâcheuse et sans remède a suggéré, pour se procurer de l'argent, un moyen qui peut et devrait le conduire à la mort; qu'un homme enfin qui a fait tout ce qui était en lui pour s'attirer une apposition de scellés, et se faire par conséquent marquer du sceau de la Faillite. Eh! plût à Dieu qu'en tout cela, on ne pût voir qu'un portrait d'imagination! Malheureusement nous avons peint, sans nous en apercevoir, les adversaires opiniâtres, les débiteurs infidèles, à qui nous avons à faire.

» Et la preuve que nous ne créons pas ici des principes pour le besoin de la cause, se trouve dans un arrêt du parlement de Paris, du 12 février 1772, rapporté dans le *Répertoire de jurisprudence*, au mot *Saisie réelle*. « On ne saurait ignorer (y est-il » dit), l'arrêt célèbre du parlement de Paris contre » le sieur Billard, caissier général des postes, qui, » en exécution de cet arrêt du 12 février 1772, » fut exposé au carcan et banni ensuite à perpé» tuité. — Cet arrêt, ainsi qu'on le voit par sa date, » fut rendu pendant l'intérim du parlement; mais » il confirmait une sentence du châtelet rendue » avant cette époque. Cette sentence lui applique » la qualité de banqueroutier (précisément parce » qu'il avait disposé des deniers de sa caisse), « *de* » *laquelle disposition de deniers*, est-il dit dans » cette sentence, *et des emprunts qu'il a faits de* » *nombre de citoyens à différens titres, n'ayant* » *aucune sûreté suffisante à leur donner*, IL EST » RÉSULTÉ UNE BANQUEROUTE OUVERTE, TANT A » L'ÉGARD DE SES COMMETTANS QUE DU PUBLIC».

» Il n'est donc que trop vrai que, si les frères Cloteau s'étaient pourvus en nullité d'apposition de scellé contre le directeur des domaines, seule partie compétente pour défendre à une pareille demande, ils auraient échoué, même sans vérification préalable de l'état général de leur fortune, parce que le seul délabrement de leur caisse aurait tout prouvé ».

Tel était le moyen qui résultait, dans cette affaire, de la qualité de comptables dans la personne des sieurs Cloteau. L'arrêt du 29 novembre 1784 n'a cependant rien jugé à cet égard, parce que les autres moyens qui s'élevaient contre ceux-ci, étaient seuls péremptoires.]

§. III. *Des effets et des suites de la Faillite.*

I. La déclaration du 14 juin 1716 veut « que tous marchands, négocians, banquiers, ou autres, qui auront fait ou feront Faillite, soient tenus de déposer un état exact détaillé et certifié véritable de tous leurs effets mobiliers et immobiliers, et de leurs dettes, comme aussi leurs livres et registres, au greffe de la juridiction consulaire dudit lieu, ou la plus prochaine, et que, faute de ce, ils ne puissent être reçus à passer avec leurs créanciers aucun contrat d'atermoiement, concordat, transaction ou autre acte, ni obtenir aucune sentence ou arrêt d'homologation d'iceux, ni se prévaloir d'aucun sauf-conduit accordé par leurs créanciers; et qu'à l'avenir, lesdits contrats et autres actes, sentences et arrêts d'homologation et sauf-conduits, soient nuls et de nul effet; et que lesdits débiteurs puissent être poursuivis extraordinairement, comme banqueroutiers frauduleux, par les procureurs généraux ou leurs substituts, ou par un seul créancier, sans le consentement des autres, quand même il aurait signé lesdits contrats, actes ou sauf-conduits, ou qu'ils auraient été homologués avec lui ».

La même loi veut « ainsi que ceux qui ont précédemment passé quelques contrats ou actes avec leurs créanciers, ou en ont obtenu des sauf-conduits, ne puissent s'en aider, prévaloir, ni des sentences ou arrêts d'homologation intervenus en conséquence; défendons (ajoute-t-elle) à nos juges d'y avoir aucun égard, si, dans quinzaine pour tout délai, à compter du jour de la publication des présentes, les débiteurs ne déposent leurs états, livres et registres en la forme ci-dessus ordonnée, et sous les peines y contenues, au cas qu'ils n'y aient ci-devant satisfait ».

» Et pour faciliter (dit-elle encore) à ceux qui auront fait ou feront Faillite, le moyen de dresser leursdits états, voulons qu'en cas d'apposition de scellé sur leurs biens et effets, leurs livres et registres leur soient remis et délivrés, après néanmoins qu'ils auront été paraphés par le juge, ou autre officier commis par le juge qui apposera lesdits scellés, et par un des créanciers qui y assisteront; et que les feuillets blancs, si aucuns il y a, auront été bâtonnés par ledit juge ou autre officier; qu'au plus tard, après l'expiration dudit délai de quinzaine, lesdits livres et registres, et l'état des effets actifs et passifs, seront déposés au greffe de la juridiction consulaire ou chez un notaire, par celui qui aura fait Faillite; sinon, voulons qu'il soit censé et réputé banqueroutier frauduleux, et, comme tel, poursuivi suivant qu'il a été précédemment ordonné. Déclarons nulles et de nul effet, toutes lettres de répit qui pourront être ci-après obtenues, si ledit état des effets et dettes n'est attaché sous le contre-scel, avec un certificat du greffier de la juridiction consulaire, ou du notaire entre les mains duquel ledit état, avec les livres et registres, aura été déposé ».

[Le parlement de Provence a rendu, le 1er mars 1784, un arrêt qui ordonne que cette loi sera exécutée; « ce faisant, que tout négociant qui fera, au greffe de la juridiction consulaire, une déclaration, soit de Faillite, soit de suspension de payemens, sera tenu d'y remettre, au même instant, ses livres et écritures de commerce, pour être incontinent décrits et paraphés par un des juges-consuls, l'un des créanciers présent ou appelé, et pour être tous les feuillets en blanc bâtonnés par ledit juge-consul, de quoi il dressera procès-verbal, sauf audit négociant de requérir après ledit procès-verbal, que lesdits livres et écritures lui soient remis, pour les garder pendant quinzaine, à l'effet de dresser son bilan, ou état exact et détaillé, certifié véritable, de tous ses effets mobiliers ou immobiliers et de ses dettes, qu'il déposera ensuite audit greffe, avec sesdits livres et écritures; et pendant ladite quinzaine il sera loisible à tous créanciers de se porter chez le débiteur failli, pour y voir ses livres et écritures, sans déplacer; et en cas de contravention à ce que dessus, le négociant sera réputé banqueroutier frauduleux, et sujet, comme tel, aux peines portées par les ordonnances ».]

II. L'art. 4 du tit. 11 de l'ordonnance du commerce de 1673 avait déclaré nuls tout transport, cession, vente et donation de biens, meubles ou immeubles, faits en fraude des créanciers par un débiteur en Faillite, et avait ordonné que les objets cédés ou aliénés seraient rapportés à la masse commune des effets : mais cette disposition n'avait pas empêché qu'il ne se commît des abus dans les Faillites, soit par les cessions, transports ou obligations et autres actes frauduleux que les débiteurs passaient de concert avec quelques créanciers, pour des créances simulées, soit par des sentences qu'ils laissaient obtenir contre eux à la veille de leur Faillite, pour donner hypothèque aux uns au préjudice des autres. Pour remédier à ces abus, le roi donna, le 18 novembre 1702, une déclaration qui, étendant à toute la France une disposition de l'arrêt du conseil rendu pour Lyon, le 7 juillet 1667, ordonne « que toutes cessions et transports sur les biens des marchands qui font Faillite, seront nuls et de nulle valeur, s'ils ne sont faits dix jours au moins avant la Faillite publiquement connue; comme aussi que les actes et obligations qu'ils passeront devant notaire au profit de quelques-uns de leurs créanciers, et pour contracter de nouvelles dettes, ensemble les sentences qui seront rendues contre eux, n'acquerront aucune hypothèque ni préférence sur les créanciers chirographaires, si lesdites actes et obligations ne sont passés, et si lesdites sentences ne sont rendues pareillement dix jours au moins avant la Faillite publiquement connue ».

[[On trouvera sous le mot *Hypothèque*, sect. 1, plusieurs questions relatives à cette loi. En voici une autre qui mérite une attention particulière.

C'est de savoir si la vente qu'un marchand fait dans les dix jours antérieurs à la Faillite, est comprise dans la déclaration de 1702.

Le texte de cette loi ne permet pas, ce semble, d'hésiter un instant sur l'affirmative; et c'est en effet le sentiment de Jousse sur l'art. 4 du tit. 11 de l'ordonnance de 1673. Après avoir établi, d'après Savary, que « toutes les cessions, transports et ventes faits par le failli, qui ont été acceptés de bonne foi et sans fraude de la part des cessionnaires et acquéreurs, sont bons et valables, quand même ils auraient été faits peu de temps avant la Faillite », il ajoute : *Néanmoins si ces ventes, cessions et transports ont été faits dans les dix jours qui précèdent la Faillite, ils doivent être déclarés nuls, aux termes de la déclaration du roi du 18 novembre 1702, et il ne reste plus aux acquéreurs et cessionnaires qu'une action pour se faire rendre l'argent et autres effets qu'ils ont donnés en payement, pour raison de quoi ils viennent dans la classe des créanciers ordinaires, sans privilége particulier, lorsque les effets par eux donnés ne sont plus en nature.*

Nous trouvons la même décision dans l'ouvrage intitulé : *Instructions faciles sur les conventions*, tit. 31, §. 1, n. 1 et 2, édition de 1760 : « Par une déclaration de 1702, dit-il, le roi a voulu que les actes faits dix jours avant la Banqueroute, fussent nuls; les ventes des meubles et immeubles y sont comprises, *sans avoir égard à la bonne foi des acheteurs* ».

Voici néanmoins un arrêt du parlement de Flandre qui juge le contraire.

Le 26 novembre 1768, le nommé Lansel, marchand à Cambray, a vendu au sieur Gallaboz, conseiller-pensionnaire de la même ville, une maison, dont il lui a passé le même jour sa *déshéritance*, devant deux échevins qui ont attesté en avoir vu compter le prix. — Le 2 décembre suivant, Lansel, dont les affaires avaient commencé à se déranger dès le mois d'octobre précédent, a fait Faillite, et les scellés ont été apposés sur tous ses meubles et effets. — Comme il n'y avait que sept jours d'intervalle entre la vente et l'apposition des scellés, les créanciers se sont pourvus contre le sieur Gallaboz, et ont demandé la nullité du contrat du 26 novembre 1768.

Il importe peu (disaient-ils), que le sieur Gallaboz ait ignoré ou connu, lorsqu'il a acheté, la situation des affaires de son vendeur; la bonne foi en cette matière est indifférente. La déclaration de 1702 ne contient aucune exception; il n'est pas plus permis d'ajouter que de retrancher à son texte; elle veut que tout ce qui se fait par un débiteur dans les dix jours antérieurs à sa Faillite, soit nul, dès qu'il peut en résulter une diminution dans les effets qui doivent servir à payer les créanciers. En un mot, elle proscrit toutes les cessions, tous les transports faits de bonne ou de mauvaise foi, dès qu'ils sont renfermés dans les dix jours antérieurs à la Faillite. Ce genre d'éviction est un événement auquel tout acquéreur est censé se soumettre, lorsqu'il achète d'un marchand, parce que la loi (dont l'ignorance ne peut être excusée), l'informe que, si le vendeur vient à faillir dans les dix jours, la vente sera résolue de plein droit.

Le sieur Gallaboz répondait que ni l'ordonnance de 1673, ni la déclaration de 1702, ne prononce la nullité des ventes d'immeubles faites par un failli à une personne qui n'est point du nombre de ses créanciers, et qui a payé comptant le prix de son acquisition.

« L'ordonnauce de 1673 (ajoutait-il), ne déclare nuls que les transports, cessions, ventes et donations de biens meubles et immeubles faits *en fraude des créanciers*; et si la déclaration de 1702 annulle les *cessions et transports sur les biens des marchands* qui font Faillite, ce n'est qu'autant qu'ils sont faits *d'intelligence avec quelqu'un de leurs créanciers*, *ou pour supposer de nouvelles dettes, ou pour avantager l'un de leurs créanciers au préjudice des autres.*

» Ce n'est donc qu'aux actes faits entre le failli et quelques-uns de ses créanciers en fraude des autres, que se rapporte la déclaration de 1702.

» Ce n'est aussi que relativement aux actes faits en fraude de la généralité des créanciers, que les cessions et transports sur les biens des marchands qui font Faillite, sont déclarés nuls, quand ils ne sont pas faits au moins dix jours avant la faillite publiquement connue.

Ce n'est encore que relativement aux fraudes faites aux créanciers, que sont annullées les obligations contractées par un débiteur, soit au profit de quelques-uns d'entre eux, soit pour former de nouvelles dettes.

» Enfin, c'est uniquement pour parer aux mêmes fraudes, que la loi n'a aucun égard aux hypothèques acquises dans les dix jours antérieurs à la Faillite.

» Il ne s'agit donc pas, dans la déclaration de 1702, des ventes faites à un acquéreur de bonne foi, et qui n'est point au nombre des créanciers du failli.

» C'est la remarque de Savary, dans son parère 39. Après avoir parlé de l'art. 13 du réglement de Lyon du 2 juin 1667, sur lequel a été modelée la déclaration de 1702, il établit que ce réglement ne peut pas s'appliquer, soit aux ventes, soit aux autres actes faits de bonne foi, quoiqu'ils ne précèdent la Faillite que d'un ou deux jours.

» En deux mots, est-ce à la lettre, est-ce à l'esprit de la déclaration de 1702, qu'on veut s'attacher?

» Si c'est à la lettre, elle ne fait remonter la nullité jusqu'aux dix jours antérieurs à la Faillite, qu'à l'égard, 1° *des cessions et transports sur les biens;* 2° *des actes et obligations au profit des créanciers, ou pour contracter de nouvelles dettes;* 3° *des sentences et jugemens.* Or, la vente d'une maison à un étranger qui en a besoin pour son habitation, et qui de bonne foi en paye le prix comptant, n'est ni une *sentence*, ni un *acte ou obligation au profit d'un créancier*, ni une *nouvelle dette*, ni une *cession et transport sur les biens.*

» Si l'on pénètre l'esprit de la loi, on sentira aisément que le but du législateur n'a été que de réformer les abus multipliés, dans les Faillites, par les collusions qui régnaient entre le débiteur et ses créanciers, tant véritables que supposés, soit pour grossir en apparence la masse de ces dettes, soit pour faire payer l'un par préférence à l'autre. Jamais, en effet, le législateur n'a pensé à introduire au profit des créanciers, une interdiction d'une espèce nouvelle, dont l'effet remonterait jusqu'aux dix jours antérieurs à son existence, et mettrait au commerce ainsi qu'à la société civile, une entrave qui empêcherait d'acheter la moindre chose d'un négociant, sans en consigner le prix, pendant l'espace de dix jours.

» De là, qu'arriverait-il? Le négociant même le plus riche en immeuble, serait forcé de Faillir, faute de pouvoir tirer de la moindre partie de son bien, l'argent comptant dont il aurait besoin sur-le-champ ».

Sur ces moyens respectifs, il est intervenu, le 14 août 1769, au rapport de M. de Franqueville d'Inielle, arrêt qui a débouté les créanciers Lansel de leurs demandes, et a ordonné l'exécution de la vente faite au sieur Gallaboz.

Voici une autre espèce dans laquelle des circonstances différentes ont fait prononcer autrement.

Le 19 juin 1773, les sieurs Auvray et compagnie, négocians à Rouen, achetèrent des sieurs Dumont et Bigot, une partie de café payable en effets sur Rouen ou Paris, à six usances, avec option de 3 pour 100 d'escompte. Ils ne se firent livrer ces cafés que le 21; et au lieu de donner des effets à six usances sur Rouen ou Paris, ils payèrent le même jour, en trois effets sur Chaffard de Paris, que les sieurs Dumont et Bigot leur avaient négociés, et qui n'avaient pu être acquittés par Chaffard, lequel avait fait Faillite dès le mois de mars précédent. Le surplus fut payé en argent. — Le lendemain 22, Dumont et Bigot firent Faillite. — Ces cafés, à l'exception de quatre boucauts, avaient été vendus dans le mois précédent, par les sieurs Heurteloup et de La Mare, négocians au Hâvre; le prix en était dû. — Le 6 juillet, les sieurs Heurteloup et de La Mare firent assigner les sieurs Auvray et compagnie devant les juges-consuls de Rouen, pour passer leur déclaration sur le motif du dépôt des cafés entre les mains. — Le sieur Auvray produisit la facture acquittée. — Les sieurs Heurteloup et de La Mare intentèrent une nouvelle action pour faire déclarer nulle la vente et livraison des cafés, et faire condamner les sieurs Auvray et compagnie à rapporter ces denrées au domicile de Dumont et Bigot, pour être compris dans la saisie de leurs effets, sauf aux sieurs Auvray et compagnie à se présenter à la masse comme créanciers chirographaires. — Sentence des consuls qui l'ordonne ainsi, savoir, quant à la partie vendue par les sieurs Heurteloup et de La Mare sur leur demande; et quant aux quatre autres baucauts, sur la demande du procureur-syndic de la juridiction. — Les sieurs Auvray et compagnie appellent de cette sentence au parlement de Normandie; et sur l'appel, intervient le syndic des créanciers Dumont et Bigot, pour se joindre aux sieurs Heurteloup et de La Mare.

Les sieurs Auvray et compagnie soutiennent qu'on peut acheter d'un commerçant, qu'on peut lui vendre, négocier et trafiquer avec lui, dans les dix jours qui précèdent sa Faillite. Les intimés (disent-ils) sont obligés de convenir du principe, mais ils soutiennent que ces opérations sont nulles, si elles sont faites en fraude des créanciers. Ils s'appuient sur l'art. 4 du tit. 11 de l'ordonnance de 1673, et sur la déclaration du 18 novembre 1702; il faut donc prouver qu'il y a de la fraude dans les opérations des sieurs Auvray et compagnie. Or, il est constant que les sieurs Auvray et compagnie n'avaient point connaissance, lorsqu'ils ont acheté, du dérangement des affaires des sieurs Dumont et Bigot; et il était si peu connu, que le frère du sieur Heurteloup, qui demeure à Rouen, avait reçu d'eux 500 liv., le 21 juin au soir. Les cafés furent vendus le 19 aux sieurs Auvray et compagnie; et le 20, ceux-ci comptèrent aux sieurs Dumont et Bigot 4,400 liv. sur leurs simples traites non acceptées; et le 21, ils prêtèrent encore aux sieurs Dumont et Bigot, une somme de 405 liv.; enfin, leur négociation a tellement été faite de bonne foi, qu'elle l'a été par la voie d'un courrier. Ils n'ont donc rien fait en fraude des créanciers. La vente est donc bonne; la sentence doit donc être réformée.

Les sieurs Heurteloup, de La Mare et le syndic des créanciers Dumont et Bigot, répondent :

» L'art. 4 du titre 11 de l'ordonnance ne parle que d'une fraude qu'il faut prouver; mais la déclaration de 1702 parle d'une fraude légale, encourue de droit sans autre preuve, encore que les actes dont elle parle, aient été faits de bonne foi. Si, par exemple, les sieurs Auvray et compagnie avaient payé le prix du marché conformément au marché même, leur négociation aurait été légitime, parce que s'ils eussent payé en billets négociables à six usances, ces billets représentatifs des cafés, se seraient trouvés dans la masse des effets du failli. S'ils avaient payé comptant, l'argent, déduction faite de l'escompte, se serait trouvé dans leur caisse. Au lieu de cela, ils ont donné les billets de Chaffard qui avait fait Faillite dès le mois de mars et pour le recouvrement du prix desquels les sieurs Auvray et compagnie n'auraient pu espérer que leur marc la livre sur la masse. Leur négociation, au lieu du marc la livre, leur faisait profit du montant total des billets, au préjudice des autres créanciers. C'est donc un avantage indirect que les sieurs Dumont et Bigot leur ont fait, non-seulement dans les dix jours, mais la veille de la Faillite. Cette distinction est parfaitement bien développée par Jousse, sur l'art. 4 du tit. 11 de l'ordonnance de 1673. En effet, si cette manière de négocier était bonne dans les dix jours de la Faillite, ce serait éluder absolument l'effet de la déclaration de 1702. La sentence qui a déclaré la vente nulle, est donc bien rendue. Le sieur Heurteloup de Rouen a reçu, il est vrai, 500 liv. en effets des sieurs Dumont et Bigot, la veille de la Faillite; mais c'était le payement d'un billet échu et exigible; au lieu que pour les billets de Chaffard, les sieurs Auvray et compagnie ne pouvaient plus obtenir ni sentence, ni hypothèque : ils ne pouvaient qu'exiger ou une caution, ou des billets de toute satisfaction; mais tout cela ne leur aurait procuré qu'un marc la livre sur la masse des faillis ».

Par arrêt du 25 juin 1779, la sentence des consuls a été confirmée.

A l'égard des ventes que le débiteur ferait après sa Faillite, nul doute qu'elles ne fussent sans effet envers les créanciers. En vain même l'acquéreur ferait-il transcrire son contrat au bureau des hypothèques : cette formalité ne purgerait pas le vice de son acquisition. — C'est ce qu'a jugé un arrêt de la cour de cassation du 8 octobre 1806, dont le *Bulletin civil* de cette cour nous retrace ainsi l'espèce et le dispositif.

« La veuve Lafond avait vendu au sieur Gérin un immeuble, moyennant 6,000 liv., converties en une rente viagère de 600 liv.—Gérin n'ayant pas été exact à payer les arrérages de cette rente, la veuve Lafond l'avait poursuivi judiciairement, et avait obtenu contre lui plusieurs jugemens de condamnation.—Après le décès de la veuve Lafond, les frères Hervier, ses héritiers, ont repris les poursuites dirigées contre Gérin; et celui-ci, se voyant près d'être exproprié, leur rétrocéda l'immeuble vendu par acte public du 24 ventose an 10. Déjà et dès le 28 nivôse an 9, Gérin avait déposé son bilan, et un jugement du 27 ventose suivant l'avait admis au bénéfice de cession. —Mais il paraît que les frères Hervier n'avaient pas, lors de la rétrocession, connaissance de la faillite de leur débiteur. — Ils ont fait transcrire leur contrat au bureau des hypothèques. Ils ont trouvé quelques inscriptions à la charge de Gérin; mais bientôt mainlevée leur en a été donnée. — Depuis, le sieur Darrieu, qui était au nombre des créanciers de Gérin, a demandé la nullité de la vente ou rétrocession consentie par ce dernier aux frères Hervier. Il a soutenu que, lors de cet acte, leur débiteur commun étant en état de Faillite, et ayant fait cession de biens, n'était plus propriétaire de l'immeuble vendu ou rétrocédé, et que par conséquent il n'avait pu aliéner cet immeuble au préjudice de la masse de ses créanciers. — Le 30 germinal an 11, jugement par lequel le tribunal civil de Lyon a déclaré valable la vente ou rétrocession dont il s'agit. — Darrieu a appelé de ce jugement. — Le 15 messidor an 12, arrêt par lequel la cour d'appel de la même ville a déclaré qu'il avait été bien jugé, sur le fondement que les acquéreurs n'avaient pas été appelés au dépôt du bilan, ni au jugement qui a admis Gérin au bénéfice de cession; qu'ils n'avaient eu la connaissance légale ni de l'un ni de l'autre; qu'ils avaient acquis de bonne foi, et que leur acquisition avait été suivie de transcription au bureau des hypothèques. — Cet arrêt contenait une violation de l'art. 4 du tit. 11 de l'ordonnance de 1673. — Cette violation a été réprimée par l'arrêt dont la teneur suit :

» Ouï le rapport de M. Boyer.....; vu les art. 1 et 4 du tit. 11 de l'ordonnance de 1673; attendu qu'il résulte des actes produits au procès, que Gérin était en état de Faillite, et qu'il avait même fait cession de ses biens avant la vente par lui consentie au profit des sieurs Hervier le 24 ventose an 12; qu'ainsi cette vente, faite en fraude des autres créanciers du vendeur, était nulle aux termes de l'art. 4 ci-dessus cité; et qu'en maintenant un pareil acte, l'arrêt attaqué a évidemment violé cet article de l'ordonnance du commerce de 1673; par ces motifs, la cour casse et annulle.... »]]

IV. Lorsqu'un marchand a fait Faillite, il se présente à ses créanciers pour prendre des arrangemens avec eux, ou il laisse aller le cours des choses sans se présenter. — Dans le premier cas, il demande du temps pour payer, ou une remise sur ce qu'il doit, et quelquefois il propose à ces créanciers de lui accorder en même temps un délai et une remise. Dans ces circonstances c'est aux créanciers à se déterminer pour le parti qu'ils croient leur convenir. S'ils sont tous d'accord avec le débiteur en Faillite, on rédige l'acte de la convention faite entre eux. Mais si les avis sont partagés, les créanciers des trois quarts des sommes dues par le débiteur, peuvent forcer les créanciers non privilégiés ni hypothécaires de l'autre quart à accéder à la résolution prise pour l'intérêt commun. C'est ce qui résulte de l'art. 7 du titre 11 de l'ordonnance du commerce de 1673. *V. Atermoiement.*

Au surplus, on doit remarquer qu'il n'en est pas des contrats de remise comme de ceux de cession ou d'abandonnement. Ces derniers n'empêchent pas que les créanciers ne puissent se pourvoir sur les biens que leur débiteur peut acquérir par la suite; au lieu que la remise faite par les premiers, est irrévocable.

V. Quand le débiteur en Faillite ne se présente

pas, les créanciers passent entre eux un *contrat* qu'on appele *d'union et de direction*, et nomment un certain nombre de principaux créanciers pour assister à la levée des scellés, s'il y en a eu d'apposés, faire procéder à la vente des meubles, poursuivre le recouvrement des dettes actives et veiller en général à tout ce qui concerne l'intérêt commun. Au reste, ces directeurs ne doivent rien entreprendre d'extraordinaire qu'ils n'y aient été autorisés par une délibération du corps des créanciers, sans quoi ils s'exposeraient à être désavoués. — Les créanciers peuvent nommer tel séquestre qu'ils jugent à propos pour être dépositaire des deniers qui proviennent soit de la vente des meubles ou de celle des immeubles. — On confie communément ce dépôt au notaire de la direction : les receveurs des consignations, ni aucun autre officier public, ne peuvent exiger qu'il soit fait entre leurs mains.

VI. Des circonstances particulières avaient fait attribuer aux juges-consuls la connaissance de tout ce qui concernait les Faillites et Banqueroutes, quand les poursuites se faisaient par la voie civile. Depuis l'année 1715, il y a eu sur cela différentes déclarations qui ont renouvelé successivement cette attribution : mais comme elle n'a jamais été que momentanée et pour des termes limités, elle ne subsiste plus maintenant : les choses ont été rétablies dans l'ordre général par la déclaration du 13 septembre 1739.

Remarquez cependant que, quoique cette déclaration ait rétabli les choses sur l'ancien pied à l'égard de la compétence des juges, en ne continuant plus aux juridictions consulaires la connaissance des contestations relatives aux Banqueroutes et Faillites, elle a réglé que les bilans des faillis seraient déposés aux greffes de ces juridictions, et que les juges-consuls verraient et examineraient sans frais tant les titres des créanciers que les livres des faillis, de quoi ces officiers dresseraient procès-verbal aussi sans frais : voici les termes dans lesquels cette loi est conçue :

« Louis..... Les abus et les fraudes qui se sont introduits depuis quelques années dans les bilans des négocians, banquiers et autres qui ont fait Faillite, au préjudice des sages dispositions de l'ordonnance de 1673 et de nos différentes déclarations rendues à ce sujet, ayant causé dans le commerce un dérangement notable, nous avons cru devoir chercher l'origine de ce désordre pour en arrêter les progrès, soit de la part du créancier, soit de celle du débiteur, l'un étant souvent simulé, et l'autre par des manœuvres aussi odieuses que criminelles, forçant les vrais créanciers à signer et accepter des propositions injustes. Et comme nous avons reconnu que ces abus viennent principalement de ce que, par les procédures qui se font à l'occasion des Faillites, les faux créanciers, compris dans les bilans avec les légitimes, s'exposent plus volontiers à faire leur affirmation, parce qu'ils ne sont point connus des juges ; au lieu que s'ils paraissaient devant les juges et consuls, qui, par leur état, sont plus particulièrement instruits des affaires du commerce, et de la réputation de ceux qui se disent créanciers, les bilans seraient examinés d'une manière à être affranchis de toute fraude ; à quoi étant nécessaire de remédier, afin qu'en assurant de plus en plus la foi publique, si nécessaire d'ailleurs dans le commerce, les créanciers puissent traiter avec leurs débiteurs et que ces derniers n'en imposent jamais dans les états qu'ils sont obligés de donner de leurs effets actifs et passifs. A ces causes..., voulons et nous plaît que dans toutes les Faillites et Banqueroutes ouvertes, ou qui s'ouvriront à l'avenir, il ne soit reçu l'affirmation d'aucun créancier, ni procédé à l'homologation d'aucun contrat d'atermoiement, sans qu'au préalable les parties ne se soient retirées devers les consuls auxquels les bilans, titres et pièces seront remis pour être vus et examinés sans frais, par eux ou par des anciens consuls et commerçans qu'ils commettront à cet effet, du nombre desquels il y en aura toujours un du même commerce que celui qui aura fait Faillite, et devant lesquels les créanciers de ceux qui seront en Faillite ou Banqueroute, seront tenus, ainsi que le débiteur, de comparaître et de répondre en personne, ou en cas de maladie, absence ou légitime empêchement, par un fondé de procuration spéciale, dont du tout sera dressé procès-verbal sans frais par les consuls ou ceux qui seront commis par eux, la minute duquel restera jointe au bilan du failli, qui sera déposé au greffe des juridictions consulaires, suivant l'art. 3 du tit. 11 de notre ordonnance du mois de mars 1673, et la copie du même procès-verbal remise au failli ou aux créanciers, pour être annexée à la requête qui sera présentée pour l'homologation des contrats d'atermoiement et autres actes. — Voulons que faute par les créanciers et débiteurs de se conformer aux présentes, ainsi qu'aux autres dispositions portées par notre ordonnance du mois de mars 1673 et déclarations intervenues en conséquence, auxquelles il n'est dérogé, les créanciers soient déchus de leurs créances et les débiteurs poursuivis extraordinairement comme banqueroutiers frauduleux, suivant la rigueur de nos ordonnances ».

§. IV. *De la Banqueroute frauduleuse.*

I. L'art. 10 du tit. 11 de l'ordonnance de 1673, déclare banqueroutiers frauduleux, les négocians, marchands ou banquiers, qui ont diverti leurs effets, supposé de faux créanciers, ou exagéré les créances véritables. — L'art. 11 ajoute que *pourront être réputés* banqueroutiers frauduleux ceux qui, lors de leurs Faillites, ne représenteront par leurs livres en bonne forme. — L'art. 12 veut que les banqueroutiers frauduleux soient punis de mort.

La disposition de l'art. 10 a été renouvelée par la déclaration du 11 janvier 1716 : — « Voulons et nous plaît (porte cette dernière loi), que tous ceux qui ont fait Faillite ou le feront ci-après, ne puissent tirer aucun avantage de l'attribution accordée aux juges et consuls et des autres dispositions contenues aux déclarations des 10 juin, 30 juillet et 7 décembre 1715, ni d'aucune délibération ou d'aucun contrat signé par la plus grande partie de leurs créanciers, que nous avons déclarés nuls et de nul effet, même à l'égard des créanciers qui les auront signés, s'ils sont accusés d'avoir, dans l'état de leurs dettes ou autrement, employé ou fait paraître des créances feintes et simulées, ou d'en avoir fait revivre d'acquittées, ou d'avoir supposé des transports, ventes et donations de leurs effets en fraude de leurs créanciers. Voulons qu'ils puissent être poursuivis extraordinairement comme banqueroutiers frauduleux, pardevant nos juges ordinaires ou autres juges qui en doivent connaître, à la requête de leurs créanciers qui auront affirmé leurs créances en la forme qui sera ci-après expliquée, pourvu que leurs créances composent le quart du total des dettes, et que lesdits banqueroutiers soient punis de mort, suivant la disposition de l'art. 12 du tit. 11 de l'ordonnance de 1675. Défendons à toutes personnes de prêter leurs noms pour aider ou favoriser les Banqueroutes frauduleuses, en divertissant les effets, acceptant des transports, ventes ou donations simulées, et qu'ils sauront être en fraude de créanciers, en se déclarant créanciers, ne l'étant pas, ou pour plus grande somme que celle qui leur est due, ou en quelque sorte ou manière que ce puisse être. Voulons qu'aucun particulier ne se puisse dire et prétendre créancier, et en cette qualité assister aux assemblées, former opposition aux scellés et inventaires, signer aucune délibération ni aucun contrat d'atermoiement, qu'après avoir affirmé dans l'étendue de la ville, prévôté et vicomté de Paris, pardevant le prevôt de Paris, ou son lieutenant, et pardevant les juges et consuls dans les autres villes du royaume où il y en a d'établis, que leurs créances leur sont bien et légitimement dues en entier, et qu'ils ne prêtent leur nom directement ni indirectement au débiteur commun, le tout sans frais. Voulons aussi que ceux desdits prétendus créanciers qui contreviendront aux défenses portées par ces présentes, soient condamnés aux galères à perpétuité ou à temps, suivant l'exigence des cas, *outre les peines pécuniaires* contenues en ladite ordonnance de 1673, et que les femmes soient, outre lesdites peines exprimées par ladite ordonnance, condamnées au bannissement perpétuel ou à temps.

[Quelles sont les peines pécuniaires auxquelles se réfère cette loi d'après l'ordonnance de 1673? Nous l'apprenons par l'art. 15 du tit. 11 de cette ordonnance : « Ceux qui auront (y est-il dit), aidé ou favorisé la Banqueroute frauduleuse, en divertissant les effets, acceptant des transports, ventes ou donations simulées, et qu'ils sauront être en fraude des créanciers, ou se déclarant créanciers ne l'étant pas, ou pour plus grande somme que celle qui leur était due, seront condamnés en 1,500 livres d'amende, et au double de ce qu'ils auront diverti ou trop demandé au profit des créanciers ».]

Conformément aux dispositions de cette loi, un arrêt rendu par la tournelle criminelle du parlement de Paris, le 25 octobre 1718, déclara nulle une obligation que Nicolas Larcher, marchand à Paris, avait passée à Jean de Heyghes de Bende-Seure, le 28 décembre 1714, et condamna ce dernier au payement du double pour avoir voulu paraître créancier de Larcher tandis qu'il ne l'était pas.

Denizart cite aussi un arrêt rendu au parlement de Normandie, en 1744, par lequel le sieur d'Aubermini fut condamné à payer aux créanciers d'un banqueroutier de Caën, le double des sommes dont il s'était dit faussement créancier; et à une amende de 3,000 livres.

[II. Le placard de l'empereur Charles-Quint, du 4 octobre 1540, qui fait loi dans les Pays-Bas français et autrichiens, va plus loin : en prononçant les peines les plus sévères contre les banqueroutiers frauduleux, il veut que les fauteurs et complices soient condamnés *à payer et satisfaire toutes leurs dettes*. Voici ses termes :

« *Art.* 2. Et pour ce qu'en nosdits pays d'en bas, journellement, arrivent et affluent plusieurs marchands étrangers, et grand nombre de marchandises de tous quartiers, au grand bien, profit et utilité de nosdits pays et sujets d'iceux : nous, désirant que ladite marchandise y puisse avoir librement son cours et être favorisée, avons, l'an 1531, fait certaines ordonnances contre les banqueroutiers et débiteurs fugitifs, qui frauduleusement et doleusement emportent l'argent et marchandises des bons marchands étrangers, et autres gens de bien, qui ont juste ignorance des fraudes desdits banqueroutiers et fugitifs, lesquelles n'ont été gardées ni observées, comme bien aurait été requis : avec ce qu'aucuns se sont advancés de gloser et interpréter nosdites ordonnances autrement qu'on ne doit en faveur desdits banqueroutiers et fugitifs : nous, voulant en ce pourvoir, avons ordonné et statué, ordonnons et statuons, que tous marchands et marchandes, et débiteurs, de quelle condition ou qualité qu'ils soient, qui s'absenteront du lieu de leur résidence sans payer ou contenter leurs créditeurs, et clandestinement transporteront ou cèleront leurs biens pour iceux défrauder, seront tenus et réputés pour larrons publics, comme agueteurs de chemins et ennemis du bien public, tels les avons déclarés et déclarons, ordonnant à tous nos officiers et justiciers de les appréhender quelque part qu'ils les trouvent, sans qu'ils puissent jouir de quelque privilége, franchise ou liberté : telle qu'elle soit. Et après les avoir appréhendés, qu'ils procèdent contre eux sommièrement, sans figure de procès, et que les juges pardevant lesquels ils seront accusés ou calengés, s'il leur appert de ladite fuite ou fraudulent transport ou relèvement de leurs biens, les condamnent au dernier supplice par la corde, sans port, faveur ou dissimulation, à peine que si nosdits officiers, ou juges, ou ceux de nos vassaux fussent trouvés négligens ou refusans, qu'ils seront tenus obligés et poursuivables sur l'entière dette desdits banqueroutiers ou fugitifs. Semblablement tous ceux qui, à leur escient, assisteront lesdits banqueroutiers ou fugitifs à eux sauver et transporter leurs biens et marchandises, empêcheront leur appréhension en quelle manière que ce soit, ou les cèleront et garderont sans les déclarer aux juges du lieu, ensemble ceux qui se mêleront et conduiront les affaires desdits banqueroutiers et fugitifs, en leur absence, par société ou autrement, ou qui feront ou recevront d'eux contrats, transports ou cessions simulés, ou pour plus grande somme que leur vrai dû ne porte, seront tenues et obligés à payer et satisfaire entièrement toutes les dettes desdits banqueroutier et fugitifs, et pour icelles poursuivables comme lesdits banqueroutiers et fugitifs. Et si les dessus nommés ne fussent suffisans de payer et satisfaire auxdits dettes, nous voulons que les gens lais soient punis par fustigation, gens d'église par saisissement de leur temporel et mise de garde-maneurs, à l'exemple d'autres, ou autrement, arbitrairement selon l'exigence du cas. Et en outre, que les femmes des marchands qui feront Banqueroutes, et qui, présens ou absens leurs maris, se seront publiquement mêlées de la marchandise en vendant ou achetant, soient tenues de répondre des dettes de leursdits maris.

» En outre, avons déclaré et déclarons, que tous contrats et appointemens faits avec lesdits banqueroutiers ou fugitifs, ou leurs procureurs ou facteurs, soit de quittance de leur dû ou partie d'icelui, ou de délai et attermination, ensemble toutes aliénations, venditions, transports et cessions de leurs biens, droits et actions, faites après qu'ils auront été banqueroutiers ou fugitifs, comme préjudiciables au bien public, et si avant qu'ils porteront préjudice aux créditeurs, seront nulles et de nulle valeur, sans pouvoir être confirmées, par serment ou autre ordonnance autrement qu'on ne doit, en faveur solemnité, ou par nos lettres : défendant à tous nos juges de confirmer, ratifier ou approuver tels contrats, appointemens, venditions, transports ou cessions, ou en jugement y avoir égard; sans qu'il soit besoin pour ce y obtenir quelque restitution de nous, ou d'autre, tel qu'il soit.

» Et commandons bien étroitement à tous nos officiers et justiciers, et ceux de nos vassaux, de procéder et faire procéder contre lesdits banqueroutiers et fugitifs, et les faire punir et mettre au dernier supplice par la corde comme dessus, nonobstant qu'ils aient, par après, entièrement satisfait et contenté leurs créditeurs, à peine de privations de leurs offices et correction arbitraire, s'ils permettaient ou souffraient lesdits banqueroutiers ou fugitifs converser ès-limites de leurs juridictions et offices, après avoir contenté leursdits créditeurs.

» Et défendons à tous nos vassaux, officiers, justiciers, villes et communautés, et autres nos sujets, de quelle autorité qu'ils soient, de donner, consentir ou accorder à aucun débiteur, franchise, liberté, sauf conduit, sûreté de corps; ou de l'aider au préjudice de leurs créditeurs; mais toutefois que requis seront, commandons les arrêter et détruire, tant qu'ils auront donné bonne et suffisante caution d'être à droit, et fournir le jugé, à peine d'être tenus et obligés de payer les dettes desdits banqueroutiers ».

Les dispositions de ce placard ont été renouvelées avec toutes les autres lois concernant les Banqueroutes, par un arrêt de règlement du parlement de Flandre, du 9 février 1700.

Celle qui condamne les complices des banqueroutiers frauduleux à payer toutes leurs dettes, a donné lieu en la même cour à une contestation entre les religieuses de l'Ablette, à Lille, et le nommé Toussaint Libert. Celui-ci prétendait rendre le couvent responsable de ce qui lui était dû par un banqueroutier frauduleux, qui, à l'aide de la portière et de deux autres religieuses, y avait sauvé, pendant la nuit, quantité de marchandises. Le couvent répondait que le délit de deux ou trois particuliers ne pouvait pas obliger toute la communauté; et il citait Grivel, décision 188, n. 14 et 16. Les officiers de la gouvernance de Lille avaient jugé en faveur de Libert; mais sur l'appel, la sentence a été infirmée, par arrêt du 19 juillet 1674, au rapport de M. de La Hamaide, et Libert débouté de sa demande avec dépens. Cet arrêt est rapporté par Deghewiet, *Institutions au droit belgique*, part. 4, tit. 6, §. 25, art. 5.

Plus récemment, et dans une espèce où l'on s'en prenait au fauteur même d'une banqueroute frauduleuse, le placard de 1540 a été invoqué avec plus de succès. La contestation était entre les créanciers du nommé Durut, banqueroutier frauduleux, et son frère. Celui-ci avait récélé les effets du premier; et les créanciers en ayant fait la recherche, il leur en avait restitué une certaine partie. Cette restitution le fit connaître. Les créanciers demandèrent, d'après le placard cité, qu'il fût condamné à payer toutes les dettes de son frère. Un premier arrêt leur adjugea leurs conclusions. Le sieur Durut se pourvut en révision et proposition d'erreur; mais par un second arrêt, rendu, les chambres assemblées, il fut dit qu'erreur n'était intervenue, et il fut condamné à l'amende et aux dépens.

Je n'ai pas pu retrouver les dates de ces arrêts, mais je suis sûr qu'ils existent. Tout ce que j'ai pu découvrir, c'est qu'ils sont antérieurs à l'année 1734.]

III. Par arrêt du parlement de Rouen, du 1er juillet 1749, il a été jugé qu'une femme accusée d'avoir enlevé des effets de la maison de son mari, lorsque la Banqueroute était ouverte, pouvait être poursuivie par la voie extraordinaire.

IV. Au reste, il faut remarquer que l'ordonnance ne s'exécute guère en ce qu'elle prononce la peine de mort contre les banqueroutiers frauduleux. La jurisprudence des arrêts a adouci la rigueur de cette disposition, en ne condamnant ces sortes de criminels qu'à l'amende honorable, au pilori, au bannissement ou aux galères à temps ou à perpétuité, selon les circonstances plus ou moins graves de la Banqueroute.

[Par jugement souverain, rendu aux requêtes de l'hôtel le 2 mai 1609, les commissaires du conseil, en déclarant Guillaume Pingré, bourgeois de Paris, dûment atteint et convaincu de Banqueroute frauduleuse, l'ont condamné « à faire amende honorable à genoux, tête et pieds nus, en chemise, la corde au cou, et un écriteau où sera mis *banqueroutier frauduleux*, tenant en main une torche ardente du poids de deux livres, dire et déclarer devant les grands degrés du palais, que de guet-apens et par malice, il a fait ladite banqueroute et diverti ses effets, dont il crie merci à Dieu, au roi et à justice, puis de là être conduit en cet état par l'exécuteur de la haute-justice, le long de la rue Saint-Denis, dans la place des halles, auquel lieu il fera pareille amende honorable, et trois tours dans le pilori; ce fait, être mené aux galères pour y servir le roi à perpétuité comme forçat; ont déclaré tous ses biens acquis et confisqués au roi, ses créanciers préalablement payés, etc.]

Par arrêt du parlement de Paris, du 30 mai 1673, François Le Mercier, fameux banqueroutier, et Jean

Desves, procureur au Châtelet de Paris, qui lui avait donné des conseils pour l'exécution de sa Banqueroute, ont été condamnés à faire amende honorable, nus en chemise, et la corde au cou, avec un écriteau devant et derrière, à être ensuite attachés au pilori pendant trois jours de marché, et à servir comme forçats sur les galères pendant neuf ans.

Par un autre arrêt du 24 avril 1675, le parlement d'Aix a condamné un banqueroutier frauduleux à faire amende honorable, et à être banni de la province pendant dix ans. Cet arrêt se trouve dans le recueil de Boniface.

[L'abbé Mauroy, curé de Versailles et ensuite de l'hôtel des Invalides, avait emprunté des sommes considérables qui n'avaient servi qu'à ses débauches. Accablé de dettes, pressé de toutes parts par ses créanciers, il fut obligé de quitter les Invalides, avec des circonstances qui soulevèrent tout Paris contre lui. Il courut ainsi la plupart des provinces de France, laissant partout des traces de libertinage et de luxure. Il revint ensuite à Paris travesti, et alla se cacher chez une femme prostituée, avec laquelle il passa la nuit. De là, il passa à Sept-Fonts, abbaye de l'ordre de Cîtaux, où, après avoir surpris le supérieur par un repentir apparent, il fut reçu en qualité de religieux. Le parlement de Paris, instruit de sa retraite, ordonna que le procès lui fût fait comme banqueroutier frauduleux; et ce particulier fut en conséquence enfermé dans les prisons de la conciergerie. Le promoteur du diocèse revendiqua son justiciable; et l'official, par sa sentence, le condamna aux peines canoniques les plus dures et à une prison perpétuelle dans l'une des maisons de Saint-Lazare. Le lieutenant criminel, de son côté, le condamna par corps, comme banqueroutier, à payer ses créanciers, et au bannissement perpétuel. Appel de cette sentence par l'abbé Mauroy, et *à minimâ* par M. le procureur général. Par arrêt rendu à la tournelle criminelle, au rapport de M. Portail du Chaton, le 27 octobre 1693, l'abbé banqueroutier fut condamné aux galères pour neuf ans. Il y eut plusieurs voix qui opinèrent à la mort.

Un autre arrêt du 26 janvier 1702, rapporté au *Dictionnaire des arrêts* de Brillon, a condamné, comme banqueroutier frauduleux, François Fabre, caissier du sieur Pennautier, receveur général du clergé de France, à être attaché au pilori pendant trois jours de marché, et aux galères à perpétuité.

Par un autre arrêt du 3 avril 1705, confirmatif d'une sentence du Châtelet de Paris, le fameux partisan Lanoue fut condamné, pour Banqueroute frauduleuse, à être pilorié, ayant un écriteau portant ces mots, *banqueroutier frauduleux, affronteur public*, à faire amende honorable et aux galères pour neuf ans.

[Le 14 août 1711, il fut rendu en la même cour, au rapport de M. Dreux, un arrêt qui condamna le sieur Audigier, auditeur des comptes, comme banqueroutier frauduleux, à être pilorié par trois jours de marché, à un bannissemedt de cinq années. L'arrêt ajouta que le coupable demeurerait en prison jusqu'à ce qu'il eût satisfait ses créanciers. Le sieur Audigier, dit Brillon, prétendait que, n'étant ni marchand, ni banquier, ni homme d'affaires, on ne pouvait pas lui faire son procès comme à un banqueroutier. Cette défense ne fut point écoutée.

Par l'arrêt déjà cité du 23 octobre 1718, le nommés Larcher et Heyghes de Bende-Seure, l'un coupable, l'autre fauteur de Banqueroute frauduleuse, ont été bannis pour neuf ans du ressort de la cour, et il a été ordonné que ce temps ne commencerait à courir, contre celui des deux qui était détenu dans les prisons de la conciergerie du palais, que du jour qu'il aurait entièrement payé les sommes auxquelles il était condamné par le même arrêt (1).

Voici l'espèce d'un arrêt plus récent qui a pareillement mitigé la peine dont la loi veut qu'on punisse la Banqueroute frauduleuse. — Charles Roger, marchand mercier à Paris, y faisait un commerce considérable, et jouissait du plus grand crédit. Mais il paraît qu'il n'avait eu d'autre projet, en cherchant à acquérir la confiance publique, que celui de saisir l'occasion d'en abuser. Ayant cru l'avoir trouvée, il feignit des pertes et fit en sorte d'obtenir, de ses créanciers, du temps et une remise considérable. Il était parvenu à en séduire un grand nombre; mais plusieurs, indignés de la conduite de ce marchand, firent des recherches pour vérifier les faits qu'il exposait. Ils decouvrirent que ce débiteur malhonnête avait, malgré ses promesses et ses déclarations, fait transporter secrètement dans une autre maison que celle qu'il habitait, et dans le palais des Thuileries, une partie considérable de marchandises. — Ces créanciers, justement révoltés, rendirent plainte, et Roger fut arrêté et constitué prisonnier. Sur le vu des charges et informations faites contre lui, le châtelet le déclara, par sentence du 30 avril 1768, atteint et convaincu, 1° d'avoir détourné des marchandises; 2° d'avoir enfreint l'ordonnance dans la *tenue* de ses livres; 3° d'avoir commis des réticences dans son bilan; 4° enfin, d'avoir fait mettre des créances sous des noms supposés: pour quoi il fut condamné à être conduit aux halles, au pilori, pour y être attaché et demeurer depuis une heure jusqu'à trois, pendant trois jours consécutifs, et chaque jour faire quatre tours de pilori, ayant écriteaux devant et derrière, portant ces mots, *banqueroutier frauduleux*; et à être ensuite banni pour neuf ans de la ville, prévôté et vicomté de Paris. — Sur l'appel interjeté par Roger, cette sentence a été confirmée par arrêt du 16 juin 1768.

Le parlement de Paris vient encore d'adoucir dans un cas pareil, les peines dont la loi voulait qu'il punît le banqueroutier frauduleux qu'il avait à juger. Ce particulier, qui s'appelait Jean Therrot, était marchand à Leugny près d'Auxerre. [En 1776, il conçut et exécuta le projet de faire une *Banqueroute lucrative*. Daans cette vue, il assembla ses créanciers chez un notaire de la ville d'Auxerre, et leur fit une cession générale de ses biens, qu'ils acceptèrent par acte du 2 mars de la même année. Peu de temps après, les créanciers de Therrot, ayant appris qu'il avait acheté une charge d'huissier, firent des démarches pour découvrir d'où provenaient les fonds qui lui avaient servi à faire cette acquisition. Instruits que Therrot les avait trompés, ils rendirent plainte contre lui en Banqueroute frauduleuse. Sur les preu-

(1) *Praticien des consuls*, liv. 2, ch. 2, pag. 208.

ves qu'ils ont administrées aux juges d'Auxerre, Therrot a été condamné, par sentence du 27 mars 1782, au carcan et au bannissement pour trois ans. Et le 23 juillet suivant, il est intervenu, sur l'appel de cette sentence, un arrêt dont voici le dispositif : — « La cour met les appellations et sentence de laquelle a été appelé, au néant; émendant, pour les cas résultans du procès, condamne ledit Jean Therrot à être attaché au carcan, par l'exécuteur de la haute-justice pendant trois jours de marché consécutifs, à un poteau qui, pour cet effet, sera planté dans la place publique des Fontaines de la ville d'Auxerre, et y demeurera chaque jour pendant deux heures, ayant écriteaux devant et derrière, portant ces mots, *Banqueroutier frauduleux;* ce fait, le bannit pour le temps et espace de trois ans de l'étendue du ressort du bailliage d'Auxerre, et de la ville, prévôté et vicomté de Paris; lui enjoint de garder son ban, sous les peines portées par les déclarations du roi; le condamne, en outre, en 10 liv. d'amende envers le roi, lui fait défenses de se retirer, en aucun cas, même après le temps de son bannissement expiré, dans ladite ville de Paris, faubourgs et banlieue d'icelle ni à la suite de la cour, sous les peines portées par lesdites déclarations du roi. Ayant aucunement égard aux requêtes et demandes de Laurent Favre et Pierre Huet, déclare nul et de nul effet le prétendu contrat d'abandon et de cession de biens fait par ledit Therrot, et reçu par Descamps, notaire à Auxerre, le 2 de mars 1776; en conséquence, ordonne que les titres de créances desdits Huet et Favre seront exécutés par toutes les voies dues et raisonnables, et ainsi qu'il appartiendra; condamne ledit Therrot en 100 liv. de dommages-intérêts envers chacun desdits Favre et Huet, et en tous les dépens du procès sur le surplus des demandes, fins et conclusions des parties, les met hors de cour ».

Le 23 décembre de la même année, un arrêt de la cour des aides de Paris, rendu au rapport de M. Lescot de Verville, a condamné Jean-Nicolas Baremme de Gremille, ci-devant receveur général des fermes à Moulin en Bourbonnais, au fouet, à la marque et aux galères pour neuf ans, pour Banqueroute frauduleuse. C'était M. Ducher, avocat au parlement, l'un de ses créanciers, qui s'était rendu son accusateur; et l'arrêt l'en a récompensé, en ordonnant qu'il serait payé par privilége aux autres créanciers de Baremme, en prix principal, intérêts, et de 2,000 liv. de dommages-intérêts, frais et dépens, sauf le roi, avant lequel passeraient seulement les frais, dommages et intérêts accessoires.

Cette longue suite d'arrêts qui ont remis la peine de mort aux coupables de Banqueroutes frauduleuses, ne serait pas une raison pour que l'on usât de la même indulgence envers les personnes publiques qui commettraient ce crime. Ainsi un receveur de deniers publics, un notaire, un officier de finances, un caissier ou autre ayant le maniement des deniers du roi, pourraient en pareil cas, être punis de mort, surtout s'ils avaient détourné des sommes considérables. En voici un exemple, qui est rapporté par Brillon.

Boyer, banquier, natif de Limoges, et établi à Paris, rue Montmartre, était le dépositaire de l'argent appartenant à ceux des marchands de bœufs qui commerçaient au marché de Sceaux. Ce confident perfide dissipa la caisse, et employa en plaisirs, en jeux, en luxe et en débauches, toute la fortune de ses commettans. M. Colbert, ministre d'état, ne voulut pas qu'un tel crime demeurât impuni; il sollicita lui même le jugement du coupable. Le 30 janvier 1682, il intervint arrêt, au rapport de M. Hervé, qui condamna Boyer à être pendu, et ce jugement fut exécuté le lendemain aux flambeaux.

Tout le monde connaît la sentence du châtelet du 24 février 1764, qui condamne par contumace André-Guillaume Deshayes à subir la même peine, pour avoir commis, dans l'exercice de ses fonctions de notaire et dans celles d'échevin de la ville de Paris, des abus de confiance, des malversations, des prévarications, des infidélités et des manœuvres de toute espèce. Cette sentence le condamnait aussi à faire préalablement amende honorable avec écriteaux, devant et derrière, portant ces mots : *notaire banqueroutier frauduleux.*]

On sait d'ailleurs qu'il y a une déclaration du 5 mai 1790, par laquelle il est voulu que tous les commis aux recettes générales et particulières, caissiers ou autres ayant ès-mains des deniers des fermes du roi, qui viendront à être convaincus d'avoir emporté ces deniers, soient punis de mort lorsque le divertissement sera de 3,000 liv. et au-dessus, et de telle autre peine afflictive que les juges arbitreront lorsqu'il sera au-dessous de 3,000 liv. La même déclaration fait défenses à toutes personnes de favoriser les divertissemens et retraites de ces commis ou caissiers, à peine d'être responsables solidairement des deniers emportés, et des dommages et intérêts des fermiers du roi.

[[V. les dispositions pénales de cette loi n'existent plus : elles ont été d'abord réformées par l'art. 11 de la sect. 5 du tit. 1er de la 2e partie du Code pénal du 25 septembre 1791, qui punissait de la peine de quinze années de fers, *tout fonctionnaire public et convaincu d'avoir détourné des deniers publics dont il était comptable;* disposition à laquelle le Code pénal de 1810 a substitué celles qui sont citées sous le mot *Commis*, n. 12.

Quant aux banqueroutiers frauduleux et à leurs complices, le Code pénal du 28 septembre 1791, voulait, part. 2, tit. 2, sect. 2, art. 30 et 31, qu'ils fussent punis de six années de fers. L'art. 402 du Code pénal de 1810 veut qu'ils le soient des travaux forcés à temps.

La tentative de Banqueroute frauduleuse est-elle un délit? peut-elle être punie, lorsque la Banqueroute n'a pas été effectuée? *V.* mon *Recueil de Questions de droit*, article *Banqueroute*, §. 1.

Le ministère public peut-il poursuivre d'office la Banqueroute frauduleuse? *V.* le même *Recueil*, article *Ministère public*, §. 3.]]

VI. Les banqueroutiers frauduleux ne peuvent pas être reçus au bénéfice de cession, comme le remarque Leprêtre, au chap. 99 de sa première centurie. « En France, (dit cet auteur), le bénéfice de cesion est permis, mais seulement fait en jugement à our de plaids, iceux tenans, par le débiteur deseint et tête nue. Au surplus, la cession n'a jamais té accordée aux banqueroutiers, ni à ceux qui par lol et par fraude, et après avoir malicieusement rompé leurs créanciers, voulaient la faire ». C'est ussi ce qui résulte de l'art. 2 du tit. 9 de l'ordonance du commerce, suivant lequel les banqueoutiers ne doivent d'ailleurs point obtenir de lettres le répit.

Quelques jurisconsultes ont pensé que ceux qui lléguaient des pertes pour se mettre à l'abri des oursuites criminelles, devaient justifier qu'elles eur étaient arrivées depuis les obligations qu'ils vaient contractées : en pareille circonstance, il suffit qu'il paraisse que des événemens malheureux nt été la cause de leur ruine, pour qu'on les suppose exempts de fraude. On a même cette indulgence envers ceux dont le jeu ou les dépenses excesives ont dérangé les affaires, à moins toutefois qu'il ne soit prouvé qu'il y a de la mauvaise foi de leur art. (M. Guyot) *

VII. Voici une espèce dont la décision prouve qu'en effet on ne doit pas réputer frauduleuse une banqueroute, quand il n'est pas prouvé que le débiteur a été guidé par un dol formel et direct.

Ignace Leloir et son épouse, marchands à Lille, ont demandé, en 1781, d'être reçus au bénéfice de cession, et ils y out été admis par sentence de la uridiction échevinale de la même ville, rendue contradictoirement avec les sieurs Motte-Didier, négoians à Rouen. — Ceux-ci en ont appelé au parlement de Flandre, et comme ils ne faisaient aux intimés que des reproches vagues et indéterminés, un rrêt du 23 mars 1782 leur a ordonné de préciser plus particulièrement leurs moyens. Alors, ils se ont attachés à un seul grief, et ils ont dit aux intimés : « pendant plusieurs années, vous avez fait les achats immenses et vous avez toujours vendu à perte; et ces reventes, vous les avez faites, non-seulement dans votre boutique, mais encore par la voie ecrète des entremetteuses, et vous saviez pendant out ce temps que vous approfondissiez chaque jour l'abîme de votre ruine; et pendant tout ce temps ous avez sciemment augmenté chaque jour les pertes de vos créanciers. Vous êtes donc banqueroutiers frauduleux.

Leloir et son épouse n'ont pas nié le fait qu'on eur reprochait, ils en ont même reconnu formellement la vérité; mais ils ont soutenu que l'on ne pouvait pas en conclure qu'ils fussent indignes du bénéfice de cession, et ils ont borné leur défense à établir qu'ils n'étaient pas coupables de Banqueroute frauduleuse.

« Qu'est-ce que la Banqueroute frauduleuse (disais-je pour eux, dans une consultation du 22 avril 1782)? Est-ce un de ces délits dont les nuances susceptibles de variation à l'infini, dépendent plus de l'arbitrage du juge que de la décision de la loi? Non. La loi elle-même a pris soin d'en fixer le caractère; et dès-lors, il n'est plus permis, soit aux jurisconsultes, soit aux magistrats, d'y rien ajouter ou retrancher. Voici la définition que nous en donne l'ordonnance de 1673, tit. 11, art. 10 : « déclarons banqueroutiers frauduleux ceux qui auront diverti leurs effets, supposé des créanciers ou déclaré plus qu'il n'était dû aux véritables créanciers ». Il n'y a donc que trois causes qui, réunies ou séparées, puissent former le corps de ce délit que l'on appelle *Banqueroute frauduleuse* : divertissement d'effets, supposition de créanciers, exagération des véritables dettes. Sans l'une de ces trois circonstances, point de Banqueroute frauduleuse; il n'en est ni n'en peut être question; la loi a parlé, et dans une matière de cette nature, son silence même est impérieux. Nous ne devons pas, nous ne pouvons pas être plus sages qu'elle. Gardons-nous donc bien d'infliger les peines du crime, à ce qu'elle n'a point qualifié de crime. Ne refusons donc pas le bénéfice de cession au marchand infortuné dont toute la faute est d'avoir forcé ses ventes au point que Leloir et sa femme conviennent franchement l'avoir fait. — Si le texte de la loi était moins clair, s'il avait besoin d'être appuyé par les principes généraux, que de moyens ne s'élèveraient pas encore en faveur des intimés! Une règle de droit nous dit que pour juger de la fraude, il faut, non-seulement considérer quel est l'événement, mais encore pénétrer le motif de la personne qui agit. *Fraudis interpretatio non ex eventu duntaxat, sed ex consilio quoque consideratur.* Ce sont les termes de la loi 79, D. *de regulis juris.* Ainsi, dit le docteur Dantoine, en son commentaire sur ce texte, « nul acte ne peut être réputé frauduleux, s'il ne » s'y trouve un concours de ces deux circonstances, » savoir, le propos délibéré de fraude, et l'événement qui s'en est ensuivi ». — Or, qui oserait assurer que Leloir et sa femme, en multipliant leurs achats et forçant leurs ventes, ont eu l'intention directe et formelle de frauder leurs créanciers? Tous les jours, un marchand vend à perte, soit parce que la nécessité du moment l'y oblige, soit parce qu'il a intérêt de ne point laisser échapper de ses mains une branche de commerce, soit parce qu'il se flatte de voir bientôt luire sur sa tête le jour de la fortune, et qu'il se laisse entraîner par de trompeuses espérances. — Leloir et sa femme sont dans ce dernier cas, et assurément on ne peut point pour cela les accuser de dol. L'excès de confiance qu'ils ont eu dans l'avenir, peut bien être une faute, encore ne passera-t-il pour tel qu'aux yeux des rigoristes, mais certainement ce n'est point un crime. Lorsqu'un malheureux implore le secours d'un riche, et que se permettant d'être bientôt en état de rendre, il emprunte de lui une somme considérable, commet-il un délit? Se rend-il indigne du bénéfice de cession, et en sera-t-il privé lorsque sa détresse paraîtra au grand jour? Non; encore une fois, l'espérance n'est ni un dol ni un crime : doux présent du ciel, elle console les hommes et ne les rend point coupables. Elle vit dans les bras de la plus affreuse indigence, comme dans ceux de la plus pénible médiocrité; il n'y a personne qui dans le sein de l'infortune, ne se flatte d'un avenir plus heureux; et à coup sûr, la conduite qu'il tient en conséquence, ne peut pas l'exposer à la vengeance des lois. — En vain dirait-on qu'il est bien vraisemblable que Leloir et sa femme n'ont multiplié leurs achats et forcé leurs ventes, que par excès de confiance dans l'avenir, mais que cela n'est point démontré. — Il y a à cela une réponse fort simple. La loi n'exige pas de démonstration pour absoudre, c'est le crime qu'il faut lui démontrer pour qu'elle le punisse; l'innocence se présume toujours : et quand à cette présomption générale se réunissent, comme ici, toutes les apparences que les faits peuvent former, en faut-il davantage?...—Mais, disent les appelans, que deviendra donc le commerce, sur quoi reposera donc la sûreté des négocians, si on laisse impunie cette manière d'acheter et de revendre dont Leloir et sa femme se sont fait une occupation pendant plusieurs années? — Sans doute, la loi doit s'armer de toute sa rigueur, lorsque les circonstances prouvent que l'on a été guidé par un esprit de fraude, en achetant et vendant de cette manière; mais elle doit au contraire user d'indulgence, lorsqu'il n'y a point de preuve de fraude, et à plus forte raison lorsqu'il y a des indices aussi frappans de bonne foi, que Leloir et sa femme en ont en leur faveur. — Qu'un marchand achète fort cher, revende à perte de moitié, ne paye rien et s'approprie tout, certainement il sera puni comme banqueroutier frauduleux, parce qu'il y a dans son fait un divertissement véritable, et que par cette raison il se trouve littéralement compris dans l'art. 10 du tit. 11 de l'ordonnance de 1673. — Mais qu'un marchand force ses ventes, dans la seule vue de parer aux besoins du moment, de faire face à des dettes urgentes, d'éviter des protêts ou des exécutions, et sans nul dessein de rien s'approprier au préjudice des créanciers qui approvisionnent ses magasins, n'en doutons point, un tel marchand ne sera jamais mis sur la ligne des banqueroutiers frauduleux. Les lois ne sont pas assez inconséquentes pour confondre ainsi le crime, soit avec la nécessité, soit avec la simple faute; elles punissent l'un, mais elles excusent l'autre.—On dira, si l'on veut, qu'il serait utile au commerce qu'elles fussent plus rigoureuses contre l'usage trop fréquent des ventes forcées; mais, 1° elles ne le sont point, et ce n'est pas à l'homme à ajouter à leurs dispositions. Inconvéniens tant qu'il vous plaira, les inconvéniens ne sont point des lois, et encore moins des lois pénales. 2° Une loi nouvelle, qui réputerait banqueroutier frauduleux, le marchand qui aurait forcé ses ventes pendant un certain temps, aurait sans contredit plus d'inconvéniens par sa généralité et par la confusion qu'elle ferait de la simple faute avec le véritable crime, que n'en peut avoir la jurisprudence actuelle. 3° En tout événement, cette loi n'aurait jamais d'effet rétroactif, et ses dispositions ne pourraient nuire en aucune manière à Leloir ni à sa femme. 4° Enfin, si l'on portait une telle loi, l'équité et la raison exigeraient qu'elle distinguât le marchand qui, dès le principe de son établissement, a commencé à vendre à perte, d'avec le marchand qui, après avoir réussi pendant plusieurs années, se serait vu, par un concours fâcheux de circonstances imprévues, dans la nécessité de tout abandonner, ou de tenter la fortune en forçant ses ventes. Le premier n'aurait peut-être droit à aucun ménagement, parce que n'ayant jamais connu les succès du commerce, il ne pourrait pas s'excuser par l'espérance d'y arriver par des ventes forcées. Le second, au contraire, devrait être excusé, parce que naturellement, il a dû lui être permis d'espérer, en continuant son commerce, d'y faire encore le même profit qu'il a fait dans le principe.—Or, Leloir et sa femme sont précisément dans cette dernière classe. Les commencemens de leur établissement ont été heureux; chacune de leurs premières années leur rapportait, avec une récompense abondante de leurs travaux, l'espérance flatteuse de réussir de plus en plus dans la suite. Ce n'est qu'après avoir essuyé des pertes, qu'ils ont forcé leurs ventes; ils ne l'ont fait que par une confiance aussi juste que naturelle dans un avenir qui paraissait bien ne devoir pas être moins heureux que l'avaient été leurs commencemens. Ils se sont trompés; mais l'erreur est-elle un dol, et doit-elle être punie comme tel? ».

Ainsi se défendaient Leloir et sa femme, et leurs moyens ont été trouvés décisifs. Par arrêt du 5 juillet 1783, rendu au rapport de M. de Warenghien de Flory, les parties ont été mises *hors de cour sur l'appel, sans dépens.*— Cette manière de prononcer équivaut, pour l'effet, à la confirmation de la sentence qui avait admis les intimés au bénéfice de cession; et si on l'a préférée au parti de mettre purement et simplement l'appellation au néant, ç'a été pour ne pas donner lieu au public de croire que la cour eût approuvé ou vu de bon œil la conduite imprudente et dangereuse de Leloir et de sa femme.

[[Section II. *Dispositions du Code de commerce sur les Faillites et les Banqueroutes.*

C'est dans son troisième livre que le Code de commerce traite des *Faillites et des Banqueroutes.*

Voici comment M. de Ségur, conseiller d'État dans *l'exposé des motifs* qu'il a présenté, au nom du gouvernement, à la séance du corps législatif du 7 septembre 1807, a développé le système de cette partie importante de notre nouvelle législation :

« Pour remédier aux désordres qui, depuis quelques années, ont si scandaleusement flétri le commerce en France, il fallait d'abord en reconnaître les véritables causes. Il en existe deux principales. La première, c'est la révolution, qui, par son mouvement violent, bouleversant les hommes, les fortunes, les classes, offrant aux espérances comme aux craintes les plus déréglées, des chances sans bornes et des abîmes sans fond, mettant à la place de l'argent un papier dont le cours forcé et la chute rapide ne laissaient à rien de valeur fixe, et de crédit réel à personne, a ouvert un champ libre aux calculs de l'avidité et aux spéculations de la mauvaise foi.

» Les Faillites, loin d'être un sujet de honte, étaient devenues un moyen de fortune, dont on prenait à peine le soin de déguiser la source; et si ces nombreuses Banqueroute n'étaient pas toujours l'ouvrage de la fraude, elles étaient au moins celui de l'ignorance, parce que tout le monde voulait faire le commerce, sans rien savoir de ce qu'exige cette profession.

» Le remède au mal que je viens de décrire, est dans le temps; déjà l'on en ressent les heureux effets; le retour de la tranquillité publique, la sag fermeté du gouvernement, la disparution du papier, le rétablissement du crédit, remettent peu à peu les choses dans leur cours ordinaire, et les hommes dans leur ordre naturel : le honteux agiotage disparaît, les professions se classent, les liens se resserrent, et l'honneur national achevera bientôt de dissiper tout ce qui peut rester encore de cette déplorable anarchie.

» Ainsi, cette première cause des désordres de notre commerce n'a dû influer que faiblement sur le travail dont nous étions chargés, puisqu'elle cesse, pour ainsi dire, d'elle-même d'agir.

» La seconde cause, plus durable, du fléau des Banqueroutes, vient de l'imperfection des lois.

» Nous ne pretendons pas ici atténuer la juste estime due aux ordonnances de Louis XIV et aux travaux immortels de Colbert; l'ordonnance de 1673 était une loi sage et suffisante pour le temps où elle a été rendue : on commençait alors, en France, à s'occuper du commerce; il était, pour ainsi dire, à son berceau : tout ce qui vient de naître veut des règles simples. Une très-faible partie de la population française se livrait au commerce; les mœurs des négocians étaient pures; la marche des affaires était lente; le cours des spéculations borné. Depuis cette époque, le commerce, par des progrès rapides, a changé les mœurs des hommes et les destins des états; et transportant le sceptre de la domination là où il établissait la puissance du crédit, il est devenu un des plus grands objets de l'étude des législateurs et de l'ambition des peuples.

» Cette étendue, cette importance, cette activité du commerce, exigent à présent une législation plus prévoyante et qui offre plus de garantie : la réflexion suffit pour le faire sentir, et une triste expérience l'a démontré.

» Nos anciennes lois s'étaient bornées à prescrire au débiteur failli des formes dont l'exécution était sans danger pour lui, la contrainte par corps était la seule garantie des créanciers.

» Les transactions se faisaient sans aucune surveillance de l'autorité publique; elle ne se montrait que pour sanctionner des traités surpris par la mauvaise foi, ou arrachés au découragement.

» La Faillite, qui n'était regardée que comme un malheur tant que la fraude n'était pas prouvée, laissait le failli indépendant pour l'administration de ses biens.

» L'insouciance des créanciers qui étaient sans guide et sans appui, les plaçait forcément dans la dépendance du débiteur.

» Les syndics, choisis dans les premiers momens de la Faillite, quelquefois par des créanciers supposés, souvent par des amis ou parens du failli, presque toujours par un petit nombre de créanciers présens qu'on désintéressait aux depens des absens, déguisaient les malversations du failli, la vraie situation de la Faillite, et forçaient les créanciers découragés à des traités désastreux, dont l'effet était d'ôter au banqueroutier la honte, à ses victimes les trois quarts de leur propriété, et de laisser au débiteur les moyens d'afficher un luxe insultant.

» Si le traité n'avait pas lieu par la résistance de quelques créanciers indignés, l'union se formait; mais les liquidations étaient livrées à des hommes qui trouvaient leur intérêt à les éterniser : aucune autorité ne les surveillait; et les créanciers, fatigués par des lenteurs interminables, finissaient par renoncer à un espoir qu'aucune répartition ne soutenait.

» Je ne parlerai pas des droits divers et souvent opposés des créanciers, de ceux des femmes, qui, après avoir favorisé le luxe et le désordre de leurs maris, plaçaient sous leur nom, à l'abri de toutes poursuites, les dépouilles qu'ils avaient enlevées à leurs victimes : un orateur plus savant et plus éloquent que moi s'est chargé de vous exposer les lacunes de nos lois sur cette matière, et les moyens que nous avons cru devoir prendre pour remédier à ces abus.

» L'ordre public n'est pas plus garanti que la propriété particulière. La loi ne connaissait que le malheur ou la friponnerie; elle présumait le malheur, il fallait prouver la fraude : le créancier en était chargé à ses frais; il était naturel qu'il s'occupât plus de sa propriété que de sa vengeance. Aussi, malgré la sévérité de la loi contre les Banqueroutes frauduleuses, rien n'a été plus rare que son application; et certes, rien n'était plus encourageant que cette impunité.

» Après avoir exposé le tableau fidèle des abus qui existent, tableau dont nous ne croyons pas qu'on puisse contester la vérité, je dois vous expliquer le système de la loi nouvelle que nous proposons, afin de vous mettre à portée de juger si, comme nous osons nous en flatter, elle offre un remède suffisant à ces désordres, une protection assez vigilante aux créanciers, un frein assez redoutable pour l'inconduite et la fraude, et une garantie assez solide pour l'ordre public.

» Le législateur, en s'occupant d'une loi si grave, se trouve d'abord placé entre deux écueils qu'il doit également éviter : celui d'être trop sévère pour le malheur, ou trop indulgent pour la mauvaise foi; aussi, la première question qui nous a occupés, et celle dont la solution sert de base à tout le système de la loi, est celle-ci :

» Un négociant qui manque à ses engagemens, et qui fait Faillite, doit-il être, par sa Faillite, présumé frauduleux ou considéré comme malheureux, jusqu'au moment où l'examen de tous ses livres et de toutes les créances aura fait reconnaître la vérité?

» Nous vous avons démontré tous les abus nés de l'ancienne loi, qui ne regardant le failli que comme malheureux, le laissait dans l'indépendance, lui conservait presque l'impunité, et forçait presque toujours les créanciers à signer à son gré son absolution et leur ruine.

» D'un autre côté, il aurait paru bien rigoureux de considérer toute Faillite comme un crime, et de traîner devant les tribunaux criminels tout négociant que le malheur du temps ou la force des circonstances auraient mis dans l'impossibilité de remplir ses engagemens.

» Très-souvent la Faillite est un naufrage dont on ne peut accuser que le sort : le commerce a ses orages comme l'Océan; les événemens du monde, les mouvemens de la politique, la guerre, la paix, la disette, l'abondance même, apportent des changemens imprévus, donnent des commotions subites au commerce, et trompent ses combinaisons les plus sages; souvent, enfin, un négociant, trompé par sa confiance, et accablé à la fois par plusieurs Banqueroutes qu'il éprouve, est contraint lui-même de manquer à des engagemens qu'il se croyait certain de pouvoir tenir.

» Ces considérations, justes et puissantes, doivent fixer fortement l'attention du législateur, et l'éloigner également et d'une sévérité trop inflexible et d'une indulgence trop dangereuse.

» On a donc cru qu'il fallait considérer tout failli, non comme un coupable, non comme un homme innocent, mais comme un débiteur dont la conduite exigeait un examen rigoureux et une solide garantie.

» Il existe un délit, puisqu'il y a eu violation d'engagemens et de propriétés. Celui qui a commis ce délit peut y avoir été conduit par le malheur, par l'inconduite ou par la mauvaise foi.

» Si c'est par le malheur, il doit être protégé; si c'est par inconduite, il doit subir une correction; si c'est par fraude, il doit être livré à toute la sévérité de la justice criminelle.

» Le malheur doit être démontré par le failli; l'inconduite, prouvée par les créanciers ou la partie publique; la fraude, poursuivie par l'autorité.

» Dans tous les cas, le failli ne doit plus disposer de l'administration de ses biens : ils sont le gage et la propriété de ses créanciers; il ne doit même avoir la liberté de sa personne que lorsque l'examen de sa conduite offre la présomption de son innocence.

» Tant que ses créanciers sont inconnus, ne sont pas vérifiés; tant que les créanciers absens n'ont pas été mis à portée de faire valoir leurs droits, l'administration de ses biens, l'examen de ses papiers, la conduite de ses affaires, doivent être confiés à des mains désintéressées, nommées par le tribunal de commerce, et surveillées par un juge de ce tribunal. Les créanciers, dès qu'ils sont connus, doivent intervenir dans le choix des hommes chargés de leurs intérêts : on leur donne connaissance de toute la marche, de tous les détails de l'administration de la Faillite; le commissaire accélère leur réunion, leur vérification; aucun traité ne peut être conclu entre eux et le débiteur, qu'à la majorité des voix combinées avec une majorité en sommes égales aux trois quarts de leurs créances.

» S'il n'y a pas de concordat, les créanciers, tous réunis, sont vérifiés, éclairés par les comptes que leur rend une administretion impartiale, nomment des syndics, qui, sous la surveillance du commissaire et l'autorité du tribunal, font une liquidation prompte et des répartitions égales.

» Pendant toute la marche de ces opérations, le commissaire, les agens, les syndics, sont tenus de faire connaître au magistrat de sûreté toutes les circonstances de la Faillite, il peut, par lui-même, prendre les renseignemens nécessaires; et dès qu'il lui apparaît quelque indice ou d'inconduite ou de fraude, il doit appeler le failli devant le tribunal correctionnel, ou le traduire devant le tribunal criminel.

» Tel est l'esprit général du système de la loi que S.M. nous ordonne de vous présenter; nous croyons que ses utiles résultats seront : — 1° D'offrir aux créanciers une garantie solide, une protection active et surveillante; une certitude, ou de terminer leurs affaires par un juste concordat, ou d'obtenir une prompte liquidation; — 2° De réprimer le luxe scandaleux et l'imprudence des spéculations hasardées, par la crainte du nom de banqueroutier et des peines correctionnelles appliquées à la Banqueroute d'inconduite; — 3° D'assurer le châtiment de la mauvaise foi, et de l'effrayer par d'utiles exemples; — 4° Enfin, d'offrir à tout négociant honnête et malheureux, les moyens de se retirer de la position incertaine et cruelle où l'ancienne législation le laissait, et de conserver au moins son honneur en perdant sa fortune; car la rigueur même de la loi offre une garantie certaine pour la probité : et tout négociant que des circonstances forcées auront réduit à la nécessité de ne pas remplir ses engagemens, ne sera plus confondu avec l'imprudent qui a joué l'argent de ses créanciers, ou le fripon qui l'a volé. Le négociant probe, mais infortuné, après avoir subi toutes les rigueurs des formes dont je viens d'indiquer l'ensemble, et après avoir vu ses livres, ses créances, ses papiers, sa conduite, soumis à une surveillance si active, si impartiale, si rigide; sa liquidation opérée sans que les agens, les syndics, les commissaires, les créanciers, la partie publique, aient pu trouver la moindre cause de le conduire devant les tribunaux, pourra exiger hautement l'estime et la pitié; il pourra même conserver l'espoir, en complétant ses payemens, si quelques circonstances lui en offrent les moyens, d'obtenir une réhabilitation d'autant plus honorable que nous avons cherché à la rendre plus difficile.

» Je viens de vous faire connaître l'esprit du système de la loi nouvelle; je vais à présent en suivre la marche, et vous exposer sommairement les motifs des principales dispositions qu'elle renferme.

» Je ne vous parlerai pas des dispositions générales qui sont placées à la tête de la loi : l'exposé que je viens de faire du système qui les a dictés, vous a, je l'espère, suffisamment expliqué la distinction que nous croyons nécessaire d'établir entre la Faillite, la Banqueroute et la Banqueroute frauduleuse.

» Le chap. 1er contient les dispositions que les rédacteurs du projet de Code et les chambres et tribunaux de Commerce avaient jugé convenable d'ajouter aux dispositions de l'ordonnance de 1673, pour fixer avec plus de précision l'ouverture de la Faillite, et pour empêcher l'existence de tous les actes frauduleux que le négociant qui prévoit sa Faillite, pourrait être tenté de faire dans les dix jours qui la précèdent.

» L'art. 6 de ce chapitre fixera particulièrement votre attention : il déclare que le failli, à dater du jour de sa Faillite, est dessaisi de plein droit de l'administration de tous ses biens : cette disposition seule suffirait déjà pour mettre un frein au scandale qui vous a le plus frappés dans les Faillites, et pour offrir aux créanciers une juste espérance de ne plus voir disparaître ce que le malheur ou l'inconduite ont pu leur laisser.

» Dans le chap. 2, vous remarquerez le soin avec lequel la loi veille à la promptitude de l'apposition des scellés, précaution salutaire et sans laquelle le sort des créanciers serait si facilement compromis.

» Après avoir dessaisi le failli de l'administration de ses biens, et apposé le scellé sur ses effets et ses papiers, il fallait, premièrement, s'assurer de la personne du débiteur jusqu'au moment où l'on aura reconnu s'il est innocent, imprudent ou coupable; deuxièmement, organiser l'administration de ses biens, qui ne sont, pour ainsi dire, déjà plus sa propriété, et qui doivent servir de gage à des créanciers que l'on ne connaît pas encore.

» Autrefois, les premiers venus, se disant créanciers, nommaient des syndics; et je crois vous avoir prouvé combien cette première imprudence avait été favorable à la mauvaise foi, et funeste pour ses victimes. — Nous avons pensé que cette administration temporaire devait être confiée à des hommes désintéressés, à des agens nommés par le tribunal de commerce; et quoiqu'il parût difficile de prendre un parti plus sage, et qui offrît plus de garantie à l'ordre public et à l'intérêt privé, on a cru devoir placer ces agens sous la surveillance immédiate d'un commissaire choisi parmi les juges du tribunal de commerce. Le besoin d'une telle surveillance était si généralement senti, que lorsque les rédacteurs du projet du Code proposèrent d'établir pour les faillites un commissaire du gouvernement près des tribunaux de commerce, la majorité des chambres de commerce approuva cet établissement, dont les inconvéniens étaient cependant palpables. L'influence d'un tel magistrat sur des tribunaux de négocians, dénaturait leur institution; et d'ailleurs, nous croyons superflu de démontrer combien il pourrait y avoir de danger à donner constamment aux mêmes hommes des fonctions si delicates, dans lesquels on se trouve sans cesse exposé aux piéges de la séduction et à la méfiance du malheur.

» La durée de l'administration des agens est fixée à quinze jours, et ne peut se prolonger plus d'un mois. Ce terme nous a paru suffisant pour connaître un grand nombre de créanciers légitimes; et dès qu'ils sont connus, il est juste de les appeler à l'examen et à l'administration de leurs affaires.

» L'objet du chap. 4 est de régler les fonctions des agens, et la conduite qu'ils doivent tenir à l'égard du failli. Presque toutes ces dispositions tendent à assurer le prompt examen des livres et des effets du failli, à reconnaître si le débiteur peut être mis provisoirement en liberté, et appelé pour donner les éclaircissemens nécessaires sur sa situation. — Les agens peuvent recevoir les sommes dues, et vendre les denrées sujettes à un dépérissement prochain. On a pris toutes les précautions nécessaires pour la sûreté des sommes perçues, et pour borner les attributions de cette administration provisoire aux mesures d'une urgente nécessité.

» Le bilan est l'objet que traite le chap. 5. Les anciennes lois et les usages avaient tout prévu à cet égard; nous n'y avons ajouté que le droit donné au juge commissaire, d'interroger tous les individus qui pourraient lui donner des renseignemens utiles pour la formation ou rectification du bilan.

» Le chap. 6 est relatif à la nomination des syndics provisoires : lorsque les créanciers connus se sont réunis en certain nombre, ils proposent une liste triple du nombre des syndics provisoires qu'ils jugent devoir être nommés : sur cette liste, le tribunal fait sa nomination. On a cru que cette disposition était la seule qui pût concilier le droit et l'intérêt des créanciers avec la certitude d'un bon choix. — Après la nomination des syndics provisoires, les agens cessent leurs fonctions, et ces agens ne reçoivent d'indemnités que s'ils ne sont pas créanciers; c'est presque donner la certitude que les agens seront toujours pris par le tribunal parmi les créanciers, hors les cas très-rares où le tribunal aurait eu de justes motifs de suspecter les titres des premiers créanciers qui se seraient fait connaître au moment de la Faillite.

» Nous insistons sur ce point, car l'apparente complication qu'offre le système qui crée des agens, des syndics provisoires et des syndics définitifs, doit disparaître dans l'exécution de la loi; et il est plus que probable que les choix faits par le tribunal, inspireront une juste confiance aux créanciers; et que presque toujours les mêmes hommes qui, dans une Faillite, auront été agens, seront confirmés comme syndics provisoires, et deviendront, s'il y a lieu, syndics définitifs.

» Les syndics provisoires doivent procéder diligemment à la levée des scellés et à l'inventaire : ces opérations sont l'objet du chap. 7; c'est là qu'on a cru devoir placer la disposition importante qui oblige les agens, les syndics, à mettre sous les yeux du magistrat de sûreté tous les renseignemens qui peuvent lui faire connaître les circonstances de la Faillite; et cette mesure sévère sera l'effroi du crime et la sauvegarde de l'innocence.

» Vous remarquerez encore dans ce chapitre, la disposition qui ordonne de verser à la caisse d'amortissement tous les fonds perçus par les agens et syndics : vous penserez sans doute comme nous, qu'on peut être assuré de la promptitude des liquidations, lorsque personne ne pourra plus avoir d'intérêt à en prolonger la durée.

» La vérification des créances est soumise à des formes consacrées par l'approbation de toutes les chambres de commerce; et la surveillance du commissaire que nous y avons ajouté, doit donner sur cet objet important, une complète sécurité : les enquêtes autorisées, l'apport des registres ordonné dans certains cas, doivent rassurer tout créancier légitime, et dissiper toute crainte d'erreur ou de fraude à cet égard. — Les créanciers étant tous reconnus et vérifiés, s'assembleront, et recevront les comptes des syndics provisoires : ils pourront faire avec leur débiteur un traité; mais ce traité ne peut s'établir que par le concours d'un nombre de créanciers formant la majorité, et représentant en outre, par leurs titres, les trois quarts de la totalité des sommes dues. C'est par ce moyen, Messieurs, que nous avons cru mettre une digue à ces traités désastreux, que la collusion d'un petit nombre de gros créanciers surprenait à la majorité, lorsqu'on ne considérait que la force des creances, ou à ces traités tout aussi désavantageux qu'une majorité en nombre de petits créanciers pressés par le besoin, pouvait faire contre le vœu et l'intérêt des créanciers auxquels il était dû des sommes considérables : nous croyons, par cette mesure, avoir rempli ce que veut la justice et ce que l'ordre exige. Ce traité ne peut être valable qu'après avoir été homologué, et jamais l'homologation n'aura lieu lorsque le failli se trouvera prévenu d'inconduite ou de fraude.

» Si le traité n'a pas lieu, les créanciers formeront un contrat d'union, et nommeront des syndics définitifs, chargés, sous la surveillance du commissaire et l'autorité du tribunal, de rectifier le bilan, s'il y a lieu, d'administrer la Faillite, de percevoir, de vendre, et de procéder à la liquidation de la masse, selon l'ordre des diverses espèces de créances.

» C'est ici que, nous reposant du devoir d'exposer les motifs d'une loi sévère, nous pouvons, après tant de mesures dictées par une sage défiance et par une rigueur nécessaire, vous parler de celle que le malheur inspire à l'humanité.

» Dans ce chapitre, vous trouverez des dispositions qui règlent les secours que la masse doit donner au failli, avec lequel elle n'a point traité : ces secours seront proportionnés à ses besoins, à son état, surtout à sa conduite, et au plus ou moins de perte qu'il fera supporter à ses créanciers. Vos sentimens sont trop conformes aux nôtres pour craindre que vous n'approuviez pas une mesure de bienfaisance, lorsqu'elle est réglée par la justice.

» M. Treilhard, mon collègue, vous développera les motifs des dispositions contenues dans les chapitres 9, 10 et 11, relatifs aux différentes natures de créances.

» Je passe au tit. 2 du projet de la loi : il règle les formes à suivre pour la cession des biens ; mais comme toutes les dispositions qu'il renferme, sont tirées du Code de procédure civile, il n'exige aucune observation particulière.

» Le tit. 3 contient une innovation importante, et mérite par conséquent de fixer votre attention.

» La revendication était d'usage en France depuis long-temps, et cette faveur accordée au vendeur de reprendre sa marchandise, lorsqu'il pouvait en prouver l'identité, lorsqu'il la retrouvait sous balle, sous corde, et sans altération, n'était réglée par aucune loi, et variait suivant les localités : cet usage était la source d'un grand nombre de contestations, et le sujet perpétuel des plaintes des créanciers dans toutes les Faillites ; ils supportaient avec peine ce privilége, et le regardaient comme une injustice. Les rédacteurs du projet du Code avaient supprimé et interdit toute revendication ; le plus grand nombre des chambres et des tribunaux de commerce avaient approuvé ce changement par leur silence ; d'autres avaient motivé leur approbation ; quelques-uns avaient voté pour le maintien de la revendication, s'appuyant principalement sur cette raison, qu'il ne fallait pas changer sans nécessité un usage anciennement établi en France, et suivi dans quelques autres pays.

» Après un examen approfondi, on a reconnu que l'usage de la revendication était une source de procès et un moyen de fraude ; que la sagesse voudrait en vain régler un usage qui n'est fondé ni sur le droit, ni sur l'équité ; et que son plus grand inconvénient était surtout de laisser, par ce privilége, le sort des créanciers à la merci de la volonté du failli, qui pouvait à son gré favoriser l'un, sacrifier l'autre, en conservant ou dénaturant les signes qui peuvent constater l'identité, et en retardant ou accélérant la vente des effets qui lui auraient été livrés. D'après ces considérations, on s'est décidé à ne permettre la revendication que pour la marchandise en dépôt, pour celles qui sont en route, et qui n'ont pu encore être sujettes à aucune confusion dans les magasins de l'acheteur : nous l'admettons encore pour les remises en effets non encore échus, ou échus et non encore payés, si ces remises ont étés faites avec le simple mandat d'en recouvrer et d'en garder la valeur à la disposition du propriétaire.

» On espère, par cette décision, rendre un service essentiel au commerce, tarir la source d'une foule de procès, et remplir le vœu de la majorité des chambres et des tribunaux dont on a consulté l'opinion.

» Le tit. 4 traite de la Banqueroute simple : il parait démontré qu'en en consacrant les dispositions, vous porterez le remède le plus efficace au scandale qui excitait l'indignation générale ; car, on ne peut se le dissimuler, la fraude n'est pas la cause la plus commune de ce désordre : l'ignorance, le luxe, l'imprudence, en sont les véritables sources ; et par l'ancienne loi, l'impunité leur était assurée ; dès que la fraude n'était pas démontrée, l'innocence était reconnue : le crime pouvait être puni, mais rien ne réprimait l'immoralité. La nouvelle loi soumet à des punitions correctionnelles, le négociant qui a fait des dépenses excessives, qui, malgré la connaissance du danger de sa situation, a compromis la fortune de ses créanciers par des spéculations imprudentes : il sera même accusable de Banqueroute, s'il n'a tenu régulièrement ses livres et rempli les formalités que lui prescrit la loi. Le nom de banqueroutier que cette loi lui fait craindre, sera, n'en doutons point, un frein puissant ; et si elle n'épouvante pas ces hommes coupables, nés pour le crime et que rien n'arrête, elle préservera d'une chute funeste les hommes faibles, et ils sont pourtant en majorité.

» C'est donc avec une pleine confiance que nous vous proposons cette mesure ; qui, dans le fait, sera plus préservatrice que rigoureuse ; et qui, livrée à la conscience de juges impartiaux et respectés, nous paraît un des moyens les plus efficaces pour rétablir l'ordre et ressusciter les mœurs.

» Le ch. 2 de ce titre, qui concerne les Banqueroutes frauduleuses, ne fait que développer avec plus de détails les dispositions qu'on trouve sur cette matière dans l'ordonnance de 1673.

» Tous les cas prévus dans ces articles, méritent l'inflexibilité de la loi, et il n'y a point d'observations à faire, là où il n'a pu exister aucun partage d'opinions.

» L'objet du ch. 3 a été d'empêcher que l'intérêt privé ne fût sacrifié aux soins de la vindicte publique, et que la procédure correctionnelle ou criminelle ne retardât la marche des lipuidations et ne nuisît à l'intérêt des créanciers.

» Le tit. 5· établit les formes que doit suivre le failli pour obtenir sa réhabilitation ; nous avons rendu cette réhabilitation difficile, elle en sera plus honorable : lorsqu'un homme veut remonter à l'honneur, il doit désirer que personne ne puisse douter de son innocence, et ce n'est jamais la bonne foi qui peut redouter la lumière.... ».

» Je dois actuellement vous parler (a dit ensuite M. Treilhard), *des droits des créanciers, des répartitions à faire entre eux* ; *de la liquidation du mobilier ; enfin, du mode de vente des immeubles du failli.* : c'est la matière des ch. 9, 10 et 11 du premier titre.

» Je commencerai par ce qui concerne les créanciers en général ; je terminerai par l'exposition des droits des femmes sur les biens du mari, en cas de Faillite.

» On a jamais perdu de vue dans le projet, ce grand principe, qu'il faut être économe du temps et des procédures : c'est surtout dans le commerce qu'une prompte rentrée des fonds est désirable ; un payement tardif n'est jamais un payement complet.

» Aussi, a-t-on pris les mesures nécessaires pour que les premiers recouvremens fussent employés sans délai au payement des créances privilégiées : le privilège assure la préférence dans les payemens ; personne n'a le droit de les retarder, quand le privilége est une fois reconnu ou jugé : s'il y a difficulté sur son existence, c'est à la justice à prononcer. Tout créancier a évidemment intérêt, et par conséquent le droit, de discuter et de débattre une prétention de privilége, qui, si elle est adoptée, peut souvent laisser sans aucune espérance les simples créanciers chirographaires.

» Dans le nombre des privilégiés, on ne peut se dispenser de ranger le créancier sur le gage dont il est nanti ; mais on a dû laisser à la masse le droit de retirer le gage en désintéressant celui qui en est saisi par le remboursement de sa créance ; il ne peut prétendre autre chose : et si le gage excède ce qui lui est dû, c'est aux autres créanciers qu'appartient le bénéfice.

» Vous remarquerez sans doute que je ne m'occupe que de quelques règles particulières aux affaires de commerce ; il n'entrait pas dans le projet de la loi, de tracer les principes constitutifs des privilèges ; ils sont déjà parfaitement établis dans le Code Napoléon.

» Cette réflexion s'applique aux autres espèces de créances, aux hypothèques, par exemple : le même Code contient toutes les règles générales sur cette matière ; et il ne s'agit, en cet instant, que de quelques difficultés particulières qui peuvent s'élever.

» Vous savez qu'un créancier hypothécaire a l'avantage d'une préférence sur le prix de l'immeuble qui lui fut affecté ; cette préférence n'est nullement exclusive des droits sur tous les autres biens d'un débiteur.

» Celui qui est obligé personnellement, est tenu de remplir ses engagemens sur tous ses biens, meubles et immeubles : il sont tous le gage commun de ses créanciers : c'est la disposition texuelle des articles 2092 et 2093 du Code Napoléon ; qui ne sont eux-mêmes que l'expression de ce qui résulte nécessairement d'une obligation contractée : comment celui qui l'a souscrite, pourrait-il échapper à son exécution, tant qu'il lui reste quelques effets ?

» L'affection spéciale d'un immeuble à une dette, donne donc au créancier un droit de préférence sur le prix de cet immeuble, sans néanmoins préjudicier en aucune manière à son droit général sur tous les autres biens.

» Il suit de là que le créancier hypothécaire, qui ne peut être payé en tout ou en partie sur le prix de l'immeuble, doit concourir avec les autres créanciers sur les autres biens pour ce qui lui reste dû.

» Mais ici s'élève une difficulté : lorsque le premier en ordre d'hypothèque, aura reçu une partie de sa créance par des distributions antérieures de deniers mobiliers, si le prix de l'immeuble est plus que suffisant pour achever son payement, à qui passera tout l'excédant ? Est-ce au deuxième créancrer ? ou bien la masse chirographaire doit elle reprendre d'abord sur cet excédant, les deniers mobiliers que le premier créancier avait reçus ?

» Le projet qui vous est présenté, offre sur ce point quelque dérogation à ce qui se pratiquait anciennement, au moins dans une grande partie de la France.

» On a pensé que les deniers mobiliers touchés par le créancier premier en hypothèque n'étaient qu'une espèce d'avance faite pas la masse chirographaire, avance dont elle devait être remboursée sur le prix de l'immeuble, lorsqu'il était plus que suffisant pour parachever le payement du premier créancier.

» Dans le système ancien des hypothèques, lorsqu'elles étaient occultes et acquises à tout homme qui avait pour lui une obligation authentique ou un jugement, un créancier pouvait de bonne foi regarder l'immeuble de son débiteur comme un gage certain de son payement ; à la vérité, son espoir était souvent trahi par la découverte successive d'une foule de créanciers qu'il n'avait pas connus : c'était là un vice radical du système qui, heureusement, n'existe plus.

» Dans cet ordre de choses, il eût été dur et peut-être injuste d'enlever à ce créancier le prix de l'immeuble qui formait son gage, sous le prétexte que le créancier qui le précédait, avait été payé en tout ou partie avec le prix du mobilier ; rien ne l'avait averti de cette première hypothèque, et il avait dû croire par conséquent que son gage assurait son payement.

» Il n'en est pas de même aujourd'hui : l'hypothèque est spéciale et publique ; un créancier n'a de droit que sur l'immeuble qui lui est spécialement affecté par son titre et sous la charge d'une inscription qui donne de la publicité à son droit, et qui avertit ainsi tous ceux qui peuvent y avoir intérêt, que le gage est déjà absorbé en tout ou en partie.

» Le créancier qui survient, ne peut plus se faire illusion. Lorsque l'immeuble est évidemment engagé pour des sommes équivalentes à son prix, celui qui l'accepterait encore pour gage, aurait une grande imprudence à se reprocher; il faut même supposer que cela n'arrivera que bien rarement.

» Ce changement dans la législation a dû en entraîner un autre dans le réglement des droits des créanciers en matière de Faillite.

» Le second créancier n'a dû compter sur l'efficacité de son gage, qu'après le payement intégral du premier sur le même objet; il n'a donc pas à se plaindre si on restreint l'exercice de son droit sur ce qui peut rester après ce payement.

» Ainsi, le premier créancier ayant touché une partie de sa créance aux dépens de la masse chirographaire, celle-ci se rembourse de l'avance sur le prix de l'immeuble, lorsqu'il suffit pour acquitter toute la créance.

» Voilà les règles établies dans le projet, règles qui paraissent d'accord avec l'équité, qui n'altèrent en aucune manière l'espoir légitime des créanciers postérieurs, et qui conservent tout le droit des créanciers chirographaires; ils sont presque toujours dans une Faillite, les plus intéressans et les plus malheureux.

» En réglant ce qui concernait les créanciers hypothécaires, on n'a pas dû perdre de vue les autres classes : il a fallu veiller à ce que les répartitions fussent promptes, que les payemens ne fussent faits que sous la surveillance du commissaire, sur la représentation des titres; et à la charge de quittances valables : c'est l'objet du chap. 10.

» Un seul article dans ce chapitre, peut exiger une courte explication : c'est l'art. 127.—Il permet à l'union des créanciers de traiter à forfait des droits et actions, dont le recouvrement n'aura pas été opéré. — Il existe souvent dans les Faillites des créances d'un recouvrement difficile, ou parce qu'elles sont litigieuses, ou parce que le débiteur est peu solvable; il faudrait beaucoup de temps et des frais, pour parvenir à ce recouvrement qui même est souvent incertain. Des poursuites de cette nature conviennent mieux à un particulier qu'à une administration; elle dépenserait presque toujours plus qu'elle ne pourrait recouvrer : le grand intérêt des créanciers demande que l'administration termine ses opérations le plutôt possible, et qu'elle puisse aliéner les droits dont la poursuite serait trop longue et très-difficile. —Mais l'abus pourrait être à côté de la règle, et l'on a dû y pourvoir. L'union ne peut traiter que sous l'autorisation du tribunal du commerce, et surtout il faut que le failli soit appelé : il a un grand intérêt à s'opposer à des traités désavantageux, puisqu'il reste toujours sous la main de ses créanciers, tant qu'ils ne sont pas payés.

» Je ne dirai qu'un mot sur le chap. 2, *du mode de vente des immeubles du failli.* — On vendra sous l'autorisation du commissaire, et avec les formes prescrites par le Code Napoléon pour la vente des biens des mineurs; c'est assez vous dire qu'il y aura célérité et économie dans une opération jadis si lente et si dispendieuse.—L'intérêt qu'inspirent des créanciers malheureux, a cependant fait adopter encore une nouvelle précaution pour s'assurer que les immeublés vendus seront portés à leur valeur. Tout créancier pourra surenchérir pendant la huitaine qui suivra l'adjudication : il fallait cependant régler l'exercice de cette faculté, et ne pas repousser les acquéreurs par la perspective des surenchères, qui ne seraient que de véritables tracasseries.—La surenchère ne sera pas reçue, si elle est au-dessous du dixième du prix de l'acquisition.

» Je me hâte de venir au dernier objet dont je dois m'occuper, *aux droits des femmes*, dans les cas de Faillite.

» Il n'est que trop vrai qu'une grande partie des Faillites qui ont affligé le commerce dans ces derniers temps, a eu pour cause au moins de grandes imprudences ou d'affreuses dissipations. — On a trop oublié que la prospérité du commerce ne peut être fondé que sur l'économie, sur l'ordre sans lequel il ne peut y avoir d'économie, et sur la bonne foi.

» Le véritable crédit tient toujours à l'opinion qu'on inspire de sa bonne conduite et de son intelligence. Quels sont les hommes qui ont acquis une grande réputation dans le commerce, dont la signature, respectée jusqu'aux extrémités du globe, faisait exécuter les ordres avec une ponctualité que ne pouvaient pas toujours se promettre les souverains eux-mêmes?

» Les particuliers dont les commencemens furent obscurs, qui, par de longs travaux, des conceptions heureuses, de sages combinaisons, des méditations profondes sur leur état, et surtout par une modestie soutenue et par une loyauté inaltérable, parvinrent à captiver la confiance de toutes les nations civilisées.

» A Dieu ne plaise qu'on puisse me supposer la pensée que ces hommes recommandables n'ont pas de successeurs; mais, enfin, que voyons-nous le plus souvent? Des hommes qui entrent dans leur état avec une légèreté révoltante, qui y portent une avidité incompatible avec la délicatesse, qui pensent obtenir un crédit en cachant un dénuement réel sous l'apparence trompeuse d'une aisance chimérique, débutent par se ruiner pour se procurer la possibilité d'entraîner avec eux d'autres imprudens dans l'abîme.

» Je sais que les lois seules ne suffisent peut-être pas pour arrêter entièrement ces désordres; et que, lorsque l'opulence dénuée de mérite, obtient encore une considération à laquelle le mérite dénué d'opulence, ne peut pas atteindre, peu de personnes ont la force de résister au courant qui les entraîne.

» Voila cependant le mal dont il faut chercher le remède : et quel moyen plus efficace d'y parvenir, que de faire concourir à la bonne conduite du mari l'intérêt même de la femme, d'appeler au secours des mœurs l'influence d'un sexe, qui ne sera jamais trop grande, quand il ne méconnaîtra pas les vertus qui sont aussi ses charmes les plus durables.

» C'est dans cet esprit qu'ont été médités les articles sur les droits des femmes. Trop souvent un commerçant a reconnu, en se mariant, une forte dot qu'il ne touchait pas; soit qu'il voulût faire illusion par l'annonce d'un actif supposé, soit qu'il préparât de loin un moyen de soustraire un jour sa fortune à ses créanciers légitimes.

» Le mari faisait à sa femme des avantages proportionnés à une dot qu'il ne devait pas recevoir. Souvent aussi il acquérait, sous le nom de sa femme, des immeubles qu'il payait de ses propres deniers, ou plutôt des deniers de ses créanciers.

» Enfin, par des séparations frauduleuses et des actes simulés, les immeubles, les bijoux, l'argenterie, tout passait dans la propriété de la femme; et au moment d'une catastrophe, souvent méditée de longue main, la femme, avec sa dot factice, ses avantages matrimoniaux, ses indemnités pour des dettes qu'elle n'avait pas payées, et ses acquisitions prétendues, absorbait toute la fortune de son mari.

» Les malheureux créanciers étaient condamnés à passer leurs jours dans les privations et dans les larmes pendant que la femme coulait des jours tranquilles dans la mollesse et dans l'oisiveté. Tous les arts concouraient pour décorer le palais qu'elle habitait; une cour nombreuse prévenait ses désirs et flattait ses goûts; et lorsqu'elle daignait faire tomber quelques faibles secours sur un petit nombre de malheureux (non par bienfaisance, car la bienfaisance n'habite pas avec le vol, mais dans l'espoir que les bénédictions de quelques infortunés étoufferaient les malédictions de la multitude), ces actes prétendus d'humanité étaient encore proclamés avec éclat par des écrivains officieux, jusques dans les cours étrangères.

» Il est temps enfin de poser un terme à ces scandales. Eh! dans quel moment a-t-on pu se flatter de les arrêter avec plus de succès? — Lorsque le souverain donne lui-même, dans sa vie privée, l'exemple de toutes les vertus sociales et domestiques, lorsqu'il veille sans cesse pour établir un ordre rigoureux dans toutes les parties d'une administration immense, n'est-il pas en droit d'attendre que les particuliers, ramenés aux pratiques des vertus modestes et à l'habitude d'une vie réglée, rassureront la société alarmée, en préparant en même temps, pour eux-mêmes et pour leur famille, des jouissances durables, parce qu'elles seront fondées sur des calculs sages et purs, parce qu'elles seront sans remords.

» Je reviens aux dispositions relatives aux droits des femmes.

» La femme du failli retirera ce qu'elle aura réellement apporté; elle ne pourra rien prétendre au-delà. Voilà la base des articles qui vous sont proposés.

» Ainsi, tous les immeubles dont la femme aura été dotée, ou qui lui seront échus par succession ou donation, seront par elle repris; il en sera de même des bijoux, diamans et vaisselle qu'elle justifiera lui avoir été donnés par contrat de mariage, ou lui être avenus par succession; mais elle devra établir sa propriété par des états légalement dressés et par de bons et loyaux inventaires; encore son action en reprise ne pourra, comme de raison, être exercée qu'à la charge des hypothèques dont les biens seront grevés, soit qu'elle se soit volontairement obligée, soit qu'elle ait été judiciairement condamnée.

» Sous quelque régime que le mariage ait été formé, la loi présume que tous les meubles, sans exception, appartiennent au mari; et nous ne verrons plus les vrais créanciers repoussés par la représentation d'actes frauduleusement fabriqués pour transmettre à la femme une propriété qu'elle ne doit pas avoir.

» Vainement aussi la femme réclamerait une indemnité pour les prétendues dettes payées en l'acquit de son mari, si elle ne justifiait pas, par des pièces légales, l'origine des deniers qu'elle prétendrait avoir employés à cet usage. Ne serait-il pas également honteux, et pour la femme et pour le mari, qu'elle réclamât des deniers dont la source serait inconnue?

» Par les mêmes motifs, toutes les prétendues acquisitions de la femme sont réputées faites par le mari et payées de ses deniers.

» Avec quel scandale des femmes, mariées sans fortune et sans dot réelle, sont-elles, à l'ombre d'acquisitions prétendues, actuellement en possession de toute la fortune d'un mari reliquataire de plusieurs millions envers ses créanciers!

» Enfin, la femme d'un commerçant qui prétendra avoir été dotée en argent ou en effets mobiliers, ou qui réclamera, soit le remploi de ses propres aliénés pendant le mariage, soit l'indemnité des dettes qu'elle aura contractées avec son mari, n'aura d'hypothèque pour tous ces objets, que sur les immeubles appartenans en effet au mari à l'époque du mariage.

» Tout ce que le mari a acquis depuis, n'a pu l'être qu'aux dépens et avec les deniers de ses créanciers; il serait révoltant que la femme du banqueroutier vînt enlever ces gages, et sortir triomphante d'une catastrophe dont elle fut souvent la première cause.

» Vous pensez bien que les avantages faits à la femme par son mari, ne peuvent pas être réclamés par elle dans la Faillite; c'était encore là un des grands moyens de préparer la ruine des créanciers, voyant avec désespoir une femme que tout le monde avait connue sans fortune, jouir tranquillement des biens immenses dont ils étaient dépouillés.

» Ce que nous avons dit pour les femmes mariées dans le commerce, s'applique également aux femmes qui auront épousé des fils de négocians; n'ayant à l'époque de leur mariage aucun état ni profession déterminée, et qui deviendraient eux-mêmes négocians.

» Il est sensible que, pour échapper à la sévère justice des règles que nous avons établies, ces fils de négocians se marieraient sans annoncer, dans leur contrat, une profession que cependant ils auraient le désir de prendre, et qu'ils prendraient en effet dans la suite.

« Cette réflexion ne s'applique pas à la femme dont le mari avait, à l'époque du mariage, une profession déterminée autre que celle de négociant: elle doit jouir, dans ce cas, de tous les droits hypothécaires accordés par le Code Napoléon; elle n'avait pas pris un mari dans le commerce, et son union était formée sous une autre loi.

« On a dû prévoir cependant qu'on pourrait encore abuser de cette exception: aussi déclare-t-on que la femme n'en pourra réclamer l'avantage, qu'autant que son mari n'aura pas fait le commerce dans l'année qui suivra le mariage.

» Je crois bien superflu de vous faire remarquer, dans le projet, les articles d'après lesquels une femme qui aurait détourné, recelé, diverti des effets, ou qui aurait pris une part directe à des actes faits en fraude des créanciers, pourrait être poursuivie comme complice de la Banqueroute.

» Vous connaissez actuellement toute la partie de

la loi dont l'exposition m'a été confiée. L'esprit de justice a dicté ses dispositions; le sentiment profond d'indignation dont on ne peut se défendre contre des brigandages, n'a jamais altéré le calme du magistrat qui médite la loi.

» La femme qui ne sera pas complice, pourra reprendre tout ce qui sera justifié lui appartenir en effet. Elle recevra cet acte de justice de la masse infortunée des créanciers, ils n'auront ensuite le droit de rien exiger d'elle. Mais elle, se croira-t-elle dégagée de toute obligation? Jouira-t-elle sans une peine secrète, de tout ce qui peut lui appartenir, pendant qu'une foule de malheureux languira dans le besoin, par la faute de l'homme dont elle est la compagne? et n'entendra-t-elle pas, au fond de son cœur, une voix qui lui criera sans cesse : la loi vous rendait votre bien, mais l'honneur vous défendait de l'accepter en totalité; le sacrifice que la loi ne pouvait vous commander, l'humanité devait vous l'inspirer; vous n'avez pas blessé la loi, mais vous avez prouvé que vous êtes dépourvue de sensibilité, et que vous ne savez pas saisir les moyens de vous honorer par des actes de bienfaisance.

» N'en doutons pas, cette voix ne sera pas toujours étouffée : nous verrons encore, j'ose l'assurer, des ames fortes qui, dans un état d'humiliation, sauront se former des titres à la gloire. Heureux les enfans qui, ayant à gémir des fautes d'un père, pourront rappeler avec orgueil la mémoire de celle qui leur donna le jour ! »

Tels sont les motifs des dispositions qui forment le troisième livre du Code de commerce. Voici maintenant ces dispositions.

« *Art.* 437. Tout commerçant qui cesse ses payemens, est en état de Faillite (1).

» 438. Tout commerçant failli, qui se trouve dans l'un des cas de faute grave ou de fraude prévus par la présente loi, est en état de Banqueroute.

» 439. Il y a deux espèces de Banqueroutes : — La Banqueroute simple : elle sera jugée par les tribunaux correctionnels; — La Banqueroute frauduleuse; elle sera jugée par les cours de justice criminelle.

Tit. I. *De la Faillite.* Chap. I. *De l'ouverture de la Faillite.*

» 440. Tout failli sera tenu, dans les trois jours de la cessation de payemens, d'en faire la déclaration au greffe du tribunal de commerce; le jour où il aura cessé ses payemens, sera compris dans ces trois jours. — En cas de la Faillite d'une société en nom collectif, la déclaration du failli contiendra le nom et l'indication du domicile de chacun des associés solidaires.

» 441. L'ouverture de la Faillite est déclarée par le tribunal de commerce : son époque est fixée, soit par la retraite du débiteur, soit par la clôture de ses magasins, soit par la date de tous actes constatant le refus d'acquitter ou de payer des engagemens de commerce. — Tous les actes ci-dessus mentionnés ne constateront néanmoins l'ouverture de la Faillite, que lorsqu'il y aura cessation de payement ou déclaration du failli.

» 442. Le failli, à compter du jour de la Faillite, est dessaisi, de plein droit, de l'administration de tous ses biens.

» 443. Nul ne peut acquérir privilége ni hypothèque sur les biens du failli, dans les dix jours qui précèdent l'ouverture de la Faillite.

» 444. Tous actes translatifs de propriétés immobilières faits par le failli, à titre gratuit, dans les dix jours qui précèdent l'ouverture de la Faillite, sont nuls et sans effet relativement à la masse des créanciers; tous actes du même genre, à titre onéreux, sont susceptibles d'être annullés, sur la demande des créanciers, s'ils paraissent aux juges porter des caractères de fraude.

» 445. Tous actes ou engagemens pour fait de commerce, contractés par le débiteur dans les dix jours qui précèdent l'ouverture de la Faillite, sont présumés frauduleux, quant au failli : ils sont nuls, lorsqu'il est prouvé qu'il y a fraude de la part des autres contractans.

» 446. Toutes sommes payées dans les dix jours qui précèdent l'ouverture de la Faillite, pour dettes commerciales non échues, sont rapportées.

» 447. Tous actes ou payemens faits en fraude des créanciers, sont nuls.

» 448. L'ouverture de la Faillite rend exigibles les dettes passives non échues; à l'égard des effets de commerce pour lesquels le failli se trouvera être l'un des obligés, les autres obligés ne seront tenus que de donner caution pour le payement, à l'échéance, s'ils n'aiment mieux payer immédiatement.

» Chap. II. *De l'apposition des scellés.*

» 449. Dès que le tribunal de commerce aura connaissance de la Faillite, soit par la déclaration du failli, soit par la requête de quelque créancier, soit par la notoriété publique, il ordonnera l'apposition des scellés : expédition du jugement sera sur-le-champ adressée au juge de paix.

» 450. Le juge de paix pourra aussi apposer les scellés, sur la notoriété acquise.

» 451. Les scellés seront apposés sur les magasins,

(1) Un arrêt de la cour d'appel de Bourges, du 29 mars 1809, avait reconnu, en fait, que les frères Regnault, négocians, avaient essuyé plusieurs condamnations émanées de tribunaux de commerce, que plusieurs de leurs propres effets avaient été protestés, et qu'ils avaient fait un contrat d'atermoiement avec plusieurs de leurs créanciers; et cependant avaient jugé qu'ils n'étaient point faillis.

Mais cet arrêt a été cassé le 30 avril 1810, au rapport de M. Vallée et sur les conclusions de M. Jourde. — « Vu (porte l'arrêt de cassation), les art. 417 et 441 du Code de commerce; considérant que l'arrêt attaqué reconnait, en fait, qu'il existait contre les frères Regnault, défendeurs, deux jugemens consulaires, des protêts de plusieurs de leurs effets et un acte d'atermoiement, sous la date du 17 décembre 1808, provoqué par les frères Regnault et souscrit par eux et par plusieurs de leurs créanciers; que, dans ce concours de faits et de circonstances, il était impossible de ne pas reconnaître et le refus d'acquitter des engagemens de commerce et la cessation de payement qui caractérise la faillite; d'où il suit qu'en méconnaissant que les frères Regnault fussent en état de faillite, l'arrêt attaqué a violé les dispositions des deux articles ci-dessus cités; la cour casse et annulle.... ».

comptoirs, caisses, porte-feuilles, livres, registres, papiers, meubles et effets du failli.

» 452. Si la Faillite est faite par des associés réunis en société collective, les scellés seront apposés, non seulement dans le principal manoir de la société, mais dans le domicile séparé de chacun des associés solidaires.

» 453. Dans tous les cas, le juge de paix adressera, sans délai, au tribunal de commerce, le procès-verbal de l'apposition des scellés.

» Chap. III. *De la nomination du juge-commissaire et des agens de la Faillite.*

» 454. Par le même jugement qui ordonnera l'apposition des scellés, le tribunal de commerce déclarera l'époque de l'ouverture de la Faillite; il nommera un de ses membres commissaire de la Faillite, et un ou plusieurs agens, suivant l'importance de la Faillite, pour remplir, sous la surveillance du commissaire, les fonctions qui leur sont attribuées par la présente loi. — Dans le cas où les scellés auraient été apposés par le juge de paix, sur la notoriété acquise, le tribunal se conformera au surplus des dispositions ci-dessus prescrites, dès qu'il aura connaissance de la Faillite.

» 455. Le tribunal de commerce ordonnera, en même temps, ou le dépôt de la personne du failli dans la maison d'arrêt pour dettes, ou la garde de sa personne par un officier de police ou de justice, ou par un gendarme. — Il ne pourra, en cet état, être reçu contre le failli d'écrou ou recommandation, en vertu d'aucun jugement du tribunal de commerce.

» 456. Les agens que nommera le tribunal, pourront être choisis parmi les créanciers présumés, ou tous autres, qui offriraient le plus de garantie pour la fidélité de leur gestion. Nul ne pourra être nommé agent deux fois dans le cours de la même année, à moins qu'il ne soit créancier.

» 457. Le jugement sera affiché et inséré par extrait dans les journaux, suivant le mode établi par l'art. 683 du Code de procédure civile. — Il sera exécutoire provisoirement, mais susceptible d'opposition : savoir, pour le failli, dans les huit jours qui suivront celui de l'affiche; pour les créanciers présens ou représentés, et pour tout autre intéressé, jusques et y compris le jour du procès-verbal constatant la vérification des créances; pour les créanciers en demeure, jusqu'à l'expiration du dernier délai qui leur aura été accordé.

» 458. Le juge-commissaire fera au tribunal de commerce le rapport de toutes les contestations que la Faillite pourra faire naître, et qui seront de la compétence du tribunal. — Il sera chargé spécialement d'accélérer la confection du bilan, la convocation des créanciers, et de surveiller la gestion de la Faillite, soit pendant la durée de la gestion provisoire des agens, soit pendant celle de l'administration des syndics provisoires ou définitifs.

» 459. Les agens nommés par le tribunal de commerce, géreront la Faillite sous la surveillance du commissaire, jusqu'à la nomination des syndics : leur gestion provisoire ne pourra durer que quinze jours au plus, à moins que le tribunal ne trouve nécessaire de prolonger cette agence de quinze autres jours pour tout délai.

» 460. Les agens seront révocables par le tribunal qui les aura nommés.

» 461. Les agens ne pourront faire aucune fonction, avant d'avoir prêté serment, devant le commissaire, de bien et fidèlement s'acquitter des fonctions qui leur seront attribuées.

» Chap. IV. *Des fonctions préalables des agens et des premières dispositions à l'égard du failli.*

» 462. Si, après la nomination des agens et la prestation du serment, les scellés n'avaient point été apposés, les agens requerront le juge de paix de procéder à l'apposition.

» 463. Les livres du failli seront extraits des scellés, et remis par le juge de paix aux agens, après avoir été arrêtés par lui; il constatera sommairement, par son procès-verbal, l'état dans lequel ils se trouveront. — Les effets du porte-feuille, qui seront à courte échéance ou susceptibles d'acceptation, seront aussi extraits des scellés par le juge de paix, décrits et remis aux agens pour en faire le recouvrement : le bordereau en sera remis au commissaire. — Les agens recevront les autres sommes dues au failli, et sur leurs quittances, qui devront être visées par le commissaire : les lettres adressées au failli, seront remises aux agens; ils les ouvriront, s'il est absent; s'il est présent, il assistera à leur ouverture.

» 464. Les agens feront retirer et vendre les denrées et marchandises sujettes à dépérissement prochain, après avoir exposé leurs motifs au commissaire et obtenu son autorisation. — Les marchandises non dépérissables ne pourront être vendues par les agens, qu'après la permission du tribunal de commerce, et sur le rapport du commissaire.

» 465. Toutes les sommes reçues par les agens, seront versées dans une caisse à deux clefs, dont il sera fait mention en l'art. 60.

» 466. Après l'apposition des scellés, le commissaire rendra compte au tribunal de l'état apparent des affaires du failli; et pourra proposer, ou sa mise en liberté pure et simple, avec sauf-conduit provisoire de sa personne, ou sa mise en liberté avec sauf-conduit, en fournisssant caution de se représenter, sous peine de payement d'une somme que le tribunal arbitrera, et qui tournera, le cas advenant, au profit des créanciers.

» 467. A défaut par le commissaire de proposer un sauf-conduit pour le failli, ce dernier pourra présenter sa demande au tribunal de commerce qui statuera après avoir entendu le commissaire.

» 468. Si le failli a obtenu un sauf-conduit, les agens l'appelleront auprès d'eux pour clorre et arrêter les livres en sa présence. — Si le failli ne se rend pas à l'invitation, il sera sommé de comparaître. — Si le failli ne comparaît pas quarante-huit heures après la sommation, il sera réputé s'être absenté à dessein. — Le failli pourra néanmoins comparaître par fondé de pouvoir, s'il propose des empêchemens jugés valables par le commissaire.

» 469. Le failli qui n'aura pas obtenu de sauf-conduit, comparaîtra par un fondé de pouvoir; à défaut de quoi, il sera réputé s'être absenté à dessein.

» Chap. V. *Du bilan.*

» 470. Le failli qui aura, avant la déclaration de sa Faillite, préparé son bilan, ou état passif et actif de ses affaires, et qui l'aura gardé par devers lui, le remettra aux agens, dans les vingt-quatre heures de leur entrée en fonctions.

» 471. Le bilan devra contenir l'énumération et l'évaluation de tous les effets mobiliers et immobiliers du débiteur, l'état des dettes actives et passives, le tableau des profits et des pertes, le tableau des dépenses; le bilan devra être certifié véritable, daté et signé par le débiteur.

» 472. Si, à l'époque de l'entrée en fonctions des agens, le failli n'avait pas préparé le bilan, il sera tenu, par lui ou par son fondé de pouvoir, suivant les cas prévus par les art. 32 et 33, de procéder à la rédaction du bilan, en présence des agens ou de la personne qu'ils auront préposée. Les livres et papiers du failli lui seront, à cet effet, communiqués sans déplacement.

» 473. Dans tous les cas où le bilan n'aurait pas été rédigé, soit par le failli, soit par un fondé de pouvoir, les agens procéderont eux-mêmes à la formation du bilan, au moyen de livres et papiers du failli, et au moyen des informations et renseignemens qu'ils pourront se procurer auprès de la femme du failli, de ses enfans, de ses commis et autres employés.

» 474. Le juge commissaire pourra aussi, soit d'office, soit sur la demande d'un ou de plusieurs créanciers, ou même de l'agent, interroger les individus désignés dans l'article précédent à l'exception de la femme et des enfans du failli, tant sur ce qui concerne la formation du bilan, que sur les causes et les circonstances de sa Faillite.

» 475. Si le failli vient à décéder après l'ouverture de sa Faillite, sa veuve ou ses enfans pourront se présenter pour suppléer leur auteur dans la formation du bilan, et pour toutes les autres obligations imposées au failli par la présente loi; à leur défaut, les agens procéderont.

» Chap. VI. *Des syndics provisoires.* Sect. 1. *De la nomination des syndics provisoires.*

» 476. Dès que le bilan aura été remis par les agens au commissaire, celui-ci dressera, dans trois jours, pour tout délai, la liste des créanciers qui sera remise au tribunal de commerce; et il les fera convoquer par lettres, affiches et insertion dans les journaux.

» 477. Même avant la confection du bilan, le commissaire délégué pourra convoquer les créanciers suivant l'exigence des cas.

» 478. Les créanciers susdits se réuniront, en présence du commissaire, aux jour et lieu indiqués par lui.

» 479. Toute personne qui se présenterait comme créancier à cette assemblée, et dont le titre serait postérieurement reconnu supposé de concert entre elle et le failli, encourra les peines portées contre les complices de banqueroutiers frauduleux.

» 480. Les créanciers réunis présenteront au juge commissaire une liste triple du nombre des syndics provisoires qu'ils estimeront devoir être nommés; sur cette liste, le tribunal de commerce nommera.

» Sect. 2. *De la cessation des fonctions des agens.*

» 481. Dans les vingt-quatre heures qui suivront la nomination des syndics provisoires, les agens cesseront leurs fonctions, et rendront compte aux syndics, en présence du commissaire, de toutes leurs opérations et de l'état de la Faillite.

» 482. Après ce compte rendu, les syndics continueront les opérations commencées par les agens, et seront chargés provisoirement de toute l'administration de la Faillite, sous la surveillance du juge-commissaire.

» Sect. 3. *Des indemnités pour les agens.*

» 483. Les agens, après la reddition de leur compte, auront droit à une indemnité qui leur sera payée par les syndics provisoires.

» 484. Cette indemnité sera réglée selon les lieux et suivant la nature de la Faillite, d'après les bases qui seront établies par un réglement d'administration publique.

» 485. Si les agens ont été pris parmi les créanciers, ils ne recevront aucune indemnité.

» Chap. VII. *Des opérations des syndics provisoires.* Sect. 1. *De la levée des scellés et de l'inventaire.*

» 486. Aussitôt après leur nomination, les syndics provisoires requerront la levée des scellés, et procéderont à l'inventaire des biens du failli. Ils seront libres de se faire aider, pour l'estimation, par qui ils jugeront convenable; conformément à l'art. 937 du Code de procédure civile, cet inventaire se fera par les syndics à mesure que les scellés seront levés, et le juge de paix y assistera et le signera à chaque vacation.

» 487. Le failli sera présent ou dûment appelé à la levée des scellés et aux opérations de l'inventaire.

» 488. En toute Faillite, les agens, syndics provisoires et définitifs, seront tenus de remettre, dans la huitaine de leur entrée en fonctions, au magistrat de sûreté de l'arrondissement, un mémoire ou compte sommaire de l'état apparent de la Faillite, de ses principles causes et circonstances, et des caractères qu'elle paraît avoir.

» 489. Le magistrat de sûreté pourra, s'il le juge convenable, se transporter au domicile du failli ou des faillis, assister à la rédaction du bilan, de l'inventaire et des autres actes de la Faillite, se faire donner tous les renseignemens qui en résulteront, et faire en conséquence les actes ou poursuites nécessaires : le tout, d'office et sans frais.

» 490. S'il présume qu'il y a Banqueroute simple

ou frauduleuse, s'il y a mandat d'amener, de dépôt ou d'arrêt décerné contre le failli, il en donnera connaissance, sans délai, au juge commissaire du tribunal de commerce; en ce cas, ce commissaire ne pourra proposer, ni le tribunal accorder, de sauf-conduit au failli.

» Sect. 2. *De la vente des marchandises et meubles, et des recouvremens.*

» 491. L'inventaire terminé, les marchandises, l'argent, les titres actifs, meubles et effets du débiteur, seront remis aux syndics qui s'en chargeront au pied dudit inventaire.

» 492. Les syndics pourront, sous l'autorisation du commissaire, procéder au recouvrement des dettes actives du failli. — Ils pourront aussi procéder à la vente de ses effets et marchandises, soit par la voie des enchères publiques, par l'entremise des courtiers, et à la bourse, soit à l'amiable, à leur choix.

» 493. Si le failli a obtenu un sauf-conduit, les syndics pourront l'employer pour faciliter et éclairer leur gestion; ils fixeront les conditions de son travail.

» 494. A compter de l'entrée en fonctions des agens et ensuite des syndics, toute action civile intentée, avant la Faillite, contre la personne et les biens mobiliers du failli, par un créancier privé, ne pourra être suivie que contre les agens et les syndics; et toute action qui serait intentée après la Faillite, ne pourra l'être que contre les agens et les syndics.

» 495. Si les créanciers ont quelque motif de se plaindre des opérations des syndics, ils en référeront au commissaire qui statuera, s'il y a lieu, ou fera son rapport au tribunal de commerce.

» 496. Les deniers provenans des ventes et des recouvremens, seront versés, sous la déduction des dépenses et frais, dans une caisse à double serrure. Une des clefs sera remise au plus âgé des agens ou syndics, et l'autre à celui d'entre les créanciers que le commissaire aura préposé à cet effet.

» 497. Toutes les semaines, le bordereau de situation de la caisse de la Faillite sera remis au commissaire, qui pourra, sur la demande des syndics, et à raison des circonstances, ordonner le versement de tout ou partie des fonds à la caisse d'amortissement, ou entre les mains du délégué de cette caisse dans les départemens, à la charge de faire courir, au profit de la masse, les intérêts accordés aux sommes consignées à cette même caisse.

» 498. Le retirement des fonds versés à la caisse d'amortissement, se fera en vertu d'une ordonnance du commissaire.

» Sect. 3. *Des actes conservatoires.*

» 499. A compter de leur entrée en fonctions les agens, et ensuite les syndics, seront tenus de faire tous actes pour la conservation des droits du failli sur ses débiteurs. — Ils seront aussi tenus de requérir l'inscription aux hypothèques sur les immeubles des débiteurs du failli, si elle n'a été requise par ce dernier, et s'il a des titres hypothécaires. L'inscription sera reçue au nom des agens et des syndics, qui joindront à leurs bordereaux un extrait des jugemens qui les auront nommés.

» 500. Ils seront tenus de prendre inscription, au nom de la masse des créanciers, sur les immeubles du failli, dont ils connaîtront l'existence. L'inscription sera reçue sur un simple bordereau énonçant qu'il y a Faillite, et relatant la date du jugement par lequel ils auront été nommés.

» Sect. 4. *De la vérification des créances.*

» 501. La vérification des créances sera faite sans délai; le commissaire veillera à ce qu'il y soit procédé diligemment, à mesure que les créanciers se présenteront.

» 502. Tous les créanciers du failli seront avertis à cet effet, par les papiers publics et par lettres des syndics, de se présenter, dans le délai de quarante jours, par eux ou par leurs fondés de pouvoir, aux syndics de la Faillite; de leur déclarer à quel titre et pour quelle somme ils sont créanciers, et de leur remettre leurs titres de créance, ou de les déposer au greffe du tribunal de commerce : il leur en sera donné récépissé.

» 503. La vérification des créances sera faite contradictoirement entre le créancier ou son fondé de pouvoir et les syndics, et en présence du juge commissaire, qui en dressera procès-verbal. Cette opération aura lieu dans les quinze jours qui suivront le délai fixé par l'article précédent.

» 504. Tout créancier dont la créance aura été vérifiée et affirmée, pourra assister à la vérification des autres créances, et fournir tout contredit aux vérifications faites ou à faire.

» 505. Le procès-verbal de vérification énoncera la représentation des titres de créances, le domicile des créanciers et de leurs fondés de pouvoir. — Il contiendra la description sommaire des titres, lesquels seront rapprochés des registres du failli. — Il mentionnera les surcharges, ratures et interlignes. — Il exprimera que le porteur est légitime créancier de la somme par lui réclamée. — Le commissaire pourra, suivant l'exigence des cas, demander aux créanciers la représentation de leurs registres, ou l'extrait fait par les juges de commerce du lieu, en vertu d'un compulsoire; il pourra aussi, d'office, renvoyer devant le tribunal de commerce, qui statuera sur son rapport.

» 506. Si la créance n'est pas contestée, les syndics signeront, sur chacun des titres, la déclaration suivante : *Admis au passif de la Faillite de***, le......* Le visa du commissaire sera mis au bas de la déclaration.

» 507. Chaque créancier, dans le délai de huitaine après que sa créance aura été vérifiée, sera tenu d'affirmer, entre les mains du commissaire, que ladite créance est sincère et véritable.

» 508. Si la créance est contestée en tout ou en partie, le juge commissaire, sur la réquisition des syndics, pourra ordonner la représentation des titres du créancier, et le dépôt de ses titres au greffe du tribunal de commerce. Il pourra même, sans qu'il soit besoin de citation, renvoyer les parties, à bref délai, devant le tribunal de commerce qui jugera sur son rapport.

» 509. Le tribunal de commerce pourra ordonner qu'il soit fait, devant le commissaire, enquête sur les faits, et que les personnes qui pourront fournir des renseignemens soient, à cet effet, citées par devant lui.

» 510. A l'expiration des délais fixés pour les vérifications des créances, les syndics dresseront un procès-verbal contenant les noms de ceux des créanciers qui n'auront pas comparu. Ce procès-verbal, clos par le commissaire, les établira en demeure.

» 511. Le tribunal de commerce, sur le rapport du commissaire, fixera, par jugement, un nouveau délai pour la vérification. — Ce délai sera déterminé d'après la distance du domicile du créancier en demeure, de manière qu'il y ait un jour par chaque distance de trois myriamètres; à l'égard des créanciers résidans hors de France, on observera les délais prescrits par l'art. 73 du Code de procédure civile.

» 512. Le jugement qui fixera le nouveau délai, sera notifié aux créanciers, au moyen des formalités voulues par l'art. 683 du Code de procédure civile : l'accomplissement de ces formalités vaudra signification à l'égard des créanciers qui n'auront pas comparu, sans que, pour cela, la nomination des syndics définitifs soit retardée.

» 513. A défaut de comparution et affirmation dans le délai fixé par le jugement, les défaillans ne seront pas compris dans les répartitions à faire. — Toutefois la voie de l'opposition leur sera ouverte jusqu'à la dernière distribution des deniers inclusivement, mais sans que les défaillans, quand même ils seraient des créanciers inconnus, puissent rien prétendre aux répartitions consommées, qui, à leur égard, seront réputées irrévocables, et sur lesquelles ils seront entièrement déchus de la part qu'ils auraient pu prétendre.

» CHAP. VIII. *Des syndics définitifs et de leurs fonctions.* SECT. 1. *De l'assemblée des créanciers dont les créances sont vérifiées et affirmées.*

» 514. Dans les trois jours après l'expiration des délais prescrits pour l'affirmation des créanciers connus, les créanciers dont les créances ont été admises, seront convoqués par les syndics provisoires.

» 515. Aux lieu, jour et heure qui seront fixés par le commissaire, l'assemblée se formera sous sa présidence; il n'y sera admis que des créanciers reconnus, ou leurs fondés de pouvoir.

» 516. Le failli sera appelé à cette assemblée : il devra s'y présenter en personne, s'il a obtenu un sauf-conduit; et il ne pourra s'y faire représenter que pour des motifs valables, et approuvés par le commissaire.

» 517. Le commissaire vérifiera les pouvoirs de ceux qui s'y présenteront comme fondés de procuration : il fera rendre compte en sa présence, par les syndics provisoires, de l'état de la Faillite, des formalités qui auront été remplies et des opérations qui auront eu lieu : le failli sera entendu.

» 518. Le commissaire tiendra procès-verbal de ce qui aura été dit et décidé dans cette assemblée.

» SECT. 2. *Du concordat.*

» 519. Il ne pourra être consenti de traité entre les créanciers délibérans et le débiteur failli, qu'après l'accomplissement des formalités ci-dessus prescrites. — Ce traité ne s'établira que par le concours d'un nombre de créanciers formant la majorité, et représentant, en outre, par leurs titres de créances vérifiées, les trois quarts de la totalité des sommes dues, selon l'état des créances vérifiées et enregistrées, conformément à la sect. 4 du chap. 7; le tout, à peine de nullité.

» 520. Les créanciers hypothécaires inscrits et ceux nantis d'un gage n'auront point de voix dans les délibérations relatives au concordat.

» 521. Si l'examen des actes, livres et papiers du failli, donne quelque présomption de Banqueroute, il ne pourra être fait aucun traité entre le failli et les créanciers, à peine de nullité; le commissaire veillera à l'exécution de la présente disposition.

» 522. Le concordat, s'il est consenti, sera, à peine de nullité, signé, séance tenante : si la majorité des créanciers présens consent au concordat, mais ne forme pas les trois quarts en somme, la délibération sera remise à huitaine pour tout délai.

» 523. Les créanciers opposans au concordat, seront tenus de faire signifier leurs oppositions aux syndics et au failli dans la huitaine, *pour tout délai.*

» 524. Le traité sera homologué dans la huitaine du jugement sur les oppositions. L'homologation le rendra obligatoire pour tous les créanciers, et conservera l'hypothèque à chacun d'eux sur les immeubles du failli; à cet effet, les syndics seront tenus de faire inscrire aux hypothèques le jugement d'homologation, à moins qu'il n'y ait été dérogé par le concordat.

» 525. L'homologation étant signifiée aux syndics provisoires, ceux-ci rendront leur compte définitif au failli, en présence du commissaire; ce compte sera débattu et arrêté. En cas de contestation, le tribunal de commerce prononcera : les syndics remettront ensuite au failli l'universalité de ses biens, ses livres, papiers, effets. — Le failli donnera décharge; les fonctions du commissaire et des syndics cesseront, et il sera dressé du tout procès-verbal par le commissaire.

» 526. Le tribunal de commerce pourra, pour cause d'inconduite ou de fraude, refuser l'homologation du concordat; et, dans ce cas, le failli sera en prévention de Banqueroute, et renvoyé, de droit, devant le magistrat de sûreté, qui sera tenu de poursuivre d'office. — S'il accorde l'homologation, le tribunal déclarera le failli excusable et susceptible d'être réhabilité aux conditions exprimées au titre ci-après, *de la réhabilitation.*

» SECT. 3. *De l'union des créanciers.*

» 527. S'il n'intervient point de traité, les créanciers assemblés formeront, à la majorité individuelle des créanciers présens, un contrat d'union; ils nommeront un ou plusieurs syndics définitifs : les créanciers nommeront un caissier chargé de recevoir les sommes provenant de toute espèce de recouvrement. Les syndics définitifs recevront le compte des syndics provisoires, ainsi qu'il a été dit pour le compte des agens, à l'art. 45.

» 528. Les syndics représenteront la masse des créanciers; ils procéderont à la vérification du bilan, s'il y a lieu. — Ils poursuivront, en vertu du contrat d'union, et sans autres titres authentiques, la vente des immeubles du failli (1), celle de ses marchandises et effets mobiliers, et la liquidation de ses dettes actives et passives : le tout, sous la surveillance du commissaire, et sans qu'il soit besoin d'appeler le failli.

» 529. Dans tous les cas, il sera, sous l'approbation du commissaire, remis au failli et à sa famille, les vêtemens, hardes et meubles nécessaires à l'usage de leurs personnes. Cette remise se fera sur la proposition des syndics qui en dresseront l'état.

» 530. S'il n'existe pas de présomption de Banqueroute, le failli aura droit de demander, à titre de secours, une somme sur ses biens; les syndics en proposeront la quotité; et le tribunal, sur le rapport du commissaire, la fixera en proportion des besoins et de l'étendue de la famille du failli, de sa bonne foi, et du plus ou moins de perte qu'il fera supporter à ses créanciers.

» 531. Toutes les fois qu'il y aura une union de créanciers, le commissaire du tribunal de commerce lui rendra compte des circonstances. Le tribunal prononcera, sur son rapport, comme il est dit à la section 2 du présent chapitre, si le failli est ou non excusable, et susceptible d'être réhabilité. — En cas de refus du tribunal de commerce, le failli sera en prévention de Banqueroute, et renvoyé, de droit, devant le magistrat de sûreté, comme il est dit à l'art. 90.

» Chap. IX. *Des différentes espèces de créanciers, et de leurs droits en cas de Faillite.* Sect. 1. *Dispositions générales.*

» 532. S'il n'y a pas d'action en expropriation des immeubles, formée avant la nomination des syndics définitifs, eux seuls seront admis à poursuivre la vente; ils seront tenus d'y procéder dans huitaine, selon la forme qui sera indiquée ci-après.

» 533. Les syndics présenteront au commissaire l'état des créanciers se prétendant privilégiés sur les meubles, et le commissaire autorisera le payement de ces créanciers sur les premiers deniers rentrés. S'il y a des créanciers contestant le privilége, le tribunal prononcera; les frais seront supportés par ceux dont la demande aura été rejetée, et ne seront pas au compte de la masse.

» 534. Le créancier porteur d'engagemens solidaires entre le failli et d'autres coobligés qui sont en Faillite, participera aux distributions dans toutes les masses, jusqu'à son parfait et entier payement.

(1) *V.* ci-après l'art. 564.

» 535. Les créanciers du failli qui seront valablement nantis par des gages, ne seront inscrits dans la masse que pour mémoire.

» 536. Les syndics seront autorisés à retirer les gages au profit de la Faillite, en remboursant la dette.

» 537. Si les syndics ne retirent pas le gage, qu'il soit vendu par les créanciers, et que le prix excède la créance, le surplus sera recouvré par les syndics; si le prix est moindre que la créance, le créancier nanti viendra à contribution pour le surplus.

» 538. Les créanciers garantis par un cautionnement, seront compris dans la masse, sous la déduction des sommes qu'ils auront reçues de la caution : la caution sera comprise dans la même masse pour tout ce qu'elle aura payé à la décharge du failli.

» Sect. 2. *Des droits des créanciers hypothécaires.*

» 539. Lorsque la distribution du prix des immeubles sera faite antérieurement à celle du prix des meubles, ou simultanément, les seuls créanciers hypothécaires non remplis sur le prix des immeubles, concourront, à proportion de ce qu'il leur restera dû, avec les créanciers chirographaires sur les deniers appartenans à la masse chirographaire.

» 540. Si la vente du mobilier précède celle des immeubles et donne lieu à une ou plusieurs répartitions des deniers, avant la distribution du prix des immeubles, les créanciers hypothécaires concourront à ces répartitions dans la proportion de leurs créances totales, et sauf, le cas échéant, les distractions dont il sera ci-après parlé.

» 541. Après la vente des immeubles et le jugement d'ordre entre les créanciers hypothécaires, ceux d'entre ces derniers qui viendront en ordre utile sur le prix des immeubles pour la totalité de leurs créances, ne toucheront le montant de leur collocation hypothécaire, que sous la déduction des sommes par eux perçues dans la masse chirographaire. — Les sommes ainsi déduites ne resteront point dans la masse hypothécaire, mais retourneront à la masse chirographaire, au profit de laquelle il en sera fait distraction.

» 542. A l'égard des créanciers hypothécaires qui ne seront colloqués que partiellement dans la distribution du prix des immeubles, il sera procédé comme il suit : — Leurs droits sur la masse chirographaire seront définitivement réglés d'après les sommes dont ils resteront créanciers après leur collocation immobilière; et les deniers qu'ils auront touchés au délà de cette portion, dans la distribution antérieure, leur seront retenus sur le montant de leur collocation hypothécaire, et reversés dans la masse chirographaire.

» 543. Les créanciers hypothécaires qui ne viennent point en ordre utile, seront considérés comme purement et simplement chirographaires.

» Sect. 3. *Des droits des femmes.*

» 544. En cas de Faillite, les droits et actions des femmes, lors de la publication de la présente loi, seront réglés ainsi qu'il suit.

» 545. Les femmes mariées sous le régime dotal, les femmes séparées de biens, et les femmes communes en biens, qui n'auraient point mis les immeubles apportés en communauté, reprendront en nature lesdits immeubles et ceux qui leur seront survenus par succession ou donation entre-vifs ou pour cause de mort.

» 546. Elles reprendront pareillement les immeubles acquis par elles et en leur nom, des deniers provenans desdites successions et donations, pourvu que la déclaration d'emploi soit expressément stipulée au contrat d'acquisition, et que l'origine des deniers soit constatée par inventaire ou par tout autre acte authentique.

» 547. Sous quelque régime qu'ait été formé le contrat de mariage, hors le cas prévu par l'article précédent, la présomption légale est que les biens acquis par la femme du failli, appartiennent à son mari, sont payés de ses deniers, et doivent être réunis à la masse de son actif; sauf à la femme à fournir la preuve du contraire.

» 548. L'action en reprise, résultant des dispositions des art. 545 et 546, ne sera exercée par la femme, qu'à charge des dettes et hypothèques dont les biens seront grevés, soit que la femme s'y soit volontairement obligée, soit qu'elle y ait été judiciairement condamnée.

» 549. La femme ne pourra exercer, dans la Faillite, aucune action à raison des avantages portés au contrat de mariage; et réciproquement les créanciers ne pourront se prévaloir, dans aucun cas, des avantages faits par la femme au mari dans le même contrat.

» 550. En cas que la femme ait payé des dettes pour son mari, la présomption légale est qu'elle l'a fait des deniers de son mari; et elle ne pourra, en conséquence, exercer aucune action dans la Faillite, sauf la preuve contraire, comme il est dit à l'art. 547.

» 551. La femme dont le mari était commerçant à l'époque de la célébration du mariage, n'aura hypothèque pour les deniers ou effets mobiliers qu'elle justifiera, par actes authentiques, avoir apportés en dot, pour le remploi de ses biens aliénés pendant le mariage, et pour l'indemnité des dettes par elle contractées avec son mari, que sur les immeubles qui appartenaient à son mari à l'époque ci-dessus.

» 552. Sera, à cet égard, assimilée à la femme dont le mari était commerçant à l'époque de la célébration du mariage, la femme qui aura épousé un fils de négociant, n'ayant, à cette époque, aucun état ou profession déterminée, et qui deviendrait lui-même négociant.

» 553. Sera exceptée des dispositions des art. 549 et 551, et jouira de tous les droits hypothécaires accordés aux femmes par le Code Nap., la femme dont le mari avait, à l'époque de la célébration du mariage, une profession déterminée autre que celle de négociant; néanmoins, cette exception ne sera pas applicable à la femme dont le mari ferait le commerce dans l'année qui suivrait la célébration du mariage.

» 554. Tous les meubles meublans, effets mobiliers, diamans, tableaux, vaisselle d'or et d'argent et autres objets tant à l'usage du mari qu'à celui de la femme, sous quelque régime qu'ait été formé le contrat de mariage, seront acquis aux créanciers, sans que la femme puisse en recevoir autre chose que les habits et linge à son usage qui lui seront accordés d'après les dispositions de l'art. 529. — Toutefois, la femme pourra reprendre les bijoux, diamans et vaisselle qu'elle pourra justifier, par état légalement dressé, annexé aux actes, ou par bons et loyaux inventaires, lui avoir été donnés par contrat de mariage, ou lui être advenus par succession seulement.

» 555. La femme qui aurait détourné, diverti ou recélé des effets mobiliers portés en l'article précédent, des marchandises, des effets de commerce, de l'argent comptant, sera condamnée à les rapporter à la masse, et poursuivie, en outre, comme complice de Banqueroute frauduleuse.

» 556. Pourra aussi, suivant la nature des cas, être poursuivie comme complice de Banqueroute frauduleuse, la femme qui aura prêté son nom ou son intervention à des actes faits par le mari en fraude de ses créanciers.

» 557. Les dispositions portées en la présente section, ne seront point applicables aux droits et actions des femmes acquis avant la publication de la présente loi.

» Chap. X. *De la répartition entre les créanciers, et de la liquidation du mobilier.*

» 558. Le montant de l'actif mobilier du failli, distraction faite des frais et dépenses de l'administration de la Faillite, du secours qui a été accordé au failli, et des sommes payées aux privilégiés, sera réparti entre tous les créanciers, au marc le franc de leurs créances vérifiées et affirmées.

» 559. A cet effet, les syndics remettront tous les mois au commissaire, un état de situation de la Faillite et des deniers existans en caisse; le commissaire ordonnera, s'il y a lieu, une répartition entre les créanciers, et en fixera la quotité.

» 560. Les créanciers seront avertis des décisions du commissaire et de l'ouverture de la répartition.

» 561. Nul payement ne sera fait que sur la représentation du titre constitutif de la créance. — Le caissier mentionnera, sur le titre, le payement qu'il effectuera: le créancier donnera quittance en marge de l'état de répartition.

» 562. Lorsque la liquidation sera terminée, l'union des créanciers sera convoquée à la diligence des syndics, sous la présidence du commissaire; les syndics rendront leur compte, et son reliquat formera la dernière répartition.

» 563. L'union pourra, dans tout état de cause, se faire autoriser par le tribunal de commerce, le failli dûment appelé, à traiter à forfait des droits et actions dont le recouvrement n'aurait pas été opéré, et à les aliéner; en ce cas, les syndics feront tous les actes nécessaires.

» Chap. XI. *Du mode de vente des immeubles du failli.*

» 564. Les syndics de l'union, sous l'autorisation du commissaire, procéderont à la vente des immeubles, suivant les formes prescrites par le Code Napoléon pour la vente des biens des mineurs (1).

» 565. Pendant huitaine, après l'adjudication, tout créancier aura droit de surenchérir. La surenchère ne pourra être au-dessous du dixième du prix principal de l'adjudication.

» Tit. II. *De la cession de biens.*

» 566. La cession de biens, par le failli, est volontaire ou judiciaire.

» 567. Les effets de la cession volontaire se déterminent par les conventions entre le failli et les créanciers.

» 568. La cession judiciaire n'éteint point l'action des créanciers sur les biens que le failli peut acquérir par la suite; elle n'a d'autre effet que de soustraire le débiteur à la contrainte par corps.

» 569. Le failli qui sera dans le cas de réclamer la cession judiciaire, sera tenu de former sa demande au tribunal, qui se fera remettre les titres nécessaires : la demande sera insérée dans les papiers publics, comme il est dit à l'art. 683 du Code de procédure civile.

» 570. La demande ne suspendra l'effet d'aucune poursuite, sauf au tribunal à ordonner, parties appelées, qu'il y sera sursis provisoirement.

» 571. Le failli admis au bénéfice de cession, sera tenu de faire ou de réitérer sa cession en personne et non par procureur, ses créanciers appelés, à l'audience du tribunal de commerce de son domicile, et, s'il n'y a pas de tribunal de commerce, à la maison commune, un jour de séance. La déclaration du failli sera constatée, dans ce dernier cas, par le procès-verbal de l'huissier, qui sera signé par le maire.

» 572. Si le débiteur est détenu, le jugement qui l'admettra au bénéfice de cession, ordonnera son extraction, avec les précautions en tel cas requises et accoutumées, à l'effet de faire sa déclaration, conformément à l'article précédent.

» 573. Les nom, prénoms, profession et demeure du débiteur, seront insérés dans des tableaux à ce destinés, placés dans l'auditoire du tribunal de commerce de son domicile, ou du tribunal civil qui en fait les fonctions, dans le lieu des séances de la maison commune, et à la bourse.

» 574. En exécution du jugement qui admettra le débiteur au bénéfice de cession, les créanciers pourront faire vendre les biens meubles et immeubles du débiteur; et il sera procédé à cette vente dans les formes prescrites pour les ventes faites par union des créanciers.

» 575. Ne pourront être admis au bénéfice de cession, — 1° Les stellionataires, les banqueroutiers frauduleux, les personnes condamnées pour fait de vol ou d'escroquerie, ni les personnes comptables; — 2° Les étrangers, les tuteurs, administrateurs ou dépositaires.

» Tit. III. *De la revendication.*

» 576. Le vendeur pourra, en cas de Faillite, revendiquer les marchandises par lui vendues et livrées, et dont le prix ne lui a pas été payé, dans les cas et aux conditions ci-après exprimés.

» 577. La revendication ne pourra avoir lieu que pendant que les marchandises expédiées seront encore en route, soit par terre, soit par eau, et avant qu'elles soient entrées dans les magasins du failli, ou dans les magasins du commissionnaire chargé de les vendre pour le compte du failli.

» 578. Elles ne pourront être revendiquées, si, avant leur arrivée, elles ont été vendues sans fraude, sur factures et connaissemens ou lettres de voitures.

» 579. En cas de revendication, le revendiquant sera tenu de rendre l'actif du failli indemne de toute avance faite pour frêt ou voitures, commissions, assurance ou autre frais, et de payer les sommes dues pour mêmes causes, si elles n'ont pas été acquittées.

» 580. La revendication ne pourra être exercée que sur les marchandises qui seront reconnues être identiquement les mêmes, et que lorsqu'il sera reconnu que les balles, barriques ou enveloppes dans lesquelles elles se trouvaient lors de la vente, n'ont pas été ouvertes, que les cordes ou marques n'ont été ni enlevées ni changées; et que les marchandises n'ont subi, en nature et quantité, ni changement ni altération.

» 581. Pourront être revendiquées, aussi longtemps qu'elles existeront en nature, en tout ou en partie, les marchandises consignées au failli, à titre de dépôt, ou pour être vendues pour le compte de l'envoyeur : dans ce dernier cas même, le prix desdites marchandises pourra être revendiqué, s'il n'a pas été payé ou passé en compte courant entre le failli et l'acheteur.

» 582. Dans tous les cas de revendication, excepté ceux de dépôt et de consignation de marchandises, les syndics des créanciers auront la faculté de retenir les marchandises revendiquées, en payant au réclamant le prix convenu entre lui et le failli.

» 583. Les remises en effets de commerce, ou en tous autres effets non encore échus, ou échus et non encore payés, et qui se trouveront en nature dans le porte-feuille du failli à l'époque de sa Faillite, pourront être revendiquées, si ces remises ont été faites par le propriétaire avec le simple mandat d'en faire le recouvrement et d'en garder la valeur à sa disposition, ou si elles ont reçu de sa part la destination spéciale de servir au payement d'acceptation ou de billets tirés au domicile du failli.

» 584. La revendication aura pareillement lieu pour les remises faites sans acceptation ni disposition, si elles sont entrées dans un compte courant par lequel le propriétaire ne serait que créditeur; mais elle cessera d'avoir lieu, si, à l'époque des remises, il était débiteur d'une somme quelconque.

» 585. Dans les cas où la loi permet la revendica-

(1) Résulte-t-il de cet article que c'est de l'autorité des tribunaux ordinaires, et non de celle des tribunaux de commerce, que doivent être vendus les immeubles des négocians faillis? — V. mon *Recueil de Questions de droit*, au mot *Vente*, §. 8.

tion, les syndics examineront les demandes; ils pourront les admettre, sauf l'approbation du commissaire; s'il y a contestation, le tribunal prononcera, après avoir entendu le commissaire.

» Tit. IV. *Des Banqueroutes.* Chap. 1. *De la Banqueroute simple.*

» 586. Sera poursuivi comme banqueroutier simple, et pourra être déclaré tel, le commerçant failli qui se trouvera dans l'un ou plusieurs des cas suivans, savoir : — 1° Si les dépenses de sa maison, qu'il est tenu d'inscrire mois par mois sur son livre-journal, sont jugées excessives; — 2° S'il est reconnu qu'il a consommé de fortes sommes au jeu, ou à des opérations de pur hasard; — 3° S'il résulte de son dernier inventaire, que son actif étant de 50 pour 100 au-dessous de son passif, il a fait des emprunts considérables, et s'il a revendu des marchandises à perte ou au-dessous du cours; — 4° S'il a donné des signatures de crédit ou de circulation pour une somme triple de son actif, selon son dernier inventaire.

» 587. Pourra être poursuivi comme banqueroutier simple, et être déclaré tel, — Le failli qui n'aura pas fait, au greffe, la déclaration prescrite par l'art. 440; — Celui qui, s'étant absenté, ne se sera pas présenté en personne aux agens et aux syndics dans les délais fixés, et sans empêchement légitime; — Celui qui présentera des livres irrégulièrement tenus, sans néanmoins que les irrégularités indiquent de fraude, ou qui ne les présentera pas tous; — Celui qui, ayant une société, ne se sera pas conformé à l'art. 440.

» 588. Les cas de Banqueroute simple seront jugés par les tribunaux de police correctionnelle, sur la demande des syndics ou sur celle de tout créancier du failli, ou sur la poursuite d'office qui sera faite par le ministère public.

» 589. Les frais de poursuite en Banqueroute simple seront supportés par la masse, dans le cas où la demande aura été introduite par les syndics de la Faillite.

» 590. Dans le cas où la poursuite aura été intentée par un créancier, il supportera les frais, si le prévenu est déchargé; lesdits frais seront supportés par la masse, s'il est condamné.

» 591. Les procureurs impériaux sont tenus d'interjeter appel de tous jugemens des tribunaux de police correctionnelle, lorsque, dans le cours de l'instruction, ils auront reconnu que la prévention de Banqueroute simple est de nature à être convertie en prévention de Banqueroute frauduleuse.

» 592. Le tribunal de police correctionnelle, en déclarant qu'il y a Banqueroute simple, devra, suivant l'exigence des cas, prononcer l'emprisonnement pour un mois au moins, et deux ans au plus. — Les jugemens seront affichés en outre, et insérés dans un journal, conformément à l'art. 683 du Code de procédure civile.

» Chap. II. *De la Banqueroute frauduleuse.*

» 593. Sera déclaré banqueroutier frauduleux, tout commerçant failli qui se trouvera dans un ou plusieurs des cas suivans, savoir : — 1° S'il a supposé des dépenses ou des pertes, ou ne justifie pas de l'emploi de toutes ses recettes; — 2° S'il a détourné aucune somme d'argent, aucune dette active, aucunes marchandises, denrées ou effets mobiliers; — 3° S'il a fait des ventes, négociations ou donations supposées; — 4° S'il a supposé des dettes passives et collusoires entre lui et des créanciers fictifs, en faisant des écritures simulées, ou en se constituant débiteur, sans cause ni valeur, par des actes publics ou par des engagemens sous signature privée; — 5° Si, ayant été chargé d'un mandat spécial, ou constitué dépositaire d'argent, d'effets de commerce, de denrées ou marchandises, il a, au préjudice du mandat ou du dépôt, appliqué à son profit les fonds ou la valeur des objets sur lesquels portait, soit le mandat, soit le dépôt; — 6° S'il a acheté des immeubles ou des effets mobiliers à la faveur d'un prête-nom; — 7° S'il a caché ses livres.

» 594. Pourra être poursuivi comme banqueroutier frauduleux et être déclaré tel, — Le failli qui n'a pas tenu de livres, ou dont les livres ne présenteront pas sa véritable situation active et passive; — Celui qui, ayant obtenu un sauf-conduit, ne se sera pas représenté à justice.

» 595. Les cas de Banqueroute frauduleuse seront poursuivis d'office devant les cours de justice criminelle, par les procureurs impériaux et leurs substituts, sur la notoriété publique, ou sur la dénonciation, soit des syndics, soit d'un créancier.

» 596. Lorsque le prévenu aura été atteint et déclaré coupable des délits énoncés dans les articles précédens, il sera puni des peines portées au Code pénal pour la Banqueroute frauduleuse. (*V. ci-devant*, sect. 1, §. 4, n. 5).

» 597. Seront déclarés complices de banqueroutiers frauduleux, et seront condamnés aux mêmes peines que l'accusé, les individus qui seront convaincus de s'être entendus avec le banqueroutier pour recéler ou soustraire tout ou partie de ses biens meubles ou immeubles; d'avoir acquis sur lui des créances fausses, et qui, à la vérification et affirmation de leurs créances, auront persévéré à les faire valoir comme sincères et véritables.

» 598. Le même jugement qui aura prononcé les peines contre les complices de Banqueroutes frauduleuses, les condamnera, — 1° A réintégrer à la masse des créanciers, les biens, droits et actions frauduleusement soustraits; — 2° A payer, envers ladite masse, des dommages-intérêts égaux à la somme dont ils ont tenté de la frauder.

» 599. Les arrêts des cours de justice criminelle contre les banqueroutiers et leurs complices, seront affichés, et de plus insérés dans un journal, conformément à l'art. 683 du Code de procédure civile.

» Chap. III. *De l'administration des biens en cas de Banqueroute.*

» 600. Dans tous les cas de poursuites et de condamnation en Banqueroute simple ou en Banqueroute frauduleuse, les actions civiles, autres que celles dont il est parlé dans l'art. 598, resteront séparées; et toutes les dispositions relatives aux biens, prescrites pour la Faillite, seront exécutées sans qu'elles puissent être attirées, attribuées ni évoquées aux tribunaux de police correctionnelle ni aux cours de justice criminelle.

» 601. Seront cependant tenus les syndics de la Faillite, de remettre aux procureurs impériaux et à leurs substituts, toutes les pièces, titres, papiers et renseignemens qui leur seront demandés.

» 602. Les pièces, titres et papiers délivrés par les syndics, seront, pendant le cours de l'instruction, tenus en état de communication par la voie du greffe: cette communication aura lieu sur la réquisition des syndics, qui pourront y prendre des extraits privés, ou en requérir d'officiels qui leur seront expédiés par le greffier.

» 603. Lesdites pièces, titres et papiers seront, après le jugement, remis aux syndics, qui en donneront décharge; sauf néanmoins les pièces dont le jugement ordonnerait le dépôt judiciaire.

» TIT. V. *De la réhabilitation.*

» 604. Toute demande en réhabilitation de la part du failli, sera adressée à la cour d'appel dans le ressort de laquelle il sera domicilié.

» 605. Le demandeur sera tenu de joindre à sa pétition les quittances et autres pièces justifiant qu'il a acquitté intégralement toutes les sommes par lui dues en principal, intérêts et frais.

» 606. Le procureur-général de la cour d'appel, sur la communication qui lui aura été faite de la requête, en adressera des expéditions certifiées de lui au procureur impérial près le tribunal d'arrondissement, et au président du tribunal de commerce du domicile du pétitionnaire; et s'il a changé de domicile depuis la Faillite, au tribunal de commerce dans l'arrondissement duquel elle a eu lieu, en les chargeant de recueillir tous les renseignemens qui seront à leur portée, sur la vérité des faits qui auront été exposés.

» 607. A cet effet, à la diligence tant du procureur impérial que du président du tribunal de commerce, copie de ladite pétition restera affichée pendant un délai de deux mois, tant dans les salles d'audience de chaque tribunal, qu'à la bourse et à la maison commune, et sera insérée par extrait dans les papiers publics.

» 608. Tout créancier qui n'aura pas été payé intégralement de sa créance en principal, intérêts et frais, et toute autre partie intéressée, pourront, pendant la durée de l'affiche, former opposition à la réhabilitation, par simple acte au greffe, appuyé de pièces justificatives, s'il y a lieu. Le créancier opposant ne pourra jamais être partie dans la procédure tenue pour la réhabilitation, sans préjudice toutefois de ses autres droits.

» 609. Après l'expiration de deux mois, le procureur impérial et le président du tribunal de commerce transmettront, chacun séparément, au procureur-général de la cour d'appel, les renseignemens qu'ils auront recueillis, les oppositions qui auront pu être formées, et les connaissances particulières qu'ils auraient sur la conduite du failli; ils y joindront leur avis sur sa demande.

» 610. Le procureur-général de la cour d'appel fera rendre sur le tout, arrêt portant admission au rejet de la demande en réhabilitation; si la demande est rejetée, elle ne pourra plus être reproduite.

» 611. L'arrêt portant réhabilitation, sera adressé tant au procureur impérial qu'au président des tribunaux auxquels la demande aura été adressée. Ces tribunaux en feront faire lecture publique et la transcription sur leurs registres.

» 612. Ne seront point admis à la réhabilitation, les stellionataires, les banqueroutiers frauduleux, les personnes condamnées pour fait de vol ou d'escroquerie, ni les personnes comptables, tels que les tuteurs, administrateurs, ou dépositaires qui n'auront pas rendu ou apuré leurs comptes.

» 613. Pourra être admis à la réhabilitation le banqueroutier simple qui aura subi le jugement par lequel il aura été condamné.

» 614. Nul commerçant failli ne pourra se présenter à la bourse, à moins qu'il n'ait obtenu sa réhabilitation.

V. Atermoiement, *Cession de biens*, *Consuls des marchands*, *Hypothèque*, *Livre de marchand*, *Ordre*, *Privilége*, *Sauf-conduit*, et *Tribunal de commerce.*]]

[[FAINE. C'est le fruit du hêtre.

L'art. 12 du tit. 32 de l'ordonnance des eaux et forêts de 1669 porte que « toutes personnes privées coupant ou amassant de jour des herbages, glands ou Faînes, de telle nature et âge que ce soit, et les emportant des forêts, boquettaux, garennes et buissons, seront condamnées, pour la première fois, à l'amende, savoir, pour faix à col 5 livres, pour charge de cheval ou bourrique 20 livres, et pour harnais 40 livres; le double, pour la seconde; et la troisième, bannissement des forêts, même du ressort de la maîtrise; et en tout cas, confiscation des chevaux, bourriques et harnais qui se trouveront chargés ».

Mais il a été dérogé à ces dispositions par la loi du 12 fructidor an 2: « il est permis (porte cette loi) à tout particulier d'aller ramasser les glands, les *Faînes* et autres fruits sauvages, dans les forêts et bois qui appartiennent à la nation, en observant d'ailleurs les lois qui concernent leur conservation ».

Cette loi n'est relative, comme l'on voit, qu'aux Faînes et aux glands des bois de l'Etat; celle du 28 du même mois va plus loin. Voici ses termes:

« *Art.* 3. Les autorités constituées ne pourront faire aucune adjudication de glands ni de Faînes dans les forêts nationales. Celles qui auraient pu être faites avant la promulgation du présent décret, sont nulles et non avenues.

» 4. Les propriétaires ou possesseurs de hêtres seront tenus de déclarer à leur municipalité, avant le 20 du mois de vendémiaire, qu'ils sont dans l'intention d'en ramasser le fruit pour être converti en huile. A défaut de déclaration, la municipalité fera proclamer qu'il est libre à tout particulier de ramasser le fruit desdits arbres.

» 5. Les administrateurs de district sont autorisés à fournir sans prix de location à ceux qui auront de la Faîne à serrer, les emplacemens convenables qui se trouveront dans les bâtimens nationaux à leur disposition.

» 6. La Faîne des forêts nationales qui ne pourra être ramassée par des particuliers, le sera pour le compte de la nation, par les soins des administrations des districts et des municipalités.

» 7. La commission d'agriculture et des arts prendra toutes autres mesures pour que la Faîne de la récolte de cette année soit exactement ramassée et convertie en huile ».

La dérogation apportée par ces lois à l'art. 12 du tit. 32 de l'ordonnance de 1669, est-elle absolue, ou n'a-t-elle eu d'effet que pour l'an 2 ?

Voici ce que le ministre de la justice a écrit, sur cette question, le 1er thermidor an 10, aux commissaires du gouvernement près les tribunaux criminels.

« Le ministre des finances, d'après le compte qui lui a été rendu par les administrateurs généraux des forêts, m'informe que plusieurs tribunaux refusent d'appliquer à ceux qui enlèvent des *glands* et des *Faînes* dans les forêts nationales, les peines que prononce, en pareil cas, l'art. 27, tit. 27 de l'ordonnance de 1669, sous prétexte que l'art. 1er de la loi du 12 fructidor an 2 permet à tout particulier de ramasser les glands, les Faînes et autres fruits sauvages qui appartiennent à la nation. C'est une erreur qu'il importe de ne pas laisser subsister.

» La loi du 12 fructidor an 2 n'a point abrogé l'ordonnance de 1669 : elle en a seulement suspendu l'exécution, quant à la défense de ramasser les glands. Ses dispositions sont purement transitoires ; son exécution a dû cesser avec les circonstances qui l'ont fait porter.

» En effet, elle a été publiée dans un temps où la dépréciation du papier-monnaie, la stagnation du commerce, l'impossibilité de fournir au peuple les objets les plus nécessaires à ses besoins, ont déterminé la convention nationale à permettre de ramasser dans toutes les forêts la Faîne des hêtres, propre à leur procurer de l'huile, les glands et les autres fruits sauvages, dont les uns pouvaient être utiles à la nourriture de leurs bestiaux, et les autres à leur procurer une boisson salubre.

» Mais depuis que les circonstances ont amélioré le sort des habitans des campagnes, l'ancien ordre de choses a été rétabli. Il a été procédé à l'adjudication des glandées, lorsque l'abondance de cette récolte a pu permettre d'en tirer quelque produit.

» J'ajouterai à ces considérations, qu'il est de la plus grande importance de maintenir l'exécution des art. 27, tit. 27, et 12, tit. 32 de l'ordonnance de 1669, parce que l'un des plus puissans moyens d'entretenir et de repeupler les forêts nationales, est d'y laisser végéter la Faîne et les autres fruits tombés et dispersés sur leur sol. Cette reproduction naturelle ne manquerait pas d'être arrêtée, s'il était permis à tous les particuliers de ramasser les fruits. Enfin, l'art. 7 de la loi du 28 fructidor an 2, qui charge la commission d'agriculture de prendre toutes autres mesures nécessaires pour que la Faîne de la récolte de l'an 2 soit exactement ramassée et convertie en huile, indique assez que la permission, accordée par l'art. 1er de celle du 12 fructidor de la même année, à tous particuliers de ramasser les glands et la Faîne, n'était que momentanée et ne devait durer qu'autant que les circonstances difficiles dans lesquelles nous nous trouvions, duraient elles-mêmes.

» Je vous invite à faire part de ma lettre à vos substituts et aux commissaires du gouvernement près les tribunaux d'arrondissement, et à veiller personnellement à ce que les dispositions de l'ordonnance de 1669, sur cet objet, soient à l'avenir fidèlement observées ».

V. l'article *Feuilles mortes.*]]

* [[FAIT. (1) Ce mot isolé a, dans la jurisprudence, diverses acceptions que nous allons examiner.

§. I. Un Fait peut être l'objet d'une obligation, car on peut, par un contrat, s'obliger à faire ou à ne pas faire quelque chose.

Mais pour que l'obligation d'un Fait soit valable, il faut qu'il soit possible : *impossibilium nulla est obligatio*, dit la loi 85, *D. de regulis juris.*

Il faut qu'il ne soit contraire, ni aux lois, ni aux bonnes mœurs : *Pacta quæ contra leges constitutionesque, vel contra bonos mores fiunt, nullam vim habere indubitati juris est.* Ce sont les termes de la loi 6, C. *de pactis.*

Il faut qu'il soit déterminé de manière qu'il n'y ait pas d'incertitudes sur les différentes circonstances nécessaires à son exécution. Voyez-en un exemple dans la loi 3, §. 5, *V. de eo quod certo loco.*

Il faut enfin que celui en faveur de qui l'obligation est contractée, ait un intérêt apppréciable à son exécution ; car si cet intérêt n'existait pas, l'inexécution du Fait n'apporterait aucun préjudice à celui qui l'a stipulée ; elle ne pourrait donc donner lieu à des dommages-intérêts ; et cependant, comme nous le dirons bientôt, l'inexécution d'un Fait qu'on a promis, ne peut entraîner qu'une condamnation en dommages-intérêts : l'obligation pourrait donc être violée impunément ; elle serait donc nulle.

Mais si les Faits auxquels on n'a aucun intérêt appréciable, ne peuvent être l'objet des obligations, ils peuvent en être la condition ou la charge. *V. Pothier, Traité des obligations, n.* 139.

Les Faits peuvent être aussi une cause ou une source d'obligations. — Mais, à cet égard, il faut distinguer les Faits licites des Faits illicites.

Les Faits licites produisent les quasi-contrats : il peut en résulter des obligations, soit en faveur, soit au préjudice de celui qui est l'auteur de ces Faits.

Les Faits illicites sont les délits et les quasi-délits : ils obligent toujours celui qui les a commis, à réparer le dommage qu'il peut avoir causé : mais il est de leur nature de ne pouvoir jamais faire naître d'obligation à son avantage.

Ils donnent lieu aussi à une action en dommages et intérêts contre les personnes que la loi a soumises à la responsabilité des Faits de celui qui a causé le dom-

(1) Cet article appartient à M. B. *V. Connexité*, §. 4 et 5.

mage; et ces personnes ne peuvent se soustraire à cette action, qu'en prouvant qu'elles n'ont pu empêcher le Fait sur lequel elle est fondée. *V. Délit, Quasi-délit, Domestique, Femme* et *Puissance paternelle.*

Règle générale, chacun doit répondre du préjudice qu'il a occasionné, non-seulement par un Fait de malignité, mais encore par un Fait de négligence ou d'imprudence. *V.* Serres, *Institutions au droit français*, pag. 580; Domat, *Lois civiles*, liv. 2, tit. 8, §. 2; Pothier, *des Obligations*, part. 1, ch. 1, sect. 2, §. 1 et 2; et le Code Napoléon, liv. 3, tit. 4, ch. 2.

§. II. Toute obligation de faire ou de ne pas faire, se résout en dommages et intérêts en cas d'inexécution de la part du débiteur. *Nemo potest præcisè cogi ad factum, quia id sine vi et impressione fieri non posset,* dit le président Favre, dans ses *Rationalia*, sur la loi 1, D. *de actionibus empti et venditi.* — Ce principe a été consacré par l'art. 1142 du Code Nap.

Néanmoins, et ainsi qu'il est dit dans l'art. 1143 de ce Code, le créancier a le droit de demander que ce qui a été fait par contravention à un engagement, soit détruit; et il peut se faire autoriser à le détruire aux frais du débiteur, sans préjudice des dommages et intérêts, s'il y a lieu.

§. III. C'est une suite du droit de propriété de pouvoir faire sur son fonds ce qu'on veut, quoique le voisin en souffre, pourvu qu'on en retire quelque avantage, et que ce ne soit pas dans la seule intention de nuire à autrui. *V.* Guy-Pape, quest. 298.

Dans le doute, un Fait n'est jamais présumé avoir été déterminé par le dessein de nuire. (*Loi merito*, D. *pro socio.*

Il ne doit pas être permis de faire chez soi, ce qui nuit à autrui sans être utile à celui qui le fait. — *V. Bordier sur Ranchin, part.* 1, *conclus.* 313.

§. IV. Le mot *Fait*, considéré comme synonyme d'*action, de chose faite*, est simple ou composé.

Il est simple, lorsqu'il exprime un acte purement matériel, dégagé de toute qualification morale. — Ainsi, lorsqu'on dit que *Paul est entré dans sa maison, qu'il y a embrassé ses enfans, qu'il a pris un livre et qu'il est sorti*, on exprime quatre Faits qui tous sont simples.

Le Fait est composé, lorsqu'il contient la matérialité de l'acte, et la qualification que cet acte doit avoir dans ses rapports avec la morale ou avec la loi. Ainsi, quand on dit, *Paul a volé un cheval*, on énonce un Fait composé; car le Fait d'un *vol* exprime tout à la fois un Fait matériel d'enlèvement, de soustraction, et une intention coupable de dépouiller le détenteur de la chose enlevée, par infraction du droit de propriété.

Les Faits d'usure, de mensonge, d'adultère, etc., sont aussi des Faits composés qui renferment des Faits simples, et expriment en même temps leur caractère moral.

La possession que produit la prescription, est encore un Fait composé qui énonce tout à la fois le Fait simple de la détention d'une chose et de l'esprit de propriété dans lequel cette détention est exercée.

§. V. L'ensemble de plusieurs Faits simples ou composés, peut présenter, par leur combinaison, et par voie de conséquence morale ou légale, un Fait général, qui devient Fait principal, et qui n'ayant de matérialité que dans les Faits élémentaires dont il est déduit, doit s'appeler *Fait moral.*

Paul, par exemple, se prétend fils légitime de Pierre et de Marie; il ne peut pas prouver cette filiation par un acte de naissance; il fait valoir sa possession d'état. L'art. 321 du Code Napoléon déclare que la possession d'état s'établit par une réunion suffisante de Faits qui indiquent le rapport de filiation et de parenté entre un individu et la famille à laquelle il prétend appartenir, et il fixe les principaux de ces Faits. Paul produit les preuves qu'il a des Faits sur lesquels il appuie sa possession d'état. Ces Faits paraissent aux juges suffisamment prouvés, ils leur paraissent constituer la possession d'état de Paul; et en conséquence, Paul est déclaré fils légitime de Pierre et de Marie. — Quoique la filiation de Paul ait été, dans l'ordre de la nature, un fait simple et physique, elle n'est pourtant, dans ce cas, qu'un Fait moral qui a été déduit de plusieurs Faits simples ou composés, mais qui, en lui-même, n'a rien de matériel, et n'existe que comme une conséquence légale de preuves admises par la loi.

Voici un autre exemple que nous prenons dans l'art. 35 de la loi du 22 juillet 1791, sur la peine correctionnelle. — Cet article est ainsi conçu : « Ceux qui, par dol ou à l'aide de faux noms, ou de fausses entreprises, ou d'un crédit imaginaire ou d'espérances et de craintes chimériques, auraient abusé de la crédulité de quelques personnes et escroqué la totalité ou partie de leur fortune, seront poursuivis devant les tribunaux; et *si l'escroquerie est prouvée*, ils seront condamnés..., etc. ». — L'escroquerie est encore ici un Fait moral : ce Fait n'a par lui-même rien de matériel; mais il est constitué par la preuve des Faits de dol et d'abus de crédulité que la loi a déterminés pour le caractériser, et, en quelque façon, pour lui donner l'être. — *V. Escroquerie.*

§. VI. *Fait* signifie aussi le cas, l'espèce dont il s'agit dans une discussion ou dans une contestation : *le Fait* est alors l'exposition des circonstances dont se compose une affaire litigieuse. *Le Fait*, pris dans cette acception, est souvent appelé *point de Fait* par opposition avec le *point de droit.* — Le *point de Fait*, dans un procès, consiste aussi dans ce qui a été fait et souvent dans ce qui n'a pas été fait; et le *point de droit*, dans le rapprochement et l'application de la loi ou des règles de la justice, au *point de Fait.*

Dans les écrits et dans les plaidoyers, l'exposition du *Fait* doit précéder celle des moyens du droit : elle doit être simple, claire, analytique : on ne doit y faire entrer que les Faits qui se lient à l'objet du procès; si on la surcharge de Faits étrangers, elle cesse d'être le *Fait* de la cause, elle fatigue et distrait l'attention du juge : et elle prouve, ou que l'avocat n'a ni netteté ni justesse dans les idées, ou qu'il n'a fait qu'un examen superficiel d'une affaire qu'il s'est indiscrètement chargé de défendre.

Les jugemens doivent aussi contenir l'exposition sommaire des *points de Fait* (*V.* les art. 39, 40 et 141 du Code de procédure civile). Comment, en effet, les juges d'appel pourraient-ils apprécier le bien ou le mal jugé d'une affaire; comment la cour de cassation pourrait-elle examiner si la loi a été bien appliquée, ou si ses dispositions ont été entendues dans leur vrai sens, si les jugemens ne présentaient pas l'esquisse des Faits sur lesquels ils ont été rendus?

En matière criminelle surtout, les jugemens doivent déclarer les Faits dont un prévenu est déclaré coupable (*V.* les art. 162, 188 et 412 du Code du 3 brumaire an 4, et l'art. 195 du Code d'instruction criminelle de 1808); car il ne peut être prononcé d'autre peine que celle qui est ordonnée par la loi, et il n'en peut être infligé qu'aux Faits qualifiés par elle de délits. — Toute condamnation doit donc être accompagnée de l'énoncé du Fait qui l'a déterminée, afin qu'elle puisse être rapprochée de la loi et comparée avec elle.

§. VII. La cour de cassation n'a point de juridiction sur les Faits, c'est-à-dire que les Faits reconnus constans par les tribunaux ordinaires, doivent l'être pour elle, et que ses attributions se réduisent à examiner et à juger si la loi a été bien appliquée aux Faits déclarés dans les jugemens qui lui sont soumis. La raison en est sensible. Pourquoi la cour de cassation a-t-elle été instituée? Uniquement pour défendre la loi contre l'arbitraire ou l'erreur, et pour en maintenir une application uniforme dans toutes les parties de l'empire : or, il est indifférent pour l'observation et le maintien de la loi, que les Faits soient vus et reconnus de telle ou telle manière; l'erreur dans leur appréciation peut nuire à l'intérêt individuel, mais elle ne saurait porter aucune atteinte à la conservation de la loi. La juridiction des cours et tribunaux d'appel est la dernière et la seule autorité devant laquelle on puisse réclamer contre l'erreur des jugemens sur les Faits.

La cour de cassation ne peut pas même connaître du caractère moral que les tribunaux ordinaires peuvent avoir attribué à un Fait : ainsi, s'il est déclaré dans un jugement que tel Fait de possession a eu lieu *animo domini*, ou que tel ou tel autre Fait a eu pour principe telle ou telle intention, cette déclaration constituera une vérité judiciaire : et les attributions de la cour de cassation seront restreintes à juger si la loi a été bien appliquée d'après la déclaration énoncée dans le jugement, sur la moralité des Faits, comme sur leur matérialité. — L'institution de cette cour n'a pour objet, comme on l'a déjà dit, que la conservation de la loi : or, la loi ne peut pas être compromise par une décision qui a été le résultat du raisonnement ou de la conviction, et non celui de l'application d'une loi : en d'autres termes, là où il n'y a point eu de loi appliquée, il ne peut y avoir de loi violée (1).

De ce principe général il ne faudrait pourtant pas conclure que les tribunaux ordinaires pussent arbitrairement se jouer de la vérité, et déclarer constans des Faits qui seraient formellement démentis par les actes mêmes du procès. Pierre demande à Paul, héritier de Jean, le payement d'une somme que ce dernier lui a léguée; et, à l'appui de sa demande, il produit un testament en forme régulière, qui établit d'une manière expresse l'obligation que le testateur a imposée à son héritier de payer cette somme à Pierre. Si, comme on en a vu des exemples dans les temps malheureux que nous avons traversés, et pendant lesquels l'esprit de parti a produit tant d'erreurs, un tribunal, au mépris de cet acte qui n'aurait été combattu par aucun autre, declarait que Paul ne doit rien à Pierre, certes alors les lois qui consacrent la foi des actes, qui garantissent l'exécution des testamens, pourraient être invoquées, et elles saisiraient valablement la juridiction de la cour de cassation. Elles auraient été manifestement violées, et l'intérêt public, comme l'intérêt particulier, réclamerait contre une telle infraction.

Il en serait de même, si un tribunal, se trompant sur l'essence et la substance des actes, telles qu'elles sont déterminées par la loi, caractérisait, par exemple, de donation un contrat de vente, ou confondait et méconnaissait ainsi d'autres contrats auxquels la loi a fixé des formes et des effets propres et distincts. Dans ce renversement d'actes, il y aurait plus qu'erreur; il y aurait violation des lois constitutives de la nature, de l'effet et de la forme de ces actes; il y aurait donc ouverture légitime à la juridiction de la cour de cassation (1).

La cour de cassation ne peut connaître et ne connaît point des conséquences et des résultats qui peuvent avoir été déduits d'une enquête, d'une information. Ces résultats ne sont jamais que l'appréciation des Faits particuliers dont les témoins entendus ont déposé; et, comme nous l'avons dit, l'appréciation des Faits est étrangère aux attributions de cette cour.

Cette règle, puisée dans la nature des choses, et consacrée par une foule d'arrêts, admet pourtant une exception : lorsque la loi a elle-même fixé la nature et l'espèce des Faits particuliers qui peuvent constituer et prouver un Fait général et moral, la cour de cassation doit évidemment examiner, dans ce cas, si les Faits élémentaires dont on a déduit le Fait moral, sont ceux que la loi a déterminés.

Ainsi, par exemple, et en revenant à l'espèce que nous avons posée dans le §. 5, la possession d'état d'enfant légitime est un Fait moral. — Mais comme l'art. 321 du Code Napoléon détermine quels sont les Faits particuliers qui peuvent l'établir, il sera dans les attributions de la cour de cassation d'examiner les Faits élémentaires sur lesquels le jugement qui lui est soumis, se sera fondé pour admettre ou rejeter le Fait moral de la possession d'état, et de juger si, d'après la qualité et la nature de ces Faits, il a été fait une juste application de cet article 321, ou si cet article a été violé.

De même, dans les matières criminelles, la complicité d'un délit est un fait moral; mais le tit. 3 du Code pénal de 1791 ayant fixé les Faits qui la constituent, la cour de cassation devra connaître de ces Faits, et juger s'il leur a été fait une juste application de la disposition de la loi sur la complicité. *V.* *Complice* et *Escroquerie*, n. 12.

Mais dans aucun cas, ni au civil, ni au criminel, il n'appartiendra à la cour de cassation de rechercher

(1) *V.* *Substitution fidéicommissaire*, sect. 8, n. 7.

(1) *V.* *Société*, sect. 2, §. 3, art. 2, n. 3.

si les faits particuliers sur lesquels le Fait général et moral a été jugé, étaient prouvés ou ne l'étaient pas. — La preuve de ces Faits est abandonnée par la loi à la sagesse et aux lumières des tribunaux ordinaires; leur conviction n'est assujettie à aucune règle; l'examen des preuves ne pourrait donc se faire par le rapprochement d'aucune disposition de loi; il est donc hors des attributions de la cour de cassation, qui doit prendre pour base irréfragable du jugement qu'elle doit rendre sur le Fait moral, les Faits particuliers déclarés constans par les tribunaux ordinaires.

§. VIII. Tout ce qui est dit dans le §. précédent, s'applique aux matières de police simple, de police correctionnelle et de grand criminel, comme aux matières civiles.

Mais nous devons ajouter, relativement aux matières de grand criminel, que, dans les affaires qui se jugent avec le concours des jurés, c'est à ceux-ci que la loi confère exclusivement l'attribution de prononcer sur les Faits : ils doivent déclarer leur conviction dans la sincérité de leur conscience, et d'après l'impression qu'ont pu faire sur leur raison les preuves rapportées contre l'accusé et ses moyens de défense. — Mais leur déclaration est sans appel; elle a une autorité irréfragable. Ils prononcent non seulement sur la matérialité des Faits, mais encore sur leur moralité, et sur toutes les circonstances qui peuvent en augmenter ou en diminuer la peine. Les tribunaux criminels ne sont, dans le concours des jurés, que les juges du droit; ils appliquent aux Faits déclarés constans par le jury, les dispositions des lois pénales qui s'y rattachent.

Cependant si le caractère moral d'un Fait ou quelqu'une de ses circonstances ne pouvaient être décidés que par l'application de quelque principe ou par le rapprochement de quelque disposition d'une loi, ce ne serait plus alors une simple question de Fait : ou plutôt le Fait s'y lierait tellement au droit, que le tribunal criminel, seul juge du droit, devrait lui-même prononcer.

Ainsi, le caractère moral de plusieurs délits énoncés dans la 5e section du titre 1 de la 2e partie du Code pénal du 25 septembre 1791, et dans la sect. 3 du ch. 3 du tit. 1er du liv. 3 du Code pénal de 1810, prend un degré de gravité qui entraîne une peine plus forte, à raison de la qualité de fonctionnaire ou d'officier public que pouvait avoir celui qui est accusé de ces délits : le Fait de cette qualité, ne pouvant être décidé que par le rapprochement des lois organiques de l'ordre civil, sera soumis au jugement du tribunal, et non pas à la décision du jury.

La récidive est une circonstance aggravante des crimes, elle en augmente la peine; mais comme pour juger si elle existe, il faut apprécier la nature des peines prononcées contre le premier délit dont le prévenu s'est rendu coupable, et celles des peines auxquelles le second délit doit donner lieu, cette circonstance aggravante forme encore une question de droit qui doit être décidée par le tribunal criminel. [*V. Jurés.*] *

*FAIT D'AUTRUI, se dit de tout ce qui est fait, dit ou écrit par une personne relativement à une autre personne; c'est ce qu'on a coutume d'appeler en jurisprudence, *res inter alios acta.* Il est de principe que le Fait d'autrui ne peut pas nuire à un tiers; cependant cette règle admet quelques exceptions : tels sont les cas où un tuteur agit pour son mineur, un mari pour sa femme, un associé pour toute la société, etc. (M. Guyot.) *

* FAIT DE CHARGE. C'est une malversation ou omission frauduleuse commise par un officier public dans l'exercice de ses fonctions, ou une dette qu'il a contractée pour dépôt nécessaire fait entre ses mains à cause de son office.

La réparation du préjudice occasionné par un Fait de charge, est tellement privilégiée sur l'office, qu'elle est préférée à toute autre créance antérieure, soit hyothécaire ou privilégiée, même à celle du créancier qui a prêté ses deniers pour l'acquisition de l'office. Cette jurisprudence a été introduite en considération de la foi publique. En effet, il est juste que la charge réponde spécialement des fautes de celui qui en est revêtu, attendu qu'on est forcé de contracter avec lui, à cause de cette charge.

Ainsi, toutes les fois qu'un receveur des consignations, un commissaire aux saisies réelles, ou quelque autre dépositaire public, ne représentent pas les deniers qu'on a été obligé de consigner ou de payer entre leurs mains, on est en droit de faire vendre leurs offices; et de prétendre, sur le prix de la vente, la restitution des dépôts qui leur ont été confiés.

Les charges des procureurs sont affectées à la restitution des pièces confiées à ces officiers, de même que les charges des dépositaires des deniers publics sont affectées à la représentation de ces deniers.

C'est en conformité des règles qu'on vient d'établir, que, par arrêt du 5 septembre 1747, le grand conseil déclara un office d'huissier affecté et hypothéqué au payement d'une créance dont cet huissier avait perdu les titres par défaut d'attention.

Mais si un officier avait reçu un dépôt, sans que ce fût une fonction nécessairement attachée à son office, il n'en résulterait point de Fait de charge. C'est ainsi que, par arrêt du 31 mars 1745, le parlement de Paris a jugé que la dissipation d'un dépôt de 40,000 liv. fait entre les mains du sieur Gervais, notaire, en exécution d'arrêt rendu sur la requête du procureur-général, n'était point un Fait de charge. Le motif de cette décision a été que les notaires n'ont pas été créés pour recevoir des dépôts, et que les receveurs des consignations ont été établis pour cet objet. (M. Guyot.) *

[[*V. Cautionnement des employés*, n. 3 et 4.]]

* FAIT DU SOUVERAIN, se dit d'un changement qui émane de l'autorité du souverain, comme lorsqu'il révoque les aliénations ou engagemens du domaine, ou qu'il demande au possesseur quelque droit de confirmation; lorsqu'il ordonne qu'on prendra quelque maison ou héritage, soit pour servir aux fortifications d'une ville, soit pour former quelque rue, place, chemin ou édifice public; lorsqu'il augmente ou diminue le prix des monnaies et des matières d'or et d'argent; lorsqu'il réduit le taux

des rentes et intérêts ; lorsqu'il ordonne le remboursement des rentes constituées sur lui, et autres événemens semblables.

Le Fait du prince est considéré, à l'égard des particuliers, comme un cas fortuit et une force majeure que personne ne peut prévoir ni empêcher : c'est pourquoi personne n'en est garant de droit ; la garantie n'en est due que quand elle est expressément stipulée.

C'est en conformité de cette jurisprudence, que par arrêt du 4 août 1727, le parlement de Paris jugea que le greffier de l'amirauté de la Rochelle, qui, en vertu d'une ordonnance de justice, était dépositaire de deniers appartenans à divers particuliers, ne pouvait être tenu de représenter ces deniers en espèce, attendu qu'en exécution d'une loi du prince, il avait, comme tous les autres dépositaires publics, été forcé de convertir premièrement les deniers de son dépôt en papier, et successivement ce papier en contrats sur les tailles. *V. Garantie.* (M. GUYOT.)*

[[Mais quand la garantie des Faits du souverain a été stipulée expressément dans un contrat de vente, doit-elle avoir son exécution ?

Pourquoi ne l'aurait-elle pas ? Serait-ce parce qu'en thèse générale, l'acquéreur n'a pas de recours contre le vendeur, à raison de l'éviction qu'il éprouve postérieurement à la vente, par l'effet d'une loi qui altère ou détruit la chose vendue ? Serait-ce parce que la loi est alors une force majeure ; et qu'il est de principe que toute propriété qui périt par une force majeure, périt pour le compte de celui à qui elle appartient actuellement, *res perit domino ?*

Mais de même que cette règle n'empêche pas que le vendeur ne se charge valablement de la garantie des cas de force majeure en général, de même aussi elle ne peut pas empêcher que le vendeur ne s'oblige à garantir spécialement les Faits du souverain ; et c'est ce qu'ont jugé plusieurs arrêts solennels du parlement de Paris.

En 1575, contrat d'échange par lequel Mathurin Morin cède à Guillaume de Laubespine une maison située à Paris, avec promesse de la garantir de tous troubles ; et de son côté, Guillaume de Laubespine cède à Mathurin Morin, une rente de 500 livres sur l'Etat, qu'il s'oblige de garantir de tous troubles et empêchemens, *même des Faits du prince.* — Quelque temps après, Guillaume de Laubespine, mariant sa fille à Nicolas de Neufville, lui donne en dot la maison qu'il a reçue en échange de Mathurin Morin. — En 1588, la rente de 500 livres n'étant plus payée depuis deux ans, la veuve de Mathurin Morin se pourvoit contre les sieur et dame de Neufville. Ceux-ci mettent en cause Guillaume de Laubespine, qui, à son tour, fait assigner celui de qui il avait acheté cette rente, sous la même clause de garantie de tous troubles et empêchemens, *même des Faits du prince.* — Question de savoir si cette clause est valable, et si en conséquence l'exécution peut en être poursuivie par la veuve Morin contre la donataire de Guillaume de Laubespine, et par Guillaume de Laubespine contre son propre cédant. — Par arrêt du 22 juin 1595, les sieur et dame de Neufville sont condamnés à payer à la veuve Morin les deux années de la rente qui se trouvaient arriérées à Noël 1588, ainsi que les arrérages qui en sont échus depuis et qui échoieront à l'avenir, si mieux ils n'aiment consentir la résolution de l'échange ; et faisant droit sur les demandes en garantie et arrière-garantie formées par les sieur et dame de Neufville contre Guillaume de Laubespine et par Guillaume de Laubespine contre son propre cédant, les condamne à s'acquitter, garantir et indemniser l'un l'autre (1).

Il a été jugé de même « pour la garantie de 1200 livres de rente sur le sel, en conséquence de la clause apposée au contrat d'échange et transaction du 16 mars 1587, passé entre le trésorier, chanoine et chapitre de la sainte chapelle du bois de Vincennes, et dame Anne Leclerc, veuve de Me Jean du Guay, par laquelle elle avait promis garantir ladite rente, baillée en contr'échange des droits appartenans auxdits chanoines du chapitre en la terre et seigneurie de Chambre, de tous troubles et empêchemens, *même du Fait du prince*, et de payer en cas de dénégation ou cessation de payement des arrérages par deux ans, et après un simple refus par les receveurs, fournir et assigner pareille rente de 1200 livres sur particuliers, dont elle demeurerait garante, ou payer et continuer de ses propres deniers ladite rente, sous l'hypothèque de tous et chacun ses biens, par arrêt donné en la cinquième chambre des enquêtes, au rapport de M. Hébert, le 21 mai 1650, infirmatif de la sentence de messieurs des requêtes du palais, du 11 janvier 1627, qui avaient mis les parties hors de cour et de procès, sur la demande desdits chanoines du chapitre, intentée contre M. Jules-César Faure, conseiller au parlement de Dijon, et les sieur et dame de Ligny, propriétaires de ladite terre. J'avais écrit au procès ». — Ainsi s'exprime Brodeau sur Louet, lettre C, §. 41.

Voici un troisième arrêt qui met le sceau à cette jurisprudence.

Le 4 avril 1682, la veuve Thoiras pour s'acquitter envers M. de Breteuil, conseiller d'état, d'une rente de 8,000 liv. qu'elle lui doit, lui cède 8,000 liv. de rente sur les aides et gabelles en cinq parties, avec la clause expresse qu'elle demeurera chargée envers lui des Faits du prince, tant pour le principal que pour les arrérages. — Au mois de décembre 1713, édit du roi qui réduit les rentes cédées par la veuve Thoiras à M. de Breteuil, du denier 20 au denier 25. Les héritiers de M. de Breteuil réclament contre les héritiers de la veuve de Thoiras l'indemnité de la perte qu'ils éprouvent par cette réduction. — Les héritiers de la veuve Thoiras répondent que nul ne répond du Fait du prince, et que la promesse d'en répondre est nulle. — La cause portée à l'audience de la grand'chambre, M. l'avocat-général Joly de Fleury demande *où est la loi qui prohibe la garantie du Fait du prince, où est l'intérêt de l'État ? Domat*, ajoute-t-il, *veut qu'elle soit bonne pour la vente. En effet..., il y a plusieurs arrêts qui ont jugé la clause bonne* (2). — Par

(1) Leprêtre, centurie 2, chap 28.
(2) *Journal des audiences*, tom. 6, part. 2, pag. 76.

arrêt du 21 mars 1715, rendu après trois audiences de plaidoiries, le parlement de Paris condamne les héritiers Thoiras à garantir et indemniser les héritiers Breteuil de la réduction des rentes dont il s'agit. — Les motifs de cet arrêt nous sont ainsi retracés par un auteur contemporain : « De droit commun, la garantie des Faits du prince doit avoir lieu, quand elle est expressément stipulée. Quand il n'y a point de stipulation, l'on considère le Fait du prince comme un événement postérieur et imprévu qui doit tomber sur l'acheteur : *futuros evictionis casus post contractam venditionem ad venditorem non pertinere.* Telle est la raison qui a fait décider, dans la loi fameuse *Lucius Titius*, D. *de evictionibus*, que le vendeur n'était point garant de ce que les héritages vendus étaient donnés en récompense à des soldats victorieux : *partim præcepto imperiali distractos, partim veteranis in præmia adsignatos.* Mais quand la garantie des Faits du prince a été directement stipulée, elle doit avoir son exécution, comme en général tous les événemens futurs et imprévus donnent lieu à la garantie. Loi 23, D. *de regulis juris* (1) ».

Ainsi, par exemple, nul doute sur la validité originelle de la clause par laquelle, en vendant des droits féodaux avant 1789, le vendeur se serait obligé de les garantir de tous les événemens qui pourraient en diminuer ou anéantir le revenu, *même par l'autorité du prince.*

Mais cette clause, valable dans son origine, n'a-t-elle pas été annullée par les lois concernant l'abolition des droits féodaux?

Ces lois sont celles des 4 août 1789, 15 mars 1790, 13 avril 1791, 25 août 1792 et 17 juillet 1793.

Or, dans toutes ces lois, pas un mot sur l'effet des clauses par lesquelles les vendeurs de droits féodaux auraient promis d'indemniser les acquéreurs, de la perte qu'ils pourraient un jour souffrir de ces droits par le Fait du souverain.

A la vérité, l'art. 36 du tit. 2 de la loi du 15 mars 1790 et l'art. 37 du tit. 14 de la loi du 12 avril 1791, portent qu'*il ne pourra être prétendu par les personnes qui ont ci-devant acquis de particuliers, par vente ou autres titres équipollens à vente, des droits abolis par le présent décret, aucune indemnité ni restitution de prix.*

Mais cette disposition, qui n'est que l'écho littéral de la règle du droit romain, *res perit domino*, n'a pas et ne peut pas avoir plus de latitude que n'en a cette règle dans le droit romain lui-même.

Et comme, dans le droit romain, la règle *res perit domino*, ne s'applique qu'aux ventes faites ou censées faites avec les clauses de garantie les plus ordinaires; comme, dans le droit romain, cette règle n'apporte aucun obstacle à l'exécution de la promesse de garantir les Faits du prince; il est clair que les articles cités des lois de 1790 et 1791 ne peuvent pas avoir un effet plus étendu; il est clair que ces articles ne sont pas applicables à l'acquéreur de droits féodaux auquel la garantie des Faits du prince a été expressément promise.

Sans doute, ces articles pourraient être invoqués avec succès par l'acquéreur à qui il aurait été simplement promis une garantie de tous événemens prévus et imprévus qui pourraient altérer ou détruire l'objet de son acquisition; sans doute on tenterait vainement d'étendre cette promesse à la garantie des Faits du prince.

Mais d'où cela vient-il? Uniquement de ce que toute la prudence humaine ne pouvait pas prévoir, à l'époque des ventes de droits féodaux, qu'il viendrait un temps où la législation proscrirait ces droits; uniquement de ce qu'il est de principe que, dans les clauses de garantie les plus générales, ne sont jamais compris les cas que toute la prudence humaine ne pouvait pas prévoir à l'époque où ces clauses ont été stipulées; uniquement, en un mot, de ce que le vendeur ne peut pas être censé avoir contracté l'engagement de garantir les Faits du prince, par cela seul qu'il s'est engagé de garantir tous les événemens prévus et imprévus. Or, il est évident que toutes ces raisons cessent, lorsqu'il y a, de la part du vendeur, une promesse spéciale et formelle de garantir les Faits du prince. Donc, point de conséquence à tirer d'un cas à l'autre.

Au surplus, *V.* mon *Recueil de Questions de droit*, aux mots *Fait du souverain.*]]

* FAIT ET CAUSE se prend pour le droit et l'intérêt de quelqu'un. On dit *prendre le Fait de quelqu'un*, ou *prendre Fait et cause pour quelqu'un*, pour dire, intervenir en justice, afin de le garantir de l'événement d'une contestation, et même le tirer hors de cause.

L'art. 9 du tit. 8 de l'ordonnance du mois d'avril 1667 porte qu'en garantie formelle, les garans peuvent prendre le fait et cause pour le garanti, qui doit être mis hors de cause, s'il le requiert avant la contestation. — Mais il n'en est pas de même en garantie simple; l'art. 12 du titre cité porte qu'en ce cas, les garans ne pourront prendre Fait et cause, sauf à eux à intervenir si bon leur semble. Cette disposition est fondée sur ce que le garanti étant obligé personnellement envers le demandeur originaire, il doit par lui-même répondre de son obligation, et par conséquent il ne peut pas demander à être mis hors de cause. *V. Garantie.* (M. GUYOT.)*

* FAIT PROPRE se dit de l'acte par lequel un officier de cour souveraine s'est, en quelque sorte, rendu partie dans une cause, instance ou procès, lorsqu'il a sollicité en personne les juges de la compagnie à laquelle il est attaché, et qu'il a consulté et fourni aux frais de l'affaire. Il faut le concours de ces trois circonstances pour que l'officier soit réputé avoir fait son Fait propre; et quand cela est prouvé, on peut évoquer du chef de cet officier, comme s'il était véritablement partie. (*V. Évocation.* (M. GUYOT.)*

FAITS ET ARTICLES. *V. Interrogatoire sur les Faits et articles*, et *Compellations.*

* FAITS JUSTIFICATIFS, se dit de ceux qui peuvent servir à prouver l'innocence d'un accusé.

[[§. I. *Idée générale des Faits justificatifs.*

S'il est essentiel de punir les crimes, il faut aussi

(1) Brillon, au mot *Rente*, n. 76 *bis.*

conserver à un accusé les moyens de prouver qu'il n'est pas coupable : c'est par cette considération qu'on a introduit, dans l'instruction de la procédure criminelle, le droit de proposer des Faits justificatifs.

Les Faits justificatifs qui peuvent être allégués en faveur de l'accusé, sont particulièrement :

1° L'impossibilité d'avoir commis le délit. Tel serait le cas où l'accusé se serait trouvé, au moment de l'action, dans un endroit différent de celui où elle a eu lieu. Si, par exemple, quelqu'un était accusé d'avoir volé des effets à Paris le premier jour de l'an, et qu'il offrît de prouver que, ce jour même, il était à Lyon, les juges seraient obligés d'admettre l'accusé à cette preuve qui pourrait se faire tant par titres que par témoins. *V. Alibi.*

2° L'offre faite par l'accusé, de prouver que le délit dont il s'agit, a été commis par une autre personne, est aussi un Fait justificatif qu'on doit admettre.

3° Il faut en dire autant du cas où l'accusé offrirait de justifier que la personne qu'on l'accuse d'avoir assasinée, est encore vivante.

4° La folie est pareillement un Fait justificatif, lorsqu'elle existait au temps du crime imputé à l'accusé, parce que l'action d'un fou n'étant pas libre, elle est sans crime. *V. Démence.*

5° Si l'accusé a commis le délit à son corps défendant, ou dans le cas d'une juste nécessité, comme quand il a tué quelqu'un qui voulait le voler ou l'assassiner, il peut proposer la preuve de ces circonstances, attendu qu'elles sont des Faits justificatifs.

6° La preuve de la débauche d'une fille qui accuse quelqu'un de l'avoir violée, doit pareillement être admise, comme d'un Fait justificatif.

7° Lorsqu'un accusé se trouve saisi d'effets volés, il peut, pour Fait justificatif, établir qu'il a acheté de bonne foi ces effets.

8° Si des écrits condamnables parce qu'ils attaqueraient l'autorité du prince, ou tendraient à exciter des troubles dans l'État, se trouvaient chez un particulier, il pourrait proposer, pour Fait justificatif, la preuve que ces écrits ont été déposés chez lui à son insu, ou qu'ils lui ont été remis par telle ou telle personne.

9° Si mon épée ou mon couteau avaient servi à tuer une personne, et que je pusse prouver que je les avais prêtés ou perdus, plusieurs jours avant le crime commis, ce serait un Fait justificatif admissible.

10° Alléguer que les témoins ont été subornés, est aussi un Fait justificatif dont la preuve doit être admise.

11° On peut encore regarder comme Faits justificatifs, les reproches pertinens fournis contre les témoins, et dont l'accusé demande à faire preuve, tant par titres que par témoins, lorsqu'il n'a pu suffisamment établir ces reproches lors de la confrontation.

12° L'inscription de faux contre les actes produits au procès, est aussi un Fait justificatif. Ainsi, dans le cas où une information aurait été faite sans le juge, par le greffier seul, on pourrait s'incrire en faux contre la procédure. Il en serait de même s'il y avait dans la procédure des lignes qui y eussent été ajoutées depuis qu'elle a été faite. Cela a été ainsi jugé par arrêt du 15 décembre 1703, rapporté au *Journal des audiences.*

[[13° L'art. 357 du Code des délits et des peines du 3 brumaire an 4, porte que «l'accusé peut faire entendre des témoins pour attester qu'il est homme d'honneur, de probité et d'une conduite irréprochable. Les jurés (ajoute-t-il), ont tel égard que de raison à ce témoignage». L'art. 321 du Code d'instruction criminelle de 1808 dit la même chose.

§. II. *De la preuve des Faits justificatifs, suivant la forme de procéder établie par l'ordonnance de* 1670.]]

Les juges, même les cours souveraines, ne peuvent ordonner la preuve d'aucun Fait justificatif, ni entendre aucun témoin pour y parvenir, qu'après la visite du procès. C'est ce qui résulte de l'art. 1 du titre 28 de l'ordonnance criminelle du mois d'août 1670.

Cette règle a été introduite afin que les jugemens des procès criminels ne fussent pas retardés par l'instruction des Faits justificatifs, dont l'accusé offrirait le plus souvent la preuve, s'il pouvait être admis à la faire avant qu'on eût épuisé les moyens destinés à constater le délit.

L'objet du législateur a aussi été d'empêcher qu'on n'ordonnât des preuves inutiles : ce qui arriverait toutes les fois que la preuve résultante de la procédure, ne suffirait pas pour prononcer une condamnation, ou que cette preuve serait si claire, qu'aucune preuve contraire ne pourrait la détruire.

C'est en conformité de cette jurisprudence, que par arrêt du 27 août 1717, rapporté au *Journal des audiences*, le parlement de Paris fit défense aux juges conservateurs de Lyon d'admettre les accusés à la preuve d'aucun Fait justificatif, ni qui tendît à détruire les dépositions des témoins, sinon après l'instruction parachevée.

Observez toutefois que la règle dont il s'agit, reçoit quelques exceptions. Ainsi, lorsqu'un Fait justificatif [[prend le caractère de *Fait péremptoire*, c'est-à-dire, lorsqu'il]] tend à détruire le corps du délit, la preuve en doit être admise avant la visite du procès. Par exemple, si un accusé poursuivi pour crime d'homicide, offre de justifier que la personne qu'on l'accuse d'avoir tuée, est encore vivante, il doit être admis à cette preuve avant la visite du procès, puisque, s'il n'y a point de corps de délit, l'information et la recherche du crime sont inutiles.

Il en serait de même si le Fait justificatif établissait que l'action imputée à l'accusé, n'était point un crime. Le parlement de Paris l'a ainsi jugé par arrêt du 25 juin 1765, dans l'espèce suivante :

Jean Folliet, laboureur, avait été décrété de prise de corps, à la requête du procureur du roi au bailliage de Châlons, sous prétexte qu'un matin il avait enlevé de l'avoine d'un champ qui ne lui appartenait pas. Ce particulier offrit de justifier que le champ où le nommé Grabut, son dénonciateur, disait lui avoir vu enlever de l'avoine, lui appartenait. L'arrêt cité permit à Folliet de faire la preuve de ce Fait justificatif, en conséquence de laquelle il fut déchargé de l'accusation par un autre arrêt du 14 mai 1766.

Si, pour la preuve de ses Faits justificatifs, l'accusé avait à faire entendre des témoins valétudinaires, âgés ou prêts à faire un long voyage, il faudrait lui permettre de faire sa preuve avant le temps fixé pour les cas ordinaires, à cause du danger qu'il y aurait à la retarder. Cela paraît autorisé par l'art. 3 du tit. 15 de l'ordonnance de 1670. C'est d'ailleurs une disposition de l'art. 4 du tit. 9 de l'ordonnance criminelle du duc Léopold, du mois de novembre 1707, observée en Lorraine.

L'accusé ne peut être admis à la preuve d'aucun Fait justificatif, autre que ceux qui auront été choisis par les juges entre ceux que le même accusé aura articulés dans ses interrogatoires et confrontations; et ces faits justificatifs doivent être insérés dans le jugement qui en ordonne la preuve. C'est ce qui résulte des art. 2 et 3 du tit. 28 de l'ordonnance de 1670.

Au reste, rien n'empêche que l'accusé ne puisse présenter avant la visite du procès, une requête qui contienne un détail circonstancié des Faits justificatifs, qu'il n'a allégués qu'imparfaitement dans ses interrogatoires et confrontations.

[Il est d'ailleurs de principe que l'accusé est recevable, en tout état de cause, avant le jugement définitif, à proposer des Faits justificatifs. Mais l'est-il également après la prononciation d'un plus amplement informé avec réserve des preuves?

Cette question s'est présentée au parlement de Paris, en 1775, dans la célèbre affaire de Garnier.

Lorsqu'il fut question de juger définitivement cet accusé, dont l'innocence était si bien établie, il s'éleva une difficulté. L'arrêt interlocutoire qui l'avait retenu dans les prisons, portait expressément la réserve des preuves, *manentibus indiciis*. Il y avait aussi un arrêté du même jour par lequel il était statué « que les preuves qui étaient au procès contre Joseph Garnier, ne seraient purgées, et que les juges demeureraient dans leur entier d'opiner ».

Cette clause rigoureuse paraissait déclarer l'accusé atteint du crime et chargé de soupçons bien violens. Les témoins qui auraient pu opérer sa justification, n'avaient point été entendus. Pouvait-on encore les entendre? Pouvait-on, dans cet état admettre l'accusé à ses Faits justificatifs? Et nonobstant la lumière qui éclairait avec tant d'éclat son innocence, pouvait-on le décharger de l'accusation?

Il a paru sur cette question une consultation de MM. Aubry, Aved de Loiserolles, Coutin, Duvergier, Bosquillon et Dodin. On sera bien aise sans doute d'en trouver ici la substance.

« Il faut d'abord (disent ces jurisconsultes), bien définir un jugement qui prononce un plus amplement informé, parce que, par sa définition, on verra quelle est sa nature; et par sa nature, on verra quels doivent être ses effets.

» Un plus amplement informé est un jugement interlocutoire que la justice rend, lorsque, ne sentant pas sa religion encore assez éclairée, elle espère que les temps ajouteront aux charges; ou qu'ils mettront l'accusé dans la possibilité de les détruire : telle est l'idée qu'en donnent les criminalistes les plus accrédités. « On ne connaît (dit Jousse), que deux sortes » de jugemens en matière criminelle comme en ma- » tière civile : Ils sont ou préparatoires ou interlocu- » toires, comme les jugemens de compétence, les ar- » rêts ou sentences de provision, ou rendus sur la récu- » sation des juges, les jugemens ou sentences *portant* » *qu'il en sera plus amplement informé, etc.*; ou dé- » finitifs, comme sont ceux qui prononcent définitive- » ment la condamnation ou absolution de l'accusé ». *V.* Jousse, *Idée de la justice criminelle*.—Les mots *manentibus indiciis*, ne changent point la nature du plus amplement informé; ils ne sont qu'une prononciation accidentelle et non substantielle; ils ne forment point son essence, mais ils la modifient.

» Un accusé, contre qui il est prononcé, peut, après le temps expiré, présenter sa requête, afin d'être renvoyé de l'accusation si elle est calomnieuse; il peut même, en détruisant les charges, se pourvoir pour ses dommages et intérêts : c'est le sentiment de Lacombe, *Traité des matières criminelles*, part. 3, ch. 18 : « On ordonne quelquefois (dit cet auteur), » un plus amplement informé, *manentibus indiciis*, » pendant un temps, comme d'un an ou de six mois, » et que l'accusé gardera prison pendant ce temps, » sauf à lui, après le temps fini, à donner sa re- » quête pour être renvoyé de l'accusation; ce qui » lui est accordé, s'il n'est point survenu de nou- » velles preuves et charges ».

» Suivant tous les criminalistes, l'accusé, après avoir dénié le crime, est recevable, en tout état de cause, avant le jugement définitif, à proposer des Faits justificatifs : c'est le sentiment de Boërius, décis. 165, n. 10, *usque in finem*. Donc le sieur Garnier est recevable encore aujourd'hui à proposer ses Faits justificatifs, puisque le jugement qui ordonne un plus amplement informé, *manentibus indiciis*, n'est point un jugement définitif, mais un simple jugement interlocutoire.

» Les auteurs observent qu'on ne doit admettre les Faits justificatifs de la part d'un accusé, que lorsqu'il paraît innocent, et pour aider à manifester son innocence, et non pas en faveur d'un coupable, dont le crime est avéré dans le procès.

» Sous ce point de vue, la demande du sieur Garnier, afin de faire la preuve de ses Faits justificatifs, doit paraître bien favorable : non seulement son innocence est démontrée par tous les Faits dont il a rendu compte, mais la sentence du châtelet, qui suppose même l'innocence de l'accusé, quoiqu'elle paraisse l'inculper.

» Il est rare, dit Lacombe, part. 3, ch. 34, que, par une première sentence qui ordonne un premier plus amplement informé contre l'accusé, on ordonne qu'il sera mis en liberté; il faut, en ce cas, dit-il, qu'il n'y ait que des preuves bien légères contre lui.

» Puisque, dans une accusation aussi grave que celle qui a été intentée contre le sieur Garnier, les premiers juges ont ordonné un plus amplement informé avec liberté, il est évident que les indices étaient bien légers; et on ne saurait trop s'étonner de ce que, dans de pareilles circonstances, ces juges n'ont pas admis le sieur Garnier à la preuve des Faits justificatifs qu'il avait proposés dans ses interrogatoires aux confrontations, et dans la requête d'atténuation qu'il a fait signifier au procureur du roi du châtelet.

» Il était d'autant plus indispensable d'admettre cette preuve, qu'il est constant que tous les Faits étaient pertinens et admissibles; et que les témoins, que le sieur Garnier aurait souhaité de faire entendre, auraient détruit absolument les indices très-légers qui ont pu donner lieu, dans le principe, à l'accusation.

» D'après les principes que l'on vient d'établir, on ne peut pas douter que le plus amplement informé ne peut jamais être considéré que comme un simple jugement interlocutoire, même quand il prononce *manentibus indiciis*; et qu'il ne peut empêcher que l'accusé puisse proposer sa justification jusqu'au jugement définitif: l'opinion contraire est trop révoltante pour que la difficulté proposée puisse faire la matière d'un problême. On sera encore plus pénétré de ces vérités, si on veut entrer dans l'esprit de la loi.

» Quels sont les cas où la loi veut que l'on prononce un plus amplement informé? Ce sont ceux où l'instruction n'ayant pas dissipé tous les nuages, l'esprit du magistrat est encore arrêté par des doutes.

» Que signifie maintenant la disposition, *manentibus indiciis*? Elle veut dire qu'il y a des charges et qu'on les réserve. Mais si on réserve des charges, n'est-ce pas pour y faire droit quand on jugera? Le titre principal de l'accusation subsiste donc toujours. Dans ce cas, peut-on priver l'accusé du droit qu'il a de proposer ses Faits justificatifs pour la détruire?

» Mais voici un argument bien plus fort et qui doit porter la plus grande lumière sur cette question.

» On suppose une accusation grave, trop peu prouvée pour condamner, mais aussi trop appuyée pour absoudre. Dans ce cas, la justice ordonne un plus amplement informé, indéfini ou à temps, *manentibus indiciis*. Si de nouveaux témoins se présentent, s'il s'offre de nouvelles preuves pendant le temps du plus amplement informé et avant le jugement définitif, la justice refusera-t-elle d'y faire droit? Non, sans doute; elle recevra les nouvelles dépositions, et il sera possible qu'elle condamne l'accusé à perdre la vie, si ces dépositions sont fortes, et si l'accusé ne peut pas les détruire. Ne serait-il pas bien étrange que celui-ci ne pût pas profiter également du temps du plus amplement informé, pour faire valoir en sa faveur la preuve qu'il peut donner de son innocence, lorsque cette preuve n'a pas encore été admise? Pourquoi ce temps, toujours consacré pour l'instruction, ne courrait-il utilement que contre l'accusé?

» S'il fût survenu des charges à Garnier, s'il eût été possible qu'il fût convaincu, pendant le temps du plus amplement informé, d'avoir commis le crime dont on l'a accusé, les juges n'eussent pas hésité à prononcer contre lui la peine qu'aurait pu mériter son forfait: et ces mêmes juges qui, sans balancer, auraient condamné Garnier au dernier supplice, s'il fût venu des preuves contre lui, se trouvaient dans l'impossibilité de l'absoudre, lorsqu'il présente des preuves claires et précises de son innocence! il ne pourrait plus même être admis à faire cette preuve!

» Mais c'est faire injure à la sagesse de notre législation, que d'élever des doutes sur la demande que le sieur Garnier se propose de former aujourd'hui. Il est certain que les magistrats ne pourraient la rejeter, sans blesser les droits de l'humanité.

» S'il en était ainsi, tout serait de rigueur pour un accusé, avant, pendant et après l'instruction du procès. De pareilles idées ne sont jamais entrées dans l'esprit des législateurs. Nos lois veulent qu'on instruise à charge et à décharge. On sait aussi que, suivant notre jurisprudence criminelle, si tout est de rigueur contre l'accusé, tant que l'instruction dure, au moins tout est de faveur pour lui, dès qu'elle est finie.

» Dans le cas même où l'accusé aurait oublié, dans ses interrogatoires, ou à la confrontation, des Faits justificatifs, qui, s'il se les fût rappelés, auraient manifesté son innocence, suivant les principes, il pourrait encore les faire valoir et les articuler dans un autre temps, parce qu'un accusé peut proposer ses Faits justificatifs en tout état de cause, jusqu'au jugement définitif. Il serait contre le droit naturel, le droit des gens, les lois, la justice et l'équité, d'opposer dans cette occasion une fin de non-recevoir à un accusé, qui viendrait, par un moyen victorieux, se justifier et prouver son innocence.

» Tel est le cas dans lequel serait le sieur Garnier, s'il n'avait point articulé, pendant l'instruction du procès, tous les faits d'après lesquels son innocence paraît démontrée, il pourrait être encore admis aujourd'hui à les faire entendre; et il est d'autant plus indispensable de l'admettre à la preuve de ces Faits justificatifs, que les premiers juges, comme on l'a déjà observé, l'ont trouvé si peu coupable, qu'en prononçant contre lui un plus amplement informé, ils lui ont donné la liberté, quoique l'accusation fût très-grave.

» Cette disposition, *avec liberté*, prouve qu'il n'y avait point de charges au procès contre l'accusé, et que les premiers juges auraient pu le décharger entièrement de l'accusation, s'ils n'avaient point dédaigné de l'admettre à la preuve de ses Faits justificatifs, après l'examen du procès, comme le prescrit l'art. 1 du tit. 28 de l'ordonnance de 1670.

» S'il était possible que cette négligence des juges du châtelet ne pût se réparer aujourd'hui, combien il faudrait gémir sur le sort des accusés, auxquels nos usages ne donnent point de défenseurs auprès des tribunaux! Le sieur Garnier ne serait à plaindre que parce que sa voix n'aurait pas été assez forte pour pouvoir manifester son innocence.

» Mais il doit être bien assuré de trouver aujourd'hui de zélés défenseurs dans les magistrats qui doivent le juger. Plus ils voudront bien se pénétrer de sa situation, de son innocence et de ses malheurs, plus ils seront excités à mettre l'accusé à portée de se justifier, afin de pouvoir le décharger pleinement d'une accusation flétrissante.

Ainsi ont raisonné les jurisconsultes dont Garnier avait réclamé les lumières, et, comme l'on voit, ils n'ont laissé rien à désirer sur la question.

Lorsqu'il s'est agi de la décider, les magistrats se sont trouvés partagés. Quelques-uns proposaient de faire anéantir, par la voie de la révision, le jugement qui avait réservé les charges. D'autres étaient d'avis de faire subir à Garnier un interrogatoire bien circonstancié, et de faire entendre ses témoins, en admettant ses Faits justificatifs; mais l'un et l'autre parti a cédé à celui de se borner à un interrogatoire très-étendu : et par arrêt rendu le 31 juillet 1775, au rapport de M. de Chavanne, Garnier a été pleinement déchargé de l'accusation intentée contre lui à la requête du procureur du roi du châtelet.]

L'art. 4 du titre qu'on a cité, veut que le jugement qui ordonne la preuve des Faits justificatifs, soit prononcé au plus tard dans les vingt-quatre heures à l'accusé, avec l'interpellation à celui-ci de nommer sur-le-champ les témoins qu'il se propose de faire entendre, à peine de n'y être plus reçu.

Cette obligation imposée à l'accusé, de nommer sur-le-champ ses témoins, a pour objet d'empêcher qu'il ne puisse par la suite en choisir d'autres qu'il pourrait suborner.

Si l'accusé se trouve absent lors du jugement du procès, et que les juges l'aient admis à la preuve de ses Faits justificatifs, il faut, sur la requête du ministère public, l'assigner extraordinairement à jour fixe, pour lui prononcer le jugement qui l'admet à cette preuve.

[[Les art. 19 et 20 de la loi du 9 octobre 1789 ont introduit, sur tout cela, de grands changemens. Voici comment ils sont conçus :

« L'accusé aura le droit de proposer, en tout état de cause, ses défenses, Faits justificatifs ou d'atténuation ; et la preuve sera reçue de tous ceux qui seront jugés pertinens, et même du Fait de démence, quoiqu'ils n'aient point été articulés par l'accusé dans son interrogatoire, et autres actes de la procédure. Les témoins que l'accusé voudra produire, sans être tenu de les nommer sur-le-champ, seront entendus publiquement, et pourront l'être en même temps que ceux de l'accusateur, sur la continuation ou addition d'information. — Il sera libre à l'accusé, soit d'appeler ses témoins, à sa requête, soit de les indiquer au ministère public, pour qu'il les fasse assigner; mais, dans l'un ou dans l'autre cas, il sera tenu de commencer ses diligences, ou de fournir l'indication de ses témoins, dans les trois jours de la signification du jugement qui aura admis la preuve ».]]

L'accusé ne doit point être élargi pendant l'instruction de la preuve des Faits justificatifs; cela est ainsi ordonné par l'art. 5 du titre qu'on vient de citer. Et l'art. 6 veut que les témoins soient assignés à la requête de la partie publique et ouïs d'office par le juge.

L'accusé est obligé, suivant l'art. 7, de consigner au greffe la somme ordonnée par le juge, pour fournir aux frais de la preuve des Faits justificatifs, s'il est en état de le faire, autrement ces frais doivent être avancés, par la partie civile, s'il y en a une, ou par le domaine.

Observez que si, dans le nombre des témoins nommés par l'accusé, il s'en trouvait quelques-uns qui par la suite lui parussent inutiles à faire entendre pour sa justification, il pourrait requérir la partie publique de ne pas les faire assigner. Brillon rapporte un arrêt du 24 avril 1697 qui l'a ainsi jugé.

La preuve des Faits qui tendent à justifier un accusé, peut même être ordonnée d'office par les juges. On en a un exemple fameux dans l'arrêt rendu au parlement de Paris en faveur de la dame Dubois, le 24 juillet 1696. La cour ordonna qu'avant faire droit sur les appels respectifs, il serait informé, à la requête du procureur général, de plusieurs Faits articulés par l'accusée contre l'accusateur, lesquels tendaient à démontrer la supposition qui régnait dans l'accusation.

L'ordonnance n'a déterminé aucun délai pour faire la preuve des Faits justificatifs : cela est laissé à l'arbitrage du juge.

L'accusé peut faire entendre pour sa justification toutes sortes de témoins, soit parens ou domestiques des parties, et même ceux qui ont été produits par l'accusateur. Il peut pareillement faire entendre les témoins qui lui ont été confrontés, quand même il les aurait reprochés; et il n'est pas obligé pour cela de se départir des reproches fournis contre eux. Papon rapporte un arrêt du mois d'août 1545 qui l'a ainsi jugé.

Observez néanmoins que si les témoins que l'accusé a fait entendre pour sa justification, sont des gens suspects, la partie civile ou le ministère public peuvent les reprocher et en faire rejeter les dépositions, pourvu que ces reproches soient notoires ou justifiés par écrit.

Les témoins ainsi entendus en faveur de l'accusé, ne doivent être ni récolés ni confrontés, et l'on ne permet pas à la partie civile de faire preuve contraire.

L'art. 8 du tit. 28 de l'ordonnance de 1670 veut que, quand l'enquête des Faits justificatifs est achevée, elle soit communiquée au ministère public pour y donner ses conclusions, ainsi qu'à la partie civile, s'il y en a une, et qu'elle soit jointe au procès.

On demande si l'appel du jugement qui ordonne la preuve des Faits justificatifs, doit avoir un effet suspensif? Quelques arrêts ont jugé pour l'affirmative. Tel est, entre autres, un arrêt des grands jours de Lyon, du 23 novembre 1596, rapporté par Filleau et Joly. Tels sont aussi d'autres arrêts rendus le 12 mai 1604, contre le lieutenant criminel d'Issoudun; le 12 janvier 1611, contre le juge de Civray; le 17 avril 1617, contre le prévôt de Pontoise; le 13 août 1660, contre le lieutenant criminel de Mâcon; le 10 mai 1701, contre le lieutenant criminel de Saint-Quentin; le premier avril 1705, contre le lieutenant criminel de Coignac; et les 15 juillet 1714 et 12 avril 1715, contre le lieutenant criminel de la Rochelle.

Le motif de ces arrêts a été que les sentences qui admettaient les accusés à la preuve de leurs Faits justificatifs, tendaient à détruire ce qu'il pouvait y avoir de preuves au procès contre eux, pour en chercher d'autres afin de les absoudre.

Mais on peut répondre à cela, 1° que la preuve

ordonnée des Faits justificatifs, ne peut détruire aucunement la procédure criminelle, puisque cette preuve ne peut être administrée que quand l'instruction du procès criminel est terminée. 2° Que la preuve dont il s'agit, ne peut pas préjudicier à l'accusateur, puisqu'il peut, par un appel, faire réformer une sentence qui admet mal à propos cette preuve. D'ailleurs une telle sentence est une sentence d'instruction, dont l'exécution ne peut par conséquent, aux termes de l'art. 3 du tit. 26 de l'ordonnance de 1670, être suspendue par un appel. 3° Enfin divers arrêts ont jugé que l'appel d'une sentence qui admet une preuve de Faits justificatifs, n'était pas suspensif. Tel est entre autres l'arrêt du 30 août 1711, qui a levé des défenses prononcées par un arrêt du 9 juillet précédent, contre une sentence du 3 du même mois, laquelle avait admis l'accusé à la preuve de ses Faits justificatifs. Tel est un autre arrêt du 19 février 1734, rendu entre la veuve Rousseau et les demoiselles Coulange de Beaugency. Tel est encore un arrêt du parlement de Dijon de 19 juillet 1735, confirmatif d'une sentence du lieutenant criminel d'Autun qui avait admis un accusé à la preuve de ses Faits justificatifs. L'appel qu'avait interjeté de cette sentence la partie civile, n'empêcha pas le lieutenant criminel de procéder à l'instruction des Faits justificatifs, et sa procédure fut confirmée.

D'après ce qu'on vient de voir, nous croyons qu'on doit préférer la jurisprudence qui n'accorde aucun effet suspensif à l'appel d'une sentence par laquelle un accusé est admis à la preuve de ses Faits justificatifs. (M. GUYOT) *

[[§. III. *De la preuve des Faits justificatifs, suivant la forme de procéder établie par la loi du 16 septembre 1791, par le Code des délits et des peines du 3 brumaire an 4 et par le Code d'instruction criminelle de 1808.*

Il y a, par rapport aux Faits justificatifs, deux époques à considérer dans la forme actuelle de procéder : celle qui précède la mise en accusation du prévenu, et celle qui la suit.

I. Tant que le prévenu n'est pas en état d'accusation, ou, en d'autres termes, tant qu'il reste devant le juge d'instruction, il n'est pas recevable à faire preuve, soit des Faits justificatifs, soit même des Faits péremptoires, qui pourraient amener la conviction de son innocence.

Sans doute, en thèse générale, le juge d'instruction doit instruire à décharge comme à charge; mais il ne doit le faire que jusqu'au point nécessaire pour mettre les juges d'accusation à portée de remplir la mission qui leur est déléguée par la loi, et qui consiste à décider, non pas s'il y a preuve complète, mais s'il y a des présomptions graves, tant de l'existence du délit que de la culpabilité du prévenu.

C'est ce qui résulte de la lettre suivante que le ministre de la justice écrivait le 13 messidor an 4, au commissaire du gouvernement près le tribunal correctionnel et le directeur du jury de Mayenne :

« Vous demandez, par votre lettre du 30 floréal qui ne m'est parvenue que le 11 du mois suivant, si le directeur du jury peut admettre et présenter devant le jury d'accusation une preuve testimoniale contre le témoignage formel des seuls témoins qui puissent constater le délit et indiquer le coupable.

» Il est nécessaire de poser la question d'après le développement que vous donnez dans la même lettre, afin de former une hypothèse telle que vous avez prétendu la présenter; voici à quoi elle paraît se réduire.

» Lorsqu'un prévenu, dans son interrogatoire, a excipé de l'*alibi*, le directeur du jury doit-il avoir égard à cette exception, et informer sur ce fait, en entendant tous les témoins que le prévenu lui indique?

» Le ministère du directeur du jury n'est point de s'arrêter aux exceptions du prévenu, ni même de préparer son jugement par le cumul de toutes les preuves qui pourraient être administrées relativement à l'existence ou la non existence du délit.—Les bornes de ses fonctions paraissent clairement tracées par les art. 225, 237 et 242 du Code des délits et des peines. Le premier article porte que « si cependant » il y a de nouveaux témoins qui n'aient pas été en» tendus devant l'officier de police judiciaire, le di» recteur du jury les fait citer devant lui, etc.» L'art. 237, entre autres dispositions, veut que de fortes présomptions, un commencement de preuves déterminantes, provoquent la décision des jurés pour l'admission de l'acte d'accusation. On remarque enfin dans l'art. 242, que lorsqu'il s'agit d'un délit emportant, par sa nature, peine afflictive ou infamante, le directeur du jury n'a pas le droit d'examiner si les circonstances et les preuves sont ou non assez graves pour déterminer une accusation. — Il résulte de ces dispositions, que le directeur du jury n'est pas tenu d'admettre la preuve négative du délit, puisque, quand bien même cette preuve serait acquise, il n'y aurait pas moins lieu à présenter l'acte d'accusation, et que d'ailleurs elle pourrait produire l'effet d'égarer l'opinion des jurés suffisamment éclairée par les fortes présomptions, et le commencement des preuves déterminantes, déjà existant. Il paraît d'autant plus contraire à la loi que le directeur du jury instruise sur la preuve négative du délit, que le prévenu n'est point admis à administrer des témoins. Cette faculté ne lui est accordée que lorsqu'il est en état d'accusation devant le tribunal criminel. La loi veut que là il jouisse de la plénitude de tous les droits que peut invoquer un membre de la société, atteint par une accusation grave. Le directeur du jury qui s'arrêterait à la preuve des Faits justificatifs du prévenu, ou aux reproches qu'il alléguerait contre les témoins, s'écarterait du véritable objet de son ministère. Il doit sans doute accueillir les preuves qui sont à la décharge de l'accusé; mais il ne peut se permettre, en assignant des témoins à la requête du prévenu ou d'office, de changer l'ordre de l'instruction, en mettant en opposition la preuve négative du délit avec sa preuve positive.—Sa conscience et la loi lui indiqueront toujours les bornes strictes de ses fonctions dans ce cas particulier ».

Le ministre de la justice écrivait encore la même chose le 29 messidor an 4, au commissaire du gouvernement près le tribunal correctionnel et le directeur du jury de Lille.

« Je suis étonné de trouver, dans votre lettre du 8 de ce mois, la phrase suivante : *je ne doute pas de son empressement* (du directeur du jury), *à terminer cette instruction, qui est sur le point d'être finie, à moins que les accusés ne présentent des témoins en preuve justificative.*

» Vous annoncez évidemment par-là que, dans votre opinion, des prévenus (et non des *accusés*), traduits devant le directeur du jury d'accusation, peuvent être admis à faire entendre des témoins justificatifs.

» C'est une erreur qu'il est de mon devoir de relever. La loi a marqué l'instant où les Faits justificatifs doivent être proposés. S'il pouvait rester quelque doute sur cette question, il serait toujours contraire à la raison, il serait absurde de chercher à établir des moyens de justification, lorsqu'il n'existe pas d'accusation. Le prévenu traduit devant le directeur du jury, n'est point en état d'accusation; les fonctions de ce dernier cessent, au contraire, lorsque l'accusation a commencé, il saisit le tribunal criminel par une ordonnance de prise de corps; l'instant où l'accusé va exercer tous les moyens de faire éclater son innocence, est arrivé; mais il doit être considéré sous d'autres rapports avant cet instant, c'est-à-dire, dans l'état de prévention. La loi ne l'a point investi des mêmes moyens; elle n'a donné aucun caractère au directeur du jury, ni au jury d'accusation, pour approfondir ses motifs de justification. Etablir le commencement de preuve déterminante exigé par l'art. 237 du Code des délits et des peines, ne s'arrêter à la gravité des circonstances et des preuves qu'avec cette sagesse et cette mesure qui sont dans l'esprit et les expressions de l'art. 242, voilà les bases de la conduite du directeur du jury. Il ne saurait, sans s'écarter des dispositions de la loi et du but de l'institution, rechercher la preuve négative d'un délit qui n'a pas encore été le motif d'une accusation, transformer une instruction qui n'a pas encore de base certaine, et qui ne sert que de renseignemens, en une procédure régulière et complète. Si le directeur du jury plaçait à côté de la preuve des Faits positifs du délit, celle qui est relative aux Faits justificatifs du prévenu, ce ne serait point pour se soustraire à l'obligation de présenter l'acte d'accusation d'après l'article précité; il ne chercherait donc alors qu'à porter la conviction dans l'esprit des jurés d'accusation, ce qui est contraire au vœu de la loi formellement exprimé dans l'art. 237 du Code des délits et des peines. Deux inconvéniens, également dangereux, résultent de cette manière de procéder, indépendamment de ce que la loi est violée : le prévenu échappe à l'accusation sur des motifs que le jury ne pouvait approfondir ni juger; ou bien par l'effet et les résultats d'une procédure longue et compliquée, il voit retarder le moment où il peut aller exercer devant le tribunal criminel, tous les moyens de faire éclater son innocence.

» Il faut se garder néanmoins de calomnier, par des interprétations forcées, une institution aussi respectable; gardez-vous, dis-je, de penser que le ministère du directeur du jury consiste à chercher un coupable avec obstination, à écarter les traits de la vérité qui déposent pour l'innocence compromise et soupçonnée. Ses fonctions, sans doute, sont plus augustes. La loi ne lui défend pas de recevoir les déclarations qui peuvent être à la décharge du prévenu; mais il dépasse la ligne qu'elle a tracée, il va au-delà de ses attributions, lorsque, sous l'un ou l'autre rapport, il cherche la conviction ».

On voit par tous ces détails, que, d'après les principes de notre législation, le juge d'instruction ne doit pas s'arrêter à la distinction que faisaient les anciens criminalistes entre les Faits justificatifs et les Faits péremptoires.

En effet, cette distinction elle-même n'était d'aucun usage dans la partie de l'instruction qui précédait le décret, soit de prise de corps, soit d'ajournement pesonnel, soit d'assigné pour être ouï; elle n'avait lieu que dans la partie de l'instruction qui suivait l'un ou l'autre de ces actes.

Or, la déclaration portant qu'il y a lieu à accusation, et l'ordonnance de prise de corps qui la précède ou la suit immédiatement, remplacent aujourd'hui les décrets de l'ancienne procédure.

Donc aujourd'hui, tant que la procédure reste, soit pardevant le juge d'instruction, soit pardevant la chambre d'accusation, on ne doit pas plus distinguer entre les Faits justificatifs et les Faits péremptoires, qu'on ne le faisait, dans l'ancienne procédure, avant les décrets de prise de corps, d'ajournement personnel et d'assigné pour être ouï.

Donc, de même que, dans l'ancienne procédure, on pouvait décréter un prévenu de prise de corps, d'ajournement personnel ou d'assigné pour être ouï, sans avoir recueilli toutes les preuves qui pouvaient confirmer ou détruire l'existence de l'action imputée à corps de délit, de même aussi on peut aujourd'hui, sans le même préalable, décerner une ordonnance de prise de corps contre un prévenu et le traduire devant la chambre d'accusation.

En un mot, pour qu'il puisse être décerné une ordonnance de prise de corps, pour que la chambre d'accusation puisse la confirmer, ou la décerner elle-même, il suffit que l'existence du corps de delit soit établie par des indices violens et par des présomptions graves.

Mais de là même il suit qu'il n'y a que la conscience du juge d'instruction ou des magistrats de la chambre d'accusation qui puisse les guider dans l'appréciation des présomptions et des indices qu'ils ont pu recueillir, tant sur le délit imputé au prévenu que sur la culpabilité de celui-ci.

Si leur conscience leur dit que ces présomptions et ces indices sont assez graves pour fonder un acte d'accusation, nulle autorité ne peut les forcer, leur devoir même les empêche, d'entendre les témoins qui pourraient déposer en faveur du prévenu.

Mais, dans le cas contraire, rien ne peut les empêcher de continuer les informations, ni par conséquent de recevoir les déclarations des personnes qui leur sont indiquées comme ayant une connaissance particulière des Faits.

II. On pressent bien, par tout ce qui vient d'être

dit, que, devant la cour d'assises ou spéciale, l'accusé doit avoir la plus grande latitude pour proposer et prouver ses Faits justificatifs. Et, en effet, il n'est à cet égard gêné ni restreint par aucune disposition de la loi. Il peut, à ses frais, faire assigner tels témoins, pour déposer sur tels faits, qu'il juge propres à sa défense. Il peut même produire aux débats des témoins qu'il n'y a pas fait citer. Mais cités ou non, ses témoins ne peuvent être entendus qu'après ceux du ministère public et de la partie civile. Tout cela résulte des art. 356 et 359 du Code du 3 brumaire an 4, et de l'art. 321 du Code d'instruction criminelle de 1808.

Remarquez d'ailleurs que, par ce dernier article, il est dit que « les citations faites à la requête des accusés, ainsi que les salaires des témoins cités, seront à leurs frais, sauf au procureur général à faire citer, à sa requête, les témoins qui lui seraient indiqués par l'accusé, dans le cas où il jugerait que leur déclaration pût être utile pour la découverte de la vérité ». L'art. 2 de la loi du 5 pluviose an 13 avait précédemment établi la même règle.

V. Déposition et *Témoin judiciaire.*]]

[[FAITS NOUVEAUX. *V. Enquête*, §. 2, n. 2; et *Non bis in idem.*]]

[[FAITS PÉREMPTOIRES. *V. Faits justificatifs.*]]

* FAMILLE. On appelle ainsi l'assemblage de plusieurs personnes unies par les liens du sang.

En droit, on appelle *père de Famille*, toute personne, soit majeure, soit mineure, qui jouit de ses droits, c'est-à-dire, qui n'est point sous la puissance d'autrui; et l'on appelle *fils* ou *fille de Famille*, un enfant majeur ou mineur qui vit sous l'autorité de son père.

Lorsqu'une personne est chargée par un testament, de rendre sa succession à quelqu'un de la Famille, sans aucune autre désignation, elle peut la rendre à qui elle juge à propos, pourvu que ce ne soit pas à un étranger. Quiconque est de la Famille, est, en ce cas, habile à recevoir cette succession.

V. les lois 40, 195 *et* 196, D., *de verborum significatione*; et *Puissance paternelle*, *Substitution fidéicommissaire*, etc. (M. GUYOT.) *

* FAULTRAGE ou FAUTRAGE. Ménage dit qu'on appelle ainsi en Touraine, le droit qu'ont quelques seigneurs, d'envoyer leurs bestiaux dans les prairies de leurs vassaux, non encore fauchées, en les faisant faucher devant ceux qui mènent ces bestiaux.

Ce mot, continue Ménage, vient de *falcitragium*, comme qui dirait *le droit de fauchage*, *falcitra*, *falcitrare*, *falcitragium*, Fautrage.

Cette interprétation n'est fondée que sur la ressemblance des mots; elle donne d'ailleurs une fausse idée du droit de Fautrage.

Dom Carpentier, dans son *Glossaire français*, dit que c'est le droit de faire *parquer* ses moutons sur les terres de ses vassaux.

Mais la coutume de Touraine, qui est le seul monument connu où il soit fait mention de ce droit, annonce au contraire, par ses art. 100 et 101 que le droit de Fautrage consiste à faire paître le bétail de la seigneurie, gros ou menu, dans les prés qui en sont mouvans, sans les y laisser arrêter.

Pallu, dans son Commentaire sur cette coutume, compare le droit de Fautrage aux banalités. Il assure même que le premier de ces droits est plus onéreux, et qu'il ne se peut acquérir sans titre valable, ou aveu et dénombrement ancien, suivant l'art. 71 de la coutume de Paris, quoique la possession suffise pour établir la banalité, suivant les art. 16 et 49 de la coutume de Touraine. Cet auteur convient néanmoins qu'on ne peut priver le seigneur du Fautrage, à cause du mauvais usage qu'il en a fait, que par un jugement.

On sent bien, au surplus, que son opinion sur l'extrême défaveur du droit de Fautrage, n'est pas une décision irréfragable. (M. GARRAN DE COULON.) *

[[Mais cette opinion a prévalu dans l'assemblée constituante. — « Le droit de ravage, Fautrage, péage, coirolage, parcours ou pâturage sur les prés, avant la fauchaison de la première herbe, sous quelque dénomination qu'il soit connu, est aboli, sauf indemnité, dans le cas où il serait justifié, dans la forme prescrite par l'art. 29 du tit. 2 du décret du 15 mars dernier, avoir été établi par convention ou par concession de fonds, et sans que, sous ce prétexte, il puisse être prétendu par ceux qui en ont joui jusqu'à présent, aucun droit de pâturage sur les secondes herbes, ou regains, lorsqu'il ne leur serait pas attribué par titre, coutume ou usage valables. Les procès intentés et non décidés par jugement en dernier ressort, avant la publication du présent décret, relativement au droit ci-dessus aboli, ne peuvent être jugés que pour les frais des procédures faites antérieurement à cette époque ». — Ce sont les termes de la loi du 19 avril 1790.]]

FAUSSAIRE. *V. Faux.*

FAUSSER LA COUR OU LE JUGEMENT. C'était, selon l'ancienne jurisprudence du royaume, soutenir qu'un jugement avait été rendu méchamment par des juges corrompus ou par haine; que le jugement était faux et déloyal. *V. Appel* et *Combat judiciaire.*

* FAUTE. C'est, en droit, une action ou une omission faite mal à propos, soit par ignorance, soit par impéritie, soit par négligence.

On divise ordinairement les Fautes, en Fautes grossières, Fautes légères et Fautes très-légères.

La Faute grossière consiste à ne pas observer à l'égard d'autrui, ce que l'homme le moins attentif a coutume d'observer dans ses propres affaires, comme de ne pas prévoir les événemens naturels qui arrivent communément, de s'embarquer par un vent contraire, de surcharger un cheval de louage, ou de lui faire faire une course forcée, etc. Cette faute ou négligence grossière est comparée au dol, parce qu'elle est *dolo proxima*, c'est-à-dire, qu'elle contient en soi une présomption de fraude, parce que celui qui ne fait pas ce qu'il doit faire, est réputé agir par un esprit de *dol.*

Dans les matières civiles, on applique communément à la Faute grossière la même peine qu'au dol; mais il n'en est pas de même en matière criminelle surtout lorsqu'il s'agit de peine corporelle.

La Faute légère est l'omission des choses qu'un père de famille diligent a coutume d'observer dans ses affaires.

La Faute très-légère est l'omission du soin le plus exact, tel que l'aurait eu le père de famille le plus diligent.

La peine de la Faute légère et de la Faute très-légère ne consiste qu'en dommages et intérêts.

Comme le prêt à usage se fait pour le seul intérêt de celui à qui la chose est prêtée, il en résulte que l'emprunteur est obligé d'apporter tout le soin possible à la conservation de la chose prêtée, et qu'il est tenu à cet égard, non-seulement de la Faute légère, mais encore de la Faute très-légère.

Si celui à qui la chose est prêtée, n'est pas capable d'en prendre un soin très-exact, peut-on l'exiger de lui et doit-il être tenu de la Faute très-légère? Pour la négative, on peut dire, selon la loi 85, D. *de regulis juris*, que personne n'est obligé à l'impossible. Cependant on doit décider que l'incapacité de l'emprunteur n'empêche pas qu'il ne soit tenu de prendre un soin très-exact de la chose prêtée; et qu'il n'en soit responsable, si elle vient à être perdue ou détériorée par le défaut de ce soin : la raison en est que la règle que *personne n'est obligé à l'impossible*, ne doit s'appliquer qu'à ce qui est absolument impossible, et non à ce qui étant possible en soi, est seulement impossible à la personne qui s'y est témérairement engagée : une telle personne doit s'imputer d'avoir pris un engagement qu'elle ne pouvait pas remplir.

Observez toutefois qu'on doit avoir égard à la qualité de la personne à qui la chose a été prêtée, pour régler l'étendue du soin qu'elle a dû apporter à la conservation de cette chose. C'est en conformité de cette règle que Dumoulin a décidé qu'on ne devait pas exiger d'un écolier à qui l'on avait prêté un cheval, le même soin que d'un écuyer ou d'un maréchal. En effet, le prêteur sachant qu'un écolier ne connaît pas les chevaux comme un écuyer ou un maréchal, il n'est pas censé avoir exigé de lui d'autre soin que celui dont peuvent être capables les gens qui ne sont ni écuyers ni maréchaux.

Observez aussi que le principe suivant lequel l'emprunteur est obligé au soin le plus exact, et est tenu de la Faute la plus légère, reçoit deux exceptions : la première dérive d'une convention expresse au contraire; car si l'on a stipulé que l'emprunteur ne sera obligé qu'à un soin ordinaire, on ne sera pas fondé à exiger autre chose de lui.

La seconde exception a lieu quand l'usage pour lequel la chose est prêtée, concerne, non-seulement l'intérêt de l'emprunteur, mais encore celui du prêteur : dans ce cas, l'emprunteur n'est obligé qu'à un soin ordinaire, et ne peut être tenu que de la Faute légère, comme cela se pratique dans tous les contrats qui ont pour objet l'utilité réciproque des parties.

Dans tous les autres cas, l'empruteur est tenu de la Faute très-légère. Ainsi, comme le simple vol d'une chose ne peut guère avoir lieu qu'il n'y ait eu quelque défaut de précaution de la part de la personne à qui ce vol a été fait, il faut en conclure que si la chose prêtée a été volée à l'emprunteur, il est responsable envers le prêteur.

Il peut néanmoins arriver que la chose prêtée se trouve volée sans qu'il y ait eu aucune Faute de la part de l'emprunteur; et dans ce cas, celui-ci doit être déchargé de l'obligation de rendre la chose prêtée. Si, par exemple, je vous renvoie par un domestique de confiance, l'argenterie que vous m'aviez prêtée, et que des voleurs enlèvent cette argenterie dans le transport, c'est un cas de force majeure que je n'ai pas dû prévoir, et dont par conséquent je ne dois pas être tenu. Il en serait de même si le vol de la chose prêtée avait été fait par le moyen d'une effraction faite à la maison de l'emprunteur, ou au coffre dans lequel il conservait cette chose.

En matière de dépôt, le dépositaire n'est pas, comme dans les autres contrats, responsable des Fautes même légères qu'il peut commettre relativement aux choses qu'on lui a données à garder : la raison en est que dans les contrats qui se font pour l'intérêt commun des parties, l'avantage que l'une retire du contrat, exige qu'elle apporte à la chose qui en fait l'objet, le soin ordinaire qu'un père de famille diligent a coutume d'apporter à ses affaires; au lieu que dans le contrat de dépôt, le dépositaire ne retirant aucun avantage de la convention qui est en entier pour l'intérêt du déposant, il ne serait pas juste que celui-ci exigeât de celui-là autre chose que de la fidélité à garder le dépôt.

Ainsi, dans le cas où le feu ayant pris à la maison dans laquelle le dépositaire avait mis les choses déposées, il ne les aurait pas délogées avant que les flammes parvinsent à l'appartement où elles étaient, soit parce qu'il avait espéré qu'on éteindrait le feu auparavant, ou que le trouble occasionné dans son esprit par l'incendie, l'eût empêché de songer aux moyens de sauver ces choses, il ne serait pas tenu d'une telle Faute; et cette décision devrait avoir lieu à plus forte raison, si le dépositaire eût laisser brûler, avec les choses déposées, les effets à lui appartenans.

Mais s'il avait délogé ses effets sans déloger ceux qui lui étaient confiés, quoiqu'il eût pu le faire, ce serait de sa part une Faute grossière qui le rendrait responsable de la perte des choses déposées.

Il en serait différemment, s'il n'avait pas eu le temps de sauver et ses effets et ceux qui lui étaient confiés : on ne pourrait pas alors lui faire un crime d'avoir préféré ses intérêts à ceux d'autrui.

Cependant si les choses déposées valaient beaucoup plus que ses effets, et qu'elles eussent été aussi aisées à sauver, on ne l'excuserait pas d'avoir sauvé ses effets par préférence : la raison en est qu'en sauvant les choses déposées, il aurait pu se faire indemniser de la perte de ce qu'il aurait sacrifié pour les sauver.

Le principe, suivant lequel le dépositaire n'est pas tenu de la Faute légère, reçoit plusieurs exceptions. *V. Dépôt.*

Dans le mandat qui n'exige aucune industrie, ou du moins fort peu, on n'impute au mandataire que le dol et la Faute grossière, de même qu'au dépositaire. Si le mandat demande quelqu'industrie, comme d'acheter ou vendre, alors le mandataire est tenu non-seulement du dol et de la Faute grossière, mais aussi de la Faute légère. Enfin, si le mandat exige le soin le plus diligent, le mandataire étant censé s'y être engagé, est tenu de la Faute la plus légère.

Observez toutefois qu'on doit avoir égard aux circonstances. Si, par exemple, un mandataire peu habile ne s'était chargé d'une affaire que pour céder aux instances d'un ami qui ne pouvait la suivre ni par lui-même ni par d'autres, attendu qu'il ne connaissait personne qui voulût s'en charger, il ne serait pas juste de rendre un tel mandataire responsable de la Faute légère, et à plus forte raison de la Faute la plus légère.

[[L'art. 1992 du Code Napoléon porte : « le mandataire répond, non-seulement du dol, mais encore des Fautes qu'il commet dans sa gestion. Néanmoins la responsabilité relative aux Fautes, est appliquée moins rigoureusement à celui dont le mandat est gratuit, qu'à celui qui reçoit un salaire ».]]

On demande de quelle Faute est tenu le créancier relativement aux effets qu'il a reçus en nantissement. Cette question doit se décider d'après la loi 5, §. 2, D. *commodati,* suivant laquelle, dans les contrats concernant l'utilité commune des deux contractans, le débiteur est tenu d'apporter à la conservation de la chose qu'il doit, le soin ordinaire que les personnes prudentes apportent à leurs affaires; et en conséquence, il est responsable de la Faute légère. Or, le contrat de nantissement est du nombre de ceux qui se font pour l'utilité respective des contractans; ainsi le créancier, comme débiteur des effets reçus en nantissement, est à cet égard tenu de Faute légère.

La Faute légère est pareillement celle dont le preneur est tenu dans les contrats de louage et de cheptel, attendu que ces contrats se font, de même que celui de nantissement, pour l'utilité commune des deux contractans.

En fait d'exécution des dernières volontés d'un défunt, si l'héritier testamentaire retire moins d'avantage du testament que les légataires ou fideicommissaires, il n'est tenu envers eux que du dol et de la Faute grossière; si au contraire il retire un grand avantage du testament, et que les autres en aient peu, il est tenu envers eux de la Faute très-légère; si l'avantage est égal, il n'est tenu que des Fautes légères. (M. GUYOT). *

Dans tout ce qui a été dit jusqu'à présent, on a supposé que l'on doit distinguer trois sortes de Fautes, et c'est en effet le sentiment de presque tous les interprètes. Cependant un jurisconsulte moderne a entrepris de prouver qu'il n'y en a que deux. La disssertation qu'il a faite à ce sujet, est intitulée; *Essai sur la prestation des Fautes, par M. Lebrun, avocat au parlement de Paris. A Paris, chez Saugrain,* 1764. — On nous saura gré sans doute de présenter ici une analyse de ce petit ouvrage, qui est devenu fort rare.

« La prestation des fautes, dit l'auteur, ne peut être relative qu'à la diligence, c'est-à-dire, à la vigilance de celui qui doit répondre des Fautes qu'il a commises. Or, les lois romaines, de quelque manière qu'on veuille les expliquer, sans en altérer le sens, ne distinguent absolumett que deux espèces de diligences : celle d'un bon père de famille, et celle dont on a coutume d'user dans la conduite de ses propres affaires. Ainsi, deux règles générales suffisent, et pour interpréter toutes les lois dans lesquelles il est question de cette prestation des Fautes, et pour déterminer jusqu'à quel degré précisément on s'est rendu responsable des Fautes commises.

» La capacité de celui qui est obligé de répondre de ses Fautes, est la première règle. En effet, nous ne pouvons être obligés de prendre soin des intérêts d'autrui, qu'autant que nous en sommes capables, lorsque nous en retirons quelque avantage du contrat qui nous rend sujets à ces sortes de prestations : et lorsque nous n'en retirons aucun avantage, l'équité veut que nous ne répondions que de notre dol, ou de ces Fautes grossières que la loi présume être l'effet d'une malice cachée. Telle est la première règle, qui reçoit, à la vérité, quelques exceptions (que l'auteur indique dans son *Essai*).

» La seconde règle est le soin que nous prenons ordinairement de nos propres intérêts; et elle n'est applicable qu'aux contrats de société, c'est-à-dire, dans les choses dont la propriété nous est commune avec ceux envers lesquels nous sommes obligés; car nous devons avoir soin de leurs intérêts, comme des nôtres mêmes; et nous ne pouvons les négliger comme nous négligeons les nôtres, parce que si nous commettions des négligences, nous blesserions les droits d'autrui; et si nous ne pouvions traiter les choses communes, comme étant à nous, nous perdrions l'exercice de notre droit de propriété.

» Ces deux règles renferment toute la doctrine des législateurs romains sur cette matière. Pourquoi cette doctrine a-t-elle paru si obscure aux glossateurs? Pourquoi ont-ils imaginé tant de systèmes sur la prestation des Fautes? Parce que la plupart n'ont pas entendu les lois qu'ils ont eu la fureur d'interpréter, et que les autres n'ont pas voulu les entendre. Ils ont fait beaucoup de raisonnemens; ils ont imaginé plusieurs nuances de cette diligence dont il est parlé dans les lois, tandis que le législateur n'a eu égard qu'à la capacité des personnes; et ils se sont tous égarés; car ils se sont tous également éloignés de l'équité naturelle où ces lois ont été puisées.

» Vinnius lui-même, à qui la jurisprudence est d'ailleurs si redevable, est tombé dans des erreurs inexcusables, quand il a prétendu observer les diverses nuances que les Romains comptaient dans les Fautes; et il a, comme les autres, étendu à tous les contrats qui concernent l'utilité des deux parties contractantes, la règle particulière et restreinte par la loi à la société et à la communauté. Il suffit de lire sa dissertation sur le §. 2, Inst. *quibus modis recontrahitur obligatio*, pour se convaincre de l'insuffisance et de la fausseté de son opinion.

» C'est néanmoins d'après lui que les jurisconsultes modernes ont continué de diviser, contre l'expression formelle de la loi, la diligence et la Faute en trois espèces, qu'ils ont ingénieusement appelées *lata*, *levis* et *levissima culpa*, sans songer à la diversité des esprits, des caractères, des talens, qui fait que ce qui, dans l'un, est une Faute très-grossière, n'est qu'une très-légère négligence dans l'autre.

» Ils n'ont pas songé non plus, 1°. que dans une matière aussi délicate que celle des contrats, et qui influe si directement sur la sûreté du commerce et le bonheur public, il n'est ni sage ni prudent de faire de ces sortes de distinctions générales, absolument inapplicables dans la pratique; 2° qu'il est absurde autant qu'injuste d'exiger plus de celui qui fait gratuitement les affaires d'autrui, que de celui qui reçoit un salaire; d'être plus sévère envers le mandataire qu'envers le vendeur; de diminuer les devoirs d'un associé intelligent et actif dans ses propres affaires, au préjudice de ses associés qui ont fondé leurs espérances sur ses talens et ses lumières; d'augmenter les devoirs d'un autre, incapable peut-être d'imiter leur diligence moyenne, etc.

» Qu'est-ce d'ailleurs que cette diligence moyenne imaginée par les interprètes? Si elle est admissible, il y a donc une vigilance que la loi permet de négliger, sans qu'on en soit responsable, une omission de soins permise par des législateurs? Mais dans quelle loi veut-on que les législateurs romains aient permis de ces légères négligences, lorsqu'elles ont ordonné de prendre soin des affaires d'autrui? Nulle part : au contraire, le texte de la loi est si clair, si facile à entendre, qu'il est inconcevable qu'on ait pu le supposer susceptible de deux explications différentes.

» La doctrine des jurisconsultes romains, sur la prestation des Fautes, est toute renfermée dans la loi 23, D. *de regulis juris*. Or, cette loi est conçue en ces termes : « Il est des contrats où nous ne répondons que du dol : tels sont le dépôt et le précaire. Il en est d'autres où nous répondons, non seulement du dol, mais encore des Fautes que nous pouvons commettre : se sont le mandat, le prêt à usage, la vente, le gage, le louage, la délivrance d'une dot, la tutelle, la gestion des affaires (et même sur ces objets nous sommes responsables d'un simple défaut de diligence), la société et la communion. Mais cette règle n'a lieu qu'autant qu'il n'y est pas dérogé expressément par chaque contrat : car si, par quelque convention spéciale, on s'est engagé à plus ou moins, il faut s'y tenir. C'est une loi que le contrat impose et que les parties doivent suivre. Si cependant, dit Celsus, il était stipulé qu'on ne répondra point du dol, la stipulation serait nulle, parce qu'elle est contraire à la bonne foi qui doit régner dans les actes, et en effet on n'y a aucun égard dans notre usage. Pour ce qui est des cas fortuits, tels que les maladies, les mortalités naturelles des bestiaux, et généralement toutes les pertes qui arrivent sans notre Faute, comme la fuite des esclaves qu'on n'a pas coutume de tenir enfermés, les rapines, les invasions tumultueuses, les incendies, les débordemens d'eaux, les irruptions des voleurs ou des corsaires, personne n'en est responsable ». *Contractus quidam dolum malum duntaxat recipiunt, quidam et dolum et Culpam. Dolum tantùm depositum et precarium : dolum et Culpam mandatum, commodatum, venditum, pignori acceptum, locatum, item dotis datio, tutela, negotia gesta : in his quidem et diligentiam. Societas et rerum communio et dolum et Culpam recipiunt; sed hæc ita, nisi si quid nominatim convenit, vel plus vel minus, in singulis contractibus. Nam hoc servabitur quod ab initio convenit : legem enim contractus dedit, excepto eo quod Celsus putat, non valere si convenerit ne dolus præstetur; hoc enim bonæ fidei judicio contrarium est, et ubi utimur. Animalium verò casus, mortes quæ sine Culpâ accidunt, fugæ servorum qui custodiri non solent, rapinæ, tumultus, incendia, aquarum magnitudines, impetus prædonum, à nullo præstantur.*

» Suivant cette loi, ainsi que selon toutes celles où il est parlé des différentes espèces de contrats, il est décidé qu'il ne peut arriver de dommages que par trois causes, le dol, la Faute ou le cas fortuit. Or, quel est celui des contractans qui est tenu de les réparer? C'est la convention insérée dans le contrat même qui doit servir de loi; car cette convention doit être rigoureusement exécutée, excepté *si convenerit ne dolus præstetur*; parce qu'une semblable clause est contraire à la bonne foi et aux bonnes mœurs. Mais s'il n'y a point eu de convention sur ce sujet, qui supportera les dommages? Personne, s'ils sont occasionnés par un cas fortuit; et à l'égard du dol et de la Faute, il faudra distinguer, non les divers degrés de Fautes, mais les différentes espèces de contrats : *contractus quidam dolum malum duntaxat recipiunt, quidam et dolum et Culpam.*

» Il est vrai qu'après une énumération des contrats, où on répond de la Faute, le jurisconsulte ajoute : *in his quidem et diligentiam*, et c'est ce dernier mot qui a produit tant de volumes d'interprétations, car, suivant les commentateurs, il désigne l'extrême diligence, dans l'omission de laquelle consiste la Faute très-légère.

» Mais des huit contrats et quasi-contrats auxquels se rapportent les mots *in his*, il y en a quatre dans lesquels ils soutiennent eux-mêmes qu'on n'est responsable que de la Faute légère : et quelle raison rendront-ils de la différence que le jurisconsulte met entre ces deux contrats et les deux suivans, eux qui ne trouvent aucune différence, pour la prestation de la Faute, entre ces deux contrats et les quatre d'auparavant, *in quibus utriusque utilitas vertitur*?

» D'un mot j'explique tout. Dans les huit premiers contrats, la Faute se mesure sur la diligence d'un bon père de famille; c'est la diligence par excellence, l'unique diligence qui soit proposée pour modèle à ceux qui sont chargés des intérêts purement d'autrui. Dans les deux suivans la Faute ne se mesure point ainsi, elle se règle sur le soin qu'on a de ses propres biens : *socius socio etiam Culpæ nomine tenetur, id est desidiæ atque negligentiæ. Culpa autem non ad exactissimam diligentiam dirigenda est; sufficit et enim talem diligentiam communibus rebus adhibere qualem suis rebus adhibere solet, quia qui parùm diligentem sibi socium acquirit, de se queri debet.* (Loi 72, D. *pro socio*. §. dernier, Inst. *pro socio*) ».

L'auteur parcourt une foule de lois, et en conclut que dans toutes celles où il est question de quelqu'un des dix contrats, les jurisconsultes romains n'ont proposé que deux règles pour mesurer la Faute : la diligence d'un bon père de famille, et la diligence de chacun dans ses propres affaires.

Il examine ensuite chacun des dix contrats en particulier, et le résultat de son examen est que les interprètes se sont trompés dans leurs distinctions, et qu'il est dangereux de les suivre dans les explications qu'ils ont données des lois.

Pothier a répondu à cette dissertation par une *observation* imprimée à la suite de son *Traité du contrat de mariage*.

« Quelque spécieux, dit-il, que soient les argumens par lesquels M. Lebrun prétend établir son système, je n'ai pas été convaincu, et je suis demeuré attaché à l'ancienne doctrine que je ne trouve pas si absurde qu'il voudrait le persuader. Je ne vois aucune absurdité à distinguer trois degrés de Fautes, à distinguer la diligence exacte et la diligence très-exacte, à se contenter de la première dans les contrats qui se font pour l'intérêt réciproque des parties, et à exiger la diligence très-exacte dans le contrat qui a été fait pour le seul intérêt de la partie de qui on l'exige...

» En cela, on ne permet pas (comme le croit M. Lebrun) la négligence dans les contrats faits pour l'intérêt réciproque des parties; mais on estime, dans ces contrats, la négligence moins rigoureusement qu'on ne l'estime dans ceux qui sont faits pour le seul intérêt du débiteur; par exemple, dans le contrat de louage, le locataire n'est pas jugé coupable de négligence, lorsqu'il a apporté pour la conservation de la chose qui lui a été louée, tout le soin que les hommes ont, pour la plupart, coutume d'avoir des choses qui leur appartiennent : il est censé, en contractant, ne s'être obligé qu'à ce soin : le locateur qui se fait payer du prix de l'usage qu'il accorde de la chose, ne doit donc pas être écouté à exiger de lui davantage, ni à vouloir faire regarder comme une négligence de la part de ce locataire, le défaut de quelque attention ou de quelque prévoyance qui eût pu ne pas échapper à une personne plus attentive qu'on ne l'est communément, et qui eût empêché la perte ou la détérioration de la chose.

» Au contraire, dans le contrat de prêt à usage, qui est fait pour le seul intérêt de l'emprunteur, la négligence de l'emprunteur, à l'égard de la chose qui lui a été prêtée, s'estime dans toute la rigueur. Le prêteur, qui ne doit pas souffrir du bienfait qu'il a fait à l'emprunteur, en lui accordant gratuitement l'usage de sa chose, a droit d'exiger de lui, pour la conservation de la chose qu'il lui a prêtée, non seulement le soin ordinaire que le commun des hommes apporte à la conservation de son bien, mais encore tout le soin possible, eu égard néanmoins à la qualité de la personne de l'emprunteur. Si l'emprunteur ne se sent pas capable de ce soin, il ne doit pas emprunter; c'est pourquoi on lui impute à négligence, non seulement le défaut du soin que le commun des hommes apporte ordinairement à ses affaires, mais même le défaut d'une attention ou d'une prévoyance qui n'eût pas échappé aux personnes de la qualité de celle de l'emprunteur, qui sont les plus attentives.

» Cette manière d'estimer plus ou moins rigoureusement la Faute et la négligence, suivant la différente nature des contrats, ne me paraît contenir aucune absurdité; elle me paraît au contraire très-raisonnable et devoir être suivie, quand même la loi 5, §. 1, D. *commodati*, ne s'en serait pas expliquée aussi clairement qu'elle l'a fait ».

Après ces réflexions, Pothier renvoie pour la réfutation des argumens de Lebrun, aux notes qu'il a insérées dans ses Pandectes sur les lois qui leur servent de base : et il ajoute que si l'opinion commune a ses difficultés, le nouveau système de Lebrun n'en est pas exempt.

» Par exemple, dit-il, l'auteur prétend que la diligence qu'on exige d'un associé dans le compte de la gestion qu'il a eu des affaires communes, ne doit pas se mesurer comme dans les autres contrats, à celle que le commun des hommes a coutume d'apporter à ses affaires, mais à celle que cet associé apporte à ses propres affaires. Je demande à l'auteur comment, dans la pratique, le juge, devant qui cet associé rend son compte, pourra connaître quelle est la diligence que cet associé apporte dans ses propres affaires, pour y mesurer celle qu'il a dû apporter à la gestion dont il rend compte? Un juge peut bien estimer quelle est la diligence que le commun des hommes apporte à ses affaires; mais il ne peut pas deviner quelle est celle que cet associé, qu'il ne connaît pas, apporte à ses propres affaires; il présume que c'est celle que le commun des hommes y apporte.

» En mesurant, suivant le nouveau système, la diligence dont un associé est tenu dans la gestion des affaires communes, à celle qu'il apporte à ses propres affaires, on réduit le contrat de société et le quasi-contrat de communauté à la classe de ceux qui n'exigent rien autre chose que de la bonne foi; car c'est une chose opposée à la bonne foi que de n'avoir pas pour l'affaire d'autrui le même soin qu'on a pour les siennes : *non salvâ fide*, dit la loi 32, D. *depositi*, en parlant d'un dépositaire, *minorem quàm suis rebus diligentiam præstabit*. Si dans ses contrats, le débiteur n'est pas condamnable pour n'avoir pas apporté à la conservation de la chose qui fait l'objet du contrat, le soin ordinaire que le commun des hommes apporte à ses affaires, c'est parce qu'on présume favorablement que s'il a été négligent à l'égard de la chose qui fait l'objet du contrat, il l'est pareillement à l'égard de celles qui lui appartiennent : mais lorsqu'il est justifié qu'il a eu pour les choses qui lui appartiennent, un soin qu'il n'a pas eu pour la chose qui fait l'objet du contrat; comme, par exemple, si dans un incendie, un dépositaire a sauvé les choses qui lui appartenaient, et a laissé périr celle qui lui a été donnée en dépôt, quoiqu'il fût également à portée de la sauver, il est condamnable comme ayant manqué à la bonne foi, en n'ayant pas eu pour la chose qui lui avait été donnée en dépôt, le même soin qu'il a eu pour les siennes. Donc en mesurant la diligence que doit avoir un associé pour les choses qui appartiennent à la société, à celle qu'il a pour les siennes propres, on n'exige pas plus de lui que d'un dépositaire.

» De cette manière, on met le contrat de société et le quasi-contrat de communauté dans la classe des contrats qui n'exigent que de la bonne foi, *qui dolum duntaxat recipiunt*, ce qui est évidemment opposé à la loi 23, D. *de regulis juris*, qui distingue deux classes de contrats, l'une de ceux qui *dolum duntaxat recipiunt*, et dans laquelle elle place le contrat de dépôt; l'autre de ceux qui, outre la bonne foi exigent encore de la diligence, par rapport à la chose qui fait l'objet du contrat de société et le quasi-contrat de communauté ».

V. Bail, *Dot*, *Incendie*, *Legs*, *Mandat*, *Société*, *Vente*, etc.

* FAUX. C'est le crime de celui qui se rend coupable d'une supposition frauduleuse, pour cacher ou altérer la vérité au préjudice d'autrui.

Nous diviserons cet article en quatre sections.

Dans la première, nous déterminerons le caractère et les différentes nuances du crime de Faux.

Dans la seconde, nous parlerons de la procédure qui doit être observée à l'égard de ce crime;

Dans la troisième, des peines que l'on prononce en cette matière;

[[Et dans la quatrième, des effets qu'ont, sur les affaires civiles, les jugemens qui interviennent dans les tribunaux criminels sur des accusations de Faux.]]

SECT. I. *Caractère et différentes nuances du Faux.*

§. I. *Idée générale des manières dont le crime de Faux se commet, et des circonstances qui l'aggravent.*

I. Le crime de Faux peut se commettre de trois manières : savoir, par des écritures, par des paroles ou par des faits.

1° Le faux par des écritures se commet quand on fabrique de faux jugemens, de faux contrats, de faux testamens, de fausses promesses, de fausses quittances et d'autres pièces fausses, sous la forme d'acte authentique et sous seing-privé, en contrefaisant l'écriture et les signatures des juges, des greffiers, des notaires ou des particuliers.

Les personnes publiques ou privées se rendent aussi coupables du crime de Faux, lorsqu'elles suppriment des actes conservés dans un dépôt public pour en ôter la connaissance aux parties intéressées.

[[Aujourd'hui, ce crime ne pourrait pas être poursuivi comme Faux en écriture. *V.* le Code pénal du 25 septembre 1791, part. 2, tit. 2, sect. 2, art. 37, et le Code pénal de 1810, art. 173.]]

Ceux qui altèrent une pièce véritable, soit en y ajoutant après coup quelques mots ou quelques clauses, soit en y supprimant des lignes, ou en faisant quelque autre changement dans le corps ou la date de la pièce, commettent pareillement le crime de Faux.

Il en est encore de même de ceux qui, en passant ces actes véritables les antidatent au préjudice d'un tiers.

2° Ceux qui font de faux sermens en justice ou de fausses déclarations, commettent le crime de Faux par paroles; tels sont les stellionataires, les témoins qui déposent contre la vérité, soit dans une enquête, information, testament, contrat ou autres actes, et les calomniateurs qui exposent Faux dans les requêtes qu'ils présentent aux juges ou dans les lettres qu'ils obtiennent du prince.

L'exposition qui est faite sciemment de faits faux, ou la réticence de faits véritables, est ce qu'on appelle en style de chancellerie *obreption* et *subreption*. Cette sorte de fausseté est mise au nombre de celles qui se commettent par paroles, quoique les faits soient avancés dans des requêtes ou dans des lettres du prince, qui sont des écritures, parce que ces requêtes ou lettres en elles-mêmes ne sont pas fausses, mais seulement les paroles qui y sont écrites; c'est pourquoi on ne s'inscrit pas en Faux contre une enquête, quoiqu'il s'y trouve quelque déposition qui contienne des faits contraires à la vérité; on s'inscrit seulement en Faux contre la déposition, c'est-à-dire, contre les faits qu'elle contient.

3° Le crime de Faux se commet par des faits ou des actions en plusieurs manières, sans que la parole ni l'écriture soient employées à cet effet : savoir, par ceux qui usent de faux poids ou de fausses mesures; par ceux qui altèrent la valeur de l'or ou de l'argent, en y mêlant d'autres métaux; par ceux qui fabriquent de la fausse monnaie ou altèrent la véritable; par ceux qui contrefont les sceaux du prince ou quelque autre scel public et authentique; par ceux qui supposent un accouchement qui n'a pas eu lieu, ou un mariage qui n'existe pas; et en général par la supposition d'une personne pour une autre par ceux qui fabriquent de fausses clefs, etc.

Le Faux peut aussi être considéré, 1° en tant qu'il blesse l'intérêt du prince; 2° en tant qu'il intéresse le public; 3° en tant qu'il nuit aux particuliers.

Le Faux qui blesse l'intérêt du prince consiste dans la fausse fabrication et l'altération des monnaies, des lettres royaux et du scel royal, dans l'usurpation de juridiction, etc.

Le Faux qui intéresse le public, comprend les faux poids, les fausses mesures, etc.

Le Faux qui nuit aux particuliers, consiste dans les faux contrats, les faux testamens, les faux témoignages, etc.

Les principales circonstances qui aggravent le crime de Faux, dérivent de la nature de la chose falsifiée, ou de la qualité de la personne qui a commis le Faux.

Dans la première classe sont, la fabrication de la fausse monnaie, la falsification des lettres, papiers ou effets royaux, celle des bulles ou rescrits apostoliques, etc.

Dans la seconde classe sont les Faux commis par des juges, par des greffiers, par des notaires, par des huissiers, et en général par tous ceux qui exercent des fonctions publiques.

[[II. Le Code pénal du 25 septembre 1791, ne s'expliquait avec précision sur le crime de Faux, que relativement à la monnaie, aux sceaux, au timbre, au poinçon et aux marques de l'Etat : il laissait la détermination des autres genres de Faux dans un vague qui obligeait, à chaque instant, d'avoir recours aux principes établis, sur cette matière, par l'ancienne jurisprudence; et de là sont nées la plupart des questions qui sont l'objet des paragraphes suivans.

Mais le Code pénal de 1810 répare cette omission d'une manière satisfaisante pour les magistrats et les jurisconsultes.

Il consacre à cette matière toute la première section du chap. 3 du tit. 1er de son troisième livre; et il la divise en cinq paragraphes, qui traitent successivement de la *fausse monnaie*, de la *contrefaction de sceaux de l'État, des billets de banque, des effets publics, et des poinçons, timbre et marques;* des *Faux en écriture publique ou authentique, et de commerce et de banque;* des *Faux en écriture privée;* des *Faux commis dans les passeports, feuilles de route et certificats.*

On trouvera ci-après, sect. 3, les dispositions relatives à chacune de ces espèces de Faux.

§. II. *Peut-on poursuivre comme coupable de crime de Faux, une personne qui, à la prière d'une fille récemment accouchée, fait inscrire son enfant sous le nom d'une mère supposée?*

Le 6 nivose an 8, Catherine Dolet, ouvrière à Dijon, accouche, dans la maison de Jeanne Mellogé, sage-femme, d'un enfant mâle que celle-ci fait, à sa prière, incrire sur les registres de l'état civil comme né d'un père inconnu et de Charlotte-Alexandrine Doletainville, ouvrière, native de Dijon, âgé de 23 ans. — Le 16 ventose an 9, Catherine Dolet accouche dans la même maison, d'un second enfant; et Jeanne Mellogé le fait encore inscrire comme né d'un père inconnu et de Catherine Pessart, ouvrière à Dijon, âgée de 27 ans. — Une fille nommée Pessart, instruite de cette inscription, et craignant qu'on ne lui impute la maternité de l'enfant, quoiqu'elle ne porte pas le prénom de *Catherine* et qu'elle ne soit pas âgée de 27 ans, dénonce le fait au magistrat de sûreté. — On informe; et par le résultat de l'instruction, un acte d'accusation est dressé et admis contre Catherine Dolet et Jeanne Mellogé. — L'affaire portée à la cour de justice criminelle du département de la Côte-d'Or, le jury déclare le fait des deux fausses déclarations constant, Jeanne Mellogé convaincue de les avoir faites méchamment et dans le dessein du crime, et Catherine Dolet convaincue de les avoir conseillées et provoquées, mais sans mauvaise intention. — En conséquence, par arrêt du 26 pluviose an 10, Jeanne Mellogée est condamnée, comme coupable du crime de Faux, à huit années de réclusion. — Recours en cassation contre cet arrêt. Jeanne Mellogé soutient, 1° qu'une déclaration fausse ne peut pas être punie plus sévèrement qu'un défaut absolu de déclaration; qu'ainsi, et d'après l'art. 5 du tit. 3 de la loi du 20 septembre 1792, il ne pouvait y avoir lieu contre elle qu'à un emprisonnement de deux années, peine purement correctionnelle; 2° que l'acte d'accusation était nul dans la forme; et de ces deux propositions qu'elle divise et subdivise, elle compose quatre moyens de cassation. — Le 30 prairial an 10, arrêt, au rapport de M. Carnot, par lequel, « attendu, sur le premier moyen, que s'agissant d'un crime de Faux, l'affaire devait être instruite par voie de jurés; sur le deuxième, que si le résultat de l'acte d'accusation présente le délit dégagé de toutes ses circonstances, elles se trouvaient toutes rappelées dans la partie préliminaire de sa rédaction, ce qui suffisait pour remplir le vœu de la loi; sur le troisième, que le jury de jugement s'est expliqué suffisamment sur la moralité de l'action, en déclarant que Jeanne Mellogé l'avait commise méchamment et dans le dessein du crime; sur le quatrième, que du moment qu'il y avait Faux reconnu et déclaré par le jury, c'était la peine du Faux qui avait dû être appliquée; le tribunal rejette ces quatres moyens; — Mais attendu que la minute de la déclaration faite par le jury de jugement, ne se trouve point aux pièces.... « ordonne qu'elle sera apportée au greffe.... ». — Et le 1er fructidor suivant, sur le vu de la minute de la déclaration du jury, arrêt définitif qui *rejette le pourvoi de Jeanne Mellogé.*

V. ci-après, sect. 3, l'art. 147 du Code pénal de 1810.

§. III. 1° *La supposition, dans un acte de naissance, d'un mariage entre le père et la mère de l'enfant, nouveau-né, constitue-t-elle un Faux de la nature de ceux que prévoit et punit le Code pénal du 25 septembre 1791?*

2° *Y a-t-il Faux dans un acte de naissance, lorsqu'un père présente comme né de sa légitime épouse qui existe, l'enfant qu'il a eu d'une concubine?*

3° *Y a-t-il Faux dans un acte de décès, lorsqu'on y attribue à la personne décédée un autre père et une autre mère que les siens?*

I. La première de ces questions a été jugée pour la négative par deux arrêts de la cour de cassation des 18 et 26 brumaire an 12, rapportés dans mon *Recueil de Questions de droit*, au mot *Faux*, §. 3; par un autre du 2 octobre 1806, confirmatif d'un arrêt par lequel la cour de justice criminelle et spéciale du département de la Roër s'était déclarée incompétente pour juger Joseph Paureler, prévenu d'avoir présenté à l'officier de l'état civil, comme nés d'une union légitime, des enfans qu'il avait eus d'une femme avec laquelle il n'était point marié, et qu'il avait cependant désignée comme son épouse: et par un quatrième du 15 octobre 1807, qui confirme au rapport de M. Vasse, un arrêt d'incompétence rendu, dans les mêmes circonstances que le précédent, par la cour de justice criminelle et spéciale du département de la Seine.

II. Sur la seconde question, l'affirmative est énoncée comme indubitable dans un autre arrêt de la même cour du 10 messidor an 12, rapporté dans le même *Recueil*, aux mots *Questions d'état*, §. 2; et dans celui du 25 décembre 1808, qu'on trouvera ci-après, aux mots *Questions d'état*, n. 1.

III. La troisième question s'est présentée dans une espèce que le *Bulletin criminel* de la cour de cassation nous retrace en ces termes:

« L'agent municipal de la commune de Vercel ayant vérifié le décès d'un enfant, et voulant en rédiger l'acte dans les registres de l'état civil, demanda à la nourrice les noms et prénoms de cet enfant, et de ses parens; elle le renvoya à la sage-femme Bertheret, qui répondit qu'elle les ignorait, et promit de prendre des renseignemens à cet égard. — L'agent municipal dressa l'acte de décès sur les registres de l'état civil, le 14 floréal an 5, et y laissa en blanc la place nécessaire pour les noms et prénoms de l'enfant et de ses parens. — Quelques jours après, la sage-femme Bertheret, rencontrée par l'agent municipal, lui dit que l'enfant se nommait Angélique, fille d'Adélaïde Lambert de Gillex; et de suite, il alla remplir de ces noms et prénoms les blancs laissés dans les registres. — Plainte avait été rendue par la Lambert de Gillex de ce que, dans cet acte de décès, on lui avait attribué une fausse maternité. — L'instruction avait appris que l'enfant dont il s'agit, avait été baptisé sous le nom d'Angélique, fille de Marie-Françoise-Philippine Gamache de Gillex; et la cour de justice criminelle spéciale du département du Doubs, par son arrêt du 13 juillet 1808, s'était déclarée compétente pour connaître du Faux imputé à la sage-femme Bertheret. — La cour de cassation a trouvé que la prévention contre la Bertheret ne présentait pas un véritable Faux dans le sens des lois pénales, et de l'art. 2 de la loi du 23 floréal an 10; elle a rendu (le 8 juillet 1808), l'arrêt dont la teneur suit :

« Ouï le rapport de M. Lombard Quincieux....; vu l'art. 3 du tit. 5 de la loi du 20 septembre 1792; attendu 1° que de cet article il résulte qu'un acte de décès ne doit contenir les noms et prénoms des père et mère du décédé qu'autant qu'on pourra les savoir; que l'insertion de cette énonciation n'est donc pas d'une nécessité substantielle dans les actes de décès; attendu 2° qu'il résulte des faits énoncés dans l'arrêt de compétence rendu par la cour de justice criminelle spéciale du département du Doubs, le 13 du mois courant, que, lors de la rédaction de l'acte de décès dont il s'agit dans cet arrêt, la femme Bertheret interrogée par l'officier de l'état civil, du nom de la mère de l'enfant décédé, a déclaré ne pas le savoir; que, dès lors, le nom de la mère de cet enfant ne pouvant pas être connu, lors de la rédaction de l'acte de son décès, par la déclaration des témoins déclarans, cet acte devait être rédigé et clos conformément à l'état des déclarations faites; que la déclaration faite postérieurement par la femme Bertheret rencontrée fortuitement par l'agent municipal et sur son interpellation, ne se liait donc pas à la rédaction de l'acte de décès; que la fausseté imputée à cette déclaration, ne pouvait pas, dès lors, acquérir le caractère criminel du Faux ou de complicité de Faux, par l'insertion faite par l'officier de l'état civil de cette déclaration dans des blancs irrégulièrement laissés par lui dans l'acte de décès; que l'arrêt par lequel la cour de justice criminelle spéciale du département du Doubs s'est déclarée compétente, a donc fait une fausse application des lois qui caractérisent le Faux, et a contrevenu aux règles de compétence établies par la loi; d'après ces motifs, la cour casse et annulle.... ».

§. IV. *Qu'est-ce que le Faux proprement dit? La simulation dans un acte au préjudice d'un tiers, peut-elle être considérée comme un Faux en écriture. — Distinction entre le cas où les deux parties savent ce qu'elles font en signant cet acte, et le cas où l'une croit, par l'effet du dol de l'autre, qu'elle signe toute autre chose.*

Christophe Horix, rentier, demeurant à Sprendlingen, près Mayence, avait des dettes, et plaidait contre son frère. — Le 10 prairial an 11, soit pour se ménager le moyen de faire une banqueroute frauduleuse, soit pour tout autre motif, il passe, devant Georges Seyler, notaire à Mayence, un acte par lequel, en l'absence de Bernard Stoppelbein, meunier, son beau-père, qui ne lui paye rien et ne lui a rien payé, il reconnaît avoir reçu de lui la somme de 38,783 francs, montant prétendu de la dot de son épouse. — Il prend aussitôt une expédition de cet acte, et le fait inscrire sur ses propres biens au bureau des hypothèques.

Le 4 pluviose an 13, Horix qui ne doit rien à Stoppbelbein et à qui Stoppelbein ne demande rien, l'attire chez le notaire Seyler; et là est signé un acte ainsi conçu : — Aujourd'hui, 4 pluviose an 13, est comparu par-devant moi Georges Seyler, à Mayence, le sieur Bernard Stoppelbein, meunier à Sprendlingen, lequel a déclaré qu'il avait une prétention à former contre le sieur Christophe Horix, demeurant aussi à Sprendlingen, se montant à 21,000 francs, argent prêté; et comme il existait des différends entre eux, tant par rapport à la somme demandée que pour les termes du payement d'icelle, il voulait passer compromis et me nommer juge arbitre, qu'il m'autorisait à faire la liquidation entre eux, et à fixer les termes de payement, le tout sans appel ni recours à cassation, lequel a signé l'acte de compromis. *Signé* Bernard Stoppelbein. — En même temps est comparu le sieur Christophe Horix, rentier, demeurant à Sprendlingen, lequel a déclaré qu'il ne devait au sieur Bernard Stoppelbein, son beau-père, que la somme de 20,000 francs, argent prêté, dont il voulait faire la preuve; que pour finir ces différends, faire cette liquidation, et fixer les termes de payement, il voulait pareillement me nommer arbitre, avec autorisation de donner le jugement arbitral, sans appel et recours à cassation, lequel a signé. *Signé* Christophe Horix. — Je soussigné certifie que j'accepte ledit compromis pour donner le jugement sur la contestation présentée entre les sieurs Bernard Stoppelbein et Christophe Horix. *Signé* Georges Seyler, arbitre ». — Cet acte est enregistré le même jour à Mayence.

Le même jour, Georges Seyler rédige et signe ce jugement : — « Vu ledit acte de compromis; considérant que le défendeur a fait la preuve suffisante qu'il ne doit au demandeur que la somme de 20,000 francs; considérant que le demandeur n'a pas stipulé lui-même les termes de payement, et que, eu égard à la somme demandée, il faut laisser au défendeur quelque temps pour pouvoir se procurer le numéraire pour satisfaire son créancier; le juge arbitre condamne le défendeur à payer au demandeur la somme de 20,000 fr., argent prêté, savoir, après dix jours, à compter de ce jour, la somme de 6,666 fr. 66 cent.; et le reste en deux termes égaux et consécutifs de trois mois chacun, et sans intérêts, dépens compensés. Ainsi jugé, prononcé et publié en présence des parties, lesquelles ont signé avec moi juge arbitre. *Signé* Bernard Stoppelbein, Christophe Horix et Georges Seyler, arbitre ».

Ce jugement est homologué dès le lendemain, par le président du tribunal de première instance;

et, le même jour, Horix le fait inscrire au bureau des hypothèques.

Quelques jours après, Horix, dans la vue apparemment d'esquiver la question qu'on eût pu lui faire, en cas de banqueroute de sa part, sur l'usage qu'il avait fait des 20,000 fr. qu'il venait de reconnaître lui avoir été prêtés par son beau-père, se présente devant le magistrat de sûreté, et rend plainte d'un vol qu'il suppose lui avoir été fait dans la nuit du 4 au 5 pluviose, d'une somme de 17,603 fr. — Mais il ne justifie pas sa dénonciation, il n'en rapporte même aucune ombre de preuve, et elle demeure sans suite.

Cependant, le magistrat de sûreté découvre ce tissu de fourberies, et dénonce Horix, Stoppelbein et Seyler, comme auteurs et complices d'un Faux dans la fabrication et la signature du compromis et du jugement du 4 pluviose an 13.

Stoppelbein, interrogé sur cette plainte, répond « que dès le 10 pluviose, il avait volontairement renoncé à tous les droits qui pourraient résulter pour lui du jugement du 4, attendu qu'il n'avait jamais formé contre son gendre une demande de 20,000 fr.; qu'il n'a consenti à signer l'acte du compromis (d'après l'interprétation rapide que lui en avait donnée, en allemand le notaire Seyler), que parce que son gendre, qui avait tout concerté avec ce notaire, lui avait dit qu'il ne s'agissait que d'un acte insignifiant et qui ne devait servir à aucun usage réel; qu'au reste, l'enregistrement, l'homologation et l'inscription au bureau des hypothèques avaient eu lieu à son insu et malgré sa protestation expressse; et que la prétendue contestation sur 1,000 fr., consignée dans le jugement arbitral, n'avait jamais existé. — Horix soutient au contraire, par ses réponses, qu'il devait réellement 20,000 fr. à son beau-père; que celui-ci avait prétendu qu'il lui était dû 1,000 fr. de plus; que c'était sur cette prétention qu'il y avait eu compromis et jugement; et que le tout avait été fait de bonne foi. — Même réponse de la part de Georges Seyler. — Bientôt après, dans un nouvel interrogatoire, Horix avoue « que le compromis n'a pas eu lieu sur la demande de son beau-père; et que sans s'être servi précisément du mot *simulé*, il avait cependant dit au notaire Seyler que l'acte devait lui servir, non pour tromper ses créanciers, mais pour se débarrasser des prétentions de son frère; qu'il avait au surplus fait enregistrer, homologuer, exécuter et inscrire au bureau des hypothèques le jugement arbitral à l'insu et malgré la protestation expresse de son beau-père ».

Le 11 germinal an 13, arrêt par lequel la cour de justice criminelle et spéciale du département du Mont-Tonnerre, — « considérant, quant à Bernard Stoppelbein, qu'il n'est pas prévenu d'être auteur ou d'avoir fait usage de l'acte qui, dans l'espèce, est argué de Faux; que rien n'établit à son égard la prévention d'avoir agi méchamment et dans le dessein de nuire à autrui, en signant l'acte de compromis et le jugement arbitral, rendu le 4 pluviose, par Georges Seyler; considérant, quant à Christophe Horix, qu'en persuadant à son beau-père de signer chez Georges Seyler un acte préparé, qu'il avait dit à Stoppelbein n'être qu'une déclaration insignifiante, et qui était dans le fait un acte de compromis et un jugement arbitral; qu'en faisant ensuite enregistrer, déclarer exécutoire et *conserver* (inscrire au bureau des hypothèques ce jugement), à l'insu et contre la volonté hautement déclarée du prétendu créancier, son beau-père; qu'en surprenant aussi contre la véritable intention de Stoppelbein, la signature du compromis et du jugement, il a commis sans doute une action répréhensible, et donné lieu à un acte mensonger; que le tissu d'intrigues et de faussetés consignées à sa charge dans les pièces de la procédure, surtout la feinte d'un vol considérable, qu'il a dit avoir eu lieu chez lui le lendemain 5 pluviose, font même naître la plus forte présomption d'avoir voulu cacher une partie de sa fortune réelle, et préparer par ces intrigues, soit une banqueroute frauduleuse, soit quelque autre fourberie; que cependant l'obligation résultant de l'acte, ne grevant que la propre fortune d'Horix, et la loi ne punissant pas l'intention de commettre un crime (qu'on ne saurait qualifier *tentative*, que lorsqu'elle a été manifestée par des actes extérieurs et suivie d'un commencement d'exécution), il en paraît résulter que la prévention existante contre Horix, n'est pas celle du crime de Faux proprement dit; que l'acte, quoique contenant une simulation, peut plutôt être qualifié de frauduleux que de Faux; et que, selon la pureté des principes puisés dans la sagesse des dispositions des lois romaines, toutes les simulations n'étant pas indistinctement frappées de l'anathème de la loi, qui distingue même entre un acte frauduleux et un acte faux, il ne paraît pas que la prévention du crime de Faux, proprement dit, soit suffisamment établie contre Christophe Horix, pour donner lieu à un arrêt de compétence; — Considérant, quant à Georges Seyler, qu'il existe bien contre lui la prevention, que colludant avec Horix, il a concouru soit dans l'intention de frauder les droits d'enregistrement, soit par quelque autre vue, à donner l'existence à un acte qui suppose une contestation et un compromis, qui, dans l'intention d'une des parties, n'ont pas existé; qu'au lieu d'attester un acte réel, il a inventé des faits qui n'ont pas eu lieu devant lui; qu'il paraît même ne s'être dépouillé de sa qualité de notaire public, en prenant celle d'arbitre, que pour favoriser quelque but secret d'Horix; que cette action, quand même elle n'aurait eu d'autre intention que celle d'éluder les lois sur l'enregistrement par une forme simulée, est toujours immorale et une violation des devoirs d'un notaire public; qu'on pourrait même dire qu'en favorisant de cette manière les vues d'Horix, d'induire en erreur son beau-père sur la nature de l'acte, il serait dans le cas de la loi 9, *de lege Corneliâ de Falsis*, qui atteint celui *qui quid aliud quàm in testamento, sciens, dolo malo Falsum signaverit, signarive curaverit*; — Considérant néanmoins que, d'après l'analogie du §. 7 de la loi 1ère du même titre, *de lege Corneliâ de Falsis*, et de la loi 6, *C. eod. tit.*, la signature de Stoppelbein, quoique surprise par Horix, a, en quelque sorte, rétabli et ratifié l'acte, attendu que Stoppelbein ne peut contester d'en avoir reçu, quoique fugitivement, lecture et interprétation ; que l'acte ne grevant que la fortune de Horix même, qui, sous une autre forme, aurait pu la grever de droit, il est impossible d'établir, d'une manière constante et positive, la nature de ses intentions; qu'il en résulte la même incertitude à l'égard de Georges Seyler; qu'au surplus, les arbitrages volontaires ne sont pas dans la même catégorie que les jugemens rendus par les tribunaux; qu'il résulte enfin de tous ces motifs, qu'il existe bien, contre Georges Seyler, la suspicion d'une violation de la vérité et de ses devoirs, une collusion concertée avec Horix, et que l'acte qu'il a rédigé peut être qualifié de mensonger; que Georges Seyler paraît avoir commis une action répréhensible, dans une intention immorale; mais que cependant la prévention d'avoir dressé méchamment et dans le dessein de nuire à autrui, un acte faux dans la signification stricte de la loi, et notamment de celle du 23 floréal an 10, n'est pas suffisamment établie contre lui pour fonder un arrêt de compétence; — Par ces motifs, déclare que la prévention d'être auteur d'un Faux commis méchamment et dans l'intention de nuire, et d'avoir fait usage d'une pièce fausse et dans le dessein de nuire à autrui, n'est pas suffisamment établie, dans le sens strict et dans la signification étroite du crime de Faux, contre Christophe Horix, Bernard Stoppelbein, et Georges Seyler, notaire; déclare en conséquence aussi qu'elle est incompétente de connaître des faits qui ont donné lieu à la présente procédure; et attendu qu'il n'existe contre eux la prévention d'aucun crime qui pourrait donner lieu à un renvoi devant le directeur du jury, ou une autre autorité quelconque, ordonne qu'ils seront mis en liberté ».

Cet arrêt est transmis à la cour de cassation, conformément à la loi du 18 pluviose an 9; et sur le rapport qui en est fait à la section criminelle, s'élève la question de savoir s'il doit être maintenu ou annullé.

« La question que cette affaire présente à votre examen (ai-je dit), nous paraît devoir être envisagée sous deux faces différentes. — Y a-t-il Faux dans le compromis et dans le jugement arbitral du 4 pluviose an 13, en supposant que Stoppelbein, lorsqu'il a signé l'un et approuvé l'autre, ait véritablement su ce qu'il faisait? Y a-t-il Faux dans ces deux actes, en supposant que Stoppelbein n'ait signé l'un et approuvé l'autre, que par surprise? — Nous examinerons successivement ces deux hypothèses; et nous verrons ensuite quelle est celle des deux qui forme réellement l'espèce du procès.

» En supposant que Stoppelbein ait véritablement su ce qu'il faisait, lorsqu'il a signé le compromis et approuvé le jugement arbitral, en supposant qu'il ait signé l'un et approuvé l'autre en pleine connaissance de cause, en supposant qu'il ait été d'accord avec son gendre Horix, pour se faire donner contre celui-ci un titre récognitif d'une créance qui n'existait pas; — Stoppelbein, Horix et Seyler se trouveront prévenus d'avoir concouru tous trois à des actes simulés; et la question sera de savoir si la simulation, dans un acte, peut être considérée comme un Faux en écriture.

» Qu'est-ce que le Faux? C'est, répond Farinacius, *de Falsitate et simulatione*, quest. 150, n. 7, c'est, dans le sens le plus étendu, l'altération de la vérité, avec ou sans mauvaise intention; dans un sens moins large, c'est l'altération de la vérité, accompagnée de dol; dans le sens le plus étroit, c'est l'altération frauduleuse de la vérité, dans les cas déterminés par la loi portée contre les faussaires, sous la dictature de Cornelius Sylla : *Falsum accipitur tribus modis, largissimè, largè et strictè : Falsum largissimè sumptum est omne id quod non est verum, sive dolosè, sive sine dolo; Falsum largè sumptum est mutatio veritatis cum dolo facta; Falsum strictè sumptum dicitur illud tantùm quod incidit in aliquod caput legis Corneliæ de Falsis.*

» En s'expliquant ainsi, cet auteur ne veut sûrement pas dire que les cas prévus par la loi *Cornelia*, soient les seuls où il y ait Faux dans le sens le plus étroit; car la loi *Cornelia* ne parle que des faux testamens et de la fausse monnaie. Mais comme elle a été étendue à d'autres objets par divers sénatus-consultes et par des ordonnances impériales, on s'est accoutumé à la confondre, à l'identifier, en quelque sorte, avec ces sénatus-consultes et ces ordonnances; et les interprètes qui ont écrit sur le Faux, d'après le droit romain, se sont fait une habitude de citer, comme faisant partie de la loi *Cornelia* elle-même, toutes les dispositions que ces ordonnances et ces sénatus-consultes y ont ajoutées.

» Voyons donc si, parmi ces dispositions, nous en trouverons quelques-unes que l'on puisse adapter à un acte qui, tout en présentant ce que les parties ont voulu y écrire ou faire écrire, déguise cependant leur véritable intention; et qui la déguise parce qu'elles ont voulu la déguiser en effet.

» Un premier point bien constant, c'est qu'il n'y a point de crime de Faux dans ce déguisement, lorsque tout à la fois il s'opère du consentement des deux parties, et qu'il n'en peut pas résulter de préjudice pour des personnes tierces. — Ainsi, quoiqu'aux termes de la loi 28, D. *de lege Corneliâ de Falsis*, ce soit en général un Faux que d'antidater un billet (*si à debitore prælato die, pignoris obligatio mentiatur, Falsi crimini locus est*); la loi 3, D. *de Fide instrumentorum*, ne laisse pas de décider que l'accusation de Faux cesse, lorsque les deux parties entre lesquelles le billet a été passé, ont consenti à lui donner une fausse date : *repetitâ quidam die cautionem interponi non debuisse; sed Falsi crimen, quantùm ad eos qui in hoc consenserunt, contractum non videri; cùm inter præsentes, et convenientes res actita sit, magisque debitor quàm creditor deliquerit.*

» Mais en est-il de même, lorsque le déguisement de la véritable intention des parties, a pour objet de nuire à un tiers?

» Celui-là, dit Ulpien, dans la loi 9, §. 3, D. *de officio proconsulis*, doit être puni conformément à la loi *Cornelia*, qui, même dans tout autre acte qu'un testament, signe ou fait signer sciemment et par dol, une chose fausse : *pœna legis Corneliæ ii-*

rogatur ei qui quid aliud quàm in testamento, sciens dolo malo Falsum signaverit signarive curaverit. — Ne semble-t-il pas résulter de ce texte que tout mensonge commis dans un acte, avec le dessein de nuire à autrui, doit être réputé crime de Faux et puni comme tel?

» Mais voici des textes plus positifs. Tout plaideur, dit Modestin dans la loi 29, D. *de lege Corneliâ de Falsis*, qui par un Faux exposé dans une requête ou dans les pièces d'un procès, surprend la religion du magistrat, doit être traité et puni comme faussaire; ainsi l'ont décidé plusieurs rescrits des empereurs : *si quis obrepserit præsidi provinciæ tam per acta quàm per libelli interpellationem; nihil agit : imò si accusatus fuerit, pœnam temeratoris luit; proindè etiam punitur, atque si Falsum fecerit. Sunt enim rescripta de eâ re.*

» Dans la loi 21 du même titre, Paul dit que, d'après une ordonnance de l'empereur Adrien, on punit de la peine du Faux celui qui, par deux contrats successifs, a vendu le même bien à deux personnes différentes : *qui duobus in solidum eamdem rem diversis contractibus vendidit, pœnâ Falsis coercetur; et hoc divus Adrianus constituit.*

» Dans la loi 15, C. *ad legem Corneliam de Falsis*, les empereurs Dioclétien et Maximien décident qu'il y a Faux de la part du créancier qui a vendu l'héritage sur lequel il avait une hypothèque primée par une hypothèque antérieure, mais qui, dans le dessein de tromper l'acquéreur, a fait intervenir son débiteur dans le contrat de vente, pour déclarer qu'il lui avait hypothéqué ce bien en première ligne; ce qui, supposé vrai, aurait rendu inexpugnable la vente faite par le créancier, attendu la faculté qu'avait dans le droit romain tout créancier, de vendre, à défaut de payement de sa créance, la chose qu'il tenait en gage; *si creditor colludens cum debitore suo, tibi prædium venundedit, Falsum commisit; et tibi offecit, sed se magis criminis accusationi fecit obnoxium.*

» Et de cette loi (dit Brunneman, dans l'analyse qu'il en fait dans son commentaire sur le Code), on doit conclure que tout ce qu'un débiteur et son créancier machinent pour frauder un tiers, soit en antidatant un acte, soit de toute autre manière, tombe dans le crime de Faux : *ex quo notabis quid quid debitor et creditor in præpositione dici vel aliter, in alterius præjudicium, machinantur et scribunt, in hoc crimen Falsi committi*; comme si quelqu'un, dans l'intention de nuire à d'autres créanciers, reconnaît avoir reçu à titre de dot ou pour toute autre cause, une somme d'argent qu'il n'a réellement pas touchée : *verbi gratiâ, si quis fateatur magnam summam pecuniæ dotalis vel alterius se accepisse, cùm tamen nihil acceperit, ut per hanc conclusionem aliis creditoribus præjudicetur.* Dieu sait, continue Brunneman, combien sont fréquens ces sortes de Faux : il s'en trouve dans tous les procès qui se portent en justice; mais rarement on les découvre, et on les punit plus rarement encore : *Deus sit quoties hoc in mundo fallaci vagantur; Falsis procul dubio omnia judicia sunt plena; sed rarò deteguntur, rariùs puniuntur pro merito.*

» Mais prenons garde au corollaire que tire ce auteur de la loi d'après laquelle il raisonne : elle ne décide qu'un cas particulier; et ce cas, elle ne le précise point; elle le laisse dans le vague. Comment le débiteur dont elle parle, s'y était-il pris pour faire croire à l'acquéreur que le créancier vendeur du fonds hypothéqué, était le premier en ordre d'hypothèque, quoique, dans la vérité, il ne fût que le second? C'est ce que n'explique pas cette loi; mais ce qu'il y a de bien remarquable, c'est que Brunneman luimême suppose que le créancier et le débiteur avaient fabriqué de concert un faux acte, par lequel l'hypothèque donnée par celui-ci à celui-là, avait une date antérieure à sa date réelle. *Creditor Titius sibi pignoratum fundum mihi vendidit; sed cùm scirem illum fundum Scio priùs esse obligatum, dubito an vendere creditor Titius possit. Sed Titius, communicato consilio cum debitore, Falsum cudit instrumentum, quasi priùs Titio quàm Scio fuisset obligatus; posteà autem apparet id falsum esse. Hic igitur habeo accusationem Falsi contra creditorem Titium : ergo conscientia debitoris non obstat quominùs creditor teneatur pœnâ Falsi in præjudicium tertii commissi.* — Godefroy, dans sa note sur la même loi, fait également entendre que la décision n'en est applicable qu'au cas où, dans le moment de la vente faite par le créancier, du fonds qui lui avait été hypothéqué, il a été fait un changement à la date du contrat portant constitution de son hypothèque : *Falsum committi intelligitur si creditor diem obligationis protulit, repetiit, anticipavit aut anteverit.* — C'est aussi à cette hypothèse que Pothier, dans ses Pandectes, t. 3, p. 375, restreint l'application de la même loi : *Quasi ipse tempore prior in pignore esset, prolato per mendacium die cautionis pignoratitiæ.* — Le sens de cette loi n'est donc pas aussi général qu'il le paraît à la première vue; il n'en résulte donc pas qu'il y a Faux dans un acte, par cela seul que deux parties s'accordent pour y commettre un mensonge au préjudice d'un tiers; mais seulement qu'il y a Faux, lorsqu'en commettant ce mensonge, elles suppriment dans cet acte une date réelle pour y substituer une date fausse : ce qui sort évidemment de notre espèce; ce qui évidemment présente le caractère, non d'une simple simulation frauduleuse, mais d'une suppression et d'une altération d'écriture.

» Quant aux autres lois que nous avons précédemment citées, il s'en faut beaucoup qu'elles soient aussi décisives qu'on le croirait d'abord.

» Quand Ulpien dit, dans la loi 9, §. 3, D. *de officio proconsulis*, que signer une chose fausse dans un acte quelconque, c'est encourir la peine de la loi *Cornelia*, il n'explique pas ce qu'il entend par signer une chose fausse : c'est une expression vague dont il ne détermine ni le sens ni l'objet direct; et dès-là, on n'y pourrait comprendre le simple mensonge, qu'autant qu'il n'y aurait pas d'autres textes qui ôtassent au simple mensonge le caractère de Faux. Or, dans la loi 23, D. *de lege Corneliâ de Falsis*, il est dit formellement que ce n'est pas commettre un Faux que de mentir dans un acte : *Quid sit Falsum quæritur? et videtur id esse, si quid alienum chirographum imitetur, aut libellum vel rationes intercidat vel describat; non qui alias in computatione vel in ratione mentiuntur.*

» Les lois 21 et 29 du même titre paraissent, au premier aspect, plus embarrassantes : en décidant, l'une, qu'on doit punir comme faussaire celui qui, par une fausse allégation consignée dans une requête ou dans un acte de procédure, surprend la religion du magistrat; l'autre, que la peine du Faux doit être infligée à celui qui vend à Pierre, comme lui appartenant encore, le bien qu'il a précédemment vendu à Paul; elles semblent décider que tout mensonge fait par écrit, au préjudice d'un tiers, constitue un Faux proprement dit.

» Mais observons bien une chose : c'est que les lois romaines ne considèrent pas comme Faux proprement dit, toutes les actions auxquelles doit s'appliquer, d'après leurs dispositions, la peine portée par la loi *Cornelia* : elles distinguent, à cet égard, le Faux proprement dit, d'avec ce qu'elles appellent le QUASI-FAUX : *pœna* FALSI VEL QUASI FALSI *deportatio est et omnium bonorum publicatio; et si servus eorum quid admiserit, ultimo supplicio affici jubetur.* Ce sont les termes de la loi, 1, §. 13, D. *de lege Cornelia de Falsis*.

» Or, qu'est-ce qu'entendent ces lois par le *quasi-Faux?* Sans contredit elles entendent un délit qui ne constitue pas un Faux par lui-même, mais que des raisons particulières ont déterminé le législateur à punir comme tel.—C'est ainsi que la loi 1, §. 5, D. *de lege Cornelia de Falsis*, veut qu'on punisse comme faussaire, le juge qui, dans ses décisions, viole sciemment les ordonnances des empereurs : *Sed et si judex constitutiones principum neglexerit, punitur.* — C'est ainsi que, par la loi 7, §. 5, du même titre, la peine du Faux est prononcée contre quiconque ouvre un testament avant la mort du testateur : *Item is qui aperuerit vivi testamentum, legis Cornelia pœnâ tenetur.*

Assurément, si aujourd'hui une accusation de Faux était intentée contre un juge pour avoir violé une loi contre un particulier, pour avoir fait l'ouverture du testament d'un homme vivant, cette accusation serait et devrait être rejetée, parce que notre Code pénal ne punit pas le *Quasi-Faux*, parce qu'il ne punit que le Faux réel. — Eh bien! ce n'est pas non plus d'un Faux réel, ce n'est que d'un *quasi-Faux*, que parlent les lois 21 et 29, D *de lege Corneliâ de Falsis* —Cela résulte, par rapport à la loi 29, des termes mêmes dans lesquels elle est conçue : Celui, dit-elle, qui, par un faux exposé, trompe la religion du magistrat, est puni comme s'il avait fait un Faux : *etiam punitur atque si Falsum fecerit.* La loi reconnaît donc elle-même que ce n'est pas d'un Faux réel qu'il est coupable; et pourquoi cependant déclare-t-elle qu'il doit, quant à la peine, être traité comme faussaire? Est-ce par une conséquence directe et immédiate de la loi générale portée sur le Faux? Non, c'est parce que les empereurs l'ont ainsi réglé par divers rescrits; *sunt enim rescripta de eâ re.* — A l'égard de la loi 21, elle ne dit pas non plus que c'est commettre un Faux que de vendre, comme son propre bien, ce dont on s'est exproprié par une vente précédente; elle dit seulement que l'auteur d'une pareille vente est puni de la peine du Faux, *pœna Falsi coercitur.* Et quelle est sa raison? Ce n'est point parce qu'il a fait un Faux proprement dit, c'est uniquement parce que telle est la disposition d'une ordonnance de l'empereur Adrien : *et hoc divus Adrianus constituit.* — Et il est si vrai qu'en cela, l'ordonnance d'Adrien ajoute à la loi générale sur le Faux; il est si vrai qu'en cela elle déroge aux principes généraux de la matière, que, même dans le droit romain, on ne l'étend pas au débiteur qui, ayant déjà hypothéqué son bien, l'hypothèque de nouveau comme parfaitement libre : ce débiteur, dit la loi 4, C. *de crimine stellionatûs*, doit être puni comme stellionataire; et il est évident que, s'il est puni comme stellionataire, il ne peut pas l'être comme coupable de Faux. D'où vient cette différence entre l'homme qui vend ce qui ne lui appartient plus, et l'homme qui hypothèque ce qu'il a déjà hypothéqué? C'est, répond Voët sur le Digeste, titre *Stellionatûs*, n. 2, que, dans le principe, le délit consistant à vendre ce qu'on a déjà vendu, n'était puni que comme stellionat, et qu'il n'a été transféré dans la classe des crimes de Faux que par la loi d'Adrien, loi qui, ne parlant pas nommément du délit consistant à hypothéquer comme libre un bien qui ne l'est plus, le laisse nécessairement dans sa propre nature, et par conséquent lui conserve le caractère de stellionat : *etenim etiam venditio ejusdem rei duobus separatim facta, æquè ac obligatio, ad stellionatûs crimen olim pertinuisse videtur, donec ex Adriani constitutione factum vendentis rem eamdem duobus ad crimen Falsi translatum fuit; quòd cùm de obligante cautum non fuerit, hic stellionatui subjectus remanet.* — Pothier, dans ses Pandectes, t. 3, p. 475, dit également que la loi d'Adrien doit être restreinte dans son espèce, qu'on ne doit pas l'étendre aux cas semblables, et que, par cette raison, ce n'est pas à la peine de Faux, mais à celle du stellionat, qu'est soumis celui qui vend, comme libre, un bien qu'il a précédemment grevé d'hypothèque : *hæc autem constitutio intrà suam speciem continetur, nec ad similes species porrigitur; undè si quis rem non alii venditam, sed obligatam, distraxerit, non Falsi, sed stellionatûs crimine tenetur.*

» Il n'y a donc aucune induction à tirer ici, soit de la loi 21, soit de la loi 29, D. *de lege Cornelia de Falsis*; et dès-là, reste dans toute sa généralité le principe consacré, même par les lois romaines, que le seul mensonge dans un acte ne constitue pas un Faux; de-là, par conséquent, nulle raison pour dire qu'il y a Faux dans un contrat simulé, lorsque les deux parties en ont concerté la simulation, quoique d'ailleurs il doive ou puisse en résulter un préjudice pour des tiers. — C'est même ce que décident expressément les lois romaines, en qualifiant de stellionat toute collusion employée dans le dessein de nuire à autrui : *Item*, dit Ulpien, *si quis imposturam fecerit vel collusionem in necem alterius, stellionatûs poterit postulari* (loi 3, §. 1, D. *stellionatûs*). — Et à ce sujet, nous devons remarquer que, dans le droit romain, le stellionat, ainsi appelé par allusion au lézard étoilé, *stellio*, que Pline (liv. 30, ch. 10), nous représente comme le plus malin des animaux ennemis de l'homme, ne consiste pas seulement dans la vente ou l'obligation, soit du bien d'autrui, soit de son bien propre qu'on a déjà vendu ou obligé, mais dans toute espèce de dol grave qui n'a point de dénomination spéciale, et que les lois n'ont pas expressément rangé dans la classe des délits qualifiés : *Stellionatum* (dit Kall ou *Calvinus* dans son *Lexicon juridicum*), *jurisconsulti appellant fraudem omnem atque imposturam quæ propriam significationem non habet, et in proprium delicti nomen non cadit* : définition que justifie parfaitement la loi d'Ulpien que nous citions il n'y a qu'un instant : *Stellionatum autem objici posse his qui dolo quid fecerunt, sciendum est ; scilicet si aliud crimen non sit quod objiciatur. Quod enim in privatis judiciis, ut de dolo actio, hoc in criminibus, stellionatûs persecutio. Ubicumque igitur titulus criminis deficit, illic stellionatûs objiciemus.*

» Cependant, Messieurs, vous le savez, il y a des jurisconsultes qui regardent comme un crime de Faux, toute simulation employée dans un contrat en fraude d'un tiers. Tel est Farinacius, quest. 162, n. 12, auquel Jousse se réfère dans son *Traité de la justice criminelle*, tom. 3, pag. 353. *De simulatione*, dit le premier de ces auteurs, *agi et excipi potest, non solùm civiliter, sed etiam criminaliter. Nam pœna simulationis videtur esse pœna Falsi. . . . . . Doctores ponunt exemplum in simulatione et collusione creditoris cum debitore in damnum tertii* ; et il cite particulièrement le cardinal de Toscane, dans ses *Practicæ conclusiones ; ubi*, ajoute-t-il, *concludit quòd si simulatio continet usuram, sed fraudem et dolum in præjudicium fisci vel alterius, et tunc intrat pœna Falsi.* — Mais sur quels textes le cardinal de Toscane et Farinacius lui-même fondent-ils leur doctrine ? sur la loi 15, C. *ad legem Corneliam de Falsi*, et sur la loi 43, D. *de furtis.* — Or, déjà nous avons vu que la première de ces lois ne peut s'entendre que du cas où il y a, non-seulement simulation, mais encore suppression et altération d'écriture. — Et quant à la seconde, voici ce qu'elle porte : Le faux créancier, c'est-à-dire celui qui, n'étant pas créancier, se montre comme tel, se rend coupable de vol, s'il reçoit ce qu'on ne lui doit pas ; et l'argent qu'il touche ne devient pas sa propriété : *falsus creditor, hoc est, is qui se simulat creditorem, si quid acceperit, furtum facit, nec nummi ejus fient.* Quel rapport y a-t-il entre cette espèce et notre question ? De ce que la loi qualifie de *Faux créancier* celui qui se présente comme propriétaire d'une créance qu'il n'a pas, s'ensuit-il qu'il doit, dans tous les cas, être puni comme faussaire ? Il doit l'être, sans doute, s'il a ou fabriqué, ou altéré, ou supposé un titre, afin de se faire passer pour créancier. Mais s'il n'y a de sa part, ni fabrication, ni altération, ni supposition de titre, que sera-t-il ? Un escroc, et rien de plus. C'est même ce que décident nettement l'art. 35 du tit. 2 de la loi du 22 juillet 1791, et l'art. 2 de la loi du 7 frimaire an 2. (*V. Escroquerie*).

» Mais, objecte Jousse, il y a dans le Recueil de Boniface, tom. 2, part. 2, liv. 1, tit. 2, chap. 22, un arrêt du parlement d'Aix du 8 mai 1666, qui juge qu'on peut poursuivre comme faussaire, l'homme prévenu d'avoir fait ces actes simulés pour paraître plus riche qu'il n'est, et par-là usurper un crédit au moyen duquel il puisse faire des dupes. — Voyons donc ce que dit Boniface. — « Le 8 mai 1666, s'est » présentée la question à l'audience de la chambre de » la tournelle, si le nommé Caillat de Marseille, » ayant passé quinze ou seize contrats avec diverses » personnes, par lesquels il était dit que Caillat leur » prêtait les sommes y exprimées, sous déclaration » qu'il avait faite aux uns, que les actes étaient feints » et simulés, et faits à la bonne foi ; à d'autres, que » le prêt était de leurs deniers ; et aux autres, que les » sommes confessées par les débiteurs, ne montaient » pas à si haut prix, et que Caillat suppléerait le reste » au temps porté par la déclaration, *tels actes étaient* » *illicites* ; et si Caillat pouvait être poursuivi crimi» nellement *de dol et de crime de stellionat*, par » M. le procureur-général, instigué par (le nommé) » Macaras » ? — Vous voyez déjà, Messieurs, que la question n'était point du tout de savoir s'il y avait crime de Faux dans les faits imputés à Caillat. Mais laissons parler Boniface. — « On disait pour Caillat, » appelant de la procédure criminelle, faite de l'au» torité de la cour, que... l'action criminelle ne com» pétait point contre lui, pour avoir passé de sem» blables contrats, qui sont des contrats ordinaires » pour entretenir le commerce, et qui ne préjudicient » point aux tiers, et qui, outre cela, sont approuvés » par le droit ; autrement, il faudrait abolir la ru» brique du Code, *de non numeratâ pecuniâ*, et » celle *plus valere quod agitur quàm quod simulatè* » *concipitur* : car, puisque cette exception *de non* » *numeratâ pecuniâ* pouvait être intentée dans deux » ans, c'est une preuve infaillible que le prêt pou» vait être fait *sub spe futuræ numerationis* ; comme » aussi si la feinte et la simulation n'étaient point » permises quand elles ne préjudicient à personne, » cette maxime aurait été en vain introduite dans le » droit, *plus valere quod agitur quàm quod simulatè* » *concipitur*. Et on serait bien en peine de déclarer » la personne qui peut avoir intérêt en semblables » contrats, vu que, quant à la partie contractante, » elle a toute la sûreté par le moyen de la déclara» tion contraire qui lui est faite ; et quant au tiers, » les actes d'autrui ne lui peuvent nuire ; et c'est pour» quoi il serait inutile de dire que la collusion et la » supposition sont un crime de stellionat, suivant la » loi 3, §. 1, D. *stellionatûs*, vu que les termes de » cette loi décident que, pour faire que la collusion » soit criminelle, il faut qu'elle soit préjudiciable au » tiers, *in necem alterius* ; et toutefois il a été ob» servé que semblables actes ne préjudicient point » au tiers. — L'on disait, au contraire, pour l'insti» gateur.., que s'agissant en cette cause d'une simu» lation et supposition qui sont un dol, une tromperie » et supercherie faite au public, l'action criminelle » compétait indubitablement ; car l'on présupposait » qu'il était constant par les informations que l'ac» cusé ne passait ces actes simulés et supposés que » pour paraître puissant dans Marseille ; ce qui ne » pouvait redonder qu'au préjudice du public, qui, » sur le fondement de ces actes, pourrait être trompé, » et particulièrement une femme en la constitution

» d'une dot; et ainsi, on était aux termes de la loi 3, » §. 1, D. *stellionatûs*, par laquelle la simulation et » supposition qui redondent au préjudice du tiers, » peuvent être poursuivies du crime de stellionat... » Et Menochius, en son Traité *de arbitrariis judiciis*, *casu* 371, n. 25, dit que ceux qui, dissimulant leur qualité de pauvres, se disent riches pour » contracter des dettes passives, et ainsi tromper le » tiers, sont punis de la peine du stellionat..... — » Par arrêt du 8 mai 1666, la cour mit l'appellation » au néant, conformément aux conclusions de M. l'avocat-général..... ». — Ainsi parle Boniface, et assurément on doit être bien étonné de voir Jousse citer un pareil arrêt pour établir qu'il y a crime de Faux dans tout contrat où, pour tromper le public, on fait paraître comme créancier l'homme à qui il n'est rien dû. Il est bien clair que tout ce qui résulte de cet arrêt, c'est que, dans les circonstances de ce genre, il y a *stellionat* ou escroquerie, et non pas Faux.

» Maintenant, nous opposerait-on la doctrine de Muyard de Vouglans, dans son *Traité des crimes*, tit. 6, chap. 2? Mais que dit cet auteur? — Après avoir cité l'ordonnance de 1531, par laquelle il est statué que *tous ceux qui seront atteints et convaincus d'avoir fait et passé de faux contrats, seront exécutés à mort, telle que les juges l'arbitreront, suivant l'exigence des cas*; — Après avoir rappelé l'édit de mars 1680, qui veut également que tout fonctionnaire public qui sera convaincu de Faux, soit puni de la peine capitale; — Après avoir rapporté la déclaration du 28 décembre 1734, par laquelle, ajoutant aux lois précédentes, qui n'avaient prononcé que de simples amendes pour la première contravention que commettraient les notaires, en faisant mention du contrôle sur les expéditions de minutes non contrôlées, le législateur ordonne que les notaires qui seront convaincus de cette fausse mention du contrôle, seront poursuivis extraordinairement, même pour la première fois, et pourront être condamnés aux peines portées par les ordonnances contre les faussaires; Muyard de Vouglans ajoute : — « Il y a » cependant une espèce de Faux moins punissable, » que commettent les notaires, savoir, lorsque, par » condescendance pour les parties qui contractent, » ils se prêtent à déguiser les contrats, ou à y insérer des clauses évidemment contraires à la vérité, » comme en déclarant qu'un homme est présent lorsqu'il est absent, ou qu'il a payé argent comptant » en présence du notaire, lorsqu'il n'y a point eu » de numération réelle. — Ce crime, qui se commet » le plus souvent pour favoriser les banqueroutes » frauduleuses, est connu proprement sous le nom » de *simulation* : il peut être plus ou moins grave, » suivant les circonstances qui donnent lieu, et » suivant la qualité des sommes ou le degré de préjudice qui peut en résulter, quoiqu'il ne soit jamais » puni aussi sévèrement que celui du *Faux*, qui se » commet par l'altération et le changement d'un acte » même. La peine la plus ordinaire, en ce cas, est » celle de l'admonition, du blâme, ou du bannissement contre le notaire, et celle des dommages-intérêts contre les parties qui ont eu part à cette » simulation, dont les notaires sont encore eux-mêmes solidairement responsables, et en outre la » nullité des actes..... Cependant *si la simulation* » *se trouvait jointe à la supposition de personnes* et » au vol, comme si l'on supposait un Faux créancier » ou un Faux débiteur, *ce serait le cas d'ordonner* » *la peine de Faux* ».

» Que conclure de tout cela? Qu'il y a réellement Faux dans tout acte qui contient une simulation frauduleuse? Mais s'il y avait Faux, le notaire qui aurait reçu l'acte, devait être puni de mort, d'après les lois que retrace Muyard de Vouglans. Cependant Muyard de Vouglans lui-même convient que, dans l'usage, on ne le punit que d'une peine qui n'est pas même afflictive. Ce n'est donc pas d'un Faux proprement dit, mais, pour nous servir de l'expression de cet auteur, *d'une espèce de Faux*, et pour parler le langage des lois romaines, *d'un quasi-Faux*, que le notaire se rend coupable en pareille circonstance. Aussi Muyard de Vouglans remarque-t-il que la peine de Faux n'est applicable qu'aux cas où c'est *par supposition de personnes* que l'on a fait passer pour créancier celui à qui il n'était rien dû, ou pour débiteur celui à qui l'on ne devait rien.

» Enfin, Messieurs, une autorité qui, pour les tribunaux français, est d'un bien autre poids que Farinacius, Jousse et Muyard de Vouglans, c'est celle de Dumoulin : ce grand jurisconsulte, dans son apostille sur l'art. 3 du chap. 31 de la coutume de Nivernais, dit, en parlant d'une vente dont un retrayant soupçonne le prix moindre que celui qui est exprimé dans le contrat : *Nec tenebitur instrumentum arguere de Falso; quia aliud merum Falsum, aliud simulatio.*

» Eh! que diriez-vous, si la régie de l'enregistrement, armée du passage de Farinacius que nous citions tout à l'heure, venait vous dénoncer un jugement qui aurait rejeté sa plainte en Faux contre un acte de vente dans lequel le véritable prix serait dissimulé en fraude du fisc? Très-certainement vous rejetteriez sa réclamation, et vous la renverriez à la loi du 22 frimaire an 7, qui ne lui ouvre contre ces sortes d'abus que la voie civile.

» Ainsi, l'usage général de la France, la jurisprudence des arrêts, le droit romain lui-même, tout concourt à démontrer qu'il n'y a point eu de Faux dans notre espèce, si Stoppelbein a été d'accord avec Horix son gendre, pour se faire donner contre celui-ci un titre récognitif d'une créance qui n'existait pas.

» Mais y aurait-il Faux dans l'hypothèse contraire? Y aurait-il Faux, en supposant que Stoppelbein n'eût signé le compromis et approuvé le jugement arbitral du 4 pluviôse dernier, que par surprise; en supposant qu'il eût signé l'un et approuvé l'autre, dans la persuasion frauduleusement ménagée, qu'il signait et approuvait toute autre chose?

» Il est certain qu'alors on lui aurait fait signer et approuver des actes qui, dans son intention, ne devaient pas exister. Il est certain qu'alors on aurait fait à son égard, ce qu'on fait envers celui dont on a surpris le blanc-seing, lorsqu'on écrit au-dessus de son nom, ou une obligation, ou une quittance qu'il n'était pas dans son intention de signer (*V.* le §. suivant). Il est par conséquent certain qu'alors il y aurait Faux. — Et inutilement dirait-on que ce Faux n'a encore nui à personne. Il ne s'agit pas de savoir s'il a nui effectivement, mais s'il a été commis dans l'intention de nuire; or, là-dessus la procédure ne laisse aucun doute : Horix lui-même a déclaré avoir dit au notaire Seyler, *que l'acte devait lui servir, non pour tromper ses créanciers, mais pour se débarrasser des prétentions de son frère*.

» Nous avons au surplus une autorité bien précise, pour établir qu'il y a Faux, lorsqu'un contrat est simulé à l'insu et contre l'intention d'une des parties contractantes. C'est celle de François Marc, dans ses *Decisiones Parlamenti Delphinatis*, ch. 300. — On demande, dit-il, si c'est un crime de Faux que de faire fabriquer sous la dénomination de vente, un contrat qui, dans la réalité, n'est qu'un engagement ou un prêt : *quæritur quandò facit fabricari instrumentum sub nomine venditiones loco contractûs pignoris seu mutui, pro pluris valentiâ, an incidat in crimen Falsi?* Oui, car le Faux consiste dans l'altération de la vérité avec l'intention de nuire : *et discendum est quòd sic : quia Falsum dicitur mutatio veritatis cum intentione nocendi*, l. 23, D. de lege Cornelia de Falsis; *et ideò requiritur dolus cum animo nocendi*... Et il n'importe qu'on puisse bien déguiser un contrat sous l'apparence d'un autre contrat; il n'importe que les lois décident qu'on doit plutôt s'attacher à la vérité qu'à l'écriture; il n'importe qu'elles disent que les erreurs de l'écriture ne nuisent pas à la vérité : *nec obstat si dicatur quòd benè potest fieri simulatio de uno contractu ad alium, ita quòd debet potiùs attendi veritas quàm scriptura......, quia veritas rerum non vitiatur erroribus gestorum..... Nec in hoc notaribus incurrit Falsum* : la réponse est que le notaire n'est pas en faute, lorsque les deux parties consentent à la simulation; mais qu'il en est autrement, lorsque le notaire s'entend avec l'une des parties seulement, pour rédiger l'acte dans un sens tout différent de ce qui a été convenu entre elle et l'autre partie : *quia ad istud respondetur quòd notarius non est in culpâ ex quo partes in hoc consentiunt : secùs quandò altera pars cum notario colludit, et facit fabricari instrumentum aliter quàm fuerit dictum; quia tunc per testes instrumentarios potest probari falsitas verè et directè*.... Et c'est ce qui a été préjugé par le parlement de Grenoble, en statuant sur l'appel interjeté par Pierre Picardi, d'une sentence du vice-bailli du Viennois et de la terre de la Tour, qui, d'après la plainte de Jean Arlandi, dit Leroux, l'avait condamné à une amende, pour avoir, à l'insu de la partie avec laquelle il avait traité, fait fabriquer par le notaire Cugneti, un prétendu contrat de vente que l'on soutenait n'en avoir que le nom : *et istud facit pro causâ appellationis advocatâ Petri Picardi, qui fuit condemnatus in certâ quantitate librarum turonensium, per vice ballivum Viennesii et terræ Turris, ad denuntiationem Joannis Arlandi aliàs Ruffi, pro quia, ut fertur, dictus Picardi fecit fabricari per Franciscum Cugneti, notarium, quoddam instrumentum sub nomine venditionis cujusdam peciæ terræ dicti Arlandi pro pluris valentiâ, de quâ dictus Picardi fuerat missus in possessionem vigore certi processûs litterarii obtenti in dictâ curiâ balliviatûs Viennesii et terræ Turris; et quia oportet judicem cuncta rimari....; ideò curia ordinavit quòd antè omnia dictus Picardi habeat offerri dictum processum litterarium, et dictum instrumentum venditionis, licet dictus notarius Cugneti ceperit fugam, quod magnum est indicium*.

» Répétons-le donc avec la plus ferme assurance : il y a Faux dans le compromis et dans la sentence arbitrale du 4 pluviose, si, en signant ce compromis, si, en approuvant cette sentence, Stoppelbein a, par le concert frauduleux de son gendre Horix et du notaire Seyler, ignoré ce qu'il signait, ce qu'il approuvait.

» Mais est-ce bien là l'espèce de la cause? Est-il bien vrai que Stoppelbein ait été induit par dol à signer, à approuver des actes auxquels il n'avait pas l'intention d'apposer sa signature, de donner son assentiment? C'est la dernière question que nous avons à examiner; et, nous devons le dire à l'avance, la solution n'en sera pas difficile.

» Si nous consultons la procédure, et notamment l'interrogatoire du 4 ventose, nous y verrons Stoppelbein reconnaître que le notaire Seyler, avant de lui faire signer le compromis et approuver le jugement, lui en a donné lecture et les lui a traduits en allemand; qu'il a très-bien su ce qu'il signait et approuvait; qu'il croyait seulement que c'était un *simple badinage*; qu'il était loin de s'attendre que l'on fît enregistrer, homologuer et inscrire ces actes; que cependant on ne lui a pas caché que ces actes *pourraient être utiles* à Horix *dans son procès contre son frère*; mais qu'il avait cru ne faire *qu'un acte de complaisance, pour servir de preuve à Horix qu'il n'est pas aussi riche qu'on l'a voulu croire*. Certes, il n'y a là rien qui annonce dans Stoppelbein, l'intention de ne pas signer, de ne pas approuver ce qu'il a réellement approuvé et signé; il n'y a là rien par conséquent qui présente le plus léger indice d'un Faux.

» Si nous consultons l'arrêt de la cour spéciale du 11 germinal dernier, qu'y trouverons-nous relativement à Stoppelbein? *Que rien n'établit à son égard la prévention d'avoir agi méchamment et dans le dessein de nuire à autrui, en signant l'acte de compromis et le jugement arbitral*; mais que devons-nous inférer de là? Que Stoppelbein a signé le compromis et le jugement dans la persuasion qu'il signait des actes d'une toute autre nature? Non. Encore une fois, Stoppelbein avait lui-même avoué qu'il connaissait la teneur de ces deux actes, avant de les signer : et bien sûrement la cour de justice spéciale n'a ni pu ni voulu nier dans son arrêt, un fait auquel Stoppelbein avait lui-même imprimé par ses aveux, le caractère de la vérité; bien sûrement elle n'a ni pu ni voulu justifier Stoppelbein d'un fait qu'il avait lui-même reconnu avoir à se reprocher. — Qu'a-t-elle donc dit, qu'a-t-elle donc voulu dire à son égard? Rien autre chose, si ce n'est qu'il ne prévoyait pas l'usage frauduleux que son gendre pourrait faire du compromis et de la sentence arbitrale. Mais de là il ne s'ensuit certainement pas que le compromis et la sentence arbitrale puissent être argués de Faux, du chef de Stoppelbein? Et pour le prouver, il n'est besoin que d'une hypothèse très-simple. — Pour obliger Pierre et le faire passer pour plus riche qu'il n'est,

Paul qui ne lui doit rien, fait, signe et lui remet un billet par lequel il reconnaît lui devoir 100,000 écus. Pierre, abusant de ce billet, vient ensuite en demander le payement à Paul. Quelle sera la ressource de celui-ci? Se pourvoira-t-il par accusation de Faux? On ne l'écouterait pas. Il n'aurait qu'une exception de dol, s'il peut prouver le fait, tel qu'il s'est passé. Et pourquoi n'aurait-il que cette exception pour sa défense? Pourquoi ne pourra-t-il pas agir en Faux? Parce que, pour juger s'il y a Faux dans un acte, on ne doit considérer que le moment où il a été passé; parce qu'au moment où Paul a fait le billet, il a réellement signé qu'il devait cent mille écus à Pierre; parce que l'usage frauduleux que fait ensuite Pierre de la signature de Paul, ne peut pas la rendre fausse, de vraie qu'elle était dans le principe; parce que (comme le dit expressément la loi 76, §. 3, D. *de legatis*, 2°), *illud non dicitur Falsum, quod adjuvatur primordio veritatis.* C'est ainsi que le porteur d'une lettre de change qui, dans l'abandon d'une confiance mal placée, la remet avec son *acquit*, à la personne sur qui elle est tirée, ne peut pas, à défaut de payement, sur lequel il a trop imprudemment compté, poursuivre cette personne comme faussaire; c'est ainsi qu'il n'a contre elle qu'une simple action de dol.

» Dira-t-on que, dans les *considérant* de son arrêt, relatifs à Horix et à Seyler, la cour spéciale a déclaré qu'ils avaient tous deux encouru à surprendre à Stoppelbein la signature du compromis et du jugement, *contre sa véritable intention*? Mais ces mots, *contre sa véritable intention*, à quoi se rapportent-ils dans l'arrêt de la cour spéciale? Ce n'est pas à l'intention que Stoppelbein avait en exerçant sur le compromis et le jugement, l'action matérielle de signer; ce n'est qu'à l'intention que pouvait avoir Stoppelbein sur l'usage qui serait fait de ces deux actes. La cour spéciale a donc bien jugé que Stoppelbein ne prévoyait pas que ces deux actes seraient enregistrés, homologués, inscrits au bureau des hypothèques; mais elle n'a pas jugé que Stoppelbein n'avait pas cru, en signant ces deux actes, ne pas signer un compromis et un jugement qui tendissent à le faire regarder comme créancier de son gendre, d'une somme de 20,000 fr.; et non seulement elle ne l'a pas jugé, mais elle a formellement décidé le contraire, en déclarant que Stoppelbein avait *reçu*, *quoique furtivement*, *lecture et interprétation* du jugement et du compromis.

» Ce n'est pas, au reste, que nous puissions approuver l'application que la cour spéciale a faite à la cause du §. 7 de la loi 1ère, D. *de lege Corneliâ de Falsis*; et de la loi 6, C. *ad legem Corneliam de Falsis*; l'un et l'autre texte sont absolument étrangers à la question. Mais il ne demeure pas moins vrai que ce qu'elle a jugé par une fausse application de ces deux textes, elle l'a très-bien jugé; et que, loin de violer les lois qu'elle devait prendre pour guides, elle s'est conformée à leur véritable esprit.

» Nous estimons en conséquence qu'il y a lieu de confirmer son arrêt, et d'ordonner qu'il sera exécuté selon sa forme et teneur ».

Arrêt du 12 floréal an 13, au rapport de M. Cassaigne, par lequel, « considérant que, d'après les circonstances particulières de la cause, la cour de justice criminelle et spéciale a pu déclarer qu'il n'y avait pas crime de Faux, sans contrevenir à aucune loi; la cour confirme l'arrêt d'incompétence rendu par la cour spéciale du département du Mont-Tonnerre, le 11 germinal an 13, sur la procédure instruite contre Christophe Horix, Stoppelbein et Georges Seyler ».

§. V. 1° *Y a-t-il Faux, de la part d'un associé, lorsqu'il emploie la signature sociale, pour grever la société d'engagemens qui ne la concernent point et n'ont pour objet que son avantage individuel? — Y a-t-il complicité de Faux de la part des personnes qui reçoivent de lui sciemment de pareils billets? — Quelle différence y a-t-il entre le Faux et le mensonge commis avec intention frauduleuse? — Dans quel cas un mensonge de cette nature constitue-t-il un Faux? — Dans quel cas peut-il y avoir Faux sans contrefaçon ni altération de l'écriture d'autrui?*

2° *Y a-t-il Faux, de la part d'un associé qui, postérieurement à la dissolution de la société, crée ou endosse des billets de commerce, sous la signature sociale?*

3° *Y a-t-il Faux, de la part du possesseur d'un blanc-seing, qui écrit au-dessus une obligation ou une quittance contraire à l'intention du signataire?*

Le 12 pluviose an 5, les sieurs Bonnet-Imbert, Chataud et Gor, négocians à Marseille, contractent, pour cinq ans, une société de commerce, sous la raison de *Bonnet-Imbert, Chataud et Gor*. — Chacun des associés est, par l'acte, investi du droit de signer, sous la raison sociale, tous les engagemens, toutes les lettres de change, tous les billets, qui auront rapport à leurs affaires communes.

Le 13 pluviose an 10, la dissolution de la société est annoncée par des lettres circulaires; et le lendemain 14, il en est passé devant notaire un acte qui est imprimé et affiché dans la ville de Marseille.

Le même jour, 14 pluviose, les sieurs Bonnet-Imbert et Chataud rendent, devant le substitut-magistrat de sûreté, une plainte contre les auteurs, fauteurs et complices des Faux commis dans l'émission de lettres de change et de billets de commerce qu'ils apprennent circuler à la bourse sous l'ancienne raison sociale *Bonnet-Imbert, Chataud et Gor*. Ils demandent en même temps que les livres-journaux, les livres de caisse et les livres de traites de l'ancienne société, soient déposés au greffe, et paraphés par le directeur du jury; ce qui est exécuté sur-le-champ.

A cette plainte indéfinie, ils en joignent successivement plusieurs autres qu'ils dirigent nommément contre un grand nombre de lettres de change et de billets à ordre, au fur et à mesure qu'on les leur présente pour en obtenir le remboursement, après les protêts qui en ont été faits à leur échéance, notamment contre ceux de ces effets dont se trouvent porteurs les sieurs Amy et compagnie, Vincent, Carvin et Paul. — Quelques-unes de ces plaintes portent spécialement sur trois lettres de change, la prémière de 3,000 livres, la seconde de 5,000 livres, et la troisième de 5,000 livres, tirées de Marseille, les 12 nivose et 1er pluviose an 10, signées *Bonnet-Imbert*, *Chataud et Gor*, causées *valeur en eux-mêmes*, payables *à leur ordre*, chez Nantas et compagnie de Lyon, et endossées le 15 pluviose an 10, de la signature sociale *Bonnet-Imbert*, *Chataud et Gor*.

Sur ces diverses plaintes, des témoins et des experts sont entendus : il paraît en résulter que Gor, abusant de la confiance de ses associés, a créé et négocié tous les effets dont il s'agit, pour son compte personnel.

Le 11 prairial an 10, le directeur du jury décerne contre Gor un mandat d'amener, qui est ensuite converti en mandat d'arrêt.

L'affaire renvoyée à la cour de justice criminelle et spéciale du département des Bouches-du-Rhône, en exécution de la loi du 22 floréal an 10, il y intervient, le 14 vendémiaire an 13, un arrêt par lequel, — « Considérant que des pièces de la procédure il ne résulte aucune preuve des Faux dont se plaignent Bonnet-Imbert et Chataud; — Considérant que, par l'*écrite* de société, Gor avait, ainsi que chacun de ses associés, l'exercice et l'usage de la signature sociale; qu'en faisant, émettant et signant, sous le nom social, des lettres de change, billets à ordre et autres effets de commerce, il a usé d'un pouvoir qui lui était commun avec ses associés, et dont ceux-ci pouvaient user eux-mêmes; que si, dans l'usage de ce pouvoir, il a excédé les bornes que la nature des affaires de la société exigeait, ce n'est et ce ne peut être de sa part qu'un abus de confiance, ou peut-être même une escroquerie qu'il aura commise envers ses associés; mais que ce délit, s'il existe, n'a aucun caractère de Faux; — Considérant que la procédure ne constate pas non plus qu'il ait été fait aucune antidate sur les pièces arguées; — Par ces motifs, la cour déclare être incompétente pour connaître des faits exposés dans les requêtes de plainte et additions de plainte, et délaisse les parties à se pourvoir ainsi et devant qui il appartient ».

Les sieurs Bonnet-Imbert et Chataud se pourvoient en cassation contre cet arrêt. — Le sieur Vincent, l'un des porteurs des lettres de change et effets argués de Faux, intervient sur cette demande, et soutient, non seulement qu'elle est non-recevable, mais encore que les sieurs Bonnet-Imbert et Chataud ne doivent pas être entendus à l'audience de la cour de cassation.

Sur cet incident, les sieurs Bonnet-Imbert et Chataud s'en rapportent à la prudence de la cour de cassation.

« La première question qui, dans cette affaire, appelle notre examen (ai-je dit), est de savoir si la loi permet que les demandeurs soient entendus.

» Quelle est la nature de l'arrêt sur lequel vous avez à statuer? C'est un arrêt par lequel la cour de justice criminelle et spéciale du département des Bouches-du-Rhône s'est déclarée incompétente pour connaître des plaintes en Faux portées d'abord devant le directeur du jury de Marseille, par les sieurs Bonnet-Imbert et Chataud, et renvoyées ensuite devant elle par ce magistrat. C'est donc un arrêt qui, par sa nature, est nécessairement soumis à votre révision, et que vous devriez confirmer ou annuller, quand même il ne serait attaqué, ni par le ministère public (comme en effet il ne l'est pas), ni par les prévenus (qui dans le fait ne s'en plaignent point, qui même se présentent ici pour le défendre), ni par les parties plaignantes ou civiles.

» Or, les parties plaignantes ou civiles peuvent-elles être entendues à votre audience, pour vous exposer leurs griefs contre un arrêt de cette nature? Sans contredit, l'attaque est beaucoup moins favorable que la défense : et le bon sens nous dit que, si des parties plaignantes ne peuvent pas être admises à défendre un arrêt par lequel une cour spéciale s'est déclarée compétente, on doit, à plus forte raison, écarter des parties plaignantes qui viennent attaquer devant vous un arrêt par lequel une cour spéciale, reconnaissant son incompétence, les a renvoyées à se pourvoir à fins civiles. — Eh bien! la cour a jugé, le 28 fructidor an 10, que, lorsqu'il s'agit de prononcer sur un arrêt de compétence rendu en matière de Faux, toute audience doit être déniée à la partie plaignante qui se présente pour défendre cet arrêt. — La cour de justice criminelle et spéciale du département du Doubs s'était déclarée compétente pour connaître d'une plainte en Faux rendue par le sieur Broissia contre la dame Vauban. L'arrêt de compétence était soumis à la censure de la cour, et la dame Vauban intervenait pour l'attaquer. Après le rapport, le sieur Broissia, par l'organe de son défenseur, demanda la parole, et vous la lui refusâtes, « Attendu (ce sont vos propres termes), » qu'il résulte des art. 16, 17, 18 et 19 de la loi du » 7 pluviose an 9, que, dans aucun cas, la partie ci- » vile, partie plaignante, ne peut intervenir ni être » entendue dans les questions de compétence; que » ces questions tiennent à l'ordre des juridictions et » à l'exercice de l'action publique, qui appartient » exclusivement au ministère public, auquel seul est » accordé, par la susdite loi du 7 pluviose, le droit » de réclamer devant les tribunaux d'arrondisse- » ment, les cours de justice criminelle et la cour de » cassation, sur les questions de compétence qui peu- » vent s'élever entre le magistrat de sûreté, substitut » du commissaire du gouvernement, chargé de l'ins- » truction; que l'art. 25 de la loi du 18 pluviose an » 9, loin de déroger aux principes établis par celle » du 7 pluviose, se réfère à eux et les confirme; » que cet article n'ordonne la notification du juge- » ment de compétence, qu'à l'accusé : qu'à lui seul » conséquemment est accordé le droit de contester » devant la cour de cassation, sur les jugemens de » compétence, et d'y contredire l'action de la par- » tie publique ».

» De cet arrêt, Messieurs, il résulte bien évidemment et à *fortiori*, que les sieurs Bonnet-Imbert et Chataud ne doivent pas être entendus à votre audience. Mais ce n'est pas tout, il en résulte encore que leurs recours en cassation est non-recevable; et cette seconde conséquence est liée trop intimement la première, pour que vous ne les proclamiez pas toutes deux en même temps.

» Ce n'est pas seulement, au surplus, des principes consignés dans cet arrêt, que sort la fin de non-recevoir qui s'élève contre le recours des sieurs Bonnet-Imbert et Chataud; elle sort également, et avec le même délai, de la maxime, qu'une partie plaignante n'est pas recevable à se pourvoir en cassation, soit contre une ordonnance, soit contre un jugement qui déclare qu'il n'y a pas lieu d'instruire criminellement sur la plainte, et la renvoie devant les tribunaux civils.

» Cette maxime, qui n'est que le corollaire immédiat de l'art. 5 du Code des délits et des peines, du 3 brumaire an 4 (1), a encore l'avantage d'être consacrée par deux arrêts formels de la cour.

» Pierre Barbier avait présenté au visa du directeur du jury d'Etampes, une citation contenant plainte en escroquerie contre un particulier. Par ordonnance du 11 germinal an 11, le directeur du jury, au lieu de viser cette citation, a renvoyé Pierre Barbier à se pourvoir à fins civiles. Recours en cassation contre cette ordonnance, de la part de Pierre Barbier; et le 3 frimaire an 12, arrêt, au rapport de M. Schwendt, par lequel, « Considérant que l'action publique est » essentiellement distincte et indépendante de l'action civile, et ne peut être poursuivie que par le ministère public; que, dès-lors, la partie civile est » sans qualité pour attaquer une ordonnance du directeur du jury, qui, statuant sur la compétence, la renvoie à se pourvoir à fins civiles; le tribunal » déclare Pierre Barbier non-recevable.... ».

» La dame Contanceau avait rendu, devant l'un des magistrats de sûreté de Paris, une plainte en vol et escroquerie contre la dame de Guéméné, le sieur Lefèvre et quelques autres. Une procédure s'était instruite sur cette plainte; mais apportée au greffe correctionnel du tribunal de première instance, le directeur du jury avait déclaré, conformément aux conclusions du ministère public, qu'il n'y avait lieu de la poursuivre, ni par la voie criminelle, ni par la voie correctionnelle; et la dame Contanceau s'étant pourvue en cassation contre cette ordonnance, arrêt du 9 frimaire an 13, au rapport de M. Babille, qui la déclare non-recevable, « attendu que, quand le directeur du jury a décidé, conformément au réquisitoire du magistrat de sûreté, que le fait sur lequel il a été rendu plainte, n'est point susceptible de poursuites, soit correctionnelles, soit criminelles, l'action publique ne peut pas être mise en activité par la partie plaignante, puisque la loi ne donne à celle-ci aucun moyen de se pourvoir contre une semblable décision du directeur du jury; et que la loi du 7 pluviose an 9, ne contient, sur ce point, aucune disposition contraire au Code des délits et des peines; attendu, dans l'espèce, que le directeur du jury a déclaré, conformément aux conclusions du magistrat de sûreté, que la plainte en vol et escroquerie rendue par la dame Contanceau, ne pouvait pas, d'après les raisons qu'il en » a déduites, donner lieu à des poursuites devant le » tribunal correctionnel, et a, en conséquence, renvoyé les parties à se pourvoir à fins civiles; et » qu'ainsi le recours en cassation n'était pas ouvert à » la dame Contanceau contre cette ordonnance du » directeur du jury ».

» Il serait inutile de rien ajouter à des décisions aussi formelles et aussi bien motivées, il en résulte clairement, et que les sieurs Bonnet-Imbert et Chataud ne doivent pas être entendus à votre audience; et qu'ils doivent être déclarés non-recevables dans leur demande en cassation de l'arrêt de la cour de justice criminelle et spéciale du département des Bouches-du-Rhône, du 14 vendémiaire dernier.

» Mais de là aussi résulte pour nous l'obligation de discuter cet arrêt avec toute l'attention, avec toute la sévérité que comportent les grands intérêts de la question sur laquelle il a prononcé.

» Pour mettre le plus d'ordre qu'il sera possible dans cette discussion, nous la diviserons en deux parties : la première aura pour objet les lettres de change et effets de commerce qui donnent à la signature sociale, sous laquelle Gor les a créés, une date antérieure à la dissolution de la société; la seconde comprendra les lettres de change et effets de commerce que Gor a bien créés sous la signature sociale avant la dissolution de la société, mais qu'il n'a endossés que depuis cette époque.

» Et d'abord, nous devons remarquer, sur les lettres de change et effets de la première classe, que l'arrêt de la cour spéciale décide, comme point de fait résultant de la procédure, qu'il *n'a été fait comme antidate* sur aucune de ces *pièces*. C'est donc à la date que porte chacun de ces effets, que nous devons supposer qu'ils ont tous été créés. Nous devons, par conséquent, les considérer comme créés avant le 13 pluviose an 10, c'est-à-dire, avant la dissolution de la société.

» Cela posé, il s'agit de savoir si Gor peut être réputé prévenu d'un crime de Faux, par cela seul qu'il est prévenu d'avoir employé la signature sociale, *Bonnet-Imbert, Chataud et Gor*, pour grever la société connue sous cette dénomination, d'engagemens qui ne tendaient, ou qu'à le libérer envers ses créanciers personnels, ou qu'à lui procurer, par la voie de la négociation, des sommes d'argent qu'il s'est personnellement appropriées.

» L'affirmative ne souffrirait aucun doute, si le *Faux* accompagnait toujours et nécessairement le *dol* et le *mensonge*. Car, si Gor a réellement fait ce qu'on lui impute, il s'est évidemment rendu coupable de dol envers ses associés, en se servant de leur nom, pour les grever de dettes qui ne les regardaient pas; il a évidemment commis autant de mensonges, qu'il a de fois employé la signature sociale dans des actes absolument étrangers à la société.

» Mais, quoiqu'il y ait toujours dol et mensonges dans le crime de Faux, ce n'est pas à dire pour cela qu'il y ait toujours crime de Faux dans le mensonge, dans le dol. Dumoulin l'a dit il y a long-temps : *Aliud merum, Falsum, aliud simulatio.* — Et ce grand jurisconsulte n'a été, en proclamant cette

(1) L'art. 1 du Code d'instruction criminelle de 1808 en renouvelle implicitement les dispositions.

maxime, que l'écho de la loi 23, D. *de lege Cornelià de Falsis*. Qu'est-ce que le Faux, demande cette loi : *Quid sit Falsum quæritur?* Il y a Faux, répond-elle, toutes les fois que l'on contrefait ou qu'on altère l'écriture d'autrui; mais non pas lorsqu'on fait sciemment de faux calculs, lorsque sciemment on porte dans un compte, des objets qui n'y doivent pas entrer : *Et videtur id esse, si quis alienum chirographum imitetur, aut libellum vel rationes intercidat vel describat* : NON QUI ALIAS IN COMPUTATIONE VEL RATIONE MENTIUNTUR.

» Il faut néanmoins convenir qu'il peut y avoir Faux sans contrefaçon ni altération de l'écriture d'autrui. — Par exemple, Pierre se faisant passer pour Paul, écrit et signe, sous le nom de celui-ci, la reconnaissance d'un prêt ou d'un dépôt qu'on lui a confié dans la persuasion qu'il était réellement Paul. Dans ce cas, il n'y a ni imitation, ni contrefaçon, ni altération de l'écriture de l'individu dont Pierre a pris le nom. Pierre a écrit, a signé couramment de sa main, sans déguiser, sans chercher à déguiser ni son sein ni son écriture. Cependant, il y a bien constamment crime de Faux, aux termes du décret d'ordre du jour du 19 brumaire an 2 et de la loi du 7 frimaire suivant. C'est même ce que la cour a jugé plusieurs fois, notamment—le 7 fructidor an 8, au rapport de M. Schwendt, en renvoyant devant le jury d'accusation du département de la Seine, le nommé Vilianis, prévenu d'avoir escroqué une somme d'argent, au moyen d'un billet à ordre qu'il avait souscrit sous le nom d'un marchand de la rue St. Denis; — Le 8 messidor an 9, au rapport de M. Seignette, en rejetant la demande de Jacques Vander-Bosch, en cassation d'un jugement qui l'avait condamné à huit années de fers, pour s'être présenté chez un notaire, et y avoir fait rédiger un acte obligatoire sous un nom étranger; — Enfin, le 18 ventose an 12, au rapport de M. Poriquet, en cassant un arrêt de la cour de justice criminelle du département de la Haute-Saône, qui s'était déclarée incompétente pour connaître du Faux commis par le nommé Louis Therby, dans des actes notariés où il avait pris le nom de Pierre Poissenot. — Et la raison fondamentale de cette jurisprudence, est, comme vous l'avez dit vous-même dans les motifs de ce dernier arrêt, *que la loi pénale s'applique, non-seulement au Faux matériel, mais encore à toute espèce de Faux qui tend à altérer ou à détruire la substance d'un acte.* (*V.* ci-après §. 6.)

» Ainsi, il y a également Faux, lorsque les fermiers d'un impôt, en affichant au lieu destiné pour la perception, une pancarte contenant la copie du tarif arrêté par l'autorité publique, se permettent d'élever cet impôt au-dessus du taux auquel l'autorité publique l'a fixé. On ne peut cependant alors leur reprocher ni contrefaçon ni altération de l'acte de l'autorité publique; ils ne sont coupables, relativement à cet acte, que d'en avoir fait une copie infidèle, dans la vue d'extorquer des contribuables plus que ceux-ci ne doivent légalement : et, sous ce prétexte la cour de justice criminelle et spéciale du département de la Moselle avait jugé, le 21 frimaire an 12, qu'elle n'était pas compétente pour connaître d'un pareil délit. Mais le 15 nivose suivant, au rapport de M. Seignette, vous avez cassé l'arrêt de cette cour, « attendu que le Faux se commet le plus souvent dans le dessein de faire un bénéfice aux dépens d'un tiers, comme lorsque l'on fait un faux acte public, un faux billet, une fausse lettre de change; que c'est bien une escroquerie, une concussion, un vol fait et tenté à l'aide d'un Faux; mais que le Faux est le délit principal, celui que la loi punit plus sévèrement, et dont la loi du 23 floréal an 10 attribue la connaissance aux tribunaux spéciaux; que, dans l'espèce dont il s'agit, si les pancartes présentent des articles plus forts que ceux portés dans l'arrêté de l'administration du département de la Moselle, du 24 pluviose an 7, dont ces pancartes doivent présenter la transcription fidèle, elles sont un faux titre fabriqué pour commettre des exactions; que l'on y trouve à la fois prévention de Faux et usage d'une pièce que l'on savait être fausse; que peu importe que ces pancartes soient écrites à la main, qu'elles soient imprimées ou qu'elles soient peintes sur bois; que c'est toujours une écriture à laquelle doit être faite l'application de l'art. 2 de la loi du 23 floréal an 10; d'où il suit que le tribunal spécial a méconnu sa compétence ».

» Ainsi, il y a également Faux, lorsque le possesseur d'un blanc-seing qui lui a été confié par un négociant ou qu'il lui a soustrait, écrit au-dessus une obligation ou une quittance. Ce n'est pas qu'il y ait alors, plus que dans les cas précédens, contrefaçon ou altération de l'écriture d'autrui. Mais comme l'observait M. l'avocat général Barentin dans la cause de Langibaudière, jugée conformément à ses conclusions, par un arrêt du parlement de Paris, du 21 juin 1765 (1), il y a plus que contrefaçon, il y a plus qu'altération, « *l'acte est supposé dans tout son entier.* La signature (qu'il porte), est une surprise qui a opéré un Faux, parce qu'elle a servi à valider un acte qui ne devait pas exister. Il est donc un acte supposé; et dès qu'il est supposé, il est faux : la conséquence est certaine. Qu'il est aisé (continuait M. de Barentin), d'écarter une distinction qui a été présentée, entre l'action criminelle et l'action civile ! On avoue que la première est admise, si la victime du délit n'y a pas participé, c'est-à-dire, s'il n'a pas signé. Il ne reste, au contraire, que la seconde, l'action civile, s'il y a faute personnelle, c'est-à-dire, si l'on a eu l'indiscrétion d'apposer une signature de laquelle l'on ait abusé dans la suite. Nous tirerons des lois romaines notre réponse à une objection qui paraît inventée pour la cause. On suppose qu'un testateur a fait son testament parfait, et qu'un étranger y a écrit un legs en sa faveur. On demande quelle sera sa peine. La loi décide qu'il sera puni comme faussaire. Cependant il y a faute personnelle; le testateur doit s'imputer d'avoir laissé dans son testament assez de place pour qu'on pût y glisser un legs qu'i

(1) Nouvelle édition de Denizart, article *Faux principal*, §. 12.

» n'avait pas exprimé : car remarquez qu'en proposant l'espèce, on ne dit pas qu'il y ait de surcharge dans le testament. Le sieur Langibaudière répondra sans doute, qu'alors il y a addition dans l'acte, et qu'il convient que c'est un Faux. Si, de son propre aveu une addition est un Faux, comment concevoir qu'il ne s'en rencontre pas toutes les fois que l'acte renferme toute autre chose que ce qu'il devait contenir (1) »?

» Ainsi, il y aurait également Faux dans notre espèce, si, comme dans tous les exemples que nous venons de passer en revue, il y avait *supposition frauduleuse d'une obligation qui n'existe réellement pas.*—Mais, il est temps de le dire, où trouver l'apparence de cette supposition? Qui est-ce qui a écrit, qui est-ce qui a signé, au nom de la société, les lettres de change dont il s'agit? Est-ce Gor individuellement? Non, c'est la société elle-même; car, pour les écritures, pour les signatures de toute espèce, la société résidait dans la personne de Gor, comme dans la personne de Bonnet-Imbert, comme dans la personne de Chataud. Par l'acte d'association, du 13 pluviose an 5, Gor avait, comme Chataud, comme Bonnet-Imbert, le droit d'obliger la société par tous les engagemens qu'il signerait de la raison sociale *Bonnet-Imbert*, *Chataud et Gor*. Gor représentait donc la société, quand il a écrit et signé les lettres de change que l'on argue aujourd'hui de Faux; c'était donc la société qui tenait la plume, quand il a écrit et signé ces lettres de change; ces lettres de change ne sont donc pas fausses.

» Mais Gor les a écrites, Gor les a signées pour

---

(1) Cette doctrine est incontestable, dans le cas où celui qui est devenu possesseur d'un blanc-seing, par soustraction ou par hasard, a écrit au-dessus une obligation ou une quittance; mais il en est autrement, lorsque celui qui a écrit l'obligation ou la quittance au-dessus d'un blanc-seing, était devenu possesseur de ce blanc-seing par l'effet d'une confiance dont il a abusé.

Le 21 pluviose an 12, Ambroise Fouqueré vend à Nicolas Fouqueré, son frère, le domaine de Courte-Manche, et s'en réserve l'usufruit. — Le 2 frimaire an 14, Nicolas Fouqueré revend ce domaine au sieur Lepelletier, tel qu'il le possède, c'est-à-dire, avec la charge de l'usufruit réservé par Ambroise Fouqueré. — Le 15 février 1806, Ambroise Fouqueré cède au sieur Lepelletier une partie de son usufruit. — Le 18 juin 1818, acte sous seing-privé par lequel Ambroise Fouqueré vend à Charles Lefrançois le restant de son usufruit moyennant la somme de 10,000 francs payés comptant. Cet acte est rédigé par le sieur Dupont, puis mis au net et transcrit en double sur deux feuilles de papier timbré, par le fils de Charles Lefrançois. Au bas de chaque exemplaire, les deux parties écrivent ces mots : *Après avoir lu et examiné le présent, je l'approuve en tout son contenu :* et elles signent. — Le 22 du même mois, Charles Lefrançois, après avoir fait enregistrer le double resté entre ses mains, le dépose dans l'étude d'un notaire. — Charles Lefrançois déclare ensuite qu'il n'a fait l'acquisition des droits d'usufruit dont il s'agit, que pour le compte du sieur Lepelletier; et il les transmet en conséquence à celui-ci. — Les choses en cet état, Ambroise Fouqueré rend plainte en Faux contre les sieurs Lefrançois, père et fils, Dupont et Lepelletier. Suivant lui, il n'a jamais eu l'intention de vendre son usufruit, et il ne l'a pas vendu; il a seulement donné au sieur Dupont un blanc-seing, pour dresser une procuration à l'effet de poursuivre le sieur Lepelletier en restitution d'intérêts usuraires qu'il avait escroqués de lui et de son frère Nicolas Fouqueré. — Cette plainte est suivie d'une information, de l'arrestation des prévenus et de leur traduction devant la cour spéciale du département de la Sarthe.

Le 29 septembre 1808, arrêt par lequel, « considérant que, dans l'espèce, il s'agit d'une substitution d'un acte de vente à une simple procuration qu'Ambroise Fouqueré entendait donner conjointement avec Charles Lefrançois à Dupont, à l'effet de poursuivre Lepelletier, relativement à des escroqueries qu'ils prétendaient avoir éprouvées de sa part, pour laquelle procuration il avait donné de confiance sa signature en blanc sur le second *recto* d'une feuille de papier timbré, ainsi que ledit Charles Lefrançois; que Jacques Lefrançois, fils de ce dernier, est prévenu d'avoir écrit le contrat de vente sous la dictée dudit Dupont, son oncle; et ledit Lepelletier, d'avoir aidé et favorisé cette manœuvre; considérant, en principe, que la substitution d'une volonté à une autre, dans un acte privé signé de confiance en blanc, est un Faux matériel, et non une simple escroquerie, principe que la cour de cassation a d'ailleurs consacré par un arrêt du 25 juin 1806 »; la cour spéciale se déclare compétente.

Cet arrêt transmis à la cour de cassation, les prévenus l'attaquent comme contraire aux règles de la compétence : ils font remarquer que l'arrêt du 25 juin 1807, dont s'est prévalue la cour spéciale, avait été rendu dans une espèce toute différente; que le prévenu sur le sort duquel il avait prononcé, était accusé d'avoir intercalé, d'avoir ajouté après coup, entre la fin de l'acte et les signatures, un renvoi contenant une clause nouvelle; qu'ainsi, la prévention portait sur le fait d'altération d'un acte, et par conséquent sur un Faux en écriture.

Par arrêt du 28 janvier 1809, au rapport de M. Bauchau, — « Vu l'art. 456 du Code du 3 brumaire an 4, et attendu que la signature apposée au pied de l'acte qui fait le sujet de la prévention n'est pas déniée; qu'elle n'est point arguée de Faux, que la prévention ne porte que sur une substitution faite, contre l'intention de Fouqueré, d'une vente qu'il ne prétendait pas faire, à une procuration qu'il voulait donner sur une signature par lui livrée en blanc-seing, sans nécessité et volontairement; que cette substitution, en la supposant réelle, n'ayant pas eu lieu dans un acte authentique, ni par le fait d'un officier public, chargé par la loi de recevoir et de constater les conventions particulières, mais par des individus sans caractère public, sur un blanc-seing librement et imprudemment donné par l'effet d'une confiance indiscrète; cette substitution qui n'a pas le caractère matériel de Faux, ne saurait non plus en avoir le caractère moral; — Que les crimes qui attentent à la propriété, se composent en effet, non-seulement du préjudice qu'ils causent, et de l'intention qui les produit, mais encore de la difficulté de s'en garantir; qu'ainsi, dans la combinaison du Code pénal et des lois correctionnelles, les vols prennent le caractère de crimes, ou ne constituent que de simples délits correctionnels, suivant qu'il a été plus ou moins difficile de les prévenir ou de s'en mettre à l'abri; — Que les lois conservatrices de l'ordre social, ont voulu arrêter ou réprimer, par l'effroi de la peine, les atteintes portées à la propriété avec violence, ou par l'abus d'une confiance nécessaire; mais que leur protection se restreint, lorsque ces atteintes ont pu être inspirées et déterminées par une imprudence grave ou une confiance aveugle; — Que celui qui, volontairement, donne un blanc-seing dont on abuse pour le remplir d'une manière contraire à ses intentions, est dans le même cas que celui qui signe indiscrètement et sans le lire, un acte privé qu'il n'a point écrit; que, dans un cas comme dans l'autre, l'imprudence qui a provoqué ou du moins fait réussir une supposition d'acte que la prévoyance la plus ordinaire aurait prévenue, ôte à cette supposition d'acte le caractère moral qui constitue le Faux prévu par les articles 4 et 42 de la section 2, titre 2 du Code pénal; d'où il résulte que la cour de justice criminelle spéciale du département de la Sarson compte personnel ! La société n'en a pas profité ! —Qu'est-ce que cela prouve? que ces lettres de change n'ont pas été faites *pour la société?* D'accord ; qu'elles n'ont pas été faites *par la société?* L'acte d'association dit formellement le contraire.

» Mais Gor, en détournant pour son compte personnel, des engagemens qui, par leur teneur, ne pouvaient servir qu'à la société, a commis une prévarication ; il a menti à ses associés, il a faussé la foi qui le liait à eux ! — Cela est vrai. — Donc ces engagemens sont faux ! — Quelle conséquence ! Faisons une hypothèse. Des marchands de Londres s'associent pour fabriquer des écus, comme le permet la loi du pays. L'un d'eux, après en avoir fabriqué, à l'insu de ses associés, une quantité plus ou moins considérable, au lieu de les verser dans la caisse de la société, les détourne à son profit : ces écus sont-ils faux respectivement à ses associés? Non assurément, ils ne sont que volés ; et quoique volés, ils n'en sont pas moins de vrais écus dans la poche du voleur.—Or, qu'a fait, dans notre espèce, l'associé des sieurs Bonnet-Imbert et Chataud? il a fait comme le marchand de Londres : il a fabriqué un papier-monnaie, et, après la fabrication, il se l'est approprié. Il est donc voleur, comme le marchand de Londres ; mais il n'est pas plus faussaire que lui.

» Et s'il en était autrement, si, sous le prétexte que Gor a emprunté le nom de la société pour contracter à son profit personnel, on pouvait arguer de faux ses engagemens, que deviendrait ce grand principe qui rend tous les associés garans solidaires les uns des autres? Écoutons Pothier, dans son *Traité du contrat de société*, n. 101 : « Lorsque la dette a » été contractée au nom de la société, elle oblige tous » les associés, *quand même la dette n'aurait nullement tourné au profit de la société.* Par exemple, » si l'un des associés a emprunté une somme *au nom* » *de la société*, le créancier qui a son billet signé *et* » *compagnie*, peut en demander le payement à tous » les associés; car le créancier qui a prêté la somme, ne » pouvait pas prévoir l'emploi qu'il ferait de la somme » qui lui a été prêtée pour sa société; les associés doi- » vent s'imputer de s'être associés à un associé infi- » dèle, de même qu'en pareil cas, un commettant doit » s'imputer d'avoir préposé à ses affaires une personne » infidèle. Loi 1, §. 9, D. *de exercitoriâ actione* ».

» Savary, dans ses *Parères*, page 102, rappelle une sentence du bailliage de Tours, qui venait de juger qu'un associé ne pouvait se dispenser d'acquitter un billet signé par son associé, avec l'addition des mots *et compagnie*, quoiqu'il prouvât que le montant de ce billet n'était pas entré dans la caisse, et qu'il n'en avait pas été fait mention dans les livres de la société ; et voici ce qu'il répond à la question de savoir si cette sentence a bien jugé. — « Il est indifférent que la somme prêtée » ait été écrite ou non sur les livres sociaux ; c'est » à celui qui se plaint de cette omission, à en demander raison à son associé, et non pas au porteur du billet qui a donné de bonne foi son argent » à la société, entre les mains de l'un des associés. » La proposition contraire est ridicule ; elle n'a jamais été proposée parmi les négocians. Que si elle » avait lieu, il n'y aurait jamais de sûreté à prêter » son argent aux négocians associés ; il ne tiendrait » qu'à un marchand de s'associer un homme de » néant, et lui faire emprunter, au nom de la société, des sommes considérables, pour lesquelles » il ferait des billets signés du nom social ; d'affecter » de ne point écrire sur les livres de la société les » sommes empruntées, et de faire évader cet associé ; et quand ceux qui auraient prêté leur argent, » viendraient lui en demander payement, de les repousser en disant que les deniers empruntés par » cet associé de néant, ne sont point écrits sur les » livres de la société ; qu'il ne doit rien, et que ce » n'est pas à lui qu'il faut s'adresser.... *En vérité,* » *il ne faut pas avoir le sens commun, pour soutenir cette proposition* ». — Aussi l'auteur se hâte-t-il d'ajouter que cette proposition fut condamnée par le parlement de Paris, comme elle l'avait été par le bailliage de Tours.

» Le *Journal du palais de Toulouse*, tom. 2, pag. 500, nous offre un arrêt semblable, du 15 février 1726. — « Rigaud (dit le magistrat, auteur de ce » Recueil) ayant eu Malves pour associé pour fait » de draperie, Malves avait reçu de Sicard 3,300 l., » et lui avait donné une lettre sur Lyon, signée *Rigaud et Malves*. Sicard a attaqué Rigaud pour » le payement de ce billet. Rigaud s'est défendu » par plusieurs moyens, savoir que la société avait » fini lors du billet, ce qui ne paraissait pas, comme » aussi que la somme de 3,300 l. n'était pas venue » au profit de la société, mais avait été employée » uniquement aux affaires propres et particulières » de Malves. On n'a pas trouvé ce moyen bon : il le » serait si ce billet était signé seulement *Malves* ; » mais étant signé *Malves et Rigaud*, alors c'est à » la société qu'on prête, et le créancier est en droit » de se faire payer par la société. Le moyen pris de » ce que la société avait pris fin, aurait été bon ; » mais elle n'avait été définie (dissoute) que depuis » le procès. — Rigaud opposait à Sicard que c'était » par complot et par intelligence, et sachant bien » que Malves prenait cet argent pour ses affaires particulières, qu'il avait fait signer *Rigaud et Malves*. » Mais Sicard, interrogé sur faits et articles, l'avait » dénié ; et Rigaud ne le prouvait pas ». En conséquence Rigaud fut, par l'arrêt cité, condamné à payer le billet.

» Mais que serait-il arrivé dans cette espèce, si Rigaud eût prouvé que Sicard savait, en recevant le billet, que Malves n'en avait pas versé le montant dans la caisse de la société, et qu'il devait l'employer pour ses affaires particulières? Eût-il pu, dans ce cas, faire déclarer le billet faux? Eût-il pu, dans ce cas, faire punir Malves et Sicard comme faussaires? Non. Il n'eût eu, dans ce cas, que le droit de faire

---

the, en se déclarant compétente par l'arrêt qu'elle a rendu le 29 septembre dernier, sur le vu de la procédure instruite contre Charles Lefrançois, Jacques Lefrançois, son fils, Pierre-Jean Lefrançois dit Dupont, et Pierre-René-André Lepelletier, a violé les règles de compétence établies par la loi ; la cour casse et annulle... ».

Le Code pénal de 1810, art. 407, consacre expressément la distinction établie par cet arrêt. V. mon *Recueil de Questions de droit*, au mot *Faux*, § 13.

déclarer le billet non obligatoire à son égard; et l'on en sent la raison.—Si le billet n'était pas faux respectivement à Malves, en supposant Sicard de bonne foi, il ne pouvait pas, en supposant entre Malves et Sicard une intelligence frauduleuse, devenir faux respectivement à Malves et Sicard simultanément : dans l'une comme dans l'autre supposition, Malves avait toujours agi de mauvaise foi, en signant du nom social un billet étranger à la société : si donc il eût pu y avoir Faux dans une signature de ce genre, le Faux aurait toujours existé respectivement à Malves, abstraction faite de la bonne ou mauvaise foi de Sicard. Et dès-là, nulle possibilité de faire dépendre de la bonne ou mauvaise foi de Sicard, la question de savoir si cette signature présentait ou ne présentait pas un Faux.

» Vous sentez, Messieurs, où cette conséquence va nous conduire : c'est que, quand même les sieurs Bonnet-Imbert et Chataud auraient prouvé que les porteurs des lettres de change créées par Gor, savaient, en les recevant de lui, qu'il n'en devait pas employer le montant aux affaires sociales, ils n'en auraient pas été plus avancés pour le succès de leur plainte en faux. Alors, en effet, il serait toujours resté vrai de dire que les lettres de change avaient été créées par la société, que la société les avait souscrites par la main de Gor, et que Gor, en se les appropriant, que les tiers-porteurs, en les recevant de lui, sachant qu'il se les appropriait indûment, auraient commis un vol au préjudice de la société, et qu'autre chose est le vol, autre chose et le crime de Faux.

» Au surplus, nous n'avons pas même besoin de discuter cette hypothèse; car la cour de justice criminelle et spéciale du département des Bouches-du-Rhône n'a rien consigné dans son arrêt qui annonce le moindre indice d'intelligence entre Gor et les porteurs des effets créés par celui-ci sous la raison sociale; et l'on sent assez qu'en cette matière, nous ne pouvons rien ajouter à son arrêt, d'abord, parce que, de savoir si les porteurs ont participé à la prévarication de Gor, c'est une question de fait qui ne peut pas être agitée devant la cour de cassation; ensuite, parce qu'il est de jurisprudence constante et invariable que, pour se déclarer valablement compétente en matière d'usage de pièces fausses, toute cour de justice criminelle et spéciale doit énoncer expressément que c'est avec la connaissance positive du Faux de ces pièces qu'il en a été fait usage; et que cette énonciation ne se trouvant pas dans l'arrêt soumis à votre examen, il est impossible de l'y suppléer.

» Que deviennent après cela, toutes les autorités que les sieurs Bonnet-Imbert et Chataud ont accumulées dans leurs mémoires, pour établir que cet arrêt doit être cassé, quant aux lettres de change et effets de commerce créés ou endossés par Gor avant la dissolution de la société?

» Le jurisconsulte Paul, disent-ils, dans le liv. 5 de ses *Sentences*, met au nombre des cas où il y a crime de Faux, non-seulement celui où l'on a supprimé ou altéré quelque chose dans un billet, dans un acte quelconque, mais encore celui où l'on a simplement signé un billet, un acte quelconque, par dol et pour nuire à autrui : *qui rationes, acta, libellos, album propositum*, CHIROGRAPHA, *epistolas sciens, dolo malo, in fraudem alicujus, deleverit, mutaverit*, SUBJECERIT, SUBSCIPSERIT, *Falsi pœna, coercetur.* — Mais, outre que cette doctrine de Paul n'a jamais été convertie en loi, il est sensible qu'elle ne peut s'appliquer qu'au cas où, par la signature d'un billet, l'on a, frauduleusement et dans le dessein de nuire à autrui, donné l'être à une obligation, à une quittance, à un titre, que n'avait pas le droit de créer celui de qui est émanée cette signature; qu'elle ne peut par conséquent s'appliquer qu'au cas où le signataire a pris un nom qui n'était pas le sien, qu'au cas où le signataire a voulu obliger une personne qui ne l'avait pas chargé de signer pour elle. Or, ici qui est-ce qui a signé? Encore une fois, ce n'est pas l'individu nommé Gor, c'est la société dont Gor était membre; il n'y a donc pas ici de Faux, même d'après le jurisconsulte Paul, puisque Gor tenait du contrat d'association le droit d'obliger la société envers telle personne tierce qu'il jugerait à propos.

» L'arrêt de la cour du 13 nivose an 12, disent encore les sieurs Bonnet-Imbert et Chataud, a jugé, dans l'affaire des fermiers des droits de bacs du département de la Moselle, qu'il y avait Faux dans la copie du tarif dont il était question, quoique cette copie ne contînt ni rature, ni altération, et par le seul motif qu'elle ne rappelait pas fidèlement l'original. — Mais quel rapport y a-t-il entre cette espèce et la nôtre? Les fermiers des droits de bacs de la Moselle avaient fait, par un corps d'écriture, par la copie entière d'un tarif, ce qui, dans le passage cité de Paul, est déclaré constituer un Faux par le seul effet de la signature. Ils avaient supposé à l'administration du département un arrêté qu'elle n'avait pas pris; ils avaient mis leur écriture à la place de celle de l'administration du département. — Ici, rien de semblable : Gor n'a pas signé, n'a pas écrit à la place de la société; c'est la société qui a signé, qui a écrit par la main de Gor; les lettres de change souscrites *Bonnet-Imbert*, *Chataud* et *Gor*, ne sont donc pas fausses.

» Les sieurs Bonnet-Imbert et Chataud ne sont pas plus heureux dans l'application qu'ils cherchent à faire de l'arrêt du parlement de Paris rendu en 1765, au sujet d'un acte sur blanc-seing.—En remplissant le blanc-seing qui lui avait été confié, Langibaudière avait créé un engagement que le signataire n'avait pas l'intention de contracter. Il y avait d'ailleurs, dans cette espèce, diversité d'écritures : le signataire de l'acte n'en avait pas écrit le corps; et celui qui en avait écrit le corps, ne l'avait pas signé. — Ici, tout est différent : c'est la même main qui a écrit et signé les lettres de change, et cette main, en les écrivant, en les signant, n'a pas créé des engagemens que la société n'avait pas l'intention de contracter : car cette main était celle de la société elle-même. C'est la société qui a écrit, c'est la société qui a signé, c'est la société qui s'est obligée : ainsi, écriture, signature, obligation, tout est du fait de la société. Encore une fois, il n'y a donc pas ici l'ombre d'un crime de Faux.

» Pour qu'il y ait ici crime de faux, que faudrait-il? Bien certainement il faudrait que les lettres de change et les effets de commerce dont il s'agit, ne fussent pas ce qu'elles sont extérieurement; il faudrait qu'elles ne fussent pas l'expression d'engagemens contractés par la société *Bonnet-Imbert, Chataud* et *Gor*. Mais c'est ce qu'on ne parviendra jamais à établir, puisque Gor avait, par le titre même de la société, le pouvoir de contracter ces engagemens sous le nom social, et que c'est sous le nom social qu'il les a contractés. Que Gor ait fait un usage frauduleux de ce pouvoir, à la bonne heure; mais il n'en demeure pas moins constant que les engagemens dont la société a, par son ministère, signé la reconnaissance, n'ont rien de Faux; que les titres de ces engagemens ne sont point mensongers; que le mensonge n'est pas dans ces titres, mais dans le fait de celui qui, ayant le pouvoir de les créer, les a créés réellement, et avec tous les caractères de véracité: qu'en un mot, il faut bien distinguer Gor créant ces titres, de Gor recevant ou s'appropriant les fonds qui en sont le prix; que quand Gor a créé ces titres, il était *la société*; que la société les a créés par lui; que quand Gor a reçu ou s'est approprié les fonds qui sont le prix de ces titres, il les a reçus, il se les est appropriés comme particulier, comme simple individu.

» En voilà plus qu'il n'en faut pour justifier l'arrêt de la cour de justice criminelle et spéciale du département des Bouches-du-Rhône, quant aux lettres de change et effets de commerce créés par Gor avant la dissolution de la société. Il nous reste maintenant à examiner si cet arrêt a également bien jugé, quant aux endossemens dont Gor a revêtu, après la dissolution de la société, le 15 pluviose an 10, trois lettres de change qu'il avait tirées, le 1er du même mois et le 12 nivose précédent, sur la maison *Nantas et compagnie*, de Lyon.

» A cet égard, il est une chose qui nous frappe dès la première vue: c'est que l'arrêt de la cour de justice criminelle et spéciale du département des Bouches-du-Rhône, ne parle en aucune manière de ces endossemens. Quelle peut donc avoir été la cause de son silence? Ces endossemens étaient au procès; il en avait même été fait description dans un procès-verbal dressé le 29 germinal an 11, au greffe de la cour spéciale, en exécution d'un arrêt du 26 ventose précédent. — La cour spéciale avait donc à juger si ces trois endossemens étaient de nature à mettre Gor en état de prévention du crime de Faux; et rien ne pouvait la dispenser de le juger en effet.

» Que conclure donc du silence dans lequel elle s'est renfermée sur ces trois endossemens: Rien autre chose, si ce n'est, ou qu'à cet égard elle a refusé de juger; ou qu'elle a enveloppé les trois endossemens dans la disposition de son arrêt qui déclare exempts de Faux tous les effets de commerce produits devant elle.

» Or, si elle a refusé de prononcer sur ces trois endossemens, il y a de sa part déni de justice; la cassation de son arrêt est de ce chef inévitable.

» Or, elle a prononcé sur ces trois endossemens, en même temps que sur les autres effets qui étaient soumis à son examen; si, par là, elle a absous ces trois endossemens de la prévention de Faux, n'en doutons point, son arrêt doit encore être cassé, et la raison en est palpable.

» De quel nom Gor a-t-il endossé les trois lettres de change tirées les 12 nivose et 1er pluviose an 10? Ce n'est point de son nom individuel; c'est du nom social, *Bonnet-Imbert*, *Chataud* et *Gor*. A quelle époque les a-t-il endossées ainsi? Le 15 pluviose an 12, le surlendemain de la dissolution de la société, à une époque par conséquent où le nom social n'existait plus, où la société était morte, où personne ne pouvait plus agir, parler ni écrire pour elle. — Or, signer un acte du nom d'un mort, c'est certainement commettre un Faux. On le commettrait même par l'emploi que l'on ferait dans une signature, du nom d'un individu encore vivant, puisqu'aux termes des lois des 19 brumaire et 7 frimaire an 2, puisqu'aux termes de vos arrêts des 7 fructidor an 8, 8 messidor an 9, et 18 ventose an 12, il y a Faux toutes les fois que dans un acte public ou privé, le signataire emprunte, à dessein de nuire, un nom qui n'est pas le sien. — Il y a donc Faux dans les trois endossemens, si c'est vraiment le 15 pluviose an 10, que Gor les a souscrits du nom social.

» C'est ce que vous avez jugé le 29 frimaire an 13, au rapport de M. Basire. Les nommés Viremonteil et Léglise avaient été associés pendant quelque temps. La société dissoute, Léglise, pressé par un de ses créanciers personnels pour une somme de 672 fr., lui fit un billet à ordre qu'il signa du nom collectif *Viremonteil et Léglise*. Instruit de l'existence de ce billet, Viremonteil l'attaqua comme Faux en ce qui le concernait, et cela sur le double fondement que Léglise l'avait fait après la dissolution de la société, qu'il l'avait fait pour éteindre une dette absolument étrangère à la société même. Léglise, de son côté, se concerta avec le porteur, pour faire disparaître le billet. Mais des témoins furent entendus, et déposèrent qu'ils avaient vu le billet, qu'ils l'avaient vu souscrit du nom social, et qu'ils avaient remarqué que la date en était postérieure à l'époque où la société avait pris fin. — Par arrêt du 15 frimaire an 13, la cour de justice criminelle et spéciale du département de la Gironde se déclara compétente, « attendu que, quoiqu'il fût » impossible de s'assurer, par la vue de la pièce arguée de Faux, si ce délit avait été réellement » commis, les déclarations des témoins qui avaient » déposé avoir vu la lettre de change tirée en nom » collectif *Léglise et Viremonteil*, suffisaient pour » établir son existence; attendu que ce délit étant » de la nature de ceux spécifiés en l'art. 2 de la loi » du 23 floréal an 10, la connaissance en appartenait à la cour spéciale », et vous avez confirmé cet arrêt, sans la moindre hésitation.

» Quelle difficulté y aurait-il à prononcer de même dans l'espèce actuelle?

» Dira-t-on que les sieurs Bonnet-Imbert et Chataud n'avaient pas fait porter leurs plaintes sur les trois endossemens dont il s'agit? dira-t-on qu'ils n'avaient dirigé leurs plaintes que contre les lettres de change auxquelles ces endossemens étaient apposés? — Deux réponses.

» 1° En matière de Faux, comme en toute matière criminelle, la plainte n'est, pour le ministère public, qu'un renseignement; elle ne peut ni lui lier les mains ni circonscrire ses fonctions. En rendant plainte d'un délit qui lui porte préjudice, le particulier lésé par ce délit, n'exerce qu'une action civile : il ne peut donc ni empêcher ni dispenser l'homme de la loi d'intenter l'action publique qui, pour nous servir des termes de l'art. 5 du Code des délits et des peines, *appartient essentiellement au peuple.* — Et il n'importe qu'ici l'homme de la loi n'ait pas requis spécialement la prévention de Faux contre les trois endossemens. Dès que les trois endossemens étaient sous les yeux des juges, les juges devaient suppléer aux réquisitions du ministère public; ils devaient prononcer comme si le ministère public eût pris les conclusions qu'il devait prendre, et pour ne l'avoir pas fait, leur jugement doit être cassé, comme l'a été le 24 nivose an 11, au rapport de M. Liborel, un jugement du tribunal de police du canton d'Argental, qui, en condamnant un prévenu à 50 fr. de dommages-intérêts envers la partie plaignante, l'avait déchargé de la peine publique, sous le prétexte que le commissaire du gouvernement avait refusé de la requérir contre lui.

» 2° Il n'est pas même exact de dire que les sieurs Bonnet-Imbert et Chataud n'avaient pas rendu plainte en Faux contre les trois endossemens. En rendant plainte contre les trois lettres de change que Gor avait endossées le 15 pluviose an 10, ils avaient nécessairement rendu plainte contre les endossemens eux-mêmes. Pourquoi? Parce que c'était par ces endossemens que Gor avait donné aux lettres de change une existence qu'elles n'avaient pas encore eue jusqu'alors.

» En effet, les lettres de change avaient été tirées *à l'ordre* de la raison sociale, *valeur en elle-même.*

» Or, il est de principe qu'une lettre de change ainsi conçue, n'est qu'un projet, tant qu'elle n'est pas endossée par le créeur. — « La troisième espèce » de lettre de change (dit Pothier, *Traité du contrat de change*, part. 1, chap. 1, §. 2, art. 10), » est de celles qui sont pour *valeur en soi-même.* Je » tire en ces termes une lettre de change à mon ordre sur Pierre, marchand de Lyon, qui me doit » 1,000 écus : *M. Pierre, vous payerez à mon ordre, à telle échéance, la somme de mille écus, valeur en moi-même, que vous passerez en compte;* » et je la fais accepter. Il est dit, *valeur en moi-même*, parce que je n'en ai encore reçu la valeur » de personne. Ensuite, je donne ici cette lettre » acceptée à un courtier pour me chercher une personne qui m'en donne la valeur; et je passe mon » ordre ou endossement à cette personne, *valeur reçue comptant d'elle.* . Cette lettre, avant mon » endossement, n'est pas proprement une lettre de » change; ce n'est que par l'endossement que je » fais au profit de celui qui m'en donne la valeur, » que je contracte le contrat de change, et qu'elle » devient une véritable lettre de change (1) ».

» Donc, en arguant de Faux les trois lettres de change tirées par Gor sous le nom social, les 12 nivose et 1er pluviose an 10, à l'ordre de la société et valeur en elle-même, les sieurs Bonnet-Imbert et Chataud avaient suffisamment argué de Faux les endossemens que Gor y avait apposés, sous le nom social, après la dissolution de la société. Donc les sieurs Bonnet-Imbert et Chataud avaient mis la cour spéciale dans la nécessité de prononcer sur ces endossemens. Donc reste dans toute sa force l'argument par lequel nous avons établi que, quant à ces endossemens, l'arrêt de la cour spéciale doit être cassé, soit qu'il y ait statué, soit qu'il ait omis d'y statuer.

» Enfin objectera-t-on que les sieurs Bonnet-Imbert et Chataud étaient à cet égard sans intérêt parce que les endossemens étaient nuls par cela seul qu'ils étaient postérieurs à la dissolution de la société, et qu'ils en avaient eux-mêmes fait prononcer la nullité par un jugement du tribunal de commerce de Marseille du 15 ventose an 10?

» Mais d'une part, de ce que ces endossemens sont nuls, il ne s'ensuit pas qu'ils ne soient point passibles d'une action criminelle en Faux. Le testament que recevrait un notaire destitué ou démissionnaire, serait certainement nul; et cependant qui est-ce qui oserait dire que l'ex-notaire qui l'a rédigé, ne dût pas être poursuivi comme faussaire?

» D'un autre côté, qu'importe ici le défaut d'intérêt des sieurs Bonnet-Imbert et Chataud? Encore une fois, dans une procédure criminelle, l'intérêt privé n'est rien, l'intérêt public est tout.

» Dans ces circonstances et par ces considérations, nous estimons qu'il y a lieu, en ce qui concerne le recours des sieurs Bonnet-Imbert et Chataud contre l'arrêt de la cour de justice criminelle et spéciale du département des Bouches-du-Rhône, du 13 vendémiaire dernier, de dire qu'ils ne seront pas entendus pour le soutenir; de les y déclarer purement et simplement non-recevables; et de les condamner à l'amende; — Faisant droit au surplus sur nos conclusions, en ce qui concerne les lettres de change et effets de commerce autres que ceux de 3,000, de 5,000 et de 3,000 fr., endossés par Gor le 15 pluviose an 10, de confirmer l'arrêt dont il s'agit, et d'ordonner qu'il sera exécuté selon sa forme et teneur. — En ce qui concerne lesdites lettres de change de 3,000, de 5,000 et de 3,000 fr., endossées par Gor, le 15 pluviose an 10, de casser et annuller ledit arrêt ».

Arrêt du 28 germinal an 13, au rapport de M. Cassaigne, par lequel. — « Vu l'art. 5 de la loi du 3 brumaire an 4, ainsi conçu : *L'action publique a pour objet de punir les atteintes portées à l'ordre social; elle appartient essentiellement au peuple, est exercée en son nom par des fonctionnaires spécialement établis à cet effet;* Vu pareillement l'art. 2 de la loi du 23 floréal an 10, portant : *La connaissance de la contrefaçon ou altération des effets publics, etc.; et en général la connaissance de tout crime de Faux en écritures publiques ou privées, ou d'emploi fait d'une pièce qu'on savait être fausse, appartiendra à un tribunal spécial composé de six juges qui devront nécessairement concourir au jugement;* attendu que l'action publique étant exercée par des fonc-

(1) V. *Lettre* et *Billet de change.*

tionnaires spécialement établis à cet effet, il s'ensuit que les parties civiles sont sans qualité pour attaquer les arrêts de compétence rendus sur ces sortes d'actions (1); — Attendu que si parmi les faits de la plainte, il y en avait qui pouvaient n'être considérés que comme escroquerie et abus de confiance, il y en avait d'autres qui présentaient le caractère de Faux, tels particulièrement que l'émission par endossement d'effets de la société postérieurement à la dissolution de ladite société, et que cependant c'est indistinctement que la cour spéciale s'est déclarée incompétente; — Par ces motifs, la cour déclare Bonnet-Imbert et Chataud non-recevables dans leur pourvoi; reçoit l'intervention de Vincent; et disant droit sur la compétence, casse et annulle l'arrêt de la cour spéciale du département des Bouches-du-Rhône, en date du 14 vendémiaire dernier, pour contravention à l'art. 2 de la loi du 23 floréal an 10; renvoie les prévenus et les pièces du procès devant la cour de justice criminelle et spéciale du département du Var, pour être procédé et statué conformément à la loi.. ».

Le procès ainsi renvoyé à la cour de justice criminelle et spéciale du département du Var, il y est intervenu, le 26 juin 1806, d'après une nouvelle instruction; un arrêt par lequel,

« Considérant que les caractères de l'espèce de Faux que les lois punissent comme crime, sont toute écriture qui renferme une supposition frauduleuse, qui cache ou altère la vérité au préjudice d'autrui, telle, par exemple, que l'écriture qui contient, par une supposition frauduleuse, ou une obligation ou une libération, soit au profit de celui qui en fait usage, soit au profit de toute autre personne, mais plus encore si cet écrit renferme une antidate ou une postdate;

» Que les circonstances aggravantes du crime de Faux, sont, non-seulement la nature de la chose falsifiée, mais encore la qualité de celui qui s'en rend coupable;

» Que, dans l'espèce dont il s'agit, il paraît résulter de l'analyse des pièces, les plus fortes présomptions de Faux à l'égard des quatre lettres de change dont *Amy et compagnie* étaient porteurs, ainsi qu'à l'égard des lettres de change et billets dont sont aussi porteurs Gaspard-Joseph Carvin, Pierre-Dominique Vincent et Jean Paul, en ce que tous lesdits effets de commerce ont pour base de fausses causes, et qu'ils présentent des antidates et des postdates, au préjudice d'autrui;

» Que ces présomptions paraissent résulter, à l'égard des lettres de change d'Amy et compagnie, de ce qu'elles ont pour but d'obliger la société Bonnet-Imbert, Chataud et Gor, sans que la somme qui y est portée, ait été comptée, soit à ladite société, soit même à Gor; de ce que ces divers effets n'ont pas cessé d'être dans les mains d'Amy et compagnie pour le propre compte de Gor, ce qui paraît résulter des livres de commerce dudit Amy, dont le délabrement de ses affaires à sa mort, pendant le cours du procès actuel, ayant donné lieu à une ouverture de succession par bénéfice d'inventaire, nécessita le dépôt au greffe du tribunal de commerce de Marseille; de ce que les quatre lettres de change présentent particulièrement des présomptions d'antidate, résultant de ce qu'elles n'ont été transmises à titre gratuit à Ferrary frères, par Amy, que le 22 pluviose an 10, postérieurement à la dissolution de la société, quoique l'endossement d'Amy à Ferrary porte la date du 11 dudit mois; et qu'il paraisse résulter des pièces de la procédure, que Ferrary frères n'ont rendu qu'un service officieux à Amy, en envoyant pour son compte ces quatre lettres de change à Lyon, où, n'ayant point été payées, ils les rendirent à Amy, qui ne leur en remboursa point le montant, quoique celui-ci ait soutenu dans sa citation contre Bonnet-Imbert, Chateaud et Gor, tenir directement d'eux ces effets, leur en avoir compté le montant, et en avoir remboursé ensuite le capital et frais à Ferrary frères;

» A l'égard des trois billets dont *Carvin* est porteur, de ce qu'ils ont aussi pour base de fausses causes tendantes à obliger la société dont ils paraissent émanés, sans que les sommes qui y sont portées, aient été comptées, que cela paraît résulter, relativement au premier, de 4,771 francs, de ce qu'il a été créé pour éteindre une dette personnelle à Gor et Carvin, résultante d'un billet de 4,700 fr. 75 cent., tiré par Despoussié, endossé à Gor, par celui-ci à Carvin, successivement à Legré et à Garnier, à qui fut donné en échange le susdit billet de 4,771 francs 57 centimes; que ce même billet paraît à la fois avoir été antidaté par Gor et postdaté par Carvin, puisque des pièces du procès il paraît résulter que c'est le 9 pluviose an 10 qu'il a été fabriqué et endossé par Carvin à Garnier, quoique ce billet porte la date du 6 dudit mois, et l'endossement de Carvin celle du 12; que la présomption d'antidate est tirée de ce que ce billet a été fabriqué tout exprès pour remplacer celui de Despoussié échu le 1er nivose, puisqu'il porte, outre la somme de 4,700 francs montant dudit billet, celle de 71 f. 57 cent., qui est le change de deux mois à raisons de trois quarts pour cent, qui était le taux de la place;

» Que cela paraît résulter, relativement aux deux autres billets, de ce que Carvin qui n'avait pas pu acquitter, le 1er nivose an 10, le billet de Despoussié sur lequel il figurait comme endosseur, et qui avait été obligé de demander un délai d'un mois, à l'expiration duquel il ne fut pas mieux en état de payer, n'a pas pu fournir à Gor, pour compte de la société, la somme de 12,721 francs portée dans les deux dits billets, dont l'un de 7,721 francs, sous la date du 1er nivose an 10, et l'autre de 5,000 francs sous celle du 1er pluviose suivant, époque où précisément la détresse de Carvin est constatée par les pièces du procès; de ce que Carvin, qui habitait la campagne, retiré des affaires depuis long-temps, n'a pas dû laisser dans une chambre en ville une somme aussi considérable; que cela paraît résulter encore des contradictions dans lesquelles est tombé ledit Carvin, soit dans ses réponses, soit dans les pièces par lui présentées relativement aux circonstances et aux lieux où ces prêts furent convenus; que l'antidate de ces deux billets paraît résulter de ce que nonobstant les injonctions réitérées du directeur du jury de Marseille,

(1) *V.* l'arrêt du 6 avril 1809, rapporté ci-après, §. 31.

aux porteurs de billets et lettres de change mis en circulation sous la signature sociale de Bonnet-Imbert, Chataud et Gor, argués de Faux, de remettre ces effets rière son greffe, Carvin n'a fait le dépôt des deux billets de 7,721 fr. et 5,000 francs, que le 1er prairial an 10, c'est-à-dire trois mois et demi après l'ordonnance du directeur du jury, et celui de 4,771 francs 57 centimes, que le 26 prairial an 11; de ce que cité devant le tribunal de commerce, à raison du billet de 4,771 francs 57 centimes, où ce billet fut nommément argué de Faux par Bonnet-Imbert et Chataud, Carvin ayant été condamné à rembourser à Garnier, protesta de tous ses droits et ne parla nullement des deux autres billets;

» A l'égard des diverses traites dont Vincent est porteur, que les mêmes raisons de fausseté de la cause relevée contre les effets d'Amy et de Carvin, s'appliquent à ceux de Vincent; qu'indépendamment de cela, trois desdites traites portent un endossement au nom social à la date du 15 pluviose, époque où la société n'existait plus, et où aucun des membres de cette société ne pouvait plus faire usage de cette signature; que de présomptions d'antidate s'élèvent contre les trois autres traites, de ce que leur existence n'a été connue que par le dépôt que Vincent en fit le 29 germinal an 11, quinze mois environ après la dissolution de la société et l'ordonnance du directeur du jury de Marseille, et malgré diverses injonctions de la cour spéciale des Bouches-du-Rhône, provoquées par Bonnet-Imbert et Chataud à l'égard des trois traites transmises par endossement au nom de la société Bonnet-Imbert, Chataud et Gor, le 15 pluviose an 10; les seuls qu'ils connussent dans les mains de Vincent, que les trois autres n'ont acquis une date certaine que par la négociation et l'endossement de Vincent à Goibet et à Guisard, le 9 ventose an 10;

» Et à l'égard des lettres de change et billets dont Paul est porteur, que la présomption de fausses causes tendantes aussi à obliger la société Bonnet-Imbert, Chataud et Gor, sans aucun déboursé de la part des porteurs, est tirée de ce qu'à l'époque où ils ont été fabriqués, Paul était criblé de dettes et dans un état de détresse complète, qui ne lui permettait pas de disposer de la somme considérable de 37,500 francs; que les lettres de change et billets présentent des présomptions d'antidate; que ces présomptions paraissent résulter, relativement aux quatres lettres, de ce qu'elles n'ont été négociées que le 19 ventose an 10, plus d'un mois après la dissolution de la société, et au mépris des ordonnances du directeur du jury, portant injonction à tous porteurs de pareils titres d'en faire le dépôt rière le greffe; que ce n'est qu'à cette époque qu'elles ont pu acquérir une date certaine, attendu que ces lettres de change sont causées à l'ordre de Bonnet-Imbert, Chataud et Gor, valeur en eux-mêmes; que la signature de cette société est en blanc derrière ces traites; et qu'elles ont été constituées de véritables lettres de change, que par le concours de Paul qui les a négociées le 19 ventose an 10.

» Que le billet de 12,500 francs présente pareillement des présomptions d'antidate, tirées de ce que le dépôt dudit billet n'a été effectué que le 10 messidor an 11, ensuite du jugement qui portait la contrainte par corps pour le dépôt seulement des quatre lettres de change connues dès le 24 germinal an 10, par la citation au tribunal de commerce de Marseille, sans qu'il eût parlé d'aucune manière, avant et après dudit billet dont l'existence ne fut constatée que par le dépôt qu'il en fit à Aix, en même temps que des quatre lettres de change susdites;

» Considérant que Gor est prévenu d'être l'auteur desdits Faux; que Carvin, Vincent et Paul sont prévenus d'avoir aidé et assisté l'auteur desdits Faux dans les actes qui les ont consommés, d'avoir sciemment fait usage desdites pièces fausses, et d'avoir les uns et les autres commis ce crime méchamment et dans le dessein de nuire à autrui; qu'Amy étant décédé pendant l'instruction du procès, il ne peut y avoir lieu à poursuite contre lui personnellement;

» Considérant, à l'égard des porteurs de diverses autres traites et de billets, qu'ils ne présentent pas de présomptions assez fortes de Faux; mais qu'ils présentent cependant des preuves suffisantes d'abus de confiance et d'escroquerie dont la poursuite ne peut avoir lieu que devant le tribunal correctionnel:

» La cour..... déclare que le crime de Faux est de sa compétence, à l'unanimité, contre Gor et Vincent, et à la majorité des suffrages, contre Carvin et Paul....., se déclare incompétente pour tous autres délits qui pourraient résulter de la procédure; et renvoie à cet égard les parties à se pourvoir ainsi qu'elles aviseront, devant qui de droit ».

Les sieurs Carvin, Paul et Vincent se pourvoient en cassation contre cet arrêt, et l'affaire est portée à l'audience de la cour de cassation, section criminelle.

« Le premier soin qui doit nous occuper dans cette affaire (ai-je dit), est de bien préciser les questions qu'elle présente, et sur lesquelles doit rouler la discussion à laquelle notre ministère nous appelle.

» D'abord, quelles sont les dispositions de l'arrêt de la cour de justice spéciale du Var, du 26 juin, que nous devons examiner? Devons-nous les examiner toutes, ou devons-nous restreindre notre examen à celles qui concernent les sieurs Carvin, Paul et Vincent?

» Les sieurs Carvin, Paul et Vincent sont les seules parties qui se soient pourvues en cassation; et sous ce rapport, il semblerait, à la première vue, que nous ne dussions nous attacher qu'à leurs recours, sans nous arrêter aux dispositions de l'arrêt dont il s'agit, qui sont relatives à Gor, lequel est fugitif et ne réclame pas.

» C'est effectivement là ce que la loi nous prescrirait, s'il était ici question d'un arrêt rendu par un tribunal ordinaire. Mais l'arrêt du 26 juin dernier est émané d'une cour spéciale; et la loi du 18 pluviose an 9 veut impérieusement que tous les arrêts par lesquels les cours spéciales statuent sur leur compétence, vous soient soumis d'office; elle veut impérieusement que vous les confirmiez ou que vous les annulliez, soit que les parties intéressées les attaquent, soit qu'elles y acquiescent; elle s'oppose par conséquent à ce que, sous le prétexte du silence et de la fuite de Gor, nous nous dispensions de l'examen des dispositions de l'arrêt du 26 juin qui le concernent.

» Cette première question résolue, il s'agit de savoir si l'arrêt du 26 juin est ou n'est pas conforme aux règles de la compétence judiciaire; et cette seconde question en renferme deux principales :—La première, si la cour spéciale du Var a dû, comme elle l'a fait, se déclarer incompétente à l'égard des lettres de change et billets, qui n'ont passé ni par les mains d'Amy, ni par celles de Carvin, ni par celles de Paul, ni par celles de Vincent;—La seconde, si elle a dû, comme elle l'a fait, se déclarer compétente à l'égard des lettres de change et billets dont Amy, Carvin, Paul et Vincent se sont trouvés porteurs.

» Sur la première question, il est un point de fait important à remarquer : c'est qu'à l'égard des effets qui n'ont passé ni par les mains de Vincent, ni par celles d'Amy, de Carvin et de Paul, il résulte de l'arrêt de la cour spéciale du Var, qu'ils ne présentent aucune prévention d'antidate; et de là il suit qu'ils ont tous été créés aux dates respectives qu'ils portent; de là il suit conséquemment qu'ils ont tous été créés avant le 13 pluviose an 10, époque de la dissolution de la société.

» Cela posé, Gor peut-il être considéré comme prévenu d'un crime de Faux à l'égard de ces effets, par cela seul qu'il est prévenu d'avoir, en les créant sous la raison sociale *Bonnet-Imbert*, *Chataud et Gor*, grevé la société connue sous cette dénomination, d'engagemens qui lui étaient étrangers; par cela seul qu'il est prévenu d'avoir ainsi créé ces effets que, ou pour les donner en payement à ses créanciers personnels, ou pour se procurer, par la négociation qu'il en a faite, des sommes d'argent qu'il s'est personnellement appropriées.... (1)?

» Il ne peut donc rester aucun doute sur le bien jugé de l'arrêt du 26 juin relativement aux lettres de change et billets de commerce qui ne sont argués de Faux que sous le prétexte que Gor, en les creant sous le nom social, à l'époque où il en avait le droit, n'a opéré que pour son avantage personnel, et sans que ceux auxquels il les a transmis, soient convaincus ni même prévenus d'intelligence frauduleuse avec lui.

» Mais cet arrêt a-t-il également bien jugé, relativement aux autres lettres de change et effets de commerce contre lesquels est dirigée la plainte des sieurs Bonnet-Imbert et Chataud, relativement aux lettres de change et effets de commerce que Gor avait remis directement à Vincent, Amy, Carvin et Paul?

» Cette question doit être envisagée sous differens points de vue; et d'abord, par rapport aux lettres de change qui ont passé par les mains de Vincent, il faut distinguer celles de 3,000, de 5,000 et de 3,000 francs que l'on trouve revêtues de l'endossement de Gor, à la date du 15 pluviose an 10, d'avec celles qui sont endossées par Gor à des dates antérieures.

» Pour les premières, il est certain, il est même jugé par votre arrêt du 28 germinal an 13, que si effectivement Gor ne les a endossées que le 15 pluviose an 10, c'est-à-dire, le surlendemain de la dissolution de la société, l'endossement qu'il en fait à cette époque, constitue de sa part un crime de Faux.

» De quel nom en effet Gor les a-t-il endossées le 15 pluviose an 10? Ce n'est point de son nom individuel, c'est du nom social *Bonnet-Imbert*, *Chataud et Gor*. Or, le 15 pluviose an 10, le nom social n'existait plus, la société était morte, personne ne pouvait plus agir, parler ni écrire pour elle; et certainement signer un acte du nom d'un mort, c'est commettre un Faux.... (1).

» Et vainement objecterait-on ici que, des trois lettres de change endossées par Gor le 15 pluviose an 10, il y en avait une qui avait été créée le 1er du même mois, et que les deux autres l'avait été dès le 12 nivose précédent.

» Comment ces trois lettres de change avaient-elles été créées le 12 nivose et le 1er pluviose an 10? Elles l'avaient été sous la raison sociale, sans doute; elles l'avaient été par *Bonnet-Imbert*, *Chataud et Gor*; mais avec cette clause singulièrement remarquable, *valeur en nous-mêmes*. Et quel avait été l'effet de cette clause, tant que les trois lettres de change n'avaient pas été endossées par les créeurs? Ecoutons Pothier...: (2).

» Donc les trois lettres de change tirées par Gor, sous le nom social, le 12 nivose et le 1er pluviose an 10, à l'ordre de la société et valeur en elles-mêmes, n'étaient, aux époques respectives de leur rédaction, que de simples projets, donc elles n'auraient pu devenir lettres de change de la société, qu'au moyen des endossemens dont la société elle-même les eût revêtus; donc en prenant pour les endosseurs, le 15 pluviose an 10, le nom de la société qui était dissoute, Gor aurait pris un Faux nom; donc, en les endossant, le 15 pluviose an 10, du nom de la société, Gor aurait commis un Faux; donc, s'il est vrai que le 15 pluviose an 10 soit la date réelle des endossemens dont Gor a revêtu ces trois lettres de change, la cour spéciale a bien jugé en se déclarant compétente à cet égard, non-seulement par rapport à Gor, mais aussi par rapport à Vincent, puisque Vincent, de son aveu, a été l'entremetteur de la négociation opérée par les trois endossemens; et qu'il est, sinon convaincu, du moins prévenu d'avoir su, en s'entremettant dans cette négociation, que la société était alors dissoute.

» Mais est-il bien vrai que Gor n'ait endossé ces trois lettres de change que le 15 pluviose an 10? Vous vous rappelez, Messieurs, tout ce que Vincent a dit et produit devant la cour spéciale pour prouver le contraire.

» Il a dit que les trois lettres de change lui avaient été transportées par Gor, avec ses endossemens en blanc, dès le 15 nivose et le 1er pluviose an 10; que Gor lui en avait remis les notes signées *Bonnet-Imbert*, *Chataud et Gor*, et datées des mêmes jours; que les mêmes jours, il avait (lui Vincent) inscrit ces trois lettres de change, comme sa propriété, sur

(1) *V.* tout ce qui contient sur cette question le plaidoyer du 28 germinal an 13.

(1) *V.* les développemens donnés à cette idée dans le plaidoyer du 28 germinal an 13.

(2) *V.* le plaidoyer du 28 germinal an 13.

son livre-journal, sur son livre de caisse, sur son grand livre; que le 15 pluviose an 10, il les avait négociés aux sieurs Couve et Sipière, en remplissant de leurs noms les endossemens en blanc que Gor y avait précédemment apposés.

» Et il a produit, pour la justification de cette manière d'opérer, un certificat de treize négocians de Marseille, en date du 30 prairial an 12, attestant « que les banquiers qui font des négociations sur la place, prennent et remettent les billets et lettres de change endossées en blanc; que sur les notes de négociation, ils expliquent *sans leur garantie;* que cette condition ne s'entend que pour la solvabilité des tireurs et endosseurs; mais que ces banquiers, par leurs notes, sont réellement garans de la véracité des signatures apposées sur les effets qu'ils ont négociés; qu'il est au surplus à leur entière connaissance que Pierre Vincent, banquier, fait depuis quinze ans des négociations sur la place; qu'il prend et remet des lettres de change endossées en blanc, et que cet usage est constamment suivi par d'autres banquiers établis dans cette ville.

» Il a encore produit un certificat de treize négocians, en date du 10 février 1806, portant, « qu'attendu qu'aucune loi n'exige l'intervention d'un » agent de change ou d'un courtier dans les négociations que les négocians font entre eux à droiture, » il est d'un usage constant que les négocians font » entre eux des négociations dont ils se fournissent » respectivement des notes signées par chacun d'eux, » constatant lesdites négociations et les conditions » auxquelles elles sont faites ».

» Nous devons en convenir, si l'usage est tel que l'attestent ces certificats; si même, sans avoir, dans sa consistance, l'invariabilité que ces certificats lui attribuent, il est assez généralement pratiqué pour qu'un négociant puisse y avoir confiance; si aucune preuve, si aucune présomption légitime ne s'élèvent ni contre le fait articulé par Vincent, que Gor lui avait remis, le 15 nivose et le 1er pluviose an 10, des notes de négocians signées du nom social *Bonnet-Imbert*, *Chataud* et *Gor*, ni contre le fait également articulé par Vincent, que les mêmes jours il avait inscrit ses négociations sur ses registres de commerce, et surtout si ses registres de commerce sont tenus régulièrement; — Il est difficile de concevoir sur quel fondement la cour spéciale du Var a pu déclarer que les lettres de change n'avaient été endossées par Gor que le 15 pluviose an 10, et qu'il était résulté un Faux de ce que Vincent avait ce jour-là rempli des noms des sieurs Sipière et Couve, le blanc que Gor avait laissé dans les endossemens sociaux du 1er du même mois et du 15 nivose précédent.

» On sent en effet que, tout cela supposé, Vincent a dû se regarder comme investi, par les endossemens en blanc des 15 nivose et 1er pluviose, de la propriété des trois lettres de change; que dès-là, il a pu disposer de ces trois lettres de change en faveur des sieurs Sipière et Couve; et que pour les leur transmettre comme sa propre chose, il n'a eu besoin que de remplir les endossemens en blanc, par la vertu desquels il en était lui-même propriétaire.

» Et il n'importe, toujours dans la même hypothèse, que cette transmission n'ait eu lieu, de la part de Vincent, que le 15 pluviose an 10, postérieurement à la dissolution de la société. Sans contredit, si cette transmission eût été faite à cette époque par Gor sous le nom social, il y aurait Faux dans l'emploi de ce nom. Mais ce n'est pas Gor qui, dans l'hypothèse dont il s'agit a fait cette transmission le 15 pluviose; Gor avait, dans cette hypothèse, transmis les trois lettres de change à Vincent dès le 15 nivose et le 1er pluviose an 10; Gor a donc été, dans cette même hypothèse, étranger à la transmission que Vincent a faite le 15 pluviose aux sieurs Couve et Sipière; Gor n'a donc pas pu commettre un Faux dans cette transmission; Vincent n'a donc pas pu, par cette transmission, se rendre complice d'un Faux qu'il était physiquement impossible à Gor de commettre.

» Il ne reste donc plus qu'à savoir si l'hypothèse d'après laquelle nous venons de raisonner, forme véritablement l'espèce du procès qui vous est soumis.

» Or, sur ce point, remarquons d'abord dans quels termes la cour spéciale du Var s'est expliquée sur l'usage attesté par les certificats dont nous rappelions tout à l'heure les propres expressions : après avoir retracé dans cent quarante-sept vus, les actes de l'instruction, les interrogatoires et les productions des parties, elle ajoute : « Vu 148e. Enfin, les écrits produits par les prévenus, ou du moins par quelques-» uns d'entre eux, et qu'ils ont déclaré, le 1er messi-» dor an 13, employer pour leur défense; desquels » écrits examinés et combinés avec les réponses de » quelques-uns dans les interrogats qu'ils ont subis, il » ne résulte que des dénégations à des faits résultans » de pièces légales visées dans la procédure, des faussetés même, des prétextes et des excuses frivoles » pour se justifier, *telles que certains usages de la » place de Marseille, lesquels ont toujours été » proscrits, non-seulement par les lois et les or-» donnances, mais encore par la jurisprudence » constante du ci-devant parlement* ».

» Ainsi, la cour spéciale ne nie pas l'existence de l'usage qu'invoquait Pierre Vincent; mais elle déclare que cet usage est contraire à la loi, et que la jurisprudence du parlement d'Aix l'a constamment proscrit. — Là dessus deux observations.

» 1° Quelque contraire que soit à l'ordonnance de 1673, l'usage des endossemens en blanc, il n'en est pas moins certain que cet usage existe dans toutes les places de commerce de France; et que, dans toutes, les endossemens en blanc sont regardés comme translatifs de propriété..... (1). — Il est même à remarquer que la jurisprudence du parlement d'Aix n'était pas, à cet égard, aussi différente de celle des autres cours supérieures, que l'affirme la cour spéciale de Draguignan. A la vérité, dans le Recueil des arrêts de ce parlement, publié par Janetty, tom. 2, pag. 281, nous en trouvons un du 19 juillet 1777, qui, en infirmant une sentence des consuls de Marseille, déclare nul un endossement en blanc. Mais, dit l'auteur cité, « cet arrêt, fondé sur la lettre de

(1) *V.* l'article *Endossement*, n †.

» l'édit de 1673, est contraire à ce qui se pratique » dans toutes les places de commerce, à la jurisprudence universelle de la France, *et même à différens arrêts du parlement d'Aix* (notamment de » 1732 et 1765), d'après lesquels on a toujours tenu » pour maxime que l'endossement en blanc d'un » effet de commerce en transporte la propriété ».

» 2° La question sur laquelle avait à prononcer la cour spéciale du Var, n'était pas de savoir si cet usage était légal, et si l'on devait y avoir égard dans la contestation civile qui s'était élevée sur la propriété des trois lettres de change négociées par Vincent aux sieurs Sipière et Couve, le 15 pluviose an 10; elle était uniquement de savoir si, en agissant d'après cet usage, comme il prouvait l'avoir toujours fait depuis quinze années consécutives, Vincent avait commis ou aidé à commettre un Faux. — Or, qui ne voit combien ces deux questions diffèrent l'une de l'autre? Qui ne voit qu'autre chose est de faire un endossement nul, autre chose est de faire un Faux endossement? Qui ne voit, par une suite nécessaire que la cour spéciale du Var, en argumentant de la nullité au Faux, a heurté de front les principes?

» Quant aux moyens de défense que tirait Vincent des notes de négociation que Gor lui avait remises le 15 nivose et le 1er pluviose an 10, et à la mention qu'il en avait faite le même jour sur ses registres de commerce, la cour spéciale du Var n'a rien dit pour les écarter; elle les a bien consignés dans son arrêt, mais elle les a laissés sans réponse. Elle n'a donc pas jugé qu'il y eût prévention de Faux contre les notes de négociation de Gor; mais dès que ces notes ne sont pas arguées de Faux, comment peut-on établir une prévention de Faux contre les endossemens du 15 pluviose an 10? Comment peut-on laisser intactes des notes de négociation qui, d'après l'usage, ont pu donner à Vincent l'opinion bien ou mal fondée qu'il était propriétaire des trois lettres de change, et dire que par la négociation qu'il a faite des trois lettres de change, Vincent a agi, non comme propriétaire, mais comme fauteur et complice d'un Faux? — Comme vous le voyez, Messieurs, tout, dans cette partie de l'arrêt qui vous est soumis, est marqué au coin de l'erreur et de l'inconséquence.

» Et qu'on ne dise pas que la cour spéciale du Var a implicitement déclaré prévenues de Faux les notes de négociation des 15 nivose et 1er pluviose an 10; qu'on ne dise pas que cette déclaration implicite résulte de ce que par son arrêt, elle a jugé Gor et Vincent prévenus, l'un d'avoir commis un Faux dans les endossemens du 15 pluviose, l'autre d'avoir aidé à commettre ce Faux.

» On ne peut pas, dans des matières aussi graves, suppléer par des inductions toujours hasardées, à la précision avec laquelle la loi veut que toutes les circonstances caractéristiques d'un délit soient exprimées dans les jugemens. Il n'y a point, il ne peut pas y avoir de Faux dans les endossemens, s'il n'y en a point dans les notes de négociation. Donc pour juger que les endossemens sont faux, il est indispensable de juger que les notes de négociation sont fausses. Donc juger l'un sans juger l'autre, c'est admettre la conséquence sans avoir posé le principe. Donc c'est violer la loi qui veut que l'on rappelle dans les jugemens tous les faits, toutes les nuances dont se composent les délits qu'ils ont pour objet.

» D'ailleurs, Messieurs, il faut le dire, la cour spéciale du Var nous a donné la mesure de sa logique dans le raisonnement qu'elle a fait sur l'usage de la place de Marseille concernant les endossemens en blanc; et nous ne pouvons pas, à la vue d'un raisonnement aussi contraire aux premières idées de la justice criminelle, avoir assez de confiance en elle pour supposer qu'il a été dans son intention d'établir contre les notes de négociation des 15 nivose et 1er pluviose an 10, une prévention de Faux sur laquelle son arrêt garde un profond silence.

» On n'objectera pas sans doute que la cour spéciale du Var a été forcée par votre arrêt du 28 germinal an 13, de prononcer comme elle l'a fait sur les endossemens du 15 pluviose an 10. — Car devant elle, l'affaire se présentait, par rapport à ces endossemens, sous un tout autre point de vue que vous l'aviez envisagée et dû l'envisager. La cour spéciale des Bouches-du-Rhône, dont vous aviez alors l'arrêt à examiner, ne s'était point du tout occupée de ces endossemens; c'est d'office que nous avons appelé votre attention sur eux, et en appelant sur eux votre attention, nous n'en avons vu que le matériel isolé. Comme ils n'étaient pas accompagnés des notes de négociation du 15 nivose et 1er pluviose an 10, nous avons cru et nous avons dû croire, qu'ils étaient l'ouvrage direct et immédiat de Gor. Et c'est dans cette supposition que nous avons requis la cassation de l'arrêt de la cour spéciale des Bouches-du-Rhône, en tant que par son silence sur ces endossemens, il les avait jugés exempts de toute prévention de Faux. — Mais devant la cour spéciale du Var, les choses étaient bien différentes. Vincent se présentait avec des notes de négociation qui, supposées vraies, purifiaient les endossemens de tous les soupçons de Faux qui nous avaient frappés à votre audience. Il fallait donc que la cour spéciale du Var s'expliquât sur ces notes. Elle n'était donc pas forcée, elle n'était donc même pas autorisée par votre arrêt, à laisser ces notes de côté. Elle a donc violé, en se taisant sur ces notes, l'une des règles les plus constantes et les plus sacrées de la procédure criminelle, et surtout de la procédure criminelle spéciale.

» A-t-il été mieux jugé relativement aux trois autres lettres de change de 2,900, de 2,820 et de 2,170 francs, à raison desquelles Vincent et Gor sont déclarés prévenus, celui-ci de Faux, celui-là de complicité de Faux?

» Pour établir cette prévention, la cour spéciale du Var s'est fondée sur deux motifs : le soupçon d'antidate, et celui de collusion entre Gor et Vincent : en sorte que, d'une part, les trois lettres de change dont il est en ce moment question, n'auraient été, selon la cour spéciale du Var, créées qu'après la dissolution de la société; et que, de l'autre, quand même elles auraient été créées à la date qu'elles portent, et par conséquent avant que la société fût dissoute, il suffirait que Vincent sût que Gor les avait créées frauduleusement pour son avantage personnel, pour que du concert pratiqué entre eux à ce sujet, il résultât un crime de Faux, dont l'un fût auteur et l'autre complice.

» Mais d'abord, sur quoi la cour spéciale du Var a-t-elle fondé le soupçon d'antidate dont elle a entaché la création de ces trois lettres de change? Sur deux circonstances : la première, que ces lettres de change n'ont été négociées et endossées par Vincent à Goibet et Guisard, que le 9 ventose an 10; — La seconde, que Vincent ne les a déposées au greffe du directeur du jury de Marseille, que le 19 germinal an 11.

» Si la conséquence que la cour spéciale du Var a tirée de ces deux circonstances, ne présentait qu'une erreur de fait, nous n'aurions rien à dire. Mais si elle érige en maxime le droit criminel, des assertions évidemment fausses et qui doivent faire trembler tous les citoyens, si elle tend à convertir en délits graves, des procédés que la loi n'a point qualifiés tels, que devons-nous faire? Et pouvons-nous, sans trahir notre ministère, nous dispenser de la déférer à votre censure?

» Or, 1° de ce que Vincent n'a négocié que le 9 ventose an 10, les trois lettres de change de 2,900, de 2,820 et de 2,170 francs, conclure, comme l'a fait la cour spéciale du Var, que ces trois lettres de change n'ont été créées qu'après le 13 pluviose précédent, époque de la dissolution de la société, n'est-ce pas afficher l'erreur de droit la plus effrayante qu'il soit possible d'imaginer; n'est-ce pas forger un principe fait pour porter l'alarme dans tous les esprits? Ces lettres de change, dit la cour spéciale du Var, *n'ont acquis une date certaine que par la négociation qu'en a faite Vincent;* Vincent ne les a négociées que le 9 ventose an 10; donc c'est le 9 ventose an 10 seulement qu'elles sont censées avoir été créées; donc, quoique revêtues d'une date antérieure au 13 pluviose de la même année, elles sont censées antidatées; donc elles sont prévenues de Faux. —Mais quoi! tout négociant qui, au moment où son débiteur tombe en faillite, a en porte-feuille des effets qu'il a précédemment reçus de celui-ci, sera, pour ne les avoir pas négociés avant la faillite de son débiteur, poursuivi comme fauteur et complice d'un Faux! Son débiteur sera réputé ne les avoir créés à son profit que depuis sa faillite! Et il sera lui-même réputé avoir provoqué l'antidate dont on les accusera! — Quel nom, Messieurs, donneriez-vous à une loi qui contiendrait de pareilles maximes? Ne l'appelleriez-vous pas le fléau de la bonne foi, la destruction du commerce, la honte de l'humanité? Et quelle idée pouvez-vous avoir d'un arrêt qui, dans l'absence d'une loi aussi atroce, se permet de la créer et de juger comme si elle existait?

» 2° De ce que Vincent n'a déposé que le 29 germinal an 11, au greffe du directeur du jury de Marseille, les trois lettres de change de 2,900, de 2,820 et de 2,170 fr., la cour spéciale du Var infère que ces trois lettres de change ont été créées avant la dissolution de la société? — Mais quel rapport y a-t-il entre la lenteur plus ou moins affectée, plus ou moins excusable, que par-là Vincent est prevenu d'avoir mise à exécuter les ordonnances et les jugemens qui lui avaient enjoint de déposer ces effets, et l'idée d'une antidate qui aurait eu pour objet de faire regarder comme créés avant la dissolution de la société, des effets qui n'auraient été créés qu'après? — Si l'on eût procédé civilement, par voie d'inscription de faux incident, l'art. 19 du tit. 2 de l'ordonnance de 1737 n'aurait imposé à Vincent d'autre peine de son retardement à effectuer le dépôt ordonné, que celle de voir rejeter du procès les effets qui auraient été argués de Faux; et parce qu'on avait pris la voie criminelle, ce retardement a dû former contre Vincent une présomption de crime! Et non seulement Vincent, à qui seul on pouvait l'imputer, a dû être atteint par cette présomption, mais elle a dû atteindre également Gor à qui ce fait était étranger, Gor qui ignorait ou pouvait ignorer dans quelles mains avaient passé ses effets en sortant de celles de Vincent, Gor qui par conséquent n'avait ou pouvait n'avoir aucun moyen de forcer Vincent de les déposer! Et le résultat de cette présomption ainsi appliquée, sera de soumettre Gor et Vincent à une juridiction spéciale, et de les priver du recours en cassation contre le jugement définitif qui pourra les condamner sur un indice aussi insignifiant? Nous en appelons, Messieurs, à votre conscience : est-il possible que vous mainteniez un arrêt basé sur de semblables considérations? En admettant comme présomption d'antidate et de Faux, un retardement qui ne pouvait donner lieu contre Vincent qu'à la contrainte par corps, la cour spéciale du Var n'a-t-elle pas évidemment cherché à aggrandir le cercle de sa compétence? et cela seul ne nécessite-t-il pas la cassation de son arrêt?

» Si nous avions encore là-dessus quelques doutes, une réflexion très-simple suffirait pour les faire évanouir. —Plaçons Vincent dans l'hypothèse la plus défavorable : supposons tout à la fois, et qu'il n'a eu aucun motif plausible pour différer autant qu'il l'a fait, la remise des trois lettres de change au greffe du directeur du jury, et que du retardement qu'il y a apporté, on soit fondé à induire qu'il avait, relativement à ces trois lettres de change, quelque délit à se reprocher : dans cette double supposition, pourra-t-on dire que le délit dont le soupçon doit, d'après cela, planer sur la tête de Vincent, est précisément celui de Faux? Non, car la simple escroquerie, si Vincent l'eût commise, eût pu le déterminer au même retardement, et, si l'on veut, aux mêmes tergiversations. Voilà donc Vincent placé, par l'effet de ce retardement, de ces tergiversations, entre le soupçon de la simple escroquerie et le soupçon de Faux. Mais de ces deux soupçons, quand ils sont isolés, quand aucune circonstance ne donne l'ascendant à l'un sur l'autre, quel est celui qui doit prévaloir? Ce n'est certainement pas celui du Faux : comme plus graves, comme devant emporter une peine plus forte, comme entraînant la traduction du prévenu devant un tribunal extraordinaire, il doit nécessairement céder au soupçon de la simple escroquerie, comme le soupçon de l'assassinat prémédité cède toujours au soupçon du simple meurtre, comme le soupçon du vol commis par plusieurs personnes armées, cède toujours au soupçon du vol commis sans armes ou par une seule personne.

» Qu'a donc fait la cour spéciale du Var, en se déclarant compétente à l'égard des trois lettres de change dont nous parlons, sur le fondement réel ou supposé, que Vincent avait trop reculé le dépôt de ces effets pour ne pas se faire soupçonner coupable, relativement à ces effets, d'un délit quelconque? Elle a fait tout le contraire de ce que la loi lui prescrivait : elle a présumé que le délit dont il y avait lieu de soupçonner Vincent, était un Faux; elle a jugé que, présomption pour présomption, celle qui tendait à dépouiller le juge ordinaire, devait l'emporter sur celle qui tendait à le maintenir dans sa juridiction naturelle; elle a décidé que, dans le silence des faits et des circonstances, la présomption de droit était pour l'exception et non pas pour la règle générale; en un mot elle a fait ce que ferait une cour spéciale, organisée d'après la loi du 18 pluviose an 9, qui, sur la dénonciation d'un homicide, s'en saisirait, sous le prétexte que l'on doit présumer l'assassinat plutôt que le simple meurtre.

» C'en est assez, c'en est même beaucoup trop, pour vous faire sentir, Messieurs, que l'arrêt de la cour spéciale du Var ne peut être justifié par la circonstance que Vincent n'a déposé que le 29 germinal an 11 les trois lettres de change qu'il avait négociées le 9 ventose an 10.

» Mais cet arrêt n'a pas seulement fondé sur cette circonstance, relativement à ces trois lettres de change, il n'a pas seulement fondé sur la postériorité de l'endossement des trois autres à la dissolution de la société, la prévention de Faux dont il a déclaré Gor et Vincent atteints; il l'a encore fondée sur la collusion qu'il a déclaré devoir être présumée, même abstraction faite de toute *antidate* et *postdate*, entre Gor créant, pour son compte personnel, des lettres de change revêtues de la signature sociale, et Vincent recevant de lui ces effets, avec la connaissance que la société n'en avait pas touché les fonds; et c'est ce motif, le plus important de tous, que nous avons maintenant à apprécier.

» Il y a Faux suivant la cour spéciale, dans les trois lettres de change endossées le 15 pluviose an 10, aux sieurs Sipière et Couve, comme dans les trois lettres de change endossées le 9 ventose suivant, aux sieurs Goibet et Guisard, parce que, même en supposant les premières endossées, et les secondes créées avant la dissolution de la société, il suffit, pour les rendre fausses les unes comme les autres, qu'elles soient, les unes comme les autres, *basées sur de fausses causes*; parce qu'il est prouvé que Gor a frauduleusement emprunté, pour les créer à son profit personnel, le nom social *Bonnet-Imbert, Chataud et Gor*; et que Vincent a su, en les prenant de sa main, qu'elles n'étaient pas relatives aux affaires de la société.

» Mais déjà nous avons prouvé et la cour spéciale du Var a jugé elle-même, que, relativement aux lettres de change créées par Gor pour son compte singulier sous la signature sociale, et dont il s'était approprié les fonds, sans que les tiers à qui il les avait négociées, fussent de mauvaise foi, il ne pouvait pas y avoir de Faux, ni par conséquent de poursuite pour ce genre de crime. — Il est donc bien clair que si Vincent eût été de bonne foi, en recevant de Gor les six lettres de change qu'il a ensuite négociées le 15 pluviose et 9 ventose an 10, ces six lettres de change ne pourraient pas être réputées fausses, même respectivement à Gor.

» Cela posé, comment ces lettres de change pourraient-elles être réputées fausses, par l'effet de la mauvaise foi dans laquelle eût été Vincent, lorsqu'il les a reçues de Gor? La bonne ou mauvaise foi de Vincent n'a pu rien changer au caractère primitif de l'acte que Gor avait fait en créant ces lettres de change. Si ces lettres de change n'étaient pas fausses dans leur origine, elles n'ont pas pu le devenir après coup.

» Dira-t-on que la mauvaise foi de Vincent a influé sur la création même de ces lettres de change; que Gor ne les aurait pas créées, s'il n'eût eu Vincent pour complice; qu'ainsi, elles ont été, dès leur origine, entachées de la mauvaise foi de Vincent? — Soit, mais le même raisonnement subsistera toujours. Dans cette hypothèse, Gor a certainement agi de mauvaise foi, en signant du nom social des lettres de change étrangères à la société. Si donc il pouvait y avoir Faux dans une signature de ce genre, le Faux aurait toujours existé respectivement à Gor indépendamment de la bonne ou mauvaise foi de Vincent. On ne peut donc pas faire dépendre de la bonne ou mauvaise foi de Vincent, la question de savoir si la création de ces lettres de change présente ou ne présente pas un Faux. Que Vincent ait été de mauvaise foi en même temps que Gor, il en résultera sans doute que l'un et l'autre ont commis une escroquerie; mais un Faux, il ne peut pas plus y en avoir, en supposant Vincent d'intelligence avec Gor, qu'en le supposant de la meilleure foi : dans un cas comme dans l'autre, c'est toujours par la société que les lettres de change ont été créées, c'est toujours la société qui les a souscrites par la main de Gor; et si Gor se les est appropriées, si Vincent les a reçues de lui, sachant qu'il se les appropriait indûment, ils ont bien tous deux commis un vol au préjudice de la société; mais autre chose est le vol, autre chose est le crime de Faux.

» Si Gor eût, en présence de Vincent, volé dans la caisse de la société une somme d'écus et qu'il l'eût remise à celui-ci, soit en payement de ses propres dettes, soit à titre de dépôt, y aurait-il même apparence de Faux, et pourrait-on les poursuivre l'un et l'autre comme faussaires? Bien sûrement il n'y aurait que vol, et tous deux ne seraient poursuivis, tous deux ne seraient punis que comme voleurs. Mais, nous l'avons déjà dit, le papier d'une société de commerce équivaut pour elle, comme pour le public commerçant, à des écus. Il n'y a donc pas plus de Faux dans le cas arrivé, qu'il ne peut y en avoir dans la supposition que nous venons de faire.

» Pour soutenir que, par le concours de la mauvaise foi de Vincent avec la mauvaise foi de Gor, dans la création et la négociation des six lettres de change, il s'est formé un crime de Faux qui n'aurait pas eu lieu si Vincent eût été de bonne foi, il faudrait aller jusqu'à dire que toute simulation concertée par deux personnes, dans un écrit, au préjudice d'un tiers, constitue un Faux. — Mais le moyen d'avancer sérieusement une telle maxime?

» Il y aurait donc Faux dans tout contrat de vente où le vendeur et l'acquéreur se seraient entendus pour diminuer le prix au préjudice des droits de mutation dus à l'etat? Mais certes, si la régie de l'enregistrement venait rendre une plainte en Faux contre une pareille simulation, il n'est point de juge qui ne la renvoyât à la loi du 22 frimaire an 7, laquelle, dans ce cas, ne lui accorde qu'une action civile.

» Il y aurait donc eu Faux avant la loi du 19 juillet 1790, dans tout contrat de vente où le vendeur et l'acquéreur auraient frauduleusement enflé le prix, pour prémunir celui-ci contre un retrait lignager? Mais Dumoulin, sur l'art. 3 du chap. 31 de la coutume de Nivernais, dit expressément, au sujet d'une vente dont un retrayant soupçonne le prix inférieur à la somme exprimée dans l'acte : *Nec tenebitur instrumentnm arguere de Falso, quia aliud merum Falsum, aliud simulatio.*

» Il y aurait donc Faux dans un contrat par lequel un négociant, à la veille de faillir et dans le dessein de se faciliter un atermoiement, reconnaîtrait pour créancier un homme à qui il ne devrait rien? Mais il est bien notoire qu'en pareil cas, le débiteur et son faux créancier ne sont passibles que des peines de la banqueroute frauduleuse. Mais vous-mêmes, MM., dans un cas semblable, avez confirmé, sur nos conclusions et au rapport de M. Cassaigne, le 12 floréal an 13, un arrêt par lequel la cour spéciale du Mont-Tonnerre s'était déclarée incompétente pour connaître d'une plainte en Faux portée contre les nommés Horix et Stoppelbein.

» Enfin, MM., il est une considération qui vous paraîtra sans doute aussi tranchante qu'elle l'est à nos yeux.

» Il est reconnu dans le procès actuel, et il est d'ailleurs impossible de ne pas reconnaître, que les lettres de change à la fabrication et négociation desquelles Gor et Vincent sont prévenus d'avoir concouru frauduleusement, n'en sont pas moins obligatoires pour la société envers les tiers qui les ont reçues de bonne foi.

» Mais d'après cela, comment ces lettres de change pourraient-elles être fausses relativement à Gor et à Vincent? Un acte ne peut pas être faux envers Pierre, et être vrai envers Paul. La fausseté n'est pas plus divisible que la vérité. Un acte vrai en soi, l'est pour tout le monde; et c'est pour tout le monde qu'est faux, un acte faux en soi. — Ce principe est si constant, qu'il l'emporte même sur l'intérêt de l'Etat et sur la faveur si justement attachée au commerce des lettres de change et des billets à ordre. — Ainsi, lorsque sur une procuration passée devant notaire par un individu qui s'est dit faussement propriétaire d'une inscription sur le grand livre de la dette publique, la trésorerie a admis et accepté le transfert de cette inscription, non seulement l'acquéreur, quoique de très-bonne foi comme elle, ne devient pas propriétaire; mais elle ne se libère point par les payemens qu'elle lui fait, et elle est obligée de payer une seconde fois au propriétaire véritable, sauf son recours contre le faussaire et le notaire qui l'ont surprise; et c'est ce qui a été décidé par un arrêté du gouvernement du 14 fructidor an 11, au profit des sieurs Marie, Gambart et Farjon. — Ainsi, par arrêt du parlement de Paris, du 27 mars 1756, rendu en très-grande connaissance de cause, et confirmatif d'une sentence des consuls de la même ville, il a été jugé (dit Denizart aux mots *Lettres de change*), qu'un faux ordre apposé à une lettre de change n'avait pas transmis la propriété de cet effet à ceux qui le tenaient du faussaire, quoiqu'il fût bien constant qu'ils avaient été de bonne foi. (1).

» Si donc, comme on n'en peut douter et comme on le reconnaît, les lettres de change n'ont aucun caractère de Faux par rapport aux tiers qui les ont reçues de bonne foi, il est bien clair qu'elles ne peuvent pas être réputées fausses par rapport à Vincent, ni respectivement à Gor, et que l'action en escroquerie est la seule qui soit ouverte contre Gor et Vincent.

» A ces raisons, que nous osons croire invincibles, on opposait, lors de votre arrêt du 28 germinal an 13, la partie de l'*exposé de la situation de la république*, communiqué au corps législatif le 25 nivose an 12, dans laquelle il est parlé de traites que le gouvernement déclare avoir arguées de Faux. Mais, pour bien apprécier les inductions que l'on en tirait alors, il faut la mettre toute entière sous vos yeux. — « Le trésor public (y est-il dit), fournissait aux dépenses des colonies, soit par des envois » directs de fonds, soit par des opérations sur le » continent de l'Amérique. Les administrateurs pouvaient, si les fonds étaient insuffisans, s'en procurer par des traites sur le trésor public; mais avec » des formes prescrites et dans une mesure déterminée. » — Tout à coup, une masse de traites (42,000,000) » ont été créées à Saint-Domingue, sans l'aveu du » gouvernement, sans proportion avec les besoins » actuels, sans proportion avec les besoins à venir. » — Des hommes sans caractère les ont colportées à » la Havane, à la Jamaïque, aux Etats-Unis; elles » y ont été partout exposées sur la place à de honteux rabais, par des hommes qui n'avaient jamais » versé ni argent ni marchandises, ou qui ne devaient » en fournir la valeur que quand le payement en aurait été effectué au trésor public..... Un agent du » gouvernement a été envoyé à Saint-Domingue, » chargé de vérifier les fournitures et la caisse du » payeur général, de constater combien de traites » avaient été créées, par quelle autorité et sous quelle » forme, combien avaient été négociées et sous » quelles conditions, si pour des versemens réels, si » pour des versemens simulés, si pour éteindre une » dette légitime, si pour des marchés simulés. — » 11,000,000 de traites qui n'étaient pas encore en » circulation, ont été annullés; des renseignemens » ont été obtenus sur les autres. — Les traites dont » la valeur intégrale a été reçue, ont été acquittées..... » Celles qui ont été livrées sans valeur effective, ont » été *arguées de Faux*, puisque les lettres de change » portent *pour argent versé*, quoique le procès-verbal constate qu'il n'a été rien versé; et elles seront soumises à un sévère examen.......».

» Voilà comment s'est expliqué le gouvernement dans son exposé du 25 nivose an 11; et sans doute il

(1) V. Lettre et Billet de change, §. 4, n. 25.

en est des lettres de change qu'il annonce avoir *arguées de Faux*, comme des lettres de change que Gor a fournies à Vincent; celles-ci sont faussement causées pour *valeur reçue* par la société *Bonnet-Imbert*, *Chataud et Gor*, comme celles-là sont faussement causées pour argent versé à la caisse coloniale; et la société *Bonnet-Imbert*, *Chataud et Gor* avait créé celles-ci par la main de l'un de ses membres, comme le gouvernement avait créé celles-là par les mains des administrateurs de la colonie de Saint-Domingue.

» Mais remarquons bien une chose. Le gouvernement ne dit pas que les traites dont il parle, ont été arguées de Faux contre ceux-là seulement qui les avaient créées et reçues de mauvaise foi : il fait, au contraire, entendre très-clairement qu'elles l'ont été contre tous ceux qui pouvaient y avoir intérêt, et par conséquent même contre les tiers qui les avaient acquises sans avoir aucune raison de soupçonner que les causes en fussent supposées. Le gouvernement a donc été, à cet égard, beaucoup plus loin qu'on ne l'a fait dans le procès actuel, beaucoup plus loin qu'on ne l'a fait dans aucun procès du même genre; puisque toujours on a tenu pour constant que les billets de commerce de l'espèce de ceux dont il est ici question, étaient obligatoires envers les tiers de bonne foi; puisque jamais aucun négociant n'a prétendu s'exempter du payement d'une lettre de change créée frauduleusement pour des valeurs simulées, par un commis à qui il avait donné publiquement le pouvoir de signer en son nom tous les billets, toutes les traites, auxquels ses opérations commerciales pourraient donner lieu.

» Remarquons encore qu'en annonçant avoir argué de Faux les lettres de change qui sont l'objet de son exposé, le gouvernement ne laisse pas de doute sur l'intention où il est, en conséquence, de ne pas payer celles qui ont été créées pour des causes fausses, quelle que soit d'ailleurs la bonne foi des tiers entre les mains desquels ces effets se trouvent actuellement.

» Le gouvernement reconnaît donc que, pour s'affranchir de l'obligation de payer ces lettres de change aux porteurs de bonne foi, il ne peut pas se dispenser de les arguer de Faux. — Il reconnaît donc que, s'il ne les arguait pas de Faux, il en devrait le montant aux porteurs de bonne foi. Mais, par-là même, il rend hommage au principe que la vérité d'un acte est indivisible; au principe qu'un acte vrai par rapport à une personne, ne peut pas être faux par rapport à une autre; au principe qu'un acte faux par rapport à celui qui l'a créé, ne peut pas être vrai par rapport à celui qui s'en trouve porteur.

» Et c'est parce que ce principe est incontestable, c'est parce que, s'il le suivait à la rigueur, il en résulterait pour lui l'obligation de payer les lettres de change aux porteurs de bonne foi, qu'à côté de ce principe, il place une règle qui n'a pas la sanction de la loi écrite, mais qui est commandée par le salut de l'Etat, la première de toutes les lois innées, une règle qu'il ne trouve pas encore établie, mais qu'il établit lui-même, la règle, en un mot, que les lettres de change tirées des colonies sur le trésor public, et qui n'auront d'autre cause que des versemens simulés, seront considérées comme fausses. — On sent, en effet, que, sans cette règle, des administrateurs infidèles, placés dans une colonie lointaine, pourraient, d'un trait de plume, dévorer en un instant toute la fortune de la métropole, et entraîner dans l'État un bouleversement général. Il faut donc bien qu'à l'égard de leurs opérations de change, il y ait d'autres maximes que pour les actes de commerce ou de banque des citoyens. Qu'un citoyen soit ruiné par les billets de commerce que son facteur émettra sous son nom pour des causes supposées, la foi publique l'exige; et le mal qui en résulte, n'est qu'une calamité particulière. Mais que l'État soit ruiné, bouleversé, détruit par les traites frauduleuses qu'un administrateur émettra au nom du gouvernement, c'est à quoi s'oppose le plus grand, le plus impérieux de tous les intérêts, l'intérêt de la société, dont le devoir le plus sacré est de veiller, de pourvoir à sa propre conservation.

» Voilà, Messieurs, ce qui a déterminé le gouvernement à ne pas acquitter des lettres de change dont il n'aurait pu, d'après les notions générales du droit civil, refuser le payement aux porteurs de bonne foi. Mais de ce que pour ne les pas acquitter, il les a traitées comme fausses, il ne s'ensuit pas qu'elles le fussent réellement; il s'ensuit seulement que par une fiction souverainement nécessaire, il les a réputées telles; il s'ensuit seulement que dans son intérêt, il a assimilé au Faux l'escroquerie qui leur avait donné l'être; il s'ensuit seulement qu'il a été forcé d'attribuer à l'escroquerie dont elles étaient l'ouvrage, tous les effets du Faux proprement dit, et notamment celui de les rendre illusoires et impuissantes dans les mains des tiers qui, de bonne foi, en étaient devenus possesseurs.

» Rien donc à conclure ici de ce qui est dit dans l'exposé du gouvernement, du 25 nivose an 12 : ce que le gouvernement y annonce avoir fait relativement à des traites dont la création ne présentait qu'une escroquerie, forme un cas d'exception; et s'il est vrai, comme le dit une célèbre loi romaine, que l'on ne doit jamais argumenter d'une décision qui sort de l'économie générale du droit, *quod contra rationem juris receptum est*, *non est producendum ad consequentias* (Loi. 14, D. *de legibus*), il est clair que ce cas d'exception ne peut pas ici former un préjugé pour soumettre Gor et Vincent à une procédure en Faux à raison de lettres de change pour lesquelles on ne peut, dans les vrais principes, les poursuivre que comme escrocs.

» Ce que nous disons des lettres de change créées au profit de Vincent, vous sentez, Messieurs, que nous le dirons également des lettres de change créées au profit de Carvin, d'Amy et de Paul.

» Car, 1° de toutes les présomptions d'antidate que la cour spéciale du Var articule contre celles-ci, il n'en est pas une seule qui ne soit complètement réfutée, pulvérisée par les observations que nous avons faites sur celles-là.

» 2° De tout ce que dit la cour spéciale du Var pour établir qu'Amy, Carvin et Paul n'ont pas fourni à la société les fonds des lettres de change que Gor a créées à leur profit sous le nom social; il résulte bien qu'il a existé entre Gor, Amy, Carvin et Paul, une intelligence frauduleuse pour escroquer des lettres de change à la société; mais il n'en résulte pas que Gor, en créant ces lettres de change, ait commis un Faux; il n'en résulte pas qu'Amy, Carvin et Paul se soient rendus complices d'un Faux, en les recevant de Gor.

» Quant à votre arrêt du 28 germinal an 13, il suffit d'en lire le dispositif pour se convaincre que, loin de contrarier, il confirme tout ce que nous venons de dire; puisqu'en distinguant, comme nous le faisons encore, l'escroquerie d'avec le Faux, il juge nettement qu'on ne peut arguer de Faux des lettres de change dont la création et la négociation ne portent que le caractère de l'escroquerie.

» Par ces considérations, nous estimons qu'il y a lieu, — En ce qui concerne les lettres de change et billets de commerce, à raison desquels la cour spéciale du Var s'est déclarée incompétente pour connaître de l'accusation de Faux dont ils sont l'objet, de confirmer l'arrêt de cette cour, du 26 juin dernier; — En ce qui concerne, tant les lettres de change et billets de commerce dont Amy, Carvin et Paul ont été porteurs, que les trois lettres de change de 2,000, de 2,820 et de 2,170 francs remises par Gor à Vincent et négociées par celui-ci à Goibert et Guisard, le 9 ventose an 10, casser et annuller ledit arrêt, et renvoyer les parties à se pourvoir, pour raison de l'escroquerie prétendue commise dans la création et négociation desdites lettres de change et billets de commerce, devant le tribunal correctionnel de l'arrondissement de Marseille; — En ce qui concerne les trois lettres de change de 3,000, de 5,000 et de 3,000 francs, endossées, à la date du 15 pluviose an 10, du nom social *Bonnet-Imbert, Chataud et Gor*, au profit de Sipière et Couve, et à l'égard desquels ledit arrêt déclare Gor et Vincent prévenus de faux endossemens, sans avoir préalablement statué sur la véracité des notes de négociation que Vincent articule lui avoir été remises par Gor pour lesdites lettres de change le 15 nivose et le 1er pluviose an 10; ordonner, avant faire droit, que la cour spéciale du Var jugera sa compétence relativement auxdites notes de négociation; et qu'à cet effet, elle statuera sur le point de savoir s'il y a prévention de Faux contre lesdites notes, pour, l'arrêt à rendre par elle à cet égard, rapporté à la cour, être par nous requis et par la cour ordonné ce qu'il appartiendra.... ».

Arrêt du 16 octobre 1806, au délibéré, au rapport de M. Vergès, par lequel,

« Vu l'art. 2 de la loi du 23 floréal an 10, qui attribue la connaissance du crime de Faux en écritures publiques ou privées aux tribunaux spéciaux;

» Considérant qu'il fut expressément convenu dans l'acte de société du 10 pluviose an 5, par Imbert, Chataud et Gor, que chacun des associés aurait le droit de faire usage de la signature sociale; — Que l'abus criminel que Gor pouvait avoir fait de cette signature pendant l'existence de la société, pour parvenir à éteindre des dettes purement personnelles, ou pour grever de toute autre manière la société, ne peut caractériser le crime de Faux; — Que cet abus et les escroqueries qui peuvent en avoir été le résultat, auraient été exclusivement de la compétence des tribunaux de police correctionnelle, tant à l'égard de Gor qu'à l'égard de ses complices;

» Considérant, en effet, que la fausse cause que Gor pouvait avoir donnée aux obligations qui auraient été contractées par Gor, et qui auraient été revêtues de la signature sociale pendant l'existence de la société, présentent une prévention de faits de dol, de fraude, de simulation et d'escroquerie, essentiellement distincts et séparés du crime de Faux; — Que les obligations consenties par Gor en faveur d'Amy, de Paul et de Carvin, ont été revêtues de la signature sociale, et ont une date antérieure à la dissolution de ladite société; — Qu'il en est de même évidemment de trois des traites dont Vincent est porteur; — Que les présomptions de Faux, prises de l'état de détresse de certains porteurs d'effets, sont illégales sous tous les rapports pour fonder la compétence; — Que les présomptions d'antidates et de postdates énoncées dans l'arrêt de compétence sont également insuffisantes; — Qu'en effet la cour de justice criminelle et spéciale du département du Var a reconnu elle-même que, d'après le contexte de ces obligations, elles avaient été souscrites et revêtues de la signature sociale pendant l'existence de la société; — Que dès lors, les présomptions des antidates et des postdates ainsi circonscrites, n'offraient aucun caractère de Faux qui fût de nature à établir la compétence; — Qu'il en est aussi de même des présomptions tirées du retard apporté dans la remise au greffe des traites dont il s'agit;

» Considérant que les présomptions d'antidate et de Faux tirées des négociations qui peuvent avoir été faites par certains des porteurs des traites, postérieurement à la dissolution de la société, sont également illégales sous le rapport de la compétence; — Qu'en effet, la dissolution de la société n'aurait pas été, pour les porteurs de traites, un obstacle à la négociation des effets qui leur auraient été transmis, et qui auraient été revêtus de la signature sociale pendant l'existence de la société; — Que par conséquent la cour de justice criminelle et spéciale du département du Var, en se déclarant compétente à l'égard de Gor, de Paul, de Carvin et de Vincent, pour connaître de prétendus Faux résultans des négociations desdites traites revêtues de la signature sociale pendant l'existence de ladite société, a violé ladite loi et commis un excès de pouvoir;

» Considérant néanmoins à l'égard dudit Vincent, qu'il est porteur de trois autres traites dont l'endossement au nom social est du 15 pluviose an 10, et par conséquent d'une date postérieure à la dissolution de la société;

» Considérant qu'à cette époque, Gor n'avait plus le droit de prendre la signature sociale; — Qu'il est prévenu d'en avoir fait usage à l'égard de ces trois traites, frauduleusement et à dessein de nuire à ses anciens associés; — Que Vincent est prévenu de s'être rendu complice de ce Faux, et d'avoir fait usage sciemment de ces trois traites, méchamment et dans le dessein de nuire à autrui; — Que, principalement sous le rapport de l'époque du transport de ces trois traites et de l'époque de l'apposition de la signature sociale, le délit imputé à Gor et à Vincent, rentrait dans la compétence de la cour de justice criminelle et spéciale ; — Qu'il y a lieu par conséquent de confirmer cette disposition de l'arrêt ;

» Considérant enfin que ladite cour a légalement reconnu d'après le résultat de l'instruction, qu'à l'égard de tous les autres porteurs de traites dénommés dans l'arrêt, les présomptions de Faux étaient insignifiantes pour établir sa compétence ; — Qu'il y a également lieu de confirmer cette disposition, qui n'offre qu'une appréciation légale des preuves et des informations;

« La cour casse et annulle, pour contravention à ladite loi et pour excès de pouvoir, la disposition de l'arrêt de la cour de justice criminelle et spéciale du département du Var, par laquelle cette cour s'est déclarée compétente pour connaître du crime de Faux en écritures privées, imputé à Gor, à Carvin, à Paul et à Vincent, à raison des traites négociées et souscrites de la signature sociale, antérieurement à la dissolution de la société ;

» La cour confirme, au contraire, la disposition dudit arrêt, par laquelle cette cour s'est déclarée compétente pour connaître du crime de Faux imputé à Gor et à Vincent, à raison des trois traites dont l'endossement social est du 15 pluviose an 10, et par conséquent d'une époque postérieure à la dissolution de la société ;

» La cour confirme enfin la dissolution du même arrêt par laquelle cette cour s'est déclarée incompétente à l'égard de tous les autres porteurs d'effets nommés dans ledit arrêt, sauf aux plaignans à se pourvoir devant les tribunaux de police correctionnelle, tant contre Gor pour raison des faits de dol, de fraude, de simulation et d'escroquerie qui lui sont imputés, que contre Carvin, Vincent et Paul, et tous autres porteurs d'effets dénommés par l'arrêt, pour raison de la coopération et de la complicité dont ils sont prévenus.... ».

On voit que la majorité n'a pas accueilli l'interlocutoire auquel j'avais conclu, relativement aux trois lettres de change dont l'endossement portait la date du 15 pluviose an 10 : elle a pensé que cette date formait seule un commencement de preuve suffisant pour déterminer la compétence; et que ce serait en jugeant le fond, qu'il y aurait lieu de statuer sur la véracité des notes de négociation produites par Vincent.

§. VI. *Y a-t-il Faux en écriture publique, lorsqu'un homme, dans le dessein de tromper celui avec lequel il traite devant notaire, prend dans l'acte qu'il ne signe pas, sur le fondement réel ou supposé qu'il ne sait pas écrire), un nom qui n'est pas le sien ?*

J'ai rapporté dans mon *Recueil de Questions de droit*, au mot *Faux*, §. 2, deux arrêts de la cour de cassation des 7 fructidor an 8 et 8 messidor an 9, qui jugent pour l'affirmative. En voici un troisième du 8 août 1806, qui décide la même chose (Je copie le *Bulletin criminel* de cette cour).

« Par arrêt du 28 mai dernier, la cour de justice criminelle et spéciale du département de l'Hérault s'était déclarée incompétente pour connaître du crime de Faux en écriture, dont était prévenu Pierre-Chailard, sur le fondement que ce délit ne présentait que l'idée d'une supposition de personne ; qu'il n'avait pas signé l'acte où la supposition de personne avait été opérée.

» Mais il est à remarquer que cet acte avait été reçu par notaire, et que s'il ne portait point la signature de Pierre Chailard, c'était parce qu'il avait déclaré qu'il ne savait point signer, d'où il s'ensuit que ledit arrêt avait contrevenu à l'art. 41 du Code pénal, et à l'art. 2 de la loi du 23 floréal an 10.

» C'est cette contravention qui a été réprimée par l'arrêt qui suit :

» Ouï le rapport de M. Liborel et les conclusions de M. Daniels pour M. le procureur général ; — Vu les pièces envoyées au greffe de la cour, en exécution de l'arrêt du 13 juin dernier ; — Vu aussi l'art. 2 de la loi du 23 floréal an 10 ; — Attendu que la supposition de personne accompagnée de la signature d'un nom faux, produit un véritable Faux ; — Que la déclaration de ne savoir signer faite dans l'acte où s'opère la supposition de personne, et qui est retenue par un fonctionnaire public capable de donner à cette déclaration le caractère d'authenticité, représente la signature qu'elle supplée, et produit conséquemment, comme elle, le délit de Faux en écriture ; — Que la cour de justice criminelle spéciale de l'Hérault, en déclarant par sondit arrêt du 28 mai dernier, qu'il n'y avait point de prévention de Faux contre Pierre Chailard, sur le fondement qu'il n'avait point signé l'acte de remplacement dans lequel cependant il avait déclaré ne savoir signer, et en se déclarant par suite incompétente pour connaître du délit qui lui était imputé, a contrevenu audit art. 2 de la loi du 23 floréal an 10 ci-dessus transcrit ; — La cour casse et annulle.... ».

V. le plaidoyer du 28 germinal an 13, rapporté ci-dessus, §. 5.

§. VII. — 1° *Y a-t-il Faux en écriture, lorsque dans le dessein de frauder ses créanciers, un débiteur en faillite vend son bien devant notaire, en prenant dans l'acte un prénom qui n'est pas le sien, et qui n'appartient à personne ?*

2° *Y a-t-il Faux en écriture ou simplement escroquerie, lorsqu'en recevant un prêt d'argent, on en signe la reconnaissance sous un nom idéal et avec l'indication d'un faux domicile ?*

I. Le *Bulletin criminel* de la cour de cassation nous offre, sur la première de ces questions, un arrêt du 3 octobre 1806, dont il rapporte ainsi l'espèce :

« Nathan Loeb avait engagé Emmerich à lui vendre par acte simulé, son bien, pour le soustraire aux poursuites de ceux contre lesquels il venait de perdre deux procès. — La vente eut lieu, en conséquence, devant notaire ; mais au lieu de signer son nom, Nathan Loeb prit celui d'Emmanuel Loeb ; et il recourut à cet expédient, parce qu'étant en faillite, il ne voulait pas que ses créanciers pussent exercer aucun droit sur cette acquisition. — Cette vente fut arguée de Faux. — Interrogé sur ce Faux, Nathan Loeb prétendit que, loin d'être simulée, cette vente était sincère et véritable, et lui avait été consentie par Emmerich, pour se libérer d'autant de ce qu'il lui devait ; il ajouta même qu'il n'avait pris ce nom que de l'aveu de Loeb Lemle également connu sous le nom d'Emmanuel Loeb. — Mais il fut démenti et par Emmerich, et par Loeb Lemle. Le premier dénia être et avoir jamais été débiteur de Nathan Loeb. Le second dénia non-seulement l'avoir autorisé à prendre son nom, mais encore être connu sous le nom d'Emmanuel Loeb, nom qui au reste n'appartenait à aucun marchand de bestiaux de l'endroit. — En cet état, la cour de justice criminelle spéciale du département de Rhin et Moselle, saisie de la connaissance de ce Faux, s'est déclarée incompétente ; et elle s'est fondée, d'une part, sur ce qu'Emmanuel Loeb était un nom supposé et inconnu; de l'autre, sur ce que, quelque frauduleuse qu'ait pu être l'intention de Nathan Loeb, en employant la signature d'Emmanuel Loeb, il n'en résulte cependant aucun Faux puisqu'il est évident que qui que ce soit n'a pu en souffrir aucun dommage ; et enfin, sur ce que cette frauduleuse intention ne constitue qu'une simple escroquerie. Et par suite, elle renvoie Nathan Loeb devant qui de droit. Un semblable arrêt, rendu dans des circonstances où il s'agissait d'une escroquerie commise à l'aide d'un faux nom pris *par écrit et avec signature*, choquait trop évidemment toutes les règles de compétence en matière de Faux, pour ne pas être réformé, aussi l'a-t-il été par l'arrêt de cassation ci-après :

» Ouï le rapport de M. Babille.... ; vu la loi du 7 frimaire an 2, art. 2 ; l'art. 41, tit. 2, sect. 2, part. 2, du Code pénal ; l'art. 2 de la loi du 23 floréal an 10 ; Et attendu que la loi du 7 frimaire ci-dessus ne place l'emploi du faux nom pris pour commettre une escroquerie, au nombre des délits correctionnels, qu'autant que ce faux nom a été pris *verbalement et sans signature* ; ce qui en exclut, par voie de conséquence, tout délit de cette nature commis par écrit et avec signature ; et que, dans l'espèce, le faux nom d'Emmanuel Loeb pris par Nathan Loeb, l'a été dans un contrat de vente passé devant notaire, et qu'il a signé ; attendu que tout Faux commis méchamment et à dessein de nuire à autrui, constitue, aux termes de l'art. 41 du Code pénal ci-dessus rapporté, le crime de Faux dont la connaissance est exclusivement attribuée aux cours de justice criminelle spéciales par l'art. 2 de la loi du 23 floréal an 10, sus-mentionné ; et que d'après les faits rapportés, même par l'arrêt d'incompétence, le faux nom pris par Nathan Loeb, a été employé évidemment d'une manière dommageable à des tiers, puisque cet arrêt constate que Nathan Loeb ne l'avait pris que dans la vue de soustraire les biens vendus, et par lui acquis sous ce nom, aux poursuites, tant des créanciers du vendeur dont il était le prête-nom, que des siens propres ; d'où il suit que la cour de justice criminelle spéciale du département de Rhin et Moselle, en se déclarant incompétente par son arrêt du 3 septembre dernier, a violé les dispositions des lois ci-dessus citées, et par suite toutes les règles de compétence en matière de Faux ; par ces motifs, la cour casse et annulle.... ».

II. La seconde question s'est présentée dans l'espèce suivante.

Le 2 floréal an 13, le sieur Normier, marchand de vins à Paris, revenant d'Auxerre, rencontre près de Joigny une femme qu'il a su depuis se nommer Louise Perret, épouse de David François Dupoil : et quoiqu'il ne la connaisse pas, lui avance le lendemain une somme de 90 francs, dont elle lui donne une reconnaissance qu'elle signe *J. Chapilay, demeurant à Paris, rue Jacob n. 3.* — Quelque temps après, le sieur Normier se présente au domicile indiqué par ce billet pour en recevoir le montant; et là, il apprend qu'il a été dupe d'une escroquerie. — Enfin, il découvre Louise Perret, la fait arrêter et rend contre elle une plainte en Faux. — Traduite devant la cour de justice criminelle et spéciale du département de Seine et Marne, Louise Perret reconnaît avoir signé d'un faux nom le billet dont il s'agit. — Par arrêt du 14 mars 1806, cette cour se déclare compétente pour la juger ; et le 27 du même mois, au rapport de M. Barris, — « Attendu que, d'après l'art. 1 de la loi du 7 frimaire an 2, celui qui commet une escroquerie à l'aide d'un faux nom, pris avec signature, se rend coupable d'un délit qui n'est plus simplement correctionnel ; — Que le délit qui constitue un Faux, dans la matérialité du fait, en a aussi le caractère moral, lorsqu'il a pour objet de nuire à un tiers ; — Que, dans l'espèce, le faux nom pris avec signature par Louise Perret, femme Dupoil, tendait à nuire à son créancier, en lui donnant un titre de créance autre que celui qui avait été dans ses intentions, et même dans l'accord des deux parties ; qu'au lieu d'un titre certain, et tel qu'il avait été convenu, le faux nom dont le billet d'obligation avait été souscrit, ne laissait dans les mains du créancier qu'une apparence de titre qui, pour acquérir quelque force, avait besoin d'être identifié avec la femme Dupoil par des recherches très-difficiles de sa personne, et par des procédures de vérification d'écriture dispendieuses et d'un résultat incertain ; — Qu'il y avait donc dans la signature du faux nom, un effet essentiellement préjudiciable au créancier, et intention de cet effet de la part de la débitrice ; — Que dès-lors, le Faux prévenu par le Code pénal, se présentait avec toutes les circonstances propres à le caractériser ; — Et que c'est donc par une juste application de la loi du 7 frimaire an 2, de l'art. 2 de la loi du 23 floréal an 10, et des dispositions du Code pénal sur le Faux, que la cour de justice criminelle et spéciale du département de Seine et Marne s'est déclarée compétente à l'égard de Louise Perret, femme Dupoil, — La cour confirme..... ».

V. *Escroquerie*, et le plaidoyer du 28 germinal an 13, transcrit ci-desus, §. 5.

§. VIII. 1° *Y a-t-il Faux en écriture, ou seulement escroquerie, lorsque, à l'aide d'un acte vrai appartenant à un autre, un homme, sans rien écrire ni signer, se fait passer pour la personne indiquée par cet acte, et se fait payer ce qui est dû à celle-ci ?*

2° *Y a-t-il Faux, ou seulement escroquerie ou vol simple, lorsqu'un voiturier se charge, sous un faux nom qu'il prend verbalement, de mar-*

chandises à transporter dans un lieu, et qu'il vend ensuite à son profit individuel?

3° *Y a-t-il Faux ou seulement escroquerie, ou vol simple, lorsqu'on se fait délivrer, à l'aide de fausses lettres ou de faux titres, de l'argent ou des effets dont on n'aurait pas obtenu la remise sans ces pièces supposées véritables?*

4° *Y a-t-il Faux en écriture, ou seulement vol simple, lorsqu'un voiturier se fait, à l'aide de fausses quittances de droits de douanes ou d'octroi qu'il croyait réellement dus, mais qui ne l'étaient pas, restituer ces droits comme s'il les avait payés et dû payer?*

I. Un arrêt de la cour de cassation du 10 juillet 1806, juge que, dans le premier cas, il n'y a qu'escroquerie et point de Faux. Voici dans quels termes il est rapporté au *Bulletin criminel* de cette cour.

« Pierre Pitre était prévenu d'avoir réclamé verbalement des parts de prises maritimes dues au nommé Villems, marin danois, d'avoir pris faussement le nom dudit Villems, et d'avoir fait usage d'un certificat de débarquement appartenant à ce Danois, afin de se faire attribuer les parts desdites prises. — Marguerite Barthet était prévenue de complicité. — La cour de justice criminelle et spéciale du département de la Gironde s'était déclarée compétente. Rien n'indiquait cependant que Pierre Pitre eût ajouté une fausse signature à sa supposition de nom. — La connaissance de cette escroquerie commise à l'aide de ce faux nom, pris verbalement et sans signature, appartenait par conséquent exclusivement au tribunal de police correctionnelle. — L'arrêt portant cassation est ainsi conçu :

« Ouï le rapport de M. Vergès....; vu l'art. 1er de la loi du 7 frimaire an 2; considérant que Pierre Pitre est prévenu d'avoir réclamé verbalement, du commissaire de marine au port de Bordeaux, les parts de prises qui étaient dues au nommé Villems, marin danois, qu'il est prévenu d'avoir fait usage d'un certificat de débarquement appartenant audit Villems, et d'avoir, lors de cette réclamation, pris le nom dudit Villems, afin de se faire attribuer les parts de prises auxquelles Villems avait droit en vertu de ce certificat; considérant que Marguerite Barthet, femme Belage, est prévenue d'avoir provoqué, par dons et promesses, Pierre Pitre à commettre ce délit, et de lui avoir procuré les moyens de le consommer, en lui remettant le certificat de débarquement dont elle était dépositaire; considérant néanmoins que ce délit n'aurait été de la compétence de la cour de justice criminelle spéciale, qu'autant que ledit Pitre aurait été prévenu d'avoir employé une fausse signature à l'appui de ladite supposition de nom; — Que par conséquent, d'après la prévention, le délit rentrait évidemment dans les dispositions de l'article cité qui rendait le tribunal de police correctionnelle exclusivement compétent; la cour casse l'arrêt rendu le 28 juin 1806, par la cour de justice criminelle spéciale du département de la Gironde..... ».

Je dois pourtant observer que le délit dont était prévenu le nommé Pitre, aurait pris un autre caractère, et serait rentré dans la classe des crimes dont la connaissance appartient aux tribunaux maritimes, subrogés aux cours martiales maritimes par le décret impérial du 13 novembre 1806, s'il eût été commis au préjudice d'un marin employé sur les vaisseaux de l'État. C'est ce qui résulte de l'art. 13 du tit. 3 de la loi du 20 septembre 1791, concernant les cours martiales maritimes, et la police des ports et arsenaux : « Ceux qui se présenteront (y est-il dit) aux bureaux des classes, et qui prendront frauduleusement le nom d'un marin employé sur les vaisseaux de l'État, pour s'approprier ses salaires, parts de prises ou autres sommes à lui revenant, seront condamnés au carcan et à la prison pendant une année. La même peine aura lieu contre tous ceux indistinctement qui auront eu part à ce Faux, soit en attestant l'identité de l'homme, soit concourant, de toute autre manière, à l'infidélité du faussaire ». — On voit que, dans cette disposition, le législateur ne distingue pas entre le cas où le Faux qu'il signale, a été commis verbalement, et celui où il l'a été en écriture; et que par conséquent il les identifie.

II. La seconde question a été jugée comme la première, dans l'espèce suivante. — Le 5 thermidor an 12, André Forest, voiturier, prend à Blaye, sous le nom supposé de Lefort, un chargement de marchandises qu'il s'engage de remettre à Orléans. — Au lieu de transporter ces marchandises à leur destination, il les vend pour son compte et s'en approprie l'argent. — Arrêté, on l'accuse devant la cour de justice criminelle et spéciale du département de l'Indre, d'avoir commis un Faux en substituant le nom de Lefort au sien propre, lorsqu'il s'est chargé de ces marchandises; et par arrêt du 24 nivose an 13, cette cour se déclara compétente. — Cet arrêt soumis à la cour de cassation, des doutes s'élèvent sur le point de savoir si c'est par écrit ou seulement de vive voix qu'André Forest a pris le faux nom de Lefort. Un premier arrêt ordonne l'apport des pièces de la procédure; et sur le vu de ces pièces, arrêt définitif du 14 germinal an 13, au rapport de M. Liborel, qui — « Vu l'art. 456 du Code du 3 brumaire an 4; attendu qu'il résulte desdites pièces, que la lettre de voiture dont il s'agit, ni aucune autre pièce, ne portent la signature *Lefort*; et qu'ainsi l'arrêt de la cour de justice criminelle et spéciale de l'Indre, en la déclarant compétente pour connaître du délit imputé à André Forest, a fait une fausse application de l'art. 2 de la loi du 23 floréal an 10; casse et annulle ».

III. La troisième question a été et dû être jugée tout autrement.

Pierre-Louis Huguenet avait été traduit, en vertu de la loi du 23 floréal an 10, devant la cour spéciale du département de la Côte-d'Or, comme prévenu d'avoir fabriqué, sous le nom des correspondans de divers marchands, de fausses lettres à l'aide desquelles il s'était fait délivrer par ceux-ci des marchandises qu'ils croyaient, sur la foi de ces lettres, fournir à leurs correspondans eux-mêmes; et néanmoins cette cour s'était déclarée incompétente pour le juger. Mais par arrêt du 3 juillet 1807, au rapport de M. Vermeil, « attendu que, si la loi attribue à la juridiction correctionnelle les faux certificats employés pour surprendre des actes de bienfaisance ou obtenir des aumônes (1), il ne peut en résulter aucune conséquence à l'égard des écrits privés dont le Faux a un autre objet ; que, dans l'espèce sur laquelle la cour de justice criminelle et spéciale du département de la Côte-d'Or, s'est déclarée incompétente, la prévention contre Pierre-Louis Huguenet porte sur ce qu'au moyen de lettres fausses par lui fabriquées, au nom des correspondans des marchands auxquels elles étaient adressées, il était parvenu à leur escroquer des marchandises ; ce qui caractérise un véritable Faux en écriture privée et avec intention de nuire à autrui, délit dont la connaissance est attribuée à la cour de justice criminelle et spéciale par l'art. 2 de la loi du 23 floréal an 10; d'où il résulte que la cour de justice criminelle spéciale du département de la Côte-d'Or, dans son arrêt du 6 juin dernier, a contrevenu à l'article ci-dessus cité de la loi du 23 floréal an 10; la cour, par ces motifs, casse et annulle ledit arrêt.... ».

Jean-Louis Mollier était prévenu d'avoir pris le nom de comte de la Bauchardière dans différentes lettres qu'il avait signées de ce nom supposé, et d'avoir fait usage de ces lettres pour se faire prêter de l'argent par des personnes qui croyaient le prêter réellement au prétendu comte de la Bauchardière. Cependant la cour spéciale du département du Léman n'avait vu dans ces faits qu'une escroquerie, et s'était en conséquence déclarée incompétente pour faire le procès à Mollier. Mais son arrêt ayant été transmis à la cour de cassation, il y est intervenu, le 8 juillet 1808, au rapport de M. Lemassier-Grandprey, un arrêt par lequel, « considérant que Jean-Louis Mollier, tailleur d'habits, a été traduit devant la cour de justice criminelle spéciale du département du Léman, comme prévenu, *d'avoir dans plusieurs lettres, pris le faux nom de comte de la Bauchardière*, pour obtenir de différentes personnes de l'argent, etc.; que la prévention ainsi caractérisée, se rapportait à un crime de Faux commis en écriture privée, crime prévu par le Code pénal, et dont la connaissance a été attribuée aux cours de justice criminelle spéciales par la loi du 23 floréal an 10; que la loi n'a soustrait à la juridiction des cours criminelles, que le délit d'escroquerie commis à l'aide de faux noms *pris verbalement* et sans *signature ;* qu'en refusant de connaître d'un délit commis à l'aide d'un faux nom pris par écrit dans plusieurs lettres, la cour criminelle spéciale du Léman a méconnu ses pouvoirs, et contrevenu par son arrêt, au Code pénal et à la loi du 23 floréal an 10; vu l'art. 42 de la seconde section du tit. 2 de la seconde partie du Code pénal, et l'art. 2 de la loi du 23 floréal an 10; vu pareillement l'art. 456 du Code des délits et des peines, du 3 brumaire an 4; la cour casse et annulle l'arrêt rendu par la cour de justice criminelle spéciale du département du Léman, le 21 juin dernier.... ».

Antoine Armingand était prévenu de s'être fait donner six louis par une personne à qui il avait remis une fausse lettre, par laquelle celui dont elle portait la signature, était supposé la prier de lui faire cette avance, avec promesse de lui en tenir compte. La cour spéciale du département de l'Hérault s'était néanmoins déclarée incompétente pour le juger. Mais par arrêt du 24 février 1809, au rapport de M. Bauchau, « attendu que, d'après le texte de la loi du 7 frimaire an 2, il y a évidemment, dans l'espèce, prévention d'un crime de Faux bien caractérisé, à la charge d'Antoine Armingand ; qu'il en résulte que la cour de justice criminelle spéciale du département de l'Hérault, en se déclarant incompétente par l'arrêt qu'elle a rendu, le 7 de ce mois sur le vu de la procédure instruite contre Antoine Armingand, a violé les règles de compétence; par ces motifs, la cour casse et annulle ledit arrêt.... ».

Le 17 mai 1811, arrêt semblable, au rapport de M. Busschop : « vu (porte-t-il), l'art. 456, §. 6, du Code des délits et des peines, du 3 brumaire an 4; l'art. 1 de la loi du 7 frimaire an 2, et l'art. 2 de la loi du 23 floréal an 10; considérant qu'il résulte des termes précis de la loi de frimaire an 2 précitée, que l'escroquerie commise à l'aide d'un faux nom, est seulement passible des peines de police correctionnelle, lorsque le faux nom a été pris verbalement; qu'il suit de cette restriction de la loi, que, quand l'escroquerie a été commise à l'aide d'un faux nom pris par écrit, ce fait constitue le crime de Faux en écritures prévu par la seconde section du tit. 2 de la seconde partie du Code pénal, du 25 septembre 1791, crime dont la connaissance a été attribuée aux cours de justice criminelle spéciales, par l'art. 2 ci-dessus cité de la loi du 23 floréal an 10; que, dans l'espèce, il s'agit de faux noms pris par écrit, à l'aide desquels Jean Peyroton est prévenu d'avoir escroqué des marchandises à différens négocians : que ce fait porte donc les caractères du crime de Faux en écritures, et conséquemment la connaissance en appartient aux cours criminelles spéciales; qu'il suit de là qu'en se déclarant incompétente pour connaître du Faux imputé audit Peyroton, la cour de justice criminelle spéciale du département de la Haute-Saône a violé les règles de compétence établies par la loi; d'après ces motifs, la cour casse et annulle l'arrêt d'incompétence rendu par la cour de justice criminelle spéciale du département de la Haute-Saône, le 2 mai 1811.... ».

V. l'art. 405 du Code pénal de 1810.

IV. » Jean Pédrazini, voiturier, chargé de remettre divers effets chez un sieur Laurent, banquier, à Parme, crut, en entrant dans cette ville, être assujetti à payer un droit d'octroi, qui réellement n'était pas dû; et cependant, ayant l'intention de s'y soustraire, dans le cas même où la régie eût été fondée à le percevoir, il passa furtivement et ne paya rien. — Mais voulant que cette fraude intentionnelle tournât à son profit, ce même Pédrazini fabriqua un reçu, qu'il présenta au sieur Laurent, comme écrit et signé par Louis Raschi, receveur du droit d'octroi, lequel n'avait ni écrit, ni signé cet acte, et lorsque non-seulement le droit n'avait pas été perçu, mais lors même qu'il n'avait pas dû se percevoir. — Pédrazini, à l'aide de ce Faux, escroqua du sieur Laurent ladite somme de 16 fr. 74 c., men-

(1) *V.* le §. suivant.

tant du reçu fabriqué. — La cour de justice criminelle ayant à juger ce double délit, a déclaré, en fait, que le reçu dont Pédrazini avait fait usage, était Faux, étant écrit et signé de sa main, sous le nom de Louis Raschi; et néanmoins cette même cour a acquitté l'accusé comme n'ayant pas commis le délit méchamment et à dessein de nuire, sur cet étrange motif, que Pédrazini ayant soustrait la marchandise au droit d'octroi, avait cru pouvoir légitimement s'approprier le montant de ce droit, qu'il considérait comme dû au receveur, quoiqu'il ne le fût pas. — La cour de cassation, (à défaut de pourvoi dans le délai prescrit par le Code du 3 brumaire an 4, art. 440 et 441), prononçant, pour l'intérêt de la loi, sur le réquisitoire de M. le procureur-général impérial, a vu dans ce jugement, outre la violation des premières règles de la morale et de l'ordre public, une contravention formelle, tant aux art. 41 et 44, sect. 2, tit. 2, part. 2 du Code pénal, et l'art. 6 de la loi du 23 floréal an 10, qu'à l'art. 434 du Code des délits et des peines. — L'arrêt de la cour de justice criminelle de Parme a été annullé (le 26 décembre 1807), ainsi qu'il suit :

« Ouï le rapport de M. Lamarque...., vu l'art. 456 du Code du 3 brumaire an 4, n. 1 et 6; vu les art. 41 et 44, sect. 2, tit. 2, part. 2 du Code pénal; vu l'art. 6 de la loi du 28 floréal an 10; attendu qu'il est déclaré constant par l'arrêt attaqué, 1° que Jean Pédrazini a commis un Faux en écrivant de sa main une quittance de droit d'octroi pour la ville de Parme, et en *apposant* au bas de cette quittance la fausse signature de Louis Raschi, l'un des receveurs de ce droit; 2° que ledit Pédrazini a voulu se faire rembourser et s'approprier à l'aide de cette quittance fausse le montant d'un droit qu'il n'avait pas payé au receveur et qui n'était pas dû; attendu que de cette double déclaration suit nécessairemant et évidemment la conséquence, que le Faux a été commis dans l'intention d'un vol ou d'une escroquerie, délit qui n'eût pas été moins constant, soit que le droit répété par Pédrazini ne dût pas être perçu par le receveur de l'octroi, soit que dans le cas même où il aurait été dû, Pédrazini se fût soustrait par fraude à la perception de ce droit; d'où il suit qu'en accusant le Faux sur le motif de cette fraude alléguée par l'accusé, en déclarant sous ce seul point de vue, que le Faux n'avait pas été commis méchamment et en acquittant Pédrazini de l'accusation, la cour de justice criminelle est formellement contrevenue, tant aux art. 41 et 44, sect. 2, tit. 2, part. 2 du Code pénal, et à l'art. 6 de la loi du 23 floréal an 10, d'après la déclaration du fait caractérisant le délit de Faux, qu'à l'art. 434 du Code des délits et des peines, dans l'hypothèse même où cette déclaration n'eût caractérisé qu'un délit de vol ou d'escroquerie; attendu que, sous ces divers rapports, la cour de justice criminelle a commis une usurpation de pouvoir; d'après ces motifs, la cour faisant droit sur le réquisitoire de M. le procureur-général impérial, conformément à l'art. 88 de la loi du 27 ventose an 8, casse et annulle, dans l'intérêt de la loi, l'arrêt rendu le 25 août 1807, par la cour de justice criminelle, séant à Parme, sur l'accusation portée contre Jean Pédrazini.... ». (*Bulletin criminel de la cour de cassation*).

§. IX. 1° *Y a-t-il Faux en écriture, ou seulement escroquerie, lorsqu'on fabrique un acte privé qui ne contient ni obligation ni quittance, mais une simple invitation à donner de l'argent pour être employé à des œuvres pieuses que l'on s'approprie?*
2° *Peut-on poursuivre et punir comme faussaire, celui qui mendie avec un faux certificat?*

I. Jean-Baptiste Ebbenic avait fabriqué un écrit ainsi conçu : « Nous, Messieurs marguilliers de l'église cathédrale d'Anvers, nous demandons une aumône libérale pour restaurer l'église, laquelle se trouve très-détruite, et nous espérons de l'ouvrir sous peu; Dieu vous récompensera, ainsi que la sainte mère de Dieu ». — A la suite de cet écrit étaient les noms des marguilliers. — A l'aide de cette fausse recommandation, Ebbenic s'était présenté chez plusieurs personnes, et en avait obtenu des dons qu'il avait employés, non à restaurer l'église de Notre-Dame d'Anvers, mais à son profit individuel. — Bientôt il fut dénoncé et traduit comme prévenu de Faux, devant la cour de justice criminelle et spéciale du département des Deux-Nèthes, qui, par arrêt du 14 ventose an 13, se déclara incompétente pour le juger. Mais cet arrêt ayant été transmis à la cour de cassation, elle l'a cassé le 14 germinal suivant, au rapport de M. Aumont; « attendu que l'écrit qui a donné lieu aux poursuites dirigées contre Jean-Baptiste Ebbenic, étant sous seing-privé, et ne contenant ni obligation ni libération, soit à son profit, soit à celui de toute autre personne, ne présente pas les caractères de l'espèce de Faux que les lois considèrent et punissent comme un crime; et que l'usage que doit avoir fait ledit Ebbenic de cette pièce, n'élève contre lui que la prévention du délit d'escroquerie.... ».

V. ci-après, sect. 3, l'art. 161 du Code pénal de 1810.

II. Les nommés Fallas et Oudot, prévenus d'avoir mendié à l'aide de Faux certificats portant qu'ils avaient été incendiés, avaient été traduits devant un jury d'accusation et par suite devant la cour de justice criminelle du département du Haut-Rhin, qui, par arrêt du 26 pluviose an 10, les avait condamnés aux peines prononcées par le Code pénal contre le crime de Faux. Mais sur leur recours en cassation, arrêt du 19 messidor de la même année, au rapport de M. Rataud, qui, « vu les art. 22, 23 et 24 du tit. 2 de la loi du 22 juillet 1791, sur la police correctionnelle; considérant que le fait dont étaient prévenus les réclamans, et porté en l'acte d'accusation, était d'avoir mendié à l'aide d'un faux certificat portant qu'ils avaient été incendiés, et qu'il était même énoncé formellement que ce Faux avait été commis dans le dessein d'extorquer des charités; que c'est ce même fait et cette même intention qui ont été déclarés constans par le jury de jugement; que dès-lors, cela constituait évidemment le délit prévu par la loi sur la police correctionnelle; que ce délit ne pouvait être puni que des peines y portées; que, par conséquent, il n'avait pu, par sa nature, faire la matière d'un acte d'accusation.... ; par ces motifs, casse et annulle l'ordonnance de transmission devant le jury d'accusation, l'acte d'accusation, ainsi que tout ce qui a suivi.... ».

La cour de justice criminelle et spéciale du département du Puy-de-Dôme s'était déclarée compétente, en vertu de l'art. 2 de la loi du 23 floréal an 10, pour juger Blaise Aumaly, prévenu d'avoir commis un Faux en écriture publique et authentique, ou de s'en être rendu le complice, en se servant d'un Faux certificat par lequel les maire et adjoint de sa commune étaient censés attester que sa maison avait été incendiée et que deux de ses enfans y avaient péri.— Par arrêt du 11 messidor an 12, au rapport de M. Seignette, vu les art. 22, 23 et 24 du tit. 2 de la loi du 22 juillet 1791; attendu qu'Aumaly était prévenu d'avoir mendié avec de faux certificats, ce qui est le cas prévu par l'art. 23 de cette dernière loi, et non par l'art. 2 de loi du 24 floréal an 10, dont le but est de punir des Faux autrement nuisibles à la société; que le cas de mendicité avec faux certificats, attribué à la juridiction du juge de paix par la loi de 1791, est aujourd'hui de la compétence du tribunal correctionnel, à raison de l'étendue de la peine prononcée par l'art. 23 de cette loi; la cour casse l'arrêt du 17 germinal an 12, par lequel la cour de justice criminelle spéciale du Puy-de-Dôme s'est déclarée compétente pour connaître de la procédure instruite contre Blaise Aumaly, prévenu d'avoir mendié avec de faux certificats ».

Le 12 thermidor suivant, la cour de justice criminelle et spéciale du département d'Ile-et-Vilaine s'était déclarée compétente pour juger, comme coupables de Faux en écriture publique et authentique, les nommés Chevalier et Baril qui, non-seulement avaient fait usage, pour mendier, d'un faux certificat de la mairie de leur commune, mais encore l'avaient fabriqué eux-mêmes. Cette circonstance lui avait paru donner au délit le caractère du Faux prévu par la loi du 23 floréal an 10. Mais par arrêt du 5 fructidor de la même année, au rapport de M. Rataud. — « Attendu que l'art. 2 de la loi du 23 floréal an 10 n'attribue pas aux tribunaux spéciaux la connaissance de tous les faits de Faux indistinctement, mais seulement de tous les crimes de Faux, c'est-à-dire, de tous les faux commis méchamment et à dessein de nuire à autrui; qu'il est des actes qui par leur nature et par leur objet, ne présentent pas les mêmes conséquences pour l'ordre social, et n'ont pas dû par conséquent paraître au législateur susceptibles d'être poursuivis de la même manière, ni d'être punis aussi sévèrement; que la loi a particulièrement prévu le cas de Faux commis dans le seul dessein de se procurer des charités, et qu'elle n'a rangé ce fait que dans la classe des simples délits punissables par voie de police correctionnelle; que dans ce cas, il ne peut pas être fait de distinction entre le fabricateur de la pièce fausse et celui qui s'en sert; que l'un et l'autre ne se rendent coupables que du délit caractérisé par la loi correctionnelle, et non du crime de Faux prévu par le Code pénal; d'où il suit que la cour de justice criminelle et spéciale du département d'Ile-et-Vilaine, en se déclarant compétente pour connaître, dans l'espèce, d'un faux certificat que l'on n'avait fabriqué et dont on n'avait fait usage que pour mendier, a fait une fausse application de l'art. 2 de la loi du 23 floréal an 10; la cour casse et annulle..... ».

Par arrêt du 11 avril 1806, la cour de justice criminelle et spéciale du département de l'Escaut se déclare compétente pour juger Jacques Dewilde, « attendu qu'il est prévenu d'avoir fait usage d'une fausse déclaration en son nom de l'ex-prieur des carmes déchaussés à Gand, pour mendier, en qualité d'ex-frère lai; qu'il l'a fait méchamment, sachant que cette déclaration était fausse ». — Mais le 24 du même mois, au rapport de M. Lachèse, « vu l'art. 23 du tit. 2 de la loi du 22 juillet 1791, qui met au nombre des circonstances aggravantes de la mendicité, de *mendier avec faux certificats*; et l'art. 24 qui inflige à ce délit, pour *maximum* de la peine, une année d'emprisonnement; vu aussi l'art. 456, n° 6, de la loi du 3 brumaire an 4, qui autorise la cour de cassation à annuller les jugemens des cours de justice criminelle, lorsqu'il y a eu contravention aux règles de compétence établies par la loi pour la connaissance du délit; attendu que Jacques Dewilde n'est prévenu que d'avoir mendié avec un faux certificat, en qualité de frère lai; et que ce genre de délit est classé par la loi du 22 juillet 1791, parmi ceux de police correctionnelle; la cour casse et annulle..... ».

Des particuliers avaient été traduits devant la cour de justice criminelle et spéciale du département du Doubs, comme prévenus d'avoir fait usage de certificats revêtus de fausses signatures de fonctionnaires publics, qui attestaient qu'ils avaient éprouvé des malheurs, et les recommandaient à la commisération des hommes sensibles. Cette cour s'est déclarée incompétente pour les juger; et son arrêt a été confirmé par la cour de cassation, le 11 septembre 1807, au rapport de M. Audier-Massillon.

V. ci-après, sect. 3, l'art. 161 du Code pénal de 1810.

§. X. 1° *Y a-t-il Faux dans un certificat de bonne conduite que donnent des particuliers à un homme qui, à leur connaissance, se conduit très-mal?*
2° *Y a-t-il crime de Faux dans l'emploi d'une pétition tendante à la destitution d'un officier public et à laquelle se trouvent apposées des signatures fausses?*

I. Voici ce que porte, sur la première question, la notice d'un arrêt de la cour de cassation du 9 messidor an 12, que l'on trouve dans le *Bulletin criminel* de la cour :

« Le 22 prairial an 12, la cour de justice criminelle spéciale du département de la Dyle s'est déclarée compétente pour juger la procédure instruite contre Sottiaux et Léonard, prévenus, savoir : Sottiaux d'avoir fabriqué, le 2 germinal, un faux certificat de bonne conduite en faveur de Léonard; et celui-ci d'en avoir fait emploi le lendemain, sans rien ajouter de plus pour motiver sa compétence.—

La cour de cassation n'a pas trouvé dans cette prévention ainsi déclarée, un véritable crime de Faux, et en conséquence elle a rendu le jugement qui suit :

» Ouï M. Carnot, et M. Jourde en ses conclusions; attendu que les cours de justice criminelle spéciales ne sont compétentes que pour connaître du véritable crime de Faux, c'est-à-dire, de celui qualifié tel par la loi, et que contre ceux qui s'en sont rendus les auteurs, ou qui en ont fait usage sciemment; attendu qu'il ne résulte pas nécessairement de la prévention portée en l'arrêt du 22 prairial dernier, rendu par la cour de justice criminelle spéciale du département de la Dyle, que le Faux imputé à Sottiaux, soit un véritable crime de Faux prévu et puni par nos lois criminelles, ni que Léonard prévenu de complicité, ait fait usage de la pièce présumée fausse, sachant qu'elle était fausse : qu'en effet, quand Sottiaux aurait réellement fabriqué un certificat de bonne conduite en faveur de Léonard, et quand ce certificat contiendrait un mensonge évident, ce ne pourrait être qu'une simple immoralité, et non un véritable crime de Faux, d'autant que rien n'annonce, en l'arrêt du 22 prairial, que le certificat dont il s'agit ait été fabriqué sous d'autres noms que celui de Sottiaux lui-même; la cour casse et annulle l'arrêt du 22 prairial, sauf à la cour de justice criminelle spéciale qui l'a rendu, à statuer de nouveau sur sa compétence, s'il y échet.... ».

V. ci-après, sect. 2, l'art. 161 du Code pénal de 1810.

II. La seconde question s'est présentée dans l'espèce suivante, que nous puisons également dans le *Bulletin criminel* de la cour de cassation.

« Louis Gilbert et consorts étaient prévenus d'avoir commis le crime de Faux, en apposant six fausses signatures à une pétition tendante à faire destituer le garde-champêtre de la commune de St.-Maixan. — La cour spéciale du département des Deux-Sèvres s'était déclarée incompétente sur le motif qu'indépendamment des six fausses signatures, la pétition en contenait vingt-trois de véritables. — Violation des règles de compétence établies par la loi. — L'arrêt de cassation (du 3 août 1810) est ainsi conçu en ces termes.

» Ouï le rapport de M. Vergès...., vu l'art. 2 de la loi du 23 floréal an 10; considérant que Louis Gilbert, Antoine Girard, Jacques Lacroix et Pierre Sablian sont prévenus d'avoir commis le crime de Faux, en apposant six fausses signatures au bas d'une pétition présentée à l'autorité administrative, à l'effet de faire destituer le garde-champêtre de la commune de St.-Maixan; « que la cour de justice criminelle spéciale du département des Deux-Sèvres s'est déclarée incompétente pour connaître de ces Faux, sous prétexte que ladite pétition était revêtue en outre de vingt-trois signatures véritables; que le Faux résultant de l'apposition de ces six fausses signatures n'en était pas moins constant quoiqu'on reconnût l'existence de vingt-trois signatures véritables; qu'il suffit, pour que le Faux soit un crime, qu'il ait été un des élémens employés pour nuire à autrui, quoiqu'il n'y ait eu élémens indépendans de Faux, qui aient concouru au même but; que l'apposition des six fausses signatures a eu pour objet, de donner plus de consistance à la demande en augmentant le nombre des personnes qui imputaient au garde-champêtre des faits de nature à opérer sa destitution; qu'on aggravait par conséquent la position de ce garde-champêtre, à l'aide de ces fausses signatures; que la prévention de l'apposition de ces fausses signatures ne présentait pas par conséquent une simple simulation, une simple fraude, un simple mensonge, mais bien un véritable Faux en écriture privée; que les quatre individus ci-dessus dénommés sont prévenus d'avoir agi méchamment et dans le dessein de nuire au garde-champêtre dont ils demandaient la destitution; considérant, d'autre part, qu'en cas de calomnie, l'apposition de ces signatures aurait donné lieu, tant que le Faux n'aurait pas été reconnu, à une action de la part du garde-champêtre contre les six individus dont on avait pris faussement les signatures; qu'en se déclarant dans ces circonstances incompétente pour connaître du Faux dont s'agit, ladite cour de justice criminelle spéciale du département des Deux-Sèvres a violé les règles de compétence établies par la loi; la cour casse et annulle l'arrêt rendu, le 26 juillet 1810, par la cour de justice criminelle spéciale du département des Deux-Sèvres, au profit dudit Louis Gilbert et de ses co-accusés dénommés dans ledit arrêt.... ».

V. ci-après, sect. 3, l'art. 162 du Code pénal de 1810.

§. XI. *Des Faux relatifs à la conscription.*

Aux arrêts rapportés sous les mots *Conscription militaire*, §. 6, 7, 8 et 9, ajoutez les suivans.

Pierre Bellon, conscrit réfractaire, ayant fabriqué un faux acte de décès et ayant fait usage de cette pièce, pour masquer sa désertion, et se soustraire, lui et sa famille, aux peines et aux amendes portées par la loi, a été traduit devant la cour de justice criminelle et spéciale du département du Cantal, qui, par arrêt du 3 mars 1806, s'est déclarée incompétente, « attendu que les cours de justice criminelle spéciales créées par la loi du 23 floréal an 10, n'ont été établies que pour le jugement des crimes de Faux précisés par le Code pénal, commis méchamment et à dessein de nuire à autrui; que le Faux commis par les réquisitionnaires, conscrits et déserteurs dans leur seul intérêt, pour se soustraire aux poursuites et recherches de la gendarmerie, n'ont point les caractères précisés dans le Code pénal; que ce genre de Faux a été prévu par des lois particulières, qui ne lui appliquent que des peines correctionnelles; que la cour de cassation en a ainsi usé dans diverses circonstances, en renvoyant les prévenus en police correctionnelle, en exécution des lois des 22 juillet 1791, tit. 2, art. 23 et 24; 28 mars 1792 et 17 ventose an 4, et notamment par ses arrêts des 22 floréal, 3, 9 et 16 messidor, et 5 fructidor an 12. — Mais le 24 du même mois, au rapport de M. Audier Massillon, « vu l'art. 2 de la loi du 23 floréal an 10, attendu que le Faux dont est prévenu Pierre Bellon, avait pour objet de se soustraire à une loi d'ordre public et de police, et de le libérer d'une obligation que cette loi lui imposait personnellement, et par suite de faire remplir cette obligation par un autre citoyen, ce qui suffirait pour constituer un Faux commis méchamment et à dessein de nuire à autrui, et pour motiver la compétence des tribunaux spéciaux; attendu que les divers arrêts de cassation invoqués par la cour du Cantal, ont été rendus dans des cas où il s'agissait de passeports ou de certificats faux, et dans des espèces dont la connaissance est expressément attribuée par diverses lois aux tribunaux correctionnels; d'où il suit que la cour du Cantal a fait une fausse application de la jurisprudence par elle invoquée, et a violé la loi précitée; la cour casse et annulle.....».

Le même jour, autre arrêt qui, par les mêmes motifs, en casse un par lequel la même cour spéciale s'était déclarée incompétente pour juger Bernard Casror, conscrit réfractaire, prévenu d'avoir fabriqué un faux extrait de mariage, pour se mettre à l'abri des recherches.

On a vu sous les mots *Conscription militaire*, que les Faux de cette nature ne sont plus rangés, par le Code pénal de 1810, dans la classe des crimes, et que ce Code ne les qualifie plus que de délits.

§. XII. — 1° *Y a-t-il Faux en pièces de comptabilité intéressant le trésor public, lorsqu'un percepteur des contributions altère ses rôles pour augmenter les cotes des contribuables?*

2° *Y a-t-il Faux en pièces de comptabilité intéressant le trésor public, lorsqu'un receveur d'arrondissement altère et surcharge son registre de recette, en substituant aux valeurs qu'il a reçues, des valeurs moindres, tandis que, dans son carnet, il laisse subsister les valeurs qu'il a reçues, et n'y fait aucune altération?*

3° *Ce Faux cesse-t-il d'intéresser le trésor public, par la circonstance que le receveur général, en vérifiant et réglant par provision le compte du receveur d'arrondissement, a forcé celui-ci de verser dans sa caisse la somme formant la différence des deux sortes de valeurs?*

4° *Ce Faux peut-il être poursuivi comme intéressant le trésor public, lorsque le trésor public déclare n'y avoir, quant à présent, aucun intérêt?*

En vertu de la loi du 2 floréal an 11, qui attribue à la cour de justice criminelle et spéciale du département de la Seine, pendant cinq ans, la connaissance *de tous les crimes de Faux, soit en effets nationaux, soit sur les pièces de comptabilité qui intéressent le trésor public, en quelques lieux que ce Faux ait été commis, ou qu'on ait fait usage de pièces fausses*, cette cour rend, le 26 mai 1806, un arrêt contenant que des informations faites d'après la plainte qui lui a été portée par le sieur Maige contre le sieur Guilhaud-Ducluzeaux, il résulte,

« Que le sieur Maige, plaignant, a été chargé en l'an 2, de la recette du district de Montmorillon, et par suite préposé d'arrondissement par le receveur général du département de la Vienne; — Que n'ayant aucune connaissance en matière de comptabilité, il s'associa pour cette perception le nommé Jean-Baptiste Guilhaud-Ducluzeaux, receveur de l'enregistrement à Montmorillon, lequel faisait la recette en bordereaux de versement, et enfin tout ce qui était relatif à la comptabilité du préposé à la perception des contributions envers le receveur général;

» Qu'au mois de germinal an 8, le receveur général fit procéder à la vérification des comptes du sieur Maige, d'après laquelle il fit constater un déficit de 55,000 fr, en numéraire, et 56,000 fr. en mandats, à l'aide de falsifications, substitutions et lacérations de feuilles des registres;

» Que le receveur général ayant fait comparaître devant lui les sieurs Maige et Ducluzeaux à l'effet de s'assurer s'ils étaient d'accord pour profiter des Faux qui avaient été commis, s'ils y avaient conjointement contribué, ou si ce n'était du fait que d'un seul, le sieur Maige fit les plus grandes protestations de n'avoir jamais rien détourné; et, en présence du receveur général, il interpella le nommé Ducluzeaux à ce sujet; celui-ci avoua que jamais le sieur Maige n'avait participé à ce Faux et n'en avait jamais profité; il ne lui fit aucune inculpation de soustraction ni de prise de fonds. — Le sieur Maige produisit même une espèce d'arrêt de compte, duquel il paraissait résulter que Ducluzeaux constituait le sieur Maige créancier du receveur général pour une somme d'environ 6,000 francs, ce qui paraissait éloigner le soupçon de participation sur ce préposé en chef, Maige.

» Que le nommé Ducluzeaux, après ces aveux, proposa au receveur général, comme seul moyen propre à arranger l'affaire, et pour faire disparaître ces falsifications, surcharges et lacérations, de refaire les registres à neuf; proposition qui fut rejetée avec indignation par le receveur général;

» Que les registres en question ayant été déposés à Poitiers, les sieurs Rouleau et Lintral en firent la vérification en présence du receveur général; — Qu'alors le nommé Ducluzeaux déclara que toutes les falsifications, changemens de matières, feuilles de registres enlevées et substituées, étaient de son fait, et que le sieur Maige n'y avait nullement contribué ni participé ».

En conséquence, par l'arrêt cité,

« Attendu qu'il résulte de l'instruction et notamment des déclarations des experts écrivains, que des altérations et des Faux ont été commis, notamment sur le journal du sommier des contributions foncières et mobilières de plusieurs communes du département de la Vienne, arrondissement de Montmorillon, des années 2 et suivantes; — Que les mêmes experts écrivains attribuent à Guilhaud-Ducluzeaux, lesdits Faux et altérations;

» Attendu qu'il résulte de la même instruction que le sieur Maige, receveur particulier de l'arrondissement de Montmorillon, s'était adjoint ledit Guilhaud-Ducluzeaux, alors receveur du droit d'enregistrement de la même ville, pour l'aider dans la perception des impositions, et lui avait confié ses registres; — Que c'est par suite de la confiance que le sieur Maige lui a accordée, qu'il aurait commis ces Faux et altérations, pour substituer des mandats au numéraire qu'il aurait reçu de plusieurs contribuables;

» Attendu que ces Faux et altérations n'intéressent point les contribuables, puisqu'ils ont leurs quittances de libération; mais qu'ils intéressent le trésor public, en ce qu'ils tendent à faire admettre en recettes d'autres valeurs que celles qui ont été versées par les contribuables.

» Attendu que si le receveur général, seul comptable envers le trésor public, ne se fût pas aperçu des infidélités commises par le nommé Guilhaud-Ducluzeaux, adjoint à son préposé, sur les registres de recette du receveur particulier de Montmorillon, le trésor public aurait été lésé, puisqu'il paraît que le receveur général avait d'abord reçu et accepté du receveur particulier la valeur des mandats substitués au numéraire, et les avait versés lui-même à la trésorerie nationale;

» Attendu que les registres du receveur particulier, remis par eux aux receveurs généraux après l'apurement de leurs comptes, deviennent des pièces comptables dans les mains des receveurs généraux;

» Attendu que les receveurs particuliers comptaient de clerc à maître avec les receveurs généraux et le trésor public, à l'époque où le délit paraît avoir été commis; — Et qu'il est instant de faire juger les Faux, pour parvenir à l'apurement général du compte définitif entre le plaignant Maige, d'une part, et le receveur général et le trésor public de l'autre;

» Attendu enfin que les faits ci-dessus établissent contre ledit Jean-Baptiste Guilhaud-Ducluzeaux la prévention d'avoir, méchamment et à dessein de nuire à autrui, commis des Faux sur des pièces comptables et registres intéressant le trésor public; qu'il a fait usage desdites pièces fausses, sachant qu'elles étaient fausses; délits prévus par les art. 44 et 45 de la deuxième section du tit. 2 de la deuxième partie du Code pénal, dont la loi du 2 floréal an 11 attribue la connaissance à la cour de justice criminelle de la Seine, exclusivement à toutes autres cours;

» Par ces motifs, la cour se déclare compétente pour juger le procès en Faux contre Jean-Baptiste Guilhaud-Ducluzeaux, absent.... ».

Conformément à la loi du 18 pluviose an 9, à laquelle se réfère celle du 2 floréal an 11, cet arrêt est transmis à la cour de cassation; et il en est fait rapport à l'audience de la section criminelle, le 10 juillet 1806.

« S'il n'était ici question (ai-je dit après le rapport), que de Faux commis au préjudice des contribuables, nul doute que l'arrêt de compétence qui est soumis à votre examen, ne dût être cassé, comme l'a été, le 22 frimaire an 13, au rapport de M. Audier-Masillon, celui par lequel la cour spéciale de la Seine s'était déclaré compétente pour connaître des altérations commises par le percepteur de la commune de Chavannes, arrondissement de Montargis, département du Loiret sur les rôles des contributions de cette commune, à l'effet, non de diminuer les perceptions au détriment du trésor public, mais, au contraire, de les enfler au détriment des particuliers et de s'approprier l'excédant de ce que le trésor public devait en toucher.

» Il en serait de même si les Faux dont est prévenu Jean-Baptiste Guilhaud-Ducluzeaux, n'avaient été commis qu'au préjudice soit du sieur Maige receveur de l'arrondissement de Montmorillon, soit du receveur général du département de la Vienne, dans l'un et l'autre cas il n'y aurait ni *effets nationaux*, ni *pièces de comptabilité intéressant le trésor public*, que l'on pût dire avoir été falsifiés ou altérés; et par conséquent nulle application à faire de la loi du 2 floréal an 11.

» Mais nous ne sommes ici dans aucune de ces hypothèses, et cela est facile à démontrer.

» D'abord, les Faux imputés à Guilhaud-Ducluzeaux, n'intéressent point les contribuables, puisque, comme l'établit l'arrêt de la cour spéciale de la Seine, les contribuables sont libérés envers le trésor public, au moyen des quittances qu'ils tiennent des percepteurs des communes entre les mains desquels ils ont fait et dû faire leurs payemens.

» Ensuite, s'il est vrai que les Faux intéressent le sieur Maige et le receveur général du département de la Vienne, en tant qu'ils en sont responsables, le premier envers le receveur général, le second envers le trésor public, il est vrai aussi que le trésor public y a eu, comme il y a encore, un intérêt direct, et qu'il a pu, comme il peut encore, en souffrir une perte réelle.

» Remarquons en effet que ces Faux, tels qu'ils sont présentés dans l'arrêt de la cour spéciale de la Seine, ont eu pour objet de substituer au numéraire payé par les contribuables dans les années 4 et 5, des mandats territoriaux qui avaient bien la même valeur nominale que le numéraire, mais qui étaient loin d'en égaler la valeur effective.

» Comment le trésor public pouvait-il, dans les années 4 et 5, établir la recette, tant en numéraire qu'en mandats des receveurs généraux de département, c'est-à-dire, de ses comptables directs?

» Il ne le pouvait certainement que par les registres des receveurs particuliers d'arrondissement; car les receveurs généraux n'étaient pas chargés de recevoir et de verser au trésor public, une somme déterminée en numéraire et une somme déterminée en mandats : ils étaient chargés de recevoir et de verser au trésor public une somme dont sans doute la valeur nominale était connue, mais dont la valeur réelle dépendait du mode de payement qu'adoptaient les contribuables, à qui la loi accordait expressément la faculté de se libérer en mandats ou en numéraire. Il fallait donc nécessairement que le trésor public se reportât aux registres des receveurs particuliers, pour savoir si c'était en numéraire ou en mandats que les contribuables avaient fait leurs payemens. Les registres des receveurs particuliers étaient donc les élémens de l'action que le trésor public avait à exercer contre les receveurs généraux. Le trésor public était donc intéressé à ce que les registres des receveurs particuliers fussent tenus fidèlement. Les altérations que l'on pouvait commettre sur ces registres, intéressaient donc le trésor public.

» Qu'importe qu'aux termes de l'art. 6 de l'arrêté du directoire exécutif du 10 pluviose an 5, qui n'a été changé à cet égard qu'en l'an 8, les receveurs généraux fussent *responsables de leurs préposés*, ou, ce qui est la même chose, des receveurs d'arrondissement? Peut-on inférer de là que les Faux commis en l'an 4 et en l'an 5, par un receveur d'arrondissement dans ses registres de recette, ne doivent pas être considérés comme Faux commis en *pièces de comptabilité intéressant le trésor public?*

» Sans doute, lorsque ces Faux sont constatés, le receveur-général doit en répondre; il doit faire ses versemens au trésor public comme si les Faux n'avaient pas été commis; il doit en un mot indemniser le trésor public des torts que le receveur d'arrondissement lui a causés par ses infidélités.

» Mais est-ce à dire pour cela que le trésor public n'a aucun intérêt à ces Faux? n'est-il pas sensible, au contraire, que le trésor public y est intéressé en première ligne, puisque si ces Faux ne sont pas constatés, il en résulte pour lui une perte réelle, puisque ce n'est qu'en convaincant de Faux le receveur d'arrondissement, qu'il peut donner effet à la responsabilité du receveur-général.

» Et remarquez que le receveur-général, quoique responsable envers le trésor public de la gestion des receveurs d'arrondissement, n'est pas, pour cela, seul, obligé envers le trésor public, à raison de cette gestion : remarquez que le trésor public n'a pas seulement action contre le receveur-général, et qu'il l'a encore contre les receveurs d'arrondissement; remarquez que pour leurs recettes respectives, les receveurs d'arrondissement sont, avec le receveur général, codébiteurs solidaires du trésor public. Et en effet, ce n'est pas pour restreindre ses actions, que le gouvernement a déclaré le receveur-général responsable des receveurs d'arrondissement; bien loin de là, c'est pour les augmenter, c'est pour en assurer d'autant mieux l'efficacité. Par cela seul qu'une personne quelconque a touché des deniers publics, elle en est directement comptable au trésor; le trésor a contre elle, sinon l'action *mandati*, du moins l'action *negotiorum gestorum;* et si le trésor a le droit de s'en prendre avant tout à celui qu'il a personnellement commis, il n'en conserve pas moins le droit de poursuivre, quand il le juge convenable, les préposés de son propre agent.

» C'est d'après ce principe que, soit *sur les demandes des payeurs généraux*, soit d'office et *sur le vu des procès-verbaux constatant les débets de leurs préposés*, le ministre du trésor public est autorisé par l'arrêté du gouvernement du 28 floréal an 11, à *prendre tous arrêtés exécutoires contre lesdits préposés, dans les cas prévus et suivant la forme indiquée par les lois des 12 vendémiaire et 12 frimaire an 8.*

» C'est encore sur ce fondement que, par le décret impérial du 31 janvier 1806, il est dit que *le ministre du trésor public pourra décerner des contraintes contre les receveurs particuliers pour le reliquat des comptes arrêtés entre le receveur général et le receveur particulier, ou pour débet résultant des procès-verbaux de vérification des comptes faits, soit par le receveur général, soit par un inspecteur du trésor public, soit enfin par le préfet du département ou par un commissaire par lui délégué.*

» Et vainement prétendrait-on que ce décret est introductif d'un droit nouveau. Oui, il est introductif d'un droit nouveau, en ce qu'il autorise le ministre du trésor public à procéder contre les receveurs particuliers par la voie de contrainte que la loi du 13 frimaire an 8 n'ouvrait que contre les receveurs généraux. Mais il n'est pas introductif d'un droit nouveau, en tant qu'il suppose que le trésor public a une action directe contre les receveurs particuliers: il ne fait, à cet égard, que confirmer un principe reçu dans tous les temps; et ce n'est que pour la manière de mettre ce principe à exécution, qu'il détermine une nouvelle forme.

» Si un receveur d'arrondissement volait les deniers de sa caisse, de quelle peine serait-il passible? Certainement on lui appliquerait, non la peine du vol simple, mais la peine de péculat, mais la peine prononcée par l'art. 12 de la cinquième section du titre 1 de la 2e partie du Code pénal. Or, le moyen de le punir comme coupable de péculat, si les deniers qu'il a détournés ou soustraits, n'étaient pas, même entre ses mains, considérés comme deniers publics? Et comment ces deniers pourraient-ils avoir, entre ses mains, le caractère de deniers publics, si le gouvernement n'avait pas contre lui une action directe pour leur recouvrement?

» Mais qu'est-il besoin de tant de raisonnemens pour établir une vérité aussi simple? La preuve que les receveurs d'arrondissement sont traités par le trésor public comme ses débiteurs directs, la preuve que les comptes rendus par les receveurs d'arrondissement au receveur général, ne les dispensent pas de compter eux-mêmes directement au trésor public, lorsque le gouvernement juge à propos de s'en prendre à eux, c'est que dans l'arrêt qui est sous vos yeux, se trouve visée « une lettre en date du » 14 frimaire an 14, du directeur des recettes de la » direction de l'ouest, adressée au sieur Maige, ex- » receveur de Montmorillon, annonçant audit Jean » Maige, qu'on lui fera connaître incessamment *le » résultat de ses comptes du 1er exercice de l'an 5* ».

» Enfin, MM., ce qui doit lever tous les doutes, c'est la réponse que le ministre du trésor public a faite le 29 juin dernier, à deux questions que nous lui avions proposées le 12 du même mois, et qui tendaient à savoir, « 1° si les registres des receveurs » d'arrondissement ne doivent pas, relativement aux » années 4 et 5, dans lesquelles les contributions se » payaient en numéraire ou en valeurs représenta- » tives, être considérés comme pièces comptables à » l'égard du trésor public; 2° s'il résulte de la res- » ponsabilité des receveurs généraux de département » envers le trésor public, que les Faux commis par » un receveur d'arrondissement en l'an 4 et en l'an » 5, dans ses registres de recette, ne doivent pas » être considérés comme Faux commis en pièces » comptables intéressant le trésor public ».

» A ces deux questions, le ministre répond « qu'en » thèse générale, elles ne paraissent pas faire la ma- » tière d'un doute. Les lois (ajoute-t-il) ont ordon- » né aux différens comptables, détenteurs de deniers » publics, de tenir des écritures; elles en ont indi- » qué la forme, et elles ont prononcé des peines » contre ceux qui enfreindraient les règles prescri- » tes; ces lois ont été promulguées, autant dans » l'intérêt des comptables, que dans celui du gou- » vernement et de l'ordre public. On ne peut nier » que le trésor n'ait intérêt à ce que la loi soit exé- » cutée, et ne puisse prendre à partie les infracteurs.

» La responsabilité des receveurs généraux doit garantir le gouvernement; mais leur absence, leur insolvabilité ou leur malversation pouvant faire reporter l'action du trésor public sur ceux de leurs préposés qui ne leur auraient pas fait le versement des deniers de la recette, le trésor public a, dans tous ces cas, le droit et l'intérêt de connaître comment ces derniers ont rempli leur mission ».

» Et qu'on ne dise pas que, le 8 mai précédent, le même ministre a écrit en ces termes au juge-instructeur de la cour spéciale de la Seine: « le déficit qui résultait de l'arrêté du compte du sieur Maige, a été rempli; le receveur général ne forme aucune réclamation; ainsi, le trésor public n'a, *quant à présent*, rien à répéter sur cet ancien receveur particulier pour raison de cette gestion, antérieure à l'an 8 ».

» La réponse à l'argument que l'on pourrait tirer de là contre l'arrêt de la cour spéciale de la Seine, est dans ces mots de la lettre même du ministre, *quant à présent*.

» Pourquoi le trésor public n'a-t-il, quant à présent, rien à répéter du sieur Maige? Ce n'est pas précisément parce que le sieur Maige a rendu son compte au receveur général, qui l'a accepté et en a reçu le solde; car, de cette circonstance, il résulte seulement que le receveur général n'a plus d'action contre le sieur Maige. Mais c'est, comme l'énonce en toutes lettres la dépêche ministérielle du 8 mai, parce que le receveur général lui-même n'a pas encore rendu son compte au trésor public.

» Et effectivement, lorsque le receveur général présentera au trésor public le compte de sa gestion, et y comprendra, ainsi qu'il y sera indispensablement tenu, le compte de la gestion du sieur Maige, son préposé, il arrivera nécessairement de trois choses l'une: ou que le sieur Maige sera reconnu avoir trop payé; ou qu'il sera reconnu n'avoir pas assez payé; ou qu'il sera reconnu avoir soldé tout ce qu'il devait sur les exercices des années dans lesquelles ont été commis les Faux dont est prévenu Guilhaud-Ducluzeaux.

» Or, dans ces trois cas, le trésor public est évidemment intéressé à ce que les Faux soient jugés.

» Il l'est d'abord, et il l'est essentiellement dans les deux premiers, puisque ce n'est que par suite du jugement qui statuera sur les Faux prétendus, que le trésor public pourra être déclaré, soit créancier, soit débiteur du sieur Maige.

» Et il faut bien qu'il en soit de même dans le troisième cas: le trésor public n'a touché que par provision, ce qui est supposé lui être dû dans l'hypothèse de l'existence des Faux; cet état provisoire ne peut pas toujours durer, le trésor public lui-même est intéressé à le rendre définitif; ainsi le veut l'ordre de la bonne comptabilité.

» Il est donc clair que, dans chacun des trois cas proposés, le trésor public aura intérêt, lors de la reddition des comptes du receveur général, au jugement des Faux dont il est ici question.

» Mais s'il doit alors y avoir intérêt, comment pourrait-on dire qu'il n'y a pas intérêt dès ce moment? Que, dès ce moment, il ne puisse rien répéter du sieur Maige, cela se conçoit, et l'on vient d'en voir la raison: mais qu'il n'ait pas dès ce moment intérêt au jugement des Faux desquels dépendra un jour la question de savoir, ou s'il a des répétitions à exercer contre le sieur Maige, ou si le sieur Maige doit en exercer contre lui, ou si enfin le sieur Maige et lui sont quittes l'un envers l'autre, c'est ce que l'on ne saurait concevoir ni expliquer.

» Encore une fois, les registres de recette du sieur Maige sont les élémens, soit de l'action que le trésor public aura contre le sieur Maige, soit de l'action que le sieur Maige aura contre le trésor public, par suite de l'arrêté de compte du receveur général; le trésor public est donc, dès à présent, intéressé à ce qu'il soit jugé si ces registres sont faux.

» Il est d'ailleurs de principe que tout comptable est réputé débiteur, tant que ses comptes ne sont pas rendus et arrêtés. Le sieur Maige est donc encore débiteur du trésor public. A la vérité, c'est un débiteur dont le trésor public ne peut, quant à présent, rien exiger; c'est un débiteur qui a terme jusqu'à l'arrêté de ses comptes; mais par cela seul qu'il est son débiteur, le trésor public a manifestement intérêt à ce qu'on prononce sur la fausseté prétendue des pièces qui doivent un jour déterminer le montant de sa dette.

» Que le trésor public ait reçu provisoirement, par les mains du receveur général, la somme qui forme la différence de valeur entre le numéraire touché par le sieur Maige, et les mandats que Guilhaud-Ducluzeaux est prévenu d'y avoir substitués, cela ne change rien à l'intérêt qu'il a de faire constater si effectivement ces substitutions ont eu lieu, et si elles ont eu lieu à l'aide de Faux commis dans les registres de recette. En cette matière comme en toute autre, il faut distinguer le provisoire d'avec le définitif. Provisoirement le trésor public est satisfait; mais il ne l'est pas définitivement; et c'en est assez pour que les registres de recette qui sont argués de Faux, soient considérés comme des *pièces de comptabilité intéressant le trésor public*.

» On ne prétendra pas sans doute que provisoirement l'action criminelle à laquelle le Faux donne ouverture, doit demeurer suspendue jusqu'à ce que le compte du receveur général soit arrêté, et que par là il soit vérifié si le sieur Maige est ou créancier du trésor public, ou son débiteur, ou quitte envers lui. Il est bien sensible qu'un provisoire de cette nature n'est pas compatible avec l'urgence qui est inhérente à toute action criminelle, et surtout avec la nécessité toujours pressante de recueillir, avec la plus grande célérité, des preuves qui sont toujours sujettes à dépérir.

» Quel serait au surplus le but d'un pareil sursis? de subordonner l'action criminelle à l'événement du préjudice que le Faux peut causer au trésor public? Mais pour que le Faux donne lieu dès à présent à l'action criminelle, il n'est pas nécessaire que le tort qu'il a eu pour objet de causer à autrui, soit consommé; il suffit que ce tort ait été la fin que s'est proposée le faussaire en commettant le Faux. — Ainsi, qu'une fausse lettre de change, payable à un an de sa date, circule sous mon nom: tant que l'année, qui a commencé à courir du jour de sa date, n'est pas expirée, cette fausse lettre de change ne me fait aucun tort; il y a plus, elle ne m'en fait aucun tant que je ne l'ai pas payée. En est-il moins vrai qu'avant que je l'aie acquittée, avant même que soit arrivée son échéance, je puis rendre plainte contre l'auteur du Faux qui lui a donné l'être? En est-il moins vrai qu'à défaut de plainte de ma part, le ministère public pourra, devra même poursuivre d'office le faussaire.

» Et ceci répond d'avance à l'objection que l'on pourrait faire résulter du silence que garde le trésor public sur le procès actuel. Le trésor public ne pourrait figurer dans ce procès que comme partie civile: et assurément le silence de la partie lésée, ou exposée à être lésée, par un crime, ne peut ni ne doit empêcher l'action du ministère public.

» Dira-t-on du moins que tant que le trésor public ne réclamera pas, il sera incertain s'il a intérêt dans ce procès; et qu'il n'en faut pas davantage pour faire cesser, relativement à ce procès, l'attribution conférée par la loi du 2 floréal an 11, à la cour spéciale de la Seine?

» Mais la loi du 2 floréal an 11 n'a pas fait dépendre des réclamations ni de l'intervention formelle du trésor public, la compétence de la cour spéciale de la Seine: elle a déclaré la cour spéciale de la Seine compétente pour instruire et juger tous les procès dans lesquels il serait question de Faux commis en *pièces de comptabilité intéressant le trésor public*; et elle l'a déclarée compétente pour les instruire et les juger, comme on instruit et juge tous les procès criminels, c'est-à-dire, soit sur la plainte des parties intéressées, soit à la seule requête du ministère public.

» Et après tout, supposons que le procès dont il s'agit, soit jugé par un autre tribunal que la cour de justice criminelle de la Seine; supposons que ce tribunal déclare qu'il n'y a point eu de Faux dans les registres de recette du sieur Maige; supposons qu'ensuite le trésor public vienne à reconnaître, en arrêtant le compte du sieur Maige fondu dans celui du receveur général, que ses registres de recette ont été falsifiés. Qu'arrivera-t-il alors? Le trésor public pourra-t-il revenir sur les Faux qui auront été jugés ne pas exister? Non, certes; on lui dira: « L'action » publique pour raison de ces Faux, est éteinte; et » avec elle s'est également éteinte votre action privée. » En ne vous rendant point partie civile dans le pro- » cès criminel, vous avez abandonné vos droits à la » merci de ce procès; imputez-vous de ne les avoir » pas mieux surveillés: vous ne pouvez pas faire re- » vivre par la voie civile, une accusation de Faux » qui a échoué dans les mains du ministère public». —Il faudra donc que le trésor public tienne pour vrais, en arrêtant le compte du sieur Maige, des registres qui pourtant auront, à ses yeux, tous les caractères de Faux. — Et ainsi, il se trouvera que des Faux nuisibles au trésor public, auront été déclarés ne pas exister par un tribunal qui était incompétent pour connaître de tout crime de Faux auquel le trésor public a intérêt; il se trouvera que la cour spéciale de la Seine n'aura pas rempli la mission qui lui est exclusivement confiée, de connaître de tout crime de Faux intéressant le trésor public. — Que faut-il donc de plus pour prouver que la cour spéciale de la Seine est le seul tribunal qui puisse connaître des Faux dont il s'agit?

» Mais qu'est-il besoin de nous arrêter à l'état actuel des choses? Qu'est-il besoin de rechercher quel est l'intérêt que peut avoir actuellement le trésor public à la recherche et au jugement des Faux prétendus commis dans les registres de recette du sieur Maige? C'est au moment où ces Faux ont été commis, si réellement ils l'ont été, que nous devons reporter toute notre attention. Car, pour fixer le caractère d'un délit, c'est à l'instant même où il se commet, qu'il faut le considerer; et les événemens qui le suivent sont, à cet égard, très-indifférens.

» Or, si les Faux énoncés dans l'arrêt de la cour spéciale de la Seine, ont été réellement commis, dans quelle vue l'ont-ils été, et à qui devaient-ils porter préjudice? Très-certainement ils ont été commis dans la vue de soustraire au trésor public la différence qui se trouvait entre la valeur du numéraire et la valeur des mandats; et ils ne devaient, ils ne pouvaient nuire qu'au trésor public. C'est donc sur des pièces qui intéressaient directement le trésor public, qu'ils ont été commis.

» Que depuis, le trésor public ait été mis hors d'intérêt par les soins du receveur général; qu'il n'y ait été mis que provisoirement, ou qu'il l'ait été d'une manière définitive, qu'est-ce que tout cela fait à la nature du délit? La réparation civile d'un délit ne peut pas plus le dénaturer, qu'elle ne peut l'éteindre, quant au ministère public. Un vol qualifié ne cesse pas d'être vol qualifié, par rapport au ministère public, quoique les objets volés aient été restitués; et par la même raison, un Faux commis sur des pièces intéressant le trésor public, ne cesse pas, relativement à l'action criminelle, d'être un Faux compris dans la disposition de la loi du 2 floréal an 11, quoique le trésor public en ait obtenu la réparation civile, par des voies administratives.

» Objectera-t-on, au surplus, que dans l'usage attesté par la lettre du ministre du trésor public, du 19 juin dernier, à M. le rapporteur, les registres des receveurs des contributions ne sont pas considérés comme pièces comptables; et que les receveurs des contributions peuvent les retenir et en disposer à leur volonté, après l'apurement de leurs comptes?

» Mais ce n'est là qu'une équivoque, et le ministre du trésor public en donne lui-même la clef, dans la réponse qu'il nous a faite le 29 juin. « En général, » (dit-il), on ne regarde comme pièces comptables » que celles qui doivent être présentées à l'appui des » comptes: les lois n'ont point exigé, et la comptabi- » lité (nationale) ne demande point la production » des registres des comptables à l'appui de leurs » comptes définitifs. Ces registres sont néanmoins des » pièces authentiques, devant servir de renseigne- » mens sur la gestion, et que les comptables doivent » conserver jusqu'à ce qu'il ait été statué sur les ré- » glemens de leurs comptes». —Et plus bas, de la propre main du ministre: — « Voici, monsieur et « cher collègue, mon opinion personnelle, indépen- » dante de la nomenclature adoptée en comptabilité » et qui forme une langue à part: c'est que les élé-

» mens d'un compte sont essentiellement dans le re-
» gistre qui constate les recettes et les dépenses; sous
» ce rapport, un tel registre est donc une pièce de
» comptabilité; mais il n'est pas une pièce comptable
» dans le sens attaché à ce mot, parce qu'il n'est pas
» au rang des pièces comptables qu'admettait la
» comptabilité nationale, comme juge des comptes».

» Il faut, en effet, bien distinguer, en matière de comptes des contributions, l'opération de la comptabilité nationale d'avec l'opération du trésor public. La comptabilité nationale juge définitivement les comptes; et pour les juger, elle n'admet ou plutôt n'exige point les registres comme pièces comptables. Mais pourquoi ne les exige-t-elle pas? Parce que le trésor public a commencé, suivant les lois relatives à son organisation et notamment celle du 15 frimaire an 8, par régler et arrêter provisoirement ces mêmes comptes; parce qu'en les réglant et arrêtant par provision, il a eu sous les yeux les registres de recette; parce qu'il a extrait de ses registres, tous les renseignemens qui peuvent servir à constater les recettes et les dépenses; parce que ces renseignemens sont ensuite joints aux pièces d'après lesquelles la comptabilité nationale statue définitivement; parce que la comptabilité nationale trouve dans la transmission qui lui est faite de ces renseignemens par le trésor public, une garantie suffisante de leur authenticité.

» Voilà le sens, le seul sens dans lequel on dit vulgairement que les registres des receveurs des contributions ne sont pas des pièces comptables; ils ne sont pas pièces comptables pour la commission de la comptabilité nationale; mais ils le sont, ils le sont même essentiellement pour le trésor public; et assurément il n'en faut pas davantage pour qu'à la cour spéciale de la Seine seule appartienne le droit de connaître des Faux commis dans ces registres.

» Devons-nous maintenant nous occuper de quelques objections particulières que l'on a proposées dans un mémoire distribué sous le nom de l'épouse de Guilhaud-Ducluzeaux? Non, et la raison en est bien simple : c'est que Guilhaud-Ducluzeaux est fugitif. L'arrêt de compétence que l'on attaque en son nom, et celui par lequel vous le confirmerez, seront anéantis de plein droit, s'il se représente. Ce ne sera donc que lorsqu'il se représentera qu'il sera personnellement recevable à critiquer les motifs sur lesquels s'est fondée la cour spéciale de la Seine, pour se déclarer compétente; et l'on sent assez que ce qu'il ne peut pas faire par lui-même quant à présent, il ne le peut pas davantage par l'organe d'un tiers (1).

» Nous dirons cependant que si, de tout ce que contient ce mémoire, on excepte les observations qui sortent du sein même de l'affaire, auxquelles nous croyons avoir plus que suffisamment répondu, il n'y restera rien qui puisse mériter une attention sérieuse.

» En effet, que signifie d'abord cette espèce de fin de non procéder que l'on prétend tirer de ce qu'on appelle l'*ordonnance* rendue par le procureur général de la cour de justice criminelle et spéciale du département de la Vienne, du 1er thermidor an 13, et par laquelle ce magistrat a déclaré, après avoir examiné les registres de recette et entendu Guilhaud-Ducluzeaux, qu'il n'y avait pas lieu de continuer contre celui-ci les poursuites commencées sur la plainte en Faux que lui avait portée le sieur Maige? Cette prétendue ordonnance, quand on l'assimilerait à celles que les officiers de police judiciaire sont autorisés par l'art. 66 du Code des délits et des peines, à rendre en faveur des prévenus qu'ils jugent s'être disculpés, quel pourrait en être ici l'effet? L'art. 67 du Code cité va nous l'apprendre : *L'acte par lequel le juge de paix met en liberté un prévenu, n'étant qu'une décision provisoire de police, n'empêche pas que celui-ci ne soit recherché et poursuivi de nouveau pour le même fait.* — Ainsi, la prétendue ordonnance du procureur général de la Vienne, du 1er thermidor an 13, n'aurait pas pu, même en la supposant légale et rendue compétemment, empêcher ni le sieur Maige de porter une nouvelle plainte devant la cour spéciale de la Seine, ni la cour spéciale de la Seine d'accueillir cette plainte et d'informer contre le sieur Guilhaud-Ducluzeaux.....

» A l'égard de tout ce qui est allégué dans le mémoire de la femme Guilhaud-Ducluzeaux, sur le fond du procès, vous sentez, Messieurs, que quand nous pourrions y ajouter une foi entière, nous n'en devrions pas moins requérir le maintien de l'arrêt attaqué.—L'arrêt attaqué ne juge pas que Guilhaud-Ducluzeaux est coupable, il juge seulement que la cour spéciale de la Seine est compétente pour décider s'il est coupable ou innocent; tout ce qu'on dit pour établir l'innocence de Guilhaud-Ducluzeaux, est donc prématuré.

» Mais au milieu de tout ce qu'on a cru pouvoir articuler sur ce point, nous devons remarquer l'affectation avec laquelle on reproche à la cour spéciale de la Seine une contradiction qui serait véritablement choquante, si elle existait réellement dans l'arrêt de cette cour.

» On prétend que cette cour a, par son arrêt, fixé à l'an 2 l'époque des altérations commises sur les registres de recette du sieur Maige, et l'on en conclut que son arrêt se détruit lui-même, puisqu'il n'y avait pas encore de mandats en l'an 2.

» Mais l'arrêt ne dit pas, à beaucoup près, ce qu'on lui fait dire. Il dit bien que *des Faux ont été commis, notamment sur le journal du sommier des contributions foncières et mobilières de plusieurs communes du département de la Vienne, arrondissement de Montmorillon*, *des années 2 et suivantes*, mais tout ce qui résulte de là, c'est que le sommier sur lequel ont été commis les Faux, commence à l'an 2; et en effet, c'est en l'an 2 que le sieur Maige a été nommé receveur de l'arrondissement de Montmorillon; c'est en l'an 2 qu'il s'est associé, pour cette recette, Jean-Baptiste Guilhaud-Ducluzeaux. Mais ce même sommier ne comprend pas seulement l'exercice de l'an 2; il comprend encore, et l'arrêt le dit en termes exprès, les exercices des *années suivantes*. C'est donc à celles des années suivantes, où les mandats ont eu cours, que l'arrêt fixe l'époque des Faux; il n'y a donc pas de contradiction dans l'arrêt.

» Quant à la circonstance articulée en faveur de

(1) *V. Contumace.*

Guilhaud-Ducluzeaux, que le carnet de sa recette renseigne fidèlement les différentes espèces de monnaie qui lui ont été versées par les percepteurs des communes, il est aisé de sentir qu'il n'en peut rien résulter, nous ne dirons pas pour sa justification définitive, mais pour établir que, quant à présent, il n'existe point de délit qu'on puisse lui imputer.

» En effet, ce carnet de recette n'était, pour Guilhaud-Ducluzeaux, qu'une pièce privée; il ne le tenait que pour lui servir de renseignement personnel, et, d'une part, il est très-possible qu'il ne l'ait montré qu'au moment où les Faux commis sur les registres publics ont été découverts; de l'autre, rien ne prouve qu'il l'ait montré auparavant. Or, si c'est ainsi que les choses se sont passées, qui ne voit que l'existence de ce carnet ne peut pas détruire ni même atténuer le délit dont est prévenu Guilhaud-Ducluzeaux?

» Du reste, c'est bien mal à propos que, dans le mémoire produit pour la défense de ce dernier, on cherche à argumenter des compromis et des procédures civiles qui ont eu lieu entre lui et le sieur Maige, antérieurement à la plainte portée devant la cour de justice spéciale de la Seine. Quand on pourrait inférer de ces compromis et de ces procédures, que le sieur Maige est non-recevable à prendre la voie criminelle contre Guilhaud-Ducluzeaux, conséquence sur laquelle il y aurait, dans l'espèce, beaucoup de choses à dire, il n'en résulterait du moins pas que la cour spéciale de la Seine fût incompétente; il en résulterait seulement qu'elle a erré en accueillant la plainte du sieur Maige. Mais cette erreur, qui ne serait de sa part que le fruit de l'ignorance où on l'a laissée de ce qui avait été précédemment fait dans les tribunaux civils, elle peut encore la réparer; elle peut encore écarter la plainte du sieur Maige, et ordonner que le procès sera instruit à la seule requête du ministère public.

» Par ces considérations nous estimons qu'il y a lieu d'ordonner que l'arrêt de la cour spéciale de la Seine du 26 mai dernier, sera exécuté selon sa forme et teneur ».

Arrêt du 10 juillet 1806, au rapport de M. Babille, par lequel, « considérant que, d'après la loi du 2 floréal an 11, la cour spéciale de la Seine connaît exclusivement à tous autres, de tout Faux commis sur des *pièces de comptabilité intéressant le trésor public*; et que tel est le Faux dont est prévenu Guilhaud-Ducluzeaux, puisqu'il s'agit d'un Faux commis sur un registre de contribution publique, dans la vue de ne faire arriver au trésor public que des mandats au lieu du numéraire qu'il avait reçu; que si, en thèse générale, le registre de recette des contributions publiques ne fait pas partie des pièces justificatives du compte du receveur particulier à son receveur général, qui ne peut pas par conséquent les joindre à celles du compte général qu'il rend ensuite au trésor public; cependant cette règle souffre exception dans le cas de Faux commis sur un registre de contributions au préjudice du trésor public, parce qu'alors, et pour faire vérifier ce Faux et s'assurer de la régularité des opérations du compte du receveur particulier, le trésor public peut et doit exiger la représentation de ce registre, qui devient nécessairement dans cette hypothèse, *pièce de comptabilité intéressant le trésor public*; et qu'ainsi, dans l'espèce où Guilhaud-Ducluzeaux est prévenu d'avoir altéré et surchargé son registre, en y substituant le mot *mandat* à celui *numéraire*, pour ne faire verser au trésor public que des mandats au lieu du numéraire qu'il avait reçu, le trésor public avait incontestablement le droit, pour la vérification de ces altérations et surcharges, et pour la réparation du dommage qui en résultait pour lui, de se faire représenter ce registre à l'appui du compte rendu par Guilhaud-Ducluzeaux; ce qui imprimait nécessairement à ce registre le caractère de pièce de comptabilité intéressant le trésor public, et plaçait par conséquent ce Faux au nombre de ceux dont la connaissance appartient exclusivement à la cour spéciale de la Seine; considérant enfin qu'il est indifférent que le préjudice qu'avait d'abord souffert le trésor public par suite de ces altérations et surcharges, ait cessé depuis le rétablissement dane sa caisse de la différence entre les mandats versés et le numéraire reçu, puisque le crime de Faux, commis évidemment dans le dessein de nuire au trésor public, n'en existe pas moins, et que même la réparation de ce dommage n'a eu lieu que par des circonstances indépendantes de la volonté de Guilhaud-Ducluzeaux, qui n'a tenu compte ultérieur de cette différence qu'en conséquence de la vérification ordonnée par son receveur général et après que le Faux a été reconnu; d'où il suit qu'en se déclarant compétente pour connaître de ce Faux, la cour spéciale de la Seine a prononcé dans les termes de l'attribution exclusive que lui donne la loi du 2 floréal an 11, en matière de Faux commis sur pièces de comptabilité intéressant le trésor public; par ces motifs, la cour, après en avoir délibéré en la chambre du conseil, ordonne l'exécution de l'arrêt de compétence rendu le 26 mai dernier par la cour spéciale du département de la Seine ».

Un arrêt semblable a été rendu le 21 mai 1807, au rapport de M. Babille: « Attendu (y est-il dit), relativement à G., J., L. et B. cumulativement, que les faits sur lesquels porte la prévention qui est le sujet de la compétence déclarée par la cour de justice criminelle et spéciale du département de la Seine, constituent un Faux qui a été commis sur des registres nécessaires à la vérification du journal général de caisse et de comptabilité; que le Faux de ces registres élémentaires s'attache aussi substantiellement et se communique au registre général de caisse qui les représente; que ce Faux a donc été commis sur des pièces de comptabilité qui intéressent le trésor public, que la cour de justice criminelle spéciale du département de la Seine, en se déclarant compétente, a donc fait une juste application de la loi du 23 floréal an 10 et de celle du 2 floréal an 11; d'après ces motifs, la cour ordonne que l'arrêt de compétence rendu le 24 mars dernier, par la cour de justice criminelle spéciale du département de la Seine, sera exécuté selon sa forme et teneur ».

V. encore l'arrêt du 26 février 1808, rapporté aux mots *Receveurs des contributions*.

§. XIII. 1° *Doit-on poursuivre et punir comme un crime de Faux la contrefaçon du marteau impérial sur des arbres d'une vente?*

2° *Y a-t-il Faux en écriture dans le fait de l'adjudicataire d'une coupe de bois qui, dans le dessein de s'approprier des arbres réservés, en efface l'empreinte du marteau impérial?*

I. Nicolas Didier et Joseph Chopin, prévenus d'avoir contrefait ou coopéré à contrefaire la marque du marteau impérial sur deux arbres réservés d'une coupe adjugée à l'un d'eux, sont traduits devant la cour de justice criminelle et spéciale du département de la Moselle. — Question de savoir si cette cour est, d'après l'art. 2 de la loi du 23 floréal an 10, compétente pour les juger? — Le 1er septembre 1806, arrêt qui prononce pour l'affirmative. Cet arrêt est transmis à la cour de cassation, et, le 2 octobre suivant, il est confirmé, au rapport de M. Delacoste, « attendu que l'application faite au délit dont il s'agit, de l'art. 2 de la loi du 23 floréal an 10, ne s'écarte ni de l'esprit ou de l'objet, ni même de la lettre de cette loi, quoique l'espèce particulière du délit et de ce genre de Faux n'y soit pas énoncée en termes formels et directs; qu'il est évident que le législateur a voulu attribuer à ces cours la connaissance de toute contrefaçon ou altération des effets publics, du timbre national et des marques apposées au nom du gouvernement sur toute espèce de marchandises qu'il a implicitement au moins compris, dans cette nomenclature, la contrefaçon des empreintes du marteau national, qui sont des marques apposées au nom du gouvernement sur la propriété, lorsqu'elle devient marchandise; que la cour de justice criminelle et spéciale du département de la Moselle a pu, et même dû, comme elle l'a fait par son arrêt du 1er septembre dernier, baser sa compétence sur cet article ».

V. ci-après, sect. 3, l'art. 140 du Code pénal de 1810.

II. Sur la seconde question, la négative paraît incontestable.

A la vérité, il y aurait Faux dans le procédé de celui qui, pour faire dire à un acte public ou privé ce qu'il ne dit pas ou le contraire de ce qu'il dit; en effacerait une clause ou un mot. Mais pourquoi? c'est qu'alors l'acte subsiste, et que, par l'altération qu'il éprouve dans une de ses parties essentielles, il paraît autre qu'il n'est véritablement; ce qui constitue un Faux en écriture.

Ici, sans doute, l'empreinte du marteau impérial sur un arbre réservé, peut être considérée comme un acte public, puisqu'elle a pour objet d'en constater authentiquement la réserve, et qu'elle la constate en effet par des caractères imprimés à l'aide du marteau; et c'est par cette raison qu'il a été jugé, par l'arrêt de la cour de cassation rapporté dans le numéro précédent, que l'on doit poursuivre et punir comme coupables de Faux en écritures ceux qui contrefont le marteau impérial, ou en appliquent l'empreinte à des arbres compris dans l'adjudication, à fin de les faire passer pour réservés, et les substituer frauduleusement à des arbres qui l'étaient réellement.

Mais de là même il résulte que l'on doit assimiler la destruction totale de l'empreinte du marteau impérial apposée sur un arbre réservé, à la destruction totale d'un acte public ou privé.

Or, la destruction totale d'un acte public ou privé n'est pas mise par la loi au rang des crimes de Faux en écritures, l'art. 37 de la seconde section du tit. 2 de la seconde partie du Code pénal de 1791, et l'art. 439 du Code pénal de 1810, en font un crime d'une espèce à part, qu'ils punissent, l'un de quatre années de fers; l'autre, tantôt de la réclusion, tantôt de l'emprisonnement.

Ce n'est donc pas comme faussaire, mais comme destructeur d'un acte public, que doit être poursuivi et puni l'adjudicataire qui supprime, d'un arbre réservé, l'empreinte du marteau impérial.

Il en serait néanmoins autrement, si, après avoir supprimé cette empreinte, l'adjudicataire en faisait une fausse qu'il appliquerait à un arbre non réservé; mais dans cette hypothèse, le Faux ne proviendrait pas de la suppression de la véritable empreinte : il proviendrait uniquement de la fabrication d'une empreinte fausse.

C'est ainsi que, si un particulier détenteur d'un acte public ou privé, le supprimait et en fabriquait un autre pour le remplacer, il serait passible de la peine du Faux en écriture, non pour le premier de ces faits, mais pour le second.

§. XIV. *Dans quel cas la contrefaçon des marques particulières que tout manufacturier ou artisan a le droit d'appliquer sur les objets de sa fabrication, constitue-t-elle un crime de Faux?*

La loi du 22 germinal an 11 porte : — « *Art.* 16, la contrefaçon des marques particulières que tout manufacturier ou artisan a le droit d'appliquer sur les objets de sa fabrication, donnera lieu, 1° à des dommages-intérêts envers celui dont la marque aura été contrefaite; 2° à l'application des peines prononcées contre le Faux en écritures privées. — 17. La marque sera considérée comme contrefaite, quand on y aura inséré ces mots, *façon de.....*, et à la suite, le nom d'un autre fabricant ou d'une autre ville. — 18. Nul ne pourra former action en contrefaçon de sa marque, s'il ne l'a préalablement fait connaître d'une manière légale, par le dépôt d'un modèle au greffe du tribunal de commerce d'où relève le chef-lieu de la manufacture ou de l'atelier ».

Ces dispositions ont donné lieu à deux arrêts de la cour de cassation, rendus au rapport de M. Minier, le 22 janvier 1807.

Le premier casse un arrêt du 23 août 1806, par lequel la cour de justice criminelle et spéciale du département de la Seine s'était déclarée compétente pour juger les sieurs Laugier et Laboulée, prévenus d'avoir contrefait les marques que les sieurs Mira et Lebon étaient dans l'usage d'appliquer aux fioles d'eau de mélisse de leur composition : « Vu (porte-t-il) l'article 16 de la loi du 22 germinal an 11; attendu que, d'après cet article, pour qu'il puisse y avoir lieu à une poursuite en Faux, il faut que les marques choisies par des manufacturiers ou artisans, aient été falsifiées, et que ces marques aient ensuite été appliquées à des objets sortis d'une manufacture étrangère; que les marques choisies par des manufacturiers, sont en effet destinées à constater l'identité des marchandises sorties de leurs fabriques, auxquelles elles sont appliquées et inhérentes; qu'à l'égard des liquides, elles doivent être appliquées sur les vases qui les renferment, en telle sorte que tant qu'ils seront dans le commerce, les marques du fabricant ne fassent qu'un seul corps avec eux, et que les liquides ne puissent en être extraits sans rompre la marque et détruire son application aux vases; — Attendu que, dans l'espèce, il ne résulte ni de l'instruction ni des procès-verbaux de description des fioles d'eaux de mélisse saisies chez les sieur Laugier et Laboulée, que le cachet servant essentiellement de marque à la maison de commerce Mira et Lebon, ait été falsifié et appliqué sur lesdites fioles, de manière à faire corps avec elles, et à n'en pouvoir être séparé sans rupture; d'où il suit qu'il ne pouvait y avoir lieu à la prévention et à la poursuite du Faux qui est l'objet de la loi du 22 germinal an 11 précitée; et que conséquemment la cour de justice criminelle et spéciale du département de la Seine s'est abusivement déclarée compétente par son arrêt du 23 août dernier; par ces motifs, la cour casse et annulle.... ».

Le second arrêt en casse pareillement un du 23 août 1806, par lequel la cour de justice criminelle et spéciale du département de la Seine s'était déclarée compétente pour juger les sieurs Vimeux, Perrolle et Corbay, prévenus d'avoir falsifié les marques distinctives du vinaigre de rouge de la fabrication des sieurs Maille et Acloque. Voici comment il est conçu : — « Vu l'art. 16 de la loi du 22 germinal an 11; vu aussi l'art. 2 de la loi du 23 floréal an 10; considérant que s'il résulte de la combinaison de ces deux articles, que les cours criminelles et spéciales sont compétentes pour prononcer sur la contrefaçon des marques particulières des manufacturiers et artisans, parce que ce délit doit être puni, lorsqu'il est prouvé, de la peine portée contre le Faux en écritures privées, il n'en résulte pas également que ces cours puissent se déclarer compétentes avant d'avoir constaté l'instruction, la matérialité du délit de contrefaçon prévu par l'art. 16 de la loi du 22 germinal an 11 précitée; considérant que, dans l'espèce, la cour de justice criminelle et spéciale du département de la Seine s'est uniquement attachée, par l'instruction qu'elle a faite, à faire demeurer pour constant, que les bouteilles de vinaigre de rouge saisies chez les sieurs Vimeux, Perrolle et Corbay, différaient essentiellement des vinaigres de rouge fabriqués par les sieurs Maille et Acloque; et qu'elle a négligé de s'occuper des moyens de faire aussi demeurer pour constant que les marques déposées au greffe de la juridiction consulaire, par lesdits sieurs Maille et Acloque, avaient été contrefaites; que ce n'était cependant que de la vérification de ce point de fait, que pouvait sortir sa compétence, puisque c'est à la contrefaçon des marques des fabricans et artisans, que la loi attache la peine due aux Faux commis en écritures privées, contre les auteurs de ces contrefaçons, ou leurs complices; considérant que dans les circonstances où la cour de justice criminelle et spéciale du département de la Seine a rendu son arrêt de compétence, le 23 août dernier, contre les sieurs Vimeux, Perrolle et Corbay, la prévention indiquée par la loi du 22 germinal an 11, n'existait pas contre eux, puisqu'il n'avait été rendu constant, d'une part, par aucune instruction, que les marques apposées sur les bouteilles de vinaigre de rouge saisies chez ces négocians, fussent frappées de la prévention de Faux, et, de l'autre, qu'ils fussent soupçonnés d'être les auteurs ou les complices de cette falsification; — D'où il suit qu'il n'est pas possible de maintenir un arrêt rendu prématurément sur des élémens qui ne pouvaient pas conduire au but indiqué par la loi du 22 germinal précitée, et sur une instruction insuffisante et incomplète; par ces motifs, la cour casse et annulle l'arrêt de compétence rendu le 23 août dernier contre les sieurs Vimeux, Perrolle et Corbay, par la cour de justice criminelle et spéciale du département de la Seine, comme ayant été rendu incompétemment en l'état où était l'instruction.... ».

V. l'article *Marque de fabrique*.

§. XV. 1° *Y a-t-il Faux dans l'addition faite après coup à un acte public, de mots indifférens à sa validité et aux effets qu'il doit produire?*

2° *Peut-on poursuivre et punir comme faussaire, celui qui a commis un Faux sans mauvaise intention?*

3° *Y a-t-il, à cet égard, quelque distinction à faire entre un fonctionnaire public et un particulier?*

4° *Dans quels cas les surcharges faites par un notaire à un acte public, constituent-elles un crime de Faux?*

I. Le 11 ventôse an 6, le sieur Cassereau, huissier, fait pour Antoine-Alexandre Garotteau, un exploit dans lequel il oublie de faire mention de sa patente. — L'original de cet exploit remis à Garotteau, celui-ci y ajoute les mots *dûment patenté à Champdeniers, n.* 176. — Garotteau est traduit devant la cour de justice criminelle et spéciale du département de la Vendée. — Le 29 frimaire an 14, arrêt par lequel cette cour se déclare incompétente, sur le fondement « que Garotteau n'est prévenu que d'avoir ajouté postérieurement à sa date, sur l'original de l'exploit du 11 ventose an 6, la mention de la patente de l'huissier Cassereau, et que cette mention ne pouvait produire aucun effet, d'après les lois civiles alors existantes; et qu'ainsi, en supposant qu'il soit l'auteur de cette mention, il n'aurait point commis un Faux de la nature de ceux prévus par les lois ». — Cet arrêt est transmis à la cour de cassation; et le 9 janvier 1806, au rapport de M. Vergès, « considérant qu'Antoine-Alexandre Garotteau a été prévenu d'avoir ajouté après coup sur un exploit du 11 ventose an 6, la mention de la patente de l'huissier Cassereau; considérant que, d'après les lois civiles en vigueur à cette époque, le défaut de la mention de la patente n'entraînait pas la nullité de l'exploit; que par conséquent l'addition après coup de cette mention, ne présentait pas un Faux de la nature de celui prévu par le Code pénal; et qu'en le décidant ainsi, la cour de justice criminelle et spéciale du département de la Vendée a fait une juste application de la loi; la cour confirme.... ».

II. Jacques Joseph Huel est traduit devant la cour de justice criminelle et spéciale du département de Sambre-et-Meuse, comme prévenu d'avoir signé le nom de plusieurs personnes au bas d'une pétition présentée au sous-préfet de l'arrondissement de Marche. — Le 29 février 1806, cette cour se déclare incompétente, « attendu que le prévenu, à l'exception de deux, avait signé pour les pétitionnaires, de leur consentement, et qu'il ne paraissait pas qu'il eût signé pour les deux autres, méchamment et à dessein de nuire; et que dans le délit de Faux, l'intention de nuire est exigée pour caractériser le crime ». — Cet arrêt est transmis à la cour de cassation; et le 16 mars suivant, « considérant que le crime de Faux ne peut exister là où il ne se rencontre aucune idée ni intentionide porter le moindre dommage à autrui; que le fait qui a donné lieu à la poursuite, ne présente aucune intention criminelle; adoptant les motifs de l'arrêt de la cour de justice criminelle et spéciale du département de Sambre-et-Meuse, confirme ledit arrêt ».

III. Lanternier, huissier, traduit devant la cour de justice criminelle et spéciale du département des Forêts, comme prévenu de Faux en écriture publique, avait avoué que, dans divers actes de son ministère, il avait inséré de fausses dates et de fausses énonciations; mais il s'était excusé, sur ce qu'il prétendait n'avoir point eu l'intention de nuire, et sur ce que, disait-il, ces Faux matériels n'avaient réellement préjudicié à personne.

Par arrêt du 3 janvier 1807, la cour de justice criminelle et spéciale, après avoir énoncé comme constant le fait reconnu par l'huissier, a en même temps admis son excuse; et sur le motif seul qu'elle ne voyait pas dans l'instruction déjà faite, l'intention du crime, elle s'est déclarée *incompétente*.

« La cour de cassation a pensé au contraire (est-il dit dans le *Bulletin criminel* de cette cour, à la date du 22 janvier 1807), que, sans qu'on eût à examiner quelle avait été, ou pu être l'intention de l'huissier, le seul fait de *fausses énonciations et de fausses dates*, écrites *volontairement* dans un acte public, suffisait pour établir *la prévention de Faux en écritures*, prévu par l'art. 2 de la loi du 23 floréal an 10, et pour fixer la *compétence* de la cour criminelle et spéciale, sauf à juger, lors de l'arrêt définitif, sur l'intention et sur la défense du prévenu, le degré plus ou moins fort de culpabilité ».

L'arrêt de cassation qui a été rendu au rapport de M. Lamarque est ainsi conçu : — « Vu l'art. 456, n. 6 du Code des délits et des peines, et l'art. 2 de la loi du 23 floréal an 10; attendu que le Faux *commis volontairement*, par un fonctionnaire *dans un acte public et dans l'exercice de ses fonctions*, suffit pour constituer ce fonctionnaire en prévention de délit, sans qu'il soit besoin de rechercher, par des circonstances particulières, s'il a commis ce Faux méchamment et à dessein de nuire à autrui, le caractère et l'intention présumée du crime étant toujours et nécessairement liés à un fait de cette nature; d'où il suit que la cour de justice criminelle et spéciale du département des Forêts, en déclarant comme fait constant et reconnu, que l'huissier Lanternier avait, dans divers actes relatifs à ses fonctions, inséré de fausses énonciations et de fausses dates, et en se déclarant néanmoins incompétente pour connaître de ce délit (sur le seul motif qu'il ne résulterait pas de l'instruction que cet huissier eût eu l'intention de nuire), a commis un excès de pouvoir et violé l'art. 2 de la loi du 23 floréal an 10; la cour casse et annulle.... ».

V. ci-après, §. 24; *Crime*, §. 1; *Exploit* et *Intention*.

IV. Sur la quatrième question, la raison de douter s'il y a crime de Faux dans le fait qui en est l'objet, est que l'art. 16 de la loi du 25 ventose an 11, relative au notariat, ne punit que d'une amende de 50 francs, et de la destitution en cas de fraude, le notaire qui se permet de surcharger des mots dans le corps de ses actes.

Et en effet, le sieur Rouvière, notaire, ayant été traduit, en vertu de l'art. 2 de la loi du 23 floréal an 10, devant la cour spéciale du département de l'Hérault, comme prévenu d'avoir, à l'aide de surcharges apposées aux dates de plusieurs contrats, altéré ces dates dans le dessein de frauder les droits du fisc, cette cour s'est déclarée, le 4 février 1809, incompétente pour le juger.

Mais par arrêt du 24 du même mois, au rapport de M. Vergès. — « Considérant que Pierre-Dominique Rouvière, notaire, est prévenu d'avoir, à l'aide de surcharges apposées sur les dates de plusieurs contrats, substitué des dates différentes de celles que ces contrats avaient réellement; qu'il est prévenu d'avoir commis ces altérations afin de frauder les lois fiscales; que néanmoins la cour de justice criminelle spéciale du département de l'Hérault s'est déclarée incompétente, sous prétexte qu'il ne résultait de ces surcharges aucune modification, ni de la forme substantielle des contrats, ni des conventions des parties; que cette cour a déclaré, sous ce rapport, que la répression des faits imputés audit Rouvière, rentrait dans les dispositions de l'art. 16 de la loi du 27 ventose an 11, qui défend les surcharges, les interlignes et les additions dans le corps des actes, sous peine d'une amende de 50 fr. contre les notaires; que cet article était évidemment sans application à la cause; qu'en effet, le législateur, en défendant aux notaires, sous peine d'amende, les surcharges, les interlignes et les additions, a uniquement consacré, pour la rédaction des actes, une mesure d'administration générale propre à prévenir le crime de Faux, et à opposer des obstacles à l'exécution de ce crime; que la peine prononcée par cet article, est encourue par le fait de la seule existence des surcharges et des interlignes, quoique ces surcharges et ces interlignes ne contiennent rien de contraire à la vérité; qu'il n'en est pas de même, lorsqu'il s'agit de surcharges qui ont pour objet d'altérer la vérité et de substituer à des contrats une date différente de celle qu'ils ont réellement, ou de tout autre Faux de la même nature; que cette substitution, soit qu'il s'agisse de postdate, constitue véritablement le crime de Faux, lorsqu'il a été procédé méchamment et à dessein de nuire à autrui; que la compétence était déterminée par l'art. 2 de la loi du 23 floréal an 10, dès que ladite cour reconnaissait que Rouvière était prévenu d'avoir, à dessein de frauder les lois fiscales, altéré, à l'aide desdites surcharges, les dates desdits contrats, et d'avoir substitué des dates différentes; que par conséquent ladite cour, en se déclarant incompétente, a violé les règles de compétence établies par la loi, et fait une fausse application de l'art. 16 de la loi du 17 ventose an 11; la cour casse et annulle.... ».

§. XVI. *Peut-on poursuivre et punir comme faussaire, celui qui, en vertu d'une fausse procuration, a touché au nom et pour le compte de son prétendu commettant, des sommes égales ou inférieures à celles que ce dernier lui doit?*

Le sieur Parizot, homme de loi à Thionville, avait obtenu, au profit de la dame Chalet, un jugement pour l'enregistrement duquel il avait été perçu 41 fr. de trop. Le receveur restitua les 41 fr. au nommé Saint Jacques, clerc du sieur Parizot, en vertu d'une procuration privée que paraissait lui avoir donnée la femme Chalet, mais qui était fausse; et le clerc remit la somme à son maître, qui l'imputa sur les honoraires et déboursés que la femme Chalet lui devait. — Plainte en Faux contre le sieur Parizot et son clerc. — L'affaire portée devant la cour de justice criminelle et spéciale du département de la Moselle, cette cour se déclare incompétente pour en connaître, « attendu qu'en supposant que Parizot ait commis ou fait commettre le Faux en écriture privée, il ne l'a fait que pour toucher une somme à compte de ce qui lui était légitimement dû par la femme Chalet; que dès-lors, quelque répréhensible que puisse paraître le procédé de Parizot, on ne peut pas le considérer comme un Faux, commis méchamment et à dessein de nuire à autrui; et qu'on ne peut pas dire qu'en produisant la fausse procuration au bureau de l'enregistrement, Saint-Jacques ait fait emploi d'une pièce qu'il savait être fausse ». — Cet arrêt est transmis à la cour de cassation, qui le confirme, le 13 thermidor an 13, au rapport de M. Babille, attendu que le Code pénal ne regarde comme crime de Faux que celui commis méchamment et à dessein de nuire à autrui, ou l'usage d'une pièce qu'on savait être fausse; que ce n'est que ce genre de délit dont la loi du 23 floréal an 10 attribue la connaissance exclusive aux tribunaux spéciaux; que, si, d'après l'instruction, Georges Parizot a commis un Faux, il en résulte en même temps qu'il ne l'a commis que pour toucher un à-compte sur ce que lui devait la personne dont il avait imité et contrefait la signature; en sorte qu'il ne pouvait en résulter aucun préjudice pour elle; qu'il résulte également de cette instruction, que Charles Saint-Jacques, chargé de toucher cet à-compte sur cette signature, ne savait pas qu'elle fût fausse; — Et que, d'après toutes ces considérations, la cour de justice criminelle et spéciale du département de la Moselle a pu, comme elle l'a fait, se déclarer incompétente ».

Mais le contraire a été jugé depuis, et avec raison. Les nommés Maheux, Mercier et Laurieux, tous trois jardiniers, avaient obtenu du sieur Bautol une indemnité de 300 liv. que le sieur Bouchot, son caissier, devait leur compter en son nom. Jean-Baptiste Gautron, huissier, était créancier de ces trois particuliers, à raison des poursuites judiciaires qu'il avait faites pour leur compte. Instruit de leur arrangement avec le sieur Bautol, il imagina de se présenter chez le caissier de celui-ci, avec une lettre supposée, revêtue des prétendues signatures de Maheux, Mercier et Laurieux; et il parvint ainsi à se faire compter les 300 liv. qu'il garda en imputation de ce qui lui était dû. Maheux, Mercier et Laurieux portèrent contre lui une plainte en Faux. Par arrêt du 18 juillet 1809, la cour spéciale du département de la Seine se déclara incompétente, sur le fondement que « Gautron étant réellement créancier des plaignans, il avait pu, sans méchanceté et sans intention de nuire, faire usage du moyen qu'il avait employé pour se procurer son payement ».

Mais par arrêt du 3 août suivant, au rapport de M. Guieu, « vu l'art. 456, §. 6, du Code du 3 brumaire an 4, l'art. 2 de la loi du 23 floréal an 10, et les art. 41 et 45 du tit. 2, sect. 2e de la seconde partie du Code pénal du 25 septembre 1791, relatifs aux caractères de Faux et à la peine qu'il doit être infligée aux coupables: attendu qu'il résulte de l'arrêt rendu le 18 juillet dernier par la cour de justice criminelle spéciale du département de la Seine, que Jean-Baptiste Gautron a retiré des mains de Bouchot, caissier de Bautol, la somme de 300 liv. que ce dernier avait accordée aux plaignans Maheux, Mercier et Laurieux, pour les indemnités de la perte de pareille somme que le nommé Ferray, jardinier dudit Bautol, leur faisait éprouver; que Gautron n'est parvenu à retirer cette somme, qu'à l'aide d'une lettre supposée et revêtue de fausses signatures, à l'insu de Maheux, Mercier et Laurieux, et sans leur consentement; que, bien que Gautron pût être créancier desdits Maheux, Mercier et Laurieux pour les avances par lui faites à raison des poursuites exercées à leur requête contre Ferray, leur débiteur, le moyen qu'il a employé pour se payer, n'en est pas moins criminel en soi, que peu importe de savoir à quel titre les 300 liv. avaient été données par Bautol aux plaignans, si c'est à titre de libéralité, ou comme un salaire de leurs travaux, puisque, sous tous les rapports, cette somme n'en était pas moins leur propriété, et ne pouvait passer dans les mains d'un tiers sans leur consentement et par l'effet d'une surprise; que l'emploi d'une pièce fausse, même dans la seule intention de se procurer le payement d'une dette réelle, contre le gré de celui à qui appartient la somme retirée à l'aide de cette pièce fausse, contient essentiellement le crime de Faux prévu par les art. 41 et 45 du Code pénal; que la prévention de ce crime exige une instruction et un jugement; et que la connaissance en appartient, d'après la loi, aux cours spéciales; que l'emploi frauduleux d'une pièce fausse est d'autant plus coupable, que la loi offre à celui qui en fait usage, un moyen régulier d'exercer ses droits: et que, dans l'espèce, en supposant que Gautron eût la crainte de n'être pas payé de ses frais, lorsque les plaignans auraient retiré les 300 liv. dont il s'agit, il pouvait conserver ses droits par une opposition et saisie-arrêt dans les mains du caissier de Bautol, qu'en se déclarant incompétente, la cour de justice criminelle spéciale du département de la Seine a évidemment violé les règles de compétence établies par la loi; par ces motifs, la cour casse et annulle.... ».

§. XVII. *Y a-t-il un Faux proprement dit dans les énonciations mensongères d'un procès-verbal de contravention aux droits du fisc, lorsqu'indépendamment de ces énonciations, la contravention est légalement constatée ?*

Le 13 nivose an 14, Mathurin Aubry, receveur du droit de passe (aujourd'hui supprimé) à la barrière de Coulans, sur la route du Mans à Laval, dresse un procès-verbal énonçant « que le sieur Blanchardon et son domestique, montés sur leurs chevaux, au lieu de se présenter au bureau pour acquitter le droit de passe, à raison de la distance qui leur restait à parcourir pour se rendre à Chaufour, lieu de leur domicile, ont pris un chemin vicinal, et sont rentrés sur la grande route en deçà de la barrière; ce qui est une contravention à la loi du 14 brumaire an 7 ». — A ces énonciations caractéristiques du délit imputé au sieur Blanchardon et à son domestique, le receveur ajoute des circonstances indifférentes au fond. — Le sieur Blanchardon, prétendant que, dans le récit de ces circonstances, il y a des erreurs graves, rend contre le receveur une plainte en Faux. — Le 24 brumaire an 14, la cour de justice criminelle et spéciale du département de la Sarthe se déclare compétente pour connaître de cette plainte, « attendu que le délit imputé au nommé Aubry est un Faux principal, puisque le procès-verbal argué de Faux est rédigé en son nom et signé de lui, qu'il en a suivi l'effet devant le juge de paix du canton de Loué, et ne l'a pas désavoué ». — Mais, par arrêt du 20 février 1806, au rapport de M. Audier-Massillon, « attendu que l'arrêt de compétence du 24 brumaire dont il s'agit, n'énonce pas qu'il y eût contre Mathurin Aubry prévention d'un délit de Faux, mais seulement que le délit imputé audit Aubry, est un Faux principal; — Attendu que la seule imputation ou accusation d'un délit de la nature de ceux dont la connaissance est attribuée aux tribunaux spéciaux, n'est pas un motif suffisant pour autoriser leur compétence, s'il n'existe pas dans la procédure des charges capables d'établir une prévention contre l'accusé, ce qui résulte de l'art. 24 de la loi du 18 pluviose an 9; attendu qu'il ne peut y avoir lieu à la procédure en Faux contre un procès-verbal des préposés au droit de passe, que dans le cas où les fausses énonciations reprochées au rédacteur du procès-verbal, seraient criminelles et auraient eu pour objet d'établir une contravention qui n'aurait pas existé; et que les faits allégués par le plaignant, tendraient à détruire la contravention constatée par le procès-verbal; attendu que les faits constatés par l'information, et même ceux énoncés dans les requêtes de plainte du procureur général impérial et du sieur Blanchardon, laissent toujours subsister les faits principaux établis par le procès-verbal, et desquels résulte la contravention; la cour casse.... »

V. l'arrêt du 26 floréal an 13, rapporté à l'article *Inscription de Faux*, §. 1, n. 13.

§. XVIII. *Y a-t-il Faux en écriture, lorsque, sur une pancarte en planche et peinte au pinceau, contenant le tarif d'un droit à payer par des passagers, le fermier ou receveur de ce droit substitue aux sommes fixées par l'autorité publique, des sommes plus fortes ?*

V. l'arrêt de la cour de cassation du 15 nivose an 12, qui est cité dans le plaidoyer du 28 germinal an 13, rapporté ci-dessus, §. 5.

§. XIX. *De fausses expéditions, fabriquées pour couvrir une importation de marchandises prohibées, constituent-elles le crime de Faux ?*

V. le réquisitoire du 18 nivose, et l'arrêt du 16 pluviose an 13, rapportés à l'article *Chose jugée*, §. 14.

§. XX. *Y a-t-il Faux de la part de l'agent de change ou du courtier, qui antidate sur son registre une vente faite ou supposée faite par son intermédiaire, pour la reporter à une époque où, quoique nulle par elle-même à l'égard d'un tiers, elle serait valable et aurait tout son effet contre lui ?*

Le sieur Cambon se fait céder, par les sieurs Lestrapes et Laplène, une grande quantité de vins, en payement des créances qu'il a sur eux. — Le 21 prairial an 13, faillite des sieurs Lestrapes et Laplène. — Question de savoir si la cession faite par eux au sieur Cambon, l'a été avant les dix jours qui ont précédé l'ouverture de cette faillite, et conséquemment si elle peut ou non être opposée aux créanciers. — Le sieur Cambon, pour prouver qu'elle est antérieure de plus de dix jours à cette époque, représente le registre du sieur Masencal, courtier de change, par l'entremise duquel cette cession a été négociée; et fait remarquer que, par ce registre, la date en est fixée au 10 prairial an 13. — Les créanciers soutiennent que le registre est antidaté, et que la cession n'a eu lieu que du 17 au 21 prairial. — En conséquence, plainte en Faux contre les sieurs Masencal, Cambon, Lestrapes et Laplène. — Par arrêt du 12 messidor an 13, la cour de justice criminelle et spéciale du département de la Gironde se déclare compétente pour connaître de cette plainte, « attendu que le courtier Masencal est prévenu d'avoir, méchamment et dans le dessein du crime, commis le crime de Faux en écriture publique et authentique; et que Cambon, Lestrapes et Laplène sont prévenus d'avoir, méchamment et dans le dessein du crime, participé à ce Faux ». — L'arrêt transmis à la cour de cassation, les sieurs Cambon et Masencal se présentent pour en demander l'annullation. Après avoir soutenu que la plainte est calomnieuse, ils ajoutent qu'en la supposant fondée, les faits qui y sont consignés, ne présenteraient pas un de ces délits dont la connaissance est attribuée aux cours de justice spéciale; que la loi du 23 floréale an 10 restreint l'attribution aux espèces de Faux qui ont consisté à contrefaire ou altérer, et que par conséquent le faussaire qui n'a ni altéré ni contrefait reste sous l'empire du droit commun, et n'est justiciable que des tribunaux ordinaires. — Mais par arrêt du 11 fructidor an 13, au rapport de M. Carnot, « attendu que l'art. 2 de la loi du 23 floréal an 10 a compris dans sa disposition la généralité de tous les crimes de Faux en écritures, ce qui ne permet de faire aucune distinction entre les différens genres, mais seulement l'examen du fait de savoir si la prévention porte sur un véritable crime de Faux, c'est-à-dire, si le Faux en écritures, quelle que soit son espèce, a été commis méchamment et à dessein de nuire à autrui; que, dans l'espèce particulière, il y aurait eu véritablement crime de Faux, sous ce point de vue, si l'antidate présumée était réelle, puisqu'elle serait le fait d'un officier public dans l'exercice de ses fonctions, et qu'elle aurait pu avoir pour objet de nuire aux créanciers de Lestrapes et de Laplène; que, s'il s'élève de fortes présomptions en faveur des prévenus et de la réalité de la date donnée à l'acte argué, tous les moyens de les faire valoir pour détruire la prévention lors des débats, sont de droit réservés aux réclamans; l'arrêt de compétence ne préjugeant rien sur le fond, et ne pouvant préjuger autre chose, si ce n'est que le délit qui constitue la prévention, est de la nature de ceux attribués aux cours spéciales, et que des circonstances quelconques tendent à faire présumer que les prévenus peuvent en avoir été les auteurs ou les complices; la cour confirme l'arrêt de compétence.... ».

§. XXI. 1°. *Doit-on poursuivre et punir comme coupable de Faux en écriture, celui qui, pour accréditer une lettre de change, y suppose un tireur ou des endosseurs qui, ou n'existent pas, ou n'y sont intervenus pour rien, la signe ou la fait signer de leurs noms prétendus, et la met ensuite dans le commerce revêtue de sa propre signature, soit comme endosseur, soit comme accepteur?*

2°. *Doit-on poursuivre et punir comme coupable de tentative de Faux en écriture, celui qui, dans le dessein de faire circuler de pareilles lettres de change, en fait graver les modèles sur les traites originales des banquiers dont il se propose d'emprunter les noms et de contrefaire les signatures?*

Ces deux questions se sont présentées à la cour de justice criminelle et spéciale du département de la Seine, le 7 août 1807; et voici l'arrêt qui les a décidées le même jour :

« Attendu qu'il résulte de l'instruction, notamment de la déclaration du sieur Oblin, graveur, que le nommé Assier s'est présenté chez ledit sieur Oblin, pour lui faire graver trois traites, dites lettres de change, ci-après détaillées : — La première portant un talon sur lequel le nom de *Geymuler* est gravé sur un fond de pointe sèche, en lettres ornées doubles et blanches, intitulée *Vienne*; — La deuxième portant un talon où sont les noms *Offenheimer et Herz*; au milieu une armoierie couronnée de duc, l'écu coupé, d'un côté un aigle à moitié de sable, les ailes en haut, fond d'or; et l'autre partie d'azur; deux bandes d'or, trois cœurs au milieu; — La troisième ne porte point de nom de ville, et a à son talon un jet d'eau tombant dans une pierre cannelée; — Que ces trois modèles étaient collés sur la même feuille de papier, de manière à faire penser au sieur Oblin, graveur, qu'on désirait que ces trois traites fussent gravées sur la même planche; — Que ledit sieur Oblin fit à ce particulier des observations sur la manière usitée de placer tels ou tels mots dans un ovale, au lieu de les laisser à nu et détachés : que le mot *première*, qui était au bas, se mettait toujours en haut, et qu'il le placerait, si cela lui était égal, entouré d'un ovale; — Que le particulier consentit à ces changemens; qu'il fit prix à 102 liv., sur lesquelles il donna en à-compte 20 francs; dit qu'il se nommait *Venez*, et demeurait rue Grange-Batelière, hôtel de l'ambassadeur d'Autriche; — Qu'au bout de quinze jours, Assier vint pour chercher ses planches, qui ne se trouvèrent point encore prêtes, et fut ajourné à trois ou quatre jours; — Qu'enfin, le 4 juillet dernier, Assier étant retourné à l'atelier du graveur, et les planches étant faites, le sieur Oblin les lui remit avec trois épreuves en papier fort, et trois en papier vélin, reçut le complément du prix convenu, et dans le courant de l'entretien qu'il eut à cette occasion avec Assier, celui-ci lui demanda s'il était allé à l'adresse qu'il lui avait donnée, ce à quoi le sieur Oblin répondit que la besogne n'étant pas finie, il eût été inutile qu'il y fût allé; — Que le même jour et dans le courant de la matinée, Assier s'est présenté de nouveau avec sa planche, et a demandé aux élèves du sieur Oblin, qui alors n'était pas dans son atelier, qu'on séparât les trois planches pour plus de commodité, et qu'on remît les mots qui avaient été changés de place; que l'on replaçât aussi les accolades qui avaient été remplacées par des ovales; que l'on rectifiât un z; qu'en un mot l'on s'attachât si scrupuleusement à copier le modèle, que les gens même de l'art ne pussent remarquer aucune différence entre lui et la copie; qu'il s'en fut, en disant qu'il viendrait prendre ses planches le mardi suivant; — Qu'à son retour, le sieur Oblin, instruit de la nouvelle démarche d'Assier et de sa demande, voulut le voir lui-même, afin de mieux s'entendre avec lui; qu'en conséquence, le lundi, il fut à l'hôtel de M. l'ambassadeur d'Autriche; qu'arrivé à cet autel, et ne se rappelant pas le nom du particulier, il le désigna par son physique; que sur le signalement qu'il fit, le suisse, croyant reconnaître un des secrétaires de la légation, le fit aussitôt conduire vers la personne qu'il présumait, et que le sieur Oblin ne reconnut point; — Que cette personne ayant interrogé le sieur Oblin sur le but de sa démarche, il lui en donna connaissance; qu'elle lui assura que qui que ce soit de la légation n'avait d'affaires de ce genre; — Qu'il resulte de la même instruction, et de l'aveu même de Neustadt, que c'est lui qui a chargé ledit Assier de faire graver les trois traites dont est question; qu'il les avait fait faire pour son propre compte, dans l'intention de les négocier en les faisant escompter après les avoir revêtues de fausses signatures, et de la sienne comme tireur; — Attendu qu'il résulte des faits ci-dessus relatés, que les nommés Simon Neustadt et Nicolas Assier sont prévenus, par complicité, d'avoir, méchamment

ment et à dessein de nuire à autrui, tenté de commettre des Faux sur des lettres de change; que cette tentative a été manifestée par des actes extérieurs et suivie d'un commencement d'exécution qui n'a été suspendue que par des circonstances fortuites et indépendantes de la volonté desdits Neustadt et Assier; — La cour se déclare compétente pour juger le procès en Faux contre lesdits Neustadt et Assier ».

Cet arrêt transmis à la cour de cassation, Neustadt et Assier ont proposé deux moyens pour le faire annuller.

» 1° (ont-ils dit), la loi punit la tentative du crime comme le crime même; mais il faut que cette tentative présente la réunion de tous les caractères exigés par la loi pour constituer le délit. — Le délit existe, lorsque la tentative a été manifestée par des actes extérieurs, suivis d'un commencement d'exécution, et interrompus par des circonstances fortuites indépendantes de la volonté du délinquant. — Il faut donc la pensée, la conception du délit; que cette pensée, cette conception soient connues, manifestées par quelque action; — Que cette action soit elle-même *criminelle*, c'est-à-dire, qu'il y ait un *commencement de délit*; — Enfin, qu'il n'y ait aucun intervalle entre le commencement d'exécution et l'arrestation du coupable, de manière que si on ne l'eût point arrêté, le délit aurait été consommé. Voici les caractères qui constituent la tentative légale. — On les cherche vainement dans les faits imputés à Neustadt. — On voit bien l'intention de Neustadt, le projet d'imiter la formule de lettres de change prétendues tirées de Vienne, de les revêtir d'une signature paraissant celle de la maison de Vienne; on le voit, parce qu'il le dit, sans lui, on ne le saurait pas. Mais ce n'est là que l'intention à laquelle la loi ne fait pas le procès. — Cette intention est à la vérité manifestée par un acte extérieur, la confection de la planche. — Mais on cherche vainement le commencement d'exécution : il faut que ce commencement participe au *délit*, qu'il y ait un commencement de *Faux*. Le Faux ne consiste pas dans la gravure d'imprimés destinés à devenir des lettres de change, mais dans l'usage qu'on en fera; ce sera lorsqu'on remplira ces imprimés, lorsqu'on les revêtira d'une signature quelconque, qu'il y aura un commencement d'exécution *coupable*. La gravure en elle-même est un Fait indifférent, qui pourra devenir utile ou nuisible, suivant l'usage qu'on en fera. Concevoir l'idée d'attenter à la vie de son semblable, c'est une pensée bien criminelle, mais dont l'Être-Suprême seul est juge. Commander une arme meurtrière pour exécuter un pareil projet, voilà cette pensée bien manifestée; mais il n'y a point encore d'exécution; car ce fusil, cette arme destinée pour l'*attaque*, pourra servir à la défense. Ce sera quand, muni de cette arme, que l'homme qui a conçu ce projet, ira attendre sa victime; quand sa main, s'élevant sur elle, sera arrêtée et désarmée par des circonstances étrangères à sa volonté, qu'il sera coupable aux yeux de la loi. — Dira-t-on qu'on ne peut pas se méprendre sur l'usage que voulait faire Neustadt de ces imprimés, qu'il les destinait à figurer un titre supposé, une signature imitée? Sans doute, c'était là leur destination; il en convient; mais l'en punir, c'est être plus sévère que la loi; c'est le punir, non pas de ce qu'il a fait, mais de ce qu'il fera. Ne peut-on pas dire : Vous qui le punissez de l'avenir, cet avenir lui appartient-il? Une maladie, une mort inopinée, un remords salutaire, mille circonstances ne peuvent-elles pas influer sur sa résolution et lui faire abandonner ses projets? — S'il faut, pour que la tentative soit un délit, que le commencement d'exécution participe du délit, il n'y en avait point lors de la saisie de la planche. Car copier une vignette, un ornement, une formule employée par telle maison de commerce en tête de ses lettres de change, ce n'est point un délit, un commencement de délit; c'est une action indifférente, qu'on ne doit pas assimiler à l'essai de la gravure des ornemens qui appartiendraient à un papier national, une monnaie de l'Etat. — Nous avons dit qu'un des caractères de la tentative et le dernier qui constitue le délit, c'était l'arrestation du prévenu au moment où il commençait à exécuter, où, sans un obstacle majeur, il allait consommer le délit. — Ainsi qu'on eût arrêté Neustadt au moment où il aurait essayé de négocier des lettres de change provenant de la gravure qu'il avait commandée, et revêtues de la signature qu'elles semblaient indiquer; disons plus, qu'on l'eût arrêté au moment même où il imitait cette signature, quoiqu'il n'y ait que l'usage qui puisse constater le Faux, il réunirait contre lui tous les caractères de la tentative légale; mais au moment où on l'a arrêté, il n'y avait point encore de commencement de Faux. Il fallait qu'il remplît ces imprimés, qu'il imitât cette signature, qu'il essayât une négociation. Il l'aurait fait, dit-on; — Il aurait dû ne pas le faire.

» 2°. Mais y a-t-il dans la cause un Faux réel et possible? Qu'a voulu faire Neustadt? Supposer une lettre de change tirée sur lui par une maison de banque de Vienne, pour se donner un air d'importance, ou faciliter ses négociations. Il convient qu'il aurait rempli l'imprimé d'une signature paraissant être celle d'un tireur de Vienne, imitant ou n'imitant pas la signature réelle. Remarquons que c'est lui seul qui s'est accusé, qui a déclaré pourquoi cette gravure, cette planche, cette imitation; qu'il pouvait donner une toute autre explication. Il faut donc le croire en tout. On voit bien dans ce qu'il a fait, ce qu'il a voulu faire, ce que peut-être il aurait fait un jour, un Faux matériel; mais on cherche vainement le *dessein de nuire*, sans lequel il n'y a point de Faux punissable. — Il est certain que l'ordonnance du commerce exige, pour la validité d'une lettre de change, le concours de trois personnes, le tireur, l'accepteur et l'endosseur; qu'elle donne au porteur de la lettre de change un recours égal contre tous les trois; qu'ainsi, aux yeux du législateur, le tireur n'a jamais été considéré comme un être de raison. — Mais il est également certain que, dans le commerce, on regarde en général ce tireur comme un *homme de paille*, un personnage purement chimérique : — L'ordonnance veut aussi qu'une lettre de change soit tirée d'une place sur une autre place. Mais tous les jours on fait des lettres de change à Paris. Pour satisfaire à l'ordonnance, on les date d'un autre lieu d'où le tireur est censé fournir la lettre; et comme on a supposé le nom d'une place quelconque, on suppose également le nom d'un tireur en l'air. — C'est sans doute un abus; mais enfin il existe, il est devenu général, universel. Aussi lorsqu'on met une lettre de change en circulation, on ne consulte pas le nom du tireur, on regarde son intervention dans la lettre, comme de pure forme; on ne voit, on ne consulte que la signature de l'accepteur; c'est à lui seul qu'on confie des valeurs, et sur sa garantie qu'on se repose».

Telle était la défense de Neustadt et d'Assier. Mais par arrêt du 4 septembre 1807, au rapport de M. Carnot,

«Attendu, sur le premier moyen présenté par les réclamans, que les faits résumés dans l'arrêt de compétence rendu par la cour de justice criminelle et spéciale du département de la Seine, le 7 août dernier, sont de nature à constituer une véritable tentative, dans le sens de la loi du 22 prairial an 4; — Attendu, sur le deuxième moyen, qu'il résulte également de l'arrêt attaqué, une prévention de Faux commis à dessein de nuire; — Attendu que le délit reproché à Neustadt et Assier, entre dans la disposition de l'art. 2 de la loi du 23 floréal an 10; — La cour ordonne que l'arrêt dudit jour, 7 août dernier, sera exécuté selon sa forme et teneur».

La première des questions proposées en tête de ce paragraphe, s'est encore présentée sur une plainte en Faux rendue par Louis Lhermite contre Jean Herman. Voici comment l'a décidée un arrêt de la cour de justice criminelle et spéciale du département des Côtes-du-Nord, du 29 juillet 1807.

«Considérant qu'il a existé une société entre Herman, Lhermite et la veuve Griveau, dite Chevric, établie par acte du 24 germinal an 11, enregistré à Dinan le 19 messidor suivant; que par l'art. 2 de l'acte de société, il fut arrêté que la société serait régie à Dinan sous la raison de veuve Chevric, Lhermite et Herman, et qu'ils signeraient tous les billets, lettres de change, etc., sous la susdite raison, en présence les uns des autres; — Considérant que quoiqu'il paraisse certain que cet acte de société est demeuré sans exécution relativement à la veuve Chevric, il n'en reste pas moins pour constant que Lhermite et Herman ont établi leur manufacture d'après les dispositions de l'acte du 24 germinal an 11, puisqu'en fait Lhermite reconnaît par sa plainte au magistrat de sûreté, qu'il a eu des relations de commerce et d'intérêt avec Herman au sujet d'une manufacture de cotons et mouchoirs, et que Herman a abusé de la signature collective; — Considérant que dès qu'il est certain qu'il a existé une société entre Lhermite et Herman, dès qu'il est reconnu que chacun des deux associés avait la signature sociale, l'abus que l'un ou l'autre aurait pu commettre de la signature sociale pendant l'existence de la société, ne saurait être regardé comme un fait de fraude, de dol, d'escroquerie; — Considérant que dans la supposition même où les billets argués n'auraient pas été souscrits par ceux dont ils portent les noms, qu'ils fussent faux et que Herman les aurait fabriqués lui-même, il n'en résulterait pas que le Faux commis par Herman, fût de la compétence de la cour spéciale, parce qu'une obligation souscrite au nom d'une personne dont l'existence n'est pas connue, ne présente pas un Faux nuisible à cette personne qui n'existe que dans l'idée du souscripteur; — Considérant qu'il ne paraît pas certain que Herman, en endossant les billets argués, ait eu l'intention de nuire à la société, mais plutôt le désir de lui procurer les fonds dont elle pouvait avoir besoin; qu'il lui était plus facile de se procurer de l'argent par la voie de la négociation d'effets de commerce, que par le recours aux emprunts, recours qui aurait nui au crédit de la société; — Considérant que si Herman a abusé de la signature sociale en l'opposant à des billets matériellement faux, cet abus a existé pendant que la société subsistait; qu'il a été connu de Lhermite au moins quelques jours avant la dissolution de la société, puisque le 1er frimaire de l'an 14, Herman lui souscrivait une déclaration que tous les billets qu'il avait signés Herman et Lhermite, n'avaient pas entré dans sa manufacture et avaient été employés pour ses propres besoins à lui Herman; — Considérant qu'au moment de la dissolution de la société, le débet d'Herman envers Lhermite, fut fixé à 8,000 francs par acte du 22 du même mois de frimaire; après reddition de compte. — Qu'il résulte de la déclaration du 1er frimaire et du traité du 22 conclu entre Herman et Lhermite, après compte rendu par Herman, une présomption naturelle que tout le passif de la société a été soumis à l'examen de Lhermite, qu'il a connu et approuvé l'emploi des billets argués; — Que cette présomption se détruisait peut-être par la représentation du compte rendu par Herman au moment de la dissolution de la société; mais que Lhermite ne l'a pas déposé, quoique stimulé par l'arrêt du 19 juin dernier à lui notifié le 24; — Considérant enfin, que les billets argués ont été faits pendant l'existence de la société, qu'ils peuvent avoir été faits pour procurer plus facilement de l'argent à la société dans des momens de besoin; qu'au moins on ne peut apercevoir un objet criminel dans la confection de ces billets, dont il paraît que Lhermite n'a pas ignoré l'existence d'après l'acte du 1er frimaire; qu'il en résulte que la cour spéciale ne saurait se déclarer compétente, puisque le Faux ne présente pas une intention de nuire; — La cour, après avoir entendu le procureur général impérial en ses conclusions, se déclare dans l'état d'incompétence pour instruire et juger sur la plainte et dénonciation de Lhermite contre Herman».

Cet arrêt a été soumis à la cour de cassation le 14 août 1807; et l'affaire présentant des difficultés sérieuses, a été mise en délibéré.

Le délibéré a été vidé le 10 septembre suivant, au rapport de M. Rataud, et en ces termes.

«Attendu que, si celui qui tire sous un nom supposé, et sans chercher à contrefaire la signature d'un tiers, une lettre de change qu'il accepte lui-même, ou celui qui prête sa main à l'écriture d'une lettre de change qui est ainsi tirée sous un nom faux, ne peuvent nuire à personne, sous la qualité de tireur, puisque cette qualité ne peut être opposée à personne; ils nuisent néanmoins à ceux qui, dans la circulation de la lettre de change, en peuvent devenir les endosseurs, et à ceux en faveur de qui cette lettre de change est tirée dans sa confection, ou qui en deviennent propriétaires par l'effet des endossemens, puisque le tireur étant partie substantielle de toute lettre de change, et en devant garantir le payement, les propriétaires de la lettre de change ou les endosseurs qui l'ont acquittée, sont privés de la garantie que la loi leur donnait sur le tireur, lorsque le tireur n'existe point en fait, et que la lettre de change n'en contient que la simulation; que cette suppositon d'un tireur est donc un véritable Faux matériel; que son effet est essentiellement de tromper la bonne foi et de nuire à autrui;

» Qui si ce Faux peut devenir excusable à l'égard de ceux qui, trompés par l'usage abusif et dangereux qui s'en est introduit dans plusieurs villes de commerce, s'en sont rendus coupables de bonne foi, et sans intention de nuire, il n'en doit pas moins être poursuivi jusqu'à ce qu'il apparaisse clairement à la justice que le prévenu, qui est l'objet des poursuites, a agi de bonne foi et sans intention de nuire;

» Mais attendu que de l'arrêt de la cour de justice criminelle spéciale du département des Côtes-du-Nord, il paraît résulter que Jean Herman n'a point agi méchamment et dans le dessien du crime, lorsque, sans contrefaire l'écriture ni la signature de personne, il a écrit le corps des effets dont il s'agit, et les a signés d'un nom idéal et supposé; et que même le sieur Lhermite, son coassocié, qui a rendu la plainte en Faux, à raison d'émission de ces effets sous la signature sociale, avait eu connaissance de l'emploi qui en avait été fait, et l'avait approuvé; que Herman avait cru pouvoir légitimement agir ainsi, d'après un usage du commerce qui doit être réprimé et anéanti sans doute, mais dont ne peuvent pas être punis ceux qui, de bonne foi, ont été induits par cet usage dans la matérialité du Faux;

» La cour, en improuvant les motifs de l'arrêt rendu par la cour de justice criminelle et spéciale du département des Côtes-du-Nord le 29 juillet dernier, relativement au caractère du fait de supposition de nom dans une lettre de change, confirme ledit arrêt dans la disposition par laquelle ladite cour s'est déclarée incompétente en l'état ».

§. XXII. *Y a-t-il Faux en écriture dans l'acte de suscription d'un testament mystique, qui énonce qu'il a été lu et cacheté en présence des témoins, quoique, dans le fait, il a été lu et cacheté en leur absence? — Les personnes gratifiées par ce testament, sont-elles recevables à intervenir dans la partie de l'instruction qui a pour objet la question de savoir si c'est par la voie criminelle ou par la voie civile, qu'il doit être statué sur ce Faux prétendu?*

La dame Billieux, domiciliée à Porentruy, a fait, le 16 mai 1806, un testament mystique par lequel elle a disposé de tous ses biens pour former un établissement d'éducation en faveur de jeunes gens et de jeunes filles choisis dans la classe pauvre; — Et elle est morte le même jour. — Le 13 mai 1807, décret impérial qui autorise les administrateurs nommés par la testatrice à l'établissement fondé par son testament, à en accepter les dispositions. — Sur le bruit public qu'il a été commis un Faux dans ce testament, en ce que le notaire a déclaré dans l'acte de suscription, qu'il a lu à la testatrice et cacheté en présence des témoins, et qu'il a été au contraire lu et cacheté en leur absence, le procureur général de la cour de justice criminelle et spéciale du département du Haut-Rhin provoque une information, des témoins sont entendus; et un mandat d'arrêt est lancé contre le notaire. — L'instruction préliminaire achevée, arrêt du 21 août 1807, par lequel la cour spéciale se déclare compétente. — Cet arret transmis à la cour de cassation, les administrateurs interviennent pour demander que l'arrêt soit cassé.

« Les auteurs (disent-ils), nous ont tracé les véritables caractères des Faux commis en écritures: fabrication, altération ou suppression de pièces ou actes quelconques. Tous les Faux commis en écritures viennent se ranger sous ces trois grandes divisions; et ce n'est qu'autant qu'ils sont revêtus de quelques-uns au moins des caractères qu'elles indiquent, qu'ils peuvent servir à établir la compétence que la loi désigne. — Mais ici, nous avons beau chercher, nous ne voyons rien de semblable. — Nous ne voyons point de Faux commis en écriture. — Il n'y a point ici, en effet, de pièce fabriquée; il n'y en a point d'altéré, la substance de l'acte n'est pas détruite; l'écriture de cet acte n'est point interposée; elle n'est point surchargée; elle n'est point effacée; il n'y a point de clause ajoutée ou soustraire; il n'y a point d'interligne; il n'y a point de renvoi qui ne soit pas aprouvé; il n'y a point de signature contrefaite; il n'y a rien de supprimé. En un mot, on ne voit, dans le testament de la dame Billieux, aucune de ces circonstances qui caractérisent cette espèce particulière de Faux qu'on appelle Faux commis en écritures. — On y voit bien, si l'on veut, l'attestation d'un fait qu'on prétend ne pas exister, c'est-à-dire, le fait que l'acte de suscription du testament a été cacheté en présence des témoins, quoique l'on dise aujourd'hui qu'il ne l'a pas été. — Mais en admettant même ce fait, ce n'est pas là un Faux commis en écriture; c'est seulement une attestation fausse; c'est une déclaration contraire à la vérité; c'est une énonciation mensongère, mais ce n'est pas un Faux de la compétence de la cour spéciale. — Il faut prendre garde que les cours spéciales ne sont pas comme les cours criminelles: elles n'ont pas la plénitude de juridiction qui appartient à ces cours; elles ne connaissent pas, comme elles, de tous les délits. Les cours spéciales sont, au contraire, des tribunanx d'exception; leur attribution est fixée par la loi; elle est resserrée; elles n'ont pas le droit d'en franchir les limites, il faut qu'elles s'y renferment au contraire avec sévérité. Elles ne peuvent donc pas changer la nature des délits qui peuvent servir à fixer cette attribution, ni prendre, entre autres, de simples déclarations mensongères pour des Faux commis en écriture. — Pourquoi donc la cour spéciale de Colmar s'est-elle regardée comme compétente, pour connaître de la fausse attestation qu'on suppose contenue dans l'acte de suscription du testament de la dame Billieux, de la part du notaire rédacteur, et des témoins signataires de cet acte, lorsqu'on ne peut pas se dissimuler que cette attestation n'était autre chose qu'une déclaration mensongère, et non pas un

Faux commis en écriture? il est bien évident que cette cour n'avait pas le droit de s'attribuer cette instruction. — En envisageant même cette fausse attestation comme un délit, ce délit peut être du ressort des cours criminelles ordinaires; mais il n'est pas du ressort de la cour spéciale. — Ce n'est pas un Faux commis en écriture».

Par arrêt du 8 octobre 1807, au rapport de M. Rataud, « Attendu, en ce qui touche la demande en intervention formée par les administrateurs de la donation dont il s'agit, que, d'après les dispositions de l'art. 5 de la loi du 3 brumaire an 4 et de celle du 18 pluviose an 9, l'exercice de l'action publique appartenant exclusivement aux fonctionnaires établis à cet effet, les parties civiles sont sans qualité et sans droit pour attaquer les arrêts de compétence rendus sur cette sorte d'actions; la cour déclare lesdits administrateurs non recevables dans leurs demandes; — Attendu, en ce qui touche le délit de Faux dont est prévenu le notaire Quirequez, que les formes prescrites par la loi pour la validité des différentes espèces de testamens, sont une partie substantielle de ces actes, puisque de leur observation dépend leur efficacité; qu'ainsi, la fausse mention faite par un notaire que les formes exigées ont été remplies, ne peut pas être considérée comme une simple énonciation mensongère qui ne change point de substance de l'acte, mais est un véritable Faux qui, par sa nature, rentre dans l'application de l'art. 2 de la loi du 23 floréal an 10; attendu aussi que la prévention à la charge du réclamant, se trouve suffisamment établie; la cour confirme l'arrêt de compétence rendu par la cour de justice criminelle et spéciale du département du Haut-Rhin, le 21 août dernier».

§. XXIII. *Peut-on poursuivre comme coupable de Faux en écriture, celui qui, pour sa libération, fait usage d'une quittance qu'il est prévenu d'avoir altérée, mais à laquelle manque la signature du créancier?*

Nicolas-Jean Vappreau, ex-percepteur des contributions, prétend faire admettre en payement de son débet, une quittance de *quatorze cent quarante-quatre francs*, qu'il dit lui avoir été délivrée par le premier commis du receveur général du département du Loiret. Le receveur général ne veut l'allouer que pour 444 fr., somme à laquelle le sommier fixe en effet le payement dont il s'agit. Il remarque d'ailleurs que cette quittance n'est point signée, et que le mot *quatorze* y est surchargé. — D'après ces faits un arrêté du préfet du département autorise la mise en jugement de Vappreau. — Celui-ci est en conséquence traduit devant la cour de justice criminelle et spéciale, qui, attendu que la quittance n'est point signée se déclare incompétente. — Mais par arrêt du 2 frimaire an 12, au rapport de M. Liborel, « vu l'art. 2 de la loi du 23 floréal an 10; attendu que le délit dont est prévenu Nicolas-Jean-Vappreau constitue une tentative de Faux en écritures privées; d'où il suit que le tribunal spécial du département du Loiret, par son jugement rendu le 1er. brumaire dernier, en se déclarant incompétent pour en connaître, a contrevenu à l'article ci-dessus transcrit de la loi du 23 floréal an 10; le tribunal casse et annulle ledit jugement ». *V.* le §. suivant.

§. XXIV. *Un Faux commis avec mauvaise intention, est-il à l'abri des poursuites du ministère public, par cela seul que l'acte dans lequel on l'a commis, est nul dans son principe, ou est après coup devenu sans effet?*

En novembre 1806, une coupe du *triage des ventes cumier*, dans la forêt de Fontainebleau, est adjugée au sieur Salaun, marchand de bois.

Le 17 décembre suivant, il est procédé au *contre martelage* de cette coupe par le sieur Marrier-Boisdyver, capitaine-régisseur de la forêt, assisté de deux gardes généraux et de plusieurs gardes particuliers: le tout est trouvé en règle.

Le 29 du même mois, Pierre Tessier, garde à cheval, dépose au secrétariat de la capitainerie, un procès-verbal sur papier libre, signé de lui, sous la date du 24 du même mois, par lequel il atteste qu'il a reconnu dans la vente de l'ordinaire de 1807, passée au sieur Salaun, au triage des ventes cumier, qu'un pied cornier, essence de chêne, situé au levant de la vente, avait été *démarqué depuis plusieurs jours.*

Le lendemain 30, deux gardes ordinaires dressent un procès-verbal portant qu'ils viennent de découvrir, dans le triage des ventes cumier, *que des malintentionnés ont démarqué et flâtré plusieurs chênes, tant anciens que baliveaux*; que le garde-vente de l'adjudicataire les a aidés à faire la vérification de ces délits; et qu'ils sont d'ailleurs matériellement prouvés par onze copeaux sur lesquels est encore empreinte la marque du marteau impérial.

Ce procès-verbal est remis, le lendemain 31, au capitaine forestier régisseur, avec les pièces de conviction. — Le même jour, celui-ci se rend sur les lieux avec les mêmes gardes, deux gardes généraux et le garde à cheval Pierre Tessier, pour vérifier plus amplement les délits énoncés tant dans ce procès-verbal que dans celui de Pierre Tessier; et il constate, 1° que l'exploitation de la vente n'est pas encore entamée; 2° que l'adjudicataire, pour prévenir toute méprise de la part de ses ouvriers, a eu l'attention de faire attacher des liens de paille à tous les arbres de réserve; 3° que le pied-cornier désigné par le procès-verbal de Pierre Tessier, est effectivement démarqué; 4° que vingt-neuf arbres de réserve le sont également; 5° que cette opération ne peut être que le résultat d'une intention malveillante contre l'adjudicataire, dont on a sûrement cherché à induire les ouvriers en erreur, puisqu'on a détaché des arbres de réserve démarqués, les liens de paille que l'adjudicataire y avait fait mettre, pour en placer à d'autres arbres compris dans la vente et que l'on a *flâtrés.*

Le 28 février 1807, réquisitoire du procureur général de la cour de justice criminelle et spéciale du département de Seine-et-Marne, expositif que le flâtrage étant une opération préparatoire à l'application de la marque du marteau impérial, il résulte évidemment du procès-verbal du 31 décembre 1806, qu'il y a eu tentative d'application d'un faux marteau, délit dont la connaissance est attribuée aux cours spéciales par la loi du 23 floréal an 10; et en conséquence, conclusions à ce qu'il soit informé des faits consignés dans ce procès-verbal.

Une information est ouverte devant le président de la cour : aucun témoin ne dépose sur les auteurs du délit; mais il en est douze qui déclarent de la manière la plus positive et la plus circonstanciée, que le pied-cornier désigné dans le procès-verbal de Pierre Tessier, du 24 décembre 1806, comme démarqué à cette époque *depuis plusieurs jours*, ne l'était pas encore ce jour-là même, au coucher du soleil. — A ces renseignemens qui déjà accusent Tessier, viennent s'enjoindre d'autrui desquels sort contre lui la prévention d'avoir eu, en supposant le 24 décembre 1806, un délit qui n'existait pas encore, mais que l'on méditait dès ce moment, le dessein de seconder le projet formé par l'ex-garde général Bonnel, de faire peser sur l'administration de la forêt de Fontainebleau, l'imputation d'avoir commis elle-même, dans l'opération du contre-martelage du 17 décembre, les délits découverts depuis et énoncés dans les procès-verbaux des 30 et 31 du même mois.

D'après cette information, l'affaire change de face. L'instruction n'atteignant pas son but primitif, la découverte des délits constatés par ces procès-verbaux, elle prend une autre direction; et il ne s'agit plus que de savoir si le procès-verbal de Pierre-Tessier est vrai ou faux quant à la date qu'il porte, et à laquelle il fait remonter le délit commis sur le pied-cornier.

Le 30 mai 1807, le procureur-général, « considérant qu'il résulte des informations, que les délits dont il s'agit, et notamment l'enlèvement de l'empreinte du marteau impérial sur le pied-cornier, n'existaient pas le 24 décembre, et n'ont été commis que postérieurement; que néanmoins le garde Tessier a dressé un procès-verbal par lequel il déclare que ledit jour 24 décembre, il a reconnu que le pied-cornier en question avait été démarqué depuis plusieurs jours, qu'ainsi, ce procès-verbal paraît suspect de Faux »; il requiert un mandat d'amener contre Pierre Tessier pour être entendu, sur les inculpations qui existent contre lui.

Le mandat d'amener est décerné : Tessier est interrogé; et à la suite de son interrogatoire, le mandat d'amener est converti en mandat de dépôt.

Les choses en cet état, un mandat d'amener est décerné contre l'ex-garde général Bonnel : il est interrogé, et ses réponses fournissent de nouveaux soupçons tant contre lui que contre Tessier.

Tessier est interrogé de nouveau, et après avoir déclaré, 1° qu'il a donné la connaissance de son procès-verbal à l'ex-garde général dès le 26 décembre au moment où celui-ci préparait sa dénonciation contre l'administration de la forêt; 2° qu'il a fait mention de son procès-verbal dans son registre d'ordre, à la date du 24 décembre; mais qu'il ne l'y a écrite que quelques jours après; 3° qu'après avoir rédigé ce procès-verbal, il a reconnu les autres délits constatés depuis par les procès-verbaux des 30 et 31 du même mois, mais qu'il n'en a ni dressé procès-verbal ni fait mention dans son registre; il soutient que le pied-cornier désigné dans son procès-verbal du 24 décembre comme démarqué dès ce jour même et plusieurs jours auparavant, l'était en effet, et que si douze témoins ont déposé le contraire, c'est qu'ils ont confondu avec cet arbre un autre pied-cornier, *essence de charme*, qui en était peu éloigné, et à la marque duquel il n'avait été touché ni alors ni depuis.

Sur cette nouvelle allégation, le président observe que les douze témoins ont parlé dans leurs dépositions, d'un pied-cornier, *essence de chêne*; qu'ils se sont expliqués sur cette nature d'arbre, du ton le plus affirmatif; et qu'il est impossible qu'il y ait eu de leur part aucune méprise. — Tessier persiste.

Le 13 août 1807, arrêt dont la rédaction est à remarquer. — Dans l'exposé des faits, il établit comme une vérité constante, que la méprise imputée par Tessier aux douze témoins, n'a pas eu lieu; et que la chose est tellement claire, *qu'il a paru inutile de chercher à l'éclaircir davantage*. Il ajoute que l'ex-garde général Bonnel étant indisposé, la procédure n'a pas pu être continuée à son égard : et qu'il n'est question en ce moment que de juger la compétence de la cour spéciale en ce qui concerne Tessier. — Puis, « attendu que l'existence du délit mentionné au procès-verbal de Tessier du 24 décembre, a été constatée le 31 du même mois par le procès-verbal de reconnaissance des officiers forestiers de Fontainebleau; que ce délit a donc été réellement commis, que rien, dans l'instruction, ne tend à présenter Tessier comme auteur de ce délit; que ce n'est pas à ce titre que les poursuites ont été dirigées contre lui; que conséquemment il ne peut être considéré comme ayant fait la tentative de l'application d'une fausse empreinte, et comme prévenu d'un délit dont la loi du 23 floréal an 10 attribue la connaissance immédiate à la cour spéciale; que la prévention résultant contre lui des actes de la procédure, est celle de Faux; mais qu'elle n'est pas suffisamment établie, puisque, d'une part, elle ne repose que sur une transposition de date donnée à l'existence du délit mentionné dans son procès-verbal d'avis du 24; et que les ouvriers moins exercés à ces sortes de reconnaissances, ont pu ne pas le remarquer, et d'autre part, que le voisinage non contesté de deux pieds-corniers, quoique d'une essence différente, a pu donner lieu à cette méprise; que d'ailleurs la pièce qualifiée de *procès-verbal d'avis*, est une simple note écrite par Tessier sur un morceau de papier ayant déjà servi, n'ayant pas les caractères extérieurs d'un procès-verbal auquel foi doit être due, et n'étant pas revêtue de l'affirmation; qu'ainsi, l'inculpation faite à Tessier, peut se réduire à des torts graves, susceptibles de n'être punis, suivant qu'il y échet, que par l'autorité administrative; la cour se déclare incompétente sur le délit imputé à Tessier, et ordonne qu'il sera sur-le-champ mis en liberté ».

Cet arrêt est transmis à la cour de cassation avec toutes les pièces sur lesquelles il a été rendu; et le 20 novembre 1807, le rapport en est fait par M. Guieu à la section criminelle.

« L'arrêt qui est soumis à votre examen (ai-je dit à la suite de ce rapport), est basé sur deux motifs qu'il faut bien distinguer : l'un, que, dans le fait, la prévention d'antidate reprochée au procès-verbal de

Pierre-Tessier, n'est pas suffisamment établie, l'autre, que, dans le droit, cette antitade ne peut pas constituer un Faux, parce que l'acte que l'on prétend en être entaché, n'est pas un vrai procès-verbal. Ce sont ces deux motifs que nous devons discuter.

» D'abord, en supposant que l'antidate reprochée au procès-verbal dont il s'agit, doive être considérée comme un Faux, la cour spéciale a-t-elle pu juger que la prévention n'en était pas assez bien établie pour qu'elle se déclarât compétente?

» Qu'elle n'ait pas pu le juger sans fermer les yeux à la lumière qui jaillissait de presque toutes les pièces de la procédure, c'est une vérité que l'on ne saurait méconnaître.—Sous le seul prétexte qu'il est possible que les douze témoins sur la déclaration desquels repose l'imputation de l'antidate, se soient trompés en prenant un pied cornier essence de charme pour un pied cornier essence de chêne, sous le seul prétexte qu'il est possible que dans les déclarations de ces douze témoins, on doive appliquer au pied cornier essence de charme, le fait articulé, précisé, circonstancié par eux tous, que le 24 décembre 1806, le pied cornier essence de chêne n'était pas encore démarqué, la cour spéciale se permet de dire que Pierre Tessier n'est pas suffisamment *prévenu* d'avoir faussement énoncé dans son procès-verbal, que le 24 décembre 1806, et même plusieurs jours auparavant, le pied cornier essence de chêne était dépouillé de sa marque. — Si elle disait qu'il n'en est pas suffisamment *convaincu* pour être condamné aux peines du Faux, cela se concevrait. Et en effet, s'il s'agissait, non de régler une procédure, mais de prononcer définitivement sur une procédure déjà réglée, il serait du devoir des magistrats de s'assurer par tous les moyens possibles, si les douze témoins se sont mépris ou non sur l'individualité de l'arbre qu'ils ont désigné dans leur déposition; il serait de leur devoir d'ordonner que les douze témoins fussent préalablement entendus sur les lieux par un commissaire délégué à cet effet, et en présence de l'accusé : il serait de leur devoir d'établir ensuite un débat contradictoire, dans lequel les témoins apporteraient les raisons, soit de douter, soit de se rétracter, soit de persévérer, qu'une nouvelle vue des lieux leur aurait fournies. — Mais lorsqu'il ne s'agit que de déclarer une simple prévention; lorsqu'il ne s'agit que de savoir s'il y a lieu d'instruire; lorsqu'il ne s'agit que de dire que si telle personne n'est pas encore convaincue, du moins elle n'est pas encore complètement justifiée; lorsqu'il ne s'agit que d'énoncer que des nuages obscurcissent encore la vérité et que de nouvelles recherches sont nécessaires, vouloir que la seule possibilité d'une méprise dans douze dépositions uniformes, suffise pour enchaîner la justice et autoriser, nécessiter la mise en liberté de l'individu que ces douze dépositions accusent hautement, c'est un système aussi révoltant par sa nouveauté qu'effrayant par ses conséquences.

» Et qu'on ne dise pas que si en jugeant de la sorte, la cour spéciale a mal jugé, elle n'a du moins violé aucune loi : qu'on ne dise pas qu'elle n'a fait en cela qu'user du droit qu'elle avait d'apprécier les charges du procès; qu'on ne dise pas que la cassation ne peut pas atteindre un arrêt sur le seul fondement qu'il a considéré comme détruites, des charges qui réellement conservent toute leur force.

» La cour spéciale n'a pas seulement mal jugé, elle a encore violé la loi de la manière la plus formelle. La loi lui ordonnait de se déclarer compétente, dans le cas où elle trouverait la prévention suffisamment établie. Or, tout en disant que la prévention n'était pas suffisamment établie, elle a tout dit ce qu'il fallait pour l'établir suffisamment; car elle a reconnu que douze témoins chargeaient Pierre Tessier. Et bien certainement reconnaître que douze témoins chargent Pierre Tessier, c'est reconnaître, c'est déclarer, c'est juger que Pierre Tessier est suffisamment prévenu pour qu'il y ait nécessité de le mettre en jugement. La cour spéciale a donc détruit elle-même sa propre assertion sur la prétendue insuffisance de la prévention. Son assertion est donc à cet égard comme non écrite.

» Et que sera-ce, Messieurs, si nous nous reportons à la partie de l'arrêt qui contient l'exposé des faits? Que sera-ce si nous considérons que, dans cette partie de l'arrêt, il est dit en toutes lettres, que Tessier ayant reconnu dans son dernier interrogatoire, « que la plus grande partie des ouvriers avec lesquels il s'était entretenu le 24 décembre, étaient assis dans le voisinage du pied cornier indiqué dans son procès-verbal; et qu'en conséquence, il a paru inutile de chercher à éclaircir davantage le doute qui avait semblé résulter de la méprise imputée par Tessier aux ouvriers entendus comme témoins »? Oh! assurément cette partie de l'arrêt levera toute équivoque : et comme elle ne peut pas être séparée du dispositif, comme l'arrêt ne se compose pas moins de l'exposé des faits qui le commence, que du dispositif qui le termine; comme l'arrêt est un dans toutes ses parties, il est clair qu'il se contredit lui-même sur le fait de la suffisance ou de l'insuffisance de la prévention; il est clair qu'en ordonnant la mise en liberté de Pierre Tessier sans instruction ultérieure, il a fait ce qu'il n'aurait pu faire qu'en établissant l'insuffisance de la prévention, et en l'établissant d'une manière franche, positive, sans ambiguité, sans contradiction.

» Mais si la cour spéciale a violé la loi, si elle a abusé de ses pouvoirs, dans le premier motif de son arrêt, ne peut-on pas du moins justifier son arrêt par le deuxième motif qui l'a déterminé? Ou, en d'autres termes, n'a-t-elle pas respecté la loi, ne s'est-elle pas conformée à son esprit, en décidant que l'antidate imputée au procès-verbal de Pierre Tessier, fût-elle constante, ne pourrait pas être poursuivie comme un crime de Faux? « Vous le savez, Messieurs, elle a fondé cette décision sur la nature même de l'acte contre lequel est dirigée l'imputation d'antidate. Cet acte, a-t-elle dit, quoique *qualifié procès-verbal d'avis, n'est qu'une simple note, écrite par Tessier sur un morceau de papier ayant déjà servi, n'ayant pas les caractères extérieurs d'un procès-verbal auquel foi doive être due, et n'étant pas revêtue de l'affirmation.*

» Et il faut convenir que si cet acte était présenté à la justice comme formant une preuve légale du délit qu'il énonce, la justice ne pourrait y avoir aucun égard, non pas précisément parce qu'il est écrit sur un papier libre, sur un papier qui a déjà servi (car aucune loi ne permet d'annuller un acte sujet au timbre, par la seule raison qu'il est ou sur papier libre ou sur papier timbré d'une dimension inférieure à celle qu'il devrait avoir), mais parce qu'il n'a pas été affirmé dans les vingt-quatre heures de sa rédaction, parce qu'il n'a pas été enregistré dans les quatre jours de sa date.

» Mais d'abord de ce qu'un acte est devenu nul *ex post facto*, par le défaut d'accomplissement des formalités qui devaient suivre sa rédaction, s'ensuit-il que si, dans sa rédaction même, il a été commis un Faux, ce Faux devra rester impuni? Et avancer, soutenir une conséquence aussi monstrueuse, ne serait-ce pas le comble de la déraison? Un huissier qui a commis un Faux dans son exploit, esquivera-t-il la peine due à son crime, en omettant de faire enregistrer cet exploit dans les quatre jours suivans? Coupable en écrivant son exploit, deviendra-t-il innocent par la contravention qu'il se permettra aux règles de son état? Non, pour juger s'il y a Faux dans un acte, c'est au moment de la rédaction de cet acte, que l'on doit se fixer; et les événemens postérieurs ne peuvent ni créer après coup dans cet acte un Faux qui n'existe pas, ni en effacer après coup le Faux qui y existe.

» Il y a plus : un acte pourrait être nul dans son principe, à défaut des formalités essentiellement prescrites dans sa rédaction, sans que pour cela l'officier qui l'a rédigé et qui y a commis un Faux, fût à l'abri des poursuites du ministère public. — C'est ainsi que pourrait et devrait être poursuivi et puni comme tel, le notaire qui, en recevant un testament hors la présence des témoins requis par la loi, omettrait d'y insérer la mention expresse, soit que le testateur le lui a dicté, soit qu'il l'a écrit lui-même, soit qu'après l'avoir écrit, il en a relu toutes les dispositions.

» Et il en serait de même d'un acte sous seing-privé qui, dans le cas où il doit être fait double à peine de nullité, n'aurait été écrit que sur une seule feuille. Un pareil acte, s'il était Faux, n'en devrait pas moins exciter les poursuites du vengeur public, que s'il était rédigé dans la forme à l'omission de laquelle la peine de nullité est attachée par la loi (1).

— La cour a même jugé, le 2 frimaire an 12, au rapport de M. Liborel, qu'une quittance non signée du créancier à qui on l'oppose, et que celui-ci peut neutraliser par sa seule dénégation d'avoir reçu la somme qu'elle énonce, peut et doit, lorsqu'elle est fausse, donner lieu contre son auteur aux poursuites et aux peines du Faux.

» Il importe donc peu que le procès-verbal de Pierre Tessier soit écrit sur papier libre, et qu'il n'ait été ni affirmé ni enregistré dans les délais fixés par la loi. Ni l'une ni l'autre de ces circonstances ne peuvent donc empêcher qu'on ne poursuive et qu'on ne punisse, s'il y a lieu, le Faux dont tout porte à croire qu'il est entaché.

» Eh! comment pourra-t-on en douter, lorsqu'on fera attention que si ce procès-verbal eût été, immédiatement après sa rédaction, déposé au secrétariat de la capitainerie de la forêt de Fontainebleau, le capitaine forestier eût pu enjoindre à Pierre Tessier de l'affirmer dans les vingt-quatre heures, et de le faire timbrer à l'extraordinaire et enregistrer dans les quatre jours? Dans cette hypothèse en effet, quel obstacle y aurait-il eu à ce que ce procès-verbal fît foi en justice, si l'on en eût découvert et constaté le Faux?

» Enfin, Messieurs, indépendamment du procès-verbal que Tessier est prévenu d'avoir antidaté, il y a encore une prévention bien caractérisée d'antidate, dans la mention que Tessier a faite de ce procès-verbal dans son registre d'ordre. — Ce registre, Tessier le tenait en vertu de l'obligation que lui en imposait la loi du 15 septembre 1791, tit. 4, art. 10; il le tenait par conséquent comme fonctionnaire public. A la vérité, ce procès-verbal ne pouvait, en aucun cas, être opposé à des tiers; mais il était destiné à former un titre authentique entre l'administration à laquelle appartenait Tessier, et Tessier lui-même. Tessier n'aurait donc pas pu y consigner une fausse date, sans se rendre coupable de Faux. Il doit donc être poursuivi comme prévenu de Faux, surtout dans la circonstance où il est soupçonné n'avoir été dirigé, en commettant le Faux prétendu, que par l'intention de nuire aux administrateurs locaux, dans l'esprit de l'administrateur général des forêts de la couronne.

» Ce n'est pas tout. Non-seulement la cour spéciale de Seine-et-Marne a violé la loi, en jugeant qu'il ne peut pas y avoir de Faux dans un acte du genre de celui dont il est ici question; non-seulement elle l'a violée en déclarant que la prévention du Faux n'était pas suffisamment établie, quoiqu'elle ait en même temps dit tout ce qu'il fallait pour l'établir; mais elle l'a encore violée (et c'est un point qui, bien qu'étranger aux motifs de son arrêt, n'en est pas

---

(1) C'est ce qui a été jugé par un arrêt du 4 septembre 1807, au rapport de M. Carnot.

Nicolas Stadtfeld, traduit en justice pour avoir volé un bloc de bois de charpente reposant sur la foi publique, a soutenu avoir légitimement acheté ce bloc, et a produit, pour le prouver, un certificat par lequel trois personnes l'attestaient ainsi. Parmi ces trois personnes, était le propriétaire même du bloc de charpente, et Nicolas Stadtfeld ne manquait pas de dire que, de la part de celui-ci, ce certificat équipollait à un acte de vente. L'instruction ayant découvert que les trois signatures apposées à ce certificat étaient fausses, Nicolas Stadtfeld et les trois signataires furent traduits, conformément à l'art. 2 de la loi du 23 floréal an 10, devant la cour spéciale du département de la Sarre, qui se déclara incompétente, attendu que le prétendu acte de vente produit par Stadtfeld, n'étant pas fait double, était nul; mais par l'arrêt cité, « attendu qu'il a été déclaré constant, en fait, par l'arrêt rendu par la cour de justice criminelle et spéciale du département de la Sarre, le 13 [illegible] dernier, sur la procédure instruite contre Nicolas Stadtfeld, Mathias Wallerath, Pierre Bavers et Mathias Steyer, que Stadtfeld a opposé pour défense à l'action qui lui était intentée à raison du vol d'un bloc de bois de charpente dont il était prévenu, un certificat portant que ledit bloc lui avait été vendu; que ce certificat, revêtu de la fausse signature des prétendus vendeurs, avait pour objet de justifier un délit dont ledit Stadtfed était légalement prévenu; que, dès-lors, il constituait un véritable crime de Faux dans le sens du Code pénal; la cour casse et annulle.... »

moins digne de toute votre attention), elle l'a encore violée par sa précipitation à juger sa compétence à l'égard de Pierre Tessier.

» Vous vous rappelez, Messieurs, que Pierre Tessier n'a pas figuré seul dans l'instruction qui a précédé l'arrêt que vous examinez en ce moment; que l'ex-garde général Bonnel y a figuré comme Pierre Tessier; qu'il y a même été fortement prévenu d'avoir provoqué Pierre Tessier à commettre le Faux dont il s'agit; qu'un mandat d'amener a été décerné contre lui; et qu'il a en conséquence subi un interrogatoire.

» Or, a-t-on pu, dans cet état de la procédure, la diviser, et statuer séparément sur le sort de Pierre Tessier? Dans tous les temps, dans tous les pays, la nécessité des choses a fait établir en principe, que les complices du même délit doivent, lorsqu'ils sont connus et sous la main de la justice, être poursuivis et jugés ensemble; et ce principe a été reconnu, proclamé par un grand nombre de nos lois, notamment par celle du 18 germinal an 4, laquelle, *considérant qu'il importe de ne point diviser les lumières qui peuvent établir la preuve de l'innocence d'un accusé, ou la conviction du crime*, ordonne que, lorsqu'à raison du même délit, il aura été dressé et admis plusieurs actes d'accusation, tous les accusés seront soumis au même débat. C'est encore sur ce principe que sont fondées les lois des 22 et 24 messidor de la même année, qui veulent que, lorsqu'un prévenu, justiciable par sa qualité, soit d'un conseil de guerre, soit de la haute-cour de justice, aura pour complice un particulier assujetti à la juridiction ordinaire, son complice soit jugé par le même tribunal que lui.

» Ce principe et les lois qui l'ont consacré parmi nous, ont été violés par l'arrêt de la cour spéciale de Seine-et-Marne, du 13 août dernier.

» Et vainement, a-t-on dit, dans son préambule, que la procédure avait été forcément suspendue à l'égard de Bonnel, par une indisposition qui lui était survenue après son interrogatoire. — D'une part, l'indisposition d'un prévenu n'est pas mise par la loi au nombre des causes qui doivent faire surseoir à une procédure criminelle, surtout en ce qui concerne les actes d'instruction auxquels sa présence n'est pas nécessaire. — D'un autre côté, s'il y avait des motifs légitimes de suspendre la procédure à l'égard de Bonnel, les mêmes motifs devaient nécessairement la faire suspendre aussi à l'égard de Tessier.

» Par ces considérations, nous estimons qu'il y a lieu de casser et annuller l'arrêt de la cour spéciale de Seine-et-Marne, du 13 août dernier ».

Arrêt du 20 novembre 1807, par lequel, « attendu, 1° que les faits reconnus constans par l'arrêt de la cour de justice criminelle spéciale du département de Seine-et-Marne, du 13 août 1807, étaient assez concluans pour autoriser les poursuites, et fonder la compétence de cette cour sur le délit dont Pierre Tessier était prévenu; que, si cette cour a pensé que les faits n'étaient pas suffisans pour opérer dès ce moment l'entière conviction de Pierre Tessier, ils l'étaient, du moins, pour motiver sa juste prévention, et pour rendre indispensable la recherche vigoureuse de la vérité; que les doutes que l'arrêt suppose exister, à raison des méprises que le voisinage de deux pieds corniers a pu produire dans les déclarations des témoins, en admettant que ces doutes ne soient pas détruits par l'exposé même de cet arrêt, loin qu'ils puissent justifier la décision rendue sur la compétence et la mise en liberté du prévenu, immédiatement prononcée, fournissaient un nouveau motif pour provoquer des mesures ultérieures et des vérifications qui, se liant à l'instruction du fond, rendaient par cela même d'autant plus nécessaire la décision de compétence qui devait amener cette plus ample instruction : attendu, 2° que les antidates et les réclamations mensongères, reconnues dans les actes d'un officier public, constituent le véritable crime de Faux; et qu'à cet égard, la seule existence d'un Faux semblable suffit pour fonder la compétence des cours spéciales, sans qu'il soit nécessaire d'apprécier, ni même d'examiner l'intention dans laquelle il a été commis, par la raison que le caractère et la présomption de volonté du crime sont toujours et essentiellement liés à un Faux de cette espèce; attendu, 3° que la forme matérielle d'un procès-verbal argué de Faux, ne peut avoir aucune influence sur le mérite de ces énonciations, d'autant plus qu'aucune loi n'a déterminé précisément la forme extérieure dans laquelle les agens forestiers doivent dresser leurs procès-verbaux; et que d'ailleurs, dans l'espèce, la même prévention de Faux était dirigée contre le registre tenu par Pierre Tessier, dans la forme voulue par les réglemens; attendu, 4° que le défaut d'affirmation d'un procès-verbal, qui n'est exigée par la loi que pour la validité à l'égard des tiers, ne peut en pallier le Faux à l'égard de celui qui en est l'auteur; et qu'il serait contraire à la raison et aux principes, que le défaut d'accomplissement de cette formalité accessoire, qui ne tient point à la substance de l'acte, mais seulement à ses effets légaux, pût devenir, en faveur d'un coupable, un moyen d'échapper à des poursuites que la seule existence du délit a autorisées à l'instant même où il a été commis; d'où il suit qu'en s'écartant de tous ces principes et en se déclarant incompétente pour connaître du délit dont Pierre Tessier était prévenu, la cour de justice criminelle spéciale de Seine-et-Marne a commis un véritable déni de justice, et a violé l'art. 2 de la loi du 23 floréal an 10; par ces motifs la cour casse et annulle... ».

§. XXV. 1° *Pour qu'il y ait Faux dans la supposition d'un acte authentique, est-il nécessaire que l'acte supposé ait toute la forme extérieure d'un acte vrai?*

2° *Quoiqu'il y ait Faux dans la confection et l'emploi d'une signature qui n'est pas celle de la personne de qui elle paraît être, est-il nécessaire que l'on ait cherché à imiter l'écriture de cette personne?*

I. Le nommé Pouydebat avait remis à Dubrana, conscrit, moyennant une promesse de 600 fr., une fausse dispense de service militaire, ainsi conçue : « Sur le rapport qui nous a été fait par Dubrana-Pierre, et comme constate le certificat du sieur Joubelet, chirurgien de la commune d'Antagnac, que le nommé ci-dessus est atteint d'une émoptisie très-forte depuis long-temps, et d'après les déclarations, il a été déclaré, à l'unanimité, hors d'état de porter les armes. En foi de quoi, lui avons donné le présent pour lui servir de réforme. A Agen, le 8 thermidor an 13. *Signé* Obert» et deux noms illisibles.—A cette pièce informe était apposé le cachet du capitaine de recrutement du département de Lot-et-Garonne.

Ce Faux ayant été découvert et dénoncé à la cour de justice criminelle et spéciale du même département, arrêt est intervenu, le 25 juillet 1806, par lequel cette cour est déclarée incompétente pour en connaître, « attendu que la seule lecture de la prétendue dispense délivrée à Dubrana, conscrit, sous la date du 8 thermidor an 13, suffit pour reconnaître qu'elle n'est rien moins que vraie, et qu'elle n'est point émanée, soit du conseil de recrutement de ce département, soit de toute autre autorité constituée.....; que, si la conduite de Pouydebat peut faire soupçonner, de sa part, un dol pratiqué dans l'objet d'abuser de la crédulité dudit Dubrana, et de lui escroquer de l'argent à l'aide de faux noms ou d'espérances chimériques, l'on n'y trouve pas des traces d'un fait portant les caractères du crime de Faux dont la connaissance est attribuée aux cours de justice criminelle et spéciale, par l'art. 2 de la loi du 23 floréal an 10; que, pour que ledit Pouydebat se fût rendu coupable d'un crime de Faux par la fabrication de la prétendue dispense de service du 8 thermidor an 13, il faudrait, ou qu'il eût en cela altéré la substance d'un acte émané du conseil de recrutement, ou qu'il eût prêté à cette prétendue dispense la dénomination, la forme et les signatures propres à faire croire que cette pièce était en effet le résultat d'une opération émanée dudit conseil; au lieu qu'il résulte de l'inspection même de cette dispense, qu'elle est conçue sans désignation d'aucune autorité qui l'ait accordée, et sans qualification donnée à aucun des trois individus dont les noms sont apposés au bas en forme de signatures, jusque-là même que, parmi ces trois signatures, il en est deux qui ne peuvent se déchiffrer, et que celle où on lit *Obert*, porte un nom entièrement inconnu dans la contrée; ainsi, cette pièce n'est autre chose qu'un chiffon et un passe-port incapable d'obtenir la moindre valeur et de produire aucun effet; qu'à la vérité, le prétendu certificat de dispense se trouve écrit sur une feuille de papier timbré, au bas de laquelle a été apposé le cachet du capitaine de recrutement de Lot-et-Garonne, sans doute pour faire illusion au nommé Dubrana, et pour obtenir plus facilement ou plus promptement de lui la récompense qu'il avait promise; mais qu'il n'a point été commis de Faux relativement au cachet qui a été reconnu par le capitaine de recrutement, pour être le même dont il se sert; qu'il n'y a pas non plus de Faux dans la teneur dudit certificat de dispense, puisqu'il ne s'y trouve aucun mot qui attribue ce certificat, soit au conseil de recrutement, soit à aucune autre autorité quelconque; que l'écrivain n'y parle qu'au nom de quelques êtres imaginaires dont les prétendues signatures mises au bas, sont illisibles ou n'appartiennent à aucune personne connue; en sorte que ces signatures devant être tenues pour non écrites et considérées comme si elles n'existaient pas, il faut nécessairement en dire autant du certificat qui les précède; que ce prétendu certificat sera, si l'on veut, l'ouvrage du mensonge et de l'imposture; mais qu'il ne paraît pas possible de l'envisager sous le rapport du crime de Faux, dès-lors que le fabricateur de cet écrit n'a détruit ni altéré la substance d'aucun acte, soit authentique, soit privé, ni n'a seulement imité, contrefait ou même mentionné dans cet écrit des noms ou des signatures appartenans à des fonctionnaires publics ou à des personnes privées ».

Mais cet arrêt ayant été transmis à la cour de cassation, cette cour l'a cassé le 11 décembre 1806, au rapport de M. Vergès, « attendu que, d'après les charges de la procédure, le nommé Pouydebat est prévenu d'avoir fabriqué une fausse dispense de service militaire en faveur de Dubrana, conscrit; — Qu'il est prévenu en outre d'avoir délivré cette fausse dispense de service audit Dubrana, et d'avoir reçu pour cet objet la somme de 600 fr.; — Considérant qu'il a été fait mention dans cette dispense, du certificat d'un officier de santé, et qu'on y a apposé trois signatures; que, quoiqu'il soit difficile de déchiffrer deux de ces signatures, et quoique les trois noms soient inconnus quant à présent, ces deux circonstances ne suffisent pas pour faire cesser la prévention du crime de Faux résultant des charges; qu'en effet, Pouydebat est même prévenu d'avoir apposé, sur cette fausse dispense, le cachet ordinaire du capitaine de recrutement, afin de parvenir à donner à cette pièce une apparence d'authenticité, et à égarer plus facilement l'opinion des personnes chargées de l'exécution des lois sur la conscription militaire; que par conséquent, sous le rapport du corps matériel du délit, et des circonstances de dol concomitantes qui font l'objet de la prévention, la compétence de la cour de justice criminelle spéciale du département de Lot-et-Garonne était légalement déterminée; que cette cour, en se déclarant incompétente, a violé les dispositions de l'art. 2 de la loi du 23 floréal an 10 ».

II. Le nommé Vincent Marinelli, dans le dessein d'escroquer au sieur Morini, aubergiste, des comestibles qu'il ne pouvait pas en obtenir à crédit sous son propre nom, lui présenta un billet qui paraissait écrit et signé du sieur François Caribaldi, dans la solvabilité duquel cet aubergiste avait pleine confiance.

Le Faux ayant été découvert, Vincent Marinelle fut traduit devant la cour spéciale extraordinaire de Rome, qui, par arrêt du 19 septembre 1811, ne le condamna qu'aux peines de l'escroquerie et le déchargea de celle du Faux en écriture privée, « attendu (dit-elle), qu'il n'est pas constant qu'en écrivant ce billet, il ait, ou altéré, ou imité, ou en aucune façon falsifié le caractère d'écriture de Caribaldi.

Le procureur-général de la cour impériale de Rome s'est pourvu en cassation contre cet arrêt, et a invoqué les lois qui décident que ce n'est pas comme escroquerie simple, mais comme crime de Faux proprement dit, que doit être punie l'escroquerie commise à l'aide d'un Faux en écriture.

Par arrêt du 29 novembre 1811, au rapport de M. Benvenuti, « attendu que, dans la législation du Code pénal de 1791, comme sous le régime du Code pénal de 1810, une fausse signature constitue nécessairement la contrefaçon d'une signature, parce que le crime de Faux ne saurait dépendre de la plus ou moins exacte imitation de la signature vraie; si conséquemment il y a contrefaçon de signature et crime de Faux toutes les fois qu'à dessein de nuire, il a été fabriqué la signature d'un nom qui n'appartient pas à celui qui a fait et employé cette signature; il ne peut néanmoins résulter de ce principe, dans l'espèce, une ouverture de cassation contre l'arrêt rendu le 19 octobre dernier, contre Vincent Marinelli, par la cour spéciale extraordinaire de Rome, puisque le fait qui forme l'objet de l'accusation, a eu lieu sous l'empire du Code du 3 brumaire an 4, et que cette cour a pu, dès-lors, faire l'application de l'art. 646 du Code, et ne prononcer en conséquence que des peines correctionnelles contre un crime qu'elle reconnaissait avoir été accompagné de circonstances qui en diminuaient la gravité, et le rendaient excusable; — D'après ces motifs, la cour rejette le pourvoi ».

On voit que, par cet arrêt, la cour de cassation a formellement improuvé le motif qui avait déterminé la cour spéciale extraordinaire de Rome à ne pas regarder le fait de Vincent Marinelli comme un crime de Faux.

§. XXVI. *Y a-t-il Faux en écriture, lorsqu'un faux certificat de maladie est fabriqué sous le nom d'un officier de santé, pour faire transférer un prisonnier de la maison d'arrêt où il est détenu, dans un hospice?*

La cour de justice criminelle et spéciale du département du Pas-de-Calais avait rendu sur cette question, le 12 mai 1807, un arrêt ainsi conçu: « la cour, considérant que le Faux dont il s'agit, consiste dans la fabrication, sous le nom d'un officier de santé, d'un certificat tendant à faire sortir le nommé André Debay de la prison où il était détenu, pour être transféré à l'hôpital, et y recevoir les secours nécessaires à son état de maladie; que ce certificat ne paraît pas porter les caractères de Faux prévus et punissables par le Code pénal; — Déclare ne pouvoir connaître et être incompétente de connaître du délit dont il s'agit ».

Mais par arrêt du 22 mai suivant, au rapport de M. Delacoste, « vu l'art. 456, n. 6, du Code des délits et des peines, et l'art. 2 de la loi du 23 floréal an 10; attendu que la prévention de fabrication d'un certificat, sous le nom d'un officier de santé, pour extraire un détenu des prisons, et le faire transférer dans un hospice, non seulement présentait le caractère d'un Faux matériel, mais encore celui d'un Faux commis méchamment et à dessein de soustraire un conscrit garde-côte, arrêté comme déserteur, à la poursuite et à la punition d'un délit qui intéresse le bien de l'État, et par conséquent *à dessein de nuire à autrui;* considérant qu'en se déclarant incompétente pour connaître de cette prévention de Faux, et en motivant cette déclaration d'incompétence sur ce que ce certificat, quoique faux, ne paraissait pas porter le caractère d'un Faux prévu et punissable par le Code pénal, cette cour a violé à la fois l'art. 2 de la loi du 23 floréal an 10, et l'article cité du Code pénal, et a contrevenu, par une fausse interprétaion de la loi qui règle sa compétence, à ce réglement; par ces motifs, la cour casse et annulle..... ».

Aujourd'hui, un Faux de cette nature ne pourrait plus être puni que correctionnellement. *V.* ci-après, sect. 3, l'art. 159 du Code pénal de 1810.

§. XXVII. *Peut-on poursuivre comme coupable de Faux, un ex-notaire et un notaire actuel, l'un pour avoir reçu et rédigé des actes; l'autre pour les avoir signés comme s'il les eût reçus lui-même?*

Cette question s'est présentée à la cour de justice criminelle et spéciale du département de la Stura, et y a été résolue négativement par un arrêt du 19 août 1806, ainsi conçu: — « Considérant qu'à l'égard de la culbabilité qu'on voudrait attribuer au sieur Morelli, juge de paix de Sampeyre, en ce qu'il rédigeait les minutes des contrats qu'il faitsait ensuite passer au sieur Saretti, notaire, pour leur donner l'authenticité; cette démarche ne contient rien de criminel, ni de défendu par la loi, et qu'il n'aurait servi en cette partie qu'en qualité de clerc rédacteur du sieur Saretti, notaire; et qu'ainsi son ministère matériel, en ce fait, ne porte aucun caractère ni qualité; et qu'au surplus il résulte des pièces; que Morelli rédigeait seulement le corps de l'acte que les parties entendaient faire, en laissant l'intitulation en blanc, ce qui ferait voir que même il n'aurait commis aucun Faux matériel; sa prétendue société avec le sieur Saretti, notaire, ne serait prohibée par aucune loi; considérant à l'égard du sieur Sarretti, notaire, qu'aucune des parties en faveur desquelles ledit Saretti a authentiqué les actes rédigés par M. Morelli, n'a porté de plaintes sur la vérité desdits actes; et que quoique même, on voudrait supposer que ces actes aient été authentiqués hors de la présence des parties et des témoins, cela pourrait constituer tout au plus un Faux matériel, mais ne pourrait aucunement établir que le Faux eût été commis méchamment et à dessein de nuire, d'autant plus que l'acte authentiqué parle toujours en faveur du notaire, en ce qu'il est à présumer qu'avant de mettre sa signature, il se soit assuré de la vérité de son contenu, ce qui est nécessaire pour donner lieu à des poursuites criminelles; et d'ailleurs la loi, et notamment celle du 25 ventose an 11, n'ordonne nulle part que les notaires doivent mettre leur signature en présence des parties et des témoins; — Par ces considérations, la cour déclare qu'en l'état des pièces, il n'y a lieu à aucune poursuite contre les sieurs Morelli, juge de paix de Sampeyre, et Saretti, notaire..... ». — Recours en cassation de la part du substitut du procureur-général de la cour de la Stura; mais par arrêt du 7 novembre 1806, au rapport de M. Vermeil, « considérant que l'arrêt attaqué ne contient aucune contravention directe à la loi, rejette le pourvoi du substitut du procureur-général impérial, près la cour de justice criminelle spéciale séante à Coni, sauf à lui à prendre telle autre voie qu'il appartiendra contre le genre d'abus qui a donné lieu à la poursuite contre Morelli, juge de paix, et Barelli, son greffier..... ».

§. XXVIII. *Y a-t-il Faux de la part de celui qui, pour faire revivre des billets de banque retirés de la circulation et frappés d'un timbre indiquant qu'ils sont annullés, en fait disparaître ce timbre par des procédés chimiques?*

En vendémiaire an 14, la banque de France prend la résolution de retirer tous ceux de ses anciens billets qui rentreront dans ses caisses, et de leur faire à cet effet appliquer, en présence des porteurs qui viendront les changer contre des écus, un timbre portant le mot *annullé*, en attendant qu'on puisse en établir le compte et les brûler. — Cette résolution est exécutée. Mais bientôt on s'aperçoit qu'une partie des billets frappés du timbre d'annullation, a été volée; et quelque temps après, il en est présenté plusieurs à la banque, du corps desquels une main coupable a fait disparaître le mot *annullé*. — Le nommé Jean Cabourdin, prévenu de ces délits, est arrêté et traduit devant la cour de justice criminelle et spéciale du département de la Seine, qui, par arrêt du 5 décembre 1807, « considérant que les délits dont est prévenu ledit Cabourdin, sont du nombre de ceux dont la connaissance est attribuée spécialement à la cour par les lois des 23 floréal an 10, 14 et 15 germinal an 11, et par celle du 23 ventose an 12, se déclare compétente pour juger le procès en falsification instruit contre Jean Cabourdin, prévenu d'avoir falsifié des billets de la banque de France, précédemment émis par elle, mais retirés de la circulation et frappés d'un timbre d'annullation, et, par ledit Cabourdin, enlevant et faisant disparaître, au moyen du lavage et d'eaux corrosives, de dessus nombre desdits billets qu'il avait dérobés, les signes d'annullation dont ils s'étaient trouvés frappés, en les remettant en circulation et s'en appropriant les produits, et en soumettant ainsi la banque aux risques et à l'obligation d'en acquitter de nouveau le montant à leur présentation ».

Jean Cabourdin se pourvoit en cassation contre cet arrêt; et voici comment il établit ses moyens :

« Quel est le véritable caractère du fait? c'est un vol commis dans l'intérieur d'une maison habitée, par un individu qui était habituellement reçu dans cette maison, pour y faire un travail salarié. — C'est, si on l'aime mieux, la destruction d'un titre emportant libération, pour demander une seconde fois le payement du titre obligatoire. — Les cours de justice criminelle et spéciale ne comptent pas ces délits parmi ceux que la loi leur a soumis, ils sont dans le domaine de la police correctionnelle. La cour de justice criminelle et spéciale du département de la Seine, s'est donc mal à propos déclarée compétente. — Si l'exposant s'était fait illusion sur la qualification des faits dont il s'est avoué coupable; si la cour de cassation voyait un Faux dans ce qui a été fait, au moins ne pourrait-elle pas s'empêcher de casser l'arrêt de compétence, sous le rapport de l'application de la loi du 24 germinal an 11? — L'art. 36 de cette loi est ainsi conçu : *Les fabricateurs de faux billets, soit de la banque de France, soit des banques de département, et les falsificateurs des billets émis par elles, seront assimilés aux faux monnayeurs, poursuivis, jugés et condamnés comme tels.* L'art. 5 de la loi du 14 germinal même année, porte : *Les auteurs, fauteurs et complices de l'altération et de la contrefaçon des monnaies nationales, seront punis de mort.* C'est à ces lois que la cour spéciale de la Seine a rapporté la prévention élevée contre l'exposant, pour établir sa compétence. — L'exposant soutient qu'il y a erreur : il n'a point fabriqué de faux billets de banque; ceux dont il a fait usage avaient été des billets vrais. Il n'a point falsifié des billets de banque. — 1° Falsifier un billet de banque, ne peut s'entendre que du Faux commis pour augmenter la somme dont il est le titre légal, pour substituer, par exemple, les mots *deux mille francs* à ceux de *mille francs*. — 2° L'exposant n'a point falsifié des billets de banque; ceux sur lesquels il a opéré, avaient cessé d'être des billets de banque. — 3° Il n'a falsifié aucun des mots, aucun des signes, aucun des caractères qui constituent le billet de banque; il les a tous, au contraire, soigneusement conservés. — Il a enlevé un mot qui n'appartient point essentiellement au billet de banque, qui lui avait été appliqué pour le faire cesser d'être billet de banque. — Le mot *annullé*, mis sur un billet de banque, n'appartient pas plus à l'essence de ce billet, qu'un boulet de canon n'appartient au corps qu'il vient de priver de la vie. — L'exposant a ôté du billet de banque, la quittance, le mot libératoire, dans l'intention de le faire payer une seconde fois par la banque. — C'est véritablement un vol, c'est la destruction de la quittance du billet, mais ce n'est que cela ».

Par arrêt du 19 décembre 1807, au rapport de M. Oudot « attendu que le délit dont est prévenu Jean Cabourdin, est une altération de billets de banque annullés en grattant et détruisant le mot *annullé*, dans le dessein de les remettre en circulation et de s'en approprier le montant; que cette altération constitue un crime de Faux à dessein de nuire à autrui; et que la cour de justice criminelle spéciale a fait une juste application de la loi du 23 floréal an 10; — La cour rejette la demande en cassation de Jean Cabourdin, confirme l'arrêt de compétence du 5 décembre présent mois ».

§. XXIX. *Peut-on poursuivre et punir comme coupable de Faux, celui qui, pour sa défense dans un procès, a fait emploi d'une pièce vraie dans une de ses parties et fausse dans l'autre, mais qui ne s'est prévalu que de la partie vraie?*

Le 13 janvier 1776, la veuve Poligny est nommée tutrice honoraire de sa fille mineure. Par le même acte, le sieur Goguely est nommé tuteur onéraire. — L'un et l'autre prêtent serment le même jour; et le tout est constaté par un procès-verbal du lieutenant général du bailliage de Besançon.

Le 15 janvier 1779, arrêt du parlement de Besançon qui prononce des condamnations contre la demoiselle Poligny, représentée par sa mère, au profit du sieur Brossia.

En l'an 3, la demoiselle Poligny, devenue dame

de Vauban, prend contre cet arrêt une requête civile qu'elle fonde sur l'irrégularité de la procédure, irrégularité qu'elle fait résulter de ce que sa mère n'étant que sa tutrice honoraire, n'avait pas pu ni la représenter, ni la défendre valablement; et pour prouver qu'en effet sa mère n'était que sa tutrice honoraire, elle produit une expédition du procès-verbal de dation de tutelle : mais cette expédition; qui est délivrée comme intégrale, ne contient, dans le fait, que la première partie du procès-verbal du 13 janvier 1776, c'est-à-dire, la délibération des parens.

Le 15 prairial an 3, jugement du tribunal du district de Poligny, qui entérine la requête civile, non-seulement d'après le moyen que la dame de Vauban avait fait valoir, mais encore par la considération que, de l'expédition produite par elle, il sortait une preuve négative que la tutrice honoraire n'avait pas été confirmée par le juge, et n'avait pas prêté serment.

Ce jugement est déféré à la cour de cassation, comme basé sur un fait faux; et à l'appui de ce moyen, on produit une expédition complète du procès-verbal du 13 janvier 1776; ou, en d'autres termes, on prouve que la dation de tutelle a été confirmée par le juge, et que la tutrice honoraire a prêté serment entre ses mains.

Le défenseur de la dame de Vauban, pour écarter ce moyen, représente l'expédition déjà produite devant le tribunal de Poligny, et soutient que cette expédition doit, jusqu'à inscription de Faux, faire foi qu'il n'y a eu ni confirmation judiciaire de la délibération des parens, ni prestation de serment.

Le 3 nivose an 5, la demande en cassation est rejetée, sur le fondement qu'un jugement en dernier ressort ne peut pas être cassé, mais seulement rétracté par requête civile, lorsqu'il a été rendu sur pièces fausses.

Le 17 floréal an 12, le sieur Brossia rend contre la dame de Vauban une plainte en Faux. Il y expose qu'un Faux a été commis à son préjudice, en ce que dans l'expédition du procès-verbal de dation de tutelle du 13 janvier 1776, on a supprimé la seconde partie de ce procès-verbal, et que la dame de Vauban a fait usage de cette fausse expédition, tant devant le tribunal du district de Poligny, qui s'en est aidé pour motiver l'entérinement de la requête civile, que devant la cour de cassation.

Sur cette plainte, la dame de Vauban est traduite devant la cour de justice criminelle et spéciale du département du Doubs, qui, par arrêt du 29 thermidor an 12, se déclare compétente pour la juger.

Le 28 fructidor suivant, cet arrêt est cassé, par des motifs que nous retracerons ci-après, sect. 2, §. 4; et l'affaire est renvoyée devant la cour de justice criminelle et spéciale du département du Jura.

Le 21 germinal an 13, celle-ci se déclare également compétente, sur le fondement qu'il y a, contre la dame de Vauban, prévention d'avoir fait usage en justice d'une fausse expédition du procès-verbal du 13 janvier 1776.

Mais par arrêt du 18 prairial suivant, au rapport de M. Lachèse, — « Attendu que l'expédition arguée de Faux n'étant pas représentée, elle ne doit être appréciée que par les pièces qui peuvent servir à constater l'objet de sa forme et l'emploi qui en a été fait; que la prévention de Faux ne peut s'établir que par ce qu'il y a eu de personnel à l'accusé dans cette forme et dans cet emploi; que dans l'espèce, les deux pièces fondamentales et même invariables, d'après l'art. 31, tit. 35, de l'ordonnance de 1667, de l'action en requête civile exercée par la dame de Vauban, établissent que si elle avait fait emploi de l'expédition de l'acte de tutelle, du 13 janvier 1776, c'était dans l'unique but de prouver que sa mère n'était que sa tutrice honoraire, et qu'il lui avait été nommé un tuteur onéraire chargé de l'administration; qu'une expédition partielle de cet acte de tutelle a pu, dans cette vue, être restreinte à la partie contenant la nomination, par les parens de la veuve Poligny, pour tutrice honoraire, et du sieur Goguely pour tuteur onéraire, sans que l'omission du surplus de l'acte, abstraction faite de sa division matérielle sur le registre, eût pu faire suspecter d'infidélité ou de mauvaise foi, soit l'expéditionnaire, soit le provocateur de cette expédition; que, si le tribunal de Poligny a, au mépris des dispositions de l'ordonnance citée, cherché, hors du cercle dans lequel la consultation et le libelle de la requête civile avaient concentré l'emploi de l'expédition dont il s'agit, un motif pris de la non-confirmation du juge n'étant point établi dans la procédure que la dame de Vauban eût abandonné son motif pour ne s'attacher qu'à celui-là, il ne peut résulter du fait des juges une imputation de Faux contre elle; qu'on ne peut pas non plus la faire résulter des écrits fournis pour sa défense en l'an 5, devant le tribunal de cassation, son défenseur n'ayant fait que partager le fait des premiers juges, et s'étant écarté de l'ordre fondamental de défense de sa cliente, pour reproduire un système de faits contredit par la production faite par les agens du fisc, système de faits qui, d'ailleurs, étant étranger aux attributions du tribunal de cassation, ne pouvait avoir aucune influence sur l'arrêt qu'il avait à rendre, et dès-lors ne pouvait jamais y former la matière d'une prévention de Faux. La cour casse et annulle.... ».

§. XXX. *Y a-t-il Faux en écriture, de la part de celui qui ayant en dépôt une lettre de change protestée faute de payement, et que les parties intéressées étaient convenues de regarder comme nulle, en supprime le* pour acquit, *et met à la place un endossement au moyen duquel il la fait revivre.*

V. Lettre *et* Billet de change, §. 7.

§. XXXI. *Y a-t-il Faux en écriture, de la part de celui qui, postérieurement à la faillite d'un débiteur de billets négociables endossés en blanc, remplit et antidate les endossemens de ces effets?*

« Devolder était prévenu d'avoir commis le crime de Faux, à dessein de nuire à autrui, en remplissant au profit d'Imbert Massy, et en antidatant postérieurement à la faillite de Nuevens, les ordres en blanc de six traites dont Tort de la Sonde était débiteur envers ledit Nuevens. Il était prévenu d'avoir commis ce Faux, afin d'empêcher Tort de la Sonde qui était débiteur de ces traites, de se prévaloir contre le tiers porteur des exceptions dont il aurait pu se prévaloir contre Nuevens ou contre les créanciers à la faillite. Il était prévenu d'avoir, à tout événement, commis ce Faux, afin de préjudicier à la masse des créanciers de Nuevens. La cour de justice criminelle spéciale du département de la Dyle s'était néanmoins déclarée incompétente pour connaître de ce crime. — Violation des régles de compétence établies par l'art. 2 de la loi du 23 floréal an 10. — L'arrêt de cassation (du 6 avril 1809) est ainsi conçu :

» Ouï le rapport de M. Vergès......... ; vu l'art. 456, n. 6, du Code des délits et des peines du 3 brumaire an 4, l'art. de la loi du 23 floréal an 10; considérant qu'il résulte de l'instruction, que Nuevens père avait encore en son pouvoir, à l'époque de sa faillite, les six traites dont s'agit au procès par lui tirées dans le temps à son ordre sur Tort de la Sonde qui les avait acceptées; qu'il resulte aussi de l'instruction, que ces traites n'avaient jamais été protestées, et qu'il n'avait été fait aucune poursuite par Nuevens contre Tort de la Sonde; que Jean-François Devolder est prévenu, après s'être procuré ces traites, d'avoir rempli et antidaté les ordres en blanc, en faveur d'Imbert Massy qui s'en est prévalu contre Tort de la Sonde postérieurement à la faillite de Nuevens; que par l'effet de ces antidates, il a été donné à ces endossemens des dates antérieures à la faillite de Nuevens, et même aux échéances de certaines de ces traites; que néanmoins la cour de justice criminelle spéciale du département de la Dyle s'est déclarée incompétente pour connaître du crime de Faux imputé audit Devolder, sous prétexte qu'il résultait de la combinaison de l'art. 26 du tit. 5, de l'ordonnance de 1673, avec l'article 9 du même titre, que les Faux dont il est fait mention dans ces deux articles, pouvaient exister sans qu'il existât un crime de Faux; considérant qu'il suffit au contraire que la peine de Faux soit exprimée dans les deux articles, pour que les Faux qui y sont prévus, constituent le crime de Faux, lorsque ces faits ont eu lieu méchamment et à dessein de nuire à autrui; que cette cour s'est fondée en outre sur ce qu'en supposant que Devolder fût l'auteur de ces endossemens et de ces antidates, il n'existait dans la procédure aucun indice à la charge de Devolder, quant à l'intention de préjudicier, soit aux créanciers Nuevens, soit à Tort de la Sonde; qu'avant de s'occuper de la moralité de l'action, ladite cour aurait dû déclarer si Devolder était ou non prévenu des faits qui lui étaient imputés, sauf à en apprécier ensuite le caractère; que cette cour s'est fondée enfin sur ce que les endossemens n'avaient pas été mis au profit de Devolder, mais au profit d'Imbert Massy; que cette cour a induit de là que Devolder n'avait eu aucun intérêt à cette affaire; qu'il résulte au contraire de l'instruction, que Devolder est prévenu d'avoir mis ces effets dans les mains d'un tiers porteur, à l'aide de ces endossemens ainsi antidatés, afin d'empêcher Tort de la Sonde de se prévaloir des exceptions qu'il aurait pu avoir à opposer soit à Nuevens, soit au commissaire de la masse des créanciers de la faillite; qu'à tout événement, et en supposant que Tort de la Sonde eût été définitivement débiteur de ces effets il aurait été préjudicié, à l'aide de ces endossemens ainsi antidatés, à la masse des créanciers du Nuevens; enfin, qu'il n'est pas nécessaire que le crime de Faux ait été commis dans l'intention d'en profiter personnellement; qu'il suffit que le Faux ait été commis dans l'intention de nuire à autrui; que par conséquent ladite cour, en se déclarant incompétente pour connaître du crime de Faux que Devolder est prévenu d'avoir commis méchamment et à dessein de nuire à autrui, a violé les règles de compétence établies par l'art. 2 de la loi du 23 floréal an 10; la cour, sans s'arrêter ni avoir égard au pourvoi formé par Tort de la Sonde, dans lequel il est déclaré non-recevable à défaut de qualité, casse et annulle l'arrêt d'incompétence rendu, le 8 février 1809, par la cour de justice criminelle spéciale du département de la Dyle.... ». (*Bulletin criminel de la cour de cassation*).

§. XXXII. *Peut-on poursuivre, comme faussaire un huissier qui, dans un état de vacations faites pour le compte du gouvernement, suppose des vacations qu'il n'a réellement pas faites, sans néanmoins employer à l'appui aucune pièce fausse ?*

Cinq huissiers du tribunal de première instance de Sienne ayant fait viser par le procureur impérial et déclarer exécutoire par le président de ce tribunal un état de vacations qu'ils avaient faites pour le compte du gouvernement, il fut reconnu que onze des articles de cet état étaient entièrement supposés. En conséquence, ces huissiers furent traduits devant la cour de justice criminelle du département de l'Ombrone qui, trouvant dans la conduite de ces officiers *un crime de Faux en pièce de comptabilité intéressant le trésor public*, les renvoya, conformément à la loi du 2 floréal an 11, devant la cour spéciale du département de la Seine.

Mais par arrêt du 7 septembre 1810, au rapport de M. la Sagni; « vu l'art. 1 de la loi du 2 floréal an 11, et l'art. 456 de la loi du 3 brumaire an 4 attendu que, suivant la disposition de ladite loi du 2 floréal an 11, la cour de justice criminelle du département de la Seine doit connaître, exclusivement à tous autres tribunaux, des seuls crimes de Faux spécifiés dans la même loi, et nullement d'autres espèces de crimes commis hors de son ressort, quoique d'ailleurs ils apportent du préjudice et des dommages au trésor public; que, dans l'état présenté par les huissiers du tribunal de première instance de Sienne il n'a été fait usage d'aucune qualité, signature ou pièce fausse; mais qu'il y a seulement été fait de simples fausses énonciations, relativement à quelques-uns des articles y portés; d'où il suit que ledit état ne présente aucun caractère réel de *Faux*, et que, si l'on peut y reconnaître des caractères d'escroquerie, de tentative de vol, et même de vol au préjudice du trésor public, la connaissance de pareils crimes ou délits appartient aux tribunaux ordinaires; d'où il suit ultérieurement, qu'en se dépouillant de la connaissance desdits crimes, et en renvoyant les prévenus devant la cour de justice criminelle du département de la Seine, la cour de justice criminelle du département de l'Ombrone a faussement appliqué la loi du 2 floréal an 11, et violé les règles de compétence établies par la loi; par ces motifs la cour casse et annulle... ».]]

Sect. II. *De la procédure qui doit être observée à l'égard du crime de Faux.*

Le Faux, considéré du côté de la procédure, se divise en Faux principal et en Faux incident.

Le Faux principal est ainsi appelé, parce qu'il commence par une plainte ou accusation principale, comme pour les autres crimes; au lieu que le Faux incident commence par une inscription en Faux que forme l'une des parties contre une pièce prétendue fausse, produite dans une instance par l'autre partie qui veut en tirer avantage.

Il suit de cette distinction, que la plainte en Faux principal doit être adressée au juge criminel, et que la poursuite de Faux incident doit se faire par devant le juge civil saisi de l'instance dans laquelle est incidemment survenue la demande en inscription de Faux.

[[On trouvera à l'article *Inscription de Faux*, tout ce qui concerne le Faux incident. Nous ne nous occuperons ici que du Faux principal.

§. I. *Idée générale des lois sur la poursuite du Faux principal. Disposition du Code d'instruction criminelle de.* 1808 *sur cette matière.*

I. La poursuite du Faux principal a été successivement réglée par le tit 9 de l'ordonnance de 1670, par le premier titre de l'ordonnance du mois de juillet 1737, par les tit. 12 et 13 de la deuxième partie de la loi du 16 septembre 1791, par le tit. 14 du liv. 2 du Code des délits et des peines du 3 brumaire an 4, par la loi du 23 floréal an 10, par la loi du 2 floréal an 11, par le Code d'instruction criminelle de 1808, et par la loi du 20 avril 1810.

II. Les dispositions de l'ordonnance de 1670 sur cette matière, ont été entièrement abrogées, ou plutôt remplacées et perfectionnées par celles de l'ordonnance de 1737.

III. Celles de l'ordonnance de 1737 ont été abrogées par la loi du 16 septembre 1791; mais elles ne l'ont été que pour les procédures qui n'étaient pas commencées à l'époque de l'installation des tribunaux criminels créés par cette loi; et elles ont continué, jusqu'à la publication de la loi du 23 floréal an 10, de régler les procédures qui avaient été commencées avant cette installation. Ainsi l'avait voulu l'art. 7 de la loi du 13 janvier 1792.

IV. Quant aux dispositions de la loi du 16 septembre 1791, elles ont été refondues dans le Code du 3 brumaire an 4.

Suivant ces deux lois, la première instruction dans la poursuite du Faux, ne devait être faite par les juges de paix que dans les villes dont la population était au moins de 40,000 habitans; partout ailleurs, elle était réservée au directeur du jury.

Le prévenu devait être traduit devant un jury spécial d'accusation; et l'accusé devait l'être devant un jury spécial de jugement.

De ces deux particularités, la première a été abrogée par la loi du 7 pluviose an 9 (*V. Directeur du Jury*): la seconde l'a été par l'art. 2 de la loi du 23 floréal an 10, qui a délégué à des tribunaux spéciaux la connaissance immédiate des crimes de Faux, sans le concours de jury, soit d'accusation, soit de jugement.

Mais il y avait cette différence entre l'une et l'autre abrogation, que celle-là était indéfinie, au lieu que celle-ci était limitée au temps que devaient subsister les tribunaux spéciaux, c'est-à-dire, jusqu'à deux ans après le rétablissement de la paix générale. La loi du 2 floréal an 11, n'avait pour objet que les Faux qui intéressaient le trésor public. Les dispositions en sont rappelées ci-dessus, sect. 1, §. 12 et 13.

Du reste, cette loi et celle du 23 floréal an 10 n'avaient dérogé temporairement au Code du 3 brumaire an 4, qu'en ce qui concernait la procédure par jurés.

V. Le Code d'instruction criminelle de 1808 abroge, art. 553 et 554, la disposition de la loi du 23 floréal an 10 qui attribuait aux cours spéciales la connaissance tant des crimes de Faux en écriture, que de la contrefaçon ou altération des sceaux et des timbres de l'État, ainsi que des marques apposées au nom du gouvernement sur des marchandises; et ne maintient que celle qui leur attribuait la connaissance du crime de fausse monnaie.

Il fait au surplus revivre, avec quelques légers changemens, les règles particulières que le Code du 3 brumaire an 4 avait tracées pour l'instruction et le jugement des crimes de Faux en général. Voici ses termes.

« Art. 448. Dans tous les procès pour Faux en écriture, la pièce arguée de Faux, aussitôt qu'elle aura été produite, sera déposée au greffe, signée et paraphée à toutes les pages par le greffier, qui dressera un procès-verbal detaillé de l'état materiel de la pièce, et par la personne qui l'aura déposée, si elle sait signer, ce dont il sera fait mention; le tout à peine de cinquante francs d'amende contre le greffier qui l'aura reçue sans que cette formalité ait été remplie.

» 449. Si la pièce arguée de Faux est tirée d'un dépôt public, le fonctionnaire qui s'en dessaisira, la signera aussi et la paraphera comme il vient d'être dit, sous peine d'une pareille amende.

» 450. La pièce arguée de Faux sera de plus signée par l'officier de police judiciaire et par la partie civile ou son avoué, si ceux-ci se présentent. — Elle le sera également par le prévenu, au moment de sa comparution. — Si les comparans ou quelques-uns d'entre eux ne peuvent pas ou ne veulent pas signer, le procès-verbal en fera mention. — En cas de négligence ou d'omission, le greffier sera puni de cinquante francs d'amende.

» 451 Les plaintes et dénonciations en Faux pourront toujours être suivies, lors même que les pièces qui en sont l'objet, auraient servi de fondement à des actes judiciaires ou civils.

» 452. Tout dépositaire public ou particulier de pièces arguées de Faux est tenu, sous peine d'y être contraint par corps, de les remettre, sur l'ordonnance donnée par l'officier du ministère public ou par le juge d'instruction. — Cette ordonnance et l'acte de dépôt lui serviront de décharge envers tous ceux qui auront intérêt à la pièce.

« 453. Les pièces qui seront fournies pour servir de comparaison, seront signées et paraphées, comme il est dit aux trois premiers articles du présent chapitre pour la pièce arguée de Faux, et sous les mêmes peines.

» 454. Tous dépositaires publics pourront être contraints, même par corps, à fournir les pièces de comparaison qui seront en leur possession : l'ordonnance par écrit et l'acte de dépôt leur serviront de décharge envers ceux qui pourraient avoir intérêt à ces pièces.

» 455. S'il est nécessaire de déplacer une pièce authentique, il en sera laissé au dépositaire une copie collationnée, laquelle sera vérifiée sur la minute ou l'original par le président du tribunal de son arrondissement, qui en dressera procès-verbal; et si le dépositaire est une personne publique, cette copie sera par lui mise au rang de ses minutes, pour en tenir lieu jusqu'au renvoi de la pièce, et il pourra en délivrer des grosses ou expéditions, en faisant mention du procès-verbal. — Néanmoins, si la pièce se trouve faire partie d'un registre de manière à ne pouvoir en être momentanément distraite, le tribunal pourra en ordonnant l'apport du registre, dispenser de la formalité établie par le présent article.

» 456. Les écritures privées peuvent aussi être produites pour pièces de comparaison, et être admises à ce titre, si les parties intéressées les reconnaissent. — Néanmoins les particuliers qui, même de leur aveu, en sont possesseurs, ne peuvent être immédiatement contraints à les remettre; mais si, après avoir été cités devant le tribunal saisi pour faire cette remise, ou déduire les motifs de leur refus, ils succombent, l'arrêt ou le jugement pourra ordonner qu'ils y seront contraints par corps.

» 457. Lorsque les témoins s'expliqueront sur une pièce du procès, ils la parapheront et la signeront; et s'ils ne peuvent signer, le procès-verbal en fera mention.

» 458. Si, dans le cours d'une instruction ou d'une procédure, une pièce produite est arguée de Faux par l'une des parties, elle sommera l'autre de déclarer si elle entend se servir de la pièce.

» 459. La pièce sera rejetée du procès, si la partie déclare qu'elle ne veut pas s'en servir, ou si, dans le délai de huit jours, elle ne fait aucune déclaration, et il sera passé outre à l'instruction et au jugement. — Si la partie déclare qu'elle entend se servir de la pièce, l'instruction sur le Faux sera suivie incidemment devant la cour ou le tribunal saisi de l'affaire principale.

» 460. Si la partie qui a argué de Faux la pièce, soutient que celui qui l'a produite, est l'auteur ou le complice du Faux; ou s'il résulte de la procédure que l'auteur ou le complice du Faux soit vivant, et la poursuite du crime non éteinte par la prescription, l'accusation sera suivie criminellement dans les formes ci-dessus prescrites. — Si le procès est engagé au civil, il sera sursis au jugement jusqu'à ce qu'il ait été prononcé sur le Faux. — S'il s'agit de crimes, délits ou contraventions, la cour ou le tribunal saisi est tenu de décider préalablement, et après avoir entendu l'officier chargé du ministère public, s'il y a lieu ou non à surseoir.

» 461. Le prévenu ou l'accusé pourra être requis de produire et de former un corps d'écriture; en cas de refus ou de silence, le procès-verbal en fera mention.

» 462. Si une cour ou un tribunal trouve dans la visite d'un procès, même civil, des indices sur un Faux et sur la personne qui l'a commis, l'officier chargé du ministère public ou le président transmettra les pièces au substitut du procureur général près le juge d'instruction, soit du lieu où le délit paraîtra avoir été commis, soit du lieu où le prévenu pourra être saisi, et il pourra même délivrer le mandat d'amener.

» 463. Lorsque des actes authentiques auront été déclarés Faux, en tout ou en partie, la cour ou le tribunal qui aura connu du Faux, ordonnera qu'ils soient rétablis, rayés ou réformés, et du tout il sera dressé procès-verbal. — Les pièces de comparaison seront renvoyées dans les dépôts d'où elles auront été tirées, ou seront remises aux personnes qui les auront communiquées, le tout dans le délai de quinzaine à compter du jour de l'arrêt ou jugement à peine d'une amende de cinquante francs contre le greffier.

» 464. Le surplus de l'instruction sur le Faux se fera comme sur les autres délits, sauf l'exception suivante : — Les présidens des cours d'assises ou spéciales, les procureurs généraux ou leurs substituts, les juges d'instruction et les juges de paix, pourront continuer, hors de leur ressort, les visites nécessaires chez les personnes soupçonnées d'avoir fabriqué, introduit, distribué de Faux papiers nationaux, de faux billets de la banque de France ou des banques de département. — La présente disposition a lieu également pour le crime de fausse monnaie ou de contrefaçon du sceau de l'Etat ».

VI. La loi du 2 floréal an 11, rappelée ci-dessus, n. 4, qui paraissait avoir été abrogée par le Code d'instruction criminelle de 1808, est remise en vigueur par l'art. 33 de la loi du 20 avril 1810.]]

§. II. 1° *Le juge du lieu où une pièce fausse sous seing-privé énonce qu'il en a été fait usage, peut-il, après avoir commencé une procédure contre le prévenu, la renvoyer devant le juge du domicile de celui-ci?*

2° *Le juge du lieu où il a été fait usage d'une pièce fausse, peut-il s'abstenir de connaître du procès, sous le prétexte que le lieu où elle a été fabriquée est connu ?*

I. Une lettre de change de 6,000 francs, *qui paraissait* tirée à l'ordre de Charles Simon sur Zendel de Lyon, par Motta et compagnie de Neufchâtel, a été arguée de Faux par ces derniers. Comme elle avait été endossée par Blockblun et Borelly-Leger, et que les endossemens étaient datés de Paris, Motta et compagnie ont porté leur plainte en Faux devant la cour de justice criminelle et spéciale du département de la Seine. — Par arrêt du 5 pluviose an 12, cette cour s'est déclarée incompétente et a renvoyé la plainte devant la cour de justice criminelle et spéciale du département de la Côte-d'Or : elle s'est fondée, pour prononcer ainsi, sur le fait que Borelly-Leger était domicilié à Dijon, que c'était par conséquent à Dijon qu'il devait être présumé avoir mis son endossement à la lettre de change, et que cet endossement étant sous seing-privé, ne faisait point foi de sa date quant au lieu où il énonçait avoir été souscrit. — Mais cet arrêt ayant été transmis à la cour de cassation, elle l'a cassé le 11 ventose de la même année, au rapport de M. Aumont, « attendu que l'état de la procédure n'apprend pas en quel lieu a été faite la falsification de la lettre de change dont il s'agit, et qu'il est constant que les endossemens souscrits par Blockblum et Borelly, sont datés de Paris; que la présomption tirée du domicile de ce dernier à Dijon, et l'envoi fait de cette ville à la maison Motta de la lettre de change protestée, pour en obtenir le remboursement, ne sauraient suffire pour rendre compétent le tribunal spécial de la Côte-d'Or, préférablement au tribunal spécial de la Seine; que ce dernier tribunal doit être considéré comme celui du lieu du délit, puisque la circonstance non contestée de l'endossement souscrit à Paris par Borelly, démontre que c'est dans cette ville qu'a été fait par lui le premier usage de la lettre arguée de Faux, et qu'il est d'ailleurs seul saisi de l'affaire; qu'ainsi il n'a pas pu refuser d'en retenir la connaissance, sans contrevenir aux règles de compétence établies pour le jugement des crimes».

II. Un faux congé avait été fabriqué dans le département du Gers, et il en avait été fait usage dans le département des Hautes-Pyrénées. Celui qui en avait fait usage, ayant été traduit devant la cour de justice criminelle et spéciale de ce dernier département, elle s'est déclarée incompétente pour le juger, « attendu que la fabrication de la pièce étant le délit principal, et l'usage de cette pièce n'étant qu'un délit secondaire et accessoire au premier, c'était à la cour spéciale du Gers à connaître, tant de la fabrication que de l'usage de la pièce en question ». — Mais par arrêt du 14 germinal an 13, au rapport de M. Basire, « Vu le §. 6 de l'art. 456 de la loi du 3 brumaire an 4; attendu que l'usage d'une pièce fausse, avec la connaissance de la fausseté de cette pièce, est un délit caractérisé par le Code pénal; attendu que la connaissance de tout délit, et par suite des délits connexes, appartient aux tribunaux dans le ressort desquels ce délit a été commis ou consommé; attendu que, dans l'espèce, le délit de Faux a été consommé, par l'usage du faux congé, dans le département des Hautes-Pyrénées; d'où il suit que la cour de justice criminelle et spéciale de ce département était compétente pour en connaître, ainsi que du délit connexe de la fabrication du faux congé, dans quelque lieu que cette pièce eût été fabriquée; par ce motif, la cour casse et annulle l'arrêt d'incompétence rendu le 27 ventose dernier, par la cour de justice criminelle et spéciale du département des Hautes-Pyrénées.... ».

§. III. *Est-il indispensablement nécessaire, pour la poursuite d'un crime de Faux, que les pièces prétendues fausses soient représentées ?*

Non. *V.* le plaidoyer du 6 mars 1807, rapporté à l'article *Conscription militaire*, §. 9; et mon *Recueil de Questions de droit,* au mot *Faux*, §. 1.

§. IV. *Mais lorsque la poursuite en faux est dirigée contre une expédition qui n'est pas représentée, quel est le juge qui doit en connaître? Le juge du domicile du prévenu et celui du lieu où il a été fait usage de l'expédition prétendue fausse, sont-ils seuls compétens par prévention? Peut-on aussi regarder comme compétent le juge du lieu où était déposée la minute au moment où l'expédition a été faite?*

On a vu ci-devant, sect. 1, §. 29, que, par arrêt du 29 thermidor an 12, la cour de justice criminelle et spéciale du département du Doubs s'était déclarée compétente pour connaître d'une plainte en Faux portée contre la dame de Vauban, pour avoir fait usage d'une expédition prétendue fausse d'un acte dont la minute était déposée au greffe de Besançon. La dame de Vauban n'était cependant pas domiciliée dans le ressort de cette cour; et ce n'était pas non plus dans ce ressort, c'était dans celui de la justice criminelle du département du Jura, qu'elle avait fait usage de cette expédition. Mais la cour spéciale du Doubs avait pensé que la minute de l'acte dont il s'agissait, ayant toujours été déposée au greffe de Besançon, et par conséquent dans son ressort, c'était dans son ressort que l'expédition prétendue fausse devait être censée avoir été faite. — C'eût été raisonner fort juste, si l'expédition eût été représentée et qu'elle eût porté la vraie signature du dépositaire de la minute. Mais pouvait-on raisonner de même, dans l'absence de cette expédition?

Par arrêt du 28 fructidor an 12, au rapport de M. Audier-Massillon, « Considérant que le délit imputé à la dame Poligny-Vauban, et pour lequel elle a été traduite devant la cour de justice criminelle et spéciale du département du Doubs, est d'avoir fait usage, devant le tribunal du district de Poligny, département du Jura, d'une expédition fausse du procès-verbal de nomination de tuteurs, du 13 janvier 1776; et que sous ce rapport, la plainte et l'accusation pour ce délit n'auraient pas dû être portées devant la cour spéciale du Doubs, qui n'était pas compétente pour en connaître, puisqu'elle n'avait dans son ressort, ni le domicile de l'accusée, ni le lieu du délit; que le lieu où la dame de Vauban est accusée d'avoir fait usage de la pièce fausse, étant connu et constant au procès, ainsi que le lieu du domicile de l'accusée, on n'aurait pu investir le tribunal du lieu où l'on prétend que la pièce a été fabriquée, qu'autant que ce lieu aurait été pareillement connu; que, non seulement la pièce arguée de Faux ne paraît pas, mais encore que rien n'établit au procès, ni quand, ni par qui, ni en quel lieu elle a été fabriquée, ni dans quelle forme elle l'a été; d'où il suit que s'il a existé un délit, les premières traces de son existence se trouvent à Poligny, et par conséquent hors du ressort de la cour de justice criminelle et spéciale du Doubs; que ladite cour n'est parvenue à établir sa compétence que sur des inductions et des présomptions, et en concluant de ce que la pièce arguée de Faux avait été accordée comme une expédition d'un acte dont la minute a dû rester constamment au greffe de Besançon, que c'est dans ce greffe même et par le dépositaire des minutes que le Faux est censé avoir été fait; que ce n'est pas sur de simples présomptions que l'on peut baser une procédure criminelle et fonder la compétence d'un tribunal à l'exclusion de ceux qui sont indiqués par la loi, par la nature du délit et par ses circonstances connues; que s'il s'agissait d'une expédition avouée et signée par le dépositaire de la minute, la présomption légale serait qu'elle a été faite dans le lieu où la minute a été déposée; mais que cette présomption cesse, lorsqu'il s'agit d'une pièce arguée de Faux, qui n'est pas représentée, et dont la forme et la signature ne sont pas connues; vu l'art. 76 du Code des délits et des peines....; la cour casse et annulle....».

§. V. *Dans l'instruction d'une procédure en Faux, sous le Code du 3 brumaire an 4, les juges pouvaient-ils, indépendamment du procès-verbal ordonné par l'art. 526 de ce Code, renouvelé par l'art. 448 du Code d'instruction criminelle de 1808, nommer des experts écrivains pour reconnaître et apprécier le Faux? Ces experts pouvaient-ils, après avoir fait leur rapport, être entendus dans les débats comme temoins?*

Ces questions sont traitées dans le réquisitoire, et jugées par l'arrêt suivant:

« Le commissaire du gouvernement près le tribunal de cassation, expose que le substitut du commissaire du gouvernement près le tribunal criminel du département de l'Allier, dans l'arrondissement de Moulins, lui a dénoncé, le 29 floréal dernier, un jugement du tribunal criminel du département du Puy-de-Dôme, en date du 25 fructidor an 9, comme créant dans la procédure criminelle une nullité arbitraire, et qu'il serait, par cette raison, dangereux de laisser subsister.

» Dans le fait, Noël Pénian et Jeanne Bijon, sa femme, avaient été prévenus, entre autres crimes, d'avoir fabriqué un faux ordre au dos d'un billet négociable, appartenant au sieur Réveillon.

» Après que le procès-verbal de l'état de la pièce fausse eût été dressé conformément à l'art. 526 du Code des délits et des peines, et que toutes les formalités prescrites, tant par cet article que par le 529ᵉ, eurent été remplies, le directeur du jury de l'arrondissement de Moulins rendit, le 26 thermidor an 9, sur la réquisition faite la veille par le substitut du commissaire, une ordonnance portant qu'il serait, par deux experts écrivains, nommés *Ferrand* et *Thomas*, procédé à la comparaison et vérification d'écritures nécessaires pour constater le Faux.

» Les experts, après serment prêté, s'acquittèrent de leur commission le 28 du même mois; et, dès le lendemain, ils en déposèrent et affirmèrent le rapport.

» Ce rapport fut, en conséquence, annexé à l'acte d'accusation qui fut dressé le 6 fructidor suivant.

» Les jurés ayant déclaré qu'il y avait lieu à accusation, et de là s'étant ensuivie une ordonnance de prise de corps contre les accusés, ceux-ci firent leur option en faveur du tribunal criminel du département du Puy-de-Dôme, et y furent traduits.

» La procédure communiquée au commissaire du gouvernement près ce tribunal, celui-ci crut devoir apposer sur l'ordonnance de prise de corps, la formule *la loi défend*.

» Et c'est d'après cela qu'est intervenu, le 25 fructidor an 9, le jugement ci-dessus mentionné: « vu » (porte-t-il), les art. 526, 541, 565, 572, 380 et » 327 de la loi du 3 brumaire an 4; considérant que » le tit. 14 de la loi du 3 brumaire an 4, relatif à la » procédure particulière sur le Faux, ne prescrit, » art. 526, pour constater le corps du délit, qu'un » procès-verbal détaillé de l'état des pièces arguées » de Faux, de la part du greffier; que l'art. 541 » porte que, dans tout le reste de l'instruction, on » procède sur le Faux comme sur les autres délits; » considérant qu'en fait de pièces fausses, il est de » règle qu'on informe du Faux, tant par titres que » par témoins et par experts en écritures; que les ex- » perts ne doivent par conséquent être entendus que » comme de simples témoins, devant s'expliquer sur » les pièces arguées de Faux et les pièces de compa- » raison; qu'en les admettant, comme il a été prati- » qué à Moulins, à faire ensemble un seul et même » rapport, hors la présence de l'officier de police, » c'est donner en quelque sorte à leur rapport le ca- » ractère de procès-verbal du corps du délit, puisque » le rapport dont il s'agit a été annexé à l'acte d'ac- » cusation, pour être présenté et mis conjointement » sous les yeux des jurés; que si, d'après la loi du 7 » pluviose dernier, il n'est plus interdit de soumettre » au jury d'accusation les déclarations écrites des té- » moins, cette prohibition subsiste toujours relative- » ment au jury de jugement; et qu'au cas présent et » d'après l'annexe ordonné du rapport d'experts à » l'acte d'accusation, on ne pourrait s'empêcher de » soumettre au jury de jugement le témoignage des » deux experts, puisque leur rapport et l'acte d'ac- » cusation sont un dans l'état actuel des choses; » le tribunal déclare nulle la procédure tenue par le » substitut et le directeur du jury de Moulins, à par- » tir des réquisitoire et ordonnance des 25 et 26 ther- » midor dernier, qui ont provoqué et ordonné un » rapport par écrit d'experts nommés à l'effet de vé- » rifier et constater si la signature *Réveillon*, et l'or- » dre du dernier août 1797, est la même que celles » apposées aux pièces de comparaison; ordonne que » lesdits Pénian et Bijon seront traduits sous bonne » et sûre garde, en état de mandat de dépôt, parde- » vant le substitut de l'arrondissement communal » de Clermont, etc.».

» Ce jugement (qui n'a été attaqué ni par Pénian ni par la femme Bijon, et qui a été suivi à leur égard d'une nouvelle instruction par suite de laquelle ils ont subi la peine capitale), ce jugement décide, comme l'on voit, que la procédure faite à Moulins est nulle, à raison de ce que les experts écrivains Ferrand et Thomas ont été appelés à faire, en forme de rapport, leurs observations sur la vérité ou la fausseté de la signature qui était arguée de Faux.

» Et pourquoi est-elle nulle, suivant ce jugement?

» Elle est nulle, parce que la loi ne permet pas d'entendre les experts écrivains autrement que comme témoins.

» Elle l'est encore, parce que le rapport des expert

écrivains ayant été annexé à l'acte d'accusation, il en résulte la nécessité de le mettre sous les yeux du jury de jugement, et par conséquent de contrevenir à l'art. 382 du Code des délits et des peines, qui défend de mettre sous les yeux du jury de jugement aucune déclaration écrite de témoin.

» Mais d'abord, où est-il écrit que c'est comme témoins seulement, que les experts écrivains peuvent être entendus, en matière de vérification et comparaison d'écritures arguées de Faux.

» Le Code des délits et des peines ne contient pas un seul mot qui puisse justifier une pareille doctrine.

» Bien loin de là : en obligeant, art. 103, l'officier de police de nommer des experts pour *apprécier la nature et les circonstances* du délit qu'il est chargé de constater, il fait entendre bien clairement que c'est ou conjointement avec lui et dans son procès-verbal, ou par un rapport séparé, mais représenté et affirmé entre ses mains, que ces experts doivent faire leurs observations sur ce délit; et dans le fait, c'est ainsi qu'on le pratique journellement dans tout le territoire français.

» Et pourquoi en serait-il autrement en matière de Faux? Plus un délit est difficile à apprécier, plus sans doute il doit être permis à l'officier de police, plus même il y a lieu de l'obliger, de recourir aux lumières des hommes de l'art, soit pour suppléer à l'insuffisance de ses connaissances personnelles, soit pour offrir à la société une garantie plus certaine de son impartialité.

» Inutile de dire que l'art. 526 ne prescrit relativement au Faux, qu'un procès-verbal dont le greffier est seul rédacteur.

» L'objet du procès-verbal prescrit par l'art. 526, n'est point de faire connaître si la pièce arguée de Faux, en est effectivement infectée; mais seulement de constater l'état matériel de cette pièce, en la décrivant de manière qu'on ne puisse plus la défigurer avant la mise en jugement du prévenu.

» Cet article n'empêche donc pas, disons mieux, il ne dispense pas l'officier de police de se conformer, pour la recherche et la vérification du crime de Faux, à la disposition de l'art. 103, ni par conséquent d'appeler des experts écrivains pour l'aider par les connaissances de leur art, à *apprécier la nature et les circonstances* du fait qui lui est dénoncé.

» En second lieu, quand on irait jusqu'à supposer que cette manière de procéder n'est pas commandée ni même autorisée par la loi, au moins on serait forcé de convenir que la loi ne la défend pas, et surtout qu'elle ne la défend pas à peine de nullité.

» Or, il est bien constant que dans tout ce qui tient à la police judiciaire, il n'y a de nul que ce qui est expressément déclaré tel par la loi.

» Les tribunaux criminels ne peuvent donc pas, même sous prétexte d'irrégularité d'une procédure faite par un officier de police, la déclarer nulle, quand la loi elle-même n'en a pas prononcé la nullité.

» Le tribunal criminel du département du Puy-de-Dôme paraît cependant avoir pensé le contraire, et ce qui le fait croire, c'est qu'il a spécialement étayé son jugement sur les art. 324 et 326 du Code des délits et des peines.

» Mais c'est de sa part une erreur de plus; et pour la sentir il suffit de jeter les yeux sur ces deux articles....

» Il est donc bien démontré que le tribunal criminel du département du Puy-de-Dôme a fait ce que la loi ne lui prescrivait ni ne lui permettait, en déclarant nulle une procédure que la loi elle-même n'avait pas frappée de nullité.

» Et vainement a-t-il cherché à justifier sa décision, par la prétendue nécessité où il se serait trouvé, en laissant subsister l'acte d'accusation tel qu'il était, de mettre sous les yeux des jurés de jugement le rapport d'experts qui y était annexé.

» Admettons, pour un moment avec lui, que ce rapport d'experts dût être considéré comme une déclaration écrite et simultanée de deux témoins.

» En résultera-t-il que le tribunal criminel n'aurait pas pu ordonner qu'il serait détaché de l'acte d'accusation, afin de n'être pas mis sous les yeux du jury de jugement? Non, sans doute; rien n'eût empêché le tribunal criminel de prendre une pareille mesure.

» Et quand il ne l'aurait pas prise; quand cette prétendue déclaration de témoins eût été mise sous les yeux du jury de jugement, en serait-il résulté une nullité? Non encore; car ni l'art. 382 du Code des délits et des peines, ni aucun de ceux qui le précèdent ou suivent, n'attachent la peine de nullité à la violation de la défense qu'il fait de communiquer aux jurés de jugement les déclarations écrites des témoins.

» A ces causes, le commissaire du gouvernement requiert qu'il plaise au tribunal de cassation, vu les art. 103, 526 et 541 du Code des délits et des peines; les art. 324 et 326, et le n° 6 de l'art. 456 du même Code, casser et annuller, pour excès de pouvoir, le jugement ci-dessus mentionné du tribunal criminel du département du Puy-de-Dôme, en date du 25 fructidor an 9; ordonner qu'à la diligence de l'exposant, le jugement de cassation à intervenir sera imprimé et transcrit sur les registres du tribunal criminel du département du Puy-de Dôme.

» Fait au parquet, le 9 prairial an 10. *Signé* Merlin.

» Ouï le rapport du cit. Seignette...; vu l'art. 456 du Code des délits et des peines; et attendu que le tribunal criminel du Puy-de-Dôme, en annullant les réquisitoire et ordonnance qui avaient provoqué et ordonné le rapport d'experts pour vérification d'écritures, a créé dans la procédure criminelle, une nullité arbitraire : que du Code des delits et des peines, ni d'aucune loi, il ne résulte que des experts écrivains ne puissent, comme l'a dit le tribunal criminel, être entendus que comme témoins; qu'au contraire, l'art. 103 voulant que l'officier de police nomme des experts capables d'apprécier la nature et les circonstances du delit, fait entendre que c'est avec lui et dans son procès-verbal, ou par un rapport séparé, mais représenté et affirmé entre ses mains, que les experts doivent faire leurs observations, et que c'est ainsi qu'on le pratique dans toute la république; que le procès-verbal prescrit par l'art. 526, n'est pas, comme le veut le tribunal criminel, le seul que la loi autorise; que l'objet de ce procès-verbal est de constater l'état matériel de la pièce, de manière qu'elle ne soit pas défigurée, non de faire connaître si elle est fausse ou non; — Que quand la manière de procéder par rapport d'experts ne serait ni commandée ni autorisée par la loi, il suffirait qu'elle ne fût pas prohibée, la troisième disposition de l'art. 456 du Code n'autorisant le tribunal criminel à annuller un acte d'instruction que lorsqu'il s'y trouve des nullités établies par la loi; que quand, avec le tribunal criminel, on pourrait considérer le rapport comme une déclaration de témoins, qu'il n'eût pas été permis de mettre sous les yeux du jury de jugement, le tribunal criminel pouvait ordonner qu'il serait détaché de l'acte d'accusation; et que même, dans son système, quand il ne l'eût pas fait, sa procédure n'eût pas été dans le cas d'être anéantie; l'observation de l'art. 582 du Code des délits et des peines n'étant pas prescrite à peine de nullité; par ces motifs, le tribunal casse, pour l'intérêt de la loi, le jugement du tribunal criminel du Puy-de-Dôme, du 25 fructidor an 9....

» Fait et prononcé.... le 22 prairial an 10.... ».

§. VI. 1° *A quel juge appartient la connaissance du crime de Faux, lorsqu'il se trouve mêlé avec un autre crime?*

2° *Les cours prévôtales des douanes peuvent-elles connaître des Faux commis dans les acquits à caution, passavans, etc?*

I. Sur la première question, *V. Connexité*, §. 5 et 6.

II. La seconde question a été jugée par un arrêt de la cour de cassation, du 12 octobre 1811, qui est ainsi conçu :

« Ouï le rapport de M. Rataud...; vu les art. 408 et 416 du Code d'instruction criminelle, et l'art. 5 du décret impérial du 18 octobre 1810...; attendu que les attributions des cours prévôtales ont été réglées par le décret ci-dessus cité, et que ces cours ne peuvent connaître immédiatement que des crimes qui y sont mentionnés; que, si elles sont compétentes pour juger d'autres crimes, ce ne peut être que lorsqu'ils ont été commis par des personnes spécialement soumises à leur juridiction, ou lorsque les faits se rattachant à ceux qui rentrent exclusivement dans leurs attributions, il s'établit une connexité qui ne permet pas de diviser l'instruction et le jugement; qu'ainsi, dans le cas de Faux sur une expédition de douanes, les cours prévôtales ne peuvent connaître du crime de Faux, qu'autant qu'il aurait été commis par un préposé des douanes agissant dans ses fonctions, ou aurait eu pour objet une entreprise de contrebande ou de fraude; que dans l'espèce, Vitalis prévenu d'être l'auteur de l'altération commise sur l'expédition de douanes dont il s'agit, n'est point préposé des douanes; et que n'étant point prévenu de s'être rendu coupable de l'un des crimes mentionnés dans l'art. 5 du décret impérial du 18 octobre, la cour prévôtale n'était saisie d'aucun fait principal qui pût l'autoriser à connaître accessoirement du crime de Faux; que cette cour n'aurait pu non plus en connaître médiatement et par voie d'appel, puisque sous le rapport de la contravention, le délit qui est imputé au prévenu, rentrant dans la compétence des tribunaux ordinaires des douanes, ces tribunaux ne pourraient connaître accessoirement à un fait principal de fraude qui ne donne lieu qu'à des peines correctionnelles, d'un crime de faux qui, par sa nature, emporte peine afflictive et infamante; par ces motifs, la cour casse et annulle.... ».

§. VII. *Lorsqu'il y a eu une partie civile dans la poursuite du Faux, et que le jugement, en déclarant des pièces fausses, en a ordonné la radiation, suppression ou réformation, est-ce à la requête de la partie civile ou à celle du ministère public, que cette disposition du jugement doit être exécutée?*

Cette question s'est élevée sous l'ancienne législation, à l'occasion de l'art. 59 du tit. 1 de l'ordonnance de 1737, qui renfermait, à peu de chose près, la même disposition que l'art. 340 du Code du 5 brumaire an 4; et l'art. 463 du Code d'instruction criminelle de 1808.]]

[Les uns pensaient que le droit de faire les poursuites dont il s'agit était tellement réservé à la partie publique, que la partie civile en devait être entièrement exclue. Les autres, au contraire, étaient d'avis que la partie civile avait exclusivement le droit d'agir en pareil cas, et que le procureur général ne pouvait exercer seul son ministère à cet égard.

M. le chancelier d'Aguesseau, consulté sur cette question, a répondu, par une lettre du 17 mars 1743, que l'une et l'autre opinion allaient trop loin; que, pour les concilier, il fallait les réunir, et dire que la partie publique et la partie civile étaient également en droit de demander l'exécution de l'art. 59.

« En effet (comme l'a observé ce grand magistrat), la généralité des expressions dont on s'est servi dans cet article, montre suffisamment que le législateur n'a voulu exclure ni la partie publique ni la partie civile d'en demander l'exécution, et cette exclusion aurait été également injuste des deux côtés.

» Il y a des cas où la partie civile a intérêt de demander que la sentence qui a déclaré des pièces fausses, soit exécutée en ce qui concerne leur suppression, radiation ou réformation, soit pour mettre ces pièces hors d'état de pouvoir jamais lui nuire, en cas qu'elles viennent à s'égarer et à tomber dans des mains qui pourraient en abuser de nouveau contre elle, soit parce que, s'il n'y a eu qu'une partie de l'acte qui ait été déclarée fausse, ou que la fausseté n'ait consisté que dans la radiation ou l'altération d'un seul mot, dont le premier juge a ordonné la réformation, la partie qui a obtenu la sentence, a besoin de retirer une pièce qui peut lui être utile dans ses affaires, après que la réformation en aura été faite; et comme l'intérêt est la mesure de la capacité d'agir en justice, il aurait été contraire à l'équité de ne pas laisser aux parties civiles la liberté de s'adresser aux cours supérieures, pour demander qu'il fût procédé à la pleine exécution de la sentence rendue par les premiers juges.

» Mais, d'un autre côté, comme il arrive très-souvent que les parties civiles n'ont point d'intérêt à avancer cette exécution, ou qu'elles négligent de la demander, il aurait été encore plus irrégulier de faire dépendre d'elles le ministère public, et de ne pas lui laisser la faculté de requérir directement l'exécution du jugement rendu en première instance, en ce qui concerne la suppression, la radiation ou la réformation des pièces déclarées fausses.

» C'est le procureur-général qui est toujours la partie principale dans la poursuite des crimes; il est en droit de la faire sans y être excité par la plainte des parties civiles; il a aussi le pouvoir de suppléer à leur négligence; et on ne peut lui opposer aucune fin de non recevoir en pareille matière, parce qu'il agit toujours pour l'intérêt public qui exige que l'exécution d'une sentence par laquelle des pièces fausses ont été flétries en quelque manière et mises hors d'état de nuire, soit entièrement consommée.

» On a cru même, et ç'a été un des motifs de l'article dont il s'agit, qu'il était important de donner, par la disposition qu'il contient, une occasion naturelle au procureur-général pour revoir les sentences rendues par les premiers juges sur des accusations de Faux, parce que cela pouvait exciter son ministère, ou à faire réformer la procédure, lorsqu'elle ne se trouverait pas régulière, ou interjeter un appel *à minimâ* de la sentence, lorsque l'accusé paraîtrait avoir été traité avec trop d'indulgence par les premiers juges : c'est dans cet esprit qu'il a été ordonné par l'art. 65 du même titre de l'ordonnance de 1737, qu'aucune des pièces arguées de Faux, ou autres qui auraient été déposées au greffe, ce qui comprend même les pièces de comparaison, ne pourraient en être retirées que six mois après la sentence; et le même article enjoint aux substituts des procureurs-généraux ou autres procureurs d'office, d'informer diligemment lesdits procureurs-généraux du contenu aux jugemens rendus en matière de Faux, même par contumace, pour être, par ces officiers, fait telles réquisitions qu'ils jugeront nécessaires : disposition qui fait encore bien sentir quel est le droit des procureurs-généraux en pareille matière.

» Ainsi, au lieu de soutenir que les seuls procureurs généraux ont droit d'agir dans le cas de l'art. 59 du premier titre de l'ordonnance de 1737, ou de prétendre que c'est aux parties civiles seules qu'il appartient de se pourvoir en pareil cas, la véritable règle est que les uns et les autres ont le pouvoir de le faire; mais que ce pouvoir réside encore plus essentiellement dans la personne des procureurs-généraux que dans celle des parties civiles ».]

SECTION III. *Des peines de Faux.*

[[§. I. *Des peines de Faux, suivant les lois antérieures au Code pénal du 25 septembre 1791.*]]

Chez les Romains, la peine du Faux, suivant la loi *Cornelia*, était, pour les personnes libres, la déportation, qui était une sorte de bannissement suivant lequel le coupable devait se retirer dans une île ou autre lieu, avec défense d'en sortir sous peine de la vie. A l'égard des esclaves convaincus de Faux, on les punissait de mort.

La loi des Ripuaires condamnait le faussaire à perdre le pouce, et celle des Lombards à perdre la main.

En France, la peine du Faux en général est arbitraire et dépend des circonstances et de la qualité du fait. Suivant une ordonnance de François Ier, du mois de mars 1531, ceux qui étaient convaincus d'avoir fabriqué de faux contrats ou porté faux témoignage, devaient être punis de mort. Mais Louis XIV, par son édit du mois de mars 1680, registré au parlement le 24 mai suivant, a établi une distinction entre ceux qui ont commis un Faux dans l'exercice de quelque fonction publique, et ceux qui n'ont point de fonction semblable, ou qui ont commis le Faux hors des fonctions de leur office ou emploi. Les premiers doivent être condamnés à mort, à l'arbitrage des juges, selon l'exigence des cas. A l'égard des autres, la peine est arbitraire; ils peuvent néanmoins aussi être condamnés à mort, selon la qualité du crime.

Il y a divers exemples de peine de mort prononcée contre des juges et des officiers faussaires. Bouchel rapporte un arrêt de l'année 1335, par lequel Hugues de Crecy, prévôt de Paris, fut condamné à être pendu pour de faux jugemens qu'il avait fabriqués.

Par un autre arrêt du mois de juillet 1347, un conseiller au parlement fut condamné à mort, et exécuté pour quelques enquêtes qu'il avait faussement faites.

Par un autre arrêt du mois de février 1566, que rapporte Theveneau, le nommé Maréchal, procureur, fut condamné à être pendu pour avoir fabriqué un arrêt de la cour.

Par un autre arrêt du 3 août 1679, un procureur au parlement, nommé Le Brun, fut condamné à faire amende honorable en la grand'chambre et dans la cour du palais, à un bannissement de neuf ans et à 300 liv. d'amende, pour avoir commis plusieurs Faux sur les pièces d'un procès pendant en la grand'chambre entre le chevalier d'Harcourt et le sieur Balet. Le procureur-général avait conclu à ce que le coupable fût condamné à mort.

Le notaire, qui suppose une personne présente à un acte, quoiqu'elle soit absente, se rend coupable du crime de Faux, à moins toutefois qu'il n'ait été trompé sur un faux rapport; auquel cas, il n'y a aucune peine à prononcer contre lui.

Cet officier commet pareillement le crime de Faux, lorsqu'après qu'un acte a été passé, il y change, ajoute ou retranche quelque chose.

Un notaire commet aussi un Faux lorsqu'il fait une expédition différente de la minute. Cela a été ainsi jugé par arrêt du 3 juin 1697, qui condamna un notaire au châtelet de Paris à faire amende honorable et à un bannissement de neuf ans pour avoir délivré la grosse d'un contrat de 150 liv. de rente, à laquelle le sieur Roudot paraissait obligé solidairement avec sa femme, quoiqu'il n'eût signé la minute de ce contrat que pour autoriser sa femme.

La peine qu'on a coutume de prononcer contre les notaires qui passent de faux contrats, est le dernier supplice. L'art. 165 de la coutume du Maine veut que les faux tabellions soient pendus et étranglés.

Basset rapporte un arrêt du 27 août 1616, par lequel le parlement de Grenoble a condamné un notaire à faire amende honorable et à être pendu, pour avoir falsifié un décret et le sceau de cette cour.

Les notaires ou tabellions, et les greffiers qui, sur les expéditions qu'ils délivrent, font mention que la minute a été contrôlée, quoiqu'elle ne l'ait point été, peuvent être condamnés, même pour la première fois, aux peines prononcées contre les faussaires, par édit du mois de mars 1680.

C'est en conformité de cette décision que, par deux jugemens souverains des 10 mars 1725 et 17 janvier 1730, deux notaires ont été condamnés à mort pour avoir contrefait la signature d'un commis au contrôle, et avoir certifié que leurs actes étaient contrôlés, quoiqu'ils ne le fussent pas.

Cependant, par un autre jugement souverain rendu le 1er septembre 1728, un notaire qui avait faussement attesté, sur la grosse de plusieurs contrats, que la minute avait été contrôlée, n'a été condamné qu'à un bannissement de neuf ans, et à une amende de 3,600 liv. envers le fermier du contrôle.

Si le Faux commis par un notaire, était hors des fonctions de son office, on le punirait selon la qualité du fait et des circonstances.

Suivant un arrêt du 15 février 1607, rapporté par Leprestre, et rendu au sujet d'une donation fausse qu'un notaire avait fait passer à son profit par un de ses confrères, le notaire qui l'avait passée, fut condamné au dernier supplice; mais l'autre notaire qui avait fait faire cet acte, ne fut condamné qu'à faire amende honorable et à un bannissement perpétuel.

Les huissiers ou sergens qui font de faux exploits, sont ordinairement punis de mort. Quelquefois néanmoins on prononce une moindre peine.

Basset rapporte un arrêt du 12 juin 1638, par lequel un sergent qui avait fait un faux exploit, a été condamné à l'amende honorable et aux galères.

Par un autre arrêt du 30 mars 1699, rapporté au *Journal des audiences*, le parlement de Paris a condamné un sergent et des recors à faire amende honorable et à un bannissement de neuf ans, pour avoir fait et signé de faux procès-verbaux de rebellion.

Un jugement souverain du 10 novembre 1707 a condamné au dernier supplice un huissier pour avoir signifié des sentences de la prévôté de l'hôtel qui avaient été contrefaites par un particulier avec lequel cet huissier était de complot.

Par arrêt du 26 juillet 1729, le parlement de Bretagne a condamné un sergent à l'amende honorable et aux galères perpétuelles, pour avoir fait une fausse signature du contrôleur des exploits dans un exploit à témoins.

Par un autre arrêt du 13 avril 1671, le parlement de Paris a condamné Jean-Nicolas-Michel Courtois, clerc d'huissier, à l'amende honorable et à neuf ans de galères, pour avoir contrefait la signature d'un contrôleur d'exploits et de plusieurs huissiers.

Par un autre arrêt du 8 août 1778, le parlement de Paris a déclaré faux et faussement fabriqués, 1° plusieurs exploits de signification des 5 et 31 août, 16 septembre, 5 et 6 novembre 1776, et 27 janvier et 15 mars 1777; 2° les significations faites, le 19 février de la même année 1777, d'un prétendu arrêt du 7 du même mois, dont il n'existait ni minute ni grosse; 3° des lettres de baccalauréat de l'université de Pont-à-Mousson, du 23 février 1766; des lettres de licence de la même université, du 21 novembre 1767, et une matricule d'avocat de la cour souveraine de Lorraine, du 31 août 1768, et a condamné Jean Philippe Hurtel de Laudel, se disant avocat, auteur de tous ces Faux, à faire amende honorable en la grand'chambre, l'audience tenante, nu-pieds, nu-tête, en chemise, la corde au cou, tenant en sa main une torche ardente du poids de deux livres, ayant écriteaux devant et derrière, portant ces mots : *Faussaire insigne*, à être flétri d'un fer chaud sur les deux épaules, et aux galères à perpétuité.

Les curés ou vicaires qui délivrent de faux extraits de baptêmes, de mariages ou de sépultures, ou qui certifient véritables des extraits non conformes aux registres, doivent être déclarés incapables de posséder aucun bénéfice à charge d'âmes, et condamnés à telles autres peines que de droit, selon les circonstances.

Par arrêt du parlement de Paris du 19 mars 1735, un curé du diocèse de Beauvais a été, pour un pareil délit, condamné à se défaire de sa cure dans six mois, et à se retirer dans un séminaire.

Par arrêt du 13 juillet 1773, deux particuliers ont été condamnés aux galères pour avoir fait de faux contrats, afin de s'approprier des rentes.

Suivant une déclaration du 20 août 1699, ceux qui contrefont les signatures des secrétaires d'État dans les choses qui concernent les fonctions de ces officiers, doivent être punis de mort. C'est en conformité de cette loi que, par jugement souverain rendu en la chambre de l'arsenal le 11 juin 1736, un particulier a été condamné à être pendu, avec écriteaux devant et derrière, portant ces mots : *Fabricateur de fausses lettres de cachet.*

Suivant l'art. 1 d'une autre déclaration du 4 mai 1720, tous ceux qui sont convaincus d'avoir imité, contrefait, falsifié ou altéré, en quelque sorte et manière que ce puisse être, les ordonnances tirées sur le trésor royal, les états ou extraits de distribution, ainsi que les rescriptions, récépissés ou autres expéditions qui émanent du trésor royal, doivent être condamnés à mort par les juges royaux, sans que cette peine puisse être modérée, et sans avoir égard à la valeur ou à la médiocrité du préjudice que la falsification a pu causer.

L'art. 2 de cette loi prononce la même peine contre ceux qui sont convaincus d'avoir falsifié ou altéré les registres, quittances ou expéditions du trésorier des revenus casuels du roi, des trésoriers-généraux de l'extraordinaire des guerres, des receveurs des consignations et des épices, des commissaires aux saisies-réelles, des préposés à la recette des fermes ou finances de sa majesté, des receveurs ou trésoriers des pays d'État, et de tous ceux qui, par commission ou autrement, sont chargés de la recette ou du payement des fonds qui entrent dans les caisses royales ou publiques.

Et l'art. 3 veut que tous ceux qui altèrent, changent ou falsifient les papiers royaux, soient pareillement condamnés à mort, sans que les juges puissent avoir égard à la modicité des sommes, ni au plus ou au moins de dommage que la falsification a pu causer.

Ceux qui exposent Faux dans les requêtes qu'ils présentent aux juges, doivent être punis arbitrairement, soit par amende ou par des dommages et intérêts, selon la nature des faits exposés. — La même règle doit avoir lieu à l'égard de ceux qui exposent des faits faux dans les requêtes qu'ils présentent au roi pour en obtenir quelque grâce, ou pour d'autres causes (1).

Celui qui prend le nom d'un autre, et qui se dit être la personne dont il a pris le nom, doit être puni comme faussaire, et quelquefois d'une peine capitale, selon les circonstances.

Par arrêt du 12 septembre 1560, le parlement de Toulouse condamna le nommé Arnaud du Thil à être pendu et brûlé, pour s'être fait passer pour Martin Guerre, et avoir trompé, sous ce nom, la femme de ce dernier.

Par un autre arrêt du 21 juin 1659, un imposteur qui avait persuadé faussement à une femme qu'il était son fils, fut condamné à être pendu.

L'art. 9 d'une ordonnance donnée à Amboise le 26 mars 1555, porte que, pour éviter la supposition des noms et des armes, défenses sont faites à toutes sortes de personnes de changer leurs noms et leurs armes sans avoir obtenu de dispense et de permission pour cet effet, à peine de 1000 liv. d'amende, d'être punies comme coupables de Faux, et d'être privées de tout privilége de noblesse.

Soëfve rapporte un arrêt du 19 janvier 1658, par lequel un ecclésiastique qui avait pris un faux nom, fut condamné à en demander pardon à genoux, à 500 liv. de réparation civile et aux dépens du procès, avec défenses de prendre à l'avenir le même nom.

Observez néanmoins que, si quelqu'un changeait son nom sans aucune mauvaise intention et sans nuire à personne, il ne serait pas punissable. Automne et Charondas rapportent un arrêt du 27 juin 1556, qui l'a ainsi jugé.

L'art. 38 du tit. 27 de l'ordonnance des eaux et forêts du mois d'août 1669, veut qu'il soit envoyé un état contenant le nom et la description de tous les inutiles et vagabonds d'une maîtrise aux greffes des autres maîtrises voisines; et que, s'il se trouve que pour n'être pas reconnus, ils aient changé de nom, on les condamne aux galères, s'ils peuvent y servir, sinon, à telle autre peine corporelle et exemplaire qui sera arbitrée par les officiers des forêts (2).

La nourrice qui, après le décès d'un enfant qu'on lui a confié, en suppose un autre à sa place, ou qui substitue son propre enfant au lieu de celui dont on l'a chargée, commet un Faux que l'on punit du dernier supplice.

Ceux qui se disent magistrats ou qui exercent une juridiction qu'ils n'ont point, ou qui se donnent faussement pour officiers du prince, doivent être punis comme faussaires, suivant la qualité du fait et des circonstances.

Par arrêt du 4 avril 1727, le parlement de Paris a condamné un particulier à être mis au carcan pendant trois jours, et à un bannissement de neuf années, pour avoir commis des exactions sous le faux titre d'huissier et d'exempt.

Par un autre arrêt du 17 septembre 1746, la même cour a condamné Nicolas Berthelot, ancien huissier au bailliage de Gisors, à faire amende honorable et aux galères, pour s'être faussement dit huissier à cheval au châtelet de Paris, et avoir exploité en cette qualité. [[*V. Costume.*]]

On doit aussi punir comme faussaire, suivant la qualité du fait, celui qui, s'étant dit faussement [[par écrit]] le mandataire d'une personne, a reçu en cette qualité le payement d'une créance.

La même règle doit être observée à l'égard de ceux qui contrefont le sceau ou le cachet de quelqu'un, pour tromper les autres.

Suivant la constitution caroline, ceux qui falsifient et corrompent les marchandises et denrées, ou qui vendent à faux poids et à fausses mesures dans le dessein de tromper, doivent être punis du fouet, ou du bannissement, ou de quelque autre peine, et même de mort, selon la qualité du délit.

La coutume de Bretagne veut que les faux vendeurs soient punis comme larrons et faussaires.

Suivant les coutumes du Maine et de la Marche, ceux qui vendent à faux poids et à fausses mesures, doivent être condamnés à une amende arbitraire.

Observez néanmoins qu'on n'a pas coutume d'instruire une procédure extraordinaire contre ceux qui vendent à faux poids et à fausses mesures; on se contente communément de les citer, et de les juger sommairement au tribunal de la police. La punition n'est que pécuniaire pour la première fois; mais en cas de récidive, on peut bannir le coupable, ou le punir corporellement, selon la nature et les circonstances du fait.

Papon rapporte un arrêt du 31 mars 1518, qui a condamné un boulanger, dans le cas de la récidive, à être banni pour avoir vendu du pain à un moindre poids qu'il ne le devait.

Il y a au *Journal des audiences* un autre arrêt du 28 septembre 1715, par lequel un meunier a été condamné à un bannissement de trois ans pour avoir employé une mesure plus grande que l'étalon. [[*V. Poids et mesures.*]]

Bonniface rapporte un arrêt du 18 juin 1639, qui a déclaré valable une procédure criminelle faite contre un particulier accusé d'avoir donné en gage une chaîne de laiton, en disant faussement qu'elle était d'or (1).

On punit de mort les serruriers qui font de fausses clefs à l'insu des maîtres. Leprêtre dit que cela fut

(1) [[On a vu dans le plaidoyer du 12 floréal an 13, rapporté ci-dessus, sect. 1, §. 4, qu'il n'y a de Faux proprement dit, ni dans l'un ni dans l'autre cas : aussi ne pourrait-il plus, dans l'un et dans l'autre, être prononcé aucune peine.]]

(2) [[La supposition de nom ne rentre aujourd'hui dans la classe des crimes de Faux, punis par le Code pénal, que lorsqu'elle est faite par écrit. *V.* ci-devant, sect 1, §. 6, 7 et 8, *Escroquerie* et *Nom*.

(1) Ce n'est point là un crime de Faux proprement dit, c'est plutôt une escroquerie. Un décret du 19 brumaire an 2, rendu sur une lettre du ministre de la justice, relative au nommé Josias déclare que vendre du faux or pour or, c'est commettre un vol. *V.* l'art. 423 du Code pénal de 1810.

ainsi jugé par arrêt du mois de janvier 1607, contre un serrurier qui avait fabriqué une fausse clef sur une empreinte de cire que lui avait apportée un valet, lequel, avec cette fausse clef, avait volé son maître (1).

Suivant l'ordonnance du mois de juin 1680, ceux qui contrefont le papier ou parchemin timbré, doivent être condamnés à 300 liv. d'amende pour la première fois, et à 1,000 liv. en cas de récidive.

Et ceux qui font de faux moules pour contrefaire le timbre, doivent être condamnés à 1,000 liv. d'amende, à faire amende honorable et aux galères pour cinq ans; et en cas de récidive, aux galéres perpétuelles.

Par arrêt du 26 janvier 1694, la cour des aides a condamné plusieurs particuliers à l'amende honorable et aux galères pour avoir falsifié le papier et parchemin timbré.

Par un autre arrêt du 11 juin 1697, le parlement a condamné le nommé Mathieu à l'amende honorable, à un bannissement de neuf ans et à 500 liv. de réparation civile, pour avoit contrefait du papier timbré et quelques signatures de contrôle dans la ville de Bourges, où il était ancien clerc.

Suivant l'art. 20 du *titre commun* de l'ordonnance des fermes du mois de juillet 1681, les commis et autres ayant serment à justice, qui fabriquent ou font fabriquer de faux registres, ou qui en délivrent de faux extraits signés d'eux, ou qui contrefont les signatures des juges, doivent être punis de mort.

L'art. 21 veut que les particuliers redevables des droits du roi, qui falsifient les marques des commis et autres ayant serment à justice, les congés, acquits, certificats et autres actes que les commis doivent leur délivrer, soient condamnés, pour la premiere fois, au fouet, et bannis pour cinq ans de l'élection où la falsification aura eu lieu, outre une amende qui ne peut être au-dessous du quart de leurs biens; et en cas de récidive, aux galères pour neuf ans, et à une amende de la moitié de leurs biens.

L'art. 22 déclare sujets aux mêmes peines ceux qui falsifient les chartes-parties, connaissemens et lettres de voitures.

Suivant la déclaration du 4 janvier 1724, ceux qui calquent, contretirent ou contrefont le poinçon des villes dans lesquelles il y a jurande, ou les poinçons des fermiers du roi, ou qui les emploient pour une fausse marque, doivent être condamnés à l'amende honorable et à être pendus.

Les mêmes peines sont prononcées par l'art. 1 de la déclaration du 17 avril 1739, contre ceux qui abusent, en quelque manière que ce soit, des poinçons de contremarque de Paris et des autres villes où il y a jurande, et qui les entent, soudent ou appliquent sur des ouvrages d'or ou d'argent qui n'ont point été portés, essayés ni marqués dans les bureaux des maisons communes.

Quand quelqu'un, en se mariant, prend un faux nom, un faux domicile, une fausse qualité, etc., il doit être puni selon les circonstances et la nature du délit.

La nommée Picquet, pour persuader qu'elle était mariée avec le sieur Hallot de Goussainville, engagea le nommé Nicolas de l'épouser sous ce nom. Pour réparation de ce délit, elle fut condamnée au bannissement, et Nicolas à neuf ans de galères, par arrêt du 19 mars 1681, qu'on trouve au Journal des audiences.

Par un autre arrêt du 15 juin 1691, qui est aussi rapporté au *Journal des audiences*, un fils qui avait produit un faux consentement de son père pour se marier, a été condamné au bannissement.

Ceux qui se disent faussement pères, mères, tuteurs ou curateurs des mineurs, pour obtenir des permissions de mariages, des dispenses de bans et des mains levées des oppositions formées à la célébration de ces mariages, doivent, suivant l'édit du mois de mai 1697, être poursuivis criminellement, ainsi que les témoins qui ont certifié des faits faux à l'égard de l'âge, qualité ou domicile de ceux qui contractent; et les juges sont tenus de prononcer contre les coupables de pereils délits; savoir, les galères contre les hommes et le bannissement contre les femmes, outre l'amende honorable contre les uns et les autres.

Par arrêt du 2 septembre 1737, le parlement de Rouen a condamné à l'amende honorable et aux galères à perpétuité, un particulier qui s'était dit faussement le père d'Abraham-Nicolas Renoult, et avait signé en cette qualité, lors de la célébration du mariage de ce dernier avec Marie Langlois : cet arrêt a en outre condamné les mêmes Renoult et Marie Langlois, ainsi que le père et le frère de cette fille, à neuf ans de bannissement, et tous solidairement à 200 liv. de réparation civile envers le père d'Abraham Nicolas Renoult.

Par un autre arrêt du 18 janvier 1729, le parlement de Paris a condamné un mari et une femme qui avaient supposé un faux domicile, savoir, le mari aux galères pour neuf ans, la femme à un bannissement de trois années, et tous deux à faire amende honorable. Par le même arrêt, deux particuliers qui avaient certifié ce faux domicile, ont aussi été condamnés aux galères, l'un pour neuf ans, et l'autre pour trois ans.

Par un autre arrêt du 21 juin 1735, le même parlement a condamné plusieurs particuliers à l'amende honorable et à trois ans de galères, pour avoir supposé et certifié un faux domicile, lors de la célébration du mariage de Noël Doucin avec la nommée Claude Drouard. [[*V. Faux témoignage.*]]

Le Faux qui consiste à fabriquer ou falsifier des lettres de prêtrise, et à dire la messe en conséquence, doit être puni sévèrement.

Expilly rapporte un arrêt du 6 août 1622, par lequel un particulier a été condamné à faire amende honorable et à un bannissement perpétuel, pour avoir long-temps célébré la messe sans être prêtre.

Par un autre arrêt du 3 septembre 1710, le parlement de Paris a confirmé une sentence du bailliage de Poitiers, qui avait condamné un maître d'école à faire amende honorable, à avoir le poing coupé, et à être brûlé, pour avoir dit la messe pendant quatre ans sans être prêtre.

Par un autre arrêt du 1er août 1713, le même parlement a condamné un chanoine à l'amende ho-

(1) Il n'y a point encore là de Faux. *V. Vol.*

norable et à neuf ans de galères, pour avoir fabriqné de faux *exeat* de son évêque, et avoir dit la messe quoique interdit et excommunié. (M. Guyot.) *

[[§. II. *Des peines du Faux, suivant les lois nouvelles.*

I. Indépendamment du crime de fausse monnaie sur lequel on peut voir l'article *Monnaie*, §. 2, le Code pénal du 25 septembre 1791 contenait sur la peine de Faux, les dispositions suivantes :

Part. 2, *tit.* 1, *sect.* 5, *art.* 15. « Tout fonctionnaire ou officier public qui sera convaincu de s'être rendu coupable du crime de Faux dans l'exercice de ses fonctions, sera puni de la peine des fers pendant vingt ans (1) ».

Même titre, *sect.* 6, *art.* 3. « Quiconque sera convaincu d'avoir contrefait le sceau de l'Etat, sera puni de quinze années de fers.

» 4. Quiconque sera convaincu d'avoir contrefait le timbre national sera puni de douze années de fers.

» 5. Quiconque sera convaincu d'avoir contrefait le poinçon servant à marquer l'or et l'argent, ou les marques apposées au nom du gouvernement, sur toute espèce de marchandises (2), sera puni de dix années de fers «.

Même partie, *tit.* 2, *sect.* 2, *art.* 41. « Quiconque sera convaincu d'avoir, méchamment et à dessein de nuire à autrui, commis le crime de Faux, sera puni ainsi qu'il suit :

» 42. Si ledit crime de Faux est commis en écriture privée, la peine sera de quatre années de fers.

» 43. Si ledit crime de Faux est commis en lettres de change ou autres effets de commerce ou de banque, la peine sera de six années de fers.

» 44. Si ledit crime de Faux est commis en écritures authentiques et publiques, la peine sera de huit années de fers.

» 45. Quiconque aura commis ledit crime de Faux ou aura fait usage d'une pièce qu'il savait fausse, sera puni des peines portées ci-dessus contre chaque espèce de Faux ».

(1) Le tribunal criminel du departement de la Manche ayant proposé à la convention nationale la question de savoir « quelle peine devrait être infligée à un collecteur des impositions de 1790, déclaré par le jury de jugement, convaincu de concussion et de falsification de ses rôles, en altérant les chiffres, en augmentant les sommes à la charge des redevables, et se faisant payer sur le pied des augmentations qu'il avait fabriquées »; la convention nationale, « considérant que l'art. 15 de la sect. 5, du tit. 1, de la seconde partie du Code pénal détermine clairement la peine qui doit être infligée à tout fonctionnaire public convaincu de Faux dans l'exercice de ses fonctions », a déclaré, par décret du 28 prairial an 2, qu'il n'y avait pas lieu à délibérer.

(2) Les directeurs du jury du département de la Seine, ayant proposé à la convention nationale, la question de savoir « quelle peine doit être infligée à ceux qui ont fait usage de poinçons contrefaits pour marquer l'or et l'argent, sans néanmoins avoir coopéré à leur contrefaçon »; la convention nationale, « considérant que l'art. 4 de la sixième section du tit. 1 de la seconde partie du Code pénal s'applique, non-seulement à ceux qui contrefont l'instrument servant à marquer l'or et l'argent ou autres marchandises, au nom du gouvernement, mais encore à ceux qui contrefont les marques nationales par l'apposition d'un instrument contrefait à cette fin », a déclaré, par décret du 6 floréal an 2, qu'il n'y avait pas lieu à délibérer.

II. Le Code pénal de 1810 entre, sur cette matière, dans des détails plus circonstanciés. Voici ses dispositions, sauf toutefois celles qui concernent le crime de fausse monnaie, et que l'on trouvera sous le mot *Monnaie*, §. 2.

« *Liv.* 3, *tit.* 1, *chap.* 3, *sect.* 1, §. 2. *Contrefaçon des sceaux de l'Etat, des billets de banque, des effets publics et des poinçons, timbres et marques.* Art. 139. Ceux qui auront contrefait le sceau de l'Etat ou fait usage du sceau contrefait ; ceux qui auront contrefait ou falsifié, soit des effets émis par le trésor public avec son timbre, soit des billets de banque autorisés par la loi, ou qui auront fait usage de ces effets ou billets contrefaits ou falsifiés, ou qui les auront introduits dans l'enceinte du territoire français, seront punis de mort et leurs biens confisqués.

» 140. Ceux qui auront contrefait ou falsifié, soit un ou plusieurs timbres nationaux, soit les marteaux de l'Etat, servant aux marques forestières, soit le poinçon ou les poinçons servant à marquer les matières d'or et d'argent, ou qui auront fait usage des papiers, effets, timbres, marteaux ou poinçons falsifiés ou contrefaits, seront punis des travaux forcés à temps, dont le *maximum* sera toujours appliqué dans ce cas.

» 141. Sera puni de la réclusion, quiconque s'étant indûment procuré les vrais timbres, marteaux ou poinçons ayant l'une des destinations exprimées en l'art. 140, en aura fait une application ou usage préjudiciable aux droits ou intérêts de l'Etat (1).

» 142. Ceux qui auront contrefait les marques destinées à être apposées au nom du gouvernement sur les diverses espèces de denrées ou de marchandises, ou qui auront fait usage de ces fausses marques ; ceux qui auront contrefait le sceau, timbre ou marque d'une autorité quelconque, ou d'un établissement particulier de banque ou de commerce, ou qui auront fait usage des sceaux, timbres ou marques contrefaits, seront punis de réclusion.

» 143. Sera puni du carcan, quiconque s'étant indûment procuré les vrais sceaux, timbres ou marques, ayant l'une des destinations exprimées en l'art. 142, en aura fait une application ou usage préjudiciable aux droits ou intérêts de l'Etat, d'une autorité quelconque ou même d'un établissement particulier.

» 144. Les dispositions des art. 136, 137 et 138 sont applicables aux crimes mentionnés dans l'art. 139 (2).

» §. 3. *Des Faux en écritures publiques et authentiques, et de commerce ou de banque.* Art. 145. Tout fonctionnaire ou officier public qui, dans l'exercice de ses fonctions, aura commis un Faux, soit par fausses signatures, soit par altération des actes, écritures ou signatures, soit par la supposition de personnes, soit par des écritures faites ou intercalées sur des registres ou d'autres actes publics depuis leur confection ou clôture, seront punis des travaux forcés à perpétuité.

(1) *V.* mon *Recueil de Questions de Droit*, au mot *Faux*, §. 13.

(2) *V.* l'article *Monnaie*, §. 2.

» 146. Sera aussi puni des travaux forcés à perpétuité, tout fonctionnaire ou officier public qui, en rédigeant des actes de son ministère, en aura frauduleusement dénaturé la substance ou les circonstances, soit en écrivant des conventions ou autres que celles qui auraient été tracées ou dictées par les parties, soit en constatant comme vrais des faits faux, ou comme avoués des faits qui ne l'étaient pas.

» 147. Seront punies des travaux forcés à temps, toutes autres personnes qui auront commis un Faux en écriture authentique et publique, ou en écriture de commerce ou de banque; soit par contrefaçon ou altérations d'écritures ou de signatures, soit par fabrication de conventions, dispositions, obligations ou décharges, ou par leur insertion après coup dans ces actes, soit par addition ou altération de clauses, de déclarations ou de faits que ces actes avaient pour objet de recevoir et de constater.

» 148. Dans tous les cas exprimés au présent paragraphe, celui qui aura fait usage des actes faux sera puni des travaux forcés à temps.

» 149. Sont exceptés des dispositions ci-dessus, les Faux commis dans les passeports et feuilles de route, sur lesquels il sera particulièrement statué ci-apres.

» §. 4. *Des Faux en écriture privée.* Art 150. Tout individu qui aura, de l'une des manières exprimées en l'art. 147, commis un Faux en écriture privée, sera puni de la réclusion.

» 151. Sera puni de la même peine celui qui aura fait usage de la pièce fausse.

» 152. Sont exceptés des dispositions ci-dessus, les faux certificats de l'espèce dont il sera ci-après parlé.

» §. 5. *Des Faux commis dans les passeports, feuilles de route, certificats*....... (1). Art. 156. Quiconque fabriquera une fausse feuille de route, ou falsifiera une feuille de route originairement véritable, ou fera usage d'une feuille de route fabriquée ou falsifiée, sera puni, savoir: d'un emprisonnement d'une année au moins, et de cinq ans au plus, si la fausse feuille de route n'a eu pour objet que de tromper la surveillance de l'autorité publique; du bannissement, si le trésor public a payé au porteur de la fausse feuille des frais de route qui ne lui étaient pas dus ou qui excédaient ceux auxquels il pouvait avoir droit, le tout néanmoins au-dessous de 100 francs; et de la réclusion, si les sommes indument reçues par le portenr de la feuille s'élèvent à 100 francs et au-delà.

» 157. Les peines portées en l'article précédent seront appliquées, selon les distinctions qui y sont posées, à toute personne qui se fera délivrer, par l'officier public, une feuille de route sous un nom supposé.

» 158. Si l'officier public était instruit de la supposition du nom lorsqu'il a délivré la feuille, il sera puni, savoir: dans le premier cas posé par l'art. 156, du bannissement, dans le second cas du même article, de la réclusion, et dans le troisième cas, des travaux forcés à temps.

» 159. Toute personne qui, pour se rédimer elle-même ou en affranchir une autre, d'un service public quelconque, fabriquera, sous le nom d'un médecin, chirurgien, ou autre officier de santé, un certificat de maladie ou d'infirmité, sera punie d'un emprisonnement de deux à cinq ans.

» 160. Tout médecin, chirurgien ou autre officier de santé qui, pour favoriser quelqu'un, certifiera faussement des maladies ou infirmités propres à dispenser d'un service public, sera puni d'un emprisonnement de deux à cinq ans. — S'il y a été mu par dons ou promesses, il sera puni du bannissement: les corrupteurs seront, en ce cas, punis de la même peine.

» 161. Quiconque fabriquera, sous le nom d'un fonctionnaire ou officier public, un certificat de bonne conduite, indigence ou autres circonstances propres à appeler la bienveillance du gouvernement ou des particuliers sur la personne y désignée, et à lui procurer places, crédit ou secours, sera puni d'un emprisonnement de six mois à deux ans.

La même peine sera appliquée, 1° à celui qui falsifiera un certificat de cette espèce, originairement véritable, pour l'approprier à une personne autre que celle à laquelle il a été primitivement délivré; 2° à tout individu qui se sera servi du certificat ainsi fabriqué ou falsifié.

» 162. Les faux certificats de toute autre nature, et d'où il pourrait résulter soit lésion envers des tiers, soit préjudice envers le trésor public, seront punis selon qu'il y aura lieu d'après les dispositions des §. 3 et 4 de la présente section.

» *Dispositions communes.* Art. 163. L'application des peines portées contre ceux qui ont fait usage des monnaies, billets, sceaux, timbres, marteaux, poinçons, marques et écrits faux, contrefaits, fabriqués ou falsifiés, cessera toutes les fois que le Faux n'aura pas été connu de la personne qui aura fait usage de la chose fausse.

» 164. Dans tous les cas où la peine de Faux n'est point accompagnée de la confiscation des biens, il sera prononcé contre les coupables une amende dont le *maximum* pourra être porté jusqu'au quart du bénéfice illégitime que le Faux aura procuré ou était destiné à procurer aux auteurs du crime, à leurs complices ou à ceux qui ont fait usage de la pièce fausse. Le *minimum* de cette amende ne pourra être inférieur à 100 francs.

» 165. La marque sera infligée à tout faussaire condamné soit aux travaux forcés à temps, soit même à la réclusion (1) ».

(1) On trouvera sous le mot *Passeport*, les art. 153, 154 et 155.

(1) La loi du 23 floréal an 10 avait déjà ordonné que, pendant tout le temps qu'elle serait exécutoire, tout individu condamné, soit pour contrefaçon ou altération des effets publics, du sceau de l'Etat, du timbre national, du poinçon servant à marquer l'or et l'argent, des marques apposées, au nom du gouvernement, sur toute espèce de marchandises, soit pour tout crime de Faux en écritures publiques ou privées, soit pour emploi d'une pièce qu'il savait être fausse, soit pour crime de fausse monnaie, dans le cas où il n'emportait pas peine de mort, serait dès la première fois et outre la peine prononcée dans le Code pénal, flétri publiquement sur l'épaule droite, de la lettre F.

III. Les dispositions du Code pénal de 1810 n'étant pas, comme il le dit lui-même, art. 5, applicables *aux contraventions*, *délits et crimes militaires*, nous devons retracer ici celles des lois nouvelles qui sont relatives aux Faux commis par les gens de guerre.

La loi du 20 septembre 1791, concernant les cours martiales (aujourd'hui tribunaux) maritimes, et la police des ports et arsenaux, inflige des peines particulières aux crimes de Faux relatifs aux matières qu'elle a spécialement pour objet. Voici ce qu'elle porte, tit. 3, art. 12.

« Ceux qui auront falsifié ou altéré les registres, rôles, quittances et autres papiers de service, ou qui auront fabriqué ou fait fabriquer de faux rôles, fausses quittances et autres actes, ou qui les emploieront à leur profit, ou enfin qui supposeront effectifs, au détriment des deniers de la nation, des hommes, des matières et des sommes non existans, seront condamnés à dix ans de chaîne ».

On a vu ci-devant, sect. 1, §. 8, comment doivent être punis, suivant l'art. 13 du même titre, ceux qui prennent frauduleusement le nom d'un marin employé sur les vaisseaux de l'Etat, pour s'approprier ce qu'il a droit de toucher aux bureaux des classes.

L'article suivant ajoute : « Seront punis de la même manière les faux créanciers et leurs complices, qui emploieront des moyens frauduleux pour constater leurs prétendus titres à l'égard d'un marin mort ou absent ».

SECTION IV. *Quels sont, en matière civile, les effets des jugemens rendus par les tribunaux criminels sur les accusations de Faux?*

V. le plaidoyer et l'arrêt du 30 avril 1807, rapportés à l'article *Chose jugée*, §. 15.]]

FAUX-SAUNAGE. *V. Sel.*

[[FAUX TÉMOIGNAGE. On verra à l'article *Subornation*, quels étaient, dans notre ancienne jurisprudence, les caractères et les peines du Faux Témoignage. Ici, il ne doit être question que des nouvelles lois sur cette matière.

I. Le Code pénal du 25 septembre 1791, part. 2, tit. 2, sect. 2, art. 47, portait : « Quiconque sera convaincu de Faux Témoignage en matière civile, sera puni de la peine de six années de gêne ».

L'art. 363 du Code pénal de 1810 substitue à cette peine celle de la réclusion; et l'art. 364 ajoute que « le faux témoin en matière civile, qui aura reçu de l'argent, une récompense quelconque ou des promesses, sera puni des travaux forcés à temps ».

Mais qu'entend cette loi par *Faux Témoignage* en matière civile? Doit-on considérer comme tel la déclaration mensongère que fait une personne devant un officier public (qui a caractère pour la recevoir), sur un fait qu'il s'agit de constater à toute autre fin que de statuer sur une instance liée en justice?

En l'an 10, le nommé Thiberti se présente accompagné d'Angélique-Marie Mansuet, femme d'Antoine Asso, devant le juge de paix de Ville-Franche, près Nice, et requiert acte de ce qu'il déclare avec serment s'être trouvé, après le combat naval d'Aboukir, à l'hôpital militaire d'Alexandrie, couché à côté d'un homme *qui lui dit* se nommer *Anto Asso*, marié à Ville-Franche, où résidaient encore son épouse et son enfant; que ce nommé Asso était atteint d'une maladie scorbutique, et que lui, Thiberti, l'a vu expirer. — Munie de cette déclaration, la femme Asso contracte un second mariage. — Mais bientôt Asso reparaît. — Thiberti est poursuivi comme prévenu de *Faux Témoignage en matière civile;* et la cour de justice criminelle et spéciale du département des Alpes-Maritimes, lui appliquant l'article ci-dessus transcrit du Code pénal, le condamne à la peine de six années de gêne. — Thiberti se pourvoit en cassation.

« Lorsque la loi a parlé de Faux Témoignage (dit son défenseur), elle n'a pas entendu autre chose que la déposition qui serait faite *judiciairement* par des *témoins* appelés, c'est-à-dire, 1° Dans une contestation soumise aux tribunaux, sur la provocation des parties litigantes; 2° Devant l'autorité compétente. — Toute déclaration spontanée, extra-judiciaire, ne peut être qualifiée *témoignage*, et ne peut lier son auteur, de manière à l'empêcher de se rétracter par la suite. — Un *témoin* est celui qui *atteste*, soit positivement, soit négativement, un fait sur lequel il y a un doute légitime élevé : celui qui fait une déclaration sur un fait qui n'est pas légitimement contredit, ne donne qu'une *assertion*, et non point un *témoignage*. — La simple *déclaration* de Thiberti n'est donc point un *témoignage;* elle ne peut donc être réputée *Faux témoignage*, quoiqu'elle paraisse *mensongère*. — Et quand on pourrait lui attribuer le caractère de *témoignage*, elle n'aurait pu, bien que faite avec serment, avoir comme tel aucun effet; car elle était faite devant un juge qui n'était point compétent pour le recevoir. — Le juge de paix est un juge d'exception. Ses attributions sont limitées. Il n'a le droit de recevoir des enquêtes que dans les affaires qui sont de sa compétence, ou lorsque le pouvoir lui en est expressément délégué par la loi. Hors de ces cas, les déclarations, quoique assermentées, faites devant un juge de paix, ne sont point des dépositions *légales* proprement dites. De telles déclarations, présentées devant un tribunal civil, dans une cause civile, sont regardées comme actes privés, et ne prouvent rien. — S'il est donc constant que la déclaration de Thiberti n'eût point servi, produite en justice, à établir comme *vrai* un fait *faux;* si les juges, dans une contestation, n'eussent pu y avoir égard; si elle eût été sans effet, *nulle* en un mot, on ne peut raisonnablement lui reprocher le caractère de fausseté. Qu'importe, en effet, qu'une déposition nulle soit fausse ou vraie? Et comment peut-on avancer qu'un dire, qui est censé n'être pas, constitue un délit; qu'une déclaration, qui n'est pas un *témoignage*, soit un *Faux Témoignage* »?

Telle était la défense de Thiberti. Mais par arrêt du 6 novembre 1806, au rapport de M. Minier, « considérant que l'art. 47 du Code pénal, au titre *des crimes et délits contre les propriétés*, veut que le crime de Faux Témoignage, en matière civile, soit puni de six années de gêne; qu'on ne peut mettre de restriction à la généralité de cette disposition;

qu'il n'est pas nécessaire qu'une déclaration dont les suites peuvent devenir dangereuses pour quelqu'un, ou préjudiciables à l'ordre public, ait été faite dans le cours d'une instance liée; qu'il suffit que cette déclaration mensongère ait acquis un caractère public devant un officier ayant caractère pour la recevoir, pour qu'elle doive être considérée comme un Faux Témoignage en matière civile, et qu'elle appelle sur son auteur la peine que la loi prononce; qu'il est dès-lors évident que le moyen invoqué par Paul-Bonaventure Thiberti, et qu'il voudrait faire résulter de la fausse application de la loi, doit être écarté; la cour rejette... ».

Mais peut-on considérer et punir comme *Faux Témoignage*, les réponses mensongères que fait une partie assignée en justice, soit aux interpellations de son adversaire, soit à un interrogatoire sur faits et articles?

La cour de justice criminelle du département de la Sarre avait jugé pour l'affirmative, en condamnant, par arrêt du 16 frimaire an 11, Eve Frings et Antoine Gener, aux peines de Faux Témoignage en matière civile, pour en avoir imposé à la justice dans les réponses qu'ils avaient faites devant le juge de paix du canton de Lissendorff, aux questions qui leur avaient été posées sur une demande formée contre eux à fins civiles. Mais les deux condamnés s'étant pourvus en cassation, arrêt est intervenu, le 22 pluviose suivant, par lequel, « vu l'art. 47 du tit. 3, sect. 2, part. 2, du Code pénal; et l'art. 456 du Code des délits et des peines; attendu que le sens et l'étendue des expressions contenues au Code pénal, doivent être déterminés par les définitions que les lois anciennes, les décisions judiciaires et les opinions des jurisconsultes ont adoptées; attendu qu'il résulte des anciennes lois, que les témoignages ne peuvent s'entendre que des dépositions faites en la cause d'autrui; que la loi 16, D. *de Testibus*, portant, *qui falsa vel varia testimonia dixerunt vel utrique parti prodiderunt.... puniantur*, ne peut s'appliquer au délit commis par celui qui altère la vérité dans sa propre cause, la loi 10, C. *de Testibus*, n'admettant pas le témoignage de personne en sa cause: *Omnibus in re propriâ dicendi testimonia facultatem jura submoverunt*; que le parjure qui comprenait les affirmations mensongères faites en justice, a toujours été distingué du crime de Faux Témoignage; que les ordonnances des empereurs, celles des rois de France, particulièrement les capitulaires, et les ordonnances de 1452 et 1531, ont maintenu cette distinction; que cette dernière ordonnance prononçait la peine capitale contre les faux témoins, tandis que la peine du parjure, d'abord afflictive, puis modifiée et restreinte à des amendes et restitutions, était devenue arbitraire; que les arrêts recueillis par Boniface, Papon et le Journal des audiences, ainsi que les opinions des criminalistes, attestent également la distinction de ces deux genres de délits; que, dans cet état de la jurisprudence, le Code pénal ayant placé seulement le Faux Témoignage au nombre des crimes, ce délit est maintenant susceptible de la poursuite criminelle, qui n'est plus applicable au parjure; attendu que, dans l'espèce, il s'agissait d'une prévention de fausseté dans les réponses des demandeurs, appelés comme défendeurs devant la justice de paix du canton de Lissendorff; que le serment avait été déféré auxdits prévenus, en vertu de l'art. 342 du réglement sur l'ordre judiciaire, et qu'il ne constituait pas même le serment *litis decisorium*, puisqu'il a été accordé par le juge un délai pour chercher les preuves ultérieures; qu'ainsi, la preuve résultant du procès-verbal de la justice de paix sus-énoncée, ne pouvait porter les caractères de celle du Faux Témoignage prévu par l'art. 47 du Code ci-dessus cité; qu'ainsi, il y a eu, par la poursuite criminelle relative à un délit non prévu par le Code pénal, fausse application des dispositions dudit Code et de celles de la loi du 3 brumaire an 4, qui en sont la conséquence; le tribunal casse et annulle l'ordonnance du directeur du jury d'accusation de l'arrondissement de...., rendue le 25 fructidor dernier, à l'égard d'Antoine Gener et d'Eve Frings-de-Berendorf, et tout ce qui a suivi spécialement la déclaration du jury de jugement, et le jugement du tribunal criminel de la Sarre, en date du 16 frimaire dernier.... ».

II. En matière criminelle, l'art. 48 du Code pénal du 25 septembre 1791, part. 2, tit. 2, sect. 2, portait simplement: « Quiconque sera convaincu du crime de Faux Témoignage dans un procès criminel, sera puni de la peine de vingt années de fers, et de la peine de mort, s'il est intervenu condamnation contre l'accusé dans le procès duquel aura été entendu le faux témoin ».

Mais voici ce qu'y avait ajouté la loi du 5 pluviose an 2;

« *Art.* 1. La peine de mort, prononcée par l'art. 48 de la seconde section du tit. 2 de la seconde partie du Code pénal, contre les faux témoins entendus sur des accusations capitales, aura lieu, quoique les accusés à la charge desquels ils auront déposé, aient été acquittés.

» 2. Les faux témoins qui auront déposé à décharge, soit que les accusés de crimes, même capitaux, aient été acquittés ou condamnés, seront punis de vingt années de fers, conformément à la première partie de l'article du Code pénal ci-dessus mentionné.

» 3. Si néanmoins les accusations capitales sur lesquelles il aura été déposé à décharge, ont pour objet des crimes contre-révolutionnaires, les faux témoins seront punis de mort comme s'ils avaient déposé à charge.

» 4. La présente loi sera lue publiquement aux témoins assignés pour déposer, dans chaque procès, immédiatement après la lecture de l'acte d'accusation.... ».

A ces dispositions, l'art. 361 du Code pénal de 1810 substitue celles-ci: » Quiconque sera coupable de Faux Témoignage en matière criminelle, soit contre l'accusé, soit en sa faveur, sera puni de la peine des travaux forcés à temps. Si néanmoins l'accusé a été condamné à une peine plus forte que celle des travaux forcés à temps, le faux témoin qui a déposé contre lui, subira la même peine».

III. Doit-on poursuivre et punir comme faux témoin, celui qui a fait une fausse déclaration, soit devant l'officier de police, soit devant le directeur du jury, soit devant le président de la cour de justice criminelle, et qui, ou ne l'a pas produite, ou l'a rétractée, dans les débats publics? J'ai rapporté à l'article *Calomnie* un arrêt de la cour de cassation du 19 messidor an 8, qui juge non. En voici d'autres qui confirment de plus en plus cette jurisprudence, d'ailleurs très-constante.

Le 19 floréal an 11, la cour de justice criminelle du département de Sambre-et-Meuse avait condamné les frères Beaussart à vingt années de fers, pour avoir porté Faux Témoignage devant un directeur de jury. Mais les frères Beaussart s'étant pourvus en cassation, arrêt du 3 thermidor an 11, au rapport de M. Rataud, par lequel, « vu l'article 228 du Code des délits et des peines, et l'article 48 de la deuxième section du tit. 2 de la deuxième partie du Code pénal, attendu que le fait imputé aux réclamans, et pour lequel ils ont été condamnés à la peine de vingt années de fers par le jugement attaqué, était d'avoir fait une fausse déclaration devant un directeur du jury, procédant sur une dénonciation d'un prétendu empoisonnement de bestiaux; mais que ce fait ne constitue pas un Faux Témoignage dans un procès criminel qui ne commence que lorsque le tribunal criminel a été saisi par suite d'une accusation admise; que cela résulte évidemment des termes mêmes de la loi qui aggrave la peine qu'elle prononce dans le cas où il serait intervenu condamnation à mort contre l'accusé, dans le procès duquel le faux témoin aurait été entendu; que dans l'espèce la circonstance que la déclaration des Frères Beaussart avait été faite et reçue sous le sceau du serment, ne changeait rien à la nature du fait, puisque la loi n'autorisait pas le directeur du jury à faire observer cette formalité, à la différence des dépositions à faire devant le jury de jugement et devant le tribunal criminel, où les témoins appelés et entendus sont assujettis formellement à donner une garantie de la vérité de leurs dépositions; attendu aussi qu'il ne peut, sous peine de nullité, être dressé d'acte d'accusation que pour délit emportant peine afflictive ou infamante; et qu'aucune disposition de loi ne prononce une peine de cette nature, en cas de fausseté d'une déclaration devant un officier de police judiciaire ou du directeur du jury; par ces motifs, le tribunal casse et annulle l'ordonnance de traduction des frères Beaussart au jury d'accusation, et tout ce qui a suivi, pour contravention à l'art. 228 du Code des délits et des peines; casse spécialement le jugement rendu par le tribunal criminel du département de Seine-et-Marne, le 19 floréal dernier, pour fausse application de la loi pénale ».

Le magistrat de sûreté de Cahors était saisi d'une dénonciation contre Guillaume Viguier. Pendant qu'il était à la recherche des preuves, un particulier se présente de lui-même pour déposer en faveur du prévenu. Le magistrat de sûreté, jugeant que c'est une machination employée pour disculper Viguier, décerne contre ce particulier un mandat de dépôt. Il le poursuit comme prévenu de tentative de Faux Témoignage en matière criminelle; et il poursuit en même temps Viguier comme prévenu d'avoir provoqué ce Faux Témoignage. Pendant l'instruction, ce particulier meurt, mais la procédure est continuée contre Viguier; et par arrêt de la cour de justice criminelle du département du Lot, celui-ci est condamné à vingt années de fers. Mais sur son recours en cassation, arrêt du 19 brumaire an 12, au rapport de M. Seignette, qui, « vu l'art. 228 du Code des délits et des peines, et l'art. 48 de la seconde section du tit. 2 de la deuxième partie du Code pénal; attendu que le fait imputé à Guillaume Viguier, est d'avoir engagé un ami, décédé depuis, à se présenser devant le magistrat de sûreté, et à déclarer à ce magistrat qu'il avait vu Viguier acheter des souliers, qu'il était au contraire prévenu d'avoir volés; declaration que le magistrat de sûreté refusa de recevoir, et qui ne constituait pas un Faux Témoignage dans un procès criminel, qui ne commence que lorsque le tribunal criminel est saisi par une accusation admise; que par conséquent Viguier ne pouvait être réputé provocateur du Faux Témoignage dans un procès criminel; que ceci résulte évidemment des termes mêmes de la loi, qui aggrave les peines dans le cas où il serait intervenu condamnation à mort contre l'accusé, dans le procès duquel le Faux Témoignage aurait été rendu; que cela résulte encore des précautions que prend la loi pour assurer la vérité des déclarations devant le tribunal criminel, puisqu'elle exige la prestation du serment devant ce tribunal; formalité qu'elle n'exige point pour les déclarations faites dans l'instruction préparatoire : casse l'ordonnance de traduction devant le jury d'accusation, donnée contre Viguier, par le directeur du Jury de Cahors; l'acte d'accusation, ce qui a suivi et le jugement du tribunal criminel du Lot, du 27 therm. an 11, qui condamne Guillaume Viguier dit Langlade, à vingt années de fers; sauf à poursuivre, s'il y a lieu, ledit Viguier pour le vol des paires de souliers, et pour les autres vols qui lui sont imputés ».

Le 24 floréal an 13, la cour de justice criminelle du département de Sambre-et-Meuse avait condamné Joseph Bauchat à vingt années de fers, pour avoir porté Faux Témoignage devant un directeur du Jury, sur une plainte rendue contre les nommés Laurent et Monin, prévenus d'avoir maltraité et grièvement blessé Augustin Delfosse. Joseph Bauchat s'est pourvu en cassation; et par arrêt du 22 messidor an 13, au rapport de M. Lamarque, « vu l'art. 228 du Code des délits et des peines, et l'art. 48 de la 2e section du tit. 2 de la deuxième partie du Code pénal; —Attendu que la déclaration faite par un témoin devant un directeur du jury, lors de l'instruction, et antérieurement à la mise en accusation, du prévenu, ne peut pas être assimilée au témoignage porté dans un procès criminel, lequel ne prend ce caractère que lorsque la cour se trouve saisie de l'affaire par suite d'une accusation admise : que la différence résulte des termes de la loi qui ne parle point du moment où l'instruction commence, et où il n'existe qu'une prévention, mais de celui où il y a un accusé dans un procès criminel : différence d'autant plus sensible que les témoins qui prêtent serment devant le jury de jugement et la cour de justice criminelle, ne sont point assujettis à cette formalité devant le directeur du jury; attendu aussi qu'il ne peut, sous peine de nullité, être dressé d'acte d'accusation que pour délit emportant peine afflictive ou infamante, et qu'aucune disposition de loi ne prononce une peine de cette nature en cas de fausseté d'une déclaration devant le directeur du jury; par ces motifs, la cour casse et annulle l'ordonnance de traduction de Joseph Bauchat au jury d'accusation, et tout ce qui a suivi; casse spécialement l'arrêt rendu par la cour de justice criminelle du département de Sambre-et-Meuse, le 24 floréal dernier».

IV. Peut-on poursuivre et punir comme faux témoin, celui qui, après avoir déclaré à la justice qu'un tel l'a blessé avec une intention criminelle, se rétracte et soutient que la blessure a été l'effet d'un hasard malheureux? — Voici ce que nous offre sur cette question le bulletin criminel de la cour de cassation, à la date du 16 janvier 1807.

« Bernard Gallini avait reçu un coup de fusil à la suite d'une violente dispute avec Bernard Forcherio. —Le fait s'était passé dans la maison et en la présence du maire du lieu de Rivarone qui en avait dressé procès-verbal et avait reçu la déclaration des témoins présens. — Il résultait de ce procès-verbal que ni le maire ni aucun des témoins présens n'avaient pu reconnaître si le coup de fusil était parti par hasard, ou s'il avait été tiré volontairement.—Gallini grièvement blessé avait seul déclaré que le coup avait été tiré volontairement par Forcherio.—Après soixante-dix jours de maladie, Gallini étant guéri, et ayant été indemnisé de ses dépenses, fait une nouvelle déclaration dans laquelle il reconnaît que le coup de fusil était parti par hasard en se débattant avec Forcherio; et que s'il n'avait pas été guéri de sa blessure dans les quarante jours, c'était l'effet de son inconduite pendant sa maladie, et des excès de boire et de manger qu'il avait faits. Il a soutenu ces dernières déclarations dans les débats du procès instruit contre Forcherio. — C'est pour ces déclarations que Gallini a été accusé de Faux Témoignage dans un procès criminel à décharge d'un accusé, et condamné (le 26 novembre 1806, par la cour de justice criminelle des départemens de Marengo et de la Sesia) à vingt ans de fers. — Les variations de Gallini et ses déclarations ne présentant pas le caractère nécessaire pour établir le crime de Faux Témoignage, et autoriser la compétence des tribunaux criminels et la poursuite judiciaire, l'acte d'accusation, la procédure et le jugement rendu contre lui ont été cassés par les motifs énoncés dans l'arrêt dont la teneur suit :

» Ouï le rapport fait par M. Audier Massillon et M. Thuriot, pour le procureur général impérial; vu l'art. 456 du Code des délits et des peines, n. 1, et 6; attendu que les variations reprochées à Bernard Gallini, et pour lesquelles il a été accusé, poursuivi et condamné à vingt ans de fers, ne tombaient pas sur un fait matériel, mais sur les circonstances du fait, ou plutôt sur le jugement que Gallini a porté sur la volonté et l'intention de celui qui l'avait blessé et sur les causes qui ont pu retarder l'effet de la blessure; que Gallini n'était pas un simple témoin dans la procédure instruite contre Forcherio; qu'il était en outre la partie offensée; que l'intérêt de la justice exige que l'offensé puisse revenir sur le jugement qu'il a porté dans le moment même de l'offense sur l'intention de l'agresseur, qu'il puisse reconnaître et avouer des circonstances atténuantes qui ont pu lui échapper dans sa première déclaration, surtout lorsqu'il l'a faite étant grièvement blessé et pouvant être accablé par la douleur et par la maladie; que la variation de Gallini sur le point de savoir si le coup de fusil dont il avait été blessé, avait été tiré volontairement, était d'autant plus excusable, qu'il conste par le procès-verbal dressé par le maire, d'abord après l'action, que les témoins présens ont été dans l'incertitude à cet égard, qu'on ne peut pas aussi faire un crime à Gallini de s'être trompé sur la cause de la durée de sa maladie, et d'avoir imputé à son inconduite et à des imprudences à lui personnelles, le retard de sa guérison que les médecins n'attribuaient qu'à la blessure et à d'autres accidens naturels; que ces déclarations ne présentaient pas le caractère de gravité nécessaire pour constater un crime de Faux Témoignage, donner lieu à la poursuite criminelle, et à l'application de la peine de vingt ans de fers, portée par l'art. 48, sect. 2, tit. 2, part. 2 du Code pénal; et par conséquent qu'il y a dans le jugement et dans toute la procédure, incompétence et abus de pouvoirs; — Par ces motifs, la cour casse et annulle l'acte d'accusation dressé contre Bernard Gallini, la procédure instruite contre lui, et notamment l'arrêt rendu par la cour de justice criminelle des départemens de Marengo et de la Sesia, le 26 novembre dernier ».

V. Comment doit-il être procédé à l'égard des témoins qui, dans les débats publics, déposent faussement?

L'art. 330 du Code d'instruction criminelle de 1808 (qui n'est à peu de chose près, que la répétition de l'art. 41 du tit. 7 de la seconde partie de la loi du 16 septembre 1791, et de l'art. 367 du Code du 3 brumaire an 4), va nous l'apprendre; — « Si d'après les débats, la déposition d'un témoin paraît fausse, le président pourra, sur la réquisition, soit du procureur général, soit de la partie civile, soit de l'accusé même d'office, faire mettre sur-le-champ le témoin en état d'arrestation; le procureur général, le président ou l'un des juges par lui commis, rempliront, à son égard, le premier, les fonctions d'officier de police judiciaire, le second, les fonctions attribuées aux juges d'instruction dans les autres cas. Les pièces d'instruction seront ensuite transmises à la cour impériale, pour y être statué sur la mise en accusation ».

L'art. 367 du Code du 3 brumaire an 4 voulait que le président, en faisant arrêter le faux témoin, dressât procès-verbal de la déposition et de toutes les circonstances qui pouvaient en établir la fausseté. Le Code d'instruction criminelle de 1808 ne contient pas littéralement la même disposition, mais il la renouvelle implicitement, lorsqu'il dit, art. 372 : «Le greffier dressera un procès-verbal de la séance, à l'effet de constater que les formalités prescrites ont été observées, il ne sera fait mention au procès-verbal, ni des réponses des accusés, ni du contenu aux dépositions, sans préjudice toutefois de l'exécution de l'art. 318, concernant les changemens, variations et contradictions dans les déclarations des témoins ».

VI. On sent du reste avec quel soin et quelle précision doit être rédigée cette partie du procès-verbal des débats. Voici d'ailleurs un arrêt de la cour de cassation du 12 septembre 1806, qui paraît prouver que tout est de rigueur en cette matière :

« Barthélemi de Martini (je copie le Bulletin criminel de cette cour), Joseph Arata et l'épouse d'Ange de Martini, avaient été entendus comme témoins dans la séance des débats tenue par la cour de justice criminelle et spéciale des Apennins, le 8 février 1806, pour l'examen d'une accusation contre Paul-Félix de Martini.—Les dépositions des deux premiers avaient été arguées de Faux dans cette séance. — Le président avait fait arrêter ces deux témoins, en vertu du pouvoir que lui confère l'art. 367 du Code des délits et des peines; mais dans le procès-verbal par lui dressé le 18 mars, en exécution de ce que lui prescrit le même article, il s'était borné à y consigner, à l'égard de Joseph Arata, la déposition d'un autre témoin qui avait soutenu un fait contraire à celui attesté par Arata, ce qui ne constatait pas le délit de Faux Témoignage. — A l'égard de Barthélemi de Martini, le procès-verbal ne portait que ces mots : *le même fait ordonné et exécuté à son égard.*—L'épouse d'Ange de Martini n'y était pas nommée. — Sur l'instruction faite par un des juges délégués, la même cour avait, par arrêt du 5 juillet 1806, déclaré les trois accusés de Faux Témoignage convaincus de ce crime; et, en leur appliquant l'art. 48 de la seconde section du tit. 2 de la seconde partie du Code pénal, et l'art. 2 du décret du 5 pluviose an 2, il avait condamné de Martini et Arata à la peine de vingt années de fers, et la femme d'Ange de Martini à celle de vingt années de réclusion. — Sur quoi la cour de cassation a rendu l'arrêt suivant :

» Ouï Jean-Aimé Delacoste, en son rapport.... ; vu l'art. 456 du Code des délits et des peines, et l'art. 367 du même Code; attendu que le procès-verbal dressé le 18 mars dernier, en exécution de cet article, contre les témoins prévenus de Faux Témoignage, lors des débats pour l'examen du délit imputé à Paul-Félix de Martini, devait servir de base à l'instruction de ce délit, qu'il devait constater, d'une manière claire et précise, la fausseté évidente du témoignage, désigner clairement les témoins qui l'avaient rendu, énoncer les faits qui constituaient ce corps de délit; attendu que ce même procès-verbal n'a rempli aucun de ces vœux de la loi; qu'à l'égard de Joseph Arata, il se borne à énoncer qu'un autre témoin a déposé des faits contraires à ceux présentés par Arata, et à protester, avec offre de le prouver, que la déposition de celui-ci n'était pas vraie; que relativement à Barthélemi de Martini, il ne fait aucune mention de la cause pour laquelle l'arrestation a été ordonnée; que Jeanne Malatasta n'est pas même nommée dans cet acte; qu'il suit de là que ce procès-verbal est vague, sans précision, sans clarté, et par conséquent sans force contre le premier; qu'il est muet et sans application pour les deux autres; qu'une telle pièce n'a pu remplir le vœu de l'art. 367, et que la procédure faite sur cette base, ne peut subsister; qu'enfin l'arrêt prononcé sur une pareille instruction, doit être annullé; par ces motifs, la cour casse et annulle le procès-verbal dressé le 18 mars dernier par le président de la cour criminelle des Apennins, contre Barthélemi de Martini et Joseph Arata, comme prévenus de Faux Témoignage; l'acte d'accusation contre lui dressé pour le même délit et l'arrêt rendu par la même cour, le 5 juillet dernier, tant contre les dits deux accusés que contre Jeanne Malatasta.... ».

Mais cet arrêt n'a-t-il pas été trop loin? L'irrégularité du procès-verbal ordonné par l'art. 367 du Code du 3 brumaire an 4, pouvait-elle emporter une nullité que n'eût pas emportée son omission totale? Je ne le pense pas. Or, l'omission absolue du procès-verbal que l'art. 367 chargeait le président de dresser, emportait-elle la nullité de l'instruction et du jugement qui intervenaient contre le prévenu de Faux Témoignage? Non, car l'art. 369 ne prononçait pas la peine de nullité; et l'art. 456 décidait nettement que cette peine ne pouvait être suppléée dans aucune disposition du Code dont il s'agit. — D'ailleurs, il en est du procès-verbal que l'art. 367 chargeait le président de dresser, comme des procès-verbaux dont l'art. 102 prescrivait la rédaction aux officiers de police judiciaire; et jamais on n'a pensé, jamais on a jugé, que l'omission de ces procès-verbaux empêchât de poursuivre les délits que l'on pouvait constater par d'autres moyens.

Voici au surplus un arrêt postérieur à celui du 12 septembre 1806, qui juge positivement la question.

Le 19 et le 20 août 1806, Pierre et Jacques Vancoppenoble sont produits comme témoins à décharge dans les débats ouverts devant la cour de justice criminelle du département de l'Escaut, sur l'acte d'accusation dressé contre Jean Devenyns, Antoine Devenyns et Pierre Vandenabeele.—Après les avoir entendus, le président décerne contre eux des mandats d'arrêts pour Faux Témoignage, et les renvoie devant le directeur du jury de Gand, auquel il transmet simplement les notes informes que le greffier a tenues, tant de leurs dépositions que de celles des autres témoins qui les démentent. — Le directeur du jury, pour suppléer aux procès-verbaux que le président a omis de dresser, ouvre une information dans laquelle il entend notamment les témoins dont les dépositions sont rappelées dans les notes du greffier, et se contente de dire qu'il se réfère à ces dépositions. — Les prévenus sont ensuite mis en état d'accusation et par suite condamnés, par la même cour, à vingt années de fers.—Ils se pourvoient en cassation, et disent, 1° que la cour de justice criminelle du département de l'Escaut était incompétente pour les juger, parce que l'arrêt rendu contre Pierre Vandenabeele, ayant été cassé, et le procès de celui-ci renvoyé à la cour de justice criminelle de département de la Lys, c'était devant cette dernière cour qu'ils auraient dû être traduits, à raison de la connexité qui se trouvait entre ce procès et l'accusation de Faux Témoignage portée contre eux; 2° que l'instruction faite par le directeur du jury, était nulle, en ce que les témoins n'y avaient déposé que par relation à ce qu'ils avaient dit devant la cour de justice criminelle.

Par arrêt du 10 décembre 1807, au rapport de

M. Carnot, attendu, sur le premier moyen, qu'en point de droit, il n'y a point de connexité nécessaire entre une procédure criminelle instruite sur prévention de Faux Témoignage, et celle intentée contre l'individu en faveur ou contre lequel a été porté le Faux Témoignage; — Attendu d'ailleurs qu'en fait, les réclamans ne sont pas prévenus d'avoir porté Faux Témoignage dans le procès intenté contre Vandenabeele, mais bien dans celui de Devenyns; ce qui ne laissait aucun prétexte de renvoi de leur affaire pardevant la cour saisie de celle de Vandenabeele, attendu, sur le second moyen que le président de la cour de justice criminelle de l'Escaut n'ayant fait que retenir par écrit la déposition des réclamans sans rédiger le procès-verbal voulu par l'art. 367 du Code, le directeur du jury ne pouvait se dispenser de faire une instruction préalable à la présentation de l'affaire au jury d'accusation; que ce fut aussi ce que fit le directeur du jury, en entendant en déposition les témoins indiqués à l'appui de l'accusation; qu'à la vérité, le directeur du jury, dans le nombre des dépositions qu'il reçut, se borna à déclarer dans la rédaction de quelques-unes, que les témoins s'en référaient à leurs précédentes dépositions, qu'il est également vrai que le cahier d'informations dans lequel étaient consignées ces dépositions auxquelles se référaient quelques témoins, n'était pas régulier dans la forme; mais que l'instruction faite par le directeur du jury indépendamment des dépositions dont il s'agit, était suffisante pour la régularité de la procédure; et que d'ailleurs, au moyen du référé, ces dépositions, d'abord viciées reprenaient toute leur force que le vice du premier cahier d'informations leur avait fait perdre; que dès-lors, les réclamans ne peuvent se faire un grief contre l'arrêt, ni de ce que le président de la cour de justice criminelle ne s'est pas conformé aux dispositions de l'art. 367 du Code, qui n'est pas prescrit à peine de nullité, ni de ce que le directeur du jury n'a pas tenu en entier les dépositions de quelques témoins; — Attendu d'ailleurs que l'acte d'accusation a été rédigé conformément au vœu de la loi; que la procédure est régulière, et que la peine a été justement appliquée; la cour rejette le pourvoi.....»

VII. On a douté, sous l'empire de la loi du 16 septembre 1791, si les prévenus de Faux Témoignage devaient être traduits devant des jurés spéciaux; et voici ce qu'a prononcé là-dessus un décret du 7 frimaire an 2: — « La convention nationale, après avoir entendu le rapport de son comité de législation, sur la question proposée par le tribunal criminel du département de la Côte-d'Or, si les actes d'accusation de Faux Témoignage doivent être portés devant des jurés spéciaux; considérant que la disposition de l'art. 3 du tit. 12 de la seconde partie de la loi du 16 septembre 1791, annonce clairement, par sa liaison avec l'article qui le suit, que le faux qui s'exerce par des actes manuels, est le seul dont la connaissance soit réservée à des jurés spéciaux; qu'ainsi, il n'est besoin d'aucune loi interprétative pour attribuer aux jurés ordinaires, le droit de prononcer sur les accusations de Faux Témoignage; décrète qu'il n'y a pas lieu à délibérer».

Le même doute ne s'est plus reproduit sous l'empire du Code des délits et des peines du 3 brumaire an 4; et il y a eu une raison très-simple: c'est que l'art. 517 de ce Code ne réservait aux jurés spéciaux la connaissance des crimes de faux qu'autant que ces crimes avaient été commis *en écriture ou fabrication*.

Du reste, il est bien évident que, d'après l'art. 2 de la loi du 23 floréal an 10, ce n'était point devant les cours de justice criminelle et spéciale, mais devant les cours de justice criminelle ordinaire, que l'on devait, avant la mise en activité du Code pénal de 1810, traduire les prévenus de Faux Témoignage. Et c'est au surplus ce qu'a jugé un arrêt de la cour de cassation du 21 brumaire an 11, en cassant un arrêt par lequel la cour de justice criminelle et spéciale du département du Lot s'était déclarée compétente pour connaître d'une accusation de Faux Témoignage portée contre Lacabanne et Vaissier.

VIII. Quelle peine devait-on sous le Code pénal du 25 septembre 1791, appliquer au Faux Témoignage en matière correctionnelle? Ou, en d'autres termes, était-ce aux matières civiles ou aux matières criminelles, que les matières correctionnelles devaient alors être assimilées en fait de Faux Témoignage?

Un arrêt de la cour de justice criminelle du département de la Haute-Marne, du 18 fructidor an 12, en déclarant les frères Mongeolle coupables de Faux Témoignage dans une affaire correctionnelle où il y avait partie civile, leur avait appliqué l'art. 47 de la sect. 2. du tit. 2 de la seconde partie du Code pénal. Les frères Mongeolle se sont pourvus en cassation, et ont soutenu, d'une part, que cet article ne parlant que du Faux Témoignage *en matière civile*, on ne pouvait pas l'étendre aux matières correctionnelles; de l'autre, que l'art. 48 ne parlant que du Faux Témoignage *en matière criminelle*, on devait regarder le Faux Témoignage en matière correctionnelle, comme oublié par le législateur, que, dès-là, il y avait, dans l'arrêt attaqué, contravention à l'art. 3 du Code du 3 brumaire an 4, suivant lequel, « nul délit ne peut être puni de peines qui n'étaient pas prononcées par la loi avant qu'il fût commis ».—Mais, par arrêt du 14 nivose an 13, au rapport de M. Minier, « attendu que l'art. 47 n'a point été faussement appliqué, et qu'il n'y a point eu de violation de l'art. 2 de la loi du 3 brumaire an 4, le Faux Témoignage imputé dans l'espèce aux réclamans, ayant pu être considéré comme en matière civile, sous le rapport de la réparation privée à laquelle il devait donner lieu, si la preuve en était acquise; la cour rejette..... ».

Le 22 juin 1810, autre arrêt, au rapport de M. Vergès, qui, d'après le même principe, en casse un de la cour de justice criminelle du département des Hautes-Pyrénées. — « Vu, (porte-t-il), les art. 47 et 48 de la 2ᵉ section du tit. 2 de la 2ᵉ partie du Code pénal; et l'art. 456, nº 1ᵉʳ du Code du 3 brumaire an 4; considérant qu'il ne peut y avoir lieu à l'application de l'art. 48 ci-dessus transcrit, qu'autant que le Faux Témoignage a eu lieu dans un procès criminel; que les lois n'ont point rangé dans la classe des procès criminels, les procès instruits en matière de police correctionnelle et de simple police; qu'au contraire, la loi du 5 pluviose an 2, interprétative dudit art. 48, ne s'applique, d'après ses dispositions, qu'aux faux témoins entendus sur les accusations capitales, circonstance qui rend cette loi inapplicable aux faux témoins entendus dans des affaires de police; qu'il résulte même de ladite loi du 5 pluviose an 2, qu'il est impérieusement nécessaire de donner lecture de ses dispositions aux témoins appelés pour déposer immédiatement après la lecture de l'acte d'accusation; que cette dernière circonstance démontre encore que l'art. 48 n'est applicable qu'à de faux témoins entendus sur des accusations déjà admises, et par conséquent sur des crimes qui sont de nature à entraîner peine afflictive ou infamante; que la seule peine applicable dans ces circonstances, d'après la déclaration du jury de jugement, était celle de six années de gêne, prononcée par l'art. 47 ci-dessus transcrit; que par conséquent la cour dont l'arrêt est attaqué, en condamnant le réclamant à vingt années de fers, a violé ledit art. 47, faussement appliqué ledit art. 48, et commis un excès de pouvoir; d'où il suit qu'en maintenant la déclaration du jury de jugement comme légale et régulière, il y a lieu à renvoyer le procès et le réclamant devant une autre cour de justice criminelle pour être procédé à une application exacte de la loi pénale; la cour casse et annulle la disposition pénale de l'arrêt rendu le 16 mai 1810, par la cour de justice criminelle du département des Hautes-Pyrénées, au préjudice de Jean Galon Laserre..... ». — V. le n. suivant.

IX. Ce que l'on vient de dire du Faux Témoignage en matière correctionnelle, s'applique naturellement au Faux Témoignage en matière de simple police.

Le 20 juillet 1807, Marguerite Ferron, femme de Joseph Lorrain, est citée, à la requête du ministère public, devant le tribunal de police du canton de Joinville, comme prévenue de contravention à un réglement de police. — Le 25 du même mois, jugement par défaut qui la condamne à trois jours d'emprisonnement et aux frais. — Elle forme opposition à ce jugement. — Pour assurer le succès de cette opposition, elle fait citer en témoignage le nommé Thierry, qui, d'après les instances et les promesses que lui a faites Joseph Lorrain, dépose à décharge. — Le juge de paix, convaincu de la fausseté de sa déposition, lui en fait sentir les conséquences. — Tierry se rétracte. — Le juge de paix dresse, de sa déposition et de sa rétractation, un procès-verbal qu'il transmet au magistrat de sûreté de l'arrondissement. — De là, acte d'accusation, tant contre Thierry que contre Joseph Lorrain, prévenu de l'avoir suborné; déclaration du jury portant qu'il y a lieu à accusation; traduction des deux accusés devant la cour de justice criminelle du département de la Haute-Marne; déclaration du jury de jugement portant, « 1° que Thierry est convaincu d'avoir fait un Faux Témoignage à l'audience de police tenue par le juge de paix du canton de Joinville; 2° qu'il est constant qu'à la même audience, il a rétracté ce Faux Témoignage; 3° que cette rétractation le rend excusable; 4° que Joseph Lorrain est convaincu d'avoir provoqué par dons et promesses, le Faux Témoignage de Thierry ». — En conséquence, arrêt du 15 octobre 1807, qui, appliquant à Thierry l'art. 646 du Code des délits et des peines du 3 brumaire an 4, le condamne à quinze mois d'emprisonnement; et appliquant à Lorrain l'art. 47 du Code pénal, relatif au Faux Témoignage *en matière civile*, le condamne à six années de gêne. — Lorrain se pourvoit en cassation, et soutient, 1° qu'aucune loi pénale n'a prévu les cas de Faux Témoignage devant les tribunaux de police; 2° que le Faux Témoignage porté par Thierry, n'ayant nui à personne, n'a pu donner lieu aux poursuites du ministère public; 3° que la cour de justice criminelle, en omettant de poser la question intentionnelle sur le fait dont le jury l'a déclaré convaincu, a violé l'art. 377 du Code du 3 brumaire an 4; 4° que l'excuse admise en faveur de Thierry, accusé principal, a dû nécessairement être étendue à lui Lorrain, qui, par sa provocation, ne s'était rendu que son complice. — Par arrêt du 19 novembre 1807, au rapport de M. Guieu, « attendu, 1° que le Faux Témoignage devant un tribunal de police rentre dans l'application des dispositions du Code pénal sur le Faux Témoignage; que le crime existe et mérite punition par cela seul qu'il nuit à l'exercice de l'action publique, quoiqu'il n'en puisse résulter aucun dommage privé envers un individu; attendu, 2° qu'il n'y a lieu à la position de la question intentionnelle que lorsqu'elle résulte de la nature même du délit, ou de la défense de l'accusé; mais que la moralité criminelle est intrinsèque à la provocation d'un Faux Témoignage; — Attendu, 3° que si la peine a été modifiée, dans l'espèce actuelle, en faveur de l'accusé principal, c'est qu'il a été déclaré un fait d'excuse qui lui était personnel, et qui, ne pouvant s'étendre à son complice, rendait nécessairement différente la culpabilité des deux accusés; attendu, 4° que l'acte d'accusation a été dressé conformément à la loi, que la procédure est régulière, et que la peine a été justement appliquée. La cour rejette le pourvoi... ».

En mars 1807, Jean Arsat est cité à la requête de Jacques Dagand, devant le tribunal de police de son canton. — Le 23 du même mois, jugement qui, d'après les dépositions des nommés Métral et Prunier, produits comme témoins par Jean Arsat, acquitte celui-ci et condamne Jacques Dagand aux frais. — Jacques Dagand rend plainte en Faux Témoignage contre Métral et Prunier, et en subornation de témoins contre Jean Arsat. — Sur cette plainte, le magistrat de sûreté de l'arrondissement d'Annecy dresse un acte d'accusation, dans lequel il énonce le délit dont il est question, comme formant un *Faux Témoignage en matière civile*, et par conséquent comme prévu par l'art. 47 de la sect. 2 du titre 2 de la seconde partie du Code pénal du 25 septembre 1791. — Le jury d'accusation à qui cet acte est présenté, déclare qu'il y a lieu; et en conséquence, le directeur du jury rend contre les trois accusés une ordonnance de prise de corps, dans laquelle il cite pareillement l'art. 47. — Le 3 septembre 1807, arrêt de la cour de justice criminelle du département du Mont-Blanc, qui, attendu que les actions dont connaissent les tribunaux de police, ne sont pas *civiles*, mais constituent des *procès criminels* proprement dits, et qu'ainsi, ce n'est point en vertu de l'art. 47, mais en vertu de l'art. 48, que doit être poursuivi le Faux Témoignage porté devant un tribunal de police, déclare nuls l'acte d'accusation, la déclaration du jury d'accusation et l'ordonnance de prise de corps; et renvoie les accusés devant le magistrat du sûreté et le directeur du jury de l'arrondissement de Chambéry, pour être procédé à un nouvel acte d'accusation et à une nouvelle déclaration du jury.—Ces préliminaires remplis, les trois accusés sont de nouveau traduits devant la même cour; et sur la déclaration du jury de jugement portant, 1° que Métral et Prunier ont fait de fausses dépositions devant le tribunal de police, mais qu'ils ne les ont pas faites dans l'intention du crime; 2° que Jean Arsat les a provoqués à faire ces fausses dépositions, qu'il les a aidés et assistés dans les faits qui ont préparé et consommé ce délit, et qu'il a fait méchamment, arrêt intervient, le 16 novembre de la même année, qui, d'une part, acquitte Métral et Prunier, et de l'autre, appliquant à Jean Arsat (en vertu de l'art. 1 du tit. 3, relatif à la complicité des crimes), la disposition de l'art. 48 de la sect. 2 du tit. 2, relative au Faux Témoignage en matière criminelle, condamne Jean Arsat à vingt années de fers. — Jean Arsat se pourvoit en cassation, et soutient que ce n'est point par l'art. 48, mais par l'art. 47, que doit être puni le Faux Témoignage en matière de simple police. —La question mise en délibéré, au rapport de M. Lombard-Quincieux, M. Carnot exprime et motive ainsi son opinion, dans la chambre du conseil :

«Rappelons-nous qu'il s'agit ici de l'intelligence d'une loi publiée en 1791, et que par conséquent c'est d'après la législation d'alors qu'il faut rechercher quelle a pu être la véritable pensée du législateur.

» Or, à cette époque, l'ordonnance criminelle de 1670 était la seule qui fût suivie, pour la répression des crimes; les lois transitoires des 9 octobre 1789 et 22 avril 1790 n'y avaient apporté d'autre changement que sur la forme de procéder, que sur les moyens de donner aux prévenus la faculté de se défendre et de faire triompher leur innocence.

» Le Code pénal de 1791 eut pour principal objet de caractériser les différens genres de délit et d'appliquer à chacun des peines proportionnées; il ne changea rien à la grande division des actions.

» Quelle était donc cette division d'actions? L'ordonnance de 1670 n'en reconnaissait que de deux espèces; celles qui donnaient lieu à des poursuites *criminelles*, et celles qui ne pouvaient donner lieu qu'à des poursuites *civiles*. Les premières, réputées *seules* matières *criminelles*, étaient celles où il était question de la répression d'un *crime* qui méritait peine *afflictive* ou *infamante*; les secondes étaient toutes celles qui n'avaient pour objet que la répression de *simple délits*.

» Les premières devaient être suivies par *récolement* et *confrontation;* pour raison des autres, il ne pouvait y avoir lieu ni à *récolement* ni à *confrontation :* si l'accusation mérite *d'être instruite*, portait l'art. 1 du tit. 15, *le jugement ordonnera qu'il sera procédé au récolement et à la confrontation;* et elle ne méritait d'être *instruite* que quand il y avait prévention de crime *emportant peine afflictive* ou *infamante*. Tous nos recueils fourmillent d'arrêts qui l'ont reconnu ainsi.

« Les actions au petit criminel, au contraire, étaient celles où il ne pouvait y avoir lieu, à raison du délit, à aucune peine afflictive ou infamante. L'art. 3 du tit. 20 voulait que l'affaire, en ce cas, ne pût être poursuivie criminellement; que les parties fussent renvoyées *en procès ordinaire;* et que les informations fussent converties en enquêtes, sauf à l'accusé d'en faire de sa part dans les formes prescrites pour les enquêtes *en matière civile*.

» Il est donc bien évident que quand fut promulgué le Code pénal, on ne connaissait que deux genres d'actions et de matières judiciaires, les *criminelles* et les *civiles;* et que ce fut en conséquence et dans ce sens que furent rédigés les art. 47 et 48, dont le premier s'occupe des affaires *civiles*, comprenant *nécessairement* celles du *petit criminel*, et dont le second se rapporte aux *matières criminelles*, c'est-à-dire, aux crimes emportant peine *afflictive* ou *infamante*.

» S'il pouvait rester du doute sur cette simple division faite par l'ordonnance de 1670 et par le Code pénal de 1791 entre les affaires *civiles et criminelles*, pour ne comprendre dans celles-ci que les crimes emportant peine *afflictive* ou *infamante*, il serait bientôt levé, en se rappelant que les affaires de petit criminel se jugeaient dans les parlemens aux chambres des *enquêtes*, instituées pour juger les affaires *civiles;* tandis que celles du grand criminel se jugeaient aux chambres de *tournelle*, établies pour instruire et juger les affaires *criminelles*.

» A la vérité, les parlemens n'existaient plus lors de la publication du Code pénal de 1791; mais l'ordonnance de 1670 était toujours en pleine vigueur: et l'organisation même des nouveaux tribunaux avait été faite dans le même sens, puisque les matières correctionnelles, délits de petit criminel, devaient se juger par appel par les tribunaux de district, juges proprement *civils*, et non par les tribunaux criminels, autorisés uniquement, à cette époque, à connaître des affaires vraiment criminelles de leur nature, c'est-à-dire, qui pouvaient entraîner une condamnation à peine *afflictive* ou *infamante*.

» Tenons donc pour bien constant que le législateur, en rédigeant l'art. 47 du Code pénal, ne peut avoir eu d'autre pensée que de punir de six années de gêne tous les Faux Témoignages rendus, soit en matière *civile proprement dite*, soit en matière de *petit criminel*, entre lesquelles les lois antérieures n'avaient établi aucune différence.

»Reste à savoir maintenant si les nouvelles lois ont apporté quelques changemens à cette volonté bien prononcée du Code pénal de 1791, et s'il en résulte que les affaires de *simple police* et de *police correctionnelle* ont pris, dans l'ordre actuel des choses, la qualité, qui leur était refusée par l'ancien, de *matières criminelles*.

» Il faut bien convenir d'abord qu'aucune loi formelle et positive ne l'a ainsi déclaré; et cela serait peut-être déjà bien suffisant, pour ne pas étendre d'une manière aussi forte les dispositions d'une loi pénale.

» Il faut dire plus : c'est que les nouvelles lois ont voulu certainement maintenir la distinction qui existait entre les matières vraiment *criminelles* et les autres matières, en qualifiant différemment les différens Codes qu'elles nous ont donnés, ayant nommé Code *criminel* celui qui avait pour objet les crimes emportant peine *afflictive* ou *infamante ;* Code *correctionnels* et Code de *police rurale* et *forestière*, ceux qui avaient rapport aux délits y relatifs.

» Ce ne sont plus, à la vérité, les tribunaux civils qui sont appelés aujourd'hui à connaître, comme dans l'ancien ordre des choses, des matières *correctionnelles* et de *police ;* les lois nouvelles en ont fait des matières mixtes; mais si ce sont des matières *mixtes*, pourquoi y appliquerait-on les principes des matières *criminelles* plutôt que ceux des matières *civiles ?* Si cette subdivision des matières n'a pas laissé un vide dans la loi pénale, du moins, puisqu'il faut prendre un parti quelconque pour casser cette subdivision, il est plus naturel de la ranger dans la classe dont elle *émane originairement*, que de l'enter sur une matière à laquelle elle avait toujours été jusqu'alors absolument étrangère.

» Mais allons plus loin, et voyons si les lois publiées depuis le Code pénal et dans notre législation actuelle, ne viendraient pas à l'appui de notre opinion. — Je consulte d'abord celle du 5 pluviose an 2, et j'en trouve toutes les dispositions relatives aux véritables crimes, qualifiés tels par toutes les lois anciennes et nouvelles, je n'y vois rien qui ait trait aux simples délits. C'était donc encore ainsi qu'en l'an 2, l'on entendait l'art. 48 du Code pénal.

» Je trouve même dans l'art. 4 de cette loi du 5 pluviose an 2, quelque chose de plus positif et de restrictif aux matières de grand criminel ; car il est ordonné par cet article, que la loi sera lue publiquement aux témoins assignés pour déposer, dans chaque procès, *immédiatement après la lecture de l'acte d'accusation.*

» Or, dans quel cas y a-t-il lieu à *rédiger un acte d'accusation ?* Lorsqu'il s'agit de la poursuite de crimes emportant peine *afflictive* ou *infamante*, et jamais dans aucun autre, sous peine de nullité de l'instruction (art. 228 du Code du 3 brumaire an 4.)

» Dans l'esprit du législateur, et dans son vœu bien expressément et bien littéralement prononcé, l'art. 48 du Code pénal n'est donc applicable que dans le cas de Faux Témoignage porté *en matière criminelle*, et dans les affaires où il y a nécessité de rédiger un acte d'*accusation ;* ce qui, comme je l'ai dit, est exclusif des Faux Témoignages portés en matière de simple police ou de police correctionnelle, puisque dans ces matières, s'il en était rédigé un, il y aurait nullité de l'instruction de la procédure.

» Frappé comme d'un trait de lumière de cette découverte, j'ai recouru de nouveau aux art. 47 et 48 du Code pénal ; et en les relisant, j'y ai remarqué une différence notable dans la rédaction, différence qui m'avait échappé, et qui cependant est du plus grand poids. En effet, l'art. 47, qui prévoit et punit le Faux Témoignage *en matière civile*, se sert de ces termes, *en matière civile*, sans rien *particulariser*, preuve certaine qu'il comprend tout ce qui n'est pas réputé *criminel*, d'après nos lois ; tandis qu'au contraire, l'art. 48 ne parle pas des *matières criminelles*, parce que cela aurait pu donner lieu de penser qu'il voulait embrasser tout ce qui serait *criminel de sa nature, petit* ou *grand criminel ;* mais l'équivoque a été levée par la loi elle-même, qui a parlé, non de *matières criminelles* en termes généraux, mais de *procès criminels*, et chacun sait qu'un *procès criminel*, dans l'ancien régime comme dans le nouveau, n'a jamais signifié qu'un procès jadis instruit par *récolement* et *confrontation*, et instruit aujourd'hui sur accusation admise, et lorsqu'il est question seulement de rédiger contre le prévenu un acte d'accusation.

» Mais veut-on quelque chose de plus fort encore ? Il n'y a qu'à recourir à l'art. 605 du Code des délits et des peines du 3 brumaire an 4 : n'y lisons-nous pas en effet, §. 7, que les tribunaux de police sont compétens pour connaître des injures verbales *dont il n'y a pas des poursuites par la voie criminelle.* Les poursuites en police ne sont donc pas des poursuites *par la voie criminelle.* Les instances en police ne constituent donc point *un procès criminel ;* et c'est cependant le seul Faux Témoignage porté *dans les procès criminels*, qui, d'après l'art. 48 du Code, peut être puni de vingt années de fers.

» Aussi, Messieurs, n'avez-vous pas hésité à le reconnaître ainsi, dans le cas du Faux Témoignage porté en matière *correctionnelle*, par arrêt rendu au rapport de M. Minier, et j'ai l'entière conviction qu'il a été bien jugé par cet arrêt : je désire avoir fait passer la même conviction dans vos esprits ».

Effectivement, par arrêt rendu, à l'unanimité, le 8 janvier 1808, les deux arrêts de la cour de justice criminelle du département du Mont-Blanc, des 3 septembre et 16 novembre 1807, ont été cassés, comme appliquant à faux l'art. 48, et violant l'art. 47, de la sect. 2 du tit. 2 de la seconde partie du Code pénal du 25 septembre 1791.

Cette jurisprudence est formellement consacrée par les art. 362, 363 et 364 du Code pénal de 1810.

X. On voit assez par les trois arrêts précédens, que ce n'est ni aux tribunaux correctionnels, ni aux tribunaux de simple police, qu'il appartient de juger les faux témoins qui ont déposé devant eux ; et qu'ils doivent se borner à dresser procès-verbal des Faux Témoignages, en renvoyant devant le juge d'instruction ceux qui en sont prévenus.

Le tribunal de police de Louvain avait cru, le 16 juillet 1806, pouvoir faire plus : trouvant que deux témoins cités devant lui à la requête du ministère public, n'avaient *pas déposé ainsi et tout ce qu'ils savaient*, il les avait condamnés à deux jours d'emprisonnement ; mais son jugement m'ayant été dénoncé, j'en ai, d'office, requis la cassation, tant pour excès de pouvoir que pour fausse application de la loi ; et par arrêt du 13 novembre 1806, au rapport de M. Vasse, « vu l'art. 456 du Code du 3 brumaire an 4, §. 6 ; et attendu que si le fait imputé à Susanne Lagarde et à François Mulderman, avait pu être considéré comme un Faux Témoignage, la poursuite et la peine de ce crime n'auraient point appartenu à un tribunal de police dont les attributions sont déterminées par la loi aux délits dont la peine ne peut excéder celle de trois jours d'emprisonnement ou d'une amende de trois journées de travail; qu'en se permettant de connaître du fait imputé auxdits Lagarde et Mulderman, en le qualifiant de Faux Témoignage, le tribunal de police du canton de Louvain a violé les règles de compétence établies par la loi, et, sous tous les rapports que pouvait présenter le fait, a commis un excès de pouvoir; d'après ces motifs, la cour, faisant droit au réquisitoire du procureur-général, casse, dans l'intérêt de la loi, le jugement rendu par le tribunal de police de Louvain, le 16 juillet 1806... ».

XI. Peut-on, en déclarant des prévenus de Faux Témoignage, convaincus d'avoir effectivement déposé contre la vérité à eux connue, les acquitter comme ne l'ayant pas fait sciemment et dans le dessein du crime?

Le *Bulletin criminel* de la cour de cassation nous offre sur cette question, un arrêt du 1er messidor an 13, dont voici la notice :

« Montbrion était traduit à la police correctionnelle d'Apt, pour un délit rural par lui commis. Pour échapper à la condamnation, il chercha à prouver un *alibi*; il sollicita plusieurs particuliers à déposer qu'ils avaient passé à boire avec Montbrion un long temps pendant lequel on plaçait ce délit rural. Il fut aidé dans ses sollicitations par Beridon son beau-frère. — Plusieurs refusèrent de se rendre aux sollicitations de Montbrison et de Beridon. Quatre particuliers plus complaisans et plus faibles, après quelques difficultés, après avoir manifesté des craintes que les instigateurs parvinrent à dissiper, se présentèrent au tribunal correctionnel; mais leur déposition parut si évidemment fausse, que le président ordonna leur arrestation. Ils furent traduit devant la cour de justice criminelle du département de Vaucluse. — L'instruction fit connaître les provocateurs, et ils furent compris dans la poursuite. — La cour de justice criminelle, organisée d'après le sénatus-consulte du 26 vendemiaire an 11, après avoir déclaré les faits constans, les a tous acquittés sur l'intention. — Le procureur-général-impérial près la cour criminelle s'étant pourvu en cassation, il a été rendu l'arrêt qui suit :

» Ouï M. Seignette, et M. Pons pour le procureur-général-impérial; et attendu qu'il ne peut y avoir d'acquittement que sur une déclaration, soit du jury de jugement, soit des juges dans le cas où le jury n'a pas lieu; que cette déclaration doit être tellement précise, que la non culpabilité de l'accusé en soit une conséquence nécessaire; qu'une déclaration qui renferme des assertions contradictoires, n'est pas de cette nature; mais que, dans ce cas, les assertions se détruisant l'une l'autre, il est vrai de dire qu'il n'y a point de déclarations; que la cour de justice criminelle du département de Vaucluse, ayant déclaré Jean Neille, Jean Mey, Joseph Guyot et Jean Briquet convaincus d'avoir rendu un Faux Témoignage, et non convaincus de l'avoir fait sciemment et dans le dessein du crime, et Beridon et Montbrion convaincus d'avoir sollicité le Faux Témoignage, mais non convaincus de l'avoir fait dans le dessein du crime, a donné sur les témoins deux déclarations contradictoires : puisqu'en disant que ces témoins n'étaient pas convaincus d'avoir rendu sciemment le Faux Témoignage, la cour de justice criminelle n'a pu vouloir dire que les témoins ignorassent que la déclaration qu'ils donnaient était fausse, cette idee ne pouvant se concilier avec la provocation au Faux Témoignage, que la cour de justice du département de Vaucluse déclare avoir eu lieu; — Qu'elle a également donné sur les provocateurs, deux déclarations contradictoires, le fait d'avoir fait en jugement une déposition que l'on savait être fausse, et le fait d'avoir provoqué cette fausse déposition étant nécessairement accompagnés d'une intention coupable; qu'après avoir déclaré ces faits constans, déclarer qu'il n'y a pas eu de dessein de crime, c'est déclarer les accusés coupables d'un crime, et déclarer qu'ils n'ont pas été coupables en le commettant; — Qu'en acquittant les accusés sur cette déclaration contradictoire, il y a eu de la part de la cour de justice criminelle du département de Vaucluse, une usurpation de pouvoir; — La cour casse la déclaration contenue dans l'arrêt de la cour de justice criminelle du département de Vaucluse, du 26 floréal an 13, et tout le contenu audit arrêt ».

L'arrêt du 19 novembre 1807, rapporté ci-dessus, n° 9, consacre implicitement le même principe.

C'est ce que font également deux arrêts du 20 mai 1808 et du 3 janvier 1811, rendus, l'un au rapport de M. Oudot, dans l'affaire de Pierre Penlvé; l'autre au rapport de M. Favard de l'Anglade, dans l'affaire de Joseph Maudrite.

XII. Peut-on au moins, en déclarant un prévenu de Faux Témoignage, coupable d'avoir trahi la vérité dans sa déposition, l'acquitter sous le prétexte qu'avant d'avoir achevé sa déposition, il était tombé en défaillance?

Voici ce que j'ai dit sur cette question, en portant la parole dans une affaire où le procureur-général de la cour de justice criminelle de Coni était demandeur en cassation d'un arrêt rendu par cette cour en faveur du sieur Chieza.

« Il est de principe que tout jugement qui se contredit, est nul, parce que décidant à la fois le pour et le contre, il est censé ne rien décider.

» Or, c'est ce que fait précisément l'arrêt dénoncé.

» D'une part, il déclare que, de propos délibéré, avec discernement, et dans la vue de favoriser un prévenu de délit, le sieur Chieza a fait, à l'audience du tribunal correctionnel de Coni, les déclarations fausses que l'acte d'accusation lui impute d'y avoir faites;

» Et de l'autre, il déclare que le sieur Chieza n'est pas convaincu du crime porté dans l'acte d'accusation.

» Peut-on rien imaginer de plus contradictoire?

» La cour de justice criminelle a cru sauver cette contradiction, en disant que la déposition du sieur Chieza n'était pas entièrement achevée, lorsqu'il essuya une défaillance qui l'empêcha de la continuer.

» Mais quoi! le sieur Chieza aurait-il pu, en rétractant sa déposition, si elle eût été fausse, se soustraire à la peine du Faux Témoignage?

» Non assurément : une fois qu'un Faux Témoignage a été prononcé devant la justice et qu'il l'a été avec discernement, une fois qu'il l'a été dans les intentions coupables, le crime est consommé et la peine est encourue.

» Un voleur qui, après avoir enlevé l'objet de son vol, se repentirait et restituerait la chose volée au propriétaire, échapperait-il à la peine que la loi inflige à son délit? Non, sans doute.

» Eh bien! il en est de même du faux témoin qui, après avoir déposé en justice contre sa conscience, rétracte sa déposition.

» Il importe donc peu que le sieur Chieza soit tombé en défaillance après avoir fait sa déposition. Quand on concluerait de là qu'il eût pu, sans cet accident, rétracter ce qu'il avait dit, il n'en serait pas moins demeuré coupable de Faux Témoignage, il n'en aurait pas moins dû être condamné comme tel.

» On ne peut donc, sous aucun prétexte, ni écarter, ni excuser la contradiction qui se trouve dans l'arrêt de la cour de justice criminelle de Coni.

» Et par ces considérations, nous estimons qu'il y a lieu de casser et annuller cet arrêt ».

Par arrêt du 28 février 1811, au rapport de M. Favard de l'Anglade, — « Vu l'art. 456 du Code du 3 brumaire an 4, et l'art. 47 tit. 2 du Code pénal du 6 octobre 1791; attendu qu'il résulte de l'arrêt attaqué, que dans l'affaire de..., Maurice Chieza avait fait, devant le tribunal de police correctionnelle de Coni, une fausse déclaration avec discernement et dans l'intention de favoriser le prévenu; que cette déclaration ainsi faite, constituait nécessairement un Faux Témoignage passible des peines portées par la loi; que cependant la cour de justice criminelle de la Stura s'est déterminée à acquitter ledit Chieza, par des circonstances qui ne pouvaient pas changer le caractère du crime, dès qu'il était déclaré constant; que, dès-lors, l'arrêt contient un excès de pouvoir et une violation de l'art. 47, tit. 2 de la seconde section du Code pénal; la cour, par ces motifs, casse et annulle.... ».

V. Injure, §. 6, n. 6; *Subornation et Témoin judiciaire.*]]

*FÉAGE. Dans la province de Bretagne, on appelle *acte* ou *contrat de Féage*, celui par lequel le propriétaire d'un domaine féodal l'aliène avec la rétention de foi et hommage. Ainsi *féager* ou *affféager* n'est autre chose que *sous-inféoder.*

Les art. 59 et 60 de l'ancienne coutume de Bretagne, qui correspondent aux art. 52 et 53 de la Nouvelle, donnent aussi le nom de *Féage* à la chose même qui est inféodée. Les coutumes d'Anjou, art. 31, et du Maine, art. 36, disent aussi dans le même sens, *lieu et féage noble.* Ces deux coutumes portent que les métayers des gens d'église et des nobles demeurant *ès lieux et féages nobles*, iront aux fours, moulins et pressoirs bannaux, parce que le privilége de non y aller descend des personnes et non des lieux. Ainsi le mot *Féage*, dans ces coutumes, est synonyme de celui de *fief.*

L'art. 312 de la nouvelle coutume de Bretagne emploie le mot *pur Féage noble* dans le premier sens, c'est-à-dire, comme synonyme d'inféodation, lorsqu'il dit *qu'en pur Féage noble, ne doit y avoir prémesse.* (M. GARRAN DE COULON.)*

[[Il n'y a plus de fiefs, et les anciennes inféodations ne subsistent plus que comme aliénations pures et simples. *V. Cens*, *Directe*, *Fief* et *Rente seigneuriale.*]]

*FÉLONIE. Insulte grave faite par le vassal à son seigneur, laquelle emporte la commise ou confiscation du fief du vassal au profit du seigneur.

Toute espèce d'insulte n'emporte pas la commise, celles qui donnent lieu à la révocation des donations, peuvent seules opérer cet effet. Les auteurs en rapportent cinq : 1° si le donataire a séduit la femme, la fille ou la sœur du donateur, ou s'il lui a fait quelqu'autre injure aussi grave; 2° s'il a eu l'audace de le frapper; 3° s'il lui a porté un préjudice notable dans sa fortune ou sa réputation; 4° s'il a attenté à sa vie; 5° s'il a refusé d'accomplir les conditions de la donation.

C'est au juge ordinaire qu'il appartient de prononcer sur cet objet. Un vassal qui aurait frappé son seigneur, qui l'aurait désavoué pour son seigneur, qui aurait fait contre lui des libelles diffamatoires, pourrait être déclaré coupable de Félonie, et condamné à la peine de commise. (M. l'abbé REMY.)*

[[Le régime féodal étant aboli par les lois du 4 août 1789, il ne peut plus y avoir lieu à la commise par Félonie. *V. Commise.*]]

* FEMME. Ce terme comprend en général les filles, les Femmes mariées et les veuves; mais à certains égards les Femmes mariées sont distinguées des filles, et les veuves des Femmes mariées.

I. Les Femmes sont plutôt nubiles que les hommes; la loi fixe pour elles l'âge de puberté à douze ans; leur esprit est communément formé plutôt que celui des hommes : elles sont aussi plutôt hors d'état d'avoir des enfans.

[[Le Code Napoléon, art. 144, fixe l'âge de puberté des filles à quinze ans révolus.]]

II. Les Femmes, par la seule raison de leur sexe, sont inhabiles à plusieurs sortes d'engagemens et de fonctions.

Ainsi, parmi nous les Femmes ne succèdent pas à la couronne, quoiqu'il en soit autrement dans certains États, tels que la Russie, l'Autriche et l'Angleterre.

Suivant le droit de la France, les Femmes ne peuvent exercer aucune charge de magistrature; cependant on en a vu faire les fonctions de pair, et siéger en cette qualité au parlement; mais cela ne se pratique plus.

Les Femmes peuvent être nommées tutrices ou curatrices de leurs propres enfans ou petits-enfans, et même on les nomme quelquefois curatrices de leurs maris en démence ou interdits; mais on ne peut pas les charger d'aucune autre tutelle ou curatelle. — [[*Code Napoléon*, *art.* 442, *n.* 3.]]

Elles sont d'ailleurs exemptes de la collecte des deniers royaux; mais on les assujettit au payement des impositions et aux autres charges publiques, soit réelles, soit personnelles

[[Mais, par *charges publiques personnelles*, on ne doit entendre ici que celles qui pèsent sur les personnes, sans néanmoins les assujettir à des fonctions ou à un service quelconque. Aussi les Femmes sont-elles exemptes du service de la garde nationale, comme de la conscription militaire, et ne sont-elles tenues de se faire remplacer ni dans l'un ni dans l'autre.]]

Les Femmes ne peuvent postuler en justice, ni être témoins dans un testament, non plus que dans un acte passé devant notaire; mais on peut les entendre en témoignage dans les enquêtes et dans les informations. [[*V. Témoin judiciaire* et *Témoin instrumentaire.*]]

III. La contrainte par corps ne peut pas avoir lieu contre les Femmes, si ce n'est, comme on l'a dit à l'article *contrainte par corps*, lorsqu'elles sont marchandes publiques, ou pour cause de stellionat procédant de leur fait.

IV. Suivant les lois anciennes et nouvelles, la Femme mariée est sous la puissance de son mari.

[[Le principal effet de la puissance maritale, est que la femme ne peut, sans l'autorisation de son mari, contracter aucune obligation, aliéner ses biens, les hypothéquer, ni ester en jugement. *V. Autorisation maritale*, *Marchande publique* et *Puissance maritale.*

Avant la publication du Code Napoléon, la coutume de l'évêché de Metz allait plus loin encore: elle plaçait la Femme mariée, non seulement sous la puissance de son mari, mais encore, lorsqu'il s'agissait de l'aliénation de ses propres, sous la tutelle de ses plus proches parens

Mais ne pouvait-on pas dans cette coutume, déroger par contrat de mariage, à l'incapacité dans laquelle était la Femme d'aliéner ses propres, sans le concours de ses plus proches parens? Etait-on censé y déroger par cela seul qu'on lui réservait la faculté de disposer de ses propres? Et la faculté de disposer de ses propres, renfermait-elle celle de les vendre? Ces questions ont été agitées dans l'espèce suivante.

Le 25 février 1786, contrat de mariage passé devant notaires à Metz, entre le sieur Opsomer, capitaine d'artillerie, et la demoiselle Voyard, domiciliée à Metz même, assistée de son père, de son frère, d'un oncle paternel, d'un beau-frère, et d'un ami.

Par cet acte, la communauté qui n'avait pas lieu à Metz sans stipulation, est expressément stipulée entre les futurs époux pour *tous biens meubles, acquêts et conquêts immeubles qu'ils feront constant le mariage.* La dot apportée par la demoiselle Voyard, lui est stipulée propre, avec défense d'en disposer en faveur de son mari. Et par une clause suivante, il est dit: — « Demeurent réciproquement réservés aux futurs époux leurs habits, linges, nippes, bijoux et autres leurs appartenances d'homme et de femme, ensemble les successions directes et collatérales, et tous biens mobiliers et immobiliers qui pourront leur échoir, constant ledit mariage, par donations, legs testamentaires ou autrement, et dont ils pourront disposer en tout ou en partie, comme bon leur semblera, pourvu que ce ne soit pas en faveur l'un de l'autre ».

En 1789, décès du sieur Voyard, père, laissant entre autres biens, le domaine de Sainte-Croix, situé dans la châtellenie de Fribourg, évêché de Metz. Ce domaine est licité entre la dame Opsomer et ses cohéritiers; et il est adjugé au sieur Opsomer et à son épouse, *acquéreurs chacun pour moitié, pour en faire et disposer à leur volonté.*

Par acte sous seing-privé du 3 pluviose an 10, le sieur Opsomer et son épouse vendent ce domaine à Chrétien Guinguerich, moyennant la somme de 80,000 francs, dont 15,000 payables comptant, et le surplus en dix portions égales, avec faculté à l'acquéreur de résilier la vente dans quarante jours, et obligation de la part des vendeurs d'en passer le contrat au profit des personnes qui leur seront indiquées.

Chrétien Guinguerich s'associe pour cette acquisition à Christophe Dieudonné. Celui-ci y renonce. Chrétien Guinguerich accepte son désistement, et choisit pour nouvel associé Charles-Louis Charpillet. — Le 11 ventose an 10, il prévient de ce choix par lettre le sieur Opsomer. — Le lendemain, le sieur Opsomer reçoit d'eux les 15,000 francs qui devaient être payés comptant, et il leur remet les titre de propriété du domaine de Sainte-Croix.

Le 22 germinal an 10, les sieur et dame Opsomer font citer Chrétien Guinguerich devant le bureau de paix, pour se concilier sur la demande qu'ils se proposent de former contre lui, à ce qu'il soit tenu de passer contrat authentique de la vente du 3 pluviose. — Le 24 du même mois, le sieur Opsomer écrit au sieur Charpillet pour l'*inviter* à se présenter volontairement au bureau de paix avec Chrétien Guinguerich, afin d'y terminer le tout à l'amiable et avec le moins de frais possible. — Le 26, Chrétien Guinguerich comparaît devant le tribunal de paix et demande un délai de cinq jours, avec promesse de se présenter, dans cet intervalle, lui et son associé, chez le sieur Opsomer, et de prendre avec lui des arrangemens convenables.

Effectivement, le 30 germinal an 10, le sieur Opsomer, Chrétien Guinguerich et Charles-Louis Charpillet se réunissent à Dieuze, dans une auberge; et là, le sieur Opsomer, tant en son nom que comme fondé de la procuration de sa Femme, passée devant notaires, le 5 du même mois, vend le domaine de Sainte-Croix, non pas à Chrétien Guinguerich, mais à Jean Guinguerich et à Charles-Louis Charpillet, moyennant 65,000 francs, payables en dix portions égales d'année en année.

Le 21 thermidor suivant, la dame Opsomer, autorisée par justice à la poursuite de ses droits, fait citer au tribunal civil de l'arrondissement de Sarrebourg, Jean Guinguerich et Charles-Louis Charpillet pour voir déclarer nulle la vente de ce qu'elle appelle *son domaine de Sainte-Croix;* et elle se fonde entre autres moyens, 1° sur l'art. 18 du tit. 2 de la coutume de l'évêché de Metz, aux termes duquel *tous immeubles de la Femme, autres que* les acquêts faits pendant le mariage, *ne peuvent être vendus, hypothéqués ni autrement aliénés par le mari, sans le consentement d'elle et de quatre de ses parens, savoir, deux de par père et deux de par mère, hommes ou femmes; et au défaut d'iceux, de quatre amis*, A PEINE DE NULLITÉ DES CONTRATS; 2° sur le fait que par sa procuration du 5 germinal an 10, elle n'avait donné pouvoir à son mari d'aliéner le domaine de Sainte-Croix que dans les vingt jours qui suivraient la date de cet acte; et que ce délai était expiré au moment où il avait consommé la vente.

Le 12 frimaire an 11, «attendu que le bien dont s'agit faisait partie de la succession de Mathurin Voyard; que n'ayant pu être partagé commodément, il a été vendu par licitation; qu'il est de principe et d'une jurisprudence constante, que tout immeuble venant à titre successif, forme un propre: que tout ce qui échoit par un partage, échoit à titre successif; que la licitation n'est qu'un partage.... ; que conséquemment elle rend propre à l'héritier adjudicataire la totalité de l'héritage.... ; qu'elle n'est pas au surplus un acte de commerce; et que quand même le citoyen Opsomer aurait déclaré dans l'adjudication se rendre acquéreur moitié pour lui, moitié pour sa Femme, il n'en serait pas moins vrai de dire que l'héritage est toujours tombé dans les mains de cette dernière, comme propre, parce que le citoyen Opsomer n'a acheté que comme mari d'une héritière; que d'ailleurs d'après la liquidation faite entre tous les héritiers des deniers de la succession dont il s'agit le 10 mars 1790, il appert que la dame Opsomer a eu pour sa part et portion le prix même provenant de cette vente; qu'ainsi, le bien dont s'agit, étant devenu un propre, un *ancien* dans sa personne, il n'a pu, aux termes de l'art. 18 du titre 2 de la coutume de l'évêché de Metz qui régit les lieux, être vendu sans l'assistance et le consentement de quatre parens ou amis, à peine de nullité: le tribunal (civil de Sarrebourg) déclare la vente nulle et de nulle valeur.... ».

Les adversaires de la dame Opsomer appellent de ce jugement; et par arrêt du 12 pluviose an 12, la cour d'appel de Nancy, « considérant que la dame Opsomer par son contrat de mariage du 25 février 1786, qui est signé de cinq de ses parens et d'un de ses amis, a été formellement autorisée de disposer comme bon lui semblerait de tous les biens qu'elle s'est réservés propres, pourvu que ce ne fût pas en faveur de son mari; que par cette clause, il a été satisfait d'avance à la disposition de la coutume de l'évêché de Metz...; qu'à la vérité, la dame Opsomer a fixé un délai de deux décades dans la procuration qu'elle a donnée à son mari, le 5 germinal an 10, pour vendre leur bien de Sainte-Croix; mais qu'il n'a point été stipulé que ce délai serait de rigueur, et qu'après son expiration, la procuration serait regardée comme non avenue; qu'au surplus, il est évident que la procuration de la dame Opsomer avait pour objet de ratifier pardevant notaires la vente qu'elle avait faite purement et simplement avec son mari dès le 3 pluviose précédent; et qu'étant dès-lors engagés personnellement, elle ne pouvait pas, de son plein gré, fixer un délai pour résoudre son engagement....; dit qu'il a été mal jugé.... ».

La dame Opsomer se pourvoit en cassation, et soutient qu'en jugeant ainsi, la cour d'appel de Nancy a tout à la fois contrevenu à *la loi du mandat*, et violé l'art. 18 du titre 2 de la coutume de l'évêché de Metz.

« Ce que la demanderesse appelle *la loi du mandat*, (ai-je dit à l'audience de la section des requêtes, le 26 frimaire an 13), ne pourrait être bien apprécié que d'après une lecture réfléchie de sa procuration notariée du 5 germinal an 10. Mais cette procuration, la demanderesse ne la produit point; et dès-là, nulle possibilité pour nous de juger, si comme elle le prétend, le texte de cette procuration dément l'interprétation que lui a donnée la cour d'appel de Nancy. — Une chose d'ailleurs bien constante ou que du moins l'arrêt attaqué nous force de regarder comme telle, c'est que cette procuration n'était, de la part de la dame Opsomer, qu'un moyen de parvenir à renouveler devant notaires une vente qu'elle avait déjà consommée par un acte sous seing-privé, et qui par conséquent était déjà obligatoire pour elle, et tant que les dispositions particulières de la coutume n'y mettaient pas obstacle. Ainsi, que le sieur Opsomer n'eût pas pu, en vertu de cette procuration seule, et après l'expiration du délai qui était fixé, traiter du domaine de Sainte-Croix au nom de son épouse, soit: mais du moins cette procuration n'a rien innové au traité que le sieur Opsomer et son épouse avaient précédemment souscrit; et si cette procuration était devenue insuffisante pour autoriser le sieur Opsomer à faire un nouveau traité, elle n'a certainement porté aucune atteinte au traité déjà existant. — Or, qu'a fait la cour d'appel de Nancy en ordonnant l'exécution du contrat de vente passé, le 30 germinal an 10, par le sieur Opsomer, tant en son nom que comme fondé de pouvoir de son épouse? Elle n'a fait réellement qu'ordonner l'exécution du contrat de vente que le sieur Opsomer et son épouse avaient signé le 3 pluviose précédent, puisqu'il n'y a de différence entre l'un et l'autre contrat, ni quant au prix que le premier fixe à 80,000 fr. et le second à 65,000, déduction faite des 15,000 fr. payés dans l'intervalle, ni quant aux commands ou acquéreurs dont Chrétien Guinguerich s'était, par le premier, réservé l'indication.

» On ne peut donc, sous aucun rapport, reprocher à la cour d'appel de Nancy, la plus légère contravention à la loi du mandat. Mais la demanderesse n'est-elle pas mieux fondée dans le reproche qu'elle lui fait d'avoir violé l'art. 15 du titre 2 de la coutume de l'évêché de Metz? cette question en renferme plusieurs.

» Et d'abord, le domaine de Sainte-Croix était-il de la nature des biens que l'art. 18 du titre 2 de la coutume de l'évêché de Metz, défendait à la dame Opsomer d'aliéner sans l'autorisation préalable d'un conseil de famille?

» Ce domaine venait de la succession du sieur Voyard, père de la dame Opsomer; et conséquemment s'il eût été partagé en nature entre la dame Opsomer et ses cohéritiers, la dame Opsomer eût possédé comme propre la portion qui lui en serait advenue. Mais au lieu d'être partagé en nature, et probablement parce qu'il ne pouvait pas l'être facilement, il a été vendu par licitation; et le sieur Opsomer s'en est rendu adjudicataire tant pour lui que pour sa femme, chacun pour moitié. Qu'est-il résulté de là? s'il en faut croire la demanderesse, le domaine de Sainte-Croix lui est par là devenu propre pour le tout. — Il est pourtant bien clair qu'il n'aurait pu, d'après les principes du droit commun coutumier, lui devenir propre que pour la moitié dont elle était personnellement adjudicataire. Mais il y a plus; il n'a même pu lui devenir propre pour cette moitié entière; car le parlement de Metz tenait pour maxime, et Gabriel le prouve dans ses *Observations détachées*, tome 2, p. 374, il en rapporte même un arrêt du 12 septembre 1738, confirmatif d'une sentence du bailliage de Metz, du 28 juillet 1737), que, dans les biens adjugés par licitation à un cohéritier, *il n'avait d'ancien que la portion obtenue* à l'adjudicataire *à titre successif.* Ainsi, l'arrêt attaqué ne peut avoir que bien jugé relativement à la plus forte partie du domaine de Sainte-Croix, puisque la plus forte partie du domaine de Sainte-Croix n'était ni ne pouvait être propre à la dame Opsomer.

» Mais du moins il est constant que la dame Opsomer possédait comme propre une portion quelconque de la moitié qui lui appartenait dans ce domaine; et dès-là, nécessité d'examiner si relativement à cette portion, quelque modique qu'elle soit, et quelque léger que puisse être l'intérêt qu'y a la dame Opsomer, la cour d'appel de Nancy n'a pas violé l'art. 18 du titre 2 de la coutume de l'évêché de Metz.

» La cour d'appel de Nancy a pensé que les biens propres de la dame Opsomer n'étaient pas assujettis à la disposition de cet article, parce que par son contrat de mariage, la dame Opsomer avait reçu à l'avance l'autorisation dont elle pouvait avoir besoin pour les aliéner. Mais à cet égard il se présente une première question, celle de savoir si dans la coutume de l'évêché de Metz, une Femme pouvait être autorisée par son contrat de mariage à vendre ses propres, sans le concours de ses parens.

» La négative paraît d'abord résulter du principe enseigné par Gabriel, tom. 1, p. 267, que, «quoique » les époux puissent, en contrat de mariage, disposer » actuellement de leurs biens non disponibles...., » cependant il ne leur est pas permis ni à leurs pa» rens de se réserver, par contrat de mariage, la li» berté de faire dans la suite des dispositions prohi» bées par les lois, qu'ils ne font pas actuellement».

» Mais cette difficulté disparaît à la vue de l'art. 1 du tit. 2 de la coutume de l'évêché de Metz: « S'il » y a pacte ou traité de mariage *entre les deux con» joints*, il le faut suivre en tout ce qui est porté par » icelui *par exprès*, pourvu que ce ne soit contre » les bonnes mœurs; jaçoit qu'il contient choses di» rectement dérogeantes aux coutumes, qui autre» ment auraient lieu entre lesdits conjoints. Mais » où il n'y a pacte ou traité, on doit se ranger à la » coutume *qui est telle que ci-après* ». — Ces dernières expressions, *qui est telle que ci-après*, prouvent évidemment que l'article qu'elles terminent, permet de déroger par contrat de mariage à toutes les dispositions de la coutume qui sont placées sous le même titre, et par conséquent à l'art. 18 comme aux autres. — Ainsi, nul doute sur la liberté qu'avait la dame Opsomer, en se mariant, de se prémunir contre les effets de l'art. 18 du titre 2 de la coutume, et de briser à l'avance le joug que cet article impose aux femmes mariées, relativement à l'aliénation de leurs biens. — Il est même à remarquer que pour cela elle n'avait pas besoin du consentement anticipé de ceux de ses parens qui assistaient à son contrat de mariage: elle aurait pu le faire également dans le cas où il ne serait intervenu dans son contrat de mariage aucun de ses parens; et c'est ce que fait clairement entendre la coutume, quand elle dit que pour faire cesser ses dispositions sur les droits des époux, il suffit qu'il y soit dérogé par un *pacte ou traité de mariage* ENTRE LES DEUX CONJOINTS. — Il est donc bien inutile de rechercher ici, et si les parens de la dame Opsomer qui ont figuré dans son contrat de mariage, étaient au nombre de la qualité qu'exige l'art. 18 du tit. 2 de la coutume; et si par leur assistance à ce contrat, ils sont censés avoir consenti à tout ce qui a été stipulé. — La demanderesse aurait complètement raison dans tout ce qu'elle vous a dit sur ces deux points, qu'elle n'en serait pas plus avancée; puisqu'encore une fois elle a pu, sans le concours de ses parens, réserver par son contrat de mariage, la faculté d'aliéner ses biens.

» Mais cette faculté, se l'est-elle effectivement réservée en se mariant? C'est la seconde question à laquelle donne lieu le motif qui a déterminé l'arrêt attaqué; et il faut convenir qu'elle ouvre un vaste champ aux dissertations pour et contre.

» Il est cependant un point autour duquel toutes les opinions doivent se rallier sans la moindre contradiction. C'est que dans un contrat de mariage, comme dans toute autre convention, il n'y a point de clause à laquelle on ne doive donner un sens effectif, un objet utile. — « Lorsqu'une clause (dit » Pothier, *Traité des Obligations*, n. 92), est sus» ceptible de deux sens, on doit plutôt l'entendre » dans celui dans lequel elle peut avoir quelque ef» fet que dans celui dans lequel elle n'en pourrait » avoir aucun. » — Et c'est ce que veut expressément la loi 80, *de Verborum obligationibus*, au Digeste: *Quoties in stipulationibus ambigua oratio est, commodissimum est id accipi quo res de quâ agitur, in tuto sit.*

» Mais en admettant ce principe, comment peut-on ne pas voir dans le contrat de mariage de la dame Opsomer, une dérogation à l'art. 18 du tit. 2 de la coutume de l'évêché de Metz? Bien évidemment s'il n'est pas dérogé à cet article par la clause portant que les futurs époux *pourront disposer* de leurs propres respectifs, *comme bon leur semblera, pourvu que ce ne soit pas en faveur l'un de l'autre*, il faut dire que cette clause n'a ni sens ni objet, et qu'elle forme un vrai pléonasme. Le sieur Opsomer n'avait pas besoin, pour conserver le droit de disposer librement de ses propres pendant le mariage, d'en faire la réserve dans ses conventions matrimoniales; ce n'est donc pas pour lui que cette clause a été faite; elle ne peut donc, quoique commune aux deux époux, recevoir d'application qu'à la dame Opsomer. Or, relativement à la dame Opsomer, que peut-elle signifier? Rien, si ce n'est la dispense de recourir aux autorisations et consentement requis par l'art. 18 du tit. 2 de la coutume; et puisqu'il est impossible qu'elle ne signifie rien, il faut nécessairement qu'elle contienne cette dispense.

» Mais, dit la demanderesse, on peut, sans en faire résulter cette dispense, lui donner un objet réel, un sens effectif. Il suffit de la rapporter à l'art 3 du tit. 10 de la coutume de l'évêché de Metz, qui interdit toute disposition d'immeubles par testament; et alors on verra qu'elle a eu pour but de lever cette interdiction en faveur des sieur et dame Opsomer.

» Vaine, et il faut trancher le mot, misérable subtilité! Où donc la demanderesse a-t-elle pris que l'on pouvait par un contrat de mariage, rendre disponibles par testament, des biens dont la loi prohibe toute disposition testamentaire à raison de leur nature, et indépendamment du mariage ou de célibat de leurs possesseurs! Où a-t-elle pris que l'on pouvait, dans la coutume de Paris, se réserver en se mariant le droit de disposer par testament au-delà des quatre quints de ses propres? Où a-t-elle pris que l'on pouvait, dans les pays de droit écrit, se réserver en se mariant le droit de disposer par testament au préjudice de la légitime des enfans ou des ascendans? Des paradoxes aussi monstrueux ne méritent assurément aucune réponse. — Mais, par-là même, il demeure très-constant que la demanderesse est dans l'impuissance d'assigner aucun sens raisonnable à la clause dont il s'agit, du moment qu'on ne la rapporte pas à la défense que fait la coutume, à la Femme mariée sans stipulation contraire, d'aliéner ses propres autrement qu'avec le concours de ses parens paternels et maternels. — Par-là même conséquemment, il demeure prouvé que la clause dont il s'agit, ne peut se rapporter qu'à cette défense : que c'est uniquement pour faire cesser cette défense, qu'elle a été stipulée; et qu'elle l'a fait réellement cesser, comme elle pouvait le faire d'après l'art. 1er du tit. 2 de la coutume.

» Mais, dit encore la demanderesse, la réserve du droit de disposer n'a trait qu'aux dispositions gratuites; elle n'emporte pas le droit de vendre. — Comme si le mot *disposer* n'était pas générique, et ne désignait pas les dispositions à titre onéreux aussi bien que les dispositions à titre gratuit! Comme si d'ailleurs, en se réservant le droit de donner, on ne se réservait pas, à plus forte raison, celui d'aliéner moyennant un juste prix! Comme si le plus ne renfermait pas essentiellement le moins!

» Et, après tout, de quoi est-il, de quoi peut-il être ici question? Ce n'est pas précisément de savoir si la cour d'appel de Nancy est parvenue à saisir le véritable sens de la clause qui autorise la dame Opsomer à disposer de ses propres comme bon lui semblera; mais uniquement de savoir si l'interprétation donnée à cette clause, par l'arrêt attaqué, a quelque vraisemblance, si elle est tant soit peu plausible, si l'on a pu l'adopter sans offenser ouvertement la raison. Or, qui oserait contester l'affirmative? Et dès-là, le moyen de casser un arrêt que la seule présomption d'exactitude et de justesse dans cette interprétation, doit mettre à l'abri de toute atteinte?

» Par ces considérations, nous estimons qu'il y a lieu de rejeter la requête de la demanderesse».

Conformément à ces conclusions, arrêt du 26 frimaire an 13, au rapport de M. Doutrepont, par lequel, «attendu sur le premier moyen, que le sens que la cour d'appel de Nancy a donné à la clause du contrat de mariage du sieur Opsomer et de sa femme qui permet aux époux de *disposer* de leurs biens propres *comme bon leur semblera*, est assez raisonnable, pour qu'on ne puisse pas conclure qu'elle a supposé dans l'espèce une autorisation donnée à la dame Opsomer de vendre ses propres, qui n'existait pas; attendu qu'aucun article des coutumes de Metz ne réprouve de telles autorisations générales données dans les contrats de mariage; — Attendu, sur le second moyen, que la dame Opsomer n'a point produit l'acte de mandat qu'elle prétend que son mari a outrepassé; et que d'ailleurs l'acte de vente du 30 germinal an 10, n'a été que la consommation de la vente du bien de Sainte-Croix faite par la dame Opsomer et son mari, le 3 pluvoise précédent; la cour rejette le pourvoi».]]

V. Une femme dont le mari s'est absenté, n'est en droit de se remarier qu'autant qu'elle est certaine qu'il est mort, et qu'elle en peut produire des preuves suffisantes. *V. Bigamie.*

VI. Les Femmes mariées portent le nom de leurs maris; elles ne perdent cependant pas absolument le leur; il sert toujours à les distinguer dans tous les actes qu'elles passent, en y ajoutant leur qualité de Femme d'un tel, et elles signent leurs noms de baptême et de famille, auxquels elles ajoutent ordinairement celui de leur mari.

La Femme suit la condition de son mari, tant pour le domicile, que la qualite, le rang, les honneurs et les priviléges. [[*V. Domicile, Conventions matrimoniales*, §. 2, *Etranger* et *Français.*]]

VII. Chez les Romains, les Femmes mariées avaient trois sortes de biens : savoir, les biens dotaux, les paraphernaux, et un troisième genre de biens qu'on appelait *bona receptitia* : c'étaient les choses que la Femme avait apportées dans la maison de son mari pour son usage particulier; la Femme en tenait un petit registre sur lequel le mari reconnaissait que sa Femme, outre sa dot, lui avait apporté tous les effets couchés sur ce registre, afin qu'après la dissolution du mariage, elle pût les reprendre.

Elle avait aussi droit de prendre sur les biens de son mari prédécédé, une donation à cause de noces égale à sa dot.

Parmi nous, on considère la loi suivant laquelle une femme a été mariée. [[*V. Communauté, Contrat de mariage, Dot, Paraphernal* et *Gains nuptiaux. V.* aussi mon *Recueil de Questions de droit* aux mots *Régime dotal* et *Veilleïen.*]]

VIII. La prescription court-elle contre une Femme mariée et en puissance de mari? *V. Prescription*, sect. 1.

IX. Lorsqu'il est question de savoir avec quels deniers une Femme mariée a fait une acquisition, on présume toujours que c'est avec les deniers du mari, à moins qu'il n'y ait preuve du contraire. Cette présomption a lieu tant pour détourner le soupçon que cette Femme n'ait fait des gains honteux, que pour empêcher les avantages indirects. Telle est l'opinion de Despeisse et la jurisprudence des arrêts.

[[Telle est aussi la décision expresse de la loi 51, *de donationibus inter virum et Uxorem*, au Digeste : *Quintus Mucius ait : Cùm in controversiam venit undè ad Mulierem quid pervenerit, et verius et honestius est; quod non demonstratur undè habeat, existimari à viro, aut qui in potestate ejus esset, ad eam pervenisse. Evitandi autem turpis quæstûs gratiâ circa Uxorem hoc videtur Quintus Mucius probasse.*—La loi 6 du même titre, au Code, dit également : *etiamsi Uxoris tuæ nomine re quæ tui juris fuerant, depositæ sunt, causa proprietatis eâ ratione mutari non potuit, etsi donasse te uxori res tuas ex hoc quis intelligat, cùm donatio in matrimonio facta, priùs mortuâ eâ quæ liberalitatem excepit, irrita sit : nec est ignotum quod cùm probari non possit undè Uxor matrimonii tempore honestè quæsierit, de mariti bonis eam habuisse veteres juris auctores meritò crediderint.*

Cette idée, si morale, était tellement enracinée chez les Romains, qu'on la retrouve jusque dans leurs pièces de théâtre :

Nam peculi probam nihil habere addecet
Clam virum et quæ habet partum, ei haud commodi,
Quin viro aut subtrahat, aut stupro invenerit.
PLAUTE, CASINA, act. 2, sc. 2.

Notre législation est, sur ce point, d'accord avec le droit romain. Témoins l'édit du mois d'août 1669, art. 5; la loi du 14 novembre 1790, art. 17; la loi du 6 septembre 1807, art. 4; et le Code de commerce, art. 546, 547 et 550. *V. Comptable*, n. 5; et *Faillite*, sect. 2. Groeneweghen, *de legibus abrogatis*, sur la loi 51, D. *de donationibus inter virum et Uxorem*, et le président Favre, en son Code, liv. 4, tit. 14, déf. 41, pensent que l'on doit excepter de cette décision le cas où la femme mariée fait publiquement le commerce pour son propre compte. Mais d'après les lois françaises que l'on vient de citer, cette exception ne pourrait être opposée, ni au trésor public, ni aux créanciers du mari en état de faillite.]]

X. On appelle *Femme commune en biens*, ou simplement *commune*, celle qui est en communauté de biens avec son mari, ou en vertu de son contrat de mariage, ou en vertu de la coutume; et *Femme non commune*, celle qui a été mariée suivant une coutume ou loi qui n'admet point la communauté de biens entre conjoints, ou par le contrat de mariage de laquelle la communauté a été exclue. Il y a cette différence entre une Femme séparée de biens et une Femme non commune, que la première jouit de son bien à part, au lieu que le mari jouit du bien de la Femme non commune; mais il n'y a point de communauté entre eux. On appelle *Femme séparée*, celle qui ne demeure pas avec son mari, ou qui est maîtresse de ses biens. Une femme peut être séparée de son mari en cinq manières différentes; savoir, de fait, c'est-à-dire, lorsqu'elle a une demeure à part de son mari sans y être autorisée par justice; séparée volontairement, lorsque son mari y a consenti; séparée par contrat de mariage, ce qui ne s'entend que de la séparation de biens; séparée de corps ou d'habitation et de biens, ce qui doit être ordonné par justice en cas de sévices et mauvais traitemens; et enfin elle peut être séparée de biens seulement, ce qui a lieu en cas de dissipation de son mari, et lorsque la dot est en péril. *V. Divorce, Adultère, Séparation, Douaire, Augment, Quarte de la Femme pauvre, Mariage, Hypothèque, Reprises, Société d'acquets, Velleïen, Viduité, Deuil* etc. (M. GUYOT)*

[[XI. Peut-on, sous le prétexte qu'une Femme n'a pas empêché son mari de commettre un délit, la punir elle-même comme si elle était coupable de ce délit? — Le peut-on, sous le prétexte que son mari était en démence, et qu'elle n'avait pas provoqué son interdiction? Voici un arrêt de la cour de cassation, du 26 juin 1806, qui prononce sur ces questions : « Le procureur-général impérial expose qu'il est chargé par le gouvernement de dénoncer à la cour un jugement du tribunal de police de Caen dont la cassation, commandée par la loi, n'a pas été provoquée dans le délai fatal par la partie intéressée.

» Le 11 prairial an 13, le commissaire de police de la ville de Caen a rédigé un acte contenant que des plaintes qui lui ont été portées et des renseignemens qu'il a accueillis, il résulte « que, depuis trois » mois, le sieur Gouget, vivant de son bien, demeurant en cette ville, rue de Montaigu, trouble journellement l'ordre public; qu'il y a quelques » jours, se trouvant dans la cour des ci-devant Carmélites, et apercevant des tailleurs de pierre qui y » travaillaient, il leur fit défenses de continuer leurs » travaux, en disant que le terrain lui appartenait; » qu'il l'avait payé 30,000 fr.; que sur le refus fait » par ces ouvriers de déférer à ses ordres, il voulut » s'emparer de leurs outils, et excita un rassemblement; que, le 24 du mois dernier, à huit heures » et demie du soir, il se rendit à la porte du domicile d'une de ses voisines, et sans motifs, l'insulta, la traita de g.. . et de p.....; qu'en ayant » reçu des reproches, il se jeta sur elle, la traîna » par les cheveux, la mordit au pouce droit, et » armé d'un bâton, il courut après toutes les personnes qui étaient témoins des scènes qu'il occasionnait; que, lundi dernier, il fit le plus grand » tapage dans la rue de Montaigu; qu'il voulut » abattre avec une hache un des fermans de sa maison; qu'il alla chez plusieurs de ses voisines, à qui » il dit des injures très-grossières; qu'enfin, il s'est » rendu coupable de plusieurs autres délits qui font » présumer qu'il est attaqué de démence ».

» Muni de cet acte qu'il a qualifié de *procès-verbal*, le commissaire de police a fait citer devant le tribunal de police, non le sieur Gouget, mais son épouse; et il a conclu, 1° à ce qu'il fût enjoint à cette Femme *de contenir son mari à l'avenir*; 2° à ce que, pour ne l'avoir pas fait précédemment, elle fût condamnée à une amende de la valeur de trois journées de travail et aux dépens; 3° à ce que copie du jugement à intervenir fût adressée au procureur impérial, pour par lui aviser aux moyens de réprimer les excès du sieur Gouget.

» A l'appui de ses conclusions et du *procès-verbal* qui y donnait lieu, le commissaire de police a produit plusieurs témoins.

» Et après les avoir entendus, ainsi que la dame Gouget, le tribunal de police a rendu, le 16 prairial an 13, un jugement par lequel, se fondant sur l'art. 605, n. 7 et 8, du Code des délits et des peines du 3 brumaire an 4, il a « enjoint à la dame Gouget » de mieux contenir à l'avenir son mari, de prendre » les mesures les plus convenables pour s'opposer à » ses excès; et vu sa contravention, l'a condamnée » en l'amende de la valeur d'une journée de travail » et aux dépens : le commissaire de police autorisé à » faire passer une copie du présent jugement au pro- » cureur impérial, pour, par lui, aviser aux moyens » de réprimer les excès dudit Gouget ».

» A la lecture de ce jugement, on se demande quel délit avait pu commettre la dame Gouget, en ne faisant pas ce qu'il appelle *contenir son mari?*

» De deux choses l'une : ou le sieur Gouget jouissait encore de sa raison à un degré suffisant pour conserver l'exercice de ses droits, où il était dans un état de démence qui autorisait son épouse à provoquer son interdiction.

» Au premier cas, la dame Gouget n'avait aucun pouvoir sur son mari : bien loin de là, aux termes de l'art. 213 du Code civil, elle lui devait *obéissance;* et certes, il n'est écrit nulle part que l'on puisse répondre, même civilement, des délits d'une personne à qui l'on est tenu d'obéir.

» Au second cas, la dame Gouget aurait eu sans doute à se reprocher d'avoir *omis* de provoquer l'interdiction de son mari; mais cette *omission* n'est qualifiée de délit par aucune loi, et aucune loi ne s'est jusqu'à présent occupée de la punir. Comment donc le tribunal de police de Caen a-t-il pu sévir ainsi qu'il l'a fait, contre la dame Gouget? Il ne connaissait donc pas ces principes éternels que retracent les art. 2 et 3 du Code des délits et des peines du 3 brumaire an 4 : « aucun acte, aucune *omission* ne peut être » réputée délit, s'il n'y a contravention à une loi » promulguée antérieurement. Nul délit ne peut être » puni de peines qui n'étaient pas prononcées par » la loi avant qu'il fût commis ».

» Remarquons d'ailleurs qu'en omettant de faire interdire son mari, la dame Gouget n'a fait que ce qui lui était implicitement permis par l'art. 490 du Code civil. Cet article, en effet, la déclare bien *recevable à provoquer l'interdiction* de son mari, mais il ne l'y oblige pas; et assurément, entre donner un droit et imposer un devoir, la différence est très-grande.

» Enfin, voudrait-on considérer comme faisant encore loi et comme applicable à la dame Gouget, l'art. 150 de la coutume de Normandie, qui porte que *les parens doivent avoir soin de tenir en sûre garde ceux qui sont troublés d'entendement, pour qu'ils ne fassent mal à d'autres?* Voudrait-on fermer les yeux sur l'art. 7 de la loi du 30 ventose an 12, qui déclare que *les coutumes générales ou locales cessent d'avoir force de loi générale ou particulière dans les matières qui sont l'objet des lois composant le Code civil?* Voudrait-on se faire illusion jusqu'au point de ne pas voir que l'art. 150 de la coutume de Normandie, ne peut plus même être invoqué comme raison écrite, depuis que l'art. 1384 du Code civil a consacré, pour toute la France, la maxime qu'on ne peut être responsable du dommage causé par d'autres personnes que dans les cas où ces personnes sont du nombre de celles *dont on doit répondre?* — Eh bien! dans toutes ces hypothèses, quelque gratuites qu'elles soient, il restera encore à dire que l'art. 151 de la coutume de Normandie lui-même s'opposait à ce que la dame Gouget fût poursuivie criminellement pour le fait de son mari, puisqu'il se borne à déclarer que, faute de tenir les insensés et les furieux *en sûre garde*, les parens *seront tenus civilement des dommages et intérêts qui en pourront résulter.*

» Ce considéré, il plaise à la cour, vu les art. 2, 3 et 456, §. 1 et 6, du Code des délits et des peines, du 3 brumaire an 4, et l'art. 88 de la loi du 27 ventose an 8, casser et annuller, dans l'intérêt de la loi, tant pour fausse application de l'art. 605 dudit Code, que pour excès de pouvoir, le jugement rendu par le tribunal de police du canton de Caen, le 19 prairial an 13, contre la dame Gouget; et ordonner qu'à la diligence de l'exposant, l'arrêt à intervenir sera imprimé et transcrit sur les registres dudit tribunal.... *Signé* Merlin.

» Ouï M. Basire, juge, en son rapport;.. Vu les art. 2 et 3 de la loi du 3 brumaire an 4, l'art. 456, §. 1er et 6 de la même loi; attendu que la dame Gouget n'a point commis personnellement les délits prévus par l'art. 605 de la loi du 3 brumaire an 4, n. 7 et 8; et qu'elle n'y a coopéré d'aucune manière, d'où il suit qu'en lui appliquant les peines portées audit art. 605, il a été fait une fausse application de la loi pénale; attendu d'ailleurs que le sieur Gouget, jouissant de la plénitude de ses droits civils, la dame Gouget, son épouse, n'avait aucune autorité sur lui; attendu enfin, qu'aucune loi n'impose à une Femme l'obligation de provoquer l'interdiction de son mari, d'où il suit qu'en prononçant une peine contre la dame Gouget, pour n'avoir pas contenu son mari, et pour n'avoir pas provoqué son interdiction, il a été commis une usurpation de pouvoir; la cour casse, dans l'intérêt de la loi seulement.... ».

XII. Le mari est-il responsable civilement des délits de sa Femme? *V. Délit*, §. 8.]]

[[FENÊTRE. *V. Effraction* et *Vue.*]]

[[FENTE ET REFENTE. *V. Représentation. (droit de)*, sect. 2, §. 4, n. 4, 5 et 12.

* FER EN GRENAILLE. On s'en sert en quelques provinces pour remplacer le plomb à tirer, qui est beaucoup plus cher. Cependant la fabrication et la vente en sont défendues par l'arrêt du conseil du 4 septembre 1731. Voici comment il s'exprime :

» Sur ce qui a été représenté au roi par les grands maîtres et généraux réformateurs des eaux et forêts des dix-sept départemens du royaume, que dans la plupart des endroits où il y a des forges établies il s'y fabrique une espèce de grenaille ou fonte de Fer dont on se sert au lieu de plomb; qu'il arrive, même à l'insu des maîtres de forges, que les ouvriers fabriquent de cette grenaille, la vendent à très-bon marché, ou même la donnent à condition d'avoir part au gibier qu'elle détruit; qu'il naît de là plusieurs inconvéniens : l'un, que cette grenaille étant donnée, ou pour rien ou à vil prix, cela multiplie le nombre des braconniers; l'autre, que ceux qui usent de la grenaille, ne le peuvent faire sans de grands risques, parce qu'elle raye les armes et les fait crever, au moyen de quoi, non-seulement celui qui tire, mais ceux même qui se trouvent dans la campagne, courent risque d'en être blessés; que même lorsque le gibier n'est que légèrement touché de ce métal, il meurt et se corrompt, lorsqu'il est tué, beaucoup plus tôt que s'il l'était avec du plomb; qu'indépendamment de cela, il est à observer qu'il n'est pas possible de reconnaître dans les marchés le gibier tué avec cette grenaille, en sorte que lorsqu'ils y en trouve quelques grains, même quelque imperceptibles qu'ils soient, ceux qui mangent ce gibier courent risque de se casser les dents, et lorsqu'ils les avalent, de se faire beaucoup de mal; attendu que cette grenaille, qui est pareillement fort sujette à se rouiller, est très-contraire au corps humain; que par toutes ces raisons, il serait important de pourvoir à cette espèce d'abus, dont les anciennes ordonnances, ni en particulier celle des eaux et forêts du mois d'août 1669, n'ont pas prévu les conséquences. Ouï le rapport du sieur Orry, etc., le roi en son conseil a fait et fait très-expresses inhibitions et défenses à tous maîtres de forges et aux ouvriers et forgerons qui travaillent, de fabriquer, vendre ni débiter aucune grenaille de Fer ou fonte de Fer qui puisse tenir lieu de plomb à tirer; fait défenses à toutes sortes de personnes, de quelques qualité et condition qu'elles soient, de se servir de grenaille de Fer ou fonte de Fer au lieu de plomb à tirer, à peine de 100 liv. d'amende, qui demeurera encourue contre chacun des contrevenans, et qui sera prononcée indépendamment de l'amende encourue pour le fait de la chasse. Ordonne Sa Majesté que ceux des maîtres de forges qui auront vendu, débité ou donné, fait vendre, débiter ou donner de cette grenaille ou fonte de Fer par les ouvriers par eux employés, seront condamnés en 300 liv. d'amende, comme garans et responsables des faits de leurs ouvriers, outre les anciennes amendes fixées par les anciennes ordonnances. Enjoint Sa Majesté aux grands maîtres des eaux et forêts des dix-sept départemens du royaume de tenir la main, etc. ».

L'usage de cette fonte de Fer étant devenu très-commun en Bourgogne, malgré cette prohibition générale, le parlement de Dijon, par arrêt du 13 août 1766, défendit d'en vendre et de s'en servir dans son ressort, et enjoignit aux officiers des maîtrises, à ceux de police et aux juges des lieux, de faire des visites dans les forges et dans les boutiques des marchands, pour se saisir des fontes ou grenailles de Fer qui pourraient s'y trouver, et les faire submerger sur-le-champ en leur présence, sans néanmoins aucune amende pour cette première fois; mais l'arrêt en prononce une de 500 liv. contre ceux qui fabriquent et débitent les fontes, et de 300 livres contre ceux qui s'en servent. (*M. D...*) *

[[Ces réglemens sont-ils encore obligatoires? *V. Armes*, §. 2; et l'art. 484 du Code pénal de 1810.]]

FER. Dans quelques coutumes, ce mot est synonyme de *labour*, parce que le travail ainsi appelé se fait avec le soc et le coutre, qui sont des instrumens de Fer.

[[FERS (peine des). C'était une des peines afflictives et infamantes que le Code pénal du 25 septembre 1791 appliquait aux crimes; et c'était la plus grave après la mort et la déportation.

Voici quelles étaient là-dessus les dispositions du tit. 1 de la première partie de ce Code :

Art. 6. Les condamnés à la peine des Fers seront employés à des travaux forcés, au profit de l'Etat, soit dans l'intérieur des maisons de force, soit dans les ports et arsenaux, soit pour l'extraction des mines, soit pour le dessèchement des marais, soit enfin pour tous autres ouvrages qui, sur la demande des départemens, pourront être déterminés par le corps législatif.

» 7. Les condamnés à la peine des Fers traîneront à l'un des pieds un boulet attaché avec une chaîne de fer.

» 8. La peine des Fers ne pourra, en aucun cas, être perpétuelle ».

La loi du 6 octobre 1792 portait, « que la peine des Fers serait provisoirement remplacée par celle des galères; que les condamnés seraient à cet effet transférés à la manière accoutumée dans les ports; et que le temps de leur peine commencerait à compter du jour qu'ils auraient été exposés aux regards du peuple en exécution de leur jugement.

V. Déportation, *Exposition*, *Forçat*, *Réclusion*, *Peine*, *Travaux forcés*, etc.]]

FERMAGE. *V. Bail* et *Ferme (bail à)*.

FERME. On appelle ainsi en Flandre une armoire qui se trouve ordinairement dans le greffe ou dans la sacristie de l'église paroissiale de chaque juridiction. C'est dans cette armoire qu'on renferme tous les titres, actes, comptes et deniers concernant la communauté des habitans du lieu. Un arrêt de réglement rendu à Douay le 22 mars 1775, ordonne, art. 8, que les deniers provenans des comptes rendus par les administrateurs des fabriques et des biens des pauvres, « seront déposés ès-Fermes desdites communautés, qui fermeront à trois clefs, une desquelles sera entre les mains du seigneur du lieu, une en celles du maïeur, et la troisième en celles du premier échevin ».

C'est aussi dans cette armoire que doivent être déposés tous les actes passés par les officiers de justice. C'est ce que supposent plusieurs passages du tit. 5 de la coutume de Cambresis; et c'est ce que décide nettement en ces termes l'art. 239 de la coutume de Valenciennes : « De tous contrats et obligations passés pardevant les lois échevinales dudit chef-lieu, est requis que lettres soient faites et un double d'icelles mis au Ferme en dedans l'an suivant ». On lit encore dans l'art. 8 de la même coutume, que *si quelqu'un a perdu ou ne peut recouvrir un contrat ou lettres échevinales, il en pourra lever une copie collationnée à la partie*, c'est-à-dire, au double *qui sera au Ferme*, *sinon sur l'embriefve* ou minute *dûment passée*.

Ces deux textes combinés l'un avec l'autre, nous font voir que l'intention des coutumes n'est pas qu'on dépose les minutes dans les Fermes, mais qu'après avoir rédigé les actes en minutes, on en expédie deux doubles ou grosses, dont l'une doit être remise dans le Ferme, et l'autre délivrée à l'une des parties.

Une observation importante est que, quoique les deux grosses soient également authentiques, cependant si elles diffèrent l'une de l'autre, c'est à celle qui est déposé dans le Ferme, qu'on doit ajouter foi. L'art. 6 du tit. 5 de la coutume de Cambresis en a une disposition expresse : *Lettres en Ferme sont mères en elles, faisant pleine foi de ce qu'elles contiennent.*

La manière dont s'expédient les grosses en certains endroits, ne contribue pas peu à mériter à celle qui repose dans le Ferme, la préférence sur l'autre : l'officier qui doit écrire les deux doubles d'un acte, forme de gros caractères au milieu d'une peau de parchemin ; il les coupe ensuite par le milieu, et par-là il divise la peau en deux parties, sur chacune desquelles il transcrit l'acte. Il est sensible que, si celui à qui l'on remet une de ces parties, s'avisait de l'altérer, rien ne serait plus facile que de vérifier l'altération en comparant cette partie à celle qui est déposée dans le Ferme, et avec les caractères de laquelle elle doit concorder parfaitement.

Au reste, tout cela ne peut plus avoir guère d'exécution en matière de contrats, parce que les officiers des justices de villages et de la plupart de celles des villes sont, depuis l'édit du mois d'avril 1675, absolument incapables de passer des obligations entre leurs justiciables. Mais ils ont conservé le pouvoir exclusif que les coutumes leur attribuent, de recevoir les devoirs de loi : on peut donc encore appliquer à ces actes les règles que nous venons d'établir.

L'art. 4 du chap. 49 des chartes générales du Hainaut attribue à la cour souveraine de Mons, la connaissance de toutes les difficultés qui peuvent s'élever entre différens seigneurs, pour raison des *Fermes* de leurs juridictions ; mais cette disposition ne peut plus avoir lieu que pour le Hainaut autrichien. Dans le Hainaut français, ces causes sont de l'attribution des juges royaux, qui ressortissent nuement au parlement de Flandre.

Les art. 1 et 24 du ch. 60 des mêmes lois portent que le grand bailli du Hainaut peut seul, et à l'exclusion de tous autres juges, *ordonner et commander aux gens de loi d'ouvrir Fermes pour en tirer lettriages, chyrographes et écrits dont les parties ont besoin, et y en mettre de nouveaux.* Comme le grand bailli n'a d'autorité que dans le Hainaut autrichien, il est représenté à cet égard dans le Hainaut français par les bailliages et les autres siéges royaux. Il faut cependant observer que, dans la partie de cette province qui compose le chef-lieu de Valenciennes, il y a lieu, sur cette matière, à la prévention entre le grand bailli ou les juges royaux et les échevins de Valenciennes. C'est ce qui résulte de l'art. 940 de la coutume de cette dernière ville, dont voici les termes : « Et s'il advenait que la partie eût perdu des lettres par elles levées, elle peut, par congé du grand bailli du Hainaut, ou par vertu de charge baillée audit chef-lieu sur requête, faire faire ouverture dudit Ferme, etc. ». — On ne peut pas dire que cet article soit abrogé par le texte cité des chartes générales ; car une loi postérieure ne peut jamais être abrogée par une loi antérieure ; celle-là, au contraire, doit déroger à celle-ci ; or, les chartes générales ont été décrétées le 5 mars 1619, et la coutume de Valenciennes ne l'a été que le 19 décembre de la même année. — Il paraît même que l'intention du législateur n'était pas, en arrêtant l'art. 24 du chap. 6 des chartes générales, d'y comprendre le chef-lieu de Valenciennes. Ce texte est en effet tiré mot pour mot de l'art. 76 des lettres-patentes du 5 décembre 1611, *pour l'institution de la cour de Mons,* à l'exception néanmoins de la clause suivante : *Et ce aussi privativement à tous autres juges pour le regard des Fermes sous le chef-lieu de Valenciennes.* Le retranchement que le législateur a fait de cette disposition dans les chartes générales, prouve bien qu'il n'avait pas intention, en rédigeant ces dernières lois, de comprendre le chef-lieu de Valenciennes dans le pouvoir exclusif qu'il accordait au grand bailli pour les ouvertures de Fermes.

L'art. 25 du même chapitre met encore au nombre des attributions exclusives du grand bailli, le droit « d'autoriser lesdits gens de loi, après due information, de renouveler Fermes violés, ou consommés par inconvénient de feu, guerre ou autrement ». Il faut appliquer ici l'observation que nous avons faite sur l'article précédent, par rapport aux juges royaux du Hainaut-français.

[[L'abolition des justices seigneuriales prononcées par les lois du 4 août 1789, a rendu toutes ces dispositions sans objet.]]

* FERME (bail à). C'est une convention par laquelle le propriétaire d'un héritage, d'une terre, d'une rente, d'un droit, abandonne la jouissance de son héritage, de sa terre, de ses droits, à quelqu'un, pour un certain temps et pour un certain prix.

Ce mot se prend aussi pour la chose donnée à Ferme ; et dans ce sens, il se dit des métairies et des autres héritages en culture. (M. Guyot.)*

[[Cette matière est traitée à l'article *Bail,* avec assez de développement pour que nous n'ayons pas besoin d'y revenir. Nous ferons seulement ici deux observations.

1.° La doctrine que nous avons établie à l'article *Bail,* §. 1, sur la faculté d'affermer la chasse, est confirmée par un décret impérial du 25 prairial an 13, qu'on peut voir au mot *Communaux,* §. 5.

2.° Ce que nous avons dit au même article, §. 18, n. 3, sur les formalités des baux des biens dépendans des hospices et des autres établissemens publics, est modifié par un décret impérial du 12 août 1807, dont voici les termes :

« Napoléon, etc., sur le rapport de notre ministre de l'intérieur, notre conseil d'État entendu, nous avons décrété et décrétons ce qui suit :

» *Art.* 1er. A compter de la publication du présent décret, les baux à Ferme des hospices et autres établissemens publics de bienfaisance ou d'instruction publique, pour la durée ordinaire, seront faits aux enchères, par-devant un notaire qui sera désigné par le préfet du département ; et le droit d'hypothèque sur tous les biens du preneur, y sera stipulé par la désignation, conformément au Code civil.

» 2. Le cahier des charges de l'adjudication et de la jouissance sera préalablement dressé par la commission administrative, le bureau de bienfaisance ou le bureau d'administration, selon la nature de l'établissement. — Le sous-préfet donnera son avis, et le préfet approuvera ou modifiera ledit cahier des charges.

» 3. Les affiches, pour l'adjudication, seront apposées dans les formes et aux termes déjà indiqués par les lois et réglemens; et en outre, leur extrait sera inséré dans le journal du lieu de la situation de l'établissement, ou, à défaut, dans celui du département, selon qu'il est prescrit à l'art. 683 du Code de procédure civile. — Il sera fait mention du tout dans l'acte d'adjudication.

» 4. Un membre de la commission des hospices, du bureau de bienfaisance ou du bureau d'administration, assistera aux enchères et à l'adjudication.

» 5. Elle ne sera définitive qu'après l'approbation du préfet du département; et le délai pour l'enregistrement sera de quinze jours après celui où elle aura été donnée.

» 6. Il sera dressé un tarif des droits des notaires pour la passation des baux dont il est question au présent décret, lequel sera approuvé par nous, sur le rapport de notre ministre de l'intérieur.]]

FERRÈTE. *V. Coutume de Ferrète.*

* FÊTE. Jour consacré au service de Dieu, en commémoration de quelque mystère, ou en l'honneur de quelque saint, et durant lequel il n'est pas permis de travailler.

I. Les évêques, comme étant institués par Jésus-Christ pour gouverner l'Église, ont le droit d'établir et de supprimer des Fêtes; mais aux termes de l'édit de 1693, les ordonnances que les évêques rendent sur cette matière, ne sont exécutoires que quand elles sont revêtues de lettres-patentes enregistrées.

[[L'art. 41 de la loi du 18 germinal an 10, porte: « Aucune Fête, à l'exception du dimanche, ne pourra être établie sans la permission du gouvernement ».

Par un arrêté du 29 du même mois, le gouvernement a ordonné la publication d'un indult du légat *à latere,* du 9 avril 1802, portant réduction de toutes les Fêtes en France au nombre de quatre, savoir, Noël, l'Ascension, l'Assomption et la Toussaint. Depuis, un usage général, sanctionné par un avis du conseil d'État, du 13 mars 1810, a ajouté à ces quatre Fêtes celle du premier jour de l'an. *V. Protêt,* §. 3, n. 6.]]

II. Par arrêt des grands juges de Clermont, du 14 décembre 1665, il a été ordonné, conformément aux ordonnances, que les danses publiques et Fêtes baladoires demeureraient supprimées; il a été fait défenses d'en tenir aucune, non plus que des foires et marchés, les jours de dimanches et de patron, et autres Fêtes annuelles et solennelles.

Par un autre arrêt du 22 mai 1776, le parlement de Paris a ordonné, sous peine de 50 liv. d'amende contre les contrevenans, et même d'être poursuivis extraordinairement, le cas échéant, la suppression d'une Fête de cette espèce, dite *de l'arrière,* qui avait lieu dans plusieurs paroisses de Picardie, et qui consistait en ce que, le jour de la Fête de la paroisse ou le lendemain, un habitant monté sur un âne, le visage tourné vers la queue, escorté de beaucoup de jeunes gens armés de bâtons, et précédé de tambours, allait dans les maisons les plus opulentes de la paroisse, se faire donner à boire et à manger, arrêtait ceux qui passaient dans les rues, et se faisait payer un droit de passage. L'arrêt a ordonné que les pères et les mères, à l'égard de leurs enfans, et les maîtres et les maîtresses, à l'égard de leurs domestiques, demeureraient civilement garans et responsables de l'amende.

La même cour a rendu, le 4 avril 1781, un autre arrêt semblable, relativement à différentes assemblées ou attroupemens ridicules qui avaient lieu à Noël, à Pâques, à la Pentecôte, et à quelques autres Fêtes, dans l'étendue de la justice du duché de la Rochefoucault.

[[Ces règlemens sont encore obligatoires, sous les modifications expliquées à l'article *Charivari.*]]

III. Par divers autres arrêts des 7 mai 1777, 14 août 1778, 8 et 10 avril, 10 juin et 12 août 1780, 27 avril et 21 août 1781, le même parlement a ordonné que l'art. 23 de l'ordonnance d'Orléans, l'art. 38 de l'ordonnance de Blois et l'arrêt du 14 décembre 1665 seraient exécutés selon leur forme et teneur; et en conséquence, a fait défense de tenir aucune foire ni marché les jours de dimanches ou de Fêtes, sauf à remettre les foires ou marchés au lendemain des jours fériés; à peine de 100 liv. d'amende contre chaque contrevenant, et de plus grande peine en cas de récidive, suivant l'exigence des cas.

Un autre arrêt du même parlement, du 15 octobre 1588, a fait défense à toute personne de voiturer ou mesurer des blés, et à tout mesureur, crocheteur ou porte-faix de faire aucun ouvrage ou porter aucun fardeau aux jours et heures défendus par l'Eglise, à peine de punition corporelle. Le même arrêt a défendu à toute autre personne de travailler pendant les mêmes jours, et de vendre ou étaler à boutique ouverte.

Un autre arrêt rendu en forme de règlement, le 18 décembre 1734, a pareillement défendu à toute personne d'exposer en vente aucune marchandise les dimanches et Fêtes, même dans les lieux privilégiés.

Par un autre arrêt du 28 novembre 1777, le même parlement a fait défense à tout marchand de la ville de Méry-sur-Seine de vendre durant les jours de dimanches ou de Fêtes, à quelque heure que ce fût, sous peine de 100 liv. d'amende, du double en cas de récidive, et même d'être poursuivi extraordinairement.

Cependant, comme l'usage du pain est nécessaire, le débit en est permis les jours de dimanches et de Fêtes; il suffit que les boulangers tiennent fermés les ais de leurs boutiques; ils peuvent laisser leurs portes ouvertes; mais ils doivent façonner leur pain la veille et s'abstenir de cuire, si ce n'est la seconde ou la troisième de plusieurs Fêtes qui sont de suite, ou lorsque la nécessité publique l'exige autrement; auquel cas, ils doivent prendre la permission du juge de police.

Les bouchers ne doivent point ouvrir leurs étaux les jours de Fêtes solennelles, à moins que ce ne soit durant les grandes chaleurs; et dans ce cas-ci même, ils ne doivent point vendre aux heures du service divin.

Suivant la discipline de l'Eglise, les évêques peuvent accorder la permission de travailler les jours de dimanches et de Fêtes. Telles sont aussi les dispositions de plusieurs ordonnances.

Louis XIV en rendit une le 18 mai 1701, par laquelle il défendit à toute personne de travailler les jours de dimanches et Fêtes dans la ville et les faubourgs de Paris, sans en avoir obtenu la permission de l'archevêque.

Par l'art. 23 de l'édit du mois de juin 1601, concernant les mines et minières, il a été permis aux maîtres, entrepreneurs et ouvriers de ces mines, d'y faire travailler sans discontinuation, à l'exception des jours de Pâques, de la Pentecôte, de l'Ascension, de la Fête-Dieu, des quatre Notre-Dame, de la Toussaint, de Noël, etc.

Observez que, dans le cas d'une nécessité urgente, comme quand il s'agit de pourvoir au péril imminent d'un bâtiment, d'enlever des grains, des foins et d'autres fruits que le mauvais temps pourrait gâter, on peut travailler les jours de Fêtes et de dimanches, mais aucun particulier ne peut le faire de son autorité privée; il doit en demander la permission au juge de police pour ce qui concerne le for extérieur.

Comme il importe de profiter du temps favorable pour la navigation, l'art. 1 du chap. 2 de l'ordonnance donnée pour la ville de Paris au mois de décembre 1672, a permis de conduire les bateaux chargés de marchandises pour la provision de cette ville, aux jours fériés, à l'exception des quatre Fêtes solennelles de Noël, Pâques, Pentecôte et Toussaint: mais cette permission ne s'applique qu'aux bateaux qui sont en route. On ne pourrait pas, sous prétexte de cette disposition, employer les mesureurs, porteurs et voituriers pour commencer ni même continuer à charger les bateaux sans nécessité pressante et sans permission, les jours de dimanches et de Fêtes.

[[Tous ces règlemens ont été abrogés par la loi du 4 frimaire an 2, qui, en établissant un nouvel annuaire, a substitué aux dimanches et aux Fêtes, des jours de repos qu'elle a nommés *décadis*, parce qu'ils étaient les derniers de chaque dixaine de jours.

Mais la loi du 17 thermidor an 6 a renouvelé, pour les décadis, la plupart des dispositions que l'on vient de retracer.

Ces dispositions ne sont cependant plus obligatoires, même depuis que les dimanches et les Fêtes de l'ère vulgaire ont été rétablis: cela résulte des art. 2 et 3 de l'arrêté du gouvernement du 7 thermidor an 8, comparés avec l'art. 52 de la loi du 18 germinal an 10, rapporté au mot *Dimanche*. *V. Cabaretier*, §. 1, n. 2; et mon *Recueil de Questions de droit*, aux mots *Fêtes* et *Préfet*, §. 4.]]

IV. Différentes lois ont défendu de faire des actes judiciaires les jours de dimanches et de Fêtes. Papon rapporte un arrêt du 5 octobre 1598, par lequel le parlement de Paris déclara nulle une exécution faite le lundi de la Pentecôte, et condamna le sergent aux dépens.

Par un autre arrêt du 2 décembre 1610, le parlement de Rennes déclara pareillement nulle une saisie faite un jour de dimanche.

Par un autre arrêt du 10 février 1661, rendu sur les représentations du clergé de France, le conseil a défendu de mettre à exécution, les jours de Fêtes et de dimanches, aucune contrainte relative aux deniers royaux.

Par un autre arrêt du 30 mai 1722, rendu sur la requête des agens généraux du clergé, le conseil a déclaré nul l'exploit de signification d'un arrêt du conseil d'État et d'une commission du parlement de Rouen, fait par l'huissier Guéron, à la requête des Bénédictins de Berney, au curé de cette ville, le jour de Pâques, et a interdit cet huissier pour six mois.

Il y a néanmoins des cas où il est permis d'exploiter les jours de Fêtes et de dimanches. Par exemple, en matière de grand criminel, on peut instruire une procédure tous les jours, même les Fêtes et dimanches. Divers arrêts l'ont ainsi jugé. Cette jurisprudence est fondée sur ce qu'une telle procédure est provisoire, et que, si on la retardait, les preuves pourraient dépérir au désavantage du bien public.

Par la même raison, on peut rendre et exécuter un décret de prise de corps un jour de dimanche ou de Fête.

Mais on ne pourrait pas, à pareil jour, juger un procès criminel. Boniface rapporte un arrêt du 17 décembre 1667, par lequel le parlement de Provence a déclaré nulle une sentence rendue un jour de Fête sur une procédure instruite extraordinairement.

[[Aujourd'hui, les procès criminels peuvent être jugés les jours de dimanches et de Fêtes, comme les autres jours. *V.* la loi du 17 thermidor an 6, art. 2.

A plus forte raison, peut-on, un jour de dimanche ou de Fête, même hors le cas d'urgence, faire un acte d'instruction en matière criminelle.

Le sieur Jégu avait été condamné par un jugement du tribunal correctionnel de Neuchâtel, du 26 avril 1806, à un mois d'emprisonnement et à 5 fr. d'amende. — Le procureur-général de la cour de justice criminelle du département de la Seine-Inférieure, trouvant la peine trop douce, a appelé de ce jugement par exploit signifié au sieur Jégu, le dimanche 25 mai suivant, jour de la Pentecôte. — La cause portée à l'audience, le sieur Jégu a soutenu que l'appel était nul; et il a invoqué l'art. 457 de la loi du 18 germinal an 10, organique du concordat du 26 messidor an 9. — Par arrêt du 4 septembre 1806, la cour de justice criminelle, sans prononcer la nullité de l'appel, a confirmé purement et simplement le jugement du 26 avril. — Le procureur-général s'est pourvu en cassation, et l'arrêt a été cassé le 8 janvier 1807, pour fausse application de la loi pénale, avec renvoi du fond devant la cour de justice criminelle du département de la Somme. — Devant cette cour, le sieur Jégu a conclu de nouveau à ce que l'appel du procureur-général fût déclaré nul. — Mais par arrêt du 30 mars de la même année, la cour criminelle de la Somme a rejeté cette nullité, a déclaré l'appel régulièrement notifié, et a condamné le sieur Jégu à deux années d'emprisonnement et à 5,000 fr. d'amende. — Le sieur Jégu s'est pourvu en cassation, et a principalement insisté sur ce que, le 25 mai, jour de la notification de l'appel, le délai accordé par la loi au procureur-général pour appeler, avait encore deux jours à courir: il a d'ailleurs prétendu que l'art. 2 de la loi du 27 thermidor an 6 devait être restreint aux procès de grand criminel. — Le 27 août 1807, arrêt, au rapport de M. Carnot, par lequel, « attendu que la loi du 27 thermidor an 6, à laquelle se rapporte le concordat, excepte formellement de ces dispositions l'*expédition des affaires criminelles;* et que par ces termes, *affaires criminelles,* la loi, a nécessairement entendu, non-seulement les affaires criminelles à poursuivre par voie de jury, mais aussi les affaires correctionnelles et de police, puisqu'elle n'a pas excepté ces sortes d'affaires de ses dispositions; attendu que, dans l'espèce particulière, il s'agissait d'un acte de procédure en matière correctionnelle; et que, d'après le vœu formel de la loi, cet acte de procédure avait pu être fait un jour férié....; la cour rejette.... ».]]

En matière civile, on peut, lorsqu'il y a péril en la demeure, exploiter un jour de Fête ou de dimanche.

Dumoulin, en sa note sur l'art. 122 de la coutume de Poitou, rapporte un arrêt qui a jugé valable un exploit de demande en retrait donné le jour de la Fête-Dieu. C'était le dernier jour utile.

Un autre arrêt du 21 juin 1720 a jugé bonne une assignation donnée en pareille matière, le dimanche 12 novembre 1719, quoique ce ne fût pas le dernier jour utile pour exercer le retrait; mais le retrayant, qui était M. le prince de Conti, avait cru que c'était le dernier jour; et d'ailleurs il avait obtenu du lieutenant civil une permission pour assigner ce jour-là.

Observez que les huissiers ou sergens ne peuvent exploiter en matière civile les jours de Fêtes et de dimanches, que ce ne soit en vertu d'une pareille permission obtenue du juge. C'est une disposition de la loi 11, *C. de feriis.* Il y a aussi à cet égard un acte de notoriété du châtelet de Paris, du 5 mai 1703.

[[L'art. 1037 du Code de procédure civile porte qu'il « ne peut être fait aucune signification ni exécution.... les jours de Fête légale, si ce n'est en vertu de permission du juge, dans le cas où il y aurait péril en la demeure ».]]

Il faut néanmoins excepter de cette règle les assignations qu'on donne aux communautés d'habitans. La déclaration du 17 février 1658 veut que ces communautés soient assignées un jour de dimanche ou Fête à l'issue de la messe paroissiale.

[[Cette déclaration est abrogée. *V. Ajournement,* n. 6.]]

Il faut aussi excepter les criées en matière de décret. (M. Guyot.)*

[[L'usage des criées est pareillement abrogé. *V. Criées.*

Peut-on faire protester sans permission une lettre de change les jours de Fêtes ou de dimanches? *V. Protêt,* §. 3, n. 6.]]

FEU. *V. Incendie.*

[[FEUILLES MORTES. L'enlèvement des Feuilles mortes d'un bois constitue-t-il un délit forestier?

I. Henri Faul est traduit devant le tribunal correctionnel de Deux-Ponts, pour avoir ramassé et enlevé des Feuilles mortes dans une forêt nationale, sans y avoir été autorisé par l'administration forestière. — Jugement qui l'acquitte, sur le fondement que l'ordonnance de 1669 ne défend pas de ramasser et d'enlever des Feuilles mortes; et que, par l'usage du pays, les habitans jouissent de ces Feuilles pour en faire de la litière à leurs bestiaux. — L'inspecteur des forêts appelle de ce jugement, mais par arrêt du 20 décembre 1806, la cour de justice criminelle du département de Mont-Tonnerre déclare qu'il a été bien jugé. — L'administration se pourvoit en cassation, et soutient que, par cet arrêt, il a été contrevenu à l'art. 1 de la loi du 28 ventôse an 11, qui porte: « les communes et particuliers qui se prétendront fondés par titre ou possession en droit de pâturage, chauffage et autres usages...., seront tenus, dans les six mois qui suivront la publication de la présente loi, de produire sous récépissé, aux secrétariats des préfectures et sous-préfectures dans l'arrondissement desquels les forêts grevées sont situées, les titres ou actes possessoires dont ils infèrent l'existence; sinon, et ce délai passé, défenses leur seront faites d'en continuer l'exercice, à peine d'être poursuivis et punis comme délinquans». — En invoquant cette disposition, l'administration forestière ne nie pas l'usage sur lequel se sont fondés les premiers juges et la cour de justice criminelle; mais elle dit que, si cet usage est un droit, c'est à elle à régler les époques où il peut être exercé sans inconvénient; que cela dérive du même principe qu'il l'a fait investir du droit exclusif de déclarer défensables les bois soumis à des droits de pâturage; qu'à la vérité, l'ordonnance de 1669 ne prohibe pas en termes exprès l'enlèvement de Feuilles mortes; mais qu'il suffit qu'elle ne l'autorise pas, pour qu'elle soit censée le défendre. — Par arrêt du 16 avril 1807, au rapport de M. Seignette, « vu les art. 18 du tit. 3, 11 du tit. 27, et 12 du tit. 32 de l'ordonnance de 1669; et attendu que ces dispositions répétées démontrent la sollicitude du gouvernement pour la conservation de jeunes plants, des fruits et graines qui les produisent, et qui contribuent au repeuplement des forêts; que les Feuilles tombées au pied des arbres, sont, non-seulement un engrais que la nature leur donne, mais qu'elles défendent les jeunes plantes de la voracité de ces animaux; qu'elles les défendent contre les grands froids et contre les ardeurs dévorantes des étés; qu'elles forment un terreau dans lequel germent les glands, les faînes et les graines; qu'en enlevant ces Feuilles, et plus encore à l'aide du rateau, on déracine et on enlève ce qui est déjà germé, on enlève les fruits et les graines qui doivent germer à la première saison; que cette opération désastreuse est comprise dans les prohibitions portées par les articles de l'ordonnance de 1669 ci-dessus transcrits; que, s'il est des cas où elle puisse être permise, ce n'est que sur l'approbation de l'autorité administrative, d'après l'art. 1 de la loi du 28 ventôse an 11; que la cour de justice criminelle du Mont-Tonnerre, en acquittant Henri Faul, a contrevenu aux articles de l'ordonnance de 1669 ci-dessus transcrits; la cour casse et annulle..... ».

Il a été rendu des arrêts semblables le 22 mai et le 3 septembre 1807, au rapport de M. Busschop.

Mais le premier de tous, celui du 16 avril, ayant été suivi, sur le fond, de la part de la cour de justice criminelle du département de Rhin-et-Moselle, d'un arrêt conforme à celui qui avait été cassé, la cour de cassation a pris le parti d'en référer au législateur, conformément à la faculté que lui en attribuait l'art. 3 de la loi du 16 septembre 1807; et sur ce référé, il est intervenu, le 19 juillet 1810, un décret impérial ainsi conçu :

« *Napoléon*...., vu le rapport de notre grand-juge ministre de la justice, relatif à un arrêté pris par la cour de cassation, le 10 novembre 1809, lequel arrêté porte qu'attendu le dissentiment existant entre les cours de justice criminelle du département du Mont-Tonnerre et du département de Rhin-et-Moselle d'une part, et la cour de cassation de l'autre, sur la question de savoir si l'enlèvement des Feuilles mortes dans les forêts, est un délit prévu par la loi, il y a lieu de recourir au mode d'interprétation fixé par la loi du 16 septembre 1807; —Vu les arrêts suivans, rendus sur la même question entre les mêmes parties, et à l'occasion du même fait : — 1.° L'arrêt de la cour de justice criminelle du département du Mont-Tonnerre, en date du 20 décembre 1806, qui renvoie Henri Faul de l'accusation intentée contre lui, pour avoir enlevé des Feuilles mortes dans une forêt impériale, et motive sa décision sur ce que ce fait n'est qualifié délit par aucune loi; — 2.° L'arrêt de la cour de cassation, en date du 16 avril 1807, qui casse l'arrêt précité, sur le fondement que ce délit est prévu par les art. 18 du tit. 3, 11 du tit. 27, et 12 du tit. 32 de l'ordonnance de 1669, et renvoie l'affaire devant la cour de justice criminelle du département de Rhin-et-Moselle; — 3.° L'arrêt de cette dernière cour, qui prononce de la même manière et d'après les mêmes motifs que l'arrêt de la cour de justice criminelle du département du Mont-Tonnerre; —Vu le référé de la cour de cassation, suivant son arrêté susmentionné; —Vu enfin, les articles de l'ordonnance de 1669, qui ont servi de base à l'arrêt de la cour de cassation du 16 avril 1807, lesquels sont ainsi conçus : — Art. 18 du tit. 3. *Leur défendons* (aux grands maîtres) *de permettre ni souffrir aucuns défrichemens, arrachis et enlèvement de plants, glands et faînes des forêts contre la disposition de ces présentes.*— Art. 11 du tit. 27. *Faisons très-expresses défenses d'arracher aucuns plants et chênes, charmes et autres bois dans nos forêts sans notre permission.* — Art. 12 du tit. 32. *Toutes personnes trouvées coupant ou amassant des joncs, des herbages, glands, ou faînes, de telle nature et âge que ce soit, et les emportant des forêts, boquetaux, garennes et buissons, seront condamnées pour la première fois à l'amende, savoir, etc.*; — Considérant que les dispositions de l'ordonnance de 1669 qui défendent d'enlever certaines productions des forêts ne sont point limitatives; —Notre conseil d'État entendu, nous avons décrété et décrétons ce qui suit : — 1. L'art. 12 du tit. 32 de l'ordonnance de 1669 est applicable au cas d'enlèvement de Feuilles mortes. — 2. Notre grand-juge ministre de la justice et notre ministre des finances sont chargés, chacun en ce qui le concerne, de l'exécution du présent décret ».

En conséquence, l'arrêt de la cour de justice criminelle du département de Rhin-et-Moselle, du 18 avril 1809, a été cassé le 31 janvier 1811, comme l'avait été, le 16 avril 1807, celui de la cour de justice criminelle du Mont-Tonnerre, du 20 décembre 1806.

II. Un arrêt de la cour de justice criminelle du département du Var, du 17 mai 1811, avait jugé que la peine portée par l'art. 12 du tit. 32 de l'ordonnance de 1669, n'était pas encourue par un particulier qui avait été surpris se disposant à charger, sur des bêtes de somme, un tas de Feuilles mortes qu'il avait ramassées dans une forêt impériale; et qu'il aurait fallu, pour cela, non-seulement qu'il les eût effectivement chargées, mais encore qu'il se fût mis en mouvement pour les emporter.

Mais cet arrêt a été cassé en ces termes, le 28 juin suivant, au rapport de M. Basire :

« Vu les art. 1 du décret impérial du 19 juillet 1810, et 12 du tit. 32 de l'ordonnance de 1669; attendu qu'il était constaté, par un procès-verbal régulier, que Geurrin avait été surpris au moment où, après avoir ramassé deux charges de Feuilles mortes, essence de pin, dans la forêt impériale de Saint-Daumas, il se disposait, de son propre aveu, à les charger sur un mulet et sur une ânesse qu'il avait amenés avec lui pour emporter ces Feuilles; attendu que ces faits étaient suffisans pour constituer le délit d'enlèvement de Feuilles mortes, d'où il suit que l'arrêt attaqué a violé les lois précitées, en n'appliquant pas, dans l'espèce, les peines que ces lois infligent à ceux qui contreviennent à leurs dispositions; par ces motifs, la cour casse et annulle.... ».

V. Délit forestier et *Faînes*.]]

FEUILLIE. C'est le nom d'un fief célèbre dans la jurisprudence du Cambresis. L'érection en est si ancienne qu'on n'en connaît pas l'origine : il a été d'abord le patrimoine d'un particulier; il a passé ensuite par acquisition à Guillaume, comte de Hainaut; et c'est comme représentant des successeurs de ce prince, que le roi en est actuellement propriétaire. Ce fief est fort étendu : le Cambresis, le Hainaut, l'Artois, la Flandre même, contiennent beaucoup de terres qui en relèvent. Il est à l'instar de tous les autres; il a un bailliage qui connaît de toutes les matières féodales; le terrain sur lequel est situé le chef-lieu, s'appelle *Feuillie* et donne le nom au fief. Son district ne comprend dans la ville de Cambrai que treize ou quatorze maisons.

Dans les onzième et douzième siècles, les évêques de Cambrai ont inféodé un office qu'ils ont uni à ce fief; cet office s'appelle la *Justice du marché*.

Un dénombrement fourni en 1407, 1460 et 1510 par les comtes de Hainaut, et renouvelé par Philippe II, roi d'Espagne, renferme une énumération exacte des droits qui appartiennent au propriétaire de ce fief, et dont le bailli a l'exercice. — Le comte de Hainaut y déclare,

Par le second article, que c'est à sa maison de la Feuillie que doit être conduits et gardés tous prisonniers, pour quelque cause que ce soit; que c'est à lui à exploiter tous les arrêts personnels sur les bourgeois et les forains, sauf en matière criminelle, où le prévôt a seul qualité pour faire arrêter les coupables,

Par le troisième, que l'évêque nomme quatorze échevins pour être présens à tous les clains et arrêts;

Par le quatrième, qu'il prête serment devant les échevins, à cause de son office de la justice du marché, d'accomplir les jugemens qu'ils rendent;

Par le cinquième, qu'il ne peut faire arrêt sur la personne ni sur les effets d'un bourgeois, si ce n'est en présence de deux échevins.

L'art. 6 porte que la justice du marché peut arrêter les forains ou les effets qui leur appartiennent, sans y appeler d'échevins.

Les art. 7 et 8 règlent tout ce qui concerne les clains et les arrêts qu'il faut pratiquer en Cambresis pour parvenir à un cerquemanage ou bornage.

On voit dans les articles suivans, que c'est à lui à établir des gardiens aux choses saisies.

La loi Godefroi et la coutume de Cambresis s'accordent parfaitement avec ce dénombrement sur les fonctions du bailli de la Feuillie. Ces fonctions ne sont, comme on le voit, que celles d'un sergent : saisir, arrêter, établir des gardiens, recevoir les choses consignées, donner assignation aux parties saisies pour comparaître devant les échevins, tout cela caractérise un officier qui provoque la justice et fait exécuter les sentences. Il ne juge pas avec les échevins; il n'est que l'instrument de la justice qu'ils exercent, et à laquelle il est obligé de dénoncer tous les clains et arrêts qu'il exploite, sans pouvoir prononcer lui-même. En un mot, c'est un officier à qui le seigneur a confié la force coactive et rien de plus. Il ne connaît d'aucune affaire criminelle ou de police : il ne peut faire nommer à son prétoire ni tuteur, ni curateur; il ne peut apposer de scellés juridiques; il ne peut recevoir de devoirs de loi; tous ces objets sont réservés aux échevins.

Le ministère de cet officier n'est pas même tellement nécessaire, que les parties ne puissent se dispenser d'y recourir. Il y a à Cambrai deux manières de se pourvoir contre un débiteur, par clain ou par requête. Quand on se pourvoit par clain, il faut se servir du bailli de la Feuillie; mais quand on prend la voie de la requête, on va directement à la chambre échevinale.

Ces différens objets ont été discutés avec le plus grand soin lors d'un arrêt rendu au parlement de Flandre, le 30 juillet 1742. L'espèce en est remarquable.

En 1701, le sieur Bruhier de La Neuville ayant acquis du roi l'office du bailli de la Feuillie, moyennant 3000 livres, prétendit qu'en cette qualité, il devait être le premier officier de la justice de Cambrai, ouvrir les plaids, présider la chambre échevinale, nommer les tuteurs et curateurs, avoir le pas sur le prévôt dans les cérémonies publiques, jouir enfin de toutes les prérogatives et de tous les honneurs qui appartiennent au premier juge. Il donna trois mémoires appuyés de différens titres. Les échevins y répondirent. Le procureur syndic de la ville intervint au procès, et donna deux mémoires. Enfin, par l'arrêt cité, rendu au rapport de M. de La Verdure d'Allenes, et sur les conclusions de M. le procureur-général, il a été statué sur les fonctions de ce bailli, sur les prérogatives de son office, et sur la justice qu'il devait exercer. Le dispositif de cet arrêt mérite d'être ici rapporté : — « La cour.... ordonne que ses arrêts du 1.er août 1707 et 22 novembre 1708 seront exécutés; ce faisant, que les plaids ordinaires de la justice du marché dudit Cambrai se tiendront en l'auditoire de la Feuillie tous les marchés de chaque semaine, à onze heures du matin; et qu'à l'égard des plaids extraordinaires qui se tiendront en la chambre échevinale pour les affaires requérant célérité, ledit Bruhier y interviendra, ainsi qu'au jugement des procès par écrit, si mieux n'aiment lesdits échevins de tenir lesdits plaids et juger les procès par écrit, en l'auditoire de la Feuillie, lesquels plaids ne pourront être tenus ni les procès par écrit jugés, sans qu'au préalable ledit Bruhier en ait été averti : ordonne qu'en cas d'absence, ses fonctions seront suppléées par l'un des échevins, ainsi qu'il se pratiquait ci-devant; — Ordonne que tous les cerquemanages *pour des rangs d'héritages*, et les autres actions réelles, seront intentés par clain et portés audit auditoire de la Feuillie, conformément à la coutume et à l'ancien usage, et que toutes les actions pour dettes civiles qui s'intenteront par clain, seront pareillement portées audit auditoire; déclare ledit Bruhier non fondé ni recevable en ses conclusions tendantes à ce qu'il soit fait défenses auxdits échevins de connaître d'aucunes actions civiles personnelles, autrement que par clain; — Déclare qu'audit Bruhier, en sa qualité de bailli de la Feuillie, avec ses hommes de fief, appartient la connaissance des cas de haute-justice dans l'étendue dudit fief de la Feuillie, tant au civil qu'au criminel; maintient néanmoins lesdits prévôt et échevins dans le droit et possession de connaître des bris de prisons et autres crimes commis par les personnes détenues èsdites prisons de l'autorité desdits échevins, tant pour causes civiles que criminelles, comme aussi des fautes et négligence commises par le geolier à la garde desdits prisonniers; — Déclare que ledit Bruhier, en sadite qualité de justice du marché, a droit d'intervenir aux tours et recherches des forfaits concernant la police...; déboute ledit Bruhier du surplus de ses demandes, fins et conclusions ».

Ces deux derniers articles justifient la distinction que l'on a faite ci-dessus dans le bailli de la Feuillie. On a dit en effet que, considéré comme tel, il exerce, avec ses hommes de fief, tous les actes de haute, moyenne et basse-justice sur toute l'étendue de son fief; mais qu'en qualité de *justice du marché*, office inféodé qui a été uni à son fief par les évêques de Cambrai, il ne peut s'attribuer aucune fonction de juge.

[[Ces offices ont été supprimés, comme tous ceux du même genre, par les lois des 4 août 1789, 7 septembre 1790 et 13 avril 1791. Mais nous avons cru devoir conserver ici les détails qui les concernent, pour faciliter l'intelligence de ce qui a été dit aux mots *Cerquemanage* et *Clain*.]]

[[**FEUMAIN.** Terme employé dans la coutume de Liége, pour désigner un tuteur ou curateur. L'art. 28 du chap. 6 de cette coutume, porte que, « *Feumain* ne peut *lansager* héritages d'enfant dont il est Feumain ».

La disposition de cet article serait absolument inintelligible, si elle n'avait pour interprète l'art. 3 du chapitre du *Cahier de réformation*, rédigé sous le cardinal de Groësbeck, prince-évêque de Liége, le 3 juillet 1572, d'où elle a été tirée. Voici comment il est conçu : « Tuteurs, curateurs, manbours et autres ayant orphelins ou désignés en leur gouvernement ou puissance, ne pourront par achat, donation, quittance ou autre titre entre-vifs, acquérir les biens d'iceux, tant qu'ils seront en leur gouvernement et puissance, si donc tels biens n'étaient aliénés par décret du juge ».

Cette disposition ne fait, comme l'on voit, que renouveler celle de la loi 34, §. 7, D. *de contrahendâ emptione*, suivant laquelle, *Tutor rem pupilli emere non potest; idemque porrigendum est ad similes, id est, curatores, procuratores et qui negotia aliena gerunt:* et elle est renouvelée ellemême par l'art. 1596 du Code Napoléon, qui d'ailleurs y comprend en termes exprès les ventes faites par autorité de justice.

V. Lansager, Tuteur, Vente.]]

* FIANÇAILLES. On désigne par ce mot les promesses de mariage.

[[I. A cette définition simple, et absolument calquée sur celle du pape Nicolas I, dans ses réponses aux questions des Bulgares, l'auteur des *Conférences de Paris sur le mariage*, tome 1, pages 126 et 127, ajoute les mots, *en présence d'un prêtre.* C'est une erreur qui s'est déjà glissée dans trop d'ouvrages (1); mais il ne faut, pour la réfuter, que se rappeler les définitions du droit romain et du droit canonique, qui sont admises dans nos mœurs. Elle est d'ailleurs relevée par Pothier, dans son *Traité du mariage*, n.° 217 et 218. Enfin, Van-Espen, dans son *Jus ecclesiasticum universum*, part. 2, §. 1, titre *de sponsalibus*, n. 12, et le pape Benoît XIV, dans la 46.ᵉ de ses *Institutions ecclésiastiques*, établissent très-clairement que les Fiançailles sont valables sans prêtre; et il ne peut y avoir là-dessus l'ombre d'une difficulté sérieuse.]

L'usage des Fiançailles est fort ancien: il était observé chez les peuples du Latium, suivant le témoignage de Servius Sulpicius, rapporté par Aulugelle. Il est parlé des Fiançailles dans le Digeste, dans le Code théodosien, dans celui de Justinien, dans le décret de Gratien et les Décrétales, et dans les Novelles 18, 93 et 109 de l'empereur Léon.

Cet usage a été introduit afin que les futurs époux s'assurassent de leurs dispositions mutuelles, par rapport au mariage, avant de se présenter pour recevoir la bénédiction nuptiale; et afin qu'ils ne s'engageassent pas avec trop de précipitation dans une société dont les suites ne peuvent être que très-fâcheuses, quand les esprits sont mal assortis.

[[Le Code Napoléon n'admet ni ne rejette les Fiançailles. Est-il censé par-là en abroger l'usage? Les auteurs des *Pandectes françaises*, tom. 3, pag. 150, pensent que non; et il nous paraît, comme à eux, que les Fiançailles, considérées comme simples promesses de mariage, *peuvent encore se pratiquer.*]]

II. Toutes sortes de personnes capables de se marier ensemble, ou qui peuvent acquérir cette capacité, peuvent valablement contracter des Fiançailles: il suffit, pour cet effet, que les contractans soient en état d'exprimer leur volonté et leur consentement.

Il faut conclure de cette décision, qu'un frère et une sœur ne peuvent pas valablement contracter des Fiançailles ensemble, parce qu'ils ne peuvent jamais se marier l'un avec l'autre.

Mais il n'en est pas de même d'un cousin et d'une cousine, quoiqu'ils soient dans un degré prohibé; les Fiançailles qu'ils contractent ensemble, sont valables. La raison en est que, quoiqu'ils ne puissent point alors se marier l'un avec l'autre, ils peuvent espérer d'obtenir pour cet effet les dispenses nécessaires.

[[Cette raison pourrait aujourd'hui s'appliquer à l'oncle et à la nièce, comme au neveu et à la tante. *V. Dispense* et *Empêchement.*]]

Pareillement, des impubères peuvent, avec les consentemens qui leur seraient nécessaires pour se marier en minorité, contracter valablement des Fiançailles, pourvu qu'ils soient en âge de comprendre ce qu'ils font, c'est-à-dire, qu'ils aient au moins sept ans.

[[Ils ne le peuvent plus aujourd'hui. Le Code Napoléon, par son silence sur les Fiançailles, les laisse dans la classe générale des contrats; elles sont par conséquent soumises à toutes les règles des conventions ordinaires.]]

III. Il y avait autrefois des Fiançailles par paroles de présent, appelées *sponsalia de præsenti*, qui ne différaient du mariage qu'en ce qu'elles n'étaient point accompagnées de bénédiction sacerdotale; mais ces sortes de Fiançailles ont été entièrement défendues par l'art. 44 de l'ordonnance de Blois, comme le concile de Trente l'avait déjà fait en ordonnant qu'aucun mariage ne serait valable qu'il ne fût précédé de publication de bans, et fait en présence de l'officier public et de témoins; en sorte qu'il n'y a plus d'autres Fiançailles valables que celles qui sont appelées en droit *sponsalia de futuro*, c'est-à-dire, la promesse de se prendre pour mari et femme.

IV. Les Fiançailles sont un contrat qui se forme par le seul consentement des parties. Ce consentement doit être un consentement parfait qui n'ait été ni surpris ni extorqué par violence ou par menace.

La liberté est tellement nécessaire dans les Fiançailles, que si l'un des contractans paraissait avoir beaucoup d'empire sur l'esprit de l'autre partie, l'engagement ne produirait aucun effet. C'est en conformité de cette règle, qu'un arrêt rapporté par Fevret et Bouchel, a déclaré nulles des promesses de mariage faites entre un médecin et sa malade durant sa maladie, quoique le père y eût donné son consentement.

Si un père fiançait sa fille à quelqu'un et qu'elle fût présente, elle serait réputée avoir consenti facilement aux Fiançailles; et ce consentement tacite aurait le même effet qu'un consentement exprès.—

(1) *Principes du Droit françois suivant la Coutume de Bretagne*, tome 1, page 130; *Dictionnaire de Droit normand*, article *Fiançailles*, etc.

[[Il ne l'aurait plus aujourd'hui. *V.* ci-dessus n. 2.]]

Si les parens du garçon et ceux de la fille convenaient de les marier ensemble, sans que le consentement de ce garçon et de cette fille fût intervenu, il n'y aurait point de véritables Fiançailles.

Si quelqu'un promettait à deux sœurs d'épouser l'une ou l'autre, une telle promesse ne produirait aucun engagement. La raison en est que, comme on ne peut valablement se marier qu'avec une personne certaine et déterminée, la même règle doit s'appliquer aux Fiançailles.

Les princes et les princesses du sang ne peuvent point contracter de Fiançailles valables sans le consentement du roi. *V. Empêchement*, §. 5, n. 2.

Les enfans de famille et les mineurs ne peuvent pareillement pas valablement contracter de Fiançailles sans le consentement de leurs parens ou de leurs tuteurs.

[En Bretagne où, suivant l'art. 17 de l'édit des tutelles de 1732, les mineurs ne peuvent se marier valablement, sans l'avis de douze parens nominateurs et l'autorisation des juges, il faut les mêmes formalités pour qu'ils puissent contracter des Fiançailles. Cela résulte de la loi 7, §. 1, D. *de sponsalibus*, qui exige pour les Fiançailles le consentement des personnes sans l'aveu desquelles le mariage ne peut être contracté : *in sponsalibus etiam consensus eorum exigendus est quorum in nuptiis desideratur.*

Il faut d'ailleurs, pour la validité des Fiançailles, que l'engagement soit réciproque : il suit de cette décision que, quand un billet qui contient des promesses de mariage, est resté entre les mains de l'un des contractans, sans que l'autre en ait un double, le traité est nul. La raison en est que la partie qui a le billet, pouvant le supprimer, l'engagement n'est pas réciproque. *V. Double écrit.*

V. Non-seulement on peut contracter des Fiançailles purement et simplement, on peut encore y apposer un terme et même une condition, ainsi qu'à tout autre contrat.

Lorsqu'il y a un terme, aucune des parties n'est fondée, avant qu'il soit expiré, à demander l'exécution de la convention ; mais il n'empêche pas que les Fiançailles ne soient valablement contractées.

Quant à la condition, non-seulement elle empêche qu'on ne puisse, avant qu'elle soit accomplie, demander l'exécution des Fiançailles, mais encore elle les suspend de manière que, si elle vient à ne pas s'accomplir, on regarde ces Fiançailles comme non avenues.

Observez que, quoiqu'il n'y ait point d'obligation, tant que la condition n'est pas accomplie, il y a néanmoins une espérance d'obligation. C'est pourquoi une obligation conditionnelle donne à celui envers qui elle est contractée, le droit de faire des actes conservatoires du droit qu'il espère avoir. Ainsi, dans le cas où l'une des parties fiancées conditionnellement, ferait publier des bans de mariage avec une personne autre que celle envers laquelle les premiers engagemens auraient été contractés, cette dernière serait fondée à y former opposition, [excepté dans le ressort du parlement de Paris, où, par un arrêt de règlement du 28 avril 1778, il est défendu à toute personne de former opposition, sous quelque prétexte que ce soit, sinon *pour empêchement dirimant.*]

[Aujourd'hui, une pareille opposition serait non recevable dans toute la France. *V.* le Code Napoléon, art. 172, 173 et 174.]

Si l'exécution de la condition apposée aux Fiançailles, était impossible ou contraire aux lois ou aux bonnes mœurs, les Fiançailles seraient nulles, comme tout autre contrat le serait en pareil cas.

VI. L'effet des Fiançailles est, 1.° qu'elles produisent une obligation réciproque de contracter mariage ensemble; mais si l'un des deux fiancés refuse d'accomplir sa promesse, le juge d'église ni le juge laïque ne peuvent pas l'y contraindre ; et l'obligation se résout en dommages et intérêts, sur lesquels le juge laïque peut seul statuer et non le juge d'église. Ces dommages et intérêts s'estiment eu égard au préjudice réel que l'autre fiancé a pu souffrir, et non pas eu égard à l'avantage qu'il peut perdre.

2.° Il se forme, par les Fiançailles, une espèce d'affinité réciproque entre chacun des fiancés et les parens de l'autre, de manière que les parens du fiancé ne peuvent pas épouser la fiancée. Mais le concile de Trente a restreint cet empêchement au premier degré, et a décidé que cette affinité, et conséquemment que l'empêchement qui en résulte, n'ont point lieu lorsque les Fiançailles sont nulles. — [[Cet empêchement n'existe plus aux yeux de la loi civile. *V. Empêchement.*]

La fiancée n'est point en la puissance du fiancé, et conséquemment elle n'a pas besoin de son autorisation, soit pour contracter avec lui ou avec quelqu'autre, soit pour ester en jugement.

VII. Quoique la bénédiction des Fiançailles soit d'un usage très-ancien dans l'Eglise, elles ne laissent pas d'être valables lorsque cette bénédiction n'a pas lieu. En cela les Fiançailles diffèrent du mariage, qui, selon nos lois, ne peut être valable qu'autant qu'il a été contracté en face d'Eglise.

[[Aujourd'hui, les Fiançailles diffèrent du mariage, en ce qu'elles peuvent être passées dans la forme commune à tous les contrats synallagmatiques ; au lieu que le mariage ne peut être contracté qu'en présence de l'officier public de l'état civil. *V. Etat civil* et *Mariage.*]]

L'engagement résultant des Fiançailles, peut être résolu de plusieurs manières : 1.° par le consentement mutuel des parties ; 2.° par la longue absence de l'un des fiancés ; 3.° par la profession monastique des fiancés ou de l'un d'eux. [[La loi ne reconnaît plus de vœux religieux. *V. Profession monastique*]] ; 4.° lorsque le fiancé entre dans les ordres sacrés [[*V. Célibat*]] ; 5.° si l'un des deux fiancés contracte mariage avec un autre. — 6.° Lorsque deux impubères se sont fiancés, leurs Fiançailles sont dissoutes, quand parvenus à l'âge de puberté, ils ne veulent pas ratifier leurs promesses. — 7.° Ce serait encore un moyen de dissolution, si, depuis les Fiançailles, il était survenu à l'un des fiancés quelque difformité ou maladie considérable, ou quelque infamie. — 8.° La seule jactance publique vraie ou fausse de la part du fiancé, d'avoir eu commerce avec sa fiancée, est un autre moyen de dissolution des Fiançailles.

Il arrive souvent que le fiancé et la fiancée se donnent réciproquement des arrhes. Celui des contractans qui, sans aucun sujet légitime, refuse d'accomplir son engagement, doit rendre à l'autre les arrhes qu'il a reçues, et perdre celles qu'il a données, pourvu toutefois qu'elles ne soient pas exorbitantes relativement à la qualité et aux facultés des parties. *V. Arrhes* et *Délit*.

Les Fiançailles sont aussi souvent accompagnées de présens que le fiancé fait à la fiancée, ou qu'ils se font réciproquement l'un à l'autre. La loi *si à sponso*, *C. de donationibus ante nuptias*, décide que le fiancé venant à décéder *post osculum*, c'est-à-dire, après le baiser que la fiancée lui accorde ordinairement, elle est bien fondée à retenir la moitié des bagues et joyaux, et autres choses qu'elle a reçues de son fiancé. Le motif de cette loi était que, *osculo delibata censebatur virginitas*. Mais en France, où ces sortes de baisers ne sont considérés que comme une simple civilité, la fiancée en pareil cas n'est point en droit de rien retenir; et Godefroy, Mornac, Louet et Automne disent que cette loi n'est point suivie dans le royaume.

Catellan rapporte cependant un arrêt du parlement de Toulouse du 11 avril 1656, qui permit à la fiancée de garder des habits et linges que son fiancé lui avait donnés; mais on l'obligea de rapporter les perles, les diamans et l'argent, ainsi que les habits qu'elle avait retirés du tailleur depuis le décès de son fiancé.

VIII. Les Fiançailles étant un contrat, sont de l'ordre politique comme tous les autres contrats, et par conséquent le juge séculier en est le juge naturel. Cependant, comme les Fiançailles ont pour objet le mariage que les parties se sont réciproquement obligées de contracter, et que le mariage considéré comme sacrement, renferme quelque chose de spirituel, nos rois ont bien voulu autoriser les juges d'église à prononcer sur la validité ou invalidité des Fiançailles, pourvu qu'ils ne connussent pas des dommages et intérêts relatifs à cet acte.

Ce n'est qu'entre le fiancé et la fiancée que le juge d'église peut connaître des Fiançailles; car si c'est un père qui a promis de donner son fils ou sa fille à quelqu'un, l'engagement qu'il a contracté, n'ayant rien de spirituel, il ne peut être poursuivi pour l'exécution de son obligation, qu'au tribunal du juge séculier.

Quand l'un des contractans a fait assigner l'autre devant l'official pour l'exécution des promesses de mariage, et que la partie assignée disconvient de ces promesses, l'official ne peut en admettre la preuve que conformément à ce qui est prescrit par la déclaration du 26 novembre 1639. Cette loi défend à tout juge, même à ceux d'église, *de recevoir la preuve par témoins des promesses de mariage, autrement que par écrit qui soit arrêté en présence de quatre proches parens de l'une et de l'autre partie, encore qu'elles soient de basse condition.*

Il est à remarquer que cette déclaration n'a point établi un droit nouveau; elle n'a fait que confirmer l'ordonnance de Moulins, en ce qu'elle a défendu d'admettre la preuve testimoniale de choses qui excéderaient la valeur de 100 liv., et dont les parties auraient pu se procurer des preuves par écrit: aussi par arrêt du 29 décembre 1629, antérieur à la déclaration dont nous venons de rapporter la disposition, le parlement de Paris jugea qu'il y avait abus dans une sentence de l'official du Mans qui avait permis une preuve testimoniale de promesse de mariage.

Si les promesses de mariage sont avouées ou prouvées, et qu'il paraisse d'ailleurs à l'official que l'engagement a été valablement contracté, il prononce la validité des Fiançailles, et exhorte la partie à accomplir cet engagement: si elle persiste dans son refus, il ne peut pas la condamner à cet accomplissement ni l'y contraindre par la voie des censures ecclésiastiques; car, s'il en usait ainsi, il y aurait abus, comme l'a jugé un arrêt du premier juin 1638, rapporté par Bardet. Ainsi, en pareil cas, l'official doit prononcer la dissolution des Fiançailles, et se contenter d'imposer à la partie qui a manqué à ses promesses, une pénitence qui consiste en quelques prières ou en de légères aumônes. On tolère ce manque de foi, parce qu'on le regarde comme un moindre mal que celui qui pourrait résulter d'un mariage contracté par contrainte. Là finit le pouvoir du juge d'église. Il ne peut pas sans abus prononcer sur les dommages et intérêts auxquels l'inexécution des Fiançailles a pu donner lieu, à moins toutefois que la qualité de la personne à qui ils sont demandés, ne le rende compétent pour en connaître: par exemple, si un chanoine simple clerc tonsuré, était assigné à l'officialité, à la requête d'une fille qui lui demandât des dommages et intérêts fondés sur son refus d'exécuter des promesses de mariage qu'il aurait faites, il est certain que l'official pourrait prononcer sur cette demande à cause de la qualité du défendeur. La raison en est qu'il est compétent, en matière profane, pour connaître des actions pures personnelles qui sont intentées devant lui contre des ecclésiastiques. Cette doctrine se trouve d'ailleurs confirmée par un arrêt du mois de février 1690, rapporté au *Journal des audiences*.

A l'exception de ce cas, c'est devant le juge du domicile de la partie qui refuse d'exécuter les Fiançailles, qu'il faut se pourvoir pour la faire condamner aux dommages et intérêts résultans de son refus.

[[Aujourd'hui, l'église n'a plus de juridiction contentieuse: les officialités ont été supprimées par la loi du 7 septembre 1790.]]

IX. Ces dommages et intérêts doivent être arbitrés relativement aux dépenses que les recherches de mariage ont occasionnées à la partie qui se plaint de l'inexécution des Fiançailles, et aux autres torts qui ont pu lui résulter de cette inexécution.

[Voici un exemple récent de ces sortes de condamnations. Nous le puisons dans la *Gazette des tribunaux*, tome 15, page 289.

« Le sieur Broune, fils d'un jardinier des jardins de la maison royale de Choisi, âgé de vingt-sept ans, ayant été présenté aux sieur et dame Feroussa, négocians, tenant une manufacture dans les environs de Choisi, devint amoureux de leur fille, âgée de dix-neuf ans, et il chargea une tierce personne d'en faire pour lui la demande. Le père et la mère de la demoiselle Feroussa répondirent que leur fille n'apporterait que mille écus en dot; que ses espérances pourraient monter en tout à 24,000 liv., et que peut-être cela ne suffirait pas au jeune homme.

» Le sieur Broune, instruit de la fortune de la demoiselle Feroussa, redoubla néanmoins ses sollicitations près du père et de la mère; enfin ils consentirent au mariage. Les conventions furent arrêtées, rédigées et signées. Les choses en cet état, le jeune homme fut reçu et traité comme le fils de la maison, mais le mariage ne put être célébré tout de suite. Le futur, à raison de son état, fut obligé de faire différentes tournées dans des manufactures, et la célébration fut remise à son retour.

» Le jeune homme, pendant son voyage, écrivit plusieurs fois à sa prétendue: ses lettres respiraient la tendresse et le sentiment. Il écrivit aussi à une des tantes de la demoiselle; et prenait par anticipation la qualité de neveu. Son père et sa mère, par un esprit de réciprocité, emmenaient la demoiselle Feroussa chez eux passer plusieurs jours, la produisaient et l'annonçaient comme leur bru.

» Cependant le sieur Broune, de retour de ses voyages, ne fut plus le même; l'éloignement l'avait refroidi; il changea tout à coup et rompit avec la demoiselle Feroussa; il ne put lui faire aucun reproche, mais sa fortune lui parut insuffisante et sa dot trop modique.

» Le père et la mère de la demoiselle Feroussa formèrent contre le jeune homme une demande en dommages-intérêts.

» Une sentence du châtelet leur accorda 6,000 l.

» Sur l'appel du sieur Broune, arrêt du 15 février 1782, qui infirme la sentence, et modère les dommages et intérêts à 3,000 liv. »]

Au reste, quand le juge prononce des dommages et intérêts contre la partie qui refuse d'exécuter les Fiançailles, il ne doit pas y joindre l'alternative, *si mieux n'aime épouser*; cette prononciation a été défendue comme indécente, par arrêt du 10 mars 1713.

V. Fevret, *Traité de l'Abus*; le *Traité du Contrat de Mariage*, par Pothier; Covarruvias *de sponsalibus*, etc. *V.* aussi *Mariage*. (M. Guyot.)*

* FICTION. On appelle *Fiction de droit*, une Fiction introduite ou autorisée par la loi. Par exemple, l'ameublissement qu'on fait par contrat de mariage de partie des immeubles de la femme pour les faire entrer en communauté, est une Fiction de droit, parce qu'on feint que ces immeubles sont devenus meubles, pour les faire entrer dans la communauté, dont la mise est ordinairement composée de meubles. *V. Ameublissement.*

Les Fictions ne s'étendent jamais d'un cas à un autre. Par exemple, si par votre contrat de mariage, vous aviez stipulé qu'une somme de deniers vous tiendrait nature de propre, cette Fiction empêche bien que ces deniers n'entrent dans la communauté; mais elle ne change rien dans votre succession: c'est pourquoi les héritiers de vos meubles succéderont à la somme stipulée propre comme à un véritable meuble. *V. Réalisation.* (M. Guyot.)*

FIDÉICOMMIS. *V. Substitution Fidéicommissaire.*

* FIDÉICOMMIS TACITE se dit en deux acceptions différentes.

I. Il s'entend d'abord du Fidéicommis qui, sans être ordonné en termes exprès, résulte nécessairement de quelque autre disposition qui le suppose. *V. Substitution fidéicommissaire.*

Mais le plus souvent on entend par *Fidéicommis tacite*, une disposition simulée faite en apparence au profit de quelqu'un, mais avec intention secrète de faire passer le bénéfice de cette disposition à une autre personne qui n'est point nommée dans le testament ou la donation.

II. Ces sortes de Fidéicommis ne se font ordinairement que pour avantager indirectement quelque personne prohibée, comme le mari ou la femme dans les cas où ils ne peuvent s'avantager, ou pour donner à des bâtards [[adultérins ou incestueux]], au-delà de leurs alimens.

Ceux qui veulent faire de tels Fidéicommis, choisissent ordinairement un ami en qui ils ont confiance, ou bien quelque personne de probité sur le désintéressement de laquelle ils comptent; ils nomment cet ami ou autre personne héritier, légataire ou donataire, soit universel ou particulier, dans l'espérance que l'héritier, légataire ou donataire, fidèle à leurs intentions secrètes, remettra, pour s'y conformer, à la personne prohibée que le testateur ou donateur a eue en vue, les biens qui font l'objet du Fidéicommis.

III. Ces sortes de dispositions faites en fraude de la loi par personnes interposées, sont défendues par les lois romaines, et notamment par les lois 11 et 18. D. *de his quæ ut indignis auferuntur*. La première de ces lois veut que l'héritier *qui tacitam fidem contra leges accommodaverit*, ne puisse prendre la falcidie sur les biens qu'il a remis en fraude à une personne prohibée; la seconde veut qu'il soit tenu de rendre les fruits qu'il a perçus *ante litem motam.*

Ces Fidéicommis tacites sont aussi prohibés parmi nous, tant en pays coutumier qu'en pays de droit écrit.

[[Ils le sont également par l'art. 911 du Code Napoléon.

IV. Quels sont les caractères auxquels on reconnaît un Fidéicommis tacite, c'est-à-dire, une disposition simulée faite en apparence au profit de quelqu'un, mais avec l'intention secrète de faire passer le bénéfice de cette disposition à une autre personne qui n'est point nommée dans le testament ou la donation? Les lois romaines et les arrêts distinguent à cet égard quatre circonstances différentes.

1.° Quand le testament énonce vaguement un Fidéicommis, mais sans désignation, soit du nom du fidéicommissaire, soit de la chose fidéicommissée, et qu'il ne se rencontre point d'autre circonstance, il faut, pour encourir l'indignité, des preuves que l'héritier chargé de rendre, a fait quelque pacte avec le testateur ou le fidéicommissaire: autrement, le

Fidéicommis est simplement caduc et regardé comme non écrit, et le grevé ne doit pas être déclaré indigne. C'est ce que prouve la loi 3, D. *de jure fisci*. La loi 40 du même titre paraît décider le contraire; mais voyez ce qu'y opposent Bartole, Cujas, et surtout Furgole dans son *Traité des Testamens*, chap. 6, sect. 3, n. 213.

2.° Quand le Fidéicommis est spécifié dans le testament, il n'est pas besoin de preuves que l'héritier chargé de rendre a engagé sa foi au testateur ou au fidéicommissaire, pour la remise des choses fidéicommissées. Il suffit, pour faire déclarer l'héritier indigne, de prouver la charge imposée par le testateur de rendre à une personne incapable. C'est ce qu'établit clairement Furgole à l'endroit qui vient d'être cité, n. 223.

C'est aussi ce qu'ont jugé plusieurs arrêts. Il y en a un du parlement de Paris, du 2 juillet 1708, lors duquel M. l'avocat général Lenain a établi que, pour donner lieu à l'indignité, *il suffit de prouver l'intention du testateur*. Il est rapporté dans le *Journal des Audiences*.

Le même recueil nous en fournit un autre du 17 août suivant, par lequel, aux termes mêmes du sommaire qui en précède le récit, il a été jugé « qu'il suffit qu'il y ait preuve que le mari, en léguant une somme, ait eu intention que le legs fût restitué à sa femme, pour déclarer le legs nul, comme un avantage indirect entre conjoints, quoiqu'il n'y ait point de preuve de la convention du testateur avec le légataire ».

3.° Mais y a-t-il indignité, lorsqu'on ne voit, ni preuve de prière verbale de la part du testateur, ni promesse de la part de l'héritier institué, et que celui-ci soupçonne seulement qu'une personne incapable est l'objet de la libéralité?

Il faut distinguer trois cas: — Ou l'héritier institué retient et conserve les biens malgré ce soupçon: — Ou il les a restitués à celui qu'il a regardé comme appelé sous son nom par le testateur; — Ou enfin il n'en a pas encore fait la restitution, mais il a intention de la faire.

Au premier cas, point d'indignité, parce que ce n'est point sur des conjectures, mais sur des preuves ou des présomptions violentes de l'intention du testateur, qu'on doit asseoir un Fidéicommis tacite.

Dans le second cas, il en serait autrement « parce que la restitution effective (dit Furgole) se combinant avec la réflexion de l'héritier, et avec la volonté et l'objet du testateur, tout cela suffit pour caractériser un Fidéicommis tacite en fraude de la loi..... La restitution de l'hérédité, de quelque façon qu'elle soit conçue, et quelque couleur qu'on lui donne, n'est pas une libéralité de la part de l'héritier: c'est une exécution de la volonté du défunt, que l'héritier a cru avoir destiné les biens à une personne incapable, et c'est par conséquent dans la réalité un vrai Fidéicommis tacite ».

C'est la même chose dans le troisième cas. Témoins deux arrêts rendus au parlement de Paris en 1716. Voici l'espèce du premier.

La dame d'Isenghein avait institué l'abbé de Thou, son légataire universel. Sur la demande formée par celui-ci, en délivrance du legs, la première chambre des requêtes du palais a rendu, en septembre 1715, une sentence qui lui a adjugé cette demande, « en affirmant qu'il n'y avait eu entre la testatrice et lui aucune convention de rendre le legs à son mari, et qu'il n'en disposerait pas au profit de personnes prohibées ». L'abbé de Thou a appelé de cette sentence; mais le premier des arrêts cités l'a confirmée avec amende et dépens, sur les conclusions de M. l'avocat général de Lamoignon.

Charles Seuret, menuisier à Nesle, avait épousé Marguerite Desmarets. Les enfans qu'il en avait eus, étaient prédécédés, et il ne lui restait plus que des petits-fils mineurs. Avant de mourir, il fit, le 25 février 1711, un testament olographe qui, après quelques legs pieux, contenait la disposition suivante: « quant à mes biens, ayant fait pour mon fils et ma fille défunts, conjointement avec ma femme, tout ce que nous avons pu pour les marier et doter, et considérant qu'il nous reste peu de biens, je lègue à mes petits-enfans chacun cinquante livres payables par mon légataire universel ci-dessus nommé, lorsqu'ils auront atteint chacun l'âge de vingt ans, sans intérêt; et pour le surplus de mes biens, je les lègue à M.e Daniel Soucanié, chanoine de Nesle, que je nomme pour mon légataire et exécuteur de mon présent testament ». — Le sieur Soucanié ayant formé sa demande en délivrance du legs, devant le bailli de Nesle, Louise Boncours, veuve de René Seuret, fils du testateur, et tutrice de ses enfans mineurs, prétendait que le legs universel était un Fidéicommis tacite en faveur de la veuve du testateur, qui, suivant les dispositions de la coutume, ne pouvait pas être avantagée par son mari; et sur ce fondement, elle soutint qu'avant toutes choses, le sieur Soucanié devait jurer sur ce fait de Fidéicommis.

Par une première sentence du 20 août 1713, le bailli de Nesle ordonna que Louise Boncours défendrait au principal, et que cependant par provision le sieur Soucanié viendrait affirmer, à la première audience, si le prétendu legs à lui fait par Charles Seuret, était sérieux et à son profit, s'il n'y avait eu entre lui et le testateur ou sa veuve, aucun pacte, aucune convention, et si en acceptant le legs, il n'avait pas eu intention de le remettre à celle-ci. — Le sieur Soucanié refusa de jurer sur tous ces points. Il affirma bien qu'il n'avait jamais fait aucun pacte avec le testateur, ni avec sa veuve, au sujet du legs dont il était question, que même la veuve lui avait dit n'avoir aucune connaissance de ce legs; mais il ne voulut pas s'expliquer sur l'intention qu'il avait eue en acceptant la libéralité du défunt; il prétendit qu'étant maître de son bien, il pouvait en disposer en faveur de qui bon lui semblerait, et il ajouta qu'il n'avait rien de plus à dire. Par une seconde sentence du 16 novembre suivant, le bailli de Nesle ordonna que la première serait exécutée; qu'en conséquence, Soucanié viendrait affirmer à l'audience prochaine, « si lors de l'acceptation qu'il avait faite du legs universel, il n'avait pas eu intention de le remettre à la veuve du testateur ». — Le sieur Soucanié appela de ces deux sentences au bailliage de Saint-Quentin. Là, il intervint, le 19 octobre 1714, un jugement qui, ayant égard à son affirmation, ordonna la délivrance des legs, sauf à Louise Boncours à l'argüer d'inofficiosité. — Louise Boncours appela à son tour de ce jugement. Elle disait que dans les causes de Fidéicommis tacite, le serment était indispensable; que les juges pouvaient l'étendre autant qu'ils le jugeaient à propos, pour découvrir les circonstances capables de bien caractériser les fraudes faites à la loi; que, dès que cette extension n'allait pas jusqu'à gêner la liberté du légataire pour l'avenir, on ne pouvait pas s'en plaindre; que le sieur Soucanié ne refusait de prêter le serment prescrit par la première sentence du bailli de Nesle, que parce qu'il avait pénétré les vues et l'objet du testateur, de gratifier indirectement sa femme, et parce qu'il avait le dessein de s'y conformer, ce qui établissait vraiment un Fidéicommis tacite; que le pacte n'est pas le seul moyen capable de caractériser ce Fidéicommis, et qu'il suffit que la volonté présumée du testateur connue par le légataire, se combine avec le dessein formé par celui-ci de l'exécuter; que les moindres soupçons suffisent pour rendre le serment nécessaire; que, dans l'espèce, il y avait de fortes circonstances qui faisaient présumer le Fidéicommis tacite; que le langage du testateur, dans son propre testament, faisait assez connaître que sa veuve était le seul objet de sa libéralité; que la différence d'état et de fortune qui se trouvait entre lui et le légataire, le refus même de Soucanié, de jurer sur l'intention qu'il avait eue en acceptant le legs, de le rendre à la veuve du testateur, personne incapable, tout cela prouvait suffisamment qu'il était, en quelque sorte, impossible que le legs dont il s'agissait ne fût pas un Fidéicommis tacite. — M. l'avocat général Joly de Fleury, qui portait la parole dans cette affaire, a adopté tous les moyens de l'appelante; il les a confirmés par l'autorité de l'arrêt qui venait d'être rendu contre l'abbé de Thou; et il a ajouté, d'après cet arrêt, que son ministère et la protection qu'il devait aux mineurs, l'obligeaient de requérir que le serment à prêter par le légataire, fût étendu au-delà de ce qu'avait prescrit le bailli de Nesle lui-même. En conséquence, arrêt du 11 février 1716, qui prononce en ces termes: — « La cour, sans avoir égard à la requête de la partie Beaubois (Louise Boncours), afin de faire preuve que la veuve est en possession de tous les effets de la succession dont est question, en tant que touche l'appel interjeté des sentences du bailliage de Saint-Quentin, a mis et met l'appellation, et ce dont a été appelé, au néant; émendant, ordonne que les sentences du bailli de Nesle seront exécutées. Et faisant droit sur les conclusions du procureur général, ordonne que la partie de Le Normand (Soucanié) aura délivrance du legs universel porté par le testament olographe de défunt Charles Seuret, en affirmant néanmoins par la partie de Le Normand en personne, à l'audience, devant le bailli de Nesle, que, lorsqu'elle a accepté le legs universel dont il est question, elle l'a accepté pour elle et n'avait pas l'intention de le restituer à ladite veuve en tout ou en partie, laquelle affirmation la partie de Le Normand sera tenue de faire dans huitaine du jour de la signification qui sera faite du présent arrêt, sinon et à faute de ce faire dans ledit temps, et icelui passé, en vertu du présent arrêt et sans qu'il en soit besoin d'autre, la partie de Le Normand demeurera déchue du legs universel dont est question, tous dépens entre les parties compensés ».

4.° Lorsqu'il ne se rencontre aucune des circonstances dont on a parlé jusqu'à présent, c'est-à-dire, lorsqu'il n'y a ni expression de Fidéicommis dans le testament, ni convention faite entre le testateur et l'héritier institué, ni preuve de l'intention du premier de charger celui-ci de rendre à une personne incapable, ni certitude que l'héritier institué ait deviné cette intention, et l'ait mise ou se propose de la mettre à exécution, dans ce cas, on ne doit pas présumer la fraude, quelque vraisemblable qu'elle paraisse, et il faut que le juge ferme les yeux à toute conjecture purement humaine, pour s'en tenir aux simples décisions de la loi.

C'est ce qu'a fait le parlement de Toulouse dans une instance jugée en la première chambre des enquêtes de cette cour, le 8 août 1738. Voici les faits qui y avaient donné lieu.

M. de Sabran, conseiller à la cour des aides de Montpellier, avait entretenu pendant long-temps une demoiselle Robin, de laquelle il avait eu plusieurs enfans naturels. Le 11 janvier 1736, il fit un testament par lequel, après leur avoir légué chacun 4,000 liv., et laissé une pareille somme au sieur de Sabran, capitaine d'infanterie, son frère, il institua pour héritier universel François Perrier, banquier à Montpellier, homme riche, avec lequel il n'avait aucune liaison de parenté ni d'amitié, et de qui on prétendait même qu'il n'avait jamais été connu. — Le 18 du même mois, décès du testateur. Le 21 mars suivant, commencement de l'inventaire. Le 23 mai de la même année, clôture de cet acte, et preuve juridique que jusqu'alors la demoiselle Robin avait tenu les clefs de la maison, les papiers et les effets de la succession. — Les choses en cet état, le sieur de Sabran, capitaine, se pourvoit devant le sénéchal de Montpellier en cassation du testament de son frère; il soutient que le sieur Perrier, héritier institué, ne fait que prêter son nom à la demoiselle Robin et à ses enfans illégitimes, et subsidiairement il demande d'être reçu à la preuve de plusieurs circonstances articulées (ou, comme on parle à Toulouse, *coartées*) par sa requête. — Le sieur Perrier fait face à ces poursuites. Interrogé sur faits et articles, il convient que jamais il n'a été lié avec le testateur, et qu'il lui a toujours été absolument étranger: du reste, il ne répond que d'une manière obscure et ambiguë. — Nonobstant ces indices, et la preuve par écrit que les clefs, les papiers et les effets de l'hérédité étaient demeurés en la possession de la demoiselle Robin, depuis le 11 janvier jusqu'au 23 mai 1736, sans réclamation de la part du sieur Perrier, le sénéchal rend une sentence qui permet seulement la preuve de certains faits. — Le sieur de Sabran appelle de cette sentence au parlement de Toulouse. Le procès rapporté à la grand'chambre par M. de La Viguerie, partage entre l'opinion de ce magistrat qui tendait à admettre la preuve de tous les faits articulés par le sieur de Sabran, et celle de M. de Bonnemain, qui, trouvant la fraude suffisamment prouvée, voulait adjuger actuellement l'hérédité au frère du testateur. — Le partage porté à la première chambre des enquêtes, l'avis du rapporteur a prévalu, et il a été ordonné « qu'avant dire droit, demeurant les aveux et actes du procès, le sieur de Sabran ferait la preuve des faits par lui coartés, pour, cette preuve faite en tout ou en partie, être ordonné ce qu'il appartiendrait; libre au sieur de Sabran de coarter de nouveaux faits par requête ».

Les motifs de cette décision ont été, 1.° que, par la loi 11, C. *de heredibus instituendis*, la qualité d'étranger et même d'inconnu au testateur, *extraneum et penitùs ignotum*, n'empêche pas l'institution d'héritier; et que, par conséquent, aux termes de la loi 25, D. *de his qui ut indignis auferuntur*, elle ne suffit pas pour prouver un Fidéicommis tacite; 2.° que le sieur Perrier offrant d'affirmer qu'il entendait recueillir la succession pour son propre compte et la conserver, on ne pouvait regarder la conduite de la demoiselle Robin, depuis le 18 janvier jusqu'au 21 mai 1756, que comme une voie de fait, incapable par elle-même de priver de son droit un héritier légitimement institué.

Mais, en décidant que ces circonstances ne formaient pas une preuve suffisante, l'arrêt a préjugé, par la réserve qu'il a faite expressément des *aveux et actes du procès*, qu'il en résultait des présomptions considérables; et en ajoutant ces mots, « pour, ladite preuve faite *en tout ou en partie*, être ordonné ce qu'il appartiendra », il a annoncé clairement que le sieur de Sabran n'avait pas besoin de prouver tous ces faits; mais qu'il lui suffisait d'en vérifier quelques-uns, qui, se combinant avec les présomptions déjà établies, fussent capables de produire une preuve légale.]]

Au surplus, il est de règle, [[et l'arrêt dont nous venons de parler, décide]] que, lorsque les héritiers attaquent une disposition comme contenant un Fidéicommis tacite, on peut, s'il y a un commencement de preuve par écrit, ou quelque fraude, admettre la preuve testimoniale. (M. Guyot.)*

V. Voici une espèce où il s'agissait d'un Fidéicommis tacite fort extraordinaire.

« Le 15 septembre 1761, Jacques Monier, né protestant, fit, peu de temps avant sa mort, son testament mystique, par lequel il institua Jacques Périé, son légataire universel. Celui-ci a recueilli, à ce titre, l'hérédité de Jacques Monier. Il mourut en 1779, après avoir institué, par son testament, sa nièce (la dame Auriol), sa légataire universelle, à la charge de l'usufruit en faveur de son frère, François Périé, qui a joui de cet usufruit jusqu'au mois de messidor an 6, qu'il est venu lui-même à décéder. — Au mois de nivôse an 11, les consistoires des églises de Montpellier et de Saint-Hippolyte; prétendant que Jacques Monier, en instituant Jacques Périé son légataire universel, l'avait chargé, à titre de Fidéicommis, d'une somme de 38,800 fr. pour servir à la construction de deux temples, l'un à Montpellier, l'autre à Saint-Hippolyte, lorsque les protestans auraient recouvré le libre exercice de leur culte, firent citer la veuve Auriol devant le juge de paix de la deuxième section de Montpellier, pour lui faire ordonner de leur remettre cette somme. — Les parties ne s'étant point conciliées, les deux consistoires firent assigner la veuve Auriol devant le tribunal de première instance de Montpellier, aux fins de leur citation devant le juge de paix. — Par une requête du 20 nivose an 13, ils demandèrent subsidiairement d'être admis à prouver par témoins et par acte, 1.° que la maison et le jardin appelés *le Cimetière des protestans*, avaient toujours eu une destination religieuse; 2.° que les biens légués au sieur Jacques Périé, n'avaient jamais été confondus avec les biens de la société *universelle* qui avait existé entre lui et son frère, ce qui était prouvé par les registres sociaux; 3.° que, pendant toute sa vie, le sieur Jacques Périé, et après sa mort, le sieur François, son frère, et même depuis, la dame Auriol elle-même, avaient annuellement distribué aux pauvres de Montpellier, et fait passer au sieur La Salle, ministre protestant de Saint-Hippolyte, une somme égale à celle représentative des intérêts du produit des biens du sieur Monier; ce qui était attesté par une déclaration notariée du sieur La Salle, décédé; 4.° que, par son testament du 11 décembre 1779, le sieur Jacques Périé, après l'institution de ses légataires, avait nommé les sieurs Colombier et Rampon, *pour veiller à l'exécution de ses volontés particulières*, dont il dit *leur avoir été donné connaissance*. — Les enfans de la dame Auriol (qui était décédée depuis l'instance), opposèrent plusieurs exceptions à ces demandes, notamment que leur mère avait nié l'existence du prétendu dépôt ou Fidéicommis tacite, et que la preuve que les consistoires offraient d'en rapporter, n'était point recevable; et cela fut ainsi jugé par la sentence du tribunal de première instance de Montpellier. — Mais, sur l'appel qui en fut interjeté par les consistoires, arrêt intervint, le 27 mai 1807, qui l'infirma, et ordonna aux héritiers de la dame Auriol de rendre compte aux consistoires de la succession de Jacques Monier. — Ce premier arrêt ayant été rendu par défaut, contre l'une des héritières de la dame Auriol, elle y forma opposition; mais, par un second arrêt, rendu le 19 août 1807, l'exécution du premier fut ordonnée. — Ces arrêts avaient été déterminés d'après des présomptions de l'existence du Fidéicommis tacite. — Sur le pourvoi que les héritiers Auriol exercèrent contre ces arrêts, ils ont été cassés comme ayant contrevenu aux ordonnances des testamens et des substitutions des mois d'août 1735 et 1747, qui déclarent nulles toutes dispositions de dernière volonté non rédigées par écrit, et défendent d'induire une substitution de présomptions et de conjectures, quelles qu'elles puissent être. — L'arrêt (qui a été rendu le 13 août 1810), est ainsi motivé:

» Oui le rapport de M. Liborel...., et les conclusions de M. Daniels, avocat général; vu les art. 1.er, 2 et 3 de l'ordonnance des testamens du mois d'août 1735, et celle des substitutions du mois d'août 1747, du tit. 1, ch. 2, art. 19; considérant que le prétendu

Fidéicommis tacite dont il s'agit, n'a point été rédigé par écrit, et qu'il s'ensuit qu'en en ordonnant l'exécution, les arrêts dénoncés ont contrevenu aux articles ci-dessus transcrits desdites ordonnances de 1735 et 1747; déterminée par ce motif, la cour casse et annulle lesdits arrêts et tout ce qui a suivi.... ». (*Bulletin civil de la cour de cassation*).]]

FIDÉJUSSEUR. *V. Caution.*

[[FIDUCIAIRE (*Héritier.*) Les lois romaines appellent ainsi l'héritier institué à la charge de rendre la succession à une personne désignée par le testament.

I. Pris dans ce sens général, l'héritier Fiduciaire est la même chose que l'héritier grevé, et par conséquent l'opposé de l'héritier fidéicommissaire, c'est-à-dire, de celui auquel la succession doit être rendue.

Mais, dans l'usage, les mots *héritier Fiduciaire* ont une acception plus resserrée : ils désignent la personne que le testateur a chargée, en l'instituant héritière pour la forme, d'administrer la succession et de la tenir en dépôt jusqu'au moment où elle doit la remettre au véritable héritier.

Pris dans ce sens, l'héritier Fiduciaire n'est héritier que de nom; il n'est pas saisi de la succession; ce n'est pas sur sa tête que repose la propriété des biens du défunt; il n'en est que l'administrateur.

Ecoutons là-dessus Papinien dans la loi 3, §. 3, D. *de usuris.* Pollidius avait été institué héritier par sa parente, à la charge de rendre à la fille de la tutrice, lorsquelle serait parvenue à un certain âge, tout ce qu'il aurait recueilli de ses biens. La testatrice avait déclaré disposer de cette manière, afin de confier la fortune de sa fille à l'intérêt qu'y prendrait son parent, plutôt qu'à des tuteurs; et elle avait ordonné que, sur sa succession, Pollidius retiendrait un fonds qu'elle avait désigné. La question s'est élevée de savoir si Pollidius devait comprendre dans la remise qu'il devait faire de l'hérédité à la fille de la testatrice, les fruits qu'il avait perçus de bonne foi; et, sur mon avis, les préfets du prétoire ont décidé qu'il devait rendre ces fruits: soit parce que la testatrice ne lui avait légué qu'un fonds, soit parce qu'elle avait préféré le remède d'un fidéicommis aux dangers d'une tutelle. *Cùm Pollidius à propinquà suâ heres institutus rogatus fuisset filiæ mulieris*, quidquid ex bonis ejus ad se pervenisset, cùm certam ætatem complesset, restituere : *idque sibi mater ideò placuisse testamento comprehendisset*, ne filiæ tutoribus, sed potiùs necessitudini res committerentur : *eumdemque Pollidium fundum retinere jussisset, præfectis prætorii suasi fructus qui bonâ fide à Pollidio ex bonis defunctæ percepti essent, restitui debere : sive quòd fundum ei tantùm prælegaverat, sive quòd lubrico tutelæ fideicommissi remedium mater prætulerat.*

La loi 46, D. *ad senatus-consultum Trebellianum*, décide, d'après les mêmes principes, une question qui semble présenter des difficultés plus sérieuses. Seïus Saturnius avait institué Valère Maxime son héritier Fiduciaire, et il l'avait chargé de rendre son hérédité à son fils Seïus Océanus, lorsqu'il serait parvenu à l'âge de seize ans. Seïus Océanus est mort avant sa seizième année. Alors s'est présenté Mallius Sénèque, oncle de cet enfant; qui a réclamé les biens comme son plus proche parent. Valère Maxime a prétendu, au contraire, que ces biens lui étaient irrévocablement acquis par le prédécès de l'enfant à qui il devait les restituer. Consulté sur ce différend, Scévola a répondu que si le testateur, en prorogeant jusqu'à la seizième année de son fils, la remise de l'hérédité, n'avait eu l'intention que de confier la tutelle de son fils à un héritier Fiduciaire, et non pas de créer un fidéicommis à rendre dans un temps qui pouvait ne pas arriver, il n'y avait nul doute que la réclamation de l'héritier *ab intestat* de Seïus Océanus ne dût être accueillie. *Seius Saturninus Archicubernus ex classe Britannicâ testamento Fiduciarium reliquit heredem Valerium Maximum, trierarchum, à quo petit*, ut filio suo Seïo Oceano, cùm ad annos sexdecim pervenisset, hereditatem restitueret : *Seius Oceanus antequàm impleret annos, defunctus est : nunc Mallius Seneca, qui se avunculum Seïi Oceani dicit, proximitatis nomine hæc bona petit; maximus autem trierarchus sibi ea vindicat, ideò quia defunctus est is cui restituere jussus erat. Quæro ergo, utrùm hæc bona ad Valerium Maximum trierarchum heredem Fiduciarium pertineant, an ad Mallium Senecam, qui se pueri defuncti avunculum dicit? Respondi, si Seius Oceanus, cui fideicommissa hereditas ex testamento Seii Saturnini, cùm annos sexdecim haberet, à Valerio Maximo Fiduciario herede restitui debebat, priusquàm præfinitum tempus ætatis impleret, decessit : Fiduciaria hereditas ad eum pertinet, ad quem cætera bona Oceani pertinuerint, quoniam dies fideicommissi vivo Oceano cessit : scilicet si prorogando tempus solutionis, tutelam magis heredi Fiduciario permisisse, quàm incertum diem fideicommissi constituisse videatur.*

La loi 78, §. 12 du même titre, pose une autre espèce, qui rentre dans celle de la loi 3, §. 3, D. *de Usuris.* Un testateur, après avoir chargé ses héritier de rendre à Gaïus Mévius, son élève, lorsqu'il aurait atteint l'âge de quinze ans, tout ce qui leur serait obvenu du tiers de sa succession, avait ordonné qu'en attendant, ils emploieraient à le nourrir les intérêts de tout l'argent qu'ils pourraient tirer de son modique patrimoine, et qu'ils lui abandonneraient dès à présent deux esclaves; qui, par leur travail contribueraient à améliorer les moyens d'existence de cet enfant. Les héritiers n'ayant pas employé à la nourriture de Gaïus Mévius la totalité des intérêts qu'ils avaient tirés des deniers héréditaires, et ayant vendu les deux esclaves, il fut question de savoir si, au temps fixé par le testateur, ils devaient rendre à Gaïus Mévius et le surplus des intérêts, et la valeur des salaires que les deux esclaves auraient gagnés s'ils n'avaient pas été vendus. Consulté sur cette question, Scévola la résolut affirmativement. *Heredum fidei commisit, ut quidquid ex parte tertiâ hereditatis pervenerit ad eos, id redderent, Gaïo Mævio alumno testatoris, cùm fuerit annis quindecim, et subjunxit hæc verba* : interim ex refectu paupertatis qui ad vos pervenerit, alatis cum usuris pro quantitate nummorum redactis : hoc ampliùs eidem alumno meo hominem caletanum et vernam sutorem, qui eum artificio suo mercede datâ alere poterit. *Quæsitum est, cùm alimenta multò minora præstiterint heredes scripti, quàm usuræ summæ redactæ competebant, an et residuas præstare compelli debeant totius temporis, an ex die quo quintum decimum explesset? Et cùm servi legati ei specialiter, ut ex mercedibus aleretur, statim venierint : utrùm mercedes an usuras petere debeat? Respondit secundùm ea quæ proponerentur, testatorem videri de omni reditu et mercede servorum restituendâ sensisse.*

La loi 43, §. 3, D. *de Legatis* 2.°, parle d'une espèce de fiducie qui ne porte que sur un objet déterminé. Lorsque l'héritier, dit-elle, est chargé de rendre certaines choses à un terme fixe, comme après dix ans, il faut bien distinguer le cas où le testateur n'a différé la remise de ces choses qu'en faveur de l'héritier, du cas où il l'a différée pour l'avantage du légataire; comme si, en faisant un legs à un impubère, il en avait différé le payement jusquà sa puberté. Au premier cas, l'héritier fait siens tous les fruits qui proviennent des choses fidéicommissées, jusqu'à l'epoque fixée pour la remise, à moins que le testateur n'en ait disposé autrement en termes exprès; mais au second cas, les fruits appartiennent au légataire dès le jour de l'ouverture de la succession. *Pegasus solitus fuerat distinguere, si in diem fideicommissum relictum sit, veluti post annos decem : interesse, cujus causâ tempus dilatum sit, utrùmne heredis, quo casu heredem fructum retinere debere, an legatarii, veluti si in tempus pubertatis ei qui impubes sit, fideicommissum relictum sit, tunc enim fructus præstandos et antecedentis temporis : et hæc ita intelligenda sunt si non nominatim adjectum est, ut cum incremento heres fideicommissum præstet.*

Enfin, la loi 21, §. 2, D. *de annuis legatis*, décide qu'une femme ayant été instituée héritière par son mari, à la charge de prendre en recommandation spéciale les infirmités du fils que le testateur avait eu de son premier mariage, de lui payer une pension annuelle jusqu'à ce qu'il eût atteint l'âge de vingt-cinq ans, et de lui rendre, à cette époque, la moitié de l'hérédité; cette femme doit, à la majorité de celui-ci, restituer tous les fruits que lui a procurés la moitié des biens depuis la mort du défunt. *Filium ex dodrante, uxorem ex quadrante instituit heredes : et filii fidei commisit, ut novercæ restitueret hereditatem : ab eâ autem petit*, ut infirmitatem filii commendatam haberet : eique menstruos aureos denos præstaret, donec ad vigesimum quintum annum ætatis pervenerit : cùm autem implesset eam ætatem, partem dimidiam hereditatis ei restitueret : *filius deductâ dodrantis parte quartâ ex quâ institutus erat, novercæ hereditatem restituit : et postea implevit vigesimum quartum annum ætatis. Quæsitum est, cùm noverca universæ hereditatis haberet dodrantem, semunciam et sicilicum, an ejus partem dimidiam privigno suo restitueret? Respondi, secundùm ea quæ proponerentur, tantum restituendum, quantum cum eo quod falcidiæ nomine filius deduxisset, semissem faceret. Idem quæsiit, an, quòd infirmitati filii pater consulere voluerit, fructus quoque medii temporis noverca ei restituere deberet? Respondit secundùm ea quæ proponerentur, debere.*

II. Tels sont, si je ne me trompe, tous les textes du droit romain où il est question des héritiers Fiduciaires. Quelles conséquences devons-nous en tirer?

Il en résulte évidemment que l'héritier Fiduciaire ne fait pas siens les fruits de l'hérédité, et qu'il doit les rendre avec l'hérédité même à l'époque réglée par le testament. C'est effectivement ce qui s'est toujours observé dans le ressort du parlement de Bordeaux, ainsi que l'atteste un acte de notoriété délivré le 20 juillet 1783, par l'ordre des avocats de cette cour (*Salviat*, page 287).

L'héritier Fiduciaire n'est cependant pas tout-à-fait assimilé au tuteur. Suivant le droit romain, le tuteur ne pouvait pas exiger les capitaux dus à son pupille sans y avoir été autorisé par un décret de justice; l'héritier Fiduciaire en a toujours eu le pouvoir. La Peyrière, lettre H, n.° 20, en rapporte deux arrêts du parlement de Bordeaux, des 21 janvier 1657 et 21 février 1658.

L'héritier Fiduciaire n'est pas non plus, et c'est ce qu'observe Salviat à l'endroit cité, « responsable, comme le tuteur, des intérêts des intérêts, ni de ce qu'il a mal géré et administré. En un mot, quoiqu'il doive compte, il s'en faut beaucoup qu'il soit traité aussi rigoureusement que les simples tuteurs ».

De ce que l'héritier Fiduciaire n'est pas saisi de la propriété des biens de la succession, il suit encore que la fiducie n'est pas éteinte par le prédécès de la personne à qui il est chargé de rendre; et que, dans ce cas, l'effet s'en transmet de plein droit à l'héritier de cette personne. On a déjà vu que telle est la décision expresse de la loi 46, D. *ad senatus-consultum Trebellianum.*

Une autre conséquence du même principe est que la loi du 14 novembre 1792, tout en abolissant les substitutions fidéicommissaires, n'a porté aucune atteinte aux simples fiducies; et qu'aujourd'hui encore les fiducies peuvent avoir lieu, quoique l'art. 896 du Code Napoléon, en prohibant de nouveau les substitutions, déclare nulle « toute disposition par laquelle le donataire, l'héritier institué ou le légataire, sera chargé de conserver et de rendre a un tiers ».

III. Mais à quels signes peut-on distinguer une fiducie d'avec une institution grevée de substitution fidéicommissaire?

Henrys, liv. 3, quest. 22, dit que, « comme l'institution Fiduciaire est toute conjecturale, et qu'elle dépend des termes du testament, c'est aussi de la prudence des juges à juger quelle a été l'intention du testateur, et s'il a plutôt voulu instituer la mère pour les enfans et à leur considération, que pour elle-même ».

Cette règle, quelque vague qu'elle soit, est beaucoup plus sûre que toutes celles que les autres auteurs cherchent à nous donner sur cette matière.

S'il en faut croire Cancérius, *Divers. résol.*, part.

1, chap. 1, quatre conditions sont requises pour qu'une institution soit réputée Fiduciaire : 1.° que celui auquel l'hérédité doit être rendue, soit enfant du testateur; 2.° que cet enfant soit en bas âge et tel que le père ou la mère ait voulu le confier plutôt aux soins d'un ami qu'à ceux d'un tuteur ; 3.° que cet ami soit un parent du testateur; 4.° qu'il soit chargé de rendre l'hérédité entière.

Mais de ces quatre conditions, il y en a deux que les lois romaines elles-mêmes décident expressément n'être pas nécessaires pour former une fiducie. — 1.° La loi 78, §. 12, D. *ad senatus-consultum Trebellianum*, nous présente une institution Fiduciaire dans laquelle celui à qui l'hérédité doit être rendue, n'est pas fils du testateur, mais simplement son élève. — 2.° Dans l'espèce dont s'occupe la loi 46 du même titre, l'héritier institué fiduciairement, n'a, avec le testateur, aucune relation de parenté. — Aussi trouvons-nous dans Salviat, pag. 289, un arrêt du parlement de Bordeaux de 1737, qui « a déclaré Fiduciaire une institution faite en faveur d'un ami. En effet (dit cet auteur), le but de la fiducie, qui est de préférer les soins et l'attachement d'un ami aux dangers d'une tutelle, *ludibrio tutelæ*, est rempli. Il arrive tous les jours qu'on a plus de confiance en un ami qu'en un parent ».

Et Salviat lui-même ne s'est-il pas trompé lorsqu'il a dit, pag. 288 : « il y a deux marques essentielles auxquelles, non-seulement on reconnaît la fiducie, mais même sans lesquelles elle ne peut exister ; la première, qu'elle soit faite par le père, la mère ou autre ascendant, dont les enfans n'ont pas encore atteint la puberté ; la seconde, que l'héritier institué soit chargé de remettre à un ou plusieurs de ces enfans, dans un délai fixe et déterminé, qui n'aille pas plus loin que la majorité » ? Ne s'est-il pas trompé, lorsqu'il a ajouté : « quand ces deux circonstances se rencontrent, nul doute qu'il n'y ait une véritable fiducie établie pour le bien seul de l'enfant; comme aussi quand elles ne sont pas réunies, il y a un fidéicommis établi pour le bien seul de l'héritier.

D'une part, on vient de voir qu'une loi romaine admet la fiducie dans le cas d'une institution faite par un étranger. — D'un autre côté, dans l'espèce sur laquelle roule la loi 46, D. *ad senatus-consultum Trebellianum*, il y a bien institution faite par un père avec charge de rendre à son fils, lorsqu'il aura atteint l'âge de seize ans : *ut filio suo Seio Oceano, cum ad annos sexdecim pervenisset, hereditatem restitueret;* cependant, la loi ne décide pas pour cela qu'il y a fiducie, elle fait dépendre la question de la seule volonté que le testateur a pu d'ailleurs manifester, du seul point de savoir s'il a entendu confier une tutelle à l'héritier honoré de son institution, ou s'il n'a voulu que le grever d'un fidéicommis qui pourrait ne pas s'ouvrir : *Scilicet si prorogando tempus solutionis, tutelam magis heredi Fiduciario permisisse, quàm incertum diem fideicommissi constituisse.*

Doit-on, avec quelques autres jurisconsultes, regarder nécessairement comme Fiduciaire, l'institution dans laquelle l'institué chargé de rendre, est autorisé par le testateur à retenir un fonds déterminé de la succession ? Je ne le pense pas.

A la vérité, dans la loi 3, §. 3, D. *de usuris*, il est dit que la mère était censée n'avoir voulu faire qu'une fiducie en faveur de son parent, par cela seul *quòd fundum ei tantùm prælegaverat ;* mais aussi elle avait chargé son parent de rendre à sa fille *quidquid ex bonis ejus ad se pervenisset,* ce qui excluait tout gain des fruits à percevoir avant la restitution.

Il faut donc revenir à la règle établie par Henrys : ou plutôt par la loi 46, D. *ad senatus-consultum Trebellianum*, et par la loi 43, §. 3, *de legatis* 2.° qu'il n'y a fiducie que dans le cas où il paraît par les termes du testament, que l'institution a eu pour objet unique l'avantage de ceux à qui l'institué est chargé de rendre; mais que, dans ce cas, il y a toujours fiducie, quels que soient d'ailleurs l'instituant, l'institué et les appelés.

Mais y aurait-il fiducie, si l'institué avait le pouvoir d'élire entre les appelés? Non. Dejuin, dans le *Journal du palais de Toulouse*, tom. 1, §, 108, rapporte un arrêt du 18 avril 1737, par lequel il a été jugé « qu'une institution n'était pas Fiduciaire, parce que la mère et un frère du testateur qui étaient institués, étaient chargés de rendre à deux enfans du testateur, tels qu'ils voudraient choisir. Ce droit d'élection (dit-il), a fait conclure que c'était un fidéicommis et non une fiducie, parce que ce droit d'élire faisait que l'hérédité était véritablement sur la tête des héritiers nommés, et que les enfans n'étaient que substitués ». — L'art. 19 de la loi du 9 fructidor an 2 confirme expressément cette décision.

Il n'y aurait pas non plus fiducie, si le délai pour la remise était porté jusqu'à la mort de l'institué. Maynard, liv. 5, ch. 85, rapporte un arrêt du parlement de Toulouse, qui le juge ainsi; et dans le fait, les lois romaines que nous avons transcrites ci-dessus, supposent toutes que la remise doit être faite avant que l'appelé ait atteint ou sa quinzième, ou sa seizième, ou sa vingt-cinquième année, ou du moins un âge déterminé, *certam ætatem.*

A plus forte raison, n'y aurait-il pas fiducie, si le testateur avait conféré à l'institué non-seulement le droit d'élire entre les appelés, mais encore la détermination du temps où il devait remettre la succession à celui d'entre les appelés qu'il aurait élu. Un arrêt de la cour de cassation, du 18 frimaire an 5, a rejeté la demande de Jean Viguier en cassation d'un jugement du tribunal civil du département du Lot, qui l'avait ainsi décidé; et il l'a rejetée, « attendu que, par son testament du 24 juin 1779, Jean Viguier, père commun des parties, institua Françoise Burgalière, son épouse, son héritière universelle et générale, à la charge par elle de rendre son hérédité quand bon lui semblera, à tel de ses fils ou filles qu'elle jugera à propos, et sans aucune reddition de comptes, de quoi il la décharge par exprès; qu'une telle clause renferme tous les caractères d'une vraie substitution fidéicommissaire avec pouvoir d'élire, et non pas seulement une simple faculté d'élire ou fiducie, puisque F. Burgalière se trouve instituée directement, qu'elle n'est point tenue de rendre l'hérédité à une époque déterminée, et que les enfans éligibles ne sont point institués directement ».

IV. Il nous reste une question à résoudre : c'est de savoir si l'héritier véritablement Fiduciaire doit, *de son chef*, un droit d'enregistrement pour la mutation opérée par la mort de l'instituant ?

Nous disons, *de son chef :* car il n'est pas douteux qu'il ne doive ce droit comme détenteur de la succession. Mais en payant ce droit comme détenteur de la succession, en acquitte-t-il ceux à qui il doit rendre par la suite? Doit-on en conséquence liquider ce droit, d'après les relations de parenté qui existent entre les appelés et l'instituant? ou bien faut-il liquider ce droit, comme s'il était dû par l'héritier Fiduciaire personnellement? Et les appelés devront-ils un nouveau droit, lorsque la succession leur sera remise? Voilà à quoi se réduit la question.

Et elle nous paraît trouver sa solution dans le principe déjà exposé au commencement de cet article, et confirmé par Dejuin à l'endroit cité au n.° précédent, « qu'un héritier Fiduciaire suppose un héritier qui n'a que le seul nom d'héritier; et qui, dans le fond, n'est qu'un simple gardien de l'hérédité, laquelle ne réside pas sur sa tête, mais au contraire sur la tête de ceux ou de celui à qui elle doit être remise ».

De là, en effet, il suit évidemment que l'héritier Fiduciaire ne doit, de son chef, aucun droit d'enregistrement; et ce qui lève à cet égard toute espèce de difficulté, c'est que sous le régime féodal, il ne devait aucun des droits seigneuriaux auxquels l'ouverture des successions donnait lieu. On trouve dans Henrys, liv. 3, quest. 22, un arrêt du parlement de Paris du 14 août 1634, qui l'a ainsi jugé, en confirmant une sentence de la sénéchaussée de Lyon du 25 juin 1632.

V. Substitution fidéicommissaire.]]

*FIEF. Dumoulin définit le Fief, *benevola, libera et perpetua concessio rei immobilis, vel æquipollentis, cum translatione utilis dominii, proprietate retentâ, sub fidelitate et exhibitione servitiorum ;*

[C'est-à-dire, la concession gratuite, libre et perpétuelle d'une chose immobilière ou réputée telle, avec translation du domaine utile, en retenant la propriété directe, à charge de fidélité et de services.

Hervé, dans sa *Théorie des matières féodales et censuelles*, le définit autrement. C'est, dit-il « une concession faite à la charge d'une reconnaissance toujours subsistante qui doit se manifester de la manière convenue ».

Ces deux définitions, que l'on examinera ci-après sect. 2, §. 1, ne tombent, comme l'on voit, que sur le contrat passé entre le seigneur et le vassal, et qu'on appelle en Bretagne *Féage*, partout ailleurs *Bail à Fief* ou *Inféodation*.

Mais la dénomination de *Fief* est encore employée pour désigner l'héritage dont la partie concédée a été démembrée, et auquel la supériorité féodale est attachée. Cet héritage resté entre les mains du seigneur, s'appelle *Fief dominant*. Il est souvent désigné aussi par le mot *Table*.

Enfin, la dénomination de *Fief* s'applique encore à la partie démembrée et possédée par le vassal. Comme c'est cette partie qui doit toutes les prestations féodales, c'est-à-dire, les redevances, les devoirs et les charges quelconques, on lui a donné le nom de *Fief servant*. Le mot *Fief* est donc commun au vassal et au seigneur, à celui-ci dans un sens actif; et à l'autre, dans un sens passif.]

De toutes les parties de la jurisprudence, celle-ci est la plus étendue et la plus obscure. Nés au milieu de l'anarchie, les droits féodaux ont déjà éprouvé une infinité de révolutions, et peut-être en éprouveront-ils encore. Pour entendre cette matière, il faut remonter à travers les siècles les plus ténébreux de notre monarchie, consulter les historiens, étudier nos publicistes, recueillir mille faits épars dans nos capitulaires, dans nos coutumes, dans nos chartes aujourd'hui plus ignorées que jamais; il faut suivre pas à pas la marche irrégulière de notre gouvernement depuis son berceau jusqu'au quinzième siècle, époque où l'on a commencé à rédiger les coutumes et à donner une sanction plus solennelle à des droits usurpés, à des usages barbares, à des conventions passées entre la force et la faiblesse; conventions remplies d'équivoques, et toutes différentes les unes des autres. Un grand nombre d'écrivains ont entrepris de porter la lumière dans ce chaos, et malheureusement aucun d'eux n'a les mêmes opinions, chacun a bâti son système sur des faits et des raisonnemens qui ont été combattus par des faits et par des raisonnemens capables de décourager ceux qui veulent approfondir la législation et la jurisprudence féodale.

Les bornes d'un simple article ne nous permettent point d'entrer dans l'analyse des différens ouvrages publiés sur cette matière; nous nous contenterons d'exposer fidèlement dans une première section, les idées du président de Montesquieu et de l'abbé de Mably, les deux hommes qui ont écrit les derniers sur ce point, et qui jouissent de la considération la plus distinguée.

Après avoir développé leurs principes sur l'origine et les révolutions des Fiefs, nous rendrons compte de l'état actuel de ces sortes de propriétés, c'est-à-dire, des lois et des maximes qui les régissent. — [[Ce sera l'objet de la seconde section, dans laquelle nous parlerons aussi de l'abolition du régime féodal, prononcée le 4 août 1789, et des effets qui en ont successivement résulté.]]

SECTION I. *De l'origine des Fiefs.*

§. I. *Système du président de Montesquieu.*

Lorsque les barbares de la Germanie commencèrent leurs invasions dans les Gaules, ils s'emparaient de l'or, des meubles, des enfans, des femmes et des hommes dont l'armée pouvait se charger : on rassemblait tout ce butin, et il se partageait entre les soldats et leurs chefs. Un grand nombre de monumens historiques prouvent qu'après les premiers ravages, ces barbares reçurent à composition les Gaulois vaincus, et leur laissèrent leurs droits civils et politiques; *mais ce que la conquête ne fit point, le droit des gens qui subsista après la conquête, le fit.* La résistance, la révolte, la prise des villes emportaient avec elles la servitude des habitans; une infinité de terres que des hommes libres faisaient valoir, se changèrent en main-mortables. Quand un pays se trouva privé des hommes libres qui l'habitaient, ceux qui avaient beaucoup de serfs, prirent ou se firent céder de grands territoires, et y bâtirent des villages. Ajoutons que la plupart des propriétaires donnèrent au clergé leurs terres, afin de les tenir de lui à cens, croyant participer à la sainteté de l'Eglise par cette espèce de servitude.

L'auteur de *l'Esprit des Lois* distingue le cens des Romains de celui des Francs. Le premier était un revenu du fisc établi sur les hommes libres; le second fut un impôt que les Germains établirent sur les serfs. On se servit du même mot *census*, pour désigner deux choses très-différentes, parce que la langue n'en avait point d'autres alors. L'auteur prouve la réalité de cette distinction par une formule de Marculfe, qui contient une permission du roi de se faire clerc, pourvu qu'on soit ingénu, et qu'on ne soit point inscrit dans le registre du cens: *et in puletico publico censitus non sit.* Il le prouve en outre par une commission que Charlemagne donna à un comte qu'il envoya en Saxe: elle contient l'affranchissement de ces peuples à cause du christianisme qu'ils avaient embrassé; c'est proprement une charte d'ingénuité qui les exempte de payer le cens. Il le prouve encore par un capitulaire du même prince, et par un autre de Charles-le-Chauve, qui exempte du cens les Espagnols réfugiés en France, et veut qu'on les traite comme les autres Francs. Ainsi, c'était une même chose, selon Montesquieu *d'être serf et de payer le cens, d'être libre et de ne le payer pas.*

Sous la première, et même sous une partie de la seconde race, il y avait en France deux espèces d'hommes libres: les leudes vassaux et arrière-vassaux, qui possédaient des bénéfices en Fiefs, et les leudes qui n'avaient point de bénéfices, mais qui avaient des terres libres qu'on nommait terres allodiales. Celles-ci étaient héréditaires; les autres, c'est-à-dire, les Fiefs ou bénéfices, n'étaient d'abord données par les rois que pour un temps limité, ensuite, on les obtint à vie; enfin, elles devinrent inamovibles et héréditaires comme les biens allodiaux. Les bénéfices étaient des portions du domaine royal que nos princes en détachaient pour les donner à des particuliers, à condition qu'ils s'attacheraient à eux, et les suivraient à la guerre. Les particuliers, possesseurs de ces premiers Fiefs, en détachèrent différentes portions qu'ils donnèrent à d'autres particuliers en arrière-fief, aux conditions qu'eux-mêmes les avaient reçues, c'est-à-dire, à condition de leur être fidèles et de les suivre à la guerre. Ainsi, les leudes seigneurs de Fief, menaient à la guerre leurs vassaux ou arrière-vassaux; les évêques, les abbés ou leurs avoués, y menaient également les leurs; de même que les comtes y conduisaient, au nom du monarque, les autres hommes libres qui possédaient des terres allodiales.

C'était un principe fondamental de la monarchie, que ceux qui étaient sous la puissance militaire de quelqu'un, étaient aussi sous sa juridiction civile. Un capitulaire de Louis-le-Débonnaire, de l'an 815, fait marcher d'un pas égal la puissance militaire du comte, et sa juridiction civile sur les hommes libres. Le comte ne menait pas à la guerre les vassaux des évêques ni des abbés, ni d'aucun autre seigneur de Fief, parce que ces vassaux n'étaient point sous sa juridiction civile. Aussi voyons-nous que, dans tous les temps, l'obligation de tout vassal envers son seigneur, *fut de porter les armes et de juger ses pairs dans sa cour.*

Une des raisons qui attachaient ainsi le droit de justice au droit de mener à la guerre, était que celui qui menait à la guerre, faisait en même temps payer les droits du fisc, qui consistaient en quelques services de voitures dus par les hommes libres, et en général en de certains profits judiciaires, tels que le *fredum.* Les seigneurs eurent le droit de rendre la justice dans leurs Fiefs, par le principe qui fit que les comtes eurent le droit de la rendre dans leurs comtés; en sorte que ces derniers, dans leurs comtés, étaient des leudes; et les leudes, dans leurs seigneuries, étaient des comtes. On n'a pas eu des idées justes lorsqu'on a regardé les comtes comme de simples officiers de justice, et les ducs comme des officiers militaires; car les uns et les autres étaient également des officiers civils et militaires: toute la différence était que le duc avait sous lui plusieurs comtes.

La justice fut donc, dans les Fiefs anciens comme dans les nouveaux, un droit inhérent au Fief même, un droit lucratif qui en faisait partie. C'est de là qu'est né le principe que les justices sont patrimoniales en France. Quelques-uns ont cru que les justices tiraient leur origine de l'affranchissement que les rois et les seigneurs firent de leurs serfs. Mais les nations germaniques, et celles qui en sont descendues, ne sont pas les seules qui aient affranchi des esclaves, et ce sont les seules qui aient établi des justices patrimoniales. D'ailleurs les formules de Marculfe nous font voir des hommes libres dépendans de ces justices dans les premiers temps. Les serfs devinrent justiciables, parce qu'ils se trouvèrent dans le territoire.

Nos rois ayant donné aux églises des Fiefs considérables, l'Eglise se trouva en possession des prérogatives de justice, ainsi que les seigneurs laïcs; elle eut le droit de faire payer des compositions dans son territoire, et d'exiger le *fredum* de ses justiciables; et comme ces droits emportaient celui d'empêcher les officiers royaux d'entrer dans leur territoire pour exiger ces *freda* et y exercer tous actes de justice, le droit qu'eurent les ecclésiastiques de rendre la justice dans leur territoire, fut appelé *immunité* dans le style des formules, des chartes et des capitulaires.

M. de Montesquieu combat ceux qui ont prétendu que les vassaux de la couronne ne s'attribuèrent la justice que pendant les désordres de la seconde race; il étaye son opinion par un grand nombre de faits tirés des lois allemandes, bavaroises et françaises, et soutient que la justice fut attachée au Fief dès l'origine de cet établissement.

Mais les Fiefs ne viennent pas tous du démembrement du domaine de la couronne. Il arriva un temps où les particuliers qui possédaient des terres en alleu, se déterminèrent à les changer en Fief, à cause des avantages attachés à ce nouvel ordre de propriété. En effet, ceux qui tenaient des terres en Fief, jouissaient de très-grandes prérogatives: la *composition* pour les torts qu'on leur faisait, était plus forte que celles des hommes libres. Les lois accordaient 600 sous pour la mort d'un vassal du roi; elles n'en accordaient que 200 pour la mort d'un ingénu ou d'un simple Franc, et 100 pour celle d'un Romain ou d'un Gaulois. De plus, lorsqu'un vassal du roi était cité en jugement, et qu'il n'y paraissait point, ses biens n'étaient pas confisqués; il n'était pas soumis à l'épreuve de l'eau bouillante, excepté dans le cas de meurtre; au contraire, les simples propriétaires d'alleus étaient soumis à cette épreuve dans tous les cas; et leurs alleus étaient confisqués au profit du roi, dès qu'ils n'obéissaient point à la première ordonnance du juge.

Pour s'affranchir de ce traitement inique, les Francs, les Romains, les Gaulois, tous ceux dont les terres n'étaient point inféodées, imaginèrent de donner leurs alleus au roi et de les recevoir de lui en Fief, en lui désignant leurs héritiers. Cet usage continua toujours, et eut lieu surtout dans les désordres de la seconde race, où tout le monde avait besoin d'un protecteur, et voulait faire corps avec d'autres seigneurs, et entrer, pour ainsi dire, dans la monarchie féodale, parce qu'on n'avait plus de monarchie politique. Ceci continua sous la troisième race, comme on le voit par plusieurs chartes, soit qu'on donnât son alleu et qu'on le reprît par le même acte, soit qu'on le déclarât alleu et qu'on le reconnût en Fief. On nommait ces sortes de Fiefs, *Fiefs de reprise*.

Après la funeste bataille de Fontenai en Bourgogne, il se fit fit un traité entre Lothaire, Louis et Charles, qui renversa la constitution politique de la monarchie. Il fut permis à tout homme libre de choisir pour seigneur qui il voudrait, du monarque ou des autres seigneurs. Avant ce traité, observe Montesquieu, l'homme libre pouvait se recommander pour un Fief; mais son alleu restait toujours sous la puissance immédiate du roi, c'est-à-dire, sous la juridiction du comte; et il ne dépendait du seigneur auquel il s'était recommandé, qu'à raison du Fief qu'il en avait obtenu. Depuis ce traité destructeur, tout homme libre put donner à volonté son alleu à son seigneur ou au roi. Par-là, les hommes libres, qui jusqu'alors avaient été nuement sous la puissance royale, passèrent sous celle des seigneurs particuliers, et devinrent insensiblement vassaux les uns des autres. Le même traité dispensa la noblesse de suivre le monarque à la guerre, excepté dans le cas où il s'agirait de défendre l'Etat contre une invasion étrangère; dans tous les autres, il fut libre au vassal de suivre son seigneur, ou de vaquer à ses affaires. Bientôt après, les arrière-vassaux se détachèrent tellement de la puissance royale, qu'il leur fut permis de suivre leur seigneur jusque dans les guerres qu'il avait contre le roi lui-même.

Charles-le-Chauve fit un règlement général qui affecta également les grands offices et les Fiefs. Les premiers, qui avaient été jusqu'alors inaliénables, devinrent héréditaires. Charles établit que les comtés seraient donnés aux enfans du comte, et voulut que ce règlement eût encore lieu pour les Fiefs; de sorte que les grands offices et les Fiefs passèrent à des parens plus éloignés, et que la plupart des seigneurs qui relevaient immédiatement de la couronne, n'en relevèrent plus que médiatement. Ces comtes qui rendaient autrefois la justice dans les plaids du roi, et qui menaient des hommes libres à la guerre, se trouvant entre le roi et ces hommes libres, la puissance publique se trouva reculée d'un degré. Les vassaux du comte ne furent plus les vassaux du roi; les bénéfices attachés aux comtés, ne furent plus les bénéfices du roi, au lieu de cette multitude innombrable de vassaux qu'avaient eus nos rois, ils n'en eurent plus que quelques-uns dont les autres dépendirent absolument. Nos rois n'eurent presque plus d'autorité directe. Privés des grands domaines de leurs prédécesseurs, réduits à quelques villes, incapables de se faire obéir des grands vassaux, leur souveraineté ne fut plus qu'un vain titre; et lorsqu'on transporta ce titre à Hugues Capet, la couronne sortit de la maison de Charlemagne sans exciter aucun mouvement sensible dans l'État.

De l'hérédité des Fiefs sortit le droit d'aînesse ou de primogéniture qu'on n'avait point connu sous la première race: car la couronne se partageait entre les frères. Les alleus se divisaient de même; et les Fiefs amovibles ou à vie n'étant pas un objet de succession, ne pouvaient pas être un objet de partage.

Les Fiefs ainsi devenus héréditaires, et les partages n'ayant plus lieu, les seigneurs perdirent la faculté d'en disposer; mais, pour se dédommager de cette perte, ils établirent le droit *de rachat*, qui d'abord se paya en ligne directe, et qui ensuite ne se paya plus qu'en ligne collatérale. Bientôt ces mêmes Fiefs passèrent aux étrangers, ce qui fit naître le droit de *lods et ventes*, droits nouveaux qui furent d'abord arbitraires, et qui, avec le temps, reçurent un taux fixe dans chaque seigneurie. La perpétuité des Fiefs ayant fait établir le droit de rachat, les filles purent succéder au Fief, à défaut de mâle. Le seigneur, en donnant le Fief à la fille, multipliait le droit de rachat, parce que le mari devait le payer comme sa femme.

De la perpétuité des Fiefs naquit encore un autre droit, celui de *garde-noble*. Quand l'héritier n'était point majeur, le seigneur s'emparait du Fief, et faisait élever le pupille dans le métier des armes, jusqu'à ce qu'il fût en âge de remplir le service militaire qu'il lui devait. Telle est la garde-noble, dont les principes sont entièrement distincts de ceux de la tutelle.

Quant à la *foi et hommage*, M. de Montesquieu prétend qu'elle n'avait pas lieu dans les commencemens de la monarchie; on faisait bien prêter quelquefois le serment de fidélité aux sujets, mais cet acte n'était qu'une simple précaution qu'on employait à l'égard des particuliers dont l'obéissance était suspecte; assurance qui, selon l'auteur, *ne pouvait être un hommage*, *puisque les rois se la donnaient entre eux*. Mais, lorsque les Fiefs passèrent aux héritiers, la reconnaissance du vassal, qui n'était dans l'origine *qu'une chose occasionnelle*, *devint une action réglée;* elle se fit d'une manière plus éclatante; elle fut remplie de nouvelles formalités, parce qu'elle devait porter la mémoire des devoirs réciproques du seigneur et du vassal dans tous les âges. L'auteur fixe au temps de Pepin l'origine de la prestation de l'hommage. Il ajoute que les Fiefs devenus héréditaires, appartinrent aux lois politiques et aux lois civiles : le Fief, considéré comme une obligation au service militaire, tenait au droit politique; et considéré comme un bien qui était dans le commerce, il tenait au droit civil : de là l'origine des lois civiles sur les Fiefs.

L'hérédité des Fiefs donna naissance à cette règle du droit français. *propres ne remontent point;* règle qui est contraire aux dispositions du droit romain et de la loi salique, mais qui découle de l'essence du Fief : un aïeul, un grand-oncle, incapables du service militaire, ne pouvaient convenir au seigneur pour ses vassaux. Le même motif influa également sur les contrats de mariage; les filles héritières d'un Fief, quelquefois même les garçons, ne purent se marier sans le consentement du seigneur; en sorte que ces contrats devinrent, pour les nobles, une disposition féodale et une disposition civile. Dans un acte pareil fait sous les yeux du seigneur, on fit des dispositions pour la succession future, *dans la vue que le Fief pût être servi par les héritiers. Aussi les seuls nobles eurent-ils d'abord la liberté de disposer des successions futures par contrat de mariage.*

Telles sont les idées du président de Montesquieu sur l'origine et la nature des Fiefs.

§. II. *Système de l'abbé de Mably.*

M. de Mably ne trouve aucune analogie entre les bénéfices et les Fiefs. Il distingue trois grandes epoques relativement à ces deux espèces de propriétés. La première commence à Clovis, la seconde à Charles-Martel, et la troisième à Charles-le-Chauve.

Première époque. Clovis, en subjuguant les Gaules, s'empara d'une grande partie du territoire, dont il forma le domaine de la couronne. Ses compagnons d'armes, appelés *leudes*, *fidèles*, ou *antrustions*, qui s'attachèrent à sa personne, reçurent de lui et de ses successeurs, quelques portions détachées de ce domaine, en reconnaissance des services qu'ils rendaient au monarque, ou de l'attachement qu'ils lui montraient. Ces terres ou bénéfices n'étaient accordés que pour un temps; le prince se réservait le pouvoir de les retirer à volonté. C'était plutôt une récompense des services rendus, qu'un don auquel on attachât des services pour l'avenir.

Quand un homme s'était distingué par quelque acte de courage, il était admis à prêter serment de fidélité au monarque. Par cette cérémonie, on sortait de la classe commune des citoyens, pour entrer dans un ordre supérieur, dont les membres, revêtus *d'une noblesse personnelle*, avaient des privilèges particuliers, tels que celui d'occuper dans les *assemblées générales* une place distinguée, de posséder les charges publiques, de former le conseil *toujours subsistant de la nation, ou cette cour de justice dont le roi était le président*, et qui réformait les jugemens rendus par les ducs et les comtes. Ces hommes devenus *leudes*, ne pouvaient être jugés dans leurs différends que par le prince; et ils obtenaient une *composition* plus considérable que le simple citoyen, lorsqu'on les avait offensés.

Bientôt, l'ordre des leudes ne fut plus composé des seuls citoyens les plus dignes de l'estime publique. On leur associa des hommes qui, pour tout mérite, n'avaient que l'art de flatter le souverain et de partager ses plaisirs. Des esclaves que leur maître venait d'affranchir, furent élevés aux premières dignités. Le conseil de la nation se trouva insensiblement rempli de ces leudes méprisables. Loin de s'opposer aux injustices du monarque, ils l'encourageaient à violer les lois, à s'enrichir aux dépens du peuple, afin de s'enrichir à leur tour aux dépens du prince. Ils s'imaginèrent de lui créer de nouvelles prérogatives, telles que d'envahir, au préjudice des héritiers légitimes, les biens de ceux qui mouraient sans avoir fait de testament, et d'autoriser les fermiers du domaine royal à faire paître leurs troupeaux sur les terres de leurs voisins. Les grands imitèrent cet exemple dans leurs domaines; ils se firent des droits sur les terres de leurs voisins; abusant de leurs forces et de leur crédit, ils en exigèrent des corvées et des redevances, les gênèrent par des péages, se rendirent arbitres de leurs différends, et exigèrent d'eux les mêmes droits que les plaideurs devaient à leurs juges naturels. C'est ainsi que commencèrent nos *seigneuries patrimoniales.*

Les différens princes qui, après le règne de Clovis, partagèrent entre eux les provinces de la domination française, concoururent à multiplier ces premiers abus. Continuellement en guerre les uns contre les autres, ou contre leurs voisins, tandis que leurs armées traversaient le royaume, en ravageant tout sur leur passage, et regardant les hommes même comme une partie du butin, nos rois devinrent eux-mêmes les auteurs de la dégradation de leur puissance légitime. Les habitans des campagnes, pour se mettre à l'abri du pillage des troupes, se réfugiaient, avec leurs effets, dans les châteaux des leudes, ou dans les églises et les monastères assez puissans pour les défendre. Ceux qui ouvraient ces asiles, obtenaient des présens; bientôt, ils exigèrent des tributs; et ce qui d'abord n'était que le gage de la reconnaissance du faible envers le protecteur, devint insensiblement la dette d'un sujet envers son maître. Les ducs, les comtes et les centeniers qui avaient acheté leur emploi ou l'avaient obtenu par leur lâcheté, depuis que le souverain s'attribuait le pouvoir d'en disposer sans le suffrage du Champ-de-Mars, ces magistrats chargés de toutes les parties du gouvernement dans leurs districts, y régnèrent en despotes et firent un commerce scandaleux de l'administration de la justice. Pour se soustraire à ces tribunaux iniques, les habitans des campagnes se soumirent à l'arbitrage de ceux qui les avaient protégés contre l'avarice et la barbarie des soldats. Bientôt, ils ne reconnurent plus d'autres juges. La nouvelle juridiction des seigneurs fit chaque jour de nouveaux progrès; et quand cette coutume eut acquis une certaine consistance, et fut assez étendue pour qu'on n'osât plus entreprendre de la détruire, *l'assemblée de leudes défendit expressément aux magistrats publics d'exercer aucun acte de juridiction dans les terres des seigneurs.*

En vain les successeurs de Clovis réunirent leurs efforts pour regagner l'autorité et les domaines dont ils s'étaient dessaisis : l'Eglise et les grands leur opposèrent une digue insurmontable; il fallut renoncer aux droits les plus essentiels de la souveraineté; il fallut consacrer les abus par une sanction solennelle. C'est dans l'assemblée d'Andely que fut commencée cette honteuse et funeste révolution. Les seigneurs réunis pour traiter de la paix entre Gontran et Childebert, obligèrent ces deux princes à déclarer dans leur traite qu'ils ne seraient plus libres de retirer, ni les bénéfices anciens, ni ceux qu'ils donneraient à l'avenir; et, en outre, qu'ils restitueraient les bénéfices mêmes qu'on avait enlevés à certains leudes depuis la mort des derniers rois.

Cet ordre de choses fut de nouveau confirmé à l'époque du supplice de Brunehaut, dans la fameuse assemblée de Paris en 615. La prérogative royale diminua de jour en jour jusqu'à la seconde époque, où l'on vit naître une nouvelle espèce de bénéfices.

Seconde époque. Frappé de la conduite des rois Mérovingiens, qui avaient dû leur fortune aux *bénéfices,* et qui ensuite avaient vu ces mêmes bénéfices devenir la cause de leur décadence, Charles-Martel en créa de nouveaux, mais il leur donna une forme différente. Les dons qu'avaient faits les successeurs de Clovis d'une partie du domaine royal, n'étaient, comme nous l'avons observé, *que de purs dons qui n'imposaient aucun devoir particulier, et qui ne conféraient aucune qualité distinctive.* Ceux qui les recevaient, n'étant obligés qu'à une reconnaissance générale et indéterminée, pouvaient aisément n'en avoir aucune, tandis que les bienfaiteurs en exigeaient une trop grande.

De là devaient naître des plaintes, des haines, des injustices et des révolutions. Les *bénéfices* de Charles-Martel furent au contraire ce qu'on appela depuis *des Fiefs*, c'est-à-dire, *des dons faits à la charge de rendre au bienfaiteur conjointement ou séparément des services militaires ou domestiques.*

Par cette politique adroite, Charles-Martel joignit sur les bénéficiers un empire plus utile et plus puissant; leurs devoirs fixés d'une manière précise, les enchaînèrent plus étroitement à leur *maître.* Cette expression de *maître* est, selon l'auteur, la seule qui convienne dans la circonstance; puisque ces nouveaux bénéficiers furent nommés *vassaux*, qui signifiait alors, et qui signifia encore pendant long-temps, des *officiers domestiques.* Charles-Martel, toujours victorieux et sûr de la fidélité de ses troupes, regarda les capitaines qui le suivaient, comme le corps entier de la nation. Il méprisa trop Dagobert, Chilpéric et Thiéry de Chelles, dont il avait fait ses premiers sujets, pour leur envier leur titre de roi. A la mort de ce dernier, il voulut que les Français n'eussent plus de souverain en titre; et en mourant, il n'appela point les grands de la nation, mais ses vassaux, c'est-à-dire, les capitaines de ses bandes et les officiers de son palais, pour être témoins du partage qu'il fit entre ses fils Carloman et Pepin, de toutes les provinces de la domination française, qu'il regardait comme sa conquête et son patrimoine.

Pepin suivit la politique de son père; il donna des bénéfices aux mêmes conditions. Mais comme Charles Martel avait dépouillé les églises pour récompenser ses soldats, et que tout le clergé formait des plaintes contre sa mémoire, il crut devoir, ainsi que Charlemagne, prendre des mesures pour calmer les esprits. Ces deux princes agrandirent les juridictions ecclésiastiques, qui devinrent aussi étendues que celles des seigneurs laïcs. On obligea les seigneurs qui possédaient des terres dans le domaine de l'Eglise, de contribuer aux réparations des temples, et même de payer la dîme. On força les mêmes seigneurs à renoncer aux droits qu'ils avaient établis sur les prêtres des campagnes, sous prétexte de les protéger. Enfin, on accorda au clergé la dîme générale sur les fruits de la terre, suivant l'usage du peuple juif.

Charlemagne associa tous les ordres des citoyens au gouvernement, dans l'espérance de leur faire perdre de vue leurs jalousies, leurs ressentimens, et les intérêts personnels qui les animaient les uns contre les autres. Il espérait que les rivalités entre la noblesse, le clergé et le peuple, les forceraient à s'observer mutuellement, et les tiendraient dans un heureux équilibre. Pendant tout son règne, chaque ordre de l'Etat contenu par les deux autres, sut les craindre et les respecter, et tous semblaient acquérir des idées et des sentimens de patriotisme. Mais son règne, quoique long, ne dura pas assez long-temps pour affermir cet esprit dans la nation française; la main faible et maladroite de ses successeurs ne put diriger les rênes de cet admirable gouvernement. L'ambition des grands et l'avarice du clergé se rallumèrent; les idées superstitieuses du peuple et l'habitude de son ancien esclavage étouffèrent le sentiment qu'il commençait à acquérir de ses forces et de sa dignité.

Les nouveaux bénéfices que Charles-Martel, Pepin et Charlemagne avaient prodigieusement multipliés, mais qu'ils avaient toujours eu soin de ne conférer qu'à vie, eurent bientôt le même sort que ceux des rois de la première race. Louis-le-Débonnaire, plus ami de la décence que de l'ordre; zélé pour la réforme des petits abus, mais incapable de s'élever aux grands objets; jaloux de régner avec plus de sagesse que Charlemagne, mais ne connaissant ni les hommes ni l'art de les conduire; Louis dominé par la religion, avili par les prêtres, méprisé par le grands, vit chanceler l'édifice qu'avait construit son prédécesseur. Les idées du bien public s'effacèrent insensiblement, le désordre pénétra dans les assemblées du Champ-de-Mai; les capitulaires de Charlemagne furent négligés ou modifiés. On dédaigna les ordonnances d'un nouveau roi, qui ne sut pas se respecter lui-même; les vassaux attachés au service du palais, les ministres, les évêques, les moines qui dominaient à la cour, y firent rentrer le despotisme, substituèrent le nom du monarque à la place des lois, et l'égarèrent jusqu'à lui persuader qu'il avait le droit de juger et de punir arbitrairement.

Cependant cette foule de courtisans corrupteurs et corrompus étendaient leur autorité, multipliaient leurs prérogatives, établissaient dans leurs terres les exactions des siècles précédens. Les divisions entre Louis et ses deux fils lui firent perdre ses droits légitimes. L'audace de ses enfans rendit ses sujets audacieux. Lothaire et ses frères, Louis-le-Germanique et Charles-le-Chauve, toujours acharnés à se nuire, à se tendre des piéges, mirent en honneur l'avidité, la licence et la perfidie. Des causes étrangères se joignirent aux divisions intestines. Les courses des Sarrazins, des Bretons, des Germains, des Normands, accélérèrent la chute du gouvernement de Charlemagne; et la bataille de Fontenai, où cent mille Français périrent, acheva la ruine de la monarchie. Alors le peuple rentra dans la servitude, et l'indépendance des grands ne connut plus de bornes. On vit des laïcs s'établir, les armes à la main, dans les monastères, et prendre le titre d'abbés; on vit les bourgs et les hameaux en feu, les campagnes ravagées, les villes et les provinces abandonnées au brigandage de l'étranger comme du Français.

Charles-le-Chauve, trompé par les courtisans, humilié de sa faiblesse, convoque en vain la nation qui le méprise et le déteste. Déjà il avait dispensé ses vassaux de leur service; il consentit encore à rendre héréditaires tous les bénéfices qu'ils tenaient de lui et de ses prédécesseurs. Louis-le-Débonnaire avait donné l'exemple à l'égard de quelques-uns. Charles-le-Chauve permit aux seigneurs de disposer, à défaut d'enfans, de leurs bénéfices en faveur de quelqu'un de leurs proches. A cette condescendance imprudente, il en joignit une autre qui acheva d'anéantir l'autorité souveraine. Avant son règne, les comtes avaient obtenu la nomination aux bénéfices royaux situés dans leurs ressorts; ils s'étaient fait des créatures et des amis; et les divisions du clergé, de la noblesse et du peuple les rendaient si indépendans du souverain, qu'il eût été dangereux de vouloir les dépouiller de leur magistrature. De ce degré de puissance à l'hérédité de leurs offices, l'intervalle était aisé à franchir; aussi l'on peut dire que l'ordonnance de Charles-le-Chauve ne causa pas une révolution, mais fit seulement hâter un événement nécessaire, et qui devait établir un ordre de choses tout nouveau chez les Français.

Troisième époque. Dès ce moment, l'anarchie fut à son comble; la nouvelle fortune des comtes les rendit plus indépendans que jamais; le roi, après avoir tout fait pour eux, n'en put obtenir aucun secours. Ils refusaient de le suivre à la guerre; leur nouvelle fortune leur donna de nouveaux intérêts tout opposés à l'intérêt public. On convoqua encore des assemblées nationales; mais le prince n'y apercevait que des citoyens ruinés et sans ressources, qui venaient implorer des secours contre leurs oppresseurs, et qui se trouvaient, ainsi que le monarque, dans l'impuissance absolue d'agir efficacement. Chaque seigneur rendit sa justice souveraine, ne permettant plus que ses jugemens fussent portés par appel à la justice du roi. Les lois saliques et romaines, les capitulaires et tous les autres règlemens firent place à la volonté arbitraire des seigneurs et des comtes; chacun se cantonna dans les terres qu'il avait usurpées, et y jouit de tous les droits régaliens, qu'on nommait alors *droits seigneuriaux, parce qu'ils constituent en effet la souveraineté.*

La seule distinction qui resta aux derniers rois de la seconde race, fut *la foi et hommage et le serment de fidélité* que leur rendait cette foule de tyrans subalternes. Mais ces actes de subordination n'étaient qu'un vain cérémonial que l'habitude avait conservé, et qui n'empêchait pas de violer tout engagement sans scrupule. Les comtes étaient même intéressés à conserver ce simulacre de dépendance, afin d'empêcher les seigneurs qui possédaient des domaines dans leur province, de secouer absolument le joug; par-là, ces comtes auraient perdu leur suzeraineté, titre plus brillant qu'utile, mais qui flattait leur ambition. Il n'y eut que les plus puissans d'entre les seigneurs qui osèrent refuser l'hommage aux comtes, et qui les premiers établirent la maxime réservée depuis au monarque, de *ne relever que de Dieu et de son épée.*

Quand il n'y eut plus d'autres liens entre les parties de l'Etat *que la foi et hommage, on manqua d'expression pour rendre les idées toutes nouvelles que présentait à l'esprit un gouvernement tout nouveau;* on se servit de celles qui paraissaient les plus propres à se faire entendre. On appela par analogie, du nom de *vassal*, tout seigneur qui devait l'hommage; on nomma *Fief* toute possession en vertu de laquelle on y était tenu; et *gouvernement féodal*, les droits et les devoirs fondés sur la foi donnée et reçue. Ces expressions, autrefois employées pour désigner *les bénéfices établis par Charles-Martel et le gouvernement économique des familles*, signifièrent alors *le gouvernement politique et le droit public et général de la nation*, si toutefois on peut donner ce nom à une constitution monstrueuse, destructive de tout ordre, de toute police, et contraire aux maximes fondamentales de tout gouvernement.

Les guerres continuelles que se firent les seigneurs depuis le règne de Louis-le-Bègue jusqu'à l'avènement de Hugues Capet au trône, empêchèrent le gouvernement féodal de prendre une forme constante. Des événemens bizarres et inattendus changeaient sans cesse les coutumes naissantes; on étendait, on restreignait tour à tour les droits des suzerains et les devoirs des vassaux; aujourd'hui on relevait d'un seigneur, le jour suivant d'un autre. Quelques seigneurs firent revivre le titre de duc; d'autres, en s'emparant d'un duché, préférèrent la qualité de comte. Des terres possédées jusqu'alors en alleus, furent converties en Fiefs par leurs propriétaires qui avaient besoin de protecteur; d'autres, tenus en Fief, s'affranchirent de la servitude. Au milieu de ce chaos, les derniers rois de la seconde race se trouvèrent avilis et abandonnés, et dans une position à peu près semblable à celle des *rois fainéans.* Louis V, dernier souverain de la race Carlovingienne, fut qualifié comme eux du titre de roi fainéant; et Hugues Capet, à l'exemple de Pepin, s'empara du trône au préjudice de l'héritier légitime; mais la royauté était si peu de chose, les seigneurs et les comtes étaient tellement indépendans, que l'usurpation de Hugues et les droits de son compétiteur intéressèrent peu les Français. Cependant l'usurpateur devint un roi légitime, parce que les grands du royaume, en traitant avec lui reconnurent sa dignité, et consentirent à lui prêter hommage et à remplir à son égard les devoirs de la vassalité. Hugues fut censé consentir à la conservation des coutumes féodales que les circonstances ne permettaient plus d'abolir, et que le temps commençait à consacrer; mais ce que le temps et les conjonctures avaient établi par la violence, pouvait sans doute être détruit par la justice avec le temps et dans des circonstances plus favorables. C'est à ce grand ouvrage que Hugues et ses successeurs travaillèrent, et que doivent travailler encore les princes destinés à nous rendre heureux et libres.

Tel est le système de M. l'abbé de Mably sur les Fiefs. Si on le rapproche de celui du président de Montesquieu, on reconnaîtra que le résultat de leurs opinions est le même, et qu'ils tendent l'un et l'autre au même but. En effet, que l'origine des Fiefs remonte au septième, au huitième, au neuvième ou dixième siècle; que la plupart de ces établissemens soient les débris du domaine des rois de la première race, ou les bénéfices créés par Charles-Martel, à condition du service militaire, ou les terres des particuliers réunies aux domaines des seigneurs, tantôt par la violence, tantôt par la crainte, tantôt par la superstition, tantôt par le besoin d'être protégé, il n'en est pas moins vrai que la nécessité obligea nos rois à dispenser leurs vassaux du service militaire; que cette même nécessité, jointe à l'ignorance, rendit les Fiefs héréditaires; que les mêmes causes forcèrent les peuples à changer leurs alleus en Fiefs; et qu'en général, les Fiefs, sous Hugues Capet et ses prédécesseurs, présentent un ordre de choses aussi absurde qu'odieux : qu'enfin, le peuple français doit une reconnaissance éternelle à la dynastie régnante, pour l'avoir sans relâche défendu contre la tyrannie d'une multitude de despotes subalternes. — Ce serait ici le lieu de rassembler les moyens que nos rois ont mis en œuvre pour arriver à ce but; mais outre que les bornes d'un article ne nous le permettent point, nous ne ferions que répéter ce qui est épars dans plusieurs autres de cet ouvrage. On peut voir à l'article *Communes*, une partie des révolutions qu'ont éprouvées les Fiefs depuis le règne de Louis-le-Gros jusqu'au temps de la rédaction des coutumes locales, des coutumes incohérentes, des coutumes innombrables et souvent inintelligibles, dont la France est aujourd'hui surchargée, et qui forment la principale partie de sa législation.

Nous nous sommes fait un devoir de transcrire, autant qu'il a été possible, MM. de Mably et de Montesquieu, afin qu'on ne nous accuse pas d'avoir altéré les faits, ou de les avoir revêtus de couleurs trop odieuses.

Section II. *De l'état actuel des Fiefs, des maximes qui les régissent et des droits qui y sont attachés.* [[*De l'abolition du régime féodal et de ses résultats.*]]

[Pour traiter avec ordre les différens objets que nous présente cette section, nous la diviserons en sept paragraphes.

Dans le premier, nous déterminerons l'essence des Fiefs et la nature de la propriété qu'en ont les vassaux. Dans le deuxième, nous examinerons si, dans le doute, un bien doit être présumé féodal.

Le troisième contiendra les règles qui concernent la faculté de posséder des Fiefs, de les aliéner et d'en disposer.

Le quatrième aura pour objet la manière d'y succéder.

Dans le cinquième, nous donnerons une idée générale des droits et des devoirs féodaux.]

[[Dans le sixième, nous parlerons de l'abolition du régime féodal, prononcée le 4 août 1789, et des effets qui en ont successivement résulté.

Le septième sera consacré à des questions particulières aux parties du ci-devant empire germanique qui sont actuellement réunies à la France.]]

[§. I. *Essence du Fief. — Nature de la propriété qui réside sur la tête d'un vassal.*

I. Ce qui constitue, suivant Dumoulin, l'essence du Fief, c'est, comme on l'a déjà dit, la réserve de la propriété primitive de la part du seigneur, et la prestation de la foi-hommage de la part du vassal.

De là il résulte que, selon cet oracle de notre jurisprudence féodale, il faut, dans le Fief, considérer le domaine direct, comme séparé du domaine utile.

Mais remarquons bien que le nom général de domaine, *Dominium*, n'exprime pas précisément la propriété. Celle-ci diffère du domaine, comme l'espèce diffère du genre.

« Le domaine (dit Goetzman, *Droit commun des Fiefs*, page 10), est le droit qu'on a de gouverner un bien et d'en jouir. Les jurisconsultes ont donc distingué deux espèces principales de domaines, *dominium proprietatis*, *dominium juris*. Il est vrai que tout domaine a commencé par la possession; mais une société étant une fois formée, la police générale exige qu'on distingue dans toute possession le fait et le droit : la propriété doit réunir le droit et le fait, et c'est ce qu'on appelle *dominium proprietatis*. Mais il est possible que la détention effective soit légalement séparée du droit de propriété, comme lorsque le propriétaire transporte lui-même à un autre la possession à titre précaire, ou lorsque la loi des servitudes ou des obligations la transfère à un tiers : et cette espèce de domaine est appelée *dominium juris, vel possessionis*.

» Pour appliquer ces principes au Fief, le seigneur conserve la propriété primitive, *dominium proprietatis*, que les feudistes ont appelé *dominium directum*, domaine direct; et la détention effective, *dominium possessionis*, que les feudistes ont aussi nommé *dominium utile*, domaine utile, est transportée au vassal (1) ».

Il est parlé dans la loi 1, D. *Si ager vectigalis petatur*, d'une espèce de biens qui approche beaucoup de nos Fiefs ainsi envisagés. Les Romains comprenaient sous le nom générique de *vectigal*, tout ce qui appartenait au fisc, soit en droits, soit en fonds. Les droits, que nous nommons *régaliens* ou *domaniaux*, étaient appelés *jura vectigalia*; et l'on entendait par *vectigales fundi*, les fonds qui sont désignés parmi nous sous le simple nom de *domaines*. —

(1) *V.* le livre des Fiefs, cap. 1, *in quibus causis Feudum amittatur.* Cap. 1, §. ult. *de Feud. cognit.* cap. 1, §. *rei* et seqq. §. ult. *de invest. de re alien. fact.*

Les terres domaniales ou du fisc étaient souvent concédées à des particuliers, soit à titre gratuit, soit à titre onéreux ; mais la propriété primitive, le *dominium proprietatis*, demeurait toujours au fisc : la loi citée accordait seulement aux possesseurs une action utile pour recouvrer la chose, quand un tiers s'en était emparé, *actionem utilem in rem.*

De là les feudistes ont distingué, dans le Fief, l'action utile et l'action directe, le domaine direct du domaine utile; et ils ont trouvé d'autant plus d'analogie entre les vassaux et les possesseurs des fonds nommés *vectigales*, que, conformément à la loi *sciendum*, au Digeste, titre *qui satisdare cogantur*, ces derniers n'étaient point tenus de donner la caution *judicatum solvi*, dans les juridictions sous lesquelles leurs biens étaient situés; ce qui les distinguait des usufruitiers, et en quoi ceux-ci diffèrent aussi des vassaux.

Ainsi, selon Dumoulin, lui-même, quoique bornés au domaine utile, les vassaux jouissent de tous les avantages réels de la propriété, à la charge de reconnaître qu'ils les tiennent de leur suzerain, et de remplir envers lui les devoirs prescrits, soit par l'acte d'inféodation, soit par la coutume.

Mais ce qu'il importe de remarquer, c'est que tous les feudistes ne s'accordent pas avec Dumoulin sur l'essence des Fiefs : tous ne conviennent pas avec lui que les vassaux soient bornés à un domaine utile, et que la propriété directe reste entre les mains du seigneur. Hervé, entre autres (*Théorie des matières féodales et censuelles*, tome 1, page 368), combat ces principes d'une manière digne à tous égards d'intéresser les jurisconsultes. Nous craindrions d'affaiblir ses idées, si nous n'empruntions, pour les rendre, les termes mêmes dont il se sert.

» En quoi consiste donc l'essence du Fief, dit-il? En quoi ce contrat diffère-t-il des différens contrats translatifs de propriété?

» On sait qu'il ne fut d'abord qu'une simple concession volontaire faite pour un temps indéterminé, à la charge du service militaire. Mais on ne voit là que le contrat ordinaire innommé, *do ut facias ;* ou, si l'on veut, on y voit une espèce de donation onéreuse ou rémunératoire d'usufruit, qui diffère de la vraie donation, en ce que celle-ci ne laisse pas le donataire dans une sorte de situation précaire, et dans un état de dépendance et d'incertitude sur la durée de sa jouissance. Or, ni cette différence, ni l'obligation du service ne constituent l'essence du Fief; car depuis que les Fiefs sont inamovibles, depuis que le service militaire n'a plus lieu, et que les seigneurs regardant enfin comme un fléau le droit de guerre dont leurs pères avaient été si jaloux, ont eux-mêmes demandé à en être débarrassés (*V. Guerre privée*), les Fiefs ont substitué dans toute leur nature comme auparavant. Ce n'est donc pas dans ces deux conditions primitives qu'il faut chercher leur essence, puisqu'ils subsistent sans elles, et qu'une chose ne peut subsister sans son essence.

» Pour peu que l'on considère les Fiefs de près, tant dans leur origine que dans leurs progrès et leurs différentes situations, on aperçoit facilement que le seigneur a toujours eu l'attention d'être habituellement reconnu pour l'auteur de la concession, aussi long-temps qu'elle subsisterait. Il n'a pas voulu qu'on en perdît jamais le principe de vue, ni qu'on méconnût l'origine et le titre de la possession du vassal. Le service militaire, qui fut primitivement exigé, n'était qu'une manière de reconnaître le bienfait, et de marquer toujours la source d'où il procédait. Mais une autre manière de manifester cette reconnaissance, eût pu être adoptée et être imposée pour condition. Cela est si vrai, que, depuis bien des siècles, celle-là n'a plus lieu : et cependant les Fiefs subsistent sans altération.

» L'acte solennel que nous appelons *hommage*, et qui est une action réglée depuis tant de siècles, prouve bien que le caractère propre et distinctif de la féodation, est d'entretenir sans cesse dans le cœur du vassal une reconnaissance toujours active pour son seigneur, et de lui remettre perpétuellement sous les yeux la main de qui il a reçu ce qu'il tient. Aussi au moment où cette reconnaissance cesse, au moment où le vassal méconnaît son seigneur, le lien moral qui les unissait est rompu, et il n'y a plus de rapport féodal entre eux; le vassal perd ce qu'il possède, et le seigneur rentre dans ses droits.

» Aucun autre contrat qui transfère d'une manière quelconque la propriété ou la possession d'une chose, ne porte les mêmes caractères. La donation exige bien une reconnaissance de la part du donataire : s'il se montrait ingrat envers son bienfaiteur d'une manière révoltante et caractérisée, il pourrait perdre le don qu'il en aurait reçu. Mais cette obligation de reconnaissance et cette peine d'ingratitude ne passent pas au-delà de la personne du donataire; encore n'exige-t-on pas de lui des actes positifs et formels de reconnaissance perpétuelle : c'est donc là sa différence propre et caractéristique. Il doit donc être défini *une concession faite à la charge d'une reconnaissance toujours subsistante, qui doit se manifester de la manière convenue.*

» Je dis généralement *une concession,* pour embrasser, 1.° tous les cas de concession en Fief, tant d'immeubles que de droits, etc. On a remarqué précédemment combien de sortes de choses ont été données en Fief, dans ces temps où le goût de l'inféodation dominait.

» 2.° Le cas où le Fief serait à titre gratuit, comme celui où il serait à titre onéreux : c'est un point sur lequel les auteurs ne sont pas d'accord. Je voudrais bien que ceux qui le regardent comme essentiellement gratuit, citassent l'exemple d'un seul Fief qu'on puisse véritablement dire avoir été concédé gratuitement. Si l'on considère les Fiefs dans leur simplicité originelle, et par conséquent dans leur plus grand état de perfection, on ne trouve pas qu'ils aient été gratuits. Etre absolument à discrétion, être obligé à tous les momens de faire un service dispendieux, et de s'y entretenir, ce n'est assurément pas jouir gratuitement. Au reste, quelle que soit l'opinion préférable, la définition que je donne est satisfaisante : elle convient indistinctement à l'une ou à l'autre. Que la concession soit gratuite ou qu'elle soit onéreuse, c'est toujours une concession

» Je dis encore, *de la manière convenue,* afin que

la définition embrasse la manière dont la reconnaissance se manifestait originairement, et celle dont elle s'est manifestée depuis. Avant l'hommage, elle ne se manifestait que par le service militaire. Quand la formalité de l'hommage a été introduite, elle s'est directement manifestée par cet acte solennel; et elle se manifeste encore de même aujourd'hui, excepté dans quelques coutumes où l'hommage est abonné, c'est-à-dire, converti en une redevance (1). Dans ces coutumes, cette redevance est la manière dont la reconnaissance féodale se manifeste.

» Je n'emploie point les termes de *bénévole* et de *libre* qui se trouvent dans la définition ordinaire, parce qu'ils sont inutiles pour faire connaître clairement la nature de la chose définie, et qu'ils sont d'ailleurs implicitement compris sous les termes de *concession* et de *reconnaissance*. En effet, dès que le Fief est une concession, il doit être libre. Si je faisais un abandon forcé de ma chose, cet abandon ne serait pas une concession.

» Enfin, dès qu'il s'agit d'une concession qui exige une reconnaissance, elle présente l'idée de bienveillance, sans qu'il soit nécessaire de l'exprimer formellement.

» Je ne dis pas non plus que la concession est *perpétuelle ;* car la *perpétuité* n'est pas de l'essence du Fief, puisque les premiers Fiefs n'étaient qu'à temps.

» Je ne parle point de la rétention de propriété directe, parce qu'elle n'est point non plus de l'essence du Fief. Primitivement, il est vrai, le seigneur se réservait la propriété, parce qu'il ne concédait que les fruits ou le droit de les percevoir; de sorte que le vassal n'était qu'une espèce d'usufruitier; mais c'était là un mode qui tombait plus sur l'objet concédé, que sur la concession en elle-même. Le seigneur ou le roi eût pu, dès le premier instant, concéder la pleine propriété, comme il concédait la simple propriété utile. Dumoulin convient lui-même, dans sa préface des Fiefs (2), qu'il n'est pas de l'essence du Fief, que la seigneurie directe de l'héritage tenu en Fief, demeure à celui de qui il est tenu. Pourquoi donc ne pas donner une définition qui convienne au Fief en lui-même, abstraction faite des modes accidentels et des conventions particulières qui ne peuvent jamais toucher à la nature constitutive du contrat?

» Il y a plus. Je pense sans difficulté, que les Fiefs appartiennent en pleine propriété aux vassaux, depuis qu'ils sont patrimoniaux et disponibles. S'ils ne furent pas d'abord considérés comme une propriété parfaite, c'est qu'ils ne consistèrent que dans une jouissance précaire et passagère qui pouvait se perdre à chaque instant, et qui contrarie l'idée de propriété. Mais quand ils sont devenus héréditaires et qu'ils ont absolument tombé dans le patrimoine du vassal, on a dû prendre d'autres idées. Quand je puis vendre, donner, aliéner, de toutes les manières, détériorer une chose, en un mot, en disposer à mon gré, j'ai bien le *jus utendi et abutendi* dans lequel consiste la vraie propriété; c'est au moins l'idée qui se présente naturellement.

» Qu'on n'objecte pas que le vassal n'est point maître de disposer de son Fief à volonté, qu'il ne peut pas le démembrer, s'en jouer à son gré, etc.

» S'il est lié sur ces dispositions, ce n'est point parce qu'il n'est pas propriétaire absolu, c'est parce qu'il est propriétaire à une condition à laquelle il ne peut porter atteinte. Par le titre de l'inféodation, le vassal doit une reconnaissance au seigneur, pour une étendue déterminée de domaines ou d'objets qui tous ensemble composent son fief, et n'en composent qu'un seul et même. C'est pour cet ensemble déterminément, collectivement et suivant l'état des choses au moment du contrat, que le seigneur doit être reconnu. Il n'est donc pas au pouvoir du vassal de diviser ou de restreindre la reconnaissance, sans le consentement de la partie avec laquelle il a traité. Il ne peut donc pas diviser et dénaturer le titre du Fief, d'un seul en faire plusieurs, en un mot, le démembrer, à moins que le seigneur n'y consente, ou, ce qui est la même chose, à moins que la coutume ne le permette; ou, s'il le fait, ce démembrement ne peut préjudicier au seigneur.

» Quant au jeu de Fief, qui consiste à séparer le titre de Fief du corps des héritages, il a toujours été permis, avec une étendue plus ou moins considérable, parce qu'il importe peu au seigneur quel est le détenteur des héritages, tant que la reconnaissance féodale subsiste, et qu'il se trouve un vassal toujours prêt à la manifester de la manière convenue. Ainsi, le jeu de Fief a été permis dans des temps, même pour la totalité des héritages. Le vassal pouvait aliéner jusqu'à la moindre partie de sa glèbe, et se retenir le titre ou la qualité de vassal, et la charge d'en remplir les devoirs. Un seigneur pouvait de même se dépouiller de tous les héritages de sa domiuance, et se réserver les droits du Fief. Si cette faculté a été restreinte par le droit commun coutumier, c'est qu'il a paru ridicule d'attacher les droits féodaux à un être purement moral et intellectuel. Mais toujours est-il vrai que le jeu de Fief n'est pas absolument et par lui-même, contraire à l'essence du Fief, puisqu'il n'altère pas la reconnaissance féodale, et qu'il ne fait que changer de main le corps de l'héritage, sans toucher au titre constitutif du Fief. Le démembrement et le jeu de Fief ne fournissent donc aucun argument contre la pleine propriété du vassal.

» Qu'on n'en cherche pas un plus solide dans la réversion qui se fait en certains cas, comme celui de commise et de défaut d'hommage. Cette réversion a lieu, non parce que le vassal n'était pas pleinement propriétaire, mais parce que la condition à laquelle il l'était, a cessé d'être exécutée. Il était dû au seigneur une reconnaissance toujours subsistante qu'on lui a refusée, ou à laquelle on a manqué; dès-lors, l'engagement cesse, et il rentre dans ses droits.

(1) *V.* par exemple, la coutume d'Anjou, art. 258.

(2) *Imò, quod fortius est, Feudum potest subsistere sine retentione dominii directi.... nec est de essentiâ vel substantiâ Feudi, quòd proprietas vel directum dominium retineatur, sed solùm de naturâ. Undè si in infeudatione res sit concessa in Feudum cum omni dominio directo et utili, et cùm omnibus actionibus directis et utilibus...., erit verum Feudum.* Préface, n. 14 et 15.

» Il en est à peu près de ce cas comme de celui où un acquéreur n'aurait pas payé le prix de son acquisition au terme convenu. Quoique la propriété lui eût été transférée, quoique la tradition réelle de la chose lui eût été faite, le vendeur pourrait néanmoins y rentrer, sans qu'on pût dire que l'acheteur n'avait pas été vraiment propriétaire.

» De même, si une donation est révoquée pour cause d'ingratitude, quoique le donateur rentre dans la chose donnée, il est cependant certain que le donataire en a eu une pleine propriété.

» De même enfin, si une vente a été faite sous la condition d'une réversion ou d'un réméré : tel cas avenant, le contrat peut être détruit pour l'avenir, quoiqu'il ait été translatif d'une propriété entière.

» Les cas où le seigneur peut rentrer dans le Fief qu'il a concédé, ne prouvent donc pas que le vassal ne soit point pleinement propriétaire.

» Une autre raison prise dans les Fiefs mêmes, vient à l'appui de celles-là. Il est incontestable qu'il y a des arrière-Fiefs, et qu'ils sont de même nature que les premières concessions, qu'on appelle pleins Fiefs. On prétend que le vassal qui a sous-inféodé (et qui, par cette sous-inféodation, est devenu seigneur), a retenu, vis-à-vis de son vassal, la propriété directe, comme le suzerain se l'était retenue vis-à-vis de lui. Or, comment se réserver ce qu'on n'aurait pas? et comment, par conséquent, former un arrière-Fief de même nature que le plein-Fief?

» Je sais qu'on répond qu'une simple propriété utile par rapport au vassal immédiat, peut être considérée comme une propriété directe par rapport à l'arrière-vassal. Mais ce ne sont là que des distinctions vaines où la chose ne se trouve point. Il est toujours certain que celui qui n'a pas une vraie propriété, ne peut pas se la réserver vis-à-vis d'un autre, puisqu'on ne peut se réserver ce que l'on n'a pas, et que, par conséquent, de deux choses l'une : ou l'arrière-Fief n'est pas de même nature que le plein-Fief, (l'un laisse au seigneur une propriété que l'autre ne laisse pas), ou la pleine propriété passe avec le Fief.

» Je ne pense pas qu'on doive, qu'on puisse même raisonnablement balancer sur l'alternative. La rétention de propriété directe de la part du seigneur de Fief, n'est point de l'essence du Fief : rien ne prouve, dans le fait, qu'elle ait lieu depuis que les Fiefs sont pleinement patrimoniaux et disponibles; elle contrarie le système de la sous-inféodation, et toutes les idées qui naissent de la manière absolue et illimitée avec laquelle les vassaux disposent des Fiefs, en tout ce qui n'est pas contraire à la reconnaissance toujours active due au seigneur; il faut donc la rejeter. Cette manière d'envisager l'inféodation, a du moins l'avantage de simplifier les idées, d'élaguer des distinctions inutiles qui n'apportent ni simplicité ni lumières dans la matière, et de prévenir des objections auxquelles on ne peut pas trouver de réponses qui satisfassent un esprit juste.

» Je ne parle point encore dans ma définition, de la *fidélité* qu'on fait entrer dans celle que Dumoulin a adoptée, et dans laquelle il fait consister toute l'essence du contrat de Fief (1), parce que j'ai prouvé précédemment que cette fidélité est étrangère au Fief, loin d'en constituer l'essence, à moins qu'on ne la prenne pour une exactitude scrupuleuse à manifester la reconnaissance due au seigneur, et à remplir la condition de l'inféodation; et encore dans ce sens-là, cette exactitude serait bien différente de la reconnaissance même. En deux mots, quand il s'agit de l'essence du Fief, il faut, ou proscrire l'expression *fidelitas*, ou lui donner la même acception qu'au terme *recognitio seu gratitudo*.

» Enfin, je ne fais point entrer dans ma définition les mots *cum exhibitione servitiorum* (avec prestation de services), de celle de Dumoulin, parce que, quelle que soit l'acception qu'on donne à cette expression, les prestations qu'elle désigne, sont étrangères à l'essence de la féodalité, et dépendent de la convention et des titres particuliers; *cœtera verò dependent à pactis et tenore investituræ*. Or, on ne doit faire entrer dans une définition, que ce qui tient essentiellement à la nature de la chose définie.

» Puisque l'obligation de la reconnaissance que le vassal doit au seigneur, porte sur une concession de la part de celui-ci, et qu'elle en est, en quelque sorte, le véritable prix, elle ne peut donc subsister qu'autant que la concession subsiste elle-même. Si le seigneur voulait être servi dans le principe, il ne fallait pas qu'il retirât son bienfait; autrement, le vassal eût été dégagé à l'instant. De même, s'il veut être reconnu aujourd'hui, il ne faut pas qu'il retire le Fief des mains du vassal, (dans le cas où il le pourrait). Le contrat impose donc une obligation à chaque partie : il est donc synallagmatique ».

Telles sont, sur cette matière importante, les vues de M. Hervé; en applaudissant à la justesse qui y règne, nous nous permettrons d'observer qu'elles ne conviennent point aux Fiefs de la province d'Alsace; et c'est ce qu'on sentira aisément, lorsqu'on verra ci-après, §. 3, n. 3, à quelles entraves est sujet, dans ce pays, le droit des vassaux sur leurs Fiefs.

§. II. *Dans le doute, la féodalité doit-elle être présumée?*

La question de savoir si, dans le doute, un bien doit être présumé féodal ou non, a été prévue par les rédacteurs des chartes générales de Hainaut. L'art. 2 du ch. 102 de ces lois porte « que tous biens immeubles sont réputés Fiefs, si, par fait spécial, n'appert du contraire ». L'art. 2 du ch. 26 contient la même disposition : « De droit commun et général tout est et sera tenu et réputé Fief, s'il n'y a limitation ou comprendement du Fief, ou fait spécial au contraire ».

Que signifient, dans ce texte, les termes, *s'il n'y a limitation ou comprendement du Fief?* En vain, pour en pénétrer le sens, voudrait-on avoir recours

(1) *Feudi.... substantia* in solâ fidelitate *quæ est ejus forma essentialis, subsistit. Cætera verò dependent à pactis et tenore investituræ.*

aux lumières de quelque commentateur; ces lois si obscures, si volumineuses, demandent un interprète depuis plus de cent cinquante ans, et ne l'ont pas encore trouvé. Tâchons néanmoins de jeter un peu de jour sur le passage dont il s'agit.

Quel est l'objet des chartes générales dans ce passage? C'est, ce semble, de décider si, lorsque, dans un titre quelconque, un corps d'héritage est énoncé comme féodal dans une de ces parties désignée par des limites certaines, on doit présumer que le restant de ce corps d'héritage est de la même nature? On aurait pu soutenir l'affirmative, sur le fondement que tout est censé Fief, *s'il n'appert du contraire;* car, dans l'espèce proposée, il n'y a point de preuve de la non-féodalité d'une partie de l'héritage, puisque le titre n'en parle pas du tout. — Mais, d'un autre côté, on peut dire que le silence du titre forme seul une présomption contre la féodalité; qu'en déclarant expressément une de ses parties féodales, il fait assez entendre que l'autre partie ne l'est pas; que c'est le cas de la règle, *unius inclusio est alterius exclusio;* et c'est ce dernier sentiment que les chartes générales paraissent avoir adopté, en restreignant le principe qui répute Fief tout bien dont la nature est inconnue, aux cas où *il n'y a limitation ou comprendement du Fief*, c'est-à-dire où il n'y a point de titre qui restreint la féodalité à une certaine partie d'un corps d'héritage.

Mais ne nous arrêtons pas à une seule coutume, et examinons notre question en thèse générale.

Elle peut être envisagée sous deux points de vue. Ou il s'agit de savoir si un bien est Fief plutôt que franc-alleu, ou le combat n'est qu'entre la qualité de Fief et celle de censive.

1.° Dans les véritables principes, c'est à celui qui prétend qu'un bien est Fief plutôt que franc-alleu, à prouver que ce bien procède originairement de la concession d'un seigneur qui s'en est retenu le domaine direct avec la foi.]

Car la concession de l'héritage est le premier des titres; et sans celui-là, tous les autres sont nuls.

Mais l'usage, bien plus que la raison, l'ascendant des seigneurs, bien plus que l'autorité de la loi, ont apporté une modification à cette règle. Il y a des provinces où la concession est légalement présumée: il y en a d'autres où *toute terre est présumée franche, si le seigneur ne démontre le contraire.* Celles-ci possèdent leurs terres en franc-alleu; et dans les premières, toutes terres sont censées féodales... Dans les premières, la concession originaire est présumée, par conséquent la servitude, et le seigneur n'a rien à prouver à cet égard. Cependant cette cession n'est pas érigée en fait; la loi ne la regarde pas comme réellement existante; elle se contente de la présumer, ce qui laisse au vassal et au tenancier la faculté d'établir le contraire. S'il peut prouver qu'il ne tient pas son héritage de la libéralité du seigneur, la présomption s'évanouit et la coutume se tait devant la vérité, la première de toutes les lois: *cedat consuetudo veritati; planè quis dubitet veritati manifestœ consuetudinem cedere?* Ainsi, quand le propriétaire a démontré que son héritage n'est pas féodal, qu'il ne provient pas de la concession du seigneur, les titres de celui-ci, les droits qu'il prétend, ceux même dont il jouit, ne peuvent être regardés comme des droits féodaux, mais seulement comme des droits personnels ou purement fonciers, comme des droits dérivant de la convention, et conséquemment comme des droits prescriptibles.

Entre les coutumes allodiales qui n'admettent aucune présomption de féodalité, et les coutumes féodales ou censuelles qui n'admettent aucune présomption d'allodialité, il en existe qui forment, pour ainsi dire, la nuance entre les unes et les autres: ce sont des coutumes qui, sans proscrire ni admettre le franc-alleu, reconnaissent néanmoins une directe universelle. Dans les premières, c'est au seigneur à prouver la servitude; dans les secondes, personne ne peut tenir un alleu sans un titre formel émané du seigneur; et dans les troisièmes, des indices, des reconnaissances, des titres quels qu'ils soient, la prescription même accompagnée de certaines circonstances, suffisent pour établir la franchise. *V. Franc-Alleu.*

On opposera sans doute à cette distinction l'axiome si souvent répété, si universellement répandu, et si peu digne de l'être: *il n'existe en France aucune terre sans seigneur;* mais *V. Enclave.*

[2.° Sur la question de savoir si, dans le doute, un bien qui est reconnu n'être pas franc-alleu, doit être réputé Fief ou censive. *V. Franc-Alleu*, §. 2.

§. III. *De la faculté de posséder les Fiefs, de les aliéner et d'en disposer.*

I. La faculté de posséder des Fiefs n'a jamais été contestée qu'à trois sortes de personnes: les femmes, les gens de main-morte, et les roturiers.

1.° Les Fiefs ayant été concédés originairement pour le service militaire, dont les femmes sont naturellement incapables, elles furent d'abord exclues du droit de les posséder. Cela est ainsi établi dans le recueil des constitutions impériales, qu'on nomme le Livre des Fiefs (*liber de usibus Feudorum*), liv. 1, tit. 1, §. *hoc autem.*

En France, depuis que les Fiefs sont devenus patrimoniaux et héréditaires, les femmes ont été admises à les posséder. Mais dans les premiers temps, le seigneur pouvait les obliger de se remarier, afin qu'il trouvât dans leurs maris, des vassaux capables de le servir à la guerre.

Quoique cette autorité des seigneurs sur leurs vassales soit abolie, il est resté néanmoins dans nos lois et dans nos coutumes, quelques vestiges de l'ancienne inhabileté des femmes à posséder des Fiefs.

D'abord, elles sont exclues de la couronne, qui est la source de tous les Fiefs.

En second lieu, les apanages des enfans de France se réunissent au domaine du roi, à défaut de postérité masculine, et ne passent point aux filles.

Troisièmement, l'ordonnance de 1566, confirmée par l'art. 279 de l'ordonnance de Blois, veut que la ligne masculine venant à manquer, les duchés, les marquisats et les comtés, qui sont les plus grands Fiefs du royaume, soient réunis à la couronne, à l'exclusion des filles héritières des précédens possesseurs. Il est vrai que, par les lettres d'érection des terres, on a coutume de déroger à ces ordonnances : mais du moins la dérogation est nécessaire; et le parlement de Paris a toujours soin, en vérifiant et enregistrant les lettres, d'ajouter la condition qu'à défaut de ligne masculine, la dignité de nouvelle érection demeurera éteinte et supprimée. *V. Duché.*

Enfin, il y a plusieurs coutumes dans le royaume, où les femmes sont, en pareil degré, exclues par les mâles de la succession des Fiefs.

2.° Les gens de main-morte ne peuvent posséder des Fiefs, qu'en fournissant aux seigneurs de qui ils relèvent, un homme vivant et mourant, et en lui payant un droit d'indemnité. Il faut en outre, s'il s'agit d'acquisitions nouvelles, qu'ils obtiennent du roi des lettres-patentes qui les autorisent à les faire, et qu'ils payent au trésor royal une finance appelée *Droit d'amortissement.*

3.° A l'égard des roturiers, *V. Franc-Fief.*

II. La faculté d'aliéner un Fief, ou d'en disposer, doit être considérée sous deux rapports différens, c'est-à-dire, relativement et au seigneur et aux héritiers présomptifs du vassal.

III. Le droit commun de la France permet à tout vassal d'aliéner son Fief et d'en disposer, sans le consentement de son seigneur.

La coutume de Cambresis a particulièrement consacré cette faculté précieuse. Un Fief (dit-elle, tit. 1, art. 32), « se peut vendre ou autrement aliéner, sans le consentement du seigneur ».

Mais pour que le seigneur ne puisse pas critiquer l'aliénation faite par son vassal, il faut qu'elle comprenne la totalité du Fief : car le démembrement, en cette matière, est presque universellement défendu. *V. Démembrement de Fief.*

Les anciennes constitutions impériales, recueillies dans le *livre des Fiefs*, ne se bornent pas à défendre le démembrement : elles interdisent au vassal tout acte d'aliénation qui porte sur le Fief, en tout ou en partie; et elles y attachent la peine de *commise.*

C'est sans doute pour empêcher qu'on ne voulût appliquer cette jurisprudence au Cambresis, province autrefois mouvante de l'empire, que les rédacteurs de sa coutume y ont inséré la disposition dont on vient de rappeler les termes.

Le Dauphiné a aussi relevé, pendant plusieurs siècles, des empereurs d'Allemagne; et, par cette raison, le livre des Fiefs, qui y fait loi, y avait autrefois introduit la défense d'aliéner les Fiefs sans le consentement des seigneurs. Nous trouvons un arrêt de la chambre des comptes de Grenoble, du premier avril 1332, qui refuse l'investiture à l'acquéreur d'un Fief mouvant du roi, parce que ce bien avait été vendu sans le consentement du gouverneur de la province, par qui sa majesté était représentée en cette partie (Salvaing, *de l'Usage des Fiefs*, chap. 2).

Cette défense subsistait encore du temps de Guy-Pape. Ce magistrat dit, en ses conseils 214 et 215, et en ses décisions delphinales, page 162, que les Fiefs de cette province ne sont réputés patrimoniaux que pour la manière d'y succéder, *quoad modum succedendi;* qu'on y suit, pour les aliénations, *quoad modum alienandi*, les règles tracées dans le livre des Fiefs; et qu'il y a un arrêt du parlement de Grenoble portant que le vassal encourt de plein droit la commise et la privation de son Fief, s'il a l'indiscrétion de le vendre sans le consentement du seigneur : *quòd si vendat domino irrequisito, cadit ipso jure à Feudo, et aperitur Feudum domino.*

Mais cette jurisprudence est changée. « Aujourd'hui (dit Salvaing, *loc. cit.*), les Fiefs sont purement patrimoniaux, tant pour l'aliénation que pour la succession. Cette révolution, (ajoute-t-il), s'est opérée par la coutume qui n'a point d'autre titre qu'elle-même...... Le plus ancien arrêt que j'ai vu contre la commise du Fief aliéné sans le consentement du seigneur, est celui du 25 septembre 1514, qui fut obtenu par Jean et Pierre Roziers de l'Albenc, contre le procureur-général du roi ».

La défense d'aliéner les Fiefs s'est mieux maintenue en Alsace. Louis XIV avait cru devoir l'abroger relativement aux Fiefs mouvans de la couronne, et il avait rendu à cet effet, le 26 février 1697, une déclaration par laquelle il promettait à tous ceux de ses vassaux qui payeraient une certaine finance, une permission perpétuelle de vendre leurs Fiefs, et d'en disposer. Mais cette déclaration a été révoquée par un arrêt du conseil du 11 juin de la même année.

La prohibition générale d'aliéner que cet arrêt a rétablie, comprend-elle le simple engagement? Les constitutions impériales ne laissent aucun doute sur l'affirmative; mais dans l'usage, on distingue entre l'engagement fait avec faculté perpétuelle de rachat, et l'engagement fait avec *pacte commissoire.* Le premier est autorisé en Alsace, comme dans toute l'Allemagne : le second est défendu, parce qu'au moyen de la clause par laquelle on stipule que si, au bout d'un temps préfix, le prix de l'engagement n'est pas rendu, la faculté de réméré sera éteinte, il pourrait dégénérer en aliénation absolue.

La défense d'aliéner n'empêche pas de sous-inféoder. « Cependant, dit l'auteur du *Traité du droit commun des Fiefs* (tom. 1, ch. 9, n. 20), si les premières investitures renfermaient la clause expresse que le Fief ne pourra être aliéné sous aucun prétexte, cette prohibition géminée empêcherait le vassal de pouvoir sous-inféoder ».

Le même auteur demande si la prohibition générale d'aliéner, à laquelle les vassaux d'Alsace sont sujets, comprend tous les actes par lesquels il peut être constitué un droit réel sur un Fief, tels, par exemple, que l'emphytéose? Cette question n'est pas difficile à résoudre.

« L'emphytéose (dit l'auteur cité), transfère un droit réel qui a l'effet de la propriété, et donne l'action réelle de la complainte, en cas de saisine et de nouvelleté. L'emphytéose est donc une sorte d'aliénation, surtout parce que, de sa nature, elle est perpétuelle; elle est donc dans le cas de la prohibition; c'est le sentiment des plus célèbres feudistes.

» Néanmoins, l'usage a introduit en Allemagne une exception à cette règle générale : les vassaux peuvent librement, et sans encourir de blâme, concéder, à titre d'emphytéose, des terrains incultes et des lieux déserts dépendans de leurs Fiefs, afin de les mettre en valeur.

» La raison de cette exception est sensible : l'amélioration des terres incultes peut devenir profitable au seigneur lui-même, lorsque le cas de la réversion arrive à son profit.

» Mais cette liberté, que l'usage accorde aux vassaux, ne peut-elle pas dégénérer en abus? Ne peuvent-ils pas s'en servir comme d'un prétexte, pour donner au même titre des portions de fiefs qui ne seraient point incultes, dans la vue de les détacher du domaine direct du seigneur? Il en est du canon emphytéotique, comme du *cens libellaire;* le fonds devient libre, en vertu du contrat emphytéotique; le seul canon prend la nature féodale, il est réputé être le Fief. En sorte que tout homme, qui a la faculté de donner un bien à titre d'emphytéose, est censé de droit, en être le propriétaire incommutable; il est donc évident qu'un vassal, en concédant une portion de son Fief, à ce titre, en deviendrait le propriétaire, et ne ferait plus entrer dans les aveux et dénombrement qui fournirait à son seigneur, que le canon annuel qui serait payé par l'emphytéose.

» Cette observation a fait mettre une restriction à la règle; et on tient que la coutume ne devant point être étendue d'un lieu à un autre, la faculté de donner des terrains incultes, dépendans des Fiefs, sans le consentement des seigneurs, ne peut être autorisée que par un usage local et constant.

» Par acte passé pardevant le notaire et le tabellion de la ville de Delle, en Haute-Alsace, le 20 août 1685, le Fief de Norappe, relevant du roi, et possédé par messieurs de Ferrette, seigneurs d'Auxelles, fut délaissé par eux, à titre d'emphytéose, au nommé Jean Burckard, stipulant pour lui et ses hoirs mâles, moyennant un canon annuel de 35 livres bâloises et deux chapons. Le preneur jouit paisiblement de son emphytéose, jusqu'en l'année 1722, que le procureur fiscal de M. le duc de Mazarin, au bailliage de Belfort, exigea de l'emphytéote un droit de corvées; celui-ci prétendit qu'en vertu de son contrat, il devait être exempt de toutes charges: condamné en première instance, il interjeta appel au conseil supérieur d'Alsace; M. le duc de Mazarin intervint pour prendre le fait et cause de son procureur fiscal; messieurs de Ferrette prirent celui de l'emphytéote : le contrat emphytéotique était le titre sur lequel la contestation devait être jugée; la production de cet acte excita le ministère de M. le procureur-général, qui soutint pour le roi, que la concession d'un Fief à titre d'emphythéose, était une espèce d'aliénation, et que les lois féodales prononçaient la commise ou la privation contre le vassal, qui aliène sans le consentement du seigneur; que messieurs de Ferrette avaient beau dire que l'usage de l'Allemagne permet de concéder des terrains incultes à ce titre; que cet usage pouvant dégénérer en abus, il devait être autorisé par la coutume locale, et que cette coutume n'est pas constante en Alsace; il requit, non-seulement la cassation du bail emphytéotique, mais encore que la commise fût déclarée encourue par messieurs de Ferrette, et le Fief confisqué au profit du roi, avec restitution de tous les fruits perçus.

» Le conseil supérieur d'Alsace ne fit droit que sur une partie de ces réquisitions, par son arrêt du 16 septembre 1722 : cet arrêt, plein d'équité, casse le bail de l'année 1685, parce qu'en quarante ans de temps, les biens incultes avaient pu être rétablis, et qu'ainsi, le vassal avait dû rendre à son Fief sa première qualité; mais il ne déclare pas la commise encourue, parce que la prohibition souffre une modification, et que, si elle s'étendait jusqu'aux terres vacantes, incultes et abandonnées, la loi introduite en faveur du seigneur direct, du vassal et de ses héritiers féodaux, leur deviendrait contraire, en ce qu'il ne serait jamais permis au possesseur d'un Fief de faire sa condition meilleure, tandis que le droit commun permet aux usufruitiers de faire leur profit particulier, en faisant valoir les choses qui, sans leur industrie, ne seraient d'aucun rapport.

» A l'égard de l'usage, il est constant en Alsace : les gentilshommes, surtout de la Basse-Alsace, ruinés par les guerres, hors d'état de rétablir bien des choses dépendantes de leurs Fiefs, pouvant à peine subsister eux-mêmes, ont fréquemment mis en usage la voie de l'emphytéose, pour établir petit à petit les manoirs et les usines dépendans de leurs Fiefs. Sans parler des bois et prairies en friche, on rapporterait plus de trois cents baux emphytéotiques de biens originairement féodaux, dont la nature est conservée par les aveux et dénombrement fournis à chaque mutation. D'ailleurs, de même qu'en procès ordinaire, et suivant le droit, on ne condamne point une partie sans l'entendre; ainsi, en matière féodale, il faut un jugement privatoire, contradictoirement rendu ou par défaut, parties dûment appelées, qui déclare la commise encourue; c'est la jurisprudence de la chambre impériale. En sorte qu'avant que la commise eût pu être déclarée encourue par messieurs de Ferrette, il aurait fallu les faire assigner, pour le voir dire, attendu la prétendue aliénation du Fief, qui ne se présume point par l'emphytéose.

» Ainsi, l'arrêt du 13 septembre 1722, qui a déclaré en même temps qu'à l'avenir les emphytéoses du tout ou de partie de Fiefs mouvans du roi, seront nulles, si elles ne sont autorisées par une permission expresse dûment enregistrée au conseil souverain, conserve autant les droits de Sa Majesté que ceux de ses vassaux, en même temps qu'il maintient une jurisprudence, conformément à laquelle le roi a voulu lui-même, par son édit du mois de septembre 1657, que les peuples d'Alsace continuassent d'être jugés sous sa domination ».

Voici une autre espèce qui s'est présentée, sur cette matière, en 1764; nous la tirons du *Recueil des ordonnances d'Alsace*, publié par M. le premier président de Boug, tome 2, page 657 :

« Le sieur Christian Frédéric Eckbrecht, baron de Turckheim, seigneur de Schoneck, possédait en Fief une forêt située dans le ban de Neudorff, village de la seigneurie de Schoneck.

» Une partie de cette forêt fut défrichée et convertie en terres labourables, qui furent données à bail simple à différens particuliers du lieu.

» Le sieur de Turckeim ayant contracté plusieurs dettes, il se fit un contrat d'union entre ses créanciers, et M.e Holtzapffel, avocat au directoire présidial de la noblesse de la Basse-Alsace, fut établi syndic à la masse.

» Par un acte du 25 mars 1756, la *compétence* ou la pension du sieur de Turckeim fut réglée, et il lui fut laissé la jouissance de sa portion dans les forêts de la seigneurie.

» C'est dans ces circonstances que le sieur de Turckeim imagina, pour se procurer de l'argent, devoir convertir différens baux simples de terres labourables, qui étaient ci-devant en nature de bois, en baux emphytéotiques.

» Il donna donc, par cinq contrats, les terres situées dans le ban de Neudorff, à dix particuliers du même lieu, à titre d'emphytéose, à la vérité pour le même canon qu'ils avaient payé jusques-là, mais chacun moyennant un droit d'entrée ou *laudeme* qu'il toucha.

» Le syndic de ses créancier, obligé de veiller à la perception de toutes ses rentes et revenus pour lui en faire état, ayant été instruit de cette espèce d'aliénation, exigea des acquéreurs ce laudeme, au payement duquel il lui fut permis, par décret du bailli de Schoneck, du 1.er février 1758, de les faire contraindre.

» Ces particuliers formèrent opposition à ce décret, et dirent qu'ils avaient déjà payé au sieur de Turckeim ce qu'on leur répétait; qu'ainsi, ils ne pouvaient être tenus de payer deux fois; mais, par sentence du 15 mai 1759, ils furent déboutés de leur opposition; en conséquence, chacun d'eux fut condamné à payer la somme qui lui était répétée.

» Le sieur de Turckeim interjeta appel au conseil de Colmar, de ces sentences, et prit le fait et cause des particuliers.

» La cause portée à l'audience du conseil, il dit que les baux emphytéotiques dont il s'agissait, n'ayant point diminué les canons qu'on avait tirés jusques-là des terres qui en faisaient l'objet, lesquels canons seuls étaient et pouvaient être affectés à la masse de ses créanciers, le *laudeme* qu'il avait perçu pour raison de ces contrats, était une sorte d'épave qui devait lui appartenir par préférence au syndic de ces mêmes créanciers, qu'au surplus lesdits contrats étaient avantageux au Fief, puisqu'ils lui assuraient pour toujours les mêmes canons, et que ces canons étaient les plus forts qu'on en eût jamais tirés.

» Le syndic, intimé, dit que le droit de *laudeme* devait revenir aux créanciers, puisque, par-là, leur masse était diminuée d'autant; que d'ailleurs le sieur de Turckeim, réduit comme il était au *bénéfice de compétence*, n'avait pas eu la liberté de faire une sorte d'aliénation au préjudice de ses créanciers.

» M. l'avocat-général Muller porta la parole dans la cause, et dit qu'après l'arrêt du 16 septembre 1722, par lequel le conseil avait fait défenses aux vassaux du roi de laisser, à titre d'emphytéose, le tout ou partie de leur Fief sans permission de Sa Majesté, il n'était pas possible de laisser subsister les baux emphytéotiques dont il s'agissait, et que le sieur de Turckeim avait passés de son propre mouvement et sans permission; qu'ainsi, il était obligé de s'élever contre ces actes, et d'en requérir l'annullation.

» Il ajouta que son ministère exigeait pareillement de faire rétablir les fonds en question dans leur ancienne nature de bois; mais que comme il n'était point instruit en quel temps cette conversion avait été faite, il croyait devoir suspendre son jugement jusqu'à ce que l'époque de ce défrichement ou de cette conversion fût constatée authentiquement.

» Sur ce, arrêt, le 11 janvier 1764, qui prononce conformément à cet avis, en ces termes: « Le conseil, faisant droit sur les réquisitions du procureur-général du roi, a cassé et annullé les contrats emphytéotiques mentionnés dans les sentences dont est appel; faisant pareillement droit sur lesdites réquisitions, a ordonné et ordonne que, dans le mois, l'appelant sera tenu de rapporter les pièces justificatives de l'époque du défrichement des forêts dont est question, sous telle peine que de droit; et a condamné l'appelant aux dépens envers l'intimé».

M. le premier président de Boug, fait sur cet arrêt, des observations qui méritent d'être recueillies:

« Nous suivons (dit-il), en Alsace, le droit féodal des Lombards, tel qu'il se trouve dans le corps de droit; et ces lois féodales son exactement observées sans aucun mélange d'usages ou de statuts contraires.

» Par les principes de ce droit féodal, le vassal n'est qu'une sorte d'usufruitier, qui peut jouir des fruits du Fief, et disposer du Fief comme un bon père de famille; mais il ne lui est pas permis de l'aliéner en tout ni en partie. Or, il est constant en droit que l'emphytéose, ainsi que le bail à long-temps, sont des espèces d'aliénation.

» Si donc il agit contre ces principes, s'il excède les bornes de la jouissance du Fief, s'il le dénature, le tout est nul; et le droit prononce cette nullité pour l'intérêt du seigneur direct, pour celui du vassal successeur, ainsi que pour la conservation du Fief.

» Tous les feudistes les plus accrédités, et notamment Strick, Vulteïus, Rosenthal, Struve, enseignent ces principes d'après le texte du droit féodal.

» On y trouve, il est vrai, aussi que tout ce que le vassal fait pour l'utilité du Fief, il le fait valablement; et que même il peut donner en emphytéose des paquis, des terres incultes et abandonnées, parce qu'en faisant valoir des choses, qui, sans son industrie, ne seraient d'aucun rapport, non-seulement il fait sa condition meilleure, mais même celle du Fief et du seigneur direct; mais cette nullité ne consiste pas précisément dans le profit ou l'avantage momentané que le vassal peut tirer de ce qu'il fait, comme du changement ou de la conversion du Fief en une autre nature ou qualité que celle qu'il avait; c'est la fin même de cette nullité qui doit entrer en considération. Or, dans la cause du sieur de Turckeim, ce vassal avait, de son aveu et de son propre mouvement, converti des baux simples de différens fonds, qui dépendaient de ses forêts féodales, et qui n'étaient pas dans le cas de l'exception consignée par les feudistes, c'est-à-dire, qui n'étaient pas des terres incultes ou abandonnées, en baux emphytéotiques; ayant donc fait ce changement, sans que l'utilité du

Fief ou la nécessité en aût été constatée, ni qu'il eût fait les démarches nécessaires pour l'assurer, en obtenant la permission du seigneur direct, le ministère public ne pouvait se dispenser de s'élever contre ce procédé, et le conseil de statuer sur ces réquisitions ».

IV. La faculté d'aliéner et de disposer, relativement aux héritiers présomptifs des vassaux, n'éprouve, dans notre droit commun, aucune gêne résultant de la féodalité.

Nous avons bien quelques coutumes qui, dans certains cas, défendent toute aliénation ou disposition des Fiefs; mais ce n'est point la féodalité de ces biens qui fonde la prohibition qu'elles prononcent : commune aux Fiefs et aux rotures, elle a, dans ces coutumes, des causes toutes particulières. *V. Dévolution coutumière*, *Nécessité jurée* et *Réserves coutumières*.

Il n'en est pas de même en Alsace. Voyez, outre l'arrêt du conseil du 11 juin 1697, rappelé ci-devant, n. 3, ce que nous dirons ci-après, §. 4, vers la fin, et l'article *Révocation de Fiefs aliénés en Alsace*.

§. IV. *Des différentes manières de succéder aux Fiefs.*

Dans l'origine, il n'y avait point de succession pour les Fiefs : il était au pouvoir du seigneur de les révoquer à volonté, comme de simples précaires.

Ensuite, les Fiefs; ils ont été donnés à vie; bientôt on les rendit transmissibles aux enfans des possesseurs; et insensiblement ils le devinrent aux autres héritiers. *V.* ci-devant, sect. 1; et *Démembrement de Fief*.

Il faudrait des volumes pour retracer tout ce que notre jurisprudence offre de variation sur la manière actuelle de succéder aux Fiefs : nous nous bornerons donc aux points éminens de cette matière, et nous ne parlerons de la succession à ces sortes de biens que relativement aux coutumes ou usages de Paris, de Picardie, des Pays-Bas et de l'Alsace.

ART. I. *Coutume de Paris.*

Dans la multitude de coutumes qui ont réglé la manière de succéder aux Fiefs, si l'on était forcé de s'attacher à une par préférence, personne ne pourrait raisonnablement douter que cette préférence ne fût due à celle de Paris, tant parce que, comme le remarque Argou, tome 1, page 116, de l'édition de 1771, *c'est la plus raisonnable de toutes*, que parce qu'elle a servi comme de type à plusieurs autres qui ont adopté ses dispositions, et que, sous ce point de vue, on peut la regarder comme la plus généralement suivie.

Voici donc l'ordre qu'elle a tracé pour les successions féodales.

En ligne directe, l'aîné mâle a un préciput qui consiste dans le château ou principal manoir, la cour, la basse-cour et un arpent de terre aux environs de la maison; il a en outre une portion avantageuse, c'est-à-dire, les deux tiers du reste du Fief, s'il n'y a que deux enfans, et la moitié, s'ils sont plus de deux. (*Art.* 13, 15 et 16.)

Si le défunt n'a laissé que des filles, il n'y a point de droit d'aînesse. (*Art.* 19.)

En ligne collatérale, les garçons partagent également entre eux, sans préciput ni portion avantageuse; et ils excluent les femelles en pareil degré. (*Art.* 25, 322, 323, 325 et 331.)

La coutume de Paris n'a garde, comme l'on voit, de s'opposer à la division des Fiefs en succession. Cette division y est, au contraire, ordonnée de la manière la plus expresse. Mais les Fiefs de dignité ne doivent-ils pas être, à cet égard, excepté des dispositions de la coutume; et l'aîné des héritiers ne doit-il pas être admis à les prendre en totalité, à la charge de récompenser ses cadets, soit par d'autres biens de la succession, soit par des deniers comptans?

L'affirmative est incontestable par rapport aux duchés-pairies : l'édit du mois de mai 1711 l'a consacrée dans les termes les plus précis.

Pour les autres Fiefs de dignité, la question a été agitée et jugée récemment au parlement de Paris.]

Le marquis de Brou prétendait avoir le droit de retenir toutes les terres érigées en marquisat par le feu roi. en 1761, en faveur de M. son père; en récompensant ses sœurs en argent de ce qu'elles avaient droit de prétendre à titre de succession; en conséquence, il soutenait que tous les Fiefs de dignité, tels que les duchés, comtés, marquisats et baronnies, étaient de droit impartables.

Les dames ses sœurs demandaient leurs parts héréditaires en terres des mêmes Fiefs, et non en argent, selon les dispositions des art. 13, 14, 15 et 16 de la coutume de Paris, dans laquelle les biens sont situés.

M. l'avocat-général Joly de Fleury, qui a donné ses conclusions dans cette affaire, a traité avec étendue la question de savoir si les Fiefs de dignité sont impartables ou non; il a observé que, sous la première race de nos rois, tous les Fiefs étaient indivisibles en vertu de la loi salique; que, sous la seconde race, cette prérogative d'impartabilité avait été restreinte aux seuls Fiefs de dignité.

Examinant ensuite les dispositions des coutumes, M. l'avocat-général a fait voir qu'elles étaient presque toutes muettes sur la question, à l'exception de quatre situées sur les confins du royaume; qu'au contraire, le droit commun, l'esprit de toutes les autres coutumes, singulièrement celui de la coutume de Paris, qui régit les terres dont il s'agit, était celui d'égalité parfaite. Les coutumes mêmes qui ont des dispositions indirectement favorables au système de l'impartabilité, comme Touraine, Anjou, le Maine, Loudun et Meaux, en établissant que les comtés, vicomtés et baronnies ne se partagent pas, exigent que l'aîné puisse récompenser ses puînés en terres féodales de la même succession d'où sont venus les Fiefs de dignité; d'où naît la conséquence, même dans ces coutumes, qu'à ce défaut, les Fiefs de dignité cessent d'être impartables.

Il n'y a nulle analogie entre ces coutumes dont les dispositions doivent être resserrées dans leur territoire, et le droit commun de toutes les autres coutumes dont l'égalité est l'ame.

M. Joly de Fleury, en examinant la doctrine des jurisconsultes, tels que Loysel, Brodeau, Tiraqueau, Lemaître, Valin et Bourjon, qui inclinent pour l'impartabilité, a observé que leur opinion venait peut-être de ce qu'ils étaient trop attachés à l'ancien état des Fiefs; qu'ils n'avaient pas assez remarqué les changemens survenus depuis; que, le service militaire aboli, les Fiefs étaient devenus patrimoniaux et divisib'es par rapport à la glèbe, le titre restant toujours indivisible.

Les auteurs du système contraire sont Chopin, Charondas, Dumoulin, Guyot et Lebrun.

Loyseau, dans son *Traité des droits seigneuriaux*, distingue, quant à l'office; d'où il résulte, suivant cet auteur, que lorsqu'il n'y a pas d'offices attachés aux Fiefs, ils sont partables.

A l'égard de la jurisprudence sur cette question, elle se réduit à huit arrêts, dont quatre fort anciens, du parlement de Toulouse, desquels on ne peut rien induire pour la cause présente, parce qu'on suit, en Languedoc, le droit écrit ou droit romain, et que les lois des Lombards, connues sous le nom de livres des Fiefs, qui établissent l'indivisibilité des Fiefs de dignité, sont censées en faire partie; ainsi il n'est pas étonnant que, dans des temps très-reculés, ce parlement ait jugé dans son resort selon la loi territoriale.

Restent quatre arrêts du parlement de Paris, de dates aussi fort anciennes, de 1519, de 1559 et de 1570, dont on ne sait pas bien les espèces, et qui ont pu, ainsi que le remarquent les arrêtistes, être déterminés par les circonstances.

A cette époque reculée, on pouvait tenir encore au système d'indivisibilité des Fiefs, qui a été abandonné de fait lors de la rédaction de presque toutes les coutumes à laquelle ont assisté les ducs, comtes, barons et autres grands seigneurs qui en ont consenti l'homologation, et n'ont pas réclamé contre la loi générale d'égalité de partage qu'elles établissent presque toutes.

Dans l'espèce particulière, le marquisat de Brou étant de création nouvelle, ne pourrait prétendre à l'impartabilité, même d'après le sentiment de la plupart des auteurs; il n'a pas même toutes les marques constitutives du Fief de dignité dont la principale est de relever en totalité du roi, ainsi que les duchés-pairies, ce qui ne se rencontre pas dans le marquisat de Brou.

Après cette discussion que nous ne faisons qu'effleurer, et qui a été savamment approfondie par M. l'avocat-général, ce magistrat a conclu que, puisqu'il n'y avait pas de loi précise sur l'impartabilité, ni de raisons particulières décisives dans l'espèce pour l'admettre, c'était la disposition de la coutume de Paris qu'on devait suivre pour le partage de la succession qui divise les parties.

Arrêt du 5 février 1778, conforme aux conclusions de M. l'avocat-général, qui ordonne que le marquisat de Brou sera partagé conformément à la disposition de la coutume où les terres sont situées, qui est celle de Paris, entre les enfans du feu marquis de Brou, savoir, le marquis de Brou et les dames de Maupeou et de Pompone, ses sœurs, dépens compensés.

[Art. II. *Coutume de Picardie* (1) *et des Pays-Bas.*

En ligne collatérale, ces coutumes s'accordent presque unanimement à déférer tous les Fiefs à l'aîné des héritiers mâles; et, s'il n'y a que des femelles pour héritiers, à la plus âgée d'entre elles.

Mais en ligne directe, elles se divisent en deux classes.

Les unes donnent tous les Fiefs à l'aîné ou à l'aînée; mais à la charge d'en laisser, soit le tiers, soit le quint, aux cadets ou aux cadettes, en cas qu'ils le requièrent. *V. Quint naturel* et *Tiers des puînés*.

Les autres, lorsqu'il n'y a qu'un Fief, le donnent à l'aîné ou à l'aînée; mais quand il y a plusieurs Fiefs, elles n'accordent à l'aîné d'autre avantage que celui du choix, en sorte qu'après qu'il en a opté un, chacun des puînés en prend un autre, suivant l'ordre de son âge; et si le nombre des Fiefs excède celui des enfans, le dernier ayant choisi, l'aîné a encore le choix entre ceux qui restent. (*V.* les chartes de Hainaut, ch. 90, et la coutume de Cambresis, tit. 1, art. 10.)

En Hainaut, l'aîné des mâles n'a qu'un seul droit de choix dans tous les Fiefs qui viennent, soit du père, soit de la mère. (*Chartes du Hainaut, ch. 90, art. 7.*)

Mais, dans la coutume de Cambresis, il a le droit de choisir un Fief dans chacune des successions de son père et de sa mère. (*Art. 12 du titre cité.*)

Sur la question de savoir si la représentation a lieu par rapport aux Fiefs, dans les coutumes de de Paris, de Picardie, des Pays-Bas, et quels en sont les effets, *V.* l'article *Représentation* (*droit de*).

Art. III. *Jurisprudence d'Alsace.*

Comme nous l'avons déjà dit, on suit en Alsace les principes du *livre des Fiefs*.

Pour les bien saisir, ces principes, il faut d'abord, suivant la méthode de Goetzmantz (*Traité du droit commun des Fiefs*, part. 1, chap. 85), étudier ceux qui concernent les successions des agnats; passer ensuite à ceux qui regardent les successions des femmes, et finir par quelques décisions communes aux unes et aux autres.

1.° *Règles pour la succession des agnats aux Fiefs d'Alsace.*

La première de ces règles est que les ascendans ne succèdent point à leurs descendans.

« La raison en est sensible (dit l'auteur cité): ou le Fief est *ancien*, et dans ce cas, il n'est pas possible que l'ascendant recueille le Fief de son descendant, puisque celui-ci n'y est admis et n'entre en possession qu'après la mort de ses ascendans; ou le Fief est *nouveau*, c'est-à-dire que le possesseur actuel est le premier investi; et en ce cas, ce possesseur venant à mourir sans descendant masculin, le Fief retourne dans la main du seigneur.

(1) Nous n'y comprenons pas ici le Vermandois.

» Il y a cependant une exception à cette règle : c'est lorsque le père renonce à son Fief, en faveur de son fils ; dans ce cas, si le fils vient à mourir, le Fief retourne au père.

» *Seconde règle.* Tandis qu'il y a de la descendance du premier investi, ceux qui la composent, sont appelés au Fief à l'infini ; et les fils partagent le Fief de leur père également, quand même ils partageraient le surplus de sa succession par portions inégales.

» En ligne directe, la représentation a lieu à l'infini, et on y succède par souches ; au lieu qu'en ligne collatérale, la représentation n'a plus lieu après les frères et les neveux ; de là il suit que ceux qui sont dans des degrés plus éloignés, succèdent par têtes ; les enfans mêmes des frères, quand ils ne viennent plus conjointement avec un ou plusieurs de leurs oncles, ne succèdent déjà plus par droit de représentation, mais par têtes, conformément à la constitution de Charles-Quint, de l'année 1551, donnée dans la diète de Spire.

» *Troisième règle.* Le droit du vassal étant dévolu à tous ses agnats, il est clair que, s'il meurt sans descendance masculine, quoique la succession du Fief ne puisse pas être réclamée par les ascendans en ligne directe, elle est cependant dévolue aux ascendans en ligne collatérale, comme à l'oncle du vassal qui meurt sans enfans mâles.

» *Quatrième règle.* Si le Fief a été accordé au vassal et à ses hoirs simplement, en ce cas, il aura quelque qualité héréditaire, quoiqu'il soit transmissible aux seuls descendans mâles ; cependant ils ne pourront en prendre possession, sans accepter la succession allodiale du défunt, parce que le Fief, dans ce cas, a la qualification de Fief *mixte* ; au lieu que, lorsque la désignation de fils et descendans mâles est expresse, le Fief est appelé *ex pacto et providentiâ*. Le seigneur alors n'ayant entendu pourvoir qu'aux descendans mâles du premier investi, ceux-ci trouvent, par ce moyen, une ressource assurée contre l'indigence, en se mettant en possession du Fief possédé par leur père ou leurs autres ascendans, même en renonçant à sa succession. Ainsi, le fils du patron, chez les Romains, avait la faculté de renoncer à la succession de son père, et néanmoins de demander ce que l'on appelait *bonorum possessio*, sur les biens de l'affranchi de son père ; il cessait, par sa renonciation, d'être l'héritier naturel de son père, et devenait, par le bénéfice de la loi, l'héritier civil de l'affranchi de son père ; de même le vassal étant regardé, par rapport à son fils, comme une double personne, celui-ci cesse d'être son héritier naturel par la renonciation qu'il fait à sa succession ; et devient son héritier civil, par rapport au Fief auquel il a, par le bénéfice des coutumes, un droit indépendant de la volonté de son père.

» La désignation des enfans et descendans mâles, pour tirer le Fief hors de la classe des biens et des facultés propres d'un homme, a été reconnue surtout nécessaire, par rapport au droit des créanciers en faveur desquels toute énonciation équivoque doit être interprétée. Les seigneurs directs ne sont point présumés vouloir autoriser les fraudes que pourraient commettre leurs vassaux à l'égard de leurs créanciers ; ainsi, lorsqu'ils accordent un Fief *mixte*, leur intention paraît être de dire aux descendans de celui qu'ils en investissent : « Si vous voulez appréhender » le Fief que j'ai concédé à votre auteur, prenez-le, » comme son héritier ; acquittez ses dettes, s'il en a ; » appréhendez toute sa succession active et passive, » ou renoncez à tout ».

» Il faut cependant observer qu'en ce cas même, le droit des créanciers ne peut point gêner celui du seigneur direct ; celui-ci ne saurait, par aucune circonstance, être forcé de recevoir un vassal malgré lui. Le droit du créancier d'un vassal décédé, lorsque le Fief que ce dernier délaisse, est *mixte*, est donc borné à la faculté de contraindre les héritiers féodaux de ce vassal de lui payer sa dette ; c'est ce qu'il peut faire en saisissant les fruits et revenus du Fief ; mais ce bien ne peut, dans aucun cas, être vendu par un décret forcé.

» N'y a-t-il donc point de circonstances où le successeur à un Fief mixte, puisse renoncer à la succession du vassal défunt et retenir le Fief ? Les feudistes en citent quelques-unes.

» Premièrement, si un fils était réduit par son père à la légitime, et que l'hérédité fût déférée à un étranger : dans ce cas, n'étant point tenu aux charges de la succession, le fils pourrait valablement retenir le Fief, quoique *mixte* ; la raison en est évidente.

» Secondement, s'il était *prétérit* dans le testament de son père, c'est-à-dire, s'il n'était ni exhérédé ni institué héritier, et que, par respect pour sa mémoire, il ne voulût point intenter contre son testament la *querelle d'inofficiosité*, dans ce cas encore, il pourrait se mettre en possession du Fief *mixte*.

» Dans le cas d'une expresse exhérédation, il faut distinguer : ou il se pourvoira contre le testament, pour le faire casser, et il réussira ; ou il ne se pourvoira pas ; ou s'étant pourvu, il ne réussira pas. Dans le premier cas, il entrera sans difficulté dans la possession du Fief, quoique *mixte* ; dans les deux autres cas, il en demeurera privé.

» A l'égard des exhérédations, les coutumes féodales veulent que les mêmes causes qui rendent le fils indigne de la succession allodiale de son père, le rendent indigne aussi de sa succession féodale, surtout si l'exhérédation avait une cause qui intéressât l'honneur et la réputation ; car toute action déshonorante ferme l'accès aux cours féodales.

» Troisièmement, le fils peut retenir le Fief *mixte*, si, du vivant de son père, il avait renoncé par serment à sa succession future. Les feudistes tiennent qu'une pareille renonciation est le plus sûr moyen de se délivrer des charges d'une succession.

» Quatrièmement, si le fils n'ayant point fait acte d'héritier, ne prenait d'autre qualité que celle *d'héritier sous bénéfice d'inventaire*.

» Cinquièmement, si, le Fief mixte n'étant point encore dévolu à mon père, parce que mon grand-père vivrait, celui-là venait à mourir le premier, je pourrais renoncer à sa succession, et retenir le Fief qui me viendrait des mains de mon grand-père.

» Sixièmement, si les agnats consentaient que la qualité d'ancien qu'avait le Fief, fût changée par le seigneur en celle de Fief nouveau, et cela en faveur du fils du dernier vassal ; en ce cas, ce fils pourrait encore renoncer à la succession de son père, et se mettre en possession du Fief *mixte ;* car ce changement dans l'investiture changerait le droit.

» *Cinquième règle.* Si, à l'extinction d'une branche, un agnat se présente pour faire *la reprise*, et que cet agnat soit en même temps appelé à la succession allodiale de dernier vassal, il pourra renoncer à l'allodiale, et retenir la féodale; ou, pour nous exprimer plus intelligiblement, il pourra renoncer à la succession du vassal, et se mettre en possession de son Fief, quand même il serait *mixte.*

Sixième règle. Dans les Fiefs *nouveaux*, les frères ne se succèdent pas, comme on l'a déjà remarqué ; mais le vassal étant mort sans postérité masculine, le Fief retourne au seigneur; si les deux frères ont été investis ensemble, et que l'un d'eux meure, sa part retourne encore au seigneur, car l'accroissement n'a pas lieu entre eux.

» Il y a des exceptions à cette règle.

» Premièrement, lorsqu'il y a une convention particulière, ratifiée et approuvée par le seigneur, pour la succession des deux frères. Il en est de même, lorsque, sans convention, ils ont rendu l'un et l'autre les devoirs et les services pour le même Fief dont ils auraient joui en commun.

» Secondement, ce serait encore la même chose, si le Fief avait été acquis du seigneur, moyennant finance, et que le prix de cette finance eût été payé par les deux frères. Il faut cependant que le seigneur ait connaissance de cette circonstance; s'il l'ignorait, la succession n'aurait pas lieu entre les deux frères; et le seigneur en serait quitte pour rembourser à celui qui n'aurait point de droit au Fief, la part qu'il aurait dans la Finance qui aurait été payée.

» Troisièmement, si deux frères avaient reçu un Fief, en accompagnant actuellement le seigneur à la guerre, la succession aurait également lieu entre eux.

» Quatrièmement, si deux frères sont simultanément investis, ils se succèdent, suivant Zasius, non par droit d'accroissement, mais par celui qu'on appelle en droit, *jus non decrescendi*, c'est-à-dire par non décroissement.

» Cinquièmement, si le Fief accordé à deux frères, ne consiste qu'en droits indivisibles, tels que sont les droits de juridiction, de patronage, de pêche, de chasse, de servitudes réelles ; dans ce cas, la succession a lieu entre eux, *ratione individui*, à cause de l'individuité des objets féodaux. Cependant il est dû en ce cas, au seigneur, une indemnité proportionnée à la valeur de la portion qui retournerait dans sa main, si le Fief était divisible. On pourrait même dire, et la raison semble l'exiger, que la préférence serait due au seigneur, qui, en retenant la totalité du Fief, donnerait une indemnité au frère survivant : cependant la faveur du droit est pour le vassal. Mais si le Fief avait été accordé au frère décédé, par des considérations personnelles, et qu'elles ne pussent point s'appliquer au frère survivant, comme si le frère décédé s'était attiré l'estime et la faveur du seigneur, par des qualités éminentes, et que le frere survivant n'en eût que de mauvaises, la préférence serait donnée au seigneur.

» Il l'obtiendrait également, si la part qui lui est dévolue par la mort du frère décédé, était la plus considérable ».

2.° *Règles pour la succession des femmes aux Fiefs d'Alsace.*

« *Première règle.* — Les femmes ne succèdent point aux Fiefs; le droit commun les en exclut, par la raison qu'elles sont incapables de rendre les services féodaux : cette exclusion s'étend même aux Fiefs acquis moyennant finance, quoi qu'en disent quelques docteurs, tels qu'Odsrédue, qui soutient mal à propos qu'à l'égard de ces sortes de Fiefs, les femmes y viendraient *vi contractûs.* Si cependant une terre titrée était achetée à prix d'argent, et qu'indépendamment du prix d'acquisition, on s'engageât encore, envers le vendeur, au payement d'une rente annuelle en signe de reconnaissance, il n'y a point de doute que les femmes n'y eussent droit ; mais il est évident qu'un pareil contrat serait *sensuel* plutôt que *féodal.*

» Il y a quelques exceptions à cette règle :

» 1.° Si, en vertu d'un pacte exprès, inséré dans les investitures, les femmes étaient appelées au Fief, elles y succéderaient dans le cas de l'extinction des mâles ; mais comme une pareille concession déroge au droit commun, on ne la considère pas comme un *bénéfice ;* c'est un privilége, et par conséquent elle doit être restreinte dans le sens le plus étroit.

» 2.° Si le Fief était maternel, c'est-à-dire qu'une femme en eût été la première investie, tant pour elle que pour ses héritiers quelconques, il serait transmissible aux femmes, à défaut de mâles.

» 3.° Si le seigneur investissait la fille du dernier vassal qui serait décédé sans hoirs mâles, ou parce qu'elle aurait racheté le Fief de ses propres deniers, ou en considération des services signalés du père, la commune opinion est, dans ce cas, que, nonobstant l'obscurité des textes féodaux, les agnats même seraient non-recevables à faire révoquer la concession.

» 4.° Si, par une coutume locale et particulière, les femmes étaient appelées avec les mâles à la succession des Fiefs, cette coutume, quoique très-rare, surtout par rapport aux Fiefs nobles, ferait loi ; car la disposition de la coutume locale est, après l'investiture, la première règle pour la décision des difficultés en matière féodale.

» Les femmes succèdent-elles aux Fiefs francs ? Le Fief franc, qui est à peu près ce qu'on appelle un franc-alleu, est celui pour lequel le vassal n'est tenu à aucuns services, et ne doit que la simple foi et la fidélité ; ce qui a fait dire à Balde que *feudum francum liberum est à servitiis, sed non à maleficiis.* La principale raison qui exclut les femmes de la possession des Fiefs, ne consistant que dans leur inaptitude à rendre les services féodaux, il est clair qu'on ne peut, sous ce prétexte, les écarter de la succession des Fiefs francs.

» *Seconde règle.* Lors même que les femmes sont appelées par l'investiture, conjointement avec les mâles, elles ne partagent pas le Fief avec eux, tant qu'il en existe : cette espèce de conjonction n'établit en leur faveur que le droit de succéder ; il n'assimile point les mâles et les femelles; celles-ci n'y viennent donc qu'après les mâles et à leur défaut.

» Cette règle souffre cependant quelques restrictions :

» 1.° Si un Fief conditionnel ou restreint à un certain genre de services, était accordé à quelqu'un, pour lui et ses hoirs mâles et femelles, cette qualité dans le Fief le rendrait propre, non-seulement à passer aux femmes, mais à être partagé par elles avec les mâles.

» 2.° Si une femme et un mâle étaient simultanément investis, ils auraient le même droit au Fief que deux frères simultanément investis.

» 3.° Si un Fief est accordé à deux frères, et à leurs hoirs mâles et femelles, quand même l'investiture ne serait pas simultanée, l'un des deux frères mourant et délaissant une fille seulement, cette fille succédera au droit de son père, parce que, dans un commencement d'investiture de cette espèce, la présomption de droit est que le seigneur a entendu pourvoir aux héritiers quelconques des deux frères.

» *Troisième règle.* Si l'investiture porte que le Fief est accordé au vassal et à ses hoirs mâles, avec faculté de passer aux héritiers féminins, à l'extinction des mâles seulement, les femmes demeureront exclues, tant qu'il y aura des descendans mâles du premier investi, de quelque côté qu'ils descendent, paternel ou maternel. Ainsi, si le vassal meurt, laissant un fils et une fille, le fils s'emparera du Fief à l'exclusion de la fille; s'il laisse deux filles, dont l'une a un enfant mâle et l'autre une fille seulement, le Fief sera dévolu à l'enfant mâle, qui exclura sa tante et sa cousine; enfin, le dernier mâle exclura, non-seulement la dernière femelle, mais toutes les femelles ensemble.

» Supposons maintenant que le vassal meure, laissant une fille unique, qui, en sa qualité de femme, n'ayant point de droit au Fief, se marie, et donne l'être à deux fils, Titius et Seïus. Titius, peu de temps après, décède, et laisse deux filles. Seïus meurt après lui, laissant un fils : à qui appartiendra la succession du Fief? Le droit commun prononce en faveur du fils de Seïus, et donne l'exclusion aux filles de Titius.

» Allons plus loin, et supposons que le premier investi n'ait laissé qu'une fille, que celle-ci en ait laissé deux autres, Titia et Seïa; ces deux filles n'ayant point eu d'exclusion par l'existence d'aucun mâle, ont partagé entre elles le Fief; Titia meurt, laissant un fils : celui-ci exclura-t-il sa tante Seïa de la portion de Fief de laquelle elle avait déjà pris possession? La commune opinion est que cette tante conservera la portion de Fief qui lui était avenue légitimement et sans obstacle; et la rigueur du droit féodal est ici tempérée par le droit civil, qui veut que, quand une fois la détention effective est jointe au droit, la propriété ou quasi-propriété est parfaite. On interprète, dans ce cas, le texte féodal, de manière à faire sentir que la femme n'est exclue par le mâle, que lorsqu'elle n'a encore acquis que le droit et non la détention effective jointe à ce droit.

» Autre question. On sait que le droit commun exclut les femmes, tandis qu'il existe des mâles, non-seulement de la possession du Fief ou du domaine utile du Fief, mais aussi du domaine direct, c'est-à-dire, de la suzeraineté : cela posé, un seigneur direct a investi Titius d'un Fief; il meurt ensuite, laissant deux fils; l'un d'eux, en mourant, laisse une fille, et l'autre un fils : à qui Titius se présentera-t-il pour requérir le Fief et faire les devoirs? Est-ce au petit fils ou à la petite-fille, ou à tous deux? Les feudis. es répondent qu'il doit se présenter au petit-fils seulement, et que le domaine direct ne doit être reconnu dans les femmes que lorsqu'il n'existe pas de mâles. Si cependant, ajoutent-ils, un fonds libre et allodial avait été nouvellement converti en Fief, le nouveau vassal qui tiendrait à ce dernier titre, sera tenu à des devoirs envers les hoirs mâles et femelles du seigneur direct de qui il aurait reçu ce Fief ».

3.° *Règles communes à la succession des agnats et à celle des femmes aux Fiefs d'Alsace.*

« Toute disposition testamentaire faite par le vassal, concernant son Fief, est nulle; le texte du livre des Fiefs y est exprès : *Nullâ ordinatione defuncti in feudo manente vel valente.* Ainsi, le testament par lequel le vassal ordonnerait que les fils succédassent au Fief par portions inégales, serait regardé comme nul et comme non avenu; et ses descendans mâles y viendraient en vertu du droit qui leur est acquis, et qui ne dépend nullement de la volonté des vassaux que la mort fait succéder les uns aux autres.

» Il y a cependant une exception à faire pour le Fief *mixte*, auquel les fils du vassal succéderaient, non comme descendans mâles simplement, mais comme héritiers : la commune opinion est qu'ils seraient tenus de respecter les dernières volontés de leur père, qui leur assignerait dans le Fief des portions inégales. Plusieurs feudistes pensent la même chose à l'égard du Fief *nouveau*.

» Au reste, une coutume particulière et locale peut, en cette matière comme en toute autre, déroger au droit commun, et assujettir un Fief aux dispositions testamentaires du vassal; car, on le répète, le droit féodal est un droit purement coutumier. Il n'y a donc, dans cette matière, de principes universellement constans, que ceux-ci : *La teneur de l'investiture est la première loi; à son défaut, c'est la coutume locale; à défaut de celle-ci, la disposition expresse du droit commun des Fiefs; la disposition expresse manquant, c'est l'esprit et le sens des coutumes féodales qui doivent servir de règle; et ce n'est que subsidiairement à tout cela, qu'on a recours au droit écrit.*

» C'est une règle générale que, pour les Fiefs anciens, il suffit aux mutations, que le vassal se présente au seigneur pour faire la *reprise*, et qu'alors celui-ci est tenu, ou de lui accorder un renouvellement d'investiture, ou au moins de lui donner un certificat portant qu'il s'est présenté; ce qui, par rapport au vassal, a le même effet qu'une investiture renouvelée.

» Mais il faut excepter de cette règle les Fiefs régaliens ou de dignité, pour lesquels de nouvelles investitures sont nécessaires, à chaque mutation, afin qu'on ne puisse pas en imposer au suzerain sur l'aptitude et les qualités personnelles du nouveau vassal : car il est bon d'observer que ces sortes de Fiefs, qui comprennent aujourd'hui une très-grande partie des droits royaux, n'étaient originairement que des grands offices, dont les empereurs ne chargeaient que des personnes de confiance, par rapport à l'intérêt public.

» C'est donc pour se rapprocher de cette première institution, qu'on tient, en Allemagne qu'il est au pouvoir d'un père, possesseur d'un Fief régalien, de proposer à l'empereur celui de ses fils qui est le plus capable de succéder. Il n'aurait pourtant pas ce pouvoir, si la *primogéniture* avait lieu dans sa famille.

» Ce droit de *primogéniture*, c'est-à-dire, le droit en vertu duquel toute la succession féodale appartient à l'aîné, qui n'est tenu qu'à des pensions alimentaires envers ses frères, est introduit dans un grand nombre de maisons illustres d'Allemagne. Les électorats y ont été soumis par la bulle d'or.

» Lorsque la possession immémoriale manque, le droit de primogéniture peut être introduit par un pacte particulier : ainsi, quoiqu'il n'eût pas lieu anciennement dans la maison de Hesse, il y est maintenant en vigueur, et cela par des conventions particulières, dont l'origine remonte à l'époque de la division de cette maison en deux branches principales, celle de Cassel et celle de Darmstadt. La primogéniture a été introduite par de pareils actes dans la maison de Mecklembourg, dans le duché de Poméranie et dans plusieurs autres.

» Lorsque la primogéniture n'a pas lieu dans une maison, tous les enfans mâles viennent à la succession féodale, comme investis simultanément.

» Et la règle qui rend nulle toute disposition testamentaire, par laquelle un vassal voudrait établir une succession inégale parmi ses héritiers féodaux, est commune aux Fiefs de dignité; car celui qui a droit à un Fief quelconque, ne prend pas tant la place du dernier possesseur que celle du premier investi; il ne succède pas proprement à la personne, mais à la chose.

» De là il suit que le droit de primogéniture ne saurait être introduit dans une famille en vertu d'une disposition testamentaire; mais qu'il faut le consentement de tous ceux qui ont droit au Fief; que ce consentement soit consigné dans un pacte exprès, et qu'il soit ratifié par le suzerain.

» Mais on suppose que le vassal laisse un fils insensé, attaqué d'une maladie habituelle, incapable enfin de rendre les services féodaux; succédera-t-il au Fief, dans cet état d'inaptitude? Les feudistes ont disputé long-temps sur cette question : mais le Fief venant de la libéralité d'un donateur, qui a entendu pourvoir, non-seulement à la subsistance de celui qu'il a le premier investi, mais à celle de ses successeurs, pourquoi l'accident d'une maladie ou d'une infirmité priverait-il l'un de ceux-ci de l'effet de cette générosité, tandis que l'inhabileté prononcée par les canons, n'est pas un obstacle pour les clercs? Les services de cet insensé, de cet infirme, peuvent être suppléés par un autre, comme ceux du clerc ».]

§. V. *Des droits et devoirs féodaux.*

En général, on distingue trois sortes de droits féodaux : les droits féodaux essentiels, les droits féodaux naturels et ordinaires, et les droits féodaux extraordinaires ou accidentels.

1.° *La fidélité* est, suivant Dumoulin, la seule chose qui dérive *essentiellement* d'un Fief quelconque. Un Fief existe comme tel, par cela seul qu'il soumet le propriétaire à l'obligation d'être fidèle au seigneur dominant : *Feudum in solâ fidelitate consistit.* L'obligation de porter la foi, n'est pas même essentiellement attachée à la tenure féodale. Ainsi l'ont pensé tous les feudistes : *Feudum potest existere absque juramento fidelitatis.*

[On a, au surplus, remarqué ci-devant, §. 1, que Hervé, dans sa *Théorie des matières féodales*, ne fait consister la *fidélité* dont parle Dumoulin, que dans ce qu'il appelle *recognitio* (reconnaissance); aussi dit-il, tom. 1, pag. 385, en parlant des droits essentiels des Fiefs, « qu'il n'y a que la nécessité d'une reconnaissance toujours subsistante, qui soit dans cette classe ».]

2.° Le plus commun et le premier des droits féodaux *naturels* ou *ordinaires*, c'est le serment de fidélité. Après lui viennent le relief, le quint, les lods et ventes; on les nomme droits naturels ou ordinaires, parce qu'en effet, l'usage les a presque partout attachés à la tenure féodale. — Nous disons *l'usage*, parce que ces droits n'ont réellement aucune autre origine, ce qui est bien sensible à l'égard des lods et du quint. Leur quotité varie dans presque tous les lieux; ils sont même inconnus dans quelques provinces. A Paris, c'est le quint; en Champagne, c'est le quint et requint; en Poitou, c'est le sixième; le douzième au Maine; le treizième en Normandie, etc. Tant de variétés annoncent clairement que les droits féodaux ordinaires, surtout le quint, ne dérivent pas de l'essence du Fief.

3.° Les droits extraordinaires ou accidentels sont pareillement l'effet de l'usage, et d'un usage encore moins général et moins uniforme. Dans cette classe, on range pour l'ordinaire les corvées, les banalités, etc. (M. l'abbé Remy.) *

[[§. VI. *Abolition du régime féodal. Effets progressifs de cette abolition.*

I. L'art. 1 des lois du 4 août 1789 « détruit entièrement le régime féodal ». — Par le même article, « ceux des droits et devoirs, tant féodaux que censuels, qui tiennent à la main-morte réelle ou personnelle et à la servitude personnelle, et ceux qui les représentent, sont abolis sans indemnité; tous les autres sont déclarés rachetables ».

Ces dispositions ont été développées par la loi du 15 mars 1790; et voici comment, à la séance de l'assemblée constituante du 8 février précédent, j'exposais, en présentant le projet de cette loi au nom du comité de féodalité, les principes qui en avaient dirigé la rédaction.

« Sans contredit, en détruisant le régime féodal, vous n'avez pas entendu dépouiller de leurs possessions les propriétaires légitimes des Fiefs; mais vous avez changé la nature de ces biens : affranchis désormais des lois de la féodalité, ils sont demeurés soumis à celles de la propriété foncière : en un mot, ils ont cessé d'être Fiefs, et sont devenus de véritables alleus.

» Vous apercevez déjà les conséquences qui doivent résulter de ce premier principe.

» Il n'existe plus de Fiefs : — Donc il ne peut plus y avoir lieu à la foi-hommage; car l'objet de la foi-hommage est de reconnaître la supériorité du seigneur dominant, de lui jurer fidélité; et comme, suivant la remarque de Dumoulin, c'est précisément en cela que consiste l'essence des Fiefs, il est clair que cette essence étant détruite, un pareil accessoire ne peut plus subsister.

» Il n'existe plus de Fiefs : — Donc nous devons regarder comme abolie toute charge imposée au vassal, qui, sans être utile, mais seulement honorifique pour le suzerain, ne servait, soit concurremment avec la foi-hommage, soit en la remplaçant, qu'à manifester la puissance de celui-ci et l'infériorité de celui-là. Telle est, dans plusieurs seigneuries, la charge de danser, de faire un certain nombre de sauts devant le seigneur, à certains jours de l'année. Telle est encore (et sans doute ce rapprochement ne fera pas suspecter les sentimens religieux de votre comité), telle est l'obligation à laquelle sont assujétis les possesseurs des Fiefs relevant des églises, dans les trois évêchés, de porter le dais aux processions du Saint Sacrement. Telle est pareillement, à l'égard des Fiefs qui ne sont point de *profit* et ne doivent que *la bouche et les mains*, l'obligation d'en fournir des dénombremens à chaque mutation.

» Il n'existe plus de Fiefs : — Donc les lois particulières qui, dans les successions, régissaient les biens ci-devant féodaux, deviennent sans objet et sans application; donc plus de droits d'aînesse ni de masculinité pour les Fiefs, à moins que les successions de meubles et de rotures (sur lesquelles nous ne pourrions vous proposer aucune vue de législation nouvelle, sans excéder les bornes de notre mission), n'y fussent elles-mêmes sujettes; donc égalité absolue dans les partages de Fiefs entre tous les héritiers du dernier possesseur, lorsque ceux-ci sont appelés au partage égal de ses meubles et rotures.

» Il n'existe plus de Fiefs, nous devons ajouter, et plus de censives : — Donc la supériorité féodale et censuelle est évanouie : donc le retrait féodal et censuel, qui n'était que des attributs de cette supériorité, comme nous nous réservons de l'établir par des détails particuliers, ne peuvent plus avoir lieu.

» Il n'existe plus de Fiefs : — Donc tous les droits utiles dont sont chargés les biens ci-devant féodaux, ne doivent plus être considérés que comme des droits purement fonciers et des créances purement réelles ».

Cette dernière assertion, vraie à l'époque où je la prononçais, et parfaitement conforme au texte comme à l'esprit des lois du 4 août 1789, ne va pas aujourd'hui assez loin. D'après la loi du 17 juillet 1793, les droits féodaux que l'assemblée constituante avait convertis en droits fonciers, n'existent plus : ils sont abolis entièrement et sans indemnité.

II. Remarquez cependant qu'il y a quelques-unes des nouvelles parties de l'empire dans lesquelles il n'a été donné aucune exécution à cette dernière loi, et qui, par suite, sont régies, quant à l'abolition de la féodalité, par les principes qu'avait posés l'assemblée constituante. Le décret rendu pour les départemens de l'Ems-Supérieur, des Bouches-du-Weser et des Bouches-de-l'Elbe, le 9 décembre 1811, contient, à cet égard, des dispositions que l'on trouvera sous les mots *Corvées*, *Rente seigneuriale* et *Terrage*.

III L'abolition du régime féodal a-t-elle entraîné celle de la réversibilité des ci-devant Fiefs d'Alsace, d'Allemagne et d'Italie, au domaine de l'Etat, en cas d'extinction de la descendance des vassaux? *V. Réversibilité des Fiefs.*

§. VII. *Quel est, en Allemagne, le sens du mot* Lehen, *qui correspond à ce que nous appelons* Fief? *Dans les parties du ci-devant empire germanique qui sont réunies à la France, doit-on regarder comme Fiefs proprement dits, les biens qui, avant la réunion de ces pays, ont été concédés par bail à Fief, sans réserve de la fidélité? Doit-on, au moins, lorsque par l'acte de concession, le bailleur s'est réservé la directe, considérer ces biens comme baillés à cens seigneurial? Quels sont les caractères distinctifs du bail à cens seigneurial et de l'emphytéose?*

Le 8 mai 1772, l'évêque de Bâle prince de Porentruy, a concédé à François Hertzeis, un petit terrain en nature de verger, moyennant une redevance annuelle de trois sous bâlois et un chapon.

Le titre de cette concession n'existe plus; mais on le retrouve littéralement dans un autre du 20 décembre 1775, qui n'a fait que le renouveler, et dont voici les termes : « Nous Frédéric, par la grâce de Dieu, évêque de Bâle, prince du saint empire.... » faisons savoir que, sur très-humble supplication à nous faite par notre *amé* et *féal* Antoine Hertzeis, meunier à Seprais, porteur de ce *Fief*, et seul possesseur d'icelui, nous l'avons gracieusement et de nouveau *inféodé*, pour lui et tous ses *descendans mâles*, procréés en légitime mariage, *qui demeureront dans le lieu de Glovelier, en Fief mâle, mouvant de nous et de l'évêché de Bâle*; c'est à savoir un petit verger, situé devers Minuit dudit village, de la largeur de trois toises, et de la longueur de douze toises, usitées par la justice rurale du même lieu, contenant dix perches carrées, à la mesure superficielle; la perche courante à dix pieds de roi, entre la partie septentrionale du verger, provenant aussi des *nobles de Vorbourg*, *notre treizième Fief de Bise*; le clos dit ès-Vergers, n. 57 de notre sixième *Fief*, consistant dans la terre des Herbes-auclerc, et en la seconde partie de la grosse terre de Vorbourg de Minuit, et des vergers allodiaux de Vent et de Midi, sujet à la barre au bout de Minuit, contre le clos dit ès-Vergers et à sa portion contre les autres clos, si et lorsque les circonstances l'exigeront qu'ils en soient séparés par une barre; le tout conformément à la *reconnaissance dudit Fief, du 8 mai 1772*; et est fait le *présent prêt* pour la *cense annuelle et perpétuelle* de *trois sous bâlois* et d'un *chapon*, à rendre et payer à *notre recette pour ce établie à Delemont*, sur chaque jour de fête de Saint-Martin en hiver, par telles conditions que le retenant et ses avant-dits hoirs mâles seront tenus et obligés de bien éborner, maintenir et cultiver ledit clos ou verger, de le boucher et esserter le tout en bon et dû état, *comme aussi de bien et fidèlement payer ladite cense annuellement, sans en laisser échoir deux, la troisième montante, à peine d'être privés de ce Fief, qu'ils ne pourront en outre et ne devront engager, vendre, changer, hypothéquer, obliger* ou *aliéner en manière que ce soit ledit Fief* ou me iorance d'i elui, *sans notre permission et consentement*, et de nos successeurs; que *toutes à quantes fois que la main changera*, soit par notre décès ou par celui du retenant, ils *seront alors tenus, dans six semaines immédiatement suivantes, de reprendre ledit Fief de nous, et payer pour la reprise autant que la cense annuelle de trois sous et un chapon;* comme aussi de donner un *porteur du Fief* à nous agréable, en faisant seulement inscrire la reprise et le porteur sur la présente lettre d'investiture, sans leur en expédier une nouvelle; et *que généralement ils feront tout ce qu'un bon et féal retenant est tenu et doit faire :* et *le cas advenant qu'ils contreviendraient auxdites conditions et réserves, alors le Fief sera échu en commise à nous pour le retirer à nous, le represter de nouveau* ou en *disposer* suivant notre bon vouloir et plaisir, comme de notre propre, sans être tenu à aucune récompense, soit de bâtiment, mélioration e qu'autrement; et cela sous l'obligation de tous et singuliers leurs biens meubles et immeubles, présens et à venir, aquis et à acquérir quelconques. En témoin de quoi, nous avons fait apposer notre sceau aux présentes. *Donné en notre résidence au château de Porentruy,* le 20 décembre 1775. *Signé* François, *conseiller aulique et châtelain des Fiefs* ».

Le Porentruy ayant été réuni à la France, et le gouvernement français ayant, par-là, succédé aux droits de l'évêque de Bâle, la régie de l'enregistrement et des domaines a demandé à Hertzeis les arrérages de la redevance de trois sous bâlois et un chapon à laquelle il s'était obligé par le titre ci-dessus transcrit.

Hertzeis refusant de payer cette redevance, et soutenant qu'elle était abolie, comme féodale, par l'art. 1 de la loi du 17 juillet 1793, une contrainte a été décernée contre lui; et sur l'opposition qu'il y a formée, le combat s'est engagé devant le tribunal civil de Delemont.

La régie, pour écarter l'art. 1 de la loi du 17 juillet 1793, et prouver que, d'après l'art. 2 de la même loi, cette redevance devait être maintenue comme purement foncière, a produit trois décisions du ministre des finances, en date des 18 brumaire an 6, 24 floréal an 7 et 23 floréal an 11.

Par la première, il est dit : « Il faut distinguer les concessions faites par le prince de Bâle avec réserve de foi et hommage, de toutes celles qui l'ont été sous la seule condition d'acquitter une redevance foncière et un droit de reprise, qui, s'ouvrant à la mort de chaque tenancier, devait être payé par celui qui leur succédait dans l'emphytéose. Ces dernières concessions, quoiqu'elles soient faites à titre de Fiefs, n'ont rien de féodal. En effet, le principal caractère d'une baillée féodale consistait dans l'obligation de faire la foi et hommage, ou dans d'autres devoirs personnels. C'est donc seulement par abus du mot, et en l'employant dans une autre acception que celui qu'il avait en France, que les concessions dont il s'agit, sont dites être faites à titre de Fiefs.— On ne peut reconnaître, soit dans la redevance foncière, soit dans les deniers d'entrée exigibles en cas de mutation, que de simples valeurs représentatives de la concession primitive des fonds..... Mais (il en est autrement) à l'égard des redevances imposées par le prince de Bâle avec réserve de foi et hommage, etc. ».

La seconde décision est motivée comme la première et la confirme.

Enfin, la troisième décision, celle du 23 floréal an 11, est ainsi conçue : « Il n'y a pas lieu à délibérer sur la réclamation des tenanciers du ci-devant évêché de Bâle et autres corporations supprimées dans le pays de Porentruy, contre les poursuites exercées à leur égard par les préposés de l'administration des domaines, pour raison du payement des redevances affectées sur les biens dont ils sont détenteurs. Les décisions ministérielles du 18 brumaire an 6 et 24 floréal an 7, relatives aux redevances dont il s'agit, continueront à être exécutées, jusqu'à ce qu'il en soit autrement ordonné ».

A la vue de ces décisions, le tribunal civil de Delemont n'hésite pas à prononcer en faveur de la régie; et par jugement en dernier ressort du 2 nivôse an 12, il condamne Hertzeis à payer la redevance réclamée à sa charge, « attendu que la qualité de Fief donné au bail dont est porteur le cit. Hertzeis, est une qualification impropre qui ne peut le faire considérer comme bail féodal et supprimé; qu'il faudrait pour ce, qu'il fût accompagné d'une cense représentative, ou de l'assujétissement à la foi et à l'hommage, qui ne se rencontrent ni l'un ni l'autre dans l'acte; d'où il résulte que les redevances stipulées par ce titre, ne sont que des redevances foncières maintenues par les lois ».

Hertzeis se pourvoit en cassation contre ce jugement, et soutient,

Qu'en prononçant ainsi, le tribunal civil de Delemont a faussement appliqué l'art. 2 et violé l'art. 1 de la loi du 17 juillet 1793; qu'en effet, le titre constitutif de la redevance litigieuse, renferme une inféodation; que le mot y est écrit en toutes lettres; qu'il y est dit qu'on *inféode*, et qu'on inféode en *Fief mâle;* que ces expressions ne laissent aucun doute sur l'intention des parties; — Que si du mot on passe à la chose, si l'on examine la nature de l'acte, et les stipulations qu'il contient, l'inféodation est encore plus évidente; — Que d'abord, celui qui concède est seigneur; qu'ensuite, l'objet qu'il concède, est situé dans l'étendue de sa seigneurie; qu'enfin, cet objet est concédé pour être tenu comme *mouvant* du seigneur qui concède; que ces caractères ne peuvent appartenir qu'à l'inféodation;

Qu'en vain le tribunal civil de Delemont a-t-il argumenté de ce que, par l'acte du 20 décembre 1775, le concessionnaire n'était pas assujéti à la foi-hommage; que c'est, de la part de ce tribunal, une erreur de fait; et qu'elle est démentie par l'acte même, en ce qu'il assujétit le détenteur à *reprendre* le Fief à chaque mutation; que *reprendre* un Fief, c'est en recevoir l'investiture; et qu'on ne peut recevoir l'investiture d'un Fief, sans reconnaître pour seigneur dominant celui de qui on le tient, sans lui rendre foi et hommage; — Que non-seulement Hertzeis était assujéti à cet hommage, à cette foi, mais qu'il était encore tenu, à chaque mutation par décès, de payer une double rente, ce qui constituait un véritable droit de *relief*, droit qui n'est jamais dû que par un vassal à son seigneur;

Qu'il est même stipulé dans le titre, qu'en cas de contravention de la part d'Hertzeis aux conditions qui lui sont imposées, notamment à celle de ne pas transférer sa résidence hors de la commune de Glovelier; et à celle de ne pas aliéner ou hypothéquer sans le consentement de l'évêque de Bâle, le Fief tombera en *commise*, et que l'évêque pourra le *retirer* : que cette stipulation suffirait seule pour faire juger la concession féodale;

Que la redevance annuelle est désignée sous le nom de *cense;* et que cette expression est, sinon une preuve, du moins un signe de féodalité;

Qu'après tout, s'il était possible de ne pas reconnaître une inféodation dans l'acte dont il s'agit, il faudrait au moins considérer cet acte comme un accensement ou bail à cens seigneurial; — Qu'il y a en effet bail à cens seigneurial, toutes les fois qu'un bien noble est aliéné avec retenue de la seigneurie directe, et à la charge d'une prestation récognitive de cette seigneurie; — Que, dans l'espèce, une prestation annuelle a été imposée sur le petit verger concédé à Hertzeis; qu'il n'est donc plus question que de savoir si elle l'a été avec retenue et en reconnaissance de la seigneurie directe; — Que la seigneurie directe du petit verger a été certainement retenue par l'évêque de Bâle, puisque l'évêque de Bâle a expressément stipulé que le petit verger serait *mouvant* de lui et de son évêché;

Qu'inutilement viendrait-on objecter que, par cette stipulation, l'évêque de Bâle s'était réservé, non une directe seigneuriale, mais une directe emphytéotique;

Qu'il aurait sans doute pu ne se réserver qu'une directe emphytéotique, si le petit verger, avant l'aliénation qu'il en a faite, eût formé dans sa main un franc-alleu; mais que tel n'était pas, tel ne pouvait pas être, le caractère de ce bien dans la main de l'évêque; que tout ce que l'évêque possédait dans sa principauté de Porentruy, était tenu par lui en Fief de l'empire germanique; que cela résulte des lettres d'investiture accordées à chaque nouvel évêque de Bâle, par l'empereur d'Allemagne, notamment de celles du 23 août 1694 et du 3 août 1747 : — « Nous avons (y est-il dit) donné gracieusement en Fief à notredit prince......... évêque de Bâle, toutes et chacune les régalies, Fiefs et le temporel, avec tous les honneurs, seigneuries, féodalités spirituelle et temporelle, mines et minières, pays, peuples, bourgs, châteaux, villes, bourgades et villages, haute et basse justice, ainsi que le droit de juger à mort, juridiction forestière et vénerie, honneurs, droits, dignités, ornemens, fonctions, biens, rentes, censes, jouissances, revenus et appartenances qui lui compètent ainsi qu'à son évêché, de droit et tels qu'ils sont parvenus à lui par ses prédécesseurs les évêques de Bâle »; — Qu'ainsi, l'évêque de Bâle n'a pu aliéner le petit verger actuellement possédé par Hertzeis, qu'en le détachant du gros de son Fief; et qu'il est bien notoire que ce n'était point par emphytéose, mais seulement par inféodation ou par bail à cens, qu'un seigneur de Fief pouvait aliéner une portion de son domaine féodal, avec réserve de la directe.

A tous ces raisonnemens, Hertzeis ajoute des productions de pièces que je crois inutile de rappeler, parce qu'elles ont été jugées insignifiantes et n'ont fait aucune impression sur les magistrats.

Je ne rappelle pas non plus la défense de la régie des domaines, parce qu'elle n'a pas paru satisfaisante.

Mais ce qui a particulièrement fixé l'attention de la cour, ce sont les conclusions de M. Daniels, parfaitement instruit des principes du droit féodal germanique, il a établi

Que le pays de Porentruy ayant toujours fait, avant sa réunion à la France, partie de l'empire d'Allemagne, c'était par la jurisprudence allemande qu'il fallait apprécier les clauses du titre de prétendue inféodation du 20 décembre 1775;

Que, suivant cette jurisprudence, ce n'est pas la dénomination de *Fief* attribuée à un bien, qui le constitue tel; qu'il ne suffit pas, pour créer un Fief proprement dit, d'employer les mots *inféoder* ou *concéder en Fief;* qu'il faut encore stipuler expressément la réserve de la foi et hommage; que, sans cette réserve, il n'y a point, en Allemagne, d'inféodation ni de Fief, mais simplement un bail emphytéotique, ou bail à locatairie perpétuelle; qu'ainsi, l'acte du 20 décembre 1775 ne contenant pas la réserve de la foi et hommage, ne pouvait pas valoir comme inféodation;

Que la défense d'aliéner et d'hypothéquer, sans le consentement du bailleur, est, en Allemagne, commune aux feudataires et aux emphytéotes; que, si elle est écrite pour ceux-là dans le livre de *usibus feudorum*, qui forme le droit commun féodal germanique, elle l'est également pour ceux-ci dans les lois romaines; et que, de-là, on ne pouvait pas argumenter de cette défense dans l'acte du 20 décembre 1775, pour en induire que, par cet acte, on eût créé un Fief plutôt qu'une emphytéose;

Que l'obligation de *reprendre* et de payer une double redevance à chaque mutation, n'équipolle nullement à celle de rendre la foi et hommage; que, dans le droit romain, l'emphytéote doit aussi, à chaque mutation, reconnaître le propriétaire direct de qui il tient son bail, et lui payer un droit de *laudemium* ou relief;

Que la peine de la commise n'est stipulée dans l'acte du 20 décembre 1775 que, pour le cas où le preneur viendrait à manquer à ses engagemens; qu'il n'y a là rien de féodal; que c'est une clause usitée dans tous les contrats, et singulièrement dans les baux, soit temporaires, soit perpétuels;

Que de tout cela il résultait clairement que l'acte du 20 décembre 1775 ne pouvait pas être considéré comme une inféodation; et que, par une suite nécessaire, la rente réservée par cet acte, n'était point féodale;

Qu'elle n'aurait pu avoir ce caractère, que dans le cas où l'acte du 20 décembre 1775, ne pouvant pas valoir comme inféodation, aurait au moins valu comme *bail à cens seigneurial;*

Mais que d'abord on ne connaît pas en Allemagne, le bail à cens seigneurial; que le *contractus censiticus* de l'Allemagne équipolle bien, pour la dénomination, à ce qu'en France on appelle un *bail à cens;* mais qu'il répugne à sa nature de contenir la réserve de la seigneurie directe; qu'ainsi, il n'a et ne peut avoir rien de seigneurial; qu'il n'est et ne peut être, dans la réalité, que ce que nous nommons en France un *bail à rente purement foncière;*

Que sans doute, malgré cet usage général de l'Allemagne, on eût dû considérer l'acte du 20 décembre 1775 comme un bail à cens seigneurial, d'après la réserve qu'il contenait de la directe, s'il eût été démontré que le petit verger dont il renfermait la concession, eût, avant la concession même, formé une portion intégrante du Fief de l'évêché de Bâle;

Mais que ce point de fait n'était nullement prouvé au procès; qu'à la vérité, il était constaté par les lettres d'investiture de 1694 et de 1747, qu'il l'était même par la notoriété publique, que l'évêque de Bâle était un feudataire immédiat de l'empire germanique; mais que, comme tous ses co-feudataires du même empire, que, comme tous ses co-états, il possédait aussi en franc-alleu beaucoup de biens; et que le Porentruy étant un pays allodial, c'était en franc-alleu plutôt qu'en Fief, que l'évêque de Bâle devait, jusqu'à la preuve du contraire, être présumé avoir possédé le petit verger, avant de le concéder à Hertzeis;

Qu'ainsi, l'acte du 20 décembre 1775 ne pouvait pas plus être considéré comme bail à cens seigneurial, que comme inféodation; qu'il ne constituait véritablement qu'une emphytéose de pur droit romain; et que la loi du 17 juillet 1793 n'ayant pas aboli les rentes purement emphytéotiques, il y avait lieu de rejeter la demande en cassation formée par Hertzeis contre le jugement du tribunal civil de Delemont, du 2 nivôse an 12.

Des conclusions aussi bien motivées ne pouvaient manquer de déterminer le rejet de la demande en cassation. Cependant la question ayant paru mériter un examen approfondi, arrêt est intervenu, le 28 janvier 1806, qui a mis l'affaire en délibéré.

Dans cet état des choses, j'ai cru devoir mettre sous les yeux de la cour de cassation, un *mémoire sur délibéré* ainsi conçu :

« 1.° L'acte du 20 décembre 1775 peut-il être considéré comme une inféodation? — 2.° S'il ne peut pas être considéré comme une inféodation, peut-il au moins l'être comme un bail à cens seigneurial? — Telles sont les deux questions qui ont été agitées à l'audience de la cour, et sur lesquelles doit porter toute la discussion dans le délibéré ordonné par l'arrêt du 28 janvier.

» Et d'abord, qu'il n'y ait point d'inféodation proprement dite dans l'acte du 20 décembre 1775, c'est une vérité qui ne pourra être un instant douteuse aux yeux de quiconque prendra la peine de bien distinguer les usages de l'Allemagne d'avec ceux de l'ancien territoire français.

» Dans l'ancien territoire français, le mot *Fief*, employé seul et sans accessoire qui en modifiât la signification habituelle, désignait un bien tenu à foi et hommage; et de cela seul qu'un bien était qualifié de *Fief* par les titres qui en énonçaient la concession primordiale, il s'ensuivait nécessairement, et que le concessionnaire l'avait acquis par inféodation, et qu'il en devait faire la foi-hommage à la personne qui le lui avait concédé.

» Il en était autrement en Allemagne. Là, le mot *Lehen*, qui répond à l'expression française *Fief*, ne désignait, par lui-même, qu'une concession à titre de *prêt à usage*, en latin *commodatum*. « Les Allemands modernes (dit Goetzman, dans son *Traité du droit commun des Fiefs* d'Alsace, imprimé en 1776, p. 6), semblent avoir retranché de leur langue l'ancien mot tudesque *fœdhé*, qui est totalement tombé en désuétude; ils qualifient le Fief de *Lehen*, mot qui rend l'idée du contrat appelé en français *prêt à usage*..... On a dit (continue le même auteur, p. 13), que, chez les Allemands, le Fief est appelé *Lehen*, peut-être par rapport à sa ressemblance avec le prêt : en effet, le Fief étant un contrat de bonne foi, par lequel nous concédons gratuitement à un autre la jouissance d'une chose dont nous nous réservons la propriété, il est évident qu'il a beaucoup d'affinité avec le *commodatum* des Romains, connu en France sous le nom de *prêt à usage*. Mais la différence de ces deux contrats est néanmoins dans leur forme naturelle et substantielle, etc. ».

» Et ce qui prouve manifestement que c'est ainsi qu'on entendait le mot *Fief* dans le pays de Porentruy, comme dans le reste de l'Allemagne, c'est que, par l'acte du 20 décembre 1775, l'évêque de Bâle qualifie expressément de *prêt* la concession qu'il fait à Hertzeis du soi-disant *Fief* dont il s'agit : *et est fait* LE PRÉSENT PRÊT *pour la cense annuelle et perpétuelle de trois sous....* Et plus bas : *alors le Fief sera échu en commise à nous pour le retirer à nous, le* REPRÊTER *de nouveau ou en disposer selon notre vouloir et plaisir*.

» Mais de là même il suit que, pour qu'en Allemagne les mots *donner en Fief, inféoder*, signifiassent ce qu'ils signifiaient en France, c'est-à-dire, *concéder un bien pour être possédé noblement et à la charge de la foi-hommage*, il fallait, de toute nécessité, qu'on y joignît d'autres expressions qui en déterminassent le sens d'une manière spécifique, et qui les distinguassent des concessions en emphytéose ou des baux à rente purement foncière.

» C'est effectivement ce qu'enseignent tous les feudistes allemands.

» *Hornius*, dans sa *Jurisprudentia feudalis*, chapitre 2, §. 3, dit : *vox* LEHEN, *item* LEHNEN *et porrò* LEHEN *generali pollent significatu ; atque in rebus allodialibus et ecclesiasticis usurpantur ; et prœter commodatum in genere, denotant quamcumque concessionem vel collationem alicujus juris, quatenùs concedenti aliquod jus reservatur, vel in imperio, vel superioritate territoriali, vel in jurisdictione, vel in jure pa-*

tronatûs, vel dominio, vel censu, consistens. Quæ observatio illud docet, non statim negotium pro feudali habendum esse, ubi illa vox adhibetur, nisi alia etiam signa adsint qualitatis feudalis.

» Nous trouvons la même doctrine dans Rhetius. *Commentaria juris feudalis*, liv. 1, tit. 1, n 21: dans Eyben, *Electa feudalia*, ch. 6, §. 7; et dans Vehner, *Observationes praticæ*, au mot *Lehen*.

» Mais personne ne s'est expliqué là-dessus avec plus de précision que Conrad, dans une Dissertation qui fait partie du *Thesaurus juris feudalis*, publié par Jenichen, et imprimé à Francfort en 1750, tome 1, page 657. — *Vox* Lehen, dit-il, *non statim Feudum indicat, sed oportet alia simul adesse indicia qualitatis feudalis.* Comme la présomption, ajoute-t-il, est toujours pour l'allodialité, le mot *Lehen* isolé désigne plutôt la concession d'un fonds allodial en emphytéose ou à rente, qu'un bail à Fief: *Nimirùm præsumptio quæ pro qualitate allodiali est, ita possit ut sub appellatione* Lehen *in dubio potiùs fundum allodialem, emphyteuticum, censiticum, quàm Feudalem intelligamus.* Il faut donc, dit-il encore, qu'à la présomption résultante de l'emploi de ce mot, et que combat celle de l'allodialité, il se joigne d'autres indices qui fassent voir assez clairement que c'est en Fief qu'on a voulu concéder; et ce qu'il y a de certain, c'est que l'investiture d'un bien à titre de Fief ne suffit point pour cela, par la raison que l'investiture est aussi en usage dans les emphytéoses et dans les baux à rente: *alia verò interpretatio tunc adhibenda est, ubi præter nomen* Lehen *adsunt alia indicia isti, præsumptioni contraria, ex quibus verum Feudum illo nomine significari satis evidenter apparet. Planè quidem non sufficiunt investitura et litteræ investituræ, quippe in bonis etiam emphyteuticis et censiticis usitatæ.* Cependant, continue le même auteur, les lettres d'investiture peuvent jeter un grand jour sur ces sortes de questions; et l'on peut souvent induire de leurs différentes clauses, qu'elles ont été données à titre de Fief. Ainsi, s'étant agi depuis peu de savoir si des biens situés dans la principauté d'Anhalt, devaient être réputés emphytéotiques ou féodaux, la faculté de droit d'Helmstadt a décidé, au mois d'octobre 1732, qu'ils devaient être réputés féodaux, parce que, par les lettres d'investiture qui étaient représentées, il apparaissait, non seulement que ces biens avaient été concédés à la charge que les mâles seuls y succéderaient, non-seulement que chaque nouveau possesseur serait tenu de prendre une nouvelle investiture du Fief, mais encore qu'ils avaient été concédés à la charge de la foi et hommage, quoique d'ailleurs la concession en eût été grevée d'une redevance annuelle: *Attamen litterarum investituræ tenor accuratè inspiciendus; atque ex eo existimandum est utrùm super Feudo datæ sint. Ita cùm de agris quibusdam in terris Anhaltinis disceptaretur, an pro emphyteuticis habendi, an verò qualitate feudali affecti essent, jurisconsulti Helmstadienses, mense octobris anni 1732, ex litteris super investiturâ datis, quæ præter successionem masculorum, non tantùm renovationem investituræ* der Lehen, *sed etiam fidelitatem vassalli exigebant, pro Feudo responderunt, quamvis census annuus esset ex illis agris præstandus.*

» On voit que, dans cette espèce, ce n'est ni parce que la concession avait été faite à titre de Fief, ni parce qu'elle l'avait été en faveur des mâles seulement, ni parce qu'elle l'avait été à la charge du renouvellement de l'investiture à chaque mutation, que les biens ont été jugés être de nature féodale, mais parce que le concédant s'était réservé la foi et hommage.

» Et en effet, tous les feudistes allemands nous présentent la réserve expresse de la foi-hommage, comme essentiellement constitutive de la féodalité.

» Ecoutons encore Goetzman, page 8: — « Tout
» contrat a une forme substantielle, sans laquelle il ne
» peut avoir d'existence: ainsi, point de vente sans
» prix. Il a aussi une forme naturelle, relative aux
» effets qu'il doit produire: telle est la garantie qui ré-
» sulte du même contrat de vente. Enfin, souvent on
» l'assujettit à des clauses et à des conditions qui lui
» donnent des qualités accidentelles. — Le *Fief a donc*
» *aussi une forme substantielle*, telle est la réserve
» de la propriété primitive de la part du seigneur,
» et *la prestation de la foi et fidélité de la part du*
» *vassal.* Il a aussi une forme naturelle quant à ses
» effets; ainsi, de droit commun, il n'est transmis-
» sible qu'aux mâles. Enfin, par des pactes particu-
» liers, il peut être dérogé au droit commun, le Fief
» peut être rendu féminin ».

» Wolf, *de Feudorum Imperii origine*, §. 8, remarque d'abord que les anciens Allemands employaient le mot *Feode* pour désigner un Fief; que dans la suite des temps, ils y ont substitué le mot *Lehen*, que néanmoins cette dernière expression est aussi commune au simple bail et à la concession en franc-alleu; que rien n'est plus ordinaire que l'emploi de ces expressions, *donner une maison à titre de Fief, inscrire quelqu'un sur les registres de l'inféodation*, quoiqu'il ne s'agisse que de biens allodiaux: *notissimæ sunt formulæ* einem das hans in Lehen geben; einem an die Lehen schreiben, *et similia; licet de allodiis sermo;* qu'ainsi ce n'est que par les circonstances de chaque traité dans lequel on s'est servi du mot *Fief*, qu'il peut être reconnu si c'est un bail à Fief ou tout autre contrat que l'on a voulu faire: *quare ex negotii quod gestum est monumentis cautè judicandum utrùm contractus beneficiarius seu feudalis, an verò aliud quid, vocabulo hoc indigetur;* — Et ces notions présupposées, il arrive, §. 9, à la définition du Fief. Considéré dans son objet, dit-il, le Fief est *res, nexu fidelitatis singularis intercedente, concessa ad usum.* Considéré dans sa forme, *est conventio quâ dominus ac vassallus nexu singularis fidelitatis ritè inter se junguntur, atque hinc res quædam, accedente investiturâ, ad usum conceditur.* Enfin, considéré dans ses effets, le Fief est *legitima facultas re, beneficii titulo acceptâ, utendi, nexu singularis fidelitatis intercedente.* — Ainsi, selon Wolf, sous quelque rapport que l'on considère le Fief, il faut toujours qu'il y entre un lien de fidélité particulière, *nexus singularis fidelitatis;* et cela est tellement de son essence, dit encore le même jurisconsulte, que, ôté l'un, l'autre expire : *quid quod et fidelitas feudalis adeò est juncta Feudo, ut, hoc sublato, et illa expiret.*

» Même langage dans une Dissertation de Grasser qui se trouve au tome 2 du *Thesaurus juris feudalis*, page 700 : *ad Feudi scilicet essentiam necesse est ut res propter fidelitatem præstandam concedatur, adeòque obligatio ad fidelitatem finis sit primarius Feudi concedendi.* Et cela est si vrai, que là où se trouve la fidélité, il y a Fief; et que là où elle manque, il y a franc-alleu : *in hâc concessione rei propter fidelitatem consistit Feudi formalis ratiâ, quâ salvâ, Feudum verum, quâ deficiente, allodium existit.*

» Puttmann, dans ses *Elementa juris feudalis*, §. 56, dit également : l'essence du Fief se compose de deux élémens : la division du domaine entre le seigneur qui retient le direct, et le vassal qui reçoit l'utile, et le lien de la fidélité qu'ils se doivent réciproquement : *Feudi essentia dominii rei feudalis inter dominum et vassallum divisione* MUTUÆQUE FIDEI, *quo hi invicem copulantur, nexu absolvitur.* Ainsi, point de Fief, si ces deux choses ne se rencontrent pas à la fois : *undè sequitur ut ubicunque ejusmodi dominii a divisio fidesque beneficiaria deficiunt, ibi nec Feudum....reperiatur.*

» Boehmer, *Principia juris feudalis*, §. 2, 35 et 56, nous présente les mêmes maximes : *pertinent ad essentiam Feudi res, dominium utile et mutua fidelitas, quæ comprehendit tùm fidelitatem domini quæ protectio vocatur, tùm fidelitatem vassalliticam.* A défaut de l'une de ces conditions essentielles, il n'existe point de Fief : *essentialium Feudi si quid deest, Feudum non est.* Ainsi, pour qu'il y ait Fief, il ne suffit ni que le domaine utile soit concédé avec réserve du domaine direct, ni même qu'il soit concédé à titre d'inféodation; *Itaque nec sola dominii utilis concessio, nec sola appellatio* Lehen, Feudum, *aliis quippè concessionibus communis, Feudum efficit.*

» Que servirait d'accumuler un plus grand nombre d'autorités sur ce point? Elles n'ajouteraient rien à l'évidence ni à la notoriété universelle de cette vérité, qu'en Allemagne nul acte ne pouvait avoir l'effet d'un bail à Fief, quoiqu'il en portât expressément le nom, s'il ne contenait la réserve formelle de la foi et hommage.

» Nous devons donc tenir pour constant que si, dans l'acte du 20 décembre 1775, il n'y a pas une réserve spéciale et formelle de la foi-hommage, cet acte ne peut pas être considéré comme un contrat d'inféodation.

» Or, cette réserve, la trouvons-nous dans l'acte du 20 décembre 1775? Non, elle n'y est pas écrite littéralement; et elle n'y est suppléée par aucune clause équipollente.

» Elle n'y est pas écrite littéralement : car de ce que l'évêque de Bâle qualifie son concessionnaire de *notre amé et féal*, il ne s'ensuit nullement qu'il l'assujettisse à lui rendre la foi-hommage pour raison de sa concession. Ces expressions, *notre amé et féal*, sont celles dont tous les souverains se servent en parlant de leurs sujets; et l'on sait que l'évêque de Bâle était souverain du Porentruy, sous la mouvance de l'empire germanique. Ainsi tous les habitans de Porentruy, même ceux qui ne possédaient que des francs-alleus ou des meubles, étaient les *féaux* de l'évêque de Bâle; et ils lui devaient *fidélité*, par cela seul qu'ils étaient soumis à son autorité souveraine. Mais cette espèce de fidélité n'avait rien de commun avec celle qui était de l'essence des Fiefs, avec la *foi-hommage* proprement dite. — Wolff, à l'endroit déjà cité, en fait expressément la remarque : *Intelligo hic fidelitatem quam vocant feudalem; cujus frequentissima hæc est conditio, ut vassallus dominum præ aliis colere ac vereri, salutem ac fortunam ejus promovere, atque his adversa avertere teneatur; ita quidem ut beneficio privari queat, si hujus officii rationes turpius neglexerit. Neque enim* (et ceci mérite une attention particulière), *severiori simplex vassallus pœna affici potest, quam ut beneficium ipsi auferatur; cum civis contrà, summo imperanti qui reipublicæ præest, perfectè subditus, vel ipso capite plecti, aliisque, pro delictorum ratione, pœnis coerceri queat.*—En un mot, comme le dit Ludwig dans son ouvrage intitulé, *Jura Feudorum imperii Romani*, ch. 1, quest. 6, la fidélité du sujet est personnelle, la fidélité du vassal est réelle : *subditi fidelitas personam ejus afficit; vassalli rem in Feudum datam.*

» Si la réserve de la foi-hommage n'est par écrite textuellement dans l'acte du 20 décembre 1775, elle n'y est pas non plus suppléée par une clause équipollente.

Quelle serait en effet, dans cet acte, la clause qui pourrait équipoller à la réserve de la foi-hommage? C'est, selon Hertzeis, celle qui assujetti chaque nouveau possesseur à *reprendre* le Fief de l'évêque de Bâle, c'est-à-dire, s'en faire donner une nouvelle investiture, en lui payant pour cela une double redevance.

» Mais d'abord, il n'est pas dit dans cette clause, que le nouveau possesseur sera tenu, en reprenant le Fief, de prêter la foi-hommage à l'évêque; et bien loin de là, il y est dit, en termes exprès, qu'il reprendra le Fief, *en faisant seulement inscrire la reprise et le porteur sur la présente lettre d'investiture.*

» Ensuite, la rénovation de l'investiture, à chaque mutation de possesseur, et le payement d'un droit pour cette rénovation, n'est pas particulière aux Fiefs; elle est commune aux emphytéoses, et elle a même été introduite dans celle-ci par la législation romaine, qui bien certainement ne connaissait pas la féodalité : *Necessitatem autem habere dominos* (dit la loi dernière, *de jure emphyteutico*, au Code) *novum emphyteutam in possessionem suscipere, non per procuratorem, sed ipsos dominos per se, vel per litteras suas, vel, si hoc non potuerint vel noluerint, per depositionem apud magistrum censuum, vel præsentibus tabulariis per attestationem...., et ne avaritiâ tenti domini magnam molem propter hoc efflagitent, non amplius eis liceat pro subscriptione suâ vel depositione, nisi quadragesimam partem pretii vel æstimationis loci qui ad aliam transfertur accipere.*

» Aussi lisons-nous dans les *Meditationes ad Pandectas* de Leyser, tom. 2, §. 102, que, dans une contestation soumise à l'université de Wittemberg, et dont l'objet était de savoir si un bien devait être réputé Fief ou roture, il ne fut pris aucun égard, ni à la charge d'un cens annuel et qualifié de féodal qui pesait sur ce bien, ni à celle de l'investiture que chaque nouveau possesseur était tenu de s'en faire donner, ni à celle du relief qu'il devait payer en la recevant: *Graviter equidem urgebant actores esse sibi ad manus documenta in quibus pensio quotannis debita*, Lehenzinsen (cens féodal); *extare etiam litteras investituræ et laudemium quoque solutum fuisse. Sed nec hæ rationes nos movebant. Investituræ concessio* et renovatio, *atque factum desuper instrumentum, Feudum certo non indicant, cùm talia etiam in censiticis et emphyteuticis prædiis fiant.*

« Enfin, ce qui tranche toute difficulté, c'est que, pour le pays même de Porentruy, il existe un monument authentique de l'usage dans lequel on y a toujours été de ne pas considérer comme féodaux, mais comme purement emphytéotiques, les biens concédés par des titres qualifiés d'*inféodation*, et contenant la clause expresse de reprise avec payement d'une double redevance à chaque mutation de possesseur. — « Nous (porte l'acte de notoriété de la cour féodale de Delemont, du 17 mars 1729, qui nous a été conservé par Ludolf, dans sa *Collectio quorumdam statutorum provincialium et urbium Germaniæ*, imprimé à Wetzlaer en 1734), « nous président, conseillers et » assesseurs de la cour féodale de S. A. monseigneur » Jean Conrad, prince-évêque de Bâle, prince du » saint-empire romain, faisons savoir, sur la pétition qui nous a été présentée par la dame Rossé, » veuve, et par les enfans de feu Jean Conrad Rossé, de Moltemberg, en son vivant conseiller du » prince-évêque, qu'il appartient à S. A., ainsi qu'à » la principauté et à l'évêché de Bâle, une quantité » de Fiefs situés dans le territoire de cette principauté, que, suivant le style de la cour féodale, on appelle *Feuda impropriè dicta*, item *Fiefs* ou *pièces* et *morceaux de Fiefs*, qui en effet ne sont que » de pures emphytéoses, *purè emphyteutica*; ainsi » que différens biens qu'on appelle *maix*, *bodenzins und schupposen güter* (biens donnés à cens » foncier), dont chacun est chargé d'un cens annuel » ou d'un canon, selon qu'il est Fief ou bien censuel; » que ces biens sont sujets au devoir de remise et de » reprise à chaque mutation; que le possesseur est » tenu de nommer un nouveau porteur, et de payer » alors un double droit; que cependant, à défaut » du payement du cens ou du canon, ainsi que dans » le cas de toute autre omission de la part du possesseur, la commise n'a jamais eu lieu, et qu'elle n'est » pas non plus usitée aujourd'hui; et que, suivant la » coutume du pays, elle ne peut avoir lieu que dans » le cas où elle a été stipulée par une clause expresse » et formelle de l'acte d'inféodation et du contrat » entre le propriétaire direct, ou de celui à qui le » cens est dû, et les vassaux ou censitaires ».

» Maintenant que signifient tous les autres argumens que fait valoir Hertzeis, pour établir que, par l'acte du 20 décembre 1775, il est devenu possesseur d'un véritable Fief?

» Le petit verger, dit-il, m'a été concédé *en Fief masculin*; et mes descendans mâles *qui demeureront à Glovelier*, sont seuls habiles à y succéder.

» Mais déjà il est prouvé que la dénomination de *Fief* est absolument insignifiante.

» A l'égard de la clause qui restreint aux descendans mâles du premier concessionnaire le droit de succéder au petit verger, on sait que si elle est usitée en Allemagne dans les inféodations proprement dites, elle ne l'est pas moins dans les emphytéoses du pur droit romain. La Novelle 7, ch. 3, permet de stipuler dans les baux emphytéotiques, qu'ils passeront, après la mort du preneur, ou à ses seuls enfans mâles, ou à ses filles, ou à ses petits-enfans de l'un et de l'autre sexe: *Aut filiis tantùm solis masculis, aut fœminis, aut nepotibus utrius que naturæ.*

» Enfin, si la clause dont il s'agit va plus loin, si elle n'appelle à l'investiture que ceux des descendans mâles du premier concessionnaire qui demeureront à Glovelier, ce n'est pas à dire pour cela, et il s'en faut beaucoup, que le petit verger soit concédé en Fief proprement dit: c'est seulement, de la part du bailleur, une précaution pour s'assurer que le petit verger sera toujours bien cultivé; et cette précaution ne répugne pas plus à la nature du bail emphytéotique, qu'à celle du bail ordinaire à loyer.

» L'acte du 20 décembre 1775 (dit encore Hertzeis) me défend d'aliéner et d'hypothéquer sans le consentement de l'évêque de Bâle.

» Mais qu'importe encore cette circonstance? Rien de plus commun que de pareilles clauses dans les baux simplement emphytéotiques. La loi dernière, au code, *de jure emphyteutico*, les autorise formellement, et veut qu'elles aient leur pleine exécution: *Cùm dubitabatur utrùm emphyteutica debeat cum domini voluntate suas meliorationes alienare, vel jus emphyteuticum in alium transferre, an ejus expectare consensum, sancimus, si quidem emphyteuticum instrumentum super hoc casu aliquas pactiones habeat, eas observari.*

» Et la même loi répond encore à l'argument que Hertzeis prétend tirer de la clause qui l'assujettit à la commise, en cas d'infraction des conditions sous lesquelles le petit verger lui est concédé: elle déclare que si l'emphytéote ne satisfait pas à toutes les dispositions de cette loi, et par conséquent à celle qui prescrit l'exécution pleine et entière des conventions relatives à l'aliénation ou à l'hypothèque, il demeurera de plein droit déchu de sa concession: *Sin autem aliter fuerit versatus quàm nostra constitutio disposuit, jure emphyteutico cadat.*

» Du reste, ce n'est sans doute pas sérieusement qu'Hertzeis présente comme une réserve du *retrait féodal*, la partie de la disposition concernant le droit de commise, dans laquelle il est dit que l'évêque pourra *retirer* à lui le petit verger. — Il n'y a là qu'un jeu de mots.

» Le retrait féodal, tel qu'on le pratiquait dans l'ancien territoire français, était sans contredit un droit qui supposait nécessairement au bien dont la vente y était assujettie, la qualité de Fief. Mais qu'y a-t-il de commun entre ce droit et la faculté que se réserve l'évêque de Bâle, pour le cas ou Hertzeis viendrait à manquer à ses engagemens? — Le retrait féodal supposait, dans le possesseur du Fief, la faculté de l'aliéner; ce n'était pour le seigneur dominant qu'un moyen, ou de faire rentrer dans son domaine le Fief qu'il en avait détaché par sous-inféodation, ou de le faire passer par cession à un autre vassal de son choix; et dans l'un comme dans l'autre cas, le seigneur dominant ne pouvait exercer ce droit qu'en remboursant à l'acquéreur le prix de son acquisition, avec tous les frais et loyaux coûts. — Dans notre espèce, rien de semblable. L'évêque de Bâle se réserve bien la faculté de *retirer* le petit verger, en cas que son concessionnaire manque aux engagemens qu'il lui impose, notamment à celui de ne pas aliéner sans son consentement; mais en exerçant cette faculté, il ne devra rien restituer à l'acquéreur : il reprendra le petit verger, et l'acte le dit en toutes lettres, *sans être tenu à aucune récompense*. Ce n'est donc point là un retrait féodal, c'est tout simplement un droit de commise, tel qu'il est réglé par les lois romaines pour les baux emphytéotiques.

» Tout concourt donc à démontrer que l'acte du 20 décembre 1775 n'a de bail à Fief que le nom, et qu'il n'en a point le caractère; et il ne reste plus qu'à examiner s'il peut être considéré comme un *bail à cens seigneurial*.

» Nous disons *bail à cens seigneurial*, et c'est à ce point qu'il faut réduire la question : car il n'y a nul doute que l'acte du 20 décembre 1775 ne soit un *bail à cens*, puisqu'il met pour prix à la concession qu'il renferme, *une cense annuelle et perpétuelle de trois sous bâlois et d'un chapon*.

» Dans la coutume de Paris et dans toutes celles qui ont adopté sa manière de parler, *bail à cens* et *bail à cens seigneurial* sont toujours synonymes, parce que, dans ces coutumes le cens est toujours récognitif de la seigneurie directe. Mais en Allemagne, et même dans les contrées de la France qui se rapprochent le plus des anciennes limites de l'empire germanique, le mot *cens* a conservé la signification qu'il avait dans le droit romain : il n'y désigne par lui-même qu'une redevance, qu'une prestation, qu'un revenu, même qu'un simple fermage. — Ainsi, les coutumes de Tournay, ch. 21, art 10; de Lille, ch. 16; de Douay, ch. 4; de Cambresis, ch. 19, art. 6; de Hainaut, ch. 117, art. 1, appellent *censier* le preneur à ferme d'un domaine rural, et *biens de cense* les biens affermés. — Dans l'art. 16 du tit. 2 des ordonnances de Metz, *cense* est employé comme synonyme de *rente constituée à prix d'argent*; et Dunod, *Traité des prescriptions*, page 356, cite une ordonnance rendue pour la Franche-Comté en 1569, qui emploi ce terme avec la même acception.

» Et voilà pourquoi, par arrêt du 26 pluviose an 11, rendu au rapport de M. Lombard Quincieux, la cour de cassation a confirmé un arrêt de la cour d'appel de Colmar, qui avait jugé purement foncière, et maintenu comme telle, une rente que les sieurs Marquès et consorts prétendaient seigneuriale, sur le fondement, entre autres, que dans un titre nouvel, passé entre le créancier et les redevables, et qui était produit, ces derniers avaient été qualifiés de *censitaires*.

» Voilà pourquoi, par arrêt du 11 germinal an 13, rendu au rapport du même magistrat, la cour de cassation a encore confirmé un arrêt de la même cour d'appel de Colmar, qui avait condamné les nommés Salomon, Mari, Liess et autres, à continuer au sieur Anthès le payement d'une redevance qu'un acte de 1737, passé entre eux et lui, qualifiait expressément de *cens*.

» Voilà pourquoi le décret impérial du 9 vendémiaire précédent déclare que, dans les quatre départemens de la rive gauche du Rhin, l'on présumera purement fonciers et non féodaux, jusqu'à la preuve du contraire, *les* GRANDPSACHT, *les* GRANDZINS *ou* BODENZINS, c'est-à dire, *les* CENS *assis sur des biens-fonds, pourvu qu'ils ne le soient pas sur la généralité des biens-fonds dépendans, dans une même commune, du même seigneur*.

» Ainsi, dans notre espèce, nulle conséquence à tirer de ce que, par l'acte du 20 décembre 1775, la redevance imposée sur le petit verger concédé à Hertzeis, est qualifiée de *cense annuelle et perpétuelle*; nulle conséquence à tirer de ce que par-là cet acte se range nécessairement dans la classe des *baux à cens*; et il reste toujours à savoir, comme nous l'avons dit, si ce bail a cens est, ou un bail à cens seigneurial, ou un bail à cens purement foncier.

» Un premier point bien constant, c'est que cet acte ne peut pas être réputé *bail à cens seigneurial*, par cela seul qu'il contient, de la part du bailleur, la réserve de la directe ou *mouvance* sur le fonds concédé au premier. Il est possible, en effet, que de cette réserve il ne résulte rien autre chose, si ce n'est que l'acte dont il s'agit doit être considéré comme un bail à emphytéose. Car de même que, dans le bail à cens seigneurial, le bailleur retient à soi la seigneurie directe, de même aussi, dans le bail à emphytéose, le bailleur retient à soi la directe emphytéotique; et assurément les redevances récognitives de la directe emphytéotique, ne sont pas seigneuriales, elles ne sont pas abolies par la loi du 17 juillet 1793 : — témoins deux arrêts de la cour de cassation, qui l'ont ainsi jugé.

» Le premier est celui du 26 pluviose an 11, que nous avons déjà cité. Les sieurs Marquès et consorts, pour établir que la rente dont on leur demandait le payement était seigneuriale dans le sens des lois de 1792 et 1793, se prévalaient de ce que, par le jugement même qu'ils attaquaient, il était dit que le sieur Schawenbourg, à qui appartenait cette rente, avait sur leurs fonds un droit de *directe*. Mais nous avons observé que ce mot *directe* ne désignait que le *dominium directum* de l'emphytéose romaine; qu'elle n'avait rien de commun avec la directe seigneuriale; et que si celle-ci avait été supprimée avec la féodalité qui en était la source, l'autre subsistait encore, et subsisterait tant que la loi civile n'ôterait pas au propriétaire d'un franc-alleu la faculté d'en aliéner le domaine utile, et de s'en réserver le domaine direct. En conséquence, par l'arrêt dont il s'agit, la cour a rejeté la demande en cassation de Marquès et consorts.

» Le second arrêt a été rendu dans la coutume d'Auvergne, où l'allodialité s'est toujours présumée de droit comme dans la ci-devant Alsace, comme dans le ci-devant Porentruy..... (1).

» Répétons donc que de la réserve exprimée dans l'acte du 20 décembre 1775, de la directe sur le petit verger concédé par l'évêque de Bâle à François Hertzeis, il ne s'ensuit pas nécessairement que cet acte soit un bail à cens seigneurial, il ne s'ensuit pas nécessairement que cet acte ne soit pas un bail à cens purement foncier.

» Une autre observation qui ne mérite pas moins d'attention que la précédente, c'est qu'en Allemagne le bail à cens proprement dit, ou, ce qui est la même chose, le *contractus censiticus*, non-seulement est réputé n'avoir rien de féodal, mais est par lui-même exclusif de toute idée de féodalité. — C'est ce que nous apprend une dissertation *de Feudo censuali* qui se trouve dans le *Thesaurus juris feodalis* d'Jenichen.... (2).

» Dans notre espèce, il y a bien concession moyennant un cens; et sous ce rapport l'acte du 20 décembre 1775 semblerait avoir le caractère du *contractus censiticus*, du bail à cens proprement dit. Mais, d'un autre côté, il y a aussi réserve de la directe, de l'investiture, et du droit de lods sans foi-hommage; et sous ce nouveau rapport nous ne pouvons plus voir dans l'acte dont il s'agit qu'un bail à emphytéose.

» La difficulté n'est cependant encore résolue qu'à demi: car, sous l'apparence d'un bail à emphytéose, cet acte peut n'être que ce qu'on appelle dans la coutume de Paris, un *bail à cens seigneurial*.

» Il est, en effet, des cas où le bail à cens seigneurial et le bail à emphytéose se confondent, comme il en est aussi d'autres où ils n'ont ensemble rien de commun; et le point est de bien saisir la distinction qui les sépare les uns d'avec les autres.

» Le bail à cens seigneurial et le bail à emphytéose se ressemblent en ce que, par l'un comme par l'autre, le bailleur se réserve le domaine direct de la chose qu'il met hors de sa main.

» Ils se ressemblent encore en ce que l'un et l'autre ne peuvent s'exercer que sur des biens dont le bailleur a la pleine propriété, laquelle se compose, comme l'on sait, du domaine direct et du domaine utile. — Ainsi, un bien tenu en censive ou emphytéose, ne peut pas être baillé en arrière-emphytéose ni en arrière-cens seigneurial, parce que celui qui le possède, n'en ayant que le domaine utile, ne peut pas, en aliénant, s'en réserver le domaine direct.

» Mais ils diffèrent l'un de l'autre, en ce que, par le bail à cens seigneurial, le bailleur retient à soi la seigneurie, c'est-à-dire, une portion de la puissance publique sur le fonds qu'il concède; au lieu que par le bail à emphytéose, le bailleur ne se réserve qu'une simple directe à laquelle n'est attachée aucune espèce de puissance, une directe qui est de pur droit privé.

» Et c'est ce qui explique pourquoi le possesseur d'un franc-alleu roturier peut bien le bailler à emphytéose, mais non pas à cens seigneurial. On vient de voir que la cour de cassation l'a ainsi jugé le 21 brumaire an 14; et il n'est pas inutile de remarquer que le principe avait été précédemment consacré par deux lois positives, par l'édit du mois d'août 1692, commun à toute la France, et par la déclaration du 2 janvier 1769, rendue spécialement pour le ressort du parlement d'Aix.

» Ces lois, observons-le bien, ne parlent que du franc-alleu roturier; elles ne parlent ni du Fief, ni du franc-alleu noble; et la raison en est palpable: c'est que, d'une part, le possesseur d'un Fief peut bien le bailler à cens seigneurial, mais non pas à emphytéose simple, parce que, pour le bailler à emphytéose simple, il faudrait qu'il le convertît en franc-alleu, ce qui est au-dessus de son pouvoir: c'est qu'au contraire, d'un autre côté, le possesseur d'un franc-alleu noble peut le bailler à emphytéose, comme à cens seigneurial; c'est qu'il est maître absolu du choix entre ces deux manières d'aliéner; c'est qu'en aliénant son franc-alleu noble moyennant une redevance, il peut aussi bien s'en réserver la directe féodale, que la directe purement emphytéotique.

» De là dérivent deux conséquences qui vont jeter un grand jour sur notre espèce.

» 1°. Si le possesseur d'un Fief l'a aliéné moyennant une redevance avec réserve de la directe, nul doute qu'il ne soit censé avoir fait un bail à cens seigneurial et non pas un bail à emphytéose. Il n'a pas fait un bail à emphytéose, car il ne l'a pas pu: cependant il s'est réservé la directe; et puisqu'il n'a pu se réserver que la directe féodale, il faut bien croire que c'est la directe féodale qu'il s'est réservée en effet. Il faudrait même lui en supposer l'intention, dans le cas où il eût déclaré se réserver la directe emphytéotique; dans l'impossibilité de concilier ce qu'il a dit avec ce qu'il a voulu, sa volonté réelle l'emporterait sur ses expressions; et l'on traduirait ce qu'il a appelé *directe emphytéotique*, par les mots *directe féodale*. Aussi Hervé dit-il, dans sa *Théorie des matières féodales*, tom. 2, p. 329, que *l'emphytéose est un vrai bail à cens, lorsque le bailleur est seigneur de Fief*. Et l'on ne peut douter que tel ne soit également le droit commun de l'Allemagne, puisque nous lisons dans Goteyman, tom. 1, p. 183, qu'en cas d'aliénation d'un Fief par bail emphytéotique, *le canon prend la nature féodale et est réputé être le Fief*; en sorte que le vassal qui a ainsi aliéné ne fait *plus entrer dans les aveux et dénombrement qu'il fournit à son seigneur, que le canon annuel qui est payé par l'emphytéote*.

» 2°. Si le possesseur d'un franc-alleu noble l'a aliéné moyennant une redevance avec réserve de la directe, c'est par les clauses de l'acte que l'on doit juger si c'est la directe féodale ou la directe emphytéotique qu'il a entendu se réserver. Libre de se réserver l'une ou l'autre, rien ne la gêne dans son choix. Maître de donner à sa volonté telle direction qu'il lui a plu, ce n'est que par les expressions dont il s'est servi que l'on peut connaître quelle a été sa volonté effective.

» Cependant, même dans ce cas, les expressions dont il s'est servi ne doivent pas faire tellement la

(1) *V. Cens*, §. 8, n. 2.

(2) *V.* le plaidoyer du 11 germinal an 13, rapporté à l'article *Cens*, §. 5.

loi, qu'elles l'emportent sur des signes certains d'une volonté contraire à celle qu'au premier aspect elles paraissent annoncer. — Si, par exemple, tout en déclarant qu'il se réservait la directe emphytéotique, il a stipulé que le preneur, que l'emphytéote, le reconnaîtrait pour seigneur féodal; s'il a imposé à l'emphytéote des conditions qui ne peuvent s'accomplir que dans la personne d'un censitaire; si, prévoyant l'aliénation que l'emphytéote pourrait faire du bien qu'il lui concédait, il s'est réservé, non pas le droit de prélation emphytéotique, mais le retrait censuel qui en diffère à beaucoup d'égards, il est clair qu'alors ce n'est pas une emphytéose qu'il a faite, il est claire qu'alors il n'a fait qu'un bail à cens seigneurial.

» Mais que doit-on décider si, en aliénant son franc-alleu noble, sous la seule réserve d'une redevance et de la directe, il ne s'est pas expliqué sur la nature de la directe qu'il se réservait? Sans doute, dans cette hypothèse, les principes veulent que l'on interprète sa volonté de la manière la plus favorable au commissionnaire : *Secundùm promissorem interpretamur*, dit la loi 99, D. *de verborum obligationibus*; et, comme le dit encore la loi 38, §. 18, du même titre, *in stipulationibus cùm quœritur quid actum sit, verba contra stipulatorem interpretanda sunt*. — Or, il est plus avantageux au concessionnaire de tenir à emphytéose que de tenir à cens seigneurial; il est plus avantageux de ne reconnaître qu'un simple bailleur conservant le domaine direct de la chose que de reconnaître un seigneur, c'est donc à emphytéose que le bailleur est alors censé avoir concédé; c'est donc comme emphytéote, et non comme censitaire, que le preneur est présumé avoir accepté la concession.

» Il est pourtant un cas où l'on serait forcé d'en décider autrement : c'est celui où la question se présenterait dans une coutume soumise à la règle, *nulle terre sans seigneur*. Par l'effet de cette règle, tout bien possédé par un particulier est nécessairement présumé lui venir du seigneur territorial; et le seigneur territorial est nécessairement présumé le lui avoir concédé avec réserve de la seigneurie. Si donc, dans une de ces coutumes, il paraît un titre par lequel un seigneur a concédé un bien moyennant une prestation récognitive de la directe, c'est la directe seigneuriale, et non pas la simple directe emphytéotique, que le bailleur est censé s'être réservée.

» Mais dans les pays allodiaux, dans les pays où le bail à cens seigneurial ne se présume pas, la présomption de l'emphytéose doit l'emporter; et toute directe réservée sans autre expression, ne peut être entendue que de la directe emphytéotique.

» Ces principes posés, venons à notre espèce.

» Et d'abord, remarquons que l'acte du 20 décembre 1775, dégagé des expressions de *Fief, porteur de Fief, inféodé*, que nous avons démonstrativement prouvé n'y pas avoir le sens que le sieur Hertzeis voudrait en faire résulter, ne présente qu'une concession moyennant une redevance annuelle, avec réserve de la directe.

» Remarquons encore que cet acte n'explique pas si la directe réservée par l'évêque de Bâle, est la directe féodale ou la directe emphytéotique.

Remarquons enfin que nous sommes dans le ci-devant Porentruy, c'est-à-dire, dans un pays allodial comme la ci-devant Auvergne, comme la ci-devant Alsace, comme toute l'Allemagne.

» En réunissant ces trois données, nous arriverons à une conséquence aussi simple qu'elle est importante: c'est que si l'évêque de Bâle possédait en franc-alleu le terrain qu'il a concédé, le 20 septembre 1775, à François-Hertzeis, c'est à emphytéose, et non à cens seigneurial, qu'il doit être présumé, jusqu'à la preuve du contraire, en avoir fait la concession.

» Il n'y a même pas à distinguer, dans cette hypothèse, entre le cas où il eût possédé ce terrain en franc-alleu noble, et celui où il l'eût possédé en franc-alleu roturier. — A la vérité, s'il l'eût possédé en franc-alleu roturier, il n'eût pu le concéder qu'à emphytéose; nous venons de le démontrer. — Mais même en le possédant en franc-alleu noble, c'est encore à emphytéose qu'il serait censé l'avoir concédé; pourquoi? parce qu'il ne s'en est réservé que la simple directe; parce qu'en pays allodial la réserve de la directe, sans autre expression, ne peut s'entendre que de la directe emphytéotique.

» Toute l'affaire vient donc, en dernière analyse, se réduire à cette seule question, est-ce en franc-alleu que l'évêque de Bâle possédait le terrain dont il s'agit, avant de le concéder à François Hertzeis, ou bien le possédait-il en Fief? car, encore une fois, s'il le possédait en franc-alleu, même noble, c'est à emphytéose qu'il est présumé en avoir fait la concession; mais s'il le possédait en Fief, il n'a pu en faire la concession que par acensement féodal.

» Or, comment découvrir si c'était en Fief ou en franc-alleu que l'évêque de Bâle possédait ce terrain? L'acte du 20 décembre 1775 ne nous apprend rien à cet égard; et dans l'obscurité où il nous laisse, nous ne pouvons que recourir aux présomptions de droit.

» Si ce terrain est situé dans un des pays où, avant l'abolition du régime féodal, la règle *nulle terre sans seigneur* exerçait tout son empire, ce serait certainement en Fief que l'évêque de Bâle serait censé l'avoir possédé : car, dans ces pays, on ne pouvait, sans titre spécial et dérogatoire au droit commun, posséder que de deux manières, ou en Fief ou en censive; or, l'évêque de Bâle s'étant réservé la directe de ce terrain en le concédant, il est bien clair qu'il ne le possédait pas en censive; il n'aurait donc pu, dans ces pays, le posséder qu'en Fief.

» Mais, nous l'avons déjà dit, ce terrain était situé dans un pays allodial; et l'on sait que, dans les pays allodiaux, la féodalité ne se présume jamais, qu'il faut la prouver, et que, dans le doute, tous les biens y sont censés tenus en franc-alleu.

» Cette règle a même lieu relativement aux biens qui se trouvent entre les mains d'un seigneur de Fief : le seigneur de Fief peut l'invoquer contre les particuliers, et les particuliers peuvent l'invoquer contre lui, à l'effet d'établir que les biens qu'il possède, et dont la nature est inconnue, ne font pas partie de son domaine féodal, et qu'il les tient en franc-alleu.

» C'est même sur ce fondement que, par arrêt du

24 vendémiaire an 13, au rapport de M. Ruperon, la cour de cassation a jugé non aboli par la loi du 17 juillet 1793, un droit de *persière* ou champart que les sieur et dame Lasalle réclamaient sur des héritages situés dans leur ci-devant seigneurie de Blanzat, régie par la coutume d'Auvergne, et que l'on prétendait avoir été originairement seigneurial. — On disait aux sieur et dame Lasalle : le droit de champart que vous réclamez forme le prix de la concession que vous nous avez anciennement faite des héritages que vous prétendez y être encore assujettis. Or, d'une part, ces héritages, avant la concession que vous en avez faite moyennant un droit de champart, ne pouvaient exister dans vos mains que comme une portion intégrante de votre seigneurie, puisqu'ils étaient situés dans votre seigneurie même, et que, par cela seul, ils étaient réputés féodaux. D'un autre côté, en nous concédant ces héritages, vous en avez retenu la directe; et il le faut bien, puisque si vous n'en aviez pas retenu la directe, si par-là vous ne les aviez pas arroturés entre nos mains, nous n'aurions pu les posséder que comme Fiefs mouvans de votre propre seigneur suzerain; tandis qu'il est constant, tandis qu'il est reconnu par vous-mêmes, que nous les possédons de temps immémorial comme rotures. Donc le droit de champart dont vous avez grevé ces héritages, en nous les concédant, était, à votre égard, récognitif de la directe féodale; donc il est compris sous l'abolition prononcée par la loi du 17 juillet 1793. — Les sieur et dame Lasalle répondaient : oui, le champart que nous réclamons est la charge sous laquelle nous vous avons concédé les héritages dont il s'agit : mais ces héritages, quoique situés dans notre seigneurie, rien ne prouve que nous les ayons possédés en Fief, et la loi territoriale est là pour dire qu'à défaut de preuve, nous sommes censés les avoir possédés en franc-alleu. Il est vrai qu'aux termes de l'art. 2 du chap. 31 de la coutume, en grevant ces héritages d'un champart, qui est une espèce de *rente*, nous sommes censés nous en être réservé la *directe*; mais cette *directe* n'a rien de féodal; elle est purement emphytéotique; donc ce n'est point à titre de féodalité, mais à titre d'emphytéose, que nous vous avons concédé ces héritages; donc le champart dont nous les avons grevés en vous les concédant, n'est point seigneurial; donc il est maintenu par la loi du 17 juillet 1793. — Et la cour de cassation l'a ainsi jugé, en confirmant un arrêt de la cour d'appel de Riom.

» C'est encore sur le même fondement que, par arrêt du 9 floréal an 13, au rapport de M. Rousseau, la cour de cassation, en rejetant la demande de Laurent Comes et de Jean-Pierre Keil, en cassation d'un arrêt de la cour d'appel de Trèves, a proclamé le principe *que la présomption de la qualité purement foncière des redevances, est admise, dans le cas même où elles sont dues à des seigneurs dans les pays allodiaux* (1).

» Enfin, c'est sur la même base que repose la disposition du décret impérial du 9 vendémiaire de la même année, qui veut, art. 1, n. 2, que, dans les quatre départemens de la rive gauche du Rhin, les droits de *laudemium* soient *présumés purement fonciers*, même lorsqu'ils sont dus à des ci-devant seigneurs. Que sont en effet les droits de *laudemium*? Rien autre chose que des droits récognitifs de la directe. Les ci-devant seigneurs à qui sont dus ces droits ont donc anciennement concédé, avec réserve de la directe, les héritages sur lesquels ces droits sont assis. Mais quelle directe s'y sont-ils réservée en les concédant? Ce n'est sûrement pas la directe féodale, puisque, si cela était, leurs droits de *laudemium* seraient nécessairement supprimés. Ils ne sont donc censés s'y être réservé que la directe emphytéotique. Mais, pour qu'ils aient pu ne s'y réserver que la directe emphytéotique, il faut évidemment qu'ils n'aient pas possédé ces héritages en Fief, il faut qu'ils les aient possédés en franc-alleu. Le décret impérial du 9 vendémiaire an 13 décide donc que, dans les pays allodiaux, ce n'est pas en Fief, mais en franc-alleu, qu'un seigneur de Fief est censé posséder les héritages dont la nature n'est déterminée ni par ses titres ni par sa possession.

» A cette présomption de droit, qui est si intimement liée avec le régime des pays allodiaux, que vient-on opposer de la part du sieur Hertzeis? On vient opposer les lettres d'investiture données aux évêques de Bâle en 1694 et en 1747. Mais que résulte-t-il de ces lettres, par rapport au terrain que le sieur Hertzeis tient de la concession de l'un de ces évêques? ce terrain y est-il spécialement énoncé, comme possédé en Fief par les évêques de Bâle? Non, ces lettres ne désignent nommément ni ce terrain ni aucun autre : elles ne parlent que vaguement des biens, des droits et des rentes que les évêques de Bâle tiennent en Fief de l'empire d'Allemagne : et si, comme on n'en peut douter, elle prouvent que les évêques de Bâle tenaient en Fief des biens, des droits, des rentes, elles ne prouvent certainement pas que tel ou tel bien existât dans leurs mains comme Fief, plutôt que comme franc-alleu.

» Sans doute, les évêques de Bâle possédaient comme Fiefs de l'empire d'Allemagne, tout ce que les empereurs d'Allemagne leur avaient concédé, ou étaient censés leur avoir concédé, à titre d'inféodation. Mais combien d'autres possessions ne tenaient-ils pas de la libéralité pieuse et souvent prodigue des particuliers? combien d'économies n'avaient pas faites, pendant une longue suite d'années, les divers titulaires de ce grand édifice? et combien d'entre eux n'avaient pas donné ou légué à leur siége épiscopal leurs acquisitions individuelles? Assurément ce qu'un évêque laissait à son siége ne s'incorporait pas de plein droit au Fief impérial dont son successeur recevait l'investiture; et ce qui avait été acquis, donné ou légué par lui comme allodial, passait comme tel à son successeur. — C'est ainsi que, par arrêt du conseil supérieur d'Alsace, du 26 mai 1696, rapporté par Goëtzman, pag. 293, il a été jugé *que les terres allodiales acquises par un vassal, dans l'étendue de son Fief, quoique par là même réunies au même Fief, à l'effet de suivre sa succession féodale, peuvent être revendiquées par ses héritiers allodiaux*;

(1) *V. Tiers ou Quart-raisin.*

qu'ainsi, ils sont sujets à la légitime, à la quartefalcidie, et à plus forte raison aux droits des créanciers.

» Inutile d'objecter que, par les lettres de 1694 et de 1747, les évêques de Bâle reçoivent l'investiture féodale du temporel de leur évêché et de tout ce qui en dépend. — Cette énonciation générale ne peut, par la nature même des choses, se rapporter qu'à la partie du temporel de leur évêché, qui leur avait été originairement inféodée par les empereurs.

Méan, *ad jus civile Leodiensium*, observ. 44, demande si, de cela seul qu'un vassal a successivement fait plusieurs reliefs de son château et de sa seigneurie, avec les bois, prés, terres et dépendances, comme tenant le tout en Fief, on doit présumer qu'il tient féodalement, et non en franc-alleu, les biens qu'il possède dans l'enclave de sa seigneurie : *Quid igitur si vassallus bis aut sæpius relevium fecerit castri, dominii, cum sylvis, pratis, aliisque prædiis et appendicibus in Feudum, an ea quæ possidentur à vassallo intra fines hujus castri et dominii præsumantur feudalia, an verò libera et allodialia?* Il répond que, par arrêt du 14 novembre 1603, rendu sur un appel des tribunaux liégeois, il a été jugé en faveur de l'allodialité présumée de ses biens, sauf la preuve de leur féodalité : *bona interritorio castri contenta, sive intra fines Feudi comprehensa, libera præsumi, nisi feudalia doceantur.* Car, ajoute-t-il, quoiqu'une terre ait été concédée en Fief avec tous les biens situés dans son enclave, cependant si, par la suite, il s'élève entre l'héritier féodal ou le seigneur dominant et les agnats du concessionnaire, des difficultés sur la nature de tel ou tel bien que le concessionnaire a laissé dans cette enclave, et dont on ignore l'origine, on doit présumer que, dans les mains de celui-ci, ce bien n'était pas de nature féodale. Il ne peut en effet y avoir de féodaux que les biens qui ont été compris comme tels dans la concession. Or, de savoir si l'auteur de la concession a possédé tel ou tel bien qui se retrouve aujourd'hui dans la succession du concessionnaire, c'est un point de fait dont la preuve retombe nécessairement sur la partie qui l'allègue et s'en fait un moyen : *Quia concessionne in Feudum facti castri cum omnibus bonis in territorio dicti castris sitis ; et herede vel domino cum agnatis contendente, sylvas et agros omnes à vassallo ex territorio castri possessos, in Feudum teneri, pro agnatis præsumptio et prædia et nemora in Feudum istic habuit vel possedit : illud verò facti est, et qui affirmat dominum concedentem illa habuisse, onere probandi gravatur.*

« Méan revient encore à cette doctrine, dans son observ. 358, et il la confirme de plus en plus. — *Nec obstat*, dit-il, *etsi in releviis fieret mentio relevatum fuisse Feudum, cum omnibus terris, pratis, sylvis, reditibus, pertinentiis et appendicibus; quia ad probationem feudalitatis non sufficit expressio generalis, sed requiritur specialis ... Verba enim inserta concessioni vel relevio Feudi cum juribus Feudi, pertinentiis et jurisdictionibus, non probant nisi quatenus per alias probationes apparet limitatè de ipsis juribus....., nec præsumitur quidpiam esse de pertinentiis Feudi, nisi probetur.* C'est, continue-t-il, ce qu'enseigne Dumoulin, dans ses notes sur Alexandre, liv. 7, cons. 14.

» Nous retrouvons les mêmes principes dans le traité de *Feudis*, de Rosenthal, ch. 12, conclus. 15, n. 72, et 73.

» Et ils s'appliquent ici avec d'autant moins de difficulté, que, par les lettres d'investiture de 1694 et de 1747, les évêques de Bâle sont expressément maintenus dans *les grâces, immunités, droits, titres, privilèges, concessions, anciens us et coutumes, de la manière que leurs prédécesseurs les ont reçus, tenus, possédés et jouis;* ce qui emporte clairement la confirmation de l'allodialité des biens qu'ils possédaient autrement que comme concessionnaires des empereurs.

» Disons donc que les évêques de Bâle sont censés avoir possédé allodialement le terrain qu'ils ont concédé en 1775 à Hertzeis; que dès-là ce n'est point la directe féodale qu'ils s'en sont réservée en le concédant, qu'ils ne s'en sont réservé que la directe emphytéotique; que, par conséquent, la rente qu'ils ont stipulée en reconnaissance de cette directe, n'a aucun caractère de féodalité; et que, par une conséquence ultérieure, le jugement qui l'a déclarée non abolie doit être maintenu. — C'est à quoi nous persistons de conclure ».

Arrêt du 10 février 1806, au rapport de M. Zangiacomi, par lequel, — « Considérant que la nature d'un acte se détermine par la convention qu'il renferme réellement, et non par la dénomination que les parties lui ont donnée; que, d'après la jurisprudence du pays de Porentruy, il n'est dans l'acte dont il s'agit aucune clause qui ne puisse s'adapter à un bail purement emphytéotique; qu'il est constaté par un acte de notoriété de la cour féodale de Porentruy, du 17 mars 1727, que, *suivant le style de la cour féodale, on appelle* Feuda impropriè dicta, *item, Fiefs en pièces et morceaux de Fiefs, qui, en effet, ne sont que de pures emphytéoses*, pura emphyteutica; qu'il n'est d'ailleurs dans le contrat passé entre les parties, aucune stipulation de laquelle on puisse induire l'existence d'un bail à Fief ou à cens seigneurial; que ce contrat n'est pas un bail à Fief, parce que, suivant les principes du droit allemand, il n'y a pas, il ne peut pas y avoir de convention de ce genre, sans une clause expresse qui oblige le preneur au devoir de la fidélité envers le concédant, clause qui ne se rencontre pas dans l'espèce; que ce contrat ne peut être considéré comme bail à cens seigneurial, parce que rien ne constate que le terrain concédé ait fait partie des biens possédés noblement par l'évêque de Bâle; que le pays de Porentruy ayant toujours été de franc-alleu, on doit présumer dans le doute, que la concession avait pour objet une terre allodiale : d'où il suit que la directe retenue par l'évêque de Bâle, n'était pas noble, mais purement roturière, et qu'elle constituait une emphytéose et non un cens seigneurial; par ces motifs, la cour rejette la demande en cassation..... ».

Cet arrêt, quoique fondé sur les vrais principes,

ne peut cependant plus faire autorité, depuis que le conseil d'État a pris le parti d'assimiler aux redevances mélangées de droits féodaux, les rentes constituées par des baux emphytéotiques contenant stipulation soit d'un droit de lods, soit d'un droit de relief à chaque mutation.

De là, l'avis que le conseil d'Etat a donné le 8 avril 1809, et que l'Empereur a revêtu de son approbation le 13 avril suivant : — « Le conseil d'Etat (porte-t-il), qui, d'après le renvoi ordonné par S. M., a entendu le rapport de la section des finances sur celui du ministre de ce département, tendant à faire statuer sur les réclamations des maires des communes du Val-de-Belmont et de la prévôté de Moutier-Grandval, contre une décision ministérielle du 23 floréal an 11, qui autorise l'administration des domaines à poursuivre le payement des arrérages des redevances affectées sur les biens donnés *en emphytéose dans le ci-devant évêché de Bâle et le pays de Porentruy;* — Vu l'avis du conseil d'Etat, du 8 mars 1808, approuvé par S. M. le 14 dudit; ensemble les lois abolitives de la féodalité; — Vu pareillement l'avis du 17 janvier 1809, approuvé par S. M. le 2 février suivant, relatif aux réclamations des hospices d'Aix, sur des redevances de cette nature ;—Considérant que les *titres* joints aux réclamations desdites communes, représentent des *emphytéoses perpétuelles*, consenties par les bailleurs, *à titre de Fiefs*, sous la *réserve de la seigneurie*, et avec stipulation de *lods et ventes à chaque mutation*; — Est d'avis que les emphytéoses existantes *dans le ci-devant évêché de Bâle et dans le pays de Porentruy, et auxquelles se rapporte la décision ministérielle du 23 floréal an 11*, sont comprises dans l'aolition de la féodalité; et que les dispositions de l'avis du 2 février dernier leur sont applicables ».

De là encore les arrêts du 5 juillet 1809, par lesquels la cour de cassation en a cassé plusieurs de la cour d'appel de Colmar, qui avaient jugé conformément à celui du 10 février 1806.

V. Cens, Champart, Directe, Rente seigneuriale, Quart ou Tiers Raisin, Emphytéose, etc.]]

* FIEFFE. C'est, en Normandie, un bail d'héritage fait à la charge d'une rente foncière, soit perpétuelle, soit rachetable.

Ce terme *Fieffe* vient du latin *fides*, d'où l'on a fait en vieux langage *fé* ou *fié* pour foi, et ensuite pour fieffer, qui est proprement *fidei committere*, confier au preneur le domaine d'un héritage sur lequel le bailleur se réserve une rente foncière qu'il stipule à son profit, et qui est, à son égard, représentative de l'héritage même.

On appelle ces sortes de rentes, de *Fieffe* ou de bail d'héritage, pour les distinguer des rentes volantes ou constituées à prix d'argent.

Le *Fief* et la *Fieffe* sont donc deux choses très-différentes.

Le Fief est un héritage ou droit réel tenu d'un seigneur à foi et hommage.

La Fieffe est un bail à rente foncière d'un héritage, soit féodal ou roturier.

Le contrat de Fieffe n'est pas sujet à restitution pour lésion d'outre moitié du juste prix.

V. Basnage *et* les autres commentateurs sur l'art. 452 de la coutume de Normandie, *Clameur révocatoire* et *Rente foncière*. (M. BOUCHER D'ARGIS père.)*

[[*V.* mon *Recueil de questions de droit*, article *Opposition (tierce)*, §. 1.]]

* FILIATION. C'est la descendance du fils ou de la fille à l'égard du père et de ses aïeux.

I. La Filiation [[des enfans légitimes]] se prouve par les registres de baptême [[aujourd'hui de l'état civil.]] Il doit y être fait mention du jour de la naissance de l'enfant, du nom qu'on lui a donné et de ceux de son père et de sa mère. *V. Légitimité*. (M. GUYOT.)*

[[II. Quant aux enfans naturels, l'ancienne jurisprudence les admettait à faire preuve de leur Filiation, non-seulement par des faits directs, mais même par de simples présomptions; et dès qu'ils prouvaient que leurs pères prétendus avaient eu des relations fréquentes et habituelles avec leurs mères, il n'en fallait pas davantage pour faire condamner leurs pères prétendus à leur fournir des alimens.

Cette jurisprudence a été implicitement abrogée par la loi du 12 brumaire an 2.

Mais l'a-t-elle été seulement pour les enfans naturels qui naîtraient à l'avenir, ou l'a-t-elle été également pour les enfans naturels qui étaient déjà nés à l'époque de la publication de cette loi?

Il est certain que les enfans naturels qui, à l'époque de la publication de cette loi, étaient déjà en instance pour faire reconnaître leur Filiation, n'ont pas été privés par cette loi des moyens de prouver leur Filiation même, que leur fournissait l'ancienne jurisprudence. C'est ce qui résulte d'un décret du 4 pluviôse an 2, qui porte : « La convention nationale, après avoir entendu le rapport de son comité de législation, sur la pétition de la cit. Bertrand, tendant à ce qu'il soit rendu un décret qui autorise les tribunaux à juger définitivement les procès en déclaration de paternité, dans lesquels la preuve testimoniale a été ordonnée et faite antérieurement aux lois nouvelles sur les enfans nés hors mariage; passe à l'ordre du jour, motivé sur ce que les lois n'ont pas d'effet rétroactif ».

Mais que doit-on décider à l'égard des enfans naturels qui, à l'époque de la publication de la loi du 12 brumaire an 2, n'avaient pas encore intenté leur action en déclaration de paternité?

Le 15 octobre 1793, Marie-Anne Linstruiseur fait, au greffe de la justice de paix du canton de Savignies, la déclaration qu'elle est enceinte des œuvres de Jacques Marthe, garçon majeur. Quelques jours après, elle cite Jacques Marthe devant le bureau de paix, pour se concilier sur la demande qu'elle se propose d'intenter contre lui, afin de le faire condamner à se charger de l'enfant qu'elle porte dans son sein, et à lui payer à elle-même 5,000 liv. de dommages-intérêts, outre les frais de couches.—Jacques Marthe comparaît sur cette citation, le 7 brumaire an 2, et déclare qu'il ne connaît point la fille Linstruiseur. En conséquence, procès-verbal de non conciliation. —Le 18 frimaire suivant, la fille Linstruiseur fait assigner Jacques Marthe devant le tribunal du district de Beauvais.—Le 11 ventôse de la même année, jugement qui appointe les parties à faire preuve des faits qu'elles articulent respectivement. — Le 13 du même mois, accouchement de la fille Linstroiseur. — Le 29 floréal suivant, jugement définitif et par défaut, qui, d'après les dépositions des témoins entendus à sa requête, déclare Jacques Marthe père de l'enfant dont elle est accouchée; le condamne à nourrir et entretenir cet enfant, à lui faire apprendre un métier, à payer à la mère 12 liv. par mois pendant sept années, 120 liv. pour frais de couches, et 4,000 liv. pour dommages-intérêts. — Jacques Marthe forme opposition à ce jugement, et se prévaut de la loi du 12 brumaire. —Le 17 messidor, jugement qui le déboute de son opposition. — Appel: le 15 frimaire an 3, le tribunal du district de Chaumont déclare qu'il a été bien jugé.—Jacques Marthe se pourvoit en cassation; et par arrêt du 26 mars 1806, au rapport de M. Ruperou, — « Vu les art. 1, 8, 9, 10, 11 et 12 de la loi du 12 brumaire an 2; attendu, en premier lieu, que si, au cas présent, la déclaration de grossesse et la citation au bureau de paix (lesquelles ne constituent pas l'action judiciaire) sont antérieures à la loi du 12 brumaire an 2, l'action judiciaire même, en déclaration de paternité, est postérieure à cette loi; que par conséquent ce n'est pas le cas de dire que, d'après le décret d'ordre du jour du 4 pluviose an 2, l'instance a dû être suivie et jugée conformément à l'ancienne jurisprudence; attendu, en second lieu, qu'il résulte des divers articles précités de la loi du 12 brumaire an 2, qu'à compter de la publication de cette loi, toute recherche de la paternité non reconnue est abolie, non-seulement par rapport aux droits successifs, mais même relativement aux alimens pour l'enfant, aux frais de gésine et aux dommages-intérêts pour la mère, par la raison que la paternité étant indivisible, un homme ne peut pas être père pour un cas et ne pas l'être pour un autre; d'où il suit que le tribunal de district de Chaumont, en admettant la preuve de la paternité contestée, et en condamnant par suite Jacques Marthe à se charger de l'enfant dont il s'agit, à lui payer des alimens, et à la mère des frais de gésine et des dommages-intérêts, a commis un excès de pouvoir et violé la loi du 12 brumaire an 2; par ces motifs, la cour casse et annulle.... » (1)

Le Code Napoléon, art. 340, consacre formellement le principe que *la recherche de la paternité est interdite;* mais il y met cette exception : « Dans le cas d'enlèvement, lorsque l'époque de cet enlèvement se rapportera à celle de la conception, le ravisseur *pourra* être, sur la demande de la partie intéressée, déclaré père de l'enfant ».

Le tribunal proposait de substituer au mot *pourra* le mot *sera;* mais cette proposition a été rejetée. « Il serait dangereux (a-t-on dit au conseil d'Etat) de rendre l'exception absolue, et d'accorder la déclaration de paternité sur la simple demande des parties, sans autre examen. En effet, le concours de l'époque de l'enlèvement avec celle de la conception n'est jamais certain : car il est impossible de fixer le moment précis de la conception.... Si on laissait subsister l'exception comme absolue, le tribunal se trouverait quelquefois obligé de prononcer contre sa conscience, en déclarant la paternité du ravisseur, même lorsqu'il serait d'ailleurs démontré que l'enfant a un autre père ».

III. Peut-on regarder comme reconnu par un *acte authentique*, dans le sens de l'art. 334 du Code Napoléon, l'enfant naturel qui n'a d'autre titre de reconnaissance que le testament olographe de son père décédé?

Le 26 nivôse an 7, le sieur Andrieux, adjudant-commandant, fait à Paris un testament olographe, par lequel il reconnaît Paul-Aimé Andrieux pour son fils naturel, et l'institue héritier. Il dépose ce testament dans l'étude du notaire Badenier.—En messidor an 10, il meurt à Saint-Domingue.—Le 7 vendémiaire an 11, son testament est ouvert, avec toutes les formes requises, par le notaire Badenier, qui déjà l'avait mis au rang de ses minutes. — Quelque temps après, paraissent le titre du Code Napoléon relatif aux enfans naturels, et la loi transitoire du 14 floréal an 11, qui renvoie à ce Code le réglement de l'état et des droits des enfans naturels dont les pères sont morts depuis la publication de la loi du 12 brumaire an 2.—En conséquence, le tuteur de Paul-Aimé Andrieux réclame pour lui la moitié de la succession du défunt. — La dame Andrieux, femme Duston-Darse, la lui conteste, sur le fondement qu'il n'est pas reconnu par un acte authentique.

Par arrêt du 11 février 1806, — « Considérant que, par une disposition expresse de la coutume de Paris, sous l'empire de laquelle le testament dont il s'agit a été fait (puisqu'il est d'une date antérieure à la promulgation du Code, que son auteur est décédé, et que le dépôt au rang des minutes d'un notaire a eu lieu aussi avant ladite promulgation), ce testament est solennel et authentique, ainsi que l'enseigne M. Merlin (dans ses *Questions de droit*), au mot *Testament*, §. 7 et 8; d'où il suit que le mineur a en sa faveur une reconnaissance légale, comme faite dans un acte authentique; considérant qu'indépendamment, et abstraction faite de la légalité de ladite reconnaissance, le testament dont il s'agit contient une institution en faveur du mineur, et que cette institution doit sortir à effet d'après l'art. 2 de la loi transitoire du 14 floréal an 11......; Qu'on objecte en vain que cette institution ne peut produire aucun effet, attendu que l'article de ladite loi transitoire ne concerne que les enfans naturels légalement reconnus; que cette objection est contraire à la lettre et à l'esprit dudit art. 2, qui ne peut avoir été inséré que pour valider les dispositions testamentaires faites en faveur d'enfans naturels non légalement reconnus; celles faites en faveur de ceux qui ont une reconnaissance légale ayant déjà une exécution assurée d'après le Code civil; que, par une suite de la reconnaissance faite dans le testament dont il s'agit, considéré comme un acte authentique, ou bien par une conséquence de la disposition de l'art. 2 de la loi transitoire du 14 floréal

(1) *V.* le plaidoyer du 8 novembre 1809, rapporté dans mon *Recueil de questions de droit*, au mot *légitimité*, §. 2.

an 11, la volonté du testateur peut et doit recevoir son exécution quant au nom de l'enfant, puisque cette nomination ne retranche ni ne donne rien au-delà des droits attribués par le Code civil sur sa succession ; considérant qu'il est dit dans le testament dont s'agit, qu'il est écrit et signé par le testateur; que ce testament, déposé de confiance, par feu Andrieux, entre les mains du notaire Badenier, a depuis été certifié véritable par ladite Andrieux, et de son consentement a été déposé, pour minute, chez ledit notaire, qui a délivré l'extrait produit au procès ; que, par ce dépôt au rang des minutes du notaire, le testament est devenu authentique pour faire foi du contenu en icelui; qu'il est écrit et signé par le testateur, conformément à la teneur dudit acte; que d'ailleurs, en certifiant véritable ledit acte, déposé pour minute, sous la qualification de testament olographe du sieur Antoine-Marie-Martin Andrieux, ladite dame Duston a reconnu nécessairement la vérité matérielle de l'énonciation contenue en icelui, qu'il est écrit et signé par le testateur » : — La cour d'appel de Montpellier déclare Paul-Aimé Andrieux reconnu par acte authentique fils naturel de l'adjudant-commandant du même nom, et lui adjuge la moitié de la succession de son père.

La dame Duston-Darse se pourvoit en cassation; mais, par arrêt du 3 septembre 1806, au rapport de M. Coffinhal, — « Considérant qu'en regardant comme suffisante la reconnaissance de l'enfant naturel dont il s'agit, portée par un testament olographe fait à Paris, réputé solennel par l'art. 289 de la coutume, qui confiait au testateur et son autorité pour disposer, et un caractère pour rédiger sa volonté ; testament qui, d'ailleurs, avait été remis à un notaire par le testateur lui-même, et qui, placé au rang même des minutes de ce notaire, après le décès du testateur, et même avant la publication du Code civil, ainsi qu'il est justifié par des procès-verbaux des 7 et 12 vendémiaire an 11, avait acquis tous les caractères d'un acte authentique; l'arrêt attaqué a fait une juste application de l'art. 334 du Code civil; considérant que la reconnaissance étant jugée valable, le mineur a dû être admis au partage de la succession de son père pour moitié avec la dame Duston, sa sœur, conformément à la loi du 4 germinal an 8, sous laquelle cette succession a été ouverte, et être autorisé à porter son nom ; la cour rejette..... ». — *V. Testament*, sect. 2, §. 4, art. 4.

IV. On a vu à l'article *Bâtard*, sect. 2, §. 5, qu'il ne doit être donné aucun effet aux reconnaissances authentiques de paternité, qui, dans le temps où la recherche de la paternité non avouée était permise, ont été faites par des transactions sur procès. Nous devons ajouter ici qu'il en est de même lorsqu'elles ont été faites sur des contestations apparentes, ou déjà formées, mais non encore portées en justice. Et c'est ce que la cour de cassation a jugé dans l'espèce suivante.

Le 14 mars 1768, une fille, nommée Manchouart, servante du sieur Haudoire, mineur, fait une déclaration de grossesse, par laquelle elle indique celui-ci comme père de l'enfant qu'elle porte dans son sein. — Le même jour, le sieur Haudoire, assisté de son curateur, souscrit devant notaire un acte par lequel, *pour terminer toutes contestations nues et à mouvoir à l'occasion de la grossesse de la demoiselle Manchouart*, il se reconnaît auteur de cette grossesse ; s'oblige à payer à la fille Manchouart, pour ses dommages-intérêts et ses frais de couches, une somme qu'il détermine, et promet de nourrir et élever l'enfant dont elle accouchera. — Le 10 mai suivant, la nommée Manchouart accouche d'une fille. — Très-peu de temps après, le sieur Haudoire obtient des lettres de rescision contre l'acte du 14 mars, non en ce qu'il contient la reconnaissance de sa paternité, mais en ce qu'il élève trop haut les dommages-intérêts de la mère. — Le 10 novembre de la même année, transaction sur ce procès, par laquelle les sommes à payer à la nommée Manchouart sont réduites, et il est permis au sieur Haudoire de placer sa fille aux Enfans-trouvés, à la charge de la représenter à la mère toutes les fois qu'elle le requerra. — Le sieur Haudoire meurt en l'an 12, laissant quatre enfans légitimes sous la tutelle de leur mère. — La fille de la nommée Manchouart réclame une part d'enfant naturel dans sa succession ; un arrêt de la cour d'appel d'Amiens la déboute. Elle se pourvoit en cassation. — Par arrêt du 5 août 1807, au rapport de M. Schwendt, « considérant que la reconnaissance d'un enfant naturel doit être libre et spontanée, pour opérer en sa faveur les effets et lui attribuer les droits établis par les art. 756 et 757 du Code civil ; attendu que la cour d'appel d'Amiens n'a contrevenu à aucune disposition de la loi, en jugeant, 1°. qu'un aveu de paternité, de la part d'un mineur assisté de son curateur, provoqué en 1768, par une déclaration de grossesse, avec indication du nom du père, et contenu dans une transaction antérieure à l'accouchement, laquelle annonce des contestations élevées, et qui porte essentiellement sur des indemnités pour la mère, ne présente point le caractère d'une intention et d'une volonté libre et spontanée, telle que l'exige la loi; 2°. que cet aveu, renouvelé dans une transaction subséquente sur procès mu et élevé sur l'exécution de la première transaction, avec stipulation de la faculté de placer l'enfant dans un hospice, présente encore moins ce caractère de liberté et de spontanéité requis ; la cour rejette.... ».

V. En est-il, par rapport aux enfans naturels, de la maternité comme de la paternité? Non. La loi du 12 brumaire an 2 ne contient pas un mot d'où l'on puisse induire qu'elle ait voulu, à cet égard, déroger à l'ancien droit; et l'art. 341 du Code Napoléon déclare formellement que *la recherche de la maternité est admise*. Seulement il ajoute : « L'enfant qui réclamera sa mère, sera tenu de prouver qu'il est identiquement le même que l'enfant dont elle est accouchée. Il ne sera reçu à faire cette preuve par témoins, que lorsqu'il aura déjà un commencement de preuve par écrit ». *V.* mon *Recueil de questions de droit*, au mot *Maternité*.

VI. Jusqu'à présent, nous n'avons parlé que des enfans naturels en général. Le Code Napoléon nous offre, sur les enfans adultériens ou incestueux, une particularité remarquable. Après avoir dit, art. 335, que la reconnaissance volontaire, par acte authentique, « ne pourra avoir lieu au profit des enfans nés d'un commerce incestueux ou adultérin », il ajoute, art. 342: « Un enfant ne sera jamais admis à la recherche, soit de la paternité, soit de la maternité, dans le cas où, suivant l'art. 335, la reconnaissance n'est pas admise ».

Mais comment concilier ces dispositions avec les art. 762 et 763, qui décident, l'un, que *la loi n'accorde que des alimens aux enfans adultérins ou incestueux;* l'autre, que *ces alimens sont réglés eu égard aux facultés du père ou de la mère, au nombre et à la qualité des héritiers légitimes?* Rien de plus simple.

D'un côté, en disant qu'un enfant adultérin ou incestueux ne peut pas être reconnu par acte authentique, l'art. 335 n'a qu'un seul objet: c'est d'empêcher que, par la reconnaissance authentique d'un enfant adultérin ou incestueux, on ne lui confère les droits successifs que les art. 757 et 758 assurent aux enfans naturels légalement reconnus. Il n'entend point parlà dispenser de nourrir un bâtard adultérin ou incestueux, la personne qui, soit par acte authentique, soit par acte sous seing-privé, s'en est reconnue le père ou la mère. — « Quoique les enfans adultérins ou incestueux (disait M. Siméon à la séance du corps législatif du 29 germinal an 11) ne puissent être légalement reconnus, leur existence et un fait qui peut quelquefois être évident. Un enfant aura été valablement désavoué par un mari, il aura été jugé le fruit de l'adultère de l'épouse; le crime de sa mère ne saurait la dispenser de lui donner des alimens. Un homme aura signé comme père un acte de naissance sans faire connaître qu'il est marié à une autre femme que la mère du nouveau-né, ou que la mère est sa sœur; il aura voulu faire fraude à la loi: l'enfant, ignorant le vice de sa naissance, se présentera dans la succession pour y exercer les droits d'un enfant naturel, on le repoussera par la preuve qu'il est né d'un père qui ne pouvait légalement l'avouer; mais l'aveu de fait, écrit dans son acte de naissance, lui restera et lui procurera des alimens. Cette disposition est conforme à l'ancien droit; il était nécessaire de la conserver: car enfin les enfans adultérins ou incestueux n'en sont pas moins des hommes; et tout homme a droit de recevoir au moins des alimens de ceux qui lui ont donné la vie ».

D'un autre côté, l'art. 342 défend bien à l'enfant adultérin ou incestueux de rechercher quel est son père ou sa mère; mais lorsque son père ou sa mère le reconnaissent volontairement, cette défense n'a plus d'objet; et c'est à ce cas que s'appliquent les art. 762 et 763.

V. Déclaration de naissance, Fornication et *Naissance.*]]

FILS DE FAMILLE. On appelle ainsi, en pays de droit écrit, un enfant ou petit-enfant qui est sous la puissance de son père ou aïeul paternel. *V. Puissance paternelle.*

* FIN. Dans le style judiciaire ce mot signifie en général but et objet.

On appelle *Fins civiles* les demandes qui ne tendent qu'à une condamnation pécuniaire. Lorsqu'on civilise une procédure, on ordonne quelquefois que les parties se pourvoient à Fins civiles *V. Civilisation.* (M. Guyot.) *

* FINS DE NON-RECEVOIR se dit d'une exception par laquelle on soutient que la partie adverse n'est pas recevable à intenter une action, une demande.

Les Fins de non-recevoir se tirent de la forme ou du défaut de qualité, ou du laps de temps.

Elle se tirent de la forme, comme quand un mineur intente une action sans être assisté de son tuteur ou curateur; du défaut de qualité, comme quand on oppose au demandeur qu'il n'est point héritier de celui dont il réclame les droits; et du laps de temps, lorsqu'il y a quelque prescription acquise.

L'ordonnance de 1667 veut que les Fins de non-recevoir soient employées dans les défenses, pour y être préalablement fait droit. (M. Guyot.)*

[[Il y a cependant des Fins de non-recevoir que l'on peut proposer en tout état de cause. *V. Exception.*]]

* FINS DE NON-PROCÉDER se dit des moyens de forme à la faveur desquels on soutient qu'on doit être dispensé d'aller en avant sur une demande, jusqu'à ce qu'il ait été statué sur ces Fins. Telles sont les exceptions dilatoires, les exceptions déclinatoires, les moyens de nullité, et les autres exceptions qui se tirent de la forme et non du fond de la contestation.

L'art. 3 du tit. 6 de l'ordonnance du mois d'avril 1667 veut qu'il soit prononcé sommairement à l'audience sur les Fins de non-procéder, *sans appointer les parties, ni réserver et joindre au principal pour y être préalablement ou autrement fait droit.* — [[*V.* le Code de procédure civile, art. 172.]]

Observez néanmoins que si les parties n'étaient pas d'accord sur la juridiction sous laquelle la chose litigieuse est située, ou dans laquelle la partie assignée est domiciliée, le juge pourrait, avant faire droit sur l'exception déclinatoire, appointer les parties à faire preuve des faits articulés à cet égard.

Observez aussi que les Fins de non-procéder doivent se proposer avant qu'on ait contesté au fond; autrement on n'y est plus recevable. La raison en est que la partie qui a procédé volontairement devant un juge s'est soumise à sa juridiction. Cela est d'ailleurs ainsi décidé par l'art. 1 du tit. 4 de l'ordonnance du mois d'août 1669, concernant les réglemens des juges. [[*V. Déclinatoire*, §. 1, et *Compte*, § 2.]].

Cependant si une Fin de non-procéder était fondée sur l'incompétence du juge *ratione materiæ*, elle pourrait être proposée en tout état de cause. (M. Guyot.)*

[[*V.* le Code de procédure civile, art. 170.]]

FINANCES. *V. Contrôleur-général des Finances: Budjet* et *Contributions publiques.*

* FISC. C'est le trésort de l'Etat.

Chez les Romains, le Fisc jouissait de plusieurs droits et priviléges. Il pouvait revendiquer la succession qui était déniée à celui qui avait argué mal à propos le testament de faux; il était aussi préféré au fidéicommissaire lorsque le testateur avait subi quelque condamnation capitale. On lui accordait la préférence sur les villes, dans la discussion des biens de leur débiteur commun, à moins que le prince n'en eût ordonné autrement.

Il avait pareillement la préférence sur tous les créanciers chirographaires, et même sur un créancier hypothécaire du débiteur commun, dans les biens que le débiteur avait acquis depuis l'obligation par lui contractée au profit de ce particulier, quoique celui-ci eût l'hypothèque générale : le Fisc était même en droit de répéter ce qui avait été payé par son debiteur à un créancier particulier.*

Il était aussi préféré aux donataires, et à la dot même qui était constituée depuis l'obligation contractée avec lui.

S'il avait été mal jugé contre le Fisc, la restitution en entier lui était accordée contre le jugement.

Il y avait encore diverses causes pour lesquelles le Fisc pouvait revendiquer les biens des particuliers : savoir, ceux qui avaient été acquis par quelque voie criminelle après la mort du coupable; les fidéis-commis tacites, qui étaient prohibés; l'hérédité, qui était refusée à l'héritier pour cause d'indignité; les biens de ceux qui s'étaient procuré la mort, pourvu que le crime fût constant; les biens des otages et prisonniers décédés; les biens vacans, pourvu qu'il les réclamât dans les quatre années; la dot de la femme qui avait été tuée, et dont le mari n'avait pas vengé la mort; les fruits perçus dans l'accusation de faux, lorsque le demandeur succombait.

Lorsqu'on trouvait un trésor dans quelques fonds du Fisc, ou du public ou religieux, il en appartenait la moitié au Fisc; et si celui qui avait trouvé ce trésor tenait le fait caché, et que cela vînt ensuite à être connu, il était obligé de rendre au Fisc tout le trésor et encore autant du sien.

Le Fisc succédait aux hérétiques, lorsqu'il n'y avait point de parens orthodoxes; à ceux qui étaient reconnus pour ennemis publics; à ceux qui contractaient des mariages prohibés, lorsqu'il ne se trouvait ni père ni mère ou autres ascendans, ni enfans ou petits-enfans, ni frères, sœurs, oncles, tantes. Il succédait pareillement à celui qui était relégué, même dans les biens acquis depuis l'exil. La succession *ab intestat* de celui qui avait été condamné pour délit militaire lui appartenait aussi, de même que celle du furieux à laquelle les proches avaient renoncé. Enfin, il succédait au défaut du mari, et généralement de tous les autres héritiers généraux ou particuliers.

Mais il y avait cela de remarquable par rapport aux successions qu'il recueillait en certains cas, à l'exclusion des héritiers, qu'il était obligé de doter les filles de celui auquel il succédait.

[[*V.* les titres du Digeste et du Code *de jure Fisci* et les commentateurs, notamment Voët, *ad Pandectas*, liv. 49, tit. 14.]]

Les principes que nous suivons en France par rapport au Fisc sont la plupart tirés des lois romaines. Voici les principaux droits et priviléges dont il jouit.

1° Le premier des priviléges du Fisc est celui qui rend ses droits imprescriptibles et inaliénables. [[Le Fisc ne jouit plus de ce privilége. *V. Domaine public.*]]

2° Le Fisc est toujours réputé solvable et n'est jamais obligé de donner caution, même quand les particuliers les plus solvables y sont obligés. On sait, par exemple, qu'un légataire dont le legs doit être payé comptant, peut empêcher les héritiers de s'emparer des biens de l'hérédité, à moins qu'ils ne le payent ou qu'ils ne lui donnent caution pour sa sûreté; mais si le Fisc était l'héritier d'une succession chargée de pareils legs, il serait dispensé de donner caution. Cette jurisprudence est fondée sur ce que tout particulier peut devenir insolvable, et que le Fisc ne peut jamais le devenir, attendu qu'il a toujours dans les deniers publics les fonds nécessaires pour toutes ses charges.

3°. Le Fisc est préféré à tout particulier dans l'achat des métaux qui peuvent être nécessaires au service de l'Etat, soit pour les monnaies, soit pour l'artillerie, etc.

4°. Quoiqu'en général ceux qui ont été condamnés par un arrêt ou par une sentence dont il n'y a point eu d'appel dans le temps utile, ne puissent se pourvoir contre la condamnation sous prétexte de pièces nouvellement recouvrées, à moins que ces pièces n'aient été retenues par le dol de la partie adverse, le Fisc est excepté de cette règle, et il peut revenir contre toute sentence et arrêt, si son droit se trouve fondé sur des pièces qui n'aient pas été produites, quoiqu'on ne puisse imputer à la partie adverse de les avoir retenues. [[Ce privilége est aboli par les lois nouvelles. *V. Chose jugée*, §. 19.]]

5° On sait qu'il est de principe que toutes les instances périssent par la péremption, c'est-à-dire, par une cessation d'instruction et de procédure pendant trois années : mais les causes du Fisc sont exceptées de cette règle, et ne sont pas sujettes à la péremption. — [[Il en est de ce privilége comme du précédent; il est aboli par l'art. 398 du Code de procédure civile]]

6°. Toutes les sûretés qu'on est dans l'usage de prendre dans les contrats, sont censées prises par le Fisc lorsqu'il contracte. (M. GUYOT.)*

[[*V.* le Code Napoléon, art. 2121 et 2134; *Hypothèque*, sect. 2; et *Privilége de créance*.

7°. Le Fisc, en tant qu'il exerce les droits des corporations supprimées et de ceux qui ont encouru la confiscation de leurs biens, jouit, quant au mode de preuve de l'existence des rentes qui leur appartenaient, d'un privilége dont il sera parlé au mot *Rente foncière*, §. 1, n° 10.

V. Aubaine, *Déshérence*, *Confiscation*, *Amende*, *Comptable et Domaine public*.]]

* **FIVATIERS.** On a ainsi appelé les féodataires, c'est-à-dire, les possesseurs d'un fief, suivant du Cange, au mot *Fevatarius* sous *feudum*, p. 462.

Raqueau dit au contraire que ce sont les tenanciers et sujets du seigneur Cavier, auxquels ils doivent cens, rente et autres devoirs, et sur lesquels il a basse juridiction. Cet auteur renvoie à cette occasion à la coutume de Labourt, tit. 1, art. 4; de Solle, tit. 2, art. 8; tit. 10, art. 1, 6, 7, 8, 10, et tit. 12, art. 3 et 5; tit. 18, art. 1; tit. 27, art. 5; tit. 33, art. 4; et de Béarn, tit. 1, art. 26, 27 et 28; au titre *des interdits*, art. 5.

Ces textes semblent effectivement indiquer un tenancier roturier dont le domaine est chargé de redevances annuelles et sujet à des services roturiers.

Il ne serait pas impossible néanmoins qu'on eût pris le mot *Fivatiers*, dans une acception plus générale, pour tous ceux qui possèdent une tenure noble ou roturière dans la mouvance du seigneur de *fief* qu'on appelle *fin* dans les coutumes de Navarre et de Béarn. — Du Cange cite du moins l'extrait suivant, d'une charte donnée en 1183, par Raimond, comte de Toulouse : *sed prædictus Fevatarius non debet istud feodum dare ad feodum*. (M. GARRAN DE COULON.) *

[[*V. Cens*, *Rente seigneuriale*, et *Fief*, sect. 2, §. 7.]]

*FLAGRANT DÉLIT. On donne ce nom au crime qui est commis publiquement et dont le coupable a été vu par plusieurs témoins dans le temps qu'il le consommait.

Un accusé est pris en *Flagrant délit*, lorsqu'il est arrêté en volant, ou avec les effets volés, dans le lieu même où le vol a été commis; ou s'il s'agit d'un meurtre, lorsqu'il est pris dans l'action même, sur le lieu, ou ayant l'épée à la main, teinte de sang.

Le juge peut faire emprisonner sur-le-champ l'accusé qui est arrêté en Flagrant délit : les archers, huissiers et sergens sont obligés d'exécuter dans ce cas les ordres que le juge leur donne verbalement; et s'ils refusent de lui obéir, le juge peut dresser un procès-verbal de leur refus, et les faire condamner à des peines proportionnées aux circonstances qui ont accompagné ce refus, et aux suites qu'il a pu avoir.

Lorsque le juge fait arrêter un coupable pris en Flagrant délit, il doit en dresser son procès-verbal.

Si le coupable a été arrêté à la clameur publique et en Flagrant délit, le juge doit ordonner qu'il sera emprisonné et écroué.

Par l'art. 4 du tit. 2 de l'ordonnance de 1670, il est enjoint aux prévôts des maréchaux d'arrêter les criminels pris en Flagrant délit ou à la clameur publique. (M. DESESSARTS.) *

[[*V. Arrestation*, *Emprisonnement*; le Code des délits et des peines du 3 brumaire an 4, art. 36, 62, 63 et 101; la loi du 28 germinal an 6, art. 125; la loi du 7 pluviôse an 9, art. 4; et le Code d'instruction criminelle de 1808, art. 32, 40, 41, 59 et 60.]]

*FLANDRE. Province des Pays-Bas, située entre l'Artois, le Hainaut, le Cambrésis et le Brabant.

La Flandre éprouva, sous la seconde race de nos rois, le sort de la plupart des autres provinces. Elle avait été gouvernée jusqu'au temps de Charles-le-Chauve par un officier que le roi commettait et révoquait à son gré, et qui prenait le titre de grand-forestier. Mais en 861 ou 863, Baudoin I, dit Bras-de-Fer, en obtint la propriété héréditaire avec le titre de comte ou de marquis, sous la réserve que fit Charles-le-Chauve, tant pour lui que pour ses successeurs, de la souveraineté, du ressort et des cas royaux.

L'Artois fit long-temps partie de la Flandre; mais il en fut démembré en 1180, et donné en dot à Isabelle de Hainaut, qui épousa Philippe-Auguste.

La Flandre souffrit une nouvelle division au commencement du quatorzième siècle; Lille, Douay, Orchies et leurs châtellenies en furent distraites; et depuis on les a toujours désignées par le nom de Flandre gallicane, ou province de Lille. Le roi Philippe-le-Bel en prit possession l'an 1305, en vertu d'un traité dont l'exécution souffrit d'abord quelques difficultés, mais qui fut ratifié en 1312, et suivi, de la part du comte de Flandre, d'une cession entière de cette partie de ses Etats. La France la posséda paisiblement jusqu'en 1369, temps où Charles V la vendit au comte Louis III, surnommé de Maële, en se réservant néanmoins la faculté perpétuelle de la racheter.

Nous avons dit que Charles-le-Chauve n'avait accordé aux comtes de Flandre la propriété héréditaire de cette province, que sous la réserve de l'hommage et du ressort. Ces princes ne laissaient cependant pas de jouir de tous les droits régaliens, et d'exercer tous les actes de souveraineté. Ils faisaient battre monnaie, traitaient avec les rois par ambassadeurs, faisaient la paix et la guerre, levaient des impôts, portaient des lois, créaient des officiers, et rendaient la justice en dernier ressort. On reconnaît à ces différens traits la plupart des attributs qui forment le caractère véritable d'un souverain; mais arrêtons-nous particulièrement à l'examen et à la discussion des deux derniers.

Nous disons d'abord que les comtes de Flandre créaient des officiers de justice. En effet, sans parler ici du chancelier, du connétable, du chambrier, de l'échanson, des douze pairs, et de la chambre légale, sur lesquels Oudegherst entre dans de grands détails, il est constant que le 13 février 1385, Philippe-le-Hardi, époux de la comtesse Marguerite, établit à Lille un conseil, à une partie duquel il attribua la juridiction ordinaire et contentieuse, en réservant à l'autre la connaissance de son domaine et de ses comptes.

Le 17 août 1409, le duc Jean-sans-Peur divisa ce conseil en deux; il en laissa une partie à Lille, sous la dénomination de chambre des comptes, et transféra l'autre à Gand pour y administrer la justice à toute la Flandre, sous le ressort du parlement de Paris.

Par le traité fait à Arras le 21 septembre 1435, le roi Charles VII déchargea Philippe-le-Bon, personnellement et pendant sa vie, *de toute sujétion, hommage, ressort et souveraineté*. Mais le parlement de Paris ne tint pas compte de ce traité; car, le 20 février 1457, il jugea un appel qui avait été interjeté du *grand conseil* de ce prince.

Le grand conseil, dans son origine, résidait auprès de la personne du comte. Par le traité de Péronne, du 14 octobre 1468, il fut convenu que ce tribunal subsisterait durant la vie de Charles-le-Hardi, et que les vassaux de ce prince qui étaient du ressort du parlement de Paris, auraient la liberté de se pourvoir à l'une ou à l'autre cour. En conséquence de cet arrangement, Charles fixa son grand conseil à Malines, et lui donna le titre de parlement. Il l'avait composé d'un chancelier, deux présidens, quatre chevaliers d'honneur, six maîtres de requêtes, huit conseillers ecclésiastiques, douze conseillers laïcs, deux procureurs-généraux, trois greffiers, et quelques autres officiers subalternes. Christin nous apprend que le comte y siégeait lui-même quelquefois, une couronne d'or sur la tête, et une épée nue dans la main. Ce parlement ne subsista que jusqu'au 5 janvier 1476, date de la mort de Charles-le-Hardi : mais Maximilien d'Autriche, son successeur, le rétablit, ou pour mieux dire le continua; et le 22 janvier 1503, Philippe I, fils et héritier de ce prince, le divisa en deux parties : il en transféra une à Bruxelles, qu'il appela *conseil privé*, et conserva l'autre à Malines, sous le titre de *grand conseil*. Ce sont les noms que ces deux tribunaux portent encore aujourd'hui.

Quant au droit d'administrer la justice souverainement, il paraîtrait, à en juger par les traités d'Arras et de Péronne, dont on vient de parler, que les comtes de Flandre n'en ont jamais joui que précairement; et que, hors le cas d'une concession momentanée, l'appel des jugemens rendus par leurs officiers se portait toujours au parlement de Paris. Mais Oudegherst nous fait observer que quelques-uns des tribunaux établis par ces princes, ne laissaient pas d'être souverains par leur constitution. Telle a toujours été, par exemple, *la chambre légale* de Gand. Tels furent encore long-temps les magistrats des quatre principales villes de la Flandre flamande, et depuis, dit cet auteur, ils n'ont été soumis à l'appel qu'en deux cas, savoir, celui de déni de justice et celui du *ressort accoutumé*, *qui était des appellations pour matière entre parties de dessous la couronne non concernant la seigneurie et souveraineté du comte.*

« Le cas dont il n'y avait appel (continue le même auteur) et qu'entendait le comte être les cas de seigneurie et souveraineté, étaient toutes matières criminelles, criminellement intentées, de son domaine et de ses aides et subventions; les octrois qu'il donnait en matière de police, les priviléges qu'il donne aux églises, villes, terroirs, marchands étrangers et autres, etc., et l'interprétation d'iceux, les cas commis par ces officiers pour raison de leurs offices, les corrections qu'il fait de ses sujets rebelles par rémissions, pardons, abolitions, rapeaux de bans ou autres provisions, et l'entérinement d'iceux, les sauve-gardes, légitimations, affranchissemens, ennoblissemens, et dons d'offices et bénéfices, amortissemens, respits, relièvemens et toutes provisions de grâce qu'il fait expédier par sa chancellerie. Généralement il entendait être de sa seigneurie et souveraineté, tous cas dont les comtes, passé sept ans, ont accoutumé connaître souverainement, par leur chambre légale, et ainsi l'ont entendu les comtes Robert, les deux Louis, Philippe-le Hardi, Jean, Philippe, Maximilien et tous les autres comtes prédécesseurs, aussi bien devant qu'après l'institution du parlement de Paris; et quand en ce on les a voulu empêcher et troubler, ils y ont résisté tellement que toujours ils en sont demeurés en leur possession. »

On peut juger par ces différens détails, de la nature du pouvoir que les anciens comtes de Flandre exerçaient dans cette province. Il n'y aurait pas d'inexactitude sans doute à les comparer aux électeurs d'Allemagne, et telle était la pensée de Loyseau, lorsqu'il disait dans son *Traité des seigneuries*, « qu'autrefois les ducs et comtes ne reconnaissaient nos rois que de l'hommage de leurs seigneuries et de la sujétion de leur personne, ainsi que les princes d'Allemagne reconnaissent encore l'empire ». *V. Bar.*

Tel était l'état de la Flandre, lorsque Charles-Quint, qui en était devenu propriétaire par la mort de Philippe d'Autriche, son père, fut élu empereur d'Allemagne : le caractère fier et orgueilleux de ce prince ne lui avait pas permis jusqu'alors de rendre au roi de France la foi et hommage qu'il lui devait. Elevé sur le trône impérial, il se crut pleinement affranchi des devoirs de la vassalité; et par son refus obstiné de les remplir, il donna lieu à cette guerre de 1521, qui a été si funeste à nos pères, et qui a soustrait si long-temps la Flandre à la souveraineté de ses premiers maîtres.

On sait que par le traité de Madrid du 24 janvier 1525, ratifié à Cambrai en 1529, François Ier céda à Charles-Quint et à ses successeurs la souveraineté de cette province, et renonça au droit qu'il avait eu jusqu'alors, en vertu du traité fait en 1369 entre Charles V et Louis de Maële, de racheter les villes et châtellenies de Lille, Douay et Orchies.

L'année 1667 fut, pour la Flandre, l'époque d'une nouvelle révolution. Louis XIV entra dans cette province, pour faire valoir les droits acquis à la reine Marie-Thérèse d'Autriche, par la mort de Philippe IV, roi d'Espagne, son père; et en peu de temps il s'empara de Lille, Douay, Orchies, Armentières, Bergue, Furnes, Ath, Courtrai, Audenarde. La paix d'Aix-la-Chapelle, conclue le 2 mai 1668, arrêta le cours de ses victoires, en même temps qu'elle lui en assura les fruits; mais bientôt la guerre recommença; et par le traité de Nimègue, qui y mit fin, l'Espagne céda encore à la France les villes d'Ipres, de Cassel, de Bailleul, de Poperingue et de Warneton.

Louis XIV ne conserva pas cependant toutes ses conquêtes; la dernière guerre qu'il eut à soutenir lui en enleva quelques-unes; et, par le traité signé à Utrecht en 1713, les droits de la France sur cette province ont été réduits aux villes et châtellenies de Lille, Douay et Orchies, qu'on appelle communément *Flandre gallicane*, et à celles de Dunkerque, de Bergues, de Bailleul, de Cassel, de Bourbourg, de Gravelines, d'Honscoote, et de quelques autres qui forment, avec leurs châtellenies, une partie considérable de la *Flandre Flamande.*

[[Ces deux parties de la Flandre forment aujourd'hui, avec les ci-devant provinces de Hainaut et de Cambrésis, le département du Nord.

L'autre partie a été reconquise en l'an 2, sur la maison d'Autriche; elle forme actuellement le département de la Lys et une portion considérable de celui de l'Escaut. *V.* la loi du 9 vendémaire an 4.]]

* FLÉGARDS, FLÉGARTS, FLOTS, FROS, FROCS, FRAUX, FROUX, FROUTIS, etc. Les cinq premiers de ces mots se trouvent dans plusieurs coutumes de Picardie, d'Artois et de Flandre. Suivant Ragueau, les *Flégards* sont des places com-

munes, et c'est ainsi que l'interprète l'art. 41 de la coutume de Boulonnais : les Flots ou Frocs sont les fleuves, torrens, rivières, étangs, marcs et fontaines.

Laurière dit au contraire que les Flots ou Frocs ne sont pas des fleuves, mais des lieux en friche et des chemins publics. « Dans quelques-unes de nos coutumes (ajoute-t-il), les Flégards sont aussi des chemins. *V.* l'art. 5 des coutumes d'Artois, et l'art. 5 du tit. 2 des coutumes de Lille ».

Ragueau lui-même, au mot *Frocs*, dit que ce sont des terres en friche, tellement que ceux qui réparent les chemins s'appellent *Froqueurs*, et que, dans l'ancienne coutume d'Orléans, l'art. 157 dit *en Frou*, pour désigner un lieu public et commun à tous, tandis que Pyrrhus Englebermæus l'interprète pour des lieux en friche. Mais Laurière observe encore à cette occasion, que l'interprétation de Pyrrhus est confirmée par l'art. 10 de la coutume de Menetou-sur-Cher, qui porte qu'on ne peut faire prise de bête en *Froux ou Friche*, sinon qu'il soit bouché.

Du Cange adopte la même interprétation, qui a aussi été suivie par dom Carpentier, dans son Glossaire français.

Cependant Gosson, Maillard et Brunel, sur la coutume d'Artois, art. 5, pensent également que le mot *Flots* signifie des eaux dormantes ou courantes qui n'appartiennent à aucun particulier. Mais le texte même de cet article semble favoriser le sentiment de Laurière. Il y est dit : « la justice de vicomte se extend ès *Flotz et Flégards*, *chemins et voirie* étant à l'encontre des tènemens de son Fief; en fachon se les héritaige d'un côté et d'autre sont à lui, ou de lui tenuz, *telles voies et chemins* et ce qui croît du tout, le droit de justice et seigneurie d'iceux lui appartient; et se les héritaiges de l'un des côtés sont seulement tenus dudit seigneur vicomtier, ladite justice se extend en la moitié seulement desdits *chemins* et à l'endroit d'iceux tènement.

Ces mots, *telles voies et chemins*, et ceux-ci, *en la maitié desdits chemins*, annoncent qu'on entend rappeller tout ce dont il a été question au commencement de l'article. *Les Flots et Flégards* sont donc compris sous *les voies et les chemins* qui sont énoncés de nouveau dans la suite.

Maillard dit, à la vérité, que l'on doit ajouter à ces mots *telles voies et chemins* ceux de *Flots et Flégards;* et que c'est ici le cas de faire usage de la règle, *ce qui est énoncé au commencement est censé répété à la fin*. Mais cette explication paraît forcée. Il est même remarquable que l'ancienne coutume d'Amiens, celles de Saint-Omer, de Thérouanne et de Ponthieu emploient le mot *Frocs* de la même manière que la coutume d'Artois emploie celui de *Flots*, et il ne paraît pas douteux que le mot *Frocs* est synonyme de *friche*. On a dit, et l'on dit encore dans plusieurs provinces, *Frou*, *Froust* et *Froustis* dans le même sens.

L'art. 6 du tit. 28 de la coutume d'Auvergne dit à peu près de même, « que les habitans d'une même justice peuvent destiner partie de leur *Fraux* et pâturages et aussi de leurs prés, en temps non défensables, pour le bétail arant et labourant, sans qu'autre bétail y puisse entrer sur peine de clame envers le seigneur. »

Probet, dans ses notes sur ce mot *Fraux*, dit que ce sont des lieux et des places communes que nous appelons communément *Fraulx*.

Cet auteur ajoute que les coutumes, et particulièrement celles d'Artois et de Saint-Omer, disent *Frocs*, *Flots et Flégards*, et la coutume d'Orléans, en l'art. 169, *Frou ou lieu public*. (M. GARRAN DE COULON.) *

[[*V.* l'article *Communaux*, §. 2.]]

* FLÉTRISSURE. Ce terme se dit d'une condamnation qui emporte infamie de fait ou de droit.

On emploie aussi le mot *Flétrissure* pour signifier la marque d'un fer chaud imprimé par l'exécuteur de la haute-justice sur l'épaule d'un criminel convaincu d'un crime qui mérite peine afflictive, mais qui ne mérite pas absolument la mort.

Anciennement, chez les Romains, on marquait au front, afin que la marque fût plus apparente, et l'ignominie plus grande; mais Constantin ordonna que les lettres dont on marquait les criminels ne seraient plus imprimées que sur la main ou sur la jambe.

En France, on imprimait autrefois une fleur de lis sur l'épaule des criminels; mais aujourd'hui on marque les voleurs d'un V; et ceux qui sont condamnés aux galères, des trois lettres G A L.

La déclaration du 4 mars 1724 règle les différentes marques dont doivent être flétris les criminels, relativement aux crimes qu'ils ont commis. Voici ses dispositions.

» *Art.* 1. Ceux et celles qui se trouveront à l'avenir convaincus de vol, et de l'avoir fait dans les églises, ensemble leurs complices et suppôts ne pourront être punis de moindre peine, savoir, les hommes de celles des galères à temps ou à perpétuité, et les femmes d'être flétries d'une marque en forme de lettre V, et enfermées à temps ou pour la vie dans des maisons de force; le tout sans préjudice de la peine de mort, s'il y échet, suivant l'exigence des cas.

» 2. Ceux ou celles qui n'ayant encore été repris de justice, se trouveront pour la première fois convaincus de vol, autre que ceux commis dans les églises, ou vol domestique, ne pourront être condamnés à moindre peine que celle du fout, et d'être flétris d'une marque en forme de lettre V; sans préjudice de plus grande peine, s'il y échet, suivant l'exigence de cas.

» 3. Ceux qui, après avoir été condamnés pour vol, ou flétris pour quelque autre crime que ce soit, seront convaincus de récidive en crime de vol, ne pourront être condamnés à moindre peine que, savoir, les hommes, aux galères à temps ou à perpétuité, et les femmes à être de nouveau flétries d'un double V, si c'est pour récidive de vol, ou d'un simple V, si la Flétrissure a été encourue pour un autre crime, et enfermées à temps ou pour leur vie dans des maisons de force; le tout sans préjudice de la peine de mort, s'il y échet, suivant l'exigence des cas.

» 4. Ceux qui seront condamnés aux galères à temps ou à perpétuité, pour quelque crime que ce puisse être, seront flétris, avant d'y être conduits, des trois lettres G A L, pour, en cas de récidive, en crime qui mérite peine afflictive, être punis de mort ».

[[La peine de la Flétrissure, abolie par le Code pénal du 25 septembre 1791, part. 1, tit. 1, art. 35, avait été rétablie pour les cas de récidive, pour le faux, et pour la menace d'incendie, par les lois des 23 floréal an 10 et 12 mai 1806.

Mais le Code pénal de 1810 trace là-dessus de nouvelles règles.

Il ordonne, art. 20, que « quiconque aura été condamné à la peine des travaux forcés à perpétuité, sera flétri sur la place publique, par l'application d'une empreinte avec un fer brûlant, sur l'épaule droite ».

Mais, suivant le même article, « les condamnés à d'autres peines, ne doivent subir la Flétrissure que dans le cas où la loi l'aurait attachée à la peine qui leur est infligée ».

Ces cas sont déterminés par les art. 56, 165 et 280 du même Code. *V. Récidive*, *Faux* et *Vagabond*. *V.* aussi *Déportation*, *Forçat* et *Incendie*.]]

[[**FLORIN.** Monnaie de compte qui, dans l'ancien système monétaire, valait, dans les Pays-Bas français, 1 fr. et 27 à 28 cent ; et dans les Pays-Bas autrichiens, 1 fr. 79 cent. — Le Florin de Hollande vaut 2 fr. 15 cent. *V. Livre*.]]

[[**FLORIN D'OR.** Monnaie de compte, dont la valeur a beaucoup varié. Voici ce qu'en dit d'Olive, dans son recueil d'arrêts du parlement de Toulouse, liv. 2, chap. 10.

« Sur la valeur des Florins d'or, est remarquable l'arrêt donné en la première chambre des enquêtes, au rapport de M. Cammels, le 4 août 1634, par lequel les religieux de Saint-Dominique de Castres sont maintenus en la rente annuelle de 10 Florins d'or, à prendre sur les fours de Castres, que les comtes de ladite ville avaient anciennement donnée auxdits religieux par fondation et aumône pie : et la cour évaluant par ledit arrêt lesdits Florins d'or, les déclare être de vingt-sept sous six deniers pièce.

» Pour faire voir comme l'estimation des Florins d'or, de même que des autres monnaies, est diverse suivant le temps et suivant les lieux, il est remarquable qu'en jugeant le procès de Bergeron et du syndic des consuls et habitans du lieu du Gafelase, le vendredi 20 juillet 1640, au rapport de M. de Vedelly, nous trouvâmes dans la production du syndic un ancien cahier des reconnaissances de 1507, où il était dit que les consuls de Gafelase faisaient d'albergue au seigneur de Castelginest, un Florin d'or, valeur de vingt-neuf doubles, qui sont vingt-neuf carolus.—Comme aussi ne sera pas obmis que, par ordonnance du commissaire exécuteur d'arrêt, les Florins d'or que le syndic des religieuses de Poulhau demandait en vertu de ses reconnaissances, à Françoise de Combarènes, de Montpellier, ayant été liquidés à 3 liv. 16 sous 8 deniers pièce, par arrêt donné au rapport de M de Turle, le 6 mai 1641, ladite ordonnance fut réformée, et les Florins d'or contentieux évalués à 15 sous, suivant les contrats de l'an 1502, produits au procès. — A quoi sera ajouté qu'au procès de François de Ferrières, seigneur de Bagat en Quercy, et Jean de Testa, sieur de La Grave et de Faliton, qui fut jugé à mon rapport en la chambre de l'édit à Castres, au mois de mai 1643, fut produit un contrat de mariage de Jean de Ramon, sieur d'Auti, et demoiselle Gabrielle d'Esprate de Monpesat, du 14 novembre 1470 retenu par Dumas, notaire de Monène, par lequel est constituée en dot à ladite demoiselle la somme de 2,000 Florins d'or, évalués à vingt-deux doubles chacun. Et il est fort remarquable pour le sujet de ce chapitre que cet acte porte que chaque Florin d'or estimé à vingt-deux doubles vaut douze gros d'or. ».]]

* **FLOTTAGE.** Conduite du bois sur l'eau lorsqu'on le fait flotter.

L'art. 25 du tit. 15 de l'ordonnance de 1669 porte que personne ne peut empêcher ou arrêter le Flottage des bois, sous prétexte de droits de péage, travers ou autres, à peine de répondre des dépens, dommages et intérêts des marchands, sauf à ceux qui se prétendent fondés à lever quelqu'un de ces droits, à se pourvoir devant les grands maîtres.

En interprétation de cet article, il a été rendu au conseil plusieurs arrêts qui font défenses aux fermiers généraux, fermiers des octrois et autres, d'exiger aucun droit pour le passage des bois provenans des forêts du roi.

Suivant l'art. 4 du chap. 17 de l'ordonnance rendue pour la ville de Paris en décembre 1672, les marchands peuvent faire tirer et sortir leurs bois des forêts, et les faire passer en charrettes ou autrement sur les terres ou par les chemins depuis les forêts jusqu'aux ports flottables, en dédommageant les propriétaires à dire d'experts ; sans que pour raison des dommages, ils puissent empêcher la voiture, ou saisir les bois sur les ports.

Suivant l'art. 5, les mêmes marchands peuvent faire faire des canaux, et se servir des eaux des étangs, en dédommageant les propriétaires à dire d'experts.

Suivant l'art. 6, ils peuvent faire jeter leurs bois à flots perdus dans les rivières et ruisseaux, en avertissant les seigneurs dix jours auparavant, par publications aux prônes des messes paroissiales, depuis le lieu du jet jusqu'à celui de l'arrêt, et en les dédommageant des dégradations, le cas échéant.

Suivant l'art. 7, les propriétaires sont tenus de laisser un chemin de quatre pieds de long des bords des ruisseaux, pour le passage des ouvriers qui poussent le bois à l'eau.

Suivant l'art. 8, il est permis aux marchands de faire passer leurs bois par les étangs et fossés appartenans aux particuliers, qui seront tenus de faire faire ouverture de leurs parcs et basses-cours aux ouvriers, en les dédommageant.

Suivant l'art. 9, il est permis aux marchands de faire pêcher les bois de leur flot qui ont coulé au fond de l'eau pendant quarante jours après le flot passé.

Suivant l'art. 10, faute aux marchands de faire pêcher leurs bois dans les quarante jours, les seigneurs ou autres ayant droit sur les rivières, le peuvent faire, à la charge toutefois de laisser ces bois sur les bords ; et pour les frais de la pêche et de l'occupation des terres, il doit leur être payé ce qui est arbitré par experts, sans que les seigneurs puissent faire enlever ces bois, à peine de privation de tout remboursement, et de restitution du quadruple du prix des bois enlevés, duquel enlèvement les marchands sont autorisés à faire faire la recherche.

Suivant l'art. 11, les marchands sont tenus, avant de jeter leurs bois à flot, de faire visiter par le premier juge ou sergent, partie présente ou dûment appelée aux domiciles des meuniers, les vannes, écluses, pertuis et moulins, et de faire faire récolement de la visite après le flot passé, par les mêmes officiers, à peine d'être tenus de toutes les dégradations qui se trouveront à ces vannes, écluses, etc.

Suivant l'art. 12, si, par la visite avant le Flottage, il paraît qu'il y ait quelque réparation à faire aux vannes, etc., les propriétaires sont tenus de les faire après une simple sommation à personne ou au domicile du meunier; sinon, il est permis aux marchands de le faire faire et d'en retenir le prix sur ce qu'ils peuvent devoir pour les chômages des moulins; et le surplus, s'il y en a, doit être remboursé par le propriétaire sur les loyers du moulin qui sont affectés par privilége à ces avances.

L'art. 13 est rapporté à l'article *Chômage*.

Suivant l'art. 14, les marchands peuvent se servir des terres sur le bord des rivières navigables et flottables, pour y faire les amas de leur bois, en payant pour l'occupation; savoir, dix-huit deniers par corde empilée sur les terres en prés, et un sou sur les terres en labour; lesquelles sommes doivent être payées chaque année que les bois demeurent empilés: moyennant quoi les propriétaires sont tenus de souffrir le passage des ouvriers sur leurs héritages, tant pour faire les empilemens que pour façonner les trains, même de laisser passer les harnais et chevaux portant les rouettes, chantiers et autres choses nécessaires pour la construction des trains.

Suivant l'art. 15, les marchands doivent faire marquer leurs bois et les faire empiler séparément sur les ports flottables, faire faire les piles de huit pieds de haut, sur la longueur de quinze toises, ne laissant entre les piles que deux pieds de distance; et ils ne peuvent faire travailler à la construction de leurs trains qu'après avoir payé l'occupation, à l'effet de quoi ils sont tenus de faire compter et mesurer les piles par les compteurs de ports, les propriétaires présens ou dûment appelés. *V. Bois*, *Navigation* et *rivière*. (M. Guyot.) *

[[*V.* le décret impérial du 25 janvier 1807, concernant le Flottage des bois sur les ruisseaux et canaux qui coulent dans la vallée de Neustadt.]]

FOI ET HOMMAGE. *V. Fief.*

* FOIRE. Grand marché public où l'on vend toutes sortes de marchandises, et qui se tient régulièrement en certain temps, une ou plusieurs fois l'année.

Il n'y a que le roi qui puisse accorder la permission de tenir Foire et marché.

Les lettres-patentes qui ont pour objet des établissemens de Foires ou marchés, doivent être enregistrées au parlement; mais la cour ne procède à cet enregistrement qu'après une information *de commodo et incommodo*, ordonnée et faite à la requête du procureur-général. C'est en conformité de cette règle que, par arrêt du 1er juillet 1716, le parlement de Paris déclara nulle la procédure et l'information faites à la requête du marquis d'Arbouville, devant le lieutenant-général d'Yenville, pour l'érection d'une Foire à Arbouville.

[[Un décret de la convention nationale, du 14 août 1793, avait déclaré, en passant à l'ordre du jour sur une pétition de la commune de Vicq, département du Cantal, « qu'il est libre à chaque commune d'établir telles Foires et marchés que bon lui semble, et sans être assujettis à aucune homologation ni approbation des corps administratifs ».

Mais la loi du 18 vendémiaire an 2, en maintenant « les anciens marchés existans avant 1789 », défendit « de former aucuns nouveaux marchés pour les grains et denrées, jusqu'à ce qu'il en eût été autrement ordonné par la convention nationale ».

Et dans le fait, nous voyons que, pour autoriser l'établissement de nouvelles Foires dans le département de la Moselle, le directoire exécutif s'est vu obligé, le 9 brumaire an 7, d'adresser au corps législatif un message sur lequel il est intervenu, le 16 germinal suivant, une loi qui a permis cet établissement.

Mais depuis le 18 brumaire an 8, le gouvernement établit ou supprime les Foires, et en change les jours, par de simples arrêtés ou décrets. Il n'y a en effet rien dans ces établissemens, suppressions et changemens, qui soit législatif: tout y est de simple administration et de haute police.]]

Suivant l'art. 8 du tit. 12 de l'ordonnance du mois de mars 1673, c'est aux juges-consuls qu'appartient la connaissance du commerce qui se fait dans le lieu de leur établissement, durant les Foires. [[*V. Etranger*, §. 2.]]

Divers arrêts ont défendu de donner à jouer dans les Foires et marchés: celui du 8 février 1708, a prononcé contre les contrevenans une amende de 100 liv., outre la confiscation de l'argent du jeu, etc.

V. Payement, *Change*, *Conservation de Lyon*, *Conservateur des Foires*, *Fête*, *Marché* et *Jeu*. (M. Guyot.)

FOLIE. *V. Démence.*

FOLLE-ENCHÈRE. *V. Enchère.*

* FONCIER, FONCIÈRE. Ces mots désignent ce qui est relatif au fonds, ou même ce qui y est inhérent. Ainsi l'on appelle *charges Foncières* et *rentes Foncières*, les charges réelles, les rentes dues par le fonds même, à la différence des charges personnelles et simplement hypothécaires, et des rentes constituées. *V. Rente* et *Hypothèque*.

Plusieurs coutumes appellent aussi *seigneur Foncier*, le seigneur direct, celui qui a la mouvance immédiate sur un fonds. Un grand nombre d'entre elles assurent au seigneur une juridiction particulière pour le payement des devoirs qui lui sont dus, et généralement pour l'exercice des droits de fief. Cette espèce de juridiction s'appelle aussi *justice* ou *juridiction Foncière*. (M. Garran de Coulon.) *

[[Il n'y a plus de justice seigneuriale. *V. Justice.*]]

[[FONCTIONNAIRE PUBLIC. On appelle ainsi tout homme qui exerce une fonction publique. *V. Capacité*, *Français*, *Costume*, in partibus *(Evêque)*, *Comptabilité*, *Incomptabilité*, *Démission*, *Appointemens*, *Garantie des Fonctionnaires publics*, *Injure*, *Offense à la loi*, *Rébellion*, *Résidence*, *Tutelle*, etc.]]

* FOND. En matière d'affaire, de procès, de doctrine, etc., ce mot signifie ce qu'il y a de plus essentiel et de plus considérable.

On dit communément au palais que *la forme emporte le Fond*, pour dire que les exceptions péremptoires tirées de la procédure, font déchoir le demandeur de sa demande, quelque bien fondée qu'elle puisse être par elle-même, abstraction faite de la procédure.

On dit *conclure au Fond*, pour distinguer les conclusions qui tendent à faire décider définitivement la contestation, de celles qui tendent seulement à quelque jugement provisoire. (M. GUYOT.) *

* FONDALITÉ. Les art. 155, 408 et 412 de la coutume de la Marche se servent de ce mot comme synonyme de celui de directe. Ces trois articles disent tous *directe ou Fondalité*.

L'origine de cette dénomination vient de ce que la première rente foncière, dans cette coutume comme dans beaucoup d'autres, est présumée censuelle et emportant directe, lorsque le fonds n'est pas sujet à d'autres charges. « Tous cens et rentes (dit l'art. 406), dus et assis sur fonds et héritages certains, francs et quittes d'autres charges, emportent directe seigneurie, s'il n'appert du contraire ».

Cette décision est évidemment déraisonnable; car le propriétaire d'un alleu qui le baille à rente foncière, et plus encore celui qui se contente d'y constituer une rente à prix d'argent, ne le baille pas à cens. Le bailleur même, dans le bail à rente, et à plus forte raison le preneur dans le contrat de constitution, n'a pas de seigneurie à laquelle le droit de directe puisse appartenir. Cependant ce prétendu principe n'en a pas moins formé le droit commun.

On peut faire la même observation sur le mot *cens* et sur celui d'*emphytéose* dans les pays de droit écrit. Le mélange du droit romain et du droit féodal, qui a principalement eu lieu depuis le règne de saint Louis, a fait confondre sous le même nom des choses très-différentes; et par une suite du respect qu'on a eu pour le droit civil, on en a appliqué les décisions, comme les noms mêmes, à des objets qui lui étaient étrangers.

Cet abus a surtout influé sur le cens et les emphytéoses. Les Romains avaient donné le nom de *cens* à leurs dénombremens et à l'espèce de capitation qui se réglait sur ces dénombremens.

Lors de la conquête des Gaules par les Francs, on nomma *cens* le tribut que payaient les serfs; et comme ces serfs étaient le plus souvent des espèces de main-mortables attachés à la terre, on regarda bientôt que le cens était une redevance due par les fonds même. Cette idée s'étendit lors des affranchissemens et des concessions qui les suivirent. Les seigneurs continuèrent à donner le nom de *cens* aux rentes qu'ils imposèrent sur les héritages dont ils retenaient la seigneurie et la directe : bientôt on donna le même nom à toute espèce de redevance, lors même qu'elle était imposée au profit de celui qui n'avait pas de droit primitif sur le fonds; et c'est de là qu'est provenue la différence des *census assignativi* et des *census reservativi*. Il y a encore des provinces, telles que la Franche-Comté et la Bretagne, où le mot *cens* désigne les simples rentes.

L'utilité qui résultait pour les créanciers, de la confusion de ces deux droits, a contribué sans doute à la propager. Le cens seigneurial avait autrefois les plus grandes prérogatives dont il conserve encore une bonne partie. Les créanciers, et surtout les bailleurs à rente, avaient donc intérêt de qualifier de *cens* la redevance qui leur était due, afin de s'assurer les lods et ventes, et les autres avantages de la directe.

Il en a été de même des emphytéoses. Les *emphytéoses*, dit Dunod, ne sont pas communes dans le comté de Bourgogne, et je n'en ai point trouvé de fort anciennes, ni qui aient précédé le temps auquel le corps de droit de l'empereur Justinien a commencé à être connu en Bourgogne.

On pourrait peut-être dire la même chose de toutes les provinces régies par le droit écrit. A cette époque, on nomma *emphytéoses*, dans la plupart de ces provinces, presque tous les baux perpétuels, soit que ceux qui les faisaient possédassent leurs domaines féodalement ou non; et l'on attribua à ces baux les avantages que les albergations, les acaptes ou baux-acaptes, et les autres espèces de baux à cens connus dans ces provinces, portaient avec eux, quoique la directe seigneuriale soit très-différente du domaine direct que l'*emphytéose* du droit romain attribue au preneur. On donna même le nom de cens ou canon emphytéotique à de simples rentes constituées que le propriétaire d'un fonds y asseyait au profit d'un tiers.

Il n'est pas douteux que cette confusion a contribué, plus qu'aucune autre chose, à réduire presque à rien les tenures en alleu dans la majeure partie de la France, quoiqu'aucun auteur, je crois, n'en ai fait la remarque. Il dut y en avoir bien peu dès qu'on se fut accoutumé à regarder comme une preuve de directe, toute redevance assise sur un fonds de terre qui n'en devait point d'autre. De là cette définition du franc-alleu qu'on lit dans Beaumanoir et presque tous nos vieux praticiens : *l'en appelle alluez ce que l'en tient sans faire nulle redevance à nului.* (Coutume de Beauvoisis, chap. 24, pag. 123.)

On retrouve les mêmes règles dans le grand coutumier et dans la somme rurale. *V.* la note de La Thaumassière sur ce passage de Beaumanoir.

Toutes les coutumes disent ou supposent la même chose. Non-seulement celle de la Marche confond la Fondalité et la directe, mais une quantité d'autres appellent *foncier* le seigneur direct, et celle de Paris même regarde ces mots, *cens* et *fonds de terre*, comme synonymes. *V. Fonds de terre.*

Cette confusion est si générale dans nos coutumes, qu'elle se retrouve dans celles même qui sont les plus allodiales. La coutume de Bourbonnais dit aussi, art. 33.

392, que « la première rente constituée sur aucun héritage allodial, s'appelle rente foncière, et emporte le droit de directe seigneurie et de lods et ventes ».

Il est manifeste que cette définition brouille toutes les idées. Elle confond les rentes constituées et les rentes foncières, les rentes foncières et le cens. Elle veut que le plus bel alleu de la province puisse être dégradé jusqu'à la condition censuelle par la moindre rente qu'on y imposera, sans même exiger que cette rente soit constituée au profit du seigneur justicier du territoire ou du propriétaire d'une seigneurie voisine. — On est étonné qu'il y ait si peu de francs-alleus en France. Peut-être devrait-on s'étonner qu'il y en ait encore quelques-uns, si les hommes n'étaient pas sans cesse en contradiction, non-seulement avec les lois éternelles de la nature, mais aussi avec leurs propres institutions (M. GARRAN DE COULON.)*

[[*V.* les articles *Cens* et *Directe.*]]

*FONDATION. Ce mot se dit des donations ou legs qui ont pour objet l'établissement, soit d'une église, soit d'un hôpital, soit d'une communauté, soit d'un séminaire, etc.; ou qui sont faits sous la charge de quelque œuvre pie à des églises ou des communautés déjà établies.

I. Aucune Fondation ecclésiastique, telle que celle d'une paroisse, d'un monastère, ne peut avoir lieu sans l'autorité du supérieur ecclésiastique : il faut d'ailleurs des lettres-patentes du roi, enregistrées au parlement; et l'on ne procède à cet enregistrement qu'après une information *de commodo et incommodo*, ordonnée et faite à la requête du procureur-général.

Il faut pareillement des lettres-patentes pour autoriser les Fondations séculières, telles que sont les hôpitaux, colléges et autres communautés séculières.

[[Aujourd'hui, « les Fondations qui ont pour objet l'entretien des ministres et l'exercice du culte, ne peuvent consister qu'en rentes sur l'État; elles doivent être acceptées par l'évêque diocésain; et elles ne peuvent être exécutées qu'avec l'autorisation du gouvernement ». Ce sont les termes de l'art. 73 de la première partie de la loi du 18 germinal an 10. L'art. 8 de la seconde partie de la même loi déclare cette disposition commune aux églises protestantes.

Quant aux Fondations d'hospices et d'autres établissemens d'utilité publique, elles ne peuvent pareillement avoir lieu qu'avec l'autorisation du gouvernement. *V.* l'art. 910 du Code Napoléon.]]

II. Quand une Fondation est acceptée et qu'elle est revêtue de toutes les formalités prescrites par les lois, le fondateur ne peut plus varier ni changer le lieu où le service doit se faire. Lacombe cite dans son *Recueil de jurisprudence canonique*, deux arrêts qui le jugent ainsi.

Dans l'espèce du premier, M. de Villayé, maître des requêtes, avait fondé, moyennant une rente de 75 livres par an, deux messes pour être dites chez les Grands-Augustins, à l'autel de Saint-Nicolas de Tolentin. Ces messes s'étant dites sans qu'on les eût payées aux Augustins, ils firent assigner le fondateur : celui-ci prit des lettres de rescision contre l'acte de Fondation, et dit que le notaire l'avait trompé en écrivant les Grands-Augustins pour les Petits-Augustins : en conséquence, il intervint une sentence qui adjugea la Fondation aux Petits-Augustins; mais par arrêt du 7 mars 1663, cette sentence fut infirmée, et les parties furent mises hors de cour sur les lettres de rescision.

Par l'autre arrêt, qui est du 22 mai 1730, le grand conseil a débouté les héritiers d'une fondatrice de la demande qu'ils avaient formée pour que les prêtres de l'Oratoire de Grasse fussent condamnés à rendre les 2000 livres qu'elle leur avait léguées pour faire une mission tous les dix ans. Les moyens de ces héritiers consistaient à dire que les prêtres de l'Oratoire de Grasse étaient interdits; que depuis 1709 que la Fondation était faite, ils n'avaient point encore fait de mission, et que l'évêque de Grasse avait refusé d'approuver la Fondation, à moins qu'elle ne dût être acquittée par d'autres ecclésiastiques que les prêtres de l'Oratoire; mais on n'a eu d'égard à ces moyens que pour ordonner que les prêtres de l'Oratoire feraient acquitter la mission dont il s'agit, par des prêtres approuvés de l'ordinaire, tels qu'ils jugeraient à propos de les choisir.

III. Lorsque les Fondations sont exorbitantes, et qu'il y a contestation sur l'exécution du testament où elles sont portées, le juge peut les réduire *ad legitimum modum*, eu égard aux biens du défunt et aux autres circonstances. — [[Mais *V. Institution d'héritier*, sect. 5, §. 1, n. 17.]]

IV. Les arrerages des Fondations pour obits, services et prières, se peuvent demander depuis vingt-neuf années, en affirmant par les ecclésiastiques qu'ils ont acquitté les charges, et qu'ils n'ont pas été payés. — [[Mais aujourd'hui on n'en peut plus demander que cinq années. *V.* le Code Napoléon, art. 2227 et 2277]]

Pour ce qui est du fonds, si c'est une somme à une fois payer qui soit donnée à l'église, elle est sujette à prescription; mais les Fondations qui consistent en prestations annuelles sont imprescriptibles quant au fonds; la prescription ne peut avoir lieu que pour les arrérages antérieurs aux vingt-neuf dernières années. (M. GUYOT.)*

[[Aujourd'hui, le fonds même de ces prestations se prescrit par trente ans. *V.* le Code Napoléon, art. 2227 et 2262. Quant à l'ancien droit sur cette matière, *V. Prescription.*

V. Les Fondations ont été, pendant la révolution, l'objet de plusieurs lois.

Voici d'abord celles qui concernent les Fondations de services religieux.

La loi du 12 juillet 1790, en supprimant tous les bénéfices (dont les biens avaient déjà été mis, par celle du 2 novembre 1789, à la disposition de la nation), déclare, tit. 1, art. 23, que dans cette suppression sont compris « tous titres et Fondations de pleine collation laïcale, excepté les chapelles actuellement desservies dans l'enceinte des maisons particulières, par un chapelain ou desservant, à la seule disposition du propriétaire ».

L'art. 24 du même titre veut que « le contenu aux articles précédens ait lieu, nonobstant toutes clauses, même de réversion, apposées dans les actes de Fondation ».

L'art. 25 ajoute : « les Fondations de messes et autres services acquittés présentement dans les églises paroissiales, par les curés et par les prêtres qui y sont attachés, sans être pourvus de leurs places en titre perpétuel de bénéfices, continueront provisoirement à être acquittés et payés comme par le passé; sans néanmoins que, dans les églises où il est établi des sociétés de prêtres non pourvus en titres perpétuels de bénéfices, et connus sous les divers noms de filleuls, aggrégés, familiers, communalistes, mipartistes, chapelains ou autres, ceux d'entre eux qui viendront à mourir ou à se retirer, puissent être remplacés ».

L'art. 26 portait que : « les Fondations faites pour subvenir à l'éducation des parens des fondateurs, continueraient d'être exécutées, conformément aux dispositions écrites dans les titres et Fondations, et qu'à l'égard des autres Fondations pieuses, les parties intéressées présenteraient leurs mémoires aux assemblées de département, pour, sur leur avis et celui de l'évêque diocésain, être statué, par le corps législatif, sur leur conversation ou leur remplacement ».

La loi du 10 février 1791 a permis, en ces termes, la vente des immeubles réels qui étaient affectés à l'acquit des Fondations de services religieux.

Art. 1. Les immeubles réels, affectés à l'acquit des Fondations de messes et autres services établis dans les églises paroissiales et succursales, seront vendus, dès à présent, dans la même forme et aux mêmes conditions que les biens nationaux.

» 2. Pour tenir lieu aux curés et aux prêtres attachés auxdites églises, sans avoir été pourvus de leurs places à titre perpétuel de bénéfice, et qui administraient lesdits biens, de la jouissance qui leur en avait été laissée provisoirement pour l'acquit desdites Fondations, il leur sera payé, jusqu'à ce qu'il en soit autrement ordonné, sur le trésor public, par les receveurs de district, l'intérêt à quatre pour cent, sans retenue du produit net de la vente desdits biens.

» 3. Quant aux dites églises, où lesdits biens étaient administrés par les fabriques, il sera provisoirement payé auxdites fabriques, sur le trésor public, par le receveur de district, l'intérêt à quatre pour cent, sans retenue, du produit net de la vente, à la charge de l'employer comme l'eût été le revenu desdits biens, savoir, aux dépenses du culte et à l'acquit des Fondations.

» 4. Toutes ventes d'immeubles réels desdites Fondations, faites jusqu'à présent dans les formes prescrites pour la vente des biens nationaux, sont validées par le présent décret, à charge de l'intérêt à quatre pour cent, payable sur le trésor public, ainsi qu'il a été ci-dessus dit ».

Cette loi n'avait pour objet que les Fondations qui devaient s'acquitter dans les églises paroissiales et succursales. Celle du 26 septembre suivant s'est occupée de celles qui avaient été faites en faveur des corporations supprimées. Voici ses dispositions.

« *Art.* 1. Les biens dépendans des Fondations faites en faveur d'ordres, de corps et de corporations qui n'existent plus dans la constitution française, soit que lesdites Fondations eussent pour objet lesdits ordres, corps ou corporations en commun, ou les individus qui pourraient en faire partie, considérés comme membres desdits ordres, corps ou corporations, font partie des biens nationaux, et sont, comme tels, à la disposition de la nation.

» 2. Les biens dépendans desdites Fondations seront, en conséquence, administrés et vendus comme les autres biens nationaux, nonobstant toutes clauses, même de réversion, qui seraient portées aux actes de Fondation.

» 3. L'assemblée réserve à la législature d'établir les règles d'après lesquelles il sera statué sur les demandes particulières qui pourraient être formées en conséquence des clauses écrites dans les actes de Fondation.

» 4. Et néanmoins, les individus qui jouiraient de quelques parties desdites Fondations, uniquement à titre de secours pour subvenir à leurs besoins, continueront d'en jouir personnellement aux termes desdites Fondations. Les Fondations faites dans les paroisses seront au surplus exécutées en conformité des précédens décrets ».

La disposition du premier de ces articles a été étendue par la loi du 13 brumaire an 2, aux Fondations qu'avaient maintenues les lois des 12 juillet 1790 et 10 février 1791. — « Tout l'actif affecté, à quelque titre que ce soit, aux fabriques des églises cathédrales, paroissiales et succursales, ainsi qu'à l'acquit des Fondations, fait partie des propriétés nationales. — Les meubles ou immeubles provenans de ces actes, seront régis, administrés et vendus comme les autres domaines ou meubles, nationaux. — La régie du droit d'enregistrement poursuivra la rentrée de toutes les créances qui se trouveront dans cet actif...... ». — Tels sont les termes de cette loi, art. 1, 2 et 3.

Cette loi et celle du 26 septembre 1791 ont servi de prétexte aux redevables des rentes affectées aux Fondations, pour en refuser le payement, tant que ces Fondations ne seraient pas acquittées; et plusieurs jugemens ont accueilli leur refus, en déclarant la régie de l'enregistrement et des domaines non-recevable, quant à présent, dans les poursuites qu'elle avait dirigées contre eux. Mais ces jugemens ont été annullés par arrêts de la cour de cassation des 14 frimaire an 8, 11 floréal et 13 prairial an 9; 4 nivôse, 24 pluviôse, 12 germinal et 12 prairial an 10. *V.* mon *Recueil de questions de droit*, article *Fondation*.

Au surplus, la loi du 13 brumaire an 2 ne pouvait guère survivre, et elle n'a en effet pas survécu long-temps au rétablissement ordonné par la loi du 28 germinal an 10, des fabriques des églises paroissiales. C'est ce que prouve un décret impérial du 22 fructidor an 12, qui porte : — « Les biens et revenus rendus aux fabriques par les décret et décision des 7 thermidor an 11 et 18 nivôse an 12, soit qu'ils soient ou non chargés de Fondations pour messes, obits ou autres services religieux, seront administrés et perçus par les administrateurs desdites fabriques, nommés conformément à l'arrêté du 6 thermidor an 11; ils payeront aux curés, desservans ou vicaires, selon le réglement du diocèse, les messes, obits ou autres services auxquels lesdites Fondations donnent lieu ».

A ce décret en a succédé un autre, du 19 juin 1806, dont les art. 1, 2 et 3 sont ainsi conçus :

« Les administrations des hospices et des bureaux de bienfaisance qui, en vertu de la loi du 4 ventôse an 9 et des arrêtés y relatifs, auront été mis en possession de quelques biens et rentes chargés précédemment de Fondations pour quelques services religieux, payeront régulièrement la rétribution de ces services religieux, conformément à notre décret du 22 fructidor an 13, aux fabriques des églises auxquelles ces Fondations doivent retourner.

» Le payement des arrérages de cette rétribution s'effectuera à compter du 1er vendémiaire an 12, et dans les trois mois qui suivront la publication de notre présent decret.

» Les fabriques veilleront à l'exécution des Fondations, et en compteront le prix aux prêtres qui les auront acquittées aux termes de notre décret du 22 fructidor an 13 ».

VI. Passons maintenant en revue les lois et les réglemens qui, depuis 1789, se sont occupés des Fondations relatives au soulagement des pauvres.

La loi du 23 octobre-5 novembre 1790, tit. 1, art. 1, avait ajourné la question de savoir si l'on déclarerait *nationaux* « les biens des hôpitaux, maisons de charité et autres établissemens destinés au soulagement des pauvres ».

Et elle avait en conséquence ordonné, art. 13, 14 et 15, que ces biens continueraient d'être administrés comme ils l'étaient à cette époque, sauf que ceux dont l'administration avait appartenu à des corps ecclésiastiques supprimés, le seraient, ou par le directoire de district, ou par les municipalités, à la charge, dans l'un et l'autre cas, que les comptes en seraient arrêtés par le directoire du département.

La loi du 19 mars 1793 déclara, art. 5, que « l'assistance des pauvres est une dette nationale, » et ordonna par suite que « les biens des hôpitaux, Fondations et dotations en faveur des pauvres seraient vendus....., après l'organisation complète, définitive et en pleine activité des secours publics ».

Par l'art. 1 de la loi du 1er mai suivant, « les biens formant la dotation des hôpitaux et maisons de charité desservis par les ci-devant membres, soit de l'ordre de Saint-Jean-de-Dieu, dits frères de la Charité, soit de toutes autres congrégations séculières de l'un et de l'autre sexe, voués au service des pauvres et au soin des malades, (furent) provisoirement exceptés de la vente ordonnée par la loi du 18 août 1792, portant suppression desdites congrégations. (Et il fut ordonné que) cette vente demeurerait suspendue jusqu'après l'organisation complète, définitive et en pleine activité des secours publics, conformément à l'art. 5 du décret du 5 mars précédent ».

La même loi voulut, art. 2, que ces biens fussent « provisoirement régis, sous la surveillance des corps administratifs, par les anciens administrateurs, ou par les individus qui auraient été choisis pour les remplacer, comme ils l'étaient avant la loi du 18 août 1792, à la charge de rendre compte ainsi qu'il (était) prescrit par l'art. (du tit. 1) de la loi du 5 novembre 1790 ».

Ces dispositions provisoires ne furent pas de longue durée. La loi du 23 messidor an 2 déclara que « l'actif des hôpitaux, maisons de secours, hospices, bureaux de pauvres et autres établissemens de bienfaisance, sous quelque dénomination qu'ils fussent, (faisaient) partie des propriétés nationales; (et voulut qu'il fût) administré et vendu conformément aux lois existantes sur les domaines nationaux ».

Mais on ne tarda pas à sentir les inconvéniens de cette loi : d'abord suspendue par celles des 9 fructidor an 3, 2 brumaire et 28 germinal an 4, elle fut définitivement rapportée par celle du 16 vendémiaire an 5.

Cette dernière loi et celle du 20 ventôse an 5 ont pris des mesures pour indemniser les hospices des pertes qu'ils avaient éprouvées par la vente qui avait été faite, soit de partie, soit de la totalité de leurs biens, en exécution de la loi du 23 messidor an 2.

De là, l'arrêté du gouvernement du 27 prairial an 9, qui porte :

« *Art.* 1. Les biens spécialement affectés à la nourriture, à l'entretien et au logement des hospitalières et des filles de charité attachées aux anciennes corporations vouées au service des pauvres et des malades, font essentiellement partie des biens destinés aux besoins généraux de ces établissemens : en conséquence, et conformément aux lois des 16 vendémiaire et 20 ventôse de l'an 5, l'administration en sera rendue aux commissions administratives des hospices et des établissemens de secours à domicile.

» 2. Sont pareillement compris dans les dispositions qui précèdent, les biens affectés à l'acquit des Fondations relatives à des services de bienfaisance et de charité, à quelque titre et sous quelque dénomination que ce soit ».

Ce décret a été suivi d'un grand nombre d'autres qui en ont fait l'application à diverses Fondations de bienfaisance. Tel est entre autres le suivant, qui a été rendu le 15 brumaire an 11 :

» Les consuls de la république, sur le rapport du ministre de l'intérieur, vu les lois des 1er mai 1793, 2 brumaire an 4, 16 vendémiaire, 7 frimaire et 20 ventôse an 5; vu pareillement l'arrêté du 27 prairial an 9; le conseil d'État entendu, arrêtent :

» *Art.* 1. Les biens primitivement affectés à la Fondation faite par *Chabert-Baile*, bachelier en médecine, à la résidence d'Embrun, par acte du 7 février 1748, pour le mariage de quatre filles, nées et à naître de bons et honnêtes parens, seront réunis aux autres biens des pauvres de ladite ville, pour être régis et administrés par le bureau de bienfaisance.

» 2. Les revenus desdits biens seront exclusivement employés par les membres du bureau de bienfaisance, conformément aux intentions du donateur.

» 3. Les filles qui devront participer aux avantages de la Fondation, seront présentées conjointement par le maire et le bureau de bienfaisance, et nommées par le préfet du département ».

Est-ce aux bureaux de bienfaisance que sont dévolus, d'après l'arrêté du 27 prairial an 9, ou bien est-ce au domaine public que doivent continuer d'appartenir, d'après la loi du 2 mars 1791, portant suppression des jurandes, les biens qui, avant la révolution, avaient été affectés aux pauvres dépendans d'une communauté d'arts et métiers ? Cette question est résolue par un décret impérial du 12 juillet 1807, dont voici les termes :

«NAPOLÉON, etc., vu l'acte de constitution d'une rente au capital de 1,300 florins, passé le 2 janvier 1785, au profit de la caisse ou bourse des pauvres garçons cordonniers de la ville de Maëstricht ;— Le mémoire de la régie des domaines, tendant à faire verser dans la caisse de cette administration, comme bien national, le montant du remboursement qui a été fait de ladite rente entre les mains de ceux qui dirigeaient ladite caisse ou bourse en qualité de co-régens; — Les jugemens du tribunal de première instance de Maestricht, du 9 fructidor an 9, et du tribunal d'appel séant à Liége, du 27 frimaire an 11 ; —Celui du tribunal de cassation, du 29 thermidor de la même année, qui renvoie les parties à se pourvoir par-devant l'autorité administrative ; —Considérant que le capital revendiqué par le domaine, provient d'une caisse de bienfaisance, dont l'objet était de venir au secours des pauvres garçons cordonniers, et ne faisait point partie des fonds appartenans à la caisse de la maîtrise ou jurande de ce nom, qui a été supprimée par les lois ; qu'il fait essentiellement partie du domaine des pauvres, et qu'il doit y être réuni, de même que les biens et revenus provenans d'autres établissemens qui, sous différens noms, avaient un but quelconque de bienfaisance ; — Notre conseil d'État entendu, nous avons décrété et décrétons ce qui suit : — Art. 1. Conformément au decret du 27 prairial an 9, les biens et revenus qui ont appartenu à des établissemens de bienfaisance, sous le nom de *caisse de secours*, *de charité* ou *d'épargne*, ayant en général pour but le soulagement de la classe indigente, sous quelque dénomination qu'ils aient existé, sont mis à la disposition des bureaux de bienfaisance dans l'arrondissement desquels ils sont situés, à la charge par ces administrations de se conformer, dans l'emploi de ces biens, au but institutif de chaque établissement. — 2. En conformité de l'article précédent, le capital de 1,300 florins remboursé aux co-régens de la caisse ou bourse des pauvres garçons cordonniers de la ville de Maestricht, sera versé dans la caisse du bureau de bienfaisance de cette ville, et les biens et revenus qui peuvent en dépendre, seront réunis à la même administration, pour les diriger selon le vœu de cette institution, sans néanmoins en rien préjudicier aux droits que le bureau de bienfaisance aurait à faire valoir contre le remboursement dont il s'agit ».

Le décret impérial du 2 nivôse an 14, qui autorise l'acceptation de legs faits par la veuve Pontian d'Harcamps, pour diverses fondations dans la ville d'Aix-la-Chapelle, nous offre deux dispositions d'autant plus remarquables, que, basées sur les vrais principes, elles peuvent être appliquées à toutes les fondations. Voici comment elles sont conçues :

« Art 9. Les fondations autorisées par les articles qui précèdent, étant la volonté positive de la fondatrice, elles ne pourront être changées ou altérées en manière quelconque et sous quelque prétexte que ce soit. Néanmoins, dans le cas où les revenus viendraient à dépérir ou diminuer de valeur, elles pourront être réduites, dans la même proportion, par le préfet du département, sous l'approbation du gouvernement.

» 10. La répartition des revenus entre les diverses fondations ou établissemens, dans le cas où les revenus dotaux seraient au-dessous, sera faite par nous, en notre conseil, sur le rapport de notre ministre de l'intérieur ».

V. Aumône, *Legs*, *Lits d'hôpitaux* et *Hôpital*.]]

* FONDS. C'est le sol d'une terre, d'un immeuble.

On appelle absolument *Biens-Fonds* les biens réels, comme les terres, les maisons, les héritages : ils sont ainsi appelés pour les distinguer des immeubles fictifs. *V. Biens.*

Fonds dotal se dit d'un immeuble que la femme s'est constituée en dot. *V. Dot.*

On appelle *Fonds perdu*, une somme d'argent employée de façon que celui auquel elle appartenait s'est dépouillé entièrement de son principal, et ne s'en est réservé qu'un revenu sa vie durant. *V. Vente à fonds perdu.*

On dit aussi *donner un héritage à fonds perdu*, pour dire le donner à rente viagère. *V. Donation*, sect. 8, §. 2. (M. GUYOT.)*

[[FONDS DE COMMERCE. *V. Usufruit.*]]

* FONDS DE TERRE. Les art. 74 et 121 de la coutume de Paris se servent indifféremment du mot *cens* ou de celui de *fonds de terre*, pour désigner la redevance censuelle due au seigneur.

Brodeau, dans son commentaire sur l'art. 74, n. 51, observe que la charte d'Enguerand de Coucy, sur la paix de la Fère, de l'an 1207, art. 2 ; les coutumes notoires du Châtelet, art. 125 ; les lettres-patentes de Charles VI, du mois de juillet 1414, contenant le don du pont Notre-Dame, fait par le roi à la ville de Paris ; l'ordonnance de Charles VII de 1441, art 18, 19 et 25 ; la coutume d'Orléans, art. 255, et plusieurs autres coutumes, se servent également de cette expression de *fonds de terre* pour indiquer un cens.

« Dans l'auteur du grand coutumier (ajoute Brodeau), et autres anciens auteurs, il est souvent fait mention du cens et Fonds de terre, comme étant ces deux mots synonymes, et signifiant une même chose. J'ai remarqué dans les anciens comptes du domaine, de la recette du Temple, de Saint-Germain-l'Auxerrois et autres communautés de la ville de Paris, dans les cartulaires de l'évêché et de l'église de Paris, que le *fonds de terre* se prend pour le *cens* ; et bien souvent on rencontre ces mots, *censu et Fundo terræ* ou simplement *de Fundo terræ*.

« C'est néanmoins (continue toujours Brodeau), c'est improprement et abusivement que ces deux mots, *cens*, *Fonds de terre*, *seigneur censier et foncier*, *seigneurie censière et foncière*, sont aussi confondus et mis conjointement, indistinctement et indifféremment, le genre étant pris pour l'espèce en la coutume de Paris et autres coutumes, et dans les anciens auteurs et praticiens français, comme a fort bien remarqué Loyseau, *du déguerpissement*, liv. 1, chap. 5, n. 11 et 12. Il est bien vrai que tout seigneur est *foncier*, même *très-foncier*, et que tout cens est Fonds de terre. Mais tout seigneur foncier n'est pas censier, et tout Fonds de terre n'est pas cens. Il a été dit sur l'article précédent et en la préface du titre, que le sens est la marque de la seigneurie directe et primitive, la charge capitale plus proche du Fonds, un devoir noble, une redevance seigneuriale, qui emporte avec soi le droit de ventes, saisines et amendes...... ; et par ainsi le Fonds de terre est le genre, et le cens est l'espèce : étant remarquable que la coutume, ès articles ci-dessus cités, ne fait point mention de seigneur foncier, de la seigneurie foncière, ni du Fonds de terre seul ; mais elle les conjoint perpétuellement avec le seigneur censier, la censive et le cens, bien qu'en plusieurs autres articles elle nomme singulièrement le seigneur censier, la censive et le sens, sans parler de seigneur foncier, de seigneurie foncière, ni de Fonds de terre. Aussi il arrive bien souvent que le cens et le Fonds de terre est dû à un même seigneur, par exemple, si l'héritage a été baillé originairement à deux deniers de cens, et cinq ou dix deniers de rentes, ou à surcens, qui est la première rente après le cens et le vrai Fonds de terre (*infra*, art. 121); d'où vient que dans notre histoire, l'aide que l'on voulut imposer en l'an 1412, sur chaque arpent de terre, fut appelé *Fonds de terre* ».

Il résulte de là que toute sorte de rente foncière est Fonds de terre, en prenant ces mots a la rigueur. Mais dans l'usage des derniers siècles, il parait néanmoins qu'on ne doit entendre par-là que la rente emportant directe. *V. Fondalité.* (M. Garran de Coulon.)*

* FOR. Ce terme signifie juridiction, tribunal de justice.

On appelle *For extérieur* l'autorité de la justice humaine qui s'exerce sur les personnes et sur les biens avec plus ou moins d'étendue, selon la qualité de ceux à qui l'exercice en est confié.

Le For extérieur est opposé au *For intérieur*.

On entend par celui-ci, dans la morale, la voix de la conscience, qui ne fait qu'indiquer ce que la vertu prescrit ou défend. Quelquefois aussi par *For intérieur*, on entend le Fort penitenciel, ou le tribunal de la pénitence (M. Guyot.)*

*FOR DE BÉARN se dit des coutumes de ce pays. Le For général de Béarn fut confirmé en 1088 par Gaston IV.

Il y avait aussi en Béarn des Fors particuliers, tels que celui de Morlas, capitale de Béarn ; celui d'Oléron, et le For des deux vallées d'Ossan et d'Aspe. Les sujets des différentes parties de Béarn étaient distingués par ces Fors ; les uns étaient appelés *Béarnois*, les autres *Morlanois*, les autres *Ossalois* et *Aspois*.

Marguerite de Béarn ordonna, en 1506, que le For général de Béarn et les autres Fors particuliers, seraient rédigés en un corps, et que les établissemens et réglemens faits par les seigneurs et leur cour majeure, avec les arrêts de cette cour, ceux de la cour souveraine de Morlas, et les usages observés dans tout le pays, seraient compris dans ce volume. Il fut ensuite augmenté des réglemens faits par les comtes Mathieu, Archambau, Jean et Gaston ; et les praticiens ayant distribué ce livre en titres, et ayant fait une mauvaise conférence d'articles, tirés tant du For général que de celui de Morlas, des jugemens et usages, ils le rendirent si obscur, que Henri d'Albret, deuxième du nom, roi de Navarre et seigneur de Béarn, ordonna, avec le consentement des Etats du pays, en 1551, que les lois ou Fors seraient corrigés et rédigés en meilleur ordre (M. Guyot.)*

[[Le For de Béarn est abrogé. *V.* l'art. 7 de la loi du 30 ventôse an 12, l'art 1041 du Code de procédure civile, et *Coutume.*]]

FORAGE. *V. Afforage.*

FORBAN. *V. Pirate.*

[[FORÇAT. C'est celui qui subit, dans un bagne, la peine des travaux forcés à laquelle il a été condamné.

I. On verra aux articles *Fers* et *Travaux forcés* quels sont le régime et les travaux auxquels les Forçats sont assujettis pendant la durée de leur peine.

II. Les délits des Forçats sont de la compétence exclusive des tribunaux maritimes spéciaux. *V. Connexité*, §. 4, et *Tribunaux maritimes.*

Ceux de ces délits que les dispositions des anciennes ordonnances maintenues par les nouvelles lois, punissent de peines afflictives, emportent-ils, dans le cas de récidive, la peine de la flétrissure portée par la loi du 23 floréal an 10 ? Voici ce que décide là-dessus un arrêt de la cour de cassation, du 15 thermidor an 12 :

« Le procureur-général impérial expose qu'il est chargé par le gouvernement de dénoncer à la cour un jugement de la cour martiale maritime du port de Toulon, qui contient un excès manifeste de pouvoir. — Le 15 brumaire an 12, deux Forçats, détenus à la double chaîne aux cachots du bagne de Toulon, étant à la fatigue dans l'arsenal, au quartier dit de *l'Isle*, ont été surpris emportant deux morceaux de cuivre laminés en rouleau, qui ont été estimés 40 fr. 50 cent. — Traduits pour raison de ce vol devant la cour martiale maritime, ils ont été, par jugement du 26 ventôse dernier, déclarés coupables, et condamnés à deux sortes de peines, savoir : au *fouet*, d'après l'ordonnance du 25 octobre 1695, confirmée par l'art. 16 de la loi du 12 octobre 1791, et à la *flétrissure*, d'après l'art. 1er de la loi du 23 floréal an 10. — Leur condamnation au fouet est clairement justifiée par les lois sur lesquelles elle est basée. Mais il n'en est pas de même de leur condamnation à la flétrissure. — Exclus des bienfaits des lois nouvelles, les condamnés aux fers doivent, par la même raison, être exempts des rigueurs qui n'existaient pas dans les lois anciennes. Le Forçat est hors de la loi commune ; il est assujetti à des réglemens qui lui sont propres. On ne pourrait donc le soumettre au régime des lois nouvelles, qu'autant que le législateur l'aurait formellement ordonné. — La peine de la flétrissure, pour le cas de récidive, n'est établie par la loi du 22 floréal an 10, que momentanément et jusqu'à l'époque où elle pourra être remplacée par la peine de la déportation établie pour le même cas, par le Code du 25 septembre 1791. Or, celle-ci n'était point applicable aux délits que les Forçats commettaient dans les ports ; on ne peut donc pas non plus leur appliquer celle-là. — Dès-là, il est clair que la cour martiale maritime de Toulon a excédé ses pouvoirs, en condamnant les deux Forçats dont il s'agit à la flétrissure ; car il y a excès de pouvoir et non pas seulement mal jugé, toutes fois que des juges prononcent des peines qui ne sont pas infligées par la loi. — Ce considéré, il plaise à la cour de cassation, vu l'art. 79 et l'art. 88 de la loi du 27 ventôse an 8, casser et annuller, pour l'intérêt de la loi, le jugement de la cour martiale maritime de Toulon, du 26 ventôse dernier, en tant qu'il condamne les nommés Jean-Mathieu Renaud et Charles Friker à la peine de la flétrissure; et ordonner, qu'à la diligence de l'exposant, l'arrêt à intervenir sera imprimé et transcrit sur les registres de ladite cour martiale maritime. — Fait au parquet, le 28 messidor an 12. *Signé* Merlin.

» Ouï le rapport fait par M. Audier Massillon, l'un des juges; vu les art. 77 et 88 de la loi du 27 ventôse an 8; — Attendu que la peine de la flétrissure qui a été établie, pour le cas de récidive, par la loi du 23 floréal an 10, pour remplacer momentanément la peine de déportation jusqu'à l'époque où l'on pourra se conformer à ce qui est porté par l'art. 1, tit. 2, sect. 2, du Code pénal, ne pouvait pas être appliquée à des Forçats, qui, d'après l'art. 6, tit. 3, de la loi du 12 octobre 1791, doivent être jugés et punis en conformité des réglemens rendus pour la police et la justice des chiourmes, et qui ne peuvent être soumis à des lois nouvelles que lorsqu'elles l'ont expressément déclaré; — Attendu qu'en infligeant une peine qui n'est pas portée par la loi, la cour martiale maritime du port de Toulon a commis un excès de pouvoir; — La cour casse et annulle, pour l'intérêt de la loi, le jugement de la cour martiale maritime du port de Toulon du 26 ventôse dernier, au chef seulement où il condamne les nommés Jean-Mathieu Renaud et Charles Friker à la peine de la flétrissure...».

Depuis cet arrêt, et le 17 thermidor an 13, il a été rendu par l'empereur un décret qui en restreint la décision : — « Vu (porte-il) les art. 16, 17 et 18 du tit. 3 de la loi du 20 septembre-12 octobre 1791, et l'art. 1 de la loi du 23 floréal an 10; notre conseil d'État entendu, nous avons décrété et décrétons ce qui suit : — *Art.* 1. Les cours martiales (aujourd'hui les tribunaux) maritimes prononceront la peine de la récidive contre les Forçats convaincus de crimes pour lesquels tous les autres prévenus y seraient condamnés. — 2. Cette peine ne sera point prononcée dans les cas où les lois maritimes punissent les Forçats de peines afflictives pour des délits contre la discipline, et que les lois générales ne qualifient point crimes, ou contre lesquelles elles ne prononcent pas de peine afflictive. — 3 Notre grand-juge, ministre de la justice, et notre ministre de la marine et des colonies, sont chargés, chacun en ce qui le concerne, de l'exécution du présent décret ».

III. Tout Forçat qui s'évade du bagne où il est détenu, doit être puni de 24 années de fers; et si déjà il est condamné à cette peine, il doit être mis à la double chaîne pendant trois ans : c'est la disposition du décret impérial du 12 novembre 1806, art. 69.

Cette disposition a donné lieu à des doutes qui ont été résolus par un avis du conseil d'État du 2 juin 1807, que l'empereur a revêtu de son approbation le 2 juillet suivant, et qui est ainsi conçu :

« Le conseil d'État qui, d'après le renvoi fait par S. M. l'Empereur et Roi, a entendu le rapport de la section de la marine, sur celui du ministre de ce département, présentant la question de savoir comment doit être entendu et appliqué l'art 69 du décret impérial du 12 novembre 1806, relatif aux tribunaux maritimes, lequel est ainsi conçu : *Les lois concernant les délits des Forçats et les peines relatives à ces délits, continueront d'être exécutées, avec cette exception, que tout Forçat qui s'évadera sera condamné à vingt-quatre années de fers ; et si déjà il est condamné à cette peine, il sera mis à la double chaîne pendant trois ans;* — Est d'avis que le ministre de la marine a parfaitement saisi, dans son rapport, le sens de l'article dont il s'agit; et qu'en conséquence, — 1°. Toute évasion de Forçat, postérieure à la publication du décret du 12 novembre 1806, doit être punie de vingt-quatre années de fers; 2°. Que les vingt-quatre années de fers à subir pour le fait d'évasion seul, doivent être ajoutées aux années de fers auxquelles le Forçat évadé a été condamné précédemment; — 3°. Que si le Forçat évadé a été condamné précédemment, par un ou plusieurs jugemens, à vingt-quatre années de fers, il doit être condamné tout à la fois, et à vingt-quatre années de fers, qui commenceront à courir du jour de l'expiration de celles auxquelles il a été condamné antérieurement, et à la double chaîne pendant trois années; qu'il doit immédiatement subir cette dernière peine, et que les trois années pendant lesquelles il la subira, doivent être imputées sur les années de fers auxquelles il est condamné, soit par les jugemens antérieurs, soit par celui qui aura été rendu contre lui pour le fait d'évasion; 4°. Que le Forçat qui, avant son évasion, avait été, par un ou plusieurs jugemens, condamné aux fers pour un espace de temps au-dessous de vingt-quatre années, ne doit pas être condamné à la double chaîne, mais seulement à vingt-quatre années de fers qui courront du jour de l'expiration des années de fers auxquelles un ou plusieurs jugemens antérieurs l'auront condamné ».

IV. L'arrêté du gouvernement du 18 ventôse an 12 porte, art. 1, « qu'en cas de reprise d'un condamné aux fers ou à la détention, évadé d'une prison, il sera alloué en gratification à tout individu qui aura arrêté et amené ce condamné, 100 fr., s'il est repris hors des murs de la ville où il était détenu, et 50 fr. s'il est repris dans la ville ».

L'art. 2 ajoute que « tout gendarme ou tout citoyen qui, ayant repris un condamné aux fers ou à la détention, évadé d'une prison, n'aura pu l'y reconduire, mais qui l'aura remis aux autorités compétentes, pour être provisoirement détenu, devra faire parvenir au ministre de l'intérieur un procès-verbal, certifié par qui de droit, constatant l'arrestation, l'interrogation et la détention du condamné. Sur ce procès-verbal, qui sera ensuite adressé à la préfecture du département d'où le condamné se sera évadé, la gratification accordée par l'art. 1 sera payée immédiatement, en vertu d'un mandat du préfet, sur les fonds affectés aux dépenses imprévues ».

V. Les Forçats, après avoir subi les peines auxquelles ils ont été condamnés, ne sont pas maîtres de fixer leur résidence où il leur plaît. On a vu aux articles

Abstention de lieu et *Condamné*, quelles étaient là-dessus les dispositions des anciennes lois. Voici ce que prescrit à cet égard le décret impérial du 18 juillet 1806.

« *Art.* 1. A compter du 1er janvier 1807, les Forçats libérés, après avoir subi dans les bagnes les peines portées par les jugemens prononcés contre eux, seront, en conséquence des ordres du ministre de la police générale, dirigés sur les lieux déterminés pour leur résidence.

» 2. A leur sortie des bagnes, les Forçats libérés seront remis, par l'administration de la marine, aux autorités civiles.

» 3. Dès le 1er. octobre de la présente année, et successivement au commencement de chaque trimestre, le ministre de la marine transmettra à celui de la police générale, des états nominatifs des Forçats susceptibles d'être libérés pendant le trimestre suivant. — Ces états présenteront, pour chaque individu, l'indication du lieu de sa naissance, de son âge, du crime qu'il a commis, de la peine infligée, de la date de la condamnation, du tribunal qui a prononcé le jugement, du jour où le Forçat doit être libéré, et du lieu dans lequel chaque individu aura déclaré devoir fixer sa résidence.

» 4. Des extraits desdits états seront adressés, par le ministre de la police générale, aux préfets de département, afin que les autorités locales exercent la surveillance nécessaire sur les Forçats libérés.

» 5. Conformément au décret impérial du 19 ventôse an 13, aucun Forçat libéré, à moins d'une autorisation spéciale du ministre de la police générale, ne pourra fixer sa résidence dans les villes de Paris, Versailles, Fontainebleau, et autres lieux où il existe des palais impériaux, dans les ports où des bagnes sont établis, dans les places de guerre, ni à moins de trois myriamètres de la frontière et des côtes. L'art. 3 dudit décret, qui oblige les Forçats libérés à se présenter au chef-lieu du département dans lequel ils doivent se retirer, lors même que leur résidence n'est pas fixée dans ce chef-lieu, est révoqué.

» 6. Outre les résidences interdites par l'art. précédent aux Forçats libérés, le ministre de la police générale pourra, lorsque des motifs d'ordre et de sûreté publics l'exigeront, leur en interdire d'autres, les déplacer des lieux mêmes qu'il leur aura été permis d'habiter, et charger les autorités locales de les diriger sur d'autres lieux. — Les Forçats originaires de pays étrangers seront, après leur libération, dirigés sur la frontière la moins éloignée de leur pays.

» 7. L'administration de la marine continuera de délivrer, pour chaque Forçat libéré, un congé portant le signalement de l'individu, et sur lequel seront relatés l'ordre en vertu duquel il est libéré, et le numéro sous lequel il était détenu au bagne.

» 8. Le Forçat libéré sera remis, avec son congé, à la disposition du commissaire-général de police ou du maire du lieu. Ce fonctionnaire en donnera une décharge à l'administration de la marine, laquelle décharge sera notée sur les matricules de la chiourme.

» 9. Le congé du Forçat libéré sera transmis directement, par le fonctionnaire qui l'aura reçu, au ministre de la police générale, qui l'adressera au préfet du département dans lequel le Forçat doit résider; et le préfet le fera tenir, sans délai, au commissaire de police ou au maire du lieu où le Forçat doit établir son domicile, pour être remis par lui au Forçat, à son arrivée, en échange de sa feuille de route, qui lui sera retirée.

» 10. Aucun Forçat libéré ne pourra quitter le lieu de sa résidence sans l'autorisation du préfet du département, qui sera tenu d'en donner avis au conseiller d'État chargé de la police administrative dans l'arrondissement duquel le département sera compris, et au préfet du département dans lequel le Forçat libéré se rendra.

» 11. Il est alloué 30 centimes par myriamètre à chaque Forçat libéré, pour ses frais de route; il ne lui sera payé à son départ que la somme nécessaire pour se rendre à la première, seconde ou troisième couchée. L'officier public du lieu auquel il sera tenu de se présenter, visera la feuille de route, et notera la somme qu'il aura remise au Forçat pour se rendre à la nouvelle couchée qu'il lui aura indiquée. Le même ordre sera successivement observé sur toute la route à suivre par le Forçat libéré.

» 12. Arrivé à sa destination, le Forçat libéré se présentera au commissaire de police ou au maire du lieu, qui lui délivrera son congé en échange de sa feuille de route, qu'il lui retirera ».

Il a été fait quelques changemens à ces dispositions par le Code pénal de 1810. *V. Surveillance de la haute police.*]]

* FORCE. Ce mot a plusieurs acceptions. Nous le considérerons ici comme violence.

I. On entend en général par *Force* ou *violence*, toute voie de fait qui se commet d'autorité privée sur une personne ou sur une chose.

Toute voie de fait est un délit, parce que les lois défendent de se faire justice à soi-même.

Il ne faut pas confondre la violence avec la voie de fait. En effet, toute violence est une voie de fait, mais toute voie de fait n'est pas une violence.

Cette distinction est fondée sur l'art. 2 du tit. 18, sur les art. 16 et 17 du tit. 10 de l'ordonnance de 1667, et sur l'art. 4 du tit. 6 de l'ordonnance de 1670. *V. Voie de fait.*

II. On distingue deux sortes de Forces: la première s'appelle *Force* ou *violence publique*, et la seconde se nomme *Force* ou *violence privée.*

La Force ou violence publique est celle qui se commet avec armes ou avec attroupement.

La Force ou violence privée est celle qui se fait sans armes.

III. Lorsqu'un homme armé commet une voie de fait, et qu'il fait usage de ses armes, il se rend coupable d'une violence publique.

Les criminalistes mettent au nombre des armes, non seulement les fusils, les pistolets, les épées, les poignards, etc., mais encore les pierres, les bâtons, et les autres instrumens qui peuvent porter des coups meurtriers. [[*V. Contrebande*, n. 3.]]

A Rome, on punissait la Force ou violence publique par la déportation; et la peine de la Force privée était la confiscation du tiers des biens, l'infamie et l'incapacité de posséder aucune charge.

En France, la peine de la Force ou violence publique est arbitraire, ce sont les circonstances qui doivent déterminer les juges.

III. La Force privée se punit également suivant les circonstances. Il y a des cas où elle est punie de mort: par exemple, dans celui où l'on aurait battu et excédé de coups un officier de justice dans ses fonctions.

Mais la Force privée, suivant l'usage, ne se punit que par des dommages et intérêts, ou par une amende. (M. GUYOT.)*

IV. [[Aujourd'hui, la loi détermine avec précision les peines qui, suivant les circonstances, doivent être infligées, soit à la Force publique, soit à la Force privée. *V.* le Code pénal du 25 septembre 1791, celui de 1810, et *Contrebande*, *Homicide*, *Rébellion*, *Voie de Fait*, *Vol*, etc]]

[[FORCE A LA LOI. *V. Offense à la Loi.*]]

[[FORCE MAJEURE. *V. Cas fortuit*, *Fait du Souverain* et *Garantie*.]]

[[FORCE PUBLIQUE. C'est « la réunion des forces individuelles, organisée, par la constitution, pour maintenir les droits de tous et assurer l'exécution de la volonté générale ». Ainsi s'exprime la loi du 15 juin 1791, relative aux colonies, tit. 8, art. 1; et cette définition est applicable à tous les gouvernemens constitutionnels.

Il en est de même des art. suivans du même titre:

« 2. La Force publique est destinée à défendre la constitution, à assurer l'exécution des lois et le maintien de l'ordre intérieur sur la réquisition des magistrats et officiers publics à qui la constitution en a attribué la fonction, et à défendre et garantir l'Etat contre les attaques extérieures, sous la direction et les ordres des officiers militaires à qui le commandement en est confié.

» 3. La Force armée est essentiellement obéissante; nul corps armé ne peut exercer le droit de délibérer.

» 4. La Force publique est divisée en trois parties, dont chacune a son usage, son organisation et son mode de service particulier.

» 5. Les trois parties de la Force publique sont la garde nationale, l'armée de ligne et la gendarmerie nationale.

» 6. Tout fonctionnaire public peut requérir la Force publique, pour assurer l'exécution de la loi dans la partie qui lui est confiée... »

V. la loi du 27 juillet 1791, l'acte constitutionnel du 22 frimaire an 8, art. 48 et 84, *Garde nationale* et *Gendarmerie*.]]

*FORCEMENT DE RECETTE. C'est l'exercice du droit qu'a l'adjudicataire-général des fermes du roi, de forcer ses commis en recette pour les droits qu'ils ont omis de percevoir relativement aux actes qui leur ont été présentés.

L'adjudicataire des fermes étant incontestablement fondé à faire payer par ses commis les droits qu'ils ont dû percevoir, et qu'il n'ont pas perçus, il serait, ce me semble, juste que quand on les a forcés en recette, ils pussent exercer leur recours contre les notaires ou contre les parties, d'autant mieux que ceux-ci sont autorisés à se pourvoir en restitution contre les commis, lorsqu'ils ont trop perçu. Cependant il paraît que la jurisprudence la plus constante est de déclarer les commis non-recevables dans l'exercice de leur recours, lorsqu'il n'y a eu aucun moyen pratiqué pour les surprendre, et qu'ils ont donné, sans aucune réserve, la quittance des droits dus à l'adjudicataire des fermes. Cette jurisprudence est particulièrement établie par les décisions suivantes:

1°. Par arrêt du 26 octobre 1723, le conseil a décidé qu'à l'exception du cas d'une fraude concertée, le commis était le débiteur des droits; qu'il ne pouvait point exercer de recours pour raison du Forcement de recette exercé contre lui.

2°. Par un autre arrêt du 9 mai 1725, le conseil a jugé que les commis n'avaient point de recours à exercer contre les notaires ni contre les greffiers, à moins qu'il n'y eût eu contestation sur la quotité des droits.

3°. Par un autre arrêt du 16 décembre 1732, le conseil a réformé une ordonnance de l'intendant de Bourges, qui avait condamné le sieur Desforges de Barreneuve à payer un supplément des droits de son contrat de mariage, et a déclaré le fermier non-recevable dans la demande de ce supplément.

4°. Par une décision du 27 septembre 1756, adressée par M. Amelot de Chaillou à l'intendant de Bordeaux, le conseil a réglé qu'il ne devait être fait aucune recherche pour Forcement de recette, contre les notaires ni contre les parties, et que l'adjudicataire des fermes n'avait d'action que contre ses commis.

5°. Par une autre décision intervenue en faveur du sieur Sandrier de Latour, auquel on répétait un supplément de droit d'insinuation d'un acte insinué, il a été jugé que l'acte étant revêtu de la formalité prescrite, la partie ne pouvait être inquiétée.

6°. Par une autre décision du 20 avril 1752, le conseil a déchargé le sieur d'Homecour d'un supplément de contrôle qui lui était demandé par le commis de Chablis, sauf au fermier à forcer ce commis en recette.

Observez néanmoins qu'il en serait différemment, et qu'on ne pourrait point opposer de fin de non-recevoir à la demande du supplément des droits, s'il y avait eu quelque moyen pratiqué pour empêcher que la juste quotité n'en fût perçue, ou qu'il fût survenu quelque contestation sur cette quotité, et que le commis en revêtant provisoirement l'acte de la formalité prescrite, n'eût donné quittance que sous la réserve de plus grands droits.

C'est en conformité de ces règles que, par arrêt du 20 janvier 1731, le conseil a condamné les hermites de la forêt de Senard à payer un supplément de contrôle d'un acte qu'on avait fait contrôler lorsque le commis ordinaire était absent.

Par un autre arrêt du 12 janvier 1745, deux notaires d'Orléans ont été condamnés à payer le supplément des droits de quelques actes qu'ils avaient fait contrôler dans d'autres bureaux que ceux de leur résidence et des lieux où ces actes avaient été passés.

Par un autre arrêt du 24 février 1752, Pierre Salmon a été condamné à payer un supplément de droit de contrôle, attendu que par surprise il avait fait contrôler l'acte un jour de fête, lorsque le commis ordinaire était absent.

Par un autre arrêt du 14 septembre 1754, le conseil a réformé une ordonnance de l'intendant de Tours, par laquelle il avait débouté le sieur Chevalier, commis à Parcé en Anjou, de sa demande en supplément de droit du contrat de mariage du sieur Guibert, et a condamné ce dernier à payer ce supplément, attendu que le sieur Chevalier en revêtant l'acte de la formalité prescrite, avait fait une réserve des plus grands droits, au cas qu'ils fussent dus.

S'il s'agissait d'un droit entier, tel que celui d'insinuation, du centième denier ou autre, dont la perception n'aurait été omise qu'à cause que la formalité dont ces droits sont le salaire, n'aurait pas été remplie, on ne serait alors pas fondé à prétendre le fermier non-recevable, attendu que les parties sont obligées de satisfaire à la formalité, et par conséquent d'en payer les droits.

C'est d'après cette jurisprudence, que, par décision du 29 septembre 1736, le conseil a condamné le sieur Catoire, receveur des finances à Verdun, à payer le droit d'insinuation du testament de sa mère, quoiqu'il soutînt que le commis devait être déclaré non-recevable pour n'avoir pas perçu ce droit en même temps qu'il avait contrôlé le testament.

Par une autre décision du 19 janvier 1743, le conseil a réformé une ordonnance de l'intendant de Rouen, qui avait déchargé François Chardin du droit de centième denier d'un acte passé devant notaires en 1709, et a condamné ce particulier à payer le droit, attendu que l'acte n'avait pas été insinué.

Par arrêt du 17 juin 1749, le conseil a condamné différens particuliers à payer les droits d'insinuation des stipulations de bagues et joyaux, et autres dispositions contenues dans leurs contrats de mariage contrôlés et non insinués.

Enfin, par décision du 4 décembre de la même année, rendue contre François Lavalay, le conseil a jugé que le droit de centième denier était un droit portable et non requérable par le fermier; et que si ce droit n'avait point été payé lors du contrôle de l'acte qui y donnait lieu, le fermier n'était pas moins recevable à prétendre qu'il était dû, même le double droit, faute par le débiteur d'avoir payé dans le temps. (M. Guyot) *

[[Aujourd'hui, dans tous les cas, l'administration de l'enregistrement est fondée à poursuivre, contre les redevables, le payement des droits dont la perception a été indûment omise, ou n'a pas été portée à son taux légal Seulement elle doit décerner ses contraintes dans les délais fixés par l'art. 61 de la loi du 22 frimaire an 7. Ces délais passés, elle n'a plus d'action.

Par la même raison, le préposé qui a été forcé en recette peut exercer son recours contre le redevable qui n'a point acquitté le droit auquel il était soumis, ou qui ne l'a acquitté que partiellement.

Le sieur Manceau avait, en l'an 9, présenté au *visa* pour timbre, un effet de commerce sur papier libre, de 1051 francs 15 centimes, portant la date du 3 août 1792. Ecrire un effet de commerce sur papier libre, c'était une contravention formelle à la loi du 11 février 1791. Le receveur de l'enregistrement en avait fait l'observation au sieur Manceau; et avait exigé de lui, à titre d'amende, une somme de 30 francs, qui avait été payée sans réclamation. —Depuis, le receveur, forcé en recette pour n'avoir exigé qu'une amende de 30 francs, tandis qu'aux termes de la loi citée, elle devait être de 112 francs, avait fait assigner le sieur Manceau devant le juge de paix, pour se voir condamner à lui payer les 82 francs de déficit; et la condamnation avait été effectivement prononcée. Mais sur l'appel, le tribunal civil de Saint-Calais avait, par jugement du 26 prairial an 10, débouté le receveur de sa demande, « attendu, 1°. qu'il ne représentait ni l'effet de commerce, fondement de son action, qu'il eût dû retenir d'après l'art. 31 de la loi du 13 brumaire an 7, ni procès-verbal de la contravention qu'il reprochait à Manceau; 2°. qu'il ne s'agissait pas, dans l'espèce, d'un simple droit, mais d'une amende, c'est-à-dire, d'une peine; que personne ne devait être puni deux fois pour une seule contravention; que Manceau avait, lors de la présentation de l'effet de commerce de 1792, payé l'amende que le receveur avait exigée de lui, et qu'il ne pouvait être tenu d'en payer une seconde pour le même fait ».— Le receveur s'est pourvu en cassation contre ce jugement; et le 17 messidor an 11, au rapport de M. Aumont, arrêt par lequel, — « Vu l'art 31 de la loi du 13 brumaire an 7; considérant qu'en présentant au *visa* pour timbre l'effet de commerce du 3 août 1792, le citoyen Manceau avait reconnu sa contravention, puisqu'il avait payé la somme exigée de lui à titre d'amende, par le receveur de l'enregistrement, le citoyen Brette; que le payement effectué, le receveur n'avait aucun motif pour retenir l'effet dont il s'agit, et dresser procès-verbal contre Manceau; et qu'ainsi, le tribunal de Saint-Calais a fait une fausse application évidente de l'article cité de la loi de brumaire an 7, en opposant à la demande du citoyen Brette le défaut de représentation de l'effet de commerce et d'un procès-verbal constatant la contravention; considérant qu'aucune loi ne privant les receveurs de l'enregistrement, forcés en recette par suite d'une perception insuffisante, du recours que, tant que la prescription n'est pas requise, ils ont naturellement contre le redevable auquel ils n'ont, par erreur, fait payer qu'une partie du droit réellement dû, le tribunal qui a rendu le jugement attaqué, n'a pu, sans faire une disposition législative et commettre ainsi un excès de pouvoir, juger le cit. Manceau quitte envers le receveur, sous prétexte qu'en se présentant à son bureau, il a payé toute la somme que celui-ci lui a demandée. — Le tribunal, donnant défaut contre le cit. Manceau, casse et annulle....»]]

*FORCLUSION. Déchéance ou exclusion de la faculté qu'on avait de produire ou contredire, faute de l'avoir fait dans le temps prescrit par l'ordonnance ou par le juge.

On dit *juger un procès par Forclusion*, pour dire le juger sur les pièces d'une partie, sans que l'autre ait écrit ni produit, quoique les délais donnés à cet effet soient expirés.

Il suit de ces définitions, que la Forclusion est une sorte de jugement par défaut; mais elle diffère des autres défauts, en ce qu'on peut se pourvoir contre ceux-ci par opposition dans la huitaine, au lieu qu'il n'y a contre la Forclusion que la voie d'appel, lorsqu'il s'agit d'une sentence rendue par des juges inférieurs, ou la voie de requête civile ou de cassation, quand il est question d'un arrêt ou jugement en dernier ressort. — [[*V.* mon *recueil de questions de droit*, article *Arbitres*, §. 3; et le Code de procédure civile, art. 113.]]

Pour établir la Forclusion, la partie qui l'a acquise, doit remettre au rapporteur un certificat du greffier, portant que son adversaire n'a pas produit: elle peut ensuite obtenir un jugement par Forclusion. — [[*V.* le Code de procédure civile, art. 109.

Au reste, la Forclusion n'emporte pas la perte du procès contre la partie qui a négligé de produire; et les juges doivent, en pareil cas, prononcer d'après les pièces qu'ils ont sous les yeux, surtout quand c'est l'intimé qui est forclos: mais si c'est l'appelant qui n'a pas produit, on le déclare, sans autre examen, déchu de son appel, attendu qu'il est alors censé n'avoir aucun grief à proposer contre la sentence. *V. Défaut* (M. GUYOT.)*

[[Sur les Forclusions que peuvent encourir les créanciers dans les distributions de deniers et dans les ordres, *V.* le Code de procédure civile, art. 660, 664 et 756; *Ordre de créanciers* et *Saisie-exécution*.

Il est de principe *que nul ne se forclot soi-même* par ses propres diligences. *V. Délai*, sect. 1, §. 2.

Mais ce principe n'est plus applicable aux enquêtes. *V. Enquête*, §. 4.]]

*FORÊT. On appelle ainsi une grande étendue de terre couverte de bois.

I. Anciennement le mot *Forêt* s'appliquait également aux bois et aux rivières, sans doute parce que les bords des fleuves et des rivières, étant couverts de bois, les eaux étaient considérées comme faisant partie des Forêts.

C'est ce qu'on voit dans la dotation de l'abbaye de Saint-Germain-des-Prés, par Childebert, où la pêche de la Seine, vis-à-vis du bourg d'Issy, est désignée par le mot *Foresta*; et par une lettre de Zwentibole, par laquelle il donne à un monastère de Flandre son droit de pêche sur la Moselle, sous la designation de *Forestam suam super fluvium Muzellæ*.

Le même mot *Forêt* se trouve employé pour exprimer la pêche dans les chartes par lesquelles Charles-le-Chauve donna à l'abbaye de Saint Denis la seigneurie de Cannoche avec la Forêt de pêche de la Seine; et à l'abbaye de Saint-Benigne de Dijon, la Forêt des poissons de la rivière d'Aiches.

Mais aujoud'hui que le mot *Forêt* ne s'applique qu'à une étendue de terrain couvert de bois, c'est à cette expression qu'on s'attachera pour parler de tout ce qui est relatif aux bois; car les ordonnances et réglemens rendus pour la conservation et l'aménagement des Forêts, ont également pour objet les bois d'une grande étendue, et ceux qui en ont une moindre, étant tous en général soumis aux mêmes lois et à la même police.

[[Aussi a-t-il été jugé par un arrêt de la cour de cassation du 4 messidor an 9, que les bois de peu d'étendue sont compris, sous la dénomination de *Forêts nationales*, dans la loi du 28 brumaire an 7. *V.* mon *Recueil de questions de droit*, article *Appel*, §. 8, n. 8.]]

II. Les Forêts sont composées de futaie, de baliveaux modernes, de baliveaux sur taillis, et de taillis: ce sont ces différentes classes d'arbres qui forment ce qu'on appelle l'ameublement des Forêts. Pour le maintenir d'une manière avantageuse au propriétaire, il faut considérer la nature du terrain, l'espèce et la qualité des arbres à réserver, soit pour les faire croître, soit pour les laisser subsister en futaie; c'est là ce qui fait l'aménagement des Forêts, qui comprend ce que les règlemens désignent sous la dénomination de haute futaie, de baliveaux modernes, et de baliveaux sur taillis; car en ce qui concerne le taillis, qui est le bois crû après l'exploitation, c'est la nature seule qui le produit, au lieu que les arbres dont on vient de parler n'existent dans les Forêts que par le choix qu'en ont fait les officiers pour les réserver. Le temps et la manière d'exploiter le taillis sont cependant aussi une dépendance de l'aménagement.

La connexion étroite qu'il y a entre la conservation et l'aménagement des Forêts semblerait exiger qu'on traitât, dans cet article, de l'un et de l'autre; mais on ne parlera ici que de ce qui est relatif à la conservation en général. Ce sera sous le mot *Futaie* qu'on traitera plus particulièrement de ce qui regarde l'aménagement, c'est-à-dire, du choix qu'on doit faire des arbres pour les laisser croître en futaie, de la classe dans laquelle on doit faire ce choix, de la quantité qu'on doit en conserver proportionnément à l'étendue du terrain et à l'espèce des arbres réservés, de la manière et du temps les plus propres pour en faire l'exploitation, etc.

Les bois étant un bien non moins précieux que nécessaire à l'Etat, à cause de la ressource toujours présente dont ils sont pour la marine, pour les bâtimens, pour le chauffage, etc.; nos rois les ont regardés comme un objet essentiel de leur attention; c'est pourquoi ils ont rendu, en différens temps, des ordonnances qui toutes tendent à la conservation des Forêts. *V. Bois.*

Les principales dispositions des anciennes ordonnances sur cette matière, sont réunies dans l'ordonnance du 1669, et dans les réglemens postérieurs qui, en les perfectionnant, renferment les précautions prescrites pour la conservation des Forêts.

III. Suivant ces lois, il est défendu aux vagabonds et gens inutiles de bâtir des maisons sur perches, dans l'enceinte, aux rives, et à demi-lieue près des Forêts, parce qu'il est évident que ces vagabonds ne peuvent faire ces constructions qu'au préjudice des Forêts qu'ils dégradent.

La même prohibition a lieu pour toutes sortes de personnes à qui il n'est pas permis de construire à l'avenir aucun château, fermes ou maisons, dans l'enclos et à demi-lieue près des Forêts, à peine d'amende arbitraire et de confiscation des fonds et bâtimens, parce qu'un voisinage aussi prochain peut occasionner beaucoup de délits dans les bois.

Il y a même un arrêt du conseil, du 12 janvier 1650, qui défend aux propriétaires des maisons situées aux rives des Forêts de les louer à gens qui n'ont aucun bien exploitable, à peine de payer les amendes et restitutions auxquelles ils seront condamnés, pour les délits commis par ces locataires pendant le temps qu'ils habiteront lesdites maisons, si mieux n'aiment les propriétaires remettre les délinquans entre les mains de la justice, auquel cas les peines pécuniaires seront converties en peines corporelles.

On ne doit pas conclure des dispositions prohibitives des ordonnances dont on parle, qu'ils ne soit pas permis de rétablir et même d'améliorer les habitations subsistantes dans la distance déterminée, parce que ces lois n'ont pour objet que les constructions nouvelles, ainsi qu'on le voit clairement par les termes dans lesquels elles s'expriment.

Par une suite du même principe de conservation, il est défendu aux cercliers, vaniers, tourneurs, sabotiers et autres de pareilles conditions, de tenir atelier de leur profession à demi-lieue près des Forêts du roi, à peine de 100 liv. d'amende et de confiscation des marchandises, parce que les Forêts seraient continuellement exposées à des dégradations considérables de la part de ces sortes d'ouvriers, à qui le bois est nécessaire pour l'exercice de leur profession : or, comme le voisinage des Forêts pourrait les porter à y prendre du bois en délit, plutôt que d'en acheter dans les coupes ouvertes, c'est pour prévenir à ce sujet tout inconvénient que la loi a établi une prohibition absolue à leur égard.

Quoique les charrons soient compris dans la même prohibition, cependant, comme leur profession est nécessaire à cause de l'agriculture, etc., cette raison, fondée sur l'intérêt public, donne lieu aux permissions particulières qu'on leur accorde de s'établir dans la distance prohibée des Forêts, à charge toutefois de n'employer aucun bois de délit, et de pouvoir justifier dans tous les temps de l'achat des bois propres à leur profession ; c'est aux grands maîtres ou commissaires-généraux pour la réformation des bois à accorder ces sortes de permissions.

Les marchands peuvent avoir à la vérité des ateliers, soit pour les sabots, pelles, colliers de chevaux, jougs pour les boufs, rouleaux pour sceaux et autres ouvrages; mais il faut que ces établissemens soient dans leur vente, et alors ils deviennent responsables des délits que peuvent commettre leurs ouvriers.

[[Il y a sur cette matière un avis du conseil d'Etat, du 25 vendémaire an 14, que l'Empereur a revêtu de son approbation le 22 brumaire suivant.

« Le conseil d'Etat (porte-t-il), qui, d'après le renvoi fait par S. M., a entendu le rapport de la section de législation sur celui du grand-juge, ministre de la justice, relatif à un arrêt par lequel la cour de justice criminelle du département de la Loire, appliquant l'art. 18 du tit. 27 de l'ordonnance de 1669, à quarante-deux maisons construites dans la commune de Mablys, à la proximité des Forêts du ci-devant duché d'Harcourt, devenues nationales, en a ordonné la démolition ;

» Est d'avis, 1° Que l'art 18 du tit. 27 de l'ordonnance de 1669, qui n'était pas rigoureusement observé à l'égard des Forêts royales, ne peut être applicable, avant une décision qui n'a pas encore été rendue, à des Forêts particulières qui n'ont passé dans le domaine national que par confiscation, et postérieurement peut-être à la construction des maisons que l'on veut démolir ; — Que, lors même que leur construction serait postérieure au séquestre national, les propriétaires seraient toujours fondés à réclamer leur bonne foi, et la juste ignorance que la loi de 1669 s'appliquât à des constructions élevées auprès des Forêts tenues tout récemment encore en propriété privées ; — Que l'arrêt de la cour de justice criminelle du département de la Loire peut être considéré sous deux rapports, comme acte judiciaire, et comme titre donnant droit à l'administration des Forêts de faire procéder à la démolition ; — Que, sous le premier rapport le conseil d'Etat n'a aucune sorte de compétence ; le grand juge, ministre de la justice, verra s'il doit charger le procureur-général impérial près la cour de cassation, de requérir l'annullation de l'arrêt, pour fausse application ; — Mais que, sous le rapport de l'administration, le conseil d'Etat peut et doit observer à Sa Majesté, que cet arrêt, qu'il puisse ou non être cassé avec utilité pour les propriétaires, donne à l'administration des Forêts un titre dont il est de l'humanité de Sa Majesté d'ordonner qu'ils ne soit fait aucun usage ; elle ne permettra pas que l'on ruine quarante-deux familles pour lesquels réclament les magistrats mêmes qui ont rendu l'arrêt, qui s'accusent eux-mêmes de sévérité, et déclarent qu'ils n'ont ainsi prononcé que dans la crainte de sortir de leurs fonctions, en interprétant la loi :

» 2°. Quant à la question générale proposée par le grand-juge, savoir, s'il ne conviendrait pas de laisser subsister toutes les maisons bâties dans le voisinage des Forêts, sauf à empêcher qu'on en élève à l'avenir, en restreignant toutefois la distance à un kilomètre, l'avis est, relativement aux Forêts récemment devenues nationales, qu'il était besoin que la prohibition de bâtir auprès de ces Forêts fût déclarée applicable aux propriétaires voisins dont le sort sera changé et aggravé ; — Que la décision interprétative à donner à cet égard, ne devra point s'appliquer aux bois des communes, quoique administrés comme les Forêts nationales, non plus qu'aux bois nouvellement réunis au domaine national, à moins que les uns et les autres ne soient d'une étendue de plus de deux cent cinquante hectares. — A l'égard des anciennes Forêts, attendu l'espèce de désuétude où la prohibition dont il s'agit était tombée, l'avis est que les administrateurs des Forêts, et les procureurs impériaux pourraient être avertis de s'abstenir de réclamer l'exécution de l'art. 18 du tit. 27 de l'ordonnance de 1669, contre tous propriétaires qui ne mésusent pas du voisinage, mais qu'ils devraient en réclamer toute la rigueur contre ceux qui, ayant été déjà poursuivis pour délits forestiers, commettraient des récidives, pourvu toutefois que de la démolition il ne s'ensuivît pas un préjudice grave pour les maisons voisines;

» 3° Que les administrateurs des Forêts, ainsi que les procureurs impériaux, devront veiller à ce qu'à l'avenir il ne soit construit dans le voisinage des Forêts, tant du domaine ancien que du domaine nouveau, aucune maison, à la distance déterminée par l'art. 18 ; sauf à Sa Majesté, si elle le juge à propas, attendu le grand nombre des Forêts, de faire réduire cette distance dans les réglemens ou lois à intervenir sur les bois et Forêts, et de déterminer toutes autres exceptions qui lui paraîtront convenables;

» 4°. Mais que l'on doit poursuivre sans retard la démolition des maisons sur perches mentionnées dans l'art. 17 du même titre, et celles des ateliers, loges et barraques construits en bois dans toutes les Forêts domaniales et nationales, anciennes et nouvelles, ou à la distance de deux kilomètres; ces constructions ne pouvant être considérées comme des maisons et bâtimens élevés en bonne foi, et étant une source d'abus et de délits ».

On voit par cet *avis* que c'est aux tribunaux, et non à l'autorité administrative, qu'appartiennent la connaissance et le jugement des contraventions à l'art. 18 du tit. 27 de l'ordonnance de 1669. Mais cela est encore plus nettement décidé par un décret impérial du 23 prairial an 12, qui est rapporté à l'article *Délit forestier*, §. 15.

Aussi est-ce devant les tribunaux qu'a été portée l'affaire sur laquelle a statué un arrêt de la cour de cassation du 18 août 1809, qui est rapporté en ces termes dans le *Bulletin criminel* de cette cour.

» Pierre Biard avait fait construire une maison à la distance prohibée par la loi, près la Forêt impériale de Conches. Il était en contravention aux dispositions de l'ordonnance de 1669, confirmées et renouvelées par l'avis du conseil d'Etat approuvé par S. M. le 22 brumaire an 14. Il fut poursuivi par l'administration forestière, qui demanda la démolition de la maison et la condamnation aux peines prescrites par l'ordonnance. Cette demande fut rejetée par le tribunal correctionnel et par la cour de justice criminelle du département de l'Eure, sous le prétexte que la maison bâtie par Pierre Biard n'était point une construction nouvelle, mais seulement une addition nécessaire pour son usage à des bâtimens anciens, élevés sur ses fonds. L'administration forestière, s'étant pourvue en cassation de l'arrêt, soutint que la maison nouvellement construite était une bâtisse isolée, indépendante des anciens bâtimens, élevée, non dans les anciens fonds de Pierre Biard, mais sur une partie de la Forêt usurpée au préjudice de l'Etat. Pour fixer invariablement les faits, la cour de cassation rendit, le 2 juin 1809, un premier arrêt portant qu'à la diligence et aux frais de l'administration forestière, il serait procédé, contradictoirement avec Pierre Biard, à un plan topographique des lieux, lequel indiquerait principalement la position de la nouvelle construction de Biard, soit relativement à la Forêt de Conches, soit relativement à l'habitation principale de Biard, avec indication des fonds composant la propriété non contestée de Biard et celle des fonds dont l'administration forestière avait demandé la restitution, comme ayant été usurpés sur la Forêt, et en outre avec la désignation géométrique des distances, ainsi que celle des clôtures, haies et fossés qui peuvent séparer lesdits fonds. Ce plan fut levé, et Pierre Biard concourut à sa rédaction. Il en résulta que la nouvelle construction n'était pas une simple addition à d'anciens bâtimens mais une bâtisse isolée sur une partie des fonds revendiqués par l'administration forestière et sur les bords de la Forêt. Il était évident, dès-lors, que Pierre Biard avait contrevenu aux dispositions de l'ordonnance; et que l'arrêt de la cour de justice criminelle du département de l'Eure qui l'avait renvoyé des demandes intentées contre lui, présentait la violation de la loi la plus formelle. En conséquence, la cour de cassation a rendu l'arrêt définitif conçu en ces termes:

» Ouï le rapport de M. Guieu....; vu l'art. 18 du tit. 27 de l'ordonnance de 1669; vu l'avis du conseil d'Etat approuvé par S. M. l'Empereur et roi, le 22 brumaire an 14; attendu que le bâtiment construit par Pierre Biard, à la distance prohibée par la loi, de la Forêt impériale de Conches, depuis la publication de l'avis du conseil d'Etat du 22 brumaire an 14, ne pouvait être considéré que comme une maison nouvellement bâtie en contravention aux dispositions de l'ordonnance et de l'avis du conseil d'Etat précité, puisque ce bâtiment ne devait, sous aucun rapport, être réputé une dépendance et un accessoire de l'ancienne habitation dudit Biard; que la preuve en a été plus particulièrement acquise par le plan topographique contradictoirement levé en exécution de l'arrêt interlocutoire de la cour du 2 juin dernier, puisqu'il résulte de ce plan, 1°. que les anciens bâtimens sont situés sur un terrain dont la propriété ancienne n'est point contestée audit Biard, tandis que la nouvelle construction est située sur un terrain litigieux réclamé par l'administration forestière, comme ayant été usurpé sur la Forêt impériale; 2°. que les anciens bâtimens sont à la distance de cinquante mètres de la Forêt, tandis que la nouvelle construction n'en est distante que de six mètres, et ne s'en trouve séparée que par la rue de Calais, sur la largeur de laquelle il a même été empiété par les bâtisses; 3°. que les anciens bâtimens forment une enceinte fermée par une partie de mur et par une palissade, tandis que la nouvelle construction est hors de cette enceinte, et même au-delà des terres labourables et à chanvre, qui composent l'ancienne propriété du prévenu; attendu que la conséquence nécessaire de ces faits attestés au procès par l'inspecteur forestier, et qu'en cas de doute la cour de justice criminelle pouvait aisément vérifier est que Pierre Biard se trouvant en contravention formelle à la loi, devait être condamné à toutes les peines exprimées dans l'art. 18 du tit. 27 de l'ordonnance de 1669; que, dès lors, en confirmant le jugement du tribunal correctionnel d'Evreux, du 23 septembre 1808, qui avait renvoyé le prévenu de l'action intentée contre lui, la cour de justice criminelle du département de l'Eure a violé le susdit art. 18 et l'avis du conseil d'Etat du 22 brumaire an 14; par ces motifs, la cour casse et annulle... ».]]

IV. Il est aussi défendu à toutes les personnes, de planter des bois à cent perches près des Forêts du roi, sans permission expresse, à peine de 500 liv. d'amende et de confiscation des bois qui doivent être arrachés ou coupés.

Comme l'intérêt public paraît autoriser la multiplication des bois, la prohibition dont on vient de parler semblerait étonnante, si l'on n'y voyait pas que l'intention du législateur a été d'éviter la confusion des possessions que produit presque toujours la trop grande proximité des bois, dont le recrû gagne toujours du terrain sur les voisins, et de prévenir en même temps les dégradations auxquelles auraient été exposées les Forêts du roi pendant l'exploitation des bois des particuliers riverains; et comme il eût été dur d'ordonner l'arrachement de ceux qui se trouvaient alors voisins, le législateur a pourvu aux inconvéniens qui pouvaient en résulter, en astreignant les particuliers possesseurs des bois riverains à entretenir à leurs frais des fossés de séparation de quatre pieds de large et de cinq de profondeur, à peine de réunion de ces bois aux Forêts du roi, et en défendant en même temps à ces possesseurs riverains d'y faire passer leurs bois pendant les exploitations qu'ils en font.

L'ordonnance de 1669 ne renferme la prohibition dont on vient de parler que relativement aux Forêts du roi, à cause de la conservation du domaine; c'est pourquoi on ne doit pas l'étendre aux Forêts appartenant, soit aux communautés, soit aux particuliers, qui ne peuvent pas empêcher les plantations de bois à la proximité des leurs; c'est à eux à veiller sur leurs possessions, et à les défendre par les voies de droit contre toute anticipation et contre toute dégradation; mais ils ne peuvent pas, sur le fondement de la défense dont il s'agit, s'opposer à ce qu'un particulier convertisse en bois son terrain, parce qu'en cela il ne fait qu'user de la faculté que le droit naturel donne à chacun de faire de son bien ce que bon lui semble; faculté qui reste dans toute sa force, dès qu'elle n'est pas restreinte par une loi positive, comme dans le cas présent, où le roi a été le maître d'établir une prohibition particulière pour le voisinage de ses Forêts.

[[Cette prohibition paraît d'ailleurs abrogée par la loi du 28 septembre 1791, sur la police rurale, tit. 1, art. 2.]]

V. Il est défendu d'arracher dans les Forêts du roi aucune plante, de quelque espèce que ce soit, sans permission, à peine de 500 liv. d'amende; cette prohibition a lieu pour les bois des particuliers comme pour ceux du roi, parce qu'elle est fondée sur le privilége que le droit commun donne à tout particulier, de pouvoir disposer seul de ce qui lui appartient.

C'est toujours pour remplir le même objet de conservation [[qu'ont été faites d'autres dispositions prohibitives, dont il est parlé sous les mots *Bestiaux*, n. 5; *Carrière*, n. 2; *Cendres*, *Faîne* et *Feuilles mortes*.]]

VI. Il est de même défendu, à peine de punition corporelle, d'amende arbitraire, outre les dommages et intérêts, de porter et d'allumer du feu, en quelque saison que ce soit, dans les Forêts, landes et bruyères, parce qu'il pourrait en résulter des incendies capables d'embraser tout le continent d'une Forêt.

C'est par la même raison qu'il est défendu de chasser pendant la nuit dans les bois avec des torches ou des flambeaux allumés, à peine de punition corporelle, et de 100 liv. d'amende.

[[Il ne peut plus être prononcé de punition corporelle pour un pareil délit. *V. Chasse*, §. 4.

Il est bon d'observer que la prohibition d'allumer du feu dans les bois, n'est que pour les Forêts fermées, c'est-à-dire, où l'on ne fait pas d'exploitation: car pour celles où il y a des ventes ou coupes ouvertes, il est sensible qu'elles ne sont pas comprises dans les défenses faites, puisque l'exploitation entraîne la nécessité d'y avoir du feu, singulièrement pour faire le charbon. A cet égard, le marchand doit choisir les endroits les plus convenables et les moins dommageables pour y établir les fosses à charbon. Malgré cette précaution, s'il arrive dans la Forêt quelque accident occasionné par le feu allumé dans une vente, et qu'il y ait quelque arbre qui périsse pour avoir été touché du feu, le marchand n'en est pas moins responsable, parce qu'il doit veiller avec attention sur ses fourneaux.

Malgré le soin des marchands et la vigilance des gardes, il arrive quelquefois dans les Forêts des incendies qui y produisent les plus grands ravages, nonobstant l'activité des secours qu'on y porte, parce que le feu, se communiquant par les feuilles tombées, il y fait les plus rapides progrès, et embrase souvent une partie considérable de la Forêt; ce qui n'arrive ordinairement que par le défaut d'intelligence dans l'administration du secours, qui devient dès-lors inutiles.

Pour arrêter le progrès du feu dans un bois, il est une méthode simple dont l'expérience justifie l'efficacité: elle consiste à rassembler un nombre suffisant de personnes, chacune avec un balai; en dirigeant leur travail avec une certaine attention, on s'attache à empêcher la communication du feu en leur faisant relever avec ces balais les feuilles par tranchées vers l'endroit le plus embrasé, et cela dans tout le contour du foyer; les tranchées étant bien nettoyées de feuilles, le feu se concentre, et on réussit plus facilement à l'éteindre en l'étouffant: si on ne peut y parvenir entièrement, on garantit au moins par-là les autres parties de la Forêt, en sacrifiant un canton.

VII. Telles sont à peu près les dispositions générales que les ordonnances établissent pour assurer la conservation des Forêts ou en prévenir le dépérissement; il en est encore beaucoup d'autres qui tiennent à la police particulière des bois, et dont on parlera sur les mots qui les concernent.

C'est sur tous ces différens objets que les gardes de bois doivent porter la plus grande attention, pour maintenir l'exécution des ordonnances; et pour d'autant plus l'assurer, les gardes-marteaux sont obligés de faire chaque mois des visites dans les bois de leur ressort, à l'effet de dresser des procès-verbaux de toutes les contraventions qu'ils pourraient découvrir relativement à la police et à la conservation des Forêts.

Les maîtres particuliers des eaux et Forêts doivent, de leur côté, faire, pour le même effet, des visites dans les mêmes bois tous les six mois.

Et pour entretenir à cet égard la vigilance des officiers, les grands-maîtres doivent faire chaque année une visite générale dans toutes les Forêts de leur département, afin d'être pourvu par eux aux abus, malversations et contraventions qu'ils doivent trouver.

[[Il n'y a ni gardes-marteaux, ni maîtres particuliers, ni grands-maîtres des eaux et Forêts. Mais *V.* la loi du 15 septembre 1791, tit. 4, 5, 6, 7 et 8, *Conservateur des Forêts* et *Inspecteur*.]]

La conservation des bois tenant à l'intérêt de l'Etat, les bois des communautés, tant ecclésiastiques que laïques, et ceux des particuliers, sont sujets à toutes ces différentes visites, parce qu'ils sont soumis à la même police que les Forêts du roi. (M. Henriquez.)*

[[La loi du 15 septembre 1791 avait affranchi les bois des particuliers de la surveillance de l'administration forestière; mais la loi du 9 floréal an 11 les y a soumis de nouveau à certains égards.

V. Amende, Bois, Coupe de Bois, Déclaration de coupe de bois, Défrichement, Délit forestier, Futaie, Malversations, Pâturage et *Récolement de bois.*]]

* FORFAITURE. Prévarication commise par un officier public dans l'exercice de sa charge, et pour laquelle il mérite d'être destitué.

I. Suivant les ordonnances, il ne doit point être accordé de provision d'un office, à cause de la Forfaiture du titulaire, avant qu'elle ait été jugée. (M. Guyot.)*

[[II. Le Code des délits et des peines, du 3 brumaire an 4, s'expliquait ainsi sur le caractère de la Forfaiture, sur la peine dont elle devait être punie, et sur les cas où elle avait lieu.

« *Art.* 641. Il y a Forfaiture de la part des juges, lorsque, dans les cas déterminés et précisés par la loi seulement, ils commettent quelque délit ou crime dans l'exercice de leurs fonctions.

» 642. La peine de la Forfaiture consiste dans la déclaration du tribunal, que celui qui en est convaincu est incapable de remplir aucune fonction ou emploi public, et d'exercer aucun droit de citoyen pendant vingt ans.

» 643. Cette peine est indépendante de celles qui sont établies par les lois pénales : elle se prononce cumulativement avec celles portées contre les différens délits ou crimes; elle se prononce seule, lorsqu'il n'y en a pas d'autre décernée par la loi.

» 644. Sont coupables de Forfaiture, — 1°. Les juges des tribunaux civils de département qui ne convoqueraient pas les assemblées primaires dans le cas prévu par l'art. 105 de la constitution (1); — 2°. Les juges qui prononceraient ou signeraient un jugement sur la recherche et l'accusation d'un citoyen qui est ou qui aurait été membre du corps législatif, à raison de ce qu'il a dit ou écrit dans l'exercice de ses fonctions; — 3°. Les juges de paix ou autres, qui, hors les cas prévus par les art. 112 et 115 de la constitution, auraient donné l'ordre de saisir ou d'arrêter un membre du corps législatif; — 4°. Tout juge qui s'immiscerait dans l'exercice du pouvoir législatif, en faisant des réglemens, ou qui se permettrait d'arrêter ou de suspendre l'exécution de la loi dans l'étendue de sa juridiction; — 5°. Tout officier de police qui n'a point exprimé formellement les motifs d'arrestation dans un mandat d'arrêt, et cité la loi qui l'autorise à le décerner; — 6°. Tout officier de police sur l'ordre duquel un citoyen aurait été retenu en charte privée, sans avoir été conduit dans la maison d'arrêt, de justice ou de détention; — 7°. Tout juge civil ou criminel, tout juge de paix, tout assesseur de juge de paix, qui, moyennant argent, présent ou promesse, a trafiqué de son opinion ou de l'exercice du pouvoir qui lui est confié; — 8°. Les accusateurs publics (depuis procureurs-généraux des cours de justice criminelle), dans le cas prévu par l'art. 279 (1); — 9°. Les présidens des tribunaux criminels, dans le cas de l'art. 295 (2).

» 645. Les autres délits dont les juges peuvent se rendre coupables dans l'exercice de leurs fonctions, ne donnent lieu à leur destitution qu'autant qu'elle est une suite nécessaire de la peine prononcée par la loi ».

III. Peut-on conclure du n°. 4 de l'art. 644, qu'un officier de police judiciaire, qu'un juge, encourait la Forfaiture, lorsqu'il ne faisait pas ce que la loi lui prescrivait dans un cas déterminé, et notamment lorsque, par pure faveur, par une coupable indulgence, il ne faisait pas arrêter, ou faisait au contraire mettre en liberté l'auteur d'un crime qui lui était dénoncé, et sur la culpabilité duquel il ne pouvait pas avoir de doute raisonnable?

« En général (disais-je à l'audience de la section des requêtes, le 3 ventôse an 9), nos lois ont trop présumé, relativement à l'intérêt social de la loyauté des fonctionnaires à qui elles ont confié le soin des premières poursuites contre les prévenus de crimes. Elles ont tout fait pour empêcher qu'ils n'abusassent de leur pouvoir contre ceux-ci; elles n'ont presque rien fait pour empêcher qu'ils n'en abusassent en leur faveur. — Et cependant il n'est malheureusement point rare de voir des officiers de police judiciaire, des directeurs du jury même, montrer pour de grands coupables une partialité révoltante, et attacher ouvertement à leurs crimes le sceau de l'impunité.

» Quelle peine nos lois ont-elles prononcée contre une prévarication aussi grave en soi et aussi funeste dans ses conséquences? Il faut le déclarer franchement, aucune; car, vouloir qu'on y applique le §. 4 de l'art. 644 du Code des délits et des peines, par lequel est déclaré coupable de Forfaiture, *tout juge qui se permettrait d'arrêter ou de suspendre l'exécution de la loi*, ce serait tout à la fois méconnaître l'objet de ce paragraphe, et lui donner une extention véritablement effrayante.

» Quel est l'objet de la disposition dont il s'agit? C'est uniquement de sévir contre le juge constitutionnel, qui, à l'exemple des anciens tribunaux, ose-

(1) Cette disposition est devenue sans objet par la constitution du 22 frimaire an 8, qui a implicitement abrogé l'art. 165 de celle du 5 fructidor an 3.

(1) C'est-à-dire, lorsqu'ils portent aux cours de justice criminelle des accusations qui n'ont pas été préalablement admises par les premiers jurés; mais on doit en excepter les cas spéciaux.

(2) C'est-à-dire, lorsqu'ils ne renvoient pas, même d'office, devant la haute cour impériale, les affaires qui lui sont réservées.

rait, par une ordonnance générale, défendre d'exécuter dans son ressort une loi quelconque.

» Il est impossible de se méprendre sur le sens des termes dans lesquels elle est conçue. Les voici : « Sont coupables de Forfaiture, 1°...... 4°. Tout » juge qui s'immiscerait dans l'exercice du pouvoir » législatif, en faisant des réglemens, ou qui se per» mettrait d'arrêter ou de suspendre l'exécution de la » loi *dans l'étendue de sa juridiction* ».

» On ne peut donc pas étendre cette disposition au juge qui, dans un cas particulier, et pour telle ou telle affaire, a omis d'appliquer la loi faite pour ce cas ou pour cette affaire ; et comme nous venons de le dire, une pareille extension, si elle était admise, ne pourrait que jeter l'épouvante dans l'ame des magistrats même les plus éclairés et les plus intègres ; car ni la probité la plus sévère ni les lumières les plus étendues ne peuvent donner à un juge l'assurance qu'il ne violera jamais aucune loi dans les jugemens auxquels il concourra : il faudrait alors regarder comme en état de Forfaiture, tout tribunal dont un jugement serait cassé par le tribunal suprême ; et par son résultat, le recours en cassation rappellerait ces temps barbares où l'on ne pouvait appeler d'une sentence sans la *fausser*, c'est-à-dire, sans accuser le juge qui l'avait rendue d'avoir prévariqué, ou, comme on s'exprimait alors, d'en avoir *menti par la gorge*. — Assurément, nous sommes loin de ces siècles de ténèbres ; et ce n'est point pour nous y replonger qu'a été fait le §. 4 de l'art. 644 du Code des délits et des peines.

» Aussi a-t-on si bien reconnu que ni cette disposition ni aucune autre de nos lois pénales actuelles n'est applicable à la prévarication, soit d'un officier de police judiciaire, soit d'un directeur de jury, qui abuse méchamment de son pouvoir, à l'effet d'innocenter un coupable ; que le directoire exclusif a cru devoir, en l'an 5, provoquer, par un message exprès, l'attention du corps législatif sur la périlleuse lacune que présente à cet égard notre législation, et solliciter une loi expresse qui le mît à même de faire poursuivre efficacement les juges assez peu délicats pour faire servir leur autorité à protéger les ennemis de l'ordre social. — Mais ce message a été oublié dans les cartons de la commission, à l'examen de laquelle le conseil des cinq-cens l'avait renvoyé ; et la loi qu'il provoquait est encore à faire ».

A l'audience des sections réunies, du 15 prairial an 11, présidée par le grand juge, ministre de la justice, et à laquelle étaient cités les juges du tribunal civil de.., pour avoir, comme membres de la cour de justice criminelle et spéciale du département de...., acquitté le sieur G. C., officier de l'état civil de la commune de...., accusé de crimes de faux manifestement prouvés et commis à dessein de soustraire des jeunes gens à la conscription, je disais, entre autres choses:

» Nous n'avons pas même la consolation de pouvoir révoquer en doute leur culpabilité. — Ils avaient à juger si G. C. s'était rendu coupable de plusieurs faux commis dans l'exercice des fonctions qui intéressent le plus immédiatement l'état des citoyens, de plusieurs faux commis dans le criminel dessein d'ôter à la plus belle, à la plus imposante, à la plus illustre de toutes les armées, les moyens de réparer ses pertes, et par-là d'affermir, de perpétuer la paix que nous devons à son courage autant qu'à la sagesse du gouvernement ; de plusieurs faux enfin payés par la plus vile de toutes les récompenses, à prix d'argent. — Ils avaient sous les yeux les preuves de tous les faux articulés ; et ces preuves ne consistaient point dans le résultat plus ou moins certain, d'indices plus ou moins nombreux, plus ou moins palpables ; elles ne consistaient point dans de simples raisonnemens qui, lors même qu'ils paraissaient les plus péremptoires, laissent toujours quelque inquiétude dans l'âme du magistrat chargé de prononcer sur une accusation grave ; elles ne consistaient point dans des actes tant soit peu susceptibles d'une interprétation favorable à l'accusé ; elles ne consistaient point dans des dépositions vagues ou incertaines de témoins discordans. — C'étaient des preuves véritablement matérielles ; c'étaient les registres même de l'état civil, encore souillés de l'impreinte visible et manifeste des crimes de G. C. ; c'étaient des témoignages précis, unanimes, circonstanciés ; c'étaient notamment les déclarations de l'un des acheteurs de la prévarication de cet administrateur infidèle, qui était venu s'accuser lui-même devant le préfet du département, d'avoir employé cet odieux moyen pour échapper à la loi salutaire et vraiment civique de la conscription. — Cependant les juges du tribunal civil de ... ont osé déclarer que les faux dont était accusé G. C. n'étaient point constans ! ils ont osé proclamer vrais, inscrits à leurs véritables dates, des actes de mariage que leur aspect démontre ne pouvoir être que l'ouvrage d'un insigne et maladroit faussaire ! ils ont osé faire rétablir dans des dépôts destinés à la conservation des registres de l'état civil, des actes fabriqués par l'imposture et marqués de son sceau ! ils ont osé, nous devons le dire, nier qu'il fît jour en plein midi. Ainsi, profondément convaincus de la prévarication de ces juges, nous n'avons plus à nous occuper que de l'examen des mesures qu'elle nécessite de la part de notre ministère...... ».

Et ces mesures, en quoi ont-elles consisté? *V.* l'arrêt du 13 prairial an 11, rapporté à l'article *Censure* (1).

L'art. 16 du tit. 2 de la loi du 24 août 1790, par lequel s'étaient déclarés coupables de Forfaiture les juges qui troubleraient, de quelque manière que ce fût, les opérations des corps administratifs, avait-il été abrogé par les dispositions ci-dessus transcrites du Code du 3 brumaire an 4 ?

Ces dispositions étaient tellement limitatives, elles restreignaient si nettement les cas de Forfaitures à ceux qu'elles déterminaient elles-mêmes, qu'il ne paraît pas possible de résister à l'idée qu'elles aient véritablement opéré cette abrogation. — Ce qui fortifie singulièrement cette idée, c'est que, de toutes les peines prononcées par les lois de l'assemblée constituante, l'art. 610 du Code du 3 brumaire an 4 n'avait conservé que celles dont le Code pénal du 25 septembre 1791 contenait la nomenclature : « les tribunaux criminels (y était-il dit), se conformeront,

(1) On verra ci-après, n. 4, que le Code pénal de 1810 remédie à cette lacune des lois antérieures.

jusqu'à ce qu'il en ait été autrement ordonné, à toutes les dispositions tant du Code pénal décrété par l'assemblée constituante le 25 septembre 1791, que *des autres lois pénales émanées, soit de l'assemblée législative, soit de la convention nationale*, auxquelles il n'a pas été dérogé jusqu'à ce jour ». Delà, en effet, il résulte que la disposition pénale de l'art. 16 du tit. 2 de la loi du 24 août 1790 n'avait pas été maintenue par le Code du 3 brumaire an 4; et quand, à cette raison, l'on vient joindre les termes si formels, si positifs, des autres articles du même Code qui déclaraient qu'il n'y avait lieu à Forfaiture que dans neuf cas, du nombre desquels n'était pas celui dont il s'agit, il est bien difficile de ne pas regarder comme constante l'abrogation de la peine portée par l'art. 16 du tit. 2 de la loi du 24 août 1790.

IV. Au surplus, voici quelles sont, sur la Forfaiture, les dispositions du Code pénal de 1810.

« *Art.* 166. Tout crime commis par un fonctionnaire public dans ces fonctions, est une Forfaiture.

» 167. Toute Forfaiture pour laquelle la loi ne prononce pas de peines plus graves, est punie de la dégradation civique.

» 168. Les simples délits ne constituent pas les fonctionnaires en Forfaiture.

» 121. Seront, comme coupables de Forfaiture, punis de la dégradation civique, tout officier de police judiciaire, tous procureurs-généraux ou impériaux, tous substituts, tous juges, qui auront provoqué, donné ou signé un jugement, une ordonnance ou un mandat, tendant à la poursuite personnelle ou accusation, soit d'un ministre, soit d'un membre du sénat, du conseil d'Etat ou du corps législatif, sans les autorisations prescrites par les constitutions, ou qui, hors les cas de flagrant délit ou de clameur publique, auront, sans les mêmes autorisations, donné ou signé l'ordre ou le mandat de saisir ou arrêter un ou plusieurs ministres, ou membres du sénat, du conseil d'Etat ou du corps législatif.

» 126. Seront coupables de Forfaiture, et punis de la dégradation civique, les fonctionnaires publics qui auront, par délibération, arrêté de donner des démissions dont l'objet ou l'effet serait d'empêcher ou de suspendre, soit l'administration de la justice, soit l'accomplissement d'un service quelconque.

» 127. Seront coupables de Forfaiture, et punis de la dégradation civique, — 1°. les juges, les procureurs-généraux ou impériaux, ou leurs substituts, les officiers de police, qui se seront immiscés dans l'exercice du pouvoir législatif, soit par des réglemens contenant des dispositions législatives, soit en arrêtant ou en suspendant l'exécution d'une ou de plusieurs lois, soit en délibérant sur le point de savoir si les lois seront publiées ou exécutées; — 2°. les juges, les procureurs-généraux ou impériaux, ou leurs substituts, les officiers de police judiciaire, qui auraient excédé leur pouvoir, en s'immisçant dans les matières attribuées aux autorités administratives, soit en faisant des réglemens sur ces matières, soit en défendant d'exécuter les ordres émanés de l'administration, ou qui ayant permis ou ordonné de citer des administrateurs pour raison de l'exercice de leurs fonctions, auraient persisté dans l'exécution de leurs jugemens ou ordonnances, nonobstant l'annullation qui en aurait été prononcée, ou le conflit qui leur aurait été notifié.

» 183. Tout juge ou administrateur qui se sera décidé par faveur pour une partie ou par inimitié contre elle, sera coupable de Forfaiture et puni de la dégradation civique ».

V. Comment et devant quelle autorité la Forfaiture doit-elle être poursuivie?

Voici ce que portait là-dessus le Code du 3 brumaire an 4:

« *Art.* 561. Les actes qui donnent lieu à la Forfaiture, de la part des juges des tribunaux, tant civils que criminels, correctionnels et de police, sont dénoncés au tribunal de cassation, soit par le directoire exécutif, soit par les parties intéressées.

» 562. Le tribunal de cassation annulle ces actes, s'il y a lieu; et dans ce cas, il les dénonce au corps législatif, qui rend le décret d'accusation après avoir entendu ou appelé les prévenus.

» 563. Le décret d'accusation qui, pour cause de Forfaiture, intervient contre un juge, le renvoie, pour être jugé devant le tribunal criminel de l'un des deux départemens les plus voisins de celui où ce juge est en fonctions; et il lui en laisse le choix.

» 564. Les juges des tribunaux, tant civils que criminels, correctionnels et de police, ne peuvent être poursuivis pour cas emportant Forfaiture, que dans les formes prescrites par les trois articles précédens, à peine de nullité ».

Mais il a été dérogé à ces dispositions par les articles suivans de la loi du 27 ventôse an 8:

« 80. Le gouvernement, par la voie de son commissaire (aujourd'hui, de son procureur-général), et sans préjudice du droit des parties intéressées, dénoncera au tribunal de cassation, section des requêtes, les actes par lesquels les juges auront excédé leurs pouvoirs, ou les délits par eux commis relativement à leurs fonctions. La section des requêtes annullera ces actes, s'il y a lieu, et dénoncera les juges à la section civile pour faire à leur égard les fonctions de jury d'accusation: dans ce cas, le président de la section civile remplira toutes celles d'officiers de police judiciaire et de directeur du jury; il ne votera pas. — Il pourra déléguer sur les lieux, à un directeur du jury, l'audition des témoins, les interrogatoires et autres actes d'instruction seulement.

» 81. Si la section civile déclare qu'il y a lieu à accusation contre les juges, elle les renverra, pour être jugés sur la déclaration d'un jury de jugement, devant l'un des tribunaux criminels les plus voisins de celui où les accusés exerçaient leurs fonctions. Ces deux tribunaux seront nommés dans l'acte qui prononce qu'il y a lieu à accusation, et le choix en sera laissé aux accusés.

» 82. Lorsque, dans l'examen d'une demande en cassation, soit la section civile, soit la section criminelle trouveront des actes emportant Forfaiture, ou des délits commis par des juges, relatifs à leur fonctions, elle dénonceront les juges à la section des requêtes, laquelle remplira à leur égard les fonctions de jury d'accusation, et son président toutes celles d'officier de police judiciaire et de directeur de jury.

» 83. Si le juge renvoyé devant un tribunal criminel se pourvoit en cassation contre le jugement définitif qui y interviendra, la demande en sera portée à celle des sections qui n'aura pas connu de l'affaire pour y être instruite et jugée selon les formes usitées à la section criminelle.

» 84. S'il se trouve, dans la section chargée de prononcer sur le recours, des juges qui aient connu de l'affaire dans l'une des deux autres sections, ils s'abstiendront sur la demande en cassation ».

Ces dispositions sont modifiées par le Code pénal de 1810. *V. Cour de cassation*, *n.* 3.

Il est d'ailleurs des cas où, suivant l'art. 101 du sénatus-consulte du 28 floréal an 12, la Forfaiture ne doit plus être poursuivie que devant la haute cour impériale. Mais cette disposition ne pourra être exécutée, que lorsque la haute cour impériale sera organisée complétement.

V. Haute cour impériale et *Prise à Paris.*]]

* FORGAGNER, FOURGAGNER, FORGAGNEMENT, FOURGAGNEMENT. Ces mots se trouvent dans les coutumes de Namur et de Tournai.

Le *Forgagnement* ou *Fourgagnement* est la rentrée en possession de l'héritage arrenté, qui a lieu au profit du créancier, à défaut de payement des arrérages de la rente. *Forgagner*, ou *Fourgagner*, c'est faire usage du *Fourgagnement*. — On peut consulter, sur les formalités de ses rentrées en possession, le tit. 2 de la coutume de Namur, et le chap. 9 de celle de Tournai, qui donnent beaucoup de détails à ce sujet. (M. GARRAN DE COULON.) *

[[*V.* aussi *Clain de rétablissement* et *Commise emphytéotique*]].

* FORGAS, FORGAGE, ou FORGAGEMENT. Ces mots désignent un droit que le débiteur a, dans la province de Normandie et en d'autres coutumes, de retirer ses biens vendus par autorité de justice en rendant le prix à l'acquéreur. Quoique l'ancienne et la nouvelle coutume de Normandie ne disent rien du droit de *Forgas*, et que ce mot même ne s'y trouve pas, l'usage de cette espèce de retrait est très-ancien dans cette province. Terrien en parle comme d'un usage constant, à la fin ch. 10 du liv. 7 de ses commentaires.

L'auteur du *Dictionnaire de droit normand* croit même retrouver le droit de Forgas dans un passage de Littleton. Cet auteur, dit-il, observe, en sa section 498, « que, si on a, pour dettes, engagé à son créancier ses meubles, on n'est pas privé pour cela de les faire restituer par celui auquel le créancier les a délaissés, pourvu cependant que l'on paye au détenteur le prix de son achat ».

Mais Littleton ne parle point de l'engagement pour dettes Voici la sect. 498 de cet auteur, telle qu'elle est traduite par Houard lui-même : « Si j'ai droit d'obtenir un *bref de détenue* de mes meubles contre quelqu'un, quoique je lui aie fait délaissement de toutes les actions personnelles qui peuvent m'appartenir, ceci ne me prive pas de me ressaisir de ses meubles lorsqu'ils sont hors de ses mains, parce que je ne lui ai pas délaissé mes meubles, mais seulement les actions que je pouvais exercer pour la restitution de ces meubles ».

On voit, dans les auteurs de droit anglais, que l'action de detenue est celle que l'on a contre une personne à qui l'on a donné des biens à garder, ou contre ceux qui les tiennent d'elles; et ce que dit Littleton n'a aucun rapport à la vente judiciaire des meubles du débiteur, faite par le créancier qui les a reçus en gage. Il n'est pas impossible néanmoins que le droit de *Forgage* ait été introduit par extension de l'action de detenue. Huet dérivait même ce mot du latin barbare *Forcapia*, qui, dans les capitulaires de Charlemagne, se prend pour des serviteurs fugitifs et repris par leurs maîtres, sans que ceux chez qui ils se sont réfugiés s'y puissent opposer. Mais cette origine est rejetée par Ménage, qui pense avec beaucoup de vraisemblance, que le mot *Forgas* a été formé du latin *foris vadium*. Houard a aussi adopté cette dernière étymologie dans son dictionnaire.

Quoiqu'il en soit, tous les commentateurs de la coutume de Normandie assurent que le temps du Forgas est de huitaine seulement. Mais il paraît qu'on donne, dans l'usage, la même faveur à ce retrait de meubles qu'au droit de réméré pour les immeubles; et que l'ancien propriétaire n'est véritablement déchu de cette faculté qu'après un jugement qui prononce cette déchéance. « Huitaine après la vente des meubles (dit l'auteur de l'*Esprit de la coutume de Normandie*), on assigne le débiteur pour voir juger les namps (c'est-à-dire, les meubles) forgagés : sur quoi, le juge ordonne que, faute par lui de les délivrer dans une autre huitaine, ils demeurent acquis à l'adjudicataire... L'usage pour le Forgage est que, pour les meubles morts, on prend un mandement du juge pour les faire forgager, mais pour les meubles vifs, il faut assigner l'exécuté, et obtenir une sentence de Forgage contre lui ».

Cet auteur donne des formulaires de mandemens, tant pour le Forgage de meubles ou *namps* vifs, que pour celui de *namps* morts.

Le débiteur peut céder, même à titre de vente, son droit de Forgas à un tiers, si son impuissance, ou la crainte qu'ils ne soient de nouveau saisis par ces créanciers, l'empêchent de l'exercer par lui-même. Mais il n'y a que les cessionnaires et les héritiers ou *ayant cause* du débiteur, qui puissent exercer ce droit. Un arrêt du 16 mars 1669, rapporté par Houard, débouta le fils d'un condamné à peine capitale, du Forgas sur les meubles que le créancier avait fait vendre, parce que, vu la confiscation, le fils ne pouvait être, à aucun titre, aux droits de son père.

Bérault, sur l'art. 481 de la coutume de Normandie, cite un reglement du 14 septembre 1609, qui accorde huitaine après l'adjudication finale d'un navire, pour le réclamer à titre de Forgas. Mais, dit encore Houard, ce réglement n'est plus d'usage depuis l'ordonnance de 1681, qui oblige les adjudicataires des navires de payer le prix de l'adjudication dans les vingt-quatre heures. On peut même dire que le réglement de 1609 était contraire à l'art. 519 de la coutume, qui répute immeubles les navires saisis par autorité de justice, puisqu'on convient généralement que le droit de Forgas n'a lieu que pour les meubles; et c'est ainsi qu'on le pratique dans l'usage. — On peut citer à cet égard un arrêt du 13 août 1775, qui a déclaré nulle la cession du Forgas sur un navire. Il est vrai que, dans cette espèce, on opposait aussi les nullités de forme contre cette cession, qui avait été fait après la huitaine de l'adjudication ; mais on vient de voir que ce délai de huitaine n'est réputé fatal dans l'usage qu'après un jugement de déchéance, qui le proroge ordinairement à une autre huitaine ; et Houard, qui rapporte cet arrêt, pense aussi que l'on s'est décidé sur la qualité immobilière du navire.

La coutume de Bretagne admet expressément un droit de rachat qui ne diffère guère du Forgas de Normandie, qu'en ce que la condition du débiteur y est plus onéreuse. « Le detteur (dit l'art 224) peut recouvrer les biens sur lui pris et vendus par exécution dedans huitaine après la vente, en rendant, par lui, à l'acheteur le prix des choses vendues, avec un denier pour chacun sol au-dessous de la livre, et au-dessus de la livre, douze deniers par livre, et les frais et mises ; et la huitaine passée, le detteur ne les pourra plus retirer ».

L'article suivant, en exigeant que le créancier fasse signifier au débiteur la vente et le prix auquel elle se monte, paraît indiquer que la huitaine du rachat ne court qu'à compter du jour de la signification ; et telle est l'expresse décision du chap. 303 de la très-ancienne coutume de Bretagne.

Au surplus, d'Argentree décide fort bien, sur l'art. 237 de l'ancienne coutume de cette province, que cette espèce de retrait n'a pas lieu pour les immeubles, quoiqu'ils soient d'ordinaire plus importans que les meubles. *In materiâ juris correctoriâ*, dit-il, *extensio facienda non est de casu expresso ad non expressum, etiam ex majoritate rationis ; quæ ratio hìc nulla est, cùm major injuria fiat emptori in immobilibus semel emptis et resolvendo contractum, quàm in mobilibus ; et vero nemo quid quam ex auctione empturus sit comparatâ sæpe magno damno pecuniâ, (si) hâc conditione res distrahàtur, ut intra octiduum resolvatur.* (M. Garran de Coulon.)*

[[*V.* l'article *Clain*, §. 1, n. 5.]]

[[FORGE. Ce terme a deux acceptions différentes.

1°. Il désigne en général le fourneau où les maréchaux, les serruriers, les armuriers et les orfèvres chauffent et façonnent ensuite le fer ou le métal qu'ils emploient aux ouvrages de leur profession.

Prise dans ce sens, une Forge ne peut être construite qu'à une certaine distance des héritages voisins. *V. Cheminée* et l'art. 674 du Code Napoléon.

La manière de construire les Forges a attiré l'attention de la police, parce qu'il peut en résulter des incendies. — Voici ce que porte à ce sujet un réglement du conseil d'Artois du 17 mars 1780 :

» *Art.* 6. Toutes les Forges seront construites en murs de briques ou de pierres, et seront séparées, par des pignons, de tous bâtimens voisins

» 7 Le foyer sera en briques, maçonné au bon mortier, ainsi que les cheminées, qui seront élevées de trois pieds de roi au dessus du toit, lequel sera de tuiles ou pannes, ainsi que celui des auvens.

» 8. Les Forges actuellement existantes seront couvertes en tuiles ou pannes, et les cheminées construites exhaussées suivant l'article ci-dessus, en dedans six mois ; sinon ledit temps passé, la cour en interdit l'usage, à peine de pareille amende de 50 liv. ».

Ce réglement et tous ceux du même genre qui ont été faits pour d'autres localités avant la révolution, sont encore obligatoires. *V. Armes*, §. 2.

Quant à ceux qui ont été faits depuis par les municipalités. *V. Four* et *Incendie*.

2°. On entend encore par *Forge*, un atelier où l'on fond le fer quand il est tiré de la mine, et où on le met en barre. *V. Fourneau.*]]

[[FORGE BANALE. *V. Banalité.*

[[FORMALITÉS Ce sont les différentes choses dont le concours et l'assemblage servent à former un acte, soit conventionnel, soit judiciaire, à le rendre valable, et à en assurer ou procurer l'exécution.

I. On distingue en général quatre sortes de Formalités ; les Formalités habilitantes, les Formalités intrinsèques ou viscérales, les Formalités extrinsèques ou probantes, et les Formalités d'exécution.

Les Formalités habilitantes sont celles qui rendent capables de faire certains actes, les personnes qui en sont incapables par état.

Telles sont l'autorisation maritale pour qu'une femme puisse contracter ou ester en jugement, l'autorisation du conseil de famille, soit pour qu'un tuteur puisse aliéner les immeubles de son mineur ou transiger en son nom, soit pour que le mineur lui-même puisse se marier, soit pour, qu'étant émancipé, il puisse aliéner ou emprunter ; l'autorisation du gouvernement pour qu'un établissement public puisse accepter une donation ou un legs, pour qu'une commune puisse affermer ses biens à longues années, etc. *V Autorisation maritale*, *Aliénation*, *communauté d'habitans*, *Bail*, *Mineur*, *Emancipation*, *Empêchement*, *Mariage*, *Donation*, *Fondation*, etc.

Les Formalités intrinsèques ou viscérales sont celles qui forment l'acte en lui-même, qui lui donnent l'existence, et sans lesquelles il ne peut pas exister ; ou, pour nous servir des termes de Zazius (dans ses *Quæstiones juris singularis*), *quæ dant esse contractui ex se ipsis et absolute*, *et sunt veluti forma essentialis ex quâ inesse contractui producitur*, *productus conservatur*, *quâ formâ destructâ jam contractus vitâ defunctus est.* Tels sont, dans tous les contrats, le consentement des parties contractantes, la chose et le prix dans la vente ; la tradition de la chose en poids, nombre et mesure dans le prêt ; l'acceptation du donataire dans une donation entre-vifs ; la désignation du créancier, du débiteur, de la créance et de l'immeuble sur lequel on prend hypothèque, dans une inscription hypothécaire ; la présence de l'officier public, dans un mariage ; celle du nombre de juges déterminé par la loi, dans un jugement ; celle de l'huissier, dans le lieu où il fait un exploit, etc. Telles étaient aussi, suivant le droit romain, l'institution de l'héritier dans un testament, et l'institution ou l'exhérédation de tous ceux qui avaient droit à une légitime.

Les Formalités extrinsèques ou probantes sont celles qui ne sont requises que pour constater, soit l'accomplissement des Formalités habilitantes et des Formalités intrinsèques, soit ce qui a été fait par suite du concours des unes et des autres. Telles sont dans les contrats les signatures des parties des témoins et des notaires. Telles sont dans les jugemens les signatures des magistrats et des greffiers.

Les Formalités d'exécution sont celles qui ne sont requises que pour qu'un acte parfait en soi puisse être exécuté. Tels sont dans les contrats et dans les jugemens, l'enregistrement, la mise en grosse, l'apposition de la formule exécutoire : telle est encore, à l'égard des tiers, la transcription des donations entre-vifs.

II. Parmi ces différentes Formalités, il en est dont l'accomplissement ne se présume pas, et doit être constaté par l'acte même. Telles sont les conclusions du ministère public, dans les jugemens qui intéressent l'État, des communes, des mineurs, l'ordre public, des absens, l'état des personnes, etc *V. Jugement.* — Telles sont encore, dans les testamens nuncupatifs, les Formalités requises pour en assurer la parfaite conformité au vœu de la loi. *V. Testament* — Mais il en est d'autre dont l'accomplissement est présumé de droit, lorsqu'il n'y a pas de preuve du contraire. *V.* mon *Recueil de questions de droit*, aux mots *Divorce*, §. 2, et *Testament*, §. 8.

Voici une espèce qui s'est présentée à la section criminelle de la cour de cassation, sous l'empire du Code des délits et des peines du 3 brumaire an 4.

Par arrêt du 9 févrir 1810, la cour de justice criminelle du département des Pyrénées-Orientales condamne Michel Paire à la peine de mort comme coupable d'assassinat. Michel Paire se pourvoit en cassation et fonde son principal moyen sur les art. 237 et 239 du Code cité, lesquels ordonnent, à *peine de nullité*, qu'il sera fait lecture aux jurés chargés d'examiner l'acte d'accusation, de l'instruction dans laquelle le législateur a tracé les fonctions qu'ils ont à remplir. Le demandeur observe que le procès-verbal de la séance du jury d'accusation ne fait point mention que cette lecture ait été faite ; et il en conclut que la déclaration du jury est frappée d'une nullité qui entraîne celle de tout ce qui s'en est ensuivi :

Le 29 mars 1810, arrêt, au rapport de M. Brillat de Savarin, par lequel, « vu les art. 237 et 239 de la loi du 3 brumaire an 4 ; attendu qu'en principe général, tout procès verbal dressé d'une opération doit contenir la preuve de l'observation des Formalités dont cette opération doit être accompagnée à peine de nullité ; attendu que le procès-verbal de la séance du jury d'accusation tenue relativement à Paire, non-seulement ne constate pas que l'instruction contenue en l'art. 237 ait été lue aux jurés, mais contient même la preuve contraire, puisqu'il y a été tenu note en détail de tout ce qui a été fait, et qu'il paraît qu'après avoir expliqué aux jurés les fonctions qu'ils avaient à remplir, le directeur a passé de suite à la lecture de l'acte d'accusation, au lieu de la faire précéder de la lecture de l'instruction dont s'agit ; qu'ainsi, la loi a été violée ; par ces motifs, la cour casse et annulle.... »

Peut-on prouver par témoins l'observation de Formalités qui sont de nature à être constatées par écrit, et de l'accomplissement desquelles il n'existe point de procès-verbal ? *V. Preuve*, sect. 2, § 3, art. 1, n. 27 *bis*.

III. Il y a des Formalités dont l'omission emporte la nullité de l'acte, et d'autres qui ne sont pas aussi essentielles. *V. Nullité*.

IV. Quels sont, par rapport aux Formalités extrinsèques des actes, les fondemens de la règle *locus regit actum* ? *V.* le plaidoyer du 28 ventôse an 13, rapporté à l'article *Testament*, sect. 2, §. 3, art. 8.]]

* FOR MARIAGE. Legrand, sur l'art. 3 de la coutume de Troyes, définit ainsi le For Mariage :

« Savoir, quand les serfs se marient à personnes franches ou d'autre condition que la leur, ce qui s'entend lorsque le seigneur n'a pas prêté consentement au mariage. Car le consentement ferait perdre au seigneur ses droits à l'exemple du patron, *In L.* 48, *D. oper. libert.* Et néanmoins, en certaines coutumes, nonobstant le congé par eux demandé, ils ne laissaient de devoir le droit de For Mariage »

Ce droit consiste dans la perte que fait la femme main-mortable de tous les héritages qu'elle avait sous la terre de main-morte, lesquels sont confisqués au profit du seigneur. (M. H.) *

[[Ce droit a été aboli, avec la main-morte, par les lois du 4 août 1789.]]

* FORMULE. Ce mot, pris dans sa véritable signification, est un modèle d'acte contenant la substance et les principaux termes dans lesquels il doit être conçu, pour être conforme aux ordonnances et autres lois du pays.

On entend en matière de droits, sous cette dénomination, les papiers et parchemins timbrés.

V. Timbre. (M GUYOT.) *

* FORNICATION. C'est une union charnelle et illégitime entre deux personnes libres et non parentes au degré prohibé par les lois.

Il y a plusieurs sortes de Fornications : celle qui se fait avec une fille publique s'appelle *simple Fornication ;* celle qui se fait avec une personne d'un état et d'une condition honnête, s'appelle *stupre ;* enfin, celle qui se fait avec une personne mariée, s'appelle *adultère*.

La Fornication simple et le stupre sont les deux espèces de Fornications dont nous parlerons ici ; la troisième a été traitée au mot *Adultère*.

[[§. I. *Maximes de notre ancien droit sur cette matière.*]]

La Fornication simple n'est soumise par les lois à aucune peine, toutes les fois qu'elle n'est accompagnée d'aucune circonstance aggravante. *V. Bordel.* Le stupre est ou volontaire ou involontaire.

Par le droit romain, ceux qui corrompaient les vierges ou des personnes d'une condition honnête, quoique sans violence, étaient punis différemment suivant leur qualité. Si les coupables étaient d'une naissance distinguée, on prononçait seulement la confiscation de la moitié de leurs biens Les personnes d'une naissance obscure étaient condamnées à une peine corporelle, et à être reléguées. C'est la disposition du §. *Item lex Julia*, Inst. *de publicis judiciis*.

En France, on prononce contre les coupables de stupre une peine arbitraire et proportionnée aux circonstances qui l'ont accompagné.

Si la fille s'est abandonnée volontairement à son corrupteur, et que son commerce ait été suivi de grossesse, on ne prononce contre l'auteur de la grossesse qu'une condamnation de dommages et intérêts qui sont plus ou moins considérables, suivant la qua lité et la fortune des parties. On condamne en outre celui qui a fait l'enfant, à s'en charger, à le faire nourrir et élever dans la religion catholique, et à en rapporter un certificat tous les trois ou six mois au procureur du roi : on le condamne encore à une somme pour les frais de couche.

Si le commerce charnel a été la suite d'une promesse de mariage, on condamne l'amant perfide à doter la fille qu'il a trompée, c'est-à-dire, à lui payer des dommages et intérêts plus ou moins forts, suivant les qualités des parties. Quelquefois même on prononce contre le coupable une aumône ou une amende.

Autrefois celui qui avait fait un enfant à une fille, était condamné à l'épouser ou à être pendu. Cette jurisprudence inhumaine ne subsiste plus aujourd'hui.

La condamnation de dommages et intérêts, dans le cas de stupre, a lieu, non-seulement contre les majeurs, mais encore contre les mineurs. Ce principe est fondé sur la jurisprudence.

En effet, on trouve dans le *Journal des audiences* un arrêt du 21 février 1650, qui a condamné le sieur de la Gotterie, mineur, à payer 4,800 livres parisis à la demoiselle Marie Choquet, pour dommages et intérêts, et pour aider à la marier, si mieux il n'aimait l'épouser (ce qu'il serait tenu d'opter dans trois jours), et à une aumône de 160 liv. pour le pain des prisonniers.

On trouve dans le même Recueil un autre arrêt du 19 juillet 1660, par lequel Etienne Bodin, docteur en médecine, et Nicolas Bodin, son fils mineur, ont été condamnés à se charger de l'enfant dont Marie Fionière était accouchée, à le faire nourrir, etc., et aux dépens. Par le même arrêt, Nicolas Bodin et Marie Fionière furent condamnés à payer chacun une aumône de 16 liv. pour le pain des prisonniers.

Par un autre arrêt du 7 août 1660, qui est rapporté dans le même ouvrage, Etienne Menault, mineur, a été condamné à se charger de l'enfant dont Marie Dutartre était accouchée, à le faire nourrir et élever, etc., à payer la somme de 160 liv. au père de la fille, par forme de réparation civile, et aux dépens. Le mineur a été en outre condamné à aumôner 32 liv. parisis pour le pain des prisonniers.

Quant aux veuves majeures qui ont un commerce illicite et qui deviennent enceintes, elles obtiennent rarement des dommages et intérêts ; on condamne seulement le père de l'enfant à le faire nourrir, élever, etc.

Suivant la loi *fideicommissum*. *C. de fideicommissis*, le légataire qui a commerce avec la veuve du testateur, doit être privé de son legs.

Lorsqu'une fille est de mauvaise conduite *notoire*, elle n'est pas recevable à rendre plainte, même contre un majeur qui a eu un commerce criminel avec elle ; elle est à plus forte raison non-recevable à lui demander des dommages et intérêts.

Mais la jurisprudence exige que la débauche soit publique, et qu'on en rapporte des preuves claires et précises. Ainsi un homme accusé par une fille d'être le père de l'enfant dont elle est enceinte, peut demander à la justice de l'admettre à faire preuve du libertinage de cette fille : et s'il parvient à faire cette preuve, les tribunaux n'accordent point à la débauche les réparations qui ne sont ordonnées que pour secourir la vertu séduite.

Au reste, c'est aux juges à se déterminer suivant les circonstances, à admettre ou à rejeter les faits de libertinage articulés. Ce n'est souvent qu'une ressource employée par la vengeance ou par la malignité pour déshonorer une personne qu'on ne veut pas secourir. C'est donc aux juges à examiner avec soin la nature des faits, et à ne pas permettre qu'on abuse de l'exception autorisée par la jurisprudence contre les femmes d'une mauvaise vie notoire, pour perdre celles qui n'ont été que séduites et trompées.

Le stupre ou la Fornication avec des personnes consacrées à la religion, est puni d'une manière très-sévère.

Celui qui a un commerce criminel avec une religieuse, doit être condamné à mort, suivant la loi 5, C. *de clericis et episcopis*.

Farinacius prétend même que ceux qui ont un commerce illicite avec des sœurs du tiers-ordre, doivent être punis de mort ; mais cette opinion rigoureuse n'est appuyée sur aucune loi, et notre jurisprudence ne l'a pas adoptée.

Quant à la religieuse qui a été séduite, le même auteur décide que l'official doit lui faire son procès, et la condamner aux peines canoniques prononcées contre l'incontinence.

La Rocheflavin rapporte un arrêt du 11 janvier 1555, qui condamna un particulier nommé Salesse à être décapité pour avoir abusé d'une religieuse du monastère de Monastier ; il fut enjoint, par le même arrêt, à l'évêque de Castres de réformer le monastère, et de faire faire le procès à la religieuse dont Salesse avait abusé.

Un ecclésiastique qui se rend coupable de Fornication est condamné, outre les peines ordinaires, lorsque la personne qu'il a séduite est devenue enceinte, aux peines canoniques, qui sont la suspension ou l'interdiction des fonctions spirituelles, etc.

Par arrêt du 15 juillet 1664, rapporté dans le *Journal des audiences*, un sous-diacre qui avait abusé d'une fille majeure, a été condamné à faire nourrir l'enfant, à l'élever, etc., à 600 liv. de dommages et intérêts, et aux dépens.

On range dans la même classe de Fornication celle qui se fait entre un juif et une fille chrétienne, et *vice versâ*. Julius Clarus et Farinacius décident qu'un juif qui a un commerce criminel avec une chrétienne, doit être condamné aux galères ; mais ils ajoutent que les juges doivent considérer la condition des personnes, et sur-tout celle de la femme, si c'est une personne de bonnes mœurs et d'une naissance distinguée, ou si c'est une personne d'une condition vile et d'une vie déréglée ; car ces circonstances rendent le délit plus ou moins grave, et doivent déterminer la justice à punir les coupables d'une manière plus ou moins sévère.

Suivant la loi *ne qui*, *C. de Judæis*, un juif qui épouse une chrétienne doit être condamné à mort.

Les peines qui ont lieu contre un juif qui a un commerce criminel avec une chrétienne, ont également lieu contre un chrétien qui a le même commerce avec une juive. Néanmoins, dans l'un et dans l'autre cas, les juges ne doivent se déterminer qu'après avoir pesé les circonstances.

Plusieurs criminalistes, entre autres Farinacius, pensent que les peines prononcées contre les juifs, dans le cas de fornication avec une chrétienne, ont lieu dans le même cas contre un turc, un maure, un sarrasin, et généralement contre tous les infidèles.

Si le chrétien, le juif ou le turc, ont ignoré la qualité de la personne avec qui ils ont eu commerce, ce n'est alors qu'une simple Fornication, qui n'est soumise qu'aux peines ordinaires. [[*V. Juif*]]

Une autre sorte de Fornication, qui est punie très-sévèrement, c'est celle qui a lieu entre un domestique et sa maîtresse.

Suivant la loi 1, *C. de mulieribus quæ servis propriis se junxerunt*, la femme doit être condamnée à mort et l'esclave au feu. Farinacius et Julius Clarus disent, en rapportant cette loi, que le maintien des mœurs doit la faire exécuter, pour mettre un frein à la débauche; mais la rigueur de cette disposition n'est pas suivie en France.

La coutume de Bordeaux est la seule qui prononce des peines contre ce crime : elle porte que « le domestique qui suborne la femme, la fille, ou la nièce du logis, doit être puni de mort.

Cette loi a servi de base à la jurisprudence de toutes les cours du royaume. Cette jurisprudence est d'ailleurs fondée sur l'art. 3 de la déclaration du 22 novembre 1730. Ainsi, toutes les fois qu'il est prouvé qu'un domestique a séduit sa maîtresse, il est condamné à mort.

Cependant la peine est moins forte lorsque la maîtresse séduite est majeure, et qu'elle déclare qu'elle a fait des avances au coupable. Dans ce cas, le domestique est seulement condamné aux galères ou au bannissement. Les circonstances et la qualité des personnes influent sur la sévérité ou la douceur de la peine; mais il est important d'observer que le domestique convaincu de Fornication avec sa maîtresse, doit toujours être puni : parce qu'il est essentiel de prévenir les désordres qui résulteraient de ces conjonctions criminelles, si elles restaient impunies. *V. Domestique.*

La Fornication entre le maître et la servante se punit ordinairement par une condamnation de dommages et intérêts. Si elle est suivie de grossesse, le maître est condamné à payer à sa servante des frais de couche, à se charger de l'enfant, à le nourrir, et à le faire élever dans la religion catholique, apostolique et romaine.

Les servantes de cabaret étant regardées comme des filles dont les mœurs sont suspectes, n'ont point d'action contre les mineurs pour Fornication, si elles sont majeures. On trouve dans le *Journal du palais* un arrêt du parlement de Grenoble, du 18 février 1668, qui l'a ainsi jugé, en mettant les parties hors de cour.

Le Noble rapporte dans ses plaidoyers un arrêt du parlement de Rouen, du premier juillet 1683, par lequel un gentilhomme qui avait fait un enfant à sa servante, et qui avait passé avec elle un contrat de mariage pendant sa grossesse, a été seulement condamné à nourrir l'enfant, et à payer à sa servante la somme de 250 livres pour dommages et intérêts.

La jurisprudence actuelle de tous les tribunaux du royaume est de refuser toute action à la servante majeure qui a commerce avec son maître mineur, parce qu'on présume qu'elle l'a séduit.

Le seigneur qui abuse de sa *vassalle* est puni par des dommages et intérêts et par d'autres condamnations pécuniaires, et de plus il perd, suivant l'art. 662 de la coutume de Bretagne, *son obéissance*.

Quant au vassal qui a un commerce criminel avec la fille ou la sœur de son seigneur, il est condamné, outre les peines ordinaires, à perdre son fief.

Le geolier qui séduit sa prisonnière, et parvient à avoir commerce illicite avec elle, doit être puni de mort suivant la loi *Item lex Julia*, et l'opinion des criminalistes : cependant on ne condamne ordinairement le geolier qu'aux galères à perpétuité. Si le geolier avait employé la violence, il devrait alors être puni de mort.

Ce sont les circonstances, l'âge et les mœurs de la prisonnière, qui doivent déterminer les magistrats à infliger une peine plus ou moins forte au geolier. Par exemple, si la prisonnière est une femme de mauvaise vie, on ne punit le geolier que du fouet ou des galères à temps. La Rocheflavin rapporte un arrêt rendu par le parlement de Bordeaux, au mois de septembre 1536, qui a condamné un geolier au fouet, pour avoir connu sa prisonnière contre son gré, quoiqu'elle fût de mauvaise vie.

Quant à la Fornication entre un prisonnier et une prisonnière, elle ne donne lieu qu'aux peines ordinaires.

La Fornication d'un médecin avec sa malade, pendant le temps de la maladie, est mise par les criminalistes dans la classe des délits graves, qui emportent une condamnation infamante, et même quelquefois la peine de mort. Ce sont encore les circonstances qui doivent déterminer les juges à punir d'une manière plus ou moins sévère, les médecins qui se sont rendus coupables d'un pareil délit.

A l'égard des confesseurs qui ont un commerce criminel avec leurs pénitentes, *V. Confesseur.*

Après avoir rappelé les différentes peines prononcées contre les différentes espèces de personnes qui commettent la Fornication appelée *stupre*, il ne nous reste plus qu'à ajouter quelques observations générales sur la manière de prouver la Fornication : et sur le genre de preuves requises pour condamner les coupables ou pour les absoudre.

En matière de Fornication ou d'autres conjonctions charnelles, on peut prouver le crime, non-seulement par témoins, mais encore par des indices ou par des présomptions; mais un indice ou une présomption ne suffirait pas pour asseoir une condamnation; il en faut plusieurs, et il faut même qu'ils soient violens et considérables.

On range dans la classe des indices suffisans les présomptions qui suivent, savoir, 1°. quand le garçon et la fille ont été vus souvent ensemble et se promenant seuls dans des endroits retirés; — 2°. Quand on a vu le garçon parler plusieurs fois à la fille en secret, lorsqu'il lui a fait des présens, et qu'il lui a écrit des lettres amoureuses; — 3°. Quand on l'a vu aller souvent lui rendre des visites pendant la nuit ou pendant le jour, dans les instans où elle était seule: — 4° Quand on l'a vu s'enfermer tête à tête avec elle, l'embrasser d'une manière lascive, ou enfin lui faire des attouchemens contraires à la pudeur.

La déclaration d'une fille, qu'elle a été séduite par un tel, n'est point une preuve suffisante pour regarder celui qu'elle accuse comme coupable.

Plusieurs auteurs ont cependant prétendu que, lorsque la fille est enceinte, elle doit être crue sur son serment, et que sa déclaration suffit pour déterminer les juges à condamner celui qu'elle accuse, à nourrir provisoirement son enfant. L'ordonnance criminelle de Léopold, duc de Lorraine, est conforme à cette opinion; mais on n'admet point en France cette condamnation provisoire, fondée sur la déclaration de la fille.

Papon fait, à cet égard, une distinction qu'il est important de remarquer. « Quand une fille (dit-il) demeure à pot et à feu, et comme une concubine, avec celui qu'elle accuse, alors sa déclaration doit être suffisante pour décréter celui qu'elle accuse d'être l'auteur de sa grossesse, et pour obtenir contre lui une provision, quand même l'accusé prouverait que cette fille s'est abandonnée à d'autres qu'à lui; mais si cette fille demeure dans une maison séparée, elle ne doit plus alors être crue à son serment, que celui qu'elle accuse est le père de l'enfant : ainsi jugé par plusieurs arrêts du parlement de Bordeaux qui sont rapportés par Boérius ».

Quand la déclaration d'une fille est jointe à des présomptions très-fortes, et de la nature de celles qu'on a rappelées ci-dessus, elle peut alors être regardée comme une preuve suffisante.

Autrefois, une servante était crue sur la déclaration qu'elle était enceinte des œuvres de son maître, et ce dernier était obligé de la nourrir provisoirement et pendant la durée du procès. La jurisprudence ancienne était formelle à cet égard; mais la corruption des mœurs et le libertinage des servantes ayant rendu dans la suite les déclarations de celles-ci très-suspectes, la jurisprudence a entièrement changé. Aujourd'hui, la déclaration ne suffit pas; et même si elle n'est pas appuyée sur quelques indices ou quelques présomptions, l'accusé peut demander des dommages et intérêts contre l'accusatrice.

C'est ce qui a été jugé par plusieurs arrêts, entre autres par un du parlement de Paris du 15 avril 1712, et par un autre du parlement de Flandre du 13 août 1696, qui sont rapportés, le premier dans le *Journal des audiences*, le second dans le *Recueil* de Desjaunaux.

Les preuves de la Fornication peuvent être affaiblies par plusieurs circonstances, qui peuvent d'ailleurs déterminer les magistrats à prononcer des peines moins sévères. Ces circonstances sont, — 1° La mauvaise conduite de la fille; — 2° La condition vile de celle qui a été abusée; — 3° La différence d'âge, si la fille est majeure et le garçon mineur; — 4° Si les parens de la fille ont favorisé la fréquentation; — 5° Si la fille s'est laissée séduire dans la vue de se procurer un époux.

Toutes ces circonstances doivent être pesées par les magistrats, et déterminer leurs décisions. (M. DESESSARTS.)*

[[§. II. *Changemens que les lois nouvelles ont faits sur cette matière à l'ancienne jurisprudence.*

1° La Fornication n'emporte plus aucune peine, si ce n'est dans les cas indiqués sous le mot *Défloration.*

2° On a vu, à l'article *Filiation*, que depuis la loi du 12 brumaire an 2, *la recherche de la paternité non avouée n'est plus admise.*

Suit-il de là qu'une fille ou veuve ne peut plus actionner en dommages-intérêts l'homme à qui elle impute de l'avoir rendue mère, et qui le nie?

Le tribunal du district de Mirecourt avait jugé pour la négative le 13 prairial an 3, en condamnant Nicolas Garand à payer à Jeanne Manton 2,400 fr. de dommages-intérêts et de frais de couche. Mais Nicolas Garand s'étant pourvu en cassation, arrêt est intervenu le 19 vendémiaire an 7, au rapport de M. Lombard, par lequel, — «Vu les art. 1, 8 et 16 de la loi du 12 brumaire an 2; considérant que l'état et les droits des enfans nés hors le mariage de père et mère existans à la publication de la loi du 12 brumaire, doivent être réglés par les dispositions du Code, dont parle l'art. 10 ci-dessus rapporté; — Qu'il n'y a que les enfans nés hors le mariage, dont le père était décédé lors de la publication de la loi du 12 brumaire, qui puissent être admis à prouver leur possession d'état; que cette preuve doit résulter de la représentation d'écrits publics ou privés du père, ou de la suite des soins donnés à titre de paternité et sans interruption, tant à leur entretien qu'à leur éducation; — Que, par l'effet de la conséquence naturelle des dispositions générales de la loi du 12 brumaire, l'action en déclaration de la paternité désavouée s'est trouvée abolie, sauf et excepté dans les cas prévus aux art. 1, 8 et 10 de cette loi; — Que l'action en dommages et intérêts de la mère de l'enfant né hors le mariage, depuis la publication de la loi du 12 brumaire, et l'action en déclaration de la paternité désavouée, reposant sur le même fait indivisible, l'auteur de la grossesse, il est évident que dans ce cas, la recherche de la paternité n'étant pas permise, l'action en dommages et intérêts de la part de la mère est aussi interdite; — Et attendu que, si les juges de Mirecourt ont rendu hommage au principe, que la recherche de la paternité à l'égard de l'enfant né hors le mariage, après la publication de la loi du 12 brumaire an 2, n'est pas admissible, ils n'ont pas moins contrevenu à cette loi en accordant des dommages et intérêts contre Nicolas Garand, comme l'auteur de la paternité qu'il déniait; — Par ces motifs, le tribunal casse et annulle.... ».

Félicité Gallard avait cité Jean-François Fouques devant le tribunal de police de Bourguebus, pour se voir condamner, comme auteur de sa grossesse, à lui payer 10,000 fr. de dommages-intérêts et 100 fr. de provision. — Sur la dénégation de Jean-François Fouques, ce tribunal avait d'abord admis Félicité Gallard à la preuve des faits qu'elle articulait pour justifier qu'il l'avait rendue mère. Ensuite, par jugement en dernier ressort du 29 floréal an 10, il avait civilisé l'affaire, condamné Fouques à une provision de 50 fr., et renvoyé les parties à se pourvoir par les voies de droit. Mais sur le recours en cassation exercé par Fouques contre ce jugement, arrêt du 5 nivôse an 12, au rapport de M. Oudart et sur mes conclusions, qui, — « Vu les art. 10, 11 et 12 de la loi du 12 brumaire an 2; attendu que le tribunal de police de Bourguebus, incompétent pour connaître d'une demande en payement de 10,000 fr. de dommages-intérêts, et de 100 fr. de provision. contre le prétendu auteur de la grossesse de Félicité Gallard, le fait à lui imputé n'étant point rangé par la loi au nombre des délits de police, a de plus violé les règles de compétence relatives aux justices de paix et qu'il a lui-même citées, en adjugeant, par un jugement en dernier ressort, une provision de 50 fr.; la compétence d'un tribunal se déterminant en ce cas, non sur la valeur de la chose adjugée, mais sur la valeur de la chose demandée; et tout juge étant d'ailleurs incompétent pour connaître d'une demande provisionnelle, lorsqu'il est incompétent pour connaître de la demande principale; — Attendu que, dans l'état de la législation à l'époque de la demande, Jean-François Fouques ne s'étant pas reconnu père hors mariage, devant un officier public, le juge de paix n'a pu, sans violer les lois ci-dessus citées, ni admettre Félicité Gallard à prouver par témoins ce prétendu fait de paternité, ni fonder sur ce prétendu fait une condamnation même provisionnelle; — Casse et annulle.... ».

Mais que devait-on décider si l'homme actionné en dommages-intérêts et en paiement des frais de couche, reconnaissait ou avait précédemment reconnu par écrit, qu'il est effectivement l'auteur de la grossesse de la fille ou veuve qui se pourvoit contre lui?

Les lois nouvelles sont muettes sur cette question; mais elle paraît devoir être résolue par le principe, qu'il ne peut être exigé de dommages-intérêts qu'à raison, ou de l'inexécution d'un contrat, ou d'un délit, ou d'un quasi-délit.

Ainsi, un homme, pour triompher de la vertu d'une femme honnête, a-t-il fait briller à ses yeux une promesse de mariage, et celle-ci en rapporte-t-elle la preuve par écrit? Alors, nul doute que des dommages-intérêts ne soient dus à la femme, non pas précisément parce que cet homme l'a rendue mère, mais parce qu'il a violé sa foi. *V. Fiançailles.*

Un homme a-t-il employé la violation pour satisfaire sa passion sur une fille ou veuve? Dans ce cas, il doit sans difficulté, en subissant la peine du viol, être condamné à indemniser la victime de sa brutalité.

Mais n'y a-t-il eu ni promesse de mariage ni violence, et la femme n'allègue-t-elle qu'une vaine séduction? Dans cette hypothèse, qui est la plus ordinaire, point de dédommagement. Il n'y a point alors de délit caractérisé par les lois; et si l'on peut dire qu'il y a un quasi-délit, on peut dire aussi que la faute qui le constitue existe de la part de la femme tout aussi bien que de la part de l'homme; qu'il est contre l'équité naturelle, contre la saine raison, que, pour une faute commise par deux personnes, on indemnise l'un des coupables aux dépens de l'autre: et qu'après tout, *volenti non fit injuria.*]]

*FORT DENIER. On appelle ainsi, dans un payement, un ou deux deniers que le débiteur est obligé de perdre faute d'avoir une monnaie avec laquelle il puisse acquitter juste la somme qu'il doit.

Divers arrêts du conseil, et particulièrement ceux des 28 août 1690 et 12 juin 1691, ont réglé que, quand il serait dû au fermier du roi, suivant le tarif des droits, un ou deux deniers, il en serait payé trois par le débiteur. Cela est fondé sur ce que les deniers ne sont plus en usage.

Suivant l'art 6 de la déclaration du roi concernant les droits de coutume dans les villes et bourgs de Normandie, le Fort Denier appartient au propriétaire de ces droits, ou à son receveur; mais quand une même personne paye les droits pour plusieurs articles, le Fort Denier ne doit pas être exigé sur chaque article en particulier: on peut seulement le percevoir sur le total de la somme à laquelle tous les articles joints ensemble se trouvent monter. (M. Guyot.) *

[[*V.* l'art. 5 de la loi du 22 frimaire an 7.]]

*FORTIFICATIONS. On appelle ainsi les ouvrages pratiqués pour mettre une ville à l'abri de l'invasion de l'ennemi. Tels sont les remparts, les bastions, etc.

[[§. I. *Propriété, police et administration des Fortifications et des terrains qui les avoisinent.*

Le tit. 1 de la loi du 8 juillet 1791, contient, sur cette matière, les dispositions suivantes:

« *Art.* 13. Tous terrains de Fortification de places de guerre ou postes militaires, tels que remparts, parapets, fossés, chemins couverts, esplanades, glacis, ouvrages avancés, terrains vides, canaux, flaques ou étangs dépendans de Fortifications, et tous autres objets faisant partie des moyens défensifs des frontières du royaume, tels que lignes, redoutes, batteries, retranchemens, digues, écluses, canaux et leurs francs-bords, lorsqu'ils accompagnent les lignes défensives, ou qu'ils en tiennent lieu, quelque part qu'ils soient situés, soit sur les frontières de terre, soit sur les côtes et dans les îles qui les avoisinent, sont déclarés *propriétés nationales;* en cette qualité, leur conservation est attribuée au ministre de la guerre: et, dans aucun cas, les corps administratifs ne pourront en disposer, ni s'immiscer dans leur manutention d'une autre manière que celle qui sera prescrite par la suite du présent décret, sans la participation dudit ministre; lequel, ainsi que ses agens, demeureront responsables en tout ce qui les concerne de la conservation des propriétés nationales, de même que de l'exécution des lois renfermées au présent décret.

» 14. L'assemblée nationale n'entend point annuller les conventions ou réglemens en vertu desquels quelques particuliers jouissent des productions de certaines parties de lignes, redoutes, retranchemens, ou francs-bords de canaux; mais elle renouvelle, en tant que de besoin, la défense de les dégrader, d'en altérer les formes, ou d'en combler les fossés; les dispositions ci-dessus ne concernant point les jouissances à titre d'émolumens, et ne dérogeant point à ce qui est prescrit par l'art. 59 du tit. 3 du présent décret. (*V. ci-après*, §. 4.)

»15. Dans toutes les places de guerre ou postes militaires, le terrain compris entre le pied du talus du rempart et une ligne tracée du côté de la place, à quatre toises du pied dudit talus, et parallèlement à lui, ainsi que celui renfermé dans la capacité des redans, bastions vides ou autres ouvrages qui forment l'enceinte, sera considéré comme terrain militaire national, et fera rue le long des courtines et des gorges des bastions ou redans. Dans les postes militaires qui n'ont point de remparts, mais un simple mur de clôture, la ligne destinée à limiter intérieurement le terrain militaire national, sera placée à cinq toises du parement intérieur du parapet ou mur de clôture, et fera également rue.

»16. Si, dans quelques places de guerre et postes militaires, l'espace compris entre le pied du talus du rempart ou le parement intérieur du mur de clôture et les maisons ou autres établissemens des particuliers, était plus considérable que celui prescrit par l'article précédent, il ne serait rien changé aux dimensions actuelles du terrain national.

»17. Les agens militaires veilleront à ce qu'aucune usurpation n'étende à l'avenir les propriétés particulières au-delà des limites assignées au terrain national; et cependant toutes personnes qui jouissent actuellement de maisons, bâtimens, ou clôtures qui débordent ces limites, continueront d'en jouir sans être inquiétées; mais, dans le cas de démolition, soit volontaire, accidentelle ou nécessitée par le cas de guerre et autres circonstances, les particuliers seront tenus, dans la restauration de leurs maisons, bâtimens et clôtures, de ne point outrepasser les limites fixées au terrain national par l'art. 15 ci-dessus.

»18. Les particuliers qui, par les dispositions de l'art. 17 ci-dessus, prendront une partie du terrain qu'ils possèdent, en seront indemnisés par le trésor public, s'ils fournissent le titre légitime de leur possession, l'assemblée nationale n'entendant d'ailleurs déroger en rien aux autres conditions en vertu desquelles ils seront entrés en jouissance de leur propriété.

»19. Les dispositions des art. 15, 16, 17 et 18 ci-dessus, seront susceptibles d'être modifiées dans les places où quelques portions de vieilles enceintes non bastionnées font partie des Fortifications. Dans ce cas, les corps administratifs et les agens militaires se concerteront sur l'étendue à donner au terrain militaire national; et le résultat de leur convention, approuvé par le ministre de la guerre, deviendra provisoirement obligatoire pour les particuliers, lesquels demeureront néanmoins réservés aux indemnités qui pourront leur être dues, et qui seront réglées à l'amiable, s'il se peut, par les départemens, sur l'avis des districts; et en cas de décord, par le tribunal du lieu.

»20. Les terrains militaires nationaux, extérieurs aux places et postes, seront limités et déterminés par des bornes, toutes les fois qu'ils ne se trouveront pas l'être déjà par des limites naturelles, telles que chemins, rivières ou canaux, etc. Dans le cas où le terrain militaire national ne s'étendrait pas à la distance de vingt toises de la crête des parapets des chemins couverts, les bornes qui devront en fixer l'étendue seront portées à cette distance de vingt toises; et les particuliers, légitimes possesseurs, seront indemnisés, aux frais du trésor public, de la perte du terrain qu'ils pourront éprouver par cette opération.

»21. Dans les postes sans chemins couverts, les bornes qui fixeront l'étendue du terrain militaire national, seront éloignées du parement extérieur de la clôture, de quinze à trente toises, suivant que cela sera jugé nécessaire.

»22. Tous terrains dépendans des Fortifications, qui, sans nuire à leur conservation, seront susceptibles d'être cultivés, ne le seront jamais qu'en nature d'herbages, sans labour quelconque et sans être pâturés, à moins d'une autorisation du ministre de la guerre.

»23. Le ministre de la guerre désignera ceux desdits terrains qui seront susceptibles d'être cultivés et dont le produit pourra être récolté sans inconvéniens; il indiquera pareillement ceux des fossés, canaux, flaques ou étangs qui seront susceptibles d'être pêchés; il adressera les états de ces divers objets aux commissaires des guerres, qui, conjointement avec les corps administratifs, et de la manière qu'il est prescrit aux art. 5, 6, 7, 8, 9 et 10 du tit. 6, les affermeront à l'enchère, en présence des agens militaires qui auront été chargés par le ministre de prescrire les conditions relatives à la conservation des Fortifications.

»24. Les fermiers de toutes les propriétés nationales dépendantes du département de la guerre, seront responsables de toutes les dégradations qui seront reconnues provenir de la faute d'eux ou de leurs agens: et lorsque le service des Fortifications obligera de détériorer par des dépôts de matériaux ou des emplacemens d'ateliers, ou de toute autre manière, les productions de quelques parties de terrains qui leur seront affermés, l'indemnité à laquelle ils auront droit de prétendre sera estimée par des experts; et il leur sera fait, sur le prix de leurs baux, une déduction égale au dédommagement estimé.

»25. Toutes dégradations faites aux Fortifications ou à leurs dépendances, telles que portes, passages d'entrée des villes, barrières, ponts-levis, ponts d'ormans, etc., seront dénoncées par les agens militaires aux officiers civils chargés de la police, lesquels seront tenus de faire droit, suivant les circonstances et les caractères du délit. (*V.* ci-après, §. 2.)

»26. Nulle personne ne pourra planter des arbres dans le terrain des Fortifications, émonder, extirper, ou faire abattre ceux qui s'y trouvent plantés, sans une autorisation du ministre de la guerre; ceux desdits arbres qu'il désignera comme inutiles au service militaire, seront vendus à l'enchère, conformément à ce qui est prescrit à l'art. 23 ci-dessus, pour l'affermage des terrains.

»27. Tous les produits provenans des propriétés nationales dépendantes du département de la guerre, seront perçus par les corps administratifs, et versés par eux au trésor public, ainsi que cela sera réglé par les lois concernant l'organisation des finances.

»28. Pour assurer la conservation des Fortifications et la récolte des fruits des terrains affermés, il est défendu à toute personne, sauf aux agens militaires et leurs employés nécessaires, de parcourir les diverses parties desdites Fortifications, spécialement leurs parapets et banquettes, n'exceptant de cette disposition que le seul terre-plein du rempart du corps de place, et les parties d'esplanade qui ne sont pas en valeur, dont la libre circulation sera permise à tous les habitans, depuis le soleil levé jusqu'à l'heure fixée pour la retraite des citoyens, et laissant aux officiers municipaux, de concert avec l'autorité militaire, le droit de restreindre cette disposition toutes les fois que les circonstances l'exigeront.

» 29. Il ne sera fait aucun chemin, levée ou chaussée, ni creusé aucun fossé dans l'étendue de cinq cens toises autour des places, et de trois cens toises autour des postes militaires, sans que leur alignement et leur position aient été concertés avec l'autorité militaire.

» 30. Il ne sera à l'avenir bâti ni reconstruit aucune maison ni clôture de maçonnerie autour des places de première ni de seconde classe, même dans leurs avenues et faubourgs, plus près qu'à deux cent cinquante toises de la crête des parapets des chemins couverts les plus avancés : en cas de contravention, ces ouvrages seront démolis aux frais des propriétaires contrevenans. Pourra néanmoins le ministre de la guerre déroger à cette disposition, pour permettre la construction de moulins et autres semblables usines, à une distance moindre que celle prohibée par le présent article, à condition que lesdites usines ne seront composées que d'un rez-de-chaussée, et à charge par les propriétaires de ne recevoir aucune indemnité pour démolition en cas de guerre.

» 31. Autour des places de première et seconde classe, il sera permis d'élever des bâtimens et clôtures en bois et en terre, sans y employer de pierre ni de brique, même de chaux ni de plâtre, autrement qu'en crépissage, mais seulement à la distance de cent toises de la crête du parapet du chemin couvert le plus avancé, et avec la condition de les démolir sans indemnité, à la réquisition de l'autorité militaire, dans le cas où la place, légalement déclarée en *état de guerre*, serait menacée d'une hostilité.

» 32. Autour des places de troisième classe et des postes militaires de toutes les classes, il sera permis d'élever des bâtimens et clôtures de construction quelconque, au-delà de la distance de cent toises des crêtes des parapets des chemins couverts les plus avancés, ou des murs des clôtures des postes, lorsqu'il n'y aura pas de chemins couverts : le cas arrivant où ces places et postes seraient déclarés dans l'*état de guerre*, les démolitions qui seraient jugées nécessaires, à la distance de deux cent cinquante toises et au-dessous, de la crête des parapets des chemins couverts et des murs de clôture, n'entraîneront aucune indemnité pour les propriétaires.

» 33. Les indemnités prévues par les art. 30, 31 et 32, seront dues néanmoins aux particuliers, si, lors de la construction de leurs maisons, bâtimens et clôtures, ils étaient éloignés des crêtes des parapets des chemins couverts les plus avancés, de la distance prescrites par les ordonnances.

» 34. Les décombres provenant des bâtisses ou autres travaux civils et militaires, ne pourront être déposés à une distance moindre de cinq cens toises de la crête des parapets des chemins couverts les plus avancés des places de guerre, si ce n'est dans les lieux indiqués par les agens de l'autorité militaire; exceptant de cette disposition ceux des détrimens qui pourraient servir d'engrais aux terres, pour les dépôts desquels les particuliers n'éprouveront aucune gêne, pourvu qu'ils évitent de les entasser.

» 35. Les écluses dépendant des Fortifications, soit dedans, soit dehors des places de guerre de toutes les classes, ne pourront être manœuvrées que par les ordres de l'autorité militaire, laquelle, dans *l'état de paix*, sera tenue de se concerter avec les municipalités ou les directoires des corps administratifs, pour diriger les effets desdites écluses de la manière la plus utile au bien public.

» 36. Lorsqu'une place sera en *état de guerre*, les inondations qui servent à sa défense ne pourront être tendues ou mises à sec sans un ordre exprès du roi; il en sera de même de la démolition des bâtimens ou clôtures qu'il deviendrait nécessaire de détruire pour la défense desdites places; et en général, cette disposition sera suivie pour toutes les opérations qui pourraient porter préjudice aux propriétés et jouissances particulières.

» 37. Dans le cas d'urgente nécessité qui ne permettrait pas d'attendre les ordres du roi, le commandant des troupes assemblera le conseil de guerre, à l'effet de délibérer sur l'état de la place et la défense de ses environs, et d'autoriser la prompte exécution des dispositions nécessaires à sa défense.

» 38. Dans les cas prévus par les art. 35, 36 et 37 ci-dessus, les particuliers dont les propriétés auront été endommagées, seront indemnisés aux frais du trésor public, sauf pour les maisons, bâtimens et clôtures existans à une distance moindre de deux cent cinquante toises de la crête des parapets des chemins couverts.

» 39. Dans les places et postes de troisième classe, où il y a des municipalités, il ne sera fourni aucun fonds par le trésor public pour l'entretien des ponts, portes et barrières; ces diverses dépenses devant être à la charge des municipalités, si elles désirent conserver lesdits ponts, portes et barrières.

» 40. Les municipalités des places et postes de troisième classe pourront, si elles le jugent convenable, supprimer les ponts sur les fossés, et leur substituer des levées en terres, avec des ponteaux pour la circulation des eaux dont lesdits fossés peuvent être remplis; à la charge à elles de déposer dans les magasins militaires les matériaux susceptibles de service, tels que les plombs, les fers et les bois sains, provenans de la démolition desdits ponts, et à charge encore de ne point dégrader les piles et culées de maçonnerie sur lesquelles ces ponts sont portés.

» 41. Il est défendu à tous particuliers, autres que les agens militaires désignés à cet effet par le ministre de la guerre, d'exécuter aucune opération de topographie sur le terrain à 500 toises d'une place de guerre, sans l'aveu de l'autorité militaire : cette faculté ne pourra être refusée lorsqu'il ne s'agira que d'opérations relatives à l'arpentement des propriétés. Les contrevenans à cet article seront arrêtés et jugés conformément aux lois qui seront décrétées sur cet objet dans le Code des délits militaires ».

Plusieurs de ces dispositions sont modifiées par les

décrets impériaux des 10 fructidor an 13, 20 février et 20 juin 1810, 4 août et 9 décembre 1811.

§. II. *De la poursuite des délits relatifs aux Fortifications.*

La loi du 29 mars 1806 s'explique ainsi sur ce point.

« *Art.* 1. Les lois qui ont pour but la conservation des domaines nationaux, des eaux et forêts, édifices et établissemens publics, seront applicables à la conservation des Fortifications et de leurs dépendances, des casernes, hôpitaux, magasins, arsenaux, et en général de tout ce qui constitue le domaine militaire de l'État, dans les places de guerre et les garnisons de l'intérieur.

» 2. Les gardes du génie seront, pour l'exécution du présent article, assimilés aux gardes forestiers et champêtres, et aux agens conservateurs. Leurs procès-verbaux feront foi auprès de toutes les autorités jusqu'à inscription de faux. Les procureurs impériaux sont chargés, sous leur responsabilité personnelle, de poursuivre, au nom du gouvernement, par voie de police correctionnelle, et sans préjudice de poursuites extraordinaires, s'il y a lieu, la réparation des délits constatés par ces procès-verbaux, sur la simple transmission qui leur en sera faite par le directeur des Fortifications.

» 3. Tous les procès-verbaux que les gardes du génie dresseront dans les cas prévus par l'art. 1er, relateront, afin d'être admis en justice, la date du jour et du lieu de l'enregistrement et de la prestation du serment; ces procès-verbaux seront visés pour timbre et enregistrés en débet, ainsi que les actes et jugemens qui interviendront sur lesdits procès-verbaux, conformément à la loi du 12 brumaire an 7, et à l'art. 70, §. 1, n. 4 et 5, du tit. 2 de celle du 22 frimaire suivant ».

V. Gardes des Fortifications, et l'art. 5 du décret impérial du 9 décembre 1811.

§. III. *De la propriété des terrains qui ont servi aux Fortifications des anciennes places de guerre*]].

Tous les lieux qui ont servi aux clôtures et Fortifications des villes du royaume, tant anciennes que modernes, appartiennent au roi en pleine propriété, par droit de souveraineté, de même que l'espace qui est en dedans de toutes les villes, jusqu'à concurrence de neuf pieds, comme faisant partie des Fortifications.

En plusieurs villes du royaume, les officiers municipaux s'étaient emparés des places qui avaient servi aux anciennes Fortifications de ces villes, et en avaient disposé en faveur de différens particuliers : en conséquence, ceux-ci s'étaient crus en droit de se prévaloir de la déclaration du 6 novembre 1677, qui, moyennant de légères taxes, avait confirmé dans leur possession les acquéreurs des biens aliénés par les communautés. Mais comme ces officiers municipaux n'avaient eu aucun droit de disposer des places dont il s'agit, parce qu'elles étaient hors du commerce des autres biens, et de la nature de ceux dont la propriété était réservée au roi, sa majesté rendit, le 24 septembre 1678, un arrêt par lequel elle déclara que les places des remparts, les fossés et autres lieux qui avaient servi aux clôtures et Fortifications des villes du royaume lui appartenaient, et qu'elle n'avait point entendu les comprendre dans la déclaration du 6 novembre 1677.

Par édit du mois de décembre 1681, il a été ordonné que toutes les places des remparts et autres lieux qui avaient servi aux Fortifications des différentes villes du royaume, seraient vendues au profit du roi; et que les acquéreurs de celles qui avaient été précédemment aliénées, seraient confirmés dans leur possession, en payant les sommes auxquelles ils seraient taxés, sans qu'ils pussent être tenus d'aucune charge envers qui que ce fût, sinon d'un cens annuel envers le roi.

[[Les lois nouvelles ont varié sur cette matière.

L'art. 5 de celle du 22 novembre 1790, concernant la législation domaniale, après avoir consacré le principe que « les murs et Fortifications des villes entretenus par l'État, et utiles à sa défense, font partie des domaines nationaux », ajoutait : « il en est de même des anciens murs, fossés et remparts de celles qui ne sont point places fortes; mais les villes et communautés qui en ont la jouissance actuelle, y seront maintenues, *si elles sont fondées en titres*, ou si leur possession remonte *à plus de dix ans;* et à l'égard de celles dont la possession aurait été troublée ou interrompue depuis quarante ans, elles y seront rétablies. Les particuliers qui justifieront de titres valables, ou d'une possession paisible et publique depuis quarante ans, seront également maintenus dans leur propriété et jouissance ».

La loi du 10 frimaire an 2 était plus sévère. En révoquant toutes les aliénations du domaine public, faites par l'ancien gouvernement, depuis le premier février 1566, elle n'exceptait, art. 3, que « les inféodations, sous-inféodations et acensemens dépendans des fossés et remparts des villes, justifiés par des titres valables ou arrêts du conseil, ou par une possession paisible et publique depuis quarante ans, pourvu qu'il y eût été fait des établissemens quelconques ou qu'ils eussent été mis en valeur ».

La loi du 14 ventôse an 7, qui forme le dernier état de la législation domaniale, enchérit encore sur cette sévérité. Après avoir, art. 5, n. 5, excepté des dispositions révocatoires que contiennent les art. 1, 2, 3 et 4, « les inféodations, sous-inféodations et acensemens de terrains dépendans des fossés, murs et remparts de villes, justifiés par des titres valables, ou par arrêt du conseil, ou par une possession paisible et publique de quarante ans, pourvu qu'il y ait été fait des établissemens quelconques, ou qu'ils aient été mis en valeur »; elle déclare, art. 11, que cette exception « ne s'applique pas aux inféodations, dons ou concessions, faits par un seul acte et en entier, de tous les murs, remparts et Fortifications d'une ville, ou de tous les terrains en dépendans : en ce cas, le sort desdites concessions sera réglé par les art. 1, 2, 3 et 4 de la présente, sans préjudicier toutefois à l'exécution dudit § 5, relativement aux parcelles qui seraient possédées par des sous-concessionnaires ».

De là, le décret impérial du 16 mars 1807 : « NAPOLÉON.........; sur le rapport de notre ministre des finances, relatif à la réclamation de l'administration des domaines et de l'enregistrement, contre un arrêté du conseil de préfecture du département de la Seine, du 24 prairial an 13, qui a décidé que les fossés et remparts de la ville de Saint-Denis doivent être considérés comme propriété communale de cette ville, d'après les dispositions de la loi du 14 ventôse an 7; — Vu l'arrêté précité, ensemble, 1° l'arrêt du conseil d'État du roi, du 28 mars 1782, portant aliénation au profit de ladite ville, des fossés et remparts dont il s'agit; 2° les observations des directeurs-généraux de l'administration des domaines et de la liquidation générale, ainsi que les pièces à l'appui; vu pareillement les lois des 10 juin et 24 août 1793 et 14 ventôse an 7; — Considérant, 1° que les dettes de la commune de Saint-Denis, liquidées en son acquit, excèdent le produit des portions d'immeubles qui lui appartenaient, et qui ont été vendus au profit du trésor public; — 2° Que l'art. 11 de la loi du 14 ventôse an 7 a compris dans la révocation générale des engagemens les inféodations de tous les murs, remparts et Fortifications d'une ville, ou de tous les terrains en dépendans; que l'engagement fait à la ville de Saint-Denis en 1782, comprend la totalité des fossés et remparts, sauf quelques portions qu'elle avait elle-même aliénées; qu'ainsi il n'y a pas lieu à lui appliquer l'exception portée au §. 5 de l'art. 5 de la même loi; — 3° Que néanmoins une partie desdits fossés et remparts a été convertie en promenade publique, et devient par-là un objet d'utilité générale; — Notre conseil d'État entendu, nous avons décrété et décrétons ce qui suit: — Art. 1. L'arrêté du conseil de préfecture du département de la Seine du 24 prairial an 13, qui a maintenu la ville de Saint-Denis dans la propriété de ses fossés et remparts, est annullé. — 2. La ville de Saint-Denis conservera la jouissance de la partie desdits fossés et remparts sur laquelle elle a établi une promenade publique. — 3. Les portions de terrains dépendantes desdits fossés et remparts, louées par la ville à différens particuliers, sont déclarées réunies au domaine. — 4. Nos ministres des finances et de l'intérieur sont chargés, chacun en ce qui le concerne, de l'exécution du présent décret ».

§. IV. *Quels droits ont les gouverneurs et commandans militaires des places de guerre sur les terrains dépendans des Fortifications?*]]

Les gouverneurs des villes ne jouissent des places et lieux qui servent ou ont servi aux clôtures et Fortifications des villes, qu'autant que cette jouissance leur est nommément accordée; autrement, le revenu et tous les droits résultans de ces places et des édifices qui y sont construits, appartiennent au fermier des domaines dans l'étendue desquels sont situées ces villes.

Cela a été ainsi jugé par arrêt du conseil du 6 décembre 1740, contre la dame Louise-Félicité de Noailles, veuve du maréchal duc d'Estrées, gouverneur des villes et château de Nantes.

Par un autre arrêt du 10 juillet 1752, rendu contradictoirement entre le sieur Menage, engagiste du domaine de Crécy en Brie, et le comte de Croissy, gouverneur de la ville de Crécy, le conseil a débouté ce dernier de ses prétentions tendantes à ce qu'il fût maintenu dans la jouissance des Fortifications de cette ville, pour en faire les concessions à tels prix et condition qu'il jugerait à propos pendant qu'il demeurerait gouverneur, et a attribué au sieur Menage, en sa qualité d'engagiste du domaine de Crécy, la jouissance de ces Fortifications, et des cens ou redevances dus pour les concessions faites par les précédens engagistes, en vertu d'ordonnances du bureau des finances ou d'arrêts du conseil. Le même arrêt a déclaré nulles les concessions faites par le comte de Croissy, et a ordonné que, sur la poursuite et diligence du sieur Menage, les officiers du bureau des finances de Paris procéderaient en la manière accoutumée à l'acensement de ce qui restait des Fortifications dont il s'agit, en faveur de ceux qui en offriraient les redevances les plus fortes, et que le sieur Menage jouirait de ces redevances, tandis qu'il serait engagiste du domaine de Crécy. (M. GUYOT.)*

[[Les concessions qui, avant la loi du 8 juillet 1791, avaient été faites aux officiers des états-majors des places de guerre, du produit des terrains dépendans des Fortifications, ont été révoquées par l'art. 59 du 5e titre de cette loi; et c'est par cette raison que, par les articles de la même loi qui sont transcrits ci-dessus, §. 1, il est ordonné que le produit de ces terrains sera versé en entier dans la caisse de la régie de l'enregistrement et des domaines.]]

[[FORTUNE DE MER. *V. Police* et *Contrat d'assurance.*]]

* FOSSÉ. Fosse creusée en long, soit pour renfermer quelque espace de terrain, soit pour faire écouler des eaux, etc.

I. Les Fossés qui servent ou ont servi aux fortifications des villes, font partie du domaine public. *V. Fortifications.*

II. Suivant l'art. 217 de la coutume de Paris, on ne peut point faire de Fossé à eau ou cloaque, à moins qu'il n'y ait en tout sens six pieds de distance entre le mur mitoyen et celui du voisin. [[*V.* l'art. 674 du Code Napoléon.]]

III. Une règle de notre droit français, établie par Loysel, de l'Hommeau est Poquet, est que les Fossés qui séparent les héritages sont censés mitoyens, à moins qu'il n'y ait titre au contraire, ou que le jet de la terre provenant du Fossé, ne soit entièrement d'un seul côté. Dans ce cas-ci, on présume que le Fossé appartient au propriétaire sur lequel la terre a été jetée. — Les coutumes de Boulonnais, d'Auxerre, de Montargis, de Rheims, de Sédan, du Grand-Perche, de Berri, de Cambrai et de Normandie, ont des dispositions conformes à cette règle.

« La commune usance (dit Coquille, tome 2, quest. 298) est que celui qui fait un Fossé aux confins de son héritage, pour le garder, jette la terre issant dudit Fossé de son côté, en sorte que le bord du Fossé de l'autre côté fait l'extrémité du confin; d'où vient la règle que le Fossé appartient pour le tout à celui du côté duquel est le jet, c'est-à-dire la terre qui a été jetée du Fossé; et si le jet du Fossé se trouve tant de part que d'autre, ou qu'il n'apparaisse aucun rejet, la présomption est que le Fossé est commun entre les deux voisins ». *V. Haie.*

[[Le Code Napoléon consacre expressément ces règles; voici ses termes:

« *Art.* 666. Tous Fossés entre deux héritages sont

présumés mitoyens, s'il n'y a titre ou marque du contraire.

» 667. Il y a marque de non-mitoyenneté lorsque la levée ou le reject de la terre se trouve d'un côté seulement du Fossé.

» 668. Le Fossé est censé appartenir exclusivement à celui du côté duquel le reject se trouve.

» 669. Le Fossé mitoyen doit être entretenu à frais communs ».]]

IV. Suivant l'art. 4 du tit. 27 de l'ordonnance des eaux et forêts, tous les particuliers qui possèdent des bois joignant les forêts du roi, sont tenus de les en séparer par des Fossés de quatre pieds de largeur et de cinq pieds de profondeur, qu'ils doivent entretenir en cet état, à peine de réunion.

Deux arrêts du conseil des 13 mai 1673 et 18 juin 1697 ont confirmé ces dispositions, et ont ordonné aux riverains des forêts du roi, dans les provinces de Normandie et de Guienne, de s'y conformer, sous peine de 300 liv. d'amende, et de répondre en leur privé nom des délits et dommages qui pourraient être faits dans ces forêts.

L'art. 5 du même tit. 27 veut que, lors de leurs visites, les officiers des maîtrises rapportent dans leurs procès-verbaux l'état des bornes et des Fossés qui séparent les riverains des forêts du roi; qu'ils fassent réparer ce qui peut y manquer depuis leur dernière visite, et qu'enfin ils fassent mention dans les procès-verbaux des visites postérieures, tant du rétablissement des choses dans le premier état, que des jugemens rendus contre les coupables, à peine d'en demeurer solidairement responsables en leurs privés noms.

Suivant l'art. 10 du tit. 10, les gardes sont tenus de faire, de trois mois en trois mois, un rapport de l'état des bornes et des Fossés qui sont en leur garde, et de le déposer au greffe de la maîtrise, à peine d'en demeurer responsables, d'amende arbitraire ou de destitution; ou de l'une et de l'autre peine ensemble, ainsi que peuvent l'arbitrer les officiers, eu égard à la qualité du fait.

V. Lorsqu'il y a de jeunes rejets en futaie ou taillis le long des chemins où les bestiaux passent pour aller pâturer, et qu'il est à craindre que ces bestiaux n'aillent au brout, les officiers des maîtrises doivent tenir la main à ce que, pour empêcher cette sorte de délit, il soit fait et entretenu des Fossés suffisamment larges et profonds aux frais des communautés usagères, par contribution, à proportion du nombre des bêtes qu'elles envoient en pâturage. C'est ce qui résulte de l'art. 12 du tit. 19.

VI. L'art. 44 du tit. 27 défend à toutes sortes de personnes de détourner l'eau des rivières navigables et flottables, et d'en affaiblir ou altérer le cours par des tranchées, Fossés ou canaux, à peine, contre les contrevenans, d'être punis comme usurpateurs, et d'être obligés de réparer les choses à leurs frais. (M. GUYOT.)*

[[VII. Quelles doivent être la largeur et la profondeur d'un Fossé, pour que l'héritage qu'il limite soit censé être en défense? *V. Clos.*

V. au surplus *Cours d'eau*, *Délit rural*, §. 3, *Eau pluviale* et *Inondation*.]]

FOU. *V. Démence.*

* FOUET. Ce mot se dit des coups de verges dont la justice fait châtier certains criminels.

La peine du Fouet était réputée légère chez les Romains; elle n'emportait aucune infamie, même contre les hommes libres et ingénus.

En France, elle est réputée plus légère que les galères à temps, et plus rigoureuse que l'amende honorable et le bannissement à temps: elle emporte toujours infamie.

La peine du Fouet, à laquelle on joint presque toujours la flétrissure et le bannissement à temps, ne se prononce guère que contre des personnes viles et de basse condition. Elle s'applique sur-tout aux voleurs simples, aux filous, aux coupeurs de bourses et autres gens de cette espèce.

Le Fouet se donne sur les épaules du criminel à nu; autrefois on le donnait avec des baguettes, avec des Fouets faits de cuir, avec des plombeaux, des scorpions ou lanières garnies de pointes de fer, comme la queue d'un scorpion; mais présentement on ne le donne plus qu'avec des verges, dont on frappe plusieurs coups et à différentes reprises, dans les places publiques et carrefours, suivant ce qui est ordonné.

C'est l'exécuteur de la haute-justice qui fouette les criminels hors de la prison; mais lorsqu'un accusé détenu prisonnier n'a pas l'âge compétent pour lui infliger les peines ordinaires, ou lorsqu'il s'agit de quelque léger délit commis dans la prison, on condamne quelquefois l'accusé à avoir le Fouet sous la custode, *sub custodiâ*, c'est-à-dire, dans la prison; auquel cas, ce n'est pas l'exécuteur de la haute-justice qui doit donner le Fouet, mais le questionnaire, s'il y en a un, ou un geolier, ce qui est moins infamant. La Rocheflavin rapporte un arrêt du parlement de Toulouse, du 6 juillet 1563, portant qu'un prisonnier de la maison de ville serait fustigé avec des verges par un sergent et non par l'exécuteur de la haute-justice, et ferait un tour seulement dans la maison de ville.

Autrefois, en quelques endroits, c'était une femme qui faisait l'office de bourreau pour fustiger les femmes. (M. GUYOT.)*

[[La peine du Fouet a été abolie par le Code pénal du 25 septembre 1791, part. 1, tit. 1, art. 35; et le Code pénal de 1810 ne l'a point rétablie.]]

[[FOUR. La police a pris, dans les différentes parties de la France, des précautions pour empêcher que les Fours n'occasionnassent des incendies.

Voici ce que porte à ce sujet un réglement du conseil d'Artois, du 17 mars 1780:

« *Art* 1. Tous les Fours servant à cuire les pannes, tuiles, briquettes et autres matières de terre, qui seront construits à l'avenir, seront placés à la distance de soixante pieds de roi de tous bâtimens couverts de paille.

» 2. Les bâtimens contenant lesdits Fours seront construits en briques ou pierres, avec deux pignons, ayant au moins treize pouces d'épaisseur, et seront couverts en tuiles ou pannes.

» 3. Les Fours seront faits et voûtés en briques; les grandes cheminées seront pareillement construites en briques, au bon mortier; elles auront environ deux briques et demie d'épaisseur dans le pourtour de l'embouchure; elles pourront être réduites à une brique et demie lorsqu'elles sortiront du toit, au-dessus duquel elles s'éleveront au moins de sept pieds.

» 4. Les petites cheminées seront aussi construites au bon mortier, et s'éleveront au moins de trois pieds au-dessus du toit.

» 5. Les bâtimens actuellement construits subsisteront dans les endroits où il sont situés, jusqu'à la reconstruction, à la charge de les faire couvrir en tuiles ou pannes, et de mettre les Fours et cheminées dans l'état ci-dessus prescrit, en dedans six mois; sinon, ledit temps passé, la cour en interdit l'usage, à peine de cinquante livres d'amende ».

Ces sortes de réglemens sont encore obligatoires. Quant aux lieux où il n'en existe pas, les maires des communes ont le pouvoir d'en faire : ils y sont autorisés par l'art 3 du tit. 11 de la loi du 24 août 1790. Mais il n'en peut résulter pour les contrevenans, que des peines de simple police; cela résulte de l'art. 5 du même titre, et de l'art. 605 du Code des délits et des peines du 3 brumaire an 4. *V. Armes*, §. 2, *Incendie* et *Tribunal de police*]]

FOUR BANAL. *V. Banalité.*

*FOURCHES PATIBULAIRES. On appelle ainsi des piliers ou colonnes de pierres qui soutiennent des pièces de bois, auxquelles on attache les criminels condamnés à être pendus et étranglés, soit que l'exécution se fasse à l'endroit même où sont les Fourches patibulaires, soit qu'elle ait été faite ailleurs.

Les Fourches patibulaires sont toujours placées hors des villes, bourgs et villages, et ordinairement près de quelque grand chemin, dans un lieu exposé à la vue, afin d'inspirer au peuple plus d'horreur du crime.

Ces Fourches sont aussi appelées *la justice*, pour dire qu'elles sont le signe extérieur de la haute-justice.

On appelle ces sortes de piliers *Fourches*, parce que anciennement, au lieu de piliers, on posait seulement deux pièces de bois, faisant par en haut la Fourche, pour retenir la pièce de bois qui se met en travers, et à laquelle on attache les criminels.

Il n'y a que les hommes qui puissent être attachés aux Fourches patibulaires. C'est ce qui résulte d'un arrêt de réglement du 30 mars 1735, par lequel le parlement a fait défenses aux juges d'ordonner que les corps des femmes condamnées à mort y seraient attachés (M. GUYOT.)*

[[Il n'existe plus de Fourches patibulaires, 1° parce que la peine de la potence est abolie par le Code pénal du 25 septembre 1791, part. 2, tit. 1, art. 35; 2° parce que les cadavres des suppliciés doivent être inhumés immédiatement comme ceux des personnes mortes naturellement. *V. Cadavre*, n. 6.

*FOURMORTURE, FOURMOUTURE, FORMORTURE, FORMOTURE ou FORMORT. C'est le même terme que l'on trouve varié de toutes ces manières dans les coutumes de la Belgique et dans nos vieux praticiens. Il paraît désigner dans son acception la plus générale ce qui advient à quelqu'un par mort.

§. I. *Diverses acceptions du mot* FOURMORTURE.

On a donné particulièrement ce nom aux droits de déshérence ou de bâtardise, c'est-à-dire, au droit de succession qui appartient au fisc sur les biens des bâtards ou de toutes autres personnes décédées sans postérité. On peut voir des exemples de cette acception dans le *Glossaire du droit français*, au mot *Fourmorture;* et dans les Glossaires de du Cange et dom Carpentier, au mot *Formortura.*

Encore aujourd'hui l'art. 86 de la coutume de Namur porte que « si quelqu'un demeurant en la ville et banlieue de Namur, non marié ni bourgeois, termine vie par mort, tous ses meubles appartiendront au comte de Namur *pour le droit de Formorture;* mais s'il est marié, une moitié de sesdits meubles écherront au comte, et l'autre moitié au survivant ou leurs enfans ». (M GARRAN DE COULON.)*

Suivant l'usage le plus ordinaire, on entend par *Fourmorture*, dans les Pays-Bas, ce que le survivant de deux époux donne à ses enfans pour leur part des meubles de la communauté qui existait entre lui et le premier mourant.

§. II. *Dispositions des coutumes de Cambrésis, de Lille, de la châtellenie de Lille, de Tournai, de Douay, de la Flandre flamande sur la* Fourmorture, *considérée comme synonyme de* part de communauté.

I. La coutume de Cambrésis déclare, tit. 7, art. 10, que les enfans communs de deux époux, dont l'un est décédé, ne peuvent forcer le survivant à partager les meubles avec eux, encore moins à leur délivrer la moitié qui doit leur en revenir, à moins qu'il ne les dissipe, ou qu'il ne veuille se remarier. — L'art 11 ajoute que si le survivant se remarie sans partager la communauté avec ses enfans, *et sans leur assigner Formouture compétente pour la part de leurs père ou mère défunt*, ils peuvent lui demander la juste moitié de la communauté mobilière, suivant l'état où elle se trouvait à la mort du prédécédé — Le même article porte que pour conserver les droits des enfans, le survivant doit employer les premiers momens de son veuvage à faire un inventaire estimatif des meubles, *ou à défaut de ceci, la communauté durera au préjudice du survivant.*

L'obligation d'assigner une Fourmorture à ses enfans lorsqu'on veut passer à un second mariage, admet une exception dans la coutume de Cambrésis, en faveur de celui qui possède un fief : c'est ce que portent l'art. 4 du tit. 1, et l'art. 9 du tit. 7; mais la femme n'est pas traitée aussi favorablement en ce point que le mari : celui-ci acquiert le privilége dont nous parlons, même en achetant un fief pendant le mariage, au lieu que celle-là ne peut en jouir qu'autant qu'elle a été en possession de son fief avant le mariage, ou au moins qu'il lui est échu par succession : l'art. 5 du tit. 1 en contient une décision formelle.

II. Dans la coutume de Lille, le survivant avec enfans demeure propriétaire de tous les meubles et biens réputés tels, à la charge, s'il se remarie, de donner une Fourmorture à chacun de ses enfans. Pour régler cette Fourmorture, on considère les biens tels qu'ils sont au jour du partage; et l'on ne tient, pour cet objet, aucun compte de ceux dont le survivant a disposé auparavant. C'est ce qui est réglé par l'art. 22 du tit. 1, et par l'art. 2 du tit. 3.

Il en est de même dans la coutume de la châtellenie de Lille, lorsque c'est la femme qui survit. Mais le mari doit procéder au partage et assigner la Fourmorture, lorsqu'on lui en fait la demande, soit qu'il se remarie ou non. Cette différence entre le mari et la femme est assez singulière, mais elle est établie par les art. 39 et 41 du tit. 2.

L'art. 44 contient une autre disposition non moins remarquable : il oblige les enfans à former la demande en partage et en délivrance de leur Fourmorture, pendant la vie du survivant, à peine de n'y plus être recevables après sa mort, si ce n'est en renonçant tout-à-fait à sa succession.

Voici une espèce qui s'est présentée dans la première de ces coutumes. — Un père avait assigné une Fourmorture à deux enfans qu'il avait eus d'un premier mariage ; et par l'acte qui avait été passé à ce sujet, il avait stipulé que ces deux enfans seraient héritiers l'un de l'autre. Depuis cette convention, ceux-ci avaient hérité d'un oncle maternel une certaine somme d'argent dont le père avait prétendu jouir pendant sa vie pour l'indemniser des frais de leur entretien ; et dans le cours de l'instance qui s'était engagée à ce sujet entre lui et les tuteurs, un de ses enfans était mort sans avoir disposé de rien : le père offrit alors d'employer au profit de l'enfant qui lui restait la moitié de la somme en question ; mais il soutint qu'en qualité d'héritier de celui qui venait de mourir, il avait droit de retenir l'autre moitié ; et comme on lui opposait la renonciation qu'il avait faite à la succession de l'enfant décédé, en stipulant dans l'acte de constitution de la Fourmorture, que les deux enfans seraient héritiers l'un de l'autre, il répondit que cette renonciation ne pouvait s'étendre au-delà des objets dont il s'agissait lorsqu'elle avait été faite, et que par conséquent elle devait être restreinte aux biens assignés pour Fourmorture : cette réponse était sans réplique ; néanmoins les échevins de Lille n'en sentirent pas la force, car, par sentence du 23 novembre 1705, ils condamnèrent le père à faire emploi de toute la somme : mais sur l'appel porté au parlement de Tournai (aujourd'hui parlement de Flandre), il est intervenu, le 21 juin 1706, arrêt à la troisième chambre, qui a mis l'appellation et ce dont était appel au néant, et a adjugé au père la moitié de la somme dont il était question.

III. La coutume de Tournai contient à peu près les mêmes dispositions que celle de Lille.

On a demandé si dans cette coutume, les enfans ont pour leur Fourmorture une hypothèque tacite sur les biens du père et de la mère qui la leur a constituée ; cette question s'est élevée dans la coutume de Tournai. Voici l'espèce.

Jean Cardinal avait eu deux enfans d'Adrienne Monart, sa première femme ; voulant contracter un nouveau mariage, il s'était engagé de leur payer à chacun une certaine somme pour leur tenir lieu de Fourmorture, et cet engagement avait été accepté par le tuteur de ses enfans et par les échevins de la ville de Tournai. Sa mort, arrivée quelque temps après, découvrit le mauvais état de ses affaires : sa succession fut abandonnée à ses créanciers, et parmi ceux-ci, parurent ses deux enfans, qui demandèrent d'être colloqués les premiers sur le prix des meubles et effets de la *maison mortuaire*.

On leur répondit que la coutume de Tournai n'attribuait point de privilége ni d'hypothèque aux obligations même notariées, à moins qu'elles ne fussent nanties et réalisées, et que l'art. 24 de l'édit perpétuel de 1611 abolissait toutes les hypothèques tacites du droit romain. — Ils opposèrent à cette réponse, que la disposition de la coutume de Tournai n'était relative qu'aux hypothèques expresses ; que l'édit perpétuel ne parlait des hypothèques tacites que d'une manière énonciative et comme par occasion, que si l'on avait accordé dans la coutume de Tournai un privilége aux mineurs sur les biens de leurs tuteurs pour le recouvrement de leurs deniers, comme il résultait de trois arrêts des 12 mars 1695, 18 juillet 1696, et 27 octobre 1707, rapportés par M. Pollet, on devait par la même raison accorder aux enfans une hypothèque sur les biens de leur père, pour la sûreté de leur Formorture, puisqu'un père est chargé par la nature même de la tutelle et de la défense de ses enfans. — On pouvait leur répondre qu'il avait été jugé contre l'hypothèque tacite des mineurs, par une sentence des échevins de Tournai, du 6 août 1666, rapportée dans le commentaire de M. Flines, sur la coutume de cette ville, et par un arrêt du parlement de Flandre, rendu après une enquête par turbes faite en conséquence d'un arrêt interlocutoire du 17 mars 1701. — Il y avait encore une réponse plus solide à leur opposer, c'est que, comme ils le disaient eux-mêmes, il n'était pas question d'une hypothèque tacite à exercer sur des immeubles contre des créanciers hypothécaires, mais seulement d'un privilége qu'ils prétendaient avoir sur les meubles de leur père contre de simples créanciers ; or, c'est une jurisprudence généralement reçue dans les pays coutumiers, que chaque créancier doit venir à contribution au sou la livre sur le prix des meubles du débiteur, sans qu'aucun puisse y prétendre de préférence.

Quoi qu'il en soit, cette contestation a été terminée au désavantage des enfans : une sentence du 7 novembre 1707 les a déboutés de la préférence qu'ils prétendaient sur les meubles de leur père, et elle a été confirmée, d'abord par sentence des prévôt et jurés du 17 février 1708 ; ensuite par arrêt du parlement de Flandre du 8 mars 1709.

IV. Dans la coutume de Douay, le survivant n'est pas obligé, en se remariant, de constituer à ses enfans une Fourmorture ; c'est ce que démontre l'art. 4 du chap. 1 de cette coutume : « quand deux conjoints par mariage ont entravesti l'un l'autre de sang, ce qui advient quand il y a eu enfans dudit mariage, ... au survivant d'iceux conjoints compètent et appartiennent tous et chacun les meubles, catheux et héritages situés audit échevinage, qui leur appartenaient et dont chacun d'eux était jouissant au jour du trépas du premier mourant, *pour par ledit survivant en jouir, user et posséder héritablement comme de sa chose propre, sans que les enfans procédans dudit mariage, ou en faute d'en-*

sans les parens du premier mourant y puissent avoir aucun droit . . . .

[[V. Dans la ci-devant Flandre flamande, la constitution d'une Fourmorture ne dissolvait pas la communauté, lorsqu'elle n'avait pas eu pour base un inventaire en bonne forme, et qu'elle n'était, de la part de l'époux survivant, qu'une sorte d'apportionnement arbitraire. *V.* mon *Recueil de questions de droit*, article *Fourmorture*, §. 6.]]

§. III. *Idée générale de la jurisprudence du Hainaut sur la Fourmorture.*

I. La jurisprudence du Hainaut s'accorde assez sur cette matière avec les dispositions de la coutume de Lille. La Fourmorture se règle en cette province sur la quantité des meubles qui existent au temps où le survivant convole à un second mariage. Elle se constitue par l'autorité des maïeur et échevins du domicile, d'après la déclaration qu'en fait le survivant sous la religion du serment. Si les enfans sont majeurs à l'époque de la fixation de leur Fourmorture, ils peuvent en obtenir la délivrance sans délai; mais s'ils sont mineurs, on la met entre les mains des maïeur et échevins, pour être employée par eux en acquisition de biens fructueux, ce qu'ils sont tenus de faire dans un an, à compter du jour qu'elle leur a été délivrée, à peine de répondre des intérêts en leur propre et privé nom, comme l'a jugé un arrêt de la cour de Mons, du 2 octobre 1687, que j'ai extrait d'un ancien manuscrit.

Si le survivant veut jouir lui-même de la Fourmorture de ses enfans jusqu'à leur majorité, il le peut en vertu de la puissance paternelle; mais il faut, pour cela, qu'il donne caution, et qu'il se charge de leur nourriture et de leur éducation : dans ce cas, lorsque les enfans sont parvenus à leur majorité, le père doit les émanciper, afin qu'ils puissent jouir eux-mêmes de leur Fourmorture; et s'il refuse de le faire, il peut y être contraint par autorité de justice. C'est ce qui résulte du chap. 36 de la coutume du chef-lieu de Mons.

II. Cette disposition a fait naître une difficulté dans l'espèce suivante. — Un père, en se remariant, assigne une Fourmorture à ses enfans de premières noces, et par l'acte de constitution promet de les nourrir jusqu'à un certain âge; il meurt avant que les enfans aient atteint cet âge; sa veuve sera-t-elle obligée, par cette promesse, de continuer de les nourrir? Cette question s'est présentée à la cour souveraine de Mons à la fin du dernier siècle; et elle y a été jugée pour la négative le 24 octobre 1696, par la raison qu'un père n'est point censé s'obliger civilement pour un plus long terme que ne porte son obligation naturelle. Il en serait autrement s'il était prouvé que cette promesse eût été faite par forme de supplément de Fourmorture : c'est ce qu'a préjugé un autre arrêt de la même cour, du 31 juillet 1709, en admettant les enfans à la preuve d'un pareil fait. C'est aussi dans ce sens qu'il faut entendre l'art. 8 du chap. 25 des *chartes préavisées*, qui porte, «Si une personne ayant fait et connu parçons, va de vie à trépas, ayant promis à icelle parçon, faire nourrir et élever ses enfans, nonobstant ce, le dernier vivant en devra demeurer déchargé, n'est qu'il y ait promesse au contraire». *V. chartes préavisées.*

III. Un père qui, pour jouir de la Fourmorture de ses enfans, s'est chargé de les nourrir, et qui l'a fait, est-il obligé, lorsqu'on l'assigne pour la leur délivrer à leur majorité, d'en payer les intérêts depuis sa constitution? Non, sans doute : lorsque la coutume permet au survivant remarié de jouir de la Fourmorture de ses enfans à la charge de les nourrir et élever, elle suppose bien sûrement que les fruits lui en seront incommutablement acquis : et il est clair que l'obliger d'en payer les intérêts, ce serait rendre sa jouissance vaine et illusoire? — On cite, il est vrai, un arrêt de la cour de Mons, du 26 février 1685, par lequel on dit avoir jugé qu'un père ne pouvait compenser les intérêts de la Fourmorture avec les alimens, et cela, sous prétexte que l'obligation de nourrir les enfans est de droit naturel; mais il est à croire que cet arrêt a été motivé par des circonstances particulières.

[[Il a été rendu un arrêt semblable au parlement de Douay, le 18 juillet 1780; mais c'était dans un cas où la Fourmorture ne consistait que dans une pension viagère, et où par conséquent les intérêts formaient eux-mêmes le fonds de cette Fourmorture. *V.* mon *Recueil de questions de droit*, article *Fourmorture*, §. 2.

IV. Qu'arriverait-il si le survivant ne constituait point de Fourmorture en se remariant, et que les *gens de loi* omissent de l'en requérir? Rien de plus simple. Les enfans parvenus à leur majorité, pourraient agir contre les gens de loi, et les faire condamner à leur payer leur Fourmorture, qui serait réglée par une estimation de commune renommée, et comprendrait même les fruits et intérêts.

Mais les gens de loi pourraient-ils dans ce cas assigner en garantie le survivant remarié? Cette question s'est présentée à la cour de Mons en 1715, entre les maïeur et échevins du village de Wollezelle, près d'Ath, et le nommé Sommers. — Celui-ci disait que l'obligation des *tuteurs légaux (V. Tuteur en chef)* leur étant personnelle, ne devait point rejaillir sur un tiers; que le débiteur d'un mineur ne doit point les intérêts de sa dette tant qu'on ne la lui demande pas, quoique le tuteur soit obligé de les payer de sa bourse, lorsqu'il a mis de la négligence dans ses recouvremens. — Les gens de loi répondaient qu'un père qui se remarie est toujours le premier tuteur de son enfant, puisqu'il le retient sous sa puissance; que les échevins n'exercent en cette occasion qu'une tutelle passagère et relative à la circonstance de la dette du père envers son enfant; qu'ainsi le père est toujours tenu de veiller aux intérêts de cet enfant : ils ajoutaient que cette seule raison suffisait pour démontrer l'inexactitude de la comparaison faite entre le père et le débiteur d'un mineur; que d'ailleurs le débiteur est propriétaire des deniers qu'il doit, au lieu que le père cesse, à son remariage, d'être propriétaire de la moitié du mobilier de la communauté. — Ces moyens étaient décisifs, et la question a été jugée de toutes voix en faveur de gens de loi, par arrêt du 26 avril 1715.

V. L'art. 5 du chap. 10 et l'art 2 du chap. 11 des chartes générales de Hainaut exemptent de la Fourmorture les conjoints nobles d'ancienne maison, ou décorés de la chevalerie.

On demande à ce sujet s'il faut que les deux conjoints soient nobles, ou s'il suffit que le survivant ait seul cette qualité ? Les textes que l'on vient de citer, paraissent exiger la noblesse dans l'un comme dans l'autre ; c'est le sens que ces termes, *hommes et femmes nobles d'ancienne maison*, présentent à la première vue ; c'est même ce que paraissent établir ceux-ci, *et demeureront chacun d'eux respectivement en tous biens meubles*. Car s'il est de l'essence de cet avantage d'être réciproque, comment pourrait-il avoir lieu, lorsque la qualité qui lui sert de fondement ne se trouve pas dans les deux conjoints? — Nous croyons cependant qu'il faut distinguer le cas d'un roturier qui épouse une femme noble, d'avec celui d'un noble qui épouse une roturière. Dans la première hypothèse, la femme ne jouirait point, en cas de survie, de l'exemption de de la Fourmorture, tant parce que son mari n'en aurait pas pu jouir si elle était morte avant lui, que parce qu'elle a perdu, en se remariant, la noblesse qu'elle tenait de sa naissance. Mais, dans le second cas, elle serait fondée à la réclamer, parce que la noblesse du mari réfléchit sur la femme avec tous les avantages qui y sont attachés. Aussi, quoique la coutume de Paris, en parlant d'un privilége semblable, se serve des mots, *quand l'un des deux conjoints nobles*, Dumoulin n'a pas laissé d'écrire, sur le texte dont ces termes sont tirés, que « la femme quant à cet effet, est ennoblie par le mari, car il faut que l'un ait autant de droit que l'autre ». Et telle est la disposition expresse des coutumes de Vitry, art. 68 ; de Châlons, art. 28 ; de Saint-Quentin, art. 5.

On a dit que les chartes générales n'accordent l'exemption de la Fourmorture qu'aux chevaliers et aux nobles d'ancienne maison. Reste à examiner en quel temps il faut avoir l'une de ces deux qualités, si c'est au moment de la mort du prédécédé, ou lorsqu'on passe à un second mariage. — Par exemple, un roturier a obtenu la dignité de chevalier dans l'intervalle de la mort de sa première femme à son second mariage, ou, réciproquement, un gentilhomme d'ancienne maison a perdu sa noblesse, dans le même intervalle, par un acte de dérogeance : qui, du premier ou du second, sera exempt de donner, en se remariant, la moitié des meubles de la communauté à ses enfans du premier lit ? — Il faut répondre que ce privilége ne peut être réclamé ni par l'un ni par l'autre, parce que, pour en jouir, il faut être chevalier ou gentilhomme de nom et d'armes, non-seulement à la mort du prédécédé, mais encore à l'époque des secondes noces. C'est ce que les chartes générales établissent très-clairement pour un cas particulier, il est vrai, mais dont la décision est fondée sur une raison générale. Voici ce que portent les art. 2 et 3 du chap. 11 : — « Si une femme veuve ayant épousé autre que chevalier, se remariait à quelque chevalier, elle sera tenue faire parçon », c'est-à-dire, partager la communauté mobilière avec les enfans qu'elle a eus de son premier mari. — « Si chevalier va de vie à trépas, délaissant sa femme et génération d'elle, et par après icelle se remarie à un autre non chevalier, elle fera parçon ». — On voit, par ces deux articles, que le privilége dont il est ici question, n'appartient pas plus à la femme qui a seulement acquis la noblesse en se remariant, qu'à celle qui l'a perdue à la même époque. Il faut donc, comme nous l'avons dit, pour avoir le droit d'y prétendre, être noble au temps de la mort du prédécédé, et au temps du second mariage.

[[§. IV — 1°. *Dans la coutume du chef-lieu de Mons, les enfans du premier lit peuvent-ils prendre leur Fourmorture sur des rentes stipulées main-fermes, c'est-à-dire, propres réels, par le contrat de mariage de leur père et mère ?*

2°. *Le peuvent-ils, dans le cas où leur mère, débitrice de la Fourmorture, est morte après la publication des lois des 8 avril 1791, 6 vendémiaire an 2 et 17 nivôse suivant, qui ont aboli en Hainaut le droit de dévolution ?*

3°. *Les enfans du second mariage peuvent-ils obliger ceux du premier à rapporter à la succession de leur mère commune, décédée après la publication de la loi du 17 nivôse an 2, la Fourmorture que celle-ci leur a fournie en se remariant ?* — *Cette Fourmorture est-elle une portion anticipée de la succession de la mère, ou n'est-elle que la représentation de la part du père des enfans du premier mariage dans la première communauté ?*

Le 11 juin 1767, contrat de mariage passé à Mons entre Antoine Leroy et Marie-Thérèse Dewolf. Par cet acte, il est stipulé, (Art. 6) que les conquêts que les futurs époux feront ensemble, soit fiefs, alloëts, main-fermes, voire même les rentes immobilières et toutes autres espèces de biens que ce soit, et où ils puissent être situés, se partageront et retourneront par moitié entre eux et leurs héritiers respectifs, *en cas de non génération*, avec l'usufruit cependant de la totalité d'iceux au superstite des futurs conjoints ; (Art. 7) que le superstite des futurs époux demeurera héritier universel de tous biens-meubles, or, argent, rentes, crédits, noms et actions, et généralement de tout ce qui est compris sous la dénomination de mobilier ; (Art. 8) que le futur époux venant à prémourir, la future épouse délaissant génération, la future épouse aura l'usufruit de tous les biens patrimoniaux du futur époux, de tous les autres biens qu'il a acquis avant son futur mariage, de tous ceux qu'il pourrait acquérir constant icelui, ainsi que de tous autres qu'il avait et qui pourraient lui échoir de succession collatérale, soit fiefs, alloëts ou main-fermes ; (Art. 10) qu'au prédécès de l'un des futurs époux, leurs rentes mobilières respectives tiendront, en cas de génération, nature de main-fermes du chef lieu de Mons, pour et au profit de leur génération seulement, sans néanmoins que pour cela ledit superstite soit empêché d'en avantager un de ses enfans plus que l'autre, et sans aussi que cela empêche que ledit superstite et ses héritiers soient héritiers desdites rentes provenant du chef du prédécédé, au cas qu'il vienne à survivre sa génération, ou qu'icelle vienne à faillir ».

Pendant le mariage qui a suivi ce contrat, Antoine

Leroy a acquis diverses rentes mobilières et des fiefs régis par les chartes générales du Hainaut. — Il est mort le 14 octobre 1782, laissant trois filles mineures, savoir : Marie-Claire Leroy, depuis mariée à Joseph-Marie Degoupy; Charlotte-Françoise-Julie-Hubertine Leroy, depuis mariée à Hyacinthe Marbais, et Marie-Joséphine Leroy, depuis mariée à François Dehérissem.

Le 26 février 1785, sa veuve s'est remariée au sieur Constant Duval.

Le 12 mars suivant, elle a, par acte passé devant les échevins de Mons, constitué à chacune de ses trois filles de premières noces une *Fourmorture et parçon mobilière* de 16,940 livres, qu'elle s'est obligée de leur délivrer à leur majorité, avec les intérêts à 4 pour 100; et elle a déclaré que *quant aux rentes acquises pendant son mariage avec le sieur Leroy, de tant que* vinculées *par leur contrat de mariage, elles n'étaient de nature à entrer en objet dans cet acte.*

Du second mariage de Marie-Thérèse Dewolf sont nés deux enfans, Dieudonné et Edouard Duval.

Le 29 floréal an 8, décès de la dame Duval, et par suite contestation entre les enfans de ses deux lits pour le réglement de leurs droits respectifs dans sa succession.

Les enfans du premier lit réclament un supplément de Fourmorture qu'ils font consister dans la moitié des rentes mobilières qui ont été acquises pendant le mariage dont ils sont issus.

Les enfans du second lit, de leur côté, soutiennent que leurs sœurs utérines doivent rapporter à la succession mobilière qui, aux termes de la loi du 17 nivôse an 2, doit être partagée par têtes entre tous les enfans des deux mariages, ce qu'elles ont reçu de leur mère à titre de Fourmorture.

Le 12 thermidor an 9, jugement du tribunal civil de l'arrondissement de Mons, qui, sur les deux points litigieux, prononce en faveur des enfans du second lit.

Il leur adjuge leurs conclusions en rapport de la Fourmorture constituée à leurs sœurs le 12 mars 1785, — « Attendu que de l'art. 21 de la charte du chef-lieu de Mons de 1410, de l'art. 1 du chap. 36 de la coutume du même chef-lieu de 1533, et l'art. 6 du chap. 29 des chartes générales du Hainaut, et de l'art. 7 du contrat de mariage du 11 juin 1767, il résulte que la dame Leroy, restée veuve avec enfans, est restée maîtresse absolue de toute la communauté mobilière, puisque le chap. 36 de la charte du chef-lieu de 1533, n'appelle les enfans à la succession mobilière de leur père ou mère, que lorsque ceux-ci meurent en viduité; et ainsi ne leur défère pas celle du prémourant, et que, d'autre part, elle la leur déférerait inutilement, puisqu'ils ne l'acquerraient qu'à leur père ou mère superstite, en vertu de la puissance paternelle; — Qu'il résulte de l'art. 6 du chap. 29 des chartes générales, qu'il faut qu'il y ait convention expresse entre les époux, pour que la moitié des biens-meubles échoie à leurs enfans au décès du prémourant; que dans l'espèce, loin qu'il y ait eu entre Antoine Leroy et son épouse une convention de cette espèce, il y a, au contraire, stipulation expresse qui assure la propriété de l'universalité de ce mobilier au superstite; — Qu'il implique contradiction qu'il y ait eu continuation de communauté mobilière entre la dame Leroy et ses enfans, et qu'ainsi la Fourmorture qu'elle leur a faite, soit le partage de cette prétendue communauté; — Qu'au surplus, si cette Fourmorture était le partage de cette prétendue communauté continuée, l'époux superstite n'aurait pas le pouvoir de transformer sa fortune mobilière en acquisitions de biens-fonds, ou qu'au moins ces biens-fonds seraient communs entre lui et ses enfans, selon la maxime, *subrogatum sapit naturam subrogati;* tandis qu'il est certain qu'il peut faire cette conversion sans que ses enfans puissent s'en plaindre ni rien y prétendre, même à titre de Fourmorture; — Qu'il ne pourrait pas, en émancipant ses enfans, se dispenser de leur délivrer leur Fourmorture, puisque le droit à celle-ci leur aurait été acquis dès la mort de l'époux prédécédé; ce que l'époux superstite peut faire néanmoins; — Que par la coutume du chef-lieu de Mons, nonseulement l'époux survivant peut user des facultés avant dites, mais qu'il peut même tester de l'universalité de ce mobilier au préjudice de ses enfans et en faveur d'étrangers; ce qu'il ne pourrait pas faire, s'il y avait communauté continuée, comme cela lui est interdit, tandis qu'il est en état de mariage; — Que de toutes ces considérations, il résulte que la Fourmorture faite par la dame Duval à ses enfans, n'a pas été le partage de la communauté continuée, mais une chose qu'elle leur a donnée de son propre bien et de sa propre substance, et ainsi un partage anticipé de sa fortune, commandé par la coutume du chef-lieu de Mons; — Que les art. 8 et 9 de la loi du 17 nivôse an 2 imposent formellement la nécessité du rapport des partages et avantages déjà reçus, pour venir à la succession de père ou mère commun »;

Et il déclare sans objet la demande des filles du premier lit en supplément de Fourmorture, « attendu que la Fourmorture devant se rapporter à la masse de la succcession, l'augment, s'il échéait d'en faire, serait soumis à la même loi du rapport ».

Les enfans du premier lit appellent de ce jugement à la cour de Bruxelles, qui, après une plaidoirie solennelle, pose les questions suivantes : — « 1°. Les appelans sont-ils en droit de prélever à titre de supplément de Fourmorture, la moitié des rentes mobilières acquises par Leroy pendant le mariage avec leur mère, et qui existaient à l'époque des secondes noces de celle-ci? — 2°. Les Fourmortures et le supplément de Fourmortures, au cas qu'il y ait lieu, sont-ils sujets au rapport et par suite au partage par cinquième entre les héritiers de la dame Duval » ?

Sur la première question, la cour d'appel considère » que, suivant les usages et coutumes reçus en Hainaut, le superstite avec enfans est tenu de leur faire Fourmorture de la moitié de tous les biens-meubles qu'il possède à l'époque de ses secondes noces; que cette obligation n'a pu, comme toute autre, s'éteindre que par le payement, remise ou tout autre moyen introduit par les lois pour éteindre une dette, que dans le cas qui se présente, loin qu'un semblable moyen soit intervenu, l'acte même de Fourmorture atteste que si ces rentes n'en ont pas fait partie la seule cause en est que la défunte était persuadée qu'en tant que *vinculées*, elles n'étaient pas de nature à entrer en objet de la Fourmorture; que cette *vinculation* ayant été détruite, comme les parties même le prétendent ou le supposent, par la promulgation des lois françaises, rien ne peut plus désormais empêcher que ces rentes ne redeviennent sujettes à la Fourmorture ou supplément d'icelle, puisque l'acte qui la contient n'annonce de la part des épouses des appelans, alors mineures, rien qui puisse faire soupçonner une remise ou renonciation à leur droit; »

Et sur la seconde, « Que les intimés n'ont d'autre titre pour demander le rapport des Fourmortures et supplément d'icelles, que les art. 8 et 9 de la loi du 17 nivôse an 2; que ces deux articles ne sont relatifs qu'aux seules donations et dispositions à titre gratuit; et qu'au procès, il n'est rien moins qu'avéré que les Fourmortures et supplément d'icelles sont des dispositions à titre gratuit, des donations ou des anticipations d'hérédité, et par conséquent soumis au rapport ».

En conséquence, par arrêt du 2 thermidor an 10, infirmant le jugement du tribunal de première instance, elle « déclare que la juste moitié de toutes les rentes mobilières acquises pendant le mariage de la défunte avec son premier époux, et qui existaient à l'époque du mariage de ladite dame avec Duval, en mars 1785, doit appartenir aux appelans, à titre de supplément de Fourmorture : » — Et elle déboute les enfans du second lit de leur demande en rapport des Fourmortures constituées à leurs sœurs utérines.

Les mineurs Duval se pourvoient en cassation, et soutiennent, — 1°. Que la cour d'appel, en adjugeant aux enfans du premier lit, à titre de supplément de Fourmorture, la moitié des rentes mobilières acquises par Antoine Leroy, a violé les lois les plus formelles, commis un excès de pouvoir et empiété sur l'autorité législative; — 2°. Qu'en rejetant la demande en rapport des Fourmortures, elle a violé l'art. 1er du chap. 36 de la coutume du chef-lieu de Mons, l'art. 9 du chap. 11 des chartes générales du Hainaut, et les art. 9 et 11 de la loi du 17 nivôse an 2.

« De ces deux moyens de cassation (ai-je dit à l'audience de la section des requêtes, le 5 fructidor an 11), le premier se présente sous des dehors très-spécieux.

» Il est certain que dans la coutume du chef-lieu de Mons, le survivant de deux époux avec enfans demeure maître de tous les meubles et de tous les effets mobiliers de la communauté qui avait existé entre lui et le prédécédé.

» Il est certain que la Fourmorture à laquelle il est tenu envers ses enfans lorsqu'il vient à se remarier, ne doit consister que dans la moitié des meubles et effets mobiliers qu'il possède à cette époque.

» Il est certain par conséquent que dans cette Fourmorture ne doivent pas entrer les rentes mobilières qui ont été acquises pendant son premier mariage, lorsque par le contrat anténuptial il a été stipulé, suivant la faculté qu'en donnent les chartes générales du Hainaut, chap. 31, art. 17, que ces rentes tiendraient nature de main-fermes du chef-lieu de Mons.

» Et par une conséquence ultérieure, il est certain que Marie-Thérèse Dewolf n'était pas obligée, en se remariant au cit. Duval, d'abandonner à ses filles de premières noces, la moitié des rentes mobilières dont il s'agit.

» Si elle n'y était pas obligée au moment de son remariage, comment aurait-elle pu depuis en subir l'obligation? Et si cette obligation ne l'a jamais liée de son vivant, comment pourrait-elle lier sa succession? Peut-il exister contre son hérédité une action qui n'a ni existé ni pu exister contre elle-même?

» Telles sont, au premier aperçu, les questions que fait naître le jugement attaqué; et ces questions il paraît difficile de ne pas les résoudre dans un sens absolument opposé à celui qu'a embrassé le tribunal d'appel.

» La difficulté augmentera, si nous remontons à la cause qui a déterminé Marie-Thérèse Dewolf à ne pas faire entrer les rentes litigieuses dans la composition de la Fourmorture de ses trois filles.

» Marie-Thérèse Dewolf s'était crue dispensée de les y faire entrer, parce que ces rentes étaient *vinculées*, c'est-à-dire, parce qu'étant stipulées *main-fermes du chef-lieu de Mons* par le contrat de son premier mariage, elles étaient sujettes à la même loi que les main-fermes proprement dits; et conséquemment, parce que, suivant l'art. 17 du chap. 31 des chartes générales, elles ne pouvaient être aliénées au préjudice de ses enfans qu'autant que des main-fermes proprement dits auraient pu l'être; et conséquemment encore parce qu'elles avaient été, par la mort du premier mari de Marie-Thérèse Dewolf, frappées de *dévolution* au profit des enfans nés de leur union (*V. Dévolution coutumière*), et conséquemment enfin, parce que dans la succession à venir de Marie-Thérèse Dewolf, elles devaient appartenir aux enfans de son premier mariage, sans que les enfans du second y puissent rien prétendre.

» Mais la *dévolution* a été abolie par l'art. 1er de la loi du 8 avril 1791; elle l'a même été, suivant la loi du 18 vendémiaire an 8, au préjudice des enfans qui en avaient dès-lors l'expectative; et par-là les rentes litigieuses, au moins pour la part qu'y avait Marie-Thérèse Dewolf, ont cessé d'être, ce qu'on appelle dans le chef-lieu de Mons, *vinculées*; ou, en d'autres termes, par-là elles ont cessé d'être affectées aux enfans du premier lit; par-là elles sont devenues libres dans la personne de Marie-Thérèse Dewolf; par-là elles ont dû, dans la succession de Marie-Thérèse Dewolf, se partager par têtes entre les enfans de ses deux mariages; par-là conséquemment semble avoir cessé la cause qui avait dispensé Marie-Thérèse Dewolf, de l'obligation de les faire entrer dans la Fourmorture des ses filles de premières noces.

» Cependant, arrêtons-nous à cette dernière conséquence; et quelque apparente qu'elle soit, ne l'adoptons pas sans examen.

» La Fourmorture des filles du premier mariage, comme nous l'avons déjà dit, ne devait comprendre que la moitié des meubles et des effets mobiliers dont

Marie-Thérèse Dewolf se trouvait saisie au moment de ses secondes noces ; elle ne devait donc pas comprendre les rentes acquises pendant le premier mariage, non-seulement, ou pour parler plus juste, non pas précisément parce que ces rentes étaient *vinculées* ou frappées de *dévolution*, mais bien parce qu'elles étaient stipulées *main fermes*, mais bien parce qu'elles tenaient nature d'immeubles, mais bien parce qu'elles étaient exceptées, par une clause formelle, de la classe des effets mobiliers. — A la vérité, elles n'étaient frappées de dévolution, que parce qu'elles étaient réputées main-fermes, mais ce n'était pas la dévolution qui les affranchissait de la Fourmorture; leur seul nature de *main-fermes* suffisait pour leur assurer cet affranchissement.

» Or, y a-t-il, dans nos lois nouvelles, quelque disposition qui ait effacé des rentes stipulées main-fermes sous l'ancien régime, la qualité d'immeubles qu'elles avaient reçue par cette stipulation? Y a-t-il dans nos lois nouvelles quelque disposition qui ait fait rentrer ces rentes dans la classe des créances purement mobilières? Non. Nos lois nouvelles ont bien aboli les substitutions fidéi-commissaires, mais elles ont respecté les stipulations de propres au premier degré, c'est-à-dire, de propres de communauté; elles ont par conséquent laissé aux rentes mobilières de leur nature, la qualité d'immeubles, la qualité de conquêts de communauté, qu'une stipulation de propres leur avait imprimée.

» Cela posé, il est clair que si Marie-Thérèse Dewolf ne s'était remariée qu'après la promulgation de la loi du 14 novembre 1792, portant abolition des fidéi-commis, elle n'eût pas dû faire entrer les rentes dont il s'agit dans la Fourmorture des enfans de son premier mariage.

» Et vainement ceux-ci seraient-ils venus dire que par l'effet de l'abolition de la dévolution prononcée par la loi du 8 avril 1791, ils avaient perdu l'expectative de succéder seuls à ces rentes; qu'ainsi il était juste de les indemniser en augmentant leur Fourmorture jusqu'à concurrence de la moitié de ces rentes elles-mêmes. — Marie-Thérèse Dewolf leur aurait répondu que ces rentes, quoique dégagées du lien de la dévolution, n'en étaient pas moins immobilières, qu'elles étaient donc soumises à la loi générale des immeubles et par conséquent exemptes de la contribution à la Fourmorture; qu'il n'y avait pas plus de raison de les assujettir à cette contribution, sous le prétexte de leur affranchissement de la dévolution, qu'il n'y en avait de faire, sous le même prétexte, entrer dans la Fourmorture les immeubles réels dont elle s'était trouvée en possession au moment de son second mariage; — Et certainement cette réponse aurait désarmé les enfans du premier lit.

» Mais si, dans cette hypothèse, les enfans du premier lit n'auraient pu rien prétendre à titre de Fourmorture dans les quatre rentes litigieuses, de quel droit en ont-ils, dans l'espèce où ils se trouvent, réclamé la moitié à ce même titre? Que leur mère se soit remariée après l'abolition de la dévolution, ou que remariée avant, elle soit morte après, c'est pour eux la même chose. Dans un cas comme dans l'autre, les rentes litigieuses ont conservé, nonobstant l'abolition de la dévolution, la qualité immobilière que leur avait imprimée le contrat de mariage du 11 juin 1767; elles ne sont donc pas plus devenues, dans un cas que dans l'autre, passibles de la contribution à la Fourmorture.

» Conclurons-nous de là, avec les mineurs Duval, que le jugement du tribunal de Bruxelles doit être annulé? Il devrait l'être sans doute, si nous ne devions nous attacher qu'à ces motifs. Mais quoique mal motivé, il peut avoir bien jugé; et c'est ce qu'il a fait, comme vous allez le voir.

» Par l'effet de l'immobilisation des rentes acquises pendant le mariage d'Antoine Leroy et de Marie-Thérèse Dewolf, par l'effet de leur parfaite assimilation aux main-fermes du chef-lieu de Mons, ces rentes ont dû être considérées comme de véritables conquêts, et par conséquent à la mort d'Antoine Leroy, la propriété de ces rentes a dû se partager par moitié entre ses enfans et sa veuve.

« Il est vrai que sa veuve a dû jouir et a effectivement joui de la totalité, mais à quel titre? Comme propriétaire à raison de sa moitié, et comme usufruitière à raison de la moitié échue à ses enfans de premières noces.

» Ses enfans de premières noces ont donc dû, à sa mort, reprendre leur moitié dans sa succession, non à titre de Fourmorture, mais comme héritiers de leur père, mais en vertu du principe qui veut qu'au décès de l'usufruitier, le propriétaire rentre dans la jouissance de son bien.

» Le tribunal d'appel de Bruxelles a donc bien jugé en leur accordant, dans la succession de leur mère, le prélèvement de la moitié de ces rentes. Il aurait dû sans doute, si la demande lui en eût été faite, leur accorder également leurs portions viriles dans l'autre moitié, puisqu'ils étaient héritiers de leur mère tout aussi bien que de leur père; mais les enfans du premier lit n'avaient rien demandé à cet égard, et le tribunal d'appel de Bruxelles ne pouvait pas juger *ultrà petita*.

» Les mineurs Duval ont donc bien plus à se louer qu'à se plaindre de cette partie du jugement qu'ils attaquent, et c'est assez dire que leur premier moyen de cassation ne peut pas être accueilli.

» Le deuxième vous présente une question très-intéressante et en même temps très-épineuse, celle de savoir si le tribunal d'appel de Bruxelles a violé les lois de la matière, en jugeant que la Fourmorture constituée par Marie-Thérèse Dewolf à ses filles de premières noces, lors de son second mariage avec le cit. Duval, ne devait pas être considérée de sa part comme une *anticipation d'hérédité*, comme un avancement d'hoirie, et que par suite elle n'était pas sujette au rapport dans sa succession.

» Les mineurs Duval soutiennent qu'en jugeant ainsi, le tribunal d'appel de Bruxelles a heurté de front l'art. 1er du chap. 36 de la coutume du chef-lieu de Mons, aux termes duquel, suivant eux, la *Fourmorture* est une délibération anticipée de la succession de celui qui la constitue; qu'il a également prononcé contre le texte formel de l'art. 9 du ch. 11 des chartes générales du Hainaut, qui, disent-ils, assujettit expressément la *Fourmorture* au rapport; et que, par une conséquence nécessaire, il a contrevenu aux art. 9 et 11 de la loi du 17 nivôse an 2, qui ordonnent le rapport de tout ce qu'un père a *donné* ou *payé* à ses enfans.

» Vous avez donc à examiner quel est, dans le ci-devant Hainaut, et notamment dans la coutume du chef-lieu de Mons, le caractère distinctif de la *Fourmorture*, et spécialement si la *Fourmorture* appartient aux enfans du premier lit du chef du premier mourant de leurs père et mère, ou si, en la leur assignant, le dernier vivant de leurs père et mère est censé leur donner, leur avancer une portion de son propre patrimoine.

» De ces deux partis, le second a en sa faveur des raisons d'une grande force, et qui, du premier abord, paraissent sans réplique.

» Dans la coutume du chef-lieu de Mons, l'on n'a jamais connu la continuation de communauté. Dans cette coutume, celui des deux époux qui survit avec des enfans, n'est pas obligé, pour rompre la communauté, de faire un inventaire; elle cesse de plein droit, parce qu'à titre *d'entravestissement de sang*, il a l'usufruit de la portion de ses enfans dans les conquêts faits pendant le mariage, et la propriété de tous les immeubles qui étaient communs entre lui et son époux prédécédé. *(V. Entravestissement).*

» Il est vrai que lorsque le survivant se remarie, la coutume l'oblige de *faire parçon* à ses enfans, c'est-à-dire de leur donner, pour Fourmorture, l'équivalent de la moitié des meubles qui existent en ce moment dans la communauté.

» Mais, d'un côté, lorsque le survivant ne se remarie pas, ses enfans n'ont rien à lui demander; il demeure propriétaire incommutable de tous les meubles qui se sont trouvés dans la communauté; il en dispose en maître absolu, et l'emploi qu'il en fait est à son profit singulier.

» D'un autre côté, lors même qu'il se remarie, ce qu'il donne à ses enfans n'est pas considéré comme l'équivalent de leur part dans la communauté du chef de leur père ou mère prédécédé; non, c'est une part qu'ils prennent par anticipation dans la succession mobilière du conjoint survivant, et que la coutume leur affecte pour les indemniser de ce qu'à la mort de celui-ci, ils ne prendront rien dans ses meubles, qui appartiendront en totalité aux enfans du second lit.

» Ceci paraît singulier; mais la coutume s'en explique trop formellement pour qu'on puisse le révoquer en doute: *Quand une personne* (dit elle, chap. 36) *ira de vie à trépas en vefve* (viduité), *ayant enfans de plusieurs mariages, ses biens meubliers succéderont à ses enfans lors vivans qu'il aura de son dernier mariage...., sans que les enfans d'autre mariage puissent y avoir aucun droit, d'autant que parchon leur doit et devra avoir été faite au remariage de leur père ou mère.*

» Ainsi, les enfans du premier lit sont exclus de la succession mobilière du survivant remarié, parcequ'il leur a été constitué une *parçon* avant que le survivant passât en secondes noces. Cette *parçon*, c'est donc dans le patrimoine même du survivant qu'on l'a prise, pour la donner aux enfans du premier lit; c'était donc au survivant qu'appartenaient tous les meubles de la communauté qui avait existé entre lui et leur père ou mère prédécédé. S'il en était autrement, quelle justice y aurait-il à les exclure de la succession mobilière du survivant, précisément parce qu'ils auraient eu une *parçon* avant son mariage? Serait-il bien conséquent de dire: » Vous n'aurez rien dans » les meubles de votre père, parce que vous avez eu » les meubles de votre mère »? — Voilà portant ce qu'on ferait dire à la coutume, si l'on ne supposait pas qu'elle a considéré la *parçon* comme une délibation du propre mobilier du père, comme une portion anticipée qu'elle l'a forcé de donner à ses enfans dans sa propre succession; or, il est évident que la coutume ne peut pas avoir eu ces vues, sans que le survivant avec enfans soit propriétaire plein et absolu de tous les meubles de la communauté.

» Aussi, voyez comment elle s'exprime, chap. 36, en parlant des meubles qui se trouvent dans la possession d'un veuf avec enfans, lorsqu'il vient à mourir: *Quand une personne ira de vie à trépas en vefve ayant enfans de plusieurs mariages*, SES BIENS MEUBLIERS *succéderont*, etc.

» SES BIENS MEUBLIERS! C'est donc à lui qu'appartiennent les meubles de la communauté qui a existé entre lui et son dernier conjoint. Il n'y a donc pas de continuation de communauté entre lui et les enfans de son dernier mariage.

» C'est ce que prouve encore bien clairement l'art. 1er du chap. 25 des *chartes-préavisées*, c'est-à-dire, du projet de réforme de la coutume du chef-lieu de Mons, rédigé dans le dix-septième siècle: » Un homme ou femme vefve, voulant se remarier, » sera tenu, avant espouser, comparoir par-devant » quatre échevins du lieu de sa résidence, afin de » faire parchon mobilière, que l'on disait ci-devant » Fourmourture, qui sera de la moitié de ses meubles, » et déclarera qu'elle pourra faire sur sa fidélité, » pour, suivant ce, par lesdits échevins, ouïr et » examiner deux parens plus proches auxdits en- » fans..., pour savoir et découvrir la valeur et mon- » tance *des biens meubles du remariant*, afin d'ar- » bitrer et tauxer ladite parchon à l'avenant de ladite » moitié ».

» On voit, par là, que c'est au *remariant*, qu'appartiennent en toute propriété les meubles dans lesquels ils donne une *parçon* ou *Fourmorture* à ses enfans de premières noces. Dès là, on le repète, point de continuation de communauté.

» Aussi, remarquons-nous que la coutume ne soumet pas à la *Fourmorture* les immeubles qui ont pu être acquis par le survivant pendant sa viduité; et dans le fait, il est inouï qu'on ait prétendu les y faire entrer. D'où celà vient-il? Précisément de ce que là *Fourmorture* ne se prend point par les enfans à titre de continuation de communauté, mais à titre de succession anticipée, titre qui emporte la nécessité de partager suivant l'état où se trouvent les choses au moment où il a son effet.

» Ajoutons encore que, suivant l'usage constant et immémorial du chef-lieu de Mons, la *Fourmorture* n'est due qu'à ceux des enfans du premier lit qui, à l'époque du remariage de leur père, sont encore *en pain*, c'est-dire, soumis à la puissance paternelle. Cet usage, qui n'avait jamais été contesté, l'a été pour la première fois peu de temps avant la réunion du Hainaut autrichien à la république française; mais les efforts que l'on a faits alors pour le renverser ont été inutiles : il a été confirmé par un arrêt du conseil souverain de Mons, du 12 février 1791 (1). — Et que résulte-t-il de cet usage ? Il en résulte que la *Fourmorture* n'était due qu'aux enfans habiles à succéder aux meubles de leur père qui se remariait ; car, pour succéder aux meubles d'un homme qui laissait des enfans de plusieurs mariages, il fallait être *en pain* au moment où s'ouvrait la succession mobilière : l'art. 1er du chap. 36 de la coutume le dit en toutes lettres. — On ne donnait donc une *Fourmorture* aux enfans *en pain* du premier lit, que parce qu'ils avaient droit à la succession mobilière de celui de leur père ou mère qui se remariait ; c'était donc à titre d'avancement de cette succession, qu'ils prenaient leur *Fourmorture* ; ils ne la prenaient donc pas du chef du prédécédé de leur père ou mère.

» Et voilà pourquoi les chartes générales, qui ne connaissaient pas la puissance paternelle à l'égard des enfans de chevaliers et d'anciens nobles, qui, dès l'instant où ces enfans voyaient le jour, les déclaraient *hors de pain* ou émancipé (*chap.* 10, *art.* 5), ne leur donnaient pas de *Fourmorture*, lorsque le survivant de leur père ou mère venait à se remarier. (*chap.* 10 *art.* 5) ; c'est qu'alors, les enfans du premier lit devaient, quoique émancipés, succéder aux meubles de leur père ou mère remarié, concurremment avec les enfans du second lit, qui naissaient comme eux *hors de pain*, en état d'émancipation chap. 11, art. 9).

» Voilà pourquoi encore la veuve d'un chevalier qui se remariait dans la roture, était assujettie par les chartes générales (chap. 11, art. 5), à donner une *Fourmorture* à ses enfans de premières noces ; c'est que les enfans qui pouvaient naître de son second mariage, étant, par leur condition, sujets à la puissance paternelle, auraient exclu de sa succession mobilière les enfans du premier lit émancipés dès leur naissance.

» Enfin, disent les mineurs Duval, ce qui achève de démontrer que la *Fourmorture* n'est pas considérée en Hainaut comme une portion des biens de l'époux prédécédé, mais uniquement comme une portion anticipée de la succession de l'époux survivant qui se remarie, c'est qu'elle est due même par la veuve, qui, après la mort de son premier mari, a renoncé à la communauté.

Et après tout, disent-ils encore, ce n'est pas de la coutume que notre mère a reçu la propriété intégrale de la communauté mobilière qui avait existé entre elle et son premier mari ; elle l'a reçue des mains de son premier mari lui-même, qui la lui avait donnée par son contrat de mariage. C'est donc au contrat de son premier mariage seulement qu'il faut s'attacher pour connaître la nature et l'étendue de ses droits. Or, par ce contrat, notre mère est incommutablement propriétaire de tous les meubles provenans de son premier mari. C'est donc sur des meubles qui n'appartenaient qu'à elle seule, que, lors de son second mariage, elle a constitué une *Fourmorture* aux enfans de ses premières noces. C'est donc de son patrimoine personnel qu'elle a détaché cette *Fourmorture*. Cette *Fourmorture* est donc sujette à rapport dans sa succession.

» Tels sont les argumens que peuvent employer et qu'emploient en partie les mineurs Duval à l'appui de leur système ; il s'agit maintenant de les apprécier.

» Le point d'où il faut partir, est que la coutume du chef-lieu de Mons se sert indifféremment des mots *parçon* et *Fourmorture*, comme signifiant la même chose. Dans l'art. 1 du ch. 36, elle appelle *parçon*, ce qu'elle qualifie de *Fourmorture* dans le 5e article du même chapitre. — Le texte des *chartes préavisées*, que nous avons eu l'honneur de vous citer, énonce que la *parçon* dont il parle est ce que l'on nommait *autrefois Fourmorture*. — Et l'art. 2 de la charte donnée au chef-lieu de Mons par Guillaume de Bavière en 1410, lie également ensemble ces deux expressions comme parfaitement synonymes ; *Item*, porte-t-il, *si aucun parâtre, ayant jeunes enfans, les faisait quitter* (c'est-à-dire leur faisait donner quittance de) *leur parçon et Fourmorture*...

Il n'est donc pas permis de douter que la *Fourmorture* dont il est question dans la coutume du chef-lieu de Mons, ne soit absolument la même chose que la *parçon* dont parlent les chartes générales du Hainaut.

» Mais qu'est-ce qu'entendent ces lois par le mot *parçon*? Qu'est-ce qu'elles entendent par le mot *Fourmorture* ? Elle ne le définissent pas ; et dès-là, il semble naturel, disons mieux, il est indispensable d'en chercher le sens dans les coutumes locales du Hainaut même, et dans les coutumes des contrées voisines.

» Or, parmi les coutumes locales du Hainaut, nous en trouvons une qui définit ainsi la *Fourmorture :* « Si l'un des deux conjoints par mariage va de vie » à trépas, délaissant enfans d'icelle conjonction, et » le survivant se remarie, il doit proprement faire » partage à sesdits enfans ou enfant, *de la part du* » *prédécédé, que l'on appelle Fourmorture*, en » sorte qu'outre leur droit de biens patrimoniaux et » d'acquêts, le remariant doit laisser suivre ou ra- » cheter la moitié des biens-meubles de la commu- » nion, qui appartiennent aux enfans ». Ce sont les termes de la coutume de Lessines, tit. 7, art. 8.

» La coutume de Cambrésis, qui peut aussi être citée comme coutume locale du Hainaut, puisqu'elle en régit une portion quant aux main-fermes, déclare, tit. 7, art. 11, que, si l'époux survivant se remarie sans assigner à ses enfans *Fourmorture compétente pour la part de leur père ou mère défunt*, ceux-ci pourront lui demander la juste moitié de la communauté mobilière, suivant l'état où elle se trouvait à la mort du prédécédé.

» La coutume de La Bassée, qui régit également les main-fermes et les meubles d'une portion du Hainau, s'explique ainsi, art. 7 : « Par le trépas de l'un » des deux conjoints délaissant biens-meubles, maisons » et héritages réputés pour meubles..., au survivant » compètent et appartiennent tous et quelconques les- » dits biens, jaçoit qu'ils viennent et procèdent du lez

(1) *V.* mon *Recueil de questions de droit*, au mot *Fourmorture*, §. 3.

» et côté dudit défunt, et peut tel survivant user et » disposer desdits biens à son plaisir et volonté. Mais » s'il se remarie, il est tenu de *faire partage* aux en- » fans ou héritiers du premier mourant, tel que de » la moitié desdits biens, maisons et héritages, à la » charge de payer la moitié des dettes ».

» Dans cet article, il est vrai, on ne trouve pas le mot *Fourmorture;* mais l'expression *partage* y remplace évidemment le terme *parçon*, qui en est le synonyme, et l'y remplace de manière à ne laisser aucun doute que c'est la portion des biens de l'époux prédécédé, qui, à l'époque du second mariage du survivant, doit être délivrée par celui-ci aux enfans ou héritiers de celui-là.

» Et la preuve que c'est dans ce sens que l'on a toujours défini la *Fourmorture* dans les coutumes voisines, notamment dans celles de Lille et de Tournai, qui, sur cette matière, ont la plus grande affinité avec celle du chef-lieu de Mons, c'est la manière dont s'expliquait, long-temps avant la rédaction de ces coutumes, le célèbre auteur de la *Somme rurale*, ch. 76: « Si enfans demeurent (ce sont les termes de » Boutellier), le père mort et la mère vivante, la mère » jouira de tous les meubles et héritages tant qu'elle » se tiendra de se remarier; et si elle se remarie, ses » enfans qu'elle a, un ou plusieurs, s'ils veulent de- » mander leur *parchon* contre elle, avoir la doivent » de la moitié des héritages et des meubles ». — Plus bas; il prévoit le cas où les enfans du premier lit ne demandent leur *parchon* que quelque temps après le *remariage* de leur mère; et voici comment il règle leurs droits: « S'il advient qu'un homme prenne une » femme à mariage qui ait enfans d'aucun mari, et » après ce qu'il l'aura épousée, lesdits enfans deman- » dent *parchon du Fourmort de leur père*, sçachez » qu'on doit faire de tous les meubles qu'ils ont, trois » monts, dont l'un des monts aura la mère, et l'autre » mont le parâtre, et l'autre mont auront les enfans ». — Plus bas encore, il demande quels seront les droits des enfans du premier lit, si leur mère remariée vient à mourir avant qu'ils lui aient demandé leur *parchon;* et voici sa réponse: « Si la mère se remarie, » comme dit est, et elle a enfans de son second mari, » les enfans du second mari partiront contre les en- » fans du premier mari: c'est à savoir, les premiers » enfans auront la moitié de l'héritage venu de leur » père *pour la Fourmorture venant de leur dit père*, » et l'autre partie ou moitié sera partie fraternelle- » ment autant à l'un comme à l'autre ».

» Il est donc bien constant que, dans les coutumes voisines, comme dans les coutumes locales du Hainaut, la *Fourmorture* ou *parçon* a toujours été considérée comme un droit appartenant aux enfans du premier lit, du chef de leur père ou mère prédécédé, comme représentant à leur égard sa succession mobilière, comme leur tenant lieu de cette succession.

» C'est déja une grande présomption que telle est également en Hainaut la nature de la *parçon*, que tel est également en Hainaut le caractère de la *Fourmorture*.

» Mais cette présomption va se convertir en preuve par la lecture de l'art. 6 du chap. 29 des chartes générales elles-mêmes: « Si, par le trépas de père ou » de mère, la moitié de leurs biens meubles, suivant » les conventions de leur mariage, échet à leurs en- » fans, iceux seront chargés de la moitié des dettes, » *et ne sera le survivant, s'il se remarie, sujet à* » *leur faire parçon* ». — Pourquoi les enfans du premier lit n'ont-ils pas droit à la *parçon* ou *Fourmorture*, lorsque, par le contrat de mariage de leurs père et mère, il a été dérogé à la loi générale, qui attribue au survivant des époux avec enfans, la propriété de toute la communauté mobilière? C'est parce qu'en ce cas, ils prennent eux-mêmes, aussitôt après la mort du prédécédé de leur père ou mère, la moitié qui lui appartenait dans cette communauté; c'est parce qu'ils ont hérité immédiatement de leur père ou mère prédécédé, l'objet intégral de leur *Fourmorture;* c'est conséquemment parce que la *Fourmorture* n'est pour eux que la représentation de la part de leur père ou mère prédécédé, dans la communauté mobilière.

» Telle est effectivement la conséquence qu'a tirée de cet article, dans un commentaire manuscrit généralement estimé en Hainaut, un magistrat qui, dans le dix-septième siècle, a siégé pendant quarante-cinq ans au conseil souverain de Mons, d'abord comme conseiller, ensuite comme *fiscal* ou procureur-général, et enfin comme premier président. Nous voulons parler de M. Petit, dont l'ouvrage nous a été communiqué en 1779 par M. Millendorf, l'un de ses successeurs dans la première présidence. Voici comment il s'explique sur ces mots, *suivant les conventions de leur mariage:* « Car autrement, » sur pied de la coutume, le superstite demeure saisi » de tous les effets de la société, avec les mêmes » droits et prérogatives que le mari avait avant la » rupture du lit; par conséquent de même sujet à » toutes dettes, comme administrateur de la société, » tant et si long-temps qu'elle subsiste: et au surplus, » en cas de dissolution par son mariage, à faire par- » chon à ses enfans retenus de son lit précédent; de » quoi néanmoins il est déchargé au cas de notre ar- » ticle: car les enfans profitant, au trépas du premier » mort, de la moitié des meubles, le superstite de- » meure hors d'obligation de leur faire parchon, *la-* » *quelle n'est en effet autre chose que la part qui* » *leur est dévolue en la société par la mort du pré-* » *décédé* ».

» Nous trouvons la même doctrine dans l'*Introduction aux coutumes du Hainaut*, ouvrage anonyme, mais déjà ancien, et qui est en manuscrit dans les bibliothèques de tous les jurisconsultes de Mons: « La *Fourmorture* (y est-il dit) est la part » des meubles que les enfans doivent avoir par la » mort de leur père ou mère prédécédé; ou c'est la » part des meubles qui compète aux enfans dans la » société continuée entre eux et le superstite ».

» C'est ainsi dans ce sens que la *Fourmorture* a été définie dans le ci-devant Hainaut français, par les jurisconsultes qui ont écrit sur les chartes générales: « Dans la province du Hainaut (dit Raparlier, » sur le chap. 10 de ces lois), lorsque le survivant de » deux conjoints avec enfans, soit homme ou femme, » passe en secondes noces, il est obligé d'assigner » une portion mobilière à chacun de ses enfans à

» *cause de la succession qui leur est dévolue par* » *la mort de l'un des conjoints* ». Il répète la même chose sur le chap. 11, en observant que la Fourmorture se règle *relativement à la masse mobilière* dont la moitié est censée dévolue aux enfans par le décès du premier mourant des conjoints ; et sur l'art. 6 du chap. 29, il ajoute : « En ce cas (c'est-à-dire, lors- » que, par le contrat de mariage, il a été convenu » qu'à la mort du prédécédé, les enfans partageraient » les meubles par moitié avec le survivant), il est » juste que la Fourmorture ou parçon n'ai pas lieu, » *parce qu'elle représente le droit dévolu aux en-* » *fans par la mort de l'un des conjoints*, et qu'ayant » les meubles en nature, il est sensible qu'ils ne peu- » vent pas en avoir le prix ». — Dumées, dans sa *Jurisprudence du Hainaut français*, page 316, dit également : « Un père qui se remarie est obligé de » donner à ses enfans du premier lit la moitié par » prisée et estimation de tous ses meubles et biens » réputés tels ; *mais il ne leur donne en quelque fa-* » *çon rien du sien* ; *il leur délivre ce qui leur vient* » *de leur mère*. On appelle cette portion de meubles » assignée aux enfans du premier lit, *Fourmorture*. » Elle se règle suivant la quantité des meubles qui » existent alors, toutes dettes déduites : ainsi, mal- » heur aux enfans dont le père veuf a dissipé ce qu'il » avait, et qui a contracté des dettes. Il n'y a point » de *Fourmorture* à espérer pour eux : la commu- » nauté ayant continué depuis la mort de leur mère, » le père qui en était le chef et le maître, comme » pendant le mariage, a pu la diminuer ou l'augmen- » ter : si cette communauté fût devenue plus opu- » lente, la Fourmorture des enfans en eût senti les » effets ; par la même raison, lorsque cette commu- » nauté s'appauvrit, la Fourmorture ne peut être » que médiocre ».

» Ainsi, toutes les autorités possibles viennent se réunir pour faire considérer la *parçon* dont parlent les chartes générales du Hainaut, comme l'équivalent de la portion qui appartenait aux enfans du premier lit, dans la communauté mobilière du chef de leur père ou mère prédécédé ; et ce qu'il y a de plus remarquable ; c'est que les chartes générales elles-mêmes impriment à cette doctrine le sceau de la puissance législative, en déclarant qu'il n'y a pas lieu à *parçon*, lorsque par le contrat du premier mariage les enfans ont été appelés à succéder directement, après le décès du premier mourant, à sa portion dans cette communauté.

» On oppose cependant quelques objections qu'il est de notre devoir d'examiner ; et d'abord, dit-on, l'art. 3 du chap. 11 des chartes générales porte que « si chevalier va de vie à trépas, délaissant sa femme » et génération d'elle, et par après icelle se remarie » à autre non chevalier, elle fera parçon ». — Dans le cas prévu par cet article, la veuve était demeurée, par la mort de son mari, propriétaire de tous les meubles de la communauté. Il n'y avait donc pas, il ne pouvait même pas y avoir de continuation de communauté entre elle et ses enfans. Cependant qu'arrivait-il si elle se remariait à un homme qui n'était pas décoré de la chevalerie ? Elle encourait alors l'obligation de faire parçon à ses enfans. C'était donc sur des meubles, dont elle était seule propriétaire, que se prenait la *Fourmorture* de ceux-ci. La *Fourmorture* n'était donc pas pour ceux-ci la représentation de la part de leur père dans la communauté.

» Ce raisonnement, dans lequel les mineurs Duval ont montré une grande confiance, se détruit pourtant de lui-même, par la seule distinction entre la propriété commutable et la propriété incommutable. — Sans doute, par la mort du mari chevalier, la veuve était saisie de la propriété de tous les meubles de la communauté : mais elle ne l'était pas incommutablement ; elle ne l'était qu'à la charge, sinon de demeurer en viduité, du moins de ne pas *déroger* en se remariant. La durée de sa propriété était donc subordonnée au choix qu'elle pourrait faire dans la suite d'un second mari. Si elle se remariait à un chevalier, la propriété de la portion de son premier époux lui était acquise irrévocablement : si elle se remariait à un non chevalier, elle perdait cette propriété, et de là l'obligation que la loi lui imposait de faire *parçon* à ses enfans. — Ainsi, par une sorte d'effet de son *remariage* avec un non chevalier, la communauté était censée s'être continuée entre elle et les enfans de son premier lit. C'était une peine que les chartes générales avaient attachée à ce qu'elles appelaient une *dérogeance* de la part de la veuve ; et assurément cette peine n'offre rien qui ne s'allie parfaitement avec l'idée que la *Fourmorture* est, pour les enfans à qui on la constitue, la valeur de la part de leur père prédécédé dans la communauté mobilière. C'est ainsi que par le droit romain et par l'édit perpétuel de 1611, la veuve donataire qui se remarie, est obligée de réserver à ses enfans les biens qu'elle tient de la libéralité de son premier époux ; et l'on sait assez qu'alors ces biens passent aux enfans, non comme venant de leur mère, mais comme propres paternels.

» Les mineurs Duval opposent en second lieu l'art. 2 du même chap. 11 des chartes générales. Mais vous allez voir que cet article prouve bien plus contre eux qu'en leur faveur : « Chevalier (porte-t-il) ne sera » tenu de faire parçon à ses enfans à son remariage ; » mais si une femme veuve ayant eu épousé autre que » chevalier, se remariait à quelque chevalier, elle sera » tenue faire parçon ». — Pourquoi la veuve d'un non chevalier est-elle *tenue de faire parçon*, lorsqu'elle se remarie à un chevalier ? C'est évidemment parce que par la mort de son premier mari, elle n'est devenue maîtresse de la communauté mobilière que pour tout le temps qu'elle passerait en viduité ; c'est parce que la communauté mobilière s'est continuée entre elle et ses enfans, sous la condition que ses enfans ne pourraient pas lui demander partage tant qu'elle resterait veuve ; c'est parce qu'en se remariant, elle fait échoir la condition sous laquelle ses enfans sont appelés à lui demander partage.

» Et remarquez que dans le cas prévu par l'article dont il s'agit, les enfans qui pourront naître du second mariage seront, à l'instant même de leur naissance, *hors de pain* et émancipés ; et de là dérivent deux conséquences aussi simples que péremptoires : — La première, que les enfans du second mariage n'excluront pas leurs frères utérins de la succession mobilière de la mère commune, et que leurs frères utérins concourront avec eux dans cette succession, quoiqu'ils aient déjà reçu leur *Fourmorture* ; — La seconde, que la *Fourmorture* des enfans du premier lit n'est pas une portion anticipée de cette même succession, et que par suite elle n'est et ne peut être que l'équivalent de la part de leur père prédécédé dans la première communauté.

» Les mineurs Duval sont forcés de reconnaître la première de ces conséquences, qui d'ailleurs, comme vous l'allez voir, est expressément consignée dans l'art. 9 du chap. 11, mais ils contestent la seconde : suivant eux, la *Fourmorture* des enfans du premier lit, dans l'espèce réglée par l'art. 2 du chap. 11, est une portion anticipée de la succession de la mère remariée à un chevalier, et ce qui le prouve, disent-ils, c'est que l'art. 9 du même chapitre oblige les enfans du premier lit de la rapporter à cette succession même.

» Que porte donc l'art. 9 du chap. 11 des chartes générales? Le voici : « si chevalier ou sa veuve trépassait sans faire testament, laissant plusieurs enfans mariés et à marier, ses biens meubles, joyaux, cattels et dettes actives, écherront à tous lesdits enfans mariés et à marier, chacun à égale portion, en apportant néanmoins par chacun d'iceux enfans, ce qui est sujet à rapport en fait de meubles, suivant le droit écrit. » — Cet article dit-il que les enfans du premier lit de la veuve d'un chevalier rapporteront la *Fourmorture* qu'ils auront reçue de leur mère avant son second mariage? Non; il dit seulement qu'ils rapporteront *ce qui est sujet à rapport suivant le droit écrit*. Ils ne seront donc tenus de rapporter que ce que leur mère leur aura donné de son propre bien. Ils ne seront donc pas tenus de rapporter ce qu'elle leur aura assigné pour leur *Fourmorture*; ou, du moins, pour qu'ils y fussent tenus d'après l'article objecté par les mineurs Duval, il faudrait qu'il fût bien constant que ce qu'elle leur a assigné à titre de *Fourmorture*, c'est de son propre patrimoine qu'elle est censée l'avoir tiré; et certainement on ne trouvera pas un mot de cela dans cet article : cet article laisse donc la question absolument entière; et vouloir décider la question par cet article, c'est vouloir la décider par la question même.

» Il reste donc dans toute sa force l'argument qui résulte de l'art. 2 du chap. 11, rapproché du principe reconnu par les mineurs Duval eux-mêmes, qu'il est dû une *Fourmorture* aux enfans du premier lit d'une veuve roturière qui épouse un chevalier, quoique ces enfans doivent un jour concourir dans sa succession mobilière avec les enfans qu'elle pourra avoir de son second mariage : il reste donc démontré que la *Fourmorture* n'est pas due aux enfans du premier lit à titre d'indemnité de la privation qu'ils sont prétendus encourir de la future succession de leur mère, par l'effet de ses secondes noces; il reste donc démontré qu'elle ne leur est pas due en remplacement et par anticipation de cette future succession; il reste donc démontré qu'elle ne leur est due que par représentation de la moitié qui appartenait à leur père prédécédé dans la première communauté.

» Tel est, il n'est pas possible d'en douter, le vœu des chartes du Hainaut : et il ne s'agit plus que de savoir si la coutume locale du chef-lieu de Mons est, sur ce point, d'accord avec la loi générale de la province.

» Nous avons déjà observé que cette coutume ne définit pas la *Fourmorture* ou *parçon* dont elle ne parle que transitoirement; et déjà cette observation nous a mis sur la voie d'un principe qu'il est impossible de contester sérieusement : c'est que, pour la définition de la *Fourmorture* ou *parçon*, la coutume de Mons est censée s'en être référée aux coutumes voisines, et sur-tout aux autres coutumes locales du Hainaut, et sur-tout encore aux chartes générales du même pays. — Il est certain, en effet, que les chartes générales font loi dans le chef-lieu de Mons comme dans les autres parties du Hainaut, et que leur empire n'y cesse que dans le cas où la coutume locale leur est absolument contraire. — Ainsi, à moins que la coutume de Mons ne dise bien clairement que la *Fourmorture* est une délibation de l'hérédité future de l'époux survivant qui la constitue à ses enfans de premières noces en se remariant, nous devons tenir pour constant que, dans le chef-lieu de Mons comme dans les autres parties du Hainaut, la *Fourmorture* n'est, dans la main des enfans qui la reçoivent, considérée que comme la part de leur père ou mère prédécédé dans la communauté du premier mariage.

» Or, la coutume de Mons dit-elle bien clairement ce que lui font dire les mineurs Duval? dit-elle bien clairement que la *Fourmorture* est la succession anticipée d'une personne vivante? déroge-t-elle bien clairement, pour la *Fourmorture*, à la maxime *non est hereditas viventis?* attribue-t-elle bien clairement à la *Fourmorture* un caractère différent de celui que déterminent les chartes générales du Hainaut?

» Les mineurs Duval soutiennent l'affirmative; et c'est par l'art. 1 du chap. 36 de la coutume, qu'ils prétendent la justifier.

» Ils commencent par observer que ce chapitre est intitulé *de succession de meubles aux enfans de divers mariages*, et c'est, selon eux, une forte présomption que la *Fourmorture* est envisagée, par rapport aux enfans du premier lit, comme un droit dans la succession du survivant de leurs père et mère. — Mais cet intitulé n'est point dans l'original de la coutume. Dans la dernière édition qui en a été publiée en 1761, il existe un certificat du greffier du chef-lieu de Mons, en date du 5 août 1758, qui atteste « qu'audit original ne se trouvent point les inscriptions des chapitres, titres et matières couchés au texte en caractère capital et italique, que l'imprimeur a souhaité ajouter. »

» Que porte au surplus l'art. 1er, chap. 36? Il renferme cinq dispositions bien distinctes. — 1°. Si une personne veuve qui a des enfans de plusieurs mariages, meurt sans avoir disposé par testament de ses meubles, les enfans qu'elle a eus de son dernier mariage, et qui sont encore *en pain*, c'est-à-dire, qui ne sont pas encore émancipés, recueilleront seuls la succession mobilière. — 2°. Si tous les enfans de son dernier mariage sont *hors de pain*, sa succession mobilière se partagera également entre eux. — 3°. Dans l'un et l'autre cas, les enfans des mariages antérieurs n'y auront *aucun droit*. — 4°. S'il n'y a pas d'enfans du dernier mariage, les meubles appartiendront à ceux du mariage qui l'aura précédé immédiatement, et ils les partageront entre eux par tête. — 5°. Il en sera de même pour chaque mariage, c'est-à-dire, que s'il n'y a pas d'enfans de l'avant-dernier mariage, les enfans de l'antépénultième succéderont seuls aux meubles, à l'exclusion des enfans des mariages qui pourraient avoir été contractés auparavant.

» De ces cinq dispositions, la coutume ne motive que la troisième, et voici de quelle manière elle le fait : lorsqu'il y a des enfans (émancipés ou non) du dernier mariage, ceux des autres mariages n'ont aucun droit aux meubles du père commun, *de tant que parchon leur doit et devra avoir été faite au remariage de leur père ou mère*.

» Ainsi, disent les mineurs Duval, les enfans des mariages antérieurs au dernier, ne sont exclus de la succession mobilière du père commun, que parce que le père commun leur a constitué une *Fourmorture* en se remariant; la *Fourmorture* leur tient donc lieu de toute part dans cette succession : elle est donc pour eux un véritable avancement d'hoirie; elle n'est donc pas, à leur égard, la représentation de la part de leur mère prédécédée dans la communauté mobilière.

» Rien de plus spécieux que ce raisonnement, et nous conviendrons que long-temps il nous a séduit nous-mêmes. Mais, après l'avoir bien médité, nous n'y avons vu qu'un paralogisme, qu'un abus des expressions de la coutume, qu'un attentat manifeste contre ces dispositions.

» Si la coutume considérait la *Fourmorture* comme un avancement d'hoirie de la part de l'époux survivant qui la fournit, et si c'était là le motif qui la déterminât à exclure de la succession mobilière (dans le cas où il y a des enfans du dernier lit) les enfans des mariages précédens à qui il a été constitué une *Fourmorture*, bien évidemment lorsqu'il n'y a pas d'enfans du dernier mariage, tous les enfans des mariages précédens devraient succéder également aux meubles, puisque tous ont reçu leur *Fourmorture*, lorsque l'époux survivant s'est remarié. — Cependant que veut dans ce cas la coutume? Elle veut que les enfans de l'avant-dernier mariage succèdent seuls aux meubles; elle veut qu'ils excluent les enfans de l'antépénultième mariage, quoiqu'il leur ait été constitué une *Fourmorture*, tout aussi bien qu'à ceux-ci : *et si icelle personne trépassée n'avait nuls enfans de son dernier mariage, lesdits biens meubles appartiendront aux enfans de son précédent mariage par têtes, et ainsi pour chacun mariage*. — Ce n'est donc pas de la *Fourmorture* que dérive, lorsqu'il y a des enfans du dernier lit, l'exclusion des enfans des mariages précédens par rapport à la succession mobilière. Il faut donc chercher ailleurs le principe de cette exclusion.

» Et il n'est pas besoin de grands efforts pour le trouver; l'art. 1 du chap. 56 nous l'indique très-clairement : c'est que la succession mobilière appartient toujours aux enfans du dernier des mariages dont il reste des enfans. Ainsi, qu'un homme ait été marié trois fois, s'il y a des enfans de son troisième mariage, c'est à eux qu'appartiennent les meubles; s'il n'y a point d'enfans du troisième mariage, les meubles sont déférés aux enfans du second; et ce n'est qu'à défaut d'enfans du second et du troisième, que les enfans du premier peuvent arriver à l'hérédité mobilière. — Voilà ce que dit la coutume, et elle le dit de la manière la plus positive.

» Qu'entend-elle donc quand, après avoir déféré les meubles aux seuls enfans du dernier lit, elle ajoute : *sans que les enfans d'autres mariages paravant y puissent avoir aucun droit, de tant que parchon leur doit et devra avoir été faite au remariage de leur père ou mère?* Ce qu'elle entend? Une chose fort simple; c'est que les enfans du dernier lit doivent succéder seuls aux meubles, sans que ceux des mariages précédens puissent les inquiéter sous le prétexte qu'une partie de ces meubles proviendrait de leur père ou mère prédécédé; et la coutume en donne sur-le-champ la raison : *de tant que parchon leur doit et devra avoir été faite au remariage de leur père ou mère*. — C'est comme si elle disait : je donne tous les meubles de chaque veuf aux enfans de son dernier mariage : à la vérité, ces meubles peuvent venir en partie de la communauté qui a existé entre lui et son premier époux, mais les enfans du premier lit n'y pourront pour cela rien prétendre du chef de celui-ci, parce qu'ils ont reçu l'équivalent de sa part, au moyen de la *Fourmorture* qui leur a été constituée lors du second mariage du survivant de leur père et mère. — Et assurément, la coutume, en s'expliquant ainsi, est bien éloignée de considérer la *Fourmorture* comme un avancement d'hoirie de la part de l'époux survivant qui la constitue; il est évident, au contraire, qu'elle la considère comme une dette dont il est chargé envers ses enfans de premières noces, par représentation de leur part dans la communauté de son premier mariage.

» Tel est effectivement le point de vue sous lequel la *Fourmorture* a toujours été envisagée dans le chef-lieu de Mons. C'est ce qu'attestent tous les commentaires manuscrits qui existent sur la coutume de cette partie du Hainaut; et c'est ce qu'a formellement jugé un arrêt du conseil souverain de Mons, du 25 février 1685, rapporté en ces termes dans le recueil de M. Hennekinne, l'un des juges qui l'ont rendu : — « Jacques-Mathieux Hainaut, à titre de la nommée Deltentre, sa femme, demande aux échevins » d'Ath, renseignemens de 100 liv. de rente promise » par Louis Deltentre, son beau-père, à cause de » son remariage, comme aussi des cours et arrière-» cours selon loi. — Louis Deltentre, *emprenant* » pour lesdits échevins (c'est-à-dire prenant leur fait » et cause), dit pour réponse qu'il est véritable qu'il » a promis à iceux échevins 100 liv. de rente pour » ladite Fourmorture, et de le garantir et indemni-» ser de tout ce qui en dépend; mais de tant qu'il » demeurait à Ath, dans un lieu soumis au chef-lieu » de Valenciennes, au temps de la rupture de son » premier mariage, aussi bien que son remaria-» ge, il n'a été par conséquent sujet à faire Four-» morture non pratiquée audit chef-lieu; et que s'il » l'a fait, ç'a été par une libéralité, de laquelle sa-» dite fille est privable, d'après le placard du 29 no-» vembre 1623, à raison qu'elle s'est mariée contre

» le gré et su de son père. — On a premièrement » tenu qu'il fallait considérer le lieu de la rupture » du premier mariage, pour régler la redevance de » la Fourmorture; et de tant que Louis Deltentre n'a » vérifié qu'il demeurait sur le chef-lieu de Valen- » ciennes au temps de la mort de sa première fem- » me, on a jugé que ladite Fourmorture était une » vraie dette, et non libéralité; par conséquent, que » sa fille n'en pouvait être privée pour l'abus com- » mis par son mariage contracté contre le su de son » père, à raison que le placard s'entend pour les biens » qui sont censés venir du père ou de la mère mé- » prisée : *or, ladite Fourmorture vient du côté de* » *la femme morte* avant le crime commis ».

» Cet arrêt juge nettement que l'exhédération encourue par un enfant, pour s'être marié malgré son père veuf, n'emporte pas la privation de la *Fourmorture* que lui avait constituée celui-ci en se remariant; il juge que la *Fourmorture* n'est pas censée provenir des biens du père qui l'a constituée; il juge qu'elle fait partie des biens de la mère prédécédée; en un mot, il juge notre question dans le même sens que vient de le faire le tribunal d'appel de Bruxelles.

» Le même principe a encore dicté un jugement du tribunal civil du département de Jemmapes, du 2 fructidor an 4. — Jean-Baptiste Lepreux, marchand à Mons, avait perdu sa femme en germinal an 3; et il s'était remarié en prairial an 4, sans constituer une *Fourmorture* à ses enfans encore mineurs et non émancipés. Les tuteurs de ceux-ci s'étant pourvus pour l'y faire contraindre, il a prétendu que la loi du 17 nivôse an 2 l'en dispensait, par cela seul qu'elle abrogeait la disposition de la coutume qui déférait la succession mobilière aux enfans du deuxième lit, privativement à ceux du premier; que, d'après la coutume, la *Fourmorture* n'était due aux enfans du premier lit que par compensation et pour les indemniser de leur exclusion de l'hérédité mobilière du père remarié; que cette exclusion n'ayant plus lieu, les enfans du premier lit n'avaient plus d'action pour se faire assigner une *Fourmorture*. — Mais par le jugement cité, le tribunal civil du département de Jemmapes a considéré que la *Fourmorture* était représentative de la portion de la mère des mineurs Lepreux, dans la communauté du premier mariage; et que la loi du 17 nivôse an 2 ne contenait aucune disposition qui en eût déchargé le père; en conséquence, il a condamné Jean-Baptiste Lepreux à fournir à ses enfans la *Fourmorture* que réclamaient leurs tuteurs.

» Ainsi, en l'an 4, le tribunal civil du département de Jemmapes a défini la *Fourmorture* de la même manière que l'avait fait le conseil souverain de Mons en 1685; et c'est certainement un grand préjugé en faveur de l'interprétation si simple, si naturelle d'ailleurs, que nous avons donnée à l'art. 1er du chap. 36 de la coutume.

» Que deviennent après cela les divers argumens sur lesquels repose le système des mineurs Duval? Déjà nous en avons réfuté une partie, la réfutation des autres n'exigera pas de grands efforts

» Le survivant des époux avec enfans, disent les mineurs Duval, est propriétaire, par *droit d'entravestissement de sang*, de tous les meubles de la communauté; or, c'est sur ces meubles que se prend la *Fourmorture*: la *Fourmorture* se prend donc sur la propriété du survivant; elle doit donc être rapportée à sa succession.

» Nous observerons d'abord que, ni la coutume de Mons, ni les chartes générales du Hainaut, ne disent un mot du droit *d'entravestissement de sang*; que ni l'une ni l'autre ne renferment aucune disposition qui attribue au survivant des époux avec enfans la propriété de la communauté mobilière, et que si, sous l'une comme sous l'autre, on s'est habitué à regarder le survivant des époux avec enfans comme propriétaire de cette communauté, c'est uniquement par induction des articles qui l'obligent de faire *parçon* à ses enfans lorsqu'il se remarie, obligation qui, en effet, suppose que jusqu'à son second mariage, ses enfans n'ont rien à lui demander, et que conséquemment il demeure maître absolu de tous les meubles qui ont été communs entre lui et son époux prédécédé.

» Mais supposons le droit *d'entravestissement de sang* établi en Hainaut, comme il l'est dans la coutume de Lille et de Tournai; qu'en résultera-t-il? Rien autre chose, si ce n'est qu'en cas de mort de l'un des époux avec enfans, le survivant devient propriétaire de tous les meubles de la communauté, mais sous la condition résolutoire, *pourvu qu'il ne se remarie pas*; que cette condition résolutoire venant à s'accomplir par le second mariage du survivant, la communauté est censée n'avoir pas été dissoute par la mort du prédécédé, mais avoir continué entre le survivant et ses enfans; que par suite, la *Fourmorture* que le survivant donne à ses enfans, lorsqu'il se remarie, n'est pour eux que la représentation de leur part dans cette communauté. — Car c'est ainsi qu'on en a constamment usé dans les coutumes de Lille et de Tournai; et jamais (nous pouvons personnellement vous en donner l'assurance formelle), jamais, dans ces coutumes, on ne s'est avisé de regarder la *Fourmorture* comme une portion anticipée de la succession du survivant.

» Mais, disent les mineurs Duval, si c'était à raison de la communauté continuée que les enfans prissent leur *Fourmorture*, ils la prendraient sur les immeubles acquis par le survivant pendant sa viduité, comme sur les meubles encore existant à l'époque du second mariage. Cependant il est d'un usage constant et immémorial de ne pas faire entrer dans la *Fourmorture* les immeubles acquis pendant la viduité du vivant.

» Oui, tel est effectivement l'usage du Hainaut; mais il n'exclut pas l'idée d'une communauté continuée entre l'époux survivant et ses enfans, et il y en a deux raisons bien sensibles.

« Dans tout le Hainaut, les fiefs et les francs-alleus achetés pendant le mariage, appartiennent au mari seul, sans *récompense* envers la femme. Cela empêche-t-il qu'il n'y ait communauté entre les deux époux? Non. L'époux survivant peut donc bien aussi *faire siens* les immeubles qu'il acquiert, sans qu'il en existe moins une communauté proprement dite entre lui et ses enfans. — Première raison contre l'argument des mineurs Duval.

» Mais d'ailleurs, et voici la seconde, la loi du Hainaut a pourvu, par une précaution très-efficace, aux abus que le survivant pourrait faire de cette faculté d'acquérir pour lui seul des immeubles dont le prix se prend dans la communauté continuée : c'est que, par le seul effet de son second mariage, la *dévolution* vient enchaîner tout ce qu'il possède en ce moment d'immeubles, et par conséquent tout ce qu'il a acquis en viduité; c'est que, par-là, tous ses biens-fonds actuels sont tellement affectés aux enfans du premier mariage, que non-seulement il ne peut plus les aliéner ni les grever de nouvelles dettes, mais que les enfans du premier mariage les prélèvent hors part dans sa succession.

» Les mineurs Duval cherchent encore à tirer parti de l'usage où l'on est en Hainaut de ne donner la *Fourmorture* qu'aux enfans qui ne sont pas émancipés lors du second mariage de leur père ou mère survivant. S'il y avait, disent-ils, continuation de communauté entre le survivant et ses enfans, cette continuation profiterait aux émancipés comme aux non émancipés.

» Sans doute, cela devrait être, d'après les règles du droit commun. — Mais d'abord, que peut-on raisonnablement conclure d'un usage contraire, qui n'est fondé sur aucune disposition, soit des chartes générales, soit de la coutume de Mons ? Vous connaissez la maxime, *quod contra rationem juris introductum est, non est producendum ad consequentias*, et c'est assurément ici le cas d'en faire l'application.— Ensuite, cet usage s'explique encore très-bien dans le système de la communauté continuée. Il est fondé sur la présomption qu'un père, en émancipant ses enfans, leur a donné, pour fournir aux frais de leur établissement, l'équivalent de ce qu'ils auraient pu dans la suite exiger de lui par droit de *Fourmorture*, ou, ce qui revient au même, l'équivalent de leur part dans la communauté que son second mariage devait faire renaître entre lui et les enfans de son premier lit.

» Les mineurs Duval argumentent encore d'un autre usage prétendu, suivant lequel la veuve qui, après la mort de son mari, a renoncé à la communauté, n'en est pas moins tenue de faire *parçon* à ses enfans, lorsqu'elle se remarie.

» Mais cet usage, comment le prouvent-ils ? Par neuf actes de *Fourmorture* qu'ils ont extraits du greffe du ci-devant chef-lieu de Mons, et qui embrassent l'espace d'un siècle.

» Quoi ! dans l'espace d'un siècle, il n'y a eu que neuf actes de *Fourmorture* faits par des veuves non communes, et vous inférerez d'un aussi petit nombre d'actes, que les veuves non communes sont dans l'usage, en se remariant, de constituer des *Fourmortures* à leurs enfans ! Il y aurait certainement plus de justesse à en tirer la conséquence directement opposée; car neuf actes passés successivement dans un aussi long intervalle, ne peuvent pas former la preuve d'un usage; et c'est bien ici le cas de l'axiome de Loysel, *une fois n'est pas coutume.*

» Remarquons d'ailleurs que parmi les neuf actes de renonciation qui accompagnent les neuf actes de *Fourmorture* produits par les mineurs Duval, il y en a sept qui, d'après les dispositions du chap. 33 des chartes générales, sont évidemment nuls par défaut d'inventaire représenté en justice, et que dès-là, sur ces neuf actes de *Fourmorture*, il y en a sept que l'on ne peut pas considérer comme faits par des veuves non communes.

» Remarquons encore, et ceci est d'une grande importance, que chacune de ces neuf *Fourmortures* n'est que des sous hainaut ou 2 sous et demi-tournois, ce qui prouve d'une manière sans réplique qu'elles n'ont été constituées que surabondamment et par des veuves dénuées de toute espèce de biens.

» Ainsi, par les recherches même que les mineurs Duval ont faites au greffe du ci-devant chef-lieu de Mons, il est demeuré constant que, dans l'espace d'un siècle, aucune veuve non commune possédant une fortune quelconque et voulant se remarier, n'a constitué de *Fourmorture* à ses enfans; et c'est bien là une preuve démonstrative que, dans l'usage, on ne considère la *Fourmorture* que comme la portion représentative de la part de l'époux prédécédé dans la communauté acceptée par le survivant.

» Nous voici parvenus au dernier argument des mineurs Duval, et vous allez voir qu'il n'est pas plus concluant que les autres : c'est celui qu'ils tirent de la clause du contrat de mariage du 11 juin 1767, par laquelle le survivant des époux est institué héritier de tous les meubles et effets mobiliers du premier mourant.

» Cette clause a-t-elle pu empêcher la continuation de communauté entre Marie-Thérèse Dewolf et les mineurs Leroy ? Non, et par une raison bien simple : c'est qu'aux termes des lois romaines et de l'art. 27 de l'édit perpétuel de 1611, conforme en cela à l'édit des secondes noces, tous les avantages que le survivant tient de la libéralité du prédécédé, sont réversibles, en cas de second mariage, aux enfans du premier.

» C'est principalement sur cette raison que se fondent Ricard, Lecamus et Ferrière sur l'art. 240 de la coutume de Paris, pour établir que le don universel des meubles au profit du survivant, ne fait pas obstacle à la continuation de communauté.

» Et la preuve que la doctrine de ces auteurs, confirmée d'ailleurs par celle de Lebrun dans son *Traité de la Communauté*, liv. 3, chap. 3, sect. 1, n. 9, n'a jamais éprouvé la plus légère contradiction en Hainaut, c'est que l'on n'y a jamais révoqué en doute l'obligation du survivant de constituer une *Fourmorture* à ses enfans, lorsqu'il se remarie, quoique d'ailleurs il soit investi par son contrat de mariage de la propriété de tous les meubles de la communauté.

» Le président *Petit*, sur l'art. 6 du chap. 27 des chartes générales, dit expressément que le *superstite est obligé* en se remariant, de *faire parçon* à ses enfans, *encore que par traité de mariage aurait été dit que le dernier vivant demeurerait en tous meubles; car*, ajoute-t-il, *cette clause n'a lieu que lorsqu'à la rupture du lit, il n'y a génération superstite.*

» Les mineurs Duval eux-mêmes sont convenus dans tous leurs mémoires, que tel était l'usage; et leur mère l'avait également bien reconnu avant eux en constituant une *Fourmorture* aux mineurs Leroy, immédiatement après s'être remariée avec leur père.

» Tout se réunit donc pour démontrer que le tribunal d'appel de Bruxelles a bien jugé en rejetant la demande des mineurs Duval en rapport de cette *Fourmorture* à la succession de leur mère. — Mais après tout, s'il s'était trompé, on serait du moins forcé de convenir qu'il se serait trompé sur un point très-obscur de la coutume du chef-lieu de Mons. Or, sur ce point, il avait, nous osons le dire, le droit d'errer impunément : il pouvait, sur ce point, adopter une interprétation plutôt que l'autre ; et la preuve en est écrite dans les lettres-patentes de Charles-Quint, du 15 mars 1533, portant homologation de la coutume du chef-lieu de Mons : *et si en icelle*, y est-il dit, *échéait ci-après quelque difficulté ou obscurité, lesdits échevins de Mons pourront wuidier et déclarer icelles difficultés et obscurités*. — Les échevins de Mons formaient alors ce qu'on appelait *le souverain chef-lieu*, tribunal supérieur qui égalait en autorité le conseil souverain de Mons, et que le tribunal d'appel de Bruxelles remplace aujourd'hui pour la partie du Hainaut qui était de son ressort, comme il remplace le conseil souverain de Bruxelles pour le Brabant, comme il remplace le grand conseil de Malines pour la Flandre autrichienne. — Ainsi, le tribunal d'appel de Bruxelles n'a exercé qu'un pouvoir légal, en intreprétant comme il l'a fait, les dispositions de la coutume du chef-lieu de Mons relatives à la *Fourmorture* ; et dès-là, point d'ouverture à cassation contre son jugement, quand même il les aurait mal interprétées....

» Nous estimons qu'il y a lieu de rejeter la requête des demandeurs et de les condamner à l'amende ».

Ces conclusions n'ont pas été suivies, mais par le seul motif que la question étant, de mon aveu, très-épineuse, paraissait mériter une discussion contradictoire devant la section civile. En conséquence, par arrêt du 6 fructidor an 11, sur délibéré, au rapport de M. Poriquet, la requête en cassation a été admise, et il a été permis aux mineurs Duval de la communiquer à leurs adversaires. Mais l'affaire n'a pas eu d'autre suite. Les mineurs Duval, pressentant bien que leur requête serait rejetée à la section civile, s'en sont désistés par une transaction.]]

§. V. *Quel est, sur la Fourmorture, l'esprit de la coutume du chef-lieu de Valenciennes ?*

On a vu à l'article *Entravestissement*, que la coutume de Valenciennes accorde au survivant de deux époux qui ont donné le jour à un ou plusieurs enfans, la propriété de tous les meubles de la communauté. De là naît la question de savoir si cette propriété est tellement incommutable, que le survivant n'en perde pas la moitié en contractant de nouveaux liens, ou en d'autres termes, si le survivant n'est pas obligé, en se remariant, de constituer à ses enfans une Fourmorture composée de la part qu'avait le prédécédé dans la communauté mobilière ?

On peut dire pour l'affirmative, que le survivant est censé tenir de la libéralité du prédécédé la part que celui-ci avait dans les meubles, et que par conséquent la loi *fœminæ*, C. *de secundis nuptiis*, confirmée par l'art. 28 de l'édit perpétuel de 1611, l'oblige, en cas de convol à un second mariage, de la réserver à ses enfans du premier lit. On peut ajouter à cette raison, que les coutumes voisines s'accordent uniformément à décider que l'assignation de la Fourmorture doit avoir lieu dans le cas dont nous parlons : c'est, en effet, ce qu'établissent les coutumes de Lille, tit. 7, art. 10 ; de Mons, chap. 36 ; et c'est ce que suppose évidemment l'art. 5 du chap. 10 des chartes générales de Hainaut. Enfin, l'équité, et même le motif pour lequel le survivant demeure propriétaire de tous les meubles, semblent réclamer en faveur des enfans. Pourquoi la coutume accorde-t-elle au survivant la propriété de tout ce qui compose la communauté mobilière ? C'est parce qu'elle présume qu'il conservera pour ses enfans toute l'affection et toute la tendresse qu'il leur doit : dans cette opinion, elle croit ne pouvoir mieux confier leurs intérêts qu'à celui qui les chérit le plus ; et comme elle ne craint pas qu'il dissipe jamais leur patrimoine, elle l'en rend dépositaire avec un pouvoir absolu d'en disposer ; pouvoir qu'elle regarde comme inutile, et qu'elle lui ôterait si elle prévoyait qu'il pût en abuser ; pouvoir, par conséquent, dont on doit le priver dès qu'il oublie ses enfans pour passer à un nouveau mariage.

On ne peut disconvenir que cette opinion ne soit très-équitable ; mais en même temps il faut avouer qu'elle ne s'accorde, ni avec la lettre, ni avec l'esprit de la coutume de Valenciennes. — Premièrement, cette loi donne au survivant une propriété absolue, et par conséquent incommutable. C'est ce qu'annoncent bien clairement ces termes de l'art. 9 : *au survivant.... compète la totalité des biens meubles.... dont ledit survivant pourra disposer*. — En second lieu, elle assimile le survivant dont les enfans vivaient encore lorsque le premier mourant est venu à décéder, à celui dont les enfans étaient morts auparavant, et elle donne indistinctement à l'un et à l'autre tous les meubles de la communauté. Or, on ne peut pas dire que la propriété du survivant sans enfans ne soit pas entièrement incommutable ; on ne doit donc pas penser non plus que celle du survivant avec enfans puisse souffrir quelque diminution lorsqu'il se remarie.

Il n'est pas difficile de répondre aux moyens sur lesquels est fondée l'opinion contraire.

Ni la loi *fœminæ*, ni l'art. 28 de l'édit perpétuel de 1611 ne peuvent s'appliquer à notre question : les réserves dont parlent ces lois n'embrassent précisément que les biens dont le survivant est redevable à la libéralité du défunt : or, il est certain que ceux dont il s'agit dans l'art. 9 de la coutume de Valenciennes, sont moins des bienfaits du prédécédé que de la loi.

Quant aux coutumes du Hainaut, de Mons, de Lille, de Cambrai, on ne peut en appliquer la disposition à celle de Valenciennes : les termes dont elles se servent, annoncent assez clairement qu'elles ne donnent au survivant qu'un simple droit de garde et de jouissance sur la part de ses enfans, en attendant qu'il se remarie ; et ce qui le prouve sans réplique, c'est que, dans le cas où les enfans sont morts avant la dissolution du mariage, elles ne lui accordent que la moitié des meubles ; et l'obligent d'abandonner l'autre moitié aux héritiers du premier mourant. Celle de Valenciennes au contraire ne distingue point le cas où les enfans survivent au prédécédé d'avec celui où ils seraient morts avant lui; ce qui fait bien voir que la propriété de tous les meubles qu'elle défère au survivant, est incommutable dans un cas comme dans l'autre.

§. VI. *L'obligation d'assigner la Fourmorture naît-elle à la mort du prédécédé, ou ne prend-elle naissance qu'au moment où le survivant se remarie ?*

Par exemple, Titius, domicilié dans la coutume de Valenciennes, y perd sa femme, et va ensuite s'établir dans la coutume de Mons, ou dans toute autre semblable : sera-t-il obligé, en se remariant, de constituer une Fourmorture à ses enfans de premières noces ?

On a voulu décider cette question par des textes puisés dans les chartes générales de Hainaut. Dumées, et tous ceux qui soutiennent avec lui que l'obligation dont il s'agit ici ne se forme qu'au moment du second mariage, s'appuient sur l'art. 3 du chap. 11, portant, comme on l'a vu plus haut, que la veuve d'un chevalier qui se remarie *à autre non chevalier*, est tenue d'assigner une Fourmorture à ses enfans ; et voici comme ils raisonnent : Si l'obligation de constituer une Fourmorture dépendait des lois auxquelles cette femme était soumise lors du décès de son premier mari, elle en serait certainement exempte, puisqu'en ce moment elle était, par sa qualité de veuve de chevalier, propriétaire de tous les meubles de la communauté, sans être tenue, *à son remariage, d'en faire parçon à ses enfans* : ce sont les termes de l'art. 5 du chap. 10. Si donc cette femme contracte, en épousant un roturier, l'obligation de constituer une Fourmorture, il faut bien que cette obligation se règle uniquement par les lois du temps du second mariage.

Les partisans de l'opinion contraire se fondent sur l'art. 2 du chap. 11, portant, que *si une femme veuve ayant épousé autre que chevalier, se remariait à quelque chevalier, elle sera tenue faire parçon*. Si cette obligation, disent-ils, prenait naissance au moment du second mariage, il est visible que la veuve dont parle cet article n'en serait point tenue, puisqu'en se remariant elle participe à la noblesse de son mari, et par conséquent au privilége d'exemption de la Fourmorture.

Il nous paraît que ce n'est point dans les chartes générales du Hainaut qu'il faut chercher la décision de la question proposée. Les rédacteurs de ces lois ne se sont pas certainement conduits par les principes qu'on leur prête, lorsqu'ils ont obligé la veuve d'un chevalier qui se remarie à un roturier, et la veuve d'un roturier qui se remarie à un chevalier, d'assigner une Fourmorture à leurs enfans ; ils n'auraient pu raisonner comme on le suppose, sans apercevoir la contradiction qu'ils auraient mise entre les deux articles qu'on vient de citer : la seule chose qu'ils aient voulu faire entendre par ces textes, la seule conséquence que l'on puisse en tirer, c'est que, pour jouir du préciput légal que les chartes générales attribuent à la noblesse en matière de communauté, il faut être noble, non-seulement au temps de la mort du prédécédé, mais encore au moment du second mariage ; de sorte que, dans l'intervalle qui sépare ces deux époques, le privilége dont nous parlons n'est qu'en suspens. N'argumentons donc pas ici des textes allégués de part et d'autre, restreignons-les au cas qu'ils ont décidé, et cherchons à résoudre notre question par d'autres principes.

Il en est un qui paraît trancher toute difficulté ; c'est Boullenois qui l'établit dans son *Traité des statuts personnels et réels*, tome 2, pag. 296 : « Si les droits qui sont accordés aux pères, en qualité de pères, sont mobiliers, c'est la loi du domicile existant au jour que ces droits sont acquis qu'il faut suivre ». Or, la propriété de tous les meubles de la communauté a été acquise au survivant à la mort du prédécédé ; c'est donc la loi du domicile qu'avaient alors les époux qui doit régler cette propriété, et décider si elle est incommutable ou non : dès qu'elle a une fois acquis l'incommutabilité par la force de cette loi, le changement de domicile ne pourra pas la rendre commutable, ou ce qui est la même chose, obliger le survivant qui aura envie de se remarier d'assigner une Fourmorture à ses enfans.

Cette maxime, que, pour décider si la Fourmorture doit avoir lieu ou non, il faut considérer la coutume du domicile des époux au temps de la mort du prédécédé, a été reconnue comme constante lors de deux arrêts du conseil souverain de Mons, que j'ai trouvés dans un manuscrit qui m'a été communiqué par M. Papin, l'un du 25 février 1585, l'autre du 29 janvier 1688.

Une autre question, non moins intéressante, est celle de savoir quelle coutume doit régler la Fourmorture, lorsque les époux ont changé de domicile depuis leur mariage. Par exemple, un homme domicilié à Valenciennes, s'y marie ; quelque temps après il va s'établir à Mons, et il y meurt : la femme aura-t-elle la propriété de tous les meubles sans charge de Fourmorture, suivant la coutume de Valenciennes, ou n'aura-t-elle la jouissance et la libre disposition de la part des meubles affectés à ses enfans, que jusqu'à ce qu'elle se remarie, conformément à la coutume de Mons ?

Il paraît que c'est la coutume de Mons qui doit régler les droits de la veuve. Cela résulte du principe de Boullenois, qu'en fait de droit mobiliers accordés aux pères veufs, en qualité de pères, il faut suivre la loi du domicile existant au jour que ces droits sont acquis. Cette doctrine a encore l'avantage d'être consacrée par la jurisprudence de la cour de Mons. On voit en effet, dans le manuscrit cité ci-dessus, que, dans une instance jugée le 24 septembre 1678, la plupart des juges ont opiné en conformité de ce sentiment. La question cependant n'y a pas été jugée *in terminis*, cela étant indifférent à la contestation sur laquelle il s'agissait de prononcer.

[[Mais *V.* mon *Recueil de questions de droit*, article *Fourmorture*, §. 5.]]

§. VII. *Le survivant des époux qui conserve un droit d'usufruit sur les biens composant la Fourmorture, est-il tenu de donner caution à ses enfants?*

Le ch. 36 de la coutume du chef-lieu de Mons, et l'art. 17 du titre 15 de la coutume de Tournai obligent l'époux remarié, qui veut conserver jusqu'à sa mort la jouissance des biens qu'il a assignés à ses enfans pour leur Fourmorture, de donner à ceux-ci une caution suffisante.

On a demandé si ces dispositions devaient être étendues aux autres coutumes? La question ayant été proposée au conseil privé de Bruxelles par les échevins d'Anvers, au sujet d'une contestation pendante devant eux sur ce point, il a été résolu, le 21 août 1721, dit M. Dulauri, dans son Recueil d'arrêts du grand conseil de Malines, §. 51, « de n'en faire aucun décret, mais de dire que le magistrat pourrait juger comme il trouverait convenir, lui insinuant néanmoins qu'il serait raisonnable d'ordonner cette caution ».

[[§. VIII. *Changemens apportés par les lois nouvelles aux dispositions des coutumes sur la Fourmorture. — Ces changemens ont-ils quelque effet par rapport aux époux qui étaient mariés avant la promulgation de ces lois?*

Le Code Napoléon n'admet plus aucun droit de survie légal, et il abroge la continuation de communauté : ainsi, au décès du premier mourant des époux, les enfans recueillent immédiatement la part qu'il avait dans la communauté; et dès là, plus de matière à Fourmorture.

Mais l'ancien droit conserve toute sa force pour les mariages qui ont été contractés sous l'empire des coutumes. *V. Gains nuptiaux*, §. 2, 3 et 4.]]

* FOURNEAU. C'est une espèce de grand four qu'on pratique pour différens usages, [[et notamment pour la fonte et la mise en barre du fer que l'on extrait des mines.]]

L'art. 18 du tit. 3 de l'ordonnance des eaux et forêts, du mois d'août 1669, défend à toutes sortes de personnes de faire aucun établissement de nouveaux Fourneaux, et aux grands-maîtres de le souffrir.

L'arrêt suivant, qui a confirmé cette disposition, en développe les motifs : — « Le roi étant informé que, depuis quelques années, il s'est établi, en différentes provinces, des forges, Fourneaux, martinets et verreries, et s'en établit encore journellement sans permission de sa majesté; en sorte qu'une partie considérable des bois qui étaient destinés pour le chauffage du public, est consommée par ces nouveaux établissemens, qui ne doivent être mis en usage que pour la consommation des bois qui ne sont pas à portée des rivières navigables et des villes, et qui, par leur situation, ne peuvent servir aux constructions ni au chauffage; à quoi sa majesté voulant pourvoir, ouï le rapport du sieur Dodun, etc., sa majesté, en son conseil, a fait très-expresses inhibitions et défenses à toutes personnes, de quelque qualité et condition qu'elles soient, et à toutes communautés ecclésiastiques, séculières et régulières, économes, administrateurs, recteurs, principaux des colléges, hôpitaux, maladreries, commandeurs et protecteurs de l'ordre de Saint-Jean-de-Jérusalem, d'établir à l'avenir aucuns Fourneaux, forges, martinets, verreries, augmentations de feux et de marteaux; sinon en vertu de lettres-patentes bien et dûment vérifiées, à peine de 3,000 liv. d'amende, de démolition des Fourneaux et de confiscation des bois, charbons, mines et ustensiles servant à leur usage : enjoint sa majesté aux sieurs intendans et grands-maîtres des eaux et forêts, chacun dans leur département, de tenir la main à l'exécution du présent arrêt, qui sera lu, publié et affiché où besoin sera, et exécuté nonobstant oppositions ou empêchemens quelconques; pour lesquels ne sera différé, et dont, si aucuns interviennent, sa majesté s'en est et à son conseil réservé la connaissance, et icelle interdit à toutes ses cours et autres juges. Fait au conseil d'État du roi..., le 6 août 1723 ». (M. Guyot.) *

[[L'art. 2 du tit. 2 de la loi du 12 juillet 1791, sur les mines, porte qu'il « ne pourra, à l'avenir, être établi aucune usine pour la fonte des minerais, qu'ensuite d'une permission qui sera accordée par le corps législatif, sur l'avis du département dans l'étendue duquel cet établissement sera projeté ».

De là, entre autres, la loi du 26 germinal an 6, qui autorise le sieur Loup à construire une forge à fer sur la rivière de la Dure, dans la coutume de Saint-Denis, canton de Montolieu, département de l'Aude.

Mais depuis la promulgation de l'acte constitutionnel du 22 frimaire an 8, ces sortes d'établissemens sont considérés comme des objets de pure administration; et le gouvernement les autorise constamment sans le concours du corps législatif. *V. Mines.*]]

FOURNIR ET FAIRE VALOIR (promesse de). C'est l'obligation d'acquitter une rente ou créance que l'on cède, en cas que le débiteur devienne dans la suite insolvable. *V. Garantie des créances.*

* FOURRIÈRE. Ce terme vient du latin *fodrum*, qui signifie *foarre* ou *fouare*, *fouerre* ou *feûre*, autrement paille ou fourrage.

Du vieux mot *fouerre*, on a fait *fourrie*, qui se disait anciennement pour étable, *stabulum*, parce que ces lieux sont ordinairement remplis de fouerre ou fourrage pour la nourriture des bestiaux ou pour leur servir de litière.

Du mot *fourrie* on a fait ensuite *Fourrière*, terme qui, dans notre langue, désigne une saisie de bestiaux qu'on prend en délit dans des terres ensemencées, dans des vignes, des bois, etc., et qu'on met, par forme de séquestre, en garde dans une écurie ou étable, où ils sont nourris aux dépens du maître auquel ils appartiennent, afin d'obliger ce dernier à payer le dommage qu'ils ont causé.

La voie de la saisie des bestiaux pour les mettre en Fourrière, n'était point connue chez les Romains. Ce n'est pas que les lois romaines n'eussent prévu le cas du délit commis par ces bestiaux. La loi 1, D. *si quadrupes pauperiem fecisse dicatur*, accordait en ce une action, conformément à la loi des douze Tables. On peut voir aussi sur cette matière les titres du Digeste et du Code *ad legem Aquiliam*, la loi 1, C. *de fund. et salub. rei. domin.*, et la loi dernière, C. *de pascuis*. Mais toutes ces lois ne permettaient pas au maître du champ d'arrêter lui-même les bestiaux et de les tenir en séquestre ; elles ne donnaient qu'une action pour se pourvoir en justice et se plaindre du dommage.

Il n'en est pas tout-à-fait de même parmi nous : quoiqu'en général, il ne soit pas permis de se faire à soi-même justice, néanmoins, en fait de dommage causé par des bestiaux, plusieurs de nos coutumes permettent au propriétaire ou fermier de l'héritage dans lequel il trouve des bestiaux, de les arrêter lui-même ou par ses gens, sans aucun ministère ou formalité de justice, et de les tenir enfermés par forme de saisie, qui est ce qu'on appelle *mettre les bestiaux en Fourrière.*

Quelques coutumes veulent que celui qui arrête ainsi les bestiaux, les conduise et mette en dépôt dans le parc du seigneur ou dans quelque autre lieu public.

Si le seigneur n'a pas de parc propre à recevoir ces bestiaux, et qu'il n'y ait pas de lieu public destiné à cet usage, celui qui arrête les bestiaux ne peut pas les conduire chez lui, car il n'est jamais permis à personne de se rendre maître du bien d'autrui sans son consentement. Celui qui arrête les bestiaux doit, en ce cas, les mettre en Fourrière dans quelque hôtellerie, écurie ou étable, où le maître des bestiaux ait la liberté de les voir, de les reconnaître, de les nourrir et visiter.

Le maître des bestiaux n'en est pas quitte pour payer la nourriture de ses bestiaux pendant qu'ils sont en Fourrière ; il doit en outre payer le dommage que ses bestiaux ont causé : mais pour le réglement des dommages et intérêts, s'il ne s'accorde pas avec le maître du champ, il faut que celui-ci forme sa demande en justice. (M. BOUCHER D'ARGIS père.)*

[[Voici ce que porte, sur cette matière, l'art 12 du tit. 2 de la loi du 28 septembre 1791, concernant la police rurale :

« Les dégâts que les bestiaux de toute espèce, laissés à l'abandon, feront sur les propriétés d'autrui, soit dans l'enceinte des habitations, soit dans un enclos rural, soit dans les champs ouverts, seront payés par les personnes qui ont la jouissance des bestiaux : si elles sont insolvables, ces dégâts seront payés par celles qui en ont la propriété. Le propriétaire qui éprouvera les dommages aura le droit de saisir les bestiaux, sous l'obligation de les faire conduire dans les vingt-quatre heures au lieu du dépôt qui sera désigné à cet effet par la municipalité. — Il sera satisfait aux dégâts par la vente des bestiaux, s'ils ne sont pas réclamés, ou si le dommage n'a point été payé dans la huitaine du jour du délit. — Si ce sont des volailles, de quelque espèce que ce soit, qui causent le dommage, le propriétaire, le détenteur ou le fermier qui l'éprouvera, pourra les tuer, mais seulement sur le lieu, au moment du dégât ».

V Délit rural, *Bestiaux*, *Volaille*, *Quasi-délit*, *Voie de fait*, etc.]]

*FRAI. C'est l'action propre aux poissons pour la multiplication de leur espèce.

Par l'art. 6 du tit. 31 de l'ordonnance des eaux et forêts du mois d'août 1669, il est défendu de pêcher durant le temps du Frai, savoir, dans les rivières où la truite abonde sur les autres poissons, depuis le 1er février jusqu'à la mi-mars, et dans les autres, depuis le 1er avril jusqu'au 1er de juin, à peine, pour la première fois, de 20 liv. d'amende et d'un mois de prison ; du double pour la seconde ; et du carcan, du fouet et du bannissement du ressort de la maîtrise pendant cinq ans, pour la troisième.

L'art. 7 excepte de la défense précédente la pêche aux saumons, aux aloses et aux lamproies : cette pêche peut avoir lieu durant le frai comme en tout autre temps.

Les pêcheurs ne peuvent mettre aucune bire ou nasse d'osier au bout des dideaux pendant le temps du Frai, à peine de 20 liv. d'amende et de confiscation du harnais pour la première fois, et de privation de la pêche pendant un an pour la seconde. Ils peuvent seulement mettre des chausses ou sacs du moule de dix-huit lignes en carré et non autrement, sous les mêmes peines. C'est ce qui résulte des art. 8 et 9 du même titre. *V. Pêche.* (M. GUYOT.)*

*FRAIS. On appelle ainsi les dépenses occasionnées par la poursuite d'un procès. C'est ce qu'on nomme autrement *dépens*. Cependant le nom de *dépens* s'applique plus particulièrement aux Frais que la partie qui a succombé doit payer à celle qui a obtenu gain de cause.

On appelle *faux Frais* certaines dépenses qu'une partie est obligée de faire, mais qui n'entrent pas en taxe, comme les ports des lettres, les gratifications qu'on donne aux clercs, etc. *V.* les articles suivans. (M. GUYOT.)*

FRAIS DE BÉNÉFICE D'INVENTAIRE. *V. Bénéfice d'inventaire.*

FRAIS DE CONTUMACE. *V. Contumace.*

FRAIS DE LICITATION. *V. Licitation.*

FRAIS D'ORDRE. *V. Ordre des créanciers.*

FRAIS DE PARTAGE. *V. Partage.*

[[FRAIS DES PROCÈS CRIMINELS. On a vu à l'article *Exécutoire*, n. 2, quels sont les cas où les Frais des procédures criminelles, correctionnelles et de police, sont à la charge du trésor public, et de quelle manière ils doivent, dans ce cas, être liquidés et payés. Mais il nous reste quelques questions importantes à traiter.

I. Et d'abord, le trésor public peut-il, en cas de condamnation des accusés ou prévenus, répéter contre eux les frais qu'il a avancés pour l'instruction de leurs procès.

Sous l'ancien régime, l'affirmative ne souffrait aucun doute dans les ressorts des parlemens de Douay et de Nancy ; mais l'opinion contraire était passée en maxime dans toutes les autres parties de la France.

Il est pourtant bien naturel que tout homme reconnu coupable d'un délit répare, sur ses propres biens, le tort qu'il a fait à la société en la mettant dans la nécessité de faire des dépenses pour le poursuivre et le faire condamner. Aussi la jurisprudence des parlemens de Douay et de Nancy a-t-elle été sanctionnée et généralisée par la nouvelle législation. Voici ce que porte à ce sujet la loi du 18 germinal an 7 :

« *Art.* 1. Tout jugement d'un tribunal criminel, correctionnel ou de police, portant condamnation à une peine quelconque, prononcera en même temps, au profit de la république, le remboursement des frais auxquels la poursuite et punition des crimes et délits aura donné lieu (1).

» 2. Lorsqu'il y aura plusieurs accusés, auteurs ou complices du même fait, la condamnation au remboursement sera prononcée solidairement contre eux (2).

» 3. Les Frais seront liquidés, et la liquidation rendue exécutoire par le président du tribunal (3); le recouvrement sera poursuivi par les préposés à la régie de l'enregistrement et du domaine national.

» 4. Pour faciliter cette liquidation, les officiers de police judiciaire, les directeurs du jury, ou présidens des tribunaux correctionnels, aussitôt qu'ils auront terminé leurs fonctions relativement à chaque affaire, joindront aux pièces l'état signé d'eux, des frais et déboursés, dont la poursuite pourra avoir lieu, lorsqu'il y aura condamnation exécutoire.

» 5. Les indemnités accordées à ceux qui auront souffert un dommage résultant du délit, seront prises sur les biens des condamnés avant les Frais adjugés à la république ».

Ce dernier article est implicitement abrogé par la disposition de la loi du 5 pluviôse an 13, qui veut qu'en toute affaire criminelle, ceux qui se constituent parties civiles soient personnellement tenus, envers le trésor public, des Frais d'instruction, d'expédition et de signification des jugemens, sauf leur recours contre les accusés ou prévenus qui auront été condamnés. On sent en effet que la partie civile ne peut pas, pour ses dommages-intérêts, primer les Frais dus au trésor public, puisqu'elle est elle-même responsable de ses Frais. Aussi l'art. 54 du Code pénal de 1810 ne donne-t-il qu'aux restitutions et aux dommages-intérêts (sans parler des Frais), la préférence sur l'amende et la confiscation.

II. Mais lorsque la partie civile est insolvable ou qu'il n'y en a point, quelle doit être, par rapport au recouvrement des Frais sur les biens des condamnés, la condition du trésor public? Doit-il primer tous les créanciers? doit-il primer seulement ceux d'un certain ordre? et quels sont ceux qu'il doit ou ne doit pas primer? Ces questions sont résolues par la loi du 5 septembre 1807.

« L'ancienne législation criminelle (a dit M. Jaubert, conseiller d'État, en présentant le projet de cette loi au corps législatif, le 26 août précédent) accordait au trésor public une amende qui lui tenait lieu des Frais de poursuite. — Des doutes s'élevèrent sur le rang dans lequel le trésor public devait être colloqué. — Plusieurs déclarations du roi statuèrent sur cet objet, notamment celles des 21 et 24 mars 1671, 13 juillet 1700 et 16 août 1707. Cette dernière déclaration fixa la législation. — Le trésor avait un privilége sur les meubles et effets mobiliers du condamné, à la réserve néanmoins de ce qui était dû pour loyers, gages de domestiques et subsistances. — A l'égard des immeubles, le trésor avait l'hypothèque du jour du jugement de condamnation. (*V. Amende*, §. 8.)

» Cet ordre de choses subsista jusqu'en 1791. — Le Code pénal et les lois postérieures ayant supprimé presque entièrement les amendes, avaient laissé à la charge du trésor public tous les Frais de procédure, sans aucun moyen de remboursement ou d'indemnité.

» La loi du 18 germinal an 7 vint avec raison au secours du trésor public....

» Tel était l'état de la législation lorsque le Code Napoléon parut. — L'art. 2098 se borna à une disposition générale en ce qui concernait les droits du trésor public. Il est ainsi conçu : « Le privilége à raison » des droits du trésor public, et l'ordre dans lequel » il s'exerce, sont réglés par les lois qui les concernent. Le trésor public ne peut cependant obtenir » de privilége au préjudice des droits antérieurement » acquis à des tiers ».

» Enfin, la loi du 5 pluviôse an 13, relative à la diminution des Frais de justice, porte....

» Il résulte de cet exposé, 1°. qu'aux termes de la loi du 18 germinal an 7, tout jugement portant condamnation à une peine quelconque doit prononcer en même temps au profit du trésor public le remboursement des Frais auxquels la poursuite et punition des délits aura donné lieu; 2°. que ceux qui ont souffert un dommage résultant du délit ne peuvent, lorsqu'ils se sont constitués parties civiles, prétendre être colloqués pour les indemnités, avant les Frais adjugés au trésor, envers lequel, au contraire, ils sont responsables de ces mêmes Frais; 3°. qu'à l'égard des autres créanciers du condamné qui peuvent se présenter avec le trésor public, aucune loi n'a déterminé le rang de collocation; 4°. que seulement le Code Napoléon contient un principe qui laisse la question dans le domaine du législateur.

» Elle ne peut rester plus long-temps indécise. L'absence de toutes règles sur ce point a déjà causé des pertes considérables au trésor public. Il est également important pour toutes les parties qui peuvent avoir des intérêts dans la distribution des biens des condamnés, que tous les droits soient clairement déterminés.

» L'art. 2098 devrait servir de guide. L'esprit de cet article est que tous les droits acquis à des tiers soient respectés; mais qu'après ces droits, le trésor public ait la préférence. Tel était aussi l'esprit de la déclaration du 16 août 1707. — A la vérité, cette déclaration n'avait parlé de privilége que pour les meubles, et que de simple hypothèque pour les immeubles; mais cette distinction tenait au système hypothécaire alors en vigueur.

» Les changemens introduits dans cette partie de la législation, et sur-tout la nécessité de l'inscription,

(1) Cette disposition est renouvelée par les art. 162, 194 et 368 du Code d'instruction criminelle.

(2) Cette disposition est renouvelée par l'art. 55 du Code pénal de 1810.

(3) Aujourd'hui, en matière de police simple et de police correctionnelle, la liquidation des frais doit être faite par le jugement même de condamnation. *V.* les art. 162 et 194 du Code d'instruction criminelle.

exigeaient qu'on suivît une toute autre marche; mais toujours en partant de la règle, que les droits acquis doivent être respectés.

» Voici l'économie de ce projet.

» Le trésor public aura privilége sur les meubles et effets mobiliers du condamné. — Ce privilége ne s'exercera qu'après tous ceux désignés aux art. 2101 et 2102 du Code Napoléon.

» Aussi le gouvernement vous propose de ne placer le trésor public qu'après tous les priviléges généraux sur les meubles et tous les priviléges sur certains meubles. — De cette manière, le trésor public sera primé par les Frais de justice, les Frais funéraires, les Frais de la dernière maladie, les salaires des gens de services, les fournitures de subsistances, les Frais de pensions des enfans, les loyers et fermages, et généralement tous les priviléges créés par la loi civile.

» Le projet va même plus loin. Sa majesté veut que les crimes soient poursuivis et punis. Mais sa majesté veut aussi que les accusés puissent être défendus, et que le défaut de moyens ne les gêne pas dans le choix qu'ils voudraient faire d'un défenseur. — C'est pour remplir cet objet, que sa majesté a ordonné que le projet ne plaçât le trésor public qu'après les sommes dues pour la défense personnelle du condamné.

» A l'égard des immeubles, le trésor public aura également un privilége; mais, pour cela, il sera tenu de faire inscrire sa créance dans les deux mois à dater du jour du jugement. — Passé ce délai, les droits du trésor public ne seraient plus qu'une simple hypothèque, qui ne prendrait date que du jour de l'inscription.

» Ce privilége sera aussi primé par tous ceux qui auront pu acquérir un droit antérieur.

» Ainsi, le trésor public ne pourra être colloqué qu'après, 1°. les priviléges désignés en l'art. 2101 du Code Nap., dans le cas où les meubles ne suffiraient pas pour les payer; 2°. les priviléges sur les immeubles, c'est-à-dire, ceux des vendeurs, des bailleurs de fonds, des cohéritiers, des architectes; 3°. les hypothèques légales existantes indépendamment de l'inscription, pourvu qu'elles dérivent d'un titre antérieur au mandat d'arrêt, dans le cas où il en aurait été décerné, et dans les autres cas, au jugement de condamnation; 4°. les hypothèques, pourvu que les créances aient été inscrites avant le privilége du trésor public, et qu'elles résultent d'actes qui aient une date certaine antérieure au mandat d'arrêt ou au jugement des condamnations; 5°. les sommes dues pour la défense personnelle du condamné.

» Vous voyez maintenant s'il nous est permis d'espérer que vous trouverez ce projet conforme à la justice la plus exacte; si en cherchant à déterminer d'une manière précise les droits du trésor public, on n'a pas fait, pour les autres parties intéressées tout ce qu'elles peuvent raisonnablement prétendre.

» En proposant le privilége sur les meubles, après toutefois tous les autres priviléges généralement quelconques, le projet ne fait que rétablir les principes de l'ancienne législation sur les amendes, principes qui doivent naturellement s'appliquer aux Frais de procédure.

» Quant au privilége sur les immeubles, il est bien limité sans doute, puisqu'indépendamment de tous les priviléges établis par le Code Nap., le projet accorde une grande prérogative aux actes qui ont une date certaine. — Seulement le projet exige que cette date soit antérieure au mandat d'arrêt, dans le cas où il en est décerné, et dans les autres cas, au jugement de condamnation. — La restriction était nécessaire, autrement les droits du trésor public pourraient toujours être anéantis d'avance par le condamné, qui ne manquerait pas de se créer des créanciers supposés pour soustraire ses biens aux poursuites du trésor public. Les tiers ne peuvent en souffrir aucun préjudice. L'homme de bonne foi contracte-t-il avec un individu qui est sous les liens d'un mandat arrêt, ou sous le poids d'une condamnation, sans avoir préalablement pris connaissance, non-seulement de l'état de ses affaires en général, mais encore de sa situation résultante de la prévention?

» Le projet ne s'explique pas sur les actes frauduleux qui pourraient avoir été consentis par le condamné avant le mandat d'arrêt ou le jugement de condamnation; mais, à cet égard, toute disposition spéciale serait superflue, les choses devant en ce point rester dans les termes du droit commun ».

Tels sont les motifs de la loi du 5 septembre 1807; en voici le texte:

» *Art.* 1. En conséquence de l'art. 2098 du Code civil, le privilége du trésor public est réglé de la manière suivante, en ce qui concerne le remboursement des Frais dont la condamnation est prononcée à son profit, en matière criminelle, correctionnelle et de police.

» 2. Le privilége du trésor public, sur les meubles et effets mobiliers des comdamnés, ne s'exercera qu'après les autres priviléges et droits ci-après mentionnés, savoir: 1°. les priviléges désignés aux art. 2101 et 2102 du Code civil; 2°. les sommes dues pour la défense personnelle du condamné, lesquelles, en cas de contestation de la part de l'administration des domaines, seront réglées, d'après la nature de l'affaire, par le tribunal qui aura prononcé la condamnation.

» 3. Le privilége du trésor public sur les biens immeubles des condamnés, n'aura lieu qu'à la charge de l'inscription dans les deux mois à dater du jour du jugement de condamnation; passé lequel délai, les droits du trésor public ne pourront s'exercer qu'en conformité de l'art. 2113 du Code civil.

» 4. Le privilége mentionné dans l'art. 3 ci-dessus ne s'exercera qu'après les autres priviléges et droits suivans: 1°. les priviléges désignés en l'art. 2101 du Code civil, dans le cas prévu par l'art. 2105; 2° les priviléges désignés en l'art. 2103 du Code civil, pourvu que les conditions prescrites pour leur conservation aient été accomplies; 3°. les hypothèques légales existantes indépendamment de l'inscription, pourvu toutefois qu'elles soient antérieures au mandat d'arrêt, dans le cas où il en aurait été décerné contre le condamné, et dans les autres cas, au jugement de condamnation ; 4°. les autres hypothèques, pourvu que les créances aient été inscrites au bureau des hypothèques avant le privilége du trésor public, et qu'elles résultent d'actes qui aient une date certaine antérieure auxdits mandats d'arrêt ou jugement de condamnation ; 5°. les sommes dues pour la défense personnelle du condamné, sauf le réglement, ainsi qu'il est dit en l'art. 2 ci-dessus.

« 5. Toutes dispositions contraires à la présente loi sont abrogées ».

III. De la disposition de l'art. 2 de la loi du 18 germinal an 7 qui veut que les coaccusés, auteurs ou complices du même délit, soient condamnés solidairement aux Frais, s'ensuit-il que l'on puisse et que l'on doive condamner solidairement à tous les Frais d'une procédure instruite contre plusieurs personnes, toutes celles qui sont condamnées par le même jugement, mais pour des faits distincts et particuliers à chacune d'elles ?

Un arrêt de la cour de justice criminelle du département de la Seine, du 28 fructidor an 12, avait jugé pour l'affirmative contre Joseph Perillat, François Maillet, Pierre Bisson, Catherine Oge, Victoire Ovelle et Marie-Catherine Amelin. Mais sur leur recours en cassation, arrêt est intervenu, le 1er nivôse an 13, au rapport de M. Seignette, par lequel, « vu l'art. 456 du Code des délits et des peines ; attendu que, par l'art. 1er de la loi du 18 germinal an 7, tout jugement de condamnation doit prononcer le remboursement des Frais auxquels la poursuite et punition des crimes et délits aura donné lieu ; que l'art. 2 porte : *Lorsqu'il y a plusieurs accusés auteurs ou complices du même fait, la condamnation au remboursement sera prononcée solidairement contre eux ;* que de ces deux articles il résulte, 1°. que la condamnation aux Frais ne peut être prononcée que lorsqu'il y a condamnation pour un crime ou un délit ; 2°. que la condamnation solidaire aux Frais ne peut être prononcée contre ceux qui, condamnés par le même jugement, le sont pour des faits différens ; et attendu que, dans l'affaire dont il s'agit, il y avait huit chefs d'accusation ; que sept seulement sont déclarés constans ; que, sur deux chefs de ceux qui sont déclarés constans, il n'y a de conviction contre aucun des accusés ; que, sur chacun des autres faits, il y a conviction seulement contre un ou quelques-uns des accusés qui, non convaincus sur un chef, le sont sur un ou plusieurs autres ; que la condamnation solidaire aux Frais devait bien être prononcée contre ceux qui sont condamnés pour le même fait ; mais que cette condamnation ne pouvait être relative qu'à la portion des Frais occasionnée par la poursuite sur ce fait particulier ; que cependant tous les accusés sont condamnés solidairement au remboursement de tous les Frais, ce qui comprend ceux occasionnés par la poursuite relative au fait non déclaré constant, et ceux faits relativement aux deux vols desquels aucun des condamnés n'a été déclaré convaincu, et soumet plusieurs des accusés au payement des dépens relatifs à des faits qui leur sont étrangers ; attendu que l'art. 402 du Code des délits et des peines autorise les tribunaux criminels, dans le cas de condamnation, à statuer sur les dommages-intérêts prétendus par la partie plaignante ; que c'est visiblement donner à la loi une extension contraire à son esprit, que de s'en autoriser pour accorder à un plaignant d'un fait unique, fait déclaré constant, mais dont aucun accusé n'a été convaincu, des dommages-intérêts contre les accusés qui n'ont été convaincus que des faits étrangers à ce plaignant ; que c'est également donner une fausse interprétation à la loi, que de s'en autoriser, pour condamner solidairement tous les accusés à des dommages-intérêts envers tous les plaignans, dans le cas présenté ci-dessus, relativement à la condamnation solidaire aux Frais ; que cependant Castel, plaignant d'un seul fait duquel aucun des accusés n'a été convaincu, a obtenu des dommages-intérêts ; qu'ils sont prononcés solidairement en sa faveur, et en celle de trois autres plaignans dans le cas articulé relativement aux Frais ; la cour casse la disposition de l'arrêt de la cour de justice criminelle du département de la Seine du 28 fructidor an 12, relative aux Frais et aux dommages-intérêts ; le surplus de l'arrêt sortant son plein et entier effet ».

IV. Le décès du condamné, avant l'exécution de son jugement, éteint-il sa condamnation aux Frais ? Et s'il s'élève des contestations sur ce point, est-ce au tribunal qui l'a jugé, ou à la juridiction civile qu'en appartient la connaissance ? — Ces deux questions ont été discutées et décidées, l'une par le conseil d'État, l'autre par la cour de cassation, dans l'espèce suivante :

Le 20 thermidor an 10, arrêt de la cour de justice criminelle et spéciale du département de la Meuse, qui condamne Pierre Fournel, notaire, à vingt ans de fers pour crime de faux, et au remboursement de tous les Frais de la procédure, liquidés à 2,146 fr. — Le lendemain, Pierre Fournel meurt dans la prison. — Le 24 du même mois, parvient à la cour spéciale une expédition officielle de l'arrêt de la cour de cassation, confirmatif de celui par lequel la cour spéciale, avant de juger le fond, s'était déclarée compétente.

Le receveur de l'enregistrement décerne contre la veuve de Pierre Fournel une contrainte en payement des Frais de la procédure. — Celle-ci y forme opposition par une requête qu'elle adresse à la cour spéciale, et dont celle-ci ordonne la communication au receveur de l'enregistrement. — Le receveur en réfère au directeur ; et celui-ci se borne à écrire au procureur-général, le 27 frimaire an 12, que la réclamation de la veuve Fournel est contraire à la loi du 18 germinal an 7, qui oblige les tribunaux criminels, correctionnels et de police, à condamner aux dépens envers le trésor public tous les accusés ou prévenus qu'il déclare coupables.

Le 19 germinal an 12, arrêt par lequel, — « Vu la requête... et les observations du directeur de la régie... ; considérant que Pierre Fournel étant décédé dans la maison de justice la nuit qui a suivi le jour de son jugement, la condamnation n'est pas définitive, puisqu'elle n'a pas été exécutée ; que ce jugement ne pouvait recevoir d'exécution, parce que le jugement du tribunal de cassation, sur le fait de la compétence, n'était pas parvenu au tribunal, et qu'il n'y est parvenu que trois jours après le décès dudit Pierre Fournel ; — Que, dans l'ancienne jurisprudence, la confiscation n'était encourue que par la signification du jugement; qu'alors, on ne prononçait point de condamnation aux dépens, par la raison que le fisc, s'emparant de tous les biens du condamné, y trouvait l'indemnité des Frais de la procédure ; — Considérant que la législation actuelle ayant abrogé la confiscation au cas particulier, et ordonné la condamnation aux Frais de la procédure, l'on doit assimiler le remboursement de ces Frais à une partie de la confiscation ; — Considérant que la loi a pour but de donner un exemple, en punissant le coupable, plutôt que d'en faire rejaillir les conséquences sur les enfans qui alors sont punis doublement, et par la privation des biens de leur père, et par la perte qu'ils essuient de leur protecteur ; — Que les Frais ne peuvent être considérés que comme l'accessoire et la conséquence de la condamnation ; que la condamnation n'ayant pas été effectuée, par une cause naturelle, sur la personne condamnée, elle ne peut avoir d'effet sur les biens ; — Considérant enfin, que ces motifs de décision sont conformes aux dispositions du Code civil, art. 26, portant : *les condamnations contradictoires n'emportent la mort civile que du jour de leur exécution, soit réelle, soit par effigie ;* — Le tribunal déclare le jugement du 20 thermidor an 10, rendu contre Pierre Fournel, comme non avenu, en ce qui touche les Frais ; décharge la veuve et héritiers dudit Fournel, de ladite condamnation contre lui prononcée ».

Avertie de cet arrêt, sans qu'on le lui ait signifié, l'administration de l'enregistrement le dénonce au grand-juge, ministre de la justice, qui en rend compte à l'Empereur ; de là, un avis du conseil d'Etat, du 25 fructidor an 13, ainsi conçu :

« Le conseil d'Etat, sur le renvoi qui lui a été fait par S. M. l'Empereur et Roi, d'un rapport du grand-juge, ministre de la justice, tendant à savoir si, lorsqu'un condamné meurt avant l'exécution, et par conséquent dans l'intégrité de l'état civil, la condamnation au remboursement des Frais de procédure est exécutoire contre les héritiers au profit du fisc ; vu le jugement rendu le 19 germinal an 12, par le tribunal spécial du département de la Meuse, séant à Saint-Mihiel, qui décharge la veuve et les héritiers de Pierre Fournel du remboursement des Frais auxquels ils avaient été condamnés ; vu le rapport adopté au conseil d'administration de l'enregistrement et des domaines, le 3 floréal an 12, tendant à faire demander l'annullation de ce jugement, comme contraire à la loi du 18 germinal an 7, ou rendu sur des motifs qui en éludent l'exécution ; après avoir entendu la section de législation ;

» Considérant que la loi du 18 germinal an 7 fut respectée par le jugement du 20 thermidor an 10, qui, en condamnant Pierre Fournel aux fers, le condamne en même temps au remboursement des Frais de la procédure ; qu'il est vrai que le jugement qui en a déchargé sa veuve et ses héritiers a été rendu sur de mauvais motifs ; que de ce que Pierre Fournel est décédé sans avoir été frappé de mort civile, il ne s'ensuit nullement que sa condamnation ait été annullée ; que le décès du contumax dans les cinq ans de la contumace, qui éteint le jugement, parce qu'on présume que le contumax, s'il eût été entendu, se serait justifié, a été mal à propos confondu avec le décès d'un accusé condamné contradictoirement ; que sa mort naturelle, avant l'exécution, empêche qu'il ne soit frappé de la mort civile, parce que la mort civile est la suite de l'exécution corporelle, qui est devenue impossible ; mais que la condamnation n'est point anéantie, dans ce cas, en tout ce qui est susceptible d'exécution, qu'il est de principe que la mort, avant le jugement, éteint l'action criminelle ; qu'après le jugement contradictoire, elle affranchit le condamné de la peine ; mais que, dans les deux cas, elle laisse subsister l'action et les adjudications civiles ; que mal à propos on a supposé que la condamnation n'était pas définitive, parce que l'arrêt de la cour de cassation, rendu sur la compétence, le 17 thermidor, n'était pas connu à Saint-Mihiel le 20, jour de la mort de Fournel. En effet, 1°. il était rendu ; 2°. quand il ne l'aurait pas été, l'examen que fait la cour de cassation de la compétence des tribunaux spéciaux n'est point suspensif; le jugement que le tribunal spécial rend pendant cet examen est définitif ; l'arrêt de compétence ne le confirme point directement, et l'arrêt d'incompétence en serait résiliatoire : or, la résiliation ou révocation suppose que le contrat ou le jugement est définitif ; que mal à propos on a regardé le remboursement des Frais comme l'équivalent de la confiscation, laquelle, ainsi que la mort civile, n'est que la suite de l'exécution ; que le remboursement des Frais n'est qu'une indemnité accordée au fisc, aux dépens duquel se font les poursuites, et qui a le même droit que les plaignans ou accusateurs privés ; mais qu'il ne s'ensuit pas, de ce que le tribunal a mal jugé, qu'il y ait lieu à l'annullation de son jugement ; que, si l'on pouvait regarder la mauvaise conséquence qu'il a tirée de l'art. 26 du Code Napoléon, comme une fausse application donnant ouverture à cassation, ce serait à la cour de cassation, et non au conseil d'Etat, qu'il faudrait recourir ; que, si l'on a été arrêté par la qualité du tribunal spécial, qui juge sans recours en cassation, cette prérogative ne donnerait pas compétence au conseil d'Etat, qui ne connaît des jugemens que pour défendre l'autorité administrative, lorsqu'il y a empiètement de la part de l'autorité judiciaire ; qu'il se présente pourtant une question, savoir si le tribunal spécial, dont la compétence est restreinte à la connaissance de certains crimes, et ne s'étend qu'accessoirement à l'adjudication des Frais, peut, quand il a définitivement prononcé, connaître des contestations civiles qui s'élèvent sur l'exécution de son jugement ; s'il n'aurait pas dû renvoyer la demande de la veuve et des héritiers Fournel aux tribunaux ordinaires, qui auraient jugé quel était l'effet du titre donné au domaine contre la succession de Fournel, et si la mort, après le jugement contradictoire et avant l'exécution, éteignait les adjudications civiles ; — Mais que la question s'il était dans les pouvoirs du tribunal spécial de prononcer entre les héritiers Fournel et le domaine, est éminemment du ressort de la cour de cassation;

» Est d'avis que l'administration du domaine doit être renvoyée à se pourvoir, s'il y a lieu, à la cour de cassation; et que, si le délai en est passé, le grand-juge, ministre de la justice, examinera si, pour l'intérêt de la loi, il devra charger le procureur-général impérial de se pourvoir.

» Approuvé au palais de Saint-Cloud, le 26 fructidor an 13. Signé Napoléon ».

D'après cet avis, l'administration de l'enregistrement se pourvoit en cassation contre l'arrêt du 19 germinal an 12.

« Deux questions extrêmement simples (ai-je dit à l'audience de la section criminelle, le 5 décembre 1806) se présentent dans cette affaire à votre examen : la demande en cassation qui en est l'objet, est-elle recevable? si elle est recevable, est-elle fondée?

» Qu'elle soit recevable sous le rapport du temps où elle a été formée, c'est ce qui n'est pas douteux. L'arrêt du 19 germinal an 12 n'est pas encore signifié à l'administration de l'enregistrement, et conséquemment le délai du recours en cassation, bien loin d'être expiré, ne court pas même encore.

» Qu'elle soit recevable, sous le rapport de la nature de l'arrêt qu'elle attaque, c'est ce qui ne peut pas souffrir plus de difficulté. Elle ne le serait pas, sans doute, si elle avait pour objet de faire juger que cet arrêt a violé la loi au fond : mais elle ne tend qu'à faire juger que cet arrêt a été rendu incompétemment; et jamais on n'a prétendu soustraire à la cassation les arrêts des cours spéciales qui violent les règles de la compétence.

» Ainsi, point de fin de non-recevoir à opposer à l'administration de l'enregistrement; et il ne nous reste plus qu'à examiner si effectivement il y a incompétence et excès de pouvoir dans l'arrêt dont il s'agit.

» A cet égard, deux choses sont à considérer : la qualité du tribunal qui a rendu cet arrêt, et la nature de la condamnation que cet arrêt déclare avoir été anéantie par la mort de Pierre Fournel.

» C'est arrêt a été rendu par un tribunal d'exception; et tout le monde sait que les tribunaux d'exception ne peuvent pas connaître de l'exécution de leurs jugemens. C'est une règle de notre ancien droit que l'art. 442 du Code de procédure civile a spécialement renouvelée pour les tribunaux de commerce, et dont vous aviez précédemment fait l'application aux tribunaux de police.

» Les 13 et 20 messidor an 13, le tribunal de police du canton de Boos avait rendu contre le sieur Bourdet deux jugemens qui, entre autres dispositions, le condamnaient à des dommages-intérêts envers le sieur Dumesnil. — Poursuivi en vertu de ces jugemens, le sieur Bourdet prétendit que, depuis leur prononciation, il y avait satisfait à l'amiable, et qu'en conséquence il ne devait plus rien. — Le sieur Dumesnil le fit citer à l'audience du même tribunal de police; et là, il intervint, le 16 fructidor de la même année, un jugement qui en effet déclara le sieur Bourdet libéré. — Recours en cassation contre ce jugement; et le 23 frimaire an 14, arrêt, au rapport de M. Lombart, par lequel, « vu les art. » 150 et 456 du Code des délits et des peines du 3 » brumaire an 4; attendu que la compétence des » tribunaux de police étant circonscrite aux délits » dont la peine n'excède pas la valeur de trois journées de travail ou trois jours d'emprisonnement, » il y a eu usurpation de pouvoir par le tribunal de » police du canton de Boos, qui a pris connaissance » de l'exécution de son jugement portant condamnation de dommages-intérêts dont la partie condamnée soutenait s'être libérée, contestation qui » doit être jugée par le tribunal ordinaire; par ces » motifs, la cour casse et annulle..... »

» D'un autre côté, quand on pourrait assimiler les cours spéciales aux cours de justice criminelle ordinaires, l'arrêt attaqué n'en serait pas moins sujet à cassation pour incompétence. — Les cours de justice criminelle ordinaires doivent sans doute connaître de l'exécution de leurs arrêts, en tant qu'elle porte sur les peines qu'ils prononcent. Ainsi, s'élève-t-il une contestation sur le point de savoir si un condamné aux fers a dûment subi l'exposition publique sur l'échafaud qui doit précéder son envoi au bagne? la connaissance en appartiendra incontestablement à la cour de justice criminelle qui a prononcé la condamnation. — Mais il en est autrement des dispositions des arrêts de ces tribunaux, qui ne statuent que sur des intérêts civils. Ainsi, lorsqu'une cour de justice criminelle a condamné un accusé à la réparation du dommage causé par son délit à la partie plaignante, si les contraintes exercées par la partie plaignante pour l'exécution de l'arrêt, donnent lieu à des difficultés; si, par exemple, le condamné soutient, ou qu'il a acquitté le montant de sa condamnation, ou qu'il en doit être fait compensation avec ce que lui doit son adversaire, ou qu'il en est libéré par la prescription, ce n'est pas devant la cour de justice criminelle, c'est devant les juges civils que les parties doivent se pourvoir. — Et par la même raison, ce n'est pas à la cour de justice criminelle, c'est aux juges civils que l'on doit s'adresser toutes les fois qu'il s'agit uniquement de savoir si une condamnation aux dépens a été ou non rendue sans effet par un événement quelconque survenu depuis l'arrêt qui la contient. Car la condamnation aux dépens n'est pas une peine proprement dite : elle est de pur intérêt civil; et cela est si vrai que cent fois, nonobstant les dispositions du Code du 5 brumaire an 4, qui veulent que tout jugement criminel, correctionnel ou de police cite et transcrive la loi pénale dont il fait l'application, vous avez confirmé des jugemens qui, sans citer ni transcrire la loi du 18 germinal an 7, condamnaient des accusés aux dépens.

Par ces considérations, nous estimons qu'il y a lieu de casser et annuller l'arrêt de la cour de justice criminelle et spéciale du département de la Meuse, du 19 germinal an 12, sauf à la veuve et aux héritiers de Pierre Fournel à se pourvoir devant les juges civils, s'il s'y croient fondés, défenses réservées au contraire ».

Arrêt du 5 décembre 1806, au rapport de M. Vergés, qui, « vu l'art. 456, n. 6, du Code des délits et des peines; considérant que Pierre Fournel avait été déclaré convaincu du crime de faux par arrêt de la cour de justice criminelle et spéciale du département de la Meuse, du 20 thermidor an 10, qu'il avait été condamné par cet arrêt à la peine prescrite par la loi, et au remboursement de tous les Frais de la procédure, conformément aux dispositions de l'art. 1 de la loi du 18 germinal an 7; considérant que la circonstance de la mort dudit Fournel, survenue avant l'exécution dudit arrêt, a donné lieu à des réclamations de la part de la veuve et des héritiers Fournel; — Que cette veuve et ces héritiers ont prétendu en effet devant ladite cour, que, d'après cet événement, il y avait lieu à les décharger des Frais de la procédure, au remboursement desquels leur auteur avait été condamné; — Considérant que cette cour était totalement incompétente pour connaître de cette action, qui ne présentait qu'une discussion d'intérêts purement civils entre la régie du domaine et les héritiers Fournel; — Qu'il s'agissait en effet uniquement de décider si l'événement de la mort de Fournel avant l'exécution dudit arrêt, altérait le droit en vertu duquel le remboursement des Frais de procédure était acquis à la régie; considérant que la compétence des cours de justice criminelle et spéciale est circonscrite par les lois, dans la connaissance des crimes dont il y est fait mention; que les contestations purement civiles qui peuvent s'élever, soit par suite des événemens postérieurs aux arrêts de ces cours, soit relativement même à l'exécution de ces arrêts, quant aux prestations et indemnités civiles, rentrent dans la compétence des tribunaux civils ordinaires; que par conséquent la cour dont l'arrêt est attaqué, en prononçant sur la réclamation de la veuve et des héritiers Fournel, a violé les règles de compétence les plus positives; casse et annulle l'arrêt rendu le 19 germinal an 12, par la cour de justice criminelle et spéciale du département de la Meuse, au profit de la veuve et des héritiers Fournel; renvoie les parties à se pourvoir, sur le fond de leurs contestations, devant les tribunaux civils, ainsi qu'il appartiendra ».

La première des questions énoncées en tête de ce n°, s'est représentée depuis dans l'espèce que voici.

Le 17 messidor an 13, arrêt de la cour de justice criminelle du département de l'Ardèche, qui condamne Etienne Ponton à vingt années de fers et au remboursement des Frais de la procédure avancés par le trésor public.

Etienne Ponton se pourvoit en cassation contre cet arrêt, et meurt peu de temps après; la cour de cassation, ignorant son décès, prononce sur son recours et le rejette.

En conséquence, la régie de l'enregistrement et des domaines poursuit contre les héritiers d'Etienne Ponton, le recouvrement des Frais auxquels il a été condamné.

Le 19 août 1807, jugement du tribunal civil de Thonon qui déclare la régie non-recevable, « attendu qu'en matière criminelle, il est de règle invariable que l'action publique est éteinte par le décès du prévenu avant sa condamnation définitive, ainsi que le dispose expressément l'art. 7 de la loi du 3 brumaire an 4, conforme en cela aux lois et à la jurisprudence antérieures; d'où il suit, 1°. qu'à l'époque du décès du prévenu, la réparation du délit ne peut plus être poursuivi; 2°. qu'en prohibant la recherche du délit, la loi suppose le prévenu mort innocent et dans l'intégrité de ses droits; que, dans l'espèce, Ponton étant décédé avant qu'il ait été statué sur son pourvoi, l'action publique a été, dès ce moment, éteinte, et l'arrêt intervenu ne peut, par une juste application des principes qu'on vient de rappeler, sortir son effet; qu'ainsi, pour savoir si les successeurs de Ponton peuvent être contraints d'acquitter les Frais auxquels il est condamné par l'arrêt de la cour criminelle, il faut examiner si Ponton pouvait l'être lui-même au moment de son décès; car l'arrêt de la cour de cassation étant d'une inefficacité absolue, la régie ne saurait avoir plus de droits contre les héritiers Ponton, qu'elle n'en avait contre lui-même au moment de son décès; qu'il est hors de doute qu'au moment du décès de Ponton, on ne pouvait exiger de lui le payement de ces Frais, parce qu'en matière criminelle, *appellatio extinguit judicatum*; et que s'étant pourvu contre l'arrêt de la cour criminelle, on ne pouvait exécuter contre lui aucune disposition de cet arrêt; parce que d'ailleurs, en décidant que les peines prononcées contre lui ne fussent éteintes que d'une manière provisoire et simplement suspendues, il n'en serait pas moins vrai qu'on ne pouvait alors les mettre à exécution; d'où il suit que n'existant aucune condamnation définitive contre Ponton au moment de son décès, et que ne pouvant alors être soumis au payement des Frais dont s'agit, ses successeurs ne peuvent l'être eux-mêmes, sans violer le principe que l'action publique a été éteinte par le décès de Ponton, arrivé avant la condamnation définitive; qu'inutilement on prétendrait que la condamnation aux dépens est une réparation civile et non une peine criminelle: car, d'une part, il n'est pas conséquent de dire qu'en matière criminelle, et vis-à-vis du ministère public, il y ait, dans une même procédure, matière civile d'un côté, et matière criminelle de l'autre; il est évident, en pareil cas, que les dépens sont réellement une peine; que de plus l'action publique étant éteinte, elle ne peut survivre pour aucune partie, et ce serait véritablement en prolonger la durée au-delà de l'existence de Ponton, que d'obliger ses héritiers à subir une partie des peines prononcées contre lui; que, d'autre part encore, étant de principe que l'accessoire suit le sort du principal, dès l'instant que la peine principale a été éteinte, la peine accessoire, celle des dépens, l'a été aussi; qu'en outre, on ne pourrait décider autrement, sans s'écarter de la jurisprudence et de la doctrine des auteurs les plus recommandables... .; qu'enfin, une raison sans réplique de déclarer les hoirs Ponton affranchis de la condamnation aux dépens dont il s'agit, c'est que la mort de Ponton ayant à la fois éteint, et le crime dont il était prévenu, et l'action publique, il est certainement incontestable qu'il est mort *integri status*, comme s'il n'y eût jamais eu de crime et d'accusation portée contre lui; qu'il serait tout-à-fait contradictoire de déclarer le crime éteint et de lui faire en même temps supporter la peine d'un crime pour lequel il ne peut être recherché, et à plus forte raison condamné; en un mot, de décider que l'action publique peut à la fois être anéantie et subsister.

La régie se pourvoit en cassation contre ce jugement; et par arrêt du 16 janvier 1811, au rapport de M. Rousseau, — « Vu l'art. 7 de la loi du 3 brumaire an 4; et attendu que la condamnation aux dépens, prononcée par un jugement en dernier ressort, est indépendante de l'événement du décès du condamné; que, si le décès l'empêche d'être frappé de la mort civile, il ne s'ensuit pas que la condamnation pécuniaire soit annullée; qu'en ce cas, la mort naturelle, avant l'exécution de l'arrêt, empêche bien l'exécution corporelle, devenue impossible; mais la condamnation n'est pas anéantie dans tout ce qui est susceptible d'exécution; qu'il résulte bien clairement de l'art. 7 de la loi du 3 brumaire an 4, que la mort affranchit seulement de la peine, et laisse subsister l'action et les adjudications civiles; que le remboursement des frais n'est qu'une indemnité accordée au fisc, qui a les mêmes droits que les plaignans ou accusateurs privés; que cette doctrine est celle que le conseil d'État a professée dans son avis, approuvé le 13 fructidor an 13; que le jugement dénoncé ayant refusé l'exécution d'une adjudication civile, se trouve par conséquent avoir fait une fausse application de la première disposition de l'art. 7 de la loi du 3 brumaire an 4, et violé la seconde disposition dudit article; la cour casse et annulle.... »

V. La contrainte par corps peut-elle être exercée par le trésor public pour le recouvrement des Frais prononcés contre un accusé dans un procès du grand criminel, ou contre un prévenu dans une affaire correctionnelle ou de simple police?

Avant le Code pénal de 1810, l'affirmative était établie par les arrêts de la cour de cassation rapportés aux mots *Arrestation*, n. 6; *Contrainte par corps*, n. 4; et *Procédure criminelle*; et l'art. 52 du Code cité a érigé cette jurisprudence en loi expresse.]]

* FRAIS ET MISES D'EXÉCUTION se dit des Frais qu'un créancier est obligé de faire pour mettre son titre à exécution contre le débiteur. On comprend sous le terme de *Frais et mises*, les Frais de commandement et des saisies faites sur le débiteur, et les autres Frais semblables. Les Frais et mises sont une suite des dépens; c'est pourquoi on les comprend dans la taxe : ils ont aussi les mêmes priviléges et hypothèques que les dépens. (M. GUYOT.)*

[Doit-on considérer comme Frais et mises d'exécution, les dépens faits postérieurement à la vente que le débiteur a valablement faite de la chose saisie réellement, sur-tout lorsque le poursuivant a ignoré cette vente?

Voici une espèce dans laquelle cette question s'est présentée au parlement de Paris (Nous la puisons dans la *Gazette des tribunaux*, tom. 9, pag. 241) :

« La dame Tetel était créancière du sieur Gazin de Vasserie, d'une somme de 3,000 liv., pour le restant du prix de l'office de lieutenant-général au bailliage de Troyes, qu'elle lui avait vendu.

» Un autre créancier du sieur Gazin fit saisir réellement cet office; mais il ne déposséda pas l'officier d'une manière légale. Le sieur Gazin profita du droit qu'a tout propriétaire de disposer de sa chose; il vendit son office au sieur Tugghe.

» La dame Tetel, qui ignorait cette vente, se fit subroger à la poursuite de la saisie réelle; elle fit des Frais considérables pour parvenir à faire vendre l'office. Mais au moment où l'on était prêt de l'adjuger, le sieur Tugghe parut avec un acte qui le lui avait transmis quatre ans auparavant, et il demanda la nullité de la saisie réelle.

» Cette demande fut contestée par la dame Tetel. Arrêt intervint, le 3 mai 1776, qui déclara la vente de l'office valable, fit main-levée de la saisie réelle au sieur Tugghe, et condamna la dame Tetel aux dépens, sauf à elle à se pourvoir contre le sieur Gazin, à raison des Frais de saisie réelle et de contestation.

» On a procédé à l'ordre du prix de l'office : la dame Tetel, qui était première créancière en hypothèque privilégiée, et opposante au sceau des provisions du nouvel acquéreur, a été colloquée pour son principal, ses intérêts et la portion des dépens qu'elle avait faits jusqu'au moment de la vente de l'office. On l'a autorisée, pour le surplus, à se pourvoir sur les autres biens du sieur Gazin.

» Celui-ci avait vendu, en 1769, une maison au sieur Garnier, qui l'avait revendue au sieur Mocquerie. La dame Tetel, pour se faire payer de ce qui lui restait dû de ses Frais, a cru pouvoir former opposition au sceau des lettres de ratification qui avaient été obtenues par le sieur Mocquerie. Elle a soutenu que ces objets étaient des mises d'exécution ou des Frais de poursuite, qu'à ces deux titres, ils avaient le même privilége et la même hypothèque que le principal; et elle en a fait résulter la conséquence que la maison acquise par le sieur Garnier, n'avait pu lui passer qu'avec l'impression de son hypothèque, qui remontait à l'année 1760.

» Telle a été la base de sa défense. Elle a ajouté qu'une saisie réelle subsiste jusqu'au moment où il en est donné main-levée; que celle dont il était question avait eu lieu, par conséquent, jusqu'à l'arrêt du 3 mai 1776, d'où il s'ensuivait que tous les Frais qui avaient été faits jusqu'à cette époque étaient des frais de poursuite. Elle a cherché à établir enfin qu'il était libre à un créancier de renoncer à son privilége pour s'en tenir à son hypothèque; que les principes du droit romain à cet égard n'étaient point suivis parmi nous.

» Le sieur Garnier a établi deux propositions principales : la première, que les Frais réclamés par la dame Tetel, n'étaient ni des mises d'exécution, ni des Frais de poursuite; la seconde, qu'en supposant que la dame Tetel eût l'hypothèque et le privilége qu'elle réclamait, elle devait les faire valoir dans l'ordre du prix de l'office; que ne l'ayant pas fait, elle était non recevable à agir contre un tiers acquéreur.

» A l'égard de la première proposition, voici le raisonnement qu'il faisait pour la soutenir : vos Frais ne sont point des mises d'exécution, c'est en qualité de poursuivant que vous les avez faits. Toutes les fois qu'il s'agit de poursuites de saisie réelle, ce n'est plus le titre originaire qu'il faut considérer, mais la saisie réelle elle-même. — Si des Frais sont frustratoires comme Frais de saisie réelle, ils ne peuvent être valables comme mises d'exécution. — Ce ne sont pas non plus des Frais de poursuite. La vente faite valablement par le débiteur, du seul objet dont était composée la saisie réelle, l'avait anéantie. Une saisie réelle est la mise sous la main de la justice d'un immeuble quelconque, pour être vendu par décret; d'où il suit qu'il n'y a plus de saisie réelle toutes les fois qu'il n'y a plus d'immeuble à vendre.

» Il a ajouté que cela était irrévocablement jugé par l'arrêt du 3 mai 1776; qu'il n'avait accordé à la dame Tetel qu'une seule action personnelle contre le sieur Gazin, qui, par sa réticence sur la vente qu'il avait consentie, avait donné lieu à ses Frais; qu'ils n'avaient eu par conséquent d'hypothèque que du jour de la condamnation qui en avait été obtenue contre le sieur Gazin. Le sieur Garnier en a conclu que sa maison étant sortie des mains du sieur Gazin, avant l'arrêt qui l'avait condamné au payement de ces Frais, jamais elle n'avait reçu l'impression de l'hypothèque que faisait valoir la dame Tetel.

» Pour établir sa seconde proposition, il a invoqué la Novelle 4, chap. 2: *Sed neque ad res debitorum quæ ab aliis detinentur veniat priùs, antequàm transeat super personalibus;* l'authentique *hoc si debitor;* et cette maxime élémentaire du droit, que le tiers-détenteur contre qui l'on dirige une action hypothécaire, a le droit de renvoyer ce créancier à la discussion des biens du débiteur et de ses cautions; à plus forte raison, a-t-il dit, cette exception peut-elle être opposée, lorsque le bien que possède le tiers-détenteur, n'est affecté qu'à une hypothèque générale; et que celui dont on demande la discussion, l'est à une hypothèque spéciale privilégiée. — Il importe peu que le prix de l'office soit distribué, et que la dame Tetel n'ait pas été colloquée pour les dépenses qu'elle réclame. Il ne s'agit pas de savoir ce qu'elle a fait, mais ce qu'elle a pu, ce qu'elle a dû faire, ce qu'on ferait si les choses étaient encore dans leur premier état. S'il est certain qu'elle a pu, qu'elle a dû se faire colloquer, qu'on l'y forcerait si le prix de l'office était encore à distribuer, elle doit donc s'imputer de ne l'avoir pas fait; la déchéance de son privilége, comme de son hypothèque, en est la peine inévitable.

» Sur ces moyens respectifs, arrêt est intervenu, le 3 mars 1780, qui a débouté la dame Tetel de ses demandes, et l'a condamnée aux dépens envers toutes les parties.

» Ainsi, l'on a jugé que des dépens faits postérieurement à la vente, jugée valable par arrêt, de tous les biens compris dans une saisie réelle, ne sont point des Frais de poursuite, lors même que le poursuivant a ignoré la vente »]

* FRAIS ET SALAIRES se dit des vacations et déboursés dus aux procureurs, notaires, huissiers et sergens qui ont travaillé pour une partie.

I. Ces sortes de Frais diffèrent des dépens, en ce que ceux-ci ne comprennent que les Frais qui entrent en taxe, au lieu que les Frais et salaires comprennent tous les Frais dus aux officiers de justice par la partie pour laquelle ils ont travaillé, même les vacations et autres Frais qui n'entrent point en taxe contre la partie adverse.

II. Un arrêté du parlement de Paris, du 28 mars 1692, lu et publié en la communauté des avocats et procureurs de la cour, le 17 avril suivant, porte:

« *Art.* 1. Que les procureurs ne pourront demander le payement de leurs Frais, salaires et vacations, deux ans après qu'ils auront été révoqués, ou que les parties seront décédées, encore qu'ils aient continué d'occuper pour les mêmes parties ou leurs héritiers en d'autres affaires;

» 2. Que les procureurs ne pourront, dans les affaires non jugées, demander leurs Frais, salaires, et vacations pour les procédures faites au-delà de six années précédentes immédiatement, encore qu'ils aient toujours continué d'occuper, à moins qu'ils ne les aient fait arrêter ou reconnaître par leurs parties, et ce avec calcul de la somme à laquelle ils montent, lorsqu'ils excéderont celle de 2000 liv.

» 3. Que les procureurs seront tenus d'avoir des registres en bonne forme, d'y écrire toutes les sommes qu'ils reçoivent de leurs parties, ou par leur ordre, de les présenter et affirmer véritables toutes les fois qu'ils en seront requis, à peine contre ceux qui n'auront point de registres, ou refuseront de les représenter et affirmer véritables, d'être déclarés non-recevables en leurs demandes et prétentions de leurs Frais, salaires et vacations. »

Un procureur auquel on opposait la fin de non-recevoir prononcée par le réglement qu'on vient de lire, représenta une lettre de son client conçue en ces termes: *Je vous rembourserai de tout avec honneur, faites aussi juger mes autres affaires;* et prétendit que la fin de non-recevoir était converte par cette lettre; mais par arrêt du 11 mars 1732, le parlement a décidé au contraire, attendu que les Frais demandés excédant 2000 liv., il devait y avoir un calcul de la somme, conformément à l'art. 2 du réglement dont il s'agit. Cette espèce est rapportée dans la collection de jurisprudence. (M. GUYOT.) *

[[Le premier des trois articles du réglement dont il s'agit, est érigé en loi générale par l'art. 2273 du Code Napoléon, qui en même temps l'explique et le modifie. *V. Prescription*, sect. 2, §. 5.

A l'égard des deux autres dispositions du même réglement, elles se retrouvent, à peu de choses près, dans l'art. 151 du décret impérial du 16 février 1807, *contenant le tarif des Frais et dépens pour le ressort de la cour d'appel de Paris*, et rendu commun au ressort des autres cours d'appel, par un autre décret du même jour.

III. Les avoués et les huissiers ne peuvent pas procéder par voie de taxe, pour le recouvrement de leurs Frais et salaires; ils sont obligés d'en former la demande en justice. L'art. 9 du décret impérial du 16 février 1807, *concernant la liquidation des dépens*, porte que « les demandes des avoués et autres officiers ministériels, en payement de Frais, contre les parties pour lesquelles ils auront occupé ou instrumenté, seront portées à l'audience, sans qu'il soit besoin de citer en conciliation; il sera donné en tête des assignations copie du mémoire des Frais réclamés ».

L'art. 60 du Code de procédure civile veut que » les demandes formées pour Frais par les officiers ministériels, soient portées au tribunal où les Frais ont été faits ».

V. Huissier et *Procureur.*]]

* FRAIS FUNÉRAIRES se dit de ceux qui se font pour l'inhumation d'un défunt; ce qui comprend les billets d'invitation, la tenture, la cire, l'ouverture de la terre, l'honoraire des prêtres, et autres Frais nécessaires et usités, selon la qualité des personnes.

L'annuel ou anniversaire ne fait pas partie des Frais funéraires.

Le deuil de la veuve et des domestiques qui sont à son service sont-ils compris dans ces Frais? *V. Deuil.*

Les Frais funéraires ne se prennent point sur la masse de la communauté, mais seulement sur la part du défunt et sur ses autres biens personnels.

[[Si cependant l'époux prédécédé ne laissait point de biens et que sa succession fût abandonnée, le survivant serait personnellement obligé de pourvoir à ses funérailles. C'est la décision expresse de la loi 28, *D. de religiosis et sumptibus funerum.*]]

Les Frais funéraires ne sont point à la charge du légataire universel seul, mais il y contribue avec les héritiers, chacun à proportion de l'émolument.

Ces Frais sont privilégiés sur les meubles, et doivent être payés par préférence à toute autre créance, même à celle du propriétaire de la maison que le défunt habitait. Ils ne passent néanmoins qu'après les Frais de justice. Au surplus, ce privilége ne s'étend qu'à ce qui est nécessaire pour l'inhumation, selon la qualité de la personne, et non à des superfluités.

A défaut de meubles, le privilége résultant des Frais funéraires, peut être exercé sur le prix des immeubles. C'est en conformité de cette jurisprudence que, par arrêt du 7 août 1685, les jurés crieurs ont été reçus opposans à l'ordre du prix des biens de la maison de Vendôme, où ils n'avaient été colloqués que comme simples créanciers; et il a été ordonné qu'ils seraient payés par privilége.

Par un autre arrêt du 21 juin 1707, le conseil a pareillement jugé que ces officiers devaient être payés par privilége sur le prix des meubles, pour les Frais funéraires du duc de Gèvres, et en cas d'insuffisance, sur le prix des immeubles.

[[*V.* les art. 2001, 2104 et 2105 du Code Napoléon, et *Privilége de créance.*]]

On a jugé différentes fois [[notamment par deux arrêts des 9 juin 1704 et 20 mars 1719, rapportés au *Journal des audiences*,]] que les Frais funéraires pouvaient être demandés aux enfans qui renonçaient à la succession de leur père et de leur mère, sauf leur recours contre la succession.

Lorsqu'un mari et une femme se sont fait un don mutuel, le survivant est obligé d'avancer les Frais funéraires du prédécédé. C'est une disposition de l'art. 286 de la coutume de Paris. (M. GUYOT.)*

[[Mais sur ce dernier point, *V. Don mutuel*, § 6, n. 1.]]

FRANC. C'était autrefois une pièce de monnaie valant vingt sous; aujourd'hui ce n'est plus qu'une monnaie de compte de même valeur; il n'est d'usage ni au singulier, ni avec les nombres primitifs, un, deux, trois et cinq; mais on s'en sert très-bien dans tous les autres nombres; ainsi, l'on dira quatre Francs, six Francs, dix Francs, vingt-deux Francs, trente-deux Francs, etc. Remarquez cependant que s'il suit une fraction, on doit se servir du mot de livre; on ne dira pas six Francs dix sous, mais six livres dix sous. (M. GUYOT.)

[[Aujourd'hui, le Franc est redevenu ce qu'il était anciennement, une monnaie réelle; mais il vaut vingt sous trois deniers tournois. *V. Monnaie décimale.*]]

*FRANC BARROIS. Monnaie idéale maintenant, comme la livre tournois, qui avait été autrefois une monnaie des comtes ou ducs de Bar, et qui a conservé dans ces derniers siècles sa dénomination et son cours dans les deux duchés de Bar et de Lorraine.

Il n'y a pas encore long-temps qu'on ne comptait que par Francs barrois dans ces deux provinces; les impôts, les octrois des villes, les redevances du domaine de la couronne et des seigneuries particulières, tous ces droits étaient évalués en Francs barrois.

Le duc Léopold a taxé en Francs barrois les vacations et les salaires des officiers de justice dans ses ordonnances de 1701, 1704, 1707, etc., et dans plusieurs édits.

Le Franc barrois était composé autrefois de douze gros barrois; le gros barrois se divisait à son tour en seize deniers barrois.

Le Franc barrois vaut aujourd'hui huit sous six deniers tournois, et vingt-quatre vingt-huitièmes de denier, monnaie de Lorraine; ce qui fait au cours de France six sous sept deniers tournois, et une fraction de denier, qui est la cent trente-septième partie d'un deux cent dix-septième.

Le gros barrois équivaut à un peu plus de six deniers tournois au cours du royaume.

Quatorze Francs barrois valent six livres de Lorraine, qui représentent un peu plus de quatre livres douze sous dix deniers de France.

On a dit que les droits du souverain en Lorraine étaient presque tous évalués selon la même monnaie; mais Louis XV a donné un édit en novembre 1771, portant prorogation des deux vingtièmes, dont l'art. 11 s'exprime ainsi: » Dans les circonstances où les droits de nos fermes se trouveront tarifiés à raison du Franc barrois, la conversion en sera faite à raison d'une livre tournois pour trois Francs barrois ».

On peut regarder cette évaluation comme assez juste; le roi n'y gagne guère que le plus fort denier: trois Francs barrois valent intrinsèquement dix-neuf sous six deniers et une fraction, qui est la cent quatre-vingt-quatorzième partie d'un deux cent dix-septième. La conversion sur le pied d'une livre tournois par trois Francs barrois, produit au fisc un bénéfice d'environ quarante-six livres tournois par chaque somme de trente mille Francs barrois.

V. le *Recueil des ordonnances et réglemens de Lorraine et Barrois*; l'*Introduction à la description de la Lorraine*, par M. Durival; les *Remontrances de la cour souveraine*, de l'année 1758; l'*Histoire de Lorraine* par dom Calmet, etc. (FRANÇOIS DE NEUCHATEAU.)*

*FRANC ET QUITTE. Dans les ventes d'immeubles, on appose ordinairement la clause de *Franc et quitte*, pour signifier que les biens dont il s'agit ne sont grevés d'aucune hypothèque ni d'autres charges.— On peut faire la déclaration de *Franc et quitte* par rapport à un héritage qu'on vend; ordinairement on le déclare Franc et quitte des arrérages de cens et autres charges réelles du passé jusqu'au jour de la vente. — Quelquefois un homme qui s'oblige, déclare tous ses biens *Francs et quittes*, c'est-à-dire, qu'il ne doit rien; ou bien il les déclare Francs et quittes, à l'exception d'une certaine somme qu'il spécifie.

Lorsque la déclaration de *Franc et quitte* se trouve fausse, il faut distinguer si c'est par erreur qu'elle a été faite, ou si c'est de mauvaise foi.

L'erreur peut arriver lorsque celui qui a fait la déclaration de Franc et quitte ignorait les hypothèques que ses auteurs avaient constituées sur ses biens; et en ce cas, il est seulement tenu civilement de faire décharger les biens des hypothèques, ou de souffrir la résiliation du contrat avec dommages et intérêts.

Mais si la déclaration de Franc et quitte a été faite de mauvaise foi, c'est un stellionat; celui qui a fait cette déclaration est tenu de souffrir la résolution du contrat avec dommages et intérêts; et on peut le faire condamner par corps, quand même il aurait des biens suffisans pour répondre de ses engagemens. *V. Stellionat* (M. GUYOT.)*

[[On a parlé à l'article *Communauté*, §. 4, n. 5 et 6, de la clause de *Franc et quitte*, relativement aux personnes, dans les contrats de mariage.]]

*[[FRANÇAIS (1). Nom qui, depuis l'invasion de la Gaule par les *Francs*, est devenu celui de ses anciens habitans, soumis à la grande monarchie qu'y ont fondée les vainqueurs, avec lesquels ils ont fini par se confondre.

Dans le langage de la législation, la qualité de *Français* appartient à tous les individus des deux sexes qui font partie de la nation française.

Avant la révolution qui a mis fin à la dynastie des *Capétiens*, et rétabli la nation dans le droit de se donner un gouvernement de son choix, la *liberté politique* étant absolument méconnue, le nom destiné à ceux qui la possèdent avait aussi perdu son acception naturelle: ainsi, la qualification de *citoyen* n'ajoutait rien à celle de *Français* simplement dit; et quiconque avait droit à la seconde pouvait sans conséquence y réunir la première.

On en est revenu à des idées plus justes. Le titre de *citoyen* est exclusivement réservé par la constitution à ceux des Français qui ont le droit de *cité*, c'est-à-dire, le droit de voter dans les assemblées politiques de leur arrondissement, et d'y être élu. Quant aux *Français* auxquels ce droit n'appartient pas, ils ne sont point proprement *citoyens*, et ne peuvent régulièrement en prendre la qualité avant de l'avoir acquise par les moyens constitutionnels. Jusque-là, ils doivent s'en tenir à la simple qualification de *Français*, qui leur assure la *liberté civile* et tous les avantages dont elle est inséparable.

Cette distinction établie, il faut voir, 1°. comment on peut acquérir la qualité de *Français*, quels droits y sont attachés, et de quelle manière on la perd; 2°. comment s'acquiert et se perd le titre de *citoyen Français*, et quels en sont les attributs.

§. I. *Comment s'acquiert la qualité de Français? Droits attachés à cette qualité. Manières dont elle se perd.*

I. Le Code Napoléon, titre *de la jouissance et de la privation des droits civils*, a réglé tout ce qui fait l'objet de ce premier paragraphe. Il est néanmoins des principes qu'il suppose, et qui n'avaient pas besoin d'être littéralement exprimés.

Le plus incontestable, sans doute, est que presque tous les *Français* naissent avec cette qualité, et ne sont point dès-lors dans le cas de l'acquérir.

Tels sont ceux qui sont nés *en France*, 1°. de parens *Français*; 2°. d'une mère *Française* et d'un père inconnu; 3°. de père et mère inconnus. Comme tous ces individus appartiennent également à l'Empire dès l'instant de leur naissance, on ne saurait leur disputer le titre de *Français* qui est propre à tous ses sujets.

Il ne pouvait pas y avoir plus de difficulté en faveur de l'enfant né en pays étranger, d'un *Français* qui en a conservé la qualité; cependant le Code prévient tous les doutes, en déclarant que cet enfant est *Français* comme son père, dont il suit la condition.

Par suite du même principe, il semblait que l'enfant né accidentellement *en France*, d'un père *étranger*, ne dût avoir aucun droit à la qualité de *Français*. Néanmoins, le Code Napoléon veut bien lui faire un titre du hasard des circonstances dans lesquelles il a reçu le jour: ainsi, la France adopte généreusement, dès sa naissance, tout étranger qui vient au monde dans son sein; elle lui demande seulement de ratifier cette adoption dans l'année de sa majorité, en faisant sa soumission de fixer son domicile sur sa terre natale, et en s'y établissant de fait, s'il ne l'est déjà dans l'an de sa déclaration.

La même soumission, dans quelque temps qu'elle ait lieu, fait recouvrer à l'enfant né chez l'étranger d'un *Français* déchu, la qualité que son père avait

(1) Cet article appartient à M. L. G., procureur-général de la cour impériale de....

perdue. Cette disposition du Code est encore un acte de bienfaisance : aussi n'a-t-elle pas d'effet rétroactif, et ne donne-t-elle à l'individu réintégré, que l'exercice des droits ouverts à son profit, depuis sa soumission et l'établissement de son domicile en France, dans le délai déterminé.

Mais c'est justice et raison exacte, que l'étrangère, en épousant un *Français*, participe à sa condition. Celle des deux époux ne peut être différente l'une de l'autre ; et la femme est naturellement destinée à suivre la condition de son mari.

II. Dès qu'on est *Français*, quoique simplement dit, l'on entre en jouissance des *droits civils;* car l'exercice de ces droits est indépendant de la qualité de *citoyen* (art. 7 et 8 du Code).

L'étranger même y est admis en certains cas. *V. Droits civils.*

Les principaux de ces droits sont la faculté de succéder aux biens situés en France, soit *ab intestat*, soit en vertu de dispositions testamentaires ; de disposer soi-même de ses propres biens par testament; d'exercer certains emplois publics, lorsque d'ailleurs on a les autres qualités exigées par la loi ; de plaider en demandant, sans être obligé de donner caution ; d'être admis, le cas échéant, au bénéfice de cession de bien, dans les cas et aux conditions autorisées par les lois.

III. Tous ces avantages s'évanouissent, dès qu'on perd la qualité de *Français.*

On la perd, suivant l'art. 17 du Code, 1°. par la naturalisation acquise en pays étranger : car on ne peut pas adopter une autre patrie, sans renoncer à la sienne; 2°. par l'acceptation, non autorisée par le gouvernement, de fonctions publiques conférées par un gouvernement étranger (*V. In partibus*); 3°. par tout établissement fait en pays étranger, *sans espoir de retour.*

Ce dernier mode d'abdication de la patrie ne se présume pas aisément. D'abord, le même article écarte textuellement cette présomption en cas *d'établissement de commerce ;* et l'on peut voir en outre, au mot *Absent*, combien la loi présume long-temps et favorablement de l'intention de revenir France. Il faudrait, à vrai dire, que l'établissement formé par un Français en pays étranger, fût en quelque sorte incompatible avec l'esprit de retour, pour croire qu'il y eût effectivement renoncé.

Cette incompatibilité existe d'une manière absolue dans l'établissement que forme une *Française* en épousant un *étranger*. Elle perd donc aussitôt sa qualité première, et ne peut la recouvrer que pour en jouir à l'avenir seulement, lorsque, devenue veuve, elle vient résider en France avec l'autorisation du gouvernement, et en déclarant sa volonté de s'y fixer.

De même le *Français* qui a cessé de l'être, par l'une des voies exprimées dans l'art. 17, peut *toujours* le redevenir d'après l'art 18, en rentrant en France avec l'autorisation du gouvernement, et déclarant qu'il veut s'y fixer.

On a dû montrer moins d'indulgence envers le Français justement déchu pour avoir, sans l'autorisation du gouvernement, pris du service militaire chez l'étranger, ou s'y être affilié à une corporation militaire. L'art. 21 lui défend de rentrer en France sans la permission du gouvernement. Et de plus, il ne recouvrera sa qualité primitive qu'en remplissant les conditions imposées à l'étranger pour devenir *citoyen*, et dont il sera parlé au paragraphe suivant.

Une autre manière de perdre les *droits civils* et avec eux la qualité de *Français*, est celle qui résulte des condamnations judiciaires emportant la *mort civile.* Celui qui en est frappé est absolument retranché de la société; il n'existe plus aux yeux de la loi; il est incapable de succéder ; sa propre succession est d'avance ouverte au profit de ses héritiers légitimes : il ne peut plus transmettre, à ce titre, les biens qu'il aurait acquis par la suite; et ce qu'il pouvait posséder au moment de sa mort naturelle est dévolu par droit de déshérence au trésor public. *V. Contumace, Mort civile*, et le plaidoyer du 8 juillet 1807, rapporté à l'article *Mariage*, sect. 2, §. 3, n. 3 (1).

§. II. *Comment s'acquiert la qualité de citoyen Français ? Droits attachés à cette qualité. Causes qui la font perdre.*

I. La qualité de *citoyen*, ainsi qu'on l'a annoncé plus haut, n'appartient pas de plein droit à tous les

---

(1) [[Les obligations des Français établis dans un pays étranger, lorsque la guerre vient à éclater entre ce pays et la France, ont été déterminées par un décret impérial du 6 avril 1809, qui est rapporté au mot *Guerre*.

Les questions qui se sont ensuite élevées sur l'application de ce décret, ayant fait apercevoir quelques lacunes dans les dispositions du Code Napoléon relatives à la condition des Français établis en pays étranger, l'empereur a rendu, le 26 août 1811, pour remplir ces lacunes, un décret ainsi conçu.

« NAPOLEON ....., à tous présens et à venir, salut.

» Diverses questions nous ayant été soumises touchant la condition des Français établis en pays étranger, nous avons reconnu qu'il était utile de faire connaître nos intentions à cet égard.— Déjà, par notre décret du 6 avril 1809, nous avons prononcé sur les Français qui ont porté les armes contre la patrie, et sur ceux qui, se trouvant chez une puissance avec laquelle nous entrons en guerre, ne quittent point son territoire, ou qui, étant rappelés par nous, ne déferent point à cet ordre. — Mais il n'a encore été statué, ni sur les Français naturalisés en pays étranger avec notre autorisation ou sans l'avoir obtenue, ni sur ceux qui sont déjà entrés ou qui voudraient entrer à l'avenir au service d'une puissance étrangère. Si l'acte des constitutions du 22 frimaire an 8 déclare que la naturalisation en pays étranger fait perdre la qualité de Français, et si le Code Napoléon s'est occupé des Français qui s'expatrient sous les rapports de la perte, de la conservation et du recouvrement des droits civils, on ne voit point que, dans l'une et l'autre loi, l'abandon de la patrie ait été considéré relativement au droit politique et à l'ordre général de l'état. Comme il n'est point dans notre volonté de confondre ceux de nos sujets que des motifs légitimes obligent de se faire naturaliser chez l'étranger, avec ceux dont la conduite prendrait le caractere de la félonie, nous avons résolu d'assurer et de compléter, par les présentes, cette partie importante de la législation. — A ces causes, sur le rapport de notre grand-juge, ministre de la justice, et notre conseil d'État entendu, nous avons décrété et ordonné, décrétons et ordonnons ce qui suit :

» Tit. 1er. *Des Français naturalisés en pays étranger avec notre autorisation.* Art. 1er. Aucun Français ne peut être naturalisé en pays étranger sans notre autorisation.

Français, et ne dépend jamais uniquement du hasard de la naissance.

D'abord, de ce qu'il est relatif à des *droits politiques* qui, par leur nature, ne sauraient être exercés que par les mâles, il s'ensuit que les femmes, quoique *Françaises*, et jouissant de presque tous les *droits civils*, ne peuvent être, à proprement parler, *citoyennes*.

Pour les hommes même, qui sont *Français* par la

» 2. Notre autorisation sera accordée par des lettres-patentes dressées par notre grand-juge, signées de notre main, contresignées par notre ministre secrétaire d'État, visées par notre cousin le prince archichancelier, insérées au *Bulletin des lois*, et enregistrées en la cour impériale du dernier domicile de celui qu'elles concernent.

» 3. Les Français naturalisés ainsi en pays étranger, jouiront du droit de posséder, de transmettre des propriétés et de succéder, quand même les sujets du pays où ils seront naturalisés ne jouiraient pas de ces droits en France.

» 4. Les enfans d'un Français naturalisé en pays étranger et qui sont nés dans ce pays, sont étrangers. Ils pourront recouvrer la qualité de Français, en remplissant les formalités prescrites par les art. 9 et 10 du Code Napoléon. — Néanmoins ils recueilleront les successions et exerceront tous les droits qui seront ouverts à leur profit pendant leur minorité, et dans les dix ans qui suivront leur majorité accomplie.

» 5. Les Français naturalisés en pays étranger, même avec notre autorisation, ne pourront jamais porter les armes contre la France, sous peine d'être traduits devant nos cours et condamnés aux peines portées au Code pénal, liv. 3, art. 75 et suivans.

» Tit. 2. *Des Français naturalisés en pays étranger sans notre autorisation.*—6. Tout Français naturalisé en pays étranger sans notre autorisation, encourra la perte de ses biens, qui seront confisqués; il n'aura plus le droit de succéder; et toutes les successions qui viendront à lui échoir, passeront à celui qui est appelé après lui à les recueillir, pourvu qu'il soit régnicole

» 7. Il sera constaté par-devant la cour du dernier domicile du prévenu, à la diligence de notre procureur-général ou sur la requête de la partie civile intéressée, que l'individu, s'étant fait naturaliser en pays étranger, sans notre autorisation, a perdu ses droits civils en France; et en conséquence, la succession ouverte à son profit sera adjugée à qui de droit.

» 8 Les individus dont la naturalisation en pays étranger sans notre autorisation aura été constatée, ainsi qu'il est dit en l'article précédent, et qui auraient reçu distinctement, ou par transmission, des titres institués par le sénatus-consulte du 14 août 1806, en seront déchus.

» 9. Ces titres, et les biens y attachés seront dévolus à la personne restée française, appelée selon les lois, sauf les droits de la femme qui seront réglés comme en cas de viduité.

» 10. Si les individus mentionnés en l'art. 8 avaient reçu l'un de nos ordres, ils seront biffés des registres et états, et défenses leur seront faites d'en porter la décoration.

» 11. Ceux qui étaient naturalisés en pays étranger, et contre lesquels il aura été procédé comme il est dit aux art. 6 et 7 ci-dessus, s'ils sont trouvés sur le territoire de l'empire, seront, pour la première fois, arrêtés et reconduits au-delà des frontières: en cas de récidive, ils seront poursuivis devant nos cours, et condamnés à être détenus pendant un temps qui ne pourra être moindre d'une année, ni excéder dix ans.

» 12. Ils ne pourront être relevés des déchéances et affranchis des peines ci-dessus, que par des lettres de relief accordées par nous en conseil privé, comme les lettres de grâce.

» 13. Tout individu naturalisé en pays étranger sans notre autorisation, qui porterait les armes contre la France, sera puni conformément à l'art. 75 du Code pénal.

» Tit. 3. *Des individus déjà naturalisés en pays étranger.* — 14. Les individus qui se trouveraient naturalisés en pays étranger lors de la publication du présent décret, pourront, dans le délai d'un an, s'ils sont sur le continent européen; de trois ans, s'ils sont hors de ce continent; de cinq ans, s'ils sont au-delà du cap de Bonne Espérance et aux Indes orientales, obtenir notre autorisation dans les délais et selon les formes portés au présent décret.

» 15. Ils ne pourront être relevés du retard que par des lettres de relief de déchéance, accordées sur la proposition de l'un de nos ministres, et délivrées par notre grand-juge, ainsi qu'il est dit à l'art. 12 ci-dessus.

» 16. Le délai passé, et s'ils n'ont pas obtenu des lettres de relief, les dispositions générales du présent décret leur seront applicables.

» Tit. 4. *Des Français au service d'une puissance étrangère.* 17. Aucun Français ne pourra entrer au service d'une puissance étrangère sans notre autorisation spéciale, et sous la condition de revenir, si nous le rappelons, soit par une disposition générale, soit par un ordre direct.

» 18. Ceux de nos sujets qui auront obtenu cette autorisation ne pourront prêter serment à la puissance chez laquelle ils serviront, que sous la réserve de ne jamais porter les armes contre la France, et de quitter le service, même sans être rappelés, si le prince venait à être en guerre contre nous; à défaut de quoi, ils seront soumis à toutes les peines portées par le décret du 6 avril 1809.

» 19. L'autorisation de passer au service d'une puissance étrangère leur sera accordée par des lettres-patentes délivrées dans les formes prescrites à l'art. 2 ci-dessus.

» 20. Ils ne pourront servir comme ministres plénipotentiaires dans aucun traité où nos intérêts pourraient être débattus.

» 21. Ils ne pourront entrer en France qu'avec notre permission spéciale.

» 22. Ils ne pourront se montrer dans les pays soumis à notre obéissance avec la cocarde étrangère et revêtus d'un uniforme étranger; ils seront autorisés à porter les couleurs nationales quand ils seront dans l'empire.

» 23. Ils pourront néanmoins porter les décorations des ordres étrangers, lorsqu'ils les auront reçus avec notre autorisation.

» 24. Les Français au service d'une puissance étrangère ne pourront jamais être accrédités comme ambassadeurs, ministres ou envoyés auprès de notre personne, ni reçus comme chargés de missions d'apparat qui les mettraient dans le cas de paraître devant nous avec leur costume étranger.

» 25. Tout Français qui entre au service d'une puissance étrangère sans notre permission, est, par cela seul, censé naturalisé en pays étranger sans notre autorisation, et sera par conséquent traité conformément aux dispositions du tit. 2 du présent décret; et s'il reste au service étranger en temps de guerre, il sera soumis aux peines portées par le décret du 6 avril 1809.

» 26. L'art. 14 est applicable aux Français qui seraient au service étranger sans être munis de lettres-patentes.

» 27. Notre décret du 6 avril 1809 continuera à être exécuté pour tous les articles qui ne sont ni abrogés ni modifiés par les dispositions du présent décret, et notamment à l'égard des Français qui, étant entrés sans notre autorisation au service d'une puissance étrangère, y sont demeurés après la guerre déclarée entre la France et cette puissance. — Ils seront considérés comme ayant porté les armes contre nous, par cela seul qu'ils auront continué à faire partie d'un corps militaire destiné à agir contre l'empire français ou ses alliés».

Ce décret a fait naître plusieurs questions que le conseil d'État a résolues, le 14 janvier 1812, par un avis que l'Empereur a revêtu de son approbation, le 21 du même mois. En voici les termes:

» Le conseil d'État, qui, d'après le renvoi ordonné par sa majesté, a entendu le rapport de la section de législation sur celui du grand-juge, ministre de la justice, présentant les questions suivantes: 1°. Les Français qui, avant la publication du décret impérial du 26 août 1811, avaient obtenu de sa majesté la permission d'entrer au service d'un prince étranger, sont-ils tenus de demander des lettres-patentes, comme ceux qui n'ont point encore obtenu cette permission? 2°. L'obligation d'obte-

seule raison qu'ils ont eu le bonheur de naître tels, il leur faut, pour devenir *citoyens*, remplir les conditions établies par l'acte constitutionnel du 22 frimaire an 8. Il est vrai qu'elles sont extrêmement simples à leur égard, et l'art. 2 s'en contente également pour *tous hommes nés et résidans en France :* ils seront *citoyens français*, lorsqu'étant âgés de vingt-un ans accomplis, ils se seront fait inscrire sur le registre civique de leur arrondissement communal, et qu'ils auront demeuré depuis, pendant un an, sur le territoire de l'empire.

L'art. 3 de la constitution exige, avec raison, une plus longue épreuve de la part de *l'étranger*. On a vu que pour jouir simplement des *droits civils* en France, il lui suffit d'avoir été admis par le gouvernement à y établir son domicile, et d'y résider en effet; mais il ne deviendra *citoyen Français*, que quand, après avoir atteint l'âge de vingt un ans accomplis, et avoir déclaré l'intention de se fixer en France, il y aura résidé *pendant dix années consécutives*. — *V.* d'ailleurs *Domicile*, §. 13.

II. Les droits propres au *citoyen Français* sont, 1°. de faire partie des assemblées politiques de son canton, d'y concourir par son suffrage au choix des membres du conseil municipal, des candidats pour les places de juge de paix et des suppléans de ce juge, des membres des conseils électoraux d'arrondissement et de département; 2°. de pouvoir être promu soi-même aux différens emplois pour lesquels on a d'ailleurs les autres qualités et conditions exigées, soit par la constitution, soit par les lois. *V.* l'acte constitutionnel du 22 frimaire an 8, et le sénatus-consulte organique du 16 thermidor an 10.

Au surplus, pour exercer les *droits de cité* dans un arrondissement communal, il faut, suivant l'art. 6 de la même constitution, y avoir acquis domicile par une année de résidence, et ne l'avoir pas perdu par une année d'absence. *V. Domicile*, §. 1.

III. La qualité de *citoyen Français* se perd premièrement par toutes les causes qui font perdre celle de *Français* simplement dit; car celle-ci sert de base fondamentale et nécessaire à l'autre.

---

nir des lettres-patentes de sa majesté pour pouvoir demeurer sujet d'un prince étranger, est-elle commune aux descendans des religionnaires fugitifs par suite de révocation de l'édit de Nantes? — 3°. Un Français sera-t-il censé naturalisé sujet d'un prince étranger, par cela seul que ce prince lui aurait conféré un titre héréditaire? — 4°. Les Français qui, avec la permission de sa majesté, sont au service d'un prince étranger, peuvent-ils accepter les titres que ce prince juge à propos de leur conférer en récompense de leurs services? — 5°. Quels sont les différens services qu'un Français ne peut faire à l'étranger sans en avoir obtenu l'autorisation par lettres-patentes? En d'autres termes, le décret impérial du 26 août comprend-il, non-seulement le service militaire et les fonctions diplomatiques, administratives et judiciaires, mais encore le service d'honneur dans la maison du prince? Les secrétaires-généraux sont-ils fonctionnaires administratifs? Le décret comprend-il même le travail des commis de bureaux qui ne sont point à la nomination du gouvernement? — 6°. Les sujets des pays réunis à la France, qui, dès avant la réunion, étaient entrés au service d'un prince étranger, sont-il tenus, pour continuer ce service, d'obtenir des lettres-patentes? — 7°. Les lettres-patentes doivent-elles être demandées individuellement, ou peuvent-elles l'être par un état général des Français que le prince étranger voudrait garder à son service? — 8°. Les Français, et notamment les sujets des pays réunis, qui sont ou qui entreraient au service d'un prince étranger, ne pourront-ils, sans une permission spéciale de sa majesté, venir visiter leurs possessions ou suivre leurs affaires en France? — 9°. La permission spéciale de sa majesté pour pouvoir entrer en France, sera-t-elle nécessaire, même à ceux qui auront quitté le service étranger? — 10° La défense de se montrer dans les pays soumis à la domination de sa majesté avec la cocarde étrangère et un uniforme étranger, s'applique-t-elle au cas où des Français employés comme officiers dans les troupes d'un prince étranger traverseraient la France ou y seraient stationnés avec leur corps? — 11° Un Français ne peut-il également se montrer en France revêtu d'un costume étranger quelconque? Si un prince étranger vient en France, et qu'un officier nécessaire auprès de sa personne soit Français, cet officier pourra-t-il faire son service avec le costume qui y est affecté?

» Vu la loi du 15 décembre 1790, les décrets impériaux des 6 avril 1809 et 26 août 1811, est d'avis,

» Sur la 1re. question, qu'aucune permission accordée à un Français, soit pour se faire naturaliser, soit pour prendre du service à l'étranger, n'est valable, si elle n'est accordée dans les formes prescrites par l'art. 2 du décret du 26 août 1811, qu'ainsi, tout Français qui, avant la publication dudit décret, aurait pris du service d'une puissance étrangère, même avec la permission de sa majesté, est tenu, s'il ne veut encourir les peines portées au tit. 2 de ce décret, de se munir de lettres-patentes, conformément aux dispositions de l'art. 2, et dans les délais prescrits par l'art. 14 du même décret.

» Sur la 2e. question, que les dispositions des décrets des 6 avril 1809 et 26 août 1811 ne sont point applicables aux descendans des religionnaires fugitifs, qui n'ont point usé du droit qui leur était accordé par l'art. 22 de la loi du 15 décembre 1790;

» Sur les 3e. et 4e. questions, que tout Français, qui, étant, même avec la permission de sa majesté, au service d'une puissance étrangère, accepte de cette puissance un titre héréditaire, est, par cette acceptation seule, censé naturalisé en pays étranger; et que, si ladite acceptation a eu lieu sans autorisation de sa majesté, il doit être traité selon le tit. 2 du décret du 26 août 1811;

» Sur la 5e. question, qu'aucun service, soit près de la personne, soit près d'un des membres de la famille d'un prince étranger, de même qu'aucune fonction, dans une administration publique étrangère, ne peuvent être acceptés par un Français sans une autorisation de sa majesté;

» Sur la 6e. question, que tout sujet d'un pays réuni à la France, qui, même avant la réunion, serait entré au service d'une puissance étrangère, est tenu de se pourvoir de lettres-patentes, ainsi qu'il est dit sur la 1re. question; à moins qu'avant la même réunion, il n'eût été naturalisé chez cette puissance;

» Sur la 7e. question, que tout Français qui désire obtenir l'autorisation, soit de se faire naturaliser soit de prendre du service à l'étranger, doit en adresser personnellement la demande au grand-juge ministre de la justice, pour être ladite demande soumise, par ce dernier, à sa majesté;

» Sur les 8e. et 9e. questions, qu'aucun Français, ni aucun sujet des pays réunis, qui est ou entrera au service d'une puissance étrangère, ne pourra, pour quelque cause que ce soit, venir en France qu'avec une permission spéciale de sa majesté, laquelle sera nécessaire à ceux même d'entre eux qui auront quitté le service étranger; et que la demande de cette permission devra être adressée au grand-juge;

» Sur les 10e. et 11°. questions, qu'un Français servant avec autorisation dans les troupes d'une puissance étrangère, doit, lorsque son corps est appelé par sa majesté à traverser la France ou à y stationner, conserver la cocarde et l'uniforme de ce corps, tant qu'il y est présent : hors ce seul cas, aucun Français ne peut porter en France ni cocarde étrangère, ni uniforme, ni costume étranger, quand même le prince au service personnel duquel il est attaché, se trouverait en France;

» Et que le présent avis soit inséré au Bulletin des lois ».

Elle se perd, en outre, suivant, l'art. 4, par la condamnation *à des peines afflictives ou infamantes*, indistinctement; tandis que les peines afflictives autres que la mort, même les *perpétuelles*, n'emportent *la mort civile*, qu'autant que la loi y a attaché cet effet. (Art. 24 du code Napoléon.)

Le condamné, ainsi dégradé du titre de *citoyen* par la nature de sa peine, ne pourra être rétabli dans *les droits de cité*, que lorsque, dix ans après l'avoir subie, il aura sur l'avis et la demande formelle du conseil municipal de la commune dans laquelle il habite depuis deux ans accomplis, obtenu de la cour criminelle de son domicile, un *arrêt de réhabilitation*, portant que la tache de son crime est effacée. *V. Réhabilitation.*

Enfin, sans perdre entièrement le titre et les droits *de citoyen Français*, on peut éprouver, quant à leur exercice, une *suspension* ou interdiction.

La suspension a lieu *par l'état de domestique à gages attaché au service de la personne ou du ménage.* L'espèce de dépendance dans laquelle ces sortes de domestiques sont naturellement placés envers leurs maîtres, ne permet pas de les laisser user d'un droit dans l'exercice duquel il est très-vraisemblable qu'ils ne seraient pas entièrement libres. C'est un motif qui n'a rien d'humiliant pour les domestiques à gages.

On n'en dira pas de même de la suspension établie contre *les débiteurs faillis ou leurs héritiers immédiats*, détenteurs à titre gratuit de la succession totale ou partielle d'un failli. On peut regarder cette suspension de l'exercice de leurs droits politiques comme une véritable interdiction. Il ne faut pas en effet se mêler des affaires publiques, tant qu'on est exposé au reproche de ne savoir pas gouverner les siennes propres.

C'est aussi pourquoi *l'interdiction judiciaire* s'étend à l'exercice des droits de citoyen.

Il était également convenable que la suspension frappât ceux qui sont *en état d'accusation ou de contumace.* La présomption flétrissante qui pèse sur leur tête les exclut naturellement des assemblées où l'on doit apporter du moins une réputation intacte. L'art. 5 de la constitution du 22 frimaire an 8 prononce la suspension des droits de *citoyen Français* dans tous ces différens cas.

V. Absent, *Divorce*, sect. 4, §. 9; *Etranger*, *Naturalisation*, etc]] *

* FRANC-ALLEU. Le Franc-Alleu peut être pris de deux sortes, ou pour un héritage absolument indépendant, et en ce sens il n'y a de Franc-Alleu que les véritables souverainetés, c'est ce que témoigne Dumoulin, sur la coutume de Paris, §. 1, gl. 1 : *Antonomasticè Allaudium est terra satica, seu sacrum domanium domini nostri Francorum regis, suæque coronæ patrimonium, quod est verè, simplissimè et absolutissimè Allaudium, nativâ suâ naturalis juris libertate originaliter et perpetuò gaudens; nullius unquàm hominis servituti aut recognitioni subditum.* Le Franc-Alleu se prend en outre pour un héritage exempt de droits seigneuriaux; et c'est de cette espèce que nous traitons, parce qu'en France on ne reconnaît point de Franc-Alleu qui ne soit soumis à la souveraineté du roi.

[[Comme il n'y a plus de droits seigneuriaux, et que tous les biens situés en France jouissent actuellement des avantages de l'allodialité, ainsi que le décide expressément l'art. 2 de la loi du 19 septembre 1790, cet article paraîtrait devoir être supprimé en entier. Mais je crois devoir le conserver, parce que, comme on l'a vu à l'article Arage et au mot *Cens*, §. 5, n. 2, il peut encore se présenter des cas où il importe de savoir si, avant l'abolition de la féodalité, tel pays était allodial ou non.

§. I *Origine du mot* Alleu, *et définition du Franc-Alleu.*

L'origine du mot *Alleu* fait la matière de l'article *Alleu.*]]

Quant à sa définition, voici celle que donne la coutume d'Orléans, art. 255 : *héritage tellement Franc, qu'il ne doit fonds de terre, et n'est tenu d'aucun seigneur foncier, et ne doit saisines, dessaisines ni autre servitude quelle que ce soit; mais quant à la justice, il est sujet à la juridiction du seigneur justicier.* L'auteur *du Grand coutumier*, liv. 1, chap. 10, dit que le Franc-Alleu, *c'est héritage non-féodal, sur lequel aucun n'a droit de prendre aucune pension pour* FONDS DE TERRE [[expressions qui sont, comme on l'a vu aux mots *Fonds de terre*, synonymes de cens]].—Le même, au titre de *Franc-Alleu*, dit : *Franc-Alleu est un héritage tellement franc, qu'il ne doit point de fonds de terre, ne d'icelui n'est aucun seigneur foncier, et ne doit vest, ne devest, ne rentes, ne saisines, ne autre servitude à quelque seigneur; mais quand est à justice, il est bien sujet à la justice ou juridiction d'aucun.*

Ces mots de la coutume d'Orléans, *ni autre servitude quelle que ce soit*, doivent s'entendre des droits qui emportent seigneurie directe, lods, ventes et amendes; car il ne répugne pas à la nature du Franc-Alleu qu'il soit chargé d'une rente foncière ou d'une servitude réelle, comme de passage d'égoût ou autres semblables. C'est la remarque de Dumoulin sur la coutume de Paris, §. 68, n. 2 : *Res allaudialis non potest de debere censum, prout census in hoc regno accipitur, nec jura feudalia; sed benè potest debere censum annuum et perpetuum reditum. Amplia nedùm in reditu à domino super Allaudio suo, mediante pecuniâ constituto; sed etiam in reditu creato per concessionem rei allaudialis, quoniam concedens ad reditum, nisi aliud expressè agatur, nullum jus dominii retinet. Res allodialis potest debere certum et annuum reditum, nihil habentem commune cum dominio; qui licet habeat originem ab ipsâ concessione, non jus dominii mutat naturam Allodii, modò nullum retineatur.*

La coutume d'Orléans, dans la définition que nous avons rapportée, ajoute que *le Franc-Alleu est sujet à la juridiction du seigneur*, ce qui a été de tout temps observé. (*V.* le *Grand Coutumier*, liv. 2, tit. 33; Chopin, *de leg. and.*, *liv.* 2, *tit.* 6, *n.* 4; Cujas, *lib.* 8. *Obs.*, *ch.* 14; Papon, sur la coutume de Bourbonnais, art. 392); et c'est ce que témoigne la coutume d'Anjou, art. 140, en disant que l'affranchissement de l'héritage ne permet pas au propriétaire de *contemner* la juridiction de son seigneur; *nam licet denotet libertatem rei, non tamen excludit superioritatem alterius*, laquelle supériorité ne diminue en rien la liberté des sujets justiciables, et la franchise de leurs héritages : *Quia potestas jurisdictionis libertatem subditorum non minuit, sed auget et tuetur, cum ad eorum protectionem et communem utilitatem sit introducta; alioquin non esset jurisdictio, sed tyrannica aut barbarica impressio.* Dumoulin, sur la coutume de Paris, §. 2, *gl.* 3, *n.* 6.

[[La suppression des justices seigneuriales, prononcée par les lois du 4 août 1789 et 7 septembre 1790, a rendu cette observation sans objet.]]

§. II. *Division du Franc-Alleu en deux espèces.*

Nous connaissons deux espèces de Franc-Alleu, le noble et le roturier; cette distinction est retenue par l'art. 68 de la coutume de Paris.

Le Franc-Alleu noble est celui qui a justice annexée, censive ou fief qui en dépend et qui en est mouvant.

A l'égard de la juridiction annexée au Franc-Alleu, quoiqu'elle n'en fasse pas partie, elle ennoblit néanmoins le Franc-Alleu.

Pareillement la mouvance ou directe seigneurie qui appartient à un Franc-Alleu sur d'autres héritages, le rend noble, parce qu'il serait absurde qu'un héritage dont un fief releverait, fût roturier.

Mais il y a cette différence entre les censives et fiefs dépendans du Franc-Alleu, et la justice haute, moyenne et basse qui y est annexée, que les censives et les fiefs sont allodiaux à l'égard de celui qui possède le Franc-Alleu, et duquel ils relèvent; et que la justice, quoiqu'elle soit unie et annexée au Franc-Alleu, n'en fait pas partie, et n'a rien de commun avec le Franc-Alleu. Elle subsiste d'elle-même et par elle-même : ainsi, elle n'est point allodiale, mais elle dépend et est tenue du roi ou d'un seigneur supérieur qui a droit de ressort.

Il est hors de doute que la justice annexée au Franc-Alleu, est dépendante de la justice royale ou de la juridiction subalterne du seigneur haut-justicier dans le territoire duquel le Franc-Alleu est situé. C'est ce qu'ont établi Charondas, Tronçon et Brodeau.

La justice est annexée au Franc-Alleu, lorsque celui qui tient un Franc-Alleu, soit noble ou roturier, obtient le droit de justice, soit du roi, soit du seigneur haut-justicier qui cède la moyenne ou basse justice, ou l'une et l'autre, au propriétaire du Franc-Alleu roturier.

Mais d'autant que la justice et le Franc-Alleu n'ont rien de commun, et qu'ils ne font point partie l'un de l'autre, il s'ensuit que le propriétaire peut vendre sa justice ou son Franc-Alleu; et par ce moyen, ce Franc-Alleu, s'il n'a un fief ou un cens dans sa mouvance, reprendra sa qualité et nature de roturier qu'il avait auparavant, et qu'il n'avait perdue que par la jonction de la justice.

Il n'importe que la justice annexée au Franc-Alleu, soit haute, moyenne ou basse, parce que toutes ces trois espèces de justice sont nobles. C'est la remarque de Charondas.

Le Franc-Alleu roturier est celui qui n'a ni justice annexée, ni fief mouvant de lui, ni censive, et qui ne doit aucun droit à aucun seigneur *in recognitionem directi dominii.*

Le Franc-Alleu qui n'a point de justice, quoique noble, parce qu'il a fief ou censive, est sujet à la juridiction du lieu où il est situé, attendu que le Franc-Alleu n'a rien de commun avec la juridiction.

On demande si le possesseur d'un fief qui a sous lui un arrière-fief, est en droit de le convertir en aleu noble. Chasseneuz, sur la coutume de Bourgogne, après avoir agité cette question, décide qu'il ne saurait le faire sans le consentement de son seigneur dominant; la raison qu'il en donne, et qui me paraît très-bonne, est que le seigneur suzerain conserve toujours, en quelque manière, son domaine direct sur l'arrière-fief; d'où il résulte que son vassal immédiat ne saurait l'en priver malgré lui.

[[Il n'y a plus de Francs-Alleus nobles, depuis que, par la suppression du régime féodal et des justices seigneuriales, il n'existe plus rien de ce qui pouvait les mobiliser.]]

§. III. *L'allodialité est-elle de droit commun?*

On a long-temps disputé sur la question de savoir si le Franc-Alleu forme le droit commun, en sorte qu'on doive regarder comme allodiales toutes les coutumes qui n'ont pas de dispositions formelles sur ce point?

Les jurisconsultes se sont partagés en deux classes : les uns tiennent pour l'allodialité; ils sont en très-grand nombre, on les trouve réunis dans le *Traité du Franc-Alleu* de Caseneuve.

Voici la majeure partie de ceux qui soutiennent que, de droit commun, tous les héritages doivent être présumés censuels ou féodaux, jusqu'à la preuve du contraire.

Joannes Faber, sur la loi *cunctos populos*, et sur la loi première, *C. de jure emphiteutico*, tient cette maxime, et en donne pour raison qu'originairement toutes les terres étaient chargées de cens ou de redevances : *In regno Franciæ, omnes terræ, vel quasi feodales, vel altis pensionibus, seu censibus affectæ, ita ut possessores quasi omnes sint utiles domini.* Cet auteur vivait sous le règne de Philippe de Valois; et pour confirmer son avis, il cite *Guillelmus Durandus*, qui vivait vers l'an 1236.

Boërius, dans ses Décisions du parlement de Bordeaux (décis. 229, 231 et 263), soutient que c'est une règle certaine que tout est censé tenu et mouvant du seigneur du territoire : *omnia censentur teneri sive moveri à domino territorii.*

Maynard, liv. 4, chap. 35, dit en termes formels, « qu'on ne peut tenir terre sans seigneur dans le ressort du parlement de Toulouse; et que celui qui prétend que son héritage est tenu en Franc-Alleu, doit faire apparaître de titre exprès et spécial; autrement, qu'il peut y être imposé cens »; il ajoute que cette règle est suivie à Toulouse et à Bordeaux, parlemens de droit écrit; « et que la présomption de franchise naturelle s'entend proprement des servitudes et des charges réelles personnelles; mais non pas de reconnaissance et payement de certains droits envers le seigneur, encore moins envers le roi ».

C'est aussi ce qui est attesté par Graverol, dans ses notes sur le premier article du premier chapitre du *Traité des droits seigneuriaux* de la Rocheflavin, où il dit que, « dans la province de Guienne, la maxime, *nulle terre sans seigneur*, s'y prend au pied de la lettre ».

Despeisses, *Traité des droits seigneuriaux*, tit. 2, n. 2, dit que « le seigneur qui montre avoir baillé un territoire limité, et que la terre dont les droits sont demandés, est clause dans les limites de son territoire, n'est obligé de faire autre preuve de ses droits seigneuriaux; mais qu'en ce cas, le tenancier est tenu de reconnaître et payer les droits seigneuriaux comme les autres circonvoisins, et à proportion de ce qu'il y possède, sinon qu'il fasse apparoir de l'affranchissement de sa terre ».

Socin, en son conseil 86, liv. 1, est du même avis : il dit que les seigneurs qui ont de toute ancienneté un territoire limité, ont aussi la directe et la juridiction : *Quisquis habet ab antiqao territorium limitatum in dominio directo terrarum et jurisdictionis earum, est fundatus in utroque infra metas ejusdem.*

Bacquet, *Traité des Francs-fiefs*, chap. 2, n. 23 et 24, soutient, comme Maynard, que « la présomption de la franchise des héritages ne peut être reçue en France; et que, quand on dit que tous héritages sont présumés libres, cela s'entend proprement de charges réelles et de service personnel, mais non pas de reconnaissance et payement de certains droits au seigneur». Il ajoute que, « quand il n'y a point de titre de Franc-Alleu, on impose le cens sur les héritages; et il se paye au roi, eu égard aux prochaines terres. C'est suivant cette dernière maxime, que les arrêts ont adjugé le cens aux seigneurs tel qu'il se payait sur les terres circonvoisines». — Il cite Balde, *Joannes Andreas* et *Guillelmus Benedictus*, qui soutiennent comme lui que *omnes fundi censentur teneri sive moveri à domino territorii in quo siti sunt.*

Coquille, sur la coutume de Nivernais, chap. 7, art. 1 (qui porte que tous héritages sont censés et présumés francs et allodiaux, si l'on ne montre du contraire), soutient que « cet article, lors de l'assemblée des États, ne fut pas passé pour coutume arrêtée; ainsi le renvoi en fut fait en la cour du parlement ». Il ajoute que, « puisque ce n'est pas coutume arrêtée en ce pays, il faut savoir quel est le commun droit ancien français »; et après l'avoir expliqué, il finit en ces termes : « Pourquoi, en concluant, je dis que la présomption est pour les seigneurs que les héritages de leurs territoires sont tenus d'eux à fief ou à cens, et que c'est la charge du détenteur de prouver qu'ils sont allodiaux ».

Basnage, sur l'art. 102 de la coutume de Normandie, dit que, « dans les coutumes qui ne disposent point si le titre est nécessaire de la part du seigneur féodal ou du propriétaire du Franc-Alleu, le seigneur qui a un territoire universel et continu, a pour lui la présomption du droit, et que le propriétaire du Franc-Alleu est tenu de produire son titre ».

Bouchel, sur l'art. 52 de la coutume de Poitou, n. 26, atteste que, dans les coutumes qui n'expriment pas s'il faut titre ou non pour donner lieu au Franc-Alleu, il n'est point reçu sans titre; de sorte que celui qui prétend tenir son héritage en Franc-Alleu, est obligé de le prouver par titre autre que celui qui résulte de sa possession ».

Pocquet de Livonnière, sur l'art. 140 de la coutume d'Anjou, au mot *Franc-Alleu*, demande *s'il est présumé tel par l'assertion du vassal*; et il répond qu'*il faut dire que non; bien au contraire*, ajoute-t-il, *le vassal est tenu d'en faire la foi et hommage s'il n'a point de titre qui justifie qu'il ne la doit pas.*

Louet, lettre C, §. 21, regarde comme maximes générales, qu'il n'y a *nulle terre sans seigneur*, et que *le cens est imprescriptible*; d'où il suit que la possession ne peut suppléer le titre de la part de celui qui allègue la franchise de son héritage.

Auzanet, sur l'art. 124 de la coutume de Paris, établit l'imprescriptibilité du cens, comme dérivant de la maxime, *nulle terre sans seigneur* : ce n'est donc que par titre, et non pas par possession, que le Franc-Alleu peut être justifié.

Brodeau, sur l'art. 68 de la coutume de Paris, dit que la présomption n'est jamais pour le Franc-Alleu, quand le seigneur a le droit d'enclave; et il rapporte plusieurs arrêts desquels il tire la conséquence en ces termes : « de sorte que le seigneur n'est point tenu de justifier d'aucun titre; et ne sert de rien au vassal d'alléguer le Franc-Alleu, s'il n'en fait apparoir par titre, quand même il serait fondé sur une possession immémoriale de plus de cent ans»; et dans la nouvelle édition, est rapporté un arrêt qui, conformément au principe, a jugé le 17 mars 1608, que bien que le seigneur ne justifiât d'aucun titre, le détenteur n'avait pu prescrire le cens même par cent ans.

Duplessis, *Traité du Franc-Alleu*, ch. 2, assure « qu'en France, si les hommes sont libres, tous les héritages au contraire sont naturellement sujets; et que c'est une des plus anciennes et certaines règles du droit coutumier, que nulle terre sans seigneur : ce qui fait que, pour justifier la seigneurie et la dépendance des héritages, il ne faut point de titre contre le sujet, la seule situation suffit; et au contraire, pour prétendre qu'un héritage est en Franc-Alleu, il en faut titre; autrement, il sera réputé, naturellement et de droit commun, tenir du seigneur dans le territoire duquel il est ». L'auteur ajoute « qu'il est vrai qu'il y a quelques coutumes en France où cette règle n'est point reçue; mais ce qui est gé-

néral (dit-il), c'est qu'elle est reçue en toutes celles qui ne disent rien de contraire ».

Les arrêtés de M. le premier président de Lamoignon renferment un chapitre *au Franc-Alleu ;* et le second arrêté de ce chapitre porte : « ès pays de coutumes, le Franc-Alleu n'a point lieu, s'il n'y a titre ou reconnaissance, ou autre acte fait avec le seigneur ».

Lalande, sur l'art. 255 de la coutume d'Orléans, soutient que, « dans les coutumes qui n'ont point d'articles qui établissent le Franc-Alleu sans titre, comme Paris et Orléans, si quelqu'un prétend tenir en Franc-Alleu, il doit le vérifier par titre, et à faute de ce, payer les droits au seigneur comme les héritages voisins ».

Enfin, Argou, dans son *Institution au droit français*, liv. 2, chap. 3, remarque « qu'il y a trois sortes de coutumes dans le royaume, les unes qui veulent que tout héritage soit réputé franc, si le seigneur ne montre le contraire : dans ces coutumes, il n'est pas nécessaire au propriétaire d'une terre de produire des titres pour montrer qu'elle est allodiale, la loi du pays lui sert de titre. Dans d'autres coutumes, où le Franc-Alleu n'est point reçu sans titre particulier, le seigneur d'un territoire est bien fondé à prétendre que tous les héritages qui y sont enclavés, sont mouvans de son fief, ou en fief ou en censive; et ceux qui prétendent que leurs héritages sont libres, en doivent produire les titres. Enfin, dans les coutumes qui n'ont point de disposition particulière sur le sujet du Franc-Alleu, on tenait autrefois (dit l'auteur), que, dans ces coutumes, c'était au seigneur à prouver sa mouvance, lorsqu'il n'avait pas un territoire circonscrit et limité dans toute l'étendue qui se trouvait dans sa mouvance ; mais aujourd'hui on tient pour maxime dans tous les pays coutumiers, qu'il n'y point de terre sans seigneur ; et que ceux qui prétendent que leurs terres sont libres, le doivent prouver, à moins que la coutume n'en dispose au contraire ».

Pour donner à cette importante matière le développement qu'elle exige, il est nécessaire de descendre dans les détails; en conséquence, nous allons parcourir les pays allodiaux, et présenter les différens motifs sur lesquels la franchise de chacun d'eux est établie. Nous commencerons par les provinces coutumières.

§. IV. *De l'allodialité dane la coutume de Troyes.*

La coutume de Troyes est allodiale : le texte de la coutume, dans l'art. 51, y est précis : *tout héritage est franc et réputé Franc-Alleu, qui ne le montre être serf et redevable d'aucune charge, posé qu'il soit assis en justice d'autrui, et qu'il n'en ait titre.*

On ne peut pas trouver une disposition plus expresse pour le Franc-Alleu : chaque mot de l'article l'annonce ; l'héritage est franc et est réputé en Franc-Alleu, si le seigneur ne montre le contraire, il faut qu'il justifie qu'il est serf, qu'il établisse la charge qu'il prétend sur l'héritage. Le titre de la haute-justice est inutile au seigneur ; fief et justice n'ont rien de commun, et le vassal n'est point tenu de rapporter un titre de sa franchise : toutes ces propositions, dont une seule est suffisante pour établir le Franc-Alleu, sont réunies et rassemblées dans ce seul article de la coutume, en sorte qu'il n'y a pas de coutume en France plus énergique pour le Franc-Alleu ; aussi tous les auteurs reconnaissent que la coutume de Troyes est allodiale.

Il est vrai que le procès-verbal de rédaction, de l'année 1509, fait mention de l'opposition de la noblesse et de très-peu de personnes du clergé ; mais presque tout l'ordre du clergé et le tiers-état soutinrent la possession du Franc-Alleu, suivant l'ancienne coutume ; et la noblesse n'osa pas alléguer une possession contraire : le procureur du roi au bailliage cita les jugemens de son siége, les sentences des requêtes du palais, les arrêts de la cour qui avaient jugé en faveur du Franc-Alleu, ainsi qu'on le voit dans le procès-verbal de compulsoire, concernant la coutume de Troyes, et principalement les droits de bourgeoisie et Franc-Alleu de Champagne, de 1463, qui se trouvent à la fin du commentaire de Legrand, de l'édition de 1737. Aussi les rédacteurs n'eurent aucun égard à l'opposition des nobles. Il fut dit que la noblesse en userait suivant ses titres, sauf à elle à faire juger son opposition ; cette opposition a été abandonnée depuis 1509, et la province a joui de sa première liberté.

Legrand, sur l'art. 51, Pithou, sur le même article, aux mots *en justice*, rapportent un ancien arrêt qu'ils ne datent pas, rendu entre les chanoines de Vincennes, seigneurs de Méry, et le sieur de Clesle, qui condamne les premiers à rapporter les titres justificatifs de leur prétendue directe ; et un autre du 20 novembre 1554, rendu en faveur de Jacques Favier, avocat, qui annulle une saisie féodale faite par le seigneur de Just, faute d'avoir pu justifier de sa prétendue féodalité : il y a un troisième arrêt semblable, rendu entre le chapitre de Saint-Pierre de Troyes, et les habitans des Chapelles, du 13 mai 1621 ; autre du 5 janvier 1603, entre M. le duc de Mantoue, à cause de son marquisat de l'Isle, à présent duché d'Aumont, et Me Côme Merville, avocat; celui du 7 septembre 1754, entre les fermiers de l'abbaye de Moutiers et celle de Listroyes, et Claude Jacquot ; celui du 17 février 1673, rendu entre M. le cardinal de Retz, abbé de Saint-Denis, à cause du fief de Laune, situé dans la coutume de Troyes, et dépendant de ladite abbaye, et Michel Myonat et les habitans et maire de la ville de Nogent-sur-Seine. Enfin, il y a un septième arrêt rendu entre Alain Carpentier, avocat à la cour, et la demoiselle des Martins, sa femme, prenant le fait et cause de leurs fermiers, sur l'appel de sentence de Pont-sur-Seine, et la dame Bossuet, dame de Pont-sur-Seine, qui, en infirmant les sentences, déclare nulles les confiscations, réunions et saisies faites par ladite Bossuet en vertu de ces mêmes sentences. Ce dernier arrêt est du 28 août 1669.

Une jurisprudence si constante ne pouvait manquer d'être suivie par les arrêts du conseil. Le roi a, dans différens temps, imposé à des taxes les possesseurs des Francs-Alleus qui n'avaient pas de titres ; mais il a toujours excepté les provinces de droit écrit et les coutumes qui ont établi et autorisé le Franc-Alleu, et dans lesquelles il a été confirmé par la jurisprudence des arrêts.

Sur ce fondement, Claude Baudouin, traitant du recouvrement de ces sortes de taxes, ayant voulu, en conséquence des déclarations des 4 septembre 1641 et 27 août 1657, faire son recouvrement sur les possesseurs de Francs-Alleus dans l'étendue de la coutume de Troyes, les habitans de la ville de Troyes et M. le procureur-général du parlement de Paris s'y opposèrent; et par arrêts des 6 septembre 1658 et 8 janvier 1689, les possesseurs de biens en Franc-Alleu dans la coutume de Troyes furent affranchis de cette taxe, sur le fondement que leurs héritages sont libres d'origine, et qu'ils ne tiennent point à l'allodialité à titre de prescription ou de la négligence des seigneurs, mais en conséquence de la liberté naturelle et primitive des biens, qui n'a pas besoin de confirmation.

C'est encore sur ce même motif, que les héritages de la coutume de Troyes furent jugés francs et allodiaux de leur nature, par arrêt solennel du conseil d'État du 6 février 1694. Le traitant avait renouvelé ses tentatives : il avait compris dans ses rôles les détenteurs des Francs-Alleus dans la coutume de Troyes; les habitans de la province s'y opposèrent, et par l'arrêt, le roi reçut les habitans, maire et échevins de la ville de Troyes opposans à l'exécution des arrêts du conseil des 29 novembre 1693 et 30 janvier 1694; faisant droit sur leur opposition, il « ordonne que les détenteurs des maisons et héritages roturiers continueront de les posséder allodialement, sans être tenus de justifier de leur franchise et liberté par aucuns titres; les décharge des taxes, fait défenses d'exiger des déclarations des détenteurs, ni de les comprendre dans les rôles ».

§. V. *De l'allodialité dans la coutume de Chaumont.*

C'est une vérité constante que la coutume de Chaumont en Bassigny est allodiale. La franchise des biens régis et gouvernés par cette coutume, est clairement énoncée dans l'art. 62 : *L'on tient audit bailliage*, y est-il dit : *que tout héritage est réputé franc, qui ne le prouve être redevable d'aucune charge, quelque part qu'il soit assis.*

On n'ignore pas que cet art. 62, qui établit l'allodialité des terres situées sous son empire, a souffert anciennement beaucoup de contradictions; que, lors de la rédaction de cette coutume, les nobles prétendirent qu'on voulait introduire par cet article, un droit nouveau; et que les contestations de la noblesse firent renvoyer cet article à la cour; mais l'on sait aussi que, malgré cette opposition, l'article tel qu'il est conçu, a toujours été exactement observé dans l'étendue du bailliage de Chaumont, et qu'il y passe pour une maxime constante et indubitable. La cour l'a même plusieurs fois consacré par ses arrêts, et notamment par ceux des 6 septembre 1658, 8 janvier 1659 et 7 mars 1665, rendus contre des seigneurs qui prétendaient faire valoir la règle, *nulle terre sans seigneur*, qui s'était établie insensiblement dans quelques coutumes, par l'ignorance des feudistes et des jurisconsultes.

Dans le siècle dernier, les traitans ayant voulu, par la perception de certains droits, donner atteinte à un usage si bien autorisé, le roi déclara ses intentions par l'arrêt du conseil d'État du 5 février 1694. Il est à observer que les traitans n'oublièrent rien pour faire valoir leurs prétentions pendant plusieurs années que dura la contestation; cet arrêt n'a été rendu qu'en grande connaissance de cause. Il porte que le roi « a déclaré et déclare le Franc-Alleu roturier naturel en la coutume de Chaumont; et en conséquence, a maintenu et maintient les habitans de ladite ville, ressort et étendue de ladite coutume, en la faculté de posséder leurs terres et héritages étant dans l'étendue de ladite coutume, en toute liberté et franchise. — Cet arrêt, fondé sur la jurisprudence de ceux du parlement, établit parfaitement l'allodialité dans la coutume de Chaumont, et confirme la teneur de l'art. 62. — « En effet (dit Delaitre, commentateur de cette coutume), tout l'héritage est ici réputé franc, s'il n'appert du contraire, c'est-à-dire que la présomption est toute en faveur du tenancier; une possession de franchise lui suffit, et il n'a besoin d'aucun titre pour l'établir ». Il ajoute que « lorsque le tenancier se trouve possesseur de cette franchise, on présume que son héritage a été, *ab initio*, du nombre des Francs-Alleus; et que le titre de concession, établissant cette franchise, est égaré ».

[[§. VI. *De l'allodialité dans les coutumes de Lorraine et Barrois.*

Nous verrons ci-après, §. 12, que régulièrement on doit ranger parmi les coutumes de Franc-Alleu, celles qui admettaient la prescriptibilité du cens.

Or, il résulte des dispositions des coutumes de Lorraine et du Barrois, rappelées dans les deux premières éditions de cet ouvrage, sous le mot *Prescription*, sect. 3, §. 1, dist. 5, que l'affranchissement du cens pouvait, dans ces provinces, s'acquérir par la prescription, et que par conséquent un héritage qui originairement était censuel, pouvait, par le seul effet du temps, devenir allodial.

Mais ce n'était point la seule voie que les coutumes de la Lorraine et du Barrois ouvraient à l'allodialité.

Non-seulement le cens y était prescriptible, mais encore il était rachetable. C'est ce qui résulte d'une disposition de la coutume de Gorze (tit. 12, art. 23), qui est conçu en ces termes : « Tous cens sont rachetables au denier vingt, ou cinq pour cent, s'il n'appert du contrat par titre ».

La coutume d'Épinal, tit. 7, art. 2, indiquait encore un autre moyen d'assurer l'allodialité à un héritage : c'était d'en faire transférer le cens sur un autre immeuble, avec le consentement du seigneur. « Ne peut le détenteur de la pièce affectée audit cens (portait cet article), *le transférer sur un autre*, sans l'exprès consentement du seigneur censier, à peine de privation de la chose acensée : ne doit aussi vendre ladite pièce affectée *franche et déchargée*, à peine de soixante sols d'amende à son altesse, et dépens, dommages et intérêts.

Enfin, lorsqu'un propriétaire avait vendu son hé-

ritage *comme franc et libre*, quoiqu'il eût continué de payer les cens, cela n'empêchait pas le tiers-acquéreur de prescrire. La seule ressource qui restait au seigneur, dans ce cas, c'était de forcer le vendeur de mauvaise foi à racheter le cens. Telle était la disposition de l'art. 5 de la même coutume (1).

Ainsi, la prescription, le remboursement du cens, enfin la translation du cens d'un héritage sur un autre, voilà trois moyens usités dans cette province pour affranchir un héritage qui était originairement chargé de cens. De là, le concours de tous les commentateurs que nous avons sur ces différentes coutumes, à y reconnaître les caractères de l'allodialité.

Canon, sur l'art. 15 du tit. 5 de la coutume générale de Lorraine, dit en propres termes que « toute terre est régulièrement présumée libre et allodiale, non féodale; car (ajoute-t-il) le fief est une espèce de servitude, laquelle n'est présumée, si elle n'est approuvée; mais plutôt la chose est censée libre ».

A l'égard du Barrois, Le Paige, sur l'art. 52 de la coutume de Bar-le-Duc, s'exprime ainsi : « La maxime générale de France est *nulle terre sans seigneur*; mais dans le duché de Bar, tout au contraire, les terres sont présumées franches, selon le droit commun, s'il ne paraît point de titre qui assujettisse l'héritage ». — Et plus bas : « Il y a acte de notoriété, donné au bailliage de Bar, le 15 novembre 1629, qui prouve la franchise des terres du même bailliage ».

L'avis de ce commentateur est d'autant plus précieux, que, comme *maître à la chambre des comptes de Bar*, il devait mieux connaître la jurisprudence de cette province.

Cette jurisprudence s'est maintenue tout le temps qu'a duré le régime féodal; on en peut juger par la nouvelle édition qui a été donnée de ce commentaire en 1785. L'éditeur, M. de Maillet, *doyen de la chambre des comptes de Bar*, n'aurait pas laissé subsister cette décision, si elle eût éprouvé quelque changement. Son silence prouve donc que l'allodialité était encore, à cette époque, le droit commun Barrois.

Aussi ce n'est point dans les dispositions de la coutume que les partisans de la censualité cherchent les preuves de leur opinion : ils se fondent uniquement sur un arrêt du parlement de Paris, rendu le 20 janvier 1779, au rapport de M. Pasquier, pour le sieur de Rutant, seigneur d'Illoud, contre le nommé Bernard.

Mais d'abord, un arrêt unique ne suffit pas pour établir une jurisprudence.

D'ailleurs, pour pouvoir argumenter d'un arrêt, il faut en bien peser les circonstances. Or, dans quelles circonstances a été rendu celui dont il s'agit? nous avons sous les yeux le mémoire imprimé que le sieur de Rutant a distribué lors du jugement de cette affaire. Voici de quelle manière sa défense y est terminée :

» Enfin, dans l'espèce, le comte de Rutant a en sa faveur des titres constitutifs ou équivalens; savoir, des aveux et dénombremens, les propres contrats de vente de la maison dont il s'agit; la reconnaissance des détenteurs, c'est-à-dire, une possession reconnue d'un demi-siècle; les déclarations authentiques de Bernard lui-même, de ce Bernard, qui conteste un cens que tous ses prédecesseurs ont payé, qu'il a été chargé de payer par son contrat d'acquisition, et qu'il a reçu lui-même lorsqu'il était fermier de la terre d'Illoud.

On voit, par ce résumé, que le sieur de Rutant invoquait en faveur. — 1° *Des titres constitutifs ou équivalens, des aveux et dénombremens* : il en rapportait deux, l'un de 1664, et l'autre de 1770; — 2° *Les propres contrats de vente de la maison* dont il s'agissait : ils avaient été produits par Bernard lui-même; ils étaient de 1667, 1675, 1714, 1718 et 1758 : dans la plupart de ces titres, la maison avait été énoncée comme *chargée de ses charges anciennes et accoutumées*; on argumentait, à la vérité, de ce que, dans celui de 1758, il y avait été dit que la maison était franche et quitte de toute hypothèque, *à la réserve des cens et redevances* requises et accoutumées *si aucunes sont dues* : mais le seigneur soutenait que ces termes *si aucunes sont dues*, étant au féminin, ne pouvaient pas s'appliquer au *cens*, qui est du masculin; — 3° *La reconnaissance des détenteurs, c'est-à-dire, une possession reconnue d'un demi-siècle* : François Fringdal, vendeur de Bernard, avait reconnu judiciairement que, *tant par lui que par ses auteurs, il avait payé, pendant près d'un demi-siècle et jusqu'à la vente qu'il avait faite à Bernard, le cens dont il s'agissait*. Le sieur de Rutant avait même demandé acte de cette reconnaissance, et comme il avait ignoré cette vente, Fringdal avait toujours été imposé sur les rôles jusqu'en 1769; — 4° *Les déclarations authentiques de Bernard lui-même* : on en rapportait trois, l'une du père et deux du fils, la dernière passée devant notaire, le 26 juin 1753, par lesquelles ils avaient reconnu que, pendant qu'ils étaient fermiers d'Illoud, ils avaient reçu les deux poules dues par la veuve Fringdal.

Enfin, après avoir annoncé que la terre d'Illoud avait fait autrefois partie de celle de Romain-sur-Meuse, dont elle avait été démembrée, le sieur de Rutant ajoutait en propres termes : « Dans l'une et l'autre seigneurie, *l'universalité du sol paye cens et redevance* ».

Telles sont les véritables circonstances de l'arrêt; il en résulte clairement que le parlement de Paris ne s'est déterminé que par les titres et par la possession. Le genre même de la défense du sieur de Rutant prouve qu'il comptait bien peu lui-même sur la prétendue censualité de la coutume de Bassigny; et ce qui doit achever de nous prévenir contre cette prétendue censualité, c'est que par leur sentence du 15 juin 1769, les juges de la Marche, qui devaient connaître l'esprit de leur coutume, avaient prononcé en faveur de la franchise.

---

(1) « Ceux qui, possédant héritages spécialement affectés à tel cens, seront trouvés les avoir vendus *francs et libres*, et qui, pendant le temps de prescription, auront, *pour les affranchir*, payé ledit cens sous main, seront amendables de 60 sous envers son altesse, et *contraints au rachat dudit cens*, nonobstant toutes prescriptions ».

Au surplus, *V.* le plaidoyer et l'arrêt du 22 août 1810, rapportés au mot *Arage*.]]

§. VII. *De l'allodialité dans la coutume de Vitry.*

La question de savoir si la coutume de Vitry est allodiale ou censuelle, forme la matière d'un très-grand procès pendant depuis plus de quarante années en la grand'chambre du parlement de Paris.

[Voici quelle en a été l'occasion.

Le seigneur et les habitans de Damery et de Cumière étaient en contestation sur l'allodialité ou la censualité de ces deux territoires. L'affaire portée à la cinquième chambre des enquêtes, on y soutint, entre autres choses, que l'art. 16 de la coutume de Vitry *n'avait pas été accordé, mais remis à la cour.*

Cet article porte que «toutes terres tenues et réclamées franches, par dix ans entre présens, vingt ans entre absens, âgés et non privilégiés, avec juste titre et bonne foi, sont à toujours franches de cens, redevances ou servitude».

Toutes les chambres du parlement ayant été assemblées et consultées sur cette question, la cour arrêta, le 21 mai 1743, que le roi serait supplié de nommer des commissaires, à l'effet de rédiger de nouveau les articles de la coutume de Vitry qui pouvaient y avoir rapport.

En conséquence, le 27 juillet de la même année, le roi fit expédier des lettres-patentes qui contiennent, 1° la nomination de MM. de Coste de Champeron, Lambelin et Dupré, conseillers, pour procéder à la révision de l'art. 16 de la coutume de Vitry, et des autres corrélatifs; — 2° la commission de se transporter à Vitry, pour y faire assembler les seigneurs, les prélats, les officiers du roi, les avocats, etc., à l'effet de les entendre et de rédiger leurs dires, causes et raisons, pour, sur le procès-verbal qui en sera dressé, être par la cour statué en ce qu'il appartiendra.

Cette assemblée des Etats fut indiquée à Vitry, pour le 27 avril 1744; et MM. les commissaires dressèrent le procès-verbal dont ils avaient été chargés.

Peu de temps après, une omission qui avait eu lieu lors des assignations données pour cette assemblée, en nécessita une autre.

Les ordonnances de MM. les commissaires pour faire assigner, en vertu des lettres-patentes, tous ceux qui devaient être appelés à cette espèce de tenue d'Etat, n'avaient été adressées qu'aux bailliages de Vitry, Sainte-Menehould, Château-Thierry, Epernay, Fismes et Saint-Didier, tous du ressort de la coutume de Vitry.

On n'en avait envoyé de semblables ni à Châlons, ni à Reims, ni à Soissons, villes dont les bailliages, formés en partie d'anciens démembremens du bailliage de Vitry, contiennent nombre de seigneuries ou de paroisses qui sont régies par la même coutume.

Pour réparer cette omission, nouvelles lettres-patentes, du 27 mars 1747, registrées le 5 septembre suivant, qui commettent M. de Coste de Champeron, à l'effet d'assembler les parties intéressées *desdites seigneuries et paroisses*, et de dresser procès-verbal de leurs dires, conformément aux lettres-patentes de 1743, sur ce procès-verbal être par la cour statué ainsi qu'il appartiendra, conjointement et lors du référé du premier procès-verbal dressé en exécution des lettres-patentes de 1743.

Cette seconde assemblée fut encore indiquée à Vitry, pour le 29 avril 1748; M. le commissaire y entendit tous ceux qui se présentèrent sur les assignations, et il en fut aussi dressé procès-verbal.

Quel a été le résultat de ces assemblées, de ces procès-verbaux? Quel a été le jugement de la cour sur cette importante question, si long-temps agitée, si vivement débattue?

Il n'y a encore rien de décidé: MM. les commissaires ont remis dans le temps, au greffe de la cour, leurs procès-verbaux des dires respectifs du clergé, de la noblesse, du tiers-Etat; et toute la partie de la province de Champagne, qui régit la coutume de Vitry, est encore dans l'attente d'un arrêt définitif.]

Cependant on a écrit des volumes de part et d'autre. Nous nous contenterons de rapporter en substance les raisons pour et contre.

I. Voici d'abord ce que l'on oppose au Franc-Alleu.

Il est certain, dans le fait, que Thibaut, comte de Champagne, avait établi une commune à Vitry, avec réserve *de la censive et autres droits*. Du Cange, sur le mot *communiæ*, tom. 2, pag. 867, fait mention de cette commune, au nombre de plusieurs autres en ces termes: *Vitriaco in Campaniâ, Theobaldus comes Campaniæ mense aprili anno* 1232; M. S. — Quelques recherches que l'on ait faites, il n'a pas été possible de découvrir cette charte; mais voici ce qui y supplée.

Le recueil appelé à la bibliothèque du roi *Liber Principum*, tome 5, renferme quatre pièces, desquelles il résulte une preuve décisive contre le système d'allodialité de cette coutume.

Pour en faire sentir toute la force, il est à propos d'observer que Vitry en Perthois était anciennement un lieu assez considérable. Il y avait un château très-fort, qui fut pris et brûlé vers l'an 1146, par le roi Louis-le-Jeune, qui faisait la guerre au comte Thibaut-le-Grand, lequel s'était révolté contre lui; ce château fut depuis rétabli.

En 1232, il y avait à Vitry un seigneur châtelain nommé Hugues, qui était vassal du comte de Champagne; les pièces suivantes sont l'ouvrage de ce seigneur châtelain et de son successeur.

La première est une charte de Hugues, *châtelain de Vitry*, du mois de décembre 1232, qui porte qu'il a mis ses hommes de corps, demeurant à Vitry, dans telle censive et commune que le sont ceux que Thibaut, comte de Champagne, *a dans la même ville.* Elle est rapportée au fol. 202 du *Liber Principum*, en ces termes: *Ego Hugo, Vitriaci Castellanus, notum facio universis præsentes litteras inspecturis, quòd ego posui homines meos de corpore, apud Vitriacum commorantes, in tali censivâ et tali communiâ, qualis est censiva et communia hominum Theobaldi comitis Campaniæ et Briæ, in villâ predictâ commovantium, et ut hoc firmum teneatur, in hujus rei testimonium litteras sigilli mei munimine domi-

no meo comiti Campagniæ et Briæ contuli roboratas. Actum anno Domini 1232, *mense decembri.*

La seconde pièce est une lettre du même Hugues, châtelain de Vitry, adressée à son seigneur Thibaut, roi de Navarre, comte de Champagne, du mois de mai 1237, par laquelle il l'informe *qu'il a vendu à l'abbesse de Saint-Jacques de Vitry toute son eau appelée l'eau de Merlau, avec deux bras qui appartiennent à ladite eau, la pêche dans cette eau, et généralement le droit qu'il y avait; qu'Alix sa femme a approuvé cette vente, comme aussi ses fils Robert et Henri, chevaliers; Anserin, archidiacre de Langres; Jean, archidiacre de Liège, et Guillaume son autre fils; et il le prie, comme son seigneur dominant, de vouloir bien y consentir.* Voici les termes de la lettre telle qu'elle est rapportée au fol. 203 du même livre: *Excellentissimo domino suo Theobaldo, Dei gratiâ regi Navarræ, Campaniæ et Briæ comiti Palatino, Hugo castellanus Vitriaci fidelis suus, salutem et reverentiam. Nobilitati vestræ significo quòd ego vendidi, etc... Indè est quòd vestram, in quantùm possum, rogo benignitatem, quatenùs de venditione hujus atque de feodo vestro movet, prædictis abbatissæ et monialibus pro Dei amore et earumdem, et nostro, assensum vestrum præbeatis, et litteras vestras patentes eisdem conferre dignemini: vale in domino.*

La troisième pièce est une lettre *française* de *Robert*, chevalier, *sire* de Sommeville *et châtelain de Vitry*, à Thibaut, roi de Navarre et comte de Champagne, du mois de mai 1263, par laquelle il le prie *de recevoir en son lieu madame Helissam, dame de Marne, à hommage de sa maison, et de toutes les autres choses qu'elle tenait en fief de lui Robert, et aussi de recevoir en son lieu Raolois fils, monseigneur Jacques d'Argières, à hommage de Montigué et de toutes ses appartenances, à champ et à ville qui relevaient pareillement de lui Robert.* (Fol. 204, *verso* du même livre.)

Enfin, la quatrième pièce est une charte *française* du même Robert, du mois de novembre 1267, portant qu'il a vendu au roi de Navarre, comte de Champagne, tous les fiefs (c'est-à-dire, la mouvance de toutes les terres) que madame Agnès, dame d'Estrepy, Guios son fils, et tous les enfans d'icelle dame tenaient de lui, en quelque part qu'ils soient situés sous le fief de Constant. Fol. (205, *recto.*)

Il résulte de ces quatre pièces que le châtellenage ou la châtellenie de Vitry et ses dépendances formaient un fief relevant du comte de Champagne; et que le seigneur de ce fief avait *la censive* et les mêmes droits sur ses hommes que le comte de Champagne avait sur les siens.

On peut y ajouter un article qui est tiré du registre des vassaux de Champagne, de l'an 1256, fol. 83, au chapitre intitulé *de Vitriaco: — Castellanus Vitriaci, Ligius, de his quæ habet ad Summencellam et ad Vitriacum et in eorum castellaniis. De eo tenent dominus Galterus de Palisseto, medietatem de Thiebemont, et dominus Arzilliarum aliam et medietatem de Guigny cum appenditiis et dictus Galterus, fontanus et matriacum cum appenditiis dominus J. d'Estrepy, benignitarium, montem ta vere et Estrepy.* — Merlau; *Marne* qui est aujourd'hui Marup; Sommancelle, que l'on appelle à présent Sommancour, Arzillière, Thiébémont, que l'on appelle Thieblemont, Bignivart et Estrepy, dénommés dans les pièces, sont tous des lieux situés près de Vitry; c'était donc, comme l'on voit, des mouvances de ce châtellenage.

Mais ce qui démontre combien ce châtellenage était étendu et important, c'est que, dans le premier registre de Champagne, fol. 8, le châtelain de Vitry est inscrit en tête du chapitre des vassaux; et que le duc de Lorraine et le comte de Bar n'y sont inscrits qu'aux second et troisième articles.

Il ne saurait plus être douteux que *Vitry* (malgré l'affranchissement de la main morte) et les terres de cette ancienne châtellenie ne soient demeurés en censive, de même que toutes celles de ce pays dont les habitans avaient obtenu des communes.

A l'égard des lieux où les habitans n'avaient point obtenu l'affranchissement de la main-morte, ils sont demeurés serfs; il y en avait même encore en 1509.

Il est cependant possible que, depuis les anciennes chartes qu'on a rapportées, quelques seigneurs particuliers aient accordé des lettres de franchise à quelques lieux de la province; mais on n'en trouve point pour tous les lieux régis par la coutume de Vitry, et le tiers-Etat n'en rapporte aucune. Sur quel prétexte peut-il donc alléguer le Franc-Alleu; puisque, par l'art. 20 de la coutume, l'héritage en Franc-Alleu est *terre sans justice, pour laquelle le détenteur ne doit cens, rentes, lods et ventes, vestiture ni autres redevances*? Y a-t-il une seule charte, une seule pièce qui ne réserve la censive et des droits sur les héritages dans les lieux dont on a parlé, et singulièrement dans *Vitry et ses dépendances*? Que faudrait-il de plus pour démontrer que le système de l'allodialité n'a pour principe que l'illusion et les vains désirs du tiers-État?

Au reste, il n'est pas encore certain ni déterminé qu'il y avait en Champagne aucune coutume allodiale, mais quand il y en aurait, ne sait-on pas que c'est la différence des conditions des affranchissemens qui a produit celle des coutumes?

Lorsque les coutumes ont été rédigées, on a eu grand soin, dans les lieux où l'affranchissement était presque général, d'exprimer, par un texte formel, que tout héritege était réputé franc, à moins que le seigneur ne justifiât qu'il fût chargé de quelque droit envers lui: dans les lieux où il ne paraissait point d'affranchissement, on a exprimé que tous les héritages devaient le cens.

Et enfin, dans les pays où il n'y avait que quelques portions de terres affranchies, on s'est contenté d'exprimer qu'il y avait des Francs-Alleus, comme dans la coutume de Paris et autres; mais cette simple mention d'une exception pour quelques terres, n'a point empêché les dispositions générales qui assuraient le droit universel des seigneurs; l'exception n'a fait que le confirmer.

Ces vérités sont attestées par toutes les coutumes: on ne connaît, dans aucun pays coutumier de la France, le Franc-Alleu naturel; il n'y en a jamais

eu, même parmi les Romains, que ce qu'ils appelaient *solum Italicum*. Toutes les autres terres de leur domination, et les terres conquises, étaient généralement assujetties et chargées de cens et redevances. Or, le roi a succédé aux droits qui étaient établis dans les Gaules au profit des empereurs romains ou de la république. Ces droits ont passé aux seigneurs avec l'agrément des souverains : les seigneurs s'y sont maintenus : ils ont été confirmés dans leurs possessions par nos rois : il n'y a d'ailleurs d'autres franchises que celles qui procédaient des concessions, surtout dans les pays coutumiers. Ainsi, soit que l'on remonte à l'origine du cens, soit que l'on consulte celle du Franc-Alleu, il est impossible d'admettre l'allodialité dans une coutume qui ne l'établit pas par une disposition générale et par un texte précis, et dont les habitans ne peuvent rapporter aucun titre de concession ou d'affranchissement du cens.

La coutume de Vitry fut rédigée en 1507. Quelques recherches que l'on puisse faire dans les textes de cette coutume, on n'en trouve pas un qui exprime que le Franc-Alleu y est établi généralement sans titre : après plusieurs dispositions où il est parlé de la saisine, des lods et ventes et du retrait censuel, sont placés les art. 19 et 20. Voici les termes dans lesquels ils sont conçus :

« *Art.* 19. Audit bailliage, y a Franc-Alleu noble et Franc-Alleu roturier; et est Franc-Alleu noble, quand il y a seigneurie et haute-justice, dont le détenteur n'est tenu de foi et hommage, service et autres droits seigneuriaux, à quelque personne que ce soit.

» 20. Et Franc-Alleu roturier est terre sans justice, pour laquelle le détenteur ne doit cens, rentes, lods et ventes, vestures, ni autres redevances ».

La véritable signification de ces deux textes est qu'il y a, dans cette coutume, des portions de terres affranchies, soit en fiefs, soit en rotures : c'est ce qu'on ne conteste pas : mais cela n'établit point le Franc-Alleu, comme étant de droit général : au contraire, l'expression de Franc-Alleu n'a été mise que comme une exception à la règle.

Si le Franc-Alleu eût été de droit général, il y aurait eu une disposition en ces termes : *tout héritage est franc qui ne le montre serf.* Voilà ce qui seul peut établir le Franc-Alleu de droit général, et comme l'espèce dominante dans une coutume; mais lorsqu'il est dit simplement qu'il y a du Franc-Alleu dans une coutume, ce n'est qu'une indication des affranchissemens de quelques portions de territoires, et sans laquelle tout serait chargé de cens indistinctement; il est donc vrai que la seule énonciation du Franc-Alleu ne prouve point du tout l'allodialité d'une coutume.

Pour se convaincre plus parfaitement de cette vérité, il n'y a qu'à jeter les yeux sur l'art. 68 de la coutume de Paris, ainsi conçu : *Franc-Alleu auquel il y a justice, censive ou fief mouvant de lui se partit comme fief noble; mais où il n'y a fief mouvant de lui, justice ou censive, il se partit roturièrement.* Voilà précisément la même disposition que celle de la coutume de Vitry : or, il est certain que la coutume de Paris n'est point allodiale; par conséquent celle de Vitry ne l'est pas non plus.

Cette conséquence n'est pas fondée seulement sur la comparaison de ces deux coutumes, il y en a d'autres en assez grand nombre qui énoncent le Franc-Alleu, parce qu'il y a eu des portions de territoires affranchies dans ces coutumes, de même que dans celles de Paris et de Vitry; mais toutes ces coutumes ne laissent pas d'être censuelles, parce qu'elles n'ont point établi l'affranchissement général comme le droit commun; et que, par une disposition indicative de quelques Francs-Alleus, elles en renferment une infinité pour établir le cens et les droits seigneuriaux.

II. Voici en substance ce qu'on répond en faveur de l'allodialité.

Tout le monde sait que ce qui compose aujourd'hui les ressorts des trois bailliages de Troyes, Chaumont et Vitry, formait autrefois l'ancien bailliage du comté de Champagne. Tous les peuples de cette province, réunis sous un même prince, se gouvernaient par les mêmes usages. En 1224, Thibaut, roi de Navarre, qui était en même temps comte de Champagne, fit rédiger, sous le titre de *droit et coutume de Champagne*, les usages du pays : le châtelain de Vitry fut un de ceux qui assistèrent à cette rédaction.

Or, voici comme s'expliquaient ces anciennes coutumes dans l'art. 50 : « Générale coutume est en Champagne, que quiconque met la main à l'héritage et le saisit, soit pour cause de fief ou défaut de censive, ou de coutume ou de terrage, il n'en doit ôter sa main, se on ne lui noye (*nie*) son droit; et se on ly noye, il le doit recroire et prouver; et se il prouve son droit, il emporte l'héritage; et cil qui a fait noy, le perd; et ainsi en use l'en.

On ne saurait disconvenir, à la vue de cet article, qu'il n'y eût, dès les temps de cette ancienne coutume, des cens et d'autres droits seigneuriaux déjà connus depuis long-temps dans la province de Champagne; mais il est en même temps bien évident que l'usage de ces droits ne formait point le droit commun du pays; que ce droit commun au contraire n'était autre chose que le Franc-Alleu naturel : car quand il s'agit de décider si le Franc-Alleu est naturel dans un pays, la question roule uniquement sur le point de savoir si c'est au seigneur à prouver sa féodalité et sa censive, ou si c'est au propriétaire détenteur de l'héritage à justifier sa franchise : si c'est au seigneur à établir sa directe, soit féodale ou censuelle, sur les héritages contentieux, et qu'il suffise au propriétaire de nier, d'alléguer sa franchise et sa liberté pour réduire le seigneur à la nécessité de cette preuve, le Franc-Alleu est constamment naturel; et il ne l'est point, si c'est aux propriétaires des fonds à prouver leur franchise contre le seigneur. — La raison de cette différence est bien sensible : si la coutume est censuelle, si le cens est devenu la loi commune du pays, le seigneur n'a rien à prouver pour établir sa censive; la coutume est elle-même son titre; ainsi, quand la coutume assujettit le seigneur à prouver son droit, elle dit bien nettement qu'elle ne forme pas elle-même ce droit, qu'elle n'entend

donner par elle-même aucune atteinte à la franchise naturelle des héritages; quand au contraire la coutume assujettit le détenteur de l'héritage à prouver sa franchise, c'est annoncer clairement que l'ancienne liberté ne subsiste plus dans son ressort; qu'à la place de cette liberté primitive, l'usage du cens est devenu la loi générale, loi dont l'effet ne peut plus cesser que par des titres d'affranchissement.

Or, est-ce au propriétaire que l'ancienne coutume de Champagne imposait la nécessité de justifier sa franchise, ou est-ce au seigneur qu'elle imposait l'obligation de prouver sa féodalité ou sa censive? L'article que nous venons de citer, le décide nettement : il suffit au détenteur de l'héritage de nier le droit du seigneur, et d'exciper de la liberté naturelle, pour faire cesser la main-mise : dans le cas de ce déni et de ce désaveu, le seigneur doit, dit l'article, *recroire et prouver son droit*, c'est à lui d'en faire foi et d'en justifier : sa qualité de seigneur n'est donc pas un titre suffisant pour assurer sa censive. Il est donc de la dernière évidence, d'après les propres termes de l'ancienne coutume de Champagne, que le Franc-Alleu y était naturel lors de la rédaction de cette ancienne coutume; et que la règle *nulle terre sans seigneur*, qui fait retomber sur le détenteur la nécessité de prouver sa franchise, n'y avait pas lieu.

Il est vrai que, malgré la certitude de ce premier fait, entre l'époque de cette ancienne rédaction des usages de Champagne, et la rédaction des nouvelles coutumes de la province, il pouvait arriver des changemens considérables; il pouvait se faire que les censives s'accrussent, que l'usage devînt plus étendu, que même, si l'on veut, par la multiplicité des concessions ou des usurpations des seigneurs, le cens devînt universel, comme il l'est devenu dans d'autres provinces, suivant les témoignages qu'en rendent les coutumes particulières qui admettent la règle *nulle terre sans seigneur;* en sorte que l'usage du cens, qui, dans le treizième siècle, ne formait encore constamment qu'une exception au droit commun de la Champagne, eût dû en 1509, lors de la rédaction de la nouvelle coutume, être considéré comme le droit général du pays; et s'il y avait en effet quelques raisons solides de le présumer ainsi, il serait vrai de dire que le témoignage des anciens usages serait aujourd'hui assez indifférent.

Mais, premièrement, un changement de cette nature ne pourrait jamais se présumer que sur le rapport de la nouvelle coutume.

Secondement, il faudrait que le témoignage qu'en rendrait la nouvelle coutume, fût bien précis; car s'il y restait quelque doute sur l'universalité de la censive, si la dérogation à l'ancien droit commun et aux anciens usages de la province n'y était pas bien expresse et bien absolue, il faudrait toujours dans le doute se décider par la certitude et par la faveur de cet ancien droit.

Troisièmement, en consultant les suites de la tradition du pays, loin qu'il soit possible de former des doutes sur la question de savoir si, dans le fait, l'ancien droit commun s'y est altéré au point que le droit du Franc-Alleu naturel fît place, lors de la nouvelle rédaction de la coutume, à l'introduction de la maxime, *nulle terre sans seigneur*, on y trouve de nouvelles preuves les moins équivoques que cette franchise naturelle des héritages, qui formait au treizième siècle le droit commun de la province, s'y est conservée parfaitement dans tous les siècles suivans.

Et pour nous attacher d'abord aux monumens relatifs à la portion de cette province qu'occupe le bailliage de Vitry, les anciennes usances de ce bailliage furent en particulier rédigées en exécution de lettres-patentes du roi Louis XI, datées du 17 août 1481; et voici comment parle l'art. 103 de ces anciennes usances : — Quiconque fait saisir héritage pour cause d'hommage non fait ou pour défaut de censive, de terrage, de coutume non payés, il n'en doit point ôter sa main, si on ne lui nie son droit; et s'il lui est nié, il en doit ôter sa main et *prouver son droit;* et icelui prouvé, il emporte ledit héritage, et le perdra celui qui lui aura mis en ny sondit droit ».

C'est là bien précisément, quant à l'existence du Franc-Alleu naturel, la même disposition que celle de l'art. 50 des anciennes coutumes générales rédigées sous le comte Thibaut : elle présente absolument les mêmes réflexions, les mêmes conséquences. Ainsi, il est au moins certain, sur la foi d'un monument aussi clair, que le Franc-Alleu naturel, qui formait en 1224 le droit commun de la province entière, était encore dans les mêmes termes, sur la fin du quinzième siècle, dans le ressort particulier du bailliage de Vitry. — Il serait assurément bien difficile de penser que dans les vingt-huit années qui se sont seulement écoulées depuis la rédaction de ces anciennes usances de Vitry jusqu'en 1509, époque de la dernière réformation de la coutume, les choses fussent changées tellement qu'alors cette ancienne liberté fût éclipsée; et qu'à la place du droit commun du Franc-Alleu si long-temps respecté, il y eût eu de justes motifs d'introduire dans cette coutume la régle *nulle terre sans seigneur*.

Aussi tout, dans cette dernière rédaction, dépose-t-il en faveur de l'allodialité; c'est ce que l'on voit notamment dans les art. 16, 18, 20, 38 et 40. Ce dernier est conçu en ces termes : « Où le seigneur féodal fait saisir le fief de son vassal, et ledit vassal nie que ledit fief soit mouvant dudit seigneur, et ledit seigneur le prouve, ledit vassal perd son fief; mais en terre de censive, quand le détenteur ou le propriétaire nie au seigneur son cens, et le seigneur le prouve, le détenteur ne perd pour ce sadite terre ».

Voilà bien précisément la disposition de l'ancienne coutume de Champagne rédigée sous le comte Thibaut, art. 50, et celle de l'art. 103 des anciennes usances de Vitry rédigées en 1481, retracées dans l'art. 40 de la nouvelle coutume. Quelle meilleure preuve que l'état de la province n'était pas changé lors de la rédaction de cette nouvelle coutume, et que le Franc-Alleu naturel y était regardé comme le seul droit commun, de même que du temps de ces premières rédactions? Dans la nouvelle coutume de Vitry, comme dans les anciennes, le seigneur est obligé de prouver sa directe féodale, si elle lui est déniée; jusque-là, le désaveu profite au détenteur de l'héritage noble; il le possède en Franc-Alleu, et il le possède impunément : la commise du fief n'a lieu et ne s'effectue qu'après que la preuve de la mouvance est acquise au seigneur direct : c'est ce que signifient ces termes de la coutume, et *le seigneur le prouve*, qui ont constamment la même énergie dans la suite de l'article, et lorsque la coutume parle du détenteur de l'héritage roturier ; ainsi, ce détenteur, en niant la censive, réduit le seigneur à la nécessité de la prouver ; jusque-là, il possède son héritage en Franc-Alleu, et le seigneur ne peut lui faire reconnaître son cens qu'en acquérant la preuve que l'héritage en soit chargé. Cette interprétation est constamment la seule qu'on puisse donner à cet article, surtout quand on le rapproche des anciens articles sur lesquels il est visiblement modelé ; ainsi, il doit demeurer certain que dans la coutume de Vitry, et suivant le seul esprit que présente sa disposition, c'est au seigneur à prouver son droit, en cas de déni de la part du détenteur : voilà donc le Franc-Alleu naturel qui se trouve formellement établi par l'art. 40 de la coutume de Vitry.

III. A l'égard des arrêts, on en cite pour et contre. Cependant ceux qui jugent en faveur de l'allodialité, paraissent plus nombreux et plus formels : nous allons rapporter les principaux de l'une et de l'autre espèce. Ces détails pourront paraître longs : mais la question se renouvelle tous les jours.

[Depuis 1748, il est intervenu deux arrêts qui ont prononcé, en très-grande connaissance de cause, contre l'allodialité de la coutume de Vitry.

Le premier, du 28 août 1767, a été rendu au rapport de M. Regnault d'Irval, contre les habitans du Mesnil et ceux de Villeneuve.

Le deuxième, du 28 août 1769, au rapport de M. l'abbé Terray, a proscrit de même l'inutile résistance des habitans de Vitry-la-Ville. Me Perron écrivait dans cette instance pour le sieur Morel à qui appartenait la seigneurie.]

Voici maintenant les arrêts qui jugent la coutume de Vitry allodiale.

Premier et second arrêts des 18 *janvier* 1601 *et* 20 *novembre* 1604. Le commandeur d'Igny ou la Neufville-au-Temple avait obtenu sentence aux requêtes du palais, contre Jean Lallemant, qui le condamnait à payer les lods et ventes d'acquisitions par lui faites dans les seigneuries de Saint-Étienne-de-Dampierre et de Saint-Villiers-au-Temple, et que le seigneur, par cette raison, supposait être faites dans sa censive. Sur l'appel porté en la cour, il y eut un premier arrêt qui ordonna une enquête, et que le seigneur représenterait ses titres à l'effet de vérifier si les héritiers acquis par Lallemant, étaient véritablement chargés de cens. — Sur le rapport des enquêtes et des titres qui sans doute ne s'appliquaient point aux héritages dont il était question, ou qui ne parurent point suffisans pour établir la censive, la sentence fut infirmée par l'arrêt définitif, l'appelant renvoyé des fins et conclusions contre lui prises, et le seigneur condamné aux dépens. — Ainsi, il est jugé bien formellement par ces deux arrêts, que, dans la coutume de Vitry, la qualité de seigneur ne suffit point pour l'exaction du cens ou des lods et ventes ; qu'à défaut de titres valables, le seigneur n'est point censuel ; et qu'au contraire la présomption du Franc-Alleu naturel y forme le droit commun.

Troisième arrêt du 26 *juillet* 1608. Saligny le rapporte sous la date de l'année 1618. François et Gaspard de Verneuil, seigneurs d'Orcon, avaient demandé des lods et ventes aux nommés Thierion et l'Hoisté pour raison d'héritages qui, par des titres particuliers, étaient véritablement chargés d'une redevance de douze deniers tournois par chaque journal : les détenteurs convinrent qu'il y avait à Orcon plusieurs héritages chargés de cens portant lods et ventes ; mais ils ajoutèrent que ceux dont il s'agissait, n'en devaient point, parce que les douze deniers tournois, quoique qualifiés *cens* par la transaction du 9 janvier 1515, où cette redevance avait été constituée, n'avaient été créés en effet que pour le rachat d'une ancienne taille, sans qu'on y eût ajouté la charge des lods et ventes. Ils furent renvoyés de la demande par sentence du bailliage de Vitry du 15 février 1608 ; et sur l'appel du seigneur, la sentence fut confirmée par l'arrêt. — Ainsi jugé, d'un côté, que le cens de convention dont on reconnaissait ces héritages chargés, n'emportait point lods et ventes, dès là que cette condition n'y avait point été ajoutée, et de l'autre, que ces mêmes héritages n'étaient sujets à aucun cens coutumier ; en un mot, que dans la coutume de Vitry, le cens n'était dû que sur le fondement des titres, et tel qu'il était constitué par ces titres.

Quatrième et cinquième arrêts des 12 *janvier* 1613 *et* 12 *avril* 1614. Jean le Fauconnier, seigneur de Chévière, avait été débouté, par sentence du bailliage de Vitry du 13 juillet 1611, d'une demande à fin de payement de cens et de lods et ventes qu'il avait formée contre les nommés Le Marteleur, Dasse et Bataille, pour raison d'héritages par eux acquis dans l'étendue de sa seigneurie. Sur l'appel interjeté par le seigneur, il restreignit en la cour ses conclusions aux héritages appelés *les terres-basses*. Par le premier arrêt, la cour, en infirmant la sentence, à cet égard seulement, ordonna, avant de faire droit sur cette partie des conclusions du seigneur, que dans un mois, il serait fait, en présence de six anciens dont les parties conviendraient, ou qui seraient nommés d'office, vue et montrée des terres-basses qu'il prétendaient chargées de cens envers lui, que les parties contesteraient sur la situation des lieux, et que les six anciens seraient enquis sur certains faits résultans, et qui seraient extraits du procès. — En exécution de ce premier arrêt, il fut fait une enquête et dressé procès-verbal devant le bailli de Vitry ; après quoi, par l'arrêt définitif, Marteleur et consorts furent condamnés à payer au seigneur les droits de dîmes, terrage et cens des héritages appelés *terres-basses*, à raison de trois deniers de cens par chaque arpent de terres labourables, et de cinq deniers par chacun arpent de prés ; mais ils furent en même temps absous de la demande à fin de payement des lods et ventes. — Ainsi jugé d'un côté, et de l'aveu même du seigneur, qu'il n'était fondé dans la prétention du cens que relativement aux héritages particuliers auxquels s'appliquaient ses titres ou les autres preuves de sa possession, qu'il était en état de rapporter; et de l'autre, que ce sens même, prouvé dans le fait, n'emportait pas de droit les lods et ventes, ce qui ne peut avoir été fondé que sur ce que l'imposition de ces droits n'a point été regardée comme coutumière, ni comme devant tenir lieu d'un cens coutumier. En un mot, c'est avoir décidé dans les plus forts termes, que tous les cantons du territoire auxquels les titres du seigneur ne s'appliquaient point, loin d'être assujettis au cens dans l'esprit, ou par la disposition de la coutume, en étaient exempts de droit, et possédés avec l'ancienne liberté du Franc-Alleu.

Sixième et septième arrêts des 14 *août* 1618 *et* 15 *mai* 1619. Antoine de Vignancourt et Gilles de Bournonville, seigneurs de Pierrepont, avaient obtenu de leur juge une sentence contre le nommé Colsonet, qui, dans la supposition que des héritages acquis par ce particulier étaient chargés de cens envers ces seigneurs, le condamnait à représenter ses contrats, et à payer lods et ventes. Sur l'appel à Sainte-Menehould, il fut dit mal jugé, et en émendant, que les faits seraient vérifiés. Appel en la cour de la part des seigneurs. Premier arrêt le 14 août 1618, qui ordonna que dans un mois il serait fait enquête d'office sur certains faits résultans et extraits du procès; dans laquelle seraient ouïs dix anciens proches et voisins de Pierrepont. L'enquête faite, et les seigneurs n'ayant rien prouvé en faveur de leur prétention, par l'arrêt définitif Colsonet fut renvoyé absous de toutes les demandes, et les seigneurs condamnés aux dépens. — Ces arrêts jugent encore bien nettement la question du Franc-Alleu naturel dans la coutume de Vitry, en assujettissant d'un côté le seigneur à prouver sa censive, et de l'autre en le déboutant de sa demande, faute par lui d'en avoir rapporté en effet la preuve.

Huitième arrêt du 19 *janvier* 1619. Pierre de La Rivière, seigneur de Saint-Morel, avait obtenu de son juge deux sentences. — La première, datée du 22 janvier 1613, condamnait Nicolas Varin à lui payer des lods et ventes des héritages par lui acquis qu'il reconnaissait être chargés de cens, et à l'égard des autres héritages compris au contrat d'acquisition, les parties avaient été appointées à informer s'ils étaient de Franc-Alleu, ou du moins exempts de lods et ventes. — La seconde, du 5 mars suivant, condamnait indéfiniment Varin à payer les lods et ventes de toutes ses acquisitions. — Ces deux sentences ayant été confirmées au bailliage de Rhetel le 20 août 1614, sauf le recours contre les garants. — Il y eut appel en la cour, tant de la part des garants que de la veuve et des héritiers de Varin, et ce tant en ce que celui-ci avait été condamné à payer les lods et ventes des héritages qu'il avait reconnus chargés de cens, que parce qu'à l'égard des autres, on avait mis à sa charge la preuve du Franc-Alleu. Ainsi, les moyens d'appel étaient, d'une part, que la coutume de Vitry formait elle-même la preuve de Franc-Alleu, et de l'autre, que dans cette coutume, le cens même prouvé n'emportait point de droit les lods et ventes.—Par l'arrêt, la sentence est infirmée pour le tout et les appelans renvoyés absous des fins et conclusions du seigneur, avec dépens; et ce qui mérite une attention particulière, c'est que l'arrêt prononce, *sans s'arrêter aux lettres qu'avaient prises les héritiers Varin et leurs garants pour être reçus à articuler des faits*, qui étaient sans doute ceux de leur possession en Franc-Alleu. — Ainsi, jugé, 1° que le cens pour les héritages reconnus y être sujets n'emporte pas de droit les lods et ventes dans la coutume de Vitry, ce qui procède toujours de ce que le cens n'y est point fondé sur la disposition de la coutume même; 2° que le Franc-Alleu est naturel, et que la seule réclamation de la liberté, que la seule dénégation du cens contre un seigneur qui ne le prouve point, suffit pour le faire débouter, sans que le détenteur de l'héritage soit tenu de prouver de sa part le Franc-Alleu, ou l'exemption des lods et ventes, ce qui est précisément conforme à la disposition des anciennes coutumes de Champagne, rappelées dans les anciennes usances de Vitry, et dans l'art. 40 de la nouvelle coutume de ce bailliage.

Neuvième arrêt du 22 *août* 1620. Cet arrêt est d'autant plus considérable, qu'il est rendu pour les terres de Juvigny et la Veufvre, toutes deux dépendantes du domaine de la couronne. — Antoine du Rollet, secrétaire du roi, seigneur engagiste de ces deux terres, se supposant fondé dans un droit de directe universelle, avait fait dresser des déclarations de cens et de lods et ventes qu'il prétendait lui être dus; et il en demandait la liquidation contre un particulier nommé Pierre Desmarches, à qui il avait fait signifier celle de ces déclarations qui le concernait. Par un premier arrêt du 29 mai 1619, il fut ordonné qu'avant de procéder au jugement, les parties comparaîtraient devant un des messieurs pour s'expliquer sur cette déclaration, et cependant main-levée au défendeur des biens sur lui saisis. Lors du procès-verbal devant le commissaire de la cour, Desmarches soutint ne devoir aucun droit de censive, lods et ventes, ni amendes, pour raison des héritages qu'il possédait au-dedans des seigneuries de Juvigny et la Veufvre, sinon pour deux pièces de terres mentionnées dans ses défenses, et qui lui étaient passées sous la condition de ces droits. — Sur cette contestation, les parties furent appointées : le seigneur fit diverses productions de pièces qu'il prétendait apparemment justifier son droit de censive sur d'autres héritages possédés par Desmarches; ses titres furent jugés insuffisans; et par l'arrêt définitif, Desmarches fut seulement condamné, suivant ses offres, à payer les arrérages du cens qu'il avait reconnu sur les deux pièces de terre; il fut renvoyé du surplus des demandes, fins et conclusions du sieur du Rollet, avec main-levée définitive des biens sur lui saisis.—C'est avoir décidé bien nettement en faveur du Franc-Alleu naturel : la simple dénégation du cens, et l'insuffisance des titres que rapportait le seigneur pour le prouver, furent les motifs uniques de sa condamnation : on a donc jugé que cette preuve ne se trouvait point dans la coutume, et qu'elle ne pouvait se trouver que dans des titres, et des titres au-dessus de toute critique.

Dixième arrêt du 1er *août* 1716. Le nommé Lhoste, fermier de la seigneurie de Balham, avait demandé, devant le juge de Balham même, différens droits seigneuriaux, et entre autres, des droits de cens contre plusieurs particuliers. Par sentence du premier juge, il avait été ordonné qu'il communiquerait ses titres : sur l'appel qu'il en avait porté à Château-Portien, cette première sentence fut confirmée; l'appel de celle-ci fut porté au bailliage de Sainte-Menehould : d'un côté le sieur de Châalons, seigneur, et de l'autre, la communauté des habitans intervinrent. Par une première sentence de ce bailliage, en infirmant celle du premier juge sur quelques chefs, il fut dit, sur la demande à fin de payement du cens, que le seigneur rapporterait ses titres; par une seconde du 25 mars 1714, il fut dit que faute par lui d'avoir en exécution de la première, rapporté et produit des titres justificatifs des droits de cens, surcens et assises dont il avait fait demande au procès, il en était débouté aussi bien que son fermier. Sur l'appel porté en la cour, l'arrêt porte : « Sur l'appel desdits de Châalons et Lhoste, de ladite sentence du 25 mars 1714, au chef des cens, surcens, et assises, met l'appellation au néant à l'égard desdits habitans et communauté de Balham; ordonne que ladite sentence audit chef sortira effet; sauf audit de Châalons à se pourvoir contre les particuliers qu'il prétend être sujets auxdits droits de cens, surcens et assises, leurs défenses réservées au contraire ». — C'est encore là, sans doute, un des arrêts qu'on peut dire avoir jugé le plus nettement en faveur de l'allodialité de la coutume de Vitry.

Onzième arrêt du 22 *décembre* 1718. Les religieux bénédictins de Sainte-Vannes, à Verdun, en qualité de seigneurs de Chamy, avaient agi contre les habitans de cette paroisse, afin de payement de différens droits, et entre autres des cens et lods et ventes que ces habitans avaient eux-mêmes reconnus par différentes transactions et autres actes. Ils avaient obtenu sentence de leur juge, qui les leur adjugeait; l'appel en fut porté à Sainte-Menehould, où, pas sentence du 22 juin 1714, il fut dit : mal jugé, émendant, les lettres de rescision prises contre les transactions sont entérinées, les seigneurs déboutés de leurs demandes à l'égard des droits de cens et de lods et ventes, *sauf à eux*, porte la sentence, *à se pourvoir contre les particuliers habitans de Chamy, en vertu de titres singuliers, défenses et exceptions réservées au contraire*. Sur l'appel porté en la cour, l'arrêt rendu au rapport de M. Carré de Mongeron, avant faire droit sur le chef des lods et ventes, ordonne qu'il sera rapporté un acte de notoriété des officiers de Vitry. C'est au moins avoir réduit la question au point de fait sur l'usage actuel du bailliage de Vitry : cet usage n'est point équivoque, et les seigneurs de Chamy ont été si persuadés que l'arrêt, en cela même, prononçait leur condamnation, qu'ils ne l'ont jamais levé; en sorte que la disposition de la sentence est demeurée telle qu'elle avait été prononcée; en conséquence de quoi, les habitans de Chamy sont restés dans l'usage de la franchise.

Douzième arrêt du 23 *juin* 1723. Il est rendu pour le lieu de Bignicourt-sur-Saulx. En l'année 1697, il avait été passé entre le seigneur et plusieurs habitans de cette paroisse, en nom collectif, deux transactions, par lesquelles ces habitans s'étaient assujettis à payer à la seigneurie des droits de cens et rentes. Dans la suite, le seigneur prétendant faire usage de ces titres contre tous les habitans indistinctement, ils s'y opposèrent. Cela donna lieu à une contestation portée au bailliage de Vitry, et ensuite en la cour, sur l'appel interjeté par le seigneur, d'une sentence qui ne lui était pas favorable. Sur cet appel, après une plaidoirie contradictoire pendant deux audiences en la grand'chambre, la cour, sur les conclusions de M. d'Aguesseau, avocat-général, ordonna que par provision les transactions seraient exécutées par ceux qui les avaient signées, et leurs représentans; et tant sur le fond, à l'égard de ces particuliers, que sur la question de savoir si les transcriptions seraient regardées comme obligeant tous les habitans en général, les parties furent renvoyées au bailliage de Vitry, dépens réservés. — Par cet arrêt, la cour juge encore bien constamment en faveur du Franc-Alleu naturel dans la coutume de Vitry, en ne donnant la provision qu'aux titres, et que contre ceux qui les avaient passés; et en laissant au contraire tous les autres dans l'état de leur liberté naturelle, jusqu'à ce que le seigneur ait fait juger avec eux la validité de ses titres, elle juge bien nettement que cette liberté ne peut leur être enlevée que par des titres; que c'est par conséquent au seigneur à prouver son cens, et non aux détenteurs particuliers à prouver le Franc-Alleu.

Treizième arrêt du 20 *juillet* 1723. Il y avait eu différentes transactions entre le seigneur et les habitans de Grateuil, homologuées de leur consentement par sentence du bailliage de Sainte-Menehould du 7 janvier 1579 : en conséquence de cet acte, le seigneur avait agi contre les habitans pour le payement des différens droits, et en particulier des droits de cens et lods et ventes, dans lesquels il se prétendait fondé dans toute l'étendue de son territoire. Cette contestation portée au bailliage de Sainte-Menehould, les habitans avaient pris des lettres de rescision contre les anciennes transactions, et interjeté appel de la sentence d'homologation; les lettres furent entérinées à Sainte-Menehould; et la même sentence ordonna que les parties se pourvoiraient sur l'appel de celle de 1579. En la cour, cette dernière sentence de Sainte-Menehould a véritablement été infirmée au chef de l'entérinement des lettres, et en conséquence les habitans condamnés, conformément aux anciennes transactions, à payer différens droits; mais par rapport aux cens et lods et ventes, voici de quelle façon prononce l'arrêt : *En cinquième lieu, de payer le droit de censive annuelle de six deniers par journal de terres, même les lods et ventes à chaque mutation, sur les terres énoncées dans le bail à cens du 20 décembre 1582, et une poule et demie de cens sur les terres qui y sont sujettes, suivant les reconnaissances du 8 juin 1665; du payement desquels cens, censive, lods et ventes, seront seulement tenus ceux au profit desquels ledit bail à cens a été fait, et ceux qui ont passé lesdites reconnaissances, leurs enfans et ayant cause, propriétaires, détenteurs desdites terres, et non les autres habitans.*—C'est encore réduire le cens à la mesure des titres, et juger par conséquent la coutume allodiale.

Quatorzième arrêt du 19 août 1727. Louis de Riancourt, seigneur d'Orche, avait obtenu sentence le 2 juin 1724, portant condamnation contre Denis Hennés et sa femme, d'exhiber leur contrat d'acquisition de deux corps de cens pour opter par lui, ou de recevoir les lods et ventes, ou d'exercer le retrait censuel. — Sur l'appel en la cour, Hennés et sa femme donnèrent une requête le 12 août 1727, à ce que, où la cour ferait difficulté de les renvoyer, acte leur fût donné de ce qu'ils articulaient, « 1° que la coutume de Vitry était une coutume de Franc-Alleu, et de ce qu'ils offraient de le prouver par des actes de notoriété, et par telles autres voies qu'il plairait à la cour leur indiquer; 2° que le cens même en deniers n'y emportait point de droit les lods et ventes, et que ces droits n'y étaient dus que lorsqu'ils étaient établis par des titres ». Ils avaient, le 13 avril 1726, donné une première requête, par laquelle ils avaient conclu « à ce que l'appellation et la sentence dont était appel fussent mises au néant; émendant, faute par la dame de Riancourt, ès noms qu'elle procédait, d'avoir prouvé qu'il lui fût dû des droits de censives portant lods et ventes sur les héritages par eux acquis, dont était question, elle fut déboutée de la demande par elle formée en premiére instance; en conséquence qu'ils fussent déchargés des condamnations contre eux prononcées par la sentence, avec dépens tant des causes principales que d'appel et demande; sauf à eux néanmoins, quand les prétendus titres de la dame de Riancourt leur auraient été communiqués, à prendre par la suite telles autres conclusions qu'ils aviseraient ». — L'arrêt rendu au rapport de M. le président Molé, « ayant aucunement égard à cette requête, a mis et met l'appellation et ce au néant; émendant, déboute la dame de Riancourt de sa demande; sur le surplus des requêtes desdits Hennés et sa femme, les parties hors de cour; condamne la dame de Riancourt en tous les dépens tant des causes principales que d'appel et demandes ». — Cet arrêt annonce bien clairement le motif de sa décision; c'est *faute par le seigneur d'avoir prouvé que les héritages pour raison desquels il avait demandé des lods et ventes, fussent chargés de cens envers lui.* C'est donc avoir jugé encore dans les plus forts termes l'allodialité de la coutume de Vitry.

Quinzième et seizième arrêts des 7 mai 1728 et 8 janvier 1733. Le sieur de Montfort, seigneur de Saint-Euphaise, avait prétendu être fondé dans un droit de censive universelle sur les héritages enclavés dans sa haute-justice : d'après cette supposition, il avait fait assigner le nommé Duval pour être condamné à lui payer des arrérages de cens, lods et ventes, et autres droits : la contestation portée au bailliage de Rheims, et Duval ayant excipé de l'allodialité de la coutume de Vitry, il intervint sentence qui ordonna, avant fait droit au principal, que le sieur de Montfort serait tenu *de justifier que les héritages possédés par Duval, étaient chargés envers sa seigneurie d'un droit de cens emportant lods et ventes.* Sur l'appel de cette sentence, porté à l'audience de la grand'chambre, l'appellation fut mise au néant, et ordonné que ce dont était appel sortirait son plein et entier effet, sans préjudice néanmoins des moyens de droit et de coutume. — Le sieur de Montfort contraint par ce premier arrêt de se livrer à la discussion des titres qu'il pouvait avoir, en rapporta en effet plusieurs qui annonçaient le droit de cens universel, et dans lequel il se prétendait fondé en vertu d'anciens dénombremens, au nombre de huit ou dix; un décret de 1670, où la terre avait été adjugée avec l'énonciation de ce droit de cens; des ordonnances de police qui condamnaient les habitans de Saint-Euphaise, de leur consentement, à le payer; une foule de déclarations, de cueillerets et d'autres actes de possession. Ces titres parurent si décisifs aux premiers juges, que, quoiqu'ils eussent d'abord jugé l'allodialité de la coutume de Vitry, ils adjugèrent au sieur de Montfort, par leur sentence définitive, les droits qu'il avait demandés. — L'appel de cette sentence fut porté à la cour, et le procès distribué à la cinquième chambre des enquêtes : les sieurs Therion et Perignon, qui s'étaient rendus parties intervenantes, soutinrent cet appel à la place de Duval, que le seigneur avait trouvé le secret de faire taire en le désintéressant; ils firent voir que ces prétendus titres du sieur de Montfort, énonciatifs d'un cens universel ou indéfini, étaient contredits par le premier de ses dénombremens de l'année 1515, qui n'énonçait qu'un cens particulier dû sur plusieurs héritages, et consistant en huit livres seulement; c'en fut assez pour faire juger que la possession d'une censive plus étendue, dont le seigneur rapportait des preuves, était une usurpation dénuée de prétexte : et par l'arrêt définitif rendu au rapport de M. de Montullé, quoique le sieur de Montfort n'eût encore rien épargné pour affaiblir, dans le point de droit, l'allodialité de la coutume de Vitry, la cour, *faute par le sieur Montfort d'avoir justifié par titres suffisans* qu'il fût fondé en droit de cens, surcens, lods et ventes, retrait censuel et autres droits qui peuvent appartenir à un seigneur direct et foncier sur les héritages appartenans aux sieurs Perignon et Thierion, *déclare ces héritages francs* et exempts des droits seigneuriaux envers le sieur Montfort, sans préjudice de tous les attributs de la haute-justice, et même des droits, soit réels, soit personnels, pour lesquels il se trouverait fondé en titres particuliers à l'égard des autres détenteurs et habitans du lieu de Saint-Euphaise. — Ainsi, cet arrêt et celui qui l'avait précédé ont encore jugé bien formellement, d'un côté, que la coutume de Vitry n'était point par elle-même un titre que les seigneurs pussent invoquer, et de l'autre, que la possession même prouvée d'une censive universelle devait, pour se maintenir, être appuyée sur des titres bien précis, bien absolus, et qu'aucune circonstance ne pût rendre suspects.

[[*Dix-septième arrêt du 7 septembre 1784.* Le village de Passavant en Champagne, régi par la coutume de Vitry, a été formé, vers le milieu du treizième siècle, par les religieux de l'abbaye de Chatrise, seigneurs du lieu, et sous la protection des comtes de Champagne. Cette abbaye possédait un terrain considérable en bois; elle conçut le projet de le faire défricher; et pour en assurer l'exécution, elle y associa Thibaut IV, roi de Navarre, comte de Champagne et de Brie, dont la protection devait maintenir les propriétés contre les usurpations et les incursions des ennemis.

Les habitans de Passavant ont toujours joui de l'exemption des droits de lods et ventes; c'est ce qui a été prouvé par différens aveux et dénombremens.

Cependant le régisseur général des domaines a tenté, en 1779, de les y assujettir. Le 15 novembre de cette année, il a fait assigner au bureau des finances de Châlons les nommés Géant, Collard et d'autres habitans de Passavant, acquéreurs et détenteurs de biens situés dans l'étendue du territoire de ce lieu, pour être condamnés à représenter leurs contrats d'acquisition ou actes équipollens, tant à l'effet d'être procédé à la liquidation et au payement des droits des lods et ventes dus à cause des mutations, que pour être ensaisinés, et des droits d'ensaisinement payés, ou faute de faire cette représentation, être condamnés à 500 liv. de provision et aux dépens.

Les habitans, alarmés de cette demande qui attaquait la franchise de leurs héritages, sont intervenus dans la contestation pour prendre le fait et cause de Collard et consorts, et ont conclu à ce que le régisseur général fût débouté de sa prétention.

La cause instruite contradictoirement, les premiers juges ont rendu, le 15 mai 1782, sur les conclusions du ministère public, une sentence qui, après un délibéré, a reçu « les habitans et communauté de Passavant, parties intervenantes; faisant droit sur le tout a déclaré le régisseur général des domaines non-recevable dans sa demande, à fin de liquidation et du payement des droits de lods et ventes contre les particuliers assignés, et cependant les a condamnés à représenter leurs contrats d'acquisition, à l'effet d'être ensaisinés, si faire se devait, conformément aux réglemens de la matière ».

Le régisseur général a interjeté appel de cette sentence; et sur son appel, les parties ont été appointées.

Les moyens du régisseur ont consisté à prétendre, en ce qui concernait les lods et ventes, que la coutume de Vitry était censuelle; que la maxime, *nulle terre sans seigneur*, y avait lieu, et que le cens, les lods et ventes y dérivaient de la loi municipale; que, quand elle serait allodiale, le principe d'allodialité ne pourrait pas être opposé au roi, qui n'est jamais lié par l'empire des coutumes; enfin, que, dans l'espèce particulière, les titres de la seigneurie de Passavant asservissaient tous les héritages du territoire aux droits de lods et ventes.

Quant aux droits d'ensaisinement, le régisseur a soutenu que les édits, déclarations et arrêts de réglemens rendus sur cette matière, assujettissaient à ce droit tous les contrats translatifs de propriété dans toute l'étendue des domaines du roi, nonobstant la franchise des héritages, et dans quelque coutume qu'ils fussent situés.

La défense des habitans tendait, au contraire, à établir 1° que la coutume de Vitry était allodiale, et que c'était au seigneur à justifier l'asservissement de l'héritage; 2° que, dans les coutumes d'allodialité, le cens, quel qu'il fût, n'emportait pas, indistinctement et de droit, les lods et ventes; 3° que ces principes avaient lieu même contre le roi dans l'étendue de ses domaines, à plus forte raison dans le cas présent, où sa propriété ne dérivait pas de sa souveraineté, mais d'une concession particulière et gratuite faite par les anciens seigneurs de Passavant; 4° que la formalité de l'ensaisinement étant une suite du payement de lods et ventes, elles ne pouvaient pas avoir lieu quand ce droit n'était pas exigible; 5° que, dans l'espèce particulière, la prétention du régisseur général des domaines était d'autant plus mal fondée, que les titres de la seigneurie de Passavant ne faisaient aucune mention de ce droit de lods et ventes et d'ensaisinement; et que jamais les anciens seigneurs engagistes ni les fermiers des domaines ne l'avaient prétendu; conséquemment que la sentence avait bien jugé dans toutes ses dispositions.

Sur ces moyens respectifs, arrêt, au rapport de M. de Titon, le 7 septembre 1784, qui met l'appellation au néant, avec amende et dépens.

Dix-huitième arrêt du 2 août 1785. La seigneurie d'Autry, placée par sa situation sous l'empire de la coutume de Vitry, appartenait pour moitié au domaine public.

En 1781, l'administrateur général des domaines de la couronne a voulu asservir les habitans du lieu à un droit de lods et ventes sur les maisons, quoiqu'elles ne fussent chargées d'aucun cens, que le roi n'en eût jamais joui, et que les titres de la seigneurie n'en fissent aucune mention. Il fondait sa prétention sur une reconnaissance censuelle de 1680, qui n'avait jamais eu d'exécution en cette partie, et qui d'ailleurs était attaquée par des lettres de résci-sion, comme souscrite par erreur, et contenant une lésion du tout au tout.

Cependant cette prétention a été accueillie par une sentence du bureau des finances de Châlons, du 7 janvier 1782, rendue contre Pierre Drion et François Campagne. Ceux-ci en ont interjeté appel, et tous les habitans sont intervenus en corps, pour prendre leur fait et cause. Leur défense se réduisait à ce raisonnement simple mais décisif: « notre territoire est dans l'étendue d'une coutume allodiale: c'est donc au seigneur à justifier l'asservissement de l'héritage; sinon, l'héritage est franc. L'administrateur général des domaines prétend que nos maisons sont sujettes au droit de lods et ventes; et pour le justifier, il produit une reconnaissance de 1680, souscrite par nos prédécesseurs habitans d'Autry. Mais ce titre isolé, en le supposant authentique, ne peut pas contrebalancer une suite d'aveux et dénombremens depuis quatre siècles, dans lesquels il n'est pas fait mention du droit qu'on réclame aujourd'hui, droit qui d'ailleurs n'a jamais eu un seul instant d'exécution. Donc l'administrateur général des domaines n'a pas prouvé légalement la servitude de nos maisons. Donc elles sont franches de franchise coutumière, et la sentence dont est appel a mal jugé ».

En effet, par arrêt du 2 août 1785, rendu au rapport de M. de Titon, à la grand'chambre, il a été prononcé en ces termes: « notredite cour faisant droit sur le tout, donne acte auxdits habitans d'Autry de leur prise de fait et cause pour lesdits Drion et Campagne; et au surplus, en tant que touche l'appel interjeté par lesdits Drion et Campagne, de la sentence du bureau des finances de Châlons, du 7 janvier 1782, a mis et met l'appellation et ce dont est appel au néant; émendant, décharge lesdits Drion et Campagne des condamnations contre eux prononcées par ladite sentence, ayant aucunement égard aux lettres de rescision obtenues par lesdits habitans d'Autry, contre la déclaration ou reconnaissance du 29 août 1680, et icelles entérinant en tant que de besoin, déboute ledit René de sa demande en payement de lods et ventes; ordonne que lesdits Drion et Campagne seront tenus de représenter leurs contrats d'acquisition, à l'effet d'être ensaisinés, si faire se doit; sur le surplus des demandes, fins et conclusions, a mis les parties hors de cour; condamne ledit René aux sept huitièmes des dépens des causes principales d'appel et demandes envers lesdits Drion et Campagne et lesdits habitans d'Autry; un huitième compensé ».]]

§. VIII. *De l'allodialité dans la coutume de Châlons.*

Il résulte de plusieurs dispositions de cette coutume, que le Franc-Alleu y est naturel; et qu'elle ne regarde l'assujetissement féodal que comme un cas possible.

L'art. 123 suppose que le Franc-Alleu forme le droit commun. En voici les termes : « Vest ou devest n'est requis par la coutume; et peut l'acquéreur prendre la possession de fait par le consentement du vendeur, et en ce faisant, se dire propriétaire vêtu et saisi de l'héritage par lui acquis, et pour icelui former complainte où il serait troublé pour ladite possession, sans que le vendeur soit tenu de se dévêtir desdits héritages ès mains de la justice foncière, ni l'acheteur s'en faire vêtir et ensaisiner, sinon pour vendition d'héritages chargés de cens portant lods et ventes, saisines et amendes, auquel cas l'acheteur est tenu soi faire vêtir par le seigneur ou sa justice, et payer les droits de vente dedans quarante jours après ladite vendition ».

Suivant cet article, le droit général de la coutume est que la formalité du vest et devest est inutile, et que la possession de fait suffit. La coutume admet, à la vérité, un cas où cette formalité est nécessaire; mais elle le donne pour une exception au droit commun, c'est celui où l'héritage vendu se trouvera être en censive.

Peut-on mettre la seigneurie plus clairement en opposition avec le droit commun de la coutume? En général, la formalité dont il s'agit est inutile, parce que la règle est que la justice ne suppose point la censive. Mais si la féodalité se trouve jointe à la justice, alors, par exception au droit commun, le vest et devest sera nécessaire. Le Franc-Alleu est donc dans cette coutume la maxime générale, et la seigneurie une simple circonstance de fait.

Aussi est-ce par le Franc-Alleu naturel que Godet interprète cet article : « environ Chaalons, comme on dit, il ne faut vest ou devest. La cause si est-ce parce qu'il n'y a ni lods ni ventes, ainsi qu'il est porte au vieil coutumier de Champagne». Voilà comment s'explique un auteur bien instruit des usages de son temps, et qui puisait comme nous dans les sources de la loi municipale, c'est-à-dire, dans l'ancien droit de la province, dans les anciennes coutumes de Champagne.

En vain veut-on opposer cet auteur à lui-même, en objectant que, dans un autre endroit de son commentaire, il pretend avoir ouï dire à plusieurs personnes qu'il y avait peu de Francs-Alleus dans le ressort de la coutume. D'abord ces *ouï-dires* sont de leur nature incapables de décider du fait : d'ailleurs, que résulterait-il du fait même? Quand il serait vrai, donnerait-il la moindre atteinte au droit de la coutume dont il s'agit uniquement ici? Ne devrait-on pas dire, au contraire, que la remarque du fait serait une confirmation du principe du contraire attesté d'abord par l'auteur? Ne voit-on pas la même chose dans Legrand, sur la coutume de Troyes, dont il a tant soutenu l'allodialité? Cet auteur, sur l'art. 68, gl. 1, n° 13, dit expressément qu'à présent le Franc-Alleu est presque sans effet dans cette coutume. On n'en a jamais conclu que le droit en lui-même se trouvât altéré.

Aussi voit-on que cette loi, en matière de saisine, est celle des coutumes de Franc-Alleu. Voici en effet comment s'exprime celle de Troyes, en parlant de la saisine, par rapport aux retraits : « Le parent lignager peut retraire dans l'an et jour de la réception en foi et hommage ès choses féodales, et de la saisine ès choses censuelles, et de la vraie possession de fait ès choses allodiales ». Voilà bien précisément la même disposition dans une coutume de Franc-Alleu, excepté que celle-ci ayant suffisamment établi le Franc-Alleu dans l'art. 51, n'exprime pas assez clairement dans celui que l'on vient de rapporter, que c'est son droit général, et que celui de la féodalité et de la censive n'est chez elle qu'une exception.

On aurait pu établir encore la parité de ces deux coutumes, en rapportant les termes de l'art. 226 de la coutume de Châlons, parfaitement semblables à ceux de l'art. 144 de la coutume de Troyes; mais cela n'est pas absolument nécessaire après ce qui vient d'être dit.

Passons à l'art. 125, qui est le seul où l'on prétende trouver la maxime de la seigneurie sans titre : on va voir qu'au contraire la seigneurie n'y est regardée que comme un cas hypothétique: — « L'acheteur de l'héritage roturier doit au seigneur foncier le droit de vente, qui est le douzième denier du prix principal, réservées toutefois aux seigneurs et à leurs sujets respectivement leurs conventions particulières, si aucunes en ont pour plus ou pour moins.

Que voit-on dans cet article? Rien autre chose, sinon que quand un héritage reconnaît un seigneur, et que la seigneurie est censuelle, l'acheteur doit des ventes, et que ces ventes montent à une certaine somme. Mais qui est-ce qui doute de cette vérité? Dès le moment qu'on suppose un cens, il faut bien, dans la thèse générale, supposer les ventes qui en sont une suite; mais ces ventes s'évanouissent avec le cens que la coutume suppose comme un fait dans cet article, et qu'elle n'établit comme un droit coutumier, ni dans celui-ci, ni dans aucun autre.

Aussi ce principe est-il également vrai dans les pays de Franc-Alleu et dans ceux où l'on admet la seigneurie sans titre, parce que, dans les pays de Franc-Alleu, il y a, dans le fait, des héritages en fief et en censive; il y en a même souvent en très-grand nombre; il y faut seulement des titres pour déroger au droit commun.

Faut-il un exemple pour prouver la fausse interprétation de cet article? On en trouvera dans presque toutes les coutumes de Franc-Alleu; car elles ont la même disposition que celle de Châlons. Ainsi, celle de Troyes s'exprime en ces termes, dans l'article qui suit précisément celui où elle établit le Franc-Alleu : « Tous héritages chargés et redevables de censives, assis en la prévôté de Troyes, portent lods, ventes et amendes, quand le cas y échet, c'est à savoir lods et ventes de trois sols, etc. ».

Voilà la copie fidèle du texte de la coutume de Châlons. Celle de Troyes donne même plus à la censive : car elle donne au seigneur des lods et ventes; au lieu que celle de Châlons ne lui accorde que les ventes, comme le remarque expressément Billecart sur cet article, en faisant voir la différence de ces deux espèces de droits.

L'interprétation qu'on veut donner à cet article, est donc ridiculement fausse; et s'il fallait lui en chercher une, ce serait dans le 123e, dont on vient de tirer des conséquences si claires en faveur du Franc-Alleu.

On n'entreprend pas de rapporter ici tous les articles de cette coutume qui parlent du Franc-Alleu : indépendamment du 226e, qu'on a déjà cité, on trouve le 165e qui règle la succession des enfans aux terres de Franc-Alleu, et il y en a plusieurs autres : mais pour abréger, on finit par le 200e, dont voici ses termes dignes d'attention : — « Et auparavant que le vassal soit tenu avouer ou désavouer, peut demander à son seigneur de fief qu'il l'informe de ce qu'il a pardevers lui, pour vérifier que ledit fief soit mouvant de lui, ce qu'il est tenu de faire de bonne foi, si aucune chose il en a pardevers lui et non autrement, après toutefois que ledit prétendu vassal aura affirmé par serment qu'il n'a aucun titre pardevers lui par lequel il puisse être informé que ledit fief soit mouvant dudit seigneur ».

La comparaison de cette disposition avec celle des coutumes seigneuriales, fournit encore un argument décisif en faveur du Franc-Alleu de celle de Châlons.

On sait que, dans toutes les coutumes seigneuriales, le principe est que celui qu'on prétend être vassal, doit commencer par avouer ou désavouer avant de pouvoir demander communication des titres : ce principe est vrai dans celles même où la seigneurie universelle n'est admise que par l'usage et comme une conséquence de leurs dispositions écrites. Ainsi, dans la coutume de Paris, où la maxime, *nulle terre sans seigneur*, n'est admise que par la jurisprudence, on lit ces termes, art. 44 : « Et après que le vassal aura voué ledit seigneur féodal, lesdits seigneur et vassal communiqueront l'un à l'autre leurs aveux, etc. ». C'est cette disposition qui, dans la coutume de Paris et les coutumes semblables, a été un des principaux fondemens de l'idée de seigneurie universelle qui y a été adoptée, on y a regardé la seigneurie comme le droit universel, parce que, entre autres raisons, le vassal prétendu ne peut demander au seigneur des titres dont la représentation préliminaire est le caractère des coutumes où il n'y a point de seigneurs sans titres.

Au contraire, dans les coutumes qui admettent le Franc-Alleu sans titres, le vassal n'est tenu d'avouer ou désavouer qu'après que le seigneur a établi par des titres suffisans la mouvance ou la directe, qui sont contre le droit commun. — S'il fallait des autorités pour établir une vérité aussi sensible par elle-même, on réunirait celle de tous les jurisconsultes; mais cela est inutile : on se contentera donc de rapporter celle d'un de ces auteurs qui, s'attachant aux élémens de la jurisprudence, ne présentent que des vérités reconnues de tout le monde. L'auteur du Dictionnaire de droit, au mot *Aveu*, s'exprime en ces termes : « Dans les coutumes où tout héritage est réputé Franc-Alleu, si le seigneur ne justifie le contraire, le vassal n'est point obligé d'avouer ou désavouer jusqu'à ce que son seigneur lui ait justifié de sa mouvance ». — Cette maxime est donc celle des coutumes de Franc-Alleu; et toute coutume où elle se trouve écrite, est une coutume allodiale.

Cela posé, on vient de voir que telle est la disposition de la coutume de Châlons. Dans cette coutume, la représentation des titres de celui qui se prétend seigneur, doit précéder l'aveu ou le désaveu. Il faut donc, pour y argumenter avec justesse, poser d'abord le principe contraire à celui de la seigneurie universelle, c'est-à-dire le principe qu'il n'y a point de seigneur sans titre. Ce raisonnement est court, mais il est puisé dans le texte de la coutume; et dès-lors, il porte dans les esprits l'évidence la plus claire et la plus sûre.

Mais, dit-on, cet article ne parle que des fiefs; ainsi, il ne doit pas être appliqué aux censives.

C'est une ressource bien triste qu'une équivoque de cette nature, et on se dispenserait volontiers d'y répondre.

En effet, une première réflexion se présente d'abord : si le désaveu en matière de fief, doit être précédé de la représentation des titres du seigneur, à plus forte raison doit il l'être en matière de censive; car personne n'ignore que les droits censuels sont infiniment moins rigoureux que les droits féodaux, et que la liberté des censitaires est beaucoup plus grande que celle des vassaux.

Mais il serait bien singulier que cet article, qui établit la franchise en cas de devoirs féodaux, lorsqu'ils ne sont pas fondés sur des titres, n'eût point d'application à la censive; il en résulterait donc que la coutume de Châlons serait allodiale par rapport aux fiefs, et non par rapport aux censives; que les seigneuries féodales y dépendraient des titres, pendant que les seigneuries censuelles, bien moins considérées dans le droit, seraient présumées à la simple proposition. — Cette conséquence nécessaire serait ridicule. Tout le monde sait que la censive suppose une seigneurie féodale qui en fait le premier principe; et que d'ailleurs, si on regarde une coutume comme exempte de féodalité, il faut à plus forte raison la supposer franche de devoirs aussi inférieurs que le sont les devoirs censuels.

§. IX. *De l'allodialité dans la coutume d'Auxerre.*

L'art. 23 de cette coutume porte : *Tous héritages sont réputés et tenus pour francs, s'il n'appert du contraire.*

Quoiqu'on ne puisse concevoir rien de plus positif, néanmoins Galland, qui a fait un traité dont l'objet unique est de détruire le Franc-Alleu, cherche à rendre problématique celui de cette coutume; mais Caseneuve a pris soin de le réfuter. Nous allons d'abord rapporter les objections du premier, nous transcrirons ensuite la réponse de Caseneuve.

« Reste (dit Galland, dans son *Traité du Franc-Alleu*, pag. 11), l'art. 23 de la coutume d'Auxerre, trop récente et trop peu célèbre pour induire conséquence générale : elle n'est que de l'an 1571; le procès-verbal de la rédaction contient une contradiction au Franc-Alleu plus ample et plus ferme qu'aucune des autres coutumes. L'ancien usage, tenu à Auxerre, arrêté l'an 1507, était réduit en ces mots : *que nul ne peut tenir aucuns héritages en justice, haute, moyenne et basse* d'un seigneur, *sans payer audit seigneur la censive, ou à celui qui est seigneur censier, s'ils n'ont titre au contraire.* Le Franc-Alleu était exclu par ce moyen. Lors de la rédaction de la coutume en 1571, les officiers nourris en l'usage, et veillans pour la conservation des droits du roi et des seigneurs, le dressèrent en cette forme : *L'on ne peut tenir aucuns héritages en justice haute, moyenne et basse d'un seigneur, sans payer audit seigneur la censive, ou à celui qui est seigneur censier, s'il n'y a titre au contraire.* Sur la lecture de cet article, naquirent diverses contentions; le tiers-état soutenait que par l'ancien usage, dont ils disaient le texte avoir été corrompu, tous héritages étaient francs; les officiers ecclésiastiques et nobles au contraire. MM. les commissaires remirent d'en ordonner à la fin de leurs séances; et à la pluralité des voix, arrêtèrent l'art. 23, aujourd'hui tiré à conséquence, article non librement conçu ou arrêté, mais arraché dans le tumulte d'une assemblée confuse qui ne peut apporter préjudice au roi ».

Voici la réponse de Caseneuve, dans son *Traité du Franc-Alleu*, pag. 181 : — « Je ne puis assez m'estonner du mépris que nos adversaires font de la coutume d'Auxerre, dont l'art. 23 porte que *tous héritages sont réputés et tenus pour francs et libres de censive, s'il n'appert du contraire.* Ils disent que cette coustume est trop récente pour estre tirée en conséquence, comme n'estant que de l'an 1571. Il est vrai qu'elle est récente quant à sa réformation; mais aussi est-elle ancienne quant à l'article dont il est question, car il est dit dans le procès-verbal que c'était le six-vingt quinzième article de l'ancienne coustume; mais il y a bien plus de mescompte, en ce qu'ils ajoutent que l'ancien usage tenu à Auxerre l'an 1507, était *que nul ne peut tenir aucuns héritages*, etc., ce qui est avancé contre la vérité du procès-verbal; car au contraire, il y est soustenu par les gens du tiers-état, que l'article contenant ces paroles, a esté contre leur gré dressé par les gens d'église et par la noblesse, et qu'en ce faisant, *ils avaient immué*, ce sont les termes du procès-verbal, *le six-vingt quinzième article de l'ancien livre, dont la teneur estait, tous héritages sont censés et réputés francs*, etc.; lequel article ils savaient à la vérité avoir été contesté par les gens d'église et par la noblesse, lorsque l'ancien livre des coustumes fut dressé en l'an 1507; mais que toutefois il avait toujours esté auparavant et depuis gardé et observé comme conforme au droit naturel et commun, et aux coustumes prochaines dudit comté, même à la coustume de Troyes, qui porte semblable article, comme nous avons veu ci-devant. — Il ne faut pas cependant oublier la contradiction manifeste de nos adversaires, qui disent que l'article qui porte que *nul ne peut tenir héritage en haute justice*, etc., était en usage l'an 1507; et à cinq lignes de là, ils ajoutent qu'il fut dressé l'an 1571. — Je ne veux pas aussi m'arrester davantage à leur répondre sur ce qu'ils disent de la seconde partie de cet article 23; il me suffit que la première établit absolument le Franc-Alleu : je dirai seulement en passant que là-dessus ils allèguent mal à propos la raison de Jean Faber, *in L. cunctos, C. de sanctâ Trinitate*, laquelle ne conclut rien contre le Franc-Alleu, comme ne pouvant estre entendue que de la jurisdiction, ainsi que je le ferai bientost voir ».

[§. X. *De l'allodialité dans la coutume de Berry.*

Long-temps les propriétaires de cette province ont pensé qu'ils habitaient un pays allodial. La Thaumassière, dans son *Traité du Franc-Alleu*, les confirmait dans cette opinion; et elle etait encore appuyée sur une réclamation consignée dans le procès-verbal de leur coutume. Les tribunaux de la province avaient adopté ce sentiment, et, aux yeux des personnes intéressées à le soutenir, lui avaient imprimé une sanction inaltérable. Mais enfin dans ces derniers temps, la question a été portée d'abord au grand conseil, ensuite au parlement de Paris, et comme les magistrats de l'un et de l'autre tribunal n'ont vu dans la coutume de Berry aucune disposition qui établisse directement le Franc-Alleu, ils ont jugé cette coutume assujettie à la règle, *nulle terre sans seigneur.*

Le premier de ces arrêts est rapporté par Rousseaud de Lacombe fils, dans ses *arrêts notables*, en ces termes : « par arrêt du grand conseil du 8 mars 1740, il a été jugé, au rapport de M. Langlé, que la coutume de Berry n'est point une coutume allodiale; en conséquence, Guillaume Duris, sieur de Verneuil, receveur des tailles de la province de Berry, a été condamné à exhiber ses contrats d'acquisition aux jésuites de Bourges, propriétaires de la seigneurie d'Ivernault, dont le territoire est circonscrit et limité ».

Même décision par arrêt rendu à la grand'chambre, le 17 juillet 1744.

Le sieur Gougenot, en qualité de seigneur de Lille-sur-Arnou et du fief de la Noue, fait assigner la veuve Robert et consorts, propriétaires d'une métairie située à la Noue, à l'effet de donner une déclaration détaillée de tous les héritages et bâtimens dépendans de la métairie, et de payer les droits seigneuriaux dont cette métairie est chargée envers la terre de Lille. Sentence des requêtes du palais qui les condamne *à donner une déclaration de leur métairie, située à la Noue, circonstances et dépendances, à la charge de tels droits, cens et rentes dont elle peut être tenue envers la seigneurie de Lille et exhiber leurs titres de propriété.* Appel. Le moyen de la veuve Robert et consorts consiste à dire que la coutume de Berry étant allodiale, c'est sans fondement que la sentence a réputé leur métairie, héritage censuel, et, en cette qualité, chargée de redevances et droits seigneuriaux envers le seigneur de Lille, dans la justice duquel cette métairie est enclavée. — Mais par arrêt rendu à la grand'chambre, au rapport de M. de Vougouy, l'appellation est mise au néant, avec amende et dépens.

Denizart, qui rapporte cet arrêt, ajoute : « les motifs qui ont prévalu dans les opinions, ont été que les gens du tiers-état n'ont pas procédé à l'information ordonnée lors de la réformation de la coutume ».]

[[C'est ce qu'a encore jugé un arrêt de la grand'-chambre du 27 avril 1784, au rapport de M. Choart. On peut en voir l'espèce dans les *Dissertations féodales* de M. Henrion, tome 1, pag. 77.]]

§. XI. *De l'allodialité dans la coutume de Nivernais.*

« Tous héritages sont censez et présumez francs » et allodiaux, qui ne montre du contraire ». (*Art. 1 du tit. 7 de la coutume de Nivernais.*

Voici le commentaire de Coquille sur cet article. Nous ne pouvons pas puiser dans une meilleure source. — « Cet article, lors de l'assemblée des états, ne fut passé pour coustume arrestée; ains sur le contredit, le renvoi en fut fait à la cour de parlement pour le décider, comme il appert par le procès-verbal entier de la coustume. Puis que ce n'est pas coustume arrestée en ce pays, il faut savoir quel est le commun droit ancien français..... Du discours ci-dessus, il faut inférer qu'en France tous héritages, ou sont tenus noblement pour faire service de sa personne en la guerre, ou sont tenus roturièrement pour en payer prestation annuelle au roi, ou aux seigneurs qui tiennent en fief du roi; car par reigle générale, chacun doit contribuer aux guerres et aux charges publiques, ou de sa personne ou de ses biens. Plusieurs coustumes de France ont pour article, que nul ne peut tenir terre et héritages sans seigneur, c'est-à-dire, allodialement, comme Poictou, art. 52, où il excepte l'église, et art. 99; Senlis, art. 101 et 262..... En France, sont deux sortes de Francs-Alleus, l'un est noble, l'autre roturier. Franc-Alleu noble est celui qui a justice et fief mouvant de lui, ou territoire de censive. Franc-Alleu roturier est celui qui ne doit fief ne cens, et reconnoist seulement la justice du seigneur, au territoire duquel il est assis. Ainsi, disent Paris, art. 68; Orléans, art. 255; Troyes, art. 53; Vitry, art. 19 et 20 ».

Galland, dans son *Traité contre le Franc-Alleu* n'a pas manqué de se prévaloir de cette autorité pour établir que la coutume de Nivernais n'est pas allodiale. Caseneuve lui répond en ces termes :

Pour ce qui est de la coutume de Nivernais, qui porte en l'art. 1 du titre *des rentes et hypothèques*, que *tous héritages sont censez et présumez francs et allodiaux, qui ne montre du contraire*; il est bien vrai, comme disent nos adversaires, que Guy Coquille, qui en est le commentateur, assure que, lors de la rédaction, cet article ne fut pas arrêté pour coutume, mais que le contredit en fut renvoyé en la cour. Toutefois nous sommes en droit de contester que cela soit vrai, d'autant que le procès-verbal n'ayant pas été couché au long à la fin de cette coustume, comme au reste de celles qui sont dans le recueil des coustumes, il ne nous appert point que l'article ait été contredit; outre que le commentateur par ces paroles, *que c'est la charge du détenteur de prouver qu'ils soient allodiaux, ou par titre ou par possession immémoriale*, semble en quelque façon establir le Franc-Alleu, conformément à la coustume; car, qu'est-ce-à-dire, *par possession immémoriale*, si ce n'est establir le Franc-Alleu, dont la franchise n'est fondée que sur une longue possession laquelle suppose qu'ayant été possédé tel, il n'y peut point avoir de titre qui le détruise? Aussi cette modification du commentateur a porté nos adversaires à dire *qu'il se mesconte au fait de la possession immémoriale.* Là-dessus ils n'ont eu garde de rapporter les paroles où le même commentateur, pour ne sembler pas entièrement détruire le Franc-Alleu, après avoir dit que la preuve doit être rejetée sur le détenteur, poursuit en ces termes : *bien crois-je qu'il n'en faudrait ainsi dire de ces grosses prestations qui ont quelque correspondance aux fruits, comme sont les bordelages, emphiteuses et autres telles, qu'à l'égard d'icelles faut employer l'opinion de* Hostiensis, et Joan. Andr., incap. nimis, extra, de jurejur., *que tous héritages sont présumés libres à l'égard de telles grosses redevances*». — *V.* ci-après, page 344, col. 1.

[[§. XII. *De l'allodialité dans la coutume de Bourbonnais.*

C'est une vérité universellement reconnue, que, sous le régime féodal, le cens était prescriptible dans la coutume du Bourbonnais; et il n'en faut point davantage pour décider que le Franc-Alleu naturel formait alors le droit commun du pays. C'était à cette époque un principe certain que la prescriptibilité du cens contre le seigneur était un signe incontestable, un caractère non équivoque d'allodialité.

« Ce principe (disait le savant et célèbre M. Babille, dans une consultation du 20 février 1786, faite pour l'instance jugée par l'arrêt du 7 mars suivant, dont nous parlerons tout à l'heure), ce principe est un de ceux qui constituent essentiellement le régime féodal. Il n'en est point sur lequel on ait été plus universellement d'accord, et les réflexions les plus simples suffisent pour en démontrer la vérité.

» Que produit en effet la prescription dans le cas où elle est admise? Elle anéantit les titres particuliers en faveur de la possession; elle soumet les propriétés aux lois générales; elle ramène les choses dans leur état naturel, au droit commun : or, dans les provinces où le cens est prescriptible contre le seigneur par une possession plus ou moins longue, l'effet de cette prescription est de ramener les héritages au Franc-Alleu de nature, à une pleine et absolue propriété; par conséquent, l'allodialité est l'état naturel, et forme le droit commun de ces mêmes provinces où le cens est prescriptible contre le seigneur.

» Cela est si vrai que, parmi les coutumes qui reçoivent la maxime, *nulle terre sans seigneur*, il n'en est pas une seule que admettre la prescriptibilité du cens; quelque longue qu'ait été la cessation de reconnaissance ou de payement de la part du censitaire, fût-elle même de cent ans, on l'assujettit rigoureusement à la redevance commune, ou à la représentation d'un titre, d'après la règle, *nul Franc-Alleu sans titre*, qui a lieu dans ces coutumes, et se confond avec celle-ci, *nulle terre sans seigneur*.

» Au contraire, dans les coutumes qui admettent la prescription du cens contre le seigneur, il n'est pas nécessaire d'avoir un titre pour posséder son héritage en Franc-Alleu, puisqu'on le peut contre les titres mêmes du seigneur, en vertu de la prescription. Cette règle, *nul Franc-Alleu sans titre*, n'a donc pas lieu dans ces coutumes; on ne peut donc pas les mettre dans la classe des coutumes censuelles, nécessairement et universellement gouvernées par la maxime, *nul Franc-Alleu sans titre*, ou *nulle terre sans seigneur*.

» Dans les coutumes où l'exemption du cens est prescriptible, il ne suffit pas au seigneur d'avoir un titre, il ne suffit pas même que ce titre soit valable; il faut en outre qu'il ne soit point prescrit, que le tenancier n'ait pas une possession contraire. Tout cela suppose que c'est au seigneur qu'est imposée l'obligation de justifier sa demande. Ce n'est donc pas la maxime, *nulle terre sans seigneur*, qui régit ces coutumes; c'est la maxime contraire, *nul seigneur sans titre*.

» Enfin, la prescriptibilité du cens annonce que le droit commun favorise le censitaire contre le seigneur.

» On ne peut donc pas douter que les coutumes qui déclarent le cens prescriptible, surtout comme celle du Bourbonnais, par une simple possession de trente ans, ne soient des coutumes allodiales.

» Mais il est dans cette coutume d'autres articles qui, partant de ce principe, le confirment et l'énoncent très-clairement. Tels sont notamment les art. 101, 103 et 415.

» Suivant l'art. 101, le seigneur, soit qu'il ait seulement la directe, soit qu'il ait la justice réunie à la directe, ne peut poursuivre, pour raison de cens, d'autres possesseurs *que ceux qui se sont déclarés détenteurs d'héritages tenus à cens, ou autre devoir portant droit de directe seigneurie, ou quand ils sont obligés, ou déclarés héritiers à desdits obligés*.

» L'art. 103 dit également que celui qui est tenu de continuer le payement des cens et charges, et contre lequel on peut procéder, est le censitaire *qui a reconnu*.

» De toutes parts, la coutume annonce que le tenancier n'est obligé qu'en vertu de la reconnaissance qu'il a souscrite. La reconnaissance est le titre qui érige la directe et constate la servitude. Le seigneur direct n'a pour censitaires que ceux à qui il a concédé du terrain sous la condition du cens; il ne peut demander le cens qu'à ceux qui l'ont reconnu pour seigneur, qu'à ceux qui se sont déclarés détenteurs, non pas simplement de tel ou tel héritage, *mais d'héritages tenus à cens*.

» Il faut que le seigneur prouve la directe, en montrant le titre qui l'établit. — Cette condition imposée au seigneur, se trouve littéralement écrite dans l'art. 415, qui est ainsi conçu : « *Quand aucun héritage est empêché* à la requête du seigneur rentier, taillable, censier ou autre, pour droits directs et arrérages, et le détenteur de l'héritage s'oppose audit empêchement, ledit opposant est tenu, avant qu'être ouï, garnir la main de justice, jusqu'à dix années, d'arrérages du devoir de cens, rente foncière ou autre devoir portant directe prétendue, *si tant en sont dus*; et pour cinq ans, quant aux rentes roturières, ès cas permis, *par celui à la requête duquel ledit exploit est fait* (c'est le seigneur), *en montrant de reconnaissance, terrier, obligation, ou condamnation dudit devoir à lui fait par le détenteur opposant ou autre*.

Cet article, comme on voit, dit en termes formels que le seigneur est obligé de représenter un titre, non-seulement pour agir personnellement contre le censitaire, mais pour avoir une action sur l'héritage, relativement à sa directe. *Quand aucun héritage est empêché pour droit direct*, il faut que le seigneur montre une reconnaissance, un terrier ou une obligation, signée du détenteur opposant *ou autre*.

» Dans une coutume censuelle, le seigneur n'aurait besoin, ni d'une reconnaissance, ni d'aucune espèce de titre, pour réclamer la directe et avoir action sur un héritage. Son titre serait la coutume même; son droit se trouverait écrit dans la maxime, *nulle terre sans seigneur*; tous les héritages, d'après cette maxime seule, seraient hypothéqués à la directe et soumis au cens, à moins que le tenancier ne produisît un titre d'allodialité.

» Ici, comme on voit, c'est précisément le contraire. La coutume veut que le seigneur ne puisse agir sur un héritage, qu'*en montrant reconnaissance, terrier, obligation ou jugement* : c'est là le vrai caractère des pays allodiaux. La maxime, *nul seigneur sans titres*, qui les gouverne, se trouve donc sans équivoque dans la coutume du Bourbonnais.

» Mais cette allodialité se démontre surtout et paraît dans le plus grand jour, lorsqu'on rapproche les dispositions des art. 101, 106 et 415 de cette coutume, de celle de l'art. 22 dont on a déjà parlé, et qui, par un privilége exclusivement attaché au Franc-Alleu de nature, déclare le cens prescriptible contre le seigneur, non-seulement par une possession de cent ans, mais par une simple cessation de reconnaissance ou de payement pendant trente ans contre les laïcs, et quarante ans contre l'église.

» Ce privilége annonce clairement la franchise des héritages, la liberté primitive et constante du Bourbonnais; cependant il serait détruit sans retour, si le système de la censualité prévalait dans cette province.

» Tous les héritages en effet qui auraient été affranchis par la prescription, et pour lesquels le tenancier n'aurait point de titres, rentreraient par cela seul sous la mouvance du seigneur dans l'enclave duquel ils seraient situés; et dès-lors, le tenancier ne pourrait plus ni prescrire ni s'affranchir; il n'y aurait donc plus de prescription ni d'affranchissement quelconque en faveur du censitaire; partout ces héritages seraient soumis au seigneur. L'art. 22 de la coutume se trouverait donc, dans le fait, entièrement abrogé.

» Or, cet article est une des lois fondamentales et constitutives du droit du Bourbonnais, relativement aux propriétés foncières; le privilége qu'il contient, est indestructible.

» Ce privilége est uniquement attaché aux provinces allodiales, et, on le répète, toutes les provinces allodiales ne l'ont pas. Il est absolument étranger aux coutumes censuelles : on ne saurait le concilier avec la maxime, *nulle terre sans seigneur*, qui régit ces coutumes; c'est ainsi que l'ont observé, sur les diverses coutumes du royaume, tous les jurisconsultes qui ont écrit sur cette matière.

» D'après cela, quand on lit l'art. 22 de la coutume du Bourbonnais; quand on voit que, dans cette coutume plus que dans toutes les autres, l'esprit de la loi est de favoriser le droit du propriétaire au préjudice du droit féodal, on ne peut s'empêcher de décider (indépendamment même des articles qui assujettissent formellement le seigneur à la représentation d'un titre), que cette coutume est une de celles à qui appartient le plus éminemment le caractère de coutume allodiale.

» Il serait d'autant plus étrange de se permettre des doutes dans ce moment-ci, que, d'un côté, tous les écrivains, tous les jurisconsultes, parfaitement d'accord à cet égard, depuis *plus de deux cents ans*, attestent unanimement et sans contradiction, l'allodialité du Bourbonnais, comme ayant formé le droit primitif et constamment soutenu des habitans de cette province, et que, d'un autre côté, on voit une suite non interrompue d'arrêts qui ont jugé, à toutes les époques, et dans les termes les plus positifs, conformément à ce principe.

» Fixons-nous d'abord sur le moyen qui résulte, non de l'autorité de tel ou tel écrivain, mais du suffrage de tous les jurisconsultes réunis.

» Le premier dont la décision se soit conservée, est le président Daret, qui écrivait il y a plus de deux cents ans. — « Dans cette province (de Bourbonnais), disait-il, dès que la qualité du seigneur lui est contestée, c'est à lui à l'établir. *Si negatur, se dominum præstare debet; et pro regulâ est, ut allegans qualitatem, super quam jus suum fundet, qualitatem probare teneatur, sive sit actor, sive sit reus* ».

» François Menudel tient le même langage, et observe qu'il a été ainsi jugé pour le nommé Auray, contre le sieur de Villebouche, par une sentence de la sénéchaussée de Moulins, du 29 avril 1645, dont il n'a point été interjeté appel.

» C'est aussi ce qu'écrivait en 1684 Pothier, dans son Commentaire sur l'art. 392 de la coutume du Bourbonnais : « Les allodiaux sont reçus en cette coutume, c'est-à-dire, *que les héritiers y sont francs, tenus pour tels, s'il n'appert du contraire* ».

» Cette vérité reconnue et attestée comme un point de droit familier par les jurisconsultes du seizième et du dix-septième siècle, ne l'a pas été avec moins de force et d'unanimité, dans ces derniers temps, soit par les commentateurs de la coutume du Bourbonnais, soit par les jurisconsultes des autres provinces.

» Auroux des Pommiers n'imaginant pas même qu'il pût y avoir de difficulté à cet égard, et ne faisant que confirmer ce que les anciens jurisconsultes avaient écrit deux siècles avant lui, s'est exprimé sur l'art. 22 en termes également simples et positifs :

» La coutume du Bourbonnais (a-t-il dit) *est une coutume allodiale* : les héritages y sont présumés francs et tenus pour tels, s'il n'appert du contraire. C'est au seigneur féodal qui prétend que tel héritage est dans sa mouvance féodale, de le justifier par aveu, dénombrement et autres titres de la tenure du fief, et au *seigneur censier à prouver sa censive* par le titre primitif et originaire de la constitution du cens, ou par d'autres titres équipollens ».

» Les derniers commentateurs de la coutume du Bourbonnais s'expriment absolument de la même manière, et dans les même termes.

» La même vérité est attestée par Duplessis, sur la coutume de Paris, *Traité du Franc-Alleu*, liv. 2, chap. 2 : il compte le Bourbonnais parmi les coutumes « où tout héritage est naturellement estimé franc et allodial, s'il n'y paraît du contraire; de sorte qu'en celle-là *c'est la mouvance féodale ou censuelle qu'il faut prouver, et c'est le Franc-Alleu* qu'il ne faut point justifier ».

» Telle est encore la décision de Guyot, *Traité des Fiefs*, tome 4, page 278; et de La Thaumassière, *Traité du Franc-Alleu*, chap. 20.

» Telle avait été anciennement celle de Louet et de Brodeau, lettre C, §. 21, qui assuraient que dès-lors la jurisprudence était fixée à cet égard.

» On peut observer que la plupart des écrivains, autres que les commentateurs de la coutume du Bourbonnais, se sont exprimés sur ce point d'une manière également simple et laconique; mais cela même rend leur témoignage plus fort, parce qu'on voit par-là qu'ils regardaient l'allodialité du Bourbonnais comme une vérité familière, et à l'abri de toute difficulté. C'est le propre en effet des vérités démontrées, de n'avoir nul besoin de discussion. Et on ne peut se disssimuler la force de l'induction tirée en faveur de l'allodialié du Bourbonnais, de ce que, *dans l'espace de deux siècles, il ne s'est pas trouvé un seul écrivain qui ne l'ait reconnu.*

» Ce qui paraît au surplus devoir entièrement rassurer les habitans de cette province, c'est qu'on voit par un grand nombre d'arrêts rendus à différentes époques, depuis plus de cent ans, que la jurisprudence du parlement de Paris n'a jamais varié, qu'il a jugé constamment et formellement que la coutume du Bourbonnais était allodiale.

» On trouve un premier arrêt qui a décidé la question dès l'année 1668, le 7 mai, et qui l'a décidée contre le roi même.

» Un particulier ayant acquis une maison, avec cour et jardin, en 1664, un sieur Tourault, fermier de la châtellenie de Moulins, prétendit que la totalité des objets acquis était dans la censive du roi, à cause de cette même châtellenie, et qu'elle se trouvait comprise dans trois reconnaissances de 1462, 1463 et 1514. Il réclama sur le fondement de ces reconnaissances qu'il produisit, les droits de lods et ventes pour le roi. — L'acquéreur soutint au contraire que ces mêmes reconnaissances ne frappaient que sur une partie de son acquisition ; et que le surplus ne devait aucun droit, attendu l'allodialité de la province, dès qu'à cet égard on ne montrait pas de titre.

» La cour, par l'arrêt cité, rendu sur les conclusions de M. le procureur-général, jugea formellement que le roi même n'avait le droit de directe seigneurie dans la châtellenie de Moulins, que jusqu'à concurrence de ses titres. Elle déclara tel et tel objet compris dans la directe, et ordonna le payement des droits de lods et ventes pour ces objets ; mais elle décida en même temps qu'il n'en était pas dû pour les autres objets, attendu le défaut de titres. Voici les termes de l'arrêt : « Demeureront le surplus de ladite maison, cour et jardin mentionnés audit décret, ensemble la toise ou un pied réservés dudit pavillon, déchargés de la censive prétendue ».

En 1713, nouvel arrêt non moins décisif. — Un sieur de Montjournal, seigneur de Saulcet, réclama en 1706, contre les demoiselles de Cussat, plusieurs droits seigneuriaux, sur le fondement des reconnaissances qu'il produisit. (On voit que dans ces premiers temps, les seigneurs ne se croyaient pas dispensés de produire). Sur neuf articles réclamés, les demoiselles de Cussat en reconnurent cinq. Le sieur de Montjournal se désista de deux, de manière qu'il n'y eut que deux articles en contestation devant la cour. — Les demoiselles de Cussat opposèrent deux moyens au sieur de Montjournal : le premier, qu'il était sans titre, ou que son titre n'était pas valable : le second, qu'il ne prouvait point de possession. — Dans une coutume non allodiale, ni l'un ni l'autre de ces moyens n'eusssent été proposables, puisqu'en vertu de la maxime, *nulle terre sans seigneur*, le sieur de Montjournal n'eût eu besoin ni de titre ni de possession. — Cependant, par arrêt du 6 septembre 1713, rendu à la troisième chambre des enquêtes, au rapport de M. Nau, la cour jugea qu'en Bourbonnais il n'y avait pas de seigneurie sans titres, et en conséquence renvoya les demoiselles de Cussat de la demande formée contre elles par le sieur de Montjournal. — Cet arrêt est rapporté par Auroux, dans ses Additions sur l'art. 22 de la coutume du Bourbonnais.

» En voici un autre qui juge encore la question bien formellement et de la manière la plus précise : toutes les circonstances de l'espèce dans lesquelle il a été rendu, sont remarquables.

» Un sieur Mestraud, fermier d'une seigneurie domaniale (la châtellenie de Verneuil), réclamait des redevances considérables contre le sieur de Lingendes et la dame de Beraud. — Il porta ses demandes à la chambre du domaine de Moulins, et produisit, comme de prétendus titres, diverses reconnaissances, en vertu desquelles il soutint que les héritages du sieur de Lingendes et de la dame de Beraud se trouvaient dans la directe du roi. Ce fut sur l'unique fondement de ces reconnaissances, qu'il établit sa prétention devant les premiers juges. — C'était d'abord un aveu de sa part que les héritages n'étaient point asservis de droit à des prestations annuelles ; que la coutume du Bourbonnais n'admettait pas la maxime, *nulle terre sans seigneur*; que celui qui réclamait des censives, avait besoin de justifier qu'elles étaient fondées sur des titres en bonne forme. — Et en effet, c'est ainsi qu'en pensèrent les juges de la chambre du domaine de Moulins. Par leur sentence du 29 janvier 1746, ils déclarèrent nulles les reconnaissances du terrier du roi que produisait Mestraud, et dont on contestait la validité ; et ils déchargèrent, faute de titres suffisans de la part de Mestraud, le sieur de Lingendes et la demoiselle de Beraud de la demande en censive formée contre eux ». — Il fut jugé par-là très-formellement, qu'il n'y avait point, en Bourbonnais, de seigneur sans titre. — Mestraud se pourvut à la cour. — Sur son appel, sentant l'insuffisance des titres qu'il avait produits, et plus hardi que les anciens seigneurs, il prétendit 1° que la coutume du Bourbonnais n'admettait pas le Franc-Alleu de nature ; 2° que quand le Franc-Alleu serait admis dans la coutume du Bourbonnais, il ne pourrait pas avoir lieu contre le roi. — Le sieur de Lingendes et la dame de Beraud soutinrent, au contraire, d'une part, que la coutume du Bourbonnais était évidemment et universellement reconnue pour allodiale ; d'autre part, que l'allodialité avait lieu contre le roi. — Par arrêt du 15 juillet 1749, au rapport de M. Macé, la cour jugea qu'en effet la coutume du Bourbonnais admettait le Franc-Alleu de nature ; que dans cette coutume, il n'y avait point de seigneur sans titre ; et en conséquence, confirma purement et simplement la sentence rendue contre Mestraud.

Ainsi raisonnait, ainsi argumentait M. Babille en 1786, dans la consultation citée. Voici les circonstances de l'affaire qui y avait donné lieu.

En 1774, un sieur Audifret acquit divers héritages dans la province du Bourbonnais. Une partie de ces héritages était tenue en censive du chapitre de Notre-Dame du Moulins, qui en avait des titres très-formels : aussi les droits de lods et vente lui en furent payés sans difficulté par l'acquéreur. L'autre partie de ces mêmes héritages ayant toujours été possédée, conformément au droit commun de la province, en pleine et libre propriété, ni le chapitre de Moulins, ni aucun autre seigneur, n'y réclamèrent aucune sorte de droit.

Alors les administrateurs du domaine se présentèrent, et dirent : « Le roi a la *seigneurie universelle* de toutes les terres du royaume. Les droits résultans de cette seigneurie sont dus à sa majesté, partout où il n'y a point de seigneur particulier. Il faut donc que le seigneur Audifret prouve, par titres, que ses héritages sont allodiaux, ou qu'il paye au domaine les droits de lods et vente. En vain, disait-il, que la coutume du Bourbonnais est allodiale ; le roi n'est point obligé par les coutumes... ».

Cette prétention était dirigée contre le sieur Audifret seul ; mais comme elle attaquait essentiellement le droit public de la province entière, les officiers municipaux de la ville de Moulins s'empressèrent d'intervenir ; et de concert avec le sieur Audifret, ils répondirent :

« Dans une province allodiale, c'est la loi publique qui forme le titre des particuliers. Tous les héritages sont réputés francs et quittes de toutes charges ; et ce n'est point au propriétaire à prouver qu'ils le sont : c'est à celui qui réclame la censive, avec les droits qui en dépendent, d'établir que cette censive lui appartient.

» S'il était vrai que les administrateurs du domaine pussent exiger, dans les pays allodiaux, que les propriétaires représentassent les titres de leur liberté, sous prétexte que les héritages qui ne relèvent d'aucun autre seigneur, sont censés relever du roi, alors l'allodialité ne serait plus qu'un vain nom. Dans tout le royaume, il n'y aura pas un arpent de terre qu'on pût dire allodial, puisque partout où les héritages ne seraient pas soumis à des seigneurs particuliers, ils seraient soumis au domaine ; conséquence entièrement destructive de tous les principes connus sur l'allodialité ».

Cette défense fut accueillie par une sentence du bureau des finances de Moulins, du 7 avril 1775, qui, avant faire droit sur la demande des administrateurs du domaine, ordonne qu'*ils seraient tenus de rapporter les titres en vertu desquels ils prétendaient que tout ou partie des héritages en question était dans la censive du roi.*

Sur l'appel, il s'agissait de savoir si cette sentence avait bien ou mal jugé. — La province du Bourbonnais était-elle une province allodiale, ou bien était-elle soumise à la règle, *nulle terre sans seigneur ?* C'est à cela que se réduisait la question.

Les administrateurs du domaine soutenaient, en premier lieu, que cette province n'était point allodiale ; mais comme ils ne pouvaient se dissimuler le nombre et la force des titres qui s'élevaient contre cette assertion, ils se réduisaient à prétendre qu'au moins l'allodialité ne pouvait être opposée au roi.

Les habitans du Bourbonnais soutenaient, au contraire, d'une part, que l'allodialité de leur province était établie par toutes les preuves qu'on pouvait désirer ; de l'autre, que cette allodialité avait lieu contre le roi, d'après les principes généraux, et d'après les titres émanés du roi même.

Voici en substance ce qu'ils disaient sur ce dernier point.

Y a-t-il une distinction à faire entre la prétention élevée à cet égard sous le nom du roi, et celle que se permettraient des seigneurs particuliers ? non ; il est évident que l'allodialité a lieu indistinctement contre le roi et contre les seigneurs subalternes. Sans cette conséquence, les principes même de l'allodialité seraient détruits ; tous les héritages qui ne seraient pas soumis à la directe d'un seigneur particulier, se trouveraient soumis à celle du roi ; en sorte qu'il n'y aurait pas, dans tout le royaume, un seul héritage allodial. Il faudrait alors changer le droit de toutes les provinces allodiales. Dans la coutume du Bourbonnais, notamment, on serait dans la nécessité de détruire une foule de déclarations d'héritages allodiaux sans titres, qui ont été reçus dans les terriers du roi, et qui y subsistent sans contradiction depuis plus de cent ans. On voit, d'ailleurs, que c'est contre le roi même qu'ont été rendus les arrêts de la cour de 1668 et 1746, et celui de 1693, émané du conseil même du roi. Enfin deux autres arrêts beaucoup plus récens, ont jugé également et sans difficulté, que le Franc-Alleu de nature pouvait être opposé au roi : l'un, du 12 août 1779, a été rendu dans la coutume de Troyes, pour les habitans de Tourtiers et Me Duperron, contre le marquis de Béarn et M. le procureur-général ; l'autre est intervenu, au mois de février 1785, dans la coutume de Nivernais pour madame la présidente de Marolles ».

Ces moyens étaient trop solides et trop lumineux pour ne pas triompher. Par arrêt rendu au rapport de M. de Titon, à la grand'hambre, sur les conclusions de M. le procureur-général, le 7 mars 1786, il a été *d'une voix unanime*, prononcé en ces termes : — « Notredite cour faisant droit sur le tout, sans s'arrêter aux requêtes et demandes dudit Merlin, subrogé audit René, dont il est débouté, a mis et met l'appellation au néant ; ordonne que ce dont a été appellé, sortira son plein et entier effet ; le condamne à l'amende ordinaire de 12 liv. et en tous les dépens des causes d'appel, intervention et demande envers ledit Audifret et les officiers municipaux de la ville de Moulins, et par eux faits entre eux, tant en demandant et défendant, que des sommations et contre-sommations.

Il reste à observer, afin de réunir toutes les preuves, que ce même droit, écrit dans la coutume, et si invariablement reconnu au parlement de Paris, a été consacré par le gouvernement lui-même.

Louis XIV, par un édit de 1692, en imposant une taxe sur les propriétaires d'héritages allodiaux, avait excepté nommément ceux qui possédaient des terres en Franc-Alleu roturier, « dans les pays, soit de droit écrit ou coutumier, dans lesquels le *Franc-Alleu se trouverait établi par la coutume et par la jurisprudence* ».

Le Bourbonnais était à cette époque, ainsi qu'il l'avait toujours été, en possession publique du Franc-Alleu. Ce Franc-Alleu se trouvait-il, aux termes de l'édit, établi par la coutume et par la jurisprudence ? Voilà la seule chose qu'on pût se permettre d'examiner ; mais cela ne pouvait pas faire une question.

La coutume existait telle qu'elle était encore en 1789, et déjà avait été rendu l'arrêt de 1668, dont il a été parlé ci-dessus; déjà une foule de jurisconsultes avaient unanimement rendu témoignage de l'allodialité du Bourbonnais.

Cependant le sieur Fumée, receveur des droits créés par l'édit de 1692, voulut confondre cette province avec celles qui n'admettaient point le Franc-Alleu de nature.

Alors les habitans du Bourbonnais, à qui leur coutume donnait tous les priviléges dont jouissaient les pays de droit écrit et les provinces vraiment allodiales, les habitans du Bourbonnais, qui étaient évidemment dans l'exception de l'édit de 1692, vinrent au pied du trône, réclamer contre la prétention du sieur Fumée.

Et sur leur plainte, il intervint au conseil du roi, le 8 août 1693, un arrêt conçu en ces termes : — « Le roi en son conseil . . . . , a maintenu et gardé, maintient et garde les habitans de la province du Bourbonnais *dans la liberté et franchise dans laquelle ils sont de posséder leurs terres et héritages en Franc-Alleu, conformément à leur coutume*, ensemble dans tous les *priviléges d'exemption de droits de franc-fief à eux ci-devant accordés*, pour tous les fiefs et biens nobles qu'ils possèdent dans l'étendue de la généralité de Moulins; et fait défense audit Fumée, ses procureurs et commis, de faire aucunes poursuites contre eux, tant pour raison des taxes pour la confirmation du Franc-Alleu, que pour les droits de franc-fief, en exécution de l'édit du mois d'août 1692; ordonne néanmoins, sa majesté, qu'ils payeront, suivant leurs offres, *pour les nécessités présentes de la guerre*, ès-mains dudit Fumée, la somme de 100,000 liv. ».

On a objecté, contre cet arrêt, que la somme de 100,000 liv. avait pu entrer pour quelque chose dans la maintenue de l'allodialité; mais deux moyens péremptoires écartent l'objection.

1° On n'a nul besoin de faire l'application de cette somme à l'allodialité, s'il se trouve énoncé dans l'arrêt même, un objet auquel elle s'applique naturellement : or il en est un très-distinct, c'est la maintenue dans l'exemption des droits de francs-fiefs. Les priviléges de cette exemption n'appartenaient pas aux habitans du Bourbonnais, en vertu de leur coutume. L'arrêt porte qu'ils leur avaient été *ci-devant accordés*; dès-lors, on avait pu les anéantir ou les restreindre, attendu l'inaliénabilité du domaine de la couronne; et conséquemment on avait pu exiger une somme quelconque de la province pour la maintenir dans ces mêmes priviléges. Voilà pourquoi, sans doute on a exigé qu'elle payât 100,000 livres, dont la contribution a eu d'ailleurs un autre motif exprimé dans l'arrêt, *les nécessités de la guerre* alors *présente*. Cette première raison suffirait seule pour faire voir que le payement des 100,000 livres fut absolument étrange à l'allodialité.

2° Une autre raison l'établit démonstrativement. On ne pouvait exiger une contribution quelconque du Bourbonnais pour le maintenir dans le Franc-Alleu, qu'en supposant qu'il ne se trouvait pas dans l'exemption portée par l'édit de 1692; car il est certain (et cela ne fait pas difficulté), que les provinces exceptées de la recherche et des taxes ordonnées, n'avaient rien à payer : or, à la simple inspection de l'édit de 1692 et de l'arrêt de 1693, il est impossible de douter que la province du Bourbonnais ne fût dans l'exemption.

L'édit de 1692 exceptait de la réclamation du domaine, les provinces dans lesquelles *le Franc-Alleu se trouverait établi par les coutumes et par la jurisprudence*. D'après cela, il est d'une évidence palpable que le conseil du roi a considéré le Bourbonnais comme étant du nombre des provinces exceptées, s'il a jugé que cette province jouissait du Franc-Alleu en vertu de sa coutume; et il est évident qu'il l'a jugé ainsi, puisque c'est la disposition précise et littérale de l'arrêt du 8 août 1693. Il y est dit en propres termes que le roi *maintient et garde les habitans de la province du Bourbonnais dans la liberté et franchise dans laquelle ils sont de posséder leurs héritages en Franc-Alleu, conformément à leur coutume.*

Ainsi, prétendre que cet arrêt a imposé une taxe de 100,000 liv. pour cette même allodialité qu'il déclare être fondée sur la coutume, et par conséquent à l'abri de toute recherche, c'est vouloir y trouver deux dispositions contradictoires et absolument destructives l'une de l'autre.

§. XIII. *De l'allodialité dans la coutume d'Auvergne.*

L'allodialité de la coutume d'Auvergne est établie par une foule de raisons et d'autorités que j'ai réunies dans mon *Recueil de Questions de droit*, article *Terrage*, §. 1; et elle a été proclamée par un arrêt de la cour de cassation du 24 vendémiaire an 13, qui est rapporté au même endroit.]]

§. XIV. *De l'allodialité dans la coutume de Bourgogne et dans les pays de Bresse, Bugey, Gex et Valromey.*

Tout le monde sait de quelle manière les nations germaniques s'établirent dans les Gaules. Les Bourguignons commencèrent, les Francs vinrent ensuite : ceux-ci fondirent comme un torrent, firent la loi aux Romains, et réduisirent en servitude tout ce qui leur résista. Voilà pourquoi les provinces les plus voisines de Paris, où ils établirent d'abord le siége de leur empire, sont moins allodiales que les autres. Les Bourguignons suivirent un autre plan; leur établissement entraîna bien moins de ravages. Ayant pénétré dans la France orientale, ils se contentèrent d'exiger qu'on pourvût à leur subsistance. D'abord, on leur donna du blé, ensuite on aima mieux leur donner des terres. Les magistrats romains transigèrent avec eux, et tout se fit de concert et par convention. Ce fait est attesté par toutes les chroniques du temps. *Burgundiones partem Galliæ occupaverunt terrasque cum Gallicis senatoribus diviserunt.* (Chronique de Marius, sur l'an 456). On sent aisément quelles dûrent être les conséquences d'une pareille conduite. Les habitans n'éprouvèrent d'autre changement qu'une diminution dans leur fortune; et à l'exception des serfs que les Bourguignons et les Gaulois avaient auparavant, tout le pays resta libre. Aussi voyons-nous encore aujourd'hui que la Bourgogne, et les provinces qui ont fait autrefois partie de ce royaume, sont allodiales.

M. le président Bouhier, dans ses *Observations sur la coutume de Bourgogne*, rend témoignage du Franc-Alleu de Bourgogne en ces termes : « Pour les pays, tels que ceux qui sont dans le ressort de notre parlement, où tous les héritages sont présumés de Franc-Alleu, si on ne prouve le contraire, il suffit au propriétaire de la seigneurie, qu'on prétend un alleu-noble, d'être en longue possession de son allodialité; car elle forme en sa faveur une présomption légale qui rejette la preuve contraire sur celui qui lui dispute cette qualité. C'est l'avis de M. de Chasseneuz en deux endroits; et quoique sur le premier, Dumoulin, en son apostille, ait paru d'un sentiment contraire, son raisonnement fait juger qu'il n'en parlait que par rapport au pays où on a pour maxime, *nulle terre sans seigneur*. Mais autre chose est dans les coutumes de Franc-Alleu, où l'allodialité est une qualité naturelle à l'héritage, comme disent tous nos auteurs ».

Il y a au surplus un arrêt du conseil d'Etat du roi, du 4 juillet 1693, qui déclare que le Franc-Alleu roturier et naturel, non-seulement dans le duché de Bourgogne, mais encore dans les pays de Bresse, Bugey, Valromey et Gex : — « Vu au conseil d'Etat du roi (porte-t-il), l'ordonnance du sieur d'Argouges, conseiller de sa majesté en ses conseils, maître des requêtes ordinaire de son hôtel, intendant en Bourgogne et pays de Bresse, Bugey, Valromey et Gex, rendue sur les requêtes respectives, l'une de Jean Girard, bourgeois de Dijon; l'autre de Jean Fumée, chargé du recouvrement de la finance qui doit provenir de l'édit du mois d'août 1692, qui confirme à perpétuité tous les propriétaires et possesseurs des terres et héritages en Franc-Alleu; franc bourgage et franche bourgeoisie dans leur franchise et liberté, en payant les sommes portées par les rôles arrêtés au conseil, et encore une autre du procureur-syndic des états du duché de Bourgogne, pays et comtés adjacens; — Le roi, en son conseil, a déclaré et déclare le Franc-Alleu roturier être naturel dans le duché de Bourgogne, comtés et pays adjacens, ensemble dans les pays de Bresse, Bugey, Valromey et Gex : ce faisant, ordonne que les détenteurs des terres, maisons et autres biens roturiers, les posséderont allodialement et en disposeront à l'avenir comme ils ont fait par le passé, sans être tenus de justifier leur franchise et liberté par aucun titre; et en conséquence décharge lesdits Girard et tous autres habitans desdits pays, des taxes pour lesquelles ils ont été compris dans les rôles arrêtés au conseil en exécution dudit édit, et fait défense audit Fumée, ses procureurs ou commis, de faire aucunes poursuites pour raison de ce. Fait sa majesté main-levée pure et simple des saisies qui peuvent avoir été faites en vertu desdits rôles; et ordonne que ce qui pourrait avoir été reçu par ledit Fumée pour raison de ce, sera rendu et restitué par lui et ses cautions solidairement, à quoi faire ils seront contraints par les voies qu'ils auront exercées... ».

Il existe d'ailleurs sur l'allodialité des pays de Bresse, Bugey, Gex et Valromey, une consultation du fameux Samuel Guicheron, délibérée à Bourg en Bresse le 15 février 1661. M. le président Bouhier nous a conservé cette pièce. En voici quelques passages :

« Le roi, par son édit donné à Toulouse le 20 avril 1660, ayant ordonné la confection de son papier terrier général et universel de son domaine en toute l'étendue de son royaume, à la diligence de Pierre Bidoux, ou de ses commis, le sieur Boulanger, l'un d'iceux, établi pour les bailliages de Bresse et de Bugey, a prétendu faire assigner les gentilshommes qui possèdent des seigneuries et des fiefs, non-seulement pour donner déclaration de ceux qui dépendent du domaine de sa majesté ou qui en ont été démembrés par diverses aliénations ou engagemens faits par le roi, mais encore de toutes les autres seigneuries et fiefs qui ne relèvent point de sa majesté, ou qui étaient déjà aliénés par les ducs de Savoie avant que les pays de Bresse et de Bugey eussent été unis à la couronne, par deux présuppositions qui ne sont pas véritables.

» La première, que *nulle terre sans seigneur*, et que toutes les seigneuries, fiefs, ou biens allodiaux dont les propriétaires ne justifieront pas la mouvance d'un autre seigneur, ou le titre primitif de l'allodialité, seront censés mouvans du roi, et comme tels insérés au papier terrier général;

» La seconde, que les seigneuries et fiefs autrefois aliénés par les ducs de Savoie, doivent être réputés mouvans du domaine, et sujets à la déclaration et spécification demandée par ledit Boulanger.

» Pour le premier chef, il faut poser pour fondement que la Bresse et le Bugey sont terres d'empire en leur origine; chose qui ne peut être déniée, et que le droit écrit y a été de tout temps inviolablement observé. Ce qui fut confirmé par le roi Henri-le-Grand, après l'échange de ces pays pour le marquisat de Saluces, fait par le traité de paix de Lyon, de l'an 1601, ainsi qu'il se peut voir en un livre intitulé, *Stylus regius*, *pag.* 197, où sont les principaux priviléges du pays et de la noblesse.

» Or, en pays de droit écrit, il est certain que toutes les terres sont réputées libres, comme elles ont été produites par la nature, s'il n'appert du contraire. On en peut voir les autorités et les citations formelles chez Cambolas, à la fin de ses arrêts du parlement de Toulouse, *pag.* 730, *et sequentibus*, et chez Dominicy, *de prærogativâ allodiorum*, *cap.* 4, dont on se pourra servir en y ajoutant les exemples des provinces de Languedoc, de Guienne et du Dauphiné, qui sont régies par le droit écrit comme la Bresse et le Bugey, où nul seigneur, non pas même le roi, ne peut prétendre aucune mouvance ou féodalité, sinon qu'elle ait été convenue, stipulée ou reconnue par le vassal ou par l'emphytéote. Car, quoique le roi, en qualité de souverain, soit seigneur et maître de tous les biens situés en son royaume, ce n'est que pour la juridiction et pour la protection, et non pas pour la mouvance ou pour la féodalité, comme a remarqué M. le président Favre en ses notes sur la *défin.* 1, C. *de jure emphyt.*, n. 3, où il dit : *nam cùm princeps non sit dominus universalis rerum in suo territorio existentium, nisi quoad jurisdictionem et protectionem.*

» Aussi M. Cujas, expliquant la loi 1, C. *de quadr. præscript.*, et parlant de *rebus fiscalibus et privatis*, dit : *omnia principis sunt : non quòd intelligat lex, omnia quæ sunt singulorum hominum, sed omnia fiscalia et privata quæ sunt in proprio patrimonio principis, esse principis.* A ce propos, Sénèque, *de benef.*, liv. 7, chap. 5, interprétant ces mots, *omnia principis esse*, dit que ce n'est que *imperio. Omnia, inquis, rex imperio possidet, singuli dominio. Cæsar omnia habet; fiscus ejus privata tantum, ac sua et universa in imperio ejus sunt, in patrimonio proprio. Quid ejus sit, quid non sit, sine diminutione imperii quæritur.*

» Cette maxime est si véritable, que les fermiers du domaine de sa majesté, et généralement tous les seigneurs directs, ne peuvent prétendre la mouvance ou la féodalité d'un fonds en Bresse et Bugey, sinon qu'ils en fassent apparoir par bons terriers. Cela est de notoriété publique, *et colligitur passim*, *tot. tit. de jure emphyteutico*, au Code Fabrien. D'où il suit qu'il y a des fonds et des fiefs allodiaux qui ne sont mouvans ni relevans du prince, ni d'aucun autre seigneur.

» Cela se prouve parfaitement par l'édit des inscriptions du duc Emmanuel-Philibert de Savoie, de 1565, qui se voit au livre *Stylus regius*, p. 152, dans lequel ce prince avait ordonné à tous ceux qui vendraient dorénavant, ou remettraient des biens censuels et emphyteuticaires, seraient tenus de déclarer par les contrats, les fiefs, censives, directe et emphytéose de laquelle ils seraient mouvans, à peine de commise, où sont remarquables ces paroles : *que l'on serait même tenu de déclarer les biens, soit francs, allodiaux, ou d'emphytéose* ; d'où, par une conséquence nécessaire, il faut induire, qu'en Bresse et Bugey il y a des biens francs et allodiaux ; autrement, cette clause eût été inutilement apposée à cet édit.

» Puisque ces provinces, ayant été soumises à la couronne, ont été maintenues dans leurs anciennes coutumes et priviléges, il ne faut donc pas croire que l'intention de sa majesté ait été de les détruire par l'édit du terrier, auquel il se voit que le roi ne veut y comprendre que ce qui est de son domaine, et non pas les fiefs mouvans d'un autre seigneur, ou qui sont allodiaux.

» Il est vrai que Boulanger veut obliger les gentilshommes qui ne voudront pas reconnaître les seigneurs et leurs fiefs au papier terrier du roi, comme ne mouvans point du domaine de sa majesté, de prouver, ou qu'ils sont mouvans d'un autre seigneur, ou qu'ils sont allodiaux par titre spécial ; ce qui va directement à anéantir le privilége du pays et des gentilshommes.

» Car, outre que c'est au roi ou à un autre seigneur qui se prétend seigneur dominant, direct ou féodal, d'établir la mouvance par ses terriers ou reconnaissances, il y a plusieurs gentilshommes qui possèdent des fiefs dont ils ignorent la mouvance, et dont eux et leurs prédécesseurs ont joui comme francs et allodiaux, sans en avoir les titres qui peuvent avoir été perdus, ou par les guerres ou par d'autres accidens ; et ainsi, ce serait les obliger à l'impossibilité, et réduire ces provinces à se soumettre à la maxime de quelques provinces coutumières du royaume, où a lieu la maxime, *nulle terre sans seigneur*, laquelle pourtant est inouie dans tous les pays de droit écrit, et dont l'introduction causerait un désordre étrange dans les familles des gentilshommes.

» Aussi Cambolas remarque au lieu cité, qu'en Languedoc, où le Franc-Alleu est reçu, les possesseurs sont tenus d'exhiber les titres d'allodialité s'ils en ont, ou de jurer qu'ils n'en ont point et ne les ont jamais eus en leur pouvoir, ce qui suffit pour leur libération : ce à quoi les gentilshommes de Bresse et de Bugey se soumettraient volontiers, pourvu que ledit Boulanger n'exigeât aucune chose d'eux pour de pareilles déclarations ».

§. XV. *De l'allodialité dans le Lyonnais, le Forez, le Beaujolais et le Mâconnais.*

C'est une maxime certaine que, dans les provinces de Lyonnais, Forez et Beaujolais, aussi bien que dans le Mâconnais, tous les héritages sont réputés de Franc-Alleu.

C'est par cette raison que le seigneur est obligé d'instruire l'emphytéote, en lui donnant copie des reconnaissances de ses auteurs, et en désignant les héritages par vieux et nouveaux confins : — « Tel est (dit Bretonnier sur Henrys, tom. 4, p. 717) l'usage de la province du Lyonnais, Forez et Beaujolais. Le seigneur doit, par son exploit d'assignation, donner copie de la dernière reconnaissance des auteurs de l'emphytéote, avec déclaration des vieux et nouveaux confins, et du territoire où est situé l'héritage sur lequel il prétend le cens. — Il y a plus : l'emphytéote peut demander une plus ample instruction, en requérant la représentation des anciens terriers, pour voir s'ils sont conformes aux nouveaux, et si les droits portés par les nouvelles reconnaissances ne sont point augmentés, parce qu'on ne peut jamais rien innover au bail emphytéotique, *lex census servari debet, tanquam radix et origo.* En effet, dans tous les tribunaux de la province, c'est une maxime certaine que les emphytéotes peuvent demander la représentation des anciens terriers, et l'on ne manque jamais de l'ordonner : j'en ai vu depuis peu un exemple digne de remarque dans un procès entre Camille d'Albon, marquis de Saint-Forges, seigneur d'Avange et de Saint-Romain de Popée, et les habitans dudit lieu de St-Romain. Le sieur marquis d'Albon, par son exploit de demande, avait donné copie aux emphytéotes des reconnaissances de leurs auteurs. Dans la suite, il avait fait transporter chez un notaire, hors de sa terre, les originaux de ses terriers dont ils avaient pris communication : cependant la communauté des habitans étant intervenue au procès, et ayant demandé que le sieur marquis d'Albon fût tenu de faire porter ses terriers dans l'étude d'un notaire de la ville de Lyon, pour y demeurer pendant un mois, afin d'en prendre communication, depuis huit heures jusqu'à midi, et depuis deux heures jusqu'à six heures du soir, cela fut ainsi ordonné par la sentence du sénéchal de Lyon, du 10 juillet 1700, de laquelle le sieur d'Albon s'étant porté appelant, elle a été confirmée par arrêt rendu en la quatrième chambre des enquêtes, au rapport de M. Catinat, le 31 mars 1703 ».

§. XVI. *De l'allodialité dans la ville de Tournai.*

Le Franc-Alleu de cette ville est fondé sur sa charte de commune de l'an 1187, qui porte que les habitans seront libres et francs de toutes coutumes: *homines Tornaci quieti et liberi erunt ab omnibus consuetudinibus à nobis et heredibus nostris regibus.*

§. XVII. *De l'allodialité dans la ville d'Ahun, Haute-Marche.*

Une charte de franchise donnée à la ville d'Ahun en 1268, par Hugues, comte de la Marche et d'Angoulême, porte qu'il reconnaît, veut et accorde que les habitans soient libres et francs avec tous leurs biens: *ipsos recognoscimus et volumus et concedimus in perpetuum esse* FRANCOS ET LIBEROS CUM OMNIBUS REBUS SUIS ET BONIS. Pourquoi ce seigneur se réserve une somme annuelle de cinquante livres, et la taille aux quatre cas: *ita quod non teneatur nobis dare seu reddere aliquam talliam sive quæstam, nisi tantummodò quinquaginta libras Marchiæ monetæ annuatim et in quatuor casibus consuetis tantùm.*

Le comté de la Marche fut réuni au domaine, ainsi que la ville d'Ahun, par les lettres-patentes de François Ier, de l'année 1551.

En 1679, Jacques Buisson fut commis pour procéder à la confection du papier terrier de la généralité de Moulins.

Les consuls de la ville d'Ahun (qui est de cette généralité) fournirent à ce papier terrier leur déclaration, qui fut blâmée.

Par jugement de l'intendant de Moulins, du 20 juillet de la même année, il fut dit que la déclaration des consuls d'Ahun serait rejetée, et qu'ils en passeraient une nouvelle incessamment, par laquelle ils reconnaîtraient devoir à sa majesté cinquante livres de taille franche par chacun an, portant tout droit de directe seigneurie, lods et ventes, prélation et taille aux quatre cas.

Les consuls d'Ahun interjetèrent appel au conseil de ce jugement. Sur la simple exposition qu'ils firent que, par leur charte d'affranchissement, ils n'étaient tenus de payer annuellement qu'une taille personnelle de cinquante livres, et qu'en conséquence ils avaient été mal à propos condamnés au payement des lods et ventes, arrêt intervint le 1er juillet 1684, « qui met l'appellation et ce dont est appel au néant, en ce que les héritages contenus dans ladite franchise, ont été déclarés sujets aux droits de lods et ventes, émendant, ordonne que ladite franchise aura lieu dans l'étendue de la ville d'Ahun, Mas d'Auriolle et banlieue de ladite ville; et que les habitans seront exempts de lods et ventes pour les héritages contenus dans ladite franchise; sans préjudice des lods et ventes dus pour les autres héritages situés hors ladite franchise, défenses au contraire ».

§. XVIII. *De l'allodialité dans la ville de Saint-Quentin.*

Un arrêt du conseil de l'année 1775 a déclaré cette ville franche et allodiale. Cette décision est fondée sur ce texte de l'art. 3 de la charte de commune qui lui fut donnée par Philippe-Auguste, en 1195, COMMUNIA VERO ITA STATUTA EST, *quòd homines communiæ* CUM OMNIBUS REBUS SUIS *quieti et liberi permaneant: neque nos, neque alius super aliquem de communiâ quicquam, nisi judicio scabinorum, clamare possit: neque nos, neque alius super hominem de communiâ mortuam manum clamabimus.*

La communauté de Saint-Quentin se fondait principalement sur ces expressions de la charte, *quieti et liberi.*

« Les termes de *liberté*, de *franchise*, disait son défenseur, doivent toujours être pris dans toute l'étendue qu'ils doivent avoir quand leur véritable acception n'est point restreinte ou limitée par d'autres expressions. La différence des personnes, non plus que les circonstances, ne peuvent certainement point être des raisons valables pour faire changer la signification propre de ces termes, qui emportent par eux-mêmes, surtout quand ils ne sont accompagnés d'aucune réserve, l'affranchissement absolu de toutes sortes de droits, de quelque nature qu'ils puissent être.

Suivant la jurisprudence constante des arrêts, tant du grand conseil que du parlement de Paris, ce que l'Église possède *liberè et quietè*, et de temps immémorial, sans avoir reconnu aucun seigneur, est franc, et on ne la peut obliger, ni de payer aucun cens, ni de fournir homme vivant et mourant.

» Vainement dit-on que les termes de *liberté* et de *franchise* ne peuvent s'entendre que de l'affranchissement des prestations et des droits serviles auxquels les fonds peuvent être sujets, et non de la directe et de ses droits, puisqu'il existe un arrêt du conseil de l'année 1684, qui a jugé le contraire pour les habitans d'Ahun, en décidant que les termes *quieti et liberi cum omnibus rebus suis et bonis*, emportaient la franchise absolue de leurs maisons et héritages qui ont été déchargés en conséquence du payement des lods et ventes.

« Il parait, à la vérité, par un passage de Guibert de Nogent, que les habitans des communes étaient affranchis de tous les droits qui étaient auparavant perçus sous le nom de *cens* ou *tribut*, en payant par eux une redevance annuelle pour tout ce qu'ils possédaient dans l'étendue de la commune ou franchise: mais comme les seigneurs avaient le droit de se réserver cette redevance, ils étaient aussi les maîtres d'en affranchir leurs sujets, s'ils le jugeaient à propos; et lorsque ces sujets en avaient obtenu la remise, les biens qu'ils possédaient dans le territoire de la commune ou de la franchise, étaient aussi libres et aussi francs que leurs personnes. Et on ne peut pas conclure avec raison de ce que Guibert de Nogent ne parle que de trois ou quatre communes, qu'il n'en existait pour lors que ce nombre, puisqu'il serait aisé de prouver qu'il y en avait bien davantage dont les dispositions sont bien différentes de celles de la coutume de Saint-Quentin.

» C'est encore vouloir se refuser à l'évidence, que de ne point reconnaître que le receveur général des domaines est dans l'erreur, en soutenant, comme il fait, que les termes *cum omnibus rebus suis* de l'art. 3 de la charte de Saint-Quentin, ne signifient que des effets mobiliers, des effets qui suivent les corps et les personnes.

» Le mot *res* comprend indistinctement, tant les effets mobiliers que les biens immobiliers, à moins que sa signification ne soit restreinte par quelques termes particuliers, ce qui devient sensible dans l'art. 9 de cette même charte, qui porte : nos autres hommes libres, et qui ne sont pas hommes de corps, pourront venir s'établir dans la coutume avec tout ce qu'ils auront apporté avec eux; et leurs autres biens nous appartiendront : *illi homines nostri liberi qui non sunt homines nostri de corpore, si venerint in communiam, de communiâ poterunt esse cum omnibus* REBUS SUIS SECUM ALLATIS, *omnia alia quæ habebant nostra erunt.* Si, par le mot *res*, la charte eût entendu seulement les effets mobiliers dans le premier article, elle n'aurait point désigné dans le second le mobilier par ces termes, *secum allatis.* Au reste, on voit dans presque toutes les chartes anciennes, que le mot *res* y est employé pour signifier les biens, de quelque nature qu'ils soient; et les maïeur et échevins ont rapporté dans leurs requêtes nombre d'autorités pour prouver leur assertion.

» Quand il serait vrai que l'immunité des habitans de Saint-Quentin, reconnue par la clause *quieti et liberi cum omnibus rebus suis*, ne concernerait que l'affranchissement de la main-morte et de la servitude, comme on le leur oppose, ces habitans n'en seraient ni moins libres, ni moins francs quant à leurs personnes et quant à leurs biens meubles et immeubles, puisqu'ils sont reconnus francs de tous droits, lesquels auraient dû, avec d'autant plus de raison, être convertis en droits réels sur leurs héritages, si on avait voulu les y assujettir, que dans ce temps tous les droits de servitude s'éteignaient par l'affranchissement sans réserve, et que les fonds de l'affranchi demeuraient libres; qu'il n'y avait encore ni loi ni usage sur le cens emportant directe seigneurie; et qu'on ignorait alors la maxime, *nulle terre sans seigneur féodal ou censier*, laquelle ne s'est établie que bien postérieurement et par suite de l'hérédité des fiefs et de leurs démembremens ».

Nous rapportons l'exemple de ces trois villes de Saint-Quentin, d'Ahun et de Tournai, afin que celles qui ont de pareilles chartes, connaissent leurs avantages.

§. XIX. *De l'allodialité dans la coutume de Paris.*

Le Franc-Alleu formait-il le droit commun de cette coutume avant sa réformation?

Sur cette question très-délicate, nous nous tairons pour laisser parler la coutume elle-même, et des jurisconsultes, peut-être les plus savans d'entre les modernes.

Le droit de cens se prescrit par le détenteur de l'héritage contre le seigneur censier, encore qu'il y ait cent ans, quand il y a titre ancien ou reconnaissance faite dudit cens; mais se peut la quotité du cens et arrérages prescrire par trente ans entre majeurs âgés et privilégiés. (Art. 124 de la coutume de Paris).

« A bien entendre la coutume de Paris, les héritages y ont conservé leur liberté naturelle, telle qu'elle était avant l'introduction des fiefs et des censives, en ce qu'il est dit, art. 124, que le cens est imprescriptible, même par cent ans, quand il y a titre ancien ou reconnaissance dudit cens; d'où il résulte nécessairement, par la raison des contraires, qu'à moins que le seigneur ne soit fondé en titre ou reconnaissance, le possesseur se peut utilement prévaloir de sa possession, non pas pour prescrire, car cela supposerait que son fonds aurait été autrefois sujet, mais pour faire présumer qu'il a conservé sa liberté naturelle ». (Salving, *de l'usage des fiefs*, *chap.* 52).

« En 1538, le 17 mars, vingt-huit années après que cette coutume eut été réformée, il fut jugé, par un arrêt, que celui qui alléguait le Franc-Alleu devait le prouver par titre ». (Labbé, sur l'art. 68).

« Comme cet arrêt présupposait une contestation, et comme il y avait une des parties qui prétendait tenir sa terre en Franc-Alleu, quoiqu'elle n'eût pas de titre, cet arrêt est une preuve qu'auparavant, la maxime, *nulle terre sans seigneur*, n'était pas bien établie. En effet, M. Mezeray attribue cette maxime au chancelier Duprat, qui mourut en 1535, quarante-cinq ans seulement avant la réformation de cette coutume. C'est lui, dit-il, qui a établi cette maxime qu'il n'y a point de terre sans seigneur ». (Louet, lettre C, §. 21).

« Les commentateurs qui se sont imaginé que la maxime, *nulle terre sans seigneur*, a eu lieu de tout temps à Paris, ont donné plusieurs différens sens à cet article, ainsi qu'au précédent, quoique cet article décide nettement que le détenteur ne peut point prescrire le droit de cens contre son seigneur, même après cent années de possession, quand il y a titre ou reconnaissance du cens, contre l'avis de Dumoulin, *in consuet. Parisiens*, §. 67, *gloss.* 2, *n.* 15, *p.* 661, *ult. edit.*, et qu'au contraire il peut opposer la prescription de cent années lorsque le seigneur n'a point de titre ». (De Laurière, *sur l'art.* 124 *de la coutume de Paris.*)

Caseneuve, dans son *Traité du Franc-Alleu*, page 176, tire encore une preuve de l'allodialité de la coutume de Paris, de l'art. 118 de cette coutume. « Il est faux, dit-il, que la coutume de Paris rejette le Franc-Alleu sans titre; au contraire, elle l'établit par l'art. 118, conçu en ces termes : *Si aucun a joui, usé et possédé d'aucun héritage par l'espace de trente ans continuellement, tant par lui que par ses prédécesseurs, franchement, publiquement, et sans aucune inquiétation, supposé qu'il ne fasse apparoir de titre, il a acquis prescription entre âgés et non privilégiés.* Or, que cet article se doive entendre, et soit communément entendu du Franc-Alleu sans titre, Charondas Le Caron, en ses commentaires de la coutume de Paris, et sur le même article, le fait clairement voir en ces termes : mais on demande si celui qui maintient tenir son héritage à Franc-Alleu, est tenu de faire apparoir le titre? Je suis d'avis que d'autant que la coutume approuve le Franc-Alleu, il est bien fondé au droit qu'elle lui attribue, et n'est besoin qu'il fasse apparoir d'autre titre. *Juxtà l. cogi. D. de petit. hæred.*; mais si aucun prétend ledit héritage être tenu en fief, censive ou autre charge, c'est à lui de prouver, autrement il ne serait recevable ».

§. XX. *De l'allodialité dans le Languedoc.*

Les auteurs ne sont pas d'accord si l'Aquitaine et le Languedoc étaient *juris Italici*, c'est-à-dire, exempts de tributs comme l'Italie, pendant que ces provinces étaient possédées par les Romains. *Benedicti* et *Dominici* ont soutenu l'affirmative. *Caseneuve* et *Autserre* ont prétendu que ces provinces étaient tributaires des Romains; mais M. de Basville, dans ses mémoires, *page* 154, soutient la première opinion, et attribue à cette exemption des tributs l'origine des États de la province de Languedoc.

D'ailleurs cette discussion est indifférente; car que ces provinces fussent sujettes aux tributs, ou qu'elles en fussent exemptes, on n'en peut tirer aucun argument ni pour ni contre le Franc-Alleu; et les auteurs qui ont fait dépendre le Franc-Alleu de ce point de fait, me paraissent n'avoir pas bien raisonné, parce que ces tributs n'ont jamais eu rien de commun avec le fief, ni avec la distinction d'entre le domaine utile et le direct, qui est une suite du fief, et l'opposé du Franc-Alleu; distinction qui n'a été introduite que lors de l'établissement des fiefs inconnus aux Romains, et qui se sont formés long-temps après que les Romains ont cessé de dominer sur les Gaules, même plusieurs siècles après l'établissement de la monarchie française. On voit encore aujourd'hui, et depuis qu'on a introduit la distinction de l'alleu noble d'avec le roturier, que les terres possédées en Franc-Alleu roturier dans le Languedoc et dans les autres pays où le Franc-Alleu n'est pas contesté, ne laissent pas de payer les tailles et les autres impositions réelles, sans que l'alleu ait souffert aucune atteinte, parce que le prince a droit de les exiger à raison de sa souveraineté, et non à raison de quelque propriété qu'il ait sur les biens qui y sont sujets. Ajoutons que, quoique les possessions qui furent laissées aux anciens Gaulois après la conquête fussent assujetties aux tributs, selon l'opinion de certains auteurs, elles n'en étaient pas moins franches de droits féodaux, qui étaient alors inconnus, et ils les possédaient en pleine propriété, ce qui prouve manifestement que de l'assujettissement aux tributs on ne peut rien conclure contre le Franc-Alleu.

Que le Languedoc ait été *juris Italici*, ou soumis aux tributs ordinaires, cette circonstance est donc indifférente; il suffit, pour l'établissement de son allodialité, qu'il ait suivi dans l'origine la loi romaine, et que cette prérogative lui ait été conservée : or, tous ceux qui ont écrit l'histoire de cette province, tous attestent ces deux vérités; ils prouvent que ce ne fut pas par voie de conquête, mais par une cession volontaire, que cette partie du royaume passa sous la domination des Visigots; que d'ailleurs les premiers habitans de l'Aquitaine, du Languedoc et des autres pays qui avaient cédé aux Visigots deux tiers de leurs terres, en ayant retenu comme auparavant le surplus, avaient aussi été confirmés dans l'usage de la loi romaine, jusque-là que le roi Alaric, pour se concilier l'affection des peuples qui vivaient sous cette loi, qu'ils avaient toujours maintenue avec beaucoup de vigueur toutes les fois qu'on avait voulu y donner atteinte, avait fait faire, par plusieurs habiles jurisconsultes, un commentaire ou une explication de la loi romaine, contenue dans le Code Théodosien, à laquelle explication il donna force de loi, avec injonction aux juges de s'y conformer, et défenses d'y contrevenir sous peine de la vie et de confiscation des biens. Il suit de là que l'ancienne franchise des terres de ces provinces ne souffrit aucune atteinte par le changement de domination. Bien plus, on ne trouve dans les lois des Visigots aucune trace ni vestige des fiefs, ni de la distinction du domaine direct d'avec l'utile; ainsi, quand les anciens possesseurs n'auraient pas été conservés dans l'usage de la loi romaine, selon laquelle tous les fonds sont présumés francs et libres, et qui ne connait pas la distinction du domaine direct d'avec l'utile, la franchise naturelle n'aurait pas moins été conservée sous la domination des Visigots, puisque les fiefs qui sont l'opposé du Franc-Alleu, leur étaient inconnus; et ce qui ne laisse aucun doute raisonnable sur ce point, c'est que les historiens du Languedoc assurent que toutes les terres étaient encore possédées en Franc-Alleu en l'année 712 : les Visigots n'ayant donc point eu la seigneurie féodale universelle sur les terres de leur domination, lorsque le roi Clovis leur a succédé, il n'a pas pu l'acquérir de leur chef.

Depuis la domination des rois Francs, on ne voit rien qui ait pu leur attribuer cette seigneurie universelle, notamment sur le Languedoc; au contraire, tous les rois, depuis Clovis, ont respecté et confirmé les priviléges de cette province.

De toutes les lois qui composent le recueil des ordonnances des deux premieres races, il n'en est qu'une seule qui puisse servir de prétexte aux détracteurs du Franc-Alleu pour établir la seigneurie universelle, c'est une constitution du roi Charles-le-Chauve, de l'an 847, qui porte : *Volumus etiam, ut unusquisque liber homo in nostro regno, seniorem qualem voluerit in novis et in nostris fidelibus accipiat.* C'est sur cette constitution qu'est fondée cette loi prétendue, que certains auteurs appellent la loi royale, selon laquelle ils soutiennent que le roi a la seigneurie directe de tous les domaines, fiefs, terres et pays de son obéissance; et c'est de là que les seigneurs ont pris prétexte de faire valoir dans ces derniers temps la maxime, *nulle terre sans seigneur*, qui est bien vraie à l'égard de la juridiction, parce qu'on ne peut point posséder la justice en Franc-Alleu, mais non à l'égard des fiefs et des devoirs seigneuriaux, dont cette maxime n'entend point parler, comme l'ont fort bien prouvé plusieurs auteurs, et entre autres Dominici, Basnage, et une foule d'autres.

Mais pour bien comprendre le sens de cette constitution, il faut savoir que du temps de Charles-le-Chauve, et auparavant, les hommes de condition libre se croyaient dispensés de servir les rois dans leurs armées, à moins qu'ils ne tinssent d'eux quelque bénéfice; et ceux qui ne possédaient que des alleus prétendaient n'être obligés d'aller à la guerre que quand il s'agissait de défendre leur patrie.

Pour remédier à ce désordre, Charles-le-Chauve fit deux constitutions : par la première, il voulut que personne ne fût exempt du service militaire, *sed ut liberi homines secundùm qualitatem proprietatis exercitare debeant*; que ceux qui possédaient des alleus fussent obligés de servir à la guerre, selon la qualité et la valeur des alleus; et quand ils n'avaient pas de facultés suffisantes, on les unissait deux ou trois ou quatre ensemble, qui contribuaient à la dépense de celui d'entre eux qui devait porter les armes.

Par l'autre constitution qui fut faite lors du traité de paix entre Charles-le-Chauve, Lothaire et Louis ses frères, il fut ordonné que chaque homme libre fût tenu de se choisir un seigneur tel qu'il voudrait: *Volumus etiam ut unusquisque liber homo in nostro regno seniorem qualem voluerit in nobis et nostris fidelibus accipiat.* Mais ce n'était pas un seigneur de fief, l'usage n'en était pas encore établi : c'était celui qui devait être le chef ou capitaine de ceux qui étaient mandés à la guerre, et ils devaient se ranger sous ses étendards; ou, comme l'a cru *Chantereau Le Fevre*, c'était un protecteur semblable au patron des Romains par rapport à ses cliens. Au reste, ce qui ne laisse aucun lieu de douter qu'il n'était nullement question de fief, c'est que cette constitution permet à tout homme libre de se choisir tel seigneur qu'il trouve à propos. Or, selon la remarque du même auteur, le sens commun ne souffre pas qu'un homme riche puisse être contraint de donner au premier venu une partie de son héritage, et encore à un autre, se réduisant ainsi en peu de temps à la pauvreté. Pour prévenir l'objection qu'on pourrait faire, que l'esprit de cette constitution est que l'homme libre, en choisissant son seigneur, était obligé de reconnaître tenir de lui les biens par lui possédés, nous observons qu'elle ne parle point des biens de l'homme libre, et que la faculté du choix du seigneur est accordée à ceux qui ne possédaient point de biens allodiaux, de même qu'à ceux qui en possédaient: ainsi, pour que le choix eût pu former un rapport féodal entre le seigneur et l'homme libre qui n'avait point de biens allodiaux, il aurait fallu, suivant la pensée de *Chantereau Le Fevre*, que le seigneur eût pu être contraint de donner en fief partie de son héritage à quiconque l'aurait choisi.

Cependant les commissaires des francs-fiefs avaient coutume d'étendre leur commission sur les terres tenues en Franc-Alleu, en conséquence, aux états généraux de l'an 1483, les députés des trois états de la province de Languedoc présentèrent à Charles VIII un grand cahier qui contenait plusieurs demandes touchant la police, et la confirmation des libertés et priviléges de la province : on voit dans ce cahier un article où il est demandé que les terres allodiales soient maintenues en leur franchise. En voici les termes :—«*Item*, que audit pays à plusieurs manans et habitans qui tiennent et possèdent terres et possessions situées et assises dedans ledit pays, dont ils payent les tailles, lesquelles sont franches de rentes ou censives, et néanmoins leur ont esté données plusieurs molestations et empeschement, sous ombre et couleur des commissions octroyées sur les francs-fiefs et nouveaux acquêts. Requèrent que, à cause de ce, doresnavant ne soyent molestez ne travaillez; mais que, en ensuivant lesdites franchises et libertez conformes à la disposition du droit commun, soient en icelles maintenues et gardez, sans être fait aucune chose au contraire ».

A cet article il fut répondu en ces termes par le conseil : — «Le roi, si c'est son bon plaisir, leur peut accorder que par ses officiers ordinaires ou commissaires sur les francs-fiefs ou nouveaux acquêts, ne seront contraints les habitans du Languedoc payer audit seigneur aucune censive pour les possessions qu'ils auront tenues de toute ancienneté franches de censive, et desquelles ne se trouvera ès livres et thrésor du roi, que pour icelles aucun droit ait esté payé audit seigneur, se pour icelles possessions ils sont et ont accoustumé d'être contribuables aux tailles; et aussi ne seront tenus pour icelles possessions et terres payant tailles, posé or que payent censives, payer aucune finance ou indemnité ».

La justice de cette demande des états du Languedoc, reconnue par le conseil et autorisée de son consentement, ne trouva point de difficulté dans l'esprit du roi; il voulut qu'une province qui avait rendu tant de services à la couronne, et que son affection tenait toujours prête à donner des nouvelles preuves de sa fidélité, eût la satisfaction de se voir maintenir dans la possession d'une liberté si justement établie; c'est pourquoi il en fit expédier des lettres-patentes dont voici l'extrait. — «Charles....; Salut. Nos très-chers et bien aimez les députez des trois estats de notre pays de Languedoc nous ont fait dire et remontrer que, audit pays à plusieurs manans et habitans qui tiennent et possèdent terres et possessions situées et assises en icellui pays franches de rentes et censive, pour lesquelles ils sont contribuables à nos tailles et imposts, selon la valeur et facultés d'icelles, et en ladite franchise les ont tenues et possédées tant et si longuement qu'il n'est mémoire du contraire, jusques à puis n'a guères que nos officiers ordinaires et aucuns commissaires particuliers sur les francs-fiefs et nouveaux acquêts, les ont contraints à payer et reconnaître lesdites rentes ou censives, et autres droits pour lesdits francs-fiefs : en quoi ils ont été grandement travaillez, intéressez et endommagez, et doutent qu'on veuille aussi faire le temps advenir; et pour ce, nous ont supplié et requis que, en ensuivant lesdites franchises et libertés conformes à disposition de droit commun, il nous plaise les garder et entretenir en icelles, sans aucune chose être innovée au contraire, et sur ce, leur impartir nostre grace : savoir faisons, que nous, ces choses considérées, et afin que lesdits habitans de nostre pays de Languedoc soient toujours de plus en plus enclins à nous obéir, servir et complaire, comme bons, vrais et loyaux sujets, et pour toujours les relever des charges et oppressions, et les entretenir en leurs franchises et libertez, à iceux, pour ces causes et autres considérations à ce nous mouvans, avons par l'avis et délibération de plusieurs des seigneurs de notre sang et autres gens de nostre conseil estant lez-nous, octroyé et octroyons, voulons et nous plaist de notre grace spéciale, pleine puissance et autorité royales, par ces présentes, que doresnavant ils, et leurs successeurs pour le temps à venir, ne soient tenus, ne contraints par nos officiers, ne commissaire sur lesdits francs-fiefs et nouveaux acquêts, à nous payer aucune rente ou censive, *des terres, possessions et héritages, pour lesquelles ils sont et seront contribuables à nosdites tailles et imposts, qu'ils auront tenues et possédées de toute ancienneté franches de censives, et desquelles ne se trouvera aucune chose pour avoir esté payée pour le temps passé à nous et à notre thrésor*; et aussi ne seront iceux habitans semblablement tenus, pour icelles terres, possessions et héritages payant tailles, posé ores qu'elles ne payent censives, nous payer aucune finance ou indemnité. Mais de ce les avons, en tant que besoin est, affranchis, quittez et exemptez, affranchissons, quittons et exemptons par ces présentes, sans que ores, ne pour le temps à venir, sous ombre des ordonnances faites sur le fait des francs-fiefs et nouveaux acquêts, aucune chose leur puisse, pour les choses dessus dites, par nosdits officiers ne commissaires qui sont et seront ci-après, estre imputée ne demandée en aucune manière et ausquels, et à chacun d'eux avons imposé et imposons silence quant à ce. Si donnons en mandement par ces mêmes présentes à nostre très-cher et très-amé oncle et cousin le duc de Bourbonnais et d'Auvergne, connestable de France, notre gouverneur audit pays de Languedoc, gens des comptes et thrésoriers, et à tous nos séneschaux, baillifs, gouverneur de Montpellier, viguiers et juges dudit pays; et à tous nos autres justiciers et officiers, ou à leurs lieutenans présens et advenir, et à chacun d'eux, si comme à lui appartiendra que de nos présentes grâces, affranchissement, quittance, don et octroy, et de tout l'effet de cesdites présentes, ils fassent, souffrent et laissent lesdits habitans, et chacun d'eux, jouir et user pleinement et paisiblement, sans en ce leur faire, mettre ou donner, ne souffrir estre fait, mis ou donné ores, ne pour le temps advenir, aucun detourbier ou empeschement au contraire, mais se fait, mis ou donné leur estait, le mettent et fassent mettre incontinent, et sans délai, à pleine délivrance, et au premier estat et deub; car ainsi nous plaît-il être fait, nonobstant quelconques ordonnances, mandemens, restrictions ou défenses à ce contraires ».

Caseneuve rapporte des lettres-patentes de Louis XII, conçues dans les mêmes termes; et presque tous les rois, depuis Saint-Louis, ont confirmé le Languedoc dans tous ses priviléges.

Cependant ces autorités n'ont pas été suffisantes pour mettre cette province à l'abri de l'avidité des traitans : vers le milieu du dernier siècle, ils tentèrent de nouveau d'y introduire la maxime, *nulle terre sans seigneur*; cette entreprise donna lieu à un procès qui fut jugé par un arrêt du conseil d'Etat du roi, du 22 mai 1667.—«Le roi (porte cet arrêt) s'étant fait représenter en son conseil, les arrêts ci-devant rendus, tant en sondit conseil qu'en son grand conseil et en sa cour de parlement de Toulouse, et fait soigneusement examiner tout ce qui a été dit et écrit par différens auteurs sur le sujet du Franc-Alleu prétendu par les syndics et députés de la province du Languedoc; et combien que le plus grand nombre ait décidé en faveur de sa majesté, que suivant la maxime générale du royaume on ne puisse tenir aucunes terres sans seigneurs, et que si quelques-uns prétendent de les tenir posséder allodialement, ils en doivent rapporter la justification par titres valables; que même, par les ordonnances du feu roi de glorieuse mémoire, père de sa majesté, de l'année 1629, art. 383, il soit expressément porté que tous les héritages relevant de sa majesté en pays coutumier ou de droit écrit, sont tenus sujets aux droits de lods et ventes, de quints et requints, et autres droits ordinaires selon la condition des héritages et coutumes des lieux, et sont tous héritages ne relevant d'autres seigneurs, censés relever de sa majesté, sinon que les possesseurs des héritages fassent apparoir de bons titres qui les en déchargent; au moyen de quoi la prétention desdits syndics de Languedoc ne peut plus subsister; néanmoins sa majesté voulant bien, à l'humble supplication qui lui en a été faite par les états de ladite province, se départir d'une partie de ses droits en faveur des habitans de ladite province qu'elle désire traiter favorablement; sa majesté, en son conseil, a ordonné et ordonne que le Franc-Alleu roturier sera admis dans la province de Languedoc; ce faisant, que les possesseurs et détenteurs des terres roturières et taillables les posséderont allodialement, sans être obligés de justifier lesdits Francs-Alleus par aucuns titres; et si les officiers ou fermiers de ses domaines prétendent quelques censives ou autres droits et redevances sur lesdites terres, ils seront obligés de justifier qu'elles sont dans la directe et seigneurie de sa majesté, faute de quoi elles seront tenues et censées allodiales; et lorsqu'il sera procédé au renouvellement et confection de nouveaux papiers terriers de sa majesté, les possesseurs et détenteurs desdits terres seront seulement tenus de passer leurs déclarations qu'ils tiennent et possèdent en Franc-Alleu, moyennant lesquelles ils y demeureront confirmés, sinon que lesdits officiers ou fermiers justifient, comme dit est, que lesdites terres soient dans la directe de sa majesté; et à l'égard du Franc-Alleu noble, veut sa majesté que tous ceux qui prétendront tenir et posséder aucuns fiefs, terres et seigneuries en Franc-Alleu, soient tenus de le justifier par bons et valables titres, sans qu'ils puissent alléguer aucune prescription et longue jouissance par quelque laps de temps que ce soit : et faute de justifier le Franc-Alleu comme dit est, ils seront censés et réputés relever et tenir lesdits fiefs, terres et seigneuries en foi et hommage de sa majesté, à laquelle ils seront tenus de les faire, fournir les aveux et dénombremens, et payer les droits et devoirs dont ils peuvent être tenus, soit des lods et ventes, quints et requints et autres, suivant l'usage et la coutume des lieux où ils seront situés. Enjoint sa majesté au parlement de Toulouse, cour des comptes, aides et finances de Montpellier, et trésoriers de France, chacun en droit soi, de tenir la main à l'exécution du présent arrêt ».

Il existe un pareil arrêt de l'année 1688; et un édit du mois d'août 1681, érige ces dispositions en loi publique.

§. XXI. *De l'allodialité dans le comté de Toulouse.*

Le Franc-Alleu dont la province de Languedoc jouit, n'a pas lieu pour les terres qui dépendaient du comté de Toulouse, par deux raisons : la première, que les ordonnances de 1483, 1484 et 1488, rapportées par Cambolas, dans son *Traité du Franc-Alleu*, ne parlent que de la province de Languedoc, et non du comté de Toulouse avec ses dépendances; la seconde, que l'arrêt d'enregistrement de l'art. 383 de l'ordonnance du 1629 n'excepte que la province de Languedoc de la règle de cet article, qui veut que toutes les terres soient censées relever du roi, si on ne prouve qu'elles relèvent d'autres seigneurs, ou si on ne rapporte les actes d'affranchissement; qu'ainsi cet arrêt confirme cette règle pour toutes les terres qui ne sont pas dans le Languedoc. On peut ajouter que le droit commun de toute la France est qu'il n'y a point de terre sans seigneur, à moins qu'il n'y ait de coutume ou privilège contraire.

§. XXII. *De l'allodialité dans le comté de Foix.*

Les habitans du comté de Foix prétendent être en pays de Franc-Alleu naturel, 1° parce qu'ils sont régis par le droit écrit; 2° parce qu'en 1303, Gaston, comte de Foix, déclara que les habitans de Pamiers, dépendans du comté, étaient exempts de toutes censives, droits seigneuriaux et autres impositions, s'ils n'étaient établis par acte, ce qui prouve la liberté du Franc-Alleu; 3° parce qu'en 1611, le roi Henri IV confirma ces privilèges.

§. XXIII. *De l'allodialité dans la Guienne.*

Le 16 mars 1571, le parlement de Bordeaux a rendu un arrêt contradictoire entre Honorat de Savoie, seigneur de Sainte-Livrade, et les habitans de cette seigneurie, par lequel, en conformité d'un arrêt du 22 mars 1509, les habitans ont été condamnés à fournir au seigneur des déclarations en détail, par tenans et aboutissans, des maisons, terres et héritages qu'ils possédaient au dedans de la ville, seigneurie et juridiction de Sainte-Livrade, de payer les cens et rentes, lods, ventes et autres droits et devoirs seigneuriaux, et les arrérages d'iceux, suivant les anciennes baillettes qu'ils seraient obligés de représenter.

Le même arrêt a ordonné que ceux des habitans qui ne représenteraient point d'anciennes baillettes, payeraient les cens et devoirs seigneuriaux, à raison des autres tenanciers de la même juridiction, et qu'au cas qu'il ne se trouvât aucune baillette et reconnaissance des terres étant sous la juridiction de Sainte-Livrade, chacun des habitans de cette seigneurie serait tenu de reconnaître ses héritages comme relevans du seigneur, et de lui en payer les droits de directe sur le pied qui avait lieu dans les autres juridictions circonvoisines, et qu'on aurait égard lors de l'imposition du *cens* à la fertilité ou l'infertilité des terres.

Le parlement de Bordeaux ne pouvait pas décider en termes plus formels que tout seigneur a droit de directe universelle dans les limites de sa seigneurie; que le cens est imprescriptible, que les tenanciers sont obligés de représenter les reconnaissances qui constatent sur quel pied il a été payé; et que faute de reconnaissance ancienne, le cens doit être rétabli pour l'avenir à raison de ce qui se paye pour les héritages limitrophes, ou dans les seigneuries les plus prochaines, eu égard à la bonté du sol et de la fertilité des terres.

En 1617, le parlement de Bordeaux jugea à propos de s'écarter, au préjudice du roi, des principes qu'il avait suivis en 1509 et 1571. Il rendit un arrêt le 21 mars 1617, entre le syndic de la ville, le préposé à la recherche des droits du roi, et le procureur-général, par lequel il déclara qu'il n'y avait lieu « de contraindre les habitans de la ville, pays Bordelais et sénéchaussée de Guienne, à exhiber les titres en vertu desquels ils possédaient les biens situés dans cette sénéchaussée, ni de les donner par aveux et déclaration, que préalablement le procureur-général n'eût fait apparoir de la féodalité ou directe du roi par bons et valables titres »; et le même arrêt, « avant faire droit sur les lods et ventes prétendus sur les fiefs nobles situés en ladite sénéchaussée, a ordonné qu'il serait acquis par turbes, dans deux mois, de la possession immémoriale en laquelle le procureur-général soutenait que le roi était fondé de prendre lods et ventes ».

Le préposé se pourvut contre cet arrêt, qui tendait à favoriser la prétention de Franc-Alleu; et le roi, sans avoir égard à l'arrêt du parlement, évoqua la contestation pendante en cette cour, et en renvoya la connaissance au grand conseil, où il intervint arrêt le dernier septembre 1619, par lequel les habitans de la sénéchaussée de Guienne furent condamnés à payer au préposé les lods et ventes des biens nobles.

Le 4 mai 1624, le roi voulant traiter favorablement la province de Guienne, a rendu un arrêt par lequel, par grâce, et sans tirer à conséquence, il accorda aux gentilshommes de cette province une remise sur les droits de lods et ventes dus pour les acquisitions de leurs fiefs antérieurs à cet arrêt, à la charge qu'ils rendraient leur foi et hommage, qu'ils fourniraient leur aveu et dénombrement dans le délai qui leur serait marqué par les commissaires du domaine, et qu'ils payeraient les lods et ventes et autres droits pour les mutations à venir, suivant les coutumes des lieux.

Dès le 16 juillet 1620, les députés de la ville de Bordeaux avaient présenté une requête au conseil, et demandé que les biens possédés par les habitans de Bordeaux et du pays Bordelais, fussent déclarés exempts de toute exhibition de titres et déclarations, et de tous autres devoirs, ensemble leurs fiefs et biens nobles, de tous lods et ventes et droits seigneuriaux, sauf ceux que le procureur-général et les officiers du roi montreraient être dus par bons et valables titres, conformément à ce qui avait été prononcé en 1617.

Il fut statué sur cette demande par arrêt du 14 mai 1624, qui ordonna que les hommages seraient rendus à sa majesté par les nobles et autres personnes qui tenaient fiefs au dedans de la ville de Bordeaux, pays Bordelais et sénéchaussée de Guienne, devant les commissaires à ce députés; et que les lods et ventes dus pour l'acquisition desdites terres, seraient payés conformément à l'arrêt du conseil du 4 du même mois de mai 1624; et que pour cet effet, tous les nobles et autres seraient tenus de représenter leurs titres, aveux et dénombremens, et déclarations devant lesdits commissaires.

La ville de Bordeaux commit ses jurats, et la noblesse nomma un député pour faire de nouvelles instances au conseil, obtenir, s'il était possible, la révocation de ces deux arrêts des 4 et 14 mai 1624. Mais après les avoir entendus, il en fut rendu un troisième le 23 décembre 1625, par lequel, sans avoir égard à leur requête, il fut ordonné que tous les acquéreurs des fiefs situés dans la sénéchaussée du Bordelais, payeraient comme les autres *possédant fiefs dans tout le reste de la Guienne*, les droits de lods et ventes dus à sa majesté pour leurs acquisitions, sans préjudice de la grâce accordée par ledit arrêt du 4 mai, dont sa majesté entendait que les nobles jouissent, en faisant toutefois les foi et hommage à sa majesté, et en donnant leurs aveux et dénombremens, et non autrement.

Ces arrêts ont décidé, comme l'on voit, qu'il n'y a point de Franc-Alleu noble dans la Guienne, que ceux qui y possèdent des fiefs sont tenus d'en rendre foi et hommage, aveux et dénombrement au roi, et d'en payer les lods et ventes aux mutations, s'ils ne justifient par titres de l'exemption particulière de ces derniers droits.

Les mêmes principes qui ont dicté ces décisions, ont fait insérer dans l'ordonnance de 1629 l'art. 383, qui est conçu en ces termes : « Tous héritages relevans de nous en pays coutumier ou de droit écrit sont tenus et sujets aux droits de lods et ventes, quint et requint, et autres droits ordinaires, selon la condition des héritages et coutumes des lieux : *et sont tous héritages*, ne relevant d'autres seigneuries, *censés relevés de nous*, sinon, pour tout ce que dessus, que les possesseurs des héritages fassent apparoir de bons titres qui les en déchargent ».

Cet article de l'ordonnance de 1629 a eu une pleine et entière exécution dans la Guienne; et la résistance que quelques membres de la province ont faite à ce sujet, n'a servi qu'à le confirmer d'une manière plus authentique, et à lever tous les doutes sur la prétention du Franc-Alleu roturier sans titres, qu'on a voulu y introduire, et qui a été absolument proscrite, de même que le Franc-Alleu noble l'avait été par les arrêts de 1624 et 1625.

Voici de quelle manière cela s'est passé. Le roi ordonna en 1670 qu'il serait fait un nouveau papier terrier dans la généralité de Bordeaux; et par un arrêt du conseil du 18 décembre de la même année, il régla de quelle manière il y serait procédé, sous les ordres de M. d'Aguesseau, intendant de la province.

Par l'art. 7 de ce réglement, il fut décidé que tous les particuliers possédant terres et seigneuries, maisons ou héritages, *en Franc-Alleu noble ou roturier*, en passeraient leur déclaration par tenans et aboutissans; qu'ils représenteraient leurs contrats d'acquisitions et autres titres justificatifs de leurs possession et jouissance, même les titres *justificatifs desdits Francs-Alleus*.

Aux termes de cette décision, les commissaires du domaine ne devaient admettre aucun Franc-Alleu noble ou roturier dans la généralité de Bordeaux, à moins qu'il ne fût fondé en titre.

L'art. 10 du même réglement ajoutait : « si les particuliers possédant maisons, places et héritages en roture ne peuvent justifier par leurs titres, contrats et autres enseignemens, les censives et redevances dont les héritages sont chargés, il en sera imposé d'office par le sieur d'Aguesseau ou ses subdélégués, à proportion et sur le pied des terres et héritages voisins ».

Suivant cet article, le cens est jugé imprescriptible, et les commissaires du domaine ont été autorisés d'en établir de nouveau la perception, nonobstant le défaut de jouissance, dans les lieux où on pouvait reconnaître sur quel pied il se payait autrefois.

M. d'Aguesseau mit son ordonnance au bas de cet arrêt le 15 avril 1671, portant que le réglement serait exécuté selon sa forme et teneur.

Les maire et jurats de Bordeaux y formèrent une opposition qui fit la matière d'une grande instance au conseil. Les jurats, au nom des habitans de la sénéchaussée de Guienne, soutinrent qu'ils devaient être maintenus dans la possession de jouir et tenir des alleus tant nobles que roturiers, franchement et quittement, avec exemption de toutes sortes de droits et devoirs, et qu'en conséquence ils devaient être déchargés d'en faire la déclaration et d'en rapporter le titre : ils se fondèrent sur leurs anciennes franchises et exemptions, et sur une possession qu'ils faisaient remonter jusqu'au premier établissement de la ville. Ils prétendirent pouvoir s'appliquer ce qui avait été jugé par l'arrêt du 22 mai 1667, en faveur du Languedoc, pour le Franc-Alleu roturier; ils firent valoir un arrêt du dernier mars 1574, par lequel ils avaient été déchargés de la taxe des francs-fiefs et nouveaux acquêts pour les biens nobles par eux possédés, conformément aux chartes qui leur avaient été accordées en différens temps par les précédens rois.

Le fermier du domaine combattit leur prétention et les pièces qu'ils avaient produites, par des actes et moyens contraires : il soutint qu'on devait ordonner l'exécution du réglement de 1670, et des ordonnances de M. d'Aguesseau rendues en conséquence; et à l'égard des demandes qu'il avait faites aux jurats pour le payement des arrérages de rentes, droits et redevances dont ils étaient tenus, il demanda que les parties fussent renvoyées devant le commissaire départi dans la généralité de Guienne, pour procéder suivant les derniers erremens, sauf l'appel au conseil.

Cette instance a été terminée par un arrêt du conseil, du 1er août 1682, rendu en grande connaissance de cause, par lequel le roi, sans s'arrêter à l'opposition des maire et jurats de Bordeaux, ni à leur requête, a ordonné que l'arrêt du 18 décembre 1670, et les ordonnances de M. d'Aguesseau, seraient exécutées selon leur forme et teneur; et sur les autres contestations des parties, sa majesté les a renvoyées pardevant le commissaire départi dans la généralité de Bordeaux.

Il est évident que cet article a proscrit absolument la prétention du Franc-Alleu sans titre dans la Guienne, et qu'il a jugé, d'après l'ordonnance de 1629 et le réglement de 1670, que le droit écrit qui régit cette province, ou le défaut de possession de la part du roi, ne sont point des obstacles à la directe universelle, qui appartient à sa majesté; et qu'on ne peut fonder d'exception à l'exercice de cette directe, et des droits seigneuriaux qui en sont la suite, à moins qu'on ne justifie d'un titre d'exemption par des titres précis à cet effet, et en bonne forme.

La question de Franc-Alleu sans titre a encore été jugée pour la Guienne, par un arrêt du conseil, du 4 juin 1757. Le fermier du domaine avait fait assigner le sieur Lesparre au bureau des finances de Guienne, pour qu'il y eût à payer les lods et ventes du bien qu'il venait d'acquérir; le sieur Lesparre soutint que ce bien était en Franc-Alleu roturier; le fermier répondit qu'il pouvait y avoir dans la province des héritages possédés en Francs-Alleus nobles ou roturiers, mais que ce ne pouvait être que par titres et non de droit naturel; d'où il conclut que la simple allégation de posséder allodialement ne pouvait suffire, à moins qu'elle ne fût autorisée et soutenue par de bons titres. — Quoique le sieur Lesparre n'en rapportât aucun, les officiers du bureau des finances déclarèrent, par leur jugement du 20 avril 1734, que le bien dont il s'agissait était possédé en Franc-Alleu roturier, et déchargèrent le sieur Lesparre des droits de lods et ventes qu'on lui demandait. Le fermier s'étant pourvu au conseil, le sieur Lesparre a cru pouvoir tirer de grands avantages d'un édit du mois d'août 1692, et d'un arrêt du conseil du 4 août 1693.

A l'égard de l'édit de 1692, il avait été rendu dans la seule vue de tirer une taxe de ceux qui possédaient en Franc-Alleu sans titre; et bien loin que le roi ait eu intention, lors de cet édit, de se départir de son droit de directe universelle, ce droit est établi par cet édit dans les termes les plus forts, et y est proposé comme le motif qui pouvait autoriser le roi à exiger un secours extraordinaire de ceux qui s'étaient soustraits jusque-là à l'application d'un droit aussi constant et aussi général.

Par rapport à l'arrêt du 4 août 1693, qui a maintenu les bourgeois et habitans de la ville de Bordeaux seulement au droit de tenir des Francs-Alleus nobles ou roturiers, des fiefs ou autres biens nobles, sans être sujets à aucune taxe, soit de confirmation, soit de francs-fiefs, et qui les a déchargés de celles qui pouvaient avoir été faites sur eux, en exécution de l'édit du mois d'août 1692, on a prouvé, contre le sieur Lesparre, que cet arrêt n'avait pas jugé que les habitans de Bordeaux eussent droit de posséder des Francs-Alleus sans titres, attendu que ce n'était pas là la question sur laquelle ils demandaient que le conseil s'expliquât, mais que cet arrêt avait prononcé seulement, en leur faveur, une confirmation du droit de posséder des biens nobles, soit fiefs, soit Francs-Alleus, sans payer de finance.

On a même observé qu'ils n'avaient obtenu cette confirmation qu'en considération d'une somme considérable qu'ils fournirent pour lors au roi, et que depuis ils ont été soumis au payement du droit de franc fief comme les habitans de toutes les autres villes du royaume.

Enfin, on a fait voir que la question du Franc-Alleu sans titre avait été jugée en faveur de la directe universelle du roi par l'arrêt de 1692; et que bien loin que cet arrêt eût été attaqué lors de celui de 1693, il n'en avait pas même été fait mention.

En conséquence, il a été rendu arrêt contradictoire, le 4 juin 1727, entre le sieur Lesparre et l'inspecteur-général du domaine, par lequel, sans avoir égard au jugement du bureau des finances de Bordeaux, du 20 août 1734, que sa majesté a cassé et annullé, le roi a condamné le sieur Lesparre à payer les droits de lods et ventes de l'acquisition par lui faite. — Décision qui confirme de plus en plus la maxime qu'on ne peut prétendre de Franc-Alleu naturel et sans titre en Guienne; et que la circonstance que ce pays est régi par le droit écrit, n'est d'aucune considération à cet égard. *V. Agent.*

§. XXIV. *Les parties de l'ancienne sénéchaussée de Toulouse, depuis réunies à la Guienne, jouissent-elles de l'allodialité commune à toute la province du Languedoc?*

La ville de Montauban, et la plus grande partie du territoire qui en dépend, ont été de tout temps de la province de Guienne; l'autre partie de son territoire, située au-delà des rivières de Tarn et de Tercon, dépendait originairement de la sénéchaussée de Toulouse; mais nos rois ont dans la suite distrait cette partie du ressort de Toulouse, pour qu'elle ne fît plus qu'un même corps avec le surplus de la juridiction de Montauban ressortissante en entier au parlement de Guienne.

Le fermier du domaine ayant demandé aux habitans de Montauban le payement des cens et rentes, lods et ventes et autres droits seigneuriaux dus au roi, ils ont consenti à payer pour les biens situés du côté de la Guienne; mais pour les terres qui sont du côté de Toulouse, ils ont prétendu qu'ayant autrefois fait partie du Languedoc, elles devaient jouir du privilége du Franc-Alleu roturier sans titre accordé à cette province par l'arrêt du conseil du 22 mai 1667.

Sur cette contestation, M. Pelot, intendant en Guienne, rendit une ordonnance contradictoire, le 27 avril 1668, portant que tous les possesseurs des biens et héritages situés dans l'entière juridiction de Montauban, même dans l'étendue des lieux situés au-delà des rivières de Tarn et Tercon, *reconnaîtraient sa majesté* comme seigneur haut, moyen et bas justicier et *direct*, en passeraient reconnaissance, conformément aux anciens titres de sa majesté, et payeraient au fermier du domaine les rentes, lods et ventes, et autres droits et devoirs seigneuriaux auxquels lesdits biens sont sujets; et qu'à l'égard des biens prétendus allodiaux dont les particuliers possesseurs d'iceux ne justifieraient pas l'allodialité par titres suffisans, il serait imposé rente sur iceux comme de proche en proche, suivant l'usage et coutume de la province de Guienne.

Le syndic et les consuls de Montauban interjetèrent appel au conseil de cette ordonnance. Cet appel fit la matière d'une instance considérable, sur laquelle il intervint arrêt contradictoire, le 17 juin 1669, par lequel les habitans de Montauban ont été déboutés de leur demande en cassation et appel des ordonnances de M. Pelot.

Cet arrêt a jugé qu'il n'y avait point de Franc-Alleu sans titre dans toute la juridiction de Montauban, non plus que dans le reste de la Guienne, puisqu'il soumet à la directe universelle du roi, non seulement les terres pour lesquelles il avait été payé jusque-là des cens et rentes suivant les anciens titres de sa majesté, même celles sur lesquelles il n'y avait point de preuves de perception de cens; et puisqu'il ordonne que sur tous les héritages dont l'allodialité ne sera pas justifiée par titres, il sera imposé une rente pareille à celle qui se lève sur les autres terres de la Guienne.

Cet arrêt juge aussi que, pour participer au privilége du Franc-Alleu sans titre, accordé à la province de Languedoc par l'arrêt de 1667, il ne suffit pas que des terres aient dépendu autrefois de cette province, mais qu'il est nécessaire qu'elles en fassent actuellement partie; attendu que le privilége ayant pour principal fondement les lettres de confirmation accordées à ce sujet par les précédens rois, et ces lettres ayant été la récompense des secours extraordinaires que nos rois ont tirés de cette province, il n'y a que ceux qui ont contribué en différens temps à ces secours, comme étant encore du corps de la province, et membres des états du Languedoc, qui doivent jouir de l'immunité qui en est le fruit.

§. XXV. *De l'allodialité dans la Provence.*

Galland, dans son *Traité contre le Franc-Alleu*, prétend que la Provence est soumise à la règle *nulle terre sans seigneur*. Caseneuve le refute en ces termes. *Traité du Franc-Alleu*, pag. 272 : — « Quant au parlement de Provence, nos adversaires disent que, bien que le droit romain soit domestique et naturel à cette province, il ne laisse pas de rejeter le Franc-Alleu; mais ils n'en allèguent pas un seul arrêt pour preuve de ce qu'ils avancent, si ce n'est qu'ils font voir par l'autorité de quelque décisionnaire provençal, comme par les réglemens et les ordonnances des anciens comtes de Provence, que les lods et ventes y sont dus. Mais que veulent-ils conclure de là? s'ensuit-il que la Provence soit privée de la liberté du Franc-Alleu, parce que les lods et ventes y sont dus? Que ne prouvent-ils plutôt que les possesseurs des terres allodiales y sont contraints en payement de ce droit par les seigneurs dans les fiefs desquels elles se trouvent assises; car nous ne nions pas même en Languedoc, que les fiefs ne soient sujets aux lods et ventes. La liberté du Franc-Alleu consistant en l'exemption des droits féodaux, il ne peut être dit Franc-Alleu que d'autant qu'il n'est tenu au payement des lods et ventes, ni de tels autres droits; et ainsi le raisonnement de nos adversaires n'est pas moins étrange que s'ils disaient que le jour n'est pas clair, parce que la nuit est obscure; d'autant que ce que la clarté est au jour, la liberté l'est au Franc-Alleu; et ce que l'obscurité ou la privation de la lumière est à la nuit, l'obligation des droits et des redevances l'est au fief. — Mais l'autre preuve dont ils se servent pour faire voir que la submission est ordinaire à la Provence, et que le Franc-Alleu n'y est point présumé, est bien plus étrange. L'art. 36 de la paix solennelle faite l'an 1257, entre Charles d'Anjou, comte et marquis de Provence, et les habitans de Marseille, porte que les possesseurs d'héritages dont ils n'ont payé jusques alors aucune censive à Marseille, ou au territoire qui en dépend, n'en pourront être chargés à l'avenir, ni contraints de justifier le titre de leur exemption et liberté : ils veulent conclure de là que la submission ou la subjection féodale devait être générale à toute la Provence, et en excluait entièrement le Franc-Alleu, puisque les habitans de Marseille en furent rendus exempts par ce traité de paix; mais ils ne prennent pas garde que puisque l'article porte en termes exprès, que les possessions et héritages des habitans de Marseille n'avaient jusques alors payé aucune censive, ce n'était pas, comme ils le disent, une prérogative en faveur de la ville de Marseille, mais bien plutôt une confirmation de leur ancienne liberté ».

§. XXVI. *De l'allodialité dans le Dauphiné.*

La liberté naturelle et primitive de toutes les terres indistinctement dans le Dauphiné, lui fut conservée dans l'acte de transport que le dernier des anciens dauphins fit de ses États à nos rois en 1349. Bientôt après, Charles V la confirma par une déclaration du 17 mars 1367. Henri II la confirma de nouveau par celle qu'il donna le 15 janvier 1555. La noblesse de France assemblée aux Etats de Blois, la reconnut par les articles qu'elle présenta au roi le 30 janvier 1577; car ayant demandé *que toutes les terres du royaume fussent déclarées féodales ou censuelles*, par une ordonnance qui serait insérée dans le corps de celles de France, elle exceptait la province de Dauphiné, où les héritages étaient réputés francs et libres, s'il n'y avait quelque chose d'individu et de spécifique au contraire.

L'art. 383 de l'édit du mois de janvier 1629 porte, comme on l'a vu ci-devant, §. 23, que tous les héritages ne relevant d'autres seigneurs, seront censés relever du roi, sinon que les possesseurs fassent apparoir de bons titres qui les en déchargent. Le parlement de Grenoble, en procédant à la vérification de cet article, y mit la modification suivante : « Sur le

383e article, le Franc-Alleu a lieu en Dauphiné par possession immémoriale et libertés de la province. Il en sera usé selon l'ancien usage, conformément à l'ordonnance du 15 janvier 1555 ».

Cette franchise naturelle, et l'exemption de tous droits seigneuriaux, qui en est la suite, ont même leur effet dans les terres domaniales que le roi possède en sa qualité de dauphin, comme on le voit par l'arrêt du 12 août 1666, rapporté par Salvaing, et remarqué par Chorier, pag. 56; et cet arrêt déclare que les fonds et héritages allodiaux, et qui ne sont asservis à aucune cense, situés dans le mandement de Moras, *sont francs et exempts de payer aucuns lods à raison des ventes et autres aliénations qui sont faites d'iceux.*

Un édit du mois d'octobre 1658 a encore de nouveau pleinement confirmé le droit et l'usage de la province à cet égard. Le roi, dans le préambule de cet édit, en parle en ces termes : « Dans notre province de Dauphiné, le droit (de Franc-Alleu) a lieu, suivant l'usage de tout temps observé en icelle, et tel déclaré, non seulement par les anciens dauphins, mais encore par les déclarations des rois nos prédécesseurs, et particulièrement par celles de Charles V du 27 mars 1367, et de Henri II du 15 janvier 1555, registrées en nos cours de parlement et chambre des comptes dudit pays; lequel droit de Franc-Alleu est d'autant plus considérable, que par autre déclaration du même jour et an, aussi registrée en notre cour et chambre, il aurait été déclaré *la prescription centenaire avoir lieu aux droits, choses et matières auxquels nous aurions intérêt*; au moyen de laquelle prescription la plupart de nos fiefs, cens et directes ont été prescrits par la négligence de ceux qui étaient chargés de la reconnaissance et recouvrement desdits droits, et les fiefs et fonds sujets auxdites censes *devenus par ce moyen allodiaux* ». Par le dispositif de cet édit, le roi veut que les propriétaires des héritages en Franc-Alleu ne puissent être troublés et inquiétés en quelque sorte et manière que ce soit dans l'ancien usage et privilége de Franc-Alleu, auquel sa majesté les a maintenus et confirmés par ledit édit.

« On n'a jamais révoqué en doute (dit Salvaing, *de l'usage des fiefs*, chap. 55), que le Dauphiné ne fût de Franc-Alleu, comme étant régi par le droit écrit, suivant lequel tous les fonds et héritages sont réputés francs et allodiaux, et en conséquence exempts d'hommages, droits de lods et ventes et autre servitude, s'il n'y a titre au contraire, dont la preuve est rejetée sur celui qui prétend la sujétion. — Et quoique ce soit un principe du droit romain, si est-ce que la liberté du Dauphiné se trouve particulièrement énoncée sous le nom du Viennois, dans une loi du jurisconsulte Paul, *D. de censibus*, où il dit : *Lugdunenses Galli, item Viennenses in Narbonensi juris Italici sunt*, c'est-à-dire, qu'ils jouissaient, dans la possession de leurs héritages, de la même franchise que les citoyens romains et les villes municipales de l'Italie, suivant ce que j'ai remarqué au chapitre précédent. C'est une vérité qui n'a pu être dissimulée par celui qui a voulu combattre le Franc-Alleu sans titre (c'est Galland), aux pages 7, 217, 218 et 219 de la seconde impression de son traité, où il rapporte un arrêt du parlement de Paris du 5 juillet 1631, donné entre le seigneur de Mezieux en Viennois, et noble Jean-Vincent, sieur de Hambion, par lequel celui-ci fut déchargé de l'exhibition des contrats et du payement des droits qui lui étaient demandés, faute que le seigneur eût justifié la sujétion. — Ce qui est si véritable, que non seulement les terres, mais aussi les cens et autres droits quelconques, sont présumés francs et libres de leur nature, comme je ferai voir aux chapitres suivans ».

Enfin le Franc-Alleu de cette province est consacré par un arrêt solennel du 16 décembre 1749, rendu sur les conclusions de M. le procureur général : cette pièce est précieuse; la voici : — « Sur la requête présentée à la cour par le procureur général du roi, par laquelle il aurait remontré que, bien que cette province du Dauphiné soit pays de Franc-Alleu, auquel tous les fonds et héritages, censes et autres droits, de quelque nature qu'ils soient, sont réputés et présumés francs et libres de leur nature, et en conséquence exempts d'hommages, lods et ventes, et autre servitude, s'il n'y a titre au contraire ou possession équivalente à titre, néanmoins quelques seigneurs hauts-justiciers se prévalant de l'autorité qu'ils ont dans leurs terres, contraignent leurs justiciables à leur reconnaître des directes universelles sans aucun titre, et par un autre abus, font procéder à des saisies féodales qui n'ont jamais été pratiquées en cette province et sont contraires à ses droits et libertés, confirmés en ce point par les lettres-patentes des rois Charles V et VI, qui tiennent lieu de statut à ladite province; et d'autant que des jugemens particuliers ne pourront pas arrêter cet abus, concluait à ce qu'il plût à la cour, par un arrêt général, déclarer quel est l'usage de ladite province; et ce faisant, dire et déclarer tous les fonds et héritages assis en cette province, censes et autres droits, de quelque nature qu'ils soient, être francs et allodiaux de leur nature, et en conséquence exempts de lods, ventes et autres servitudes, s'il n'y a titre au contraire, et en outre, déclarer toutes saisies féodales nulles, abusives et contraires à l'usage de cette province, sinon qu'autrement eût été convenu par les actes d'inféodation et investitures primitives, qu'inhibitions et défenses soient faites à tous juges d'en décerner aucunes commissions, et à tous huissiers et sergens de les exécuter, à peine de 500 liv. d'amende, sauf aux seigneurs féodaux de se pourvoir par action pour l'adjudication des hommages par eux prétendus, à faute de leur être fait les foi et hommage par leurs feudataires, dans le temps qui leur a été prescrit; et ordonner que ledit arrêt sera publié en audience, envoyé partout les siéges royaux et autres accoutumés, pour y être publié à la diligence de ses substituts, qui en avertiront la cour dans la huitaine, à peine de suspension de leurs charges; — Vu ladite requête du 9 décembre 1649, signé Dufaure, procureur général; ouï le rapport des commissaires députés par la cour, qui ont conféré avec les commissaires de la chambre des comptes et vérifié les registres d'iceux; — La cour, de l'avis des chambres, faisant droit sur ladite requête, déclare les fonds et héritages assis en Dauphiné, censes et autres droits, de quelque nature qu'ils soient, être francs et allodiaux de leur nature, et en conséquence exempts d'hommages, lods et ventes, et autre servitude, s'il n'y a titre au contraire ou possession équivalente à titre; sans toutefois que les ecclésiastiques et hauts-justiciers soient obligés de produire plus d'une reconnaissance, ainsi qu'il a été usé ci-devant, suivant les arrêts et réglemens de la cour; déclare en outre toutes saisies féodales nulles et abusives, et contraires à l'usage de cette province, sinon qu'autrement eût été contenu par les actes d'inféodation et investiture primitive; fait défenses à tous juges d'en décerner aucune commission, et à tous huissiers et sergens de les exploiter, à peine de 500 liv. d'amende, sauf auxdits seigneurs hauts justiciers de se pourvoir par action pour l'adjudication des hommages par eux prétendus, à faute de leur être fait les foi et hommage dus par leurs feudataires dans le temps qui leur aura été prescrit; ordonne que le présent arrêt sera lu.....».

§. XXVII. *De l'allodialité dans le Comminges.*

Cette province est dans le ressort du parlement de Toulouse, dans le district de la sénéchaussée, dans l'arrondissement de la chambre du trésor de cette ville; et l'évêque de Comminges jouit du droit de séance aux Etats de la province de Languedoc. Ces rapports, qui forment les principaux liens des sociétés partiaires, connues sous le nom de province, prouvent jusqu'à un certain point que tout le Comminges fait réellement et essentiellement partie du Languedoc; mais il n'est pas nécessaire d'aller jusque-là, il suffit que le Comminges ait fait partie du Languedoc dans des temps qui ne sont pas fort reculés. Voici les preuves de ce fait; on en développera ensuite les conséquences.

Il est inutile de remonter au partage des Gaules par les Romains; la conquête, et surtout ce qui l'a suivie, ont effacé tous les vestiges du gouvernement des Romains dans les Gaules; et l'on ne peut pas douter que la division de nos provinces, telle qu'elle existe aujourd'hui, ne soit l'ouvrage du hasard et l'effet des circonstances. Les premiers rois ont conquis et donné, leurs successeurs ont repris et réuni; le fisc royal s'est accru par degré, et les provinces se sont formées par l'incorporation successive des parties démembrées. C'est en particulier ce qui paraît être arrivé à l'égard du Comminges, relativement à son union avec le Languedoc.

Tout le monde connaît ces anciens gouverneurs de provinces, nommés ducs et comtes. Des officiers, d'abord uniquement préposés pour conduire les hommes libres à la guerre, et leur rendre la justice au nom du roi, usurpèrent l'hérédité de leurs gouvernemens vers le milieu de la seconde race, et la souveraineté sur la fin. A l'avénement de Hugues Capet à la couronne, tout ce qui est au-delà du Rhône était divisé entre une multitude de souverains, dont plusieurs ne remplissaient pas, même envers le roi, la vaine formalité de l'hommage, et la plupart tenaient leurs Etats en Franc-Alleu, c'est-à-dire, de Dieu et de leur épée, suivant la manière de s'exprimer alors. — Tels étaient en particulier les comtes de Comminges. On trouve dans l'histoire bénédictine du Languedoc plusieurs actes émanés d'eux, dans lesquels ils parlent tous de leur alleu. Par acte du 15 novembre 1244, cet alleu fut converti en fief; Bernard, comte de Comminges, en rendit l'hommage à Raimond, comte de Toulouse. Il lui fit, suivant l'usage, une tradition fictive de ses domaines, et les reçut de lui en fief. *Feuda prædicta quæ modò recepit à supradicto comite Tolosano, ipso et antecessores ejus non tenuerunt in feodum ex aliquâ sæculari vel ecclesiasticâ personâ; imò erat allodium proprium, et ita ipse et antecessores ejus tenuerunt pro allodio à tempore cujus memoria non extabat.* On ne peut rien de plus précis que ces termes, ils prouvent, d'une manière tranchante, que depuis leur établissement, les comtes de Comminges tenaient leur comté en Franc-Alleu. A la vérité, on trouve dans l'histoire du Languedoc un hommage rendu en 1226, par le même Bernard, au roi Louis VII; mais cet acte solitaire et sans influence ne prouve rien : en l'examinant de près, on voit que ce n'est autre chose qu'un traité d'alliance, par lequel Bernard s'oblige à secourir le roi contre ses ennemis, notamment contre le comte de Toulouse. Il est donc vrai de dire, malgré cet acte, que les comtes de Comminges ont tenu allodialement leur comté, et qu'ils ont joui dans leurs Etats d'une souveraineté absolument indépendante; mais une souveraineté de cette espèce ne tient aux Etats voisins que par des rapports politiques : le Comminges ne faisait donc partie alors d'aucune province.

Dans la suite, les rois parvinrent à étendre leur autorité au-delà du Rhône. En 1272, le comté de Toulouse fut réuni à la couronne par la mort de la comtesse Jeanne sans enfans. Par cette réunion, les comtes de Comminges passèrent sous la mouvance du roi, en sa qualité de comte de Toulouse. Dès-lors, le Comminges fut regardé comme faisant partie du Languedoc, il en était effectivement une dépendance féodale, puisque c'était en qualité de comte de Toulouse que le roi avait droit à l'hommage des comtes de Comminges. Aussi voyons-nous, depuis ce temps, le Comminges suppporter une partie des taxes imposées au Languedoc. Il reste plusieurs quittances de ces taxes des années 1415, 1418, 1422, 1421 et 1431; la première, à laquelle les autres sont conformes, est ainsi conçue : « Que l'on sache que Jean de Couret, choisi receveur des impositions royales au diocèse de Comminges, de 100,000 livres nouvellement imposées par le roi notre sire au pays de Languedoc, reconnais avoir reçu de Vidal, consul en la cité de Saint-Bertrand, la somme de 14 livres, et ce en tant moins de plus grande somme, de laquelle je me tiens pour content». — Bien plus; la ville de Saint-Bertrand a des preuves que ses députés avaient autrefois séance aux Etats de Languedoc, et l'on voit encore les armes de cette province dans le seul monument antique qui existe en cette ville. La contribution aux impositions d'une province, le droit de séance à ses Etats, voilà incontestablement les plus grandes marques d'union à cette province. Ainsi, l'on ne peut douter qu'alors le Comminges n'eût été uni au Languedoc : cette preuve est décisive. — En voici deux autres qui ne le sont pas moins.

En 1444, Jeanne II, comtesse de Comminges fit don à Charles VII, de son comté, qui fut par-là réuni à la couronne. Cette réunion opéra son incorporation absolue avec le Languedoc, et non avec la Guienne. — La preuve que le Comminges ne fut pas uni à la Guienne, est bien tranchante. En 1441, la Guienne appartenait encore au roi d'Angleterre; ce ne fut, comme personne ne l'ignore, qu'en 1453, que Charles VII parvint à chasser les Anglais de la Guienne. En 1468, Louis XI donna le duché de Guienne en apanage à Charles son frère. Si alors on eût regardé le Comminges comme faisant partie de la Guienne, il eût été compris dans l'apanage. Cependant il ne passa pas à Charles par cette première cession; mais ce prince s'étant plaint de la modicité de son apanage, le roi y joignit le Comminges. Voilà l'époque de la prétendue union du comté de Comminges à la Guienne. Comme Charles eut des droits régaliens et les tributs dans les terres de son apanage, tout ce qui s'y trouva fut sujet aux mêmes impositions; et si le Comminges se trouve encore aujourd'hui compris dans les rôles de la Guienne, c'est par une suite de cet ancien usage : usage qui, n'étant que l'effet d'une circonstance momentanée, ne doit pas porter son influence jusque sur les propriétés, et ne peut pas avoir converti des héritages libres en des propriétés censuelles. On pourrait donc aller jusqu'à dire que le Comminges fait encore partie du Languedoc, surtout à l'égard de la qualité de son territoire; mais il lui suffit d'en avoir fait partie avant 1469.

En 1250, le roi saint Louis donna une ordonnance contenant plusieurs réglemens généraux pour le Languedoc; et par cette ordonnance, il reconnut le Franc-Alleu du Languedoc de la manière la plus formelle. Voici ses termes: *De allodiis quæ ut dicitur à possessoribus eorum vendi liberè consueverunt et balivi nostri vendi non permittunt, nisi census aliquis retineatur in eis, et insuper pecunia pro laudimio eis detur ; volumus quòd census impositi revocentur ; et similia in posterum non attentent.* Il n'est pas possible de reconnaître le Franc-Alleu du Languedoc d'une manière plus positive. — Par lettres-patentes données à Lyon le 6 octobre 1501, Louis XI reconnaissant le Franc-Alleu du Languedoc, fait très-expresses défenses à ses cours et officiers de *plus à l'avenir contraindre nosdits sujets du Languedoc, ne aucuns d'eux, à faire aucunes reconnaissances, charges ne devoirs quelconques, à cause de leursdites terres et possessions, et autres biens immeubles.* — Cette reconnaissance, jointe à la première, prouve incontestablement que le Languedoc est de toute ancienneté province allodiale, et notamment que le Franc-Alleu y existe depuis 1250 jusqu'en 1501. — Or, c'est précisément dans le temps qui s'est écoulé entre ces deux époques, que le Comminges a fait partie du Languedoc, proposition qu'on croit démontrée. Si cela est ainsi, le Comminges a donc joui du privilége de l'allodialité commun à toute cette province. Il partageait cette prérogative en 1444, époque de sa réunion au domaine, et de son incorporation absolue au Languedoc. Enfin, il en était en possession en 1469, lorsque Louis XI le donna en apanage à Charles son frère. Depuis, il n'a pas perdu cette prérogative; il n'est pas devenu soumis à la règle *nulle terre sans seigneur*, puisque cette règle suppose une concession universelle des terres, et qu'il n'existe aucune preuve, aucune trace de cette concession depuis 1463.

§. XXVIII. *De l'allodialité dans le Roussillon.*

Tous les moyens généraux qui militent en faveur du Franc-Alleu du Languedoc, de Provence, etc., se réunissent en faveur du Roussillon. Nous ne les rapporterons pas ici, nous nous bornerons à ce qui est particulier à cette province.

Nous remonterons jusqu'au douzième siècle, et nous nous arrêterons singulièrement sur ce qui se passa vers la fin du treizième, époque la plus mémorable pour le Franc-Alleu du Roussillon.

Au mois de juin de l'an 1188, Alphonse, roi d'Arragon, permit à Bérenger Castellan, à son épouse Sibille, et à Robert d'Arles, de bâtir dans la paroisse de Saint-Jean-de-Pla-de-Corts une forteresse, et de la posséder comme un *propre Alleu.* — L'ordonnance de paix et trève, donnée par ce même prince à Font-daldara en 1173, et celle qui fut donnée au même sujet par Pierre II, roi d'Arragon, son successeur immédiat, en 1200, parlent des alleus des nobles. — Dans son ordonnance de l'an 1202, sur le même objet, Pierre II déclare « que les seigneurs qui auront maltraité leurs sujets, et leur auront enlevé des effets qui seront sous la paix et trève, ou d'autres, ne seront tenus à rien envers le roi, à moins que leurs terres ne soient en fief du roi ou des lieux religieux ». Ce prince reconnaissait donc qu'il y avait des terres qui ne relevaient pas de lui.

L'ordonnance que Jacques-le-Conquérant donna à cet égard aux Etats de Tarragone, de l'annee 1234, distingue encore plus clairement les terres possédées en alleu de celles qui étaient possédées en fiefs. « Tous les hommes de pied, y est-il dit, soit rustiques, soit villains, soit qu'ils habitent dans nos terres ou dans celles des églises ou lieux religieux ou dans celles des chevaliers possesseurs en alleu ou en fief.... jouiront de la paix et trève, etc. ». Il y avait donc des terres possédées en alleu par des seigneurs séculiers, et le Franc-Alleu noble était reconnu par le souverain.

Le même prince, dans sa réponse, de l'année 1266, aux questions qui lui avaient été proposées par le viguier de Roussillon, au sujet de l'observation des ordonnances de paix et trève, reconnaît encore qu'il y avait dans cette province des villes et lieux dont les seigneurs avaient obtenu de lui ou de ses prédécesseurs l'entière cession des justices, avec une entière exemption de la juridiction royale, qui néanmoins ne pouvait les autoriser à violer impunément ses ordres ou ceux de ses officiers. Cependant on surprit au même prince une commission expédiée à Lérida le 10 des calendes de juin 1263, en faveur de Pierre-Guillaume de Villefranche, pour la recherche des droits féodaux dans le Conflent, la Cerdagne, la viguerie de Camperdon, et le territoire de Ripoll et de Prat-de-Mollo. Mais cette commission particulière qu'on a voulu regarder comme une déclaration ou loi générale, ne concernait nullement la viguerie de Roussillon, ni le reste de la Catalogne. On y avait fait insérer cette clause, que les lods des fiefs devaient appartenir au seigneur suzerain, *ad majorem dominum;* et en interprétation on y avait fait ajouter « que tout ce qui était enclavé dans les territoires des châteaux tenus en fief du roi, serait censé relever de lui; qu'il en serait de même quant aux villes, villages, métairies et fonds sur lesquels il était dû quelque redevance au roi ou à ses feudataires, et qu'enfin les immeubles situés dans les villes, villages ou lieux royaux, seraient encore présumés être sous la mouvance du roi ».—Ces interprétations résistent à l'induction d'une seigneurie féodale universelle en faveur du roi, qu'on a voulu en tirer, car si cette seigneurie universelle eût été établie, si la présomption générale de mouvance eût eu quelque fondement, le roi aurait dû déclarer que sa mouvance comprenait tous les fonds dont la franchise ne serait pas justifiée. Recourir à des présomptions particulières pour prouver cette mouvance dans certains cas, dans certains lieux, c'était clairement indiquer qu'au défaut de ces présomptions, le Franc-Alleu était présumé.

Mais il y a plus: cette commission extorquée par la surprise, fut révoquée par Jacques-le-Conquérant, dans sa déclaration donnée à Girone le 4 avril 1265, portant « que le commissaire du roi, qui avait la connaissance des fiefs, serait tenu de juger selon les usages de Barcelone, ou à leur défaut selon le droit; et que si les interprétations faites par le roi sur la matière des fiefs se trouvaient contraires aux usages de Barcelone et au droit, le juge ne déciderait point suivant lesdites interprétations, mais conformément aux droits et aux usages de Barcelone ».

On trouve dans un ancien registre en parchemin, aux archives du domaine de Roussillon, dix-sept jugemens rendus par les commissaires du roi d'Arragon, conformément à sa déclaration de l'an 1265. Seize autres jugemens furent successivement rendus la même année et les suivantes, sur les mêmes principes.

Par le premier, donné la veille des ides de février 1265, Bernard Amell, possesseur de certains fonds au territoire de Ger, dans la Cerdagne, fut maintenu dans la possession en Franc-Alleu des fonds par lui acquis du monastère de Notre-Dame de Corneilla en Conflent, auquel ils avaient été donnés par Guillaume Jourdain, comte de Cerdagne. Il faut remarquer que ces biens étaient situés dans une terre domaniale, aux termes de la sentence, *ipsa villa erat regalencum domini regis.* Cette circonstance n'affaiblit donc point la présomption du Franc-Alleu.

On trouve la même circonstance dans l'espèce du second jugement rendu le 16 des calendes de mars de la même année, en faveur d'Espérance Cerda, tutrice de Pierre Cerda, qui la maintint, audit nom, dans la possession en Franc-Alleu de deux métairies au territoire d'Enveig, dans la Cerdagne, que le procureur féodal prétendait être en fief du roi (*vel regalencum.*) Le commissaire observe dans sa sentence, qu'il n'avait été fait au nom du roi, aucune preuve de la directité par lui prétendue. Le Franc-Alleu naturel est donc présumé, à moins que les officiers du domaine ne fournissent la preuve de la mouvance. — Ces deux premiers jugemens ayant été rendus avant la déclaration du 4 avril 1265, prouvent que le Franc-Alleu continua d'être présumé nonobstant les interprétations contenues dans la commission de l'année 1263.

Par un troisième jugement, du 15 des calendes de mars 1265, le commandeur de Capolleig, ordre de l'hôpital de Jérusalem, fut maintenu dans la possession en Franc-Alleu des biens donnés à son hôpital par Raimond de la Tour, qui les avait acquis de Bernard Guillaume, comte de Cerdagne, quoique ces biens fussent situés dans le bailliage et la vallée de Querol, dépendans du domaine du roi (*quæ est regalencum domini regis et de dominicaturâ suâ.*)

Un quatrième jugement, des ides de juillet 1265, maintint Guillaume de Vallubollera dans la possession en Franc-Alleu des domaines qu'il possédait au territoire d'All, dans la Cerdagne française, et qu'il avait acquis du monastère de Saint-Michel de Cuixa, lequel le tenait en partie du comte de Cerdagne, et en partie de la libéralité d'un particulier. Le jugement porte cependant que la terre d'All était domaniale, *regalencum.* Le commissaire se décida par le motif qu'on n'avait pas prouvé au nom du roi la mouvance prétendue: il ne regardait donc pas la situation des biens dans les lieux royaux, comme une présomption suffisante pour établir la seigneurie directe.

Le monastère de Saint-Martin de Canigou fut déchargé des poursuites du même procureur féodal, par un cinquième jugement du 16 des calendes d'août de la même année. Le commissaire y observe « que, suivant les usages de Barcelone et le droit commun, la présomption n'est pas que les biens situés dans le royaume relèvent du roi, si la mouvance n'est pas évidemment justifiée ».

Un sixième jugement, du 17 des calendes de septembre 1265, imposa silence au procureur féodal au sujet des poursuites qu'il avait faites contre le prieur de Sainte-Catherine de Rippoll, pour faire déclarer que les biens dépendans de son bénéfice, relevaient du roi.

Le 3 des ides de novembre de la même année, il fut rendu un jugement semblable en faveur de l'abbé et du monastère de Saint-Pierre de Portella, diocèse d'Urgel.

La veille des ides du même mois, le prieur de Notre-Dame de Marcevol, ordre du Saint Sépulcre de Jérusalem, obtint un pareil jugement de décharge des poursuites du procureur féodal sur différens motifs, et surtout sur la présomption du Franc-Alleu naturel, résultant des usages de Barcelone et du droit commun, qui devaient faire la règle des jugemens du commissaire.

Le 15 des ides de septembre 1266, il fut encore rendu un jugement semblable entre les mêmes parties, sur les mêmes motifs, au sujet de la mouvance prétendue sur d'autres biens du même prieuré.

Un dixième jugement, du 17 des calendes de février 1261, maintint l'abbé et le monastère de Saint-Michel de Cuixa dans la possession en Franc-Alleu des biens qu'on prétendait assujettir à la mouvance féodale. Le commissaire y observe également « que les usages de Barcelone et les lois romaines ne présumaient point la féodalité.....; que les biens en question avaient été donnés ou autrement transportés audit monastère par les anciens comtes, et d'autres personnes qu'ils n'avaient pas trouvées parmi les vassaux et feudataires du roi.....; et qu'on n'avait fourni au nom du roi aucune preuve de la directe prétendue ». Constamment donc la présomption du Franc-Alleu naturel fut toujours admise, tant qu'elle n'était pas détruite par une preuve précise de la mouvance féodale.

Le 4 des ides de juillet 1267, l'abbé et le monastère de Campredon obtinrent aussi un jugement de maintenue, sur les mêmes motifs, au sujet des biens que ce monastère possédait en Franc-Alleu dans le Conflent et la vallée de Prat-de-Mollo en Roussillon.

Le 4 des ides d'avril 1269, le procureur féodal donna une déclaration, portant qu'une métairie possédée par l'hôpital de Col-de-Arc, était en Franc-Alleu et libre de toutes charges envers le roi.

Le même procureur féodal transigea le 9 des calendes d'août 1269, avec l'abbé et le monastère de Saint-Saturnin de Tavernols, diocèse d'Urgel, et consentit que ce monastère tînt en Franc-Alleu les biens qui faisaient l'objet du litige; et la transaction fut aussitôt homologuée par le commissaire. Il faut remarquer qu'il était question au procès de la mouvance des moulins, des eaux, des juridictions et seigneuries possédées par le même monastère en Franc-Alleu, et que le procureur féodal ne renonça à ses poursuites que par le motif qu'il n'avait pu trouver aucune preuve de la mouvance féodale; il reconnut par conséquent que le Franc-Alleu était naturellement présumé à l'égard même des objets qui ont le plus de rapport à la seigneurie publique.

On trouve une pareille déclaration de Franc-Alleu, donnée le 8 août 1269, en faveur de l'hôpital du Pont-de-Bar; et une autre donnée la veille des ides du même mois, en faveur de Raimond Pellisier.

Enfin, le commissaire du roi d'Arragon rendit un jugement le 3 des ides du même mois, en faveur de l'évêque et du chapitre de la cathédrale d'Urgel, par lequel il déclara qu'ils tenaient en Franc-Alleu les terres et les autres domaines qu'on prétendait relever du roi; et le commissaire observa « qu'il n'était pas prouvé que les particuliers qui avaient aliéné en faveur de l'église d'Urgel, fussent feudataires du roi ». Il résulte encore de cette pièce, comme de toutes les précédentes, que le Franc-Alleu est présumé, à moins que la seigneurie directe ne soit prouvée.

Cette multiplicité de jugemens uniformes imposa silence aux officiers du roi d'Arragon; ils ne contestèrent plus la présomption du Franc-Alleu naturel. Le roi lui-même, par des lettres-patentes du 8 des calendes de mai 1269, confirma toutes les acquisitions faites dans ses États, depuis quarante ans par l'évêque d'Elne, les abbés ou prieurs des monastères du diocèse, et par l'abbé de la Grasse, même dans les territoires des villes et lieux royaux, reconnaissant que ni lui ni ses successeurs n'y avaient aucun droit ni hommage à prétendre.

L'allodialité du Roussillon lui est encore assurée par les coutumes féodales de Catalogne, rédigées dans le treizième siècle par Pierre Albert, chanoine de la cathédrale de Barcelone, commentées par Soccorats, jurisconsulte du pays, sous le règne de Jean II, roi d'Arragon, et insérées au quinzième siècle dans le grand Code de Catalogne.

L'art. 2 porte que « lorsque le vassal donnera à son seigneur puissance de son château, il sera tenu de sortir du château et du territoire; qu'il ne pourra y demeurer que du consentement du seigneur, ou dans un alleu qui lui soit propre dans le territoire du même château ».

L'art. 6 décide que « le vassal qui n'a point d'alleu dans le territoire du château, ne pourra alléguer aucun usage pour y demeurer ».

L'art. 14 établit une présomption particulière de féodalité à l'égard des fonds qu'un châtelain possède dans l'enclave du territoire du château qui lui a été donné en fief. Dans ce cas particulier, le vassal doit, aux termes de l'article, justifier l'alleu qu'il prétend avoir, par la production d'un titre émané du seigneur ou d'un autre propriétaire de l'alleu, sans pouvoir s'aider de la prescription. Soccorats, dans son commentaire sur cet article, observe qu'il ne rejette que la prescription ordinaire par trente ou quarante ans, et nullement la prescription par un temps immémorial; qu'il n'établit d'ailleurs qu'une présomption contre le seul vassal, qui est censé posséder toutes les dépendances du fief en vertu du même titre; mais que si le seigneur agissait contre un autre possesseur de l'alleu, dans le territoire de son vassal, il devrait justifier la mouvance. —Le Franc-Alleu est donc naturel; il faut donc que la féodalité soit établie par titre, ou par une présomption particulière, fondée sur la coutume, ou qui dérive d'un titre. —La précision du commentateur naît de la lettre même du texte, qui porte en effet que le vassal peut avoir acquis en Franc-Alleu, non seulement du seigneur, mais encore d'un autre propriétaire de l'alleu. La coutume suppose par conséquent que dans l'enclave d'un territoire donné en fief, il peut y avoir des fonds particuliers possédés en Franc-Alleu; elle n'exige point du feudataire la production du titre constitutif de l'alleu en faveur du possesseur qui lui a vendu ou donné, mais uniquement la production de cette cession, pour écarter la présomption de féodalité que produit, à l'égard de ce feudataire, le bail à fief indéfini, en vertu duquel il est censé posséder tout ce qui est enclavé dans son fief.

L'art. 18 de la coutume ordonne que les possesseurs des alleus nobles ou roturiers sont tenus de défendre le château, et de faire le même service en temps de guerre que les autres habitans. Cet article suppose le Franc-Alleu noble et le Franc-Alleu roturier également établis. —Le commentateur observe sur cet article qu'il est question des possesseurs de fonds propres qui ne sont tenus d'aucun seigneur, et ne relèvent que de Dieu.

Ces lois vivaient encore lorsque la province fut

irrévocablement unie à la France, par le traité des Pyrénées, conclu le 7 novembre 1659.

Louis XIV faisait des conquêtes comme les Romains : il avait leurs vertus guerrières, il avait aussi leur humanité après la victoire ; comme eux, il laissait aux vaincus leurs usages, leurs lois et leurs priviléges. Il eut cette bienfaisance pour le Roussillon : étant à Montpellier le 6 janvier 1660, il y reçut les députés de la ville de Perpignan, et apostilla de sa propre main le cahier qu'ils lui présentèrent : ce cahier est conservé aux archives de l'hôtel-de-ville, il contient la ratification la plus ample de tous les droits, usages et priviléges du Roussillon ; et le 2 juillet de la même année, Anne de Noailles réitéra dans la ville de Perpignan la même confirmation, en qualité de gouverneur de la province. Louis XIV établit en même temps un conseil souverain en Roussillon, pour juger selon les lois du pays. En 1662, ces nouveaux magistrats s'adressèrent à Louis XIV pour savoir si les expressions, *selon les lois du pays*, devaient s'entendre quant au fond ou quant à la forme : sa majesté répondit « que les gens dudit conseil suivraient les constitutions de Catalogne et l'usage du pays, soit pour la décision du fond des affaires, soit pour la forme qui était à garder dans la procédure ; mais qu'à l'égard des choses qui n'avaient pas été réglées par lesdites constitutions ni par l'usage, ils se conformeraient aux lois et coutumes observées dans les deux royaumes ».

Il n'est pas possible de concevoir une ratification plus formelle des priviléges de la province de Roussillon ; et l'un des priviléges des habitans de cette province était, comme on l'a vu, de posséder en alleu.

§. XXIX. *Du genre de preuves nécessaires pour établir la directe dans les pays allodiaux.*

Dans les provinces censuelles, le seigneur, comme on l'a dit au mot *Enclave*, n'a rien à prouver. L'assiette de l'héritage dans l'enceinte de sa seigneurie, fait son titre, il n'en est pas à beaucoup près de même dans les pays où le Franc-Alleu est naturel. Voici les règles qu'on suit à cet égard, notamment dans le ressort du parlement de Toulouse. — Le seigneur est tenu de rapporter de bons titres pour prouver sa directe sur les biens qu'il prétend être sujets à quelque redevance, sans quoi ils sont censés libres et indépendans de toute seigneurie. — Mais il faut remarquer qu'il ne suffit pas au seigneur prétendu de produire une seule reconnaissance pour établir son droit, mais qu'il faut encore qu'il produise le bail d'inféodation, ou à défaut de ce bail, deux reconnaissances, ou une reconnaissance avec des adminicules ; il n'y a qu'un cas excepté de cette règle, qui est celui de l'arrêt rapporté par La Roche, *des droits seigneuriaux*, ch. 1, art. 2 et 6, savoir, lorsque le tenancier a lui-même passé reconnaissance en faveur du seigneur, ou, qu'il est héritier, cessionnaire, légataire ou donataire, ou ayant cause, *ex causâ lucrativa*, de celui qui a reconnu : il suffit dans ce cas, au seigneur prétendu, de produire cette seule reconnaissance, à cause de l'obligation personnelle et hypothécaire qu'elle contient, et qui est transmise à ses héritiers ; si ce n'est que cette reconnaissance contînt surcharges, et que celui qui l'a consentie ou ses héritiers fussent en état de le prouver par des reconnaissances antérieures ou par le titre primordial, auquel cas, si cette reconnaissance était cassée ou annullée, le seigneur serait débouté de sa demande.

Le seigneur, en pays de Franc-Alleu, est donc tenu de rapporter ses titres pour établir sa directe ; mais il en est autrement lorsque le seigneur est en état de prouver que la terre a été inféodée par ses prédécesseurs, avec désignation des limites, soit par chemins, ruisseaux, montagnes ou autres bornes : il n'est pas tenu dans ce cas d'exhiber ses titres au tenancier, mais seulement de lui montrer que l'héritage, duquel il demande les droits, est enfermé dans son territoire et dans ses limites, pour l'obliger, sans autre titre, à lui passer reconnaissance, et payer les droits seigneuriaux comme les circonvoisins, et à proportion de ce qu'il possède, à moins que le tenancier ne prouve son affranchissement. Telle est du moins l'opinion de Maynard, liv. 4, chap. 35, de La Roche et de Graverol, à l'endroit cité, art. 3 ; et de Cambolas, liv. 4, chap. 45.

Ainsi quand on dit que, dans les pays même de Franc-Alleu, chaque terre doit relever de quelque seigneur, cela n'est vrai que quant à la justice, et non quant à la seigneurie directe, qui doit toujours être prouvée par des actes publics et authentiques, parce que les attributs de la justice sont différens de ceux des fiefs et de la directe, suivant Dumoulin, sur la coutume de Paris, tit. 1, à l'endroit déjà cité, n. 11 et suivans ; d'où il faut conclure que le seigneur direct ne peut pas contraindre l'emphytéote à lui montrer ses contrats d'acquisition pour le payement des lods et ventes, et autres droits seigneuriaux, qu'il n'ait auparavant établi sa directe par de bons titres ; car alors il peut l'y contraindre pour savoir quels droits les lods et ventes lui appartiennent, et délibérer s'il veut prendre les biens vendus par droit de prélation, à moins que l'emphytéote n'ait prescrit par la possession de trente ans pour les droits casuels auxquels son acquisition aurait dû donner lieu, suivant La Roche, à l'endroit cité, art. 13.

Si le seigneur avait perdu ses titres et reconnaissances, soit par feu, larcin, guerres ou autres cas fortuits, et que, par-là, il fût hors d'état d'en exhiber aucun, il serait dans ce cas tenu de prouver cette perte, de même que le contenu aux titres perdus, et les payemens faits par les emphytéotes ; et réciproquement les emphytéotes seraient admis à la preuve de leurs affranchissemens, comme il a été jugé par l'arrêt rapporté par La Roche, à l'endroit cité, art. 11 : cela est conforme à la disposition du droit, au Code, *de fid. instrum. et amiss. cor.*, où il est permis à tous ceux qui ont perdu des actes, d'en faire la preuve. — Mais on demande quelle preuve peut être admise dans ce cas, si c'est la preuve par témoins ou la preuve par écrit ? Sur cela, Catellan, liv. 7, chap. 2, rapporte un arrêt qui a jugé qu'une rente foncière ne peut être prouvée par témoins, mais seulement par écrit, sur le fondement de ce qui est dit dans la loi 1, C. *de jur. emphiteut.*, que l'écriture est nécessaire pour le contrat d'emphytéose ; d'où cet auteur conclut qu'il faut, pour prouver la directité, que le seigneur rapporte le bail à fief, ou à défaut de bail, deux reconnaissances, ou au moins une reconnaissance avec des adminicules.

Ferrière, sur la question 582 de Guy-Pape, écrit que l'emphytéose peut être prouvée, à défaut de titre primordial, par des payemens anciens de la censive, faits par les emphytéotes, sans autres reconnaissances ; et il appuie son sentiment de l'autorité d'un arrêt du parlement de Toulouse, qui l'a jugé de même. — Mais il faut prendre garde que la preuve de ces payemens ne peut être établie par témoins, parce que ce serait prouver par témoins le bail emphytéotique présumé au moyen de ces payemens ; et que la faveur de la liberté ne permet pas qu'on admette la preuve vocale dans une matière aussi importante, par la facilité qu'il y aurait de corrompre les témoins, comme l'observe Danti, *de la preuve par témoins*, chap. 14, n. 1. (M. H***).

[[A tout ce qu'on vient de lire de M. H., il faut joindre ce qu'il a écrit sur la même matière, dans ses savantes et lumineuses *Dissertations féodales*, imprimées à Paris, en 1789.]]

§. XXX. *Des Francs-Alleus du Hainaut.*

On a vu au mot *Fief*, sect. 2, §. 2, que tous les biens sont réputés fiefs en Hainaut, tant que le contraire n'est pas prouvé. Mais lorsque la présomption établie par les lois de cette province, vient à cesser, ou si l'on veut, lorsqu'il est constant qu'un héritage n'est point fief, doit-on, dans le doute de sa véritable nature, le réputer main-ferme ou allodial ?

On doit le réputer main-ferme : les chartes générales ne rejetant point la maxime, *nulle terre sans seigneur*, et même l'admettant dans un sens plus étendu que les autres coutumes, on ne doit point présumer l'allodialité ; il faut qu'elle soit établie, ou sur des titres précis, ou sur une possession immémoriale qui ne soit combattue par aucun titre. Cette décision n'est pas, à la vérité, sans contradicteurs, mais il n'est pas difficile de répondre à leurs moyens.

On objecte, en premier lieu, que les Francs-Alleus de la province du Hainaut diffèrent beaucoup de ceux des autres provinces ; qu'ils dépendent des seigneuries dans lesquelles ils sont situés ; et que c'est en conséquence de cet assujétissement, qu'on doit en faire le relief à chaque mutation par-devant deux officiers nommés *Francqs-Alloëtiers*.

Mais pour peu qu'on pèse attentivement les différens textes des chartes générales qui concernent les Francs-Alleus, on verra que cette objection roule sur un faux principe : elle suppose que les Francs-Alleus y sont sujets au relief, et c'est une erreur : on voit dans l'art. 3 du chap. 106, « qu'en alloëts bail n'a lieu, mais y succède prestement le trépas de ses père et mère ou parent *sans aucune sujection de relief* ». Si les Francs-Alleus étaient soumis au relief, ils le seraient aussi bien en ce cas que dans les autres, puisqu'il n'y a aucune raison de différence, et que les fiefs n'y sont soumis dans ce cas que parce qu'ils le sont dans les autres. Il est vrai que l'art. 1 du même chapitre dit que le relief des Francs-Alleus se fera par-devant deux *alloëtiers ;* mais, par-là, commande-t-il le relief ? non ; il ne fait que le conseiller : c'est une faveur que la coutume a bien voulu accorder à celui qui veut, en cas de contestation, ne plaider que comme défendeur et obtenir le possessoire ; cela résulte des termes mêmes de cet article : « Pour obvier aux débats qui pourraient sourdre entre deux prétendans Francq-Alloët par le trépas d'autrui sur la préférence d'être plaindant ou opposant, le premier relevant sera tenu défendeur, et se fera tel relief par-devant deux alloëtiers, sans qu'il soit besoin d'aller sur le lieu, comme il se soulait faire ci-devant ». Que ce relief, en fait de Franc-Alleu, ne soit pas de nécessité, mais seulement de conseil, c'est ce que prouve encore l'art. 21 du chap. 37 : « Pour alloët échéant à aucun enfant par le trépas de ses père et mère ou autre parent, n'appartiendra en faire aucun relief, n'est pour se faire possesseur de l'alloët à l'encontre d'autre y veuillant prétendre ».

D'ailleurs, les Francs-Alloëtiers, devant qui se fait ce relief, ne sont à la nomination d'aucun seigneur ; il ne faut qu'être possesseur d'un Franc-Alleu pour être Franc-Alloëtier ; c'est ce que prouve ce passage de Cogniaux, *Pratique du retrait*, ch. 6, n. 10 : « Tous ceux qui ont des Francs-Alleus ou des rentes de cette nature, de quelque peu d'importance qu'elles soient, ont l'autorité d'adroiturer semblables héritages ou rentes ; par conséquent, étant dispersés dans toute la province, sans que leur pouvoir soit érigé en office, les devoirs peuvent être passés à l'extrémité de la province pour un héritage situé à l'autre extrémité ».

On objecte en second lieu que les Francs-Alleus du Hainaut sont assujétis, en cas d'aliénation, aux devoirs de loi de déshéritance et d'adhéritance ; qu'ainsi, ils diffèrent de ceux des autres provinces, pour lesquels *n'est requis vest ni devest*.

On a déjà répondu à cette objection, au mot *Devoirs de lois*. Si les Francs-Alleus du Hainaut sont soumis à la formalité du nantissement, comme les fiefs et les censives, ce n'est pas que les seigneurs dans le territoire desquels ils sont enclavés, y aient aucun domaine direct, puisque ce n'est pas devant leurs officiers que ces devoirs se passent ; mais c'est parce que les anciens placards des Pays-Bas, et notamment l'art. 24 de l'édit perpétuel de 1611, défendent absolument de charger ou aliéner aucun *héritage* sans œuvres de loi, et que le terme d'*héritage* s'applique aussi bien aux Francs-Alleus qu'aux fiefs et aux mainfermes.

On objecte en troisième lieu que les Francs-Alleus ont la plus grande affinité avec les fiefs, puisque l'art. 2 du chap. 106 veut « qu'au regard des vendages d'alloëts, reprises lignagères, aliénations ou dispositions, nouvelles charges et retrait d'iceux à faute de payement de rente, il en sera fait comme dit est... pour fief.... » ; qu'ainsi, pour s'éloigner le moins possible de l'esprit des chartes générales, selon lesquelles tout bien est réputé fief, on doit toujours présumer qu'un bien est allodial plutôt que main-ferme.

Il est évident que, si les chartes générales assimilent les Francs-Alleus aux fiefs, ce n'est, comme le démontrent les termes de cet article, qu'en fait de disposition, de succession, de retrait; mais que cette similitude ne regarde point le seigneur : cela est si vrai que, quoique cet article dise que, pour *vendage de Francs-Alleus, on se réglera comme pour fiefs*, et que l'art. 1 du chap. 94 exige que les déshéritances des fiefs se passent *par-devant bailli et hommes de fiefs*, personne n'a jamais avancé que les déshéritances de Francs-Alleus dussent être passées devant les mêmes officiers.

D'après tout cela, on ne peut disconvenir qu'en Hainaut les Francs-Alleus ne soient aussi indépendans des seigneurs dans le territoire desquels ils sont enclavés, que dans les autres coutumes; et en effet, ils y jouissent d'une liberté aussi parfaite qu'ailleurs. Il faut donc, ou que la maxime, *nulle terre sans seigneur*, n'ait point lieu en Hainaut, ce qui est démenti par les art. 2 des chap. 46 et 102 des chartes générales, ou que, dans le doute, on présume plutôt un bien main-ferme qu'allodial.

§. XXXI. *Du Franc-Alleu du Cambresis et de la châtellenie de Lille.*

Les Francs-Alleus, dans la coutume du Cambresis, sont connus sous le nom de *fiefs cottiers*, et les devoirs de loi s'en passent devant des officiers qu'on appelle *hommes cottiers. V. Cotteries.*

Dans la coutume de la châtellenie de Lille, les Francs-Alleus sont réputés meubles; c'est ce que décide l'art. 11 du chap. 7.

[[§. XXXII. *Quels effets a produits, immédiatement après la publication des lois du 4 août 1789, la conversion des fiefs et des censives en Francs-Alleus, dans les coutumes où, en fait de succession, de disposition, de communauté, de douaire et d'estimation, ils étaient soumis à d'autres règles que les biens allodiaux?*

L'art. 2 du tit. 1 de la loi du 19 septembre 1790 porte que, « dans les pays et les lieux où les biens allodiaux sont régis, soit en succession, soit en disposition, soit en toutes autres matières, par des lois ou statuts particuliers, ces lois ou statuts régissent pareillement les biens ci-devant féodaux ou censuels, savoir, pour les successions, à compter de la publication des lettres-patentes du 28 mars dernier, intervenues sur le décret du 15 du même mois; et pour toutes autres matières, à compter de la publication des lettres-patentes du 3 novembre 1789 », données sur les décrets du 4 août précédent.

Pourquoi cette différence entre les successions et les autres matières? C'est que, d'une part, l'art. 11 du tit. 1 du décret du 15 mars 1790 ne donne effet à la destruction de la *féodalité et nobilité des biens*, par rapport aux successions, qu'*à compter du jour de la publication de ce décret;* et que, d'une autre part, l'abolition prononcée par l'art. 13 du même titre, de tous les autres effets *que les coutumes, statuts ou usages avaient fait résulter de la qualité féodale ou censuelle des biens*, est comprise dans la clause générale de l'art. 33 du tit. 2; portant que *toutes les dispositions ci-dessus, à l'exception de celles de l'art. 11 du tit. 1.er, auront leur effet à compter du jour de la publication des lettres-patentes du 3 novembre 1789.*

Au surplus, de ce que, par rapport à la communauté, les censives ont été converties en Francs-Alleus par les lois du 4 août 1789, il suit nécessairement que, dans les coutumes où elles entraient dans la communauté comme les meubles, elles ont cessé d'y entrer à compter du jour de la publication de ces lois; et c'est ce qu'a jugé un arrêt de la cour de cassation du 9 ventôse an 11, rapporté dans mon *Recueil de questions de droit*, article *Féodalité*, §. 3.

V. Condition de Manbournie, §. 8; *Devoirs de loi*, §. 4; et *Douaire*, sect. 1, §. 4, n. 2.]]

FRANC-ALLOETIER. Les chartes générales du Hainaut se servent de ce terme pour désigner les officiers chargés de recevoir les devoirs de loi qui concernent les francs-alleus. Il en est parlé dans les art. 1, 4, 19 et 30 du chap. 30, 14 du chap. 34, 18 du chap. 69, et 1 du chap. 106. *V. Franc-Alleu*, §. 30.

La qualité de *Franc-Alloëtier* est attachée à la glèbe; tous ceux qui possèdent des francs-alleus ou des rentes de cette nature, quelque modiques qu'elles soient, peuvent recevoir les devoirs de loi qui ont pour objet de semblables héritages ou rentes.

Il faut cinq de ces officiers pour passer, soit une déshéritance, soit une adhéritance, et il y en a un parmi eux qui fait les fonctions de semonceur. *V. Conjure.*

Il faut convenir que la manière dont se passent ces devoirs de loi, ne répond guère aux vues que le législateur s'est proposées en soumettant ces sortes de biens aux formalités du nantissement; car les Francs-Alloëtiers ne formant point de *cours* particulières, étant au contraire dispersés dans toute la province, les devoirs de loi peuvent se passer dans une extrémité du pays pour un héritage situé à l'autre extrémité; d'ailleurs, ces officiers n'ont pas de registre particulier pour y recueillir les actes auxquels ils assistent, ils se servent de papiers volans que l'un d'eux retient chez lui; par ce moyen, les francs-alleus peuvent se vendre trois ou quatre fois par les mêmes personnes; et les stellionats sont aussi possibles à l'égard de ces sortes de biens que si on n'en passait point de devoirs de loi.

Pour remédier à ces inconvéniens, le conseil d'État du roi d'Espagne ordonna, le 17 novembre 1626, par un décret adressé au conseil ordinaire de Mons, que tous ceux qui vendraient, donneraient ou conditionneraient ces sortes de biens, seraient tenus, un mois après, d'en présenter les actes au greffier féodal, pour être enregistrés, à peine de nullité.

Ce décret a eu le sort des meilleures lois, il n'a pas été exécuté; le conseil souverain, autrement nommé *Cour de Mons*, juge naturel des francs-alleus, ne l'a pas reçu, parce qu'il ne lui était pas adressé; et jamais il n'a annullé des devoirs de loi concernant des francs-alleus faute d'enregistrement. C'est ce qu'atteste Cogniaux, dans sa *Pratique du retrait*, chap. 6, n. 10.

[[Les fonctions des Francs-Alloëtiers ont cessé du moment où a été promulguée la loi du 19 septembre 1790. *V. Devoirs de Loi*, §. 4.]]

* FRANC-BATIR. Il y a des coutumes qui désignent sous ce nom un droit dont jouissent quelques communautés, et qui consiste en ce qu'elles peuvent prendre du bois dans une forêt pour l'entretien et le rétablissement de leurs bâtimens. *V. Usage* (*droit d'*) et *Délit forestier*. (M. Guyot.)*

* FRANC-BOURGAGE. On appelle ainsi, dans les bourgs et villes de Normandie, un héritage roturier pour raison duquel il n'est dû ni relief, ni treizième, ni autre droit seigneurial ou coutumier, à moins qu'il n'y ait titre ou possession suffisante au contraire; le possesseur ou propriétaire de cet héritage n'est tenu de donner qu'une simple déclaration au seigneur, dans laquelle il doit exprimer les rentes et les redevances qui sont dues.

Le possesseur de l'héritage en Franc-Bourgage, ou en franche bourgeoisie, est sujet à la suite de la banalité, à comparoir aux plaids et gages-plèges, à la commise en cas de désaveu, ainsi qu'aux droits de confiscation, déshérence et bâtardise, le cas échéant.

Le privilége de l'héritage tenu en Franc-Bourgage, consiste à être exempt de relief et de treizième : c'est une franchise originairement accordée pour attirer les citoyens dans les villes et bourgs : au surplus cet héritage est soumis à tous les autres droits et devoirs seigneuriaux établis par coutume générale de la province; c'est une espèce de franc-alleu mitigé, une tenure privilégiée qui emporte de plein droit, et par la force de la coutume, certaines franchises, et qui par conséquent est susceptible de la dénomination de franc-alleu, non dans le sens d'un affranchissement absolu de toute sujétion à la féodalité, mais comme procurant l'exemption d'une partie des charges qui en sont la suite. (M. Guyot.)*

[[Ces sortes de biens ont été convertis en vrais alleus par les lois du 4 août 1789. *V. Franc-Alleu*, §. 32.]]

* FRANC-DEVOIR. Espèce de tenure féodale. Un fief est tenu à Franc-Devoir, lorsque l'hommage et les droits féodaux ordinaires ont été convertis en un droit quelconque, soit honorifique, soit utile. Ce devoir est appelé *Franc*, parce que, représentant l'hommage auquel il est abrogé, il est, comme l'hommage même, la marque de la noblesse et de la franchise de l'héritage. Aussi la terre tenue à Franc-Devoir, se partage-t-elle noblement et de la même manière que le fief, même entre roturiers, lorsqu'elle est tombée en tierce foi. La coutume d'Anjou en a une disposition expresse, art. 258 : « et néanmoins tels héritages et autres choses autrefois hommagées demeureront en leur première nature quant aux successions..... et à toujours, mais se départiront noblement, tout comme il fera mémoire qu'ils auront été tenus à foi et hommage ». L'art. 299 de la coutume de Touraine dit la même chose.

Il ne faut pas cependant prendre cette décision dans toute l'étendue du sens qu'elle présente. On ne doit l'appliquer qu'à l'héritage originairement noble. Ce serait autre chose si l'héritage tenu à Franc-Devoir était roturier; nul doute qu'il se partagerait roturièrement. Cette observation n'a pas échappé à Pallu, dans son Commentaire sur la coutume de Touraine, art. 299. « L'héritage se partage noblement (dit cet auteur) quand l'hommage est mué en devoir, qui est la première espèce du Franc-Devoir de l'art. 45, et non lorsque l'héritage roturier est baillé à Franc-Devoir par le seigneur, qui est le second cas, auquel l'héritage n'étant noble, cette concession ne lui imprime de noblesse; c'est pourquoi il se doit partager roturièrement comme le franc-alleu roturier ».

Les charges roturières peuvent, comme l'on voit, ainsi que les féodales, être converties en Franc-Devoir; cela est d'ailleurs bien prouvé par l'art. 145 de la coutume de Touraine.

[[Les biens tenus à Franc-Devoir, ont été convertis en alleus par les lois du 4 août 1789. *V. Franc-Alleu*, §. 32.]]

Dans les anciennes chartes, on trouve le mot *Franc-Devoir* employé pour désigner les charges que devaient les hommes de franche et libre condition pour usage de bois, pacage, pâturage, etc.

V. le glossaire de Ragueau, et les notes de Laurière. (M. H.)*

* FRANC-FIEF. On appelle droit de Franc-Fief une taxe ou finance qu'on exige des roturiers à cause des fiefs et autres biens nobles qu'ils possèdent.

§. I. *Observations sur l'époque et les motifs de l'établissement de ce droit.*

Tous les auteurs se réunissent pour assigner deux motifs à cet établissement : 1.° L'incapacité naturelle aux roturiers pour porter les armes; 2.° leur inaptitude à posséder les fiefs. Mais on va voir que ces auteurs se trompent, et qu'il est impossible que le droit de Franc-Fief doive son origine à l'un ou à l'autre de ces motifs.

En effet, sur quoi peut être fondée l'incapacité des roturiers pour le service des armes? N'ont-ils pas mille fois donné des preuves du contraire? Les grosses armées qui s'assemblaient avant les croisades, pendant et depuis ces mêmes croisades, étaient-elles toutes composées de nobles, sans aucun mélange de ce qu'on appelle *roturiers*? On voit au contraire que les cités entretenaient, non-seulement du temps des Romains, mais aussi sous nos rois de la première et de la seconde race, des milices levées parmi le peuple, toujours en armes, qui servaient utilement leurs souverains dans leurs guerres : alors on ne connaissait pas la noblesse, et tous les habitans se divisaient en libres, en affranchis et en serfs. Il est vrai que ces milices cessèrent au moment de l'usurpation; mais elles furent autant qu'il fut possible de le faire, rétablies avec le droit des armes, sous les règnes de Louis-le-Gros et de Philippe-Auguste; les serfs même servaient à la guerre : à la bataille de Bouvines, gagné par le même Philippe-Auguste en 1214, trois cents cavaliers armés, qui étaient serfs de l'abbaye de Saint-Médard de Soissons, enfoncèrent un gros de noblesse flamande. Or, si l'on mettait les armes dans les mains des serfs, à plus forte raison devaient-elles être dans celles des roturiers, qui étaient des hommes nés libres.

A l'égard de la prétendue incapacité des roturiers de posséder des fiefs, pour se convaincre combien cette opinion est erronée, il ne faut que jeter les yeux sur le chap. 48 des coutumes du Beauvoisis, par Beaumanoir, qui écrivait vers l'an 1282.

Cet auteur indique les différentes circonstances dans lesquelles les roturiers peuvent posséder des fiefs.

Le premier cas est celui où ils étaient en possession de ces fiefs avant les établissemens de saint Louis.

Le deuxième cas, remarqué par l'auteur, est celui où le roturier épouse une femme noble qui tient un fief de son héritage, ou qui le recueille pendant le mariage : leurs enfans succéderont à ces fiefs, quoique la noblesse ne s'acquière que par le père. A ce sujet, Beaumanoir remarque que « li Francs-Fiefs franchissent la personne, qui est de poete ; en tant comme il est couchant et levant, il use de la franchise du fief ».

Le troisième cas est celui où le roturier qui a épousé une femme noble, vient à retraire lignagèrement un fief vendu par un parent de la ligne de sa femme ; alors, s'il y a des enfans du mariage, ils peuvent eux-mêmes retraire la moitié appartenante à leur père, à titre de conquêt.

Le quatrième cas est celui où le roturier vient à recueillir un fief par droit de succession, le roturier étant capable d'y succéder, soit que le parent auquel il succède soit gentilhomme, ou roturier. Voici comment Beaumanoir explique ce cas important : — « La quinte reson comment li homme de poete peut tenir fief, si est quand il échoit de côté comme au plus prochain, tout fut il, ains int que chil de qui il échiet fut gentilhomme ou homme de poete, car l'intention de l'établissement n'est pas que nus en perde son droit d'héritage, que li doit venir par reson de lignage, ains choit et pour cheque, il ne soit souffert qu'ils ne s'y accroisent par achat ne par échange ».

Enfin le cinquième cas est celui où le roturier a la garde ou bail de mineurs qui sont propriétaires de fiefs.

A la vue de ces faits, de ces anciens monumens, il faut absolument reconnaître que le droit de Franc-Fief n'est pas le prix de la permission accordée aux roturiers de posséder des fiefs ; ils n'avaient pas besoin de cette permission, puisqu'il n'a jamais existé de lois généralement prohibitives à cet égard. Cette prohibition, suivant les auteurs, aurait eu pour cause leur inaptitude au service militaire ; et dans tous les temps nous les voyons figurer dans les armées avec la plus grande distinction. Les Huns, les Vandales, les Francs, ne connaissaient pas même la dénomination de noble ; cependant ils ont détruit le plus formidable des empires. Et de nos jours, n'avons-nous pas vu des esclaves transportés des côtes de Guinée dans nos îles d'Amérique, accabler la noblesse du poids de leurs fers ? La valeur n'est donc pas l'attribut exclusif des nobles. Que faut-il donc de plus pour être propre au service militaire, si l'on y joint l'obéissance aux ordres de celui qui commande ? Et cette obéissance ne doit-elle pas moins coûter à un modeste roturier qu'à un gentilhomme, qui, le plus souvent, a la prétention de commander lui-même ?

Attribuer, comme on le fait communément, l'origine du droit de Franc-Fief à ces deux motifs, l'inaptitude à servir en guerre et à posséder des fiefs, c'est donc choquer tout-à-la-fois les monumens de l'histoire et de la législation, et faire d'un droit légitime un acte de pouvoir arbitraire.

Quelle est donc enfin l'origine de ce droit aujourd'hui si connu, si universellement établi ? Pour la bien connaître cette origine, il faut remonter aux principes de la matière féodale, et aux ordonnances promulguées sur cet objet pendant le cours des treizième et quatorzième siècles.

Les croisades, comme personne ne l'ignore, occasionnèrent un mouvement extraordinaire dans la circulation des propriétés. Les nobles qui possédaient la majeure partie des fiefs, les aliénèrent pour subvenir aux frais de ces expéditions aussi ruineuses que ridicules. Les négocians alors, comme dans tous les temps et dans tous les lieux, propriétaires de l'argent monnayé, se trouvèrent presque les seuls en état d'acquérir, et ils achetèrent en effet une très-grande partie de ces fiefs. Mais ces propriétés étaient grevées de l'obligation de suivre le seigneur à la guerre ; et cette charge réelle et foncière suivait entre les mains de tous les propriétaires, quelle que fût leur condition. Ceux des négocians, acquéreurs de fiefs, qui eurent le bon sens de préférer une profession aussi utile qu'honorable, au stérile et dangereux honneur de suivre les seigneurs dans des expéditions presque toujours aussi futiles qu'injustes, imaginèrent de composer et d'acheter à prix d'argent la libération du service militaire, et de toutes les charges féodales relatives au même service. Les seigneurs à qui le goût des armes n'ôtait pas l'amour de l'argent, puisèrent avec avidité dans cette nouvelle source de richesses ; et l'on vit alors une grande quantité de ces sortes de compositions.

Mais en éteignant les charges du fief servant, ces compositions diminuaient par contre-coup la valeur du fief dominant, et par une conséquence nécessaire, portaient leur influence jusques sur le suzerain, et préjudiciaient de même à tous les fiefs supérieurs, en remontant, par une progression graduelle, jusqu'au domaine de la couronne, dernier terme de la féodalité.

A la même époque, le même désir de se procurer de l'argent détermina pareillement les seigneurs à vendre la liberté aux serfs de leurs terres, et aux ecclésiastiques qui acquéraient dans leurs mouvances, l'affranchissement des devoirs féodaux ; cet affranchissement se nommait *amortissement*.

Ces innovations, cette triple dérogation aux lois féodales, fit sentir aux seigneurs supérieurs, et notamment au roi, la nécessité de surveiller la conduite de leurs vassaux. En conséquence, on établit la jurisprudence des *abrégemens de fief*. Comme le droit de Franc-Fief sort de cette jurisprudence, il faut s'y arrêter un instant.

Soit que l'affranchissement des serfs fût plus commun, soit qu'il fût regardé comme plus préjudiciable aux seigneurs supérieurs, ce fut d'abord à cette innovation qu'ils commencèrent à remédier.

Comme le serf se portait dans les aveux et dénombremens, et que suivant les expressions de la coutume de Vitry, *tels hommes et femmes étaient censés et réputés du pied et partie de la terre*, leur affranchissement diminuait la valeur du fief, et, par une conséquence nécessaire, préjudiciait au seigneur dominant. Mais la condition d'un seigneur ne peut pas être détériorée par le fait de son vassal. De là cette maxime consignée dans les établissemens de Saint Louis: *Nus vavassor ne gentishome ne peut franchir son home de cors, sans l'essentement du baron.*

Si le vassal, au mépris de cette prohibition, affranchissait un serf, il encourait l'amende de 60 livres, et en outre il se faisait, ce que nous voyons encore aujourd'hui toutes les fois qu'il y a démembrement de fief, une dévolution de la mouvance sur la partie démembrée au profit du seigneur dominant, en sorte que le serf affranchi par son seigneur immédiat, retombait dans la servitude du seigneur supérieur. Il fallait donc, pour acquérir une entière liberté, que les serfs achetassent ou obtinsent l'affranchissement de tous les seigneurs médiats, en remontant jusqu'au roi; il fallait *qu'ils fissent confirmer leur franchise par leurs souverains de qui leur sire tient.* Ce sont les termes de Beaumanoir, en ses coutumes du Beauvoisis, chap. 45.

Mais la libération des droits féodaux portait au dominant le même préjudice que l'affranchissement des serfs. En effet, toutes les fois qu'un seigneur vendait à un roturier l'exemption des services féodaux, il s'opérait, de même que dans le cas précédent, une extinction de portion de fief, et par conséquent la seigneurie était démembrée.

Ainsi, comme les serfs de corps que le vassal avait affranchis, étaient acquis au seigneur, quand il n'avait pas donné son consentement à leur manumission, le seigneur devait pareillement gagner l'hommage et les services des héritages et des fiefs dont son vassal avait, sans son aagrément, vendu la libération à des roturiers.

C'est ce que Beaumanoir a très-judicieusement remarqué chap. 45, dans le passage que nous allons transcrire: Tout ainsi, comme nous avons dit ci-dessus, que aucun ne peut franchir son serf sans l'autorité de son par-dessus, et aussi ne peut donner abrégement de services de fief ne franchise d'héritages sans l'autorité de son par-dessus; et si aucun abrège le fief qui est tenu de lui, ou franchit aucun héritage, li sire de qui il muet, a gagné l'hommage et est à plain service ».

Ce qui s'observait ainsi entre le vassal et le seigneur, s'observait ensuite entre ce même seigneur et le seigneur supérieur dont il était le vassal, et entre les autres seigneurs supérieurs, en remontant de degré en degré; c'est-à-dire que si le premier seigneur affranchissait de son autorité les main-mortables de corps qui lui étaient acquis parce que son vassal les avait affranchis sans sa permission, ou s'il affranchissait les héritages et les fiefs dont il avait pris l'hommage et les services, les main-mortables de corps et l'hommage et les services de ces fiefs et de ces héritages étaient acquis au second seigneur, ensuite au troisième; et successivement aux autres seigneurs suzerains ou supérieurs, si le second et le troisième seigneur en usaient de la même manière, parce que chaque seigneur ne pouvait accorder ces affranchissemens sans diminuer ou sans abréger son fief.

De là il suit qu'un arrière-fief ne pouvait point être abrégé sans le consentement de tous les seigneurs dont il était tenu, en quelque degré qu'ils fussent. En effet, si tous ces seigneurs diminuaient ou abrégeaient l'un après l'autre leurs fiefs, en affranchissant, chacun de son autorité, les terres dont ils avaient gagné, ou dont ils avaient pris l'hommage et les services de la manière qu'on vient de l'expliquer, il est évident qu'ils abrégeaient ou qu'ils diminuaient aussi leurs fiefs, lorsqu'ils ne conservaient point l'hommage et les services de ces terres, et qu'ils confirmaient les affranchissemens que leurs arrière-vassaux et leurs vassaux avaient accordés sans leur permission, parce que l'hommage et les services des terres qui étaient ainsi affranchies, leur étant dévolus successivement, ils affranchissaient successivement ces terres, en approuvant ce qu'avaient fait leurs arrière-vassaux et leurs vassaux: par conséquent, si le seigneur le plus éloigné, en remontant de degré en degré, était le seul de tous les seigneurs suzerains qui n'eût point consenti aux affranchissemens de terres et aux abrégemens de fiefs, qui avaient été accordés et faits par des arrière-vassaux, il est incontestable que l'hommage et les services des choses affranchies lui devaient appartenir.

Comme tous les fiefs qui sont dans le royaume, relèvent médiatement ou immédiatement du roi, on ne pouvait donc en abréger aucun sans sa permission, que l'hommage et les services de terres qui avaient été affranchies ne lui fussent dévolus, et que le roi, qui devenait, par ce moyen, seigneur immédiat de ces terres, ne fût en droit de contraindre les possesseurs de les mettre hors de leurs mains.

Mais si le roi pouvait contraindre les roturiers d'abandonner les fiefs ainsi *abrégés* en leur faveur, il avait, par une suite nécessaire, le droit de leur donner ou de leur vendre la permission de les conserver. Voilà l'origine du droit de Franc-Fief; ce droit, il est vrai, est le prix d'une permission accordée aux roturiers de posséder des fiefs: c'est ce qui a trompé les auteurs; ils n'ont pas fait attention que cette permission n'était nécessaire et ne pouvait avoir lieu que dans le seul cas où le roturier avait obtenu de son seigneur immédiat, et de tous les intermédiaires, l'affranchissement des charges et des services ordinaires du fief. Ainsi ce droit, connu sous la dénomination de *Franc-Fief*, doit se définir, du moins si l'on veut se référer à son origine, *le prix de la permission accordée par le roi à des roturiers, à l'effet de posséder des fiefs abrégés.*

C'est en effet uniquement et exclusivement sur les fiefs de cette espèce que nous voyons le droit de Franc-Fief exercé pour la première fois. Voici quel fut à cet égard le progrès des choses.

Nous venons de dire que, suivant la jurisprudence des *abrégemens*, la mouvance des fiefs dont le seigneur avait abonné les services, était dévolue au suzerain;

et que dans le cas où celui-ci donnait à cet abonnement une approbation, soit expresse, soit tacite, la dévolution se faisait graduellement au profit de tous les seigneurs supérieurs, en remontant jusqu'au roi. En conséquence de cette maxime, puisée dans les vrais principes de la matière, vers le milieu du treizième siècle, les sénéchaux, baillis, prévôts, vicomtes et autres officiers royaux, saisirent, au nom du roi, et mirent en sa main tous les fiefs possédés par les roturiers, avec abrégement de services.

Le roi n'étant pas servi de ces fiefs, dont la mouvance lui était cependant dévolue, avait incontestablement le droit de saisir *féodalement par faute d'hommes et devoir non fait.* Mais quoique cette saisie fût très-juste, il n'en existait pas d'exemples, et cette innovation excita dans tout le royaume une réclamation universelle; en conséquence, Philippe III voulut bien ne pas user de ses droits à la rigueur, et par une ordonnance de l'an 1275, il statua, mais pour le passé seulement, à compter de vingt-neuf années, que les roturiers, propriétaires des fiefs hors des terres de ses barons, *avec abrégement de services*, sans son consentement ou celui de ses prédécesseurs, ne seraient point inquiétés au sujet de ces acquisitions, pourvu qu'ils le dédommageassent en lui payant en argent, suivant les différens cas, la valeur de deux, de trois ou de quatre années des fruits du fief abrégé. Voici la traduction littérale de cette ordonnance, publiée en latin au parlement de Noël, l'an 1275: — « Quant aux personnes *non nobles* qui ont acquis des fiefs, s'ils les possèdent *à la charge de rendre les services qui en sont dus,* nous ordonnons à nos officiers de ne pas les inquiéter, mais de les en laisser jouir paisiblement; et en cas que les personnes non nobles aient fait des acquisitions dans nos fiefs ou dans nos arrière-fiefs, *hors des terres de nos barons*, et qu'il n'y ait point trois seigneurs entre nous et la personne qui ait fait l'aliénation, *si les personnes non nobles possèdent avec abrégement de services, et qu'il paraisse que la condition du fief soit détériorée*, ils seront contraints de mettre ces acquisitions hors de leurs mains, ou de nous payer la valeur des fruits de deux années; et si des héritages féodaux ont été convertis en censuels, il nous en sera payé la valeur de quatre années des fruits, ou nos officiers feront remettre les choses en leur ancien état. Nous entendons que la présente ordonnance ait seulement lieu pour le temps passé, et non pour le temps à venir, nous réservant d'y pourvoir selon que le cas y échoira; et notre intention est encore de ne point comprendre dans la présente ordonnance les aliénations qui pourraient nous être à l'avenir tellement préjudiciables, qu'elles ne dussent point être tolérées ».

Une observation importante, c'est que cette ordonnance n'enveloppe pas dans sa disposition tous les roturiers possédant fiefs, mais uniquement ceux qui possèdent *avec abrégement de fiefs, en sorte qu'il paraisse que la condition du fief soit détériorée;* autrement le roturier, possesseur aussi paisible que le gentilhomme, ne doit rien, n'est imposé à aucune taxe. Ainsi, première règle connue en cette matière: le droit de Franc-Fief n'est dû que par le roturier possédant un fief abrégé; ce n'est pas à sa qualité de roturier qu'est attachée l'obligation de payer cette taxe, mais à l'abrégement, à la détoriation du fief.

Encore une fois, telle est la règle fondamentale de cette matière; et même cette règle, aux termes de l'ordonnance de 1275, recevait deux exceptions très-notables: 1.° lorsqu'il se trouvait trois seigneurs entre le roi et le roturier possédant le fief abrégé; 2.° lorsque ce fief était dans la mouvance de l'un des grands barons de la couronne: dans ces deux cas, l'ordonnance n'impose aucune taxe.

Voici les motifs de cette double exception. Lorsqu'il se trouvait trois seigneurs entre le fief abrégé et le domaine de la couronne, le préjudice que l'abrégement portait au roi, était si peu considérable, qu'il ne méritait aucune espèce d'attention. Cependant le préjudice n'en était pas moins réel, et il faut convenir que cette exception est un acte de bienfaisance de la part du législateur. Celle qui est en faveur des barons, n'est pas l'effet d'une volonté aussi libre; alors les grands vassaux de la couronne prétendaient avoir le droit d'exercer dans leurs terres presque toutes les prérogatives régaliennes, notamment celle d'amortir les fiefs acquis par l'église, et de donner à leurs vassaux la faculté d'abréger leurs fiefs. Ces prétentions choquaient le droit de souveraineté, et plus encore les lois féodales, mais nos rois n'étaient pas encore assez puissans pour restreindre le pouvoir des seigneurs dans ses justes bornes.

Quoi qu'il en soit, voilà le premier exemple connu de la perception du droit de Franc-Fief, les vrais motifs de cette taxe, et la manière dont elle fut imposée pour la première fois.

Les choses ont depuis bien changé: cependant elles ne sont parvenues au point où elles sont aujourd'hui que par une progression graduelle. Voici le premier pas.

Comme le mot de *baron* était un nom générique qui convenait à tous les grands seigneurs du royaume, à tous ceux qui portaient bannière à la guerre, la question fut ensuite de savoir quels étaient ces barons dont le roi avait entendu parler dans cette ordonnance, et à qui il semblait avoir réservé le droit d'amortir, parce qu'ils en étaient en possession depuis long-temps sans empêchement de sa part ni de la part de ses prédécesseurs; et chaque grand seigneur se flattant de pouvoir amortir comme auparavant, Philippe III, l'an 1277, fit une seconde ordonnance, que l'auteur des Mémoires anciens attribue faussement à saint Louis, par laquelle il déclara que ce droit n'appartenait qu'aux pairs, mais néanmoins avec cette restriction, que les pairs ne pourraient point abréger leur propre domaine, ni les fiefs qui relevaient d'eux immédiatement, mais seulement leurs arrière-fiefs; et à l'égard des seigneurs non pairs, qu'ils ne pourraient abréger ni leurs domaines, ni les fiefs qui relevaient d'eux immédiatement, ni leurs arrières-fiefs, ce qui doit être entendu des arrière-fiefs dont ils ne se trouvaient point en remontant les troisièmes seigneurs suzerains, suivant l'ordonnance de l'an 1275.

Les pairs eux-mêmes ne jouirent pas long-temps du droit que cette ordonnance leur conservait: cependant il eût été dangereux de choquer de front une prérogative aussi flatteuse ; on s'y prit plus adroitement : on commença par interdire aux pairs la faculté de mettre un prix à la permission d'abréger les fiefs ; on les obligea de donner ces permissions gratuitement. La Thaumassière en rapporte un arrêt du commencement du treizième siècle, contre le duc de Nevers. — Cet arrêt est peut-être ce que le parlement de Paris a fait de plus sage et de plus adroit en faveur de la prérogative royale.

Ce privilége devenu stérile pour les grands seigneurs, leur devint chaque jour plus indifférent, au point que, vers le milieu du quatorzième siècle, ils s'en virent dépouiller sans opposer la moindre résistance. L'ordonnance du roi Charles V, de l'an 1372, peut être regardée comme l'époque de ce changement.

Voilà déjà la couronne ressaisie du droit exclusif de permettre les abrégemens des fiefs, ou, ce qui revient au même, du droit de percevoir seule la taxe du Franc-Fief. Continuons de suivre les progrès de la prérogative royale.

Philippe IV, fils et successeur de Philippe III, imita la modération de son père : il voulut bien ne pas user du droit très-légitime de prendre l'hommage et la mouvance des fiefs et abrégés. Comme ses prédécesseurs, il se contenta des fruits du fief pendant un temps déterminé. Voici l'ordonnance qu'il fit à cet égard au parlement de Noël de l'an 1291 : « A l'égard des personnes non nobles qui ont acquis de nos fiefs et de nos arrière-fiefs *hors des terres de nos barons*, sans notre consentement, si, entre nous et la personne qui leur a transporté ces biens, il n'y a pas trois seigneurs ou plus, nous ordonnons que ces personnes nous payent *l'estimation de trois années en cas qu'il y ait abrégement de services ;* et que de plus ils nous dédommagent, à cause de la détérioration du fief, à dire de prud'hommes que nous commettrons à cet effet ; car notre intention est que nos commissaires ordonnés sur le fait de nos finances les augmentent, s'il est possible, au-delà de ce qui est dit ci-dessus, sans qu'ils puissent les diminuer de quelque manière que ce soit. Nous entendons que la présente ordonnance ait seulement lieu pour le temps passé et non pour l'avenir, nous réservant d'y pourvoir selon que le cas y échéra ; et notre intention est encore de ne point comprendre dans la présente ordonnance les aliénations qui pourraient nous être si préjudiciables, qu'elles ne doivent aucunement être tolérées ; et comme dans les sénéchaussées du Périgord, de Carcassone, de Beaucaire, de Toulouse, de Rodez, les héritages sont plus chers que dans les autres provinces, nous voulons qu'on y exige et qu'on y lève le double de la finance pour les choses qui ont été spécifiées ci-dessus ».

On retrouve dans cette ordonnance le même esprit général que dans celle de 1275 : la taxe de Franc-Fief y est de même restreinte au cas qu'il y ait abrégement de services ; on y voit pareillement les deux exceptions en faveur *de nos barons* et des roturiers qui avaient trois seigneurs intermédiaires entre eux et le roi. La seule différence notable entre ces deux lois, c'est que dans la deuxième, la taxe est plus considérable, ce qui prouve qu'alors elle était purement arbitraire ; cet arbitraire avait lieu non seulement pour la quotité, mais pour le temps de la perception, puisqu'il ne se trouve qu'un intervalle de seize ans entre les deux ordonnances.

Les changemens que nous avons remarqués jusqu'ici, n'ont pour objet que la forme de la perception, et les personnes qui peuvent imposer le droit. Nous allons voir une innovation bien plus considérable. Dans une ordonnance du mois de mars de l'an 1320, Philippe-le-Long perd de vue l'origine, l'objet et le motif de cette taxe. Oubliant qu'elle n'est autre chose que la juste indemnité due à la couronne pour l'abrégement des fiefs, il impose indistinctement tous les roturiers, en observant néanmoins quelques différences entre ceux qui remplissaient tous les devoirs de la féodalité et ceux qui avaient obtenu l'abonnement. Voici les termes de cette loi, qui fait époque dans cette matière, et forme la nuance entre le droit primitif et l'état actuel des choses : — « A l'égard des personnes non nobles qui ont acquis des fiefs ou des arrière-fiefs nobles sans notre consentement, et sans le consentement de nos prédécesseurs, *lorsqu'il n'y aura point trois seigneurs entre nous et la personne dont elles ont acquis*, elles nous payeront trois années de fruits, si elles possèdent ces fiefs ou ces arrière-fiefs à la charge d'en rendre tous les services ; et si elles les tiennent avec abrégement ou avec affranchissement de services, elles nous payeront la valeur de quatre années des fruits ».

On ne reconnaît plus dans cette ordonnance le droit primitif ; du moins les traces qui en restent, sont si légères, qu'on les aperçoit à peine. Oubliant le vrai, le seul motif de l'établissement du droit, le législateur y assujétit indistinctement tous les roturiers à l'exception de ceux qui ont trois seigneurs entre eux et le roi, exception qui ne tardera pas à disparaître.

C'est ainsi, c'est par cette ordonnance de 1320, que tous les roturiers ont été assujétis au droit de Franc-Fief ; les différentes modifications que ce droit a reçues depuis, sont consignées dans tous les ouvrages sur cette matière ; il ne faut que lire pour en être instruit ; mais l'origine de ce droit n'est pas à beaucoup près, aussi connue, cependant elle mérite de l'être.

§. II. *Les héritages sont-ils présumés nobles ou roturiers ?*

Cette question, qui n'aurait jamais dû naître, a néanmoins été élevée plus d'une fois. L'arrêt que nous allons rapporter, juge de la manière la plus formelle que la présomption est toujours pour la roture.

Les fermiers des droits de Francs-Fiefs avaient obtenu au conseil du roi, le 13 septembre 1723, un premier arrêt qui, en ordonnant l'exécution des règlemens précédens pour le recouvrement des droits de Franc-Fief, avait statué que les habitans roturiers de la province du Berry seraient tenus de payer les droits de Franc-Fief pour les fiefs et biens nobles qu'ils possédaient ; et au cas qu'ils prétendissent que les héritages pour lesquels ils se trouvaient compris dans les rôles ou contraintes, étaient en roture, le même arrêt les astreignait à le justifier par des déclarations en bonne forme, fournies au seigneur dont ils relevaient, contenant les cens et devoirs dont ils étaient chargés, sinon que ces héritages seraient censés être en fief. — Sur ce premier arrêt, qui n'était que sur requête, les maires, échevins et habitans des villes de Bourges, Issoudun, Vierzon, la Châtre, et autres de la province du Berry, se pourvurent au conseil du roi, où ils demandèrent d'être reçus opposans à cet arrêt; en conséquence que le franc-alleu roturier fût déclaré naturel dans toute l'étendue de la coutume du Berry, et que les habitans fussent maintenus et gardés dans le droit de posséder leurs terres et héritages y situés en toute liberté et franchise. — Les habitans et officiers municipaux des villes du Berry fondaient leur opposition à cet arrêt sur deux moyens différens. — Le premier était que le franc-alleu ayant lieu, selon eux, dans la coutume du Berry, on n'avait pu les condamner par l'arrêt, à justifier que les terres qu'ils ne tenaient point en fief, relevaient de quelque seigneur. — Mais ils ajoutaient que quand bien même le franc-alleu ne serait point de droit commun dans la province, ils n'auraient pas besoin de justification pour prouver que les héritages étaient en roture, et non en fief, parce qu'il est de principe que tous les héritages sont nés roturiers, que la nature les a faits tels, au lieu que les fiefs n'avaient pu le devenir sans des concessions particulières et des formalités; qu'ainsi, si les fermiers des droits de Franc-Fief prétendaient que les héritages des habitans du Berry fussent féodaux, c'était à eux à le justifier, et non aux habitans à prouver qu'ils étaient en roture, puisque c'était leur état naturel. — Dans ces circonstances, le conseil a rendu, le 15 novembre 1724, un second arrêt qui « ayant aucunement égard aux requêtes des maires, échevins et habitans des villes et lieux de la province du Berry, les reçoit opposans à l'arrêt du 13 septembre 1723, en ce qu'il ordonne qu'en cas qu'ils prétendissent que les héritages pour lesquels ils se trouveraient compris dans les rôles ou contraintes, étaient en roture, ils seraient tenus de le justifier par des déclarations fournies au seigneur, contenant les cens et devoirs dont lesdits héritages sont chargés, sinon que lesdits héritages seraient censés et réputés être en fief ». (M. HENRION DE SAINT-AMAND.) *

[[Cette décision a été confirmée par une autre rendue en faveur du sieur Richer, maître de la poste aux chevaux, à Mayenne. — Depuis un temps immémorial, ce particulier et ses auteurs avaient possédé comme roture la maison de l'Aigle-d'Or ou de la Juiverie, à Mayenne. L'adjudicataire général des fermes a néanmoins décerné contre lui, le 3 janvier 1777, une contrainte en payement d'une somme de 1140 liv. pour droits de Franc-Fief. Le sieur Richer a produit ses titres; l'adjudicataire lui a opposé un seul aveu du duché de Mayenne, rendu au roi le 28 juin 1669, et dans lequel l'auberge de la Juiverie était désignée comme relevante à foi et hommage-lige de ce duché. — Le 13 juillet 1777, ordonnance de l'intendant de Tours, qui « condamne le sieur Richer à rapporter des déclarations et obéissances féodales, antérieures et postérieures à l'aveu du 28 juin 1669, qui justifient la directe censive de la maison de l'Aigle-d'Or, par leur assujétissement à un cens, etc., sinon, et à faute d'y satisfaire dans un mois, le condamne à faire au bureau de Mayenne, sa déclaration exacte et détaillée, pour être procédé à la liquidation du droit de Franc-Fief, et huit sols pour livre, et payer ledit droit, et aux dépens ». Le sieur Richer paye comme contraint, et se pourvoit au conseil contre cette ordonnance: il produit, 1.° une déclaration du 4 janvier 1571, qui porte que la maison dont il s'agit, est tenue en censive, et contribuable au payement de la taille; 2.° un bail à rente de 1697, dans lequel cette maison est désignée sous la qualité de roture; 3.° un déclaration de 1733, faite aux assises de Mayenne, portant la même chose; 4.° sa propre déclaration de 1776, antérieure par conséquent à la contrainte du fermier, qui prouve que cette maison est tenue en censive du duché de Mayenne, etc. — A ces titres et à d'autres qu'il serait trop long de rapporter, l'adjudicataire général des fermes n'oppose que l'aveu du duché de Mayenne, du 28 juin 1669; mais le sieur Richer soutient que cet aveu est un titre solidaire et informe, qu'il a été blâmé dans plusieurs points, qu'il n'a pas été reçu, et n'a jamais servi de titre au seigneur de Mayenne: qu'il n'existe aucun aveu, aucun registre, aucune mention dans les anciens répertoires, qui reportent cette maison comme hommagée; que de tout temps elle a été désignée, vendue, partagée comme roture; qu'enfin elle est de nature censuelle; que des actes de famille, des déclarations en forme, reçues par le seigneur, la constituent telle, et qu'elle n'a aucun des caractères qui désignent un fief. — Il termine sa défense, en observant qu'il ne doit point être permis à l'adjudicataire général des fermes de changer à sa volonté, et pour son intérêt, la nature des biens, de transformer en fief ce qui est roture, et de troubler ainsi la possession des particuliers. — Sur ces moyens, décision du conseil, du 7 septembre 1778, qui porte: « La nobilité de la maison dont il s'agit, n'étant pas suffisamment établie (par un seul aveu blâmé), le droit de Franc-Fief, payé pour raison de cette maison, sera restitué au sieur Richer, sauf à l'adjudicataire à justifier plus amplement que cette même maison est de nature et qualité féodale ».

Au surplus, *V. Fief*, sect. 2, §. 2.

§. III. *Abolition du droit de Franc-Fief.*

Le droit de Franc-Fief a nécessairement cessé avec le régime féodal, dont la destruction a été, comme l'on sait, décrétée le 4 août 1789. Cependant l'assemblée constituante a cru devoir en prononcer l'abolition par une loi spéciale: cette loi a été rendue le 28 septembre de la même année, mais elle n'a été rendue que *conformément aux décrets du 4 août*; et conséquemment par surérogation.

Mais, ce qui n'était pas surérogatoire, la même loi a prononcé « l'abolition des droits de Franc-Fief ouverts, et la cessation de toute recherche et poursuite pour cet objet ».]]

* FRANC-HOMME. Il est beaucoup parlé des Francs-Hommes dans les monumens du moyen âge: on donnait cette dénomination à tous ceux qui pos-

sédaient des fiefs, sans distinction des nobles et des roturiers, avec cette différence néanmoins que les nobles jouissaient d'une franchise absolue, au lieu que les roturiers n'étaient francs que lorsqu'ils demeuraient sur leur fief. Ainsi, Franc-Homme ne veut pas dire homme libre; cette expression désigne celui qui, à raison d'un fief, est affranchi des servitudes auxquelles les roturiers ou vilains étaient communément assujettis.

Il est parlé de la franchise que communiquaient les fiefs, dans les *Conseils* de Desfontaines, chap. 3; dans Beaumanoir, chap. 48; et dans la *Somme rurale* de Boutillier, liv. 2, tit. 10.

C'est ce privilége qui a donné naissance au préjugé qu'autrefois les fiefs anoblissaient : c'est une équivoque, ils affranchissaient les roturiers, mais ils ne les anoblissaient pas.

Loysel a donné lui-même dans cette méprise, et il en fait une règle dans ses *Institutes*: c'est la 9.e du tit. 1; elle porte : « Nobles étaient jadis, non-seulement les extraits de nobles races en mariage, ou qui avaient été anoblis par lettres du roi, ou pourvus d'offices nobles, *mais aussi ceux qui tenaient fief*, et faisaient profession des armes ».

Sur la foi de cet auteur et de plusieurs autres, on répète encore tous les jours que telle était autrefois la prérogative des fiefs; mais Laurière, le jurisconsulte moderne le mieux instruit de nos antiquités, dit très-expressément, sur la règle de Loysel, que nous venons de citer : « Les fiefs n'anoblissaient point anciennement, mais ils affranchissaient seulement les roturiers tant qu'ils demeuraient dessus ».

La définition que nous venons de donner de ce mot *Franc-Homme*, rend très-intelligible la règle 30, liv. 1, tit. 1, des *Institutes* de Loysel, qui porte: « Moult plus est tenu le Franc-Homme à son seigneur par l'hommage et l'honneur qui lui doit, que l'est le vilain pour ses rentes payant ».

Suivant cette règle, le Franc-Homme doit l'hommage, et l'hommage est le premier devoir de la féodalité; le Franc-Homme est donc celui qui possède un fief : d'un autre côté, comme le vassal a plus d'obligations à remplir envers le seigneur que le censitaire, il est très-vrai de dire, comme le porte cette règle, que le Franc-Homme est plus tenu à son seigneur que n'est le vilain, c'est-à-dire, celui qui ne doit que des cens et rentes.

L'un des priviléges des roturiers Francs-Hommes, lorsqu'ils étaient *couchans et levans* sur leurs fiefs, était de ne pouvoir être *semons*, c'est-à-dire, ajournés du soir au matin, ou du matin au soir, comme les autres vilains; mais à quinzaine, comme les nobles. (M. H.....) *

[[*V.* l'article *Langle.*]]

* FRANCHE-AUMONE. En général, on appelle *aumônes* les propriétés de l'église. *Eleemosinæ*, dit du Cange, *dicuntur ecclesiarum possessiones.* Ce glossateur ajoute avec Bracton : *Eleemosinæ sunt tenementa quæ conceduntur ecclesiis....* Ainsi une aumône n'est autre chose qu'une libéralité envers l'église.

§. I. *Détail et effets des différentes manières de donner à l'église un immeuble féodal. Véritable caractère de la Franche-Aumône.*

Il faut d'abord considérer si l'auteur de la libéralité donne sa seigneurie ou partie de cette seigneurie, s'il donne son fief ou dans son fief. Au premier cas, c'est-à-dire, lorsqu'il donne le fief entier, l'universalité de la seigneurie, il transmet nécessairement la féodalité avec la glèbe; il donne en aumône, mais il ne peut pas imprimer à sa libéralité le caractère de la pure aumône. « Si un tenant (dit Littleton), donne à un abbé ses tenemens en pure aumône, ces termes, *pure aumône*, sont nuls..... Ainsi qu'un propriétaire d'un fief par service de chevalier donne, même avec la permission de son seigneur, sa terre à un abbé; cet abbé tiendra immédiatement du seigneur par service de chevalier, et il ne tiendra pas à pure aumône du donateur..... ».

On voit clairement, par la manière dont ce passage est conçu, qu'il ne s'adapte et ne peut s'adapter qu'à la donation d'un fief entier: c'est ce qui résulte de ces mots, *si le propriétaire d'un fief..... donne sa terre*; alors la donation emporte la transmission de la féodalité; cette donation est une aumône et non pas une pure aumône; elle ne peut pas même en être une, et ces termes, *pure aumône*, seraient nuls, quand même ils seraient apposés à la donation.

Le motif de cette décision est facile à saisir. En transmettant un fief entier, le donateur ne peut le donner que comme il le possède : c'est ce que dit très-bien l'ancien coutumier de Normandie; *aucun ne peut aumôner aucune terre, fors ce qu'il y a.* S'il en était autrement, si le vassal pouvait affranchir le fief qu'il donne, des charges dont il est grevé, il préjudicierait au seigneur dominant, ce qui ne peut pas être.

Ainsi, dans cette espèce de donation, la transmission de la féodalité s'opère nécessairement sans aucune stipulation, et par le seul fait que la libéralité embrasse la totalité du fief. — Passons au second membre de notre distinction, au cas où l'auteur de la libéralité donne dans son fief et partie de son fief, s'en réservant le surplus.

Cette donation peut s'opérer de quatre manières: — 1.° Lorsque le seigneur donne expressément la féodalité avec la glèbe qu'il aliène, et cela purement et simplement, et sans se réserver la foi; — 2.° Lorsqu'il donne par la voie du jeu de fief, sans démission de foi et avec réserve de l'hommage ou d'un cens sur la partie aliénée; — 3.° Lorsqu'il grève cette partie aliénée, non de l'hommage ni d'aucun service temporel, mais de telles ou telles prières qu'il spécifie; — 4.° Enfin, lorsqu'il donne cette glèbe, *libère et absolute*, sans aucune espèce de réserve; mais aussi sans aucune mention, ni de la foi, ni de la féodalité, sans exprimer s'il la transmet, ou s'il la conserve.

Cette dernière espèce de donation constitue seule *la tenure en Franche-Aumône.* Les trois premières ont des caractères tout-à-fait différens; il est très-intéressant de ne pas les confondre.

Depuis que les fiefs sont dans le commerce, il est permis d'en disposer comme de tous les autres immeubles, c'est-à-dire, en tout ou en partie. Lorsque le propriétaire en aliène seulement une partie, la division ne tombe que sur la glèbe, le tout relève du même seigneur et sous un seul hommage, comme avant l'aliénation. Mais pour cela il est nécessaire que la féodalité soit transmise avec le domaine, que le propriétaire déclare qu'il aliène cette partie de son fief comme fief et avec les prérogatives et les charges féodales. Ces choses-là sont connues de tout le monde.

Lorsqu'une donation à l'église est ainsi conçue, c'est une aumône et non une Franche-Aumône. L'église tient en fief de la même manière que le donateur; l'un et l'autre relèvent du même dominant et sous le même titre d'hommage.

Si, en donnant la glèbe, le donateur n'a pas transmis la foi, si, au contraire, il a fait l'aliénation sans démission de foi et à la charge par le donataire de lui porter l'hommage, en ce cas, comme dans le précédent, la donation est encore simplement en aumône et non en pure aumône. L'église possède encore en fief, mais d'une autre manière.

Dans tous les temps, il a été permis aux possesseurs ou propriétaires de fiefs, d'en sous-inféoder une partie. Il est très-vraisemblable que cette liberté était indéfinie dans le premier âge du système féodal. On la restreignit ensuite, quant à la quotité; enfin, on en a déterminé la forme.

Ces sous-inféodations se nommaient autrefois *démembrement de fief;* et l'on distinguait deux espèces de démembremens, l'un légal, l'autre illicite. Le démembrement légal était celui qui n'excédait pas les bornes de la coutume ou de l'*assise,* comme on s'exprimait alors. Aujourd'hui ce démembrement légal s'appelle *jeu de fief.* Cette espèce d'aliénation est autorisée par toutes les coutumes.

Le jeu de fief peut se faire de deux manières, par sous-inféodation ou par acensement. La sous-inféodation établit un fief mouvant de celui dont il est séparé, et l'acensement forme une roture dans la dépendance censuelle du même fief.

Il y a sous-inféodation, lorsque celui qui aliène grève la partie dont il se joue, de l'hommage et des devoirs féodaux envers la partie qu'il retient. L'acensement a lieu lorsqu'en place de l'hommage, la glèbe aliénée est chargée d'une prestation censuelle. Mais dans l'un et l'autre cas, pour qu'il y ait jeu de fief, il est absolument nécessaire que celui qui aliène, déclare qu'il retient la foi : sans cette déclaration, point d'acensement, point de sous-inféodation : *sans démission de foi,* dit la coutume de Normandie; *pourvu qu'il retienne la foi,* porte celle de Paris.

Le propriétaire reporte à son dominant la foi ainsi retenue, de la même manière qu'il faisait avant l'aliénation ou jeu de fief.

Lorsque le propriétaire a rempli ces deux formalités, qu'il a retenu la foi et qu'il a grevé de l'hommage la partie aliénée, alors il y a sous-inféodation, et l'objet ainsi aliéné relève en fief de celui dont il a été détaché.

La donation à l'église de partie d'un fief dans cette forme, constitue une aumône, et non une pure aumône; cela est évident. L'église tient encore en fief, non comme dans les deux premiers cas, du seigneur dominant, mais de son bienfaiteur.

Ainsi, voilà trois espèces de donations en aumône qui forment des fiefs dans les mains de l'église.

Celle dont nous allons parler, produit un effet à peu près semblable. C'est la troisième manière de donner à l'église, lorsque la donation n'est que d'une partie du fief.

Cette espèce d'aumône consiste à grever l'objet donné, non de services temporels et féodaux, mais de devoirs spirituels que l'acte désigne et spécifie. Littleton a très-bien développé le caractère et la nature de cette espèce de tenure; il remarque très-judicieusement qu'elle ne forme pas une Franche-Aumône; en effet, la donation est grevée d'une charge; et cette charge subrogée aux droits féodaux en forme l'équivalent, et conserve à l'objet donné l'empreinte de la féodalité.

Cette tenure n'est pas en Franche-Aumône, parce qu'elle est grevée. A la vérité, elle ne doit pas l'hommage; cependant elle n'est pas de la sphère de la féodalité, l'hommage étant représenté par le service divin. Mais un fief peut-il exister sans l'obligation de porter la foi? Oui : cette formalité n'est pas de nature du fief, la fidélité seule en constitue l'essence, *substantia feudi in solâ fidelitate consistit;* et cette fidélité, l'église la doit au seigneur pour cette espèce de tenure : *ils doivent féauté au seigneur pour cette tenure.* Ce sont les termes de l'auteur.

Dans ce cas, de même que dans les trois précédens, l'église tient encore en fief et avec les prérogatives féodales : à la vérité, elle ne doit que la fidélité ou *féauté* et non l'hommage; mais la fidélité suffit pour constituer un fief.

Voilà donc quatre espèces de donations qui transmettent à la main-morte la féodalité de l'immeuble donné. Dans les deux premières, dont l'une embrasse la totalité du fief, et l'autre ne frappe que sur une partie, le fief qui forme l'objet de la libéralité, relève du même seigneur qu'avant la donation. Les deux autres transportent également la féodalité, mais avec cette différence qu'elles opèrent des sous-inféodations; en sorte que la main-morte tient à cet égard du donateur et non du dominant; avec cette autre différence encore, que la première de ces deux donations est la seule qui impose à l'église la nécessité de porter la foi et que dans la deuxième elle ne doit que la fidélité sans hommage.

Aucune de ces quatre donations n'est en Franche-Aumône, mais simplement en aumône, et la raison en est bien sensible : c'est que toutes sont grevées et que la Franche-Aumône rejette toute espèce de charge. Si l'une de ces donations pouvait prétendre au titre de Franche-Aumône, ce serait sans contredit la dernière, celle qui est par *service divin,* puisqu'elle est affranchie de tout devoir temporel; mais elle doit la féauté, elle forme en conséquence un véritable fief, et c'en est assez pour que les auteurs lui refusent la qualification de Franche-Aumône. *Cette tenure ne constitue point une Franche-Aumône.* Ce sont les termes de Littleton *(it is Land given in* alms. *But. Nat., in free al ms* Briton, chap. 66).

Qu'est ce donc que la véritable tenure en Franche-

Aumône? C'est ce qu'on va déterminer : on a cru devoir présenter d'abord ces distinctions, elles peuvent servir en effet à mettre plus d'ordre dans les idées, à fixer l'état de la question d'une manière plus précise.

La tenure en Franche-Aumône est, comme nous l'avons annoncé, la quatrième manière de donner une partie de son fief. Quels sont les caractères qui distinguent cette espèce de donation?

Puisque la réserve de l'hommage, du devoir le plus modique, fût-il même spirituel, suffit pour exclure toute idée de Franche-Aumône, il est clair que cette tenure ne s'établit que dans le cas où le donateur ne s'est absolument rien réservé. C'est aussi la définition que nous en donnent, et l'ancien coutumier de Normandie, et l'auteur que nous avons déjà cité : « On appelle tenant en Franche-Aumône (dit Littleton, sect. 133), un abbé ou un prieur qui a reçu un fonds d'un seigneur sans aucune charge, *in liberam eleemosinam* ». On trouve la même définition dans l'ancien coutumier de Normandie, ch. 32 : « La pure aumône, c'est en quoi le donateur ne retient aucune droiture ».

Voilà le caractère distinctif de la pure aumône bien nettement déterminé. L'église tient en pure aumône toutes les fois que la donation est de partie d'un fief, et que cette donation ne renferme aucune espèce de réserve.

Mais quelle est la nature de cette espèce de tenure? est-elle allodiale?

La tenure en Franche-Aumône n'est pas allodiale; cela ne peut pas faire la moindre difficulté. *Tenure*, dit l'ancien coutumier de Normandie, *est la manière par quoi les tenemens sont tenus des seigneurs*. Puisque la donation en Franche-Aumône établit *une tenure*, par cela seul, l'objet ainsi donné ne peut pas être allodial; à la vérité, dans cette espèce de donation, le seigneur ne retient aucune charge, mais aussi il n'affranchit pas l'église de la mouvance; et pour convertir un fief en alleu, il faut cet affranchissement de mouvance, il faut de plus qu'il soit confirmé par tous les suzerains, en remontant jusqu'au roi.

En un mot, l'alleu *ne reconnaît supérieur en féodalité*, et toute espèce de tenure relève d'un seigneur.

Mais quel rang occupe, dans l'ordre de la féodalité, la tenure par aumône? Nous disons qu'elle relève d'un seigneur. Voyons d'abord de quel seigneur: nous examinerons ensuite à quel titre.

L'aliénation de partie d'un fief peut se faire, et se fait même le plus souvent, de manière que la partie aliénée continue de relever du même seigneur qu'auparavant. Cela arrive toutes les fois que le propriétaire d'un fief en aliène une partie purement et simplement, et qu'il transporte la féodalité avec le domaine. La division alors ne tombant que sur la glèbe, la mouvance ne reçoit aucune altération, et les deux propriétaires reportent chacun leur portion sous le même titre de fief : à l'égard des devoirs féodaux, chacun les remplit et les paye proportionnément à ce qu'il possède.

Mais la tenure en Franche-Aumône répugne à cette obligation : en effet, elle ne serait pas franche, si elle était assujétie à quelques devoirs, surtout à des devoirs temporels.

Aussi voyons-nous que les donations qui portent le vrai caractère de la Franche-Aumône, ne renferment pas la transmission de la féodalité avec celle de la glèbe. S'il en était autrement, cette féodalité serait dévolue au seigneur dominant, il en exercerait les droits, et dès-lors point de Franche-Aumône.

Si cela est, si par la nature même de la pure Aumône, le dominant perd la mouvance immédiate sur la partie du fief donné à ce titre, cet objet ne relève donc plus de lui; cependant le fief ainsi donné est encore dans la sphère de la féodalité. C'est une tenure, il est donc nécessaire qu'il relève de quelqu'un; il relèvera donc du donateur propriétaire du fief.

C'est aussi ce que nous apprennent Littleton et l'ancien coutumier de Normandie : — « L'on ne peut tenir (dit le premier, sect. 141), en pure Aumône que de son donateur et de ses hoirs ». — « Ceux tiennent par Aumône (dit le second, chap. 32), qui tiennent des terres données en pure Aumône..... et tiennent d'iceux (donateurs) comme de patrons ».

Ainsi, la tenure par Aumône, distrait comme l'on voit, l'objet aumôné de son ancienne mouvance, pour le placer sous celle du donateur; c'est de ce donateur qu'il relèvera désormais, cela sort même de la nature des choses, et Littleton nous dit que cela ne peut pas être autrement.

Maintenant que nous savons que la donation en Franche-Aumône doit nécessairement être faite sans démission de foi, que la Franche-Aumône forme une *tenure*, et que cette tenure est sous la mouvance du donateur, rien de plus facile que de définir la donation en Franche-Aumône.

Qu'est-ce donc qu'une donation en Franche-Aumône? *C'est un jeu de fief.*

Tous les seigneurs peuvent se jouer de leur fief; dans quelques coutumes, de la totalité du domaine; dans le plus grand nombre, d'une partie seulement.

Le seigneur qui se joue de son fief en faveur d'un laïque, ne peut le faire que de deux manières, par sous-inféodation ou par bail à cens.

Si c'est en faveur de l'église que le seigneur se joue de son fief, il peut le faire de trois manières : par sous-inféodation, par bail à cens, et par la voie de la Franche-Aumône.

Le seigneur a donné en fief, lorsqu'il a stipulé l'obligation de lui rendre hommage; il a donné à cens lorsqu'il a grevé la portion aliénée de prestations roturières.

Le seigneur s'en joue par la voie de la Franche-Aumône, lorsque, donnant à l'église sans démission de foi, sans réserve d'aucune prestation, la totalité ou partie de son domaine, suivant les coutumes, il a déclaré dans l'acte qu'il donnait en Franche-Aumône, *in puram eleemosinam*.

Cette espèce de jeu de fief, est d'une institution très-ancienne; on l'imagina dès les premiers temps de la féodalité, pour échapper à la loi qui exige que le jeu de fief se fasse avec la rétention de l'hommage ou d'un cens, afin d'ouvrir un champ plus vaste à la pieuse libéralité des seigneurs.

Quoique ces notions soient très-simples, cependant, il peut s'élever des difficultés sur leur application; sur le point de savoir si tel acte renferme une aliénation avec démission de foi, une abdication absolue de la mouvance, ou bien une Franche-Aumône.

Il y a des circonstances où l'on doit présumer cette tenure en Franche-Aumône; il en est d'autre où il faut qu'elle soit établie par une convention expresse; il en est enfin qui en éloignent jusqu'à l'idée.

Pour juger si la main-morte tient en Franche-Aumône, il y a d'abord une distinction à faire : l'immeuble dont il s'agit de déterminer la nature, était féodal ou censuel lorsqu'il est passé dans les mains de l'église; s'il était féodal, autre distinction.

Le propriétaire l'a transmis à l'église avec ou sans démission de foi : dans le premier cas, point de Franche-Aumône : lorsque le seigneur a aliéné *sans démission de foi*, point encore de difficulté : s'il a grevé la partie aliénée, de l'hommage ou d'un cens, l'église tient en fief ou en censive. Mais lorsque le seigneur sans parler de la foi ni de la mouvance, sans stipuler la réserve de cette mouvance, ni la prestation d'aucun devoir, s'est contenté de dire que l'église posséderait *en Franche-Aumône*, on peut mettre en problème si l'église tient en fief, soit du seigneur donateur, soit plutôt du seigneur supérieur.

Ce problème se résout par la distinction suivante :

L'aliénation est à titre onéreux ou à titre gratuit. Lorsque le seigneur a donné *in puram eleemosinam*, alors sans rétention de foi, sans imposition d'aucun devoir, sans aucune espèce de convention, la nature seule de l'aliénation emporte la réserve de la mouvance : on présume que s'il n'a pas grevé l'église d'un devoir seigneurial c'est un effet de sa piété. On ne va pas jusqu'à lui supposer l'intention d'abdiquer le domaine direct : voilà le cas où la Franche-Aumône doit se présumer.

La chose est bien différente lorsque l'aliénation est à titre onéreux. En général, il est possible, par contrat de vente comme par donation, d'établir une tenure en Franche-Aumône, le seigneur qui vend, peut, comme celui qui donne, affranchir l'objet qu'il transmet à l'église des droits et des devoirs seigneuriaux, et néanmoins s'en réserver la mouvance; mais il faut que cette réserve soit stipulée; on ne la présume jamais : lorsqu'elle n'est pas écrite, l'aliénation est réputée faite avec démission de foi, et l'église possède aussi noblement que son vendeur, aux mêmes conditions, et sous la dépendance du même seigneur.— Cette différence entre l'aliénation à titre onéreux et l'aliénation à titre gratuit, est fondée sur quatre motifs principaux. 1.° Il est de la nature du contrat de vente d'emporter l'expropriation absolue du vendeur. 2.° Lorsqu'il y a dans un acte de vente de l'obscurité, des équivoques, on les interprète contre le vendeur, *qui debebat apertiùs legem dicere*. 3.° La réserve de la mouvance qu'on présume dans le cas de la donation, est une espèce d'indemnité qu'on a cru devoir accorder au donateur : dans les contrats de vente, point d'indemnité, puisque le vendeur a reçu le prix de sa chose. 4.° C'est par des motifs absolument personnels à l'église, qu'on donne à ses ministres. Si le donateur n'a pas grevé de droits seigneuriaux l'immeuble qu'il consacrait au culte des autels, c'est uniquement par piété, par respect pour la religion : au contraire, nulle différence entre la vente faite à l'église et la vente faite à des laïques : dans l'une et dans l'autre, l'intérêt est le seul mobile; les effets doivent donc être identiques, puisque la cause est la même.

Enfin il existe une troisième espèce d'aliénation, qui exclut toute idée de Franche-Aumône : c'est, comme nous l'avons déjà dit, lorsqu'il y a démission de foi, lorsque le propriétaire du fief a déclaré qu'il aliénait, non-seulement la glèbe, mais la seigneurie, mais le domaine direct. Ici nulle différence entre la donation et la vente; soit qu'il ait donné ou vendu, le seigneur est également exproprié : en effet, il est impossible de se livrer à des conjectures sur son intention, elle est écrite; et puisqu'il a déclaré lui-même qu'il abdiquait la mouvance, comment pourrait-on supposer qu'il se l'est réservé? Ce serait contre sa volonté, contre la foi des conventions, qu'on lui conserverait la directe, et la loi peut bien suppléer aux conventions, et les interpréter, mais jamais les détruire.

Lorsque c'est un immeuble censuel qui passe dans les mains de l'église, la règle est la même, à cette différence près, que le censitaire ne peut ni vendre ni donner en Franche-Aumône, parce que le propriétaire d'un héritage roturier ne peut pas s'en réserver la mouvance.

Mais comme on peut se jouer, non-seulement du domaine, mais des mouvances de son fief, comme on peut également aliéner l'un et l'autre, le seigneur de l'héritage que l'église acquiert, peut en former une tenure en Franche-Aumône, ou le transformer en fief, soit en intervenant dans le contrat d'aliénation, soit par un acte postérieur.

On juge des effets de cet acte par les distinctions que nous venons de présenter. — Si c'est gratuitement que le seigneur affranchit l'immeuble censuel, la mouvance demeure entre ses mains, quoiqu'il ait omis d'en stipuler la réserve; et l'église tient de lui en Franche-Aumône. — S'il reçoit le prix de cet affranchissement, l'aliénation du sens emporte de plein droit l'abdication du domaine direct, le seigneur ne peut le conserver qu'en vertu d'une convention expresse. — Enfin, si le seigneur va jusqu'à la démission de la foi, s'il ne se contente pas d'affranchir l'héritage grevé, s'il déclare qu'il cède, qu'il transmet à l'église la seigneurie de cet héritage, alors, que l'aliénation soit à titre onéreux ou gratuit; plus de dépendance; les liens de la féodalité sont rompus; et l'héritage censuel, anobli par la réunion du domaine direct au domaine utile, monte d'un degré l'échelle féodale, et se trouve placé sur la même ligne et sous la même mouvance que le fief dont il relevait auparavant.

Cette espèce rentre sous l'empire du droit commun; il n'y a de dérogation aux lois féodales que pour la tenure en Franche-Aumône; dans tous les autres cas, l'église possède comme les laïques, sa condition est la même : elle est sans privilége comme sans défaveur. Pour connaître les effets d'une pareille abdication de la directe, il faut donc recourir aux règles générales : ces règles, les voici :

Lorsque le propriétaire d'un fief en aliène une partie par vente pure et simple et avec démission de foi, lorsqu'avec la glèbe il transmet la seigneurie, la partie aliénée conserve sa nature féodale, demeure sous la mouvance du seigneur dont elle relevait avant l'aliénation; et l'acquéreur ou le cessionnaire est obligé de la reporter noblement, et comme partie intégrante du fief dont elle est détachée; ainsi le vendeur ne conserve sur cette partie aucune espèce de droit, aucune espèce de supériorité: cela est connu de tout le monde.

Si l'héritage était tenu roturièrement et en censive, la cession du cens ou de la dominité produit un autre effet non moins notable: cet abandon a l'efficacité d'anoblir l'héritage, de le transformer en fief.

L'aliénation de la seigneurie au détenteur de l'héritage servant, le rend tout à la fois propriétaire du domaine utile et du domaine direct; mais toutes les fois que ces deux domaines, le direct et l'utile, se rencontrent dans la main du même propriétaire, à l'instant ils se réunissent et se confondent, semblables à deux morceaux de cire fondus dans le même vase: *velut cera quæ liquefacta cum aliâ coit et confunditur*, dit d'Argentré, sur l'art. 140 de l'ancienne coutume de Bretagne, gl. 10.— Par cette réunion, ajoute Brodeau, sur l'art. 53 de la coutume de Paris, *l'essence et la nature féodale, qui est une substance noble et incorporelle, demeure infuse, dilatée et répandue dans l'héritage en roture; et par ce moyen, il se fait un mélange et une confusion du corps moins noble au plus noble, qui lui fait perdre le nom obscur, et éteint la qualité vile et abjecte de roture* ».

Ainsi, la réunion du fief à la roture produit le même effet que celle de la roture au fief; dans les deux cas, l'héritage roturier devient noble, et, comme nous l'avons déjà dit, montant d'un degré l'échelle féodale, il relève en fief du seigneur supérieur.

Ces règles peuvent servir à décider si tel ou tel titre constitue une tenure en Franche-Aumône.

Mais le plus souvent, les titres primordiaux n'existent plus, ou ne sont pas produits. Cependant l'église est de temps immémorial en possession de ne servir aucun seigneur: alors doit-on présumer la Franche-Aumône? C'est le système des ecclésiastiques: ils prétendent que toutes les fois que le seigneur territorial n'a ni titres ni actes possessoires qui assujettissent les possessions de l'église, on doit par cela seul présumer qu'elles ont été données en Franche-Aumône, et sans autre preuve, les déclarer exemptes de toutes les servitudes féodales.

Cette prétention a trouvé des partisans, et même les temps ne sont pas éloignés où, faute d'examen, on la croyait à l'abri de toute espèce de critique. Enfin on s'est permis de la discuter, et l'on tient aujourd'hui une opinion bien contraire. (M. H.....)*

[[Et cette opinion, M. H.... l'a parfaitement établie dans les *Dissertations féodales* qu'il a publiées en 1789.

§. II. — 1.° *Les biens que l'église possédait sans charge de cens ni de foi-hommage étaient-ils présumés tenus en Franche-Aumône ou par service divin? Quelle différence y avait-il entre ces deux espèces de tenures?*

2.° *Les biens que l'église possédait en Franche-Aumône, étaient-ils présumés tenus par elle en Franche-Aumône roturière, ou en Franche-Aumône noble? — Quelle était leur nature, lorsqu'ils consistaient à la fois en domaines corporels et en droits seigneuriaux ou en droits de justice? — Les droits seigneuriaux et les droits de justice que l'église possédait conjointement avec des domaines corporels, et qu'elle avait anciennement reçus du même donateur, étaient-ils présumés lui avoir été donnés par le même acte que ces domaines?*

3.° *Les biens que l'église possédait en Franche-Aumône noble, pouvaient-ils être acensés par elle? — Les rentes provenant des acensemens qu'elle en faisait, étaient-elles féodales, et ont-elles été, comme telles, supprimées par la loi du 17 juillet* 1793.

Le 23 mars 1681, le prieur de Saint-Nicolas de Poitiers présente aux commissaires députés par le roi pour le renouvellement du terrier du comte de Poitou, une requête par laquelle il expose que le procureur du roi de la commission vient de faire assigner *tous les particuliers teneurs dans le fief de Saint-Nicolas et Bourcany*, situé dans la ville de Poitiers et appartenant à son prieuré, pour les faire condamner à se reconnaître censitaires de S. M., à cause de son fief de la tour de Maubergeon; que c'est, de la part du procureur du roi, une entreprise sur les droits du prieuré de Saint-Nicolas, qui, de temps immémorial, est en possession d'acenser les maisons composant le fief de Bourcany, et de percevoir sur ces maisons les cens et les droits de lods et ventes stipulés par les actes d'acensement; que d'ailleurs le prieuré exerce dans toute la ville de Poitiers, le droit exclusif de mesurage du sel qui s'y consomme, et que tout cela est justifié par des titres qu'il représente. — Il déclare en conséquence revendiquer les *particuliers teneurs dans ledit fief*, et il conclut à ce que le procureur du roi soit tenu de se désister des poursuites commencées contre eux.

Sur cette requête, communiquée au procureur du roi, et sur la réponse qu'y fait cet officier, il intervient, le 23 mars 1682, un jugement ainsi conçu: — « Nous, commissaires susdits, à faute par le prieur de Saint-Nicolas d'avoir rapporté les pièces justificatives des revendications par lui faites dans sa requête du 23 mars 1681; ordonnons que tous les particuliers y dénommés seront tenus, dans la huitaine du jour de la publication des présentes, de fournir leurs déclarations au papier-terrier de S. M...., sans préjudice des rentes et redevances qui pourraient lui être dues.. ».

En 1725, le prieur de Saint-Nicolas adresse au conseil du roi une requête « contenant que se trouvant obligé de rendre, en exécution de l'arrêt du conseil d'État du 7 décembre 1723, à la chambre des comptes de Paris, son aveu et dénombrement de la *châtellenie de Saint-Nicolas, qui est composée de huit petits fiefs, du nombre desquels est le fief de Bourcany, situé en la ville de Poitiers, qui ne com-*

prend que dix-huit maisons qui n'ont été construites que depuis que la conventualité du prieuré de Saint-Nicolas a cessé, dont les jardins et enclos qui composaient l'ancien monastère, il a obtenu en la chancellerie près le parlement de Paris, des lettres portant permission de tenir des assises générales pour la confection d'un nouveau papier-terrier, afin de faire reconnaître les droits féodaux dus par les tenanciers de cette châtellenie, pour être ensemble employés dans le dénombrement qu'il doit rendre à S. M.; mais pendant la tenue de ces assises le procureur de S. M. au bureau des finances de Poitiers s'y est opposé et a fait assigner le suppliant *pour justifier de la propriété et de la possession du fief de Bourcany*, à laquelle assignation le suppliant a comparu, et a rappelé les titres justificatifs de cette possession et de cette propriété, desquels le procureur de S. M. ayant pris communication, il n'a pu trouver aucun moyen valable à opposer à un droit aussi bien établi: mais il a voulu se prévaloir d'un prétendu jugement du 17 octobre 1682, par lequel il prétend que le fief de Bourcany a été réuni au domaine de S. M. Mais quoique le suppliant ait fait voir que ce prétendu jugement ne peut avoir été ainsi rendu, que parce que les titres concernant ce fief ne furent pas produits par son prédécesseur, auquel il n'a jamais été signifié, non plus qu'au suppliant; que d'ailleurs, il n'a jamais eu aucune exécution, puisque le suppliant et son prédécesseur ont, depuis, toujours joui sans trouble des droits attribués à ce fief; cependant les officiers dudit bureau des finances n'ont pas cru, sous prétexte dudit jugement prétendu, devoir donner aucun jugement définitif sur la contestation survenue entre le suppliant et le procureur de S. M.; et comme le suppliant a intérêt de faire prononcer sur cette contestation, pour être en état de rendre à la chambre des comptes son aveu et dénombrement, il se trouve obligé de donner la présente requête, à laquelle il joindra les titres qui établissent incontestablement sa propriété et sa possession. A ces causes, requérait le suppliant qu'il plût à S. M. le recevoir, en tant que besoin, appelant du prétendu jugement rendu le 17 octobre 1682,..., ce faisant, sans s'arrêter audit jugement, maintenir et garder le suppliant et ses successeurs au prieuré de Saint-Nicolas dans la propriété, possession et puissance du fief de Bourcany, qui appartient audit prieuré depuis sa fondation, et dont le suppliant est actuellement en possession; faire défense au procureur de S. M. et à tous autres de l'y troubler ».

A cette requête, le prieur joint un grand nombre d'anciens baux à cens dont plusieurs remontent aux quinzième et seizième siècles, d'anciennes quittances d'arrérages de rentes féodales, d'anciens jugemens qui condamnent les détenteurs des maisons tenues du fief de Bourcany à servir ces rentes, et la « copie transcrite dans le papier censier du prieuré, d'une transaction en latin sans date, passée entre les chanoines de Saint-Hilaire de Poitiers, et ceux de Saint-Nicolas, à la place desquels on a mis dans la suite des religieux, dans laquelle il est dit qu'Agnès, comtesse de Poitou, avait fait bâtir dans le marché de Poitiers une église en l'honneur de saint Nicolas, pour le comte Guillaume son fils, où elle avait établi treize chanoines: et que pour faire cet établissement; il avait été pris une petite partie du terrain de Saint-Hilaire, dont les chanoines s'étaient plaints, et que par l'entremise de la comtesse Agnès, les chanoines de ces deux églises étaient convenus que ceux de Saint-Nicolas payeraient 12 deniers aux chanoines de Saint-Hilaire ».

Le 11 décembre 1725, arrêt du conseil qui — « Vu le dire du sieur Depoilly, l'un des inspecteurs généraux du domaine, ouï le rapport du..... contrôleur-général des finances...., sans s'arrêter à l'appel interjeté par le...., prieur de Saint-Nicolas de Poitiers, du jugement rendu le 17 octobre 1682..., dont sa majesté l'a débouté, ordonne que ledit jugement sera exécuté selon sa forme et teneur; et en conséquence, fait défense audit sieur... et à ses successeurs audit prieuré de Saint-Nicolas, de percevoir aucuns cens ni droits seigneuriaux sur les maisons dont il s'agit, et de se faire payer des rentes dues audit prieuré sur les maisons dont il s'agit, autrement que comme de rentes simples foncières et secondes, et non seigneuriales ».

Le 16 mars 1770, contrat notarié par lequel le prieur de Saint-Nicolas transporte la maison principale de son prieuré à Louis Deshoulières et à Magdelaine Malliot, son épouse, à la charge, 1.° de lui payer et à ses successeurs annuellement *trois deniers de cens et 406 livres de rente noble, féodale et foncière, portant fief et juridiction*; 2.° de fournir vin pour les messes qui se célèbrent dans la chapelle de Saint-Nicolas; 3.° de faire à la maison pour 6000 livres de réparations; 4.° de fournir à perpétuité une salle tant pour la tenue des assises que pour la recette des rentes et droits du prieuré, et un lieu sûr et commode pour enfermer le sep ou boisseau de Saint-Nicolas, duquel lieu le prieur aura la clef.

Le 4 février 1789, arrêt du parlement de Paris qui homologue ce contrat.

Le 17 floréal an 8, l'administration des domaines prend sur la maison ainsi arrentée une inscription hypothécaire pour la conservation de la rente de 406 livres et trois deniers dues au trésor public.

Le deuxième jour complémentaire an 11, elle décerne contre les héritiers Deshoulières une contrainte en payement des arrérages de cette rente échus depuis l'année 1793.

Les héritiers Deshoulières forment opposition à cette contrainte, et soutiennent que la rente ayant été créée avec le caractère de *noble et féodale*, elle a été abolie par la loi du 17 juillet 1793.

L'administration des domaines répond que, d'après l'arrêt du conseil du 11 décembre 1725, le prieur de Saint-Nicolas n'avait aucun fief dans la ville de Poitiers; que dès-là, il ne pouvait pas posséder noblement la maison prieurale; qu'il n'a par conséquent pas pu, en aliénant cette maison, s'y réserver une rente noble et féodale; que la rente qu'il s'y est réservée, est donc purement foncière; que la cour de cassation l'a ainsi jugé, dans des espèces semblables, par plusieurs arrêts: et que par une suite nécessaire, cette rente n'est pas comprise dans l'abolition prononcée par les nouvelles lois. — Le préfet du département de la Vienne intervient dans la cause, et adhère à la défense de l'administration des domaines.

Le 13 prairial an 12, jugement du tribunal de première instance de Poitiers qui reçoit l'opposition des héritiers Deshoulières, déclare la contrainte nulle, et ordonne la radiation de l'inscription hypothécaire du 17 floréal an 8, — « Attendu qu'il est reconnu, dans le fait, que la maison arrentée aux sieur et dame Deshoulières a été l'hôtel et principal manoir de l'établissement monastique qui a, dans la suite, formé le domaine du prieuré de Saint-Nicolas; qu'il est aussi revenu, dans le fait, que ce fût dame Agnès, mère du comte Guillaume, qui, pour cette fondation, donna le terrain sur lequel a été construite cette maison du premier établissement; — Que cette fondatrice ne pouvait posséder ce domaine roturièrement; qu'il n'est pas possible de croire qu'elle l'ait donné aux premiers chanoines pour le tenir roturièrement; qu'au reste, il n'a jamais été servi ni réclamé sur la maison dont il s'agit, contre les prieurs de Saint-Nicolas, aucuns devoirs roturiers; qu'au contraire, ils ont toujours joui d'un droit de mesure pour le sel, concédé par la même fondation, et d'un exercice de juridiction, droit bien caractéristique de la nobilité, d'après les art. 16 et suivans de la coutume de Poitou; qu'ils ont même été, dans le temps, provoqués pour rendre aveu et dénombrement; que dès-lors, il est fort indifférent que ce domaine ait été tenu par les prieurs à hommages et Franche-Aumône, ou alleu; que quoique ces trois tenures produisent quelques effets différens sous certains rapports, il n'en est pas moins certain que ce domaine a toujours resté dans la main des prieurs avec la nobilité féodale et que dès-lors, le dernier prieur a eu le droit d'en disposer comme d'un domaine noble; — Qu'il ne peut exister de tenure en Franche-Aumône qu'en vertu de titres exprès, et que cette espèce de tenure n'exclut l'exercice de la féodalité, qu'autant que le titre constitutif le porte formellement et qu'il est représenté, ce qui ne se rencontre pas ici; — Que le dernier état de choses, à l'époque du contrat d'acensement, présente bien plutôt une tenure en alleu acquise, sinon par le titre primordial qu'on ne rapporte pas, du moins par une prescription de quarante ans admise par l'art. 52 de la coutume en faveur des gens d'église; et que ce ne peut être ici qu'un franc-alleu noble, le franc-alleu roturier, contraire au droit commun, ne pouvant exister que par une convention expresse, qui doit être justifiée par le rapport de la baillette, surtout lorsque le domaine ainsi tenu en alleu, est de valeur suffisante pour porter hommage, d'après les art. 53, 190 et 199 de la même coutume; — Que la maison dont il s'agit, étant noble dans la main du prieur de Saint-Nicolas, lorsqu'il la transporta aux Deshoulières par l'acte du 26 mars 1770, les rentes et devoirs qu'il s'est retenus sur cette maison, sont nobles, comme l'était le domaine qu'ils représentent..., et qu'ils ont toujours été servis comme nobles et féodaux jusqu'à la suppression de la féodalité; — Que l'arrêt de 1725 opposé par la régie ne peut ici recevoir aucune application; que cet arrêt a interdit au prieur de Saint-Nicolas tout exercice de féodalité directe sur quelques maisons, parce qu'elles n'avaient point formé partie de la concession primitive du domaine du premier établissement donné par Agnès, parce que ces maisons étaient, dans le principe, dans la mouvance de Saint-Hilaire, comme on le voit par la transaction très-ancienne, énoncée au susdit arrêt; et que les prieurs, en aliénant ces maisons dans la suite, n'avaient pu retenir sur icelles des devoirs féodaux que par une séparation de mouvance, ce qui est très-étranger au domaine du premier établissement desdits prieurs, et notamment à la maison dont il s'agit, qu'il en était le chef-lieu et principal manoir; ce qui encore n'a pu produire l'effet d'éteindre, dans la main des prieurs, la qualité de noble que cette maison avait toujours eue, et de leur interdire la faculté d'en disposer comme d'un domaine noble....; — Qu'enfin, l'une des vues spéciales des lois suppressives de la féodalité, a été d'anéantir sans retour les anciennes querelles de seigneur à seigneur; et qu'il est d'autant plus inconvenant de provoquer ici les Deshoulières à un combat de fief, qu'ils sont des tiers-acquéreurs, qui n'ont point le titre de prieur, puisqu'ils sont réunis dans les mains de la régie avec ceux de la tour de Maubergeon; que ces tiers-acquéreurs ne peuvent, quant à ce, invoquer que le dernier état de choses, que leur possession et celle du prieur ».

Le préfet et l'administration des domaines appellent de ce jugement.

Le 18 nivôse an 13, « considérant que l'arrêt du conseil d'État du 11 décembre 1725, qui a fait défenses aux prieurs de Saint-Nicolas de percevoir aucun cens ni droits seigneuriaux sur certaines maisons sises en cette ville, et dont il s'agissait en la contestation sur laquelle est intervenu ledit arrêt, et de se faire payer des rentes à eux dues sur lesdites maisons dont il s'agissait, autrement que comme de simples rentes foncières, n'est applicable et ne peut être appliqué qu'aux maisons dont il s'agissait alors, sur lesquelles les prieurs de Saint-Nicolas prétendaient le droit de seigneurie, et pour lesquelles l'un d'eux avait formé une demande en revendication; — considérant qu'il n'est point contesté que les prieurs de Saint-Nicolas eussent hors la ville de Poitiers droit de fief et de mouvance dépendant de leur prieuré, et qu'ils ont toujours pris la qualité de *châtelains*; — considérant que cette qualité, prise dans une requête visée par l'arrêt du conseil d'État du 11 décembre 1725, ne leur a pas été contestée; — considérant qu'il est constant qu'ils avaient le droit de donner mesure en cette ville pour le sel, et qu'ils y avaient exercice de juridiction; qu'ils ont joui de ce droit constamment et de temps immémorial et sans trouble; considérant que tout concourt à justifier que les prieurs de Saint-Nicolas tenaient leur prieuré noblement; et qu'en cette qualité, ils ont pu se constituer une rente noble, féodale et foncière sur l'hôtel et principal manoir de leur prieuré; considérant qu'il est constant que la maison sur laquelle a été créée la rente dont il s'agit, formait leur hôtel et principal manoir, et que la rente a été créée noble, féodale et foncière, avec droit de cens; considérant enfin que la loi du 17 juillet 1793 a supprimé tous droits féodaux tant fixes que casuels, et toute redevance créée avec mélange de féodalité : la cour (d'appel de Poitiers) dit qu'il a été bien jugé..... ».

Le préfet du département de la Vienne, poursuite et diligence de l'administration des domaines, se pourvoir en cassation contre cet arrêt.

« La question dans laquelle réside le nœud de cette affaire (ai-je dit à l'audience de la section des requêtes, le 25 thermidor an 13), n'est pas de savoir si la rente litigieuse doit être considérée comme féodale, par cela seul qu'elle a été créée avec cette dénomination. Car il est de principe que ce n'est pas de la dénomination donnée à une rente par son titre constitutif, que dépend son caractère, sous les rapports de la nobilité ou de la roture; qu'en vain aurait-elle été créée comme féodale, si le domaine de la concession duquel elle a originairement formé le prix, n'était pas noble; que dans ce cas, on devrait faire abstraction du nom qui lui a été donné dans son origine; qu'on ne devrait voir que la chose telle qu'elle est en elle-même; que conséquemment la rente stipulée féodale, ne serait dans la réalité qu'une rente purement foncière; et que par une conséquence ultérieure, elle survivrait à l'abolition des droits féodaux. — La cour l'a ainsi jugé par cinq arrêts successifs : le premier, du 4 ventôse an 9, au rapport de M. Babille; le second, du 4 vendémiaire an 10, au rapport de M. Chasle; le troisième, du 28 thermidor suivant, au rapport de M. Gandon; le quatrième, du 29 du même mois, au rapport de M. Brillat-Savarin; le cinquième, du 10 brumaire an 12, au rapport de M. Babille(1). Et ce principe n'a pas été méconnu par la cour d'appel de Poitiers, dans l'arrêt que vous dénonce le préfet du département de la Vienne.

» La question n'est pas non plus de savoir si, pour se fixer sur la suppression ou sur le maintien de la rente litigieuse, on doit s'en rapporter au dernier état des choses, c'est-à-dire, à la dénomination sous laquelle étaient payés les arrérages de cette rente au moment où le régime féodal a été aboli; car la cour d'appel de Poitiers n'a pas adopté à cet égard le dernier motif du jugement du tribunal de première instance; et elle n'aurait pas pu l'adopter, sans se mettre en opposition avec votre jurisprudence constante. — En effet, dans l'espèce de votre arrêt du 4 ventôse an 9, la rente convenancière dont il s'agissait, a été jugée non seigneuriale, quoiqu'elle eût été, non-seulement stipulée, mais encore servie pendant plusieurs années, et jusqu'en 1789, comme mélangée d'un caractère de féodalité qu'elle ne pouvait pas avoir, puisque le fonds de la concession duquel elle formait le prix, était situé dans une seigneurie qui n'appartenait pas au bailleur. — Dans l'espèce de votre arrêt du 4 vendémiaire an 10, la rente qui était en litige, avait été constituée par un soi-disant bail à fief du 8 mars 1774; et elle avait été servie jusqu'en 1789, comme véritablement féodale. — Dans l'espèce de votre arrêt du 28 thermidor de la même année, il était question d'une rente créée sous le titre de *cens emportant lots et ventes*, par un prétendu acensement du 19 novembre 1728; et toutes les parties convenaient qu'avant 1789, il ne s'était jamais élevé de contestation sur la féodalité de cette redevance, quoique le bailleur en faveur de qui elle avait été stipulée, ne possédât qu'en roture le fonds qu'il en avait grevé.

» Inutile d'objecter avec le tribunal de première instance, que les héritiers Deshoulières sont des tiers-acquéreurs, qu'ils n'ont pas en leur possession les titres de ci-devant prieurs de Saint-Nicolas, et qu'ils ne peuvent pas même les avoir, puisque ces titres sont réunis dans les mains de l'administration des domaines avec ceux du fief domanial connu sous le nom de *la Tour de Maubergeon*.

» Ils étaient aussi tiers-acquéreurs, tous ceux qui, dans les cas jugés par vos arrêts des 4 ventôse an 9, 4 vendémiaire et 28 thermidor an 10, soutenaient que leurs soi-disant baux à cens et leur possession continuée jusqu'en 1789, de payer comme féodales et censuelles les rentes auxquelles ils s'étaient soumis envers des particuliers non seigneurs, devaient les mettre à l'abri de toute recherche et les garantir de toute discussion sur la véritable nature, sur le caractère réel de ces prestations; et cependant vous n'avez eu aucun égard à leur qualité de tiers-acquéreurs; vous avez admis ceux-là même qui leur avaient concédé à cens, à prouver qu'ils n'avaient pu leur concéder qu'à simple rente, et que sous la dénomination de *cens*, ils ne s'étaient réservé que des rentes foncières. — Ces tiers-acquéreurs avaient même sur les héritiers Deshoulières, l'avantage d'avoir directement affaire à leurs bailleurs; ils pouvaient dire à leurs bailleurs : nous n'avons pas en notre pouvoir les titres qui pourraient établir que vous possédiez noblement les héritages que vous nous avez acensés; ces titres sont tous entre vos mains; nous ne pouvons pas être victimes du recèlement que vous en faites; — Au lieu que l'administration des domaines n'est ici qu'un tiers interposé par un événement imprévu, entre le bailleur et les héritiers Deshoulières; qu'elle n'a ici aucun intérêt personnel; qu'on ne peut pas la soupçonner de mettre de la mauvaise foi dans la poursuite des droits du fisc; et qu'après tout, les titres des ci-devant prieurs de Saint-Nicolas sont, sans en excepter un seul, dans des dépôts publics où les héritiers Deshoulières ont pu les compulser.

» Il ne peut donc y avoir de difficulté dans la cause actuelle, que sur le point de savoir si, d'après les titres qui ont été produits de part et d'autre, la cour d'appel de Poitiers a pu juger que la maison prieurale de Saint-Nicolas était possédée noblement; et si en le jugeant ainsi, elle n'a, ni appliqué à faux l'art. de la loi du 17 juillet 1793, qui abolit, sans indemnité, les rentes féodales et censuelles, ni violé l'art. 2 de la même loi, qui maintient les rentes purement foncières. — Voilà la seule, l'unique question que nous offre le recours en cassation du préfet du département de la Vienne.

» Or, que résulte-t-il des titres qui ont été produits devant la cour d'appel de Poitiers?

(1) Ces arrêts sont rapportés dans mon *Recueil de Questions de droit*, aux mots *Emphythéose*, §. 1; *Engagement*, §. 1; et aux mots *Rente foncière, Rente seigneuriale*, §. 12 et 14; mais la jurisprudence qu'ils avaient établie ne subsiste plus. *V. Cens*, §. 8.

» Il en résulte d'abord que la maison prieurale de Saint-Nicolas a été fondée par la comtesse Agnès, au nom de son fils Guillaume, comte de Poitou et duc d'Aquitaine. Cela est prouvé par l'arrêt du conseil du 11 décembre 1725, qui énonce une ancienne transaction sans date, *passée entre les chanoines de Saint-Hilaire et ceux de Saint-Nicolas, à la place desquels on avait, dans la suite, mis des religieux*, et dans laquelle *il est dit*, (ce sont les termes de l'arrêt du conseil), *qu'Agnès, comtesse de Poitou, avait fait bâtir dans le marché de Poitiers, une église en l'honneur de Saint-Nicolas, pour le comte Guillaume son fils, où elle avait établi treize chanoines ; et que pour faire cet établissement, il avait été pris une petite partie du terrain de Saint-Hilaire, dont les chanoines s'étaient plaints, et que par l'entremise de la comtesse Agnès, les chanoines de ces deux églises étaient convenus que ceux de Saint-Nicolas payeraient 12 deniers aux chanoines de Saint-Hilaire.*

» Et il n'est pas inutile de remarquer que cette énonciation est en partie confirmée par le *Gallia Christiana*. Les savans auteurs de ce recueil nous apprennent d'abord, tom. 2, pag. 1223, que l'église collégiale de Saint-Hilaire, ruinée en 863 par une horde de barbares, fut rebâtie par la comtesse Agnès et inaugurée par ses soins en 1049 : *dicata est anno 1049, coram archiepiscopis et episcopis tredecim, curante potissimum Agnete, comitissâ Pictaviensi, quæ monasterii magnam partem ædificavit;* et à la page 356 de la partie du même volume intitulée *Instrumenta ecclesiæ Pictaviensis*, on trouve une bulle du pape Urbain II, du mois de décembre 1093, qui, en confirmant la détermination prise par un concile provincial de Bordeaux et par le comte Guillaume, pour punir de leurs incorrigibles dérèglemens les chanoines de l'église de Saint-Nicolas, bâtie dans l'enceinte de la ville de Poitiers, par la comtesse Agnès, les supprime, et donne cette église à l'abbaye de Neuf-Moutiers, qui en a joui, sous le titre de prieuré, jusqu'en 1789 : *Beati Nicolai ecclesiam secùs muros Pictavis* AB AGNETE COMITISSA ÆDIFICATAM, *tibi tuisque successoribus* (c'est l'abbé de Neuf-Moutiers qui parle) *perpetuò possidendam concedimus, sicut à legato meo amato Burdigalensi episcopo et à reverendissimo confrâtre meo Petro Pictaviensi episcopo, præsentibus episcopis et abbatibus; cum filii nostri Guillelmi comitis favore, in concilio definitum esse cognovimus.......... Quia enim statuti canonici secundùm accepti à Romanâ ecclesiâ privilegii tenorem vivere contempserint, et ab ipsius civitatis episcopo sive à legatis nostris admoniti : ad suæ regulæ propositum conniti renuerint, non immeritò, juxta angelicum judicium, regnum Dei ab eis ablatum, et fructus ejus facientibus datum est.*

» Cela posé, nous commencerons par demander de quelle nature était, dans les mains de la comtesse Agnès, ou plutôt du comte Guillaume son fils, le terrain qu'elle a donné pour la fondation de l'église de Saint-Nicolas : et cette première question n'est pas difficile à résoudre. Ce terrain doit être présumé n'avoir été dans les mains du jeune Guillaume, qu'une portion intégrante de son comté de Poitou ; et par conséquent le jeune Guillaume doit être présumé ne l'avoir possédé avant la donation, que comme un bien noble et féodal.

» Nous savons bien que cette présomption répugne aux principes du droit commun : nous savons bien que, de droit commun, tout bien était réputé roturier, même dans la main d'un haut seigneur, tant qu'on ne rapportait pas la preuve qu'il fît partie de son fief (1).

» Mais nous sommes dans la coutume de Poitou; et l'art. 52 de cette loi municipale contient, relativement aux biens actuellement possédés par l'église, une disposition qui nous force de présumer que ces biens étaient de nature féodale dans la main du donateur de qui l'église les a reçus. *Gens d'église*, porte cet article, *peuvent tenir en alleu* (ou a voulu dire, Franche-Aumône), *s'ils ont tenu par quarante ans, sans en faire foi et hommage, devoir ni redevance.* Si quarante années de franchise sont suffisantes pour que l'église soit censée avoir reçu en Franche-Aumône les fonds qu'elle possède, bien évidemment ces fonds sont par la coutume réputés avoir eu le caractère de fiefs dans la personne du seigneur de qui elle les a reçus : car qu'est-ce que la donation en Franche-Aumône? Rien autre chose, comme nous le verrons bien, qu'un jeu de fief. Or, point de jeu de fief de la part d'un propriétaire de rotures; c'est pour lui un acte impossible : pour pouvoir se jouer d'un fief, il faut commencer par avoir un fief.

» Répétons donc sans hésiter que le terrain donné par la comtesse Agnès à l'église de Saint-Nicolas, et qui a ensuite formé la maison prieurale de cette église, existait dans sa main, ou plutôt dans celle du comte Guillaume son fils, avec la qualité de noble et féodal.

» Mais quelle a dû être, par l'effet de cette donation, la nature du même terrain dans les mains des chanoines et ensuite des prieurs de Saint-Nicolas? Cette seconde question est beaucoup plus difficile que la précédente, et elle dépend de la manière dont la donation a été faite.

» La comtesse Agnès a pu faire cette donation, ou sous la réserve d'un cens annuel, ou à la charge de la foi-hommage, ou en Franche-Aumône, ou moyennant un service divin déterminé.

» 1.° Si elle l'avait faite sous la réserve d'un cens annuel, bien certainement elle aurait arroturé le fonds qu'elle donnait; et dès-lors, impossible que les prieurs de Saint-Nicolas l'eussent acensé en 1770 à Louis Deshoulières.

» Mais ce qui prouve invinciblement que ce n'est pas ainsi que la comtesse Agnès avait donné, c'est que jamais les prieurs de Saint-Nicolas n'ont payé l'ombre d'un cens aux comtes de Poitou, ni aux rois qui les ont remplacés. L'administration des domaines reconnaît même formellement que la maison de ce prieuré n'a pas été comprise comme censive, dans le terrier du comté de Poitou, renouvelé peu de temps avant le bail à cens de 1770, à la requête d'un prince

(1) *V.* les *Dissertations féodales de M. Henrion*, tom. 2, pag. 81.

apanagiste, fils de France. — D'ailleurs, dans la coutume de Poitou, une possession franche de quarante années assurait aux ecclésiastiques la présomption légale qu'ils n'avaient pas acquis par bail à cens. — Ainsi, tout résiste à l'idée que la donation de la comtesse Agnès ait été faite par acensement.

» 2.° Si la comtesse Agnès avait donné par inféodation expresse et à la charge de foi-hommage, nul doute que le fonds n'eût été possédé par les prieurs de Saint-Nicolas comme noble et féodal; nul doute par conséquent que les prieurs de Saint-Nicolas n'eussent pu en 1770 le concéder par bail à cens.

» Mais les héritiers Deshoulières n'ont pas osé articuler qu'en aucun temps, les prieurs de Saint-Nicolas eussent, pour cause de leur maison ni même des fiefs qui composaient leur châtellenie, rendu la foi-hommage, soit aux comtes de Poitou, soit aux rois de France. — Ils ont seulement dit que les prieurs de Saint Nicolas avaient été, à différentes époques, poursuivis pour en faire l'aveu et dénombrement à la chambre des comptes de Paris; et en effet, nous voyons dans la requête sur laquelle est intervenu l'arrêt du conseil du 11 décembre 1725, le prieur d'alors exposer qu'il se trouve *obligé de rendre en exécution de l'arrêt du conseil d'Etat du 7 décembre 1723, à la chambre des comptes de Paris, son aveu et dénombrement de la châtellenie de Saint-Nicolas.* — Mais on s'abuserait étrangement, si l'on regardait cette obligation imposée aux prieurs de Saint-Nicolas, comme une preuve qu'ils tenaient leur maison et même leur châtellenie en foi-hommage. — La foi-hommage emportait sans doute l'aveu et dénombrement; mais il n'y avait pas à cet égard de réciprocité: l'aveu et dénombrement n'emportait pas la foi-hommage. — La main-morte qui possédait à la charge d'un service divin déterminé, était, comme nous le verrons bientôt, affranchie de la foi-hommage; mais elle ne l'était pas de l'aveu. — La main-morte qui tenait noblement en Franche-Aumône, devait l'aveu à son donateur, et ne lui devait point la foi-hommage. Témoin M. Henrion, dans ses *Dissertations féodales*, tom. 1, pag. 538.....

» 3.° Si la comtesse Agnès avait donné en Franche-Aumône, il faudrait distinguer: ou elle aurait donné en Franche-Aumône roturière, ou elle aurait donné en Franche-Aumône noble. — Au premier cas, le bien n'eût pu évidemment être possédé par les prieurs de Saint-Nicolas que comme roture; mais au second, il aurait conservé dans leurs mains sa nobilité primitive. — Cette distinction, très-importante à saisir, est parfaitement expliquée par M. Henrion, tome 2, page 66: — « Deux espèces de Franche-» Aumône (dit-il), l'une noble, l'autre roturière. » — L'église peut tenir en Franche-Aumône un fief » comme une roture. — Elle possède noblement, et » cependant en Franche-Aumône, tous les (corps » de) fiefs qui lui ont été donnés, et que les seigneurs » dominans ont affranchis des droits et devoirs de la » féodalité, *intuitu pietatis.* — Elle tient de même » en fief et en Franche-Aumône, toutes les fois que le » propriétaire du fief, usant de la faculté de s'en » jouer, donne une partie de son domaine à un corps » main-mortable, avec stipulation qu'il en jouira no» blement, et qu'il acquittera en prières les devoirs » de la féodalité. — Aussi voit-on quantité de fiefs » tenus en Franche-Aumône. — Sans entrer dans » le détail de ces exemples, il ne faut que jeter les » yeux sur les deux textes suivans des coutumes de » Normandie et de Poitou ». — Et ici, M. Henrion rappelle l'art. 52 de la coutume de Poitou que nous avons déjà eu l'honneur de vous citer, et l'art. 41 de la coutume de Normandie, qui porte: *tous les ecclésiastiques possédans fiefs par aumône, ont exercice de la justice, et tous les autres droits appartenans à leurs fiefs, par les mains de leurs juges, sénéchaux ou baillis.*

» 4.° Enfin, si la comtesse Agnès avait donné à la charge d'un service divin déterminé, le bien n'eût pas été arroturé dans les mains des prieurs de Saint-Nicolas, les prieurs de Saint-Nicolas l'auraient possédé comme fief, et c'est ce qu'explique encore M. Henrion, page 141 du tome cité: « On peut (ce » sont ses termes), donner à l'église de deux manières: » sous la condition de servir les droits et devoirs féo» daux; ou uniquement à la charge de prier Dieu » pour le donateur. — Les donations de cette se» conde espèce peuvent être de deux sortes: ou le » donateur se contente d'imposer à l'église l'obliga» tion de prier pour lui, ou il exprime et spécifie les » prières qu'il exige. — Quoiqu'il paraisse assez in» différent que le donateur se soit réservé des prières » en général, ou bien telles et telles prières, cette » nuance cependant met entre ces deux espèces de » donations une différence très-notable. — La pre» mière seule constitue la tenure par aumône; la se» conde s'appelle *tenure par service divin.* — La rai» son de cette différence est sensible. Une aumône ne » peut être franche, que lorsque le donateur ne l'a » grevée d'aucune charge. L'obligation de prier en » général, n'en est pas une: du moins ce n'est pas » une charge de la donation, mais un acte de recon» naissance de la part du donataire, une obligation » naturelle et à laquelle il aurait été assujéti, quand » même le donateur ne lui en aurait pas fait une loi. » Mais la condition de dire telles prières, tel jour de » l'année, est une espèce de servitude imposée sur » l'église. — Ce devoir déterminé est tellement une » espèce de servitude, que, quoique purement spiri» tuel dans son objet, on le regarde comme temporel » quant à sa prestation; et qu'à défaut par l'église de » le remplir, le seigneur est autorisé à saisir féodale» ment: au lieu qu'il n'a que la ressource de récla» mer auprès du supérieur ecclésiastique, lorsqu'il » n'a imposé à l'église que l'obligation vague de prier » pour lui. — De cette faculté de saisir à défaut de » prestation des prières déterminées, dérive une con» séquence notable: c'est que le fief donné à la charge » du *service divin* conserve sa nature féodale entre » les mains du donataire. En effet, de droit commun, » les fiefs sont seuls assujétis à la saisie, faute de droits » et devoirs. — La définition de la tenure par service » divin, sort naturellement de ces notions. Donner » un fief à la charge d'être tenu par service divin, » c'est subroger des prières déterminées aux droits » et droits féodaux. C'est une espèce d'abonnement » de fief. — Ainsi, plus d'hommage, plus de relief

» pour le seigneur donateur. Cependant, comme le » fief donné ne perd pas sa nature féodale, que l'es» sence des choses est inaltérable, que la *féauté* ou » fidélité est de l'essence du fief, l'église doit la » féauté au seigneur ». — M. Henrion justifie cette doctrine par des autorités très-précises. — Il prouve par un arrêt du parlement de Paris, du 27 juillet 1663, que les fiefs tenus par service divin, sont affranchis de l'hommage et du relief. — Et à l'égard du point de droit, que ces fiefs conservent dans les mains de l'église leur nature féodale, et qu'ils doivent la féauté au donateur, il l'établit par un passage très-remarquable *des Institutes* de Littleton, l'auteur qui a dirigé avec le plus de précision les usages français portés et naturalisés en Angleterre par Guillaume-le-Conquéraut. Ce passage, traduit par Houard, est ainsi conçu : — « Si un abbé ou un prieur tient d'un seigneur par quelque service divin qui soit spécifié, tel que celui de chanter une messe chaque vendredi de la semaine pour les ames des donateurs, ou de dire un *placebo* ou un *dirige* à certain jour de l'année, ou de fournir un prêtre pour chanter une messe, ou de distribuer cent deniers à cent pauvres en un certain temps; en ces différens cas, *lorsque le service imposé n'est pas rempli, le seigneur peut rentrer dans son fonds*.... parce que ce service est une condition dont la tenure avouée par l'abbé ou prieur, est garant; et qu'ils *doivent féauté au seigneur pour cette tenure,* et les autres devoirs stipulés lors de l'inféodation. Cette tenure n'est donc pas en Franche-Aumône, mais tenure par service divin. Ainsi, dès que, par la cession de quelques fonds, l'église est assujettie à un service fixe et déterminé, cette cession ne constitue point une tenure en Franche-Aumône ».

» Ajoutons que la chose vient d'être ainsi décidée avec la plus grande solennité par le gouvernement. Voici dans quelle circonstance.

» Par une charte du mois de novembre 1227, rapportée dans *l'histoire de Poligni,* tom. 1, n.° 30 des pièces justificatives, Othon, comte de Bourgogne, et Béatrix son épouse, pour faire cesser les réclamations élevées par l'abbaye de Vaux contre la construction qu'ils avaient faite à Montraont d'un château-fort, lui donnèrent l'église de Montraont même, avec tous les bénéfices et les dîmes qui en dépendaient, la moitié de tous les revenus et collectes provenans des droits de justice et de minage du château et de la ville. Et en outre, pour le salut de leurs ames et de celles de leurs ancêtres, ils donnèrent à l'abbaye toutes les terres situées dans le lieu dit Devens : *prœtereà dedimus ecclesiœ Vallensi, pro remedio animarum nostrarum et antecessorum nostrorum, totam terram de Devens tam arabilem quàm aliam quœ vineis et nemoribus occupatur;* à la charge par les religieux de célébrer tous les ans, pour leurs ames, un service solennel avec l'office des morts : *monachi verò dictœ ecclesiœ pro animabus nostris tenentur anniversarium singulis annis cum pleno mortuorum officio celebrare.*

» Depuis 1654 jusqu'en 1670, le prieur de l'abbaye de Vaux concéda les terres de la contrée de *Devens* à différens particuliers, qui s'obligèrent de les mettre en nature de vignes, et d'en payer au prieur un champart annuel, avec un cens emportant lods et ventes et d'autres profits féodaux.

» Par deux arrêtés du préfet du département du Jura, des 12 nivôse et 14 pluviôse an 10, l'hospice de Poligny fut, en exécution de la loi du 4 ventôse an 9, envoyé en possession des redevances assignées sur ces vignes.

» Les possesseurs de vignobles réclamèrent contre ces arrêtés; ils les déférèrent au gouvernement comme attentatoires à la loi du 17 juillet 1793, portant suppression des rentes féodales; et l'on sent que leur réclamation eût dû être rejetée, s'il eût été prouvé que le prieur de Vaux ne possédait pas noblement les terres de la contrée de *Devens.*

» Dans cette hypothèse, en effet, le prieur de Vaux n'aurait pas pu aliéner ces terres par baux à cens proprement dits; les acensemens qu'il en avait faits n'auraient pu valoir que comme baux à rentes purement foncières; et par conséquent, les redevances qu'il s'était réservées par les actes, n'auraient jamais eu aucun caractère de seigneurie.

» Il n'y a même à cet égard aucune distinction à faire entre le cas où le prieur de Vaux eût possédé ces terres en censive, et celui où il les eût possédées en franc-alleu roturier. — Car, dans le premier cas, il n'aurait pas pu, en les aliénant, s'y réserver un cens seigneurial : la maxime, *cens sur cens ne vaut,* aurait de plein droit converti son *cens,* qualifié mal à propos de *seigneurial,* en redevance purement foncière. — Et dans le second cas, c'eût été la même chose, parce qu'il a toujours été de principe que le propriétaire d'un franc-alleu roturier ne pouvait, en l'aliénant, se créer une seigneurie qu'il n'avait pas en le possédant, et que par suite il ne pouvait l'aliéner ni par bail à fief ni par bail à cens.

» Mais s'il est vrai, comme on n'en peut douter, d'après l'allodialité bien connue de la ci-devant Franche-Comté, que le prieur de Vaux ne possédait pas en censive les terres de la contrée de Devens, l'est-il également qu'il ne les possédait pas *noblement?* Est il vrai qu'avant l'aliénation qu'il en a faite, moyennant les redevances dont il est question, elles ne formaient pas dans sa main soit un fief, soit un franc-alleu noble ?

» De deux choses l'une : ou le comte de Bourgogne, lorsqu'il a donné ces terres à l'abbaye de Vaux, les possédait comme faisant partie du domaine de son comté de Bourgogne, et par conséquent comme fief, ou il les possédait comme franc-alleu noble. — Car il ne pouvait pas les posséder comme franc-alleu roturier : si elles formaient dans sa main un franc-alleu, ce ne pouvait être qu'un franc-alleu noble, puisqu'elles étaient nécessairement soumises à sa justice; et qu'on a toujours reconnu pour essentiellement noble tout franc-alleu sur lequel celui qui en est propriétaire, a la justice.

» Or, 1.° Si le comte de Bourgogne possédait comme fief les terres de la contrée de Devens, c'est aussi comme fief que l'abbaye de Vaux a dû les posséder après lui. Pour que l'abbaye de Vaux eût pu après lui les posséder autrement que comme fief, il eût fallu qu'en les lui transportant, il les eût converties, soit en franc-alleu, soit en censive; et il est bien évident qu'il n'a fait ni l'un ni l'autre par sa charte du mois de novembre 1227.

» Et d'abord la preuve qu'il ne les a pas converties en franc-alleu, c'est que la charte n'en dit pas le mot. A la vérité, elle n'impose à l'abbaye de Vaux que la charge d'un obit annuel; mais cette charge même est exclusive de toute idée de concession en franc-alleu. Et pourquoi? Nous venons de le voir, parce qu'elle constitue ce que les feudistes appellent *tenure par service divin*.

» Et vainement chercherait-on ici à les éluder, sous le prétexte qu'il ne paraît pas que jamais les titulaires de l'abbaye de Vaux aient rendu aveu au comte de Bourgogne, en signe de *féauté*.—Quand on supposerait le fait, il ne prouverait rien, parce que la *foi* était imprescriptible de la part du vassal contre son seigneur.

» Ensuite, comment voudrait-on que le comte de Bourgogne eût, par sa charte du mois de novembre 1227, converti en censive la terre qu'il donnait à l'abbaye de Vaux? Il faudrait pour cela que le service divin dont il lui a imposé la charge pour raison de ces terres, pût être considéré comme un cens seigneurial. Or, nous venons de voir que, sous le régime de la féodalité, le service divin était assimilé à un *abonnement de fief*, et qu'il tenait lieu de la foi-hommage, du relief et de tous les autres profits féodaux; et rien n'est assurément plus éloigné de la nature d'un cens proprement dit.

» 2.° Si le comte de Bourgogne possédait ces terres comme franc-alleu noble, avant de les concéder à l'abbaye de Vaux, c'est encore comme fief qu'il les a transportées à ce monastère; car le propriétaire d'un franc-alleu noble pouvait l'inféoder, comme il pouvait l'acenser; et encore une fois, puisqu'en les concédant à la charge d'un service divin, il ne lui a imposé qu'une servitude tenant lieu de la foi-hommage et des autres droits caractéristiques de la tenure féodale, il n'a pu les concéder que par inféodation.

» Ainsi, dans toutes les hypothèses possibles, c'est comme fief que le prieur de l'abbaye de Vaux possédait les terres de la contrée de Devens avant 1654.

» Mais si alors il les possédait comme fief, bien évidemment il a pu, en les aliénant, se créer une seigneurie censuelle; et c'est ce qu'il a fait en les acensant moyennant des redevances en portion de fruits et en cens emportant lods et ventes. — Ces redevances étaient donc véritablement seigneuriales; elles ont donc été abolies par la loi du 17 juillet 1793.

» Et c'est ce que le gouvernement a décidé le 30 frimaire an 12, par un arrêté qui est inséré dans le Bulletin des lois, en voici les termes: — « Le gouvernement de la république, sur le rapport du mi- » nistre des finances, vu les titres consentis depuis » l'an 1654 jusqu'en 1670, par le prieur de la ci- » devant abbaye de Vaux, au profit de divers habitans » de la commune de Poligny, département du Jura, » portant acensement en leur faveur de différens ter- » rains à remettre en nature de vigne, et contenant » outre la stipulation d'une redevance en portion de » fruits, la charge d'un cens annuel perpétuel et irré- » dimible, emportant lods et ventes et autres profits » féodaux;—Vu les arrêtés du préfet du département » du Jura, des 12 nivôse et 14 pluviôse an 10, par » lesquels l'hospice de Poligny est envoyé en pos- » session des redevances assignées sur lesdites vignes; » — Le conseil d'État entendu, arrête: — Art. 1er. » Les redevances à portions de fruits, mêlées de » cens, portées aux titres d'arrentement des vignes » du territoire de Poligny, au profit des ci-devant » prieurs de Vaux, sont déclarées éteintes et sup- » primées en vertu de la loi du 17 juillet 1793. » — 2. Les arrêts du préfet du département du » Jura, des 12 nivôse et 14 pluviôse an 10, qui » envoient l'hospice de Poligny en possession de » ces mêmes redevances, sont annullés ».

» Il est donc bien évident que, si la comtesse Agnès a donné l'immeuble dont il est ici question, à la charge d'un service divin déterminé, cet immeuble a conservé dans les mains des prieurs de Saint-Nicolas, la qualité féodale qu'il avait dans celles des comtes de Poitou; et que par une suite nécessaire, le dernier des prieurs de Saint-Nicolas a pu l'aliéner en 1770 par bail à cens.

» Mais il reste à savoir si c'est effectivement à la charge d'un service divin déterminé, ou si ce n'est pas plutôt en Franche-Aumône, que la comtesse Agnès a fait cette donation. — Et l'on voit assez que cette question ne peut, au défaut du titre primitif, être résolue que par des conjectures.

» Dans l'obscurité qui l'environne, il est un fait qu'il importe de remarquer, et qui est prouvé par plusieurs pièces que vous avez sous les yeux. C'est que bien que la conventualité du prieuré de Saint-Nicolas eût été détruite long-temps avant l'arrêt du conseil du 11 décembre 1725; bien que l'église et le clocher de ce prieuré eussent été aliénés pour être démolis, par bail à rentes des 25 juin 1741 et 25 novembre 1768; néanmoins les prieurs se sont toujours regardés comme tenus de célébrer ou faire célébrer des messes dans la chapelle qu'ils avaient conservée; et qu'en conséquence, par le bail à cens de 1770, ils ont imposé à Louis Deshoulières l'obligation de fournir à perpétuité le vin qui serait nécessaire pour la célébration de ces messes.—Si ces messes n'eussent pas été une charge spécifique de la donation d'Agnès de Poitou, très-certainement les prieurs, et surtout les prieurs commendataires de Saint-Nicolas, qui résidaient presque toujours fort loin de la ville de Poitiers, n'auraient pas été aussi soigneux de les faire acquitter. — Le soin qu'ils ont constamment pris de les faire acquitter, prouve donc qu'à la donation d'Agnès avait été originairement apposée la charge d'un service divin déterminé.—Il est donc prouvé par-là que les objets compris dans cette donation, formaient pour eux une *tenure par service divin*. — Les objets compris dans cette donation, étaient donc entre leurs mains, de nature noble et féodale. — Ils pouvaient donc aliéner ces objets par bail à cens.

» On peut, il est vrai, opposer à cette présomption l'art. 52 de la coutume de Poitou, lequel porte, comme on l'a déjà vu: *Gens d'église peuvent tenir en alleu* (Franche-Aumône), *s'ils ont tenu par quarante ans, sans en faire foi et hommage, devoir ni redevance.*

» Mais d'une part, cet article ne dit pas que de cela seul que des *gens d'église* ont possédé pendant quarante ans, sans rendre aucun devoir féodal ni censuel, ils sont nécessairement censés tenir en Franche-Aumône; il dit seulement qu'en pareil cas, ils *peuvent* tenir de cette manière; et il s'en faut beaucoup que ce mot *peuvent* soit exclusif de toute autre tenure: ce mot n'établit qu'une présomption, qui peut être détruite par une présomption contraire. — Or, ici, non-seulement les messes qui se sont célébrées jusqu'en 1789 dans la chapelle de Saint-Nicolas, forment une présomption contraire à celle qu'établit la coutume; — Mais cette présomption est encore singulièrement fortifiée par deux faits historiques: l'un, que la donation d'Agnès de Poitou a été faite dans l'intervalle de 1049, date du rétablissement de l'église de Saint-Hilaire, qui a précédé la fondation de l'église de Saint-Nicolas, à l'année 1093, date de l'union de l'église de Saint-Nicolas à l'abbaye de Neuf-Moutiers; l'autre, que la donation en Franche-Aumône n'était alors permise qu'au roi, en sa qualité de *souverain fieffeux*; et que par conséquent ce n'est pas en Franche-Aumône que la donation d'Agnès de Poitou peut être censée avoir été faite. — De ces deux faits, le premier est prouvé, comme vous l'avez vu, par la transaction énoncée dans l'arrêt du conseil de 1725 et par le *Gallia Christiana*; l'autre est établi par M. Henrion, pag. 107, 108 et 109 de l'ouvrage déjà cité: ce magistrat y prouve par les Assises de Jérusalem, de l'an 1099, que *le roi seul pouvait alors donner en Franche-Aumône; que cette manière de disposer était sévèrement interdite aux autres seigneurs; qu'elle n'était pas reçue, qu'elle était même prohibée au commencement du 12.e siècle; et qu'il faut référer cette innovation à la fin du 12.e siècle, ou plus vraisemblablement au commencement du treizième.*

» D'un autre côté, quand nous ferions ici abstraction des messes qui se disaient dans la chapelle de Saint-Nicolas, même après la destruction de la conventualité; quand nous laisserions à l'écart la présomption qui en résulte, que la donation d'Agnès de Poitou avait été faite à la charge d'un service divin déterminé; quand nous fermerions les yeux sur l'impuissance légale où était Agnès, à cette époque, de donner autrement; quand nous supposerions enfin que les prieurs de Saint-Nicolas tenaient leur maison priorale en Franche-Aumône; à quelle conséquence tout cela nous conduirait-il?

» On dira sans doute, dans cette hypothèse, que la donation en simple Franche-Aumône d'une portion de fief, était, quant à ses effets, un bail à cens; qu'ainsi l'ont jugé deux arrêts du parlement de Paris des 14 juillet 1778 et 31 décembre 1779, rendus au profit du marquis de Courtanvaux, comte de Tonnerre; le premier, contre les bénédictins de Molosme et de Saint-Germain d'Auxerre; le second, contre les religieux de l'abbaye de Pantigny; que de là il suit que les ecclésiastiques possédaient roturièrement les héritages qui leur avaient été donnés purement et simplement en Franche-Aumône; qu'ils ne pouvaient pas les donner à cens; et que, lorsqu'ils se permettaient de le faire, les rentes qu'ils se réservaient sous la qualification de cens, n'étaient, dans la réalité, que des redevances foncières; et qu'il en a été ainsi jugé par trois arrêts du parlement de Rouen des 16 mai 1616, 2 avril 1727 et 26 mai 1762; par deux arrêts de la chambre des comptes de la même ville, des 28 mai 1726 et 20 juin 1782; par deux arrêts du grand conseil des 18 juillet 1720 et 9 avril 1739; par un arrêt du conseil confirmatif de celui-ci; par un jugement d'une commission du conseil du 1.er juillet 1726; et par une sentence arbitrale de cinq avocats des plus distingués du barreau de Paris, en date du 17 juillet 1777 (1).

» Mais prenons bien garde aux espèces dans lesquelles ont été rendues toutes ces décisions. Il n'y était question que de domaines corporels qui avaient été donnés à l'église en Franche-Aumône; et il est certain que l'on eût jugé tout autrement si les donations en Franche-Aumône eussent compris avec des domaines corporels, des droits de seigneurie ou de justice; il est certain qu'alors on eût considéré le tout comme donné en Franche-Aumône noble; et que, par suite, on eût déclaré les domaines corporels susceptibles d'acensement de la part des ecclésiastiques donataires. Ecoutons encore M. Henrion, p. 96 et 97 de l'intéressant recueil que nous ne nous lassons pas de citer: « Les droits féodaux sont dans le commerce: le propriétaire peut les aliéner, les donner à l'église; et ces droits sont, comme le domaine corporel du fief, susceptibles de l'impression de Franche-Aumône; mais, dans ce cas, cette Franche-Aumône est nulle, la main-morte tient noblement et en fief; cela est ainsi, parce que cela ne peut pas être autrement. — La Franche-Aumône, comme nous venons de le dire, n'est autre chose qu'un jeu de fief. Cette espèce de jeu n'a rien de particulier, si ce n'est que les prières tiennent lieu du droit seigneurial que le vassal est obligé de se réserver, lorsqu'il se joue en faveur d'un laïque. Au surplus, nulle différence: la loi est la même dans tous les cas, pour les ecclésiastiques comme pour les laïques. Pour savoir si la donation en Franche-Aumône d'un droit censuel, constitue une tenure noble ou roturière, il ne faut que se rappeler les règles générales du jeu de fief. — Le propriétaire d'un fief peut s'en jouer de deux manières, par inféodation ou par bail à cens. — Le seigneur est le maître de choisir celle de ces deux manières qu'il juge à propos; lorsque c'est une partie du domaine corporel de son fief qu'il aliène, il est le maître de stipuler qu'elle relevera de lui en fief ou en roture; mais il n'en est pas de même lorsqu'il se joue des droits seigneuriaux attachés à son fief, par exemple, des cens ou rentes censuelles qu'il a droit de percevoir sur les héritages de sa mouvance: comme ces droits sont essentiellement nobles, il ne dépend pas de lui de les arroturer, de stipuler qu'ils seront tenus roturièrement; une pareille convention serait nulle, parce

(1) *V.* les *Dissertations féodales de M. Henrion*, article *Franche-Aumône*, §. 18 et 23.

» qu'elle choquerait la nature des choses : toutes les » fois que des droits de cette espèce font la matière » d'une donation en Franche-Aumône, cette Franche-Aumône est donc nécessairement noble, et l'é- » glise possède noblement et en fief. — Cette distinc- » tion entre le domaine corporel du fief et les droits » seigneuriaux et censuels, concilie les arrêts rendus » dans cette matière. — S'il en est qui jugent que la » donation en Franche-Aumône ne constitue, dans la » main de l'église, qu'une tenure roturière, c'est que » l'objet de la donation était un domaine corporel. » On a pensé que le donateur étant libre de se jouer » de ce domaine par la voie de l'inféodation ou de » l'arroturement, et n'ayant pas, dans l'acte, mani- » festé son choix, il fallait présumer qu'il avait vou- » lu faire ce qui lui était le moins préjudiciable; et » il est plus avantageux à un seigneur d'aliéner par » bail à cens que par sous-inféodation, parce que, » dans le premier cas, la chasse et tout l'honorifique » continuent de lui appartenir. — Au contraire, lors- » qu'il s'est trouvé que le donateur avait aumôné, » *non-seulement des portions de domaine, mais* » *des droits seigneuriaux et censuels*, on a jugé » que la Franche-Aumône était noble, et que l'église » possédait féodalement, parce qu'alors on n'a pas » pu supposer au donateur l'intention de donner en » roture, puisque des droits seigneuriaux ne peuvent » pas être tenus roturièrement ».

» Ainsi parle M. Henrion : et ce qu'il dit des droits seigneuriaux en général, s'applique naturellement à la justice et aux droits qui en dépendaient; car la justice et les droits qui en dépendaient, pouvaient, comme tous les autres droits seigneuriaux, être donnés en Franche-Aumône. C'est une vérité que M. Henrion lui-même a pris soin de démontrer, et qu'il met dans le plus grand jour, pages 67 et 68.

» Cela posé, il est évident que, si Agnès de Poitou a compris un droit de justice quelconque dans la donation en Franche-Aumône qu'elle est supposée avoir faite à l'église de Saint-Nicolas, du terrain sur lequel a été bâtie la maison prieurale du même nom, ce n'est pas d'une donation en Franche-Aumône roturière, mais d'une donation en Franche-Aumône noble, qu'elle doit être censée avoir gratifié cette église. — Il ne nous reste donc plus qu'à examiner si c'est Agnès de Poitou qui a donné à l'église de Saint-Nicolas, et si elle lui a donné par le même acte que le terrain dont il s'agit, le droit de mesurage de tout le sel qui se consommait dans la ville de Poitiers, droit qui formait notoirement un des attributs de la justice, et déclaré expressément tel par l'art. 65 de la coutume de Poitiers, droit dont on reconnaît d'ailleurs que les prieurs de Saint-Nicolas avaient toujours joui jusqu'au moment où il a été aboli avec leur prieuré.

» Or, à cet égard, il est d'abord indubitable que le droit de mesurage du sel, par cela seul qu'il dépendait de la justice, avait originairement appartenu aux comtes de Poitou, puisque les comtes de Poitou avaient seuls toute justice dans la ville de Poitiers, leur capitale; et de là la conséquence que c'était par les comtes de Poitou que ce droit avait été transmis aux prieurs de Saint-Nicolas.

» Mais leur avait-il été transmis par eux immédiatement, et à quelle époque l'avait-il été? Le temps a dévoré les titres qui auraient pu éclaircir cette question; cependant elle n'est pas devenue pour cela insoluble; et nous n'avons besoin pour la résoudre, que du principe par la force duquel les choses dont on ne peut pas retrouver l'origine, sont censées avoir toujours été dans l'état où elles sont actuellement.

» Quel était en 1770, à l'instant même qui a précédé la passation du bail à cens dont il est ici question, l'état de la maison prieurale et du droit de mesurage du sel? c'est que l'un et l'autre étaient conjointement dans la possession du prieur de Saint-Nicolas, et que l'un et l'autre avaient été transmis au prieur de Saint-Nicolas par le comte de Poitou. Donc nulle raison de croire que l'un eût été transmis avant l'autre par le comte de Poitou au prieur de Saint-Nicolas; donc nécessité de présumer que le droit de mesurage du sel avait été donné au prieur de Saint-Nicolas en même temps que la maison; donc si la maison avait été donnée en Franche-Aumône au prieur de Saint-Nicolas, le droit de mesurage du sel avait été compris dans cette donation; donc la Franche-Aumône qu'avait constituée cette donation, était noble et non pas roturière.

» Toutes ces conséquences, déjà très-palpables par elles-mêmes, sont encore fortifiées par la doctrine de Vaslin sur la coutume de la Rochelle, tom. 1, pag. 263 : *dans le doute*, dit-il, si les biens dépendans d'un bénéfice lui ont été donnés en même temps et par le même acte que le fonds qui en compose le chef-lieu, *tout doit être censé de l'ancienne fondation*; et plus bas : *encore une fois, dans le doute, tout doit être présumé de l'ancienne fondation et dotation : cela fut avoué et reconnu vrai dans notre conférence du* 11 *janvier* 1745.

» Dira-t-on maintenant que les prieurs de Saint-Nicolas, quoique possédant noblement leur maison, n'ont pas pu l'aliéner par bail à cens, parce qu'il était de principe, que du moment où l'église remettait dans le commerce les biens qu'elle avait reçus en Franche-Aumône, même noble, ils reprenaient, envers le seigneur qui les lui avait donnés, leur nature primitive?

» Mais ce principe n'a jamais été, pour l'église, un obstacle à la faculté de se jouer par accensement des biens qu'elle possédait noblement en Franche-Aumône. — Sans doute, elle ne pouvait pas changer envers son donateur la nature de ces biens; elle ne pouvait pas, à l'égard de son donateur, rendre roturiers des biens qu'elle avait reçus de lui comme féodaux, mais elle avait cela de commun avec les vassaux laïques. Ceux-ci pouvaient certainement arroturer, par bail à cens, les biens qu'ils tenaient en fief de leur seigneur dominant; mais cet arroturement n'avait aucun effet contre celui-ci, à moins qu'il ne l'eût approuvé : et les biens étaient toujours, à son égard, tellement considérés comme portion intégrante du fief dont le vassal les avait détachés, qu'en cas d'ouverture de ce fief, le seigneur dominant exerçait ses droits sur la partie acensée comme sur la partie réservée par le vassal. — Du reste, il n'y a pas un seul auteur qui, du principe que les biens donnés en Franche-Aumône reprenaient leur première nature envers le donateur, lorsqu'ils étaient remis dans le commerce, aient pensé à conclure qu'il fût interdit à l'église de les aliéner par acensement; et au contraire, Chopin, dans son *Traité du Domaine,* liv. 1, tit. 13, n. 12, dit, au sujet d'un arrêt du 13 mai 1586, par lequel il avait été jugé que des biens donnés en Franche-Aumône et aliénés purement et simplement par l'église, pour cause de subvention, étaient rentrés de plein droit dans la mouvance du donateur; qu'il en aurait été autrement, si, dans l'aliénation, il eût été fait réserve de quelque redevance seigneuriale au profit de l'église : *nisi in vendendo, ecclesia sibi rectum feudaleque dominium reservavit.* — Au surplus, comme l'observe Vaslin, sur la coutume de la Rochelle, tome 1, pag. 275, « Peut-on bien dire que l'église cesse de posséder, lorsqu'en aliénant une partie de ce qu'elle tient en Franche-Aumône, elle se réserve des devoirs de fruits, de cens et de rente ? Tous ces droits réservés ne tiennent-ils pas lieu de la jouissance effective et personnelle ?

» Dira-t-on encore que les prieurs de Saint-Nicolas ont eux-mêmes reconnu, en aliénant en 1741 et en 1768, par simples baux à rentes, leur église et leur clocher, qu'ils n'avaient pas le droit de les aliéner par baux à cens ?

» Nous ne répondrons pas avec le tribunal de première instance de Poitiers, que la coutume de Poitou assimile au cens la rente foncière que le possesseur d'un fonds noble s'est réservée en aliénant. Cela n'est vrai que dans le cas où la réserve d'une rente foncière a été accompagnée de la réserve de la seigneurie directe; et c'est ce qu'a jugé un arrêt du parlement de Paris, du 5 juin 1731, rapporté par Dubost, dans sa *Jurisprudence du conseil sur les droits de franc-fief et d'amortissement,* tom. 2, pag. 164.

» Mais nous dirons que rien n'était plus commun sous le régime féodal, que de voir des seigneurs aliéner par simples baux à rentes, sans réserve de la directe, des portions de leurs domaines féodaux; que Dumoulin, sur l'art. 51 de l'ancienne coutume de Paris, et après lui une foule d'auteurs ont parlé de ces manières d'aliéner ; qu'ils les ont considérées comme de simples démembremens de fief; mais qu'aucun d'eux n'a imaginé d'en tirer la conséquence, que le seigneur qui avait ainsi aliéné une portion de son fief, cessât de posséder comme féodale la portion qu'il n'avait pas aliénée ; que dès-là, tout ce qui résulte des baux à rente de 1741 et de 1768, c'est que les prieurs de Saint-Nicolas n'ont pas conservé de directe sur leur église et leur clocher; et que les acquéreurs de leur église et de leur clocher sont devenus, par le seul fait de leurs acquisitions, vassaux immédiats du roi à cause de son comté de Poitou.

» Mais il reste au préfet du département de la Vienne une objection qui lui paraît insurmontable, et qui même, à proprement parler, forme son unique moyen de cassation : elle est tirée de l'arrêt du conseil du 11 décembre 1725, qui a jugé, suivant le préfet, que les prieurs de Saint-Nicolas ne possédaient pas noblement leur maison, et que conséquemment ils ne pouvaient pas l'acenser.

» Cet arrêt a certainement jugé que les prieurs de Saint-Nicolas n'avaient aucun droit de seigneurie sur les parties de leur ancien enclos et de leurs jardins qu'ils avaient aliénés par baux à cens dans les 16.e et 17.e siècles. — Il a certainement jugé, ou que ces objets n'avaient pas été, avant leur aliénation, possédés par les prieurs de Saint-Nicolas, soit en foi-hommage, soit à la charge d'un service divin déterminé, soit en Franche-Aumône noble, ou que du moins, dans aucune de ces hypothèses, les prieurs de Saint-Nicolas n'avaient pu les acenser.

» Une chose encore bien constante, c'est que la maison prieurale était absolument en 1770, dans la même catégorie que les portions d'enclos et de jardins qui en avaient été détachées par acensement dans les 16.e et 17.e siècles; c'est que les mêmes raisons qui ont déterminé le conseil d'Etat en 1725 à juger nuls les acensemens des 16.e et 17.e siècles, s'élèvent ici contre l'acensement de 1770.

» Mais de tout cela peut-on inférer qu'en décidant pour l'acensement de 1770, le contraire de ce qu'avait jugé le conseil d'Etat pour les acensemens des 16.e et 17.e siècles, la cour d'appel de Poitiers ait violé l'autorité de la chose jugée ?

» Pour qu'il y ait lieu à l'exception de chose jugée, il ne suffit pas qu'il y ait identité de parties et de moyens, il faut encore qu'il y ait identité d'objet. Les lois romaines l'ont ainsi réglé, et l'art. 1351 du Code civil a consacré leur disposition.

» Ici, il y a bien identité de parties; car les héritiers Deshoulières ne sont que les ayant-cause des prieurs de Saint-Nicolas. — Il y a bien aussi identité de moyens. — Mais l'identité d'objet manque absolument. — Dans l'affaire jugée au conseil d'Etat en 1725, il ne s'agissait que des dépendances de la maison prieurale aliénée dans les 15.e et 16.e siècles; dans l'affaire actuelle, il s'agit de la maison prieurale elle-même. — Dès-là, point d'exception de chose jugée. — C'est ainsi que, par arrêt du 30 germinal an 11, au rapport de M. Rousseau, la cour a décidé *in terminis*, entre le sieur Sanegon, les héritiers Meulan et la dame Lafarge, qu'un jugement rendu en dernier ressort sur les intérêts d'une portion d'une créance, n'avait pas, à l'égard des intérêts et du capital de l'autre portion, et entre les mêmes parties, l'autorité de la chose jugée ; et pourquoi? La cour l'a dit ellemême, parce que ce n'était pas *eadem res*.

» Par ces considérations, nous estimons qu'il y a lieu de rejeter la requête du préfet du département de la Vienne ».

Arrêt du 25 thermidor an 13, au rapport de M. Génevois, qui, « attendu que la rente de 406 fr. constituée par le ci-devant prieur de Saint-Nicolas, sur l'hôtel de La Bourdonnaye, a été créée *noble* et *féodale;* — Attendu que le prieur de Saint-Nicolas avait le droit de créer une rente de cette nature sur l'hôtel de *La Bourdonnaye*, puisqu'il résulte des faits et des actes énoncés dans l'arrêt, que cet hôtel était dans ses mains une propriété noble et féodale; — Attendu que l'arrêt rendu au conseil d'état, le 11 décembre 1725, ne peut avoir, dans la cause, l'autorité de la chose jugée, puisqu'il n'y a pas identité entre les objets sur lesquels cet arrêt a prononcé et l'immeuble sur lequel est assise la rente qui fait le sujet du procès actuel ; — par ces motifs, rejette..... ».

FRANCHE - COMTÉ ou COMTÉ DE BOURGOGNE. Province de France qui tient au duché du même nom.

La Franche-comté était autrefois appelée le pays des Séquanois.

Ces peuples, pendant que Jules-César gouvernait les Gaules, implorèrent sa protection contre les Allemands et leur roi Arioviste, qui, ayant été appelé pour les défendre contre ceux d'Autun, cherchait à s'emparer de leur pays.

Ce pays fut probablement uni avec le reste des Gaules à la république romaine, et appelé, après la division qu'Auguste fit de l'empire, *maxima Sequanorum provincia*, parce qu'il était d'une grande étendue; il comprenait tout ce qui est entre le Rhin, les montagnes des Vosges, la Saône et le Rhône : c'est ce qui dépend aujourd'hui de l'archevêché de Besançon et des évêchés de Basle, Lausanne et Belay, suffragans de cet archevêché; car on sait que les provinces ecclésiastiques ont été réglées sur la division de l'empire faite par Auguste.

Les Séquanois étaient gouvernés par un président, qui demeurait à Besançon. Les Bourguignons s'emparèrent de la province, au commencement du cinquième siècle; ils lui donnèrent leur nom, et fondèrent le premier royaume de Bourgogne. Ce royaume a duré jusqu'aux enfans de Clovis, qui le conquirent et l'unirent au royaume de leur père, dont il a fait partie, dès-lors, jusqu'à la fin du neuvième siècle.

Raoul ou Rodolphe premier, fils de Conrad, comte de Paris, et qu'on dit avoir été de la maison de Bavière, fonda le second royaume de Bourgogne, dont il fut couronné roi en 888; il ne jouit que de la Bourgogne transjurane. Mais Rodolphe II, son fils, y joignit la Bourgogne cisjurane et le royaume d'Arles, que ses descendans possédèrent jusqu'à la mort de Rodolphe III, dit le fainéant, son petit-fils, en 1031.

Rodolphe III donna ce royaume à Conrad le Salique, qui était de la maison de Franconie, et fils de sa sœur Gisèle. C'est l'origine du droit que les princes de la maison de Franconie et ceux de la maison de Souabe, qui succédèrent à celle de Franconie, ont prétendu sur le royaume de Bourgogne, dont ils se sont appelés *rois*, et où ont ils fait pendant longtemps des actes de souveraineté.

Mais ils n'y avaient qu'une ombre d'autorité; car les seigneurs du royaume de Bourgogne qui en gouvernaient les provinces, ou qui les tenaient en fiefs sous le titre de comtes, se prévalant de l'éloignement des rois de Bourgogne, et mécontens de ce que le titre de roi avait été tiré de la nation pour être transféré à une maison étrangère, tachèrent de se rendre eux-mêmes indépendans et souverains.

Il y avait déjà un comte de Bourgogne nommé Hugues, dans le milieu du dixième siècle, sous Conrad le Pacifique, roi de Bourgogne. On en vit paraître un autre peu de temps après; ce fut Otton Guillaume, comte de Bourgogne, de Dijon et de Nivernais, qui fut l'un des plus puissans princes de son temps, et qui mourut en 1027 : on prétend qu'il était fils d'Adelbert, qui avait été roi d'Italie; et il était probablement descendu par sa mère Gerberge, du comte Hugues-Renaud Ier. Son fils ne voulait pas rendre hommage pour le comté de Bourgogne, à l'empereur Henri III, de la maison de Franconie; mais il y fut contraint par la force des armes. Renaud III, son cinquième successeur, refusa d'aller à la cour de l'empereur Lothaire II, de la maison de Saxe, et de lui faire hommage du comté de Bourgogne; il en avait une raison particulière : c'est que s'il était vassal, ce n'était ni de cet empereur, ni de l'empire, mais des héritiers de Conrad de Franconie, à qui le royaume de Bourgogne avait été donné, et auquel Lothaire n'avait pas droit. Cet empereur confisqua les États du comte Renaud, et les donna à Conrad de Béringhen; ce fut une occasion de guerre entre ces deux princes; mais Renaud s'en tira heureusement, et conserva ses États libres et indépendans de l'empire; il prétendit même qu'il ne relevait que de Dieu et de son épée, et pour en donner une marque publique, il se qualifia souverain *par la grâce de Dieu :* on dit que c'est ce qui le fit nommer le *franc comte*, et donner à la province le titre de Franche-Comté.

Béatrix première, sa fille unique, s'accommoda avec Berthold, fils de Conrad de Béringhen, et lui céda tout ce qu'elle avait dans la Bourgogne transjurane, c'est-à-dire, le district des évêchés de Genève, Lausanne et Lyon : elle épousa l'empereur Frédéric Barberousse, de la maison de Souabe, héritier des droits que celle de Franconie avait eus au royaume de Bourgogne. Frédéric partagea ses États entre les enfans qu'il avait eus de la comteste Béatrix, aux comices de l'empire, tenus à Mayence en 1181. Othon, le quatrième de leurs fils, eut le comté de Bourgogne, et ne fut chargé d'aucun devoir de fief envers ses frères.

Il prit le titre de *comte de Bourgogne par la grâce de Dieu ;* et ses successeurs ont continué à le prendre, ce qui prouve qu'ils étaient souverains sans aucune mouvance, et a confirmé le nom de *Franche-Comté* à la province. La qualité de *comte Palatin* lui fut aussi donnée par rapport à sa naissance dans la maison impériale, et à l'administration qu'il avait des droits de l'empereur dans le royaume d'Arles ou de Bourgogne : ses successeurs ont porté cette qualité après lui et elle les distingue dans les actes de leur temps, de quelques autres seigneurs qui prenaient en Bourgogne le titre de comte, soit parce qu'ils descendaient de la maison souveraine, soit parce qu'ils prétendaient à la souveraineté.

En effet, Étienne de Châlons, neveu paternel de Renaud III, soutenait qu'il devait y succéder, comme étant de la ligne masculine, préférablement à la princesse Béatrix sa cousine, et prit le titre de comte : son fils et son petit-fils le prirent de même. Ce fut la source de plusieurs guerres entre ces seigneurs et les comtes qui jouissaient de la souveraineté. Ces guerres furent enfin terminées par le mariage d'Hugues de Châlons avec Alix de Bourgogne, fille et héritière d'Othon de Méranie, et de Béatrix seconde, comtesse Palatine de Bourgogne, à laquelle cette province appartenait, comme fille unique du comte Palatin Othon de Souabe.

Dès-lors, la succession des femmes à la souveraineté du comté de Bourgogne n'a plus fait de difficulté, quoiqu'à cette époque, il y eût encore plusieurs seigneurs descendus par la ligne masculine d'Othon-Guillaume, dans les maisons de Châlons et de Vienne; car cette souveraineté a passé dans la maison de France par le mariage de Jeanne de Bourgogne avec Philippe V, dit le Long; dans la maison de Flandres, par le mariage de Marguerite première avec Louis, comte de Flandres; dans celle des ducs de Bourgogne, par le mariage de Marguerite seconde avec Philippe-le-Hardi; et dans la maison d'Autriche, par le mariage de Marie de Bourgogne avec l'archiduc Maximilien.— Cette maison la conserva jusqu'en 1674, qu'elle fut conquise sur Charles II, dernier roi d'Espagne de la branche aînée d'Autriche, et cédée à Louis XIV par le traité de Nimègue, pour en jouir aux mêmes droits que ceux avec lesquels les rois d'Espagne l'avaient possédée.

Le comté de Bourgogne n'a jamais relevé de l'empire d'Allemagne: il a bien pu être tenu en fief des anciens rois de Bourgogne et des princes des maisons de Franconie et de Souabe, qui ont succédé à ces rois; mais le droit de ces princes a été effacé, 1.° par les actes de contradiction du comte Renaud, et par la possession publique et paisible d'une pleine souveraineté pendant plusieurs siècles; 2.° par la confusion qui s'est faite des droits du haut souverain et du vassal, par le mariage de Béatrix de Bourgogne avec Frédéric Barberousse, et dans la personne du comte Othon, leur fils, qui tirait également son droit des rois et des comtes de Bourgogne; 3.° parce que ce prince ne fut chargé d'aucun hommage envers ses frères, dans le partage par lequel le comté de Bourgogne lui fut donné pour biens paternels et maternels, et il prétendait bien n'en être pas chargé, puisqu'il prit la qualité de comte, par la grâce de Dieu, que ses successeurs ont porté après lui; 4.° enfin, par l'extinction du titre du royaume de Bourgogne et de la maison de Souabe, qui finit en 1269 par la mort de Conradin, dernier prince de cette maison.

FRANCHES VÉRITÉS. C'est le nom que certaines coutumes de Flandres et d'Artois, notamment celles de la gouvernance de Douay, chap. 1, art. 11, de la châtellenie de Lille, tit. 1, art. 19, d'Aire, art. 1, de Saint-Omer, art. 5, et du pays de Langle, art. 10, donnent aux assises que les juges supérieurs sont en droit de tenir de temps en temps pour réprimer les abus qui se glissent dans l'administration de la justice, et rechercher, poursuivre et faire punir les grands crimes. *V. Assises.*

* **FRANCHISE**, appelée dans la basse latinité *Franchisia.* Ce terme signifie plusieurs choses différentes.

1.° Dans les actes qui ont rapport aux premiers temps de la monarchie, une Franchise, *una Franchisia*, était un domaine rural possédé par un Franc, ou qui venait d'un Franc ou autre homme libre de même que l'étaient les Francs: le domaine de cette espèce était appelé *une Franchise*, parce qu'il était possédé librement et sans aucune charge de servitude ni de devoirs personnels ou redevance, soit en argent, grain ou autre chose.

Une Franchise prise dans ce sens, consistait dans un manoir ou hébergement franc et libre, et en outre dans une certaine étendue de terre qui était des dépendances de la Franchise, et pour son usage.

Les alleus, qui étaient les biens que l'on possédait en tout droit de propriété et sans charge d'aucun sens ou prestation, étaient aussi considérés comme des Franchises ou des biens tenus en Franchise, tellement qu'*Allodus* et *Franchisia* étaient réputés synonymes.

Tenir en Franchise, c'était posséder un héritage sans aucune charge ni redevance; c'est ce que la coutume d'Herly, art. 2 et 3, appelle tenir en *franquiesme.* — [[Mais remarquez que, dans cette coutume, les héritages tenus en *franquiesme*, n'étaient pas pour cela allodiaux; la preuve en est qu'ils devaient au seigneur, en cas de vente, 5 sous d'*entrée* et 5 sous d'issue; et cela indépendamment du *relief de bouche* auquel ils étaient soumis à toute mutation. *V. Franc-Alleu.*]]

2.° L'état de Franchise est l'état de liberté opposé à l'état de servitude des esclaves et des serfs.

3.° On a aussi donné le nom de *Franchise* à certains districts ou territoires auxquels les princes ou d'autres seigneurs ont accordé certains droits ou priviléges particuliers.

Ces Franchises sont ordinairement une certaine étendue de terrain autour des villes et bourgs. Ce sont ces sortes de Franchises qu'à Paris et en plusieurs autres villes on appelle la *Banlieue;* à Bourges, la *septaine;* à Angers, la *quinte*, à Toulouse, le *dex.*

4.° La ville même d'Arras a été, pendant un temps, appelée *Franchise.* Louis XI ayant accordé à cette ville une abolition générale de tout ce qui s'était passé durant les guerres, par des lettres du mois de mars 1476, lui accorda, par d'autres lettres du 14 juillet 1477, un délai pour payer ses dettes, et au mois de juin 1481, il donna à cette ville, qu'il nomma *Franchise* par excellence, une charte contenant plusieurs beaux priviléges en soixante-deux articles; mais après la mort de ce prince, arrivée en 1482, cette ville reprit son ancien nom d'Arras, auquel on était accoutumé.

5.° Le terme de *Franchise* a été aussi appliqué à certains priviléges, droits et exemptions que nos rois ont accordés aux habitans de plusieurs villes, bourgs, villages, communautés, abbayes et autres églises; on en trouve un grand nombre dans le recueil des ordonnances de la troisième race.

Dans la plus grande anarchie du gouvernement féodal, toutes les villes murées avaient leurs Franchises et libertés; dans les pays d'état, le prince jurait, à son avènement, de garder leurs libertés et Franchises.

[[Tous ces priviléges ont été abolis par les lois du 4 août 1789.]]

6.° On a aussi donné le nom de *Franchise* aux lieux qui servaient d'asile et de sûreté aux criminels et aux débiteurs en banqueroute ou faillite. *V. Asile.*

7.° On a encore nommé *Franchise* les palais des ambassadeurs à Rome, qui servaient autrefois d'asile à tous les criminels; ces ambassadeurs avaient même étendu ce privilége hors de leurs palais, et jusqu'à une très-grande distance, qu'ils appelaient leurs quartiers, et ce terrain était plus ou moins étendu, selon la volonté de l'ambassadeur : la moitié de Rome servait d'asile à tous les crimes. *V. Ministre public.* (M. BOUCHER-D'ARGIS, père.)*

[[FRANCISATION. *V. Navire.*

FRANQUET. C'est le nom d'un droit d'afforage qui se lève à Douay dans toute la partie de la ville qui est à droite de la Scarpe; il consiste en vingt-quatre pots vinerets à chaque brassin de bière. Le chapitre de Saint-Pierre perçoit un droit semblable, à raison de trois pots et demi dans l'étendue de son patronage en cette même ville; et M. de Croy en profite également sur la paroisse de Saint-Albin, à raison de quatre pots et demi.

[[Ce droit a été aboli par les lois des 4 août 1789 et 15 mars 1790. *V. Afforage.*]]

FRAPPER LES COUPS. Expression employée dans le ch. 45 des chartes générales du Hainaut, pour désigner l'acte par lequel un propriétaire renseigne dans une bornage les limites de son bien.

L'ancienne jurisprudence de cette province ne permettait pas de Frapper les coups autrement qu'en personne : mais l'art. 20 du chapitre cité porte que, « de ce jour en avant suffira de commettre procureur, avec procuration spéciale à cet effet, ensuite de laquelle il pourra Frapper les coups légalement, si avant qu'il entendra l'héritage de son seigneur et maître devoir aller ».

L'art. 7 oblige les parties ou leurs procureurs, avant de Frapper leurs coups, de prêter serment, sur les lieux contentieux, entre les mains du commissaire nommé pour le bornage. L'art. 11 va plus loin : il veut que si l'une des parties refuse de prêter serment, celle qui l'aura prêté Frappera ses coups, et obtiendra sa demande avec dépens.

L'art. 8 prévoit le cas où l'une des parties ferait défaut au jour indiqué pour l[illegible] des lieux; et ordonne qu'en ce cas, la par[illegible]omparante Frappera ses coups et prendra défaut. L'art. 9 ajoute que celle-ci donnera le défaut à juger à l'audience qui se tiendra sept jours après, et que, pour le profit, on lui adjugera les coups qu'elle aura Frappés, avec dépens, à moins qu'on ne trouve à propos d'accorder au défaillant un délai pour purger sa demeure. Dans ce dernier cas, porte l'art. 10, si le défaillant se présente, on ne pourra l'admettre à Frapper ses coups et à proposer ses moyens, qu'il n'ait préalablement refondé la moitié des dépens faits à la première descente de lieux, et qu'il n'ait offert de contribuer à ceux de la seconde jusqu'à sentence définitive.

L'art. 15 ordonne que si les parties, en Frappant leurs coups, se trouvent contraires en faits, le commissaire recevra leurs preuves tant littérales que testimoniales.

Suivant l'art. 18, si, en procédant au bornage sur les lieux, l'une des parties Frappe quelques coups à une ou plusieurs pierres, et soutient que ce sont des bornes, l'autre partie pourra demander que ces pierres soient visitées sur-le-champ par le commissaire, afin de constater si elles forment vraiment des bornes ou non.

Suivant l'art. 21, le défendeur ne peut, à la descente sur les lieux, Frapper d'autres coups, c'est-à-dire, renseigner d'autres limites, que ce qu'il en faut pour borner l'héritage du demandeur; le même article lui défend pareillement de soutenir, à la descente sur les lieux, qu'il n'a point d'héritage contigu à celui du demandeur, attendu, porte-t-il, que ce moyen ne peut être proposé que dans la réponse à la requête introductive d'instance, et avant que le bornage soit ordonné par le juge, ou consenti par le défendeur.

L'art. 22 fait encore défenses à l'ajourné de Frapper ses coups d'un autre côté et dans un autre endroit que le demandeur a Frappé les siens, à moins, ajoute ce texte, que les circonstances ne le demandent; ce qui sera réglé sur-le-champ par le commissaire, sur une requête qui lui sera présentée à cette fin.

L'art. 28 ordonne qu'en matière de bornage, les dépens seront adjugés à proportion de ce que chacune des parties obtiendra dans les coups qu'elle aura Frappés.

V. Bornage et Cerquemanage.

* FRARESCHEURS. Ce mot dans les coutumes d'Anjou, du Maine, du Poitou, du Grand-Perche, et dans quelques autres, signifie des co-détenteurs d'un même tenement ou d'un même fief, à quelque titre qu'ils le possèdent. Ainsi le chemier, et les parageurs ou parageaux, les part-prenans et part-mettans sont des Frarescheurs. *V. ces différens mots.* (M. GARRAN DE COULON.)*

FRAREUSETÉ. *V. Retrait de Frareuseté.*

* FRAUDE. Tromperie, action faite de mauvaise foi.

On tient pour principe que la Fraude n'est censée avoir lieu que quand elle est prouvée. *V. Avantage, Dol* et *Indices.*

[[Il ne faut pas confondre le faux avec la Fraude. *V. Faux*, sect. 1, §. 4.]]

En matières d'aides [[aujourd'hui de droits d'octroi et de droits réunis]], les cas les plus ordinaires de Fraude sont,

1.° Sur les droits d'entrée, le recélé des boissons non déclarées lors des inventaires; le défaut de déclaration aux entrées; le brassage de boissons, sans déclaration préalable, le barillage ou le transport des boissons dans des vaisseaux prohibés; la fabrication d'eau-de-vie sans déclaration, et les entrepôts dans la distance prohibée.

2.° Sur les droits à la vente en gros, le défaut de déclaration pour cette vente; les fausses déclarations sur le prix de la vente; le transport des boissons sans congé, et les fausses destinations.

3.° Sur les droits à la vente en détail, les entrepôts cachés faits par les débitans; la vente en détail à *muchepot*, ou sans déclaration; le recélé des boissons non déclarées chez les débitans; les remplages clandestins; les rapés prohibés; les fausses déclarations sur le prix de la vente des boissons; les consommations exorbitantes, relativement à l'état des consommateurs; les faux congés; les fausses marques sur les vaisseaux qui contiennent les boissons, etc. (M. GUYOT.)*

[[*V.* la loi du 24 avril 1806, le décret impérial du 5 mai suivant, et *Bierre*, *Cidre*, *Boissons*, *Vin*, *Commis*, *Contravention*, *Déclaration au bureau de douane et des droits réunis*, *Droits réunis*, *Procès-verbal*, *Saisie pour contravention*, etc.]]

*FRAUDE. (*Droits de mutation*). La Fraude doit sans doute être bannie de tous les contrats, et on doit la punir partout où on la découvre. Cependant la rigueur des droits féodaux a fait admettre quelques adoucissemens à la sévérité de ces principes; et nous avons, à cet égard, des règles particulières qu'il est important de connaître.

[[Ces règles sont aujourd'hui sans objet pour les droits seigneuriaux qui sont supprimés; mais il est bon de les rappeler ici, afin que l'on puisse juger en quoi elles sont ou ne sont pas applicables aux droits d'enregistrement.]]

Dumoulin établit en thèse générale, qu'un seigneur est non-recevable à se plaindre de la Fraude pratiquée pour le frustrer de ses droits: *adverte quòd ad hòc ut patronus vel alius directus dominus conqueri possit ratione contractuum factorum in Fraudem suorum jurium, non sufficit eum allegare vel probare Fraudem.* Ce principe semble au premier coup-d'œil favoriser la Fraude; mais il reçoit des restrictions, des modifications qui le rendent très-juste: c'est ce qu'on se propose de développer ici.

Il faut d'abord s'arrêter un instant sur la question de savoir si, à raison des droits seigneuriaux, un seigneur peut attaquer un contrat comme frauduleux; et s'il peut être admis à prouver la Fraude par témoins.

L'art. 40 du titre *des Fiefs* de la coutume de Nivernais a une disposition précise sur ce point: « En chose féodale échangée n'y a retenue, sinon qu'il y eût retour de deniers plus grand que la chose baillée en récompense, ou que l'échange fût fait par Fraude, qui se prouvera par deux témoins, ou autre preuve de droit, ou par le serment des contractans, qui seront tenus d'en jurer, si le seigneur féodal veut s'en rapporter à leur serment ».

Coquille, commentateur de cette coutume, s'explique ainsi: « Selon les règles et le sens commun, la Fraude ne peut se prouver que par conjectures, parce que ceux qui veulent faire Fraude travaillent de tout leur pouvoir pour la couvrir, et ne serait pas Fraude si elle n'était occulte; et par règle générale, se dit qu'ès choses qui communément sont difficiles à prouver, on doit recevoir les preuves par conjectures, et telles qu'on peut les recouvrer; et peut-on joindre diverses sortes de preuves imparfaites pour une complète » ?

Mais l'ordonnance de Moulins et celle de 1667, rejettent la preuve par témoins contre et outre le contenu aux actes. N'importe, dit Guyot (*Traité des fiefs*, tome 3, page 232), cette prohibition ne concerne que ceux qui ont passé l'acte; mais la preuve est admise à l'égard d'un tiers qui n'y a pas été partie, et qu'on a voulu frauder.

Danty, dans son *Traité de la preuve par témoins*, page 158, s'exprime sur cette question d'une manière encore plus précise. Voici ses termes: « Toutes les fois qu'un lignager, pour conserver son droit de retrait féodal, ou les lods et ventes à lui dus, ou un héritier frustré de sa légitime, allèguent la Fraude qui leur a été faite par un contrat simulé fait contre la disposition de la coutume, et qu'ils demandent à faire preuve par témoins qu'il a été convenu devant, lors ou depuis le contrat, autre chose plus ou moins que ce qui y est exprimé, j'estime qu'on les doit admettre à en faire la preuve, nonobstant cette ordonnance, parce que ces sortes de conventions (simulées) renferment une espèce de crime, puisqu'elles sont faites par dol et par Fraude, et avec un dessein prémédité de tromper les autres, dont ceux qui sont coupables ne doivent jamais profiter, parce que toutes ces conventions sont contre les lois, et par conséquent réprouvées ».

[[Il suit de là, qu'en matière d'enregistrement, la régie devrait être admise à prouver par témoins qu'il y a eu soulte dans un échange ou dans un partage, quoique l'acte qui en a été dressé, n'en fasse pas mention.

Il en résulte encore que la régie devrait être admise à prouver par témoins qu'un acte qualifié de vente, n'est qu'une donation déguisée.

Ces conséquences dérivent du principe que la prohibition de la preuve testimoniale ne lie que les contractans entre eux; et elles ne sont contrariées par aucune des lois relatives aux droits d'enregistrement.

Mais la régie ne pourrait pas prouver par témoins qu'une mutation dont le titre constitutif ne paraît pas, a eu lieu: les art. 12 et 13 de la loi du 22 frimaire an 7 ne lui permettent de prouver cette mutation que par des actes qui l'énoncent et la supposent.

La régie ne pourrait pas non plus prouver par témoins que le prix exprimé dans un contrat de vente, est inférieur à celui qui a été réellement convenu entre les parties. L'art. 17 de la loi citée lui ouvre une voie plus simple, celle de l'estimation par experts; et ce qui fait bien voir qu'en lui ouvrant cette voie, elle entend lui interdire tous les autres genres de preuve, c'est qu'elle ne lui accorde qu'un an pour la prendre. *V. Enregistrement* (*droit d'*).]]

Les seigneurs sont donc admis à la preuve de la Fraude, et même ils peuvent l'établir par témoins. On peut dire qu'ils sont souvent dans le cas d'user de cette faculté. Tous les jours, pour éluder les droits seigneuriaux, le quint, le lod, le retrait féodal, on donne à une véritable vente la forme extérieure d'un échange, d'une donation, etc.; mais quel est le genre de Fraude dont les seigneurs peuvent se plaindre, et quel est le véritable sens du passage de Dumoulin, transcrit plus haut? Voici le résumé de la doctrine des meilleurs jurisconsultes.

Quand je parle de la Fraude, dit Gueret sur les arrêts de Leprêtre, j'entends *malum consilium*; car encore qu'un échange soit fait à dessein, *et communicato consilio*, pour frustrer le seigneur de ses droits, il ne laisse pas d'être légitime et les droits n'en sont pas dus, parce que c'est une ruse permise; et comme dit Dumoulin, *licet contrahere in Fraudem patroni et jurium ex venditione debitorum, modò verè, non simulatè, contrahatur.* De sorte que tout ce que l'on considère dans ces rencontres, est si l'échange est sérieux; mais on n'entre pas dans la discussion de savoir dans quel esprit il a été fait, pourvu que l'intention des parties ait été qu'il subsistât.

Les arrêts des 11 octobre 1578 et 17 février 1582, dit Brodeau sur l'art. 78 de Paris, au profit de Nicolas Legrand, contre les échevins de Paris, remarqués par Leprêtre, par Tronçon et par Charondas, ont jugé en bien plus forts termes qu'on ne peut pas réputer un échange frauduleux, ni de la nature d'un contrat de vente ou bail à rente rachetable, qui donne lieu au retrait et aux ventes, encore que la vente cédée et baillée en contre-échange, ait été constituée par un proche parent du cédant, suivie d'un décret fait à la charge d'icelui, et que le même cédant ait donné sa promesse au cessionnaire de lui fournir homme qui racheterait la rente dans un certain temps, ce qui avait été exécuté, et le rachat fait incontinent après l'échange; et on ne peut pas dire qu'en cette espèce la Fraude se rencontre tant dans le conseil que dans l'événement; car la rente étant rachetable de sa nature, il est au pouvoir du débiteur de la racheter quand il lui plaît; et bien qu'il semble y avoir de la Fraude, c'est une Fraude innocente, *quæ legibus non vindicatur*, puisque la rente est véritable: or, c'est une règle et maxime certaine que pour rendre un contrat d'échange d'héritages avec rentes constituées, sujet au retrait et aux droits seigneuriaux, *non sufficit probare Fraudem, nisi etiam probetur simulatio.* Comme il est amplement traité par Dumoulin, et en termes de droit, celui-là n'est point en dol ni en Fraude, *qui sibi prospicit ut damnum excludat, et licet unicuique sibi suisque negotiis consulere etiam per interpositam personam.*

« Il est certain (ajoute Basnage sur la coutume de Normandie), que les permutations n'ont le plus souvent d'autre fin que d'exclure les lignagers du retrait; mais pour les faire juger frauduleuses, ce n'est pas assez de faire demeurer pour constant que les contractans ont eu cette intention; car encore que les permutans n'aient pas eu le dessein de faire un échange, et que dans leurs premières propositions ils n'eussent parlé que de vendre, et que depuis, changeant de pensée, dans la seule vue d'exclure l'action du retrait, ils aient fait un échange, pourvu que le contrat ne soit point simulé, et que l'échange subsiste, les lignagers ne peuvent accuser les contractans de Fraude: Tiraqueau, dans la préface de son Traité *de retractu gentilitio*, en propose cet exemple. — Titius offrit à Mœvius de lui vendre un héritage qui était fort à sa bienséance; Mœvius lui fit réponse qu'il n'avait pas d'argent, mais qu'il avait une autre terre de valeur égale à la sienne, qu'il la lui baillerait par échange, et que si elle ne lui était pas commode, ou qu'elle ne lui plût pas, il savait un marchand pour en traiter avec lui, qui en payerait le prix qu'il voulait vendre la sienne; et sur ce que Titius répliqua à Mœvius qu'il vendît lui-même sa terre, Mœvius le refusa, parce qu'il craignait qu'en achetant la terre de Titius, elle ne lui fût retirée par les lignagers de Titius, et que s'ils traitaient par vente, il n'aurait plus sa terre, et il serait dépossédé de celle qu'il aurait acquise de Titius: ils convinrent donc de faire un échange pour empêcher le retrait; et dans le même temps, Mœvius fit présenter une personne qui acheta de Titius la terre qu'ils avait eue en contre-échange, pour le même prix qu'il la voulait vendre à Mœvius; les lignagers de Titius soutinrent que cette permutation étant faite en Fraude de leur droit, il y avait ouverture à l'action en retrait. M. Tiraqueau résout qu'il n'y avait rien qui fût contraire à la coutume; que Mœvius avait eu raison de prendre sa sûreté pour n'être point dépossédé de ce qu'il aurait eu par achat, et de la terre qu'il aurait vendue; qu'il n'aurait pas vendu, si en même temps il ne s'était pas assuré d'une autre terre pour mettre en place: qu'il était vrai que son intention était d'exclure les seigneurs, mais qu'il ne s'était servi que d'un moyen approuvé par la loi.

» Cette question (continue Basnage), fut décidée en plus forts termes par la chambre de l'édit, entre M. de la Ferté, maître des requêtes, et le seigneur de Borat. M. de la Ferté avait promis par écrit à son copermutant de lui faire trouver un acheteur pour prendre la terre qu'il lui baillerait pour contre-échange: il fut jugé que cette paction ne donnait point ouverture au retrait. — Arrêt du parlement, au rapport de M. de Çatinat, pour la terre de Bresle, dont M. Dejouy, maître des comptes, avait pris à titre d'échange le fief mouvant du roi contre une pièce de pré, et un mois après, avait acheté le domaine non fieffé, suivant la promesse qu'il en avait faite lors de l'échange; et depuis fourni un acquéreur du contre-échange, auquel il avait donné des deniers en rente; et néanmoins le beau-frère du vendeur fut débouté de son action en retrait; parce que l'échange était véritable et sans Fraude, n'étant point rentré en possession de son contre-échange, étant permis d'acheter une partie d'une terre et d'échanger le surplus, pourvu que tout se fasse sans simulation ».

Le seigneur, dit Guyot (*Traité des fiefs*, tom. 3, ch. 3), doit prouver la Fraude; et voilà le mot qui tranche: il doit prouver *aliud actum quàm scriptum.* Voilà le seul cas où le seigneur est admis à la preuve de la Fraude; il doit prouver que l'acte qu'on lui présente est un acte autre que celui qui paraît. Ce n'est pas assez de prouver qu'il y a Fraude entre les contractans, en ce que prenant la voie droite et simple, ils auraient payé des droits, pourvu qu'ils aient pris naturellement et réellement la voie du contrat qui les affranchit des droits, pourvu que l'acte présenté soit réellement tel qu'il est conçu, quoique cet acte n'ouvre pas les droits, cela n'est pas Fraude, 1.° parce qu'ils sont soumis aux coutumes et que les coutumes ont assujetti aux droits certains actes, et en ont affranchi d'autres; 2.° parce que les seigneurs ne doivent pas gêner la liberté des contractans, quoiqu'ils perdent les droits. Il suffit que l'acte qui leur est présenté, soit en effet un tel acte.

Dumoulin, en parlant d'un frère qui a reçu une

somme d'argent et a renoncé, en décidant qu'il n'est rien dû, ajoute: *Amplio etiamsi probetur quòd dictus frater aliàs esset aditurus et venditurus vel cessurus hereditatem, nisi vetitus esset jura feudalia, et quod in eorum Fraudem, sive ad illa evitanda, elegit viam repudiationis : Tum quia ad reputandum fraudata jura feudalia non sufficit allegare nec probare Fraudem, nisi sit conjuncta simulationi ; tum quia vassalius nullam Fraudem facit patrono etiamsi de industriâ omittit viam ex quâ oriuntur jura feudalia, et elegit aliam ex quâ nihil vel minùs debetur, dummodò verè eligat; quoniam per hujusmodi jura et consuetudines, nulla lex, nulla restrictio est imposita liberæ voluntati contrahentium : sed hæc jura velut sub eventu certæ conditionis, putà si contingat feudum vendi vel mutare manum, imponuntur, quæ si non eveniat, nihil debetur; sed si aliud quoque modo simulent contrahentes, et tunc, hoc detecto, nihilominùs jura debentur.*

Le même Dumoulin dit encore (sur la coutume de Paris, §. 23, note 19): *Adverte quòd ad hoc ut patronus vel alius directus dominus conqueri possit ratione contractuum factorum in Fraudem suorum jurium, non sufficit eum allegare et probare Fraudem, sed requiritur quod alleget et probet simulationem; ratio quia libera est facultas in sic vel sic contrahendo. Unde si aliàs volens vendere permutet, quamvis probetur communicato consilio inter contrahentes ita convenisse ut essent immunes à juribus debitis ex venditione, tamen dominus directus non potest aliud petere, quàm quod ex simplici permutatione debetur, quia in veritate nulla est venditio, sed tantùm permutatio.*

Il faut donc prouver la simulation, non la Fraude faite aux droits; c'est-à-dire qu'il faut prouver que les contractans présentent un tel contrat exempt de droit, mais que réellement c'est un tel autre contrat qui doit des droits, suivant cette règle, *plus valere quod agitur, quàm quod simulatè concipitur.*

C'est encore le sentiment de d'Argentrée, sur l'ancienne coutume de Bretagne, art. 73, note 44 : *non est coarctanda latitudo dispositionis contrahentium et libertatis conventionalis, ut sic vel sic faciant vel disponant quod legibus et jure permittente, hoc vel illo modo possunt..... nec opportet dominos esse curiosiores vel exploratores alieni commercii, etiam si per consequentiam quidpiam pereat commodis feudis feudalibus.*

Tels sont les genres de Fraude qu'on peut arguer dans les échanges et autres contrats que le seigneur prétendra simulés. En un mot, la seule Fraude dont la preuve soit permise au seigneur, sur laquelle il puisse s'appuyer, est la simulation du contrat. Il doit prouver que le contrat qu'on lui présente, n'est pas celui que les parties ont *in veritate et effectu* passé : car s'il est véritablement échange ou donation, le seigneur aura beau crier à la Fraude, et que l'acte naturel par où les parties pouvaient se lier ou contracter était la vente, et qu'ils n'ont passé à l'échange ou la donation que pour le frauder, il ne doit pas être écouté, si véritablement les contractans ont fait un échange ou une donation.

La cour a même jugé, dit Lalande sur l'art. 384 de la coutume d'Orléans, qu'on ne pouvait user du droit de retrait, quoique la rente transportée pour un propre ait été créée peu de jours avant l'échange, et incontinent après remboursée et amortie par le débiteur, pourvu que la constitution ait été réellement faite, et que ce ne soit pas un simple accommodement de nom : bien plus, quoique la partie qui a cédé une rente ait promis fournir homme qui acheterait ladite rente, et qu'en effet la chose ait été exécutée, cela ne donne point lieu au retrait, ni aux droits seigneuriaux, *quia non intelligitur fraudare edictum, qui sibi prospicit.*

Il semble, dit encore Henrys, sur la coutume d'Auvergne, quest. 8, que le droit soit dû lorsque le contrat sur lequel on fonde sa demande, tient lieu d'une vente, et qu'on n'a emprunté le nom d'échange que pour déguiser la vente; et voilà un fondement plausible et spécieux; mais pourtant il n'est pas suffisant, car il n'est pas question de chercher quelle a été l'intention des parties, et c'est en vain qu'on la veut pénétrer.... S'il est vrai que la coutume permet d'échanger une rente avec un héritage, chacun peut faire un semblable échange, et il le peut faire avec un dessein prémédité, d'éviter le lod et en frustrer le seigneur; on ne lui fait point de tort quand on se sert d'un remède que la coutume autorise, et ce n'est point une Fraude de pratiquer ce qu'elle permet. N'importe qu'on ait eu intention de ne pas laisser la rente, et de la racheter: car c'est assez que celui qui veut avoir l'héritage, ne donne qu'une rente, et que l'événement dépende du temps et des affaires. (M. H....)*

[[Toutes ces décisions s'appliquent d'elles-mêmes aux droits d'enregistrement. Il est seulement à remarquer qu'elles sont sans objet pour l'échange d'un immeuble réel contre une rente; car un pareil échange est assimilé, pour le droit d'enregistrement, à une vente pure et simple.]]

FRAYER. *V. Frai.*

[[FRELATEUR DE VIN. C'est celui qui mêle dans le vin dont il fait commerce, des corps étrangers, propres à en déguiser la qualité, et à le faire passer pour ce qu'il n'est pas.

En 1717, le nommé Lipperer et Anne Schmidin, sa femme, ayant été convaincus d'avoir mis de la morelle dans le vin qu'ils avaient vendangé, et de l'avoir vendu dans cet état à différens particuliers, dont l'un nommé Martin Edeléen était mort, et les autres en avaient été plus ou moins incommodés; le bailli de Bergheim leur fit le procès à l'extraordinaire, et rendit une sentence qui condamna seulement les deux époux au blâme, le mari à tenir prison pendant un mois, et la femme à 150 livres d'amende; mais sur l'appel *à minimâ* qui en fut interjeté au conseil souverain d'Alsace, arrêt intervint le 2 septembre 1718, qui « condamne Lipperer et sa femme d'être menés par deux valets de ville par les rues de la ville de Bergheim, un jour de marché, avec écriteaux devant et derrière, portant ces mots en français et en allemand : *Frelateurs de vin*, en 30 livres d'aumône pour faire prier Dieu pour l'ame du défunt; ladite sentence au résidu sortissant son plein et entier effet. Et faisant droit sur les réquisitions du procureur-général du roi, a fait et fait défenses à toutes personnes, de quelque qualité et condition qu'elles puissent être, de se servir d'aucunes drogues, graines ou herbes pour teindre et Frelater les vins, sous peine de punition corporelle ». (*Recueil des ordonnances d'Alsace*, tom. 1, pag. 528.)

Le Code pénal de 1810 distingue entre les vendeurs de boissons qui ne sont que falsifiées, et les vendeurs de boissons qui sont falsifiées par le moyen de mixtions nuisibles à la santé : les premiers ne sont punis que de peines de simple police (art. 475, n. 6); les seconds doivent être condamnés à un emprisonnement de six jours à deux années, et à une amende de 16 à 500 fr. (art. 318).]]

* FRÈRE. Celui qui est né de même père et de même mère, ou de l'un des deux seulement.

On distingue les Frères les uns des autres par des noms différens : on appelle *Frères de père et de mère*, ou *Frères germains*, ceux qui sont nés de même père et de même mère; *Frères jumeaux*, deux Frères qui sont nés d'une même grossesse; *Frère de père* ou *Frère consanguin*, celui qui n'est Frère que du côté paternel; *Frère de mère* ou *Frère utérin*, celui qui n'est Frère que du côté maternel; *demi-Frère*, celui qui n'est Frère que de père ou de mère; et *Frère maternel*, *Frère bâtard*, *Frère du côté gauche*, celui qui est né du même père ou de la même mère, mais non en légitime mariage.

La qualité de *Frère naturel* procède de la naissance seule; la qualité de *Frère légitime* procède de la loi, c'est-à-dire qu'il faut être né d'un même mariage valable.

V. Alimens, *Empêchemens*, *Double lien* et *Succession*. (M. GUYOT.)*

[[*V.* aussi mon *Recueil de Questions de droit*, au mot *Frère*.]]

[[FRET, FRÉTER. *Fréter* un navire, c'est le louer; le Fret est le prix du loyer. Ce prix est réglé par un contrat qu'on appelle *affrètement*.

Les articles *Affrètement et Chartes-parties*, contiennent le détail de toutes les règles auxquelles l'ordonnance de la marine de 1681 assujétissait ce contrat. Voici dans quels termes le *Code de commerce* vient de les renouveler et de les modifier.

« Tit. 6. *Des chartes-parties*, *affrètement* ou *nolissemens*. — *Art.* 273. Toute convention pour louage d'un vaisseau, appelée *charte-partie*, *affrètement* ou *nolissement*, doit être rédigée par écrit. Elle énonce le nom et le tonnage du navire, le nom du capitaine, les noms du fréteur et de l'affréteur, le lieu et le temps convenus pour la charge et pour la décharge : le prix du Fret ou nolis, si l'affrètement est total ou partiel, l'indemnité convenue pour les cas de retard.

» 274. Si le temps de la charge et de la décharge du navire n'est point fixé par les conventions des parties, il est réglé suivant l'usage des lieux.

» 275. Si le navire est frété au mois, et s'il n'y a convention contraire, le Fret court du jour où le navire a fait voile.

» 276. Si, avant le départ du navire, il y a interdiction de commerce avec le pays pour lequel il est destiné, les conventions sont résolues sans dommages-intérêts de part ni d'autre. — Le chargeur est tenu des frais de la charge et de la décharge de ses marchandises.

» 277. S'il existe une force majeure qui n'empêche que pour un temps la sortie du navire, les conventions subsistent, et il n'y a pas lieu à dommages-intérêts à raison du retard. — Elles subsistent également, et il n'y a lieu à aucune augmentation de Fret, si la force majeure arrive pendant le voyage.

» 278. Le chargeur peut, pendant l'arrêt du navire, faire décharger ses marchandises à ses frais, à condition de les recharger ou d'indemniser le capitaine.

» 279. Dans le cas de blocus du port pour lequel le navire est destiné, le capitaine est tenu, s'il n'a des ordres contraires, de se rendre dans un des ports voisins de la même puissance où il lui sera permis d'aborder.

» 280. Le navire, les agrès et apparaux, le Fret et les marchandises chargées, sont respectivement affectées à l'exécution des conventions des parties.

» Tit. 7. *Du connaissement*. — *Art.* 281. Le connaissement doit exprimer la nature et la quantité, ainsi que les espèces ou qualité des objets à transporter. — Il indique le nom du chargeur, le nom et l'adresse de celui à qui l'expédition est faite, le nom et le domicile du capitaine, le nom et le tonnage du navire, le lieu du départ et celui de la destination. — Il énonce le prix du Fret; il présente en marge les marques et numéros des objets à transporter. — Le connaissement peut être à ordre, ou au porteur, ou à personne dénommée.

» 282. Chaque connaissement est fait en quatre originaux au moins, un pour le chargeur, un pour celui à qui les marchandises sont adressées, un pour la capitaine, un pour l'armateur du bâtiment. — Les quatre originaux sont signés par le chargeur et par le capitaine, dans les vingt-quatre heures après le chargement. — Le chargeur est tenu de fournir au capitaine, dans le même délai, les acquits des marchandises chargées.

» 283. Le connaissement rédigé dans la forme ci-dessus prescrite, fait foi entre toutes les parties intéressées au chargement, et entre elles et les assureurs.

» 284. En cas de diversité entre les connaissemens d'un même chargement, celui qui sera entre les mains du capitaine, fera foi, s'il est rempli de la main du chargeur ou de celle de son commissionnaire : et celui qui est présenté par le chargeur ou le consignataire sera suivi, s'il est rempli de la main du capitaine.

» 285. Tout commissionnaire ou consignataire qui aura reçu les marchandises mentionnées dans les connaissemens ou chartes-parties, sera tenu d'en donner reçu au capitaine qui le demandera, à peine de tous dépens, dommages-intérêts, même de ceux de retardement.

» Tit. 8. *Du Fret ou nolis*. — 286. Le prix du loyer d'un navire ou autre bâtiment de mer, est appelé *Fret* ou *nolis*. — Il est réglé par les conventions des parties; — Il est constaté par la charte-partie ou par connaissement; — Il a lieu pour la totalité ou pour partie du bâtiment, pour un voyage entier ou pour un temps limité, au tonneau, au quintal, à forfait, ou à cueillette, avec désignation du tonnage du vaisseau.

» 287. Si le navire est loué en totalité, et que l'affréteur ne lui donne pas toute sa charge, le capitaine ne peut prendre d'autres marchandises sans le consentement de l'affréteur.—L'affréteur profite du Fret des marchandises qui complètent le chargement du navire qu'il a entièrement effrété.

» 288. L'affréteur qui n'a pas chargé la quantité de marchandises portée par la charte-partie, est tenu de payer le Fret en entier, et pour le chargement complet auquel il s'est engagé.—S'il en charge davantage, il paye le Fret de l'excédant sur le prix réglé par la charte-partie. — Si cependant l'affréteur, sans avoir rien chargé, rompt le voyage avant le départ, il payera en indemnité, au capitaine, la moitié du Fret convenu par la charte-partie pour la totalité du chargement qu'il devait faire. — Si le navire a reçu une partie de son chargement, et qu'il parte à non charge, le Fret entier sera dû au capitaine.

» 289. Le capitaine qui a déclaré le navire d'un plus grand port qu'il n'est, est tenu des dommages-intérêts envers l'affréteur.

» 290. N'est réputé y avoir erreur en la déclaration du tonnage d'un navire, si l'erreur n'excède un quarantième, ou si la déclaration est conforme au certificat de jauge.

» 291. Si le navire est chargé à cueillette, soit au quintal, au tonneau ou à forfait, le chargeur peut retirer ses marchandises, avant le départ du navire, en payant le demi-Fret. — Il supportera les frais de charge, ainsi que ceux de décharge et de rechargement des autres marchandises qu'il faudrait déplacer, et ceux du retardement.

» 292. Le capitaine peut faire mettre à terre, dans le lieu du chargement, les marchandises trouvées dans son navire, si elles ne lui ont point été déclarées, ou en prendre le Fret au plus haut prix qui sera payé dans le même lieu pour les marchandises de même nature.

» 293. Le chargeur qui retire ses marchandises pendant le voyage, est tenu de payer le Fret en entier et tous les frais de déplacement occasionnés par le déchargement; si les marchandises sont retirées pour cause de faits ou des fautes du capitaine, celui-ci est responsable de tous les frais.

» 294. Si le navire est arrêté au départ, pendant la route, ou au lieu de sa décharge, par le fait de l'affréteur, les frais du retardement sont dus par l'affréteur; — Si, ayant été frété pour l'aller et le retour, le navire fait son retour sans chargement ou avec un chargement incomplet, le Fret entier est dû au capitaine, ainsi que l'intérêt du retardement.

» 295. Le capitaine est tenu des dommages-intérêts envers l'affréteur, si, par son fait, le navire est arrêté ou retardé au départ, pendant sa route ou au lieu de sa décharge. — Ces dommages-intérêts sont réglés par des experts.

» 296. Si le capitaine est contraint de faire radouber le navire pendant le voyage, l'affréteur est tenu d'attendre, ou de payer le Fret en entier. — Dans le cas où le navire ne pourrait être radoubé, le capitaine est tenu d'en louer un autre. — Si le capitaine n'a pu louer un autre navire, le Fret n'est dû qu'à proportion de ce que le voyage est avancé.

» 297. Le capitaine perd son Fret, et répond des dommages-intérêts de l'affréteur, si celui-ci prouve que, lorsque le navire a fait voiles, il était hors d'état de naviguer. — La preuve est admissible nonobstant et contre les certificats de visite au départ.

» 298. Le Fret est dû pour les marchandises que le capitaine a été contraint de vendre pour subvenir aux victuailles, radoub et autres nécessités pressantes du navire, en tenant par lui compte de leur valeur au prix que le reste, ou autre pareille marchandise de même qualité, sera vendu au lieu de la décharge, si le navire arrive à bon port. — Si le navire se perd, le capitaine tiendra compte des marchandises sur le pied qu'il les aura vendues, en retenant également le Fret porté aux connaissemens (1).

» 299. S'il arrive interdiction de commerce avec le pays pour lequel le navire est en route, et qu'il soit obligé de revenir avec son chargement, il n'est dû au capitaine que le Fret de l'aller, quoique le vaisseau ait été affrété pour l'aller et le retour.

» 300. Si le vaisseau est arrêté dans le cours de son voyage par l'ordre d'une puissance, il n'est dû aucun Fret pour le temps de sa détention, si le navire est affrété au mois; ni augmentation de Fret, s'il est loué au voyage. — La nourriture et les loyers de l'équipage, pendant la détention du navire, sont réputés avaries.

» 301. Le capitaine est payé du Fret des marchandises jetées à la mer pour le salut commun, à la charge de contribution.

» 302. Il n'est dû aucun Fret pour les marchandises perdues par naufrage ou échouement, pillées par des pirates ou prises par les ennemis. — Le capitaine est tenu de restituer le Fret qui lui aura été avancé, s'il n'y a convention contraire.

---

(1) Sur cette seconde disposition de l'art. 109, *l'exposé des motifs*, présenté au nom du gouvernement, à la séance du corps législatif, du 8 septembre 1807, par M. Bégouen, conseiller d'État, contient les observations suivantes:

« L'ordonnance n'avait rien statué, à cet égard, dans le cas de la perte du navire. Les commentateurs professaient une doctrine contradictoire : les uns considéraient les marchandises vendues avant la perte et pour subvenir aux besoins du navire, comme le sujet forcé d'un contrat à la grosse, et en refusaient le payement; les autres accordaient ce payement, en les regardant comme sauvées, puisqu'on en avait disposé avant que le navire eût éprouvé aucun événement sinistre. Il a fallu se fixer sur ce point. Il a paru équitable de penser que les marchandises vendues pour subvenir aux besoins du navire, constituaient un titre de créance en faveur de leur propriétaire; que dès-lors elles avaient cessé d'être en risque; que le capitaine et les propriétaires du navire, qui étaient chargés de pourvoir à ses besoins, avaient contracté une dette individuelle en appliquant ces marchandises à l'accomplissement de leur devoir personnel; qu'en pareille circonstance, un contrat à la grosse ne saurait, par sa spécialité, être présumé ni supposé; qu'il serait étrange de vouloir considérer comme perdues les marchandises vendues avant la perte du navire, tandis qu'elles auraient pu être sauvées dans la circonstance même du naufrage; qu'enfin le propriétaire des marchandises vendues, si elles ne lui étaient pas payées par le capitaine, se trouverait dépouillé sans pouvoir exercer aucun recours contre ses assureurs, qui ne seraient pas tenus au remboursement, puisqu'il n'y aurait pas eu d'objet de risque à bord lors du naufrage. — Ces réflexions ont conduit à la disposition exprimée au second paragraphe de l'art. 109 (298) ».

» 303. Si le navire et les marchandises sont rachetées, ou si les marchandises sont sauvées du naufrage, le capitaine est payé du Fret jusqu'au lieu de la prise ou du naufrage. — Il est payé du Fret entier en contribuant au rachat, s'il conduit les marchandises au lieu de leur destination.

» 304. La contribution pour le rachat se fait sur le prix courant des marchandises au lieu de leur décharge, déduction faite des frais, et sur la moitié du navire et du Fret. — Les loyers des matelots n'entrent point en contribution.

» 305. Si le consignataire refuse de recevoir les marchandises, le capitaine peut, par autorité de justice, en faire vendre pour le payement de son Fret, et faire ordonner le dépôt du surplus. — S'il y a insuffisance, il conserve son recours contre le chargeur.

» 306. Le capitaine ne peut retenir les marchandises dans son navire faute de payement de son Fret. Il peut, dans le temps de la décharge, demander le dépôt en mains-tierces, jusqu'au paiement de son Fret.

» 307. Le capitaine est préféré, pour son Fret, sur les marchandises de son chargement, pendant quinzaine après leur délivrance, si elles n'ont passé en mains-tierces.

» 308. En cas de faillite des chargeurs ou réclamateurs avant l'expiration de la quinzaine, le capitaine est privilégié sur tous les créanciers pour le payement de son Fret et des avaries qui lui sont dus (1).

» 309. En aucun cas, le chargeur ne peut demander de diminution sur le prix du Fret.

» 310. Le chargeur ne peut abandonner pour le Fret les marchandises diminuées de prix ou détériorées par leur vice propre ou par cas fortuit. — Si toutefois des futailles contenant vin, huile, miel et autres liquides, ont tellement coulé qu'elles soient vides ou presque vides, lesdites futailles pourront être abandonnées pour le Fret ».

V. Grosse aventure, Jet à la mer, Matelot et *Navire*.

* **FRUITS.** On appelle ainsi les revenus d'une terre, d'une maison, d'une rente, etc.

I. On divise les Fruits en Fruits naturels, en Fruits industriels et en Fruits civils.

Les *Fruits naturels* sont ceux que la nature seule produit, et qui ne demandent aucune culture, comme le foin, le bois, etc. — [[L'art. 583 du Code Napoléon porte que « les Fruits naturels sont ceux qui sont le produit spontané de la terre. Le produit et le croît des animaux (ajoute-t-il) sont aussi des Fruits naturels ».]]

Les *Fruits industriels* sont ceux qui exigent de la culture et d'autres soins, comme le blé, les raisins, les noix, les pommes et les autres Fruits des arbres. — [[L'article cité du Code Napoléon, porte que « les Fruits industriels d'un fonds, sont ceux qu'on obtient par la culture ».]]

Les *Fruits civils* sont des revenus que la loi a assimilés à certains égards aux Fruits naturels; tels sont les loyers des maisons, les arrérages de rente, les intérêts et les autres profits annuels qui proviennent de la loi ou de la convention des parties.

[[L'art. 584 du Code Napoléon dit que « les Fruits civils sont les loyers des maisons, les intérêts des sommes exigibles, les arrérages de rentes ». Il ajoute que « les prix des baux à ferme sont aussi rangés dans la classe des Fruits civils ».]]

II. On répute immeubles tous les Fruits naturels et industriels, tandis qu'ils font partie de la terre qui les a produits; ils sont alors censés ne faire avec elle qu'un seul et même tout; mais aussitôt qu'ils en sont séparés, ils commencent à être une chose distinguée de la terre dont ils faisaient partie auparavant; et cette chose est un meuble, puisqu'on peut le transporter d'un lieu dans un autre. Cette doctrine est clairement établie dans l'art. 92 de la coutume de Paris, qui est ainsi conçu : « Bois coupé, blé, foin ou grain soyé ou fauché, supposé qu'il soit encore sur le champ, et non transporté, est réputé meuble; mais quand il est sur le pied, et pendant par racine, est réputé immeuble ».

[[Quelques coutumes avaient des dispositions différentes (*V. Catteux*); mais elles ont été abrogées par l'art. 520 du Code Napoléon : « Les récoltes pendantes par racine (porte cet article), et les Fruits des arbres non encore recueillis, sont immeubles. Dès que les grains sont coupés et les Fruits détachés, quoique non enlevés, ils sont meubles. Si une partie seulement de la récolte est coupée, cette partie seule est meuble ». — L'art. 521 ajoute : « Les coupes ordinaires de bois taillis ou de futaies mises en coupe réglée, ne deviennent meubles qu'au fur et à mesure que les arbres sont abattus ».

Mais de ce que les grains et les autres Fruits pendans par racines sont immeubles, pouvait-on, sous l'empire de la loi du 11 brumaire an 7, conclure que la vente qui en était faite par le propriétaire, ne pouvait pas être opposée à des tiers, si elle n'était transcrite au bureau des hypothèques?

Le 19 ventôse an 10, contrat notarié par lequel Michel Schott achète la garance qui est pendante par racines sur certains fonds de terre. — Le 17 messidor suivant, Wolf, cessionnaire de Pitri, créancier du vendeur par titre exécutoire, fait saisir cette garance. — Demande en nullité de la saisie de la part de Michel Schott. Wolf, de son côté, conclut à la nullité de la vente. — Le 29 prairial an 11, jugement du tribunal civil de Strasbourg qui maintient la vente et annulle la saisie. — Wolf appelle de ce jugement; et par arrêt du 10 pluviôse an 12, la cour d'appel de Colmar dit qu'il a été mal jugé, « attendu qu'il est de principe incontestable que les récoltes pendantes par racines sont réputées immeubles, comme étant un *accessoire inhérent* au fonds; et qu'elles ne deviennent meubles que lorsque, cessant d'être sur pied, elles sont séparées du fonds; ou lorsque, à l'approche de leur maturité, elles sont parvenues à l'époque où il est permis aux créanciers de les mettre, par voie

---

(1) Voici ce que contient sur cet article et les deux précédens, *l'exposé des motifs*, du 8 septembre 1807 :

« En substituant dans les art. 117, 118 et 119 (306, 307 et 308), un dépôt en mains-tierces, et le privilége du capitaine pour son Fret sur les marchandises déposées, à la faculté d'arrêter et de saisir ces mêmes marchandises, que lui donnait l'ordonnance, nous avons adopté une mesure qui paraît mieux assortie aux formes conciliatrices du commerce.

» Cette mesure conserve les intérêts du capitaine qui a le droit d'être payé de son Fret, avant de livrer irrévocablement son gage, en même temps qu'elle pourvoit aussi à la sûreté du consignataire, qui, avant de payer le Fret, a le droit à son tour de reconnaître l'état des marchandises qui doivent lui être délivrées.

de saisie, sous la main de la justice; que jusque-là, celui qui veut acquérir les Fruits en verd, est censé vouloir acquérir un *immeuble* susceptible d'hypothèque; que le code hypothécaire du 11 brumaire an 7 consacre ce principe, puisque l'art. 6 porte: *Sont seuls susceptibles d'hypothèque les biens territoriaux, ensemble leurs accessoires inhérens;* que ces accessoires inhérens sont principalement les Fruits non encore séparés du fonds, ou non encore saisis à l'époque fixée; qu'il est dès-lors évident que les garances sur pied, vendues à Michel Schott, étaient dans la catégorie des immeubles; que cette vente, valable sans doute entre les parties contractantes, devait être *transcrite*, ainsi que le veut l'art. 26 de la loi citée, puisque cette transcription est la prise de possession légale de la part de l'acquéreur; que Michel Schott n'a pas rempli cette formalité; et que dès-lors, il n'a pu opposer son contrat à un *tiers*, qui, postérieurement à la vente, a fait saisir la garance en vertu de titre exécutoire ». — Michel Schott se pourvoit en cassation; et le 19 vendémiaire an 14, arrêt contradictoire, au rapport de M. Schwendt, par lequel, — « Vu les art. 6 et 26 de la loi du 11 brumaire an 7; considérant que les Fruits d'un fonds ne sont censés en faire partie, que lorsqu'ils sont compris dans le transport de la propriété ou de l'usufruit de ce fonds, ou dans la saisie du corps immobilier dont ils font partie; mais que rien ne s'oppose à ce qu'ils soient vendus sans fraude, ou saisis à part et indépendamment du fonds même; que c'est dans ce sens qu'il faut entendre l'art. 6 de la loi du 11 brumaire an 7, qui est en parfaite concordance avec l'art. 520 du Code civil; et que ni le texte, ni l'esprit de ces dispositions n'autorisent à prétendre que la vente seule des Fruits pendans soit sujette à la transcription, pour pouvoir être opposée à des tiers; considérant que la garance est un Fruit comme toute autre récolte, et que la vente sur pied n'en est prohibée par aucune loi; la cour casse et annulle...... ».

III. Nous avons expliqué aux mots *Communauté*, §. 2, *Dot*, §. 7, *Légataire*, *Legs*, *Don mutuel* et *Usufruit*, les différentes règles qui concernent les Fruits des propres des époux, des biens dotaux, des fonds légués par testament, et de ceux dont l'usufruit est séparé de la propriété.

A qui, de l'héritier *ab intestat*, ou du légataire du prix d'un immeuble situé en Hainaut, dont le testateur avait ordonné la vente dans l'année de son décès, appartenaient, sous l'empire des chartes générales de cette contrée, les Fruits perçus dans l'intervalle de la mort du testateur à la vente? — La demande judiciaire en délaissement d'une hérédité, fait-elle courir les intérêts des Fruits perçus auparavant? Les anciennes lois du Hainaut sont-elles sur ce point conformes au droit romain? Le droit romain doit-il, au moins, leur servir, à cet égard, de supplément?

Ignace de Gottignies avait pour héritiers présomptifs les sieurs de Brouchoven, Visscher et Visscher d'Hove; après eux, ses plus proches parens étaient les sieurs Vanderdifle.

Le 5 juin 1783, il fait un testament par lequel, après avoir institué les sieurs Vanderdifle ses légataires universels, et ordonné que dans le legs qu'il leur fait, seront compris tous les objets dont il lui est permis de disposer; il veut que dans l'an de son décès, il soit, à la diligence de son exécuteur testamentaire, et conformément aux règles expliquées sous le mot *Déshéritance*, procédé à la vente *de la seigneurie de La Haie en Gottignies, pays du Hainaut, consistant en trois fiefs relevant de la pairie et comté de Rœux*, dont il s'est *déshérité* à cet effet les 10 février 1749, et 2 janvier 1760.

Le 5 novembre 1787, l'exécuteur testamentaire fait vendre les trois fiefs désignés dans le testament, et qui, suivant les actes de déshéritance, consistent en 52 bonniers de terres.

Les légataires universels se rendent adjudicataires de ces trois fiefs, et par-là confondent en eux-mêmes l'action que leur donne le testament pour s'en faire remettre le prix.

Mais ils font plus: ils s'emparent, comme *héritiers*, de soixante-six bonniers de terres situés à Gottignies, et qui n'ont rien de commun avec les trois fiefs desquels seulement le testateur s'était déshérité.

En ventôse an 6, les sieurs de Brouchoven, Visscher et Visscher d'Hove font assigner les sieurs Visscher-Celles, héritiers des sieurs Vanderdifle, au tribunal de première instance de Bruxelles, lieu de l'ouverture de la succession d'Ignace de Gottignies, pour se voir condamner à leur délaisser tous les biens indisponibles du défunt, notamment les immeubles du Hainaut, *avec restitution des Fruits perçus, et les intérêts, depuis la demande judiciaire des Fruits échus et dus à ladite époque.*

Le 25 pluviôse an 10, jugement contradictoire qui condamne les sieurs Visscher-Celles au délaissement des soixante-six bonniers de terres non compris dans les déshéritances de 1749 et de 1760, *avec restitution des Fruits perçus depuis la demeure judiciaire seulement*, et déboute les demandeurs de leur prétention aux trois fiefs vendus en vertu de ces déshéritances dans l'année de la mort du testateur.

Les sieurs de Brouchoven et consorts appellent de ce jugement, et en demandent l'infirmation, 1.° en ce qu'il ne leur a point adjugé les Fruits des trois fiefs, perçus dans l'intervalle de la mort du testateur à la vente qui s'en était faite le 5 novembre 1787; 2.° en ce qu'il ne leur a adjugé les fruits des soixante-six bonniers, qu'à compter du jour de la demande judiciaire; 3.° en ce qu'il ne leur a point adjugé, à compter du même jour, les intérêts des Fruits qui étaient échus à cette époque.

Le 11 fructidor an 11, arrêt de la Cour d'appel de Bruxelles, qui, « attendu, 1.° que les Fruits perçus des parties non disposées, ont été perçus sans titre par les intimés; que par suite, ils sont dus depuis le décès, et que le juge *à quo* n'a pas dû en borner la restitution à ceux perçus depuis la demande en justice; 2.° que le legs du prix des fiefs dont la vente est ordonnée après le décès, doit naturellement comprendre tout ce qui faisait partie de ces fiefs au décès; que les Fruits alors pendans eussent accru ce prix, et étaient ainsi, à l'égard des légataires, l'accessoire des fonds dont le prix leur avait été légué; d'où il suit que la demande en restitution de ces Fruits était non fondée; faisant droit sur le chef du jugement dont est appel, qui ordonne aux intimés de laisser suivre aux appelans les biens non-disposés du Hainaut, avec les Fruits perçus depuis la demande judiciaire seulement, dit avoir été mal jugé......, émendant, condamne lesdits intimés à la restitution desdits Fruits perçus depuis le décès d'Ignace de Gottignies; — sur le point de savoir à laquelle des parties ont dû appartenir les Fruits perçus entre le décès et la vente légalement faite des trois fiefs dont le testateur avait disposé en vertu des déshéritances préalables, déclare les appelans mal fondés dans leurs conclusions, et les en déboute..... Sur le surplus des demandes et conclusions des parties, les met hors de cause ».

Les sieurs Brouchoven et consorts se pourvoient en cassation contre cet arrêt, et soutiennent, 1.° qu'il a violé les dispositions des chartes générales du Hainaut, en leur refusant les Fruits que les trois fiefs avaient produits dans l'intervalle de la mort du testateur à la vente de ces biens; 2.° qu'il a contrevenu aux lois romaines, en rejetant par un *hors de cause*, leurs conclusions relatives aux intérêts de ces Fruits et de ceux des soixante-six bonniers qui étaient échus avant la demande judiciaire.

« Le premier moyen (ai-je dit à l'audience de la section des requêtes, le 1.er messidor an 13), repose sur deux dispositions des chartes générales du Hainaut qui n'ont été abrogées que par l'art. 24 de la loi du 13 avril 1791. — Suivant l'une, les immeubles ne pouvaient être l'objet d'aucun legs, soit universel, soit particulier. — Suivant l'autre, le testateur pouvait disposer du prix des immeubles qu'il lui était défendu de léguer directement: il suffisait pour cela qu'il s'en dessaisît entre les mains des juges fonciers de la situation; et que dans l'année de son décès, les biens fussent vendus, soit à la diligence du légataire, soit à celle de l'exécuteur testamentaire. — L'art. 1 du chap. 32 et l'art. 2 du chap. 99 des chartes générales, sont là-dessus très-formels: « Toutes personnes libres (porte le premier de ces » textes), pourront disposer de leurs biens et actions » mobilières par voie de testament, mais quant à » fiefs et tous autres biens immeubles situés audit » pays du Hainaut, nul n'en pourra disposer par testament, ni le charger de quelque somme de deniers, » ni de rentes héritières ni viagères, au préjudice de » ses vrais hoirs et successeurs. Si quelqu'un (ajoute » le second), déshérite son fief pour être vendu, et » le vendage ne fût effectué en dedans un an ensuivant, ladite déshéritance sera nulle, et ledit fief demeurera à celui qui l'aura faite ou à son héritier; » mais s'il le déshérite pour être vendu après son trépas, et les deniers en procédant être convertis au » profit et accomplissement de son testament, il suffira que le vendage s'en fasse en dedans l'an dudit » trépas; autrement, ledit temps passé, en sera fait » comme dessus ».

» De ces deux articles combinés l'un avec l'autre, il résulte évidemment que, sous l'empire des chartes générales, ce n'était pas sur l'immeuble que portait le legs du testateur, qui s'en était *déshérité* pour pouvoir en disposer; et qu'il n'y avait de légué que le prix à provenir de la vente qui devait en être faite dans l'année de sa mort.

» Que devenaient donc les Fruits de l'immeuble dans l'intervalle de la mort du testateur, à la vente? Appartenaient-ils au légataire du prix de la vente, ou demeuraient-ils à l'héritier *ab intestat*?

» Cette question aurait dû, ce me semble, se présenter très-fréquemment: car rien n'était plus journalier en Hainaut que ces sortes de dispositions. Cependant, jamais nous ne l'avons vu s'élever dans le ci-devant Hainaut français, et nous n'en avons pas trouvé la plus légère trace dans les nombreux recueils manuscrits d'arrêts du conseil souverain de Mons, que nous avons parcourus. — Pourquoi donc a-t-elle été pour la première fois agitée dans la cause actuelle? Est-ce parce que, dans le temps où les chartes générales étaient en vigueur, elle se résolvait toujours sans contradiction en faveur du légataire du prix du fonds? Est-ce, au contraire, parce qu'à la même époque, on n'éprouvait aucune difficulté à la résoudre en faveur de l'héritier *ab intestat*? — Sans doute, la solution qu'elle recevait alors dans l'usage, était conforme à l'esprit en même temps qu'à la lettre des chartes générales. Or, les chartes générales, que décident-elles à ce sujet?

» Nous l'avons déjà dit, elles ne permettent pas de léguer l'immeuble, elles ne permettent de léguer que le prix de la vente qui doit en être faite après la mort du testateur. D'un autre côté, elles déclarent, chap. 122, art. 11, que *les advestures de bleds, d'avoines et d'autres grains en terre sur fiefs, alloëts et terres cottières que l'on dit de main-fermes, seront tenus pour héritages*.

» Ainsi, de deux choses l'une: ou les Fruits de l'immeuble dont le testateur s'est déshérité, sont encore pendans par racines au moment de la vente qu'en font, soit les légataires, soit les exécuteurs testamentaires; ou ils sont alors séparés de l'immeuble même, au moyen de la récolte qui s'est faite depuis la mort du testateur et avant la vente.

» Au premier cas, ils sont vendus avec l'immeuble, et conséquemment le prix en appartient au légataire. — Mais au second cas, ils ne sont ni ne peuvent être compris dans la vente, et conséquemment le légataire n'y a aucun droit; puisque, encore une fois, ce n'est qu'au prix de la vente que le légataire est appelé.

» On objecterait vainement que la condition du légataire ne peut pas être pire dans le cas où la vente se fait immédiatement après le décès du testateur, que dans le cas où elle ne se fait que dans les derniers jours de l'année suivante.

» De droit commun, le légataire ne peut prétendre aux Fruits que du jour de sa demande en délivrance. — Or, comment se forme en Hainaut la demande en délivrance du prix d'un immeuble dont le testateur s'est déshérité avant sa mort? Elle se forme par la vente de cet immeuble. Donc, de même que de droit commun, le retard du légataire à demander la délivrance de son legs, lui fait perdre les Fruits échus avant sa demande; de même aussi en Hainaut, le retard du légataire à faire vendre l'immeuble dont le prix lui est légué, doit lui faire perdre les Fruits qui échoient avant que la vente soit effectuée.

» Quel titre a d'ailleurs le légataire pour s'approprier les Fruits dont la perception a devancé la vente de l'immeuble qui les a produits ? Ce n'est pas la loi ; car la loi ne permet de disposer en sa faveur que *des deniers procédans* de l'immeuble : ce sont, comme vous l'avez vu, les termes de l'art. 2 du ch. 97, des chartes générales. Ce n'est pas non plus le testament ; car le testament ne donne au légataire que le prix de la vente qu'il est autorisé à provoquer. — Eh ? comment pourrait-il réclamer les Fruits en vertu du testament ? Si le testateur les lui avait légués expressément, le legs serait nul. L'art. 11 du chap. 122 des chartes générales déclare que le propriétaire à qui il est défendu par la loi de vendre ou aliéner un fonds, est, par cela seul, *impuissant de vendre ou aliéner* les Fruits qui y sont pendans par racines : à combien plus forte raison la défense de léguer un immeuble, telle qu'elle est écrite dans l'art. 1 du chap. 32, emporte-t-elle la défense de léguer les fruits qui n'en sont pas encore séparés au moment de la mort du testateur ?

» Il n'y a donc aucun moyen de justifier la disposition de l'arrêt de la cour d'appel de Bruxelles, qui refuse aux demandeurs les Fruits perçus avant la vente des trois fiefs dont il s'agit ; car on n'a pas même, à cet égard, la ressource de dire que les légataires du prix des trois fiefs étaient habiles à succéder *ab intestat* ; qu'ils ont joui paisiblement, en cette qualité, jusqu'en ventôse an 6 ; qu'ainsi ils ont dû, jusqu'à cette époque, gagner les Fruits qu'ils ont perçus. — La cour d'appel de Bruxelles a elle-même détruit à l'avance cette objection, en décidant que, relativement aux biens dont le testateur n'avait pas disposé, les demandeurs avaient droit à tous les Fruits perçus depuis sa mort. De là, en effet, il suit nécessairement qu'elle a déclaré inapplicable aux légataires, le principe qui veut que le possesseur de bonne foi ne soit tenu de rendre les Fruits que du jour de la demande judiciaire ; de là il suit nécessairement qu'elle a jugé qu'avant la demande formée contre eux en ventôse an 6, les légataires n'avaient pas possédé de bonne foi.

» Et vainement les légataires ont-ils cherché, devant la cour d'appel de Bruxelles à se prévaloir du chap. 20 de la coutume de Mons. Vainement ont-ils prétendu que, par ce chapitre, tout *possesseur d'an et jour d'héritages de mainfermes succédés par trépas d'autrui*, n'est tenu, lorsqu'il succombe en définitive, qu'à *restituer les levées depuis la plainte faite*, c'est-à-dire, les Fruits échus depuis la demande judiciaire.

» D'abord, la coutume de Mons n'avait aucun empire sur les *fiefs*, elle ne régissait que les *mainfermes*, et c'est de *fiefs* qu'il est ici question.

» Ensuite, pour bien entendre le chap. 20 de la coutume de Mons, rédigée en 1533, il faut le rapprocher de l'art. 9 de la même coutume, rédigée en 1483, et à laquelle renvoient, pour l'interprétation de la première, les lettres-patentes de Charles-Quint, confirmatives de celles-ci. — « *Item* (porte cet article), est souvent advenu qu'aucuns volontaires se sont advanchis après trépas d'autrui, *relever héritages* et rente de mainferme qu'ils disaient à eulx être écheus. Supposé qu'ils ne fuissent de quelque parenté au trépasse, ou que bien fuissent advertis, sans le pouvoir ignorer, qu'il y eust plus prochain hoir que eulx, *lesquels reliefs se sont faits à fraude*, à cause que, selon la coutume de notredit pays, ils demeuraient jouissant jusques que par plainte et par loi *iceulx relevant* en estaient deboutez sans faire aucune restitution des levées. Pour à quoi pourvoir, voulons, constituons et ordonnons que de cy en avant en tous procès propriétaires pour cause de héritage de mainferme, qui seraient succédés pas trépas d'autrui, à quoi chacun des procédans prétenderait avoir plus grand droit que sa partie, séquestre soit fait par les lois et justices des lieux où lesdits procès se feront, des levées et proffis du litigieux, depuis les plaintes faites, pour, en définitive d'iceulx procès, être délivrés à celui qu'obtinra en la propriété. Et là où on verrait un possessant d'an et de jour debouter et priver, en ce cas, celui trouvé possessant devra demorer *en possession et lever le profit jusques en définitive à la subjection de restituer les levées, si il dequéoit depuis la plainte mise en outre* : mais si aucuns tels volontaires étaient trouvés *relevans* et empêchans à tort, èsdits cas, afin de tenir notre peuple en droit, et que chacun se garde de autrui empeschier sans cause, ils devront être pugnis et corrigés selon l'exigence des cas ».

» Cette disposition qui, pour les personnes familiarisées avec les usages du ci-devant chef-lieu de Mons, ne présente aucune obscurité, a besoin de quelques explications pour les autres. — Le point d'où il faut partir, pour la bien comprendre, est que, pour pouvoir être mis légalement en possession d'une succession collatérale, il ne suffisait pas au plus proche parent ou à celui qui en prenait la qualité, de l'appréhender de fait comme héritier : mais qu'il devait présenter aux échevins de chaque lieu où étaient situés les biens héréditaires, une requête dite *plainte de mise en possession*, par laquelle il exposait que, par le décès d'un tel, il lui était échu tel héritage, et concluait à ce qu'ils l'admissent *au relief et possession de ce bien, jusqu'à ce que, par plainte et par loi, il en fût débouté*. Sur cette requête, les échevins, après des *denoncemens* ou publications dont l'objet était de donner l'éveil aux parens plus proches que le demandeur, s'il y en avait, se transportaient avec celui-ci sur l'héritage, et lui en délivraient la possession, au moyen d'une glèbe de terre qu'ils lui mettaient dans la main. A défaut de ces formalités, il n'y avait point de possession aux yeux de la loi ; et conséquemment nul ne pouvait se dire possesseur annal, à l'effet de gagner les Fruits jusqu'à la demande judiciaire, dans le cas où il surviendrait une éviction de la part d'un plus proche parent.

» C'est ce qui résulte clairement du chap. 22 des *chartes préavisées du chef-lieu de Mons*, c'est-à-dire du projet de réformation de la coutume de 1533, arrêté dans le dix-septième siècle, par les plus habiles praticiens du pays, et qui, bien que non confirmé par l'autorité législative, n'en est pas moins considérée comme un témoin authentique de la manière dont l'usage avait fixé le sens de la loi municipale. Voici comment est conçu ce chapitre :

—« *Art.* 1er. En ligne directe, le mort saisit le vif, » son plus prochain héritier habile à lui succéder.— » 2. Le même *d'ici en avant* (ces termes sont très-re- » marquables; ils prouvent que la coutume et l'usage » sont contraires à ce qu'on va proposer comme droit » nouveau), le même, d'ici en avant, sera en ligne » collatérale, *sans qu'il soit besoin d'aucun relief,* » ne soit en cas de difficultés apparentes pour la pro- » ximité, ou autrement, que lors celui prétendant » droit pourra faire relief et appréhension, pour s'in- » troduire en la possession, si bon lui semble. — » 3. Si en dedans l'an de la succession, aucun pré- » tendait droit avec le premier *relevant*, il ne sera » tenu faire autre relief, mais pourra intenter *plainte* » *propriétaire* (demande en revendication) contre » le *relevant*.— 4. Quand telle plainte s'intentera en » dedans l'an de la succession, séquestre sera fait » des Fruits par le mayeur du lieu, sans avoir égard » audit relief premier. *Mais si ledit relevant était* » *en possession d'an et jour*, il jouira des Fruits et » levées jusques en fin de cause, sans caution, ne » soit que pour certaines considérations, le juge le » trouve autrement convenir ». — Ces termes, *si ledit relevant était en possession d'an et jour*, ne sont pas équivoques : ils forment la preuve la plus palpable, que le *relief* était le fondement de la possession d'an et jour; et que pour pouvoir se dire possesseur annal, il fallait commencer par prouver qu'on était *relevant*, qu'on avait fait un relief régulier, qu'on avait été mis judiciairement en possession.

» Et ce qui achève de démontrer que le ch. 20 de la coutume de Mons, était ainsi entendu dans la pratique, c'est que par trois arrêts rendus en 1754, 1756 et 1758, qui ont été produits devant la cour d'appel de Bruxelles, le tribunal, connu sous le nom de *souverain chef-lieu de Mons*, avait condamné des possesseurs d'hérédités collatérales, qui jouissaient indûment et sans reliefs préalables, depuis un grand nombre d'années, à restituer aux héritiers légitimes tous les Fruits qu'ils avaient perçus, tant avant que depuis la demande judiciaire.

» Aussi voyons-nous que, dans notre espèce même, la cour d'appel de Bruxelles n'a pas hésité, en adjugeant aux sieurs Brouchoven et consorts, les soixante-six bonniers de terres dont Ignace de Gottignies n'avait pas disposé à leur préjudice, de leur adjuger en même temps tous les Fruits perçus de ces biens, à compter, non pas du jour de la demande judiciaire, mais du jour de l'ouverture de la succession.

» Répétons-le donc; il n'y a aucun prétexte qui puisse justifier la cour d'appel de Bruxelles du reproche d'avoir violé les dispositions des chartes générales du Hainaut, par le refus qu'elle a fait aux demandeurs, des Fruits qu'avaient produits dans l'année de la mort d'Ignace de Gottignies, les trois fiefs dont ce dernier avait légué le prix aux sieurs Vanderdifle.

» Mais si, sous ce rapport, l'arrêt dont se plaignent les demandeurs, doit être cassé, doit-il l'être également pour leur avoir refusé, par un *hors de cause*, les intérêts des Fruits perçus avant la demande judiciaire, des soixante-six bonniers de terres qui se trouvaient dans la succession *ab intestat*?

» Dans le droit romain il est incontestable que les Fruits d'une hérédité perçus avant la demande judiciaire, produisent des intérêts pendant l'instance; la raison en est qu'ils sont considérés comme des capitaux; et que tout capital demandé en justice, est nécessairement productif d'intérêt : *lite contestatâ, usuræ currunt*, dit la loi 35, D. *de usuris et Fructibus*. — Il en est autrement des Fruits échus pendant l'instance : ceux-ci ne sont accessoires que du principal, et il est de principe que *non datur accessio accessionis*. — Cette distinction est écrite en toutes lettres dans la loi 51, §. 1, *de petitione hereditatis*, au Digeste : *Fructuum post hereditatem petitam perceptorum, usuræ non præstantur; diversa ratio et eorum qui ante actionem hereditatis illatam percepti, hereditatem auxerunt.*

» Le président Favre, en son Code, liv. 4, tit. 24, déf. 4, rapporte un arrêt du sénat de Chambéry du mois de novembre 1590, qui consacre cette distinction : *nam*, dit-il à ce sujet, *cùm Fructus augeant hereditatem, consequens est ut Fructuum quibus aucta est hereditas, perindè usuræ debeantur ac reliquæ hereditatis, nisi à quo tempore lis contestata est. Exindè namquè accessionis, non hereditatis, jure censeri incipiunt.*

» Pollet, partie 3, n. 63, nous fournit un arrêt semblable du parlement de Douay : « Par arrêt du » 16 janvier 1690 (dit-il), la cour a adjugé aux appe- » lans les Fruits perçus depuis l'ouverture de la suc- » cession à proportion de leur quote héréditaire, » *avec les intérêts de ceux que vous avez perçus* » *avant la contestation* : les Fruits perçus avant la » contestation font partie de la succession; ceux » perçus depuis la contestation sont purement ac- » cessoires ». — Il ajoute que le grand conseil de Malines avait précédemment jugé la même chose par trois arrêts qui sont rapportés dans le Recueil de Cuvelier.

» C'est ce qu'ont également jugé deux arrêts du parlement de Paris des 20 juillet 1630, et 9 janvier 1657, qu'on trouve, le premier dans Brodeau sur Louet, lettre R, §. 55; le second dans le *Journal des Audiences.*

» Mais ces décisions, toutes puisées, comme nous venons de le voir dans le droit romain, font-elles loi en Hainaut? Une chose bien certaine, c'est qu'il n'existe aucune loi qui oblige les juges du Hainaut de recourir au droit romain, dans le silence de la législation du pays. — Les coutumes du Hainaut, dit Stockmans, dans ses *Decisiones Brabantinæ*, ch. 1, n. 1, sont les seules de la Belgique qui, à ma connaissance, ne renvoient pas au droit romain la décision des cas échappés à leur prévoyance; *solæ quod sciam Hannonienses hanc non habent adjectionem, eò quod exotica et abnormia jura illius provinciæ nimiùm dissentire videantur à Romani juris regulis, quàm ut possint lucem aut supplementum indè recipere.* — Pollet, partie 2, §. 62, dit aussi que « la coutume du Hainaut ne » reçoit point d'explication étrangère, non plus du » droit canon que du droit civil ». — Il est vrai que, comme l'observe Raparlier sur les chartes générales, page 24, « Les dispositions de ces chartes qui

» ont été tirées du droit commun.... *peuvent* être interprétées, éclaircies et dilucidées par les sources » dont elles ont été tirées ou extraites, ou auxquelles » elles sont analogues » ; — Mais ce n'est là qu'une maxime fondée en raison, ce n'est point une loi. Si donc il n'y a point en Hainaut de loi proprement dite, qui fasse impérativement courir pendant l'instance, les intérêts des capitaux adjugés en définitive, il est clair qu'on ne peut pas casser un jugement, pour avoir, en Hainaut, refusé des intérêts judiciaires à une partie à laquelle, d'après le droit romain, il en serait dû.

» Or, il est certain que, jusqu'en 1601, les intérêts judiciaires ont été inconnus en Hainaut, et qu'en 1601, les juges ont été autorisés, mais non pas *assujettis*, à les prononcer. C'est ce que nous apprend l'art. 3 du décret des archiducs Albert et Isabelle du 20 août de cette année, confirmatif des *point conçus tant par renforcement de la cour de Mons, que par les trois membres des états de ce pays, du Hainaut.* « Pareillement (porte cet article), comme en notredit pays du Hainaut, l'adjudication d'intérêt pécuniaire n'a été en usance, qui » a donné occasion aux personnes processives et litigieuses, de les rendre tant plus rétives à céder et » se départir de leur injuste opposition...., causant » cela multiplication de procès; considérant aussi » qu'audit pays ladite adjudication d'intérêt pécuniaire n'y était défendue, voulons et ordonnons » qu'ès matières de bonne foi, et *où l'équité le requerra*, soient les juges *autorisés*, comme les *autorisons* par ces présentes, d'adjuger intérêts au » denier 16, conjointement avec la somme principale, depuis le jour de la poursuite ».

» Si donc la cour d'appel de Bruxelles pouvait condamner les sieurs Visscher-Celles au payement des intérêts auxquels les demandeurs avaient conclu contre eux, elle pouvait aussi ne pas les y condamner. Elle n'a donc violé aucune loi, en ne les y condamnant pas. Le second moyen de cassation des demandeurs ne peut donc pas être accueilli.

» Mais reste le premier moyen, qui nous paraît suffisant pour faire prononcer l'annullation de l'arrêt attaqué. Nous estimons en conséquence qu'il y a lieu d'admettre la requête des demandeurs ».

Arrêt du premier messidor an 13, au rapport de M. Brillat-Savarin, qui, — « Attendu, sur le premier moyen, que la déshéritance ordonnée par Lancelot-François de Gottignies, en 1747, et après lui par Ignace de Gottignies, de la terre de Stinkerque et autres dont il s'agit au procès, s'opposait à l'application de la maxime, *le mort saisit le vif;* attendu qu'aucune loi n'a directement prévu l'hypothèse décidée par la cour d'appel de Bruxelles, et qu'ainsi les juges d'appel ont pu se déterminer par le principe général d'équité qui voulait que ceux-là conservassent les Fruits de la terre de Stinkerque, qui en eussent reçu le prix, si ces Fruits eussent été vendus; attendu, sur le second moyen, que la loi particulière du Hainaut autorisant seulement les juges à accorder les intérêts moratoires, sans leur en faire une nécessité, la cour d'appel a pu refuser ceux demandés par les Brouchoven et consorts de la restitution des Fruits qui leur était adjugée; — Rejette la requête.... ».]]

IV. Lorsqu'un possesseur de mauvaise foi est obligé d'abandonner la possession d'un héritage, il est tenu de restituer tous les Fruits qu'il a perçus durant sa jouissance, et même ceux qu'il aurait dû percevoir, attendu que sa négligence ne doit pas préjudicier au légitime propriétaire; mais celui-ci doit tenir compte à ce possesseur des frais de culture et des dépenses nécessaires ou utiles faites pour l'amélioration de l'héritage.

Il en est autrement du possesseur de bonne foi : il fait *les Fruits siens* jusqu'au jour où la demande pour l'évincer de l'héritage dont il jouit, a été formée contre lui. *V. Hérédité.*

[[Voici ce que portent là-dessus les art. 549 et 550 du Code Napoléon :

« Le simple possesseur ne fait les fruits siens que dans le cas où il possède de bonne foi; dans le cas contraire, il est tenu de rendre les produits avec la chose au propriétaire qui la revendique.

» Le possesseur est de bonne foi, quand il possède comme propriétaire, en vertu d'un titre translatif de propriété dont il ignore les vices. Il cesse d'être de bonne foi, du moment que ces vices lui sont connus».

Avant le Code Napoléon, le possesseur de bonne foi ne cessait de faire les Fruits siens, que du jour où il avait été *constitué en demeure* de désemparer le fonds. « En toutes matières réelles, pétitoires et personnelles, intentées pour héritages et choses immeubles, s'il y a restitution de Fruits, ils seront adjugés, non-seulement depuis contestation en cause, mais aussi depuis le temps que le condamné a été constitué en demeure et mauvaise foi auparavant ladite contestation, selon toutefois l'estimation commune..... ». Tels étaient les termes de l'art. 94 de l'ordonnance de 1539.

Mais du moins alors, comme aujourd'hui, le possesseur de bonne foi ne pouvait pas être condamné à restituer les fruits qu'il avait perçus pendant tout le temps que sa bonne foi avait duré. — Cela était sans difficulté pour les pays où les lois romaines avaient une autorité véritablement législative; car la loi 48, D. *de acquirendo rerum dominio*, portait en toutes lettres que *bonæ fidei emptor, non dubiè, percipiendo Fructus etiam ex alienâ re, suos interim facit; non tantùm eos qui diligentiâ et operâ ejus pervenerunt sed omnes......* — Et il en était de même dans les autres parties de la France : c'était la conséquence nécessaire de l'art. 94 de l'ordonnance de 1539.

La cour d'appel d'Amiens a cependant jugé le contraire le 20 pluviôse an 12, en faveur du sieur Thiesfries, contre les sieurs Verrier et Caffard; mais son arrêt a été cassé, le 11 juin 1806, au rapport de M. Oudart : « Vu (porte l'arrêt de cassation), l'art. 94 de l'ordonnance de 1539; attendu que le tribunal d'appel séant à Amiens, avait reconnu en fait que les demandeurs avaient acquis les immeubles dont il s'agit, et que depuis leur contrat d'acquisition, ils avaient joui de bonne foi; attendu qu'il a néanmoins condamné les demandeurs à la restitution des Fruits qu'ils avaient perçus pendant le cours de leur possession de bonne foi, et qu'il y a violation de la règle de droit exprimée dans l'article ci-dessus cité; la cour casse et annulle... ».]]

V. Lorsqu'il y a une restitution de Fruits ordonnée, ceux de la dernière année doivent être restitués en nature : quant à ceux des années précédentes, la liquidation doit en être faite, eu égard aux quatre saisons et au prix commun de chaque année, à moins que le juge n'en ait ordonné autrement, ou qu'il n'y ait convention au contraire entre les parties. C'est ce qui résulte de l'art. 1 du tit. 30 de l'ordonnance de 1667. (M. GUYOT.) *

[[L'art. 129 du Code de procédure civile porte : « Les jugemens qui condamneront à une restitution de Fruits, ordonneront qu'elle sera faite en nature pour la dernière année; et pour les années précédentes, suivant les mercuriales du marché le plus voisin, eu égard aux saisons et aux prix communs de l'année; sinon, à dire d'experts, à défaut de mercuriales. Si la restitution en nature pour la dernière année est impossible, elle se fera comme pour les années précédentes ».

L'art. 526 du même Code veut que tout condamné à restituer des Fruits, en rende compte dans la forme prescrite par les articles suivans pour les autres comptes qui doivent être rendus en justice.

V. Dernier ressort, Imputation par échelette, Intérêts, Saisie-Brandon, Saisie-Gagerie, Saisie immobilière, Tiers-détenteurs, Transcription et *Vente.*]]

FUIE. Espèce de petit colombier où l'on nourrit des pigeons domestiques. *V. Colombier.*

* FUMIERS. Ce sont les pailles et fourrages qui ont servi à faire la litière aux chevaux, bœufs, vaches, moutons et autres bestiaux, et qu'on retire de dessous eux quand on nettoie les écuries et étables. — Dans quelques coutumes, ils sont nommés *fiens* du mot *fiente*, qui signifie les excrémens des animaux. — Dans quelques provinces, on les appelle *poutils*, terme qui vient du latin *putidus*, qui signifie quelque chose qui est pourri, et qui rend une mauvaise odeur.

I. Quoique les Fumiers contiennent les excrémens des bestiaux, que ce soit une matière en pourriture et de mauvaise odeur, ils forment néanmoins un objet qui a mérité l'attention des lois.

Le fumier est un des meilleurs engrais qu'on emploie pour améliorer les terres. Sans le mélange du Fumier avec la terre, ses productions seraient maigres et donneraient peu de profit; c'est pourquoi la loi *Impensa*, §. 1, D. *de impensis in res dotales factis*, met le fumage des terres au nombre des impenses utiles.

La loi *Fundi*, §. 1, D. *de actionibus empti*, décide que les pailles font partie de l'héritage, lorsqu'elles sont destinées à être converties en Fumier.

II. Les lois ne permettent pas qu'on mette un tas de Fumier, *sterculinum*, contre le mur d'autrui; la loi 17, D. *si servitus vindicetur*, décide que celui qui met son Fumier dans un lieu public, peut être contraint de l'ôter en vertu de l'interdit *ne quid in loco publico fiat.* Si c'est contre le mur d'un particulier que le Fumier a été mis, la même loi décide que celui dont le mur est corrompu par ce fumier, peut agir comme pour fait de servitude.

La coutume de Nivernais, chap. 10, art. 19, contient une disposition à peu près semblable : il y est dit qu'ès *grandes rues de la cité de Nevers et autres villes dudit pays, l'on ne peut tenir Fumier et ordures plus haut d'un jour, sur peine d'amende.*

[[Le Code Napoléon porte, art. 674, que celui qui veut *adosser une étable* (et il y a la même raison pour un tas de Fumier), à un mur mitoyen ou au mur d'autrui, « est obligé de laisser la distance prescrite par les règlemens et usages particuliers sur ces objets, ou à faire les ouvrages prescrits par les mêmes règlemens et usages, pour éviter de nuire au voisin.

III. L'art. 471, n. 6, du Code pénal de 1810, punit d'une amende, depuis 1 fr. jusqu'à 5 fr. inclusivement, « ceux qui auront... exposé au-devant de leurs édifices, des choses de nature à nuire.... par des exhalaisons insalubres ».

Peut on infliger cette peine à celui qui dépose dans sa cour sous la fenêtre que son voisin y a ouverte, le Fumier qui provient de son étable?

Cette question s'est présentée sous le Code du 3 brumaire an 4, dont l'article 605 renfermait à peu près, sur cette matière, la même disposition que le Code pénal de 1810, et voici un arrêt de la cour de cassation, du 18 germinal an 10, qui l'a jugée pour la négative.

« Le commissaire du gouvernement expose que, le 27 pluviôse dernier, le juge de paix du canton de Guingamp, département des Côtes-du-Nord, a rendu un jugement de simple police, contre lequel la partie condamnée ne s'est pas pourvue en cassation dans le délai fatal, et qui néanmoins contrevient formellement à la loi.

» Dans le fait, le commissaire de police de la commune de Guingamp a dressé, le 16 pluviôse dernier, un procès-verbal constatant que le cit. Gilles Bouté, aubergiste, demeurant en cette commune, avait placé dans sa cour, au-devant de la fenêtre du cit. Quilgars, un tas de Fumier qui causait des exhalaisons, non-seulement désagréables, mais même nuisibles à la santé des habitans de la maison de ce dernier.

» En vertu de ce procès-verbal, le commissaire de police a fait citer le cit. Bouté devant le juge de paix, pour se voir condamner *à telle peine et amende que de justice serait ordonné.*

» Le cit. Bouté s'est présenté sur cette citation, et a soutenu, 1.° que le commissaire de police était sans qualité pour poursuivre une affaire qui n'intéressait nullement la commune ni le public, mais seulement le cit. Bouté et le cit. Quilgars; que le Fumier dont il s'agissait était placé à la porte de l'écurie du cit. Bouté, dans une cour fermée de murs, à trois ou quatre pieds de la *congère* de la maison du cit. Quilgars, et même sur un terrain pavé et incliné de manière qu'il était impossible qu'il pût, par les eaux qui en découlaient, endommager la propriété de celui-ci; que de temps immémorial, cette cour avait servi d'emplacement à des Fumiers; et qu'il existait dans la commune de Guingamp, cinquante autres cours où des Fumiers étaient également déposés sans qu'il fût encore venu dans l'esprit de qui que ce fût de s'en plaindre; 2.° que le cit. Bouté ne devait pas souffrir, qu'il avait, au contraire, le droit de se plaindre, de ce que le cit. Quilgars, en faisant reconstruire sa maison, avait ouvert une fenêtre vis-à-vis du Fumier dont il était question, et dans un endroit où il n'en existait pas précédemment; 3.° que le droit dont jouissait le cit. Bouté de placer dans sa cour et d'y tenir en dépôt, en attendant leur destination, les Fumiers sortant de son écurie, était pour lui une propriété et une propriété particulière; que le dépouiller de ce droit, c'eût été lui faire chaque année un tort de plus de 60 fr.

» Nonobstant cette défense, le juge de paix a condamné le cit. Bouté à l'amende de la valeur d'une journée de travail et aux dépens. — Il s'est fondé, en droit, sur l'art. 605 du Code des délits et des peines; et, en fait, sur ce « que la cour du cit. Bouté ayant » son entrée sur la rue, est cernée non de murs, mais » au nord de sa propre maison, au midi et à l'ouest » de quatre autres maisons appartenantes à différens » particuliers, qui tous ont sur cette cour des fenêtres, dont plusieurs sont à rez-de-chaussée; et que » celle du cit. Quilgars, entre autres, est dans ce » dernier cas ».

» Un pareil jugement est trop contraire aux premiers principes de législation, pour que l'exposant puisse se dispenser de le déférer à la censure du tribunal suprême.

» L'art. 2 du Code des délits et des peines porte qu'*aucun acte ne peut être réputé délit, s'il n'y a contravention à une loi promulguée antérieurement.*

» Or, quelle est la loi à laquelle avait contrevenu le cit. Bouté, en déposant son Fumier dans la cour de sa maison, dans une cour qui, suivant le jugement lui-même, ne donne point sur la voie publique, et en l'y déposant au-devant d'une fenêtre de la maison voisine? Cette prétendue loi n'existe nulle part.

» Le §. 3 de l'art. 605 du Code des délits et des peines range bien parmi les délits de simple police, ceux *qui contreviennent à la défense de rien exposer sur les fenêtres ou au-devant de leurs maisons, sur la voie publique, de rien jeter qui puisse nuire ou endommager par sa chute, ou causer des exhalaisons nuisibles;* mais cette disposition est évidemment inapplicable à ceux qui, usant de leur droit de propriété, déposent des objets quelconques sur leur propre fonds.

» Le juge de paix du canton de Guingamp paraît avoir pensé que ces mots, *sur la voie publique*, étant placés avant ceux-ci, *de rien jeter qui puisse causer des exhalaisons nuisibles*, il résultait de cette construction du §. 3 de l'art. 605, que les objets causant des exhalaisons nuisibles ne pouvaient pas, sans contravention à la loi, être déposés même sur un terrain particulier et hors de la voie publique.

» Mais l'erreur de cette interprétation est manifeste.

» D'abord, les termes *de rien jeter*, se réfèrent visiblement aux *fenêtres* et au *devant* des maisons donnant sur la voie publique, dont il est parlé dans le premier membre du paragraphe.

» En second lieu, le §. 3 de l'art. 605 du Code des délits et des peines n'est que le corollaire de l'art. 3 du titre 11 de la loi du 24 août 1790, qui classe parmi les soins de police confiés à la vigilance et à l'autorité des officiers municipaux, « *tout ce qui intéresse la sûreté et la commodité du passage dans les rues, quais, places et voies publiques;* CE QUI COMPREND le nettoiement, l'illumination, l'enlèvement des encombremens, la démolition ou la réparation des bâtimens menaçant ruine, l'interdiction de rien exposer aux fenêtres ou autre partie des bâtimens qui puisse nuire par sa chute, et celle de rien jeter qui puisse blesser ou endommager les passans, ou causer des exhalaisons nuisibles ». — Or, il est bien évident que dans cet article, *l'interdiction de rien jeter qui puisse causer des exhalaisons nuisibles*, ne porte que sur les *rues, quais, places et voies publiques.*

» Le juge de paix du canton de Guingamp a donc fait une fausse application de l'art. 605 et violé l'art. 2 du Code des délits et des peines, en qualifiant de délit de simple police, et en punissant comme tel, sur la poursuite du ministère public, un fait qui ne pouvait donner lieu qu'à une action purement civile entre les parties intéressées.

» A ces causes, l'exposant requiert qu'il plaise au tribunal de cassation casser et annuller, pour l'intérêt de la loi, le jugement dont il s'agit; et ordonner qu'à sa diligence, le jugement de cassation à intervenir sera imprimé et transcrit sur les registres du juge de paix du canton de Guingamp.

» Fait au parquet, le 15 ventôse an 10. *Signé* MERLIN.

» Ouï le rapport du cit. Seignette, et les conclusions du cit. Pons, substitut du commissaire du gouvernement; vu l'art. 2 et la première disposition de l'art. 456 du Code des délits et des peines, ainsi que la troisième disposition de l'art. 605 du même Code, portant, etc.; attendu qu'il s'agissait au procès d'un tas de Fumier déposé par Gilles Bouté dans sa cour, laquelle, d'après le jugement du juge de paix de Guingamp, rendu en matière de police, est cernée par la maison de Bouté et par quatre autres; que, quoique cette cour ait son entrée par la rue, et que les quatre maisons dont il s'agit aient des fenêtres, même au rez-de-chaussée, donnant sur cette cour, elle n'est pas pour cela la voie publique; que les mots de *rien jeter* se rapportent visiblement aux fenêtres et au-devant des maisons donnant sur la voie publique, dont il est question dans la troisième disposition de l'art. 605 du Code, précitée; que cette disposition n'est que le corollaire de l'art. 3 du tit. 11 de la loi du 24 août 1790, qui comprend dans ce qui est confié à la vigilance de la police, tout ce qui intéresse la sûreté et la commodité du passage, dans les rues et voies publiques, ce qui comprend l'interdiction de rien jeter qui puisse causer des exhalaisons nuisibles; que des termes de la loi, il suit évidemment que l'interdiction de rien jeter qui puisse causer des exhalaisons nuisibles, ne porte que sur les rues, quais, places et voies publiques; que l'art. 605 du Code des délits et des peines, d'après ce qui vient d'être dit, ni aucune autre loi pénale n'étant applicable au fait sur lequel a statué le juge de paix de Guingamp jugeant comme en matière de police, ce juge a contrevenu à l'art. 2 du même Code, et a fait une fausse application de l'art. 605 précité; par ces motifs, le tribunal casse et annulle, pour l'intérêt de la loi.... ».

L'arrêt suivant est fondé sur le même principe. — René Cartier fait assigner Augustin Menier devant le tribunal de police du canton du Grand-Pressigny, pour se voir condamner à enlever le Fumier qu'il a déposé sur une place publique dite le *Terroir des Trottoirs*, et qui répand au loin des exhalaisons nuisibles. — Le 15 frimaire an 13, jugement par défaut qui, attendu que le Terroir des Trottoirs est une place publique, et que le Fumier qui y est déposé nuit aux voisins par ses exhalaisons, condamne Augustin Menier à trois francs d'amende, et lui ordonne d'enlever ce Fumier. — Augustin Menier forme opposition à ce jugement, et soutient que l'endroit où il a déposé son Fumier, ne fait point partie de la place publique; que c'est sa propriété personnelle, et qu'ainsi le tribunal de police est incompétent pour statuer sur la demande de Cartier. — Le 29 du même mois, nouveau jugement qui déboute Menier de son opposition. — Menier se pourvoit en cassation; et par arrêt du 3 ventôse an 13, au rapport de M. Babille, « vu l'art. 456 du Code des délits et des peines; vu aussi l'art. 605 du même Code; et attendu que, par sa défense, Menier avait engagé une question de propriété qui devait être préalablement jugée par un tribunal civil, puisque jusques-là il était incertain si Menier avait commis un délit en déposant le Fumier sur le terrain où il l'avait placé; d'où résulte un excès de pouvoir et une violation des règles de compétence; attendu d'ailleurs que si, comme le prétendait Menier, il était propriétaire de ce terrain, il n'aurait fait alors, en y déposant son Fumier, qu'user d'un droit légitime, sauf à Cartier à se pourvoir devant le tribunal civil, comme seul compétent, pour faire condamner Menier à en faire l'enlèvement, s'il en échappait effectivement des exhalaisons nuisibles; par ces motifs, la cour casse et annulle le jugement rendu le 29 frimaire dernier; sauf à Cartier à se pourvoir, devant le tribunal civil, pour l'enlèvement de ce Fumier, s'il y a lieu.... ».

Depuis, et toujours sous le Code du 3 brumaire an 4, on a mis en question si exposer du Fumier sur la voie publique dans un lieu où il n'existe pas de règlement de police qui le défende spécialement, c'est une contravention punissable.

Dans le fait, un particulier, nommé Sévrin, tenait un amas de Fumier devant la porte de sa maison, située sur une rue de la commune de Puiseaux. L'adjoint du maire de cette commune l'a traduit devant le tribunal de police du canton, pour le faire condamner à la peine portée par l'art. 605 du Code du 3 brumaire an 4.

Par jugement du 19 mars 1810, le tribunal de police a renvoyé Sévrin, attendu, 1.° qu'il n'existait pas de règlement de police qui prohibât, pour la commune de Puiseaux, le fait qui lui était imputé; 2.° que le §. 1 de l'art. 605 du Code du 3 brumaire an 4, qui assujettissait aux peines de simple police, ceux qui *négligent d'éclairer ou nettoyer les rues* devant leurs maisons, ne concernait que les lieux où *ce soin est à la charge des habitans*.

Mais l'adjoint du maire s'est pourvu en cassation; et par arrêt du 18 mai suivant, « ouï le rapport de M. Lamarque.....; vu l'art. 456 du Code du 3 brumaire, l'art. 163 et l'art. 605 du même Code; attendu que le procès-verbal dressé le 10 décembre 1809, contre le nommé Sévrin, énonce que ce particulier tenait un amas de Fumier devant la porte de sa maison située sur une rue de la commune de Puiseaux; que ce fait constituait le délit de police prévu par la disposition du §. 2 de l'art. 605 du Code du 3 brumaire ci-dessus transcrit; qu'ainsi, en le supposant constant, le tribunal, sans avoir besoin d'examiner s'il existait ou s'il n'existait pas, à cet égard, de règlement de police, devait appliquer au délinquant la peine portée par cette disposition de la loi; d'où il suit qu'en renvoyant le nommé Sévrin de l'action intentée contre lui, et en motivant ce renvoi sur ce qu'il n'y avait pas de règlement particulier qui prohibât le fait dont il est question, et encore sur ce que le §. 1 de l'art. 605 du Code, qui indique comme punissables ceux qui négligent de nettoyer les rues, n'était applicable que dans les lieux où ce soin est à la charge des habitans, le tribunal de simple police a fait une fausse application de ce §. 1, et a, par une contravention formelle à la disposition du paragraphe suivant du même article, commis un excès de pouvoir; par ces motifs, la cour casse et annulle..... ».

Au surplus, *V.* l'article *Rue*, n.° 3.]]

IV. Une des clauses les plus ordinaires dans les baux à ferme des biens de campagne, est la soumission du fermier de fumer les terres, et de convertir les pailles en Fumier.

[[L'omission de cette clause autorise-t-elle le fermier à disposer de ses pailles; ou bien l'obligation de convertir les pailles en Fumier, se supplée-t-elle de plein droit dans les baux?

Il est certain que le fermier est tenu de fumer les terres, même lorsque son bail ne l'y oblige pas expressément.

Si donc il n'a point, pour fumer les terres dans la proportion fixée par l'usage des lieux, d'autre moyen que de convertir ses pailles en Fumier, cette conversion est pour lui un devoir auquel il ne peut se refuser.

Mais si, par le parcage des moutons ou par d'autres engrais, il pouvait suppléer au Fumier, nul doute qu'il ne pût disposer de ses pailles. *V.* mon *Recueil de Questions de droit*, art. *Fumier*, §. 1.]]

La coutume de Cambrai, tit. 19, art. 5, dit que « les Fumiers d'une *cense* (ou ferme) doivent être employés à fumer les terres de ladite cense; et ne doivent être transportés autre part, ou employés à l'amendement d'autres terres ».

L'obligation de convertir les pailles en Fumier emporte avec soi la prohibition de vendre de la paille, parce qu'en la vendant, il y aura moins de Fumier dans la maison.

Quant à l'obligation de fumer les terres, elle doit s'entendre de ce qu'il est possible d'en fumer chaque année, à proportion de la quantité plus ou moins grande qu'il y a eu de pailles et fourrages.

Un fermier ou laboureur, quelque soigneux qu'il soit, ne peut pas ordinairement, avec la même quantité de paille qu'il récolte, fumer chaque année sa solde entière de blé.

Je tiens d'un laboureur fort intelligent, qu'un arpent de blé ne rapporte, année commune, que trois cents gerbes, lesquelles étant battues, diminuent de volume et ne forment plus que deux cent quarante petites gerbes du poids de vingt-cinq livres chacune, ce qui ne produit que six voitures de Fumier; et il en faut au moins huit par arpent.

Un laboureur ne peut donc, avec ses pailles seules, fumer chaque année que la moitié ou environ de sa sole, selon la quantité des terres, et le plus ou moins de pailles et autres fourrages qu'il a recueillis.

Dans l'île de France, on ne peut pas obliger les fermiers de fumer plus du tiers de la solde; ils peuvent vendre le surplus de la paille: cela est toléré en faveur de la provision de Paris, d'autant que ces fermiers font parquer; ce qui supplée, du moins en partie, au Fumier.

Le fermier sortant, qui est obligé de céder au fermier entrant une écurie pour héberger ses chevaux, est aussi obligé de lui délivrer des pailles pour son usage; il est de même obligé de laisser au fermier entrant le Fumier qui reste et qui se fait journellement, après qu'il a fumé sa sole de blé suivant l'usage ordinaire; mais un fermier auquel on loue des terres sans lui fournir aucun logement, n'est pas obligé, en quittant les terres, de laisser des pailles et des Fumiers; il est seulement obligé de fumer sa sole de blé à l'ordinaire, selon la possibilité et l'usage.

[[L'art. 1778 du Code Napoléon porte que « le fermier sortant doit laisser les pailles et engrais de l'année, s'il les a reçus lors de son entrée en jouissance; et (que) quand même il ne les aurait pas reçus, le propriétaire pourra les retenir suivant l'estimation ».

Il y a plus: si, par le bail, le fermier s'est obligé de convertir toutes ses pailles en fumier, cette obligation entraine pour lui celle de laisser, à sa sortie, les pailles qui alors existent en nature. *V.* mon *Recueil de Questions de droit*, article *Fumier*. §. 2.]]

V. Les Fumiers, considérés par rapport au propriétaire, sont réputés immeubles, et faire partie du fonds, avant même qu'ils soient transportés dans les terres; et à plus forte raison, dès qu'ils y sont portés, quoiqu'ils ne soient pas encore répandus. C'est l'avis de Despeisses, tom. 1, p. 39; et Merville, sur la coutume de Normandie, art. 506, cite un arrêt du parlement de Rouen du 12 juin 1642, qui l'a ainsi jugé.

Les Fumiers appartiennent à celui qui est héritier ou légataire du fonds dans lequel ils se trouvent. — Ils sont aussi compris dans la vente du fonds. (M. Boucher d'Argis.) *

FUREUR. *V. Démence*, *Interdiction* et *Testament.*

FUSIL. *V. Armes* et *Ports d'armes.*

* FUTAIE. Bois, forêt composée de grands arbres.

En termes d'eaux et forêts, on entend par arbre de Futaie un arbre qui a cinquante ans passés; jusque-là, on l'appelle baliveau moderne, ou baliveau sur taillis, ce qui dépend de son âge.

Le baliveau moderne est celui qui subsiste dans une coupe, après deux exploitations du taillis, dans lequel il a été réservé.

Le baliveau sur taillis est celui qui se choisit parmi les plus beaux brins du taillis pour être réservé; il devient moderne quand il a acquis deux fois l'âge du taillis.

Ainsi, pour déterminer la qualité du baliveau moderne ou de baliveau sur taillis, il faut savoir à quel âge les coupes des taillis sont réglées. Par exemple, si c'est à vingt-cinq ans, à cet âge il sera baliveau sur taillis; et après vingt-cinq autres années, il sera baliveau moderne, et deviendra Futaie lorsqu'on emploiera le taillis pour la troisième fois.

Mais alors un arbre ne sera que demi-Futaie, et ce sera seulement à cent vingt ans qu'il deviendra haute Futaie, dénomination qu'on donne à tous les vieux arbres.

Les Futaies sont ordinairement composées de chênes, de hêtres, d'ormes, de tilleuls, de charmes, de frênes, de châtaigniers, de sapins, espèce de bois dont l'utilité est la plus générale.

On peut considérer les Futaies sous un double point de vue, celui de l'administration et celui de la propriété.

L'administration comprend l'aménagement et l'exploitation: par aménagement, on entend tout ce qui tend à conserver les forêts et à les garnir de baliveaux de bonne essence, et de belles Futaies.

La propriété embrasse tous les droits constitutifs de la possession, même ce qui concerne la jouissance des engagistes et des usufruitiers.

L'ordonnance de 1669, qui perfectionne les dispositions des ordonnances précédentes, renferme les règles relatives à l'administration des forêts; ainsi, c'est là qu'il faut chercher celles qu'on doit suivre dans l'aménagement et l'exploitation des bois.

De ces règles, il en est qui sont communes à tous les bois; il en est d'autres qui concernent plus particulièrement ceux qui appartiennent, soit aux communautés séculières, régulières et laïques, soit aux engagistes et aux usufruitiers, soit aux particuliers.

A l'égard de la propriété, les lois, les coutumes ou les titres particuliers règlent les droits qui en dérivent.

Nous allons traiter séparément tous ces différens sujets relativement à la Futaie. Nous parlerons, 1.° de l'administration des bois en général, et particulièrement de ceux de l'Etat; 2.° de celle des bois tenus à titre d'engagement, douaire ou usufruit; 3.° nous présenterons les règles prescrites par les ordonnances pour l'administration des bois des bénéficiers et des communautés ecclésiastiques; 4.° celles qui concernent plus particulièrement les bois des communauté, [[d'habitans et des établissemens publics]]; 5.° celles qui regardent les bois des particuliers; 6.° enfin nous exposerons en peu de mots les principes généraux sur lesquels on peut décider la plupart des questions que fait naître la propriété de la Futaie.

§. I. *De l'administration des bois en général, et particulièrement de ceux de l'Etat.*

Il faut d'abord tenir pour certain que les belles Futaies dépendent ordinairement de la qualité du terrain, de la nature et de l'espèce du bois, ainsi que de l'aménagement des forêts, qui sont presque toutes divisées en coupes réglées, et assez généralement fixées aujourd'hui à vingt-cinq ans d'exploitation.

L'ordonnance de 1669 n'avait d'abord réglé les coupes qu'à dix ans; mais comme il n'en résultait qu'un recru faible et incapable de produire une quantité suffisante de belles Futaies, les décisions du conseil ont ordonné dans la suite que les bois ne seraient exploités qu'à vingt-cinq ans. Comme ces décisions n'ont lieu que pour les bois du roi et pour ceux des communautés, elles ont laissé aux particuliers la liberté de continuer à couper les leurs à la révolution de dix années prescrites par l'ordonnance.

Quand les divisions sont réglées, on doit les suivre chaque année pour l'exploitation: elles doivent être établies de manière qu'elles soient attenantes; en sorte que la seconde soit voisine de la première, et successivement les autres, autant qu'il est possible: c'est ce que l'ordonnance appelle *tire et aire*, c'est-à-dire, qu'en les exploitant on ne doit laisser ni intervalles, ni bouquets, ni aucune intermission de la vente précédente à celle qu'on coupe, sans quoi on intervertirait l'ordre des coupes qui, par la suite des temps, seraient exposées à être exploitées avant la révolution fixée, ce qui donnerait des arbres d'un recru inégal, d'où il résulterait un préjudice manifeste pour la forêt.

Comme ce sont les baliveaux qui produisent la belle Futaie, il faut apporter beaucoup d'attention dans le choix qu'on en fait avant l'exploitation du taillis. On doit d'abord les prendre dans la classe de l'espèce la plus utile et la mieux venante de la forêt; donner ensuite la préférence aux brins sur les jets qui poussent sur les souches, parce qu'ils sont plus vifs et mieux profitans; choisir ceux qui sont d'une grosseur suffisante, parce qu'ils résistent mieux aux vents et aux frimats; enfin, ceux qui sont d'une belle hauteur, parce qu'elle annonce la vivacité de la sève et la bonne constitution de l'arbre.

L'ordonnance paraît exiger qu'on donne, dans le choix des baliveaux, la préférence au chêne sur tous les autres arbres, à cause de sa grande utilité; mais, comme il n'abonde pas également dans toutes les forêts, et qu'il en est où il est l'espèce dominante, tandis qu'il s'en trouve fort peu dans d'autres qui sont plus peuplées, soit de hêtres, soit de châtaigniers ou de sapins, etc., c'est sur la connaissance du local que les officiers doivent s'aligner pour choisir l'espèce la plus utile des baliveaux qu'ils ont à réserver, en s'attachant toutefois à les marquer de manière qu'ils soient placés, autant qu'il est possible, à des distances à peu près égales les uns des autres; car, si on les serrait trop, ils pourraient se nuire, et par trop d'ombrage empêcher le recru des taillis.

Suivant l'ordonnance de 1669, tous les arbres fruitiers sont réservés de droit.

On doit aussi en général laisser seize baliveaux par arpent, l'arpent composé de cent perches, et la perche de vingt-deux pieds de roi.

Outre ces baliveaux, celui qui exploite le taillis doit y laisser tous les arbres dont l'âge excède celui du taillis; ce n'est ordinairement qu'après l'exploitation de ce taillis, qu'on fait un éclaircissement de ces arbres.

Mais est-il plus avantageux d'exploiter le taillis séparément de la Futaie, ou d'exploiter l'un avec l'autre? C'est une question que l'art. 12 du tit. 15 de l'ordonnance de 1669 paraît décider. Voici comme il s'explique: — « Lorsque les adjudications de nos bois taillis seront faites, tous les baliveaux anciens et modernes qui s'y trouveront, seront réservés avec ceux de l'âge; et s'il se trouvait que les baliveaux, pour leur quantité et grosseur, empêchassent, par l'ombrage ou autrement, le taillis de pousser et croître, les grands-maîtres en dresseront leurs procès-verbaux, qu'ils enverront, avec leur avis, en notre conseil, ès mains du contrôleur-général de nos finances, pour y être par nous pourvu ainsi qu'il appartiendra ».

Cette disposition de l'ordonnance suppose clairement que le taillis doit être exploité séparément de la Futaie; on ne peut, en effet, mieux juger de la nécessité de faire l'éclaircissement des arbres offusquans ou dépérissans, que quand le taillis est coupé.

Lorsqu'après l'exploitation du taillis, il s'agit d'éclaircir la Futaie, il faut, avant toutes choses, faire choix des plus beaux arbres pour les réserves: l'ordonnance n'en prescrit que dix par arpent, mais l'usage actuel est d'en laisser seize, tous pris dans la classe des baliveaux anciens et modernes.

Ces seize arbres doivent être choisis dans le nombre de ceux qui sont les plus vifs et de la plus belle venue, en chêne autant qu'il est possible; telle est l'intention du législateur. Si cependant l'espèce dominante était en hêtre, il serait d'une bonne administration d'en conserver une moindre quantité, à cause de l'ombrage trop épais de cet arbre, qui empêche presque toujours le recru du taillis sur le terrain qu'il offusque.

C'est ce qu'on voit arriver dans tous les bois où le hêtre est l'espèce dominante. Quand le terrain en est surchargé, le taillis y est presque toujours faible et languissant; on ne peut, dès-lors, y trouver à la révolution des coupes que des baliveaux sans vigueur, qui résistent très-rarement aux coups de vent et aux frimas: cela appauvrit une forêt en la privant dans la suite des temps des belles futaies qui en feraient l'ornement et l'utilité.

Pour assurer la conservation des arbres réservés, on doit les marquer au pied avec le marteau destiné à cet effet; les officiers en doivent dresser un procès-verbal qui contienne la désignation, les quantités, espèce et grosseur des arbres marqués, ainsi que des pieds corniers, arbres de parois et lisières.

Alors, en vendant les arbres non réservés, on oblige l'adjudicataire à représenter tous ceux qui sont marqués. [[*V. Martelage*, *Procès-verbal* et *Récolement.*]]

Nous ne parlerons pas ici des formalités à remplir pour la vente des Futaies; [[Elles sont détaillées à l'article *Adjudicataire*, §. 6.]]

Aussitôt que la vente d'un bois est faite, le marchand doit présenter et faire recevoir un facteur chargé de veiller à l'exploitation, et d'empêcher en même temps tout délit dans les environs de la coupe (*V. Garde vente*); car il est responsable de toutes les dégradations qui s'y commettent à l'ouïe de la coignée, c'est-à-dire, à la distance de cinquante perches pour les bois au-dessus de cinquante ans, et de vingt-cinq perches pour ceux qui sont au-dessous de cet âge.

Comme ces délits ne peuvent se commettre à la proximité d'une vente, sans que le facteur en ait connaissance, l'ordonnance en rend le marchand responsable toutes les fois qu'il n'y en a pas eu de rapports; mais il ne l'est que de ceux qu'on a commis depuis l'adjudication, s'il a fait constater, par un procès-verbal d'experts, le nombre, la grosseur et l'espèce des souches existantes dans la réponse de sa vente, au moment où il a pu en commencer l'exploitation, c'est-à-dire, immédiatement après l'adjudication. Sans cette précaution, toutes ces souches sont considérées comme autant de délits qui sont à sa charge.

Le marchand ne doit pas faire couper les arbres avant le 15 octobre ni après le 15 avril, à peine d'amende et de confiscation, parce que cela peut occasionner un épuisement de sève très-préjudiciable au recru de bois.

Les Futaies doivent être coupées le plus bas que faire se peut, sans les éclater ni les écuisser, parce que cela expose les racines à se pourrir, à cause des eaux qui se rassemblent et séjournent dans les ouvertures produites par les écuissemens.

Il faut que les arbres soient abattus de manière qu'ils tombent dans la vente sans endommager ceux qui sont réservés; et quand il arrive qu'il y a quelque arbre encroué, c'est-à-dire, accroché sur un autre marqué pour réserve, on ne peut faire couper celui-ci sans la permission du grand-maître ou des officiers, qui, dans ce cas, en règlent l'indemnité.

Les cépées doivent être abattues à la coignée et non à la serpe, ni à la scie, à peine de 100 livres d'amende et de confiscation, parce que sans cela la coupe n'en peut être nette et pleine, ce qui peut occasionner les mêmes inconvéniens que les écuissemens dont nous venons de parler. Par la même raison, le marchand doit faire couper à fleur de terre toutes les anciennes souches.

Pour que l'exploitation d'une coupe ne serve pas de prétexte à des délits particuliers qui peuvent se commettre dans la forêt, le marchand doit avoir un marteau dont l'empreinte soit déposée au greffe, pour en marquer tous les arbres qu'il vend; son facteur doit en outre inscrire sur son registre le nom de ceux qui les ont achetés. Cela est tellement de rigueur, qu'un arbre qu'on sortirait d'une vente ouverte, sans être marqué de ce marteau, serait regardé comme arbre de délit, et serait dès-lors sujet à confiscation.

Sans cette précaution prescrite par l'ordonnance de 1669, il arriverait souvent qu'on couperait en délit certains arbres dans les environs, hors de la réponse d'une vente; et avec l'intention de les faire passer par cette vente, on semblerait annoncer qu'ils en seraient, ce qui entraînerait l'impunité des délits; mais cette manœuvre ne peut point avoir lieu, parce que le défaut d'empreinte du marteau du marchand prouverait évidemment la réalité du délit.

Les marchands ne peuvent, à peine d'amende et de confiscation, faire travailler dans leurs ventes d'autres bois que ceux qui en proviennent, parce que cela pourrait donner lieu à des délits dans les autres parties de la forêt.

C'est par la même raison et aussi pour prévenir les vols qui pourraient se commettre dans les ventes, qu'il n'est pas permis de donner aux bucherons et autres ouvriers du bois pour leurs salaires, à peine contre ceux-ci, s'ils en reçoivent, de 50 livres d'amende, et contre les marchands d'être responsables des délits commis dans toutes les autres parties de la forêt, même hors de la réponse de la vente.

A l'expiration du délai accordé pour l'exploitation, s'il se trouve dans une vente du bois sur pied ou abattu, appartenant au marchand, il doit être confisqué; et le gissant doit être emporté hors de la forêt, parce que son séjour y est un obstacle au recru du taillis.

Telles sont à peu près les règles générales que prescrivent les ordonnances pour l'administration et l'exploitation des bois du roi; elles sont communes à tous les autres bois, sauf néanmoins quelques exceptions relatives à l'aménagement dont nous parlerons en traitant des bois des communautés séculières et laïques.

Il en est de particulières qui ont un rapport direct avec les bois tenus à titre d'engagement, douaire ou usufruit, ainsi qu'avec ceux des communautés, et même des particuliers. Nous allons les présenter en rapportant sous chacune de ces classes les dispositions des ordonnances et des arrêts du conseil qui les concernent.

§. II. *De l'administration des bois tenus à titre d'engagement, concession, douaire ou usufruit, et d'apanage.*

La Futaie faisant partie du fonds du bois, et conséquemment du domaine, elle n'entre jamais dans la jouissance des engagistes, concessionnaires ou donataires, douairiers ni usufruitiers; c'est pour cette raison que les art. 5 et 6 du tit. 22 de l'ordonnance de 1669 leur défend de disposer des Futaies, arbres anciens, modernes, baliveaux sur taillis, même ceux de l'âge du bois réservé lors des dernières ventes, pas même des châblis, arbres de délit, amendes, restitutions et confiscations provenans des bois du domaine, dont le roi leur a accordé la jouissance.

Il leur est aussi défendu, ainsi qu'à leurs agens et fermiers, de couper aucun arbre de la qualité de ceux dont nous venons de parler, quand même ce serait pour l'entretien et les réparations des maisons, moulins et autres édifices dépendans des domaines engagés, si ce n'est en vertu de lettres-patentes enregistrées au parlement et à la chambre des comptes, sur les avis et procès-verbaux des grands-maîtres, à peine, contre les possesseurs, de privation de leurs droits, et d'amende au pied le tour, et de condamnation solidaire aux mêmes amendes contre les fermiers et autres qui les auraient fait couper, et d'interdiction avec amende et restitution contre les officiers qui en auraient fait la délivrance.

Conformément à ces dispositions de l'ordonnance, un arrêt du conseil du 15 juillet 1684 a défendu aux engagistes, donataires, douairiers et usufruitiers des domaines de Flandre, Hainaut, Artois, et pays d'entre la Sambre et la Meuse, de disposer des arbres compris dans les articles que nous venons de rapporter. Un autre arrêt, du 24 mars 1685, renferme les mêmes défenses pour tout le royaume.

Non-seulement les engagistes, donataires, usufruitiers et douairiers ne peuvent disposer des arbres dont nous avons parlé, mais ils ne peuvent même prétendre aucune chose dans le prix qui en provient.

C'est ce qui est clairement décidé par l'art. 5 ci-dessus cité, et par l'art. 2 du tit. 27 de la même ordonnance, où il est dit que tous les arbres de réserve et baliveaux sur taillis, seront à l'avenir réputés faire fonds des bois et forêts, sans que les douairiers, donataires, engagistes, usufruitiers, et leurs receveurs ou fermiers, y puissent rien prétendre, ni aux amendes qui en proviendront.

C'est aussi ce qui a été confirmé par un grand nombre de décisions du conseil.

Un arrêt du 7 janvier 1698 ordonne que l'adjudication faite par le grand-maître de Touraine, de baliveaux sur taillis dans la forêt d'Amboise, sera exécuté nonobstant l'opposition de M. le duc de Vendôme, qui en était engagiste, et qui prétendait que ces baliveaux n'avaient pas dû être marqués sans sa participation.

Un autre, du premier juin 1700, prescrit que par le grand-maître du Dauphiné, ou en son absence par les officiers de la maîtrise de Grenoble, il sera procédé à la reconnaissance et à la vente, au profit du roi, des baliveaux et arbres anciens existans dans la forêt de Labranche, engagée à la veuve du maréchal de Créquy.

Un troisième, du 18 janvier 1677, ordonne que par le grand-maître de Soissons, en présence des officiers de la maîtrise de Beaumont-sur-Oise, il sera procédé à la vente, au profit du roi, des anciens baliveaux qui se trouveront dans les taillis de la forêt de Carnelle, engagée à M. le prince de Conti.

Des lettres-patentes du 6 novembre 1709 enjoignent à tous les grands-maîtres, chacun dans son département, de procéder à la reconnaissance des baliveaux anciens et modernes, bois châblis, arbres secs dans tous les bois possédés à titre de douaire, concession, engagement et usufruit, et ensuite à la vente au profit du roi.

D'autres lettres-patentes du 29 août 1730, ordonnent que par le grand-maître de Champagne, ou par les officiers de la maîtrise de Sainte-Menehould, il sera marqué, dans les bois engagés au comte d'Autry, la quantité de dix chênes qui seront vendus aussi au profit du roi.

Enfin pareilles lettres-patentes du 9 juin 1733, ordonnent que par le grand-maître de Paris, ou les officiers de la maîtrise de Châteauneuf en Thimerais, il sera procédé, au profit du président d'Aligre, à la vente des taillis des bois qui lui sont engagés, et à celle des baliveaux sur taillis, au profit du roi.

Toutes ces décisions confirment bien clairement la défense faite aux engagistes, usufruitiers, etc., de disposer des arbres qui sont dans les bois des domaines engagés, etc.; et de plus, ils n'ont pas même la liberté d'en aménager les taillis dont le balivage ne peut être fait que par les agens forestiers de l'État.

C'est ce qu'a jugé un arrêt du conseil, du 9 décembre 1749, par lequel l'engagiste de la baronnie de Moncenis a été débouté de sa demande, qui avait pour objet d'obtenir du roi la permission de disposer à sa volonté d'un petit canton de broussailles accrues sur un terrain faisant originairement partie du château.

La vente de ces taillis doit d'ailleurs être faite par les officiers des maîtrises, conformément à l'art. 7 du tit. 22 de l'ordonnance de 1669, qui a été confirmé par différens arrêts du conseil, des 27 novembre 1683, 10 août 1700, et 31 mai 1701, etc.

Les engagistes, etc., n'ont pareillement pas la liberté de disposer des arbres étant dans les parcs joignant leurs châteaux, parce que ces arbres sont des Futaies qui font partie du fonds du domaine, et qui, à ce titre, ne peuvent jamais leur appartenir; l'arrêt du 9 décembre 1749, ci-dessus cité, le prouve clairement, puisqu'il a même ôté au seigneur engagiste de Moncenis, la faculté de disposer de quelques broussailles crues dans les jardins du château.

Les engagistes n'ont pas le droit de proposer des gardes pour la conservation de leurs bois; c'est au roi seul, ou aux grands maîtres, à en commettre; c'est ce qu'a jugé un arrêt du conseil, du 22 novembre 1687, qui décide en outre qu'ils doivent payer les gages, chauffages et autres droits de ces gardes.

Comme il est défendu à toutes personnes d'entrer en jouissance des bois du domaine tenus à titre d'engagement, concession, douaire ou usufruit, sans que la visite n'en ait été préalablement faite par le grand-maître du département, et qu'il n'ait été dressé procès-verbal contenant en détail l'âge, la nature et la qualité du bois, l'état, l'essence et le nombre des baliveaux sur taillis, distinctement par triages, etc.; il faut qu'aussitôt qu'est expiré le terme de la jouissance, il soit fait une nouvelle visite dans la même forme que la première, de l'état de ces bois, afin que s'il s'y trouve des dégradations, dépérissemens ou changemens préjudiciables, on puisse contraindre ceux qui les ont possédés, ou leurs héritiers, à les remettre en bon état, ou à en payer l'indemnité au pied le tour : c'est ce que prescrivent les art. 1 et 4 du tit. 22 de l'ordonnance de 1669.

Ces précautions ont été sagement établies pour mieux assurer la conservation des bois engagés, parce qu'il peut arriver que les possesseurs, naturellement portés à s'en regarder comme propriétaires incommutables, y commettent des dégradations qui pourraient échapper à la vigilance des officiers des maîtrises ou des gardes; mais si ces dégradations restent impunies pendant quelque temps, pour n'avoir pas été reconnues lorsqu'on les a faites, les engagistes n'en sont pas déchargés pour cela, puisque le procès-verbal qu'on dresse à l'expiration de leur jouissance, ne manque pas de les constater.

Les engagistes, de leur côté, sont intéressés à ne pas entrer en possession de ces bois, qu'on n'en ait vérifié l'état actuel, pour n'être pas chargés mal à propos des délits qui pourraient s'y trouver.

Ce que nous venons d'exposer ne peut s'appliquer aux douairières qu'autant qu'elles auraient quelque droit sur des bois dépendans des domaines du roi, et dont leur mari était engagiste ou concessionnaire;

car s'il s'agissait de bois patrimoniaux dont elles eussent le droit de jouir pour leur douaire, leur usufruit serait assujéti aux règles prescrites pour les bois des particuliers.

[[Le tit. 10 de la loi du 15 septembre 1791 contient, sur les bois dont il s'agit, les dispositions suivantes :

« *Art.* 1.er Les bois énoncés au présent titre (c'est-à-dire, les *bois nationaux ci-devant aliénés à titre de concession, douaire, engagement, usufruit ou échange non-consommé*), seront régis par la conservation générale (aujourd'hui l'administration forestière) ainsi que les autres bois nationaux, sous les seules restrictions ci-après.

» 2. Les possesseurs auront la nomination des gardes, à la charge de les choisir parmi les personnes ayant les qualités requises par l'art. 1.er du tit. 3; mais leur choix devra être confirmé par la conservation générale, et ils ne pourront les destituer sans son consentement spécial.

» 3. Les directoires des départemens, sur la réquisition de la conservation générale et sous la surveillance du pouvoir exécutif, règleront au besoin le nombre des gardes nécessaires à la conservation desdits bois, et le traitement qui devra leur être fourni par les possesseurs.

» 4. Au défaut par lesdits possesseurs de choisir des sujets capables de remplir les places de gardes dans la quinzaine où elles seront vacantes, la nomination sera déférée à la conservation.

» 5. Il est réservé auxdits possesseurs de vendre de gré à gré, exploiter ou faire exploiter les bois dont les lois et règlemens leur donnent la jouissance, en se conformant d'ailleurs par eux ou leurs préposés, à tout ce qui est prescrit pour l'usance des autres bois nationaux ».

V. l'article *Délit forestier*, §. 17.]]

§. III. *De l'administration des bois des bénéfices et des communautés ecclésiastiques.*

L'ordonnance de 1669, tit. 24, art. 1, enjoint à tous prélats, abbés, prieurs, officiers, communautés ecclésiastiques tant séculières que régulières, économes, administrateurs, recteurs et principaux des colléges, hôpitaux et maladreries, commandeurs et procureurs de l'ordre de Saint-Jean de Jérusalem, de faire arpenter, borner et figurer leurs bois et de faire déposer les procès-verbaux d'arpentages et plans aux greffes des maîtrises dans le ressort desquelles les bois sont situés, à faute de quoi les procureurs du roi de chaque maîtrise sont autorisés à le faire faire aux frais des défaillans qui doivent être contraints au payement par saisie de leur temporel, suivant la taxe du grand-maître.

Suivant la même ordonnance, la quatrième partie au moins des bois appartenans aux communautés séculières et régulières doit être en nature de Futaie pour en former ce qu'on appelle un *quart de réserve*, dont le roi ne permet l'exploitation que pour les besoins les plus urgens et les plus indispensables.

Ce quart de réserve doit être séparé du reste du taillis par des bornes, et en même temps par des pieds corniers réputés de même nature que la Futaie, qu'il est défendu de couper sans permission du roi.

Après avoir fait l'assiette de ces quarts de réserve, les trois quarts restans des bois ont dû être réglés en coupes ordinaires.

L'ordonnance de 1669 avait d'abord fixé ces coupes à dix ans, avec charge expresse d'y laisser dans chaque arpent seize baliveaux de l'âge des taillis, outre tous les anciens et modernes qui sont réputés Futaies, et comme tels réservés dans toutes les coupes.

Suivant cet arrangement, les taillis n'avaient que dix ans de recru lorsqu'on les exploitait, ce qui ne donnait que des baliveaux faibles et incapables de produire de belles Futaies. Pour prévenir cet inconvénient, le conseil a pris le parti de régler à vingt-cinq ans la coupe de ces taillis, sous la réserve de vingt-cinq baliveaux.

Il est expressément défendu aux communautés séculières et régulières de couper des arbres de Futaies dans les bois, ni de faire aucune sorte d'exploitation dans les quarts de réserve, et de rien entreprendre au-delà des coupes réglées, si ce n'est en vertu de lettres-patentes, à peine d'amende arbitraire au profit du roi, et de restitution du quadruple de la valeur des bois coupés, applicable entièrement à l'hôpital le plus prochain, si cette restitution est au-dessous de 300 liv; et si elle est au-dessus, elle doit être employée en fonds pour les bénéfices, et le revenu en appartient alors à l'hôpital.

Cette dernière disposition concernant l'application de la restitution, paraît être tombée en désuétude, surtout depuis l'édit de 1749, qui interdit toute acquisition aux gens de main-morte; mais les décisions du conseil ont confirmé la première toutes les fois que quelques bénéficiers s'en sont écartés, c'est-à-dire, qu'ils ont entrepris de faire couper dans leurs bois des arbres de Futaies sans y être autorisés par lettres-patentes.

C'est ce que prouvent plusieurs arrêts, notamment ceux des 27 juillet et 5 octobre 1675, 1 août 1682, 10 avril 1686, 14 février 1688, 6 février 1694, 29 mars 1695, 3 mai 1701, 13 février et 29 mai 1703, 31 décembre 1708, 4 octobre 1710, 5 juillet 1712, 5 septembre 1713, 10 juillet 1714, 10 décembre 1726 et 22 juin 1751, qui tous renouvellent les défenses faites aux bénéficiers de couper dans leurs bois des Futaies, et aux officiers des eaux et forêts de le permettre, s'ils n'y sont autorisés par le roi.

Ces défenses sont si absolues et reçoivent si peu d'exception, qu'il n'est pas même permis aux bénéficiers de disposer, sans l'agrément du roi, des arbres qui sont dans les champs, jardins ou parcs dépendans de leurs bénéfices.

C'est encore ce que prouvent clairement deux arrêts du conseil, l'un du 29 mars 1695, qui défend au prieur de la Daurade de couper aucun arbre dans le parc du château de Saint-Michel, dépendant de son prieuré, sous les peines portées par l'ordonnance; et l'autre du 5 juillet 1712, que les religieuses ursulines du Mans furent obligées d'obtenir pour pouvoir disposer de cinq à six cents châtaigniers morts par la rigueur de la gelée de l'hiver de 1709, dans les garennes et terres de plusieurs métairies qui leur appartenaient.

Ainsi, lorsque les ecclésiastiques veulent obtenir

des permissions pour ventes de Futaies relativement à des besoins réels, ils doivent en faire leurs remontrances au grand-maître du département, qui, après s'être assuré de la nécessité de ces ventes, visite les lieux, fait estimer par experts les réparations à faire, et envoie au conseil son procès-verbal contenant au vrai l'état et qualité des bois à couper.

Par une suite du principe qui a pour objet la conservation des bois des ecclésiastiques, il leur est défendu, non-seulement d'y faire aucun défrichement, mais même de les vendre ou donner à titre de cens ou de bail emphytéotique.

Ces défenses sont renfermées dans plusieurs arrêts du conseil. Le premier, du 22 février 1729, défend à tous bénéficiers, communautés séculières, régulières et laïques, administrateurs et principaux des colléges, hôpitaux, maladreries, et commandeurs de l'ordre de Saint-Jean de Jérusalem, et à tous autres, de défricher aucune partie de leurs bois, soit Futaies ou taillis, sans permission du roi, à peine de 3,000 liv. d'amende pour chaque arpent de Futaie, de 300 liv. pour chaque arpent de taillis, et de rétablir les bois à leurs frais et dépens.

Le second, du 30 décembre 1734, casse et annulle un contrat de vente d'un canton de bois à titre de cens et rente fait par le prieur commendataire et les religieux de Saint-Reverien, avec défenses d'en faire à l'avenir de pareils, à peine de nullité et de 500 liv. d'amende.

Le troisième, du 2 août 1757, casse le bail emphytéotique d'une portion de bois appartenante au chapitre de Saint-Vincent de Mâcon, qui l'avait homologué, avec défenses à ce chapitre de faire pareille aliénation à l'avenir, sous les peines portées par les ordonnances et par les règlemens.

Le quatrième enfin, du 7 décembre 1757, casse et annulle le bail emphytéotique fait au nommé Cossonier, de trente arpens de bois dépendans de l'abbaye de Bénissons-Dieu, avec défenses d'en faire de pareils à l'avenir, à peine de nullité et de 500 liv. d'amende.

Les communautés séculières et régulières sont responsables des délits commis dans leurs Futaies, lorsque leurs gardes n'en ont pas fait de rapports à la maîtrise du ressort.

Telle est la disposition d'un arrêt du conseil du 5 août 1738, qui casse un jugement de la table de marbre de Paris, du 6 mars de la même année, en ce qu'il admettait les religieux de Vauluisant à prouver qu'ils n'étaient pas les auteurs des délits pour lesquels ils avaient été condamnés à la maîtrise de Sens par jugement du 17 août 1737, quoique ces religieux eussent offert de se justifier par un grand nombre de procédures instruites à leur requête, dans leur justice, contre plusieurs particuliers pris en flagrant délit.

[[Toutes ces règles sont devenues sans objet par la suppression de tous les bénéfices et de toutes les communautés ecclésiastiques, dont les bois appartiennent actuellement à l'Etat. *V. Clergé.*]]

§. IV. *De l'administration des bois des communautés d'habitans et des établissemens publics.*

Les bois des communautés laïques sont soumis en général aux mêmes règles d'administration que les bois des communautés ecclésiastiques. Il doit en être distrait, comme dans ceux-ci, le quart pour le laisser croître en Futaie dans les meilleurs fonds et les lieux les plus commodes, selon la désignation du grand-maître ou des officiers de la maîtrise.

Cette disposition de l'ordonnance de 1669 est fondée sur l'intérêt des communautés, pour qui ces quarts de réserve sont d'une ressource très-avantageuse.

Après la distraction du quart de réserve, le surplus des bois communaux doit être réglé en coupes ordinaires; l'ordonnance de 1669 les avait fixées seulement à dix ans; mais elles sont aujourd'hui pour la plupart portées à vingt-cinq ans, pour les raisons que nous avons détaillées en parlant du règlement des bois des communautés séculières.

Cela se voit par un arrêt du conseil du 9 mars 1726, rendu pour la province de Guienne, et par plusieurs autres qui renferment les mêmes dispositions.

Le règlement des coupes de bois communaux est de la compétence seule du grand-maître et des officiers des maîtrises qui en fixent l'exploitation sur la connaissance de la nature du bois et du terrain.

Ce droit a été confirmé par plusieurs arrêts du conseil: le premier, du 29 décembre 1733, sans avoir égard à l'opposition formée par le duc de Villeroi, comte de Joigny, et par les maire et échevins de la ville de Joigny, à l'arrêt du conseil du 22 avril 1731, qui ordonnait que leurs bois seraient réglés à l'âge de vingt-cinq ans, distraction faite du quart pour être mis en réserve, ordonne que ce dernier arrêt sera exécuté selon sa forme et teneur; en conséquence, enjoint au maire et échevins de se trouver aux jour et heure qui leur seront fixés par les officiers de la maîtrise de Montargis, dans les bois communaux de cette ville, pour être présens à la vente, et leur en faire l'indication, à peine de 1,000 liv. d'amende.

Le second, du 3 juin 1755, sans s'arrêter à un arrêt du parlement de Paris du 25 juin 1752, ordonne l'exécution des ordonnances rendues par le grand-maître de Champagne pour l'aménagement des bois de la communauté de Balerot-le-Chatel.

Le troisième enfin, du 16 août 1757, casse un jugement de la table de marbre de Bordeaux, qui avait reçu le procureur-général appelant des procès-verbaux d'aménagement faits par les officiers de la maîtrise de Bordeaux, dans les bois de plusieurs communautés de leur ressort.

Les communautés laïques ne peuvent jamais disposer des baliveaux sur taillis de leur bois, ni des Futaies et gaules de quarts de réserve, sans permission du roi.

Cette disposition de l'ordonnance de 1669 a été confirmée par un arrêt du conseil du 16 juin 1699, qui a annullé une vente de bois communaux faite sans permission du roi, quoiqu'elle eût pour objet d'en employer le prix à des réparations urgentes de l'église paroissiale.

Un autre arrêt du 25 juillet 1724 casse une ordonnance du juge de Héricourt qui permettait aux habitans de cet endroit de vendre cinquante chênes pour réparer leur église; fait défense aux habitans et à tous autres de couper des baliveaux sur taillis, ni autres arbres de haute-Futaie, sans permission du roi, et à tous juges de l'ordonner; et pour la prévarication commise par le juge de Héricourt, le même arrêt le condamne à 500 livres d'amende.

Les intendans n'ont pas même l'autorité de permettre la vente des bois communaux sous quelque prétexte que ce soit, ainsi qu'il a été décidé par un arrêt du conseil du 31 mars 1693, qui casse une ordonnance de l'intendant de Moulins, par laquelle il avait ordonné qu'à la diligence du préposé au recouvrement des taxes, il serait procédé devant lui à la vente et adjudication de tout ou partie des bois de haute-Futaie, possédés en commun par les habitans de quelques paroisses, et ordonne l'exécution du jugement du grand-maître, portant défenses à toutes personnes sans distinction de vendre partie de ces bois, et à tous marchands de les acheter, à peine de 3,000 livres d'amende.

Les communautés sont responsables des délits commis dans leurs bois de haute-Futaie, même par d'autres que les habitans, jusqu'à ce qu'elles aient fait pardevant la maîtrise du ressort les poursuites nécessaires contre les auteurs de ces délits.

S'il en était autrement, les bois communaux seraient exposés à des dégradations considérables, parce que les gardes qu'on prépose chaque année pour veiller à la conservation de ces bois, n'y portent ordinairement qu'une assez faible attention: ainsi, pour prévenir les effets préjudiciables de leur inexactitude, on n'a trouvé aucun moyen plus efficace que de rendre les communautés responsables des délits, afin de les engager à tenir la main à ce que leurs gardes remplissent leur devoir avec un soin plus particulier.

[[Cette responsabilité ne peut plus avoir lieu depuis que les communes n'ont plus la poursuite des délits commis dans leurs bois. *V. Délit forestier*, §. 14.]]

Il est défendu aux communautés laïques de faire aucune sorte de défrichemens dans leurs bois. *V. Défrichement*, §. 2.

Comme l'administration des bois des communautés laïques a un très-grand rapport avec celle des bois des communautés ecclésiastiques, nous ne répéterons pas ici ce que nous en avons dit dans la section précédente; nous y renvoyons pour tous les cas dont nous n'avons pas parlé dans celle-ci, tels que les arbres épars dans les campagnes et sur les chemins, dont les communautés ne peuvent pas disposer sans permission, etc.

[[La loi du 15 septembre 1791, tit. 1, art. 4, place les bois des communes, ainsi que ceux des maisons d'éducation et de charité, sous la surveillance de l'administration générale des forêts; et elle règle, tit. 12 et 13, le mode de cette surveillance.

L'arrêté du gouvernement du 19 ventôse an 10 va plus loin: il déclare, art. 1 et 9, « que les bois appartenans aux communes et aux établissemens publics sont soumis au même régime que les bois nationaux; et (que) l'administration, garde et surveillance sont soumis aux mêmes agens ». *V. Garde des bois*, sect. 3; et l'arrêt du 9 janvier 1807, rapporté à l'article *Délit forestier*, §. 13.]]

§. V. *De l'administration des bois des particuliers.*

Les particuliers qui ont des bois, ne peuvent pas en disposer à leur volonté; mais ils doivent les soumettre à l'aménagement prescrit par les règlemens, parce que si ces bois leur appartiennent quant au profit, ils appartiennent aussi au public à cause des différens usages auxquels ils peuvent être employés: c'est la raison pour laquelle ils sont assujétis à toutes les règles établies en général pour la conservation des forêts.

Par une de ces règles, il est expressément défendu à tous les propriétaires de défricher aucune partie de leurs bois sans permission.

Les particuliers ne sont pas astreints, comme les gens de main-morte, à n'exploiter leurs bois qu'à la révolution de vingt-cinq ans, parce qu'on n'a pas dérogé à leur égard à la disposition de l'ordonnance de 1669, qui en avait réglé l'exploitation à dix ans.

Malgré cela, quelques particuliers trop avides de jouir, ayant encore abrégé ce terme, le roi, par un arrêt de son conseil du 13 septembre 1729, a fait très-expresses défenses à tous particuliers, de quelque qualité et condition qu'ils fussent, de couper leurs bois taillis avant qu'ils eussent au moins atteint l'âge de dix ans.

En effet, si on laissait aux particuliers la liberté de couper prématurément leurs bois, et avant le terme fixé, cela serait manifestement contraire à la police établie pour la conservation des bois; car un taillis au-dessous de dix ans ne peut donner que des baliveaux très-faibles et incapables de résister à l'intempérie des saisons; dès-lors, il n'y aurait aucune espérance de Futaie, puisque c'est le baliveau qui la produit; ce qui entraînerait nécessairement la ruine d'un bois.

L'ordonnance de 1669, en fixant au moins à dix ans la coupe des bois taillis des particuliers, leur enjoint d'y laisser seize baliveaux par arpent, et dix dans les ventes ordinaires de Futaie, sans qu'ils puissent disposer des baliveaux sur taillis avant quarante ans, ni de la Futaie avant cent vingt ans; le tout sous les peines prescrites par les ordonnances.

Mais comme la plupart des propriétaires ont réfléchi que deux coupes leur produiraient en quarante ou cinquante ans beaucoup plus que six en soixante ans, ils ont pris le parti de régler l'exploitation de leurs bois de manière qu'ils ne les coupent qu'à vingt ou vingt-cinq ans au lieu de dix, ce qui concilie leur avantage particulier avec l'intérêt public.

En exploitant en effet leurs bois à dix ans, sous la réserve de seize baliveaux, dont ils ne peuvent disposer avant quarante ans, les propriétaires ont vu qu'à cet âge le même arpent se trouvait chargé de soixante-quatre baliveaux qui, réunis au nombre des arbres de Futaie existans, refroidissaient nécessairement le terrain, en y causant beaucoup d'ombrages, et conséquemment empêchaient le recru du taillis de pousser, au lieu qu'en remettant l'exploitation à vingt ou vingt-cinq ans, ils auraient à la vérité beaucoup moins de baliveaux, mais qui seraient plus forts, parce qu'ils seraient plus âgés, et leur donneraient un profit plus considérable.

Mais s'il y a des propriétaires qui administrent ainsi leurs bois, il en est d'autres qui, en les exploitant à dix ans, n'y laissent pas même le nombre ni l'essence des baliveaux prescrits, ce qui doit exciter la vigilance des officiers des maîtrises.

C'est pour cette raison que l'ordonnance de 1669 permet aux grands-maîtres et aux officiers des maîtrises de faire des visites dans les bois des particuliers, pour y faire observer les règles qu'elle a établies, et pour y réprimer les contraventions qu'ils y découvriront.

Si, dans ces visites, ils s'aperçoivent que les particuliers exploitent leurs bois avant le temps réglé, ou qu'ils n'y laissent pas le nombre de baliveaux prescrits, les officiers peuvent, sur le procès-verbal qui constate ces abus, condamner les propriétaires aux peines portées par les ordonnances, qui sont, pour le premier cas, une amende arbitraire, mais toujours proportionnée; et pour le second, autant de 10 livres qu'il y a de baliveaux manquans, outre la confiscation.

[[De toutes ces règles, il ne subsiste plus que la défense de défricher les bois; encore est-elle sujette à quelques modifications. *V. Défrichement*, §. 2.

On a parlé aux articles *Bois*, §. 2, et *Déclaration de coupes de bois*, des déclarations que les particuliers doivent faire six mois avant d'abattre leurs bois de haute-Futaie.]]

Ces déclarations sont tellement de rigueur, que quelque modiques qu'en fussent les objets, le conseil a toujours approuvé et confirmé les poursuites faites contre les contrevenans.

C'est ce que justifie un grand nombre d'arrêts, entre autres un du 5 août 1704, contre le sieur de La-Tournelle, pour quelques arbres épars; un autre du 7 avril 1705, contre le sieur de La Beaume, aussi pour quelques arbres épars, quoique ce fût le restant d'un très-grand nombre qui avaient été marqués pour la marine, et que le charpentier du roi eût déclaré qu'ils n'y étaient pas propres; un du 13 octobre de la même année, contre le sieur Lambert, pour quelques baliveaux sur taillis; un du 6 décembre 1707, contre le sieur de Montebise, pour trente chênes dans une avenue; un autre du 6 mai 1725, contre le seigneur de la terre de Passigny, pour vingt-huit cerisiers, depuis deux jusqu'à quatre pieds de tour; enfin, cela est prouvé par une quantité d'autres arrêts semblables qu'il serait superflu de rapporter, parce qu'ils renferment tous la même disposition.

Les particuliers ne peuvent faire couper leurs arbres tant que ces six mois ne sont pas expirés, quelque permission qu'ils en aient obtenu des officiers des forêts. C'est ce qui a été jugé par un arrêt du conseil du 12 octobre 1706, qui condamne deux particuliers à 100 livres d'amende et aux frais de la procédure, pour avoir abattu des bois de haute-Futaie avant les six mois expirés depuis la déclaration faite au greffe de la maîtrise de Bordeaux, quoiqu'ils en eussent obtenu la permission du maître particulier.

Les commissaires de la marine ne sont point non plus autorisés à abréger, en faveur des particuliers, le délai de six mois prescrit pour l'exploitation des Futaies, depuis la déclaration qui en a été faite au greffe. C'est ce qui a été décidé par un arrêt du conseil du 23 mars 1723, qui fait défenses à tous commissaires de la marine, et autres chargés de la reconnaissance des arbres propres pour le service du roi, de donner aucune permission aux particuliers de couper leurs bois de haute-Futaie avant l'expiration des six mois, à compter du jour des permissions accordées par le roi, ou des déclarations faites aux greffes des maîtrises, à peine de demeurer responsables en leur privé nom des amendes et autres peines portées par les ordonnances.

Comme cet arrêt n'avait pas produit sans doute tout l'effet qu'on en attendait, et que les abus qu'il avait voulu réprimer continuaient, il fut suivi d'un autre du 15 janvier 1723, qui fait défenses aux commissaires de la marine de procéder aux visites et martelages des bois, autrement que dans la forme prescrite par l'ordonnance de 1669, et l'arrêt du conseil du 21 septembre 1700, et de donner aucune permission, sous quelque prétexte que ce soit, de couper des arbres dans les forêts du roi, des communautés ou des particuliers, à peine de 300 livres d'amende et de restitution du double de la valeur des bois.

Quand un particulier, qui vend son bois pour être exploité, réserve en général la vieille écorce, cela exclut du marché tout ce qui n'est pas taillis: c'est ce qu'a jugé un arrêt rendu au mois de mars 1764.

§. VI. *Principes généraux sur la propriété des Futaies.*

De droit commun, les bois de haute-Futaie sont considérés comme immeubles, parce qu'ils font partie des fonds tant qu'ils sont sur pied; conséquemment ils ne sont pas sujets à la saisie mobilière, à moins qu'ils ne soient séparés du fonds.

Par une suite de ce principe, les bois de haute-Futaie coupés et vendus pendant une saisie féodale, ne sont point sujets à cette saisie, parce qu'ils ne font pas partie du revenu ordinaire du fief, qui peut seul en être l'objet. C'est ce qui a été jugé par un arrêt du parlement de Paris, du 8 mai 1725, rendu pour la coutume de Dunois.

De ce que les Futaies sont immeubles, il résulte qu'on ne peut vendre celles qui appartiennent à des mineurs, qu'avec les formalités prescrites pour l'aliénation des biens des mineurs: la coutume de Bretagne, conforme en cela au droit commun, en renferme une disposition précise.

Cependant s'il y avait des réparations nécessaires à faire dans un château ou dans une maison de mineur, et qu'il fallût des arbres pour cela, le tuteur pourrait en faire couper dans les bois de son pupille, après toutefois s'y être fait autoriser par un avis de parens homologué en justice, et après avoir rempli les formalités prescrites par les réglemens.

V. au surplus *Bois*, §. 3, et *Usufruit*. (M. HENRIQUEZ.) *

G

GABELLE. Impôt sur le sel.

[[La loi du 21 mars 1790 a supprimé « la Gabelle ou la vente exclusive du sel dans les départemens qui formaient autrefois les provinces de grandes Gabelles, de petites Gabelles et de Gabelles locales; le droit de quart-bouillon dans les départemens de la Manche, de l'Orne et de l'Orne inférieure; et les droits de traite sur les sels destinés à la consommation des départemens anciennement connus sous le nom de provinces franches et de provinces rédimées ».

La loi du 24 avril 1806 a établi sur le sel une imposition qui n'a rien de commun avec la Gabelle. *V. Sel.*]]

* **GAGE.** C'est ce qu'on met entre les mains de quelqu'un pour sûreté d'une dette.

[[« Le Gage confère au créancier le droit de se faire payer sur la chose qui en est l'objet, par privilége et préférence aux autres créanciers ». Ce sont les termes de l'art. 2073 du Code Napoléon.

Mais, suivant l'art. 2076, « le privilége ne subsiste sur le Gage, qu'autant que ce Gage a été mis et est resté en la possession du créancier, ou d'un tiers convenu entre les parties ».

L'art. 2077 ajoute que « le Gage peut être donné par un tiers pour le débiteur ».]]

I. On peut donner en Gage toutes les choses mobilières qui entrent dans le commerce.

Lorsqu'on veut donner pour Gage une dette active, le propriétaire en doit faire un transport devant notaires, et remettre au créancier, à qui la dette est transportée pour Gage, le billet ou l'obligation qui constitue cette dette, ensuite le transport doit être signifié au débiteur de la dette. Cette sorte de Gage a été autorisée par un arrêt de la cour des aides, du 18 mars 1769, rendu dans l'espèce suivante. Le sieur Roussel, fermier général, débiteur d'une somme de 400,000 livres envers le marquis de Girardin, lui avait donné pour Gage, dans la forme qu'on vient de dire, une créance de 310,000 livres que lui devait la ferme générale, pour avances qu'il avait faites, lesquelles étaient justifiées par quatre récépissés du receveur de la ferme : les créanciers du sieur Roussel contestèrent la validité du nantissement; mais l'arrêt cité n'eut aucun égard à leur prétention, et accorda au marquis de Girardin, sur cette somme de 310,000 livres, le même privilége que celui qu'a un créancier sur un effet mobilier qu'on lui a donné en nantissement. [[*V.* le Code Napoléon, art. 2075.]]

II. Suivant les art. 8 et 9 de l'ordonnance du commerce, du mois de mars 1673, on n'est autorisé à prêter sur Gage qu'autant que le prêt et le Gage sont constatés par acte passé devant notaires, avec minute. Mais un commentateur de cette ordonnance a judicieusement observé que le défaut des formalités requises par les articles qu'on vient de citer, ne peut être opposé que par des tiers et non par les parties contractantes. En effet, ces formalités n'ont été prescrites que pour empêcher les fraudes qu'on peut pratiquer envers des tiers, et particulièrement pour assurer la date du nantissement, en cas de faillite du débiteur. C'est surtout dans ce cas que le créancier qui ne s'est pas conformé aux règles prescrites par l'ordonnance, peut être obligé de rapporter les effets qui lui ont été donnés en Gage, sur le fondement qu'il a pu les recevoir lors de la faillite, et par conséquent dans un temps où le débiteur n'avait plus le droit de les donner à un de ses créanciers au préjudice des autres.

[[L'art. 2074 du Code Napoléon porte que le privilége attaché au Gage, « n'a lieu qu'autant qu'il y a un acte public, ou sous seing-privé, dûment enregistré, contenant la déclaration de la somme due, ainsi que la nature et l'espèce de chose remise en Gage, ou un état annexé de leurs qualité, poids et mesure. » — Mais il ajoute que : « la rédaction de l'acte par écrit et son enregistrement, ne sont néanmoins prescrits qu'en matière excédant la valeur de 150 fr. ».]]

III. Les parties ne peuvent pas valablement stipuler que si, dans un certain temps, le débiteur ne retire pas la chose donnée en Gage, elle appartiendra de plein droit au créancier en payement de sa dette. Cette jurisprudence a été introduite pour empêcher les fraudes des usuriers auxquels cette convention donnerait lieu de s'approprier à un vil prix les effets que leur auraient donnés en Gage les personnes qui ne se trouveraient pas en état de rendre au temps convenu l'argent qu'ils leur auraient prêté.

On peut néanmoins convenir que, faute par le débiteur de payer dans un certain temps la somme pour laquelle l'effet a été donné en Gage, cet effet sera acquis au créancier en payement de la dette, conformément à l'estimation qui en sera faite par experts, dont les parties conviendront, sauf à elles à se faire respectivement raison de ce que l'effet sera estimé de plus ou de moins que la dette. Il est évident qu'une telle convention ne contient rien d'illicite, puisque le créancier ne devient propriétaire du Gage qu'en en payant la juste valeur.

En pareille circonstance, le créancier doit, après l'expiration du temps dans lequel le Gage devait être retiré, faire assigner le débiteur pour voir dire qu'en payement de la dette il sera autorisé à retenir le Gage sur l'estimation qui en sera faite par experts : en conséquence, le juge rend une sentence qui ordonne l'estimation; et après le rapport des experts, intervient une seconde sentence, laquelle, conformément à la convention, déclare le demandeur propriétaire du Gage pour la somme fixée par les experts.

Si l'estimation excède le montant de la dette, le créancier ne peut devenir propriétaire du Gage qu'après avoir payé cet excédant, ou l'avoir consigné, dans le cas de refus fait par le débiteur de le recevoir.

Jusqu'à la sentence définitive, et même jusqu'au payement de l'excédant dont il s'agit, le débiteur qui offre d'acquitter la dette et les dépens faits jusqu'alois, est fondé à demander que l'effet donné en Gage lui soit remis.

Les parties peuvent aussi convenir que, faute de payement dans un temps fixé, le créancier pourra faire vendre le Gage.

Le défaut de cette stipulation n'empêche pas qu'après l'expiration du délai convenu pour payer la dette, le créancier ne puisse faire procéder à la vente du Gage; mais il faut que ce soit en vertu d'une sentence obtenue pour cet effet contre le débiteur.

Le nommé Gouliart, prêteur sur Gages, avait prêté, par l'entremise du sieur Ducourt, son courtier, une somme de 1,700 liv. à un particulier, sur dix-sept épingles de diamans. Quelques années après, le sieur Gouliart n'étant pas payé, obtint au châtelet, contre le sieur Ducourt, une sentence qui l'autorisa à vendre les effets. Il n'en instruisit pas le propriétaire, et fit vendre les diamans dont le prix ne fut porté qu'à 1,500 liv. Le propriétaire des diamans, environ deux ans après, fit assigner le sieur Gouliart sur l'appel de la sentence du châtelet qui avait autorisé la vente, et demanda que le sieur Gouliart fût condamné à lui restituer ses diamans, sinon à lui en payer la valeur suivant l'estimation, sous la déduction de la somme prêtée. Il soutint aussi que le sieur Gouliart n'avait pas dû les vendre sans l'appeler, afin de reconnaître si c'était réellement ses diamans qu'on vendait, et qui étaient d'une valeur très-considérable; que c'était sciemment que le courtier, d'accord avec le prêteur sur Gages, n'avait pas instruit le propriétaire; que la procédure, pour parvenir à la vente, aurait dû être dirigée contre lui. — M. Huteau, avocat de Gouliart, soutenait qu'il ne connaissait pas le propriétaire; qu'il n'avait pas traité avec lui, mais avec le sieur Ducourt; que la sentence ayant autorisé à vendre, il devait être à l'abri de toute recherche, la vente n'ayant pas monté au taux de la somme prêtée. — M. Rimbert, avocat du propriétaire des diamans, insista sur les moyens ci-dessus, et établissait que le sieur Gouliart avait connu long-temps avant la vente, le nom, la demeure, et même la personne du vrai propriétaire; que sciemment il n'avait pas voulu le prévenir. — Arrêt du 10 mars 1783 qui a mis l'appellation et ce au néant; émendant, condamne Gouliart à payer au propriétaire des diamans, la somme de 4,000 liv. ou l'estimation suivant la description faite desdits diamans sur les registres de Gouliart et de Ducourt, déduction faite de la somme prêtée, et a condamné Gouliart aux dépens.

[[Voici ce que portent, sur tout ce qu'on vient de lire, les art. 2078 et 2079 du Code Napoléon :

« Le créancier ne peut, à défaut de payement, disposer du Gage, sauf à lui à faire ordonner en justice que ce Gage lui demeurera en payement, et jusqu'à due concurrence, d'après une estimation faite par experts, ou qu'il sera vendu aux enchères. — Toute clause qui autoriserait le créancier à s'approprier le Gage, ou à en disposer sans les formalités ci-dessus, est nulle.

» Jusqu'à l'expropriation du débiteur, s'il y a lieu, il reste propriétaire du Gage, qui n'est, dans la main du créancier, qu'un dépôt assurant le privilége de celui-ci ».]]

Lorsque la vente d'un Gage est ordonnée, elle doit se faire par un huissier au lieu accoutumé où se font les ventes judiciaires, et l'on doit y observer les formalités prescrites par l'ordonnance de 1667, [[aujourd'hui par le Code de procédure civile]], pour la vente des meubles saisis.

IV. L'obligation que contracte le créancier de rendre, après le payement de la dette, les effets donnés en Gage, s'éteint, lorsque, sans sa faute, ces effets sont venus à périr ou à se perdre; mais il ne lui suffit pas d'alléguer cette perte, il faut qu'il prouve l'accident, et qu'il n'a pu l'empêcher.

Mais quelle sorte de soin le créancier doit-il apporter à la conservation des effets donnés en Gage, et de quel degré de faute doit-il être tenu? La réponse est que la convention par laquelle on prête sur Gage, étant un contrat fait pour l'intérêt réciproque des parties contractantes, le créancier doit apporter à la conservation du Gage un soin ordinaire, et être tenu en conséquence de la faute qu'on appelle légère, mais il n'est pas tenu de la faute très-légère, comme le serait l'emprunteur dans le contrat de prêt, attendu que ce contrat-ci n'est que pour l'utilité seule de celui qui a reçu la chose.

[[L'art. 2080 du Code Napoléon porte que « le créancier répond, selon les règles établies au titre *Des Contrats* et *Obligations conventionnelles, en général,* de la perte ou détérioration du Gage, qui serait survenue par sa négligence ».]]

V. L'action qui dérive du Gage, est directe ou contraire, suivant le droit romain, c'est-à-dire, que le Gage produit une double action.

L'action directe a lieu au profit de celui qui a donné le Gage; lorsqu'il a payé le créancier, il a droit de demander qu'il soit condamné à lui restituer la chose donnée en Gage. Et si le Gage est péri ou perdu par la faute du créancier, le débiteur peut conclure à ce que le même créancier soit condamné à rendre la valeur, conformément à l'estimation qui en sera faite par experts.

Le débiteur est pareillement fondé à prétendre des dommages et intérêts contre le créancier, pour raison des détériorations survenues au Gage par le fait ou par la faute du créancier.

Si la chose donnée en Gage était tellement détériorée que le propriétaire ne pût plus s'en servir, il aurait le droit de demander que le créancier fût condamné à lui faire compte du prix de cette chose, sur le pied de ce qu'elle vaudrait, si elle n'avait point été détériorée.

Le créancier doit aussi faire compte des fruits qu'a pu produire la chose donnée en Gage.

[[« S'il s'agit d'une créance donnée en Gage, et que cette créance porte intérêts, le créancier impute ces intérêts sur ceux qui peuvent lui être dus. — Si la dette pour sûreté de laquelle la créance a été donnée en Gage ne porte point elle-même intérêts, l'imputation se fait sur le capital de la dette ». *Code Napoléon, art.* 2081.]]

Quand le créancier, faute de payement, a fait vendre la chose donnée en Gage, on conçoit que, par l'action directe, le débiteur ne peut plus demander que cette chose lui soit restituée; mais il doit conclure à ce que le créancier soit tenu de lui rendre compte du prix de la vente, et de ce qu'il peut d'ailleurs avoir perçu de la chose, sous la déduction des frais.

Il faut remarquer que l'action directe ne peut être exercée par le débiteur, que quand il a entièrement payé la dette; il n'est même pas en droit de répéter une partie des choses données en Gage, sous prétexte qu'il a acquitté une partie de la créance. Ainsi, dans le cas où vous auriez donné trois montres en Gage pour une somme de dix louis, et que vous eussiez ensuite payé huit louis à compte, vous ne seriez pas fondé à demander la restitution d'une seule de ces montres, avant d'avoir payé le reste de la créance. Cette décision est fondée sur ce que le droit de Gage est quelque chose d'indivisible, et que le créancier l'acquiert par la convention pour toute sa dette, et pour chaque partie de sa dette sur chacune des choses qui lui sont données en Gage.

[[C'est ce que décide l'art. 2082 du Code Napoléon; et l'art. 2083 ajoute: « Le Gage est indivisible nonobstant la divisibilité de la dette entre les héritiers du débiteur ou ceux du créancier. — L'héritier du débiteur, qui a payé sa portion de la dette, ne peut demander la restitution de sa portion dans le Gage, tant que la dette n'est pas entièrement acquittée. — Réciproquement l'héritier du créancier, qui a reçu la portion de la dette, ne peut remettre le Gage, au préjudice de ceux de ses cohéritiers qui ne sont pas payés ».]]

Observez encore que, si le débiteur qui a donné un Gage pour une première dette, vient à en contracter une seconde, sans engager à celle-ci le Gage donné pour la première, il ne peut néanmoins exercer l'action directe contre le créancier que quand il a payé l'une et l'autre dette. [[*Code Napoléon, art.* 2082, §. 2.]]

L'action directe pour la restitution de la chose donnée en Gage, n'est sujette à aucune prescription. La raison en est que le créancier qui a commencé à tenir la chose à titre de nantissement, est censé avoir possédé à ce titre, tant qu'il ne paraît pas qu'il y ait eu un nouveau titre : or, ce titre de nantissement rappelle continuellement la nécessité de restituer le Gage d'après la dette acquittée, et par conséquent il est un obstacle perpétuel à la prescription. [[*Code Napoléon, art.* 2236.]]

Il en serait différemment si le créancier ne possédait plus le Gage : dans ce cas, l'action du propriétaire se prescrirait par le laps du temps fixé pour la prescription ordinaire.

L'action contraire est celle par laquelle le créancier qui a reçu le Gage, demande qu'on le rembourse des dépenses nécessaires qu'il a été obligé de faire pour la conservation de ce Gage. [[*Code Napoléon, art.* 2080, §. 2.]] Il pourrait exercer cette action, quand même quelque accident de force majeure aurait empêché que le propriétaire du Gage ne profitât de ces défenses.

Le créancier qui a reçu le Gage, peut aussi, en vertu de l'action contraire, se pourvoir en dommages et intérêts pour raison des fraudes qu'on a pu commettre par rapport au Gage, comme si on lui a remis des pierreries fausses pour des fines, ou bien s'il a été dépossédé du Gage par le véritable propriétaire qui l'a réclamé.

Il faut remarquer à ce sujet que si le débiteur a connaissance que la chose donnée en Gage ne lui appartient pas, il commet le crime de stellionat, et peut par conséquent être condamné par corps au payement de la dette contractée. *V. Stellionat.*

[[VI. L'art. 2084 du Code Napoléon, qui termine le chapitre *du Gage*, porte que « les dispositions ci-dessus ne sont applicables ni aux matières de commerce ni aux maisons de prêt sur Gage autorisées, et à l'égard desquelles on suit les lois et règlemens qui les concernent ».

Le Code de commerce, qui a été décrété depuis, ne contient cependant sur le Gage, que les dispositions rappelées aux mots *Faillite* et *Banqueroute*, sect. 2, art. 535, 536 et 537.

A l'égard des maisons de prêt sur Gage, *V. Maison de prêt* et *Mont-de-Piété.*]]

VII. Quoique le mot *Gage* ne se dise proprement que des meubles, on l'étend aussi aux immeubles et aux biens fonds, et alors il a la même signification qu'*hypothèque*; c'est dans ce sens qu'on dit qu'une terre affectée et hypothéquée pour sûreté d'une somme, est le Gage du créancier. (M. GUYOT.)*

GAGE DU COMBAT, ou GAGE DE BATAILLE. *V. Combat judiciaire.*

GAGES DE DOMESTIQUES. *V. Domestiques*, n. 4 et 11; *Juge de Paix* et *Prescription*, sect. 2.

* GAGE-MORT. Il est beaucoup parlé de cette espèce de Gage dans les anciens auteurs. Ragueau, dans son *Indice des droits royaux*, dit que donner en Gage-Mort, « c'est obliger un héritage pour le tenir tant et si longuement que celui à qui il doit appartenir de droit, ne le rachète de la somme qu'on a assise et hypothéquée sur ledit héritage; tellement qu'on ne décompte point les fruits perçus. Il est fait mention de ce Gage-Mort (ajoute-t-il), en un arrêt de Paris, donné à la fête de la nativité de la Vierge, en septembre 1259, au profit du roi, contre le seigneur de la Belle-Vallée, pour raison d'un fief donné par le père en Gage-Mort en mariant sa fille ».

Le mort-Gage n'est pas seulement un Gage qui ne s'acquitte point de ses issues ou de ses fruits, mais aussi, si nous en croyons Littleton, sect. 332, un Gage qui est vendu au créancier, quand le débiteur ne le retire pas dans le temps dont il est convenu : voici les termes de cet auteur : « Si une inféodation est faite à condition que le fieffataire payera à certain jour 40 liv. d'argent, et que s'il ne paye pas, le fieffeur pourra reprendre le fonds; ce fieffataire est appelé *tenant en mort-Gage*, expression française qu'on peut rendre par celle-ci, *mortuum vadium*; et la raison de cette dénomination est que le fieffataire devant, au jour convenu, payer réellement et de fait la somme prescrite par son contrat, soit qu'il soit ou non en état de faire ce payement, sa terre est comme le Gage du payement de cette somme, et il perd pour toujours ce Gage, si la condition n'est pas remplie; comme ce Gage est aussi *mort* ou *perdu* pour le vendeur du fonds lorsque le tenant s'acquitte au terme ».

On sent combien cette convention était usuraire;

cependant elle a été long-temps en usage. Alexandre III fut le premier des papes qui entreprit de remédier à ce mal. Dans un concile tenu à Tours en 1164, il défendit d'abord aux clercs de prêter à usure; et il ordonna qu'à l'avenir les fruits des choses données en antichrèse ou mort-Gage, seraient imputés sur le sort principal; et qu'après que les créanciers se seraient ainsi payés par leurs mains, ils seraient obligés de rendre les Gages aux débiteurs. En 1180, ce même pape fit une décrétale adressée à l'archevêque de Cantorbéry, par laquelle il étendit la disposition du concile de Tours aux laïques. Ainsi, cette espèce d'antichrèse fut généralement défendue à toutes sortes de personnes.

Mais, quoique ces défenses fussent générales, il y eut cependant quatre différens cas où l'on permit de donner en mort-Gage.

Le premier, dont il est parlé à la fin du canon qu'on vient de rapporter, fut quand les clercs prirent en Gage des bénéfices de la main des laïques, parce que ces biens étaient originairement affectés à l'église.

Le second fut quand les vassaux donnèrent leurs fiefs en Gage à leurs seigneurs, et quand les seigneurs déchargèrent, pendant qu'ils jouissaient de ces Gages, les vassaux des services; de sorte qu'en ce cas, les fiefs étaient comme éteints pendant un temps.

Le troisième, quand un père en mariant sa fille, avait promis une somme en argent, et avait donné à son gendre des terres en Gage pour en percevoir les fruits et soutenir les charges du mariage, jusqu'à ce que la somme lui eût été payée. Dans ce cas, tout était licite, *ut compensatio seu retributio damni emergentis*.

Enfin, le quatrième fut quand ceux qui devaient des rentes, en faisaient assiette aux acquéreurs; car cette assiette, comme Dumoulin et Chopin l'ont observé, n'était qu'une antichrèse qui fut trouvée licite, parce que les rentes constituées paraissaient justes, et que les choses qui étaient ainsi cédées aux créanciers, étaient estimées par autorité de justice; en sorte que les créanciers n'avaient pas plus en percevant leurs rentes par leurs mains, que s'ils avaient perçu leurs rentes par les mains de leurs débiteurs.

De ces quatre manières de donner en mort-Gage, il n'en restait plus que deux du temps de Loysel. *Mort-Gage*, dit cet auteur, *n'a coutumièrement lieu qu'en deux cas : en mariage de maisnés ou de fils, ou pour don et aumônes d'églises*. Instit. cout. liv. 3, tit. 7.

Ce Gage s'appelait *mort* par opposition au *Gage-vif*. Nous avons, disait Loysel à l'endroit qu'on vient de citer, deux espèces de Gage, *vif* et *mort*. *Vif-Gage est celui qui s'acquitte de ses issues, mort-Gage qui de rien ne s'acquitte.*

Laurière, dans ses notes sur ces règles de Loysel, parle ainsi de ces deux espèces de Gage : « Le vif-Gage est celui qui s'acquitte lui-même, et dont le créancier prend les fruits en payement de sa dette. Le mort-Gage est celui qui ne s'acquitte pas lui-même, ou dont les fruits appartiennent au créancier, en pure perte pour le débiteur ». Cet auteur ajoute : *Le mort-Gage est usuraire*. (M. H....)*

[[Il y avait cependant, même avant la loi du 2 octobre 1789 qui a autorisé le prêt à intérêt dans toute la France, des contrées où le mort-Gage était permis. *V. Antichrèse* et *mort-Gage*.]]

* GAGE-PLÈGE. On appelle ainsi en Normandie l'obligation que contracte quelqu'un de payer pour le vassal qui n'habite pas son fief, les rentes et redevances seigneuriales dues au sujet de ce fief.

Gage-Plège se dit aussi dans la même province, d'une convocation extraordinaire que fait le juge dans le territoire d'un fief pour l'élection d'un prévôt ou sergent, afin de faire payer les rentes et redevances seigneuriales dues au seigneur par ses censitaires, rentiers et redevables. (M. GUYOT.) *

[[L'art. 5 du tit. 1 de la loi du 15 mars 1790 porte que « les formes ci-devant usitées de reconnaissance par Gage-Plège, Plaids et Assises, sont abolies ».]]

GAGERIE. *V. Saisie.*

GAGEURE. Promesse que les personnes qui gagent, se font réciproquement de payer ce dont elles conviennent en gageant.

On fait des gageures sur des choses dont l'exécution dépend des parties, comme de faire une course en un certain temps fixé, ou sur des faits passés, présens ou à venir, mais dont les parties ne sont pas certaines.

Nous connaissons deux lois dans le Digeste qui parlent des Gageures.

La première est la loi 3, *de aleatoribus*, suivant laquelle il n'était pas défendu de gager dans les cas où il s'agissait de faire paraître l'adresse, la force et le courage : *in quibus rebus ex lege Titiâ et Corneliâ etiam sponsionem facere licet, sed ex aliis, ubi pro virtute certamen non sit, non licet.* Ce mot *in aliis* se rapporte à la loi 2 du même titre, qui dit que le sénat avait défendu de jouer de l'argent à quelque jeu que ce fût, si ce n'était dans ceux où il s'agissait de faire paraître la force du corps.

La seconde est la loi 17 *præscriptis verbis*, qui marque de quelle manière se faisaient les Gageures chez les Romains : *si quis sponsionis causâ annulum accepit, nec reddit victori*; le mot *si quis* s'entend de la tierce personne qu'on choisissait pour garder le prix de la Gageure.

Les Gageures à Rome se faisaient le plus souvent *per stipulationem et restipulationem*, c'est-à-dire que les deux personnes qui gageaient, promettaient l'une et l'autre de payer la Gageure, si elles perdaient; par cette raison, on appelait ces conventions *sponsiones*; au lieu qu'en France, on les appelle Gageures, attendu qu'elles se font le plus communément en déposant les Gages entre les mains d'un tiers, ce qui n'est pourtant pas essentiel.

Ces sortes de *sponsions* étaient de deux sortes : *sponsio erat vel judicialis, vel ludicra.*

Sponsio judicialis était une espèce de Gageure judiciaire d'une certaine somme entre ceux qui plaidaient ensemble, au profit de celui qui gagnerait sa cause.

Sponsio ludicra était une convention verbale de deux personnes qui, étant en contestation sur un fait incertain, déposaient une somme entre les mains d'un tiers, ou quelqu'autre chose, au profit de celui dont l'opinion se trouverait confirmée par l'événement; et c'est cette dernière espèce que les jurisconsultes nomment Gageure, qu'on peut faire en France par simples promesses réciproques, sans déposer des gages, ces sortes de Gageures ne laissant pas d'être obligatoires.

Nous ne connaissons d'autres règles pour les Gageures que les conventions des personnes qui les font: on peut faire des Gageures sur des choses dont l'exécution dépend des parties, comme de faire une course en un certain temps fixé, ou sur des faits passés, présens ou à venir, mais dont les parties ne soient pas certaines.

C'est une erreur de prétendre, comme l'ont fait quelques auteurs, qui sont à la vérité en très-petit nombre, que toutes les espèces de Gageures sont défendues; et qu'il n'y a jamais d'action en justice à cet égard, à moins que les gages ne soient déposés: ce n'est pas toujours le dépôt des gages qui rend la Gageure valable, c'est plutôt ce qui fait l'objet de la Gageure. Ainsi, elles n'ont été admises ou rejetées en justice, qu'autant que l'objet en était bon ou mauvais, et que la cause en était honnête ou déshonnête, et selon que les personnes qui avaient gagé étaient capables ou non de contracter.

Mornac, sur la loi 3, *D. de aleatoribus*, et sur la loi *si rem D. præscriptis verbis*, dit qu'elles sont permises *in rebus honestis, veluti ob spem futuri eventûs, et similibus.*

Despeisses, tom. 1, tit. 10, *des contrats sans noms*, dit que les Gageures sont permises, qu'il n'est pas même nécessaire que la chose soit déposée entre les mains d'un tiers; que la parole suffit; que cela a été ainsi jugé au parlement de Bordeaux, par arrêt du mois de mars 1609, sur une Gageure faite d'un tonneau de vin promis par l'une des parties, au cas que l'autre allât à la nage jusqu'à un certain endroit d'un étang.

Deux arrêts du parlement de Provence, des 16 février 1662 et 27 janvier 1666, ont jugé que les Gageures étaient obligatoires, quand même les gages n'auraient pas été déposés en mains-tierces. (Boniface, tom. 1, liv. 8, tit. 24, chap. 1.)

Catellan, liv. 5, chap. 61, rapporte une espèce de Gageure assez singulière. Un curé, dit-il, trop attentif à ses affaires temporelles, vint lui-même sur le champ d'un paysan, au temps de la moisson, pour percevoir la dîme qui pouvait lui appartenir: le paysan compta ses gerbes; mais le curé ayant prétendu que c'était la quarantième qu'on venait de compter, le paysan soutint que c'était la trentième: sur ce différend, le paysan dit au curé: *Je parie toute ma récolte que ce n'est que la trentième gerbe: et moi*, repartit le curé, *je parie toute la dîme qui peut m'être due, que c'est la quarantième;* en conséquence de cette Gageure, ils appelèrent un passant pour compter de nouveau: le passant trouva que ce n'était que la trentième gerbe. Le paysan vainqueur refusa de payer la dîme, et le curé le fit assigner, mais par arrêt rendu en 1668, le parlement de Toulouse jugea la Gageure bonne, et que le curé ne pouvait demander sa dîme.

Le conseil du roi a ordonné l'exécution d'une Gageure de 30,000 livres, que le maréchal d'Estrées et le fameux Law, contrôleur-général, avaient faite ensemble, par un écrit double du 14 mars 1720, au sujet du cours que pourrait avoir, dans cette année, le change avec Londres et Amsterdam: le maréchal d'Estrées ayant gagné la Gageure, les directeurs des créanciers de Law ont été condamnés à lui payer les 30,000 liv., quoique la somme n'eût pas été déposée.

Dans le cas d'une Gageure nulle, si le dépôt a été délivré au vainqueur, il ne peut être répété.

Un arrêt du parlement de Paris, du 29 mars 1763, fait défense de gager qu'une femme quelconque est grosse, ou qu'elle accouchera d'un garçon et non d'une fille, ou d'une fille et non d'un garçon.

V. Jeu. (M. Guénard de Lisle.)*

Parmi les cours souveraines des Pays-Bas, le conseil de Brabant rejette indistinctement les Gageures; c'est ce que nous atteste Stockmans dans son Recueil d'arrêts de ce tribunal, §. 134. Les autres ont adopté la même distinction que les parlemens de France, et comme eux, elles déclarent valables ou rejettent les Gageures, suivant que l'objet en est bon ou mauvais, que la cause en est honnête ou déshonnête, et que les personnes qui ont gagé sont capables ou incapables de contracter.

C'est en conséquence de cette règle, que le parlement de Flandre, par quatre arrêts des 4 novembre 1693, 7 avril 1696, 11 du même mois et 10 janvier 1697, rapportés dans les Recueils de Desjaunaux et Pollet, a déclaré des Gageures valables et obligatoires, parce qu'elles avaient pour objet des choses licites et non contraires aux lois ni aux bonnes mœurs. C'est par la raison contraire, qu'un autre arrêt de la même cour, du 26 mai 1708, a rejeté une Gageure faite par deux particuliers pendant le siége de la ville de Barcelone: l'un avait gagé qu'elle serait prise dans un certain temps, l'autre avait gagé que non. Il a été jugé qu'on ne devait point autoriser de pareilles Gageures qui avaient pour objet des affaires d'Etat, des victoires, etc.

Telle est aussi la jurisprudence du grand-conseil de Malines: Dulaury, §. 1, rapporte un arrêt de ce tribunal, qui, en adoptant les principes établis ci-dessus, a déclaré une Gageure bonne et valable; en voici l'espèce. — Deux particuliers avaient gagé une certaine somme qu'ils seraient mariés dans l'espace de six ans; l'un d'eux ne s'étant point marié dans ce terme, l'autre l'assigne au présidial d'Ypres pour le faire condamner au payement de la somme stipulée. Sentence qui l'y condamne, ainsi qu'aux intérêts depuis la demande judiciaire. Appel au grand conseil de Malines. — L'appelant invoque à son secours tous les jurisconsultes qui regardent les Gageures comme non obligatoires en justice, tels que Bouvot, *Questions notables*, part. 3, article *Gageures;* Zypœus, *Notitia juris Belgici*, liv. 4, titre dernier; Loyseau, *du Déguerpissement*, liv. 4, chap. 3, n. 13; Groeneweghen, *de Legibus abrogatis*, sur la loi 108, D. *de Verborum obligationibus.* Il cite deux placards qui défendent les Gageures, l'un du 4 décembre 1540, l'autre du 20 janvier 1570, art. 32; enfin, il prouve par l'autorité de Stockmans, que les Gageures sont absolument rejetées au conseil de Brabant; et par deux sentences des 17 janvier 1604 et 17 septembre 1617, qu'elles le sont aussi au conseil provincial de Gand. — A ces moyens, on oppose la loi 17, §. 5, D. *præscriptis verbis;* le sentiment de tous les auteurs français qui approuvent les Gageures, lorsqu'elles n'offrent rien de contraire aux bonnes mœurs, et celui de tous les auteurs du pays qui pensent de même. Aux arrêts rapportés par Stockmans, on oppose ceux du parlement de Flandre, cités par Desjaunaux; ceux du sénat de Frise rapportés par à Sande, *lib.* 3, *tit.* 9, *def.* 1; ceux du parlement de Dole recueillis par Grivel, §. 57. Aux placards cités, on oppose l'interprétation qu'en donne Anselmo, dans son *Tribonien belgique*, ch. 79, et suivant laquelle, celui du 4 décembre 1540 ne défend que les Gageures sur la naissance des enfans, et celui du 20 janvier 1570, les Gageures sur la vie des hommes ou sur des voyages à faire; toutes Gageures que ces placards ont regardées, ou comme contraires aux bonnes mœurs, ou comme tirant à des conséquences dangereuses. — Sur ces moyens respectifs, arrêt du 1.er décembre 1714, qui confirme la sentence.

Il n'est pas plus permis dans les Pays-Bas que dans l'intérieur de la France, de gager que l'enfant dont une femme est enceinte, naîtra garçon ou fille. On vient de voir que le placard de 1540 défend expressément ces sortes de Gageures. Il paraît néanmoins qu'il n'a pas toujours été bien exécuté: car Dulaury cite une sentence du conseil provincial de Flandre du 24 mai 1670, qui juge valable une Gageure faite entre deux particuliers sur le premier accouchement de la femme de chacun d'eux. — Il est d'ailleurs à remarquer que Grivel, conseiller au parlement de Franche-Comté, §. 57, n. 8, ne fait aucune difficulté de regarder comme valables ces espèces de paris.

Lorsqu'une Gageure est déniée, peut-on et doit-on en admettre la preuve par témoins, au-delà de 100 liv. dans l'intérieur de la France, et de 300 florins dans les Pays-Bas?

La négative est incontestable: et il y a dans le Recueil de Desjaunaux, un arrêt du parlement de Flandre, du 17 février 1706, qui paraît confirmer cette opinion, quoiqu'un autre motif concourût encore à faire prononcer en faveur de la partie pour laquelle il a été rendu. Voici le fait. — Michel Masson et Elie Parquau, orfèvres à Lille, se trouvant ensemble dans la chambre *du poinçon*, avaient, dit-on, parié cinquante louis, l'un que le poinçon apposé à un certain gobelet, marquait un C, l'autre qu'il marquait la lettre B. Lorsqu'il fut constaté que c'était un C, Masson fit assigner Parquau au siége échevinal de Lille, en payement de la Gageure. Parquau soutint n'avoir point parié; et ajouta que quand même il l'eût fait, il ne se serait pas cru obligé d'entretenir une Gageure faite *à la volée, dans la chaleur des opinions.* — Par sentence du 8 novembre 1704, les parties furent mises hors de cour. Appel par Masson: il offrait la preuve de sa Gageure; et prétendait que n'étant pas contraire aux bonnes mœurs, elle devait être exécutée. — « On répondit que la preuve était inadmissible, et qu'en tout cas, une Gageure faite dans la chaleur d'une contestation sur une affaire de rien, en pleine chambre, entre des officiers du poinçon, qui par état devaient se rencontrer souvent ensemble, ne devait pas être autorisée, d'autant plus qu'il n'y avait pas eu de consignation ». — Par l'arrêt cité, le parlement de Flandre mit sur l'appel les parties hors de cour, sans amende ni dépens ».

En Angleterre, les Gageures sont très-fréquentes, et elles y produisent indistinctement une action en justice.

De là est venu, en 1777, le singulier procès qui a été porté à la *cour du banc du roi*, et qui y a été jugé le 1.er juillet. Il s'agissait du sexe du célèbre chevalier d'Eon. Le sieur Hayes, chirurgien, et le sieur Jacques, banquier, avaient gagé, le premier, que le chevalier d'Eon était femme, le second, qu'il était homme. Le pari était de 700 liv. sterlings. Le sieur Hayes, se croyant en état de faire la preuve du fait qui devait lui donner gain de cause, a fait assigner son adversaire au banc du roi. Il a d'abord présenté aux juges le contrat d'assurance: ensuite il a demandé qu'on entendît les témoins.

Ils étaient au nombre de trois: un médecin, un chirurgien et un ancien ami de la Jeanne-d'Arc moderne, mais avec qui depuis elle s'est brouillée. Le chirurgien s'est d'abord retranché sur la discrétion de son état; mais sur les instances de la justice, il a parlé. Les dépositions ont été uniformes; toutes trois se sont accordées à révéler la supposition du sexe, et à reconnaître une véritable femme dans le chevalier français. L'avocat du banquier n'a pas même essayé d'infirmer les témoignages; il s'est réduit à soutenir, 1.° qu'une pareille cause était indécente, et n'aurait pas dû être soumise à l'inspection de la justice; 2.° que le contrat renfermait une clause frauduleuse; 3.° que le sieur Hayes avait une connaissance parfaite du mystère ayant que de gager; qu'ayant ainsi parié à coup sûr, la Gageure n'ayant pas d'égalité, elle était nécessairement nulle.

On a répondu pour le sieur Hayes, qu'il n'avait eu d'autre certitude du fait que la voix publique et la persuasion de plusieurs de ses amis; qu'il en était si peu sûr, que depuis il avait vendu la moitié de son intérêt à l'ambassadeur de Suède; que la véritable indécence venait du sieur Jacques, qui voulait garder l'argent de son adversaire, sans remplir les conditions sous lesquelles il l'avait reçu; que s'il y avait un des deux joueurs qu'on pût soupçonner d'avoir été instruit avant la Gageure, c'était le banquier, puisqu'il avait mis au jeu sept contre un; et que, dans ces sortes de cas, la hardiesse est toujours le fruit de la confiance, qui ne naît ou ne doit naître que des éclaircissemens.

D'après ces raisons, il est intervenu, sur-le-champ et presque sans délibérer, un arrêt qui a condamné le sieur Jacques.

Un jurisconsulte a fait sur ce jugement des réflexions fort justes.

« Les avocats du banquier (ce sont ses termes), n'ont pas dit un mot de ce qu'ils auraient dû dire; et les jurés ont prononcé sur une question qui n'était pas de leur compétence.

» Ceux-ci avaient à juger de la validité ou de l'invalidité de la preuve offerte par le sieur Hayes; et ceux-là avaient à attaquer cette preuve: or, il semble que rien n'était plus aisé que l'attaque, et rien de moins praticable que le jugement.

» D'abord, dans toute affaire où il existe une pièce

réelle, qui fait le fond du procès et qui en emporte la décision, il est inutile, il est dangereux, il est même injuste de s'en tenir à des témoins; il s'agissait de la personne du chevalier d'Eon; le chevalier d'Eon est en vie; il est à Londres; c'était lui, et lui seul qu'il fallait consulter; mais il n'aurait pas voulu se prêter à la vérification, et l'on ne pouvait pas l'y forcer: donc l'affaire n'était pas de nature à être jugée; la Gageure était donc nulle; il fallait condamner le banquier à rendre ses primes, et le chirurgien sa police.

» Ensuite, en supposant qu'on ait pu admettre des témoins, le genre de deux de ceux qui ont été appelés, ne permettait pas d'exiger d'eux la révélation indispensable: obligés au silence par leur profession même, ils ne pouvaient y manquer que de l'aveu du chevalier d'Eon: il aurait donc fallu mettre celui-ci en cause avant tout, et savoir si c'était par son ordre que ces confidens compromettaient son secret. La justice n'avait pas le droit de le leur arracher; cette violence ne lui est permise que quand il s'agit de l'intérêt public, de la découverte d'un crime: or, ce n'était pas ici le cas; donc le sieur Hayes n'était pas fondé à citer ces deux témoins, ni la justice à les interroger; par là, le sieur Hayes se trouvait réduit à un seul témoin, et par conséquent la déposition restait sans effet; donc la preuve n'était pas acquise, ni le sieur Jacques obligé de payer.

» Ce n'est pas tout: la question n'était pas de la compétence des jurés, et cela est sensible. Vrai ou faux, le travestissement du chevalier d'Eon n'est ni un délit ni une affaire dont la police publique doive se mêler. Si cet individu, quel qu'il soit, abusait de son espèce de masque pour tromper ou scandaliser, tantôt le sexe dont il emprunterait l'uniforme, tantôt celui dont la nature lui aurait imprimé le caractère, sans doute la loi serait en droit de mettre fin à cette supposition et de prévenir les méprises, en réformant les apparences qui les occasionneraient; mais que, sans plainte, sans abus, sans scandale d'aucune espèce, le nom d'un citoyen paisible soit traduit devant les tribunaux, parce qu'il a plu à deux curieux imprudens de hasarder leur argent sur la découverte d'un secret qui ne leur appartient pas; qu'à leur demande, cet individu, dont le silence ou le déguisement peuvent être fondés sur mille raisons qu'il lui importe de cacher, voie discuter publiquement ce qu'il ne veut pas montrer; qu'on se prévale des confidences faites ou à l'amitié ou à la nécessité; que, sans avantage pour lui, sans intérêt, ou plutôt à son préjudice, en son absence, on le dépouille, au mépris de la pudeur; qu'on le livre à une curiosité insultante et à une métamorphose douloureuse; c'est ce que l'honnêteté défend, et ce que les lois d'aucun peuple policé n'autorisent.

» On assure qu'il y a encore une infinité de Gageures du même genre; sans doute les scrutateurs adroits, qui ont imité M. Hayes, vont s'empresser de venir demander à partager sa victoire. Si leurs adversaires osent essayer une seconde fois le sort de la justice, peut-être les jurés révoqueront-ils, dans une seconde discussion, ce qu'ils ont statué peut-être un peu trop précipitamment dans la première.

» Il faut restituer les primes sans contredit; mais les assurances sont nulles, et le seront toujours jusqu'à ce qu'on mette en cause le chevalier d'Eon. Et à quel titre peut-on le mettre en cause?

» Il n'y a qu'un cas dans lequel la justice aurait pu connaître de ce procès: c'est celui où le chevalier d'Eon, étant lui-même intéressé dans les Gageures, se présenterait volontairement pour réclamer le prix proposé; alors il faudrait qu'il se soumît aux visites juridiques. Mais les experts nommés ne seraient plus des témoins; ce seraient des juges délégués, associés aux fonctions des jurés, revêtus d'une portion de leur pouvoir; enfin, des yeux empruntés par eux pour les diriger dans le jugement qu'ils prononceraient: il n'y aurait plus ni secret violé ni abus de confiance.

» On ne pourrait pas objecter au chevalier la connaissance intime qu'il aurait eue du fait, et la certitude de son opération; il dirait à ses adversaires: La somme que vous devez me payer, est le prix du secret que vous m'avez arraché, et de l'humiliation à laquelle vous m'avez réduit; c'est le châtiment de votre indiscrète curiosité. Vous avez déchiré le voile dont je me couvrais: je n'ai gagé que parce que vos doutes m'avaient déjà compromis; ne pouvant espérer de réparation, il m'était permis de m'assurer un dédommagement.

» Voilà, ce semble, la seule supposition dans laquelle il serait permis à la justice d'intervenir dans cette étrange contestation ».

[[Le Code Napoléon porte, art. 1965, que « la loi n'accorde aucune action pour... le payement d'un pari ».

L'art. 1967 ajoute que, « dans aucun cas, le perdant ne peut répéter ce qu'il a volontairement payé, à moins qu'il n'y ait eu, de la part du gagnant, dol, supercherie ou escroquerie ».]]

* GAINS NUPTIAUX ET DE SURVIE. Le mot de *Gains nuptiaux*, pris dans sa signification la plus étendue, comprend les divers avantages que se font les conjoints en considération de leur mariage.

Le terme de *Gains de survie*, pris aussi dans un sens étendu, peut s'appliquer à tous les avantages qui se stipulent entre toutes sortes de particuliers, en faveur du survivant.

Mais les Gains nuptiaux et de survie proprement dits, s'entendent des avantages qui ont lieu entre époux au profit du survivant. — Tels sont le *douaire*, le *préciput*, l'*augment*, le *contre augment*, les *bagues et joyaux*, la *quarte du conjoint pauvre*, etc. *V.* ces mots.

[[§. I. *Des titres en vertu desquels les Gains de survie sont dus. Distinction entre les Gains de survie conventionnels et les Gains de survie légaux ou coutumiers.*]]

Lorsque les Gains nuptiaux et de survie sont réglés par le contrat de mariage, il faut se conformer au contrat.

S'il n'y a point de contrat de mariage, ou qu'il ne parle pas des Gains nuptiaux, on doit suivre à cet égard la loi ou l'usage du lieu dans lequel les conjoints ont d'abord établi leur domicile.

[[Cette dernière assertion est vraie pour les Gains

nuptiaux qui dépendent de la communauté (*V. Main-plévie*); mais elle ne l'est pas pour les autres, du moins quant aux immeubles. Les Gains de survie immobiliers se règlent par les lois des différens lieux où sont situés les biens sur lesquels ils doivent s'exercer. *V. Douaire.*

A l'égard des Gains de survie mobiliers qui ne dépendent pas de la communauté, c'est une question très-controversée de savoir s'ils se règlent par la loi du domicile matrimonial, ou par celle du lieu où les époux étaient domiciliés à l'époque du décès du premier mourant. Elle est traitée fort au long par Boullenois, dans son *Traité des statuts personnels et réels*, tom. 2, pag. 258 et suivantes.

Au surplus, le Code Napoléon n'admet que les droits de survie purement conventionnels. *V. Augment, Contr'augment* et *Douaire.*

§. II. 1.° *Les Gains de survie purement légaux se règlent-ils par la loi du temps où les époux se sont mariés, ou bien par celle du temps où l'un d'eux est mort? — Deux époux qui se marient sans régler leurs droits de survie par un contrat, sont-ils censés adopter et changer en conventions tacites, toutes les dispositions des lois sous l'empire desquelles se forme leur union? — La disposition de l'art. 13 de la loi du 17 nivôse an 2, qui restreint les avantages statuaires du survivant à la moitié de l'usufruit des biens de l'époux prédécédé avec enfans, doit-elle avoir son effet à l'égard de deux époux qui se sont mariés avant, et dont l'un est mort depuis la publication de cette loi?*

2.° *Pour le réglement des droits de survie dans les ci-devant pays de nantissement, doit-on considérer comme meubles les biens-fonds acquis avant ou pendant le mariage, mais dont l'acquisition n'a pas été réalisée par saisine ou dessaisine?*

En 1761, Henri Goossens et Marie-Joseph Vandenschrick se marient sans contrat de mariage, mais sous l'empire de la coutume de Louvain, qui assure au survivant des époux, la propriété de tous les meubles, et l'usufruit de tous les immeubles du prédécédé.

Henri Goossens meurt en l'an 10, laissant un fils unique.

Le 22 germinal an 11, celui-ci transporte à un sieur Vidal tous ses droits mobiliers dans la succession de son père, ainsi que les actions de la banque de Vienne, et les rentes sur l'empereur d'Allemagne, qui en faisaient partie, et qui avaient été acquises pendant la communauté.

Ensuite, il fait assigner sa mère devant le tribunal de première instance de Louvain, pour se voir condamner à représenter tous les titres et papiers de la succession, à la restitution des fruits, et au partage des biens immeubles.

La veuve Goossens offre de représenter les titres, autres néanmoins que ceux des rentes *non réalisées*, des actions de la banque de Vienne, et des rentes sur l'empereur d'Allemagne; elle offre également de procéder au partage des immeuble *réalisés*, sauf son usufruit sur la totalité de ces biens.

Le 8 vendémiaire an 12, jugement qui déclare « que la défenderesse doit passer à ce moyen de ses offres, en justifiant par elle que les actions de la banque de Vienne, acquises pendant son mariage, ne l'ont pas été comme *rentes réelles* ». — Le sieur de Goossens appelle de ce jugement.

Le 4 messidor an 12, la cour d'appel de Bruxelles, après avoir entendu les parties, pose en ces termes les questions à juger: — « 1.° Le droit qu'accorde la coutume de Louvain au survivant des époux, de jouir de l'usufruit des immeubles du prédécédé, est-il passible de réduction en vertu de la deuxième partie de l'art. 13 de la loi du 17 nivôse an 2, à l'égard des mariages contractés avant la publication de cette loi? 2.° En cas de négative, l'appelant est-il recevable à faire décider, dans l'état de la cause, l'objet de la contestation relative à la nature des rentes sur la banque de Vienne, et à la charge de l'empereur d'Allemagne? 3.° Y a-t-il lieu de statuer, quant à présent, sur la détermination de la nature que peuvent avoir les immeubles ou rentes acquis pendant le maéiage des père et mère de l'appelant »?

Et, « Vu l'art. 3 du chap. 12 de la coutume de Louvain, intitulé *Droit des gens mariés*, ainsi conçu: *Item, l'usufruit compète au survivant des deux conjoints de tous les biens immeubles, rentes, fermes et héritages volans* (1), *acquis par lui ou l'un d'eux pendant le mariage, comme aussi de tout ce que le premier défunt a porté en mariage, ou lui ayant autrement appartenu de plein droit pendant ledit mariage*; vu aussi l'art. 1 du chap. 16 de la même coutume, portant que *quand des bâtards meurent sans laisser des hoirs légitimés, le seigneur est successeur de tous et quelconques biens, excepté que si un bâtard étant marié vient à mourir le premier, la survivante retient seule et profite de tous les biens du défunt, et tout droit ultérieur compétant au survivant, selon les statuts municipaux*; considérant, sur la première question, que par cela seul que la coutume de Louvain classe dans un chapitre particulier les *droits des gens mariés*, ils ne peuvent être confondus avec les droits successifs et ceux qui concernent les donations dont la nature fait l'objet direct de la loi du 17 nivôse an 2, intitulée *Loi sur les donations et successions*; que les art. 13 et 14 de la même loi n'y ont été insérés que par une exception en faveur des époux à la règle générale établie par l'art. 1 sur les donations; d'où il suit que, sous ce premier point de vue, l'art. 61 de la même loi, abolitif des *lois, coutumes, usages* et *statuts* relatifs à la transmission des biens par donation et succession, ne peut être opposé aux époux qui réclament l'exécution des coutumes, en ce qui concerne les droits résultans du mariage; que le mariage contient, outre l'union des personnes, une association d'intérêts civils, dont la loi fixe les conditions dans le silence des stipulations des parties; que les conditions du mariage réglées par le statut, tenant lieu de dispositions écrites, ne doivent pas

(1) La coutume entend par *héritages volans*, certains meubles précieux qu'elle immobilise; elle en fait l'énumération dans l'art. 11 du ch. 12.

être d'une nature différente de celles qui sont l'effet de la convention expresse; que cette identité est consacrée en principe dans la dixième décision insérée au décret du 22 ventôse an 2: que l'art. 13 du chap. 12 de la coutume de Louvain, sur lequel l'intimée se fonde pour retenir l'usufruit de la totalité des immeubles de feu son mari, attribue ce droit à celui des époux qui survivra; de sorte que ce droit est parfait par le mariage, et n'a plus d'incertitude que dans l'événement de la survie; que les droits acquis n'ont pu être enlevés par les lois des 5 brumaire et 17 nivôse an 2, sans effet rétroactif; que la loi du 9 fructidor an 3 porte que celles des 5 brumaire et 17 nivôse an 2, n'auront d'effet que du jour de leur publication; qu'il résulte de toutes ces observations, que la seconde partie de l'art. 13 de la loi du 17 nivôse an 2, ne peut s'entendre des droits acquis avant sa publication, puisqu'elle contiendrait des dispositions rétroactives; qu'ainsi, l'appelant n'est pas fondé dans sa demande en reddition de compte des fruits provenus des immeubles dépendans de la succession de son père; considérant, sur la seconde question, que les actions sur la banque de Vienne, comme celles sur l'empereur d'Allemagne, ont été cédées par l'appelant au nommé *Vidal*, par acte authentique du 22 germinal an 11; et qu'il ne conste d'aucune rétrocession faite à l'appelant par Vidal, qu'ainsi, l'appelant n'a pas qualité suffisante pour faire statuer sur la nature de ces actions en l'absence de son cessionnaire; — Considérant, sur la troisième question, que les acquêts faits constant le mariage de la dame Vandenschrick avec le père de l'appelant, étant indépendamment de la *réalisation*, susceptibles d'acquérir la nature d'immeubles par la volonté qui en aurait été exprimée dans les actes d'acquisition, ou par la possession trentenaire, il importe, avant de régler les droits des parties sur ce point de contestation, que les titres qui contiennent les acquêts, soient représentés à l'appelant; qu'en déclarant les offres de l'intimé suffisantes sur cet objet, le premier juge a jugé prématurément; la cour, sans s'arrêter au chef des conclusions de l'appelant tendant à faire déclarer que les actions sur la banque de Vienne et l'empereur d'Allemagne sont immeubles, dans lesquelles il est, quant à présent, déclaré non-recevable. — Dit qu'il a été mal jugé par le jugement dont est appel, en ce que le premier juge a statué sur la nature que peuvent avoir les acquêts de la communauté, avant d'avoir ordonné que les titres qui les constatent, fussent produits et communiqués; émendant, quant à ce, ordonne que l'intimée sera tenue de communiquer à l'appelant, dans le délai d'un mois, amiablement ou par la voie du greffe, les titres et pièces relatifs auxdits acquêts, soit de propriété foncière, soit de rentes autres que les actions sur la banque de Vienne et sur l'empereur d'Allemagne, pour être ensuite statué à cet égard ce qu'au cas appartiendra, à l'audience du 15 thermidor prochain; et ordonne que le jugement dont est appel, sortira au surplus son effet ».

En exécution de cet arrêt, la veuve Goossens dépose au greffe les titres des acquisitions faites par elle et son mari, pendant leur communauté; et conclut, en même temps, « à ce qu'il plaise à la cour, faisant droit au fond, déclarer que les biens non réalisés, ainsi que les rentes affectées par *main-mise*, d'après les titres consignés, sont meubles, et appartiennent en conséquence à l'intimée en pleine propriété ».

Le 15 thermidor an 12, le sieur Goossens ne comparaissant pas, arrêt qui donne défaut contre lui, et, avant d'en adjuger le profit, ordonne que les titres produits par sa mère, seront mis sur le bureau pour en être délibéré.

Le 23 du même mois, arrêt qui, en vidant le délibéré, sans poser de question ni donner de motifs, prononce en ces termes: « La cour, statuant sur le profit du défaut prononcé le 15 de ce mois, après avoir vu les titres communiqués, adjuge à l'intimée les conclusions ci-dessus transcrites; condamne le défaillant en tous les dépens, tant de cause principale que d'appel..... ».

Le sieur Goossens se pourvoit en cassation contre ces deux arrêts. — Il attaque le premier, comme violant, dans sa disposition relative à l'usufruit des immeubles, la seconde partie de l'art. 13 et l'art. 61 de la loi du 17 nivôse an 2; et comme contrariant, par son prononcé sur les actions de la banque de Vienne, les principes du droit commun et l'art. 7 du chap. 12 de la coutume de Louvain, concernant la nature des rentes constituées. — Il attaque le second, comme violant, dans la forme de sa rédaction, l'art. 15 du tit. 5 de la loi du 24 août 1790, et au fond, comme contraire à l'art. 11 du tit. 12 de la coutume de Louvain, à l'art. 12 du même titre, et aux nouvelles lois sur le régime hypothécaire.

« Le premier moyen que le demandeur vous propose contre l'arrêt du 4 messidor an 12 (ai-je dit à l'audience de la section des requêtes, le 8 prairial an 13), offre à votre examen une question aussi importante qu'épineuse. — Il s'agit de savoir si la seconde partie de l'art. 13 de la loi du 17 nivôse an 2, qui restreint les avantages statutaires du survivant des époux à la moitié de l'usufruit des biens de l'époux prédécédé avec enfans, doit avoir son effet à l'égard de deux époux qui se sont mariés avant, et dont l'un est mort depuis la publication de cette loi.

» L'affirmative ne souffrirait aucune difficulté, s'il en était des avantages statutaires, comme des avantages conventionnels du survivant des époux; car personne ne doute qu'en restreignant ceux-ci à la moitié de l'usufruit des biens de l'époux prédécédé avec enfans, la seconde partie de l'art. 13 de la loi du 17 nivôse an 2 n'ait rétroagi sur le passé; et que sa rétroactivité n'ait été à cet égard abolie, tant par la loi du 9 fructidor an 3, que par les art. 9 et 12 de la loi du 3 vendémiaire an 4.

» La question se réduit donc à ce seul point: les avantages statutaires sont-ils, en cette matière, sur la même ligne que les avantages conventionnels? ou, en d'autres termes, lorsque deux époux se marient sans régler leurs droits par un contrat, sont-ils censés adopter et changer en conventions tacites, toutes les dispositions des lois sous l'empire desquelles se forme leur union? et en conséquence, les dispositions de ces lois règlent-elles leurs droits respectifs *comme contrat*, ou ne les règlent-elles que *comme lois?* — Si elles ne les règlent que *comme lois*, il est clair qu'elles peuvent être abrogées ou modifiées par des lois postérieures, au préjudice des époux mariés sous leur empire : si, au contraire, c'est *comme contrat* qu'elles les règlent, il est également clair qu'aucune loi postérieure ne peut, au préjudice de ces mêmes époux, les altérer, les changer, encore moins les abolir.

» Tout le monde est d'accord qu'elles règlent *comme contrat*, tout droit nuptial qui s'exerce partout et au-dehors comme au-dedans de leurs territoires, conformément à leurs dispositions.

» Ainsi deux époux se marient sous une loi qui permet ou défend à la femme de contracter sans l'autorisation de son mari : c'est cette loi qui détermine, même pour les biens situés hors de son territoire, la capacité ou l'incapacité de la femme ; et les époux ont beau changer par la suite de domicile, la femme n'en conserve pas moins la qualité de capable ou d'incapable qu'elle a reçue de la loi qui a présidé à son mariage.

» Ainsi, deux époux se marient sous une loi qui admet la communauté des meubles et des acquêts : cette coutume fait entrer de plein droit dans la communauté qu'elle a introduite, les meubles qui, par des successions ouvertes hors de son territoire, peuvent échoir pendant le mariage à chacun des époux ; elle y fait entrer de plein droit tous les immeubles que chacun des époux peut acquérir sous d'autres lois.

» Et d'où cela vient-il ? Précisément de ce qu'en se mariant sans contrat, les époux sont censés s'en rapporter, pour leur état et leur communauté, aux dispositions de la loi du domicile matrimonial ; de ce que par-là, il s'est formé entre eux une convention tacite, qui, pour ces objets, a la même autorité qu'une convention expresse. C'est ainsi que Dumoulin s'en est expliqué dans son conseil 53 ; et vous savez, Messieurs, que sa doctrine, quoique vivement combattue par son perpétuel antagoniste, par d'Argentrée, a été adoptée par un tel nombre d'arrêts que personne n'oserait plus la contredire.

» Mais il est des droits nuptiaux qui sont indépendans, et de la capacité ou incapacité d'état des époux, et de la communauté des meubles et conquêts : tels sont les Gains de survie qui constituent ce qu'on appelle le douaire : tel est encore le droit d'usufruit que la coutume de Louvain défère au survivant ; et la preuve en est que ce droit a lieu, non-seulement sur la plupart des conquêts du prédécédent, mais encore sur les propres qu'il avait apportés en mariage.

» Or, il est universellement reconnu que les droits nuptiaux de cette nature ne se règlent point par la loi du domicile matrimonial, qu'ils ne se règlent que par la loi de la situation des biens, et qu'à cet égard l'autorité de chaque loi est circonscrite par son territoire.

» On ne peut donc pas appliquer aux droits nuptiaux de cette nature, le système de convention présumée, que Dumoulin n'embrasse effectivement que pour la communauté et ses dépendances : car, s'il y avait pour ces droits, comme pour la communauté, une convention tacite, elle aurait les mêmes effets qu'une convention expresse ; et jamais on n'a douté que les conventions expresses ne dussent être exécutées partout pour le douaire, comme pour la communauté, sauf les pays où il existerait des lois prohibitives.

» Mais si, relativement aux droits nuptiaux de cette nature, la loi ne peut pas être considérée comme un contrat tacite, si elle n'a pas entre les époux la force d'un contrat exprès, si elle conserve, entre les époux, son caractère de loi, bien évidemment elle peut être changée par une loi postérieure ; et c'est sur ce fondement que par deux arrêts du parlement de Paris, des 23 décembre 1580 et 17 octobre 1587, rapportés dans le Recueil de Louet, lettre C, §. 6, il a été jugé que le douaire coutumier d'une femme mariée sans contrat, devait être réglé par la coutume réformée à l'époque du décès de son mari, sans égard à la coutume sous l'empire de laquelle le mariage avait été célébré.

» La loi du 17 nivôse an 2 a donc pu, par la seconde partie de son treizième article, réduire de moitié en faveur des enfans nés de père et mère encore existans à l'époque de sa promulgation, l'usufruit que la coutume de Louvain accordait au survivant des époux sur la totalité des biens du premier mourant. — Il n'y a donc pas de rétroactivité dans cette partie de la loi du 17 nivôse an 2 ; et dès-là, il semble que cette partie de la loi du 17 nivôse an 2 n'a été abrogée ni par la loi du 9 fructidor an 3, ni par celle du 3 vendémiaire an 4.

» Prenons garde cependant à cette conséquence : vraie, d'après les principes généraux de la matière, elle pourrait n'être pas d'accord avec l'esprit des lois qui ont abrogé les dispositions rétroactives de celle du 17 nivôse an 2, avec l'esprit des lois qui ont précisé les effets de cette abrogation.

» Il est certain que l'art. 13 de la loi du 17 nivôse an 2 avait entièrement assimilé les droits de survie purement statutaires, aux droits de survie contractuels ; et que sans adopter, ou plutôt en rejetant toutes les distinctions précédemment faites par les auteurs, entre les droits de survie dépendans et les droits de survie indépendans de la communauté, elle avait reconnu que les uns comme les autres dérivaient du pacte tacite qui, à ses yeux, était censé avoir été formé par les époux en se mariant sans contrat.

» Cette intention de la loi du 17 nivôse an 2, était assez clairement exprimée dans son treizième article ; mais la loi du 22 ventôse suivant l'a encore rendue plus sensible : on demandait à la convention nationale *que les avantages conférés par les statuts aux époux, fussent maintenus comme ceux qui étaient l'effet de la stipulation ;* et la loi du 22 ventôse répond, art. 10, — « Que cette identité sort évidemment des termes de l'art. 13 de la loi du 17 nivôse, qui maintient les dispositions même statutaires, *sous la foi desquelles les époux s'étaient engagés.*

» Si donc, en abrogeant ce qu'il y avait de rétroactif dans l'art. 13 de la loi du 17 nivôse, les lois des 9 fructidor an 3 et 3 vendémiaire an 4 ont laissé intacte cette parfaite assimilation des avantages statutaires aux avantages conventionnels, il est évident que l'intention de ces lois a été d'abroger pour les uns comme pour les autres, la réduction que celle du 17 nivôse en avait ordonnée en faveur des enfans.

» Or, ni la loi du 9 fructidor an 3, ni celle du 3 vendémiaire an 4, ne disent rien qui porte atteinte à cette assimilation, et il est évident, que par cela seul qu'elles ne la détruisent pas, elles la maintiennent; il est évident, par une conséquence nécessaire, qu'elles regardent la réduction ordonnée par la loi du 17 nivôse, comme rétroactive pour les avantages statutaires comme pour les avantages conventionnels; il est évident, par une conséquence ultérieure, qu'elles abolissent cette réduction pour les uns comme pour les autres.

» L'art. 6 de la loi du 18 pluviôse an 5 va mettre cette vérité dans un nouveau jour : « Les avantages » entre époux, maintenus par les art. 13 et 14 de la » loi du 17 nivôse, *sur l'universalité des biens de* » *l'auteur de la disposition*, ne s'imputent point » sur le sixième ou le dixième déclaré disponible en» tre toutes personnes par l'art. 16 ». — Deux choses sont à remarquer dans ce texte.

» D'abord, dans quels cas l'art. 16 de la loi du 17 nivôse déclarait-il disponible le *sixième* des biens? Dans quels cas ne permettait-il de disposer que du *dixième?* — Le sixième était disponible de la part de tout homme qui, en mourant, ne laissait pour héritiers que des parens collatéraux. Celui qui laissait des enfans ne pouvait disposer que du dixième.

» Ensuite, dans quels cas la loi du 18 pluviôse an 5 déclare-t-elle que les avantages entre époux sont maintenus par les art. 13 et 14 de la loi du 17 nivôse, sur *l'universalité des biens de l'auteur de la disposition?* Dans le cas où il y a des enfans, comme dans le cas où il ne se trouve que des héritiers collatéraux.

» Donc la loi du 18 pluviôse an 5 suppose que l'*universalité des biens* de l'époux prédécédé avec enfans, peut être l'objet de l'avantage maintenu par la loi du 17 nivôse en faveur de l'époux survivant. Donc elle suppose que l'époux survivant n'a point de réduction à éprouver de la part des enfans que lui a laissé l'époux prédécédé. Donc elle suppose que la disposition de la loi du 17 nivôse, qui avait ordonné cette réduction en faveur des enfans, a disparu avec l'effet rétroactif de cette loi. — Et comme elle ne fait à cette égard aucune distinction entre l'avantage statutaire et l'avantage contractuel, il est clair qu'elle les confond dans la même catégorie; il est clair qu'elle conserve entre l'un et l'autre l'identité établie par la loi du 17 nivôse.

» Et vainement opposerait-on à cet argument ces termes de la loi du 18 pluviôse an 5, *de l'auteur de la disposition*. Vainement prétendrait-on en conclure que cette loi ne parle que des avantages conférés au survivant des époux par une disposition du prédécédé. — Ces mots, *l'auteur de la disposition*, ne sont relatifs dans la loi qu'à l'époux prédécédé qui, avant ou après son mariage, a testé en faveur de personnes tierces; ils n'ont d'autre objet que de déterminer l'étendue que doit avoir en faveur de tierces-personnes, le testament qu'il a fait avant ou après son mariage, indépendamment des avantages conférés à l'époux survivant par son contrat antenuptial ou par le statut. — Et pour nous en convaincre, il nous suffira de lire d'un seul contexte les art. 5 et 6 de cette loi.

» L'art. 5 porte que « Si les actes de dernière vo» lonté maintenus par l'article (précédent), contien» nent tout à la fois des dispositions universelles et » des legs particuliers, les dispositions universelles » et les legs particuliers seront réduits proportionnel» lement et au marc la livre des valeurs que chacune » des dispositions devait produire net, par les an» ciennes lois à celui qui en était l'objet; à moins » que *l'auteur de la disposition* n'ait expressément » énoncé une préférence en faveur d'un ou de plu» sieurs légataires, auquel cas le légataire préféré re» cevra l'intégrité de son legs, pourvu qu'il n'excède » pas la quotité disponible ».

» Et l'art. 6 ajoute aussitôt : « Les avantages entre » époux maintenus par les art. 13 et 14 de la loi du » 17 nivôse, sur l'universalité des biens de *l'auteur* » *de la disposition*, ne s'imputent point sur le si» xième ou le dixième déclaré disponible entre tou» tes personnes par l'art. 16 de la même loi, et n'en» trent point en concurrence avec les autres légatai» res, dans la distribution au marc la livre ordonnée » par l'article précédent ».

» Vous voyez clairement, MM., que *l'auteur de la disposition* dont parle l'art. 6, est le même que *l'auteur de la disposition* dont il est parlé dans l'art. 5; et que dans l'un comme dans l'autre article, la loi n'a en vue que le testateur qui a disposé au profit de toute autre personne que son époux. — L'argument que nous avons tiré de l'art. 6, subsiste donc dans toute sa force.

» Mais ce qui donne à cet argument une force bien plus irrésistible encore, c'est que l'opinion à laquelle il prête un appui aussi puissant, a été formellement consacrée par deux arrêts de la cour.

» Voici l'espèce du premier. — Le 22 novembre 1784, contrat de mariage passé en Normandie entre Henri Lebeuf et Magdeleine Bosdol, avec stipulation que le futur époux aura pour *don mobil*, soit qu'il y ait enfans ou non, l'usufruit du tiers des immeubles de la succession échue à la future épouse du chef de son père, et de la succession à échoir de sa mère, *sans préjudice du droit de viduité porté par la coutume, le cas échéant*, droit qui, suivant l'art. 382 de la coutume, assurait au père l'usufruit de tous les biens de sa femme, tant qu'il restait en viduité. — Le 11 pluviôse an 4, décès de Magdeleine Bosdol, laissant deux enfans. — Le 4 ventôse suivant, les deux enfans se pourvoient contre leur père en réduction de son droit de viduité à la moitié du revenu des biens de leur mère, conformément à la deuxième partie de l'art. 13 de la loi du 17 nivôse an 2. — Jugement du tribunal civil du département de l'Eure qui les déboute. — Ils en appellent : et le 11 ventôse an 5, le tribunal du département de la Seine-Inférieure, en déclarant qu'il a été mal jugé, ordonne la réduction. — Henri Lebeuf demande la cassation de ce second jugement, et sa requête est admise sans difficulté. — L'affaire portée à la section civile, on lui oppose qu'il ne s'agit pas d'un droit de viduité contractuel, mais d'un droit de viduité purement statutaire; que le contrat de mariage de 1784 ne contenait pas une stipulation précise de ce droit; que seulement, par une clause de non-préjudice qui ne pouvait pas être considérée comme dispositive, il en réservait l'exercice conformément à la coutume, le cas échéant; que par cette clause, le droit était demeuré absolument coutumier; que comme tel, il avait pu être aboli par la loi du 17 nivôse; et que par conséquent l'abrogation des effets rétroactifs de cette loi, ne l'avait pas fait revivre. — Par arrêt du 29 nivôse an 6, la cour a prononcé en ces termes: « Vu l'art. 382 de la cou» tume de Normandie; et attendu que le droit de vi» duité accordé au cit. Lebeuf par l'article précité de » la coutume qui régissait les parties, est irrévocable » de sa nature; qu'il n'était pas au pouvoir de la » femme de le restreindre ou de le modifier, ni de » déroger à la disposition de la loi municipale sous » la foi de laquelle le mariage avait été contracté; » qu'on ne peut considérer le droit de viduité dont il » s'agit, que comme un avantage matrimonial, acquis » au cit. Lebeuf, du moment de la célébration de son » mariage, *par le concours de la disposition de la* » *coutume* et du contentement des parties, qui se » soutiennent sous la foi des avantages qu'elle leur at» tribuait, et sans lesquels il est possible que le ma» riage n'eût pas eu lieu; qu'on ne doit pas confon» dre les droits acquis aux époux en faveur du ma» riage, avec des droits purement successifs que les » lois ne défèrent qu'au moment de l'ouverture de la » succession; que si l'art. 1 de la loi du 18 pluviôse » an 5 a déclaré que les avantages et autres stipula» tions irrévocables de leur nature, résultans d'une » disposition antérieure aux nouvelles lois, devaient » être maintenus, tant sur les successions déjà ou» vertes jusqu'audit jour, que sur celles qui s'ouvri» raient à l'avenir, il y a même raison de décider » ainsi à l'égard de ceux *établis par les coutumes en* » *faveur du mariage*, puisque les uns et les autres » sont de la même nature, et qu'ils ont les mêmes » caractères d'irrévocabilité; vu aussi la loi du 9 fruc» tidor an 3 et les art. 9 et 12 de la loi du 3 vendé» miaire an 4; et attendu que toutes les dispositions » rétroactives des lois des 5 brumaire, 17 nivôse et » des lois subséquentes, ont été abrogées par les lois » précitées, et qu'en réduisant l'usufruit du cit. Le» beuf à la moitié du revenu des biens de son épouse, » le jugement attaqué a fait une mauvaise et fausse » application des dispositions rétroactives de la loi du » 5 brumaire et de l'art. 13 de celle du 17 nivôse an » 2, et qu'ils ont formellement contrevenu à la loi du » 9 fructidor an 3, et aux art. 9 et 12 de celle du 3 » vendémiaire an 4; par ces motifs, la cour casse et » annulle.... ».

» Il est aisé de voir qu'encore que cet arrêt ait été rendu dans une espèce particulière, dans une espèce où, jusqu'à un certain point, la volonté des futurs époux avait expressément érigé en convention le statut relatif au Gain de survie, il n'en décide pas moins, par la généralité de ses motifs, la question qui nous occupe en ce moment.

» Le second arrêt est à la fois plus récent et plus décisif. — Marguerite Cloes avait eu plusieurs enfans de son mariage avec Antoine Pultzeis. Devenue veuve, elle épouse, sans aucune convention préalable, Arnold Boes, domicilié comme elle dans l'Etat de Looz, enclavé dans le pays de Liége, mais régi par une coutume indépendante de celle de ce pays. Quelque temps après son mariage, l'Etat de Looz est, ainsi que le pays de Liége, réuni à la France; et cette réunion est bientôt suivie, dans l'un et dans l'autre, de la publication, tant de la loi du 17 nivôse an 2, que de celles des 9 fructidor an 3 et 3 vendémiaire an 4, qui en rapportent les dispositions rétroactives. — Marguerite Cloes meurt sous l'empire de ces lois nouvelles. — Les enfans de son premier mariage demandent à Arnold Boes, son second mari, le partage des meubles qu'elle a laissés. Arnold Boes s'y refuse, en invoquant à la fois, et la première partie de l'art. 13 de la loi du 17 nivôse an 2, et la loi du 9 fructidor an 3 qui en abroge la seconde partie, et la coutume de Looz qui porte: *conjuges Lossenses sibi succedunt in mobilibus, item in usufructu immobilium tàm patrimonialium quàm acquestuum. Item habent dictorum acquestuum medietatem pleno jure. Nec possunt hæc per alterutrum conjugum illis eripi.* — Les enfans Pultzeis répondent que la coutume de Looz n'accorde les meubles de l'époux prédécédé au survivant, que par droit de succession, *succedunt in mobilibus;* que l'art. 61 de la loi du 17 nivôse abolit tous les modes de succéder établis par les lois antérieures; qu'il abolit par conséquent la disposition citée de la coutume de Looz; que d'ailleurs la loi du 9 fructidor n'a rapporté la seconde partie de l'art. 13 de la loi du 17 nivôse, que relativement aux avantages conventionnels; que cela résulte du principe établi par Louet, lettre C, §. 6, et par Pothier, *de la communauté*, n. 415, que les Gains de survie purement statutaires se règlent, non par la loi du temps où le mariage a été contracté, mais par la loi du temps où il a été dissous. — Sur ces débats, jugement du tribunal de première instance de Hasselt, du 12 thermidor an 10, qui prononce en faveur des enfans Pultzeis. Appel. — Le 20 messidor an 11, la cour d'appel de Liége réforme ce jugement et déclare les enfans Pultzeis non-recevables, « at» tendu que les avantages accordés au survivant par » la coutume de Looz, sont irrévocables de leur na» ture; et que, suivant la disposition de l'art. 1 de » la loi du 18 pluviôse an 5, ces avantages doivent » être maintenus, tout comme s'ils avaient été stipu» lés par un contrat de mariage, puisque les époux, » en contractant mariage sans régler leurs droits par » des conventions expresses, sont censés adopter les » dispositions de la coutume à cet égard ». — Recours en cassation de la part des enfans Pultzeis; et le 27 germinal an 12, arrêt au rapport de M. Cassaigne, qui, « attendu que la coutume de Looz, sous l'em» pire de laquelle le mariage d'Arnold Boes a été » contracté, donnait à l'époux survivant la propriété » des meubles du prédécédé; qu'il ne faut pas con» fondre les avantages entre époux avec les droits » purement successifs; que d'après la coutume de » Looz, l'avantage dont il s'agit, étant acquis à l'é» poux survivant à cause du mariage, et sans qu'il » fût au pouvoir du prémourant de l'en priver par » testament, formait un avantage entre époux irré» vocable de sa nature; que si cet avantage avait été » réduit à l'usufruit par les lois des 5 brumaire et 17 » nivôse an 2, c'était par l'effet rétroactif rapporté » par celle du 9 fructidor an 3, par les art. 9 et 12 » de celle du 3 vendémiaire an 4, et par l'art. 1 de » celle du 18 pluviôse an 5; que si cette dernière loi » déclarait que les avantages et autres dispositions

» irrévocables, stipulés entre époux antérieurement » à la publication de la loi du 5 brumaire an 2, au» raient leur plein et entier effet, conformément aux » anciennes lois, tant sur les successions ouvertes » jusqu'à ce jour, que sur celles qui s'ouvriraient à » l'avenir, il y avait et il y a même raison de décider » ainsi pour les avantages de cette nature résultans » des coutumes, que pour ceux provenans de dispo» sitions expresses, puisqu'ils sont de même nature, » également irrévocables et stipulés de même, les » époux étant censés avoir adopté en ce point les dis» positions de la coutume sous l'empire de laquelle » le mariage avait été contracté; qu'il suit de là que » par le prédécès de son épouse, Arnold Boes avait » irrévocablement acquis la propriété des meubles » par elle délaissés, et qu'en le décidant ainsi, le ju» gement attaqué n'a contrevenu à aucune loi, re» jette la requête en cassation.... ».

» La manière dont est motivé cet arrêt, répond d'avance aux objections que l'on emploie dans la cause actuelle, pour en écarter l'application : il en résulte évidemment qu'en le rédigeant tel qu'il est conçu, la cour a entendu décider la question en thèse générale, et qu'il doit s'appliquer à la coutume de Louvain tout aussi bien qu'à celle de Looz.

» Nous ne devons cependant pas dissimuler à la cour, que dans cet arrêt, comme dans celui du 29 nivôse an 6, qui lui a visiblement servi de modèle, nous voyons avec peine l'art. 1 de la loi du 18 pluviôse an 5 figurer comme motif de décision. — L'art. 1 de la loi du 18 pluviôse an 5 ne parle que des avantages stipulés *en ligne directe...., et en ligne collatérale ou entre individus non parens;* il ne s'occupe nullement des avantages entre époux : et il est aisé de sentir pourquoi il ne s'en occupe pas : c'est que les art. 13 et 14 de la loi du 17 nivôse an 2 avaient tout fait à cet égard; ou du moins que ce qu'il y avait à cet égard de rétroactif dans leurs dispositions, avait été rapporté par les lois des 9 fructidor an 3 et 3 vendémiaire an 4. — Il n'est d'ailleurs pas possible de disconvenir que par cela seul que l'art. 1 de la loi du 18 pluviôse an 5 limite sa disposition aux avantages *légitimement stipulés*, il en exclut les avantages purement statutaires, et c'est ainsi que la cour a constamment raisonné, pour juger que, nonobstant cet article, le tiers-coutumier de la ci-devant Normandie et la dévolution Limbourgeoise, Brabançonne et Alsacienne, avaient été abolis par l'art. 61 de la loi du 17 nivôse an 2. Si donc cet article était applicable aux avantages entre époux, comme aux avantages entre parens et entre étrangers, n'en doutons point, il faudrait en conclure que la seconde partie de l'art. 13 de la loi du 17 nivôse an 2 a survécu, pour ceux des avantages entre époux qui sont purement statutaires, à la publication des lois des 9 fructidor an 3 et 3 vendémiaire an 4. — Mais la vérité est que, dans l'art. 1 de la loi du 18 pluviôse an 5, il n'est point du tout question des avantages entre époux; et qu'à l'égard de ceux de ces avantages qui sont purement statutaires, le maintien intégral en est suffisamment prononcé par le rapport de l'effet rétroactif de la loi du 17 nivôse an 2, combiné, tant avec le principe de l'indentité établie par cette dernière loi, entre les avantages statutaires et les avantages contractuels, qu'avec l'art. 6 de la loi du 18 pluviôse an 5 elle-même.

» Nous livrons avec confiance à la sagesse de la cour, cette observation qui n'a d'autre but que de rendre digne de ses profondes lumières, la rédaction de l'arrêt qu'elle va rendre; et sans nous attacher plus long-temps au premier moyen de cassation du demandeur, nous nous hâtons de passer au deuxième qui n'exige qu'un mot.

» Par ce moyen, le demandeur prétend que la cour d'appel de Bruxelles a implicitement jugé mobilières les actions de la banque de Vienne et les rentes sur l'empereur d'Allemagne; et que par-là, elle a contrevenu au droit commun et à l'art. 7 du chap. 12 de la coutume de Louvain.

» Mais le demandeur prête à la cour d'appel de Bruxelles une disposition qui n'est point dans son arrêt. La cour d'appel de Bruxelles n'a pas dit, comme le suppose le demandeur, qu'il était non-recevable à contester à sa mère les actions de la banque de Vienne et les rentes sur l'empereur d'Allemagne, par la seule raison qu'il avait cédé au sieur Vidal tous ses droits mobiliers sur la succession de son père. Elle a dit qu'il était non-recevable à la contester à sa mère, parce qu'il avait cédé au sieur Vidal, non-seulement ses droits mobiliers sur la succession de son père, mais encore les actions de la banque de Vienne et les rentes sur l'empereur d'Allemagne; et en effet, le sieur Vidal ayant fait signifier à la dame Goossens le transport souscrit à son profit par le demandeur, il est bien évident que le demandeur n'a plus de qualité pour faire juger, sans l'assistance du sieur Vidal, quels sont ses droits sur ces actions, sur ces rentes.

» Voilà donc l'arrêt de la cour d'appel de Bruxelles du 4 messidor an 12 parfaitement justifié des reproches que lui fait le demandeur. Voyons si le demandeur est plus heureux dans la critique qu'il fait de l'arrêt de la même cour du 23 thermidor suivant.

» S'il faut l'en croire, cet arrêt contrevient d'abord, dans la forme, à l'art. 15 du tit. 5 de la loi du 24 août 1790, en ce qu'il ne pose aucune question, en ce qu'il ne motive pas son prononcé.

» Mais 1.° la question qui restait à juger entre les parties, lors de l'arrêt du 23 thermidor an 12, était nettement posée dans l'arrêt du 4 messidor précédent : il était donc inutile que les juges la posassent de nouveau; c'est ainsi que le 6 fructidor an 8, au rapport de M. Target, et sur nos conclusions, la section criminelle a rejeté la demande du sieur Hache en cassation d'un jugement du tribunal criminel du département de la Seine, qui, sans poser de question et sans donner de motifs, l'avait débouté de son opposition à un précédent jugement par défaut du même tribunal, lequel, après avoir posé la question à juger et avoir motivé sa décision sur chacune, avait confirmé un jugement du tribunal correctionnel de Paris, dont il était appelant. La cour a pensé, dans cette espèce, que les questions posées et les motifs énoncés dans le premier jugement, se reportaient de plein droit dans le deuxième, et que le deuxième était de plein droit régularisé par sa relation avec le premier. Or, il n'y a pas de raison pour que le même principe ne reçoive ici son application.

» 2.° Quoique les motifs de l'arrêt du 23 thermidor

an 12 ne soient pas écrits textuellement en tête de son prononcé, il n'en est pas moins vrai qu'on ne peut les méconnaître, soit d'après l'ensemble de cet arrêt même, soit d'après sa relation avec celui du 4 messidor. — Et en effet, soit que l'on s'attache uniquement au préambule de l'arrêt du 23 thermidor, soit qu'on se reporte à celui de l'arrêt du 4 messidor, il est impossible de ne pas demeurer convaincu que par l'arrêt du 4 messidor, la cour d'appel avait reconnu pour meubles, d'après la jurisprudence du Brabant, tous les biens-fonds, tous les contrats de rentes sur particuliers, qui avaient été acquis pendant le mariage sans *réalisation ;* que la seule difficulté qui l'avait empêchée d'appliquer tout de suite cette règle aux biens-fonds et aux contrats de rentes dont il s'agissait, était la possibilité, ou que ces biens-fonds et ces contrats de rentes eussent été acquis avec la clause que, même sans réalisation, ils tiendraient nature d'immeubles, ou que les deux époux, après les avoir acquis sans cette clause, les eussent possédés pendant trente ans, auquel cas la possession trentenaire aurait suppléé au défaut de réalisation; qu'enfin, cette difficulté a été levée, au moyen du dépôt fait au greffe par la veuve Goossens, de tous les titres d'acquisition de ces biens, de ces contrats; et que la cour d'appel s'étant assurée, par l'examen de ces titres, que les biens-fonds et les contrats de rentes n'avaient été immobilisés ni par des clauses quelconques ni par la possession trentenaire, elle n'a plus hésité ni dû hésiter à confirmer, en ce chef, le jugement du tribunal de première instance de Louvain.

» Après avoir inutilement critiqué dans sa forme l'arrêt du 23 thermidor an 12, le demandeur entreprend de l'attaquer au fond. Suivant lui, cet arrêt, en jugeant que les biens-fonds et les contrats de rentes acquis pendant le mariage sans *réalisation*, tenaient nature de meubles à l'égard de l'époux survivant, a violé tout-à-la-fois et les nouvelles lois sur le régime hypothécaire, et les art. 11 et 12 de la coutume de Louvain.

» Mais d'abord, quelle influence peuvent avoir ici les nouvelles lois sur le régime hypothécaire? Est-ce depuis la publication de ces lois qu'ont été acquis les biens-fonds, les contrats de rentes litigieux? Non, ou du moins le demandeur ne prouve, n'articule même rien de semblable. Les titres d'acquisition de ces biens, de ces rentes, ont-ils été transcrits au bureau des hypothèques, depuis la publication de ces lois, et a-t-on par-là rempli d'une manière équipollente, les formalités nécessaires pour en opérer la *réalisation ?* Pas davantage. Ces lois sont donc ici parfaitement indifférentes.

» Ensuite, quel rapport ont à la question jugée par l'arrêt du 23 thermidor, les art. 11 et 12 du tit. 12 de la coutume de Louvain? — Distinguons à cet égard l'art. 12 d'avec l'art. 11.

» L'art. 12 dit expressément que *toutes rentes non réalisées, ou tenues et réputées pour telles, sont comptées et réputées pour meubles ;* et certes, une disposition aussi précise ne laisse aucun doute sur le bien jugé de l'arrêt du 23 thermidor, quant aux rentes non *réalisées* par la *déshéritance* du débiteur et l'*adhéritance* du créancier, mais seulement *affectées par main-mise*.

» A l'égard de l'art. 11, il se borne à dire qu'entre mari et femme, on doit réputer *héritages volans et succédans comme fonds d'héritages*, certains meubles dont il fait l'énumération. Mais conclure de là avec le demandeur, que les immeubles acquis sans *réalisation*, ne doivent pas être considérés comme meubles, soit relativement à la communauté, soit pour le règlement des droits du survivant, c'est donner à cet article une extension que son texte ne comporte pas.

» C'est donc hors de la coutume de Louvain que nous devons chercher la solution du point de savoir si les immeubles acquis sans *réalisation* pendant le mariage des sieur et dame Goossens, doivent, comme l'a jugé la cour d'appel, subir la loi des effets purement mobiliers, ou s'ils doivent être considérés comme immeubles.

» Il faut convenir que tout ce que le demandeur vous dit à cet égard, est conforme au droit commun des pays de nantissement. Oui, par le droit commun des pays de nantissement, quoique l'acquéreur, qui n'a ni prissaisine, ni possédé pendant le temps requis pour y suppléer, ne soit pas réputé propriétaire du bien qu'il possède de fait, il ne laisse pas de jouir personnellement de tous les effets d'une propriété véritable; et dans tous les objets où ne sont intéressés ni des tiers-acquéreurs ni les créanciers de son vendeur, ses droits sont absolument les mêmes que s'il avait rempli les formalités du nantissement.

» Dumoulin en a fait l'observation sur l'art. 119 de la coutume de Vermandois : *Scilicet contra tertium ; sed contra obligatum et ejus heredes, manet in jure communi.*

» Ainsi, point de doute que le bien dont on n'a pas pris saisine, ne doive tenir nature d'immeuble dans la personne de celui qui en a fait l'acquisition, et qu'il ne doive être réglé comme tel, soit en succession, soit en communauté. C'est ce qu'ont jugé une foule d'arrêts du parlement de Paris (1). Mais cette jurisprudence était-elle reçue dans le Brabant?

» Il semble, au premier abord, qu'elle devait l'être; car l'édit ou placard du 16 septembre 1673 paraît ne prescrire les formalités du nantissement que pour opérer réalisation envers les tiers : « Nous avons or-» donné et ordonnons (porte-t-il), en rafraîchissant » et ampliant le placard du 6 décembre 1586, et l'édit » perpétuel du 12 juillet 1611, qu'aucunes clauses et » conditions de fidéicommis, substitutions, prohibi-» tions d'aliéner, et semblables charges prescrites et » ordonnées par testamens, donations ou contrats, » *comme aussi les ventes de biens*, constitutions de » rentes et toutes aliénations de biens immeubles, » n'auront effet de réalisation *au préjudice des per-» sonnes tierces*, traitant avec les institués ou substi-» tués, si lesdites clauses desdits testamens, dona-» tions ou contrats, contenant semblables charges, » ventes, constitutions de rentes et toutes autres alié-» nations d'immeubles, ne soient notifiées et enregis-» trées aux livres et registres des juges, lois et tenan-» ciers où tels biens sont situés et ressortissans ».

» Cet édit n'est pourtant pas aussi décisif qu'il le paraît à la première vue : ce n'est pas des formalités du nantissement qu'il s'occupe; il n'avait pas besoin de les prescrire de nouveau; elles étaient établies de

(1) *V.* l'article *Nantissement*, §. 1.

temps immémorial dans toute la ci-devant Belgique, et la nécessité en était universellement reconnue. — Quel est donc son objet? C'est de renouveler les dispositions du placard de 1586 et de l'édit perpétuel de 1611, qui avaient ordonné l'enregistrement des substitutions, et d'assujétir à la même formalité les actes de dessaisine et de saisine qui se faisaient pour la *réalisation* des ventes, des constitutions de rente et de toute espèce d'aliénation. — Le sens de cette loi, par rapport aux ventes, est donc que les ventes, quoique réalisées, n'auront aucun effet contre les tiers, si les actes faits pour leur réalisation n'ont été enregistrés (1). — Cette loi ne décide donc pas si, à défaut de réalisation d'une vente, l'acquéreur pourra être considéré comme propriétaire du bien qu'il a acheté; et si ce bien lui tiendra nature d'immeuble, en tout ce qui n'intéressera point des *personnes tierces*. — C'est donc par la jurisprudence du Brabant que cette question doit être décidée.

» Or, cette jurisprudence quelle était-elle avant l'abolition du nantissement? Nous trouvons dans l'ouvrage de Stockmans, intitulé *Decisiones Brabantinæ*, §. 51, un arrêt du conseil souverain de Brabant, du 25 novembre 1643, qui, s'il en faut croire ce magistrat, juge, en faveur de la dame de Rodoan, contre le baron de Wemmelle, son beau-fils, qu'un bien acquis par une femme avant son mariage, et dont elle n'avait pris adhéritance que pendant le mariage même, n'était pas entré comme meuble dans la communauté; que l'adhéritance qu'elle en avait prise depuis la cérémonie nuptiale, n'en avait pas fait un conquêt; et qu'elle devait, dans le partage de la communauté entre elle et l'héritier de son mari, le prélever comme propre.

» Mais vous allez voir que tous les jurisconsultes brabançons se sont élevés contre cette doctrine, et que Stockmans lui-même a été forcé de reconnaître qu'elle était condamnée par la jurisprudence de son pays. Ecoutons d'abord Wynantz, conseiller au conseil de Brabant, dans ses remarques sur le commentaire de la coutume de Troyes, publié par Legrand : — « Un bien ne serait point acquêt (dit-il, n. 806), » si le conjoint acheteur avait acquis le droit réel sur » le bien avant le mariage; mais il serait acquêt, s'il » s'y était fait réaliser pendant la communauté.... ». Je sais que Stockmans est d'un avis contraire; mais malgré la déférence que j'ai pour le sentiment de ce grand homme, l'autorité des lois doit prévaloir à la sienne. — *Et plus bas* : « l'action personnelle acquise » à l'un des conjoints avant le mariage, devient donc » commune aux deux conjoints dès le moment du » mariage, lorsqu'il n'y a pas de stipulation contraire; » conséquemment ils sont tous deux propriétaires du » fonds acquis par cette action commune, lorsqu'ils » s'y sont inhérédés, parce que la réalisation donne » droit réel à ceux qui étaient propriétaires de l'ac» tion personnelle en conséquence de laquelle on se » fait réaliser ».

» Dans une dissertation imprimée le 25 germinal an 12, sous la signature d'un membre du sénat qui a long-temps rempli avec la plus grande distinction une chaire de droit dans l'université de Louvain, M. Lambrechts, nous lisons ce qui suit : — « A Bru» xelles et dans toute la ci-devant province du Bra» bant, la propriété ou le droit réel ne passait à un » acheteur, donataire, échangiste ou tout autre ac» quéreur muni d'un contrat translatif de propriété, » qu'après les œuvres de la loi ou l'adhéritance... tou» tes les coutumes, tous les édits ont la chose en ter» mes exprès. Aussi cette adhéritance s'appelait-elle » communément *réalisation*. — En vain dirait-on » qu'avant l'adhéritance, la propriété n'est point cen» sée transférée relativement à des tiers; mais qu'elle » l'est pour ce qui concerne l'acheteur. Les édits de » la ci-devant Belgique ne font point cette distinction. » Dans ces provinces, l'adhéritance équivalait à la » tradition chez les Romains. Or, chez les Romains, » la tradition seule transférait le droit réel. Avant la » tradition, l'acheteur, par exemple, d'un immeuble, » n'avait qu'une action personnelle contre le vendeur, » qui, jusques-là conservait le domaine de la chose. » La jurisprudence de la ci-devant Belgique était » donc très-conforme au droit écrit. — *Et plus bas* : » l'acheteur, avant l'adhéritance, n'a, à aucun » égard, aucun droit réel; la chose ne lui compète » qu'en personnalité, c'est ainsi qu'on s'exprimait » en Belgique : il n'a point le *jus in re*, mais seule» ment le *jus ad rem*, qui est un droit personnel, » qui est toujours censé meuble, quoiqu'il s'agisse » d'une chose immobilière. — Un exemple va éclairer » la chose. J'ai acheté une maison à Bruxelles, je » meurs sans m'être fait adhériter. J'ai des héritiers » immobiliers et des héritiers mobiliers; la maison » passera à ces derniers, au survivant des deux con» joints, qui, à Bruxelles, était toujours héritier mo» bilier du prémourant..... Telle était à Bruxelles la » jurisprudence constante : nier cela, ce serait nier » le soleil en plein jour....... Ceux qui ne connaissent » point la jurisprudence observée dans le ci-devant » Brabant, ont pu être trompés par la décision cin» quante-unième de Stockmans, célèbre arrêtiste » de ce pays : il est dit que si une femme a acheté » un immeuble avant son mariage, et qu'elle ne se » soit fait adhériter que pendant le mariage, la chose » n'est cependant point réputée conquêt. — Mais est» ce à cause que la femme aurait eu la propriété » avant son mariage? Non, sans doute, car si cela » était ainsi, la chose était toute claire; Stockmans » ne devait point tant se battre les flancs pour prou» ver sa thèse. Si la femme avait le domaine réel » avant son mariage, il était bien évident que la » chose ne pouvait être considérée comme un acquêt » conjugal. Cependant il n'a pas osé alléguer cette » raison, parce qu'il savait bien que la jurisprudence » et la pratique de son pays y répugnaient. — Cette » décision de Stockmans était une de celles qui n'é» taient admises ni en droit ni en pratique. *Nous » avons constamment soutenu le contraire dans la » faculté de droit de l'université de Louvain.* J'ai » vu toujours pratiquer le contraire à Bruxelles : tous » les avocats de cette ville l'attesteront; *et d'après » les recherches faites dans les registres du conseil » de Brabant*, *on a été convaincu que la sentence » citée par Stockmans, pour étayer son opinion, » n'existait pas* ».

» Nous avons aussi sous les yeux un acte passé

(1) *V. Devoirs de loi*, §. 3, n. 5.

devant notaires à Bruxelles, le 5 floréal an 12, et par lequel quatre anciens conseillers et quatre anciens avocats au conseil de Brabant attestent « qu'il » est de toute notoriété, et qu'il n'y a pas même lieu » à en douter, qu'à Bruxelles, l'acquéreur d'un im» meuble qui ne s'était point fait adhériter, le trans» mettait par sa mort à ses héritiers mobiliers, à » l'exclusion de ses héritiers immobiliers; et que par » conséquent le survivant des deux époux étant héri» tier mobilier nécessaire du prémourant, sans pou» voir répudier sa mortuaire, retenait cet immeuble » non réalisé, comme tous les autres meubles; qu'il » est pareillement constant et notoire que la cinquan» te-unième décision de Stockmans n'était pas suivie » *en Brabant;* mais qu'on jugeait le contraire sur ce » que le lien conjugal établit entre les époux une so» ciété qui leur communique la propriété de tous les » meubles et de tout ce qui est compris sous la déno» mination de *meubles,* tels que sont les biens non » réalisés, d'après la coutume générale; que sous ce » rapport, l'autre des époux devenait maître pour » la moitié de cet immeuble non réalisé; et qu'en ad» mettant une rétroaction, on lui aurait enlevé un » droit légitimement acquis ».

» Nous avons dit que Stockmans lui-même, tout en combattant cette jurisprudence, avait été forcé d'en reconnaître l'existence et la réalité.

» En effet, dans sa décision cent vingt-unième, il cite deux arrêts du conseil de Brabant, l'un de 1619, l'autre qu'il ne date point, qui ont adjugé à une veuve, héritière mobilière de son mari, des biens-fonds que celui-ci avait achetés avant son mariage, mais dans lesquels il ne s'était pas fait ensaisiner.

» Dans sa décision cent vingt-deuxième, il rapporte un arrêt du mois de juillet 1644, qui a jugé entre la dame de Rodoan et le baron de Wemmelle (c'est-à-dire, entre les mêmes parties entre lesquelles il prétend, dans sa cinquante-unième décision, avoir été rendu, le 25 novembre 1643, l'arrêt qu'on n'a pas trouvé dans les registres du conseil de Brabant), que la veuve doit, par Gain de survie, retenir comme meubles les biens-fonds et leurs rentes que le défunt avait acquis sans réalisation : *pædia fundos, reditus in quibus defunctus nunquàm inheredatus fuit.*

» Dans sa décision cent cinquantième, il nous retrace un autre arrêt du 6 avril 1630, qui juge que la vente par adjudication publique n'adhérite pas de plein droit, et qui en conséquence défère à une veuve, comme héritière mobilière de son époux prédécédé, un immeuble que celui-ci avait acheté à la chaleur des enchères, mais dont il n'avait pas pris adhéritance avant sa mort : *judicavimus bona publicâ licitatione empta ab uno conjugum, ante peracta solemnia inheredationis inter mobilia reputari soluto matrimonio, et lucro cedere conjugi superstiti, unà cum cœteris mobilibus et actionibus personalibus, in quarum classem referre solemus prædia et fundos quorum proprietas nobis quæsita non est per solennes legis operas; ante has enim completas, solam actionem et jus personale habemus, quod accensetur rebus mobilibus.*

» Dans sa décision cent quarante-unième, il rend compte d'une espèce où une veuve réclamait comme meuble une maison dans laquelle son mari s'était fait ensaisiner, mais en laissant son nom en blanc dans l'acte de réalisation. La veuve soutenait que la réalisation était nulle, et qu'en conséquence la maison devait lui appartenir comme meuble. Mais par arrêt du 12 novembre 1652, sa prétention a été rejetée et pourquoi? Stockmans nous le dit : parce qu'on a regardé la réalisation comme suffisamment opérée : *sed aliter judicatum, et heredi immobiliari domus addicta fuit repulsâ viduâ, atque existimatum inheredationem perfectam fuisse in personâ mariti, hoc ipso quo alterius nomen inscriptum nunquàm fuit.* Du reste, l'auteur convient que sans cette circonstance, la veuve eût infailliblement obtenu gain de cause.

» Dans son *Traité de jure devolutionis,* chap. 3, n. 4, il examine si la dévolution affecte les biens-fonds que l'un des époux avait acquis avant la mort de l'autre, mais dont il n'avait point pris adhéritance; et voici sa réponse : *In primis valdè singulare ut quòd usu constanti fori nostri jam servatur...., immobilia omnia quæ naturâ suâ talia sunt, et situm habent, putà prædia rustica et urbana, non aliter pro talibus haberi quoad effectus juris, quàm si per inheredationem et operas legis realiter acquisita sint, idque non solùm obtinet respectu devolutionis, sed etiam intuitu communionis conjugalis, lucrorum nuptialium, aliorumque similium articulorum, quorum respectu pro mobilibus habentur et legem mobilium subeunt fundi et res omnes situm habentes, pro quibus habendis tantùm competit actio personalis, licet etiam sit in possessione is qui comparavit, et cui ex contractu res debetur... Atque ex eodem fundamento ille qui ex duobus conjugibus alteri superstes est, lucratur ejus modi bona conjugis prædefuncti, tanquam merè mobilia sint; atque intuitu eorum quæ superstes ipse eo modo habet et possidet, nulla devolutio est.* — Il ajoute que telle est la jurisprudence actuelle du conseil de Brabant, et qu'on le juge ainsi tous les jours : *Et ista quidem est jurisprudentia hodierna fori nostri, secundùm quam videmus quotidie judicia reddi.*

» A la vérité, il censure cette jurisprudence, mais sur quel fondement? Elle est, dit-il, contraire à la maxime du droit romain, qui répute immobilières les actions tendantes à avoir un immeuble. Cette maxime est-elle donc aussi vraie, dans le droit romain, que le supposent Stockmans, et avec lui, une foule d'auteurs français, belges et allemands? Elle paraît, au premier coup-d'œil, justifiée par plusieurs textes. *Id apud se quisque habere videtur de quo habet actionem, habemus enim id quod peti potest :* ce sont les termes de la loi 143, D. *de verborum significatione.* La loi 49 du même titre, dit également : *æquè bonis adnumerabitur etiam si quid est in actionibus, petitionibus, persecutionibus; nam hæc omnia in bonis esse videntur.* La même décision est écrite dans la loi 46, §. 6, D. *soluto matrimonio.* — Mais malgré des textes aussi spécieux, on ne peut s'empêcher de rendre justice à Voët qui, dans son commentaire sur le

Digeste, titre *de rerum divisione*, n. 21, ne donne la qualité d'immeubles qu'aux actions réelles; et range dans la classe des droits mobiliers, toutes les espèces d'actions personnelles, n'importe qu'elles aient pour objet des meubles ou des fonds. — La raison qu'il en donne, n'est cependant pas bien concluante; c'est, dit-il, parce que ces actions existent dans la personne du créancier, et que par conséquent elles doivent être mobilières comme lui. — On sent toute la faiblesse de cette raison. Une rente n'existe que dans le créancier, et quoique celui-ci puisse à chaque instant passer d'un lieu à un autre, on ne laisse pas, dans beaucoup de pays, de regarder la rente comme un immeuble. — Nous aimerions mieux dire que les actions personnelles tendantes à avoir un immeuble, ne peuvent être réputées immobilières, parce qu'il arrive très-souvent qu'elles ne remplissent pas leur objet, et qu'au lieu de procurer à ceux à qui elles appartiennent, la propriété d'un immeuble, elles ne lui procurent qu'une somme d'argent; car il est de la nature de toutes les obligations qui consistent *in faciendo*, de se résoudre en dommages-intérêts. Quand un vendeur, par exemple, a vendu une seconde fois à Paul le bien qu'il avait précédemment vendu à Pierre, et que par-là il s'est mis dans l'impuissance de le livrer à celui-ci, la seule ressource qui reste au premier acquéreur, est de le faire condamner à la restitution du prix, et à l'indemniser de tout ce qu'il souffre par l'inexécution du contrat. — Aussi la loi 204, D. *de regulis juris*, dit-elle, en parlant de l'action personnelle en général, *minùs est actionem habere quàm rem*. — Quant aux lois du titre *de verborum significatione* et du titre *soluto matrimonio*, que nous avons d'abord citées, elles signifient bien que l'on doit faire entrer nos dettes actives dans le calcul de notre fortune, mais elles ne les mettent pas sur la même ligne que les choses mêmes qu'elles ont pour objet; et elles ne disent pas que le créancier d'un immeuble en doit, à ce seul titre, être réputé propriétaire : il y a loin en effet d'une telle créance à son exécution, et les lois romaines mettent une grande différence entre une obligation et la chose à l'acquisition de laquelle elle tend. — Un testateur avait légué toute l'argenterie qui lui appartenait; le légataire prétendit avoir aussi celle que le défunt avait achetée, mais dont on ne lui avait pas encore fait la tradition : la loi 37, D. *de auro et argento legato*, a condamné sa prétention : *argento omni legato quod suum esset, sine dubio non videtur suum esse quod vindicari non possit.* La loi 34 du même titre décide précisément la même chose. — Mais la loi 15, §. 4, D. *qui satisdare cogantur*, est encore plus formelle : en exemptant du cautionnement *judicatum solvi*, tout plaideur qui possède des immeubles, elle y assujettit celui qui n'a qu'une action personnelle pour se faire livrer un fonds de terre, *qui fundi personalem petitionem habet*. On ne peut sans doute pas trouver de preuve plus claire qu'une action personnelle n'est pas, dans le droit romain, de la nature de son objet.

» Ainsi, non-seulement le point de jurisprudence du conseil de Brabant dont il est ici question, était constant et invariable avant les nouvelles lois sur le mode de transmission des propriétés, mais il était encore conforme au véritable esprit des lois romaines, en tant qu'à la tradition dont elles déterminent les effets, les lois brabançonnes avaient substitué les formalités du nantissement.

» Par ces considérations, nous estimons qu'il y a lieu de rejeter la requête du demandeur ».

Arrêt du 8 prairial an 13, au rapport de M. Chasle, qui, — « Attendu que les expressions littérales et les dispositions combinées de la coutume de Louvain, tit. 12, *des droits des gens mariés*, art. 13 et 14; tit. 15, *des testamens*, art. 2; et tit. 16, *des bâtards*, art. 1, ne peuvent laisser aucun doute sur l'irrévocabilité des avantages ou Gains de survie que cette coutume accorde au survivant des époux, quant à l'usufruit des immeubles et à la propriété des meubles et choses réputées de même nature; que, dans l'espèce, les droits et avantages ainsi irrévocablement acquis à la veuve Goossens, dès le jour de son mariage, contracté sous l'empire et sur la foi de la coutume de Louvain, n'auraient pu recevoir d'atteinte qu'autant que la loi du 17 nivôse an 2 aurait rétroagi sur les unions formées avant sa promulgation; mais que l'effet rétroactif qu'elle devait avoir, ayant été révoqué par les lois de fructidor an 3 et vendémiaire an 4, les droits et avantages sont restés dans leur état primitif d'irrévocabilité; qu'en droit, il importe peu que les conditions du mariage de la veuve Goossens n'ayant pas été stipulées par écrit, la coutume de Louvain, que les époux ont tacitement prise pour règle des effets de leur union, ayant nécessairement la même force qu'aurait eue un contrat civil, les lois de nivôse an 2 et pluviôse an 5, ne faisant aucune distinction à cet égard, et celle de ventôse an 2 plaçant sur la même ligne le cas où il n'existe pas de contrat civil, et celui où il en a été fait un; que d'ailleurs, selon l'esprit des coutumes de la ci-devant Belgique, qui assurent au survivant des époux la propriété du mobilier est l'usufruit des immeubles de l'époux prédécédé, ces avantages ne sont pas des droits successifs, mais de véritables Gains de survie assurés aux époux dès le moment de leur mariage; attendu que la cour d'appel de Bruxelles n'a pas jugé ni même préjugé que les actions sur la banque de Vienne et sur l'empereur d'Allemagne, soient de nature mobilière; qu'elle a seulement dit que le demandeur ayant aliéné la portion qu'il prétendait avoir dans ces actions, il n'était point en état de faire juger cette question hors la présence de son cessionnaire, attendu que l'arrêt dernier attaqué n'est que la suite et le complément du premier, et qu'on ne peut sans se faire illusion, méconnaître, ni la question qui restait à juger, d'après le premier, ni le motif de la décision du dernier; attendu que les lois concernant le régime hypothécaire n'ont aucune espèce de relation avec l'affaire; qu'ainsi, elles sont inutilement invoquées par le demandeur : et que d'ailleurs la jurisprudence du pays ne laisse aucun doute sur la nature mobilière des domaines acquis sans adhéritance; et qu'à l'égard des rentes non réalisées, elles sont comptées et réputées pour biens meubles, par la coutume de Louvain; rejette le pourvoi du demandeur.... ».

§. III. *L'art.* 61 *de la loi du* 17 *nivôse an* 2 *a-t-il aboli, au préjudice des époux mariés avant sa publication, les Gains de survie qui, dans certaines coutumes, étaient déférés à titre héréditaire ?*

Les sieur et dame Mahieu s'étaient mariés, long-temps avant la loi du 17 nivôse an 2, sous l'empire de la coutume de Normandie, dans laquelle, comme on l'a vu au mot *Communauté*, §. 1, n. 2, la femme était *héritière* de son mari pour une portion des meubles et de certains conquêts, avec faculté de renoncer à la succession dans un délai déterminé, pour se soustraire au payement des dettes.

Le sieur Mahieu étant mort le 19 prairial an 5, sa veuve a laissé écouler, sans renoncer à la succession, le délai que l'art. 394 de la coutume lui accordait pour délibérer; et en conséquence, les créanciers du sieur Mahieu l'ont actionné comme passible des dettes de son mari. Dans l'espérance de faire cesser leurs poursuites, elle a passé, le 2 nivôse an 7, un acte de renonciation qu'elle leur a fait signifier; et elle est morte sept jours après, laissant la dame Brière, sa sœur, pour unique héritière.

La dame Brière, assignée par les créanciers en reprise d'instance, a soutenu que la dame Mahieu n'avait pas été héritière de son mari : que les dispositions du statut normand qui attribuait à la veuve des droits héréditaires sur les meubles et sur certains conquêts du mari prédécédé, avaient été abolis par l'art. 61 de la loi du 17 nivôse an 2; qu'ainsi, la dame Mahieu n'avait pas eu besoin, pour se décharger des dettes de son mari, de renoncer dans le délai fixé par l'art. 394 de la coutume, à une succession qui ne lui était pas déférée.

A cette défense, les créanciers ont opposé les art. 13 et 14 de la loi du 17 nivôse an 2, et ont soutenu que l'on ne pouvait, sous aucun prétexte, excepter des dispositions de ces articles les *avantages* que les coutumes déféraient à titre héréditaire au survivant des époux.

Par arrêt de la cour d'appel de Caen, confirmatif d'un jugement du tribunal civil de Lisieux, la renonciation de la dame Mahieu a été déclarée tardive et nulle; et la dame Brière, comme représentant la dame Mahieu, héritière de son mari, a été condamnée à payer les dettes de la succession.

La dame Brière s'est pourvue en cassation; mais par arrêt du 4 août 1806, au rapport de M. Doutrepont, « attendu que le droit que la coutume de Normandie donne à la veuve dans la succession de son mari, doit être considéré comme un avantage matrimonial que la loi du 17 nivôse an 2 n'a point aboli; la cour rejette.... ».

§. IV. *Le survivant de deux époux mariés après la publication de la loi du* 17 *nivôse an* 2, *et avant celle du Code Napoléon, a-t-il droit aux Gains de survie que les anciennes lois avaient établis ? En d'autres termes, les droits de survie légaux ont-ils été abolis pour l'avenir par la loi du* 17 *nivôse an* 2, *ou ne l'ont-ils été que par le Code Napoléon ?*

Le 18 frimaire an 11, Jean-Herman Stasseyns et Marie Box, domiciliés à Heers, dans le ci-devant comté de Looz, se marient sans contrat de mariage.

Le 13 vendémiaire an 13, le sieur Stasseyns meurt sans enfans.

Le 3 frimaire suivant, la veuve fait assigner Henri Stasseyns, frère et héritier *ab intestat* du défunt, pour voir dire que, conformément à la coutume de Looz, elle demeurera propriétaire de la totalité des meubles de la communauté, et usufruitière tant des conquêts que des propres de son mari.

Henri Stasseyns convient que la coutume de Looz accorde au survivant des époux sans enfans les Gains de survie réclamés par sa belle-sœur; mais il soutient que cette disposition ne faisait plus loi à l'époque du mariage contracté entre celle-ci et Jean-Herman Stasseyns; et qu'elle avait été abrogée par l'art. 61 de la loi du 17 nivôse an 2.

Le 6 pluviôse an 13, jugement du tribunal de première instance de Hasselt, qui, « attendu que les époux se mariant sans conventions matrimoniales sous l'empire de la coutume du ci-devant comté de Looz, faisaient tacitement une institution contractuelle, par laquelle, en cas de non enfans, ils instituaient réciproquement le survivant d'eux héritier mobilier; et par laquelle ils laissaient réciproquement au survivant d'eux l'usufruit de leurs immeubles et de leur moitié des conquêts du mariage, à charge, quant à ces immeubles et cette moitié des conquêts, de fidéicommis en faveur des plus proches parens du conjoint prédécédé, existans au moment du décès du conjoint survivant, (*Louvreix, Recueil des Edits, tome* 4, *page* 99 *et* 100); attendu que les époux se sont mariés après la publication de la loi du 17 nivôse an 2, qui déclare, art. 61, abolis toutes les coutumes, usages et statuts relatifs à la transmission des biens par succession ou donation; attendu que les avantages matrimoniaux conférés par les statuts, sont seulement conservés par l'art. 13 de cette loi, entre les époux existans à l'époque de la publication de cette loi; attendu que la demanderesse qui s'est mariée sans dispositions matrimoniales et sans toute autre stipulation, ne peut prétendre que la moitié des meubles de la communauté, et la moitié des immeubles acquis pendant le mariage; déclare la demanderesse non fondée dans sa demande.... ».

La veuve Stasseyns se rend appelante de ce jugement.

Le 21 prairial an 13, arrêt de la cour d'appel de Liége, qui, « adoptant les motifs des premiers juges, met l'appellation au néant.... ».

La veuve Stasseyns se pourvoit en cassation.

« L'affaire qui vous occupe en ce moment (ai-je dit à l'audience de la section des requêtes, le 20 octobre 1806), ne présenterait aucune difficulté, si le mariage entre la demanderesse et Jean-Herman Stasseyns, avait été célébré, ou avant la publication de la loi du 17 nivôse an 2, ou après la publication de la loi du 30 pluviôse an 12, qui forme aujourd'hui le tit. 5 du livre 3 du Code Napoléon. — Dans le premier cas, l'art. 13 de la loi du 17 nivôse an 2 conserverait toute son autorité à la disposition de la coutume de Looz qui attribuait au survivant des époux les avantages que réclame la demanderesse; dans le second, l'art. 1390 du Code Napoléon et l'art. 7 de la loi du 30 ventôse an 12 ne permettraient pas de douter que cette même disposition ne dût être sans effet; et la demanderesse s'étant mariée sans stipuler de droits de survie, n'en aurait aucuns à prétendre. — Ainsi, dans le premier cas, l'arrêt de la cour d'appel de Liége, du 21 prairial an 13, aurait évidemment mal jugé; et dans le second, le bien-jugé en serait incontestable.

» Toute la difficulté vient donc ici de ce que la demanderesse a épousé Jean-Herman Stasseyns après la publication de la loi du 17 nivôse an 2, et avant celle de la loi du 30 pluviôse an 12, et elle se réduit à ces deux questions: — L'art. 61 de la loi du 17 nivôse an 2 comprend-il, dans l'abrogation expresse qu'il prononce de tous les statuts et usages relatifs à la transmission des biens par succession ou donation, les dispositions des coutumes qui accordaient certains avantages au survivant des époux? — Si ces dispositions ne sont pas expressément abrogées par l'art. 61 de cette loi, ne le sont-elles pas implicitement par l'art. 14?

» Dans l'examen de la première de ces questions, nous devons d'abord nous dépouiller de tout sentiment d'amour-propre; nous devons éloigner de notre esprit le préjugé qu'y pourrait avoir laissé ce que nous avons dit transitoirement à l'audience de la section civile du 28 messidor an 12, dans une affaire où il s'agissait du tiers-coutumier (1); et ce n'est pas la première fois que nous éprouvons combien une opinion qui n'est énoncée que comme en courant, sur un point que l'on n'a pas à traiter *ex professo*, est moins sûre qu'une opinion formée après des méditations profondes sur un point qui est actuellement en litige, et qui, par cette raison, occupe l'esprit tout entier.

» Nous devons donc, en ce qui nous concerne, regarder notre première question comme absolument entière, ne nous attacher qu'aux termes de l'art. 61 de la loi du 17 nivôse an 2, et en fixer le véritable sens.

» *Toutes lois, coutumes, usages et statuts relatifs à la transmission des biens par succession ou donation, sont abolis.* Ainsi s'exprime l'art. 61; et il s'agit de savoir si les avantages accordés par les lois ou coutumes au survivant des époux, peuvent être considérés, ou comme des droits successifs, ou comme des donations.

» Que l'on ne puisse pas les considérer comme des droits successifs, c'est ce que la cour d'appel de Liége a implicitement reconnu elle-même; et en effet, quelle apparence d'assimiler de simples Gains nuptiaux à des droits héréditaires? ils n'en ont ni la nature ni la dénomination.

» Tout le monde convient que la communauté légale n'a pas été abolie par l'art. 61; c'est cependant une manière de transmettre une portion des biens de l'un des époux à l'autre. Un homme qui ne possède rien, acquiert, en se mariant à une femme riche, la moitié de son mobilier et le droit à la moitié de tous les revenus de ses immeubles; mais ce n'est point par succession, ce n'est point à titre successif qu'il les acquiert; et par cette raison, jamais l'on n'a prétendu que l'art. 61 de la loi du 17 nivôse an 2 eût rien changé aux coutumes, aux statuts, aux usages qui avaient précédemment établi le droit de communauté entre les époux.

» Pourquoi donc en serait-il autrement des Gains de survie? Ils diffèrent sans doute du droit de communauté; mais ils n'ont, comme ce droit, rien de commun avec les successions; et l'époux survivant qui les exerce, n'est pas plus héritier du premier mourant, que ne l'est de sa femme, soit pendant sa vie soit après sa mort, le mari qui acquiert, par droit de communauté, la moitié des meubles et la moitié des fruits des immeubles qu'elle a apportés en mariage, ou qui lui sont échus depuis.

» Mais, dit-on, le douaire ou tiers-coutumier que le statut de Normandie accordait aux enfans sur les biens de leurs parens, ne leur était pas déféré à titre d'héritiers; et cela est si vrai, qu'un enfant ne pouvait le réclamer qu'en renonçant à la succession de son père. Cependant il a été aboli par l'art. 61 de la loi du 17 nivôse an 2; et c'est ce qu'ont déclaré les lois des 22 ventôse et 9 fructidor de la même année; c'est ce qu'ont jugé plusieurs arrêts de la cour.

» Tout cela est vrai, mais quelle différence entre le tiers-coutumier des enfans et les Gains de survie des époux! Quoique les enfans ne prissent pas le tiers-coutumier en qualité d'héritiers de leur père, le tiers-coutumier n'en formait pas moins pour eux un titre successif; et ce qui le prouve d'une manière sans réplique, c'est que par l'art. 402 du statut normand, il était dit: *les enfans partageront ledit tiers selon la coutume des lieux où les héritages sont assis, à laquelle n'est en rien dérogé pour le regard du partage, et sans préjudice au droit des aînés; et n'y pourront avoir les filles que mariage avenant.* Le tiers-coutumier était donc pour les enfans une sorte de succession qui, à la vérité, ne les soumettait pas aux dettes de leur père, mais qui, pour être privilégiée à cet égard, ne perdait pas dans leurs mains son caractère inné; et qui, par cette raison, a été nécessairement comprise dans la disposition de l'art. 61 de la loi du 17 nivôse an 2. — En est-il de même des Gains nuptiaux? Non sans doute; encore une fois, ils ne peuvent, sous aucun rapport, être assimilés, encore moins identifiés avec les droits successifs; ils n'ont donc pas été abolis par la disposition de l'art. 61 de la loi du 17 nivôse an 2, qui abroge tous les statuts relatifs à la transmission des biens par succession?

» Mais n'ont-ils pas été abolis par la disposition du même article, qui abroge tous les statuts relatifs à la transmission des biens par donation?

» Pour établir l'affirmative, le tribunal d'Hasselt et, après lui, la cour d'appel de Liége, ont dit que deux époux qui se mariaient dans le ci-devant comté de Looz, sans conventions matrimoniales, étaient censés se donner mutuellement ce que la coutume du pays assurait à celui des deux qui survivrait l'autre, c'est-à-dire, la propriété de leurs meubles et l'usufruit tant de leurs propres que de leurs conquêts; qu'ainsi, c'était par une donation véritable et proprement dite, que la propriété des meubles

(1) *V.* mon *Recueil de Questions de droit*, article *Tiers-coutumier*.

et l'usufruit des immeubles du prédécédé était, en ce cas, irrévocablement dévolue au survivant; et que de là il s'ensuivait évidemment que cette manière d'acquérir ne pouvait plus avoir lieu depuis la publication de la loi du 17 nivôse an 2, puisque l'art. 61 de cette loi abroge formellement tous les statuts, tous les usages relatifs à la transmission des biens par donation.

» Mais est-il bien exact de considérer comme donataires l'un de l'autre, jusqu'à la concurrence des droits de survie légaux ou coutumiers, les époux qui se marient sans conventions matrimoniales? Si les avantages accordés par la loi ou par la coutume au survivant des époux, étaient assimilés pour lui à une donation qu'il eût reçue du premier mourant, ces avantages seraient soumis, en faveur des enfans que le premier mourant eût pu avoir d'un mariage antérieur, au retranchement ordonné par la célèbre loi romaine *hâc edictali*, et dans l'ancien territoire français par l'édit des secondes noces, du mois de juillet 1560: ils seraient également soumis, en faveur même des enfans qui seraient nés du mariage entre le premier mourant et le survivant des époux, au retranchement de la légitime. — Or, il est certain qu'ils ne le sont ni à l'un ni à l'autre.

» Ils ne le sont point au retranchement ordonné par la loi *hâc edictali;* et c'est ce qu'ont jugé plusieurs arrêts du conseil souverain d'Utrecht, cités par Abraham de Wesel, *ad novellas Utrajecti constitutiones*, art. 10, n.os 97 et 103.

» Ils ne le sont point au retranchement ordonné par l'édit des secondes noces; et c'est ce qu'a jugé un arrêt célèbre du parlement de Paris, rendu *consultis classibus*, le 18 juillet 1615, rapporté par Brodeau sur Louet, lettre N, §. 3, par Ricard sur la coutume de Paris, art. 361, et par Renusson, *Traité du douaire*, chap. 11, n.° 7.

» Enfin, ils ne le sont pas au retranchement de la légitime, et c'est ce qu'ont jugé un arrêt du parlement de Paris du 27 mars 1629, rapporté par Bardet, dans l'ordre de sa date, et un arrêt du parlement de Toulouse prononcé en robes rouges à Pâques 1594, rapporté par Maynard, liv. 2, chap. 88.

» La conséquence nécessaire de tous ces arrêts, est que les époux qui se marient sans contrat de mariage, ne se donnent, à proprement parler, rien de ce qui leur appartiendra respectivement à leur mort; qu'ils laissent seulement agir la loi; et que la loi en agissant sans eux, ne les constitue point, pour cela, donataires l'un de l'autre.

» Donc, en abolissant les statuts relatifs à la transmission des biens par donation, l'art. 61 de la loi du 17 nivôse an 2 n'a pas aboli les statuts qui réglaient les droits de survie des époux; donc ces statuts ont survécu à la loi du 17 nivôse an 2; donc ils ont continué d'être obligatoires jusqu'à la publication du Code civil.

» Mais, dit-on, ce qui prouve que, dans l'esprit de la loi du 17 nivôse an 2, les époux mariés sans contrat de mariage, sont réputés donataires l'un de l'autre, relativement aux droits de survie légaux ou coutumiers, c'est que pour maintenir ces droits de survie en faveur des époux actuellement existans, l'art. 13 de la loi du 17 nivôse an 2 est obligé de déroger à l'art. 1.er de la même loi qui déclare nulles toutes les donations entre-vifs faites depuis le 14 juillet 1789; c'est que pour juger comprise dans l'abrogation prononcée par les lois des 9 fructidor an 3 et 3 vendémiaire an 4, des effets rétroactifs de la loi du 17 nivôse an 2, la disposition de l'art. 13 de cette dernière loi qui réduisait les droits de survie légaux et coutumiers à l'usufruit de la moitié des biens du premier mourant avec enfans, la cour a cru devoir se fonder, dans ses arrêts des 27 germinal an 12 et 8 prairial an 13, sur ce que les époux qui s'étaient mariés sans contrat de mariage, étaient censés s'en être référés aux coutumes; et que dès-lors, les dispositions des coutumes qui leur accordaient des droits de survie, étaient pour eux aussi irrévocables, et autant à l'abri de tout effet rétroactif, qu'auraient pu l'être des conventions expresses dans lesquelles ces dispositions eussent été répétées littéralement.

» Ce raisonnement peut éblouir au premier coup-d'œil. Mais d'abord, est-il bien dans les règles de la saine logique, d'employer pour établir l'abrogation des droits de survie, une manière de voir, une fiction que la loi du 17 nivôse an 2 n'aurait adoptée que pour la conservation des droits de cette nature?

» Ensuite, est-il bien vrai que l'art. 13 de la loi du 17 nivôse an 2 assimile les droits de survie purement coutumiers à des donations entre-vifs? Ecoutons-le lui-même: « Les avantages singuliers ou réciproques, » stipulés entre les époux encore existans, soit par » leur contrat de mariage, soit par les actes postérieurs, *ou qui se trouveraient établis dans certains lieux par les coutumes, statuts ou usages*, » auront leur plein et entier effet, *nonobstant les* » *dispositions de l'art.* 1.er, auquel il est fait exception en ce point ». — A quoi se rapportent ces termes, *nonobstant les dispositions de l'art.* 1.er? Se rapportent-ils aux avantages légaux ou coutumiers, comme aux avantages stipulés par les époux? Cette question n'est pas difficile à résoudre. — *Verba debent intelligi secundùm subjectam materiam :* c'est une des maximes les plus constantes de la jurisprudence. Or, autant il est évident que, pour maintenir les avantages stipulés par les époux, nonobstant la disposition de l'art. 1.er qui déclarait nulles toutes les donations entre-vifs postérieures au 14 juillet 1789, il fallait que l'art. 13 les exceptât de cette disposition; autant il est évident qu'il ne fallait pas d'exception à cette disposition pour maintenir les avantages légaux ou coutumiers. L'exception écrite dans l'art. 13, ne peut donc se référer qu'aux avantages stipulés par les époux; elle ne frappe donc pas sur les avantages établis par les coutumes ou statuts; on ne peut donc pas en induire que la loi range les avantages établis par les coutumes ou statuts, dans la classe des donations entre-vifs.

» Sans doute, elle veut que les avantages établis par les coutumes ou statuts, aient le même effet, quant à l'irrévocabilité, que s'ils avaient été stipulés par les époux, et c'est ce que vous avez reconnu, c'est ce que vous avez jugé par vos arrêts des 27 germinal an 12 et 8 prairial an 13.

» Mais avoir le même effet, jouir de la même irrévocabilité, et être de la même nature, ce sont des choses bien différentes, ce sont des choses qui n'ont absolument rien de commun. Les contrats à titre onéreux, les testamens en bonne forme dont les auteurs sont décédés, ont autant d'effet et sont aussi irrévocables que les donations entre-vifs; la nature de ceux-là ne ressemble pourtant en rien à la nature de celles-ci. Comment d'ailleurs ne sent-on pas que, si en déclarant que les avantages établis par les coutumes, devaient avoir le même effet que les avantages stipulés par les époux, l'art. 13 avait eu l'intention de métamorphoser les premiers en donations proprement dites, il aurait dû, pour les maintenir, déroger à l'art. 61, comme pour maintenir les avantages stipulés par les époux, il a dérogé à l'art. 1? Et, puisqu'il ne déroge pas à l'art. 61, n'est-il pas clair qu'il le regarde comme absolument étranger aux avantages établis par les coutumes? N'est-il pas clair, par conséquent, qu'il est loin de son intention de convertir les avantages stipulés par les coutumes, en donations entre-vifs?

» Mais si l'art. 61 n'abroge pas expressément les coutumes qui accordent des avantages au survivant des époux, du moins l'art. 14 ne les abroge-t-il pas implicitement? C'est la seconde question que nous avons à traiter; et vous vous rappelez, messieurs, comme ont raisonné à cet égard les premiers juges, ainsi que la cour d'appel.

» L'art. 14, ont-ils dit, ne parle, relativement aux *avantages qui pourront avoir lieu à l'avenir*, que de ceux qui résulteront, ou de *dispositions matrimoniales, ou d'institutions, de dons entre-vifs ou de legs faits par un mari à sa femme, ou par une femme à son mari*. Il ne parle plus, comme l'art. 13 le fait par rapport aux *époux actuellement existans, des avantages établis par les coutumes*. Il suppose donc qu'à l'avenir les avantages établis par les coutumes, n'auront pas lieu en faveur des époux qui se marieront sans les stipuler en termes exprès; il abroge donc implicitement les coutumes qui établissent ces avantages.

» Que d'erreurs dans ce raisonnement! Et à quelle absurdité nous conduirait-il, si nous l'adoptions?

» 1.° L'art. 14 commence par dire que les *avantages légalement stipulés entre les époux, dont l'un est décédé avant le 14 juillet 1789, seront maintenus au profit du survivant*. Il n'ajoute pas qu'il en sera de même des avantages accordés au survivant par les coutumes. Et cependant oserait-on prétendre que par cet article, le survivant qui à l'époque où la loi se rédige, a perdu son époux, qui, par conséquent, à cette époque, est en paisible possession de ses avantages coutumiers, en soit privé totalement et sans retour? Eh quoi! l'art. 13 maintient, en faveur des époux actuellement existans, des avantages coutumiers dont aucun d'eux n'est encore saisi, qui ne sont encore pour eux qu'en expectative; et l'art. 14 dépouillerait une veuve des avantages coutumiers qui lui étaient acquis avant le 14 juillet 1789, qui, avant le 14 juillet 1789, étaient devenus sa propriété, auxquels elle a un droit irrévocable! Non, telle ne peut pas être l'intention de l'art. 14; et pour la lui supposer, il faut lui faire dire ce qu'il ne dit pas; il faut, de ce qu'il maintient les avantages contractuels, conclure qu'il abolit les avantages coutumiers; il faut par conséquent faire violence, non-seulement à toutes les notions de la justice, mais encore à ce grand principe, que le législateur n'est jamais présumé faire ce qui est hors de sa puissance; mais encore à cette autre maxime non moins sacrée, que l'argument *à contrario sensu*, et l'axiome *inclusio unius est exclusio alterius*, ne peuvent jamais être employés, soit pour détruire un droit acquis, soit pour faire regarder comme tacitement abrogée, avec effet rétroactif, une loi qui, par sa nature, ne peut être abrogée, que d'une manière formelle et pour l'avenir.

» 2.° Si, par son silence sur les avantages coutumiers, l'art. 14 ne les abolit pas au préjudice du veuf ou de la veuve qui a perdu son époux avant la loi du 7 nivôse an 2, comment pourrait-il, par le même silence, les abolir relativement aux époux qui se marieront à l'avenir? Sans doute, relativement à ceux-ci, il pourrait les abolir, puisqu'à leur égard, ces avantages ne sont pas encore des droits. Mais pour les abolir effectivement, que devrait-il faire? Il devrait, ou prononcer littéralement l'abrogation des statuts qui les accordent, ou établir un ordre de choses directement opposé à ces statuts. — Or, d'une part, dans l'art. 14, point d'abrogation expresse, relativement aux époux qui se marieront à l'avenir, des statuts qui accordent des avantages au survivant; de l'autre, dans ce même article, point de disposition qui contrarie directement ces statuts: car dire que les époux jouiront des avantages qu'ils auront stipulés en faveur l'un de l'autre, ce n'est pas dire qu'ils ne jouiront pas des avantages qui, à défaut de stipulation, leur sont accordés par les statuts. La disposition qui règle l'effet des avantages contractuels, est-elle exclusive des avantages coutumiers? Non, elle ne l'est pas ni par elle-même, ni par l'expression de la volonté du législateur. Comment donc les avantages coutumiers cesseraient-ils d'avoir lieu? Comment les statuts qui les accordent, ne resteraient-ils pas dans toute leur force, dès qu'ils n'ont contre eux ni une disposition expressément abrogatoire, ni une disposition essentiellement contraire à la leur?

» Mais n'accordons-nous pas trop à la cour d'appel de Liége, en supposant avec elle que l'art. 14 est muet sur les avantages coutumiers? Pesons bien les termes de cet article; « A l'égard de tous autres avantages échus et recueillis postérieurement (au 14 juillet 1789), ou qui pourront avoir lieu à l'avenir » *soit qu'ils résultent de dispositions matrimoniales..... ils obtiendront également leur effet.....* ». — Que signifient ces termes, *dispositions matrimoniales*? Suivant l'arrêt attaqué, ils ne sont que les synonymes de *contrat de mariage*. Mais cette synonymie est-elle bien constante? La loi ne dit pas *conventions matrimoniales*, elle dit *dispositions matrimoniales*; et ce n'est sûrement pas sans dessein qu'elle préfère cette seconde locution à la première. Le mot *convention* répond littéralement à celui de *contrat*, et conséquemment nulle différence entre des conventions matrimoniales et un contrat de mariage. Mais le mot *disposition* est beaucoup plus étendu ; il ne s'applique pas seulement aux actes de la volonté de l'homme, il s'applique aussi aux textes qui manifestent la volonté du législateur. On peut donc entendre les termes *dispositions matrimoniales*, d'une loi qui détermine les effets civils du mariage, tout aussi bien que d'un contrat par lequel les parties règlent elles-mêmes ses effets. Et il faut le dire, si cette manière d'entendre ces expressions est possible, elle est pour cela même nécessaire ; car dès qu'une loi nouvelle peut être entendue dans un sens qui n'emporte pas l'abrogation des lois anciennes, il y a nécessité de l'entendre dans ce sens : c'est la conséquence du principe que, dans le doute, on ne doit jamais présumer l'abrogation d'une loi.

» Mais nous raisonnons, nous discutons, comme si notre question n'était pas décidée par des lois expresses : elle l'est cependant de la manière la plus positive, et par l'art. 10 de la loi du 22 ventôse an 2, et par l'art. 1390 du Code Napoléon.

» L'art. 10 de la loi du 22 ventôse an 2 sert de réponse, comme il l'énonce lui-même, à une pétition tendante *à ce que les avantages conférés par les statuts aux époux, soient maintenus comme ceux qui sont l'objet de la stipulation ;* et il est sans doute inutile de remarquer que cette pétition ne pouvait être relative qu'aux époux devenus veufs avant ou depuis le 14 juillet 1789, et aux époux qui se marieraient à l'avenir ; car, pour les époux qui se trouvaient mariés au moment de la publication de la loi du 17 nivôse an 2, il n'y avait ni éclaircissement, ni interprétation, ni supplément de la loi à demander. L'art. 13 avait dit textuellement que les avantages conférés par les statuts aux époux actuellement existans, auraient leur effet, ni plus ni moins que les avantages stipulés entre eux. La pétition ne se référait donc, elle ne pouvait donc se référer qu'à l'art. 14 ; et son unique but était de faire cesser les difficultés auxquelles s'est arrêtée, dans notre espèce, la cour d'appel de Liége.

» Or, que répond à cette pétition l'art. 10 de la loi du 22 ventôse an 10 ? Qu'il n'y a pas lieu à délibérer, parce que *cette identité* (l'identité que la pétition demande qu'on établisse par une nouvelle loi entre les avantages coutumiers et les avantages contractuels) *sort évidemment des termes de l'art.* 13 *de la loi du* 17 *nivôse, qui maintient les dispositions même statutaires, sur la foi desquelles les époux s'étaient engagés ; tandis que l'art.* 14 *leur permet* DE PLUS *toute autre stipulation à l'avenir ; latitude politique qui fait assez apercevoir que le système restrictif n'est pas pour les dispositions entre époux, sauf la réductibilité à l'usufruit de moitié, en cas qu'il y ait des enfans.*

» Deux choses à remarquer dans cette réponse.

» 1.° Elle déclare que l'art. 13 établit évidemment l'identité dont la pétition provoque la proclamation expresse par une loi nouvelle. Elle déclare par conséquent que l'art. 13, par sa liaison intime avec l'art. 14, n'est pas moins applicable aux époux qui se marieront à l'avenir, qu'aux époux actuellement existans.

» 2.° Elle déclare que l'art. 14 *permet* DE PLUS aux époux qui se marieront à l'avenir *toute autre stipulation ;* et vous voyez, messieurs, que ces mots *de plus* tranchent nettement notre question. C'est comme si la loi disait : les époux qui se marieront à l'avenir, seront, par rapport aux avantages conférés au survivant par les coutumes, traités de même que les époux actuellement existans : et ils auront *de plus* la liberté que n'avaient pas généralement ceux-ci lorsqu'ils se sont mariés, de se faire par actes singuliers ou réciproques, d'autres avantages dont leur volonté sera la seule limite.

» Il est impossible de concevoir rien de plus formel, de plus précis sur la liberté que l'art. 14 laisse aux époux de cumuler à l'avenir les avantages coutumiers avec les avantages contractuels et testamentaires.

» Et vainement a-t-on cherché à écarter cette disposition par l'art. 24 de la loi du 9 fructidor an 2. Cet article sert de réponse à une pétition tendante à ce qu'il fût déclaré que le douaire établi par les coutumes, *même en faveur des enfans*, est aboli par l'art. 61 de la loi du 17 nivôse, et sa réponse est affirmative. Mais remarquons-le bien, de ce qu'aux termes de cet article, le douaire dont il parle, est aboli par l'art. 61 de la loi du 17 nivôse, il s'ensuit nécessairement qu'il ne parle que du douaire des enfans : et que quand cet article dit : *Le douaire établi par les coutumes, même en faveur des enfans*, il est censé dire : *Le douaire établi par des coutumes exorbitantes des droits communs, qui rendaient le douaire propre aux enfans.* Car de ce que le douaire dont il parle, est aboli par l'art. 61 de la loi du 17 nivôse an 2, il faut nécessairement conclure qu'il est aboli même lorsqu'il a son fondement dans un mariage contracté avant cette loi : et pourquoi le faut-il nécessairement ? Parce que l'art. 61 est absolu, parce qu'il n'est modifié, comme vous l'avez jugé pour le tiers-coutumier de Normandie, par aucune distinction entre le douaire dérivant des mariages antérieurs, et le douaire dérivant des mariages subséquens. Donc l'art. 24 de la loi du 9 fructidor an 2 est étranger au douaire de la femme ; donc il ne détruit pas, il n'atténue même pas l'argument qui sort de l'art. 10 de la loi du 22 ventôse an 2. — Mais ce n'est pas tout.

» L'art. 1390 du Code Napoléon porte, comme vous le savez, que *les époux ne peuvent plus stipuler d'une manière générale, que leur association sera réglée par l'une des coutumes, lois ou statuts locaux qui régissaient ci-devant les diverses parties du territoire français, et qui sont abrogées par le présent Code ;* et cette disposition nous conduit nécessairement à deux conséquences : l'une que les coutumes et les statuts locaux qui réglaient ci-devant l'*association* des époux, n'ont été abrogés que par le Code Napoléon ; l'autre, que l'association des époux mariés sans contrat de mariage, avant la publication du Code Napoléon, doit encore aujourd'hui être réglée pas les anciennes coutumes, par les anciens statuts.

» Or, qu'entend l'art. 1390 du Code, par le mot *association ?* N'entend-il, comme on l'a prétendu devant la cour d'appel de Liége, que la communauté ? Pour nous fixer sur ce point, comparons l'art. 1390 avec les art. 1387, 1388, 1389 et 1391.

» L'art. 1387, qui est le premier du chapitre *des dispositions générales* du titre *du contrat du mariage et des droits respectifs des époux*, commence par dire que *la loi ne régit* L'ASSOCIATION CONJUGALE *quant aux biens, qu'à défaut de conventions spéciales que les époux peuvent faire comme ils le jugent à propos, pourvu qu'elles ne soient pas contraires aux bonnes mœurs, et en outre dans les modifications qui suivent.* — Assurément dans cet article, ce n'est pas la communauté des biens que le législateur désigne par les mots *association conjugale* : les mots *association conjugale* sont, dans cet article, synonymes de *mariage*; et ils répondent dans cet article à ce que Justinien, dans ses *Institutes*, tit. *de nuptiis*, appelle *viri et mulieris conjunctio individuam vitæ societatem continens.*

» Aussi, dans les deux articles suivans qui renferment les modifications annoncées par l'art. 1387, à la liberté que celui-ci laisse aux époux de régler leur association par telles conventions qu'ils jugent à propos, ne trouvons-nous rien, ou presque rien qui ait précisément rapport à la communauté.—Dans l'art. 1388, le législateur dit que *les époux ne peuvent déroger ni aux droits résultans de la puissance maritale sur la personne de la femme et des enfans; ou qui appartiennent au mari comme chef, ni aux droits conférés au survivant des époux par le titre* de la puissance paternelle *et par le titre* de la minorité, *ni aux dispositions prohibitives du présent Code.* Et il ajoute dans l'art. 1389, *qu'ils ne peuvent faire aucune convention ou renonciation dont l'objet serait de changer l'ordre des successions.*

» C'est à la suite de ces trois articles que vient le 1390.e, par lequel les époux sont, pour l'avenir, constitués dans l'impuissance de *stipuler que leur association sera réglée par l'une des coutumes, lois ou statuts locaux qui régissaient ci-devant le territoire français*.....; et l'on voit clairement que dans cet article, le mot *association* a le même sens que dans le 1387e. — Ainsi, par cet article, le législateur n'interdit pas seulement toute stipulation qui aurait pour objet d'établir que les époux seront en communauté conformément à telle coutume ou tel statut; il interdit également toute stipulation qui aurait pour objet d'établir, en se référant au droit écrit, que les époux ne seront pas en communauté, que la femme possédera comme paraphernaux tous ceux de ces biens qu'elle ne s'est pas constitués en dot, etc. Il interdit également toute stipulation qui aurait pour objet d'établir, en se référant à la coutume de Normandie, que la femme ne sera pas commune en biens avec son mari, mais qu'en cas de survie elle sera son héritière pour une portion des meubles et des conquêts, qu'elle aura à titre de douaire l'usufruit du tiers de ses propres, etc. — Il interdit également toute stipulation qui aurait pour objet d'établir, en se référant à la coutume de Liége, non-seulement que les époux seront communs en tous biens, meubles, immeubles, acquêts et propres, mais encore que par *droit de main-plévie*, le survivant aura en propriété toute la fortune du prédécédé.

» Et ce qui achève de démontrer que c'est dans ce sens général et embrassant toutes les espèces de droits matrimoniaux, que doit être entendu l'art. 1390; ce qui achève de démontrer que l'art. 1390 ne peut ni ne doit être restreint aux stipulations relatives à la communauté, c'est que dans l'article qui le suit immédiatement, dans l'art. 1391, il est dit que les époux *peuvent cependant déclarer d'une manière générale, qu'ils entendent se marier ou sous le régime de la communauté, ou sous le régime dotal.*

» Voulons-nous au surplus acquérir une dernière preuve, qu'en rédigeant l'art. 1390 tel qu'il est, le conseil d'État était intimement convaincu que tant que le Code Napoléon n'aurait pas abrogé les dispositions des coutumes relatives aux droits de survie des époux, ces dispositions feraient la loi à tous ceux qui se marieraient sans conventions écrites? Nous n'avons qu'à nous reporter au procès-verbal de la discussion de cet article même au conseil-d'Etat. Nous y verrons qu'à la première lecture qui en fut faite au conseil-d'Etat, des réclamations s'élevèrent contre sa disposition; et que pour la défendre, M. Berlier, qui, dans la convention nationale, avait été rapporteur des lois des 17 nivôse, 22 ventôse et 9 fructidor an 2, s'expliqua en ces termes : — « La » proposition qu'on discute n'implique nulle contra» diction avec la faculté laissée aux époux de régler » leurs conventions comme ils le veulent. Cette fa» culté n'est point ici blessée *quant à la matière*; » elle n'est restreinte que *quant à la forme.* Les » époux stipuleront en détail toutes les conditions de » leur union; mais ils ne pourront, en termes géné» raux, se référer à telle ancienne loi ou à telle an» cienne coutume. Voilà ce que dit l'article, et ce » qu'il devait dire par respect pour le nouveau Code » et pour atteindre les bienfaits qu'il promet. Ne se» rait-ce pas en effet perpétuer l'existence de quatre » cents et quelques lois ou coutumes qui régissaient » la France, que de permettre de s'y référer pour » les conventions à venir? Qui veut la fin, doit vou» loir les moyens; or, plus d'uniformité, plus de Code » civil, proprement dit, si l'on permet cette bizarre » alliance. Et qu'on ne dise pas que dans les temps » les plus orageux de la révolution, il ne fut pas dé» fendu de stipuler selon telle ou telle coutume, mal» gré la défaveur attachée à toutes les anciennes ins» titutions; cela est vrai: il y a même plus; car, *sans » stipulation, ces coutumes ont continué de régir » les mariages faits dans leurs ressorts* JUSQU'A NOS » JOURS. Mais pourquoi cela? C'est parce que, jus» qu'à présent, il n'y a point eu sur cette matière de » nouvelles lois; et que, pour défendre de stipuler » d'après les anciennes, *par référé et en termes gé» néraux*, il fallait bien établir un droit nouveau. » Ce moment est enfin arrivé, etc. ». — On voit clairement que dans cette discussion, M. Berlier avançait, comme une vérité universellement reconnue, que les *coutumes* avaient jusqu'alors *continué de régir les mariages faits dans leurs ressorts*; et qu'il l'avançait, non-seulement par rapport à la communauté, mais encore par rapport à tous les droits matrimoniaux, et conséquemment par rapport aux droits de survie.

» Mais voici quelque chose de plus positif : « M. » Regnaud de Saint-Jean-d'Angély (continue le pro-

» cès-verbal du conseil-d'État), dit que si les contractans pouvaient se soumettre, d'une manière générale, à l'empire d'une coutume, quelquefois leurs stipulations porteraient à faux, en s'appliquant à des dispositions qui ne peuvent plus recevoir leur exécution; et il en résulterait pour eux des erreurs qui pourraient leur devenir préjudiciables : par exemple, s'ils déclaraient qu'ils se marient suivant la coutume de Normandie, ils croiraient le *douaire* assuré par la seule force du contrat et sans inscription hypothécaire ». — En s'expliquant ainsi, M. Regnaud reconnaissait clairement que la disposition de la coutume de Normandie qui accordait un douaire à la femme, était encore en vigueur au moment où il parlait; et qu'il n'y avait été dérogé par la législation nouvelle, c'est-à-dire, par la loi du 11 brumaire an 7, qu'en ce que le douaire ne conférait plus de sûreté, n'emportait plus hypothèque de plein droit.

» Il est au surplus indifférent que la cour d'appel de Liége ait constamment jugé le contraire de ce qui est, à cet égard, énoncé, reconnu, consacré dans le procès-verbal du conseil-d'Etat. La jurisprudence de la cour d'appel de Liége ne peut prévaloir, ni sur l'opinion générale qui a présidé à tous les mariages faits en France dans l'intervalle de la publication de la loi du 17 nivôse à celle du Code Napoléon, ni sur la jurisprudence des cours d'appel de Bruxelles et de Metz, que nous savons s'être toujours conformées à cette opinion, ni et encore moins, sur le texte littéral de la loi du 22 ventôse an 2, et de l'art. 1390 du Code Napoléon, qui forment pour cette opinion des bases irréfragables.

» Il n'est pas moins indifférent que la disposition de la coutume de Looz, que la cour d'appel a jugé si mal à propos avoir été abrogée par la loi du 17 nivôse an 2, n'ait jamais été munie du sceau de l'autorité législative, et qu'elle ne soit constatée que par un acte de notoriété des *échevins de la justice suprême du comté de Looz*, séant à Hasselt, en date du 19 mai 1705.

» La cour d'appel de Liége n'a pas nié que l'usage attesté par cet acte de notoriété, ne fût constant et à l'abri de toute contradiction avant la loi du 17 nivôse an 2; elle a même formellement reconnu le contraire, et Henri Stasseyns l'a reconnu comme elle.

» Or, l'art. 13 de la loi du 17 nivôse an 2 ne maintient pas seulement les avantages assurés aux époux par les coutumes et les statuts : il maintient encore les avantages assurés aux époux par les *usages*; et nous avons vu que par l'art. 14 de la même loi, tel qu'il est expliqué par la loi du 22 ventôse suivant, la disposition de l'art. 13 qui n'est relative qu'aux époux mariés avant la première de ces lois, est déclarée commune aux époux qui se marieront à l'avenir.

» Donc, en cette matière, nulle différence entre violer un usage reconnu pour constant, et violer une coutume écrite ou un statut proprement dit. Donc, l'arrêt de la cour d'appel de Liége, qui a reconnu pour constant l'usage du pays de Looz, sur les droits de survie des époux, et qui néanmoins l'a jugé aboli par la loi du 17 nivôse an 2, a par cela même violé les art. 13 et 14 de cette loi. Donc, cet arrêt doit être cassé; et par ces considérations, nous estimons qu'il y a lieu d'admettre la requête du demandeur ».

Ces conclusions ont été adoptées *omnium votis*, par arrêt du 20 octobre 1806, au rapport de M. Vallée.

Mais l'affaire portée à la section civile, il y est intervenu, le 20 octobre 1807, un arrêt sur délibéré, après une longue discussion dans la chambre du conseil, au rapport de M. Dulocq, qui, « attendu que la loi du 17 nivôse an 2, ayant introduit de nouvelles règles sur les avantages à stipuler entre époux, a aboli les lois, coutumes, usages et statuts relatifs à la transmission des biens, soit par succession ou donation; et que par conséquent les époux qui ont contracté mariage depuis cette loi, ne peuvent réclamer ceux qui résultaient d'anciens statuts locaux, rejette.... ».

La même chose a été jugée plus récemment dans l'espèce suivante :

Le 7 thermidor an 9, Jean-Joseph Leclerc épouse sans contrat de mariage, Catherine-Joséphine Picnard, domiciliée, comme lui, dans la coutume de Luxembourg, qui attribuait au survivant des époux la propriété de tous les biens meubles et l'usufruit de tous les biens immeubles du premier mourant.

En mars 1807, Jean-Joseph Leclerc meurt sans enfans, et sans avoir disposé d'aucune partie de ses biens.

Sa veuve se met en possession des meubles et de l'usufruit des immeubles qu'il a laissés.

Demande en désistement de la part de Marie-Catherine Leclerc, sa sœur, et de Jean-Henri Leclerc, son frère, fondée sur l'art. 61 de la loi du 17 nivôse an 2.

Arrêt de la cour d'appel de Metz, du 21 juin 1808, qui les déboute, « attendu que l'art. 61 de la loi du 17 nivôse an 2 n'a eu pour objet que de régler les droits successifs et les libéralités, et non les droits de survie et les avantages matrimoniaux; que cette loi ne renferme aucune disposition positive qui ait abrogé ou rapporté les anciennes coutumes qui réglaient les droits de la communauté conjugale ».

Recours en cassation contre cet arrêt; et le 6 mars 1811, au rapport de M. Gandon. — « Vu l'art. 14 de la loi du 17 nivôse, et l'art. 61 de la même loi; la 9.ᵉ réponse de la loi du 22 ventôse an 2, portant que l'art. 61 de la loi du 17 nivôse a aboli les transmissions statutaires; et la 24.ᵉ réponse de la loi du 9 fructidor an 2, portant que l'art. 61 de la loi du 17 nivôse a ramené tout à l'uniformité par l'abolition des coutumes sur le fait des dispositions depuis le 14 juillet 1789; considérant qu'il résulte de ces lois, que celle du 17 nivôse an 2, en accordant pour l'avenir aux époux la faculté de se faire tous les avantages qu'ils jugeraient convenables, a déclaré, dans son art. 61, abolies toutes transmissions statutaires; que les avantages accordés par les coutumes aux époux survivans, étaient des transmissions de cette espèce; que conséquemment ils ne peuvent avoir lieu en faveur d'époux mariés postérieurement à la publication de ladite loi du 17 nivôse; que la défenderesse est dans cette classe, ne s'étant mariée qu'en l'an 9, et qu'ainsi, l'arrêt du 21 juin 1808 qui l'a maintenue dans la propriété de tout le mobilier de la communauté, et dans la jouissance de l'usufruit des biens de son mari, conformément aux dispositions de la coutume du Luxembourg, a contrevenu auxdites lois, et notamment à l'art. 61 de celle du 17 nivôse; par ces considérations, la cour casse et annulle.....; sur le fond, renvoie la cause et les parties devant la cour impériale de Nancy.... ».

Mais la question plaidée de nouveau devant la cour impériale de Nancy, y a été jugée de même qu'elle l'avait été par la cour d'appel de Metz. Voici l'arrêt qui est intervenu le 2 mars 1812.

« Ouï le procureur-général impérial qui a estimé qu'il y avait lieu de mettre l'appellation au néant, avec amende;

» La cour, rectifiant la position des points de droit que présente la cause, les a réduits aux deux questions suivantes: 1.° Les coutumes, statuts et usages qui établissaient des avantages singuliers ou réciproques en faveur des époux, ont-ils été abrogés par la loi du 17 nivôse an 2? 2.° Dans le cas de l'affirmative, est-il dû des dommages-intérêts par l'intimé à raison de son indue jouissance?

» Et attendu, sur la première question, que les termes généraux *dispositions matrimoniales*, employés dans l'art. 14 de la loi du 17 nivôse, peuvent s'entendre de la disposition de la loi, aussi bien que de celle de l'homme; d'où il suivrait qu'il n'y a pas dans cet article exclusion des avantages statutaires, comme le prétendent les appelans, mais qu'au contraire ils sont compris avec ceux résultant des stipulations, dans cette dénomination commune, qui maintient également les uns et les autres même pour l'avenir; qu'au surplus, à supposer que les premiers fussent omis dans ledit article, la loi nouvelle ne contenant que quelques dispositions accidentelles et isolées, et non un règlement général sur cette matière, qui n'est pas même annoncée dans le titre, les statuts anciens n'auraient pas moins conservé par eux-mêmes toute leur autorité à cet égard, dès-lors que les dispositions n'en sont ni incompatibles avec les nouvelles, ni expressément abrogées;

» Attendu, en ce qui concerne l'art. 61, que les Gains de survie, douaire, préciput et généralement tous les avantages matrimoniaux résultant des coutumes, usages et statuts, ne sont déférés, ni à titre de *donation*, ni à titre de *succession*; que le survivant ne les recueille, ni du chef du prédécédé, et comme subrogé dans ses droits, ainsi que fait l'héritier, ni à titre de libéralité de la part du même défunt, mais bien en son propre nom et en conséquence du droit qui lui est acquis par le fait du mariage, en vertu de la coutume et comme condition de l'association conjugale; qu'aussi est-il infiniment peu de coutumes où les règlemens sur ces avantages ne fussent placés sous des titres particuliers, tout-à-fait distincts de ceux relatifs aux donations et successions; et que c'est ce qui se rencontre particulièrement dans la coutume du Luxembourg, qui régissait les biens en litige; qu'aujourd'hui encore le Code Napoléon a classé de même séparément les droits des gens mariés entre eux; et que les art. 1516 et 1525 portent expressément que le préciput et l'attribution de la communauté entière au survivant, ne sont pas regardés comme donations, mais simplement comme des conventions de mariage, et entre associés; qu'ainsi, le droit ancien et le droit nouveau se réunissent avec les argumens puisés dans la nature des choses, pour ne réputer les mêmes avantages, ni donation, ni succession, et pour faire décider en conséquence que les statuts anciens sur cette matière ne sont pas compris dans l'abrogation prononcée par l'art. 61 dont s'agit;

» Attendu que les lois interprétatives de celle du 17 nivôse an 2, n'ont rien ajouté à celle-ci en faveur du système des appelans; que la 49.ᵉ réponse de la loi du 22 ventôse, et la 24.ᵉ de celle du 9 fructidor de la même année, ne frappent que les statuts relatifs aux enfans, et que ce n'est pas du mot *même*, inséré en la 24.ᵉ question de la dernière, mot qui n'est pas répété dans la réponse, sur lequel celle-ci ne donne aucun développement, et dont on ne voit pas même que le législateur se soit occupé, que l'on pourrait induire une abrogation d'une conséquence aussi étendue que celle dont il s'agit; que les termes *transmissions* et *dispositions*, dont on s'est servi dans ces deux articles, se réfèrent nécessairement au sens fixé par l'art. 61 de la loi du 17 nivôse, où il est dit par *succession* ou *donation*, ce qui est inapplicable aux avantages matrimoniaux, ainsi qu'on l'a établi ci-dessus; que tout ce qu'on peut recueillir des deux lois interprétatives susdites, c'est qu'aux termes de la 10.ᵉ réponse de la première, le système restrictif n'est pas pour les dispositions entre époux, et que ce serait aller directement contre le but de la loi, que de restreindre ou anéantir, lorsque le législateur lui-même déclare si positivement qu'il a voulu augmenter; attendu que cette opinion sur la loi du 17 nivôse se fortifie par les déclarations du prince archichancelier, et de M. Berlier, conseiller d'Etat, qui, tous deux avaient coopéré à cette même loi, et dont le premier a inséré dans le projet du Code civil par lui présenté en l'an 4, art. 285, cette disposition: *Les époux règlent librement les conditions de leur union; néanmoins ils ne peuvent stipuler qu'elles seront réglées suivant les lois, statuts, coutumes et usages qui ont régi,* JUSQU'A CE JOUR, *les diverses parties du territoire de la république;* et le second, en présentant, au nom de la section de législation, le projet de Code actuel à la discussion du conseil-d'Etat, dans sa séance du 6 vendémiaire an 12, s'est expliqué en ces termes: *Il y a même plus; car, sans stipulations, ces coutumes ont continué de régir les mariages faits dans leurs ressorts* JUSQU'A NOS JOURS; et qu'enfin, le Code Napoléon lui-même porte, art. 1390, que lesdites coutumes sont abrogées *par le présent Code*, ce qui exclut également l'idée d'une abolition préexistante;

» Attendu qu'en supposant que les anciens statuts ont été abolis par la loi de nivôse an 2, qui n'a rien substitué à leur place, il faudrait admettre en même temps que le sort des mariages contractés sans stipulations, aurait été abandonné au hasard; qu'il ne serait pas possible effectivement d'y appliquer comme droit commun, soit les dispositions d'une ancienne coutume quelconque, même du nombre de celles qui établissent une communauté parfaite, puisqu'elle serait sans force par elle-même, et à défaut de l'autorité du législateur, pour exercer son empire hors de son territoire; soit les règles générales des sociétés, puisque l'union conjugale, où les droits des parties ne sont pas les mêmes, et où la différence des mises varie à l'infini, est exorbitante de toutes les autres sociétés;

» Attendu que l'association des époux qui fait le fondement des Etats, a toujours été regardée comme un des points les plus importans de la législation; que les règles en étaient tracées en détail dans toutes les coutumes, et que les contrats de mariage et les droits respectifs des époux occupent encore un long titre dans le Code Napoléon; que, si le législateur de l'an 2, qui a reconnu lui-même cette importance, et qui a voulu étendre la faveur de ces sortes d'unions, avait eu la volonté d'abolir les statuts concernant les droits respectifs des personnes mariées, on ne peut pas supposer qu'il l'eût fait sans les remplacer par d'autres dispositions, et qu'il n'eût point exprimé d'une manière non équivoque cette intention d'abolir, ainsi que cela a été exécuté depuis dans deux articles du Code Napoléon; mais qu'il eût au contraire glissé implicitement cette abrogation dans la loi, sans parler nommément des avantages matrimoniaux et droits des gens mariés;

» Attendu enfin que, quand il y aurait quelque incertitude sur la question, l'équité devrait encore la faire résoudre dans le sens qu'il n'y a pas abrogation, parce qu'on ne fait en cela aucun tort au petit nombre de ceux qui ont pensé différemment, et qui ont dû ou pu, dans cette opinion, faire usage de la ressource que leur indiquait la loi, celle des contrats de mariage; tandis qu'en jugeant le contraire, on porterait le plus grand préjudice à des milliers de familles, qui, se reposant pendant les dix années qu'a subsisté la loi de nivôse, sur les statuts anciens qu'elles croyaient toujours en vigueur à cet égard, ont négligé de faire des stipulations particulières qui leur paraissaient entièrement superflues; qu'ainsi, tout se réunit pour déterminer la cour à décider négativement la question proposée.

» Attendu, sur la seconde question, qu'elle devient inutile d'après la résolution prise sur la première, et que les dépens doivent suivre le sort du principal;

» Par ces motifs, et en adoptant au surplus ceux consignés au jugement dont est appel, la cour a mis l'appellation au néant, avec amende et dépens ».

Cet arrêt est en ce moment dénoncé à la cour de cassation, par la partie contre laquelle il a été rendu; je rendrai compte, à la fin du dernier volume, du résultat de ce nouveau recours.]]

§. V. *A quelles époques les Gains de survie sont-ils exigibles et produisent-ils des intérêts à défaut de payement?*

I. Les Gains nuptiaux et de survie étant des donations conditionnelles, dans lesquelles la clause, *en cas que le conjoint survive*, est toujours censée apposée et se supplée de droit, il faut en conclure que la jouissance de ces avantages ne peut avoir lieu qu'après le décès de l'époux prédécédé. Cependant cette règle n'est pas sans exception, et il y a plusieurs cas où l'un des époux peut demander ses Gains nuptiaux et de survie, quoique l'autre époux soit encore vivant.

1.° Lorsqu'une femme est séparée de biens, à cause de la faillite de son mari, elle peut, dans les pays de droit écrit, non-seulement répéter sa dot, mais encore demander la jouissance de son augment et de ses autres Gains nuptiaux et de survie, à l'égard desquels elle doit avoir la même préférence que pour sa dot. Divers arrêts l'ont ainsi jugé. Montholon en rapporte un de l'an 1590; et il s'en trouve un autre du 18 juillet 1636, au *Journal des Audiences*.

La même règle doit être observée dans le cas de séparation de corps et de biens ordonnée en justice pour sévices ou mauvaises mœurs du mari, et même quand il y a séparation de biens ordonnée pour cause de dissipation. C'est ce qu'attestent Bretonnier sur Henrys, et d'Argentrée sur la coutume de Bretagne. C'est d'ailleurs ce que le parlement de Paris a jugé par un arrêt du 5 septembre 1783, dont voici l'espèce : — La demoiselle Barrallon, mariée en 1769 avec le sieur de Tailloux, a demandé sa séparation de corps. Elle a été prononcée par sentence du bailliage de Montbrison, du 28 janvier 1782, qui condamne le mari à la restitution de la dot et au payement des intérêts de l'augment, si mieux il n'aime en payer le capital, à la charge par la femme de donner en ce cas une caution solvable pour la sûreté de cet augment, le cas échéant. — Appel à la cour, où la question a été discutée dans une consultation de M. d'Outremont, et dans un mémoire de M. Chauveau. On y a remonté à l'origine du droit d'augment, connu dans les pays de droit écrit; on l'a assimilé au douaire qui est en usage dans les pays coutumiers; et l'on en a conclu que tous deux n'étant qu'un Gain de survie, le douaire n'étant autre chose que l'augment, et n'étant ouvert, suivant les coutumes, qu'à la mort du mari, et nullement en cas de séparation de corps ou de biens, parce qu'elle n'opère point la dissolution du mariage; il en devait être de même de l'augment du droit écrit. On a soutenu que si quelques arrêts avaient néanmoins adjugé l'augment à la femme du mari vivant, c'était dans le seul cas de la séparation de biens, parce qu'il y en a dans le droit romain une loi précise, au lieu qu'il n'en existe aucune dans le cas de la séparation de corps; que si les auteurs paraissaient avoir néanmoins appliqué l'ouverture de l'augment à ce dernier cas, c'était une erreur contraire aux principes; et qu'en analysant bien les arrêts dont ces auteurs prétendaient s'autoriser, il en résultait qu'ils avaient invoqué mal à propos une jurisprudence qui n'existait réellement point. On a discuté ces arrêts et ces auteurs, et la conséquence a été que la femme n'avait point d'augment à répéter pendant la vie de son mari, d'autant mieux que, dans l'espèce, les intérêts de la dot, joints à la portion dont l'épouse venait d'hériter dans la succession de son père, suffisaient à sa subsistance. — Pour la femme, M. Robin de Mozas a soutenu que l'avantage, connu parmi nous sous le nom d'*augment*, n'est autre chose que ce que le droit romain appelle *donation à cause de noces ;* qu'il y a dans le corps de droit des textes formels qui autorisent la femme à répéter la jouissance de cet avantage, dans le cas de la séparation de corps, et il a cité ces textes; que si la séparation de biens donne ouverture aux Gains nuptiaux, à plus forte raison la séparation de corps, toujours fondée sur des causes graves, sur le délit du mari, et qui entraîne elle-même de plein droit la séparation de biens; qu'ainsi l'avaient écrit tous nos auteurs, et l'avaient jugé les arrêts. Il a parcouru cette suite d'autorités et d'arrêts, et réfuté les critiques qu'on en faisait. Quant à l'argument tiré par le mari, de ce que le douaire ne s'ouvrant dans les coutumes que par la mort du mari, il en devait être de même de l'augment du droit écrit, il a dit que cet argument tombait par une réflexion simple sur l'état des femmes dans les pays coutumiers, comparé avec l'état de celles qui sont régies par le droit écrit; que dans les uns, la femme qui se fait séparer, partage à cet instant la communauté qui souvent est plus avantageuse que ne le serait la jouissance d'un douaire, raison pour laquelle, et dans l'objet de parer au désordre et à la fréquence des séparations, on lui refuse la jouissance du douaire, et même la pension alimentaire que l'ancienne jurisprudence lui accordait; au lieu que la femme du droit écrit, où la communauté est inconnue, n'ayant nul bénéfice de cette espèce, il est juste qu'elle trouve dans l'usufruit de son augment, un moyen de suppléer au besoin de sa subsistance, que de mauvais traitemens la réduisent à chercher hors de la maison de son mari. — M. Robin de Mozas a encore soutenu que la règle qu'il invoquait par rapport à l'augment, s'appliquait pareillement aux bagues et joyaux, stipulés par le contrat de mariage en faveur de la femme. C'est un avantage nuptial (a-t-il dit); la séparation donne ouverture aux Gains nuptiaux; les bagues et joyaux y sont donc nécessairement compris, et la femme doit en jouir dès à présent, de même que de l'augment, d'autant mieux que n'y ayant point d'enfans de ce mariage, et par conséquent ces bagues et joyaux n'étant pas réversibles, la propriété lui en est entièrement acquise. Il y aurait donc encore plus de raison pour ceux-ci que pour l'augment, qui n'est, quant à la propriété, qu'un Gain éventuel, subordonné à la condition de survie de la femme au mari. — Sur ces moyens, la femme a interjeté appel du chef de la sentence, qui l'avait *déboutée, quant à présent, de la répétition de ses bagues et joyaux*. Le mari a combattu cet appel, et soutenu le bien-jugé de la sentence en ce point. — Mais l'arrêt cité a confirmé la sentence, en ce qu'elle avait prononcé la séparation de corps, a adjugé à la femme sa dot et l'intérêt de l'augment de dot, et l'a infirmé en ce qu'elle lui avait refusé ses bagues et joyaux; la cour les lui a adjugés, et a condamné le mari aux dépens.

Mais si la séparation de biens n'avait été ordonnée qu'à cause de l'indigence du mari, et qu'il n'y eût point de dissipation à lui imputer, la femme ne serait pas fondée à demander son augment de dot, ni ses autres Gains nuptiaux. La raison en est que la séparation n'ayant pas eu lieu par la faute du mari, il ne serait pas juste d'ajouter une nouvelle peine à ses malheurs. On réserve seulement en pareil cas l'hypothèque de la femme sur les biens du mari aliénés pour le payement des créanciers, et l'on ordonne que les derniers créanciers seront tenus de rapporter jusqu'à concurrence de l'augment et des autres Gains nuptiaux, lorsqu'il y aura ouverture de ces droits. — Cette jurisprudence est attestée par la Rocheflavin, Maynard, Bouvot et Montholon, qui l'appuient sur divers arrêts qu'ont rendus les parlemens de Toulouse, de Dijon et de Paris.

[[On vient de voir que, dans les pays coutumiers, ce qui n'est ici présenté que comme une exception particulière à la séparation motivée sur l'indigence du mari, formait la règle générale pour tous les cas de séparation, soit de corps, soit de biens: et cependant l'on a vu au mot *Douaire*, sect. 2, §. 1, qu'il y avait plusieurs coutumes où cette règle générale n'était pas admise: mais on y a vu aussi que, par le Code Napoléon, elle a été étendue à toute la France, et rendue commune à toutes les espèces de Gains de survie.

Il y a au surplus une remarque importante à faire pour les femmes de commerçans ou banquiers: c'est qu'elles ne peuvent jamais exiger leurs Gains de survie, au préjudice des créanciers, soit hypothécaires, soit chirographaires, non-seulement lorsque leurs maris tombent en faillite, mais même après leur mort; et que réciproquement jamais les créanciers des maris commerçans ou banquiers ne peuvent se prévaloir des avantages que leurs femmes leur ont assurés, en cas de survie, par leurs contrats de mariage. Cela est ainsi réglé par l'art. 549 du Code de commerce. *V. Douaire*, sect. 5, n. 3.]]

2.° Lorsque le mari est condamné à quelque peine qui emporte mort civile, la femme est en droit de demander son augment et ses autres Gains de survie. La raison en est que le mari étant en cas pareil incapable de tout effet civil, on le considère comme s'il était mort naturellement, et que la femme lui eût survécu. [[*V. Douaire*, sect. 2, §. 1.]]

Observez néanmoins que si le mari n'a été condamné que par contumace, on ne doit accorder à la femme, et après elle à ses enfans, l'augment et les autres Gains nuptiaux, qu'en donnant caution de les rapporter. Cette décision est fondée sur ce que le mari peut, dans les cinq années, se représenter pour purger la contumace, et se faire absoudre du crime dont on l'a accusé.

La caution doit être donnée par la femme, tant pour la sûreté des enfans que pour celle du mari: ainsi, quoiqu'après les cinq années du jugement rendu par contumace, cette caution se trouve déchargée de plein droit à l'égard du mari, attendu que le jugement de mort civile se trouve confirmé par le laps de temps, elle reste néanmoins encore obligée envers les enfans pour la restitution du fonds des Gains nuptiaux après la mort de leur mère.

[[Aujourd'hui, la mort civile n'est encourue, en cas de condamnation par contumace, qu'après les cinq ans. *V. Contumace*, §. 2.

Du reste, les Gains de survie, une fois acquis à l'épouse du condamné, lui demeurent incommutablement; et ses enfans n'y ont aucun droit de leur propre chef. *V.* ci-après, §. 8, n. 3.]]

Si le mari condamné par contumace, était reçu à se purger après les cinq ans, et qu'on le renvoyât absous, ou qu'après avoir été condamné contradictoirement, il vînt à être rétabli dans tous ses droits par des lettres du prince, la femme ou les enfans qui se trouveraient en possession des Gains nuptiaux, seraient tenus de les lui rendre; mais il ne serait pas fondé à demander la restitution des fruits.

Quand la femme, après avoir reçu son augment et ses autres Gains nuptiaux, à cause de la mort civile de son mari, vient elle-même à décéder avant qu'il soit mort naturellement, elle les transmet à ses enfans, sans que le fisc ni les créanciers du mari puissent y rien prétendre, sous prétexte que ces avantages n'ont été accordés à la femme que dans le cas où elle survivrait à son mari. La raison en est que celui-ci ne peut être considéré comme survivant après avoir été réputé prédécédé par le jugement qui a prononcé contre lui la mort civile. Automne rapporte un arrêt du parlement de Bordeaux conforme à cette décision.

3.° Lorsque le mari est absent du lieu depuis dix ans, et qu'on n'en a plus de nouvelles, la femme peut demander la jouissance de son augment et de ses autres Gains nuptiaux; mais il faut pour cela qu'elle donne caution, tant pour la sûreté des enfans auxquels la propriété de ces avantages doit revenir, que pour la sûreté du mari, en cas de retour de sa part.

Après un laps de trente ans depuis la dernière nouvelle qu'on a eue du mari, on le présume mort, et la caution se trouve déchargée de plein droit à son égard; mais cela n'empêche pas que s'il revient après les trente années, la femme ne soit obligée de lui rendre les Gains nuptiaux qu'elle peut avoir reçus.

Quoique la caution soit déchargée envers le mari après un laps de trente ans depuis les dernières nouvelles qu'on en a eues, elle ne laisse pas de rester obligée envers les enfans, lorsque les Gains nuptiaux et de survie leur sont réversibles. En vain on opposerait contre cette décision le principe suivant lequel toute action personnelle se prescrit par trente ans: il est évident qu'il ne serait pas juste que la caution pût prescrire contre les enfans dans un temps où leur droit n'est pas encore ouvert; d'où il suit que leur action contre la caution doit durer trente ans, à compte du jour du décès de la mère, époque à laquelle les Gains nuptiaux doivent leur être remis, lorsque dans le contrat de mariage il n'y a point de stipulation au contraire.

Quand la femme décède avant l'expiration des trente années d'absence du mari, les enfans peuvent demander la jouissance des Gains nuptiaux; mais ils doivent donner caution de les rapporter avec les fruits, dans le cas où leur père viendrait à se représenter.

Si le père absent décède sans revenir dans sa patrie, et qu'il soit prouvé qu'il a survécu sa femme, les enfans et leurs cautions doivent rapporter à la masse de la succession du père, ce qu'ils ont reçu pour les Gains de survie, attendu que ces Gains n'ont jamais appartenu à la femme, et que par conséquent elle n'a pas pu les transmettre à ses enfans.

Il faut remarquer que dans le cas de retour du mari, il y a entre les enfans et la femme qui ont obtenu par provision les Gains nuptiaux, cette différence, que la femme n'est tenue de rendre que les fonds et les capitaux, au lieu que les enfans sont en outre obligés de rendre les fruits. La raison en est que la femme ne recevant de son mari aucun secours tandis qu'il est absent, il est juste qu'elle ait la jouissance de sa dot et de ses Gains nuptiaux, tant pour son entretien que pour celui de ses enfans; au lieu que les enfans ayant succédé à leur mère, le père ne leur doit plus d'entretien, et par conséquent ils doivent lui rendre, non-seulement les fonds ou capitaux qu'ils ont reçus par provision, mais encore les fruits de ces fonds.

[[Le Code Napoléon a fait, sur tout cela, de grands changemens.

D'abord, les enfans n'ont plus aucun droit aux Gains nuptiaux qui sont promis par le contrat de mariage, au survivant de leurs père et mère.

En second lieu, lorsque l'absence du mari est déclarée par jugement, ce qui peut avoir lieu après cinq ans à compter des dernières nouvelles qu'on a reçues de lui (1), si la femme est mariée sous le régime dotal, ou si elle n'est pas en communauté, ou si, étant en communauté, elle veut en demander la dissolution provisoire, elle « exerce ses reprises et tous ses droits légaux et conventionnels, à la charge de donner caution pour les choses susceptibles de restitution ». (*Art.* 124.)

Si, dans le même cas, la femme préfère de continuer la communauté, elle conserve l'administration provisoire de tous les biens de l'absent, à l'exclusion des héritiers présomptifs de celui-ci. (*Ibid.*)

Dans l'un et l'autre cas, elle n'est tenue de rendre à son mari que le cinquième des revenus dont elle a joui, lorsqu'il reparaît avec quinze ans révolus depuis le jour de sa disparition; et le dixième, lorsqu'il ne reparaît qu'après les quinze ans. — Après trente ans d'absence, la totalité des revenus lui appartient. (*Art.* 127.)

Tant qu'il n'y a pas trente ans d'absence, ou qu'il ne s'est pas écoulé cent ans depuis la naissance de l'absent, la femme ne peut aliéner ni hypothéquer les immeubles du mari qui lui ont été adjugés pour ses Gains nuptiaux, et dont elle a l'administration comme continuant la communauté. (*Art.* 128.)

Mais après trente ans d'absence, ou lorsque, depuis la naissance de l'absent, il s'est écoulé un espace de cent années, les cautions doivent être déchargées; et la femme peut se faire envoyer définitivement en possession de tous les droits qui sont subordonnés pour elle à la condition du décès de son mari. (*Art.* 129.)]]

4.° Dans le cas de mort civile ou de longue absence de la femme, le mari peut demander ses Gains nuptiaux et de survie, quoiqu'elle soit encore vivante; alors, le droit du mari doit se régler de la même manière que nous venons de dire que se règle celui de la femme, lorsqu'elle demande ses Gains nuptiaux en pareille circonstance. — [[Les art. 124, 127, 128 et 129 du Code Napoléon, dont on vient de rappeler les dispositions, sont communs au mari et à la femme.]]

II. On demande si les Gains nuptiaux et de survie sont exigibles immédiatement après le décès de l'époux prédécédé, ou seulement après l'an révolu?

Il paraît d'abord qu'on ne doit faire aucune dif-

(1) *V.* l'article *Déclaration d'absence.*

ficulté de décider que comme la dot n'est exigible qu'après l'an révolu, ils ne peuvent de même être exigés qu'à cette époque, attendu qu'ils ne sont qu'un accessoire des deniers dotaux.

Cependant Despeisses et Mazuer pensent que la délivrance des Gains nuptiaux doit se faire immédiatement après la dissolution du mariage, à moins qu'il n'y ait une convention au contraire par le contrat de mariage.

L'opinion de ces auteurs semble appuyée sur la loi *cùm notissimi*, §. 7, C. *de præscriptione triginta vel quadraginta annorum*, qui dit que la prescription de la dot et de la donation à cause de noces, commence à courir du jour de la dissolution du mariage; d'où l'on paraît fondé à conclure qu'elles sont exigibles dès ce jour, attendu que la prescription ne commence à courir que quand on est en etat d'agir pour exercer ses droits.

Mais l'auteur de la glose observe que la disposition de la loi citée ne s'applique à la dot que lorsqu'elle consiste en immeubles; et que si elle consiste en meubles ou en effets mobiliers, elle n'est exigible qu'après l'an révolu, suivant le dernier état du droit romain.

Cette décision est fondée sur ce qu'on a jugé convenable de donner aux héritiers de l'époux prédécédé, le temps d'arranger les affaires de la succession, et de chercher de l'argent pour rembourser la dot. La même raison doit faire décider que les Gains nuptiaux ne sont exigibles qu'après l'an révolu, attendu qu'ils sont presque toujours réglés expressément ou tacitement à une somme de deniers; d'ailleurs les Gains nuptiaux n'étant qu'un avantage, l'action en vertu de laquelle ils peuvent être répétés, ne mérite pas plus de faveur que l'action accordée pour la restitution de la dot, qui est une véritable créance.

Le seul cas où les Gains nuptiaux puissent être demandés immédiatement après la dissolution du mariage, est lorsqu'ils consistent dans le don de la propriété ou de l'usufruit de quelque immeuble : la délivrance doit alors en être faite sans délai, par la même raison que la dot doit être restituée aussitôt que le mariage est dissous, lorsqu'elle consiste en immeubles.

[[Le Code Napoléon, art. 1565, n'accorde le privilége du délai d'un an aux héritiers du mari, que pour la restitution de la dot; et ce privilége ne peut pas plus que les autres, être étendu au-delà des bornes dans lesquelles la loi l'a circonscrit : les héritiers du mari ne peuvent donc pas le réclamer pour le payement des Gains nuptiaux.]]

III. Quoique les intérêts de la dot soient dus de plein droit, et sans qu'il soit besoin d'en former la demande, les intérêts des Gains nuptiaux et de survie ne sont dus que du jour de la demande. Telle est la jurisprudence des parlemens de droit écrit, attestée par Despeisses, Boniface, Albert et Catellan.

Mais cette règle ne s'applique pas aux provinces de droit écrit du ressort du parlement de Paris: l'usage de cette cour est d'accorder les intérêts des Gains nuptiaux et de survie, à compter du jour de la mort de l'époux prédécédé, sans qu'il y ait eu aucune demande formée pour cet effet. On fait seulement entre les héritiers et les tiers-détenteurs la distinction suivante. Si la femme ou ses enfans agissent contre les héritiers du mari, les intérêts des Gains nuptiaux leur sont dus de plein droit dès le jour du décès du mari; mais lorsqu'ils exercent leurs hypothèques contre un tiers-détenteur, il ne leur doit les intérêts que du jour de la demande, même pour la dot, et à plus forte raison pour les Gains nuptiaux. Louet rapporte un arrêt du 10 avril 1598, qui l'a ainsi jugé.

[[Aujourd'hui, dans tous les cas et dans toute la France, les Gains nuptiaux mobiliers ne portent intérêts que du jour de la demande. Cela résulte notamment de l'art. 1479 du Code Napoléon. *V. Intérêt.*]]

§. VI. *Hypothèque et privilége des Gains nuptiaux. — Dans les pays de droit écrit, le père répond-il des Gains nuptiaux de la femme qui épouse un fils non émancipé?*

I. Suivant la loi 12, §. 2, C. *qui potiores in pignoribus habeantur*, qu'on observe dans tous les pays de droit écrit, l'époux survivant a hypothèque, pour ses Gains nuptiaux et de survie, sur les biens du prédécédé, du jour du contrat de mariage, ou s'il n'y a pas de contrat de mariage, du jour de la bénédiction nuptiale; mais il faut remarquer que cette hypothèque est toujours postérieure à celle de la dot, ce qui est très-important quand il y a des enfans, parce que si les biens du mari ne suffisent pas pour payer la dot et l'augment, la perte tombe sur l'augment, et par conséquent sur les enfans.

[[Aujourd'hui, l'hypothèque a lieu de plein droit, et même sans inscription, mais seulement à compter du jour du mariage. (*Code Napoléon, art.* 2135.)

Mais l'hypothèque de la dot ne prime plus celle des Gains nuptiaux : elles marchent toutes deux de pair (*ibid.*), même lorsqu'il y a des enfans, parce que les enfans n'ont pas plus de droit sur les Gains nuptiaux de leur mère qu'ils n'en ont sur sa dot. *V.* ci-après, §. 8, n. 3.]]

II. Lorsque le mari n'a point de biens libres, les Gains nuptiaux de la femme se prennent sur les biens substitués. *V. Substitution fidéicommissaire.*

III. Dans tous les pays de droit écrit, les Gains nuptiaux, ainsi que la dot de la femme, doivent être payés par préférence sur les meubles du mari, nonobstant toute saisie de la part des autres créanciers. Ce privilége est établi par plusieurs arrêts que rapportent Bougier, Montholon, et Brodeau sur Louet.

Quoique le mari survivant ait, pour ses Gains nuptiaux, une hypothèque semblable à celle que la femme a pour les siens, il y a néanmoins cette différence, qu'il n'a aucune préférence sur les meubles de sa femme prédécédée, à moins qu'il ne soit le premier saisissant.

[[Aujourd'hui, la femme n'a plus de privilége sur les meubles de son mari pour ses Gains nuptiaux; et le mari ne peut plus s'en procurer un pour les siens, en saisissant le premier les meubles de sa femme prédécédée. *V. Privilége de créance.*

Du reste, le mari n'a plus d'hypothèque légale sur les immeubles de son épouse, pour les Gains nuptiaux qu'elle lui a promis par son contrat de mariage. *V. Hypothèque*, sect. 2 et 3.

IV. On a vu à l'article *Dot*, §. 3, n. 7, que, dans le temps où le mariage n'émancipait pas encore *ipso facto*, le père, en pays de droit écrit, se rendait, par sa seule présence au contrat de mariage de son fils non émancipé, garant de la dot de sa bru. En était-il de même de l'augment et des autres Gains nuptiaux?

L'arrêt du 2 septembre 1806, dont nous avons rendu compte à l'article cité, juge qu'il en était de même pour l'augment; mais il ne le juge que relativement à la province du Dauphiné.

Il s'était établi une jurisprudence contraire dans le ressort du parlement de Toulouse. — « Il semble d'abord (dit Catellan, liv. 4, ch. 11), que l'augment étant une suite, et comme un accessoire de la dot, le beau-père responsable de la dot, doit aussi répondre de l'augment. Le contraire néanmoins a été jugé en la grand'chambre, au rapport de M. de Vezian, le 22 juillet 1669, par la raison qu'il s'en faut bien que l'augment ait le privilége de la dot: qu'en l'un il s'agit de perte pour la femme, qu'en l'autre il n'est question que de Gain, et que c'est assez de faire répondre le père de la dette, sans vouloir qu'il réponde de ce qui n'est qu'une pure libéralité du fils. Le même avait été jugé auparavant en la première chambre des enquêtes, à mon rapport, par arrêt confirmatif de la sentence du sénéchal de Béziers, rendu le 17 mai 1667, au procès d'Etienne Brenoux et d'Anne de Cambefort ».

Vedel, au même endroit, justifie ainsi cette jurisprudence : — « Les priviléges que les lois ont accordés à la dot, ne reçoivent point d'extension à l'augment dotal, ou donation de survie de la femme, par la raison prise de l'intérêt public, qui exige une protection singulière de la loi pour la dot, dont la fin est de continuer à soutenir les charges des mariages qui donnent des citoyens à l'Etat, et qui par-là, le rendent florissant : *interest reipublicæ mulieres dotes salvas habere, propter quas nubere possint*: voilà pourquoi Justinien, enchérissant sur les constitutions de ses prédécesseurs, a donné par la loi *assiduis*, C. *qui potiores in pignoribus habeantur*, ce privilége à la dot, de priorité d'hypothèque sur tous les créanciers du mari; ce qui n'a pas été accordé à l'augment dotal, ou donation de survie, qui n'a d'hypothèque que du jour du contrat de mariage. Nous voyons encore que la loi *si cùm dotem*, §. *transgrediamur*, D. *soluto matrimonio*, borne à la loi seule le privilége de pouvoir être répétée sans discussion sur les biens du beau-père, qui, lors du contrat de mariage de son fils, l'avait en sa puissance, quoique celui-ci ait reçu les deniers dotaux; et tout cela est privilége pour la dot. Or, étant de maxime que les priviléges ne reçoivent point d'extension, et que *duo speciala in eâdem personâ non possunt concurrere*, il s'ensuit que l'augment dotal ne peut avoir le même avantage sur les biens du beau-père, que la dot de sa bru, et que l'hypothèque de la femme ne tombe que sur les biens du mari, à moins d'une stipulation expresse qui aurait lié le beau-père envers sa bru; mais à l'égard des biens donnés au fils, ils sont hypothéqués à l'augment.... ».

Quelque bien fondée que soit cette jurisprudence, elle n'était cependant pas suivie au parlement de Bordeaux. Salviat, page 212, après avoir dit qu'aux termes de la loi *si cùm dotem*, §. *transgrediamur*, le père en présence duquel s'est marié son fils non émancipé, est responsable, envers la bru, de la dot constituée à celle-ci, ajoute : « notre jurisprudence a étendu sa décision aux conventions matrimoniales, comme l'agencement, les bagues et joyaux, etc., par un arrêt du 23 février 1745, rendu à l'audience de la grand'chambre, plaidant Despiau et Dumoulin ».

C'est à cette jurisprudence particulière que l'on doit le décret suivant.

Le 21 août 1785, contrat de mariage entre le sieur Dragier fils, non émancipé, et la dame de Saint-Maur, tous deux domiciliés dans le ressort du parlement de Bordeaux. Il est dit dans cet acte, que « le sieur Dragier se marie de l'agrément et exprès consentement de ses père et mère absens, mais qui sera constaté par leur signature au bas du contrat »; et que dans le cas où la future épouse le survivrait, il lui donne « 2,000 livres de bagues et joyaux, en sus de ceux qu'elle aura en nature, 1,500 livres pour habits de deuil, 600 livres de rente viagère, et son logement meublé, avec chauffage dans sa maison, ou 200 livres de rente à son choix ». — Le père et la mère du sieur Dragier apposent leurs signatures au bas de ce contrat. — En 1793, le sieur Dragier fils est inscrit sur la liste des émigrés et périt sur l'échafaud. — Les biens de son père sont en conséquence mis sous le séquestre. Pour le faire cesser, le père fait avec le domaine public un partage de *présuccession*, conformément à la loi du 9 floréal an 3; et reçoit pour sa bru le remboursement de la dot en biens-fonds qu'il lui délivre. — La dame de Saint-Maur demande en outre ses Gains de survie; le beau-père refuse. — La contestation portée devant le conseil de préfecture du département de la Creuse, arrêté qui déclare que la succession du sieur Dragier père, décédé pendant l'instance, est tenue de garantir les Gains nuptiaux de la dame de Saint-Maur, et la condamne en conséquence à les payer. — Les héritiers du sieur Dragier se pourvoient au conseil d'Etat; et le 8 février 1806, décret impérial qui confirme l'arrêté.

§. VII. *Les Gains de survie non ouverts, ou bien ouverts, mais non déterminés, qui consistent dans l'usufruit d'une quote d'immeubles, forment-ils des droits fonciers ou simplement des créances hypothécaires? Se purgent-ils en conséquence par les mêmes voies que les hypothèques des droits matrimoniaux purement personnels, ou peuvent-ils, comme les droits fonciers, comme la propriété foncière, être revendiqués sur un tiers-acquéreur qui a purgé son contrat d'acquisition de toutes les hypothèques de son vendeur?*

Le 10 mai 1774, contrat de mariage sous seing-privé entre le sieur Dhérici et la demoiselle Leparmentier Criquelet, tous deux domiciliés en Normandie. Le père et la mère du futur époux assistent à ce contrat; et celui-ci y déclare, *de leur consentement, donner et gager à la future épouse, douaire coutumier sur tous ses biens présens et à venir, à courir du jour qu'il aura lieu, sans qu'elle soit tenue d'en former aucune demande judiciaire.* — En 1786, ce contrat est déposé chez un notaire.

Le père et la mère du sieur Dhérici meurent quelque temps après, et il recueille leurs successions.

Le 30 mars 1791, la dame Dhérici obtient au tribunal du district de Caen, un jugement par défaut qui, à raison des dissipations auxquelles son mari s'était livré, la déclare *femme civilement séparée ;* l'envoie, comme telle, *en possession de ses biens ;* et lui adjuge *ses droits de dot, douaire, biens paraphernaux et tout ce qui peut lui compéter et appartenir aux termes de la coutume de Normandie.*

Le 29 avril suivant, la dame Dhérici, pour se conformer à l'arrêt de règlement du parlement de Rouen du 30 août 1555, fait insérer son nom et celui de son mari, au tableau des époux séparés; mais elle ne donne pas d'autre suite au jugement de séparation qu'elle a obtenu.

Le 2 ventôse an 8, le sieur Dhérici vend à la dame Delambre, moyennant 180,000 francs, le domaine d'Octeville en Caux, que son père et sa mère lui avaient transmis. — La dame Delambre fait transcrire son contrat, et paye entre les mains des créanciers inscrits sur ce domaine, le prix de son acquisition.

Le 9 floréal an 9, la dame Dhérici fait citer son mari, ses créanciers et ses acquéreurs, en formation de *lots à douaire.*

Son mari, ses créanciers et tous ses acquéreurs, la dame Delambre exceptée, déclarent s'en rapporter à justice. Mais la dame Delambre soutient que la dame Dhérici n'ayant point pris d'inscription pour son douaire avant la transcription du contrat du 2 ventôse an 8, a par cela seul perdu toute hypothèque sur le domaine d'Octeville; et que conséquemment elle est, à l'égard de ce domaine, non recevable dans sa demande.

Le 2 thermidor an 11, jugement du tribunal civil de l'arrondissement d'Yvetot, qui décide que la dame Dhérici n'a pas eu besoin d'inscription pour conserver son douaire, et *dit*, en conséquence, *à bonne cause la demande en confection de lots à douaire.*

La dame Delambre appelle de ce jugement. — Le 24 nivôse an 13, arrêt de la cour d'appel de Rouen, qui déclare qu'il a été bien jugé.

Recours en cassation contre cet arrêt, de la part de la dame Delambre.

« Un seul moyen de cassation vous est proposé dans cette affaire (ai-je dit à l'audience de la section des requêtes, le 25 thermidor an 13); et la question qu'il présente à votre examen, se réduit à savoir si, dans la ci-devant Normandie, le douaire coutumier ouvert, mais non déterminé, a pu, sous l'empire de la loi du 11 brumaire an 7, survivre, sans inscription préalable, à la transcription du contrat d'acquisition des biens sujets à ce droit.

» Nous disons d'abord *le douaire coutumier ouvert;* car d'après la jurisprudence constante et invariable de la ci-devant Normandie, le douaire de la dame Dhérici avait été ouvert par le jugement de séparation qu'elle avait obtenu le 30 mars 1791 (1); et vous savez que ce jugement n'a essuyé, de la part de la dame Delambre, aucune espèce d'attaque; que la dame Delambre n'a pris en première instance, ni devant la cour d'appel, aucune espèce de conclusions qui tendissent à en paralyser l'effet; et que, soit sous le rapport de ses dispositions intrinsèques, soit sous celui de sa forme extérieure, soit enfin sur le fondement ou le prétexte du retard de la dame Dhérici à la faire exécuter, il n'a été l'objet d'aucune critique positive, d'aucune demande formelle. — Il est d'ailleurs bien sensible que la dame Delambre aurait vainement tenté de se prévaloir de la non-exécution de ce jugement, avant la transcription de son contrat. En différant l'exécution de ce jugement, la dame Dhérici n'y avait pas renoncé, et n'avait pas perdu le droit de le faire exécuter par la suite. — « Pour jouir de l'effet de la séparation (dit Basnage, » sur l'art. 391 de la coutume de Normandie), tant » pour les meubles que pour les immeubles, la femme » doit faire faire un inventaire des meubles du mari » et se faire adjuger sur iceux ses *paraphernaux* » (c'est-à-dire, les meubles nécessaires à son usage » personnel); autrement les meubles sont réputés appartenir au mari; elle doit pareillement présenter » aux créanciers des lots à douaire, et faire procéder » à la choisie d'iceux; que si elle néglige de le faire, » les fruits peuvent être saisis par les créanciers du » mari : *ce qui ne rend pas la séparation nulle;* » mais elle perd la jouissance de son douaire durant » le temps qu'elle néglige de faire les lots ».

» Nous disons ensuite, *le douaire non déterminé :* car le douaire de la dame Dhérici ne consistant que dans l'usufruit du tiers des immeubles dont son mari se trouvait propriétaire à l'époque de son mariage, ou qui lui étaient échus depuis en ligne directe, n'aurait pu être déterminé que par un partage entre elle et son mari même; et ce partage n'était pas encore effectué au moment où la dame Delambre a fait transcrire son contrat, puisque ce n'est que plus d'un an après que la dame Dhérici a fait assigner son mari, ainsi que ses créanciers et ses acquéreurs, en formation de *lots à douaire.*

» Nous avons donc à examiner si par le défaut d'inscription sur le domaine d'Octeville avant la transcription du contrat de la dame Delambre, la dame Dhérici a perdu le droit qu'elle avait précédemment acquis, de comprendre ce domaine au nombre des biens qui devaient contribuer à l'assignation de son douaire.

» L'affirmative ne serait susceptible d'aucun doute, si ce droit ne formait, dans la personne de la dame Dhérici, qu'une créance hypothécaire, et en effet, l'art. 21 de la loi du 11 brumaire an 7, sous l'empire de laquelle a été transcrit le contrat de la dame Delambre, décidait nettement que les hypothèques légales ou conventionnelles des époux, *pour raison*

(1) V. l'article *Douaire*, sect. 2, §. 1.

de leurs conventions et droits matrimoniaux éventuels, qui ne seraient pas encore *ouverts*, ou qui étant ouverts, ne seraient pas encore *déterminés*, se perdraient irrévocablement faute d'inscription hypothécaire prise en temps utile.

» Il n'y aurait pas plus de doute sur la négative, s'il était bien constant que ce droit formait, dans la personne de la dame Dhérici, une propriété réelle et foncière. Car, de même que, sous l'empire de l'édit du mois de juin 1771, les lettres de ratification ne purgeaient ni l'usufruit, ni la servitude, ni la propriété, mais seulement les hypothèques, de même aussi, sous l'empire de la loi du 11 brumaire an 7, comme sous celui du Code civil, la transcription ne purge que les créances hypothécaires, et laisse absolument intactes toutes les espèces de droits réels et fonciers.

» Mais de ces deux hypothèses, quelle est la véritable? La dame Dhérici n'avait-elle qu'une hypothèque, ou avait-elle un droit réel et foncier, sur le domaine d'Octeville, lorsque la dame Delambre a fait transcrire son contrat d'acquisition? Voilà, MM., le vrai, l'unique point de la difficulté que vous avez à résoudre.

» Pour prouver que la dame Dhérici n'avait qu'une hypothèque, on vous dit, 1.° que le douaire n'est, avant son ouverture et sa liquidation, qu'un droit éventuel; 2.° que tout droit éventuel, non encore ouvert, ou qui étant ouvert, n'est pas encore liquidé et assis, ne constitue, par l'essence même des choses, qu'une créance hypothécaire; 3.° que telle est la disposition formelle de l'art. 21 de la loi du 11 brumaire an 7; 4.° qu'ainsi l'a réglé pour le douaire même, l'art. 70 des Placités de la ci-devant Normandie; 5.° que cela résulte encore de l'art. 76 du même règlement; 6.° que la cour l'a jugé de même par ses arrêts du 29 messidor, 4 thermidor et 2 fructidor an 12, concernant le tiers-coutumier des enfans. — Reprenons successivement chacune de ces propositions.

» 1.° Que le douaire ne soit, avant son ouverture, qu'un droit éventuel, c'est une vérité incontestable, mais qu'il en soit de même du douaire après son ouverture et avant sa liquidation, c'est un paradoxe inadmissible. — Une fois ouvert, soit par la mort naturelle du mari, soit par sa mort civile, soit, dans la ci-devant Normandie, par un jugement de séparation rendu entre lui et son épouse, le douaire n'est plus un droit éventuel, c'est un droit irrévocablement acquis. — Qu'importe qu'il ne soit pas encore liquidé? Comment la liquidation s'en fait-elle? Par un partage. Or, tout le monde sait que le partage n'est pas attributif de droits nouveaux, qu'il n'est que déclaratif des droits préexistans; et que chacun des co-partageans est, après le partage, censé avoir été, dès l'instant où son droit s'est ouvert, saisi de la portion qui compose son lot.

» 2.° Il n'est pas plus exact de dire aussi généralement que le fait la demanderesse, qu'un droit éventuel non encore ouvert, ou qui étant ouvert, n'est pas encore déterminé, ne peut former qu'une créance hypothécaire. — On doit, au contraire, distinguer à cet égard, entre les droits personnels et les droits fonciers.

» Sans doute, les droits personnels dont l'ouverture dépend d'une éventualité, ne peuvent, tant qu'ils ne sont pas ouverts, et même, non-seulement après leur ouverture, mais encore après leur liquidation, constituer que des créances. — Ainsi, on ne peut considérer que comme une créance, le douaire préfix d'une somme de deniers, ou d'une rente annuelle à prendre sur les biens du mari; et ouvert ou non liquidé, cette créance ne peut jamais donner sur les biens qui y sont sujets, qu'une simple hypothèque.

» Mais en est-il de même des droits fonciers? En est-il de même d'une servitude réelle? En est-il de même d'un usufruit? En est-il de même, en un mot, du douaire coutumier, c'est-à-dire, d'un droit qui consiste dans l'usufruit d'une quotité des biens du mari? Non, certes, et la raison en est palpable. — Tout droit foncier fait essentiellement partie de la propriété du fonds qui en est chargé; ainsi, la personne à laquelle appartient une servitude réelle, est associée à la propriété de l'héritage qui doit cette servitude. Ainsi, l'usufruitier est propriétaire partiel de l'immeuble sur lequel s'exerce son usufruit. — On doit donc raisonner à l'égard d'un droit foncier éventuel, comme on le ferait à l'égard d'une propriété subordonnée à l'événement d'une condition. — Or, oserait-on dire que celui à qui a été donnée une propriété éventuelle, n'est, jusqu'à l'événement de la condition, qu'un créancier hypothécaire? — Un père, en mariant son fils, promet, comme on le fait tous les jours dans la ci-devant Normandie, de lui *garder* tel héritage. Cette promesse n'est point une donation actuelle, elle ne saisit pas actuellement le fils de la propriété du bien que son père s'est engagé de lui garder; elle ne lui assure que le droit de prendre cet héritage dans la succession de son père; et l'on sent bien que pour cela, il faut que son père meure avant lui. Ce n'est donc pour le fils qu'un droit éventuel; mais assurément ce droit éventuel n'est pas une simple créance, il ne donne pas au fils une simple hypothèque, il lui confère l'expectative d'une propriété véritable, expectative qui peut sans doute se résoudre par son prédécès, mais qui venant à se réaliser par la mort de son père, anéantira *ipso facto* toutes les aliénations que celui-ci aurait pu faire de son bien. — Autre exemple non moins sensible. Un testateur m'a légué un immeuble, en cas que tel événement arrivât après sa mort; le testateur est décédé, et l'événement duquel dépend mon legs, reste en suspens. Quel droit ai-je dans cet état de suspension? Suis-je créancier pur et simple? Non. Suis-je au moins créancier conditionnel? Pas davantage : *Is cui sub conditione legatum est, pendente conditione non est creditor*, dit la loi 42, D. *de obligationibus et actionibus*. Que suis-je donc? Je suis, et je suis dans toute l'intensité de ce mot, propriétaire éventuel; et cela est si vrai que la condition venant à s'accomplir, je suis censé avoir été investi, à l'instant même où est mort le testateur, de la propriété de l'immeuble qu'il m'a légué. Cela est si vrai que si, pendant que la condition était en suspens, l'héritier a disposé de cet immeuble, ou l'a grevé d'une servitude, la disposition qu'il en a faite, la servitude dont il l'a grevé, s'évanouiront de plein droit. *Si servum sub conditione legatum heres alienaverit, deindè conditio extiterit, potest nihilominus à legatario vindicari* : ce sont les termes de la loi 69, §. 1, D. *de legatis* 1.°, et la loi 69, D. *de conditionibus et demonstrationibus*, ajoute : *Sed et imposita servitus finitur existente conditione.* — Ce qui certainement n'aurait pas lieu, si le legs n'avait donné contre l'héritier qu'une action personnelle, puisqu'alors je serais exclus par l'acquéreur de l'héritier, comme est excluse, par un second acheteur qui a pris livraison avant elle, la personne qui, en achetant la première sans prendre livraison, ne s'est par-là procuré qu'une action personnelle contre son vendeur.

» Par la même raison, la femme à qui la coutume a assuré pour douaire au moment de son mariage, l'usufruit d'une quotité des biens de son époux, n'est pas, à la vérité, actuellement usufruitière; à la vérité, tant que son époux vit et n'est pas séparé d'elle, la qualité d'usufruitière éventuelle est la seule qu'elle puisse s'arroger. Mais cette qualité ne la rend pas créancière sous la condition qu'elle survive à son mari; elle la rend, sous cette condition, propriétaire partielle des biens que son mari a apportés en mariage, ou qui lui sont depuis échus en ligne directe.

» Et à plus forte raison, la femme n'est-elle pas créancière, à plus forte raison, est-elle réellement propriétaire partielle, lorsqu'elle a perdu son mari ou qu'elle s'est séparée de lui judiciairement, quoique d'ailleurs son usufruit ne soit pas encore assis par un partage régulier, quoique d'ailleurs elle n'en ait pas encore pris la possession effective, quoique d'ailleurs il soit encore incertain si c'est sur tel bien ou sur tel autre que son douaire sera assigné.

» Si la femme était créancière de son douaire, tant qu'il n'est pas liquidé et assis, bien certainement elle aurait, pour le faire liquider et asseoir, une action personnelle, soit contre l'héritier de son mari, soit contre son mari lui-même en cas de séparation; et cette action, par cela seul qu'elle serait personnelle, serait tellement indéfinie, que l'héritier ou le mari en seraient tenus même au-delà de ce qu'ils posséderaient. Cependant il est certain que cette action n'est ni indéfinie, ni par conséquent personnelle; et c'est la coutume de Normandie elle-même qui prend soin de le décider ainsi : *l'héritier*, dit-elle, art. 378, *n'est tenu de douer la femme de son prédécesseur, fors de ce qu'il a eu de la succession.* « La raison en est (ajoute » Basnage sur cet article), que l'action en douaire » contre l'héritier n'est pas personnelle; elle ne » l'aurait pas même été contre le mari... C'est un droit » réel, qui ne produit qu'une action *répersécutoire* ».

» Cet argument au surplus ne perdrait rien de sa force, si on lui opposait l'art. 368 de la même coutume, qui dit : *douaire n'est dû sinon du jour qu'il est demandé, s'il n'est autrement convenu par le traité de mariage* : car de ce que la veuve, de ce que la femme séparée n'est pas, de plein droit, saisie de son douaire, il ne s'ensuit nullement que son douaire ne soit pas pour elle une vraie propriété, avant qu'elle en ait demandé la délivrance. — Le légataire est incontestablement propriétaire de la chose léguée, dès l'instant où le testateur cesse de vivre : *Legatum* (dit la loi 80 *de legatis* 2.°, au Digeste), *ità dominium legatarii facit, ut hereditas heredis res singulas; quod eo pertinet ut si purè relicta sit, rectà vià dominium quod hereditatis fuit ad legatarium transeat, nunquàm factum heredis*; et voilà pourquoi la loi 1, C. *communia de legatis*, lui attribue l'action réelle contre tout possesseur de la chose comprise dans son legs. Néanmoins personne ne doute qu'il ne soit obligé de demander la délivrance de son legs même, à l'héritier du testateur; et c'est ce que Justinien décide nettement par la définition qu'il nous donne du legs dans ses Institutes : *Donatio quædam à defuncto relicta, ab herede præstanda.* Quelle en est la raison? C'est que la délivrance ne tombe pas sur la propriété, mais sur la possession; c'est qu'en déclarant le légataire propriétaire dès la mort du testateur, les lois ne lui donnent la qualité de possesseur légitime qu'après la délivrance faite par l'héritier, ou ordonnée par le juge. C'est que l'héritier ayant la grande main dans toute la succession, est saisi de plein droit de tous les biens, de tous les effets qui la composent; et que nul ne pouvant se faire justice à soi-même, on ne peut ôter cette *saisine* ou possession à l'héritier, sans son consentement ou l'autorité de la justice. — Dans la coutume de Normandie, les puînés sont incontestablement propriétaires des portions de biens que cette loi municipale leur défère; cependant elle décide elle-même, art. 227, qu'ils n'en sont pas saisis de plein droit, qu'ils doivent en demander la délivrance à leur frère aîné, et que jusqu'à ce qu'ils lui en aient fait la demande, leur frère aîné fait siens tous les fruits qu'il perçoit. — Ainsi, rien à conclure, relativement à notre question, de ce que par l'art. 368 de la même coutume, *douaire n'est pas dû*, en thèse générale, *sinon du jour qu'il est demandé.*

3.° L'art. 21 de la loi du 11 brumaire an 7 n'est pas, à beaucoup près, aussi favorable qu'on le prétend, au système de la demanderesse. Pour nous en convaincre, examinons d'abord quel est son objet.

» La loi du 11 brumaire an 7 commence par déterminer, art. 17, les formes des inscriptions que prennent les créanciers ordinaires. Elle veut que ces inscriptions indiquent, non-seulement le nom et le domicile du créancier, le nom et le domicile du débiteur, mais encore la date du titre, le montant de la créance, l'espèce et la situation des biens sur lesquels on entend conserver son hypothèque. Venant ensuite au *droit d'hypothèque conventionnelle ou légale*, au profit de la nation sur les comptables, des mineurs, des interdits et des absens sur leurs tuteurs, curateurs ou administrateurs, et des *époux*, *pour raison de leurs conventions et droits matrimoniaux éventuels*, *qui ne sont encore ni ouverts, ni déterminés*, elle veut que ce genre d'hypothèque soit *inscrit sur la simple représentation de deux bordereaux contenant* le nom et le domicile du créancier, le nom et le domicile du débiteur, et *la nature du droit qu'il s'agit de conserver à l'époque où il a pris naissance*, *sans être tenus d'en déterminer le montant.* — Le seul objet de l'art. 21, par rapport à l'hypothèque des époux, est donc d'affranchir l'inscription prise pour la conserver, de la nécessité d'indiquer la date du titre dont elle dérive, le montant des créances dont elle est le gage, et la nature ainsi que la situation des biens qui y sont affectés. — L'art. 21 n'a donc pas été fait pour définir quels sont les droits matrimoniaux qui doivent être inscrits, mais uniquement pour régler la forme dans laquelle on doit inscrire ceux qui sont sujets à inscription.

» A cette première observation, s'en joint une autre qu'il est à la fois aussi facile et aussi important de bien saisir. — L'art. 21 ne dit pas que toutes les conventions matrimoniales, que tous les droits matrimoniaux ne donnent, tant qu'ils ne sont ni ouverts, ni déterminés, qu'une simple hypothèque; il dit seulement que toute hypothèque pour conventions ou droits matrimoniaux non ouverts ni déterminés, doit être inscrite de telle manière; et, comme l'on voit, la seule conséquence raisonnable que l'on puisse en tirer, c'est qu'il est des conventions matrimoniales, c'est qu'il est des droits matrimoniaux, qui ne constituent que de simples créances; et que ces créances peuvent avoir une hypothèque, soit en vertu d'une stipulation expresse, soit par la puissance de la loi. — Telles sont, en effet, la répétition des dots constituées en argent, le préciput mobilier, le douaire préfix en deniers ou rente.

» Mais bien sûrement on ne peut pas inférer de cet article, que si, par le contrat de mariage, un immeuble a été donné en toute propriété à la femme, en cas de survie, la femme n'ait, avant la mort de son mari, qu'une créance personnelle, qu'une simple hypothèque, pour obtenir cet immeuble lorsque son mari sera décédé. Et s'il en est ainsi de la donation d'un immeuble en propriété, quelle raison y aurait-il pour qu'il en fût autrement de la donation de l'usufruit, soit d'un immeuble spécialement désigné, soit d'une quotité de tous les immeubles que laissera le mari?

» Du reste, on conçoit très-bien pourquoi l'art. 21 assimile, dans sa disposition, les droits matrimoniaux qui, étant ouverts, ne sont pas encore déterminés, aux droits matrimoniaux qui ne sont pas encore ouverts : c'est que les droits matrimoniaux qui sont à la fois ouverts et déterminés, ne doivent pas jouir du privilége que la loi accorde aux époux de ne rappeler, dans leurs inscriptions, que le nom et le domicile des créanciers, le nom et le domicile du débiteur, et la nature du droit qu'il s'agit de conserver; c'est qu'une fois ces droits déterminés, ils doivent rentrer dans la classe des créances ordinaires; c'est qu'alors on ne peut les inscrire qu'au moyen du concours de toutes les formes prescrites par l'art. 17.

» Mais ce que l'on ne conçoit pas, c'est l'erreur dans laquelle la demanderesse s'est laissée entraîner sur le sens et l'objet de l'art. 21 : erreur si palpable, qu'il suffit de l'indiquer pour la détruire.

» 4.° Les Placités de 1666 paraissent, au premier abord, fournir à la demanderesse un argument beaucoup plus solide. Après avoir dit, art. 69, que *le douaire est pris sur l'entière succession; et le dot sur ce qui revient à l'héritier après la distraction du douaire*, ils ajoutent, art. 70 : *néanmoins* L'HYPOTHÈQUE *du dot doit être préférée à* CELLE DU DOUAIRE, *pourvu que le contrat de mariage soit reconnu avant la célébration du mariage*. Et la demanderesse ne manque pas de s'emparer de ces expressions, *l'hypothèque du dot doit être préférée à celle du douaire*. « L'HYPOTHÈQUE DU DOUAIRE, s'écrie-t-elle! voilà le terme sacramentel du statut » normand. La stipulation du douaire ne confère » donc qu'un droit d'hypothèque. Si le douaire eût » été autre chose qu'un droit d'hypothèque, s'il eût » constitué une propriété effective et déjà établie, » il ne se fût pas trouvé en concours avec la dot, » qui, pour sa restitution, n'emporte qu'un droit » d'hypothèque. Ce qui est acquis, ce qui forme » notre chose, ne peut pas être balancé par un droit » d'hypothèque qui ne donne pas la propriété. » Ainsi, par cela même que le douaire est mis, pour » les droits qu'il doit produire, en comparaison avec » la dot qui ne peut en donner que d'hypothécaires, » il est bien évident que l'un et l'autre ne confèrent » qu'une hypothèque; et qu'il faudrait raisonner de » cette manière, quand même la coutume n'aurait » pas dissipé tous les doutes, en leur assignant à » l'un et à l'autre le caractère d'hypothèque ».

» Tout cela est très-spécieux; mais ne nous arrêtons pas à l'écorce des mots, sondons l'esprit du statut normand, et bientôt nous verrons le prestige s'évanouir.

» Quel est le but des art. 69 et 70 des Placités de 1666? C'est de décider, non pas si le douaire est un droit d'hypothèque, mais si, dans le concours de la dot et du douaire, la dot doit être restituée avant que le douaire soit assis, ou si le douaire doit être assis avant que la dot soit restituée. On sent toute l'importance de cette question, et un exemple la fera, pour ainsi dire, toucher au doigt et à l'œil. — Une femme a apporté en dot une somme de 100,000 francs; et son mari est mort, laissant pour 400,000 francs de biens. Si l'on commence par prélever la dot sur tout son patrimoine, il ne restera après ce prélèvement, que 300,000 francs; et par conséquent la veuve ne pourra prétendre que l'usufruit de 100,000 francs pour son douaire. Si, au contraire, on commence par asseoir le douaire sur la totalité des biens, la veuve aura l'usufruit de 133,333 francs et quelques centimes; et elle reprendra sa dot sur le 266,666 francs et quelques centimes qui se trouveront de reste. — Il est donc très-intéressant pour la veuve que l'assiette du douaire devance la restitution de la dot; et l'art. 69 des Placités veut effectivement que l'on procède ainsi entre la veuve et l'héritier du mari : *le douaire est pris sur l'entière succession, et le dot sur ce qui revient à l'héritier après la distraction du douaire*. — « La raison en est (dit Basnage, dans » son *Traité des hypothèques*, part. 1, chap. 13), » que la femme doit avoir pour son douaire, le tiers » entier des biens que son mari possédait lors de son » mariage; que si le douaire contribuait au remploi » de la dot reçue par son mari, elle aurait moins » que le tiers; et même il pourrait arriver que la dot » se monterait à une somme si considérable, que le » tiers, destiné pour le douaire, serait consumé; et il » en arriverait encore cette absurdité, que bien que » le tiers appartienne entièrement aux enfans, et qu'il

» ne puisse souffrir aucune diminution ni être engagé » par le père, le père pourrait néanmoins les en frus» trer en tout ou en partie, en dissipant les deniers » dotaux de sa femme, qu'il aurait reçus ». — Aussi Basnage remarque-t-il que, même avant la rédaction des Placités, deux arrêts du parlement de Rouen, du 23 août 1628, et du mois d'août 1629, avaient *jugé que le douaire serait levé le premier, et que la dot serait reprise sur les deux autres tiers.*

» Observons cependant que l'art. 69 des Placités ne statue que sur le cas où la liquidation du douaire et celle de la dot se règlent entre la veuve et l'héritier du mari, sans l'intervention d'aucune personne tierce, et qu'il se trouve dans la succession assez de biens pour fournir à l'une et à l'autre. Mais si à cette double opération il intervient des tiers intéressés à ce que la dot soit distraite avant le douaire, ce qui arrive toujours quand il y a déficit dans la succession, quel parti devra-t-on prendre? C'est à cette question que s'applique l'art. 70. En ce cas, dit-il, *l'hypothèque du dot doit être préférée à celle du douaire.* — Cette disposition n'est pourtant pas aussi générale qu'elle le paraît à la première vue; et la manière de l'entendre, dépend de la qualité des personnes qui prétendent faire colloquer la dot devant le douaire.

» Si ce sont des créanciers du mari, la veuve doit avoir contre eux le même avantage que contre l'héritier; elle doit obtenir contre eux, comme elle obtiendrait contre l'héritier, l'assiette de son douaire avant la restitution de sa dot. Le parlement de Rouen l'avait ainsi jugé antérieurement aux Placités, par trois arrêts des 13 juillet 1647, 11 mars 1664 et 17 décembre 1665; et il le jugea encore de même depuis, par un arrêt du 31 juillet 1669. Lors de ce dernier arrêt (dit Basnage), « l'art. 70 du règlement de » 1666 faisait naître toute la difficulté, parce qu'il » porte que l'hypothèque de la dot est préférable à » celle du douaire; mais cela s'entend, lorsque celui » qui demande la dot, veut qu'elle soit préférée, » mais quand l'un et l'autre appartiennent à la même » personne, il peut donner la préférence à l'un ou » à l'autre ».

» Si la collocation de la dot, avant le douaire, est demandée par les enfans douairiers, c'est toute autre chose; et c'est vraiment à ce cas que s'applique littéralement l'art. 70 des Placités. Alors, en effet la veuve doit reprendre l'intégralité de sa dot, avant qu'on s'occupe de l'assiette de son douaire; et il est aisé de sentir qu'opérer en sens contraire, ce serait la dépouiller de ses droits les plus légitimes. Qu'un mari, par exemple, après avoir reçu de son épouse une dot de 300,000 fr., ne laisse que pour 300,000 francs de biens; il est évident que si, après sa mort, on commençait par distraire le douaire de la veuve, lequel deviendrait propre aux enfans, il ne resterait plus que 200,000 francs pour la dot; et par conséquent les enfans douairiers prendraient 100,000 fr. sur les biens personnels de leur mère. Les Placités préviennent et condamnent cette injustice; et ils ne font en cela qu'ériger en loi ce que la jurisprudence du parlement de Paris avait déjà consacré par dix arrêts qui sont rapportés dans le recueil de Louet et dans les additions de Brodeau, lettre D, §. 40.

» Maintenant, que signifie l'art. 70 des Placités de 1666? Rien autre chose, si ce n'est que toutes les fois que la veuve y a intérêt, le douaire ne doit se prendre que sur ce qui reste après la distraction de la dot. Voilà quel est l'objet de cet article, voilà tout ce qu'il veut dire, voilà tout ce qu'il dit réellement. Vouloir en conclure que, dans tous les cas, le douaire n'est qu'une créance hypothécaire, c'est abuser d'une expression qui n'est exacte que pour le douaire stipulé en deniers ou rente: c'est donner à cette expression une latitude qui blesse tous les principes; c'est bouleverser toutes les notions du droit.

» Veut-on d'ailleurs une preuve sans réplique, que l'usage et la jurisprudence, c'est-à-dire, les meilleurs interprètes des lois avaient proscrit cette induction que la demanderesse voudrait tirer de l'art. 70 des Placités, on la trouvera dans le précis que contient l'arrêt attaqué, des conclusions du procureur-général de la cour d'appel de Rouen, et dans les motifs de cet arrêt même. Il y est attesté de la manière la plus positive, que le parlement de Normandie jugeait constamment que les lettres de ratification ne purgeaient pas le douaire coutumier, même lorsqu'il était ouvert au moment de leur sceau. — La demanderesse vous présente cette jurisprudence comme diamétralement opposée à l'art. 32 de l'édit du mois de juin 1771; mais c'est de sa part une grande erreur. — L'art. 32 de l'édit du mois de juin 1771 se borne à déclarer que les lettres de ratification ne purgent pas le douaire non ouvert; il ne décide pas si le douaire ouvert sera purgé par ces lettres: il se tait sur cette question; et, par son silence, il en renvoie nécessairement la solution aux principes généraux de la matière. Or, que nous disent ces principes? Ils nous disent sans doute que si le douaire ouvert consiste en deniers, en rente, il ne forme qu'une créance susceptible de poursuites actuelles, et que par conséquent les lettres de ratification le purgent. Mais ils nous disent en même temps que, si le douaire ouvert consiste ou dans la propriété ou dans l'usufruit d'une portion des biens du mari, il forme un droit véritablement réel et foncier; et l'art. 7 de l'édit de 1771 lui-même est là pour nous apprendre que les lettres de ratification n'ont aucune prise sur les droits de cette nature. — Donc la jurisprudence du parlement de Rouen qui affranchissait de l'effet des lettres de ratification le douaire coutumier ouvert, comme le douaire coutumier non ouvert, est à l'abri de toute critique raisonnable. Donc, cette jurisprudence prouve que le parlement de Rouen ne regardait pas le douaire coutumier, ouvert ou non, comme une simple créance hypothécaire. Donc, cette jurisprudence dépose contre l'interprétation que la demanderesse prétend donner à l'art. 70 des Placités.

» 5.° L'art. 76 du même règlement offre-t-il plus d'avantage à la demanderesse? Il résulte de cet article que le débiteur d'une rente assujétie au douaire de la femme, peut la rembourser entre les mains du mari, sans que la femme intervienne au remboursement; et que par-là il se libère de la rente, nonseulement envers le mari, mais même envers la femme, sauf à celle-ci son recours sur les autres biens de son époux. — Mais de cette disposition, peut-on conclure que la femme n'avait pas un droit foncier éventuel sur la rente, avant que la rente fût remboursée? C'est comme si l'on disait : une rente que la femme s'est constituée en dot, peut être remboursée entre les mains du mari, en l'absence, à l'insu même de la femme. Donc la femme n'est point propriétaire de sa rente dotale; donc la femme n'a, pour raison de se rendre dotale, qu'une créance hypothécaire. — Sans contredit ce raisonnement serait vicieux; celui de la demanderesse ne peut donc pas être fondé. Et en effet, comment ne sent-on pas que la faveur de la délibération est le seul motif de l'art. 76 des Placités.

» 6.° Quant aux arrêts de la cour des 29 messidor, 4 thermidor et 2 fructidor an 12, qui ont jugé aboli par la loi du 17 nivôse an 2, le tiers-coutumier des enfans nés de mariages contractés avant la publication de cette loi, c'est bien vainement que l'on cherche à en argumenter ici.

» D'une part, ces arrêts ne statuent que sur le tiers-coutumier non encore ouvert à l'époque de la publication de la loi du 17 nivôse an 2; et ici, il est question d'un douaire dont l'ouverture remonte au-delà de la transcription du contrat de la demanderesse, au-delà même de la publication de la loi du 17 nivôse an 2, qui ne parle que du droit des veuves, en un mot, jusqu'au 30 mars 1791.

» D'un autre côté, de ce que, par ces arrêts, il est décidé que le tiers-coutumier des enfans n'était, avant son ouverture, qu'un droit successif purement statutaire, et qu'il a pu, comme tel, être aboli par une loi qui en a précédé l'échéance, que peut-on raisonnablement inférer par rapport au douaire coutumier, même non ouvert? Que le douaire coutumier non ouvert ne donnait pas à la femme un droit irrévocable. Les art. 13 et 14 de la loi du 17 nivôse an 2 décident formellement le contraire. Que le douaire coutumier non ouvert ne donnait à la femme qu'une créance. Les arrêts dont il s'agit, ne disent pas un mot de cela; et puis, encore une fois, ce n'est pas d'un douaire coutumier non ouvert qu'il est ici question.

» Enfin, il est vrai que, dans le premier de ces trois arrêts, il est énoncé, non-seulement que le tiers-coutumier des enfans *n'était point une propriété pleine, parfaite, absolue, irrévocable*, ce qui est au-dessus de toute espèce de difficulté; mais encore qu'il *n'était qu'une expectative conditionnelle, qui* DONNAIT PLUTÔT UN DROIT D'HYPOTHÈQUE *sur l'immeuble à ce destiné, le cas arrivant, qu'une véritable propriété*. Mais ces expressions, *donnait plutôt un droit d'hypothèque*, sont employées là dans un sens évidemment impropre; car si le tiers-coutumier eût, avant son ouverture, conféré aux enfans un droit d'hypothèque, la loi du 17 nivôse an 2 n'aurait pas pu l'abolir. Il n'est pas plus au pouvoir du législateur, de rétroagir sur les hypothèques, que sur les propriétés; toute hypothèque qui est une fois acquise, survit nécessairement à la loi qui vient ensuite établir un nouvel ordre de choses.

» Nous savons bien que ces expressions ont été empruntées d'un arrêt de règlement du parlement de Rouen du 4 mars 1633, portant que « les petits-fils qui » auront renoncé à la succession de leur père décédé » avant leur aïeul, et à celle de leur aïeul et aïeule, » pourront demander le tiers-coutumier que leur » père aurait pu prétendre sur la succession de cet » aïeul ou aïeule, s'il ne les eût prédécédés, *à l'hypothèque* du contrat de mariage desdits aïeul et » aïeule ». — Mais ces derniers mots, *à l'hypothèque du contrat de mariage*, n'ont pas dans le règlement de 1733, un autre sens que dans celui de 1666: ils expriment seulement que le droit des enfans, lorsqu'il vient à s'ouvrir, a opéré son effet dès le jour du mariage dont ils sont issus, soit médiatement, soit immédiatement; que dès ce jour, leur père ou leur aïeul a été dans l'impuissance d'aliéner au préjudice du tiers-coutumier; et que toutes les aliénations faites à compter de ce jour par le père ou l'aïeul, sont révocables jusqu'à due concurrence, de la part des enfans dont le tiers-coutumier n'est pas rempli.

» Par ces considérations, nous estimons qu'il y a lieu de rejeter la requête de la demanderesse ».

Arrêt du 25 thermidor an 13, au rapport de M. Coffinhal, par lequel, — « Considérant que le douaire de la dame Dhérici était ouvert par la séparation de biens prononcée entre elle et son mari dès 1791; que dès cette époque, elle en a été saisie, puisque son contrat de mariage porte qu'il courra, à son profit, du jour que douaire a lieu, sans être obligée d'en faire demande en justice; considérant qu'elle s'est trouvée dès-lors co-propriétaire avec son mari, en usufruit, et que sa propriété n'a pu être compromise, quoique la sentence de séparation n'ait pas été immédiatement suivie de la formation des lots à douaire; l'exercice du droit ne devant pas être confondu avec le droit même, et le partage ou confection des lots à douaire étant déclaratif et non attributif de propriété; d'où il suit que les dispositions de la loi de brumaire an 7, concernant l'inscription des créances ou droits d'hypothèque ou privilége, sont inapplicables à l'espèce actuelle, où il s'agit d'une copropriété pour laquelle la même loi établit l'action en revendication, au lieu de la soumettre aux formalités du régime hypothécaire; considérant que ce motif est suffisant pour justifier l'arrêt attaqué, et qu'il serait superflu d'examiner les autres questions à la décision desquelles il s'est surabondamment livré; la cour rejette la demande en cassation.... ».

§. VIII. *Quels droits ont les enfans dans les Gains nuptiaux? Quelles sûretés peuvent-ils exiger à cet égard du survivant de leur père ou mère? Changemens que les lois nouvelles ont apportés sur cette matière aux anciennes.*]]

I. Pour avoir une connaissance du droit que les enfans ont dans les Gains nuptiaux durant la vie des époux, il faut distinguer les temps et les différens actes.

Tant que le père et la mère ne sont décédés ni l'un ni l'autre, le droit des enfans dans les Gains nuptiaux reste en suspens. En effet, comme il faut que l'époux survive pour recueillir ses Gains nuptiaux, et les transmettre à ses héritiers, il est évident que, durant la vie des deux époux, on ne peut pas déterminer si ce sera les Gains nuptiaux du mari, où ceux de la femme qui auront lieu. Ainsi, les enfans ne peuvent alors disposer d'aucune portion des Gains nuptiaux de leurs parens, à moins que ce ne soit avec le consentement du père et de la mère; et même la disposition que les enfans peuvent faire des Gains nuptiaux avec ce consentement, ne produit d'effet qu'autant qu'elle est expresse: c'est pourquoi si une fille renonçait, par son contrat de mariage, à tous ses droits, tant paternels que maternels, sa renonciation, quoique faite du consentement de son père et de sa mère, ne comprendrait pas sa part dans les Gains nuptiaux, s'il n'en était fait une mention expresse.

Il en serait différemment si les Gains nuptiaux étaient acquis par le décès de l'un des deux époux. Dans ce cas, la renonciation que l'époux veuf ferait faire par ses enfans, lors de leur mariage, à tous les droits qu'ils pourraient prétendre dans la succession de l'époux prédécédé, comprendrait leur part dans les Gains nuptiaux. Mais si l'époux survivant était remarié, et que la renonciation fût faite à son profit, il faudrait qu'elle fût expresse pour qu'on pût l'étendre aux Gains nuptiaux.

Les Gains nuptiaux ne passent point aux enfans ni aux héritiers de l'époux prédécédé, à moins que, contre l'usage ordinaire, on n'ait stipulé par le contrat de mariage, que *l'époux aura ses Gains nuptiaux, soit en cas de survie ou de prédécès.*

Les enfans peuvent, pendant la vie de l'époux survivant, demander les Gains nuptiaux de l'époux prédécédé, quoiqu'il ne les ait point recueillis, lorsque la mort de cet époux est arrivée par le fait du survivant. Basset rapporte un arrêt du parlement de Grenoble, du 4 février 1624, qui l'a ainsi jugé.

Il y a encore d'autres cas où les enfans ont droit dans les Gains nuptiaux, même du vivant de leur père ou de leur mère. Par exemple, lorsque pour cause de faillite, longue absence, séparation ou mort civile du mari, la femme a pu demander la délivrance de ses Gains nuptiaux, son droit passe à ses enfans, quoique du vivant de leur père.

Pareillement, lorsque pour cause de mort civile ou de longue absence de la femme, le mari a été fondé à demander ses Gains nuptiaux, ses enfans les recueillent après son décès, quoique leur mère soit encore vivante.

A l'exception de ces cas particuliers, le droit des enfans dans les Gains nuptiaux est incertain, tandis que leur père et leur mère sont tous les deux vivans. Cependant ce droit a un effet rétroactif au jour du contrat de mariage; c'est pourquoi les enfans ont hypothèque, dès ce jour, sur tous les biens des époux pour la sûreté des Gains nuptiaux qui, par l'événement peuvent leur être transmis, soit du chef de leur père, soit de celui de leur mère. C'est ce qui résulte du chap. 24 de la Novelle 22.

Quand après le décès du père ou de la mère, le fils institué héritier universel marie son frère ou sa sœur, et les fait renoncer *à tous les droits qu'ils pouvaient prétendre dans la succession du père ou de la mère prédécédés*, une telle renonciation s'étend aux Gains nuptiaux, pourvu toutefois que l'enfant qui renonce, soit à peu près rempli de sa légitime et de sa part dans les Gains nuptiaux; car s'il souffrait une lésion considérable, il serait fondé à se pourvoir pour être restitué contre sa renonciation.

Les Gains nuptiaux appartiennent aux enfans, lors même qu'ils ne sont héritiers ni de leur père ni de leur mère, parce que ces biens sont un troisième genre de biens qui diffèrent de ceux de la succession des époux. C'est ce qui résulte du chap. 20 de la Novelle 22: *Dabuntur hæc filiis honore præcipuo, licet non fiant heredes patris, aut matris, aut utriusque.*

Quand les enfans ont une fois recueilli les Gains nuptiaux de leur père ou de leur mère, ces sortes de biens n'ont plus de qualité ni de règles particulières; ils demeurent confondus avec leurs autres biens, et ils peuvent en disposer comme bon leur semble.

II. En pays de droit écrit, le survivant n'obtient la délivrance des Gains nuptiaux qu'en donnant bonne et suffisante caution, lorsque par l'événement ces Gains peuvent être réversibles aux enfans. Cette jurisprudence est attestée par Bretonnier, dans ses *Observations sur Henrys*, et par Argou, dans ses *Institutions au droit français.*

Cette règle reçoit néanmoins les exceptions suivantes:

1.° Lorsque par le contrat de mariage, on a stipulé que le survivant jouirait de ses Gains nuptiaux, sans être obligé de donner caution, la convention doit être exécutée.

2.° Si, par le contrat de mariage, on a stipulé que le survivant aura, pour ses Gains nuptiaux, l'usufruit de certains immeubles du prédécédé, ou si, en payement de ses Gains nuptiaux réversibles, on lui donne la jouissance de quelques héritages, il doit être dispensé de donner caution, attendu que les enfans ont sur ces immeubles une hypothèque légale, en vertu de laquelle ils peuvent les répéter, nonobstant toute disposition postérieure que le survivant aurait pu faire au préjudice de leur droit.

3.° Lorsque les Gains nuptiaux du survivant lui sont payés partie en deniers ou en effets mobiliers, et partie en immeubles dont on lui accorde la jouissance, il ne doit être obligé de donner caution que jusqu'à concurrence du mobilier qu'on lui donne en payement.

4.° Le survivant ne devant une caution que pour assurer qu'après son décès les Gains nuptiaux retourneront aux enfans, il faut en conclure qu'il est dispensé de donner caution, relativement aux objets qui lui sont accordés en pleine propriété, soit par la loi, soit par le contrat de mariage.

5.° Le survivant est pareillement dispensé de donner caution lorsqu'il n'y a point d'enfans vivans à l'instant où il doit jouir des Gains nuptiaux et de survie.

6.° Lorsque le survivant est dans le cas de donner une caution pour jouir de ses Gains nuptiaux, il ne la doit que jusqu'à concurrence de ses Gains, déduction faite de la virile qui lui appartient en propriété.

7.° Quand il y a des enfans d'un premier mariage, et que le survivant se remarie, il doit donner caution de rapporter les Gains nuptiaux qu'il a touchés, même ceux dont il avait auparavant la pleine propriété, en vertu de la loi ou de son contrat de mariage, sans en excepter la virile. Cette décision est fondée sur ce que, par les secondes noces, le survivant qui a des enfans d'un premier mariage, perd tous les droits de propriété qu'il pouvait avoir dans les Gains nuptiaux; et la totalité de ces Gains étant réversible à ses enfans, il est tenu de donner caution pour cet effet. *V. Noces.*

Observez néanmoins que la caution due dans le cas d'un second mariage, ne peut être exigée d'avance, sous prétexte que le survivant pourra se remarier.

[[III. D'après les art. 1081, 1082 et 1092 du Code Napoléon, les Gains de survie ne peuvent plus être stipulés réversibles aux enfans; à plus forte raison, ne le sont-ils plus de plein droit.

Du reste, lorsqu'un Gain de survie consiste dans l'usufruit d'un ou de plusieurs immeubles, le survivant est tenu de fournir la même caution que tout autre usufruitier. *V. Usufruit.*

§. IX. *Des causes pour lesquelles l'époux survivant peut être privé de ses Gains nuptiaux.*]]

Ces causes sont de deux sortes: les unes sont communes aux deux époux; les autres n'ont rapport qu'à la femme.

Celles qui concernent le mari ainsi que la femme, sont, en premier lieu, le meurtre de l'un des époux occasionné par l'autre; dans ce cas, le survivant doit être privé des Gains nuptiaux, quand même ce serait le mari qui aurait tué sa femme surprise en adultère, et qu'il aurait obtenu à ce sujet des lettres de grâce. [[*Code Napoléon, art.* 955 et 1081. *V. Indignité.*]]

En second lieu, le survivant qui ne poursuit pas la vengeance de la mort du prédécédé doit pareillement être privé de ses Gains nuptiaux.

[[Cette règle de l'ancien droit est abrogée. *V. Deuil,* §. 2.]]

Outre ces deux causes qui s'appliquent à l'un et l'autre des époux, la femme peut encore être privée de ses Gains nuptiaux.

1.° Lorsqu'étant d'un état distingué, elle se remarie avec un homme d'une condition vile. Ce ne serait pas assez, pour encourir cette peine, qu'il y eût simplement inégalité de fortune et de condition: il faut encore que la mésalliance soit honteuse pour la famille, comme quand une femme de qualité épouse son valet. L'art. 434 de la coutume de Bretagne veut qu'en pareil cas, la femme soit privée de son douaire.

[[Aujourd'hui, un pareil mariage n'emporterait plus la privation des Gains de survie. *V. Deuil,* §. 2; et *Douaire*, sect. 2.]]

2.° La femme qui a quitté son mari sans cause légitime, doit être privée de ses Gains nuptiaux. C'est ce qui résulte de la loi 1, §. 1, D. *undè vir et uxor.* C'est aussi ce que décident les coutumes de Normandie, d'Anjou, du Maine et de Bretagne, relativement au douaire.

[Nous disons *sans cause légitime*, et l'on a pu voir au mot *Douaire*, sect. 3, §. 2, quel est le sens et l'étendue de cette restriction.

Ajoutons ici l'espèce d'un arrêt récent, du parlement de Nancy, qui ne peut que répandre un nouveau jour sur la matière.

Lorsqu'une actrice, dont le mari a vécu et est mort loin d'elle, se présente pour recueillir ses Gains nuptiaux, peut-on l'en faire déclarer indigne, sous prétexte qu'elle a abandonné son époux? Sur qui doit, en pareil cas, tomber le soupçon de la désertion? L'état de comédienne n'emporte-t-il pas contre la femme, une présomption suffisante pour la faire condamner? Enfin, le seul défaut de s'être pourvue en séparation, ne suffit-il pas pour justifier le refus qu'on lui fait de ses Gains de survie? — Telles étaient les questions sur lesquelles le parlement de Nancy avait à prononcer. Voici les faits qui y avaient donné lieu.

Henri Labatte et Anne Dupuis, tous deux comédiens dans une troupe de campagne, se sont engagés par un contrat de mariage, passé le 26 mars 1742, devant les notaires de la ville d'Avignon. Ce contrat a été suivi le même jour de la bénédiction nuptiale. — Anne Dupuis avait l'emploi de première danseuse. Labatte, qui a été depuis un excellent comédien, était moins avancé; il n'était encore que souffleur. — Quelque temps après, ils vinrent l'un et l'autre à Paris. On a prétendu que, feignant de vouloir s'engager dans une troupe qu'on levait alors à Versailles, Labatte fit une absence dont il profita pour emporter tout ce que sa femme avait de plus précieux, et disparut tout-à-fait. — Anne Dupuis, ainsi abandonnée, entra en qualité de danseuse à l'Opéra de Paris: elle y resta cinq ans; elle en passa ensuite trois dans une troupe qui jouait à la cour de Munich; et de là, elle se retira chez son père, bourgeois de Toulouse. — Au mois de novembre 1773, Anne Dupuis apprend la mort de son mari à Metz; elle se présente pour réclamer son augment de dot. — Les créanciers chirographaires à qui elle devait être préférée par l'hypothèque tacite attachée à sa créance, lui opposent des faits d'indignité. « Vous avez abandonné votre mari, lui disent-ils. Depuis vingt-cinq ans vous vivez loin de lui, et vous avez mis une barrière éternelle entre vous et votre époux; vous êtes donc indigne de réclamer les droits et les avantages que les lois accordent aux épouses constantes, et qui ont passé leur vie dans le lien de l'union conjugale ».

Cette objection des créanciers méritait d'être approfondie. M. Lacretelle, défenseur d'Anne Dupuis, l'a considérée sous deux points de vue.

« En général, a-t-il dit, une femme peut-elle être censée avoir quitté son mari, lorsqu'on ne prouve pas qu'elle a été entraînée loin de lui par une passion étrangère? — Dans l'espèce présente, la veuve Labatte, à qui l'on ne peut pas prouver l'adultère, peut-elle être mise dans la classe des femmes qui ont abandonné leurs maris?

» Arrêtons-nous à ces deux points de vue, et commençons par attacher nos regards sur le spectacle de nos mœurs.

» L'ambition et l'intérêt rapprochent souvent avec effort des cœurs ennemis. Plus souvent encore, les sages rapports de la nature et les douces lois de l'amour sont rejetés des alliances.

» D'un autre côté, la débauche effrontée, le plus affreux présent de notre luxe, s'est insinuée avec ses charmes perfides dans l'intéressante solitude des ménages, et y a conduit avec elle l'ennui et les dégoûts.

» De là, des infidélités réciproques, des haines éclatantes, dans la plus sévère et la plus intime des unions; de là encore, ces séparations, tantôt concertées avec scandale, et tantôt exécutées par un seul coupable, dans le silence et avec toutes les précautions du crime. Les lois et les mœurs, tristement convaincues de leur impuissance, se sont cachées, les unes pour ne pas voir, et les autres pour gémir.

» C'est une recherche digne des magistrats, digne de tous ceux qui chérissent l'honnêteté publique et les mœurs, d'examiner quel est celui des deux époux qui doit avoir la plus grande part dans les déplorables effets de la corruption où nous sommes parvenus, et quel est celui à qui nous devons demander le compte le plus rigoureux.

» Le principe le plus rebattu dans le temple de la justice, c'est que l'intérêt est essentiel et le nécessaire moteur des actions des hommes. — Voilà donc le guide le plus sûr que nous puissions prendre.

» Actuellement, regardons autour de nous, interrogeons-nous nous-mêmes pour savoir quelle est la partie qui a le plus à gagner et le moins à perdre dans ces séparations, ou plutôt dans ces lâches désertions de l'honneur et du devoir.

» L'homme, esclave enchanté sous le règne passager de l'amour, devient un maître réel sous l'empire durable de l'hymen : c'est lui qui possède, qui dispose, qui fait la loi. — Une compagne partage son sort; mais faible par la nature, docile par le devoir, dénuée d'une volonté efficace par les lois, elle n'existe véritablement que par son époux. — Qu'il se parjure envers elle, qu'il outrage l'amour, qu'il insulte à la faiblesse, elle n'a d'autre arme que la douceur, d'autre ressource que la patience : la patience n'est pas seulement pour elle la loi du devoir, elle est encore le conseil de la raison; que deviendrait-elle sans son époux? — Elle ne pourrait qu'implorer le secours difficile des lois, et en obtenir la triste grâce d'aller s'ensevelir dans une retraite, ou de rentrer dans l'obéissance filiale. Tenterait-elle de s'arracher à son sort par une fuite incertaine? l'inquiétant soupçon s'attacherait à tous ses pas, et le cruel besoin les arrêterait : elle ne pourrait vivre que dans la honte et par la honte. Les frivoles talens qu'il lui a été permis d'acquérir, ne peuvent jamais que relever ses charmes; et partout où elle se présente sans une mère ou un époux, elle paraît être amenée par le vice. — Il n'y a donc réellement qu'un amour adultère qui puisse l'égarer à ce point, lui donner un front qui ne rougisse plus, et élever une tête timide au-dessus des bienséances, du mépris et de la crainte.

» Mais convenons que plus le vice a d'efforts à faire, d'obstacles à franchir, moins il se suppose. Rendons d'ailleurs cette justice aux femmes, qu'elles ont toujours prouvé qu'il est moins hardi chez elles, précisément par cela même qu'il est plus adroit et peut-être plus dangereux. — Le mari, au contraire, si une passion criminelle tyrannise son cœur, si le caprice, l'impatience ou l'ambition lui rendent son serment odieux, qu'est-ce qui peut contrebalancer dans lui le désir de rompre sa chaîne? — Les plus légers mécontentemens sont souvent des titres pour lui; il se permet tout, et il punit tout : nous en avons la triste expérience; nos retraites sacrées, où l'infortune n'habite pas moins que la piété, s'ouvrent aux moindres plaintes. — A-t-il tous les torts, et ose-t-il s'en charger devant le public? Il fuit. Mais arbitre de l'exécution comme du projet, rien ne le gêne, il prend son temps; il choisit ce qu'il veut laisser à celle qui perd, dans sa seule personne, un état, un rang, des espérances, une protection utile et précieuse. — Bien plus, des talens acquis, et même la seule volonté du travail lui assurent partout des ressources; il pourra même lever un front honoré, si la honte, vengeresse du crime, ne le décèle pas, et s'il évite les yeux qu'il a scandalisés.

» Recueillons donc dans notre esprit cette vérité de l'expérience et de la raison, que, dans la thèse générale, l'événement d'une séparation réprouvée par les lois et par les mœurs, appartient toujours plus au mari qu'à la femme. — C'est lui qui souffre le moins du mariage, mais qui est le plus indocile à son joug : c'est lui qui le secoue le plus facilement, qui jouit le plus de cette liberté criminelle; enfin, c'est lui qui doit être le plus coupable, par cela seul qu'il est le plus fort.

» Or, dans cette cause, ce sont deux époux qui se sont quittés sans arrangement entre eux, et sans l'intervention de la justice. Il y a un crime de part ou d'autre, mais il n'y a de preuve d'aucun côté. Sur qui donc les soupçons doivent-ils tomber?

» Le mariage du sieur Labatte avec la demoiselle Dupuis, assurait à celle-ci un nom, un état, et une fortune telle que deux comédiens peuvent en attendre; il la mettait à l'abri des soupçons, des outrages, il lui procurait des plaisirs honnêtes, des consolations dans ses peines, des retours satisfaisans sur le passé, des espérances plus flatteuses pour l'avenir, tout ce qui intéresse le cœur d'une femme, tout ce qu'elle ne peut abandonner sans faire son propre mal; tout ce qu'on peut ne pas croire, sans preuve, qu'elle ait honteusement jeté loin d'elle. — Présumera-t-on qu'elle ait renoncé à tous ces avantages, pour se jeter dans le triste abandon d'une femme sans mari, sans biens et sans honneur? Pensera-t-on qu'elle ait préféré la licence du célibat à l'honnêteté sévère du mariage »?

Ainsi s'expliquait M. Lacretelle. Mais les créanciers lui opposaient l'état de sa cliente. « S'il s'agissait (disaient-ils) d'une femme ordinaire, ces présomptions pourraient être admises; mais il s'agit d'une femme de théâtre, qui se croit plus au public qu'à son mari, qui aime à promener ses talens et ses charmes, et qui se flatte de leur devoir toujours une expérience plus éclatante qu'honnête. Peut-on comparer cette femme à celle qui ne peut subsister sans époux, et qui est retenue par la crainte du blâme public »?

« Il faut donc, répondait M. Lacretelle, il faut se renfermer dans l'hypothèse particulière où se trouvaient le sieur Labatte et la demoiselle Dupuis. L'un et l'autre étaient comédiens. Cette profession, si diversement considérée dans tous les âges et chez toutes les nations, honorée dans la Grèce, qui n'a laissé aucun des beaux-arts sans autels; infâme chez les Romains, qui ne l'ont vue briller qu'au moment de la perte de leur liberté et de leurs vertus; idolâtrée et flétrie parmi nous; honnête en elle-même;

puisqu'elle n'a jamais plus d'empire que la réunion des vertus et des talens; utile, puisqu'elle fait servir nos plaisirs à notre instruction et à notre gloire; mais qu'il faut proscrire ou estimer, parce qu'elle peut faire un grand bien ou un grand mal aux mœurs; cette profession a, plus qu'aucune autre, des genres multipliés et des degrés différens.

» Elle a des emplois qui exigent des talens plus rares, comme elle a des parties qui sont plus nobles et plus généralement accueillies, relativement à ces distinctions. Il y a des acteurs qui sont toujours assurés d'exercer leur art avec autant d'avantage que d'éclat; il y en a qui sont exposés à des désœuvremens fréquens, par l'espèce de leur talent même.

» Le sieur Labatte et sa femme, au moment de leur séparation, étaient à peu près dans ce cas. — Le mari, qui jusqu'alors avait paru réservé aux emplois subalternes, ou à la médiocrité si justement rebutée au théâtre, venait de s'appliquer avec succès à la comédie. Tous ceux qui l'ont connu, savent que la nature et l'art lui avaient accordé leurs dons et leurs secrets pour réussir dans ce genre. — Il pouvait donc se promettre partout un sort heureux. La gloire, du moins celle qui convient à un état que l'on couvre d'applaudissemens et de mépris, lui souriait; et la fortune, en attendant ses faveurs, lui prodiguait ses espérances. — D'un autre côté, la demoiselle Dupuis ne s'était guère appliquée qu'au genre de la danse. Ce genre est une espèce de superflu dans nos spectacles. Il n'y a que les capitales et les cours qui les réunissent aux autres : encore est-il partout le dernier, celui qui a la moindre part dans l'enchantement du public. Sans une supériorité décidée, ceux qui le cultivent n'ont pas beaucoup à en espérer.

» Entrons actuellement dans les projets qui ont pu conduire le sieur Labatte à abandonner son épouse. — Il devenait supérieur en ressources, en succès, en espérances, à sa femme. Cette inégalité devenait une sorte d'humiliation pour lui. — Supposons encore ce goût de l'indépendance trop ordinaire dans une profession où l'on sait rarement chérir le joug des mœurs, et tout sera expliqué. — Telles sont effectivement les causes de cette séparation, qu'on reproche comme un crime à la veuve Labatte, et qui n'a jamais pu être pour elle que le plus grand des malheurs. — Au reste, puisque rien n'est prouvé sur la véritable cause de cet événement, puisqu'il faut se jeter dans le vaste champ des conjectures, il est nécessaire de rappeler les usages du théâtre. — On sait que des comédiens n'entrent pas dans leur état avec une fortune faite; ils ne l'embrassent guère que comme leur dernière ressource. — Quand ils se trouvent mariés, ils travaillent en commun, ils travaillent chacun dans son genre. — S'ils ne trouvent pas à s'occuper ensemble dans la même troupe, ils sont obligés de se séparer; car le repos est l'indigence même pour des gens qui n'ont pas plus les moyens que le goût de l'économie. — Il est certain que le sieur Labatte et sa femme n'avaient pas le même genre. — On ne connaît point à Metz, ni dans très-peu de spectacles de province, celui qui est connu sous le nom de ballet. — La demoiselle Dupuis n'a donc pu venir à Metz. Elle a été obligée de rester à l'Opéra de Paris, d'aller ensuite à la cour de Munich, où elle est restée quatre ans. — Depuis, sa santé l'a forcée à la retraite. A-t-elle continué à errer? A-t-elle autorisé de justes soupçons? — Non, elle a choisi l'asile que l'honnêteté lui indiquait; elle est allée chez son père; et c'est là qu'elle achève une vie qui aurait pu être douce, et que son mari a flétrie par la douleur. — Si son mari, qui avait dû consentir à sa séparation, avait voulu y mettre un terme, comme il le devait, comme il le pouvait, qui peut douter que sa femme n'eût volé avec empressement dans ses bras? Elle eût été poussée par l'intérêt, ci ce n'était par le devoir. — Mais où est la preuve qu'il l'a voulu? Il n'y en a aucune. — Ainsi, la retraite qu'elle a choisie, la sauve des soupçons; et sa conduite les éloigne également : elle est attestée par des certificats des magistrats de la ville de Toulouse et du curé de sa paroisse.

» Il ne s'agit que d'examiner si les lois punissent d'un malheur, et quelles sont les indignités dont elles ont fait des titres de dégradation pour les femmes. — Le droit romain, le droit canonique, nos coutumes, prononcent contre elles la déchéance des droits nuptiaux en certains cas. — Ce crime, qui s'enveloppait autrefois de ténèbres pour aller porter les fruits de la débauche dans le sein du mariage profané, et qui, aujourd'hui, insolent dans ses succès, s'arme du ridicule contre la foi trahie, a été le premier objet de leur sévérité. — La moindre des peines qu'elles ont portées contre une femme adultère, c'est la privation de sa dot et de tous les avantages que son mari avait pu lui faire. — Mais, et c'est ce qu'il importe de remarquer ici, elles ont séparé ce crime de ceux que l'œil public doit poursuivre sans relâche : elles voient dans lui une offense grave, mais dont le châtiment est réservé à une seule personne. — Ce n'est pas leur faute, si nous en sommes venus au point de proclamer nos vices comme des triomphes. Il faut d'autres remèdes que leurs peines pour guérir cette grande plaie des mœurs. — Ce serait d'ailleurs mal s'y prendre que de les réformer d'un côté, et de les violer de l'autre. Il est dangereux d'avertir la cupidité que la délation peut lui être utile, et l'on ne doit jamais rencontrer le magistrat comme un vil espion dans l'intérieur des familles. — Aussi les lois consentent-elles à ensevelir l'adultère dans les ombres qu'il serait heureux qu'il ne perçât jamais : elles invitent elles-mêmes l'ardente vengeance à pardonner. Chez nous, elles épargnent à la femme qui va pleurer sa faute dans un couvent, le signe de flétrissure; elles ont craint d'augmenter la répugnance du mari à accorder une grâce qui diminue le scandale. — Est-il besoin d'expliquer les conséquences que ces principes nous présentent pour cette cause? — Si l'adultère se faisait entrevoir ici, qui oserait lever le voile salutaire que la loi même a jeté sur lui, pour le dérober à ses propres regards? Qui a reçu ici le plus pénétrant des outrages pour en venir demander réparation? — Seraient-ce des héritiers, des créanciers, qui élèveraient la voix de l'intérêt pour venger un homme étranger? — L'honnêteté publique ne le souffre pas. Qu'il triomphe, puisqu'il le faut, le vice qui a su se cacher, qui a su au moins obtenir grâce; mais qu'on n'aille pas, sans un guide intéressé, épier ses traces pour manifester la honte des familles et l'injure des mœurs. Tel est le triste parti que la loi a été forcée de prendre : *quiescens matrimonium non debet alius turbare.* — Il n'y a qu'une circonstance où des tiers, des héritiers, des créanciers forcés au silence, dans le cas que nous venons d'exprimer, peuvent cependant poursuivre une femme : c'est lorsqu'elle vit impudiquement dans l'an du deuil. — C'est que, dans ce dernier cas, elle est sous la garde publique, qui la force, à la place de son mari, de respecter sa mémoire et de ne pas violer les mœurs; et ses fautes peuvent profiter à ceux dont elle diminue les droits. — La demoiselle Dupuis ne craint rien de cette dernière faculté que les lois autorisent contre elle; elle est encore plus éloignée de se retrancher dans une proposition dont elle aurait à rougir. — Elle se soumet, malgré les préjugés que sa profession élève contre elle, à l'inquisition la plus rigoureuse; elle a indiqué, depuis huit mois, tous les lieux qu'elle a habités. Qu'on articule des faits prouvés contre elle; et, dans sa confession, elle abandonnera le faible secours sur lequel elle compte appuyer sa vieillesse ».

Ici, les créanciers arrêtaient la veuve Labatte : ce n'est pas seulement le crime que les lois punissent, lui disaient-ils, c'est encore une conduite qui le laisse soupçonner; une femme ne doit pas seulement être chaste aux yeux de son mari, elle doit l'être dans l'opinion des autres hommes; toute entière à son époux, elle doit vivre avec lui, elle doit répandre dans sa maison les trésors de l'économie, et les touchantes impressions des vertus de son sexe, qui sont encore des grâces; elle doit, surtout, prodiguer de tendres soins à ses derniers momens, calmer par ses consolations les terreurs, les souffrances que la mort apporte, et verser les larmes de l'amour sur le tombeau où s'arrête la fidélité, *assidere decumbenti ut solaretur*, dit Argentrée. — Aussi, continuaient les créanciers, écoutez ce que dit là-dessus M. de Lamoignon, dans un de ses arrêtés : « La femme (ce sont ses termes), qui a quitté et abandonné son mari, et n'était avec lui lors de son décès, demeurera déchue de plein droit, de son douaire, encore que le mari n'eût fait aucune plainte de son absence; si ce n'est qu'elle l'ait abandonné pour cause raisonnable, dont elle ait rendu plainte en justice ».

Telle était la dernière objection des créanciers. M. Lacretelle l'a réfutée d'une manière victorieuse.

« M. de Lamoignon, disait-il, prononce la perte du douaire contre la femme qui quitte et abandonne son mari. — A-t-il entendu sévir contre celle qui va exercer en d'autres lieux une profession qui la fait subsister? A-t-il voulu sévir contre la femme qui a été repoussée de la société de son mari? C'est ce qu'on ne peut supposer. — Ce magistrat avoue que toute séparation n'est pas une révolte contre les droits du mariage; il ajoute, *si ce n'est qu'elle l'ait abandonné pour cause raisonnable*; il en admet donc; et quand il ne l'aurait pas dit, il faudrait le croire. — Il est vrai qu'il veut *qu'elle en ait rendu plainte en justice.* — Mais il est sensible qu'il n'a porté son attention, dans ce moment, que sur le cas malheureux où une femme est forcée, pour la sûreté de sa vie et de son bonheur, d'abandonner son époux; et comme cette séparation est sans retour, qu'elle est une dissolution de fait du mariage même, il faut que la justice en connaisse et qu'elle l'approuve. — Les circonstances sont bien différentes. La séparation dont il s'agit, a été autorisée du mari; c'est une chose qu'il est nécessaire de croire, ou tout au moins de présumer; sous cet aspect, la femme ne peut en être punie. — Si ce point n'est ni certain ni présumable, rien ne restera prouvé que la séparation même. — Et alors l'état des parties conduit à penser qu'elle a été un arrangement entre eux : cet arrangement n'était pas une séparation absolue, elle n'avait donc pas besoin d'être prononcée en justice. — Loin d'être un outrage pour le mari, elle était au contraire un parti consenti par lui, et qui lui était réellement avantageux; sous cet autre aspect, elle ne peut être punie par la loi, qui ne veut que venger le mari. — Ainsi, l'opinion de M. le président de Lamoignon, sainement appréciée, n'a pas d'autre sens que celui de la loi même. — Fixons-nous donc à des principes vrais, à des principes qui entrent dans l'esprit avec le caractère de l'évidence. — Une séparation de fait entre des époux est trop souvent le signe de la désunion de leurs cœurs, et une injure envers les mœurs. — Mais elle n'est pas encore un crime devant la loi; un crime existe dans la volonté, mais il ne se manifeste que par des actes. — Quand une femme qui aura quitté la maison de son mari, pour chercher les plaisirs du vice, se représentera dans les tribunaux, les magistrats peuvent dire avec sûreté : *c'est à celle-ci que les lois arrachent avec indignation les dons faits par l'amour à la vertu.* — Mais si la veuve Labatte n'a gémi dans le divorce que par la faute de son mari lui-même, ou par la nécessité de pourvoir à sa propre subsistance, alors on doit la regarder comme la femme malheureuse que les lois protègent, et qu'elles doivent consoler ».

Sur ces moyens, arrêt du mois de janvier 1775, qui rejette la prétention des créanciers du sieur Labatte, ordonne l'exécution du contrat de mariage; en conséquence, accorde à la veuve les avantages nuptiaux.]

[[Aujourd'hui, la femme ne peut plus être privée de ses Gains nuptiaux, pour avoir abandonné son mari. *V. Douaire*, sect. 3, §. 2, n. 2.]]

3.° La femme convaincue d'adultère, doit pareillement être privée de ses Gains nuptiaux, à moins que son mari ne se soit postérieurement réconcilié avec elle. *V. Adultère.*

4.° La femme qui se remarie dans l'année du deuil, en pays coutumier, n'est pas privée de son douaire; mais en pays de droit écrit, elle perd ses Gains nuptiaux, conformément à la loi 2, *C. de secundis nuptiis*, et à la Novelle 22, chap. 22. — [[Elle ne les perd plus. *V. Deuil*, §. 2.]]

5.° Suivant la Novelle 39, chap. 2, et l'authentique *eisdem, C. de secundis nuptiis*, la femme qui vit impudiquement après la mort de son mari, soit pendant l'année du deuil, soit postérieurement, doit être privée de tous ses Gains nuptiaux. [[Cette règle de l'ancien droit est abrogée. *V. Adultère*, §. 2.]]

§. X. *De la prescription en matière de Gains nuptiaux.*

La prescription du droit qu'a la femme contre les tiers-détenteurs des biens hypothéqués aux Gains nuptiaux, ne commence à courir que du jour qu'elle a pu demander la délivrance de ces Gains. Cette décision est fondée sur la loi *Cùm notissimi*, §. 4, C. *de præscr. trigint. vel quad. annor.*, qui porte que la prescription ne court pas contre la femme pendant le mariage, soit par rapport à sa dot, soit par rapport à sa donation à cause de noces.

[[Il y en a une raison bien simple : c'est que, suivant l'art. 2257 du Code Napoléon, qui n'est à cet égard que l'écho des lois romaines, « la prescription ne court point à l'égard d'une créance qui dépend d'une condition jusqu'à ce que la condition arrive ».]]

Du jour que le droit est ouvert en faveur de la femme, la prescription commence aussi à courir contre les enfans, parce que, quoiqu'ils n'aient, du vivant de leur mère, qu'une propriété nue et même conditionnelle, ils ne laissent pas d'avoir la faculté d'agir et de veiller par eux-mêmes à la conservation des Gains nuptiaux; ils peuvent par conséquent assigner en déclaration d'hypothèque les détenteurs des biens hypothéqués aux Gains nuptiaux.

Au reste, ces tiers-détenteurs ne peuvent, suivant le chap. 24 de la Novelle 22, acquérir la prescription contre les enfans, que par une possession de trente ans non interrompue; et le moindre acte judiciaire signifié aux détenteurs, soit de la part de la mère, soit de la part des enfans, suffit pour interrompre la prescription, tant à l'égard de la mère qu'à l'égard de tous les enfans, parce qu'en matière de droit indivis, ce qui est fait par l'un des créanciers profite à tous les autres, conformément à la loi dernière, C. *de duobus reis.*

Ajoutez que si, lors de l'ouverture du droit des Gains nuptiaux, la femme ou quelqu'un des enfans est encore mineur, la prescription ne commence à courir contre eux que du jour de leur majorité.

Les règles qu'on vient d'établir sur la prescription relative aux Gains nuptiaux de la femme, ont pareillement lieu à l'égard de la prescription qui a rapport aux Gains nuptiaux du mari, c'est-à-dire, que la prescription de l'hypothèque qu'il a pour ses Gains, commence à courir, tant contre lui que contre ses enfans, du jour que son droit est ouvert.

V. les *Lois civiles* de Domat; le *Traité des Gains nuptiaux* de Boucher d'Argis; les *Œuvres* de Henrys, et les *Observations* de Bretonnier; les *Œuvres* de Despeisses; d'Olive, en ses *Questions notables de droit*, les *Arrêts* d'Expilly, de Basset, de Bouvot, de Montholon, de Soëfve, de la Rocheflavin, de Catellan, de Boniface et de Maynard; Chorier, en sa *Jurisprudence de Guy-Pape*; les *Questions alphabétiques* de Bretonnier; Rever en ses *Questions sur les statuts de Bresse*; Duperrier, dans ses *Questions notables de droit*, etc. (M. GUYOT.)*

§. XI. *Un étranger et une Française qui se marient en France, peuvent-ils, par leur contrat de mariage stipuler des Gains de survie au profit l'un de l'autre?*

Le 7 mai 1719, contrat de mariage entre Daniel Barth, étranger, et Marie-Ursule Baumesterine, domiciliée à Richwir. Par l'art. 3, stipulation « que tous les apports des époux et des acquêts faits pendant et constant leur mariage, feront une seule masse et communauté; et qu'en cas de prédécès du futur époux sans délaisser d'enfans du futur mariage, le tout appartiendra propriétairement à la future épouse; mais que si la future épouse vient à décéder la première en laissant des enfans ou non, alors le futur époux prélèvera les outils de son métier, et le surplus sera partagé en deux parts et portions égales dont il aura l'une, et les enfans ou plus proches héritiers de la femme prédécédée, l'autre. — Par l'art. 6, les futurs époux se réservent le pouvoir de changer ou révoquer toutes leurs conventions matrimoniales.

Arrive le cas prévu par l'art. 3 : Daniel Barth meurt le premier, sans enfans, et en état d'aubain. Le receveur des domaines de la province d'Alsace fait apposer le scellé sur tous ses meubles et effets, à la requête du procureur-général du conseil souverain de Colmar. — La veuve se pourvoit en main-levée de ce scellé, et demande l'exécution de son contrat de mariage. — Sa requête est communiquée au receveur des domaines, qui y répond par un dire ainsi conçu :

« L'art. 3 du contrat sur lequel la veuve Barth se fonde, est, quoique en apparence sous les termes d'une convention, une institution contractuelle, dont constamment les aubains sont incapables, ainsi qu'il a été jugé par arrêt du conseil, du 17 mai 1749, rendu au rapport de M. de Boisgautier; en effet, cette convention ou institution contractuelle transmettant les mêmes droits, charges et qualités que le ferait une institution testamentaire, il suit que, soit qu'elle soit faite par un contrat de mariage ou par un testament, c'est la même chose, d'autant qu'elle a tous les caractères d'une disposition à cause de mort, puisqu'elle peut devenir caduque par le prédécès de l'institué, ainsi et de même qu'une institution testamentaire, si vrai que l'art. 6 du contrat contient réserve de le casser ou changer; car si l'on disait que l'héritier ou successeur contractuel a un droit réel, effectif et présent sur les biens de l'instituant au moment du contrat, ce serait errer, dès que, malgré l'institution ou convention, l'instituant peut vendre ou changer cette institution ou convention : ainsi dès que l'institué n'a droit sur les biens de l'instituant qu'au moment de son décès, l'institution ou convention dont est question, est une vraie disposition à cause de mort. Or, l'aubain ne pouvant disposer des biens qu'il aura au jour de son décès, parce que ces dispositions sont converties en donations à cause de mort, qui sont interdites aux étrangers non naturalisés, il suit que l'institution contractuelle, que l'on voudrait qualifier de conventions, et qui fait le fondement de la demande de la veuve Barth, est nulle et faite en fraude du droit d'aubaine. Les pactes successoires ne valent que comme dispositions de dernière volonté, d'autant qu'une donation universelle de tous les biens que le donateur aura à son décès, n'est pas une donation entre-vifs, mais une donation à cause de mort. Et si en Allemagne et en Alsace, on tolère les institutions contractuelles, il est trivial que c'est subordonnément aux règles établies par le droit écrit et par les usages de l'empire, c'est-à-dire, dans le cas où l'instituant se réserve de quoi tester, conformément à la loi qui réprouve tout contrat de mariage où la liberté de tester est ôtée, loi que les auteurs ne concilient avec les institutions contractuelles, qu'en disant que l'instituant doit se réserver quelque chose dont il puisse disposer. Or, si, dans toute l'Allemagne, on ne considère les institutions contractuelles que sur le pied de dispositions à cause de mort, par quelle raison serions-nous obligés de les admettre sur un autre pied qu'elles n'ont été en usage avant la réunion de cette province à la couronne? Mais le contrat de mariage dont est question, c'est-à-dire, la donation, l'institution qu'il contient, n'ayant pas été insinuée, elle ne doit être d'aucune considération, aux termes des ordonnances qui prescrivent la formalité de l'insinuation. D'ailleurs, les statuts municipaux tenant lieu de conventions matrimoniales, et la veuve de Guillaume Euth, qui, conjointement avec lui, avait expressément adopté celui de Colmar, ayant échoué dans une prétention pareille à celle de la veuve Barth, par arrêt contradictoire du 18 mars 1710, il en faut conclure que si cette dernière était écoutée, il ne serait plus jamais question d'aubaine en Alsace; car si le contrat de mariage, qui, dans cette province, est sujet à changement tant qu'il plaît aux époux (témoin l'art. 6 de celui qu'on oppose), était un titre pour devenir héritier universel, il suivrait que ce contrat vaudrait des lettres de naturalité, tant pour l'étranger instituant que pour l'étranger institué, et qu'enfin ce contrat emporterait la faculté de tester activement et passivement; mais nous avons lieu d'espérer du zèle de M. le procureur-général pour le soutien des droits de la couronne, qu'il préviendra l'établissement d'une jurisprudence qui serait si préjudiciable aux intérêts du roi; et comme d'ailleurs nous sommes persuadés de la sagesse et des lumières du conseil, nous croyons devoir terminer nos observations par dire qu'ayant été décidé, par l'arrêt susdaté, que l'aubain était incapable d'être institué héritier dans un contrat de mariage, il sera trouvé qu'il n'a pas non plus la capacité d'instituer, sous les termes d'une convention qui porte les caractères de la fraude, et qui est absolument onéreuse, puisque ce qui la suit, prouve que Barth se donnait un héritier universel par cet acte ».

Par un premier arrêt rendu sur ce dire et sur la requête à laquelle il sert de réponse, le 10 décembre 1754, le conseil de Colmar ordonne que la veuve Barth en viendra avec le ministère public.

La cause portée à l'audience de la première chambre, M. l'avocat-général de Müller expose que son ministère ne peut qu'adhérer aux fins de la requête de la veuve; qu'à la vérité, l'étranger est incapable de donner ou de recevoir à cause de mort; mais qu'il n'en est pas de même des donations entre-vifs; que Bacquet, dans son *Traité du droit d'aubaine*, chap. 21, l'enseigne aussi.

En conséquence, arrêt du 8 février 1755, qui, « faisant droit sur la requête, ordonne que le contrat de mariage passé entre la demanderesse et feu son mari, sera exécuté selon sa forme et teneur; ce faisant, a reçu et reçoit la demanderesse opposante au scellé apposé sur ses meubles et effets; ayant égard à son opposition et y faisant droit, lui a donné pleine et entière main-levée dudit scellé; en conséquence, a ordonné et ordonne qu'elle sera et demeurera propriétaire de tous les biens meubles et immeubles de la masse d'entre elle et feu son mari, conformément audit contrat de mariage, à charge par la demanderesse de payer tous les frais de procédure........ (*Recueil des ordonnances d'Alsace*, *tome* 3, *page* 449.)]

[[Pourrait-on encore aujourd'hui juger de même? Oui, dans certains cas, et non dans d'autres. Je m'explique.

La faculté de donner entre-vifs est aujourd'hui, comme la faculté de donner à cause de mort, mise au nombre des droits civils; et voilà pourquoi l'art. 25 du Code Napoléon refuse l'une et l'autre au mort civilement. Or, aux termes de l'art. 11 du même Code, l'étranger jouit en France *des mêmes droits civils que ceux qui sont accordés aux Français par les traités de la nation à laquelle cet étranger appartient.* L'étranger peut donc exercer en France le droit de donner entre-vifs ou à cause de mort, soit par contrat de mariage, soit par tout autre acte en bonne forme, lorsqu'il appartient à une nation avec laquelle il existe un traité qui habilite les Français à donner entre-vifs ou à cause de mort, les biens qu'ils peuvent avoir dans le territoire de cette nation.

Ne le peut-il que dans ce cas? La négative résulte de ce que j'ai dit dans mon *Recueil de Questions de droit*, aux mots *Propriété littéraire*, §. 2.

Mais l'étranger ne peut recevoir en France d'un Français, que lorsque, soit par les traités existans entre la France et sa nation, soit par les lois particulières de son pays, les Français sont reconnus habiles à recevoir les donations qui peuvent leur y être faites: « On ne pourra (porte l'art. 912 du Code Napoléon) disposer au profit d'un étranger, que dans le cas où cet étranger pourrait disposer au profit d'un Français ». *V. Succession*, sect. 1, §. 2, art. 2.

§. XII. *L'époux survivant doit-il, pour raison de ses Gains de survie, un droit proportionnel d'enregistrement? Le doit-il, lorsqu'au moment où il s'est marié, ce droit n'était pas encore établi? Les Gains de survie sont-ils, soit en thèse générale, soit quant au droit d'enregistrement, censés acquis à l'époux survivant du jour du mariage?*

Le 9 ventôse an 8, décès de Nicolas Neyers, domicilié à Bergem, département des Forêts, ci-devant duché de Luxembourg.

Le 4 messidor suivant, Marguerite Grethen, sa veuve, fait au bureau de l'enregistrement, en qualité de tutrice de ses enfans mineurs, la déclaration des biens qui composent sa succession, et en paye le droit.

Le 13 brumaire an 12, le receveur de l'enregistrement décerne contre elle personnellement une contrainte en payement du droit dont elle est grevée pour raison de l'usufruit qu'elle a gagné par le décès de son mari, et qui, aux termes de l'art. 8 du tit. 8 de la coutume de Luxembourg, s'étend sur tous les biens qu'il a laissés.

La veuve Neyers s'oppose à cette contrainte, et soutient qu'elle a acquitté le droit le 4 messidor an 8, que d'ailleurs elle est libérée par la prescription.

Le receveur répond, 1.° que le droit payé le 4 messidor an 8, n'est relatif qu'aux enfans héritiers de leur père, et à la propriété des biens qu'ils ont trouvés dans sa succession; que du 9 ventôse an 8 au 13 brumaire an 12, il n'y a pas un intervalle de cinq ans, et par conséquent point de prescription.

La veuve Neyers revient à la charge, et, abandonnant ses deux premières exceptions, prétend qu'elle ne possède, comme usufruitière, aucun bien provenant de son mari: elle ajoute que quand même elle jouirait effectivement, comme usufruitière, de tous les biens délaissés par son époux, elle ne devrait encore rien à ce titre, parce que son droit d'usufruit lui aurait été acquis dès le jour de la célébration de son mariage, époque où l'enregistrement n'était pas établi dans les pays qui composent aujourd'hui le département des Forêts.

Le 30 nivôse an 12, jugement du tribunal civil de l'arrondissement de Luxembourg, qui déclare la régie de l'enregistrement *non-recevable et non fondée dans sa demande*, « attendu que la défenderesse ayant été mariée avec Nicolas Neyers, sous l'empire des coutumes de Luxembourg, et l'ayant survécu, trouve ses droits de survie établis et réglés par l'art. 8 du tit. 8 desdites coutumes; qu'elle n'acquiert pas en vertu de cet article, mais retient seulement une jouissance et une propriété qui lui étaient échues éventuellement, conditionnellement, mais irrévocablement, dès l'instant de son mariage, si vrai que, par aucun acte et nommément par aucune disposition de dernière volonté, son mari n'aurait pu lui enlever lesdits droits, d'après la jurisprudence constamment suivie dans le Luxembourg, et fondée sur lesdites coutumes; qu'il est constant qu'aucune disposition nouvelle n'a porté atteinte à ses droits; qu'au contraire, en combinant les lois émanées en cette matière, et surtout l'art. 1 de celle du 18 pluviôse an 5, il résulte clairement qu'ils lui sont maintenus; d'où il suit que la défenderesse, n'ayant hérité par la mort de son époux, ni meubles, ni usufruit des immeubles qu'il pourrait avoir délaissés, ne doit aucun droit de succession de ce chef ».

La régie de l'enregistrement se pourvoit en cassation contre ce jugement. Par arrêt du 20 thermidor an 12, sa requête est admise, et la cause est en conséquence portée à la section civile.

» Vous n'avez à délibérer dans cette affaire (ai-je dit à l'audience du 23 floréal an 13), ni sur l'exception de payement, ni sur l'exception de prescription, que la veuve Neyers avait d'abord opposées à la régie de l'enregistrement, puisqu'elle les a abandonnées toutes deux avant le jugement qui vous est dénoncé; et que d'ailleurs ce n'est ni sur l'une ni sur l'autre qu'est fondé ce jugement.

» Vous n'avez pas non plus à vous occuper de la question de savoir si, dans le fait, la veuve Neyers jouit, comme usufruitière, soit de la totalité, soit d'une partie quelconque des biens de son mari: car, du moment qu'il est certain que son mari a laissé des biens (et ce fait est constaté par le payement effectué le 4 messidor an 8, du droit de mutation auquel les biens de son mari étaient sujets dans la personne de ses héritiers), il faut de deux choses l'une: ou qu'elle en jouisse encore comme usufruitière, ou qu'elle ait renoncé à son usufruit en faveur de ses enfans, ou qu'elle prouve que, par son contrat de mariage, il a été dérogé à l'article de la coutume qui lui déférait cet usufruit. — Or, d'une part, elle n'a pas produit son contrat de mariage; de l'autre, si elle a cédé son usufruit à ses enfans, la question reste la même que si elle en jouissait encore; ou plutôt, en ce cas, il y a lieu à un droit particulier par l'effet de cette cession, indépendamment de celui auquel la mort de son mari peut avoir donné ouverture.

» Vous n'avez donc à examiner ici que ce seul point: est-il dû un droit de mutation pour l'usufruit que la veuve Neyers a gagné par le prédécès de son mari, en vertu de la seule disposition de la coutume? Le jugement attaqué décide que non; et cependant il est incontestable que ce n'est qu'au moment de la mort de son mari, que la veuve Neyers a été saisie de l'usufruit des biens qu'il avait laissés. Cela résulte même des termes de l'art. 8 du tit. 8 de la coutume de Luxembourg: — « Au survivant de deux conjoints, *appartiennent* tous les meubles, ensemble l'usufruit de tous les biens immeubles du trépassé, comme aussi de la moitié des acquêts faits constant le mariage, *l'autre moitié lui* DEMEURANT *en pleine propriété*, soit qu'ils aient enfans à l'heure de leur trépas, ou point ». — Ce mot *appartiennent* caractérise évidemment un droit qui ne s'ouvre qu'à l'instant où l'un des époux cesse de vivre; et cela est si vrai, que venant ensuite à parler des acquêts faits pendant le mariage, la coutume dit que la moitié en *demeure* au survivant *en pleine propriété*, expressions qui annoncent bien que ce n'est pas la mort du prédécédé qui rend le survivant propriétaire de cette moitié, et qu'il en était déjà propriétaire du vivant du prédécédé.

» Comment donc le tribunal civil de Luxembourg a-t-il pu dire que la veuve Neyers avait été saisie éventuellement de son droit d'usufruit, dès le jour de son mariage? Il est clair que le tribunal a confondu en cela le *jus ad rem* avec le *jus in re*. Sans doute, la veuve Neyers a été investie, en se mariant du *jus ad rem*, c'est-à-dire, d'une créance éventuelle: mais le *jus in re*, mais la propriété effective du droit, ce n'est qu'à la mort de son mari qu'elle l'a acquis; ce n'est qu'à la mort de son mari qu'elle a pu l'acquérir.

» Et il n'importe que son mari n'ait pas pu faire pendant le mariage, de disposition ou d'acte pour la priver de ce droit éventuel.

» D'abord le mari pouvait, en aliénant les conquêts, lui ôter toute expectative d'usufruit sur cette partie de ses biens. L'art. 5 du tit. 6 de la coutume le dit en termes exprès.

» Ensuite, quoique le mari n'ait pas eu le même

pouvoir relativement à ses propres, quoique l'art. 6 du tit. 8 de la coutume déclare que le mari, en aliénant ses propres, ne préjudicie ni à la dot ni aux *autres droits de mariage* de son épouse, il n'en est pas moins vrai que tant que le mariage subsiste, les droits de survie de la femme sur les propres de son mari, demeurent en suspens, qu'ils ne lui sont pas acquis, et que la mort seule de son mari en opère la transmission dans sa personne.

» Une preuve irréfragable de cette vérité, c'est que si depuis la célébration du mariage de la veuve Neyers, il était survenu une loi qui, au lieu de confirmer, comme l'a fait celle du 17 nivôse an 2, les droits de survie accordés aux époux par l'art. 8 du tit. 8 de la coutume de Luxembourg, les eût abrogés indistinctement sans y rien substituer, la veuve Neyers ne pourrait pas accuser cette loi de rétroactivité, et n'aurait en conséquence rien à prétendre sur les biens de son mari. — Ainsi l'ont jugé deux arrêts solennels du parlement de Paris, que nous retrace Louet, lettre C, §. 6..... (1).

» Assurément un droit d'usufruit qui, jusqu'à la mort de Nicolas Neyers, a été à la pleine disposition de la loi, un droit d'usufruit que, jusqu'à la mort de Nicolas Neyers, la loi a pu modifier, affaiblir et même abroger, un tel droit n'a pas pu appartenir réellement à la veuve de Nicolas Neyers avant la mort de celui-ci. Ce n'est donc que par la mort de celui-ci, que la veuve Neyers a été saisie de ce droit; ce droit n'a donc pu passer sur la tête de la veuve Neyers, que par une mutation sujette à l'enregistrement.

» Eh! le moyen de décider autrement pour un Gain de survie purement légal, tandis que le droit d'enregistrement serait également dû, s'il s'agissait d'un Gain de survie conventionnel? Certainement le Gain de survie conventionnel eût été irrévocable dès son principe; mais son irrévocabilité n'en aurait pas moins tenu en suspens la transmission des biens qui en sont l'objet; cette transmission ne s'en serait pas moins opérée à la mort, et seulement à la mort, du prédécédé des époux; et si la régie de l'enregistrement venait aujourd'hui après la passation d'un contrat de mariage, demander un droit de mutation pour les Gains de survie stipulés par ce contrat, il n'y a point de tribunal qui ne la déclarât non-recevable quant à présent.

» Par ces considérations, nous estimons qu'il y a lieu de casser et annuller le jugement dont il s'agit ».

Arrêt du 23 floréal an 13, au rapport de M. Vasse, qui, — « Vu les dispositions des art. 4 et 27 de la loi du 22 frimaire an 7; attendu que les droits et avantages de survie accordés par la coutume de Luxembourg, ont été acquis à la veuve Neyers seulement à l'événement du prédécès de son mari, et que la loi du 22 frimaire an 7 assujétit au droit proportionnel toute transmission de meubles ou d'immeubles en propriété ou en usufruit, par décès; attendu que le fait allégué devant le tribunal de Luxembourg, que la veuve Neyers ne possédant, du chef de son défunt mari, aucuns meubles ni usufruit d'immeubles, ne pouvait la soustraire à la déclaration et au payement du droit ordonnés par la loi, puisque la propriété du mobilier, l'usufruit des immeubles de l'époux prédécédé, et la propriété de la moitié des acquêts lui étant assurés par la loi municipale du pays, et n'étant pas supposable que par le contrat de mariage des époux, qui n'a point été représenté, il ait été, par une convention spéciale, dérogé aux avantages et Gains de survie stipulés en faveur des époux par les coutumes locales; la non-jouissance actuelle de ces avantages et droits de survie donnerait à induire que la veuve Neyers en aurait fait abandon et transmission ultérieure en faveur de ses enfans; qu'ainsi, les juges dont le jugement est attaqué, en déclarant l'administration de l'enregistrement *non-recevable ni fondée* dans ses demandes, ont contrevenu formellement aux dispositions de la loi du 22 frimaire an 7; casse et annulle..... ».

La même chose a encore été jugée dans les espèces suivantes.

En 1776, Marguerite Schmitz épouse le sieur Olinger: les époux déclarent par leur contrat de mariage, qu'ils se soumettent à la coutume de Luxembourg. — En exécution de l'art. 8, tit. 8 de cette coutume, Marguerite Schmitz recueille, après la mort de son mari, la propriété des meubles et l'usufruit des immeubles qu'il a délaissés. — La régie de l'enregistrement demande à cette femme, par voie de contrainte, le payement du droit proportionnel qui résulte de ces transmissions de propriété et d'usufruit. — Le 13 messidor an 11, jugement du tribunal civil de Luxembourg qui annulle la contrainte, « attendu que les biens en question ont été transmis à Marguerite Schmitz au moment de son mariage; que c'est à cette époque que la mutation de propriété s'est faite à son profit; qu'au décès de son mari, elle n'a rien acquis, mais seulement conservé une jouissance qui lui appartenait antérieurement; d'où il suit qu'il n'est dû aucun droit d'enregistrement ». — La régie se pourvoit en cassation contre le jugement; et par arrêt du 20 frimaire an 14, au rapport de M. Zangiacomi, — « Vu l'art. 8 du tit. 8 de la coutume de Luxembourg; l'art. 69 de la loi du 22 frimaire an 7, le §. 4, n. 2, et le §. 6, n. 3, du même article; considérant que l'article ci-dessus cité de la coutume de Luxembourg donne à l'époux qui survit, la propriété des meubles et l'usufruit des immeubles du prédécédé, mais qu'elle ne les donne qu'au moment du décès à titre de Gains de survie: qu'il suit de-là, qu'en se mariant, Marguerite Schmitz n'a acquis sur les biens de son mari qu'un droit éventuel, et qu'elle n'a été réellement saisie de ces biens que lorsque son mari est mort; que c'est à cette époque seulement que la mutation de propriété a eu lieu au profit de Marguerite Schmitz, et par conséquent que le droit proportionnel d'enregistrement a dû être exigé conformément aux articles ci-dessus cités de la loi du 22 frimaire an 7; d'où il résulte que le jugement attaqué viole cette dernière loi et l'art. 8 du tit. 8 de la coutume de Luxembourg: la cour casse et annulle..... ».

Le 26 thermidor an 10, décès du sieur Brauwer, qui avait épousé, avant la révolution, la demoiselle Smet. — Le 26 pluviôse suivant, ses enfans font au bureau de Gand la déclaration des biens dont il leur a transmis la propriété, et payent les droits d'enre-

(1) Ils sont rapportés ci-devant, §. 2.

gistrement dont cette transmission était passible. — Mais la veuve laisse écouler les six mois sans déclarer l'usufruit qui lui appartient, à titre de douaire coutumier, sur une portion de ces biens, et par suite, sans en payer les droits. — En conséquence, contrainte en payement d'une somme de 200 fr., sauf à augmenter ou diminuer. — Opposition à cette contrainte de la part du sieur Simoëns, second mari de la veuve Brauwer. Il la fonde sur ce que ce n'est pas par le décès du sieur Brauwer, que sa veuve a été saisie de son douaire; que son douaire lui a été acquis par la puissance de la coutume, immédiatement après son mariage, époque où le droit d'enregistrement n'était pas encore connu dans la ci-devant Belgique. — Le 26 germinal an 13, jugement par lequel le tribunal civil de l'arrondissement de Gand, adoptant ce système, déclare la contrainte nulle. — La régie de l'enregistrement se pourvoit en cassation; et par arrêt du 19 août 1806, au rapport de M. Bailly, — « Vu l'art. 4 de la loi du 22 frimaire an 7, sur l'enregistrement, qui porte : *Le droit d'enregistrement est établi pour les obligations, libérations, condamnations, collocations ou liquidations de sommes et valeurs, et pour toute* TRANSMISSION *de propriété ou de jouissance de biens meubles et immeubles, soit entre-vifs, soit par décès*; vu aussi le n. 3, §. 6, de l'art. 69 de la même loi, qui soumet au droit de 2 fr. 50 cent. *les transmissions de propriété ou d'usufruit de biens immeubles qui s'effectuent par décès entre époux*; considérant qu'il ne peut y avoir de *douairière* d'un mari *vivant*; que jusqu'au *décès* du mari, le *douaire* est une simple expectative que ce décès seul transforme en *droit acquis*, parce que c'est seulement *alors* que l'usufruit, qui est l'objet du douaire, passe de la tête du mari sur celle de sa veuve, et par-là opère la mutation, la *transmission* pour raison de laquelle la loi qui vient d'être citée, a établi un droit proportionnel d'enregistrement; considérant que, d'après cela, il est incontestable que la contrainte décernée contre le sieur Simoëns, mari de la dame de Smet, *douairière usufruitière* du sieur de Brauwer, devait être maintenue; et qu'en l'annullant, sous le prétexte que cette dame avait été, du *vivant* du sieur Brauwer et à l'instant de son mariage avec lui, *saisie* de l'usufruit dont la coutume ne lui assurait que la jouissance *éventuelle*, au cas de *survie*, le tribunal civil de l'arrondissement de Gand a commis une contravention formelle aux articles cités de la loi du 22 frimaire an 7 : la cour casse et annulle.... ».

Le 5 février 1778, contrat de mariage entre Pierre Simon, domicilié à Walzing, coutume de Luxembourg, et Catherine Hyémen. Stipulation qu'en cas de prédécès de la femme sans enfans, il prendra sur la succession de celle-ci la moitié de la dot qu'elle lui a apportée, et les gages d'un domestique pendant six ans, à raison de dix écus par année. — Catherine Hyémen meurt sans enfans en l'an 12. — Le 21 germinal an 13, la régie décerne contre Pierre Simon une contrainte en payement d'une somme de 320 fr., sauf à augmenter ou diminuer, pour le droit de la mutation qui s'est opérée en sa faveur par le décès de sa femme. — Pierre Simon soutient que l'avantage pour raison duquel est réclamé le droit, lui a été acquis dès le jour de son mariage, et par conséquent à une époque bien antérieure à l'établissement du droit même. — Le 1.er thermidor an 13, jugement du tribunal civil de Luxembourg, qui déclare la régie non-recevable et mal fondée. — Recours en cassation; et le 5 novembre 1806, arrêt, au rapport de M. Dutocq, qui, — « Vu l'art. 4 de la loi du 22 frimaire an 7; attendu que Pierre Simon, d'après son contrat de mariage avec Catherine Hyémen, sa femme décédée, se trouve avoir un Gain de survie qui produit dans sa personne un avantage éventuel qui lui est survenu par le décès de sadite femme; d'où résulte une transmission sujette au droit proportionnel, d'après l'art. 4 de la loi du 22 frimaire an 7, ci-devant transcrit; que cependant le tribunal de première instance de Luxembourg a déclaré la régie de l'enregistrement non-recevable et mal fondée dans la demande de ce droit, en quoi il a contrevenu audit article; casse et annulle..... ».

Le 19 août 1784, contrat de mariage entre le sieur Kampenéers et la demoiselle N....., par lequel il est stipulé qu'en cas de survie, le futur époux sera propriétaire de tous les meubles de la communauté et d'une maison appartenant à la future épouse. — La dame Kampenéers meurt en l'an 13; et plus de six mois s'étant écoulés sans que l'époux survivant ait fait sa déclaration, ni acquitté le droit de mutation au bureau de l'enregistrement, une contrainte est décernée contre lui. — Il y forme opposition, et par jugement du troisième jour complémentaire an 13, le tribunal civil de Gand annulle la contrainte, « attendu que par la nature du douaire et la définition du préciput conventionnel consacré par les art. 1515, 1516 et 1525 du Code civil, la stipulation entre époux d'avantages au profit du survivant, n'est qu'une convention de mariage et entre associés, et qu'il ne s'opère aucune mutation, lorsque l'époux survivant ne renonce pas à la succession de l'époux prédécédé ». — Recours en cassation contre ce jugement par la régie; et le 26 mai 1807, arrêt, au rapport de M. Schwendt, qui, — « Vu l'art. 69, §. 6, n. 1 et 3, de la loi du 22 frimaire an 7; considérant, 1.° que les avantages stipulés entre époux sont éventuels, et ne s'ouvrent au profit du survivant qu'au décès de l'autre époux; que ce n'est donc qu'à cette époque, que la transmission peut s'opérer; que la loi ne porte aucune exception pour les Gains de survie ou autres avantages du survivant; qu'ainsi, elle devait recevoir son application dans l'espèce, la transmission stipulée n'ayant pu s'effectuer qu'au décès de la femme; 2.° que les dispositions des art. 1515, 1516 et 1525 du Code civil en réglant les conventions qu'elles rappellent, et en les exceptant des règles relatives aux donations, ne portent aucune dérogation à la loi citée, et ne peuvent recevoir aucune application relativement aux droits dus pour la transmission des avantages stipulés en faveur du survivant, dont l'art. 1517 fixe l'ouverture à la mort naturelle ou civile; qu'ainsi, il a été fait une fausse application de ces dispositions; la cour casse et annulle..... ».

V. Augment, Bagues et Joyaux, Contrat de mariage, Conventions matrimoniales, Donation, Dot, Douaire, Enregistrement, Quarte du conjoint pauvre, Virile, etc.]]

* GALÈRES. Ce terme s'emploie pour exprimer la peine de ceux qui sont condamnés à ramer sur les Galères, [[aujourd'hui aux *travaux forcés*. *V.* ces mots.]]

I. On a coutume de comparer la peine des Galères à celle des criminels que, chez les Romains, on condamnait aux mines; mais cette comparaison ne peut s'appliquer qu'aux Galères perpétuelles, attendu que la condamnation aux mines ne se prononçait jamais pour un temps limité; au lieu que parmi nous, la peine des Galères se prononce souvent pour un certain nombre d'années. Au reste, Anne Robert a fort bien remarqué qu'il n'y a pas dans le droit aucun texte qui prouve que la peine des Galères ait été en usage chez les Romains.

Cette peine n'est pas même fort ancienne en France; car la première ordonnannce qui en fasse mention, est celle que Charles IX donna à Marseille, au mois de novembre 1564. Cette loi défendit, tant aux cours souveraines qu'à tout autre juge, de condamner aux Galères pour un terme au-dessous de dix années, et ordonna que cette peine pourrait être prononcée contre les coupables qui seraient jugés l'avoir méritée.

Il paraît qu'un des objets de l'ordonnance dont il s'agit, fut d'autoriser l'usage de condamner aux Galères, lequel se pratiquait déjà précédemment en plusieurs endroits. En effet, Charondas cite un arrêt de 1532, qui défendit aux juges d'église de condamner aux Galères, et la Rocheflavin en cite un autre de 1535, qui avait prononcé cette peine.

Après la peine de la mort naturelle, la plus rigoureuse est celle des Galères perpétuelles: elle emporte mort civile et confiscation dans les pays où la confiscation a lieu.

On ne suit pas l'ordonnance de 1564, en ce qu'elle défend de prononcer la peine des Galères pour un terme au-dessous de dix années; on la prononce souvent pour trois, cinq, six ou neuf années.

Quand la condamnation aux Galères n'est prononcée que pour un temps limité, elle n'emporte ni mort civile ni confiscation. Cette peine est alors réputée moins rigoureuse que le bannissement perpétuel, attendu qu'il emporte mort civile.

Lorsqu'un accusé a commis des crimes qui méritent la peine des Galères, et qu'il est aveugle ou qu'il a quelque autre infirmité qui le met hors d'état de servir, on ne doit pas moins le condamner à cette peine, et le faire conduire avec la chaîne jusqu'au lieu de sa destination, parce qu'il y a des hôpitaux destinés à y renfermer les galériens hors d'état de servir.

II. La déclaration du 4 septembre 1677 prononce la peine de mort contre les criminels qui, après avoir été condamnés aux Galères, ont mutilé leurs membres, afin de se mettre hors d'état de servir comme forçats.

[[*V.* la loi du 20 septembre 1791, tit. 3, art. 16, et le décret impérial du 12 novembre 1806, art. 69.]]

III. Dans le cas où la peine des Galères est ordonnée contre des hommes, la peine du fouet et du bannissement à temps ou à perpétuité doit être ordonnée contre les femmes, suivant la qualité du fait.

L'art. 200 de l'ordonnance de Blois portait qu'il ne serait accordé aucun rappel de ban ou de Galères à ceux qui auraient été condamnés par arrêt de cour souveraine.

L'ordonnance de 1670, tit. 16, art. 51, veut que les lettres de rappel de Galères ne puissent être scellées qu'à la grande chancellerie. On les adresse aux juges naturels du condamné; l'arrêt ou jugement de condamnation doit être attaché sous ces lettres, et ces lettres doivent être entérinées sans examiner les charges et informations. [[Mais *V. Grâce.*]]

IV. Lorsqu'on a des demandes à diriger contre des particuliers condamnés aux Galères à temps, il faut, suivant l'art. 8 du titre 9 de l'ordonnance du mois d'avril 1667, les faire assigner à leur dernier domicile connu; sans qu'il soit besoin de procès-verbal de perquisition, ni de leur créer un curateur. (M. GUYOT.) *

[[Mais *V. Condamné*, *n.* 2; et *Curateur*, §. 10.

V. La loi du 20 mai 1790 porte « qu'à l'avenir il ne sera reçu dans les Galères de France, aucune personne condamnée par des jugemens étrangers ».

Par une autre loi du 3 septembre 1792, l'assemblée nationale considérant qu'il y a des étrangers détenus aux Galères en France, en conséquence de jugemens rendus par les tribunaux français, pour délits commis hors le royaume.....; que des étrangers prévenus de délits commis dans leur patrie, n'ont pu être légalement jugés que selon les lois de leur pays et par leurs magistrats; que les peines ne doivent avoir lieu que là où les crimes ont été commis; et que ce serait porter atteinte à la souveraineté des peuples, pour laquelle la France donnera toujours l'exemple du respect, que de retenir sur ses Galères des étrangers qui n'ont point blessé ses lois; après avoir entendu son comité de législation et décrété l'urgence, décrète ce qui suit. — Il ne sera retenu sur les Galères de France, aucun étranger condamné pour crime commis hors du territoire français ».

V. Fers, Forçats, Flétrissure, Abstension de lieu, Déportation, Mort civile, Peine, Travaux forcés et *Tribunal maritime.*]]

GAMBAGE ou CAMBAGE. Terme de coutume. Il se dit d'un droit que les seigneurs lèvent sur les brasseurs de bière.

Ce mot est formé de *Cam*, qui signifie *bière* chez les Flamands et quelques autres peuples du Nord. Ducange remarque qu'ils ont ainsi appelé la bière du mot latin *Camum*: Ulpien s'en sert dans la loi 9, *D. de tritico*, sur laquelle Cujas observe *camum fieri ex hordeo et aliis frugibus et esse cervisiæ speciem.* C'est de là que les brasseries ont été appelées *cambæ*, et les brasseurs *cambarii.* On lit dans une charte rapportée par Ducange, au mot *Cambarius*, édition de 1733; *chacune cambe à eschine de cambriers de la chité d'Amiens, si elle n'est en francalleu, doit chacune semaine trois septiers de chervoises de Cambage.*

Le droit d'afforage diffère de celui de Gambage, en ce que le premier est dû par les cabaretiers et les autres marchands détailleurs d'une liqueur quelconque; au lieu que le droit de Gambage n'est dû que par les brasseurs de bière. L'art. 44 de la coutume du Boulonnais marque très-bien cette différence.

[[Ce droit est aboli, comme celui d'afforage. *V. Afforage.*]]

*GARANTIE. On appelle *Garant*, celui qui se rend responsable de quelque chose envers quelqu'un, et qui est obligé de l'en faire jouir, [[si elle offre un objet d'utilité; et de l'en libérer, si elle consiste en une dette ou charge quelconque]]. On appelle *Garantie* l'obligation du *Garant*.

[[On distingue en général deux sortes de Garanties, la Garantie formelle et la garantie simple. Il est fait mention de l'une et de l'autre dans le tit. 8 de l'ordonnance de 1667, et dans le §. 4 du tit. 9 du liv. 1 du Code de procédure civile.

§. I. *De la Garantie formelle. Idée générale des cas où elle peut avoir lieu. Distinction de ses différentes espèces.*

I. « La Garantie formelle (dit Jousse, sur l'art. 1 du tit. 8 de l'ordonnance de 1667) a lieu lorsqu'un tiers-détenteur étant évincé par celui qui se prétend propriétaire d'un héritage ou d'un droit réel, ou même d'une chose mobilière, ou étant assigné par un créancier hypothécaire pour se voir condamner à abandonner la chose dont ce tiers-détenteur est en possession, agit en recours contre son vendeur ou contre celui qui lui a donné cette chose en échange ou en payement, pour l'indemniser des condamnations qui pourraient intervenir contre ce tiers-détenteur, tant en principal que dépens.

» Cette Garantie a pareillement lieu dans le cas où le cessionnaire d'une dette avec Garantie, ayant poursuivi le débiteur de la dette, qui refuserait de la payer, ou qui serait insolvable, viendrait à assigner son Garant, pour le faire contraindre à payer cette dette ou à l'indemniser ».

II. Le même auteur ajoute : « La Garantie formelle n'a jamais lieu qu'au profit de celui qui jouit de l'héritage à titre de propriétaire ou d'usufruitier, et non au profit de simple fermier ou locataire; ainsi, quand un locataire ou fermier est appelé en justice par un tiers qui conclut contre lui à ce qu'il soit condamné à délaisser l'héritage dont il jouit, il suffit au locataire ou fermier d'indiquer à ce tiers le nom de son bailleur, afin qu'il se pourvoie contre lui ».

Effectivement, Papon, liv. 11, tit. 4, n. 18, et Robert, *rerum judicatarum*, liv. 4, chap. 9, rapportent deux arrêts du parlement de Paris, des 24 septembre 1563 et 26 septembre 1579, qui ont jugé qu'un fermier assigné en délaissement d'un héritage, qu'il occupe en vertu de son bail, doit obtenir congé de la demande en déclinant le nom de son bailleur, et qu'il n'est pas obligé de le mettre en cause.

Mais l'art. 1727 du Code Napoléon ne déroge-t-il pas à notre jurisprudence? Voici ses termes : « Si le preneur est cité en justice pour se voir condamner au délaissement de la totalité ou de partie de la chose louée, ou à souffrir l'exercice de quelque servitude, il doit appeler le bailleur en Garantie, et doit être mis hors de cause, s'il l'exige, en nommant le bailleur pour lequel il possède ».

Ces derniers termes, *et doit être mis hors de cause, s'il l'exige, en nommant le bailleur*, présentent, comme l'on voit, une disposition parfaitement conforme aux arrêts cités. Mais cette disposition n'est-elle pas contrariée par celle qui résulte des termes précédens, *il doit appeler le bailleur en Garantie?*

Il faut convenir qu'à la première vue, ces deux dispositions paraissent s'entre-détruire. Si le fermier doit être mis hors de cause, du moment qu'il nomme son bailleur, il ne peut pas être tenu d'appeler son bailleur en Garantie; et s'il est tenu d'appeler son bailleur en Garantie, il ne lui suffit pas de nommer son bailleur pour être mis hors de cause. Il faut donc chercher un moyen de concilier ces deux dispositions; car on ne peut pas supposer qu'une antinomie aussi palpable soit échappée au législateur dans un même article; et ce moyen se présente de lui-même, en distinguant ce à quoi est tenu le fermier envers son bailleur, d'après ce à quoi il est tenu envers le demandeur en délaissement.

Le demandeur en délaissement à qui le fermier a décliné le nom de son bailleur, pourrait-il, à défaut de mise en cause de celui-ci, obtenir un jugement contre celui-là? Non certainement. Le jugement par lequel le fermier serait condamné au délaissement en l'absence du bailleur, serait sans effet contre le bailleur lui-même. Le fermier ne nuit donc pas au demandeur en délaissement, par le défaut de mise en cause du bailleur; et dès qu'il ne lui nuit pas, il est bien évident que le demandeur en délaissement n'a point d'action contre lui de ce chef. Conçoit-on d'ailleurs comment le demandeur en délaissement pourrait, en assignant le fermier, se soustraire à la règle générale qui l'oblige d'assigner le bailleur à personne ou à domicile? C'est donc envers le demandeur en délaissement que le fermier *doit être mis hors de cause, s'il l'exige, en nommant le bailleur pour lequel il possède.*

Mais si le fermier n'est tenu à l'égard du demandeur en délaissement, qu'à nommer son bailleur, il a un autre devoir à remplir envers son bailleur même : il doit lui dénoncer le trouble qu'il éprouve dans sa possession; il doit, en prévenant toute surprise de la part du demandeur en délaissement, mettre son bailleur à portée de se défendre; et comme en cas d'éviction, son bailleur lui devra des dommages-intérêts, il doit *l'appeler en Garantie.* — Du reste, cet appel en Garantie ne regarde point le demandeur en délaissement; il n'a point de qualité pour l'exiger.]]

IV. Il y a deux cas où le vendeur et le cédant ne sont pas tenus ni à la Garantie de droit, ni à la Garantie de fait.

Le premier est quand on ne vend pas, ou qu'on ne cède pas une certaine chose en particulier, mais tout le droit qu'on peut avoir sur la chose, sans aucune Garantie; ce qui s'entend toujours qu'il n'y ait point de dol de la part du vendeur. *V. droits successifs.*

Le second cas est lorsqu'on vend l'espérance incertaine de quelque chose, comme le pêcheur qui vend le jet de sa nasse; quoiqu'il ne prenne aucun poisson, il n'est pas obligé de rendre le prix.

[[V. Les articles *Dot*, *Eviction*, *Fait du souverain*, *Partage*, et les deux paragraphes suivans contiennent, sur les cas où il y a lieu à la Garantie, des détails qu'il est inutile de répéter ici.

§. II. *Le vendeur d'un domaine dans lequel existe*

un moulin qu'il a fait construire au préjudice d'une transaction qui lui en interdisait la faculté, est-il tenu, sans stipulation particulière, de garantir l'existence légitime de ce moulin? Y est-il tenu, lors même que le moulin n'a pas été expressément compris dans le détail des objets qu'il a vendus? Y est-il tenu, lorsqu'il a simplement déclaré vendre ce qu'il avait lui-même acquis du précédent possesseur, lequel avait perdu par la transaction, le droit de construire un moulin? Y est-il tenu, lorsque, par le contrat de vente, il a imposé à l'acquéreur la charge de toutes les servitudes dont le domaine pouvait être grevé, sans néanmoins lui donner connaissance de la transaction qu'il ne connaissait pas lui-même?

V. le plaidoyer et l'arrêt du 6 thermidor an 13, rapportés à l'article *Moulin*.

III. 1.° *L'acquéreur qui, sous le régime féodal, a été évincé par un jugement en dernier ressort, de droits féodaux dont son vendeur s'était obligé de le faire jouir, peut-il encore aujourd'hui poursuivre l'action en Garantie qu'il avait intentée contre son vendeur avant l'abolition de ces droits?*

2.° *Doit-on, à cet égard, distinguer entre le cas où le jugement d'éviction avait été exécuté de fait par la dépossession de l'acquéreur, réellement opérée avant l'abolition des droits, et celui où il était jusqu'alors demeuré sans exécution?*

Le 20 mai 1780, contrat notarié par lequel le eur Montagne Deponcins vend au sieur Goyet Devron la terre et seigneurie de Magnen-Hauterive, vec tous les droits qui en dépendent, pour la omme de 455,380 liv.

Une portion de directe comprise dans cette vente, tait alors en litige au parlement de Paris, entre le hapitre de Montbrison et le vendeur. Le chapitre réclamait comme l'ayant aliénée illégalement 16 avril 1619; et il avait obtenu gain de cause ar sentence du bailliage de Montbrison du 24 avril 779, dont le sieur Montagne était appelant au arlement de Paris. De là, une clause par laquelle, ans le contrat cité, « le vendeur s'oblige de faire, ses risques et périls, jouir paisiblement l'acquéeur de l'objet qui fait la matière du procès, et, cas d'éviction, d'indemniser et garantir ledit quéreur au dire d'experts, eu égard, non-seuleent à la valeur intrinsèque, mais encore à la vaur extrinsèque, considération faite de leur connance et bienséance ».

Le 16 mars 1784, arrêt du parlement de Paris, ui, sur la demande du chapitre de Montbrison, i permet d'assigner le nouvel acquéreur pour voir clarer commun avec lui le jugement à rendre sur procès relatif à la directe.

Le 27 mai suivant, autre arrêt qui, confirmant la ntence du 24 avril 1779, déclare nul le contrat de nte du 16 avril 1619, condamne le sieur Montagne délaisser au chapitre la directe de Magnen, et à lui mettre les titres, terriers, papiers, livres et autres èces qui la concernent; déclare ses dispositions communes au sieur Goyet, et le condamne personnellement à la restitution des fruits qu'il a perçus depuis son acquisition.

En vertu de cet arrêt, le chapitre fait saisir entre les mains du greffier du parlement, les titres, terriers et autres papiers produits au procès par le sieur Montagne; il fait pareillement saisir tous les titres de la seigneurie de Magnen entre les mains de ceux qui en sont dépositaires.

Le 2 août de la même année, le sieur Goyet fait assigner le sieur Montagne au bailliage de Montbrison, pour se voir condamner à le garantir et indemniser de l'éviction qu'il a soufferte par l'arrêt du 27 mai.

Le 20 mai 1785, le chapitre assigne le sieur Montagne et le sieur Goyet pour être présens à sa prise de possession de la directe dont l'arrêt du 27 mai 1784 ordonne le délaissement.

Le 7 juin suivant, procès-verbal notarié qui constate cette prise de possession, et, pour déterminer la perception des droits de contrôle, évalue la justice, la directe et les rentes nobles de Magnen à 20,000 l.

Le sieur Montagne forme opposition à cette prise de possession. Il la fonde sur ce que le chapitre y a compris des objets non aliénés par le contrat du 16 avril 1619, notamment la haute-justice de Magnen et des immeubles que les chanoines n'ont jamais possédés.

Le 6 mai 1786, sentence du bailliage de Montbrison qui, par provision, défend au chapitre de se mettre en possession de ces immeubles. — Le chapitre appelle de cette sentence.

Le sieur Goyet poursuit au bailliage de Montbrison sa demande en indemnité, et conclut à 255,000 livres de dommages-intérêts.

Le 9 juillet 1790, arrêt du parlement de Paris qui, sur une requête non communiquée du sieur Montagne, évoque cette demande et la joint à l'appel du chapitre.

Le 13 brumaire an 9, le sieur Goyet fait assigner le sieur Montagne et la dame Perrier, enfans et héritiers de son vendeur, devant le tribunal civil de l'arrondissement de Montbrison, pour reprendre l'instance commencée avec leur père et répondre à ses conclusions.

Le sieur Montagne et la dame Perrier soutiennent, 1.° que la demande du sieur Goyet est prématurée; et qu'en supposant l'indemnité légitimement due, elle ne pourrait être fixée qu'après le jugement de l'opposition formée par leur père à la prise de possession du chapitre; 2.° que le tribunal de Montbrison ne peut connaître d'une demande en reprise qui a pour objet une affaire évoquée au parlement de Paris, et dont par conséquent la connaissance ne peut, d'après les changemens survenus dans l'ordre judiciaire, appartenir qu'à la cour d'appel de Lyon; 3.° que l'exécution de l'arrêt d'éviction du 27 mai 1784 a été suspendue par l'opposition du sieur Montagne père à la prise de possession du chapitre; qu'ainsi, le sieur Goyet n'a pas été dépossédé; que dès-lors, c'est pour le compte du sieur Goyet qu'ont péri les droits féodaux compris dans le contrat de vente du 20 mai 1780; que conséquemment il est sans action contre les héritiers de son vendeur; et qu'il y a là-dessus d'autant moins de doute, que par les lois des 25 août 1792 et 17 juillet 1793, tous les procès relatifs aux droits féodaux sont éteints.

Le 16 messidor an 11, jugement qui condamne les héritiers Montagne à payer au sieur Goyet la somme de 13,500 fr. pour toute indemnité, avec intérêts depuis 1784.

Toutes les parties appellent de ce jugement.

Le sieur Goyet soutient qu'il a été mal jugé, en ce que le tribunal de Montbrison s'est permis d'arbitrer lui-même une indemnité qui, d'après le contrat du 20 mai 1780, doit être réglée par une expertise, et être calculée tant sur la valeur extrinsèque que sur la valeur intrinsèque des objets sur lesquels a porté l'éviction.

Les héritiers Montagne soutiennent, de leur côté, que les lois des 25 août 1792 et 17 juillet 1793 ont éteint l'action du sieur Goyet; qu'en supposant cette action encore recevable, elle serait mal fondée; que l'arrêt du 27 mai 1784 n'a réintégré le chapitre de Montbrison que dans les objets qu'il avait aliénés en 1619; qu'il n'a conséquemment évincé le sieur Goyet que d'une très-petite portion des droits féodaux compris dans son acquisition; que pour fixer l'indemnité prétendue à raison de cette éviction, il faudrait ordonner une expertise à laquelle le prix stipulé par le contrat du 20 mai 1784, devrait servir de base; que, pour parvenir à ce résultat, les experts devraient, d'une part, désigner et déterminer les objets dont le chapitre s'était fait déclarer propriétaire; de l'autre, ventiller le prix de ces objets; que tout cela ne pourrait se faire qu'à l'aide de tous les titres de la seigneurie de Magnen et du chapitre de Montbrison; mais que tous ces titres ont dû être brûlés en exécution de la loi du 17 juillet 1793; et que s'ils ne l'ont pas été, il n'est plus permis d'en faire usage; qu'ainsi, à tous égards, l'expertise demandée par le sieur Goyet, est devenue impossible; qu'au surplus, l'éviction prétendue dont se plaint le sieur Goyet n'a pas eu lieu; que l'arrêt du 27 mai 1784 ne déterminant pas les objets dont il annullait l'aliénation que le chapitre en avait faite en 1619, il en est résulté de nouveaux procès qui ont empêché la dépossession réelle du sieur Goyet; qu'à la vérité, il existe un acte de prise de possession de la part du chapitre; mais que cette prise de possession s'est opérée dans des lieux qui ne relevaient nullement de la directe adjugée au chapitre par le parlement de Paris; que dans le fait, le sieur Goyet a continué de jouir de tous les droits utiles et honorifiques de la seigneurie de Magnen, jusqu'au moment où la loi est venue les abolir; qu'il suit de là que le sieur Goyet a bien éprouvé, par l'effet de l'arrêt de 1784, un *danger d'éviction;* mais que l'éviction dont cet arrêt l'avait menacé, n'a jamais été consommée. — Enfin, les héritiers Montagne offrent subsidiairement de résilier le contrat de vente du 20 mai 1780, de reprendre les biens vendus et de restituer le prix touché par leur père.

Le sieur Goyet réplique que son action n'est pas éteinte par les lois des 25 août 1792 et 17 juillet 1793, qui n'abolissent que les procès tendans au recouvrement et à l'exercice des droits féodaux; que, si les titres de la seigneurie de Magnen et ceux du chapitre de Montbrison sont détruits ou censés l'être, ce n'est pas une raison pour ne pas ordonner l'expertise à laquelle les parties s'en sont rapportées par leur contrat; qu'il est possible de procéder à cette expertise par des voies indirectes; que les experts peuvent estimer le domaine utile et se procurer des renseignemens sur la valeur de la directe; qu'ils ont d'ailleurs, pour fixer cette valeur, deux bases, l'une dans l'offre faite en 1785 par le sieur Montagne au chapitre de Montbrison, d'une somme de 600,000 livres pour le faire renoncer à ses poursuites, l'autre dans l'offre qu'il a faite au sieur Goyet, par une lettre du 9 octobre de la même année, d'une somme de 53,000 livres pour l'indemnité à laquelle il avait droit; qu'au surplus, on doit bien distinguer l'éviction légale d'avec l'éviction de fait; que celle-là suffit et que celle-ci n'est pas nécessaire pour qu'il y ait lieu à l'action en Garantie; que, dans l'espèce, il y a eu éviction légale par l'arrêt du 27 mai 1784; qu'il y a même éviction de fait, puisque le chapitre de Montbrison a été mis en possession de la directe dans laquelle cet arrêt l'avait réintégré; que le sieur Montagne n'a formé opposition à cette mise en possession que parce qu'elle embrassait, suivant lui, des droits et des immeubles que l'arrêt n'avait pas adjugés au chapitre, et qu'en ne s'y opposant que sous ce rapport, il l'avait reconnue valable relativement aux objets dont le chapitre avait réellement obtenu le délaissement par l'arrêt. — Quant à l'offre subsidiaire du résiliment du contrat de vente du 20 mai 1780, le sieur Goyet observe qu'il ne peut pas l'accepter, attendu qu'il n'est plus propriétaire de la terre de Magnen, qu'il l'a donnée à son fils par contrat de mariage, qu'elle est d'ailleurs grevée, de son chef, de beaucoup d'hypothèques légales; qu'il y a fait des améliorations considérables; et que la valeur en est aujourd'hui fort élevée au-dessus de celle de 1780.

Le 7 thermidor an 13, la cour d'appel de Lyon « considérant que lors du contrat passé le 20 mai 1780, par lequel le sieur Montagne Deponcins vendit au sieur Goyet-Delivron la terre de Magnen-Hauterive, il a été convenu entre les parties, par condition essentielle, que le vendeur s'oblige de faire, à ses périls et risques, jouir l'acquéreur de l'objet qui fait la matière du procès que lui ont intenté les doyen et chapitre de Montbrison en éviction de partie de la seigneurie de Magnen, et, en cas d'éviction, le vendeur s'oblige d'indemniser ledit acquéreur, à *dire d'experts,* eu égard, non-seulement à la valeur intrinsèque desdits objets, mais encore de leur valeur extrinsèque, en considération de leur convenance et bienséance; que, le 27 mai 1784, il a été rendu entre Delivron, Deponcins et le chapitre de Montbrison, par le parlement de Paris, un arrêt qui adjuge au chapitre la partie contestée de la seigneurie sur la terre de Magnen; et qu'en exécution de cet arrêt, celui-ci fit saisir les titres et terriers, et prit possession de la terre et seigneurie; considérant qu'il résulte évidemment de ces faits, encore qu'ils aient donné lieu à quelques difficultés ultérieures entre le sieur Deponcins et le chapitre, que Delivron a été légalement et de fait dépouillé de la partie de la seigneurie de Magnen que lui avait vendue Deponcins, pour raison de laquelle il s'était obligé de l' demniser; qu'ainsi, la Garantie stipulée doit avoir son effet; que le sieur Delivron n'était point propriétaire de la seigneurie de Magnen, mais bien le chapitre de Montbrison, au moment où ont été rendues les lois qui ont supprimé les droits seigneuriaux; qu'ainsi, ce n'est point sur lui que cette suppression a frappé, mais sur le chapitre; que Delivron a formé son action en 1784; et que cette action qui est relative à un contrat de vente librement consenti, au remboursement d'une somme payée et à l'indemnité résultante de la non-livraison de la chose vendue et que l'on a garantie, n'est point éteinte par les lois rendues au sujet des droits seigneuriaux, encore qu'elle y ait quelque rapport; — Considérant que par l'acte de 1780, Deponcins a vendu et promis de garantir l'objet qui faisait la matière du procès que lui avaient intenté le doyen et chapitre de Montbrison; et que cet objet était particulier à la vente que le chapitre avait faite en 1619; qu'ainsi, ce ne peut être qu'en raison d'icelui que la Garantie a lieu, et que l'indemnité doit être déterminée; que, par cet acte, les parties sont convenues de s'en rapporter à des experts; que s'étant ainsi réglées, la loi qu'elles se sont faite doit être exécutée; que, s'il est vrai qu'en 1784 et 1787, Delivron ait donné à Deponcins l'option de reprendre la terre de Magnen, en lui en remboursant le prix, il est certain qu'elle fut faite sous la condition de l'accepter dans la huitaine; que Deponcins ne l'ayant point alors acceptée, il ne s'est formé aucun contrat judiciaire entre les parties; enfin, que Delivron n'ayant point renouvelé son offre, l'on ne peut exciper contre lui de celle qu'il avait faite il y a dix-huit ans, dans un moment surtout où les choses ne sont plus entières; dit et prononce que, sans s'arrêter au consentement donné par les cohéritiers Montagne Deponcins de reprendre la terre de Magnen sur leurs offres d'en rendre le prix, dans lequel ils sont non-recevables et dont ils sont déboutés, qu'il a été bien jugé par la disposition de la sentence dont est appel, qui a décidé qu'il était dû une indemnité au sieur Goyet Delivron; mal appelé quant à ce; ordonne que ladite disposition sortira effet; et qu'il a été mal jugé par celle par laquelle l'indemnité accordée a été arbitrée d'office; réformant, ordonne que pour procéder à icelle, les parties sont reçues à nommer et convenir d'experts; sinon qu'il en sera pris et nommé d'office, lesquels évalueront ladite indemnité tant en raison de la valeur intrinsèque et extrinsèque de l'objet vendu, et qui faisait la matière du procès alors existant entre le chapitre de Montbrison et Deponcins, et qu'eu égard aux convenances et bienséances; lors de laquelle opération, il est permis aux parties de faire tels dires et observations, pour ensuite icelle rapportée, être ordonné ce qu'il appartiendra.... ».

Les héritiers Montagne se pourvoient en cassation contre cet arrêt.

« Deux moyens de cassation (ai-je dit à l'audience du 13 mai 1806), vous sont proposés par les demandeurs : violation de l'art. 2 de la loi du 25 août 1792, qui abolit tous les procès relatifs aux droits-féodaux; contravention aux lois romaines qui déterminent le cas où il y a lieu à la garantie pour cause d'éviction.

» Le premier de ces moyens vous présente une question qui n'est pas nouvelle pour la cour : c'est celle de savoir si les lois qui ont éteint les procès relatifs aux droits féodaux, sont applicables aux actions en Garantie des évictions que les acquéreurs de ces droits avaient souffertes avant l'abolition du régime féodal. Déjà cette question a été agitée devant vous et devant la section civile, entre la veuve Grassin et le sieur Polisse : l'arrêt de la cour d'appel de Paris, dont on demandait la cassation, l'avait jugée pour l'affirmative; mais la cour suprême l'a jugée en sens inverse, en cassant, le 3 ventôse an 12, au rapport de M. Babille, l'arrêt de la cour d'appel de Paris : « Vu (a-t-elle dit) l'art. 12 de la loi du 25 août » 1792, et les art. 1 et 3 de celle du 17 juillet 1793; » et attendu qu'il s'agissait dans l'instance, d'une action en Garantie dérivant d'un contrat de vente du » 15 mars 1772, antérieur de plus de vingt ans à la » suppression sans indemnité des droits ci-devant féodaux, action motivée sur ce que le vendeur n'avait » pas livré à son acquéreur tous les droits qu'il lui » avait vendus avec sa terre de Thionville; attendu » que l'action est fondée sur les lois, et notamment » sur celles relatives à l'action *ex empto*, qui obligent le vendeur à défendre son acquéreur de tous » troubles et évictions, surtout quand, comme dans » l'espèce, ils préviennent de son fait; attendu qu'une » semblable action n'est point du nombre de celles » dont les lois des 25 août 1792 et 17 juillet 1793 » prononcent l'extinction, encore bien qu'elle soit » relative à des droits ci-devant féodaux; d'où il suit » que le jugement attaqué a fait une fausse application de ces lois; — casse et annulle.... ».

» La question s'est représentée depuis entre les mineurs Tayllerand-Périgord et le sieur Guillet-Moidière.... (1).

» Des arrêts aussi précis, aussi formels, aussi bien motivés, nous dispensent de toute espèce de discussion sur le premier moyen des demandeurs, et nous devons en conséquence nous hâter de passer au deuxième.

» En quoi, suivant les demandeurs, la cour d'appel de Lyon a-t-elle contrevenu aux dispositions des lois romaines concernant l'action en Garantie? Elle y a contrevenu, disent-ils, en jugeant que l'action en Garantie avait été ouverte au profit du sieur Goyet Delivron, avant sa dépossession réelle, et qu'elle n'avait pas été éteinte par l'abolition des droits féodaux dont il était acquéreur, prononcée dans un temps où ils existaient encore dans sa main.

» Mais d'abord est-il bien constant que le sieur Goyet n'avait pas été dépossédé avant la suppression du régime féodal? La cour d'appel de Lyon a décidé qu'il y avait eu, avant cette époque, non-seulement dépossession légale par l'effet de l'arrêt du parlement de Paris du 27 mai 1784, mais encore dépossession de fait par l'effet du procès-verbal de prise de possession du chapitre de Montbrison, en date du 7 juin 1785.

» Et que vient-on opposer à la seconde branche de cette décision? Trois choses.

(1) *V.* l'arrêt du 20 janvier 1806, rapporté à l'article *Vente*, §. 5.

» 1.° Dit-on, ce n'est pas des objets que lui avait adjugés l'arrêt de 1784, que le chapitre a pris possession en 1785 : il n'a pris possession en 1785 que d'immeubles et de droits que l'arrêt de 1784 ne lui adjugeait pas : il y a eu dans sa prise de possession une méprise qui en a paralysé l'effet; sa prise de possession doit donc être considérée comme non avenue.

» Mais toutes ces assertions, sur quoi reposent-elles? Sur rien. Les demandeurs ne les justifient par aucune pièce. Nous ne pouvons donc y avoir aucun égard; et nous le pouvons d'autant moins, qu'en 1786, le sieur Montagne père n'avait fondé son opposition à la prise de possession du chapitre que sur ce que les immeubles qu'elle comprenait, ne faisaient pas partie des objets adjugés au chapitre par l'arrêt de 1784; et que, par-là, il avait évidemment reconnu la légitimité de cette prise de possession, quant aux droits sur lesquels elle portait.

» 2.° Dit-on encore, le chapitre ne pouvait pas rentrer en possession des droits que lui avait adjugés l'arrêt de 1784, avant d'avoir fait au sieur Montagne les remboursemens de prix, d'impenses et d'améliorations auxquels cet arrêt même l'obligeait. Ainsi le voulait expressément l'art. 9 du tit. 27 de l'ordonnance de 1667. La prise de possession du chapitre était donc nulle; elle n'a donc pas dépossédé le sieur Goyet.

» Mais où est la preuve que le chapitre, avant de prendre possession, n'avait pas fait au sieur Montagne les remboursemens auxquels il était tenu? Où est la preuve que du moins il n'avait pas, ainsi que le lui permettait l'article cité de l'ordonnance de 1667, donné caution de les effectuer après la liquidation des sommes dont la restitution lui était prescrite par l'arrêt? Et à qui fera-t-on croire aujourd'hui que le sieur Montagne aurait gardé le silence là-dessus, en 1785, dans son opposition, si là-dessus le chapitre n'eût pas été parfaitement en règle? — Mais après tout, quand, sur tout cela, le chapitre ne se serait pas exactement conformé à la disposition de l'ordonnance de 1667, sa prise de possession en aurait-elle été moins valable? Non. Le sieur Montagne aurait sans doute pu s'y opposer : *celui qui aura été condamné*, porte l'ordonnance, *de délaisser la possession d'un héritage, en lui remboursant quelques sommes, espèces, impenses ou méliorations*, NE POURRA ÊTRE CONTRAINT *de quitter l'héritage, qu'après avoir remboursé*. Mais nous l'avons déjà dit, le sieur Montagne ne s'est opposé ni en 1785, ni en 1786, ni depuis, à la prise de possession du chapitre, en tant qu'elle portait sur les droits dans lesquels le chapitre avait été réintégré par l'arrêt de 1784; il a donc, en cette partie, rendu hommage à la validité de la prise de possession du chapitre; le sieur Goyet, son acquéreur, a donc été dépossédé réellement et de fait par cette prise de possession.

» 3.° Dit-on enfin, le sieur Goyet a continué, nonobstant la prise de possession du chapitre, de jouir des droits au délaissement desquels l'arrêt de 1784 l'avait condamné. Donc la prise de possession du chapitre n'a pas dépossédé le sieur Goyet; donc c'est dans les mains et pour le compte du sieur Goyet, qu'ont péri les droits féodaux que le sieur Montagne père lui avait vendus.

» Mais, d'une part, il en est de la possession comme de la propriété : elle ne peut pas résider solidairement dans deux personnes à la fois; et par conséquent de l'essence des choses, que la possession prise par le chapitre en vertu de l'arrêt de 1784, ait fait cesser la possession que le sieur Goyet avait prise en vertu du contrat de vente de 1780. Si donc il était vrai que le sieur Goyet eût continué de jouir jusqu'en 1789, des droits de justice et de directe dont l'arrêt de 1784 avait ordonné le délaissement au profit du chapitre, bien certainement cette continuation de jouissance n'aurait pas formé pour lui une continuation de possession civile, de possession *animo domini*, mais une simple détention, un simple séquestre; et l'on peut d'autant moins en douter, que par l'arrêt même de 1784, il était condamné à rendre au chapitre tous les fruits qu'il avait perçus depuis sa mise en cause, et tous ceux qu'il pourrait percevoir jusqu'au délaissement effectif. Assurément celui-là n'est point possesseur civil, celui-là ne possède point *animo domini*, qui recueille des fruits qu'à la charge d'en compter au propriétaire.

» D'un autre côté, quelles preuves les demandeurs ont-ils rapportées devant la cour d'appel, quelles preuves rapportent-ils aujourd'hui, du prétendu fait que le sieur Goyet avait continué de jouir jusqu'en 1789? Aucune; et l'on sent bien que ce n'est point par de simples allégations qu'ils peuvent détruire un arrêt que la cour d'appel de Lyon a expressément motivé sur la circonstance que le sieur Goyet avait été *dépossédé de fait* dès l'année 1785.

» Mais allons plus loin, et supposons que le sieur Goyet n'a pas été dépossédé de fait. Au moins dans cette hypothèse, il demeurera constant qu'il a été condamné par l'arrêt de 1784, à délaisser au chapitre de Montbrison les droits de directe et de justice dont il est ici question. Or, en faut-il davantage pour qu'il ait, par-là, acquis contre son vendeur une action en Garantie à laquelle l'abolition du régime féodal n'a pu porter aucune atteinte?

» L'arrêt de 1784 l'avait certainement placé dans une position à ne pouvoir plus espérer de conserver les droits de justice et de directe que lui avait vendus le sieur Montagne. Eh bien! la loi 35, D. *de evictionibus*, décide que, même avant sa dépossession réelle, l'acquéreur qui est condamné au délaissement, et qui n'a plus ou presque plus d'espérance d'y échapper, doit être considéré comme dépossédé réellement. — Il s'agit dans cette loi d'un esclave vendu par son maître, qui précédemment l'avait donné en hypothèque à un de ses créanciers. L'acquéreur, poursuivi par le créancier hypothécaire, est condamné à délaisser l'esclave. Il ne l'a pas encore délaissé, et cependant la loi déclare qu'il peut agir dès ce moment pour l'exécution de la clause de Garantie insérée dans son contrat, sauf au vendeur à faire cesser cette action en payant le créancier hypothécaire : *Evictus autem à creditore tunc videtur*, CUM FERÈ SPES HABENDI ABSCISSA EST : *itaque si Servianâ actione evictus sit, committitur quidem stipulatio ; sed quoniam, solutâ à debitore pecuniâ, potest servum habere, si, soluto pignore.... venditor conveniatur, poterit uti doli exceptione*. Et Godefroy, dans sa note sur cette loi, en tire la conséquence, que l'acquéreur peut actionner son vendeur en Garantie, avant d'avoir fait à celui qui l'a évincé par jugement, le délaissement auquel il a été condamné: *evictionis emptor agere potest adversùs venditorem antequàm etiam rem evictam restituat evincenti.*

» Mais, dit-on, la loi 21, D. *de evictionibus*, porte expressément que si la chose vendue vient à périr avant l'éviction, il ne peut pas y avoir lieu à l'action en Garantie. Or, point d'éviction sans dépossession réelle.

» La preuve qu'il y a éviction par le seul effet du jugement qui dépossède l'acquéreur, lors même que l'acquéreur n'est pas encore dépossédé de fait, c'est que la loi 35 dont nous venons de rappeler les termes, donne action à l'acquéreur du moment qu'il est condamné, quoique, de fait, il possède encore.

» Il y a plus; Godefroy, dans sa note sur la loi 26, C. *de evictionibus*, qui n'est que la répétition de la loi 21 du même titre au Digeste, dit que pour que la destruction de la chose vendue fasse cesser l'action en Garantie, il faut qu'elle ait précédé l'exercice de cette action: *re* ANTÈ LITEM *peremptâ, cessat evictio*. Et ce qui prouve bien que c'est dans ce sens qu'il entend la loi 21, D. *de evictionibus*, c'est qu'il la cite à l'appui de sa note.

» Il est vrai, comme l'observent les demandeurs, que dans le troisième paragraphe de cette dernière loi, il est dit que si, pendant le procès en délaissement d'un esclave entre le propriétaire et l'acquéreur, l'esclave vient à fuir, l'acquéreur n'a point d'action en Garantie contre son vendeur, parce que c'est la fuite de l'esclave, et non l'éviction exercée par le propriétaire, qui l'empêche de jouir de l'objet de son acquisition: *quia non propter evictionem, sed propter fugam, ei hominem habere non licet.*

» Mais les demandeurs ne font pas attention à la raison déterminante de cette loi; c'est que, dans l'espèce dont cette loi s'occupe, l'esclave n'avait pris la fuite que par la faute de l'acquéreur: *si, lite contestatâ, fugerit homo* CULPA *possessoris*; c'est par conséquent que l'acquéreur ne pouvait pas opposer au propriétaire réclamant, que sa chose avait péri par cas fortuit ou force majeure. Cette loi n'a donc aucune analogie avec l'affaire actuelle.

» En deux mots, l'acquéreur une fois condamné sans retour au délaissement, est, par cela seul, investi d'une action qu'il peut exercer même avant sa dépossession réelle: cette action devient dès-lors sa propriété: et cette propriété, n'ayant rien de commun avec la chose vendue, doit nécessairement lui survivre. Il importe donc peu que la chose vendue vienne à périr par la suite; l'action en Garantie n'en subsiste pas moins.

» Aussi Brunneman, sur la loi 26, C. *de evictionibus*, établit-il que l'anéantissement de la chose vendue n'éteint l'action en Garantie que lorsqu'il arrive antérieurement à la condamnation au délaissement; et la raison qu'il en donne est puisée dans le texte même de la loi 24 du même titre au Digeste: c'est qu'il y a éviction, et par conséquent ouverture à l'action en Garantie, lorsqu'une fois la condamnation au délaissement est prononcée. *Tunc autem evincetur, cùm in judicio aufertur.*

» Ainsi, soit que le sieur Goyet ait été, soit qu'il n'ait pas été dépossédé avant 1789, l'arrêt de la cour d'appel de Lyon a toujours bien jugé; et par ces considérations, nous estimons qu'il y a lieu de rejeter la requête des demandeurs ».

Arrêt du 13 mai 1806, au rapport de M. Pajon, par lequel, « attendu, 1.° que l'arrêt attaqué n'a violé aucune des lois citées dans le mémoire du demandeur, en décidant que, soit en fait, soit en droit, l'éviction prévue par le contrat de vente dont il s'agissait, avait été soufferte par l'acquéreur; attendu, 2.° qu'en décidant que l'action en Garantie résultante de cette éviction, n'était point du nombre de celles dont les lois des 25 août 1792 et 17 juillet 1793 prononcent l'extinction (encore qu'elle eût pour objet une suppression de droits féodaux), non-seulement il n'a point violé leur disposition, mais n'a fait qu'une juste application des lois de la matière, la cour rejette le pourvoi..... ».]]

§. IV. *De la procédure en matière de Garantie formelle.*

I. Suivant le droit romain, quand un acheteur était troublé, soit par une demande en revendication, soit par quelque autre demande, il n'avait que la faculté de la dénoncer au vendeur, afin que celui-ci y répondît, s'il le jugeait à propos; mais lorsque sur une telle demande, il était intervenu une condamnation contre l'acheteur, il pouvait intenter contre son vendeur l'action en Garantie pour le faire condamner à l'indemniser de la condamnation; et c'était devant le juge du domicile du vendeur que cette action devait être intentée. Parmi nous, on peut éviter ce circuit: l'acheteur, en dénonçant au vendeur la demande par laquelle il est troublé dans sa possession, peut en même temps former son action en Garantie devant le juge saisi de la contestation originaire, et conclure à ce que, dans le cas où la demande originaire serait fondée, le vendeur fût condamné par le jugement à l'indemniser de la condamnation.

Observez que, quoique l'acheteur ait la faculté de former son action en Garantie immédiatement après la demande qui l'a troublé, il peut néanmoins différer ses poursuites contre son vendeur, s'il le juge à propos, attendu que son droit ne peut se prescrire que par trente années, à compter, comme on le verra ci-après, du jour du trouble qui lui a été inféré par la demande intentée contre lui; mais lorsqu'il a tardé jusqu'après la décision de l'instance originaire, à former sa demande en Garantie, il ne peut plus agir que devant le juge du domicile de son vendeur.

II. Lorsque le vendeur est décédé, et qu'il a laissé plusieurs héritiers, l'acheteur peut intenter l'action de Garantie contre tous, ou seulement contre une partie d'entre eux; mais il lui importe de l'intenter contre tous; la raison en est que quand il n'a agi que contre quelques-uns, ceux-ci, en succombant, ne sont personnellement tenus des dommages et intérêts de l'acheteur que proportionnellement à la part pour laquelle ils sont héritiers du vendeur; et l'acheteur est obligé d'intenter une nouvelle demande contre les héritiers du vendeur.

D'un autre côté, il importe aux héritiers du vendeur, assignés en Garantie, d'appeler en cause leur cohéritiers, afin qu'ils se défendent tous conjointement; autrement, ceux qui n'auraient pas été appelés ne seraient tenus de payer aucune part des dépens.

III. Quant aux cautions du vendeur, l'acheteur n'est point obligé de les appeler en Garantie conjointement avec le vendeur; attendu que c'est celui-ci plutôt que les cautions, qui doit être présumé instruit des moyens de défense qu'on peut employer pour faire cesser le trouble inféré à l'acheteur.

IV. L'action de garantie ne peut avoir lieu avec succès contre celui qui n'a fait que consentir à la vente: il ne s'est engagé, par ce consentement, qu'à n'apporter de sa part aucun trouble à l'acheteur, mais il ne s'est point obligé à le défendre du trouble que d'autres pourraient lui apporter.

V. Lorsque le vendeur et ses héritiers appelés en Garantie déclarent prendre le fait et cause de l'acheteur, celui-ci doit être mis hors de cause, s'il le requiert avant la contestation. C'est ce qui résulte de l'art. 9 du titre 8, de l'ordonnance de 1667, [[dont la disposition est renouvelée par l'art. 182 du Code de procédure civile.]]

En suivant l'art. 10, l'acheteur, quoique mis hors de cause, peut y assister pour la conservation de ses droits; dans ce cas, on ne doit lui rien signifier. Cette faculté d'*assister* a été accordée au garanti, afin qu'il pût veiller à ses intérêts, sans être obligé d'intervenir, ni de faire recevoir son intervention, sauf le droit qu'ont les autres parties de répondre à ce que peut leur signifier le garanti. — [[L'art. 182 du Code de procédure civile porte, §. 2: « Le garanti, quoique mis hors de cause, pourra y assister pour la conservation de ses droits; et le demandeur originaire pourra demander qu'il y reste pour la conservation des siens ».]]

VI. Comme la cause de la défense de laquelle le garant s'est chargé, est véritablement la cause de l'acheteur, il faut en conclure que le jugement qui intervient entre le demandeur originaire et le garant, doit profiter à l'acheteur lorsqu'il est rendu au profit du garant; et que, dans le cas contraire, c'est-à-dire, lorsqu'il est rendu contre le garant, il est exécutoire contre l'acheteur. C'est pourquoi, celui-ci peut être contraint à délaisser l'héritage sur la simple signification que le demandeur originaire lui fait faire du jugement qui a condamné le garant à ce délaissement. C'est ce qui résulte de l'art. 11 du titre cité [[et de l'art. 185 du Code de procédure civile.]]

Mais il faut observer que, suivant la même loi, le jugement dont il s'agit, ne peut s'exécuter contre l'acheteur qu'en ce qui concerne le principal, et non pour les dépens, lesquels doivent être supportés par le garant seul, comme étant la peine due à la témérité qu'il a eue de soutenir une mauvaise cause, — [[L'art. 185 du Code de procédure civile dit la même chose; mais il ajoute: « Néanmoins, en cas d'insolvabilité du garant, le garanti sera passible des dépens, à moins qu'il n'ait été mis hors de cause; il le sera aussi des dommages et intérêts, si le tribunal juge qu'il y a lieu ».]]

VII. Si le vendeur appelé en Garantie, déclare qu'il n'a point de moyens pour défendre l'acheteur, et qu'il offre de l'indemniser de l'éviction, l'acheteur a la faculté de soutenir lui-même le procès; mais alors, il le soutient à ses risques; et s'il vient à succomber, les dépens restent à sa charge. Si au contraire il vient à réussir, le garant profite du succès.

VIII. Pareillement si les héritiers du vendeur sont tous assignés en Garantie, un seul peut soutenir le procès à ses risques, quoique les autres se soumettent à payer les dommages-intérêts; et s'il vient à gagner sa cause, ses cohéritiers en profitent, [[parce que leur consentement à payer les dommages-intérêts, est essentiellement subordonné à la condition, si *l'acquéreur est évincé*, condition qui fait évanouir le jugement rendu en faveur de leur cohéritier.]]

§. V. *Effets de la Garantie formelle.*

I. Lorsque le vendeur vient à succomber sur l'action de Garantie, il doit être condamné envers l'acheteur qui a été évincé de la chose vendue,

1.° A la restitution du prix de cette chose, quand même, lors de l'éviction, elle se trouverait valoir beaucoup moins que lors de la vente. [[*Code Napoléon, art.* 1633.]]

Mais si, avant le contrat de vente, le vendeur avait fait des améliorations sur l'héritage vendu postérieurement, et que le propriétaire de cet héritage eût remboursé à l'acheteur ses améliorations lors du délaissement de l'héritage, le vendeur serait fondé à déduire cette somme sur celle qu'il serait tenu de rendre à l'acheteur.

2.° Lorsque l'acheteur a été condamné à restituer les fruits qu'il a perçus, le vendeur, son garant, doit être condamné à l'indemniser de cette condamnation. [[*Code Napoléon, art.* 1630, *n.* 2.]]

Observez néanmoins que, si le vendeur, assigné en Garantie, déclarait ne vouloir pas contester contre la demande originaire, et qu'il offrît à l'acheteur la restitution du prix de la vente et l'indemnité de l'éviction, le refus de ces offres de la part de l'acheteur qui voudrait soutenir le procès, autoriserait le vendeur à consigner les deniers offerts; et en conséquence de cette consignation, il pourrait se faire décharger de l'obligation d'indemniser l'acheteur de la restitution des fruits perçus, depuis les offres, durant le cours du procès. La raison en est que le vendeur ayant offert à l'acheteur tout ce qu'il lui devait, il n'est pas juste qu'il souffre de ce que, nonobstant ces offres, l'acheteur a voulu soutenir contre le demandeur originaire, une prétention mal fondée.

3.° Quand l'acheteur a été condamné à indemniser le demandeur originaire, pour raison des dégradations faites à l'héritage, le vendeur doit supporter cette condamnation, même lorsque les dégradations n'ont eu lieu que par le fait ou la faute de l'acheteur. [[*Code Napoléon, art.* 1631.]] — La raison en est que tout propriétaire est le maître de laisser dépérir son bien: or, un acheteur de bonne foi étant fondé à se croire véritable propriétaire quoiqu'il ne le soit pas, il faut en conclure qu'il n'est pas obligé de répondre des détériorations survenues à l'héritage qu'il croyait lui appartenir.

Cependant si l'acheteur avait tellement profité des dégradations, qu'il n'eût été condamné qu'à rendre les deniers qu'elles lui auraient produits, le vendeur, son garant, ne serait tenu envers lui d'aucune indemnité à cet égard. C'est ce que l'exemple suivant rendra sensible. — Je vous ai vendu une terre pour 20,000 écus : vous avez aussitôt fait couper une futaie qui faisait partie de votre acquisition, et vous en avez tiré 15,000 livres. Sur la demande en désistement qui a ensuite été formée contre vous, on vous a condamné à délaisser la terre, et à payer les 15,000 livres que vous aviez reçues pour le prix de la futaie. Il est évident qu'en conséquence de l'action de Garantie que vous pouvez exercer contre moi, je ne dois pas être condamné à vous rembourser, avec le prix de votre acquisition, les 15,000 liv. que vous a produites la vente de la futaie; autrement vous profiteriez de ces 15,000 livres à mes dépens, ce qui ne serait pas juste. [[*Code Napoléon, art.* 1632.]]

4.° Dans le cas d'éviction, le vendeur doit être condamné non-seulement aux dépens faits sur la demande en Garantie, mais encore à ceux que la demande originaire a occasionnés à l'acheteur. [[*Code Napoléon, art.* 1630, *n.* 3.]]

5.° Le vendeur doit pareillement être condamné, en vertu de l'action en Garantie, aux dommages-intérêts que l'éviction a pu occasionner à l'acheteur. [[*Code Napoléon, art.* 1630, *n.* 4.]]

Mais il faut observer que, lorsque la vente a été faite de bonne foi, et que le vendeur ignorait qu'il ne fût pas le véritable propriétaire, ces dommages-intérêts ne s'étendent ordinairement qu'au préjudice que l'acheteur a souffert par rapport aux choses mêmes qui lui ont été vendues, et non à celui que l'éviction a pu d'ailleurs lui causer dans ses autres biens. [[*V.* l'art. 1639 du Code Napoléon, et *Dommages-intérêts.*]] Ainsi, ces dommages et intérêts comprennent tous les frais et loyaux-coûts que l'acquisition a occasionnés, tels que les frais du contrat, les droits seigneuriaux, le centième denier, le droit de franc-fief, [[aujourd'hui le droit d'enregistrement.]]

Si par les circonstances des temps, la chose vendue est augmentée de valeur depuis le contrat, cette augmentation est une perte pour l'acheteur, et par conséquent le vendeur doit l'en indemniser. Par exemple, si la métairie que vous m'avez vendue pour 15,000 livres il y a dix ans, vaut aujourd'hui 25,000 livres, et que je vienne à être évincé, vous serez tenu de me payer 10,000 livres pour m'indemniser de la perte que cette éviction m'aura occasionnée.

Observez néanmoins que, si, par des événemens qu'on n'avait pas pu prévoir lors du contrat de vente, la chose vendue avait acquis une augmentation prodigieuse de valeur, le vendeur de bonne foi ne pourrait être tenu de cette augmentation que jusqu'à concurrence de la somme à laquelle les parties, lors du contrat, auraient pu s'attendre que les dommages et intérêts pourraient monter. Et cette somme ne doit jamais être portée au-delà du double de la valeur de la chose vendue, en y comprenant cette valeur. Cette doctrine, établie par Dumoulin, a été adoptée par Pothier, dans son *Traité des obligations.*

[[Le Code Napoléon porte simplement, art. 1633, que, « si la chose vendue se trouve avoir augmenté de prix à l'époque de l'éviction, indépendamment même du fait de l'acquéreur, le vendeur est tenu de lui payer ce qu'elle vaut, au-dessus du prix de la vente ».]]

Lorsque la mieux value d'un héritage provient des améliorations que l'acheteur y a faites, il est évident que s'il n'a été condamné à délaisser cet héritage qu'à la charge que le demandeur originaire lui rembourserait le prix de ces améliorations, le garant ne devra point de dommages et intérêts, relativement à cette mieux value. — Mais si le demandeur originaire n'a point été chargé par le jugement de rembourser les améliorations, et qu'elles aient, par exemple, été compensées avec les jouissances, le garant sera tenu d'en indemniser l'acheteur. [[*Code Napoléon, art.* 1664.]]

Nous avons dit que le vendeur de bonne foi ne doit être tenu que des dommages et intérêts que l'acheteur peut paraître souffrir par rapport à la chose dont il est évincé; et que d'ailleurs ces dommages et intérêts ne peuvent excéder le double du prix de la vente, en y comprenant ce prix : mais il faut décider différemment à l'égard d'un vendeur de mauvaise foi, qui a vendu une chose dont il savait qu'il n'était pas propriétaire.

Il doit être tenu, non-seulement des dommages et intérêts que l'éviction occasionne à l'acheteur relativement à la chose vendue, mais encore de tout le préjudice que l'acheteur peut souffrir par rapport à ses autres biens, [[pourvu que ce préjudice soit une suite directe et immédiate de l'inexécution des engagemens du vendeur. *Code Napoléon, art.* 1151.]] La raison en est, que c'est le dol du vendeur qui a donné lieu à ce préjudice, et que celui qui commet un dol, doit être obligé à la réparation de tout le tort auquel ce dol a pu donner lieu.

[[L'art. 1635 du Code Napoléon porte que, « si le vendeur avait vendu de mauvaise foi le fonds d'autrui, il sera obligé de rembourser à l'acquéreur toutes les dépenses même volontaires et d'agrément que celui-ci aura faites au fonds ».

II. Quels sont, relativement à la Garantie, les effets d'une éviction qui ne frappe que sur une partie du bien vendu? Voici ce que décide là-dessus le Code Napoléon :

« *Art.* 1636. Si l'acquéreur n'est évincé que d'une partie de la chose, et qu'elle soit de telle conséquence, relativement au tout, que l'acquéreur n'eût point acheté sans la partie dont il a été évincé, il peut faire résilier la vente.

» 1637. Si, dans le cas de l'éviction d'une partie du fonds vendu, la vente n'est pas résiliée, la valeur de la partie dont l'acquéreur se trouve évincé, lui est remboursée suivant l'estimation à l'époque de l'éviction, et non proportionnellement au prix total de la vente, soit que la chose vendue ait augmenté ou diminué de valeur ».]]

§. VI. *De l'exception de Garantie.*

I. L'obligation de Garantie que le vendeur a contractée envers l'acheteur, donne à celui-ci, non-seulement une action, mais encore une exception, suivant la maxime que celui qui a une action, doit, à plus forte raison, avoir une exception.

II. L'exception de Garantie peut être opposée à celui qui forme une demande en revendication d'une chose qu'il avait vendue avant qu'il en fût propriétaire. Comme en vous vendant cette chose, il a contracté l'obligation de vous la garantir, il résulte de cette obligation une exception qui exclut sa demande; car l'obligation de vous faire jouir de la chose que vous avez achetée, résiste évidemment à la demande qu'il vous fait de la lui délaisser.

L'exception de Garantie peut pareillement être opposée aux héritiers du vendeur, quoiqu'ils soient propriétaires de leur chef. La raison en est qu'ils succèdent à l'obligation de Garantie comme à tous les autres droits et obligations du défunt. Ainsi, lorsque le véritable propriétaire de la chose qui vous a été vendue, devient par la suite héritier du vendeur, il ne peut plus exercer contre vous aucune action, pour raison de laquelle vous auriez pu avoir un recours de Garantie contre votre vendeur.

III. L'exception de Garantie peut même être opposée à l'égard de l'héritage d'un mineur, que son tuteur aurait vendu en qualité de propriétaire, ou avec promesse de faire ratifier le mineur. Si ce mineur devient héritier du vendeur, il ne pourra plus revendiquer son héritage.

Cette décision n'est pas contraire à la loi qui défend d'aliéner les héritages des mineurs, attendu que s'il ne peut revendiquer celui que son tuteur a vendu, ce n'est pas que l'aliénation ait été valable, mais parce qu'il est devenu héritier du vendeur.

[[Mais l'exception de Garantie ne pourrait pas être opposée au tuteur qui aurait vendu, en sa qualité, l'héritage de son mineur, sans observer les formalités requises par les lois, et sans s'obliger personnellement à l'exécution du contrat. Si par la suite il devenait héritier du mineur, il pourrait revendiquer cet héritage ni plus ni moins que si le mineur l'eût vendu lui-même illégalement. *V.* l'arrêt du 19 floréal an 12, rapporté ci-après, §. 7.]]

IV. L'exception de Garantie peut être opposée, non-seulement aux héritiers du vendeur, mais encore à tous ceux qui succèdent ou qui participent à ses obligations. Ainsi, on peut, par exemple, l'opposer aux légataires ou donataires universels. Mais comme ceux-ci ne sont tenus des dettes du défunt que jusqu'à concurrence des biens compris dans le legs ou don universel, ils peuvent faire cesser l'exception de Garantie en offrant d'abandonner ces biens.

[[Ceci n'est pas absolument exact. Le légataire universel n'étant pas obligé personnellement aux dettes du défunt, et ne l'étant qu'à raison des biens, peut, sans craindre l'exception de Garantie, revendiquer son propre héritage sur celui à qui le défunt l'a vendu, sauf à l'acquéreur à exercer son recours sur les biens qui sont l'objet du legs universel. La cour de cassation l'a ainsi jugé par un arrêt du 1.er germinal an 11, rapporté dans mon *Recueil de Questions de droit*, article *Requête civile*, §. 6.

Au reste, nous parlons ici suivant les principes de l'ancien droit; car il en est autrement depuis la publication du Code Napoléon. *V. Légataire*, §. 7, art. 1, n. 17.]]

V. L'exception de Garantie peut aussi être opposée aux cautions du vendeur, relativement aux actions qu'elles peuvent avoir droit d'intenter contre l'acheteur pour lui faire délaisser la chose vendue.

L'obligation de Garantie que la caution a contractée, passe aux héritiers et autres successeurs universels de cette caution; et par conséquent l'acheteur est fondé à leur opposer l'exception de Garantie contre les actions qu'ils pourraient avoir de leur chef pour lui faire délaisser la chose vendue.

VI. L'exception de Garantie peut encore être opposée à la femme commune en biens, relativement à la moitié pour laquelle elle est obligée dans les dettes de la communauté. Ainsi, il y a lieu à cette exception, lorsqu'elle revendique son bien propre vendu sans son consentement, par son mari, durant la communauté. Cela est fondé sur ce que la femme, en qualité de commune, participe à toutes les obligations que le mari a contractées durant la communauté, et par conséquent à l'obligation de la Garantie du bien propre qu'il a vendu : d'où il suit qu'elle doit être exclue pour moitié de la revendication de ce bien propre, à moins qu'elle n'offre d'abandonner tous les biens de la communauté, selon le privilége qu'ont les femmes qui ont fait bon et loyal inventaire, de s'affranchir par-là des dettes et obligations de la communauté.

§. VII. *Cas où cesse l'obligation de Garantie formelle.*

On distingue plusieurs cas où l'obligation de Garantie n'a pas lieu, au moins quant à l'objet des dommages et intérêts que l'acheteur a soufferts de l'éviction au-delà du prix qu'il a payé.

1.° Quoiqu'en général l'obligation de Garantie soit de la nature du contrat de vente, et qu'elle y soit toujours sous-entendue, lors même qu'elle n'y est point exprimée, il est néanmoins permis aux parties de déroger à ce droit par des conventions particulières, attendu qu'il n'est question que d'un intérêt particulier. Ainsi, l'obligation de Garantie peut être exclue du contrat par une clause particulière.

Les clauses qui excluent la Garantie, peuvent être plus ou moins étendues : quelquefois la Garantie n'est exclue que pour une seule espèce d'éviction, comme quand le vendeur déclare que l'héritage est sujet à un droit de réméré, à une telle hypothèque, à une telle substitution, etc.; en pareil cas, le vendeur est déchargé de la Garantie, relativement à l'éviction prévue par le contrat; mais il demeure garant de toute autre éviction.

Quelquefois la clause qui exclut la Garantie, est plus étendue : telle est celle par laquelle le vendeur stipule qu'il ne sera garant que de ses faits. En cas pareil, le vendeur n'est pas tenu de la Garantie, relativement aux évictions qui peuvent avoir lieu, à moins qu'elles ne proviennent de son fait, comme serait une demande hypothécaire formée par un créancier pour une hypothèque que le vendeur aurait lui-même contractée.

Observez que, si l'on avait stipulé que le vendeur ne serait obligé à aucune Garantie, cette clause n'aurait pas plus d'effet que la précédente, et n'empêcherait pas qu'il ne fût tenu des évictions qui procéderaient de son fait; [[et « toute convention contraire serait nulle », suivant l'art. 1628 du Code Napoléon.]]—La raison en est qu'il ne serait ni juste ni équitable que l'acheteur fût exposé à des évictions auxquelles le vendeur aurait donné lieu par son propre fait, qu'il aurait laissé ignorer à l'acheteur.

Observez aussi que la clause par laquelle on a stipulé que le vendeur ne serait obligé à aucune Garantie, suffit bien pour le mettre à l'abri d'une condamnation aux dommages et intérêts de l'acheteur dans le cas d'éviction; mais qu'il n'est pas moins tenu de rendre le prix de la vente. La raison en est que l'acheteur n'ayant payé ce prix que pour avoir la chose que le vendeur avait promise, et celui-ci n'ayant point accompli sa promesse, il se trouve avoir reçu sans objet le prix dont il s'agit; et par conséquent il doit le rendre. [[*Code Napoléon, art.* 1629.]]

Cependant il y a un cas où le vendeur n'est même pas obligé à rendre le prix de la vente, quoique l'acheteur soit évincé : c'est quand il paraît que l'objet de la vente a bien moins été la chose vendue que la prétention incertaine que le vendeur avait à cette chose, [[ou, comme le dit l'art. 1629 du Code Napoléon, quand « l'acquéreur a connu le danger de l'éviction, ou qu'il a acheté à ses périls et risques ».]] — Une telle vente ressemble à celle d'un coup de filet. *V.* ci-devant, §. 1, n. 4.

2.° Lorsque le vendeur peut justifier que, lors du contrat, l'acheteur n'ignorait pas la cause qui postérieurement a donné lieu à l'éviction, le vendeur ne doit, pour cette éviction, aucune indemnité à l'acheteur, à moins qu'il ne s'y soit expressément obligé par le contrat. Ainsi, lorsque l'acheteur a su, lors du contrat, que l'héritage acheté n'appartenait pas au vendeur, ou qu'il était chargé de certaines hypothèques, et qu'il a été condamné à délaisser cet héritage en conséquence de la demande en revendication du propriétaire, ou de l'action hypothécaire formée par les créanciers, il ne peut rien répéter au-delà du prix de la vente, quel que soit le préjudice que lui porte l'éviction. La raison en est que le vendeur ne l'a point induit en erreur.

[[Le vendeur ne serait pas même tenu, dans ce cas, de rendre le prix à l'acquéreur, si, par le contrat de vente, celui-ci l'avait expressément déchargé de toute Garantie. C'est, comme on vient de le voir, ce qui résulte de l'art. 1629 du Code Napoléon.

Mais la connaissance que l'acquéreur aurait eue, en achetant, du danger de l'éviction, dispenserait-elle le vendeur de le garantir, dans le cas où le vendeur en aurait contracté l'obligation expresse par le contrat?

Il y a dans mon *Recueil de Questions de droit*, article *Garantie*, §. 1, un arrêt de la cour de cassation du 7 frimaire an 12, qui juge pour la négative.

En voici un autre du 19 floréal suivant, qui juge de même. (J'en copie la notice et le dispositif dans le *bulletin civil* des arrêts de cette cour) :

« Le cit. Bouiller et autres co-propriétaires avaient provoqué la licitation d'une maison indivise entre eux et Henri Lebon, interdit. — Pour parvenir à cette licitation, un tribunal de famille avait été formé. L'interdit y était assisté du cit. Lebon Laboutraye, son curateur. — Ce tribunal, après avoir fait procéder à une visite et estimation, ordonna, du consentement de toutes les parties, le 24 brumaire an 4, qu'il serait procédé à la vente sur une seule publication, s'il y avait enchère au-delà de l'estimation. — On inséra cette clause dans le *sumptum* de l'adjudication qui rappelle la disposition du jugement du 24 brumaire : *Les co-propriétaires garantissent l'adjudicataire de tous dons, douaires, dettes, hypothèques, de toutes évictions généralement quelconques, et ce, conjointement et solidairement l'un pour l'autre, un d'eux seul pour le tout, sous toutes renonciations aux bénéfices de droit.* — L'adjudication eut lieu au profit du cit. Quentin le 7 frimaire an 4, pour quatre millions, somme qui excédait de beaucoup le prix de l'estimation : un million fut payé sur-le-champ au curateur de l'interdit, à compte de son tiers. — Le cit. Quentin jouit paisiblement jusqu'en l'an 7, époque à laquelle il fut troublé par une action en nullité de son adjudication, qui fut formée par Lebon-Laboutraye devenu héritier de l'interdit dont il avait été curateur. — Le cit. Quentin prit des conclusions récursives contre les autres vendeurs, qu'il appela en Garantie, en vertu de la clause portée en l'adjudication.

» Le tribunal de première instance, dont le jugement a été confirmé sur l'appel, décida que, d'après les anciens réglemens de 1630, 1722 et la loi du 7 messidor an 2, la vente était nulle, pour avoir été faite sur une seule publication, lorsque ces réglemens en exigeaient plusieurs, et que l'usage constant, attesté par un acte de notoriété du Châtelet, du 1.er mars 1757, était de faire précéder les aliénations des biens des mineurs de trois publications. — Il examina ensuite la question qui s'était élevée, de savoir si le jugement préalable, qui avait ordonné la vente sur une seule publication, et qui n'avait pas été attaqué, ne couvrait pas la nullité : et il décida que l'adjudication, pour sa régularité, se composant de tous les actes qui la précédaient, le jugement qui avait ordonné la vente, n'avait pas besoin d'être attaqué; sans quoi l'action au bénéfice des mineurs serait illusoire, parce que le temps, pour appeler de ces jugemens, serait passé lors de l'action en nullité contre la vente. — Sur la demande en Garantie contre le cit. Laboutraye lui-même, le tribunal considéra que Laboutraye n'avait vendu qu'en qualité de curateur, qu'il n'était pas personnellement garant, et que le bénéfice de restitution de l'interdit lui avait passé comme héritier de tous ses droits. — Et à l'égard des autres co-vendeurs, le tribunal rejeta pareillement la demande, sur le motif qu'une promesse de Garantie de la violation des lois conservatrices des biens des mineurs ou interdits, ne s'accordait pas avec le respect dû à la loi et à la saine morale.

» Ce jugement fut confirmé, le 27 messidor an 10, par le tribunal d'appel de Paris, qui adopta les mêmes motifs, à l'exception de celui sur le dernier chef: il se décida par le motif que la Garantie ne comprenait pas celle des vices mêmes du contrat, puisqu'il ne s'y était pas expressément obligé, et attendu que Quentin, connaissant les vices de son adjudication, qui manquait de la formalité des trois publications, n'avait pas fait stipuler expressément la Garantie des effets de la dérogation à ces formalités.

» Le cit. Quentin s'est pourvu contre ce jugement: il a prétendu, 1.º qu'il y avait excès de pouvoir, parce qu'il prononçait une nullité qui n'était portée que par des règlemens, mais qui n'était consacrée par aucune loi; 2.º qu'il y avait, en tous cas, violation de la chose jugée par le jugement du 24 brumaire non attaqué, et qui avait ordonné la vente sur une seule publication; 3.º enfin, il a soutenu qu'il y avait une violation manifeste de la loi que les parties s'étaient faite par la clause de la Garantie, clause qui était générale, et qui n'avait été insérée que par la raison même du défaut de formalités.

» Les deux premiers moyens ont été rejetés: le premier, parce que les arrêts de règlement, en cette matière, tenaient lieu de loi; que la loi du 7 messidor an 2 en prescrivait l'observation, et que l'usage était constant; le second, parce que le jugement du 24 brumaire n'est qu'un acte de procédure préparatoire, qui n'a pas plus besoin d'être attaqué séparément que les autres actes de l'instruction, pour être admis à faire annuller la vente, si elle n'a pas été faite sur une procédure régulière. — Le troisième moyen a aussi été rejeté quant à Laboutraye, sur le motif qu'il n'avait pas agi en son nom personnel; qu'ainsi la Garantie n'était promise qu'au nom de l'interdit, qui avait le bénéfice de la restitution. — Mais le moyen a été admis contre les autres co-vendeurs et garans, et le jugement a été cassé pour violation du contrat des parties, la clause de Garantie solidaire de toutes évictions ou empêchemens quelconques comprenant évidemment l'éviction particulière qui pouvait provenir de la part de l'interdit.

» Le jugement de cassation est ainsi conçu:

» Oui le rapport du cit. Rousseau, et le cit. Lamarque, pour le commissaire du gouvernement, en ses conclusions;

» Vu l'art. 46 de l'ordonnance de 1510, l'art. 30, chap. 8, de celle d'octobre 1535, et l'art. 134 de celle de 1539;

» Attendu que, par les clauses de l'adjudication, les co-licitans se sont soumis à la Garantie de l'adjudication, telle qu'elle devait être faite; que cette Garantie est non-seulement de tous dons, douaires, dettes et hypothèques, mais encore qu'elle est expressément stipulée pour toutes évictions, troubles et empêchemens quelconques, avec solidarité entre les licitans;

» Attendu qu'une clause aussi générale, et qui n'excepte rien, comprend nécessairement l'éviction résultant de l'action même du co-licitant mineur ou interdit, qui pourrait prétendre par la suite, que l'adjudication serait nulle relativement à lui, par le défaut de quelques formalités; que la connaissance donnée, lors des enchères, de l'omission de deux formalités d'usage, est une raison de plus de juger que tel a été le sens de la clause souscrite envers les adjudicataires, que cette éviction particulière pouvait d'autant moins être exceptée de la clause générale de Garantie, qu'elle n'était interdite par aucune loi; que rien n'empêchait que des majeurs, co-licitans avec l'interdit, ne s'y engageassent pour lui: qu'ils se sont en effet tous soumis à cette obligation solidaire; et que la restitution de l'interdit, résultant de son privilége personnel, ne peut dispenser les majeurs de l'exécution de la Garantie solidaire par eux promise; qu'il y a donc dans le jugement attaqué violation de la loi du contrat, et des lois qui veulent que les actes et conventions des parties soient exécutés;

» Par ces motifs, le tribunal casse et annulle le jugement du tribunal d'appel de Paris, du 27 messidor an 10, en ce qui touche Lebon de Biremont et la dame veuve de Poncy de Saint-Aubin ».]]

3.º Il n'y a pas lieu à l'action de Garantie, quand même elle aurait été stipulée, lorsqu'un receleur achète d'un voleur, une chose qu'il sait avoir été volée. Le receleur ne peut pas, en cas d'éviction, se faire restituer le prix payé au voleur, mais ce prix doit être confisqué ou appliqué aux hôpitaux. Cette décision est fondée sur ce que l'achat que le receleur a fait de la chose volée, est, de sa part, un crime et une complicité de vol; et qu'un contrat criminel ne doit point produire d'action.

4.º L'acheteur qui a acheté des héritages compris dans une substitution dûment publiée et enregistrée, ne peut, en cas d'éviction par les substitués, exercer contre le vendeur aucune action de Garantie, *quand même la Garantie aurait été stipulée.* L'acheteur peut seulement répéter le prix de la vente, ainsi que les frais et loyaux-coûts. Cette décision est fondée sur l'art. 31 du tit. 2 de l'ordonnance des substitutions.

[[Ce n'est pas précisément par cet article de l'ordonnance de 1747, que, même dans le cas où la Garantie a été stipulée, les droits de l'acquéreur qui a légalement connu la substitution, sont restreints à la répétition du prix et des loyaux-coûts; mais ils le sont par la loi 3, C. *communia de legatis et fideicommissis*, dans laquelle Justinien dit: *emptor autem sciens rei gravamen, adversùs venditorem actionem habeat tantum ad restitutionem pretii* NEQUE DUPLÆ STIPULATIONEM, *neque melioratione locum tenente, cùm sufficiat ei saltem pro pretio quod sciens dedit pro alienâ re, sibi satisfieri.*]]

5.º Si l'acheteur ayant, lors de la vente, connaissance de la cause qui, postérieurement a donné lieu à l'éviction, a caché cette cause au vendeur qui l'ignorait et qui s'est obligé à la garantie, l'obligation de celui-ci ne donnera à l'acheteur aucune action pour exiger autre chose que le prix de la vente. La raison en est qu'on doit penser que le vendeur n'aurait pas promis la Garantie, si l'acheteur ne lui avait caché que la chose vendue était sujette à éviction; il ne serait par conséquent pas juste que l'acheteur profitât de la surprise faite au vendeur, pour exiger de lui des dommages et intérêts.

6.º L'acheteur qui souffre éviction, n'a aucune

action de garantie à exercer contre le vendeur, même pour le prix de la vente, lorsque ce dernier n'a vendu que pour s'acquitter d'une dette contractée au jeu. Cette décision est fondée sur ce que les lois dénient toute action qui dérive d'une dette de jeu. [[*V.* l'article *Jeu*, n. 4.]]

§. VIII. *De la garantie des choses réelles et des vices de la chose vendue.*

I. Le vendeur étant obligé de faire jouir l'acheteur de la chose vendue, il faut en conclure qu'il doit garantir ce dernier de toute demande relativement aux charges réelles, autres que celles que le vendeur a déclarées, ou que l'acheteur ne pouvait ignorer.

Les charges que l'acheteur est présumé ne pouvoir ignorer, et pour lesquelles le vendeur ne lui doit aucune Garantie, quoiqu'elles n'aient point été expressément déclarées par le contrat, sont toutes celles auxquelles les héritages sont assujettis par le droit commun.

Tels sont le centième denier, [[aujourd'hui le droit d'enregistrement et la contribution foncière.]]

Tels sont aussi [[dans les pays étrangers à la France où existe encore le régime féodal,]] les droits seigneuriaux réglés par les coutumes, lorsque les héritages vendus sont situés dans des provinces où la maxime, *nulle terre sans seigneur*, est établie. — Mais si, par des titres particuliers, l'héritage vendu se trouve assujetti à des droits seigneuriaux plus considérables que ceux qui sont réglés par la coutume, l'acheteur peut exercer l'action de Garantie contre le vendeur, relativement à cette charge dont il ne lui a pas été donné connaissance lors de la vente.

Les servitudes visibles, telles que celles de vue et d'égoût, sont aussi des charges au sujet desquelles l'action de Garantie ne peut avoir lieu, quoique le vendeur ne les ait point expressément déclarées par le contrat. Cette décision est fondée sur ce que l'acheteur est censé les avoir connues, puisqu'en visitant l'objet de son acquisition, il a dû voir les fenêtres et les égoûts.

L'effet de la Garantie des charges réelles consiste en ce que le vendeur doit faire à l'acheteur une diminution sur le prix de la vente, proportionnellement à ce que la chose vendue peut être estimée de moins, à cause des charges dont le vendeur n'a pas donné connaissance à l'acheteur lors de la vente.

Observez que, si les charges étaient telles, qu'il fût vraisemblable que l'acheteur n'eût point acheté la chose s'il les eût connues, il pourrait conclure à ce que le vendeur fût condamné à reprendre l'objet de la vente, et à en rendre le prix.

« [[Si l'héritage vendu (porte l'art. 1638 du Code Napoléon) se trouve grevé, sans qu'il en ait été fait de déclaration, de servitudes non apparentes, et qu'elles soient de telle importance qu'il y ait lieu de présumer que l'acquéreur n'aurait pas acheté s'il en avait été instruit, il peut demander la résiliation du contrat, si mieux il n'aime se contenter d'une indemnité ».]]

Si la charge réelle non déclarée était rachetable à prix d'argent, comme sont quelquefois des rentes foncières, l'acheteur pourrait faire condamner le vendeur à fournir les deniers nécessaires pour le rachat.

II. L'action de Garantie peut aussi être exercée par l'acheteur relativement aux vices qui peuvent rendre inutile ou presqu'inutile la chose vendue. [[Code Napoléon, art. 1641.]]

Cette action ne concerne pas seulement la chose qui fait le principal objet de la vente; elle s'étend encore aux choses qui sont comprises dans le contrat comme accessoires, pourvu qu'elles y soient spécialement comprises, et non sous une universalité. Il résulte de cette décision, que si vous m'avez vendu votre maison avec tel ou tel meuble, et deux chevaux qui y sont, vous serez obligé envers moi à la Garantie, s'il se trouve dans quelqu'un de ces meubles ou de ces chevaux, quelque vice rédhibitoire, attendu que, quoiqu'ils ne soient vendus que comme accessoires de la maison, ils sont néanmoins compris spécialement dans la vente: mais s'il est dit dans le contrat que vous me vendez votre maison avec les meubles et les chevaux qui y sont, vous ne serez tenu d'aucune Garantie, relativement aux vices rédhibitoires qui se trouveront dans quelques-uns de ces meubles ou chevaux, parce que vous avez vendu l'universalité de ces choses, sans en vendre aucune en particulier.

Pour qu'un vice donne lieu à la Garantie, il faut, 1.° qu'il soit du nombre de ceux qui, selon l'usage des lieux, passent pour rédhibitoires. Tels sont, à l'égard des chevaux, la pousse, la morve et la courbature; les trous à l'égard des étoffes neuves; la pourriture à l'égard d'une poutre, etc.

Observez qu'on ne répute pas rédhibitoire, un vice qui, quoique considérable, peut facilement s'apercevoir. [[Code Napoléon, art. 1642.]]

Ainsi, ce n'est pas un vice rédhibitoire pour un cheval, s'il est aveugle ou boiteux, ni une maison, si elle tombe en ruine, etc.; attendu que ces vices pouvant facilement être aperçus, l'acheteur est censé ne les avoir point ignorés.

2.° Il faut que, lors du contrat, le vice rédhibitoire ait été ignoré de l'acheteur; car s'il était justifié qu'il a eu connaissance de ce vice, il ne serait pas fondé à intenter l'action de Garantie. C'est ce qui résulte de la loi 48, §. 4, D. *ædilitio edicto*.

Il en serait néanmoins autrement, si l'acheteur, ayant connu le vice, en avait expressément stipulé la Garantie. Le vendeur serait alors non-recevable à opposer la connaissance que l'acheteur pourrait avoir eue. Cette décision est fondée sur la loi 4, §. 5, D. *de doli et metûs exceptione*.

Mais s'il paraissait que l'acheteur n'eût dissimulé la connaissance qu'il avait du vice, que pour induire le vendeur en erreur, ce dernier serait fondé à repousser la demande en Garantie par l'exception de dol.

3.° La demande en Garantie ne peut pas être fondée, si le vendeur, qui ne connaît pas la chose qu'il vend, et qui craint qu'elle n'ait un certain vice, a stipulé par le contrat qu'il ne serait point obligé à la Garantie de ce vice. Cette clause doit être exécutée, à moins qu'il ne soit prouvé que le vendeur avait, lors du contrat, une pleine connaissance du vice;

et qu'au lieu de le déclarer, il a stipulé qu'il ne la garantissait pas. Comme cette dissimulation est un dol, l'action de Garantie peut être exercée contre lui, nonobstant la clause qui l'en a affranchi. C'est ce qui résulte de la loi 14, §. 9, D. *ædilitio edicto*.

4.° Pour qu'il y ait lieu à l'action de la Garantie, il faut que le vice ait existé lors de la vente; car, s'il n'était survenu que postérieurement, le vendeur ne pourrait pas en être tenu, attendu qu'immédiatement après la vente, la chose vendue est aux risques de l'acheteur. [[*Code Napoléon*, art. 1647.]]

Mais à quoi s'étend l'obligation de la Garantie des vices rédhibitoires?

Il faut, dit Pothier, distinguer, à cet égard, le cas où le vendeur ignorait le vice rédhibitoire, et le cas où il en avait connaissance. Dans le premier cas, la Garantie ne s'étend ordinairement qu'à la chose vendue, c'est-à-dire, que le vendeur est simplement tenu de restituer le prix de la vente, sans être obligé à réparer le dommage que le vice de la chose vendue a pu d'ailleurs occasionner à l'acheteur. Mais dans le second cas, le vendeur n'est pas seulement obligé à restituer le prix de la vente, il doit encore être tenu des dommages et intérêts qui peuvent résulter à l'acheteur de ce que le vendeur lui a dissimulé le vice dont il avait connaissance. La raison en est que cette dissimulation est un dol dont le vendeur s'est rendu coupable envers l'acheteur. (M. GUYOT.)*

[[Cette distinction est consacrée par les art. 1645 et 1646 du Code Napoléon. *V.* au surplus *Rédhibitoire*.

§. IX. *De la Garantie simple.*

I. On appelle Garantie simple, celle qui a lieu dans les matières personnelles entre plusieurs coobligés au payement d'une dette.

Ainsi lorsqu'une caution est assignée par le créancier du débiteur principal, elle peut exercer son recours, non-seulement contre celui-ci, mais encore contre ses co-fidéjusseurs, pour les faire condamner à l'acquitter et indemniser, l'un pour la totalité, les autres pour leur quote-part, des condamnations qui pourront intervenir contre lui.

Il en est de même de celui qui étant co-obligé principalement avec plusieurs autres, est assigné seul par le créancier commun; il peut recourir contre ses co-débiteurs, pour les faire condamner à le garantir chacun pour sa portion dans sa dette.

II. Il y a cette différence entre la Garantie formelle et la Garantie simple, que, dans celle-ci, « le garant peut seulement intervenir, sans prendre le fait et cause du garanti », comme le décide expressément l'art. 183 du Code Napoléon, conforme en cela à l'art. 12 du tit. 8 de l'ordonnance de 1667; au lieu qu'il en est autrement dans celle-là, ainsi qu'on l'a vu plus haut, §. 3.

III. La reconnaissance du demandeur en Garantie de n'avoir pas payé une de ces dettes que la loi présume acquittées après un court espace de temps, prive-t-elle le garant du bénéfice de cette présomption légale? Non. *V.* mon *Recueil de Questions de droit*, article *Garantie*, §. 7.

IV. Sur la Garantie en matière de billets de commerce. *V. Endossement*, *Lettre et Billet de change*, *ordre (Billet à)* et *Protêt*.

§. X. *Règles communes à la Garantie formelle et à la Garantie simple.*

I. Ces règles sont tracées par les articles suivans du Code de procédure civile:

« 175. Celui qui prétendra avoir droit d'appeler en Garantie, sera tenu de le faire dans la huitaine du jour de la demande originaire, outre un jour pour trois myriamètres. S'il y a plusieurs garans intéressés en la même garantie, il n'y aura qu'un seul délai pour tous, qui sera réglé selon la distance du lieu de la demeure du garant le plus éloigné.

» 176. Si le garant prétend avoir droit d'en appeler un autre en sous-garantie, il sera tenu de le faire dans le délai ci-dessus, à compter du jour de la demande en Garantie formée contre lui; ce qui sera successivement observé à l'égard du sous-garant ultérieur.

» 177. Si néanmoins le défendeur originaire est assigné dans les délais pour faire inventaire et délibérer, le délai pour appeler garant ne commencera que du jour où ceux pour faire inventaire et délibérer seront expirés.

» 178. Il n'y aura pas d'autre délai pour appeler garant en quelque matière que ce soit, sous prétexte de minorité ou autre cause privilégiée: sauf à poursuivre les garans, mais sans que le jugement de la demande principale en soit retardé.

» 179. Si les délais des assignations en Garantie ne sont échus en même temps que celui de la demande originaire, il ne sera pris aucun défaut contre le défendeur originaire, lorsqu'avant l'expiration du délai il aura déclaré par acte d'avoué à avoué, qu'il a formé sa demande en Garantie; sauf, si le défendeur, après l'échéance du délai pour appeler le garant, ne justifie pas de la demande en Garantie, à faire droit sur la demande originaire, même à le condamner à des dommages-intérêts, si la demande en Garantie par lui alléguée se trouve n'avoir pas été formée.

» 180. Si le demandeur originaire soutient qu'il n'y a lieu à délai pour appeler garant, l'incident sera jugé sommairement.

» 181. Ceux qui auront assigné en Garantie, seront tenus de procéder devant le tribunal où la demande originaire sera pendante, encore qu'ils dénient être garans; mais s'il paraît par écrit, ou par l'évidence du fait, que la demande originaire n'a été formée que pour les traduire hors de leur tribunal, ils y seront renvoyés.

» 184. Si les demandes originaires et en Garantie sont en état d'être jugées en même temps, il y sera fait droit conjointement; sinon, le demandeur originaire pourra faire juger sa demande séparément: le même jugement prononcera sur la disjonction, si les deux instances ont été jointes: sauf, après le jugement du principal, à faire droit sur la Garantie, s'il y échet ».

II. Peut-on former en cause d'appel une demande en Garantie qu'on n'a pas formée en première instance?

Il a été jugé pour la négative par deux arrêts de la cour de cassation des 1.er germinal et 7 messidor an 12. V. mon *Recueil de Questions de droit*, article *Tribunal d'appel*, §. 2.

* GARANTIE DES CRÉANCES. On distingue deux sortes de garantie dans le transport des créances: la Garantie de droit et la Garantie de fait.

I. La Garantie de droit subsiste indépendamment de toute stipulation, et elle n'a d'autre effet que d'assurer que la créance cédée existe, qu'elle est due par le débiteur qui est désigné dans l'acte, qu'elle est due au cédant, et qu'il ne l'a pas engagée au profit d'autrui, *debitum subesse*. [[Loi 4, D. *de hereditate vel actione venditâ;* Code Napoléon, art. 1693.]] Voilà tout l'effet que les lois donnent à la Garantie de droit. (Loyseau, *Traité de la Garantie des rentes*, ch. 3, n. 2.)

[[Pour qu'il y ait lieu à cette garantie, il ne suffit pas que le titre de la créance ait existé matériellement à l'époque du transport; il faut encore que la créance elle-même n'ait pas été, à cette époque, éteinte par compensation.

Le 24 brumaire an 12, les sieurs Lorel et Laplace, entrepreneurs des fourrages dans les départemens de la Somme, de l'Eure et de la Seine-Inférieure, cèdent aux sieurs Pauly et Prévost une créance de 48,000 francs à prendre sur le gouvernement, à raison de leurs fournitures, et les autorisent à toucher cette somme, sur les premiers deniers qui leur reviendront de la liquidation faite ou à faire. — Le 15 prairial an 12, les sieurs Pauly et Prévost cèdent au sieur Dervieux, *sans autre garantie que celle de leurs faits et promesses*, une créance sur le gouvernement, de 34,542 fr. 76 cent. « formant (disent-ils) le résultat d'une liquidation approuvée par le ministre de la guerre, le 26 ventôse dernier, au nom du sieur Laplace, pour fournitures faites depuis le 1.er ventôse an 11 jusqu'au mois de messidor suivant ». — Le 10 thermidor suivant, le sieur Dervieux, à son tour, transporte cette dernière créance au sieur Prat, pour 22,106 francs. — Ces trois transports sont faits successivement par actes notariés à Paris, et notifiés au trésor public. — Le sieur Prat sollicite le payement de la créance que lui a cédée le sieur Dervieux; mais le 29 nivôse an 13, le ministre de la guerre lui écrit que le sieur Laplace n'a rien à prétendre sur le montant de la liquidation faite en son nom; « 1.° parce qu'il est reconnu qu'il n'était que le prête-nom du sieur Blanchey-Bauchaire, véritable entrepreneur; 2.° parce que, d'après les pièces qui ont été mises sous mes yeux (ajoute le ministre), j'ai acquis la conviction que depuis le 1.er ventôse an 11, le service, quoique continué au nom du sieur Laplace, dans les départemens de l'Eure et de la Seine-Inférieure, et au nom du sieur Lorel dans le département de la Somme, a été réuni dans les mains d'un seul entrepreneur. En conséquence (continue le ministre), attendu qu'il résulte de la liquidation des fournitures faites dans le département de la Somme, que l'entreprise est en débet envers le gouvernement d'une somme de 20,101 fr. non compris celle de 16,063 fr., redue au sieur *Panis*, d'Abbeville, pour un service d'urgence, J'AI DÉCIDÉ, le 13 du mois courant, que la créance du sieur Laplace servirait, 1.° à *compenser* le débet du sieur Lorel envers le gouvernement; 2.° à acquitter le solde des fournitures d'urgence faites dans la place d'Abbeville ». — Le ministre finit par dire que *les voies juridiques sont ouvertes pour poursuivre le vendeur en restitution du prix qu'on a donné.*

Le sieur Prat se pourvoit en Garantie contre le sieur Dervieux. Celui-ci exerce un arrière-recours contre les sieurs Pauly et Prévost, ses vendeurs; et ces derniers mettent en cause les sieurs Lorel et Laplace. — Le tribunal de commerce de Paris condamne en effet le sieur Dervieux à garantir le sieur Prat, les sieurs Pauly et Prévost à garantir le sieur Dervieux, et les sieurs Lorel et Laplace à garantir les sieurs Pauly et Prévost « attendu qu'il résulte de la lettre du ministre de la guerre, que le sieur Laplace, vendeur originaire, n'était point propriétaire de la chose qu'il vendait, puisqu'il n'était que le prête-nom du véritable entrepreneur; que d'ailleurs il se trouvait en débet de l'an 11, envers le gouvernement d'une somme de 36,167 fr. 76 cent., avec laquelle sa créance avait été *compensée* de droit; que la créance, objet des ventes successives, n'existait donc déjà plus, lorsque la première fut effectuée; qu'en droit, tout vendeur est tenu de garantir l'existence de la chose vendue au temps de la vente, et que, notamment dans l'espèce, les sieurs Pauly et Prévost se sont expressément soumis à cette obligation envers le sieur Dervieux, et par suite celui-ci envers le sieur Prat, en consentant la Garantie de leurs *faits et promesses* ».

Mais sur l'appel, ce jugement est infirmé, et le sieur Prat est débouté de sa demande avec dépens envers toutes les parties, « attendu que la créance existait lors des différentes ventes qui en eurent lieu, puisque l'ordonnance de liquidation existait entre les mains des vendeurs et que l'effet de cette ordonnance n'a été détruit que par la lettre du ministre de la guerre, postérieure à la dernière de ces ventes; et qu'en droit, la Garantie des *faits et promesses* n'oblige le vendeur qu'à justifier de l'existence de la chose vendue au temps de la vente ».

Le sieur Prat se pourvoit en cassation; et par arrêt du 6 octobre 1807, au rapport de M. Dutocq, « attendu qu'au moment, et même avant le transport fait par le sieur *Dervieux* au sieur *Prat*, d'une créance sur le gouvernement, de 34,542 fr. pour le prix de 22,106 fr., cette première somme était compensée par une somme de 36,167 fr. 76 cent., due à ce même gouvernement dès l'an 11, sur le sieur *Laplace*, ainsi qu'il est constaté par une lettre du ministre de la guerre, du 29 nivôse an 13; d'où il suit que cette créance n'existait plus lors du transport fait au demandeur par le sieur Dervieux; que cependant la cour d'appel du département de la Seine l'a déchargé de la demande formée contre lui par le sieur Prat, sous le prétexte que cette créance existait lors dudit transport, tandis que le contraire est prouvé par la lettre du ministre de la guerre; qu'en jugeant ainsi, elle a contrevenu aux art. 1628 et 1693 du Code civil; la cour casse et annulle..... ».]]

II. Quant à la Garantie de fait, elle a trois degrés : le premier, lorsque le cédant s'oblige de garantir de tout trouble et empêchement quelconque [[ou simplement de l'insolvabilité du débiteur]]; le second, lorsque le cédant a promis de fournir et faire valoir; et le troisième, lorsqu'en ajoutant à la clause de fournir et faire valoir, il s'est obligé de payer lui-même après un simple commandement, sans que le cessionnaire soit tenu de faire aucune autre diligence. (Loyseau, ch. 2, n. 10, ch. 4, n. 1, et ch. 8, n. 1, 15 et 19.)

A l'égard du premier degré, la clause de garantir de tout trouble et empêchement quelconque, [[ou simplement de l'insolvabilité du débiteur]], n'a d'autre effet que de rendre le cédant responsable de l'insolvabilité du débiteur de la rente au temps du transport, mais non pas de celle qui peut arriver dans la suite. (Loyseau, chap. 3, n. 13; Argou, tome 2, pag. 378; [[*Code Napoléon, art.* 1695.]])

L'effet du second degré de Garantie est que la clause de *fournir et faire valoir* rend le cédant responsable, et de l'insolvabilité du débiteur au temps du transport, et de celle qui peut survenir après le transport. Le cédant qui a transporté la rente avec la clause fournir et faire valoir, tant en principal qu'arrérages, « est tenu de garantir, dit Loyseau, (ch. 4, n. 7, et ch. 5, n. 17), qu'elle soit bonne et exigible, même après le contrat, et en quelque temps que ce soit, jusqu'au racquit et amortissement ».

L'effet du troisième degré de Garantie est de forcer personnellement le cédant au payement de la rente, sans que le cessionnaire soit obligé de faire la moindre poursuite contre le débiteur de la rente. (Loyseau, chap. 8, n. 20.)

Dans le cas du premier degré de stipulation, le cessionnaire n'a jamais d'action contre celui qui lui a fait le transport, si le débiteur de la rente était solvable au temps du transport; en sorte que l'insolvabilité du débiteur n'était survenue que depuis, le cessionnaire de la rente est totalement libéré.

Dans le cas du second degré de stipulation, le cédant est perpétuellement garant de la solvabilité du débiteur jusqu'au temps du remboursement; mais le cessionnaire n'a point d'action directe contre le cédant, qu'il n'ait auparavant discuté le débiteur. C'est le principe de Loyseau et de tous les auteurs qui ont traité de la matière. Loyseau, chap. 4 de son *Traité de la Garantie des rentes*, n. 7, dit, en parlant de la clause de *fournir et faire valoir, tant en principal qu'arrérages*, que le cédant est tenu de garantir le cessionnaire en quelque temps que ce soit; mais il ajoute au même endroit la nécessité de la discussion; « de sorte (dit-il) que le débiteur étant une fois prouvé insolvable par une discussion exacte de tous ses biens, on peut avoir recours contre le vendeur, et le contraindre désormais à payer et continuer la rente ». — Suivant Argou, pag. 378, « la promesse de garantir, fournir et faire valoir, rend le cédant garant de l'insolvabilité présente du débiteur, et de celle qui peut arriver dans la suite; mais le cessionnaire ne peut exercer son recours contre le cédant qu'après avoir discuté les biens du débiteur, et prouvé son insolvabilité ». — Brodeau, lettre F, §. 25, n. 4, dit de même : « on ne peut agir contre le cédant, en vertu de la clause de fournir et faire valoir, qu'après une entière discussion du débiteur, tant de ceux qui sont spécialement obligés, que des autres.... Cette discussion, qui va à l'effet de montrer le débiteur insolvable, soit lors du transport de la rente, soit depuis, n'est bien ni suffisamment justifiée que *per solemnem auctionem bonorum debitoris*, et non par la simple relation d'un sergent, contenue dans son exploit, comme il a été jugé par arrêt prononcé en robes rouges, etc. » — Bacquet, *Traité de rentes constituées*, ch. 20, n. 5, rapporte une infinité d'arrêts qui ont jugé qu'en effet, lorsqu'il n'était question que de la clause de *fournir et faire valoir*, le cessionnaire était toujours réduit à la nécessité de la discussion avant de pouvoir diriger son action contre le cédant. — [[*V.* mon *Recueil de Questions de droit*, art. *Billet de commerce*, §. 2.]]

Enfin, dans le cas du troisième degré de stipulation, lorsque le cédant s'est obligé de payer la rente sans aucun commandement ni autre diligence contre le débiteur, alors le cessionnaire est en état de s'adresser, quand bon lui semble, au cédant pour le payement, tant du principal que des arrérages de sa rente, lorsqu'il est question du remboursement; il ne peut jamais être forcé de discuter le débiteur; il est même dispensé de toute autre poursuite de quelque nature que ce puisse être. Ceci est encore bien disertement établi par Loyseau, chap. 8, n. 20; par Argou, pag. 379, et par Bacquet, *Traité des rentes constituées*, chap. 21, n. 1. Voici comme ce dernier s'explique. « Quand le vendeur et le cédant promet, non-seulement garantir de tous troubles et empêchemens quelconques, fournir et faire valoir, tant en sort principal que rachat, mais aussi qu'il promet à faute de payement des arrérages d'icelle faite à chacun terme par le débiteur de la rente, de payer et continuer, après une simple sommation faite et simple refus, ou après un simple commandement d'ajournement ou exécution, en ce cas, au moyen de la promesse et obligation personnelle, après un simple refus, le cessionnaire de la vente peut valablement agir contre son cédant, et le faire condamner et contraindre au payement des arrérages cédés, sans aucune discussion des biens du débiteur d'icelle ».

Pourquoi le cédant, qui ne stipule que la clause de fournir et faire valoir, ne peut-il être poursuivi qu'après discussion faite du débiteur de la rente? Loyseau en rend la raison, ch. 4, n. 22. C'est qu'alors le cédant n'est point débiteur personnel; la Garantie à laquelle il s'est soumis, n'est que subsidiaire et ne constitue en sa personne d'autre qualité que celle de caution du débiteur. « Cela supposé (dit encore Loyseau), il est aisé à colliger que sans doute le cédant qui a promis fournir et faire valoir, n'est qu'un fidéjusseur subsidiaire, et que pour tout il n'est tenu qu'après discussion du débiteur d'icelle; même l'obligation qui résulte de cette clause, n'est que conditionnelle ».

Pourquoi au contraire celui qui s'est obligé à payer sans que le cessionnaire soit tenu de faire aucun commandement ni diligence peut-il être poursuivi directement? Loyseau en rend parfaitement la raison à l'endroit cité : c'est qu'alors l'engagement du cédant n'est plus subsidiaire, il forme contre le cédant une obligation principale, il change même, dit Loyseau, la nature du contrat; ce n'est plus un transport de rente, c'est une simple délégation qui laisse toujours subsister la dette sur la tête de celui qui a délégué la rente. Mais si toute diligence est exclue par paction expresse, cette paction change la forme du contrat, qui n'est plus une vraie vente de la rente constituée, mais plutôt un simple engagement d'icelle, ou simple assignation. Ce sont les propres termes de Loyseau.

Il est donc vrai, comme le dit Loyseau, que quand la Garantie est stipulée avec la dispense de toute diligence au profit du cessionnaire, cela change la nature du contrat, qui n'est plus qu'une délégation ou une assignation, et non un transport; que le cessionnaire peut, sans s'embarrasser, laisser prescrire la rente par ceux sur qui elle est constituée, sans que cela puisse déroger à son action directe contre le cédant; c'est à celui-ci à veiller. Au contraire, lorsqu'il n'est question que de la clause de *fournir et de faire valoir*, comme le cessionnaire n'a d'action contre le cédant, qu'après avoir discuté le débiteur de la rente; si le premier a laissé décréter les immeubles de celui-ci sans qu'il s'y soit opposé, il doit se l'imputer, et il n'a plus d'action contre son cédant. Louet et Brodeau en rapportent une infinité d'arrêts aux lieux déjà cités.

Ainsi l'on voit quelle est la différence du second degré de la clause *fournir et faire valoir*, d'avec le troisième. Dans le cas du second, la Garantie ne forme qu'un engagement subsidiaire, qui ne change pas la nature du transport, le garant n'est que le fidéjusseur du débiteur des rentes cédées. Lorsqu'il est question au contraire du dernier degré de stipulation, l'acte n'est plus un transport, c'est une délégation : le cédant n'a plus la qualité de fidéjusseur et de caution, il est débiteur personnel et direct. (M. H...) *

[[III. Celui qui, en cédant une créance privilégiée sur un immeuble, s'est obligé de garantir son cessionnaire de toute éviction, de quelque cause qu'elle provînt, est-il déchargé de son obligation par la négligence du cessionnaire à remplir les formalités nécessaires pour la conservation de son privilége?

Cette question s'est présentée à la cour de cassation, avec une autre qui est traitée à l'article *Hypothèque*, sect. 2, §. 2, art. 14, n. 2; voici les faits :

Le 21 pluviôse an 5, acte notarié par lequel la dame Bourbonne se reconnaît débitrice des frères Renault d'une somme de 18,000 liv. — Le 4 thermidor an 5, la dame Bourbonne vend au sieur Dubois la terre de Forléans, au prix de 226,000 liv. dont une partie est payée comptant et le surplus payable à terme. — Le 12 thermidor an 6, le sieur Dubois revend aux sieurs Renault une portion de ce domaine, moyennant 18,000 liv., qu'il charge les acquéreurs de payer à son acquit à la dame de Bourbonne, à valoir sur ce dont il lui reste redevable. — La dame de Bourbon intervient, par un fondé de pouvoir, dans cet acte, et déclare qu'elle se tient pour payée de cette somme de 18,000 liv., au moyen de ce que les frères Renault la tiennent quitte de pareille somme qu'elle leur doit : elle se réserve d'ailleurs tous ses droits et actions contre le sieur Dubois pour le reste du prix de la terre de Forléans; et, de leur côté, les frères Renault stipulent qu'en cas d'*éviction des fonds à eux vendus, de quelque manière que ce soit, ils conservent toutes les actions qui leur résultent contre la dame de Bourbonne de l'acte du 21 pluviôse an 4, lesquelles actions demeurent réglées comme ci-dessus, à la somme de* 18,000 *liv.* — Dès le 9 pluviôse précédent, la dame de Bourbonne avait fait une opposition au bureau des hypothèques, pour la conservation de son privilége sur les biens qu'elle avait vendus au sieur Dubois, à raison de ce que cet acquéreur restait lui devoir. — Les frères Renault, de leur côté, ne prennent aucune des précautions indiquées par l'édit de juin 1771, alors en vigueur; pour conserver sur les mêmes biens le privilége qui leur a été transmis par la dame de Bourbonne. — Survient la loi du 11 brumaire an 7, même négligence de leur part : ils ne font point transcrire leur contrat d'acquisition; ils prennent seulement sur le sieur Dubois des inscriptions pures et simples, en vertu du contrat d'acquisition du 12 thermidor an 6, sans énoncer le privilége de la dame de Bourbonne, auquel ils sont subrogés, ni même le contrat du 4 thermidor an 5, duquel il dérive. — Le 5 germinal an 9, la dame de Bourbonne fait transcrire son contrat de vente, et requiert inscription d'office pour sûreté de ce qui lui reste dû. — En l'an 10, les frères Renault sont poursuivis en déclaration d'hypothèque par le sieur Hezette, créancier du sieur Dubois, leur vendeur; et alors ils font transcrire leur contrat d'acquisition. — De nombreux créanciers du sieur Dubois se présentent sur cette transcription. L'un d'eux provoque la distribution du prix de l'acquisition des sieurs Renault, et conteste leur privilége sur ce prix. — Un procès-verbal d'ordre s'ouvre devant le tribunal de Sémur, où les frères Renault demandent comme subrogés au privilége de la dame de Bourbonne, d'être colloqués à la date du 4 thermidor an 5, jour du contrat de vente de la terre de Forléans, et concluent subsidiairement contre elle à leur Garantie pleine et entière qu'ils fondent sur la clause stipulée dans l'acte du 12 thermidor an 6. — Le 5 germinal an 11, le tribunal de Sémur, prononçant sur les collocations respectivement demandées, juge que le privilége dont les frères Renault réclament l'effet, est dégénéré en simple hypothèque, pour n'avoir pas été inscrit dans le délai utile; et quant à leur demande en Garantie, il déclare que, dans l'état, il n'y a pas lieu d'y statuer. — Sur l'appel, arrêt de la cour de Dijon du 17 germinal an 12, qui confirme sur le premier chef le jugement du tribunal de première instance; mais le réforme sur le second, et condamne la dame de Bourbonne à garantir les frères Renault. — La dame de Bourbonne se pourvoit en cassation contre cet arrêt; et le 26 février 1806, au rapport de M. Boyer :

« Statuant sur le pourvoi de la dame de Bourbonne, en tant qu'il est dirigé contre les sieurs Richardot, Lemaire, Thibaut et Hezette : — Considérant que les sieurs Renault, comme subrogés au privilége de la dame de Bourbonne sur les biens par elle vendus au sieur Dubois, au moyen du payement qu'ils lui en avaient fait en l'acquit de ce dernier, le 12 thermidor an 6, étaient tenus, aux termes de l'art. 37 de la loi du 11 brumaire an 7, pour conserver ce privilége, de prendre inscription sur les biens dudit Dubois dans le délai prescrit par ladite loi; et qu'à défaut d'observation de leur part dudit délai, l'art. 39 de la même loi faisait dégénérer ledit privilége en une simple hypothèque ayant rang seulement du jour de son inscription; que, dans le fait, les sieurs Renault n'ont pas fait inscrire leur créance privilégiée sur Dubois dans le délai dont il s'agit, puisqu'on ne peut pas considérer comme ayant rempli ce but, l'inscription par eux prise, le 23 prairial an 7, laquelle ne contient aucune mention, ni du privilége auquel ils avait été subrogés au lieu et place de la dame de Bourbonne, ni de l'acte de vente de la terre de Forléans, du 4 thermidor an 5, source de ce privilége, mention qui aurait été nécessaire pour opérer une inscription régulière dudit privilége, aux termes de l'art. 17 de la loi sus-énoncée; — Que, d'un autre côté, le privilége n'a pas été conservé par l'inscription d'office faite au profit de la dame de Bourbonne, le 5 germinal an 9, parce que cette inscription, tardivement faite après le délai prescrit par l'art. 37 de la loi, n'a pu produire un tel effet: — Qu'il suit de là que la cour d'appel de Dijon, en déclarant ce privilége converti en une simple hypothèque, et en colloquant en conséquence les créanciers inscrits antérieurement aux sieurs Renault, à un rang antérieur à celui-ci, dans la distribution du prix des immeubles vendus par le sieur Dubois, loin de faire une fausse application des articles cités de la loi du 11 brumaire an 7, s'est au contraire conformé au véritable esprit comme à la disposition littérale de cette loi. La cour rejette.....

« Et statuant sur le même pourvoi, en tant qu'il est dirigé contre les sieurs Renault; et à raison de la Garantie que l'arrêt attaqué accorde à ceux-ci contre la dame de Bourbonne: — Vu la loi 11, D. *de evictionibus*, qui porte: *Non tenetur venditor de futuro casu*: et la loi 27, au même titre, qui s'exprime ainsi: *Non tenetur venditor si ex personâ emptoris vel facto, res evicta sit*: — Attendu qu'il résulte de ces lois, 1.° que celui qui cède un droit, une créance, n'est tenu de garantir que l'existence et la réalité de cette créance ou de ce droit à l'époque de la cession, mais qu'il ne doit au cessionnaire aucune Garantie, à raison de l'éviction qui provient d'une cause postérieure à ladite cession; 2.° que l'obligation de Garantie cesse également, lorsque c'est par la faute du cessionnaire que l'éviction a eu lieu; — Attendu que, dans l'espèce, lorsque les sieurs Renault ont payé à la dame de Bourbonne le 18,000 francs dont le sieur Dubois était débiteur envers elle, et que par ce payement ils ont été subrogés à ses droits, la dame de Bourbonne était incontestablement créancière *privilégiée* du sieur Dubois; que son privilége avait même été maintenu et consolidé, en tant que de besoin par l'opposition qu'elle avait formée sur ce débiteur au bureau de la conservation des hypothèques; d'où il suit que les sieurs Renault avaient été mis par elle en mesure de faire valoir ce privilége dans toute sa plénitude et de jouir de tous ses effets; que telle était encore la position des sieurs Renault lors de la publication de la loi du 11 brumaire an 7, sur le nouveau régime hypothécaire, et que si ces créanciers n'ont pas été attentifs à remplir, pour la conservation de leur privilége, les nouvelles formalités que cette loi a prescrites pour le maintien des droits résultans des mutations antérieures, c'est à eux seuls qu'ils doivent imputer la perte de ce privilége; mais qu'ils n'ont, à cet égard, aucune Garantie légale à exercer contre la dame de Bourbonne, qui n'a jamais pu avoir l'intention de se rendre responsable envers eux de leur négligence à se conformer aux dispositions de la loi; qu'ainsi, en prononçant contre elle une semblable Garantie, la cour d'appel de Dijon a violé les lois romaines précitées, et contrevenu aux principes de la jurisprudence sur cette matière; — La cour casse et annulle . . . . . . »

V. l'article *Rente foncière*, §. 1.]]

[[GARANTIE DES FONCTIONNAIRES PUBLICS. On appelle ainsi la protection dont la loi couvre certains fonctionnaires publics, en défendant de les poursuivre sans une autorisation supérieure, à raison des abus ou des délits prétendus commis par eux dans l'exercice de leurs fonctions.

I. Cette Garantie n'existait, sous l'ancien régime, que pour les juges; et encore n'avait-elle lieu en leur faveur, qu'à l'effet d'empêcher qu'on ne les prît à partie sans une permission expresse de la cour souveraine à laquelle ils ressortissaient ou dont ils étaient membres. *V. Prise à partie.*

Les lois nouvelles lui ont donné une plus grande extension. Sans parler ici des priviléges qu'elles ont accordés en cette matière aux membres du sénat, du conseil d'État et du corps législatif, et qui sont l'objet de l'article *Inviolabilité*, elles ont fait, pour les administrateurs et pour les juges, tout ce qui peut les mettre à l'abri des poursuites indiscrètes ou téméraires. Mais cette partie de la législation n'est pas parvenue tout d'un coup au point de perfection où nous la voyons aujourd'hui.

Sous le régime constitutionnel de 1791, les officiers municipaux pouvaient être mis en jugement pour des *délits d'administration*, de la seule autorité des administrateurs de leur département. Ainsi l'avait réglé l'art. 61 de la loi du 14 décembre 1789. — Mais les administrateurs de département et de district ne pouvaient être traduits devant les tribunaux criminels que par des décrets du corps législatif. (*Constitution du* 3 *septembre* 1791, *titre* 3, *chap.* 4, *sect.* 3, *art.* 8.) — Quant aux juges, ils n'avaient, sous ce régime, aucune garantie particulière.

Ils n'en avaient pas davantage sous la constitution du 5 fructidor an 8. — Mais suivant les art. 196 et 203 de cette constitution, c'était au directoire exécutif seul qu'appartenait le pouvoir d'envoyer devant les tribunaux, les administrateurs, soit de canton, soit de département, prévenus de délits relatifs à leurs fonctions.

La constitution du 22 frimaire an 8 s'est enfin occupée des juges en même temps que des administrateurs.

Elle porte, relativement aux premiers, art. 74,

qu'ils « sont poursuivis devant les tribunaux auxquels celui de cassation les renvoie après avoir annullé leurs actes » ; et l'on a vu aux mots *Forfaiture*, comment la loi du 27 ventôse de la même année et le Code d'instruction criminelle de 1808 ont organisé et expliqué cette disposition.

Quant aux seconds, elle va plus loin que les constitutions précédentes; elle identifie, en cette matière, avec les administrateurs quelconques tous les *agens du gouvernement*, autres que les ministres ; et veut, art. 75, qu'ils ne puissent « être poursuivis pour des faits relatifs à leurs fonctions, qu'en vertu d'une décision du conseil d'Etat ».

II. Les employés internes des bureaux des administrations ne sont pas, à cet égard, considérés comme *agens du gouvernement*. C'est un des points jugés par l'arrêt de la cour de cassation du 21 mai 1807, dont une partie est transcrite sous le mot *compétence*, §. 2, n. 4.

Ainsi, les secrétaires des mairies, qui n'ont aujourd'hui aucun caractère public, ainsi qu'on le verra à l'article *Maire*, sect. 1, n. 3, peuvent, pour faits relatifs à leurs fonctions, être mis en jugement sans l'autorisation du gouvernement.

III. Il en était autrement des secrétaires des administrations municipales qu'avait créés la constitution du 5 fructidor an 3. Un ex-secrétaire d'une de ces administrations se trouvant prévenu d'un faux commis dans l'exercice de ses fonctions, le sous-préfet avait pris un arrêté portant qu'il serait poursuivi devant les tribunaux; et en conséquence, il avait été traduit devant la cour de justice criminelle et spéciale du département de l'Aude, qui s'était déclarée compétente pour le juger. Mais par arrêt du 9 nivôse an 12, au rapport de M. Liborel, « vu l'art. 75 de l'acte constitutionnel du 22 frimaire an 8; attendu qu'il résulte de cet article que le nommé Amiel, ex-secrétaire greffier de la municipalité de Puiver, n'a pu être poursuivi pour le faux qu'il est prévenu d'avoir commis dans l'exercice de ses fonctions, en vertu de la simple dénonciation portée en l'arrêté du sous-préfet, à qui le pouvoir d'accorder pareille autorisation n'a pas été délégué, le tribunal casse et annulle le jugement du tribunal spécial du département de l'Aude, en date du 4 vendémiaire dernier, et les procédures qui l'ont précédé; sauf, en cas d'une autorisation compétente, à être la poursuite recommencée, s'il y a lieu ».

IV. Il en est autrement aussi des préposés externes des administrations de l'enregistrement, des douanes, des droits réunis, des postes et des forêts. La preuve qu'ils sont considérés comme *agens du gouvernement*, dans le sens attaché à ces mots par l'art. 75 de l'acte constitutionnel du 22 frimaire an 8, c'est qu'il a fallu des arrêtés ou décrets de l'empereur pour établir qu'à leur égard, la décision du conseil d'Etat, requise par l'art. cité, pourrait être remplacée par l'autorisation des directeurs généraux de ces administrations respectives. C'est d'ailleurs ce qu'ont jugé plusieurs arrêts de la cour de cassation.

Alexandre Cade, prévenu du crime de faux dans l'exercice des fonctions de receveur de l'enregistrement à Aubenas, avait été traduit sans autorisation devant la cour de justice criminelle et spéciale du département de l'Ardèche, qui, par arrêt du 18 prairial an 12, s'était déclarée compétente pour le juger. Mais le 19 fructidor suivant, au rapport de M. Aumont, « vu la loi du 2 floréal an 11, l'art. 75 de la constitution de l'an 8, et l'arrêté des consuls du 9 pluviôse an 10; attendu qu'Alexandre Cade est prévenu du crime de faux dans l'exercice des fonctions de receveur de l'enregistrement au bureau d'Aubenas, et que ce faux a été commis sur des pièces de comptabilité qui intéressent le trésor public; qu'il n'existe au procès aucune preuve d'autorisation donnée par le directeur-général de l'enregistrement; que, sans cette autorisation, Cade n'a pu être légalement traduit en justice, et qu'avec elle, il n'a dû l'être que devant la cour de justice criminelle du département de la Seine; par ces motifs, la cour casse et annulle la procédure instruite contre Alexandre Cade, et l'arrêt de compétence rendu sur icelle, par la cour de justice criminelle et spéciale du département de l'Ardèche, le 18 prairial an 12 ».

Le sieur Thouard, receveur de l'enregistrement et des domaines à Louvain, et depuis vérificateur à Liége, avait traduit le sieur Renier au tribunal civil du département des Ardennes, pour se voir condamner à lui payer le montant d'un billet de 1,200 francs. Le sieur Renier prétendit ne pas devoir cette somme, et soutint que le billet de 1,200 francs était représentatif de deux autres billets de 600 fr. chacun, que le sieur Thouard lui avait fait consentir, pour le relever d'une déchéance qu'il avait encourue, comme adjudicataire de domaines nationaux. Il prétendit encore qu'à la même époque, le sieur Thouard lui avait fait consentir un troisième billet de 573 fr. acquitté depuis, pour fermages des mêmes domaines, et qui n'en avait point porté le payement sur ses registres. Le tribunal civil vit dans ces faits, une prévention de péculat et de concussion ; et il ordonna qu'ils seraient dénoncés à l'accusateur public, l'affaire civile demeurant en état. Sur cette dénonciation et sans considérer que le sieur Thouard, agent du gouvernement, et inculpé relativement à ses fonctions, ne pouvait être poursuivi ni mis en jugement qu'en vertu d'une autorisation expresse, une instruction a été ouverte contre lui; et après des mandats d'amener et d'arrêt, après un acte d'accusation admis par un premier jury et suivi d'un débat public, le tribunal criminel du département des Ardennes l'a condamné, le 19 brumaire an 6, comme coupable de concussion, à six années de fers. Thouard s'est d'abord pourvu en cassation; mais bientôt, il est parvenu à s'évader, et son recours en cassation est resté en suspens. Enfin, au mois de juin 1811, il a été reconstitué prisonnier ; et le 17 août suivant, arrêt, au rapport de M. Chasle, par lequel, « vu la loi du 24 août 1790, concernant l'ordre judiciaire, la constitution de l'an 3, l'arrêté du directoire exécutif du 2 germinal an 5, la constitution de l'an 8, art. 75, et autres lois et décrets impériaux ultérieurs, par lesquels il est expressément défendu aux tribunaux de troubler les opérations des administrateurs et des agens du gouvernement, et même de les citer devant eux, à raison de leurs fonctions, sans une autorisation préalable de l'autorité administrative supérieure; attendu qu'il résulte des pièces du procès, que les crimes ou délits dont Thouard est prévenu auraient été par lui commis dans l'exercice de ses fonctions de receveur de l'enregistrement et des domaines à Louvain; et qu'à l'époque des poursuites criminelles dirigées contre lui, et même lors de sa condamnation, il était vérificateur des domaines à Liége; attendu que toute cette procédure ayant été faite contre un agent du gouvernement, et pour des faits relatifs à ses fonctions, sans qu'elle ait été précédée de l'autorisation administrative spécialement ordonnée par les lois précitées, est nulle et illégalement faite; la cour casse et annulle le jugement rendu par le tribunal criminel du département des Ardennes, le 10 brumaire de l'an 6; casse également toute la procédure qui l'a précédé, à l'exception seulement de la plainte ou dénonciation et des informations...... ».

L'arrêt suivant, qui a été rendu le 11 septembre 1807, est fondé sur le même principe.

« Le procureur-général impérial expose que le tribunal de police du canton de Nantes a rendu, le 25 juin dernier, un jugement dont l'intérêt de la loi sollicite l'annullation.

» Par exploit signifié, le 22 juin 1807, au sieur Hamonière, lieutenant d'ordre, et au sieur Pasquier, lieutenant ordinaire dans les douanes, André-Alexis Tertereau et Marie Gouget, son épouse, demeurans à Nantes, ont exposé « qu'ils subsistaient eux, et leurs » enfans, à l'aide d'un emploi dans la partie des douanes impériales depuis vingt mois; que, depuis ce » moment, une réputation intacte et une conduite irréprochable leur avaient mérité l'estime de leurs » supérieurs; mais que dimanche dernier, 14 du » présent mois, il se vit tout-à-coup destitué de son » emploi, par l'effet de la calomnie la plus infâme, » provenant de la part des sieurs Hamonière et Pasquier, qui, *dans un rapport adressé à M. Villers, directeur des douanes*, se sont permis lâchement » de répandre les propos les plus injurieux sur leur » honneur et la pureté de leur mœurs, en insérant » dans le susdit rapport que lesdits Tertereau et sa » femme tenaient publiquement une maison de prostitution..; que le sieur Hamonière particulièrement » a refusé obstinément de rétracter ledit rapport, » quoiqu'on lui ait prouvé que ce rapport était fondé » sur une calomnie atroce, en lui assurant que M. le » directeur des douanes ne demandait qu'un nouveau » rapport à cet égard, de la part du sieur Hamonière, » pour réintégrer ledit Tertereau dans son emploi ».

» En conséquence, par le même exploit ils ont cité les sieurs Hamonière et Pasquier devant le tribunal de police du canton de Nantes, « pour avouer ou » contester les faits ci-dessus exposés, pour, en cas » d'aveu, en être donné acte, sinon, permis d'en » faire la preuve; et dans l'un comme dans l'autre » cas, s'entendre condamner, 1.° à reconnaître... les » requérans pour gens d'honneur et de probité....; » 2.° à rétracter par écrit le rapport qu'ils ont indûment porté contre eux aux mains de M. Villers, » directeur des douanes; 3.° en 600 francs par forme » de dommages-intérêts résultans de la perte de leur » état qu'ils leur ont accasionné par l'effet de la calomnie; 4.° aux frais d'impression et affiche de 300 » exemplaires du jugement à intervenir.....; sauf à » M. le procureur-impérial à requérir, pour la vindicte publique, ce qu'il verra bon être ».

» Ils ont encore cité, par cet exploit, deux témoins à comparaître devant le tribunal de police, « pour en » cas de dénégation de la part des défendeurs, donner leur records de vérité, et déposer sur les faits » dont ils seront enquis ».

» Les sieurs Hamonière et Pasquier se sont présentés sur cette citation à l'audience du tribunal de police, et ont dit, « qu'en leur qualité de préposés » aux douanes, ils ne devaient compte de leurs paroles et actions qu'à leurs supérieurs; qu'ils n'avaient par conséquent rien à répondre ».

» Prenant cette réponse pour une dénégation des faits consignés dans leur exploit de citation, Tertereau et sa femme ont requis l'audition des deux témoins qu'ils avaient fait assigner.

» Et ces témoins ayant été entendus, jugement est intervenu par lequel, « considérant qu'il est prouvé » par la déclaration unanime desdits témoins, que les » sieurs Hamonière et Pasquier leur ont dit à eux-mêmes qu'ils connaissaient Tertereau et sa femme » pour tenir un lieu de débauche et de prostitution; » que cette assertion calomnieuse a été pleinement » démentie par les conclusions de M. le commissaire » de police, faisant les fonctions de procureur-impérial, qui a dit qu'en sa qualité de commissaire de » la section qu'habitent les demandeurs, il les connaissait pour des pères de famille honnêtes, et » jouissant d'une bonne réputation; que, par suite de » la calomnie dont le demandeur poursuit la réparation, il a perdu l'état à l'aide duquel il subsistait » ainsi que sa famille; qu'il peut être long-temps » sans parvenir à se faire réintégrer dans sa place » ou à s'en procurer une autre; vu le §. 7 de l'art. » 605 de loi du 3 brumaire an 4; condamne les défendeurs, 1.° chacun en l'amende de la valeur de » trois journées de travail; 2.° en la somme de 100 » francs aussi chacun, par forme de dommages et » intérêts au profit des demandeurs, etc. ».

» Ce jugement a été rendu, comme il est dit plus haut, le 25 juin dernier. Le même jour le directeur des douanes de Nantes l'a frappé d'un recours en cassation qui a été approuvé et soutenu par l'administration générale. Mais, par arrêt du 25 juillet, au rapport de M. Aumont, « attendu que le tribunal de » police de Nantes a, par son jugement du 25 juin, » statué sur une instance pendante entre Tertereau » et sa femme, d'une part, Hamonière et Pasquier, » lieutenans des douanes, d'autre part; que l'administration des douanes n'a point été appelée et » n'est point intervenue dans cette instance; qu'aucune condamnation n'est ni directement ni indirectement prononcée contre elle; par ces motifs, » la cour a déclaré l'administration des douanes non-recevable dans son pourvoi ».

» De leur côté, les sieurs Hamonière et Pasquier, se reposant sur le recours en cassation exercé par l'administration des douanes, n'ont pris, dans le délai fatal, aucune mesure pour faire annuller, dans leur intérêt, le jugement dont il s'agit; et par-là, ce jugement a acquis irrévocablement, à leur égard, l'autorité de la chose jugée.

» Mais l'exposant n'en conserve pas moins, aux termes de l'art. 88 de la loi du 27 ventôse an 8, le droit d'examiner ce jugement et de le soumettre à la censure de la cour suprême.

» L'art. 75 de l'acte constitutionnel du 22 frimaire an 8, met en principe que « les agens du gouvernement ne peuvent être poursuivis pour des délits relatifs à leurs fonctions, qu'en vertu d'une décision du conseil d'Etat ».

» Que les préposés des douanes soient au nombre des *agens du gouvernement* dont parle cet article, c'est ce dont ne permet pas de douter l'arrêté des consuls du 29 thermidor an 11, lequel porte que « le directeur général des douanes pourra *désormais* autoriser la mise en jugement des préposés qui lui sont subordonnés ». Il résulte clairement de cet arrêté, que, jusqu'au moment où il a été rendu, les préposés des douanes n'ont pu être mis en jugement qu'en vertu d'une décision du conseil d'Etat; et que si depuis, cette décision n'est plus absolument nécessaire, elle doit du moins être remplacée par une autorisation du directeur-général des douanes.

» Or, le directeur-général des douanes n'a pas autorisé les poursuites exercées par Tertereau et sa femme contre les sieurs Hamonière et Pasquier : ces poursuites sont donc illégales; le tribunal de police de Nantes n'a donc pu les accueillir sans excéder ses pouvoirs.

» Inutilement dirait-on que, dans le jugement de ce tribunal, il n'est pas énoncé que le prétendu délit imputé aux sieurs Hamonière et Pasquier, était *relatif à leurs fonctions.*

» D'une part, ce tribunal n'a pas pu l'ignorer. Il avait sous les yeux l'exploit de citation du 22 juin; il en a fait même une mention expresse dans son jugement, et cet exploit lui disait en toutes lettres que c'était à raison d'un rapport fait officiellement par les sieurs Hamonière et Pasquier, sur la conduite de Tertereau, leur subordonné, que celui-ci se pourvoyait contre eux en réparation d'injures.

» D'un autre côté, il est bien sensible que le tribunal de police de Nantes n'a pas pu, en se taisant sur le caractère qu'imprimait l'exploit de citation au prétendu délit des sieurs Hamonière et Pasquier, s'attribuer sur eux une juridiction qu'il n'avait pas, et que la loi lui déniait formellement. S'il en était autrement, il n'est point d'agent du gouvernement qui ne pût être poursuivi sans autorisation devant les tribunaux, et alors, que deviendrait leur Garantie constitutionnelle? que deviendrait notamment dans l'administration des douanes, cette discipline intérieure qui en fait toute la force, s'il était permis à un subordonné de prendre à partie les chefs qui, dans l'intérêt du service, auraient rendu compte de sa conduite à leur supérieur immédiat.

» Inutilement encore objecterait-on que les sieurs Hamonière et Pasquier n'ont été condamnés que pour avoir dit aux deux témoins qui en ont déposé, que Tertereau et sa femme tenaient publiquement une maison de débauche.

» Il ne faut pas séparer ce que le jugement constate avoir été déposé par ces témoins, de ce que l'exploit de citation annonce devoir être déposé par eux en cas de dénégation de la part des sieurs Hamonière et Pasquier. Or, par cet exploit, les deux témoins ne sont appelés que pour attester, au besoin, que les sieurs Hamonière et Pasquier ont remis au directeur des douanes un rapport duquel il résulte que Tertereau et sa femme tiennent une maison de débauche. Ainsi, la seule chose qu'ils peuvent avoir déposée devant le tribunal de police, c'est que les sieurs Hamonière et Pasquier leur ont dit avoir en effet remis ce rapport au directeur des douanes; et tel est le sens dans lequel doivent nécessairement être entendus ces termes du jugement : *considérant qu'il est prouvé par la déclaration unanime desdits témoins, que les sieurs Hamonière et Pasquier leur ont dit à eux-mêmes qu'ils connaissaient Tertereau et sa femme pour tenir un lieu de débauche et de prostitution.*

» Qu'en faisant ainsi confidence à deux particuliers, du rapport officiel qu'ils avaient fait au directeur des douanes, les sieur Hamonière et Pasquier aient dévié de la ligne rigoureuse de leurs devoirs, cela peut être; mais si cette déviation est, de leur part, un délit, c'est du moins un délit relatif à leurs fonctions, c'est du moins un délit qu'ils n'ont pu commettre qu'en manquant à la discrétion qui leur était commandée par les règles de leur état.

» Ce considéré, il plaise à la cour, vu l'art. 88 de la loi du 27 ventôse an 8, l'art. 75 de l'acte constitutionnel du 22 frimaire an 8 et l'arrêté du gouvernement du 29 thermidor an 11; casser et annuller, pour l'intérêt de la loi seulement et sans préjudice du droit des parties intéressées, le jugement rendu le 25 juin dernier par le tribunal de police de Nantes, entre Tertereau et sa femme d'une part, Hamonière et Pasquier, de l'autre, et ordonner qu'à la diligence de l'exposant, l'arrêt à intervenir sera imprimé et transcrit sur les registres dudit tribunal.

» Fait au parquet, le 8 septembre 1807. *Signé* Merlin.

» Ouï Joseph-François-Claude Carnot, commis-rapporteur.....; vu l'art. 88 de la loi du 27 ventôse an 8, l'art. 75 de la constitution et l'arrêté du 29 thermidor an 11....; et attendu que le jugement rendu le 25 juin dernier par le tribunal de police du canton de Nantes, dans l'affaire des nommés Tertereau, Hamonière et Pasquier, n'a été attaqué par voie de recours en cassation, ni de la part des intéressés, ni de celle du commissaire de police; et que, dès-lors, le procureur-général impérial près la cour est recevable à en requérir l'annullation dans l'intérêt de la loi, d'après le vœu de l'art. 88 de la loi du 27 ventôse an 8; attendu qu'il est sûr que les préposés aux douanes sont des agens du gouvernement, ce dont on ne peut douter, d'après l'arrêté consulaire du 29 thermidor an 11; que conséquemment ils ne peuvent être traduits en justice, pour faits relatifs à leurs fonctions, sans l'autorisation préalable de l'administrateur-général en cette partie; que cependant, et quoiqu'il résultât de la citation au tribunal de police de Nantes, donnée à la requête de Tertereau et sa femme aux sieurs Hamonière et Pasquier, lieutenans des douanes, que le fait qui leur était reproché, émanait du rapport officiel qu'ils avaient fait à leur supérieur, ce qui était bien réellement un fait relatif à urs fonctions, le tribunal de police dont il s'agit, s'est retenu la connaissance de l'affaire, et l'a jugée sans qu'il lui fût justifié d'un arrêté de l'administrateur-général des douanes; la cour faisant droit au réquisitoire de M. le procureur-général, casse et annulle le jugement rendu par le tribunal de police de Nantes, ledit jour 25 juin dernier, mais dans l'intérêt de la loi seulement..... ».

V. encore l'arrêt du 3 novembre 1808, rapporté au mot *Intervention*, §. 2, n. 3-5°.

V. Les percepteurs des contributions directes sont également considérés comme agens du *gouvernement.* Mais les préfets sont autorisés par un arrêté des consuls du 10 floréal an 10, « à les traduire devant les tribunaux, après avoir pris l'avis des sous-préfets, sans recourir à la décision du conseil d'Etat, pour faits relatifs à leurs fonctions ».

Le sieur Joly, percepteur des contributions de sa commune, avait été jugé par la cour de justice criminelle du département de l'Aisne, sur des faits relatifs à ses fonctions, sans que le préfet eût permis ni ordonné sa mise en jugement. Par arrêt du 12 frimaire an 11, au rapport de M. Sieyes, « vu l'art. 75 de la constitution de l'an 8, et l'arrêté des consuls du 10 floréal an 10, considérant que Henri-Joseph-Claude Joly a été poursuivi, traduit devant les tribunaux, et mis en jugement pour faits relatifs à ses fonctions de percepteur des contributions, sans autorisation du gouvernement, contre la disposition formelle de l'art. 75 de la constitution et de l'arrêté des consuls, ci-dessus cités; par ces motifs, le tribunal casse et annulle la procédure faite contre ledit Henri-Joseph-Claude Joly, pour faits relatifs à ses fonctions de percepteur des contributions publiques, jusques et y compris le jugement définitif rendu contre lui par le tribunal criminel du département de l'Aisne, le 30 vendémiaire dernier ».

Par un autre arrêt du 14 nivôse an 12, au rapport de M. Poriquet, la cour de cassation a pareillement annullé un arrêt de la cour de justice criminelle et spéciale du département de l'Aude, qui avait déclaré cette cour compétente pour juger Jean-Pierre Larade, prévenu de faux dans l'exercice de ses fonctions de percepteur de la commune de Serpente, et dont la mise en jugement n'avait été autorisée que par un arrêté du sous-préfet de l'arrondissement.

Il en est de même des vérificateurs des poids et mesures, quoiqu'ils ne soient pas nommés directement par l'Empereur, mais par les préfets.

Le 1.er juillet 1809, Bougerard, vérificateur des poids et mesures de l'arrondissement de Châteaubriand, écrit au maire de la commune du Grand-Auverné, qu'il se rendra dans cette commune, le 10 de ce mois pour procéder à la contre-vérification des poids et mesures de l'exercice de 1809; qu'il l'invite à en donner connaissance à ses administrés, par voie de publication, le plutôt possible; qu'aucun des sergers et tisserands de sa commune ne se sont, jusqu'à présent, conformés au système métrique; et qu'il l'engage à les prévenir qu'il sera forcé d'user de rigueur, s'ils ne sont pas en règle, lorsqu'il se présentera à la mairie, au jour indiqué, entre deux et trois heures après midi. Arrivé le 10, au Grand-Auverné, et ne trouvant ni le maire ni son adjoint chez eux, Bougerard se transporte, vers deux heures, à la maison commune. Là, il trouve Despujols, secrétaire de la mairie. Une rixe s'élève entre eux, et ils en viennent aux mains. Despujols rend plainte et Bougerard verbalise. — Devant la tribunal où il est traduit sur la plainte de Despujols, Bougerard excipe de sa qualité d'agent du gouvernement, et prétend qu'on ne peut pas, sans une décision préalable du conseil d'Etat, le mettre en jugement, pour des faits qui se sont passés lorsqu'il était dans l'exercice de ses fonctions. — Jugement qui, attendu qu'au moment où la rixe a eu lieu, Bougerard n'était pas dans l'exercice de ses fonctions, rejette son exception et le condamne à cinq jours d'emprisonnement, à une amende de 50 francs et aux frais. Appel. — Par arrêt du 28 novembre 1809, la cour de justice criminelle du département de la Loire-Inférieure rejette également l'exception de Bougerard, mais par un autre motif que les premiers juges, par la considération que Bougerard n'est pas agent du gouvernement; et du reste, elle maintient les condamnations prononcées par les premiers juges contre Bougerard. — Bougerard se pourvoit en cassation; et le 9 février 1810, au rapport de M. Chasle, « vu l'art. 75 de l'acte constitutionnel de l'an 8; vu aussi les art. 1.er et 3 du décret impérial du 9 août 1806; attendu qu'il est constant au procès que Bougerard est vérificateur des poids et mesures pour l'arrondissement de Châteaubriand; que c'est en cette qualité, et par suite de son invitation ou avertissement adressé au maire de la commune du Grand-Auverné, le 1er. juillet 1809, qu'il se transporta, le 10 du même mois, jour par lui indiqué, à la mairie de ladite commune où demeure le sieur Despujols, secrétaire greffier et où la municipalité tient ses séances; que l'objet de cette démarche de Bougerard, ainsi qu'il l'avait annoncé, était d'exercer ses fonctions en présence du maire ou de son adjoint, vis-à-vis des sergers et tisserands de ladite commune, qui devaient se trouver à ladite mairie; et que c'est à l'occasion et relativement à l'exercice desdites fonctions, que la rixe dont il s'agit, s'est élevée entre Bougerard et Despujols; attendu qu'il importe peu d'examiner quelle est l'autorité qui a commissionné ledit Bougerard; qu'il suffit qu'il soit investi du caractère de vérificateur du système métrique, et que ce caractère ait été reconnu, pour qu'il doive être considéré et qu'il soit réellement l'agent du gouvernement, et agissant dans l'exercice de son action et de son pouvoir, et qu'en cette qualité, il ne puisse pas être poursuivi devant les tribunaux, ni mis en jugement, pour des faits relatifs à ses fonctions, sans une autorisation préalable du gouvernement; attendu qu'il s'ensuit que les poursuites qui ont été dirigées contre ledit Bougerard, tant au tribunal correctionnel de Châteaubriand, qu'en la cour de justice criminelle de la Loire-Inférieure, sans avoir préalablement obtenu cette autorisation, renferment un excès de pouvoir, en ce qu'elles sont contraires aux dispositions de l'acte constitutionnel, et des décrets rendus en conséquence; la cour casse et annulle..... ».

VI. Mais doit-on considérer comme *agens du gouvernement*, dans le sens donné à ces mots par la constitution du 22 frimaire an 8, tous les fonctionnaires publics, autres que les juges, qui sont nommés par l'Empereur, notamment les greffiers, les avoués, les huissiers des tribunaux?

Voici un arrêt de la cour de cassation du 26 décembre 1807, qui juge nettement que non.

« Le procureur-général impérial expose qu'il se croit obligé d'user envers un arrêt de la cour de justice criminelle du département des Apennins, du droit dont il est investi par l'art. 88 de la loi du 27 ventôse an 8.

» Une procédure criminelle avait été instruite, pour des faits de concussion, contre Jean-Baptiste Zolezzi, greffier de la justice de paix du canton de Godano, Dominique Carosini, huissier du même tribunal, et Jean Guhelar, dit *Gobbo de Mangia*.

Cette procédure soumise à la cour de justice criminelle du département des Apennins, Jean-Baptiste Zolezzi a prétendu qu'elle était nulle à son égard, sur le fondement qu'en sa qualité de greffier, il était *agent du gouvernement;* et que, comme tel, il ne pouvait pas être poursuivi devant les tribunaux, qu'au préalable une décision du conseil d'Etat en eût donné l'autorisation.

» Et effectivement, par arrêt du 9 novembre dernier, ci-joint en expédition, « la cour, vu l'art. 75 » de la constitution et l'art. 121 du décret impérial du » 15 messidor an 13, a déclaré nul et de nul effet le » mandat d'arrêt décerné contre ledit Zolezzi, greffier, le 19 août 1807, et tout ce qui s'en est suivi; » sauf à M. le procureur-général de requérir, pour » l'instruction de la procédure, ce que de raison ».

Cet arrêt a donc appliqué aux greffiers la disposition de l'art. 75 de l'acte constitutionnel du 22 frimaire an 8, suivant laquelle *les agens du gouvernement ne peuvent être poursuivis pour des faits relatifs à leurs fonctions, qu'en vertu d'une décision du conseil d'Etat.*

» Mais sur quoi la cour de justice criminelle du département des Apennins s'est-elle fondée pour considérer les greffiers comme *agens du gouvernement?* Elle nous l'apprend elle-même par son arrêt; elle s'est fondée sur l'art. 121 du décret impérial du 13 messidor an 13, concernant l'administration de la justice dans les départemens de Gênes, des Apennins et de Montenotte.

» Et que porte cet article? rien autre chose, si ce n'est que *les greffiers de tous les tribunaux sont nommés par Sa Majesté.*

» Mais les huissiers sont aussi nommés par l'Empereur; et cependant l'arrêt dont il s'agit, laisse subsister à l'égard de l'huissier Carosini, la procédure qui avait été instruite contre lui en même temps que contre le greffier Zolezzi. — Les avoués sont aussi nommés par l'Empereur; et cependant il n'est jamais venu à la pensée de qui que ce soit, qu'une décision du conseil d'Etat fût nécessaire pour exercer contre un avoué les poursuites auxquelles il peut donner lieu par ses prévarications. — C'est aussi par l'Empereur que sont nommés les notaires; et cependant combien de notaires, depuis la promulgation de l'acte constitutionnel du 22 frimaire an 8, ont été mis en jugement pour délits commis dans l'exercice de leurs fonctions, et notamment pour crime de faux, sans décision préalable du conseil d'Etat!

» Ces exemples prouvent déjà que les mots *agens du gouvernement*, n'ont pas, dans l'art. 75 de la constitution de l'an 8, un sens aussi étendu que l'a supposé la cour de justice criminelle des Apennins. Et en effet, ils ne désignent, dans cet article, que les fonctionnaires publics qui, non seulement sont nommés par le gouvernement, mais sont encore tellement sous sa dépendance, qu'ils ne peuvent jamais, dans l'exercice de leurs fonctions habituelles et journalières, avoir d'autre opinion que la sienne, ni tenir une conduite opposée à celle qu'il leur trace, soit par lui-même, soit par ses agens supérieurs.

» Or, il est bien évident que tels ne sont pas les greffiers. Le gouvernement les nomme sans doute; il peut même les révoquer à son gré. Mais en les nommant, il les place sous la dépendance immédiate des tribunaux auxquels il les attache : et comme il ne leur adresse jamais aucun ordre qui leur soit personnel, comme il n'est jamais à craindre qu'en exécutant les ordres du gouvernement, ils s'exposent à être poursuivis par la justice, il est clair qu'ils n'ont jamais besoin de la garantie que l'art. 75 de la constitution de l'an 8 assure à ceux qu'il qualifie *d'agens du gouvernement;* il est clair par conséquent qu'ils ne peuvent jamais réclamer la prérogative qui est la conséquence de cette Garantie.

» Ce considéré, il plaise à la cour, vu l'art. 75 de l'acte constitutionnel du 22 frimaire an 8, et l'art. 456 du Code du 3 brumaire an 4, casser et annuller, pour l'intérêt de la loi, l'arrêt ci-dessus mentionné; et ordonner qu'à la diligence de l'exposant, l'arrêt à intervenir sera imprimé et transcrit sur les registres de la cour de justice criminelle du département des Apennins.

» Fait au parquet, le 24 décembre 1807. *Signé* Merlin.

» Ouï Joseph-François-Claude Carnot, l'un des juges.....; vu l'art. 75 de l'acte constitutionnel du 22 frimaire an 8; et attendu que les greffiers des tribunaux ne sont pas des agens du gouvernement dans le sens de cet article, qui ne s'entend et ne peut s'entendre que des fonctionnaires publics qui sont tellement sous la dépendance du gouvernement, qu'ils ne peuvent jamais avoir, dans l'exercice de leurs fonctions habituelles et journalières, d'autre opinion que la sienne, ni tenir une conduite opposée à celle qu'il leur trace, soit par lui-même, soit par ses agens supérieurs; que, si les greffiers des tribunaux doivent être nommés par sa majesté, ainsi que les autres agens dont s'occupe l'art. 75 de l'acte constitutionnel, cela ne peut changer leur caractère, ni le genre des fonctions qui leur sont confiées; que, s'il en pouvait être autrement et que la nomination de l'Empereur fît, des greffiers des tribunaux, des agens du gouvernement, dans le sens de l'art. 75, il faudrait également dire que les notaires, les huissiers et tous les autres fonctionnaires nommés par sa majesté, seraient de même des agens du gouvernement dans le sens de cet article; que cependant aucun tribunal n'a encore imaginé jusqu'ici de faire l'application de l'art. 75 dont il s'agit, aux notaires, huissiers, et autres fonctionnaires à la nomination du gouvernement, prévenus de crimes, parce que l'on a bien senti qu'il n'y avait pas pour eux les mêmes motifs que pour les véritables agens du gouvernement, puisqu'ils sont autant maîtres de leurs actions, en se conformant aux lois, comme tous les autres citoyens; que les greffiers des tribunaux ne peuvent pas même réclamer la Garantie constitutionnelle attachée aux juges, et qui est d'une autre espèce que celle de l'art. 75, parce que la loi n'a parlé que des juges et non des greffiers, qui ne peuvent ni ne doivent communiquer directement ni indirectement avec le gouvernement, et qui n'ont que des fonctions simples et indépendantes à remplir; — D'où suit que la cour de justice criminelle du département des Apennins, en faisant application au greffier Jean-Baptiste Zolezzi, de l'art. 75 de l'acte constitutionnel, et en cassant le mandat d'arrêt décerné contre lui, sur prévention d'un délit relatif à l'exercice de ses fonctions, a supposé dans la loi, une volonté qu'elle n'a et ne peut avoir; en quoi elle a violé la loi et commis une usurpation de pouvoir; par ces motifs, la cour faisant droit au réquisitoire de M. le procureur-général, et dans l'intérêt de la loi seulement, casse et annulle l'arrêt rendu par la cour de justice criminelle du département des Apennins, le 9 novembre dernier, au procès dont il s'agit.... ».

VII. Les officiers de recrutement et les syndics des marins jouissent-ils de la Garantie constitutionnelle? *V. Conscription militaire*, §. 9; et *Syndic des gens de mer*.

VIII. Au surplus, ce n'est que pour les délits relatifs à leurs fonctions, que les agens du gouvernement jouissent de la garantie constitutionnelle dont il s'agit.

Jean Deshaies, maire de la commune de Mont, avait été condamné par un arrêt de la cour de justice criminelle du département de la Meuse, à une amende de 5,000 francs et à un emprisonnement de deux années, pour avoir commis des escroqueries envers des jeunes gens appelés au service militaire par la loi de la conscription. Il s'est pourvu en cassation, et a prétendu qu'en le poursuivant sans une décision préalable du conseil d'Etat, on avait contrevenu à l'art. 75 de la constitution de l'an 8. — L'affaire portée à l'audience de la section criminelle, j'ai dit :

« Nous ne devons pas nous dissimuler que ce moyen serait sans réplique, si Jean Deshaies était, par l'arrêt attaqué, déclaré coupable des escroqueries qu'il a été prévenu d'avoir commises envers de conscrits de la commune de Mont.

» En effet, il était maire de la commune de Mont, à l'époque où la plainte portée contre lui par le ministère public, énonce qu'il avait commis ces escroqueries. En sa qualité de maire, il avait des fonctions importantes à remplir relativement à la conscription; il était surtout chargé de veiller à ce que tous les conscrits de sa commune se rendissent à l'appel de la loi. Il aurait donc visiblement abusé de ses fonctions, il aurait donc véritablement commis un délit dans l'exercice de ses fonctions, si, par l'espérance qu'il eût donnée à quelques-uns de ces jeunes gens de les faire exempter du service militaire, il les eût amenés à lui faire quelque don ou promesse obligatoire, et alors sans doute, l'arrêt qu'il l'eût condamné sans l'autorisation préalable qu'exige l'art. 75 de la constitution du 22 frimaire an 8, devrait être cassé comme contraire à cet article même.

» Mais loin de le condamner comme coupable d'escroqueries commises envers des jeunes gens de sa commune, l'arrêt attaqué le décharge de l'inculpation qui avait été, à cet égard, dirigée contre lui; et il ne le condamne que comme coupable d'escroqueries commises envers des jeunes gens des communes de Halle et de Montigny, communes dans lesquelles il n'avait aucune autorité à exercer, aucunes fonctions à remplir, où il n'était qu'un simple particulier ».

En conséquence, arrêt du 11 septembre 1807, au rapport de M. Vergès, qui, « attendu que les faits qui ont donné lieu à la condamnation contre Joseph Deshaies, étaient indépendans de l'abus des fonctions de maire de la commune de Mont, et étrangers à ses fonctions; que Jean Deshaies a été en effet condamné comme ayant coopéré et participé à des escroqueries, en mettant à contribution des conscrits et des parens de conscrits, domiciliés dans d'autres communes que dans celles de Mont; qu'en qualité de maire de la commune de Mont, il a été acquitté quant au chef relatif à l'escroquerie qu'il était prévenu d'avoir commise au préjudice de Jean Marche, domicilié dans la commune de Mont; rejette le pourvoi.... ».

Par un autre arrêt rendu au rapport du même magistrat, le 15 janvier 1808, la cour de cassation a maintenu un arrêt de la cour de justice criminelle du département de l'Yonne, du 11 novembre 1807, rendu sans décision préalable du conseil d'État, contre Claude Hugot, ex-maire de la commune de Guincerot : et elle en a motivé le maintien, notamment sur la considération « que les faits qui avaient donné lieu à la mise en jugement, constituaient une prévention d'escroquerie et de dol personnel indépendant de la qualité de maire ».

IX. La destitution d'un *agent du gouvernement* le prive-t-elle de la *Garantie* dont l'art. 75 de l'acte constitutionnel du 22 frimaire an 8 le ferait incontestablement jouir, s'il était encore en fonctions au moment où il est poursuivi?

Non. Dans les deux espèces rappelées au n.º précédent, les sieurs Deshaies et Hugot n'étaient plus maires, lorsqu'on les avait mis en jugement; et leur mise en jugement sans autorisation antérieure, n'a été déclarée valable, que parce qu'elle avait pour objet des délits étrangers à leurs fonctions. Dans l'espèce de l'arrêt du 9 nivôse an 12, rapporté ci-dessus, n. 3, la mise en jugement de *l'ex-secrétaire* d'une administration municipale, a été annullée faute d'autorisation préalable. Enfin, parmi les autorisations que le conseil d'État accorde assez fréquemment pour faire poursuivre des maires de communes rurales, il en est très-peu qui n'aient pour objet des maires déjà destitués par les préfets.

Il faut donc restreindre à son espèce particulière, l'avis du conseil d'État du 19 février 1807, qui est rapporté à l'art. *Comptable*, n. 4.

V. Agent du gouvernement, *Complice*, §. 2; *Haute-Cour impériale*, *Inviolabilité*, et *Non bis in idem*, n. 10.]]

GARDE-BOURGEOISE. *V. Garde-Noble.*

[[GARDE CHAMPÊTRE. C'est un officier de police judiciaire qui est préposé pour surveiller les récoltes, les fruits de la terre, les propriétés rurales de toute espèce, et dresser des procès-verbaux de tous les délits qui y portent quelque atteinte.

I. Nous disons *officiers de police judiciaire*, car l'art. 21 du Code des délits et des peines du 3 brumaire an 4 et l'art. 9 du Code d'instruction criminelle de 1808, rangent expressément les Gardes champêtres dans la classe des officiers de cette qualité. *V. Officier de police judiciaire.*

On les appelait, dans l'ancienne législation, tantôt *Gardes messiers*, tantôt *bangards*, et quelquefois aussi *Gardes champêtres.*

Ces dénominations se retrouvent encore dans la loi du 22 avril 1790, sur la chasse. « Les peines et contraintes ci-dessus (y est-il dit art. 8), seront prononcées.... d'après les rapports des *Gardes messiers, bangards et Gardes champêtres....* A cet effet (continue l'art. 9), le conseil général de chaque commune est autorisé à établir un ou plusieurs Gardes messiers, bangards et Gardes champêtres, qui seront reçus et assermentés par la municipalité... ». — L'art. 10 de la même loi ajoute: « Lesdits rapports seront, ou dressés par écrit, ou faits de vive-voix au greffe de la municipalité, où il en sera tenu registre; dans l'un et l'autre cas, ils seront affirmés entre les mains d'un officier municipal, dans les vingt-quatre heures du délit qui en serait l'objet; et ils feront foi de leur contenu, sauf la preuve contraire qui pourra être admise sans l'inscription de faux ». — L'art. 11 déclare qu'il « pourra être suppléé auxdits rapports par la déposition de deux témoins ».

II. Ces dispositions ne concernent que la police de la chasse. Mais en voici de plus générales: ce sont celles de la septième section du tit. 1 de la loi du 28 septembre 1791.

« *Art.* 1. Pour assurer les propriétés et conserver les récoltes, il pourra être établi des Gardes champêtres dans les municipalités, sous la juridiction des juges de paix et sous la surveillance des officiers municipaux. Ils seront nommés par le conseil général de la commune, et ne pourront être changés ou destitués que dans la même forme.

» 2. Plusieurs municipalités pourront choisir et payer le même Garde champêtre, et une municipalité pourra en avoir plusieurs. Dans une municipalité où il y a des Gardes établis pour la conservation des bois, ils pourront remplir les deux fonctions.

» 3. Les Gardes champêtres seront payés par la communauté, suivant le prix déterminé par le conseil général; leurs gages seront prélevés sur les amendes, qui appartiendront en entier à la communauté. Dans le cas où elles ne suffiraient pas au salaire des Gardes, la somme qui manquerait, serait répartie au marc la livre de la contribution foncière, mais serait à la charge de l'exploitant: toutefois les gages des Gardes des bois communaux seront prélevés sur le produit de ces bois, et séparés des gages de ceux qui conservent les autres propriétés rurales.

» 4. Dans l'exercice de leurs fonctions, les Gardes champêtres pourront porter toutes sortes d'armes qui seront jugées leur être nécessaires par le directoire du département. Ils auront sur le bras une plaque de métal ou d'étoffe, où seront inscrits ces mots *la loi*, le nom de la municipalité, celui du Garde.

» 5. Les Gardes champêtres seront âgés au moins de vingt-cinq ans; ils seront reconnus pour gens de bonnes mœurs, et ils seront reçus par le juge de paix; il leur fera prêter le serment de veiller à la conservation de toutes les propriétés qui sont sous la foi publique, et de toutes celles dont la garde leur aura été confiée par l'acte de leur nomination.

» 6. Ils feront, affirmeront et déposeront leurs rapports devant le juge de paix de leur canton, ou l'un de ses assesseurs, ou feront devant l'un ou l'autre leurs déclarations. Leurs rapports, ainsi que les déclarations, lorsqu'ils ne donneront lieu qu'à des réclamations pécuniaires, feront foi en justice pour tous les délits mentionnés dans la police rurale, sauf la preuve contraire.

» 7. Ils seront responsables des dommages, dans le cas où ils négligeront de faire, dans les vingt-quatre heures, le rapport des délits ».

III. Cette loi n'ayant pas reçu partout son exécution, celle du 20 messidor an 3 a pris de nouvelles mesures, pour assurer, dans toutes les communes, l'établissement des Gardes champêtres. Voici ses termes:

« *Art.* 1. Il sera établi, immédiatement après la promulgation du présent décret, des Gardes champêtres dans toutes les communes rurales de la république: les Gardes déjà nommés dans celles où il y en a, pourront être réélus d'après le mode suivant.

» 2. Les Gardes champêtres ne pourront être choisis que parmi les citoyens dont la probité, le zèle et le patriotisme seront généralement reconnus. Ils seront nommés par l'administration du district (aujourd'hui par le sous-préfet: *loi du* 28 *pluviôse an* 8, *art.* 9), sur la présentation des conseils généraux des communes; leur traitement sera aussi fixé par le district, d'après l'avis du conseil général, et réparti au marc la livre de l'imposition foncière.

» 3. Il y aura au moins un Garde par commune, et la municipalité jugera de la nécessité d'y en établir davantage.

» 4. Tout propriétaire aura le droit d'avoir, pour ses domaines, un Garde champêtre. Il sera tenu de le faire agréer par le conseil général de la commune et confirmer par le district (aujourd'hui par le sous-préfet). Ce droit ne pourra l'exempter néanmoins de contribuer au traitement du Garde de la commune.

» 5. La police rurale sera exercée provisoirement par le juge de paix.

» 6. Les Gardes champêtres seront tenus de citer devant lui les citoyens pris en flagrant délit; si le délinquant n'est pas domicilié, et refuse de se rendre à la citation, le Garde pourra requérir de la municipalité main-forte; et les citoyens requis ne pourront refuser d'obéir aux ordres qui leur seront donnés.

» 7. Sur les indications administrées par les Gardes champêtres, le juge de paix pourra autoriser des recherches chez les personnes soupçonnées de vols, en présence de deux officiers municipaux ».

IV. Ces dispositions ont été renouvelées, avec quelques modifications, par les articles suivans du Code des délits et des peines du 3 brumaire an 4.

« *Art.* 38. Il y a dans chaque commune rurale,

au moins un Garde champêtre. — L'objet de son institution est la conservation des récoltes, fruits de la terre et propriétés rurales de toute espèce....

» 40. Tout propriétaire a le droit d'avoir, pour la conservation de ses propriétés, un Garde champêtre ou forestier. — Il est tenu de le faire agréer par l'administration municipale (représentée aujourd'hui, à cet égard, par le sous-préfet. *Loi du 28 pluviôse an 8, art. 9*).

» 41. Les Gardes champêtres et les Gardes forestiers, considérés comme officiers de police judiciaire, sont chargés, — De rechercher respectivement tous les délits qui portent atteinte aux propriétés rurales et forestières; — De dresser des procès-verbaux indicatifs de leur nature et de leurs circonstances, du temps et du lieu où ils ont été commis, des preuves et indices qui existent sur les prévenus; — De suivre les objets volés dans les lieux où ils ont été transportés, et de les mettre en séquestre, sans pouvoir néanmoins s'introduire dans les maisons, ateliers, bâtimens et cours adjacentes, si ce n'est en présence, soit d'un officier ou agent municipal ou de son adjoint, soit d'un commissaire de police; — D'arrêter et de conduire devant le juge de paix, en se faisant, pour cet effet, donner main-forte par la commune du lieu, qui ne peut la refuser, tout individu qu'il surprendra en flagrant délit.

» 43. Les Gardes champêtres remettent leurs procès-verbaux au commissaire du pouvoir exécutif près l'administration municipale (aujourd'hui à l'adjoint du maire du chef-lieu du canton; *loi du 27 ventôse an 8, art. 1*).

» 44. La remise du procès-verbal se fait, au plus tard, le troisième jour après la reconnaissance du délit qui en est l'objet.

» 45. Si le délit est de nature à mériter une peine au-dessus de la valeur de trois journées de travail ou de trois jours d'emprisonnement, le commissaire du pouvoir exécutif (aujourd'hui l'adjoint du maire) envoie le procès-verbal au juge de paix (aujourd'hui au procureur impérial).

» 46. Si le procès-verbal a pour objet un délit dont la peine n'excède pas la valeur de trois journées de travail, ou trois jours d'emprisonnement, le commissaire du pouvoir exécutif fait citer le prévenu devant le tribunal de police désigné ci-après, liv. 2, tit. 1er.

» 47. Le commissaire du pouvoir exécutif est tenu de dénoncer au directeur du jury les négligences, abus et malversations des Gardes champêtres et des Gardes forestiers. — Le même devoir est imposé au commissaire de police, au juge de paix, et à tout fonctionnaire public et agent du gouvernement ».

V. A ces dispositions, le Code d'instruction criminelle de 1808 substitue les suivantes :

« Art. 16. Les Gardes champêtres et les Gardes forestiers, considérés comme officiers de police judiciaire, sont chargés de rechercher, chacun dans le territoire pour lequel ils auront été assermentés, les délits et les contraventions de police qui auront porté atteinte aux propriétés rurales et forestières.

» Ils dresseront des procès-verbaux, à l'effet de constater la nature, les circonstances, le temps, le lieu des délits et des contraventions, ainsi que les preuves et les indices qu'ils auront pu en recueillir.

» Ils suivront les choses enlevées, dans les lieux où elles auront été transportées, et les mettront en séquestre; ils ne pourront néanmoins s'introduire dans les maisons, ateliers, bâtimens, cours adjacentes et enclos, si ce n'est en présence, soit du juge de paix, soit de son suppléant, soit du commissaire de police, soit du maire du lieu, soit de son adjoint; et le procès-verbal qui devra en être dressé, sera signé par celui en présence duquel il aura été fait.

» Ils arrêteront et conduiront devant le juge de paix ou devant le maire, tout individu qu'ils auront surpris en flagrant délit, ou qui sera dénoncé par la clameur publique, lorsque ce délit emportera la peine d'emprisonnement, ou une peine plus grave.

» Ils se feront donner, pour cet effet, main-forte par le maire ou par l'adjoint du maire du lieu, qui ne pourra s'y refuser.

» 17. Les Gardes champêtres et forestiers sont, comme officiers de police judiciaire, sous la surveillance du procureur-impérial, sans préjudice de leur subordination à l'égard de leurs supérieurs dans l'administration.

» 20. Les procès-verbaux des Gardes champêtres des communes, et ceux des Gardes champêtres et forestiers des particuliers, seront, lorsqu'il s'agira de simples contraventions, remis par eux, dans le délai fixé par l'art. 15, au commissaire de police de la commune chef-lieu de la justice de paix, ou au maire dans les communes où il n'y a point de commissaire de police; et lorsqu'il s'agira d'un délit de nature à mériter une peine correctionnelle, la remise sera faite au procureur impérial.

» 21. Si le procès-verbal a pour objet une contravention de police, il sera procédé par le commissaire de police de la commune chef-lieu de la justice de paix; par le maire, ou, à son défaut, par l'adjoint du maire, dans les communes où il n'y a point de commissaire de police, ainsi qu'il sera réglé au chap. 1.er, tit. 1.er, du liv. 2 du présent Code ».

VI. Un arrêté du gouvernement, du 25 fructidor an 9, règle ainsi pour l'avenir le mode de nomination des Gardes champêtres :

« *Art.* 1. Les Gardes champêtres des communes seront, à l'avenir, choisis parmi les vétérans nationaux et autres anciens militaires.

» 2. Le ministre de la guerre enverra à chaque préfet l'état nominatif des vétérans et anciens militaires résidans dans le département, et en état de remplir les fonctions de Garde champêtre. Les préfets feront passer aux sous-préfets la liste des vétérans et anciens militaires de leur arrondissement.

» 3. Lorsqu'il y aura lieu de nommer un Garde champêtre, le maire le choisira parmi les individus de la commune ou des communes les plus voisines compris dans l'état des vétérans nationaux et anciens militaires de l'arrondissement, dont le sous-préfet lui aura donné connaissance sur sa demande. Il soumettra son choix à l'approbation du conseil municipal.

» 4. Lorsque le conseil municipal d'une commune aura approuvé le choix d'un vétéran ou ancien militaire pour Garde champêtre, le maire de la commune en donnera avis au sous-préfet du département.

» 5. Le sous-préfet donnera une commission de Garde champêtre au vétéran ou ancien militaire, lequel se rendra dans la commune qui l'aura nommé : il se présentera au maire, qui visera sa commission, et le fera reconnaître en qualité de Garde champêtre.

» 6. Les vétérans ou anciens militaires Gardes champêtres seront en tout traités comme l'étaient les Gardes champêtres des communes; ils seront soumis aux mêmes obligations.

» 7. Les dispositions du présent arrêté ne sont point applicables aux communes dans lesquelles les salaires du Garde champêtre n'équivaudraient pas à la somme de 180 fr. par an ».

Les fermiers peuvent-ils, comme les propriétaires, nommer des Gardes champêtres pour la conservation de leurs récoltes? Un arrêt de la cour de justice criminelle du département de la Haute-Marne, du 20 fructidor an 10, avait jugé pour la négative, en déclarant nul un procès-verbal dressé par un Garde champêtre qu'un fermier avait nommé et dont la nomination avait été agréée par le sous-préfet. Mais le ministère public s'étant pourvu en cassation, arrêt est intervenu, le 27 brumaire an 11, au rapport de M. Bauchau, par lequel, « considérant qu'il est évident que l'art. 40 du Code des délits et des peines du 3 brumaire an 4, s'applique aux fermiers comme aux propriétaires; — Que le tribunal criminel de la Haute-Marne a donné à cet article un sens trop étroit, lorsqu'il a déclaré qu'il n'attribue qu'aux propriétaires et non aux fermiers le droit d'avoir et nommer un Garde particulier; que par conséquent il a fait une fausse application de cet article; — Par ces motifs, le tribunal casse et annulle.... »

VII. On a vu plus haut qu'aux termes de la loi du 28 septembre 1791, les procès-verbaux des Gardes champêtres devaient être affirmés *devant le juge de paix ou l'un des assesseurs*. La loi du 28 floréal an 10 a supprimé les assesseurs des juges de paix et les a remplacés par des *suppléans*; et voici en conséquence ce qu'elle a réglé, art. 11, pour l'affirmation des procès-verbaux dont il s'agit :

« L'affirmation des procès-verbaux des Gardes champêtres et forestiers, continuera d'être reçue par le juge de paix : ses suppléans pourront néanmoins la recevoir pour délits commis dans le territoire de la commune où ils résideront, lorsqu'elle ne sera pas celle de la résidence du juge de paix.

» Les maires, et, à défaut des maires, leurs adjoints (1), pourront recevoir cette affirmation, soit par rapport aux délits commis dans les autres communes de leurs résidences respectives, soit même par rapport à ceux commis dans les lieux où résident le juge de paix et ses suppléans, quand ceux-ci seront absens ».

VIII. Terminons cet article par le décret impérial du 11 juin 1806, concernant les rapports qui désormais doivent lier les fonctions des Gardes champêtres à celles de la gendarmerie.

» *Art.* 1. Les Gardes champêtres des communes actuellement en fonctions et ceux qui pourront être nommés à l'avenir, se présenteront, les premiers dans le mois qui suivra la promulgation du présent décret, et les seconds dans les huit jours de leur installation, à l'officier ou sous-officier de gendarmerie du canton dans lequel sera située la commune à laquelle ils seront attachés. Cet officier ou sous-officier inscrira leur nom, leur âge, leur domicile, sur un registre à ce destiné.

» 2. Les officiers et sous-officiers de gendarmerie s'assureront, lors de leurs tournées, si les Gardes champêtres remplissent bien les fonctions dont ils sont chargés; et ils rendront compte aux sous-préfets de ce qu'ils auront appris sur la conduite et le zèle de chacun d'eux.

» 3. Les sous-officiers de gendarmerie pourront, pour tous les objets importans et urgens, mettre en réquisition les Gardes champêtres d'un canton, et les officiers ceux d'un arrondissement, soit pour les seconder dans l'exécution des ordres qu'ils auront reçus, soit pour le maintien de la police et de la tranquillité publique; mais ils seront tenus de donner avis de ladite réquisition aux maires et sous-préfets, et de leur en faire connaître les motifs généraux.

» 4. Les officiers et sous-officiers de gendarmerie adresseront aux maires, pour être transmis aux Gardes champêtres, le signalement des malfaiteurs, déserteurs, conscrits réfractaires, ou autres individus qu'ils auront reçu ordre de faire arrêter.

» 5. Les Gardes champêtres seront tenus d'informer les maires, et ceux-ci les officiers et sous-officiers de gendarmerie, de tout ce qu'ils découvriront de contraire au maintien de l'ordre et de la tranquillité publique; ils leur donneront avis de tous les délits qui auront été commis dans leurs territoires respectifs, et les préviendront lorsqu'il s'établira dans leurs communes des individus étrangers à la localité.

» 6. Les Gardes champêtres qui arrêteront, soit des conscrits réfractaires, des déserteurs, des hommes évadés des galères, ou autres individus, recevront la gratification accordée par les lois à la gendarmerie impériale.

» 7. Les sous-préfets, après avoir pris l'avis de maires et des officiers de gendarmerie, désigneront aux préfets, et ceux-ci à l'administration forestière, ceux d'entre les Gardes champêtres de leurs arrondissemens et départemens respectifs, qui, par leur bonne conduite et par leurs services, mériteront d'être appelés aux fonctions de Gardes forestiers ».

V. Délit rural, Gardes des bois, Gardes-digues, Gardien, n. 4; *Procès-verbal, Concussion*, n. 2; et *Rébellion*.]]

★ GARDE-CHASSE. C'est celui qui est chargé de veiller à la conservation du gibier, et de tenir la main à ce que l'on ne chasse pas sans permission dans l'étendue du terrain confié à sa garde. Cette qualité est ordinairement réunie à celle de Garde-bois, [[et plus communément, aujourd'hui, à celle de Garde champêtre.]]

I. Un Garde-chasse ne doit jamais entreprendre de désarmer un chasseur. C'est une voie de fait qui lui est interdite à cause des accidens qu'une résistance naturelle peut occasionner. Il doit se contenter

(1) *Voy.* l'article *Adjoint de maire.*

de dresser son procès-verbal. Il ne faut pas même qu'il demande le fusil à ce chasseur. Il suffit qu'il lui déclare qu'il en fait la saisie entre ses mains, et qu'il l'en établit le dépositaire pour le représenter lorsque cela sera ainsi ordonné.

[[La loi du 22 avril 1690 porte, art. 4, que « les armes avec lesquelles la contravention (aux lois sur la chasse), aura été commise, seront confisquées, sans néanmoins que les Gardes puissent désarmer les chasseurs ».]]

II. Quand un chasseur a été désarmé par un Garde, on ne prononce pas d'amende contre le chasseur. — C'est ce qui se voit par un jugement de la table de marbre de Paris, du 5 avril 1702, qui condamna les Gardes de M. le duc de la Ferté à rendre les fusils qu'ils avaient ôtés à un chasseur et à son domestique. — Le même tribunal rendit en 1710, 1712 et 1715, différens jugemens qui renferment de pareilles condamnations. — Un arrêt de la tournelle, du 31 juillet 1705, renvoya simplement un chasseur, par la seule raison que le Garde lui avait ôté son fusil.

[[Cette jurisprudence est évidemment vicieuse. Si le Garde-chasse commet une voie de fait, en désarmant un chasseur, il ne détruit pas pour cela le délit que le chasseur lui-même a commis. On doit les punir tous deux; l'un, de la peine de simple police portée par l'art. 605, n. 8, du Code du 3 brumaire an 4; l'autre, de l'amende déterminée par la loi du 22 avril 1790.]]

III. Au surplus, cette règle, qu'un Garde-chasse ne doit jamais désarmer un chasseur, ne doit s'entendre que d'un chasseur connu; car si un Garde ignore quel est celui qu'il trouve chassant, qu'il ne sache point d'où il est, et en un mot qu'il ne le connaisse pas, nous pensons qu'alors il peut l'arrêter, s'il est en état de le faire, parce que sans cela, il en résulterait une impunité qui multiplierait les contraventions.

C'est ce que l'on doit conclure de la disposition de l'art. 6 du tit. 10 et de l'art. 31 du tit. 30 de l'ordonnance de 1669, où il est dit que les Gardes généraux feront toutes sortes de captures, en la manière que font les autres Gardes; et que les officiers des eaux et forêts et les capitaines des chasses connaîtront concurremment, et par prévention entre eux, de ce qui regarde la *capture des délinquans*.

Cela annonce clairement la faculté qu'a un Garde-chasse d'arrêter un chasseur dans quelques circonstances particulières.

Mais, comme nous venons de l'observer, nous pensons que cela ne doit avoir lieu que contre les inconnus; et c'est ainsi qu'il faut entendre ce que dit M. de Froidour dans son *Instruction pour les Gardes*, qu'ils peuvent saisir et emprisonner ceux qu'ils trouvent chassant, prendre leurs armes, chiens, etc.

Nous fondons notre sentiment sur la jurisprudence des arrêts que nous avons cités ci-dessus, et qui défendent de désarmer un chasseur.

[[Il est dit par l'art. 7 de la loi du 22 avril 1790, que, « si les délinquans sont déguisés ou masqués, ou s'ils n'ont aucun domicile connu dans le royaume, ils seront arrêtés sur-le-champ, *à la réquisition de la municipalité*.

Ainsi, un Garde-chasse ne peut pas, de son autorité privée, arrêter même un braconnier dont il ignore le domicile; il ne peut le faire qu'*à la réquisition de la municipalité* ».

Il en est autrement des gendarmes: l'art. 125, n. 7, de la loi du 28 germinal an 6, les charge « de saisir les chasseurs masqués, lorsque les délinquans seront pris sur le fait ».]]

IV. Un seigneur [[aujourd'hui un propriétaire]] est-il civilement responsable des délits commis par son Garde-chasse ?

Cette question a été agitée et jugée au tribunal des eaux et forêts de France, au souverain, dans l'espèce suivante.

Un Garde-chasse de la marquise de Bréant, étant dans l'exercice de ses fonctions le 18 septembre 1777, accompagné du nommé Meignan, cassa la cuisse d'un coup de fusil, à Philippe Horderet, garçon jardinier. Ce particulier a dirigé son action en dommages-intérêts, tant contre le Garde, auteur du délit, que contre Meignant et la dame de Bréant, comme tenue des faits de son Garde. — La question la plus importante qui s'est élevée dans cette affaire, a été de savoir si un seigneur est tenu des délits de son Garde. — Le moyen de la dame de Bréant a été de dire qu'un Garde n'est point un domestique; qu'il est reçu par la justice, après une information juridique; que si cette information ne lui est pas favorable, il n'est pas reçu; que la justice l'ayant une fois agréé, le seigneur n'est plus responsable des délits que ce Garde peut commettre. — Le principal moyen du blessé a été de dire que, si un Garde n'est pas un domestique; il n'est pas moins l'homme du seigneur, puisqu'il est à ses gages, et qu'il porte sa bandoulière et sa livrée; qu'il est expressément défendu aux Gardes, par l'ordonnance des eaux et forêts, de porter un fusil; que si on le tolère, ce n'est que pour l'utilité du seigneur, qui, par ce moyen, se procure le gibier qui lui est nécessaire; mais que cette tolérance ne doit pas devenir funeste, et que le Garde ayant été armé d'un fusil par le seigneur, et au mépris de la loi, le seigneur doit s'imputer d'avoir confié une arme à un homme qui en a fait mauvais usage; que le seigneur est par conséquent tenu de réparer les délits que ce Garde a pu commettre. — On invoquait de part et d'autres des autorités; cependant il ne paraissait pas que la question eût encore été décidée par aucun arrêt. — Quant à l'auteur du délit, il a plutôt cherché à faire modérer les dommages-intérêts réclamés par Horderet, qu'à s'en affranchir. — A l'égard du nommé Meignan, compagnon du garde, il a soutenu qu'on n'est pas tenu de réparer un délit, par cela seul qu'on en est témoin; qu'il n'y avait participé en aucune manière; qu'il n'avait pu d'ailleurs l'empêcher; enfin que celui qui l'avait commis, étant connu, c'était à lui seul qu'il fallait s'adresser pour en obtenir la réparation. — Le premier juge avait ordonné que le blessé serait visité; le Garde, Meignan et la marquise de Bréant étaient appelans de cette sentence. — La cause plaidée à la table de marbre au souverain, l'arrêt qui suit, est intervenu, le 1er. août 1778 : « La cour met l'appellation et ce dont a été appelé au néant ; émendant, évoquant le principal et y faisant droit, condamne les parties d'Hardoin, Désormeaux et Fromentin (*le Garde, Meignan et la marquise de Bréant*), solidairement envers la partie de Rimbert (*le blessé*), au payement d'une somme de 1000 livres, pour pansemens et médicamens; et condamne pareillement lesdites parties d'Hardoin, Désormeaux et Fromentin, solidairement à payer à ladite de Rimbert une somme de 300 liv., et à tous les dépens ». (M. Henriquez) *

[[GARDES-COTES. C'est le nom sous lequel sont connus ceux qui veillent à la garde des côtes de l'empire.

I. Avant l'ordonnance de Louis XVI, du 13 décembre 1778, on les appelait *miliciens Gardes-Côtes*. Mais cette ordonnance a susbstitué à cette dénomination celle de *canonniers Gardes-Côtes*, qui est encore en usage.

II. L'arrêté du gouvernement du 8 prairial an 11, distribue les canonniers Gardes-Côtes en cent compagnies, dont il règle l'organisation, le placement et le service.

Et il ordonne qu'indépendamment de ces cent compagnies, il en sera formé vingt-huit autres, sous la dénomination de *canonniers Gardes-Côtes sédentaires*, qui seront toutes composées d'hommes du pays, et seront considérées comme gardes nationales.

III. Un décret impérial du 11 janvier 1808 porte, art. 1er., que « nul canonnier Garde-Côtes sédentaire ne pourra, sous prétexte de changement de domicile, se soustraire au service qu'il est tenu de faire en exécution de l'arrêté du gouvernement, en date du 8 prairial an 11, à moins que le maire de la commune où sa compagnie est établie, après avoir obtenu l'agrément du commandant d'armes, ne l'y ait formellement autorisé, et n'ait pourvu à son remplacement ». — L'art. 2 du même décret ajoute que « tout canonnier Garde-Côtes sédentaire qui contreviendra aux dispositions ci-dessus, sera réputé déserteur et jugé conformément à l'arrêté du 19 vendémiaire an 12 ».

V. Délit militaire, n. 9, *Désertion* et *Garde nationale.*]]

* GARDE DES BOIS. On appelle ainsi ceux qui sont préposés pour veiller à la conservation des forêts. Ils sont autorisés à dresser des procès-verbaux contre les délinquans, à les arrêter, et à saisir dans les cas prescrits par les ordonnances, tous les accessoires des délits, comme outils, voitures, chevaux, harnais, etc.

[[Tous les Gardes des bois sont rangés par le Code des délits et des peines du 3 brumaire an 4, et par le Code d'instruction criminelle de 1808, dans la classe des officiers de police judiciaire. *V. Officier de police judiciaire.*

La loi du 9 floréal au 11 appelle *Garde-forestière*, la collection de tous les Gardes tant des bois de l'Etat que de ceux des communes, des établissemens publics et des particuliers. *V. Garde-forestière.*

Section I. *Des Gardes de bois de l'État.*

§. I. *Anciennes et actuelles dénominations de ces Gardes.*]]

Ceux à qui la Garde des forêts de l'Etat était autrefois confiée, s'appelaient *regardatores* et *quasi servientes* ; ils étaient de plusieurs espèces, car il y en avait de subordonnés à d'autres Gardes, qui formaient un tribunal où se portait la connaissance des délits commis dans les forêts.

C'est ce que l'on voit dans une ordonnance du mois de novembre de l'année 1219, qui *renvoie pour le jugement des délits de la forêt de Retz, aux Gardes à Villiers-la-Malmaison.*

Il y avait parmi eux un maître-Garde qui, indépendamment des visites qu'il était obligé de faire, avait sous lui, pour marcher dans les forêts journellement, des sergens de plusieurs sortes, *dangereux-routiers*, *traversiers*, ou *simples sergens.*

Il y avait une certaine gradation d'autorité entre tous ces Gardes ou sergens; le maître-Garde en avait une plus étendue que le sergent dangereux-traversier, et celui-ci une plus grande que le sergent ordinaire. C'est ce que nous apprend l'ordonnance de Saint-Germain-en-Laye, du 26 février 1598, où il est dit *que les sergens ordinaires peuvent faire perquisition de filets et engins défendus, en l'absence des sergens dangereux.*

Les sergens *dangereux-routiers* étaient des Gardes-traversiers qui allaient autrefois faire des visites extraordinairement de forêts en forêts, pour examiner si les Gardes et sergens ordinaires faisaient leur devoir, et qui avaient droit de faire des visites domiciliaires ; ce qui n'était permis aux sergens ordinaires qu'en leur absence. Comme ils avaient l'inspection sur les forêts où le roi avait le droit de tiers et danger, c'est delà qu'on leur a donné le nom de *sergens dangereux.* Ils étaient obligés de rendre compte de leurs visites au maître-Garde.

Ce maître-Garde était ce que l'on nommait quelquefois maître particulier de la Garde; il avait une inspection immédiate sur les sergens ordinaires qui étaient obligés de lui rendre compte des différens délits qu'ils avaient découverts, et qu'il avait droit juger jusqu'à une certaine somme. C'est ce que prescrivait l'édit de mai 1597, où il est dit, art. 21, que *les rapports seront faits au maître particulier de la Garde, ou au maître des eaux, au prorata de la somme dont chacun peut être compétent*, ce qui semble annoncer que ce maître particulier de la Garde était du nombre des sergens qui n'avaient droit de connaître des délits que jusqu'à concurrence de soixante sous.

Il paraît par l'ordonnance de 1545, rendue à Arque pour la forêt de Cervone, qu'il y avait des forêts dont la Garde était confiée aux riverains, que l'on avait rendus responsables de tous les délits qui s'y commettaient.

Mais l'ordonnance de 1669 ayant supprimé tous les sergens-traversiers, maîtres-Gardes, routiers, sergens dangereux, et y ayant substitué des Gardes généraux à cheval, et des sergens à Garde ou Gardes à pied, ceux-ci seuls sont aujourd'hui chargés de la Garde des forêts.

[[§. II. *Nomination des Gardes. Formalités et conditions nécessaires pour leur réception. Etats et professions incompatibles avec la qualité de Gardes. Destitution.*]]

I. La conservation des bois devenant chaque jour plus nécessaire, il est de la plus grande importance de bien choisir les Gardes.

Un bon Garde doit être un homme de bien, frugal, intrépide sans être téméraire; il faut aussi qu'il soit exact, actif, prudent et intelligent.

[[La loi du 15 septembre 1791, tit. 3, art. 7 porte que « les Gardes seront nommés parmi des personnes domiciliées dans le département où ils seront employés, ou parmi d'anciens militaires. L'administration forestière (ajoute-t-il) « s'assurera de leur capacité, et ils devront produire un certificat de bonne conduite, délivré par le directoire de leur district », (aujourd'hui par le sous-préfet de leur arrondissement communal.)]]

II. Il n'y a pas d'ordonnance ni de réglement qui détermine l'âge que doit avoir un Garde : ainsi, il semble qu'on devrait suivre à cet égard la règle générale qui veut qu'on ne puisse exercer de fonctions publiques avant vingt-cinq ans; cependant par argument tiré de l'édit de mai 1708, il paraît qu'il peut exercer à vingt-deux ans.

[[L'art. 1 du tit. 3 de la loi du 15 septembre 1791 porte que « tous les agens de l'administration forestière (et par conséquent les Gardes comme les autres) devront être âgés de vingt-cinq ans accomplis ».

Il est vrai que depuis, la loi du 20 septembre 1792, tit. 4, sect. 1, art. 1, a fixé la majorité à vingt-un ans; mais la loi du 31 janvier 1793, après avoir déclaré « que la majorité fixée à vingt-un ans par cet article, est parfaite à l'égard de tous les droits civils, et que les majeurs de vingt-un ans doivent être considérés, *quant à leurs affaires privées*, comme l'étaient dans toute la France, avant l'époque de la loi, les majeurs de vingt-cinq ans, déclare au surplus que le même article ne déroge point aux lois qui fixent l'âge requis pour être admis à exercer des droits ou des fonctions politiques, et que ces lois continueront d'être observées provisoirement suivant leur forme et teneur ».

Aussi la cour de cassation a-t-elle rejeté le 19 juin 1807, au rapport de MM. Leignette, Lombard-Quincieux et Busschop, les demandes de l'administration forestière en cassation de trois arrêts de la cour de justice criminelle du département de l'Eure, qui avaient déclaré nuls des procès-verbaux de délits forestiers dressés par un Garde majeur de vingt-un ans, mais mineur de vingt-cinq.]]

III. L'édit du mois de novembre 1689 avait érigé en titre d'office les places de Gardes; mais on reconnut que l'établissement de ces officiers portait un très-grand préjudice à la conservation des forêts, parce que la plupart des Gardes titulaires, pour se dédommager de la finance qu'ils avaient payée pour l'acquisition de leurs offices, se rendaient coupables de beaucoup de prévarications, soit en commettant eux-mêmes, des délits dans les bois confiés à leur garde, et en s'accommodant avec les délinquans : prévarications dont ils se faisaient un revenu considérable; et comme le titre de leur office empêchait qu'il fussent amovibles, et qu'il y avait beaucoup de formalités à remplir pour les punir de leurs malversation, le roi jugea que les Gardes établis par commission, seraient plus exacts à remplir les obligations de leur état, dans la crainte d'être destitués; en conséquence, sa majesté supprima, par arrêt du conseil du 12 novembre 1719, tous les offices des Gardes créés par l'édit de 1689; et en ordonnant qu'il serait pourvu au remboursement des titulaires, elle enjoignit en même temps aux grands maîtres des eaux et forêts d'établir, chacun dans son département, d'autres Gardes pour veiller à la conservation des forêts, jusqu'à ce qu'il lui plût d'y pourvoir par lettres du grand scéau.

IV. Soit qu'un Garde ait une commission du grand sceau, soit qu'il en ait une du grand maître du département, il doit se faire recevoir à la maîtrise dans laquelle il est établi.

Il faut que sa réception soit précédée d'une information qui constate ses bonnes vie et mœurs.

Après cette information, les officiers vérifient s'il sait lire et écrire : car s'il ignorait l'une ou l'autre de ces choses, il ne serait pas en état d'exercer ses fonctions; parce qu'il ne pourrait s'instruire exactement de tout ce qu'il est nécessaire qu'il sache pour les remplir, et qu'il serait dans l'impuissance de dresser un procès-verbal.

Comme il doit avoir une capacité suffisante, c'est-à-dire, être instruit de tout ce qui est relatif à son devoir, il doit être interrogé sur les articles de l'ordonnance qui concernent ses fonctions, parce qu'il ne serait pas raisonnable d'admettre dans un état un homme qui en ignore les devoirs.

Il doit aussi donner une caution de 300 livres, pour sûreté des amendes, restitutions, dommages et intérêts, dont il pourrait à l'avenir être responsable, ou auxquelles il pourrait être condamné.

L'obligation de donner cette caution, est très-ancienne; on la trouve établie dans les ordonnances de 1346, 1376 et 1554; on voit même que le réglement de 1602 veut qu'en cas de mort ou d'insolvabilité, les cautions soient renouvelées dans le terme d'un mois.

[[La loi du 15 septembre 1791, tit. 3, art. 11, veut que les Gardes fournissent « des cautionnemens en immeubles, jusqu'à la concurrence de 300 liv ».]]

Quand ces formalités préliminaires sont remplies, le maître particulier reçoit le serment par lequel le Garde s'engage à remplir ses fonctions avec honneur et probité, après quoi il l'envoie en possession de la Garde des bois qu'il est chargé de conserver.

[[Aujourd'hui, les Gardes prêtent serment devant le tribunal de première instance de l'arrondissement de leur résidence. (*V.* la loi du 15 septembre 1791, tit. 3, art. 12; et la loi du 16 nivôse an 9, art. 7.)

Du reste, ils ne subissent plus d'information de vie et mœurs, parce qu'avant de les nommer, l'administration forestière s'assure de leur capacité et de leur bonne conduite. Mais pour être admis au serment, il faut, suivant l'art. 12, du tit. 3 de la loi du 15 septembre 1791, qu'ils représentent « l'acte de leur nomination, celui de leur cautionnement, et leur extrait de naissance ».

Ils doivent d'ailleurs, par leur serment, jurer *obéissance aux constitutions de l'empire, et fidélité à l'Empereur*. Cela résulte du sénatus-consulte du 28 floréal an 12, art 56.]]

Les Gardes ne sont point obligés de faire enregistrer leurs commissions aux chambres des comptes, bureaux des finances, ni ailleurs; ils en ont été expressément dispensés par plusieurs arrêts du conseil des 21 octobre 1687, 17 novembre 1691, 14 mars 1724 et 13 juillet 1728.

[[Aujourd'hui, les Gardes ne doivent pareillement faire enregistrer leur commission, qu'au tribunal de première instance du lieu de leur résidence. *V.* la loi du 16 nivôse an 9, art 7.]]

Ils ne doivent payer que 12 livres pour leur réception: savoir, 3 livres 15 sous pour l'audition des trois témoins, 3 livres pour épices, 40 sous pour les conclusions du procureur du roi, et le surplus pour les expéditions du greffier qui est chargé d'acquitter les droits de contrôle.

[[Aujourd'hui, les gardes ne doivent, pour leur réception, payer que les droits de greffe et un droit d'enregistrement qui est fixé à 3 francs, par la loi du 22 frimaire an 7, art. 68, §. 3, n. 3.]]

V. Dès qu'un Garde est reçu, il ne doit s'occuper que de ce qui peut être l'objet des fonctions qu'il a à remplir, aussi lui est-il défendu de tenir cabaret, d'exercer aucun métier, singulièrement ceux où l'on emploie du bois, ni d'en faire aucun commerce par association directe ou indirecte avec les marchands, à peine de 100 liv. d'amende.

Le motif de cette disposition de l'ordonnance de 1669, est de renfermer les Gardes dans leurs fonctions, et d'en écarter tout ce qui y serait étranger, en ne laissant subsister aucune liaison entre eux et ceux dont l'état est de fréquenter les forêts; en cela, la loi n'a fait que suivre l'esprit des anciennes ordonnances.

[[Il résulte de l'art. 14 du tit. 3 de la loi du 15 septembre 1791, que les Gardes ne peuvent « tenir hôtellerie ni auberges, vendre des boissons en détail, faire le commerce des bois, ni exercer ou faire exercer aucun métier à bois, directement ni indirectement, à peine de destitution ».

L'art. 16 ajoute qu'un Garde ne pourra être employé sous un inspecteur « son parent ou allié en ligne directe, ou au degré de frère, d'oncle et neveu ».]]

Les ordonnances de septembre 1376 et 1402, ainsi que celle de mars 1515, défendent aux Gardes tout droit d'usage dans les bois confiés à leur garde: *aucun sergent*, disent les deux premières, *soit à gages ou sans gages, n'usera de sa coutume, supposé qu'il soit coutumier en la forêt où il sera sergent.*

Cette disposition a été renouvelée par un arrêt du 24 juin 1698, qui défend aux Gardes d'être usagers dans les forêts qui leur sont confiées, et cela pour prévenir l'abus qu'ils peuvent faire de leur usage.

L'arrêt de la chambre de réformation de Normandie, du 17 décembre 1534, défend aux Gardes de revendre ni rendre aux délinquans aucun outil, comme haches, serpes et scies. L'arrêt des juges en dernier ressort, du 2 décembre 1563, a fait la même défense, afin d'empêcher que les Gardes ne pussent disposer arbitrairement des choses qu'ils auraient mises sous la main de la justice en les saisissant.

[[VI. Les Gardes ne peuvent être destitués que par l'administration forestière; mais les conservateurs peuvent les « suspendre provisoirement de leurs fonctions, et commettre à leur remplacement, à la charge d'en donner incessamment avis à l'administration générale, pour statuer définitivement ». *V.* ci-après §. 3, n. 16.

§. III. *Des fonctions, devoirs et atributions des Gardes. De leurs rapports ou procès-verbaux, et des assignations données en conséquence.*]]

I. Les Gardes étant responsables de tous les délits et abroutissemens dont ils n'ont pas fait de rapport, et devant alors être condamnés aux mêmes peines que le délinquant, ils sont intéressés à veiller avec la plus grande attention sur toutes les parties confiées à leur garde. [[*V. Délit forestier*, §. 22.]]

Leurs fonctions exigent la plus constante assiduité; aussi leur est-il défendu de s'absenter sans la permission expresse du maître particulier et du procureur du roi, à moins que ce ne soit pour raison de maladie, ou autre cause légitime; dans ce cas, ils doivent faire avertir les officiers, qui commettent alors un Garde pour remplacer l'absent.

[[L'art. 14 du tit. 4 de la loi du 15 septembre 1791, porte « qu'en cas d'empêchement par maladie, les Gardes en donneront avis à l'inspecteur, au plus tard dans les trois jours, pour faire suppléer à leur service par les Gardes voisins qui seront tenus de se conformer aux ordres qui leur seront donnés pour cet effet ».

L'art. 15 ajoute que « les Gardes ne pourront s'absenter du lieu de leur service, sans nécessité et sans la permission de l'inspecteur; cette permission ne pourra être donnée au-delà de huit jours, que par le conservateur. Il sera sera suppléé au service de l'absent, comme il est dit dans l'art. précédent ».]]

Pour s'acquitter exactement de son devoir, et pour le faire plus commodément, un Garde ne peut établir sa résidence trop près des forêts confiées à ses soins; aussi l'ordonnance de 1669 veut-elle qu'il n'en soit pas plus éloigné d'une demi-lieue.

[[« Les Gardes résideront dans le voisinage des forêts et triages confiés à leur garde. Le lieu de leur résidence sera indiqué par le conservateur de l'arrondissement ». Ce sont les termes de la loi du 15 septembre 1791, tit. 4, art. 1.]]

Un Garde doit s'attacher à bien connaître les limites, ainsi que les bornes de chaque canton des forêts; et pour acquérir à ce sujet les connaissances nécessaires, prévenir les méprises auxquelles son ignorance pourrait donner lieu, et en même temps les difficultés qu'occasionne souvent un déplacement de bornes, il doit, de trois mois en trois mois, déposer au greffe de la maîtrise un procès-verbal du nombre des bornes qui environnent ou qui séparent les bois sur lesquels il est chargé de veiller, de leur état, de celui des fossés creusés pour empêcher les bestiaux d'entrer dans les forêts, et prévenir les abroutissemens, avec désignation des défauts qu'il y a remarqués; le tout à peine d'en demeurer personnellement responsable, d'être puni d'une amende et même de destitution.

II. L'ordonnance exige aussi qu'il tienne un registre qui constate l'exercice journalier de ses fonctions, et qu'il soit toujours en état de le représenter, comme une preuve de son exactitude et de sa fidélité.

Ce registre, coté et paraphé du maître particulier, ainsi que du procureur du roi, doit contenir un état des visites du Garde, des rapports qu'il a faits, des procès-verbaux qu'il a dressés, et de tous les actes qu'il est chargé de faire: ensemble un extrait des ventes ordinaires et extraordinaires, le nombre, le tour et l'espèce des arbres réservés, la valeur et la qualité des chablis, celles des arbres encroués, et généralement tout ce qui dépend de ses fonctions.

Cette obligation de tenir un registre, existait déjà lorsque l'ordonnance de 1669 parut; elle avait été imposée aux Gardes par plusieurs anciens réglemens, notamment par celui des juges en dernier ressort, du 2 décembre 1563, par l'art. 8 de celui du 2 septembre 1597, par celui du 4 septembre 1601, et par l'édit du mois de janvier 1583.

Tout Garde est obligé de représenter aux officiers son registre quand ils l'exigent; et il doit avoir attention qu'il soit tenu dans la forme la plus régulière, que les dates n'en soient pas interverties, qu'il n'y ait ni blancs ni lacunes, en un mot, qu'il ne soit pas écrit d'une main étrangère, ce qui annoncerait de la négligence.

[[Voici ce que porte, sur tout cela, le tit. 4 de la loi du 15 septembre 1791:

« *Art.* 10. Les Gardes auront un registre d'ordre, qui leur sera délivré par la conservation générale, et qu'ils feront coter et parapher à chaque feuillet par le président du directoire de leur district, sur lequel ils transcriront régulièrement leurs procès-verbaux, selon leur date; ils signeront chaque transcription, et inscriront en marge du procès-verbal le folio de son enregistrement.

» 11. Ils feront parvenir leurs procès-verbaux dûment affirmés, à leur inspecteur, au plus tard dans la huitaine de leur date, et inscriront en marge de la transcription, sur leur registre, la date de l'affirmation et de l'envoi.

» 12. Ils constateront régulièrement, sur le même registre, les chablis ou arbres abattus par les vents, dans l'étendue de leur garde, et en donneront avis à leur inspecteur. Ils veilleront à la conservation desdits arbres, ainsi qu'à celle de tous bois gissans dans les forêts ».

Remarquez au surplus qu'un procès-verbal de Garde forestier ne pourrait pas être annulé sous le prétexte qu'il ne contiendrait pas en marge le numéro de la transcription que le Garde a dû en faire sur son registre d'ordre. La cour de cassation l'a ainsi jugé par un arrêt du 26 fructidor an 11, rapporté dans mon *Recueil de Questions de droit*, article *Garde forestier.*]]

III. Un Garde doit s'attacher à bien connaître toutes les personnes résidentes dans l'étendue et dans les environs de son département, surtout les gens qui sont soupçonnés ou connus pour être des délinquans, afin de n'être point exposé à tomber dans des méprises sur leurs nom et qualité, lorsqu'il les trouvera en contravention; il faut de plus qu'il évite d'avoir aucune liaison, et surtout de boire avec eux, cela lui étant expressément défendu, à peine de 100 livres d'amende et même de destitution.

Comme l'établissement des Gardes a principalement pour objet la conservation des bois, plutôt que le profit des reprises, un Garde se rendrait criminel, si, par quelque manœuvre que ce fût, il donnait lieu à un particulier de commettre des délits pour avoir occasion de faire un rapport contre lui; car le mérite d'un bon Garde consiste moins à faire beaucoup de procès-verbaux, qu'à prévenir par une vigilance exacte, les délits dans les bois de son département.

IV. Pour éloigner des Gardes la tentation de chasser, on leur interdit en général le port du fusil; l'ordonnance ne leur permet que celui du pistolet. Il est, en effet, du bien du service qu'ils soient armés; par là, non-seulement ils se font respecter, mais ils en ont plus d'assurance lorsqu'ils rencontrent quelque délinquant.

Quoique la défense de porter le fusil soit générale pour les Gardes de tous les départemens, il y a cependant des exceptions pour quelques maîtrises frontières, telles que Metz, Sainte-Menehould, Boulogne-sur-Mer, dans lesquelles, suivant les arrêts du conseil des 11 avril 1724, 1er octobre 1732 et 20 mars 1753, il est permis aux Gardes de porter le fusil dans l'exercice de leurs fonctions.

S'ils abusent du port de leurs armes, s'ils chassent ou tirent sur le gibier de quelque espèce que ce soit, dans les forêts ou dans les plaines, ils doivent être punis par amende, destitution ou bannissement des forêts, même corporellement s'il y a lieu.

Il y a beaucoup de Gardes qui ne regardent que comme comminatoire la disposition rigoureuse de l'ordonnance que nous venons de rapporter; mais ils sont dans l'erreur, puisqu'un arrêt du conseil du 28 août 1753 a ordonné l'exécution d'une sentence qu'avait rendue le grand-maître des eaux et forêts de Normandie, et par laquelle un Garde de bois avait été condamné à 100 livres d'amende, et déclaré incapable d'aucune fonction de Garde dans les forêts du roi, pour avoir chassé.

[[Aujourd'hui un Garde-forestier coupable d'un délit de chasse, ne pourrait, indépendamment de sa destitution qu'il n'appartient qu'à l'administration forestière de prononcer, être condamné qu'aux peines portées par la loi du 22 avril 1790. *V. Chasse.*

Du reste, il paraît que, pour le port d'armes, les Gardes des bois doivent être assimilés aux gardes champêtres. *V.* au mot *Garde champêtre*, l'art. 4 de la sect. 7 du tit. 1 de la loi du 28 septembre 1791.]]

V. Les Gardes doivent comparaître alternativement à l'audience de la maîtrise, suivant l'ordre qu'ils en reçoivent des officiers, non-seulement pour les informer de l'état des bois de leur canton, mais encore pour y présenter, affirmer et faire enregistrer leurs rapports.

[[Cette règle est devenue sans objet par la suppression des maîtrises des eaux et forêts; mais voici ce qu'y substitue l'art. 13 du tit. 4 de la loi du 15 septembre 1791: « Ils (les Gardes) assisteront à toute réquisition, les préposés de la conservation (aujourd'hui de l'administration forestière) dans leurs fonctions, ainsi que les commissaires de corps administratifs, dans les visites qu'ils feront des forêts; ils exhiberont leurs registres, et signeront, lorsqu'ils en seront requis, les procès-verbaux qui seront dressés, ou diront la cause de leur refus ».]]

VI. Comme il faut que la vigilance des Gardes s'étende sur tous les bois de leur département, soit qu'ils appartiennent au roi, ou à des communautés ecclésiastiques et laïques, ou à des particuliers, il est nécessaire qu'ils connaissent les règles prescrites pour la conservation de ces différens bois.

Ils doivent savoir d'abord qu'en général, il n'est pas permis d'abattre aucun arbre sans l'attache du grand maître, [[aujourd'hui, du conservateur des forêts.]]

Il faut cependant excepter de cette défense les particuliers à qui il est libre, non-seulement de faire couper dans leurs bois les arbres dont ils ont besoin, mais encore d'y faire exploiter les futaies et taillis, en se conformant toutefois à l'ordonnance, c'est-à-dire en y laissant le nombre et l'espèce des baliveaux prescrits, et en ne faisant couper leurs bois qu'à l'âge et dans la saison convenable, après en avoir fait leur déclaration au greffe de la maîtrise. [[*V. Bois*, §. 2; et *Futaie*, §. 5.]]

Lorsqu'en vertu d'une permission, on coupe dans les bois du roi des arbres pour réparations, entretiens, etc., les gardes doivent travailler à la conservation des branchages, *remanens* et *houpiers*, jusqu'au moment de la vente, qui se fait peu de temps après.

Quand nous parlons des bois du roi, nous y comprenons ceux des domaines engagés, dans lesquels les seigneurs ne peuvent disposer d'aucun arbre de futaie, ni des baliveaux sur taillis, même de l'âge du bois et des dernières ventes. [[*V. Futaie*, §. 2.]]

Les Gardes ne doivent souffrir ni défrichement, ni enlèvement de plants dans les bois. Ils doivent aussi empêcher qu'on y coupe des herbes dans les jeunes taillis, à cause qu'on pourrait en même temps couper les rejets que l'herbe couvre. *V. Feuilles mortes*.

Il faut qu'ils aient attention à ce que les arpenteurs ne fassent pas, pour leurs opérations, des tranchées, routes ou layes plus larges que de trois pieds, et à ne pas s'approprier ou laisser enlever les bois abattus dans ces tranchées, parce qu'ils doivent rester pour appartenir au marchand qui sera adjudicataire du triage dont on a fait l'arpentage.

Ils sont obligés d'assister les officiers dans les balivages et martelages que l'on fait avant la vente des bois, et de mettre les affiches indicatives du jour auquel l'adjudication s'en fera.

Pendant l'exploitation des ventes, les Gardes doivent veiller à ce qu'on coupe les bois à la hache ou à la coignée, et à fleur de terre, sans les écuisser ou éclater; à ce qu'on ne pèle pas les bois sur pied, et que les vieilles souches et rabougris soient exactement récepés; en un mot, à ce qu'on ne coupe ou endommage aucun des arbres réservés, et qu'on n'anticipe pas sur les coupes voisines.

Ils doivent savoir aussi qu'il est défendu aux marchands de donner du bois pour salaire aux bûcherons et ouvriers qu'ils emploient; que conséquemment il n'est pas permis à ceux-ci d'en emporter d'aucune espèce; et qu'il est également défendu de travailler dans les coupes pendant la nuit ni les jours de dimanches et fêtes, de faire des cendres ailleurs que dans les ventes, et d'y avoir d'autres bois que ceux qui en proviennent.

Il est aussi du devoir des Gardes de veiller à ce que les fosses à charbon soient placées aux endroits les plus vides et les plus éloignés des arbres.

Ils sont également obligés de tenir la main à ce que les marchands ne multiplient pas les chemins pour la traite de leurs bois, parce que la trop grande quantité de chemins fait beaucoup de préjudice dans les forêts.

Ils doivent aussi tenir la main à ce que les marchands donnent aux cordes de bois qu'ils font façonner dans les ventes, la mesure prescrite par les ordonnances; cette mesure n'ayant été réglée que pour empêcher le public d'être trompé.

Ils ne doivent pas ignorer qu'il leur est très-rigoureusement défendu de recevoir des marchands aucune chose, soit avant, soit après l'adjudication; — Avant l'adjudication, parce qu'ils doivent s'attacher alors à découvrir si ces marchands ne font point entre eux des associations secrètes pour empêcher les enchères sur les bois; s'ils le découvrent, ils sont obligés d'en dresser sur-le-champ un procès-verbal, et d'en rendre compte aux officiers, parce qu'il s'agit dans ce cas d'un monopole qui est expressément défendu par les ordonnances; — Après l'adjudication, il ne leur est pas plus permis de recevoir quelque chose des marchands, sous quelque prétexte que ce soit, l'ordonnance de 1515 et l'arrêt des juges en dernier ressort, du 15 mai 1551, le leur défendant expressément.

Les Gardes doivent aussi être instruits qu'il est défendu à toute personne d'enlever dans l'étendue et aux reins des forêts, de la terre, du sable, de la marne, des pierres ou argiles, à peine de 500 livres d'amende et de confiscation des chevaux et harnais.

Qu'il n'est pas permis de porter et d'allumer du feu dans les forêts en quelque saison que ce soit, ni dans les landes et bruyères; cependant les marchands peuvent en avoir dans leur coupe; mais ils sont responsables de tous les événemens qui en peuvent résulter (*V. Incendie*);

Qu'il n'est pas permis non plus d'établir des fours à chaux à cent perches des forêts;

Qu'il est défendu d'ébrancher aucun arbre, ni de couper des perches, sous le prétexte de fête ou de confrérie;

Qu'il est défendu aussi d'aller de nuit dans les forêts hors les grandes routes et grands chemins, avec des serpes, haches ou coignées;

Que ceux qui habitent les maisons situées dans les forêts ou sur les rives, ne peuvent y faire commerce, ni y tenir atelier de bois, ni en faire une plus grande provision que ce qui est nécessaire pour leur chauffage.

Qu'il est de même défendu à tous vagabonds et gens inutiles, de bâtir des maisons sur perches dans l'enceinte, aux reins et à une demi-lieue des forêts, et à toutes personnes d'y faire construire des châteaux, fermes ou maisons. [[*V. Forêt*, n. 3]];

Qu'il est interdit à qui que ce soit de planter du bois à cent perches des forêts, sans la permission expresse du roi. [[*V. Forêt*, n. 4.]]

Comme les abroutissemens sont très-préjudiciables aux forêts, les Gardes doivent tenir la main à ce qu'on n'introduise pas des bestiaux dans les taillis, qui n'ont pas été déclarés défensables par les officiers.

Quand le bois a été jugé défensable, c'est-à-dire, que les officiers ont décidé qu'il est assez élevé pour n'avoir pas lieu de craindre que le bétail y cause du dommage, et que le pâturage en a été adjugé à l'audience de la maîtrise, les Gardes doivent veiller à ce que les adjudicataires n'y introduisent pas un plus grand nombre de bestiaux que celui qui est porté dans la sentence d'adjudication.

Si ce sont des usagers qui profitent de ce pâturage, ils ne peuvent y mettre que le nombre de bestiaux porté au rôle qui doit en être déposé au greffe, avec l'empreinte de la marque dont ils doivent tous être marqués. Ces bestiaux ne doivent former qu'un troupeau unique pour être conduit par le seul chemin que les officiers ont désigné, sans qu'il soit permis de prendre une autre route pour aller et revenir, à peine de confiscation des bestiaux, qui doivent avoir tous au cou une clochette dont le son puisse avertir quand ils sont égarés, afin de mettre le Garde à portée de les saisir, lorsqu'il les trouve en dommage hors des cantons défensables.

Les Gardes doivent aussi savoir qu'il est défendu d'introduire dans les bois, même dans ceux des particuliers, des bêtes à laine, chèvres, brebis ou moutons, à peine de confiscation des bestiaux;

Qu'à l'égard de la paisson, il n'y a que les propriétaires des bois ou leurs fermiers, les officiers des eaux et forêts et les usagers, qui aient droit d'y mettre des porcs, dont la quantité ne doit pas excéder celle qui est portée par l'adjudication, par l'ordonnance ou par le titre d'usage; et que tous doivent avoir la marque dont l'empreinte est déposée au greffe de la maîtrise;

Que la glandée n'est ouverte que depuis le premier octobre jusqu'au premier février, et qu'après ce temps on ne peut tenir aucun porc dans les forêts, à moins que, pour des considérations particulières, on n'ait accordé une prorogation de glandée;

Qu'il est défendu d'abattre les glands et faînes, ainsi que de les amasser et emporter. [[Mais *V. Faîne.*]]

Quand les Gardes trouvent quelque chablis, ils sont obligés de dresser un procès-verbal de l'espèce et de la grosseur, ensuite d'en avertir le garde-marteau, qui doit venir reconnaître le chablis et le marquer.

Comme les arbres épars dans les campagnes et tous les autres plantés pour la décoration des maisons ou des grands chemins, dépendent de la juridiction des eaux et forêts, les Gardes doivent faire leur rapport contre tous ceux qui les coupent, déshonorent ou ébranchent.

VII. Un garde bien instruit de tous les objets dont nous venons de donner le précis, peut facilement ne rien échapper de tout ce qui peut être le sujet des rapports que l'ordonnance lui enjoint de faire, à peine de demeurer personnellement responsable des délits qu'il aurait omis de constater; c'est pourquoi il doit s'attacher à ce que son procès-verbal soit si régulièrement dressé, qu'il ne puisse être argué de nullité; car un rapport nul est considéré comme n'ayant pas été fait, ce qui expose un Garde à supporter les mêmes condamnations que s'il avait commis les délits.

Or, pour qu'un rapport soit régulier, il faut qu'il renferme les formalités prescrites par les ordonnances. A cet effet, il doit comprendre,

1°. La date de l'année, du mois, du jour et de l'heure, si c'est avant ou après midi, si c'est après le soleil couché, ou un jour de dimanche ou fête; — 2°. Les nom, surnom, qualité et résidence du Garde; — 3°. La désignation de l'endroit particulier où le délit a été commis; — 4°. Les nom, surnom, qualité et demeure du délinquant; — 5°. La qualité du délit; si c'est d'un ou plusieurs arbres, quelles en sont l'espèce et la grosseur à prendre à demi-pied de terre, parce que cela fait connaître la nature du délit: si l'on n'a coupé que les branches ou houpiers d'un arbre, il faut l'exprimer; si le délit n'est que d'arbres de taillis, il est nécessaire d'en désigner l'âge, l'espèce, et combien de fagots ou de fouets on a coupés; — 6°. Le rapport doit faire mention des outils avec lesquels le délit a été commis, comme hache, serpe, ou scie; expliquer l'espèce des harnais, c'est-à-dire, des chariots, charrettes, et la quantité des bêtes de voitures, ainsi que les autres choses qui ont servi, soit au délit, soit au transport des bois qui en sont l'objet.

S'il s'agit de délit en fait de pâturage, il faut désigner l'espèce des bestiaux; si ce sont des chevaux, poulains, ânes, bœufs, vaches, et quelle est leur couleur: si ce sont des chèvres, moutons ou brebis, en déclarer le nombre; et si on les a trouvés dans un taillis, observer s'il est défensable ou non.

[[La loi du 15 septembre 1791, tit. 4, art. 4, porte que les Gardes « dresseront jour par jour des procès-verbaux de tous les délits qu'ils reconnaîtront ».

L'art. 5 ajoute: « ils spécifieront dans leurs procès-verbaux le jour de la reconnaissance et le lieu du délit, les personnes et le nombre des délinquans, lorsqu'ils seront parvenus à les connaître, l'essence et la grosseur des bois coupés ou enlevés, les instrumens, voitures et attelages employés, la qualité et le nombre des bestiaux en délit, et généralement toutes les circonstances propres à faire connaître le délit et les délinquans ».]]

Il faut remarquer que le Garde doit toujours procéder à la saisie des bois coupés, des harnais, bêtes de voitures, ensemble les instrumens dont s'est servi le délinquant, et des bestiaux trouvés en délit, pour les remettre au greffe, ou entre les mains d'un séquestre que le Garde établit, quand le transport des choses saisies ne peut se faire commodément au greffe de la maîtrise. Si, à cet égard, le Garde éprouve quelque résistance, la prudence exige qu'il n'insiste pas, afin de ne pas donner lieu à des violences qui caractériseraient une rébellion; il doit seulement se contenter alors de saisir, entre les mains du délinquant qu'il établit dépositaire lui-même des choses saisies, et d'en faire mention dans son procès-verbal.

[[La loi du 15 septembre 1791, porte, tit. 4, art. 6, que les Gardes « séquestreront, dans les cas fixés par la loi, les bestiaux trouvés en délit, ainsi que les instrumens, voitures et attelages des délinquans ».

« Lorsqu'un Garde (continue l'art. 9), aura saisi des bestiaux, instrumens, voitures ou attelages, il les mettra en séquestre dans le lieu de la résidence du juge de paix; et aussitôt après l'affirmation de son procès-verbal, il en sera fait une expédition qui demeurera entre les mains du greffier, pour en être donné communication à ceux qui réclameront les objets saisis ».]]

Souvent un Garde rencontre un délinquant fort loin de l'endroit où le délit a été commis, et à portée de forêts appartenantes, soit à des communautés, soit à des particuliers, où il est possible que le bois dont il est chargé, ait été coupé. Dans ce cas, le Garde doit, pour la plus grande régularité de son rapport, sommer le délinquant de lui déclarer d'où provient ce bois; s'il ne peut en tirer l'aveu, il doit le sommer de l'y conduire pour en faire la reconnaissance ou le souchetage: si le délinquant refuse, le Garde doit en faire mention dans son procès-verbal, avec désignation de l'endroit où il l'a rencontré, parce qu'alors on présume que ce bois de délit provient du canton de bois le moins éloigné; observation qu'il est important de faire, parce que les restitutions et dommages et intérêts résultans du délit, appartiennent toujours au propriétaire du bois où il a été commis, et que, dès-lors, on les applique au propriétaire du bois le plus prochain.

Cette reconnaissance ou souchetage devient encore nécessaire dans un cas particulier: c'est quand un Garde ayant trouvé quelque arbre coupé, et se mettant à la suite du délit, il rencontre une voiture chargée d'un arbre, ou le trouve dans une maison; alors, pour prouver l'identité de cet arbre avec celui qui est coupé en délit, il doit, s'il n'y rencontre pas d'obstacle, scier le bout de la coupe pour le rapporter et confronter tronc sur tronc dans l'endroit du délit; si, par l'événement de la confrontation, il paraît clairement par l'espèce et par la grosseur que cet arbre provienne du délit dont il s'agit, le Garde doit l'expliquer dans son procès-verbal. Si au contraire il ne peut faire ce souchetage à cause de la résistance qu'on lui oppose, ou de quelque autre obstacle, il doit se contenter d'en faire la sommation, ce qu'il faut qu'il exprime aussi dans son procès-verbal, ainsi que la grosseur et l'espèce, tant de l'arbre trouvé, que de la souche qu'il a découverte dans le bois; et alors, s'il y a de l'identité entre les deux, le particulier, trouvé saisi de cet arbre, doit être condamné comme étant l'auteur du délit.

D'ailleurs tout arbre enlevé sur lequel il n'y a l'empreinte d'aucun marteau, est considéré comme arbre de délit; parce que l'ordonnance exige que les marchands fassent marquer de leur marteau les arbres qu'ils vendent; c'est pourquoi celui qui ne porte pas d'empreinte, est sujet à confiscation; ainsi, abstraction faite du souchetage, l'arbre dont nous avons parlé ci-dessus, serait toujours saisissable pour n'avoir aucune empreinte valable.

Malgré cela, il y a beaucoup de maîtrises où ce souchetage est tellement de rigueur, que, si le Garde n'en fait pas mention dans son procès-verbal, ou du moins de la sommation d'y être présent, hors le cas du flagrant délit, on renvoie absous le particulier contre lequel on a fait un rapport.

[[*V.* mon *Recueil de Questions de droit*, aux mots *Gardes-forestiers*, §. 3.]]

7°. Enfin, le rapport doit comprendre l'assignation que le Garde donne au délinquant, pour comparaître par devant les officiers de la maîtrise au premier jour d'audience.

[[Les Gardes-forestiers peuvent-ils encore aujourd'hui assigner les délinquans devant les tribunaux?

Le 11 thermidor an 13, procès-verbal du Garde-forestier Maulbrey, qui constate que, le même jour, il a trouvé la veuve Arnault en délit dans la forêt de Châtellerault. Ce procès-verbal est affirmé le lendemain; et le 2 fructidor suivant, il est signifié à la veuve Arnault par Henry, Garde général, avec assignation à l'audience correctionnelle du tribunal civil de l'arrondissement.

Le 9 du même mois, la veuve Arnault comparaît sur cette assignation, et en demande la nullité, attendu, dit-elle, le défaut de qualité du Garde général.

Le même jour, jugement qui, vu l'art. 7 de l'arrêté du gouvernement du 22 thermidor an 8, déclare l'assignation nulle. — Appel.

Le 14 brumaire an 14, arrêt par lequel la cour de justice criminelle du département de la Vienne « considérant qu'en général, les autorités constituées doivent se renfermer dans le cercle de leurs attributions; et que nul ne peut, sans excès de pouvoir, exercer d'autres fonctions que celles qui lui sont spécialement déléguées par la loi; que dans l'état actuel de la législation, toute juridiction contentieuse est interdite à l'administration forestière, et à chacun des membres supérieurs ou en sous ordre qui la composent; que par la loi du 15-29 septembre 1791, qui a recréé cette administration, on trouve parfaitement déterminées les fonctions que chacun de ces agens est chargé de remplir, sans y trouver rien de relatif au droit que l'ancienne ordonnance de 1669 accordait aux sergens à garde des eaux et forêts de faire des exploits et citations et les fonctions d'huissiers en matière forestière; qu'au contraire par l'art. 13 de ladite loi de 1791, toutes les places de la conservation forestière sont déclarées incompatibles avec celles de membres des corps administratifs, des municipalités et des tribunaux; que le tit. 4 de la même loi renferme les fonctions des Gardes dans le droit de dresser des procès-verbaux de tous les délits qu'ils connaîtront, en leur prescrivant la forme de ces actes et les chargeant de les faire parvenir aussitôt en original à l'inspecteur, dans la huitaine, pour en faire la poursuite selon qu'il est prescrit au titre relatif aux actions forestières, que là se borne le pouvoir des Gardes, et que tel est l'esprit et la lettre de la loi; que par l'art. 1er. du tit. 15, il est dit : *les officiers de la ci-devant gruerie et maîtrise ..., et généralement tous les préposés titulaires ou par commission, chargés de l'administration des forêts, cesseront leurs fonctions, lorsque les nouveaux préposés entreront en activité, sauf ce qui a été prescrit relativement aux Gardes actuellement en place;* ce qui ne peut s'entendre que des fonctions qui leur sont attribuées par cette loi, et ne permet pas de douter qu'ils ont dès-lors dû cesser, par l'abrogation de l'ordonnance de 1669 pour tout ce qui est relatif à la juridiction contentieuse, d'exercer les fonctions d'huissiers en cette partie, et de faire aucune citation ou exploit devant les tribunaux substitués aux anciens siéges supprimés; que telle est encore la lettre des lois subséquentes et notamment de la loi du 3 brumaire an 4, *des délits et des peines*, qui, en constituant les Gardes forestiers officiers de police judiciaire, et les associant ainsi aux fonctions de la magistrature, leur trace les devoirs qu'ils ont à remplir, sans leur accorder le droit de faire des citations; et qui au contraire, après avoir tracé la forme de toute procédure en matière de police simple, correctionnelle et criminelle, et avoir établi des officiers ministériels près chaque tribunal, abroge formellement, art. 594, toute autre forme de procéder, et ne maintient, art. 609, les dispositions de l'ordonnance de 1669, que pour l'application des peines qu'elle prononce; que l'on ne peut argumenter des dispositions des lois des 9 floréal an 11 et 5 pluviôse an 13, pour en induire, par simple similitude, que les Gardes ont le pouvoir, comme les gendarmes, de faire des citations et notifications d'actes judiciaires; parce que d'une part, l'art. 18 de la loi du 9 floréal an 11 n'est relatif qu'à l'organisation de la force publique à laquelle le corps de la Garde forestière en masse peut être employé comme celui de la gendarmerie, qui alors n'avait point le pouvoir de faire des citations; et que, d'une autre part, la loi du 5 pluviôse an 13, en donnant aux gendarmes le pouvoir de citer et faire des notifications en justice, par extensions aux lois qui accordaient ce droit exclusivement aux huissiers des tribunaux, doit être restreinte à ces simples termes, et ne peut être étendue aux gardes-forestiers, qui n'y sont pas nommés, et que le législateur a problablement reconnu inconvenant d'assimiler, dans ce sens, aux gendarmes, ne fût-ce que pour éviter de distraire trop fréquemment les Gardes de leurs fonctions sédentaires qu'ils n'auraient pu remplir avec assiduité, s'ils eussent été exposés à être journellement requis pour faire les actes multipliés qu'exige l'intérêt de la justice en la matière, correctionnelle et criminelle; qu'ainsi, le tribunal de Châtellerault, en annulant la citation du Garde général, a fait une juste application de la loi; par ces motifs....., rejette la requête d'appel de l'inspecteur forestier ».

Recours en cassation contre cet arrêt de la part de l'administration forestière.

« Pour apprécier (ai-je dit à l'audience de la section criminelle, le 5 nivôse an 14), l'arrêt qui vous est dénoncé par l'administration forestière, il suffit de parcourir et de soumettre à une analyse exacte tous les motifs sur lesquels il est fondé.

» La cour de justice criminelle du département de la Vienne débute par un principe sur lequel il ne peut s'élever aucune contestation : c'est que les officiers publics ne peuvent exercer d'autres fonctions que celles qui leur sont spécialement déléguées par la loi. Mais à côté de ce principe, il en est un autre qui n'est pas moins incontestable : c'est que les attributions conférées par une loi à des officiers publics, subsistent tant qu'elles ne sont pas expressément révoquées; c'est qu'en général, les lois anciennes demeurent obligatoires, tant qu'il n'y a pas été dérogé manifestement par les lois nouvelles; c'est que même les anciennes lois qui ont souffert des dérogations expresses dans plusieurs de leurs dispositions, conservent leur autorité dans celles de leurs dispositions que ces dérogations n'ont pas atteintes. — Et ce principe mérite ici d'autant plus de considération, qu'il est spécialement appliqué par l'art. 10 de la loi du 16 nivôse an 9, à tout ce qui concerne l'administration forestière : *toutes dispositions de lois et réglemens sur les bois et le régime forestier* (porte cet article), *auxquelles il n'est pas dérogé par la présente, continueront d'être exécutées, jusqu'à ce qu'il en ait été autrement ordonné.*

» Or, la cour de justice criminelle de la Vienne reconnaît que par les art. 4 et 15 du tit. 10 de l'ordonnance des eaux et forêts de 1669, les Gardes des bois de l'Etat étaient autorisés à donner des assignations en justice, aux prévenus des délits désignés par leurs procès-verbaux. La question n'est donc pas de savoir s'il existe une loi nouvelle qui autorise les Gardes des bois de l'État à donner ces assignations, mais bien si la loi qui les y autorise a été ou non révoquée par une loi postérieure.

» Et comment la cour de justice criminelle de la Vienne prouve-t-elle que les art. 4 et 15 du tit. 10 de l'ordonnance de 1669 sont abrogés? Elle ne va pas, comme l'avait fait le tribunal de Châtellerault, en chercher la preuve dans l'art. 7 de l'arrêté du gouvernement du 22 thermidor an 8; elle ne sent que trop combien cet article est étranger à la question. Et en effet, quand il dit que « les huissiers seront chargés » exclusivement, 1°. du service personnel près leurs » tribunaux respectifs; 2°. des significations d'avoué » à avoué aussi près leurs tribunaux respectifs; et qu'ils » feront concurremment *tous autres exploits;* mais » dans le ressort seulement du tribunal de première » instance ». — Cet article n'a pas pour objet de déterminer les attributions absolues des huissiers des tribunaux de première instance, criminels et d'appel : il ne s'occupe que de leurs attributions respectives; et ce n'est que relativement aux uns et aux autres, considérés comme ayant des intérêts opposés, qu'il déclare ce qu'ils peuvent ou ne peuvent pas faire. Ainsi en décidant qu'à part le service personnel près leurs tribunaux respectifs, et les significations d'avoué à avoué, ils feront concurremment *tous autres exploits*, il ne veut pas dire que tous les autres exploits sont du ressort exclusif des huissiers; il dit seulement que tous les autres exploits qui appartiennent au ministère des huissiers en général, peuvent être faits indifféremment, ou par un huissier d'un tribunal de première instance, ou par un huissier d'une cour de justice criminelle, ou par un huissier d'une cour d'appel. — Et dans le fait, n'a-t-on pas vu constamment, depuis cet arrêté, ne voit-on pas encore aujourd'hui, les préposés des douanes continuer, en se conformant aux lois des 22 août 1791, 14 fructidor an 3, et 9 floréal an 7, de donner des assignations aux prévenus de contrebande? Et n'est-ce pas là une preuve irrésistible que cet arrêté a été aussi mal entendu que mal appliqué par le tribunal de Châtellerault?

»Mais en condamnant, par son silence, la manière de raisonner de ce tribunal, la cour de justice criminelle de la Vienne raisonne-t-elle mieux elle-même? Prouve-t-elle mieux que les art. 4 et 15 du tit. 10 de l'ordonnance de 1669 n'ont plus force de loi?

» Elle s'appuie d'abord sur la loi du 2 septembre 1790, qui supprime les maîtrises des eaux et forêts, et transfère aux tribunaux ordinaires la connaissance des délits forestiers; et il n'est pas difficile de sentir que cette loi ne conduit nullement à la conséquence que la cour de justice criminelle de la Vienne en fait dériver. De ce que, par cette loi, la juridiction contentieuse, en matière d'eaux et forêts, est séparée de l'administration, il s'ensuit bien que les administrateurs des bois ne sont plus juges des délits qui s'y commettent: mais il ne s'ensuit nullement que les agens préposés par ces administrateurs à la recherche des délits commis dans les bois, ne puissent plus assigner les délinquans en justice. Une assignation en justice n'est pas un acte de juridiction contentieuse: c'est tout simplement un procès-verbal constatant qu'une personne a été appelée devant les fonctionnaires investis de la juridiction contentieuse, pour être entendue et jugée par eux; c'est tout simplement, comme le procès-verbal qui constate le délit, un acte préparatoire à l'exercice de la juridiction de ces fonctionnaires; en un mot, il n'a lui-même rien de contentieux, et il appartient tout entier à l'administration. — Aussi voyons-nous qu'encore que, par la loi du 2 septembre 1790, les juridictions des traites aient été supprimées comme les maîtrises des eaux et forêts, les préposés des douanes n'en ont pas moins continué d'assigner les prévenus de contrebande devant les tribunaux. — Aussi voyons-nous qu'encore qu'il n'y ait plus aujourd'hui de juridiction spéciale pour les droits autrefois connus sous le nom *d'aides*, et actuellement compris sous la dénomination générale de *droits-réunis*, la loi du 5 ventôse an 12 n'en déclare pas moins les préposés à la perception de ces droits, habiles à donner en justice toutes les assignations qui sont la suite de leurs procès-verbaux. — Rien donc à conclure ici de la loi du 2 septembre 1790.

» La cour de justice criminelle de la Vienne se fonde ensuite sur la loi du 15—29 septembre 1791, relative à l'administration forestière; et elle en tire trois inductions différentes.

» *Première induction.* La loi du 29 septembre 1791, en recréant l'administration forestière, détermine les fonctions que doivent remplir tous les agens dont elle est composée; et l'on n'y trouve rien qui rappelle le droit qu'accordait l'ordonnance de 1669 aux agens à Garde, de faire des exploits et citations en matière d'eaux et forêts. Ce droit est donc aboli.

» *Réponse.* La loi du 29 septembre 1791 maintient expressément sous la dénomination de *Gardes*, dans laquelle sont compris et les simples Gardes et les Gardes généraux, les agens qui avaient été précédemment établis, et que l'ordonnance de 1669 qualifiait, les uns de Gardes généraux, les autres de sergens à Gardes. *Les Gardes actuellement en place* (dit-elle, tit. 3, art. 8), *continueront leurs fonctions, sauf les changemens qui seront jugés nécessaires dans la distribution de leurs services.* — Or, par cela seul qu'elle maintient les anciens Gardes, par cela seul qu'elle leur enjoint de continuer *leurs fonctions*, ne fait-elle pas suffisamment entendre qu'elle les confirme dans toutes les fonctions que leur déléguait la loi sous l'empire de laquelle ils en avaient commencé l'exercice? — Et remarquez bien, messieurs, que c'est dans le tit. 3, qu'elle s'explique ainsi; que ce tit. a pour inscription: *Nomination aux emplois, incompatibilité et révocation;* et que ce n'est que dans le tit. 4, que la loi s'occupe des *fonctions des Gardes.* De là, en effet, il suit évidemment que, dans l'art. 8 du tit. 3, ces mots, *leurs fonctions*, signifient, non-seulement *les fonctions qui leur seront ci-après attribuées*, mais les fonctions qu'ils exercent actuellement, les fonctions que leur attribue l'ordonnance de 1669. — Et si, d'après cela, les Gardes précédemment établis conservent, comme on n'en peut douter, le droit de donner des assignations, quelle raison y aurait-il de refuser le même droit aux Gardes qui seront établis par la suite? La loi les assimile tous les uns aux autres; elle ne met aucune différence entre les anciens et les nouveaux. — Que peut-on au surplus inférer de ce que, dans le tit. 4, dans le titre qui règle les *fonctions des Gardes*, la loi ne donne pas expressément aux Gardes le droit d'assigner les prévenus des délits forestiers? Dès qu'elle ne le leur ôte pas, elle le leur donne, ou plutôt elle le leur confirme.

» *Deuxième induction.* L'art. 13 du tit. 3 déclare toutes les places de l'administration forestière incompatibles avec celles de membres des corps administratifs, des municipalités et des tribunaux. Donc il établit, entre les fonctions de Gardes et celles d'huissiers, une incompatibilité qui ôte nécessairement aux premiers, et qui transfère aux seconds exclusivement, le droit de donner des assignations même en matière de délits forestiers.

» *Réponse.* C'est comme si l'on disait: les officiers des eaux et forêts ne peuvent pas être membres des administrations de département et de district: donc ils ne sont pas rangés dans la classe des administrateurs. Ce raisonnement serait absurde; il n'est pourtant que le pendant de celui de la cour de justice criminelle de la Vienne. — Au surplus, ce n'est pas seulement depuis la loi du 29 septembre 1791, qu'il y a incompatibilité entre les fonctions d'huissiers et celles de Gardes. Cette incompatibilité existait même sous l'empire de l'ordonnance de 1669; elle était la conséquence de la maxime établie par l'ordonnance de Philippe-le-Bel de 1302, par celle de Charles VI de 1446, par celle de François Ier de 1535, et par l'article 31 de celle d'Orléans, que nul ne pouvait en France posséder à la fois plusieurs offices royaux, à moins qu'il n'y fût expressément autorisé par des lettres de la grande chancellerie, que l'on nommait *lettres de compatibilité*. Si donc, sans pouvoir posséder un office d'huissier, un Garde des bois de l'État ne laissait pas, sous l'empire de l'ordonnance de 1669, de jouir du droit d'exploiter en matière d'eaux et forêts, pourquoi en serait-il empêché aujourd'hui par l'incompatibilité que prononce la loi du 29 septembre 1791 entre les fonctions d'huissier et les siennes?

» *Troisième induction*. Non-seulement la loi du 15-29 septembre 1791, dans son quatrième titre, ne donne pas aux Gardes le droit d'assigner les prévenus; mais en les obligeant, art. 11, de *faire parvenir leurs procès-verbaux dûment affirmés, à leur inspecteur, dans la huitaine de leur date*, elle suppose clairement qu'ils n'ont pas ce droit.

» *Réponse*. Pour que ce raisonnement fût exact, il faudrait que par une disposition expresse, la loi assujettît les inspecteurs des forêts à se servir d'huissiers pour les assignations qu'ils sont chargés de faire donner aux prévenus par suite des procès-verbaux que leur adressent les Gardes; et c'est ce que la loi ne fait pas. — Du reste, on conçoit très-bien pourquoi elle ne permet pas aux Gardes d'assigner directement les prévenus, pourquoi elle veut qu'ils prennent au préalable l'attache de leur inspecteur: c'est uniquement pour les empêcher de traduire indiscrètement devant les tribunaux des personnes qui ne seraient pas réellement coupables, ou contre lesquelles ils n'auraient pas verbalisé dans les formes requises. Ce n'est conséquemment pas pour leur ôter le droit de donner eux-mêmes les assignations, après qu'ils en ont reçu l'ordre de l'inspecteur auquel ils sont subordonnés.

» Il est d'ailleurs à remarquer que, dans l'art. 9 du tit. 9, la loi parle expressément des assignations à donner en conséquence des procès-verbaux des Gardes. *Il sera*, y est-il dit, *donné copie des procès-verbaux aux prévenus; les assignations indiqueront le jour fixe de l'audience*. — Assurément, si la loi avait voulu changer quelque chose à la manière d'assigner les prévenus, si elle avait voulu qu'ils ne pussent être assignés désormais que par des huissiers, c'était bien là le moment de le dire. Mais la loi se tait à cet égard; et par son silence que fait-elle? Vous le sentez, messieurs: elle s'en réfère sur ce point aux lois précédentes; elle s'en réfère à l'ordonnance de 1669. — Et la chose est d'autant moins susceptible de doute, qu'à l'époque où cette loi a été faite, il en existait une encore toute récente, qui supposait, qui énonçait de la manière la moins équivoque, le droit inhérent aux fonctions de Gardes forestiers, de donner des assignations en matière d'eaux et forêts. Cette loi est celle du 5 décembre 1790, sur le droit d'enregistrement. Voici ce qu'elle portait, n°. 2 de la troisième section du *tarif* qui en faisait partie: «Les exploits » et significations qui seront faits à la requête du ministère public, sans jonction de partie civile, soit » par les huissiers, soit par les brigadiers et cavaliers » de maréchaussée, *et autres dépositaires de la » force publique*, pour la poursuite des crimes et dé» lits, seront enregistrés *gratis* ». — Que les Gardes-forestiers soient compris dans cette loi sous la dénomination générale de *dépositaires de la force publique*, c'est ce que l'on ne saurait contester sérieusement. La loi du 9 floréal an 11 est bien la première qui ait organisé *les Gardes des bois nationaux, ceux des communes et autres établissemens publics, en un seul corps* qu'elle a qualifié de *Garde forestière*; elle est bien la première qui ait permis d'employer la *Garde forestière* en corps, avec la gendarmerie et concurremment avec elle, *pour tous les services de police et de justice civile et militaire*; mais elle n'est pas la première qui ait considéré les Gardes forestiers comme dépositaires de la force publique; ce n'est, au contraire, que parce qu'ils l'étaient déjà individuellement, qu'elle les a réunis en corps, ce n'est que parce que les élémens de ce corps existaient déjà, qu'elle les a recueillis et organisés pour en former une masse habile à se porter légalement partout où l'exigerait le service de la police et de la justice. — Ainsi, nul doute que, par la loi du 5 décembre 1790, les Gardes des bois n'aient été reconnus avoir, concurremment avec les huissiers et les gendarmes, un caractère suffisant pour donner des assignations en matière de délits forestiers; et conséquemment nul doute que la loi du 29 septembre 1791, en parlant de ces assignations sans s'expliquer sur le droit de les donner, n'ait conservé ce droit aux Gardes, comme elle l'a conservé aux gendarmes, comme elle l'a conservé aux huissiers.

« Mais après tout, pour justifier cette conséquence, nous n'avons pas besoin de sortir du texte de la loi du 15—29 septembre 1791; il suffit de nous arrêter à l'art. 4 de son quinzième titre. Cet article porte: *Il sera fait incessamment une loi sur les aménagemens, ainsi que* POUR FIXER LES RÈGLES DE L'ADMINISTRATION FORESTIÈRE; *et jusqu'à ce, l'ordonnance de* 1669 *et les autres réglemens en vigueur continueront à être exécutés en tout ce à quoi il n'est pas dérogé par les décrets de l'assemblée nationale*. — Saisissons biens ces termes: *pour fixer les règles de l'administration forestière*. Certainement c'est des *règles de l'administration forestière* que dépend la question actuelle: l'administration forestière doit avoir des *règles* qui lui indiquent comment elle doit assigner les prévenus des délits commis dans les forêts; elle doit avoir des *règles* qui lui apprennent par qui elle doit faire donner les assignations dont il est parlé dans le tit. 9. Eh bien! ces *règles* ne sont pas encore faites, l'art. 4 du tit. 15 le dit formellement; mais il veut que jusqu'à ce qu'elles le soient, l'ordonnance de 1669 continue d'être observée; il maintient donc les Gardes forestiers dans le droit de donner des assignations aux prévenus. — Il est impossible de rien imaginer de plus clair, de plus péremptoire.

» Après la loi du 15—29 septembre 1791, la cour de justice criminelle de la Vienne invoque, à l'appui de son opinion, le Code des délits et des peines du

3 brumaire an 4; et elle en cite trois dispositions différentes : l'une écrite dans l'art. 41, qui trace aux Gardes forestiers les devoirs qu'il ont à remplir comme officiers de police judiciaire, sans leur attribuer le droit de faire des citations; l'autre, dans l'art. 594, qui, *après avoir tracé la forme de toute procédure en matière de simple police, correctionnelle et criminelle, et avoir établi des officiers ministériels près chaque tribunal, abroge formellement toute autre forme de procédure*; la troisième enfin, dans l'art. 609, *qui ne maintient les dispositions de l'ordonnance de* 1669, *que pour l'application des peines qu'elle prononce.* — Il ne nous sera pas difficile de faire voir que la cour de justice criminelle de la Vienne s'est étrangement trompée dans le sens qu'elle a donné à chacun de ces trois articles.

» Et d'abord, l'art. 41 n'a pour objet, comme il le dit lui-même, que les devoirs des Gardes forestiers *considérés comme officiers de police judiciaire*; et ces devoirs, il les fait consister à rechercher les délits qui portent atteinte aux propriétés forestières, à en dresser des procès-verbaux, à suivre les objets volés dans les lieux où ils ont été transportés, à les mettre en séquestre, à arrêter et conduire devant le juge de paix les maraudeurs qu'ils trouvent en flagrant délit; mais il ne dit pas que, considérés autrement que *comme officiers de police judiciaire*, les Gardes forestiers n'ont pas d'autres fonctions à remplir; et non-seulement il ne le dit pas, mais l'art. 39 dit précisément tout le contraire : *Leurs fonctions, en tant qu'elles sont étrangères à la police judiciaire, sont réglées par les lois relatives à l'administration forestière* : tels sont les termes de cet article. Or, donner une assignation sur un procès-verbal, est-ce un acte de police judiciaire? Non, certainement. Donc nulle induction à tirer ici de l'art. 41.

» L'art. 594 n'est pas plus concluant, et cependant la cour de justice criminelle de la Vienne n'a pas présenté sous le point de vue le plus avantageux à son système, l'argument qu'elle a cru pouvoir en tirer; elle aurait pu dire : « L'art. 183 porte qu'en matière » correctionnelle, *l'audience a lieu sur chaque af-* » *faire, dix jours au plus tard, soit après que le di-* » *recteur du jury en a fait le renvoi au tribunal,* » *soit après la signification faite par un* HUISSIER » *de la citation donnée directement au prévenu* » *par la partie plaignante*. Ainsi, voilà le droit des » huissiers de donner des assignations en matière » correctionnelle, clairement établi; et il faut bien » que ce droit soit exclusif pour eux, puisque par » l'art. 594, il est dit que *les dispositions des deux* » *premiers livres du présent Code doivent seuls,* » *à l'avenir, régler l'instruction et la forme, tant* » *de procéder que de juger, relativement aux dé-* » *lits de toute nature* ». — Ainsi présenté, le raisonnement de la cour de justice criminelle de la Vienne serait beaucoup plus spécieux qu'il ne l'est dans son arrêt, mais il ne serait encore qu'un paralogisme; et voici pourquoi.

» Au nombre des dispositions des deux premiers livres que l'art. 594 déclare devoir seules régler à l'avenir la forme de procéder *relativement aux délits de toute nature*, se trouve un article qui prescrit implicitement une marche toute particulière pour la poursuite des délits forestiers. — Cet article est le 42e, lequel est ainsi conçu : *Les Gardes forestiers remettent leurs procès-verbaux à l'agent de l'administration forestière désigné par la loi. La loi règle la manière dont cet agent doit agir en conséquence, suivant la nature des délits.* — Il résulte évidemment de cette disposition, que pour savoir si l'agent de l'administration forestière à qui la loi relative au régime forestier délègue la poursuite des délits, peut faire donner assignation aux prévenus par le ministère d'un Garde, ou s'il est obligé de se servir d'un huissier, c'est à cette loi même qu'il faut recourir, c'est à cette loi même qu'il faut s'en rapporter. — Or, cette loi, quelle est-elle? C'est bien constamment celle du 15-29 septembre 1791, et, par suite, l'ordonnance de 1669 dans les points auxquels la loi du 15-29 septembre 1791 n'a pas dérogé. — Donc l'art. 594, combiné avec l'art. 42, loin de prouver en faveur de l'opinion adoptée par la cour d'Indre-et-Loire, la détruit et la renverse de fond en comble. — C'est ainsi que par arrêt rendu sur notre réquisitoire, au rapport de M. Liborel, le 9 thermidor an 11, vous avez jugé, en cassant un arrêt de la cour de justice criminelle du département de la Haute-Vienne, que, nonobstant l'art. 182, et d'après l'art. 42 combiné avec les dispositions de la loi du 15-29 septembre 1791, le *visa* du directeur du jury n'est pas nécessaire pour saisir le tribunal correctionnel de la connaissance d'un délit forestier poursuivi par l'inspecteur des forêts.

» Au surplus, messieurs, il ne vous sera pas échappé que dans l'art. 183, ce n'est point par forme de disposition directe et principale, qu'il est fait mention des huissiers; qu'il n'y est fait mention d'eux qu'incidemment; et que par cet article, le législateur ne se propose pas de déterminer par qui doivent être faites les citations en matière correctionnelle, mais seulement de quel jour doit courir le délai pour le jugement des affaires de cette nature. — Vous remarquerez d'ailleurs que ce même article ne porte pas la peine de nullité; et d'après tout cela, vous penserez sans doute que, même dans les matières correctionnelles ordinaires, on ne pourrait pas annuller une assignation donnée par un officier public qui, sans être huissier, aurait cependant, par les lois antérieures, un caractère suffisant pour citer en justice les prévenus de délits. — C'est même ce qui résulte de la troisième des formules annexées au Code des délits et des peines, et dans laquelle on voit que les gendarmes peuvent, concurremment avec les huissiers, assigner les témoins devant les officiers de police judiciaire. — Une autre preuve de cette vérité nous est encore fournie par l'art. 133 du même Code : *Le mandat d'arrêt*, porte-t-il, *est remis à un huissier ou agent de la force publique, qui l'exhibe au prévenu et lui en délivre copie, en s'assurant de sa personne*; car qu'est-ce que notifier un mandat d'arrêt et le mettre à exécution? C'est assigner le prévenu à comparaître devant le directeur du jury. Cet article prouve donc, comme la loi du 5 décembre 1790, que tout agent de la force publique est compétent pour donner des assignations en matière criminelle.

» Reste l'art. 609, qui veut qu'en attendant la révision de l'ordonnance de 1669, les tribunaux correctionnels appliquent aux délits forestiers les peines qu'elle prononce. La cour de justice criminelle de la Vienne conclut de cet article, que l'ordonnance de 1669 ne doit plus être consultée que dans ses dispositions pénales. Mais bien évidemment elle fait dire à cet article plus qu'il ne dit; car renvoyer à l'ordonnance de 1669 pour les dispositions pénales, ce n'est pas abroger ses autres dispositions.

» Du Code des délits et des peines, la cour de justice criminelle de la Vienne passe aux lois des 9 floréal an 11, et 5 pluviôse an 13.

» Elle prouve très-bien que la première n'attribue pas aux Gardes forestiers le droit de donner des assignations en justice; mais elle devrait au moins reconnaître que par cette loi, les Gardes forestiers sont supposés avoir, chacun individuellement, la qualité d'agens de la force publique; et de là à la conséquence qu'ils sont compris dans la diposition déjà citée de la loi du 5 décembre 1790, le pas est aussi facile qu'inévitable.

» A l'égard de la loi du 5 pluviôse an 13, la cour de justice criminelle de la Vienne en infère que puisqu'elle n'a donné qu'aux gendarmes le droit de faire, concurremment avec les huissiers, les citations, notifications et significations à la requête de la partie publique, en matière correctionnelle et criminelle, elle est censée avoir refusé ce droit aux Gardes forestiers.

» Que feriez-vous, messieurs, d'un arrêt qui, dans les matières correctionnelles relatives aux douanes ou aux droits réunis, conclurait de cette même loi que les préposés des droits réunis ou des douanes n'ont plus de caractère pour donner des assignations aux prévenus de contravention? Certainement vous le casseriez comme faisant une fausse application de cette loi, et violant les dispositions de celles du 22 août 1791, du 14 fructidor an 2, du 9 floréal an 7, et du 5 ventôse an 12. — Mais n'est-ce pas ici la même chose? La loi du 5 pluviôse an 13 ne dispose que pour les délits qui ne sont pas soumis à une forme spéciale de procéder : elle veut que pour ces délits, les assignations soient données ou par les huissiers ou par les gendarmes; mais d'une part, elle ne déroge pas aux lois précédentes qui, même relativement à ces délits, mettent tous les agens de la force publique sur la même ligne que les gendarmes et les huissiers; de l'autre, elle déroge encore bien moins aux lois qui ont prescrit des formes particulières pour la poursuite des contraventions au régime des douanes, des droits réunis, des forêts. Elle laisse donc aux Gardes forestiers, comme aux préposés des droits réunis, le droit que leur confèrent les lois qui leur sont propres, d'assigner les prévenus devant les tribunaux.

» En dernière analyse, vous voyez, messieurs, que l'arrêt attaqué viole ouvertement les art. 4 et 15 du tit. 10 de l'ordonnance des eaux et forêts de 1669, ainsi que l'art. 4 du tit. 15 de la loi du 29 septembre 1791; et par ces considérations, nous estimons qu'il y a lieu de le casser et annuller ».

Arrêt du 6 nivôse an 14, au rapport de M. Barris, par lequel, « vu les art. 4 et 15 du tit. 10 de l'ordonnance de 1669; vu aussi les art. 8, tit. 3 et 4, tit. 15, de la loi du 15 septembre 1791; — Et attendu que les articles cités de l'ordonnance de 1669 confèrent aux Gardes forestiers le droit de faire tous actes et exploits relatifs aux délits des eaux et forêts; que l'art. 8 du tit. 3 de la loi du 15 septembre 1791 maintient implicitement ce droit; qu'il est également maintenu par l'art. 4 du tit. 15 de cette loi, qui ne renferme d'ailleurs aucune disposition qui en soit exclusive; que les mesures qu'elle prescrit dans l'art. 11 du tit. 4, et dans l'art. 25 du tit. 9, sont purement administratives, et ont pour objet d'empêcher que les Gardes forestiers ne fassent des poursuites inconsidérées sur des procès-verbaux qui n'auraient point été communiqués à l'inspecteur, et approuvés par lui; qu'aucune loi postérieure à celle du 15 septembre 1791, n'a dérogé non plus en ce point à l'ordonnance de 1669; qu'on ne peut rien induire pour cette abrogation, de l'art. 41 du Code du 3 brumaire an 4, lorsqu'on le rapproche surtout des articles qui le suivent dans le même titre; que l'art. 155 de ce Code est particulier aux tribunaux de police auxquels sont essentiellement étrangers les délits forestiers; que l'art. 183 ne présente, sur les citations, aucune disposition énonciative qui ne peut être abrogatoire d'un droit positif; que l'art. 42 reconnaît et consacre ce droit par sa disposition générale; que l'abrogation prononcée par l'art. 594, ne porte que sur la forme de procéder et d'instruire; et que la qualité de celui qui fait une citation, n'a aucun rapport avec l'instruction qui peut être la suite de cette citation; que l'art. 7 de l'arrêté du 22 thermidor an 8, et l'art. 1er de la loi du 5 pluviôse an 13, sont, dans leur objet et dans leur disposition, absolument inapplicables à la question relative au droit des Gardes forestiers pour exploiter sur les délits qu'ils sont chargés de prévenir et de constater; que les lois doivent être exécutées, et les attributions qu'elles confèrent, maintenues, jusqu'à ce qu'elles aient été rapportées par une abrogation littérale, ou par une abrogation tacite, mais nécessaire; que l'arrêt rendu par la cour de justice criminelle du département de la Vienne le 4 brumaire dernier, en confirmant un jugement qui avait annullé une citation donnée par un Garde forestier, d'après un procès-verbal de délit, sur le fondement que les art. 4 et 15 du tit. 10 de l'ordonnance de 1669 avaient été abrogés par les lois postérieures à la revolution, a donc fait une fausse application de ces lois, et a violé lesdits articles de l'ordonnance de 1669; d'après ces motifs, la cour casse et annulle...... ».

A cet arrêt est conforme un avis du conseil d'État du 16 mai 1807, que l'Empereur a revêtu, le 6 juin suivant, de son approbation. — « Le conseil d'État (porte-t-il), qui, d'après le renvoi ordonné par sa majesté l'Empereur et Roi, a entendu le rapport des sections de législation et des finances sur celui du grand-juge, ministre de la justice, tendant à faire décider si les Gardes généraux et particuliers des forêts ont le droit de faire les significations de leurs procès-verbaux, de citer et assigner en justice, et de signifier les jugemens intervenus en matière de bois et forêts; — considérant que l'art. 4 du tit. 15 de la loi du 29 septembre 1791, sur l'organisation forestière, porte que l'ordonnance de 1669 et les autres réglemens en vigueur continueront à être exécutés en tout ce à quoi il n'est pas dérogé ; — Que l'art. 4 du tit. 10 porte que les Gardes généraux des eaux et forêts feront tous actes et exploits, pour raison desdites eaux et forêts ; que l'art. 15, en déclarant que les sergens généraux et Gardes, c'est-à-dire, les Gardes généraux et particuliers, ne pourront faire aucun exploit que ceux des eaux et forêts et chasse, leur donne le droit de faire les exploits relatifs à leurs fonctions ; que ces dispositions ne sont abrogées par aucune loi nouvelle ; que la faculté laissée aux Gardes généraux et particuliers des forêts nationales et domaniales, de signifier leur procès-verbaux, d'ajourner et de signifier les jugemens, est propre à accélérer la répression des délits, en facilitant les poursuites ; et que, d'un autre côté, elle concourt au but de la loi du 5 pluviôse an 13, qui est de diminuer les frais ; — Est d'avis que les Gardes généraux et particuliers des forêts peuvent, conformément aux art. 4 et 15 du tit. 10 de l'ordonnance de 1669, faire toute signification d'exploits en matière de bois et forêts, sans pouvoir néanmoins procéder aux saisies et exécutions à faire en force des jugemens, lesquelles doivent appartenir exclusivement aux huissiers des tribunaux (1) ».

Comme en matière d'eaux et forêts, ainsi qu'en beaucoup d'autres, la forme emporte le fond, il faut qu'un Garde porte la plus grande attention à la rédaction de son procès-verbal, parce que l'omission d'une seule formalité nécessaire peut en faire prononcer la nullité : ce qui ne manque guère de produire une impunité qui rend les délinquans plus entreprenans pour commettre dans les bois de nouvelles dégradations.

Un Garde doit déposer au greffe de la maîtrise son rapport deux jours après le délit reconnu, et en faire l'affirmation à la première audience.

Dans les grueries, ce rapport doit être mis au greffe, et affirmé vingt-quatre heures après la reconnaissance du délit.

La différence de ces deux délais provient sans doute de ce que les maîtrises étant plus étendues que les grueries, il serait souvent impossible à un garde, éloigné du siége de la juridiction, d'y faire son rapport plus tôt, au lieu que cela est facile dans les grueries dont l'arrondissement est plus resserré.

Dans le departement du parlement de Metz, les Gardes des maîtrises sont dispensés de venir à l'audience affirmer les rapports ; il suffit que cela ait été fait dans les vingt-quatre heures de la reconnaissance du délit pardevant le maire du premier village où ils se trouvent, et qu'ils envoient ces rapports au greffe de la maîtrise dans la huitaine. Il serait à désirer que cet usage, qui a été confirmé par arrêt, fût étendu à toutes les autres maîtrises : les Gardes ne seraient pas alors obligés de quitter leur poste, et abandonner leurs bois, pour ainsi dire, à la merci du public, pendant leur absence qui dure souvent plusieurs jours, pour venir à l'audience faire une affirmation qui serait également valable, si les Gardes étaient autorisés à la faire pardevant un maire qui a caractère pour la recevoir, puisqu'il a lui-même prêté serment en justice.

Il n'y a pas lieu à prononcer la nullité d'un rapport qui n'a point été déposé au greffe dans les délais dont nous avons parlé, parce qu'ils n'ont été fixés que pour exciter la vigilance et l'activité des Gardes. C'est ce qui a été décidé par un arrêt du conseil du 2 septembre 1749, dont voici l'espèce. — Une sentence de la maîtrise des eaux et forêts d'Avalon, du 17 avril 1743, avait condamné le nommé Jacques Baudry à une amende, pour raison de délits constatés dans un rapport fait contre lui le 13 mars précédent. Ce particulier, en ayant interjeté appel à la table de marbre de Dijon, arrêt y intervint le 17 juillet suivant, qui déclara nul ce rapport pour n'avoir pas été mis au greffe dans deux jours, et déchargea en même temps Baudry des condamnations prononcées contre lui par la sentence de la maîtrise d'Avalon. Mais les officiers de cette maîtrise s'étant pourvus au conseil en cassation, l'arrêt ci-dessus daté a cassé et annullé celui de la table de marbre de Dijon, et ordonné que la sentence de la maîtrise particulière des eaux et forêts d'Avalon serait exécutée suivant sa forme et teneur.

Les rapports des Gardes doivent être faits et déposés sans frais aux greffes et non au domicile des officiers. C'est ce qui a été jugé par un arrêt du conseil du 19 janvier 1700, qui a cassé un arrêt du parlement de Besançon, en ce qu'il portait que les rapports des Gardes de bois seraient reçus dans les maisons particulières des procureurs du Roi de chaque maîtrise.

[[Toutes ces règles concernant l'affirmation et le dépôt des procès-verbaux des Gardes, ont cessé avec les maîtrises des eaux et forêts. L'art. 7 du tit. 4 de la loi du 15 septembre 1791 porte que les Gardes « signeront leurs procès-verbaux, et les affirmeront, dans les vingt-quatre heures, pardevant le juge de paix du canton de leur domicile (1) ».

Et l'art. 18 du Code d'instruction criminelle de 1808 ajoute que « les Gardes forestiers de l'administration, des communes et des établissemens publics remettront leurs procès-verbaux au conservateur, à l'inspecteur ou sous-inspecteur forestier dans le délai fixé par l'art. 15, » c'est-à-dire, « dans les trois jours au plus tard, y compris celui où ils ont reconnu le fait sur lequel ils ont procédé ».

Nous reviendrons sur cette matière, à l'article *Procès-verbal*.]]

VIII. Quant à la forme des assignations que les Gardes donnent, plusieurs arrêts du conseil ont décidé qu'il suffisait qu'elles fussent verbales.

Cela est fondé sur ce qu'un Garde ne peut dresser

(1) Un décret impérial du 1er. avril 1808 porte que « tous les actes des Gardes forestiers dans lesquels ils remplacent les huissiers, seront taxés comme ceux faits par les huissiers des juges de paix ».

(1) *V.* l'art. 11 de la loi du 28 floréal an 10, rapporté à l'article *Garde-champêtre*.

dans une forêt un procès-verbal, et encore moins en laisser une copie à celui qui y a donné lieu. On ne pourrait d'ailleurs, sans de grands inconvéniens, obliger le Garde d'aller chercher les délinquans pour les assigner à leur domicile, parce que, pendant tout le temps qu'il emploierait à ces courses, les forêts demeureraient exposées à des dégradations.

Au surplus, l'ordonnance exige que l'on mette beaucoup d'activité dans les poursuites que l'on fait en matières d'eaux et forêts, parce que c'est le moyen qui est presque toujours le plus efficace pour arrêter l'ardeur des délinquans.

Il paraît, à la vérité, contraire à l'équité qu'un particulier soit condamné sans avoir reçu la copie du rapport, parce que, s'il s'y rencontre quelque nullité, il ne peut consulter sur une pièce dont il n'a pas connaissance, ce qui le met hors d'état de faire usage des moyens capables d'opérer son renvoi.

Mais, comme l'intérêt général de la conservation des bois doit l'emporter sur l'intérêt particulier, le Roi a jugé à propos d'affranchir des formalités ordinaires les assignations des Gardes, en autorisant celles qui sont verbales.

C'est ce qui est établi par plusieurs arrêts du conseil.

Le premier, du 26 avril 1738, rendu sur les avis du sieur de La Faluère, grand-maître des eaux et forêts du département de Paris, du marquis de Montmorin, capitaine des chasses de la capitainerie de Fontainebleau, et du duc d'Humières, capitaine des chasses de Compiègne (1), a confirmé une sentence de la capitainerie de Saint-Germain, du 11 mars 1737, contre le sieur de Laurière et consorts, prononcée sur une assignation verbale.

Le second, du 9 mai 1741, a cassé deux jugemens de la table de marbre de Dijon qui avaient rejeté des assignations verbales.

Le troisième enfin, du 19 décembre 1741, a cassé un jugement de la table de marbre de Rouen, qui avait infirmé une sentence de la maîtrise d'Argentan, et interdit le lieutenant de cette maîtrise, sous prétexte qu'il l'avait rendue sur un rapport non signifié et sur une assignation verbale.

L'art. 24 du réglement fait par M. Télés d'Acosta, grand-maître de Champagne, le 27 juillet 1754, pour l'instruction des Gardes, annonce que l'usage de cette province est que les Gardes n'y assignent que verbalement les délinquans.

Les autorités que nous venons de rapporter, prouvent donc que les assignations par écrit, en matière d'eaux et forêts, ne sont pas de rigueur, et qu'il

(1) Voici ces avis : le premier, qui est du grand-maître de Paris, est conçu en ces termes :

« Nous, ayant égard à la requête, attestons à tous qu'il appartiendra, que dans les principales maîtrises de notre département, sur l'exercice de la juridiction des matières des eaux et forêts, pêches et chasses, il est d'ancien usage que les sergens à Gardes donnent des assignations verbalement, et sur icelles on procède en règle ordinaire au jugement de condamnations contre les délinquans, après que lesdits Gardes ont affirmé véritable le contenu en leurs rapports ou procès-verbaux qui ne sont sujets aux dispositions de l'ordonnance de 1667 (c'est-à-dire d'être recordés de témoins) ni au contrôle des exploits établi en 1673; que s'il arrive que les délinquans soient défaillans, on leur signifie la sentence par défaut, à laquelle ils peuvent s'opposer dans la huitaine de la signification, et déduire leurs moyens; et que lorsqu'ils ont été condamnés contradictoirement, l'on ne fait plus d'autre procédure que d'employer leurs condamnations pécuniaires sur le rôle des amendes, pour en être fait recouvrement au profit du Roi. — Il est encore d'usage dans ledit exercice de juridiction, ainsi qu'il est rapporté en l'art. 6 du tit. 10 des décrets de l'ordonnance de 1670, que l'on décrète, même de prise de corps, les délinquans sur les simples procès-verbaux desdits Gardes, tant pour les raisons déduites sur ledit article par le commentateur Bornier, que parce qu'un Garde ne peut dresser dans une forêt ou plaine un procès-verbal, ni en faire une copie, et donner des assignations, ni même remplir de simples imprimés, n'ayant point de lieu pour écrire; ni aussi être obligé, sans déranger le bien du service, à aller le lendemain, ou même un autre jour, chercher les délinquans pour les assigner à leurs domiciles, parce que ces Gardes consommeraient leurs temps en différentes courses, pendant lesquelles les bois demeuraient exposés à une entière dégradation, et le gibier et le poisson à être détruits par fait de chasse et pêche, contre la disposition des ordonnances. Tels sont les usages que nous avons trouvés en 1703, et que nous observons dans l'exercice de notre juridiction lors de nos tournées annuelles. Donné à Paris, ce 7 février 1738. *Signé* Lefevre de la Faluère ».

Le second s'exprime ainsi : « Nous, marquis de Montmorin, gouverneur et capitaine des chasses de la capitainerie royale de Fontainebleau, certifions que les Gardes de la capitainerie ont toujours assigné verbalement tous ceux qu'ils ont trouvés contrevenans aux arrêts, réglemens et ordonnances de sa majesté, concernant les chasses, eaux et forêts; qu'ils ont fait leurs rapports devant nous ou nos lieutenans, sur lesquels nous avons fait droit, conformément auxdits arrêts et ordonnances, et notamment celle du mois de février 1522, et le réglement général pour la police de la forêt de Bierne, fait et arrêté au conseil du Roi, tenu à Saint-Germain-en-Laye, sa majesté y étant, le 20 juillet 1665; que nous avons même adjugé les conclusions du procureur du Roi contre les contrevenans défaillans, sans ordonner qu'ils soient réassignés : telles assignations étant abrogées par l'art. 2 du titre des congés et défauts de l'ordonnance du mois d'avril 1667. — Certifions en outre que cet usage est encore formé sur l'impossibilité où se trouverait un Garde de donner copie de son exploit, ou assignation, à un braconnier ou chasseur, qui ne cherche qu'à se cacher et à l'éviter, et que souvent un Garde ne peut approcher sans risquer sa vie. En foi de quoi, nous avons fait et signé le présent certificat, pour servir et valoir ce que de raison. A Fontainebleau, ce 7 février 1738. *Signé* Montmorin ».

Enfin, voici ce que porte le troisième avis : « Il a été de tout temps, et est encore à présent, d'usage dans la capitainerie royale de Compiègne, que les Gardes ont donné des assignations verbales aux personnes trouvées en délit, ou fuyant devant eux; et sur de pareils rapports affirmés par des Gardes, on a toujours condamné les délinquans sur les conclusions du procureur du Roi, et les sentences ont été mises à exécution sans aucune opposition; — Sauf que quand le cas est grave, et que l'accusé n'a point comparu, le procureur du Roi requiert qu'il soit réassigné par écrit, mais ce n'est que pour une plus grande régularité, qui n'empêche pas que toute assignation verbale ne soit valable. — Je certifie que le contenu ci-dessus est l'usage de la capitainerie de Compiègne. *Signé*, le duc d'Humières ».

Ces avis ne laissent, comme l'on voit, aucun doute sur l'usage des assignations verbales, autorisées par la jurisprudence du conseil, et qui est suivie dans beaucoup d'autres départemens que ceux dont nous avons parlé.

suffit qu'un Garde déclare au délinquant le procès-verbal qu'il va dresser contre lui, en l'avertissant de se trouver tel jour à l'audience, pour être présent à l'affirmation qu'il en fera devant le maître particulier ou le lieutenant, et en même temps au jugement qui interviendra sur les conclusions du procureur du roi.

Malgré ces autorités, nous voyons quelques auteurs qui ont écrit depuis les arrêts que nous avons rapportés, et qui soutiennent cependant que les assignations verbales ne doivent jamais avoir lieu, qu'elles sont nulles, et qu'il faut qu'elles soient données par écrit.

Entre ces auteurs, nous remarquons principalement *Fréminville* qui, en s'étendant sur cette question, rejette absolument, et n'admet dans aucun cas, les assignations verbales.

Cet auteur dit « 1°. qu'il n'y a aucune loi qui permette de donner des assignations verbales; et que si cela était permis, ce ne pourrait jamais être dans les matières d'eaux et forêts; 2°. qu'une assignation verbale ne peut expliquer le délit et les circonstances; le délinquant en outre ne peut savoir devant qui il est assigné, et quand il est assigné; il ignore les peines et les amendes qu'on lui demande; dès-lors il ne peut se consulter pour faire des offres, si la demande est juste, et pour empêcher sa ruine; 3°. que l'ordonnance de 1667 prescrit que les assignations soient libellées, et qu'il en doit être laissé copie à peine de nullité; 4°. que c'est le souverain qui l'ordonne ainsi, puisque l'art. 8 du tit. 10 de l'ordonnance de 1669, l'édit d'établissement du contrôle, les arrêts du conseil des 10 février et 30 mars 1670, assujettissent tous les exploits au contrôle, à peine de nullité; 5°. enfin que l'art. 12 du tit. 12 de l'ordonnance de 1669 porte *que huit jours avant les assises, seront tenus les pêcheurs de l'étendue de chacune maîtrise, assignés par exploits séparés pour chacun à leurs personnes ou domiciles par le sergent Garde-pêche, d'y comparaître*; que si une assignation verbale pouvait être valable; il est certain qu'elle serait recevable en ce fait, puisque c'est plutôt un avertissement qu'une assignation en demande d'amende pour des faits de délit qui doivent nécessairement être détaillés dans un procès-verbal, et cependant l'ordonnance veut que tous *ces pêcheurs soient assignés par des exploits séparés pour chacun à leur personne ou domicile.* »

Mais 1°. les arrêts du conseil que nous avons rapportés pour justifier la validité des assignations verbales, prouvent qu'à cet égard, il existe une loi; puisque le roi a jugé par arrêts des 17 décembre 1686 et 29 décembre 1693, qu'en matière d'eaux et forêts, les arrêts du conseil font loi, et que les sentences rendues aux maîtrises en conformité, ne doivent pas être infirmées par les juges d'appel.

2°. Un délinquant verbalement assigné pour un délit qu'il a commis, ne peut ignorer la cause de cette assignation qui lui est déclarée; il n'ignore pas non plus devant quel juge il est assigné, puisque tout le monde sait que les officiers des maîtrises sont les seuls qui connaissent des matières d'eaux et forêts. Quant aux peines et amendes, la copie du rapport qu'on lui donnerait, ne pourrait les diminuer, parce que les officiers sont obligés de se conformer aux dispositions de l'ordonnance dans la prononciation de leurs jugemens, sans que les offres faites par le délinquant puissent en empêcher l'effet, puisqu'il n'y a que le Garde général, collecteur des amendes, qui soit autorisé à les recevoir.

3°. Il est évident que les formalités prescrites par l'ordonnance de 1667, pour la validité des assignations, n'ont pas d'application aux matières d'eaux et forêts, puisqu'elles en ont été affranchies par les arrêts dont nous avons parlé.

4°. Des arrêts du conseil des 12 décembre 1676, 26 février 1689, et les déclarations du roi des 30 décembre 1676 et 23 février 1677, qui sont postérieurs aux arrêts que cite Fréminville, décident au contraire que les procès-verbaux et exploits des sergens à Garde sont exemps du contrôle; mais de ce que le mot *exploit* s'y trouve exprimé, on ne doit pas en conclure que cela impose la nécessité d'en donner une copie; cette expression n'étant relative qu'au rapport qui, renfermant l'énonciation de l'assignation verbale, doit être considéré dès-lors comme un exploit qui est affranchi de la formalité du contrôle.

5°. Enfin, l'art. 12 du tit. 12 de l'ordonnance de 1669 ne renferme pas le sens qu'on lui prête, si à ce qui est cité on ajoute ce qui est omis, et ce qui développe le véritable objet de la disposition de cet article. Voici cet article : « Huit jours avant l'ouverture des assises, seront tenus les pêcheurs de chaque maîtrise, assignés par exploits séparés, pour chacun à leurs personnes ou domiciles par le sergent Garde-pêche, d'y comparaître, *pour élire des maîtres de communauté* ».

Ces dernier mots que Fréminville a omis dans sa citation, rétablissent le véritable sens de l'article, en faisant connaître que si les pêcheurs doivent être assignés par des exploits donnés séparément à leurs personnes et domiciles, ce n'est que pour les obliger de s'assembler et délibérer entre eux en connaissance de cause, sur le choix à faire aux assises d'un maître de communauté; or, un simple avertissement verbal eût pu ne pas remplir suffisamment l'objet de cette disposition de l'ordonnance, parce que les pêcheurs auraient pu penser qu'il n'y étaient pas strictement astreints; au lieu qu'une assignation par écrit et bien motivée, ne leur permet pas d'ignorer toute l'étendue de l'obligation que l'ordonnance leur impose à ce sujet.

Mais, en fait de délit, personne n'ignore qu'il est défendu d'en commettre, et que, quand cela arrive, l'amende qui suit est la peine ordinaire de celui qui s'en est rendu coupable.

C'est d'ailleurs une question de savoir si, depuis les arrêts du conseil qui ont autorisé les assignations verbales, on n'est pas dispensé d'en donner par écrit aux pêcheurs, dans le cas dont on vient de parler.

Nous avons cru devoir nous étendre un peu sur la discussion de cette question, parce que l'opinion que nous avons réfutée, ayant des partisans qui sûrement ignorent la disposition des arrêts que nous avons rapportés, il nous a paru important de la combattre, afin de garantir de l'erreur ceux qui, sur la foi de ce que dit à ce sujet Fréminville, s'exposeraient à soutenir des procès dans lesquels il ne manqueraient pas de succomber.

[[L'opinion de Fréminville, qui était déjà reçue dans la ci-devant Lorraine, à l'époque où a été écrit ce qu'on vient de lire, est actuellement érigée en loi pour toute la France, par l'art. 9 du tit. 9 de la loi du 15 septembre 1791.]]

IX. Les Gardes des bois du roi sont, comme on vient de le voir, dispensés de faire contrôler leurs rapports, exploits et procès-verbaux.

Les particuliers ne jouissent pas du même privilège, qui n'est établi qu'en faveur des Gardes des bois du roi : un arrêt du conseil du 10 avril 1791, ordonne que tous exploits faits à la requête des procureurs fiscaux, pour raison des délits commis dans les bois et sur les terres des seigneurs particuliers à seront sujets aux droits de contrôle, avec défenses à tous huissiers, sergens et Gardes, de rendre les exploits aux procureurs fiscaux avant qu'ils aient été contrôlés, et que le droit ait été payé, à peine de 100 liv. d'amende pour chaque contravention.

Il faut dire la même chose de tous les exploits faits à la requête des procureurs fiscaux des communautés séculières et régulières; et c'est effectivement, cela ayant ainsi décidé par un arrêt du conseil du 16 mai 1762, contre l'abbé de Clairvaux.

[[Aujourd'hui, « les rapports des Gardes établis par l'autorité publique, pour délits ruraux et forestiers », doivent être enregistrés en débet; et ils sont nuls, s'ils ne sont ainsi enregistrés dans les quatre jours de leur date. Cela résulte de la loi du 22 frimaire an 7, art. 20, 34 et 70, §. 1, n. 4. *V. Enregistrement (droit d')*, §. 52.]]

Si l'assignation est comprise dans le rapport, il n'est dû qu'un droit; mais, si elle en est séparée, il est dû deux droits.

On peut conclure de là que, dans les justices des particuliers et des communautés, on doit, en assignant les délinquans, leur donner copie du rapport et de l'exploit; le contrôle auquel sont astreints ces sortes d'actes, en fait connaître la nécessité, d'autant plus que les Gardes des seigneurs n'ont pas le pouvoir d'exploiter, à moins que le roi n'ait accordé à ces seigneurs le droit d'institution à cet égard; sans cette prérogative, les seigneurs sont obligés de se servir du ministère du sergent de la justice, qui est obligé de donner copie de l'exploit et du rapport, en vertu duquel il assigne.

[[Aujourd'hui, il doit être donné aux prévenus copie des procès-verbaux dressés même par les Gardes bois de l'Etat. C'est la disposition expresse de l'art. 9 du tit. 9 de la loi du 15 septembre 1791.]]

Selon l'ordonnance du 11 juin 1540, les Gardes peuvent exercer hors de leur ressort, sans avoir besoin de *parentis*.

Leurs fonctions sont bornées aux seules matières des eaux et forêts, tellement qu'il leur est défendu, sous peine de faux, d'exploiter dans la juridiction des maîtrises, pour toute autre affaire que celles qui se poursuivent à la requête des procureurs du roi.

XI. En général, les Gardes n'ont pas le pouvoir de faire des visites chez les particuliers pour la recherche des bois de délit, à moins qu'il ne soient assisté d'un officier de la maîtrise : s'il s'agissait cependant d'un délit récemment commis, et qu'un Garde fût à la suite, il pourrait dans ce cas faire les perquisitions nécessaires pour en découvrir les auteurs, parce qu'il s'agirait d'une espèce de flagrant délit; mais il ne pourrait pas forcer l'ouverture des maisons, s'il n'y était autorisé, soit par une ordonnance du maître particulier, ou du juge des lieux.

Hors le cas du flagrant délit, un Garde ne peut pas faire seul ces sortes de perquisitions; il ne peut y procéder qu'en présence d'un officier de la maîtrise, ou du juge ordinaire de l'endroit. A son refus, ou s'il n'y en a pas, il doit requérir l'assistance, soit du maire, soit d'un échevin du lieu. C'est ainsi qu'il faut entendre ce que l'ordonnance de 1669 prescrit à ce sujet.

Tel est l'usage de presque toutes les maîtrises du royaume : s'il en était autrement, et s'il fallait strictement suivre la disposition littérale de l'ordonnance, qui ne parle ni du maire, ni d'un échevin, et qui n'admet que la présence d'un officier de maîtrise ou de celui de la justice du lieu, il arriverait que dans les villages où il n'y a pas de justice établie, les Gardes seraient dans l'impossibilité d'y faire aucune perquisition utile de bois de délit, parce que les officiers de la justice ordinaire, dont dépend ce village, trouveraient toujours des prétextes pour ne pas se déplacer et ne pas assister le Garde. Mais, comme il faut toujours saisir le véritable esprit d'une loi pour en faire l'application convenable dans l'exécution, dès qu'il est évident que l'intention du législateur a été de prévenir l'impunité des délits, on doit savoir suppléer aux cas non exprimés par ceux qui le sont clairement. — Or, l'esprit de la loi est que le Garde ne fasse sa visite qu'en présence d'un homme qui ait un caractère public; ainsi, dès qu'il est certain qu'un maire et un échevin en ont un, leur présence autorise la perquisition du Garde, qui est alors en état de dresser un procès-verbal de tout le bois de délit qu'il découvre, et même de le saisir.

Sans cette activité, il est évident qu'avec un peu de précaution il n'est pas de délinquant qui ne pourrait se soustraire aux peines qu'il aurait encourues, ce qui produirait une impunité très-préjudiciable à la conservation des forêts.

[[Les lois nouvelles ont établi, sur tout cela, des règles précises.

Celle du 15 septembre 1791 porte, tit. 4, art. 5, que les Gardes « suivront les bois de délit dans les lieux où ils auront été transportés et les mettront en séquestre; mais (qu') ils ne pourront s'introduire dans les ateliers, bâtimens et cours adjacentes, qu'en présence d'un officier municipal ou par autorité de justice ». — Et elle ajoute, art. 8, que, « lorsqu'un procès-verbal de séquestre aura été fait en présence d'un officier municipal, ledit officier y sera dénommé, et le Garde prendra sa signature avant l'affirmation, à moins que ledit officier ne sache ou ne veuille signer; et alors il en sera fait mention ».

L'art. 41 du Code des délits et des peines du 3 brumaire an 4, charge les Gardes forestiers « de suivre les objets volés dans les lieux où ils ont été transportés et de les mettre en séquestre, sans pouvoir néanmoins s'introduire dans les maisons, ateliers, bâtimens et cours adjacentes, si ce n'est en présence, soit d'un officier ou agent municipal ou de son adjoint, soit d'un commissaire de police (1) ».

Un arrêté du directoire exécutif, du 4 nivose an 5, ordonne que tout officier municipal ou commissaire de police qui aura refusé d'accompagner sur-le-champ un Garde dans la perquisition de bois coupés en délits, sera destitué et traduit devant les tribunaux.

Si le Garde se fait accompagner, non d'un officier municipal de la commune où il y a des recherches à faire, mais par un officier municipal d'une commune voisine, son procès-verbal est-il nul ?

Il existe, sur cette question, un arrêt de la cour de cassation, qui a été rendu le 21 mai 1807, au rapport de M. Rataud : « attendu (porte-t-il), que l'assistance d'un officier municipal dans les cas prévus par la loi du 15-29 septembre 1791, n'est ordonnée que comme mesure de police pour protéger la sûreté individuelle et domiciliaire, et ne peut influer en rien sur la vérification du délit qu'il y a lieu de constater : d'où il suit que la circonstance que l'officier municipal qui, dans l'espèce, avait accompagné les Gardes forestiers n'était pas celui du lieu, et avait été appelé comme plus voisin, ne peut nuire au résultat de l'opération des Gardes qui y ont procédé sans réclamation, ni vicier leur procès-verbal ; attendu que la cour de justice criminelle du département de la Sarre paraît elle-même avoir reconnu la vérité de ce principe, puisqu'elle n'a pas prononcé la nullité du rapport, et qu'elle a même déclaré ne point approuver l'annullation qui en avait été prononcée par les premiers juges ; que, dans cet état, le délit se trouvant constaté par un procès-verbal régulier, et non attaqué par les seules voies autorisées, il ne pouvait être admis de preuve tendante à en détruire l'effet, sans une violation formelle de l'art. 13 du tit. 9 de la loi du 15-29 septembre 1791, qui veut que foi soit ajoutée aux procès-verbaux ; par ces motifs, la cour casse et annulle les arrêts rendus par la cour de justice criminelle du département de la Sarre, les 7 et 26 juillet dernier.... ».

V. Douanes, §. 11 ; et *procès-verbal*, §. 3, n. 5 ; §. 4, n. 6 ; et §. 6, n. 9.]]

XII. Jousse prétend, en son commentaire sur l'art. 9 du tit. 10 de l'ordonnance de 1669, que la copie du rapport doit être donnée au délinquant dans les vingt-quatre heures ; mais c'est une erreur, parce que cela n'est prescrit que pour les matières de fermes, étrangères à tous égards à celles des eaux et forêts pour lesquelles il n'y a à ce sujet d'autre terme fatal que celui de l'année expirée, à dater du jour du rapport : d'ailleurs les Gardes des bois du roi ne sont pas obligés de donner copie de leurs procès-verbaux, ainsi que nous l'avons ci-dessus établi : de plus on voit que selon l'art. 7 du tit. 6, les procureurs du roi ne doivent faire les poursuites sur les rapports que dans la huitaine ; disposition qui n'a lieu que pour exciter l'activité du ministère public, mais dont les délinquans ne peuvent exciper en leur faveur, ce qui rend plus sensible l'erreur que nous relevons.

[[L'art. 9 du tit. 9 de la loi du 15 septembre 1791 veut qu'en assignant un prévenu, on lui donne copie du rapport. Il suffit donc que la copie du rapport soit donnée au prévenu dans le délai qui est fixé par la loi pour l'assigner. Sur ce délai, *V. Délit forestier*, §. 13.]]

XIII. Souvent un Garde éprouve, dans l'exercice de ses fonctions, de la résistance, même des violences et des rébellions ; il faut alors qu'il se contente d'en dresser un procès-verbal sur lequel on ne manque pas de punir sévèrement les coupables ; l'ordonnance défendant impérieusement à toutes personnes de troubler les Gardes dans leurs fonctions, ni de les maltraiter, à peine d'être punies rigoureusement [[*V. Rébellion.*]]

XIV. Un rapport ne peut être annullé en général que par l'inscription de faux, par l'omission de quelque formalité essentielle, ou par la récusation légitime du Garde qui l'a fait ; car, quoiqu'il paraisse que la récusation ne doive avoir lieu que contre les juges et les officiers, l'ordonnance de 1669 l'admet cependant contre les Gardes.

Il peut arriver en effet qu'un Garde, animé par des motifs particuliers de vengeance, se permette de faire mal à propos un rapport contre un homme qui n'y a pas donné lieu ; si cela est prouvé, ou que le Garde soit parent au degré prévu par l'ordonnance, ou bien en procès avec ce particulier, il y a lieu à récuser le Garde et à renvoyer celui contre lequel le rapport est fait.

[[Le tit. 9 de la loi du 15 septembre 1791, contient, sur cette matière, les dispositions suivantes.

« *Art.* 13. Les procès-verbaux feront preuve suffisante dans tous les cas où l'indemnité et l'amende n'excéderont pas la somme de 100 livres, s'il n'y a pas inscription de faux, ou s'il n'est pas proposé de cause valable de récusation.

» Si le délit est de nature à emporter une plus forte condamnation, le procès-verbal devra être soutenu d'un autre témoignage ».

Un procès-verbal dressé et affirmé par deux ou plusieurs Gardes, fait-il foi jusqu'à inscription de faux, d'après ce dernier article, lorsqu'il s'agit d'un délit de nature à emporter une condamnation au-dessus de 100 francs ?

Il y a dans mon *Recueil de Questions de droit*, aux mots *Garde forestier*, §. 1, deux arrêts de la cour de cassation, des 16 fructidor an 11 et 16 frimaire an 12, qui jugent pour l'affirmative. On en trouvera d'autres ci-après, au mot *Procès-verbal*, §. 7.]]

Le procès-verbal d'un délit emportant des condamnations au-dessus de 100 fr., fait-il foi jusqu'à la preuve contraire, lorsqu'il n'est signé et affirmé que par un seul Garde ? *V. Procès-verbal*, §. 7, n. 17.

XV. Si un Garde commettait quelque prévarication dans l'exercice de ses fonctions, comme de composer avec les délinquans, d'en recevoir quelque chose pour ne pas faire de rapport contre eux, ou d'abuser, de quelque manière que ce fût, de la confiance qu'on lui accorde, sur la preuve de quel-

(1) L'art. 16 du Code d'instruction criminelle de 1818 dit la même chose. *V. Garde champêtre*, n. 5.

qu'un de ces faits, il y aurait lieu, non seulement à l'interdire, même à le destituer, et souvent à prononcer contre lui la peine des galères. [[*V. Corruption.*]]

XVI. Quand il est interdit, il ne lui est pas permis d'exercer des fonctions, à peine de faux et de nullité, [[aujourd'hui à peine d'emprisonnement, d'amende et d'exclusion de toute fonction publique pendant cinq ans au moins et dix ans au plus. *V.* le Code pénal de 1810, art. 297.]]

Quant à la destitution qui emporte la perte entière de l'état, les grands-maîtres peuvent la prononcer contre un Garde, l'ordonnance leur donnant à cet égard un plein pouvoir que l'on doit regarder comme une dépendance de l'autorité qui leur est confiée pour la police des eaux et forêts.

Les officiers des maîtrises ont aussi la faculté de destituer un Garde; mais ce ne doit être que sur des chefs d'accusation prouvés : en cela ils usent du pouvoir qu'a tout juge, de priver de son état le subalterne qui en a abusé.

[[*V.* ci-devant, §. 2.]]

XVII. Outre les devoirs particuliers dont nous avons parlé, les Gardes en ont encore d'autres à remplir en général; ils doivent assister les officiers lors des visites qu'ils font dans les forêts, leur donner connaissance des outre-passes, anticipations, déplacemens de bornes, et de toutes les autres choses qui ont trait à la conservation des forêts; subordonnés aux Gardes généraux, ils doivent se conformer exactement aux ordres qu'ils en reçoivent pour le service, parce que l'objet essentiel de leurs fonctions est de concourir tous à la conservation des forêts : en y prévenant autant qu'il est possible les dégradations.

Les bois des communautés ecclésiastiques et laïques, et ceux des particuliers étant soumis à la police générale établie pour les bois, les Gardes doivent de temps à autres y faire des tournées pour connaître s'il ne s'y passe rien de contraire aux ordonnances : s'ils y découvrent quelque malversation, ils doivent en dresser des procès-verbaux.

Nous ajouterons que les Gardes sont autorisés à arrêter un délinquant inconnu, sans quoi l'impunité suivrait le délit, et qu'ils doivent de même amener dans les prisons ceux qui, ayant été déclarés inutiles et vagabonds, commettent de nouveaux délits, sinon ils en sont responsables en leur propre nom, conformément à la disposition de l'art. 46 de l'édit de mai 1716.

[[L'art. 41 du Code des délits et des peines du 3 brumaire an 4 oblige les Gardes « d'arrêter et de conduire devant le juge de paix, en se faisant donner main-forte par la commune du lieu, qui ne peut la refuser, tout individu qu'ils surprennent en flagrant délit ».

Cette disposition est renouvelée par le Code d'instruction criminelle de 1808, art. 16. [[*V. Garde champêtre*, n. 5.]]

Quoiqu'il n'y ait aucun réglement qui astreigne les Gardes à ne pas quitter la bandoulière qu'on est dans l'usage de leur donner, il faut cependant qu'ils la portent exactement, parce qu'elle annonce leur commission au public pour qui elle est respectable.

XVIII. Les gages et les droits des Gardes sont insaisissables : cela a été décidé par un arrêt du conseil du 10 février 1685, qui défend expressément à toutes personnes indistinctement de faire, pour dettes civiles, aucune saisie sur les gages et droits attribués aux Gardes des eaux et forêts, à peine de nullité, cassation de procédures, etc.; il est en même temps défendu à tout huissier de mettre à exécution contre les receveurs des domaines et bois aucun jugement rendu sur saisie des gages de ces Gardes, à peine de suspension de leurs charges : en conséquence il est enjoint aux receveurs des domaines de payer aux Gardes leurs droits, conformément aux arrêts du conseil, sans avoir égard aux saisies faites entre leurs mains, à peine de payer deux fois, etc.

Cet arrêt a été confirmé par un autre du 14 mars 1702, qui a ordonné que le nommé Hérisson, Garde de la forêt de Compiègne, serait payé de ses gages, sans avoir égard à la saisie du prieur de Royaulieu, et à toutes autres faites ou à faire.

Ainsi, il faut tenir pour certain que l'on ne peut saisir les gages des Gardes, pour quelque cause que ce soit. Cette règle reçoit cependant une exception : quand un Garde a prévariqué, on peut arrêter ses gages pour les amendes auxquelles il a été condamné, parce que ses prévarications le rendent indigne de jouir du privilége établi en sa faveur. — [[*V. Appointemens.*]]

Section II. *Des Gardes des bois tenus en gruerie.*

Les possesseurs des bois tenus en gruerie étaient autrefois dans l'usage de commettre des Gardes pour y veiller; mais comme cela leur donnait la facilité de s'en attribuer tous les profits au préjudice du roi, il leur fut défendu par les ordonnances d'avril 1545, juillet 1547 et mars 1561, d'y commettre aucun Garde ni sergent, excepté les sergens à Garde des bois du roi.

La réformation du 1er mai 1666 renouvela cette défense, en ordonnant que les Gardes veilleraient à la conservation des bois où le roi a des droits de gruerie, et qu'ils feraient leurs rapports aux maîtrises.

Pour mieux assurer la conservation des droits qu'a le roi dans ces sortes de bois, l'ordonnance de 1669, tit. 23, art. 15, a confirmé cette défense, en ordonnant qu'à l'avenir il y aurait dans chaque maîtrise un ou plusieurs sergens à Garde, selon le nombre et la distance des bois tenus par indivis et en gruerie, grairie, tiers et danger, pour y faire la Garde et les rapports des délits, abus et malversations, de la même manière que ceux qui sont préposés pour les bois du roi.

Ces Gardes qui tiennent leur commission du grand-maître, doivent être reçus à la maîtrise avec les mêmes formalités que les Gardes des bois du roi, et jouissent des mêmes priviléges qu'eux.

C'est à la maîtrise qu'ils doivent faire leurs rapports, parce que les amendes et confiscations résultantes des délits commis dans ces bois appartiennent au roi, ainsi que les restitutions, dommages et intérêts dans lesquels les possesseurs n'ont que la portion qu'ils peuvent prétendre en vertu de leurs titres.

Les Gardes doivent savoir : — Qu'il est défendu aux

possesseurs de ces bois d'y prendre aucun arbre vif, sans la permission du roi et les lettres d'attache du grand-maître du département; — Qu'ils ne peuvent disposer par eux-mêmes, que du mort-bois que les anciennes ordonnances désignent sous le nom de saulx, marsaulx, épines, puines, seur, aulnes, genets, genièvre et ronces, ainsi que les arbres morts en cime et en racine, c'est-à-dire, qui ne portent plus absolument de feuilles, dont la sève est entièrement éteinte, et de tout le bois mort qui est tombé; — Que ces possesseurs ne peuvent disposer des chablis qui doivent être vendus en la manière ordinaire; — Qu'enfin la paisson et la glandée ne leur appartiennent pas, à moins qu'ils n'en aient titre de concession; — Qu'à l'égard de la chasse, ils n'y ont aucun droit.

Telles sont les connaissances particulières que doivent avoir ces Gardes, qui ne peuvent se dispenser d'avoir encore celles dont nous avons parlé dans la section précédente.

[[La loi du 15 septembre 1791 porte, tit. 11, art. 1, que « les bois en grurie ou indivis avec la nation, seront régis par la conservation générale, ainsi que les bois nationaux ». *V. Gruerie.*]]

Section III. *Des Gardes des bois des communautés d'habitans.*

I. Les communautés d'habitans sont obligées de préposer des Gardes pour veiller à la conservation de leurs bois.

On ne peut pas exiger que ces Gardes aient une connaissance des bois aussi étendue que celle dont nous avons parlé dans les sections précédentes, au sujet des Gardes des bois de l'Etat; parce que leur commission n'étant en général que pour l'année, il serait assez difficile de trouver, pour la remplir, des gens instruits à fond de tout ce qui concerne les bois.

Il suffit qu'ils aient de la probité, qu'ils sachent lire et écrire, qu'ils connaissent les différentes espèces de bois, et qu'il n'est pas permis de commettre dans les forêts aucune sorte de délits, objets dont les gens de campagne ont presque toujours des notions assez exactes.

Il faut outre cela qu'ils veillent particulièrement sur les exploitations que les communautés font de leurs coupes annuelles pour l'affouage des habitans, afin d'empêcher qu'on n'y coupe d'autres bois que le taillis, et pour que le souchetage en soit fait à fleur de terre.

C'est à ces objets que l'on doit borner les connaissances générales que doivent avoir les Gardes des bois des communautés laïques. Elles ne peuvent se dispenser de les préposer par une suite de la règle d'administration qui assujettit à la même obligation les communautés séculières et régulières.

La seule différence qu'il y a entre les Gardes des unes et des autres, est que ceux des communautés séculières et régulières sont permanens, au lieu que les Gardes des communautés laïques changent tous les ans.

La raison de cette différence est que les premiers ont des gages qui les attachent à cette place, au lieu que les seconds en exercent gratuitement, pour l'ordinaire, les fonctions; vu que c'est une charge de communauté à laquelle chaque habitant est appelé à son tour; c'est-à-dire, que le Garde qui n'est qu'annal, est choisi dans la classe des habitans propres à en remplir cette place.

C'est pour cela que les premiers doivent être reçus après une information de vie et mœurs, au lieu que les seconds sont reçus sur une simple prestation de serment, dont l'effet n'est qu'annal ainsi que leur commission.

Cependant quand les communautés donnent des gages ou salaires à leurs Gardes, il arrive ordinairement que leurs fonctions se prorogent au-delà de l'année. Dans ce cas, ils doivent être reçus après information de vie et mœurs; ce qui les dispense de réitérer chaque année leur serment.

Quoi qu'il en soit les communautés laïques sont obligées, par l'art. 14 du titre 25 de l'ordonnance de 1669, de préposer annuellement un ou plusieurs Gardes pour la conservation de leurs bois, faute de quoi le juge des lieux doit y pourvoir en en commettant d'office, et en leur taxant des salaires qui doivent être payés par les communautés qui ont refusé ou négligé d'en nommer.

Suivant l'art. 15 du même titre, ces Gardes, préposés ou commis d'office, doivent prêter serment, et faire leurs rapports pardevant les officiers des maîtrises ou grueries, si leur résidence n'est éloignée que de quatre lieues; mais si le siége est dans une plus grande distance, le serment et les rapports doivent se faire pardevant le juge ordinaire des lieux, qui est obligé de se conformer, pour l'instruction et le jugement des abus et délits, aux formes et peines prescrites par l'ordonnance.

[[II. Voici ce que porte, sur les Gardes des bois des communes, le tit. 12 de la loi du 15 septembre 1791:

« *Art.* 1. Les communautés d'habitans seront tenues de pourvoir à la conservation de leurs bois, et d'entretenir à cet effet le nombre de Gardes nécessaires.

» 2. Si une communauté négligeait d'établir un nombre suffisant de Gardes, ou de leur fournir un traitement convenable, le nombre et le traitement seront réglés par le directoire du district, à la réquisition et sur l'avis de l'inspecteur.

» 3. Les communes auront le choix de leurs Gardes, parmi les personnes ayant les qualités requises par l'art. 1 du tit. 3; mais leur choix devra être approuvé par le conservateur, et elles ne pourront les destituer sans le consentement de la conservation; le choix sera fait par le conseil général de la commune.

» 4. A défaut par les communes de faire la nomination de leurs Gardes dans la quinzaine de la vacance des places, la nomination sera déférée à la conservation.

» 5. Lesdits Gardes fourniront un cautionnement et prêteront serment, ainsi que ceux des bois nationaux.

» 6. Ils se conformeront à tout ce qui est prescrit par le tit. 4 du présent décret, si ce n'est qu'après avoir affirmé leurs procès-verbaux concernant les délits ordinaires de pâturage ou de maraudage, ou vol de taillis, ils les déposeront au greffe du juge de paix, et en avertiront le procureur de la commune, pour faire les poursuites requises, conformément aux lois de police; mais ils adresseront à l'inspecteur tous leurs procès-verbaux concernant les délits commis dans les quarts de réserve, et les vols de futaie ».

L'art. 1 du tit. 3 déclare toutes ces dispositions communes aux bois possédés par les maisons d'éducation et de charité.

Mais il est dérogé par les articles suivans de la loi du 9 floréal an 11, à celles qui concernent la nomination des Gardes.

« 10. La nomination des Gardes des bois des communes, hospices ou autres établissemens, publics, sera soumise, à l'avenir, par les administrateurs légaux desdites communes et établissemens, à l'approbation du conservateur de l'arrondissement; lequel ne pourra l'accorder jusqu'en l'an 15 de la république, qu'autant que le sujet présenté aura fait cinq campagnes; et à compter du 1er vendémiaire an 15, qu'autant qu'il aura servi cinq ans sur terre ou sur mer. — Le conservateur délivrera au Garde nommé, une commission qu'il enverra à l'administration forestière pour être visée et enregistrée.

» 11. Lorsque l'administration forestière jugera convenable de confier au même individu la Garde d'un canton de bois appartenant à des communes, hospices ou autres établissemens publics, et d'un canton de bois nationaux, la nomination sera faite par elle seule.

» 12. Les Gardes dont il est parlé aux articles précédens, qui sont déjà nommés ou le seront à l'avenir, seront inscrits et classés avec les Gardes des bois nationaux, soumis à l'autorité des Gardes généraux et de l'administration forestière. Ils prêteront serment devant le tribunal de première instance, sur le réquisitoire du commissaire du gouvernement; et leurs procès-verbaux feront foi en justice, même pour constater les délits commis dans d'autres bois nationaux et communaux que ceux dont la Garde leur est confiée, ainsi que dans les bois des particuliers, lorsqu'ils en seront requis par les propriétaires.

» 13. Ces gardes seront payés par l'administration forestière, qui sera remboursée de ses avances, soit sur les revenus annuels des communes et autres établissemens, soit sur le produit des coupes de bois, ainsi qu'il sera réglé par le gouvernement.

» 14. Ils pourront être destitués par l'administration forestière, s'il y a lieu; au bout de deux ans de service, ils seront placés de préférence dans l'administration forestière, suivant le zèle et l'intelligence qu'ils auront montrés ».

Il a été également dérogé à la disposition de la loi du 15 septembre 1791, relative à l'usage que les Gardes des bois des communes doivent faire de leurs procès-verbaux. *V.* l'art. 18 du Code d'instruction criminelle de 1808, rapporté ci-devant, sect. 1, §. 5, n. 7: *Délit forestier*, §. 14; et *Futaie*, §. 4.

III. Le mode de payement des salaires des Gardes de bois communaux, est ainsi réglé par un arrêté du gouvernement, du 17 nivôse an 12.

» *Art.* 1. Les Gardes des bois communaux et des établissemens publics seront payés, pour le service de l'an 11, dans la même forme que par le passé.

» 2. A compter du 1er. vendémiaire an 12, ils seront payés par les préposés de l'administration de l'enregistrement et des domaines, chacun dans son arrondissement, d'après les états qui en seront arrêtés par l'administration générale des forêts, et approuvés par le ministre des finances.

» 3. Le montant des salaires des Gardes des bois des communes sera versé chaque année et d'avance dans les caisses desdits préposés, en vertu des ordonnances qui seront expédiées au profit de ceux-ci, par les préfets des départemens, sur les fermiers ou receveurs des revenus ordinaires des communes. — Lorsque ces revenus seront composés en partie du produit des ventes annuelles desdits bois, les ordonnances seront expédiées directement sur les adjudicataires desdites coupes.

» 4. En cas d'insuffisance des autres revenus, et lorsque le produit des bois se distribuera annuellement entre les habitans par forme d'affouage, lesdites ordonnances seront expédiées sur les adjudicataires des portions de bois dont, en ce cas, la vente est ordonnée par l'art. 5 de la loi du 11 frimaire an 7.

» 5. Lorsqu'il n'y aura ni revenus ordinaires suffisans, ni coupe ou affouage annuel, mais seulement des coupes éloignées l'une de l'autre, de trois, six, dix ans, au plus, l'avance du salaire des Gardes des bois sera faite pendant le temps intermédiaire par la caisse de l'enregistrement et des domaines, qui en sera remboursée par prélèvement sur le prix d'adjudication desdites coupes, sur lequel sera aussi prélevé moitié du montant des salaires qui devront courir jusqu'à la prochaine vente ».

Ce dernier article ayant présenté des inconvéniens dans son exécution, la loi du 22 mars 1806 y a pourvu en ces termes:

« *Art.* 1. Le montant des salaires des Gardes des bois des communes qui n'auront ni revenus ni affouage suffisans pour l'acquitter, sera ajouté aux centimes additionnels des contributions de ces communes.

» 2. L'imposition additionnelle ne pourra avoir lieu que sur l'autorisation du gouvernement, par décret d'administration publique ».]]

Section IV. *Des Gardes des bois domaniaux engagés.*

Les engagistes n'étant pas propriétaires, ils n'ont pas le droit d'institution, ni conséquemment celui d'établir des Gardes dans l'étendue des domaines qu'ils possèdent à titre d'engagement.

Ils ont seulement la faculté de présenter les sujets, mais c'est au roi seul à qui il appartient de donner des provisions, ou au grand maître des eaux et forêts de donner des commissions. C'est ce que décide clairement un arrêt du conseil du 22 novembre 1687, lequel est ainsi conçu: — « Le roi étant informé qu'encore que les engagistes de ses domaines, qui ont des bois dans leurs engagemens, ne doivent jouir que des coupes ordinaires de taillis, et que tous les baliveaux et les futaies appartiennent à sa majesté, ils y établissent des Gardes et les destituent quand bon leur semble, ce qui fait que dépendant d'eux, ils n'osent faire aucun rapport aux maîtrises des délits et dégradations que lesdits engagistes ou leurs fermiers peuvent avoir faits dans lesdits bois, qui demeurent par conséquent impunis; d'autant plus que ce ne peut être que par le moyen des Gardes que les autres officiers des forêts les peuvent conserver; étant nécessaire d'y pourvoir: ouï le rapport, sa majesté en son conseil a ordonné que les gardes des bois engagés prendront incessamment des commissions de sa majesté, qui leur seront expédiées comme aux autres Gardes de ses forêts, pour être reçus aux sièges des maîtrises particulières, d'où les bois commis à leur garde ressortissent, et en vertu desquelles et non autrement ils seront payés de leurs gages, chauffages et droits, par les engagistes qui en sont tenus comme étant une des charges de leurs engagemens, lesquels Gardes ainsi pourvus et reçus, ne pourront être destitués par lesdits engagistes qu'en cas de malversation reconnue par le grand-maître des eaux et forêts du département. »

Quoique les engagistes soient obligés de payer les gages des Gardes, ils ne peuvent point cependant les destituer, comme le décide l'arrêt cité, si ce n'est dans le cas de malversation reconnue par le grand-maître.

Le motif de cette disposition paraît sensible. Si les engagistes avaient la liberté de destituer arbitrairement leurs Gardes, comme ils ne sont que des usufruitiers naturellement portés à étendre leur jouissance qui est très-restreinte, ils ne manqueraient pas d'avoir recours à cette voie, toutes les fois qu'ils éprouveraient la moindre résistance de la part de ces Gardes: par ce moyen les bois seraient à la discrétion de ces engagistes, qui en disposeraient à leur volonté, et cela nuirait à la conservation du domaine engagé. C'est donc pour prévenir ces inconvéniens, que le roi a voulu rendre les grands-maîtres seuls juges de ces destitutions. (M. Henriquez.)*

[[On peut voir à l'article *Futaie*, §. 2, quelles sont là-dessus les dispositions de la loi du 15 septembre 1791.

Section V. *Des Gardes des bois des particuliers.*

Le Code des délits et des peines du 3 brumaire an 4, porte, art. 40, que « tout propriétaire a le droit d'avoir, pour la conservation de ses propriétés, un Garde forestier. »

Le même article ajoute qu'il « est tenu de le faire agréer par l'administration municipale», représentée aujourd'hui par le sous-préfet. Mais il est dérogé par les articles suivans de la loi du 9 floréal an 11.

« 15. Les Gardes des bois des particuliers ne pourront exercer leurs fonctions qu'après avoir été agréés par le conservateur forestier, et avoir prêté serment devant le tribunal de première instance.

» 16. En cas de refus par le conservateur d'agréer lesdits Gardes, celui qui les aura présentés, pourra se pourvoir devant le préfet du département, qui statuera. »

Du reste, l'art. 41 du Code du 3 brumaire an 4, déclare communes aux Gardes des bois des particuliers, toutes les obligations et attributions des Gardes des bois de l'État (1).

Il est seulement à remarquer que, pour la foi due à leurs procès-verbaux, ils sont assimilés aux Gardes champêtres.

V. Délit forestier, *Chablis*, *Amende*, §. 1; *Garde champêtre*, *Malversations*, *Récolement de bois*, *Procès-verbal*, *Rébellion*, etc.; et mon *Recueil de Questions de droit*, aux mots *Garde forestier.*]]

[[GARDES DES FORTIFICATIONS. Ce sont des agens que le gouvernement prépose à la conservation des fortifications des places de guerre.

Voici ce que porte à leur sujet la *suite du tit.* 1 de la loi du 8 juillet 1791:

« *Art.* 1. Tous les employés des fortifications, connus ci-devant sous les noms d'inspecteurs de casernes, de caserniers, de fontainiers, de citerniers, d'éclusiers, de Gardes des fortifications, digues, lignes, sépis, jetées, etc., seront désignés dorénavant sous les noms de *Gardes des fortifications* et *d'Eclusiers des fortifications.*

» 2. Les emplois des Gardes et d'éclusiers des fortifications dans les places de première et seconde classe, ne pourront être donnés qu'à des sujets qui aient été employés six ans au service des fortifications.

» 3. Nul ne pourra exercer les fonctions de Garde et d'éclusier des fortifications qu'en conséquence de la nomination du roi, et d'un brevet de sa majesté.

» 4. Les Gardes et éclusiers des fortifications seront divisés en quatre classes, quant aux appointemens dont ils doivent jouir, savoir: vingt de la première classe, aux appointemens de 720 liv.; quatre-vingts de la seconde classe, aux appointemens de 540 liv.; cent vingt de la troisième classe, aux appointemens de 360 liv.; quatre-vingts de la quatrième classe, aux appointemens de 240 liv.

» 5. Les Gardes et éclusiers des fortifications ne seront soumis qu'à l'autorité militaire dans tout ce qui dépendra de leurs fonctions; et ils ne recevront d'ordre pour leur service, que de ceux des agens de cette autorité qui leur seront désignés à cet effet par les réglemens militaires.

» 6. Les trois cents Gardes et éclusiers des fortifications, désignés à l'art. 4 ci-dessus, seront répartis par le ministre de la guerre, dans les places et postes militaires, suivant les besoins du service, pour y exercer les fonctions qui leur seront assignées par leur brevet....

» 8. Tous les Gardes et éclusiers des fortifications, d'ancienne ou de nouvelle création, seront tenus de résider dans les lieux de leur service, ainsi que d'y porter l'uniforme qui leur sera affecté; faute de se conformer à cette injonction, il sera nommé à leur emploi.

» 9. Les Gardes et éclusiers des fortifications rece-

(1) C'est aussi ce que font entendre les art. 16, 17, 18, 19 et 20 du Code d'instruction criminelle de 1808.

vront un logement en argent ou en nature, au lieu fixé pour leur résidence.

» 10. Les Gardes et éclusiers des fortifications ne pourront exercer aucun emploi ou charge de communauté, dont le service empêcherait celui qui leur est confié en qualité de Gardes et d'éclusiers des fortifications.

» 11. Tous privilèges et exemptions, de quelque espèce qu'ils soient, dont ont joui ou pu jouir les employés des fortifications, aux entrées des villes sur les objets de consommation, seront et demeureront supprimés, à dater de l'époque de la publication du présent décret. »

Les Gardes des fortifications sont aussi appelés *Gardes du génie;* et c'est sous ce nom que les désigne la loi du 29 mars 1806, qui, sous quelques rapports, donne à leurs fonctions un nouveau caractère.

V. l'article *Fortifications*, §. 2.]]

★ GARDES DU COMMERCE. Ce sont des officiers qui ont le droit exclusif de mettre à exécution, à Paris et dans la banlieue, les contraintes par corps pour dettes civiles.

I. Divers exemples avaient fait connaître combien la manière avec laquelle les contraintes par corps étaient mises à exécution dans la ville de Paris, était peu capable de donner à cet acte de justice le degré de respect et d'autorité qui lui est dû: ces poursuites rigoureuses que l'on confiait presque toujours à des officiers de justice mal famés, ou à des gens sans caractère qui agissaient sous leur nom, étaient fréquemment exercés sur des débiteurs auxquels la connaissance des procédures et jugemens préalables avait été soustraite à dessein, et même sur des personnes contre lesquelles aucun jugement n'avait été prononcé, et que l'on arrêtait par méprise. Il était résulté de ces abus plusieurs événemens funestes: quelquefois le débiteur repoussait ceux qui l'attaquaient, en les tuant ou les blessant dangereusement. En 1769, on vit un homme mourir d'une maladie qui avait été la suite de la frayeur et des mauvais traitemens d'une capture exercée sur lui par méprise. Pour arrêter le cours de ces désordres, Louis XV jugea devoir établir de nouvelles règles sur la manière dont la contrainte par corps s'exercerait à l'avenir à Paris et dans la banlieue. Pour cet effet, il créa, par un édit du mois de novembre 1772, les officiers dont il s'agit dans cet article. Mais cette loi n'ayant pas suffi pour remplir les vues du législateur, Louis XVI y a suppléé par un autre édit du mois de juillet 1778.

[[II. Ces officiers ont été supprimés en 1791. Mais par l'art. 9 de la loi du 21 septembre de la même année, il a été dit que « les Gardes du commerce continueraient provisoirement et personnellement à exercer les fonctions qui leur étaient attribuées par les lois. »

La loi du 15 germinal an 6, tit. 3, art. 2, donnait à ceux qui les avaient exercées, la concurrence avec les huissiers, pour exécuter les contraintes par corps dans le département de la Seine. Mais le Code de procédure civile paraît leur avoir ôté ce droit pour les contraintes par corps en matière non commerciale. Cela résulte de l'art. 1041 de ce Code, qui abroge toutes les lois antérieures concernant la procédure et l'exécution des jugemens (1).

A l'égard des contraintes par corps prononcées pour dettes commerciales, voici ce que porte le Code de commerce, liv. 4, art. 11: « Il sera établi, pour la ville de Paris seulement, des Gardes du commerce pour l'exécution des jugemens emportant la contrainte par corps; la forme de leur organisation et leurs attributions seront déterminées par un réglement particulier. »

III. Ce réglement a été décrété par l'Empereur, le 14 mars 1808, en ces termes:

« *Art.* 1. Le nombre des Gardes du commerce qui doivent être établis dans le département de la Seine, pour l'exécution de la contrainte par corps, en conformité de l'art. 625 du Code de commerce, est fixé à dix. — Les fonctions des Gardes du commerce sont à vie; ils seront nommés par l'Empereur.

» 2. Le tribunal de première instance et le tribunal de commerce présenteront chacun une liste de candidats en nombre égal à celui des Gardes à nommer.

» 3. Le grand juge ministre de la justice nommera un vérificateur, qui sera attaché au bureau des Gardes du commerce.

» 4. Avant d'entrer en fonctions, le vérificateur et les Gardes du commerce prêteront serment entre les mains du président de première instance.

» 5. Le vérificateur et les Gardes du commerce seront tenus de fournir chacun un cautionnement de 6,000 francs, lequel sera versé à la caisse d'amortissement.

» 6. Le bureau des Gardes du commerce sera établi dans le centre de la ville de Paris. — Il sera ouvert tous les jours, depuis neuf heures du matin jusqu'à trois, et depuis six heures du soir jusqu'à neuf. Les Gardes du commerce seront tenus de s'y trouver alternativement, et aux jours nommés, pour le service réglé entre eux.

» 7. Les Gardes du commerce sont chargés *exclusivement de l'exécution des contraintes par corps* (2); et ne pourront, en aucun cas, être suppléés par les huissiers, recors et autres personnes quelconques. — Ils pourront être commis par le tribunal de commerce à la garde des faillis, conformément à l'art. 455, liv. 3, du Code de commerce.

» 8. Les Gardes du commerce auront une marque distinctive en forme de baguette, qu'ils seront tenus d'exhiber aux débiteurs condamnés, lors de l'exécution de la contrainte.

» 9. Avant de procéder à la contrainte par corps, les titres et pièces seront remis au vérificateur qui en donnera récépissé.

» 10. Tout débiteur dans le cas d'être arrêté, pourra notifier au bureau des Gardes du commerce

---

(1) *V.* ci-après, n. 5, note 2.

(2) Cette disposition est trop générale pour ne pas comprendre même les contraintes par corps en matières non commerciales; et c'est dans cet esprit qu'elle a été rédigée par le conseil-d'Etat. Ainsi, on ne doit pas, à cet égard, s'arrêter à l'induction contraire, qui, au premier abord, comme on vient de le voir, paraît sortir de l'art. 1041 du Code de procédure civile.

les oppositions ou appels, ou tous autres actes par lesquels il entend s'opposer à la contrainte prononcée contre lui. — Le vérificateur visera l'original des significations.

» 11. Le vérificateur ne pourra remettre au Garde du commerce les titres et pièces, qu'après avoir vérifié qu'il n'est survenu aucun empêchement à l'exécution de la contrainte. — Il en donnera un certificat, qui sera annexé aux pièces. — En cas de difficulté, il en sera préalablement référé au tribunal qui doit en connaître.

» 12. Il sera tenu par le vérificateur deux registres, cotés et paraphés par le président du tribunal de première instance. — Le premier contiendra, jour par jour, et sans aucun blanc, la mention des titres et pièces remis pour les créances, des noms, qualités et demeures des poursuivans et débiteurs, et de la signification faite de l'arrêt, sentence ou jugement. — Le deuxième servira à inscrire les oppositions ou significations faites par le débiteur, lesquelles oppositions ou significations ne pourront être faites qu'au bureau des gardes du commerce.

» 13. Dans le cas où la notification faite, par le débiteur, d'aucun acte pouvant arrêter l'exercice de la contrainte, sera faite postérieurement à la remise des titres et pièces au Garde du commerce, le vérificateur sera tenu d'en donner avis sur-le-champ au Garde saisi des pièces, qui donnera reçu de cet avis, et sera obligé de surseoir à l'arrestation, jusqu'à ce qu'il en ait été autrement ordonné.

» 14. Si, lors de l'exercice de la contrainte, le débiteur offre de payer les causes de la contrainte, le Garde du commerce chargé de faire l'arrestation recevra la somme offerte; mais, dans ce cas, il sera tenu de la remettre, dans les vingt-quatre heures au créancier qui l'aura chargé; et, à défaut par le créancier de la recevoir, quel que soit son motif, le Garde déposera, dans les vingt-quatre heures suivantes, la somme reçue à la caisse d'amortissement.

» 15. Dans le cas où, en exécution du §. 5 de l'art. 781 du Code judiciaire, le juge de paix du canton ne pourrait pas ou refuserait d'ordonner l'arrestation dans la maison *tierce* où se trouverait le débiteur, et de se transporter avec le Garde pour procéder à l'arrestation, le Garde chargé de l'exécution requerra le juge de paix d'un autre canton. — Le Garde du commerce n'aura pas besoin de l'autorisation et assistance du juge de paix, pour arrêter le débiteur dans son propre domicile, si l'entrée ne lui en est pas refusée.

» 16. En cas de rébellion prévu par l'art. 785, le Garde chargé de l'arrestation, en constatera la nature et les circonstances; il pourra établir garnison aux portes, et partout où le débiteur pourrait trouver la facilité de s'évader; il pourra requérir la force armée, qui ne pourra lui être refusée, et, en sa présence et avec son secours, procéder à l'arrestation.

» 17. Si le débiteur arrêté allègue avoir déposé ou fait signifier au bureau des Gardes, des pièces qu'il prétendrait suffisantes pour suspendre l'arrestation, et qu'il ne justifie pas du récépissé du vérificateur pour la remise desdites pièces, ou de l'original desdites significations, visé par le même vérificateur, il sera passé outre à l'arrestation, sauf néanmoins le cas prévu dans l'art. 786 du Code judiciaire.

» 18. En exécution de l'art. 789, la consignation d'un mois d'alimens sera faite par le Garde du commerce, qui cependant ne sera jamais tenu d'en faire l'avance et pourra surseoir à l'arrestation tant qu'il ne lui aura pas été remis de deniers suffisans pour effectuer ladite consignation.

» 19. En exécution de l'art. 793, seront observées, pour les recommandations, les mêmes formalités que pour les arrestations ordonnées par les art. 783, 784, 789. — Néanmoins le Garde n'aura pas besoin de témoins; et au lieu du procès-verbal d'arrestation, il donnera copie du procès-verbal de recommandation. — Le Garde du commerce chargé de l'arrestation, sera responsable de la nullité de son arrestation, provenant des vices de formes commis par lui. En conséquence, il tiendra compte aux créanciers des frais relatifs à l'arrestation annullée. — Le vérificateur sera responsable du dommage-intérêt accordé au débiteur par suite d'erreur ou de fausse énonciation dans les certificats émanés de lui.

» 20. Le salaire des Gardes du commerce qui procéderont à une arrestation ou à une recommandation, est de 60 fr. — Dans le cas où l'arrestation n'aurait pu s'effectuer, il en sera dressé procès-verbal, pour lequel il sera payé seulement 20 fr. — Le droit de Garde au domicile d'un failli, sera de 5 francs.

» 21. Il sera aussi alloué aux Gardes du commerce: — 1°. Pour le dépôt des pièces par le créancier, 3 fr.; — 2°. Pour le visa apposé sur chaque pièce produite ou signifiée par le créancier ou le débiteur, 25 c.; — 3°. Pour le certificat mentionné en l'art. 11, droit de recherche compris, 2 fr., — Outre les droits d'enregistrement.

» 22. Le tiers des droits attribués aux Gardes du commerce par l'art. 20, sera par chacun d'eux rapporté chaque semaine, et mis en bourse commune entre les mains de celui d'entre eux qu'ils jugeront à propos de choisir, pour être ensuite partagé, tous les trois mois, entre les Gardes du commerce seulement.

» 23. Les salaires fixés par l'art. 21 seront mis en bourse commune, pour subvenir aux frais de bureau de toute nature.

» 24. Il sera prélevé sur cette bourse commune, une somme de 3000 fr. pour le traitement annuel du vérificateur.

» 25. Après les prélèvemens prescrits par les deux articles ci-dessus, le surplus sera partagé tous les trois mois, et par portions égales, entre le vérificateur et chacun des Gardes du commerce.

» 26. Le fonds des bourses communes établies par les art. 22 et 23 ci-dessus, ne sera susceptible d'oppositions que pour fait de charge. — L'opposition ne durera que trois mois après l'époque de la distribution, à moins qu'il n'en soit autrement ordonné par le tribunal.

» 27. Si une partie a des plaintes à former, pour lésion de ses intérêts, contre un Garde du commerce dans l'exercice de ses fonctions, elle pourra porter sa réclamation au bureau, qui vérifiera les faits, et fera réparer le dommage, s'il trouve la plainte fondée. Si la plainte a pour objet une prévarication du Garde, le bureau dressera procès-verbal de l'accusation et des dires du plaignant et du Garde accusé; lequel procès-verbal il sera tenu de remettre, dans les vingt-quatre heures, au procureur impérial près le tribunal civil du département, pour par lui être pris tel parti qu'il avisera, sans préjudice des diligences réservées à la partie lésée. — Sur les conclusions du procureur impérial, le tribunal pourra interdire pendant un an le Garde accusé. — Quel que soit le jugement, le procureur impérial en donnera avis au grand juge, ministre de la justice ».]]

IV. Un Garde du commerce a été rendu responsable d'une créance, dans l'espèce suivante :

L'abbé des Rivières avait chargé le sieur Bouteille, Garde du commerce, de certaines sentences qu'il avait obtenues par corps contre le baron de Ferfand. L'officier se transporta dans un hôtel garni où il trouva effectivement le débiteur qu'il somma de payer ou de le suivre dans une des prisons de Paris. Le baron de Ferfand refusa en alléguant des douleurs qui l'empêchaient de quitter la chambre. Le Garde du commerce, sans prévenir l'abbé des Rivières, prit sur lui de faire visiter par un chirurgien le prétendu malade, de le faire garder par une personne quelconque, et cela en vertu d'une ordonnance de M. le lieutenant civil. Bouteille qui croyait que le baron de Ferfand avait véritablement un rhumatisme, parce que le chirurgien l'avait ainsi décidé, laissa auprès du débiteur le nommé Samson, archer de robe-courte, qui veilla pendant quelques jours et ensuite s'endormit : enfin le baron de Ferfand, plus vigilant que son Gardien, s'évade, et met ainsi en défaut et l'archer de robe-courte, et Bouteille qui était responsable de sa personne. L'abbé des Rivières a attaqué ce Garde du commerce au châtelet, et a soutenu qu'ayant tout pris sur lui dans cette affaire, et n'ayant point fait part à son commettant des difficultés qui arrêtaient l'emprisonnement du baron de Ferfand, il était lui, Garde du commerce, responsable de l'évasion, et devait payer les 1200 liv. qui formaient la créance de l'abbé des Rivières. Une sentence du 2 juillet 1777, rendue sur délibéré, a adopté cette prétention; et elle a été confirmée au parlement le 14 août suivant, par un arrêt rendu sur appointement à mettre.

V. Contrainte par corps. (M. Guyot.)*

[[GARDES-DIGUES. Ce sont des préposés à la Garde des polders.

L'art. 49 du décret impérial du 16 décembre 1811, concernant la police des polders dans les départemens de l'Escaut, des Bouches-de-l'Escaut, de la Lys, des Deux-Nèthes, des Bouches-du-Rhin et de la Roër, porte que « les délits prévus par le présent réglement général, seront constatés et les délinquans arrêtés, s'il y a lieu, par les Gardes champêtres, concurremment avec les *Gardes-digues*, ainsi que par tous les officiers de police administrative et judiciaire; et celui qui aura constaté un délit, aura droit à la part d'amende accordée aux *Gardes-digues* par les réglemens d'administration des polders : ils la recevront sur le même pied et de la même manière ».

V. Dicage, Polder et *Wateringue.*]]

[[GARDES DU GÉNIE. *V. Gardes des fortifications.*]]

[[GARDE FORESTIÈRE. L'art. 17 de la loi du 9 floréal an 11 porte que « les Gardes des bois nationaux, ceux des communes et autres établissemens publics, seront organisés en un seul corps, sous le titre de *Garde forestière* ».

L'art. 18 ajoute que « le corps de la Garde forestière pourra être employé comme celui de la gendarmerie, et concurremment avec lui, pour tous les services de police et justice civile et militaire, dans l'étendue du canton où chaque Garde exerce ses fonctions ».

V. Garde champêtre et Rébellion.]]

* GARDES GÉNÉRAUX DES BOIS. Ils représentent les anciens sergens traversiers, maîtres-Gardes, sur-Gardes et sergens dangereux, qui ont été supprimés par l'ordonnance de 1669, et dont nous avons parlé aux mots *Gardes des bois*, sect. 1, §. 1.

I. L'édit de novembre 1689 les avait érigés en titre d'office; mais la modicité des gages qu'il leur avait attribués, ayant donné lieu à beaucoup de négligence et d'abus dans l'exercice de leurs fonctions, le roi les supprima par un autre édit du mois de mars 1708. Il avait en même temps créé en leur lieu et place, en titre d'office héréditaire dans chaque maîtrise, un ou deux Gardes généraux receveurs des amendes, qui depuis ont été supprimés par l'édit du mois d'août 1777.

[[La loi du 15 septembre 1791 ne parlait pas des Gardes généraux, mais celle du 16 nivôse an 9 les comprend en termes exprès dans l'organisation forestière, et permet d'en porter le nombre à 300.]]

II. L'exercice des fonctions des Gardes généraux est plus étendu que celui des Gardes ordinaires.

La différence qui se rencontre entre les uns et les autres, est qu'un Garde ordinaire a un canton circonscrit, sur lequel il doit porter plus particulièrement son attention; au lieu que la vigilance d'un Garde général doit embrasser tous les cantonnemens de la maîtrise [[aujourd'hui de l'inspection ou sous-inspection]] ou il est établi, parce qu'il est le surveillant des Gardes ordinaires ou Gardes à pied. De plus il doit être considéré en quelque sorte comme l'agent immédiat du grand-maître et des officiers de la maîtrise [[aujourd'hui du conservateur, de l'inspecteur et du sous-inspecteur]], pour l'exécution des ordres relatifs au service des eaux et forêts.

Un Garde général doit visiter toutes les forêts de la maîtrise à laquelle il est attaché, sans en excepter les bois des communautés et ceux des particuliers, afin d'examiner s'il ne s'y passe rien de contraire aux ordonnances; et lorsqu'il y découvre quelque contravention, il est obligé d'en dresser un procès-verbal.

Il y a des grands-maîtres qui, pour être assurés de l'exactitude des Gardes généraux, les astreignent à leur envoyer tous les mois un mémoire qui contienne l'extrait des procès-verbaux des Gardes particuliers, l'état où ils ont trouvé leurs habillemens, quelle est leur conduite, et les plaintes qu'il y a contre eux.

Ils doivent assister les grands-maîtres et les maîtres particuliers dans toutes les descentes, visites et autres fonctions relatives au service.

L'ordonnance de 1669 leur enjoint de marcher continuellement dans les forêts et le long des rivières, suivant les instructions qu'ils recevront du grand-maître ou des officiers, afin de tenir les Gardes ordinaires dans leurs devoirs, leur prêter main-forte, faire toutes sortes de captures et de rapports, exécuter les jugemens et ordonnances des maîtrises, et généralement faire tous les actes et exploits relatifs à la chasse, à la pêche et aux bois.

Pour justifier de l'exactitude de leurs services, les Gardes généraux doivent avoir, comme les Gardes particuliers, un registre coté et paraphé par le maître particulier et par le procureur du roi, [[aujourd'hui par le sous-préfet. *Loi du 15 septembre* 1791, *tit.* 4, *art.* 10; *et loi du* 28 *pluviôse an* 8, *art.* 9.]] Ce registre doit contenir le journal de leurs courses afin de prouver leur assiduité dans l'exercice de leurs fonctions.

Ils doivent faire mention s'ils ont trouvé les Gardes dans leurs cantonnemens, et à quelle heure.

Pour rendre d'autant plus surveillans les Gardes particuliers, il faut que les Gardes généraux évitent d'avoir aucune heure ni marche réglées dans leurs tournées.

Etablis pour inspecter la conduite des Gardes particuliers, les Gardes généraux sont revêtus d'un pouvoir qui leur donne la supériorité sur eux. Ils doivent en user avec fermeté, mais avec prudence et discrétion, sans toutefois dissimuler les négligences des Gardes particuliers, quand elles peuvent tirer à conséquence pour le bien du service.

L'objet général de leurs fonctions est à peu près le même que celui des Gardes particuliers; car les uns et les autres ne sont établis que pour veiller à la conservation des bois; il faut donc qu'ils aient les mêmes qualités et les mêmes connaissances que celles dont nous avons parlé au mot *Garde des bois*, sect. 1, §. 3.

Et comme leurs fonctions embrassent aussi tout ce qui concerne la chasse [[dans les bois]] et la pêche, il ne doivent rien ignorer de tout ce qui regarde ces deux parties. *V. Garde-chasse* et *Garde-pêche*.

Le Garde général doit mettre dans le service plus d'activité que les Gardes particuliers, parce que le cheval qu'il a, lui donne la facilité de se porter avec plus de promptitude dans les endroits qui exigent sa présence. Aussi est-il à portée de faire des rapports fréquens, les délinquans ne pouvant pas lui échapper aisément.

III. En général, pour exercer valablement leurs fonctions, les Gardes généraux doivent être âgés de vingt-cinq ans, comme les autres Gardes. Suivant l'édit de 1708, il suffisait qu'ils eussent vingt-deux ans. *V. Gardes des bois*, sect. 1, §. 1. (M. Henriquez.) *

[[IV. Les Gardes généraux sont-ils *officiers de police judiciaire*, comme les simples Gardes? *V. Officier de police judiciaire*, n. 3.

V. Les procès-verbaux des Gardes généraux sont-ils sujets à la formalité de l'affirmation? *V.* l'arrêt du 29 mars 1811, rapporté au mot *Défrichement*, §. 2, n. 2.

VI. L'art. 182 du Code d'instruction attribue aux Gardes généraux le droit de saisir les tribunaux correctionnels, par des citations données à leur requête, de la connaissance des délits forestiers.

VII. L'art. 190 du même Code leur attribue également, dans l'absence des conservateurs, inspecteurs et sous-inspecteurs, le droit de paraître à l'audience des tribunaux correctionnels au nom de l'administration forestière, et d'y exposer les affaires dans lesquelles cette administration est partie civile.

VIII. Par le décret impérial du 2 février 1811, « les Gardes généraux sont chargés, chacun dans son arrondissement, et sous la surveillance directe des inspecteurs et sous-inspecteurs, du recouvrement des amendes pour délits forestiers.....; en cas d'insolvabilité notoire des délinquans, ils sont autorisés à dresser eux-mêmes des certificats de carence, à la charge de les faire viser par les maires du domicile des condamnés ».]]

[[GARDE-MAGASIN. *V. Délit militaire*, n. 8.]]

GARDE-MANEUR. Terme employé par plusieurs coutumes, et particulièrement par celle du Hainaut. Il signifie proprement *gardien d'une maison*, car *maneur* est dérivé de *manoir*; mais les lois qui s'en servent, paraissent lui avoir attribué deux significations assez différentes l'une de l'autre.

1°. On entend par *Gardes-maneurs*, des personnes établies à la garde de fruits ou de meubles saisis. C'est ce que fait voir l'art. 9. du chap. 69 des chartes générales du Hainaut. *Les sergens, porte-t-il*, ayant *fait arrêt sur biens meubles, seront tenus..., pour la sûreté d'iceux, y mettre Gardes-maneurs, si la dette excède 20 florins carolus, et en cas qu'elle n'excède, se devront seulement nantir de quelques bagues jusqu'à ladite somme.*

L'art. 10 ordonne que, faute par le sergent d'avoir établi des Gardes-maneurs aux effets qu'il aura saisis, il sera tenu d'indemniser le créancier de la perte qu'essuiera celui-ci par la préférence qu'un saisissant postérieur acquerra sur lui.

[[Aujourd'hui, la priorité d'une saisie ne donne plus de préférence. *V. Privilége de créance*.

Du reste, tout ce qui concerne cette matière, n'est plus réglé que par le Code de procédure civile. *V. Gardien*.]]

2°. *Gardes-maneurs* se dit aussi de ceux qu'un sergent établit dans la maison d'un débiteur pour y demeurer jusqu'à ce qu'il ait satisfait à l'obligation pour laquelle il est poursuivi. C'est dans le même sens que l'art. 73 du chap. 69 des chartes générales du Hainaut, se sert du mot *Gardes à fraix*.

Suivant l'art. 197 de la coutume de Valenciennes, si le sergent ne trouve pas chez une personne condamnée par le prévôt, assez de meubles pour remplir l'objet de la sentence, il doit la sommer de lui en indiquer d'autres; et si elle si refuse, il doit, après une nouvelle ordonnance du prévôt, établir chez elle des Gardes-maneurs, qui vivent à ses dépens, par le moyen de ce qu'elle est obligée de leur payer chaque jour, jusqu'à ce qu'elle ait indiqué des biens-immeubles pour fournir à l'exécution de la sentence. Si cependant elle déclarait n'en avoir pas davantage, et qu'elle offrît de l'affirmer par serment, le juge serait tenu d'ordonner que les Gardes-maneurs se retirassent, et que le créancier se pourvût sur les immeubles : l'équité et la bonne foi exigent ce tempérament, qui d'ailleurs paraît être dans l'esprit de la coutume, comme le prouve la permission que l'art. 158 donne aux créanciers de saisir les héritages, à défaut de biens mobiliers.

Les Gardes-maneurs de cette dernière espèce ne peuvent, suivant l'art. 76 du chap. 69 des chartes générales du Hainaut, être apposés dans une maison, *sinon à défaut de bestiaux ou meubles, sur lesquels se pourrait asseoir l'exécution.*

Cette forme d'exécuter par l'apposition de Gardes-maneurs, n'est point particulière au Hainaut; elle est pratiquée dans tous les Pays-Bas, pour les exécutions dont l'objet est de forcer le débiteur, non à payer une somme, mais à accomplir un fait, et qu'on appelle pour cette raison, exécution *ad factum.*

Cet usage avait aussi lieu autrefois en France, même pour les exécutions pécuniaires. Un ancien arrêt du parlement de Paris, que l'on trouve dans le registre *olim*, fol. 70, porte que *désormais on ne mettra ès maisons des débiteurs, les mangeurs pour dettes. Toutefois ils seront mis en cas de crime et pour subterfuge du débiteur.* Malgré cette défense, on a encore autorisé long-temps ces sortes d'exécutions, au moins pour les dettes publiques. On lit dans un arrêt du parlement de Paris, du 29 septembre 1418, *que deux conseillers et un huissier furent envoyés en garnison en la maison du général des finances pour le manger, par faute qu'il n'avait payé les gages de la cour.*

[[Cette manière d'exécuter est abolie dans toute la France par l'art. 1041 du Code de procédure civile.

On l'emploie cependant encore quelquefois administrativement. *V. Conscription militaire*, §. 4.]]

*GARDE-MARTEAU. C'est un officier des eaux et forêts qui est chargé, dans chaque maîtrise, de faire les martelages et balivages dans les bois dont on doit faire l'exploitation, et qui doit veiller sur le marteau pendant la durée des opérations, afin que les Gardes qui s'en servent sous ses yeux pour marquer les réserves et les baliveaux, n'en abusent pas. C'est de là que cet officier est appelé *Garde-marteau.*

Avant la création en titre de cet office, tous les officiers indistinctement en faisaient les fonctions, singulièrement les verdiers, gruyers, forestiers, châtelains, maître-sergens, ségrayers et maîtres-Gardes du marteau du roi, qui tous autrefois ne formaient, sous ces différens titres, qu'un seul et même office.

Les maîtres particuliers, capitaines et leurs lieutenans, faisaient aussi les fonctions de Garde-marteau.

C'est ce que nous voyons dans l'art. 22 de l'édit de janvier 1583. (M. Henriquez) *

[[Les Gardes-marteaux sont aujourd'hui remplacés par les inspecteurs et sous-inspecteurs des forêts. (Loi du 15 septembre 1791, tit. 5).

V. Marteau et Martelage.]]

[[GARDE MUNICIPALE DE PARIS. C'est un corps de troupes qui a été créé par un arrêté du gouvernement du 12 vendémiaire an 11, pour faire, dans la ville de Paris, le service qu'y faisait la Garde nationale depuis le 14 juillet 1789. *V. Chevalier du Guet et Garde nationale.*]]

[[GARDE NATIONALE. On appelle ainsi en France cette portion de la force publique qui n'est composée que de citoyens armés momentanément pour assurer le maintien du bon ordre, l'exécution des lois et l'obéissance aux actes des autorités constituées.

I. La Garde nationale s'est formée d'elle-même dans toute la France, par une sorte de mouvement électrique, après le 24 juillet 1789; et le législateur n'a eu à s'occuper que du soin de l'organiser, d'en déterminer le devoir, d'en régler le service. C'est ce qu'il a fait, notamment par les lois du 12 juin et 19 juillet 1790, 29 septembre et 28 décembre 1791; 17 juin 1792; 10 et 28 prairial et 15 messidor an 3.

II. La constitution du 5 fructidor an 2, art. 276, 277 et 285, la qualifiait de *Garde nationale sédentaire*, et appelait les armées de terre et de mer *Garde nationale en activité.*

Cette distinction se trouve dans l'art. 48 de l'acte constitutionnel du 22 frimaire an 8 : « La Garde nationale en activité (y est-il dit), est soumise aux réglemens d'administration publique : la Garde nationale sédentaire n'est soumise qu'à la loi ».

Il est dérogé à cette dernière disposition par les articles suivans du sénatus-consulte du 2 vendémaire an 14.

« 1. Les Gardes nationales seront réorganisées par décrets impériaux rendus en la forme prescrite pour les réglemens d'administration publique. Sa Majesté l'Empereur nommera les officiers.

» 2. Sa Majesté l'Empereur détermira l'époque où la nouvelle organisation sera effectuée dans chacun des départemens, arrondissemens et cantons de l'empire, qui seront alors désignés.

» 3. Les Gardes nationales seront employées au maintien de l'ordre dans l'intérieur et à la défense des frontières et des côtes : les places fortes sont spécialement confiées à leur honneur et à leur bravoure.

» 4. Quand les Gardes nationales auront été requises pour un service militaire, il leur sera compté comme tel et leur en assurera les avantages et les droits ».

III. Le sénatus-consulte du 13 mars 1812 établit dans la Garde nationale une division fort importante. Voici ses termes :

« Art. 1. La Garde nationale de l'empire se divise en premier ban, second ban et arrière-ban.

» 2. Le premier ban de la Garde nationale se compose des hommes de vingt à vingt-six ans, qui, appartenant aux six dernières classes de la conscription mises en activité, n'ont point été apelés à l'armée active, lorsque ces classes ont fourni leur contingent.

» 3. Le second ban se compose de tous les hommes valides depuis l'âge de vingt-six ans jusqu'à l'âge de quarante ans, qui ne font point partie du premier ban.

» 4. L'arrière-ban se compose de tous les hommes valides de quarante à soixante ans.

» 5. Les hommes composant les cohortes du premier ban de la garde nationale, se renouvellent par sixième, chaque année : à cet effet, ceux de la plus ancienne classe sont remplacés par les hommes de la conscription de l'année courante.

» 6. Jusqu'à ce qu'il ait été pourvu par un sénatus-consulte à l'organisation du second ban et de l'arrière-ban, les lois relatives à la garde nationale sont maintenues en vigueur.

» 7. Le premier ban de la garde nationale ne doit pas sortir du territoire de l'empire; il est exclusivement destiné à la garde des frontières, à la police intérieure, et à la conservation des grands dépôts maritimes, arsenaux et places fortes.

» 8. Cent cohortes du premier ban de la garde nationale sont mises à la disposition du ministre de la guerre.

» 9. Les hommes destinés à former ces cohortes, seront pris, conformément à l'art. 2 du présent sénatus-consulte, sur les classes de la conscription de 1807, 1808, 1809, 1810, 1811 et 1812.

» 10. Les hommes appartenant aux classes de 1807, 1808, 1809, 1810, 1811 et 1812, qui se sont mariés antérieurement à la publication du présent sénatus-consulte, ne seront pas désignés pour faire partie de la cohorte du premier ban de la garde nationale.

» 11. Le renouvellement des classes de 1807 et 1808 aura lieu, pour la première fois, en 1814, par la conscription de 1813 et 1814 ».

V. les décrets impériaux des 8 vendémiaire an 14, 12 novembre 1806, et 14 mars 1812; *Délit militaire*, n. 9; *Force publique*; et mon *Recueil de Questions de droit*, aux mots *Garde nationale*.]]

* GARDE-NOBLE. C'est une faculté accordée par un grand nombre de coutumes, soit au survivant de deux époux nobles, soit aux autres ascendans, ou même au plus proche parent collatéral, de gagner les fruits et revenus des héritages féodaux seuls, ou de tous les héritages et biens immeubles échus à des enfans qui n'ont pas atteint la majorité féodale, et d'avoir, ou la simple administration, ou l'entière propriété de leurs biens-meubles, en récompense de la nourriture, de l'entretien et de l'éducation que le gardien est tenu de donner à ces mineurs, du payement de leurs dettes mobilières, et de l'acquittement des charges dues pour leurs domaines, dont il est pareillement tenu.

On appelle *Garde-bourgeoise*, dans bien des coutumes, la même faculté accordée aux roturiers, dans des cas à peu près semblables, et sous des charges peu différentes.

Ces définitions, quoique assez vagues et très-générales, ne conviennent point à toutes les coutumes. Leur extrême variété sur le droit de Garde, rend impossible une définition qui puisse s'appliquer à chacune d'elles. Il y a, par exemple, des coutumes, où la Garde-noble, et plus communément encore la Garde-bourgeoise, n'est qu'une tutelle légitime, qui ne donne au gardien que le droit d'administrer les biens des mineurs, à la charge d'en rendre compte, comme le fait un tuteur ordinaire. D'autres coutumes ne connaissent qu'une seule espèce de Garde des mineurs, qui a lieu également pour les nobles et pour les roturiers. (M. GARRAN DE COULON.) *

[[Il n'y a plus ni Garde-bourgeoise ni Garde-noble. Le Code Napoléon substitue à l'une et à l'autre, pour le père, durant le mariage, et pour l'époux survivant, le droit de jouir des biens de leurs enfans jusqu'à l'âge de dix-huit ans accomplis, ou jusqu'à l'émancipation qui pourrait avoir lieu avant cet âge. *V. Puissance paternelle* et *Usufruit paternel*.]]

GARDE-ORPHELINE. C'est le nom que portent, en certaines villes de Flandre, des tribunaux chargés de veiller aux intérêts des mineurs, sous l'inspection et surintendance des échevinages.

I. Il y a de ces tribunaux à Lille, à Dunkerque, à Gravelines, à Ipres, à Bruges, à Bruxelles, etc. Leur constitution et leur autorité offrent des particularités remarquables.

II. La Garde-orpheline de Lille est composée de cinq officiers qui sont renouvelés chaque année par des commissaires du roi.

Celle de Dunkerque contient le même nombre d'officiers; le premier est stable, et porte le titre de *grand-bailli*; les quatre autres places sont toujours remplies par les échevins qui sont sortis les derniers du magistrat.

Celle de Gravelines est toujours composée du bailli de la ville et des deux premiers membres de l'échevinage.

A Bruges, ces officiers sont qualifiés d'*inspecteurs et echevins des mineurs*.

A Bruxelles, ils sont connus plus particulièrement sous la dénomination de *chefs-tuteurs* : le nombre en est fixé dans cette ville à six, « desquels (porte l'art. 20 de la coutume), trois quittent le service chacun an, auxquels les bourguemaistres des lignées et le premier échevin et conseillant descendant succèdent; et s'il advenait qu'iceux continuassent en la magistrature, ou qu'autrement, délaissant leur service, ils sortissent de la ville, changeant de demeure, ou que quelqu'un, durant son service, vînt à décéder, en ce cas les restans chefs-tuteurs présentent au magistrat, en la place du défunt ou défaillant, un autre de semblable qualité pour avoir leur agréation ».

III. Régulièrement les Gardes-orphelines n'administrent pas elles-mêmes les affaires des mineurs : elles leur commettent des tuteurs particuliers, dont elles éclairent la conduite et la gestion. L'art. 21 d'un *statut* imprimé à la suite de la coutume de Bruxelles, porte à ce sujet, « qu'après la mort des père et mère, ou du père en cas que la mère se remarie, ou mène une vie malhonnête, un chacun pourra le dénoncer, et les prochains des orphelins du côté paternel ou maternel.... sont tenus de le dénoncer aux chefs-tuteurs, requérant que les mineurs soient pourvus d'un tuteur et d'une Garde, et ce en dedans la quinzaine, sous l'amende de 12 florins, une moitié pour le seigneur, et l'autre moitié pour la ville, continuant ainsi ladite amende de quinze en quinze jours, jusqu'à ce qu'ils l'auront dénoncé, s'ils n'eussent des excuses légitimes ».

La coutume de la ville d'Ipres, rubr. 5, art. 1 et 2, prescrit absolument la même chose, excepté qu'elle oblige indistinctement le survivant des deux époux de faire les mêmes dénonciations que les collatéraux(1), et qu'elle modère l'amende à 3 liv. parisis par chaque quinzaine.

IV. Les Gardes-orphelines sont les dépositaires nés de tous les actes, titres et papiers qui concernent les mineurs soumis à leur juridiction. L'art. 23 du statut de Bruxelles en contient une disposition précise.

La coutume d'Ipres veut que les greffiers des Gardes-orphelines transcrivent dans un registre particulier et en bonne forme, « tous les différends des parties, les dations de tutelles des mineurs, l'inventaire de leurs biens, et toutes les autres choses qui concernent les mineurs, et cela en présence de deux commissaires au moins ». Ce sont les termes de l'art. 30 de la rubr. 5.

L'art. 31 ajoute que les greffiers ne peuvent communiquer leurs registres, ni en donner des extraits, si ce n'est aux pères, mères, tuteurs, « ou autres ayant droit ou part en la décharge ou en l'inventaire, afin que les biens des mineurs soient tenus secrets ».

Suivant l'art. 34 du statut de Bruxelles, lorsqu'il s'élève un procès entre un mineur et son tuteur, ce sont les officiers de la Garde-orpheline qui doivent en connaître; mais ils ne peuvent faire aucune composition touchant les intérêts du mineur, sans le consentement et l'intervention des échevins de la ville.

V. Les Gardes-orphelines ne sont pas compétentes pour autoriser les tuteurs à aliéner les biens de leurs mineurs; elles n'ont à cet égard que le droit de donner leur avis aux échevins, et ceux-ci peuvent seuls accorder l'autorisation. La coutume de Bruges, tit. 30, art. 5 et 14, en contient une disposition expresse. — Tel est aussi l'usage de Lille et de Dunkerque; et on l'observe également en Hollande, comme nous l'apprennent Grotius dans sa *Manuductio ad jurisprudentiam Hollandiæ*, et Voët *ad Pandectas*. — La Garde-orpheline de Bruxelles a plus d'autorité sur ce point que toutes les autres; car elle peut, aux termes de l'art. 47 du statut cité, *donner des appointemens sur les requêtes tendantes à vendre les biens des mineurs*, pourvu que ce soit *dans la congrégation desdits chefs-tuteurs, qui pour le moins devront être à trois*. — L'art. 15 de la rubr. 5 de la coutume d'Ipres porte aussi que la Garde-orpheline peut autoriser un tuteur à vendre la part que son mineur a dans une succession, pourvu qu'elle n'excède pas la valeur de 50 liv. de gros; et les art. 15 et 16 du tit. 30 de la coutume de Bruges donnent à la Garde-orpheline le pouvoir d'autoriser les aliénations et hypothèques, jusqu'à la concurrence de 100 florins.

VI. Suivant l'art. 5 de la rubr. 5 de la coutume d'Ipres, les Gardes-orphelines ne peuvent pas destituer les tuteurs : ce pouvoir n'appartient qu'aux échevins, *si ce n'était que la destitution arrivât à la réquisition du tuteur même, auquel cas la Garde-orpheline aura pour cela seule tout pouvoir.*

VII. En général, les officiers des Gardes-orphelines ne peuvent étendre leur juridiction en matière contentieuse, au-delà des bornes qui leur sont prescrites, soit par les coutumes homologuées, soit par une possession valablement établie. Ainsi, quoique les comptes de tutelle doivent être rendus devant eux, ils ne sont cependant pas compétens (au moins dans la plupart des villes), pour connaître des difficultés que ces comptes occasionnent. Ce que dit à ce sujet un réglement du 27 août 1638, rendu pour la Garde-orpheline de Bruges, mérite d'être ici rapporté : — « Comme dans la liquidation des inventaires ou états, ou dans les comptes purgatifs, il échet quelquefois des points qui sont contestés, les inspecteurs et échevins des mineurs, les parties étant sommairement ouïes, verront à les accorder et réunir, soit pour la provision ou pour le principal. — Ce qui ne pouvant pas être fait, ils renverront les parties au collége des échevins, afin que l'affaire en contestation soit instruite en la chambre, et soit décidée par le collége, sans que l'inspecteur et les échevins des mineurs puissent permettre d'instruire aucune affaire contentieuse pardevant eux entre les parties, non plus par écrit qu'autrement, de plus que ce qui en est accordé par le trentième titre des coutumes décrétées ».

VIII. Dans tous les lieux et les cas où les Gardes-orphelines ont une juridiction contentieuse, l'appel de leurs sentences se porte immédiatement aux échevinages dont ils dépendent : c'est une des dispositions de la coutume de Bruges, tit. 1, art. 5.

IX. Quoique les majeurs interdits pour cause de démence ou de prodigalité, soient en plusieurs points assimilés aux pupilles et aux mineurs, les Gardes-orphelines sont cependant sans pouvoir et sans fonctions relativement à eux. Voët atteste que tel est l'usage de toute la Hollande, et le réglement cité, du 27 août 1638, nous apprend que la jurisprudence belgique y est conforme : — « L'inspecteur et les échevins des mineurs (porte-t-il) ne pourront prendre aucune connaissance des personnes majeures, qui, pour des raisons légitimes, soit pour simplicité, imbécillité d'esprit, mauvaise conduite, prodigalité ou autres, sont mis en curatelle; dont la décision appartient aux échevins, tant pour mettre de semblables personnes en curatelle, choisir les curateurs pour cela, les recevoir au serment, qu'en entendre les comptes, avec tout ce qui y est annexé ».

X. Depuis qu'un édit du mois d'avril 1675 a établi des notaires en Flandre, avec défenses à tous autres de passer des contrats ou autres actes publics de la compétence de ces officiers, il a été question de savoir si les Gardes-orphelines pouvaient encore procéder elles-mêmes à la vente des biens-meubles ou immeubles des mineurs soumis à leur autorité. Le

(1) Parce qu'en cette coutume, le père et la mère sont considérés comme cotuteurs légitimes de leurs enfans; de sorte que l'un deux venant à mourir, le survivant, soit le mari, soit la femme, doit partager la tutelle avec un étranger nommé par la Garde-orpheline.

tabellion de la ville d'Ipres a soutenu la négative, mais sa prétention a été condamnée par arrêt du parlement de Flandre, du 2 mai 1698, sur le fondement, dit M. Desjaunaux, « que par l'édit de 1675, les magistrats des villes closes étaient maintenus dans la possession de recevoir et passer toutes sortes de contrats : que les officiers de la Garde-orpheline étaient juges délégués du corps-de-ville, pour veiller, sous l'autorité du magistrat, aux droits des mineurs et orphelins : que du moins ils avaient incontestablement droit d'ordonner, selon les concurrences, de vendre les biens et héritages des mineurs pour leur utilité : que la vente étant l'exécution même de leur ordonnance, devait être de leur compétence ». On trouvera au mot *Echevin*, §. 2, un arrêt du 11 décembre 1697, qui a jugé une question à peu près semblable, sur des motifs pareils à ceux que nous venons de transcrire.

[[XI. Les Gardes-orphelines ont été supprimées avec les anciennes municipalités; et l'on sait que la suppression de celles-ci a été prononcée par l'art. 1 de la loi du 14 décembre 1789.]]

* GARDE-PÊCHE. C'est celui qui est chargé de veiller à l'exécution des ordonnances pour maintenir la police sur les fleuves, rivières et eaux, relativement à la pêche et à la navigation.

Comme il doit avoir les mêmes qualités qu'un Garde-bois et Garde-chasse, et que sa réception doit être accompagnée des mêmes formalités que la leur, nous renvoyons là-dessus à ce que nous avons dit sous ces deux mots. Au surplus. *V. Pêche*. (M. HENRIQUEZ.)

[[GARDE-PORT. *V.* PORT (GARDE-)

GARDE-ROYALE. On ne peut mieux définir ce droit qu'en rapportant l'art. 215 de la coutume de Normandie, qui l'établit : « La Garde-royale est quand elle échet pour raison du fief noble tenu nuement et immédiatement de lui (du roi) et a le roi par privilége spécial, que non-seulement il fait les fruits siens des fiefs nobles immédiatement tenus de lui, et pour raison desquels on tombe en sa garde; mais aussi il a la Garde et fait les fruits siens de tous les autres fiefs nobles, rotures, rentes et revenus tenus d'autres seigneurs que de lui médiatement ou immédiatement, à la charge toutefois de tenir en état les édifices, manoirs, bois, prés, jardins, étangs et pêcheries, payer les arrérages de rentes seigneuriales, foncières et hypothéquées, qui échéent pendant la garde, et de nourrir et entretenir bien dûment les enfans, selon leur qualité, âge, facultés et familles; et sont ceux auxquels le roi a fait don desdites gardes, sujets auxdites charges, et d'en rendre compte au profit des mineurs ». (M. GARRAN DE COULON.)*

[[La Garde-royale a été abolie par l'art. 12 du tit. 1 de la loi du 15 mars 1790.]]

* GARDE-SEIGNEURIALE. C'est un droit en vertu duquel le seigneur féodal, dans la province de Normandie et dans quelques terres particulières de la Bretagne, jouit des revenus des fiefs tenus immédiatement de lui, pendant que ses vassaux sont en bas âge, à la charge d'entretenir les héritages, et de payer les charges annuelles dont ils peuvent être tenus.

La Garde-royale est aussi une espèce de Garde-seigneuriale, qui néanmoins a beaucoup plus d'étendue. (M. GARRAN DE COULON.)*

[[L'art. 12 du tit. 1 de la loi du 15 mars 1790, abolit la Garde-seigneuriale comme la Garde-royale.]]

GARDE-VENTE ou FACTEUR. On nomme ainsi le commis qu'un marchand prépose pour l'exploitation et la vente des bois dont il s'est rendu adjudicataire.

I. Il doit avoir une connaissance particulière des bois et de l'usage propre auquel chaque espèce peut servir, afin de ne les faire travailler que de la manière la plus utile pour le marchand.

Il doit de plus être homme de probité, afin de répondre avec fidélité à la confiance de son commettant.

Ce Facteur ou Garde-vente doit prêter serment par devant le grand-maître, le maître particulier ou le lieutenant, sans frais; ce qui le dispense absolument de payer aucun droit pour cette prestation de serment.

Il peut, après cela, faire des rapports de tous les délits commis tant dans l'intérieur que dans la réponse de la vente.

Cette réponse de la vente doit s'entendre de cinquante perches pour les bois de cinquante ans et au-dessus, et de vingt-cinq perches pour ceux qui sont au-dessous de cinquante ans, le tout à la distance du triage vendu.

Mais son rapport ne peut être valable qu'autant qu'il est signé de deux témoins, ou affirmé véritable par devant l'un des juges de la maîtrise par ces témoins, lorsqu'ils ne savent pas signer; le tout à peine de nullité; ce qui ne dispense pas le Facteur de l'affirmer aussi.

En sorte qu'un rapport fait par le Facteur seul, ne serait pas régulier, à moins qu'il ne s'agît de délit commis pendant la nuit; dans ce cas, son procès-verbal signé et affirmé par lui, doit faire foi.

La raison de ces différentes dispositions de l'ordonnance de 1669 paraît sensible. Ce Facteur, souvent inconnu, n'est reçu que sur la présentation du marchand, sans aucune information de vie et mœurs, qui peut seule donner, de sa probité, l'assurance judiciaire prescrite par les réglemens. Comme il serait à craindre qu'il ne fît des rapports contre des innocens, en les chargeant de délits qu'il aurait peut-être lui-même commis, par la facilité que lui en donne sa résidence habituelle dans les bois; pour prévenir cet inconvénient, l'ordonnance l'a obligé de faire ses procès-verbaux à l'adjonction de deux témoins qu'il peut trouver aisément pendant le jour; parce que tant que dure l'exploitation d'un bois, il y a toujours quelqu'un dans la coupe, soit ouvriers ou autres dès-lors, ayant des témoins sous la main, il peut leur faire attester la vérité de ses rapports. C'est pourquoi l'ordonnance lui en fait une obligation, afin de donner à ses procès-verbaux un caractère de validité.

Pendant la nuit, au contraire, un Facteur est présumé n'avoir pas la même facilité pour trouver des témoin ; aussi l'ordonnance l'autorise-t-elle, dans ce cas, à faire seul un rapport. A la vérité, c'est le même homme que nous avons supposé susceptible d'abuser du pouvoir qu'il a ; mais comme les délits de nuit seraient restés impunis, s'il n'eût pu les constater sans témoins, on lui a permis de dresser seul un procès-verbal ; s'il l'a fait contre un innocent, l'*alibi* que celui-ci pourra prouver facilement à cause de la circonstance de la nuit, sera une ressource assurée pour faire annuller ce procès-verbal par la voie de l'inscription de faux, à laquelle on ne présume pas qu'un Facteur s'expose de propos délibéré. Cet *alibi*, au contraire, ne se prouverait pas si aisément pendant le jour, parce qu'il serait possible qu'un innocent se trouvât dans le bois au moment même d'un délit qu'il n'aurait pas commis; mais comme l'ordonnance astreint un Facteur à faire signer ou affirmer son rapport par deux témoins, on ne présume pas aisément qu'ils veulent tous, d'un commun accord, attester un fait faux. Dès-lors, il est moins à craindre qu'un particulier soit exposé à être condamné pour un délit qu'il n'a pas commis.

Jousse prétend, en son commentaire sur l'art. 39 du tit. 15 de l'ordonnance de 1669, que les Facteurs peuvent dresser leur procès-verbaux sur du papier ordinaire, sans être obligés de se servir de papier timbré. Un arrêt du conseil, dit-il, du 23 décembre 1684, les en dispense.

Mais cette assertion est une erreur de sa part : l'arrêt qu'il cite, ne parle pas des procès-verbaux, mais seulement des billets ou certificats que les Facteurs délivrent aux voituriers qui viennent charger du bois dans les ventes, et qu'ils peuvent donner sur du papier ordinaire, sans être tenus d'employer du papier marqué, comme l'avait prétendu le fermier de la formule.

Les Facteurs doivent déposer au greffe leurs procès-verbaux dans les trois jours, au plus tard, après les délits commis, et s'en faire délivrer un certificat par le greffier. Avec cette précaution, les marchands doivent être déchargés de ces délits; et ceux qui les ont commis, condamnés aux peines prescrites par l'ordonnance. Mais si le Facteur était négligent de faire son rapport, le marchand qui l'a commis, serait responsable des délits qui ne seraient pas constatés, et serait condamné aux mêmes peines que l'auraient été les délinquans.

Un Facteur convaincu de quelque supposition ou fraude dans la rédaction d'un rapport, doit être condamné aux galères perpétuelles.

Il ne peut vendre aucun arbre qu'il ne soit marqué du marteau de l'adjudicataire, dont l'empreinte doit être déposée au greffe de la maîtrise.

Outre cette précaution, il doit avoir un registre pour y inscrire les noms, surnoms et domiciles de ceux à qui il vend du bois, à peine de 100 livres d'amende, et de confiscation des arbres non marqués.

Dans ce cas, le Facteur ne peut répéter le prix des arbres vendus et confisqués, parce que c'est par une faute procédante de son fait que la confiscation à lieu et que celui qui les avait achetés, n'en profite pas..

Lorsque, pendant l'exploitation, il y a des arbres réservés qui sont arrachés ou abattus par les vents et les orages, ou par quelque autre accident, le Facteur ne peut en disposer ; il doit, au contraire, les laisser sur la place, et en avertir le sergent à Garde du canton, qui doit en rendre compte aux officiers, à l'effet d'en être marqué d'autres par forme de remplacement ; c'est seulement après cela qu'on abandonne au marchand ces arbres abattus, dont le Facteur peut alors disposer.

Comme ce sont les Facteurs qui sont chargés des soins et des détails de l'exploitation des coupes, ils doivent être instruits de tout ce que l'ordonnance prescrit ou défend à ce sujet. — Ils doivent donc savoir,

Qu'il n'est pas permis de retenir dans une vente d'autres bois que ceux qui en proviennent, sous peine d'être puni comme voleur;

Qu'il est défendu de tenir ateliers et de faire travailler les bois ailleurs que dans la vente, à peine de 100 liv. d'amende et de confiscaction ;

Qu'il n'est pas permis de couper le bois depuis le 15 avril jusqu'au 15 octobre ;

Que les arbres doivent être abattus de façon qu'ils tombent dans la vente, sans endommager les arbres réservés; que quand il arrive que les arbres abattus demeurent encroués, il est défendu de couper ceux sur lesquels il y en a d'encroués, sans la permission des officiers ;

Qu'il est défendu pareillement de peler les bois des ventes étant debout et sur pied, à peine de 50 liv. d'amende et de confiscation.

Quoiqu'en exploitant un bois il soit enjoint de faire couper, recéper et ravaler le plus près de terre qu'il est possible, les souches ou étocs qui sont dans les ventes, il est cependant défendu, par arrêt du conseil du 29 juillet 1749, de les arracher sous quelque prétexte que ce soit, parce que cela peut faire tort aux rejets de taillis qui poussent à côté.

Un Facteur ne doit pas ignorer non plus qu'il n'est pas permis d'établir les places à charbon trop près des arbres réservés, qui pourraient en être endommagés;

Qu'il est défendu de donner aux ouvriers du bois pour leurs salaires ;

Que les adjudicataires sont civilement responsables des délits commis par leurs ouvriers, voituriers et domestiques ;

Que les ouvriers doivent donner au bois de chauffage la mesure réglée par l'ordonnance de 1669 ;

Qu'il n'est pas permis, sous quelque prétexte que ce soit, de vendre aux étrangers du bois ou du charbon, à peine de confiscation et de 1000 liv. d'amende contre les marchands et adjudicataires, conformément aux arrêts du conseil des 11 avril 1708, 18 août et 31 octobre 1722, 8 mars 1723 et 2 février 1734.

Il doit aussi tenir la main à ce que la coupe soit vide pour le temps réglé auquel le recolement doit se faire, sans quoi il exposerait son commettant à la saisie de tout le bois qui s'y trouverait alors.

Telles sont les connaissances générales qu'un Facteur ou Garde-vente doit avoir. Il faut de plus, qu'il se conforme exactement, dans l'exploitation, aux clauses du cahier des charges de l'adjudication, pour ne pas compromettre les intérêts du marchand qui l'a proposé. (M. HENRIQUEZ.)*

[[II. Les lois nouvelles sont muettes sur les Gardes-ventes. Mais voici ce que contient à leur égard, le cahier des charges des adjudications de bois nationaux, arrêté par l'administration forestière, le 29 mai 1811, et approuvé par le ministre des finances.

« *Art.* 42. Chaque adjudicataire sera tenu d'avoir un Facteur ou Garde de vente, qui sera agréé par l'inspecteur ou le sous-inspecteur local; en cas de contestation, il en sera référé à l'agent forestier supérieur: ce facteur ou Garde de vente sera ensuite reçu par le juge de paix. — Ce Garde ne pourra être parent ou allié de ceux du triage ou du sous-inspecteur. — Il ne pourra en aucun temps s'absenter de la vente. — Il sera autorisé à faire des rapports tant dans la vente qu'à l'ouïe de la cognée. — Il tiendra un registre sur papier timbré, côté et paraphé par le sous-inspecteur; il y inscrira, jour par jour, et sans lacunes, la mesure et la quantité des bois débités ou vendus, avec les noms et demeures des personnes auxquelles il en aura été livré. — Ce registre sera représenté aux agens forestiers, visé et arrêté par eux, toutes les fois qu'ils le requerront.

» 43. Le permis d'exploiter ne sera, sous aucun prétexte, délivré par l'inspecteur ou le sous-inspecteur à l'adjudicataire, qu'après que celui-ci lui aura présenté l'acte en forme de la prestation de serment de son Facteur ou Garde-vente, le registre dudit Garde pour être côté et paraphé de suite.....; ce qui sera exactement relaté dans le permis.

» 44. Dans les coupes de taillis de peu d'étendue, l'adjudicataire pourra présenter pour Garde-vente un de ses ouvriers, qui sera sermenté et autorisé à faire des rapports.

» 45. Il est défendu à tous adjudicataires, leurs Facteurs et ouvriers, d'allumer sous quelque prétexte que ce soit, du feu ailleurs que dans leurs loges et ateliers. — Ces loges et ateliers seront désignés par les agens forestiers. — Les adjudicataires seront personnellement responsables de toute contravention à cet égard, et de tout dommage qui pourrait en résulter.

» 46. Les adjudicataires, à dater du permis d'exploiter, et pendant toute la durée de leur exploitation, et jusqu'à ce qu'ils en aient obtenu leur décharge, seront responsables de tout délit forestier commis dans leur vente et à l'ouïe de la cognée, si leurs Facteurs ou Gardes-ventes n'en font leurs rapports, lesquels seront affirmés et enregistrés. La remise en sera faite dans les cinq jours au Garde général, par la voie du Garde du triage. — Les rapports ne pourront servir de décharge aux adjudicataires, qu'autant qu'ils indiqueront les délinquans. — Lesdits adjudicataires ne pourront, sous la même responsabilité, chasser ni laisser chasser leurs Facteurs et ouvriers dans les forêts. »]]

* GARDIAGE DE TOULOUSE. C'est le territoire adjacent à la ville de Toulouse qui est soumis à la juridiction immédiate des capitouls, à l'exclusion de tout autre magistrat ou juge.

I. Les coutumes de Toulouse ne sont, suivant leur intitulé, que pour la ville et les faubourgs, *urbis et suburbii*.

Mais au delà des faubourgs, il y a deux districts différens, l'un appelé le Gardiage ou messeguerie, l'autre qui s'étend plus loin que le premier et qu'on nomme la viguerie.

Le Gardiage est appelé dans les coutumes de Toulouse, Gardiage et *messeguerie*; *Gardiage*, parce que ce district est sous la garde particulière de la juridiction des capitouls; *gardia enim seu warda vel wardia significat custodiam*. Et l'on appelle encore gardes de justice et gardes de la prévôté, les juges et les prévôts qui ont l'exercice de la justice en dépôt pendant la vacance de l'office du magistrat qui est le chef du tribunal.

Ce Gardiage est aussi appelé messeguerie, et en latin, *messeguetia villæ Tolosæ*. Ce terme *messeguerie* désigne que c'est le district de ceux qui ont en chef la garde des moissons, et qui ont droit de nommer les *messiers* chargés sous leurs ordres de veiller à la conservation des grains et autres fruits de la terre.

On trouve à la suite des coutumes de Toulouse, une rubrique ou chapitre *de terminis seu limitibus messegariæ villæ Tolosæ*: le circuit de ce Gardiage ou messeguerie est exactement décrit dans ces limites; et il est dit ensuite, qu'au dedans de ces limites, il n'y a point d'autres consuls ni messeguiers que les capitouls de Toulouse; que ceux qui demeurent au dedans de ces limites, ne doivent point de péage ni de leude à Toulouse; que la taille ou collecte se fait à Toulouse, suivant la forme usitée en cette ville; qu'ils contribuent chacun comme les autres habitans des quartiers ou paroisses dont ils dépendent; qu'ils suivent l'ost de la ville sous la bannière de leur paroisse, qu'ils ne payent ni alberges, ni lignage, fournage, avage, et jouissent de toutes les libertés de Toulouse.

Le Gardiage ou messeguerie de Toulouse revient à ce que l'on appelle à Paris et ailleurs la banlieue ou bannie, qui est l'étendue de la juridiction ordinaire où le magistrat a droit de faire des bans ou proclamations pour le réglement de la police.

Ce district ressemble aussi à ce que l'on appelle à Bourges et ailleurs la septaine, qui est le territoire, *intra cujus septa et fines*; le magistrat de la ville a droit de juridiction et de coercition.

Les limites du Gardiage de Toulouse sont appelées *dex*, terme qui vient du latin *dextera*, et en français *dextre*, ce qui à Toulouse, à Montpellier et dans d'autres endroits, signifie une perche et mesure dont les arpenteurs se servent pour mesurer les terres, posant de la main droite des piquets au bout de chacune de ces mesures, pour ensuite en marquer les limites de la terre; ce qui leur a fait donner dans ces pays le nom de *dextraires*.

A la suite de la rubrique sur les limites de la messeguerie de Toulouse, est une autre rubrique ou chapitre intitulé: *De terminis seu dex Tolosæ et usque ad dictos terminos vicaria Tolosana se extendit.*

Cette seconde rubrique est celle qui fixe les limites de la viguerie de Toulouse, qui est la juridiction du viguier ou juge royal ordinaire de Toulouse. Il est dit que c'est ainsi qu'elles furent accordées en 1226 par Raymond, comte de Toulouse, qui permit aux vingt-quatre consuls de Toulouse, d'étendre le district de la viguerie à une lieue au delà des dex ou limites de Toulouse. Le circuit des limites de la viguerie est ensuite décrit; et il est dit qu'au dedans de ces limites, les habitans auront toute sûreté.

Cayron dans son style du parlement de Toulouse, fait le dénombrement des lieux compris dans la viguerie, entre lesquels il comprend la ville de Gardiage, comprenant (dit-il) en soi les faubourgs et lieux circonvoisins dans les enclaves qu'il nomme au nombre de près de cent vingt.

La différence qui est entre les limites de la viguerie et celle du Gardiage, qui ne s'étendent pas à beaucoup près si loin que celles de la viguerie, a donné lieu à plusieurs procès, pour savoir si les coutumes de Toulouse doivent avoir lieu dans la viguerie aussi bien que dans le Gardiage.

Pour soutenir que ces coutumes doivent avoir lieu dans la viguerie, on dit qu'elle n'est qu'une extension des limites du Gardiage.

Cependant suivant les arrêts rapportés par d'Olive, il paraît que la question a été jugée diversement: que dans les matières de droit commun ou dans les choses favorables, on a étendu la coutume du Gardiage à la viguerie; mais que dans les matières de rigueur, la coutume du Gardiage a été restreinte dans son territoire.

Les anciens arrêts ont jugé que le droit de prélation avait lieu en faveur du seigneur, dans le Gardiage et seigneurie de Toulouse: mais Maynard est d'avis contraire; et les derniers arrêts ont condamné la prétention des seigneurs. *V.* les arrêts de Catellan, liv. 3, chap. 9, où il établit que ce droit n'a pas lieu, à moins qu'il ne soit porté par des reconnaissances anciennes. (M. BOUCHER D'ARGIS père.)*

[[II. Les coutumes de Toulouse, déjà abrogées en plusieurs points par les lois rendues depuis 1789, l'ont été intégralement par l'art. 7 de la loi du 30 pluviose an 12.]]

* GARDIENS. On donne ce nom à ceux que l'on commet pour garder les meubles ou autres effets qui ont été, ou saisis par huissier, ou sur lesquels un officier public a mis le scellé.

I. Lorsqu'un huissier fait une saisie de meubles, il doit, par son procès-verbal, sommer le propriétaire de fournir un Gardien solvable; et dans le cas de refus ou d'impossibilité de la part du propriétaire, l'huissier doit établir garnison pour veiller à la garde des effets qui sont sous la main de la justice. Il doit en même temps, par son procès-verbal, assigner la partie saisie, afin de comparoir, ou dans le jour ou le lendemain, à heure déterminée, en l'hôtel du juge, pour voir dire qu'elle sera tenue de donner bon et solvable Gardien des choses comprises au procès-verbal, sans quoi la garnison établie restera et sera payée à ses frais. Tel est l'usage du châtelet. On n'adjuge les frais de garde à la garnison établie par huissier, qu'après une ordonnance du lieutenant civil, qui décide que *la garnison restera, faute par le saisi de donner Gardien.* En 1742, un gardien forma au parlement une demande en payement de frais de garde; il avait été établi en vertu d'un procès-verbal de saisie, mais on avait négligé de faire confirmer par le lieutenant civil l'établissement de la garnison. Le parlement rendit, le 21 août, à l'audience de sept heures, un arrêt qui débouta le Gardien de sa demande.

[[Le Code de procédure civile déroge à cette règle. Il veut, art. 596 et 597, que l'huissier établisse de lui-même un Gardien aux effets qu'il a saisis, à moins que la partie saisie n'offre un Gardien solvable, et qui se charge volontairement et sur-le-champ.]]

II. L'art. 17 du tit. 19 de l'ordonnance de 1667, déclare que « celui qui, par violence, empêchera l'établissement des Gardiens ou commissaires aux meubles ou fruits saisis, ou qui les enlevera, sera condamné, envers l'autre partie, au double de la valeur des meubles ou fruits saisis, et à 100 liv. d'amende envers le roi, sans préjudice des poursuites extraordinaires. »

[[L'art. 600 du Code de procédure civile porte que « ceux qui par voies de fait, empêcheraient l'établissement du Gardien, ou qui enleveraient ou détourneraient des effets saisis, seront poursuivis conformément au Code criminel. » *V. Offense à la loi* et *Rébellion.*]]

III. L'ordonnance de 1667 veut encore que « le nom et domicile de celui en la garde duquel auront été mises les choses saisies, soient signifiés au saisi par le procès-verbal de saisie. » — [[*V.* Le Code de procédure civile, art. 601, 602 et 699.]]

IV. Les femmes mariées ne peuvent être établies Gardiennes, sans l'autorisation de leurs maris. Bouchel, dans son *Trésor du droit français*, article *Garde*, cite un arrêt du 22 décembre 1564, rendu par la cour, à la séance des prisonniers du châtelet de Paris, qui ordonne que la nommée Tiller, femme mariée, sera mise hors des prisons où elle avait été renfermée, faute de représenter des effets saisis et confiés à sa garde, sans le consentement de son mari. Le même arrêt fait défense à tous sergens de donner aucun effet en garde aux femmes en puissance de mari, sous peine d'en être eux-mêmes responsables.

Il est également défendu aux huissiers de choisir pour Gardiens, ni leurs parens, ni ceux de la personne saisie. L'art. 15 du tit. 19 de l'ordonnance de 1669 s'exprime ainsi: « Défendons aux huissiers et sergens de prendre pour Gardiens et commissaires des choses par eux saisies, aucun de leurs parens ou alliés, ni pareillement le saisi, sa femme, ses enfans ou petits-enfans, à peine de tous dépens, dommages et intérêts envers le créancier saisissant. » Et par l'art. 14 de la même ordonnance. « Les frères, oncles et neveux du saisi ne peuvent aussi être établis Gardiens ou commissaires aux meubles et fruits saisis, sous pareille peine, si ce n'est qu'ils y aient expressément consenti par le procès-verbal de saisie et exécution, et qu'ils l'aient signé ou déclaré ne pouvoir signer. »

[[A ces deux dispositions, l'art. 598 du Code de procédure civile substitue celle-ci: «Ne pourront être établis Gardiens, le saisissant, son conjoint, ses parens et alliés jusqu'au degré de cousin issu de germain inclusivement et ses domestiques; mais le saisi, son conjoint, ses parens alliés et domestiques, pourront être établis Gardiens, de leur consentement et de celui du saisissant ».

La défense que fait cet article, d'établir pour Gardiens le saisissant et le saisi, admet deux exceptions.

1° Suivant l'art. 821, le saisi peut être constitué Gardien des effets frappés d'une saisie-gagerie.

2° L'art. 823 permet d'établir le saisissant Gardien des effets appartenans à son débiteur forain, qui *sont entre ses mains*, et qu'il s'est fait autoriser par le juge à saisir pour sûreté de sa créance.]]

Les procureurs ne peuvent se rendre Gardiens des choses saisies sur les parties adverses de leurs cliens, lorsqu'ils ont occupé dans la cause. C'est la disposition de l'art. 132 de l'ordonnance de Blois; disposition en conformité de laquelle a été rendu, le 17 septembre 1729, un arrêt en vacations, sur l'appel d'une sentence du juge de Dornecy en Nivernais, [[mais qui ne se trouve pas dans le Code de procédure civile, et qui par conséquent est abrogée, aux termes de l'art. 1041 de ce Code.]]

Le 1er août de la même année le parlement de Toulouse, par un arrêt rendu en forme de réglement, défendit *à toutes parties et à tous huissiers et sergens, d'établir pour séquestre aucun officier de judicature*, à peine de 1000 liv. d'amende, et de répondre de tous dépens, dommages et intérêts. Le même parlement avait déjà, par un arrêt du 9 août 1700, fait défenses aux huissiers, sergens et autres, « qui font des saisies particulières des fruits et revenus annuels de débiteurs, d'établir d'autres séquestres que des habitans domiciliés des lieux où lesdits biens sont situés; et en cas qu'il n'y en ait point ou qu'il s'agisse de la saisie des fruits des biens du seigneur, il enjoint aux huissiers d'établir des séquestres habitans ou domiciliés des lieux contigus ». Depuis ces arrêts, le conseil d'état en a rendu un, le 20 décembre 1740, revêtu de lettres-patentes enregistrées au parlement de Toulouse, le 1er février de l'année suivante, qui défend aux huissiers d'établir les consuls, *pendant l'année de leur consulat, pour commissaires et séquestres à aucunes saisies, à l'exception de celles qui seront faites pour sommes dues au roi.*

[[L'art. 628 du Code de procédure civile porte qu'en cas de saisie-brandon, « le garde-champêtre sera établi Gardien, à moins qu'il ne soit compris dans l'exclusion établie par l'art. 598. — S'il n'est présent (continue le même article), la saisie lui sera signifiée. — Si les communes sur lesquelles les biens sont situés, sont contiguës ou voisines, il sera établi un seul gardien, autre qu'un Garde-champêtre ».]]

V. Voici au surplus quels sont les droits et obligations des Gardiens.

1° L'ordonnance de 1667, tit. 33, art. 9, défend aux Gardiens « de se servir des choses saisies pour leur usage particulier, ni de les bailler à louage ». [[*V.* le Code de procédure civile, art. 603.]]

2° La même loi veut que, si les choses saisies produisent d'elles-mêmes quelque profit ou revenu, le Gardien en tienne compte au *saisi ou aux créanciers saisissans*. — [[*V.* le Code de procédure civile, art. 604.]]

3° Elle veut pareillement que, s'il survient des oppositions qui suspendent la vente des choses saisies, les Gardiens soient « déchargés de plein droit, deux mois après qu'elles ont été jugées, sans obtenir aucun jugement de décharge, en rendant néanmoins compte de leur commission ».

Ils doivent par-là même être déchargés de plein droit, deux mois après la saisie, lorsqu'il n'y a pas eu d'opposition; et si la saisie subsiste, sans que les oppositions soient levées ou jugées, les Gardiens ne sont déchargés de plein droit qu'au bout d'un an, à compter du jour de leur établissement, et les séquestrés après trois ans, conformément aux art. 21 et 22.

Le 22 mai 1731, le parlement de Rouen a rendu un arrêt qui déclare « qu'il n'est pas besoin de jugement pour obliger un Gardien volontaire à continuer la garde pendant la contestation, pour empêcher la prescription annuelle, et que des sommations annuelles suffisent ».

[[Le Code de procédure civile introduit, sur tout cela, des règles nouvelles. Voici ses termes :

« *Art.* 605. Il (le Gardien) peut demander sa décharge, si la vente n'a pas été faite au jour indiqué par le procès-verbal, sans qu'elle ait été empêchée par quelque obstacle : et en cas d'empêchement, la décharge peut être demandée deux mois après la saisie, sauf au saisissant à faire nommer un autre Gardien.

» 606. La décharge sera demandée contre le saisissant et le saisi, par une assignation en référé devant le juge du lieu de la saisie; si elle est accordée, il sera préalablement procédé au récolement des effets saisis, parties appelées.

» 607. Il sera passé outre, nonobstant toutes réclamations de la part de la partie saisie, sur lesquelles il sera statué en référé ».]]

4° Lorsqu'on établit un Gardien ou une garnison, les choses saisies ne doivent pas être déplacées; si cependant le Gardien était volontaire, et qu'il le requît, il faudrait le mettre en possession de ce qui lui est confié.

5° S'il se trouve quelque déficit dans les choses confiées au Gardien, la nouvelle jurisprudence du châtelet ne les oblige qu'au payement de la valeur de ce qui se trouve en déficit lors du récolement de la saisie : et cette valeur s'estime suivant le rapport de ceux qui ont vu les effets.

6° Les Gardiens volontaires ne peuvent point exiger de frais de garde; les autres n'en obtiennent qu'en vertu d'une ordonnance du juge, qui déclare que, faute par le saisi de donner Gardien, la garnison restera à ses frais.

[[On a vu plus haut, n. 1, qu'aujourd'hui, l'huissier n'a pas besoin d'ordonnance du juge pour établir un Gardien, sur le refus de la partie saisie d'en indiquer un.]]

Il faut excepter de cette règle les Gardiens de scellés qui, quoique volontaires, doivent être taxés par le juge.

7° Le châtelet jugea, le 4 septembre 1766, que le saisissant était responsable du Gardien pendant trente ans, de manière, observe Denizart, « que la partie saisie pouvait s'adresser au saisissant, sans que ce dernier pût la renvoyer au Gardien. La raison en est que l'ordonnance ne prononce la décharge (après trente ans), qu'en faveur du Gardien contre le saisissant et non point en faveur du saisissant contre la partie saisie ».

VI. On demande si un procès-verbal de saisie-exécution de meubles, par lequel un particulier serait déclaré s'être rendu Gardien volontaire, le constituerait Gardien judiciairement, quand même il n'aurait pas signé ce procès-verbal, ni fait aucun acte de Gardien; et si contre un tel procès-verbal, il n'y aurait que l'inscription de faux. On lit dans la *Collection de Jurisprudence*, qu'en 1769, cette question s'est présentée à la grand'chambre du parlement de Paris dans les circonstances suivantes.

Un huissier avait déclaré dans son procès-verbal que le nommé Regnard, cabaretier à Tonnerre, s'était rendu volontairement Gardien des effets saisis sur Brun et sa femme, à la requête du sieur Vincent. Le procès-verbal n'avait pas été signé par Regnard, il était seulement fait mention qu'il n'avait pas voulu signer. Le Gardien ayant été assigné pour représenter les meubles, il répondit que n'ayant point signé le procès-verbal, il n'était pas Gardien, et que l'huissier n'avait pu le rendre garant des effets qui avaient été repris par la partie saisie. L'huissier fut mis en cause; et la contestation portée devant les juges-consuls d'Auxerre, Regnard prouva par témoins qu'il ne s'était point immiscé dans la garde des meubles; le tribunal le déchargea des demandes formées contre lui. Le sieur Vincent interjeta appel de la sentence, et soutint que, contre un procès-verbal, il n'y avait que l'inscription de faux. Par arrêt sur délibéré, le parlement infirma la sentence, condamna Regnard à représenter les effets saisis et laissés à sa garde, ou à en payer la valeur, sauf à lui à s'inscrire en faux contre le procès-verbal de l'huissier, et à faire entendre les témoins qui avaient déposé dans l'enquête faite aux consuls; et à cet effet sursis pendant six mois à l'exécution de l'arrêt. On voit par-là qu'il n'y a que l'inscription de faux contre un procès-verbal, lors même que le Gardien n'a pas signé.

V. Garnison, Gardes-Maneurs, Saisie, Dépôt, Contrainte par corps, etc. (M. L'ABBÉ RE..Y.)*

[[GARDIEN DE SCELLÉS. *V. Scellés.*]]

*GARENNE. C'est un mot générique qui signifie tout héritage défensable, c'est-à-dire, où il n'est pas permis d'entrer, et dont personne ne doit user sans l'agrément du propriétaire. Il s'applique aux rivières, aux bois, et aux broussailles et bruyères où il y a des lapins. Il ne s'emploie aujourd'hui que pour exprimer un endroit destiné à la nourriture des lapins.

[[§. I. *Règles qui étaient observées sur les Garennes, avant les lois du 4 août 1789.*

I. Il y a deux sortes de Garennes : les Garennes ouvertes, et les Garennes fermées de murs ou de fossés remplis d'eau.

Ces dernières ne sont pas interdites; ou du moins les défenses portées par les ordonnances, ne les concernent pas, parce qu'étant fermées, les lapins ne peuvent point en sortir, ni conséquemment causer les dommages qui excitent les plaintes des habitans de la campagne.

Les lapins multiplient si prodigieusement, que la terre ne peut fournir à leur subsistance. Ils détruisent les herbes, les racines, les graines, les fruits, les légumes, même les arbrisseaux et les arbres. C'est par rapport à ces dégâts ruineux, qu'il est défendu à toutes sortes de personnes d'établir des Garennes ouvertes, sans titre, à peine de 500 liv. d'amende, et de destruction de la Garenne à leurs dépens.

La possession seule, quelque longue qu'elle soit, ne suffit pas pour avoir une Garenne ouverte. Dans ce cas, celui qui n'a pas un titre formel, tel qu'une concession, ou des aveux et dénombremens anciens et suivis, est obligé, non-seulement de détruire sa Garenne, mais encore d'indemniser les propriétaires des héritages, du dommage que les lapins y ont causé.

C'est ce qui a été jugé par un arrêt du parlement de Paris du 4 septembre 1759, rendu au rapport de M. l'abbé Boucher.

Personne ne pouvait autrefois avoir une Garenne ouverte, s'il n'en avait obtenu du roi la concession dûment enregistrée en la chambre des comptes. Guenois rapporte un arrêt du 14 avril 1539, qui l'a ainsi jugé.

Et même dans ce cas, lorsque les lapins faisaient des dégâts trop considérables, on ordonnait la destruction des Garennes, en permettant à chacun d'y chasser sans risque d'amende.

C'est ce que porte l'ordonnance du roi Jean, de l'année 1355, par laquelle, il veut, art. 4, « que tous accroissemens de Garennes nouvelles et anciennes soient ôtés, et que chacun y puisse chasser sans amende ».

Dans une autre ordonnance de Charles V, de 1356, art. 1, il est dit : Octroyons que toutes Garennes et accroissemens de Garennes élevées depuis quarante ans, soient mis au néant ».

L'ordonnance de 1669, tit. 30, art. 11, veut que les officiers des chasses, et, à leur défaut, les officiers des maîtrises, fassent renverser tous les terriers des lapins qui sont dans les forêts du roi, à peine de 500 livres d'amende et de suspension de leurs charges.

Cette ordonnance ayant été mal exécutée, et y ayant eu des plaintes portées au roi sur les dégâts que causaient les lapins, un arrêt du conseil du 21 janvier 1776 en a renouvelé les dispositions, en ordonnant le renversement des terriers et la destruction des lapins dans l'étendue des capitaineries, en présence des officiers de ces capitaineries, qui sont tenus, porte cet arrêt, de se transporter sur les lieux à la réquisition du syndic de la communauté; et pour les terrains plantés en vigne ou bois, d'une étendue moindre de cent arpens, il est permis au propriétaire des terriers ou bois où sont les terriers, et à ceux des terres adjacentes, de procéder à leur entière destruction, en en prenant la permission, qui ne peut leur être refusée par les officiers de la capitainerie, et en présence des gardes de la capitainerie.

II. Nous avons dit ci-dessus que l'on ne peut pas établir aujourd'hui de Garenne, si l'on n'en a le droit par des aveux et dénombremens, possession ou autres titres suffisans; c'est la disposition précise de l'art. 19 du tit. 30 de l'ordonnance de 1669.

Mais dans la province d'Artois, il semble qu'il y a un usage différent, et qu'il faut quelque chose de plus, c'est-à-dire, que pour y avoir une Garenne ouverte, il faut justifier de ce droit par la représentation de la concession du souverain dûment enregistrée. C'est ce qui paraît avoir été jugé par une sentence du conseil provincial d'Artois, du 3 novembre 1719. — Dans l'espèce de l'affaire dont il s'agissait, le sieur Loste, seigneur de Villemand, avait des titres énonciatifs et une possession du droit de Garenne dans ses terres. Malgré cela, la sentence l'avait condamné à la faire détruire, faute par lui de représenter des lettres-patentes ou concession des souverains dûment enregistrées, et en outre aux dommages et intérêts des laboureurs voisins. — L'arrêt rendu sur l'appel le 3 juillet 1722, ordonna simplement que le sieur de Villemand détruirait sa Garenne, de manière que les voisins n'en souffrissent point, et le condamna à 100 livres de dommages et intérêts.

Les titres sont tellement nécessaires pour l'établissement d'une Garenne, que le marquis de Mouchy-Cayeux, qui était en possession depuis plusieurs siècles, tant par lui que par ses auteurs, du droit de Garenne dépendant de sa terre de Mouchy-Cayeux en Artois, s'étant pourvu au conseil pour y être maintenu, parce que quelques particuliers prétendaient qu'il devait justifier son droit de Garenne par titres, il y est intervenu un arrêt le 7 décembre 1751, qui a ordonné qu'il ferait détruire incessamment les lapins de la Garenne en question, à peine de répondre en son propre et privé nom des dommages que ses lapins pourraient causer aux fruits ensemencés sur le territoire de sa seigneurie. En vain exposa-t-il que sa possession ancienne devait suffire, surtout dans un pays où les titres s'étaient aisément perdus à cause des guerres, on n'eut pas d'égard à sa demande.

III. Quelques coutumes font du droit de Garenne un droit de justice, d'autres en font un droit de fief.

Suivant l'art. 211 de la coutume de Meaux, « aucun ne peut tenir Garenne jurée, supposé qu'il ait haute-justice en sa terre, s'il ne l'a par permission du roi, titre particulier et exprès, ou de telle et si longue jouissance qu'il ne soit mémoire du consentement ni du contraire ».

Dans cette coutume, comme dans toutes les autres, les concessions de Garenne que le roi accorde, sont susceptibles d'opposition de la part des habitans qui sont exposés à en souffrir du dommage. C'est ce qui a été jugé par arrêt du 6 mai 1614, sur les conclusions de M. Le Bret, avocat-général, qui en rapporte l'espèce que voici.

Le seigneur de Villenausse avait obtenu du roi des lettres portant permission de bâtir un château qui eût son entrée et sa sortie par le dehors des murs de la ville, *et de faire auprès de là une Garenne.* — A peine eut-il commencé l'ouvrage, que les habitans s'y opposèrent. — Par rapport à la Garenne, leur moyen était que leur pays était couvert d'un vignoble considérable, dont la Garenne causerait immanquablement la ruine. — M. Le Bret, après avoir écarté leurs moyens contre la construction du château, dit qu'on ne pouvait point soutenir la même chose pour la Garenne, parce que quoique le roi eût accordé des lettres de permission, cependant quand on reconnaissait que le public pouvait en souffrir du dommage, l'utilité particulière devait céder à l'intérêt public; qu'on savait le dégât que faisait une Garenne dans un vignoble, principalement quand elle était ouverte; que cela ne manquerait pas d'arriver, si l'on autorisait celle que le seigneur de Villenausse voulait faire, à cause que les lapins rongent les vignes et les jeunes arbres, et les déracinent par les clapiers qu'ils creusent en terre. — A l'appui de son opinion, il rapporta un ancien arrêt contre Philippe, comte de Boulogne, à qui il fut défendu, sur les remontrances des habitans, de continuer une Garenne qu'il avait fait commencer. — L'arrêt qui intervint sur ses conclusions, défendit au seigneur de Vilenausse de continuer sa Garenne.

La coutume d'Anjou, art. 131, en fait un droit de fief, et fixe l'étendue d'une Garenne au vol d'un chapon, qu'elle évalue à trois cent vingt pas. — La coutume du Maine, art. 38, renferme la même disposition.

Celle de Touraine, art. 37, donne aussi le droit de Garenne au seigneur de fief, n'eût-il que la basse-justice.

La coutume de Normandie, art. 160, met pareillement le droit de Garenne dans le nombre des droits de fief.

Il en est de même de la coutume de Bretagne, art. 160, et de beaucoup d'autres.

IV. Mais quelles que soient les dispositions des coutumes, il est certain que depuis l'ordonnance de 1669, qui établit à ce sujet une nouvelle jurisprudence, en dérogeant à toutes coutumes contraires, il est certain, dis-je, que pour jouir du droit de Garenne, il faut en avoir la possession fondée sur des aveux et dénombremens, ou autres titres.

Quand nous avons dit que pour jouir du droit de Garenne, il fallait des titres suffisans, il faut comprendre en cela les permissions particulières que le roi peut accorder pour établir une Garenne. Quand elles sont données, on doit ensuite obtenir des lettres-patentes qu'on fait enregistrer au parlement, à la table de marbre et à la chambre des comptes.

Mais cet enregistrement n'a lieu qu'après l'information *de commodo aut incommodo*, qui se fait à la requête de M. le procureur-général du parlement ou de la table de marbre.

Il est d'usage d'entendre, dans cette information, les curés, syndics, échevins, et les principaux et notables habitans de l'endroit, ainsi que toutes les personnes intéressées qui peuvent s'opposer à l'établissement de cette Garenne, s'il en peut résulter du dommage pour les héritages: ce qui arrive lorsque le terrain où on veut l'établir, n'est pas d'une étendue suffisante pour la nourriture des lapins, sans causer des dégâts sur les terres voisines.

Si par l'événement de cette information, il est reconnu que, dans le fait, la Garenne serait préjudiciable, ou qu'il y ait des oppositions de la part de quelques personnes intéressées, on ne passe pas outre à l'enregistrement des lettres-patentes. Mais s'il y a un acquiescement général, et qu'il soit constaté que la Garenne ne peut occasionner de dommage, celui qui a obtenu ces lettres, parvient aisément à les faire entériner.

Telles sont les formalités qu'il faut indispensablement remplir pour former l'établissement d'une Garenne. Si on les omettait, la permission que le roi en aurait accordée, deviendrait caduque; et celui qui l'aurait obtenue n'en pourrait pas jouir, parce que l'enregistrement dont nous venons de parler, peut seul donner à cette permission la sanction nécessaire.

V. De plus, le vœu de l'ordonnance et des arrêts est que celui qui a une Garenne, ait de quoi nourrir les lapins, sans causer aucun dommage à qui que ce soit. Il faut donc qu'il y ait des héritages en quantité suffisante pour cela.

Salvaing, *de l'usage des fiefs*, chap. 62, dit que « par l'usage du Dauphiné, les gentilshommes, seigneurs de terre ou non, peuvent faire des Garennes, pourvu qu'elles ne soient pas à charge aux voisins; qu'autrement il n'est point de doute qu'on en peut former plainte, étant raisonnable que ceux qui ont des Garennes ouvertes, aient suffisamment de fonds aux environs pour la nourriture des lapins, sans endommager le voisinage ».

L'art. 31 des libertés delphinales permet, à la vérité, aux gentilshommes de la province de chasser sur les terres dont ils ne sont pas seigneurs, même dans les *Garennes;* mais il ne leur permet pas d'établir des Garennes ouvertes. Ainsi, l'usage dont parle Salvaing, et qui ne serait fondé que sur une sorte de possession, ne peut contre-balancer l'autorité de l'ordonnance de 1669, qui exige impérieusement qu'on ne puisse former des Garennes ouvertes sans titre. D'ailleurs, quand les gentilshommes auraient cette liberté dans le Dauphiné, ils ne pourraient en jouir que sur leurs terres, parce qu'il faut qu'ils aient de quoi nourrir leurs lapins sans causer de dommage à leurs voisins, ainsi que nous l'avons observé.

Les mêmes lois qui défendent d'établir des Garennes sans titre, défendent également de les augmenter sans permission du roi. L'une et l'autre de ces défenses sont fondées sur le même principe.

VI. Quelque droit qu'aient les seigneurs de fiefs et autres d'avoir des Garennes ouvertes, ils ne sont pas moins obligés d'indemniser les particuliers des dommages que les lapins ont causés dans les terres voisines; et cela par la raison que nous en avons déjà dite, que ceux qui ont des Garennes, doivent nourrir leurs lapins.

La Rocheflavin, *Traité des droits seigneuriaux*, ch. 27, art. 5, rapporte un arrêt du parlement de Toulouse, du 16 janvier 1586, qui a condamné M. de Benoît, conseiller, à payer le dommage qu'avaient fait ses lapins; et lui enjoint de restreindre sa Garenne de manière qu'ils ne puissent nuire aux voisins, ou de semer aux environs une suffisante quantité de grains pour leur nourriture.

VII. Quoiqu'il ne soit pas permis d'affermer le droit de chasse, on peut cependant affermer les Garennes qui sont au rang des droits utiles, et qui font partie des revenus d'une terre. Par cette raison, celui à qui on en a passé bail, peut y chasser avec furets, chiens et fusils : mais il faut pour cela qu'il en soit fait une mention expresse dans le bail, ou que le fermier en ait la permission du seigneur, ainsi que cela a été jugé par arrêt du parlement de Paris, du 5 septembre 1750, en faveur de la dame de Pomponne, contre son fermier.

VIII. Il est défendu de chasser dans une Garenne sans l'agrément du propriétaire, à peine d'être puni comme voleur. C'est ce qui résulte de l'art. 10 du tit. 30 de l'ordonnance de 1669; et c'est la disposition expresse de plusieurs coutumes, telles qu'Orléans, art. 167; du Nivernais, tit. 18, art. 16; d'Etampes, art. 183; Meaux, art. 215; Dourdan, art. 147; Menneton-sur-Cher, art. 13; Tremblery et Villebrosse, titre 2, art. 8; la Saintonge, art. 14: la Marche, art. 355; le Poitou, art. 198; l'Auvergne, tit. 28, art. 22; Vastan, art. 18, etc. La raison en est que les lapins sont considérés comme animaux domestiques, qui sont un objet de profit pour le propriétaire, de la même manière que les pigeons dans un colombier, et les poissons dans un étang.

C'est pour prévenir les vols que l'on pourrait faire dans les Garennes, que les ordonnances de 1318, 1600 et 1601 ne permettent qu'aux gentilshommes et à ceux qui ont droit de Garenne, d'avoir en leurs mains des furets et poches à prendre les lapins.

IX. Quoique les Garennes fermées n'entraînent pas les mêmes inconvéniens que les Garennes ouvertes, puisque les lapins qui y sont nourris et enfermés, ne peuvent causer de dégâts dans le voisinage, il n'est cependant pas libre à un roturier d'en avoir, lorsqu'il n'est pas seigneur du fief sur le terrain où serait établie cette Garenne, parce que ce serait se former un canton de chasse; et cela n'appartient qu'au seigneur de fief.

Les lapins ne sont pas, à la vérité, considérés comme gibier; mais comme la Garenne où ils sont renfermés, est ordinairement couverte de buissons ou de bruyères, le gibier de plume peut s'y retirer, et on peut aisément l'y détruire. C'est pour cette raison que beaucoup d'auteurs pensent qu'un gentilhomme, ou un roturier qui n'est pas seigneur de fief, ne peut avoir de Garenne fermée. Cependant, s'il ne s'agissait que d'un clos de petite étendue, il paraîtrait dur d'empêcher un particulier d'y élever des lapins pour son plaisir.

Le seigneur dominant à qui est dû le droit de rachat, peut en user sur la Garenne de son vassal, si la coutume locale n'y est pas contraire. C'est ce que l'on peut conclure de l'art. 2 de l'ordonnance de saint Louis, du mois de mai de l'an 1235, qui porte que « de ce que pourra produire cinq années une Garenne, le seigneur en prendra le cinquième, ce qui est une année de revenu pour son droit de relief ou de rachat ».

La raison en paraît sensible ; c'est que le rachat se lève sur tout ce qui forme le revenu de la terre dont une Garenne fait une partie très-utile. (M. Henriquez.)*

* X. Loysel nous donne comme une règle du droit français, *que le seigneur de fief faisant construire une Garenne, y peut enclore les terres de ses sujets*. (Instit. liv. 2, tit. 2, n. 27.)

Une pareille faculté aurait quelque chose de bien exorbitant, elle violerait même de la manière la plus directe le droit de propriété. Aussi le président Bouhier tient-il que cette prétendue règle est une erreur, *aucune coutume du royaume ne portant une disposition aussi extraordinaire* (1).

Cependant la même faculté est accordée au seigneur de fief, qui veut établir un étang : pourvu que la chaussée soit dans son fonds, il peut couvrir des eaux de son étang les terres de ses voisins, en *les récompensant préalablement*. C'est là disposition des coutumes de Troyes, Chaumont, Nivernais. Celle de la Marche, art. 319, donne le même droit aux simples particuliers.

Mais si les seigneurs jouissent de cette faculté pour les étangs, ne doivent-ils pas avoir le même privilége, lorsqu'ils jugent à propos d'établir une Garenne, surtout une Garenne fermée, qui, sans aucun inconvénient pour les voisins, multiplie le gibier, et par conséquent les moyens de susbsistance ?

A l'égard du silence des coutumes, l'assertion de M. le président Bouhier n'est pas absolument exacte. Celle de Tours, après avoir dit, art. 37, que le *seigneur peut en retenant l'eau, submerger les domaines de ses sujets*, ajoute de suite : *aussi* peut le seigneur de fief *faire Garenne, si bon lui semble*. La liaison de cette dernière partie de l'article avec la première, indique suffisamment que le seigneur a pour sa Garenne le même droit, les mêmes prérogatives que pour les étangs.

Cependant sur cette règle de Loysel, le savant de Laurière a mis cette note : « Comme cette règle est contre le droit commun, il semble qu'elle ne devrait point être pratiquée dans les coutumes qui n'en ont point de dispositions ».

XI. C'est un principe adopté par tous les auteurs, et consigné dans plusieurs coutumes, que *les Garennes sont de garde et de défense en toutes les saisons de l'année*.

Cette défense est si générale, qu'encore que le seigneur dominant puisse exercer la chasse ordinaire sur toutes les terres de son vassal, il ne lui est pas néanmoins permis de chasser dans sa Garenne. C'est le sentiment unanime de tous ceux qui ont écrit sur cette matière. Il y a même des coutumes qui défendent de chasser dans les enclos adjacens à la Garenne et appartenans au même seigneur. « Noble homme peut faire en sa terre ou fief noble faux à connils au cas où il n'y aurait Garenne à autres seigneurs ès lieux prochains ; et ne doit aucun y aller chasser, ni ès clos adjacens, appartenant audit noble homme». (*Coutume de Bretagne, art.* 391.)

Il est défendu de tuer des lapins, même au-delà des limites de la Garenne, quand même ils causeraient du dommage, sauf à la personne lésée de se pourvoir en justice pour ses dommages-intérêts. A cette règle consignée dans le commentaire de Boucheul sur la coutume du Poitou, M. le président Bouhier, chap. 63, n. 70, met la modification suivante : « Si cependant cela arrivait à quelqu'un qui eût droit de chasser dans ses terres, et que les lapins y eussent été tirés sans être chassés de propos délibéré, je croirais volontiers qu'il ne serait pas répréhensible».

On retrouve la même décision dans les additions de Livonière au Commentaire de Dupineau sur la coutume d'Anjou, art. 32.

XII. Les ordonnances disent que, pour avoir Garenne, il faut avoir titres, possession ou *dénombremens*. Mais combien en faut-il ? un seul serait-il suffisant ? Suivant Harcher, dans son *Traité des fiefs*, ch. 12, §. 11, ce droit doit être reporté dans trois aveux. « Ce sont, dit cet auteur, ces sortes de Garennes qui sont défensables en tout temps, c'est-à-dire, qu'il est défendu d'y aller chasser ».

A l'égard de la possession, Harcher et Guyot exigent qu'elle remonte au-delà de cent ans. Harcher prétend en outre, non-seulement qu'il est défendu d'augmenter les Garennes, mais *que les seigneurs sont également dans l'impuissance de les transférer d'un lieu dans un autre*.

XIII. On a dit plus haut que la permission d'établir une nouvelle Garenne, emportait la nécessité d'indemniser les propriétaires du territoire. Cette obligation de toute équité, est écrite dans des lettres-patentes du mois de mai 1640, portant permission au sieur de La Haye d'établir une Garenne dans sa terre de Travault. Ces lettres portent : *le tout à la charge d'indemniser les particuliers et vassaux du préjudice qu'ils pourraient souffrir par la proximité de ladite Garenne*. Ces lettres sont rapportées en forme dans les *Lois forestières* de Pecquet, tom. 2, pag. 93.

Les habitans d'un village où il y a des vignes, peuvent s'opposer à l'établissement d'une Garenne sur leur territoire. (Brillon, au mot *Garenne*.)

XIV. La jouissance des Garennes tombe dans la garde noble, parce qu'elles sont mises au nombre des droits utiles. (Pontanus, sur l'art. 5 de la coutume de Blois.)

XV. Sur la question de savoir si les lapins en Garenne sont meubles ou immeubles, Durand, dans son *Commentaire* sur l'art 114 de la coutume de Vitry, s'exprime en ces termes : — « Les lapins en Garennes anciennes sont pareillement de la nature du fonds, jusqu'au temps ordinaire de fureter ; et ce temps venu, ils sont meubles, à l'exception de ce qui doit y rester pour repeupler, parce qu'ils font partie du revenu. Il n'en est pas de même de la chasse ordinaire, qui, n'étant qu'un plaisir, n'est jamais comprise dans le revenu. J'ai dit *en Garennes anciennes*, parce que les nouvelles sont sujettes à la chasse ordinaire, ne sont qu'une usurpation de la

(1) *Observations sur la coutume de Bourgogne*, chap. 63, n. 67.

part des seigneurs et tolérance des habitans, et ne doivent légitimement être mises en revenus, selon l'art. 121 ».

XVI. Les propriétaires des Garennes sont, comme on l'a dit, obligés d'indemniser les tenanciers du dégât que causent leurs lapins. Point de difficulté à cet égard; il ne peut y en avoir que sur la manière de constater ces dégâts; et là-dessus, *V.* l'arrêt de réglement du parlement de Paris, du 21 juillet 1778, rapporté à l'article *Gibier.*

Mais si le dégât est commis hors de l'enclave de sa terre, le seigneur en sera-t-il responsable? Il semble que non.

Le maître d'un animal domestique est garant de tous les délits de cet animal, parce qu'il doit égalele nourrir et l'éloigner des lieux prohibés. La garantie contre le seigneur, résultante des dégâts du gibier, a un tout autre fondement. Ce n'est pas parce qu'une terre est dégradée que l'on accorde des dommages et intérêts au propriétaire, car le gibier a des titres sur les fruits de la terre; ce n'est pas même parce que le seigneur a le droit de détruire ce gibier, mais uniquement parce qu'il en a le droit exclusif, parce qu'empêchant ce propriétaire de se faire justice à soi-même, il est juste qu'on la lui rende; mais ce droit d'empêcher ne passe pas les limites de la seigneurie; le seigneur ne peut donc être tenu de rien, lorsque le dégât est hors des bornes de son enclave (M. H...)*

XVII. Les placards des Pays-Bas distinguent deux espèces de Garennes: l'une *franche*, l'autre *simple*. On appelle *Garenne franche* celle dont le seigneur a obtenu la confirmation par des lettres-patentes du roi, et pour la conservation de laquelle ses officiers ont toute juridiction et police. La *Garenne simple* est considérée comme un bien particulier, pour la conservation duquel le seigneur ne peut se pourvoir que devant les juges royaux subrogés en ce point aux officiers que le prince commettait autrefois pour connaître de toutes les matières d'eaux et forêts.

Les art. 4 et 5 du placard de 1613 confirment cette distinction: le premier parle des seigneurs « qui ont aucunes franches-forêts, bois, Garennes, et chasse privilégiée, et en ont délivré les titres ensuite de notre placard du 29 novembre 1611, auxquels en ce regard et de toute ultérieure franchise qu'ils pourraient avoir, leur feront, à leur diligence, donner acte déclaratoire de leur franchise, dont chacun en son quartier advisera nos officiers et commis au fait de ladite chasse, laissant néanmoins en vigueur les droits, tranchises et privilèges par nous ci-devant confirmés; et devront nos vassaux qui auront droit de franches-forêts, bois et Garennes, et pouvoir de punir les délinquans, se régler ensuite de cette notre ordonnance ».

L'autre article porte: « N'entendons néanmoins que ce pouvoir appartienne à ceux qui pourraient avoir droit de simple Garenne, ainsi que par les 9e et 10e articles du placard du dernier de février 1545, a été dit et déclaré, et de rechef disons et déclarons par cettes, mais que nosdits commis aient la correction de ceux qui auront fourfait èsdites Garennes, comme ils ont eu du passé ».

Le placard du 28 juin 1575, qui est particulier à l'Artois, établit une autre différence entre les Garennes franches et les Garennes simples. Cette loi autorise tous les gentilshommes à chasser dans toute l'étendue de la province, *à force de chiens et d'oiseaux;* mais elle leur défend d'entrer dans les Garennes franches, ce qui renferme implicitement la permission d'entrer dans les Garennes simples.

L'art. 25 du chap. 130 des chartes générales du Hainaut, porte que « les seigneurs haut-justiciers ne pourront avoir Garennes, s'ils ne sont en possession d'en avoir eu d'ancienneté ». — Ainsi, dans cette province, la possession immémoriale suffit pour légitimer l'établissement d'une Garenne.

[[§. II. *Régime actuel des Garennes.*

Par l'art. 3 des lois du 4 août 1789, « le droit exclusif de la chasse et des *Garennes ouvertes* est... aboli ».

Quels sont les effets de cette abolition?

Un premier point bien constant, c'est que les ci-devant seigneurs qui avaient, avant le 4 août 1789, des *Garennes ouvertes*, en ont conservé la propriété foncière. C'est ce qu'a décidé en ces termes un avis du comité féodal de l'assemblée constituante:

« Le comité féodal, informé que quelques communautés d'habitans ont donné à l'art. 3 des décrets des 4, 6, 7, 8 et 11 août 1789, portant abolition du droit de Garennes ouvertes, une interprétation abusive et qui attaque visiblement le droit inviolable de la propriété; — Estime que l'assemblée nationale n'a pas entendu, par l'article cité, priver de leur propriété les personnes auxquelles appartiennent les terrains qui étaient ci-devant à usage de Garennes ouvertes; qu'en conséquence, ces personnes peuvent faire de ces terrains tel emploi légitime qu'il leur plaît; et qu'en un mot, l'abolition du droit de Garennes ouvertes n'a ni détruit, ni gêné, ni resserré la propriété foncière des lieux sur lesquels ce droit s'exerçait. — Fait au comité féodal, le 9 juin 1790. *Signé*, Goupil de Préfeln, *président;* Merlin, *secrétaire* ».

Une autre vérité non moins évidente, c'est qu'en abolissant le *droit exclusif* de Garennes ouvertes, les lois du 4 août 1789 ont permis à tout propriétaire de convertir son terrain en Garenne, sans être pour cela tenu de le clorre.

Mais ont-elles fait cesser la responsabilité dont l'ancienne jurisprudence chargeait les propriétaires des Garennes ouvertes, à raison du dommage que leurs lapins causaient aux propriétés voisines? *V. Gibier*, n. 8.]]

* GARIMENT. Ce terme, dans sa signification la plus étendue, est synonyme à celui de *garantie*, et c'est en ce sens qu'il est employé dans diverses coutumes et par d'anciens praticiens. Il est aujourd'hui particulièrement consacré dans les coutumes du Poitou, de Saintonge et d'Angoumois, ainsi que dans l'usance de Saintes, pour désigner une tenure noble différente de la tenure à foi et hommage.

I. La tenure en Gariment consiste en ce qu'entre divers tenanciers d'un bien noble, du seul qu'on appelle le *chémier* ou le chef, se charge de *garantir* tous les autres sous son hommage, c'est-à-dire, de faire pour eux comme pour lui la foi et hommage, et d'acquitter les devoirs de fief à leur décharge; c'est une suite de la faculté qu'a le vassal d'empirer le fief de son seigneur dans les coutumes qui l'admettent, et l'on ne peut excéder les bornes qu'elles ont données à l'empirement du fief.

Il y a plusieurs sortes de tenures en Gariment. Si cette tenure est établie par la seule force de la loi, en vertu du lignage ou de la parenté, c'est la tenure en *parage* proprement dit. Si elle est établie par convention, et qu'elle donne aux teneurs en Gariment le droit de partager avec le chémier les profits du fief, c'est alors une tenure en *part-prenant*. Si, sans leur donner ce droit, elle les assujettit à contribuer aux devoirs de fief pour une portion relative à celle dont ils jouissent dans le domaine du fief dont les tenures en Gariment ont été tirées, c'est une tenure en *part-mettant:* que si les teneurs en Gariment contribuent seulement pour un droit fixe, et non proportionnellement à la valeur de leurs possessions, c'est la tenure à *devoir noble abonné*. Mais, comme ces trois dernières sortes de tenures en Gariment ont des effets fort ressemblans, les coutumes et les commentateurs les confondent quelquefois les unes avec les autres. (M. GARRAN DE COULON)*

[[II. L'abolition du régime féodal, et spécialement celle de la foi-hommage, prononcée par l'art. 1 des lois du 4 août 1789 et par l'art. 2 du tit. 1 de la loi du 15 mars 1790, ont fait entièrement cesser la tenure en Gariment; et les biens qui étaient possédés à ce titre, sont aujourd'hui purement allodiaux. *V. Franc-alleu*, §. 32.]]

[[GARNISAIRE. C'est l'homme qui est établi en garnison chez un particulier pour le contraindre à payer ou à faire quelque chose. *V. Gardien* et *Garnison.*]]

* GARNISON. On appelle ainsi un ou plusieurs hommes qu'on établit en quelque maison pour contraindre un débiteur à payer, et pour y demeurer aux frais de ce débiteur jusqu'à ce qu'il ait payé, ou pour veiller à la conservation des meubles saisis sur lui.

I. L'art. 4 du réglement attaché sous le contre-scel de la déclaration du 13 avril 1761, enregistrée à la cour des aides de Paris, a autorisé l'usage des Garnisons pour accélérer le recouvrement des impositions; et l'art. 7 porte que ces Garnisons *seront composées d'un chef et d'un ou de plusieurs hommes de Garnison*, suivant l'état qui en sera dressé chaque année.

D'après cette disposition, plusieurs officiers des élections pensaient que chaque Garnison devait être au moins d'un chef et d'un homme de Garnison; et ils craignaient de contrevenir au réglement, s'ils visaient les contraintes des receveurs de tailles pour un seul homme de garnison. En conséquence, ils représentèrent au procureur-général de la cour des aides, que, si les receveurs des tailles étaient obligés d'envoyer un chef et un homme de Garnison, les frais du recouvrement seraient plus considérables qu'ils n'étaient auparavant. Dans ces circonstances, ce magistrat présenta un requête à la cour, afin qu'en expliquant l'art. 7 dont il s'agit, elle autorisât les officiers des élections du ressort à viser les contraintes des receveurs des tailles, quoique délivrées à un chef de Garnison seul qui aurait prêté serment par-devant eux, et à permettre à ce chef de Garnison de s'établir lui-même en Garnison chez les contribuables arriérés, sans être accompagné d'aucun homme de Garnison. Et le 4 septembre 1761, il fut rendu un arrêt conforme à ces conclusions. (M. GUYOT.)*

[[II. Ce réglement a cessé avec les impositions dont il avait pour objet le recouvrement.

Aujourd'hui ce sont les porteurs de contraintes qui remplissent les fonctions de garnisaires chez les redevables en retard d'acquitter leurs cotes de contributions. *V.* l'arrêté du gouvernement du 16 thermidor an 8.

III. Les préfets sont autorisés à établir Garnison chez les pères et mères et chez les tuteurs, soit des conscrits réfractaires à la loi, soit des déserteurs. *V. Conscription militaire*, §. 4; *Gardes-maneurs* et le décret impérial du 5 avril 1811.]]

GAVE, GAVENNE, GAULE. Ces trois mots s'emploient indifféremment les uns pour les autres: ils sont tirés du flamand, et signifient la même chose que *présent* en français.

C'est originairement un droit que les vassaux et tenanciers des églises payaient en blé, en avoine, en volailles ou autres denrées, et même en argent, à quelques seigneurs qui étaient les *avoués* ou protecteurs de ces églises. Il y avait des lieux où ce droit s'imposait chaque année, à proportion des fruits que les propriétaires ou fermiers recueillaient des héritages sur lesquels il était affecté.

Il est parlé du Gave de Santerre dans les registres du parlement de Paris, à la date du 30 juillet 1483.

Ce droit ce perçoit encore en plusieurs endroits, notamment à Douay et dans les villages circonvoisins.

L'abbaye de Marchiennes en jouit également dans sa terre de Saillies en Artois.

Le seigneur des terres de Baudaignies et Capelle en Hainaut a été maintenu dans un pareil droit par arrêt du parlement de Douay, du 11 mars 1729, rendu contradictoirement avec les habitans de ces deux villages.

Les communautés ecclésiastiques du Cambrésis payaient aussi autrefois une semblable redevance aux comtes de Flandre, et après eux aux ducs de Bourgogne et aux rois d'Espagne; mais ces princes ne l'exigeaient point comme souverains (car la souveraineté du Cambrésis appartenait alors à l'empereur d'Allemagne): ils ne l'ont jamais reçue qu'en qualité de protecteurs, et ils l'ont eux-mêmes reconnue par les sermens qu'ils ont faits, notamment les rois d'Espagne en 1549 et 1654. Lors même que les églises avaient souffert quelque dommage, faute de protection, les comtes de Flandre étaient obligés de les indemniser de leurs pertes, et ne recevaient point le droit de Gave; c'est ce qui est justifié par deux transactions, de 1231 et 1290: par la première, le comte de Flandre donne à l'église de Saint-Géry de Cambray une somme de 300 livres, pour réparer les dommages qu'elle avait essuyés, faute par lui de l'avoir secourue. Par la seconde, le comte de Flandre consent de ne point recevoir le droit de Gave des chapitres de Notre-Dame, de Saint-Géry et de Sainte-croix de Cambray, en cas que le tort qu'ils recevraient faute de protection, ne fût pas réparé dans les six mois, ou qu'il ne rapportât pas une cause légitime pour s'en excuser.

Lorsque le Cambrésis eut été uni à la couronne par la conquête qu'en fit Louis XIV, il fut question de savoir s'il devait demeurer sujet au droit de Gave. Les communautés ecclésiastiques disaient, pour s'en exempter, que ce droit n'avait jamais été réputé domanial ; qu'il n'avait été payé qu'en reconnaissance de la protection que des princes étrangers accordaient au Cambrésis; que le roi étant devenu souverain de cette province, il ne pouvait plus en être regardé comme le simple protecteur, ni par conséquent exiger le droit de Gave pour cette qualité, puisque son titre de souverain lui imposait la nécessité de protéger également tous ses sujets ; que d'ailleurs les villes de Metz, de Toul et de Verdun, qui étaient sujettes à un pareil droit, en avaient été déchargées depuis qu'elles étaient sous la souveraineté de la France.

Le fermier du domaine répondait que la possession successive du droit de Gave, pour les comtes de Flandre, les ducs de Bourgogne et les rois d'Espagne, était justifiée par les extraits des comptes qui en avaient été rendus de temps en temps à la chambre des comptes de Lille; que ce droit ayant été employé depuis long-temps dans les comptes du domaine, il serait devenu domanial, quand il ne l'aurait pas été par son origine, suivant la maxime qui répute domaine de la couronne tout ce qui a été possédé par le roi pendant dix ans : que d'ailleurs ce droit étant la marque de la sauvegarde et de la protection continuelle que recevaient les églises du Cambrésis, elles ne pouvaient les contester à Sa Majesté, sous la protection et sauvegarde de laquelle elles devaient toujours demeurer.

Les moyens du fermier furent d'abord adoptés par une ordonnance de M. Le Pelletier, intendant de Flandre, du 17 mars 1685, portant que le droit de Gave serait payé au fermier du domaine sur toutes les terres en labour, et sur tous les manoirs d'églises mentionnés dans les comptes des années 1421 et suivantes; et que ce payement serait fait à raison d'un mencaud de blé et d'un mencaud d'avoine sur deux muids de terre en labour, et sur chaque manoir habité, et qu'à cet effet les bailli et gens de loi de chaque village seraient tenus de remettre au gavenier de Cambray des déclarations exactes de la quantité des terres et manoirs sujets à ce droit dans leur territoire.

Cette ordonnance fut suivie de trois autres, des 19 février 1685, 12 avril et 21 septembre 1686, qui en ordonnèrent l'exécution ; mais les communautés ecclésiastiques du Cambrésis *et autres lieux circonvoisins* s'étant pourvues au conseil, il intervint arrêt contradictoire, le 18 février 1687, qui, sans s'arrêter aux jugemens cités, déchargea « les prévôts, doyen et chapitre de l'église métropolitaine de Cambray, et autres bénéficiers et communautés ecclésiastiques, tant du Cambrésis *que des autres lieux circonvoisins*, du payement du droit de Gave ou Gavenne prétendu par le fermier du domaine, auquel Sa Majesté fit défense d'en faire aucune levée ; et en cas qu'il eût reçu aucune chose dudit droit desdits ecclésiastiques, Sa Majesté ordonna qu'il en ferait la restitution ».

[[Cet arrêt a été rendu commun à toute la France par l'art. 11 du tit. 2 de la loi du 15 mars 1790 : « Les droits connus en Auvergne et autres provinces, sous le nom de *cens en commende* (porte cet article), en Flandre, en Artois et en Cambrésis, sous celui de *Gave*, *Gavenne* ou *Gaule;* en Hainaut, sous celui de *poursoin ;* en Lorraine, sous celui de *sauvement* ou *sauvegarde ;* en Alsace sous celui d'*avouerie ;* et généralement tous les droits qui se payaient ci-devant en quelque lieu du royaume, et sous quelque dénomination que ce fût, en reconnaissance et pour prix de la protection des seigneurs, sont abolis sans indemnité ; sans préjudice des droits qui, quoique perçus sous les mêmes dénominations, seraient justifiés avoir pour cause des concessions de fonds ».

Le motif de cette disposition est sensible.— « C'est un principe constant en droit (disais-je dans le rapport sur lequel a été rendue la loi citée) qu'il ne peut pas y avoir de contrat sans cause juste et licite ; et qu'un contrat qui était obligatoire dans son principe, parce qu'il avait une cause, cesse de l'être dès que sa cause vient à cesser. — Ce principe reçoit ici une application directe et entière. Les droits de *Gave*, de *poursoin*, d'*avouerie*, etc., ont été établis par un contrat qui avait pour cause la protection du seigneur, et dont ces droits eux-mêmes formaient le prix. Nous n'examinerons pas si, lors de la formation de ce contrat, il dépendait du seigneur de vendre ainsi sa protection, et si, en conséquence, le contrat a été valable dans son origine ; mais nous disons qu'aujourd'hui tous les citoyens sont indistinctement sous la protection de la loi et du Roi qui en est le gardien et l'exécuteur suprême ; qu'ainsi, les personnes soumises au droit d'*avouerie*, et *Gage* ou de *poursoin*, ne ressentent plus les effets de la protection de leur seigneur ; que cette protection est même devenue impossible de la part de celui-ci, puisqu'il n'a plus aucune force en main ; que dès là, il n'y a plus de raison pour qu'il puisse encore exiger le salaire de cette même protection : et que par une conséquence ultérieure, le contrat par lequel ce salaire lui a été accordé, se trouve résolu par la cessation de sa cause ».]]

GAVENIER. C'est le nom que portent les préposés à la recette des droits de gave. *V.* l'article précédent.

* GAYVES (CHOSES). Ragueau, dans son *Glossaire du droit français*, définit les choses Gayves : *Epaves et choses égarées et adirées qu'aucun ne reclame.*

I. Dans l'ancienne et dans la nouvelle coutume de Normandie, chap. 19, art. 604, les choses *Gayves sont choses égarées et abandonnées, qui ne sont appropriées à aucun usage d'homme, ni reclamees par aucun*. Ces choses doivent être gardées pendant un an et un jour, et rendues à ceux qui font preuve qu'elles leur appartiennent, et après l'an et jour, elles appartiennent au roi ou aux seigneurs, quand elles ont été trouvées sur leurs fiefs.

Cette disposition de la coutume de Normandie est conforme à une ordonnance de Louis Hutin, donnée à Vincennes le 22 juillet 1315. Cette ordonnance porte, art. 13 : « *Item*, que chacun, noble ou autre, par la raison de sa droiture ou de son fief qu'il tient en la duchié de Normandie, doresnavant varech et choses Gayves en sa terre, ait et prenne entièrement, si, comme est contenu au registre de la coutume de Normandie, usage au contraire non contestant ».

[[On a vu à l'article *Epaves*, que les choses Gayves appartiennent aujourd'hui à l'Etat, et que les ci-devant seigneurs n'y ont plus aucun droit.]]

II. Les choses Gayves diffèrent des biens vacans, en ce qu'on ne donne la première de ces deux dénominations qu'aux effets mobiliers, et la deuxième qu'aux immeubles.

III. Les choses Gayves peuvent être divisées en deux classes. Les unes n'ont jamais appartenu à personne, comme quelques animaux sauvages, l'ambre gris, les perles et les autres choses pareilles, qui se trouvent quelquefois sur le rivage de la mer; les autres ont eu un maître, mais qui est inconnu. Tels sont les animaux domestiques égarés, et toutes sortes d'effets mobiliers qui ont été perdus par les propriétaires.

Ragueau ajoute à ce que nous avons transcrit plus haut : *Veluti animali aberrantia, licet non habeantur pro derelictis.*

Cette définition nous met dans le cas d'examiner une question qui renaît souvent dans la pratique, celle de savoir si les mouches à miel qui ont abandonné leurs ruches, doivent être mises au nombre des *choses Gayves*.

Cette question est décidée, pour l'affirmative, par l'art. 104 des anciennes coutumes de Bourgogne, conçu en ces termes : *Mouchettes trouvées appartiennent à celui qui a la haute-justice du lieu où la mouchette est trouvée, non pas à celui qui a la petite justice.* Telle est la jurisprudence, suivant que l'attestent les auteurs qui citent même à ce sujet un arrêt du 4 mars 1666.

Il faut seulement excepter le cas où le propriétaire de la ruche qu'ont abandonnée les abeilles, n'a point perdu l'essaim de vue, et l'a suivi du moins de l'œil jusqu'à l'endroit où il s'est arrêté; car en ce cas, cet essaim n'est pas censé être sorti de son pouvoir, suivant cette décision des lois : *Examen, quod ex alveo tuo evolaverit, eo usque intelligitur esse tuum, donec in conspectu tuo est, nec difficilis persecutio ejus est.* Et ce qui se dit des abeilles à ce sujet, s'applique naturellement à toutes sortes d'autres animaux pareils, comme pigeons, etc., ainsi que l'observent les auteurs.

Ce fut sans doute le motif d'un arrêt qui fut rendu autrefois au parlement de Bourgogne dans cette espèce. — Un nommé Lécrivain, du village de Vosne, ayant suivi un essaim de mouches à miel, qui s'était envolé de l'une de ses ruches, l'avait vu se fixer sur un arbre qui était planté dans un héritage appartenant à Gaspard Moineard; et Lécrivain l'en avait enlevé. Le propriétaire de l'arbre, auquel se joignit le procureur d'office du seigneur, lui firent sur cela un procès criminel, et obtinrent contre lui un décret de la justice des lieux. Sur l'appel qu'en interjeta l'accusé au baillage de Nuits, il fut dit qu'il avait été mal informé et décrété, et Lécrivain fut renvoyé de l'accusation avec dépens. Cette affaire étant dévolue par appel à la cour, il y eut arrêt rendu le 9 février 1642, par laquelle la sentence fut seulement réformée pour le regard des dépens, lesquels furent récompensés; et pour le surplus elle fut confirmée.

Une grande inondation de la rivière de Garonne avait entraîné beaucoup de bois à brûler, de merrain, et d'autre bois marqué et non marqué; tout ce bois s'était arrêté, ou avait été arrêté par des nautonniers ou autres personnes, dans les îles et le long du rivage de la terre de Blaignac; le seigneur prétendait que tout le bois non marqué lui appartenait par droit d'épave, offrant de délivrer tout celui qui était marqué au maître de la marque, à la charge de lui payer les droits de rivage et les frais faits pour la conservation. Il demandait aussi, et c'était une autre difficulté, les dommages et intérêts que ce bois avait causés, tant aux islots à lui appartenans, y ayant renversé plusieurs arbres, qu'aux murailles, parois et terrain de son jardin que ce bois avait renversés et emportés en partie. Au contraire, ces marchands unis ensemble, réclamaient tout le bois marqué ou non marqué, et qui n'avait jamais été mis en œuvre; ils prétendaient justifier suffisamment qu'ils en étaient propriétaires, parce que le débordement de la rivière ayant entraîné tout le bois qu'elle avait trouvé sur ses rivages dans son cours depuis sa source, ce bois leur appartenait, quoique, par des marques particulières, ils ne pussent pas montrer à qui il appartenait en particulier; qu'ils devaient donc être ressaisis de ce bois, et qu'ils conviendraient entre eux de la répartition qui devait en être faite; ils ajoutaient qu'ils ne pouvaient pas être rerpousables du dommage causé par le débordement de la rivière qui avait entraîné leur bois. — On crut que ces marchands prouvaient suffisamment que ce bois leur appartenait. Il fut en conséquence rendu arrêt au parlement de Toulouse, le 4 août 1678, par lequel la cour ordonna, que demeurant la déclaration faite par le syndic des marchands, qu'ils ne demandaient point les arbres arrachés, ni le bois qui avait autrefois servi et avait été mis en œuvre, ils seraient ressaisis de tout le bois à brûler et merrain, ensemble de tout l'autre bois qui n'avait jamais servi ni été mis en ouvrage, marque et non marqué, à la charge de jurer que tout ce bois leur appartenait, et de payer les droits de rivage et frais faits pour la garde et conservation de ce bois, suivant la liquidation qui en serait faite par le commissaire qui serait député. On ne condamna pas ces marchands aux dommages et intérêts demandés par le baron de Blaignac. Cet arrêt est rapporté par Catellan, liv. 3, ch. 30. (M. H.....) *

[[GENDARMERIE. C'était, sous l'ancien régime, un corps de cavalerie qui, dans son dernier état, et suivant l'ordonnance de Louis XVI du 24 février 1776, était composé de huit compagnies, formant chacune un escadron. Ce qu'il y avait de particulier à ce corps, c'est que chaque gendarme avait le rang et les prérogatives de sous-lieutenant de cavalerie.

Aujourd'hui, on appelle *Gendarmerie* le corps de troupes qui, sous l'ancien régime, était connu sous le nom de *Maréchaussée*. Cette dénomination lui a été attribuée par la loi du 16 janvier 1791, qui, en même temps, a réglé son organisation et déterminé ses fonctions.

A cette loi en ont succédé beaucoup d'autres, et notamment celle du 28 germinal an 6, qui les a toutes refondues en un seul code. Voici quelles sont, parmi les nombreuses dispositions de cette dernière loi, celles qu'il importe le plus aux jurisconsultes et aux magistrats de connaître.

« Tit. I. *De l'institution de la Gendarmerie nationale. Art.* 1. Le corps de la Gendarmerie nationale est une force instituée pour assurer, dans l'intérieur de la république, le maintien de l'ordre et l'exécution des lois. — Une surveillance continue et répressive constitue l'essence de son service.

» 2. La garde nationale en activité, quoique plus particulièrement instituée pour défendre l'Etat contre les ennemis du dehors, est néanmoins appelé par la constitution, ainsi que la garde nationale sédentaire, pour concourir avec la Gendarmerie nationale, à la répression des délits et à faire cesser toute résistance à l'exécution des lois.

» Le service de la Gendarmerie nationale est particulièrement destiné à la sûreté des campagnes et des grandes routes....

Tit. VIII. *Police et discipline. Art.* 97. Les officiers, sous-officiers et gendarmes seront justiciables des tribunaux criminels, pour les délits relatifs au service de la police générale et judiciaire dont ils sont chargés; et des conseils de guerre, pour les délits relatifs au service et à la discipline militaire.

» 98. Si l'officier, sous-officier ou gendarme est accusé tout à la fois d'un délit militaire et d'un délit relatif au service de la police générale ou judiciaire, la connaissance appartiendra au tribunal criminel, qui appliquera, s'il y a lieu, les peines portées au Code pénal militaire, quand, pour raison du délit militaire, les officiers, sous-officiers et gendarmes auront encouru une peine plus forte que celle résultant du délit relatif au service de la police générale, ou de tout autre délit qui ne serait point militaire par sa nature (1).

» Tit. IX. §. 1. *Fonctions ordinaires de la Gendarmerie. Art.* 125. Les fonctions essentielles et ordinaires de la Gendarmerie nationale sont:

» 1° De faire des marches, tournées, courses et patrouilles sur les grandes routes, traverses, chemins vicinaux, et dans tous les arrondissemens des lieux respectifs, de les faire constater jour par jour sur les feuilles de service, par les officiers municipaux agens des communes ou autres officiers publics, à peine de suspension de traitemens;

» 2° De recueillir et prendre tous les renseignemens possibles sur les crimes et les délits publics, et d'en donner connaissance aux autorités compétentes;

» 3° De rechercher et poursuivre les malfaiteurs;

» 4° De saisir toutes personnes surprises en flagrant délit, ou poursuivies par la clameur publique;

» 5° De saisir tous gens trouvés porteurs d'armes ensanglantées, faisant présumer le crime;

» 6° De saisir les brigands, voleurs de grands chemins, chauffeurs et assassins attroupés;

» 7° De saisir les dévastateurs des bois, des récoltes, les chasseurs masqués, les contrebandiers armés, lorsque les délinquans de ces trois derniers genres sont pris sur le fait;

» 8° De saisir et arrêter les émigrés qui seront trouvés sur le territoire de la république;

» 9° De dissiper par la force tout attroupement armé, déclaré par l'art. 365 de l'acte constitutionnel, être un attentat à la constitution;

» 10° De dissiper de même, conformément à l'art. 366, tout attroupement non armé, d'abord par la voie du commandement verbal, et, s'il est nécessaire, par le développement de la force armée; enfin de dissiper tous attroupemens qualifiés séditieux par les lois, à la charge d'en prévenir sans délai les administrations centrales, municipales, et les commissaires du directoire exécutif près d'elles » (aujourd'hui les préfets, sous-préfets et maires);

» 11° De saisir tous ceux qui seront trouvés exerçant des voies de fait ou violences contre la sûreté des personnes, des propriétés nationales et particulières;

» 12° De protéger les porteurs de contraintes pour deniers publics, et exécuteurs des mandemens de justice;

» 13° D'assurer la libre circulation des subsistances, et de saisir tous ceux qui s'y opposeraient par la force;

» 14° De saisir et conduire à l'instant devant l'autorité civile, tous ceux qui troubleraient les citoyens dans l'exercice de leur culte; de protéger le commerce intérieur, en donnant toute sûreté aux négocians, marchands, artisans, et à tous les citoyens que leur commerce, leur industrie et leurs affaires obligent de voyager;

» 15°. De surveiller les mendians, vagabonds et gens sans aveu; de prendre à leur égard les précautions de sûreté prescrites par les lois; à l'effet de quoi, les administrations municipales (aujourd'hui les mairies), seront tenues de donner connaissance à la Gendarmerie nationale, des listes sur lesquelles seront portés par les individus que la Gendarmerie est chargée de surveiller;

» 16° De dresser les procès-verbaux de tous les cadavres trouvés sur les chemins, dans les campagnes, ou retirés de l'eau; et d'avertir l'officier de Gendarmerie le plus voisin, qui sera tenu de se transporter en personne sur les lieux, dès qu'il lui en aura été donné avis;

(1) Ces termes, *ou de tout autre délit qui ne serait point militaire par sa nature*, prouvent que, par rapport aux gendarmes, la loi laisse sous la juridiction criminelle ordinaire, les délits non militaires par leur nature, lors même qu'ils ne sont pas relatifs à la police générale ou judiciaire; et c'est ce qu'a en effet jugé un arrêt de la cour de cassation du 30 brumaire an 12, rapporté dans mon *Recueil de Questions de droit*, au mot *Gendarmerie*.

» 17° De dresser pareillement des procès-verbaux des incendies, effractions, assassinats, et de tous les crimes qui laissent des traces après eux;

» 18° De dresser de même procès-verbal des déclarations qui seront faites aux membres de la Gendarmerie nationale par les habitans, voisins, parens, amis et autres personnes qui seront en état de leur fournir des indices, preuves et renseignemens sur les auteurs des crimes et délits, et sur leurs complices;

» 19° De se tenir à portée des grands rassemblemens d'hommes, tels que foires, marchés, fêtes et cérémonies publiques;

» 20° De conduire les prisonniers ou condamnés, en prenant toutes les précautions pour empêcher leur évasion;

» 21° De saisir et arrêter les déserteurs et militaires qui ne seraient pas porteurs de passeport ou congé en bonne forme;

» 22° De faire rejoindre les militaires absens de leurs corps, à l'expiration de leurs congés ou permissions limitées; à l'effet de quoi, les militaires porteurs de ces congés ou permissions, seront tenus de les faire viser par les capitaines ou lieutenans de la Gendarmerie nationale, qui en tiendront une note pour contraindre les militaires en retard de rejoindre.

» 23° Lorsqu'il passera des troupes dans l'arrondissement d'une bourgade de Gendarmerie nationale, elle sera tenue de se poster en arrière et sur les flancs desdites troupes, arrêtera les traîneurs, ceux qui s'écarteront de la route, et les remettra au commandant du corps, de même que ceux qui commettraient des désordres, soit dans les marches, soit dans les lieux où ils séjourneront;

» 24° De s'assurer de la personne de tous étrangers circulant dans l'intérieur de la république sans passeports, ou avec des passeports qui ne seraient pas conformes aux lois, à la charge de les conduire sur-le-champ devant le commissaire de l'administration municipale de l'arrondissement;

» 25° De saisir et arrêter les mendians valides, dans les cas et circonstances qui rendent ces mendians punissables; à la charge de les conduire sur-le-champ devant le juge de paix, pour être statué à leur égard conformément aux lois sur la répression de la mendicité;

» 26° De saisir et arrêter tout individu commettant des dégâts dans les bois, dégradant les clôtures des murs, haies et fossés, encore bien que ces délits ne soient pas suivis de vols; tous ceux qui seront surpris en commettant des larcins de fruits et de productions d'un terrain cultivé;

» 27° De saisir et arrêter ceux qui, par imprudence, par négligence, par la rapidité de leurs chevaux, ou de toute autre manière, auront blessé un citoyen sur les routes, dans les rues ou voies publiques;

» 28° De saisir et arrêter ceux qui tiendraient des jeux de hasard, et autres jeux défendus par les lois, sur les places publiques ou foires et marchés;

» 29° De saisir et arrêter tous ceux qui seront trouvés coupant ou détériorant, en manière quelconque, les arbres plantés sur les grandes routes;

» 3° De faire la police sur les grandes routes, d'y maintenir les communications et les passages libres en tout temps, de contraindre les voituriers, charretiers et tous conducteurs de voitures, à se tenir à côté de leurs chevaux : en cas de résistance, de saisir ceux qui obstrueront les passages; de les conduire devant l'autorité civile, qui prononcera en ce cas, s'il y a lieu, une amende qui ne pourra excéder 10 francs, sans préjudice de plus forte peine, suivant la gravité du délit.

» 126. Les fonctions ci-dessus mentionnées seront habituellement exercées par la Gendarmerie nationale, sans qu'il soit besoin d'aucune réquisition des autorités civiles : il sera fait mention de ce service habituel sur les journaux tenus par les commandans des brigades, et qui seront envoyés, à la fin de chaque mois, aux commissaires du directoire près les administrations centrales (aujourd'hui aux préfets).

» 127. Nul voyageur ne pourra refuser aux membres de la Gendarmerie nationale l'exhibition de ses passeports, lorsque ceux-ci les lui demanderont et se présenteront revêtus de leur uniforme, en déclinant leur qualité d'agens de la force publique.

» 128. Les signalemens des brigands, voleurs, assassins, émigrés et déportés, perturbateurs du repos public, évadés des prisons, et ceux des personnes contre lesquelles il sera intervenu mandat d'arrestation, seront délivrés à la Gendarmerie nationale, qui, en cas d'arrestation de l'un des individus signalés, le conduira de brigade en brigade jusqu'à la destination indiquée par lesdits signalemens.

» 129. Les membres de la Gendarmerie nationale sont autorisés à visiter les auberges, cabarets et autres maisons ouvertes au public, même pendant la nuit, jusqu'à l'heure où lesdites maisons doivent être fermées, d'après les réglemens de police, pour y faire la recherche des personnes qui leur auront été signalées, ou dont l'arrestation aura été ordonnée par l'autorité compétente.

» 130. Les hôtelliers et aubergistes seront tenus de communiquer leurs registres toutes les fois qu'ils en seront requis par les officiers et commissaires de brigade de leur arrondissement ».

L'art. 131 est rapporté au mot *Asile*, avec un décret impérial du 4 août 1806, qui l'explique.

« 132. Tous procès-verbaux de corps de délit, de capture, d'arrestation, seront envoyés dans les vingt-quatre heures au juge de paix ou à tout autre officier de police judiciaire dans l'arrondissement duquel les crimes auront été commis ou les prévenus arrêtés; et il en sera envoyé extrait, avec tous les renseignemens nécessaires, au capitaine de la Gendarmerie nationale, qui en ordonnera l'enregistrement au greffe par le secrétaire-greffier, et en rendra compte sur-le-champ au chef d'escadron.

» §. [illegible] *Service extraordinaire. Art.* 133. Les brigades de la Gendarmerie nationale prêteront main-forte, lorsqu'elle leur sera légalement demandée : savoir, — Par les préposés aux douanes, pour la perception des droits d'importation et d'exportation, et pour la répression de la contrebande, ou de l'introduction sur le territoire de la république, des marchandises prohibées par les lois; — Par les administrateurs et agens forestiers, pour la répression des délits relatifs à la police et à l'administration forestière, lorsque les gardes forestiers ne seront pas en force suffisante pour arrêter les délinquans ; — Par les percepteurs de la contribution foncière et mobilière, pour assurer la rentrée des impositions directes et indirectes ; — Par les huissiers et autres exécuteurs des mandemens de justice, lesquels seront tenus de justifier des sentences, jugemens et mandemens en vertu desquels ils demanderont main-forte à la Gendarmerie nationale. — Les mandats d'arrêts décernés par les juges de paix et autres officiers de police judiciaire, peuvent être notifiés aux prévenus et mis à exécution par les gendarmes nationaux. — Les gendarmes seront tenus de porter aux citoyens appelés à former le jury d'accusation ou de jugement, les cédules ou assignations, lorsqu'ils en seront requis par le directeur de jury ou les présidens des tribunaux criminels ; mais sous aucun prétexte, ils ne pourront être employés à porter des citations ou cédules aux parties ou témoins (1). — La Gendarmerie nationale prêtera, dans l'intérieur des villes, toute main-forte dont elle sera légalement requise.

» 134. La Gendarmerie nationale peut aussi être requise par les commissaires du directoire exécutif près les administrations centrales et municipales (aujourd'hui par les préfets, sous-préfets et maires), à l'effet d'escorter les deniers publics, convois de poudre de guerre, courriers, voitures et messageries nationales.

» 135. Des brigades peuvent être rassemblées pour assurer la tranquillité publique, en vertu d'un arrêté de l'administration centrale (aujourd'hui du préfet), pendant la tenue et la durée des assemblées primaires et électorales ; mais elles ne pourront être introduites dans le sein desdites assemblées, en cas de trouble, sans une réquisition par écrit du président, qui en énoncera l'objet d'une manière précise.

» 136. Les détachemens de la Gendarmerie nationale qui seront requis lors des exécutions des criminels condamnés par les tribunaux, serviront comme garde de police et main-forte à la justice, uniquement préposée pour maintenir l'ordre, prévenir et empêcher les émeutes, et garantir de trouble dans leurs fonctions les officiers de justice chargés de faire mettre à exécution les jugemens de condamnation.

» 137. Les administrations centrales, municipales, les commissaires du directoire exécutif près d'elles (aujourd'hui les préfets, sous-préfets et maires), ceux près les tribunaux criminels et correctionnels (aujourd'hui les procureurs généraux et impériaux), dans les réquisitions qu'ils adresseront aux commandans de la Gendarmerie nationale, ne pourront employer d'autres termes que ceux consacrés par l'acte constitutionnel.

» 138. Les autorités civiles, une fois qu'elles ont adressé leurs réquisitions conformément aux lois, ne peuvent s'immiscer en aucune manière dans les opérations militaires qui seront ordonnées par les chefs pour l'exécution desdites réquisitions, les chefs étant chargés sous leur responsabilité d'ordonner les mouvemens des brigades, et de les diriger dans les opérations qu'elles doivent exécuter : l'autorité civile qui aura requis, ne pourra exiger que le rapport de ce qui aura été fait en conséquence de sa réquisition.

» 139. Les extraits des procès-verbaux et les notes des opérations relatives aux dispositions exécutées par suite des réquisitions des autorités civiles, seront envoyés au commandant de la division militaire, et au commandant de la Gendarmerie du département....

» §. III. *Rapports de la Gendarmerie nationale avec les différentes autorités civiles*. *Art.* 140. En toutes occasions, les officiers, sous-officiers et gendarmes de la Gendarmerie nationale prêteront sur-le-champ la main-forte qui leur sera demandée par réquisitions légales ; ils exécuteront et feront exécuter les réquisitions qui leur seront adressées par les administrations centrales, municipales, par les commissaires du directoire exécutif près d'elles (aujourd'hui par les préfets, sous-préfets et maires), pour le maintien ou le rétablissement de la tranquillité publique, et par les commissaires du directoire près les tribunaux (aujourd'hui par les procureurs généraux et impériaux), seulement lorsqu'il s'agira d'exécuter les jugemens et ordonnances de justice.

» 141. Les capitaines commandant la Gendarmerie nationale, seront tenus de faire connaître aux commissaires du directoire exécutif près les administrations centrales, les tribunaux civils et criminels (aujourd'hui aux préfets, aux procureurs généraux des cours de justice criminelle, et aux procureurs impériaux), tous les objets qui pourront intéresser la sûreté et la tranquillité publiques. Ils recevront de ces commissaires les réquisitions et instructions relatives à l'exécution des arrêtés du directoire exécutif (aujourd'hui des décrets de l'Empereur), des administrations, des jugemens et ordres supérieurs ; et leur communiqueront exactement tous les renseignemens qu'ils auront extraits tant des feuilles de service que des procès-verbaux dressés par les sous-officiers et gendarmes, de l'extrait desquels l'enregistrement aura été fait au secrétariat de la Gendarmerie nationale.

» 142. En cas de contravention aux dispositions de l'article précédent, les commissaires du directoire exécutif (aujourd'hui les préfets et les procureurs généraux et impériaux), après avoir prévenu le chef d'escadron ou de division, afin qu'il y soit mis ordre de suite, en instruiront le ministre de la police générale ; et les officiers en faute demeureront personnellement responsables des suites de leur négligence.

» 143. La Gendarmerie nationale ne pourra être requise par les administrations centrales, municipales, et par les commissaires du directoire près les administrations (aujourd'hui par les préfets, sous-préfets et maires), que dans l'étendue de leur territoire.

» 144. Le commissaire du directoire exécutif près l'administration centrale (aujourd'hui le préfet) du département, pourra, en vertu de l'arrêté de cette administration, et dans des cas urgens, requérir que tout ou partie des brigades de la Gendarmerie du département soit rassemblé pour le rétablissement

(1) Cette dernière disposition a été abrogée par la loi du 5 pluviôse an 13. *V. Garde des bois*, sect. 1, §. 3, n. 7.

de la tranquillité publique ; il pourra aussi requérir qu'il soit formé momentanément de nouvelles brigades composées de gendarmes tirés de diverses brigades du département. Mais dans l'un et l'autre cas, le commandant de la Gendarmerie en rendra compte au général de la division dans les vingt-quatre heures; et si les déplacemens durent plus de trois jours, il en sera rendu compte au ministre de la police générale et de la guerre, tant par le commissaire du directoire exécutif (aujourd'hui par le préfet), que par le chef d'escadron : le même compte sera rendu tous les dix jours, jusqu'à ce que les brigades soient rentrées dans leurs résidences respectives.

» 145. Les capitaines et les lieutenans de la Gendarmerie nationale, pourront, sur l'invitation d'une administration municipale ou du commissaire du directoire exécutif près d'elle (aujourd'hui d'un sous-préfet ou d'un maire), porter une ou plusieurs brigades de leurs compagnies et lieutenances, aux foires, marchés, fêtes et cérémonies publiques, où ils apprendront qu'il doit y avoir un grand concours de citoyens. Il sera fait mention de ce rassemblement sur le journal habituel ; et les brigades qui auront été rassemblées, rentreront, dans le jour même, à leurs résidences respectives, à moins d'une réquisition de l'administration municipale ou du commissaire : dans ce dernier cas, l'administration ou le commissaire seront tenus de prévenir sur-le-champ l'administration centrale (aujourd'hui le préfet).

» 146. Des brigades de la division ou de l'escadron ne pourront être assemblées pour être portées d'un département dans un autre, sans un ordre du directoire exécutif (aujourd'hui sans un décret impérial). Néanmoins, si une ou plusieurs brigades de Gendarmerie, étant à la poursuite d'un ou plusieurs brigands, assassins, voleurs et autres prévenus de délits, parvenaient aux extrémités de leur arrondissement sans les avoir arrêtes, elles pourront se porter dans l'arrondissement limitrophe, et même sur le territoire d'un autre département, et continuer leurs poursuites jusqu'à ce qu'elles aient atteint le prévenu, ou qu'elles aient été relevées par les brigades les plus rapprochées. Dans ce dernier cas, le capitaine de ce département en sera informé, et en rendra compte à l'administration centrale (aujourd'hui au préfet).

» 147. Les autorités civiles qui requerront les commandans de la Gendarmerie nationale, dans les cas prévus par la loi, ne pourront le faire autrement que par écrit. Les réquisitions énonceront la loi, l'arrêté du directoire exécutif, ou de l'administration, ou de toute autre autorité constituée, en vertu desquels la Gendarmerie devra agir. Elles seront toujours adressées aux commandans de la Gendarmerie des arrondissemens respectifs. Défenses sont faites auxdits commandans de mettre à exécution celles qui ne seraient pas revêtues de ces formalités, sous peine d'être poursuivis comme coupables d'actes illégaux et arbitraires.

» 148. Les procès-verbaux de toutes les opérations de la Gendarmerie nationale seront faits sur papier libre, et ne seront assujettis à aucun droit d'enregistrement.

» 149. Sous quelque prétexte que ce soit, les autorités civiles ne pourront employer les gendarmes à porter leurs dépêches et correspondances : les officiers du corps de la Gendarmerie nationale s'opposeront formellement à ce que leurs subordonnés soient employés à ce genre de service.

» §. IV. *Rapports de la Gendarmerie nationale avec la garde nationale sédentaire et la garde nationale en activité. Art.* 150. Le corps de la Gendarmerie nationale fait partie de la garde nationale en activité qui compose l'armée de terre, conformément à l'art. 285 de l'acte constitutionnel.

» 151. Dans toutes les circonstances qui exigeront le rassemblement simultané de la Gendarmerie nationale avec la garde nationale en activité, à pied ou à cheval, ou la garde nationale sédentaire, pour des objets de son service, la Gendarmerie nationale prendra toujours la droite, et marchera à la tête des colonnes.

» 152. Les commandans de la garde nationale sédentaire et de la garde nationale en activité ne peuvent intervenir, en manière quelconque, dans les opérations journalières et le service habituel de la Gendarmerie nationale, ni détourner les membres de ce corps des fonctions qui sont déterminées par la présente loi.

» 153. Lorsque, pour dissoudre un rassemblement séditieux, pour la répression des délits, ou pour l'exécution des réquisitions des autorités civiles, une force supplétive devra être adjointe à la Gendarmerie nationale, les officiers de ce corps s'adresseront, soit aux commandans des places, soit aux généraux commandans les divisions militaires de leur arrondissement, pour obtenir le nombre de troupes nécessaires pour assurer l'exécution de la loi ; et à cet effet, ils leur présenteront l'original des ordres ou réquisitions qu'ils auront reçus, et leur feront leur demande par écrit.

» 154. Les réquitions de l'autorité civile en vertu desquelles les commandans de Gendarmerie devront agir, seront communiquées aux chefs qui devront ordonner les mouvemens des troupes appelées pour marcher avec la Gendarmerie nationale.

» 155. L'expédition finie, les troupes tirées de la garde nationale en activité, rentreront dans leurs garnisons ou cantonnemens, et les brigades de Gendarmerie dans leurs résidences respectives.

» 156. A défaut ou au cas d'insuffisance des troupes faisant partie de la garde nationale en activité, les officiers de la Gendarmerie nationale sont autorisés à requérir toute main-forte nécessaire de la garde nationale sédentaire.

» 157. Dans le cas de l'article précédent, les demandes des officiers de la Gendarmerie nationale seront adressées aux administrations municipales (aujourd'hui aux maires), qui requerront les commandans de la garde nationale sédentaire de prêter la main-forte demandée par la Gendarmerie nationale. Dans ce cas, les détachemens de la garde nationale sédentaire seront toujours aux ordres de l'officier de Gendarmerie chargé de l'expédition.

» 158. Les détachemens de la garde nationale en activité qui seront appelés pour marcher avec la Gendarmerie nationale, et donner force à la loi, seront à grade égal, aux ordres de l'officier de la Gendarmerie, qui, pendant la durée de l'expédition, reste chargé d'exécuter les révisions de l'autorité civile ; et à grade inférieur, ils seront commandés par le chef de la garde nationale en activité, lequel sera cependant tenu de se conformer aux réquisitions par écrit qui lui seront transmises par l'officier de Gendarmerie.

» 159. La Gendarmerie nationale, pour le rétablissement de la tranquillité publique, pourra, en cas de besoin, requérir les gardes forestiers et les gardes ruraux. (*V. Garde forestière.*)

» 160. Les officiers de la Gendarmerie nationale seront subordonnés aux généraux de division et de brigade, commandant les troupes de la garde nationale en activité dans les départemens. Ceux des officiers et sous-officiers qui seront en résidence dans les places où il y a état-major, seront également subordonnés aux commandans des places pour l'ordre de police établi dans lesdites places, sans toutefois qu'ils soient tenus de leur rendre aucun compte de leurs opérations, ou de l'exécution des ordres dont ils seront chargés, autres que ceux qui concerneront le service militaire et la sûreté des places.

» 161. Les chefs de division et d'escadron de la Gendarmerie nationale, seront tenus de donner connaissance aux généraux commandant les divisions militaires, et aux généraux de brigade employés dans leurs arrondissemens respectifs, de tout ce qui pourrait compromettre la sûreté et la tranquillité publiques, comme aussi de leur transmettre les renseignemens d'apres lesquels lesdits officiers généraux pourront ordonner les mouvemens de troupes de la garde nationale en activité, et faire toutes les dispositions qu'ils auront jugées nécessaires au maintien de l'ordre public dans l'intérieur. Les mêmes renseignemens seront communiqués par les capitaines et lieutenans aux commandans militaires des places où ils font leur résidence.

» 162. Les généraux de division et de brigade commandans dans les départemens, ne pourront ordonner le rassemblement total ou partiel des brigades d'un département, ni faire sortir des brigades de leur résidence, qu'en vertu d'un arrêté de l'administration centrale (aujourd'hui du préfet), qui les mettra à leur diposition.

» 163. Les généraux de division et de brigade ne pourront ordonner le rassemblement des brigades d'un escadron ou de division de Gendarmerie nationale, pour les porter d'un département dans un autre, sans les ordres du directoire exécutif (aujourd'hui de l'Empereur).

» 164. Le directoire exécutif (aujourd'hui l'Empereur) pourra, lorsqu'il le jugera à propos, faire inspecter les divisions de Gendarmerie nationale par des officiers généraux de l'armée de terre : en conséquence, les officiers de Gendarmerie seront tenus d'obéir auxdits officiers généraux, et de faire exécuter les ordres qu'ils donneront pour le maintien de la discipline et de la tenue militaire : mais pour lesdites revues, lesdits officiers généraux seront tenus de se conformer tant aux dispositions de la présente loi, qu'à celles qui seront prescrites par le réglement de service qui sera fait par le directoire exécutif. Dans ce cas, les brigades seront rassemblées par compagnie, à moins d'un ordre contraire et formel du directoire exécutif.

» Tit. X. *Des moyens d'assurer la liberté des citoyens contre les détentions illégales et autres actes arbitraires. Art.* 165. Tout officier, sous-officier ou gendarme qui donnera, signera, exécutera ou fera exécuter l'ordre d'arrêter un individu, ou qui l'arrêtera effectivement, si ce n'est en flagrant délit ou dans les cas prévus par les lois, pour le remettre sur-le-champ à l'officier de police, sera poursuivi criminellement, et puni comme coupable du crime de détention arbitraire.

» 166. La même peine aura lieu contre tout membre de la Gendarmerie nationale, qui, même dans le cas d'arrestation pour flagrant délit, ou dans tous autres cas autorisés par les lois, conduira ou retiendra un individu dans un lieu de détention non légalement et publiquement désigné par l'administration de département pour servir de maison d'arrêt, de justice, ou de prison. (*V. Charte privée*).

» 167. Tout individu arrêté en flagrant délit par la Gendarmerie nationale, dans les cas déterminés par le §. 1 du titre 9 de la présente loi, et contre lequel il ne sera pas intervenu mandat d'arrestation, ordonnance de prise de corps, ou jugement de condamnation à la prison ou détention correctionnelle, sera conduit à l'instant devant l'officier de police ; et il ne pourra être transféré ensuite dans une maison d'arrêt ou de justice, qu'en vertu du mandat d'arrêt délivré par l'officier de police.

» 168. Dans le cas seulement où, par l'effet de l'absence du juge de paix ou de l'officier de police, le prévenu arrêté en flagrant délit ne pourrait être entendu devant le juge de paix immédiatement après l'arrestation, il pourra être déposé dans l'une des salles de la maison commune, où il sera gardé à vue jusqu'à ce qu'il puisse être conduit devant l'officier de police : mais, sous quelque prétexte que ce soit, cette conduite ne pourra être différée au-delà de vingt-quatre heures. L'officier, sous-officier ou gendarme qui aura retenu plus long-temps le prévenu, sans le faire comparaître devant l'officier de police, sera poursuivi criminellement comme coupable de détention arbitraire.

» 169. Hors les cas de flagrant délit déterminés par les lois, la Gendarmerie nationale ne pourra arrêter aucun individu, si ce n'est en vertu, soit d'un mandat d'arrêt décerné selon les formes prescrites par les art. 222 et 223 de la constitution, soit d'une ordonnance de prise de corps, d'un décret d'accusation, ou d'un jugement de condamnation à la prison, ou à la détention correctionnelle.

» 170. Toutes rigueurs employées dans les arrestations, détentions ou exécutions, autres que celles prescrites par la loi, sont des crimes ; en conséquence, il est expressément défendu à tous, et en particulier aux dépositaires de la force publique, de faire aux personnes arrêtées aucun mauvais traitement ni outrage, même d'employer contre elles aucune violence, à moins qu'il n'y ait résistance ou rébellion : auquel cas seulement ils sont autorisés à repousser par la force les violences et voies de fait commises contre eux dans l'exercice des fonctions qui leur sont confiées par la loi.

» Tit. XI. *Ordre intérieur. Art.* 171. Le corps de la Gendarmerie est dans les attributions du ministre de la guerre, pour ce qui concerne le matériel et la discipline ; dans les attributions du ministre de la police, pour tout ce qui a rapport au maintien de l'ordre public ; et pour ce qui est relatif à l'exercice de la police judiciaire, dans les attributions du ministre de la police.

» 172. Le mode à suivre pour procéder aux nominations, aux remplacemens, l'administration de la comptabilité, l'habillement, l'équipement, la remonte, l'emploi des masses, le casernement, l'approvisionnement des brigades en fourrages, la tenue, la discipline, la police des casernes, les revues des chefs de division et d'escadron, les tournées des capitaines et lieutenans, la surveillance sur la désertion, feront partie des attributions du ministre de la guerre.

» 173. Le service habituel et journalier des brigades, leur rassemblement en cas de service extraordinaire ; les conduites de brigade en brigade, les transfèremens des prisonniers, prévenus ou condamnés, les escortes des deniers publics, des voitures nationales, la surveillance sur les mendians, vagabonds, gens sans aveu, étrangers, les émigrés, les déportés, feront partie des attributions du ministre de la police générale.

» 174. Le service que doivent faire les capitaines et les lieutenans de la Gendarmerie nationale dans l'exercice de la police judiciaire, et toutes les opérations relatives à ces fonctions, feront partie des attributions du ministre de la justice....

» Tit. XII. *Fonctions des officiers de tous grades. Art.* 194. Outre le service militaire qu'ils doivent faire conformément à la présente loi, les capitaines et les lieutenans de la Gendarmerie nationale sont encore chargés de l'exercice des fonctions de la police judiciaire.

» 195. Les capitaines et les lieutenans de la Gendarmerie nationale, pour l'exercice des fonctions de la police judiciaire seulement, sont placés sous la surveillance des accusateurs publics et des directeurs du jury de leur arrondissement.

» 196. Les formalités prescrites aux juges de paix par la loi du 3 brumaire an 4 et par les autres lois relatives à l'instruction de la procédure criminelle (1) sont applicables aux capitaines et lieutenans de la Gendarmerie nationale, toutes les fois qu'ils exercent les fonctions de la police judiciaire. »

Les art. 48 et suivans du Code d'instruction criminelle de 1808 déterminent les attributions des *officiers de Gendarmerie* en matière de police judiciaire ; mais elle les rend communes à tous les officiers sans distinction, et par conséquent aux sous-lieutenans, qui n'ont été créés que depuis la loi du 28 germinal an 6.

V. Officier de police judiciaire, Force publique, Rébellion, Délit militaire, etc.]]

[[GÊNE. C'était, après la mort, la déportation et les fers, la peine afflictive la plus grande qui pût, sous le Code pénal du 25 septembre 1791, être infligée à un crime. Voici comment ce Code, part. 1, tit. 1, déterminait la nature de cette peine :

« *Art.* 14. Tout condamné à la peine de la Gêne, sera enfermé seul dans un lieu éclairé, sans fers ni liens, sans qu'il puisse avoir, pendant la durée de sa peine, aucune communication avec les autres condamnés ou avec des personnes du dehors.

» 15. Il ne sera fourni au condamné à ladite peine, que du pain et de l'eau, aux dépens de la maison, le surplus sur le produit de son travail.

» 16. Dans le lieu où il sera détenu, il lui sera procuré du travail, à son choix, dans le nombre des travaux qui seront autorisés par les administrateurs de ladite maison.

» 17. Le produit de son travail sera employé ainsi qu'il suit :

» Un tiers sera appliqué à la dépense commune de la maison ;

» Sur une partie des deux autres tiers, il sera permis au condamné de se procurer une meilleure nourriture ;

» Le surplus sera réservé pour lui être remis au moment de sa sortie, après que le temps de la peine sera expiré.

» 19. Cette peine ne pourra, dans aucun cas, être perpétuelle. »

Cette peine est abolie par le Code pénal de 1810.

V. Déportation, Fers, Réclusion, Détention, Flétrissure et *Peine.*]]

*GÉNÉALOGIE, GÉNÉALOGISTE. Histoire, ou plutôt tableau sommaire d'une maison ou famille. Ce mot est dérivé de deux mots grecs : γένος, race, lignée, et λόγος, discours, traité.

C'est surtout par le rapport des actes de naissance, de mariage et de sépulture, qu'on doit établir en justice sa filiation. L'ordonnance de 1667, tit. 20, la déclaration de 1736 [[et le Code Napoléon]], présentent à cet égard des dispositions précises. Ces lois ne font que renouveler les dispositions de lois plus anciennes, et elles tirent leur source du droit romain : *non epistolis, non nudis adseverationibus nec ementitâ professione, sed natalibus necessitudo consanguinitatis conjungitur.* (Loi 2, C. *de testibus.*)

On peut cependant suppléer au défaut des actes de naissance et de mariage, par d'autres titres qui constatent la filiation et la possession d'état. Il serait même très-souvent impossible de prouver cette filiation, surtout dans les temps antérieurs à l'ordonnance de 1667, par les actes de naissance, mariage et sépulture, qui n'étaient pas alors tenus exactement, quoique François Ier, dans l'ordonnance de 1539, eût déjà prescrit la tenue des registres publics. Mais à défaut de preuves émanées de ces registres, il faut nécessairement produire d'autres titres ; et les inductions tirées de la similitude des noms et armes, de la possession des mêmes biens, et autres de cette espèce, seraient insuffisantes pour établir une identité d'origine.

Les principales occasions où l'on est obligé de justifier sa filiation, et de présenter une Généalogie dans les tribunaux, sont lorsqu'on réclame l'état de descendance d'une maison, lorsqu'on se présente

(1) Aujourd'hui, par le Code d'instruction criminelle de 1808.

pour recueillir une succession. *V. Etat civil*, *Nom*, *Naissance* et *Succession*.

S'il est indispensable de justifier par titres de sa filiation, pour acquérir l'état de descendant d'une maison, les personnes qui sont en possession paisible et publique de cet état, ne sont pas obligées de faire la même justification pour avoir le droit de combattre la réclamation qui en est faite : en matière d'état, la possession est le premier et le plus fort de tous les titres, ceux qui ont cette possession en leur faveur, n'ont absolument rien à prouver. La raison et la loi présument que le nom qui nous a été transmis par nos pères, est notre nom véritable ; et cette présomption ne pourrait s'évanouir qu'à l'aspect de titres qui démontreraient que la possession a commencé par une usurpation.

Aussi dans toutes les affaires de cette nature, les membres de la maison dans laquelle le réclamant veut pénétrer, se sont bien donné de garde de se soumettre à une justification absolument superflue et qui ne pourrait avoir d'autre effet que celui de retarder l'instant de la décision.

De toutes les preuves de filiation qui ont été faites en justice, il n'y en a peut-être pas de plus considérable que celle qui fut présentée au commencement de ce siècle, par la marquise de Sailly, née Créqui, sœur du comte de Créqui-Canaples. Elle voulut exercer le retrait de la terre de Douriers, vendue par la duchesse de La Trimouille, qui était aussi née Créqui. L'acquéreur demanda à la marquise de Sailli la justification de sa parenté avec la duchesse de La Trimouille : la marquise de Sailli fut donc obligée d'établir cette parenté ; pour y parvenir, il fallut remonter à l'auteur commun de la duchesse de La Trimouille et de la marquise de Sailli. Cet auteur commun était un *Bauduoin de Créqui*, treizième aïeul de la marquise de Sailli, qui vivait au commencement du treizième siècle. La marquise de Sailli justifia par titres authentiques de sa descendance de Bauduoin de Créqui, et elle fut en conséquence admise au retrait. Cet exemple d'une filiation aussi ancienne, jugée par les tribunaux, est peut-être unique. (M. H...)*

[[*V. Nom* et *Succession*, sect. 1, §. 2, art. 5.]]

[[GÉNÉRAL. On appelle ainsi tout officier d'un grade supérieur à celui de colonel.

On distingue, dans l'armée de terre, trois sortes de Généraux : les Généraux en chef dont les commissions ne sont que temporaires, les Généraux de division et les Généraux de brigade.

La même distinction a lieu dans la marine militaire ; mais les dénominations sont différentes. *V. Amiral.*

La loi du 30 septembre 1791 concernant les délits militaires, attribue aux Généraux une sorte de pouvoir législatif. Voici ce qu'elle porte, tit. 1 :

« *Art.* 11. Tout Général en chef pourra, à la guerre, faire un réglement pour le maintien du bon ordre dans son armée ; et ce réglement aura force de loi pendant la durée du commandement de ce Général en chef.

» 12. Les ordres de circonstances que donnera à la guerre un commandant en premier d'une troupe ou d'un corps détaché, auront force de loi pendant la durée de son commandement.

» 13. Les peines attachées aux délits prévus par le réglement du Général en chef, ou les ordres de circonstances du commandant en premier, ne pourront être appliquées que conformément à la loi, si elles s'étendent sur la vie ou sur l'honneur, ou sur l'état du prévenu, mais sans recours à la cour de cassation.

» 14. L'on sera censé être en temps de guerre, pour l'exercice de l'autorité accordée aux Généraux en chef, aux commandans en premier, et pour l'application des peines à raison du temps de guerre, après que la proclamation en aura été faite aux troupes : et en temps de paix, tout rassemblement de troupes campées ou cantonnées pour former un camp, sera censé être en état de guerre. »

Mais ces dispositions sont modifiées par la loi du 21 brumaire an 5 : après avoir détaillé un grand nombre de délits militaires, déterminé les peines qui doivent leur être infligées, et renvoyé aux lois antérieures la punition des délits militaires sur lesquels elle ne statue pas, elle ajoute, art. 23 :

« Tout Général d'armée, tout commandant en chef de troupes, reste autorisé à faire tous les *réglemens de simple discipline correctionnelle*, qu'il jugera nécessaires au maintien de l'ordre et de la subordination des militaires et autres individus au service des troupes soumises à son commandement. »

[[*V. Haute cour impériale.*]]

*GÉNÉRALITÉ. C'est l'étendue de la juridiction d'un bureau des trésoriers de France.

L'établissement des bureaux de cette espèce et la division des provinces en Généralités, ont eu pour objet de faciliter la régie des finances du roi. C'est aux généraux des finances qu'est due l'origine des Généralités.

Sous Louis XIII, en 1635, on commença à envoyer dans les Généralités du royaume, des maîtres des requêtes, en qualité d'intendans de justice, police et finance : on les nomme aussi *commissaires départis* dans les provinces, pour les intérêts du roi et le bien public dans tous les lieux de leurs départemens.

La division du royaume en Généralités, comprend tout ce qui est soumis en Europe à la puissance du roi. (M. GUYOT.)*

[[Cette division n'existe plus. *V. Département* et *Préfet.*]]

[[GÊNES. Ville de France, chef-lieu de département du même nom, autrefois capitale de la république ligurienne. *V. Ligurie.*]]

[[GENS DE COULEUR. On appelle ainsi les nègres et les mulâtres.

Voici quelles sont, à leur égard, les dispositions d'un arrêté du gouvernement du 13 messidor an 10 :

Art. 1. Il est défendu à tous étrangers d'amener sur le territoire continental de la république, aucun noir, mulâtre, ou autres Gens de couleur, de l'un et de l'autre sexe.

» 2. Il est pareillement défendu à tout noir, mulâtre, ou autres Gens de couleur de l'un et de l'autre sexe, qui ne seraient point au service, d'entrer à l'avenir sur le territoire continental de la république, sous quelque cause et prétexte que ce soit, à moins qu'ils ne soient munis d'une autorisation spéciale des magistrats des colonies d'où ils seraient partis; ou, s'ils ne sont pas partis des colonies, sans l'autorisation du ministre de la marine et des colonies.

» 3. Tous les noirs ou mulâtres qui s'introduiront, après la publication du présent arrêté, sur le territoire continental de la république, sans être munis de l'autorisation désignée à l'article précédent, seront arrêtés et détenus jusqu'à leur déportation ».

V. Colonies, Esclavage, §. 2; *Enfant*, §. 2, *n*. 1; *Nègres*, etc.]]

GENS DE LOI. C'est le nom qu'on donne assez communément dans les Pays-Bas aux échevins des villages.

Le placard du 30 juillet 1672, rendu par Charles II, roi d'Espagne, pour l'administration des villes ouvertes et villages de la Flandre, renferme plusieurs dispositions importantes sur cette matière.

L'art. 9, entre autres, ordonne que, lorsque les procès pendans devant les Gens de loi, seront suffisamment instruits et conclus en droit, on les enverra clos et cachetés aux avocats sur l'avis desquels ils devront être jugés, sans que les Gens de loi ni le greffier puissent faire aucun voyage à ce sujet.

Cette disposition est bornée à la partie de la Flandre française, qui était encore en 1672, sous la domination autrichienne. Partout ailleurs les Gens de loi sont dans l'usage de porter eux-mêmes aux avocats les procès qu'ils doivent juger d'après leur avis. La coutume de Mons contient même un chapitre exprès sur les vacations qui doivent en ce cas être allouées à chacun des échevins. *V. Charge d'enquête.*

[[On a vu à l'article *Echevin*, que les *Gens de loi* ont été supprimés par les lois du 4 août 1789 et par celle du 7 septembre 1790.]]

GENS DE MAIN-MORTE. *V. Main-morte (Gens de).*

[[GENS DE MER. *V. Capitaine*, *Marine*, *Matelot*, *Navire*, *Navigation*, *Inscription maritime*, *Syndic des Gens de mer*, *Tribunal maritime* et *Conseil de guerre maritime*.]]

* GENS DE POSTE, POSTE ou POETÉ. Il en est parlé dans différentes coutumes, savoir: Meaux, Vitry, Sens, Bar-le-Duc, le Bourbonnais, l'Auvergne, la Marche, Bourgogne-duché, Bourgogne-comté, etc. Il est donc important de bien connaître cette classe d'hommes.

Nous observerons d'abord que cette dénomination ne désigne pas des mains-mortables, comme on le croit trop communément. Ragueau, dans son *Indice des droits royaux*, le dit en termes formels: *Ce ne sont pas Gens de main-morte.*

A la vérité, cette qualification indique une dépendance, c'est le sens littéral du mot *poëté* ou *poste*; il dérive du latin *potestas*; aussi les Gens de poëté sont-ils désignés dans les titres latins, par ces mots *homines potestatis*: c'est la dénomination que donne aux habitans de Blégny-sur-Auch, une charte d'un ancien évêque d'Autun, rapportée par Basnage. Il y en a beaucoup d'autres exemples; mais cette dépendance n'a rien qui tienne de la servitude, ou qui ait trait à la main-morte, comme on le verra par la seule définition de ce mot.

Dans l'acception la plus générale, ce mot ne signifie autre chose que *non noble* ou *roturier*. C'est en ce sens que le grand coutumier dit, liv. 2, ch. 41: *il y a grande différence entre la garde des enfans nobles et la garde des enfans de poste.* De même, dans un arrêt du parlement de Paris du 22 mars 1347, on voit l'homme de poste mis en opposition avec le noble. Cet arrêt porte, *homo potestatis non nobilis.*

Suivant l'auteur de la Somme rurale, les *Gens de poste* sont ceux *qui tiennent héritages côtiers ou de main-ferme, et qui sont sous la puissance et en la sujétion du seigneur, à cause de leurs tenures roturières.*

Cette définition, que beaucoup d'auteurs ont copiée, n'est cependant pas exacte, en ce qu'elle confond les hommes de poste avec les censitaires, et ne met aucune différence entre eux; il y a une nuance qui les distingue, elle est bien marquée dans la coutume de Bourgogne: ce qu'en dit cette coutume, nous donne de cette classe d'hommes une idée très-exacte; le voici: « Gens de poëté ne se peuvent assembler, ne faire guets ne collecte sur eux, ne faire ou passer procuration, sans l'autorité et licence de leur seigneur haut-justicier; et en son refus ou délai, doivent recourir au prince ou à ses officiers ».

Ainsi, les Gens de poëté sont ceux qui n'ont *corps, ni cri, ni commune*, comme disent d'autres coutumes, qui ne peuvent s'assembler sans la permission de leur seigneur. C'est ce que Dumoulin a très-bien saisi dans une note sur Chasseneuz: *Puto*, dit cet auteur, *quòd* Gens de poëté *dicuntur homines tantùm simul habitantes, non habentes communitatem approbatam, nec administratores nomine communitatis; quia tales non possunt usurpare jus, vel factum communitatis, sine superioris licentiâ.*

Cette définition est parfaitement conforme à la disposition de la coutume du Nivernais. Parlant des Gens de poste, elle dit, tit. 1, art. 7: ne se peuvent assembler, passer procuration, ni faire assiette sur eux, pour quelqu'affaire que ce soit, sans l'autorité du seigneur haut-justicier; et à son refus ou délai, doivent avoir recours à son supérieur immédiat; et s'ils ne le font, l'acte est nul, et sont amendables d'amende arbitraire envers ledit seigneur haut-justicier ».

Il résulte de ces définitions, que les Gens de poëté ne sont pas main-mortables, mais aussi que leur liberté est beaucoup plus gênée que celle des autres citoyens, et qu'il faut aux seigneurs quelque chose de plus que la haute-justice, pour pouvoir qualifier leurs justiciables *Gens de poëté.*

Il est si vrai que cette condition diffère tout à la fois de celle de justiciable et de celle de main-mortable, que, par arrêt du parlement de Bourgogne, du 22 août 1744, au rapport de M. Comeau, les habitans de Norden, quoique déclarés *main-mortables* et justiciables en toute justice de leur seigneur, furent renvoyés de la demande par lui formée à ce qu'ils fussent déclarés Gens de poëté.

Quoi qu'il en soit, ce droit étant tombé presque partout en non usage, il faut le restreindre autant qu'il est possible, parce qu'il gêne la liberté.

Par arrêt rendu au conseil du roi le 5 janvier 1670, les *Chartreux* de Dijon furent maintenus à qualifier leurs justiciables de Longchamp, *Gens de poëté*, sur les titres que ces religieux représentèrent. Cependant l'arrêt ordonna qu'il suffirait aux habitans de requérir une seule fois pour toute l'année, la permission de s'assembler; le même arrêt leur permit de s'assembler sans en demander la permission, quand il s'agirait d'imposer les deniers royaux, ou de délibérer pour les affaires que les habitans pourraient avoir contre leurs seigneurs. (M. Henriquez.)

[[*V.* l'article *Assemblée*, §. 3.]]

* GENS DU ROI. Terme générique qui dans une signification étendue, comprend tous les officiers du roi, soit de judicature, de finance ou même d'épée.

Par exemple, le roi, en parlant des officiers de son parlement, les qualifie de *nos Gens tenant la cour de parlement.* — Dans une ordonnance de Philipe de Valois, du mois de juin 1338, on voit que ce principe donne à des trésoriers des troupes, le titre de *Gentes nostræ.* — Charles VI, dans ses lettres du mois de juin 1334, en parlant des juges royaux de Provins, les appelle les Gens du roi; et dans d'autres du mois de janvier 1395, il désigne par les termes de *Gentes regias*, les officiers de la sénéchaussée de Carcassonne.

Mais dans l'usage présent et le plus ordinaire, on n'entend communément par les termes de *Gens du roi*, que ceux qui sont chargés des intérêts du roi et du ministère public dans un siége royal, tels que les avocats et procureurs-généraux dans les cours souveraines, les avocats et procureurs du roi dans les bailliages, sénéchaussées et autres siéges royaux.

Les substituts des procureurs-généraux et des procureurs du roi, sont aussi compris sous le terme de *Gens du roi*, comme les représentant en certaines occasions.

La fonction des Gens du roi n'est pas seulement de défendre les intérêts du roi, mais aussi de veiller à tout ce qui intéresse l'église, les hôpitaux, les communautés, les mineurs, et en général à tout ce qui concerne la police et le public; c'est pourquoi on les désigne quelquefois sous le titre de *ministère public.*

Ils ont le privilége de ne pouvoir être interrompus par les parties, ni par les avocats contre lesquels ils plaident. — Le 21 février 1721, M. l'avocat-général parlant dans l'affaire du duc de la Force qui était présent, celui-ci l'interrompit. M. l'avocat-général dit qu'il ne pouvait être interrompu par qui que ce fût, autre que le premier président.

Il n'est pas d'usage que les juges interrompent la plaidoirie des Gens du roi, quoique l'heure à laquelle l'audience finit ordinairement, vienne à sonner; mais il y a des exemples que, dans de grandes affaires, les Gens du roi ont eux-mêmes partagé leur plaidoirie en plusieurs audiences.

Dans les affaires où le ministère public est appelant ou demandeur, l'avocat de l'intimé ou du défendeur a la réplique sur les Gens du roi: mais il est aussi d'usage que ceux-ci aient la réplique en dernier.

On dit communément que les *Gens du roi sont solidaires*, c'est-à-dire qu'ils agissent et parlent toujours en nom collectif; ils sont présumés se concerter entre eux pour les conclusions qu'ils doivent prendre.

Il y a néanmoins des exemples, que, dans la même affaire, un des Gens du roi n'a pas suivi les mêmes principes que son collègue, et s'est fait recevoir opposant à un arrêt rendu sur les conclusions des Gens du roi. Les procureurs-généraux ou procureurs du roi peuvent même se faire recevoir opposans à des jugemens rendus sur leurs propres conclusions. (M. Guyot.)

[[Ils ne le peuvent plus aujourd'hui: telle est du moins la maxime qu'a constamment professée la cour de cassation. Cette cour admet cependant les procureurs-généraux à attaquer devant elle, par la voie de cassation, les arrêts qui ont été rendus conformément à leurs propres conclusions. Il y en a un exemple dans l'arrêt du 20 novembre 1811, rapporté à l'article *Notaire*, §. 3, n. 2.]]

[[*V. Avocat du roi, Avocat-général, Conclusions, Ministère public* et *Procureur-général.*]]

[[GENS SANS AVEU. *V. Mendicité* et *Vagabonds.*]]

GENTILHOMME. *V. Noblesse.*

GEOLIER. *V. Emprisonnement, Evasion, Prison, Prisonnier* et *Tribunal maritime.*

GHELEYDE. Terme dont se servent les placards de Flandre, pour exprimer un sauf-conduit.

Un usage autrefois reçu dans la plus grande partie des Pays-Bas, autorisait les juges royaux et ceux des seigneurs à donner des Gheleydes ou sauf-conduits aux personnes accusées de crimes, pour lesquels il y avait lieu de décerner des peines afflictives. L'impunité des coupables et la multiplicité des délits étaient les suites nécessaires de cet abus; mais Philippe II, roi d'Espagne, y a remédié par l'art. 29 de son placard du 5 juillet 1570, portant abolition générale et perpétuelle de Gheleydes, avec défenses à tous officiers d'en accorder aucun, à peine de nullité, de privation de leurs charges, et de punition arbitraire. *V. Sauf-conduit.*

*GIBIER. On appelle ainsi les animaux que l'on prend à la chasse, et dont la chair est bonne à manger.

I. Ceux à qui la chasse est permise, n'ont pas la liberté de tirer sur toute sorte de Gibier. Suivant les art. 1 et 12 des ordonnances de 1600 et de 1601, la chasse du cerf, de la biche et du faon est toujours réservée; et elle est défendue à toutes sortes de personnes sans une permission expresse du roi, à peine de 250 livres d'amende. L'art. 15 du tit. 30 de l'ordonnance de 1669 a confirmé cette défense.

Le chevreuil et le sanglier sont aussi un Gibier de réserve, mais seulement de la distance de trois lieues des plaisirs du roi, tellement qu'un seigneur ne peut y chasser, sur ses terres même, dans cette distance, sans une permission expresse; c'est la disposition de l'art. 14 du tit. 30.

[[Les art. 14 et 15 du tit. 30 de l'ordonnance de 1669 sont abrogés par la permission que l'art. 3 des lois du 4 août 1789 accorde à tout propriétaire ou possesseur *de détruire ou faire détruire, sur ses possessions*, TOUTE ESPÈCE DE GIBIER.]]

II. Pour assurer la conservation du Gibier de plume, il est défendu de détruire ou enlever les nids d'oiseaux de quelque espèce que ce soit, et de prendre les œufs de cailles, perdrix et faisans, à peine de 100 livres d'amende pour la première fois, du double pour la seconde, du fouet et du bannissement à six lieues des forêts pendant cinq ans pour la troisième fois. Cette défense est renfermée dans les ordonnances de 1600, 1601 et 1669. Les gardes sont même chargés, dans leur cantonnement, de la conservation des nids dont ils sont responsables.

Il résulte de là, qu'il n'est pas permis de vendre ni d'acheter des œufs de perdrix et de faisans pour les faire couver dans les maisons, à moins qu'il ne soit justifié qu'ils ont été achetés en pays étranger. C'est la disposition d'un arrêt des juges en dernier ressort de la table de marbre de Paris, du 17 avril 1674; la peine dans ce cas, est de 100 liv. d'amende pour la première fois, du double pour la seconde, et du bannissement pour la troisième.

Les défenses dont nous venons de parler, ont également lieu pour les terres des seigneurs, dans lesquelles, suivant les ordonnances de 1600 et 1601, il est interdit à toutes sortes de personnes de prendre les nids d'oiseaux indistinctement, sans leur permission ou celle de leurs officiers.

[[Prendre les œufs de cailles, de perdrix ou de faisans et enlever leurs nids, c'est évidemment une manière de détruire le Gibier. Cela n'est conséquemment permis par les lois du 4 août 1781, qu'à chaque propriétaire ou possesseur, sur son terrain. Mais de là même il suit que les contrevenans ne peuvent plus être punis que conformément à la loi du 22 avril 1790.

Du reste, l'arrêt cité du 17 avril 1674 ne peut plus servir de règle : d'une part, le délit ne se présume pas, et tout homme qui vend des œufs de perdrix ou de faisans, est censé les avoir acquis légitimement jusqu'à ce que le contraire soit prouvé. D'un autre côté, on verra au n°. suivant, que, suivant l'esprit des lois actuelles, le braconnier peut librement disposer du Gibier qu'il a tué; et il n'y a pas de raison pour qu'il n'en soit pas de même des œufs qu'il a pris.]]

III. Comme le moyen le plus efficace pour arrêter l'ardeur des braconniers, est de les empêcher de tirer du profit du Gibier qu'ils détruisent, il est défendu à toute personne d'en acheter d'eux, sous peine d'être condamnée à la même peine que ces braconniers, si on les avait trouvés chassant.

Cette défense, qui est portée par l'art. 13 de l'ordonnance de mars 1515, a été confirmée et renouvelée par plusieurs réglemens de la table de marbre de Paris.

Les ordonnances de janvier 1549, février 1567, et novembre 1577, ont défendu de plus aux rôtisseurs, pâtissiers et autres vendeurs ou revendeurs, de vendre des perdrix, perdreaux, lièvres, levreaux et hérons, si ce n'est en plein marché.

C'est ce qui a engagé les officiers de la table de marbre de Paris, par les réglemens des 15 mars 1556, 31 décembre 1658, 18 avril 1659, 16 février 1668, 17 avril et 16 juillet 1674, ainsi que par un arrêt des juges en dernier ressort, du 1er mars 1706, à défendre à tous marchands forains, pâtissiers, rôtisseurs, lardeurs, cabaretiers et auteurs, d'acheter, faire acheter, vendre, ni exposer des lièvres et perdrix, et aux pâtissiers de les mettre en pâte; à l'égard des lièvres, depuis le premier jour de carême de chaque année, jusqu'au dernier du mois de juin suivant; et à l'égard des perdrix, jusqu'au 15 août de la même année, à peine de confiscation et de 20 liv. d'amende pour chaque pièce de Gibier, tant contre le vendeur, que contre l'acheteur; et de vendre des bêtes fauves, rousses ou noires, et aux pâtissiers de les mettre en pâte, à peine de confiscation et d'amende, savoir, pour chaque cerf, biche ou faon, 250 liv., et pour les chevreuils, sangliers et marcassins, 120 liv.; permettant néanmoins aux pâtissiers de mettre en pâte la venaison qui leur est apportée par personnes et gens à eux connus.

Le 1er mars 1680, il a été rendu une sentence en la capitainerie des chasses de Baugency, qui a condamné à l'amende des marchands de volailles qui avaient acheté du Gibier des gens inconnus, et l'avaient exposé en vente. Ayant été appelé de cette sentence à la table de marbre de Paris, jugement y est intervenu le 26 juin suivant, qui l'a confirmée; et en réduisant à moitié l'amende, a fait défense de vendre ni d'exposer en vente à l'avenir aucune perdrix ni autre Gibier, dans les temps défendus par les ordonnances.

Ces réglemens ont, comme on le voit, un double objet; l'un d'arrêter l'ardeur des braconniers, l'autre, d'empêcher le dépeuplement du Gibier pendant les saisons où il se reproduit.

Nous venons de voir qu'il était autrefois défendu d'exposer en vente, pendant le carême, aucune pièce de Gibier; cette défense avait lieu singulièrement pour la ville de Paris, où il n'était pas même permis d'en faire entrer pendant ce temps; mais une déclaration du 25 décembre 1774 a supprimé cette défense, en permettant le commerce du Gibier durant le carême.

[Les législateurs des Pays-Bas ont pareillement porté les précautions pour conserver en entier le droit de chasse à ceux à qui il appartient, jusqu'à défendre aux cabaretiers, pâtissiers et autres personnes semblables, d'acheter aucune espèce de venaison, à peine de confiscation et d'amende, à la charge tant du vendeur que de l'acheteur. C'est la disposition précise du placard du 28 juin 1575 : « Et pour plus grande conservation de ladite chasse, avons inhibé et défendu, inhibons et défendons à tous cabaretiers, pâtissiers et autres revendeurs, d'acheter aucunes bêtes ou parties de bêtes rousses ou noires; ni même de lièvre et héron, sur peine de confiscation de chaque fois, et de pareille amende, tant sur le vendeur que l'acheteur ».

Cette disposition était bornée à la province d'Artois : mais le placard du 31 août 1613 l'a étendue à tout les Pays-Bas, et en même temps l'a expliquée et modifiée en plusieurs points.

L'art. 19 de cette loi défend à toutes sortes de personnes, de quelque état et condition qu'elles soient, de donner asile aux coupables de contraventions aux réglemens sur la chasse, et de recevoir *chez soi le Gibier*, qu'ils auront tué, vendre, distribuer leur venaison, ou autrement en disposer, à peine d'une amende de 20 réaux (1) pour la première fois.

L'art. 20 défend « semblablement à tous pâtissiers, hôtelliers, taverniers, cabaretiers, revendeurs, poulaillers et autres de semblable condition, de vendre telle venaison en secret ou en public, à peine de fourfaire semblablement pour la première fois 20 réaux d'amende ».

L'art. 21 porte que les personnes dénommées dans l'article précédent, seront tenues, toutes les fois qu'elles en seront requises par les officiers des eaux et forêts, de déclarer de qui et comment elles auront acheté la venaison qui sera trouvée en leurs maisons, à peine de confiscation et d'une amende de 20 réaux.

L'art. 22 ordonne que la venaison provenant de la chasse des seigneurs, ou d'autres personnes privilégiées en cette matière, ne pourra être vendue aux pâtissiers, cabaretiers, poulaillers et autres semblables dans leurs maisons, ni au dehors de l'enceinte des villes, mais seulement dans les marchés publics ou devant les hôtels de ville; cet article veut même que la venaison reste exposée en vente dans ces endroits, le matin depuis neuf heures jusqu'à onze, et le soir depuis trois jusqu'à cinq, sans qu'on puisse la transporter ailleurs, si ce n'est après le temps indiqué pour le marché, à peine de confiscation et d'une amende de 6 réaux.

L'art. 23 permet aux vendeurs, après les heures du marché écoulées, de promener en personne leur venaison par toute la ville; mais il leur défend de la faire promener par d'autres; et dans ce cas, il les soumet à la même peine que s'ils ne l'avaient pas exposée en vente dans le marché.

L'art. 24 permet aux grands veneurs ou à leurs lieutenans, d'accorder sur cet objet telles dispenses qu'ils trouveront compatibles avec le service du prince.

L'art. 25 déclare que dans les temps où la chasse est défendue, personne ne pourra mettre en vente aucune venaison ou Gibier de plume, sous les peines portées par les articles précédens, à moins qu'elle ne vînt *des droits appartenans aux veneurs* du prince, *selon les ordonnances sur ce faites*.

Suivant l'art. 26, tous ceux à qui il est permis de mettre de la venaison en vente, ne peuvent le faire qu'à découvert, à peine de 12 réaux d'amende, en cas qu'elle provienne de chasse permise, et de 40 réaux, si elle venait de chasse défendue.

L'art. 11 d'un placard rendu pour le Hainaut, le 31 juillet 1560, et répudié en 1626, 1632 et 1661, fait également défenses « à tous pâtissiers, taverniers ou cabaretiers, d'acheter, recevoir ou revendre aucunes venaisons, ne soit qu'elles aient été étalées l'espace d'une heure sur le marché d'aucune bonne ville du Hainaut; si aucuns, de quelque état qu'ils soient, s'avancent de ce leur vouloir vendre ou livrer, ils seront tenus accuser et annoncer (*au grand bailli du Hainaut*) ceux qui leur voudraient ainsi vendre ou délivrer de la venaison, sur peine de dix carolus d'or (*le carolus vaut* 55 *sous*), à chacune fois que le cas échérait, tant pour le vendeur que l'acheteur. »

Le grand bailli du Hainaut, en faisant répudier cette loi le 14 décembre 1661, y a ajouté une défense « de prendre, vendre, ou faire prendre et vendre aucunes perdrix ou perdreaux, depuis le commencement du carême, jusques le 22 juillet inclus, sur peine de confiscation des chiens, filets, arbalètres, arquebuses, ou autres engins et instrumens, et outre ce, d'échoir en l'amende de 25 carolus de semblable monnaie, et à répartir comme dessus, » c'est-à-dire, comme l'explique l'art. 12 du placard de 1560, un tiers au profit du roi, un tiers au profit du dénonciateur, et l'autre tiers au profit des officiers qui puniront la contravention.]

[[Tous ces réglemens sont implicitement abrogés par les dispositions de la loi du 22 avril 1790, qui réduisent la punition des braconniers à une amende, à une indemnité au profit du propriétaire, et à la confiscation de ses armes. — Il résulte en effet du silence de la partie pénale de cette loi sur le Gibier, que le braconnier doit conserver le Gibier qu'il a tué; et cela rentre parfaitement dans le système du droit romain qui, considérant le Gibier comme n'appartenant à personne, sévissait bien contre le braconnier pour s'être introduit dans un héritage sans la permission du propriétaire, mais lui laissait néanmoins le Gibier dont il était devenu propriétaire par occupation. *V.* le §. 12, *de rerum divisione*, aux Institutes; la loi 3, §. 1, D. *de acquirendo rerum dominio*, la loi 12, §. dernier, D. *de injuriis*; et Voët, *ad Pandectas*, liv. 41, tit. 1, n. 4. — Or, dès que le braconnier est propriétaire du Gibier qu'il tue sur le terrain d'autrui, il est bien clair qu'il peut en disposer. Il n'y a donc pas de délit à le lui acheter, même lorsqu'on sait qu'il se l'est procuré par braconnage.]]

IV. Un arrêt du conseil, du 4 septembre 1731, défend de tirer sur le Gibier avec la grenaille de fer, à peine de 100 liv. d'amende. [[*V. Fer en grenaille.*]]

V. Il n'est jamais permis aux gardes de chasse de fouiller qui que ce soit, sous prétexte qu'ils le soupçonnent d'avoir du Gibier. Un arrêt du parlement de Paris, du 4 octobre 1758, a condamné en pareil cas des gardes à 600 liv. de dommages et intérêts. Il leur est également défendu de faire des visites domiciliaires pour des perquisitions de Gibier; il faut pour cela qu'ils y soient autorisés par une ordonnance du juge, qui ne doit l'accorder que dans des circonstances graves qui intéressent la tranquillité publique: encore est-il nécessaire qu'il y ait une information préalable, ou que ce soit la suite d'un flagrant délit. Or, comme les délits de chasse en général ne donnent point lieu à des peines afflictives, un juge doit refuser absolument toute permission pour faire ces sortes

(1) Le réal est évalué par l'art. 108 du même placard, à 26 patars et deux tiers, c'est-à-dire, à 1 liv. 13 sous 4 deniers de France.

de perquisitions dans les maisons, hors des cas dont nous venons de parler.

[[Aujourd'hui, elle doit être refusée dans tous les cas, sans exception. *V.* ci-dessus, n. 3.]]

VI. Les réglemens défendent aux marchands forains et aux rôtisseurs d'exposer en vente aucun Gibier qu'il ne soit de bonne qualité, à peine d'amende et de confiscation. — [[*V.* la loi du 22 juillet 1791, tit. 1, art. 20; l'art. 605 du Code du 3 brumaire an 4, et l'art. 484 du Code pénal de 1810.]]

VII. Comme les dégâts que les propriétaires ou fermiers prétendaient en différens endroits que le Gibier et les bêtes fauves faisaient aux productions de la terre, donnaient lieu à des demandes auxquelles il était souvent difficile que les juges pussent statuer en règle, par la difficulté de pouvoir constater au juste le dommage qui avait pu être fait, et la cause du dommage qui souvent naissait de l'intempérie des saisons ou du défaut de production, et provenait aussi quelquefois de ce que les terres n'avaient pas été bien ensemencées; le parlement de Paris, pour faire cesser ces inconvéniens, et mettre les juges en état de prononcer en connaissance de cause, a rendu, sur la requête du procureur-général, le 21 juillet 1778, un arrêt de réglement qui « ordonne que les propriétaires ou fermiers qui auront des demandes à former pour constater le dégât causé par le Gibier et les bêtes fauves aux grains ou vignes, seront tenus de se pourvoir devant les juges des eaux et forêts des lieux, pour faire procéder par experts, en présence des parties intéressées ou elles dûment appelées, à trois visites des terres prétendues endommagées, lesquelles seront désignées par tenans et aboutissans; que la première visite se fera dans les trois mois, à compter du jour de la semence, sans cependant qu'elle puisse être faite au-delà du mois de janvier; que les experts, par leur rapport, seront tenus de déclarer la nature et qualité du sol, et espèce de grains, de prendre les déclarations des propriétaires et habitans voisins, pour savoir si les terres prétendues endommagées ont été bien cultivées et ensemencées, si les grains étaient bien pris et étaient bien venans, si le dommage a été fait par le Gibier, son espèce, d'où il peut provenir, et enfin l'étendue du terrain endommagé; que la seconde visite serait faite dans le courant du mois d'avril et de mai, pour connaître l'état des grains, si le premier dommage a subsisté ou diminué, s'il y en a eu de nouveau, et la cause du rétablissement, diminution ou augmentation; que la troisième visite sera faite lors de la maturité des grains et avant la récolte, pour constater ce que la partie endommagée aurait pu produire relativement aux terres voisines, et en estimer la valeur suivant les mercuriales des lieux, tant en grains que paille, à la déduction néanmoins des frais de récolte et de battage des grains; ordonne qu'à l'égard des dégâts qui pourraient être causés sur les terres ensemencées en menus grains, les propriétaires et fermiers seront tenus de faire constater dans la même forme, sans être néanmoins astreints à faire procéder à trois visites, mais seulement à deux, l'une avant la Saint-Jean pour connaître la nature et qualité du sol, l'espèce de grains, le dommage, s'il a été causé par le Gibier, l'espèce, et d'où il provient; et l'autre visite avant la récolte pour estimer le dommage, dans la même forme que pour le blé : ordonne que le présent arrêt sera imprimé, etc. »

V. l'art. *Lapin*. (M. HENRIQUEZ.) *

[[VIII. Depuis l'abolition du droit seigneurial et exclusif de chasse, le propriétaire d'un bois dans lequel existent des terriers de lapins, est-il responsable des dommages que ces animaux causent aux propriétaires des terres voisines ?

En janvier 1806, Nicolas Palin, cultivateur à Troissereux, fait citer devant le juge de paix du canton de Nivilé la sieur Bourée de Corberon, propriétaire d'un bois adjacent à ses terres, pour se voir condamner à lui payer, à dire d'experts, le montant du dommage causé à ses grains par les lapins de ce bois. — Le sieur Bourée répond que le *droit exclusif de la chasse et des garennes ouvertes* étant *aboli* par les lois des 4 et 11 août 1789, et chacun ayant le droit de détruire sur son propre terrain toute espèce de Gibier, Palin ne peut avoir aucune action contre lui, et qu'il doit être déclaré non-recevable.

Le 3 février suivant, le juge de paix prononce en ces termes : — « Considérant que les lois, en consacrant le principe que chacun peut user de sa chose de la manière qu'il lui plaît, y ont ajouté la condition à celui qui en use, de n'être nuisible en aucune manière à personne; qu'en reconnaissant avec le défendeur, le droit que chacun a de chasser et de détruire le Gibier sur son terrain, on ne peut s'empêcher de juger que le lapin, Gibier sédentaire qui se relègue dans les bois pendant l'hiver, ne peut être atteint ni détruit par les propriétaires des terres voisines, en supposant que ceux-ci aient le temps de s'en occuper et puissent obtenir le port d'armes, parce que ce Gibier ne sort que la nuit pour aller paître sur les champs voisins, où il vit aux dépens d'autrui; que la loi du 11 août 1789, invoquée par le défendeur, est absolument en opposition à ses moyens de défense; puisqu'on ne peut entendre par abolition *des garennes ouvertes*, que la défense d'entretenir dans les bois ouverts et non clos de murs, aucune espèce de Gibier nuisible aux propriétés d'autrui; qu'il ne peut être statué sur les dommages intérêts réclamés par le demandeur, qu'après la visite préalable des lieux, et que l'état dans lequel se trouvent actuellement les blés, ne permet pas aux experts d'estimer la valeur précise desdits dommages; nous juge de paix, avant de faire droit, disons que, par experts dont les parties conviendront à l'audience de ce jour, ou qui seront par nous choisis et nommés d'office, il sera procédé à la visite des pièces de terre dont il s'agit, à l'effet de reconnaître si lesdites pièces de terre ont été suffisamment cultivées et ensemencées par le demandeur aux couvraines dernières; s'il existe des dommages aux grains ensemencés par le demandeur; et dans le cas où il serait reconnu des dommages auxdits grains, s'ils proviennent du fait des lapins du bois du défendeur; attendu qu'il ne nous paraît pas possible de statuer définitivement quant à présent, sur la somme desdits dommages, disons également que les mêmes experts procéderont à une seconde visite des lieux en notre présence, le mardi 16 mai prochain....; desquelles estimations lesdits experts nous feront rapport sur les lieux, pour, sur iceux, après avoir entendu les parties, être définitivement statué ce qu'il appartiendra, frais réservés ».

Le même jour, quatre jugemens semblables sont rendus contre le sieur Bourée sur les demandes de Louis Evrard, Antoine Roisin, Jacques Deshattes et François Dacher.

Le 6 mars de la même année, le sieur Bourée appelle de ces cinq jugemens au tribunal civil de l'arrondissement de Beauvais, qui, après avoir rejeté les fins de non-recevoir opposées par les intimés à ces appels, dit, le 9 avril suivant, qu'il a été bien jugé, « attendu que le lapin est un animal sédentaire, à peu près domestique; et que le propriétaire d'un bois garni d'un trop grand nombre de lapins, est responsable des dommages causés aux propriétés voisines ».

Le sieur Bourée se pourvoit en cassation; et soutient qu'en jugeant ainsi, le tribunal de Beauvais a violé les lois des 4 et 11 août 1789.

« Pour répandre sur cette affaire tout le jour dont elle nous paraît susceptible (ai-je dit à l'audience de la section des requêtes, le 11 mai 1807), nous croyons devoir examiner la question qu'elle présente, sous deux points de vue successifs : d'abord relativement au Gibier en général, ensuite relativement aux lapins en particulier.

» Sur la question de savoir si le dommage causé aux fruits de la terre par le Gibier en général, peut donner lieu à une action en justice, nous avons quatre sortes de lois à consulter : celles des Romains, celles du régime féodal, celle du 4 août 1789, et le Code Napoléon.

» Dans le droit romain, le dommage que causaient des animaux à une personne, donnait lieu à une action contre le propriétaire de ces animaux; mais elle n'avait qu'un objet alternatif : elle tendait seulement à ce que le propriétaire des animaux qui avaient causé le dommage, fût condamné à le reparer, ou à abandonner ces animaux à la partie qui se plaignait. C'est ce qui résulte des lois du Digeste qui sont placées sous le titre : *Si quadrupes pauperiem fecerit.*

» De là deux conséquences : la première, que si les animaux qui avaient commis le dommage, venaient à changer de propriétaire avant que l'action fût intentée, l'action devait se diriger, non contre celui qui les possédait au temps où le dommage avait été fait, mais contre celui qui les possédait actuellement; la seconde, que si ces animaux mouraient avant la contestation en cause, l'action était éteinte.

» La première de ces conséquences est justifiée par la loi 1, §. 12, du titre cité : *et cum etiam in quadrupedibus noxa caput sequitur, adversùs dominum hæc actio datur, non cujus fuerit quadrupes cùm noceret, sed cujus nunc est.*

La seconde est écrite textuellement dans le §. 13 de la même loi : *planè si ante litem contestatam decesserit animal, extincta erit hæc actio.*

» Et ces deux conséquences en amenaient une troisième : c'est que pour qu'une pareille action fût admise, il fallait nécessairement que les animaux qui avaient causé le dommage, eussent un propriétaire.

» Or, quels sont les animaux qui sont censés être dans la propriété de quelqu'un, et dans quels cas sont-ils censés y être?

» Sans contredit, les animaux domestiques appartiennent aux personnes qui les ont auprès d'elles; et si ces animaux s'échappent ou leur sont enlevées, elles peuvent les revendiquer, comme elles revendiqueraient des effets mobiliers qui, par un événement quelconque, seraient sortis de leur possession. Ainsi, dit Justinien, dans ses Institutes, titre *de rerum divisione*, §. 16, quoique vos oies ou vos poules se soient envolées de votre habitation et que vous les ayez perdues de vue, elles ne cessent pas pour cela de vous appartenir; et celui qui les retiendrait dans l'intention de se les approprier, se rendrait coupable de vol : *Ideòque si anseres tui aut gallinæ tuæ, aliquo modo turbati turbatæve, evolaverint, licet conspectum tuum affugerint, quocumque tamen loco sint, tui tuæve esse intelliguntur; et qui lucrandi animo ea animalia detinet, furtum committere intelligitur.*

» Mais en est-il de même des animaux sauvages? Non, dit encore Justinién, §. 12 du titre cité : ces animaux n'appartiennent à personne. A la vérité, ils peuvent devenir la propriété du premier occupant; mais si celui-ci les laisse échapper, ils n'ont plus de maître; et si un autre s'en empare encore, ils deviennent sa propriété. *Feræ igitur bestiæ et volucres et pisces et similia omnia animalia quæ mari, cœlo et terrâ nascuntur, simul atque ab aliquo capta fuerint, jure gentium statim illius esse incipiunt. Quod enim antè nullius est, id naturali ratione occupanti conceditur. Nec interest feras bestias et volucres utrùm in suo fundo quis capiat, an in alieno.... Quidquid autem eorum ceperis, eò usque tuum esse intelligitur, donec tuâ custodiâ coercetur. Cùm verò tuam evaserit custodiam, et in libertatem naturalem esse receperit, tuum esse desinit et rursùs occupantis fit.*

» Ce qu'il y a pour notre objet de plus remarquable dans ce texte, c'est le soin qu'il prend de décider que les animaux sauvages pris sur le fonds d'autrui, ne laissent pas d'appartenir au capteur : *Nec interest feras bestias aut volucres utrùm in suo fundo qui capiat, an in alieno.* Car de cette décision, il résulte clairement que le propriétaire du terrain où se retirent des animaux sauvages, n'est pas pour cela propriétaire de ces animaux. C'est d'ailleurs ce que Justinien déclare expressément dans le §. 14. Les abeilles, dit-il, apartiennent à la classe des animaux sauvages; et c'est pourquoi si un essaim d'abeilles se fixe sur votre arbre, tant que vous ne l'en aurez pas détaché pour le renfermer dans une ruche, il ne sera pas plus à vous que ne le sont les oiseaux qui font leurs nids sur le même arbre : *apium quoque fera natura est; itaque apes quæ in arbore tuâ considerint, antequam à te alveo includantur, non magis tuæ intelliguntur esse, quàm volucres quæ in arbore tuâ nidum fecerint.*

» Mais si des animaux sauvages, et par conséquent le Gibier, n'appartiennent pas au propriétaire du terrain qu'ils choisissent pour retraite, comment auraient-ils pu, dans le droit romain, donner lieu, par les dégâts qu'ils causaient aux propriétés voisines, à une action en dommages-intérêts contre ce propriétaire? Nous l'avons déjà dit, les lois qui parlent de l'action *de pauperie* ne permettent de l'intenter que contre le propriétaire de l'animal qui a causé le dommage dont elle a pour objet la réparation ; et cela est d'une vérité tellement constante, que si un animal sauvage dont vous étiez devenu propriétaire par droit d'occupation, vous échappe, et, après sa fuite, cause du dommage à quelqu'un, ce dommage ne peut donner lieu à aucune action contre vous ; car (dit la loi 1, §. 10, D. *si quadrupes pauperiem fecerit*), il a cessé de vous appartenir du moment qu'il s'est évadé de vos mains ; et celui à qui il a causé du dommage, pouvait, en le tuant, acquérir la propriété de son corps : *in bestiis autem, propter naturalem feritatem, hæc actio locum non habet ; et ideò si ursus fugit et sic nocuit, non potest quondam dominus conveniri, quia desinit dominus esse ubi fera evasit, et ideò si eum occidi, meum corpus est.*

» Notre ancienne jurisprudence était, sur le dommage causé par les animaux, plus sévère que le droit romain. — D'une part, comme le droit romain, elle rendait le propriétaire de ces animaux responsable du dommage qu'ils avaient causé, mais elle ne lui permettait pas, comme le droit romain, d'abandonner ces animaux à la partie lésée pour faire cesser l'action de celle-ci. C'est ce qu'attestent Serres, dans ses *Institutions au droit français*, pag. 581 ; et Regnerus, dans sa *Censura Belgica*, liv. 4, tit. 9. — D'un autre côté, tout en adoptant les principes du droit romain sur la distinction des animaux domestiques d'avec les animaux sauvages, tout en considérant les animaux sauvages comme n'appartenant à personne, tant qu'ils jouissaient de leur liberté naturelle, elle ne laissait pas de donner aux particuliers dont les champs ou les vignes étaient dévastés par le Gibier, une action contre le seigneur du fief dans l'étendue duquel étaient situés leurs vignes ou leurs champs. Mais quel pouvait être le fondement de cette action ?

» Notre ancienne jurisprudence regardait-elle le seigneur de fief comme propriétaire du Gibier qui se trouvait dans sa seigneurie ? Non. Elle laissait le Gibier dans la classe des animaux sauvages ; et à l'instar des lois romaines, elle le réputait n'appartenir à personne. Mais précisément par la raison qu'il n'appartenait à personne, elle réservait au seigneur le droit exclusif de le tuer. Et de là dérivait pour lui l'obligation de garantir les propriétaires des dégâts que le Gibier pouvait causer à leurs récoltes : car les propriétaires ne pouvant pas défendre eux-mêmes leurs récoltes contre le Gibier, il fallait bien que le seigneur se chargeât de les défendre pour eux. Privés du droit si naturel de détruire les animaux sauvages qui dévastaient leurs propriétés, il fallait bien qu'ils eussent un recours contre celui qui exerçait ce droit à leur exclusion.

» Et il est si vrai que la réserve du droit exclusif de la chasse au profit du seigneur, était le seul fondement de l'action qu'avaient contre lui les propriétaires à raison des dégâts commis dans leurs récoltes par le Gibier, que cette action n'avait lieu que pour les dégâts commis par le Gibier dans l'enclave de sa seigneurie. Vainement aurait-on tenté de le rendre responsable des dommages que le Gibier de sa terre aurait causés dans des champs ou des vignes placés hors de cette enclave, quelque rapprochée que sa terre en fût d'ailleurs ; il aurait répondu : le Gibier qui vit dans ma terre n'est pas ma propriété ; je n'ai que le droit de le tuer, soit dans ma terre elle-même, soit dans les terres voisines qui relèvent de mon fief. Mais une fois qu'il est sorti de ma terre et de ces héritages, il ne m'appartient plus de le détruire : pourvoyez-vous contre votre propre seigneur. — C'est effectivement ce qu'enseigne M. Henrion, dans le *Répertoire de jurisprudence*, à l'article *Garenne*.

» Nous voilà donc bien fixés sur le principe sur lequel était basée, avant les lois des 4 et 11 août 1789, la jurisprudence qui obligeait les seigneurs de réparer les dommages causés par le Gibier aux récoltes de leurs tenanciers.

» Mais les lois des 4 et 11 août 1789, en abolissant le droit exclusif de la chasse que l'ancienne jurisprudence réservait aux seigneurs, en rendant le droit de chasse commun à tous les propriétaires, ont anéanti ce principe, et dès-lors, comment l'action qui dérivait de ce principe, comment l'action qui, sans ce principe n'aurait pas pu avoir lieu, même sous l'ancienne jurisprudence, pourrait-elle encore subsister ? *Cùm principalis causa non subsistit*, dit une règle de droit, *nec ea sequuntur locum habent.*

» La chose est encore plus claire d'après l'art. 1385 du Code Napoléon, qui rend bien *le propriétaire d'un animal responsable du dommage que l'animal a causé, soit que l'animal fût sous sa garde, soit qu'il fût égaré ou échappé* ; mais qui, par cela même qu'il limite sa disposition au *propriétaire* de l'animal, fait assez entendre qu'elle ne doit pas être appliquée à celui dans l'héritage duquel se trouvent des animaux dont il n'est pas propriétaire.

» Ainsi, un loup, un renard, un blaireau qui était réfugié dans une forêt, en est sorti et a enlevé et dévoré des moutons ou des volailles dans mon voisinage : je n'en serai pas responsable. Ainsi, des lièvres, des perdrix, des moineaux, des corbeaux qui se sont excessivement multipliés dans mon domaine, ont fait des dégâts dans les récoltes de mes voisins ; mes voisins ne pourront pas s'en prendre à moi, ils ne pourront s'en prendre qu'à eux-mêmes de n'avoir pas détruit le Gibier au moment où il s'est répandu sur leurs propriétés.

» Mais en sera-t-il de même s'il s'agit de dégâts faits par des lapins qui ont leurs terriers dans mon bois ? Les jugemens qui vous sont dénoncés ont décidé que non. Par ces jugemens, le juge de paix du canton de Nivillé, et le tribunal civil de l'arrondissement de Beauvais, ont déclaré le sieur Bourée de Corberon responsable des dommages causés par les lapins de son bois aux terres voisines ; et ils se sont pour cela fondés sur deux motifs très-distincts : l'un, qui est particulier aux jugemens de première instance ; l'autre qui leur est commun avec les jugemens rendus en cause d'appel.

» Le motif particulier aux jugemens de première instance, est « que la loi du 11 août 1789, invoquée par le défendeur (le sieur Bourée de Corberon), est absolument en opposition à ses moyens de défense ; puisqu'on ne peut entendre par abolition des *garennes ouvertes*, que la défense d'entretenir dans les bois ouverts et non clos de murs, aucune espèce de Gibier nuisible aux propriétés d'autrui. »

» Mais en motivant ainsi ces jugemens, le juge de paix n'a prouvé qu'une chose : c'est qu'il n'avait pas lu bien attentivement la loi du 11 août 1789. Cette loi, en effet, n'abolit pas les *garennes ouvertes*, mais, ce qui est bien différent, elle abolit *le droit exclusif de la chasse et des garennes ouvertes*. Et qu'est-ce qu'abolir *le droit exclusif des garennes ouvertes*, si ce n'est dire que désormais les seigneurs à qui le prince avait accordé le droit d'avoir des *garennes ouvertes*, n'auront plus seuls ce droit; que désormais ce droit appartiendra à tout propriétaire; que désormais tout propriétaire pourra avoir une garenne ouverte; que désormais nul propriétaire d'un bois dans lequel se trouveront des lapins, ne sera tenu de le clore de murs? — Il eût été difficile, sans doute, de motiver les jugemens dont il s'agit, d'une manière qui heurtât plus directement le texte de la loi. Mais portons nos regards sur le second motif, sur le motif commun aux deux tribunaux.

» *Le lapin*, ont dit les deux tribunaux, *est un animal sédentaire et à peu près domestique; et le propriétaire d'un bois garni d'un trop grand nombre de lapins, est responsable des dommages causés par eux aux propriétés voisines*. Le tribunal de première instance a ajouté que le *lapin qui se relègue dans les bois pendant l'hiver, ne peut être atteint ni détruit par les propriétaires des terres voisines, en supposant que ceux-ci aient le temps de s'en occuper et puissent obtenir le port d'armes, parce que le Gibier ne sort que la nuit pour aller paître sur les champs voisins, où il vit aux dépens d'autrui.*

» Pour apprécier ce motif, il importe de nous assurer de l'exactitude des faits qui en forment la base.

» D'abord, il est assez notoire que le lapin est un animal sédentaire; et que, l'hiver surtout, seule saison où il puisse causer du dommage aux fruits de la terre, il ne sort guère de son terrier que la nuit. Mais si, sur ces deux points, nous avions besoin d'autorités, nous en trouverions une bien positive dans l'Encyclopédie, au mot *Lapin* : « les lapins, » (y est-il dit), ont une demeure fixe; ils vivent en » société; ils habitent ensemble des demeures sou- » terraines qu'ils ont creusées; ces retraites divisées » en différens clapiers, qui tous ont communication » les uns avec les autres, annoncent une intention » marquée d'être ensemble..... Ils passent la meil- » leure partie de la journée dans un état de demi- » sommeil. Le soir, ils sortent pour aller au gagna- » gne, et ils y emploient une partie de la nuit. Ils » s'écartent quelquefois jusqu'à un demi-quart de » lieue pour chercher la nourriture qui leur con- » vient. Ils se lèvent aussi ordinairement une fois le » jour, surtout lorsque le temps est serein, mais » sans s'écarter beaucoup du terrier ou du bois qui » leur sert de retraite. »

» En second lieu, quoiqu'il ne soit pas exact de dire, comme le font les jugemens attaqués, que le lapin de garenne est un animal *à peu près domestique*, quoique même il n'y en ait guère de plus méfiant, de plus difficile à approcher, et par conséquent de plus sauvage, il ne laisse pas d'être considéré comme appartenant au propriétaire du fonds où il a établi son terrier.

» Les pigeons sont, comme les lapins, de la classe des animaux sauvages: *Columbarum fera natura est*, dit la loi 5, §. 5, D. *de acquirendo rerum dominio*; et il n'importe, ajoute-t-elle, qu'ils soient dans l'habitude de revenir au colombier : cette habitude ne leur fait pas plus perdre le caractère d'animaux sauvages, que ne le fait perdre aux abeilles l'instinct qui les fait revenir à leur ruche: *Nec ad rem pertinet quod ex consuetudine avolare et revolare solent; nam et apes idem faciunt, quarum constat feram esse naturam*. Cependant, il est certain que les pigeons appartiennent au propriétaire du colombier, tant qu'ils conservent l'habitude d'y revenir: *in his autem animalibus*, dit la loi citée, *quæ consuetudine abire et redire solent, talis regula comprobata est, ut eousque nostra esse intelligantur, donec revertendi animum habeant.*

» Et pourquoi n'en serait-il pas de même des lapins de garenne? Lalande, sur l'art. 167 de la coutume d'Orléans, dit qu'ils *sont comme en la puissance du propriétaire auquel appartient le buisson, à cause de l'habitude et accoutumance qu'ils ont prise de retourner au même gîte.*

« Et cela est si vrai, que tous les auteurs s'accordent à reconnaître que les lapins, tant qu'ils sont dans les bois auxquels, par leur habitation, ils font prendre le nom de *garenne*, ne doivent pas être assimilés au Gibier; mais qu'on doit alors les considérer comme des fruits des bois mêmes. « Les lapins en garenne, » (dit Durand, sur l'art. 114 de la coutume de » Vitry) sont de la nature du fonds..., parce qu'ils » font partie du revenu. Il n'en est pas de même » de la chasse ordinaire, qui, n'étant qu'un plaisir, » n'est jamais comprise dans le revenu. »

» Ce principe est même consacré par des lois expresses et par des arrêts formels.

» L'ordonnance de saint Louis, du mois de mai 1235, en fixant le droit de relief ou rachat à une année de revenu du fief servant, voulait, art. 2, que ce droit fût pris sur les garennes; et que, pour en évaluer le revenu, on fît une année commune de cinq, dont le cinquième appartiendrait au seigneur dominant.

» L'ordonnance des eaux et forêts de 1669, tit. 30, art. 10, veut que ceux qui, pour s'approprier les lapins des garennes du roi ou de ses *sujets*, en ouvrent et ruinent *les halots ou raboulières, soient punis comme voleurs.*

» Et une infinité de coutumes, notamment celles d'Orléans, art. 67; du Nivernais, tit. 18, art. 16; d'Etampes, art. 183; de Menneton-sur-Cher, art. 13; de La Ferté-Imbault, art. 8; de la Saintonge, art. 14; de la Marche, art. 355; du Poitou, art. 198; de l'Auvergne, tit. 28, art. 22, portent que ceux qui prendront des lapins dans la garenne d'autrui, seront punis, non comme coupables d'un simple délit de chasse, mais comme coupables de vol.

» C'est encore parce que les lapins dans les garennes ne sont pas considérés comme Gibier, mais comme formant un revenu proprement dit, et conséquemment comme appartenans au propriétaire du fonds, que dans le temps où il était défendu d'affermer la chasse, on permettait néanmoins d'affermer le droit de prendre et de tuer les lapins des garennes. Denisart, au mot *Garenne*, en fait expressément la remarque.

» Une autre preuve de cette vérité, c'est que, dans le temps où la chasse n'était permise qu'aux seigneurs de fiefs, on jugeait que le propriétaire d'un bois tenu en censive, pouvait en tuer les lapins: « On a demandé (dit Tronçon, sur l'art. 69 de la » coutume de Paris), si un particulier qui n'a jus- » tice ni fief, possédant un bois en la terre d'un sei- » gneur châtelain ou haut-justicier, pouvait chasser » aux lapins en son bois, qu'il tient roturièrement? » Cette question s'étant présentée à la cour, par arrêt » de l'audience du 15 mai 1614, entre M. Nicolas » Gourlidot, avocat en parlement, et consorts appe- » lans, d'une part, et Desliens, écuyer, sieur Des- » paix, intimé d'autre, permis audit Gourlidot pren- » dre et chasser aux lapins aux bois à lui apparte- » nans; avec défense audit intimé de le troubler ni » empêcher. » — Le même arrêt est rapporté par Legrand, sur la coutume de Troyes, art. 179, gl. 2, n°. 2; et le Recueil de Boniface, tom. 2, part. 3, pag. 80, nous en offre un semblable du parlement de Provence.

» Ce qui met le sceau à cette démonstration, c'est que, sous le régime féodal, bien qu'il fût permis au seigneur de chasser jusque dans l'enclos de son censitaire, on ne lui permettait cependant pas de chasser dans sa garenne. « Ces lieux (dit Lalande, à » l'endroit déjà cité), sont toujours de garde et de » défense (il n'est permis à personne d'y tirer de » l'arquebuse, ni prendre des lapins avec quelque » engin que ce soit, sans la permission du proprié- » taire; et même le seigneur, duquel la garenne est » tenue en fief ou censive, n'est pas excepté: » Et M. Henrion, dans le *Répertoire de jurisprudence*, au mot *Garenne*, ajoute: « Cette défense est si géné- » rale, qu'encore que le seigneur dominant puisse » exercer la chasse ordinaire sur toutes les terres de » son vassal, il ne lui est pas néanmoins permis de » chasser dans sa garenne. C'est le sentiment unanime » de tous ceux qui ont écrit sur cette matière. »

» A toutes ces preuves du principe que les lapins ne sont pas considérés comme Gibier, et qu'ils appartiennent au propriétaire du bois où ils ont établi leur demeure, on objectera peut-être que, si ce principe était vrai, il faudrait en conclure que le propriétaire riverain de ce bois ne pourrait pas tuer les lapins qu'il trouverait dans sa terre, quoique d'ailleurs il ait le droit d'y chasser?

» C'est effectivement ce qu'en ont conclu plusieurs auteurs; et le président Bouhier, qui, dans des *Observations sur la coutume de Bourgogne*, chap. 63, n. 70, n'adopte pas leur avis, ne le combat cependant pas de front; il se borne à dire: *si cela arrivait à quelqu'un qui eût droit de chasse sur ses terres, et que les lapins y eussent été tués*, SANS ÊTRE CHASSÉS DE PROPOS DÉLIBÉRÉ, *je croirais volontiers qu'il ne* SERAIT PAS RÉPRÉHENSIBLE. — Ce magistrat, comme vous le voyez, reconnaît que le droit de chasse sur une pièce de terre, n'emporte point par soi celui d'y *chasser de propos délibéré* les lapins de la garenne voisine; et que si, en y tuant ces lapins, on ne devient pas *répréhensible*, du moins on ne fait pas un acte bien légitime.

» Au surplus, de ce que vous avez, sur votre terrain, le droit de tuer certains animaux qui y font du dégât, il ne s'ensuit pas que ces animaux n'appartiennent à personne. — Nous avons vu que les pigeons appartiennent incontestablement aux propriétaires des colombiers où il se retirent; et cependant les lois du 4 août 1789, permettent de les tuer comme Gibier dans les temps de semailles et de moisson. — Nous avons vu que les volailles appartiennent incontestablement aux propriétaires des habitations où elles sont élevées et nourries; et cependant la loi du 28 septembre 1791, tit. 2, art. 12, permet à tous ceux à qui elles causent du dommage, de *les tuer sur le lieu, au moment du dégât*.

» Enfin, ce qui, sur la question de propriété, doit lever jusqu'au plus léger doute, c'est que l'art. 564 du Code Napoléon porte en termes exprès: « Les pi- » geons, *lapins*, poissons, qui passent dans un autre » colombier, *garenne* ou étang, *appartiennent* » *au propriétaire de ces objets*, pourvu qu'ils n'y » aient point été attirés par fraude et artifice. »

» Mais si les lapins d'une garenne sont la propriété de celui à qui la garenne appartient, il faut bien que celui à qui la garenne appartient, réponde des dégâts qu'ils causent aux terres voisines. C'est la conséquence nécessaire et littérale de l'art. 1385 du Code Napoléon.

» Et vainement opposerait-on à cette conséquence la disposition des lois des 4 et 11 août 1789, qui, en abolissant le droit exclusif des garennes ouvertes, permet, comme nous l'avons déjà remarqué, à tout propriétaire de tenir des lapins dans ses bois, sans qu'on puisse l'en empêcher, sous le prétexte que ses bois ne sont pas clos. En permettant à tout propriétaire d'un bois d'en faire une garenne ouverte, les lois des 4 et 11 août 1789 n'ont fait que rendre hommage au principe qui veut que chacun puisse user de sa propriété comme il lui plaît. Mais elles n'ont pas dérogé à l'exception qui, dans tous les temps, a limité ce principe: elles n'ont pas dit qu'en faisant sur son terrain ce qui lui plairait, le propriétaire pourrait envoyer à ses voisins des choses qui pussent leur nuire: en un mot, elles ont laissé subsister la règle écrite dans la loi 8, §. 5, D. *Si servitus vindicetur*, et suivant laquelle, *in suo alii hactenùs facere licet, quatenùs nihil in alienum immittat*.

» Ne serait-ce pas d'ailleurs donner aux lois des 4 et 11 août 1789 un effet directement contraire à leur grand et principal but, que d'en faire résulter pour le propriétaire d'une garenne ouverte, la décharge de cette responsabilité envers ses voisins? leur grand et principal but a été de protéger l'agriculture et de la garantir de tous les maux que lui faisait le droit exclusif de la chasse et des garennes ouvertes: et ce but, ne serait-il pas manqué totalement, les maux auxquels ces lois ont voulu remédier, ne seraient-ils pas même excessivement empirés, si le droit accordé aujourd'hui à tout propriétaire d'avoir des garennes ouvertes, emportait celui de laisser multiplier ses lapins à un tel point, que ne trouvant pas assez de nourriture dans son bois, ils fussent obligés de se répandre dans les terres voisines et d'en dévorer les fruits à leur naissance? car, il ne faut pas se le dissimuler, il n'est point d'animal plus dévastateur que le lapin. « Les lapins (dit le président Bouhier, chap. » 63, n° 62, gâtent les blés et autres grains dont les » terres voisines sont ensemencées, mangent les her- » bages et les fruits, gâtent les vignes et rongent jus- » qu'à l'écorce des arbres; outre que, multipliant à » l'excès, ils désolent les campagnes qui se trouvent » autour de leurs demeures. » — Nous lisons même dans Strabon, liv. 3, que deux seuls lapins ayant été apportés du continent dans les îles Baléares, s'y multiplièrent tellement, que les habitans de ces îles se virent obligés d'envoyer une députation à Rome, pour demander *terram sibi habitandam, quòd suâ se ab animalibus pelli, neque eorum multitudini resistere posse dicerent.*

» Inutile d'objecter qu'il en doit être des lapins d'une garenne comme des pigeons d'un colombier; et que l'art. 2 des lois du 4 août 1789, ne donne au propriétaire du terrain sur lequel les pigeons d'un colombier font du dégât, que le droit de les tuer.

» D'abord, l'art. 2 des lois du 4 août 1789, n'est pas conçu en termes restrictifs: il dit bien qu'en temps de semaille et de moisson, chaque propriétaire peut tuer, sur son terrain, les pigeons qui y causent du dommage; mais il ne dit point que c'est là son seul droit; il ne dit point que si le propriétaire du champ dévasté par des pigeons, peut prouver que ces pigeons sont ceux de telle personne, il ne pourra pas agir contre cette personne pour la faire condamner à des dommages-intérêts; il ne dit point qu'en ce cas, il n'aura pas, comme le propriétaire d'un champ dévasté par des volailles, l'option entre une action en dommages-intérêts contre leur maître, et la faculté de les tuer.

» Ensuite, quand on pourrait induire de l'art. 2 des lois du 4 août 1789, que le propriétaire du champ dévasté par des pigeons, n'a que le droit de les tuer, il n'y aurait aucune raison pour étendre cette induction jusqu'aux lapins.

» Si, en effet, il est presque impossible au propriétaire du champ que des pigeons ont dévasté, d'indiquer le propriétaire de ces pigeons, il est, au contraire très-facile au propriétaire du champ dévasté par des lapins, de prouver à qui ces lapins appartiennent. Les pigeons se répandant toujours au loin, jamais ou presque jamais on ne peut dire de quel colombier ils viennent; les lapins, au contraire, ne s'éloignant jamais qu'à de très-petites distances de leur asile, on est toujours sûr que le champ le plus voisin d'un bois où il existe des lapins, et qui se trouve dévasté par des animaux de cette classe, l'a été par les lapins de ce bois.

» Il est d'ailleurs bien plus facile d'empêcher des pigeons de dévaster un champ, qu'il ne l'est d'en empêcher des lapins. Les pigeons ne sortent de leur colombier que le jour, et ils y rentre constamment la nuit. Les lapins, au contraire, se tiennent le jour dans leurs terriers; et ce n'est guère que la nuit qu'ils sortent pour aller chercher leur nourriture.

» Enfin, il est une dernière considération qui doit complétement justifier les jugemens dont on vous demande la cassation: c'est que la faculté accordée au propriétaire du champ sur lequel se répandent des lapins, de les tuer, ne peut jamais le mettre à l'abri de leurs ravages; c'est que cette faculté est absolument illusoire pour lui. Ecoutons encore l'*Encyclopédie*, au mot *Lapins*: — « On chasse les lapins au fusil, avec le secours du furet et celui des filets. Mais quand on a dessein de les détruire, ces moyens sont insuffisans. Ces animaux s'instruisent par expérience; un grand nombre évitent les filets, et ils se laissent tourmenter dans le terrier par les furets sans vouloir sortir. Il faut donc défoncer les terriers mêmes; c'est dans les pays exactement gardés, le seul moyen de prévenir une multiplication, dont l'excès est une imprudence à l'égard de soi, et un crime à l'égard des autres. »

» Par ces considérations, nous estimons qu'il y a lieu de rejeter les cinq requêtes du demandeur, et de le condamner aux amendes qu'il a consignées. »

Ces conclusions n'ont pas été suivies: par arrêt du 11 mai 1807, au rapport de M. Poriquet, les requêtes ont été admises; mais le sieur Bourée de Corberon n'a donné aucune suite à cet arrêt; et il s'est empressé de transiger avec ses adversaires.

Dans le fait, il paraît que l'admission de ses requêtes n'avait été motivée que par des circonstances absolument particulières aux affaires dont il s'agissait, mais qui ne m'avaient nullement frappé; et que ces circonstances venant à s'éclaircir devant la section civile par une discussion contradictoire, les principes sur lesquels je m'étais fondé, et que les magistrats avaient reconnus dans leur délibération, auraient repris le dessus. Aussi ces principes ont-ils été depuis consacrés par un arrêt de la section des requêtes elle-même.

Le 18 juillet 1808, la dame de Massy fait assigner la dame de Montmorency, propriétaire de la forêt de Fretteval, devant le juge de paix du canton de Moric, pour se voir condamner à lui payer une somme de 200 francs, montant du dommage qu'elle prétend avoir été fait par les lapins de cette forêt sur des terres à labour adjacentes qui lui appartiennent.

La cause portée devant le tribunal de Vendôme sur l'appel d'un jugement interlocutoire du juge de paix, le tribunal admet la dame de Massy à faire preuve qu'il existe, dans la forêt de Fretteval, une telle quantité de lapins, qu'il en résulte des dévastations pour les terres limitrophes qui sont ensemencées; et que ce sont les lapins qui ont causé le dommage dont elle demande la réparation.

Et après une enquête et un rapport d'experts, jugement définitif du 5 novembre de la même année, qui condamne la dame de Montmorency à 95 fr. de dommages-intérêts envers la dame de Massy.

La dame de Montmorency se pourvoit en cassation contre ce jugement; mais par arrêt du 3 janvier 1810, au rapport de M. Oudart, « attendu qu'il a été jugé en fait, qu'il existait dans la forêt de Fretteval, au canton de Richerai, une telle quantité de lapins que les récoltes ensemencées étaient dévastées, et que la récolte de la pièce de terre appartenant à la dame de Massy, avait été considérablement endommagée par lesdits lapins; attendu que la demanderesse, propriétaire de ladite forêt, a pu être jugée responsable du dommage, suivant l'art. 1383 du Code Napoléon, pour avoir négligé de les y faire détruire, ou d'avoir permis aux détenteurs voisins de ladite forêt, de les y faire détruire; la cour rejette..... ».

★ GIROUETTE. Pièce de fer blanc ou d'autre métal que l'on place sur le comble des maisons, et qui sert à marquer la direction du vent et la noblesse de l'édifice.

Suivant Lacurne de Saint-Palaye, l'usage de mettre des Girouettes sur le faîte des édifices, prend sa source dans l'ancienne chevalerie. Les demeures des chevaliers, considérées, suivant l'esprit du temps, comme les temples de l'honneur, devaient avoir des signes propres à les faire respecter. Les crénaux et les tours qui servaient à la défense des châteaux, en marquaient aussi la noblesse; mais les seuls gentilshommes avaient le privilége de parer de *Girouettes* le faîte de leurs maisons.

La forme de ces nobles signaux indiquait les divers grades de ceux à qui les maisons appartenaient: figurés en matière de pennon, il désignaient le chevaliers; taillés en bannière, ils désignaient les bannerets.

Les bannières que les chevaliers portaient à la guerre, et les banderolles qu'ils tenaient à la main en entrant dans les lices, avec lesquelles ils faisaient le signe de la croix avant de commencer leurs joûtes, et qu'ils plantaient ensuite quelquefois au sommet de leur heaume, pourraient avoir donné l'origine aux Girouettes placées sur le faîte de nos édifices. On sait que le premier acte de possession d'un fief, d'une seigneurie, d'une place prise à la guerre, était marqué par la bannière du nouveau seigneur, arborée sur le lieu le plus éminent, sur la tour la plus élevée. Dans l'entreprise de Saintré, lui et ses compagnons portèrent sur leurs casques deux bannières, entre lesquelles était un diamant destiné pour le prix de ceux qui pourraient emporter sur eux la victoire. (*Hist. de Saintré*, pag. 517.) Le même Saintré ayant proposé un pas d'armes aux Anglais, entre Gravelines et Calais, qui fut accepté par le comte de Buckingan et ses compagnons, *le dimanche, premier jour du mois et ouverture du pas, arriva ledit seigneur et comte de Buckingan, le matin après la messe, et très-belle compagnie, qui fit mettre sur le haut pignon de son logis sa bannière qu'il portait d'Angleterre à une bordure d'argent, et criait:* Angleterre! Saint-Georges! *Ibid.* chap. 54; pag. 376.

Le Laboureur (*de l'Origine des armes*, pag. 636), a regardé les Girouettes comme un signal affecté seulement aux maisons occupées ou possédées par la noblesse: les gentilshommes (dit-il) ont seuls droit d'avoir des Girouettes sur leurs maisons; elles sont en pointe comme les pennons, pour les simples chevaliers, et carrées comme les bannières, pour les chevaliers bannerets ». Ce n'est point une simple opinion dénuée d'autorités: elle est conforme aux décisions de nos jurisconsultes, notamment de Salvaing, Chambolas et Lapeyrère.

Cependant on lit dans l'ouvrage intitulé *Code rural*, chap. 6, art. 5: les seigneurs ne peuvent empêcher leurs vassaux et sujets de mettre des Girouettes sur leurs bâtimens; quelques-uns exceptent les Girouettes carrées, que l'on prétend être des marques de seigneurie, apparemment parce qu'elles sont en forme de bannière ».

Par un arrêt du parlement de Toulouse, donné le 17 février 1633, au rapport de M. Barthélemi, à la seconde chambre des enquêtes, entre le sieur Dutillet, baron d'Orgeuil, d'une part, et le sieur Deladegie, d'autre, il a été jugé que le coseigneur direct peut avoir château, crénaux, Girouettes et tours. (*Cambolas*, liv. 6, chap. 40.)

De tous les auteurs, celui qui s'est le plus étendu sur cette matière, c'est Fréminville, dans sa *Pratique des terriers*, tom. 2. Voici sa conclusion: — « Je crois qu'il suffit de dire que les Girouettes simples non armoriées, ne sont point du tout des marques des fiefs, ni de noblesse des maisons sur lesquelles il aura plu à un propriétaire de les faire poser; elles ne sont dans le vrai qu'un signe pour la connaissance et la distinction des vents; et leur existence n'est pas capable d'imprimer à une maison le caractère de liberté et de franchise contre la teneur des titres qui la déclarent serve ou censable ». (M. H.....)★

[[La loi du 13 avril 1791, tit. 2, art. 21, porte que « le droit seigneurial et exclusif d'avoir des Girouettes sur les maisons, est aboli; et il est libre à chacun d'en placer à son gré, et dans telle forme qu'il jugera à propos ».]]

★ GITE. On a appelé *droit de Gîte*, un ancien droit que les rois de France levaient dans les villes, bourgs, évêchés et abbayes, pour les indemniser des frais du voyage, passage ou séjour qu'ils faisaient sur les lieux.

Quand les rois de la première race et quelques-uns de la seconde voyageaient, ce qui leur arrivait souvent, ils logeaient avec leur suite pendant une nuit aux dépens des villes, des bourgs et des villages qui étaient sur leur route. On leur fournissait tout ce dont ils avaient besoin, et ils étaient magnifiquement défrayés; car leurs hôtes ne manquaient jamais d'y joindre au départ quelque présent en argenterie. Peu à peu, cet établissement devint un droit royal qu'on nomma *droit de Gîte*, et personne n'en fut exempt. Jean Lecoq rapporte un arrêt qui déclare les villes données en douaire à la reine, sujettes au droit de Gîte. (M. GUYOT.)★

GITE ET GEOLAGE. On appelle ainsi les droits dus aux concierges des prisons pour le Gîte, la garde et le soin des prisonniers. *V.* *Elargissement.*

★ GLAIVE (*droit de*), appelé en droit *jus gladii*, signifie le droit de vie et de mort, c'est-à-dire, d'absoudre un accusé ou de le condamner à mort s'il y a lieu, de prononcer contre lui une peine capitale.

Le terme *gladius*, qui dans le sens littéral signifie un Glaive ou une épée, est pris ici figurément pour la peine de mort.

Il se prend aussi pour le droit de *haute-justice*, comme étant la seule qui ait droit de juger à mort.

Chez les Romains, le droit de Glaive, *jus gladii*, n'appartenait qu'à ceux des magistrats qui avaient ce que l'on appelait *merum imperium*, c'est-à-dire, le droit de condamner souverainement et sans appel les hommes à mort; pouvoir que n'avaient pas les autres magistrats d'un ordre inférieur: ceux-ci avaient seulement un pouvoir inhérent à leur juridiction, appelé *mixtum imperium*, qui ne leur donnait pas le droit de juger à mort, mais seulement d'infliger une punition modérée; au lieu que le *merum imperium* et les termes *jus gladii* étaient en droit regardés comme synonymes.

Les proconsuls ou gouverneurs de provinces n'avaient pas ce droit de Glaive.

Lampride, dans la vie d'Alexandre Sévère, loue cet empereur de n'avoir jamais souffert que l'on vendît le droit de Glaive, disant qu'il était nécessaire que celui qui l'avait acheté, le vendît: *honores juris gladii numquam vendi passus est, dicens necesse est ut qui emit vendat.*

Le droit du Glaive, *jus gladii seu potestas*, ne peut pas être délégué par ceux auxquels il appartient, ainsi que le décide la loi 70, D. *de regulis juris.*

En France, on a toujours entendu par le droit de *Glaive*, le droit de haute justice, le droit de vie et de mort.

Ce droit n'appartient qu'à la puissance souveraine. (M. Boucher-d'Argis, père.) *

* GLANAGE. C'est l'action de glaner ou de ramasser des épis de blé dans un champ, après que les gerbes en ont été enlevées.

I. Dans la vue de procurer aux pauvres la facilité de profiter des épis échappés aux moissonneurs, plusieurs coutumes, telles que celles d'Etampes et de Melun, ont défendu aux laboureurs, fermiers et autres d'envoyer leur bétail dans les champs, et d'empêcher le Glanage en quelque manière que ce soit, dans les vingt-quatre heures qui suivent l'enlèvement des gerbes.

D'un autre côté, il est défendu aux glaneurs d'entrer dans les champs avant le soleil levé, d'y rester après le soleil couché, et surtout de glaner avant l'enlèvement de toutes les gerbes et de la dixme.

Enfin, il n'y a, suivant les arrêts et règlemens que le parlement de Paris a rendus en différentes circonstances, que les vieillards, les estropiés, les petits enfans et les autres personnes hors d'état de travailler, qui aient la faculté de glaner. Le dernier de ces arrêts a été rendu sur la requête du procureur-général, le 4 juillet 1781, pour le bailliage d'Amiens.

Par un autre arrêt du 11 juillet 1782, le même parlement a fait défenses à tous laboureurs, fermiers et propriétaires de vendre le droit de glaner dans leurs champs, de donner aucune préférence aux femmes et enfans de leurs moissonneurs, et d'employer la violence ou tout autre moyen pour empêcher que les personnes à qui les règlemens ont permis de glaner, pussent le faire, à peine de 20 liv. d'amende contre les contrevenans, de laquelle seraient civilement responsables les pères et les mères, à l'égard de leurs enfans, et les maîtres et maîtresses à l'égard de leurs domestiques. (M. Guyot.) *

II. Un placard, du 5 juin 1557, donné par Philippe II, roi d'Espagne, en sa qualité de souverain des Pays-Bas, fait défense d'entrer dans les champs pour y glaner avant que les fruits soient liés et mis en diseaux ou monts de dix gerbes, à peine d'être poursuivi comme pour larcin qualifié.

Le conseil d'Artois a renouvelé et étendu cette disposition par une ordonnance du 13 août 1725. Voici comment elle est conçue : — La cour, les chambres assemblées, fait très-expresses inhibitions et défenses à toutes personnes, même aux femmes et enfans des moissonneurs, d'entrer dans les champs pour y glaner, avant que les avêties soient liées et mises en diseaux ou monts égaux, nonobstant toutes conventions et consentemens à ce contraires, que ladite cour à déclarés nuls et abusifs, à peine d'être puni comme pour larcin qualifié, conformément au placard de 1557. Fait aussi défenses à tous fermiers et habitans de mettre leurs bestiaux dans les éteules, sinon trois jours après que les ablais seront emportés, à peine de 50 livres d'amende, à distribuer aux pauvres du lieu, outre celle portée par la coutume; pour lesquelles amendes, les bestiaux trouvés en contravention, pourront être pris et arrêtés par le premier officier de justice requis, que la cour autorise à cet effet : fait pareilles défenses à toutes personnes de rateler l'éteule avant le 15 septembre, à peine de 60 sous parisis d'amende : enjoint aux gens de loi d'y tenir la main, et d'insérer les mêmes défenses dans les bans d'août de chaque année ».

Le parlement de Flandre a donné une attention particulière à la police du Glanage, et il en a fait la matière de trois arrêts de règlement des 22 juin 1694, 28 juin 1774 et 25 juin 1778 : comme ce dernier rappelle toutes les dispositions des deux autres, nous nous contenterons de le rapporter ici :

« *Art.* 2. Fait défenses à tous habitans, sans distinction d'âge ni de sexe, de glaner hors des limites du territoire de leurs paroisses respectives, sous quelque prétexte que ce puisse être, même de conventions ou de permissions particulières; à peine contre les contrevenans, de confiscation des grains glanés et six florins d'amende, applicable au profit de la table des pauvres de la paroisse sur le territoire de laquelle ils auront glané; laquelle, à défaut de payement, sera convertie en trois jours de prison.

» 3. Fait pareillement défenses à toutes personnes de glaner en suivant les moissonneurs, soit pendant qu'il faucheront et rammasseront les grains, soit pendant qu'ils les lieront; et avant que lesdits grains soient mis en diseaux, sous peine de confiscation des grains glanés et de six florins d'amende, applicable au profit des messiers, gardes, cavaliers de maréchaussée et autres ayant serment en justice, qui, les ayant trouvées et reconnues en contravention, en auront dressé procès-verbal; au payement de laquelle les particuliers condamnés seront contraints même par corps, et sans préjudice d'ailleurs aux amendes ordonnées par les coutumes locales, s'il y échet.

» 4. Fait défenses à qui que ce soit de se trouver dans le champs après le coucher et avant le lever du soleil, à peine d'être poursuivi extraordinairement; autorise à cet effet les messiers, gardes et cavaliers de maréchaussée d'arrêter au corps ceux qu'ils trouveront dans les champs entre le coucher et le lever du soleil, à charge de les remettre de suite entre les mains de l'office du lieu, s'ils sont arrêtés dans les limites de leurs paroisses; et dans les prisons royales, les plus prochaines, s'ils sont arrêtés hors des limites de leurs paroisses.

» 5. Fait encore défenses à tous propriétaires, fermiers, laboureurs ou autres, de conduire ou faire conduire aucune espèce de bestiaux dans les champs, avant trois fois vingt-quatre heures après que les grains en auront été enlevés, afin que ceux étant en bonne possession de glaner, aient joui d'un temps suffisant pour le faire ; à peine de trois florins d'amende par chaque tête de bestiaux qui auront été trouvés en contravention du présent arrêt ».

[[III. Tous ces règlemens ont été modifiés par l'art. 21 du tit. 2 de la loi du 28 septembre 1791, sur la police rurale : « Les glaneurs (portait-il), les râteleurs et les grapilleurs dans les lieux où les usages de glaner, de râteler et de grapiller sont reçus, n'entreront dans les champs, prés et vignes, récoltés et ouverts, qu'après l'enlèvement des fruits. En cas de contravention, les produits du Glanage, du râtelage et grapillage seront confisqués; et, suivant les circonstances, il pourra y avoir lieu à la détention de police municipale. Le Glanage, le râtelage et le grapillage sont interdits dans tout enclos rural, tel qu'il est défini à l'art. 5 de la quatrième section du premier titre du présent décret ».

L'art. 471, n. 10, du Code pénal de 1810, punit d'une amende d'un à cinq francs, « ceux qui, sans autre circonstance, auront glané, râtelé ou grapillé dans les champs non encore entièrement dépouillés et vides de leurs récoltes, ou avant le moment du lever ou après celui du coucher du soleil ».

L'art. 473 ajoute qu'ils pourront de plus être condamnés, selon les circonstances, à la peine d'emprisonnement pendant trois jours au plus.

Ni l'un ni l'autre article ne prononce la confiscation des produits du Glanage, du râtelage et du grapillage; et il résulte de l'art. 470 que cette peine ne peut pas être supplée par le juge.

V. les articles *Clos* et *Délit rural.*]]

* GLANDÉE. Ce mot signifie la récolte et l'usage du gland. L'ordonnance de 1669 comprend aussi sous ce nom les faînes et autres fruits qui peuvent servir dans les forêts à la nourriture des porcs.

I. Outre l'utilité de ces fruits pour l'engrais des animaux, ils servent encore au repeuplement des forêts auquel ils paraissent naturellement destinés. C'est pour cela que l'ordonnance ne prescrit l'adjudication de la Glandée, que quand il y a une quantité abondante de glands et de faînes ; car l'abondance de ces fruits peut seule compenser l'inconvénient toujours très-préjudiciable d'ouvrir les forêts aux porcs, qui font beaucoup de tort aux jeunes taillis, quelque précaution que l'on prenne pour l'empêcher. Il faut donc que, pour en courir les risques, il y ait dans les bois une quantité de graines capables d'indemniser par le profit qu'on en tire, du dommage qui paraît en être inséparable.

Ces fruits appartiennent au propriétaire de la forêt ; mais comme ils servent, ainsi que nous venons de le dire, au repeuplement des bois, l'usage en est soumis aux règles établies à ce sujet par les ordonnances.

Ce serait empêcher ce repeuplement; si l'on introduisait dans une forêt un plus grand nombre de porcs que ne peut le permettre la Glandée, parce qu'ils absorberaient la partie des fruits destinés à la reproduction.

Pour prévenir cet inconvénient, l'ordonnance de 1669 veut que lorsqu'il y aura une quantité suffisante de glands et de faînes pour faire vente de la Glandée sans incommoder les forêts, les officiers de la maîtrise visitent les forêts de leur ressort, dressent procès-verbal du nombre des porcs qui pourront y être mis en panage, avec un état de ceux qui y seront mis par eux et par les usagers.

Cette disposition de l'ordonnance a singulièrement pour objet les forêts de l'Etat, dont quelques-unes sont assujetties à des drorit d'usage, ainsi que celles qui sont sujettes à des droits de gruerie; elle doit s'appliquer aussi aux bois des communautés tant séculières et régulières que laïques, et des propriétaires particuliers, sous les limitations dont nous parlerons ci-après.

Mais, soit dans les uns, soit dans les autres, il est très-certain que l'on ne peut mettre une quantité de porcs plus considérable que celle que peut souffrir la Glandée, eu égard à l'objet essentiel du repeuplement ; et c'est à quoi tend la visite prescrite par l'ordonnance de 1669.

II. En ce qui concerne les bois de l'Etat, lorsque la visite dont nous avons parlé est faite, il faut procéder à l'adjudication de la Glandée, à l'audience, avec les formalités prescrites pour la vente des chablis, c'est-à-dire, à l'extinction des feux au plus offrant et dernier enchérisseur, après des publications et affiches apposées pendant deux dimanches consécutifs, soit dans le lieu du siége de la maîtrise, soit dans les villes et villages qui avoisinent les forêts dont il s'agit de vendre la Glandée.

Cette adjudication doit se faire avant le 15 septembre, et avant la chute des glands et faînes, afin que l'adjudicataire soit en état d'en mieux profiter, en le mettant par là à portée d'empêcher qu'on n'en fasse aucun enlèvement.

On ne doit pas comprendre dans cette adjudication les fruits de plusieurs espèces d'arbres qui se trouvent dans les forêts, tels que les pommiers, poiriers, alisiers, merisiers, cornouillers et autres dont les fruits appartiennent dans quelques forêts aux usagers, lorsqu'ils sont en maturité, et qui sont réservés dans d'autres pour la nourriture des bêtes fauves.

Cependant, quand ces sortes de fruits sont tombés, il n'est pas possible d'empêcher les porcs introduits dans les Glandées, d'en faire leur nourriture; la réserve qui en est faite ne pouvant avoir lieu que pour le temps qu'ils ne sont pas détachés des arbres sur lesquels les usagers ont toute liberté de les cueillir.

III. Les adjudications de Glandées ne peuvent se faire pour plus d'un an, si ce n'est par ordre du gouvernement. Un arrêt du conseil du 9 octobre 1742 l'a ainsi jugé, en cassant, comme attentatoire à l'autorité du conseil, une adjudication pour six ans des panages et Glandées de la forêt de la Barre et autres appartenant à Sa Majesté dans la maîtrise de Rhodez; a fait défenses au grand maître et aux officiers de la maîtrise, de faire à l'avenir de pareilles adjudication sans y être autorisés par le roi, à peine d'interdiction ; à eux enjoint au contraire de procéder annuellement à l'adjudication des Glandées dans la forme prescrite par l'ordonnance de 1669.

IV. Les conditions ordinaires de ces sortes d'adjudications, sont de donner caution d'en payer le prix entre les mains de ceux qui sont chargés de la recette des bois dans les termes prescrits, de ne mettre dans les bois que la quantité de porcs déterminée par les officiers, et enfin d'y souffrir celle qui est réglée pour les officiers et pour les usagers.

A l'égard des usagers, ils ne peuvent mettre à la Glandée une plus grande quantité de porcs que celle que porte le rôle qui en est déposé au greffe de la maîtrise, [[aujourd'hui au secrétariat de la conservation. L'art. 7 du tit. 5 de la loi du 13 septembre 1791, porte que les inspecteurs « constateront annuellement l'état des Glandées, et donneront leur avis sur le nombre des porcs qu'ils estimeront pouvoir être mis en panage dans les forêts ».]]

Pour déterminer la quantité de porcs que l'on peut introduire dans les forêts, les officiers doivent se régler sur la quantité de glands et faînes. En sorte que, quand il y aura glandée pleine, ils permettront d'y en introduire un plus grand nombre, que s'il y avait quart ou demi-Glandée.

Avec cette attention, on profitera de la ressource de la Glandée, sans nuire au repeuplement des bois, et l'on se renfermera dans l'esprit de l'ordonnance de 1669, qui paraît l'avoir singulièrement pour objet; tellement que, si ce repeuplement pouvait souffrir par l'introduction des porcs dans les forêts, il n'y aurait pas lieu de la permettre, ni conséquemment de faire l'adjudication de la Glandée.

Une autre attention que doivent avoir les officiers en adjugeant les Glandées, est d'en excepter les jeunes taillis d'un et de deux ans, parce que l'expérience prouve que les porcs y causent beaucoup de dommage par les fouilles qu'ils y font, et qui occasionnent la perte des jets dont ils arrachent les racines.

V. Quoique l'adjudication doive toujours se faire avant le 15 septembre, ce n'est cependant qu'au 1er octobre que la Glandée est ouverte; elle ne dure que jusqu'au 1er février.

Avant l'ordonnance de 1669, on suivait à cet égard la disposition des coutumes, qui, pour la plupart, variaient beaucoup sur le temps de l'ouverture et de la durée de la Glandée; il y en avait même plusieurs qui fixaient un terme si long, qu'il n'était pas possible qu'il n'en résultât beaucoup d'inconvéniens. Mais aujourd'hui que la loi établie par cette ordonnance est générale, la disposition des coutumes se trouve abrogée, parce que l'intention du législateur a été que la règle de police qu'il a prescrite, fût commune à tous les bois du royaume.

VI. Avant d'introduire des porcs dans les forêts, l'adjudicataire doit avoir l'attention de les faire tous marquer au feu, et de ne pas en excéder le nombre porté par l'ajudication, sans quoi les gardes seraient bien fondés à en saisir la quantité excédente, qui serait confisquée au profit du roi, outre 100 liv. d'amende. L'empreinte de cette marque doit être déposée au greffe, afin d'y avoir recours en cas de fraude ou de falsification.

VII. On accordait autrefois aux adjudicataires de la Glandée, du bois vif pour le chauffage, et pour construire leurs loges; mais cet abus a été réprimé par les réglemens des juges en dernier ressort, du 2 décembre 1563, pour Compiègne, art. 22; de 1587 pour Dreux, art. 6; de mars 1598 pour Montfort, et par celui de la table de marbre, du 4 septembre 1601, art. 8. Tous défendent aux officiers de permettre aux marchands de la Glandée de prendre pour la loge de leurs gardiens d'autres bois que du mort-bois, et pour leur chauffage que des bois traînans ou du bois sec abattu au crochet, sans qu'ils en puissent couper à la serpe ou autrement.

Comme l'art. 33 du tit. 27 de l'ordonnance de 1669 a supprimé tous les droits de loge et de feu, et toutes les délivrances de mort-bois et de bois sec sur pied, la permission dont nous venons de parler, doit se se borner au seul bois mort et gisant.

VIII. Quand il y a eu Glandée pleine, et qu'au 1er février il reste encore beaucoup de graines dans les bois, les officiers de la maîtrise accordent quelquefois à l'adjudicataire une prorogation ou un arrière-panage, dont l'effet est, qu'après que le temps ordinaire de la Glandée est expiré, ils lui permettent, ainsi qu'aux usagers, d'envoyer leurs porcs dans les forêts encore pendant quelque temps, en payant pour cela une somme qu'ils fixent.

Mais, en accordant cette prorogation, les officiers doivent avoir attention de la limiter, de manière qu'elle cesse, lorsque la végétation commence à faire germer les glands, sans quoi il pourrait en résulter beaucoup de dommages pour le repeuplement. Ce n'est même que dans les années de grande abondance qu'on peut permettre ces sortes de prorogations, parce qu'elles sont presque toujours préjudiciables, quand des chaleurs précoces accélèrent la végétation.

IX. C'est pour assurer la conservation de la Glandée, que l'ordonnance de 1669 défend de ramasser les glands et les faînes, à peine de 5 livres d'amende pour la charge d'une personne, de 20 livres pour la charge d'un cheval ou d'une bourrique, et de 40 liv. pour une charretée, ou la confiscation des chevaux et des harnais.

Il est également défendu par la même ordonnance d'abattre la Glandée, les faînes et autres fruits des arbres, et d'emporter ceux qui sont tombés, à peine de 100 livres d'amende.

Cette dernière défense, qui regarde particulièrement les glands et les faînes, paraît plus rigoureuse que la première, quoiqu'elle ait en apparence le même objet; mais observez qu'elle concerne directement les usagers qui abusent de leur libre entrée dans les forêts, pour anticiper une jouissance qu'ils ne doivent avoir que dans le temps et de la manière que prescrit l'ordonnance, qui défend l'enlèvement de ces sortes de fruits: au lieu que la première défense ne regarde que des particuliers qui, ne pouvant entrer que clandestinement dans les bois, à cause du défaut d'usage, ne sont pas à portée d'y faire autant de dommage que les usagers, à qui on ne peut en interdire l'entrée. C'est pour cette raison que ceux-ci abusant de la confiance que donne leur titre d'usager, sont plus sévèrement punis que les autres.

L'adjudicataire de la Glandée est compris dans la même défense que les usagers; et il ne lui est pas plus permis qu'à eux d'amasser et d'emporter des glands et faînes, parce que l'excédant de la paisson doit rester pour le repeuplement, qui souffrirait beaucoup de cet enlèvement, s'il était toléré. Et comme son adjudication lui donne dans les forêts une entrée aussi libre qu'aux usagers, il doit être puni aussi sévèrement qu'eux, quand il tombe dans quelque contravention sur ce sujet.

L'auteur du Recueil des *lois forestières* pense, ainsi que beaucoup d'autres, que ces enlèvemens ne doivent pas être regardés comme pouvant faire l'objet d'une perquisition dans les maisons; qu'il y a même eu de pareilles perquisitions pour glands enlevés et recélés, qui ont été réprimées, parce que les ordonnances, dit-il, ne les autorisent expressément que pour la recherche des bois de délit, et qu'il faut croire que du gland et de la faîne enlevés et cachés n'ont pas paru mériter l'usage d'une voie aussi rigoureuse que celle des perquisitions; qu'enfin il paraît, d'après cela, qu'il faut, pour asseoir la peine prononcée par l'ordonnance, surprendre l'usager ou autre en flagrant délit, ramassant ou transportant, ce qui ne doit pas être difficile aux gardes, puisqu'il faut un temps assez considérable pour ramasser et rassembler une certaine quantité de glands et de faînes; au lieu qu'il en faut beaucoup moins pour un délit de bois, et que par conséquent la ressource des perquisitions peut être plus nécessaire dans ce cas, pour trouver ce qui a pu, dans le moment du délit, échapper à la vigilance du garde.

X. Nous avons dit que l'adjudicataire ne peut mettre à la Glandée une plus grande quantité de porcs que celle qui est portée par l'adjudication. Il faut dire la même chose des usagers qui doivent à cet égard se restreindre au nombre fixé par le rôle déposé au greffe de la maîtrise. S'il se trouvait de l'excédant, il y aurait lieu à la confiscation, outre l'amende de 100 livres.

Tous les porcs doivent à cet effet être marqués au feu, comme ceux de l'adjudicataire; l'empreinte de la marque doit être aussi déposée au greffe.

Si ceux qui sont préposés pour la garde des porcs, commettent quelque dégradation dans les forêts, les maîtres sont civilement responsables des condamnations qui peuvent en résulter.

Il est expressément défendu à toutes personnes autres que l'adjudicataire, les officiers et les usagers, d'envoyer des porcs en Glandée dans les forêts du roi, si ce n'est en vertu de permission du marchand adjudicataire, à peine de 100 livres d'amende et de confiscation, dont moitié au roi, et moitié au profit de l'adjudicataire.

Sur quoi il faut observer, 1° que par cette disposition de l'ordonnance de 1669, l'adjudicataire est autorisé à rétrocéder son droit à qui il juge à propos, mais toujours sous la condition qu'il sera responsable de ses cessionnaires pour les délits commis par eux, parce qu'on ne connaît en ce genre d'adjudication, que l'adjudicataire et sa caution, comme dans les adjudications ordinaires des bois; 2° qu'en supposant qu'il ne rétrocède pas son adjudication, il ne peut, dans les permissions qu'il donne, excéder la quantité de porcs portée par l'adjudication, et que ces porcs doivent être marqués au feu de la même empreinte que les siens.

Les usagers n'ont pas la même liberté, c'est-à-dire, qu'ils ne peuvent rétrocéder leur droit, parce que tout usage étant personnel, il faut que celui qui a ce droit, en jouisse sans pouvoir le céder à qui que ce soit. C'est ce qui leur est interdit par l'ordonnance du mois de janvier 1529, qui défend toute vente ou transport des droits d'usage, et d'admettre dans les bois d'autres bêtes que celles des usagers.

C'est pour cela que les juges en dernier ressort ont condamné par différens arrêts rendus en 1537, les religieux de Valsery, la maison du Parc-aux-Dames et celle de Saint-Jean-des-Vignes, pour avoir transporté à des étrangers partie de leurs droits d'usage.

Le réglement du 23 mars 1601 a défendu aux usagers de vendre leurs droits d'usage, en même temps qu'il a ordonné de n'admettre dans les forêts que les bêtes qui leur appartenaient.

XI. L'ordonnance de 1669 prononce contre ceux qui introduisent sans droit des porcs dans les Glandées, une *amende de 100 liv., et la confiscation, dont moitié au profit du roi, et moitié au profit de l'adjudicataire.*

Beaucoup d'auteurs interprétant trop littéralement cette disposition de l'ordonnance, pensent que l'adjudicataire doit avoir moitié dans l'amende comme dans la confiscation.

Mais ce sentiment est trop opposé à l'esprit de l'ordonnance et à la jurisprudence du conseil, pour ne pas le combattre.

En effet, on voit par l'art. 16 du tit. 32 de l'ordonnance de 1669, que les amendes des bois du roi en futaie ou taillis, et des bois en gruerie, grairie, tiers et danger par indivis, paissons et Glandées, garennes, eaux et rivières, ne peuvent être affermées, ni engagées sous quelque prétexte que ce soit; et que s'il s'en trouvait de comprises en aucun engagement, bail ou adjudication, elles sont déclarées nulles et de nul effet; il est de plus ordonné qu'elles seront levées au profit de sa majesté.

D'où il résulte que, dès qu'on ne peut comprendre dans une adjudication les amendes de Glandée, ainsi que le défend l'article que nous venons de citer, il faut en conclure que l'adjudicataire ne peut avoir la moitié de celles qui sont prononcées pendant la durée de la Glandée, pour quelque délit que ce soit. En vain prétend-on que ces délits intéressant l'adjudicataire à qui ils font tort, une portion dans l'amende doit lui appartenir à titre d'indemnité, parce que, quelque intérêt qu'ait cet adjudicataire, il ne peut jamais rien avoir dans l'amende, qui est la peine d'une contravention quelconque à l'ordonnance, et qu'il est de règle d'adjuger toujours au fisc de la juridiction qui la prononce. D'ailleurs l'amende ne paye pas le délit, elle n'est proprement que la punition de la transgression de la loi: à ce titre, elle est due à la justice qui la prononce; conséquemment elle doit appartenir en entier au roi, dans le cas dont il s'agit. La preuve s'en tire des différentes dispositions de l'ordonnance qui adjugent toujours au roi les amendes pour délits commis dans les bois, soit des communautés, soit des particuliers, quand ces amendes sont prononcées par ses officiers.

A l'égard de l'adjudicataire, son intérêt se trouve à couvert, au moyen de la portion qu'il a dans la confiscation; et l'on doit dire que cette confiscation ayant pour objet un porc introduit en fraude dans une Glandée, la part qu'il tire dans le prix de la vente qui en est faite, l'indemnise largement du préjudice qu'il peut en avoir souffert.

Ainsi quand, après avoir fixé la peine en pareil cas à une amende de 100 liv. et à la confiscation, l'ordonnance ajoute que moitié en appartiendra à l'adjudicataire; ce terme *moitié* n'est relatif qu'au mot *confiscation*, parce que la même ordonnance défend la distraction d'aucune partie des amendes, qu'elle veut au contraire être levées entièrement au profit du roi, ainsi que nous l'avons déjà observé.

Ce qui confirme évidemment cette assertion, est l'art. 56 de l'édit du mois de mai 1716, lequel défend aux officiers des maîtrises d'ordonner le payement d'aucune somme sur les amendes: cela arriverait cependant, si l'on permettait à l'adjudicataire d'en percevoir la moitié, dans le cas dont nous avons parlé. — Il y a de plus un arrêt du conseil du 14 mai 1715, dont la disposition a une application bien directe pour justifier le sentiment que nous soutenons. Il est dit dans cet arrêt, que sa majesté étant informée que, contre les dispositions de l'ordonnance de 1669, *la moitié des amendes* prononcées contre les délinquans dans ses bois et forêts, ensemble les paissons, panages et Glandées, a été comprise dans les baux et sous-baux de sa ferme des domaines; que les fermiers perçoivent cette moitié à leur profit; et que la destination du produit des amendes, portées par l'ordonnance, ne peut plus avoir lieu, ce qui dérange l'aménagement de ses forêts; à quoi voulant pourvoir, le roi ordonne que du bail général et des baux et sous-baux des domaines, distraction sera faite des paissons, panages et Glandées, et des amendes prononcées dans les siéges des eaux et forêts; ordonne en outre que pareille distraction sera faite à l'avenir dans les affiches et publications de la ferme générale de ses domaines, et que les amendes et le prix des paissons, panages et Glandées, seront à l'avenir employés dans les états des bois de sa majesté, et reçus comme les autres deniers provenant de la vente de ses bois, pour le produit de ces amendes servir à la destination portée par l'ordonnance de 1669, édits, déclarations, arrêts et réglemens donnés en conséquence, etc.

Si donc le fermier ne peut rien percevoir sur les amendes, s'il est au contraire ordonné qu'elles seront levées au profit du roi pour servir à la destination portée par les réglemens, il résulte que l'adjudicataire qui est assimilé au fermier, et qui est même le fermier de la Glandée, ne peut rien y prétendre; conséquemment on ne doit lui adjuger pour les délits relatifs à la Glandée, que la moitié du prix provenant des confiscations.

S'il en était autrement, il faudrait qu'en prononçant l'amende, les officiers en adjugeassent la moitié à l'adjudicataire, ce qui serait manifestement contraire, non-seulement aux autorités que nous venons de rapporter, mais encore à plusieurs arrêts du conseil, et singulièrement à un du 10 septembre 1748, qui fait défense à tous officiers des maîtrises de prononcer aucune amende au profit d'autres que du roi; à peine de répétition contre eux du quadruple pour la première contravention, d'amende arbitraire, et de plus grande peine en cas de récidive.

D'où il faut conclure que la *moitié* que l'ordonnance accorde à l'adjudicataire de la Glandée, n'a pour objet que la confiscation, et non l'amende, qui dans tous les cas doit appartenir au roi en entier.

XII. L'adjudicataire d'un bois ne peut pas disposer des glands qui sont sur les arbres qu'il a achetés; conséquemment il ne peut les faire ramasser ni enlever quand ils sont tombés, parce qu'ils appartiennent au sol pour le repeuplement et pour le profit de la Glandée, dont il ne peut empêcher l'adjudicataire de mettre des porcs dans les bois vendus, de même que l'adjudicataire de la Glandée ne peut empêcher l'adjudicataire du bois d'en couper les arbres pendant la Glandée.

XIII. La Glandée dans les bois des communautés séculières, régulières et laïques, ainsi que dans ceux des particuliers, leur appartient, parce qu'elle est une dépendance de la propriété; mais le droit de l'exercice est assujetti aux règles d'administration établies par l'ordonnance et par les arrêts du conseil.

A l'égard de la Glandée provenant des bois tenus en gruerie, elle appartient toujours au roi privativement à tous autres, à moins que les possesseurs de ces bois ne justifient d'une concession faite en leur faveur.

Quant à la Glandée dans les bois de communautés, elles peuvent en user par elles-mêmes, en y mettant des porcs; mais comme le nombre doit en être proportionné à la Glandée, il faut qu'il y ait eu préalablement une visite qui constate et fixe la quantité qu'on peut y mettre.

XIV. Il faut dire la même chose des bois des particuliers qui ne peuvent user de la Glandée en provenant, que suivant les règles prescrites. Or, c'en est une de n'y mettre qu'une quantité de porcs proportionnée à la Glandée; s'ils l'excèdent, ils sont répréhensibles, parce que l'ordonnance les assujettit pour leurs bois, comme tous les autres, aux lois d'administration établies pour toutes les forêts du royaume; s'ils s'en écartent, les officiers des maîtrises sont autorisés à punir leurs contraventions. (M. Henriquez.)*

[[Aujourd'hui, les particuliers, propriétaires de bois, en usent à leur gré, sauf ce qui est de règle à leur égard par la loi du 9 floréal an 11. *V.* la loi du 16 septembre 1791, tit. 1, art. 6: *Défrichement*, *Bois*, §. 2; et *Déclaration de coupe de bois.*

XV. Au surplus, la loi du 28 fructidor an 2 a introduit de grands changemens sur tout ce qu'on vient de lire, par rapport à la Glandée des bois de l'Etat, et conséquemment aussi par rapport à celle des bois des communes et des établissemens publics, lesquels, aux termes de l'arrêté du gouvernement du 19 ventôse an 11, doivent suivre, en tout point, le régime des bois nationaux; mais ces changemens n'ont été que momentanés. *V. Faine.*]]

* GORD, est le nom que l'on donne à une pêcherie construite avec des pieux fichés dans une rivière, pour y étendre des filets.

Comme cette sorte de pêcherie gêne beaucoup la liberté du cours de l'eau, il est défendu par les art. 42 et 43 du tit. 27 de l'ordonnance de 1669, d'en construire dans les rivières navigables ou flottables sans permission du gouvernement, à peine d'amende arbitraire, et de destruction aux frais et dépens de ceux qui l'auront faite. — [[*V.* l'arrêté du directoire exécutif du 19 ventose an 6.]]

Encore faut-il que ceux qui en ont obtenu la permission, laissent dans le Gord vingt-quatre pieds de largeur pour le libre passage des bateaux. C'est ce qui est prescrit par l'art. 3 de l'ordonnance de 1415, et par l'art. 4 de celle de 1520. Et même si cette largeur n'était pas suffisante pour la sûreté et la facilité de la navigation, il faudrait en laisser une plus considérable, ainsi que cela a été jugé par un arrêt du conseil, du 14 décembre 1706, qui a ordonné le retranchement des deux ailes d'une vanne sur la Meuse, dans un endroit où le passage avait cependant plus de cent pieds de largeur, mais où les bateaux couraient malgré cela beaucoup de risque de faire naufrage.

Quoique l'ordonnance de 1669 défende de pêcher depuis le coucher jusqu'au lever du soleil, elle permet toutefois de pêcher aux Gords pendant la nuit, à l'exception néanmoins des mois où la pêche est interdite.

Toute action qui concerne les constructions ou les démolitions des Gords sur les rivières navigables et flottables, est de la compétence des officiers des eaux et forêts, sans que les juges, même gruyers, des seigneurs, puissent en connaître. C'est la disposition de l'art. 3 du tit. 1 de l'ordonnance de 1669. (M. Henriquez.) *

[[Aujourd'hui, ces contestations sont de la compétence exclusive des conseils de préfecture, qui y statuent, sauf le recours à l'Empereur en son conseil d'Etat. *V. Ecluse.*]]

GOUVERNANCE. C'est le nom que portaient, avant la loi du 7 septembre 1790, qui les a supprimées, les juridictions royales ordinaires de Lille, de Douay, d'Arras et de Béthune.

* GOUVERNEUR. C'est celui qui commande en chef dans une province, dans une ville, etc.

I. Sous la première race de nos rois, les ducs avaient les gouvernemens des provinces, et les comtes les gouvernemens des villes. Sous la seconde race, on commença à parler des marquis ou des comtes-marquis : c'étaient les comtes dont les gouvernemens étaient situés sur les frontières du royaume ; c'est en ce sens que les comtes de Flandre et de Barcelone étaient appelés indifféremment comtes ou marquis. Suivant Bessi, dans son *Histoire de Poitou*, quelques-uns de ces comtes-marquis étaient appelés comtes de la Manche.

Vers la fin de la seconde race de nos rois, les ducs et les comtes, profitant de l'affaiblissement de l'autorité royale, rendirent héréditaires dans leurs maisons des titres que, jusque-là, ils n'avaient possédés qu'à vie; et ayant usurpé également les terres et la justice, ils s'érigèrent eux-mêmes en seigneurs propriétaires des lieux dont ils n'étaient que magistrats, soit civils, soit militaires, soit tous les deux ensemble.

Par-là fut introduit un nouveau genre d'autorité dans l'Etat, auquel on donna le nom de *suzeraineté*; mot, dit Loyseau, *qui est aussi étrange que cette espèce de seigneurie est absurde*. Ainsi, les rois, déchargés du soin des provinces, confièrent le gouvernement de celles qui leur étaient restées, et de leurs terres particulières, à des baillis qui s'intitulèrent, selon Froissard, *gouverneurs de leurs baillages*.

Les ducs et les comtes, de leur côté, confièrent la garde de leurs provinces et de leurs terres à des principaux officiers qui furent nommés *sénéchaux*. Quelquefois ils les confiaient à d'autres qu'aux sénéchaux, et alors ces officiers se nommaient Gouverneurs. Cependant les sénéchaux étaient les Gouverneurs nés des provinces ; et ce n'était que pour des raisons particulières que les ducs et les comtes mettaient des Gouverneurs.

Dans le treizième et le quatorzième siècles, les rois commencèrent à envoyer régulièrement des personnes pour gouverner les provinces ; et alors les baillis et les sénéchaux en perdirent entièrement la garde et la défense, et ne conservèrent plus que le droit de commander l'arrière-ban. On leur défendit même de porter à l'avenir la qualité de Gouverneurs de leurs baillages.

Dès l'an 1247, il y avait en un lieutenant pour le roi dans l'Ile de France. Edouard de Beaujeu, maréchal de France, était qualifié en 1250, de *capitaine pour le roi ès parties de Picardie, de Bourgogne et de Calais*. Jean, vicomte de Melun, fut appelé, en 1280, *Gouverneur et lieutenant pour le roi* en Champagne et en Brie. Dans ce même temps, il y avait un Gouverneur de Bourgogne ; et l'an 1301, il y en avait un en Normandie. Pierre de La Palu, seigneur de Varembon, s'intitulait, dès l'an 1331, *Gouverneur des frontières de Flandre*. Mathieu de Trie, maréchal de France, était, en 1362, *lieutenant de roi ès parties de Flandre et de Hainaut;* et ce fut cette même année que Philippe de Valois défendit aux baillis de prendre la qualité de *Gouverneurs*.

Charles VI est le premier qui ait donné en titre le gouvernement des provinces. Tous les Gouverneurs, grands et petits, s'attribuèrent insensiblement la qualité de lieutenans-généraux : mais le roi François Ier, par son édit du 6 mai 1545, leur défendit, et ne permit de porter cette qualité qu'aux neuf Gouverneurs des provinces qui étaient dans le royaume. C'étaient ceux de Normandie, de Guyenne, de Languedoc, de Provence, de Dauphiné, de Bourgogne, de Champagne et de Brie, de Picardie et de l'Isle de France. Le roi ne voulut pas néanmoins toucher aux autres droits des Gouverneurs, et il leur permit de jouir de leurs charges, comme leurs prédécesseurs en avaient joui.

Henri II, par ses lettres du 21 mars 1547, accorda à Jean d'Albon, seigneur de Saint-André, le gouvernement des provinces du Lyonnais, du Beaujolais et de Dombes, avec le titre de lieutenant-général, et ordonna au parlement d'admettre ce seigneur en cette qualité, nonobstant l'édit de François Ier, dans lequel ces provinces n'étaient pas comprises. Ainsi, les gouvernemens de province, qui n'étaient qu'au nombre de neuf, commencèrent à s'accroître, et furent dans la suite jusqu'au nombre de douze.

Les guerres civiles qui arrivèrent sous les rois François II et Charles IX, les multiplièrent encore davantage ; mais Henri III, par l'art. 271 de son ordonnance, les réduisit au nombre de douze, qui étaient l'Isle de France, Bourgogne, Normandie, Guyenne, Bretagne, Champagne, Languedoc, Picardie, Dauphiné, Provence, Lyonnais et Orléanais.

Ce nombre de gouvernemens a été beaucoup augmenté depuis, par le partage de quelques-uns des anciens en plusieurs gouvernemens indépendans les uns des autres, ou bien par la conquête ou acquisition de plusieurs nouvelles provinces qui ont été réunies à la couronne.

Les gouvernemens généraux des provinces sont aujourd'hui au nombre de trente-neuf, que, par ordonnance du 18 mars 1776, le roi a distribués en deux classes: la première comprend dix-huit gouvernemens, dont les titulaires doivent percevoir chacun annuellement, soit en appointemens, soit en émolumens, une somme de 60,000 liv.: la seconde classe est composée de vingt-un gouvernemens, à chacun des titulaires desquels il n'est attribué que 30,000 liv. par an.

Les dix-huit gouvernemens généraux de la première classe, sont ceux de l'Isle de France, de Picardie, de Flandre et de Hainaut, de Champagne et de Brie, des évêchés de Lorraine, d'Alsace, du comté de Bourgogne, du duché de Bourgogne, de Lyonnais, de Dauphiné, de Provence, de Languedoc, de Roussillon, de la Navarre et du Béarn, de Guyenne, de Bretagne et de Normandie.

Les vingt-un gouvernemens généraux de la seconde classe, sont ceux du Havre, de Boulonnais, d'Artois, de la principauté de Sédan, de Toul et pays Toulois, de Nivernais, de Bourbonnais, de Berry, d'Auvergne, de Foix, Donezan et Andore, de Limousin, de haute et basse Marche, de Saintonge et Angoumois, d'Aunis, de Poitou, de Saumurais, d'Anjou, de Touraine, du Maine et Perche, de l'Orléanais et de Corse.

Les Gouverneurs généraux des provinces prêtent serment de fidélité entre les mains du roi; au lieu que les Gouverneurs des places le prêtent entre celles de M. le chancelier. — Ils ont séance dans les parlemens qui sont dans l'étendue de leurs gouvernemens: cela fait que les Gouverneurs sont obligés d'aller présenter leurs lettres au parlement; et on ne les y reçoit qu'à condition qu'ils n'entreprendront rien contre l'autorité du parlement et de la justice ordinaire.

Quelquefois, outre les Gouverneurs, le roi met, dans les provinces et dans les places, des commandans qui ont toute l'autorité sur les troupes; et alors il ne reste au Gouverneur presque que le titre et les appointemens; mais ordinairement cela ne se fait que lorsque le Gouverneur ne peut faire les fonctions de sa charge, à cause de son âge ou d'autres empêchemens.

Suivant l'art. 2 du tit. 1 de l'ordonnance du 1er mars 1768, un Gouverneur de province doit veiller à ce que les habitans ne s'écartent point de l'obéissance qu'ils doivent au roi, et à ce qu'ils vivent entre eux en bonne union. — Il doit pareillement contenir les gens de guerre en bonne ordre, commander aux officiers-généraux employés dans l'étendue de son gouvernement, et aux troupes qui y passent, et tenir la main à l'exécution de ce qui est réglé pour le logement et les autres fournitures qu'on doit leur faire. — Il peut visiter les places, assembler les troupes en cas de besoin, et jouir au surplus de toute l'étendue des pouvoirs qui lui sont donnés dans les provisions que le roi lui a fait expédier.

[[II. La loi du 20 février 1791 a supprimé « les gouvernemens des provinces et les lieutenances générales dont on était pourvu, soit par brevets, soit par provisions ».

Et la loi du 8 juillet suivant, tit. 3, art. 2, y a substitué des commandemens de divisions. *V. Division militaire*.

Mais par le décret impérial du 24 floréal an 13, il a été établi un Gouverneur général des départemens au-delà des Alpes.

Par un autre décret du même jour, l'Empereur a nommé un *commandant général* des départemens au-delà des Alpes, pour remplir et exercer, en l'absence du Gouverneur général, les fonctions et les attributions de celui-ci.

Depuis, il a été fait, pour le gouvernement de ces départemens, d'autres dispositions dont il sera parlé à l'article *Gouverneur général*.

Il y a aussi un Gouverneur général des provinces illyriennes. *V.* le décret impérial du 15 avril 1811, sur l'organisation de l'Illyrie.

Les départemens des Bouches de l'Elbe, des Bouches du Weser et de l'Ems supérieur ont pareillement à leur tête un Gouverneur général. *V.* le décret impérial du 4 juillet 1811, relatif à l'organisation des départemens anséantiques.]]

III. Il n'y avait autrefois des Gouverneurs de place que dans les villes et places frontières.

L'ordonnance du 18 mars 1776, qui forme le dernier état sur cette matière, a réglé, par l'art. 3, que les Gouverneurs particuliers des villes, places et châteaux seraient réduits au nombre de cent quatorze.

Ces Gouverneurs particuliers ne peuvent être que des officiers généraux: cependant les officiers qui ont obtenu le grade de brigadiers après de longs services, peuvent concourir, avec les maréchaux de camp, pour certains gouvernemens particuliers.

Les gouverneurs particuliers des places y ont le commandement sous l'autorité du Gouverneur ou commandant de la province. C'est à eux à ordonner aux habitans du lieu et aux gens de guerre qui y sont, ce qu'ils doivent faire pour le service de l'État. Ces officiers doivent d'ailleurs mantenir la tranquillité parmi les habitans, la discipline parmi les troupes, l'exactitude dans le service et la subordination. Cela est ainsi prescrit par l'art. 8 du tit. 1er de l'ordonnance du 1er mars 1768.

Suivant l'art. 10, les Gouverneurs des places ne doivent pas entreprendre sur les droits de la justice ordinaire, ni même s'entremettre dans les matières contentieuses: mais c'est à eux de prêter main-forte aux juges des lieux, lorsqu'ils en sont requis, et de présider aux conseils de guerre où doivent se juger les crimes commis entre gens de guerre. Quant aux habitans ils doivent être toujours renvoyés au juge ordinaire, à moins qu'il ne s'agisse d'un cas qui regarde la sûreté de la place ou du pays; en pareille circonstance, les habitans accusés peuvent être jugés au conseil de guerre. (M. GUYOT.)*

[[IV. Les Gouverneurs particuliers des villes ont été supprimés, comme les Gouverneurs des provinces, par la loi du 20 février 1791.

La loi du 8 juillet suivant avait réglé, tit. 3, art. 3, que, « dans chaque garnison de place de guerre, poste militaire ou ville de l'intérieur, le commandement des troupes serait dévolu; sous les ordres de l'officier général, chef de l'arrondissement, à celui des officiers en activité dans ladite garnison qui se trouverait le plus ancien dans le grade le plus élevé, sans distinction d'armes ».

Mais il a été dérogé à cette disposition. — D'abord, par la loi du 16 mai 1792, qui a autorisé provisoirement, « les commandans en chef des armées, à nommer dans les places ou postes de guerre situés dans l'étendue de leurs commandemens, et qu'ils croiraient menacés, des commandans amovibles, choisis parmi les officiers de toutes armes, du grade de capitaine et au-dessus, se trouvant en activité de service »; — Ensuite, par la loi du 14 nivose an 2, qui a ordonné qu'il serait « établi des commandans amovibles dans toutes les places de guerre et postes militaires », et que la nomination en appartiendrait au gouvernement.

Ces deux dernières lois n'ont apporté aucun changement aux dispositions du tit. 3 de la loi du 8 juillet 1791 concernant les rapports des commandans militaires des places avec les autorités civiles. Il importe donc de connaître ces dispositions, et les voici:

« *Art.* 10. Nul officier ne pourra prendre ou quitter le commandement des troupes dans une place, qu'après l'avoir notifié au corps municipal.

» 13. Les commandans particuliers se conformeront, dans leurs places respectives, à ce qui est prescrit par l'art. 9 du présent titre (rapporté à l'article *Division militaire*), pour l'officier général commandant dans l'arrondissement, ainsi qu'aux ordres qu'ils recevront dudit officier général.

» 14. Dans tous les objets qui ne concerneront que le service purement militaire, tels que la défense de la place, la garde et la conservation de tous les établissemens et effets militaires, comme hôpitaux, arsenaux, casernes, magasins, prisons, vivres, effets, d'artillerie ou de fortifications, et autres bâtimens, effets ou fournitures, à l'égard des troupes; la police des quartiers, la tenue, la discipline et l'instruction des troupes, l'autorité militaire sera absolument indépendante du pouvoir civil.

» 15. Il ne pourra être préjugé de l'article précédent ni de tous autres du présent décret, que, dans aucun cas, les terrains, bâtimens et établissemens confiés à la surveillance de l'autorité militaire, puissent devenir des lieux d'exception ou d'asile, et soustraire le crime, la licence, les délits ou les abus, à la poursuite des tribunaux: l'action des lois devant être egalement libre et puissante dans tous les lieux, sur tous les individus; et nul ne pouvant, sans forfaiture, pour aucun cas civil ou criminel, se prévaloir de son emploi et de ses fonctions dans la société, pour suspendre ou détruire l'effet des institutions qui la gouvernent.

» 16. Dans toutes les circonstances qui intéresseront la police, l'ordre, la tranquilité intérieure des places où la participation des troupes serait jugée nécessaire, le commandant militaire n'agira que d'après la réquisition par écrit des officiers civils, et, autant que faire se pourra, qu'après s'être concerté avec eux.

» 17. En conséquence, lorqu'il s'agira, soit de dispositions passagères, soit de mesures de précautions permanentes, telles que patrouilles régulières, détachemens pour le maintien de l'ordre ou l'exécution des lois, police des foires, marchés ou autres lieux publics, etc., les officiers civils remettront au commandant militaire une réquisition signée d'eux, dont les divers objets seront clairement expliqués et détaillés, et dans laquelle ils désigneront l'étendue de surveillance qu'ils croiront nécessaire; après quoi, l'exécution de ces dispositions, et toutes mesures capables de la procurer, telles que consignes, placemens de sentinelles, emplacemens des gardes et des détachemens, choix des troupes et des armes, et tous autres modes d'exécution, seront laissés à la discrétion du commandant militaire, qui en sera responsable jusqu'à ce qu'il lui ait été notifié par les officiers civils que ces soins ne sont plus nécessaires, ou qu'ils doivent prendre une autre direction.

» 20. Nulles dispositions de police ne seront obligatoires pour les citoyens et pour les troupes, qu'autant qu'elles auront été préalablement publiées: elles seront même affichées, si leur importance ou leur durée l'exige; les publications et affiches seront faites par les municipalités, et les frais seront supportés par elle ».

Plusieurs de ces dispositions sont modifiées par le décret impérial du 24 décembre 1811, relatif aux états-majors des places.

Il est d'ailleurs à remarquer que, par l'art. 3 de ce décret, il est dit que « en cas de siége ou de circonstances particulières, le commandement en chef (dans les places de guerre), pourra, comme par le passé, être confié à des *Gouverneurs* ou commandans supérieurs, pour la durée du siége ou des circonstances ».

V. l'article *Etat de guerre.*]]

[[GOUVERNEUR GÉNÉRAL. C'est le titre de l'une des grandes dignités de l'empire français. Voici dans quels termes le sénatus-consulte du 2 février 1808 l'a créée et organisée.

« *Art.* 1. Le gouvernement général des départemens au-delà des Alpes, est érigé en grande dignité de l'empire, sous le titre de *Gouverneur général.*

» 2. Le prince Gouverneur général jouira des titres, rang et prérogatifs attribués aux autres princes grands dignitaires. En conséquence, les dispositions des art. 34, 35, 36, 46 et 51 de l'acte des constitutions du 28 floréal an 12, lui seront applicables.

» 3. Dans l'étendue de son gouvernement, et lorsque sa majesté impériale ne sera point présente, et prendra rang avant les autres titulaires des grandes dignités, et immédiatement après les princes français.

» 4. Il exercera, dans les départemens au-delà des Alpes, les fonctions suivantes, concurremment avec les princes grands dignitaires, auxquels elles sont attribuées. — 1° Il portera à la connaissance de l'Empereur, les reclamations formées par les colléges electoraux, ou par les assemblées de canton desdits départemens, ou pour la conservation de leurs privléges ; — 2° Il recevra le serment des présidens des colléges électoraux et des assemblées de canton, des présidens et des procureurs généraux des cours et tribunaux, des administrateurs civils et des finances, des majors, chefs de bataillon et d'escadron de toutes les armes ; — 3° Lorsque sa majesté impériale et royale se trouvera dans les départemens au-delà des Alpes, le Gouverneur général présentera au serment les généraux et fonctionnaires publics admis à le prêter devant elle. — Il présentera également les députations des colléges électoraux, des villes, des cours et des tribunaux.

» 5. Il présidera l'assemblée du collége électoral du département de Gênes ».

Par suite de ce sénatus-consulte, l'Empereur a rendu, le 24 du même mois, un décret qui régle ainsi l'organisation du gouvernement général des départemens au-delà des Alpes :

« *Art.* 1. Le gouvernement général des départemens au-delà des Alpes est organisé de la manière suivante. — 1°. Un Gouverneur général ; — 2°. Un conseiller d'Etat, ou maître des requêtes, intendant du trésor public ; — 3° Un chef d'état-major ; — 4° Un directeur de police.

» 2. Le gouverneur général a le commandement militaire supérieur des troupes et de la gendarmerie.

» 3. Il transmet les ordres de nos ministres aux généraux commandant nos divisions, départemens ou places ; aux commissaires-ordonnateurs, commissaires des guerres, inpecteurs aux revues et autres agens de l'administration militaire, aux directeurs de l'artillerie et du génie ; sans cependant que cette transmission dispense lesdits agens des comptes qu'ils sont dans l'usage de rendre, et de leurs rapports avec nos ministres.

» 4. Il exerce la haute surveillance sur la police, tant par rapport à la tranquillité publique, que par rapport à la sûreté du dehors. Les mandats d'arrêts et d'amener qui seraient décernés par le directeur de la police, ne seront exécutés qu'en conséquence d'un ordre émané du Gouverneur général.

» 5. Il exerce la haute surveillance sur l'exécution des lois relatives à la conscription militaire, et sur les camps des vétérans.

» 6. Il exerce également une surveillance générale sur toutes les autorités militaires, civiles et administratives, mais sans pouvoir modifier ou suspendre aucun ordre donné par nos ministres.

» 7. Lesdites autorités sont tenues de l'informer directement de tous les événemens qui intéressent la haute police et la tranquillité publique, dans l'étendue de son gouvernement.

» 8. Il reçoit et transmet, soit à nous directement, soit à nos ministres, les plaintes, réclamations et pétitions des autorités ou des citoyens des départemens compris dans son gouvernement.

» 9. Les projets pour travaux extraordinaires des ponts et chaussées, lui sont présentés par le conseiller d'Etat ou maître des requêtes, intendant.

» 10. Les directeurs du génie et de l'artillerie, les ordonnateurs des divisions, les receveurs et payeurs lui remettront tous les renseignemens qu'il leur demandera, soit sur la nature et la situation des travaux, soit sur la comptabilité des divers services.

» 11. Le conseiller d'Etat ou maître des requêtes, intendant, lui remettra, toutes les semaines les états de situation des recettes, des dépenses et de la caisse, ainsi que ceux des fermes et régies, rédigés avec les détails convenables.

» 12. Il y aura auprès du gouverneur général un secrétaire des commandemens, qui suivra la correspondance, présentera les divers fonctionnaires au serment qu''ils auront à prêter entre les mains du Gouverneur, et tiendra la plume dans les conseils d'administration qui seront ordonnés par nous.

» 13. Tous les ordres de nos ministres, soit pour les affaires de police, soit pour les affaires militaires, seront adressés au Gouverneur, et transmis, sur-le-champ, à qui de droit, par le secrétaire des commandemens.

» 14. Le conseiller d'Etat ou maître des requêtes, intendant, exerce toutes les fonctions qui lui sont attribuées par notre décret du 31 juillet 1806, qui sera exécuté dans tous et chacun des articles qu'il contient. (*V. Intendant du trésor public*).

» 15. Il correspond directement avec nos ministres des finances et du trésor public.

» 16. Il arrête les projets des travaux extraordinaires des ponts et chaussées, qu'il transmet à notre ministre de l'intérieur, après les avoir présentés au Gouverneur.

» 17. Le chef d'état-major exerce sous les ordres du Gouverneur, toutes les fonctions de son emploi. Il transmet ses ordres aux généraux commandant nos divisions, départemens ou places, directeurs du génie et de l'artillerie, commissaires-ordonnateurs, inspecteurs aux revues, etc.....

» 19. Le directeur de la police veille, sous les ordres du gouverneur, à l'exécution exacte des lois et décrets relatifs à la haute police, tant par rapport à la tranquillité publique, que par rapport à la sûreté au dehors.

» 20. Il fait arrêter, 1° ceux qui contreviennent à ces lois et décrets ; 2° les prévenus d'assassinats et autres délits criminels ; 3° ceux qui se trouvent dans les cas prévus par l'art. 46 des constitutions du 22 frimaire an 8.

» 21. Il ne pourra donner cours aux mandats d'arrêt et d'amener qu'il aura décernés, ni faire exécuter aucun acte judiciaire, ni mesure de police, qu'après avoir pris les ordres du Gouverneur.

» 22. Lorsqu'il aura décerné des mandats d'amener dans les cas prévus par l'art. 46 de l'acte des constitution ci-dessus cité, il en rendra compte, dans les vingt-quatre heures à notre grand-juge, à notre ministre de l'intérieur et à notre ministre de la police.

» 23. Les préfets, les procureurs généraux et impériaux et leurs substituts dans les cours et tribunaux, les chefs de la gendarmerie, les maires et les commissaires de police correspondront avec lui pour tout ce qui est relatif à ses attributions.

» 24. Il recueillera les états de la gendarmerie, et les dossiers relatif aux individus qui sont au service étranger, et à tous les événemens relatifs à ses attributions.

» 25. Il a la surveillance des archives.

» 26. Il correspond directement avec notre grand-juge et nos ministres de l'intérieur et de la police, après avoir travaillé avec le Gouverneur, et pris ses ordres.

» 27. En cas d'absence du Gouverneur, il n'exécutera aucune des dispositions qui sont dans ses attributions, sans en avoir conféré avec celui qui remplacera le Gouverneur dans le commandement. »

V. Dignités, Gouverneur, Grand conseil de l'empereur, et *Grand conseil de la légion d'honneur.*]]

*GRACE. C'est le pardon, la rémission que le souverain accorde à un coupable.

I. Anciennement plusieurs seigneurs et grands officiers, tels que le connétable, les maréchaux de France, les gouverneurs des provinces, etc., s'étaient arrogé le droit de donner des lettres de Grâce aux criminels; mais par une ordonnance du 13 mai 1359, Charles V leur défendit de donner de pareilles lettres à l'avenir; et Louis VII réitéra cette défense en 1449.

Aujourd'hui, le roi seul peut faire Grâce à un criminel. C'est cependant le chancelier de France qui accorde les lettres de Grâce; mais c'est toujours au nom de sa majesté. Ce privilége fut attribué au chancelier de Corbie, par des lettres-patentes de Charles VI, du 13 mars 1401. Ces lettres portent qu'en tenant les requêtes générales avec tel nombre de personnes de grand conseil qu'il voudra, il pourra accorder des lettres de Grâce en toutes sortes de cas, et à toutes sortes de personnes.

Les lettres d'abolition, celles pour ester à droit après les cinq ans de la contumace, celles de rappel de ban ou de galères, de commutation de peine, de réhabilitation du condamné en ses biens et bonne renommée, et de révision de procès, ne peuvent être scellées qu'en la grande chancellerie. Telles sont les dispositions de l'art. 5 du tit. 16 de l'ordonnance du mois d'août 1670.

Mais les lettres de rémission qui s'accordent pour homicide involontaire, ou commis dans la nécessité d'une légitime défense de la vie, peuvent être scellées dans les petites chancelleries.

Quelquefois on obtient Grâce par un simple brevet, et sans qu'on expédie au même instant des lettres de chancellerie: mais il faut, en pareil cas, que le criminel lève des lettres en chancellerie six mois après la date du brevet du grand aumônier, sinon ce brevet ne produit plus aucun effet. — Nos rois ont quelquefois accordé des Grâces de cette espèce, lors de la naissance des fils de France et aux entrées des reines.

Lorsque Charles VI établit le duc de Berry, son frère, pour son lieutenant dans le Languedoc, en 1380, il lui donna, entre autres choses, le pouvoir d'accorder des lettres de Grâce. — Louis XI permit aussi à Charles, duc d'Angoulême, d'en donner une fois dans chaque ville où il ferait son entrée. — Mais aucun prince n'a ce droit de son chef; et quelque étendue de pouvoir que nos rois accordent dans les apanages aux enfans de France, le droit de donner des lettres de Grâce n'y est jamais compris. Louis de Savoie, ayant obtenu le privilége de donner des lettres de Grâce dans le duché d'Anjou, s'en départit, lorsqu'il apprit que le parlement de Paris avait délibéré de faire au roi des remontrances à ce sujet.

Il est quelquefois arrivé, que, dans les facultés des légats envoyés en France par la cour de Rome, on a inséré le pouvoir d'abolir certains crimes dont les accusés pourraient être prévenus. Les parlemens ont toujours rejeté ces sortes de clauses. Le cardinal de Plaisance, légat, ayant, en l'année 1547, donné des lettres de Grâce à un clerc qui avait tué un soldat, il fut dit, par arrêt du 5 janvier 1548, qu'il avait été mal, nullement et abusivement procédé à l'entérinement de telles lettres par le juge ecclésiastique; et que nonobstant ces lettres, le procès serait fait et parfait à l'accusé.

Les évêques d'Orléans donnaient autrefois des lettres de Grâce à tous les criminels qui venaient se rendre dans les prisons d'Orléans, lors de leur entrée solennelle dans cette ville. L'édit du mois d'avril 1758 a restreint ce privilége. Il ne peut plus être exercé qu'à l'égard des crimes commis dans l'étendue du diocèse d'Orléans; tandis qu'autrefois il pouvait s'étendre à tous les criminels qui étaient dans les prisons d'Orléans, lors de l'entrée de l'évêque, en quelque lieu que leurs crimes eussent été commis.

Suivant une possession immémoriale, le chapitre de l'église de Rouen a aussi le privilége, à cause de la *fierte* ou *chasse* de Saint-Romain, de délivrer tous les ans, le jour de l'Ascension, un criminel et ses complices.

La ville de Vendôme a pareillement le droit de délivrer tous les ans un criminel, le vendredi avant les Rameaux, en conséquence d'un vœu solennel que fit Louis de Bourbon, comte de Vendôme, par un acte du 21 août 1428. (M. GUYOT.)*

[[II. Tous ces priviléges ont été abolis, et même le droit de faire Grâce avait été ôté au roi, par le Code pénal du 25 septembre 1791, part. 1, tit. 7, art. 13.

Mais ce droit a été rétabli en faveur du chef du gouvernement, par le sénatus-consul du 16 thermidor an 10. *V. Commutation de peine* et *Conseil privé.*

III. De là est née, avant le Code d'instruction criminelle de 1808, la question de savoir si les cours de justice criminelle pouvaient, en condamnant un accusé, le recommander, par jugement, à la clémence de l'Empereur, et ordonner que, jusqu'à ce qu'il eût été statué sur la demande en Grâce, il serait sursis à l'exécution du jugement de condamnation?

Voici ce qu'a prononcé là-dessus un arrêt de la cour de cassation, du 16 pluviose an 13.

« Le procureur-général impérial expose que la cour de justice criminelle et spéciale du département de la Haute-Garonne, s'est permis, dans un arrêt rendu le 30 fructidor an 12, des excès de pouvoir dont la répression est extrêmement importante.

» Par cet arrêt, elle a condamné à la peine de mort neuf brigands, au nombre desquels se trouvaient Jean Rouqueton fils, et Guillaume Martinet; mais considérant qu'elle avait reçu de ceux-ci *les plus grands éclaircissemens par leurs aveux extrajudiciaires qui avaient fait découvrir la plus grande partie des brigands qui composaient les bandes devastatrices, et fait arrêter les pillages; par ceux faits lors des interrogatoires, confrontations et débats qui ont servi à la conviction de la majorité des accusés; que ces motifs* l'avaient *déterminée à les recommander l'un et l'autre à la clémence du souverain*; elle a ordonné qu'il serait *sursis à l'exécution* de son arrêt, *en ce qui touchait Jean-Rouqueton fils, et Guillaume Martinet, pour la condamnation à la peine capitale, jusqu'à ce que par sa majesté impériale il eût été autrement statué.*

» Ainsi la cour de justice criminelle et spéciale du département de la Haute-Garonne a tout à la fois pris l'initiative sur l'Empereur, en recommandant à la clémence de sa majesté les condamnés Rouqueton et Martinet, et exercé elle-même le premier acte du droit de faire Grâce, en surséyant à l'exécution de ces deux particuliers : elle a conséquemment fait de ses pouvoirs un abus doublement répréhensible.

» Qu'une cour de justice criminelle, pénétrée des motifs qui peuvent déterminer la Grâce d'un accusé qu'elle condamne, les communique confidentiellement au chef de l'État par l'intermédiaire du grand-juge, ministre de la justice, il n'y a rien là que de régulier, de sage et de nécessaire.

» Mais qu'elle insère ces motifs dans l'arrêt même de condamnation, qu'elle les proclame à l'audience, et qu'elle manifeste à tout le public la démarche qu'elle fait auprès du trône pour obtenir la Grâce des accusés qu'elle condamne, c'est ce qui ne peut être toléré; — Par-là, en effet, elle juge solennellement les condamnés dignes de la Grâce qu'elle sollicite pour eux; elle rend en leur faveur une décision qui ne peut émaner que de l'autorité suprême; et en prévenant ainsi l'autorité suprême, qui peut avoir de très-justes raisons pour ne pas décider de la même manière, elle la place dans l'alternative, ou de prendre sur soi tout l'odieux d'un refus commandé par l'intérêt social, ou d'accorder une Grâce à laquelle l'intérêt social s'oppose.

» D'un autre côté, le droit de surseoir à l'exécution d'un condamné, par le motif que sa Grâce est demandée à l'Empereur, ne peut appartenir et n'appartient réellement qu'à l'empereur lui-même. Il ne peut être et très-constamment il n'est exercé qu'en son nom et par l'organe du grand-juge, ministre de la justice. C'est-là, en effet, comme l'exposant l'a déjà dit, le premier acte du droit de Grâce : sans le droit de Grâce, rien ne pourrait empêcher que le jugement de condamnation ne fût exécuté : c'est donc par le droit, par le seul droit de faire Grâce, que l'exécution de ce jugement peut être suspendue; le pouvoir de suspendre cette exécution ne peut donc appartenir qu'à la puissance dans laquelle réside le droit de Grâce.

» Aussi, le conseil privé de l'Empereur a-t-il pensé, dans sa séance du 18 nivôse dernier, *que la cour criminelle de la Haute-Garonne avait commis un excès de pouvoir de la dernière gravité, en se permettant de suspendre, en ce qui concernait Rouqueton et Martinet, l'exécution de son arrêt; et que cela constituait de sa part une usurpation sur la prérogative la plus noble de l'autorité impériale.*

» Et c'est en adoptant cet avis, que l'Empereur a, le même jour, chargé *le grand-juge, ministre de la justice, de dénoncer à la cour de cassation la disposition dudit arrêt portant surséance.*

» Du reste, ce serait bien vainement que pour justifier la conduite de la cour de justice criminelle et spéciale du département de la Haute-Garonne, on alléguerait l'exemple de ce qui se fait dans des cas semblables, en Angleterre. Chaque état a ses lois et ses usages; et ni les rois ni les usages de l'Angleterre ne peuvent faire autorité en France.

» Ce considéré, il plaise à la cour, vu l'art. 80 de la loi du 27 ventôse an 8, l'art. 86 du sénatus-consulte du 16 thermidor an 10, et le §. 6 de l'art. 456 du Code des délits et des peines, casser et annuller, pour excès de pouvoir, la disposition de l'arrêt de la cour de justice criminelle et spéciale du département de la Haute-Garonne, du 30 fructidor an 12, qui, en recommandant Jean Rouqueton et Guillaume Martinet à la clémence de l'Empereur, ordonne qu'il sera sursis à leur exécution jusqu'à la décision définitive de sa majesté; et ordonner, qu'à la diligence de l'exposant, l'arrêt à intervenir sera imprimé et transcrit sur les registres de ladite cour criminelle et spéciale.

» Fait au parquet, le 2 pluviôse an 13. *Signé* Merlin.

» Ouï le rapport de M. Sieyes, juge.....; vu l'art. 80 de la loi du 27 ventôse an 8; l'art. 86 du sénatus-consulte du 16 thermidor an 10, et le §. 6 de l'art. 465 du Code des délits et des peines, ainsi conçu : *Le tribunal de cassation ne peut annuller les jugemens des tribunaux criminels que dans les cas suivans.... 6°. Lorsqu'il y a eu contravention aux règles de compétence établies par la loi, pour la connaissance du délit, ou pour l'exercice des différentes fonctions relatives à la procédure criminelle, ou qu'il y a eu, de quelque manière que ce soit, usurpation de pouvoir....*; considérant que le droit de faire Grâce réside tout entier et exclusivement dans la personne du chef de l'empire; qu'il n'appartient à aucune autorité de prendre à cet égard une initiative publique et officielle sur la détermination de l'Empereur; considérant que le droit de surseoir à l'exécution d'un jugement de condamnation en dernier ressort, fait essentiellement partie du droit de faire Grâce, qu'ainsi, l'un ne peut pas plus que l'autre être exercé par les tribunaux; — Considérant que dans le cas où les tribunaux estiment, d'après de grandes et importantes considérations, qu'il peut y avoir lieu, en faveur d'un condamné, à l'exercice du droit de faire Grâce, ils ont, pour les faire parvenir jusqu'au trône, d'autres voies que celle d'un jugement; par ces motifs, la cour faisant droit sur le réquisitoire de M. le procureur-général impérial, casse et annulle, dans l'intérêt de la loi et pour excès de pouvoir, la disposition de l'arrêt de la cour de justice criminelle et spéciale du département de la Haute-Garonne, du 30 fructidor an 12, qui, en recommandant Jean Rouqueton et Guillaume Martinet à la clémence de l'Empereur, ordonne qu'il sera sursis à leur exécution jusqu'à la décision définitive de sa majesté; ordonne qu'à la diligence de M. le procureur-général impérial, le présent jugement sera imprimé et transcrit sur le registre de la cour criminelle et spéciale de la Haute-Garonne.

Le pouvoir que cet arrêt juge ne pas appartenir, de plein droit, aux cours spéciales, l'art. 595 du Code d'instruction criminelle de 1808 le leur attribue par une disposition tout-à-fait nouvelle; mais en le leur attribuant, il en régularise l'exercice.

« La cour (porte-t-il), après la prononciation de l'arrêt, pourra, pour des motifs graves, recommander l'accusé à la commisération de l'Empereur. Cette recommandation ne sera point insérée dans l'arrêt, mais dans un procès-verbal séparé, secret, motivé, dressé en la chambre du conseil, le ministère public entendu, et signé comme la minute de l'arrêt de condamnation. Expédition dudit procès-verbal, ensemble de l'arrêt de condamnation, sera adressée de suite par le procureur-général impérial au grand-juge ministre de la justice ».

L'art. 598 ajoute : « l'arrêt sera exécuté dans les vingt-quatre heures, à moins que le tribunal n'eût usé de la faculté qui lui est accordée par l'art. 595 ».

Voici comment l'orateur du gouvernement, M. Réal, a motivé cette disposition, en la présentant au corps législatif.

« Quelques personnes avait pensé que cette disposition pouvait être commune et aux *cours d'assises*, et aux *cours spéciales*; mais il fut bientôt reconnu que cette disposition, dangereuse et inutile en *cours d'assises* et devant les *jurés*, pouvait être utile, quelquefois nécessaire, et serait toujours sans aucun danger dans les cours spéciales.

» Il eût été dangereux de confier à des jurés, juges passagers, l'exercice de ce droit, dont ils auraient presque toujours abusé, en rejetant l'odieux de l'exécution sur le gouvernement, qui ne doit jamais intervenir que pour faire Grâce.

» Il était sans danger, mais il était inutile de confier l'exercice de ce droit aux juges des *cours d'assises*, parce que leur jugement étant toujours soumis à la *cassation*, les délais qu'exige l'instruction devant cette cour suprême, mettent entre le jugement et l'exécution un intervalle pendant lequel l'accusé, ses parens, ses amis, peuvent recourir à la *commisération de sa majesté*.

» Mais l'accusé traduit devant la cour spéciale est privé de tous ces avantages; point de recours en cassation; l'arrêt doit s'exécuter dans les vingt-quatre heures.

» Et cependant, qui peut ignorer que parmi les coupables qui sont traduits devant ces cours, il s'en trouve que le hasard ou la complicité a rendus dépositaires de secrets horribles dont la manifestation peut intéresser la société. Tant qu'ils espèrent l'impunité, ils gardent un silence homicide, mais au moment où l'arrêt est prononcé, au moment où les exécuteurs s'approchent; au moment où ils voient le supplice et se trouvent aux prises avec la mort, ils cherchent à racheter leur vie par des révélations, et quelques-unes ont été grandement utiles; si la loi, que tous ces bandits connaissent bien, enlève au condamné tout espoir, il périra, et emportera avec lui le secret fatal dont la révélation eût intéressé la société toute entière.

» D'un autre côté, ce n'est presque jamais que pendant le débats, souvent quelques instans avant la condamnation que la cour a pu démêler parmi les accusés tel complice que des dépositions inattendues peuvent rendre digne de la commisération de sa majesté. Le juge sévère et probe, qui sait bien qu'à sa majesté seule appartient le droit de faire Grâce, prononcera la condamnation; mais dans quelle situation placez-vous ce même juge, ce juge bien humain, s'il est bien juste, si vous le supposez convaincu que cet homme qu'il va faire périr, eût obtenu la vie par une Grâce qu'il ne peut plus demander ».

IV. J'ai établi à l'article *Abolition*, que les lettres de Grâce emportent de plein droit, pour le coupable qui les a obtenues, la remise de l'amende à laquelle il a été condamné. Cette doctrine est à la fois confirmée et expliquée par un avis du conseil d'Etat du 3 janvier 1807, que l'Empereur a revêtu de son approbation le 25 du même mois.

» Le conseil d'Etat (porte cet avis), qui d'après le renvoi ordonné par sa majesté, a entendu le rapport de la section de législation sur celui du grand-juge, ministre de la justice, duquel il résulte que sa majesté, en exécution de l'art. 53 du décret du 19 vendémiaire an 12, ayant accordé, le 16 frimaire an 14, au champ d'Austerlitz, Grâce à trois cent quatre-vingt-six condamnés aux travaux publics, et ordonné leur incorporation dans divers régimens, la question se présente, si ceux qui ont payé l'amende de 1500 fr., doivent la recouvrer, et si ceux qui en sont encore débiteurs, doivent en être déchargés; — Est d'avis, sur la première partie de la question, que la Grâce ne saurait emporter un effet rétroactif; elle fait cesser la peine, mais elle prend le condamné dans l'état où il est, elle ne lui rend point ce qu'il a perdu ou payé : elle ne doit point être onéreuse au trésor public, en le soumettant à des restitutions. — Quant à la seconde partie de la question, il est à considérer que si la Grâce n'a pas d'effet rétroactif, elle doit avoir un effet présent, qui fasse cesser toute peine et toute poursuite de la part de la partie publique; que, si la Grâce ne remet pas les amendes acquises à des parties civiles, ou à des tiers auxquels elle tient lieu d'indemnité, il n'en est point ainsi à l'égard du prince dont les Grâces, à moins qu'il ne les restreigne, sont, de plein droit, entières et absolues; que l'amende de 1500 francs étant destinée, par l'art. 12 de la loi du 17 ventôse an 8, à remplacer par des enrôlemens volontaires les déserteurs condamnés, les déserteurs qui ont obtenu leur Grâce, et qui sont incorporés pour huit ans dans la ligne, acquittent de leur personne cette destination, que le non-recouvrement de l'amende pendant leur détention, prouve qu'elle est d'une exécution difficile et peut-être impossible; en sorte qu'en donnant à la Grâce toute l'étendue dont elle est susceptible, on fera cesser, d'une part, des poursuites vraisemblablement frustratoires; et, d'autre part, on ne distraira pas de leur devoir, par des inquiétudes sur leurs biens ou sur ceux de leurs parens, des soldats que sa majesté a jugés dignes, d'après leur meilleure conduite, de rentrer au service : comme on les rappelle à l'inviolable fidélité qu'ils doivent à leurs drapeaux, il paraît convenable qu'ils y trouvent un entier oubli de leur faute; — Par ces motifs, le conseil d'Etat est d'avis que la Grâce accordée, en exécution de l'art. 53 du décret du 19 vendémiaire an 12, aux déserteurs condamnés, leur remet l'amende de 1500 fr., si elle n'a pas été acquittée».]]

GRADUÉ. *V. Université.*

* GRAINS. Terme collectif qui sert particulièrement à désigner le froment, le seigle, l'orge, l'avoine, etc.

[[Quatre choses sont à considérer par rapport aux Grains : la garantie de tout dégât, la récolte, le commerce intérieur, l'exportation à l'étranger.

§. I. *Précautions prises par les lois pour préserver les Grains de tout dégât.*

V. Délit rural, Garde-champêtre, Glanage, Incendie et *Maraudage.*

§. II. *Règles concernant la récolte des Grains.*]]

Divers arrêts rendus au parlement de Paris, ont défendu aux propriétaires et cultivateurs de faire faucher leurs blés, parce qu'il résulte de cette méthode une perte provenant de ce que l'épi se trouvant plus agité par la faux, beaucoup de Grains s'échappent de l'épi, quand le blé est en pleine maturité; inconvénient qui n'a pas lieu, quand on scie les blés. Le dernier de ces arrêts est du 26 juillet 1782. Il « fait défenses à tous propriétaires, fermiers laboureurs et cultivateurs demeurans dans l'étendue du bailliage de Marly, de faire faucher leurs blés, sous peine de 100 liv. d'amende, et du double en cas de récidive, même d'être, les contrevenans, poursuivis extraordinairement, suivant l'exigence des cas ».

[[Mais ces réglemens sont abrogés. La loi du 28 septembre 1791, tit. 1, sect. 5, art. 1, porte que « chaque propriétaire sera libre de faire sa récolte, de quelque nature qu'elle soit, *avec un instrument* et au moment qui lui conviendra, pourvu qu'il ne cause aucun dommage aux propriétaires voisins ». *V. Ban de moisson* et *Ban de vendange.*

§. III. *Du commerce intérieur des Grains.*

I. Nous ne parlerons pas ici de la vente des Grains en vert ou sur pied; cette matière sera traitée sous le mot *Vente*, §. 1, art. 1, n. 6; le commerce des Grains battus et séparés de la paille, est le seul objet de ce paragraphe.]]

II. Le gouvernement a, dans tous les temps, donné une attention particulière au commerce des blés; il y a, sur cette matière, des capitulaires de Charlemagne, et des ordonnances de Louis XI, de François Ier, de Charles IX, de Henri III, etc. Mais ces réglemens et ceux qui ont été rendus postérieurement, étaient bien éloignés de remplir les objets qu'on s'était proposés. C'est ce que justifie l'arrêt du conseil du 13 septembre 1774, revêtu de lettres-patentes du 2 novembre de la même année, que le parlement de Paris a enregistrées le 19 décembre suivant.

Comme cette loi, qui établit la liberté du commerce des Grains dans l'intérieur du royaume, forme le dernier état de la jurisprudence sur cette matière importante, nous allons en rapporter les motifs et les dispositions.

« Le roi s'étant fait rendre compte du prix des Grains dans les différentes parties de son royaume, des lois rendues successivement sur le commerce de cette denrée, et des mesures qui ont été prises pour assurer la subsistance des peuples et prévenir la cherté; sa majesté a reconnu que ces mesures n'ont point eu le succès qu'on s'en était promis.

» Persuadée que rien ne mérite de sa part une attention plus prompte, elle a ordonné que cette matière fût de nouveau discutée en sa présence, afin de ne se décider qu'après l'examen le plus mûr et le plus réfléchi.

» Elle a vu avec la plus grande satisfaction, que les plans les plus propres à rendre la subsistance de ses peuples moins dépendante des vicissitudes des saisons, se réduisent à observer l'exacte justice, à maintenir les droits de la propriété et la liberté légitime de ses sujets.

» En conséquence, elle s'est résolue à rendre au commerce des Grains, dans l'intérieur de son royaume, la liberté qu'elle regarde comme l'unique moyen de prévenir, autant qu'il est possible, les inégalités excessives dans les prix, et d'empêcher que rien n'altère le prix juste et naturel que doivent avoir les subsistances, suivant la variation des saisons et l'étendue des besoins.

» En annonçant les principes qu'elle a cru devoir adopter, et les motifs qui ont fixé sa décision, elle veut développer ces motifs, non-seulement par un effet de sa bonté, et pour témoigner à ses sujets qu'elle se propose de les gouverner toujours comme un père conduit ses enfans, en mettant sous leurs yeux leurs véritables intérêts, mais encore pour prévenir ou calmer les inquiétudes que le peuple conçoit si aisément sur cette matière, et que la seule instruction peut dissiper; surtout pour assurer davantage la subsistance des peuples, en augmentant la confiance des négocians dans des dispositions auxquelles elle ne donne la sanction de son autorité, qu'après avoir vu qu'elles ont pour base immuable la raison et l'utilité reconnue.

» Sa majesté s'est donc convaincue, que la variété des saisons et la diversité des terrains occasionnant une très-grande inégalité dans la quantité des productions d'un canton à l'autre, et d'une année à l'autre dans le même canton, la récolte de chaque canton se trouvant par conséquent quelquefois au-dessus, et quelquefois au-dessous du nécessaire pour la subsistance des habitans, le peuple ne peut vivre dans les lieux et dans les années où les moissons ont manqué, qu'avec des Grains, ou apportés des lieux favorisés par l'abondance, ou conservés des années antérieures;

» Qu'ainsi, le transport et la garde des Grains sont, après la production, les seuls moyens de prévenir la disette des subsistances, parce que ce sont les seuls moyens de communication qui fassent du superflu la ressource du besoin.

» La liberté de cette communication est nécessaire

à ceux qui manquent de la denrée, puisque si elle cessait un moment, ils seraient réduits à périr.

» Elle est nécessaire à ceux qui possèdent le superflu, puisque, sans elle, ce superflu n'aurait aucune valeur; et que les propriétaires, ainsi que les laboureurs, avec plus de Grains qu'il ne leur en faut pour se nourrir, seraient dans l'impossibilité de subvenir à leurs autres besoins, à leurs dépenses de toute espèce, et aux avances de la culture; indispensables pour assurer la production de l'année qui doit suivre.

» Elle est salutaire pour tous, puisque ceux qui dans un moment se refuseraient à partager ce qu'ils ont avec ceux qui n'ont pas, se priveraient du droit d'exiger les mêmes secours, lorsqu'à leur tour ils éprouveraient les mêmes besoins; et que dans les alternatives de l'abondance et de la disette, tous seraient exposés tour à tour aux derniers degrés de la misère, qu'ils seraient assurés d'éviter tous en s'aidant mutuellement.

» Enfin, elle est juste, puisqu'elle est et doit être réciproque, puisque le droit de se procurer par son travail, et par l'usage légitime de ses propriétés, les moyens de subsistances préparés par la Providence à tous les hommes, ne peut être, sans injustice, ôté à personne.

» Cette communication, qui se fait par le transport et la garde des Grains, et sans laquelle toutes les provinces souffriraient alternativement ou la disette ou la non valeur, ne peut être établie que de deux manières, ou par l'entremise du commerce laissé à lui-même, ou par l'intervention du gouvernement.

» Les réflexions et l'expérience prouvent également que la voie du commerce libre est, pour fournir aux besoins du peuple, la plus prompte, la moins dispendieuse et la moins sujette à inconvéniens.

» Les négocians, par la multitude des capitaux dont ils disposent, par l'étendue de leurs correspondances, par la promptitude et l'exactitude des avis qu'ils reçoivent, par l'économie qu'ils savent mettre dans leurs opérations, par l'usage et l'habitude de traiter les affaires de commerce, ont des moyens et des ressources qui manquent aux administrateurs les plus éclairés et les plus actifs.

» Leur vigilance, excitée par l'intérêt, prévient les déchets et les pertes; leur concurrence rend impossible tout monopole; et le besoin continuel où ils sont de faire rentrer leurs fonds promptement pour entretenir leur commerce, les engagent à se contenter de profits médiocres; d'où il arrive que le prix des Grains, dans les années de disette, ne reçoit guère que l'augmentation inévitable qui résulte des frais et risques du transport ou de la garde.

» Ainsi, plus le commerce est libre, animé, étendu, plus le peuple est promptement, efficacement et abondamment pourvu; les prix sont d'autant plus uniformes, ils s'éloignent d'autant moins du prix moyen et habituel, sur lequel les salaires se règlent nécessairement.

» Les approvisionnemens faits par les soins du gouvernement, ne peuvent avoir les mêmes succès. — Son attention partagée entre trop d'objets, ne peut être aussi active que celle des négocians, occupés de leur seul commerce. — Il connaît plus tard, il connaît moins exactement, et les besoins et les ressources. — Ses opérations, presque toujours précipitées, se font d'une manière plus dispendieuse. — Les agens qu'il emploie, n'ayant aucun intérêt à l'économie, achètent plus chèrement, transportent à plus grands frais, conservent avec moins de précaution; il se perd, il se gâte beaucoup de Grains. — Ces agens peuvent par défaut d'habileté, ou même par infidélité, grossir à l'excès la dépense de leurs opérations. — Ils peuvent se permettre des manœuvres coupables à l'insu du gouvernement. — Lors même qu'ils en sont le plus innocens, ils ne peuvent éviter d'en être soupçonnés; et le soupçon rejaillit toujours sur l'administration qui les emploie, et qui devient odieuse au peuple, par les soins même qu'elle prend pour le secourir. — De plus, quand le gouvernement se charge de pourvoir à la subsistance des peuples en faisant le commerce des Grains, il fait seul ce commerce, parce que, pouvant vendre à perte, aucun négociant ne peut, sans témérité, s'exposer à sa concurrence. — Dès-lors, l'administration est seule chargée de remplir le vide des récoltes. — Elle ne le peut qu'en y consacrant des sommes immenses, sur lesquelles elle fait des pertes inévitables. — L'intérêt de son avance, le montant de ses pertes, forment une augmentation de charges pour l'Etat, et par conséquent pour les peuples, et deviennent un obstacle aux secours bien plus justes et plus efficaces, que le roi, dans des temps de disette, pourrait répandre sur la classe indigente de ses sujets. — Enfin, si les opérations du gouvernement sont mal combinées et manquent leur effet; si elles sont trop lentes, et que les secours n'arrivent point à temps; si le vide des récoltes est tel, que les sommes destinées à cet objet par l'administration, soient insuffisantes, le peuple, dénué des ressources que le commerce réduit à l'inaction ne peut plus lui apporter, reste abandonné aux horreurs de la famine, et à tous les excès du désespoir.

» Le seul motif qui ait pu déterminer les administrateurs à préférer ces mesures dangereuses aux ressources naturelles du commerce libre, a sans doute été la persuasion, que le gouvernement se rendrait par-là maître du prix des subsistances, et pourrait, en tenant les Grains à bon marché, soulager le peuple et prévenir ses murmures.

» L'illusion de ce système est cependant aisée à reconnaître. — Se charger de tenir les Grains à bon marché, lorsqu'une mauvaise récolte les a rendus rares, c'est promettre au peuple une chose impossible, et se rendre responsable à ses yeux d'un mauvais succès inévitable. — Il est impossible que la récolte d'une année, dans un lieu déterminé, ne soit pas quelquefois au-dessous du besoin des habitans, puisqu'il n'est que trop notoire qu'il y a des récoltes fort inférieures à la production de l'année commune, comme il y en a de fort supérieures. — Or, l'année commune des productions ne saurait être au-dessus de la consommation habituelle. — Car le blé ne vient qu'autant qu'il est semé: le laboureur ne peut semer, qu'autant qu'il est assuré de retrouver, par la vente de ces récoltes, le dédommagement de ses peines et de ses frais, et la rentrée de toutes ses avances, avec l'intérêt et le profit qu'elles lui auraient rapporté dans toute autre profession que celle de laboureur. — Or, si la production de mauvaises années était égale à la consommation, que celle des années moyennes fût par conséquent au-dessus, et celle des années abondantes incomparablement plus forte, le prix des Grains serait tellement bas, que le laboureur retirerait moins de ses ventes qu'il ne dépenserait en frais. — Il est évident qu'il ne pourrait continuer un métier ruineux, et qu'il n'aurait de ressources que de semer moins de Grains, en diminuant sa culture d'année en année, jusqu'à ce que la production moyenne, compensation faite des années abondantes et des années stériles, se trouvât correspondre exactement à la consommation habituelle. — La production d'une mauvaise année est donc nécessairement au-dessous des besoins. — Dès-lors, le besoin étant aussi universel qu'impérieux, chacun s'empresse d'offrir à l'envi un prix plus haut de la denrée, pour s'en assurer la préférence. — Non-seulement ce renchérissement est inévitable, mais il est l'unique remède possible de la rareté, en attirant la denrée par l'appât du gain. Car, puisqu'il y a un vide, et que ce vide ne peut être rempli que par les Grains réservés des années précédentes, ou apportés d'ailleurs, il faut bien que le prix ordinaire de la denrée soit augmenté du prix de la garde, ou de celui du transport; sans l'assurance de cette augmentation, l'on n'aurait point gardé la denrée, on ne l'apporterait pas, il faudrait donc qu'une partie du peuple manquât du nécessaire, et pérît.

» Quelques moyens que le gouvernement emploie, quelques sommes qu'il prodigue, jamais, et l'expérience l'a montré dans toutes les occasions, il ne peut empêcher que le blé ne soit cher quand les récoltes sont mauvaises. — Si, par des moyens forcés, il réussit à retarder cet effet nécessaire, ce ne peut être que dans quelque lieu particulier, pour un temps très-court; et en croyant soulager le peuple, il ne fait qu'assurer et aggraver ses malheurs. — Les sacrifices faits par l'administration, pour procurer ce bas prix momentané, sont une aumône faite aux riches, au moins autant qu'aux pauvres, puisque les personnes aisées consomment, soit par elles-mêmes, soit par la dépense de leurs maisons, une très-grande quantité de Grains. — La cupidité sait s'approprier ce que le gouvernement a voulu perdre en achetant au-dessous de son véritable prix, une denrée sur laquelle le renchérissement qu'elle prévoit avec une certitude infaillible, lui promet des profits considérables. — Un grand nombre de personnes, par la crainte de manquer achètent beaucoup au-delà de leurs besoins, et forment ainsi une multitude d'amas particuliers de Grains, qu'elles n'osent consommer, qui sont entièrement perdus pour la subsistance des peuples, et qu'on retrouve quelquefois gâtés après le retour de l'abondance. — Pendant ce temps, les Grains du dehors qui ne peuvent venir qu'autant qu'il y a du profit à les apporter, ne viennent point. Le vide augmente par la consommation journalière : les approvisionnemens, par lesquels on avait cru soutenir le bas prix, s'épuisent; le besoin se montre tout à coup dans toute son étendue, et lorsque le temps et les moyens manquent pour y remédier. — C'est alors que les administrateurs, égarés par une inquiétude qui augmente encore celle des peuples, se livrent à des recherches effrayantes dans les maisons des citoyens, se permettent d'attenter à la liberté, à la propriété, à l'honneur des commerçans, des laboureurs, de tous ceux qu'ils soupçonnent de posséder des Grains. Le commerce vexé, outragé, dénoncé à la haine du peuple, fuit de plus en plus : la terreur monte à son comble; le renchérissement n'a plus de bornes; et toutes les mesures de l'administration sont rompues. — Le gouvernement ne peut donc se réserver le transport et la garde des Grains, sans compromettre la subsistance et la tranquillité des peuples. C'est par le commerce seul, et par le commerce libre, que l'inégalité des récoltes peut-être corrigée.

» Le Roi doit donc à ses peuples, d'honorer, de protéger, d'encourager d'une manière spéciale, le commerce des Grains, comme le plus nécessaire de tous.

» Sa majesté ayant examiné sous ce point de vue les réglemens auxquels ce commerce a été assujetti, et qui, après avoir été abrogés par la déclaration du 25 mai 1763, ont été renouvelés par l'arrêt du 23 décembre 1770, elle a reconnu que ces réglemens renferment des dispositions directement contraires au but qu'on aurait dû se proposer; — Que l'obligation imposée à ceux qui veulent entreprendre le commerce des Grains, de faire inscrire sur les registres de la police, leurs noms, surnoms, qualités et demeures, le lieu de leurs magasins, et les actes relatifs à leurs entreprises, flétrit et décourage ce commerce, par la défiance qu'une telle précaution suppose de la part du gouvernement, par l'appui qu'elle donne aux soupçons injustes du peuple, surtout parce qu'elle tend à mettre continuellement la matière de ce commerce, et par conséquent la fortune de ceux qui s'y livrent, sous la main d'une autorité qui semble s'être réservé le droit de les ruiner et de les déshonorer arbitrairement; — Que ces formalités avilissantes écartent nécessairement de ce commerce tous ceux d'entre les négocians qui, par leur fortune, par l'étendue de leurs combinaisons, par la multiplicité de leurs correspondances, par leurs lumières et l'honnêteté de leur caractère, seraient les seuls propres à procurer une véritable abondance; que la défense de vendre ailleurs que dans les marchés, surcharge, sans aucune utilité, les achats et les ventes, les frais du voiture au marché, des droits de hallage, magasinage et autres, également nuisibles au laboureur qui produit, et au peuple qui consomme; — Que cette défense, en forçant les vendeurs et les acheteurs à choisir, pour leurs opérations, les jours et les heures des marchés, peut les rendre tardives, au grand préjudice de ceux qui attendent avec toute l'impatience du besoin, qu'on leur porte la denrée; — Qu'enfin, n'étant pas possible de faire, dans les marchés, aucun achat considérable, sans y faire hausser extraordinairement les prix, et sans y produire un vide subit qui, répandant l'alarme, soulève les esprits du peuple; défendre d'acheter hors des marchés, c'est mettre tout négociant dans l'impossibilité d'acheter une quantité de Grains suffisante pour secourir, d'une manière efficace, les provinces qui sont dans le besoin : d'où il résulte que cette défense équivaut à une interdiction absolue du transport et de la circulation des Grains d'une province à l'autre : — Qu'ainsi, tandis que l'arrêt du 23 décembre 1770 assurait expressément la liberté du transport de province à province, il y mettait, par ses autres dispositions, un obstacle tellement invincible, que, depuis cette époque, le commerce a perdu toute activité ; et qu'on a été forcé de recourir, pour y suppléer, à des moyens extraordinaires, onéreux à l'Etat, qui n'ont point rempli leur objet, et qui ne peuvent ni ne doivent être continués.

» Ces considérations mûrement pesées ont déterminé sa majesté à remettre en vigueur les principes établis par la déclaration du 25 *mai* 1763, à délivrer le commerce des Grains, des formalités et des gênes auxquelles on l'avait depuis assujetti par le renouvellement de quelques anciens réglemens; à assurer les négocians contre la crainte de voir leurs opérations traversées par des achats faits pour le compte du gouvernement. Elle les invite tous à se livrer à ce commerce. Elle déclare que son intention est de les soutenir par sa protection la plus signalée; et, pour les encourager d'autant plus à augmenter, dans le royaume, la masse des subsistances, en y introduisant des Grains étrangers, elle leur assure la liberté d'en disposer à leur gré. Elle veut s'interdire à elle-même et à ses officiers, toutes mesures contraires à la liberté et à la propriété de ses sujets, qu'elle défendra toujours contre toute atteinte injuste. Mais si la Providence permettait que, pendant le cours de son règne, ses provinces fussent affligées par la disette, elle se promet de ne négliger aucun moyen pour procurer des secours vraiment efficaces à la portion de ses sujets qui souffre le plus des calamités publiques. A quoi voulant pourvoir : ouï le rapport du sieur Turgot, conseiller ordinaire au conseil royal, contrôleur-général des finances ; le roi étant en son conseil a ordonné et ordonne ce qui suit :

» *Art.* 1. Les art. 1 et 2 de la déclaration du 25 mai 1763 seront exécutés suivant leur forme et teneur ; en conséquence, il sera libre à toutes personnes, de quelque qualité et condition qu'elles soient, de faire, ainsi que bon leur semblera, dans l'intérieur du royaume, le commerce des Grains et farines, de les vendre et acheter en quelque lieu que ce soit, même hors des halles et marchés, de les garder et voiturer à leur gré, sans qu'ils puissent être astreints à aucune formalité ni enregistrement, ni soumis à aucune prohibition ou contrainte, sous quelque prétexte que ce puisse être, en aucun cas et en aucun lieu du royaume.

» 2. Fait sa majesté très-expresses inhibitions et défenses à toutes personnes, notamment aux juges de police, à tous ses autres officiers et à ceux des seigneurs, de mettre aucun obstacle à la libre circulation des Grains et farines de province à province ; d'en arrêter le transport sous quelque prétexte que ce soit ; comme aussi de contraindre aucun marchand, fermier, laboureur ou autres, de porter des Grains ou farines au marché, ou de les empêcher de vendre partout où bon leur semblera (1).

» 3. Sa majesté voulant qu'il ne soit fait, à l'avenir, aucun achat de Grains et farines pour son compte, elle fait très-expresses inhibitions et défenses à toutes personnes, de se dire chargées de faire de semblables achats pour elle et par ses ordres, se réservant, dans le cas de disette, de procurer à la partie indigente de ses sujets, les secours que les circonstances exigeront.

» 4. Désirant encourager l'introduction des blés étrangers dans ses Etats, et assurer ce secours à ses peuples, sa majesté permet à tous ses sujets et aux étrangers qui auront fait entrer des Grains dans le royaume, d'en faire telles destinations et usages que bon leur semblera ; même de les faire ressortir sans payer aucun droit, en justifiant que les Grains sortant sont les mêmes qui ont été apportés de l'étranger : se réservant au surplus sa majesté, de donner des marques de sa protection spéciale, à ceux de ses sujets qui auront fait venir des blés étrangers dans les lieux du royaume où le besoin s'en serait fait sentir. N'entendant, sa majesté, statuer, quant à présent, et jusqu'à ce que les circonstances soient devenues plus favorables, sur la liberté de la vente hors du royaume : déroge, sa majesté, à toutes lois et réglemens contraires aux dispositions du présent arrêt, sur lequel seront toutes lettres nécessaires expédiées. »

Par l'art. 5, le roi s'était réservé de statuer sur les réglemens particuliers à la ville de Paris, et par une déclaration du 5 février 1776, sa majesté, en abrogeant ces réglemens, a établi pour Paris la même liberté dans le commerce des Grains, que celle qui avait lieu pour les autres villes du royaume. Les motifs de cette déclaration méritent d'être connus :

» Les grandes villes, et surtout les capitales, appellent naturellement l'abondance par la richesse et le nombre des consommateurs. Notre bonne ville de Paris semble être en particulier destinée, par sa position, à devenir l'entrepôt du commerce le plus étendu.

» Les rivières de Seine, d'Yonne, de Marne, d'Oise, la Loire, par les canaux de Briare et d'Orléans établissent des communications faciles entre

---

(1) En enregistrant cet article, par arrêt du 21 décembre 1775, le parlement de Rouen avait ordonné que les juges de police du ressort de cette cour continueraient, comme par le passé, de veiller à ce que les halles fussent suffisamment approvisionnées de blé ; mais le roi a jugé que cette modification, si elle subsistait, introduirait dans la province de Normandie, sur le commerce des Grains, une jurisprudence entièrement contraire à celle que l'enregistrement pur et simple des mêmes lettres-patentes avait établie dans le ressort des autres cours, et qu'il en résulterait la destruction de la liberté de ce commerce dans la Normandie, ce qui serait également préjudiciable à cette province et à celles qui en sont voisines : en conséquence sa majesté a, par arrêt rendu en son conseil le 27 janvier 1776, cassé la modification dont il s'agit, et ordonné que les lettres-patentes du 2 novembre 1774 seraient exécutées purement et simplement, selon leur forme et teneur.

cette ville et les provinces les plus fertiles de notre royaume. Elles offrent le passage naturel par lequel les richesses de toutes ces provinces devraient circuler librement et se distribuer entre elles. L'immensité de ses consommations fixerait nécessairement dans son enceinte la plus grande partie des denrées de toute nature, si rien ne les arrêtait dans leur cours : elle aurait même à sa disposition toutes celles que le commerce libre s'empresserait d'y rassembler, pour les verser sur toutes les provinces voisines.

» Cependant nous reconnaissons, avec peine, que l'approvisionnement en Grains de notre dite ville, loin d'être abondant et facile, comme il le serait dans l'état d'une libre circulation, a été depuis plusieurs siècles un objet de soins pénibles pour le gouvernement, et de sollicitude pour la police, et que ces soins n'ont abouti qu'à en repousser entièrement le commerce.

» En donnant nos lettres-patentes du 2 novembre 1774, nous nous sommes proposé de chercher dans l'examen approfondi des réglemens de police particuliers à notre dite ville de Paris, les causes qui s'opposaient à la facilité de son approvisionnement; et nous avons annoncé, par l'art. 5 desdites lettres-patentes, notre intention de statuer sur ces réglemens par une loi nouvelle.

» Nous nous sommes fait représenter, en conséquence, les ordonnances, arrêts, réglemens de police intervenus sur le commerce des Grains et l'approvisionnement de Paris.

» Nous avons reconnu que, dans des temps malheureux de troubles et de guerres civiles, dans des siècles où le commerce n'existant point encore, ses principes ne pouvaient être connus, les rois nos prédécesseurs, Charles VI, Charles IX, Henri III, ont donné quelques ordonnances sur cette matière; que, sans aucun concours de l'autorité royale, plusieurs réglemens de police s'y sont joints pour former le corps d'une législation équivalente à une prohibition d'apporter des Grains à Paris; que l'habitude et le préjugé l'ont cependant maintenue et quelquefois confirmée; que même, dans des temps où le gouvernement commençait à porter sur cet objet une attention plus éclairée, on a réclamé fortement pour la conservation de cette police; qu'elle a été conservée comme si elle eût été la sauvegarde de la facilité des subsistances; que des officiers créés en différens temps, à la halle et sur les ports, étaient chargés de veiller à son exécution, et cependant autorisés à percevoir des droits dont la vente des Grains demeure grevée; qu'enfin depuis peu d'années il a été mis un impôt sur le commerce, pour la construction de la halle et d'une garre.

» Ainsi, en réunissant les différens effets de la police destinée à assurer les subsistances dans Paris, il demeure constant que des droits de différentes natures augmentent le prix des Grains et farines, tandis que les réglemens en empêchent l'abondance; et que toutes les parties de cette législation sont tellement contradictoires entre elles et contraires à leur objet, que l'indispensable nécessité de la réforme se trouve démontrée par le plus simple exposé des réglemens et de leurs effets.

» Une ordonnance du mois de février 1415, renouvelée par un arrêt du 19 août 1661, défend de serrer ou d'ôter des sacs, les blés ou farines arrivés par terre, de débarquer, de mettre en greniers ou magasins, ou même sous des bannes, les mêmes denrées arrivées par eau; en sorte que, suivant les réglemens, elles doivent demeurer exposées à l'air, à la pluie et à l'humidité continue qui les corrompt.

» Le même arrêt de 1661 défend de faire aucun amas de Grains, et d'en laisser séjourner dans les lieux de l'achat ou sur les ports du chargement, ou sur les routes par lesquelles ils doivent arriver.

» Ces réglemens réunis interdisent à la ville de Paris tout moyen de conserver des Grains et farines dans son intérieur, et d'en avoir dans ses environs.

» La même ordonnance de 1415 impose aux marchands qui apportent des Grains à Paris, l'obligation de les vendre avant le troisième marché, à peine d'être alors forcés de les vendre à un prix inférieur à celui des marchés précédens; et cependant l'arrêt du 19 août 1661 et l'ordonnance de police du 30 mars 1635, après avoir interdit à tous marchands la faculté de faire aucun achat dans Paris, défendent même à tous boulangers d'acheter plus de deux muids de blé par marché.

» Ainsi, la même police, par des dispositions contradictoires, force de vendre, et défend d'acheter. — En s'y conformant exactement, la capitale ne pourrait jamais avoir de provisions que pour onze jours : d'un côté, les marchands assurés de n'avoir plus la disposition libre de leurs denrées après cet intervalle, et d'être peut-être forcés de les vendre à perte, ne porteront jamais à Paris que les Grains nécessaires à la subsistance de ces onze jours; tandis que d'un autre côté, cette ville ne pourrait avoir aucune provision dans des dépôts particuliers, puisqu'ils y sont réprouvés, ni même chez les boulangers, puisqu'il leur est défendu d'acheter plus de deux muids de blé. — Si cette police était observée toutes les fois que les hautes ou basses eaux, les gelées et neiges interrompraient la navigation ou les routes pendant plus de onze jours, les habitans de Paris manqueraient entièrement de subsistance dans les années les plus fertiles, et au milieu de l'abondance dont jouirait le reste du royaume.

» Un arrêt du parlement, du 23 août 1556, défend aux marchands de Grains, sous peine de punition corporelle, de transporter, soit par terre ou par eau, en montant ou en descendant, hors de la ville, les Grains qu'ils y ont fait entrer. Deux ordonnances de police 1622 et 1632 ajoutent à la rigueur de l'arrêt, en défendant d'acheter et de faire sortir aucuns Grains de la distance de dix lieues de Paris, à peine de confiscation et d'amende arbitraire.

» Ces dispositions tendent à bannir le commerce des Grains de la ville de Paris, où le négociant est privé de la liberté et presque de la propriété de sa denrée et surtout de l'attrait, essentiel au commerce, de pouvoir se porter où il espère un bénéfice. Cette police l'avertit même qu'il ne doit ni s'approcher de la ville, ni passer dans l'arrondissement de dix lieues; et cet espace devient un point de séparation insurmontable entre toutes les provinces qui pourrait profiter des avantages de la navigation pour se prêter des secours mutuels, de manière que la Bourgogne et la Champagne, surchargées de Grains, ne pourraient secourir la Normandie affligée de la disette, par la seule raison que la Seine traverse Paris et son arrondissement; de même aucun secours ne pouvait être porté de Normandie à Paris et au-delà, en remontant la Seine, avant que, par notre édit du mois de juin 1775, portant suppression des offices de marchands privilégiés et porteurs de Grains, et abolition du droit de banalité de la ville de Rouen, nous eussions levé les obstacles qui interceptaient dans cette ville le comme des Grains.

» L'ordonnance de police de 1635 ci-dessus citée, et confirmée par un édit de 1672, défend aux marchands qui ont commencé la vente d'un bateau de blé, d'en augmenter le prix; et, par une injustice évidente, le marchand soumis aux hasards qui ont diminué le prix au commencement de sa vente, ne peut profiter de ceux qui avant la fin de cette vente, peuvent rendre le prix plus avantageux.

» Les mêmes réglemens enjoignent encore à tout négociant qui fait transporter des Grains dans Paris, de les y vendre en personne, ou par des gens de sa famille, et non par des facteurs. On ignorait alors que le laboureur ne peut abandonner les travaux de sa culture, ou le négociant le soin de son commerce, pour suivre une partie de ses marchandises; qu'ils ne peuvent l'un et l'autre se déplacer sans frais; et que leurs dépenses, devant être remboursées par leur commerce, augmenteraient inutilement le prix des Grains.

» La défense faite aux voituriers, par arrêt de 1661, de vendre des Grains dans des chemins, ou même de délier les sacs, à peine de confiscation, est sans objet à l'égard du commerce qui ne s'arrête pas dans ses destinations pour se livrer à de semblables détails. Elle serait inhumaine pour ceux de nos sujets qui pourraient éprouver des besoins pressans. Elle est encore incommode et rebutante pour le négociant qu'elle expose à être inquiété; et peut-être injustement puni, si quelque accident oblige de toucher aux sacs de Grains qu'il fait conduire.

» Enfin, l'obligation imposée par le même arrêt de 1661, à ceux qui font le commerce des Grains pour Paris, de passer leurs factures par-devant notaire, de les représenter aux officiers des Grains, de les faire enregistrer sur des registres publics, est une formalité contraire à tous les usages, à l'intérêt du commerce, qui exige surtout la bonne foi, le secret et la célérité des expéditions; et cette loi n'a d'autre effet que d'occasioner des frais qui augmentent le prix des ventes.

» C'est par de tels réglemens qu'on s'est flatté autrefois, et presque jusqu'à nos jours, de pourvoir à la subsistance de notre bonne ville de Paris. Les négocians qui, par état, sont les agens nécessaires de la circulation, qui portent infailliblement l'abondance partout où ils peuvent trouver liberté, sûreté et debit, ont été traités comme des ennemis qu'il fallait vexer dans leur route, et charger de chaînes à leur arrivée. Les blés qu'ils apportaient dans la ville, ne devaient plus en sortir; mais ils ne pouvaient ni les conserver, ni les garantir des injures de l'air et de la corruption. On s'efforçait de précipiter les ventes, on arrêtait les achats: le marchand devait vendre ses Grains en trois jours de marchés, ou les perdre; l'acheteur ne pouvait s'en pourvoir que lentement et en petites parties; la diminution des prix faisant la loi au négociant, leur augmentation ne pouvait lui profiter; les marchands de Grains, effrayés par les rigueurs de la police, étaient encore dévoués à la haine publique; le commerce opprimé, diffamé de toute part, fuyait la ville; un arrondissement de vingt lieues de diamètre séparait entre elles et notre dite ville les provinces les plus abondantes; et cependant toutes précautions étaient interdites dans l'intérieur, et sur les abords; on paraissait même conspirer contre les moissons futures, en exigeant que le laboureur quittât son travail pour suivre ses grains et les vendre par lui-même.

» Cette police désastreuse a produit dans les temps anciens, les effets qu'on devait en attendre. Des chertés excessives et longues ont succédé rapidement à des années d'abondance; elles se sont prolongées sans disette effective; elles ont conseillé des remèdes violens et dangereux, qui les ont perpétuées, parce que le commerce, anéanti par les réglemens, ne pouvait donner aucun secours.

» Tels sont les effets que notre ville de Paris a éprouvés dans les années 1660, 1661, 1662, 1663; dans les années 1692, 1693, 1694; dans les années 1698 et 1699; enfin, dans l'année 1709, et depuis dans les années 1740 et 1741; temps funestes où le prix des Grains était modéré dans plusieurs provinces, et cependant excessif à Paris, où l'excès de ce prix était déterminé, non par leur quantité effective, mais par l'avidité du petit nombre de marchands auxquels la vente des Grains était livrée sous un régime qui ne permettait ni commerce, ni circulation, ni concurrence. L'abandon de ces réglemens nuisibles, fondé sur les lois de la nécessité, a pu seul rendre moins incertain l'approvisionnement de notre bonne ville de Paris. Ils menaçaient sans cesse de disette et de cherté. Il était indispensable de tolérer des ressources contre les obstacles que pouvaient opposer les glaces ou les inondations, d'avoir des magasins dans l'arrondissement de dix lieues, et même dans l'intérieur, de souffrir que les marchands pussent préserver leurs Grains des injures de l'air, qu'ils eussent le temps de les vendre, la faculté d'employer des facteurs. Ce n'est qu'à l'inexécution de ces lois que Paris a dû sa subsistance.

» Mais l'inexécution de telles lois ne suffit pas pour rassurer le commerce que leur existence menace encore. Il n'a point repris ses fonctions; le gouvernement ne pouvant y mettre sa confiance, s'est cru obligé de pourvoir par lui-même à l'approvisionnement de la capitale; il a éprouvé que cette précaution, réputée nécessaire, avait les plus grands inconvéniens; que le commerce qui se faisait sous ses ordres, n'admettait ni l'étendue, ni la célérité, ni l'économie du commerce ordinaire; que ses agens autorisés portaient, dans tous les marchés où ils paraissaient, l'alarme et le renchérissement; qu'ils pouvaient même, par la nature de leurs fonctions, commettre plusieurs abus; que les opérations de ce genre consommant le découragement et la fuite absolue du commerce ordinaire, surchargeaient de dépenses énormes les finances, et par conséquent nos sujets qui en fournissent les fonds, et qu'elles ne remplissaient par leur objet.

» C'est surtout dans les derniers temps que ces inconvéniens multipliés se sont fait sentir plus vivement. La déclaration du 25 mai 1763 semblait préparer la prospérité de l'agriculture et la facilité des subsistances, en ordonnant que la circulation des Grains fût entièrement libre par tout le royaume; mais une multitude d'obstacles particuliers et locaux trompait le vœu général de la loi, et embarrassait toutes les communications, ils n'étaient encore ni reconnus ni levés.

» L'édit de juillet 1764 n'avait eu qu'une exécution momentanée, lorsque ses dispositions ont été restreintes. Cette législation, encore incomplète, demandait de nouveaux soins; et cependant des récoltes faibles ne laissaient considérer qu'avec timidité tout projet d'innovation, lorsque l'arrêt du conseil du 23 décembre 1770, et les lettres-patentes du 16 janvier 1771, rappelant le régime prohibitif des siècles passés, ont resserré les chaînes dont le commerce des Grains commençait à peine à se débarrasser, et en ordonnant cependant la libre circulation, l'ont surchargée de formalités nombreuses et compliquées qui la rendaient impossible.

» A cette époque, l'inégalité des récoltes a cessé d'être la mesure de la valeur des Grains; leur vrai prix n'a existé en aucun lieu. On l'a vu excessif en quelques endroits, modéré et même bas dans des lieux assez voisins. Le blé et le seigle ont manqué dans nos ports les plus fréquentés par le commerce, et n'ont pu y être portés des autres ports où régnait l'abondance, lorsqu'il ne s'y est point trouvé de siége d'amirauté. L'apparence toujours prochaine de quelques disettes locales, a surchargé le gouvernement de sollicitudes, des dépenses excessives, d'opérations forcées, qui ont donné au peuple beaucoup d'inquiétudes et trop peu de secours réels; et dans cet espace de temps, où plusieurs récoltes ont été assez bonnes, le prix des Grains en général a été plus haut qu'on ne l'a vu en 1775, après la mauvaise récolte de 1774.

» L'examen de ces faits, qui sont de notoriété publique, nous a convaincu que le commerce, affranchi de toute gêne et de toute crainte, peut seul suffire à tous les besoins, prévenir les inégalités de prix, les variations subites et effrayantes qu'on a vu trop souvent arriver sans causes réelles; qu'il pourrait seul, en cas de malheur, suppléer au vide des disettes effectives, auxquelles toutes les dépenses du gouvernement ne pourraient remédier ».

Tels sont les motifs de la déclaration du 5 février 1776; en voici les dispositions :

« *Art.* 1. Voulons qu'il soit libre à toutes personnes, de quelque qualité et condition qu'elles soient, de faire apporter et tenir en grenier ou en magasin, tant dans notre bonne ville de Paris que dans l'arrondissement de dix lieues et ailleurs, des Grains et des farines, et de les vendre en tels lieux que bon leur semblera, même hors des bateaux ou de la halle.

» 2. Il sera pareillement libre à toutes personnes, même aux boulangers de notre bonne ville de Paris, d'acheter des Grains et farines, à telles heures, en telle quantité et en tels lieux, tant de ladite ville que d'ailleurs, qu'ils jugeront à propos.

» 3. Ceux qui auront des Grains et farines, soit à la halle et aux ports, soit en greniers ou magasins, dans ladite ville de Paris, ne pourront être contraints de les vendre dans le troisième marché, ni dans tout autre délai.

» 4. Pourront aussi ceux qui auront des Grains à vendre dans notre dite ville, augmenter ainsi que diminuer le prix, conformément au cours du commerce, sans que, sous prétexte de l'ouverture d'une pile ou d'un bateau, et du commencement de la vente de l'une ou de l'autre, ils puissent être contraints à la continuer au même prix.

» 5. Il sera pareillement libre à tous ceux qui auront des Grains et farines dans ladite ville de Paris, de les vendre en personne, ou par des commissionnaires ou facteurs.

» 6. Ceux qui feront le commerce des Grains dans notre ville de Paris ou pour elle, ne pourront, en aucun cas, être contraints à rapporter aucunes déclarations, lettres de voitures ou factures passées par-devant notaires, ni à les faire enregistrer sur aucuns registres publics.

» 7. Il sera libre à toutes personnes de faire ressortir, tant de ladite ville de Paris que de l'étendue des dix lieues, les Grains et farines qu'elles y auront fait entrer ou qu'elles y auront achetés, sans avoir besoin, pour raison de ce, d'aucune permission ».

[[III. Les dispositions des deux lois que l'on vient de transcrire, ont été constamment maintenues par l'assemblée constituante : témoins les décrets qu'elle a rendus sur la liberté du commerce et de la circulation des Grains dans l'intérieur, les 29 août, 18 septembre et 3 octobre 1789, 2 juin et 15 septembre 1790 et 26 septembre 1791.

L'assemblée législative a rappelé les mêmes principes dans le préambule de la loi du 28 janvier 1792; mais elle s'en est écartée le 16 septembre suivant, par une loi qui ordonnait — (Art. 4), que les départemens feraient faire, dans chaque commune et chez les marchands ou dépositaires, un recencement général des Grains; — (Art. 5), que le recensement fait, les départemens indiqueraient « par un arrêté pris sans délai, la quantité de Grains que chaque commune devrait porter aux marchés publics, dans la proportion de celle qu'elle posséderait »; — (Art. 6), que « si quelque cultivateur ou propriétaire ou marchand de blé refusait d'obéir aux arrêtés des départemens et réquisitions des municipalités à cet égard, ses Grains seraient confisqués sur-le-champ, et qu'il serait puni d'un an de gêne ».

Les inconvéniens de cette loi furent bientôt sentis, et le 8 décembre suivant, la convention nationale en rendit une qui portait :

« *Art.* 4. La liberté la plus entière continuera d'avoir lieu dans le commerce des Grains, farines et légumes secs, par tout le territoire de la république; et les lois relatives à la libre circulation dans l'intérieur de la république, continueront d'être exécutées.

» 5. Il est enjoint aux corps administratifs et municipaux, aux juges de paix et au chefs de la force armée, et généralement à tous les citoyens, de donner main-forte à l'exécution de l'art. 4 ci-dessus, et d'arrêter ou faire arrêter sur-le-champ quiconque s'opposerait à la libre circulation des subsistances.

» 6. La convention nationale déclare responsables de toutes pertes, dommages et délits éprouvés par le défaut de réquisition ou de secours, les membres composant les corps administratifs, municipaux, juges de paix, chefs de la force armée, ainsi que les communes dans le territoire desquelles les dommages ou délits auront été commis.

» 7. Seront punis de mort, ceux qui se seront opposés directement à la circulation des subsistances, ou qui auront provoqué ou dirigé des attroupemens; seront punis d'une année de fers, ceux qui seront saisis dans les attroupemens dirigés contre la libre circulation.

» 8. Les dispositions de la loi du 16 septembre sont abrogées ».

Ces sages dispositions ne résistèrent pas long-temps au torrent des passions et des erreurs : dès le 4 mai 1793, la convention nationale rendit une loi qui, renouvelant celle du 16 septembre 1792, y ajouta entre autres choses, qu'il ne pourrait être vendu des Grains ou farines que dans les marchés publics; et que tout citoyen qui voudrait faire le commerce de ces denrées, serait tenu d'en faire la déclaration à la municipalité de son domicile, de laquelle il lui serait délivré un extrait qu'il serait tenu d'exhiber dans tous les lieux où il irait faire ses achats.

A cette loi en succédèrent d'autres des 9 et 17 août 1793, 10 septembre de la même année et 25 brumaire an 2, qui l'aggravèrent encore et portèrent le mal à son comble.

Pour y remédier, la convention nationale rendit, le 4 nivôse an 3, le 4 thermidor suivant et le 7 vendémiaire an 4, des lois qui firent disparaître plusieurs des entraves que les précédentes avaient mises à la libre circulation des Grains, mais qui en laissèrent encore subsister plusieurs.

Enfin, le 21 prairial an 5, sur un message du directoire exécutif du 27 vendémiaire précédent, il est intervenu une loi qui rétablit les choses, à la pénalité près qu'elle mitige avec autant d'humanité que de sagesse, sur le pied de la loi du 8 décembre 1792. Voici comment elle est conçue :

« *Art.* 1. La circulation des Grains sera entièrement libre dans l'intérieur de la république.

» 2. Toute personne convaincue d'y avoir porté atteinte, sera poursuivie et condamnée, outre la restitution, à une amende de la moitié de la valeur des Grains arrêtés, pour le payement de laquelle il sera donné caution; faute de quoi, la peine de six mois d'emprisonnement sera prononcée.

» 3. Les officiers municipaux et autres fonctionnaires publics, soit civils, soit militaires, qui n'auraient pas fait tout ce qui est en leur pouvoir pour l'exécution de l'art. 1, seront soumis aux peines portées par l'art. 2.

» 4. Les marchands de Grains et les blatiers ne seront plus assujettis à se munir des bons des municipalités; mais ils seront tenus de se pourvoir de patentes, conformément à la loi du 9 frimaire dernier. (*V. Patente.*)

» 5. Les bons ou permis des municipalités ne seront plus nécessaires aux particuliers pour faire des approvisionnemens, soit dans les marchés, soit ailleurs, sans néanmoins rien innover aux usages des lieux où les marchands ne peuvent acheter dans les marchés qu'aux heures indiquées : en conséquence, les lois des 4 nivôse et 4 thermidor an 3 et 7 vendémiaire an 4 sont rapportées (1) ».

Il a été dérogé momentanément à ces deux derniers articles, par un décret impérial du 4 mai 1812. Les circonstances extraordinaires qui l'ont nécessité, pouvant se reproduire encore, on croit devoir le transcrire ici.

« NAPOLÉON.....; nous étant fait rendre compte de l'état des subsistances dans toute l'étendue de notre empire, nous avons reconnu que les Grains existans formaient une masse non-seulement égale, mais supérieure à tous les besoins.

» Toutefois cette proportion générale entre les ressources et la consommation ne s'établit, dans chaque département de l'empire, qu'au moyen de la circulation;

» Et cette circulation devient moins rapide lorsque la précaution fait faire aux consommateurs des achats anticipés et surabondans, lorsque le cultivateur porte plus lentement aux marchés, lorsque le commerçant diffère de vendre, et que le capitaliste emploie ses fonds en achats qu'il emmagasine pour garder, et provoquer ainsi le renchérissement.

» Ces calculs de l'intérêt personnel, légitimes lorsqu'ils ne compromettent point la subsistance du peuple, et ne donnent point aux Grains une valeur supérieure à la valeur réelle, résultat d'une situation de la récolte dans tout l'empire, doivent être défendus lorsqu'il donnent aux Grains une valeur factice et hors de proportion avec le prix auquel la denrée peut s'élever d'après sa valeur effective, réunie au prix du transport et du légitime bénéfice du commerce.

» A quoi voulant pourvoir par des mesures propres à assurer à la circulation toute son activité, et aux départemens qui éprouvent des besoins, la sécurité; sur le rapport de notre ministre des manufactures et du commerce; notre conseil d'État entendu, nous avons décrété et décrétons ce qui suit :

» SECT. I. *De la circulation des Grains et Farines.* ART. 1. La libre circulation des Grains et Farines sera protégée dans tous les départemens de notre empire. Mandons à toutes les autorités civiles et militaires d'y tenir la main, et à tous les officiers de police et de justice de réprimer toutes oppositions, de les constater, et d'en poursuivre ou faire poursuivre les auteurs devant nos cours et tribunaux.

» 2. Tout individu, commerçant, commissionnaire et autre, qui fera des achats de Grains et Farines au marché pour en approvisionner les départemens qui auraient des besoins, sera tenu de le faire publiquement, et après en avoir fait la déclaration au préfet ou au sous-préfet.

(1) *V.* au §. suivant, l'arrêt de la cour de cassation du 21 floréal an 12.

» Sect. II. *De l'approvisionnement des marchés*. 3. Il est défendu à tous nos sujets, de quelque qualité et condition qu'ils soient, de faire aucun achat ou approvisionnement de Grains ou farines pour les garder, emmagasiner et en faire un objet de spéculation.

» 4. En conséquence, tous individus ayant en magasin des Grains et farines, seront tenus, 1° de déclarer aux préfets ou sous-préfets les quantités par eux possédées, et les lieux où elles sont déposées; 2° de conduire dans les halles et marchés qui leur seront indiqués par lesdits préfets ou sous-préfets, les quantités nécessaires pour les tenir suffisamment approvisionnés.

» 5. Tout fermier, cultivateur ou propriétaire ayant des Grains, sera tenu de faire les mêmes déclarations, et de se soumettre également à assurer l'approvisionnement des marchés, lorqu'il en sera requis.

» 6. Les fermiers qui ont stipulé leur prix de ferme payable en nature, pourront en faire les déclarations et justifications par la représentation de leurs baux. En ce cas, sur la quantité qu'ils seront tenus de porter aux marchés pour les approvisionnemens, une quote-part proportionnelle sera pour le compte des bailleurs; et le fermier leur en tiendra compte en argent, sur le pied du marché où il aura vendu, et d'après la mercuriale.

» 7. Les propriétaires qui reçoivent les prestations ou prix de fermes, en Grains, pourront obliger leurs fermiers, habitant la même commune, de conduire ces Grains au marché, moyennant une juste indemnité, s'ils n'y sont tenus par leurs baux.

» Sect. III. *De la police des marchés*. 8. Tous les Grains et farines seront portés aux marchés qui sont ou seront établis à cet effet. Il est défendu d'en vendre ou acheter ailleurs que dans lesdits marchés.

» 9. Les habitans et boulangers pourront seuls acheter des Grains pendant la première heure, pour leur consommation. Les commissionnaires commerçant qui se présenteraient au marché, après s'être conformés aux dispositions de l'art. 2 du présent décret, ne pourront acheter qu'après la première heure.

» 10. Nos ministres sont chargés de l'exécution du présent décret, lequel n'aura lieu que jusqu'au 1er septembre prochain ».

A ce décret en a succédé un autre du 8 du même mois, qui est ainsi conçu :

« Napoléon......; par un décret du 4 de ce mois, nous avons assuré la libre circulation des Grains dans tout notre empire, encouragé le commerce d'approvisionnement, pris des mesures pour que les achats qu'il fait, les transports qu'il effectue, soient à la fois connus et protégés par l'autorité publique.

» En même temps nous avons défendu à tous nos sujets de se livrer à des spéculations dont les avantages ne s'obtiennent et ne se réalisent qu'en retirant pendant un temps les denrées de la circulation, pour en opérer le surhaussement, et les revendre avec de plus gros bénéfices.

» Enfin, nous avons fixé les règles du commerce, prévenu sa clandestinité, établi la police des marchés, de manière que tous les Grains y soient apportés et vendus; pourvu au besoin des habitans de chaque contrée, en leur réservant la première heure à l'ouverture des marchés pour effectuer leurs approvisionnemens.

» Mais ces mesures salutaires ne suffisent pas cependant pour remplir l'objet principal que nous avons en vue, qui est d'empêcher un surhaussement tel, que le prix des subsistances ne serait plus à la portée de toutes les classes de citoyens.

» Nous avons d'autant plus de motifs de prévenir cet enchérissement, qu'il ne serait pas l'effet de la rareté effective des Grains, mais le résultat d'une prévoyance exagérée, de craintes mal entendues, de vues d'intérêt personnel, des spéculations de la cupidité, qui donneraient aux denrées une valeur imaginaire, et produiraient par une disette factice les maux d'une disette réelle.

» Nous avons donc résolu de prendre des moyens efficaces pour faire cesser en même temps les effets de tous les calculs de l'avidité et les précautions de la crainte.

» Nous avons été secondés dans ces intentions par les propriétaires, fermiers et marchands de six départemens centraux de l'empire, qui se sont engagés à en approvisionner les marchés au prix de 33 francs l'hectolitre.

» En prenant ce prix pour régulateur de celui des Grains dans tout l'empire, il sera porté aussi haut qu'il ait été dans les années les moins abondantes, notamment en l'an 10; et cependant, à ces époques diverses, on avait à pourvoir par des achats journaliers aux besoins de la capitale, dont l'approvisionnement est aujourd'hui entièrement assuré jusqu'après la récolte.

» Nous attendons de ces nouvelles mesures des effets salutaires; nous comptons que les propriétaires, fermiers et commerçans y concourront avec empressement, et que les administrateurs y apporteront le zèle, l'activité, la prudence et la fermeté nécessaires à leur exécution.

» En conséquence, sur le rapport de notre ministre du commerce, notre conseil d'État entendu, nous avons décrété et décrétons ce qui suit :

» Art. 1. Les blés dans les marchés des départemens de la Seine, Seine-et-Oise, Seine-et-Marne, Aisne, Oise, Eure-et-Loir, ne pourront être vendus à un prix excédant 33 francs l'hectolitre.

» 2. Dans les départemens où les blés récoltés et existans suffisent aux besoins, les préfets tiendront la main à ce qu'il ne puissent être vendus au-dessus de 33 fr.

» 3. Dans les départemens qui s'approvisionnent hors de leur territoire, les préfets feront la fixation du prix des blés, conformément aux intructions du ministre du commerce, et en prenant en considération les prix de transports et les légtimes bénéfices du commerce.

» 4. Cette fixation sera faite et publiée par les préfets, conformément aux art. 2 et 3, dans les trois jours de la réception du présent décret; elle sera obligatoire jusqu'à la récolte seulement.

» 5. Les dispositions des articles précédens ne

seront pas applicables aux départemens où le prix du blé ne sera pas au-dessus de 33 fr. l'hectolitre.

» 6. Nos ministres sont chargés de l'exécution du présent décret, laquelle ne pourra se prolonger au-delà de quatre mois, à comter de sa publication ».

IV. L'art. 176 du Code pénal de 1818 porte que « tout commandant de divisions militaires, des départemens ou des places et villes, tout préfet ou sous-préfet qui aura, dans l'étendue des lieux où il a droit d'exercer son autorité, fait ouvertement ou par des actes simulés, ou par interposition de personnes, le commerce des Grains, greuailles, farines, substances farineuses, vins ou boissons, autres que ceux provenant de ses propriétés, sera puni une amende de 500 fr. du moins, de 10,000 fr. au plus, et de la confiscation des denrées appartenant à ce commerce ».

Au surplus, *V.* l'article *Monopole*.

§. IV. *De l'exportation des Grains à l'étranger.*

I. L'exportation des Grains à l'étranger était défendue, lorsque l'assemblée constituante se forma; et cette assemblée le maintint provisoirement par son décret du 29 août 1789.

Par celui du 18 septembre suivant, elle déclara « que toute exportation de Grains et farines à l'étranger serait considérée comme un attentat contre la sûreté et la sécurité du peuple; et qu'en conséquence, ceux qui s'en rendraient coupables, seraient poursuivis extraordinairement devant les juges ordinaires des lieux, comme perturbateurs de l'ordre public ».

Une disposition aussi vague ne pouvait plus recevoir aucune application, depuis que, par la nouvelle législation criminelle, les juges étaient réduits à n'infliger que les peines spécifiquement déterminées par la loi.

De là, le décret de la convention nationale du 5 décembre 1792, qui prononçait *la peine de mort* contre tous ceux qui exporteraient des Grains à l'étranger. — Mais cette peine était évidemment trop rigoureuse, et devenait, par-là même, un germe d'impunité du délit qu'elle tendait à réprimer.

L'art. 18 de la loi du 7 vendémiaire an 4 convertit cette peine en celle de deux années de fers, et n'eut pas de meilleurs résultats.

Enfin, la loi du 26 ventôse an 5, « considérant que la rigueur des peines prononcées par la loi du 7 vendémiaire an 4 contre l'exportation des Grains, en rend l'application difficile, et qu'il est indispensable de les modifier », a ordonné ce qui suit :

» *Art.* 1. La défense d'exporter des Grains ou farines de toute espèce, est maintenue.

» 2. Tout transport de Grains ou farines, surpris de nuit, ou sans passavant, dans la distance de cinq kilomètres (une lieue) en-deçà des frontières de terre, et de vingt cinq hectomètres (une demi-lieue) des côtes maritimes, sera confisqué avec les voitures, bêtes de sommes, bateaux ou navires servant au transport.

» 3. Sont exceptés de la formalité du passavant, les Grains portés de jour au moulin, et les farines en revenant, dont le poids n'excédera pas six myriagrammes (cent vingt-trois livres et demie).

» 4. Le passavant sera délivré par les préposés au bureau des douanes le plus voisin, ou par le président de l'administration municipale du domicile du propriétaire, auquel cas il sera signé du commissaire du directoire exécutif.

» 5. Le passavant indiquera la quantité, le lieu de l'enlèvement et de destination, l'heure du départ, et la route à tenir.

» 6. Les conducteurs ou propriétaires, outre la confiscation prononcée par l'art. 2, seront condamnés par le tribunal de police correctionnelle, à une amende de 10 francs par cinq myriagrammes (un quintal) de Grains, et de 12 francs par cinq myriagrammes (un quintal) de farine ».

Ces dispositions sont-elles abrogées, quant à la nécessité d'un passavant pour la circulation des Grains dans les lieux voisins des frontières, par la loi du 21 prairial an 5, dont les termes sont transcrits dans le §. précédent ?

La cour de justice criminelle du département des Côtes-du-Nord avait jugé, le 26 nivose an 12, qu'elles l'étaient, non-seulement par cette loi, mais encore par l'art. 4 de celle du 19 vendémiaire an 6; et elle avait en conséquence annullé une saisie de Grains et de farines que les sieurs Letyrran, Lecassnieur et d'autres faisaient circuler sans passavant dans les vingt-cinq hectomètres des côtes maritimes. Mais la régie des douanes s'étant pourvue en cassation, arrêt du 21 floréal an 12, au rapport de M. Liborel, qui, « vu les art. 1 et 2 de la loi du 26 ventose an 5, l'art. 1 de celle du 21 prairial suivant, et l'art. 4 de la loi du 19 vendémiaire an 6; considérant que la loi du 21 prairial an 5; en déclarant libre la circulation des Grains *dans l'intérieur de la république*, a laissé subsister la défense portée par l'art. 2 de celle du 26 ventose précédent, de transporter des Grains ou farines sans passavant, *dans la distance de vingt-cinq hectomètres des côtes maritimes*, considérant que la dispense du passavant établie, *dans tous les cas*, par l'art. 4 de la loi du 19 vendémiaire an 6, ne se rapporte point aux Grains et graines énoncés dans la première partie de cet article, mais seulement aux bestiaux, poissons, et autres objets spécifiés dans la seconde partie; considérant qu'il s'ensuit que le jugement du tribunal criminel du département des Côtes-du-Nord, rendu le 25 nivose dernier, a fait une fausse interprétation desdits articles ci-dessus cités, en déclarant, soit que la loi du 21 prairial an 5 avait abrogé la défense portée par l'art. 2 de la loi du 26 ventose an 5, soit que celle du 19 vendémiaire an 6 avait dispensé, *dans tous les cas*, le transport de Grains de la nécessité du passavant; et par une conséquence ultérieure, que ce jugement en confirmant celui du tribunal correctionnel séant à Guingamp, en date du 15 frimaire an 12, qui avait déclaré la saisie dont il s'agissait indûment faite, a contrevenu audit art. 2 de la loi du 26 ventose an 5; par ces motifs, casse et annulle.... ».

II. Mais comment concilier la défense d'exporter les Grains à l'étranger, avec la nécessité où l'on est souvent de les transporter par mer d'une partie de la France dans une autre ?]]

Divers arrêts du conseil, et particulièrement celui du 14 février 1773, n'avaient d'abord permis le commerce des Grains d'un port à un autre, que dans ceux où il y avait siége d'amirauté, et dans quelques autres des généralités de Bretagne, de la Rochelle, etc. Le transport de cette denrée était d'ailleurs assujetti à des formalités rigoureuses qui pouvaient détourner les particuliers de se livrer à ce commerce, et faire rester, au préjudice des propriétaires, les Grains dans les provinces où ils seraient surabondans, tandis que d'autres provinces, qui en auraient besoin, en seraient privées : ces considérations et le peu de proportion qu'il y avait entre les contraventions et les peines prononcées par les arrêts, ont déterminé le roi à rendre, en son conseil, le 12 octobre 1775, un nouvel arrêt, suivant lequel les Grains, graines, grenailles, farines et légumes, peuvent sortir librement par mer de tous les ports du royaume, pour rentrer dans un autre port, soit de la même province, soit d'une autre, en justifiant de la destination et de la rentrée : mais les négocians sont tenus outre les formalités usitées dans les lieux où il y a siége d'amirauté, de faire, au bureau des fermes établi à la sortie, une déclaration de la quantité des Grains qu'ils transportent, et d'y prendre un acquit à caution indicatif de la quantité et qualité de cette denrée, et du lieu pour lequel elle est destinée.

Lorsque ces Grains viennent à rentrer dans le port, l'acquit à caution doit être déchargé dans la forme prescrite par l'ordonnance des fermes.

Si le mauvais temps ou d'autres raisons obligeaient les capitaines à relâcher dans d'autres ports que ceux pour lesquels ils auraient été destinés, l'acquit à caution qu'ils représenteraient, devrait être pareillement déchargés dans ces autres ports.

Si, lors de la vérification au lieu de la sortie ou de la rentrée, il se trouve sur la quantité des Grains, farines ou légumes, un excédant ou un *déficit* de plus d'un dixième, ceux qui ont fait transporter ces denrées, sont tenus d'en faire rentrer dans le royaume, le quadruple de la quantité qui excède à la sortie, ou qui manque à la rentrée, sur la quantité mentionnée dans l'acquit à caution, et cela dans le délai prescrit par l'intendant ou son subdélégué, sous peine de 1000 livres d'amende.

Ces peines, au surplus, ne peuvent avoir lieu contre les capitaines qui ont été forcés par le gros temps à jeter à la mer leur chargement en tout ou en partie, et qui en font leur déclaration en la forme usitée, soit au lieu du débarquement, soit dans d'autres amirautés. (M. GUYOT.) *

[[Il existe des dispositions du même genre, mais un peu différentes, dans la loi du 29 août 1789, celle du 8 octobre 1792, l'arrêté du directoire exécutif du 8 pluviose an 4, et les arrêtés des consuls du 19 ventose an 8, du 30 floréal de la même année et du 4 frimaire an 9.

Ces dispositions ont donné lieu à une contestation dont voici l'espèce. — Le 15 nivose an 11, le sieur Olotte, négociant à Morlaix, prend au bureau des douanes de cette ville, un acquit à caution pour charger, à la destination de Saint-Malo, sur le navire *la Marie*, deux mille quatre-vingt-quatre myriagrammes cinquante-sept hectogrammes, ou quatre cent vingt-cinq quintaux vingt-cinq livres de blé, estimés 4,250 francs. — Le 22 du même mois, il prend au même bureau un autre acquit à caution pour charger, à la même destination, sur le navire *le Vendangeur*, trois mille cent quatre-vingt-un myriagrammes quatre-vingt-dix hectogrammes ou sept cent soixante-onze quintaux cinquante livres de blé, estimés 7,708 francs. — Conformément à l'obligation que lui imposaient ces acquits, le sieur Olotte rapporte, dans les deux mois, les certificats de décharge que lui ont délivrés les préposés des douanes de Saint-Malo. — Mais de ces certificats même il résulte que sur les Grains chargés à bord du navire *la Marie*, il manquait, lors de la décharge qui en a été faite à Saint-Malo, deux cent cinquante kilogrammes huit cent vingt-deux grammes, ou cinq quintaux vingt-trois livres; et que sur les Grains chargés à bord du navire *le Vendangeur*, il en manquait dix-sept cent soixante-deux kilogrammes trois cent quatre-vingt-treize grammes, ou trente-six quintaux trois livres. — Après avoir reconnu ce double déficit, la régie des douanes décerne contre le sieur Olotte une contrainte en payement, 1° d'une somme de 412 francs 6 centimes pour la valeur des Grains manquans; 2° d'une amende de 454 francs 8 centimes à raison de 10 francs par quintal, conformément à la loi du 26 ventôse an 5, y compris le décime par franc. — Le sieur Olotte forme opposition à cette contrainte devant le juge de paix du canton de Morlaix, lequel, vu l'art. 33 du tit. 13 de la loi du 22 août 1791, le déboute et ordonne l'exécution de la contrainte. — Appel de la part du sieur Olotte. Par jugement du 27 floréal an 13, le tribunal civil de Morlaix, se fondant sur l'art. 1 du tit. 8 de l'arrêté du gouvernement du 27 frimaire an 11, annulle la sentence du juge de paix, déclare la contrainte non fondée, et condamne la régie aux dépens. — Mais la régie se pourvoit en cassation; et le 4 février 1807, arrêt, au rapport de M. Dutoc, par lequel, « vu l'art. 33 du tit. 13 de la loi du 22 août 1791; l'art. 6 de la loi du 26 ventôse an 5; et l'art. 1 du dit tit. 8 de l'arrêté des consuls du 27 frimaire an 11; et attendu, 1° que l'art. 1 du tit. 8 de l'arrêté des consuls du 27 frimaire an 11, titre qui ne concerne que le cabotage, n'a trait qu'aux déclarations à faire au bureau de la douane, lors de la sortie d'un port pour aller dans un autre, et aux marchandises assujetties à des droits de sorties, et non à des Grains dont la sortie est prohibée; que dès-lors, le tribunal, dont est pourvoi, en a fait une fausse application; 2° que s'agissant, dans l'espèce, d'acquits à caution pour charger à Morlaix du blé-froment pour destination de Saint-Malo, dont il devait être apporté certificats de décharge et s'étant trouvé des quantités manquantes à ce dernier port, qui donnaient lieu à un droit et à une amende, l'administration des douanes de Morlaix a été fondée à décerner contrainte pour raison d'iceux; qu'en supposant qu'ils ne fussent pas dus, le sieur Olotte devait toujours les payer, d'après l'art. 33 de la loi du 22 août 1791 ci-dessus cité, sauf ses dommages et intérêts : d'où il suit que l'exécution de cette contrainte ne pouvait être suspendue sans contrevenir audit art. 33; par ces motifs, la cour casse et annulle.... ».

III On a vu plus haut que la défense d'exporter les Grains renferme celle de les faire circuler sans passavant dans la ligne des douanes.

Nous devons ajouter qu'il y a là-dessus une distinction importante à faire relativement à la peine. *V. Douanes*, §. 5, *n*. 2.

Ajoutons encore qu'un arrêté du directoire exécutif du 17 prairial an 7 et un arrêté des consuls du 28 germinal an 8, ont pris des mesures particulières pour empêcher l'exportation des Grains par le Rhin, l'Escaut et la Meuse.

IV. La défense d'exporter des Grains à l'étranger, ne porte pas sur ceux qui viennent de l'étranger même.

L'art. 5 de la loi du 18 septembre 1789 déclare que « ceux qui auront importé dans le royaume des blés venant de l'étranger, et qui en auront fait constater l'introduction, la quantité, la qualité et le dépôt par les municipalités du lieu, auront la liberté de les exporter, si bon leur semble, en se conformant aux règles et formalités établies pour les entrepôts ».

La loi du 11 novembre 1790 ajoute « que toute espèce de Grains, farines et légumes venant de l'étranger dans un port de France, quel qu'il soit, seront déclarés par entrepôt, et pourront être réexportés par tel autre port de France ou de l'étranger qu'on voudra, à la charge par celui qui en fera la réexportation, de justifier par-devant les officiers municipaux des lieux, que ce sont réellement les mêmes Grains, farines et légumes venant de l'étranger, qu'il se propose de réexporter, en se conformant, au surplus, au décret du 18 septembre 1789 ».

On peut encore voir là-dessus le décret impérial du 6 messidor an 13, relatif aux départemens de Gênes, de Montenotte et des Appennins.

V. Au surplus, la défense d'exporter les Grains à l'étranger, est modifiée d'une manière très-notable par le décret impérial du 25 prairial an 12. Voici comment il est conçu :

» *Art.* 1. L'exportation des Grains en France est permise pour l'Espagne, le Portugal, l'Allemagne et la Hollande, par les ports d'Agde, Lanouville, Baïonne, Bordeaux, Nantes, Saint-Valery, Saint-Giles, les Sables, Marans, la Rochelle, Rochefort, le Sas-de-Gand, Anvers, Coblentz, Mayence et Cologne : et par cinq ports de terre qui seront indiqués, un dans chaque département des Pyrénées-Orientales, Hautes-Pyrénées, Lot-et-Garonne, Gers, Basses-Pyrénées, en payant à leur sortie un droit d'un franc par cinq myriagrammes de blé, et cinquante centimes pour les seigles, maïs et autres Grains.

» 2. Le produit du droit sur les exportations qui s'effectueront, sera versé de la caisse des douanes, dans la caisse d'amortissement, et appliqué aux usages ci-après : — 1° Le produit des Grains exportés par Mayence servira à fournir aux dépenses nécessaires pour ouvrir une route directe entre Mayence et Paris. —2° Le produit des exportations par le Sas-de-Gand, Anvers et Cologne sera affecté exclusivement aux travaux du canal de jonction du Rhin à l'Escaut. — 3° Le produit des exportations par Marans, la Rochelle et Rochefort, sera affecté à la confection d'un canal qui communiquera de Niort à la Rochelle.

» 3. Toute exportation cessera du moment que le prix du blé de première qualité sera monté à 15 fr. l'hectolitre dans les départemens du midi de la république, et cela d'après les mercuriales de trois marchés successifs dans le marché du lieu de l'exportation, ou dans le marché le plus voisin. La prohibition sera ordonnée provisoirement par le préfet du département, et confirmée par le gouvernement sur le rapport du ministre de l'intérieur ».

Il est dérogé quelques-unes de ces dispositions par un décret du 13 brumaire an 13, dont voici les termes :

» *Art.* 1. L'exportation des Grains est permise pour l'Espagne et le Portugal par les départemens frontières de l'Espagne, et par les ports de Baïonne et du Saint-Esprit, de Marans, des Sables-d'Olonne et Bordeaux, en payant, à la sortie, pour les blés, seigles, maïs, haricots et autres Grains, le droit fixé par le décret du 25 prairial dernier.

» 2. Le produit du droit sur les exportations sera versé conformément à ce qui est prescrit par ledit décret, et employé, pour ce qui concerne les ports de Marans et des Sables-d'Olonne, à la confection d'un canal qui communiquera de Niort à la Rochelle.

» 3. Toute exportation cessera du moment où le prix du blé de première qualité sera monté à 16 fr. l'hectolitre pour les ports de Marans et des Sables-d'Olonne; et à 20 francs l'hectolitre pour les ports de Baïonne, du Saint-Esprit et de Bordeaux, pendant trois marchés consécutifs dans le lieu d'exportation, ou dans le marché le plus voisin. La prohibition sera ordonnée provisoirement par le préfet du département, et confirmée par le gouvernement sur le rapport du ministre de l'intérieur ».

V. Convention, §. 2; et *Douanes*.]]

*GRAIRIE. Beaucoup d'auteurs regardent ce mot comme synonyme de celui de *Gruerie*, avec lequel ils le confondent. Il y a cependant une différence entre les deux; car *Gruerie* signifie le droit que le roi a dans le produit de la vente d'un bois sur lequel il s'est réservé la juridiction, avec tous les profits qui y sont attachés, au lieu que la *Grairie* consiste dans la propriété et le domaine d'une partie du fonds du bois; tellement qu'on peut les considérer, en quelque sorte, comme étant, l'un *jus ad rem*, et l'autre *jus in re*.

Aussi voit-on, dans les nouvelles et dans les anciennes ordonnances, que ces deux mots sont employés distinctement, ce qui annonce qu'ils n'ont pas une signification synonyme.

Quoique le droit de Grairie soit, ainsi que nous venons de l'observer, différent de celui de gruerie, cependant l'un et l'autre semblent avoir la même cause constitutive, qui est la permission que nos rois accordèrent autrefois à quelques-uns de leurs sujets, de laisser croître leurs bois en haute-futaie, sous la réserve, non-seulement du droit de juridiction, mais encore d'une portion dans le prix de la vente qui en serait faite, ou d'une portion dans le fonds de ces bois, à laquelle les propriétaires renoncèrent alors au profit du roi.

Dans le droit de Grairie, il faut considérer le roi comme propriétaire par indivis des bois qui y sont assujettis, et qui, à ce titre, sont soumis à la juridiction des officiers des eaux et forêts; en sorte que les co-propriétaires n'y peuvent disposer d'aucun arbre, ni y faire aucune vente, de quelque espèce que ce soit, sans la permission du roi.

Ce droit est inaliénable, parce qu'il fait partie du domaine de la couronne; aussi est-il défendu par les ordonnances de 1318, art. 8, de 1484, art. 10, et celles d'août 1561, de février 1564 et de 1669, tit. 23, art 8, de le donner, vendre, ni même affermer sous quelque prétexte que ce soit.

Il résulte de ce que nous venons de dire, que le droit de Graïrie suppose nécessairement l'indivision: car si les bois qui y sont assujettis eussent été partagés, le roi jouirait séparément de la portion qui lui serait échue, comme les propriétaires jouiraient divisément des leurs; dans ce cas, le partage aurait anéanti le droit de Graïrie sur la totalité du bois, et dès lors, les propriétaires pourraient disposer librement des arbres de leur portion, en se conformant toutefois aux dispositions de l'ordonnance de 1669, à moins cependant que ces propriétaires ne fussent des gens de main-morte, qui n'ont pas la même liberté, ainsi que nous l'avons dit sous le mot Futaie

Ce droit de Graïrie rend donc le roi co-propriétaire d'un bois. Il semblerait dès lors, que les autres co-propriétaires n'ont pas, comme dans le droit de gruerie, la faculté de disposer du mort-bois ou du bois mort, parce que le droit de propriété de sa majesté s'étend sur ces deux espèces de bois. Cependant les anciennes ordonnances, et celle de 1669, leur en permettent la libre disposition.

Le roi a incontestablement le droit de justice sur les bois soumis à la Graïrie, parce qu'il est le premier et le plus noble des co-propriétaires. C'est pour cette raison que ses officiers y ont une juridiction directe, et qu'ils sont chargés de veiller à ce qu'il ne s'y commette aucun abus contraire à ses intérêts.

Ces co-propriétaires n'y ont pas même le droit de chasse, que le roi s'est expressément réservé, ainsi que la paisson et la glandée: à moins qu'à l'égard de ces deux derniers droits, il n'en aient obtenu la concession.

Les frais faits pour la conservation des bois sujets au droit de Graïrie, doivent être taxés par les grands maîtres, et payés sur le prix de la première vente, afin que la charge en soit portée également par tous les propriétaires qui ont dans les restitutions, dommages et intérêts, les mêmes portions que celles qu'ils ont dans le prix des ventes. C'est la disposition précise de l'art. 22 du tit. 23 de l'ordonnance de 1669. A l'égard des amendes et confiscations provenant des délits commis dans ces bois, elles appartiennent en entier au roi privativement à toute autre.

Si l'on permettait le défrichement de quelque canton de bois sujet au droit de Graïrie, le roi conserverait son droit, et aurait, dans ce terrain défriché une part proportionnée à ce qui lui en appartient; au lieu que dans le droit de gruerie, qui n'a pour objet qu'une portion dans le prix du bois vendu, le roi semblerait y avoir renoncé en permettant le défrichement, puisque le bois sujet à ce droit n'existerait plus. Cependant, comme le droit de graïrie est domanial, et à ce titre, inaliénable, il faut dire que le roi aurait, par remplacement sur les fruits que produirait le terrain défriché, la même portion qu'il avait sur le bois. (M. HENRIQUEZ.)*

[[Nous reviendrons sur cette matière à l'article *Gruerie*.]]

[[**GRAND AMIRAL.** *V. Amiral.*]]

GRAND BAILLI DE HAINAUT. C'est, suivant l'art. 1 du chap. 60 des chartes générales de cette province, un *officier souverain, représentant et tenant lieu du prince et comte de Hainaut.*

Cet officier est à la tête du conseil souverain de Mons, et c'est à sa semonce ou conjure que la justice doit y être administrée, lorsqu'il s'y trouve; l'art. 4 du chap. 1 y est formel: « Et sera (porte-t-il) notredit conseil composé de notre Grand-Bailli de Hainaut, chef et semonceur en notre nom, et de douze féodeaux », ou homme de fiefs. L'art 17 du même chapitre lui laisse la liberté d'assister aux assemblées du conseil, quand il jugera à propos; et par là, ce texte fait voir que les conseillers-hommes de fief de cette cour peuvent juger sans semonce, en l'absence de cette officier.

Indépendamment du droit de préséance et de conjure qu'a le Grand Bailli dans le conseil de Mons, le chap. 60 lui attribue encore plusieurs autres droits qu'il exerce seul. Tels sont ceux d'accorder aux criminels des lettres de grâce, et aux débiteurs obérés, les lettres de répit; de donner les paréatis nécessaires pour exécuter, dans toute l'étendue de la province, les jugemens rendus par des tribunaux étrangers; de donner des hommes de fiefs d'emprunt aux seigneurs qui n'ont pas assez d'officiers pour tenir les plaids ou passer les devoirs de la loi; de proroger le terme prescrit pour le relief des fiefs tenus du roi; de permettre aux communautés d'habitans la levée de certains impôts; *d'accorder sauve-garde et sur-état entre personnes étant en débats et querelles*; de restituer en entier les personnes lésées par des contrats ou autres actes; de faire les règlemens nécessaires à la police du pays; d'établir des curateurs aux furieux et aux imbécilles; d'autoriser les érections de confréries, de communautés, ou autres établissemens de main-morte, de réformer les abus que commettent les *gens de loi* dans la répartition des tailles; de faire ouvrir les *fermes*, pour en tirer les actes dont les parties ont besoin, ou pour en faire déposer de nouveaux; de connaître de toutes les matières de complainte et des réintégrande, etc

[[La réunion de la partie autrichienne du Hainaut à la France, opérée par la loi du 9 vendémiaire an 4, y a fait entièrement cesser les fonctions du Grand-Bailli, comme elles cessaient déjà depuis plus d'un siècle dans la partie de la même province qui avait été conquise par Louis XIV.]]

***GRAND CONSEIL.** Tribunal supérieur qui tient ses séances au Louvre, à Paris, et qui connaît de plusieurs matières, tant civiles que bénéficiales et criminelles.

Ce tribunal est le seul de son espèce dans le royaume: il n'a point de territoire particulier; mais sa juridiction s'étend par toute la France: c'est pourquoi sa devise est *unico universus.*

Dans les premiers temps, le Grand Conseil était proprement le conseil d'État et privé du roi.

Tout ce qui concernait la guerre, la marine, l'amirauté, les prises sur mer, les prisonniers, leur rançon, les lettres d'abolitions pour défection au service du roi, ou pour rébellion, et la réintégration des coupables dans leurs biens et honneurs par la grâce du prince; ce qui avait rapport aux tailles ou au commerce, tout cela était de ressort du Grand Conseil; la raison en est qu'il y avait alors peu d'offices particuliers, et notamment qu'il n'y en avait point pour ces sortes d'affaires, qui se traitaient alors sommairement.

Dans la suite, nos rois instituèrent successivement divers officiers de la couronne et autres, à chacun desquels ils atribuèrent la direction de certaines matières, dont le Grand Conseil avait coutume de connaître: on attrubua au Connétable tout ce qui a rapport au militaire; les gens des comptes, le grand-trésorier de France, et le grand-maître des eaux et forêts, eurent chacun leur département.

Les grands-baillis qui sont devenus par la suite des officiers ordinaires, étaient appelés au Grand Conseil, et y prenaient séance, lorsqu'il s'agissait d'affaires de leur ressort.

La coutume où l'on était de traiter au Grand Conseil les affaires dont la connaissance fut attribuée à ces divers officiers, donna lieu à de fréquentes évocations au Grand Conseil.

D'un autre côté, le bouleversement que les guerres des Anglais, sous le règne de Charles VI, avaient occasionné dans les possessions des particuliers, donna lieu à une multitude infinie de demandes qui furent toutes portées au Grand Conseil, et y restèrent pour la plupart indécises pendant tout le règne de Louis XI, à cause de l'absence continuelle des maîtres des requêtes et autres officiers du Conseil, qui étaient occupés aux ambassades et autres commissions importantes du dedans et du dehors du royaume.

Toutes ces différentes affaires dont le Grand Conseil était surchargé, donnèrent lieu aux Etats assemblés à Tours en 1483, à l'avénement de Charles VIII à la couronne, de demander que le roi eût auprès de lui son Grand Conseil de justice, auquel présiderait le chancelier, assisté *d'un certain nombre de notables personnages de divers Etats et pays, bien renommés et experts au fait de la justice; que ces conseillers prêteraient sermens, et seraient raisonnablement stipendiés*.

Ce fut ce qui engagea Charles VIII, quelque temps après, à établir dans ce Conseil *un corps, cour et collége* d'officiers en titre; ce qu'il fit par un édit du 2 août 1497, qui ordonna que le chancelier présiderait le Grand Conseil; qu'il y serait assisté des maîtres des requêtes ordinaires de l'hôtel qui y présideraient en son absence, selon leur rang d'ancienneté; et il fut en même temps créé dix-sept conseillers ordinaires, tant d'église que laïcs.

Charles VIII étant décédé le 7 avril 1498, Louis XII, par un édit du 13 juillet suivant, confirma l'établissement du Grand Conseil, et augmenta le nombre des conseillers d'un prélat et de deux autres conseillers; ce qui composait en tout le nombre de vingt conseillers, qu'il distribua en deux semestres.

Le Grand Conseil, ainsi composé et reformé par Louis XII, continua de connaître des mêmes affaires dont il avait connu auparavant. Son occupation la plus continuelle était celle du règlement des cours et des officiers; il connaissait aussi de tous les dons et brevets du roi, de l'administration de ses domaines, de toutes les matières qui étaient sous la direction des grands et principaux officiers, et des affaires, tant de justice que de la maison du roi, et des officiers de la suite de la cour: beaucoup d'affaires particulières y étaient aussi introduites, soit par le renvoi que le roi lui faisait des placets qui lui étaient présentés, soit du consentement des parties.

Depuis ce temps, nos rois avaient attribué à ce tribunal la connaissance exclusive de plusieurs matières presque toutes relatives à son institution.

Lors de la fameuse révolution qui bouleversa la magistrature en 1771, le Grand Conseil fut supprimé par un édit du mois d'avril de cette année; et les affaires dont la connaissance lui avait été attribuée, furent renvoyées, les unes au conseil d'Etat privé du roi, quelques autres aux maîtres des requêtes de l'hôtel, et le surplus au parlement de Paris.

Le calme ayant ensuite succédé à l'orage, le Grand Conseil a été rétabli par un édit du mois de novembre 1774. (M. GUYOT.)*

[[Le Grand Conseil a été supprimé une seconde fois, et avec tous les tribunaux de l'ancien régime, par l'art. 13 de la loi du 7 septembre 1790.]]

[[GRAND CONSEIL DE L'EMPEREUR. L'art. 36 du sénatus-consulte du 28 floréal an 12 porte que « les titulaires des grandes dignités de l'empire (*V. Dignités*) forment le *Grand Conseil de l'Empereur* ». Mais ni cet article ni aucun autre du même sénatus consulte ne déterminent les fonctions de ce Conseil.]]

[[GRAND CONSEIL DE LA LÉGION D'HONNEUR. La loi du 29 floréal an 10, portant création de la légion d'honneur, veut, art. 2, que cette légion « soit composée d'un Grand Conseil d'administration et de quinze cohortes, dont chacune aura son chef-lieu particulier ».

L'art. 4 de la même loi portait que ce Conseil serait « composé des trois consuls et de quatre autres membres, dont un serait nommé, entre les sénateurs, par le sénat; un autre, entre les mempres du corps législatif, par le corps législatif; un autre, entre les membres du tribunat, par le tribunat; et un enfin, entre les conseillers d'Etat, par le conseil d'Etat ».

Mais, d'après l'art. 56 du sénatus-consulte du 28 floréal an 12, il ne doit plus être désormais composé que de grands dignitaires de l'empire, présidés par l'Empereur. Cependant, « les membres actuels du Grand Conseil de la légion d'honneur conservent, pour la durée de leur vie, leurs titres, fonctions et prérogatives ».

L'arrêté du gouvernement du 15 messidor an 10

porte, art. 11, que « le Grand Conseil dirige et surveille l'administration des biens nationaux affectés à la légion.—Il en réglera (ajoute-t-il, et proportionnera la répartition d'après celle du territoire, et d'après la nature et valeur des biens qui se trouveront dans l'arrondissement de la cohorte; il conféra aux conseils d'administration telle ou telle portion de revenu à percevoir, ordonnera les versemens d'un arrondissement de cohorte sur un autre, approuvera les divers modes de gestion qui lui seront proposés, recevra, vérifiera et arrêtera la comptabilité des cohortes ».

V. Légion d'honneur et *Chancelier de la Légion d'honneur.*]]

GRAND CONSEIL DE MALINES. C'est un tribunal supérieur des Pays-Bas autrichiens qui exerce sa juridiction sur une partie de ces provinces. Nous n'en faisons ici mention, que parce que, dans cet ouvrage, nous avons souvent occasion de citer les arrêts qu'en ont recueillis Paul Christin, Du Fief, Du Homayn, De Cryspère, Cuvelier, Du Laury, De Coloma et Honny.

[[La réunion des Pays-Bas autrichiens à la France, opérée par la loi du 9 vendémaire an 4, a entraîné la suppression du Grand Conseil de Malines. Son ressort fait actuellement partie de celui de la cour impériale de Bruxelles.]]

GRAND CONSEIL DE VALENCIENNES. On appelle ainsi à Valenciennes l'assemblée des notables qui représente la commune.

Dans des lettres-patentes du 28 mars 1615, données par les archiducs Albert et Isabelle, pour la ville de Valenciennes, il y a un titre *touchant le Grand Conseil.* C'est le second.

[[Ce Grand Conseil a été supprimé par la loi du 14 décembre 1789. *V. Echevin* et *Municipalité.*]]

GRAND ÉLECTEUR. *V. Electeur* (Grand).]]

GRAND ET PETIT CRIMINEL. On entend par *Grand Criminel*, les crimes qui ébranlent les fondemens de la société, qui attentent à la vie, à l'honneur, ou à la sûreté de ses membres, et qui ne peuvent être expiés que par la mort ou la honte des coupables. — Et l'on nomme *Petit Criminel*, ces délits d'un ordre moins grave, qui, sans attaquer essentiellement la société elle-même, portent cependant atteinte à cette sûreté, à cette liberté personnelle que chacun de ses membres a droit de lui demander, et dont la justice doit le faire punir. La peine de ces délits peut consister en condamnations pécuniaires, ou en quelqu'un des châtimens qui ne livrent point le coupable à l'opprobre et à l'infamie. On en poursuit communément la réparation à l'audience, ce qui s'appelle *cause*; ou par une instruction par écrit ordonnée après que l'affaire a été portée à l'audience devant les premiers juges, ce qui s'appelle *instance*; ou par une instruction par écrit ordonnée après que l'affaire a été instruite aussi par écrit devant les premiers juges, ce qui s'appelle *procès*.

I. C'est surtout par rapport aux droits respectifs des chambres tournelles et des chambres des enquêtes, que la distinction du Grand et du Petit Criminel est intéressante.

Originairement la tournelle du parlement de Paris connaissait de toute matière criminelle, quelle qu'en fût la nature et l'instruction.

Les enquêtes ont été appelées à connaître, à sa décharge, d'une partie du Petit Criminel; et comme elles jugent les *procès* en matière civile, il a été naturel et conforme à l'objet de leur institution, de les rendre également juges des procès du *Petit Criminel.* Elles jugent dans toutes les affaires du Petit Criminel qui s'instruisent en procès par écrit à la requête d'une partie civile, et dans lesquelles le délit constaté ne peut jamais entraîner des peines afflictives ou infamantes.

La tournelle, créée uniquement pour connaître des crimes, embrasse toutes les autres affaires criminelles. Comme *chambre de plaidoyer*, elle connaît, relativement aux requêtes, en matière criminelle, de ce dont la grand'chambre, comme *chambre du plaidoyer*, connaît, relativement aux enquêtes, en matière civile. Elle connaît de toutes les affaires jugées à l'audience par les premiers juges, et dont l'appel est porté au parlement. Elle connaît, suivant l'art. 5 du tit. 26 de l'ordonnance de 1670, des matières légères qu'elle évoque sur-le-champ pour les juger à l'audience. Elle connaît, suivant l'art. 2 du même titre, de l'appel de tous les jugemens d'instruction qui interviennent dans les matières les plus légères, et rentrent dans le Petit Criminel.

Tel est le partage qu'avait préparé entre ces chambres la nature même des enquêtes, qui ne peuvent juger ni des affaires d'audience, ni des instances, et auxquelles on ne pouvait porter, en matière de Petit Criminel, que les *procès*, comme on n'y porte que des *procès* en matière civile.

C'est ce partage que le parlement de Paris a plutôt confirmé qu'établi, par son arrêt de règlement du 3 mars 1655, qui détermine quels sacs doivent être portés dans les différens greffes de la cour.

Cet arrêt attribue au greffe de la tournelle les affaires dans lesquelles le premier juge a condamné à faire déclaration tête nue, ou à être admonété en la chambre, quoique ces deux peines, surtout la dernière, n'appartiennent qu'au Petit Criminel. — « La cour ordonne (porte-t-il), que les procès et instances, information et autres pièces concernant les dégradations de bois, spoliation, revendications, réintégrandes, banqueroutes et autres semblables différends, qui par sentences seront réduits à des amendes pécuniaires, restitutions, dommages et intérêts, et dépens, quoique le procureur-général ou ses substituts y soient parties, et que l'instruction en ait été faite extraordinairement...., seront mis et portés au dépôt du greffe civil (qui est pour les enquêtes), à la charge néanmoins que si l'on reprend l'extraordinaire séparément, ou que par lesdites sentences il y ait peine afflictive, ou à faire déclaration nue tête, blâmé ou admonété en la chambre, ils seront portés au greffe criminel; et pour les autres condamnations ès-quelles les peines seront moindres que celles ci-dessus, appartiendront au civil ».

II. Il y a eu autrefois de fréquentes contestations; entre le parlement de Paris et le conseil provincial d'Artois, sur le partage du Grand et du Petit Criminel.

Quoique ces contestations ne puissent plus renaître (attendu que le conseil d'Artois est, depuis le mois de novembre 1774, souverain au Petit comme au Grand Criminel), nous croyons cependant devoir en rendre compte, pour d'autant mieux fixer les idées sur ce qu'on doit entendre par *Grand* et *Petit Criminel*.

En 1531, le conseil d'Artois, qui était autorisé par le placard de Charles-Quint, du 23 juin 1530, à connaître en dernier ressort et « par arrêt, de toutes appellations en matière criminelle », douta si son pouvoir s'étendait jusqu'à prononcer souverainement des condamnations de bannissement, d'amendes, *d'escordits* et *voyages*, parce qu'il n'était pas assuré si c'étaient des objets de procédure criminelle. L'empereur Charles-Quint fut consulté sur ce point, et par un placard du 10 juillet de la même année, il déclara que le conseil d'Artois était, dans ces cas, soumis à l'appel.

Lorsque la province d'Artois fut réunie à la France, on prétendit, d'après cette loi, que le parlement de Paris pouvait recevoir les appels des condamnations de bannissement et d'amendes qui étaient émanées du conseil d'Arras.

Mais si, en cela on respectait la lettre du placard de 1531, on en violait bien ouvertement l'esprit. Il ne faut, pour le sentir, que se reporter aux idées de ces pays et de ces temps-là. En lisant l'avis demandé par le conseil d'Artois, on y voit qu'il doutait si ces cas devaient être traités à l'extraordinaire, et si ces condamnations ou *sentences pour délit et forfait seraient représentées* (réputées) *pour sentences rendues en matières criminelles, et si en icelles il devait juger par arrêt.* On y compare les bannissemens aux simples amendes envers les privilégiés ou les villes, aux *escondits* (c'était éconduire hors de la ville), et même aux *voyages*, c'est-à-dire, aux pélerinages qu'on ordonnait quelquefois. Est-il étonnant qu'avec de pareilles idées l'empereur ait répondu que le conseil d'Artois ne connaîtrait qu'à la charge de l'appel, des condamnations de bannissement, amendes, escondits et voyages?

Aussi dès que d'Artois fut rendu à la France, l'ordonnance de Charles-Quint fut ramenée aux véritables maximes du royaume; des notions plus justes reprirent leur empire, le bannissement fut rangé dans la classe des peines de Grand Criminel, et le conseil d'Artois fut regardé comme compétent pour l'infliger par arrêt.

Ainsi, le nommé Jean Petit ayant été banni de la ville d'Arras et du bourg d'Avesne-le-Comte, par sentence du juge du lieu, et ayant appelé au parlement de Paris, où il surprit des défenses, Louis XIV rendit, le 21 octobre 1644, quatre ans seulement après la réunion de l'Artois, un arrêt en son conseil, sur la requête des Etats et sur les remontrances du conseil d'Artois, qui renvoya à ce tribunal l'appel interjeté par ce particulier, « pour y être jugé souverainement et en dernier ressort suivant l'établissement dudit conseil et l'usage dudit pays ».

Ainsi encore, le 23 janvier 1661, Louis XIV répondant au cahier des Etats d'Artois, déclara sur l'art. 15, que « nul ne pourrait être *exilé* ni *banni* de ce pays, que *par arrêt* du conseil provincial d'Artois ».

Le 4 février 1685, le nommé Auger, qui avait interjeté appel au parlement d'une sentence du bailliage de Bapaume, portant condamnation contre lui d'une amende de 100 liv., fut renvoyé par arrêt du conseil du roi au conseil provincial d'Arras, avec défense de se pourvoir ailleurs.

En 1686, le nommé Mase, condamné en première instance par le bailliage d'Hesdin à une amende de 150 liv., ayant appelé du jugement confirmatif du conseil d'Artois, et ayant fait intimer le nommé Bingot, ce dernier fut déchargé de l'assignation par arrêt du conseil du roi, sur la seule demande du procureur-général au conseil d'Artois.

Le 7 septembre 1718, le conseil du roi ordonna entre le procureur-général du parlement de Flandre et le conseil provincial de Hainaut, créé à l'instar de celui d'Artois, que pour régler le partage du Grand et du Petit Criminel, et déterminer le cas où les jugemens criminels du conseil provincial seraient passibles d'appel ou rendus au souverain, on consulterait, non le placard de Charles-Quint du 10 juillet 1531, mais l'ordonnance de 1670.

Par un autre arrêt du conseil du 21 mars 1721, le nommé Delsault: condamné par le bailliage de Bapaume à une réparation d'honneur et à des dommages-intérêts, a été déclaré non recevable dans ses lettres en réglement de juge, du premier mars 1620; et son appel a été renvoyé au conseil d'Artois, *pour y être jugé en dernier ressort.*

La difficulté terminée par ces arrêts, a fait place à une autre non moins importante. La question était de savoir si dans toutes les affaires du Petit Criminel indistinctement, le conseil d'Artois était souverain ou soumis à l'appel.

Les bailliages de la province soutenaient ce dernier parti: le conseil d'Artois invoquait, en faveur du premier, l'arrêt de 1721 que nous venons de rappeler.

Entre ces deux extrémités opposées, le législateur se détermina à conserver au conseil d'Artois la compétence de la tournelle du parlement, et à donner aux enquêtes, suivant l'arrêt du 3 mars 1635, la même compétence qu'elles ont à l'égard de la tournelle, c'est-à-dire, les *procès* du Petit Criminel: « Ordonnons (portent les lettres-patentes du 13 juin 1728, enregistrées au parlement sans aucune modification à cet égard), que toutes les matières de Grand Criminel, et dont la tournelle criminelle de notre cour de parlement de Paris a drois de connaître, seront jugées en dernier ressort par les officiers de notre conseil d'Artois, sans que notre dit conseil puisse juger autrement, qu'à la charge de l'appel, les *procès* du Petit Criminel dont les enquêtes de notre dite cour de parlement sont en possession de connaître ».

Pour bien entendre ces dispositions, et surtout celle qui est exprimée par ces termes, *toutes les matières de Grand Criminel, et dont la tournelle cri-*

minelle de notre cour de parlement de Paris a droit de connaître, il faut faire attention que le droit de juger le Grand Criminel n'a été en aucun temps contesté au conseil d'Artois; et de là il suit évidemment qu'il est impossible que ce soit ce droit qu'aient eu en vue les lettres-patentes de 1728; qu'ainsi, ces lettres-patentes ajoutant, *et dont la tournelle a droit de connaître*, désignent quelque chose qui n'est pas le Grand Criminel; que par là, elles confirment au conseil d'Artois et les *instances* et les *causes* de Petit Criminel; d'autant mieux qu'elles n'accordent aux enquêtes que les procès de Petit Criminel, et qu'elles ne peuvent pas même, par l'institution de ces chambres, leur accorder davantage.

D'ailleurs une règle d'interprétation fort simple et en même temps très-sûre, est que nous conservons tout ce qu'on ne nous ôte pas. Ainsi, le conseil d'Artois, connaissant souverainement, par le placard du 23 juin 1530 et par une foule de lois postérieures, de *toutes* les affaires criminelles, et n'étant astreint par les lettres-patentes de 1728, à juger à la charge de l'appel que les *procès* de Petit Criminel dont les enquêtes sont en possession de connaître, il conserve nécessairement la souveraineté sur toutes les affaires criminelles autres que les procès de Petit Criminel.

Enfin, que deviendrait en Artois, dans l'opinion contraire, le Petit Criminel de tournelle? Il n'est sûrement pas ôté au conseil d'Artois par la seconde partie de l'article cité des lettres-patentes; et s'il ne lui était pas adjugé par la première, il faudrait dire qu'il est demeuré en suspens, ce qui n'est pas possible, puisqu'il n'y avait à décider que la contestation sur le Petit Criminel. Il faut donc qu'il soit compris dans la première partie, qui l'adjuge au conseil d'Artois en ces termes : *et dont la tournelle est en droit de connaître*.

On peut donc dire que l'édit du mois de novembre 1774 n'a rien attribué de nouveau au conseil d'Artois en lui donnant le droit de juger en dernier ressort les affaires de Petit Criminel, dont la tournelle du parlement a la connaissance, et que le seul changement que cette loi ait fait en sa faveur, a pour objet le Petit Criminel des enquêtes, qu'elle a également soumis à sa juridiction supérieure et souveraine.

[[III. Tout cela est devenu sans objet, tant par la suppression du parlement de Paris et du conseil d'Artois, décrétée le 7 septembre 1790, que par la distinction que les lois nouvelles ont faite entre les délits emportant peine afflictive ou infamante, dont elles ont attribué la connaissance exclusive aux cours de justice criminelle, et les délits emportant des peines moins graves, dont elles ont attribué la connaissance, ou aux tribunaux correctionnels, sauf l'appel aux cours de justice criminelle, ou aux tribunaux de police, sauf le recours en cassation. *V. Délit*]]

*GRANDS JOURS. C'est une assise ou séance extraordinaire que les parlemens et autres cours supérieures tiennent de temps en temps dans quelque ville de leur ressort, éloignée du lieu de leur séance ordinaire, pour entendre les plaintes que les habitans de la province peuvent avoir à faire contre les juges et les autres officiers de justice du pays; et aussi pour procurer par leur présence, une prompte expédition des affaires les plus importantes, et singulièrement des procès criminels.

Ils ont été nommés *Grands Jours*, comme étant des jours solennels de plaidoieries, tant par l'importance des affaires qui s'y traitent, que par la considération de ceux qui les tiennent.

Charles-le-Bel fit tenir des Grands Jours à Paris pour la recherche de plusieurs malversations, dont plusieurs furent suivies de peine capitale.

Les Grands Jours qui ont eu lieu depuis ce temps en d'autres villes, ont tous été établis par lettres-patentes et commissions du roi, pour juger souverainement des matières criminelles et des causes civiles, jusqu'à certaine somme, dans les provinces, bailliages, sénéchaussées, et pays dénommés dans les lettres du roi, et seulement pendant le temps ordonné par les lettres.

Ils ont eu particulièrement pour objet de procurer aux habitans des provinces une expédition plus prompte et moins dispendieuse.

Tels sont les Grands Jours qui ont été tenus pour le roi à Bordeaux, sous Charles VII, à Montferrand, en 1454; à Angers, en 1539; à Moulins, en 1534, 1540, 1559 et 1666; à Poitiers, en 1454, 1531, 1541, 1567 et 1529; à Riom, en 1546; à Tours, en 1533 et 1547; à Troyes, en 1402, 1535 et 1583; à Lyon, en 1596; à Clermont en Auvergne, en 1665, et au Puy-en-Velay, pour le Languedoc, en 1666, L'ordonnance de Blois, de 1579, ordonne, art. 206, que les Grands Jours se tiendront tous les ans aux provinces plus lointaines des parlemens (suivant le département qui en sera fait par sa majesté), pour le temps et espace de trois mois, s'il y échet; auxquels Grands Jours il est dit que les gouverneurs et les lieutenans-généraux des provinces seront tenus d'assister en personne avec les baillis et sénéchaux, pour tenir main-forte à la justice et exécution des arrêts.

Cette disposition n'est pas cependant exactement observée pour la tenue fixe des Grands Jours, lesquels n'ont lieu que quand le roi juge à propos d'en ordonner dans certaines provinces.

Avant que le parlement de Bretagne eût été érigé en cour souveraine, comme il l'a été en 1553, le parlement de Paris allait tous les ans, en temps de vacations, tenir des Grands Jours à Rennes et à Nantes.

Le roi établit, en 1719, une commission à Nantes, pour connaître de la conspiration qui avait été fomentée en Bretagne par le cardinal Alberoni, et *pour y tenir les Grands Jours;* la séance de cette commission fut transférée à l'Arsenal de Paris, le 18 avril 1720.

Outre les Grands Jours tenus par les cours souveraines, on donne aussi le nom de *Grands Jours* à des tribunaux établis par des princes et seigneurs pour juger l'appel des juges de leur ressort.

Tels sont les Grands Jours des reines, ceux des enfans et petits-enfans de France, d'autres princes, ou pairs, et de quelques seigneurs, soit laïcs ou ecclésiastiques.

Blanchard, dans sa *Table des ordonnances*, fait mention des Grands Jours que plusieurs ducs ou comtes et pairs, et plusieurs autres seigneurs, tenaient par permission du roi, dans leurs terres, tels que les ducs d'Anjou, d'Orléans, d'Angoulême, d'Auvergne, du Berry, du Bourbonnais, de Châtelleraut, de Mont-Morency, les comtes de Clermont en Auvergne, de Clermont en Beauvoisis, du Maine, du Poitou, de Soissons, de Vertus, etc. (M. BOUCHER D'ARGIS, père) *

[[Les tribunaux ne tiennent plus de Grands jours.]]

[[GRAND-JUGE. C'est un magistrat qui, dans les îles de la Martinique et de Sainte-Lucie, est à la tête de l'ordre judiciaire.

L'arrêté du gouvernement, du 6 prairial an 10, détermine ainsi ses attributions :

« *Art.* 24 Le Grand-Juge aura la surveillance des tribunaux de la Martinique et de Sainte-Lucie, et celle des officiers ministériels qui en dépendent : il se fera rendre des comptes assidus par les présidens des tribunaux et par les commissaires du gouvernement.

» 25. Il donnera tous ses soins à la prompte distribution de la justice, tant au civil qu'au criminel, ainsi qu'à la sûreté et à la salubrité des prisons.

» 26. Il présidera les tribunaux toutes les fois qu'il le jugera convenable, et y aura voix délibérative.

» 27. Il veillera à la bonne tenue des greffes et dépôts des actes civils, à l'exécution des lois, tarifs et règlemens. — Il recevra les réclamations des justiciables, et donnera, en conséquence, les ordres nécessaires.

» 28. Dans les dix premiers jours de chaque mois il se fera remettre des états visés par les présidens de chaque tribunal, et signés par le greffier, tant des procès jugés dans le mois précédent, que de ceux qui seraient encore indécis ou en instruction, pour en référer au capitaine-général et en rendre compte au ministre.

» 29. Le grand-Juge a seul le droit de faire des règlemens provisoires sur les matières de procédure, sans s'écarter des lois, et de publier lesdits règlemens, sur la formule prescrite en l'art. 12 du tit. 1, lorsqu'ils auront été consentis par le capitaine-général. Il les fait enregistrer aux greffes des tribunaux, sur son propre mandement.

» 30. Les agens du gouvernement ne peuvent être poursuivis pour délits commis dans leurs fonctions, sans l'autorisation préalable du Grand-Juge.

» 31. Aucun citoyen non attaché au service ne pourra être arrêté extrajudiciairement, que sur le *visa* du Grand-Juge : il en sera rendu compte au ministre.

» 33. Il est spécialement chargé de la police envers les gens sans aveu, les vagabonds, les perturbateurs de la tranquillité publique, contre lesquels il pourra décerner des mandats d'arrêts; sauf à les faire poursuivre devant les tribunaux compétens, s'il y échoit.

» 34. Il requiert la gendarmerie, même plus ample main-forte, s'il est nécessaire, soit pour l'exécution de ses ordres ou ordonnances, soit pour celle des jugemens des tribunaux; ce qui ne peut lui être refusé.

» 35. Le Grand-Juge, en cas de mort ou d'absence hors des deux îles, sera remplacé provisoirement par le commissaire du gouvernement près le tribunal d'appel, et celui-ci par le premier de ses substituts.

» 41. Les attributions du Grand-Juge sont les mêmes à Sainte-Lucie qu'à la Martinique. — Néanmoins le commissaire du gouvernement près le tribunal séant à Sainte-Lucie, est chargé de la police dans cette île, envers les gens sans aveu, les vagabonds, les perturbateurs de la tranquillité publique, contre lesquels il pourra décerner des mandats d'arrêt; sauf à les faire poursuivre devant les tribunaux compétens, s'il y échoit, et en rendre compte au Grand-Juge ».

V. Capitaine-général, *Colonies*, §. 2, *Commissaire de justice* et *Préfet colonial*]]

[[GRAND-JUGE, MINISTRE DE LA JUSTICE C'est le premier des ministres de l'empire français.

Le ministère de la justice, dont le titulaire portait, sous l'ancien régime, le nom de *chancelier*, et quelquefois celui de *garde-des-sceaux de France*, avait été organisé, pour le régime constitutionnel de 1791, par la loi du 26 avril de cette année.

« Les fonctions du ministre de la justice (portait l'art. 5 de cette loi), seront, — 1° De garder le sceau de l'Etat, et de sceller les lois, les traités, les lettres-patentes de provisions d'offices, les commissions, patentes et diplômes du gouvernement; — 2° D'exécuter les lois relatives à la sanction des décrets du corps législatif, à la promulgation et à l'expédition les lois; — 3° D'entretenir une correspondance habituelle avec les tribunaux et les commissaires du roi; — 4° De donner aux juges des tribunaux de district et des tribunaux criminels, ainsi qu'aux juges de paix et de commerce, tous les avertissemens nécessaires, de les rappeler à la règle, et de veiller à ce que la justice soit bien administrée; — 5° De soumettre au corp législatif les questions qui lui seront proposées relativement à l'ordre judiciaire, et qui exigeront une interprétation de la loi; — 6° De transmettre au commissaire du roi prés le tribunal de cassation, les pièces et mémoires concernant les affaires qui lui auront été déférées, et qui seront de nature à être portées à ce tribunal, d'accompagner ces pièces et mémoires des éclaircissemens et observations dont il les croira susceptibles; — 7° De rendre compte à la législature, au commencement de chaque session, de l'état de l'administration de la justice, et des abus qui auraient pu s'y introduire ».

Le ministère de la justice, supprimé par la loi du 12 germinal an 2, fut recréé, sous le régime constitutionnel de l'an 3, par la loi du 10 vendémiaire an 4, et voici comment l'art. 3 de celle-ci en détermina les attributions.

« *Attributions du ministre de la justice.* L'impression et l'envoi des lois et des arrêtés, proclamations et instructions du directoire exécutif aux autorités administratives et judiciaires; — Il correspond habituellement avec les tribunaux et avec les commissaires du directoire près les tribunaux ; — Il donne aux juges tous les avertissemens nécessaires, et veille à ce que la justice soit bien administrée sans pouvoir connaître du fond des affaires ; — Il soumet les questions qui lui sont proposées relativement à l'ordre judiciaire, et qui exigent une interprétation de la loi, au directoire exécutif, qui les transmet au conseil des cinq-cents ».

Toutes ces attributions ont été conservées au ministère de la justice, sous la constitution du 22 frimaire an 8 ; mais elles ont été agrandies par les dispositions suivantes du sénatus-consulte du 16 thermidor an 10 :

« *Art.* 78. Il y a un Grand-Juge, ministre de la ustice.

» 79. Il a une place distinguée au sénat et au conseil d'Etat.

» 80. Il préside le tribunal de cassation et les tribunaux d'appel, quand le gouvernement le juge convenable (1).

» 81. Il a sur les tribunaux, les justices de paix et les membres qui les composent, le droit de les surveiller et de les *reprendre* ».

L'art. 82 est rapporté et expliqué sous le mot *Censure*.

Par l'art. 1 de l'arrêté du gouvernement du 20 vendémiaire an 11, « le costume du Grand-Juge, ministre de la justice, est réglé ainsi qu'il suit : — 1° Dans son hôtel et en ville, simarre de velours ou de soie noire ; cravatte de dentelle ; cheveux long ou ronds ; — 2° Au palais du gouvernement, au sénat, au conseil d'Etat, au tribunal de cassation, simarre de velours ou de soie écarlate ; ceinture pareille à glands d'or ; toque de velours noir, brodée en or ; — 3° Dans les jours de cérémonie, le Grand-Juge portera sur la simarre écarlate, une toge de soie ou de velours violet foncé, à manches ouvertes et pendantes, bordée d'hermine devant et aux manches ; toque de velours violet ; large broderie en or ».

Le statut impérial du 30 mars 1806 porte, art. 34 que « le Grand-Juge, ministre de la justice, remplit près le conseil (de famille de la maison impériale) les fonctions du ministère public ». *V. Conseil de la famille impériale.*]]

[[GRAND-LIVRE DE LA DETTE PUBLIQUE. *V. Inscription sur le grand-livre*]]

* GRAND-MAITRE DES EAUX ET FORÊTS. On appelle ainsi des officiers supérieurs établis pour veiller à l'exécution des ordonnances concernant les eaux et forêts, et à la conduite des officiers des maîtrises, et de tous ceux qui ont entrée dans les forêts. Ils sont chargés aussi de l'exécution des lettres-patentes touchant les dons, l'administration et la vente des bois du roi, ou de ceux des gens de main-morte, à l'exclusion de tout autre officier.

I. L'époque du premier établissement d'un Grand-Maître en titre, peut se placer en l'année 1360, où l'on voit qu'il a commencé à exister sous la qualité de *souverain et général Grand-Maître inquisiteur, ordonnateur dispositeur et réformateur de toutes les eaux et forêts, îles, garennes et fleuves du royaume.* Tel est le titre donné dans les provisions du 1er décembre 1360, à Jean de Melun, comte de Tancarville, qui fut le premier Grand-Maître.

Jusque-là, cette charge n'avait été connue que sous le nom de *maître des eaux et forêts du roi*, ensuite de *maître enquêteur* et après de *réformateur*, qui n'avait pas probablement une autorité aussi étendue que celle qui fut donnée depuis au *souverain Grand-Maître* ; encore paraît-il qu'elle ne s'exerçait que pendant quelques années sur des commissions qui n'étaient que pour un temps limité, et dont les fonctions cessaient avec la commission.

Henri de Fleury fut le dernier. Sa charge ayant été supprimée par l'édit du mois de mai 1575, le roi créa, par le même édit, six offices de Grands-Maîtres enquêteurs généraux et réformateurs des eaux et forêts de France, qui furent répartis dans six départemens.

Ces Grands-Maîtres furent créés pour faire chaque année les ventes ordinaires, visites générales et réformations des délits, abus et malversations de toutes les eaux et forêts, chacun dans son département, avec l'attribution des mêmes droits, autorité, prééminences et priviléges dont jouissait Henri de Fleury.

Comme les départemens établis par l'édit de 1575, étaient fort étendus, et qu'il était assez difficile que chaque Grand-Maître pût, dans le sien, se livrer avec l'activité convenable au détail des fonctions qui étaient attachées à cette place, Henri III créa, au mois de janvier 1586, six autres charges de Grands-Maîtres alternatifs, avec pareille prérogative et droits que les six anciens. Enfin, en 1587 et en 1589 il fut créé cinq autres offices de Grands-Maîtres ; en sorte qu'à cette époque, il y avait en France dix-sept Grands-Maîtres des eaux et forêts.

Au mois de décembre 1635, Louis XIII créa des Grands-Maîtres triennaux ; et par édit de septembre 1645, Louis XIV en créa des quatriennaux. Tous en général furent supprimés au mois d'avril 1667, à la réserve des deux Grands-Maîtres de l'apanage de M. le duc d'Orléans. Lors de cette suppression, le royaume fut partagé en huit départemens, pour lesquels on nomma huit commissaires, à qui l'on donna des commissions de Grands-Maîtres.

Ces commissions subsistèrent jusqu'au mois de février 1689, que le roi créa seize offices de Grands-Maîtres enquêteurs généraux et réformateurs des eaux et forêts. En 1706, le roi avait encore créé seize offices de Grands-Maîtres alternatifs et triennaux mais il furent supprimés par l'arrêt du conseil du 1 novembre 1719, et réunis aux charges anciennes.

Depuis ce temps, les Grands-Maîtres sont au nombre de dix-neuf, par la réunion de la Lorraine à la France, et par le démembrement que l'on a fait en Normandie des généralités d'Alençon et de Caen où l'on a établi deux Grands-Maîtres. A quoi l'on peut ajouter un vingtième département, qui est celui du Clermontois, créé par lettres-patentes du mois de janvier 1677.

(1) Il préside encore la cour de cassation dans le cas prévu par la loi du 16 septembre 1807. *V. Cassation*, §. 7, n. 3

Ces vingt départemens sont, 1° Paris, qui contient dix maîtrises particulières des eaux et forêts; 2° Soissons, où il y a onze maîtrises et deux gueries; 3° la Picardie, l'Artois et la Flandre, qui comprennent huit maîtrises; 4° le Hainaut, qui a trois maîtrises; 5° la Champagne, qui comprend huit maîtrises; 6° les trois évêchés de Metz, Toul et Verdun, qui renferment six maîtrises et deux gueries; 7° le duché de Bourgogne, la Franche-Comté et l'Alsace, qui contiennent seize maîtrises; 8° le Lyonnais, le Dauphiné, la Provence et l'Auvergne, où il y a neuf maîtrises; 9° le Languedoc et le Roussillon, qui comprennent six maîtrises et deux gueries; 10° la Guienne, où il y a sept maîtrises et cinq gueries; 11° le Poitou, l'Aunis, la Saintonge, l'Angoumois, le Haut et Bas Limousin, la Haute et Basse-Marche, les Bourbonnais et le Nivernais, qui comprennent quatorze maîtrises et deux guerries; 12° la Touraine, d'Anjou et le Maine, qui contiennent neuf maîtrises et une guerie; 13° la Bretagne, qui renferme sept maîtrises et deux gueries; 14° Rouen, qui comprend huit maîtrises; 15° Caen, qui en contient cinq; 16° Alençon, qui en a cinq et deux gueries; 17° le Berry, le Blézois, et le Haut et Bas-Vendômois, qui comprennent huit maîtrises et deux gueries; 18° la Lorraine et le Barrois, qui renfement seize maîtrises; 19° l'Orléanais, le Gâtinais et le comté de Beaugenoy, qui ont trois maîtrises; 20° enfin, le Clermontois, qui est composé de six maîtrises.

Placés à la tête d'une administration aussi importante que celle des eaux et forêts, les Grands-Maîtres sont revêtus d'une autorité qu'il convenait de leur attribuer, pour donner plus de poids et d'activité à l'exécution des ordonnances concernant les eaux et forêts. Mais quelque étendu que soit leur pouvoir, il est cependant restreint toutes les fois qu'il ne s'agit pas d'une réformation, qui est le seul cas où ils peuvent exercer personnellement une juridiction contentieuse, indépendamment du concours de la table de marbre de leur département.

Pour être pourvu de la charge de Grand-Maître, il faut avoir vingt-cinq ans accomplis, à moins que le roi n'ait accordé des lettres de dispense d'âge.

C'est au parlement qu'un Grand-Maître doit être reçu, après information de vie et de mœurs, conformément à l'édit de février 1704. Il n'est pas obligé de résider dans son département; il peut établir son domicile où il juge à propos.

Ses fonctions, qui sont réglées par l'ordonnance de 1669, peuvent être considérées sous deux points de vue. Le premier comprend tout ce qui a rapport à sa qualité de réformateur, et embrasse tout ce qui est relatif à l'administration des eaux et forêts. Le second a pour objet le droit qu'a le Grand-Maître de présider à la table de marbre de son département.

Sur ces deux objets, l'ordonnance de 1699 règle très-clairement l'étendue de l'autorité, des droits, des prérogatives et des devoirs des Grands-Maîtres. (M. Henriquez.) *

[[Les offices de Grands-Maîtres des eaux et forêts ont été supprimés par la loi du 7 septembre 1690. Leurs fonctions sont actuellement exercées, en matière contentieuse, par les tribunaux ordinaires; et en matières administratives, partie par les conservateurs, et partie par l'administration générale des forêts. *V.* la loi du 15 septembre 1791, celle du 16 nivose an 9, et *Délit forestier.*]]

[[GRAND-MAITRE DE L'UNIVERSITÉ. *V. Université.*

[[GRAND-OFFICIER DE L'EMPIRE. Le sénatus-consulte du 28 floréal an 12, porte, art. 48: « Les Grands-Officiers de l'empire sont, — 1° Des maréchaux de l'empire, choisis parmi les généraux les plus distingués. Leur nombre n'excède pas celui de seize. Ne font point partie de ce nombre les maréchaux de l'empire qui sont sénateurs; — 2° Huit inspecteurs et colonels-généraux de l'artillerie et du génie, des troupes à cheval et de la marine (1); — 3° Des Grands-Officiers civils de la couronne, tels qu'ils seront institués par les statuts de l'Empereur ».

L'Empereur a institué, en conséquence de cette dernière disposition, six Grands-Officiers civils de la couronne; savoir, un grand-aumonier, un grand-chambellan, un grand-maréchal du palais, un grand-écuyer, un grand-veneur et un grand-maître de cérémonies. — Sa majesté a d'ailleurs décidé que le grand-chancelier et le grand-trésorier de la légion d'honneur auraient le rang, et jouiraient, dans toutes les circonstances, des distinctions et des honneurs, tant civils que militaires, de Grands-Officiers de l'empire.

Suivant l'art. 49 du sénatus-consulte cité, les places des Grands Officiers de l'empire sont inamovibles.

Si néanmoins, « par un ordre de l'Empereur, ou par toute autre cause que ce puisse être, un Grand-Officier vient à cesser ses fonctions, il conserve son titre, son rang, ses prérogatives et la moitié de son traitement; il ne le perd que par un jugement de la haute cour impériale ». Ce sont les termes de l'art. 51 du même sénatus-consulte.

L'art. 50 porte « que chacun des Grands Officiers de l'empire préside un collége électoral qui lui est spécialement affecté au moment de sa nomination ».

L'art. 1 du tit. 1 du décret impérial du 24 messidor an 12 donne rang aux Grands-Officiers de l'empire immédiatement après les ministres, et avant les sénateurs dans les sénatoreries.

Le tit. 8 du même décret règle les honneurs civils et militaires qui doivent être rendus aux Grands-Officiers de l'empire.

V. Dignités, *Haute-Cour impériale* et *Témoin judiciaire.*]]

[[GRAPILLAGE. *V. Glanage.*]]

[[GREFFE (droits de). *V. Droits de greffe.*]]

GREFFIER. C'est l'officier qui tient un greffe, c'est-à-dire, un dépôt où l'on conserve les minutes, registres et autres actes des cours de juridictions.

(1) Le sénatus-consulte du 19 mars 1811 a créé deux Grands-Officiers de l'empire de plus, l'un sous le titre d'inspecteur-général des côtes de la mer de Ligurie; l'autre sous le titre d'inspecteur-général des côtes de la mer du Nord.

I. Les Greffiers, recommandables chez les Grecs, qui n'admettaient en cette qualité que des personnes d'une fidélité et d'une capacité reconnues, ne jouissaient d'aucune considération chez les Romains. Ceux-ci, afin que les jugemens et contrats ne coûtassent rien au public, chargèrent les esclaves appartenans aux corps de chaque ville, de remplir les fonctions de Greffier, qu'ils appelaient indistinctement *scribæ* ou *tabularii*. Il est vrai que vers le déclin du quatrième siècle, les empereurs défendirent d'employer des esclaves pour ces fonctions; et qu'en conséquence les Greffiers furent choisis parmi les citoyens libres, et dans le corps et compagnie des officiers ministériels, attachés à la suite des présidens et gouverneurs des provinces.

En France, sous les deux premières races de nos rois, on suivit à peu près ce qui avait été ordonné par les empereurs, en ne commettant aux greffes que des personnes libres. Sous la troisième race, les juges commirent pour Greffiers leurs clercs, et de là, les greffes furent appelés *clergies*: ils usèrent des greffes comme de récompenses qui ne leur coûtaient rien; ils en abusèrent même, en y commettant jusqu'à leurs domestiques, ensorte que les fonctions de Greffiers retombèrent dans une espèce d'avilissement.

Philippe-le-Bel, par une ordonnance de 1302, défendit à tous justiciers de donner de pareilles commissions: il se réserva, et à ses successeurs rois d'en ordonner comme il le jugerait à propos, attendu que c'était un droit royal. Philippe-le-Long, par son ordonnance de 1318, déclara que les *sceaux* et *écritures* (c'est-à-dire les greffes notariats et tabellionages) étaient de son domaine.

Depuis cette ordonnance, et principalement à commencer à l'époque du règne de François Ier, il a été fait, en différens temps et dans différentes circonstances, diverses créations de greffiers en titre d'office, et il a été attribué aux titulaires de ses offices différens droits.

Ces offices, ainsi que les droits qui y étaient attachés, ont éprouvé des variations multipliées.

[[Tous les offices de Greffiers des anciens tribunaux ont été supprimés avec ceux-ci par la loi du 7 septembre 1790.

La loi du 24 août précédent, tit. 9, voulait, art. 1, que les Greffiers des tribunaux de district fussent nommés au scrutin et à la majorité absolue des voix par les juges qui leur délivreraient une commission, et recevraient leur serment; qu'ils ne pourraient être parens ni alliés au troisième degré des juges qui les recevraient. — Art. 2, qu'il y eût dans chaque tribunal un Greffier âgé au moins de vingt-cinq ans, lequel serait tenu de présenter aux juges, et de faire admettre au serment, un ou plusieurs commis, également âgés au moins de vingt-cinq ans, en nombre suffisant pour le remplacer en cas d'empêchement légitime, desquels il serait responsable. — Art. 4, que les Greffiers fussent nommés à vie, et ne pussent être destitués que pour cause de prévarication jugée.

Cet ordre de choses subsista tant que durèrent les tribunaux de district. La constitution du 5 fructidor an 3 leur ayant substitué des tribunaux civils de département, la loi du 19 vendémiaire an 4 ordonna, l'art. 24, que « le Greffier de chaque tribunal civil, correctionnel et de commerce fût nommé et révocable par le tribunal par lequel il aurait été institué; » — Art. 16, « que tout Greffier présentât aux juges, pour le faire instituer, un commis-Greffier; et que, dans les tribunaux divisés en plusieurs sections, il en présentât un pour chacune des dites sections ».

Les règles étaient à cet égard les mêmes pour la cour de cassation que pour les tribunaux de district et les tribunaux civils de département.

« Un Greffier (portait l'art. 26 de la loi du 27 novembre 1790) sera établi auprès du tribunal de cassation; il sera âgé de vingt-cinq ans au moins. Les membres du tribunal le nommeront au scrutin et à la majorité absolue des voix. Le Greffier choisira des commis qui feront le service auprès des sections, qui prêteront serment, et dont il sera civilement responsable. Le Greffier ne sera révocable que pour prévarication jugée ». — Ces dispositions cadraient parfaitement, comme l'on voit, avec celles de la loi du 24 août de la même année, concernant les Greffiers des tribunaux de district.

La loi du 2 brumaire an 4 n'était pas moins en harmonie avec celle de la loi du 19 vendémiaire de la même année, relative aux Greffiers des tribunaux civils de département: — « Le tribunal de cassation (portait-elle, art. 7) aura un Greffier en chef qu'il nommera, et pourra révoquer. — Le Greffier en chef (ajoutait l'art. 8) présentera, pour les faire instituer, quatre commis-Greffiers, dont un sera spécialement attaché au dépôt civil; il pourra les révoquer ».

Il n'en était pas de même dans les cours de justice criminelle. — Suivant la loi du 19 mai 1791, renouvelée par celle du 16 septembre suivant, part. 2, tit. 2, art. 5: les Greffiers de ces cours devaient être élus à vie par les assemblées électorales de département.

La constitution du 5 fructidor an 3 conserva aux assemblées électorales le droit de les nommer; mais elle ne fixa point la durée de leurs fonctions. La loi du 21 nivose an 6 suppléa à son silence, en déclarant que les Greffiers des tribunaux criminels seraient élus pour quatre ans, et pourraient toujours être réélus.

Quant aux Greffiers des justices de paix et des tribunaux de police, voici ce qu'avaient réglé successivement les lois antérieures à l'an 8.

Celle du 24 août 1790 voulait, tit. 9, art. 5, que chaque juge de paix, commît un Greffier, reçût son serment, et ne pût le destituer.

Celles du 23 floréal an 2 ôta aux juges de paix la nomination de leurs Greffiers, et la transféra aux conseils généraux de district.

La loi du 21 fructidor an 3 subrogea en cette partie aux conseils généraux de district, les administrations municipales des cantons.

Celle du 28 frimaire an 3 rendit aux juges de paix le droit de nommer leurs Greffiers, et y ajouta celui de les destituer.

Enfin, la loi du 27 ventose an 8 a établi sur tout cela une règle uniforme pour tous les tribunaux: — « Les Greffiers de tous les tribunaux (porte-t-elle, art. 92) seront nommés par le premier Consul (aujourd'hui Empereur), qui pourra les révoquer à volonté ».]]

[Lorsqu'un office de Greffier est vacant, c'est aux juges de la juridiction à laquelle il est attaché, qu'appartient le droit de commettre à son exercice, en attendant que le roi y ait pourvu.

Le parlement de Toulouse et la cour des aides de Montpellier ont autrefois prétendu exercer ce droit dans tout le Languedoc, à l'exclusion l'un de l'autre, et privativement aux tribunaux inférieurs qui leur étaient subordonnés. Voici ce que porte là-dessus une lettre de M. le chancelier d'Aguesseau du 5 octobre 1748, au procureur-général de la cour des aides de Montpellier :

« Ce n'est ni aux parlemens, ni aux cours des aides, de commettre des Greffiers, pendant la vacance des charges dans les juridictions qui leur sont subordonnées : c'est aux juges de ces juridictions mêmes que ce droit appartient ; et ce serait tout au plus dans le cas de leur négligence, que le tribunal supérieur pourrait y pourvoir sur la réquisition du procureur-général. — Mais quand même l'usage contraire se serait introduit dans le Languedoc, ce serait au parlement, comme tribunal ordinaire et supérieur de droit commun, qu'il faudroit s'adresser pour faire commettre un Greffier ; la raison sur laquelle vous vous fondez pour soutenir le pouvoir de la cour des aides en cette matière, ne paraît mériter aucune considération. — Il est vrai que les greffes sont des biens domaniaux par leur nature, quand même le roi en aurait engagé entièrement la jouissance, sans en réserver aucune portion à sa majesté ; mais tout ce que vous pourriez en conclure, est que si la propriété ou l'engagement d'un greffe faisait la matière d'une contestation, ce serait à votre compagnie qu'il appartiendrait d'en connaître, tant que l'édit de l'année 1690, qui fait la matière d'un grand procès qu'elle a avec le parlement de Toulouse, aura son exécution. Mais il ne s'ensuit nullement de là, que parce qu'elle est juge du fonds du domaine, elle soit en droit de commettre des officiers dans les juridictions qui en dépendent ; autrement il faudrait dire que la cour des aides peut aussi donner des commissions pour exercer les fonctions de juges, ou celles de procureur du roi dans les mêmes juridictions, pendant que leurs charges sont vacantes. Ce serait une proposition qu'il n'y a pas d'apparence que vous voulussiez avancer. — Je ne peux donc m'empêcher de regarder la compétence de la cour des aides dans cette matière, comme plus que douteuse. L'usage, s'il était en sa faveur sur le point dont il s'agit, porterait plus justement le nom d'abus ; et si l'on attaquait ses arrêts par d'autres voies que par celle d'un simple mémoire, il n'est pas vraisemblable qu'ils pussent se soutenir aux yeux du conseil du roi, et vous ferez sagement de vous abstenir dorénavant d'en requérir de semblables ».

Au surplus, il est à remarquer que le pouvoir du juge de nommer à l'exercice d'un greffe vacant, n'a d'effet que pour six mois, et qu'au bout de ce temps, la personne qu'il a nommée, ne peut plus exercer sans commission du grand sceau. C'est (dit M. d'Aguesseau dans sa lettre du 26 mars 1748 au lieutenant-général de la sénéchaussée de Lyon) « la disposition d'un arrêt du conseil donné en l'an 1718, et d'autres arrêts rendus en conséquence ».]

[[Ces arrêts ont été motivés par des raisons fiscales qui n'existent plus ; et si actuellement l'empereur n'avait pas nommé à un greffe dans les six mois de la vacance, rien ne pourrait s'opposer à ce que le Greffier commis provisoirement par le tribunal, ne continuât ses fonctions jusqu'à ce que vînt à paraître le décret impérial portant nomination d'un nouveau titulaire.

II. La loi du 24 août 1790 obligeait les Greffiers des tribunaux de district de fournir un cautionnement en numéraire. Cette disposition est aujourd'hui commune à tous les Greffiers. *V. Cautionnement des employés des fonctionnaires publics.*]]

III. Les Greffiers sont tenus de veiller à la conservation du dépôt des minutes et des effets qui leur sont confiés, sans pouvoir les déplacer, ni se les approprier.

[Un arrêt du parlement de Dijon, du 29 mars 1768, « fait très-expresses inhibitions et défenses au Greffier de la justice de Saint-Seine, de déplacer ni souffrir être déplacées aucunes minutes du greffe ; et enjoint aux officiers de la justice de veiller à la conservation d'icelles, sous les peines portées contre les uns et les autres par les ordonnances et règlemens de la cour ».]

Par arrêt du 24 octobre 1748, le parlement de Paris a condamné un Greffier criminel du Châtelet, à faire amende honorable au parc civil, et à neuf ans de galères, pour avoir disposé de quatre tasses, de douze cuillers, de douze fourchettes argentées, d'une paire de boucles et d'autres effets, et pour avoir déplacé les minutes du greffe qui s'étaient trouvées chez lui lors de la levée des scellés qu'on y avait apposés.

[[Ici s'appliquent, et l'art. 12 de la sect. 5 du tit. 1 de la 2ᵉ partie du Code pénal du 25 septembre 1791, qui punit de la peine de douze années de fers, « tout fonctionnaire ou officier public qui sera convaincu d'avoir détourné ou soustrait des deniers, effets, actes, pièces ou titres dont il était dépositaire à raison des fonctions publiques qu'il exerce, et par l'effet d'une confiance nécessaire » ; et l'art. 173 du Code pénal de 1810, qui punit de la peine de travaux forcés à temps, « tout juge, administrateur, fonctionnaire ou officier public, qui aura détruit, supprimé, soustrait ou détourné les actes ou titres dont il était dépositaire en cette qualité ; ou qui lui auront été remis ou communiqués à raison de ces fonctions ».]]

IV. Les Greffiers doivent écrire les jugemens comme ils ont été prononcés ; et il leur est défendu d'en rien supprimer et d'y rien ajouter, à peine de faux. C'est ce qui résulte d'un arrêt rendu au parlement de Paris le 12 août 1682.

V. Suivant un arrêt du conseil du 28 octobre 1698, les Greffiers doivent insérer dans les minutes et expéditions de sentences et jugemens, les actes, sur lesquels ils ont été rendus, les dates de ces actes, les noms et résidences des notaires et tabellions qui les ont passés, le nom du contrôleur et la date du contrôle, à peine d'interdiction contre les Greffiers, et de 200 liv. d'amende contre les juges et Greffiers qui auraient signé les sentences et jugemens, et contre les parties qui s'en seraient servies.

L'art. 9 de la déclaration du 19 juillet 1704 ordonne qu'il sera fait mention, dans les jugemens qui interviendront sur les actes sujets à l'insinuation, du lieu de la date de l'insinuation; et l'art. 10 enjoint aux Greffiers de faire mention de cette insinuation dans le vu des sentences et jugemens; à peine de 500 liv. d'amende pour chaque contravention.

L'édit du mois d'octobre 1703 leur enjoint de faire mention dans les jugemens qui interviendront sur des actes sous signature privée, du contrôle de ces actes, ainsi qu'ils se pratique pour le contrôle des exploits, à peine de 300 liv. d'amende pour chaque contravention.

[[La loi du 22 frimaire an 7, concernant le droit d'enregistrement, qui remplace aujourd'hui les droits de contrôle et d'insinuation, porte, art. 44, que, sous peine d'une amende de 10 francs, « il sera fait mention, dans toutes les expéditions des actes publics, civils ou *judiciaires* qui doivent être enregistrés sur les minutes de la quittance des droits par une transcription littérale et entière de cette quittance »; et elle ajoute, art. 45: « les Greffiers qui délivreront de secondes et subséquentes expéditions des actes et jugemens assujettis au droit proportionnel, mais qui ne sont pas dans le cas d'être enregistrés sur les minutes, seront tenus de faire mention dans chacune de ces expéditions, de la quittance du droit payé pour la première expédition, par une transcription littérale de cette quittance. Ils feront également mention, sur la minute de chaque expédition délivrée, de la date de l'enregistrement et du droit payé. Toute contravention à ces dispositions, sera punie par une amende de 10 francs ». *V. Jugement.*]]

VI. Les Greffiers sont tenus de communiquer au fermier-général et à ses préposés les minutes et registres de leur greffe, toutes les fois qu'ils en sont requis, à peine de 200 livres d'amende. C'est ce qui résulte de différentes lois, et particulièrement des déclarations des 14 juillet 1699 et 20 mars 1708.

Les réglemens veulent aussi que les Greffiers délivrent au fermier, à sa première réquisition, les extraits des sentences, jugemens ou arrêts, tant en matière civile qu'en matière criminelle, qui sont sujets aux droits réservés.

C'est en conformité de cette jurisprudence, que, par arrêt du 25 juillet 1719, le conseil a condamné le sieur Georget, Greffier du présidial de Saintes, à 500 livres d'amende, pour avoir refusé de représenter les registres et minutes de son greffe aux employés de la régie des droits réservés.

Par un autre arrêt du 5 septembre 1721, le conseil a confirmé une ordonnance de l'intendant de Soissons, qui avait condamné à 200 liv. d'amende le Greffier de la justice temporelle du chapitre de Laon, pour avoir refusé de représenter aux commis des fermes les minutes de son greffe; et il a été enjoint en même temps à ce Greffier de communiquer ses registres, minutes et liasses, à la première réquisition, sous peine de pareille amende et d'interdiction.

Par un autre arrêt du 14 juillet 1722, le conseil a condamné à 500 livres d'amende le sieur Beaumont, Greffier du bureau des finances de Tours, pour avoir refusé de représenter ses registres et minutes aux employés de la régie des droits réservés.

D'autres arrêts des 13 octobre 1722, 22 novembre 1723 et 10 octobre 1724, ont pareillement prononcé des amendes contre différens Greffiers, pour de semblables refus.

[[*V.* la loi du 22 frimaire an 7, art. 52; et *Répertoire.*]]

VII. Le Greffier qui est parent de l'une des parties, doit se récuser, sous peine de nullité de la procédure. Le parlement de Paris l'a ainsi jugé par arrêt du 3 août 1729.

Cependant, dans une affaire criminelle où l'une des parties était parente du Greffier qui avait écrit les informations, la même cour rendit, le 23 juin 1741, un arrêt par lequel elle se contenta d'ordonner qu'il serait nommé un autre Greffier pour continuer la procédure; mais ce qui avait été fait avant la récusation, ne fut pas déclaré nul.

[[Les lois nouvelles sont absolument muettes sur cette matière.]]

VIII. On ne peut pas exercer les fonctions de Greffier, qu'on ne soit âgé de vingt-cinq ans. C'est ce qui résulte de différens arrêts des 13 juin 1709, 12 août 1712, 25 avril 1716 et 9 juin 1728.

[Cette disposition s'applique même aux simples commis à l'exercice d'un greffe. M. le chancelier d'Aguesseau écrivait le 26 mars 1748, au lieutenant-général de la sénéchaussée de Lyon, que son siége avait fait une grande faute « de choisir un mineur pour remplir cette fonction, sans qu'il eût obtenu du roi des lettres de dispense d'âge; s'il n'y a point (ajoutait-il) de disposition expresse qui impose cette nécessité aux commis au greffe, c'est parce que la règle générale qui s'observe dans tout le royaume, est que nul sujet n'est admis à exercer des fontions publiques avant l'âge de majorité, à moins qu'il n'en soit dispensé expressément par le roi; et l'usage est si constant à cet égard, que l'on expédie tous les jours au sceau des dispenses d'âge obtenues par des mineurs qui sont destinés à remplir de pareilles commissions ».]

La règle dont il s'agit reçoit néanmoins quelques exceptions: la déclaration du 22 décembre 1699 n'exige que vingt ans pour les Greffiers des siéges de police; et suivant l'édit du mois de mars 1710, il suffit que les Greffiers des juridictions consulaires soient âgés de vingt-deux ans.

[[On a vu plus haut, n° 3, que les lois du 24 août 1790 et du 27 novembre suivant exigeaient pareillement que les Greffiers des tribunaux de district et de la cour de cassation fussent âgés de vingt-cinq ans au moins.

L'art. 4 de la loi du 27 ventose an 8 voulait que nul ne pût être Greffier d'une cour d'appel ou d'un tribunal de première instance, s'il n'avait trente ans accomplis; mais cette disposition n'était pas applicable aux Greffiers des tribunaux de commerce, à l'égard desquels l'âge de vingt-cinq ans était déclaré suffisant par un avis du conseil d'État du 28 prairial an 8.

Aujourd'hui, suivant l'art. 1 de la loi du 16 ventôse an 11, « il suffit d'être âgé de vingt cinq ans, pour être Greffier, soit d'un tribunal de première instance, soit d'un juge de paix ».

Cette loi ajoutait : *soit d'un tribunal d'appel.* Mais suivant l'art. 65 de celle du 20 avril 1810, « nul ne peut être Greffier dans une cour impériale, s'il n'a vingt-sept ans accomplis, s'il n'est licencié en droit et s'il n'a suivi le barreau pendant deux ans, après avoir prêté serment à la cour impériale, ou s'il ne se trouve dans un cas d'exception prévu par la loi ».]]

IX. Il est défendu aux Greffiers, ainsi qu'à leurs clercs, de solliciter dans les procès soumis à la décision du siége auquel ils sont attachés. C'est ce qui résulte d'un arrêt du parlement de Toulouse, du 9 mars 1575, et d'un autre arrêt des grands jours de Lyon, du 19 novembre 1596.

L'ordonnance du mois de janvier 1629 et l'arrêt de règlement du 15 mai 1714 ont pareillement défendu à ces officiers d'accepter aucune cession ou transports de droits litigieux. [[*V. Droits litigieux*, et l'art. 1597 du Code Napoléon.]]

Les Greffiers et leurs commis ne peuvent se rendre, directement ou indirectement, adjudicataires des biens vendus judiciairement dans leurs siéges. Cela leur a été défendu par les ordonnances de Blois et d'Orléans, et par divers arrêts. [[*V. Adjudicataire*, §. 4]]

Ces ordonnances ont pareillement défendu à ces officiers de recevoir aucun présent des parties litigantes, à peine de concussion.

X. En général, les Greffiers ne peuvent pas tenir deux offices. C'est une disposition de l'ordonnance de 1535; et l'art. 18 de l'arrêt de règlement des grands jours de Clermont, du 10 décembre 1665, leur a défendu d'être en même temps procureurs, à peine de 2,000 liv. d'amende, et de demeurer pour jamais incapables de l'un et de l'autre emploi.

[L'arrêt du parlement de Dijon du 29 mars 1768, que nous avons déjà cité, « enjoint à Louis Petrot, aubergiste du logis où pend pour enseigne le *Croissant à Saint-Seine*; et en même temps *Greffier* de justice dudit lieu et des terres en dépendantes, d'opter dans le délai d'un mois, entre son état d'aubergiste et celui de Greffier, passé lequel temps, lui fait défense de continuer ses fonctions de Greffier, à peine de faux et de 300 liv. d'amende, de tous dépens, dommages et intérêts des parties, même de plus grandes peines, s'il y échet : ordonne audit cas aux abbé, prieur et religieux de Saint-Seine, d'instituer un autre Greffier dans pareil délai d'un mois, à compter de l'expiration de celui accordé audit Pétrot pour faire son option, à peine d'y être pourvu. Fait défenses à tous Greffiers des justices royales et seigneuriales du ressort de la cour, de tenir hôtellerie et cabarets, sous les mêmes peines ».]

[[*V.* les articles *Cabaretier* et *Incompabilité*.]]

XI. Les Greffiers sont du corps de la cour ou juridiction à laquelle ils sont attachés, et ils ont rang et séance après les gens du roi. (M. GUYOT.) *

[[C'est parce que les Greffiers sont considérés comme membres de la juridiction à laquelle ils sont attachés, que, par l'art. 63 de la loi du 20 avril 1810, il est dit que « les parens et alliés, jusqu'au degré d'oncle et de neveu inclusivement, ne pourront être simultanément membres d'un même tribunal ou d'une même cour, soit comme juges, soit comme officiers du ministère public, ou même comme Greffiers, sans une dispense de l'Empereur ». *V. Parenté.*

XII. Les droits et taxations des Greffiers des tribunaux de l'ancien régime étaient fixés, savoir : pour le parlement de Paris par des lettres-patentes du 23 mai 1778; pour la cour des aides de la même ville, par des lettres-patentes du 20 août 1780; et pour les autres juridictions par des règlemens particuliers à chacune.

La loi du 6 mars 1791 ordonna, art. 32, que, « par provision, et en attendant qu'il eût été fait un nouveau tarif, les émolumens personnels des Greffiers sur chaque expédition, seraient des trois quarts des anciens, sans que les Greffiers pussent, en aucun cas, rien percevoir à titre de parisis; (et que) ces droits ne seraient perçus sur ce pied, même dans les affaires d'appel, qu'eu égard aux tarifs établis dans chaque lieu pour les affaires de première instance ».

Indépendamment de ces taxations, les Greffiers des tribunaux de district jouissaient d'un traitement fixe, qui était déterminé par l'art. 2 de la loi du 2 septembre 1790.

Aujourd'hui, les Greffiers des cours impériales, des tribunaux de première instance et des tribunaux de commerce ont encore un traitement fixe; mais ils ne perçoivent plus à leur profit personnels les droits d'expédition en matière civile : ils sont tenus d'en compter au trésor public, qui leur alloue seulement, sur les sommes qui en proviennent, les remises réglées par la loi. *V. Droits de greffe*, et l'arrêté du gouvernement du 8 messidor an 8.

En matière criminelle correctionnelle et de police, il est dû aux Greffiers des cours impériales, des tribunaux correctionnels et des tribunaux de police, soit par le trésor public, soit par les parties civiles, des droits d'expédition et de copie, qui sont déterminés par les art. 41 et suivans du décret impérial du 18 juin 1811.

XIII. On verra à l'article *Huissier-priseur*, que, dans les lieux où il n'a pas été établi de commissaires-priseurs, les Greffiers partagent avec les notaires et les huissiers, le droit exclusif de faire les ventes publiques de meubles.

XIV. On a vu plus haut, n. 1, que la loi du 27 ventôse an 8 confère à l'empereur le droit de révoquer les Greffiers, comme celui de les nommer; mais cette loi n'ôte pas aux tribunaux le pouvoir de les destituer eux-mêmes, dans les cas où leur destitution est ordonnée comme peine légale.

Par exemple, l'art. 23 de la loi du 21 ventôse an 7 (rapportée aux mots *Droits de greffe*), défend aux greffiers, « d'exiger ni de recevoir d'autres droits de greffe, ni aucun droit de prompte expédition, *à peine de 100 francs d'amende et de destitution* ». —

En exécution de cette loi, le sieur Wanters, Greffier du tribunal de commerce d'Anvers, a été traduit devant le tribunal correctionnel de la même ville, pour avoir délivré plusieurs expéditions de jugemens qui ne contenaient pas vingt lignes à la page et huit syllabes à la ligne, conformément à l'art. 5. — En convenant du fait, le sieur Wanters a prétendu qu'il n'était point précisément dans le cas prévu par le législateur. — Mais, attendu que c'est évidemment recevoir d'autres droits de greffe que ceux établis par la loi, que de recevoir pour les feuilles de quinze à dix-huit lignes, et écrites de manière que les lignes ne contiennent que six, cinq, quatre, trois et deux syllabes, les mêmes droits qui sont établis pour une feuille contenant vingt lignes à la page, et huit à dix syllabes à la ligne »; le tribunal correctionnel d'Anvers a condamné le sieur Wanters à 100 fr. d'amende, et a prononcé sa destitution. — Le sieur Wanters a appelé de ce jugement à la cour de justice criminelle du département des Deux-Nèthes, qui l'a confirmé; et sur son recours en cassation, arrêt est intervenu le 16 mai 1806, au rapport de M. Audier-Massillon, par lequel, « attendu qu'il résulte des faits déclarés constans par l'arrêt de la cour de justice criminelle du département des Deux-Nèthes, qu'il y avait lieu à l'application des peines portées par l'art. 23 de la loi du 21 ventôse an 7, combiné avec l'art. 5 de la loi du 22 prairial suivant; attendu que la destitution prononcée par ladite loi du 21 ventôse, étant ordonnée comme une peine de la contravention prévue par cette loi, elle peut être prononcée par les tribunaux qui sont juges de cette contravention; que cette peine est indépendante du droit de révocation que l'art. 92 de la loi du 27 ventôse an 8 attribue à l'autorité à laquelle elle confère le droit de nomination; la cour rejette.... ».

On trouvera à l'article *Notaire*, §. 9, n. 4, d'autres arrêts de la même cour, qui sont fondés sur le même principe.

XV. Les Greffiers, quoique nommés par l'empereur, ne sont pas cependant considérés comme *agens du gouvernement*, dans le sens et pour l'objet de l'art. 75 de l'acte constitutionnel du 22 frimaire an 8. Ils ne jouissent pas non plus de la garantie attribuée aux juges par l'art. 80 de la loi du 27 ventôse de la même année. — Ces deux points sont ainsi jugés par un arrêt de la cour de cassation du 26 décembre 1807, rapporté à l'article *Garantie des fonctionnaires publics*, n. 6.

V. Expédition, Grosse, Frais de procès criminels, Enregistrement (droit d'), Faux, Inscription de faux, etc.]]

GREFFIER DU GROS. C'est le nom que porte en Artois l'officier chargé de garder les minutes des actes notariés, et d'en délivrer des grosses aux parties.

L'office de notaire n'est point uni dans les Pays-Bas, comme en France, à celui de garde-note ou tabellion; il n'y a qu'un tabellion dans le ressort de chaque juridiction royale; et c'est dans son greffe que tous les notaires du même département doivent déposer les actes qu'ils reçoivent, pour y être grossoyés et scellés à la réquisition des parties intéressées.

Un placard de l'empereur Charles-Quint, du [illegible] octobre 1531, enjoint aux notaires d'Artois de « p[illegible] ter et mettre ès-mains du Greffier du Gros, les [illegible] nutes de tous contrats réciproques, pour y être [illegible] crètement et sûrement gardées, et ce, le plus bri[illegible] après les contrats passés, que commodément fa[illegible] se pourra ». Un autre placard de Philippe II, [illegible] d'Espagne, du 16 octobre 1594, leur ordonne [illegible] remplir ce devoir, « en dedans un mois, date d'ic[illegible] contrats, sous peine de 10 florins d'amende p[illegible] la première fois, et de privation d'état pour la [illegible] conde ».

L'obligation de remettre au greffe du Gros les [illegible] nutes des contrats, ne concerne point les offic[illegible] municipaux des villes qui se sont maintenus dan[illegible] possession de recevoir des actes, par prévention a[illegible] les notaires. Ces actes n'ont jamais eu d'autre dé[illegible] que les greffes des hôtels de ville.

L'officier dont nous parlons ici n'est connu, d[illegible] le ressort du parlement de Flandre que sous le [illegible] de *Tabellion*.

[[Les offices de Greffier du Gros et de tabel[illegible] ont été supprimés par la loi du 29 septembre 17[illegible] concernant le notariat.]]

GRENAILLE DE FER. *V. Fer en Grena[illegible]*

*GRENIER A SEL. C'est une juridiction ro[illegible] où se jugent en première instance les contravent[illegible] sur le fait du sel. Les officiers aux Greniers à Se[illegible] connaissent définitivement au-dessous d'un quar[illegible] minot; au-dessus, elles peuvent être portées [illegible] appel à la cour des aides.

Chaque Grenier à Sel est composé d'un présid[illegible] d'un grenetier, d'un contrôleur, d'un procureu[illegible] roi et d'un greffier. Ce nombre d'officiers a été [illegible] terminé par la déclaration du roi, du 31 oct[illegible] 1717. (M. GUYOT.) *

[[Les Greniers à Sel ont été supprimés par l'ar[illegible] de la loi du 7 septembre 1790. *V. Sel.*]]

*GRÈS. Ce sont des matériaux fort durs q[illegible] emploie communément à bâtir, ou à paver les c[illegible] sées.

Les carrières de Grès ont mérité l'attentio[illegible] gouvernement. [[*V. Chemin*, n. 12.]]

GRIEFS. *V. Appointement* [[et le Code de [illegible] cédure civile, art. 462.]]

[[GROS D'OR. Ancienne monnaie, sur la v[illegible] de laquelle il s'est élevé en 1631 une contesta[illegible] dont il ne sera pas inutile de retracer ici les d[illegible] et la décision.

Philippe de Croset de Montcaussin devait, à [illegible] son d'une métairie dont il était propriétaire [illegible] rente foncière d'un setier de blé, un setier d'av[illegible] *douze Gros d'or* et deux poules, payables, sa[illegible] le blé et l'avoine à la St-Julien, l'argent et le[illegible] lailles à la Toussaint.

En 1631, Henri de Saint-Etienne de La I[illegible] rède, créancier de cette rente, fait assigner Ph[illegible] de Croset de Montcaussin devant le sénéchal de [illegible] ragais, pour se voir condamner à lui payer [illegible] *chaque Gros, un écu d'or en espèce.*

Le sieur de Montcaussin répond (c'est M. d[illegible] qui parle, liv. 2, chap. 10), — « Que cette es[illegible]

tion ne s'accorde pas avec les payemens faits à ses devanciers, qui n'ont jamais reçu que trois sous pour chaque Gros d'or, que d'ailleurs par plusieurs reconnaissances passées au profit des seigneurs des lieux circonvoisins cette espèce ne se trouve évaluée qu'à 2 carolus, et ensuite il impètre lettres pour être relevé des payemens qui ont été faits, par erreur, à raison de 3 sous pour chaque Gros d'or, et pour être reçu à demander que le payement de cette espèce soit réglé pour l'avenir à raison de 2 carolus, et que ce qu'il a payé ci-devant, au-dessus de cette valeur, lui soit restitué avec dépens ».

Le sieur de La Pomarède, de son côté, « obtient lettres royaux, par lesquels il demande que, nonobstant les quittances produites au procès par le défendeur, comme faites par des personnes chargées de fidéicommis en sa faveur, qui par conséquent ne pouvaient diminuer les droits seigneuriaux à son préjudice, il soit reçu à demander le Gros d'or en espèce, ou sa légitime valeur, suivant l'estimation qui en sera faite par experts ».

Le 15 juillet 1632, sentence par laquelle, sans avoir égard aux lettres obtenues par le sieur La Pomarède, ni à celles du sieur de Montcaussin, en ce qu'elles tendent à la restitution de ce qu'il a sur-payé pour raison du Gros d'or, le sénéchal « déclare la valeur du Gros d'or en espèce de monnaie, telle qu'elle était au temps de la reconnaissance du 1er mars 1501, produite au procès, être de 20 deniers pièce; ce faisant, ordonne qu'à l'avenir ledit Gros d'or sera payé au sieur de La Pomarède à cette estimation ».

Le sieur de La Pomarède appelle de cette sentence au parlement de Toulouse, et produit un certificat des officiers de la monnaie de cette ville, qui atteste « qu'en l'année 1501, jusqu'en l'année 1506, un Gros d'or du poids de 3 deniers, valait, monnaie courante, 2 livres 8 deniers 1 quart; et qu'à-présent, suivant l'ordonnance du roi du 5 décembre 1614, le Gros d'or vaut 4 liv. 6 sous 3 deniers de monnaie courante ».

Le procès distribué à M. d'Olive, ce magistrat en a fait le rapport; et voici dans quels termes il a donné son opinion :

« Je trouve dans les auteurs qui ont écrit des poids et des mesures, que le Gros est une des parties qui composent le poids de marc. A ces fins, il faut remarquer qu'il y a trois sortes de poids et de livres. La première est la livre publique dont se servent les marchands et les épiciers pour la vente des marchandises et des denrées, composée de seize onces, et appelée par les Grecs, *zygostatica*. La deuxième est la romaine, que les jurisconsultes emploient à la division des héritages, qui s'appelle *as*, et contient 12 onces, dont Volusius Metianus a fait un traité particulier. La dernière est la livre de marcs, destinée à l'usage des monnayeurs et des orfèvres, qui comprend 8 onces, et s'appelle *octonaria nummularia, selibta publica*. Or, comme le marc a huit onces, chaque once contient aussi huit Gros, le Gros 3 deniers, et le denier 24 grains; si bien que le Gros est la soixante-quatrième partie du marc. L'évêque d'Avranches (*Robertus Cenalis*), qui a fait un excellent traité des poids et mesures (*de verâ mensurarum ponderumque ratione*), le dit expressément : *marca, seu libra octonaria, grossos habet sexaginta quatuor. Grossus à crassitie ponderis nomen habens, tres denarios complectitur.* Glarean, en son livre *de asse*, dit de même, et ajoute que le Gros ne diffère point de la drachme : *Drachma est octava unciæ pars, argentarii Grossum nominant.* C'est aussi le sentiment de Budée : *libra nostra, quam marcam vocitari diximus, quatuor et sexaginta Grossos capit*, dit-il en un endroit; et un peu auparavant : *primùm hoc dico drachman et asticam à nostris vocari Grossum*; et ailleurs : *Quemadmodùm in unciâ latinâ quatuor et viginti sunt scrupula, sic et in nostrâ viginti quatuor denarii; et ut drachma tria scrupula pendet, sic Grossus tres denarios.* Le Gros donc est une partie du marc, à qui on a donné ce nom *propter crassitiem ponderis*; parce qu'après l'once, c'est le plus grand poids de la livre; les sterlins, les deniers, les mailles, les felins, les siliques, et les grains étant des pièces menues, aussi voyons-nous que cette partie du poids, qui parmi les Grecs répond à notre Gros, porte ce nom de la drachme; parce que, comme dit Julius Pollux, c'est une grosse poignée d'oboles. Ainsi le Gros étant considéré comme une partie du poids, il est bien aisé de connaître sa juste valeur, parce qu'elle se mesure aux prix du marc, que nos rois ont pris le soin de régler par leurs ordonnances, et qui successivement s'est accru à mesure que toutes choses ont enchéri par trait de temps. Et c'est du Gros d'or, pris en cette façon, que doit être entendu le certificat des officiers de la monnaie, que le sieur de La Pomarède rapporte, pour établir la justice de sa demande. Mais il convient de remarquer qu'il y a un Gros monnayé, de même qu'il y a un Gros de poids : *Alius est Grossus ponderalis, alius monetalis* dit cet évêque d'Avranches...

« Ayant établi une espèce de Gros monnayé, et en recherchant maintenant la nature et la valeur, je trouve dans les écrits de ce prélat d'Avranches, qu'il y a un Gros de Venise, valant 16 deniers tournois; *valet autem*, dit-il, *Grossus Venetianus denarios Turonicos sedecim.* Dumoulin, au Traité qu'il a fait du changement des monnaies (quest. 100), dit qu'il y a eu des Gros tournois : *Hujus modi Grossi Turonici hodie non sunt in usu, nisi picti et suspensi in intersigniis quorumdam mercatorum; sed ante ducentos annos, tempore filiorum Philippi pulchri, et sub Philippo Valesio, fuerunt frequentes in hoc regno variis temperaturis et indicaturis.* Bodin, au *Traité de la République*, liv 6, chap. 8, dit pareillement qu'il y avait des Gros tournois, que saint Louis fit forger, qui furent appelés *Gros tournois* et *sols tournois*. Guy-Pape, décis. 493, parle aussi du Gros monnayé, et, ce qui est fort remarquable, il dit que c'était la monnaie en laquelle on avait accoutumé de payer en Dauphiné les rentes seigneuriales : *Sic etiam isto tempore, quo currit debilis moneta adirationem viginti quinque Grossorum pro scuto auri, solvunt exactores Delphinatûs, et alii nobiles hujus patriæ, qui sibi solvi faciunt eorum census de istâ parvâ monetâ.* Les ordonnances de nos rois parlent encore plus distinctement du Gros monnayé. Celle de François Ier du 29 mars 1539 fait mention de trois diverses espèces de Gros : de Metz en Lorraine, qu'elle dit valoir 2 sous 6 deniers; d'Ecosse, de même valeur ; et d'Angleterre, de 3 sols pièce ; et cette ordonnance permet le cours et l'emploi de ces espèces à ce prix. Il y a une autre ordonnance du même roi, du 19 mars 1540, et autre du 20 septembre 1543, qui décrient le Gros de Lorraine, lesquelles ont été suivies d'une ordonnance du roi Charles IX, du 17 août 1591. Outre les Gros qui étaient des monnaies étrangères, qui furent quelquefois permises, quelquefois décriées, il y a eu des Gros fabriqués en France par l'ordonnance du roi Henri II, du 25 mars 1549, qu'on appelle *Gros de Nesle*, de valeur de 6 blancs; parce que lorsque les Gros étrangers furent décriés, il fut dit, par cette ordonnance de Henri II, que du billon de ces Gros il en serait fait des Gros de 6 blancs en la ville de Paris et en l'hôtel de Nesle. Il y a donc Gros de poids, et Gros de monnaie.

» Ce fondement jeté, la première question qui s'offre à juger en cette cause, c'est de savoir de quel Gros doit être prise la reconnaissance dont se sert le demandeur; parce qu'elle dit simplement *duodecim Grossos auri*, sans ajouter *ponderis*, ou *monetæ*. Sur quoi, j'estime par deux raisons, dont l'une est générale, et l'autre particulière, que c'est du Gros monnaie que la reconnaissance doit être expliquée. — La raison générale est, que toutes les fois que dans les contrats certaine quantité d'or ou d'argent qui peut être considérée, ou comme poids, ou comme monnaie, se trouve stipulée, sans que les parties se soient particulièrement expliquées sur ce sujet, en ce doute il faut prendre et expliquer la clause de l'or et de l'argent monnayé; d'autant que depuis que la monnaie est introduite, ces métaux ne sont plus en usage dans le commerce par la force de la matière et du poids, mais bien par la puissance de la forme et du caractère. Et ce n'est point par le ministère d'une rude et informe masse d'or ou d'argent, que les hommes passent leurs contrats ; mais bien par l'entremise de pièces polies par l'ouvrage de l'art et marquées de l'image du prince. — A cette raison générale, j'ajoute une particulière prise de la teneur de la reconnaissance : car après que l'emphytéote a reconnu les terres sous la censive d'un setier de blé, d'un setier d'avoine, de douze Gros d'or et de deux poules ; il est dit ensuite que le feudataire promet payer le blé et l'avoine à la fête Saint-Julien, l'*argent* et les poules à la Toussaint : ce mot l'*argent* mis en dernier lieu, explique les termes précédens, et fait qu'on les doit rapporter à la monnaie.

Le nom de l'espèce qui était le plus en usage, a passé en celui du genre, et par le mot d'*argent*, toute sorte de monnaie a été généralement désignée; et par conséquent c'est du Gros monnayé que doit être entendue la reconnaissance dont est question : puisque la dernière clause expliquant les mots précédens, porte que l'argent est payable par l'emphytéote à la fête de Toussaint.

» Ce premier point ainsi résolu, la deuxième question qui se présente au jugement de ce procès, est de savoir si le Gros d'or, stipulé par les reconnaissances du demandeur, ne devant pas être entendu du Gros d'or du poids de marc, mais d'un Gros d'or monnayé, il doit être pris, ou pour le Gros d'or de Venise, ou pour celui de Lorraine, ou pour celui d'Angleterre, ou pour celui de Tours, qui sont ceux dont les livres et les ordonnances font mention.

» Et d'abord, il semble qu'il doit être pris de ces Gros, parce que les titres que nous avons au procès se rapportent aucunement à cette valeur médiocre. Mais, au contraire, il est dit que pour les Gros de Tours, ce sont des espèces d'argent, comme Dumoulin dit notamment, étant certain que toute la monnaie de Tours était d'argent, ou de plus basse matière; parce qu'elle se faisait de l'autorité de l'archevêque de Tours, qui n'avait pas cette prérogative de battre la monnaie d'or. Et de là sont venus les Gros tournois. — Pour les Gros de Lorraine, d'Ecosse et d'Angleterre, nous voyons que parmi les figures des monnaies, ils sont rangés entre les espèces d'argent, après les testons et les réaux. Ainsi, ces Gros étant d'argent, ils ne peuvent être rapportés à notre Gros, qui est d'or. Il semble donc que le Gros d'or doit être pris pour le vieux écu de France, et c'est l'intention du demandeur appuyée sur le rapport des officiers de la monnaie. Ce qui se trouve fondé sur deux raisons : l'une, parce que le vieux écu pèse précisément un Gros d'or, qui est 3 deniers : et ainsi, le Gros et l'écu vieux de France sont en effet une même chose. L'évêque d'Avranches, parlant de cet écu, l'appelle *drachmalem*, c'est-à-dire, Gros. *Succedit* (dit-il) *aureus priscus*, *scutum vetus appellant*, *qui verè drachmalis est ; tres enim denarios suo pondere æquat.* La deuxième raison est, parce que le vieux écu de France est appelé *solidus*, écu-sol, comme l'écu de Rome, *aureus*, était appelé *solidus*, dans nos livres de droit. Le même auteur le témoigne clairement, parlant de l'écu de France; *Ideoque solidus aureus merito appellandus est.* Et la raison particulière de cela est parce que *ille nummus verè solidus est*, *qui ex certis denariis*, *nullâ granorum fractione*, *constituitur*, comme l'écu vieux, qui est composé de 3 deniers; là où au contraire l'écu couronné et les autres espèces d'or, *sunt nummi mutili;* parce qu'ils sont composés de certains deniers avec l'addition de quelques grains. Or, puisque le vieux écu s'appelle *solidus* par cette raison, c'est la même chose que le Gros, vu que l'un et l'autre de ces mots, *Grossus* et *solidus*, *convertuntur. Grossus enim à crassitie ponderis : solidus à soliditate.* Et de fait, Bodin rapporte que les sous tournois, que saint Louis fit forger, s'appelaient indifféremment *Gros tournois.*

» Mais à cela il peut être opposé que, quoique le vieux écu de France pèse un Gros d'or, toutefois il ne se trouve point qu'il ait jamais porté le nom de *Gros d'or.* Et ainsi ce n'est pas de lui que le Gros d'or dont il s'agit doit être entendu ; parce que les paroles des contrats doivent être prise selon le commun usage et forme de parler. Il semble donc que le Gros monnayé que nous trouvons dans nos livres, étant un Gros d'argent, et les auteurs ne nous donnant aucune connaissance de ce que vaut un Gros d'or, il faut en cet endroit suivre l'exemple de Pythagore, qui, pour juger de la grandeur du corps d'Hercule qui lui était inconnue, en prit la mesure à la grandeur du pied, dont les vestiges étaient imprimés sur la lice olympique. Ainsi, il est à propos que ne trouvant pas absolument la valeur du Gros d'or par la connaissance de son espèce, nous l'allions prendre par la proportion du Gros d'argent, dont la valeur nous est certaine.

» Mais par la constitution des empereurs Arcadius et Honorius, la livre d'or est estimée 14 livres d'argent et quelque chose davantage. (Loi 1, C. *de collatione æris*; et loi 1, C. *de argenti pretio quod thesoris infertur*). Aujourd'hui en France et en Espagne, la proportion de l'or et de l'argent est un denier d'or pour douze d'argent. Ainsi, prenant le prix du Gros d'argent à 2 sous 6 deniers, qui est le prix moyen entre celui de 3 sous et de 16 deniers, et nous tenant à la plus basse proportion de l'or à l'argent, il faudrait dire que la vraie valeur du Gros d'or est de 25 sous, ce qui se rapporte aucunement à l'écu comme il valait anciennement.

» Mais ce n'est pas avec tant de subtilité qu'il faut traiter cette matière, où il s'agit de la juste évaluation du Gros, et de l'intelligence des paroles d'un contrat qui se doit régler par l'équité et par le commun usage des lieux. Joint que la règle, sur laquelle nous voulons appuyer cette interprétation, est pleine d'incertitudes; car les allois des monnaies étant fort différens et dissemblables, et y ayant des espèces plus faibles les unes que les autres, il se peut faire que le Gros d'argent était de meilleur alloi que le Gros d'or, qui avait cours en ce temps-là, *alia temperatura et indicatura*. Ainsi, voyons-nous que la monnaie du Mans, *pecunia Coenomanensis*, était plus forte de la moitié que celle de Normandie; d'où est venu le proverbe: *Un Manceau vaut un Normand et demi.*

» Cette conjecture et cette proportion ne nous revenant pas, nous en pouvons prendre une autre sur le pied du mouton d'or qui avait cours environ le temps de la première reconnaissance du demandeur, et dont nous trouvons la valeur liquidée en ce même temps par arrêt de la cour. Le mouton d'or, dit cet évêque d'Avranches, pesait 3 deniers et demi, *Intervallo majusculo et valoris et ponderis sequitur nummus quem velleris auri mutonem appellant. Pendit tres denarios cum semisse.* Ce fut Jean, duc de Berry, qui le premier fit forger cette espèce en l'année 1271, par la permission du roi Philippe III, son frère, qui lui accorda ce privilége. Pour sa valeur, ce prélat dit que *caret indicaturâ, id est, æstimatione*. Le président de Laroche l'estime à 15 sous 5 deniers. Mais en vérifiant les vieux registres du parlement, j'ai trouvé un arrêt fort remarquable du 4 septembre 1492, rendu entre Ysabeau de Noé, veuve de feu Arnaud Roger de Cominge, demanderesse d'une part, et Roger de Foix, sieur de Rabat, défendeur d'autre, par lequel le défendeur, comme héritier du mari de la défenderesse, fut condamné à la restitution de certaine quantité de mouton d'or par elle constituée à son mari par ses pactes de mariage, que la cour évalua à 10 sous pièce. Or, si le mouton d'or pesant 2 deniers et demi, ne valait que 10 sous, à ce compte et selon cette proportion, le Gros d'or, qui ne pesait que 3 deniers, ne valait que 7 sous et 8 deniers; mais reste toujours la première difficulté, savoir que les allois, les titres et les pieds de monnaie sont différens, et leur valeur par conséquent dissemblable.

» La troisième conjecture peut être prise de ce qui se lit dans ce petit *Traité de l'évêque d'Avranches*, qu'il y a un Gros de Flandre qui vaut 10 sous; car il ne dit pas s'il est d'or ou d'argent; et vraisemblablement il peut être d'or, puisque sa valeur est plus proportionnée à celle de ce métal que l'évaluation des Gros d'Angleterre, de Venise et de Lorraine qui sont d'argent: *Libra Grossorum Flandirensium* (dit cet auteur) *valet sex libras Turonicas; quâ ratione Grossus Flandrensis æstimari debet sex solidis Turonicis.* Ainsi on peut dire que cette monnaie étrangère étant fort basse, ne valait que 6 sous, quoiqu'elle fût une espèce d'or, puisque l'histoire nous apprend qu'en l'année 1354, l'écu couronné ne valait que 12 sous 6 deniers.

» Et certainement si nous ne jugions cette question que par la connaissance que nous en pouvons tirer des livres, je croirais que pour l'évaluation de cette espèce, il nous faudrait nécessairement passer par une de ces trois conjectures. Mais il nous appert par les reconnaissances des lieux circonvoisins produites au procès, que cette espèce est précisément évaluée à deux carolus. L'usage est le vrai interprête des lois, et par conséquent de la valeur de la monnaie, qui porte le nom de loi, et parmi nous et parmi les Grecs. D'ailleurs j'ai trouvé dans le livre des reconnaissances du collége de Périgord (que le président de Laroche attribue erronément au collége de Maguelone), que le Gros d'or n'est estimé qu'à 5 ou 6 liards pièce. Et n'importe d'alléguer qu'il n'y a point d'apparence qu'une monnaie d'or fût de si petit prix: car anciennement les monnaies d'or étaient fort basses, parce qu'il y avait quantité de métal étranger mêlé parmi, ce qui les rendait de fort petite valeur. Étant certain que, comme de tout temps, on a usé de quelque mélange en la fabrication des monnaies, aussi s'est-on donné souvent la liberté d'excéder la juste proportion en cet affinage; car il est bien permis par les ordonnances de nos rois de mettre et d'allier un vingt-quatrième carat de cuivre ou d'argent, en la fabrication de la monnaie d'or; et ce vingt-quatrième carat s'appelle *remède*, et les vingt-trois carats s'appellent *alloi*; parce que c'est la loi que le prince donne aux monnayeurs, c'est le titre et le pied de la monnaie: et pour la monnaie d'argent, on y mêle du cuivre, qui par les règlemens ne peut excéder le douzième denier. Mais le plus souvent on n'a pas gardé cette loi aux monnaies étrangères, qu'on a étrangement affaiblies et empirées.

» On dit que, puisqu'on trouve que, par les ordonnances, le Gros d'argent d'Angleterre valait 3 sous, c'est hors de toute apparence que le Gros d'or ne vaille que 20 deniers. A quoi il peut être reparti que le Gros d'or était une monnaie fort ancienne, introduite en un temps où la valeur des espèces était fort petite; et que le Gros d'argent a été depuis introduit, lorsque toute chose avait haussé le prix pardessus l'ancienne modération, et que l'or et l'argent, que la nature avait mis sous nos pieds, s'étant emparés de nos cœurs et de nos affectations, étaient devenus précieux et désirables aux mortels outre mesure. Tant y a que n'apparaissant pas clairement par nos livres de la valeur du Gros d'or, ni de son introduction et origine, il faut déclarer que la chose n'est pas encore mûre et en état d'être décidée; et qu'en effet nous pouvons dire, *Argumentum controversiæ Grossus, id est, fiscus quæ nunquam maturescit*; et que partant nous sommes nécessités de renvoyer l'évaluation de cette espèce à la connaissance des maîtres-experts. Ce que nous trouvons avoir été ordonné en une pareille matière, par jugement des requêtes du 12 mai 1607, confirmé par arrêt de la cour du 17 juillet de la même année, en la cause du celérier de Moissac, et Flotard de Gouts, seigneur de Barthes; les prédécesseurs duquel, par acte du 15 décembre 1470, avaient reconnu tenir en emphythéose du célérier du chapitre la moitié des eaux du fleuve du Tarn, sous la censive de 6 Gros d'or, et de deux cartons de blé. Mais puisque les officiers de la monnaie qui sont les plus expérimentés en cette matière, et au jugement desquels la cour a accoutumé de renvoyer ces causes, ont déja fait leur rapport, il serait frustratoire de prendre cette voie. Considéré que nous avons des pièces dans le procès qui détruisent tout-à-fait ce certificat, et qui nous font voir que le Gros d'or est une ancienne monnaie de fort petite valeur, et bien éloignée du prix que lui donnent ces monnayeurs, qui, sans avoir assez exactement pesé cette affaire, prenant pour une partie du poids de marc le Gros d'or contentieux, au lieu qu'il doit être pris pour une espèce de monnaie. Ainsi, je suis d'avis de confirmer la sentence du sénéchal, qui, prenant fondement sur les vieux titres remis au procès, liquide et évalue le Gros d'or à 2 deniers tournois pièce: évaluation d'autant plus juste, qu'il est certain qu'en fait d'espèces d'argent ou léguées ou stipulées, nous devons toujours, en choses douteuses, prendre l'appréciation qui va à la décharge et au soulagement de l'héritier et du débiteur: *Nummis indistinctè legatis, hoc receptum est, ut exiguiores intelliguntur*, dit le jurisconsulte dans la loi *Nummis*, D. *de legatis* 3°.

» La cour, par arrêt du 27 juin 1655, confirma la sentence du sénéchal sans dépens ».

V. Florin d'or et *Monnaie*.]]

* GROSSE. C'est l'expédition d'un acte public, comme d'un contrat, d'une requête, d'une sentence, ou arrêt. Dans les contrats, inventaires, procès-verbaux et jugemens, la Grosse est la première expédition tirée sur la minute qui est orignal; au contraire, pour les requêtes, inventaires de productions et autres écritures, la Grosse est l'original, et la copie est d'ordinaire plus minutée.

(Nous parlerons d'abord de Grosses des contrats, ensuite des Grosses des actes judiciaires.

§. I. *Grosse des contrats.*]

Ce sont ordinairement les notaires qui font et délivrent eux-mêmes les Grosses de leurs actes; ils en ont le droit à Paris et dans la plupart des provinces du royaume; mais dans l'Artois, la Flandre, le Cambrésis, etc., les Grosses des actes des notaires s'expédient par des officiers particuliers qu'on nomme dans quelques endroits *tabellions*, et ailleurs, *greffiers du gros*.

[[Ces officiers ont été supprimés par la loi du 20 septembre 1791 sur le notariat. Ainsi, aujourd'hui les notaires ont, dans toute la France, le droit exclusif de faire et délivrer les Grosses de leurs actes: et ils sont maintenus dans ce droit par l'art. 1 de la loi du 25 ventose an 11]].

A Paris, les Grosses des actes passés devant notaire, s'intitulent du nom de prévôt de Paris; et si l'office de prévôt est vacant, elles doivent être intitulées du nom du procureur-général du parlement, attendu qu'alors la garde de la prévôté appartient à ce magistrat.

Dans les justices seigneuriales des environs de Paris, ces Grosses s'intitulent du nom du seigneur; mais à dix lieues au-delà de Paris, on les intitule ordinairement du nom du juge.

A Lyon, les Grosses des actes des notaires ne s'intitulent point du nom du siége; on les commence en ces termes, *Comme ainsi soit que*, etc., ou bien *Personnellement établis, tels*, etc., ou bien *Par-devant les notaires*; mais on ne les met à exécution qu'en vertu d'une ordonnance que le juge accorde sur requête.

En Champagne, les Grosses s'intitulent ainsi: *Louis, par la grâce de Dieu, etc.., à tous ceux qui ces présentes lettres verront, salut: savoir faisons que par-devant les notaires, etc.*

On en use de même dans les pays de droit écrit; on ne s'y sert même pas du terme de *Grosse*, on dit *première* ou *seconde expédition*.

En Lorraine, les Grosses des actes de notaires ne s'intitulent ni du nom du roi, ni du nom des juges: on met seulement: *Sachent tous que par-devant le notaire, etc.*

[[On a vu à l'article *Exécution parée*, quelle est aujourd'hui, sur cette matière, la règle uniforme de toute la France]].

A Paris, les notaires étaient autrefois obligés d'écrire et d'expédier eux-mêmes les Grosses des contrats qu'ils avaient reçus; mais des lettres-patentes de François I, du 1er septembre 1541, veulent qu'ils « puissent dorénavant faire écrire et grossoyer par leurs clercs toutes lettres, instrumens et contrats qu'ils recevront et passeront, sans qu'ils soient astreints ni contraints eux-mêmes les grossoyer et écrire de leurs mains, ainsi qu'ils avaient accoutumé et soulaient faire ».

La jurisprudence des arrêts du parlement de Paris, attestée par un acte de notoriété de M. le lieutenant civil Le Camus, du 7 février 1688, a établi, pour le ressort de cette cour, que le créancier qui a perdu sa première Grosse, ne doit avoir hypothèque sur les biens de son débiteur que du jour que la seconde Grosse lui a été délivrée.

Cette jurisprudence a eu pour objet d'éviter les fraudes ; mais, comme l'observe Bretonnier, la crainte d'une fraude ne doit pas l'emporter sur la vérité et la justice. Aussi voyons-nous que, par un arrêt du 7 août 1747, le parlement de Paris a jugé différemment sur partage formé en la deuxième des enquêtes, et départagé en la première. Dans cette affaire, la dame de Saint-Lambert, créancière, ne rapportait point la première Grosse; mais elle justifiait que son auteur avait toujours agi en créancier, et que le débiteur avait toujours reconnu la dette; en conséquence, l'arrêt cité la colloqua du jour du titre.

Par un autre arrêt du 30 avril 1768, le même parlement a pareillement accordé à un créancier son hypothèque à compter de la date de l'acte, quoiqu'il n'en représentât qu'une seconde Grosse. Il est vrai que, dans cette affaire, il y avait une forte présomption que la première Grosse avait été remise par le créancier aux syndics de la direction, lors d'un premier projet d'ordre; mais M. Barentin, avocat-général, observa qu'en général, lorsqu'il n'y avait aucune présomption de fraude de la part du créancier qui ne représentait qu'une seconde Grosse, l'équité paraissait exiger que son hypothèque lui fût accordée à compter du jour de l'acte.

Au reste, le vice de la jurisprudence à laquelle paraissent opposés les arrêts qu'on vient de citer, s'établit par les motifs même sur lesquels elle est fondée. En effet, si le défaut de représentation de la première Grosse fait présumer que le créancier est payé, il devient injuste de lui attribuer le droit d'être colloqué en vertu d'une seconde Grosse.

La jurisprudence que nous critiquons n'a jamais eu lieu que pour les contrats obligatoires ou de constitution; c'est pourquoi quand les créances résultent d'arrêts, de sentences ou d'autres actes judiciaires, il est indifférent de représenter la première ou la seconde Grosse. Pareillement, les hypothèques fondées sur un contrat de mariage, une donation insinuée, ou un partage, remontent toujours à la date de ces actes, soit qu'on représente une première ou une seconde Grosse.

Cette jurisprudence ne s'est d'ailleurs point étendue au-delà du ressort du parlement de Paris.

Bérault, Basnage et Pesnelle nous apprennent qu'en Normandie, on ne fait aucune différence entre la première et la seconde Grosse; et qu'on colloque toujours le créancier selon la date de la minute du contrat.

Trois actes de notoriété, donnés par les avocats du parlement de Bretagne, attestent qu'on suit la même jurisprudence dans le ressort de cette cour.

C'est aussi ce qui s'observe au parlement de Bordeaux, au parlement de Dijon, au parlement de Lorraine, et dans les pays de droit écrit : pourvu que la seconde Grosse ou expédition soit exempte de soupçon de fraude, elle y a la même hypothèque que la première.

[[Aujourd'hui, un créancier qui a pris une inscription hypothécaire sur la Grosse de son contrat, en conserve l'effet pendant dix ans, quoiqu'il vienne à perdre cette Grosse, et qu'il soit par-là obligé de recourir à l'autorité du juge pour s'en faire délivrer une seconde. *V. Expédition, Hypothèque et Inscription hypothécaire.*

Si la Grosse d'un acte se trouvait différente de la minute, ce serait à la minute qu'il faudrait ajouter foi. (M. GUYOT.)*

[[L'art. 1334 du Code Napoléon consacre ce principe en termes exprès.

Du reste, on a vu au mot *Expédition*, §. 1, que la dénomination de *Grosse*, ne convient pas à toutes les expéditions des actes notariés, mais seulement à celles qui sont en forme exécutoire.]]

§. II. *Grosses des actes judiciaires.*

Ces Grosses sont de deux sortes : les unes sont du ministère des greffiers, les autres appartiennent à celui des procureurs.

1°. Les greffiers expédient les Grosses des sentence, des enquêtes, des procès-verbaux des juges, etc.

En matière criminelle, il est de règle que les procédures des premiers juges ne peuvent être portées qu'en *Grosse* dans les tribunaux supérieurs; l'usage contraire, dit M. d'Aguesseau, dans ses réponses au mémoire de la tournelle d'un parlement de province, « a été condamné par plusieurs ordonnances; et le feu roi, en l'année 1683, donna une déclaration particulière pour réformer cet usage, nommément dans le parlement de ..... ».

Le parlement de Flandre suit encore très-constamment cet usage : M. le chancelier d'Aguesseau a écrit différentes lettres pour le faire cesser, mais elles n'ont produit aucune effet.

[[Cet usage est devenu celui de toute la France depuis la loi du 16 septembre 1791, sur la procédure criminelle; et l'art. 4 du décret impérial du 24 février 1806 le consacre formellement : « Lorsqu'il y aura lieu (y est-il dit) de transporter la procédure d'un tribunal ou d'une cour dans une autre, les minutes mêmes seront transportées; et il est défendu de décerner aucun exécutoire pour copies qui seraient faites de ces procédures, sous prétexte de leur transport ».]]

2° Les Grosses qui appartiennent au ministère des procureurs, sont celles des requêtes, écritures, avertissement, etc.

[[*V.* l'art. 686 du Code de procédure civile, et les décrets impériaux du 16 février 1807.

V. aussi *Abréviation, Devoirs de loi, Embref, Expédition, Minute*, etc.]]

* GROSSE AVENTURE (contrat à la). On appelle ainsi, ou simplement *prêt à la Grosse*, l'acte par lequel un des contractans prête à l'autre, pour un commerce maritime, une somme d'argent à gros intérêt, à condition que si le vaisseau vient à périr par quelque accident de force majeure, la dette sera perdue.

Ce contrat, qui est du nombre des contrats aléatoires, était en usage chez les Romains, comme le prouvent les titres du Digeste et du Code, *de nautico fœnore*.

Quel que soit l'intérêt ou le profit que l'emprunteur s'oblige à donner au prêteur, dans le cas d'un heureux succès, le contrat à la Grosse n'est point usuraire. En effet, l'usure que les lois défendent consiste à exiger quelque chose au-delà de la somme prêtée pour la récompense du prêt; mais dans le contrat à la Grosse, ce que l'emprunteur doit donner pour la somme prêtée, n'est point la récompense du prêt, c'est le prix des risques dont le prêteur s'est chargé.

En temps de paix, on porte ordinairement l'intérêt ou profit maritime de l'argent donné à la Grosse. à 15 ou 20 pour 100, s'il s'agit d'un voyage de long cours aux îles de l'Amérique; et à 25 ou 30 pour 100, s'il s'agit d'un voyage à la côte de Guinée. Mais en temps de guerre, on stipule un intérêt plus fort, parce que les risques sont plus étendus. Au surplus, l'intérêt ou profit maritime n'étant, en cas pareil, limité par aucune loi, il n'y a d'autre règle à cet égard que la convention des parties contractantes. (M. Guyot.)*

[[L'ordonnance de la marine du mois d'août 1681, liv. 3, tit. 5, avait réglé cette matière avec beaucoup de soin et de précision. Aussi presque toutes ses dispositions se retrouvent elles dans le Code de commerce décrété par le corps législatif en septembre 1807.

Voici comment est conçu le tit. 9 du liv. 2 de ce Code.

« *Art.* 311. Le contrat à la Grosse est fait devant notaire, ou sous signatures privées. — Il énonce le capital prêté et la somme convenue pour le profit maritime, les objets sur lesquels le prêt est affecté, les noms du navire et du capitaine, ceux du prêteur et de l'emprunteur; si le prêt a lieu pour un voyage, pour quel voyage et pour quel temps; l'époque du remboursement.

» 312. Tout prêteur à la Grosse, en France, est tenu de faire enregistrer son contrat au greffe du tribunal de commerce, dans les dix jours de sa date, à peine de perdre son privilége. — Et si le contrat est fait à l'étranger, il est soumis aux formalités prescrites à l'art. 45 (rapporté au mot *Navire.*)

» 313. Tout acte de prêt à la Grosse peut être négocié par la voie de l'endossement, s'il est à ordre. — En ce cas, la négociation de cet acte a les mêmes effets et produit les mêmes actions en garantie que celle des autres effets de commerce.

» 314. La garantie de payement ne s'étend pas au profit maritime, à moins que le contraire n'ait été expressément stipulé.

» 315. Les emprunts à la Grosse peuvent être affectés: — Sur le corps et quille du navire, — Sur les agrès et apparaux, — Sur l'armement et les victuailles, — Sur le chargement, — Sur la totalité de ces objets conjointement, ou sur une partie déterminée de chacun d'eux.

» 316. Tout emprunt à la Grosse, fait pour une somme excédant la valeur des objets sur lesquels il est affecté, peut être déclaré nul, à la demande du prêteur, s'il est prouvé qu'il y a fraude de la part de l'emprunteur.

» 317. S'il n'y a fraude, le contrat est valable jusqu'à la concurrence de la valeur des effets affectés à l'emprunt, d'après l'estimation qui en est faite ou convenue; — Le surplus de la somme empruntée est remboursé avec intérêt au cours de la place.

» 318. Tous emprunts sur le frêt à faire du navire et sur le profit espéré des marchandises, sont prohibés. — Le prêteur, dans ce cas, n'a droit qu'au remboursement du capital, sans aucun intérêt.

» 319. Nul prêt à la Grosse ne peut être fait aux matelots ou gens de mer sur leurs loyers ou voyages.

» 320. Le navire, les agrès et les apparaux, l'armement et les victuailles, même le frêt acquis, sont affectés par privilége au capital et intérêts de l'argent donné à la Grosse sur le corps et quille du vaisseau. — Le chargement est également affecté au capital et intérêts de l'argent donné à la Grosse, sur le chargement. — Si l'emprunt a été fait sur un objet particulier du navire ou du chargement, le privilége n'a lieu que sur l'objet, et dans la proportion de la quotité affectée à l'emprunt.

» 321. Un emprunt à la Grosse fait par le capitaine, dans le lieu de la demeure des propriétaires du navire, sans leur autorisation authentique ou leur intervention dans l'acte, ne donne action et privilége que sur la portion que le capitaine peut avoir au navire et au fret.

» 322. Sont affectées aux sommes empruntées, même dans le lieu de la demeure des intéressés, pour radoub et victuailles, les parts et portions des propriétaires qui n'auraient pas fourni leur contingent pour mettre le bâtiment en état, dans les vingt-quatre heures de la sommation qui leur en sera faite.

» 323. Les emprunts faits pour le dernier voyage du navire, sont remboursés par préférence aux sommes prêtées pour un précédent voyage, quand même il serait déclaré qu'elles sont laissées par continuation ou renouvellement. Les sommes empruntées pendant le voyage, sont préférées à celles empruntées avant le départ du navire; et s'il y a plusieurs emprunts faits pendant le même voyage, le dernier emprunt sera toujours préféré à celui qui l'aura précédé.

» 324. Le prêteur à la Grosse sur marchandises chargées dans un navire désigné au contrat, ne supporte pas la perte des marchandises, même par fortune de mer, si elles ont été chargées sur un autre navire, à moins qu'il ne soit légalement constaté que ce chargement a eu lieu par la force majeure.

» 325. Si les effets sur lesquels le prêt à la Grosse a eu lieu, sont entièrement perdus, et que la perte soit arrivée par cas fortuit, dans le temps et dans le lieu des risques, la somme prêtée ne peut être réclamée.

» 326. Les déchets, diminutions et pertes qui arrivent par le vice propre de la chose, et les dommages causés par le fait de l'emprunteur, ne sont point à la charge du prêteur.

» 327. En cas de naufrage, le payement des sommes empruntées à la Grosse, est réduit à la valeur des effets sauvés et affectés au contrat, déduction faite des frais de sauvetage.

» 348. Si le temps des risques n'est point déterminé par le contrat, il court, à l'égard du navire, agrès, apparaux, armement et victuailles, du jour que le navire a fait voile, jusqu'au jour où il est ancré ou amarré au port ou lieu de sa destination. — A l'égard des marchandises, le temps des risques court du jour qu'elles ont été chargées dans le navire ou dans les gabares, pour les y porter jusqu'au jour où elles sont délivrées à terre.

» 329. Celui qui emprunte à la Grosse sur des marchandises, n'est point libéré par la perte du navire et du chargement, s'il ne justifie qu'il y avait, pour son compte, des effets jusqu'à la concurrence de la somme empruntée.

» 330. Les prêteurs à la Grosse contribuent à la décharge des emprunteurs, aux avaries communes. — Les avaries simples sont aussi à la charge des prêteurs, s'il n'y a convention contraire.

» 331. S'il y a contrat à la Grosse et assurance sur le même navire ou sur le même chargement, le produit des effets sauvés du naufrage est partagé entre le prêteur à la Grosse, *pour son capital seulement*, et l'assureur, pour les sommes assurées, au marc le franc de leur intérêt respectif, sans préjudice des priviléges établis à l'art. 2 » ; rapporté au mot *Navire*.

Il importe de rapprocher de ces dispositions l'*exposé des motifs* qu'en a donné M. Corvetto, conseiller d'état, en présentant au corps législatif, le 9 septembre 1807, au nom du gouvernement, les tit. 9 et 10 du liv. 2 du Code de commerce.

« Les contrats à la Grosse aventure et les assurances forment le sujet des tit. 9 et 10 du livre qui vous est présenté.

» Ces contrats se ressemblent sous bien des rapports. *Dans l'un*, dit un écrivain éclairé, *le donneur est chargé des risques maritimes ; et dans l'autre, c'est l'assureur. Dans l'un, le change nautique est le prix du péril ; et dans l'autre, la prime est le prix des risques maritimes. Le taux de cette charge ou de cette prime est plus ou moins haut, suivant la durée et la nature des risques.*

» Cette analogie influe sur leur essence. Ils sont régis dans leurs effets par les mêmes principes : ils ne sauraient être ni l'un ni l'autre des moyens d'acquérir : ils ont pour base un risque réel : ils n'ont pour but que de relever le preneur de la restitution de la somme empruntée, et d'indemniser l'assuré d'une perte intrinsèque et réelle, en cas d'accident malheureux : ils contribuent par-là, quoique dans une proportion bien différente, à la prospérité du commerce maritime.

» C'est en suivant ces principes, que vous apprécierez le projet qui concerne ces contrats. Ici encore, l'ordonnance de 1681 a éclairé nos travaux ; et nous nous bornerons à vous indiquer avec soin les cas, extrêmement rares, dans lesquels il nous a paru nécessaire d'en suppléer ou d'en changer les dispositions...

» L'art. 123 (312) règle les formalités auxquelles les contrats à la Grosse doivent être assujettis tant en France qu'à l'étranger : il était important de suppléer ici l'ordonnance.

» Un contrat à la Grosse emportant privilége, l'existence et l'époque de ce contrat doivent être constatées d'une manière à ne pas exposer les créanciers ordinaires à devenir les victimes d'une supposition collusoire : l'enregistrement au greffe du tribunal de commerce, en France, et l'intervention du magistrat, à l'étranger, nous ont paru remplir un objet si juste et si salutaire.

» C'est encore un supplément à l'ordonnance que l'art. 124 (313), qui rend tout acte de prêt à la Grosse négociable par la voie de l'endossement. L'usage avait prévenu la disposition de la loi ; l'intérêt du commerce demandait que cet usage fût adopté ; c'était le vœu des écrivains les plus éclairés.

» Mais il faut, à cet effet, que le billet à la Grosse soit *à ordre* ; sans cela, l'acquéreur ne serait qu'un simple cessionnaire ; il serait passible de toutes les exceptions que l'on pourrait opposer à son cédant.

» Ici, une question assez importante s'est élevée. L'endossement produit une action en garantie. L'endosseur, qui cautionne le billet à la Grosse, répondra-t-il du profit maritime ? Son obligation est indéfinie : le profit maritime ne forme que l'accessoire de la somme prêtée ; la garantie doit porter sur l'une et sur l'autre. — Nous n'avons point partagé cet avis. — Ce n'est pas que l'on puisse contester que l'endossement constitue un cautionnement, et qu'il donne lieu à une action en garantie ; mais il s'agit de voir jusqu'à quel point cette garantie doit s'étendre ; elle doit avoir pour limite la somme que l'on reçoit. Le prêteur à la Grosse a endossé son billet, c'est-à-dire, il en a fait le transport pour une somme égale à celle qu'il a donnée lui-même, et qui se trouve exprimée par le texte du billet. Il est juste, il est dans l'ordre et dans la nature des choses, qu'il cautionne jusqu'à cette somme ; mais pourquoi cautionnerait-il pour une somme plus forte ? Quel dédommagement recevrait-il pour cette nouvelle garantie ? Garant pour la somme qu'il reçoit, il le serait encore, sans motif, de 25 ou 30 pour 100 de profit maritime qu'il ne reçoit pas : et l'équité et la justice semblent repousser cette idée. — Mais, tout en adoptant cette opinion, nous avons pensé qu'il était convenable de laisser aux parties la liberté d'une convention contraire ; car il est bien à croire que l'endosseur, en courant un risque plus étendu, ne manquerait pas de stipuler en sa faveur une indemnité proportionnée à l'extension conventionnelle de sa garantie.

» L'art. 3 de l'ordonnance défendait de *prendre deniers à la Grosse sur le corps et quille du navire, ou sur les marchandises de son chargement, au-delà de leur valeur, à peine d'être contraint, en cas de fraude, au montant des sommes entières, nonobstant la perte ou prise du vaisseau.* — La rédaction de cet article paraissait incomplète, parce qu'il n'y avait pas de raison pour que l'on n'appliquât pas la disposition relative à la perte ou prise du vaisseau, au cas de la perte ou prise des marchandises. Elle paraissait équivoque, parce qu'on ne savait que d'après l'opinion des commentateurs, *si les sommes entières* comprenaient ou ne comprenaient pas *les profits maritimes*. Elle n'était pas assez dans les intérêts du prêteur, parce que, en cas de fraude, on aurait pu penser qu'elle prononçait toujours la nullité du contrat. — Ces considérations nous ont amenés à une rédaction que nous avons crue plus exacte. L'art. 127 (316) du projet porte la nullité du contrat, *quel que soit l'objet* sur lequel le prêt est affecté; mais cette nullité ne doit être déclarée que sur *la demande* du prêteur. — L'expression générique des objets sur lesquels le prêt est affecté, comprend, suivant la différence des cas, la totalité, ou la partie du navire ou des marchandises. Le contrat étant déclaré nul, n'a pu produire aucun effet, ni par conséquent aucun profit maritime. L'opinion accordée au prêteur n'est qu'une suite naturelle des principes que l'on doit appliquer à cette espèce, et une nouvelle garantie de ses véritables intérêts. En effet, il s'agit de fraude. Ce n'est pas celui-là même qui est en fraude qui pourrait l'alléguer; ce serait le prêteur, à la charge de la prouver. Et si le prêteur préfère de ne point intenter cette action, dont l'instruction pourrait être difficile et le résultat incertain, comment lui en contester la faculté? Ce serait, dans la supposition contraire, le condamner, sans exception, aux chances d'un procès qui pourrait tourner à son préjudice; il se trouverait quelquefois compromis ou ruiné par la faveur apparente de la loi. — Il est bien vrai que le prêteur ne réclamant pas la nullité d'un contrat fait en fraude, pourrait, dans le cas de l'arrivée du navire ou des marchandises, exiger la somme prêtée et le profit maritime, quoiqu'il n'eût point couru un risque proportionné; mais cette faveur lui est due d'un côté, d'après ce que nous venons de dire, et cette punition est due de l'autre, à l'emprunteur qui est en fraude. Celui-ci gagne même à cette espèce de transaction : il rachète, par ce payement, la honte d'un procès, et le risque d'une condamnation criminelle.

» Le développement que je viens de donner à l'art. 127 (316) m'impose le devoir de justifier les dispositions de l'article 129, qui rétablit la peine de nullité, sans aucun égard à la demande du prêteur, toutes les fois que le prêt est affecté sur quelqu'un des objets prohibés par la loi. — La différence des deux cas est sensible : l'emprunteur est le seul coupable dans les cas de l'article 127 (316). Ici, le prêteur est son complice; car ils connaissaient l'un et l'autre la disposition prohibitive de la loi. — Le prêteur, à la vérité, est le seul puni dans ce cas; car il ne reçoit aucun intérêt de la somme prêtée; et l'emprunteur en a joui, en attendant : mais aussi le plus sûr moyen de prévenir les prêts prohibés, est précisément de punir les prêteurs. On ne trouvera point a emprunter toutes les fois qu'il n'y aura qu'à perdre en prêtant.

» L'art. 130 (319) généralise la défense que l'ordonnance avait rendue partielle, de prêter à la Grosse sur les loyers des gens de mer. — Qu'il me soit permis d'entrer ici dans quelques détails. — *On conçoit*, disaient les commentateurs de l'ordonnance, *de quelle dangereuse influence il serait de permettre aux matelots d'emprunter sur leurs loyers, puisque le gain de leur loyer les attache autant que la crainte de la mort à la conservation du navire.* Et d'abord, n'y aurait-il pas peut-être de l'inconséquence à affaiblir ce motif, en diminuant presque de la moitié, comme le permettait l'ordonnance, l'intérêt du matelot à la conservation du navire? — Mais il faut consulter l'expérience; il faut remonter à des principes. — Les contrats à la Grosse sont sans doute nécessaires; mais, en général, ils sont onéreux. Le profit maritime que l'on y stipule est au-dessus, non-seulement de tout intérêt ordinaire, mais de toute prime d'assurance; et quoique cet intérêt puisse être juste, il n'en écrase pas moins le preneur; toutes les fois que celui-ci n'a pas en vue une spéculation assez lucrative et assez grande pour lui faire espérer un bénéfice extraordinaire. Or, il faut avouer qu'un simple matelot ne se trouve guère dans ce cas : et quand même ce cas se présenterait en effet, quelle somme le matelot pourrait-il tirer d'un emprunt à la Grosse, qui n'aurait pour base que quelque chose de moins que la moitié de ses minces loyers? Il essuierait tous les inconvéniens d'un prêt onéreux, sans pouvoir jamais espérer d'en atteindre les avantages. — Mais il y a plus : l'art. 4 de l'ordonnance défend les emprunts à la Grosse, *sur le fret à faire;* et en consultant l'esprit général de ce bel ouvrage, nous voyons que ses rédacteurs ont exigé par-tout un risque réellement existant pour base d'un contrat à la Grosse ou d'une assurance. De là, la réduction des contrats, ou même leur annullation en cas de fraude, toutes les fois que le risque est évalué au-dessus de sa réalité. De là la défense de prêter sur des profits espérés. De là, l'obligation imposée à l'emprunteur et à l'assuré, de prouver l'existence d'un risque proportionné à l'emprunt ou à l'assurance. Il s'ensuit que tout prêt ou toute assurance qui n'aurait point pour objet un risque véritable, ne seraient dans le fond qu'une gageure. L'assureur et le prêteur parieraient que le bâtiment arriverait à bon port : l'assuré et le preneur parieraient le contraire. Par ce système tout se trouverait renversé. Au lieu d'intéresser tout le monde à la navigation heureuse d'un navire, on établirait des intérêts contradictoires. L'assuré aurait tout à gagner à la perte du navire : en payant une faible prime, il exigerait le montant de l'assurance : le preneur à la Grosse n'aurait, en cas de perte, pas même de prime à payer. Il est facile de sentir les inconvéniens d'un pareil système; et si l'on citait en sa faveur quelques exemples, nous n'hésiterions pas à répondre que ce ne sera certainement pas en France, et dans une matière de tant d'importance, que la législation naturalisera la fureur du jeu et l'immoralité des paris. — Il n'y a qu'à faire l'application de ces principes à l'objet qui nous occupe. Le loyer du matelot dépend de l'arrivée du navire, de la durée du service : il n'est par conséquent qu'espéré; il n'existe pas, il n'a pas existé, il ne constitue pas un véritable risque au moment du contrat; il est même impossible de prévoir jusqu'à quel point il existera dans la suite. — Nulle différence dans ce cas entre *le fret à faire* par le navire, et le loyer à gagner par le matelot; et si l'ordonnance prescrivait elle-même que *le fret à faire* ne pourrait fournir le sujet d'un emprunt à la Grosse, comment se refuser à la déduction exacte d'un principe reconnu, quand il s'agit de l'appliquer, à bien plus forte raison, aux loyers de gens dont l'intérêt ne saurait être trop lié à la conservation du navire.

» Une observation importante se présente encore sur l'art. 142 (331) du projet, et le dernier du titre qui concerne les contrats à la Grosse. — S'il y a contrat à la Grosse et assurance sur le même navire ou sur le même chargement, l'art. 142 établit une concurrence entre le donneur à la Grosse et l'assureur, sur le produit des effets sauvés du naufrage : il accorde même quelque avantage à ce dernier pendant que l'ordonnance accordait, au contraire, un privilége au donneur à la Grosse. — Il est à observer que le contrat à la Grosse était, à l'époque de l'ordonnance, bien plus répandu et plus utile qu'il ne l'est de nos jours. Le système des assurances s'étant amélioré depuis cette époque, les rapports ont entièrement changé. Il serait actuellement impossible qu'un grand commerce subsistât sans assurance, et il serait impossible qu'il subsistât long-temps avec les contrats à la Grosse. La raison de la préférence accordée à cette dernière espèce de contrat, a donc cessé; et il a fallu rentrer, par une route presque opposée, dans ce même système d'équité que l'ordonnance avait établi sous des rapports différens ».

V. Police d'assurance, *Avarie*, *Naufrage*, *Navire*, *Matelot*, etc.]]

*GROSSESSE. C'est l'état d'une femme enceinte. Cette matière a des principes établis par les lois et la jurisprudence, dont les uns s'appliquent à la Grossesse des femmes en général, et les autres à celles des filles ou femmes veuves en particulier.

I. La Grossesse ayant rapport à l'intérêt public, on doit une protection spéciale à cette situation.

C'est pour cela que la contrainte par corps ne peut pas être exercée contre une femme dont la Grossesse est apparente.

[[Où cela est-il écrit? Je ne connais aucune loi qui dispense de la contrainte par corps, la femme marchande publique ou stellionataire, qui se trouve enceinte.]]

La Grossesse d'une femme qui touche au temps de son accouchement, lui sert d'exoine légitime pour s'excuser de comparaître en personne, par suite d'un décret soit d'assigné pour être ouïe, soit d'ajournement personnel. — Cette doctrine est appuyée sur une loi précise : *pœnam contumacis non patitur, quem adversa valetudo, vel majoris causæ occupatio defendit* (loi 53, §. 2, D. *de re judicatâ*).

[[Quoique cette loi ne parle que de la contumace en matière civile, c'est-à-dire, de ce que nous appelons proprement *défaut*, on peut cependant l'appliquer aux matières criminelles : mais seulement dans le cas où il en résulte pour la femme accusée, une *impossibilité absolue de se rendre*. *V.* le Code des délits et des peines, du 3 brumaire an 4, art. 467; et le Code d'instruction criminelle de 1808, art. 468.]]

La femme grosse qui propose son exoine, doit rapporter une preuve claire de l'impossibilité où elle est de comparaître.

Cette preuve se fait par le rapport d'un médecin de faculté approuvée, qui en a affirmé la sincérité par-devant le juge, à moins qu'il n'eût déjà serment en justice. On dresse du tout un procès-verbal qu'on joint à la procuration donnée à celui qui doit proposer l'excuse de la personne empêchée.

Au surplus, les circonstances du délit, et celles qui déterminent l'état de la femme grosse, rendent les tribunaux plus ou moins disposés à recevoir l'exoine.

[Chorier, *Jurisprudence de Guy-Pape*, p. 300, dit que « le parlement de Grenoble accorda, par arrêt du mois de novembre 1566, défaut au procureur-général contre une femme de Chorger, grosse, et qui avait exoine ».]

II. La jurisprudence a décidé invariablement qu'une femme grosse, même dans le terme de son accouchement, n'est point dans un état de maladie qui naturellement ait trait à la mort. Aussi une donation entre-vifs, faite pendant la Grossesse, ne tomberait pas dans la disposition de l'art. 277 de la coutume de Paris : elle ne serait point censée avoir été faite *contemplatione mortis*, dans l'idée d'une mort prochaine. Il en faut dire autant du don mutuel. — Mais on en jugerait différemment, si ces actes de libéralité avaient pour date les momens toujours critiques des travaux ou la suite de l'accouchement. On présumerait alors, avec raison, qu'on n'y a songé que dans l'alarme du péril que couraient les jours de la femme.

[[Cette distinction est aujourd'hui sans objet. *V. Don mutuel*, §. 2, n. 8; et *Donation*, sect. 1, §. 2.]]

III. L'ordonnance criminelle de 1670, tit. 25, art. 23, veut que l'exécution de la peine de mort prononcée contre une femme grosse, soit différée jusqu'après son accouchement.

[[La loi du 23 germinal an 3 allait plus loin : « à l'avenir (portait-elle) aucune femme prévenue d'un crime emportant la peine de mort, ne pourra être mise en jugement, qu'il n'ait été vérifié, de la manière ordinaire, qu'elle n'est pas enceinte ».

Catherine Masson avait été condamnée à la peine de mort, le 19 vendémiaire an 13, par la cour de justice criminelle du département de la Dyle, sans que, préalablement à sa mise en jugement, il eût été vérifié si elle n'était pas enceinte. Sur son recours en cassation, et d'après son assertion qu'à l'époque de sa mise en jugement, elle était enceinte de six mois, arrêt du 6 nivose de la même année, qui, avant faire droit, ordonne qu'à la diligence du procureur-général, elle sera visitée par des gens de l'art; et par arrêt définitif du 2 ventose suivant, au rapport de M. Carnot, « Vu la loi du 23 germinal an 3; attendu que des pièces produites en exécution de l'arrêt de la cour, du 6 nivose dernier, il résulte que Catherine Masson, réclamante, était réellement enceinte lorsqu'elle fut appelée aux débats par-devant la cour de justice criminelle du département de la Dyle, le 19 vendémiaire dernier; qu'elle était prévenue d'un délit emportant peine de mort, et qu'elle n'avait point été visitée préalablement à sa mise en jugement, au désir de la loi du 23 germinal an 3; la cour casse et annulle.....».

Dieudonnée Saive, accusée d'un crime capital, est traduite devant la cour de justice criminelle du département de l'Ourthe, qui, avant de la mettre en jugement, la fait visiter. — Le rapport de la visite annonce qu'elle n'est point enceinte. — En conséquence, elle est mise en jugement, déclarée coupable et condamnée à mort. — Elle se pourvoit en cassation, et soutient qu'elle était enceinte avant les débats, comme elle l'est encore. — Par arrêt du 11 pluviose an 13, la cour de cassation ordonne, avant faire droit, que des gens de l'art vérifieront son état prétendu de grossesse. — La vérification se fait, et il en résulte que Dieudonnée Saive est enceinte. En conséquence, arrêt définitif du 8 germinal de la même année, par lequel, « Vu l'art. 1.er de la loi du 23 germinal an 3, et l'art. 456 du Code du 3 brumaire an 4; considérant qu'il résulte de pièces adressées au greffe de la cour, en exécution de son arrêt interlocutoire du 11 pluviose dernier, que malgré les précautions prises par le procureur-général impérial près la cour criminelle du département de l'Ourthe, pour s'assurer que la fille Dieudonnée Saive n'était point enceinte avant de la mettre en jugement, il est néanmoins certain aujourd'hui qu'elle porte un enfant dans son sein depuis six à sept mois, et conséquemment qu'elle était grosse à l'époque où elle a été mise en jugement et condamnée à mort; que ce n'a pas été sans de très puissans motifs que le législateur a défendu de mettre en jugement des femmes enceintes; qu'il a envisagé, d'un côté, qu'une femme dans cette situation pouvait n'avoir pas toute la liberté d'esprit nécessaire à la défense; et de l'autre, que les agitations et les inquiétudes inséparables d'une discussion toujours effrayante, même pour l'innocent, pouvaient lui causer des révolutions capables d'altérer sa présence d'esprit et préjudicier à son fruit; que ces motifs militant pour empêcher qu'elle ne soit mise en jugement, ils militent également, d'après le texte de la loi précitée, pour faire casser l'arrêt rendu contre elle par suite du débat qui n'a eu lieu que parce que les gens de l'art, induits en erreur, ont déclaré qu'elle n'était pas grosse, lorsque réellement elle l'était; qu'il suffit, pour qu'elle doive être exposée à un nouvel examen, qu'on puisse raisonnablement supposer qu'elle ne s'est pas défendue comme elle aurait pu et dû le faire, et comme elle l'aurait fait si elle n'eût pas été enceinte, et que cette situation n'eût pas influé sur son moral; la cour casse et annulle.....».

Marie Nogier, veuve Molle, était accusée d'un crime capital. Avant de la mettre en jugement, la cour de justice criminelle du département de l'Ardèche avait ordonné qu'elle fût visitée par deux officiers de santé. Ceux-ci déclarèrent, par leur rapport, *qu'il leur restait des doutes sur l'état de cette femme, et qu'on pourrait s'en convaincre le mois suivant*. Malgré ce rapport, qui n'était rien moins que décisif, l'accusée fut mise en jugement et condamnée à la peine de mort par arrêt du 13 octobre 1806. Mais, sur son recours en cassation, arrêt du 27 novembre suivant, au rapport de M. Delacoste, qui, « Vu l'art. 1.er de la loi du 23 germinal an 3; attendu que les officiers de santé nommés par ordonnance du 10 octobre dernier sur le réquisitoire du procureur-général impérial près la cour de justice criminelle du département de l'Ardèche, pour procéder à la visite de la femme Nogier, veuve Molle, pour constater si elle était enceinte, ont, par leur procès-verbal du même jour, attesté que, d'après les circonstances y énoncées, il restait du doute sur l'état de cette femme, et qu'on pourrait s'en convaincre dans un mois; que malgré ces précautions et le résultat de la visite, qui, loin de constater que l'accusée n'était pas enceinte, ne présentait qu'un doute qui ne pouvait être dissipé que par le délai indiqué par les gens de l'art, Marie Nogier a été mise en jugement le 17 du même mois d'octobre, et condamnée à la peine de mort par l'arrêt rendu le 18, contre lequel elle s'est pourvue; qu'ainsi, elle a été soumise aux débats avant qu'il eût été constaté qu'elle n'était point enceinte, ce qui est une violation de la loi du 23 germinal an 3; par ces motifs, la cour casse et annulle.....».

Mais aurait-on pu, sous la loi du 23 germinal an 3, casser un arrêt de mort rendu contre une femme qui n'eût pas été visitée avant sa mise en jugement, si, par le fait, il eût été constaté qu'elle n'était pas alors enceinte? Cette question s'est présentée dans l'espèce suivante.

Le 30 décembre 1806, Anne Besseyre, accusée d'un crime capital, est mise en jugement devant la cour de justice du département de la Haute-Loire, sans qu'au préalable aucune mesure ait été prise pour s'assurer qu'elle n'est pas enceinte, et par arrêt du 2 janvier 1807, elle est condamnée à mort. — Sur son recours en cassation, basé principalement sur la contravention à la loi du 23 germinal an 3, arrêt du 26 février 1807, par lequel, « attendu qu'il n'est pas justifié par les pièces mises au greffe, qu'il ait été vérifié qu'Anne Besseyre n'était pas enceinte lorsqu'elle a été mise en jugement; la cour, avant faire droit sur ce moyen, ordonne qu'à la diligence du procureur-général impérial, il sera fait rapport au greffe des pièces tendant à prouver qu'il a été vérifié, avant la mise en jugement de ladite Anne Besseyre, qu'elle n'était pas enceinte; et au cas où cette vérification n'aurait pas été faite, la cour ordonne que, dans les formes légales, ladite vérification sera faite à l'effet de constater si ladite Besseyre était ou n'était pas enceinte lors de l'ouverture des débats qui ont eu lieu contre elle, pour, sur cette vérification faite et rapportée, être statué ainsi qu'il appartiendra ». — Et par arrêt définitif du 8 mai suivant, « attendu que du rapport de trois officiers de santé, nommés judiciairement en exécution de l'arrêt interlocutoire rendu par la cour le 26 février précédent, il résulte qu'Anne Besseyre n'était pas enceinte lors de sa mise en jugement le 30 décembre 1806, et qu'elle ne l'est pas actuellement; qu'ainsi, le moyen de cassation fondé sur la loi du 23 germinal an 3, manque dans son objet..., la cour rejette ce moyen, ensemble le pourvoi d'Anne Besseyre ».

Au surplus, la disposition de la loi du 23 germinal an 3 ne se trouve pas dans le Code d'instruction criminelle de 1808; et ce Code paraît d'autant plus l'avoir abrogée par son silence, que, dans l'art. 27 du Code pénal de 1810, il est dit simplement, comme dans l'art. 23 du tit. 25 de l'ordonnance de 1670, que si une femme condamnée à mort, se déclare et s'il est vérifié qu'elle est enceinte, elle ne subira la peine qu'après sa délivrance; disposition qui serait évidemment inutile, si celle de la loi du 23 germinal an 3 subsistait encore.]]

IV. Voilà pour la Grossesse en général; à l'égard de la Grossesse des filles ou femmes veuves, Henri II a donné, en février 1556, un édit qui porte, « que toute femme qui se trouvera convaincue d'avoir celé, couvert et occulté, tant sa Grossesse que son enfantement, sans avoir déclaré l'une et l'autre, et pris de l'une ou de l'autre témoignage suffisant, même de la vie ou mort de son enfant, lors de l'issue de son ventre, et qu'après l'enfant se trouve avoir été privé du baptême et sépulture, telle femme sera réputée avoir homicidé son enfant; et pour réparation, punie de mort, et de telle rigueur que la qualité particulière du cas méritera ». Il a été enjoint aux juges royaux et autres de faire publier cet édit, tous les trois mois, au prône des paroisses.

Henri III, par un autre édit de 1585, a ordonné aux curés de publier celui de 1586. Une déclaration du 26 février 1708 leur a fait la même injonction, avec l'ordre d'en certifier les gens du roi, sous peine d'y être contraints par saisie de leur temporel.

Enfin, entr'autres arrêts qui ont renouvelé l'obligation de publier la loi dont il s'agit, le Journal des audiences en rapporte un du 16 mars 1782, rendu en forme de règlement, qui, sur l'appel d'une sentence de la sénéchaussée de Chabanais, a ordonné aux officiers du ressort qui jugeraient les femmes et filles accusées d'avoir celé leur Grossesse et l'enfantement, de joindre au procès un certificat signé d'eux, contenant la dernière publication qui aurait été faite de l'édit de 1556. — Le même arrêt a enjoint aux chirurgiens appelés pour visiter les cadavres des enfans dont les femmes et filles seraient accouchées, de déclarer dans leur rapport, si ces enfans étaient venus à terme ou vivans. — Il a en outre ordonné d'exhumer les enfans nés de Grossesses recélées, pour être visités par les chirurgiens, etc.

L'édit de 1556 laisse les filles et les femmes dans l'incertitude de savoir à qui elles doivent s'adresser pour déclarer leur Grossesse; aussi l'usage n'est-il pas par-tout le même. A Paris, les déclarations se font entre les mains des Commissaires; dans le reste du royaume, on les fait au greffe ou par-devant le juge.

Mais par-tout les officiers doivent recevoir ces déclarations sans frais. Il n'y a cependant point de loi qui le prescrive. On ne connaît que de simples ordres émanés de M. le chancellier en 1747, qui défendent de rien recevoir. On trouve pour la province de Lorraine, sur laquelle ces ordres ne s'étendaient pas, un arrêt rendu en 1774, par la cour souveraine, aujourd'hui parlement de Nancy, qui renferme la même prohibition.

Les officiers ne peuvent pas exiger que les filles ou femmes nomment l'auteur de leur Grossesse. Dufail, liv. 3, chap. 401, cite un arrêt du parlement de Rennes, du 28 mars 1637, par lequel il est fait droit sur la prise à partie de certains juges qui avaient poursuivi extraordinairement une fille, pour n'avoir pas déclaré le père de son enfant.

On trouve dans quelques arrêts des traces d'une procédure contraire aux bonnes mœurs, et nuisible à la réputation des filles: elle consistait à visiter celles qu'on soupçonnait d'être grosses, et qui n'avaient pas fait de déclaration.

[Cette inquisition révoltante a été condamnée pas deux arrêts du parlement de Dijon, du 2 mai 1705 et de 1715.

Dans l'espèce du premier, le procureur d'office de Saint-Seine, en Bourgogne, sur le soupçon que la fille d'un laboureur était enceinte, avait requis le juge de se transporter chez elle pour l'interroger et la faire visiter, ce qui avait été exécuté. La fille s'est pourvue contre cet officier, et a obtenu permission de l'intimer en son nom. Par l'arrêt, il a été déclaré bien pris à partie, a été condamné à 100 livres de dommages-intérêts, avec défenses de récidiver sous des peines plus graves, et l'on a ordonné que l'arrêt serait imprimé et affiché à ses frais.

Le second arrêt est intervenu dans des circonstances à peu près semblables. Le procureur d'office de Montréal ayant appris qu'une fille était malade, exposa, dans un réquisitoire, que c'était une suite de ses couches, et d'une grossesse recélée. Il demanda permission d'en faire informer, et qu'elle fût interrogée. Le Juge se transporta chez elle, l'interrogea, et la fit visiter par un médecin et un chirurgien, qui déclarèrent qu'elle n'était ni n'avait été enceinte. Sur les plaintes de la fille, l'arrêt cité déclara le juge et le procureur d'office bien et valablement pris à partie; condamna le premier à 500 livres, et le second à 500 livres de dommages-intérêts, avec interdiction contre celui-ci pour un an; et leur fit défenses de récidiver, à peine d'être punis plus sévèrement (1).

Il s'est présenté une cause semblable, au parlement de Paris en 1791. M. l'avocat-général Séguier s'est élevé avec force contre un abus aussi scandaleux : il a observé qu'une inquisition semblable, pouvait bien punir celles qui celaient leurs Grossesses, mais qu'une visite requise et ordonnée sur un simple soupçon, ne pouvait se tolérer; que sinon, les filles les plus honnêtes et les plus vertueuses seraient exposées à chaque instant à de pareils outrages de la part de juges ignorans, jaloux et envieux, comme ne sont que trop souvent ceux des justices subalternes; et que de là il résulterait des obstacles presque insurmontables à leur mariage.

Sur les conclusions de ce magistrat, le parlement de Paris, par arrêt du 16 décembre 1761, condamna le procureur d'office et les juges de la justice de Courcelles à des dommages-intérêts, et leur fit défenses de faire, à l'avenir, de pareils réquisitoires, et de rendre de pareilles ordonnances; « sauf auxdits officiers, dans le cas où, par des informations juridiquement faites, des femmes, veuves ou filles seraient chargées d'avoir celé leur Grossesse, et d'être accouchées sans l'avoir déclaré, à les décréter et les interroger, même les faire visiter, s'il y échet, et à instruire leur procès ».

Il a été rendu un arrêt semblable en 1776.— Le sieur Poulain, laboureur à Marly, près de Guise, avait une fille sur le compte de laquelle des ennemis avaient répandu dans le village des bruits calomnieux. Le 9 avril 1776, la seconde des fêtes de Pâques, la demoiselle Poulain était dans la maison de son père, et s'y croyait en sûreté. Il était absent. Tout-à-coup entrent trois officiers de la mairie du village, avec une femme qu'elle ne connaissait pas. L'un d'eux, Nicolas Pierre Hutin, lui dit : « Nous venons pour vous faire visiter par cette sage-femme, afin de voir si vous n'êtes pas grosse.... ». Les cris, les prières, les larmes, sont pour elle une vaine défense. Le projet indécent de la brigade est exécuté; la demoiselle Poulain est livrée à l'inspection de la matrone. — Le lendemain, plainte de la part du père au bailliage de Guise. Il poursuivait en ce tribunal la réparation qui était due à sa fille; mai les coupables se sont adressés au parlement, et y ont fait assigner, sur leur appel des premiers acte de la procédure, les sieur et demoiselle Poulain Ils n'ont pas osé désavouer la visite qui était prou vée par l'information; mais ils ont cru qu'en em ployant un mensonge grossier, ils échapperaien à la vengeance de la justice. Ils ont eu l'impu dence de soutenir que cette visite avait été requis par la demoiselle Poulain et par ses parens; e pour prouver cette prétendue réquisition, ils on fait signifier un procès-verbal rédigé après la dat qu'il portait, et qui, par son irrégularité, ne mé ritait aucune confiance. A qui d'ailleurs pouvaient ils persuader que le sieur Poulain et sa fille avaien eu recours, pour détruire des soupçons qui se se raient dissipés d'eux-mêmes, à un expédient auss nouveau et aussi contraire à la pudeur? — Mais disaient-ils, si notre procès-verbal n'est pas régulier nous demandons à y suppléer par la preuve testimo niale. — M. Sanson Duperron, défenseur des sieu et demoiselle Poulain, répondait à cette objection qu'il résultait du procès-verbal que ces officiers s'é taient transportés *en corps de justice* dans la maiso du sieur Poulain, pour y visiter sa fille : « c'es donc un acte de justice (disait-il) qu'ils voulaien faire; ils ne devaient donc faire ce prétendu acte d justice qu'après en avoir été requis de la manièr prescrite par les lois, c'est-à-dire, par écrit. — Ainsi (continuait M. Sanson Duperron) les appelans, en demandant à prouver par témoins, qu'i ont été requis, demanderaient à prouver par té moins un acte de justice, ou plutôt une formalit préalable et absolument nécessaire, pour le rendr légal; ce qui est inoui, absurde et d'une conséquenc dangereuse. — En effet, si des juges pouvaient êtr admis à suppléer, par la preuve testimoniale, au formalités dont ils doivent revêtir leurs actes d juridiction, ce serait livrer les biens, la vi et l'honneur des citoyens à la discrétion, à la hain et à la partialité de ceux qui sont établis pour e être les arbitres : la cause même en fournirait u exemple effrayant. Si les accusés ont osé dire contre la vérité et contre la vraisemblance, qu'i avaient été requis par les parens de la demoisel Poulain, de la faire visiter, qui pourrait répondr qu'ils ne trouveraient pas de témoins qui atteste raient la même fausseté? En un mot, il leur était facile de se procurer une preuve par écrit de la ré quisition qu'ils allèguent, qu'on doit regarde comme constant qu'ils n'ont pas été requis, dès lors qu'ils ne représentent pas de réquisition. Ma s'ils n'ont pas été requis, il sort de ce défaut mêm de réquisition, un moyen invincible contre eux c'est la vexation..... Qu'ils se peignent, s'ils peuvent, toute l'atrocité de leur action, qu'ils e jugent par l'énormité du crime dont elle faisait re jeter le soupçon sur la demoiselle Poulain, c'est u crime affreux, qui trompe le vœu de la nature, q blesse les intérêts de l'état, et viole en même tem les préceptes de la religion; c'est la suppressio

(1) Serpillon, sur l'art. 11 du tit. 1er de l'ordonnance de 1670, n. 31.

de part. Plus il est grave, moins il doit être permis de l'imputer à une jeune personne sans fondement ». — Mais, disaient les officiers de Marly, notre procès-verbal, loin de flétrir la réputation de la demoiselle Poulain, prouve, au contraire, son innocence. — « Il est vrai (répondait M. Sauson Duperron) que le rapport de la sage-femme rend témoignage à la vertu de la demoiselle Poulain; mais pourquoi ce rapport a-t-il été fait? On a donc élevé des soupçons sur cette vertu; quelque calomnieux qu'ils soient, ils ne s'effaceront jamais entièrement; c'est une plaie profonde faite à l'honneur de la demoiselle Poulain, que le temps pourra cicatriser, mais dont la cicatrice même rappellera toujours le souvenir. Le père a perdu l'espérance flatteuse de se donner un gendre, qui servît de gardien et d'appui à sa fille; et celle-ci se voit réduite à renfermer dans l'obscurité d'un couvent, où elle s'est déjà retirée, sa vertu calomniée ». — Sur ces raisons, adoptées par le ministère public, il a été rendu, le 2 octobre 1776, un arrêt contradictoire qui, « faisant droit sur l'appel interjeté par les parties d'Aujollet (les officiers de la mairie de Marly), met l'appellation et ce dont est appel au néant : émendant, évoquant le principal et y faisant droit, fait défenses auxdites parties d'Aujollet de récidiver : ordonne qu'elles seront tenues de reconnaître la fille Poulain pour fille d'honneur et vertueuse, et d'en passer acte au greffe du bailliage de Guise; sinon que le présent arrêt vaudra ledit acte : condamne Nicolas-Pierre Hutin et Alexandre Fayola solidairement en 600 livres de dommages-intérêts par forme de réparation civile envers ladite fille Poulain. Faisant droit sur les conclusions de notre procureur-général, fait défenses aux juges de se transporter, pour faire des visites sans ordonnances préalables : enjoint à Nicolas-Pierre Hutin, lieutenant-maire de la justice de Marly, et Alexandre Fayola, échevin de la même justice, d'être plus circonspects à l'avenir, et de ne plus, de leur seule volonté, en qualifiant leur démarche d'acte judiciaire, ordonner et faire exécuter la visite des veuves ou filles que le bruit public annoncerait être enceintes, et de se transporter chez elles; sauf, dans le cas où, par des informations juridiquement faites, des veuves ou filles seraient chargées d'avoir celé leur Grossesse et d'être accouchées sans l'avoir déclaré : à les poursuivre extraordinairement, et à les faire visiter, s'il y échet; et pour l'avoir indûment fait et fait faire envers la personne de la fille Poulain, ordonne que Nicolas-Pierre Hutin et Alexandre Fayola demeureront interdits de toutes fonctions pendant six mois... Condamne lesdits Nicolas-Pierre Hutin, Alexandre Fayola et Etienne Bée solidairement aux dépens de la cause principale, d'appel et demandes envers lesdites parties de Sanson Duperron; permet auxdites parties de Sanson Duperron de faire imprimer le présent arrêt jusqu'à concurrence de cent exemplaires, et d'en faire afficher dix par tout où bon leur semblera, le tout aux frais et dépens solidaires desdites parties d'Aujollet ».

Le dernier arrêt rendu sur cette matière, est du conseil d'Artois. Le voici, tel qu'il m'a été communiqué par M. Delgorgue le jeune, avocat des parties en faveur desquelles il prononce. — Félicité Autrisque, du village de Caucourt en Artois, séduite par la perspective d'un mariage prochain, et anticipant sur la bénédiction nuptiale, accorda à Nicolas-Joseph-Guffron, qui devint effectivement son mari, des faveurs qui dérangèrent sa santé. Le sieur Lerat, chirurgien du lieu, fut appelé, et commença la cure de sa malade par une saignée du pied qu'il réitéra trois jours après, sans doute, sans prévoir les dangers d'un remède aussi violent. Félicité Autrisque avertie, le congédia pour donner sa confiance au sieur Isbien, autre chirurgien dans le voisinage de Caucourt. Bientôt le bruit courut dans le lieu que Félicité était grosse; ensuite on publia qu'elle était accouchée. — Lerat, qui s'était fait délivrer une commission de procureur fiscal à la justice de Caucourt, se hâte de requérir que Félicité soit visitée par deux chirurgiens; jugement intervient qui l'ordonne ainsi : les chirurgiens nommés se transportent chez elle, et lui déclarent qu'ils sont chargés de la visiter pour reconnaître si elle n'est point accouchée récemment. — Félicité, qui s'était pourvue à la gouvernance d'Arras contre Lerat, en réparation des calomnies qu'il avait répandues contre elle, apprit, par sa défense, qu'elle n'avait pas affaire à un simple particulier, mais à un officier de justice. Instruite que la visite que les deux chirurgiens qui s'étaient présentés chez elle, voulaient faire de sa personne, avait été ordonnée par la justice de Caucourt, et qu'on avait informé contre elle, se rendit appelante, ainsi que son père et Nicolas-Joseph Guffron, son époux, *des réquisitoires, ordonnances intervenus sur iceux, et permission d'informer*. Ils demandèrent qu'il leur fût permis de faire intimer et prendre à partie le procureur d'office et les officiers de la justice de Caucourt; en conséquence, que faisant droit sur leur appellation, elle fût mise au néant; émendant, que le tout fût déclaré nul et que les intimés fussent condamnés à passer acte au greffe, contenant que témérairement et calomnieusement ils avaient, savoir le sieur Lerat, procureur d'office, accusé, par son réquisitoire, Félicité Autrisque d'être accouchée dans le courant de février 1781, sans avoir au préalable passé la déclaration portée par les ordonnances, et requis qu'elle fût visitée, pour reconnaître si elle était accouchée, et les officiers de la justice de Caucourt ordonné qu'il serait procédé à cette visite, qu'il serait informé des faits repris au réquisitoire, etc. — La cause portée une première fois à l'audience du conseil d'Artois du 9 août 1781, arrêt est intervenu, qui a mis l'appellation et ce au néant, émendant, a déclaré le réquisitoire et le jugement à fin de visite de Reine-Félicité Austrique, ensemble tout ce qui avait suivi, nul, vexatoire et injurieux, a permis à Guffron et sa femme, et Procope Autrisque, père de celle-ci, de prendre à partie le procureur d'office et les officiers de la justice de Caucourt. — Lerat et une partie des officiers assignés en vertu de cet arrêt, se fondaient, pour leur défense, sur la notoriété publique. Lerat niait au surplus d'avoir fait les saignées qu'on lui imputait, et d'avoir connu dans le temps la cause de la maladie de la fille Autrisque. Deux des officiers de justice de Caucourt, le sieur Brodel et Gruffon, se défendaient d'une manière plus nette, en prétendant n'avoir été pour rien dans la procédure. La fille Autrisque, au contraire, argumentait de l'arrêt qui avait déclaré le réquisitoire à fin de visite, et la visite, nuls, vexatoires et injurieux. Elle citait, au surplus, tous les arrêts dont on a rendu compte ci-devant. D'après cela, le conseil d'Artois a rendu, le 8 novembre 1781, l'arrêt qui suit: « Notredite cour, par arrêt, déclare les parties de Dauchet (1) et Liborel (2), valablement prises à partie; et ayant aucunement égard aux demandes des parties de Delgorgue (3), condamne la partie de Dauchet à 100 liv. de dommages et intérêts et aux dépens ensuivis à son égard; condamne celle de Liborel, chacune à 10 liv. de dommages et intérêts, et aux dépens, le tout solidairement.... Ordonne que le présent arrêt sera imprimé et affiché en la ville d'Arras, au village de Caucourt et lieux circonvoisins, au nombre de vingt exemplaires, aux frais des parties de Dauchet et de Liborel ».]

Un arrêt du parlement de Dijon, du 20 février 1668, a jugé que le magistrat ne pouvait obliger les matrones d'aller lui déclarer les filles qu'elles avaient accouchées. L'appel était d'une délibération de la chambre de la ville de Dijon, qui condamnait la veuve Dalot, sage-femme, à une amende de 5 livres, pour n'avoir pas fait cette déclaration pardevant le maire, conformément aux anciennes délibérations.

La raison de cette décision, suivant l'arrêtiste, est que l'indiscrétion d'une femme, dont le secours est nécessaire, pourrait porter les filles à se délivrer elles-mêmes, afin de conserver leur honneur.

La réunion de plusieurs circonstances est nécessaire pour qu'une fille ou femme, qui a celé sa Grossesse, puisse être réputée coupable d'avoir homicidé son enfant: 1° il faut que le corps du délit existe, que la mort de l'enfant soit certaine; 2° que la fille ou femme grosse n'ait point déclaré son état à des personnes qui puissent en rendre témoignage; 3° que l'enfant n'ait point été inscrit sur le registre de l'état civil, et qu'il n'ait point été inhumé avec les cérémonies ordinaires dans une sépulture publique.

(1) Le procureur d'office.
(2) Les officiers qui avaient ordonné la visite, permis et fait l'information.
(3) La fille Autrisque, son père et son mari.

Ces deux derniers cas donnent à la naissance une publicité qui ne permet pas de soupçonner le crime. Si l'une de ces circontances manquait, la présomption d'homicide tomberait, sauf néanmoins les autres preuves. C'est là le sentiment des docteurs, consacré par la jurisprudence des arrêts.

Si la Grossesse est déniée, si l'accouchement n'est pas notoire, il faut que la procédure les constate. On peut en acquérir des preuves, dit Jousse, par ceux qui ont vu l'accusée avoir le ventre enflé, le visage pâle et le corps affaibli; enfin, par la diminution subite du ventre, et par la visite des matrones, qui déclarent si elle est dans l'état d'une personne nouvellement accouchée, et même si elle a du lait dans les mamelles. (M. GUYOT.)

[[L'édit de février 1566 ne fait plus loi: il a été implicitement abrogé par le dernier article du Code pénal du 25 septembre 1791: et le Code pénal de 1810 ne l'a point fait revivre. Ainsi, dans l'état actuel de la législation, une femme ne doit pas nécessairement être condamnée comme coupable d'infanticide, par cela seul qu'elle a celé sa grossesse et son accouchement, et que son enfant a disparu. Il ne peut résulter de ces circonstances que de graves présomptions, dont il appartient à la conscience des jurés (ou des juges dans les parties de la France où la procédure par jurés est suspendue ou n'est pas encore établie) d'apprécier la valeur et de déterminer l'effet.

C'est ce qui a été jugé par le ci-devant Piémont (dont les anciennes lois avaient, sur cette matière, une grande analogie avec l'édit de 1568), par un arrêt de la cour de cassation dont voici l'espèce.

Marie Argentera, femme Malonne, est accusée d'avoir homicidé, avant la publication des lois françaises en Piémont, un enfant dont elle était accouchée clandestinement. Traduite devant la cour de justice criminelle et spéciale des départemens de Marengo et de la Sésia, elle est déclarée convaincue d'avoir celé sa Grossesse, et de n'avoir fait baptiser ni inhumer son enfant par le curé de sa paroisse. Il est d'ailleurs constaté que cet enfant a été trouvé mort et caché sous des pierres, et qu'on ne lui avait pas lié l'ombilic. D'après ces seuls faits, et sans déclarer l'accusée convaincue d'avoir fait périr son enfant et de l'avoir fait avec préméditation, arrêt du 18 thermidor an 11, qui la condamne à la peine de mort, conformément aux constitutions piémontaises. Mais cette femme se pourvoit en cassation: et le 28 fructidor suivant, au rapport de M. Lachèse, — « Vu le Code pénal, part. 2, tit. 2, sect 1, art. 8 et 11; attendu que les faits antérieurs à la publication des lois françaises ne peuvent aujourd'hui être réputés crimes, en Piémont, qu'autant qu'ils sont ainsi qualifiés par les lois françaises aussi bien que par les lois piémontaises; que ce n'est que dans les faits déclarés crimes par les lois françaises, en même temps que par les lois piémontaises, qu'il y a lieu pour les crimes antérieurs à la publication desdites lois françaises, au rapprochement des deux lois, pour appliquer celle qui prononce la peine la plus douce; que, dans les dispositions du Code pénal français l'infanticide est rangé dans la classe du meurtre ou de l'assassinat, suivant les circonstances qui l'accompagnent; que, dans l'espèce, il ne pouvait y avoir lieu à la peine de mort, que dans le cas où le tribunal criminel d'Alexandrie eût déclaré Marie Argentera, femme Mazone, *convaincue* d'avoir homicidé son enfant avec préméditation; mais que le tribunal criminel spécial n'ayant fait autre chose que déclarer les circonstances indiquées comme présomptions légales du crime d'infanticide par les constitutions du Piémont, présomptions impuissantes, dans la législation française, pour caractériser le crime d'assassinat, et n'ayant point déclaré la conviction de ce crime, a fait une fausse application de la loi pénale, et commis une usurpation de pouvoir; par ces motifs, vu l'article 456 de la loi du 3 brumaire an 4, le tribunal casse et annulle.... ».

V. Quant à l'action que l'ancienne jurisprudence accordait aux filles et aux veuves contre les auteurs de leur grossesse, *V. Filiation.*]]

GRUERIE. Ce mot signifie le droit de justice immédiate que le roi a sur certains bois, dont le fonds appartient, soit à des gens de main-morte, soit à des particuliers. Il consiste ordinairement en amendes, confiscations et autres profits, ainsi qu'en une portion qui se perçoit au profit de sa majesté sur le prix des bois vendus. (M. Henriquez.)

* I. Quoique le droit de Gruerie ne se lève guère aujourd'hui que sur les bois, on le percevait aussi autrefois sur les terres labourables. On trouve dans les preuves de l'histoire de la maison de Montmorency, p. 65, une charte de l'an 1205, qui contient une transaction, *super Griarriâ de trembleyo, tam in nemore quàm in plano.*

Quelques auteurs, dit à cette occasion le glossaire du droit français, font venir *Gruerie* du mot *grau* allemand, qui signifie *verd.* Mais Pithou, sur l'art. 18 de la coutume de Troyes, le fait mieux venir de *gru*, qui signifiait autrefois, non-seulement tout fruit de forêts, comme l'a cru cet auteur, mais indistinctement toute sorte de fruits, ce qui est si vrai, que nous appelons encore une certaine espèce de farine, *gruau;* et qu'anciennement, à Utrecht, le tribut qui se levait sur la bière, parce qu'elle se fait de froment et de houblon, était appelé *grut, gruit*, ainsi que nous l'apprenons d'une ancienne charte de l'an 1013, rapportée par *Heda*, chanoine d'Arnheim, dans son histoire des évêques d'Utrecht, vie de Guillaume, p. 100.

Laurière donne l'extrait de cette charte, et il renvoie, pour plus ample éclaircissement, à l'étymologicon de Skinner. Enfin, il ajoute que l'on connaît aussi *la Gruerie de charbon dont l'on fait bail à Paris, au profit du roi.*

Au reste, Ménage donne une autre origine au mot *gruau;* il adopte d'ailleurs pour celui du *Gruerie* l'étymologie de Pithou, qui a été aussi admise par Henri Etienne, dans son premier dialogue du nouveau langage français italianisé.

V. le Dictionnaire étymologique sous ces deux mots; les *Origines françaises*, de Caseneuve, au mot *Grayer;* l'art. 107 de la coutume de Senlis, avec les commentaires de Ricard et de Saint-Leu. (M. Garran de Coulon.) *

* II. Le droit de Gruerie diffère de celui de grairie, en ce que celui-ci donne au roi la propriété d'une partie du fonds d'un bois, comme nous l'avons observé sous ce mot; au lieu que le droit de Gruerie n'a pour objet que les profits dont nous venons de parler. C'est pourquoi, dans le droit de Gruerie, un bois est susceptible d'aliénation et d'hypothèque de la part du propriétaire pour la totalité, parce que le fonds lui appartient en entier; et dans le droit de grairie, les possesseurs ne peuvent disposer que de leur possession éventuelle, c'est-à-dire, de celle que leur donnerait un partage. Jusque-là, l'aliénation ne pourrait avoir pour objet que leur portion dans le prix des bois vendus.

L'origine du droit de Gruerie paraît très-ancienne et se perd dans l'obscurité des premiers temps de la monarchie.

Lebret prétend, en son *Traité de la Souveraineté*, qu'il provient de ce que autrefois il n'y avait que les rois qui eussent le droit d'avoir des bois de haute-futaie, et que personne ne pouvait en laisser croître sans leur permission; de sorte que, lorsqu'ils permettaient à quelqu'un d'en avoir, ce n'était qu'à la charge qu'ils y auraient la juridiction avec les profits qui en dépendent, ainsi qu'une part dans le prix de ceux qui seraient vendus à l'avenir, comme de moitié en quelques endroits, du tiers, et de plus ou de moins en d'autres.

La preuve qu'il en donne, est que le droit de Gruerie n'a pas lieu sur toutes les forêts, mais seulement sur celle dont l'origine n'est pas connue, parce que les rois ayant donné, dans la suite, une permission générale à tous leurs sujets d'avoir des bois de haute futaie, ils se sont contentés de retenir le droit de Gruerie sur les anciennes forêts, sans y assujettir les nouvelles.

III. Quoi qu'il en soit, ceux qui possèdent des bois sujets au droit de Gruerie, ne peuvent les vendre ni les couper sans la permission du roi, non-seulement par rapport à la juridiction, mais encore à cause du droit qu'il a dans la chose. — C'est d'ailleurs aux officiers des maîtrises à connaître de tous les délits, abus et malversations qui s'y commettent, tant pour ce qui concerne la police, la vente et la conservation, que pour ce qui regarde la justice et la chasse. — C'est ce que prescrit expressément l'ordonnance de 1669, tit. 23, art. 1, 2 et 3, conforme en cela aux ordonnances de juillet 1376, art. 48; de septembre de la même année, art. 44; de septembre 1402, art. 45; de mars 1515, art. 42; et de janvier 1516, art. 1.

[[Les maîtrises des eaux et forêts étant supprimées, la connaissance de ces délits appartient aujourd'hui aux tribunaux ordinaires de première instance, sauf l'appel aux cours impériales ou aux tribunaux désignés par le décret impérial du 18 août 1810. *V. Délit forestier.*]]

Par une suite de cette disposition, c'est au grand-maître et aux officiers des maîtrises à faire les martelages, balivages et ventes des bois dont il s'agit, avec les mêmes formalités que pour les bois du roi, conformément à l'art. 10 du titre 23 de l'ordonnance de 1669, qui confirme, à cet égard, la disposition de l'art. 63 de l'ordonnance de mars 1515, et de celle du mois de mai 1580.

[[Les conservateurs et les inspecteurs des forêts remplacent aujourd'hui, à cet égard, le grand-maître et les officiers des maîtrises. *V.* la loi du 15 septembre 1791, tit. 11, art. 1er.]]

Les propriétaires ou tréfonciers de ces bois ne peuvent pas même disposer des chablis qui s'y trouvent. Il faut qu'ils soient vendus de la même manière que ceux des bois du roi, pour les deniers en provenans être partagés proportionnellement entre le roi et eux.

Suivant l'art. 49 de l'édit de 1376, et l'art. 16 du tit. 23 de l'ordonnance de 1669, ces propriétaires peuvent y prendre des arbres à bâtir; mais la délivrance doit en être faite par les officiers des maîtrises. Dans ce cas, on doit en même temps en faire couper et vendre, au profit du roi, pour une valeur proportionnée à son droit.

Ces propriétaires peuvent aussi, suivant l'art. 17 du même titre, distraire sur leur part, lors des ventes ordinaires, la quantité de bois nécessaire pour leurs chauffages: mais il faut alors que l'estimation en soit faite par les officiers, pour en ajouter la valeur au prix de la vente, afin que le roi y perçoive son droit.

Suivant la même ordonnance, le roi ne prend pas le droit de Gruerie sur le bois mort, ni sur le mort-bois, dont les tréfonciers peuvent disposer. Par bois mort, nous entendons tout bois séché sur pied ou gisant, et qui ne peut absolument servir qu'à brûler. Quant au mort-bois, la charte de Louis-le-Hutin, de 1315, en désigne neuf espèces, qui sont le saulx, le marsaulx, l'épine, le puisne, le seur, l'aulne, le genêt, le genièvre et la ronce.

Les bois tenus en Gruerie sont soumis aux mêmes règles d'administration, à la même police, et conséquemment aux mêmes visites de la part des officiers des maîtrises [[aujourd'hui de la part des agens de l'administration forestière]], que les autres bois.

Le droit de Gruerie étant domanial, il est inaliénable, et ne peut même pas être affermé. L'art. 8 du tit. 23 de l'ordonnance de 1669 en renferme une défense précise. — [[Aujourd'hui, il pourrait être aliéné en vertu d'une loi proposée par l'empereur, et décrétée par le corps législatif. *V. Domaine public.*]]

Il a pour objet les taillis aussi bien que la futaie, puisque l'article 17 ne permet aux tréfonciers que la libre disposition du bois mort et du mort-bois.

De plus, la chasse, la paisson et la glandée appartiennent au roi privativement à tous autres, dans les bois sujets à ce droit, à moins qu'il y ait titre contraire. C'est la disposition de l'art. 1.

Il en est dans le droit de Gruerie pour les amendes, restitutions, dommages et intérêts, de même que dans le droit de grairie, ainsi que pour les frais faits relativement aux bois qui y sont sujets. (M. Henriquez).

[[IV. Le droit du Gruerie est-il seigneurial, et, comme tel, compris dans l'abolition des droits seigneuriaux?

L'affirmative ne souffrirait aucune difficulté, si l'on devait s'en tenir à la manière dont le droit est défini au commencement de cet article, c'est-à-dire, s'il ne consistait qu'en un simple droit de justice sur certains bois dont le fonds appartient à des corporations ou à des particuliers.

Mais on ne peut disconvenir qu'il n'ait dans beaucoup de localités un autre caractère, qu'il n'y soit considéré comme une sorte de *champart foncier*, et qu'il ne constitue le domaine public copropriétaire par indivis des fonds même des bois sujets à cette prestation.

De là, les art. 2 du titre 1, et 1 du titre 11 de la loi du 15 septembre 1791, qui, nonobstant l'abolition de tous les droits de justice prononcés par la loi du 13 avril précédent, ou plutôt par celle du 4 août 1789, dont il n'est que le développement, range *les bois possédés en Gruerie, grairie, ségrairie, tiers et dangers, ou indivis entre la nation et des communautés*, dans la classe de ceux qui doivent être régis par l'administration forestière.

Ces articles, en effet, supposent clairement que le droit de Gruerie n'est pas universellement supprimé.

Mais comment distinguer le cas où il est effectivement supprimé, d'avec ceux où il est maintenu? Cette question a été proposée par un grand nombre de pétitions à l'assemblée constituante, qui, par un décret du 13 septembre 1791, *considérant qu'il ne s'agit que de l'application des lois, et qu'en conséquence lesdites pétitions sont du ressort du pouvoir judiciaire*, a déclaré qu'il n'y avait pas lieu à délibérer.

On peut cependant tenir pour règle générale, que le droit de Gruerie doit être considéré comme seigneurial dans son origine, et par conséquent comme aboli par les lois nouvelles, 1° lorsqu'il n'est pas prouvé être le prix d'une concession de fonds; 2° lorsque, formant le prix d'une concession de fonds, il a été constitué avec mélange de droits féodaux.

V. mon *Recueil de Questions de droit*, aux mots *Gruerie* et *Tiers-deniers*.]]

GRUERIE ROYALE. *V. Gruyers.*

GRUERIE DES SEIGNEURS. *V. Gruyers.*

* GRUYERS. Ce sont des officiers d'eaux et forêts, subordonnés à ceux des maîtrises. Ils ont été établis pour veiller à la conservation des bois éloignées du siége de ces maîtrises, et pour connaître en première instance des moindres délits qui s'y commettent. On les appelle *verdiers* dans quelques endroits de la Normandie. (M. HENRIQUEZ.) *

[[Ils ont été supprimés, dans toute la France, par l'art. 10 de la loi du 7 septembre 1790.]]

[[GUERRE. On a vu à l'article *Déclaration de Guerre*, quelle est en France l'autorité à laquelle appartient le droit de déclarer la Guerre et de traiter de la paix avec les puissances étrangères. Ici, nous devons examiner quelques questions relatives aux *effets civils et politiques* de la Guerre par rapport aux habitans et sujets respectifs des états entre lesquels elle est engagée.

I. Et d'abord, quel est, par rapport aux actions judiciaires d'un étranger contre un Français, l'effet d'une déclaration de Guerre survenue entre les gouvernemens des deux nations? L'étranger peut-il, pendant cette Guerre, exercer ses actions en France contre son débiteur français? Lorsqu'à l'occasion d'une Guerre élevée entre la France et une autre nation, le gouvernement français surscoit, jusqu'au rétablissement de la paix, à toutes les poursuites judiciaires que des sujets de l'état ennemi pourraient exercer en France contre des Français, le sujet ennemi qui, avant la déclaration de Guerre, avait obtenu contre un Français un jugement en dernier ressort, peut-il exciper de cette mesure pour faire surseoir, jusqu'à la paix, au recours en cassation intenté par le Français contre ce jugement? — Les parties intéressées peuvent elles renoncer au sursis ordonné en pareille circonstance par le gouvernement?

Le 3 germinal an 11, Elias Impey, Anglais, obtient à la cour d'appel de Paris, un arrêt qui en réformant un jugement du tribunal de commerce de la même ville, condamne le sieur Greffulhe, Français, à lui payer une somme considérable.

Le sieur Greffulhe se pourvoit en cassation; son recours est admis par la section des requêtes; le sieur Impey est en conséquence assigné devant la section civile, et il y propose ses moyens de défense.

Le 4 frimaire an 13, veille du jour fixé pour le rapport de l'affaire, le sieur Impey fait signifier au sieur Greffulhe un mémoire par lequel il conclut à ce que, conformément à l'arrêté du gouvernement du 19 messidor an 11, il soit sursis, jusqu'au rétablissement de la paix entre la France et l'Angleterre, au jugement du recours en cassation dont il s'agit.

Le lendemain, rapport préalable sur cet incident. Le sieur Greffulhe oppose au sieur Impey qu'il a défendu au fond, avant de conclure au sursis, et il infère de là que la demande en sursis n'est plus recevable de la part du sieur Impey.

« Cette fin de non-recevoir (ai-je dit) nous paraît ne mériter aucune considération. Le sursis ordonné par l'arrêté du gouvernement du 19 messidor an 11, est tout entier d'ordre public; il ne dépend pas des parties intéressées de s'en relever respectivement: *privatorum pactis juri publico non derogatur;* et l'on sent bien que l'on ne peut pas ici donner à un consentement tacite, un effet que ne pourrait pas opérer un consentement formel.

« Au fond, que porte l'arrêté du gouvernement du 19 messidor an 11, et quel est son objet?

« En renouvelant, pour les affaires commerciales seulement une maxime de notre ancien droit public, qui a été rappelée 1704 au parlement de Douai, par une lettre de M. le chancelier de Pont-Chartrain (1), cet arrêté ordonne, « *Art.* 1, » (qu') à dater de la publication du présent arrêté, » il ne sera reçu dans les tribunaux de la république « aucune instance ayant pour objet le payement d'en» gagemens contractés pour fait de commerces, par

(1) Voici ce que nous lisons à ce sujet, dans le recueil d'arrêts du président Pinault des Jaunaux, tom. 3, §. 62:

« *Pendant la guerre, un sujet d'une domination ennemie ne peut agir contre un sujet du roi.* — La question fut décidée le 2 juin 1704, dans la troisième chambre, au profit des héritiers de Marie Japin, veuve de Thiéry-Georges Mathieu, marchande à Valenciennes, appelante, contre Jean Deléchelle, demeurant à Amsterdam, intimé.

» Deléchelle avait intenté une action, le 22 décembre 1702, par-devant les échevins de Valenciennes, contre Marie Japin en revendication de biens qu'il prétendait lui être dévolus du chef de sa grand'mère et détenus par ladite Japin.

» Ladite Japin s'opposait à cette action et soutenait que Deléchelle ne devait pas être écouté ni reçu à agir pendant qu'on était en guerre avec la Hollande; qu'un étranger, ennemi de l'Etat, n'était pas habile à ester en jugement, d'autant plus que sa majesté défendait, par ses édits et déclarations, d'avoir aucune communication avec les ennemis; et que, par ce moyen, il lui était impossible de tirer de la Hollande les actes et papiers dont elle avait besoin pour se défendre; et concluait à ce qu'il fût déclaré qu'il serait sursis, pendant la guerre, à l'instance intentée par Deléchelle.

» Deléchelle s'opposait à la surséance requise, et offrait au besoin à ladite Japin, de lui faire accorder des passeports pour se rendre en Hollande, et y travailler à en tirer les lumières qu'elle espérait.

» Sur quoi, les échevins de Valenciennes, par sentence du 12 mai 1703, ayant débouté ladite Japin de son soutènement, l'avaient condamnée aux dépens, sauf à elle à profiter des offres dudit Deléchelle, dont elle avait appelé.

» La cour, après avoir vu les conclusions du procureur-général du roi, et la réponse de M. le chancelier, consulté sur la question, ouï le rapport de M. de Maffles, a mis l'appellation et la sentence dont était appel au néant; émendant, a ordonné que l'instance dont était question tiendrait état jusqu'à la paix, a condamné l'intimée aux dépens de la cause d'appel et en ceux de première instance ».

» des négocians français envers les Anglais ;—*Art.* 2, » (que) les instances actuellement engagées pour cet » objet seront suspendues, ainsi que l'exécution des » jugemens qui auraient pu s'ensuivre ; — *Art* 3, » (que) cette suspension aura lieu jusqu'au rétablis- » sement de la paix ».

» Les dispositions de cet arrêté bien connues, son objet devient extrêmement facile à saisir. Il est évident que, par cet arrêté, le gouvernement n'a eu d'autre but que d'empêcher les Anglais d'exercer, pendant la Guerre, des poursuites judiciaires contre des banquiers et négocians francais ; que d'empêcher les Anglais d'épuiser les caisses des banquiers et négocians français par leurs poursuites judiciaires ; que d'empêcher que le numéraire existant dans les caisses des banquiers et négocians français ne passât en Angleterre.

» Cet arrêt ne forme donc par d'obstacle aux poursuites que des banquiers ou négocians français voudraient exercer en France contre les Anglais : *quod in favorem alicujus introductum est, non debet in ejus odium retorqueri.*

» Or, ici de quoi s'agit il ? Est-ce le sieur Impey qui poursuit le sieur Greffulhe ? Non, c'est, au contraire, le sieur Greffulhe qui poursuit le sieur Impey ; et il le poursuit à l'effet de voir dire que le titre, le jugement, dont le sieur Impey se trouve porteur contre lui, seront déclarés nuls. L'action du sieur Greffulhe n'est donc pas comprise dans l'arrêté dont il s'agit.

» Sans doute, si vous rejetez le recours du sieur Greffulhe, si vous confirmez le jugement rendu le 5 germinal an 11 en faveur du sieur Impey, le sieur Impey ne pourra pas, pour cela, faire, dès-à-présent, exécuter ce jugement : l'exécution lui en sera interdite par l'arrêté du 19 messidor an 11.

» Mais cela n'empêche pas que, dès-à-présent, vous ne puissiez, sur la demande du sieur Greffulhe, décider si ce jugement a violé les lois ; cela n'empêche pas, qu'à l'instant même, vous ne puissiez casser ce jugement.

» Nous estimons en conséquence qu'il y a lieu de rejeter la demande incidentelle du sieur Impey, et d'ordonner qu'il sera passé outre au rapport du fond. »

Arrêt du 5 frimaire an 14, au rapport de M. Gandon, par lequel, « la cour, attendu que l'instance introduite en icelle par Greffulhe, n'a pas pour objet d'autoriser les poursuites d'un Anglais contre un Français, mais au contraire de les prévenir et de les empêcher ; et que par conséquent l'arrêté du gouvernement du 19 messidor an 11 n'est pas applicable à cet instance, ordonne qu'il sera passé outre au rapport et au jugement ».

II. La Guerre suspend-elle, entre les sujets des puissances belligérantes, l'effet des traités d'abolition réciproque du droit d'aubaine ? *V. Succession*, sect. 1, §. 2.

III. Quelles sont les obligations des Français expatriés envers leur souverain, lorsqu'il survient une guerre entre leur souverain lui-même, et celui du pays où ils se trouvent ?

Cette question est complétement résolue par un décret impérial du 5 avril 1809, ainsi conçu :

« TIT. 1. *Des Français qui auront porté les armes contre la France.* Art. 1. Tous les Français qui, ayant porté les armes contre nous depuis le 1er septembre 1804, ou qui, les portant à l'avenir, auront encouru la peine de mort, conformément à l'art. 3 de la sect. 1 du tit. 1 de la deuxième partie du Code pénal du 6 octobre 1791, seront justiciables des cours spéciales. — Pourront néanmoins ceux qui seront pris les armes à la main, être traduits à des commissions militaires, si le commandant de nos troupes le juge convenable.

» 2. Seront considérés comme ayant porté les armes contre nous, tous ceux qui auront servi dans les armées d'une nation qui était en guerre contre la France ; ceux qui seront pris sur les frontières, ou en pays ennemis porteurs de congés de commandans militaires ennemis ; ceux qui, se trouvant au service militaire d'une puissance étrangère, ne l'ont pas quitté ou ne le quitteront pas pour rentrer en France aux premières hostilités survenues entre la France et la puissance qu'ils ont servie ou qu'ils servent ; ceux enfin qui, ayant pris du service militaire à l'étranger, rappelés en France par un décret publié dans les formes prescrites pour la publication des lois, ne rentreront pas, conformément audit décret, dans le cas toutefois où, depuis la publication, la Guerre aurait éclaté entre les deux puissances.

» 3. Les dispositions des deux articles précédens sont applicables même à ceux qui auraient obtenu des lettres de naturalisation d'un gouvernement étranger.

» 4. Nos procureurs-généraux des cours spéciales des départemens dans lesquels sont domiciliés les Français désignés aux articles précédens, seront tenus, sur la dénonciation qui leur en sera faite, et même d'office, de dresser contre eux une plainte, et de requérir qu'il soit informé des faits qui y seront portés. — Il sera procédé à l'instruction et au jugement suivant les dispositions des lois criminelles et celles du présent décret.

» 5. Notre procureur-général de la cour spéciale de Paris sera pareillement tenu de rendre plainte, sur la dénonciation à lui faite, ou même d'office, contre les Français qui, n'ayant pas de domicile en France depuis dix ans, seraient dans un des cas prévus par les trois premiers articles du présent décret.

» TIT. II. *Du devoir des Français qui sont chez une nation étrangère, lorsque la Guerre éclate entre la France et cette Nation.* §. I. *Des Français au service militaire chez l'étranger.* 6. Les Français qui sont au service militaire d'une puissance étrangère, avec ou sans autorisation, et qui n'auraient pas porté les armes contre nous depuis le 1er septembre 1804, sont tenus de le quitter du moment où les hostilités commencent entre cette puissance et la France, de rentrer en France, et d'y justifier de leurs retour dans le délai de trois mois, à compter du jour des premières hostilités.

» 7. Ils seront tenus de se présenter devant nos procureurs impériaux des tribunaux de première instance du lieu de leur domicile, dans le délai fixé par l'article précédent, et d'y requérir acte de leur présence, lequel acte sera transcrit au greffe.

» 8. Ceux desdits Français qui n'auraient plus de domicile en France, seront tenus de se présenter devant notre procureur impérial du tribunal de première instance de Paris, pour y requérir acte de leur présence, dans le délai qui sera prescrit, lequel acte sera transcrit au greffe.

» 9. Ceux qui auraient un domicile en France, pourront aussi se présenter, s'ils le préfèrent, à notre procureur impérial du tribunal de première instance de Paris, qui leur donnera acte de leur présence, et instruira de suite de cette présentation notre procureur impérial du tribunal de première instance du lieu du domicile de celui qui aura comparu; l'acte de présence sera transcrit au greffe.

» 10. S'ils ne se sont pas présentés dans le susdit délai, le procureur impérial donnera son réquisitoire, à l'effet de faire ordonner la saisie de tous les biens, meubles et immeubles qu'ils possèdent, ainsi que de ceux qui pourraient leur obvenir dans la suite. Le jugement qui interviendra leur ordonnera pareillement de comparaître dans le mois devant le procureur-général de la cour spéciale.

» 11. Nos procureurs impériaux transmettront de suite à notre procureur-général de la cour spéciale de leur ressort, les noms, qualités et demeures de ceux qui, domiciliés dans leur arrondissement, ne se seront pas présentés pour requérir acte de leur présence; ils joindront copie du jugement qui aura ordonné le séquestre, avec les procès-verbaux qui en constateront l'apposition.

» 12. Le mois expiré sans que l'individu se soit présenté devant nos procureurs généraux, ceux-ci requerront acte de la plainte qu'ils rendront contre ceux qui seront dénoncés comme n'ayant pas obéi à l'art. 6 du présent décret et au jugement rendu en exécution de l'art. 10 ci-dessus; ils requerront qu'il soit informé contre eux comme prévenus du crime d'avoir porté les armes contre la France.

» 13. Notre cour donnera acte de sa plainte au procureur-général, et commettra un de ses membres pour procéder à l'audition des témoins et à l'instruction entière du procès.

» 14. Le juge d'instruction réunira toutes les pièces qui pourront servir à conviction, telles que lettres, contrôles des régimens, états militaires des puissances ennemies, et autres de cette nature qui lui seront remises, soit par nos ministres, soit par tous autres; il entendra en déposition les déserteurs étrangers, les soldats français et tous autres qui pourraient lui être indiqués par notre procureur-général, ou qu'il croirait devoir entendre d'office.

» 15. Lorsque l'instruction sera complète, elle sera communiquée à notre procureur-général, qui dressera, s'il y a lieu, l'acte d'accusation : dans le cas où il sera déclaré qu'il y a lieu à accusation, notre cour décernera une ordonnance de prise de corps contre l'accusé.

» 16. L'acte d'accusation et l'ordonnance de prise de corps sont notifiés à l'accusé, à son dernier domicile connu; il en sera fait une annonce dans le journal *le Moniteur*, et dans ceux de l'arrondissement et du département, s'il y en a.

» 17. Si l'accusé ne se présente pas dans les dix jours de la notification mentionnée en l'article précédent, le président de notre cour rendra une ordonnance portant que, si dans un nouveau délai de dix jours l'accusé ne se constitue pas, il est déclaré rebelle à l'Empereur, et qu'il sera procédé contre lui par coutumace.

» 18. Cette ordonnance sera publiée dans les formes prescrites; et après l'expiration du nouveau délai de dix jours, il sera procédé au jugement de la contumace; le tout conformément aux dispositions des lois sur l'instruction criminelle.

» 19. S'il résulte de l'instruction et de l'examen, que l'accusé n'est pas rentré en France dans le délai prescrit, et qu'il était au service militaire de l'ennemi à l'époque où les hostilités ont éclaté, nos cours appliqueront les dispositions de l'art. 3, sect. 1, tit. 1 de la deuxième partie du Code pénal du 6 octobre 1791, et prononceront la confiscation des biens du condamné.

» §. 2. *Des Français qui occupent des emplois et exercent des fonctions politiques, administratives et judiciaires chez l'étranger.* 20. Les dispositions de l'art. 6 ci-dessus sont applicables aux Français qui ont des fonctions politiques, administratives ou judiciaires chez l'étranger; ils sont tenus de rentrer en France dans les délais, et de justifier de leur rentrée dans les formes prescrites par les art. 7, 8 et 9.

» 21. Faute d'avoir satisfait aux dispositions de ces articles, ils seront poursuivis conformément à ce qui est prescrit par les art. 10 et suivans jusques et compris l'art. 18.

» 22. S'il résulte de l'instruction et de l'examen, que les accusés occupaient des emplois ou exerçaient des fonctions politiques, administratives ou judiciaires à l'époque des premières hostilités, et s'ils n'ont pas justifié de leur retour en France, nos cours les déclareront morts civilement, et prononceront contre eux la confiscation de leurs biens.

TIT. III. *Des Français rappelés d'un pays étranger avec lequel la France n'est pas en Guerre.* §. I. *Des Français au service militaire de l'étranger.* 23. Tous les Français au service militaire de l'étranger sont tenus de rentrer en France lorsqu'ils sont rappelés par un décret publié dans les formes prescrites pour la promulgation des lois.

» 24. Ils sont tenus, dans les délais fixés par le décret de rappel, de justifier de leur retour, ainsi qu'il est dit ci-dessus art. 7, 8 et 9.

» 25. Faute par eux d'avoir justifié de leur retour,

ils seront poursuivis ainsi qu'il est dit aux art. 10, 11, 12, 13, 14, 15, 16, 17 et 18.

» 26. S'il résulte de l'instruction, que l'accusé était au service militaire de la puissance étrangère désignée dans le décret de rappel, et qu'il n'y a pas obéi, il sera, dans le cas où la Guerre aurait éclaté entre la France et cette puissance, puni conformément à l'art. 3, section 1, tit. 1, 2ᵉ partie du Code pénal du 6 octobre 1791, et ses biens seront confisqués. — Si la Guerre n'a pas éclaté entre les deux puissances, l'accusé sera déclaré mort civilement, et ses biens seront confisqués.

» §. 2. *Des Français qui exercent des fonctions politiques, administratives ou judiciaires à l'étranger.* 27. Les dispositions de l'art. 23 du présent décret sont applicables aux Français qui exercent des fonctions politiques, administratives ou judiciaires chez l'étranger; ils sont tenus de rentrer en France, et de justifier de leur retour conformément aux dispositions des art. 7, 8 et 9 du présent décret, sous peine d'être poursuivis et mis en accusation, ainsi qu'il est expliqué aux art. 10 et suivans.

» 28. S'il résulte de l'instruction que les accusés n'ont pas obéi au décret de rappel, et qu'ils exercent des emplois ou fonctions politiques, administratives ou judiciaires dans le pays duquel ils sont rappelés, nos cours les déclareront morts civilement en France, et prononceront la confiscation de tous leurs biens meubles et immeubles.

» §. 3. *Des Français qui n'ont ni service militaire, ni fonctions politiques, administratives ou judiciaires chez l'étranger.* 29. Les dispositions des deux articles précédens ne seront applicables aux Français qui n'ont pas de service militaire chez l'étranger, ou qui n'y exercent aucune fonction politique, administrative ou judiciaire, qu'autant qu'ils auront été nominativement rappelés par un décret publié dans la forme prescrite pour la promulgation des lois. — Dans ce cas, ils sont tenus de se présenter dans les délais et dans la forme ci-dessus prescrits, sous les peines exprimées en l'art. 26.

» 30. Les Français mentionnés en l'article précédent et en l'art. 28 ci-dessus, seront admis à se représenter et à purger leur contumace dans les cinq ans, lesquels ne commenceront à courir que du jour de la publication de la paix.

» Tit. IV. *Dispositions transitoires relatives aux pays réunis à la France.* 31. Les dispositions de l'art. 1 ne sont applicables aux habitans des pays réunis à la France depuis le 1ᵉʳ septembre 1804, que du jour de leur réunion ».

V. Français, Etat de Guerre et *Prisonniers de Guerre.*]]

GUERRES PRIVÉES. Il manquerait quelque chose à un ouvrage qui embrasse toutes les parties de la jurisprudence, si l'on omettait de parler des *Guerres privées*, cet ancien droit, si cher à la noblesse, qui a couvert la France de tant de malheurs, et qui forme une partie si considérable de notre ancien Code national.

M. de Laurière, dans la dissertation imprimée à la tête du premier volume des ordonnances du Louvre, attribue l'origine des Guerres privées à l'ancienne coutume des peuples du Nord, de venger les injures particulières par les armes.

Lorsqu'une personne avait été tuée, la famille du mort en demandait raison à la famille de celui qui avait commis le crime, et si le différend ne se terminait pas par un accommodement, ils entraient en Guerre les uns contre les autres.

Cet abus a régné long-temps en France, comme on peut le voir dans plusieurs chapitres de Grégoire de Tours; et il continua sous nos rois de la première, de la seconde et même de la troisième race, sans qu'il fût possible de le faire cesser; en sorte que des personnes innocentes se trouvaient souvent engagées dans des Guerres auxquelles elles n'avaient aucune part.

On chercha d'abord à diminuer, ou du moins à adoucir ce mal, en attendant qu'on pût y remédier entièrement. Un de ces adoucissemens était que celui qui avait commis l'homicide, ou sa famille, payaient une somme au roi pour acheter la *paix*, ce qui s'appelait *fredum*, et une somme aux parens du mort, ce qu'on nommait, selon quelques-uns, *faidum vel faidam*.

Charlemagne fut le premier de nos rois qui fit une loi générale contre les *Guerres privées*. On la trouve dans le chap. 32 de son capitulaire de l'an 802.

Mais cette loi n'étant point encore assez rigoureuse pour réprimer un abus si ancien, et d'ailleurs l'autorité royale ayant souffert une espèce d'éclipse sous nos derniers rois de la seconde race et sous les premiers de la troisième, les seigneurs, tant ecclésiastiques que temporels, s'arrogèrent tellement le droit de se faire la Guerre, qu'ils firent en quelque façon, un droit public de ce qui n'était auparavant qu'un usage toléré.

Les choses demeurèrent long-temps ainsi, parce que nos rois ne jouissaient pas alors de toute l'autorité qui leur appartenait légitimement.

Mais lorsque, par la sagesse et la fermeté de leur conduite, ils eurent remis les seigneurs dans leur devoir, les choses commencèrent à changer de face.

D'abord, par une ordonnance nommée la *quarantaine le roi* (que Ducange attribue à Philippe-le-Hardi, mais dont le véritable auteur n'est pas précisément connu), il fut établi que depuis les *meurtres* commis ou les injures faites jusqu'à *quarante jours* accomplis, il y aurait, de plein droit, une *trève de par le roi*, dans laquelle les parens des deux parties seraient compris; que cependant le meurtrier ou l'agresseur serait arrêté et puni; et que si, dans les *quarante jours* marqués, quelqu'un des parens se trouvait avoir été tué, celui qui aurait commis le crime, serait réputé *traître et puni de mort*.

En 1296, Philippe-le-Bel fit une ordonnance au parlement de la Toussaint, par laquelle il défendit les Guerres privées, tant que la sienne durerait : *Dominus rex, pro communi utilitate, et necessitate regni sui, statuit quod durante Guerra suâ, nulla alia Guerra fiat in regno.*

Il renouvela la même ordonnance en l'année 1303; mais les *Guerres privées* s'étant encore rallumées pendant que le roi était en paix avec ses voisins, il se servit de l'occasion d'une nouvelle Guerre qu'il eut à soutenir, pour suspendre les *Guerres privées*; et pour mieux faire respecter l'autorité de la loi, il ajouta la *peine de corps*, dans celle qu'il fit publier sur ce sujet le 29 juillet 1314, en cet termes: *Propter Guerram prædictam et ex aliis justis causis, omnes Guerras in regno nostro, inter personas quascumque, sub pœnâ commissionis corporum et bonorum, durante Guerrâ nostrâ, inhibimus*, etc.

Ces désordres ayant ensuite recommencé dans le *comté de Bourgogne*, sous Philippe-le-Long et Jeanne de Navarre, son épouse, ils ne statuèrent rien de nouveau sur les *Guerres privées :* ils se contentèrent seulement de défendre les *incendies*, et d'ordonner que tous ceux qui en seraient coupables seraient regardés comme *infracteurs de la paix*, et comme *ennemis publics*.

Sous les règnes suivans, les *Guerres privées* commencèrent à devenir plus rares : néanmoins, comme il y en avait encore quelques-unes de temps en temps, le roi Jean, en l'année 1353, mit presque fin à ce mal invétéré, en ordonnant que la *quarantaine le roi* serait ponctuellement observée; et qu'on poursuivrait extraordinairement ceux qui, par leurs crimes, auraient donné occasion à ces querelles ou à ces Guerres.

Les Guerres privées n'avaient lieu qu'entre gentilshommes. Les roturiers étaient privés de l'avantage de s'entr'égorger pour leurs querelles particulières.

Si celui qui avait commis l'injure ou le meurtre n'était pas connu, et qu'on eût cependant des soupçons contre quelqu'un, on avait recours à l'expédient du duel.

Le passage que nous allons transcrire est bien propre à faire sentir toute l'horreur de ces Guerres privées; c'est Beaumanoir qui parle (*coutume de Beauvoisis*, ch. 60) : « Très-mauvaise coutume soulait courir en cas de Guerres le royaume de France; car quand aucun fait avenait de mort ou de bâture, cil à qui la vilenie avait été faite, regardait aucun des parens à ceux qui l'y avaient fait la vilenie, et qui demeuraient loin du lieu où le fait avait été fait, si que ils ne savaient rien du fait, et puis allaient là de nuit et de jour, et sitôt comme ils le trouvaient, ils l'ociaient, ou battaient, ou en faisaient toute leur volonté, comme de cil qui garde ne s'en donnait ». (M. H.....)*

[[*V.* l'article *Bar.*]]

GUET. *V. chevalier du Guet.*

GUET-A-PENS. Embûche dressée pour assassiner quelqu'un, ou pour lui faire quelque grand outrage. *V. Assassin* et *Homicide.*

* GUET et GARDE. C'est un droit que chaque habitant d'une seigneurie, à l'exception des nobles et ecclésiastiques, paye au seigneur, au lieu du service que celui-ci pouvait exiger autrefois qu'ils fissent pour garder son château. L'origine de ce droit vient des guerres privées : les vassaux étaient obligés de faire le Guet pour éviter toute surprise. (M. GUYOT.)*

Ce droit est aboli par l'art. 10 du tit. 2 de la loi du 15 mars 1790.]]

* GUICHETIER. Valet de geolier qui ouvre et ferme les guichets, et qui a soin d'empêcher que les prisonniers ne se sauvent.

L'art. 4 du tit. 13 de l'ordonnance de 1670 enjoint aux geoliers de donner des gages raisonnables aux Guichetiers et aux autres personnes par eux préposés à la garde des prisonniers.

L'art. 14 du même titre défend aux Guichetiers de rien prendre d'un prisonnier, sous prétexte de bien-venue, en argent ou vivre, quand l'offre leur en serait faite volontairement; la même loi leur défend de cacher les hardes des prisonniers, et de les maltraiter ou excéder, à peine de punition exemplaire. *V. Prison.* (M. GUYOT.)*

* GUIMEAUX. Ce mot se trouve dans la coutume de Saint-Jean-d'Angely, art. 13 ou 15, suivant les éditions. Il signifie des prés clos où l'on recueille du *gain.* Ménage observe, dans son Dictionnaire étymologique, qu'on appelle *Guimeaux*, en Poitou, les prés qu'on fauche deux fois l'année, et que ce mot vient de *Bimales.*

Quoi qu'il en soit, Labelais dit, liv. 1, chap. 4 : « Gaudebillaux sont grasses tripes de coiraux. *Coiraux* sont bœufs engraissés à la crêche et prés *Guimeaux*. Prés *Guimeaux* sont prés qui portent deux fois l'an » (*G. C. D.*)*

H.

*HABILE. C'est, en jurisprudence, celui qui est capable, qui a droit, ou qui peut avoir droit.

On dit que *quelqu'un est Habile à succéder*, pour dire qu'il n'a aucune incapacité qui l'empêche d'hériter.

On dit de même qu'*un homme est Habile à se porter héritier*, pour dire qu'il a droit à une succession ouverte. *V. Capacité*, *Héritier*, *Incapacité* et *Succession*. (M. Guyot.)*

HABITATION. Ce mot a trois significations différentes.

1° Dans le droit romain il désigne une servitude mixte, c'est-à-dire, due par la chose à la personne qui donne le droit de demeurer gratuitement dans la maison d'autrui.

2° Dans quelques provinces de France, on entend par *droit d'Habitation* une finance qu'on est obligé de payer à un seigneur ou à une communauté d'habitans, pour demeurer dans son territoire.

3° Les établissemens qu'ont certains particuliers dans nos colonies, portent aussi le nom d'*Habitations*.

Section I. *Du droit d'Habitation considéré comme servitude mixte.*

§. I. *Moyens d'acquérir ce droit. Mode de son règlement.*

I. Le droit d'Habitation, considéré comme une servitude mixte, peut être accordé par toutes sortes d'actes entre-vifs ou de derniere volonté.

Nous avons même plusieurs coutumes qui le donnent de plein droit à la veuve noble dans l'une des maisons du mari : ce sont celles du Maine, art. 322; d'Anjou, art. 309; de Vermandois, art. 24; de Noyon, art. 30; de Saint-Quentin, art. 95; de Châlons, art. 33; de Ribemont, art. 97 : il y en a aussi quelques-unes qui l'accordent à la veuve roturière, et cela parce qu'elles le font entrer dans le douaire; ce sont celles de Bretagne, art. 457; de Vitry, art. 86; d'Amiens, art. 120; de la gouvernance de Douai, chap. 4, art. 4; d'Artois, art. 179.

[[Toutes ces coutumes sont abrogées. Le Code Napoléon n'admet point de droit de survie légal. *V. Douaire* et *Gains nuptiaux*.]]

Outre ces coutumes qui, pour la plupart, ne fixent d'autre terme à l'Habitation que la mort de la veuve, on en trouve un certain nombre qui lui permettent de demeurer dans la maison de son mari, pendant tout le délai qu'elle a pour délibérer si elle acceptera la communauté ou si elle y renoncera. Telles sont celles de Bourbonnais, art. 245; de Bretagne, art. 455; d'Artois, art. 164; de Cambrésis, tit. 7, art. 18; de Douai, ch. 6, art. 1; de Valenciennes, art. 165; de Lessines, tit. 7, art. 11.

Les chartes générales de Hainaut qui accordent à la veuve six mois, et en certains cas un an, pour délibérer sur l'acceptation de la communauté, portent, ch. 34, art. 13, que « si l'homme ou la femme allait de vie à trépas, sans délaisser génération de leur mariage, délaissant maison et édifices où ils tenaient leur résidence, le survivant pourra demeurer, si bon lui semble, en ladite maison ou édifices le terme de quarante jours ».—Cette disposition, qui est, comme on le voit, commune à l'homme et à la femme, a été dictée par l'humanité même. Il serait bien dur pour un époux qui vient de perdre la personne à laquelle il avait uni son sort pour toujours, d'être obligé de quitter sur-le-champ sa maison, et d'en chercher une autre dans un temps où il ne doit s'occuper qu'à pleurer sa perte. Du moins le terme de quarante jours appaise les premiers élans de la douleur, remet l'esprit dans son assiette naturelle, et le prépare à prendre de nouveaux arrangemens.

[[Cette disposition est abrogée pour le mari, mais elle subsiste encore pour la femme, avec quelques modifications; voici ce que porte le Code Napoléon, art. 1465 : « La veuve, soit qu'elle accepte, soit qu'elle renonce, a droit, pendant les trois mois et quarante jours qui lui sont accordés pour faire inventaire et délibérer, de prendre sa nourriture et celle de ses domestiques sur les provisions existantes, et, à défaut, par emprunt au compte de la masse commune, à la charge d'en user modérément. —Elle ne doit aucun loyer à raison de l'Habitation qu'elle a pu faire pendant ces délais, dans une maison dépendante de la communauté ou appartenant aux héritiers du mari; et si la maison qu'habitaient les époux à l'époque de la dissolution de la communauté, était tenue par eux à titre de loyer, la femme ne contribuera point, pendant les mêmes délais, au payement dudit loyer, lequel sera pris sur la masse ».]]

Hors les coutumes dont on vient de parler [[et aujourd'hui dans toute la France]], la veuve ne peut prétendre le droit d'Habitation qu'en vertu d'une convention expresse. C'est ce que porte l'art. 1er des arrêtés de M. de Lamoignon, titre du droit d'Habitation.

Telle est aussi la jurisprudence des pays de droit écrit : on y considère le droit d'Habitation comme un gain nuptial et de survie; mais il n'y est jamais dû sans stipulation; le contrat de mariage est la seule loi qui le règle, et les contractans peuvent y apposer telles conditions qu'il leur plaît. Ces sortes de conventions sont très-fréquentes dans les provinces dont nous parlons; et elles doivent leur origine au délai d'un an que les lois romaines accordent aux héritiers du mari pour la restitution de la dot : comme la femme est privée, pendant ce délai, de la jouissance de son bien, et qu'en conséquence il paraît juste d'obliger les héritiers de son mari à lui fournir de quoi subsister, en attendant la restitution qu'ils doivent lui faire; il était autrefois d'un usage presque général que, pendant toute cette année, elle fût nourrie et entretenue dans la maison de son mari, et aux dépens de la succession. C'est ce qu'atteste Masuer, dans sa *pratique*, tit. 40, *des alimens*, n° 6. — Dans la suite, on a trouvé trop d'inconvéniens à obliger les héritiers du mari de fournir à la veuve son entretien en nature pendant un si long espace de temps, et l'on a introduit l'usage de lui donner tant pour ses habits de deuil, et outre cela, une certaine somme à laquelle on fixe ce dont elle a besoin pour sa subsistance. — Ce droit qu'on lui paye en argent s'appelle *année de viduité :* il comprend la nourriture, l'entretien et le logement, en sorte qu'elle n'est plus obligée de rester dans la maison de son mari, et que les héritiers, de leur côté, ne sont plus tenus de lui fournir son Habitation en nature, à moins que cela n'ait été stipulé par le contrat de mariage. « Dans ce dernier cas (dit Boucher d'Argis, dans son *Traité des Gains nuptiaux*), le droit d'Habitation est dû à la veuve survivante, soit qu'elle ait apporté quelque chose en dot, ou qu'elle n'ait eu aucun bien, et soit que la dot promise ait été payée ou non, parce que ce gain de survie est indépendant de la dot, en quoi il diffère de l'augment ».

[[*V.* l'art. 1570 du Code Napoléon, rapporté à l'article *Dot*, §. 11, n. 5.]]

Lorsque, par un contrat de mariage, il y a soumission aux usages d'une province de droit écrit, ou à une coutume qui ne donne point d'Habitation à la veuve, celle-ci peut-elle prétendre ce droit sur une maison laissée par le mari dans une coutume qui le lui accorde ?

Bourjon est d'avis qu'elle ne le peut pas ; et sa raison est que la coutume à laquelle les époux se sont soumis, règle la communauté dont *ce droit, fort différent du droit coutumier qui est réel, est une suite.*

Si l'Habitation de la veuve était considérée, dans toutes les coutumes qui l'accordent, comme un accessoire de la communauté, l'avis de Bourjon ne serait pas susceptible de la moindre critique ; mais il est certain, 1° que les coutumes de Bretagne, de Châlons, d'Amiens, de Vitry, de la gouvernance de Douai et d'Artois, ne donnent un droit d'Habitation à la femme qu'à titre de douaire coutumier ; 2° que, dans les coutumes d'Anjou, du Maine et de Vermandois, le droit d'Habitation n'est accordé à la veuve que comme un privilége attaché à sa qualité de *conjoint noble ;* et qu'il y est aussi indépendant de la communauté que du douaire.

Il ne faut donc pas s'expliquer aussi vaguement sur cette question que le fait Bourjon ; mais distinguer les différentes coutumes dans lesquelles une veuve peut exercer le droit d'Habitation, et les différentes nuances des clauses du contrat de mariage qui portent soumission à une coutume quelconque.

Par exemple, deux personnes se sont mariées à Paris, et, par leur contrat de mariage, elles se sont soumises à la coutume de cette capitale pour régler leurs droits de communauté : dans cette espèce, la veuve ne pourra pas, à la vérité, demander un droit d'Habitation dans une des coutumes qui ne donnent ce droit que comme une suite de la communauté ; mais elle pourra le demander dans une des coutumes qui le donnent à titre de douaire ou de simple privilége.

Si la soumission à la coutume de Paris a été faite pour la communauté et pour le douaire, la veuve n'aura point d'Habitation dans les coutumes où ce droit est une suite de la communauté ou du douaire ; mais elle sera encore libre de le prendre dans les coutumes où il n'est accordé que comme un simple privilége.

Ainsi, pour qu'une femme mariée à Paris, avec soumission à la coutume de cette ville, n'ait point d'Habitation à prendre dans les coutumes de cette dernière classe, il faut que la soumission ait été faite pour tous les droits et gains de survie en général.

[[Ces questions ne peuvent plus se présenter pour les mariages contractés sous le Code Napoléon, 1° parce que, comme on l'a déjà dit, il n'y a plus de droit d'Habitation légal ni coutumier ; 2° parce que, suivant l'art. 1390 de ce Code, « les époux ne peuvent plus stipuler d'une manière générale, que leur association sera réglée par l'une des coutumes, lois ou statuts qui régissaient ci-devant les diverses parties du territoire français ».]]

II. Le réglement du droit d'Habitation par contrat de mariage, se fait ordinairement en stipulant que la femme, en cas de survie, aura son Habitation dans quelqu'une des maisons de son mari, ou une certaine somme à laquelle on estime ce droit. Quelquefois aussi on stipule que la femme aura son Habitation à la ville et à la campagne.

« Si le mari (dit Boucher d'Argis) vient à décéder sans avoir acquis de maison, ou que celles qu'il avait, soient ruinées et inhabitables au jour de son décès, en ce cas, la femme survivante peut opter l'estimation de son Habitation, suivant qu'elle a été réglée par le contrat de mariage, et même la faire estimer, si elle ne l'a pas été par le contrat ; et pour le payement de cette estimation, la femme est préférée sur les meubles de son mari, comme pour sa dot, augment, bagues et bijoux ».

Boucher d'Argis ne parle ici que par rapport aux pays de droit écrit ; à l'égard des pays coutumiers, on convient unanimement qu'il est dû une indemnité à la veuve qui a droit d'Habitation par son contrat de mariage, lorsqu'il ne se trouve dans la succession, ni château, ni maison. C'est ce que pensent, entr'autres, Bacquet dans son *Traité des droits de justice*, d'Argentrée sur la coutume de Bretagne, et Lebrun dans son *Traité de la communauté ;* et cela est fondé sur l'inviolabilité des clauses des contrats de mariage. En effet, on ne doit pas souffrir qu'un mari puisse, en vendant ses maisons ou en négligeant d'en acquérir une, faire perdre à sa femme un droit qui lui est assuré par une stipulation expresse et qu'il n'est pas maître de révoquer.

Quant à la préférence sur les meubles du mari, la femme ne l'a régulièrement, en pays coutumier, ni pour l'estimation de son droit d'Habitation, ni pour ses autres conventions matrimoniales, parce que, suivant l'art. 179 de la coutume de Paris, qui forme, à cet égard, le droit commun des pays coutumiers, chaque créancier doit venir à contribution au sou la livre sur le prix des meubles du débiteur, sans qu'aucun puisse y prétendre préférence pour quelque cause que ce soit.

[[Et tel est aujourd'hui le droit général de toute la France. *V. Privilége.*]]

Remarquez que, dans le cas dont nous parlons, où il ne se trouve point de maison pour fournir à la veuve l'Habitation qui lui a été accordée par son contrat de mariage, l'indemnité qu'elle a droit de prétendre, doit être réglée sur sa condition et le domicile qu'elle avait au temps de la mort du mari: ainsi, la veuve d'un dignitaire doit obtenir plus que la veuve d'un marchand, parce que l'une doit régulièrement être mieux logée que l'autre; et il ne suffirait pas d'offrir à une veuve dont le mari est mort domicilié à Paris, de quoi se loger en province, parcequ'ayant droit de conserver le domicile que son mari lui a fait contracter, elle doit recevoir des héritiers de celui-ci de quoi se procurer, dans la capitale, un logement conforme à son état.

Les raisons qui autorisent la veuve à demander son Habitation conventionnelle en argent, lorsque le mari ne laisse point de maison, n'ont pas lieu par rapport à l'Habitation légale : aussi n'est-il point dû d'indemnité pour celle-ci dans le cas dont on vient de parler. L'art. 120 de la coutume d'Amiens en contient une disposition expresse : *mais*, dit-il, *quand il y en a* (des maisons et édifices), l'héritier *n'est tenu de lui en bailler.*

[[Cette observation est encore utile pour les mariages qui ont été contractés avant le Code Napoléon.]]

Lorsque le mari laisse plusieurs maisons, l'Habitation, soit légale, soit conventionnelle, doit-elle être prise sur celle qui est le plus à la bienséance de la veuve?

La solution de cette question dépend de plusieurs principes qu'il est essentiel de rappeler.

Le droit romain décide généralement que celui à qui est déférée une option, soit en vertu d'un testament, soit par l'effet d'un contrat, peut prendre la meilleure de toutes les choses dont il a le choix. C'est ce que portent expressément la loi 2, D. *de optione legatâ*, et la loi 9, §. 1, D. *de dolo malo.*

Dans le cas où il n'est point exprimé à qui le choix doit appartenir, les lois romaines distinguent les choses léguées par un testament, d'avec celles qui sont promises par un contrat; elles donnent au légataire le droit de choisir entre les premières, sous la réserve néanmoins de ne pas prendre la meilleure de toutes; à l'égard des secondes, c'est au débiteur qu'elles laissent le choix; et, suivant quelques-uns, il pourrait s'acquitter en donnant la moindre de toutes les choses dans lesquelles il a droit de choisir; mais Voët est d'avis qu'il doit au moins en donner une médiocre; et il fait voir, par les textes les moins équivoques, que le sentiment contraire n'est qu'une erreur fondée sur une mauvaise interprétation de quelques lois.

D'après ces principes, il paraît, en assimilant les choses dues en vertu de la loi à celles qui sont dues en vertu d'un contrat, que, lorsque les coutumes ou le contrat de mariage donnent à la veuve une Habitation dans celle des maisons du mari qu'elle voudra choisir, il doit lui être libre de prendre la maison qui lui plaît davantage. — On prétend néanmoins, sur la foi d'un arrêt du 26 janvier 1580, que, dans ce cas même, la veuve ne peut exercer son option sur le château de la principale terre. C'est ce que pensent, entr'autres, Chopin et Lebrun; ils fondent ce système sur ce que l'esprit général de nos coutumes affecte à l'aîné le principal manoir de chaque succession noble : mais ne peut-on pas répondre que cette affectation ne souffre aucune atteinte par la soumission du manoir seigneurial à l'option de la veuve? En effet, l'Habitation de celle-ci ne peut pas empêcher que la propriété ne demeure toujours à l'aîné : d'ailleurs, lorsqu'une coutume ou une convention portent en général que la femme aura droit de choisir entre toutes les maisons que son mari aura laissées dans sa succession, elles font assez entendre qu'elles dérogent sur ce point au droit de l'aîné, ou au moins qu'elles en suspendent la jouissance pour un temps; car le mo[t] *tout* n'admet point d'exception.

Lorsque la coutume ou le contrat de mariage ne laissent point expressément l'option à la veuve, c'es[t] à l'héritier qu'elle doit appartenir, sauf néanmoi[ns] qu'il ne peut assigner le droit d'Habitation sur l[a] moindre de toutes les maisons, et qu'il est ten[u] d'avoir égard à la condition de la veuve : c'est ce don[t] les principes exposés plus haut ne permettent pa[s] de douter. — Cependant Bourjon croit que la veuv[e] a même, en ce cas, le droit de choisir entre toute[s] les maisons, à l'exception de celle que l'hériti[er] déclare vouloir affranchir du droit d'Habitation; e[t] il fonde son opinion sur cette doctrine de Duplessis que « la femme ne doit avoir ni la meilleure mai[-]son, ni la moindre, mais celle d'entre deux ». L[a] doctrine de Duplessis est vraie, mais la consé[-]quence que Bourjon en tire est fausse : il y a un[e] grande différence entre le droit de pouvoir refuse[r] la plus mauvaise maison, et celui de prendre l[a] meilleure après celle qu'il plaît à l'héritier de re[-]tenir pour lui; il peut se trouver bien des degr[és] intermédiaires de l'une à l'autre. Bourjon voudra[it] rendre la condition de la femme égale à celle, no[n] d'un créancier, mais du légataire d'une chose [à] prendre entre plusieurs de la même espèce : on se[nt] cependant que la femme, dans le cas dont nous par[-]lons, ne tenant pas son droit d'un acte de derniè[re] volonté, mais de la loi ou d'un contrat, ne peut p[as] être traitée comme légataire, mais doit l'être comm[e] créancière; et cette réflexion écarte tous les dout[es] que l'on pourrait élever sur l'exactitude de not[re] critique.

Au reste, il y a plusieurs coutumes qui ont pré[vu] la question que nous agitons ici : celles de Vitry, [de] Laon, de Saint-Quentin, de Noyon, de Ribemon[t,] de Châlons, décident que la femme peut prend[re] « une des maisons seigneuriales ou autres de s[on] mari, telle que bon lui semble ».

Celles du Maine, d'Anjou et d'Amiens, laissent

l'héritier le choix de la maison : elles obligent seulement d'en fournir une convenable à l'état de la veuve, et à la qualité de la succession.

La coutume de Poitou porte, art. 262, que le mari ne peut, sans l'agrément de son héritier, assigner le douaire de sa femme sur son *principal hébergement*; d'où l'on peut conclure, à plus forte raison, que la femme elle-même ne peut pas le demander pour son Habitation, quoique l'option lui soit déférée par son contrat de mariage.

La coutume de Bretagne veut que l'héritier *baille maison compétente à la douairière*; et que, *si elle n'était logée suffisamment, elle le doit être au principal manoir*.

Les coutumes d'Artois et de la gouvernance de Douai ont embrassé le parti proposé par Bourjon; elles disent que l'héritier peut d'abord choisir la maison qui lui convient le plus, et que la douairière a le choix, après lui, dans toutes les autres.

[[Aujourd'hui, la seule règle à suivre pour le droit d'Habitation conventionnel, est que le choix appartient à l'héritier du mari, et qu'il se libère par la délivrance de l'une des maisons laissées par le défunt. *V.* le code Napoléon, art. 1189, 1190 et 1196. — A l'égard du droit d'Habitation légué par testament, *V. Option.*]]

Quel est le droit de la femme à qui il est dû une Habitation légale ou conventionnelle, lorsqu'il ne se trouve qu'une maison dans l'hérédité du mari ?

Les coutumes du Maine et d'Anjou veulent qu'en ce cas, elle ne puisse prendre que le tiers de cette maison; celles d'Artois, de Vitry, de Vermandois et de Châlons, lui en donnent la moitié; celles d'Amiens et de Noyon lui permettent d'en prendre la totalité : tel paraît être aussi l'esprit de l'art. 458 de la coutume de Bretagne; et c'est ce que porte également la coutume de Châlons, dans le cas où *la maison ne se peut commodément diviser en deux.*

Laquelle de toutes ces dispositions doit-on adopter dans les coutumes muettes ?

Lebrun est d'avis que celle des coutumes de Vitry, de Vermandois et d'Artois, « est asssez apparente, tant parce que le droit de la veuve est limité à sa vie, qu'à cause qu'il en faut user avec elle plus libéralement en l'honneur d'un mariage qui peut avoir été bien concordant; que, s'il y avait plusieurs héritiers et une veuve frugale dans son train et son équipage, et que le château suffit pour elle et les héritiers du mari, il n'y aurait pas d'inconvénient de la réduire au tiers suivant les coutumes d'Anjou et du Maine ».

Bourjon, en traitant la même question, dit plus indéfiniment que, lorsqu'il n'y a qu'une maison, la veuve doit y avoir un logement conforme à sa qualité, mais qu'elle ne peut pas la demander en entier : et il rapporte une sentence du Châtelet qui l'a ainsi jugé, lui plaidant.

Il me semble qu'on pourrait établir là-dessus des règles plus exactes que celles que proposent ces deux auteurs. On devrait, suivant moi, distinguer le cas où la veuve a droit, soit par la coutume, soit par son contrat de mariage, d'avoir une *maison*, d'avec celui où elle n'a droit qu'à une *Habitation*. Dans le premier cas, je lui donnerais indistinctement la maison entière, parce que ce mot comprend, dans sa signification, tout un corps de bâtiment, et qu'on ne doit pas diviser inconsidérément les expressions d'une loi ou d'un contrat solennel. Dans le second cas, je distinguerais si la maison est située dans une ville telle que Paris, où il est d'usage que les personnes les plus qualifiées n'ont qu'un appartement pour se loger; et alors je réduirais la veuve au sort commun de tous ses concitoyens; ou si elle est située dans un endroit où chaque bourgeois honnête occupe une maison entière; et alors je me déterminerais, par la condition de la veuve, à lui donner la totalité de la maison, ou à ne lui en céder qu'une partie.

[[*V.* l'art. 632 du Code Napoléon, rapporté ci-après, §. 2, n. 3.]]

Le droit d'Habitation peut-il se prendre sur les biens qui étaient substitués ou sujets à réversion dans la personne du mari ?

Un arrêt du 3 août 1649 a jugé pour la négative dans le cas où ce droit ne fait pas partie du douaire, et cette décision a été consacrée formellement par l'ordonnance du mois d'août 1347, tit. 1, art. 48. Lebrun en excepte néanmoins, et avec raison, le cas où la réversion serait stipulée *sauf les conventions de la femme*, parce que ces termes comprennent toutes les libéralités qu'un mari peut faire à sa future par son contrat de mariage.

§. II. *Manière d'exercer le droit d'Habitation. Charges de ce droit.*

I. Le droit romain ne met, sur ce point, aucune différence entre le droit d'usage et celui d'Habitation. La loi 10, D. *de usu et Habitatione*, s'explique là-desssus en termes très-clairs : *Si Habitatio legetur an perindè sit atque si usus, quæritur: et effectu quidem idem penè esse legatum usûs et Habitationis Papinianus consensit libro octavo decimo quæstionum.* — De là résultent deux conséquences.

II. La première est que celui à qui appartient un droit d'Habitation, ne peut céder gratuitement ce droit, ni même une partie de la maison qui en est l'objet, à moins qu'il n'occupe lui-même l'autre partie. C'est en effet ce que décide la loi 8 du titre cité par rapport au droit d'usage : *Sed neque locabunt seorsùm, neque concedent Habitationem sine se, nec vendent usum;* et la loi 10 applique directement cette décision au droit d'Habitation : *deniquè donare non poterit sed eas personas recipiet quas et usuarius.*

Remarquez cependant que la loi 13, D. *de usufructu et Habitatione*, déroge formellement à cette jurisprudence, par rapport à la faculté de louer le droit d'Habitation : elle veut que cette faculté ait lieu pour la maison entière, sans qu'on soit obligé d'en occuper personnellement une partie pour pouvoir en tirer quelques loyers.

On élève sur cette loi deux questions intéressantes.

Premièrement, la loi dont il sagit ne parle que du cas où le droit d'Habitation est donné par testament : peut-on étendre ce qu'elle décide au cas où ce droit dérive d'un contrat?

Mathieu *de Afflictis*, jurisconsulte napolitain, embrasse la négative : mais Dumoulin, Mornac et Le brun, soutiennent l'affirmative ; et il n'est pas possible de résister à leur opinion lorsqu'on lit dans les Institutes de Justinien : *Sed si cui Habitatio legetur*, SIVE ALIQUO MODO CONSTITUTA SIT......, *quam Habitationem habentibus propter rerum utilitatem nostrâ decisione promulgatâ permittimus non solùm eâ degere, sèd etiam aliis locare*. On trouve dans le Recueil de Leprestre, un arrêt du 17 mai 1603, qui a adopté cette opinion dans l'espèce d'un droit d'Habitation stipulé par contrat de mariage. Une circonstance pourrait néanmoins faire croire que cet arrêt n'a pas jugé la question ; c'est que la clause du contrat de mariage portait que la femme aurait l'*usufruit de la maison pour y faire sa continuelle résidence* : termes qui, au lieu d'un simple droit d'Habitation, semblaient donner un véritable usufruit que les lois même du Digeste permettent de louer. Mais la loi 10, §. 1, D. *de usu et Habitatione*, répond suffisamment à cette objection, en décidant, que *si relictus sit domûs ususfructus habitandi causâ, non usumfructum, sed solam Habitationem legatam*.

En second lieu, la permission qu'accordent les lois du Code, de louer le droit d'Habitation, renferme-t-elle la permission de le donner ou céder gratuitement?

Lebrun soutient l'affirmative, et il la fonde, 1° sur le principe que tout le monde peut disposer de son bien à tel titre qu'il lui plaît ; 2° sur l'esprit même de la loi de Justinien; 3° sur l'apostille de Dumoulin à l'art. 86 de la coutume de Vitry; trois raisons qui méritent à peine une réponse sérieuse. — La première ne prouve rien, parce qu'elle prouve trop ; il en résulterait, en effet, que le droit d'usage serait cessible, ce que Lebrun lui-même désavoue.—La seconde est évidemment fausse ; la loi de Justinien ne permet que de louer ; et la manière dont il s'explique là-dessus annonce assez qu'elle entend laisser subsister la défense de donner, portée par les lois du Digeste : *Ad humaniorem*, dit-elle, *nobis visum est declinare sententiam, et dare legatario etiam locationis licentiam : quid enim distat sive ipse legatarius maneat, sive alii cedat* UT MERCEDEM ACCIPIAT? Qu'on pèse bien ces derniers termes, on sentira qu'ils n'ont pu être ajoutés que pour empêcher qu'on ne regardât comme valables les cessions gratuites du droit dont il s'agit — La troisième raison de Lebrun est encore plus hasardée : Dumoulin ne dit pas à l'endroit cité, que la douairière peut donner son droit d'Habitation ; il s'attache seulement à réfuter quelques praticiens de son temps qui soutenaient qu'elle ne peut pas même le louer.

Il faut donc tenir pour constant avec Voët, Pérez et tous les autres commentateurs des lois romaines, que la jurisprudence du Digeste n'a point été changée par celle du Code, relativemant à la question de savoir si le droit d'Habitation est cessible à titre gratuit.

Mais la jurisprudence même du Digeste est-elle bien certaine sur la négative de cette question? La loi 1, §. 1, *commodati*, ne semble-t-elle pas la détruire par ces termes : *Vivianus ampliùs Habitationem commodari posse ait?* Non : Voët établit très-bien, et cela par plusieurs autres textes, qu'il ne s'agit pas dans cette loi de savoir si l'on peut prêter un droit d'Habitation dont on jouit en vertu d'un testament ou d'un acte entre-vifs, mais si un propriétaire peut prêter sa maison à quelqu'un pour y habiter tout le temps qui lui plaira ; de sorte que, dit la grande glose, *Habitatio* se prend ici pour *res quæ inhabitatur*, d'où elle tire cette règle générale : *verbalia interdùm ponuntur loco nominis proprii*.

[[L'art. 634 du Code Napoléon porte que « le droit d'Habitation ne peut être ni cédé ni *loué* ».]]

III. La seconde conséquence qui résulte de l'identité établie par la loi 10, D. *de usu et Habitatione*, entre les effets de l'Habitation et ceux de l'usage, est qu'il faut appliquer au premier de ces droits tout ce que les lois décident par rapport à l'étendue des profits que donne le second.

Il n'y a pas de difficulté sur ce point, lorsque l'usage ou l'Habitation ne sont établis que sur un corps de bâtiment. La loi 22, §. 1, du titre cité, porte, qu'en ce cas toute la maison est tellement soumise à la servitude, que le propriétaire ne peut demander à jouir lui-même des appartemens que l'usager n'occupe pas : *Licet tam angustus est legatarius cui domûs usus legatus est, ut non possit occupare totius domûs usum, tamen eis quæ vacabunt proprietarius non utetur, quia licebit usuario aliis et aliis temporibus totâ domo uti.*

Lorsqu'à la maison est annexé un jardin, un verger, un vivier, etc., dont les produits peuvent à peine suffire aux besoins personnels de l'usager et de sa famille, le propriétaire n'y peut encore rien prétendre. C'est la décision expresse de la loi 15 : *Fundi usu legato licebit usuario et ex penu quod in annum duntaxat sufficiat, capere : licet mediocris prædii eo modo fructus consumantur ; quia et domo et servo ita uteretur ut nihil alii fructuum nomine superesset.*

Il y a plus de difficulté dans le cas où la maison a des dépendances considérables ; la loi 12, §. 1, du titre cité, contient là-dessus plusieurs dispositions qui méritent une attention sérieuse.

Elle porte d'abord que l'usager peut aller et venir dans les cours, terrasses, jardins, et généralement dans toutes les dépendances de la maison : *præter Habitationem quam habet cui usus datus est, deam-*

bulandi quoque et gestandi jus habebit. — Elle ajoute qu'il peut aussi prendre tout ce qu'il lui faut de bois, de légumes, de fleurs, de fruits et de paille pour son usage journalier, mais qu'il ne peut pas en vendre : *Sabinus et Casius, et lignis ad usum quotidianum, et horto et pomis et oleribus et floribus et aquâ usurum, non usque ad compendium, sed ad usum scilicet, non usquè ad abusum : idem Nerva, et adjicit stramentis etiam usurum.* — Enfin, elle décide, contre le sentiment du jurisconsulte Nerva, que, s'il croît du blé et de l'huile dans un fonds annexé à la maison, l'usager peut aussi s'en approprier, tant pour ses besoins personnels que pour ceux de sa famille, de ses convives et de ses hôtes : *sed neque foliis, neque oleo, neque frumento, neque frugibus usurum : sed Sabinus et Cassius, et Labeo, et Proculus hoc ampliùs, etiam ex his quæ in fundo nascuntur, quod ad victum sibi suisque sufficiat, sumpturum : et ex iis quæ Nerva negavit. Juventius, etiam cum convivis et hospitibus posse uti; quæ sententia mihi vera videtur.* La raison que donne la loi de cette décision, c'est qu'il ne faut pas resserrer si étroitement les droits d'un usager dont le rang et la condition multiplient les besoins : *Aliquo enim largiùs cum usuario agendum est, pro dignitate ejus cui relictus est usus.*

L'excédant des besoins de l'usager appartenant au propriétaire, celui-ci a droit de l'envoyer recueillir par ses fermiers ou domestiques; et l'usager est obligé, non-seulement de leur ouvrir la porte, mais même de les loger tout le temps que dure la récolte : *venire planè proprietarium ad fructus percipiendos magis dicendum est, et per tempora fructuum colligendorum etiam habitare illic posse admittendum est :* ce sont toujours les termes de la loi citée.

Mais aussi le propriétaire doit, sinon se charger de la totalité de la culture, du moins y contribuer. C'est ce que prouve évidemment l'obligation que la loi 10 du même titre impose à l'usager d'admettre dans sa maison les ouvriers que le propriétaire envoie pour cultiver les terres : *Sed colonum non prohibiturum, nec familiam, scilicet eam quæ agri colendi causâ illic sit.* — [[*V.* l'art. 635 du Code Napoléon, rapporté ci-après, n° 5.]]

La même loi décide que l'usager a seul le droit de se servir des pressoirs qui se trouvent dans la maison; et que le propriétaire ne peut s'en servir malgré lui, pas même pour les raisins qu'il recueille dans l'enceinte de la maison.

La faveur des contrats de mariage, et les égards dus aux veuves, déjà assez à plaindre par leur état, ont déterminé le parlement de Paris à donner en leur faveur plus d'étendue que les lois romaines aux effets utiles du droit d'Habitation.

Montholon rapporte un arrêt de cette cour, du 14 août 1572, qui a défendu à un héritier de troubler la veuve dans la jouissance de tous les pigeons du colombier, et de tous les poissons du vivier, annexés à une maison dans laquelle elle avait droit d'Habitation.

Par un autre arrêt du 9 décembre 1670, que l'on trouve dans le recueil de Soefve, cent. 4, chap. 54, il a été jugé que, « si, par un contrat de mariage, il est dit qu'en cas de prédécès du mari, la veuve aura pour son Habitation la maison ou château *avec tous les accints étant autour d'icelui*, cela se doit entendre, non-seulement des bois et terrasses attenant le château, mais encore des bâtimens étant dans la basse-cour, quoique le tout eût été affermé par le mari le jour de son décès, conjointement avec d'autres terres dépendantes d'autres maisons à lui appartenantes à quelque distance du château ». — Dans cette espèce, les termes du contrat de mariage ne laissaient guère de doute sur le droit de la veuve; et il paraissait d'autant plus clair dans le fait, que la basse-cour servait d'entrée au château, et se trouvait comprise dans l'enceinte qui était fermée par un fossé commun.

Maillart, sur l'art. 177 de la coutume d'Artois, rapporte un arrêt du 23 avril 1704, par lequel, d'après clause du contrat de mariage qui donnait à la veuve sa *demeure* dans une maison *avec tous les jardins et dépendances d'icelle*, on a compris dans cette Habitation « tout ce qui se trouvait dans l'enceinte des haies étant à l'entour du château : les prés, les arbres fruitiers, les houblonnières, les nocqueries ou pépinières; quoique cela fît un revenu annuel considérable ».

La question s'est présentée depuis entre les héritiers et la veuve du maréchal de Montesquiou. Le contrat de mariage accordait à la dame de Montesquiou « son Habitation dans tel château qu'elle voudrait choisir, avec les jardins, pourpris et préclôtures, tant qu'elle demeurait en viduité »; et elle avait choisi le château du Plessis-Picquet, où il se trouvait en parterre, en parc et en bois, un espace de quatre-vingt-cinq arpens, dont cinquante cinq étaient en taillis dans l'intérieur des allées. L'héritier prétendait que la veuve ne devait jouir que du château et de la basse-cour. Une sentence des requêtes du palais, du 8 mai 1726, lui accorda la jouissance du château et de tout ce qui était compris dans le parc, à l'exception des bois taillis étant en coupe réglée. La dame de Montesquiou appela de cette sentence, en ce qu'elle lui refusait la jouissance de ces derniers objets; et par arrêt rendu le vendredi 28 mars 1727, la cour mit l'appellation et ce au néant; émendant, ordonna que l'appelante jouirait du bois taillis comme du reste de l'enceinte du château.

Dix ans après, la même difficulté s'est présentée au grand conseil. Voici le fait, tel qu'il est rapporté par Denizart : « le contrat de mariage de la duchesse de la Force lui avait accordé son Habitation dans le château de la Force, situé en Périgord, ou dans celui de la Boulaye, en Normandie, à son choix; et ayant déclaré qu'elle choisissait celui de la Boulaye, il s'est agi de savoir s'il lui serait accordé en entier. Le duc de la Force, héritier, soutint la négative. Il disait que la douairière, qui n'avait qu'un droit d'Habitation, ne devait pas déloger le propriétaire, et que la duchesse son épouse devait y être logée convenablement comme la douairière. On lui répondait qu'y ayant plusieurs châteaux dans la succession, la veuve devait avoir la totalité de celui qu'elle avait choisi. Cependant, par arrêt rendu au grand conseil, le 6 août 1736, il a seulement été accordé à la duchesse de la Force, veuve, *une Habitation convenable à son état, dans le château de la Boulaye, laquelle serait réglée par le conseil;* à l'effet de quoi, il fut ordonné que le château, les cours, potager, jardins, etc., seraient visités par experts, qui dresseraient de tout un *plan figuratif, et donneraient leur avis sur ce qui pouvait être laissé à la duchesse douairière, pour former convenablement son Habitation.* D'après le procès-verbal et le plan des experts, le grand conseil a, par arrêt de l'année 1739, adjugé à la duchesse douairière environ les deux tiers du château, le potager en entier, etc. ».

On ne peut pas dire que cet arrêt soit contraire à ceux du parlement de Paris que nous venons de citer. Les circonstances influent singulièrement dans ces sortes de décisions; et comme elles varient dans presque toutes les espèces, il n'est pas étonnant que toutes les espèces ne soient pas jugées de même. Les termes du contrat de mariage, la nature et l'étendue des lieux soumis au droit d'Habitation, le plus ou moins de faveur que mérite l'héritier du mari, sa qualité de descendant ou de collatéral, tout cela peut modifier, de mille manières différentes, les jugemens qui interviennent sur la question dont il s'agit.

Au reste, nous avons deux coutumes qui s'expliquent formellement là-dessus : ce sont celles de Saint-Quentin et de Ribemont. — La première porte que « la veuve d'un noble peut prendre et choisir, pour sa demeure, telle maison, manoir, et forteresse de celles qui sont sujettes à son douaire, qu'il lui plaira choisir, avec les fossés, basse-cour, pourpris et enclos destinés èsdites maison, manoir et forteresse.... pour en jouir *entièrement* sa vie durant ». — La coutume de Ribemont dit que l'Habitation de la veuve, dans la maison qu'il lui plaît de choisir, comprend « toutes les aisances, appartenances et commodités d'icelle ; encore que lesdites aisances ou commodités fussent hors de la maison, pourvu qu'elles aient été destinées à l'aisance ou commodité d'icelle, comme caves, greniers, celliers ou autres ».

Les coutumes citées plus haut, qui permettent à la veuve de demeurer dans la maison mortuaire de son mari, pendant tout le délai qu'elle a pour délibérer, lui donnent en même temps le droit de vivre, durant cet intervalle, des provisions qui se trouvent alors dans le ménage.

Mais quelque étendus que puissent être les effets de l'Habitation accordée à une veuve, soit par la coutume, soit par son contrat de mariage, ils ne vont cependant pas jusqu'à l'autoriser à empêcher l'héritier de mettre un concierge dans la maison. La loi 16 du titre cité en contient une disposition formelle : *Dominus proprietatis etiam invito usufructuario vel usuario fundum vel ædes per saltuarium vel insularium custodire potest ; interest enim ejus fines prædii tueri : eaque omnia dicenda sunt* QUOLIBET MODO *constitutus usufructus vel usus fuerit.*

La veuve ne peut pas non plus empêcher l'héritier de faire abattre les arbres de haute-futaie qui bordent les allées du château. Dufresne rapporte un arrêt, du 2 août 1612, qui l'a ainsi jugé, « parce que l'héritier propriétaire use de son droit ; et qu'une veuve, qui n'a qu'une jouissance à temps, ne se doit piquer de l'abbattis des arbres qui ne servent que pour l'embellissement d'une maison, mais le propriétaire seul, qui doit savoir ce qu'il fait. »

[[Voici ce que porte, sur tout cela, le Code Napoléon :

« Art. 628. Les droits d'usage et d'Habitation se règlent par le titre qui les a établis ; et reçoivent, d'après ses dispositions, plus ou moins d'étendue.

» 629. Si le titre ne s'explique pas sur l'étendue de ces droits, ils sont réglés ainsi qu'il suit :

« 630. Celui qui a l'usage des fruits d'un fonds, ne peut en exiger qu'autant qu'il lui en faut pour ses besoins et ceux de sa famille. — Il peut en exiger pour les besoins même des enfans qui lui sont survenus depuis la concession de l'usage.

» 632. Celui qui a un droit d'Habitation dans une maison, peut y demeurer avec sa famille, quand même il n'aurait pas été marié à l'époque où ce droit lui a été donné.

« 633. Le droit d'Habitation se restreint à ce qui est nécessaire pour l'Habitation de celui à qui ce droit est concédé, et de sa famille ».]]

VI. Voyons maintenant quelles sont les charges du droit d'Habitation.

La première est de donner caution de rendre la maison en bon état, et de remplir les engagemens qu'entraîne la jouissance. Le droit romain est si rigoureux sur ce point, qu'il n'excepte pas même la femme à laquelle son mari a légué l'usage d'une maison, pour y demeurer avec leurs enfans communs, qui en sont propriétaires. La loi 11, D. *usufructuarius quemadmodùm caveat*, y est formelle : *Usu quoque domûs relicto, viri boni arbitratu cautionem interponi oportet : nec mutatur si pater heredes filios simul habitare cum uxore legatariâ voluit.*

Cette disposition doit-elle avoir lieu dans nos mœurs ?

1° On convient universellement qu'un droit d'Habitation accordé par un contrat de mariage, est affranchi de la nécessité du cautionnement ; ce qui est fondé, non-seulement sur la faveur attachée aux actes de cette nature, mais encore sur le principe que les contrats onéreux et synallagmatiques ne peuvent pas obliger à d'autres charges que celles qui y sont exprimées; et ce principe s'étend bien loin. Dès-là, en effet, toute convention synallagmatique qui contient une stipulation d'Habitation, même hors contrat de mariage, est affranchie du cautionnement.

2° On s'accorde également à dire que, dans les pays où le douaire n'est pas sujet au cautionnement, le droit d'Habitation doit aussi en être exempt, lorsqu'il fait partie du douaire.

3° Il est hors de doute que la veuve n'est pas tenue de donner caution pour profiter du privilége qu'elle a, en certaines coutumes, de demeurer dans la maison de son mari pendant tout le temps qu'elles lui accordent pour délibérer.

4° Un point également indubitable, est que, si une veuve optait son droit d'Habitation en argent, elle ne pourrait pas être obligée de donner caution, parce que la somme de deniers qu'elle opterait, ne serait sujette à aucune restitution.

Hors ces différens cas, et dans la thèse générale, il nous paraît qu'à s'en tenir aux principes, on ne peut pas, même dans nos mœurs, jouir d'un droit d'Habitation, sans cautionnement préalable. La plupart de ceux qui prétendent le contraire, aident eux-mêmes à réfuter leur opinion par la faiblesse des deux raisons dont ils l'étayent. — « La femme, disent-ils, qui prend son Habitation en nature, n'est point tenue de donner caution, 1° parce qu'elle n'a qu'une simple jouissance; 2° parce qu'elle ne peut pas dénaturer le fonds ». — De ces deux raisons, la seconde est évidemment fausse. A l'égard de la première, c'est précisément parce que le droit d'Habitation ne donne qu'une simple jouissance, qu'il doit obliger de donner caution; car, s'il en résultait une propriété même commutable, celui à qui elle appartiendrait ne serait comptable qu'à lui-même de la manière dont il l'exercerait.

Mais Boucher d'Argis avance, dans son *Traité des gains nuptiaux et de survie*, une assertion qui, si elle était vraie, justifierait pleinement l'opinion dont il s'agit ici : c'est que, suivant lui, les lois romaines, qui ordonnaient à tout usufruitier de donner caution de jouir en bon père de famille, et de rendre les biens en bon état, ne sont plus observées *ni dans les pays de droit écrit, ni dans les pays coutumiers, si ce n'est en quelques cas particuliers*. On sent que s'il en était ainsi à l'égard de l'usufruit, à plus forte raison devrait-il en être de même par rapport à l'Habitation qui étant beaucoup moins étendue dans ses effets, n'oblige pas le propriétaire à prendre tant de précautions.

Mais l'assertion de Boucher d'Argis est-elle vraie? N'aurait-il pas parlé avec plus de justesse et d'exactitude, s'il eût dit qu'il y a dans nos mœurs plusieurs cas où un usufruitier est dispensé du cautionnement, mais que, hors ces cas, il y est strictement tenu? Ce qu'il y a de certain, c'est qu'aucun des auteurs français qui ont traité ces sortes de matières *ex professo*, ne nous a présenté les lois romaines comme abrogées à cet égard par notre droit commun. Voici, au contraire, comment s'exprime là-dessus Bourjon, tom. 2, page 33, édition de 1770 : « L'usufruitier est tenu de donner caution....., sauf les exceptions expliquées ci-après; mais, dans la thèse générale, la caution est une charge ordinaire à l'usufruitier. Loi 1, D. *usufructuarius quemadmodum caveat* : on s'y conforme au châtelet ».

[[L'art. 626 du Code civil porte, sans distinguer le cas où le droit d'Habitation dérive d'un contrat même de mariage, de ceux où il est donné par testament, qu'on « ne peut en jouir, comme dans le cas de l'usufruit, sans donner préalablement caution, et sans faire des états et inventaires ».

V. A l'égard des réparations, il est constant que les grosses sont dues par l'héritier, et les locatives par celui qui jouit du droit d'Habitation.

Quant à celles d'entretien, il faut suivre la distinction établie par la loi 18, D. *de usu et Habitatione*. Cette loi demande d'abord si l'usager et le propriétaire d'une maison ne devraient pas y contribuer ensemble; puis elle ajoute, par forme de correction, que si l'usage de la maison en consomme tout le produit, c'est à l'usager à l'entretenir; mais que si l'héritier recueille les revenus excédant les besoins de l'usager, c'est l'héritier qui doit les réparations d'entretien.

Le premier membre de cette distinction reçoit une application entière et directe à l'Habitation qui est donnée à la veuve à titre de douaire, parce qu'en ce cas, la veuve est considérée comme usufruitière de la maison. Ainsi, dans la coutume de Paris, elle doit les réparations viagères, qui sont, aux termes de l'art. 262, *toutes réparations d'entretènement, hors les quatre gros murs, poutres, entières couvertures et voûtes*. — L'art. 179 de la coutume d'Artois et l'art. 120 de celle d'Amiens ne comprennent pas tant de choses dans les réparations viagères; ils chargent seulement la douairière *de l'entretènement de pelle, verge et couverture*; et de fait (dit Deheu, en son Commentaire sur la dernière de ces coutumes), par sentence du 14 février 1602, nous avons jugé, en ce bailliage, que les nocqz et verines qu'il faut mettre neuves en une maison, ne sont comprises sous lesdites menues réparations; et qu'une douairière n'en est tenue, mais bien des fondures desdits nocqz, et quelques parties de verines, comme carreaux rompus, quand il en faut mettre d'autres au lieu ».

C'est dans le même sens qu'on doit entendre l'art. 95 de la coutume de Saint-Quentin, portant que la douairière doit jouir de son droit d'Habitation, *à la charge d'entretenir icelle maison, manoir et forteresse, des réparations menues et nécessaires, comme un bon père de famille*.

Quoique régulièrement le droit d'Habitation n'oblige pas aux grosses réparationss, il y a néanmoins un cas où il impose cette charge : c'est lorsque le défaut d'entretien, depuis l'ouverture du droit d'Habitation, a dégradé la maison au point de nécessiter de grosses réparations que l'usager aurait pu prévenir par un entretien exact. C'est ce qui résulte d'un arrêt rendu à la cinquième chambre des enquêtes du parlement de Paris, le 5 août 1735, au rapport de M. Titon.

L'usager doit aussi répondre de son défaut d'avoir averti le propriétaire des grosses réparations qui demandaient à être faites promptement.

Il doit pareillement veiller à ce que la propriété de la maison ne se prescrive pas par un autre.

Ces deux dernières décisions sont fondées sur le texte même de la loi 1, §. 7, D. *usufructuarius quemadmodùm caveât*. En voici les termes : *Interdùm autem inerit proprietatis æstimatio, si fortè fructuarius, cùm possit usucapionem interpellare, neglexit. Omnem enim rei curam suscepit. Nam*, ajoute la loi suivante, *fructuarius custodiam præstare debet*. — Ces lois ne parlent, à la vérité, que de l'usufruitier ; mais la loi 5, §. 3, du même titre, fait entendre très-clairement qu'on doit aussi les appliquer à celui qui n'a qu'un droit d'Habitation.

Il faut néanmoins excepter deux cas où le droit d'Habitation n'oblige pas celui qui en jouit, de donner au propriétaire connaissance du besoin des grosses réparations, ni de faire les actes nécessaires pour interrompre la prescription : le premier est lorsque le propriétaire a établi un concierge dans la maison ; le second, lorsqu'il a part aux fruits qui se perçoivent dans les jardins, vergers et autres terrains annexés au corps de logis. — La raison en est que, dans l'un comme dans l'autre cas, l'héritier peut veiller, par ses gens, à la conservation de sa propriété.

Celui qui a droit d'Habitation dans une maison, doit-il acquitter les charges annuelles dont elle est grevée ?

La Rocheflavin rapporte un arrêt du parlement de Toulouse, de 1592, qui a jugé pour la négative ; mais cette décision ne doit être suivie que dans le cas où le propriétaire participe au revenu des dépendances de la maison ; car la distinction proposée par la loi 18, D. *de usu et Habitatione*, ne doit pas être bornée aux réparations d'entretien ; on doit l'appliquer à toutes les autres charges réelles, parce que, comme dit Lebrun, les réparations sont les charges réelles les plus naturelles.

[[Voici ce que règle, sur tout cela, l'art. 635 du Code civil :

« Si l'usager absorbe tous les fruits du fonds, ou s'il occupe la totalité de la maison, il est assujetti aux frais de culture, aux réparations d'entretien, et au payement des contributions, comme l'usufruitier. — S'il ne prend qu'une partie des fruits, ou s'il n'occupe qu'une partie de la maison, il contribue au prorata de ce dont il jouit ».]]

§. III. *Des causes qui font cesser le droit d'Habitation.*

I. Il y a, sur ce point, deux différences entre le droit d'Habitation et celui d'usage.

1° Le droit d'usage s'éteint par la prescription de dix ans entre présens, et de vingt ans entre absens ; celui d'Habitation, au contraire, est imprescriptible.

2° Le droit d'usage se perd par le changement d'état survenu dans la personne de celui à qui il appartient : le droit d'Habitation, au contraire, subsiste toujours malgré un pareil changement.

Ces deux points sont ainsi réglés par la loi 10, D. *de usu et Habitatione*. Après avoir dit que l'usage et l'Habitation ne diffèrent point l'un de l'autre, quant aux effets utiles qui en résultent, elle ajoute : *Nec tamen non utendo amittitur, nec capitis diminutione.*

La raison de cette différence est que le non-usage et le changement d'état n'éteignent que les choses qui consistent *in jure*, et que l'Habitation consiste seulement *in facto* ; on la compare à un legs d'alimens, ou plutôt elle est comprise dans un tel legs, suivant la maxime, *alimentis legatis, cibaria, vestitus et Habitatio videntur data* ; or, il est constant que les alimens légués à un homme, ne cessent pas de lui être dus, lorsqu'il est condamné au bannissement, aux galères ou à une prison perpétuelle, parce qu'on ne considère pas s'il est capable des effets du droit civil, mais seulement si, *de facto* il doit être nourri, vêtu et logé. La loi 10, D. *de capite minutis*, est formelle sur ce point : *Legatum in annos singulos vel menses singulos relictum, vel si Habitatio legetur, morte quidem legatarii legatum intercidit. Capitis diminutione tamen interveniente perseverat : videlicet quia tale legatum in facto potiùs quàm in jure consistit.*

[[Aujourd'hui, le droit d'Habitation se perd par la mort civile de l'usager, et par le non-usage pendant trente ans. V. le Code civil, art. 617 et 625.]]

II. Il résulte de la loi du Digeste que l'on vient de transcrire [[et les articles cités du Code civil]], que l'Habitation finit toujours par la mort de la personne à qui appartient ce droit : la raison en est qu'il ne forme qu'une servitude personnelle ; qualité qui en empêche la transmission aux héritiers.

Mais ce droit ne finit pas également par la mort du propriétaire qui l'a accordé.

Tous les auteurs s'accordent sur la négative, lorsque la concession a été faite par un contrat synallagmatique et à titre onéreux ; et il paraît par la loi 27, D. *de donationibus*, qu'il faut répondre la même chose dans le cas où la concession a été faite à titre gratuit ; mais ce qui occasionne des doutes sur cette dernière décision, c'est que la loi 32 du même titre semble autoriser les héritiers à révoquer une Habitation concédée gratuitement par le défunt dans une de ses maisons. [[Mais, V. *Acte sous seing privé*, §. 2, t. 1, p. 96 et 97.]]

III. Le droit d'Habitation s'éteint par la destruction entière de la maison sur laquelle il était assigné. On ne peut pas même demander en dédommagement la jouissance de la place, et encore moins des matériaux : *Rei mutatione interire usumfructum placet; veluti usus fructus mihi ædium legatus est, ædes corruerunt vel exustæ sunt; sine dubio extinguitur; an et areæ? certissimum est, exustis ædibus, nec areæ nec cementorum usumfructum deberi.* Ce sont les termes de la loi 5, §. 2, D. *Quibus modis ususfructus vel usus amittatur;* et cette disposition a été adoptée par un arrêt du 29 mai 1607, rapporté par Mornac. [[Elle l'est aussi par le Code Napoléon, art. 624 et 625.]]

Il en serait autrement, si le droit d'Habitation était dû à titre de douaire : la juste faveur que mérite une douairière la ferait maintenir dans la jouissance de la place. Telle est la doctrine de nos meilleurs auteurs, et elle est adoptée par les chartes générales de Hainaut, chap. 34, art. 5.

Hors ce cas, [[que les articles cités du Code Napoléon ne permettent même plus d'excepter de la règle générale]], le droit d'Habitation s'anéantit tellement par la ruine totale de la maison, qu'il ne revit pas même après que le propriétaire l'a reconstruite, quoique la reconstruction ait été faite tout de suite et avec les anciens matériaux. C'est la décision expresse de la loi 10, D. *quibus modis ususfructus;* et c'est ce qu'a jugé un arrêt du 24 avril 1564, rapporté par Anne Robert.

Pour que la destruction de la maison mette fin au droit d'Habitation, il faut qu'elle soit totale; car une maison qui ne serait détruite qu'en partie, resterait soumise à la même servitude qu'auparavant. La loi 53, D. *de usufructu* en contient une disposition formelle : *Si cui insulæ ususfructus legatus est, quamdiù quælibet portio ejus insulæ remanet, totius soli usumfructum retinet.* On sait que le mot *insula*, dans les lois romaines, signifie *maison, édifice.* —[[C'est ce que décide pareillement le Code Napoléon, art. 623 et 625.]]

Il résulte de là une conséquence très-importante dans la pratique : c'est qu'une maison dont la démolition et la reconstruction n'ont été faites que successivement et par parties, n'est pas affranchie de la servitude d'Habitation; au lieu que la servitude serait éteinte, si la maison avait été démolie en entier avant sa reconstruction. Cette distinction est marquée très-clairement dans la loi 10, §. 1, D. *quibus modis ususfructus;* et voici comment ce texte est conçu : *Non tantùm si ædes ad aream redactæ sint ususfructus extinguitur : verùm etiam si, demolitis ædibus, testator alias novas restituerit. Planè si per partes reficiat, licet omnis nova facta sit, aliud erit nobis dicendum.*

Le §. 7 de la même loi confirme cette décision, en l'appliquant à un vaisseau sujet à un droit d'usufruit. *In navis quoque usufructu, Sabinus scribit, si quidem per partes refecta sit, usumfructum non interire : si autem dissoluta sit, licet iisdem tabulis nullâ prætereà adjectâ, restaurata sit, usumfructum extinctum : quam sententiam puto veriorem. Nam et si domus fuerit restituta, ususfructus extinguitur.*

Ces deux textes nous conduisent directement à la décision d'une espèce qui peut se présenter fort souvent. — « Nos architectes (dit Lebrun) pratiquent aujourd'hui une chose qui peut faire difficulté en cette matière : c'est d'étayer le haut d'une maison que le possesseur continue d'habiter, de la rebâtir par le bas, et ensuite par le premier étage, montant ainsi le bâtiment, et le possesseur ne quittant qu'à l'extrémité, et descendant du dernier étage au rez-de-chaussée, quand il faut rebâtir le dernier étage : en ce cas, j'estime qu'il y a lieu de soutenir que l'usufruit ni l'Habitation ne s'éteint point ».

IV. L'Habitation accordée à une veuve dans une des maisons de son mari, finit-elle par son convol à de secondes noces?

La loi 4, §. 1, D. *de usu et Habitatione*, décide nettement que non : *Mulieri autem si usus relictus sit, posse eam et cum marito habitare Quintus Mucius primus admisit, ne ei matrimonio carendum foret, cùm uti vult domo.... Quid ergò si viduæ legatus sit? an nuptiis contractis post constitutum usum mulier habitare cum marito possit? et est verum posse eam cum viro, et posteà nubentem, habitare.*

Cette disposition doit sans contredit être suivie parmi nous, à moins qu'une coutume bien précise ou un usage bien constant n'y déroge. C'est ce qu'établit formellement Bourjon, par rapport à la coutume de Paris, qui est tout-à-fait muette sur cette matière : « Le droit d'Habitation (dit-il) ne cesse pas par le convol, le convol laissant subsister tous les avantages faits au conjoint qui a convolé, sauf les réserves de ces mêmes avantages, en ce que la loi les assujettit à icelles; autrement ce serait ajouter à une loi prohibitive et de rigueur, ce qu'on ne peut faire ». Cette doctrine a été adoptée par l'arrêt déjà cité, du 23 avril 1704, rendu dans la coutume d'Artois.

Bretonnier, Rousseaud de Lacombe et Boucher d'Argis, soutiennent le contraire, par rapport aux pays de droit écrit; mais leurs raisons se réfutent d'elles-mêmes : « La femme survivante (dit Boucher d'Argis) perd son Habitation lorsqu'elle se remarie, parce qu'elle est censée ne pouvoir plus demeurer dans la maison de son premier mari, étant obligée d'aller demeurer avec le second. D'ailleurs le droit d'Habitation est personnel; en sorte que ce qui est accordé à la femme survivante, n'est pas fait pour le second mari ». — Deux mots suffisent pour répondre à ces raisons : la loi que nous venons de citer, prouve que le mari peut occuper lui-même l'Habitation qui avait été accordée à sa femme avant qu'il l'épousât : d'ailleurs il pourrait, à tout événement [[du moins suivant le droit romain]], la louer à un étranger. Ainsi, la personnalité de ce droit, et l'obligation de la femme d'aller demeurer avec son mari, sont tout-à-fait indifférentes à la question proposée.

Nous devons cependant convenir qu'il y a un arrêt conforme au système que nous réfutons ici. Le sieur Andrieux avait, par son contrat de mariage, accordé à son épouse, en cas de survie, l'Habitation du château de Mauereux, situé dans la coutume de Sens, qui, comme celle de Paris, est muette sur ce point. Après la mort du sieur Andrieux, sa veuve s'est remariée avec le sieur Mouron. Question de savoir si, par-là, elle a perdu son droit d'Habitation? La cause portée au châtelet, sentence du 21 février 1759, qui juge pour l'affirmative. Sur l'appel, arrêt qui appointe les parties au conseil. Le 1er juillet 1760, le procès est soumis à la grand'-chambre, et les opinions des juges se trouvent partagées. Le 22 du même mois, il est porté à la première chambre des enquêtes ; et là survient un nouveau partage. Enfin, le 24, la seconde chambre confirme la sentence. Denizart assure que l'arrêt a passé de vingt-six voix contre deux.

On a suivi, dans cette décision, la disposition particulière des coutumes de Vermandois, de Châlons, de Rheims, de Péronne et du Perche, qu'on a regardées comme droit commun.

Il y a, sur ces coutumes, une question bien intéressante ; c'est de savoir si leur disposition doit avoir lieu, lorsque la veuve ne jouit pas de son droit d'Habitation en vertu de la loi, mais en vertu d'une clause particulière de son contrat de mariage. Voici l'espèce dans laquelle cette question s'est présentée.

Par le contrat de mariage de Philippe de Mirémont de Berrieux et de Marie de Conflans, il avait été stipulé que la future demeurerait, en cas de survie, saisie de son douaire, nonobstant les coutumes des lieux, et qu'elle aurait pour son Habitation pendant sa vie, soit qu'il y eût des enfant ou non, la maison entière du futur, située dans la coutume de Vermandois. Après la mort du mari, la veuve, qui n'avait pas d'enfans, passa à de secondes noces avec Henri-Auguste d'Orléans de Rothelin : en conséquence, les héritiers du sieur de Berrieux lui contestèrent son Habitation, sur le fondement de l'art. 24 de la coutume de Vermandois. Elle opposa à cet article la clause de son contrat de mariage, qui lui donnait l'Habitation pendant sa vie, et elle prétendit que cette clause était une dérogation à la coutume. Par sentence contradictoire du bailliage de Vermandois, du 14 janvier 1673, les héritiers furent déboutés de leur demande, et la dame de Rothelin maintenue dans son Habitation ; mais, sur l'appel, arrêt du 24 mai 1675, qui « met l'appellation et ce dont a été appelé au néant, émendant, faisant droit sur la demande de... héritiers dudit Berrieux, déclare ladite de Conflans déchue de son droit d'Habitation dans le château de Belval ; ce faisant, que ledit Rothelin, son second mari, et elle, seront tenus d'en sortir et d'en laisser la possession libre auxdits.... laisser les lieux en bon et suffisant état ; condamne ladite Conflans à la restitution des fruits par elle perçus depuis la demande, suivant l'estimation qui en sera faite, et au tiers des dépens.

Les rédacteurs du Journal du Palais prêtent à cet arrêt trois motifs, dont deux choquent ouvertement les vrais principes. — Le premier, que le droit d'Habitation est tellement personnel, qu'une femme ne peut pas le partager avec son mari ; le second, qu'il n'avait pas été au pouvoir du sieur de Berrieux de déroger en ce point à la coutume de Vermandois, par son contrat de mariage (1) : il n'y a pas un mot de vrai dans tout cela. — Le troisième motif paraît plus juste et plus conséquent. Voici comment ces auteurs l'ont rédigé :

Quand les contractans veulent déroger aux coutumes dans les cas où ils le peuvent faire, ils le doivent marquer *speciali notâ* par une dérogation expresse : cette dérogation ne peut être sous-entendue ; elle ne se supplée point par équivalent : or, le sieur de Berrieux s'est contenté de dire qu'il donnait l'Habitation à sa future épouse pendant sa vie, ce qui peut être entendu de sa vie viduelle, conformément à la coutume. On peut ajouter que quand le sieur de Berrieux a constitué le douaire, il a voulu que sa veuve en fût saisie ; et, en cela, il a expressément dérogé à la coutume de Vermandois : mais quand il parle de l'Habitation, il ne dit point qu'il déroge à cette coutume..... On convient que les coutumes qui donnent l'Habitation à la veuve pendant sa vie, ne souffrent pas de restriction à la viduité ; mais de là on ne doit pas conclure que, parce que le sieur de Berrieux a donné à sa femme l'Habitation pendant sa vie, elle la doit toujours conserver, même en cas qu'elle se remarie. La raison de cette différence est sensible : les termes des coutumes doivent être toujours expliqués dans un sens naturel ; autrement, elles seraient plutôt un jeu de paroles capables d'induire en erreur, que de véritables décisions qui nous doivent conduire dans la société civile. Mais à l'égard des conventions particulières, il les faut régler, autant qu'on peut, sur la disposition de la loi. On doit croire que les parties contractantes ont eu la loi devant les yeux lorsqu'elles ont passé les contrats ; et, comme chacun a sa manière de s'exprimer, il faut s'en rapporter à la disposition de la coutume, quand elle s'est mieux expliquée ».

Ces motifs sont puisés dans les vrais principes ; cependant il paraît que depuis on a jugé le contraire. Ecoutons Denizart, au mot *Habitation* : « On a prétendu qu'une veuve à laquelle son con-

(1) Bretonnier et Boucher d'Argis conviennent eux-mêmes qu'on peut stipuler, par le contrat de mariage, que la femme conservera son Habitation, même en se remariant.

trat de mariage accordait, *sa vie durant*, l'Habitation dans un château situé dans la coutume de Saint-Quentin, local de celle de Vermandois, qui prive la femme de son droit d'Habitation quand elle se remarie, devait en être privée, parce qu'elle s'était remariée; mais par arrêt rendu le 20 août 1726, au rapport de M. de Rolinde, en faveur des sieur et dame d'Artois, contre le sieur Lespinay de Marteville, il a été jugé que la veuve ne perdait point l'Habitation par le convol; et que les mots *sa vie durant* ne devaient pas s'entendre de la vie viduelle, mais de la vie naturelle ».

Observez que, dans les coutumes où le convol met fin au droit d'Habitation, la femme ne pourrait pas recouvrer ce droit, quand même elle se retrouverait dans la suite en état de viduité. C'est la décision des arrêtés de M. Lamoignon, titre *du Droit d'Habitation*, art. 8.

Si, dans les mêmes coutumes, on a stipulé que la femme aurait l'Habitation ou une certaine somme, à son choix, elle peut, après avoir opté la somme, la demander en se remariant. — C'est ce qui vient d'être jugé au parlement de Paris.

Le sieur de Pont épousa, en 1745, la dame de La Fare. Par le contrat de mariage, on stipula pour la dame de La Fare, future épouse, un douaire de 6,000 liv., et un droit d'Habitation dans un des châteaux du mari, ou une rente de 2,000 liv., à son choix, pour lui tenir lieu de ce droit d'Habitation. — En 1775, décès du sieur de Pont, qui, par son testament, institua la dame de Montesson sa légataire universelle — La veuve ayant préféré le droit d'Habitation en rente, la dame de Montesson s'aquitta envers elle et du douaire et des 2,000 liv. pour l'Habitation. — Mais en 1776, la veuve de Pont s'étant remariée avec le sieur de La Rivière, la dame de Montesson refusa de payer les 2,000 liv. pour le droit d'Habitation. — Assignée en payement, la dame de Montesson, défendue par M. Treilhard, soutint que la veuve n'avait pu jouir de ce droit que pendant le temps qu'elle était restée en viduité, et qu'elle s'en était privée elle-même par son second mariage, parce que le convol fait perdre le droit d'Habitation; qu'il serait indécent pour la veuve et mortifiant pour les héritiers du premier mari, de voir une femme introduire son second époux dans l'Habitation qu'elle tient de la libéralité du premier, dont elle oublie la mémoire. — M. de Bonnière, qui défendait la veuve du sieur de Pont, a établi deux distinctions. Il faut (a-t-il dit), 1° distinguer le droit d'Habitation déféré par la coutume, de celui qui est stipulé par le contrat; 2° il faut encore distinguer le droit d'Habitation laissé en nature dans une maison du défunt, d'avec une somme de deniers payable annuellement pour en tenir lieu. Les raisons invoquées par la dame de Montesson, ne militent que contre le droit d'Habitation exercé en nature par la veuve, mais ne subsistent pas à l'égard du droit réduit en argent — Une sentence par défaut des requêtes du palais avait adjugé à la veuve de Pont ses fins et conclusions. Appel : arrêt contradictoire, du 24 avril 1781, qui confirme la sentence.

Mais si la veuve avait d'abord opté son Habitation en nature, et qu'ensuite, sur le point de se remarier, ou après l'avoir fait, elle voulût demander la somme, elle n'y serait pas recevable, parce qu'il est de principe qu'on ne peut plus varier après avoir opté entre deux avantages dont on avait le choix. Tel est d'ailleurs le sentiment de Bretonnier, de Rousseaud de Lacombe et de Boucher d'Argis.

[[Aujourd'hui, la veuve à qui son mari a laissé, soit par contrat de mariage, soit par testament, un droit d'Habitation, ne le perd pas en se remariant. Mais le perdrait-elle, dans ce cas, si le contrat de mariage ou le testament en contenait la cause expresse? *V. Condition*, §. 5, n. 4, et *Viduité*.]]

V. Toutes les causes par lesquelles nous venons de voir que le droit d'Habitation prend fin, opèrent leur effet de plein droit, et sans qu'il soit besoin de demande judiciaire ni de sentence. — Il y en a deux autres, à l'exécution desquelles il faut nécessairement que l'office du juge concoure, c'est lorsqu'une veuve se rend coupable de supposition de part, ou vit impudiquemement pendant l'année du deuil : dans ces deux cas, elle est indigne d'habiter plus long-temps la maison de son mari; mais, pour la priver de son droit à cet égard, il faut la convaincre en justice réglée de l'un ou de l'autre crime.

[[Mais *V.* sur le premier de ces cas, *Supposition de part*, et sur le second, *Deuil*, §. 2.]]

VI. Lorsqu'un testateur a laissé à plusieurs personnes à la fois un droit d'Habitation dans la même maison, la cessation de ce droit, par rapport à quelques-uns des légataires, ne profite pas à l'héritier, parce que leur portion accroît à leurs colégataires : c'est ce que décide expressément la loi 54, D. *de usu et usufructu legato*.

Un testateur avait fait un legs conçu en ces termes : *Hoc ampliùs libertis libertabusque meis Habitationes in domo quamdiù vivent, quam domum post mortem eorum ad rempublicam pertinere volo.* Là-dessus on a proposé la question suivante : *Idem quæsiis defunctis quibusdam ex libertis, quibus Habitatio relicta erat, an portiones domûs in quibus hi habitaverant, jam ad rempublicam pertineant.* La loi répond : *Quoad aliquis eorum vivat, fideicommissum reipublicœ non deberi.*

[[Cette décision ne peut plus se concilier avec l'art. 633 du Code Napoléon, rapporté ci-dessus, §. 2, n. 3. *V.* d'ailleurs *Usufruit*, §. 5, art. 1, n. 5]]

§. IV. *Que comprend le legs d'une maison pour y habiter?*

Il est quelquefois incertain si le legs d'une Habitation comprend la propriété de la maison sur laquelle il est assigné, ou s'il ne fait que l'assujettir à une simple servitude personnelle : dans ce cas, la loi 13, D. *de usufructu*, veut qu'on décide en faveur de l'héritier, à moins que le légataire ne fasse voir très-clairement que l'intention du testateur a été de lui faire un legs de propriété : *Cùm antiquitas dubitabat.... si posset is cui Habitatio legata esset...., dominium vindicare, auctorum jurgium decidentes, compendioso responso omnem hujusmodi dubitationem resecamus. Et siquidem Habitationem quis reliquerit...., nec dominium Habitationis speret legatarius : nisi specialiter evidentissimis probationibus ipse legatarius possit ostendere et dominium ejus domûs sibi esse relictum. Tunc etenim voluntati testatoris per omnia obediendum est.*

Mais que serait-ce si le testateur avait légué à quelqu'un *une maison pour y habiter?* Galvanus pense qu'en ce cas, le legs est encore restreint à un simple droit d'Habitation; mais son avis est rejeté par Menochius, Mantica, Carpzow, Peckius, Voët, Rousseaud de Lacombe, etc., et l'opinion de ceux-ci ne nous paraît pas susceptible de difficulté. La loi 4 et la loi 22, §. 1, D. *de alimentis legatis*, décident que les legs d'un fonds, pour en tirer des alimens, *ad alimenta*, en comprend la propriété : pourquoi donc voudrait-on borner à un simple droit d'Habitation, l'effet d'un legs d'une maison pour y habiter, *ad inhabitationem?*

Remarquez cependant que si, après les mots, *pour y habiter*, le testateur avait ajouté, *pendant sa vie*, le legs ne contiendrait qu'un droit d'Habitation. Cela est trop clair pour demander la moindre explication.

SECTION II. *Du droit d'Habitation considéré comme droit seigneurial ou communal.*

I. Le droit d'Habitation, considéré comme droit seigneurial, est un reste, heureusement fort rare, de la tyrannie que les seigneurs exerçaient autrefois dans leurs terres. Comme s'il ne suffisait pas d'être homme et citoyen pour pouvoir habiter dans tous les états du monarque commun, ils exigeaient qu'on obtînt leur permission avant de prendre des habitations dans leurs seigneuries. Cela s'observe encore en différens endroits, notamment en Alsace. Le conseil souverain de cette province a confirmé, le 10 février 1768, une sentence du bailli du Val d'Orbey, qui ordonnait au nommé Calam « de se pourvoir, dans le mois, d'une permission de la seigneurie, afin de pouvoir s'habituer et s'établir à Orbey; que sinon, et à faute de ce faire, il serait obligé de sortir du Val, à peine d'éjection ». — Précédemment, la même cour avait aussi confirmé, par arrêt du 15 janvier 1713, une sentence du bailli de Roppe par laquelle il était ordonné *que les particuliers qui voudraient habiter ou se faire recevoir bourgeois dans la seigneurie, s'adresseraient au seigneur pour avoir son consentement, à peine d'amende.* — Nous avons rapporté à l'article *Bourgeois*, deux arrêts semblables des 27 août 1730 et 31 août 1751. — C'est de là qu'est venu le droit de *manance* ou d'Habitation, que quelques seigneurs de cette province sont en possession de percevoir tous les ans sur toutes les personnes domiciliées dans leurs terres.

Ce droit a aussi lieu dans plusieurs seigneuries de la province du Hainaut. — J'ai sous les yeux un arrêt du parlement de Flandre, du 4 mai 1775, qui condamne le nommé Hannotiaux, habitant d'Ohain à payer à la comtesse de Merode, dame du même lieu, *le droit appelé de manoir ou bourgeoisie*, sauf aux autres vassaux de la même seigneurie à contester ce droit, s'ils s'y croient fondés, défenses réservées au contraire.

[[Ce droit est aboli par l'art. 9 du tit. 2 de la loi du 15 mars 1790.

II. Les lois nouvelles ont également aboli le droit d'Habitation que certaines communes étaient en possession de faire payer par les personnes qui, nées hors de leur territoire, venaient y prendre leur résidence. *V. Domicile*, §. 14.]]

SECTION III. *Des Habitations dans les colonies.*

Dans la langue coloniale, *Habitation* se dit d'un établissement que des particuliers entreprennent dans des terres nouvellement découvertes après en avoir obtenu la permission du gouvernement ou des intéressés à la colonie. Cette permission contient ordinairement la quantité de terres qu'on leur accorde pour les défricher, et la redevance qu'ils en doivent payer tous les ans au gouvernement ou à la compagnie.

C'est dans ces *Habitations* que l'on cultive des cannes à sucre, du tabac, du coton, de l'indigo, et d'autres denrées semblables, suivant la qualité du sol. Le travail est confié à des engagés, qu'on appelle des *trente-six-mois*, parce que leur engagement doit durer trois ans, ou à des nègres esclaves pour toute leur vie. *V. Colonie* et *Esclave*.

* HAIE. Clôture faite d'épines, de ronces, de sureau, etc., ou seulement de branchages entrelacés.

I. On distingue deux sortes de Haies : les Haies vives et les Haies mortes. Les Haies vives sont des Haies d'épines, ou d'autres plantes de même espèce, qui ont pris racine. Les Haies mortes sont formées de branches sèches entrelacées.

II. Il est libre au propriétaire de clore de Haies son héritage, pourvu qu'il ne gêne pas ses voisins.

Suivant la coutume d'Orléans, on ne peut point planter de Haie vive plus près de l'héritage voisin que d'un pied et demi [[mesure qui revient à ce que nous appelons aujourd'hui un *demi-mètre;* et telle est aussi la disposition expresse du Code Napoléon, art. 671]].

III. La Haie plantée sur un fossé, appartient au propriétaire du fossé : le fossé appartient à celui sur le terrain duquel se trouve le rejet; il est commun, si le rejet se trouve de deux côtés. *V. Fossé.*

Si la Haie et le fossé sont en tel état qu'on ne

puisse distinguer à qui ils appartiennent, ils doivent être adjugés au propriétaire du fonds qui a le plus besoin de clôture; ainsi la Haie qui est entre une terre labourable et un jardin, une vigne ou un pré, appartiendra au propriétaire du jardin, de la vigne ou du pré, parce que ces héritages ont plus besoin de clôture qu'une terre labourable. (M. GUYOT.)*

* Cette règle est écrite dans les *Institutes coutumières* de Loysel, liv. 2, tit, 3, art, 8: « La Haie vive, buisson, terme ou borne étant entre pré et terre, vigne ou bois, sont réputés être du pré, et non de la terre, vigne ou bois ».

On trouvera la même disposition dans la coutume de Berri; l'art. 22 du tit. 10 porte : La Haie vive ou buisson étant entre pré, terre, vigne ou bois, est censée et réputée être du pré, et non de la terre, vigne ou bois, s'il n'appert du contraire.

La Thaumassière, dans son Commentaire sur cet article, nous apprend qu'il forme le droit commun du royaume : « il est fondé (dit-il) sur ce que le pré a plus besoin de clôture que la terre, vigne ou bois; ce qui fait que cet article est tenu pour coutume générale en France. On répute la Haie être du pré plutôt que de la vigne; car, encore que l'on soit soigneux de boucher la vigne comme le pré, néanmoins le pré est plus sujet au dommage des bestiaux; et pour ce a plus besoin de clôture, laquelle le conserve et le rend défensable en tout temps. Si la Haie sépare une vigne d'une terre labourable, elle est censée appartenir au propriétaire de la vigne, qui a plus besoin de clôture que la terre, nonobstant l'opinion contraire de Ragueau sur cet article, s'il n'y a titre ou possession au contraire. Si la Haie est entre deux prés ou deux vignes, elle est réputée commune, s'il ne paraît du contraire ».

Coquille, sous la coutume de Nivernais, ch. 25, art. 1, pense comme la Thaumassière, que la Haie est réputée appartenir au propriétaire du pré, et que cet article de la coutume de Berri doit former le droit commun; mais il en excepte le cas où la Haie se trouve entre un pré et une vigne, alors il la répute mitoyenne. Voici ses termes : — « Le jet d'un fossé étant entre deux héritages, montre que le fossé appartient à celui du côté duquel est le jet; et si le jet est des deux côtés, le fossé est commun. Auxerre, art. 115; Orléans, art. 252; Rheims, art. 369; Berri, titre *des servitudes réelles*, art. 14; et ajoute, *s'il n'y a apparence de jet, que le fossé est commun*. Et si une Haie vive ou buisson est entre le pré d'une part, et terre, vigne ou bois d'autre part, elle est censée du pré. Berri, titre *des droits prédiaux*, art. 22. Ce que je ne voudrais tirer en conséquence pour autre province quant à la vigne, parce qu'elle est de défense en tout temps; et selon l'usage commun, on est aussi soigneux de boucher la vigne comme le pré. Quant à la terre labourable, la raison dudit article de Berri est général. Comme se dit de la vigne ou pré, aussi faut dire du jardin » (M. H.)*

* Si la Haie se trouve entre deux fonds qui aient également besoin de clôture, elle doit être réputée mitoyenne.

[[Le Code Napoléon porte, art. 570, que « toute Haie qui sépare des héritages est réputée mitoyenne, à moins qu'il n'y ait qu'un seul des héritages en état de clôture, ou s'il n'y a titre ou possession suffisante au contraire ».

Ainsi, la règle de Loysel, la disposition de la coutume de Berri, et l'opinion de Coquille, ne peuvent plus empêcher qu'on ne regarde comme mitoyenne, sauf le cas où il y a titre ou possession contraire, une Haie qui, placée entre un pré et un champ, n'envelopperait pas le pré dans tout son pourtour.

Chose étrange : on a prétendu inférer de l'art 670 du Code Napoléon, que le possesseur annal d'une Haie séparative, n'était pas recevable, en cas de trouble de la part de son voisin, à se pourvoir en complainte. Voici l'espèce :

Deux héritages appartenans, l'un au sieur Jarnan, l'autre à la veuve Melquin, étaient séparés par une Haie. — Le sieur Jarnan, se regardant comme propriétaire exclusif de cette Haie, la fait arracher. — La veuve Melquin se pourvoit en complainte devant le juge de paix du canton de Barbezieux, et offre de prouver qu'elle est depuis plus d'un an en possession de la Haie. — Le sieur Jarnan, sans nier le fait de la possession annale articulé par la veuve Melquin, se borne à soutenir que celle-ci est non-recevable dans son action. L'art. 670 du Code Napoléon, dit-il, n'établit, à l'égard des Haies séparatives, que deux sortes de droit : un droit de propriété exclusive en faveur de celui qui a titre, possession suffisante ou terrain clos; un droit de mitoyenneté entre les deux voisins, dans le cas où l'un d'eux n'établit pas son droit de propriété exclusive. Pour admettre l'action de la veuve Melquin, il faudrait à ces deux droits en ajouter un troisième, celui de *possession provisoire*; et c'est ce que le Code Napoléon ne permet pas. — La veuve Melquin répond que le seul objet de l'art. 670 du Code Napoléon, est de fixer, relativement aux Haies, les signes distinctifs de la propriété exclusive et de la propriété commune, que cet article, en se taisant sur la possession annale, n'en détruit pas les effets; qu'il faut donc, à cet égard, se reporter aux principes généraux; et que la chose est d'autant moins douteuse, que, par l'article, cité, la propriété des Haies est déclarée prescriptible par la possession. — Le 10 germinal an 12, jugement qui rejette la fin de non-recevoir opposée par le sieur Jarnan à la veuve Melquin. Appel. — Le 28 thermidor suivant, le tribunal civil de Barbezieux dit qu'il a été bien jugé. — Le sieur Jarnan se pourvoit en cassation; mais, par arrêt du 8 vendémaire an 14, au rapport de M. Doutrepont, « attendu que, selon l'art. 670 du Code civil, une Haie mitoyenne peut se prescrire par une possession suffisante; conséquemment, l'on peut posséder exclusivement une

Haie ; et celui qui jouit d'une telle possession peut, s'il y est troublé, agir en complainte : donc le jugement attaqué, loin de violer l'art. 670, y est parfaitement conforme ; La cour rejette...]]

IV. Les Haies mitoyennes doivent être entretenues et replantées, à frais communs, par les deux propriétaires des héritages, et l'un des deux peut obliger l'autre à contribuer à cet entretien. Tel est le droit commun.

[[*V.* au surplus *Arbre*, n. 9.]]

V. L'art. 7 du titre 28 de l'ordonnance des eaux et forêts, du mois d'août 1669, défend aux propriétaires des héritages aboutissans aux rivières navigables, de planter des arbres et de faire des clôtures ou Haies plus près que de trente pieds, du côté que les bateaux se tirent, et de dix pieds de l'autre côté, à peine de cinq cent livres d'amende, de confiscation des arbres, et d'être, les contrevenans, obligés de remettre les chemins en état à leurs frais.

La prohibition portée par cet article a été renouvelée par un règlement du conseil, du 31 août 1728. (M. GUYOT.)*

[[Et elle subsiste encore. *V. Chemin de halage* et *Halage* (chemin de).]].

HAINAUT Province des Pays-Bas, située entre l'Artois, la Flandre, le Cambresis, la Picardie, le comté de Namur et de Brabant. Elle comprend vingt-cinq villes, et quelques-uns y comptent jusqu'à neuf cent cinquante villages ; mais elle n'a pas toujours été aussi étendue. Les comtés de Valenciennes, de Brabant et d'Ostrevent, qui n'en sont pas les moindres parties, ont formé long-temps des provinces séparées, comme on le verra dans la suite.

§. I. *Histoire du Hainaut.*

Le Hainaut a appartenu aux rois de France dès l'origine de la monarchie : on peut même dire qu'il en fut le berceau ; mais dans les partages qui la démembrèrent sous la première race, il fut toujours compris dans les lots des rois d'Austrasie.

Sous la seconde race, il entra dans le partage de Lothaire, et fit une portion du royaume de Lorraine, non pas à la vérité dans toute son étendue actuelle, car l'Escaut formait la séparation des deux royaumes, de manière que l'Ostrevent appartenait à la France. La ville de Valenciennes étant coupée par ce fleuve, aurait dû reconnaître deux souverains ; mais il parait que Lothaire la posséda toute entière ; il en fit même une de ses maisons royales. Doutreman fait mention d'une charte, datée du palais de Valenciennes, par laquelle ce prince donne à l'abbaye de Saint-Denis, une maison de son fils, située en cette ville.

On sait qu'après la mort de Lothaire, la Lorraine changea plusieurs fois de maîtres, tantôt soumise aux rois de France, tantôt aux rois de Germanie, tantôt divisée entre eux, et tantôt réunie sous un même souverain. Ce royaume, semblable à celui de France, était partagé alors entre différens gouvernemens subordonnés au roi qui le possédait ; et c'est sur-tout dans ces premiers temps, qu'on voit la province de Hainaut distinguée très-clairement de celle de Valenciennes ; car chacune d'elles était gouvernée par un comte particulier ; officier dont le pouvoir, originairement amovible, devint bientôt héréditaire par la faiblesse de l'autorité royale. Cette révolution néanmoins s'opéra plutôt dans le comté de Hainaut que dans celui de Valenciennes. Voici quelle en fut l'occasion.

On lit dans le père Daniel, que Gilbert fut le premier des ducs ou gouverneurs généraux de Lorraine qui se soit regardé comme propriétaire de ce royaume, qu'il tint d'abord en fief de Charles-le-Simple, roi de France, et ensuite de Henri-l'Oiseleur, roi de Germanie.

Ce Gilbert était, suivant Doutreman, frère de Regnier II, surnommé *au Long-Cou*, que les historiens nous représentent également comme le premier des comtes de Hainaut qui ait usurpé la propriété de son gouvernement : ce qu'on doit sans doute considérer comme l'effet d'un complot formé entre lui et son frère, de qui il relevait. Aussi le duc Gilbert fut-il plus attentif à maintenir ses droits du comté de Valenciennes, dont le gouverneur lui était probablement étranger ; car on voit non-seulement qu'il en conserva pendant toute sa vie la propriété pleine et entière, mais même qu'il assigna sur cette partie de cette province le douaire de sa femme Gerberge.

La mort de ce prince, arrivée en 922, et celle du jeune Henri, son fils, qui le suivit de près, occasionnèrent des troubles, dont Regnier profita pour s'emparer du comté de Valenciennes ; mais il n'en jouit pas long-temps. Brunon, archevêque de Cologne et frère de l'empereur Othon II, ayant reçu de celui-ci l'investiture du duché de Lorraine, poursuivit son vassal, se saisit de sa personne, et le conduisit à Valenciennes, où il lui fit faire son procès. La sentence, dit Doutreman, fut portée dans le château impérial de cette ville ; et le rebelle fut condamné à un bannissement perpétuel au-delà du Rhin, avec confiscation de tous ses biens au profit du duc.

Brunon donna alors le comté de Hainaut à un seigneur du pays, nommé Rithaire ; et à sa mort, arrivée peu de temps après, il en investi Renaud et Garnier. Ce dernier reçut en même temps l'investiture du comté de Valenciennes, qui, par-là, devint, comme celui de Hainaut, un arrière-fief de l'empire ou de la France, suivant le parti qui prévalait en Lorraine.

Regnier-au-Long-Cou mourut en exil vers l'an 974. Lambert et Regnier, ses deux fils, entreprirent de rentrer, par la force des armes, dans le fief qui avait été confisqué sur leur père ; et, dès le premier choc, ils tuèrent Renaud et Garnier.

La Lorraine avait changé de face. L'archevêque Brunon était mort, et l'empereur Othon, son frère, pour empêcher que les rois de France ne la reprissent, en avait fait deux parts : il en avait donné une à Charles, frère du roi Lothaire, à condition de lui en faire hommage; et il avait retenu pour lui la haute Lorraine, qui est celle d'aujourd'hui, et dont les provinces de Hainaut et de Valenciennes restèrent mouvantes.

En conséquence, il donna ces deux comtés à Godefroi, dit le Captif, et Arnoud, comte de Cambrai.

Peu de temps après, c'est-à-dire l'an 980, le sort de la Lorraine, et par conséquent des grands fiefs qui en relevaient, fut enfin déterminé. « Il fut fait (dit le père Daniel) un traité entre Lothaire et Othon II, à ces conditions que la possession de la Lorraine appartiendrait à l'empereur; qu'il reconnaîtrait le droit que la France avait sur ce pays-là, et qu'il ne la posséderait que comme bénéficier de la France ». — Il faut observer que Sigebert, dom Calmet, Vinchant et le père Delwarde, ne parlent que d'une renonciation pure et simple de Lothaire. — Quoi qu'il en soit, par ce traité, l'empereur est resté propriétaire de la Lorraine et suzerain du Hainaut, soit comme le vassal de la couronne de France, soit, ce qui paraît le plus probable d'après la possession des temps suivans, en toute souveraineté.

Revenons aux deux comtes Arnoud et Regnier. Ils ne jouirent pleinement que de la province de Valenciennes. Celle du Hainaut leur était disputée par les fils de Regnier-au-Long-Cou, qui même les battirent dans la première action, et s'emparèrent de tout le pays, à l'exception de Mons, où Godefroi se maintint jusqu'en 985. C'est ce qui faisait prendre à celui-ci les titres de comte de Hainaut et de Valenciennes, tandis qu'Arnoud, son collègue, se contentait de celui de comte de Valenciennes.

Après la mort de Godefroi, Bauduin-Le-Barbu, comte de Flandre, se rendit maître de Valenciennes, et en chassa Arnoud. L'empereur Henri II vint au secours de son vassal. Après quelques actes d'hostilité, la paix se fit en 1007; Bauduin remit le comté de Valenciennes à l'empereur, et celui-ci, satisfait de sa soumission, le lui rendit : apparemment qu'Arnoud était mort.

Bauduin tint donc ce comté par indivis avec Herman d'Ardennes, fils du comte Godefroi-le-Captif, et frère de Godefroi d'Ardennes, duc de la basse Lorraine.

Les enfans de Regnier-au-Long-Cou étaient alors en possession paisible du comté de Hainaut. Bientôt même ils étendirent leurs états. En 1028, Herman d'Ardennes, voulant se faire moine, maria sa fille unique à Regnier IV, comte de Hainaut, et lui donna en dot sa part indivise dans la province de Valenciennes, et tout le comté de Brachbant ou Burbant, qui comprenait les villes d'Ath, de Leuze, de Condé, de Lessines, et plusieurs autres de la Flandre flamande. Sa capitale était Eynam. Bauduin-le-Barbu mourut en 1036, et laissa ses états à Bauduin de Lille, son fils. Regnier IV, devenu son collègue dans le comté de Valenciennes, par son mariage avec la fille d'Herman, mourut peu de temps après, ainsi que son épouse, et par-là, Richilde, seul fruit de leur union, devint tout à la fois comtesse de Hainaut, de Valenciennes et de Burbant.

Mais à peine en avait-elle pris possession, que Bauduin de Lille se jeta dans le Burbant flamand, et en fit la conquête. Richilde, trop faible pour le lui reprendre à main armée, entra en négociation avec lui; comme il possédait la moitié du comté de Valenciennes, elle reçut cette moitié en échange de la partie du Burbant qu'il avait conquise, et qu'elle lui laissa. Ce qu'elle retint de cette province est encore aujourd'hui compris dans le chef-lieu de Valenciennes.

Cette difficulté terminée, il en survint une autre, que Richilde n'eut pas moins de peine à surmonter. Plusieurs seigneurs de sa famille lui disputèrent ses trois comtés, sur le fondement que c'étaient des fiefs masculins : enfin, une transaction, signée par toute la noblesse du pays, et ratifiée par l'empereur, assura à cette princesse l'héritage de ses pères; et comme, par ce moyen, le comté de Valenciennes se trouvait réuni, dans sa personne, à celui de Hainaut, on stipula que cette réunion ne préjudicierait point aux droits, franchises, lois et coutumes de l'une ou de l'autre province. Mais cette clause n'empêcha pas que dans la suite, on ne regardât la première comme une partie de la seconde (1), et qu'on n'étendît à celle-là les lois faites pour celle-ci. Sans doute les comtes de Hainaut, qui, depuis Richilde, possédèrent toujours paisiblement le comté de Valenciennes, ne contribuèrent pas peu à cette espèce d'incorporation; ils aimaient mieux un grand fief que deux médiocres.

Richilde fut mariée, en premières noces, à Herman de Turinge, dont elle eut un fils et une fille, qui embrassèrent la vie monastique. Elle épousa, en secondes noces, le fils de Bauduin de Lille, appelé Bauduin de Mons, parce que ce mariage le rendit comte de Hainaut. Il mourut en 1070, laissant deux enfans de Richilde, Arnoud et Bauduin; le premier reçut en partage le comté de Flandre; le second, ceux de Hainaut et de Valenciennes. Arnoud fut dépouillé de ses états par Robert-le-Frison, son oncle et son tuteur. Les efforts qu'il fit pour les lui reprendre, les secours même que lui donna la France, furent inutiles.

La comtesse Richilde vivait encore, et c'était sur elle que retombaient les suites fâcheuses de ces dis-

---

(1) La preuve en résulte d'une sentence de l'empereur Rodolphe, donnée en 1291 : *In verbis*, porte-t-elle, *noverint universi qualiter præpositus, scabini, jurati communiasque viliœ Valenchinensis ad nos et Imperium directo domino spectantis et de feudo comitatûs Hainoensis existentis, etc.*

grâces Ne sachant où trouver des secours, elle prit le parti, du consentement de l'empereur Henri III, de faire, avec son fils Bauduin, hommage des deux comtés de Hainaut et de Valenciennes à l'évêque de Liége. Les conditions de ce traité, passé en 1071, sont rapportées dans le *Spicilegium* de Dachery, tome 3, page 287.

Quelque sincère que parût ce traité dans son principe, il n'en fut pas plus exactement observé. Les historiens ne nous disent pas à qui l'on doit en attribuer l'inexécution; mais il n'en est pas moins certain que la suzeraineté des évêques de Liége ne fut pas de longue durée. J'ai lu quelque part que les comtes de Hainaut leur avaient rendu hommage en 1173, 1191, 1195, 1340 et 1390; mais d'un autre côté, je vois, par des titres incontestables, que le comte Jean-d'Avesnes fit hommage à l'empereur Rodolphe, le 27 juin 1280. Il existe aussi des lettres-patentes données à Spire, le 14 juin 1330, par lesquelles l'empereur Louis de Bavière qualifie le comte Guillaume, son beau-père, de son vassal, et le confirme dans tous les priviléges accordés par ses prédécesseurs aux comtes de Hainaut. Le même Guillaume, en créant son fils chevalier, le 1er novembre 1336, prenait dans l'acte la qualité de *libre vassal du Saint-Empire*.

La comtesse Richilde mourut en 1086, après avoir agrandi le Hainaut par l'acquisition de plusieurs terres situées sur les limites du Cambrésis Elle fut remplacée successivement par Bauduin IV, Bauduin V et Bauduin VI. Ce dernier réunit, en 1150, la châtellenie de Valenciennes au comté du même nom, dont elle était tenue en fief. Le comté d'Ostrevent, dont Bouchain était la capitale, faisait partie de cette châtellenie, et les comtes de Valenciennes le tenaient en fief du roi de France. Mais insensiblement ils s'accoutumèrent à le regarder comme une partie intégrante de leur comté de Hainaut.

Ce n'est pas néanmoins que tout l'Ostrevent soit actuellement compris dans cette province: il y en a quelques cantons incorporés, les uns à la Flandre, tels que la ville de Douai; les autres à l'Artois, tels que Lambre et Goui-sous-Bellone: et cela provient sans doute des conquêtes que les comtes de Flandre et d'Artois firent sur ceux du Hainaut et de Valenciennes. On voit, par exemple, que Douai avait été pris tout récemment par les Flamands, lorsque parut à Valenciennes la *charte de la paix*, ouvrage de Bauduin V, publié en 1114; et que, par cette raison, elle exclut formellement les habitans de Douai des priviléges qu'elle renferme, et particulièrement de la foire de Valenciennes.

On ne s'arrêtera point à faire l'énumération de tous les successeurs de Bauduin IV; ce détail serait aussi long qu'inutile : on se contentera de marquer les principales époques.

En 1436, le Hainaut passa dans la maison de Bourgogne, par le choix que la comtesse Jacqueline de Bavière avait fait de Philippe-le-Bon pour son héritier.

En 1479, Marie de Bourgogne, petite fille de ce prince, porta ce comté dans la maison d'Autriche, en Maximilien.

Celui-ci ayant été élu empereur en 1494, céda le Hainaut à son fils Philippe d'Autriche.

Charles-Quint, fils de ce dernier, lui succéda en 1515. — Son avènement est remarquable par un placard donné à Bruxelles, le 15 décembre de la même année, *pour l'entretènement des autorités de la cour de Mons* : c'est ainsi qu'il est intitulé. Le préambule de cette loi mérite une attention particulière, à raison du jour qu'il répand sur la nature des droits que les comtes de Hainaut exerçaient en cette province; il est conçu en ces termes : — « Charles, par la grâce de Dieu, etc. Comme naguère, après notre joyeuse entrée et réception à la seigneurie et gouvernement de notre pays et comté du Hainaut, les personnes des trois états d'icelui nous eussent fait remontrer qu'icelui pays et comté du Hainaut, en son compréhendement, est pays singulier, dont nos prédécesseurs se sont franchement portés et attitulés seigneurs souverains, sans quelque relief, ressort, subjection ou servitude de prince régnant au monde; que en signe de singularité, pour tenir le peuple du pays en paix, y faire administrer justice, y ait une cour souveraine et exempte de tout, sans quelque ressort, nommée la haute cour de Mons, en laquelle justice est journellement faite, administrée et distribuée à un chacun qui la requiert, à la semonce et conjurement de notre grand bailli du Hainaut, comme chef d'icelle cour, pour et au nom de nous, et pour juges les douze pairs, prélats, barons, nobles, vassaux, et autres gens de poste dudit pays, tenant fief de nous, etc. ».

Quelques auteurs ont inféré de ce passage, que le Hainaut avait toujours été tenu en franc-alleu par ses comtes. Pour nous, il nous apparaît démontré par les faits et les actes cités plus haut, que cette province formait vraiment un fief; et tout ce qui résulte du placard de 1515, c'est que les comtes de Hainaut étaient, à cette époque, en possession de ne plus rendre hommage, non-seulement à l'évêque de Liége, mais encore à l'empereur d'Allemagne. C'est ici le cas d'appliquer ce que dit Loiseau au sujet des grands vassaux de la couronne de France, qui exerçaient dans leurs états tous les droits de la royauté : « Une longue jouissance volontaire et paisible efface le vice de l'usurpation, et donne la loi aux souverainetés; autrement, ce serait donner lieu avec une infinité de contestations, et des guerres entre les princes, et à la ruine des états ».

Il faut convenir cependant, malgré le placard de 1515, que le Hainaut n'a jamais cessé d'être regardé comme un démembrement de l'empire d'Allemagne; et que, sous Charles-Quint et ses successeurs, il en relevait encore, sinon à titre de vassalité, du moins de subvention et de protection.

C'est ce qu'attestent tous les auteurs qui ont écrit l'histoire de cette province; et c'est ce que montre parfaitement l'art. 11 du ch. 127 des chartes générales publiées en 1619, par les archiducs Albert et Isabelle. Il ne sera pas inutile d'en rapporter les termes : — « Ceux natifs de France, Flandre et Artois, sont tenus pour aubains audit pays de Hainaut; mais ceux nés entre les rivières de Scarpe et de l'Escaut, *comme étant de l'empire*, ne sont tenus pour aubains; comme ne sont tenus aubains, ceux nés par-delà lesdites rivières, *qui sont des lieux de l'empire*, etc. (1) ».

Reprenons la suite des comtes de Hainaut. Tout le monde connaît la retraite de Charles-Quint, qui, fatigué du monde, et voulant, suivant l'expression de Balzac, mourir sous l'empire de son frère, et sous le règne de son fils, céda la couronne d'Espagne et des Pays-Bas à son fils Philippe II, et le trône impérial à son frère Ferdinand.

Philippe II, devenu par là comte de Hainaut, jouit paisiblement de cette province; et à sa mort, arrivée l'an 1598, il la laissa en toute souveraineté à sa fille Isabelle, en faveur de son mariage avec l'archiduc Albert, frère de l'empereur Rodolphe, à la charge de réversion à la couronne d'Espagne, faute de postérité.

Le cas prévu par cette dernière clause, arriva : les deux époux moururent sans enfans; et le Hainaut retourna à la monarchie d'Espagne, qui était alors, c'est-à-dire en 1621, possédée par Philippe IV.

Le règne de ce prince fut marqué, dans le Hainaut, par quelques révolutions qui en annonçaient de plus grandes. Louis XIV s'empara d'Avesnes, de Landrecies, du Quesnoi; et ces conquêtes lui furent assurées par le traité des Pyrénées, conclu le 7 novembre 1659.

La mort de Philippe IV, arrivée en 1665, occasionna de nouveaux troubles. Louis XIV avait épousé Marie-Thérèse, sa fille du premier lit; et comme Charles II, successeur de Philippe IV, était du second lit, Louis XIV prétendit que la reine devait exclure son frere utérin du comté de Hainaut, en vertu de la *dévolution;* droit dont on a parlé sous ce mot, et par lequel les enfans du premier lit succèdent exclusivement à tous les biens propres de leur père et de leur mère. Après avoir épuisé inutilement toutes les ressources de la négociation, pour faire valoir ses droits à l'amiable, Louis XIV se mit en campagne l'an 1667, et prit d'abord les villes d'Ath et de Binche. La paix conclue l'année suivante à Aix-la-Chaplle, suspendit, pour quelque temps, le cours des conquêtes de ce monarque; mais bientôt la guerre recommença; et par le traité de Nimègue, qui y mit fin en 1678, l'Espagne céda à la France les villes et dépendances de Valenciennes, Bouchain, Condé, Bavai et Maubeuge. Mons fut conquis dans la guerre suivante : mais Louis XIV la rendit avec Ath à la paix de 1667.

Charles II mourut en 1700, sans enfans, après avoir choisi Philippe de France, son arrière-petit-neveu et petit-fils de Louis XIV, pour son héritier universel. Le nouveau roi ne parvint à la jouissance paisible de sa couronne, qu'après une guerre sanglante de treize années; encore ne put-il conserver la partie du Hainaut que son prédécesseur avait sauvée des armes de la France : elle passa dans la branche d'Autriche qui dominait en Allemagne, et n'en a point été séparée depuis.

De là vient la division actuelle du Hainaut en Hainaut français et Hainaut autrichien. — Le Hainaut français comprend les villes et dépendances de Valenciennes, Bouchain, Condé, le Quesnoi, Maubeuge, Bavai, Avesnes, Landrecies, etc. Dans le Hainaut autrichien, on remarque principalement Mons, Ath, Enghien Binche, Chimay, Beaumont, Lessines, Leuze, Chièvres, Halles, etc.

[[Le Hainaut autrichien, conquis en 1792, évacué en 1793, reconquis en 1794, par les armées françaises, a été réuni à la France par la loi du 9 vendémiaire an 4, et lui a été cédé définitivement par le traité de Campo-Formio, du 26 vendémiaire an 6. — Il forme aujourd'hui, presque en totalité, le département de Jemmape, dénomination qui lui a été donnée en mémoire de la célèbre victoire que l'armée française avait remportée, en novembre 1792, dans la commune de ce nom, sur l'armée autrichienne.

Quant au Hainaut français, il fait partie du département du Nord.]]

§. II. *Idée générale des lois du Hainaut.*

La première rédaction des lois générales du Hainaut est du 26 juillet 1200. Le comte Baudouin VI, qui fut depuis empereur de Constantinople, la fit approuver et signer par tous les seigneurs du pays. Ce prince fit encore, avant son départ pour la terre sainte, quelques autres réglemens qui furent appelés *forma pacis.*

En 1346, la comtesse Marguerite confirma plusieurs points de coutume, arrêtés par le conseil de Mons, *en renforcement de cour*, c'est-à-dire, dans l'assemblée des pairs, prélats et nobles de la province.

Le comte Albert de Bavière fit la même chose en 1387 et 1391.

Guillaume de Bavière, son successeur, rassembla, en 1410, dans une charte assez étendue, un grand nombre d'usages du pays.

(1) Il y a quelque chose, dans cet article, qui surprend au premier coup-d'œil, c'est qu'il met les Flamands et les Artésiens au nombre des aubains, quoiqu'en 1619, époque de la publication des chartes générales, ils fussent soumis au même souverain que les habitans du Hainaut; et que, par cette raison, ils dussent participer, dans cette province, à tous les droits que donna la qualité de concitoyens. Mais *V.* le plaidoyer du 27 ventôse an 13, rapporté à l'article *Testament*, sect. 2, §. 3, art. 8.

En 1417, Jacqueline de Bavière en interpréta et modifia plusieurs dispositions.

Le 8 avril 1483, l'empereur Maximilien et Philippe d'Autriche recueillirent toutes les lois de leurs prédécesseurs, et les confirmèrent avec plusieurs modifications et additions.

Charles-Quint réforma et augmenta ce recueil; et il en fit un nouveau Code, qu'il data du 15 mars 1533, et qui fut publié à Mons dans le mois de juin 1534.

Quelques soins que les ministres de ce prince eussent apportés à cette rédaction, elle ne laissait pas d'être très-imparfaite. Les archiducs Albert et Isabelle donnèrent des ordres pour en faire une nouvelle; et en attendant qu'elle fût achevée, ils confirmèrent plusieurs *points et articles conçus tant par renforcement de la cour à Mons que par les trois membres des états de ce pays de Hainaut, au mois de mars* 1601. Le décret qu'ils rendirent à ce sujet, le 20 août de la même année, renferme vingt-six articles très-importans pour la plupart.

Le 6 juillet 1611, ils donnèrent des lettres-patentes contenant soixante articles *touchant l'institution et la réformation* du conseil de Mons.

Le 7 décembre de la même année, ils publièrent une ordonnance de six cent soixante articles sur l'ordre judiciaire.

Enfin, le 5 mars 1619, ils confirmèrent la nouvelle rédaction que les commissaires des trois états avaient faite des lois communes à toute la province. Ce recueil, connu sous le nom de *chartes générales*, est divisé en cent trente-six chapitres, et chaque chapitre est sous-divisé en plus ou moins d'articles.

Il n'est presque point de parties du droit civil et canonique qui n'y soient traitées et approfondies. On désirerait seulement que la sagesse des dispositions et l'ordre de la rédaction fussent toujours proportionnés à l'étendue et à la multiplicité des matières.

Ce serait bien assez, sans doute, d'un Code aussi volumineux pour une seule province; mais il semble qu'on se soit étudié à obscurcir la législation du Hainaut à force de l'étendre. Les chartes générales renferment à peine la moitié des lois propres à ce pays : on en trouve aussi une infinité dans les coutumes particulières de Valenciennes, de Mons, de Binche, de Chimay, de Landrecies, de Lessines; et ce qu'il y a de plus étonnant encore, c'est que plusieurs cantons de Hainaut ont adopté des coutumes étrangères, qui sont celles du Vermandois, du Cambrésis et de la Bassée.

L'expérience seule peut faire sentir la difficulté de tenir une route toujours certaine dans ce dédale de chartes, de lois et de coutumes : il n'est pas aisé, sans doute, de les connaître toutes; mais il l'est encore bien moins d'en faire une application exacte aux affaires journalières de la vie civile. Ici, les chartes générales disposent d'une façon; là, les coutumes particulières disposent d'une autre; et dans ce combat, tantôt ce sont les chartes générales qui doivent l'emporter, tantôt c'est aux coutumes particulières qu'il faut déférer. Quel sera donc le fil qui, dans ce labyrinthe tortueux, guidera les citoyens, les jurisconsultes et les magistrats? C'est ce que nous allons déterminer.

Il faut d'abord se représenter le Hainaut divisé en neuf districts particuliers, qui sont le chef-lieu de Valenciennes, le chef-lieu de la Cour, le chef-lieu de Mons, le chef-lieu de Binche, le chef-lieu de Chimay, le chef-lieu de Vermandois ou de Laon, le chef-lieu de Cambrai, le chef-lieu de la Bassée, et le ressort de la coutume de Lessines.

Il n'y a point de difficulté par rapport à ce dernier district, parce que la coutume de Lessines, quoique conforme en presque toutes ses dispositions aux chartes générales, ne leur est cependant pas subordonnée : elle domine seule et sans concurrence dans toute l'étendue de son territoire; ce qui provient probablement de ce qu'on a douté longtemps si cette ville et ses annexes, parmi lesquelles on remarque principalement Flobecque, faisaient partie du Hainaut. Le placard du 15 décembre 1515, par lequel Charles-Quint défend de porter ailleurs qu'au conseil de Mons les appels des juges de cette province, réserve expressément *les terres de débats, comme Lessines, Flobecque et autres, dont on suivra, quant à ce, le train d'ancienneté accoutumé, jusqu'à ce qu'il soit dit et décidé de quel pays doivent être icelles terres de débats, pour lors se régler selon ce*. Le préambule du décret d'homologation de cette coutume, porte également que Lessines est une *terre de débat*, ressortissant immédiatement au grand conseil de Malines, et le dispositif du même décret défend de recevoir dans ce territoire d'autres coutumes *que celles ci-dessus reprises et mentionnées*.

Il n'y a guère plus de difficulté par rapport au chef-lieu de la Cour. Les chartes générales sont les seules lois que l'on y connaisse. Elles régissent également les fiefs et les main-fermes ou censives : ceux-là par leur institution primordiale, celles-ci par une extension que l'usage de cette partie du Hainaut a fait faire de leurs dispositions aux biens ainsi appelés.

A l'égard des sept autres districts, la décision des affaires qui peuvent naître dans chacun d'eux, dépend, ou des chartes générales, ou de la coutume particulière.

Les chartes générales régissent les fiefs, les francs-alleux, l'état des personnes, les contrats, les actions personnelles, les juridictions, les droits de justice et de seigneurie, et plusieurs autres matières.

Les coutumes particulières ont été faites principalement pour régir les *main-fermes*, c'est-à-dire les biens tenus en censive; car les chartes générales n'ont par elles-mêmes aucun empire sur ces objets.

Cette règle, fondée sur la notoriété constante de toute la province, admet, par rapport à la ville et au chef-lieu de Valenciennes, quelques restrictions dont il sera plus à propos de parler à l'article *Valenciennes*.

Reste à savoir dans quelles sources il faut puiser pour suppléer au silence que les lois du Hainaut gardent sur certaines matières, et pour faire, de leurs dispositions obscures, équivoques ou peu développées, une interprétation toujours juste et toujours exacte.

Pour commencer par les chartes générales, que plusieurs appellent improprement *Coutume de Hainaut*, quelques-uns prétendent qu'elles ne doivent s'interpréter, ni par le droit écrit, ni par les coutumes voisines, ni par le droit commun des Pays-Bas. C'est ce que pensent, entr'autres Stockmans, dans son Recueil d'arrêts du conseil souverain de Brabant, décis. 1, n. 1, et Pollet, dans son Recueil d'arrêts du parlement de Flandre, part. 2, §. 62.

Raparlier a traité fort judicieusement cette question dans le préambule qu'il a mis à la tête de son édition des chartes générales. Il convient que ces lois ont beaucoup de dispositions qui leur sont tout à fait particulières, et il en présente un tableau abrégé; mais en même temps, il fait voir, par la conférence de plusieurs passages tirés de ce Code, avec différens textes du droit romain, des coutumes voisines et des placards des Pays-Bas, que les législateurs de cette province ont souvent puisé dans des sources étrangères; et de cette discussion raisonnée, il fait résulter deux règles très-simples, qu'on peut regarder comme l'abrégé de tout ce qui peut être dit de mieux sur cette matière. Elles sont conçues en ces termes :

« 1. Toutes les dispositions claires des chartes générales du Hainaut, qui lui sont propres et particulières, ne peuvent recevoir aucune interprétation ou éclaircissement du droit commun, ni des coutumes étrangères; et en ce regard on est réduit à remonter au droit naturel ou à la raison innée, qui est la source et la vraie mère de toutes les espèces de lois.

» 2°. Les dispositions des mêmes chartes, qui ont été tirées et extraites soit du droit commun, soit des placards du pays, soit de l'édit perpétuel de 1611, soit des coutumes étrangères ou qui s'y trouvent conformes, peuvent respectivement être interprétées, éclaircies et dilucidées par les différentes sources dont elles ont été tirées ou extraites, ou auxquelles elles sont analogues ».

Ces deux règles doivent également nous servir de guides pour l'interprétation des coutumes qui régissent les main-fermes situés dans les différens chefs-lieux du Hainaut. Nous renvoyons à l'article *Valenciennes* quelques observations importantes que nous avons à faire sur cette matière, par rapport à la coutume de ce nom.

Nous n'entrerons point ici dans le détail des particularités que renferme la jurisprudence du Hainaut : on peut consulter là-dessus les articles *Gattel*, *Clain*, *Clain de rétablissement*, *Cession de biens*, *Clause privative*, *Confusion*, *Charge d'enquête*, *Condition de manbournie*, *Conditionner un héritage*, *Deshéritance*, *Devoirs de loi*, *Dévolution coutumière*, *Dettes*, *Diffamari*, *Douaire*, *Don absolu*, *Entravestissement*, *Embref*, *Exécution*, *Emancipation*, *Fiefs*, *Franc-alleu*, *Fourmorture*, *Frapper les coups*, *Gardes-maneurs*, *Hommes de fiefs*, *Jugement de loi*, *Jurés de Cattel*, *Loer*, *Main-ferme*, *Main-mise*, *Mayeur*, *Marché à aghais*, *Manbournie*, *Plainte en matière civile*, *Relief précis*, *Record de loi*, *Renvoi de biens*, *Recours*, *Testament*, *Transport*, *Tuteur en chef*, *Tenue par loi*, etc.

[[Toutes les dispositions des lois du Hainaut sont abrogées, soit par les nouvelles lois sur la procédure criminelle, soit par celles qui concernent l'organisation judiciaire, soit par celles qui suppriment le régime féodal et les droits féodaux, soit enfin par le Code Napoléon et par le Code de procédure civile.]]

V. Les *Annales de Hainaut*, par Vinchant; l'*Histoire du Hainaut*, par le père Delewarde; l'*Histoire de Mons*, par de Boussut; *l'Histoire d'Ath*, par le même; l'*Histoire de Valenciennes*, par Doutreman; l'*Histoire de Bouchain*, par Petit; le *Traité des droits de la reine très-chrétienne sur divers états de la monarchie d'Espagne*; le *Dialogue entre trois avocats, français, brabançon et allemand, sur les droits de la reine très-chrétienne; la jurisprudence du Hainaut français*, par Dumées; et le *Traité des juridictions*, du même auteur.

[[HALAGE (Chemin de). A ce qui est dit sous les mots *Chemins de Halage*, il faut ajouter les dispositions du décret impérial du 22 janvier 1808. Les voici.

« ART. 1. Les dispositions de l'art. 7, tit. 28, de l'ordonnance de 1669, sont applicables à toutes les rivières navigables de l'Empire, soit que la navigation y fût établie à cette époque, soit que le gouvernement se soit déterminé depuis, ou se détermine aujourd'hui et à l'avenir, à les rendre navigables.

» 2. En conséquence, les propriétaires riverains, en quelque temps que la navigation ait été ou soit établie, sont tenus de laisser le passage pour le chemin de Halage.

» 3. Il sera payé aux riverains des fleuves ou rivières où la navigation n'existait pas et où elle s'établira, une indemnité proportionnée au dommage qu'ils éprouveront; et cette indemnité sera évaluée conformément aux dispositions de la loi du 16 septembre dernier (rapportée à l'article *Travaux publics*).

» 4. L'administration pourra, lorsque le service n'en souffrira pas, restreindre la largeur des chemins de Halage, notamment quand il y aura antérieurement des clôtures en haies vives, murailles, ou travaux d'art ou des maisons à détruire.... ».]]

* HALLAGE (Droit de). On donne cette dénomination aux droits que le roi ou les seigneurs perçoivent sur les grains, denrées et autres marchandises qui se vendent dans les foires, mar-

chés, et quelquefois dans la maison des particuliers.

I. Ces droits sont communément désignés sous le nom de *Hallage ;* cependant on les nomme aussi *Leyde*, *Cauponage*, *Copel*, *Stellage*, *Minage*, etc.

Ces droits se perçoivent à cause de la justice, de la police des marchés, de l'étalonnage des mesures : cependant ils ne sont pas essentiellement attachés à la justice; dans bien des endroits, ils n'appartiennent pas au seigneur haut-justicier, mais au roi; dans d'autres ils n'appartiennent ni à l'un ni à l'autre; personne n'est fondé à les percevoir.

Ce ne sont point non plus des droits uniformes, dont la perception se fasse de la même manière dans les lieux où ils sont en usage : dans quelques seigneuries, le Hallage, le stellage, le minage ou cauponage se perçoivent sur les grains ou autres marchandises vendues par les forains; les marchands du lieu en sont exempts; dans d'autres seigneuries, ceux qui vendent les grains de leur crû ne payent rien; dans quelques lieux, les nobles sont affranchis de cette rétribution.

D'un autre côté, quoique ces droits se perçoivent le plus ordinairement dans les marchés, à cause de la halle qui appartient au seigneur, ou à cause de la police qu'il y fait exercer, ou à cause du pesage ou mesurage qui s'y fait par ses préposés; néanmoins quelques seigneurs ont prétendu étendre leur perception sur les grains ou autres marchandises qui se vendent dans les maisons des particuliers.

Ces variétés ne paraissent pas surprenantes quand on remonte à la source d'une multitude de droits de justice, dont les coutumes et les anciens titres des seigneurs font mention; il en est de ces droits comme des justices mêmes, en vertu desquelles ils se perçoivent.

« Toutes ces petites justices des seigneurs (dit Loyseau) procèdent, non de raison et de justice, mais d'une pure usurpation : il est aisé à entendre qu'on ne les peut régler par la raison, parce que ce serait chercher la raison où il n'y en a point, et vouloir régler par la raison ce qui est contre raison, mais au prix que l'usurpation a été plus grande ou moindre; il s'est enfin trouvé plus ou moins de pouvoir en chacune justice, et, comme on voit, en telle manière, *tantum præscriptum quantum possessum.* (M. H....)*

[[II. Par l'art. 19 du titre 2 de la loi du 15 mars 1790, « les droits connus sous le nom de coutumes, Hallage, havage, cohue, et généralement tous ceux qui étaient perçus en nature ou en argent, à raison de l'apport ou du dépôt des grains, viandes, bestiaux, poissons, et autres denrées et marchandises, dans les foires, marchés places ou halles, de quelque nature qu'ils soient, ainsi que les droits qui en seraient représentatifs, sont aussi supprimés sans indemnité; mais les bâtimens et halles continueront d'appartenir à leurs propriétaires, sauf à eux à s'arranger à l'amiable, soit pour le loyer, soit pour l'aliénation, avec les municipalités des lieux et les difficultés qui pourraient s'élever à ce sujet seront mises à l'arbitrage des assemblées administratives ».

De là, l'avis du conseil d'état, du 2 août 1811 que l'empereur a revêtu de son approbation le 6 du même mois, et qui est ainsi conçu :

« Le conseil d'état, qui, d'après le renvoi ordonné par Sa Majesté, a entendu le rapport de la section de l'intérieur sur celui du ministre de ce département, tendant à autoriser la commune de Coulonges, département des Deux-Sèvres, à acquérir pour le prix de trois mille francs, le minage et la portion de la halle appartenant au sieur de Lusignem; — Considérant que, dans le procès-verbal d'estimation dressé le 6 mars 1811, du minage et des halles de Coulonges les experts ont réuni et confondu, avec les droits de propriété desdits édifices, d'autres droits annoncés *de quelque espèce*, est-il dit, *nature et qualité qu'ils soient*, *que le sieur de Lusignem doit avoir sur lesdites halles ;* qu'il y est même question *de compenser les redevances quelconques*, *pour raison du minage ou des halles*, *dont il est inutile de faire la désignation spéciale ;* que cependant l'art. 19 de la loi du 15-28 mars 1790 a expressément supprimé *tous les droits de Hallage*, *et généralement ceux qui étaient perçus en nature ou en argent à raison de l'apport ou du dépôt des grains dans les foires, marchés, places ou halles*, *de quelque nature qu'ils soient*, *ainsi que les droits qui en seraient représentatifs ;* que ces droits ont été, par ladite loi, supprimés sans indemnité; que la seule propriété des bâtimens et halles a été maintenue en faveur des propriétaires; et que l'aliénation ou le loyer desdits bâtimens peut seul être l'objet d'une transaction entre le propriétaire et la commune; — Considérant, en deuxième lieu, que le prix stipulé de trois mille fr. et déclaré exigible au moment du contrat, excède de près d'un tiers la somme actuellement disponible pour la commune d'après son budget; — Est d'avis qu'il doit avant tout, à la diligence des autorités locales, être procédé à une nouvelle expertise, laquelle devra se renfermer dans l'estimation pure et simple de la valeur des bâtimens et halles de Coulonges, sans confusion ou cumulation d'aucun droit ou redevance prétendu par le propriétaire; le tout conformément à l'art. 19 de la loi du 28 mars 1790 pour être ensuite, sur le vu de ladite expertise et nouveau rapport du ministre, statué ce qu'il appartiendra ».

III. Doit-on considérer comme droits de Hallage supprimés par cet article, les rentes qui sont le prix d'une concession de bancs sous des halles?

Voici ce que porte là-dessus un avis du conseil d'état, du 4 août 1807, approuvé par l'Empereur le 18 du même mois.

« Le conseil d'état, en exécution du renvoi ordonné par sa majesté l'Empereur et Roi; — Vu les art. 13, 15 et 19 de la loi du 15-28 mars 1790 portant que les droits de Hallage sont supprimés sans indemnité; que cependant ceux desdits droits qui auraient été concédés pour dédommagement de frais de construction, sont exceptés de cette suppression, et que les bâtimens des halles continueront d'appartenir à leurs propriétaires; — Vu la loi du 25 août 1792, qui a supprimé tous les droits seigneuriaux, tant féodaux que censuels, ainsi que tous les abonnemens, pensions ou prestations quelconques qui les représentaient, à moins qu'ils ne fussent justifiés avoir eu pour cause une concession primitive de fonds, et a déclaré par l'art. 8 ces derniers droits rachetables; — Vu la loi du 17 juillet 1793, qui a supprimé toutes redevances et tous droits, même ceux qui avaient été conservés par le décret du 25 août 1792, à l'exception des rentes ou prestations purement foncières et non féodales; — Vu un mémoire du préfet du département de la Charente, dans lequel il est dit que les bancs des halles de la plupart des communes avaient été aliénés par les propriétaires, moyennant une redevance annuelle, et que les preneurs ont cessé de servir cette rente, sous prétexte qu'elle a été supprimée par la loi du 15-28 mars 1790; — Considérant que cette loi n'a prononcé la suppression que des droits féodaux et de ceux de Hallage qui étaient perçus à raison de l'apport ou du dépôt des marchandises dans les halles; qu'elle a maintenu ceux mentionnés dans l'art. 13, qui, dans l'origine, avaient été établis pour frais de construction, et qu'il n'a point été dérogé à cette disposition par les lois subséquentes; — Est d'avis que les rentes pour concession de bancs sous les halles ne sont pas féodales par elles-mêmes; que la question de savoir si elles sont dues dans les cas particuliers, est du ressort des tribunaux, qui jugeront sur le vu des titres et le dire des parties, et que les communes doivent être autorisées à poursuivre les débiteurs ».]]

HALLE-PASSE. C'est une juridiction établie à Valenciennes pour connaître de tout ce qui concerne la draperie. Elle a été créée par Baudouin Ier, comte de Hainaut et de Valenciennes, et par Richilde, son épouse, qui vivaient dans le onzième siècle. La charte qu'ils ont donnée à ce sujet se trouve à l'hôtel-de-ville de Valenciennes, dans un registre appelé le *livre Simon*.

Cette juridiction est composée d'un prévôt, d'un mayeur, de treize échevins et d'un greffier, qui sont renouvelés chaque année par le magistrat, conformément à l'art. 4 de la coutume de Valenciennes.

Les fonctions et l'autorité de ces officiers sont décrites dans les art. 6, 7 et 8 de la même coutume.

[[Cette juridiction a été supprimée par l'art. 13 de la loi du 7 septembre 1790.]]

[[HAUTE-COUR. L'acte constitutionnel du 22 frimaire an 8 voulait, art. 73, que les ministres, mis en jugement par décret du corps législatif, fussent jugés « par une Haute-cour, sans appel et sans recours en cassation ».

Le même article ajoutait : « La Haute-cour est composée de juges et de jurés. Les juges sont choisis par le tribunal de cassation, et dans son sein; les jurés sont pris dans la liste nationale; le tout suivant les formes que la loi détermine ».

La loi qui devait organiser cette institution n'a pas été faite. Mais il y a été suppléé par l'établissement de la Haute-cour impériale.]]

[[HAUTE-COUR DE JUSTICE. Tribunal extraordinaire que la constitution du 5 fructidor an 3 avait créé en ces termes :

« *Art.* 265. Il y a une Haute-cour de justice pour juger les accusations admises par le corps législatif, soit contre ses propres membres, soit contre ceux du directoire exécutif.

» 266. La Haute-cour de justice est composée de cinq juges et de deux accusateurs nationaux tirés du tribunal de cassation; et de hauts jurés nommés par les assemblées électorales des départemens.

» 267. La Haute-cour de justice ne se forme qu'en vertu d'une proclamation du corps législatif rédigée et publiée par le conseil des cinq-cens.

» 268. Elle se forme et tient ses séances dans le lieu désigné par la proclamation du conseil des cinq-cens. Ce lieu ne peut être plus près qu'à douze myriamètres de celui où réside le corps législatif.

» 269. Lorsque le corps législatif a proclamé la formation de la Haute-cour de justice, le tribunal de cassation tire au sort quinze de ses membres dans une séance publique; il nomme, de suite, dans la même séance, par voie de scrutin secret, cinq de ces quinze; les cinq juges ainsi nommés, sont les juges de la Haute-cour de justice; ils choisissent entr'eux un président.

» 270. Le tribunal de cassation nomme, dans la même séance, par scrutin, à la majorité absolue, deux de ses membres pour remplir à la Haute-cour de justice, les fonctions d'accusateurs nationaux.

» 271. Les actes d'accusation sont dressés et rédigés par le conseil des cinq-cens.

» 272. Les assemblées électorales de chaque département nomment, tous les ans, un juré pour la Haute-cour de justice.

» 273. Le directoire exécutif fait imprimer et publier, un mois après l'époque des élections, la liste des jurés nommés par la Haute-cour de justice ».

La loi du 19 thermidor an 3 affranchissait de tout recours en cassation « les décisions et jugemens rendus par la Haute-cour de justice ».

L'organisation de cette cour était déterminée par une autre loi du 20 du même mois. *V. Haute-cour impériale*.]]

[[HAUTE-COUR IMPÉRIALE. Tribunal créé par le sénatus-consulte du 28 floréal an 12, qui en règle ainsi les attributions et l'organisation :

« *Art.* 101. Une Haute-cour impériale connaît, 1° des délits personnels commis par des membres de la famille impériale, par des titulaires des grandes dignités de l'empire, par des ministres et par le secrétaire d'état, par de grands officiers, par des sénateurs, par des conseillers d'état; — 2° des crimes, attentats et complots contre la sûreté intérieure et extérieure de l'état, la personne de l'Empereur et celle de l'héritier présomptif de l'empire; — 3° des *délits de responsabilité d'office* commis par les ministres et les conseillers d'état chargés spécialement d'une partie d'administration publique; — 4° des prévarications et abus de pouvoir, commis, soit par des capitaines-généraux des colonies, des préfets coloniaux et des commandans des établissemens français hors du continent, soit par des administrateurs-généraux employés extraordinairement, soit par des généraux de terre ou de mer; sans préjudice, à l'égard de ceux-ci, des poursuites de la juridiction militaire, dans les cas déterminés par les lois; — 5° du fait de désobéissance des généraux de terre et de mer qui contreviennent à leurs instructions; — 6° des concussions et dilapidations dont les préfets de l'intérieur se rendent coupables dans l'exercice de leurs fonctions; — 7° des forfaitures ou prises à partie qui peuvent être encourues par une cour d'appel, ou par une cour de justice criminelle, ou par des membres de la cour de cassation; — 8° des dénonciations par cause de détention arbitraire et de violation de la liberté de la presse.

» 102. Le siége de la Haute-cour impériale est dans le sénat.

» 103. Elle est présidée par l'archi-chancelier de l'empire. — S'il est malade, absent, ou légitimement empêché, elle est présidée par un autre titulaire d'une grande dignité de l'empire.

» 104. La Haute-cour impériale est composée des princes, des titulaires des grandes dignités et grands officiers de l'empire, du grand-juge, ministre de la justice, de soixante sénateurs, de six présidens des sections du conseil d'état, de quatorze conseillers d'état et de vingt membres de la cour de cassation. — Les sénateurs, les conseillers d'état et les membres de la cour de cassation sont appelés par ordre d'ancienneté.

» 105. Il y a auprès de la Haute-cour impériale, un procureur-général nommé à vie par l'Empereur. — Il exerce le ministère public, étant assisté de trois tribuns, nommés chaque année par le corps législatif, sur une liste de neuf candidats présentés par le tribunat (1), et de trois magistrats que l'Empereur nomme aussi, chaque année, parmi les officiers des cours d'appel ou de justice criminelle.

» 106. Il y a auprès de la Haute-cour impériale, un greffier en chef, nommé à vie par l'Empereur.

» 107. Le président de la Haute-cour impériale ne peut jamais être récusé; il peut s'abstenir pour des causes légitimes.

» 108. La Haute-cour impériale ne peut agir que sur les poursuites du ministère public, dans les délits commis par ceux que leur qualité rend justiciables de la cour impériale : s'il y a un plaignant, le ministère public devient nécessairement partie jointe et poursuivante, et procède ainsi qu'il est réglé ci-après. — Le ministère public est également partie jointe et poursuivante dans les cas de forfaiture ou prise à partie.

» 109. Les magistrats de sûreté et les directeurs du jury sont tenus de s'arrêter, et de renvoyer, dans le délai de huitaine, au procureur-général près la Haute-cour impériale, toutes les pièces de la procédure, lorsque, dans les délits dont ils poursuivent la réparation, il résulte, soit de la qualité des personnes, soit du titre de l'accusation, soit des circonstances, que le fait est de la compétence de la Haute-cour impériale. — Néanmoins les magistrats de sûreté continuent à recueillir les preuves et les traces du délit.

» 110. Les ministres ou les conseillers d'état, chargés d'une partie quelconque d'administration publique, peuvent être dénoncés par le corps législatif, s'ils ont donné des ordres contraires aux constitutions et aux lois de l'empire.

» 111. Peuvent être également dénoncés par le corps législatif, — les capitaines-généraux des colonies, les préfets coloniaux, les commandans des établissemens français hors du continent, les administrateurs généraux, lorsqu'ils ont prévariqué ou abusé de leur pouvoir; les généraux de terre ou de mer qui ont désobéi à leurs instructions; — Les préfets de l'intérieur qui se sont rendus coupables de dilapidation ou de concussion.

» 112. Le corps législatif dénonce pareillement les ministres ou agens de l'autorité, lorsqu'il y a eu, de la part du sénat, déclaration de *fortes présomptions de détention arbitraire* ou *de violation de la liberté de la presse*.

» 113. La dénonciation du corps législatif ne peut être arrêtée que sur la demande du tribunat, ou sur la réclamation de cinquante membres du corps législatif, qui requièrent un comité secret à l'effet de faire désigner, par la voie du scrutin, dix d'entr'eux pour rédiger le projet de dénonciation.

» 114. Dans l'un et l'autre cas, la demande ou la réclamation doit être faite par écrit, et signée par le président et les secrétaires du tribunat, ou par les dix membres du corps législatif. — Si elle est dirigée contre un ministre ou contre un conseiller d'état, chargé d'une partie d'administration publique, elle leur est communiquée dans le délai d'un mois.

» 115. Le ministre ou le conseiller d'état dénoncé ne comparaît point pour y répondre. — L'Empereur nomme trois conseillers d'état pour se rendre au corps législatif le jour qui est indiqué, et donner des éclaircissemens sur les faits de la dénonciation.

(1) Cette disposition et toutes celles des articles suivans où il est question du tribunat, ne peuvent plus être exécutées depuis la suppression de cette branche du pouvoir législatif, prononcée par le sénatus-consulte du 19 août 1807.

» 116. Le corps législatif discute en comité secret les faits compris dans la demande ou dans la réclamation, et il délibère par la voie du scrutin.

» 117. L'acte de dénonciation doit être circonstancié, signé par le président et par les secrétaires du corps législatif. — Il est adressé par un message à l'archi-chancelier de l'empire, qui le transmet au procureur-général près la Haute-cour impériale.

» 118. Les prévarications ou abus de pouvoir des capitaines-généraux des colonies, des préfets coloniaux, des commandans des établissemens hors du continent, des administrateurs généraux; les faits de désobéissance de la part des généraux de terre ou de mer aux instructions qui leur ont été données, les dilapidations et concussions des préfets, sont aussi dénoncées par les ministres, chacun dans ses attributions, aux officiers chargés du ministère public. — Si la dénonciation est faite par le grand-juge ministre de la justice, il ne peut point assister ni prendre part aux jugemens qui interviennent sur sa dénonciation.

» 119. Dans les cas déterminés par les articles 110, 111, 112 et 118, le procureur-général informe sous trois jours l'archi-chancelier de l'empire qu'il y a lieu de réunir la Haute-cour impériale. — L'archi-chancelier, après avoir pris les ordres de l'Empereur, fixe dans la huitaine l'ouverture des séances.

» 120. Dans la première séance de la Haute-cour impériale, elle doit juger sa compétence.

» 121. Lorsqu'il y a dénonciation ou plainte, le procureur-général, de concert avec les tribuns et les trois magistrats officiers du parquet, examine s'il y a lieu à poursuites. — La décision lui appartient; l'un des magistrats du parquet peut être chargé par le procureur-général de diriger les poursuites. — Si le ministère public estime que la plainte ou la dénonciation ne doit pas être admise, il motive les conclusions sur lesquelles la Haute-cour impériale prononce, après avoir entendu le magistrat chargé du rapport.

» 122. Lorsque les conclusions sont adoptées, la Haute-cour impériale termine l'affaire par un jugement définitif. — Lorsqu'elles sont rejetées, le ministère public est tenu de continuer les poursuites.

» 123. Dans le second des cas prévus par l'article précédent, et aussi lorsque le ministère public estime que la plainte ou la dénonciation doit être admise, il est tenu de dresser l'acte d'accusation dans la huitaine, et de le communiquer au commissaire et au suppléant que l'archi-chancelier de l'empire nomme parmi les juges de la cour de cassation qui sont membres de la Haute-cour impériale. Les fonctions de ce commissaire, et, à son défaut, du suppléant, consistent à faire l'instruction et le rapport.

» 124. Le rapporteur ou son suppléant soumet l'acte d'accusation à douze commissaires de la Haute-cour impériale, choisis par l'archi-chancelier de l'empire, six parmi les sénateurs, et six parmi les autres membres de la Haute-cour impériale. Les membres choisis ne concourent point au jugement de la Haute-cour impériale.

» 125. Si les douze commissaires jugent qu'il y a lieu à accusation, le commissaire rapporteur rend une ordonnance conforme, décerne les mandats d'arrêts et procède à l'instruction.

» 126. Si les commissaires estiment au contraire qu'il n'y a pas lieu à accusation, il en est référé par le rapporteur à la Haute-cour impériale qui prononce définitivement.

» 127. La Haute-cour impériale ne peut juger à moins de soixante membres. Dix de la totalité des membres qui sont appelés à la composer, peuvent être récusés sans motifs déterminés par l'accusé, et dix par la partie publique. L'arrêt est rendu à la majorité absolue des voix.

» 128. Les débats et le jugement ont lieu en public.

» 129. Les accusés ont des défenseurs : s'ils n'en présentent point, l'archi-chancelier de l'empire leur en donne d'office.

» 130. La Haute-cour impériale ne peut prononcer que des peines portées par le Code pénal. Elle prononce, s'il y a lieu, la condamnation aux dommages et intérêts civils.

» 131. Lorsqu'elle acquitte, elle peut mettre ceux qui sont absous sous la surveillance ou à la disposition de la haute police de l'état, pour le temps qu'elle détermine.

» 132. Les arrêts rendus par la Haute-cour impériale ne sont soumis à aucun recours. Ceux qui prononcent une condamnation à une peine afflictive ou infamante, ne peuvent être exécutés que lorsqu'ils ont été signés par l'Empereur.

» 133. Un sénatus-consulte particulier contient le surplus des dispositions relatives à l'organisation et à l'action de la Haute-cour impériale ».

Il résulte de ce dernier article que, tant que le sénatus-consulte particulier qu'il annonce n'aura pas été rendu, la Haute-cour impériale ne pourra pas être considérée comme organisée, ni par conséquent être convoquée.

Et c'est sur ce fondement que, par arrêt rendu sur mon réquisitoire, le 6 mars 1812, la cour de cassation a renvoyé devant le juge d'instruction du département de la Seine, et, s'il y avait lieu, devant la cour impériale de la même ville, l'ex-capitaine-général d'une colonie,

V. encore l'arrêt du 4 messidor an 12, rapporté à l'article *Compétence*, §. 3.]]

[[HAUTE-COUR NATIONALE. C'était, sous la constitution du 3 septembre 1791, un tribunal qui avait à peu près les mêmes attributions qu'a aujourd'hui la haute-cour impériale. — « Une Haute-cour nationale (portait l'art. 23 du chap. 5 du tit. 2 de cette constitution), formée de membres du tribunal de cassation et de hauts-jurés, connaîtra des délits des ministres et agens principaux du pouvoir exécutif, et des crimes qui attaqueront la sûreté générale de l'état, lorsque le corps législatif aura rendu un décret d'accusation. Elle ne se rassemblera que sur la proclamation du corps législatif, et à une distance de trente mille toises au moins du lieu où la législature tiendra sa séance ».]]

[[HAUTE POLICE ADMINISTRATIVE. Le décret impérial du 11 juin 1806, relatif à l'organisation et aux attributions du conseil d'état, contient un titre *de la Haute police administrative :* c'est le troisième. Voici les articles qui le composent.

« 15. Lorsque nous aurons jugé convenable de faire examiner par notre conseil d'état la conduite de quelque fonctionnaire inculpé, il sera procédé de la manière suivante :

» 16. Le rapport ou les dénonciations, et les pièces qui donneront lieu à l'examen, seront renvoyés par nos ordres, soit directement, soit par l'intermédiaire du grand-juge ministre de la justice, à une commission composée du président de l'une des sections du conseil, et de deux conseillers d'état.

» 17. Si la commission estime que l'inculpation n'est point fondée, elle chargera son président d'en informer le grand-juge ministre de la justice, qui nous en rendra compte. — Si elle estime que celui dont elle a reçu ordre d'examiner la conduite, doit être préalablement entendu, elle en informera notre grand-juge, lequel mandera le fonctionnaire inculpé, et l'interrogera en présence de la commission. — Il sera loisible aux membres de la commission de faire des questions.

» 18. Un auditeur tiendra procès-verbal de l'interrogatoire et des réponses.

» 19. Si la commission juge, avant l'interrogatoire, sur le vu des pièces, ou après l'interrogatoire, que les faits dont il s'agit, doivent donner lieu à des poursuites juridiques, elle nous en rendra compte par écrit, afin que nous donnions au grand-juge ministre de la justice l'ordre de faire exécuter les lois de l'état.

» 19. Si la commission est d'avis que les fautes imputées ne peuvent entraîner que la destitution, ou des peines de discipline ou de correction, elle prendra nos ordres pour faire son rapport au conseil d'état.

» 21. Dans le cours de l'instruction, l'inculpé pourra être entendu sur sa demande, ou par délibération du conseil d'état. — Il aura aussi la faculté de produire sa défense par écrit. — Les mémoires qui la contiendront seront signés par lui ou par un avocat au conseil, et ne seront point imprimés.

» 22. Le conseil d'état pourra prononcer qu'il y a lieu à réprimander, censurer, suspendre ou même destituer le fonctionnaire inculpé.

» 23. La décision du conseil d'état sera soumise à notre approbation, dans la forme ordinaire ».]]

[[HAUTE POLICE (SURVEILLANCE DE LA). *V. Surveillance de la haute police.*]]

HAYAGE. *V. Hallage.*

* HERBAGE. Terme collectif qui comprend toutes sortes d'herbes.

L'art. 12 du tit. 32 de l'ordonnance des eaux et forêts veut que tout particulier qui coupe ou ramasse de jour des Herbages de quelque nature que ce soit, dans les forêts du roi, soit condamné la première fois à cent sous d'amende, pour faix à cou; à 20 liv. pour charge du cheval ou bourrique; et à quarante liv. pour charrette; et au bannissement des forêts, même du ressort de la maîtrise, pour la troisième fois; et que dans tous les cas, les chevaux, bourriques et harnais chargés soient confisqués au profit du roi. (M. GUYOT.) *

[[Ces dispositions pénales, sauf celle du bannissement, sont maintenues par l'art. 609 du Code des délits et des peines, du 3 brumaire an 4. *V. Délit forestier*, §. 2, et *inutile*, n. 2.]]

* Les coutumes d'Anjou, art. 182, et du Maine, art. 200, appellent *droit d'herbage et de pâturage*, un droit d'usage dans les bois d'autrui pour le pacage des bestiaux.

L'ancienne coutume de Saint-Pol, art. 59, appelle *droit d'issue d'herbage*, une espèce de droit de hallage, qui est apparemment dû sur les herbes et légumes. Cet article porte qu'il est dû aux seigneurs hauts-justiciers ou vicomtiers, « *droits d'issue d'herbage* et estallages des marchandises et autres choses que l'on vend ou achète ès-mains de leurs seigneuries, sur et à peine d'amende de 60 sous parisis. » — [[Ce droit est supprimé. *V. Hallage.*]]

L'art. 3 de la coutume de Vimeu, locale d'Amiens, donne le nom de *franc-herbage* à l'exemption du droit de *vif* ou *mort herbage*.

Il est question de ce dernier droit dans plusieurs coutumes de Picardie et d'Artois, telles que sont celles d'Amiens, art. 181; Boulogne-sur-mer, art. 35; Herly, art. 3; Hesdin, art. 2; Montreuil, art. 28; Ponthieu, art 92 et 93; Saint-Pol, ancienne coutume, art. 42; Saint-Riquier, art. 1; Vimeu, art. 3 et 4, etc.

Bourdot de Richebourg, sur l'art. 181 de la coutume d'Amiens, définit ainsi le *vif et mort herbage:* « C'est un droit seigneurial appartenant au seigneur haut ou moyen justicier et vicomtier, sur tous ses sujets tenant héritages roturiers non francs, et qui se prend sur les bêtes à laine. Le *vif herbage* porte ce nom, parce que pour cette redevance on paye une bête vive, un chef sur dix, vingt ou ving-cinq, suivant les coutumes. Dans celles-ci, c'est au-dessus de vingt. Le *mort herbage* n'est qu'un denier parisis, une maille ou obole, qui se paye pour ceux qui ont au-dessous du nombre pour lequel se lève le vif Herbage. Il est nommé *mort herbage*, parce qu'il se paye en deniers, qui est une chose morte ».

On doit néanmois remarquer, sur cette définition, que, quoique les coutumes d'Amiens et de Saint-Riquier exigent que le seigneur ait haute ou moyenne justice, pour prendre le droit d'Herbage, celles de Ponthieu, de Montreuil et de Vimeu l'accordent à celui qui a la justice, soit vicomtière, soit foncière. Celle du Boulonnais l'attribue même à tout seigneur de censive, puisqu'elle dit simplement *au seigneur*. (M. GARRAN DE COULON.)*

[[L'art. 14 du tit. 1 de la loi du 13 avril 1791 déclare « abolies sans indemnité... les redevances... que les ci-devant seigneurs justiciers se faisaient payer pour raison de la vaine pâture, ensemble le droit qu'ils s'étaient attribué en certains lieux d'admettre les forains à ladite vaine pâture dans l'étendue de leurs justices ».]]

HÉRÉDITÉ. On appelle ainsi la succession à l'universalité des droits actifs et passifs d'un défunt, tels qu'ils existaient au moment de sa mort. C'est la définition qu'en donne la loi 62, D. *de regulis juris*.

I. La réunion de tous les droits successifs ne forme une Hérédité proprement dite, qu'avant l'adition de l'héritier présomptif; car après l'adition, tout le patrimoine du défunt se confond avec celui de son successeur, et on cesse alors de l'appeler *Hérédité*.

II. Quoiqu'une Hérédité comprenne tous les biens meubles et immeubles du défunt, on ne laisse pas de la considérer comme une chose purement incorporelle, parce qu'il n'est pas de son essence qu'il s'y trouve des biens : *Hereditas etiam sine ullo corpore juris intellectum habet* : ce sont les termes de la loi 50, D. *de petitione hereditatis*. Ainsi, un homme qui ne laisse rien en mourant, ne laisse pas d'avoir une Hérédité comme le plus riche propriétaire.

Il suit de là qu'il ne faut pas confondre les biens d'un défunt avec son Hérédité. On n'appelle biens que ce qui reste après toutes les lettres acquittées : *bona intelliguntur cujusque quæ deducto ære alieno supersunt*, dit la loi 39, §. 1, D. *de verborum significatione*. Mais l'Hérédité comprend aussi bien le passif que l'actif.

Cette différence est d'un grand secours pour la décision de quelques controverses relatives à la légitime des enfans. Les interprètes sont fort partagés sur la question de savoir si la légitime est une quotité des biens, ou une quotité de l'Hérédité. Si elle n'est qu'une quotité des biens, il ne faut pas se rendre héritier pour la demander; et conséquemment lorsqu'après l'avoir obtenue, on se trouve inquiété par des créanciers du défunt, on n'est tenu envers eux que jusqu'à la concurrence de la valeur des effets et des biens qu'on a reçus en qualité de légitimaire. Si au contraire la légitime est une quotité de l'Hérédité, il faut prendre la qualité d'héritier pour en faire la demande; et en la recevant, on se soumet indéfiniment aux dettes, à proportion de la part qu'elle forme dans l'Hérédité. Par la même raison, si la légitime est une quotité des biens, le légitimaire n'est pas obligé de garantir l'aliénation de son propre bien, faite par le défunt; mais il y est tenu à raison de sa part, si la légitime est une quotité de l'Hérédité. *V. Légitime*, sect. 2, §. 1.

III. C'est une question si l'Hérédité représente la personne du défunt, ou celle de l'héritier présomptif. Justinien semble décider généralement pour la personne du défunt : *Nondùm adita Hereditas*, dit-il en ses Institutes, liv. 2, tit. 14, §. 2, *personæ vicem sustinet, non heredis futuri, sed defuncti*. Mais ce législateur ne s'explique ainsi que par rapport à la faculté qu'il donne à tout testateur, d'instituer héritier un esclave dont le maître décédé n'a pas encore d'héritier déclaré : on ne peut donc pas étendre sa décision à d'autres cas; et conséquemment il faut examiner si, pour les autres cas, il ne se trouve pas quelques textes qui la contredisent ou la modifient.

Voët fait, à cet égard, une distinction très-juste. Une Hérédité non appréhendée, dit il, n'appartient à personne, *nullius in bonis est*, ni quant à la propriété, ni quant à la possession : c'est pourquoi les lois romaines décident qu'il ne peut pas se faire de vol d'une chose héréditaire, parce qu'on ne peut pas trouver dans la soustraction d'un effet de cette nature ce qui caractérise proprement le vol, c'est-à-dire, *contrectatio rei alienæ invito domino facta*. Cette soustraction s'appelle proprement *spoliation d'Hérédité*.

Cependant, continue Voët, l'Hérédité non appréhendée représente la personne du défunt dans tout ce qui est droit. Ainsi, un esclave héréditaire peut être institué héritier du chef de son maître décédé; il peut également stipuler et acquérir pour l'Hérédité dont il fait partie. C'est la décision expresse de Justinien, à l'endroit cité des Institutes, et au tit. 18 du livre 3 du même ouvrage.

Mais dans tout ce qui est de fait, c'est-à-dire, dans tout ce qui requiert le ministère et l'intervention réelle de la personne d'un propriétaire, l'Hérédité représente l'héritier apparent à qui elle est déférée; ainsi, comme on vient de le voir, un esclave peut bien être institué héritier du chef de son maître décédé; mais il ne peut pas appréhender de lui-même la succession de celui qui l'a institué, pour la consolider avec celle dont il fait partie; il faut pour cela qu'il attende l'adition et les ordres de l'héritier apparent, à qui il doit appartenir. Par la même raison, ce serait en vain qu'un esclave héréditaire ferait l'acquisition d'un usufruit; une pareille acquisition ne profiterait point à l'Hérédité, au moins pendant tout le temps qu'elle demeurerait jacente, parce que, dit la loi 61, *de acquirendo rerum dominio*, au Digeste, *ususfructus sine personâ esse non potest*.

Cette même loi établit formellement la distinction que nous venons de proposer : *Hereditas*, dit-elle, *in multis partibus juris pro domino habetur : ideòque hereditati quoque ut domino per servum hereditarium acquiritur in his sanè in quibus factum personæ operæve substantia desideratur, nihil hereditati quæri per servum potest : ac proptereà quamvis servus hereditarius heres institui possit, tamen quia adire jubentis domini persona desideratur, heres expectandus est.*

La maxime établie par cette loi, qu'il faut attendre l'immixtion de l'héritier pour toutes les affaires héréditaires qui demandent l'intervention réelle de l'homme, n'est pas si générale qu'elle ne soit susceptible de quelque exception : par exemple, pour recevoir le payement d'une dette, il faut certainement le ministère du créancier : cependant il n'est pas douteux que les débiteurs d'une Hérédité ne puissent se libérer en consignant après avoir fait les sommations et les offres ordinaires au domicile du défunt. La raison en est qu'un débiteur doit avoir en tout temps la faculté d'acquitter sa dette, et que la mort du créancier ne doit pas rendre sa condition plus désavantageuse, en le forçant d'attendre, pour se libérer, qu'il ait plu à l'héritier apparent de prendre qualité ou de renoncer. On doit, en ce cas, considérer le créancier comme s'il était absent ; circonstance dans laquelle on serait incontestablement fondé à prendre son absence et son défaut d'avoir chargé quelqu'un de recevoir en son nom, pour refus.

IV. La demande d'une Hérédité se forme par une action, connue dans le droit romain sous le nom de *petitio hereditatis*. Cette action est mixte, c'est-à-dire, partie réelle et partie personnelle. Elle est réelle par rapport aux choses sur lesquelles le défunt avait un droit acquis au moment de sa mort, parce que la propriété, qui est le fondement de toute action de cette nature, a passé directement du défunt à son héritier : elle est personnelle relativement aux choses qui ont augmenté l'Hérédité depuis son ouverture, parce que le défunt n'ayant, à cet égard, transmis aucun droit de propriété à son héritier, celui-ci n'a pour les recouvrer qu'une action contre les personnes qui ont *quasi contracté* avec lui en les administrant.

V. C'est parce que cette action est mixte, que les lois romaines fixent sa durée à trente ans : notre jurisprudence est conforme sur ce point à leur disposition.

Nous avons cependant quelques coutumes qui déclarent cette action prescrite par un moindre terme : telles sont entre autres celles d'Artois, de Douai, et de la gouvernance de Douai, qui, n'accordant que vingt ans pour l'exercice de toute espèce d'actions réelles et personnelles, comprennent certainement la demande d'Hérédité dans cette restriction.

L'art. 15 du chap. 107 des chartes générales de Hainaut s'éloigne encore davantage du droit commun : il porte que les actions en demande d'Hérédités mobilières se prescriront par le laps de douze ans, à compter, pour les majeurs, du jour de l'ouverture de la succession ; et pour les mineurs, du jour où ils auront atteint l'âge de majorité ; mais que ce terme ne courra point contre les absens ; et que ceux-ci auront, après leur retour, un délai de six ans pour agir.

La coutume de Valenciennes paraît d'abord limiter à un an la durée des demandes d'Hérédité en ligne collatérale : voici, en effet, ce qu'elle porte, art. 14[…] « pour faire appréhension des héritages et rentes succédés en ligne collatérale, il convient en faire appréhension par clain, en dedans l'an ensuivant le trépas du propriétaire décédé ». — Mais ce qu[i] prouve que le défaut d'avoir appréhendé les bien[s] dans l'année n'est point, dans cette coutume, un titre d'exclusion pour l'héritier présomptif, c'est qu[e] l'art. 148 ajoute que, faute par les parens d'appréhender une succession dans le temps marqué, l[e] juge doit en faire l'appréhension, à la charge d'e[n] rendre compte à ceux qui justifieront y avoir droit. Aussi a-t-il été jugé, par arrêt du parlement d[e] Flandre, du 10 avril 1696, confirmatif d'une sen[-]sence de l'échevinage de Valenciennes, du 17 mar[s] 1695, qu'un parent pouvait encore, après vingt-si[x] ans, demander sa part dans une Hérédité dont u[n] autre parent du même degré avait appréhend[é] la totalité. — On trouvera à l'article *Succession* sect. 1, §. 6, un arrêt plus récent qui juge la mêm[e] chose.

[[Aujourd'hui, l'action appelée en droit *Pét[i]tion d'hérédité*, dure trente ans dans toute la Franc[e]. *V.* le Code Napoléon, art. 2262.]]

VI. Pour intenter une action en demande d'Héré[-]dité, il faut être héritier légitime ou testamen[-]taire.

Celui qui l'intente comme héritier légitime do[it] justifier de sa parenté au défunt ; mais il n'est poi[nt] tenu, au moins envers un étranger, de prouver qu['il] ne se trouve personne dans un degré plus proch[e] que lui. Ce n'est que contre un autre parent qu['il] peut être obligé à cette preuve. Mascardus, Cova[r]ruvias, Tiraqueau et Voët établissent très-bien cet[te] distinction.

Celui qui demande une hérédité en vertu d'[un] testament, doit le produire en bonne forme ; mais [il] n'est point obligé de prouver que ce testament n['a] point été révoqué par un acte postérieur ; c'est à cel[ui] qui veut se prévaloir d'une révocation, à la vérifie[r]. La loi 11, C. *de probationibus*, en contient une di[s]position expresse.

VII. L'action en demande d'Hérédité s'inten[te] contre celui qui possède l'universalité ou une pa[r]tie des choses héréditaires, soit à titre d'héritie[r], *pro herede*, soit à titre de simple possesseur, *p[ro] possessore*. On possède *pro herede*, quand on croit, de bonne foi, héritier, ou même quand [on] a acheté l'Hérédité de quelqu'un qu'on savait n'ê[tre] pas héritier ; ce qui est fondé sur la règle de dro[it] *nemo prædo est, qui pretium numeravit*. On p[os]sède *pro possessore*, quand on ne peut rend[re] compte d'aucun titre par lequel on soit fondé à [se] dire héritier, et qu'on est borné à la maxime, *po[s]sideo quia possideo*. *V.* sur cette distinction, loi 11, D. *de petitione hereditatis*.

Ceux qui possèdent à titre d'achat, de donatio[n]

d'échange, etc., des biens ou effets singuliers d'une succession, ne peuvent pas être poursuivis par l'action et demande d'Hérédité, parce que cette action, étant du nombre de celles qu'on appelle en droit *universelles*, ne peut pas être intentée contre des possesseurs à titre particulier; on n'a contre ceux-ci qu'une action de revendication; et cette action est sujette à la prescription ordinaire de dix ou vingt ans, comme le décide la loi 4, C. *in quibus causis cessat longi temporis præscriptio* [[ainsi que l'art. 2265 du Code Napoléon]], et comme l'a jugé un arrêt du 24 avril 1673, rapporté au journal du palais. *V. Succession.*

VIII. L'action en demande d'Hérédité tend à faire condamner celui contre qui elle est dirigée, à restituer, 1° toutes les choses héréditaires qu'il possède, ou qu'il a cessé de posséder; 2° tous les fruits et intérêts qu'il a perçus ou dû percevoir depuis l'ouverture de la succession.

Il y a, sur ces deux objets de restitution, plusieurs différences remarquables entre le possesseur de bonne foi et le possesseur de mauvaise foi.

A l'égard des choses héréditaires, le possesseur de mauvaise foi est tenu de restituer, non-seulement celles qu'il possède, ou qu'il a cessé de posséder par dol ou négligence, mais encore celles qu'il a négligé d'acquérir au nom de l'Hérédité, comme s'il a laissé prescrire les dettes actives. Le possesseur de bonne foi, au contraire, n'est tenu des choses qu'il a cessé de posséder, que jusqu'à concurrence du profit qui lui en reste; de sorte que, si un héritier partiaire, qui aurait eu juste sujet de se croire héritier universel, avait dissipé de bonne foi une grande partie de l'Hérédité, ses co-héritiers ne pourraient lui demander partage que dans ce qui lui resterait. La loi 25, D. *de petitione hereditatis*, décide clairement ces différens points.

La même loi propose une espèce assez remarquable. — Un possesseur de bonne foi, qui a fait des dépenses extraordinaires, dans son train de vie, par la considération de l'Hérédité qu'il croyait lui être dévolue, peut-il, en restituant la succession aux véritables héritiers, les forcer à lui tenir compte de ses dépenses? — La loi distingue si c'est de ses propres fonds, ou de la caisse de l'Hérédité, qu'il a tiré les deniers nécessaires pour l'augmentation de son train de vie. Dans le premier cas, elle dispense les héritiers de lui faire quelque déduction à ce sujet; ce qu'elle étend même à la circonstance où, manquant d'espèces monnayées pour fournir à l'augmentation de son train, il en aurait emprunté d'un étranger à qui il aurait donné des biens héréditaires en hypothèque, par la raison que sa personne est principalement obligée à cet emprunt, et que les choses hypothéquées ne donnent au créancier qu'une sûreté accessoire. Dans le second cas, la loi veut que les héritiers lui fassent raison des dépenses extraordinaires auxquelles il a été engagé par la fausse persuasion où il était d'avoir recueilli une succession qui lui appartenait légitimement.

A l'égard des fruits, le possesseur de mauvaise foi est tenu de restituer tous ceux qu'il a perçus ou dû percevoir depuis le commencement de sa jouissance, et même d'en payer les intérêts du jour de la demande. C'est la disposition expresse de la loi 51, au titre cité.

La loi 20, §. 14 du même titre, décharge néanmoins le possesseur de mauvaise foi des fruits civils qu'auraient pu produire les deniers héréditaires, s'il les avait prêtés à intérêt. — On pourrait opposer à cette disposition celle de la loi 62, dans laquelle Papinien établit que le possesseur de mauvaise foi doit faire raison à l'héritier des profits qu'il aurait pu tirer d'un navire, s'il ne l'avait pas toujours laissé dans le port; mais il y a une différence très-sensible entre ces deux espèces. — Dans la première, le possesseur aurait prêté les deniers à ses risques et périls; c'est sur lui que serait retombé l'évènement très-ordinaire de l'insolvabilité d'un débiteur: on ne peut donc pas lui faire un crime de ne s'y être pas exposé. — Dans la seconde, les risques de la navigation ne regardaient par le possesseur, parce que personne n'est garant des cas fortuits. Le possesseur n'avait donc rien à craindre, en faisant du navire l'usage auquel il était destiné, et conséquemment il doit indemniser l'héritier du tort qu'il lui a causé en laissant le navire oisif.

Le possesseur de bonne foi n'est tenu de restituer les fruits perçus avant la demande, qu'autant qu'ils sont encore en nature, ou qu'il lui en reste encore quelque profit au temps du jugement. C'est la disposition de la loi 40 du titre cité. mais Stockmans dit que, dans nos mœurs, on ne distingue plus si les fruits perçus par le possesseur de bonne foi l'ont rendu plus riche, ou non; et qu'on ne l'oblige, dans un cas comme dans l'autre, qu'à la restitution de ceux qu'il a perçus depuis la demande formée contre lui. Il rapporte deux arrêts de la cour souveraine féodale de Brabant, qui l'ont ainsi jugé: le prem[illegible] rendu en révision, le 21 octobre 1640; le second, [illegible] 16 juillet 1652. — D'Argentrée, sur la coutume de Bretagne, atteste la même chose: c'est aussi ce que suppose Bourjon, dans son *Droit commun de la France.* — [[L'art. 549 du Code Napoléon consacre cette doctrine par la manière générale et indéfinie dont il s'explique sur le possesseur de bonne foi. *V. Fruits*, n. 4, et l'arrêt du 18 novembre 1809, rapporté à l'article *Usufruit paternel.*]]

Quant aux fruits échus depuis la demande, le possesseur de bonne foi est tenu de restituer, non-seulement ceux qu'il a perçus, mais encore ceux qu'il a négligé de percevoir: sa condition ne diffère point, à cet égard, de celle du possesseur de mauvaise foi, parce que la demande fait cesser sa bonne foi.

Mais doit-il les intérêts de ces fruits? La loi 51, §. 1, du titre cité, décide qu'il ne les doit pas; et, ce qui paraît singulier au premier abord, elle étend virtuellement sa décision aux fruits dont un possesseur de mauvaise foi a fait la perception après la demande judiciaire. — On a vu plus haut qu'un possesseur de cette dernière qualité doit les intérêts des fruits qu'il a perçus avant la demande; pourquoi donc ne doit-il pas également ceux des fruits perçus après ? C'est la loi elle-même qui nous indique la raison de cette différence. Les fruits perçus avant que l'action soit intentée augmentent d'eux-mêmes la masse de l'Hérédité; conséquemment ils sont censés compris dans la demande de l'héritier ; mais ceux que le possesseur perçoit après ne font pas partie de l'objet principal de la cause; ils ne sont dus que par l'office du juge ; et l'héritier ne les obtient que comme des accessoires de l'objet de sa demande : or, disent les interprètes, *accessionis non datur accessio*.

La jurisprudence des tribunaux paraît avoir adopté cette distinction, tant à l'égard des possesseurs de bonne foi, qu'à l'égard des possesseurs de mauvaise foi. [[C'est ce qui résulte des arrêts cités dans le plaidoyer du 1er messidor an 12, rapporté à l'article *Fruits*, n° 3.]] — Dulauri, §. 180, rapporte un arrêt du grand conseil de Malines, du 7 juillet 1613, qui, en condamnant un possesseur de bonne foi à restituer les fruits d'une Hérédité depuis la demande, l'a expressément déchargé des intérêts de ces fruits. Le même magistrat ajoute que, par un autre du 4 juillet 1617, que Cuvelier date du 14 juillet 1614, le même tribunal a jugé qu'un possesseur de mauvaise foi devait restituer tous les fruits perçus depuis la demande, sans intérêts, et tous ceux qu'il avait perçus avant la demande, avec intérêts.

V. les titres *de petitione hereditatis*, dans le Digeste et dans le Code; les *lois civiles* de Domat ; *le droit commun de la France;* le *traité des Successions* de Lebrun ; Voët, *ad Pandectas*, les arrêts de Cuvelier, Dulauri, Desjaunaux, Pollet, etc. *V.* aussi *Action, Dernier ressort*, §. 12; *Héritier, Impenses, Intérêts, Légitime, Partage, Pétition d'hérédité, Prescription, Succession, etc.*

HÉRITIER. Ce terme s'employait autrefois pour désigner un propriétaire à quelque titre que ce fût. Le verset du psaume 36 se sert du mot *Héritier* pour *acquérir la propriété*. Justinien nous apprend, au titre *de Heredum qualitate et differentiâ*, dans les Institutes, que le mot *acte d'Héritier* signifie la même chose que *acte de propriétaire ;* et il en donne cette raison : *veteres enim heredes pro dominis appellabant*. Cujas remarque sur ce texte, que *heres* est formé de *herus*, maître.

Nous avons encore plusieurs coutumes qui emploient indistinctement les mots *Héritier* et *Propriétaire :* telles sont, par exemple, les chartes générales de Hainaut, ch. 117, art. 1, 9, 11, 12 et 15.

Mais dans l'acception la plus commune, on entend par *Héritier*, celui qui recueille, à titre successif, tous les droits actifs et passifs qu'avait un défunt au moment de sa mort.

Le droit naturel ne connaît point d'Héritiers.

Dans l'ordre de la nature, la mort, en nous dépouillant de tous les biens que nous possédons, nous ôte avec eux le droit de les transmettre à nos proches ou à nos amis : car nous ne pouvons pas donner ce que nous n'avons plus. Ce serait donc au premier occupant que devrait naturellement appartenir le patrimoine de chaque individu qui abandonne la vie ; mais cette règle ferait naître des combats presque continuels, si elle était mise en pratique ; il est d'ailleurs dans le vœu de l'équité que chaque personne ait, en mourant, la consolation de prévoir que ses biens seront partagés conformément à ses desirs; aussi voyons-nous que, chez tous les peuples, les législateurs se sont attachés à régler l'ordre des successions, à les déférer à certaines personnes plutôt qu'à d'autres.

Ce sont ces personnes, choisies par les lois de chaque peuple pour succéder aux défunts, que nous appelons *Héritiers*. — Nous allons d'abord en faire connaître de différentes espèces; nous donnerons, après cela, une idée des conditions nécessaires pour pouvoir prendre cette qualité; et nous finirons par le détail des droits, tant actifs que passifs, qui y sont attachés.

Section I. *Des différentes espèces d'Héritiers.*

On peut rapporter toutes les divisions que l'on fait communément des Héritiers à trois points de vue principaux ; et c'est ce que nous allons faire en considérant les Héritiers, 1° par rapport aux différens titres qui les forment ; 2° par rapport aux différentes manières dont ils appréhendent les successions qui leur sont déférées ; 3° par rapport à la nature et à l'étendue des avantages qu'ils en retirent.

§. Ier. *Première division des Héritiers, tirée de la différence des titres qui les forment. — Et d'abord des Héritiers institués.*

La qualité d'Héritier ne peut avoir d'autre source que la volonté de l'homme ou la loi ; et de là vient la division générale des Héritiers en institués et en légitimes.

I. Les Héritiers institués excluent toujours les Héritiers légitimes, lorsque rien ne fait obstacle à la validité de l'institution, parce que, toutes choses égales, la volonté de l'homme prévaut toujours sur les dispositions de la loi. C'est la décision expresse de la loi 89, D. *de regulis juris : quandiù*, dit-elle, *possit valere testamentum, tandiù legitimus non admittitur.*

On peut instituer un Héritier de deux manières, par acte entre-vifs et par testament ; et c'est pourquoi on sous-divise les Héritiers institués en Héritiers contractuels et en Héritiers testamentaires.

On verra, à l'article *Institution contractuelle*, l'origine, les progrès et l'état actuel de cette manière d'instituer des Héritiers.

Les Héritiers testamentaires tirent tous leurs droits des actes de dernière volonté de ceux à qui ils succèdent. Ces sortes d'actes furent autorisés à Rome par cette disposition de la loi des douze tables : *Uti quisque legassit suæ rei, ita jus esto.*

La plupart des nations les ont aussi reçus; mais il en est encore quelques-unes qui en ignorent absolument l'usage, comme on peut le voir dans le Commentaire de Voët sur le Digeste.

II. Les Héritiers institués, tant contractuels que testamentaires, se sous-divisent encore en Héritiers libres, en Héritiers fiduciaires ou grevés, en Héritiers fidéicommissaires et en Héritiers nommés ou élus.

Les Héritiers libres sont ceux qui ne sont point chargés de substitution, ou qui, en étant chargés contre la prohibition de la loi, sont dispensés de les exécuter.

Les Héritiers fiduciaires ou grevés sont ceux qui sont institués à la charge de remettre la succession à d'autres personnes.

Quoique ces mots *fiduciaires* et *grevés* soient employés dans le même sens par les lois romaines, on ne laisse pas, dans notre usage, de leur attribuer des significations différentes.

On donne la qualité d'*Héritiers grevés* à ceux qui ont le droit de jouir, soit toute leur vie, soit pendant un certain temps, des biens compris dans l'institution, et qui sont seulement tenus de les laisser à leur mort, ou après la révolution du temps fixé pour leur jouissance, à ceux qui sont appelés à la substitution, s'ils se trouvent encore vivans à cette époque.

Et par *Héritiers fiduciaires*, on entend ceux qui sont institués uniquement pour avoir l'administration des biens de l'hérédité, et qui, en conséquence, sont obligés, dans le temps marqué par l'institution, de restituer ces biens avec les fruits qu'ils en ont perçus *V. Fiduciaire* (*Héritier*).

Les Héritiers fidéicommissaires sont ceux qui reçoivent, des mains des Héritiers grevés, l'hérédité que ceux-ci avaient appréhendée à charge de la leur remettre.

On appelle *Héritier nommé* ou *élu*, tantôt l'Héritier direct qui a été désigné par un tiers à qui le testateur en avait conféré le droit (1); tantôt celui d'entre plusieurs fidéicommissaires qui a été choisi par le grevé, en conséquence du pouvoir que donnait à celui-ci le titre même de son institution.

III. Nous n'approfondirons point ici tout ce qui concerne la vocation des différentes espèces d'Héritiers institués que nous venons de parcourir, parce que nous ne ferions que répéter ce qui est dit aux articles *Choix*, *Institution d'héritier* et *Substitution fidéicommissaire*.

Nous observerons seulement, comme une chose plus analogue à cet article, que, dans une grande partie de la France, c'est improprement qu'on appelle *Héritiers* tous ceux qui recueillent une succession par l'effet de la volonté de l'homme. Développons cette idée.

IV. Le principe d'où il faut partir est que, dans toute la France, *le mort saisit le vif*: il résulte en effet de cette règle, que nous ne reconnaissons pour *Héritiers* proprement dits, que ceux qui sont saisis de plein droit, par la mort du défunt, de tous les biens possédés par celui-ci; car, dès qu'on est obligé de demander à un tiers la délivrance de ce à quoi l'on est appelé par la volonté du défunt, il est sensible qu'on ne représente pas immédiatement celui à qui il s'agit de succéder, et que, par conséquent, on ne peut pas être considéré comme son Héritier.

Parcourons donc les différentes classes d'Héritiers institués, pour voir si chacun d'eux est saisi ou non : il résultera de cet examen une détermination précise des cas où l'institution fait des Héritiers proprement dits, et de ceux où elle ne fait que des donataires ou légataires.

V. Pour commencer par les Héritiers contractuels, il est constant que tous les parlemens de droit écrit leur attribuent l'effet de la maxime, *le mort saisit le vif*; c'est aussi ce que font les coutumes de Bourbonnais, art. 219; d'Auvergne, chap. 14, art. 26; et de Nivernais, tit. 27, art. 12.

Mais doit-on étendre cette jurisprudence aux autres pays coutumiers?

Lebrun dans son *Traité des Successions*, Laurière dans son *Traité des Institutions et Substitutions contractuelles*, et Bourjon dans son *Droit commun de la France*, adoptent l'affirmative : ce sentiment est aujourd'hui sans contradicteurs.

Nous avons cependant quelques coutumes qui le rejettent. L'art. 1 du chap. 13 de celle de Montargis porte «qu'on ne peut instituer Héritier par testament et ordonnance de dernière volonté, *ni autrement*; car institution d'Héritier n'a point de lieu selon la coutume». Cette disposition est certainement trop générale pour ne pas comprendre les institutions contractuelles; aussi l'Hoste, commentateur de cette coutume, n'a-t-il pas oublié d'en faire la remarque.

On pourrait peut-être assimiler la jurisprudence du Hainaut à celle de la coutume de Montargis; car, suivant l'art. 23 du chap. 29 des chartes générales, «la devise en traité de mariage que la fille aura ses biens immeubles de ses père et mère, égale part et portion à son frère, sera vaillable et exécutoire en action personnelle, pour avoir l'équivalent». L'art. 4 du même chapitre déclare également que «promesse de mariage, pour biens immeubles, ne sera entendue qu'action personnelle, n'est qu'icelle soit réalisée par avis de père et mère, ou déshéritance».

La disposition de ces deux textes est fondée sur le principe qu'en Hainaut les obligations ne sont exécutoires que *pour l'équivalent*, à moins qu'elles ne soient *réalisées* par un partage entre enfans ou par des devoirs de loi : toute stipulation qui n'a pas été réalisée par l'une ou l'autre voie ne produit qu'une action personnelle; et celui qui l'a contractée n'est, ainsi que ses Héritiers, tenu que de l'estimation des immeubles qui en sont l'objet. *V. Equivalent* et *Confusion*, §. 2.

On voit par-là, qu'une personne instituée contractuellement dans des biens du Hainaut, ne peu.

(1) *V.* l'article *Legataire*, §. 2, n. 18 *bis*.

pas en être saisie par le décès de l'instituant, si ce n'est dans les cas où le contrat de mariage a été réalisé; ainsi, lorsque cette formalité a été négligée, on ne peut regarder l'institué comme saisi des biens, ni même de leur équivalent : point des biens, puisque l'Héritier légitime de l'instituant peut les retenir, en lui en payant la valeur; point de l'*équivalent*, puisqu'il ne peut l'obtenir que par une action personnelle, que les chartes générales lui permettent d'intenter à cet effet.

Gardons-nous cependant d'inférer de là que les chartes du Hainaut rejettent l'application que les auteurs et les coutumes citées font aux Héritiers contractuels de la maxime, *le mort saisit le vif.* L'indisponibilité des biens n'empêche pas, suivant la remarque de Lebrun, que l'institution contractuelle ne fasse un véritable Héritier : et, en effet, lors même qu'il y a dans la succession des biens indisponibles, l'institué par contrat de mariage est saisi de tout ce que la coutume ne réserve pas à l'Héritier naturel; celui-ci contribue même avec lui au payement des dettes, *indéfiniment au respect des créanciers, et entr'eux selon l'émolument.*

[[Au surplus, ce qu'il y a à cet égard de particulier dans les lois du Hainaut, est abrogé par la loi du 13 avril 1791. *V. Déshéritance.*

Quant à la coutume de Montargis, sa disposition extraordinaire sur l'institution contractuelle est abrogée par l'art. 7 de la loi du 30 ventôse an 12.]]

VI. Les institués par testament sont considérés, dans les pays de droit écrit, comme de vrais Héritiers; et, en cette qualité, on les regarde comme saisis. La raison en est que les lois romaines les subrogent, pour ainsi dire, aux Héritiers *ab intestat*, en donnant à la disposition de l'homme l'effet de faire entièrement cesser, à cet égard, la disposition du droit.

Cette jurisprudence est même expressément confirmée par quelques coutumes des pays dont nous parlons. L'art. 64 de celle de Bordeaux porte que « le mort saisit le vif en quelque manière qu'il succède, par testament ou sans testament ».

Celle du duché de Bourgogne, chap. 7, art. 4, dit : « si le testateur dispose des deux parts de ses biens, en autres personnes qu'en ceux qui, par droit et coutume, lui peuvent et doivent succéder, faire le peut; et en sont saisis ceux qu'il aura institués Héritiers, par son testament valablement fait et selon raison, èsdites deux parts ».

L'art. 43 de la coutume du comté de Bourgogne est encore plus précis : « le mort saisit le vif, son Héritier testamentaire institué en testament solennel ou nuncupatif ».

VII. A l'égard des pays coutumiers, il faut diviser en trois classes les dispositions que les coutumes renferment sur cette matière.

Quelques-unes, adoptant la jurisprudence des pays de droit écrit, donnent aux institués par testament, la qualité d'Héritiers proprement dits; la plupart ne les considèrent que comme des légataires; d'autres ne donnent aucun effet à ces institutions.

La coutume de Berry est de la première classe. « Et bien (porte-t-elle, tit. 18, art. 7) que l'Héritier testamentaire qui ne doit avoir que la moitié, ne fût habile de succéder *ab intestat*, et conséquemment saisi par la rigueur de la coutume générale de France, néanmoins pour éviter circuit, sera saisi, et pourra intenter remèdes possessoires, ainsi que l'Héritier *ab intestat*, tant pour ladite moitié, que pour le tout, où l'institution d'Héritier a lieu pour le tout ».

Les coutumes de la seconde classe forment le plus grand nombre : elles sont presque toutes calquées sur celle de Paris. Voici comment est conçu l'art. 299 de celle-ci : « Institution d'Héritier n'a lieu, c'est-à-dire, qu'elle n'est requise ni nécessaire pour la validité d'un testament; mais ne laisse de valoir la disposition jusques à la quantité des biens dont le testateur peut valablement disposer par la coutume». — Cet article ne décide pas si c'est comme institution ou comme legs qu'il fait valoir la disposition dont il parle; mais tous les auteurs s'accordent à dire qu'elle ne vaut que comme legs; et c'est ce qui résulte de l'art. 318, suivant lequel, « le mort saisit le vif, son hoir plus proche et habile à lui succéder ». — En effet, si l'Héritier *ab intestat* est seul saisi, comme le fait voir ce dernier texte, il faut nécessairement que l'institué par testament soit obligé de lui demander délivrance, et par conséquent que l'institution ne soit considérée que comme un legs, et l'institué comme un légataire. Telle est d'ailleurs la décision expresse de plusieurs coutumes et entre autres de Sens, art. 70; d'Auxerre, art. 227; du Grand-Perche, art. 121; d'Auvergne, chap. 12, art. 40; de Rheims, art. 285, etc.

Les coutumes de la troisième classe, c'est-à-dire, celles qui ne donnent pas même aux institutions testamentaires l'effet de legs, ne sont pas aisées à discerner.

Rousseaud de Lacombe, dans sa *Jurisprudence civile*, range dans cette classe Nivernais, Montargis, Blois, Vitry, Meaux, Chaumont et Senlis; et de la Lande, sur l'art. 287 de la coutume d'Orléans, y ajoute Bourbonnais et Auvergne. Voyons si ces deux auteurs ne se sont pas trompés en quelques points.

La coutume de Nivernais, chap. 33, art. 10, après avoir dit qu'*institution ne substitution d'héritier par testament n'autrement*, *n'ont point de lieu*, ajoute un peu plus bas : *et combien que ladite institution ne vaille, ne sera pourtant vicié ledit testament ès autres choses.* Ces derniers termes paraissent annoncer que l'institution testamentaire ne produit aucun effet dans cette coutume. Cependant Coquille, sur cet article même, décide, sans hésiter, que les institutions d'Héritier valent en Nivernais comme legs; et tel est l'usage constant du pays. [[*V.* mon *Recueil de Questions de droit*, au mot *héritier*.]]

L'assertion de Rousseaud de Lacombe est plus exacte par rapport à la coutume de Vitry, dont l'art. 101 déclare *qu'institution d'héritier par testament, n'autrement, n'a lieu, au préjudice de l'héritier prochain habile à succéder;* car Dumoulin dit, dans sa note sur cet article : *Et sic nec in vim quidem legati valet sub hac consuetudine* : c'est aussi ce que pense Chopin sur la coutume de Paris, liv. 2, tit. 4; et c'est ce qu'a jugé un arrêt de la prononciation solennelle de Pâques 1567.

Il en est de même de la coutume de Meaux, dont la disposition est absolument conforme à celle de Vitry : *Institution d'héritier n'a point de lieu au préjudice des plus prochains habiles à succéder.* Ce sont les termes de l'art. 28 de cette loi municipale. Ricard y a mis cette note : « Jugé en cette coutume, par arrêt du 31 août 1658, rendu en la quatrième chambre des enquêtes, au rapport de M. Bernard de Rezé, entre M. l'évêque d'Auxerre et M. le marquis de Fosseux, qu'une institution d'Héritier ne valait *ne quidem in vim legati*, conformément à l'apostille de Dumoulin, sur l'art. 101 de Vitry ».

L'art. 83 de la coutume de Chaumont porte également *qu'institution d'héritier n'a point de lieu à ce que testament soit vailliable, n'au préjudice des plus prochains habiles à succéder.* Il faut donc appliquer à cette coutume ce que nous venons d'établir par rapport à celles de Meaux et de Vitry, à moins que l'usage ne lui ait donné la même interprétation qu'à celle de Nivernais. Mais ce qui prouve que, bien loin de l'interpréter comme cette dernière coutume, l'usage l'a maintenu dans son sens littéral, c'est que, dans son Commentaire sur cet article même, Delaistre dit : « Par la coutume de Paris, art. 299, ces institutions ne laissent pas d'avoir quelque effet, puisqu'on les autorise comme legs universels....; mais, en ce bailliage, elles ne sont d'aucun effet, et ne portent aucun préjudice aux Héritiers habiles à succéder au testateur ».

Mais il s'en faut bien que la même décision doive être adaptée aux coutumes de Montargis, de Blois, de Senlis, d'Auvergne et de Bourbonnais.

L'art. 1 du tit. 13 de la coutume de Montargis dit simplement « qu'on ne peut instituer Héritier, ou substituer par testament et ordonnance de dernière volonté, ne autrement; car (ajoute ce texte) institution d'Héritier n'a point de lieu selon la coutume ». — Nous ne voyons rien dans cet article qui puisse nous obliger à regarder les institutions testamentaires comme incapables de produire l'effet d'un legs. L'ancienne coutume de Paris, art. 120, portait aussi : *Institution d'hoirie n'a point de lieu*, sans ajouter, comme la nouvelle, que « ne laisse de valoir la disposition jusques à la quantité des biens dont le testateur peut valablement disposer ». Néanmoins on pensait, même avant la réformation de cette coutume, que l'institution y valait comme legs : témoin cette apostille de Dumoulin : *elle* (l'institution) *n'est nécessaire et ne saisit, mais vaut comme un simple legs : recours à mon commentaire.* La coutume de Montargis s'explique dans les mêmes termes que l'ancienne coutume de Paris; on doit donc appliquer à celle-là ce que Dumoulin a écrit sur celle-ci; et conséquemment donner aux institutions testamentaires qui se font dans l'une, l'effet qu'on leur a toujours attribué dans l'autre. C'est aussi ce que pense l'Hoste, auteur dont l'opinion mérite ici d'autant plus de considération, qu'il était lieutenant-général du bailliage de Montargis, et par conséquent bien pénétré de l'esprit de sa coutume. [[*V.* cependant *Substitution fidei-commissaire*, sect. 1, §. 5.]].

Il faut dire la même chose des coutumes de Blois et de Senlis : l'art. 137 de la première et l'art. 165 de la seconde se bornent à dire *qu'institution d'héritier n'a point lieu*; et Ricard, sur le dernier des textes cités, observe « qu'il doit s'entendre avec l'explication ajoutée à l'art. 299 de la nouvelle coutume de Paris ».

A l'égard de la coutume de Bourbonnais, il est bien vrai qu'elle déclare, art. 324; que « substitution d'Héritier, faite en testament ou autre disposition de dernière volonté, n'a lieu, et ne vaut aucunement audit pays par légat, n'autrement en quelque manière que ce soit, et n'a aucun effet de légat » ; mais cette disposition ne peut être étendue aux institutions, par la raison que toute dérogation au droit commun doit être resserrée dans ses termes précis : aussi a-t-il été jugé par un arrêt du 30 juillet 1657, rapporté par Ricard, que cet article n'empêche pas l'institution testamentaire de valoir *per modum legati*.

Quant à la coutume d'Auvergne, il est d'autant plus difficile de concevoir comment on a pu la mettre sur la même ligne que celles de Vitry, de Meaux, etc., qu'elle dit elle-même formellement, à l'art. 40 du chap. 12, que l'Héritier institué par testament est réputé légataire. Il est vrai qu'à l'art. 53 du chap. 12, elle contient la même disposition que l'art. cité de celle de Bourbonnais, sur la nullité absolue des substitutions testamentaires ; mais conclure de là qu'elle refuse de faire valoir les institutions comme legs, c'est la plus absurde des conséquences.

[[Mais indépendamment de ces coutumes, dont a parlé Rousseaud de Lacombe, il en est d'autres qui s'expriment, ou comme celle de Nivernais, ou comme celles de Vitry et de Meaux, et dans lesquelles par conséquent la même question a dû s'élever avant le Code Napoléon.

Telle est notamment celle d'Angoumois, art. 114: *Et n'a lieu institution d'héritier; et pour ce, si en un testament n'est fait mention d'héritier, ou si en icelui personne étrange est instituée, qui de droit ou de coutume ne le devait être, partant ne sera vicié ledit testament au surplus.* Telle est encore la coutume de Poitou, dont l'art. 272 porte : *institution d'héritier n'a lieu, et ne peut être institué héritier au préjudice des vrais héritiers... et combien que ladite institution d'héritier n'ait lieu, ne sera pourtant le testament vicié ès autres choses d'icelui.*

Est-ce l'interprétation donnée par l'usage à la

coutume de Nivernais, est-ce au contraire, l'interprétation donnée par Dumoulin et par la jurisprudence des arrêts aux coutumes de Vitry et de Meaux, que l'on doit adapter à ces deux articles ?

La question a été agitée, pour le premier, dans le dix-septième siècle; et par un arrêt du parlement de Paris, que cite, sans le dater, Filleau, dans ses Additions au Commentaire de Lelet sur l'art. 272 de la coutume de Poitou, il a été jugé que, dans la coutume d'Angoumois, l'institution d'Héritier n'était pas nulle, mais valait comme legs universel. C'est aussi ce qu'enseigne le dernier commentateur de cette coutume, Souchet, qui n'est d'ailleurs que l'écho de Vigier, son prédécesseur : « Si un testateur (dit il, art. 114, n. 4) a institué pour son Héritier celui qui ne l'est pas de droit, l'institution doit seulement avoir l'effet d'un legs universel, qui ne peut embrasser que les biens de libre disposition ».

A l'égard de la coutume de Poitou, voici ce qu'en dit Filleau, à l'endroit que je viens de citer : « Quand la coutume de Poitou, au présent article, dit qu'*institution d'héritier n'a lieu*, c'est-à-dire qu'elle n'est nécessaire en un testament fait en Poitou, comme elle est en pays de droit écrit, auquel *institutio heredis caput testamenti, et testamentum sine heredis institutione non valet*. Notre coutume ajoute que, *bien que l'institution d'héritier ne soit nécessaire en un testament, elle ne le vicie pas*, ni ne le rend nul; mais elle opère l'effet d'une donation à celui qui est institué Héritier des meubles et acquêts de celui qui a testé et fait ladite institution : ensorte que, si c'est un étranger qui soit institué, il a les meubles, acquêts et tiers des propres; et si c'est un des Héritiers, il n'aura seulement que les meubles et acquêts et sa légitime au propre.... ».

Boucheul, le plus estimé des commentateurs de la même coutume, après avoir rapporté ce que dit Dumoulin dans ses apostilles sur l'art. 120 de l'ancienne coutume de Paris, et sur l'art. 101 de celle de Vitry, et l'arrêt du 31 mai 1658, qui, dans la coutume de Meaux, a déclaré nulle une institution d'Héritier, continue en ces termes : — « Il semble que l'on en devrait conclure la même chose dans notre coutume, puisqu'elle est conçue en mêmes termes, à considérer encore les autres termes de la coutume que le testament ne sera pourtant vicié ès autres choses, c'est à-dire que le reste du testament subsiste, mais que l'institution ne vaut : *vitiatur et non vitiat*. Et néanmoins on y a introduit l'explication que donne la coutume de Paris pour faire valoir l'institution d'héritier, non pas, à la vérité, comme institution, pour faire que l'Héritier institué soit saisi des biens au préjudice des Héritiers légitimes, mais comme legs testamentaire, et jusqu'à concurrence de ce dont la coutume permet de disposer par testament : ensorte que, si c'est un étranger qui soit institué Héritier, il a les meubles, acquêts et tiers des propres; et si c'est un des Héritiers légitimes, il aura les meubles, acquêts et sa portion coutumière dans les propres ».

Voilà des autorités bien positives; mais ce n'est pas tout. J'ai demandé à M. Béra, procureur-général de la cour d'appel de Poitiers, quel était là-dessus le dernier usage du ci-devant Poitou; et voici ce qu'il m'a répondu le 8 janvier 1808 : « N'ayant suivi l'ancien barreau de Poitiers que pendant quatorze ans avant la révolution je n'ai point connaissance que la question s'y soit présentée; j'ai consulté ceux de mes anciens confrères qui existent encore : tous m'ont dit que cette question ne s'y était point présentée de leur temps, parce que le point de droit n'était point douteux, et que l'usage était tellement constant qu'aucun avocat n'eût osé émettre une opinion contraire ».]]

VII. Quoi qu'il en soit, c'est une question de savoir si l'art. 68 de l'ordonnance de 1735 n'a point dérogé à la règle établie par les coutumes de Meaux, de Vitry et de Chaumont.

Pour mettre cette question dans son véritable point de vue, il faut commencer par transcrire les termes de la loi : — « Lorsque le testateur sera domicilié dans un des pays qui suivent le droit écrit, l'institution d'héritier par lui faite aura son effet tant pour les immeubles situés audit pays, que pour les meubles, droits et actions qui suivent la personne; quant aux immeubles situés dans les pays où le droit écrit n'est pas observé, elle vaudra comme legs universel; si ce n'est qu'elle ait été faite pour une somme fixe ou pour de certains effets, auquel cas elle ne vaudra dans lesdits pays que comme legs particulier ».

Sallé soutient que cet article abroge les dispositions citées des coutumes de Vitry, de Meaux et de Chaumont, et qu'en conséquence on doit à présent faire valoir *per modum legati*, les institutions d'Héritiers qui se font dans ces coutumes.

Rousseaud de Lacombe est d'un avis contraire : « l'ordonnance de 1335 (dit-il) concernant les testamens, art. 68 et suivans, ne paraît point avoir dérogé à ces coutumes en ce point ».

Cet avis nous paraît plus juste que celui de Sallé. L'objet du législateur, dans le texte dont il s'agit, n'est point de décider en général qu'une institution d'Héritier doit avoir, dans les pays coutumiers, le même effet qu'un legs universel; tout ce qu'il se propose, est de mettre fin à une question mixte, qui consistait à savoir quel effet devait produire une institution d'Héritier faite en pays de droit écrit, par rapport à des biens situés en pays coutumier; et réciproquement quel effet devait produire un legs universel fait en pays coutumier, sur des biens situés en pays de droit écrit. Pour décider cette question, M. d'Aguesseau a suivi la marche de tous les législateurs (*Nam ad ea*, disent les lois 5 et 6, *de legibus*, au Digeste, *potiùs debet aptari jus quæ et frequenter et facilè quàm quæ perrarò eveniunt. Quod enim semel aut bis existit, prætermittunt legislatores*) : il a considéré le droit commun des pays coutumiers, sans faire attention à quelque coutumes particulières qui forment une jurisprudence toute différente; et ce droit commun faisant valoir les institutions d'Héritier comme des legs universels, il a jugé à propos d'adapter cette règle aux institutions faites en pays de droit écrit, et comprenant des biens situés dans les pays soumis au droit commun coutumier. Mais il n'a pas pensé à l'étendre aux coutumes qui la rejettent formellement; du moins il ne l'a pas déclaré; et, comme la dérogation aux lois anciennes ne doit jamais se présumer, il ne faut pas suppléer à son silence, sur-tout pour donner à sa disposition plus d'effet que n'en comporte l'objet unique qu'il se proposait en l'établissant.

Une comparaison mettra cette vérité dans un plus grand jour. La coutume de Berry décide, comme on l'a vu il n'y a qu'un instant, que les institutions testamentaires doivent être exécutées comme telles, c'est-à-dire, qu'elles saisissent les institués de plein droit, ni plus ni moins que s'ils étaient Héritiers légitimes. Dira-t-on que l'ordonnance a dérogé à cette disposition, en déclarant que les institutions faites en pays de droit écrit doivent valoir comme legs dans les pays coutumiers? Un pareil système ne serait certainement goûté de personne; tout le monde s'accorderait à dire que l'ordonnance, en parlant de pays coutumiers, n'a pas entendu ceux dont les coutumes renferment des dispositions particulières et contraires à l'esprit général des autres; et que, par conséquent, on doit laisser subsister l'article par lequel celle de Berry attribue aux institutions testamentaires l'effet de saisir les personnes qui y sont comprises.

Il ne faut qu'un peu d'attention pour sentir l'analogie de cette espèce avec celle qui nous occupe: le principe décisif de l'une s'applique à l'autre avec la plus grande justesse; il faut donc s'en tenir à l'opinion de Rousseaud de Lacombe, et rejeter celle de Sallé.

IX. Mais voici une autre question dont l'ordonnance de 1735 nous facilitera la décision. Un testateur se trouvant dans une des trois coutumes dont on vient de parler, y fait un testament par lequel, malgré la défense que lui en fait sa loi municipale, il institue un Héritier. Cette institution n'aura certainement aucun effet pour les biens régis par les trois coutumes en question; mais au moins ne vaudra-t-elle pas comme legs universel dans les autres coutumes, et comme institution dans le pays de droit écrit? — *Vice versâ*, un homme se trouvant dans une province de droit écrit, y fait un testament portant institution d'Héritier; cette institution vaudra comme telle dans tous les pays régis par le même droit, et comme legs universel dans les provinces soumises au droit commun coutumier; mais vaudra-t-elle, sous ce dernier aspect, dans les trois coutumes citées?

Cette question n'est pas difficile à résoudre; et deux principes bien simples la décident: le premier, que l'institution d'Héritier n'est pas une formalité purement intrinsèque; le second, que ses effets dépendent des lois respectives qui régissent les lieux où les biens sont situés. C'est ce que nous développerons à l'article *institution d'héritier*, section 1, n. 6. En attendant, contentons-nous de confirmer ce que nous avançons par la lettre que M. d'Aguesseau a écrite au parlement de Rouen le 5 août 1736, pour détruire un préjugé reçu dans cette cour, et suivant lequel l'institution d'Héritier n'était soumise, quant à ses effets, en quelque lieu que fussent situés les biens, qu'à la loi du lieu où le testament était passé. Voici comment s'explique ce magistrat:

« Dans le cas des art. 68, 69 et 70 (de l'ordonnance de 1735), il s'agit d'un testateur qui a son domicile dans le pays de droit écrit: s'il se trouve par hasard qu'il ait fait son testament en Normandie, faudra-t-il le regarder comme ayant renoncé, sur le lieu où il a testé, aux lois sur lesquelles il a toujours eu son domicile, et faire céder ces lois à la disposition d'une coutume qui lui est étrangère et souvent inconnue, quoiqu'il s'agisse d'immeubles réels qui sont situés hors de cette coutume, ou de biens qui, selon la jurisprudence générale du royaume, doivent suivre la personne, et par conséquent la loi de son domicile? Si le parlement de Rouen a une jurisprudenee particulière sur cette dernière espèce de biens, elle ne peut servir de règle qu'à ceux qui sont domiciliés dans son ressort, et non pas à ceux qui, restant établis ailleurs, sont en droit de se conduire suivant les maximes qui forment le droit commun dans le reste du royaume. — A l'égard des art. 71 et 72 de la nouvelle ordonnance, ils supposent qu'un testateur domicilié dans un pays coutumier, ait des immeubles situés dans un pays de droit écrit: on ne pouvait assujettir ces biens à la coutume de Normandie, qu'en supposant qu'elle régnât tellement sur ceux qui y sont soumis, qu'elle produisît en eux une capacité absolue de disposer autrement qu'elle ne le permet, en quelque lieu que leurs biens fussent situés. — Mais cette opinion est tellement contraire aux maximes qui sont reçues dans toutes les compagnies, qu'il n'était pas possible que le roi l'autorisât; et puisque ceux qui sont domiciliés dans un pays de droit écrit, sont soumis à la coutume de Normandie pour les biens qui y sont situés, personne ne peut trouver étrange que la loi soit égale en faveur de ceux qui, étant domiciliés en Normandie, ont des biens situés en pays de droit écrit, rien n'étant plus juste en pareille matière que la règle de réciprocité ».

[[Aujourd'hui, l'institution d'Héritier est reçue dans toute la France; et, comme le legs universel, elle saisit de plein droit, mais seulement dans le cas où il n'existe point d'Héritiers légitimes auxquels une quotité des biens est réservée par la loi. *V.* le Code Napoléon, art. 1002 et 1004; *Légataire*, §. 1; et *portion disponible*.

Mais il y a eu dans notre législation un intervalle pendant lequel ni l'institution d'Héritier ni le legs universel n'étaient valables. *V. Institution d'Héritier*, sect. 1, n. 6 et 8.

XI. On a douté long-temps si les Héritiers fidéicommissaires sont saisis de plein droit à l'ouverture de la substitution, et conséquemment s'ils sont vraiment héritiers, en prenant ce mot dans le sens que lui donne notre droit français.

Benedicti, sur le ch. *Raynutius ;* Rebuffe, dans sa préface sur les ordonnances ; Mornac, dans son commentaire sur le Digeste, étaient d'avis que les fidéicommissaires devaient être saisis de plein droit, sans aucune demande en délivrance : mais Tiraqueau, dans son traité sur la règle, *le mort saisit le vif;* Boërius, dans ses décisions ; Papon, dans son recueil d'arrêts ; et Ricard, dans son traité *des Substitutions*, estimaient que le fidéicommis était sujet à délivrance. — Lebrun avait pris un milieu entre ces deux opinions : quoique très-attaché à la seconde, il paraissait néanmoins porté à y mettre une exception en faveur des substitués, quand ils étaient d'ailleurs Héritiers légitimes ; parce qu'indépendamment des droits qui leur sont dévolus par le fidéicommis, ils ont ceux du sang, qui militent en leur faveur, pour leur procurer une saisine légale. — La jurisprudence des cours souveraines n'était guère plus uniforme sur cette question que la doctrine des auteurs ; chacun des sectateurs des opinions différentes rapportait des arrêts qu'il prétendait lui être favorables. — Mais l'ordonnance du mois d'août 1747 a fait cesser toutes ces disputes, en décidant, tit. 1, art. 40, que le fidéicommissaire, même à titre universel, n'est point saisi de plein droit, encore que la substitution ait été faite en ligne directe.

XII. Reprenons le fil des différentes espèces d'Héritiers. — Nous avons dit que la volonté de l'homme forme des Héritiers contractuels et des Héritiers testamentaires ; il faut en ajouter deux autres espèces, qui doivent également l'être à la volonté de l'homme, et qui participent, au moins dans la plupart des coutumes, l'une, à la nature des Héritiers contractuels et testamentaires ; l'autre, à celle des Héritiers contractuels et légitimes : ce sont les *héritiers démissionnaires*, et les *héritiers adoptés* ou *affiliés*.

On sait que la démission des biens est un acte par lequel une personne fait de son vivant un abandonnement général, et à titre universel, de ses biens à ses Héritiers présomptifs, pour en jouir suivant l'ordre des successions *ab intestat*.

Ceux à qui cet abandonnement est fait s'appellent *héritiers démissionnaires*. — On vient de dire que, dans la plupart des coutumes, ils tiennent tout à la fois des Héritiers contractuels et des Héritiers testamentaires ; et en effet, hors les pays où la démission de biens est irrévocable de sa nature, on ne peut les considérer, ni comme des Héritiers purement testamentaires, puisque la démission a un effet présent, et n'est point sujette aux formalités des testamens ; ni comme des Héritiers purement contractuels, puisque, de droit commun, la démission est toujours révocable, qualité qu'elle n'aurait pas, si c'était un contrat proprement dit Il faut donc dire que cet acte tient un milieu entre les dispositions entre-vifs et les dispositions à cause de mort ; et de là il résulte que les démissionnaires sont des héritiers contractuels et testamentaires tout ensemble : contractuels, en ce qu'ils doivent leur jouissance anticipée à un acte que le démettant ne peut attaquer sans lettres de rescision, comme l'établit très-bien Lebrun ; testamentaires, en ce que le succès des lettres de rescision obtenues par le démettant, est généralement infaillible.

On demandera sans doute si les démissionnaires sont véritablement Héritiers du vivant du démettant, ou, en d'autres termes, s'ils sont saisis avant sa mort des biens qu'il leur a abandonnés.

La coutume de Nivernais a prévu cette question, et l'a décidée par la négative. Voici comment elle s'exprime, ch. 34, art. 17 : « Et sont lesdits enfans ou Héritiers, *après le trépas desdits défunts*, vestus et saisis des biens d'iceux défunts, selon ledit partage ou assignation, le cas advenant ; toutefois tel partage ou assignation est ambulatoire et révocable jusques à mort ».

La coutume de Bourbonnais s'explique de même, ch. 19, art. 216 : « Et est tel partage et division ambulatoire et révocable jusqu'au trépas du disposant, *apres lequel* lesdits enfans et chacun d'eux se peuvent dire et maintenir saisis et vestus des choses à eux advenues par ledit partage ».

Si, comme le décident ces deux coutumes, les démissionnaires ne sont saisis qu'après la mort du démettant, il est indubitable qu'ils ne sont pas Héritiers de son vivant ; aussi voyons-nous Dumoulin enseigner, sur l'article cité de la coutume de Nivernais, que, lorsqu'un démissionnaire vient à décéder avant la mort du démettant, sans laisser d'enfans habiles à le représenter, sa part accroît aux autres démissionnaires. — C'est par une conséquence nécessaire du même principe, que, dans les pays où les Héritiers proprement dits sont seuls tenus indéfiniment de toutes les dettes envers les créanciers, on ne condamne les démissionnaires qu'à proportion de ce qu'ils amendent, comme s'ils n'étaient que légataires universels, pourvu néanmoins qu'ils rendent aux parties intéressées un compte exact et fidèle des biens compris dans la démission. C'est ce qu'établit très-bien Bourjon, *Droit commun de la France*, tom. 1, pag. 625, édit. de 1770.

On objectera peut-être qu'ils peuvent aliéner et hypothéquer ; mais nous répondrons qu'ils n'exercent cette faculté que sous la réserve du droit qui appartient au démettant de révoquer la démission, et qu'après la révocation toutes les aliénations et hypothèques s'évanouissent comme si elles n'avaient jamais eu lieu. C'est ce que nous fait remarquer Lebrun ; et en même temps c'est ce qui prouve que, si les démissionnaires ont une saisine quelconque, au moins ils n'en ont pas une suffisante pour qu'on puisse les regarder comme véritablement Héritiers, sur-tout si l'on fait attention aux points que nous venons d'établir d'après Dumoulin et Bourjon.

[[Nous avons rendu compte, à l'article *Démission de biens*, des règles que contient, sur tout cela, le Code Napoléon.]]

A l'égard des héritiers adoptés ou affiliés, on sait, par ce qui a été dit au mot *Adoption*, quelles étaient, relativement à eux, les dispositions des lois romaines. Quant à nos usages, on a dit, dans le même article, que la coutume de Saintes permet une affiliation, par le moyen de laquelle l'affilié succède, en certains cas, même avec les enfans légitimes et naturels. Nous ajouterons que cette disposition n'est pas bornée au ressort de cette coutume; elle est encore adoptée par celle de Bourbonnais, art. 265, et de Nivernais, ch. 23, art. 25: elle s'est aussi introduite dans le Berry, comme nous l'apprend Labbé sur la coutume de cette province. Il y a même dans les Pays-Bas français une coutume, c'est celle de Saint-Amand, où il se fait des *affrérissemens*, « dont le cas est, pour nous servir des termes de Lebrun (1), qu'une mère qui se remarie, stipule avec son nouveau mari, que ses enfans, tant du premier que du second mariage, succéderont également à elle et à ses deux maris, ou quand ce même pacte se fait avec un second mari qui a aussi des enfans d'un premier mariage, qu'on fait entrer dans cette union, et qui y portent les biens de leur mère ». *V. Affrérissement.*

Nous avons dit que les Héritiers adoptés tiennent tout à la fois des Héritiers contractuels et des Héritiers légitimes; en effet, ils sont contractuels, en ce qu'ils doivent leur qualité à un contrat; et légitimes, en ce que la qualité d'adoptés leur étant une fois imprimée par le contrat, ils ont droit de succéder à l'adoptant, quand même ce contrat ne contiendrait aucune disposition à cet égard.

Il ne faut cependant pas croire que tous les adoptés indistinctement soient Héritiers proprement dits. Dans les provinces de Saintonge, de Bourbonnais, de Berry et de Nivernais, on distingue deux sortes d'adoptions ou affiliations; l'une, pure et simple, qui se fait, ou gratuitement par le père adoptif, ou moyennant un certain apport de la part du fils adoptif; l'autre, par échange ou subrogation, qui se fait en subrogeant un enfant étranger à la place d'un enfant naturel.

Régulièrement les simples adoptés ou affiliés ne sont pas saisis, ni conséquemment Héritiers véritables; c'est la remarque de Labbé sur l'art 28 du titre *des Successions* de la coutume de Berry. On dit *régulièrement*; et ce mot nous paraît très-bien placé; car on ne peut disconvenir que les affiliés par contrat de mariage, ne soient saisis, puisque les coutumes de Bourbonnais et de Nivernais elles-mêmes déclarent, aux endroits cités plus haut, que tous les pactes insérés dans les contrats de mariage, *saisissent les mariés et leurs descendans, les cas advenans*. On peut même dire que, dans la coutume de Saintes, les affiliés par un simple contrat devant notaire, sont véritablement Héritiers, puisque cette coutume se sert à leur égard, du mot *Succéder*. Le texte en est rapporté à l'article *Affiliation.*

Quant aux subrogés par échange, ils sont saisis dans toutes les coutumes dont il est ici question: c'est le sentiment de Bechet sur l'usance de Saintes. Par exemple, dit-il, une fille ayant été reçue dans une autre famille à la place d'une autre fille, et à l'occasion d'un double mariage, il se fait une permutation pleine et absolue, qui transfère toutes sortes de droits aux co-permutans. De-là vient, comme l'observe le même auteur, que le subrogé par échange peut exercer un retrait, réclamer les réserves coutumières, et même jouir du droit d'aînesse, si son co-permutant est l'aîné de sa maison et lui de la sienne. — Méchain, sur le même statut, ajoute que le subrogé par échange possède comme propres tous les biens qu'il acquiert par cette voie, de la même manière qu'il aurait possédé ceux qu'il a abandonnés en faveur de son échangiste. Tout cela résulte clairement de l'art. 265 de la coutume de Bourbonnais, et de l'art. 26 du tit. 23 de celle de Nivernais.

[[Toutes ces coutumes sont abrogées par l'art. 7 de la loi du 30 ventose an 12; et l'adoption, qui est aujourd'hui reçue dans toute la France, y donne aux enfans adoptés les mêmes droits successifs que s'ils étaient enfans naturels et légitimes. *V. Adoption.*]]

§. II. *Des Héritiers légitimes.*

Après avoir parlé des Héritiers formés par la volonté de l'homme, il faut nous occuper de ceux qui ne doivent leur qualité qu'à la loi. On en distingue de trois sortes: les Héritiers du sang, les Héritiers *undè vir et uxor*, et les Héritiers irréguliers.

I. Les Héritiers du sang sont ceux que la loi admet à recueillir les biens d'un défunt dont ils étaient parens.

La loi des douze tables ne distinguait que deux sortes de parens habiles à succéder *ab intestat*: c'étaient les *siens* et les *agnats*. Voici les paroles de cette loi telles qu'Ulpien les rapporte dans ses fragmens, tit 26: *ac si intestatus moritur cui suus heres extablit nec* (1), *agnatus proximus familiam habeto.* — Parmi les restes de la loi des douze tables qui nous sont parvenus, on ne trouve point de disposition qui, à la mort du père de famille décédé *intestat*, appelle nommément les Héritiers

(1) Ce n'est point par rapport à la coutume de Saint Amand que Lebrun s'explique de la sorte; c'est par rapport à des pays qu'il ne nomme pas, mais qu'on peut conjecturer faire partie de l'Allemagne, puisqu'il parle d'après Riccius, qui a fait un traité *de unione prolium*, pour cette contrée.

(1) On s'aperçoit aisément que l'ordre naturel des mots est renversé dans ce passage, et qu'il faut lire, *cui suus heres nec extabit.*

siens à sa succession ; cependant, comme l'observe très-bien Bouchaud, dans sa *Dissertation sur l'impôt du vingtième chez les Romains*, il y a toute apparence que les décemvirs firent un article séparé de cet ordre de succession, et qu'ils le placèrent immédiatement après la disposition qui réglait la succession testamentaire. Cela résulte manifestement de l'article qui concerne la succession des agnats, que nous venons de rapporter d'après Ulpien. Premièrement, ces paroles, *ac si intestatus*, montrent qu'un peu avant cet article, on avait parlé des dernières volontés des pères de famille, et accordé à chacun d'eux la libre faculté de tester. En second lieu, les paroles suivantes *cui suus heres nec extabit*, font voir d'une manière évidente, que cet article de la loi était précédé immédiatement d'un article sur la succession *ab intestat ;* et que cet article qui ne nous est point parvenu, était celui par lequel les Héritiers siens étaient appelés en premier lieu.

Les *héritiers siens* étaient les enfans du défunt, qui, au moment de sa mort, se trouvaient sous sa puissance, et tenaient le premier rang dans la famille au moment où la succession était déférée. Tels étaient d'abord le fils et la fille ; à leur défaut, le petit-fils et la petite-fille nés du fils ; après eux, l'arrière-petit-fils et l'arrière-petite-fille, et ainsi de suite. Ceux qui étaient nés de la fille ne pouvaient être *héritiers siens*, parce que, suivant la famille de leur père et non celle de leur mère, ils n'étaient pas sous la puissance de l'aïeul maternel.

Les *agnats* étaient les parens mâles, *quasi à patre cognati*, dit Justinien. Tels étaient les frères nés du même père, l'oncle paternel et le neveu, les cousins germains nés des deux frères, etc. Cependant, pour être agnat, il n'était pas nécessaire qu'on fût de la même branche ; il suffisait qu'on fût de la même maison ; et ceux qui étaient dans ce cas s'appelaient *gentiles*, c'est-à-dire, *agnats* plus éloignés.

Au défaut des *héritiers siens*, les agnats étaient appelés à la succession, quelque éloigné que fût le degré où ils étaient, *etiam si longissimo gradu sint*, disent les Institutes, pourvu qu'en même temps ils se trouvassent les plus proches ; qualité qui n'était pas nécessaire dans les *héritiers siens*, parce qu'ils succédaient par souches, et que la représentation faisait disparaître la différence des degrés. S'il ne se trouvait point d'*agnats* de la même branche que le défunt, alors les *agnats* d'une autre-branche, qu'on appelait *gentiles*, recueillaient sa succession.

C'était la disposition expresse de la loi des douze tables, telle qu'elle est rapportée par Jacques Godefroy : *Si agnatus nec escit, gentilis familiam heres nancitor.*

Toutes les espèces d'Héritiers dont nous venons de parler, soit *siens*, soit *agnats*, soit *gentiles*, sont appelés par Pline, dans le chap. 36 de son panégyrique de Trajan, *héritiers domestiques*. La loi des douze tables n'en admettait point d'autres ; et, à leur défaut, elle donnait la succession au fisc.

Mais les édits des préteurs, les sénatus-consultes et les lois portées, soit dans les assemblées du peuple, soit par les empereurs après l'extinction de la république, ont corrigé cette rigueur en donnant le droit de succéder, tant aux *siens* et aux *agnats* qui devenaient étrangers à leur famille par l'émancipation, qu'aux *cognats* ou parens du côté des femmes. Toutes ces personnes étaient appelées conjointement, lorsqu'elles étaient au même degré ; mais elles ne venaient qu'au défaut des *siens* et des *agnats*, et encore ne pouvaient-elles succéder au-delà du septième degré.

Enfin, l'empereur Justinien a ôté, par la Novelle 118, toutes les différences qui avaient été établies entre les parens du côté paternel et les parens du côté maternel ; et il a voulu qu'ils vinssent tous conjointement à la succession légitime, selon le degré de parenté de chacun d'eux.

Suivant cette Novelle, qui forme le dernier état de la jurisprudence romaine, on distingue trois classes d'Héritiers du sang : les descendans, les ascendans et les collatéraux. — Les Héritiers descendans, c'est-à-dire, les enfans et les petits-enfans, forment la première classe, et ils excluent toujours ceux des deux autres. — Les ascendans, c'est-à-dire, les pères, les mères, les aïeux et les aïeules, forment la seconde ; mais il est un cas où ils concourent avec ceux de la troisième : c'est lorsque le défunt a laissé des frères ou des sœurs ; car alors ceux-ci lui succèdent par têtes avec ses ascendans. — Les autres collatéraux ne sont jamais admis qu'au défaut absolu des descendans et d'ascendans.

Nos usages sont conformes, sur cette matière, aux dispositions de la Novelle 118, excepté néanmoins que, dans la plus grande partie de la France, les frères et les sœurs ne concourent plus avec les ascendans, et qu'en pays coutumier ceux-ci ne succèdent plus aux propres qui sont provenus d'une autre ligne à leur enfans.

On a aussi tenté d'introduire dans notre jurisprudence une espèce de distinction entre les Héritiers *agnats* et les Héritiers *cognats :* c'était l'objet de l'édit donné à Saint-Maur au mois de mai 1567 ; mais cet édit a été révoqué par celui de Versailles du mois d'août 1729, lequel porte « que les successions des mères à leurs enfans, ou des autres ascendans et parens les plus proches desdits enfans du côté maternel, seront à l'avenir déférées, partagées et réglées suivant la disposition des lois romaines, ainsi qu'elles l'étaient avant l'édit de Saint-Maur ».

[[Le Code Napoléon admet, comme la Novelle 118, trois classes d'Héritiers du sang : les descendans, les ascendans et les collatéraux. Mais il est des cas où il fait concourir les collatéraux avec les ascendans. *V. Succession*, sect. 1.

Du reste, les héritiers du sang sont les seuls qu'il qualifie de *légitimes*, et à qui il donne la saisine légale. *Art.* 724.

Avant la loi du 17 nivose an 2, il y avait des

coutumes où les Héritiers collatéraux n'étaient pas saisis de plein droit.

Telle était celle du chef-lieu de Mons, comme on l'a vu dans le plaidoyer du 1er messidor an 13, rapporté à l'art. *Fruits*, n. 3.

Telle était encore celle de Bretagne dont l'art. 540 portait : *en succession collatérale, la justice de celui qui a fief et obéissance est saisie de la succession. Le juge, après s'être informé, la baillera au plus prochain, en prenant caution de la rendre quand et à qui faire se devra.*

Mais ces coutumes ont cessé d'avoir force de loi dès l'instant où celle du 17 nivose an 2 a été publiée.

Les sœurs Lesguern, Héritières de la veuve Gonidec, font citer Nédellec devant le tribunal civil de Lannion pour se voir condamner à leur payer les arrérages d'une rente convenancière qui fait partie de la succession de leur parente. — Nédellec soutient qu'elles sont non-recevables quant à présent, parce qu'elles n'ont pas encore obtenu l'ordonnance de justice dont parle l'art. 540 de la coutume de Bretagne. — Par jugement du 28 prairial an 9, le tribunal civil de Lannion adopte cette fin de non-recevoir. Appel. Le 16 pluviose an 11, arrêt de la cour d'appel de Rennes qui confirme ce jugement. — Les sœurs Lesguern se pourvoient en cassation; et par arrêt du 16 germinal an 13, au rapport de M. Schwendt, « Attendu que les lois des 17 nivose an 2, et autres subséquentes sur les successions, n'établissaient aucune différence, pour la transmission des biens, entre les successions directes et les collatérales, et en saisissent de plein droit les Héritiers, qui, pour justifier de leur qualité, n'ont à représenter que les actes ordinaires qui constatent leur filiation ou parenté, ou les dispositions testamentaires faites en leur faveur; et que ces lois ont aboli toutes transmissions statuaires, en établissant une législation uniforme; la cour casse et annulle..... »]]

II. Au défaut des Héritiers du sang, les préteurs romains donnaient la possession des biens du défunt à son époux survivant; et cette jurisprudence a été admise dans toute la France, à l'exception de quelques coutumes qui l'ont rejetée formellement.

Lebrun agite à ce sujet la question de savoir si l'époux qui succède en vertu du titre *undè vir et uxor*, est vraiment Héritier et peut se dire saisi.

La raison de douter est qu'il ne succède par aucun droit du sang, mais seulement par une présomption de la volonté du défunt; ce qui est si vrai que le divorce faisant cesser cette présomption, éteint avec elle la successibilité du survivant; et que d'ailleurs les époux n'avaient pas chez les Romains un droit à la succession proprement dite; mais seulement à la possession des biens qui ne pouvait être accordée que par le juge. — La raison de décider est que nos coutumes appellent le survivant dans son ordre comme les parens, et que, par conséquent, il ne succède point en vertu d'un acte exprès ni présumé, mais par une subrogation que la loi fait de sa personne à celle du prédécédé. S'il ne succède point en cas de divorce, ce n'est point par l'effet d'une présomption de volonté contraire de la part du premier mourant, mais par indignité : et si jusqu'au temps des empereurs Théodose et Valentinien, on n'a donné au survivant que la possession des biens, c'était un pur effet des subtilités du droit civil; aussi les parens du côté des femmes, qui ne pouvaient être alors que simples possesseurs des biens, sont-ils aujourd'hui considérés comme de vrais Héritiers, et jouissent-ils pleinement de l'effet de la règle, *le mort saisit le vif.*

Lorsqu'une succession *ab intestat* n'est ou ne peut être appréhendée, ni à titre de parenté, ni en vertu de l'édit *undè vir et uxor*, c'est aux *héritiers irréguliers* qu'elle est déférée.

[[Aujourd'hui, l'époux survivant n'est plus saisi de la succession du prédécédé. *V.* le Code Napoléon, art. 724 et 770.

Il ne vient d'ailleurs à cette succession qu'à défaut, non-seulement des Héritiers du sang, mais même des enfans naturels qui ont été légalement reconnus. *V.* le même Code, art. 758 et 767.]]

III. On appelle *héritiers irréguliers* ceux qui succèdent à l'universalité des biens d'un défunt, sans néanmoins représenter sa personne. Tels sont, parmi nous, un abbé qui prend la cote-morte de son religieux, un seigneur qui recueille une échute, une bâtardise, une confiscation ou une déshérence, et enfin un souverain qui succède à un étranger par droit d'aubaine.

Tous ces successeurs sont *héritiers*, dans le sens qu'ils jouissent de l'effet de la maxime, *le mort saisit le vif;* et ils ne le sont pas en tant qu'ils ne représentent pas la personne du défunt, c'est-à-dire qu'ils ne sont tenus au payement de ses dettes et à l'entretien de ses obligations que jusqu'à concurrence de ce qu'ils ont amendé de ses biens. Il y a donc dans ces successeurs un mélange de droits et de qualités qui seraient incompatibles dans toute autre personne; et c'est pour cela qu'on les appelle *héritiers irréguliers.*

Nous venons de dire qu'on leur applique la règle, *le mort saisit le vif;* et en effet, pour commencer par les abbés, il est d'autant plus certain qu'un supérieur de monastère est saisi après la mort de son religieux, qu'il l'était même du vivant de celui-ci : *Possessio monachi est possessio abbatis, sicuti possessio servi est possessio domini.* Aussi trouvons-nous dans Bacquet un arrêt du 1er juin 1585, qui a déclaré le prieur de Saint-Martin-des-Champs recevable à se pourvoir en complainte pour raison de la cote-morte d'un de ses religieux, quoiqu'il n'en eût pas encore pris de possession réelle.

Les seigneurs sont également saisis des échutes de leurs serfs ou gens de main-morte. C'est ce que décident expressément les coutumes de Troyes, art. 91; de Nivernais, ch. 8, art. 73; de Vitry, art. 142; de Bourgogne; ch. 9, art. 14; et leurs dispositions forment à cet égard le droit commun de la France.

Il en est de même des droits de déshérence, de

bâtardise, d'aubaine et de confiscation. La preuve que le roi et les seigneurs en sont saisis, lorsque le cas arrive, résulte du mot *succéder*, dont se servent presque toutes les coutumes qui traitent de ces droits; tel est d'ailleurs le sentiment de Lebrun.

[[Il n'y a plus ni moines, ni serfs, ni gens de main-morte, ni seigneurs. Ainsi, de tous les Héritiers irréguliers que reconnaissait notre ancienne jurisprudence, il n'y a plus que le domaine public à qui cette qualité puisse convenir.

Mais remarquez que le domaine public n'est point, en cette qualité, saisi de la succession qui lui est déférée à défaut de parens et d'époux survivant, et qu'il doit en obtenir la possession du juge. *V.* le Code Napoléon, art. 724 et 770.

Remarquez encore que le Code Napoléon admet une nouvelle espèce d'*héritiers irréguliers* : ce sont les enfans naturels légalement reconnus ; ils succèdent conjointement, mais par portions inégales et plus ou moins fortes, avec les Héritiers légitimes. Ceux-ci manquant, tous les biens leur sont dévolus, à l'exclusion de l'époux survivant, qui ne vient qu'à leur défaut. Mais, ni dans l'un ni dans l'autre cas, ils ne sont saisis. *V.* les art. 724, 756, 757, 758 et 773 du Code cité.]]

Section II. *Seconde division des Héritiers, tirée de l'appréhension des successions qui leur sont déférées.*

Les Héritiers, considérés sous ce second rapport, se divisent d'abord en Héritiers présomptifs, en Héritiers délibérans, en Héritiers immiscés, et en Héritiers renoncés; secondement, en Héritiers nécessaires, en Héritiers siens et nécessaires, et en Héritiers étrangers; troisièmement, en Héritiers purs et simples, et en héritiers bénéficiaires. Ainsi, cette section se divise naturellement en trois paragraphes.

§. I. *Des Héritiers présomptifs, des Héritiers délibérans, Héritiers immiscés ou déclarés, et des Héritiers renoncés.*

I. On appelle Héritier *présomptif* celui qui se trouve dans le degré le plus apparent de successibilité, et qui, par cette raison, est présumé devoir être Héritier : on lui donne cette qualité, soit avant le décès de celui à qui il s'agit de succéder, soit après l'ouverture de sa succession, jusqu'à ce qu'il ait pris qualité ou renoncé.

[[II. Dans ce dernier cas, l'Héritier présomptif prend encore le nom d'Héritier *délibérant*. *V. Délibérer.*

Il résulte des termes de l'art. 779 du Code Napoléon, rapporté au n° suivant, que l'Héritier délibérant peut, en cette qualité, faire des *actes purement conservatoires*. Mais peut-on également en faire contre lui?

Le 16 nivose an 10, le sieur de Geres fait citer le sieur de Puységur au bureau de paix, pour se concilier sur la demande qu'il se propose de former contre lui, en qualité de donataire universel de la dame Pichard, son épouse décédée, à fin de reconnaissance de la signature apposée par le feu sieur Pichard, père de celle-ci, à des billets dont il est porteur, et dont la somme s'élève à 106,000 liv. — Le sieur de Puységur observe qu'il est encore dans le délai pour délibérer sur l'acceptation du don universel que lui a fait son épouse.

Le 28 du même mois, le sieur de Geres fait assigner le sieur de Puységur devant le tribunal civil de l'arrondissement de Bordeaux, pour voir dire qu'il sera tenu de reconnaître ou dénier la signature du sieur Pichard.—Le sieur de Puységur oppose à cette demande l'art. 797 du Code Napoléon, suivant lequel, « pendant la durée du délai pour faire inventaire et pour délibérer, l'Héritier ne peut être contraint à prendre qualité; et il ne peut être obtenu contre lui de condamnation ». — Jugement qui, appliquant cet article à la citation du 28 nivose, la déclare nulle. Appel —La cour de Bordeaux confirme ce jugement, « attendu que le sieur de Geres, en dirigeant contre le sieur de Puységur sa demande en avération de signature, l'a non-seulement contraint par-là à prendre qualité, mais la lui a déjà assignée, en le caractérisant de successeur à titre universel de feu la dame de Puységur, son épouse; que le sieur de Puységur, étant donataire à titre universel des biens que son épouse laisserait à son décès, et ce décès étant arrivé sous l'empire du Code civil, les effets de cette donation doivent être réglés d'après les dispositions de cette loi; qu'aux termes de l'art 1006 du Code civil, l'institué à titre universel est saisi de plein droit, sans être tenu de demander délivrance, lorsque, comme dans l'espèce présente, il n'y a point d'Héritier auquel une quotité de biens soit réservée; qu'il suit de cette saisine légale, qu'il représente activement et passivement le défunt, et qu'il est en tout assimilé à l'Héritier: que c'est donc avec raison que le sieur de Puységur s'est renfermé dans l'exception introduite par la loi en faveur de l'Héritier ».

Le sieur de Geres se pourvoit en cassation contre cet arrêt. — « Je n'ai point (dit-il) forcé le sieur de Puységur à prendre qualité, je n'ai pas même demandé de condamnation contre lui; je me suis borné à le faire assigner en justice pour reconnaître des signatures : une telle assignation n'est qu'un acte conservatoire. L'art. 779 du Code Napoléon, permettant à l'Héritier délibérant de faire des actes conservatoires, il faut bien que les créanciers de la succession jouissent contre lui de la même faculté; il le faut d'autant plus que, suivant l'art. 2259, la prescription court au profit de la succession pendant le délai accordé à l'Héritier pour faire inventaire et délibérer; et que, suivant les art. 878 et 2111, c'est du jour de l'ouverture de la succession que commence, contre les créanciers du défunt, le terme de six mois dans lequel ils peuvent, en demandant la séparation de son patrimoine d'avec celui de l'Héritier, conserver leur privilége sur les immeubles de l'Héritier par des inscriptions hypothécaires. Qu'importe au surplus que, par l'effet de la signature reconnue en jugement ou par un jugement, le créancier acquière une hypothèque. Il ne l'acquiert que par une conséquence d'un acte conservatoire; et, encore une fois, les actes conservatoires ne peuvent pas lui être défendus, alors qu'ils sont permis à l'Héritier délibérant ».

Le sieur de Puységur répond : « J'ai été assigné en qualité de donataire universel, c'est-à-dire, d'Héritier. L'action intentée contre moi tendait à acquérir une hypothèque sur les biens de la succession. Je ne pouvais pas défendre à cette action sans prendre qualité. Cette action n'était donc pas purement conservatoire: c'était une véritable poursuite. Qu'est-ce qu'un acte conservatoire? C'est un acte qui n'a pour but que la conservation du droit de celui au nom duquel la signification en est faite, et qui ne comporte aucune assignation pour procéder en conséquence. Telles sont les oppositions, les saisies-arrêts, les appositions de scellés; telles sont encore, si l'on veut, les inscriptions hypothécaires; mais celles-ci n'ont ce caractère que lorsqu'elles sont prises sur une hypothèque déjà acquise. S'agit-il d'une hypothèque à acquérir par une procédure? alors, disparaît toute idée d'acte conservatoire ».

Par arrêt du 10 juin 1807, au rapport de M. Botton-Castellamonte, « Attendu que l'art. 797 du Code civil défend seulement de contraindre l'Héritier à prendre qualité, et obtenir des condamnations contre lui; que, dans l'espèce, le demandeur, lorsqu'il a donné au défendeur le titre de successeur, à titre universel, ne l'a point contraint à prendre cette qualité ni celle d'Héritier, même pendant les délais pour faire inventaire et pour délibérer; qu'au contraire, l'art. 198 suppose nécessairement que de pareilles assignations sont permises, sauf à l'Héritier d'arrêter le cours des poursuites, en excipant des délais dont il s'agit : exception qui n'est que dilatoire, soit d'après l'ordonnance de 1667, soit d'après le tit. 4, liv. 2, du nouveau Code de procédure civile; que, quoique au bureau de conciliation le défendeur eût déjà excipé qu'il était dans le délai, la citation en conciliation n'aurait pas suffi pour interrompre le cours de la prescription, si la citation n'avait pas été suivie de l'assignation; qu'il suit de ces observations que la cour d'appel de Bordeaux, en déclarant nulle l'assignation dont il s'agit, a fait une fausse application de l'art. 797 précité, et commis un excès de pouvoir en créant une nullité qu'aucune loi ne prononce; la cour casse et annulle...».

V le plaidoyer du 25 floréal an 13, rapporté à l'article *Protét*, §. 6, et celui du 15 avril 1806, rapporté à l'article Cassation, §. 6, n. 3.]]

III. L'Héritier immiscé ou déclaré est celui qui a fait une acceptation expresse ou tacite de l'hérédité.

[[Voici ce que règle là-dessus le Code Napoléon :

» *Art.* 775. Nul n'est tenu d'accepter une succession qui lui est échue.

» 776. Les femmes mariées ne peuvent valablement accepter une succession, sans l'autorisation de leur mari ou de Justice... — Les successions échues aux mineurs et aux interdits ne pourront être valablement acceptées que conformément aux dispositions du titre *de la minorité*, *de la tutelle et de l'émancipation* (c'est-à-dire, avec une autorisation préalable du conseil de famille et sous bénéfice d'inventaire. *Art.* 461).

» 777. L'effet de l'acceptation remonte au jour de l'ouverture de la succession.

» 778. L'acceptation peut être expresse ou tacite; elle est expresse, quand on prend le titre ou la qualité d'Héritier dans un acte authentique ou privé; elle est tacite, quand l'Héritier fait un acte qui suppose nécessairement son intention d'accepter, et qu'il n'aurait droit de faire qu'en sa qualité d'Héritier.

» 779. Les actes purement conservatoires, de surveillance et d'administration provisoire, ne sont pas des actes d'adition d'hérédité, si l'on n'y a pas pris le titre ou la qualité d'Héritier.

» 780. La donation, vente ou transport que fait de ses droits successifs un des cohéritiers, soit à un étranger, soit à tous ses cohéritiers, soit à quelques-uns d'eux, emporte de sa part acceptation de la succession. — Il en est de même, 1° de la renonciation, même gratuite, que fait un des Héritiers au profit d'un ou de plusieurs de ses cohéritiers; 2° de la renonciation qu'il fait même au profit de tous ses cohéritiers indistinctement, lorsqu'il reçoit le prix de sa renonciation.

» 781. Lorsque celui à qui une succession est échue est décédé sans l'avoir répudiée ou sans l'avoir acceptée expressément ou tacitement, ses Héritiers peuvent l'accepter ou la répudier de son chef.

» 782. Si ces héritiers ne sont pas d'accord pour accepter ou pour répudier la succession, elle doit être acceptée sous bénéfice d'inventaire.

» 783. Le majeur ne peut attaquer l'acceptation expresse et tacite qu'il a faite d'une succession, que dans le cas où cette acceptation aurait été la suite d'un dol pratiqué envers lui; il ne peut jamais réclamer sous prétexte de lésion, excepté seulement dans le cas où la succession se trouverait absorbée ou diminuée de plus de moitié, par la découverte d'un testament inconnu au moment de l'acceptation.

» 789. La faculté d'accepter ou de répudier une succession se prescrit par le laps de temps requis pour la prescription la plus longue des droits immobiliers.

» 790. Tant que la prescription du droit d'accepter n'est pas acquise contre les Héritiers qui ont renoncé, ils ont la faculté d'accepter encore la succession, si elle n'a pas été déjà acceptée par d'autres Héritiers; sans préjudice néanmoins des droits qui peuvent être acquis à des tiers sur les biens de la succession, soit par prescription, soit par actes valablement faits avec le curateur à la succession vacante. »

Le premier de ces articles suppose clairement que, pour qu'une personne puisse accepter valablement une succession, il faut que cette succession *lui soit échue ;* et c'est ce que la loi 21, § 2, D. *de acquirendâ vel omittendâ hereditate*, décide plus clairement encore : *sed ita demùm pro herede gerendo acquiret hereditatem, si jam sit ei delata.* L'acceptation n'est donc pas obligatoire, si, au moment où se fait l'acte qui la contient ou dont elle résulte, la succession qu'elle a pour objet n'est pas encore échue à l'acceptant. — Ce principe (qui sera plus développé sous le mot *Renonciation*, §. 2), a été invoqué avec succès dans l'espèce suivante.

En ventose an 2, le sieur Hennequin d'Ecquevilly meurt à Amiens, laissant tous ses biens sous un séquestre, dont ils avaient été frappés parce qu'il était ascendant d'émigrés. — Le 5 brumaire an 5, l'administration centrale du departement de Seine-et-Oise fait le partage de ses biens conformément à la loi du 9 floréal an 3, distribue les lots entre les successibles, et retient pour le domaine public la part de ceux des descendans du défunt qui sont émigrés.

Les demoiselles d'Esterno qui avaient été admises à ce partage, comme petites-filles non émigrées du sieur Hennequin, afferment une partie des biens compris dans leurs lots et vendent l'autre.

En l'an 8, la régie des domaines, trouvant le nom du sieur Hennequin sur la liste des émigrés, fait réapposer le séquestre sur tous les biens qui lui ont appartenu.

Les choses en cet état, la dame de Montmorency, créancière de la succession du sieur Hennequin, poursuit les demoiselles d'Esterno, en leur qualité d'Héritières, devant le tribunal de première instance de Besançon, juge de leur domicile.

Les demoiselles d'Esterno déclarent renoncer à la succession du sieur Hennequin. — La dame de Montmorency soutient que leur renonciation est sans effet ; qu'elles ont fait acte d'Héritières, en intervenant au partage de l'an 5, en vendant et affermant les biens échus dans leurs lots ; et que *semel heres semper heres.*

Le 5 nivose an 9, jugement qui, « attendu que les biens du défunt Hennequin étant dévolus à la république par confiscation, tout l'actif de la succession lui appartient, et qu'il serait inique de faire supporter le passif à celui qui n'a aucun droit sur l'actif, » déclare la dame de Montmorency mal fondée dans sa demande. — La dame de Montmorency appelle de ce jugement.

Le 23 brumaire an 10, un arrêté du gouvernement déclare, en prononçant sur un conflit d'attributions, qu'à l'autorité administrative seule appartient le droit de liquider les dettes actives et passives du sieur Hennequin, et annulle les jugemens rendus par des tribunaux qui avaient exercé ce droit.

Le 27 nivose suivant, un autre arrêté du gouvernement ordonne que le séquestre national demeurera apposé sur tous les biens provenans du sieur Hennequin.

Le 5 ventose de la même année, troisième arrêté par lequel le gouvernement maintient les aliénations qui ont été faites de ces mêmes biens avant le 27 nivose, par les parens à qui ils étaient échus en partage.

Cependant la dame de Montmorency poursuit son appel, mais sans succès : la cour de Besançon considère, qu'il n'y a pas eu d'adition d'hérédité de la part des demoiselles d'Esterno, par la raison qu'à l'époque des actes constitutifs de cette adition prétendue, tous les biens du sieur Hennequin étaient confisqués, et que, conséquemment, il n'existait pas de succession à laquelle fussent appelés ses plus proches parens ; et, en conséquence, par arrêt du 15 thermidor an 10, elle confirme le jugement du tribunal de première instance.

La dame de Montmorency se pourvoit en cassation contre cet arrêt, qu'elle présente comme violant à la fois, et la règle du droit coutumier *le mort saisit le vif*, et la maxime du droit romain *semel heres semper heres.*

Avant qu'il ait été statué sur ce recours, paraît un arrêté du gouvernement, du 14 ventose an 11, qui applique au feu sieur Hennequin l'amnistie accordée aux émigrés par le sénatus-consulte du 6 floréal an 10, et ordonne que ses biens seront rendus à ses héritiers légitimes.

La dame de Montmorency fait valoir cet arrêté à l'appui de ses moyens de cassation.

Mais, par arrêt contradictoire du 5 thermidor an 12, au rapport de M. Vergès, « considérant que les engagemens qui résultent de l'acceptation d'une hérédité supposent une acceptation qui a eu pour objet une succession à laquelle on était appelé ; qu'il est en effet de principe que, pour accepter valablement une succession, il faut y être appelé ; que les défenderesses n'étaient pas appelées à la succession d'Hennequin d'Ecquevilly, leur aïeul ; qu'elles étaient exclues, au contraire, de cette succession par la république, dont les droits étaient aussi établis par l'inscription dudit d'Ecquevilly sur la liste des émigrés ; que c'était par conséquent contre la république, et non contre les défenderesses, que la veuve de Montmorency aurait dû agir en payement de la créance réclamée ; considérant que le gouvernement l'a reconnu ainsi, puisque, par un premier arrêté du 23 brumaire an 10, il a déclaré que le droit de liquider les dettes et créances d'Hennequin d'Ecquevilly appartenait exclusivement à l'administration ; qu'il a annullé, en conséquence, des jugemens rendus par les tribunaux qui s'étaient permis de connaître de cette liquidation ; que par un autre arrêté du 27 nivose an 10, le gouvernement a ordonné l'apposition du séquestre national sur tous les biens provenans de ladite succession ; considérant que, si le gouvernement a maintenu, par son arrêté du 5 ventose an 10, les ventes faites par les prétendus Héritiers d'Ecquevilly, antérieurement au 27 nivôse an 10, ce n'a été spécialement qu'à cause de la bonne foi des acquéreurs; considérant que l'arrêté du gouvernement, du 14 ventôse an 11, dont la demanderesse s'étaye, ne lui est pas plus favorable; qu'il résulte à la vérité de cet arrêté, que l'amnistie a été appliquée à Hennequin d'Ecquevilly; qu'il en résulte en outre que les biens ont été rendus aux Héritiers légitimes; considérant d'abord que cet arrêté n'a été rendu que postérieurement au jugement attaqué; qu'on ne peut lui donner par conséquent un effet rétroactif; que cet arrêté démontre même d'ailleurs la nullité de l'acceptation d'hérédité, qui a uniquement servi de base à la demande en payement de la créance réclamée; considérant en second lieu, que les droits de la veuve de Montmorency demeureraient entiers contre les défenderesses, si elles profitaient un jour de la faculté qui peut appartenir à des Héritiers naturels, dans le cas de l'amnistie; la cour rejette.......».

La même chose a été jugée dans l'espèce que voici: — En 1793, Jacques Thurnin, négociant à Aix, poursuivi comme *ennemi de la révolution*, sort de France avec ses trois enfans; il est en conséquence inscrit, ainsi qu'eux, sur la liste des émigrés. — Le 20 floréal an 3, il meurt à Livourne. — D'après la loi du 22 germinal précédent, ses enfans rentrent en France, et les 22, 23 et 24 messidor de la même année, ils obtiennent de l'administration centrale du département des Bouches-du-Rhône, des arrêtés qui rayent provisoirement leurs noms et celui de leur père, de la liste des émigrés. — En conséquence, comptant, d'après les lois existantes, sur la restitution à faire par le trésor public des fruits des biens de leur père encore séquestrés, et du prix de ceux qui ont été vendus pendant son émigration, ils font acte d'Héritiers, payent quelques créanciers et prennent des arrangemens avec d'autres. — Le 9 prairial an 8, ils sont rayés définitivement, ainsi que leur père, de la liste des émigrés. — Le 29 messidor suivant, paraît un arrêté du gouvernement qui déclare qu'il ne sera rendu aux émigrés dont la radiation a été ou sera prononcée, ni fruits échus ni prix de vente de leurs biens. — Les enfans de Jacques Thurnin découvrent en même temps des dettes de leur père dont ils n'ont eu jusqu'à ce moment aucune connaissance. — Les choses en cet état, ils font assigner tous les créanciers de la succession pour voir dire qu'ils seront relevés de leur adition pure et simple et admis à se porter Héritiers par bénéfice d'inventaire. — Les créanciers leur opposent la maxime, *semel heres semper heres*. — Le 17 frimaire an 9, jugement du tribunal civil d'Aix qui les admet à prendre la qualité d'Héritiers bénéficiaires, «attendu que la dernière législation sur les émigrés et la découverte des dettes jusqu'alors inconnues, ont totalement changé l'état de la succession ». — Sur l'appel, la cour d'Aix confirme ce jugement par les mêmes motifs, et encore « attendu qu'avant la radiation définitive de Jacques Thurnin, sa succession n'avait pu être transmise civilement; et que ses enfans n'avaient pas eu la capacité de se rendre Héritiers avant leur radiation définitive ». — Les créanciers se pourvoient en cassation; mais par arrêt du 31 mars 1806, au rapport de M. Gandon, « considérant que Jacques Thurnin père est décédé le 28 floréal an 3 en état d'émigration et de mort civile; que les lois alors existantes déféraient sa succession à la république; qu'ainsi, à cette époque, et jusqu'à la radiation définitive de leur père, accordée le 9 prairial an 8, on ne peut pas dire que la succession ait été ouverte au profit de ses enfans; que les enfans eux-mêmes n'ayant été radiés définitivement que le 9 prairial an 8, ce n'est qu'alors qu'ils sont devenus capables de recueillir la succession de leur père, et de faire des actes d'Héritiers; que les arrêtés du directoire du département des Bouches-du-Rhône, en l'an 3, ne leur avaient accordé qu'une administration provisoire et précaire; qu'il est jugé et déclaré, en point de fait, par les deux tribunaux de première instance et d'appel, que, depuis leur radiation définitive, les enfans Thurnin n'ont fait aucun acte d'adition de l'hérédité dont il s'agit; et que dans le délai légal depuis cette radiation, ils ont demandé, suivant les formes usitées en Provence, à être admis à prendre la succession sous bénéfice d'inventaire; de tout quoi il résulte que l'arrêt qui les a admis à ce bénéfice, est conforme aux principes et aux lois; la cour rejette..... ».

Nous reviendrons sur ces arrêts, ci-après, sect. 5.

Fait-on acte d'héritier, lorsqu'on se met en possession des biens d'une succession que l'on a préalablement acceptée sous la condition de n'être tenu aux dettes que jusqu'à la concurrence de la valeur des biens?

L'Héritier présomptif qui se présente comme créancier et qui accepte les fonctions de curateur à la succession vacante, est-il censé renoncer à la qualité d'Héritier?

Le droit d'accepter une succession était-il prescriptible avant le Code Napoléon? — L'était-il dans le cas où une succession était restée vacante pendant tout le temps requis pour la prescription? — Par qui peut être opposée la prescription du droit d'accepter une succession? — Quel est l'effet de cette prescription?

Toutes ces questions ont été agitées dans l'espèce suivante.

Le 19 mars 1706, décès de Jeanne Brias, dame de Peteghem, près Audenarde, laissant pour Héritiers présomptifs, Marguerite Brias sa sœur, épouse de Georges Vanelstein, et trois neveux nommés Basile, Jean-Baptiste et Isabelle Baké.

Par la coutume d'Audenarde qui régissait tous ses biens, et notamment la seigneurie de Peteghem, la sœur excluait les neveux de la succession aux fiefs. En conséquence, la seigneurie de Peteghem était dévolue à Marguerite Brias; mais cette terre étant, ainsi que les autres biens, grevée de dettes considérables, et même déjà saisie réellement à la requête de Georges Vanelstein, son mari, Marguerite Brias ne fit point acte d'Héritière.

Le 9 avril 1706, plusieurs créanciers de la succession, à la tête desquels se trouvait Pierre Grégoire Vanelstein, fils de Georges et cessionnaire de ses droits, présentent à la justice de Peteghem une requête à fin d'établissement d'un curateur à la succession qu'ils assurent ne devoir être acceptée par aucun des parens de Jeanne Brias. — Le même jour, ordonnance portant que cette requête sera communiquée aux Héritiers apparens, pour y répondre dans la quinzaine. — Elle est en effet signifiée à Georges Vanelstein comme exerçant les actions de son épouse, à Basile Bake, à Jean-Baptiste Bake et à Isabelle Bake.

Georges Vanelstein et son épouse consentent, par leur réponse, à ce qu'un curateur soit établi *à l'hérédité jacente de leur sœur et belle-sœur.* — Jean-Baptiste Bake s'y opposent. — Basile et Isabelle Bake gardent le silence.

Le 4 mai 1706, sentence qui, donnant défaut contre Basile et Isabelle Bake, et sans s'arrêter à l'opposition de Jean-Baptiste Bake, nomme Pierre Lanneau curateur à la *maison mortuaire* ou succession de Jeanne Brias.

Le surlendemain 6, Basile Bake passe devant notaire à Audenarde, un acte par lequel il déclare *se fonder héritier dans la mortuaire de sa tante Jeanne Brias, avec promesse et obligation de payer toutes les dettes de ladite mortuaire, et aussi de profiter et prendre à soi, comme héritier, tous les biens qui se trouvent en ladite mortuaire, et ce selon droit et coutume.* — Jacques Decarlier et Philippe Vandeputte interviennent dans cet acte et déclarent, pour satisfaire à une disposition particulière de la coutume d'Audenarde, *se constituer cautions et pleiges pour le premier comparant à l'égard de l'adition et acceptation de ladite succession; bien entendu que lui premier comparant n'entend point ni aussi les seconds comparans qu'ils seront comme pleiges et cautions, plus avant ou autrement obligés qu'à concurrence de la recette des biens à prendre par eux, à l'effet de quoi le premier comparant dénomme et donne pleine charge et procuration audit Jacques Decarlier, son premier cautionnaire.*

Le 8 du même mois, Basile Bake présente à la justice de Peteghem une requête par laquelle, en vertu de son acte d'adition du 6, il demande main-levée de la curatelle déférée à Pierre Lanneau par la sentence du 4, et conclut à ce qu'il soit ordonné à Georges Vanelstein et à Marguerite Brias, son épouse, *de déclarer promptement et suivant droit et coutume, s'ils entendent accepter, suivant degré d'hoirie, ladite succession aussi dévolue sur eux, et que faute de ce faire, ils en soient et restent déboutés, conformément à la disposition coutumière.*

Le 5 juin suivant, Georges Vanelstein, les autres créanciers et le curateur Pierre Lanneau lui font signifier une requête par laquelle ils soutiennent que sa demande en main-levée de la curatelle est inadmissible, *parce qu'il n'a pas voulu se déclarer héritier autrement que sous la clause qu'il n'entend pas, à cause de ladite hoirie, plus ou autrement s'obliger que jusqu'à concurrence de la recette des biens par lui à prendre, sur lequel pied ses prétendues cautions ont vinculé leurs cautionnemens.* Ils concluent en conséquence à ce que Basile Bake soit débouté de sa demande; qu'il lui soit défendu de se mettre en possession de quelque bien que ce soit de la succession, *à moins que de s'être préalablement, sans limitation ni réserve, déclaré héritier de Jeanne Brias, et avoir cautionné dûment son hoirie, suivant la coutume;* et que provisoirement il lui soit ordonné *de déguerpir sans délai le château de Peteghem, qu'il n'a point de qualité pour posséder.*

Le 6 juillet, les mêmes parties présentent à la justice de Peteghem une requête intitulée *sous-correction*, par laquelle, pour obtenir plus facilement l'expulsion provisoire de Basile Bake du château de Peteghem, ils offrent *de mettre pour ce caution suffisante.* Il n'y peut être, disent-ils, apporté *obstacle par l'écriture fournie par ledit Bake le 2 de ce mois; au contraire, elle ne fait que confirmer plus fortement la prétention des supplians, d'autant que l'on y voit encore qu'il ne veut pas se déclarer héritier absolu de Jeanne Brias.* Ils ajoutent qu'il est *abusif*, de la part de Basile Bake, de leur reprocher de vouloir *contester sa qualité d'héritiers : qu'au contraire ils soutiennent seulement que la curatelle doit avoir lieu, parce que personne ne s'y déclare héritier absolu; et que la prétendue déclaration dudit Bake est inamissible, à cause des réserves et restrictions avec lesquelles il l'a limitée; que cependant s'il entendait se déclarer héritier,* ils pourraient alors *l'actionner pour leurs liquides et importantes prétentions qu'ils ne peuvent poursuivre contre une maison mortuaire où il n'y a pas d'héritier absolu et effectif, à moins qu'il n'y ait un curateur commis à ce.*

Le 25 octobre 1706, sentence qui « ordonne aux parties de se communiquer leurs *sous-corrections* respectives, et de procéder au principal, suivant les rétroactes; ordonne néanmoins, par provision et sous la caution offerte par les demandeurs, au défendeur de déguerpir le château mentionné dans les requêtes et sous-correction des demandeurs, dans les quatorze jours péremptoirement, sous peine d'y être contraint par exécution, à moins qu'il ne préférât de faire une pure et due adition d'hoirie et la cautionner suffisamment ».

Basile Bake appelle de cette sentence au conseil provincial de Gand; mais il laisse périmer son appel, la sentence est exécutée, il est expulsé du château de Peteghem, il meurt quelque temps après, et toute cette procédure tombe dans le plus profond oubli.

Le 20 novembre 1709, Pierre Lanneau fait, en sa qualité de curateur, le relief de la terre de Peteghem, *pour celui qui a droit.*

Le 7 décembre 1715, sentence de la justice de Peteghem, qui, sur la demande de Pierre-Grégoire Vanelstein, fils de Georges, et cessionnaire de ses créances sur la succession de Jeanne Brias, destitue le curateur Pierre Lanneau, et nomme le premier à sa place.

Marguerite Brias, épouse de Georges Vanelstein, meurt le 31 octobre 1728, sans avoir accepté ni répudié expressément la succession de Jeanne Brias, sa sœur. Son fils Pierre-Grégoire Vanelstein continue ses fonctions de curateur à l'hérédité jacente de celle-ci.

Le 6 décembre 1740, la justice de Peteghem procède à la distribution des deniers provenus des fermages de la seigneurie toujours tenue en saisie réelle; et elle y colloque notamment Pierre-Grégoire Vanelstein et ses sœurs, pour toutes les créances que leur mère leur avait transmises sur la succession de Jeanne Brias.

En 1742, décès de Pierre-Grégoire Vanelstein. — Le 28 juillet de la même année, Vansteenbrugge lui est subrogé dans la qualité de curateur. — Le 2 mai 1743, il fait le relief de la terre de Peteghem, comme *curateur à la succession jacente de Jeanne Brias.*

En 1770, Pierre-Grégoire Vanelstein, petit-fils du précédent et fils de Pierre-Louis, est nommé curateur à la même succession, en remplacement de Vansteenbrugge.

En 1776, Henri et Pierre Barth, descendans d'une fille de Basile Bake, présentent au conseil provincial de Gand une requête par laquelle ils exposent qu'ils sont *les héritiers apparens de Jeanne Brias, du chef de leur mère;* et, sur ce fondement, concluent à ce que le curateur établi à sa succession, *soit tenu de leur rendre compte en leurdite qualité d'héritiers apparens, pour icelui vu, être par eux délibéré sur l'adition ou la répudiation.* — Le curateur (Pierre-Grégoire Vanelstein, second du nom), décline la juridiction immédiate du conseil; et il intervient jugement qui renvoie les parties devant la justice de Peteghem.

Défendant ensuite au fond devant ce dernier tribunal, il soutient que la seule qualité d'Héritier apparent ne suffit pas pour donner le droit de demander un compte au curateur d'une succession jacente. — Et en effet, par sentence du 2 décembre 1777, Henri et Pierre Barth sont déclarés non-recevables *in modo et in formâ.*

Dès le 5 septembre précédent, Pierre-Louis Vanelstein, père de Pierre-Grégoire, second du nom, avait déclaré, devant deux notaires à Gand, se porter Héritier de Jeanne Brias, sœur de son aïeule, et il s'était en conséquence mis en possession de la terre de Peteghem, dont le curateur, son fils, lui avait fait l'abandon.

Le 16 décembre de la même année, Henri et Pierre Barth, prenant la qualité d'*héritiers absolus* de Jeanne Brias, renouvellent contre le curateur la demande qu'ils venaient d'être jugés non-recevables à former comme *héritiers apparens.*

Le 13 juillet 1778, Henri Barth expose à la justice de Peteghem, « qu'il est Héritier de Basile Bake, et, en cette qualité, Héritier médiat de Jeanne Brias...., dont ledit Basile Bake s'était porté Héritier par acte du 6 mai 1706; que, par cette déclaration et ses autres gestions à titre d'Héritier, il a acquis la succession, et en a exclu tous les autres Héritiers apparens, tant par les voies de la prescription, pour autant qu'ils n'ont pas déclaré leur volonté d'y être Héritiers dans le terme trentenaire, que parce que durant tout le temps utile pour l'adition de la succession, ils ont pris des qualités incompatibles avec celle d'Héritiers ». — Il conclut en conséquence, à ce que la seigneurie de Peteghem lui soit adjugée *à l'exclusion de tous autres.*

Cette requête est signifiée à Pierre-Louis Vanelstein, qui y répond et meurt peu de temps après. L'instance est reprise par ses Héritiers, et évoquée au conseil provincial de Gand, où, à la suite d'une longue instruction, il intervient, le 1.er mars 1787, sentence qui déclare Henri Bath *non-recevable ni fondé.* — Appel au grand-conseil de Malines, où le procès reste indécis jusqu'à la réunion de la Belgique à la France.

Le 10 prairial an 11, arrêt de la cour d'appel de Bruxelles qui, « avant faire droit, admet l'appelant (Martin Barth, fils et Héritier de Henri), à vérifier le fait par lui posé au procès, que les intimés (les héritiers de Pierre-Louis Vanelstein), ou leurs auteurs, avaient expressément renoncé à la succession de Jeanne Brias, décédée le 19 mars 1706..., sauf aux intimés la preuve contraire ».

Le 15 thermidor an 11, Martin Barth déclare ne pouvoir faire la preuve à laquelle il est admis.

Le 11 fructidor suivant, la cour d'appel prononce définitivement en ces termes :

« 1.° L'appelant a-t-il vérifié que les intimés ou leurs auteurs ont renoncé *expressément* à la succession de Jeanne Brias, de laquelle il s'agit? — 2.° Les intimés ou leurs auteurs y ont-ils renoncé *tacitement*, soit en n'adiant pas, soit en se déclarant créanciers, ou en gérant comme curateurs de ladite succession? — 3.° Basile Bake, ensuite de son acte d'adition du 6 mai 1706, est-il devenu seul Héritier de Jeanne Brias, et a-t-il par-là exclu de sa succession ses autres Héritiers? — 4.° Basile Bake s'est-il mis dans la condition d'usucapion contre les intimés ou leurs auteurs; ou ceux-ci ont-ils perdu, par la prescription, le droit d'adier cette succession leur déférée par la loi?

» Sur quoi, considérant, à la première question, que l'appelant convient de ne pouvoir subministrer aucun acte de renonciation à la succession dont s'agit, faite par les intimés ou leurs auteurs; que les déclarations et autres pièces qu'il a produites, ne prouvent pas que pareil acte aurait existé; que leur ensemble ne ferait tout au plus qu'une légère présomption sur ce fait; qu'une renonciation à un droit ou à une hérédité déférée, ne se présume pas; qu'il faut qu'une pareille renonciation soit invinciblement prouvée; d'où il suit que l'appelant n'a pas prouvé que les intimés ou leurs auteurs auraient renoncé expressément à la succession de Jeanne Brias;

» A la deuxième question, vu l'art. 1 de la rubrique 23 de la coutume d'Audenarde, portant : *Le mort saisit le vif son plus proche héritier habile à lui succéder, et la possession est continuée en l'héritier, sans devoir user d'aucune solennité de justice pour cela;* considérant que d'après la disposition de cette coutume, qui est celle qui régit les biens, il ne faut aucune adition ou acte pour qu'un Héritier soit légalement saisi, et acquière la possession civile d'une succession que la loi lui défère; qu'ainsi, Marguerite Brias, à la mort de Jeanne sa sœur, a été légalement saisie de la succession de celle-ci, sans devoir user d'aucune solennité de justice pour cela; que les intimés ou leurs auteurs n'ont pas renoncé à cette succession pour s'en être déclarés créanciers; que lorsqu'on dit que les qualités de créancier d'une mortuaire et d'Héritier de cette mortuaire sont incompatibles, cela ne doit s'entendre que pour le cas que l'Héritier se soit immiscé; mais que cela ne peut s'appliquer à un Héritier qui délibère, et au cas qu'une hérédité jacente soit administrée par un curateur, attendu qu'une hérédité jacente représente le défunt; et rien ne peut empêcher que l'Héritier, aussi long-temps qu'il délibère, n'exerce ses créances contre cette hérédité dans la personne du curateur, comme il aurait pu le faire contre le défunt lui-même; il ne se fait dans ce cas, aucune confusion des biens; la loi dernière, C. *de jure deliberandi*, établit cette vérité en ces termes: *Si verò ipse aliquas contra defunctum habeat actiones, non hæ confundantur, sed similem cum aliis creditoribus per omnia habeat fortunam*; qu'il en est de même pour la qualité du curateur; qu'elle n'est incompatible avec celle d'Héritier, que pour autant que celui-ci aurait appréhendé, mais pas lorsqu'il délibère et que la succession est jacente; qu'un curateur à une succession jacente, ne possède pas *pro suo*; qu'il possède pour celui qui y a droit: *Il doit faire rentrer l'actif et payer les dettes et garder le surplus au profit de qui il appartiendra*, dit la coutume; que rien ne s'oppose donc à ce que l'*Héritier délibérant* soit *curateur*; il peut garder le surplus à son profit pour le cas qu'il adie, comme il doit le garder au profit de celui qui se déclarera en cas qu'il répudie;

» A la troisième et quatrième questions, considérant que d'après la coutume d'Audenarde précitée, il n'y a pas de représentation en collatérale pour les fiefs; qu'ainsi, à la mort de Jeanne Brias, Marguerite Brias, sa sœur aînée, a été saisie seule et de plein droit de sa succession féodale, à l'exclusion de Basile Bake, son neveu, d'après la maxime prérappelée, *le mort saisit le vif son hoir le plus proche habile à lui succéder*; que, si la succession féodale de Jeanne Brias n'a pas été déférée à Basile Bake, il n'en a pu acquérir la propriété par son adition du 6 mai 1706, étant constant en principe, que, pour que quelqu'un en adiant, acquière la propriété d'une hérédité, il faut qu'elle lui soit déférée: *pro herede gerendo acquirit hereditatem, si jam ei delata sit*, disent les lois 21, §. 2, et 69, D. *de acquirendâ et omittendâ hereditate*; que Marguerite Brias étant saisie de la succession féodale de Jeanne sa sœur, et en ayant la possession civile par la force de la loi, l'adition de Basile Bake n'a pu également lui ôter cette possession, ni l'exclure de cette succession; qu'elle n'a pu être dépossédée, que par forclusion et de l'autorité du juge, ou par une possession corporelle et légitime, qu'en aurait acquise un tiers, qui aurait possédé le temps requis par la loi; que Basile Bake a tenté le premier de ces moyens, en actionnant Marguerite Brias aux fins de se déclarer; mais que, sur l'exception de celle-ci, il a abandonné son action, qui est tombée en péremption, de manière que c'est la même chose que s'il ne l'avait pas intentée; qu'il a tenté le second, en se mettant en possession du château de Peteghem; mais qu'il en a d'abord été dépossédé par jugement du juge compétent, et qui est passé en force de chose jugée; qu'ainsi, Marguerite Brias est demeurée saisie et en possession civile, *nemine urgente*; qu'une fois investie par la loi de la possession civile du droit d'Héritier, elle n'a pas été dépossédée non plus par l'établissement d'un curateur, attendu que ce curateur n'a pas possédé pour lui; qu'il a possédé pour l'Héritier légal, pour l'Héritier saisi par la loi; qu'il a possédé la chose de l'Héritier d'après la disposition de l'art. 21 de la rubrique 21 de la coutume d'Audenarde, qui dit *qu'un Héritier, nonobstant l'établissement d'un curateur, peut se déclarer*, c'est-à-dire, appréhender de fait ce qu'il a de droit; que Marguerite Brias, par sa mort, a transmis tous ses droits à son Héritier féodal, toujours d'après la même maxime, *le mort saisit le vif*; que cette transmission et cette saisine se sont successivement renouvelées, jusqu'à ce que tous droits à cette succession sont passés aux intimés, d'après la jurisprudence constamment suivie, *quod hereditas non adita transmittitur ad heredes*; que la saisine et la possession civile de l'hérédité de Jeanne Brias se trouvant ainsi transmises aux successeurs de Marguerite, le curateur établit à cette succession jacente, a dû posséder pour eux jusqu'aussi longtemps que cette succession a été appréhendée de fait; que cette possession n'a pas été interrompue par l'appelant ou ses auteurs, soit par une forclusion décrétée, soit par une possession corporelle, légale et légitime; que, si les intimés ou leurs auteurs ont toujours été saisis et en possession civile de l'hérédité de Jeanne Brias, sans en avoir jamais été dépossédés par personne, il s'ensuit qu'ils n'ont pu perdre par la prescription le droit d'aider et d'appréhender cette succession;

» Par ces motifs le tribunal, le cit. Tarte, substitut-commissaire du gouvernement, entendu, déclare bien avoir été jugé, mal appelé... ».

Martin Barth se pourvoit en cassation.

« Pour justifier son recours (ai-je dit à l'audience de la section des requêtes, le 6 ventôse an 13), il commence par observer que les motifs de l'arrêt dont il se plaint, se réduisent à trois propositions: la première, que les descendans de Marguerite Brias, sœur de Jeanne, n'ayant jamais renoncé à la succession de celle-ci, en ont toujours eu la saisine légale; la seconde, qu'il n'a couru contre eux aucune prescription qui ait pu les empêcher de se porter Héritiers, à l'époque où ils en ont fait la déclaration devant notaires à Gand; la troisième, que l'adition faite le 6 mai 1706, par Bazile Bake, neveu de Jeanne Brias, était nulle quant à la succession féodale de celle-ci, attendu que cette succession ne lui était pas encore déférée; et que, dès-là, elle n'a pu transmettre aucun droit à ses descendans. — Et il soutient « qu'en adoptant la première de ces propositions, la cour d'appel de Bruxelles a faussement appliqué la maxime, *le mort saisit le vif*, écrite dans l'art. 1 du tit. 23 de la coutume d'Audenarde; que cette maxime n'a pu opérer en faveur de Marguerite Brias ni de ses descendans, parce qu'ils avaient tacitement renoncé à la succession de Jeanne Brias, en y prenant les qualités de cura-

» teurs et de créanciers; que par-là aussi a été violé » l'art. 2 du même titre de la coutume, qui, en con» sacrant le principe, *n'est héritier qui ne veut*, re» connaît bien formellement que la seule abstension » équipolle à une renonciation expresse; — Que, par» là encore, il a été contrevenu à la loi 95, D. *de acquirendâ vel omittendâ hereditate*, qui admet » également la renonciation tacite, et à la loi 7, C. » *de negotiis gestis*, qui déclare les créances de l'Hé» ritier sur le défunt éteintes par la confusion, et » conséquemment établit l'incompatibilité de la qua» lité d'Héritier avec celle de créancier; — Que, » par-là enfin, il a été fait une fausse application du » §. 9 de la loi dernière, C. *de jure deliberandi*, qui » ne dispose que relativement à l'héritier bénéfi» ciaire; — Qu'en adoptant la seconde proposition, » la cour d'appel de Bruxelles a violé l'art. 21 du » tit. 21 de la coutume d'Audenarde, qui admet la » prescription contre le droit de succéder à un dé» funt; l'art. 2 du tit. 15 de la même coutume, qui » soumet toutes les actions, tous les droits possi» bles à la prescription de trente ans; et la loi 3, » C. *de præscriptione 30 vel 40 annorum*, qui dé» cide également qu'il n'est point d'action ni de droit » que n'éteigne la prescription trentenaire; — Qu'en » adoptant la troisième proposition, la même cour » a enfreint les art. 6, 15 et 16 du tit. 21, et l'art. » 11 du tit. 23 de la coutume d'Audenarde; d'après » lesquels, à défaut du parent le plus proche qui » renonce ou qui ne se présente pas en temps utile, » les parens plus éloignés sont admis à recueillir » toute la succession sans distinction des fiefs d'avec » les autres biens ».

» Voilà donc, de la part du demandeur trois assertions qui contrarient diamétralement les trois bases de l'arrêt attaqué : elles reposent toutes, comme vous le voyez, sur la supposition que Basile Bake s'était valablement porté Héritier de Jeanne Brias par l'acte du 6 mai 1706; et c'est pour nous une raison déterminante de commencer par l'examen de cette supposition.

» Sans contredit, l'adition d'hérédité contenue dans l'acte du 6 mai 1706, eût été valable, si elle n'eût été modifiée par aucune réserve incompatible avec la qualité d'Héritier pur et simple, et avec les charges inhérentes à cette qualité. — Mais si, par cet acte, Basile Bake, tout en acceptant la succession de Jeanne Brias, a protesté contre l'obligation indéfinie qui devait en résulter pour lui de payer toutes les dettes de sa tante, il est clair qu'il a déclaré tout à la fois vouloir et ne vouloir pas être Héritier; qu'il a dit en même temps *oui* et *non*, qu'il a par conséquent rendu sans effet son adition d'hérédité. Non-seulement cela résulte du principe général, que deux propositions contradictoires s'entredétruisent mutuellement; mais telle est encore la conséquence nécessaire de cette règle de droit, qui veut que l'adition d'hérédité ne soit valable que quand elle est pure et simple, que toute condition la vicie, que toute réserve la rende comme non-avenue : *actus legitimi* (dit la loi 77, *de regulis juris*, au Digeste), *veluti hereditatis aditio*, *in totum vicientur per conditionis vel temporis adjectionem*. Et sur ce fondement, la loi 58, §. 2, D. *de acquirendâ vel omittendâ hereditate*, déclare nulle l'adition d'hérédité qui est faite sous la condition que l'hérédité soit solvable, condition qui revient bien au même que la réserve de ne payer les dettes que jusqu'à la concurrence de la valeur des biens; *sed et si quis ità dixerit*, SI SOLVENDO HEREDITAS EST, ADEO HEREDITATEM, *nulla aditio est*.

» Aussi le demandeur s'attache-t-il particulièrement dans son mémoire à établir « que, par l'acte » du 6 mai 1706, Basile Bake a accepté purement » et simplement la succession de Jeanne Brias; il est » dit dans cet acte (observe-t-il), que Basile Bake » se *fonde héritier, avec promesse et obligation de* » *payer toutes les dettes de la maison mortuaire;* » et certes on ne peut pas d'acceptation plus abso» lue, on ne peut pas d'engagement plus illimité. Il » est vrai qu'immédiatement après, Jacques Decar» lier et Philippe Vandeputte ayant comparu et s'é» tant constitués ses *cautions* et *pleiges*, à raison de » l'adition d'hérédité qu'il vient de faire, Basile » Bake ajoute que *lui premier comparant n'entend* » *pas, ni aussi les deuxièmes comparans, que eux*, » *comme pleiges et cautions, soient obligés autre*» *ment et plus que jusqu'à concurrence de la rente* » *des biens à prendre par eux*. Mais tout ce qui » résulte de là, c'est que le cautionnement a été res» serré dans des bornes plus étroites que l'obligation » de l'Héritier; les cautions ne se sont, il est vrai, » engagées que jusqu'à la concurrence de la recette » qu'ils devaient faire eux-mêmes des revenus des » biens; mais l'Héritier est demeuré assujéti à toutes » les charges de la succession. Le cautionnement » pouvait bien être contesté à raison de son insuffi» sance, mais l'adition d'hérédité n'en subsistait pas » moins; seulement elle ne pouvait pas autoriser l'hé» ritier à se mettre en possession des biens ni à en » disposer au préjudice des créanciers, tant qu'il » n'aurait pas fourni les cautions pures et simples; » et c'est ce qu'établissent clairement les art. 9, 10 » et 12 du tit. 22 de la coutume d'Audenarde ».

» Tout cela, messieurs, paraît au premier coup d'œil ne pouvoir éprouver la plus légère contradiction. Mais, faisons bien attention à une chose : le demandeur ne produit pas l'acte original du 6 mai 1706, il n'en produit qu'une traduction; et ce qui nous fait présumer, ou plutôt ce qui, à nos yeux, prouve démonstrativement que cette traduction n'est pas exacte, qu'elle ne représente pas fidèlement le texte flamand de l'acte dont il s'agit, et que, par cet acte, Basile Bake n'a pas restreint à ses cautions, mais qu'il a étendu jusqu'à sa propre personne la déclaration de ne s'obliger aux dettes *qu'à concurrence de la recette des biens*, c'est qu'à peine cet acte était-il passé et signifié, que la réserve qu'il contient, a été entendue dans ce sens, et critiquée comme telle par les créanciers, à la tête desquels était Georges Vanelstein, et par le curateur Pierre Lanneau; c'est que Basile Bake lui-même est convenu devant la justice de Peteghem, que cette réserve lui était commune avec ses cautions; c'est qu'enfin, sur le fondement que, par l'effet de cette réserve, Basile Bake n'était pas soumis indéfiniment à toutes les dettes de la succession de Jeanne Brias, Basile Bake a été jugé, par la sentence du 25 octobre 1706, n'être pas encore Héritier de celle-ci, et avoir seulement le droit d'en prendre la qualité par la suite, au moyen d'*une pure et due adition d'hoirie :* sentence qui, à la vérité, n'était originairement que provisoire, mais qui est devenue, de plein droit, définitive par le laps des trente ans écoulés depuis, sans qu'elle eût été réformée; sentence qui, à la vérité, a été frappée par Basile Bake d'un appel au conseil provincial de Gand, mais d'un appel qui n'a pas été suivi, qui est tombé en péremption, qui par conséquent est comme non-avenu, et qui, par une conséquence ultérieure, laisse à cette décision toute l'autorité de la chose jugée.

» Qu'importe, après cela, que Basile Bake eût, avant la sentence du 25 octobre 1706, pris possession du château de Peteghem, et qu'en thèse générale, on devienne héritier pur et simple par le seul fait de l'appréhension d'un effet héréditaire, tout aussi bien que par une déclaration judiciaire ou notariée? — Sans contredit, si Basile Bake se fût mis purement et simplement comme Héritier, en possession du château de Peteghem, il se serait par-là rendu véritablement Héritier de Jeanne Brias; et il y aurait lieu alors d'examiner si, par-là même, la succession féodale de Jeanne Brias se serait de plein droit réunie dans sa personne à la succession des meubles et des rotures. Mais Basile Bake n'a pris possession du château de Peteghem qu'en conséquence de son prétendu acte d'adition d'hérédité du 6 mai 1706; il ne l'a conséquemment prise que sous la réserve contenue dans cet acte, de n'être tenu aux dettes qu'à proportion de la valeur des biens; il ne l'a conséquemment prise qu'avec une condition qui a empêché que la qualité d'Héritier pur et simple ne se fixât sur sa tête; il l'a conséquemment prise d'une manière qui a paralysé à son égard l'action du principe, *le mort saisit le vif*.

» Et ce qui là-dessus tranche toute espèce de difficulté, c'est que la chose a été ainsi décidée par la sentence du 25 octobre 1706; c'est que Basile Bake lui-même n'a plus fait, après cette sentence, le moindre acte d'Héritier de Jeanne Brias; c'est que bien loin de faire, comme Héritier féodal, le relief de la terre de Peteghem, il l'a laissé faire, le 20 novembre 1709, par le curateur Pierre Lanneau, au nom de l'hérédité jacente, et *pour celui qui y avait droit ;* c'est qu'en 1776 même ses petits-fils, Henri et Pierre Barth, se sont présentés au conseil provincial de Gand, comme simples *héritiers apparens* de Jeanne Brias, et qu'en cette qualité ils ont demandé qu'on leur exhibât le compte de la curatelle de la succession encore jacente, *pour icelui vu, être par eux délibéré sur l'adition ou la répudiation.*

» Disons donc que Basile Bake n'a jamais été Héritier effectif, qu'il n'a pas transmis cette qualité à ses descendans, et que ses descendans ne l'ont prise pour la première fois que par leur requête du 16 décembre 1777, c'est-à-dire, par la requête dans laquelle, abandonnant le titre d'*héritiers apparens,* qui venait d'être jugé insuffisant pour leur donner le droit d'agir en reddition de compte, ils se déclarent *héritiers absolus,* et, comme tels, demandent le compte de la succession de leur arrière-grand'tante.

» Maintenant, abordons les moyens de cassation qui vous sont proposés par le demandeur.

» Et d'abord, est-il vrai que Marguerite Brias et ses descendans aient renoncé à la succession de Jeanne Brias, en s'y présentant comme créanciers, et en se faisant payer par le curateur, soit les intérêts, soit une portion ou la totalité du capital, de leurs créances?

» Pour établir l'affirmative, le demandeur invoque la loi 95, D. *de acquirendâ vel omittendâ hereditate*, aux termes de laquelle on peut renoncer à une succession, non-seulement par une déclaration expresse, mais encore par un fait qui manifeste, en quelque manière que ce soit, l'intention de n'être pas Héritier : *Recusari hereditas, non tantùm verbis, sed etiam re potest, et alio quovis indicio voluntatis.* Il ajoute que rien n'est plus opposé à l'intention d'être Héritier, que la poursuite de créances qui, si l'on prenait cette qualité, s'éteindraient par confusion; qu'ainsi il y a incompatibilité absolue entre le titre d'Héritier et le titre de créancier; qu'en prenant celui-ci, l'on abdique nécessairement celui-là : enfin, il cite *Mantica* dans son Traité *de conjecturis ultimarum voluntatum*, liv. 12, tit. 14, n.° 29, où il dit : *Illud verò dubium non venit quin ille qui potest esse heres, et ab alio petierit id quod sibi à defuncto fuerat debitum, ex hoc videatur repudiare ejus hereditatem, nisi protestatus fuerit quòd non intendit repudiare, vel nisi incertus sit an possit esse heres.*

» A notre égard, il ne nous paraît pas possible que l'on conteste au demandeur le principe fondamental de son raisonnement : oui, il est très-certain que les lois romaines admettaient la renonciation tacite, et qu'elles lui donnaient tous les effets de la renonciation expresse; et quoique d'Argentrée, sur l'art. 275 de la coutume de Bretagne, n. 4, soutienne qu'on ne doit plus, sur ce point, suivre leurs dispositions en France, sous le prétexte que la renonciation à une hérédité est un acte trop important pour qu'on puisse l'établir par induction, *est enim majoris momenti quàm ut actibus tacitis colligi renuntiatio possit ;* quoique, à son exemple, Lebrun, dans son *Traité des successions,* liv. 3, chap. 8, sect. 2, n. 36, dise, « qu'entre » toutes les conditions de la renonciation aux suc» cessions échues, la plus essentielle est que ces » renonciations soient formelles, ou qu'elles soient » faites au greffe des lieux, ou par-devant notaire » au pied de l'inventaire, et (que) nous n'avons pas » admis la renonciation tacite dont traitent les doc» teurs sur la loi *recusari* », quoique l'art. 784 du Code civil ait, pour l'avenir, érigé leur opinion en loi positive; nous ne voyons pas que la jurisprudence belgique se soit écartée, sur cette matière, des maximes du droit romain; il ne nous serait même pas difficile de prouver qu'avant la publication du Code civil, elles étaient reçues dans l'ancien territoire français; et il nous suffirait pour cela de citer Legrand, sur la coutume de Troyes, art. 118, gl. 1, n. 58; Ferrière, sur la coutume de Paris, art. 310, n. 29; Boucheul, dans son *Traité des conventions de succéder,* ch. 21, n. 2; et le président Espiard, dans ses observations sur Lebrun.

« Mais ce qu'il importe de remarquer, c'est que de tous les auteurs qui reconnaissent l'efficacité des renonciations tacites, il n'en est pas un seul qui ne reconnaisse en même temps que, pour pouvoir induire une énonciation d'un acte qui ne l'exprime pas formellement, il faut, et ce sont les propres termes de Boucheul, *que cet acte soit tel, qu'il ne puisse compatir avec la qualité d'Héritier.*

» Or, est-ce faire un acte incompatible avec la qualité d'Héritier, que de demander ou recevoir le payement d'une créance que l'on a sur la succession à laquelle on est appelé? Oui et non, cela dépend des circonstances.

» Qu'un héritier présomptif demande à un parent plus éloigné, qui est saisi de la succession, le payement de ce que lui devait le défunt, on sent bien qu'alors il reconnaît à la fois, et que le parent plus éloigné à qui il s'adresse est véritablement Héritier, et qu'il ne l'est pas lui-même. Aussi *Mantica,* que l'on vous a cité, enseigne-t-il qu'en ce cas, l'Héritier présomptif renonce à la succession par le seul fait de son action en payement. Mais c'est à ce cas, à ce cas seul qu'il limite sa doctrine; et cela résulte des termes dont il se sert, *ab alio petierit quod sibi à defuncto fuerat debitum* : ces expressions, *ab alio,* désignent évidemment un autre Héritier : elles ne peuvent pas s'appliquer à la succession jacente, puisqu'à l'égard de l'Héritier présomptif, la succession jacente s'identifie avec la personne du défunt; *hereditas personam defuncti sustinet.*

» Mais qu'un Héritier présomptif, après avoir laissé établir un curateur à la succession qu'il n'a pas cru devoir accepter, mais qu'il n'a pas non plus répudiée, agisse contre ce curateur pour se faire payer ce qui lui était dû par le défunt, qu'y a-t-il là qui, de sa part, emporte nécessairement une renonciation absolue et irrévocable? Il ne faut jamais donner à l'effet plus d'étendue que ne l'exige sa cause. Ici, quelle est la cause qui fait agir l'Héritier présomptif en payement de sa créance? C'est l'incertitude où il est sur la qualité qu'il prendra dans la succession, pendant tout le temps qu'il a pour délibérer s'il l'acceptera ou la répudiera; c'est la prudence qui lui commande de ne pas laisser périr, pendant tout ce temps, les actions qu'il avait contre le défunt; c'est, en un mot, parce qu'il sait que le principe de la confusion n'atteint jamais les créances d'un Héritier délibérant. — Or, de tout cela, que peut-on raisonnablement induire? Qu'il ne veut pas être Héritier, *quant à présent,* et rien autre chose. Nous devons donc dire avec Cochin, dans son soixante-sixième plaidoyer, que la qualité de créancier peut concourir avec celle d'Héritier présomptif; que l'acceptation de l'une n'opère pas l'exclusion de l'autre, et que par conséquent après avoir agi comme créancier, on peut encore délibérer comme Héritier présomptif, et par le résultat de cette délibération, accepter une hérédité que l'on avait d'abord laissé jacente.

» Concluons donc que ni Marguerite Brias, ni ses descendans, ne peuvent être censés avoir renoncé à la succession de Jeanne Brias, par cela seul qu'ils ont reçu leurs créances en tout ou en partie, des mains du curateur à cette succession.

» Mais n'y a-t-il pas eu renonciation de la part de Pierre-Grégoire Vanelstein, lorsqu'en 1715, il a accepté les fonctions de curateur à l'hérédité? pas davantage. La coutume d'Audenarde, conforme en cela aux principes du droit commun, porte, tit. 21, art. 21, que *nonobstant l'établissement du curateur, les héritiers apparens pourront se déclarer héritiers.* Les droits d'Héritiers présomptifs demeurent donc intacts, nonobstant la nomination d'un curateur. Dès-là, comment l'Héritier présomptif perdrait-il, en acceptant les fonctions de curateur, les droits qui sont attachés à sa qualité, c'est-à-dire; le droit de continuer de délibérer tant qu'un jugement ou la prescription ne l'en auront pas forclos, le droit de se déclarer Héritier, si en délibérant, il reconnaît que c'est pour lui le parti le plus utile? Et qu'importe aux créanciers, qu'importe aux autres Héritiers présomptifs, qu'importe aux parens plus éloignés et appelés à leur défaut, que la qualité de curateur repose sur sa tête ou sur celle d'un étranger? Un curateur étranger administrerait pour l'Héritier présomptif, en cas qu'il vînt dans la suite accepter la succession. Hé bien! l'héritier présomptif administre pour lui-même, dans la même hypothèse. Il n'y a assurément là rien que de très-naturel, rien qui ne se concilie parfaitement.

» Mais allons plus loin : admettons avec le demandeur que la famille Vanelstein a répudié la succession de Jeanne Brias; admettons même qu'elle l'a répudiée de la manière la moins équivoque et la plus formelle : que résultera-t-il de cette supposition? — Il a toujours été de principe qu'on peut revenir contre une renonciation, tant que l'hérédité est encore vacante, tant qu'elle n'est pas acceptée par les parens du degré subséquent à celui auquel la loi la défère en première ligne; et ce principe, fondé sur la loi *Filii,* §. 1, D. *ad senatus-consultum Tertulianum,* se retrouve en toutes lettres dans l'art. 790 du Code Napoléon. — Or, d'une part, nous avons démontré, il est d'ailleurs jugé par la sentence du 25 octobre 1706, que Basile Bake n'avait pas accepté valablement la succession de Jeanne Brias. D'un autre côté, les petits-fils de Basile Bake ne prenaient encore, en 1776, relativement à cette succession, que la qualité d'*héritiers apparens.* Il a donc été bien libre à Pierre-Louis Vanelstein, de se déclarer Héritier effectif, par l'acte notarié qu'il a passé à cet effet, le 5 septembre 1777; et en gagnant ainsi de vitesse les petits-fils de Basile Bake, qui n'ont pris cette qualité que par un acte du 16 décembre suivant, il s'est assuré un droit incommutable à la succession qui, jusqu'alors, était restée vacante.

» Mais, dit le demandeur, et c'est son second moyen de cassation, au moins Pierre-Louis Vanelstein était, en 1777, forclos par la prescription, du droit d'accepter l'hérédité dont il s'agit, et en jugeant le contrat, la cour d'appel de Bruxelles a violé l'art. 2 du tit. 15, et l'art. 21 du tit. 21 de la coutume d'Audenarde, ainsi que la loi 3, C. *de præscriptione* 30 *vel* 40 *annorum*.

» Ici, trois questions se présentent : 1.° le droit d'accepter une succession à laquelle on est appelé par la loi ; est-il prescriptible en thèse générale ? 2.° l'est-il spécialement dans le cas où cette succession est restée vacante pendant tout le temps requis pour la prescription ? 3.° si, dans ce cas, il y a lieu à la prescription, quel en est l'effet, et par qui peut-elle être opposée ?

» Sur la première question, les auteurs paraissent divisés.

» Les uns soutiennent, d'après la loi 8, C. *de jure deliberandi*, que nulle prescription ne peut empêcher un Héritier présomptif d'accepter la succession qui lui est déférée. Mais ils font de ce texte une application visiblement fausse : la loi citée ne parle que de la prescription appelée en droit *longi temporis*, c'est-à-dire, de la prescription de dix ans entre présens, et vingt ans entre absens ; elle n'est donc pas applicable à la prescription trentenaire.

» D'autres disent simplement que le droit d'accepter une succession est perpétuel : *jus adeundæ hereditatis est perpetuum*. Ce sont les termes de Cujas sur le titre du Code *de jure deliberandi*. Mais qu'entend-il par là ? Les actions que les lois romaines et leurs interprètes qualifient de *perpétuelles*, ne sont pas pour cela imprescriptibles : ce mot *perpétuelles* signifie seulement qu'elles ne se prescrivent que par trente ans ; et le président Favre, liv. 6, tit. 12, déf. 16, en fait expressément l'observation au sujet de l'addition d'hérédité, dont il regarde cependant la faculté comme prescrite, une fois qu'il s'est écoulé trente ans depuis l'ouverture de la succession. *Jus adeundi*, dit-il, *præscribitur hodie spatio 30 annorum ut et cætera jura perpetua*. Ce magistrat répète la même chose dans sa déf. 46 ; et ce qu'il y a de remarquable, c'est qu'il a pour sectateurs de sa doctrine les jurisconsultes les plus considérés dans la ci-devant Belgique. — Sande, dans son *Recueil d'arrêts du sénat de Frise*, liv. 4, tit. 6, chap. 1, établit qu'après trente ans, l'Héritier est exclu du droit d'addition : *Quod heres nemine urgente, adeat, vel ad 30 annos deliberare possit, antequàm tempore ab adeundâ hereditate excludatur*. Voët dit la même chose sur le Digeste, titre *de jure deliberandi*, n. 1 : *uti facultas adeundi totis 30 durat annis, ita quoque deliberandi jus ipsi cohærens hereditatis delationi* ; et plus bas : *hodie quoque jus deliberandi, nemine urgente, totis 30 annis durat*. — Telle est aussi l'opinion de Furgole, *Traité des testamens*, chap. 10, sect. 1, n. 159, « afin qu'on soit recevable (dit-il) à accepter une » hérédité, il faut venir dans le temps marqué par » les lois, et que le droit de l'Héritier n'ait pas été » éteint par la prescription. La loi 8, C. *de jure* » *deliberandi*, décide que le droit d'accepter une hé» rédité n'est pas sujet à la prescription de long» temps, c'est-à-dire de dix ans ; il n'est donc sujet » qu'à la prescription de trente ans depuis l'ouverture ; » et quoique certains auteurs aient cru que la faculté » d'accepter une hérédité, ne se perd pas par la » prescription de trente ans, il n'y a pas lieu de » douter que l'opinion contraire ne soit certaine, » parce que le laps de trente ans est le terme fatal » de toutes les actions personnelles et réelles, (sui» vant la loi 4, C. *de præscriptione* 30 *vel* 40 *an*» *norum*).

» Mais cette prescription de trente ans court-elle pendant que la succession est administrée par un curateur ? Dans l'exactitude des principes, elle devrait dormir durant tout ce temps. La prescription ne peut nous faire perdre les biens ou les droits qui nous appartiennent, que pour en investir celui qui les a possédés à notre préjudice. Si donc personne n'a possédé pendant trente ans, les biens ou les droits dont nous avons négligé de jouir, ces biens, ces droits ne sont pas sortis de notre domaine, et ils demeurent toujours à notre disposition. Or, dans l'espèce dont il s'agit, personne n'a possédé, au préjudice de l'Héritier présomptif qui s'est tu pendant trente ans, l'hérédité à laquelle il a été appelé dès le jour de la mort du défunt, car ce n'est pas à son préjudice, c'est au contraire pour la conservation de ses droits, qu'elle a été, pendant trente ans, possédée et régie par le curateur que la justice y avait établi. Conséquemment, point de prescription ; et c'est ce qu'observe expressément Furgole, à l'endroit que nous avons déjà cité : « Mais il faut » prendre garde (dit-il) qu'afin que le droit de » l'Héritier fût éteint par la prescription, il fau» drait qu'un autre l'eût acquis par la possession ; » car la prescription est bien mise au rang des » moyens d'acquérir ou de perdre ; mais il faut, » afin qu'elle ait lieu, que ce qui est perdu par l'un » à cause de sa négligence, soit acquis par un autre » à cause de sa possession. Si une hérédité était va» cante, et sur la tête d'un curateur, qui serait un » simple dépositaire, lequel ne pourrait jamais » l'acquérir par la prescription, elle pourrait être » acceptée même après les trente ans depuis la mort » du défunt, parce que le droit n'en serait pas perdu, » à cause qu'il n'aurait pas été acquis par un autre ».

» Il faut cependant convenir que cette opinion, toute judicieuse qu'elle est, ne saurait se concilier avec l'art. 21 du tit. 21 de la coutume d'Audenarde : « et les maisons mortuaires (porte cet article) sont » tenues pour vagues et abandonnées, pour ce qui » concerne d'y établir des curateurs, au cas que les » Héritiers apparens n'aient point fait de devoirs » dans le temps de six semaines pour se déclarer » Héritiers et venir au partage ; lesdits Héritiers ap» parens étant surtout premièrement intimés, par» lant à leurs personnes ou à leurs domiciles ; et ceux » qui sont inconnus, par des publications à l'église » et par des affiches, *lesquels nonobstant l'établis*» *sement des curateurs, pourront se déclarer héri*» *tiers dans le temps prescrit pour cela par le droit* ». On ne peut certainement rien de plus clair : l'établissement des curateurs n'empêche pas les Héritiers apparens d'accepter la succession ; mais il faut qu'ils l'acceptent *dans le temps prescrit pour cela par le droit* ; donc une fois ce temps expiré, ils n'y sont plus recevables ; donc le droit d'adition se prescrit contre l'Héritier apparent, même pendant que la succession reste vacante, même pendant qu'un curateur l'administre. Il est impossible de donner un autre sens à la disposition de la coutume.

» Inutile d'objecter que la coutume elle-même paraît s'opposer à toute prescripition du droit de succéder, quand elle dit, tit. 23, art. 1, que *le mort saisit le vif.* La saisine légale qui s'opère en vertu de cet article dans la personne de l'Héritier, n'est pas absolue : elle est subordonnée, pour son effet, à l'événement de l'acceptation ou de la répudiation ; et quand, par la puissance de la prescription de trente ans, le droit d'accepter est anéanti, la saisine légale s'efface d'elle-même : elle est censée n'avoir jamais eu lieu ; et l'Héritier contre lequel cette prescription a couru, se retrouve au même point que si dès le principe, il eût répudié la succession.

» Le Code civil admet aussi, art. 724, la règle, *le mort saisit le vif.* Cependant, il adopte en entier la disposition de la coutume d'Audenarde sur la prescriptibilité du droit d'accepter une succession vacante : « Tant que *la prescription du droit d'accepter* (porte-t-il, art. 790), *n'est pas acquise* » contre les Héritiers qui ont renoncé, ils ont la » faculté d'accepter encore la succession, si elle n'a » pas déjà été acceptée par d'autres Héritiers ; sans » préjudice néanmoins des droits qui peuvent être » acquis à des tiers sur les biens de la succession, » par acte valablement fait *avec le curateur à la* » *succession vacante* ». — Ainsi, d'après notre Code civil, comme d'après le statut local qui régissait la succession de Jeanne Brias au moment de son ouverture, les Héritiers apparens à qui cette succession était déférée, ont pu, pendant sa vacance, et nonobstant qu'elle fût administrée par un curateur, perdre, par la prescription de trente ans, le droit de l'accepter.

» Mais de là que devons-nous conclure par rapport à notre espèce ? En conclurons-nous, avec le demandeur, que la cour d'appel de Bruxelles eût dû déclarer Pierre-Louis Vanelstein non-recevable à se porter Héritier, comme il l'avait fait, par l'acte du 5 septembre 1777 ? Elle l'aurait dû sans doute, si Pierre-Louis Vanelstein avait eu en tête un adversaire qui eût eu qualité pour lui opposer la prescription qu'il avait encourue. Mais cet adversaire, quel pouvait-il être ? Ce n'était ni Henri, ni Pierre Barthe que le demandeur représente ici ; car ils avaient eux-mêmes encouru, lorsqu'ils se sont déclarés Héritiers le 16 décembre 1777, la prescription que le demandeur a depuis opposée, de leur chef, à Pierre-Louis Vanelstein. Pierre-Louis Vanelstein et le demandeur se trouvaient donc tous deux, par rapport au laps de temps, dans la même position l'un que l'autre ; celui-ci ne pouvait donc pas exciper du laps de temps contre celui-là.

» Quelle est donc la partie qui eût eu qualité pour opposer à Pierre-Louis Vanelstein la prescription dont il s'agit ? Pour nous fixer sur ce point important, nous devons rechercher quel est relativement aux successions qui sont restées vacantes pendant trente ans, l'effet de la prescription du droit de les accepter.

» Cet effet est très-bien déterminé par Gomès, dans ses *Variæ resolutiones*, t. 1, ch. 9, n. 27 : *juri adeundi*, dit-il, *prœscribitur per* 30 *annos ; undè si infra eos heres.... non adivit hereditatem sibi delatam ex testamento vel ab intestato, amittit eam, et devolvitur proximiori in gradu ipsius defuncti.* Ainsi, par la prescription du droit d'accepter, il s'opère une dévolution de ce droit aux parens du degré qui suit immédiatement celui dans lequel se trouvent les parens qui ont pendant trente ans négligé l'exercice.

» Qu'est-il donc arrivé, lorsque Marguerite Brias, sœur et seule Héritière féodale présomptive de Jeanne Brias, a eu perdu par la prescription le droit d'accepter l'hérédité de celle-ci, prescription qui ne s'est accomplie sur sa tête qu'en 1736 ? Ce qui est arrivé alors ? C'est que son fils, Pierre-Grégoire Vanelstein, premier du nom, a été appelé, non par transmission, non par représentation, mais de son propre chef, mais *jure suo*, à la succession féodale de Jeanne Brias : car il devenait par la forclusion de sa mère, l'Héritier présomptif aîné mâle, puisque Basile Bake était mort depuis long-temps, et qu'il n'avait laissé qu'une fille.

» Et qu'est-il ensuite arrivé, lorsqu'en 1766, une seconde prescription de trente ans a encouru contre ce même Pierre-Grégoire Vanelstein ? C'est que le droit d'accepter la succession féodale de Jeanne Brias, a été dévolu à l'aîné mâle de ses plus proches parens. Or, ce plus proche parent aîné mâle, quel était-il ? Incontestablement c'était le fils de Pierre-Grégoire Vanelstein, c'est-à-dire, Pierre-Louis Vanelstein, celui-là même qui a fait, depuis, l'acte d'adition d'hérédité du 5 septembre 1777.

» Nous disons *incontestablement,* et la preuve en est sensible ; car de deux choses l'une : ou en 1766, la mère de Henri et Pierre Barthe vivait encore, ou elle était décédée à cette époque. Si elle vivait encore, elle était, il est vrai, au même degré de parenté que Pierre-Louis Vanelstein ; mais Pierre-Louis Vanelstein avait sur elle l'avantage de la masculinité. Si elle était morte en 1766, ce n'était pas précisément comme mâle que Pierre-Louis Vanelstein devait exclure Pierre et Henri Barthe ; mais il devait les exclure comme plus proche parent, puisqu'il était petit-neveu de Jeanne Brias, et que Pierre et Henri Barthe n'en étaient que les arrière-petits-neveux.

» Cela posé, qu'a fait Pierre-Louis Vanelstein, quand il a passé, le 5 septembre 1777, son acte d'adition d'hérédité ? Il a exercé le droit qui, dès 1766, lui avait été acquis, d'accepter la succession féodale de Jeanne Brias.

» Comment donc Henri et Pierre Barthe auraient-ils pu accepter valablement cette même succession ? Bien évidemment ils n'auraient pas pu l'accepter en 1766 à l'exclusion de Pierre-Louis Vanelstein ; ils ne le pouvaient donc pas non plus le 16 décembre 1777, puisque le droit de l'accepter, qui en 1766 avait été dévolu à Pierre-Louis Vanelstein, n'était pas encore prescrit et vivait encore intact dans la personne de celui-ci.

» Le demandeur ne pourrait opposer à tout cela qu'une seule objection, et il faut convenir qu'elle serait péremptoire : ce serait de dire que Pierre-Louis Vanelstein n'était pas encore né, pas même encore conçu, au moment du décès de Jeanne Brias; que par conséquent, le droit de succéder à Jeanne Brias, n'a pas pu lui être dévolu en 1766, par l'effet de la prescription acquise à cette époque contre Pierre-Grégoire Vanelstein, premier du nom, son père; qu'ainsi, il n'a pas pu exercer ce droit en 1777; et que, par suite, son acte d'adition d'hérédité est nul.

» Effectivement, Messieurs, c'est un des premiers principes de la jurisprudence, que celui-là ne peut succéder qui n'était pas né ni conçu au temps où est morte la personne de la succession de laquelle il s'agit. Les lois romaines ont consacré ce principe; deux arrêts du parlement de Paris, des 11 mars 1692 et 1.er avril 1697, en ont fait l'application à deux petits-fils qui prétendaient recueillir, l'un la succession vacante, l'autre la succession bénéficiaire, de leurs aïeux décédés avant leur naissance (1); et l'art. 725 du Code Napoléon en a fait une loi nationale.

» Mais si de là il résulte que Pierre-Louis Vanelstein était incapable de succéder à Jeanne Brias, il en résulte aussi que Henri et Pierre Barthe étaient, à cet égard, frappés de la même incapacité que lui. Ce n'est donc pas au représentant de Henri et Pierre Barthe qu'appartient le droit de lui contester sa qualité; ce droit n'appartient qu'au fisc, et le fisc ne réclame rien, ou du moins n'a rien réclamé jusqu'à présent.

» Ainsi, en dernière analyse, le second moyen du demandeur, celui qu'il fait résulter de la prescription, se rétorque contre lui avec une force invincible.

» Quant au troisième, il porte absolument à faux. Sans doute, si Basile Bake eût valablement accepté en 1706 la succession de Jeanne Brias, il aurait par-là acquis un droit éventuel au fief de Peteghem; et ce droit se serait réalisé incommutablement dans sa personne ou dans celle de ses Héritiers, du moment où Marguerite Brias a été forclose par la prescription, de la faculté de se porter Héritière de sa sœur. Mais Basile Bake n'a pas pris valablement en 1706 la qualité d'Héritier de sa tante; une sentence passée en chose jugée l'a ainsi décidé contradictoirement avec lui, et cette sentence fait la loi à ses descendans.

» Par ces considérations, nous estimons qu'il y a lieu de rejeter la requête du demandeur, et de le condamner à l'amende ».

Arrêt du 6 ventôse an 13, au rapport de M. Brillat-Savarin, par lequel, « attendu, sur le premier moyen, que la nomination d'un curateur et l'acceptation de cette qualité de la part de Vanelstein, ne sont point nécessairement exclusives de la qualité d'Héritiers; attendu, sur le second, que le demandeur n'aurait pu se prévaloir des lois sur la prescription, qu'autant qu'il aurait eu lui-même un droit légalement acquis, ce qui n'est pas; — Attendu, sur le troisième, que le jugement du 25 octobre 1706, passé en force de chose jugée, avait décidé que l'adition du 6 mai de la même année ne pouvait produire aucun effet; et qu'en 1776, les Héritiers Basile Bake demandaient le compte des fruits de la terre de Peteghem pour se déterminer sur l'adition ou la renonciation de la succession de Jeanne Brias; — La cour rejette la requête.... ».]]

IV. L'Héritier *renoncé* est celui qui a abdiqué la succession qui lui était déférée. On trouvera sous le mot *Renonciation*, tout ce qui concerne la forme et tous les effets de cette abdication.

Nous nous bornerons ici à l'examen de deux questions particulières.

La première est de savoir si l'Héritier présomptif qui a fait un inventaire informe, et a retenu pardevers lui des titres qu'il n'y a pas fait décrire, peut, nonobstant sa renonciation, être regardé comme Héritier effectif.

Voici l'espèce d'un arrêt tout récent, qui a jugé cette question. — Le 7 août 1731, Marie-Susanne Maze, veuve de Jean-Charles de l'Espine, procureur à Abbeville, a constitué 50 livres de rente au principal de 1,000 livres, au profit de la demoiselle Vaissant de Caumodel. En 1760, la veuve de l'Espine, débitrice de plusieurs années d'arrérages de cette rente, est décédée. Jean-Charles-André de l'Espine, son fils aîné, après avoir renoncé à la succession, y a fait créer un curateur, contre lequel il a obtenu, le 19 novembre 1762, une sentence portant condamnation de 30,000 livres, fondée sur ce que sa mère, ci-devant sa tutrice avait toujours joui de ses revenus, sans lui en avoir rendu compte. Cette sentence a été suivie d'un exécutoire de pareille somme, en vertu duquel il a fait former des oppositions entre les mains des fermiers de cette succession. — La rente de 50 livres avait alors passé à la veuve du sieur Griffon, conseiller au présidial d'Abbeville, qui ayant eu communication de l'inventaire des effets de la veuve de l'Espine, y a remarqué que son fils aîné n'y avait pas prêté serment; que de plus, il n'y avait fait comprendre aucuns titres et papiers, quoique depuis il lui en eût communiqué plusieurs; ce qui l'a porté à demander qu'en lui faisant main-levée de l'opposition du sieur de l'Espine, il fût ordonné qu'elle toucherait avant lui les redevances dues par les fermiers saisis; et qu'où il y serait fait difficulté, attendu le défaut de serment de sa part à l'inventaire, et le divertissement de tous les titres et papiers, le même inventaire fût déclaré nul, et que le sieur de l'Espine fût condamné, en qualité d'Héritier de sa mère, à lui payer tous les arrérages qui étaient dus de sa rente de 50 livres. — De ces deux chefs de conclusions, le premier a été adopté par une sentence de la sénéchaussée de Ponthieu, du [illegible] août 1774, qui, en « recevant le sieur Griffon, ayant repris l'instance au lieu de la dame sa mère, opposant à celle du 19 novembre 1762, ainsi qu'à l'exé-

(1) OEuvres de M. d'Aguesseau, tome 2, page 311.

cutoire de 30,000 livres, et sans s'arrêter aux demandes du sieur de l'Espine, ni à son opposition dont il a été fait main-levée, a ordonné que le sieur Griffon toucherait les fermages saisis, sur et tant moins des sommes à lui dues ». — Sur l'appel interjeté de cette sentence, par le sieur de l'Espine, celui-ci a soutenu que son hypothèque sur les biens de sa mère, ci-devant sa tutrice, étant antérieure à celle du contrat de la rente du sieur Griffon, il devait être payé avant lui; et pour constater le montant des revenus de cette succession, ainsi que de celle de sa mère, il en a produit tous les titres; — Qu'à l'égard de l'inventaire, le serment de sa sœur demeurant avec sa mère, avait dû suffire; que s'il n'y avait été compris aucun titre, c'est parce qu'ils étaient restés chez les avocats et procureurs de sa mère, d'où ils n'avaient été retirés qu'après son décès; qu'ainsi la soustraction ne pouvait lui en être imputée. — Le sieur Griffon a répondu qu'en supposant qu'il eût été dû au sieur de l'Espine un compte de la gestion que sa mère avait eue de ses biens, dès qu'il avait mis de côté tous les titres et papiers de sa succession, ainsi que ceux de la succession de son père, qu'il venait de produire au procès, il n'était pas recevable à alléguer que ce compte ne lui avait pas été rendu; qu'on devait plutôt croire qu'il l'avait gardé par-devers lui, avec toutes les pièces qui n'avaient pas été représentées; — Que les parties nécessaires devaient prêter serment lors de la confection d'un inventaire, *à peine de nullité*, dit Duplessis, sur la coutume de Paris, *Traité de la Communauté*, liv. 3, chap. 5, et suivant l'arrêt du 10 juin 1698, cité par cet auteur; — Qu'un inventaire étant le titre commun de l'Héritier et des créanciers, tous les titres de sa succession doivent y être compris, *à peine de recelé*, suivant d'Argentrée, sur l'art. 514 de la coutume de Bretagne; un arrêt du 16 mai 1605, rapporté par Leprêtre, un autre du 30 août 1662, recueilli par Soëfve, tom. 2, cent. 2, chap. 51; — Que le sieur de l'Espine pouvait d'autant moins s'excuser de la soustraction qui lui était reprochée, qu'en cause principale, il avait communiqué plusieurs titres des successions de son père et de sa mère, et que sur l'appel il avait produit les autres sans avoir pu justifier que, lors du décès de sa mère, ils se fussent trouvés en d'autres mains; — Que la soustraction de ces titres retombant sur lui, et sa renonciation à la succession de sa mère étant nulle, il restait chargé, comme son Héritier, du payement de ses dettes. — Telles sont les conclusions déjà présentées aux premiers juges, que le sieur Griffon a prises subsidiairement et dans le cas où il se trouverait de la difficulté à confirmer la sentence. — Par arrêt rendu à la troisième chambre des enquêtes, au rapport de M. Dudoyer, le 29 mars 1779, la sentence du 9 août 1794, et celle du 19 novembre 1762, portant nomination d'un curateur à la succession vacante de la veuve de l'Espine, et de laquelle le sieur Griffon était incidemment appelant, ont été infirmées; émendant, sans s'arrêter à la renonciation du sieur de l'Espine à la succession de sa mère, et en déclarant le contrat de vente, du 7 août 1731, exécutoire sur lui, il a été condamné à continuer la rente, à en payer les arrérages au sieur Griffon, à lui en passer titre nouvel, et aux dépens des causes principale et d'appel.

La seconde question que nous avons annoncée, est de savoir si des enfans, créanciers de leur père peuvent renoncer valablement à sa succession, après avoir consenti à la disposition et non-vente d'effets qu'il avait légués à sa domestique, et après avoir touché d'un de ses débiteurs une somme qui leur était substituée.

Voici les faits qui ont depuis peu fait naître cette question. — Par acte passé devant notaire, à Paris, le 5 mai 1770, et contenant partage et liquidation de la communauté qui avait existé entre feu sa femme et lui, Adrien David s'était reconnu débiteur envers ses enfans d'une soulte de 7,200 livres; et pour payer cette somme, il lui avait été accordé tout le temps de sa vie. — Par un autre acte du même jour, il avait fait à ses enfans donation entre-vifs et irrévocable, de deux maisons à lui appartenantes, sises à Saint-Cloud, dont il s'était réservé la jouissance viagère. — Il est décédé à Saint-Cloud, le 1.er avril 1776, après avoir légué à sa domestique une somme de 300 livres, un lit complet, et sa tabatière d'argent. — Par l'inventaire fait après sa mort, le 11 avril et les jours suivans, ses enfans s'étaient réservé la faculté de se pourvoir contre son testament; et après être convenus que les effets inventoriés seraient vendus, ils avaient consenti « que le lit complet et la tabatière d'argent fussent disjoints des autres effets, et remis en nature à la veuve Poudret, domestique de leur père, par l'exécuteur testamentaire ou par l'huissier ». — Et par le procès-verbal du 21 avril, ils avaient encore pris la qualité d'*habiles*, se réservant expressément d'accepter ou de renoncer. — Enfin, ils avaient renoncé par actes passés devant notaire, les 11 et 12 avril 1777. — Deux sentences rendues, l'une par défaut à la justice de Saint-Cloud, le 8 juin 1776, l'autre sur délibéré, au châtelet de Paris, le 7 septembre 1781, avaient réputé les enfans de David Héritiers purs et simples de leur père et ordonné la délivrance du legs, d'après le consentement donné par eux lors de la clôture de l'inventaire, à la disjonction et non-vente du lit complet, et de la tabatière d'argent. — Sur l'appel, on leur opposait en outre un acte du 24 juillet 1776 antérieur à leur renonciation, et par lequel ils avaient touché, comme créanciers de leur père, un reliquat de compte que lui devait un de ses mandataires, lequel reliquat était grevé de substitution. — On faisait aussi valoir contre eux l'art. 316 de la coutume de Paris, qui porte: *Il ne se porte héritier qui ne veut;* et l'art. 317, qui ajoute: *Néanmoins si aucun prend et appréhende les biens du défunt ou partie d'iceux quelle qu'elle soit, sans avoir autre qualité ou droit de prendre lesdits biens ou partie, il fait acte d'héritier et s'oblige ce faisant à payer les dettes du défunt; et supposé qu'il ne lui fût dû aucune chose par le défunt, il le doit demander et se pourvoir par justice; autrement s'il le prend de son autorité, il fait acte d'héritier.* — Les enfans

David répondaient qu'ils n'avaient consenti qu'en qualité d'*habiles* et sous la réserve expresse d'accepter la succession de leur père ou d'y renoncer; qu'ils ne recueillaient de leur consentement aucun profit; qu'ils avaient pu consentir comme créanciers, et qu'ils renonçaient à exercer leurs créances sur les objets dont ils avaient consenti la disjonction; qu'en un mot, ce consentement n'était qu'un sacrifice qu'ils avaient bien voulu faire *pietatis causâ*, sur des effets qui étaient le gage de leurs créances. — A l'égard de l'acte du 24 juillet 1776, ils observaient que, loin d'y avoir contracté *animo heredis*, ils n'y avaient stipulé qu'en qualité de créanciers de leur père, dont le mandataire était en même temps leur débiteur personnel; que ce débiteur avait voulu se libérer, qu'ils n'avaient point provoqué sa reddition de compte; qu'ils n'avaient touché qu'avec le tuteur à la substitution et par son entremise; que la somme revenant à leur père étant substituée à leur profit, elle ne faisait point partie de sa succession. — Arrêt du samedi 27 mars 1784, sur les conclusions de M. l'avocat-général Joly de Fleury, qui met les appellations et sentences dont est appel au néant; déclare les renonciations faites par les enfans David, bonnes et valables; déboute la femme Maillet, veuve Poudret et son mari, de leurs demandes, et les condamne aux dépens.

§. II. *Des Héritiers nécessaires, des Héritiers siens et nécessaires, et des Héritiers étrangers.*

I. La question de savoir si chaque Héritier est libre d'accepter ou de renoncer, amène naturellement la division des Héritiers en *nécessaires*, en *siens et nécessaires*, et en *étrangers*.

Les Romains appelaient Héritiers *nécessaires*, les esclaves institués par leurs maîtres. Quelque obérées que fussent les successions qui leur étaient ainsi dévolues, ils ne pouvaient les répudier: *sive velit, sive nolit*, disent les Institutes, *omninò post mortem testatoris protinùs liber et necessarius heres sit.* Cela avait été ainsi réglé, parce que les Romains regardaient comme un déshonneur de n'avoir point d'Héritier, sous le nom duquel leurs créanciers fissent saisir et vendre leurs biens après leur mort: du reste ils ne croyaient pas gêner trop un esclave, en le forçant d'accepter une succession onéreuse, puisque la liberté était le prix de son acceptation; et que d'ailleurs il pouvait, en demandant la séparation des biens du défunt d'avec les siens, mettre ses propres acquisitions à l'abri des poursuites des créanciers de l'hérédité.

Nous avons déjà défini les Héritiers *siens*: on a vu plus haut qu'on appelait ainsi les enfans que le défunt avait dans le premier degré de sa puissance au moment de sa mort: on leur donnait ce nom, parce que les nœuds de la puissance paternelle unissaient le père et le fils si étroitement, que le patrimoine du premier était en quelque sorte considéré, même de son vivant, comme le patrimoine du second; de sorte qu'après la mort de celui-là, celui-ci était censé succéder à son propre bien, et par conséquent être Héritier de lui-même. — On les appelait encore *nécessaires*, parce que le droit civil les nécessitait comme les esclaves, à accepter les successions de leurs pères ou aïeuls, quelqu'obérées qu'elles fussent: mais le préteur leur permettait de s'en *abstenir*.

Les Héritiers *étrangers* étaient tous ceux qui n'étant ni *nécessaires* ni *siens*, avaient une pleine liberté d'accepter ou de répudier les successions qui leur étaient dévolues, soit par testament, soit *ab intestat*. Tels étaient les enfans émancipés, les petits enfans, dont le père était encore avec eux sous la puissance de leur aïeul, les *agnats*, les *cognats*, etc.

II. Nous avons, sur cette matière, des usages différens de ceux des Romains.

D'abord, il est constant qu'il n'y a point d'Héritiers nécessaires dans le droit français. La plupart des coutumes le décident même ainsi expressément, telles sont Paris, art. 316; Orléans, art. 335; Saint-Quentin, art. 52; le Boulonnais, art. 81; le Poitou, art. 278; la Manche, art. 258; Lille, ch. 1, art. 2; Douay, art. 1; Gand, rubr. 26, art. 2; Cambray, tit. 12, art. 2, etc.

La Jurisprudence française admet une exception à cette règle, par rapport aux créanciers de l'Héritier: elle ne souffre pas qu'il renonce à leur préjudice; et lorsqu'il le fait, elle autorise ses créanciers à se faire subroger à ses droits, à la charge de l'indemniser de l'événement de la succession. C'est ce que porte l'art. 278 de la coutume de Normandie; et c'est ce qu'ont jugé trois arrêts du parlement de Paris des 28 mars 1589, 27 janvier 1596 et 12 juillet 1597, rapportés par Richard, sur la coutume de Paris. Brodeau en rapporte deux autres, rendus par le même tribunal les 9 mars 1609 et 29 juillet 1625.

Toutes ces décisions sont contraires aux lois romaines que l'on suit encore au parlement de Flandre. Il y a un arrêt de cette cour de 1708, qui a confirmé une sentence par laquelle le bailliage d'Ipres avait déclaré les créanciers de Marie-Bernardine Soeuen non-recevables à se pourvoir par l'action Pauliane, contre la renonciation qu'elle avait faite à une succession qui lui était échue. — C'est par une suite du même principe que le parlement a préjugé par arrêt interlocutoire du 29 mars 1686, et jugé définitivement en 1689, qu'un fils étant venu à mourir obéré, sans avoir appréhendé la succession de son père, cette succession devait passer à ses enfans (qui avaient renoncé à sa succession personnelle), quitte et franche des saisies dont elle avait été frappée de son vivant par ses créanciers. Ces trois arrêts sont rapportés par Deghewiet, dans ses *Institutions au droit belgique*. — Le président Desjaunaux nous en fournit un autre du 21 mars 1709, qui a déclaré un créancier non-recevable à intenter, au nom de son débiteur, la plainte d'inofficiosité contre le testament de sa mère, qui le privait de sa légitime. — On peut encore appliquer ici deux arrêts des 6 novembre 1687 et 10 mai 1703, rapportés par le même auteur, et qui ont jugé qu'un débiteur chargé d'un fidéicommis nul, pouvait l'exécuter malgré ses créanciers.

Dumées, dans sa *Jurisprudence du Hainaut français*, prétend qu'on doit suivre dans cette province la jurisprudence établie à cet égard par les arrêts du parlement de Paris; mais cette opinion paraît d'autant moins soutenable, que l'esprit des chartes générales du Hainaut est parfaitement conforme aux maximes adoptées par le parlement de Douay. — On lit d'abord dans l'art. 14 du chap. 123, que ce n'est qu'après la renonciation de tous les degrés de parenté, qu'on peut *faire remontrance en la cour* de Mons, *afin de faire inventorier les biens délaissés du trépassé, pour après en faire vendage, et convertir les deniers en procédant au payement des créditeurs ;* et l'on peut, ce semble, en tirer cette conséquence, que la renonciation de l'Héritier du premier degré ne peut pas autoriser ses propres créanciers à se faire subroger à ses droits. — L'art. 4 du chap. 50 paraît encore plus décisif : il porte que les débiteurs doivent, pour être reçus au bénéfice de cession, abandonner à leurs créanciers tous les meubles et immeubles dont ils sont propriétaires *ou héritiers apparens*, et que, sur leur refus, *la cour procédera contre eux, par punition ou autrement, comme elle trouvera au cas appartenir.* Il résulte de ces termes, qu'un débiteur ne peut pas plus être forcé d'accepter une succession, pour en faire profiter ses créanciers, qu'il ne peut être contraint de laisser décréter des immeubles dont il ne s'est pas déshérité (*V. Clain*); car, si ces créanciers pouvaient, malgré lui, se faire subroger à ses droits dans une succession qu'il a répudiée, il serait inutile de procéder contre lui *par punition :* tout le monde sait, et la loi 16, D. *de minoribus*, dit expressément que *frustrà ad extraordinarium remedium recurritur, cùm ordinarium et æquè commodum suppetit.*

En vain prétendrait-on conclure de l'art. 42 de l'ordonnance du mois d'août 1747, que la jurisprudence des lois romaines ne doit plus être suivie, à cet égard, dans le ressort du parlement de Flandre. Cet article porte seulement que « la restitution du fidéicommis, faite avant le temps de son échéance, par quelque acte que ce soit, ne pourra empêcher que les créanciers du grevé de substitution, qui seront antérieurs à ladite remise, ne puissent exercer sur les biens substitués les mêmes droits et actions, que s'il n'y avait point eu de restitution anticipée; et ce jusqu'au temps où le fidéicommis doit être restitué »; et, comme l'on voit, le cas de cet article est bien différent de celui dont il est ici question. — L'ordonnance autorise des créanciers à réclamer contre la restitution anticipée que fait leur débiteur d'un fidéicommis, et cela, parce qu'en acceptant, il a acquis sur les biens qui y sont compris, un droit certain d'usufruit, et même une propriété temporelle, qui peut devenir incommutable par le prédécès des appelés à la substitution. Or, il est constant que, lorsqu'on a acquis des droits quelconques, on ne peut les abdiquer en fraude de ses créanciers, sans donner ouverture à l'action Pauliane. C'est donc avec raison que l'ordonnance a abrogé la loi 19, D. *quæ in fraudem creditorum*, qui ôtait aux créanciers le droit de se plaindre de ces restitutions anticipées, quand les fidéicommis étaient faits en ligne directe. — Mais peut-on inférer de là, qu'indépendamment de la jurisprudence particulière de chaque tribunal, l'ordonnance ait donné à ces mêmes créanciers le droit de révoquer les renonciations faites par leurs débiteurs aux successions qui leur échoient ? Non certainement, celui qui renonce à une succession, n'aliène rien; il omet seulement d'acquérir : ainsi les raisons qui militent en faveur des créanciers, contre la restitution anticipée d'un fidéicommis, sont absolument étrangères à une renonciation; et par conséquent, il faut dire que l'ordonnance de 1747 n'a rien innové sur ce dernier point.

La différence que présente cette matière entre la jurisprudence des tribunaux de l'intérieur de la France, et celle du parlement de Douay, peut faire naître une difficulté assez sérieuse : dans la question de savoir, si un débiteur peut renoncer à une succession échue, au préjudice de ses créanciers, doit-on se décider absolument par le statut du lieu de l'ouverture de la succession, ou faut-il consulter celui de la situation des biens? Ce dernier parti nous paraît le plus raisonnable. Il y a, dans nos mœurs, autant de successions que de biens sujets à différentes coutumes, et toutes les coutumes sont réelles en matière de successions. Ainsi, l'Héritier d'un homme domicilié à Paris, peut renoncer aux biens situés en Flandre, sans que ses créanciers puissent s'en plaindre; et réciproquement les créanciers d'un Héritier qui renoncerait à une succession ouverte en Flandre, auraient droit de se pourvoir sur les biens situés à Paris. — Nous savons qu'on peut nous faire ici bien des objections : nous en sentons même toute la force; mais on en trouvera la solution dans l'examen que nous ferons ci-après, sect. 3, §. 10, d'une autre question mixte.

[[Aujourd'hui, les pays qui composaient ci-devant le ressort du parlement de Flandre, sont, comme tout le reste de la France, soumis, sur cette matière, à la règle qui avait prévalu au parlement de Paris : « Les créanciers de celui qui renonce au préjudice de leurs droits (porte l'art. 788 du Code Napoléon), peuvent se faire autoriser en justice à accepter la succession du chef de leur débiteur, en son lieu et place. Dans ce cas, la renonciation n'est annullée qu'en faveur des créanciers et jusqu'à concurrence seulement de leurs créances : elle ne l'est pas au profit de l'Héritier qui a renoncé ». Les art. 1166 et 1167 décident plus généralement encore que « les créanciers peuvent exercer tous les droits et actions de leur débiteur, à l'exception de ceux qui sont exclusivement attachés à la personne.....; (et qu'ils) peuvent aussi, en leur nom personnel, attaquer les actes faits par leur débiteur en fraude de leurs droits ».]]

III. Après avoir parlé des Héritiers *nécessaires*, il faut dire quelque chose des Héritiers *siens*.

Pour savoir s'il y a des Héritiers de cette dernière espèce dans notre droit français, il faut connaître les points dans lesquels ils diffèrent des Héritiers *étrangers*.

Le droit romain attache deux effets particuliers à la *suité*.

Le premier est que les Héritiers de cette qualité sont réputés accepter la succession, par cela seul qu'ils n'y renoncent pas; la maxime, *filius, ergo heres*, s'applique à eux dans toute son étendue, de manière que la preuve de leur abstention doit toujours retomber sur ceux qui s'en font un moyen. Le président Favre établit très-bien ce principe dans son Traité *de erroribus pragmaticorum*.

Le second effet de la *suité* est que les Héritiers, même majeurs, de cette qualité, sont recevables à accepter une succession après y avoir renoncé, pourvu qu'ils se pourvoient dans les trois ans de leur renonciation. C'est la disposition expresse de la loi dernière, C. *de repudiandâ vel abstinendâ hereditate*.

Ces deux effets de la *suité* sont reçus dans les pays de droit écrit : les auteurs de ces provinces en rendent unanimement témoignage; il y a donc encore dans ces provinces des Héritiers véritablement *siens*.

A l'égard des pays coutumiers, la règle, *le mort saisit le vif*, semblerait au premier abord y établir nécessairement le premier effet de la *suité*, non-seulement en ligne directe, mais encore en ligne collatérale; de sorte que, suivant ce système, tous les Héritiers seraient *siens* en pays coutumier. Nous avons même deux coutumes qui adoptent expressément cette interprétation de la loi citée : ce sont celles d'Auvergne et de la Marche; l'art. 54 du chap. 22 de la première, et l'art. 256 de la seconde portent « qu'aucun n'est recevable de soi dire n'être Héritier d'aucun, s'il ne répudie et renonce expressément à sa succession ».

Lebrun cite d'Argentrée sur l'art. 509 de la coutume de Bretagne comme un des partisans de l'opinion embrassée par les rédacteurs de ces deux coutumes; mais d'Argentrée n'a jamais rien pensé de semblable; sa doctrine s'accorde parfaitement, sur cette matière, avec celle de Tiraqueau et de Lebrun lui-même, c'est-à-dire, avec les vrais principes suivant lesquels, aux termes de ce dernier, « si quelqu'un se déclare Héritier, ou fait acte d'Héritier, il est saisi et obligé aux dettes, mais avant que de se rendre Héritier, ou par une acceptation précise, ou par quelqu'autre acte d'Héritier, on n'est point *saisi passivement*, c'est-à-dire, qu'on n'est point réputé Héritier, ni obligé aux dettes.... C'est ici que vient une autre maxime qui a extrêmement d'affinité avec la nôtre, et qui dit : *Nul ne se porte héritier qui ne veut*, laquelle signifie deux choses : la première, que dans notre droit, nous n'avons point d'Héritiers nécessaires;.... la seconde, qu'il ne faut point d'acte de renonciation pour n'être point Héritier; mais s'il suffit de n'avoir pas accepté précisément, et de n'avoir pas fait d'acte d'Héritier ». — C'est dans le même esprit que la coutume du Poitou dit, art. 278 : « Nul n'est Héritier qui ne veut, et n'est tenu de renoncer ni faire autre déclaration, s'il n'était ajourné pour déclarer s'il se veut porter Héritier ou non ». — L'art. 43 des placités de Normandie est encore plus formel : « l'Héritier présomptif, encore qu'il n'ait pas renoncé à la succession, n'est pas censé héritier, s'il n'en a fait acte ou pris la qualité ».

La décision de ces coutumes et la doctrine des trois auteurs cités ont lieu, non-seulement en ligne collatérale, mais encore en ligne directe : c'est ce qui résulte nettement de ces deux principes, que nos coutumes n'attribuent pas à la puissance paternelle les mêmes effets que les lois romaines, et que la maxime, *le mort saisit le vif*, ne peut d'elle-même, comme on vient de l'établir, suppléer aux effets que produisait la *suité* dans le droit romain. Ainsi, a-t-il été jugé par un arrêt du parlement de Paris du 8 février 1590, que rapporte Leprêtre, et par un autre du conseil de Brabant du 28 avril 1651, que rapporte Stockmans, qu'un fils ne pouvait pas être poursuivi comme Héritier de son père, sur le seul fondement qu'il ne justifiait point avoir renoncé à sa succession. Le conseil d'Artois a donné, le 11 février 1679, un acte de notoriété conforme à cette jurisprudence. — On trouve, à la vérité, un acte de notoriété du Châtelet de Paris, du 24 juillet 1706, qui dit qu'en ligne directe, on est censé Héritier, à moins qu'on ne renonce; mais l'usage y est contraire, même dans la coutume de Paris (1).

Il y a cependant un cas où, suivant quelques coutumes, l'Héritier présomptif est réputé Héritier immiscé sans avoir fait acceptation : c'est lorsque, poursuivi en justice pour prendre qualité, il laisse écouler les délais qui lui sont accordés pour délibérer, sans s'expliquer précisément sur le parti qu'il veut prendre. Dans ce cas, il est, sous un certain aspect, réputé Héritier au profit de ceux qui l'ont fait assigner, et le jugement peut être rendu contre lui en cette qualité. Mais cette déclaration présumée ne profite qu'à ceux qui ont fait les poursuites; et c'est en quoi elle diffère d'une acceptation proprement dite, dont l'effet a lieu à l'égard de tout le monde. L'art. 326 de la coutume du Bourbonnais, l'art. 102 de la coutume de Sedan, et l'art. 28 du chap. 34 de la coutume du Nivernais en contiennent des dispositions précises.

Mais ces dispositions ne doivent pas être étendues hors de leur territoire. C'est ce que prouve la lettre écrite par M. le chancelier d'Aguesseau au parlement de Besançon, le 27 mai 1736 : « Il y a quelque temps (dit ce magistrat), que j'ai eu occasion d'être informé d'un usage de votre province, qu'il paraît important de ne pas laisser subsister ou de rectifier. On prétend que lorsqu'un Héritier, à qui l'on a accordé un délai pour délibérer, ne répudie pas expressément l'hérédité de ce délai, l'usage est qu'on le répute Héritier à l'égard des créanciers, sans qu'il le soit néanmoins à l'égard de ses co-héritiers présomptifs, qui sont tenus de le faire assigner pour s'expliquer expressément. Il m'est revenu que le parlement avait rendu quelques arrêts par lesquels il condamne cet usage; mais on m'écrit

(1) *V.* à l'article *Succession*, sect. 1, §. 5, quelques arrêts récens sur la même question.

que ces arrêts n'empêchent pas qu'on ne suive encore une si mauvaise maxime ».

Le 9 octobre suivant, M. le chancelier écrivait encore sur le même sujet: « L'opinion singulière d'un auteur ne règle pas la jurisprudence; et j'avais bien de la peine à croire que la distinction bizarre que celui dont il s'agit, a imaginée entre les créanciers et les co-héritiers, pût être adoptée dans aucun tribunal. Vous m'assurez aussi que le sentiment de cet auteur n'est pas suivi au palais, et qu'il n'est jamais sorti du parlement de Besançon aucune décision qui puisse lui donner quelque crédit. Je crois seulement que votre compagnie pourrait bien avoir été trop loin quand elle a permis, en quelques occasions, à des créanciers de faire saisir les biens propres de l'Héritier présomptif qui gardait le silence après le temps que les lois accordent aux Héritiers pour délibérer. La règle, en pareil cas, est de fixer un dernier terme fatal à l'Héritier, pour déclarer précisément s'il accepte ou s'il renonce; faute de quoi, et après ce temps passé, on peut permettre aux créanciers de saisir ses biens propres pour le forcer à s'expliquer, la plus grande rigueur étant de le réputer Héritier par provision, après l'expiration de ce dernier terme ».

Quant au second effet de la *suite*, qui est, comme nous l'avons dit, d'être admis à reprendre dans les trois ans une succession à laquelle on a renoncé, même en majorité, tous les auteurs des pays coutumiers conviennent qu'il n'a point lieu en ligne collatérale: mais ils sont partagés sur la question de savoir s'il doit avoir lieu en ligne directe, et si par conséquent, à cet égard, il peut y avoir des Héritiers *siens* en pays coutumiers.

Les partisans de l'affirmative sont Brodeau, Tronçon et Auzanet, sur la coutume de Paris; Coquille, sur celle du Nivernais; Berroyer, sur les arrêts de Bardet; Rousseaud de Lacombe, dans sa *Jurisprudence civile*; Bourjon, dans son *Droit commun de la France*, etc.; et l'on cite, à l'appui de cette opinion, des arrêts des 11 décembre 1612, 4 décembre 1628, 5 septembre 1682, 27 mai 1687, 19 février 1688, et une sentence du châtelet du 13 juin 1715, rendue sur les conclusions de M. de Lessonet, avocat du roi.

La négative paraît être adoptée par Lalande, sur l'art. 330 de la coutume d'Orléans; elle l'est expressément par Lemaître sur la coutume de Paris; et Lebrun dans son *Traité des successions*, la défend très-vivement: les moyens que ce dernier emploie ne nous paraissent pas susceptibles de réplique: on nous permettra de les mettre dans un nouveau jour.

Le point d'où il faut partir, est que le droit romain n'accorde qu'aux enfans non émancipés le privilége de pouvoir rétracter une renonciation faite en majorité, à la succession d'un père ou d'un aïeul. La loi 8, D. *de jure deliberandi*, le fait entendre très-clairement, puisqu'elle borne sa disposition à celui qu'elle appelle *suus heres*. Voici ses termes: *Si quis suus heres, posteaquam se abstinuerit, tunc petat tempus ad deliberandum, videamus an impetrare debeat; magisque est ut ex causâ debeat impetrare, cùm nundùm bona venierint.* — La loi 6 du même titre, au Code, ne parle également que des Héritiers *siens*, et le mot *succession paternelle* y est répété jusqu'à quatre fois; preuve indubitable qu'elle n'a été faite que pour les enfans en puissance de père: *Si quis suus* (porte-t-elle), *recusaverit paternam hereditatem, deindè maluerit eam adire, cùm fuerat indistinctè ei remissum donec res paternæ in eodem statu licebat ei ad eandem hereditatem redire, hoc corrigentes, sancimus, si quidem res jam venditæ sunt, ut nullus aditus ei ad hereditatem servetur; quod et antiquitas observabat: sin autem res alienatæ non sunt, si quidem major annis constitutus est, et tempora restitutionis nulla ei supersunt, intra trium annorum spatium tantummodò ei detur licentia. Sin autem vel minor est*, etc. — Une autre preuve se tire de la loi 2, C. *de juris et facti ignorantiâ*, par laquelle l'empereur Gordien déclare un majeur de vingt-cinq ans non-recevable à réclamer la succession de sa mère après y avoir renoncé: *Cùm ignorantiâ juris facilè excusari non possit, si major annis viginti quinque hereditati matris tuæ renuntiasti, serâ prece* (1) *tibi subveniri desideras.*

Il résulte de là, que le privilége dont nous parlons ici, n'a point d'autre motif que la puissance paternelle; et c'est effectivement ce que pensent Bartole, Balde, Cujas, Benedicti, et plusieurs autres: « D'où il suit, dit Lebrun, que la puissance paternelle n'étant point établie chez nous comme chez les Romains, les Héritiers nécessaires n'étant point de notre usage, et l'adition d'hérédité étant toujours volontaire, il n'y a aucun prétexte de recevoir un majeur qui a une fois renoncé à réclamer contre sa renonciation.

Les partisans de l'opinion contraire opposent à cela deux raisons: la première que les textes cités ne doivent pas s'entendre des Héritiers *siens* seulement; la seconde, qu'à tout événement, la Novelle 118 en aurait étendu la disposition aux enfans émancipés.

Pour justifier la première objection, ils allèguent les lois 8, D. *de collatione bonorum*; 2, D. *undè legitimi*; 1, §. 10 et 11, D. *de successorio edicto*; et 6, §. 1, D. *ad senatus-consultum Tertullianum*. Voyons ce que décident ces textes.

Dans la loi 8, D. *de collatione bonorum*, il est dit qu'un enfant émancipé qui a refusé de donner caution à ses frères Héritiers *siens*, pour être admis

(1) La glose interprète les mots *serâ prece*, en disant que le majeur qui réclame dans l'année, vient à temps, mais qu'après l'année, il vient trop tard; et à ce sujet, elle cite la loi 6, §. 1, D. *ad senatus-consultum Tertullianum*, que nous examinerons dans un instant. Mais la loi de l'empereur Gordien ne donne point du tout à entendre que ce soit pour être venu après l'année, que le fils majeur est déclaré non-recevable à rétracter sa renonciation à la succession de sa mère: ainsi les mots *serâ prece* doivent signifier, ou que la renonciation ayant été faite en majorité, l'avait été trop tard pour que l'empereur pût la rescinder, ou que le fils avait dû en temps et lieu avoir recours au bénéfice d'inventaire, ou du moins au délai pour délibérer.

avec eux à la succession de leur père commun, doit être écouté dans l'an, terme fixé pour les demandes en possession des biens, pourvu qu'il offre de donner la caution requise. — Mais, comme l'observe très-bien Lebrun, ce fils émancipé n'avait pas renoncé expressément; il avait seulement refusé de remplir une formalité nécessaire et préalable pour obtenir la possession des biens; ce qui occasionnant quelques doutes, dit la loi, il était à propos de suivre l'explication la plus favorable, surtout entre frères : *tametsi responderi potest videri eum possessionem repudiasse, qui formam possessionis conservare noluit; sed benignior est diversa sententia, maximè cùm de bonis paternis inter fratres disputetur.* — Ce n'est donc pas en restituant ce fils contre sa renonciation, que la loi l'admet; c'est en jugeant, par une interprétation favorable de sa volonté, qu'il n'a point eu l'intention de renoncer; ce qui suppose bien clairement qu'elle l'aurait déclaré purement et simplement non-recevable, s'il eût renoncé expressément.

Les lois 2, D. *undè legitimi*, et 1, §. 10 et 11, D. *de successorio edicto*, ne parlent précisément que des enfans non émancipés. *Si repudiaverint sui ab intestato*, dit la première : *filius est in potestate*, porte la seconde. — Berroyer dit, en citant ces deux textes en faveur des enfans émancipés, qu'il serait trop long d'en rapporter les termes. Que n'ajoute-t-il aussi qu'il serait trop long de les lire?

La loi 6, §. 1, D. *ad senatus-consultum Tertullianum*, est plus spécieuse. Commençons par en peser les termes : *Filius qui se nolle adire hereditatem matris dixit, an potest, mutatâ voluntate, adire, antequàm consanguineus vel agnatus adierit, videndum, propter hæc verba*, si nemo filiorum volet hereditatem suscipere, *quia extensiva sunt. Et cùm verba extensiva sint, pœnitentia ejus usque ad annum admittenda est; cùm et ipsa filii bonorum possessio annalis est.*

Cette loi décide très-clairement qu'un fils peut revenir à la succession de sa mère après y avoir renoncé; mais pour voir si elle peut recevoir quelque application à nos usages, il faut examiner la raison sur laquelle elle est fondée.

Suivant la loi des douze tables, le fils ne succédait point à sa mère, parce qu'il n'était à son égard ni *sien* ni *agnat*; mais le sénatus-consulte Orphitien a abrogé cette subtilité barbare, et en même temps a ordonné que dans le cas où le fils viendrait à renoncer, la succession appartiendrait aux agnats de sa mère, conformément à l'ancien droit. Voici les termes dans lesquels cette dernière disposition était conçue : *Si nemo filiorum eorumve quibus simul legitima hereditas defertur, volet ad se eam hereditatem pertinere, jus antiquum esto.* Le jurisconsulte Paul, auteur de la loi 6, §. 1, D. *ad senatus-consultum Tertullianum*, a observé que le sénatus-consulte Orphitien ne disait pas, *si nemo filiorum... vult, etc.*, mais *si nemo filiorum... volet.* De là il a inféré que cette loi ne donnait droit aux agnats de la mère, d'appréhender sa succession au défaut de ses enfans, qu'après l'entière révolution de l'année accordée à ceux-ci pour demander la possession des biens : *quia hæc verba* SI NEMO FILIORUM VOLET...., *extensiva sunt.* D'après cela, il n'est pas étonnant qu'il est permis aux enfans de revenir dans l'année à une succession qu'ils avaient refusé expressément d'appréhender. La succession n'avait point encore passé aux agnats; elle était demeurée en suspens, ou plutôt, elle était comme un bien abandonné au premier occupant, qui n'a point encore trouvé de maître, et qui, dans cet état, peut à tout moment être repris par son ancien propriétaire, sans que personne puisse s'y opposer, parce que personne n'y a intérêt.

Dans nos usages, tout est bien différent : dès qu'un fils renonce à la succession de sa mère, cette succession passe dans le moment même sur la tête des collatéraux les plus proches; et la saisine, qui s'opère alors en leur personne, se reporte jusqu'au premier instant de l'ouverture de l'hérédité. Le fils ne peut donc revenir à la succession ni dans un an ni dans trois, sur le fondement qu'elle n'appartiendrait à personne avant le laps de ce temps, puisque les collatéraux y ont acquis, par sa renonciation, un droit certain; et que, suivant les premières notions de la justice, personne ne peut, sans sa participation, être dépouillé d'un droit qui lui est acquis.

Mais au moins, disent les partisans du système que nous combattons, si le droit du Digeste et du Code bornait aux enfans *siens* la faculté de revenir à une succession après l'avoir répudiée, la Novelle 118 a dû l'étendre aux enfans émancipés, puisqu'elle abroge toutes les différences que le droit civil avait établies entre ceux qui étaient soumis à la puissance paternelle, et ceux qui en étaient affranchis.

Lemaître a trouvé cette objection si forte, que pour ne pas abandonner notre opinion, il s'est cru obligé d'avoir recours à un moyen différent (1) de celui que nous avons employé. On trouve même dans la suite de Boniface, tom. 3, liv. 1, tit. 25, chap. 6, un arrêt du parlement d'Aix, qui a admis

(1) Ce moyen consiste à dire que, par l'introduction du bénéfice d'inventaire, la loi dernière, C. *de repudiandâ hereditate*, a été rendue sans effet, non-seulement à l'égard des enfans émancipés, mais encore à l'égard des Héritiers *siens*, parce que le fils qui a renoncé à une succession, doit s'imputer d'avoir négligé une formalité qui l'aurait rendu Héritier sans l'exposer à aucun risque. — Mais soyons de bonne foi, si l'opinion de Lemaître n'avait point d'autre fondement que ce moyen, elle serait insoutenable. Où a-t-on vu que l'introduction d'un nouveau bénéfice devait en abroger un ancien, avec lequel il n'est cependant pas incompatible? Un mineur qui a renoncé purement et simplement, est-il non-recevable à revenir à la succession, par la seule raison qu'il aurait pu l'appréhender sous bénéfice d'inventaire? D'ailleurs, ce qui tranche toute difficulté, comment la loi dernière, C. *de repudiandâ hereditate*, pourrait-elle être abrogée par la loi *Scimus*, C. *de jure deliberandi*, qui a introduit le bénéfice d'inventaire, tandis que celle-ci est postérieure à celle-là de près d'un an? En effet, la loi dernière, C. *de repudiandâ hereditate*, est datée du cinquième jour avant les calendes de décembre 532; et la loi *Scimus* est datée du dix-septième jour avant les calendes de novembre 531.

la demande en restitution d'un fils émancipé, contre une renonciation faite en majorité; preuve que cette cour a considéré la Novelle 118 comme attribuant à cet égard la qualité de *siens* à tous les Héritiers en ligne directe descendante.

Mais il suffit de peser attentivement les termes de la Novelle, pour sentir l'erreur de leur interprétation. On y trouve, à la vérité, ce passage qui paraît si décisif à Berroyer : *nullâ introducenta differentiâ, sive masculi, sive fœminæ sint, sive suæ potestatis, sive sub potestate sint constituti.* Mais à quoi se rapportent ces paroles? A celles qui les précèdent immédiatement, savoir : *cùm filiis et filiabus ex præmortuo filio aut filiâ nepotes vocari sancimus.* Il résulte très-clairement de ces termes, que l'abrogation des différences entre les Héritiers *siens* et les enfans émancipés, n'est relative qu'à l'ordre des successions *ab intestat;* cette abrogation n'a donc été faite que pour mettre ceux-ci en état de concourir avec ceux-là dans l'adition d'hérédité. Aussi Cujas et Benedicti disent-ils positivement que cette Novelle n'a point abrogé la différence établie par la loi dernière, C. *de repudiandâ hereditate*, entre les enfans *siens* et les enfans émancipés.

Concluons donc avec confiance que, même dans le dernier état de la législation romaine, le privilége de revenir à une succession directe, après y avoir renoncé ne pouvait être, par rapport aux majeurs, qu'un effet de la puissance paternelle; et par une conséquence nécessaire, qu'il ne peut être admis dans les pays où la puissance paternelle est inconnue.

Les arrêts dont on appuie l'opinion contraire, ne sont pas d'un assez grand poids pour l'emporter sur les principes.

Il faut d'abord mettre à l'écart tous ceux qui n'ont admis les réclamations des majeurs, qu'à cause que leurs renonciations avaient été surprises par dol et fraude, puisqu'il est de principe que ces sortes de renonciations peuvent être rescindées, même en ligne collatérale. Et dès-là, il est évident que les arrêts des 11 décembre 1612 et 4 décembre 1628 ne prouvent rien contre notre opinion.

Dans l'espèce du premier, le sieur Blandin de Villemaisons avait laissé sept enfans majeurs: l'aîné avait renoncé; et après avoir engagé ses frères à en faire de même, sur le faux prétexte que la succession était obérée, il avait fait porter ses enfans Héritiers. Salomon de Villemaisons, l'un des puînés, ayant pris des lettres dans les trois ans, pour faire rescinder sa renonciation, prétendit devoir exclure ses neveux, qui ne pouvaient pas représenter leur père encore vivant; et l'arrêt le jugea ainsi, en entérinant ses lettres. Rousseaud de Lacombe prétend que cette décision n'a point pu être fondée sur la fraude dont on arguait la renonciation, parce que, dit-il, cette fraude n'était pas justifiée: mais le fait seul ne la vérifiait-il pas suffisamment? Un homme qui, après avoir renoncé et engagé tous ses frères à renoncer avec lui, fait porter ses enfans Héritiers, ne fait-il pas présumer que sa propre renonciation et celle de ses frères, ont été l'ouvrage du dol, et qu'il n'a fait l'une, et sollicité l'autre, que pour faire passer toute l'hérédité dans sa famille?

Dans l'espèce de l'arrêt de 1628, il s'agissait encore d'une renonciation extorquée par artifice. Une femme avait fait une donation considérable à un étranger qui en avait passé une contre-lettre au profit d'une fille que la donatrice avait eue d'un second lit. Le sieur Turpin, fils d'une fille du premier lit, renonça d'abord à la succession de son aïeule, parce que la donation en avait presque absorbé tout l'actif, et n'y avait laissé que des dettes; mais ayant eu connaissance de la contre-lettre, il se pourvut contre sa tante en faveur de qui elle était faite, et qui avait profité de toute la succession à son défaut: il n'est pas étonnant, d'après cela, que sa réclamation ait été admise.

Restent donc les arrêts des 5 septembre 1682, 27 mai 1687 et 17 février 1688.

Mais d'abord, le premier n'est qu'un appointement passé de l'avis de M. l'avocat-général Talon. Ce qui d'ailleurs nous fait croire que ce magistrat s'est déterminé en cette occasion par des circonstances particulières, c'est que, portant la parole, lors de l'arrêt du 27 mai 1687, il a avoué que la question était remplie de difficultés; et ce qu'il importe de remarquer, il n'a conclu dans cette dernière espèce en faveur du renonçant, que parce que, pour nous servir des termes de Lebrun, « le petit-fils qui voulait profiter de la renonciation, était mineur et Héritier bénéficiaire, toujours en état de changer et de renoncer à son tour; et que d'ailleurs l'aïeule, à la succession de laquelle la femme de Thomas (demanderesse en restitution), avait renoncé, rendant compte à la femme de Thomas, avait compté, entre autres choses, des successions de ses frères et sœurs, quoique ces successions lui appartinssent à elle-même, et qu'ainsi elle ne fût pas obligée d'en rendre compte: ce qui donnait lieu aux cousins germains, seuls Héritiers de l'aïeule, par la renonciation de la femme Thomas, de vouloir répéter contre lui ces successions mobilières, ce qui aurait emporté une très-grande involution de procès ».

Quant à l'arrêt du 19 février 1688, il n'a rien jugé, il n'a fait que déclarer le premier commun avec une autre fille de la défunte, qui avait pareillement renoncé.

On voit par cette analyse, qu'il n'y a dans les arrêtistes aucun préjugé formel et décisif pour le système que nous combattons: il y en a au contraire un du 29 juillet 1701, qui l'a proscrit *in terminis*. Lebrun, qui le rapporte, remarque que « M. l'avocat-général Portail, portant la parole, fit renaître dans le ministère public des principes bien opposés à cette routine du palais qui décide souvent des questions sans aucun fondement, et M. le premier président prononçant l'arrêt, débouta de la restitution demandée dans les trois ans, contre une renonciation faite en majorité ».

Ainsi, des deux principaux effets que les lois romaines attachaient à la *suité*, le second n'est pas plus en usage dans nos coutumes, que le premier : il n'y a donc point d'Héritiers *siens* en pays coutumier.

[[IV. Il n'y en a plus même dans les pays qu'on appelait ci-devant *de droit écrit*.

Le premier effet de la *suite* (sur lequel on peut voir ce que j'ai dit sous l'ancienne jurisprudence, dans un plaidoyer du 21 floréal an 10, rapporté dans mon *Recueil des Questions de droit*, au mot *Héritier*, §. 1), est abrogé par l'art. 778 du Code Napoléon, qui ne répute les enfans, comme les collatéraux et les étrangers, Héritiers effectifs, que dans le cas où il y a eu, de leur part, soit une acceptation expresse, soit une acceptation tacite, manifestée par des actes supposant nécessairement l'intention d'accepter.

Le deuxième effet de la *suite* est abrogé par l'art. 785 du même Code, qui, sans distinguer les Héritiers en ligne directe d'avec les Héritiers en ligne collatérale et les héritiers étrangers, déclare, dans les termes les plus généraux, que « l'Héritier qui renonce, est censé n'avoir jamais été Héritier ».]]

§. III. *Des héritiers purs et simples, et des Héritiers bénéficiaires.*

I. L'Héritier *pur et simple* est celui qui a accepté une succession purement et simplement, et qui, en cette qualité, est tenu de toutes les dettes du défunt, quand même elles excéderaient la valeur des biens qu'il en a hérités.

II. L'Héritier *bénéficiaire* est celui qui, en appréhendant une succession, en a fait constater le montant par un inventaire fait dans le temps et dans les formes déterminées par la loi, et qui, par cette précaution, s'est mis dans le cas de ne répondre des dettes et des faits du défunt que jusqu'à concurrence de la valeur des biens dont la succession est composée.

L'article *Bénéfice d'inventaire*, contient des détails très-étendus sur cette matière. — Nous n'y ajouterons ici que quatre questions.

III. La première est de savoir si un Héritier bénéficiaire ne se rend pas Héritier pur et simple, lorsqu'il traite avec quelqu'un sans faire mention de sa qualité.

Voici l'espèce d'un arrêt tout récent, qui l'a jugée pour l'affirmative. — La demoiselle Gallois avait épousé le sieur Laumonier de Bois-Julien. De ce mariage, sont nés deux enfans. Le sieur de Bois-Julien étant décédé, sa veuve a convolé en secondes noces avec le sieur d'Elbée. Leur contrat de mariage contenait exclusion de communauté. — Le sieur et la dame d'Elbée chargèrent le sieur Laulaigne de la perception de leurs revenus : ils lui passèrent à cet effet une procuration devant notaire en 1769. — En conséquence, le sieur Laulaigne reçut pour eux différentes sommes qu'il employa au payement d'une partie de leurs dettes. Il se trouva même en avance en 1770, de 2,763 livres 5 sous, que le sieur et la dame d'Elbée l'autorisèrent, par leur arrêté de compte, à retenir par ses mains sur les premiers deniers de la recette future. — Le sieur Laulaigne continua la recette. En 1773, la dame d'Elbée, prenant alors la qualité de non-commune en biens avec le sieur d'Elbée, passa, tant en son nom que comme tutrice de ses enfans mineurs, une procuration à son mari, « de pour elle et en son nom, entendre, débattre, clorre et arrêter les comptes de recettes et dépenses faites pour elle par le sieur Laulaigne, en vertu de sa procuration, et de celles qu'il ferait par la suite, en la même qualité, en fixer les reliquats, les recevoir, en donner quittance et décharges valables, et généralement, etc. — Le 30 juin 1774, nouvel arrêté de compte par le sieur d'Elbée, avec promesse, tant en son nom que comme fondé de la procuration de sa femme, de payer au sieur Laulaigne la somme de 14,813 livres 14 sous 1 denier, à laquelle s'était trouvé monter le reliquat de ce compte : — Le sieur Laulaigne continua toujours sa recette : au mois de novembre 1774, la dame d'Elbée donna à son mari une nouvelle procuration beaucoup plus étendue que la première. Muni de ces nouveaux pouvoirs, le sieur d'Elbée confirme et approuve les anciens arrêtés de compte; et après avoir examiné le nouveau compte du sieur Laulaigne, avec les pièces justificatives, le sieur d'Elbée reconnaît lui en devoir, et promet, dans les mêmes qualités, de lui en payer le reliquat montant à 18,800 et tant de livres. — Au mois de septembre 1775, époque de ce nouvel arrêté de compte, la dame d'Elbée décède, laissant deux enfans mineurs de son premier mariage. — Le sieur Laulaigne continue de recevoir pour eux, sans demander de nouvelle procuration, et toujours sous le nom de la dame d'Elbée. En 1778, après avoir épuisé les procédés les plus honnêtes envers le sieur d'Elbée, la demoiselle de Bois-Julien, alors majeure, et le mineur, pour les engager à arrêter son compte, il les a traduit en justice; mais les parties s'étant rapprochées, nouvel arrêté de compte par la demoiselle de Bois-Julien, majeure, le mineur de Bois-Julien émancipé, et le sieur Laumonier, commissaire au châtelet, son curateur, contenant promesse solidaire de payer au sieur Laulaigne 18,000 et tant de livres, sauf à eux à se faire rendre compte par le sieur d'Elbée, leur beau-père, des sommes qu'il avait reçues pour eux. — Quelque temps après, le mineur décède : Le sieur Laulaigne rend le compte de sa nouvelle gestion à la demoiselle de Bois-Julien; par l'événement de ce compte, elle se trouve lui devoir définitivement 17,900 livres 13 sous 3 deniers. Mais le sieur Laulaigne lui ayant remis alors une somme de 629 liv. 3 sous 4 den., dont elle avait besoin, elle est restée sa débitrice des 18,000 et tant de livres portées au précédent arrêté de compte. — Au mois de mars 1780, la demoiselle de Bois-Julien, devenue épouse du sieur de Fabricy, fait, conjointement avec son mari, assigner le sieur Laulaigne au châtelet, à fin de remise des titres de propriété des biens de la dame d'Elbée. — De son côté, le sieur Laulaigne les traduit aux requêtes du palais, en vertu de son committimus, pour être condamnés à lui payer les 18,000 et tant de livres que lui doit la dame de Fabricy. Celle-ci obtient des lettres de rescision contre les arrêtés de compte dont on vient de parler. Sentence par défaut des requêtes du palais, qui, en entérinant ces lettres de rescision, ordonne que le sieur Laulaigne rendra de nouveaux comptes, avec distinction des objets personnels au sieur et à la dame d'Elbée. — Appel de cette sentence de la part du sieur Laulaigne; alors se sont élevées deux questions principales: — La première, de savoir si deux époux, non communs en biens, dont l'un a des enfans d'un premier mariage, peuvent, par eux-mêmes, ou par leur fondé de procuration, mélanger leurs fortunes; et par cette confusion faite en fraude de la loi, obliger celui des époux qui a des enfans, à payer la dette personnelle de l'autre époux. — La seconde, si les arrêtés faits par la dame de Fabricy, alors fille majeure, solidairement avec son frère, mineur émancipé, assisté du sieur Laumonier, son curateur, sans aucune énonciation de qualité de la part du sieur et de la demoiselle de Bois-Julien, forment des titres personnels et solidaires contre eux, ou si au contraire ceux-ci censés ne les avoir souscrits que comme Héritiers par bénéfice d'inventaire de leur mère, vu surtout la circonstance que leurs lettres étaient obtenues et insinuées avant les arrêtés, qu'ils n'en avaient point abandonné l'effet, et que leur silence à cet égard était une omission qui ne pouvait leur préjudicier. — Sur la première question, le sieur et la dame de Fabricy, qui soutenaient la négative, invoquaient en leur faveur les dispositions de l'édit des secondes noces et de la coutume de Paris, par lesquelles toutes les voies directes ou indirectes de faire passer les biens de l'un des époux dans les mains de l'autre, sont prohibées. — Sur la seconde question, le sieur et la dame de Fabricy ont prétendu que les arrêtés de compte faits par le sieur et la demoiselle de Bois-Julien, ne concernaient que la succession bénéficiaire de la dame sa mère; que ces arrêtés par lesquels elle n'avait pris aucune qualité, étant postérieurs à l'obtention et à l'insinuation de ses lettres du bénéfice d'inventaire, ne pouvaient s'exécuter envers elle que comme Héritière bénéficiaire; que le dernier arrêté étant souscrit par elle et par son frère mineur, et la condition des deux étant la même et l'objet indivisible, le mineur relevait en ce cas le majeur. A l'appui de ces moyens, le sieur et la dame de Fabricy ont invoqué un arrêt du 22 février 1702, rendu dans la succession du sieur Dessessars, qui a jugé *in terminis* que la qualité d'Héritière bénéficiaire, une fois prise par un majeur, était irrévocable; et que conséquemment si, contre toute apparence, le sieur Laulaigne était jugé créancier, il ne pourrait se pourvoir que contre la succession bénéficiaire de la dame d'Elbée. — Le sieur Laulaigne a soutenu au contraire que la demoiselle de Bois-Julien devait être considérée comme s'étant obligée personnellement et solidairement avec son frère, ou comme Héritière pure et simple, parce que c'était une fraude de lui avoir dissimulé les lettres de bénéfice d'inventaire dont ils avaient une parfaite connaissance, et que le sieur Laulaigne avait absolument ignorées. — Le sieur Laulaigne a observé que dans les procédures faites au châtelet, sur la première assignation qu'il avait fait donner au sieur et à la demoiselle de Bois-Julien avant les arrêtés, ils n'avaient aucunement excipé de leurs lettres de bénéfice d'inventaire, quoique obtenues bien antérieurement. — En second lieu, il a établi que le sieur et la demoiselle de Bois-Julien avaient souscrit les arrêtés de compte en leurs noms personnels; que toutes les fois qu'un Héritier, après avoir obtenu des lettres de bénéfice d'inventaire, contractait une obligation sans prendre la qualité d'Héritier bénéficiaire, il en était tenu personnellement. — Par arrêt du 16 février 1784, le sieur et la dame de Fabricy ont été déclarés non-recevables dans leur demande en entérinement de lettres de rescision, et condamnés personnellement à payer au sieur Laulaigne son principal et les intérêts.

IV. La seconde question que nous nous sommes proposé d'examiner, est de savoir si un Héritier bénéficiaire qui a commis des recélés, est seulement tenu, dans les pays de droit écrit, de rapporter le double des choses soustraites, ainsi que le décide la loi *Scimus*, ou s'il doit être déclaré Héritier pur et simple.

Cette question s'est présentée à la quatrième chambre des enquêtes du parlement de Paris, le 4 juillet 1725. Voici les faits. — La veuve d'Escarts avait épousé en secondes noces le sieur d'Alou. Il lui avait donné par contrat de mariage la somme de 60,000 livres. Par son testament, il l'institua son « Héritière universelle de tous ses biens, droits, noms, etc., à la charge par elle de rendre à son neveu, après son décès, sa succession, sans aucune distraction, même les biens qu'il lui avait donnés par contrat de mariage ». Après sa mort, la dame d'Alou fit inventorier la succession, et prit ensuite des lettres de bénéfice d'inventaire. Elle fit même créer un curateur à la succession prétendue vacante du sieur d'Alou, et elle obtint contre lui une sentence qui lui adjugea ses conventions matrimoniales, à la charge par elle de rendre compte du bénéfice d'inventaire. — Les choses en cet état, elle meurt et laisse pour Héritiers, des enfans du premier lit. Le substitué leur demande compte de la succession du sieur d'Alou; ils y consentent, mais ils portent en dépense 60,000 livres, valeur du don fait à leur mère par contrat de mariage. — L'Héritier substitué prétendait que leur mère avait confondu le don par son acceptation; que cette confusion était une condition de l'institution, et qu'elle ne pouvait se servir à cet égard des lettres de bénéfice d'inventaire. C'était la première question. — Elle fut décidée en faveur de la veuve, par des raisons que l'on trouvera ci-après, sect. 7; mais (dit M. l'Epine de Grainville, l'un des magistrats qui jugèrent ce procès), « le second moyen, qu'on opposait, aurait rendu cette décision inutile, s'il eût réussi; il fallut examiner ce second moyen, qui consistait à savoir si la veuve s'était valablement servie du privilége de bénéfice d'inventaire, et si elle n'en était point déchue. Une condition nécessaire pour en jouir, est de faire un bon et fidèle inventaire ». — Les Héritiers du sieur d'Alou avaient formé contre elle une demande en recélé; ils prétendaient que quand même elle aurait pu se servir du bénéfice d'inventaire, elle n'en pouvait pas profiter; et qu'elle devait être déclarée Héritière pure et simple, parce qu'elle avait spolié la succession; ou que du moins on devait attendre l'événement de la demande en recélé, pour juger si elle avait confondu ou non. — Les Héritiers de la dame d'Alou soutenaient au contraire que, quand il serait prouvé qu'elle aurait commis des recélés, elle ne pouvait être déclarée Héritière pure et simple, puisqu'ils étaient en pays de droit écrit; que la loi *Scimus* y était suivie, et qu'elle ne condamne qu'au double des choses recélées, et ceux qui ont distrait des effets, à en être privés. — « Ainsi (dit le magistrat cité), la seconde question consistait à savoir si l'on devait suivre la disposition de cette loi, ou l'usage constant du pays coutumier. — Avant la loi *Scimus*, il y avait eu quelques constitutions impériales qui donnaient aux Héritiers un temps pour délibérer et qui accordaient à certaines personnes le bénéfice d'inventaire; mais cette loi le donne à tous, et établit les conditions sous lesquelles on en peut jouir : l'une des plus essentielles est de faire un inventaire fidèle; et cependant la peine de recélé n'est que d'être condamné au double. — Les Héritiers de la dame d'Alou tiraient grand avantage de cette loi. Ils prétendaient qu'elle était observée dans le parlement de Toulouse, pays de droit écrit, et celui du domicile des parties; qu'on ne pouvait y étendre l'usage du pays coutumier, lorsque la loi qui devait régir les parties, était connue; qu'une loi pénale ne s'étendait pas; que toutes les autorités qu'on rapportait, et qui paraissaient contraires à cette loi, ne devaient faire aucune impression, puisqu'elles étaient tirées d'auteurs qui n'avaient écrit que par rapport au droit coutumier. Ils rapportaient deux certificats, l'un de deux avocats généraux de Toulouse, et l'autre de quinze avocats. Ils assuraient que la loi *Scimus* était observée à Toulouse, et que l'Héritier qui avait recélé n'était tenu que de rapporter le double. — Nonobstant ces moyens, on ne suivit point la disposition de la loi. Il ne parut point constant qu'elle fût en usage. Les certificats n'avaient point été ordonnés en justice, et n'étaient point par conséquent des actes de notoriété; aucun auteur ni aucun arrêtiste ne rapportait d'exemple de l'exécution de cette loi; tous nos auteurs, et entre autres, Lebrun, *Traité des successions*, liv. 8, chap. 4, disent précisément que la peine de recélé est d'être déclaré Héritier pur et simple. On aima mieux suivre les règles de l'équité, qui doit être le principe de toutes les lois, que le texte d'une constitution romaine, dont on ne prouvait point l'usage. Les lois déclarent nul un inventaire qui n'est pas revêtu de certaines formalités; et il ne paraissait pas raisonnable qu'un inventaire à qui la fidélité, qui doit en être le principe, manque, puisse subsister, lorsqu'il eût pu être anéanti par un simple défaut de forme. Ainsi, malgré la disposition de la loi, on fit dépendre la validité de l'inventaire, et par conséquent les qualités d'Héritier pur et simple, ou par bénéfice d'inventaire, de l'événement de la demande en recélé; on renvoya aux requêtes du palais pour la juger, et on suspendit à prononcer la confusion ou la reprise de la somme de 60,000 livres. — (Ainsi) jugé au rapport de M. Dupré, et conformément à son avis, à la quatrième chambre des enquêtes, le 4 juillet 1725. — (Depuis), par arrêt du 24 mai 1727, confirmatif d'une sentence des requêtes du palais, le sieur de Luzignan a été débouté de sa demande en recélé et divertissemens, formée contre les héritiers de la dame d'Alou. Ainsi, elle n'a point confondu la somme de 60,000 livres ».

[[*V.* l'art. 792 du Code Napoléon, et *Recélé*.

V. La troisième question est de savoir si l'héritier bénéficiaire peut être assigné par les créanciers du défunt, devant un autre tribunal que celui du lieu de l'ouverture de la succession.

Le sieur de Gras, domicilié à Paris, meurt en cette ville le 1.er floréal an 13. — La dame Dallard, sa sœur, et son unique héritière, domiciliée à Montélimart, accepte sa succession sous bénéfice d'inventaire. — La veuve du défunt fait assigner la dame Dallard devant le tribunal civil de Montélimart, pour la faire condamner à lui restituer sa dot et à lui payer ses reprises patrimoniales. — La dame Dallard décline ce tribunal, et demande son renvoi devant celui de l'ouverture de la succession. Elle se fonde sur les articles du Code Napoléon, qui établissent que l'héritier bénéficiaire n'est point administrateur comptable, qu'il jouit du privilége de ne pas confondre ses biens et ses droits personnels avec ceux du défunt; que c'est au greffe du tribunal de l'ouverture de la succession, qu'il doit faire la déclaration de la qualité en laquelle il l'accepte; que c'est de ce tribunal qu'il doit obtenir les diverses autorisations dont il peut avoir besoin; qu'enfin ce n'est que devant ce tribunal qu'il est tenu de rendre ses comptes. — Par jugement du 11 février 1806, le tribunal de Montélimart accueille le déclinatoire, et se déclare incompétent. — Mais sur l'appel, arrêt de la cour de Grenoble, du 21 août suivant, qui, « attendu que les actions que les créanciers de l'hoirie ont à exercer contre l'héritier, ne peuvent être poursuivies devant le tribunal du domicile du défunt, que lorsqu'elles avaient déjà été commencées contre lui......; que d'après la loi du 26 ventôse an 4, sur la manière de procéder en matière de conciliation, il faut citer, en *matière personnelle*, devant le bureau du canton où est situé le domicile du défendeur; et qu'en matière *réelle et mixte*, on a le choix du juge de paix du domicile du défendeur, ou de celui du canton où les biens sont situés; que suivant l'art. 3 de cette loi, *en matière de succession*, toutes contestations entre co-héritiers ou autres parties intéressées, *jusqu'au partage*, doivent être portées, pour la conciliation, par-devant le juge de paix du lieu où la succession est ouverte; que la disposition de la loi pour la conciliation, doit s'appliquer également aux demandes à former devant les tribunaux, parce que les conciliations ont toujours dû se faire devant les bureaux de paix établis dans l'étendue du ressort du tribunal compétent; qu'il n'y a que les contestations entre ceux qui ont des droits à la succession, qui soient de la compétence du juge du lieu où la succession est ouverte, et encore cela n'a-t-il lieu *qu'autant que le partage n'a pas été fait*; que la dame Dallard était *seule* et *unique* Héritière du sieur de Gras, son frère, que par conséquent il ne pouvait pas y avoir lieu à partage de la succession; et que la veuve de ce dernier, ayant une action *mixte* à exercer, elle avait eu le choix du tribunal; que d'ailleurs elle a une hypothèque légale sur les biens de l'hoirie, situés dans l'arrondissement de Montélimart »; infirme le jugement dont est appel, et déboute la dame Dallard de son déclinatoire. — La dame Dallard se pourvoit en règlement de juge; mais par arrêt du 18 juin 1807, au rapport de M. Basire, « attendu que ce n'est que par exception au principe général que des créanciers ne peuvent citer les Héritiers, avant le partage, que devant le tribunal de l'ouverture de la succession; attendu que cette exception ne peut être appliquée qu'au cas pour lequel le législateur l'a admise; que ce cas n'existe point dans l'espèce, puisque l'Héritier bénéficiaire étant unique, il ne peut y avoir lieu à partage; la cour, statuant par voie de règlement de juges, déboute la demanderesse des fins de sa requête ».

VI. La quatrième question est de savoir si l'Héritier bénéficiaire peut vendre sans formalité les inscriptions sur le grand livre qui se trouvent dans la succession?

V. Inscription sur le grand livre, §. 2.]]

Section III. *Troisième division des Héritiers, tirée de la nature et de la quantité des avantages que leur procurent les successions.*

Les Héritiers considérés sous ce troisième rapport, se divisent en Héritiers *universels*, et en Héritiers *particuliers* ou *portionnaires*.

§. I. *Des Héritiers universels.*

I. L'Héritier *universel* est celui qui succède seul à tous les biens et à tous les droits du défunt; on l'appelle quelquefois Héritier *unique*, et cela par rapport aux coutumes qui n'admettent qu'un seul Héritier, même dans le cas où il s'en trouve plusieurs au même degré de successibilité.

Telle est, par exemple, la coutume du Ponthieu, dont les art. 1 et 3 portent qu'en cette coutume, il n'y a qu'un seul Héritier, qui est toujours, en ligne directe, le fils aîné, ou, à défaut de mâles, la fille aînée, et en ligne collatérale (1), le plus âgé en parité de degré. Cet Héritier unique est saisi de tous les biens meubles, immeubles et droits réels qui appartiennent au défunt, sauf, en ligne directe, le quint viager pour les enfans puînés.

Il en est à peu près de même dans les coutumes de Normandie et du Lodunois. Les art. 227 et 350 de l'une, et l'art. 6 du chap. 7 de l'autre décident que l'aîné est seul saisi de toute la succession, et qu'il gagne tous les fruits, jusqu'à ce que ses frères lui aient demandé partage. La disposition de la première a lieu entre roturiers comme entre nobles, mais celle de la seconde est restreinte aux nobles.

(1) La coutume ne parle pas de la ligne collatérale; mais un arrêt du 5 septembre 1665, rapporté au *Journal des Audiences*, a jugé que sa disposition a lieu en ligne collatérale comme en ligne directe.

Prenons garde cependant d'étendre trop loin les effets de cette saisine exclusive. D'abord il est généralement reconnu qu'elle n'empêche pas que, par la demande en partage, les fils puînés ne deviennent véritablement Héritiers de leurs portions.

A l'égard des filles, c'est un axiome trivial en Normandie, qu'elles ne sont jamais que créancières, soit de leur légitime, soit de leur mariage avenant; et c'est d'après cela que M. le chancelier d'Aguesseau, écrivant au parlement de Rouen, le 22 juillet 1731, au sujet des remontrances faites par cette cour sur quelques dispositions de l'ordonnance du mois de février précédent, s'est exprimé en ces termes: « Les principes qui sont propres à la même coutume, c'est-à-dire, sur ce que *les filles n'y sont regardées que comme créancières*, tant qu'il y a des mâles, sur le mariage avenant, et sur la différence qui peut se trouver entre le tiers coutumier de Normandie et la légitime des autres pays, tout cela ne pouvait être l'objet de la nouvelle loi, comme votre compagnie l'a fort bien remarqué. Ainsi la disposition de la nouvelle ordonnance sur les dots fournies en deniers, ne regarde point la coutume de Normandie dans tous les cas où il y a des mâles héritiers; et il serait inutile après cela de s'étendre sur les motifs de cette disposition par rapport aux autres pays, puisque la justice en est à présent reconnue par tous les parlemens du royaume; mais si elle ne saurait s'appliquer également à la Normandie, il y a cependant des cas où elle y sera utile. Tel est celui où *n'y ayant que des filles, elles sont regardées comme héritières légitimes, et non comme créancières*. Tel est encore celui où le donateur ayant fait d'abord des libéralités qui n'épuisaient pas la quotité dont il pouvait disposer, en fait une dernière qui l'excède. Il faudra alors que cette dernière donation soit retranchée suivant l'ordre prescrit par l'art. 34 ».

Mais il n'est pas besoin de recourir à des autorités étrangères, pour connaître quel est sur cet objet l'esprit de la coutume de Normandie. On voit dans l'art. 248, que les filles sont exclues des successions directes et collatérales, *tant qu'il y a des mâles*. Il est donc certain que, dans ce cas, les mâles sont seuls Héritiers. — L'art. 249 porte que « les filles ne peuvent demander ni prétendre aucune partie en l'héritage de leurs père et mère, contre leurs frères ni contre leurs hoirs, mais qu'elles peuvent demander mariage avenant. — Ce sont ces dispositions qui ont fait dire qu'en Normandie les filles ne sont que créancières, et que les mâles sont seuls Héritiers.

Cependant ne nous arrêtons pas à l'écorce des mots, pénétrons jusqu'à l'esprit de la coutume; et nous verrons qu'elle n'est pas, à beaucoup près, telle qu'on nous la présente communément.

A la vérité, on tient en Normandie que le fils est saisi de droit, à l'exclusion de ses sœurs, de la totalité de la succession paternelle, à l'instant du décès du père commun. Mais ce n'est là qu'une saisine très-imparfaite.

Si, à l'instant de la mort du père, sa succession appartenait de droit à son fils, il est certain que, dans aucun cas, ses filles ne pourraient être ses Héritières. En effet, de quoi pourraient-elles hériter, s'il n'y avait plus de succession? Or, quoiqu'en Normandie la coutume soit toute mâle et très-défavorable aux filles, néanmoins, dans le cas même où elles ont des frères, elles peuvent, dans bien des circonstances, être admises à partager à titre successif, les biens délaissés par leur père.

Dans cette province, le fils peut, à la vérité, réduire ses sœurs à leur légitime ou mariage avenant, mais aussi il peut leur donner partage. En Normandie, les filles restent donc Héritières jusqu'à ce que le frère ait fait l'adoption qui lui est accordée par la coutume.

Le frère peut avoir des dettes, peut refuser de donner mariage avenant, peut enfin encourir la peine de confiscation, soit envers son seigneur, soit envers le roi; et alors ses sœurs ont droit de demander leur portion héréditaire, si leur légitime ne leur a point encore été délivrée; elles conservent donc la qualité d'Héritières de leur père jusqu'au payement de cette légitime; jusqu'alors, en effet, leur frère peut faire des dettes qui absorberont la totalité des biens de la succession, refuser la légitime, ou encourir la forfaiture.

Que répondent à cela les partisans de l'opinion contraire? Ils ne craignent pas d'invoquer un axiome de droit dans un système où ils ne peuvent faire un pas sans choquer tous les principes; aussi la loi qu'ils appellent à leur secours, loin de favoriser leur prétention, est un des plus fermes appuis de la nôtre. — « *Le mort saisit le vif*, disent-ils, l'hérédité du père ne peut donc pas rester indécise jusqu'à ce que le fils se soit acquitté de la légitime envers ses sœurs; il est donc saisi de la propriété des biens qui composent cette succession, dès l'instant de son ouverture ».

Le mort saisit le vif! Nous rendrons, avec nos adversaires, hommage à cette maxime: mais dans notre espèce, quelle conséquence peut-on en tirer? la voici:

A la vérité, en Normandie, le fils a la faculté d'exclure ses sœurs des biens de la succession paternelle; mais il est possible qu'on ne puisse leur refuser la délivrance d'une portion de cette succession, et cela par des événemens postérieurs à son ouverture. A l'instant de la mort du père, elles en sont donc saisies, et elles conservent leur droit, à cet égard, jusqu'au moment où leur frère les a réduites à leur légitime; autrement le droit à cette portion resterait flottant entre le frère et ses sœurs, depuis l'ouverture de la succession jusqu'à l'instant où le frère aurait usé du privilége que lui accorde la coutume, ou qu'il se serait rendu incapable d'en user, ce qui serait contre la maxime, *le mort saisit le vif*.

On sent toute la force de cette conséquence. En effet, si les filles peuvent exiger leur portion héréditaire, par des événemens postérieurs à la mort du père, elles sont nécessairement saisies à l'instant du décès, et elles continuent de l'être jusqu'à ce que la condition soit arrivée. — Mais voici par quel raisonnement on cherche à éluder l'art. 363, qui établit une partie du droit des filles à cet égard, et qui veut que *le fisc ou le créancier du frère donne partage à ses sœurs*. « Il faut observer, dit-on, que, par ces mots, *bailler partage*, dont se sert la coutume, il faut toujours entendre que les frères peuvent, et que le fisc ou les créanciers doivent délivrer des immeubles en payement du mariage avenant, mais non admettre ou obliger leurs sœurs à faire des lots ou partages, parce que les filles n'étant décidément point Héritières, elles ne peuvent jamais être dans le cas de faire un partage qui est un acte d'Héritier; c'est ce qui est positivement ordonné par l'art. 47 des placités, ainsi que par un arrêt du 7 avril 1664 ». — Il y aurait bien des choses à dire sur cette objection.

1.° On prétend qu'une fille, quoique admise à partager, n'est point Héritière, et que cette expression, *admise à partager*, ne signifie pas autre chose, si ce n'est que, dans ce cas, on ne peut lui donner, pour son mariage avenant, qu'une portion des immeubles; mais cette interprétation est contre toute notoriété, et d'ailleurs ne peut se concilier avec l'art. 363. En effet, que porte cet article? *Le fisc*, y est-il dit, *ou autre créancier subrogé au droit des frères, ou l'un d'eux doit bailler partage aux filles, et n'est reçu à leur bailler mariage avenant.* Le mariage avenant peut se donner en immeubles ou en argent; cet article de la coutume met donc une très-grande différence entre le partage et le mariage avenant, puisqu'il ordonne que, dans le cas prévu, il sera donné partage aux filles, et non point mariage avenant. — Au surplus, Basnage ne laisse aucun doute sur la manière d'interpréter ces mots, *bailler partage*, dont se sert la coutume: *il eût été très-injuste*, dit ce savant commentateur, *d'exclure les filles du partage et du droit de succéder, lorsque le fils entre en place du frère.* L'art. 363 admet donc les filles à *succéder*, et ne se contente pas de leur donner leur mariage avenant en immeubles.

2.° On prétend que, dans le cas où les filles sont admises à partage, elles ne sont point Héritières, et cela parce qu'elles sont incapables de succéder; mais c'est précisément supposer ce qui est en question. Nous prétendons au contraire qu'étant admises à prendre leur portion héréditaire dans le cas prévu par l'art. 363, elles sont capables de succéder, et même que, d'après la maxime, *le mort saisit le vif*, elles ont succédé dès l'instant de l'ouverture de la succession.

Pour prouver que, dans le cas où le fils est représenté par des créanciers ou par le fisc, les filles, quoique appelées *à partage*, ne sont point Héritières, on invoque l'art. 47 des placités et l'arrêt du 7 avril 1664. Mais que portent les placités? qu'a décidé cet arrêt?

L'art. 47 du règlement de 1666, vulgairement appelé *placités*, est ainsi conçu: « Les frères ne peuvent obliger leurs sœurs à venir en partage au lieu de mariage avenant; mais ils peuvent payer ce qui sera arbitré pour ledit mariage, en héritages ou meubles de la succession ». — Que résulte-t-il de cet article? Il ne permet pas que le frère puisse obliger ses sœurs à venir à partage, elles peuvent rejeter l'hérédité qui leur est offerte par leur frère; mais lorsqu'elles veulent l'accepter, lorsqu'elles consentent à prendre partage, il n'en est pas moins vrai que, dans ce cas, elles partagent dans la succession de leur père à titre d'Héritières. Il n'est d'ailleurs pas inutile d'observer que cet article met une différence très-marquée entre le partage et le mariage avenant.

A l'égard de l'arrêt de 1664, voici comment on le rapporte : « Si les biens du frère étaient passés au fisc ou à des créanciers, la fille peut alors demander des immeubles jusqu'à concurrence de son mariage; et le fisc ou le créancier doit lui bailler partage, mais ainsi que ses frères, sans pouvoir obliger la fille à faire des lots, ainsi qu'il a été jugé par arrêt rendu en la grand'chambre le 7 avril 1664 ». — Que prouve encore cet arrêt ? Il étend au fisc ou au créancier du frère, la prohibition prononcée contre celui-ci par les placités. Il interdit au fisc ou au créancier du frère l'option de donner aux filles partage, ou mariage avenant; mais encore une fois, si les filles acceptent le partage, en résulte-t-il qu'elles ne sont point Héritières ?

Enfin, ce qui prouve d'une manière irrésistible, que la coutume de Normandie ne rend point les filles incapables de succéder lorsqu'elles ont des frères, et qu'elles ne perdent ce droit qu'au moment où ceux-ci ont usé de l'option qui leur est accordée de les réduire à leur légitime, ou de leur laisser l'exercice de leurs droits successifs, c'est l'art. 258 de la coutume : *le père peut, en mariant ses filles*, y est-il dit, *les réserver à sa succession, et de leur mère pareillement.* Le père peut également les réserver à sa succession par acte entre-vifs ou par testament : lorsqu'il a usé de cette faculté, ses filles partagent avec leur frère la succession paternelle; et Basnage, sur l'art. 258 de la coutume, en tire, avec raison, cette conséquence, *que les filles, en Normandie, quoiqu'elles aient des frères, ne sont donc pas incapables de succéder.*

Mais le commentateur de la coutume pouvait aller beaucoup plus loin, et en cela il eût été mieux d'accord avec lui-même; il pouvait dire : Si le père, en réservant ses filles à sa succession, peut leur donner le droit d'entrer en partage à titre d'Héritières avec leur frère, elles ne laissent donc pas, quoiqu'elles aient des frères, de conserver la qualité d'Héritières de leur père.

En effet, nous l'avons établi ci-dessus, l'institution d'Héritier n'a point lieu en pays coutumier, et notamment en Normandie. Basnage lui-même, dans son Commentaire sur l'art. 235, établit cette maxime avec la plus grande force, et il nous assure que jamais la jurisprudence n'y a contrevenu; mais si le père peut, en réservant ses filles à sa succession, les faire venir au partage de ses biens avec leurs frères, à titre d'Héritières, elles avaient donc cette qualité, indépendamment de la volonté de leur père; autrement, réserver à partage, ou instituer Héritier, serait identiquement la même chose, et opérerait le même effet, ce qui serait évidemment contre le droit commun et l'esprit de la loi municipale.

Mais pesons les expressions mêmes dont se sert Basnage; elles ont cet avantage, qu'elles sont parfaitement conformes à la rigueur des principes, et qu'elles décident notre question de la manière la plus tranchante. *Il est certain*, dit-il, *que l'institution d'Héritier est défendue, que les mourans ne peuvent empêcher, en aucune manière, que leurs biens ne passent immédiatement à leur héritier, tant pour la propriété, que pour l'usufruit.* Le père, en réservant ses filles *à partage*, empêche que ses biens ne passent immédiatement, pour la totalité au moins, à son fils; son fils n'est donc pas son Héritier pour la totalité de ses biens. En réservant ses filles à partage, le père leur fait passer immédiatement une partie de ses biens; les filles sont donc, en Normandie même, Héritières de leur père.

En voilà sans doute assez pour établir, qu'à la mort du père, le fils n'est point saisi de droit de la totalité de la succession à l'exclusion des sœurs, et que les filles en Normandie sont Héritières de leur père, quoiqu'elles aient des frères.

A la vérité, la coutume autorise le frère à réduire ses sœurs à leur légitime, et alors celles-ci perdent leurs droits successifs; mais, jusqu'à ce moment, on ne peut sans doute leur refuser la qualité d'*héritières*; jusqu'à ce moment, elles sont saisies de leurs portions héréditaires, et en ont la propriété la plus absolue.

Telles sont les modifications qu'on doit apporter en Normandie, à la maxime triviale que les filles ne peuvent y être Héritières, lorsqu'elles concourent avec des mâles.

II. On croirait, à la première vue, qu'il faut ranger dans la classe des lois municipales qui n'admettent qu'un Héritier, et la coutume locale de Boulogne, dont l'art. 6 porte qu'*il n'y a qu'un seul héritier en immeubles*, et la coutume générale du Boulonnais, dans l'art. 83 de laquelle il est dit qu'*en ligne collatérale il n'y a qu'un seul héritier.*

Ces termes, pris à la lettre, semblent faire voir que, dans la première de ces coutumes, un seul Héritier est saisi, en toute succession, de tous les immeubles propres et acquêts du défunt; et que, dans la seconde, un seul Héritier est pareillement saisi de tous les meubles et immeubles propres ou acquêts de chaque succession collatérale.

Mais d'abord, quant à la coutume du Boulonnais, il suffit d'en rapprocher les différens textes sur les successions collatérales, pour sentir que si elle ne rejette pas absolument la disposition des coutumes qui n'admettent qu'un seul Héritier, au moins elle ne l'adopte pas non plus dans sa totalité.

Les art. 81, 82, 83, 84 et 85, combinés entre eux, annoncent bien clairement, 1.° qu'en toute succession collatérale, il n'y a qu'un seul Héritier, relativement aux biens féodaux ou roturiers, qui étaient propres au défunt; mais qu'il peut y avoir autant d'Héritiers que de différentes lignes dont ces propres sont provenus; 2.° que quand un défunt n'a point laissé de frères ni de sœurs, mais seulement d'autres collatéraux plus éloignés, il n'a qu'un seul Héritier pour ses meubles et acquêts; 3.° qu'en succession de frères et de sœurs, l'aîné est seul Héritier des propres; mais que les acquêts féodaux ou roturiers et les meubles se partagent également entre lui et ses puînés, qui sont Héritiers à cet égard.

Quant à la coutume de Boulogne, Leroi de Lozembrune, qui l'a commentée, fait entendre que sa disposition n'a d'effet que pour les propres, et qu'elle n'empêche pas qu'il n'y ait plusieurs Héritiers pour les acquêts. — « Ce mot *immeuble*, dit-il, est couché en cet article improprement, et ne signifie autre chose que le mot de *propre*, comme il a été jugé par arrêt solennel, contradictoirement rendu le 24 janvier 1633.... Suzanne Bequehen prétendait, aux termes de cet article, et dans son sens littéral, que tous les propres et les acquêts immeubles de son frère, situés au-dedans de la ville et banlieue, lui appartenaient, à l'exclusion de Catherine, sa cadette : que ce mot d'*immeuble* était général, et que sous icelui on devait entendre les propres et acquêts. La cadette soutenait le contraire, et mettait en fait que, par l'usance commune du pays, les acquêts immeubles, quoique situés dans la ville et banlieue, avaient toujours été partagés également *ab intestat* entre co-héritiers en pareils degrés, sans que l'aîné y eût aucun avantage. La cause ayant été plaidée par-devant le bailli prévôtal de Boulogne, il adjugea l'entière succession des immeubles, tant propres qu'acquêts, situés dans la ville et banlieue, à l'aînée, à l'exclusion de la cadette; dont y ayant eu appel au siége de la sénéchaussée, cette sentence fut infirmée, et la succession adjugée également pour les acquêts aux deux sœurs; de laquelle sentence l'aînée ayant aussi interjeté appel, la cour, par son arrêt du 24 janvier 1643, mit l'appellation au néant, ordonna qu'icelle sentence sortirait son effet, et néanmoins sans dépens ».

On voit, par ces différens détails, qu'en Boulonnais, comme presque partout ailleurs, il peut se trouver des Héritiers *particuliers* ou *portionnaires*.

[[Les changemens que les lois nouvelles ont faits aux dispositions de ces différentes coutumes, seront marqués dans le §. suivant.]]

§. II. *Des Héritiers particuliers ou portionnaires, et de leurs différentes espèces.*

I. On appelle *héritiers particuliers* ou *portionnaires*, ceux qui ne succèdent au défunt que dans une certaine quotité, ou dans une certaine espèce de ses biens.

Ils se sous-divisent naturellement en *héritiers principaux* et en *héritiers simples*.

L'*héritier principal* est celui d'entre plusieurs Héritiers qui est le plus avantagé, soit par le bénéfice de la loi ou de la coutume, soit par les dispositions du père, de la mère ou de tout autre de la succession duquel il s'agit.

La coutume de Poitou et celle d'Artois appellent le fils aîné *héritier principal*.

II. Il est aussi assez ordinaire, dans les contrats de mariage, que le père et la mère mariant un de leurs enfans, le marient *comme leur fils aîné et principal héritier*; et ces sortes de clauses s'appellent *déclarations* ou *reconnaissances d'aînés et héritiers principaux*. Il en est fait une mention expresse dans les coutumes d'Anjou, du Maine, de Normandie, de Touraine et de Lodunois.

Les auteurs sont partagés sur la nature de ces reconnaissances et déclarations. M. le premier président de Lamoignon les considérait comme de simples donations entre-vifs : c'est ce qu'il résulte de cet article de ses arrêtés : « Celui qui est déclaré fils aîné et principal Héritier, *est saisi, du jour de la déclaration*, de son préciput et de sa portion avantageuse dans les biens féodaux, et de sa part héréditaire dans les autres immeubles qui appartiennent à celui qui a fait la disposition lors du contrat de mariage, sans qu'il puisse en disposer au préjudice de l'aîné ».

Cette opinion se réfute néanmoins d'elle-même. Il n'est pas possible que des aînés mariés comme *héritiers principaux*, puissent profiter des reconnaissances ou déclarations, sans être *héritiers* des pères ou des mères qui les ont faites : ce qui exclut nécessairement toute idée de donataires entre-vifs.

Voici une espèce dans laquelle on l'a ainsi jugé d'une manière bien précise.

Les sieur et dame Carpentier, domiciliés dans l'étendue de la commune de Ponthieu, ont marié le sieur Carpentier, leur fils majeur, à la demoiselle de Riancourt. Par le contrat de mariage, ils lui ont donné la qualité d'*aîné principal héritier*. Ce contrat, au surplus, ne renfermait que des clauses ordinaires : une reconnaissance de la dot apportée par la femme, une constitution de douaire, et la fixation d'un préciput. — Le sieur Carpentier fils étant décédé, sa veuve a formé contre les sieur et dame Carpentier père et mère, deux demandes, l'une à ce qu'ils fussent tenus de la garantir de ses conventions matrimoniales, l'autre à ce que leurs biens fussent déclarés affectés et hypothéqués à son douaire. — Les premiers juges l'ont déclarée non-recevable dans l'une et l'autre. — Appel au parlement de Paris. Décès des sieur et dame Carpentier. Reprise d'instance de la part du sieur Carpentier fils, beau-frère de la veuve. — A l'audience, M. Aujollet, pour la veuve, a soutenu que, dans le droit commun, le père et la mère qui assistaient au contrat de mariage de leur fils, devenaient responsables des conventions matrimoniales envers la femme; et pour le prouver, il a cité les coutumes d'Anjou, de Bretagne, de Normandie, du Poitou, du Maine, et le sentiment de Loysel. Il a prétendu en outre que la déclaration du fils aîné et du principal Héritier, avait saisi le sieur Carpentier fils de toute la portion de biens qu'il devait recueillir en cette qualité, après le décès de son père et de sa mère; que par conséquent cette portion était sujette au douaire de la veuve, ainsi qu'à ses autres conventions matrimoniales. — M. Hardouin, qui a défendu le fils, a soutenu les propositions contraires. — Par arrêt du 23 mars 1782, le parlement a confirmé la sentence, et a condamné l'appelant aux dépens.

III. Il ne peut donc y avoir de difficulté que sur la question de savoir, si ces reconnaissances ou déclarations forment des Héritiers contractuels, ou si ceux au profit desquels elles sont faites, succèdent comme *ab intestat*.

Ceux qui embrassent ce dernier parti, disent que, dans la déclaration du fils aîné et principal Héritier, l'homme ne dispose pas, mais qu'il se contente de déclarer ce qui est dans la nature et dans la loi. *Hoc exprimit quod à lege subintelligitur*, dit d'Argentrée; que c'est comme s'il disait à la famille dans laquelle il marie son fils: Voilà mon fils; c'est à lui que les coutumes destinent dans mes biens tous les droits et avantages qu'elles ont attachés à la qualité d'aîné »; qu'il ne fait, pour ainsi dire, que montrer du doigt l'Héritier principal que le sang et la loi appellent à la succession; que c'est, selon Chopin, *paterna testatio ac prædicatio*, *nuda patris enunciatio de futuro herede*.

Les partisans de l'opinion contraire répondent à ces raisons, de la manière la plus satisfaisante: personne ne doute, disent-ils, que les reconnaissances ou déclarations d'Héritiers ne soient des institutions contractuelles, quand elles sont faites par des étrangers; elles doivent donc avoir le même effet, lorsqu'elles sont faites par des pères et des mères, car il n'est pas possible que ces mots signifient, par rapport à un fils aîné, autre chose que ce qu'ils signifient à l'égard d'un étranger. Qu'est-ce en effet que déclarer quelqu'un Héritier, si ce n'est l'instituer? Ces mots peuvent-ils avoir parmi nous un autre sens que chez les Romains? Or, nous voyons dans les lois 15 et 19, C. *de testamentis*, les termes *heredem declarare*, employés pour *heredem instituere*.

Veut-on quelque chose de plus convaincant encore? Il est certain que les pères et les mères qui marient leurs aînés comme leurs héritiers principaux, ne les marient point comme Héritiers dans tous les biens qu'ils auront au jour de leur décès, mais seulement comme Héritiers principaux dans les biens qu'ils possèdent au temps du mariage de leurs aînés.

La preuve de cette assertion résulte de ce que l'interdiction dans laquelle ces reconnaissances mettent le père et la mère d'aliéner leurs biens et d'en avantager un autre enfant ou une autre personne, ne s'étend qu'aux biens que le père et la mère possédaient dans le temps du mariage de leur aîné, sans qu'elle frappe sur les biens qu'ils ont acquis depuis, et qui se trouvent dans leur patrimoine au jour de leur décès.

Cela posé, pour que le fils marié comme principal Héritier, fût Héritier légitime, il faudrait qu'il pût prendre, en vertu de cette déclaration, sa portion avantageuse et son préciput dans tous les biens que son père et sa mère auront au jour de leur décès; car l'aîné qui succède *ab intestat*, a part dans tous les biens que son père et sa mère laissent en mourant. Or, on vient de voir que la déclaration de *principal héritier* n'a point d'effet sur tous les biens qui se trouvent dans les successions du père et de la mère, et qu'elle n'affecte que les biens qu'ils avaient au moment du mariage de leurs fils: il n'est donc pas possible que celui-ci soit marié comme Héritier *ab intestat*; il faut donc au contraire le considérer comme Héritier institué. C'est aussi ce qu'ont pensé Bacquet, Loisel, Ricard, Lebrun et Laurière.

IV. Nous venons de dire que l'interdiction dans laquelle une reconnaissance ou déclaration d'*héritier principal*, met un père et une mère en état de disposer de leurs biens, au préjudice de leur fils aîné, marié avec cette qualité, ne s'entend que des biens possédés par eux au moment de ce mariage. C'est en effet ce que décident expressément les coutumes du Maine, art. 262, et d'Anjou, art. 245; c'est ce qu'enseigne Dumoulin par son apostille sur ce dernier texte; et c'est ce qu'établit formellement Loysel, dans ses *Règles de droit français*, livre 2, tit. 4, règle 10.

Cette interdiction n'est cependant point de la même étendue partout. On peut distinguer à cet égard, trois sortes de coutumes.

Dans celle de Normandie, les reconnaissances ou déclarations d'héritiers principaux n'opèrent d'elles-mêmes aucune interdiction d'aliéner; il faut que cette interdiction soit stipulée expressément dans le contrat de mariage. Basnage l'établit ainsi sur l'art. 244 de cette coutume, et cet article le décide lui-même très-clairement: « Si le père ou la mère, aïeul ou aïeule, ou autre ascendant, reconnaît l'un de ses enfans pour son Héritier, en faveur de mariage, et fait promesse de garder son héritage, il ne pourra aliéner ou hypothéquer ledit héritage, en tout ou partie; pourvu que la promesse soit faite par écrit et insinuée dans le temps de l'ordonnance ».

Dans les coutumes d'Anjou, du Maine, de Touraine et du Lodunois, les pères et les mères nobles, qui font de telles déclarations ou reconnaissances, quoique sans promesse extrême de garder leur héritage, se grèvent néanmoins eux-mêmes d'une espèce de fidéicommis qui les met dans une incapacité absolue d'aliéner, si ce n'est pour se racheter de captivité, ou pour se procurer des alimens dans une nécessité extrême. (*V.* Anjou, art. 245; Maine, art. 262; Touraine, art. 252; et Lodunois, chap. 26, art. 4.) — Ainsi, lorsque, dans ces coutumes, un père noble est décédé, il est au choix de l'aîné marié comme *héritier principal*, de prendre telle qualité qu'il lui plaît. Si le père meurt riche, et s'il a acquis des biens considérables dans ces coutumes depuis le mariage de son fils, celui-ci peut renoncer à son contrat de mariage, et se porter Héritier *ab intestat*; mais si le père laisse ses affaires en mauvais état, le fils peut se tenir à son contrat de mariage, se porter Héritier contractuel, et en cette qualité révoquer les aliénations que son père a faites à son préjudice depuis son mariage.

V. Dans la coutume de Paris et dans toutes celles qui gardent le silence sur cette matière, les déclarations d'Héritiers principaux produisent à peu près le même effet que les institutions contractuelles dans les coutumes d'Auvergne, du Bourbonnais et de la Marche, c'est-à-dire qu'elles n'empêchent pas de disposer à titre particulier et onéreux, mais seulement de faire aucune libéralité aux autres enfans, au préjudice de la portion avantageuse que donne la qualité d'Héritier principal. Loysel, à l'endroit cité plus haut, en a fait une règle de droit français: « Reconnaissance du *principal héritier* n'empêche qu'on ne se puisse aider de son bien, mais seulement qu'on n'avantage un autre au préjudice du marié des biens qu'on avait alors ».

VI. Un père qui a marié son aîné comme son *héritier principal*, peut-il dans la suite faire convertir ses fiefs en roture, les échanger avec des héritages tenus en censive, les vendre et employer le prix en rentes constituées, ou enfin en acheter les fiefs dans les coutumes qui, semblables à celle du Berry, ne donnent qu'un modique préciput à l'aîné?

Dumoulin, par son apostille sur l'art. 4 du ch. 26 de la coutume de Lodunois, décide pour la négative, et cette décision ne peut faire la matière du moindre doute, d'après ce que nous venons de dire; il faut seulement en excepter la coutume de Normandie dans le cas marqué ci-dessus.

VII. Observez à cet égard, qu'un père n'est pas censé marier son fils aîné comme son *héritier principal*, par cela seul qu'il s'oblige de ne donner aucun de ses fiefs à ses enfans; et que par conséquent, il peut, malgré une pareille promesse, obtenir du roi la conversion de ses fiefs en roture.

C'est ce qui a été jugé pour la Flandre, dans l'espèce suivante.

En 1763, le sieur et la dame Revel ont marié leur fils aîné, et se sont engagés à ne pas donner un seul de leurs fiefs, par contrat de mariage, à leurs autres enfans. — En 1768, ils ont demandé et obtenu des lettres-patentes portant conversion d'environ trente-trois arpens de fiefs en roture. Le parlement de Douay a enregistré ces lettres, nonobstant l'opposition du fils, mais sans préjudice au droit qu'il pouvait avoir en vertu de son contrat de mariage. Peu de temps après, la mère est décédée; le père a fait tous ses efforts pour engager tous ses enfans à un partage égal des biens convertis en roture; l'aîné s'y est opposé sur le fondement de son contrat de mariage; mais par une sentence du présidial de Bailleul, le partage égal a été ordonné; et cette sentence, après avoir été infirmée par un premier arrêt, a été confirmée en révision le 23 février 1774.

VIII. Mais un père, domicilié dans la coutume de Paris, qui n'a que des rotures ou des rentes, peut-il, après avoir marié sa fille avec promesse de lui conserver sa part héréditaire, et de ne point avantager un autre enfant à son préjudice, peut-il, dis-je, changer son bien de nature en achetant des fiefs à Paris, en Anjou, dans le Maine, et marier ensuite son fils aîné comme *héritier principal?*

La négative paraît d'abord incontestable. La promesse faite à une fille de lui conserver sa part légale dans l'hérédité, est autant une institution contractuelle, que la reconnaissance ou déclaration d'*héritier principal* faite en faveur d'un aîné. Or, on vient de voir que les pères et les mères ne peuvent plus changer leur bien de nature au préjudice d'un aîné, après l'avoir marié comme *héritier principal;* il semble donc qu'il en devrait être de même dans le cas d'une promesse faite à une fille, de ne point avantager un autre enfant à son préjudice. — Mais ce qui doit nous décider pour l'opinion contraire, c'est qu'il y a une grande différence entre ces deux espèces de stipulations. — Dans le cas de la reconnaissance d'*héritier principal,* le fils aîné n'est institué que dans les biens que son père et sa mère possèdent lorsqu'ils le marient, et comme cette reconnaissance renferme une promesse tacite de conserver ces mêmes biens, afin que l'aîné puisse, à l'ouverture de la succession, y prendre son préciput et sa portion avantageuse, il faut nécessairement qu'elle constitue le père et la mère dans l'incapacité de faire aucune disposition qui puisse préjudicier au droit d'aînesse. Il n'en est pas de même dans le cas d'une promesse faite à une fille, de lui conserver sa part héréditaire; cette fille n'est par-là instituée Héritière que dans les biens que son père et sa mère auront en mourant; ainsi dès qu'elle prend sa part légale dans ces biens, quoiqu'ils ne soient plus les mêmes qu'au moment de son mariage, elle n'a pas à se plaindre.

IX. Un père, domicilié dans la coutume d'Anjou, dont l'art. 235 donne tous les meubles à l'aîné, peut-il, après avoir marié son aîné comme *héritier principal*, disposer de son mobilier en faveur de sa fille?

Ricard soutient qu'il ne le peut pas, même en changeant de domicile après le mariage de son fils. La raison qu'il en donne, est qu'un homme qui marie son fils comme *héritier principal*, le fait Héritier de tout ce qu'il aurait *ab intestat*, si la succession s'ouvrait dans le temps du mariage. — Quelque juste que soit cette raison, l'art. 243 de la coutume d'Anjou semble décider le contraire, en bornant aux *héritages* la défense qu'elle fait aux pères et aux mères qui ont marié leurs enfans comme Héritiers principaux, de faire aucune disposition qui puisse leur préjudicier. Il faut prendre à la lettre les articles des coutumes qui sont de droit écrit, et conséquemment on ne doit pas comprendre les meubles dans le texte que nous venons de citer. Tel est d'ailleurs l'avis de Chopin et de Dupineau; et Laurière, qui pense de même, en donne deux raisons qui paraissent sans réplique.— Le père et la mère, dit-il, qui déclarent leur aîné *héritier principal*, ne disposent à son profit que des biens dont ils s'interdisent l'aliénation: or, en le déclarant Héritier principal, ils ne s'interdisent pas la libre disposition de leurs meubles; ils ne l'en font donc pas Héritier. — En second lieu, si le père et la mère disposaient de leurs meubles par ces sortes de déclarations, ce ne serait que des meubles qu'ils auraient dans le temps du mariage de leur aîné; et par conséquent la coutume aurait introduit quelque formalité pour distinguer les meubles présens des meubles à venir: elle ne le fait pas; elle ne parle même pas des meubles; il est donc clair qu'elle ne comprend pas ces sortes de biens dans la déclaration d'*héritier principal.*

X. Un père noble qui a marié son aîné comme *héritier principal*, peut-il rappeler à sa succession ses filles mariées auparavant, qui y avaient renoncé, ou qui en étaient exclues par les coutumes?

Dumoulin, sur l'art. 245 de la coutume d'Anjou, est d'avis qu'il le peut; mais Dupineau distingue si les filles sont exclues par l'effet de leur renonciation, ou par la disposition de la loi: dans le premier cas, il estime qu'elles peuvent être rappelées; et dans le second, qu'elles ne le peuvent pas: mais cette distinction est sans fondement; et il suffit, pour s'en convaincre, de faire attention aux différentes dispositions des coutumes.

Dans les coutumes de Touraine et du Lodunois, la fille noble, dotée et apparagée, est exclue de plein droit, mais son exclusion ne profite pas à l'aîné; ce sont les puînés qui en recueillent tout l'avantage. Ainsi, dans ces deux coutumes, le père noble qui a marié son aîné comme *héritier principal*, peut toujours rappeler sa fille exclue, parce que, par-là, il ne préjudicie qu'à ses puînés, pour lesquels n'a pas été faite la promesse contenue dans la déclaration d'*héritier principal*.

Dans les coutumes d'Anjou et du Maine, la fille noble, mariée par son père, est également exclue de toute succession directe, mais avec cette différence qu'elle fait part au profit de son frère aîné. Néanmoins on ne doit pas, dans ces coutumes, regarder le rappel d'une fille mariée comme interdit par la seule déclaration d'*héritier principal* faite postérieurement au profit d'un aîné; et la raison en est simple. Un père qui marie son fils comme *héritier principal*, ne lui donne pas plus par cette déclaration, quand il a déjà des filles apparagées, que quand toutes ses filles sont encore à marier : or, dans ce dernier cas, la déclaration n'assure à l'aîné que son préciput et sa portion avantageuse dans les biens que possède son père au temps de son mariage; par conséquent, lorsque cette déclaration est faite au profit d'un aîné qui a des sœurs apparagées, elle ne doit pas empêcher le père de les rappeler, puisque ce rappel ne diminue pas la portion légale que l'aîné a de son chef.

A l'égard de la coutume de Paris, les filles nobles dotées et apparagées n'y sont point exclues des successions directes, à moins qu'elles n'y aient renoncé expressément. On demande si, dans cette coutume, la fille qui a fait sa renonciation au profit de son frère aîné, depuis marié comme *héritier principal*, peut être rappelée au préjudice de celui ci; et Lebrun décide très-bien qu'elle le peut, parce que la déclaration d'*héritier principal* ne vaut institution que pour le préciput et la portion avantageuse que le fils doit avoir dans les biens que son père et sa mère possèdent en le mariant, et non pour ce qui peut lui revenir dans leurs successions du chef de sa sœur, et à cause de la renonciation qu'elle en a faite à son profit.

XI. On demande encore si, dans les coutumes de Paris et autres où il n'y a point de droit d'aînesse entre filles, un père qui n'a que des filles, peut marier son aînée comme *héritière principale*.

Brodeau, sur l'art. 19 de la coutume de Paris, estime qu'il ne le peut pas, et il rapporte un arrêt du mois de juin 1563, qui l'a ainsi jugé : il convient néanmoins, ainsi que tous les autres commentateurs, qu'un père qui a plusieurs filles, peut donner tous ses biens à l'une d'elles, et par ce moyen, réduire les autres à leur légitime; mais il soutient que, dans l'espèce proposée, la disposition est nulle, parce qu'on peut dire du père : *quod potuit non fecit, et quod non potuit fecit*. — Mais n'y a-t-il pas trop de subtilité dans ce raisonnement? Si un père qui n'a que des filles peut en avantager une par une donation entre-vifs, par une institution contractuelle, par un legs universel, jusqu'à réduire les autres à leur légitime, pourquoi ne pourrait-il pas faire la même chose par une déclaration d'*héritière principale?* Qui peut le plus, peut le moins. — En vain objecte-t-on que, par-là, le père introduit, contre la disposition de la coutume, un droit d'aînesse en faveur des filles. — Sans doute, il n'est pas au pouvoir de l'homme de constituer un droit d'aînesse, proprement dit, au profit d'une personne que la loi en rend incapable; mais de là s'ensuit-il que des pères et des mères qui ont des fiefs, et qui n'ont que des filles, ne peuvent pas donner à l'une d'elles la même part dans leurs biens, qu'un aîné y prendrait en vertu de la loi? Qu'y a-t-il donc en cela de contraire aux règles, surtout quand la fille mariée comme Héritière principale, a moins en vertu de cette déclaration, que si elle était donataire ou légataire universelle? Cette fille sera-t-elle considérée comme une véritable aînée? Non, car 1.° si ses sœurs se trouvent réduites à leur légitime, tout ce qu'elle prendra comme Héritière principale, entrera en supputation; 2.° elle contribuera au payement des dettes *pro ratione emolumenti;* 3.° elle ne pourra pas tirer avantage de l'art. 17 de la coutume de Paris; de manière que s'il n'y a dans la succession qu'*un seul fief consistant en un manoir, basse-cour et enclos d'un arpent*, elle ne pourra pas prendre ce fief entier, en récompensant ses puînés en argent; 4.° l'hommage qu'elle portera au seigneur dominant, n'exemptera pas ses sœurs de le porter elles-mêmes. — La déclaration d'*héritière principale* faite au profit d'une fille, ne lui donne donc pas un véritable droit d'aînesse, mais seulement une part dans les fiefs, égale à celle qu'y prendrait un aîné, ce qui n'excède certainement pas le pouvoir d'un père, pourvu que ses autres filles aient leur légitime.

On pourrait encore aller plus loin, et dire qu'il est certains cas où un père qui aurait un aîné, pourrait marier un puîné, ou même une fille comme *héritière principale*. Par exemple, un gentilhomme qui a trois enfans, deux garçons et une fille, donne en mariage à son aîné une charge de 300,000 livres; et par ce moyen réduit sa fortune à une seule terre de 320,000 livres. Quelque temps après, il marie son puîné et le déclare son *héritier principal*, à l'effet de prendre dans sa terre les deux tiers avec le manoir et le vol du chapon, l'autre tiers restant à la fille. Dans cette hypothèse, il est évident que l'aîné renoncera à la succession de son père pour se tenir à son don, puisqu'en rapportant pour succéder *ab intestat*, il perdrait 20,000 livres. A l'égard de la fille, si elle renonce, elle ne pourra avoir pour sa légitime, que 85,000 livres; et si elle se porte Héritière, elle aura 93,003 livres 6 sous 8 deniers. Dans le premier cas, elle n'aura pas plus d'intérêt que l'aîné, de combattre la déclaration d'*héritier principal*, faite au profit du puîné : dans le second, elle ne sera pas fondée à le faire, parce que le puîné lui répondrait avec raison, que son père ne lui a pas donné un droit d'aînesse, mais seulement une portion d'aîné; et que sa sœur, qui aurait pu être réduite à sa légitime, ayant plus qu'elle ne pourrait espérer comme légitimaire, n'est pas en droit de se plaindre.

XII. La déclaration d'*héritier principal* ne peut pas être révoquée, parce qu'elle fait partie d'un contrat de mariage qui est irrévocable.

Il faut cependant en excepter deux cas : le premier, lorsque le père et la mère ont de justes raisons pour déshériter leur aîné; le second, lorsqu'en Anjou un père a marié sa fille aînée comme son *héritière principale*, et qu'ensuite il lui survient un garçon; la révocation, dans ce deuxième cas, se fait de plein droit, parce que l'art. 222 de la coutume donne à l'aîné les deux tiers des successions nobles;

avec le chezé, et que l'art. 241 ne permet pas aux pères et aux mères nobles qui ont un aîné, de donner à leurs filles plus du tiers de leurs biens.

XIII. La déclaration d'*héritier principal* se transmet-elle aux enfans de l'aîné, au profit de qui elle a été faite?

Ceux qui soutiennent la négative, disent qu'il faut à cet égard distinguer trois sortes de coutumes: savoir, celles qui admettent la représentation à l'infini en ligne directe, comme Paris, Anjou, etc.; celles qui la rejettent indistinctement, tant en ligne directe qu'en ligne collatérale, comme le Boulonnais, le Ponthieu, etc.; et celles qui admettent la représentation en ligne directe, mais qui dans les successions féodales, la restreignent aux petits enfans mâles, comme Péronne, le Cambrésis, etc. Cette distinction posée, ils ajoutent que dans les coutumes de la première classe, la question est inutile, parce que les enfans de l'aîné marié comme Héritier principal, n'ont pas besoin de transmission et que la représentation leur suffit: que dans celles de la seconde classe, il a été jugé par arrêt du 12 janvier 1727, rendu pour la coutume du Boulonnais, que la déclaration d'*héritier principal* ne se transmet pas aux enfans de l'aîné au préjudice de leur oncle, frère puîné de leur père; et que dans celles de la troisième, il ne se fait pas non plus de transmission au profit des filles de l'aîné marié comme *héritier principal*, suivant un arrêt du 27 janvier 1601, rendu pour la coutume de Péronne (1). — Mais il y a dans tout cela beaucoup d'inexactitude.

D'abord il est faux que dans les coutumes de la première classe, les enfans d'un aîné marié comme *héritier principal*, n'aient besoin que de la représentation, pour prendre, dans la succession de leur aïeul, le préciput et la portion avantageuse qui auraient appartenu à leur père. — Supposons, dans la coutume d'Anjou, un homme noble qui a plusieurs enfans, qui marie son aîné comme *héritier principal*, et qui vend ensuite ses biens: supposons que ce fils meure avant son père, et laisse un enfant qui vienne à la succession de son aïeule avec ses tantes, sœurs de son père; si cet enfant ne succédait à son aïeul que par droit de représentation, il ne pourrait pas révoquer les aliénations faites par celui-ci, en fraude de la déclaration d'*héritier principal*; au lieu qu'en succédant comme appelé par cette déclaration, il sera en droit de révoquer toutes les dispositions faites pour lui en ôter l'effet. — Il n'est donc pas vrai que, dans les coutumes de représentation à l'infini en ligne directe, les enfans de celui qui a été déclaré *héritier principal* par son contrat de mariage, puissent, par le seul secours de la représentation, succéder aussi avantageusement à leur aïeul, que l'aurait fait leur père. Cela est d'autant plus faux, que, dans le cas proposé, il est d'un usage constant en Anjou et au Maine, que le petit-fils peut, même en renonçant à la succession de son père, succéder à son aïeul comme *héritier principal*, et révoquer en cette qualité les aliénations que son aïeul a faites au préjudice de sa déclaration. Témoin Chopin, sur la coutume d'Anjou, liv. 2, tit. 3, n. 21.

En second lieu, ce n'est point par transmission que le petit-fils profite, dans l'espèce proposée, de la déclaration d'*héritier principal*, faite au profit de son père; c'est par une espèce de substitution vulgaire. Basmaison et Lebrun le pensent ainsi, par rapport aux institutions contractuelles; et certainement il y a la même raison de décider pour les déclarations d'Héritiers principaux. Pourquoi en effet admet-on les enfans de l'époux institué contractuellement, à succéder à l'instituant, à l'exclusion des Héritiers légitimes de celui-ci? C'est parce qu'on a cru que celui qui préférait à ses plus proches parens celui des époux qu'il instituait, leur aurait également préféré les enfans de l'institué, s'il avait prévu le cas du prédécès de ce dernier. Ne peut-on pas dire par la même raison, que lorsqu'un père marie son fils aîné comme Héritier principal dans les coutumes de représentation, il instituerait aussi le petit-fils, s'il prévoyait que son fils le dût prédécéder? Et cela ne résulte-t-il pas du principe, que dans ces coutumes, le petit-fils est constamment l'aîné, est par conséquent le soutien de l'éclat de la famille.

Mais il n'en est pas de même dans les coutumes du Boulonnais et de Péronne. Ce n'est point au fils de l'aîné, dans la première, ni à sa fille, dans la seconde, qu'appartient le droit d'aînesse, c'est à l'oncle qui n'était que le puîné du vivant de son frère. Or, on ne présumera pas, dans ces coutumes, qu'un père, qui a marié son fils aîné comme *héritier principal*, eût voulu instituer son petit-fils, ou sa petite-fille, au préjudice de celui de ses enfans qui se trouverait son véritable aîné au temps de son décès, parce que quand il l'aurait voulu faire, il ne l'aurait pas pu, le droit d'aînesse ne pouvant dans ces coutumes, être ôté au véritable aîné.

Il est donc constant dans ces coutumes, que la déclaration d'Héritier principal faite au profit d'un aîné ne profite jamais à son fils ou à sa fille, quand il y a un oncle qui survit: mais ce n'est point par défaut de transmissions, comme l'ont cru quelques-uns; c'est uniquement, comme on vient de le voir, par défaut de vocation de la part de l'aïeul.

XIV. Les *héritiers principaux* sont connus dans plusieurs coutumes, sous la dénomination d'*héritiers féodaux*, parce que c'est dans les fiefs qu'ils prennent leurs parts avantageuses.

Il y a cependant plusieurs coutumes où les rotures, et même les meubles sont soumis au droit d'aînesse: telle est entre autres, celle du Grand Perche. — Les coutumes du chef-lieu de Mons et de la châtellenie de Lille contiennent à cet égard des particularités remarquables: la première donne aux mâles, soit aînés, soit puînés, une double part dans les censives contre les filles: la seconde exclut tout-à-fait celles-ci de la succession aux propres directs tenus en cotterie. — Les coutumes du Cambrésis et du chef-lieu de Valenciennes sont encore plus singulières; elles donnent aux cadets, soit mâles, soit femelles, la qualité d'*héritiers principaux* dans les censives

(1) Chopin, sur la coutume d'Anjou, tome 2, pag. 209, dit que cet arrêt a jugé le contraire. C'est une erreur. *V.* Laurière, *Traité des institutions contractuelles*, tom. 1, page 405.

et dans les meubles. *V. Demisellage, Mainetė* et *Mons*.

XVI. On voit par tout cela, que la dénomination d'*héritier principal,* considérée dans son principe et dans sa signification, se rapporte à une autre division des Héritiers, c'est-à-dire, à celle d'Héritiers *mobiliers* et d'Héritiers *immobiliers.*

On appelle *héritier mobilier* celui qui succède aux meubles ou biens réputés tels d'un défunt; et *héritier immobilier,* celui qui succède à ses héritages et droits réels.

XVII. Comme il y a dans nos mœurs deux sortes d'immeubles, savoir, les acquêts et les propres, nous connaissons aussi deux sortes d'Héritiers immobiliers, savoir, l'Héritier des acquêts et l'Héritier des propres.

L'Héritier des propres est qualifié par plusieurs coutumes, et entre autres par celle d'Artois, d'*héritier patrimonial,* parce qu'elles appellent les propres, *biens patrimoniaux.* Parmi les propres qui se trouvent dans la succession d'un défunt, les uns viennent du côté de son père, les autres du côté de sa mère. Celui qui recueille les premiers, s'appelle *héritier paternel;* et celui qui succède aux seconds, est qualifié d'*héritier maternel.*

XVIII. On appelle, mais improprement, *héritier légitimaire,* celui qui ne prend dans les meubles, acquêts et propres d'une succession, que la légitime de droit. *V. Légitime,* sect. 1.

[[XIX. Toutes les inégalités que les coutumes avaient établies entre les Héritiers appelés à la même succession, ont été abolies, savoir, celles qui résultaient de la qualité féodale ou noble des biens, par l'art. 11 du tit. 1 de la loi du 15 mars 1790; et toutes les autres, par l'art. 1 de la loi du 8 avril 1791. *V. Exclusions coutumières.*

A l'égard des inégalités qui, dans l'ancien droit, étaient le résultat de la volonté de l'homme, elles avaient été prohibées en ligne directe par la loi du 7 mars 1793; et la loi du 17 nivôse an 2 avait étendu cette prohibition à la ligne collatérale. Mais les dispositions de ces lois ont été modifiées, d'abord par la loi du 4 germinal an 8, ensuite par le Code Napoléon. *V. Donation,* sect. 3, §. 3 et 4, et *Portion disponible.*

Du reste, la loi du 17 nivôse an 2 a fait disparaître les dénominations d'*héritier mobilier* et d'*héritier immobilier,* d'*héritier des propres* et d'*héritier des acquêts* : et confondant tous les biens en une seule masse, elle a voulu qu'à défaut d'enfans, chaque succession fût divisée en deux parts, dont l'une pour les parens de la ligne paternelle, l'autre pour les parens de la ligne maternelle. Ces dispositions sont maintenues par les art. 732 et 733 du Code Napoléon.]]

Section IV. *Des conditions nécessaires pour pouvoir prendre la qualité d'Héritier.*

On a déjà dit que la règle, *le mort saisit le vif,* forme le droit commun de toute la France; mais pour son exécution, il faut le concours de deux conditions: la première, que le défunt ait pu transmettre sa succession à ses Héritiers : l'autre, que ceux-ci soient capables de la recueillir.

Section V. *Des personnes à qui l'on ne peut pas succéder à titre d'Héritier.*

Ceux qui ne peuvent pas transmettre leur succession à des Héritiers, sont:

1.° Les condamnés à mort ou à toute autre peine qui emporte mort civile, dans les pays où la confiscation est admise;

2.° Les étrangers qui ne sont ni naturalisés, ni exceptés du droit d'aubaine, soit par des lois particulières, soit par des traités faits entre le chef de notre gouvernement et leurs souverains;

3.° Les religieux qui ont acquis des biens depuis leur professsion, à moins cependant qu'ils ne soient devenus évêques, car dans ce cas leurs parens leur succèdent, quoiqu'ils ne puissent pas succéder à leurs parens.

Quand nous disons que toutes ces personnes ne peuvent point avoir d'Héritiers, c'est d'*héritiers réguliers* que nous entendons parler; car elles ont constamment des *héritiers irréguliers* qui leur succèdent par droit de confiscation, d'aubaine ou de pécule. *V.* ci-devant, sect. 1, §. 2.

[[Remarquez, au sujet de l'incapacité résultant de la confiscation prononcée à la suite d'un jugement emportant mort civile, qu'elle n'efface pas absolument le titre d'héritier de dessus la tête du parent le plus proche du condamné, et qu'elle se borne à le rendre sans effet tant que dure la confiscation. *V.* mon *Recueil de Questions de droit,* article *Confiscation,* §. 2.

Et par identité de raison, il doit en être de même de l'incapacité qui résulte de la confiscation encourue, aux termes de la loi du 28 mars 1793, par l'effet de l'émigration. — L'émigration a bien constitué de plein droit en état de mort civile, celui qui s'en est rendu coupable : mais par elle-même, la mort civile n'empêche pas l'homme qui en est frappé, de transmettre sa succession à ses Héritiers légitimes; elle ouvre au contraire sa succession en faveur de ceux-ci, comme s'il était décédé naturellement. Ce n'est donc que parce qu'elle est accompagnée de la confiscation, que les Héritiers légitimes du mort civilement ne lui succèdent pas avec effet. Mais en empêchant les Héritiers légitimes de lui succéder avec effet, la confiscation n'empêche pas que le titre d'*Héritiers* ne se fixe sur leur tête; et ce titre produit en leur faveur tous les avantages qui y sont attachés, du moment que l'obstacle de la confiscation est levé, soit par la remise qu'en fait le souverain, soit par la négligence de ses agens à en exercer les droits; et c'est ce qu'a jugé, pour ce dernier cas, un arrêt de la cour de cassation, du 26 janvier 1807, que l'on trouvera dans le plaidoyer du 8 juillet suivant, rapporté à l'article *Mariage,* sect. 3, §. 1, n. 3.

Les arrêts du 5 thermidor an 12 et 31 mars 1806, rappelés ci-dessus, sect. 2, §. 1, n. 3, ne sont nullement contraires à cette doctrine : ils n'ont pas jugé que les parens des émigrés, habiles à leur succéder au moment de leur mort civile, n'avaient pas été saisis, à leur égard, du titre d'Héritiers : ils ont seulement jugé qu'ils n'avaient pas fait acte d'Héritiers, en appréhendant les successions des émigrés à une époque où elles appartenaient au fisc ; ils ont seulement jugé qu'une adition d'hérédité qui ne portait sur rien d'*actuel*, sur rien d'*appréhensible*, ne liait pas l'Héritier présomptif qui l'avait faite ; et qu'elle ne pourrait être obligatoire que lorsqu'elle aurait été réitérée après que l'hérédité, objet de cette adition, se trouverait *hic et nunc* dans les mains de cet Héritier.

Par-là se résoud facilement une question qui vient de se présenter, et qui sans doute se renouvellera encore.

En 1792, le sieur Deloncelles fils, domicilié et ayant toute sa fortune en Normandie, a abandonné le territoire français, et son nom a été inscrit sur la liste des émigrés. Il laissait en France son père encore vivant, Héritier présomptif de ses meubles, une sœur germaine (Marie-Thérèse Deloncelles), Héritière présomptive de ses propres maternels, et une sœur consanguine (Marie-Madeleine), qui, par la législation d'alors, n'aurait eu rien à réclamer dans sa succession, si ses biens n'eussent pas été confisqués.

Le sieur Deloncelles fils est mort en Hollande, le 21 août 1794, postérieurement à la publication de la loi du 17 nivôse an 2, d'après laquelle tous ses biens meubles et immeubles, s'ils n'avaient pas été confisqués, auraient dû être déférés pour trois quarts à sa sœur germaine, et pour un quart à sa sœur consanguine.

Sa sœur germaine est morte en 1796, après avoir fait au sieur Guillemette, son mari, par acte du 21 messidor an 4, donation de tous les meubles et de l'usufruit de tous les immeubles qu'elle laisserait à son décès.

En l'an 11, le sieur Deloncelles père, en vertu du sénatus-consulte du 6 floréal an 10 et de l'avis du conseil d'Etat du 9 thermidor suivant, obtient du gouvernement un brevet d'amnistie pour son fils mort en état d'émigration. Ce brevet porte que les Héritiers du sieur Deloncelles fils rentreront dans tous ceux de ses biens qui ne sont, ni vendus, ni réservés par l'art. 12 du sénatus-consulte. — En conséquence, Marie-Madeleine Deloncelles se met en possession de tous les immeubles invendus de son frère utérin. — Mais le sieur Guillemette vient en réclamer l'usufruit ; et se fonde sur la donation que son épouse, sœur germaine du défunt, lui a faite par l'acte du 21 messidor an 4.

Alors s'élève la question de savoir à quels Héritiers ont été restitués par le brevet d'amnistie, les biens du sieur Deloncelles fils. Est-ce à ceux qui existaient à l'époque de sa mort civile ? Est-ce à ceux qui existaient à l'époque de sa mort naturelle ? Est-ce à ceux qui existaient au moment de l'amnistie même ? — Si la succession du sieur Deloncelles fils a été ouverte par sa mort civile, sa sœur germaine a été saisie du droit d'en recueillir tous les propres maternels ; et elle a transmis au sieur Guillemette, son mari et donataire, le droit de jouir par usufruit de la totalité de ces biens. — Si la succession du sieur Deloncelles fils a été ouverte par sa mort naturelle, sa sœur germaine a été saisie du droit d'en recueillir les trois quarts ; et ce droit, elle en a transmis la jouissance usufruitière au sieur Guillemette. — Mais si cette succession n'a été ouverte que par le brevet d'amnistie, elle appartient toute entière à Marie-Madeleine Deloncelles, sœur consanguine du défunt, et sa seule Héritière au moment où il a été amnistié.

Entre ces trois partis, un jugement par défaut du tribunal civil de l'arrondissement de Saint-Lô adopte le premier, et condamne en conséquence Marie-Madeleine Deloncelles à laisser jouir le sieur Guillemette de l'usufruit de tous les immeubles dans lesquels elle a été réintégrée par le brevet d'amnistie.

Mais sur l'appel, arrêt du 30 mai 1806, par lequel, « attendu qu'il est constant que Deloncelles fils est décédé en état d'émigration, par conséquent en état de mort civile ; que dans cet état, il n'a pu transmettre à sa sœur des droits sur des biens confisqués, et qu'il ne possédait plus ; que la femme Guillemette étant décédée en 1796, n'était investie ni saisie des biens de son frère, et qu'elle n'a pu en disposer, ni transmettre aucun droit sur iceux à son mari : que l'acte d'amnistie n'a fait cesser l'état et les effets des lois sur les émigrés, *que pour l'avenir ;* que la remise ne s'est opérée qu'en faveur des *Héritiers existans lors d'icelle ;* que c'est un bienfait et une munificence du gouvernement envers les enfans et parens ; et que ce sont ceux qui existent lors de la remise, qui peuvent *seuls* recueillir ce bienfait ; — La cour (d'appel de Caen), sans avoir égard à la demande de Guillemette, dans laquelle il est jugé non-recevable et mal fondé, maintient ladite demoiselle Deloncelles en propriété et possession des biens de Deloncelles, émigré.... ».

Le sieur Guillemette se pourvoit en cassation, et soutient que la cour d'appel a contrevenu aux principes et aux lois qui régissent la mort civile, la mort naturelle, et les effets qu'elles produisent, en ce qu'elle a décidé que l'état d'émigration de Deloncelles fils a été un obstacle à ce que sa mort civile et naturelle transmît sur ses biens aucune espèce de droits à Marie-Thérèse, sa sœur germaine.

Assignés sur cette demande devant la section civile, Marie-Madeleine Deloncelles répond, avec l'arrêt attaqué, que le gouvernement, lorsque par l'avis du conseil d'Etat du 9 thermidor an 10, il a désigné, sans aucune modification, les *Héritiers* de l'émigré décédé pour recueillir les bienfaits de l'amnistie, n'a pas entendu se référer aux règles du droit commun sur l'ordre des successions ; mais qu'il a voulu établir et créer un nouvel ordre de succéder, en déférant le titre et les droits d'Héritier, non à celui qui se trouvait le plus habile au moment de l'ouverture de la succession opérée par la mort civile ou naturelle de l'émigré, mais à celui qui se trouvait le plus habile à l'époque de la délivrance du brevet d'amnistie et de la remise des biens.

« Est-ce bien là (a dit un magistrat de la section civile, en opinant sur cette affaire, dans la chambre du conseil, lors du délibéré ordonné à la suite d'un rapport fait par M. Botton-Castellamonte, et des conclusions de M. Pons tendantes à la cassation de l'arrêt), est-ce bien le véritable sens de l'avis du conseil d'état ? — Il me semble que, si cet avis était lu avec attention, on y verrait, sur la question proposée, l'intention du gouvernement exprimée d'une manière si claire, que tous les doutes s'évanouiraient.

« En effet, quelle est, dans cet avis, la question que se propose le conseil d'Etat? La voici: *Les prévenus d'émigration non rayés définitivement, dont le décès a précédé la publication de l'amnistie, peuvent-ils être amnistiés?*

» Avant d'aller plus loin, supposons que le conseil d'Etat, décidant cette question pour *l'affirmative*, eût voulu circonscrire sa décision dans les propres termes de la question proposée, il aurait dit: *Les prévenus d'émigration non rayés définitivement, dont le décès a précédé la publication de l'amnistie, peuvent être amnistiés.* Voilà quelle aurait été pour *l'affirmative*, la réponse directe à la question proposée.

» Mais on conçoit, en même temps, que le conseil d'Etat pouvait énoncer cette réponse *affirmative* en termes moins directs, et d'une manière, pour ainsi dire, implicite, en se bornant à exprimer les effets que devait produire l'amnistie appliquée à l'émigré défunt et décédé avant la publication de cette amnistie; et c'est là précisément ce qu'a fait le conseil d'Etat, lorsque pour décider la question proposée, il s'est borné à énoncer que l'*esprit du sénatus-consulte avait été d'étendre la grâce aux héritiers, quand la mort avait mis le prévenu lui-même hors d'état d'en profiter.*

» Et il est bien évident que le conseil d'Etat n'a exprimé, dans son avis, un semblable résultat, que parce qu'il avait commencé par admettre le principe, et conséquemment à la question proposée, *que le prévenu d'émigration décédé avant la publication de l'amnistie pouvait être amnistié.* — Cela posé, les conséquences vont d'elles-mêmes.

» Le gouvernement ayant à disposer des biens d'un émigré non rayé définitivement avant la publication de l'amnistie, a dû commencer par se former un point de départ, pour établir un principe qui pût lui servir de règle générale dans la distribution de ces sortes de grâces: et il a supposé par une fiction de droit, que l'émigré décédé avant la publication de l'amnistie, était capable néanmoins de recevoir le bienfait de cette amnistie, puisqu'il décide que cet émigré *peut être amnistié.*

» Or, l'effet incontestable de l'amnistie étant de rétablir l'émigré dans tous ses droits civils, l'avis du conseil d'Etat suppose nécessairement que cet émigré doit être considéré dans ce cas, de la même manière que s'il était mort *integri statûs;* que par conséquent sa succession s'est ouverte de la même manière que la succession de celui qui n'aurait pas cessé un seul instant de jouir de toute l'intégrité des droits civils: que par conséquent encore, lorsque le conseil d'Etat a dit que ce sont les *héritiers* d'un seul homme qui doivent profiter de la grâce accordée par le sénatus-consulte; et lorsqu'en même temps il a eu l'attention d'annoncer que cette grâce n'était accordée aux Héritiers, que parce que *la mort avait mis le prévenu lui-même hors d'état d'en profiter;* ce qui veut dire, en d'autres termes, que ce n'est point par des considérations qui leur soient *personnelles*, que les *héritiers* sont appelés à recueillir le bienfait de l'amnistie appliquée à l'émigré défunt, mais seulement par l'effet de la transmission légale et naturelle des droits du défunt sur la tête de ses héritiers, au moment du décès; par conséquent, je le répète, il est évident, et plus qu'évident, que le mot *héritier* employé dans l'avis du conseil d'Etat, ne peut désigner, suivant l'acception commune et légale, que le parent le plus proche du défunt, lors de son décès et de l'ouverture de la succession, et qu'il est tout-à-fait sauvage de prétendre que le sénatus-consulte, ainsi que l'avis du conseil d'Etat, ont voulu, sans nécessité, sans aucun motif plausible, adopter dans ce cas un ordre de succession différent de celui établi par la loi générale, et surtout d'avoir eu l'intention de faire un changement de cette importance dans notre législation, sans le prononcer en termes exprès et positifs.

» Ce qui achève enfin ma démonstration, c'est l'observation qui termine l'avis du conseil d'Etat. *Il doit suffire*, y est-il dit, en parlant des Héritiers, *qu'après avoir représenté au préfet la preuve en bonne forme du décès de l'émigré, ils requièrent que le certificat de l'*AMNISTIE DU DÉFUNT *leur soit délivré* EN QUALITÉ D'HÉRITIERS.

» Ainsi c'est toujours comme représentant l'émigré défunt, comme investis de ses droits par leur qualité d'Héritiers, que les parens sont appelés à profiter du bienfait de l'amnistie; ces parens ne se présentent point de leur chef, ni d'après aucun choix particulier que le gouvernement aurait fait de ceux-ci plutôt que de ceux-là; car ils ne peuvent obtenir la remise des biens qu'après avoir fait *amnistier le défunt*; c'est-à-dire, qu'après avoir reporté sur sa tête et dans sa succession les mêmes biens qu'ils recueillent ensuite en qualité de ses *héritiers* ».

Par arrêt du 21 décembre 1807, au rapport de M. Botton-Castellamonte, « vu les art. 1 et 17 du sénatus-consulte du 10 floréal an 10, et l'avis du conseil d'Etat du 9 thermidor suivant; et attendu 1.° que cet avis du conseil d'Etat, interprétatif du sénatus-consulte, déclare que les émigrés dont le décès a précédé l'amnistie, peuvent encore être amnistiés sur la demande de leurs Héritiers; 2.° que par les mots leurs *héritiers*, l'on doit entendre les personnes auxquelles les lois civiles en accordent le titre; 3.° que de là résulte une fiction de droit, d'après laquelle l'émigré amnistié après sa mort, est supposé relativement à ses Héritiers légitimes, être décédé amnistié, d'où il suit que c'est l'Héritier légitime à l'époque de la mort naturelle de l'émigré, qui a dû recueillir sa succession, d'où il suit encore, par l'effet de la même fiction et du principe *le mort saisit le vif*, que si l'Héritier légitime de l'émigré qui lui a survécu, décède lui-même avant l'amnistie, on doit supposer que ceux des biens dont le sénatus-consulte ordonne la restitution, ont fait partie des biens délaissés par cet Héritier immédiat de l'émigré; 4.° qu'en appliquant ces principes à l'espèce, il en résulte que Marie-Thérèse, sœur germaine d'Aimé Deloncelles, décédé, le 20 août 1794, doit, par une suite de l'amnistie, être censée avoir recueilli une portion des biens compris dans la succession de son frère, que la loi lui déférait lors du décès de celui-ci; il en résulte encore que Marie-Thérèse ayant donné à son mari, par l'acte notarié du 29 messidor an 4, l'usufruit de tous les biens-immeubles qu'elle laisserait à son décès, cet usufruit a dû comprendre les biens que la donatrice est supposée avoir recueillis du chef de son frère; 5.° que l'arrêt attaqué, en jugeant le contraire, sur le motif que le bénéfice de l'amnistie accordée à l'émigré après sa mort, ne pourrait profiter qu'à ceux de ses parens qui se trouvaient les plus proches à l'époque de l'amnistie, a méconnu et violé le véritable esprit du sénatus-consulte interprété par le gouvernement; la cour casse et annulle.... ».

Du reste, le condamné à une peine qui emporte la mort civile, ne peut plus transmettre à titre de succession, les biens qu'il a acquis par la suite : ces biens appartiennent à l'Etat par droit de déshérence. *V.* le Code Napoléon, art. 25 et 32.]]

SECTION VI. *Des personnes incapables de succéder à titre d'Héritier.*

Pour bien développer tout ce qui forme la matière de cette section, nous la diviserons en douze paragraphes.

§. I. *De l'incapacité résultant de la mort civile.*

Ceux qui sont morts civilement par l'effet d'une condamnation, sont certainement inhabiles à succéder. [[« Par la mort civile (porte l'art. 25 du Code Napoléon), le condamné..... ne peut plus recueillir aucune succession ». — Nous reviendrons sur cette matière aux articles *Légitimité*, sect. 1, §. 1, n. 6; et *Succession*, sect. 1, §. 2, art. 2 et 3.]]

Si cependant le jugement ou la condamnation avait été porté par contumace, le condamné aurait cinq ans pour se mettre en état et se justifier; et s'il décédait dans cet intervalle, il serait censé avoir pu se purger de l'accusation, et avoir été capable de succéder : par ce moyen, ses Héritiers lui succéderaient, et recueilleraient les successions dont il serait présumé avoir été saisi. C'est ce qui résulte de l'art. 29 du tit. 17 de l'ordonnance de 1670.

[[Le Code Napoléon a là-dessus des dispositions un peu différentes. *V. Contumace*, §. 2.]]

§. II. *De l'incapacité résultant des vœux monastiques.*

I. On doit encore mettre au nombre des incapables de succéder, ceux qui sont morts civilement par leur profession solennelle dans un ordre monastique approuvé.

II. Il faut néanmoins en excepter les religieux du comté de Bourgogne. Il a été un temps où ceux-ci succédaient absolument comme des personnes séculières, mais une ordonnance de Philippe II, roi d'Espagne, du 17 avril 1581, les a bornés à la faculté de succéder aux meubles en propriété, et ne leur a laissé à l'égard des immeubles, que le droit d'en avoir l'usufruit. Cette jurisprudence s'est maintenue dans cette province depuis sa réunion à la couronne, comme l'attestent quatre actes de notoriété rapportés par Augeard, tome 2, page 738, et comme l'ont jugé trois arrêts rendus, l'un au grand conseil de Malines, le 5 mai 1716, l'autre au parlement de Metz, le 21 janvier 1718, et le troisième au parlement de Paris, le 21 février 1721. *V. Incapacité.*

III. Mais, que doit-on décider en cette matière, par rapport aux chevaliers de Malte? L'incapacité de succéder est-elle la même pour eux que pour les autres religieux?

Il est certain qu'elle est établie aujourd'hui sur une jurisprudence constante, et sur l'avis de tous les auteurs. — *Monachi non succedunt,* dit Dumoulin, *idem de Rhodiensibus, sive Militentibus.* — Chopin, dans son Traité de la police ecclésiastique, dit également : *Nihil diversum de sacris Rhodiæ militiæ æquitibus constituitur, quos etiam substantiâ alienos esse lege hereditatum judicarunt prætoriani Franciæ consiliarii;* et il en rapporte un arrêt rendu entre le comte d'Estange et un chevalier de Malte, frère de sa femme. — Nous ne citerons point les autres auteurs qui disent la même chose : c'est une maxime indubitable, et contre laquelle l'ordre de Malte ne forme plus aucune prétention.

Il faut pourtant convenir qu'anciennement cette maxime a souffert des exceptions, et que la jurisprudence n'était pas entièrement uniforme. Rebuffe soutenait, dans son conseil 141, que les chevaliers de Malte étaient dispensés de la règle générale qui exclut les autres religieux du droit de succéder. Il rapporte l'art. 30 du grand coutumier, liv. 2, tit. 43, *des successions*, où il est dit que, soit par dispense du pape ou autrement, les religieux hospitaliers de Saint-Jean de Jérusalem peuvent aussi bien succéder que ceux qui sont au siècle.

Ces autorités suffisent pour prouver que le privilége de succéder n'est point pour les chevaliers de Malte une chimère historique; et dans le fait on trouve plus d'une trace de son exercice; il paraît même avoir déterminé des arrêts; et il fut vraiment un temps où l'on pouvait mettre sérieusement en question s'il était légitime, et s'il devait être confirmé ou réprouvé.

Mais c'est aujourd'hui que ce privilége peut être regardé comme chimérique, et que la question est décidée sans retour contre l'ordre de Malte.

Elle a été solennellement jugée par l'arrêt de 1573, prononcé par le président de Thou : « il fut jugé, dit Louet, que les chevaliers de Malte ne pouvaient succéder ni demander part et portion dans l'hérédité, soit en propriété, soit en usufruit, d'autant qu'ils font vœu de pauvreté et qu'ils sont religieux, lesquels ne succèdent point *ex lege regni* ».

Le parlement de Paris n'a jamais varié depuis sur ce principe, qui avait déjà déterminé un arrêt antérieur du 31 mai 1565.

L'arrêt du 2 juillet 1612, en paraissant faire exception à ce même principe, l'a confirmé. Depuis sa profession, un chevalier avait été reçu, du consentement de ses frères, au partage des biens de son père et de sa mère. Un de ses frères était aussi décédé. Il demandait contre les autres, le partage des biens paternels et maternels, et le partage dans la succession de son frère. — L'arrêt le déclare incapable de succéder à celui-ci. — Quant à la succession du père et de la mère, l'arrêt ordonne, du consentement de ses frères, que le chevalier en jouira sa vie durant par usufruit, les aliénations par lui faites tenant, sans qu'il puisse en faire aucune à l'avenir. — Sur ce second objet, trois particularités sont à remarquer. 1.° L'arrêt restreint au simple usufruit ce que le partage donnait en propriété au chevalier de Malte. 2.° Cet usufruit ne lui est accordé qu'en vertu du consentement de ses frères. 3.° Le chevalier était en possession depuis plus de vingt années; l'arrêt devait confirmer les aliénations déjà faites, un chevalier de Malte étant capable de contracter, comme on sait, pour les biens qu'il tient de sa famille.

L'incapacité de succéder, quant à la propriété et même à l'usufruit, qui avait été si solennellement jugée en 1573, le fut encore en 1629, par arrêt du 11 janvier, contre le chevalier d'Anglure : il demandait l'usufruit de la succession paternelle, et la moitié des meubles que sa mère lui avait laissés à titre d'Héritier institué. M. Bignon, avocat-général, établit que les chevaliers de Malte ne pouvaient succéder : *Titulo hereditario nihil capere possunt*, pas même l'usufruit, *quia usufructus pars dominii est*. L'arrêt confirma de nouveau ce principe, et n'accorda pas non plus les meubles donnés par la mère, parce qu'ils étaient donnés à titre successif.

IV. Lorsqu'un religieux a fait anéantir ses vœux, même après les cinq ans, il est certain qu'en rentrant au siècle, il recouvre la capacité de succéder : ou, pour mieux dire, il est jugé, dès-lors, qu'il n'a jamais perdu cette capacité.

Mais peut-il évincer les Héritiers institués ou légataires de ceux qui, avant sa réintégration dans l'état séculier, ont succédé à son défaut, et, dans la croyance qu'il était mort civilement, se sont approprié un patrimoine qui devait lui appartenir? L'affirmative ne peut souffrir aucune difficulté, et voici un arrêt qui l'a consacrée formellement.

Le sieur Revel, chirurgien à Cahors, avait deux filles d'un premier mariage, lorsqu'il passa à de secondes noces. On leur annonça de bonne heure qu'il n'y avait point d'autre parti pour elles que la retraite éternelle dans un couvent. L'aînée prit le voile chez les Augustines de la même ville, et après une année de noviciat, y fit solennellement, en 1764, les vœux ordinaires : la mort de son père suivit de près cette cérémonie. La sœur, libre et maîtresse de sa destinée, entra au couvent des Ursulines, et y fit profession, après avoir institué le sieur Boisse, chirurgien, leur proche parent, héritier universel. — La demoiselle Revel, aînée, réclama quelque temps après contre ses vœux, sur le fondement qu'ils lui avaient été arrachés par la force et la violence. Une sentence de l'official de Cahors, du 28 juin 1776, les déclara nuls. — Elle fit signifier cette sentence au sieur Boisse, qui, trois jours après, fit saisir et arrêter, entre les mains des Augustines, une somme de 4,000 liv. qu'elles devaient restituer à la demoiselle Revel. — Celle-ci le fit assigner. — Le sénéchal de Cahors, par sentence du 22 mai 1778, ordonna, avant faire droit, que la demoiselle Revel fournirait les moyens qu'elle avait à alléguer contre le testament de sa sœur, dans le délai de trois mois, après lequel elle serait déchue du droit d'attaquer cet acte. — La demoiselle Revel et le sieur Boisse appelèrent respectivement de cette sentence.

La cause portée au parlement de Toulouse, le sieur Boisse disait à la demoiselle Revel : « Si c'est par violence que vous avez fait profession dans le monastère de Saint-Gery, vous n'aviez, selon le concile de Trente, que cinq ans pour réclamer contre vos vœux; et tout le changement que notre jurisprudence a fait à cette loi, c'est de ne compter les cinq ans que du jour où est mort l'auteur de la violence. D'ailleurs, l'ordonnance de 1629 veut, art. 29, que l'habit de religion porté sans réclamation pendant cinq ans, tienne lieu de profession; or, vous avez porté l'habit de religieuse pendant six ans depuis la mort de votre père; de plus, vous avez fait une seconde profession, depuis votre première tentative pour revenir au siècle; vous étiez non-recevable à réclamer contre vos vœux : vous êtes donc religieuse, véritablement morte au monde; et la sentence de l'official, qui prononce la nullité de vos vœux, est véritablement abusive. A la vérité, je n'attaque pas cette sentence par appel comme d'abus, ma conscience ne me le permet pas; mais je puis, sans prendre cette voie, rendre les dispositions de la sentence inutiles, parce qu'il est de droit d'opposer, par manière d'exception, ce que j'opposerais, à titre d'action, dans l'appel comme d'abus. Vous forcer de rentrer dans le cloître, c'est l'affaire du ministère public; mais mon devoir est toujours le même, parce que c'est un principe certain que la restitution du régulier au siècle se fait toujours sans préjudice du tiers. C'est une maxime inaltérable, fondée peut-être sur mille arrêts de différens parlemens du royaume et de la cour, que l'aliénation des biens, arrivée pendant la mort civile des religieux et des serfs, n'est pas révoquée par leur restitution au siècle ou au droit de cité : témoins Dolive, liv. 1, ch. 5; Cambolas, liv. 4, ch. 36, et liv. 6, ch. 38; Chatellan et Vedel, liv. 1, ch. 69; Soëfve, tom. 2, cent. 2, ch. 3. La cour a toujours débouté de l'appel comme d'abus, le particulier qui a voulu attaquer la sentence de restitution, parce qu'il n'y a nul intérêt; mais elle a toujours accueilli l'appel simple relevé de la sentence du juge séculier, qui admettait à la succession échue pendant la vie claustrale, parce que la restitution n'a jamais un effet rétroactif, à moins que la réclamation ne se fasse dans le délai prescrit par nos lois, et que la profession ait été faite en contravention à l'art. 28 de l'ordonnance de Blois ».

La demoiselle Revel répondait : « Il est faux qu'un *particulier* soit sans intérêt pour attaquer une sentence de l'official, qui prononce la nullité des vœux; et qu'en conséquence, on déboute toujours de l'appel comme d'abus que des particuliers relèveraient de telles sentences. Le sieur Boisse, qui a lu tous les auteurs qu'il cite, a dû y voir que de tels appels comme d'abus, relevés par des particuliers, ont toujours été recueillis ou rejetés, suivant qu'ils étaient bien ou mal fondés, et que l'événement a toujours dépendu du mérite du fond. — Il faut en dire autant de l'autre principe avancé par le sieur Boisse : il est faux qu'on puisse rendre sans effet une sentence de l'official, sans l'attaquer par la voie de l'appel simple, ou de l'appel comme d'abus, et qu'on puisse, sans en appeler, employer utilement, par manière d'exception, ce qu'on opposerait à titre d'action, dans l'appel comme d'abus. — Cette étrange proposition n'aurait pas dû paraître toute nue, dénuée de toute autorité; le sieur Boisse aurait dû nous indiquer la loi, l'arrêt, le livre de décisions où il l'a puisée; c'est bien la moindre chose qu'on puisse faire, lorsqu'on entreprend de renverser toutes les idées reçues, et les maximes consacrées par toutes les lois, par la jurisprudence de tous les tribunaux. — Nous regardons en droit qu'il n'y a pas de différence entre la chose jugée et la vérité; qu'une chose est juste, par cela seul qu'elle a été ainsi jugée; qu'elle doit être respectée des parties et des juges; qu'il n'est pas plus permis au défendeur qu'au demandeur d'y porter atteinte; et que les obstacles qu'on pourrait y mettre, sont également impuissans, soit qu'on les propose par voie d'action ou par voie d'exception. *Pro veritate habetur* ».

Par arrêt du mois d'août 1779, le parlement de Toulouse a infirmé la sentence du sénéchal, a déclaré la saisie-arrêt nulle, et a ordonné que, par expert, il serait procédé entre la demoiselle Revel et le sieur Boisse, représentant sa sœur religieuse, à l'estimation et au partage des successions de leurs père et mère communs.

[[V. « La loi ne reconnaîtra plus de vœux monastiques solennels de personnes de l'un ni de l'autre sexe ». Ainsi s'est exprimée la loi du 13 février 1790.

La loi du 20 du même mois ajoutait : « Les religieux qui sortiront de leurs maisons, demeureront incapables de succéder, et ne pourront recevoir par donations entre-vifs ou testamentaires, que des pensions ou rentes viagères ».

Mais par l'art. 3 de la loi du 17 nivôse an 2, « les ci-devant religieux et religieuses sont appelés à recueillir les successions qui leur sont échues, à compter du 14 juillet 1789 », terme qui, d'après la loi du 9 fructidor an 2, doit être aujourd'hui reporté à la publication de la loi du 17 nivôse an 2 elle-même.

Par l'art. 5 de la même loi, « les ci-devant religieux et religieuses qui ont émis leurs vœux avant l'âge requis par les lois, sont réintégrés dans tous leurs droits, tant pour le passé que pour l'avenir; ils peuvent les exercer comme s'ils n'avaient jamais été engagés dans les liens du régime monastique. Les actes de dernière volonté qu'ils ont pu faire avant leur profession, sont anéantis ».

VI. De ce que la loi française ne reconnaît plus l'incapacité de succéder qui résultait ci-devant des vœux monastiques, s'ensuit-il que des religieux étrangers puissent recueillir en France une succession qui leur serait incontestablement déférée s'ils étaient libres? *V. Succession*, sect. 1, §. 2, art. 2.]]

§. III. *De l'incapacité de succéder qui résulte de la pérégrinité.*

I. On a vu à l'article *Aubaine*, que les étrangers non naturalisés sont inhabiles à succéder en France.

Il faut néanmoins en excepter ceux à qui des lois particulières, ou des traités faits entre le roi et leur souverain, accorde le droit de succéder à leurs parens décédés en France.

II. Mais c'est une question si cette exception s'étend jusqu'aux étrangers avec les souverains desquels le roi s'est borné à faire un traité d'abolition du droit d'aubaine, sans stipuler expressément qu'ils pourraient succéder à leurs parens régnicoles.

Pour la négative, on dit que le sort des biens dont la mort dépouille un propriétaire, dépend entièrement du droit civil. Dans la règle ordinaire, ajoute-t-on, il faut être citoyen d'un État, pour avoir droit d'y recueillir des successions, ou pour les transmettre à ses Héritiers légitimes, et de là découlent, pour tout étranger, deux sortes d'incapacités : celle de recueillir la succession d'un régnicole, et celle de transmettre, soit à un régnicole, soit à un autre étranger, sa propre succession. — De laquelle de ces deux incapacités dérive le droit d'aubaine? Ce n'est sûrement pas de la première; et ce qui le prouve d'une manière sans réplique, c'est que si un Français laisse pour plus proche parent un étranger, sa succession n'appartient pas au roi, à titre d'aubaine, mais au parent français qui, après l'étranger, se trouve le plus proche. — Le droit d'aubaine ne peut donc dériver que de la deuxième incapacité; il n'y a donc ouverture à ce droit que par l'effet de l'impuissance où est l'étranger de transmettre sa propre succession. — Mais cela posé, comment la seule abolition du droit d'aubaine ferait-elle cesser l'incapacité de succéder à un régnicole? Le droit d'aubaine n'a rien de commun avec cette incapacité : cette incapacité n'en est ni la cause ni l'effet; elle survit donc nécessairement à la simple abolition de ce droit; elle ne peut donc cesser qu'avec le vice de pérégrinité; et il est très-constant que le vice de pérégrinité n'est pas effacé par la seule renonciation du souverain au droit de s'approprier la succession que laisse un étranger dans ses États.

Cette opinion vient d'être combattue dans une cause aussi célèbre qu'importante. Voici les faits.

Le comte Doria, né sujet de la reine de Portugal, épousa, en 1772, Angélique-Marie-Ursule Bellew, fille aînée d'un gentilhomme irlandais, qui demeurait en France, mais qui n'y était pas naturalisé. — Son épouse est morte en France au mois de décembre 1775. — Il lui restait une fille de ce mariage. — Le sieur Bellew mourut peu de temps après la comtesse Doria, sa fille aînée. — Il laissait, pour Héritière, Marie-Jeanne-Luce Bellew, sa puînée, et la demoiselle Doria, sa petite-fille, représentant la comtesse Doria, sa mère. — Marie-Jeanne-Luce Bellew prétendit que sa nièce n'était pas habile à succéder en France, attendu sa qualité de Portugaise. Il n'existait en effet alors aucune loi qui déclarât les Portugais habiles à succéder en France. — Un arrêt du parlement de Paris ordonna que la demoiselle

Bellew demeurait seule propriétaire des immeubles réels, et des rentes dont l'édit d'établissement ne permettait pas l'acquisition aux étrangers. — Il ordonna le partage par moitié, entre la demoiselle Bellew et la demoiselle Doria, de la succession mobilière, et des rentes que les édits de création permettaient aux étrangers d'acquérir. — La liquidation et le partage de cette succession eurent lieu le 20 janvier 1781, entre le comte Doria et la demoiselle Bellew. — La demoiselle Bellew est morte le 8 mars 1783. Les scellés ont été apposés sur ses effets. Le sieur de Cligny et les sieur et dame Oshée ont fait opposition aux scellés : ils se sont prétendus parens et habiles à se porter Héritiers de la demoiselle Bellew. — Avant l'ouverture de cette succession, dès l'année 1778, il avait été fait une convention entre le roi de France et la reine de Portugal, qui donnait aux Portugais le droit de succéder en France, et aux Français le droit de succéder en Portugal. Cette convention avait été ratifiée par des lettres-patentes données à Versailles, le 8 novembre 1778, et enregistrées au parlement de Paris le 23 avril 1799. — Cette nouvelle loi semblait faire cesser l'incapacité qui avait écarté jusqu'alors la demoiselle Doria des successions françaises. La demoiselle Doria était nièce de la demoiselle Bellew, fille de la comtesse Doria, sa sœur, sa plus proche parente, seule habile à recueillir sa succession mobilière et ses propres tant paternels que maternels. — Le comte Doria, comme tuteur de sa fille, a assigné le sieur de Cligny et les sieur et dame Oshée, pour voir dire que main-levée pure et simple lui serait faite des oppositions formées par eux sur les effets de la demoiselle Bellew, comme se disant sans titre, droit ni qualité, Héritiers de celle-ci. — Et alors s'est élevée la question de savoir si le traité fait entre la France et le Portugal, en 1778, donne aux Portugais la capacité de succéder en France à des régnicoles.

Les adversaires de la demoiselle Doria disaient : « tout étranger est incapable de succéder, dans la nation à laquelle il est étranger. Voilà le droit commun, le droit universel des nations. Il faut donc une loi précise et formelle, pour effacer cette incapacité qui résulte du vice de pérégrinité. Or, non-seulement le traité fait en 1778 entre la France et le Portugal, n'abolit point l'incapacité de succéder produite par le vice de pérégrinité ; mais encore il est évident, par ses dispositions, qu'on n'a voulu, par ce traité, qu'abolir le droit de fisc de France sur les successions des Portugais décédés en France, et le droit de fisc de Portugal, sur les successions des Français décédés en Portugal ».

« Il est bien étrange (répondit M. Polverel, défenseur de la demoiselle Doria), que, sur des questions qui se reproduisent si souvent, on ne soit pas encore d'accord, même sur les principes élémentaires. J'ai le malheur de penser, sur tous les points, précisément le contraire de ce que les adversaires soutiennent. — Je crois que l'incapacité réciproque de succéder entre les nations, n'est point de droit commun, de droit universel. Je crois que cette incapacité ne peut exister qu'autant qu'elle est formellement établie par la loi civile de chaque peuple. — Je crois que le droit d'aubaine est, en général, le droit relatif aux étrangers ; que ce mot comprend, soit l'incapacité de l'étranger de succéder dans le pays où il est étranger, soit l'incapacité où il est de disposer de ses biens par testament, soit le droit qu'a le fisc de succéder à l'étranger, à l'exclusion de ses parens. — Et de là je conclus que toute loi qui abolit le droit d'aubaine, sans restriction, efface l'incapacité de succéder, qui naît du vice de pérégrinité. — Je crois enfin, trouver dans le traité fait entre la France et le Portugal en 1778, non-seulement l'abolition formelle et totale du droit d'aubaine (ce qui suffirait pour effacer l'incapacité des Portugais de succéder en France), mais encore qu'il déclare très-formellement les Portugais capables de recueillir toute espèce de succession en France ».

La capacité de succéder dérive-t-elle donc du droit commun et universel, ou du droit civil de chaque nation ? « Dans les premiers temps (disaient les adversaires de la demoiselle Doria), la guerre fut le seul rapport des nations entre elles. Chez les Romains, l'étranger ne succédait pas. Depuis le démembrement de l'empire romain, tous les Etats de l'Europe ont suivi la jurisprudence romaine. Les Français, surtout, ont exclu les étrangers du droit de succéder chez eux. Le droit de succéder est du droit civil de chaque nation ; donc, pour être capable de succéder dans une nation, il faut participer à son droit civil, c'est-à-dire, être membre de cette nation ».

« Je conçois (répondait M. Polverel), que le droit de succéder ne tient pas immédiament au droit naturel ; car, par le droit naturel, il n'y a point de propriété, ni, par conséquent, de propriété transmissible, ni de succession. — Mais dès l'instant qu'il y eut des propriétés, il dut y avoir un droit de succession réciproque, du survivant au premier décédé entre ceux qui possédaient ensemble la même chose, entre l'époux et l'épouse, entre le père et les enfans, entre les membres d'une famille. Ce droit de succéder n'était, à vrai dire, autre chose qu'une continuation de possession. Tel dut être le premier ordre des successions, par la combinaison du droit naturel et du droit des gens.

» Je conviens aussi que le droit civil de chaque nation a modifié diversement cet ordre des successions, par la combinaison du droit naturel et du droit des gens. — Il y a même des peuples dont les institutions l'ont réglé d'une manière assez bizarre. — Je conviens encore que la loi civile de chaque nation doit régler les successions ouvertes dans son territoire ; et que tout étranger qui prétend avoir droit à des successions, est obligé de se soumettre à la loi civile du peuple chez lequel la succession est ouverte. — Mais il ne me paraît pas aussi évident qu'un étranger soit exclu du droit de succession auquel sa parenté l'appelle, suivant la loi civile de la nation chez laquelle cette succession est ouverte. — Pour l'en exclure, je voudrais que l'exclusion fût formellement prononcée, ou par la loi civile de cette nation, ou par le droit des gens. — Si la loi civile a formellement prononcé l'exclusion de l'étranger, l'étranger doit se soumettre : il est exclu. — Mais si la loi civile n'a pas prononcé cette exclusion, il faudra la chercher dans le droit des gens; et j'ose croire qu'il sera difficile de l'y trouver.

» Avant qu'il existât plusieurs nations, il fut un temps où il n'en existait qu'une. C'est de la dispersion des membres de cette société universelle, que se sont formées les diverses nations. — Avant la dispersion, il n'a pas pu exister de loi qui exclût les étrangers de la succession de leurs parens; car alors il n'y avait pas d'étrangers. — Il n'est pas probable qu'une telle convention ait été faite au moment de la dispersion; car on ne se séparait pas comme ennemis : c'étaient des frères qui se séparaient pour ne pas se nuire l'un à l'autre sur un territoire qui ne suffisait plus à leur subsistance. C'étaient des frères qui se séparaient pour rester amis, pour conserver entre eux tous les rapports de parenté et d'amitié, que la distance des lieux pourrait leur permettre. Le droit de succession réciproque, entre parens, a donc dû subsister par le droit des gens, malgré la division de la grande famille en plusieurs nations.

» Que, dans ces premiers temps, la guerre ait été le seul rapport des nations entre elles; voilà encore ce que j'ai bien de la peine à croire, et ce que personne ne croira sans preuve. — Le fait fût-il prouvé, je n'en conclurais pas que l'étranger fût exclu, par le droit des gens, du droit de succéder à ses parens, membres d'une autre nation. Ce n'est pas dans un état de guerre, que je voudrais chercher des conventions. Le droit des gens fixe les rapports que deux nations doivent avoir entre elles, lorsqu'elles sont en paix : tous les droits se taisent pendant la guerre; et de nos jours encore, chez les nations qui admettent entre elles le droit de succession réciproque, ce droit est en suspens, quand les deux nations sont en guerre l'une contre l'autre.

» Veut-on savoir quel était le droit des gens, pour ou contre les étrangers, dans cette haute antiquité? Alexandre déclara, par un édit, *que tous les gens de bien étaient parens les uns des autres; qu'il n'y avait que les méchans qu'on devait réputer étrangers.* Tel était le droit des gens de ce temps-là; tels étaient les principes d'un roi qui fit la guerre toute sa vie.

» Comment donc a-t-il pu se faire que quelques nations se soient écartées de ce principe de bienveillance universelle? Comment les nations en sont-elles venues au point d'exclure l'étranger de toute succession dans l'État, soit aux biens d'un citoyen, soit à ceux d'un étranger? car je conviens que les Romains, entre autres, avaient exclu les étrangers de toute succession.

» C'est l'ambition des Romains; cette soif démesurée de commander à toute la terre, fit insérer dans leurs lois civiles une institution qui contrariait le vœu de la nature et les droits des nations. Les Romains ont trop voulu devenir les maîtres de l'univers, pour avoir mérité, sur tous les points, le titre que quelques jurisconsultes leur donnent, de précepteurs du genre humain. — Cette loi (dit Grotius), qui excluait les étrangers des successions, vient des siècles où les étrangers étaient regardés presque comme ennemis. — Cicéron observe, en effet, que les Romains ont long-temps confondu le mot d'ennemis avec celui d'étranger : *peregrinus anteà dictus hostis.* — Et lorsqu'une politique plus éclairée leur fit comprendre qu'en se déclarant hautement les ennemis du genre humain, ils armaient contre eux toutes les nations de l'univers, ils changèrent le mot et conservèrent la chose. — C'est cette haine de tout ce qui n'était pas Romain, qui fit publier les lois Mutia et Licinia, par lesquelles il était défendu à tous les étrangers de s'habituer dans la ville de Rome, à peine de la vie. — C'est cette haine de tout ce qui n'était pas Romain, qui fit publier cette autre loi, qui défendait tout mariage d'un Romain avec une étrangère, ou d'une Romaine avec un étranger (1).

Lors même que les Romains furent devenus un peuple très-poli et très-éclairé, dit Vatel, *ils ne pouvaient s'accoutumer à regarder les étrangers comme des hommes avec lesquels ils eussent un droit commun;* et il le prouve par une loi du Digeste. — *Les peuples*, dit cette loi, *avec lesquels nous n'avons ni amitié, ni hospitalité, ni alliance, ne sont point nos ennemis : cependant, si une chose qui nous appartient, tombe entre leurs mains, ils en sont propriétaires, les hommes libres deviennent leurs esclaves; et ils sont dans les mêmes termes à notre égard.* — *Voilà*, dit Vatel, *les sources d'où est dérivé le droit d'aubaine.* — Et, pour qu'on n'accuse pas cet excellent publiciste de s'être laissé séduire par les systèmes de la philosophie moderne, je dois remarquer que Bodin avait observé les mêmes choses, deux cents ans avant lui.

Si donc on venait nous proposer aujourd'hui le droit civil des Romains contre les étrangers, pour servir de modèle au droit des nations modernes de l'Europe, nous demanderions d'abord : Est-il utile aux nations modernes de l'Europe, est-il surtout utile à la France, d'interdire tout accès aux étrangers, d'interdire aux membres de la nation tout mariage avec les filles d'une nation étrangère? Quand on m'aurait bien démontré l'utilité sur les deux points, je demanderais si cela est juste : et si l'on parvenait à m'en démontrer la justice et l'utilité, je pourrais convenir alors qu'il n'y a ni injustice ni inconvénient à exclure les étrangers de toute succession en France.

» Mais, si tels sont les rapports entre les nations modernes de l'Europe, qu'il soit utile, ou même nécessaire à toutes, de faciliter, d'encourager, de multiplier leurs communications avec les autres nations; si la situation de la France et ses intérêts politiques lui rendent cette communication encore plus utile qu'aux autres nations de l'Europe, je dirais que la France et les autres peuples de l'Europe doivent avoir un droit des gens précisément contraire au droit civil des Romains.

» Et si les mariages entre les membres de différentes nations sont autorisés par les lois civiles et par le droit des gens des peuples modernes de l'Europe, je dirais qu'on ne peut, sans inconséquence, exclure les étrangers de la succession de leurs pa-

(1) Le Bret, *de la souveraineté*, liv. 2, chap. 11.

rens. Les Romains excluaient les étrangers des successions, parce qu'il ne pouvait y avoir aucun rapport de famille entre les Romains et les étrangers. Nous autorisons les rapports des familles entre les membres des différentes nations; nous devons donc admettre le droit de succession réciproque entre les parens de chaque nation.

» Mais à quoi bon raisonner sur ce qui devrait être, s'il est vrai que les nations qui se sont établies dans l'Europe sur les débris de l'empire romain, aient adopté, sur ce point, la jurisprudence romaine, s'il est vrai que tel ait été principalement le droit civil des Français?

» J'ouvre les codes de ces peuplades qui s'établirent dans les Gaules: je parcours les lois de la première et de la seconde race, partout je vois ces barbares bien plus sages, bien plus justes que les législateurs du monde; ils connurent, ils respectèrent mieux les droits de l'homme. — Je ne trouve, ni dans les codes de nos lois anciennes, ni dans les capitulaires de nos premiers rois, aucune loi qui déclare l'étranger incapable de succéder, ni de tester en France; je n'y trouve que des lois pour décerner des peines contre quiconque oserait inquiéter les étrangers dans leurs personnes ou dans leurs biens. C'est dans ces lois que je trouve le beau précepte du législateur des Juifs: *peregrinum et advenam non contristabis de rebus suis.*

» Tels furent, en Europe, les droits des nations jusqu'au quatorzième siècle; tel fut surtout le droit public des Français. — C'est dans ces siècles d'ignorance et de barbarie que parut un édit de l'empereur Frédéric II, qui déclara tous les étrangers, mourant dans les terres de l'empire, capables de disposer de leurs biens par testament; et qui ordonna que leur succession serait dévolue à leurs plus proches parens, s'ils mouraient sans tester. Il voulait que, dans ce dernier cas, la succession de l'étranger fût déposée entre les mains de l'évêque, que l'hôte chez lequel l'étranger était logé, n'en pût rien retenir; et que l'évêque rendît la succession aux plus proches parens, lorsqu'ils la réclameraient. — Cette loi, digne d'un meilleur siècle, devint aussi la loi de la France. Louis Hutin l'adopta pour ses Etats, par un édit du 5 décembre 1315.

» Une nation qui, à l'imitation des Romains, a trop ouvertement aspiré à la monarchie universelle, a donné au reste de l'Europe, le premier exemple de l'infraction de ce principe de bienveillance universelle, qui y était répandu. Une loi d'Edouard III défendit d'admettre l'étranger à la succession des immeubles en Angleterre. — Exemple trop bien suivi, et sur lequel la plupart des autres puissances de l'Europe renchérirent bientôt. Les étrangers furent déclarés incapables de succéder et de tester, non-seulement quant aux immeubles, mais encore pour les effets mobiliers. — Mais ces temps affreux ne sont plus; les lumières et le commerce ont sapé ce mur terrible qui séparait les nations. Puisse-t-il n'en exister bientôt aucun vestige!

» Voilà l'histoire abrégée du droit public de l'Europe, concernant les étrangers. Quand on connaît les sources de l'incapacité de succéder qu'on fait résulter du vice de pérégrinité, peut-on dire que c'est là le véritable droit des gens de l'Europe? Qu'il faut ramener à ce principe du droit des gens, toutes les lois qui ne portent pas l'abrogation littérale et formelle de l'incapacité de succéder? Qu'un traité fait entre deux puissances, qu'une loi annoncerait en vain l'intention d'abroger ce droit? Qu'il n'en faudrait pas moins déclarer les étrangers incapables de succéder, malgré la volonté évidente du législateur ou des hautes parties contractantes, si la lettre du traité ou de la loi n'exprimait pas formellement l'abrogation de l'incapacité?

» Qu'on dise qu'il n'y a d'incapacité qu'autant qu'elle est littéralement exprimée par une loi, on le croira volontiers, parce que les lois elles-mêmes disent que tout ce qui n'est pas formellement défendu par les lois est censé permis; que tous ceux à qui les lois n'ont pas formellement défendu de succéder et de tester, ont la faculté de succéder et de tester. — Mais si l'on disait qu'il faut une abrogation littérale pour anéantir une loi prohibitive, quoique la volonté d'abroger soit évidente, on aurait de la peine à le croire, parce que les lois disent encore, que c'est par leur esprit, et non par les termes dans lesquels elles sont conçues, qu'il faut les interpréter. — Si l'on disait qu'il faut étendre les lois pénales et prohibitives, les lois qui blessent le droit naturel, l'équité et le véritable droit des gens, et qu'il faut restreindre les lois qui abrogent les lois pénales et prohibitives qui tendent à se rapprocher du droit naturel, de l'équité et du véritable droit des gens, on aurait encore de la peine à admettre tous ces principes, parce que les lois mêmes ont établi des principes contraires. — Mais ces maximes générales sont trop connues pour avoir besoin de développement ».

Aux citations que M. Polverel a faites pour appuyer cette partie de sa défense, les adversaires de la demoiselle Doria ont d'abord opposé les lois de Sparte, ensuite celles d'Athènes, et enfin les établissemens de saint Louis. — Voici comment M. Polverel a répondu à ceux-ci:

« Ils parlent bien des *aubains*, de la succession des *aubains*, c'est-à-dire, des étrangers; mais bien loin de les déclarer incapables de succéder et de disposer de leurs biens, il semble que saint Louis suppose au contraire à l'aubain, cette double capacité. Voici le texte: *Si aucun aubain ou bâtard meurt sans hoirs ou sans lignage, le roi est hoir, ou le sire sous qui il est, si il meurt.* — Voilà bien le droit du roi, de succéder à l'aubain. — On ne dira pas que ce n'est pas là le droit d'aubaine, puisque le droit d'aubaine est un droit domanial, et que les établissemens de saint Louis parlent du droit féodal. On sait qu'il fut un temps où les seigneurs, soit par concession, soit par usurpation, se crurent en droit d'exercer le droit d'aubaine dans leurs terres. — Mais ce droit d'aubaine, qui appartenait, soit au roi, soit aux seigneurs, quel était-il? Dans quel cas avait-il lieu? C'est ce que les établissemens de saint Louis expliquent sans équivoque: — *Si l'aubain meurt sans hoir ou sans lignage* (c'est-à-dire, sans Héritier testamentaire ou légitime), *le roi est hoir*

(c'est-à-dire, Héritier), *ou le sire sous qui il est.* — Voilà donc le seul cas où la succession de l'étranger était dévolue au roi, ou au seigneur, par le droit d'aubaine. Il fallait que l'étranger fût mort sans Héritier légitime, et sans Héritier testamentaire, pour donner ouverture au droit d'aubaine: l'étranger avait donc la faculté de disposer de ses biens par testament ; les Héritiers légitimes de l'étranger avaient donc la faculté de lui succéder. — Le droit d'aubaine n'était donc du temps de saint Louis, qu'un droit de déshérence, puisqu'il n'avait lieu que lorsque la succession de l'aubain était vacante par son décès *ab intestat*, et sans laisser d'Héritiers légitimes ».

« Mais qu'importe (disaient les adversaires de la demoiselle Doria), le droit de la nature et le droit des gens? Qu'importe l'antiquité ou la nouveauté des lois qui ont établi les incapacités contre les étrangers? Tel est le droit qui existe aujourd'hui; c'est le droit civil de la France, c'est le droit de presque toutes les nations de l'Europe. On parle sans cesse du droit des gens ; mais on ne dit pas un mot du droit civil. Or, c'est le droit civil, et non le droit des gens qui règle les successions. Par le droit civil de la France, les étrangers sont incapables de succéder ; il faut donc une loi précise pour faire cesser cette incapacité ».

« Je conçois très-bien (répondait M. Polverel) que, puisque le droit civil de chaque nation règle l'ordre des successions ouvertes dans son territoire, tout étranger qui prétend avoir droit sur ces successions, est obligé de se soumettre à la loi civile du peuple chez lequel la succession est ouverte. — Mais je ne conçois pas de même pourquoi un étranger, auquel la loi civile d'une nation défère une succession par le droit de parenté, serait incapable de participer au droit civil de cette nation, pour cette succession qui lui appartient par le droit du sang. — Je sais bien que quelques auteurs ont énoncé le principe général, qu'un étranger ne pouvait pas participer à notre droit civil. Mais énoncer un principe, n'est pas le prouver; et je doute qu'un bon esprit soit satisfait des raisons sur lesquelles ils l'ont fondé. — Ces auteurs sont même en contradiction avec leur propre principe ; car ils conviennent que, dans certains cas, l'étranger, quoique non naturalisé, participe à notre droit civil. — Par exemple, ils conviennent qu'une femme étrangère, mariée à Paris, sans contrat de mariage, soit avec un Français, soit avec un étranger, est censée s'être soumise à la coutume de Paris, soit pour la communauté, soit pour le douaire, soit pour tous les autres droits réglés par la coutume. — Si, de leur aveu, l'étranger participe, dans ce cas, à notre droit civil, pourquoi sera-t-il incapable d'y participer lorsqu'il s'agit de successions que le droit du sang lui défère ?

» Pour réduire la question à des termes plus simples, nous n'exigerons plus de lois positives. Nous convenons que, depuis la fin du quatorzième siècle, l'usage s'est introduit en France d'adjuger au fisc les successions des étrangers incapables d'y succéder. — Quoique le droit du fisc et cette incapacité de succéder n'aient été déclarés par aucune loi positive ; quoiqu'il y ait en France plusieurs villes et plusieurs provinces qui ne reconnaissent ni ce droit du fisc, ni l'incapacité des étrangers de succéder parmi nous, nous convenons que l'usage et la jurisprudence ont formé sur ces deux points le droit civil de la France, pour toutes les villes et toutes les provinces dont le droit municipal n'a pas de disposition contraire.

» A quoi tendent donc toutes les recherches sur l'origine du droit d'aubaine? Je l'ai déjà dit : Tout ce que j'ai prétendu en conclure, c'est que ce droit que l'usage a introduit contre les étrangers, est un droit odieux par son origine, par son objet, par ses effets ; c'est que toutes les lois qui tendent à abroger ce droit, doivent être interprétées dans le sens le plus étendu dont elles sont susceptibles.

» Que doit-on entendre par les mots *aubain* et *étranger*? Faut-il dire que ce sont deux mots synonymes ? Qu'*aubaine* et *pérégrinité* sont, par la même raison, deux mots synonymes? Que si on a donné le nom de droit d'aubaine au droit qui appartient au fisc sur la succession de l'étranger décédé en France, par la raison que c'est un droit fondé sur la pérégrinité du défunt, cette acception ne comprend qu'une partie du droit d'aubaine et de ses effets? Faut-il dire, en un mot, que le droit d'aubaine, dans sa véritable signification, est exactement le droit de pérégrinité, le droit concernant les étrangers; que sous ce rapport, il comprend tous les effets de la pérégrinité ; et que, par conséquent, une loi qui porterait abolition totale du droit d'aubaine, abolirait, par cela même, toutes les incapacités qui résultent du vice de pérégrinité ?

» *On appelle droit d'aubaine*, dit Vatel, dans son Traité du droit des gens, *celui par lequel les étrangers sont exclus de toute succession dans l'Etat, soit aux biens d'un citoyen, soit à ceux d'un étranger.* Voilà donc un publiciste qui identifie précisément le droit d'aubaine avec l'incapacité de succéder résultant du vice de pérégrinité. Donc, dans le langage de ce publiciste, une loi qui abolirait le droit d'aubaine, abolirait par cela même l'incapacité de succéder, produite par le vice de pérégrinité.

» Mais le publiciste pourrait être suspect, parce qu'il est moderne. Consultons M. Lebret. — *Voyons quels sont les effets que produit le droit d'aubaine*, dit cet auteur. — *Le premier est qu'il rend tous étrangers incapables de tenir des états, des offices et des bénéfices dans ce royaume. — Le second effet que produit ce droit d'aubaine, est que le roi succède à l'étranger, à l'exclusion de ses plus proches parens. — Davantage, le même droit ôte encore à l'étranger la faculté de disposer de ses biens par testament, et le rend incapable de succéder à ses propres parens qui résident en France.* — Voilà donc tous les effets du vice de pérégrinité réunis par M. Lebret, sous le nom du *droit d'aubaine.* Voilà surtout, l'incapacité de succéder en France à ses propres parens, qui résident en France, résultant du vice de pérégrinité, mise par ce magistrat dans la classe des effets du droit d'aubaine. — Donc, dans le langage de M. Lebret, une loi qui porterait abolition totale du droit d'aubaine, purgerait bien certainement l'incapacité de succéder en France à ses propres parens qui résident en France, résultant du vice de pérégrinité.

» Maintenant que le sens des mots est fixé, il s'agit d'examiner le traité fait en 1778, entre le Portugal et la France.

» On voit d'abord dans ce traité, l'*abolition totale du droit d'aubaine*. Or, dans le langage des publicistes, l'abolition du droit d'aubaine abroge nécessairement l'incapacité de succéder, qui provient du vice de pérégrinité. — Ce n'est pas sans dessein qu'on a ajouté le mot *totale* à celui d'*abolition du droit d'aubaine*. Le droit d'aubaine est un mot équivoque qui a deux sens. — Dans le sens générique, il comprend tous les effets attachés au vice de pérégrinité, et entre autres l'incapacité de succéder à ses propres parens, qui résident dans l'État où l'on est étranger. — Dans le sens spécifique, il ne signifie que le droit qui appartient au fisc sur les successions des étrangers décédés dans le royaume. — Si le traité n'eût parlé simplement que de l'abolition du droit d'aubaine, les hautes parties contractantes pouvaient craindre que, dans l'interprétation, l'on n'appliquât l'abolition qu'au droit du fisc sur les successions des étrangers. Voilà pourquoi on a dit : *Il y aura désormais une abolition totale du droit d'aubaine*. Mais cette abolition totale prouve que le droit d'aubaine a été pris dans le sens générique, et que c'est sous ce rapport que les deux puissances l'ont aboli. — Ce mot *totale* prouve que le droit aboli a plusieurs branches, plusieurs effets. Il ne peut donc pas être limité au droit du fisc, qui est un, qui est simple, qui ne s'exerce que sur les successions des étrangers décédés dans ce royaume. — Ce mot *totale* s'applique donc nécessairement à un droit complexe, qui a plusieurs attributs, qui produit plusieurs effets. Il embrasse donc tous les effets, toutes les incapacités, qui dérivent du droit d'aubaine, pris dans le sens général, c'est-à-dire, du vice de pérégrinité.

» *Il y aura désormais une abolition totale et réciproque du droit d'aubaine.* — Est-ce entre les deux couronnes que cette abolition est réciproque? C'est là que devrait se borner la réciprocité, si l'on n'avait entendu abolir que le droit du fisc sur les successions des étrangers décédés dans les deux royaumes respectifs; car le fisc de chaque royaume serait seul intéressé à ce droit aboli. — Cependant la réciprocité de l'abolir s'étend plus loin. Ce n'est pas seulement entre les deux couronnes que l'abolition est réciproque, c'est entre les états des deux puissances : *abolition totale et réciproque du droit d'aubaine, entre les États de sa Majesté très-chrétienne, d'une part, et ceux de sa Majesté très-fidèle, de l'autre.* — L'intention des deux souverains a donc été de lier leurs sujets, comme ils se liaient eux-mêmes. Ils ont voulu que les droits de famille et de succession pussent s'exercer indistinctement dans ces deux royaumes, par les sujets de chaque royaume, comme si les deux royaumes n'en faisaient qu'un. Ils ont voulu qu'aucun sujet de l'un des deux royaumes ne pût opposer le vice de pérégrinité aux sujets de l'autre royaume.

» *Il sera permis aux sujets respectifs qui feront leur résidence, ou qui auront établi leur domicile dans les États de l'une ou de l'autre domination, ou qui ne s'y arrêteront que pour quelque temps et qui viendront à y décéder, de léguer ou de donner par testament ou autres dispositions de dernière volonté, reconnus valables et légitimes, suivant les lois, ordonnances ou usages des lieux dans lesquels lesdits actes auront été passés, les biens meubles et immeubles qui se trouveront leur appartenir au jour de leur décès.* — Voilà un premier effet de l'abolition totale et réciproque du droit d'aubaine; voilà l'abolition d'une première incapacité qui résulte du vice de pérégrinité. Le Français ne pouvait pas disposer de ses biens en Portugal; le Portugais ne pouvait pas disposer de ses biens en France. Ils pourront désormais disposer indistinctement, dans les deux royaumes, de leurs biens meubles et immeubles.

» *Les successions qui pourront échoir, soit en France, aux sujets de sa majesté très-fidèle, soit en Portugal, aux sujets de sa majesté très-chrétienne, par testament, donation ou autre disposition, tant* ab intestat *que de telle autre manière que ce soit, leur seront délivrées librement et sans empêchement, sans que, dans aucun cas, elles puissent être soumises au droit d'aubaine, ni à aucuns autres droits, qu'à ceux qui se payent par les propres et naturels sujets de sa majesté très-chrétienne et de sa majesté très-fidèle.* — Voilà un second effet de l'abolition totale et réciproque du droit d'aubaine. Voilà l'abolition d'une seconde incapacité qui dérive du droit de pérégrinité. Le Français ne pouvait succéder en Portugal; le Portugais ne pouvait succéder en France. Il pourra désormais échoir aux uns et aux autres, dans les deux royaumes, indistinctement, des successions par testament, par donation, ou *ab intestat*, ou de telle autre manière que ce soit; et les successions qui leur seront échues, leur seront délivrées librement et sans empêchement.

» Qu'on ne dise pas que le traité ne parle ici que des successions qui pourront échoir aux Portugais en France, ou aux Français en Portugal, en exécution de la faculté que donne l'article précédent, aux sujets des deux puissances, de disposer de leurs biens indistinctement dans les deux royaumes, par testament ou autres dispositions de dernière volonté. — Cette faculté, que donne l'article premier, ne pourrait faire échoir que des successions testamentaires; au lieu que l'art. 2 suppose qu'il pourra échoir aussi des successions *ab intestat* aux Français en Portugal, et aux Portugais en France, et il ordonne que les successions qui leur pourront échoir *ab intestat*, leur seront délivrées sans empêchement.

» Qu'on ne dise pas non plus que les successions *ab intestat* qui pourront échoir aux Portugais en France, ne sont que des successions portugaises, débarrassées du droit du fisc par la renonciation du roi de France au droit d'aubaine; qu'il est impossible d'entendre par-là que les Portugais seront habiles à recueillir les successions de leurs parens français, résidens en France, puisque le traité n'abolit nulle part l'incapacité attachée au vice de pérégrinité. — Raisonner ainsi, ce serait faire d'un côté, une pétition de principe, ce serait prétendre que l'abolition totale du droit d'aubaine ne purge pas les vices de la pérégrinité : ce serait prétendre qu'une loi qui dit que *toutes les successions qui pourront échoir* ab intestat *aux Portugais en France, et aux Français en Portugal, leur seront délivrées sans empêchement*, ne déclare pas suffisamment la capacité des uns et des autres pour recueillir les successions. Or, il suffit d'énoncer la proposition pour en faire sentir l'absurdité.

» S'il faut même des dispositions plus précises pour établir la capacité des Portugais à recueillir toutes sortes de successions en France, et celle des Français à recueillir toutes sortes de successions en Portugal, on les retrouvera dans l'art. 3 du traité : *En exécution des articles précédens, les sujets respectifs, leurs héritiers légitimes, et tous autres ayant titres valables pour exercer leurs droits, leurs procureurs ou mandataires, tuteurs ou curateurs, pourront recueillir ces biens et effets généralement quelconques, sans aucune exception, tant mobiliers qu'immobiliers, provenans des successions ouvertes en leur faveur dans les Etats de l'une ou de l'autre domination, soit par testament ou autres dispositions, soit* ab intestat, *transporter les biens et effets mobiliers où ils jugeront à propos, régir et faire valoir les immeubles, ou en disposer par vente ou autrement, en retirer et transporter le prix qui en proviendra où ils jugeront à propos, sans aucune difficulté ni empêchement.* — Ce n'est plus ici une simple énonciation d'une capacité supposée ; c'est une disposition formelle, qui donne aux sujets respectifs des deux puissances la faculté de recueillir indistinctement, dans les deux royaumes, toutes sortes de successions, sans aucune exception, tant mobilières qu'immobilières. — D'un autre côté vouloir restreindre aux successions portugaises la faculté indéfinie que la loi donne aux Portugais de succéder en France, et aux successions françaises la faculté indéfinie qu'elle donne aux Français de succéder en Portugal, ce serait distinguer là où la loi ne distingue pas ; ce serait refuser aux Français et aux Portugais la faculté de recueillir une partie des successions qui leur seraient dévolues par les droits du sang, tandis que la loi les déclare habiles à les recueillir toutes, sans aucune exception.

» Mais on trouve dans le traité, une dernière disposition qui suffirait seule pour déterminer sans équivoque le sens de toutes les autres. — Dans tous les traités qui n'ont eu d'autre objet que d'abolir le droit du fisc de chaque puissance sur les successions des étrangers, dans tous les traités qui n'ont voulu rendre les étrangers habiles à succéder qu'à leurs parens étrangers comme eux, on a soumis les successions, non pas aux lois du pays où la succession serait ouverte, mais aux lois du pays de l'étranger défunt. C'est ainsi que les traités faits avec l'Angleterre, veulent que les successions des sujets de la Grande-Bretagne, décédés en France, soient recueillies par leurs Héritiers, suivant les lois de la Grande-Bretagne. — Ce n'est pas ainsi que la France et le Portugal ont traité ; on voulait incorporer, pour ainsi dire, les deux royaumes ; on voulait que les sujets de chaque royaume devinssent, pour ainsi dire, citoyens de l'autre royaume ; qu'ils participassent, pour ce qui concerne les successions, au droit civil de l'un et de l'autre ; on voulait que les sujets portugais fussent capables de succéder, non-seulement à leurs parens portugais, mais encore à leurs parens français ; que les Français fussent capables de succéder, non-seulement à leurs parens français, mais encore à leurs parens portugais. — C'est dans ce point de vue qu'on est convenu, dans le traité, que *dans tous les cas de succession, les sujets respectifs seront tenus aux mêmes lois auxquelles les propres et naturels sujets du roi de France et de la reine de Portugal sont soumis dans les États ou provinces où les successions auront été ouvertes.*

» Ainsi, chaque clause du traité, prise séparément, et l'ensemble de toutes ces clauses, prouvent que les deux puissances ont aboli, ont effacé totalement tous les effets de la pérégrinité ; qu'elles ont nommément aboli, pour toute espèce de succession dans les deux royaumes, l'incapacité qui résulte du vice de pérégrinité.

» Je ne sais si je dois répondre à une objectior que j'ai entendue : le texte même sur lequel on l'a fondée, paraît y répondre pour moi. — Il est di dans l'art. 1 du traité : *N'entendant toutefois sa majesté très-chrétienne et sa majesté très-fidèle, en abolissant le droit d'aubaine pour l'avantage du commerce et des communications entre les sujets respectifs, déroger aucunement aux règles qui intéressent la constitution et la police intérieure de leurs Etats, ni porter atteinte aux lois qui peuvent étr établies dans les Etats et territoires respectifs concernant l'émigration des sujets, et notamment aux édits et règlemens publiés en France, ainsi qu'en Portugal, dont les deux souverains se réserven l'exercice.* — Les deux puissances, dit-on, ont déclar qu'elles n'entendaient pas déroger à l'ordre des suc cessions, puisqu'elles ont déclaré qu'elles n'enten daient pas déroger à la constitution et à la police ir térieure de leurs Etats. — Je n'avais pas cru que le lois civiles, qui règlent les successions particulières fissent partie des règles qui intéressent la constitutio et la police intérieure des Etats, et je doute que per sonne l'ait cru jusqu'à présent. — L'édit de Sain Maur, sur la succession des mères, était certaineme une loi bien peu réfléchie : cependant il a été exécu pendant cent soixante ans. Il a été révoqué pa Louis XV en 1729 ; et la constitution ni la polic intérieure de l'État n'ont rien souffert, ni de l'exéc tion, ni de la révocation de l'édit. — Mais à quoi bo nous tourmenter pour savoir quelles sont ces règl qui intéressent la constitution et la police intérieu des Etats, auxquelles le roi de France et la reine Portugal ont déclaré ne vouloir pas déroger, lor que le traité nous les indique? Nous y trouvons q ces lois, auxquelles les deux puissances ne veule pas déroger, sont celles qui ont été faites dans Etats respectifs contre l'émigration des sujets.

» Les adversaires de la demoiselle Doria ont c qu'il est absurde de supposer que, par l'abolition ciproque entre les Etats des deux souverains, on entendu lier les sujets des deux royaumes, puisq le traité ne concerne que les sujets de chaque roya me, qui quittent leur pays. — Je réponds que c' mettre en principe ce qui est en question, ou plutôt que c'est démentir ce qui est prouvé. — Si le traité appelle à une succession française le Portugais résidant en Portugal, s'il exclut d'une succession française un Français résidant en France, parent plus éloigné que le Portugais, il n'est pas vrai que le traité ne concerne que les sujets de chaque royaume qui quittent leur pays.

» On dit que si l'abolition totale et réciproque du droit d'aubaine comprenait toutes les incapacités qui résultent du vice de pérégrinité, les quatre articles du traité seraient inutiles. — Non, ils ne seraient pas inutiles; car, d'un côté, ils restreignent aux successions l'abolition totale des incapacités, portée par l'art. 1. — De l'autre, les deux souverains voulaient faire des réserves qu'il fallait expliquer. — D'un autre côté encore le droit de succéder ne donnait pas le droit de transporter hors du royaume, les biens ou le prix des biens qu'on aurait recueillis dans les successions. Il fallait dire qu'on donnait cette faculté, outre le droit de succéder. — Enfin, il fallait indiquer les lois auxquelles seraient soumises les successions ouvertes dans chaque royaume, en faveur des sujets de l'autre royaume. — Voilà l'objet que les quatre articles ont rempli; ils n'étaient donc pas inutiles.

» On dit qu'il ne faut entendre les dispositions du traité concernant les successions, que des successions portugaises échues à des Portugais en France, ou des successions françaises échues à des Français en Portugal. — Je réponds, en premier lieu, que le traité parle sans distinction des successions qui pourront échoir aux Portugais en France, et aux Français en Portugal; et qu'il ne nous est pas permis de distinguer, lorsque la loi ne distingue pas. — Je réponds, en second lieu, que la clause portant *abolition totale*, a fait cesser toutes les incapacités de succéder, qui dérivent du vice de pérégrinité, et qui existaient auparavant entre les deux nations. — Je réponds, en troisième lieu, que la clause qui soumet aux lois de la France les successions ouvertes en France en faveur des Portugais, suffirait seule pour prouver que les Portugais sont rendus habiles à recueillir, en France, des successions françaises, car si on ne les avait habilités qu'à recueillir les successions portugaises, on aurait soumis les successions aux lois du Portugal.

» Enfin les deux souverains déclarent *n'entendre déroger ni porter atteinte aux lois qui peuvent être établies dans les Etats et territoires respectifs concernant l'émigration des sujets, et notamment aux édits et règlemens publiés en France, ainsi qu'en Portugal, dont les deux souverains se réservent l'exercice.* On connaît l'édit de 1669, qui défend aux Français de se retirer hors du royaume, pour aller s'établir dans les pays étrangers, à peine de confiscation de corps et de biens, et d'être censés et réputés étrangers, sans qu'ils puissent être ci-après rétablis ni réhabilités, ni leurs enfans naturalisés pour quelque cause que ce soit. — Sans doute le Portugal a quelque loi semblable contre les émigrations. — Si le traité de 1778 n'a eu d'autre objet que de rendre les Portugais habiles à recueillir en France des successions portugaises, et les Français habiles à recueillir en Portugal des successions françaises, les deux souverains n'ont pas dû craindre que leurs sujets respectifs abusassent du traité pour se soustraire à l'exécution des lois générales concernant les émigrations. — Le roi de France n'a pas dû craindre qu'un de ses sujets, devenu Portugais par émigration, pût abuser du traité de 1778, pour venir réclamer comme Portugais, les successions de ses parens français, puisqu'on suppose que le traité n'habilite les Portugais à recueillir en France que les successions portugaises. — Dans cette supposition, la réserve de l'exécution des lois concernant les émigrations, serait absolument sans objet. — Mais si le traité est tel que nous l'avons vu, s'il donne aux Portugais la capacité de recueillir en France toutes sortes de successions, tant françaises que portugaises, le roi de France aura pu craindre que ses sujets, à la faveur de la qualité de Portugais, qu'ils auraient acquise par leur émigration, ne vinssent recueillir en France les successions de leurs parens français, dont leur émigration même les avait rendus incapables. — Ces sortes de fraudes ne sont pas sans exemple. Celui de Moïse Toulouse, entre autres, est bien connu. — C'est pour prévenir de pareilles fraudes, que les deux souverains ont déclaré, par le traité de 1778, qu'ils n'entendaient pas porter atteinte aux lois pénales concernant les émigrations. — Mais cette réserve suppose nécessairement que les Portugais ont acquis par le traité, la faculté universelle de succéder en France à leurs parens, soit français, soit portugais; que les Français ont acquis de même la faculté universelle de succéder en Portugal à leurs parens, soit portugais, soit français.

» On suppose une autre clause du traité, par laquelle, après avoir fait l'énumération des successions qui pourront échoir aux Portugais en France, et aux Français en Portugal, on ajoute qu'elles leur seront délivrées librement et sans empêchement, *sans qu'en aucun cas elles puissent être soumises au droit d'aubaine.* — Sans qu'en aucun cas elles puissent être soumises au droit d'aubaine! voilà le grand mot, s'écrie-t-on; ce mot prouve qu'il n'est question dans le traité, pour les Portugais en France, que des successions portugaises; pour les Français en Portugal, que des successions françaises; pour les uns et pour les autres, que des successions qui étaient sujettes, avant le traité, au droit du fisc, lequel est aboli par le traité. — Cette objection si terrible, porte en entier sur la fausse interprétation du droit d'aubaine, sur l'interprétation exclusive de ce mot, comme ne signifiant que le droit du fisc sur les successions des étrangers décédés en France. — Si donc j'ai prouvé que ce mot avait un double sens, qu'il était synonyme du droit de pérégrinité, qu'il comprenait toutes les incapacités produites par le vice de pérégrinité, que c'est dans ce dernier sens que les magistrats, les publicistes et les jurisconsultes l'ont presque toujours pris; que c'est ainsi surtout qu'on l'a entendu dans le traité de 1778: que devient alors la fameuse objection? Le mot *droit d'aubaine* signifiera dans la seconde classe, ce qu'il signifie dans la première. Dans l'une et dans l'autre, il comprendra bien dans sa généralité, le droit du fisc sur les successions des étrangers décédés en France, mais il comprendra aussi toutes les incapacités de tester et de succéder qui résultent du vice de pérégrinité. Ainsi, tout se réunit pour proscrire le système des adversaires de la demoiselle Doria ».

En effet, par sentence rendue au châtelet de Paris, le 27 février 1784, sur les conclusions de M. Hérault de Séchelle, avocat du roi, il a été jugé que la succession dont il s'agissait, appartenait à la demoiselle Doria; et sur l'appel des héritiers français, cette sentence a été confirmée par arrêt du 3 avril 1784, sur les conclusions de M. l'avocat-général Joly de Fleury.

[[Cet arrêt aurait-il pu juger de même, s'il n'eût pas été démontré par le texte du traité de 1778, que l'intention des puissances contractantes avait été d'habiliter les Portugais à succéder en France à leurs parens français, et les Français à succéder en Portugal à leurs parens portugais? Aurait-il pu juger de même si les puissances contractantes n'eussent fait, par le traité de 1778, qu'une renonciation réciproque au droit d'aubaine?

J'ose affirmer que non; et j'ai pour garans de mon assertion, non-seulement les principes exposés au commencement de ce n.°, mais encore l'autorité des arrêts les plus précis.

Le sieur Tourton, Français, avait institué le sieur Thélusson, Génevois, son légataire universel. Les Héritiers *ab intestat* du sieur Tourton demandèrent la nullité de ce legs, sur le fondement que le sieur Thélusson était étranger. Le sieur Thélusson opposa en vain les lettres-patentes de Henri IV, du mois de juin 1708, qui portent: « Le droit d'aubaine cessera dorénavant dans notre royaume contre les citoyens, bourgeois, domiciliés et sujets de ladite république (de Genève); comme aussi il ne pourra être pratiqué en ladite république contre nos sujets qui y décéderont ». Par arrêt du parlement de Paris du 1.er avril 1729, le sieur Thélusson fut déclaré incapable de recueillir le legs universel du sieur Tourton (1).

Le 22 août 1790, Benjamin Volcau meurt sans enfant, à Maure, département des Deux-Sèvres. — Le 31 mars 1791, Laurent-Etienne et Marie Picard, Génevois, ses plus proches parens, vendent leurs droits successifs à Charles Bastard, Français, parent, comme eux, du défunt, mais dans un degré plus éloigné. — Charles Bastard veut se mettre en possession de la totalité des biens de Benjamin Voleau. — Mais sa sœur Marguerite Bastard, épouse d'Honoré Gros, en réclame la moitié, comme étant avec lui plus proche parente habile à succéder. — La cause portée au tribunal civil du département des Deux-Sèvres, jugement qui, attendu que Charles Bastard est aux droits du sieur et de la demoiselle Picard, le maintient en possession de tous les biens dépendans de la succession de Voleau, et déboute la femme Gros de sa demande en partage. — Mais, sur l'appel, le tribunal civil du département de Maine-et-Loire réforme ce jugement, déclare nul et sans effet l'acte de cession du 31 mars 1791, et ordonne le partage de la succession entre Charles Bastard et sa sœur. — Charles Bastard se pourvoit en cassation. — Par arrêt du 2 prairial an 9, au rapport de M. Aumont, « vu les lettres-patentes du mois de juin 1608, enregistrées le 15 juillet suivant, qui déclarent les Génevois exempts du droit d'aubaine; l'art. 1 de la loi du 18 août 1790, ainsi conçu: *Le droit d'aubaine et celui de détraction sont abolis pour toujours;* les art. 3 et 4 de la loi du 8 avril 1791, portant: *Les étrangers, quoiqu'établis hors du royaume, sont capables de recueillir en France les successions de leurs parens, même français...... Les dispositions des articles 1 et 3 ci-dessus, auront leur effet dans toutes les successions qui s'ouvriront après la publication du présent décret;* attendu qu'il s'agit au procès de la succession d'un Français mort en France; que le droit d'aubaine est le droit par lequel les biens que possédait un étranger dans le pays où il est décédé, appartiennent au souverain de ce pays; que l'abandon d'un droit, fait en faveur de ceux contre lesquels il était établi, ne pouvant que leur rendre ce que ce droit ôtait, il s'ensuit nécessairement que la remise du droit d'aubaine n'a pu donner aux étrangers que la faculté de recueillir les biens qu'avaient en France leurs parens *étrangers* au moment où ils y sont décédés; attendu que les lettres-patentes de 1608 n'accordent aux Génevois que l'exemption du droit d'aubaine; que la loi du 18 juillet 1790 ne prononce que l'abolition du droit d'aubaine et de détraction; que cette abolition n'avait d'autre effet que d'affranchir les étrangers du payement du droit auquel ils étaient assujétis, lorsqu'ils voulaient transporter hors de France le produit des successions qu'ils y avaient recueillis; que la preuve que, de l'abolition de ces droits, ne résultait pas pour les étrangers celui de recueillir, après la mort de leurs parens *français*, les biens laissés par ceux-ci en France, et dans la loi du 8 avril 1791, dont les art. 3 et 4 leur accordent cette faculté, mais décident textuellement qu'ils ne l'exerceront que dans les successions qui s'ouvriront après sa publication; que la succession dont il s'agit au procès, s'étant ouverte en 1790, ne saurait être régie par une loi de 1791; le tribunal rejette, etc ».

La disposition de la loi du 8 avril 1791, rappelée dans cet arrêt, qui, ajoutant à celle du 18 août 1790, déclarait les étrangers habiles à succéder en France, même à leurs parens français, a été, comme on l'a vu à l'article *Aubaine*, n. 14, sinon abrogée, du moins considérablement modifiée par le Code Napoléon.]]

V. au surplus, *Anglais, Dunkerque, Guerre, Hollandais, Irlandais* et *Successions.*

§. IV. *De l'incapacité dont sont frappés les enfans nés de certains mariages.*

Les enfans nés — d'un mariage qui a été tenu caché pendant sa durée, — ou d'un mariage célébré *in extremis,* quand il a été précédé d'un commerce illicite, — ou d'un mariage contracté entre un ra-

(1) Denizart, au mot *Aubaine.*

visseur et la personne ravie, — ou enfin d'un mariage entre deux personnes, dont l'une était morte civilement, — tous ces enfans sont inhabiles à succéder à leurs pères et à leurs mères, et même à leurs parens collatéraux; mais ils peuvent être institués Héritiers par des étrangers, et succéder *ab intestat* à leurs propres enfans.

[[De ces quatre incapacités, la première et la seconde sont abrogées. *V. Clandestinité*, §. 2, et *Mariage*.

La troisième ne subsiste plus que dans le cas où le mariage a été déclaré nul, pour cause de violence. *V. Empêchement.*]]

§. V. *De l'incapacité des bâtards.*

Les bâtards sont incapables de succéder, tant *ab intestat* que par testament, à leurs pères et à leurs mères naturels. — A l'égard des parens de ceux-ci, ils peuvent leur succéder par testament: il en est de même des étrangers. — Quant à leurs propres enfans, ils sont à leur égard capables de toutes successions actives et passives, testamentaires et légitimes. — Il y a même plusieurs coutumes qui les déclarent habiles à succéder à leurs mères et à leurs parens maternels: telles sont Valenciennes, Ham en Artois, Waterlos dans la châtellainie de Lille, Gand, et la plupart de celle de la Flandre flamande.

[[Les lois nouvelles ont, sur tout cela, apporté de grands changemens aux anciennes. *V. Bâtard.*]]

§. VI. *de l'incapacité qui résulte de l'exhérédation.*

Les enfans déshérités pour une des causes exprimées par le droit romain, ou par les ordonnances du royaume, ne succèdent point à celui qui a prononcé l'exhérédation; mais cette incapacité ne s'étend point aux autres successions.

[[On a vu au mot *Exhérédation*, que les pères ne peuvent plus déshériter leurs enfans.]]

§. VII. *De l'incapacité qui résulte de l'indignité.*

Il en est de ceux qui se sont rendus indignes de succéder par quelque crime commis envers celui de la succession duquel il s'agit, comme de ceux qui ont encouru l'exhérédation. *V. Indignité et Légitime*, sect. 5, §. 2.

§. VIII. *De l'incapacité qui résulte, soit du défaut d'avoir été conçu à l'instant de l'ouverture d'une succession, soit d'être né viable.*

Celui qui n'était pas conçu à l'instant de l'ouverture d'une succession, ne peut pas la réclamer à titre d'Héritier; c'est ce qu'on [[a déjà remarqué plus haut, sect. 2, §. 1, n. 3; et ce qu'on]] démontrera plus particulièrement au mot *Succession*, sect. 1, §. 2, art. 1.

Mais l'enfant qui est dans le sein de sa mère, est saisi, comme s'il était né, de toutes les successions qui lui sont déférées. Cette saisine n'est cependant que provisoire, et elle n'a d'effet qu'autant qu'il naît vivant; car s'il naissait mort, il serait censé n'avoir jamais été saisi.

En serait-il de même s'il naissait vivant, mais avant terme, c'est-à-dire, avant le septième mois de la conception? Cette question a partagé les auteurs et les tribunaux.

Chopin rapporte un arrêt du parlement de Paris, du 1.er février 1535, par lequel il a été jugé qu'un père avait droit à la succession de sa femme du chef de son fils, né par l'opération césarienne, dans le cinquième mois. Bouguier en cite un autre de la même cour, du 24 novembre 1600, qui a jugé la même chose dans le cas d'un enfant né dans le sixième mois. Asande, dans son Recueil de *décisions*, en rapporte un semblable du conseil souverain de Frise; et Desjaunaux nous en a conservé un du 11 décembre 1709, rendu en révision au parlement de Flandre, qui a adopté la même opinion.

D'un autre côté, Zachias, dans ses *Quæstiones medico-legales*; Julius Clarus dans son livre *Receptarum Sententiarum*; Ricard, dans son *Traité des Dispositions conditionnelles*; Leprêtre, dans son Recueil d'arrêts du parlement de Paris; et Pollet, dans son Recueil d'arrêts du parlement de Flandre, soutiennent qu'un enfant qui vient au monde avant le septième mois, ne peut pas jouir des effets civils, ni conséquemment les transmettre à ses Héritiers, parce qu'il ne naît que pour mourir. C'est aussi ce qu'ont jugé plusieurs arrêts, trois, entre autres, du parlement de Paris, et un du parlement de Flandre. Les trois premiers sont des 2 ou 11 décembre 1594, 1 août 1615, et 17 avril 1635; on les trouve dans Louet, dans Leprêtre, et dans le *Journal des Audiences*; le quatrième est du 18 décembre 1691, et il est rapporté par Pollet.

Voici comment on cherche à justifier cette opinion. — Tous les médecins, dit-on, enseignent que le fœtus qui sort du sein de la mère avant le septième mois de sa conception, ne naît que pour mourir, et que par conséquent tout accouchement qui arrive avant ce terme n'est qu'un avortement. Or, la loi 2, C. *de posthumis Heredibus instituendis*, décide que l'enfant qui vient au monde par une fausse couche, ne doit pas être considéré quant aux effets civils, sans distinguer s'il était vivant ou non, parce que c'est la même chose de naître mort ou de naître pour mourir. — La loi 3 du même titre exige, pour qu'un posthume puisse rompre par sa naissance le testament de son père. qu'il vienne au monde parfait, *si vivus perfectè natus est*, c'est-à-dire, qu'il ait atteint le terme auquel il est possible qu'il vive. — La loi 3, D. *de suis et legitimis Heredibus*, n'est pas moins formelle: Ulpien, qui en est l'auteur, traite de la succession du patron aux biens de son affranchi; il établit d'abord, que les enfans de l'affranchi excluent le patron; ensuite, il étend cette règle à l'enfant qui était encore dans le sein de sa mère, lorsque son père est mort; et, à la fin, il décide qu'il suffit, pour exclure le patron, que l'enfant soit né le cent quatre-vingt-deuxième jour, qui est le commencement du septième mois; ce qui fait entendre assez clairement qu'un enfant né avant ce terme ne succéderait pas. — On objecte, à la vérité, que cette décision n'a pour objet que l'état de l'enfant, et qu'elle porte uniquement sur la question de savoir s'il est né légitime ou non; et on croit le prouver par les termes de la loi citée : *De eo autem qui centesimo octogesimo secundo die natus est, Hyppocrates scripsit, et divus Pius pontificibus rescripsit, justo tempore videri natum : nec videri in servitute conceptum cùm mater ipsius ante centesimum octogesimum secundum diem esset manumissa.* Mais répond M. Pollet, « on peut dire que l'exclusion du patron est fondée sur la règle *que l'enfant qui vient au monde dans le septième mois, est capable de tous les effets civils;* que ce que le jurisconsulte ajoute de la réponse de l'empereur Antonin, n'est pas un restriction ou modification de la règle, mais plutôt une confirmation. »

Nous ne prendrons ici aucun parti entre ces deux opinions; mais on trouvera au mot *Légitimité*, sect. 2, §. 1, des détails qui pourront conduire à une solution précise et sûre de la difficulté.

[[L'art. 725 du Code Napoléon déclare incapable de succéder, *l'enfant qui n'est pas viable.*]]

§. IX. *De l'incapacité qui résulte de l'absence.*

Les personnes réputées mortes par l'effet d'une longue absence, ne succèdent point. C'est à celui qui a intérêt que l'absent succède, à prouver qu'il était encore en vie au temps de l'ouverture de la succession; autrement il est réputé mort du jour de la dernière nouvelle qu'on a eue de lui, et par-là incapable de succéder et de transmettre une succession. Le parlement de Paris l'a ainsi jugé par arrêt du 11 août 1719, rapporté au *Journal des Audiences. V. Légitime*, sect. 3, §. 1; [[*Absent* et *Déclaration d'absence.*]]

§. X. *De l'incapacité qui résulte de l'acceptation d'un legs.*

Il y a des coutumes où l'Héritier qui a accepté un legs, est incapable de succéder *ab intestat.* Pour rendre un compte exact des principes du droit français sur cette matière, il faut faire un examen séparé de chaque ordre de succession. Nous proposerons, après cela, les questions générales qui peuvent s'élever sur cet objet.

ART. I. *Les qualités de légataire et d'Héritier sont-elles compatibles en ligne directe descendante?*

Si l'on doit en croire Ricard, Lebrun, Rousseaud de Lacombe, et plusieurs autres auteurs, il résulte du chap. 6 de la Novelle 18, qui est suivie dans tous les pays du droit écrit, qu'on ne peut être légataire et Héritier en ligne directe descendante, si l'ascendant ne l'a expressément permis, ou n'a expressément marqué que tel Héritier conserverait par forme de préciput et de prélegs, les avantages qu'il lui a faits dans son testament.

Une pareille doctrine prouve très-clairement que tous ces auteurs ne se sont pas donné la peine de lire le texte sur lequel ils l'ont fondée. En voici l'analyse. — Avant l'empereur Justinien, il était de règle que le rapport n'avait lieu entre frères et sœurs venant ensemble à la succession de leur père commun, que dans le cas où celui-ci mourait *ab intestat*, parce qu'on présumait qu'en faisant un testament sans ordonner le rapport, il avait voulu en dispenser ceux de ses enfans qui y étaient obligés. La loi citée a corrigé cette jurisprudence, et a établi qu'il y aurait lieu au rapport, soit que le défunt eût fait un testament ou non; mais elle n'a rien décidé de nouveau sur la nature des avantages que le rapport doit embrasser; elle s'en est au contraire référée au droit ancien : *nos sancimus.... omninò esse collationes et exindè æqualitatem secundùm quod olim dispositum est.* Or, les lois 28 et 42, D. *familiæ erciscundæ;* les lois 17, §. dernier, et 87, D. *de legatis* 1°; la loi 16, C. *de collatione;* et les sentences de Paul, liv. 3, tit. *de legatis*, disent très-clairement que les legs faits aux Héritiers, ne sont pas sujets au rapport, lors même que le testateur ne les en affranchit pas en termes exprès; et de là suit nécessairement la conséquence que les qualités d'Héritier et de légataire ne sont pas incompatibles suivant le droit écrit, et qu'on ne doit pas les considérer comme telles dans tous les pays régis par ce droit.

A l'égard de nos coutumes, il y en a un très-grand nombre qui déclarent purement et simplement, qu'on ne peut être Héritier et légataire tout ensemble, ce qui s'applique sans difficulté à la ligne directe et descendante. Telles sont Paris, art. 300; Senlis, art. 160; Valois, art. 80; Meaux, art. 33; Blois, art. 158; Vitry, art. 100; Lille, tit. 1, art. 8; bailliage de Lille, tit. 2, art. 12; Calais, art. 93; Etampes, art. 109; Dourdan, art. 106; Grand-Perche, art. 123, etc. — Un arrêt du 12 juin 1652 a jugé, en interprétant l'art. 338 de la coutume d'Anjou, qu'elle devait être rangée dans la même classe.

Quelques coutumes autorisent formellement le concours des qualités d'Héritier et de légataire. Telles sont Reims, art. 288 et 302; Tournai, tit. 23, art. 4; Poitou, art. 216; Noyon, art. 16; Péronne, art. 205.

Ces deux dernières coutumes exigent pour condition de la validité des legs faits à l'Héritier, qu'il soit conçu *par forme de prélegs et hors part;* mais cette condition n'a lieu que dans les coutumes qui la prescrivent : on ne l'étend point à celles qui n'en parlent pas. C'est ce qu'ont jugé deux arrêts des 18 juin 1612 et 6 septembre 1677, rendus en interprétation de l'art. 216 de la coutume de Poitou, et deux autres des 12 juin 1652 et 12 janvier 1653, rendus en interprétation de l'art. 57 de la coutume d'Amiens.

Il n'est même pas nécessaire, dans les coutumes de Péronne et de Noyon, que le testateur se serve précisément des mots *prélegs et hors part* : il peut y suppléer par des termes équivalens, comme l'ont jugé deux arrêts, l'un du 14 juillet 1570, rapporté par Guenois en sa *Conférence* sur l'art. 26 de la coutume de Ponthieu; l'autre du 23 janvier 1660, rendu sur l'art. 16 de la coutume de Noyon, et cité par Lebrun.

A l'égard des coutumes muettes, Soëfve, Ricard et Lebrun sont d'avis qu'on doit y admettre, au moins en ligne directe descendante, l'incompatibilité des qualités dont nous parlons. Mais le principe dont ils argumentent, est évidemment faux et se rétorque contre eux-mêmes. Ecoutons Ricard :

« Je ne crois pas qu'on puisse choisir d'autre règle en cette matière, que celle du droit civil, par cette raison que nous en avons tiré les principes de la matière des donations, tant entre-vifs que testamentaires; et que ce n'est pas le cas auquel on puisse, par l'interprétation d'une coutume, avoir recours à la coutume voisine; ce qui ne doit avoir lieu que quand les deux coutumes qu'on prétend expliquer l'une par l'autre, ont des dispositions conformes, et que l'une se trouve moins étendue que l'autre; mais non pas lorsqu'une coutume ne dit rien absolument sur une matière, comme dans l'espèce que nous proposons... Il résulte de là, que dans les coutumes qui ne décident pas ces questions, il faut tenir pour constant qu'aucun ne peut être Héritier ni légataire ou donataire en ligne directe descendante ».

Le principe de Ricard est, comme on le voit, que le droit romain n'admet pas le concours des qualités d'Héritier et de légataire : or, nous avons démontré le contraire il n'y a qu'un instant : Ricard a donc fourni un argument contre son propre système, en établissant que dans les coutumes muettes notre question doit se décider par le droit romain. D'ailleurs il convient lui-même, sur la coutume d'Amiens, que l'incompatibilité n'y est pas admise, quoique cette coutume ne la rejette pas formellement, et il rapporte un arrêt du mois d'août 1659, qui l'a ainsi jugé. Il est vrai qu'il ajoute, et Lebrun le fait également après lui, que cette jurisprudence est particulière à la coutume d'Amiens, et qu'elle est fondée sur quelques dispositions de cette loi municipale, qui semble annoncer une intention implicite d'admettre le concours des qualités d'Héritier et de légataire; mais ces dispositions auraient pu être interprétées autrement par l'arrêt cité, si le parlement de Paris avait alors regardé l'incompatibilité comme un point de droit commun; puisque Ricard dit lui-même, à la suite du passage déjà cité, que « les coutumes qui ne sont pas entièrement conformes sur cette matière à la jurisprudence des lois romaines, doivent, tant qu'il se peut, sans déroger aux termes avec lesquels elles se trouvent conçues, être réduites à la disposition de ces lois, puisqu'elles passent pour ce regard pour droit commun parmi nous ».

L'arrêt que nous venons de citer d'après Ricard, n'est pas le seul qui ait rejeté le système de cet auteur. Dufresne, sur l'art. 57 de la même coutume, dit qu'il y en a tant d'autres, qu'il serait infini de les rapporter. — Boullenois nous en a conservé un dont l'espèce est remarquable. — Michel Drouillard, domicilié à la Rochelle, avait d'un premier lit deux filles mariées et dotées du bien de leur mère prédécédée, et une fille d'un second lit, qu'il institua sa légataire universelle. Comme il n'avait pas de propres, mais seulement des meuble et acquêts, il fut question de savoir si la fille du second lit aurait, en sa qualité de légataire universelle, les meubles et le tiers des acquêts auxquels cette coutume borne le pouvoir de disposer quand on n'a pas de propres, et si elle prendrait encore, comme Héritière, sa part dans les deux autres tiers des acquêts réservés aux Héritiers. On prétendait de la part des deux filles du premier lit, que l'art. 42 de cette coutume défendant tout avantage entre enfans ou autres Héritiers présomptifs en matière de bien propres, on devait étendre cette prohibition aux acquêts, à défaut de propres, la coutume admettant la subrogation de plein droit. On soutenait, au contraire, de la part de la fille du second lit, que l'esprit de la coutume était pour la compatibilité; et pour le prouver, on invoquait l'autorité de Huet, commentateur de cette loi municipale, et celle de Louet : on ajoutait que la coutume de Poitou, dont un article cité plus haut admet la compatibilité, devait suppléer aux cas omis par celle de la Rochelle, conformément à la note de Dumoulin sur le titre initial de celle-ci. — Sur ces raisons, arrêt est intervenu le 21 janvier 1713, à la seconde chambre des enquêtes, au rapport de M. Chavaudon, qui a jugé, en confirmant une sentence de la sénéchaussée de la Rochelle, du 1.er avril 1711, que la fille du second lit pouvait réunir les deux qualités d'Héritière et de légataire universelle.

Art. II. *Les qualités d'Héritier et de légataire sont-elles compatibles en ligne directe ascendante ?*

Elles le sont constamment dans le droit écrit : Ricard et Lebrun en conviennent eux-mêmes.

A l'égard des coutumes, il faut distinguer celles qui ne disent rien sur cette question, d'avec celles qui déclarent généralement qu'on ne peut être Héritier et légataire dans une même succession.

Dans les coutumes de la première classe, on admet universellement le concours de ces deux qualités; cette assertion n'a pas un seul contradicteur.

Mais dans les coutumes de la seconde classe, on juge constamment que la défense générale d'être Héritier et légataire tout ensemble, doit s'appliquer aussi bien aux ascendans qu'aux descendans. Lebrun est également de cet avis; néanmoins il prétend que, dans la coutume de Paris, un ascendant peut être légataire d'une partie des meubles et acquêts, et partager le surplus en qualité d'Héritier avec un autre ascendant qui doit y succéder comme lui. — « Ce n'est pas mon sentiment (répond Lemaître); et puisque l'art. 300 est général, j'estime qu'il doit au moins avoir lieu entre les Héritiers des mêmes biens ; c'est alors qu'on doit conserver cette égalité qui sert de fondement à l'incompatibilité des qualités d'Héritier et de légataire. Il ne sert de rien d'objecter que le rapport n'a point lieu entre ascendans...... ; car ce n'est pas par les rapports qu'on doit juger de l'incompatibilité : en collatérale, le rapport n'a point lieu, un des Héritiers peut être donataire entre-vifs........; néanmoins les qualités de légataire et d'Héritier sont incompatibles entre collatéraux, lorsqu'il s'agit de biens auxquels ils sont également appelés ».

Mais cette incompatibilité peut-elle empêcher un père ou un aïeul d'être Héritier des meubles et acquêts, et légataire des propres qui, n'étant pas de sa ligne, sont déférés par la coutume aux Héritiers collatéraux? Les avis sont fort partagés sur cette question. — Renusson, en son *Traité des propres;* Charondas, Lemaître, Ferrière, sur la coutume de Paris; Laurière, sur les *Institutes coutumières* de Loysel; le président Bouhier, sur la coutume de Bourgogne, sont pour l'affirmative. — D'Argentrée, Brodeau, Auzanet, Lebrun, Boullenois et Bourjon sont pour la négative. — La raison de ceux-ci est que dès qu'une personne a fait choix de la qualité d'Héritier, elle a adopté une qualité incompatible avec celle de légataire, quand ces deux qualités tendent à préjudicier à ceux qui sont Héritiers du même défunt dans une même coutume. — La raison de ceux-là est qu'à la vérité on ne peut pas être Héritier et légataire des biens dans lesquels on prend part comme Héritier, parce que cette masse de biens forme une même succession; mais que quand il y a des biens dans lesquels on ne prend rien comme Héritier, on peut les prendre comme légataire, encore qu'on soit Héritier dans d'autres biens, attendu que ces différens biens, quoique situés dans la même coutume, forment différens patrimoines, et par conséquent différentes successions.

Si la jurisprudence des arrêts n'avait pas encore fixé les opinions sur cette question importante, et qu'on pût encore la regarder comme entière, peut-être penserions-nous que le parti de la compatibilité devrait prévaloir. — Quelque général que soit l'art. 300 de la coutume de Paris, il n'a certainement pas d'autre but que de mettre l'égalité entre les cohéritiers; c'est ce que Boullenois prouve lui-même très au long. Or, on ne dira pas que les collatéraux maternels sont cohéritiers d'un père qui succède aux meubles et acquêts de son fils, puisqu'il recueille tous ses biens à leur exclusion : ils ne peuvent donc pas lui appliquer la défense d'être à la fois Héritier et légataire.

Lebrun objecte que si l'on admettait le concours de ces deux qualités dans l'espèce de notre question, il y aurait confusion du legs, parce que l'Héritier en deviendrait débiteur envers lui-même; mais cette objection mérite à peine une réponse sérieuse. Un père qui est légataire d'un propre maternel, ne prend pas son legs sur lui-même; ce sont les Héritiers maternels qui lui en font la délivrance, il ne peut donc pas y avoir lieu à la confusion.

Mais, nous l'avons déjà dit, le parti de l'incompatibilité l'a emporté sur ces raisons. On cite jusqu'à trois arrêts qui ont prononcé successivement en faveur de ce parti. Le premier est du 11 mars 1581; le second, du 24 novembre 1644 (1); et le troisième, du 9 août 1687 (2). — Ces arrêts, rendus dans la coutume de Paris, ont jugé les qualités d'Héritier et de légataire incompatibles dans la personne du père, sur le fondement que cette coutume défendant d'être légataire et Héritier en ligne directe, sans distinguer la ligne ascendante de la ligne descendante, il faut les comprendre toutes deux dans la prohibition, afin que les propres ne puissent remonter contre l'intention de la coutume. — Tels sont les motifs que leur prête Ricard lui-même. « Les réformateurs (ajoute-t-il) n'ignoraient pas qu'il y a souvent dans une succession des biens qui sont affectés à certaines lignes, auxquels tous les Héritiers ne succèdent pas; et que les uns succèdent aux meubles, les autres aux propres. L'on peut même dire que les Héritiers d'une ligne ne sont pas tout-à-fait étrangers à l'égard des biens d'une autre ligne, y pouvant succéder au défaut des Héritiers lignagers ».

Art. III. *Les qualités d'Héritier et de légataire sont-elles compatibles en ligne collatérale?*

Les principes sont les mêmes sur cette question que sur la précédente.

D'abord, on convient généralement que le droit écrit admet le concours des deux qualités en ligne collatérale.

En second lieu, il est constant que ce concours est également admis dans les coutumes qui n'ont pas de disposition contraire. On en rapporte un arrêt du 7 décembre 16[illegible]8, rendu pour la coutume de Vermandois, et, ce qui est à remarquer, dans des circonstances très-propres à faire juger le contraire, pour peu qu'on eût balancé sur la question en général. « Les parties qui perdirent leur cause (dit Ricard), rapportaient un arrêt, par lequel elles prétendaient que la question avait été jugée à leur avantage, ensemble une attestation des officiers du siége de Vermandois à Laon, qui certifiait que l'usage de la province était conforme à leur prétention, outre que c'est encore l'opinion de Buridan, en son *Commentaire* sur l'art. 198 de cette coutume ». — La même chose a été jugée dans la coutume d'Amiens, par quatre arrêts rendus, le premier en 1622, sur les conclusions de M. Bignon, à la chambre de l'édit; le second, le 12 juin 1652, à la même chambre et sur les conclusions du même magistrat; le troisième, à la grand'chambre, le 21 janvier 1653; et le quatrième, à la troisième chambre des enquêtes, le 24 mars 1683.

Quelque constante que soit cette jurisprudence, Lemaître entreprend de la combattre : elle est fondée, dit-il, sur le principe que l'égalité dont dérive l'incompatibilité, n'est pas exactement observée en ligne collatérale : « Mais à présent que dans les cas où les coutumes ne décident rien, on juge qu'il faut plutôt suivre la coutume de Paris que le droit civil, comme il se voit par l'arrêt rendu en 1672, touchant la faculté de tester, j'ai peine à me persuader que cette décision doive être reçue : et quoique la coutume de Paris ne désire pas en collatérale la même égalité qu'en directe, les qualités d'Héritier et de légataire y sont incompatibles; c'est même notre droit commun, parce que cette incompatibilité est presque générale dans toutes les coutumes ».

Il serait à désirer que nous eussions des lois certaines sur les cas où il faut recourir au droit écrit, et sur ceux où il faut suivre l'esprit général des cou-

(1) Ricard, part. 1, n. 647.

(2) *Ibid.* n. 695. Journal du Palais.

tumes. Nous n'avons, sur cette matière, que des principes vagues, et dont l'application fait naître une foule de procès qui se jugent, tantôt d'une façon, tantôt d'une autre. L'arrêt de 1672, concernant l'âge requis pour tester, en est un exemple frappant. Cet arrêt, comme le remarquent les rédacteurs du *Journal du Palais*, a entièrement changé la jurisprudence antérieure, suivant laquelle on devait suppléer par le droit romain, aux coutumes muettes sur cet objet : il a été suivi de quelques autres qui ont adopté sa décision ; mais le 21 août 1734, il en a été rendu un qui a jugé, en confirmant une sentence du conseil d'Artois du 28 juillet 1732, que l'âge de tester, dans cette province, devait se régler par le droit romain, quoique ce droit n'y ait pas plus d'autorité que dans les autres pays coutumiers. *V. Testament*, sect. 1, §. 1, art. 3.

D'après cela, on voit que notre question serait fort embarrassante, si elle dépendait absolument de celle de savoir si c'est par le droit romain ou par la coutume de Paris, qu'il faut juger, dans les coutumes muettes, de la compatibilité ou incompatibilité des titres d'Héritier et de légataire en collatérale.

Mais mettons à part et les lois romaines et la coutume de Paris, et ne nous attachons qu'aux principes de la raison naturelle.

Il est certain que chacun doit avoir la liberté de disposer de son bien comme il lui plaît, à moins qu'il n'en soit empêché par quelque loi : il est également certain que les lois prohibitives, surtout celles qui gênent la liberté naturelle, ne s'étendent point d'un cas à un autre, et moins encore d'un pays où elles ont lieu, à un autre pour lequel elles n'ont point été faites. De là il suit nécessairement que chaque testateur peut avantager un de ses Héritiers dans tous les pays où il n'y a point de lois qui le défendent, et par conséquent, que les qualités d'Héritier et de légataire en ligne collatérale, ne sont incompatibles que dans les coutumes qui les déclarent expressément telles.

A l'égard des coutumes qui décident indéfiniment qu'on ne peut pas être à la fois Héritier et légataire, il paraît naturel de comprendre la ligne collatérale dans leur disposition : ce serait, dit Ricard, se donner trop de licence, que de la restreindre à la ligne directe, puisqu'en se servant des termes indéfinis, elles font entendre qu'on ne doit en excepter aucune succession. C'est ce qui a été jugé par arrêt du 1.er avril 1661, rendu sur l'art. 72 de la coutume de Sens. La même chose avait été jugée auparavant, suivant Charondas, « par arrêt de la cour, entre les sieurs de Montceaux, Héritiers du feu sieur de Hanvoiles, leur frère, ès coutumes de Senlis et de Clermont, conformes à celle de Paris ».

Nous avons même quelques coutumes qui comprennent expressément les collatéraux dans l'incapacité d'être à la fois Héritiers et légataires. Ce sont celles d'Etampes, art. 109 ; de Dourdan, art. 106 ; et du Grand-Perche, art. 123.

Cette incapacité peut-elle empêcher qu'un collatéral ne soit Héritier des biens auxquels il est appelé par la loi, et légataire de ceux dans lesquels il n'a point droit de succéder ?

Cette question est, comme on le voit, la même que celle dont on a parlé plus haut, par rapport aux successions directes ascendantes. Il faut donc y appliquer la même décision, et dire qu'un Héritier des propres paternels peut être légataire des propres maternels, et réciproquement, par la raison que l'Héritier paternel est comme étranger à l'égard des propres maternels, et que quand il renoncerait à la succession, ce ne serait pas l'Héritier maternel qui en profiterait.

C'est précisément ce qu'on juge en Normandie. L'art. 93 du réglement de 1666 porte « qu'on peut donner partie des acquêts à celui qui est seulement Héritier aux propres, et partie des propres à celui qui est seulement Héritier aux acquêts ». Il y a d'ailleurs un arrêt du parlement de Rouen, du 7 août 1755, qui décide qu'on peut donner le tiers des propres maternels à l'Héritier des propres paternels (1).

Cet avis est adopté par Louet, Renusson, Lemaître, et il a été confirmé au parlement de Paris par un arrêt du 23 février 1625.

Il est cependant combattu par plusieurs auteurs, entre lesquels on remarque Auzanet, Ricard et Bourjon. Leur raison est qu'encore que le parent paternel ne succède pas aux propres maternels, *nec vice versâ*, il ne laisse pas d'en avoir la capacité, puisque l'art. 330 de la coutume de Paris qui forme à cet égard le droit commun des pays coutumiers, appelle une ligne au défaut de l'autre. Mais, répond très-bien Lemaître, « cette raison ne me touche pas ; l'incompatibilité des qualités de légataire et d'Héritier n'est que pour mettre l'égalité entre cohéritiers ; et l'art. 330 ne fait que subroger l'Héritier d'une ligne au défaut des Héritiers de l'autre, et ne les rend point cohéritiers ».

Ricard cite deux arrêts pour son opinion : l'un, du 2 avril 1602, l'autre du 9 février 1610. Mais ils peuvent avoir été rendus entre Héritiers d'une même ligne ; et telle est en effet l'espèce du dernier, comme on peut le voir dans Joly qui le rapporte dans son Commentaire sur la coutume de Paris, art. 300.

Deghewiet, dans ses *Institutions au droit belgique*, assure que l'opinion de Ricard a été adoptée par un arrêt du grand conseil de Malines, du 28 février 1730 : mais quelle idée peut-on avoir d'un pareil jugement, lorsqu'on fait attention qu'il a été rendu dans la coutume de Gand, où les Héritiers d'une ligne ne peuvent, en aucun cas, succéder aux biens de l'autre, comme on l'a vu au mot *Déshérence*, et surtout lorsqu'on lit dans Deghewiet, que cet arrêt a ainsi jugé, sur le fondement que la défense d'être Héritier et légataire n'est dirigée que contre la personne, et ne concerne aucunement les biens ? (*V.* ci-après, n. 10).

Enfin, ce qui tranche toute difficulté, c'est que le parlement de Paris a encore rendu de nos jours, en 1777, un arrêt conforme à celui par lequel il avait rejeté, en 1625, le système d'incompatibilité dans le cas dont nous parlons.

Dans le fait, l'abbé Dumoulin mourut en 1773,

(1) *Notes sur Basnages*, tome 2, page 254, édition de 1778.

après avoir institué légataire universel la dame Mezière pour un tiers, et d'autres personnes pour le surplus. Sa succession s'ouvrit dans la capitale où toute sa fortune était située. — Les légataires lui étaient tous parens du côté maternel, sans pouvoir dire à quel degré. — Une dame Bonin se présenta comme cousine paternelle: elle justifia sa généalogie; ce qui lui attribua le droit de se prétendre plus proche parente, et à ce titre de se porter Héritière et des propres de sa ligne, et des propres naissans, et des meubles et acquêts. — La dame Mezière s'était restreinte à la qualité d'Héritière des propres maternels, dans laquelle elle avait procédé, quand elle forma contre la dame Bonin sa demande en délivrance de legs. Les termes du testament ôtaient aux légataires tout espoir d'accroissement entre eux; dès-lors, la dame Bonin, succédant aux biens disponibles, aurait acquis la portion de la dame Mezière dans le legs universel, si celle-ci eût été non-recevable à le prétendre; la dame Bonin imagina donc de soutenir qu'aux termes de l'art. 300 de la coutume de Paris, la dame Mezière ne pouvait réunir la qualité de légataire à celle d'Héritière qu'elle avait déjà. — La dame Mezière répondit que l'incompatibilité, introduite par cette disposition, n'était point absolue, mais relative; que son but était de faire régner l'égalité entre les cohéritiers; que malgré qu'elle fût appelée avec la dame Bonin à la même succession, elle n'était point sa cohéritière; qu'elle était Héritière des propres maternels, tandis que la dame Bonin l'était de ceux de l'autre ligne et des naissans, ainsi que des meubles et acquêts; que n'y ayant rien à diviser entre elles, il ne pouvait y avoir entre elles ni égalité ni inégalité, et que c'était dans le cas seul où elles fussent venues l'une et l'autre, sous la même qualité, à la succession, que la dame Bonin eût été fondée à l'empêcher de cumuler les deux qualités. — Cette défense fut accueillie par une sentence du châtelet, du 28 février 1775; et elle fut confirmée sur l'appel, par arrêt rendu le 1.er août 1777, à l'audience de relevée.

Art. IV. *Par qui l'incompatibilité des qualités d'Héritier et de légataire peut-elle être opposée?*

On a déjà fait voir qu'elle ne peut pas l'être par des Héritiers d'une ligne différente de celle où l'appelé par la loi et par le testateur, fait valoir l'une de ces deux qualités, quoiqu'il exerce l'autre dans la leur.

A plus forte raison donc un étranger ou même un parent, légataire universel, ne peut-il l'opposer. Tous les auteurs sont d'accord sur ce point, et citent un arrêt du parlement de Paris, du 17 mai 1677, qui l'a ainsi jugé. Il y en a un semblable du 19 février 1734, rendu par la grand'chambre de la même cour, entre le sieur de Broglie et la demoiselle de Châtillon: l'espèce en sera rapportée dans un instant.

Il en est de même d'un parent qui, bien qu'au même degré et placé dans le même rang de successibilité, se trouve néanmoins exclu par quelque disposition particulière d'une coutume. C'est ainsi que, par arrêt du 8 février 1624, il a été jugé que, dans la coutume du Nivernais, où les mâles excluent entièrement les femelles en parité de degré, des sœurs n'étaient pas recevables à vouloir recueillir les propres, sous prétexte que leur frère avait pris les meubles et acquêts comme légataire.

Cette décision s'applique avec encore plus de force au cas où le parent qui voudrait opposer l'incompatibilité, serait d'un degré plus éloigné que l'Héritier légataire. On trouve dans les mémoires d'Auzanet, sur l'art. 300 de la coutume de Paris, un arrêt sans date, par lequel il a été jugé qu'un Héritier présomptif à qui le défunt avait fait un legs particulier de tous ses propres, pouvait les retenir en qualité de légataire, quoiqu'un parent plus éloigné de la même ligne en demandât les quatre quints comme lui étant dévolus au moyen de ce que l'Héritier présomptif avait renoncé à la succession, en acceptant le legs. C'est ce qu'a encore jugé un arrêt du 23 août 1715, rendu au rapport de M. de Tourmont.

Ces arrêts sont fondés, comme on le voit, sur ce que la prohibition d'être Héritier et légataire n'a été introduite que pour conserver l'égalité entre cohéritiers, et par conséquent il faut être cohéritier pour pouvoir l'opposer.

On a voulu nous persuader que le contraire avait été jugé tout récemment, et même avec une solennité qui devait faire regarder l'arrêt comme une espèce de règlement. Mais nous avons vérifié l'espèce de cet arrêt, et nous n'y avons rien trouvé qui contrariât nos principes. La voici.

André-François Labbé avait, par son testament, institué Anne-Véronique Labbé, sa sœur, sa légataire universelle: il avait, par le même acte, fait différens legs à ses frères et à ses autres sœurs; mais il n'avait rien laissé à François Le Dagre, son frère utérin. A sa mort, tous ses Héritiers présomptifs ont renoncé à sa succession, savoir: François Le Dagre purement et simplement, les autres pour s'en tenir respectivement à leurs legs. Les choses en cet état, les enfans de François Le Dagre se sont présentés comme Héritiers du second degré, pour recueillir, à défaut du premier, devenu vacant par la renonciation de ceux qui le remplissaient, tout ce qu'il y avait de réserves coutumières dans la succession. La légataire universelle s'est opposée à cette demande, sur le fondement que sa renonciation n'avait été que conditionnelle; qu'elle n'avait renoncé, pour s'en tenir à son legs, que dans la supposition que ses frères et sœurs se seraient portés Héritiers; que le contraire étant arrivé, elle avait le droit de revenir sur ses pas, d'autant plus qu'elle pouvait cumuler, à l'égard d'un parent plus éloigné qu'elle, les qualités d'Héritière et de légataire universelle — Mais, par arrêt du 12 mai 1777, rendu au rapport de M. Barbier d'Engreville, toutes les chambres consultées, les réserves coutumières ont été adjugées aux enfans de François Le Dagre. — Par-là, comme l'on voit, il a bien été jugé que la renonciation de tous les Héritiers présomptifs avait opéré la vacance du premier degré, et ouvert la dévolution au degré suivant. On a encore jugé que la légataire universelle, en renonçant à la succession, avait perdu tout le droit qu'elle aurait eu aux réserves comme Héritière, et que sa renonciation, quoique faite pour s'en tenir à un legs, avait été aussi absolue, avait produit le même effet, que celle de François Le Dagre qui avait été pure et simple. Mais on n'a point jugé qu'un parent du second degré peut opposer à celui du premier, l'incompatibilité des titres d'Héritier et de légataire.

En général, il faut tenir pour règle que l'allégation de l'incompatibilité doit être rejetée dans tous les cas où elle n'opérerait rien en faveur de celui qui l'opposerait.

De là il résulte que l'acceptation que fait un Héritier présomptif, d'un legs contenu dans le testament du défunt, n'équivaut de sa part à une abdication tacite et virtuelle de la qualité d'Héritier, qu'autant qu'il se trouve des parens du même degré et aussi habiles à succéder que lui, pour profiter de sa renonciation.

Une autre conséquence du même principe, est que lorsque, entre plusieurs Héritiers, il s'en trouve un qui a accepté un legs, sa part héréditaire n'accroît point au légataire universel, mais à ses cohéritiers. — On ne croirait pas qu'une vérité aussi évidente eût jamais souffert la moindre contestation : voici néanmoins un arrêt qui nous fait voir que des plaideurs aveugles l'avaient voulu méconnaître.

Le sieur Le Doux, curé d'Hem, village de la châtellenie de Lille, avait fait un testament, par lequel il ordonnait plusieurs fondations, et assignait des legs à chacun de ses Héritiers présomptifs, à l'exception de Pierre-Joseph Le Doux, marchand à Lille. Après la mort du testateur, tous les légataires acceptèrent leurs legs; en conséquence, Pierre-Joseph Le Doux se trouvant seul Héritier habile à succéder *ab intestat*, appréhenda tous les immeubles de la châtellenie de Lille, par mise de fait. Il se fondait sur l'art. 12 du tit. 2 de la coutume de la situation, portant qu'*on ne peut être aumônier et parchonnier, ou prendre portion d'hoirie et don de testament ou autre dernière volonté; et en appréhendant l'un, on se prive de l'autre.* Quelque décisive que fût cette raison, l'exécuteur testamentaire prétendit que la part des Héritiers qui avaient renoncé en acceptant leurs legs ne devait pas accroître à l'Héritier immiscé, mais à l'exécution testamentaire, c'est-à-dire, qu'on devait l'appliquer à l'accomplissement des fondations et des legs portés par le testament; et la gouvernance de Lille le jugea ainsi par sentence du 4 juillet 1723 : mais sur l'appel interjeté au parlement de Douay, il est intervenu, le 23 mars 1724, arrêt à la seconde chambre au rapport de M. Duvelin, qui a infirmé la sentence, a décrété la mise de fait pour tous les biens qui en étaient l'objet, et condamné l'exécuteur testamentaire aux dommages-intérêts et aux dépens des deux instances.

Nous disions tout à l'heure que l'Héritier légataire a droit d'exiger son legs particulier contre le légataire universel : mais a-t-il droit de le retenir et d'en profiter par une sorte de préciput sur ses autres cohéritiers, s'il s'en trouve qui concourent avec lui au partage des réserves coutumières? Il faut, répond M. Bergier, dans ses notes sur Ricard, part. 1, n. 699, « il faut décider que non. La loi du rapport reprendra toute sa force contre lui, lorsqu'il se présentera pour partager avec ses cohéritiers, et il sera obligé de mettre dans la masse commune le legs particulier qu'il aura reçu du légataire universel. La qualité d'Héritier effacera, dans cette seconde opération, celle de légataire; et il arrivera, par le moyen de cette action en rapport, que ce qui n'a été légué qu'à un des cohéritiers, profitera à tous, s'ils sont plusieurs; ou pour mieux dire, l'objet du legs particulier sera envisagé comme n'ayant point été retranché de la succession légitime par le legs universel, qui n'a été fait lui-même que sous cette distraction, ou, si l'on veut, avec cette limitation. Conformément à ces principes, la dame de Rochepot ayant, par son testament, légué 20,000 liv. à chacun des deux mineurs de Broglie, ses Héritiers, pour un tiers, 50,000 livres et un diamant de 10,000 livres à la demoiselle de Châtillon, aussi son Héritière pour un pareil tiers, mais qui renonça à la succession pour se tenir à son legs, on a jugé par sentence des requêtes du palais, confirmée par un arrêt rendu le 19 février le 1734, que les qualités de légataires et d'Héritiers, prises par les mineurs de Broglie et par la demoiselle de Châtillon, étaient compatibles dans ce cas-là, et qu'ils pouvaient être Héritiers et légataires, relativement à la dame de Leuville (laquelle était légataire universelle), après les legs particuliers et les réserves coutumières prélevées, parce que son droit était borné par le testament *au surplus* des biens disponibles. — Mais ce même arrêt ordonna que les legs particuliers, faits aux mineurs de Broglie et à la demoiselle de Châtillon, seraient remis dans la masse de la succession divisible entre eux, de manière que, quoique les legs fussent inégaux, ils se fondirent dans la masse du partage, et se distribuèrent dans la même proportion que le surplus des biens.

Art. V. *La défense d'être héritier et légataire emporte-t-elle celle d'être héritier et fidéicommissaire?*

Ricard et Lebrun le pensaient ainsi; mais leur avis, quoique conforme à la coutume de Bourbourg, rubr. 12, art. 7, a été rejeté par quatre arrêts du parlement de Paris, des 18 janvier 1678, 13 avril 1707, 13 février 1715 et 14 mars 1730, qui ont jugé qu'on peut être Héritier d'un défunt, et recueillir par la suite, à titre de substitution, un legs que le défunt a fait à un étranger, à la charge de le rendre à l'Héritier, dans le cas où le légataire viendrait à mourir avant sa majorité ou sans établissement.

Le premier de ces arrêts est rapporté dans le *Journal du Palais*, et il a confirmé, ainsi que le second, dont on trouve l'espèce dans le *Journal des Audiences*, la substitution des portions d'un cohéritier *ab intestat* au profit de ses cohéritiers, et n'a ordonné que la distraction de la portion du grevé.

Le troisième, rendu tout d'une voix en faveur du sieur de Marolles, M. le président Amelot et la dame de Brion, son épouse, a aussi confirmé une pareille substitution. L'auteur des additions imprimées à la suite de l'édition de Ricard qui a précédé celle de M. Bergier, en rapporte l'espèce avec beaucoup de détail dans la trente-troisième addition.

La dame de Pileur, veuve du sieur Paviot, avait, au jour de son décès, pour ses Héritiers présomptifs, un frère et des neveux et nièces de deux autres frères prédécédés. Elle fit un testament, et légua à la fille d'une de ces nièces une somme de 60,000 liv., à la charge de la restituer à l'un de ses neveux et Héritiers présomptifs, en cas que le légataire vînt à mourir avant son établissement ou majorité. La testatrice étant décédée, le frère, les neveux et les nièces acceptèrent sa succession, et firent délivrance des 60,000 liv. à la petite nièce; mais celle-ci étant morte quelque temps après, mineure et sans établissement, le neveu appelé à la substitution, et la nièce, mère de la légataire, se disputèrent les 60,000 livres, la nièce, comme Héritière mobilière de sa fille, et le neveu, comme fidéicommissaire : la nièce prétendait que son frère serait, en obtenant cette somme, Héritier et légataire dans la succession de sa tante; le neveu répondait qu'il n'était qu'Héritier dans la succession de sa tante, et qu'il prenait les 60,000 liv. dans la succession de sa nièce légataire; et l'arrêt cité l'a ainsi jugé sur les conclusions de M. l'avocat-général Gilbert, plaidant Cochin et Aubry. — La raison de cette décision a été, que l'Héritier relativement à ses cohéritiers dans la succession du testateur, ne prend rien de présent qu'en qualité d'Héritier; que si par la suite il profite du legs fait à un tiers, il le prend dans les biens et contre les Héritiers de ce tiers; qu'ainsi il ne réunit pas dans la même succession la qualité d'Héritier et de légataire envers ses cohéritiers.

Mais la maxime, *gravanti succeditur, non gravato*, ne détruit-elle pas cette raison et les arrêts qu'elle a dictés. — Ce qu'il y a de certain, c'est que Denizart, aux mots *Avantage indirect*, assure que cette question s'étant présentée de nouveau dans la coutume de Paris, entre la dame Pathon et le sieur de Thianville, on a cru devoir s'en tenir à la disposition précise de la coutume qui recommande l'égalité absolue entre les cohéritiers; et qu'en conséquence, « la substitution de la portion héréditaire du sieur de Thianville, faite au profit de sa sœur et de ses neveux, enfans de celle-ci, par la mère commune, fût déclarée nulle par sentence du 22 février 1753, confirmée par arrêt ».

Art. VI. *La qualité de fils aîné et principal héritier, conférée par un contrat de mariage, est-elle incompatible avec celle de légataire?*

Un arrêt du 5 mars 1711 a jugé pour l'affirmative dans la succession de Henri-Jules de Bourbon, prince de Condé. Laurière observe que, dans cette espèce, l'aîné voulait prendre toute sa portion héréditaire comme Héritier principal, et être encore légataire; et que c'est ce qui a été condamné par cet arrêt, parce qu'un Héritier principal qui prend sa part héréditaire dans tous les biens de la succession, est un véritable Héritier légal, qui par conséquent ne peut plus être légataire; mais que si un enfant déclaré Héritier principal, voulait s'en tenir aux biens que son père avait au jour de la déclaration, il pourrait être légataire, attendu que, dans ce cas, il ne serait qu'Héritier contractuel, et qu'il ne prendrait rien que de la main de l'homme.

Art. VII. *Le testateur peut-il déroger en faveur d'un de ses héritiers, à l'incompatibilité dont il s'agit.*

Voici un arrêt tout récent qui juge pour la négative.

Le comte de Vastan, mort sans enfans, a laissé cinq Héritiers collatéraux, tous au même degré, la marquise de Janson, le duc de Béthune, le président Portail, la présidente Portail, et la comtesse de Caraman. — Il avait fait un testament contenant, entre autres dispositions, cette clause : Je donne et lègue à madame la marquise de Janson, ma nièce, la somme de 76,900 liv., et à M. le duc de Béthune, mon neveu, celle de 60,000 liv., *sans préjudice à leur portion héréditaire, qu'ils recueilleront encore dans ma succession* ». — Ce concours de différens cohéritiers a fait naître la question de savoir, si, contre le texte précis de la coutume, le duc da Béthune et la marquise de Janson pouvaient réunir aux legs qui leur étaient faits, la jouissance de leur portion héréditaire. — La marquise de Janson et le duc de Béthune ont cru échapper à cette incompatibilité légale, en soutenant qu'ils étaient légataires de leurs portions héréditaires; et pour donner plus de poids à leurs prétentions, ils ont déclaré qu'ils renonçaient à la succession pour s'en tenir aux legs particuliers et universels à eux faits par le comte de Vastan. En conséquence, ils ont fait assigner les trois autres Héritiers au châtelet, pour avoir la délivrance de ces deux legs. Les trois Héritiers ont comparu sur l'assignation; ils ont constitué procureurs; mais M. le président Portail est décédé dans le cours de l'instruction; et la comtesse de Caraman s'est laissée condamner par défaut. La présidente Portail est la seule qui se soit présentée au combat, après le décès de M. le président de Portail, qui avait refusé de l'autoriser, à l'effet de poursuivre le jugement de l'instance. — Cette petite circonstance a fait le sort de la cause au châtelet. Le défenseur du duc de Béthune s'est prévalu de l'opinion du président Portail, et a soutenu que son refus d'autorisation était la preuve du jugement qu'il portait de cette cause. Celui de la dame Portail n'ayant pas eu le temps de se faire instruire du véritable motif du refus d'autorisation, les premiers juges sont demeurés convaincus que le président Portail s'était condamné lui-même. — Appel au parlement de Paris de la part de la présidente Portail, de la comtesse de Caraman, et de la marquise de Conflans, qui représentait le président Portail. — « Toute volonté d'un testateur est une disposition (ont dit le duc de Béthune et la marquise de Janson); or, il est clair que le comte de Vastan a voulu que nous eussions, outre notre legs, notre portion héréditaire; donc (ont-ils conclu), il a voulu nous léguer notre portion héréditaire ». — Les trois autres cohéritiers ont répondu que ces expressions, dont le comte de Vastan s'était servi dans son testament, *sans préjudice à la portion héréditaire qu'ils recueil-*

leront dans ma succession, n'étaient point *dispositives*, qu'elles étaient purement *énonciatives;* qu'autre chose est de disposer soi-même ou de vouloir ce que la loi dispose; et que la volonté du comte de Vastan étant contraire à l'art. 300 de la coutume de Paris, qui porte expressément que, *nul ne peut être légataire et héritier tout à la fois*, il ne pouvait y avoir de doute que cette volonté ne dût être rejetée. — Arrêt, le 27 janvier 1777, conforme aux conclusions de M. l'avocat-général Séguier, qui, sans s'arrêter aux demandes et renonciations du duc de Béthune et de la marquise de Janson, met l'appellation et ce dont est appel au néant; émandant, ordonne que dans trois mois le duc de Béthune et la marquise de Janson seront tenus d'opter entre la qualité d'Héritiers et celle de légataires; dépens compensés.

Art. VIII. *Un étranger institué Héritier par testament en pays de droit écrit, peut-il être légataire dans les coutumes qui défendent le concours des deux qualités?*

Il le peut, parce qu'il n'est Héritier que par la volonté de l'homme; et que l'incompatibilité des titres d'Héritier et de légataire n'a point d'autre objet que d'empêcher la même personne de recevoir de la loi et de l'homme tout ensemble.

Art. IX. *La défense d'être Héritier et légataire contient-elle celle d'être légataire universel et légataire particulier?*

Tous les auteurs s'accordent sur la négative; et il y a un arrêt du 26 avril 16.9, qui a déclaré ces deux qualités compatibles.

Art. X. *Cette défense peut-elle empêcher qu'on ne soit Héritier dans la coutume qui la contient, et légataire dans une autre?*

Cette question est du nombre de celles qui auraient besoin d'une décision législative. Tâchons néanmoins d'y répandre le plus de clarté qu'il nous sera possible.

Pour la traiter avec ordre, il faut distinguer trois cas différens, dans lesquels elle peut se présenter: celui où l'on voudrait se porter Héritier dans une coutume d'incompatibilité, et légataire dans une coutume de compatibilité; celui où l'on voudrait se porter Héritier dans une coutume d'incompatibilité et légataire dans une coutume semblable, mais des biens de laquelle on est absolument exclu; et enfin, celui où l'on voudrait se porter Héritier dans une coutume d'incompatibilité, et légataire dans une coutume semblable, aux biens de laquelle on est habile à succéder.

Le premier cas n'est susceptible d'aucune difficulté. Renusson, Lebrun, Boullenois, Rousseaud de Lacombe, conviennent qu'on peut être Héritier dans une coutume d'incompatibilité, et réunir cette qualité à celle de légataire dans une coutume de compatibilité, lorsque les biens légués sont situés dans celle-ci. La raison en est que la coutume où l'on prend comme légataire, admettant le concours de cette qualité avec celle d'Héritier, on ne reçoit rien de la disposition de l'homme que par la permission et sous la dépendance de la loi.

Ricard, dans son *Traité du don mutuel*, rapporte un arrêt qu'il dit avoir jugé le contraire; mais pour en apprécier la décision, il faut en retracer l'espèce. — Un chanoine de Beauvais, ville soumise à la coutume de Senlis, avait fait à sa sœur un legs de 7,000 livres. Une partie de ses biens était régie par la coutume de son domicile, où l'on ne peut être Héritier et légataire, et le reste par la coutume d'Amiens, où ces deux qualités sont compatibles. La légataire voulut prendre son legs sur les biens d'Amiens, et conserver la qualité d'Héritière dans les deux coutumes; les autres Héritiers soutinrent que les qualités des parties devaient être réglées par la coutume du domicile du défunt; « et il a été ainsi jugé, dit Ricard, par arrêt du 24 mars 1745, qui a débouté la sœur légataire de sa prétention ».

Le motif de cet arrêt, suivant le même auteur, a été que la prohibition d'être Héritier et légataire est personnelle, et doit conséquemment se régler par la coutume du domicile du défunt. — On a vu plus haut que Deghewiet prête le même motif à un arrêt du grand-conseil de Malines du 28 février 1730.

Mais comment concevoir que la prohibition dont il s'agit n'est dirigée que contre la personne, et ne concerne aucunement la chose? N'est-ce pas sur les biens qu'elle tombe directement? N'a-t-elle pas été introduite pour empêcher qu'on ne trouble l'ordre légal de succéder aux biens? D'ailleurs, si cette prohibition était personnelle, si elle ne dépendait que de la loi du domicile du défunt, la même personne pourrait réunir les deux qualités, lorsque la loi du domicile le permettrait, quoique la loi de la situation le défendît; et elle ne le pourrait pas, lorsque la loi du domicile le lui défendrait, quoique la loi de la situation le lui permît. Comment admettre de pareils principes?

Qu'a donc jugé l'arrêt du 24 mars 1645? Rien de plus simple. Il a jugé que, s'agissant d'un legs de meubles, c'était par la coutume du domicile du défunt qu'il fallait régler cette disposition; en sorte que cette coutume mettant l'Héritier dans l'impuissance d'être en même temps légataire, il ne pouvait faire valoir un legs mobilier sur quelques biens que ce fût.

Au surplus, voici un arrêt tout récent qui adopte notre opinion de la manière la plus précise.

Bernard de Gua, le même dont nous avons déjà parlé sous le mot *Esclavage*, avait fait, le 22 septembre 1780, un testament olographe par lequel il laissait à ses deux frères et à ses deux sœurs différens legs: à l'abbé de Gua, 400 liv., ou sa bibliothèque, à son choix; au sieur de Villepeyroux, une épée de la valeur de 100 liv.; à Jeanne de Gua, 6,000 liv. pour l'établir; et à Anne de Gua, 3,000 liv. — Ces legs devaient se prendre sur le mobilier qui était régi par le droit écrit, parce que le défunt avait son domicile en Languedoc. — L'abbé de Gua a répudié son legs; et voulant obliger la dame d'Arnave, ainsi que le sieur de la Baume d'Angely, représentant d'Anne de Gua, à répudier pareillement les leurs, il a prétendu qu'ils ne pouvaient pas réunir à la qualité d'Héritiers-légataires en pays de droit écrit, celle d'Héritiers dans la coutume de Paris à laquelle était soumise une maison laissée par le défunt dans l'île de Saint-Domingue.— La dame d'Arnave et le sieur d'Angely ont répondu que le droit écrit admet incontestablement le cumul des deux qualités; qu'à la vérité, la coutume de Paris le défend; mais que tous les auteurs; notamment Berroyer et Laurière, sur cette coutume, reconnaissent la compatibilité des deux titres, quand il y a des biens régis par une loi qui permet de les cumuler; qu'ils prennent même pour exemple le cas où un défunt a laissé des immeubles en pays de droit écrit, et d'autres à Paris; et qu'ils décident qu'on peut être Héritier pour ceux-ci, et légataire pour ceux-là. — Sur ces raisons, l'arrêt du 31 janvier 1784, déjà cité à l'article *Esclavage*, a jugé qu'Anne de Gua avait pu être légataire et Héritière.

Le second cas n'est pas plus difficile à résoudre que le premier. Il n'y a pas, je crois, un seul auteur qui ne convienne qu'on peut être Héritier dans une coutume d'incompatibilité, et légataire dans une autre coutume d'incompatibilité, lorsqu'on se trouve exclu par celle-ci de la succession des biens qu'elle régit.— C'est la véritable espèce du célèbre arrêt des bureaux du 21 juillet 1565, par lequel un neveu Héritier dans la coutume de Montfort, fut admis à recueillir un legs dans l'ancienne coutume de Paris, qui l'excluait en rejetant la représentation en ligne collatérale.—Il a aussi été jugé par arrêt rendu à la grand'chambre le 22 juillet 1698, au rapport de M. Ledoux de Melleville, que Marie-Charlotte Monnet, veuve Mocarel, pouvait être légataire dans la coutume de Ponthieu, qui rejette la représentation, et où elle n'était pas dans l'ordre de succéder, et se porter en même temps héritière quant aux biens régis par la coutume de Paris. — C'est ainsi, disent Lebrun, Rousseaud de Lacombe et Boullenois, qu'une fille mariée peut être légataire dans une coutume où le mariage forme un titre d'exclusion pour les personnes du sexe, comme en Bretagne, et partager *ab intestat* dans les autres en qualité d'Héritière.

Cette opinion a été contredite dans ce siècle, mais sans succès.— Il s'agissait de la succession de M. Séguin, président à la chambre des comptes, qui avait son domicile dans la ville de Paris.— La portion la plus considérable de ses biens était régie par la coutume de cette capitale. — Le surplus consistait dans trois fiefs, dont l'un, appelé la châtellenie de Montdoucet, est situé dans le ressort de la coutume du Grand-Perche; les deux autres sont situés dans la coutume de Chartres.— M. Séguin a fait un legs de 150,000 liv. au sieur Coignet, à prendre sur le prix de son office de président à la chambre des comptes. —Après son décès, tous les biens se sont trouvés appartenir à des Héritiers différens, suivant la disposition des coutumes. Le sieur Coignet n'avait rien dans la coutume de Paris; il en était exclu par des parens plus proches. Mais il soutenait que la terre de Montdoucet devait appartenir à lui seul, parce qu'en même temps que la coutume du Grand-Perche, art. 151, admet la représentation à l'infini, elle attribue, art. 157, les biens nobles aux mâles du côté et ligne d'où procède le propre, et aux représentans des mâles, à l'exclusion des femelles, et de leur représentans; que, dans le fait, la terre de Montdoucet était un propre de la ligne des Séguin; et que le sieur Coignet était le seul qui représentât un mâle de cette ligne.— La dame de Blagny et consorts disputaient au sieur Coignet ce fait de généalogie, mais mal à propos; de plus, ils prétendaient l'exclure de son droit de succession à la terre de Montdoucet, sous le prétexte qu'il ne pouvait être légataire et Héritier de la même personne.— Le sieur Coignet a obtenu, le 25 avril 1738, une sentence par défaut aux requêtes du palais, qui en l'envoyant en possession de la terre de Montdoucet, ne lui a point adjugé de dépens; il en a interjeté appel, quant à ce dernier chef, et il a traduit ses adversaires au parlement de Paris. — De la part de la dame de Blagny et consorts, intimés, on a continué d'opposer la prétendue incompatibilité des deux qualités du sieur Coignet, d'Héritier dans la coutume du Grand-Perche, et de légataire dans celle de Paris. — Le sieur Coignet disait que ces deux qualités n'étaient incompatibles que lorsqu'elles se rencontraient dans la même coutume; mais que quand les biens étaient situés dans deux coutumes différentes, quoique toutes deux d'incompatibilité, on pouvait fort bien prendre la qualité d'Héritier dans l'une, et celle de légataire dans l'autre, pourvu que dans celle où l'on recueillait le legs, on n'y prît et n'y pût rien prendre à titre d'Héritier. — Sur ces débats, arrêt du 23 mars 1739, qui, en infirmant la sentence au chef des dépens, maintient le sieur Coignet dans la possession de la terre de Montdoucet, sans préjudice du legs à lui fait dans la coutume de Paris.

Le troisième cas est le véritable siége de la difficulté. Ricard, Renusson, Lebrun, Lemaître, Rousseaud de Lacombe, Boullenois, Bourjon, et plusieurs autres, soutiennent que la diversité des coutumes ne peut rendre les qualités d'Héritier et de légataire compatibles dans la même personne, lorsque le légataire peut être Héritier dans celle où il peut prendre son legs; et il a été ainsi jugé par arrêt du 13 juillet 1705, rapporté dans le recueil d'Augeard.

L'opinion contraire a pour partisans Dumoulin, sur l'art. 93 de la coutume de Montfort; Le Bouck, sur l'art. 8 du tit. 1 de la coutume de Lille; Pithou, sur l'art. 112 de la coutume de Troyes; Gousset, sur l'art. 85 de la coutume de Chaumont; Coquille, dans sa question 232; Charondas en ses *Pandectes*, liv. 3, chap. 4; Lalande sur l'art. 288 de la coutume d'Orléans; M. l'avocat-général Bignon, dans son plaidoyer, prononcé lors de l'arrêt d'Ardre, du 20 avril 1654, rapporté par Soëfve; Duplessis, *Traité des successions*, liv. 2, ch. 4. — Lemaître convient même que cette opinion était, de son temps, la plus commune au palais; il ajoute qu'on l'appuyait de quatre arrêts des 8 février 1624, 23 avril 1625, 21 avril 1654 et 6 juin 1685; mais il tâche de faire voir qu'aucun de ces arrêts n'a été rendu dans l'espèce de la question; et c'est en quoi il réussit très-bien par rapport aux deux premiers, à l'égard des deux autres, Boullenois lui-même ne peut s'empêcher, malgré tous les efforts de Lemaître, d'avouer qu'ils ont jugé nettement pour la compatibilité. On en trouve un semblable du 20 mai 1702, rapporté par Augeard dans les moyens sur lesquels a été rendu celui du 13 juillet 1705; et pour sentir qu'il a vraiment décidé la question, il suffit de peser les raisons dont la partie à qui on l'opposait, se servait pour en écarter l'autorité.

« François Mevillier (disait-elle), ayant un fils et trois filles, fait son testament; il nomme son fils légataire universel, et réduit ses filles à leur légitime: tous les biens étaient régis par la coutume de Paris, à l'exception de deux terres situées dans la coutume de Meaux, où, par la disposition des art. 11 et 26, les pères et les mères ne peuvent avantager leurs enfans par donation entre-vifs, ni par testament, mais seulement par contrat de mariage. Lors de l'ouverture de la succession, une des filles était décédée; une autre s'était faite religieuse; il ne restait que le fils et une fille mariée; sentence au châtelet, qui fait délivrance au fils du legs universel porté par le testament du père; en conséquence lui adjuge tous les biens de Paris, la légitime réservée à la sœur; et ordonne qu'on viendra à partage dans la coutume de Meaux. L'arrêt confirme la sentence; mais en cela il ne juge point que le fils puisse être légataire et Héritier; il fixe seulement l'effet du legs universel dans chaque coutume; il lui donne son effet entier dans la coutume de Paris; il le restreint dans celle de Meaux à la portion héréditaire, à cause de la prohibition portée par cette coutume, d'avantager les enfans autrement que par contrat de mariage; ainsi, dans les deux coutumes, le fils ne prend rien qu'à titre de legs ».

Une seule réflexion va détruire ces raisons, et prouver que l'arrêt a vraiment jugé pour la compatibilité. — Si le fils avait partagé comme légataire avec sa sœur dans les deux seigneuries soumises à la coutume de Meaux, il n'aurait eu ni le préciput, ni la part avantageuse que lui donne l'art. 160 de cette coutume; l'art. 11 de la même loi l'aurait empêché de rien prendre de plus que sa sœur. Il ne pouvait donc avoir sa portion héréditaire dans la coutume de Meaux, qu'en prenant la qualité d'Héritier; et l'arrêt cité n'a pu l'admettre à partager sur le pied réglé par cette coutume, sans juger qu'il avait le droit de réunir la qualité de légataire des biens de Paris, à celle d'Héritier des biens de Meaux.

Mais cette décision est-elle conforme aux principes de la matière? c'est ce qu'il faut examiner. Voici les raisons que l'on emploie communément pour la négative.

Celui qui est habile à succéder partout, est partout saisi de plein droit: cette saisine légale s'opère au même instant dans toutes les communes qui l'appellent; elle est une et indivisible: il est vrai qu'elle doit être suivie de la volonté de l'homme, suivant la maxime, *nul n'est héritier qui ne veut*, et qu'elle reste comme en suspens jusqu'à ce que cette volonté soit manifestée par quelque acte extérieur; mais aussi, au moment même où l'Héritier présomptif accepte dans une coutume, sa saisine devient irrévocable et perpétuelle, et elle s'étend comme telle à toutes les coutumes où il est appelé à succéder; en sorte que quand il veut se dire légataire dans une coutume particulière, il n'est plus à temps, parce que la qualité d'Héritier qui a pris racine dans sa personne par l'effet de son acceptation, est incompatible avec celle de légataire.

Ce raisonnement suppose, comme on le voit, que celui qui se porte Héritier dans une coutume, est même, malgré lui, Héritier dans toutes les autres coutumes où il est appelé; et c'est ce que l'on cherche à prouver par la loi première *de acquirendâ vel omittendâ hereditate*, au Digeste: *qui totam hereditatem acquirere potest, is pro parte eam scindendo adire non potest.*

Ceux qui soutiennent l'opinion adoptée par les trois arrêts cités, disent qu'il y a dans nos mœurs autant de successions que de biens situés en différentes coutumes: et c'est en effet ce que décide Burgundus dans son second traité sur les coutumes de Flandre: *Itaque*, dit-il, *constanter docemus totidem esse hereditates, quot erunt bona diversis teritoriis obnoxia.* C'est dans le même sens que Loysel a dit, dans ses Règles de droit coutumier: « Les Français, comme gens de guerre, ont reçu divers patrimoines et plusieurs sortes d'Héritiers d'une seule personne ». Or, ajoute-t-on, les coutumes sont absolument réelles dans les règlemens qu'elles font sur le partage des successions; elles ne parlent et ne peuvent parler à cet égard que pour elles-mêmes; ainsi la qualité d'Héritier, prise dans une coutume, n'influe pas dans une autre, et n'empêche pas qu'on n'y prenne le titre de légataire.

On voit par-là, que toute la question se réduit à savoir si la qualité d'Héritier est tellement indivisible parmi nous, qu'on ne puisse succéder dans une coutume, et répudier dans une autre, quoiqu'on soit appelé dans toutes les deux.

Burgundus décide très-formellement, pour la liberté d'accepter et de renoncer tout ensemble. *Ita quidem*, ce sont ses termes, *ut si in uno loco repudiare expediat, in altero tutò adire liceat, nec ad æs alienum ulteriùs teneatur quàm consuetudines ejus regionis in quâ se pro herede gerit, dictaverint.* Voët adopte formellement cette décision; mais Boullenois la critique et la regarde comme étrangère à nos mœurs, et il en donne deux raisons: la première, que la qualité d'Héritier est inhérente à la personne, et que par conséquent celui qui est Héritier dans un endroit, l'est partout; la seconde, que, quand toutes les coutumes appellent une même personne à la qualité d'Héritier, on ne peut pas dire qu'il y ait plusieurs successions, puisqu'il n'y a qu'un défunt; que le cas où les coutumes sont contraires entre elles, en ce que l'on est admis dans l'une, et rejeté dans l'autre, est le seul où l'on puisse feindre différentes hérédités, et dire avec Dumoulin, sur l'art. 22 de l'ancienne coutume de Paris: *Non sunt coheredes, quia licet eidem personæ succedant, tamen ad diversa bona, et videntur plura patrimonia et hereditates separatæ.*

S'il nous est permis de dire notre sentim[illegible] une question aussi délicate, nous co[illegible] l'avis de Burgundus nous paraît plus conforme aux principes du droit coutumier. Pour les apprécier et les sentir, ces principes, il faut commencer par nous dépouiller des idées que le droit romain nous donne sur la matière des successions.

Dans le droit romain, la disposition de l'homme fait l'Héritier; celle de la loi n'a lieu qu'à défaut de testament. Dans le droit coutumier, au contraire, la loi seule fait l'Héritier, l'homme n'a pas ce pouvoir.

Dans le droit romain, la succession passe toute entière ou à l'Héritier institué, ou à l'Héritier légitime; dans le droit coutumier, rien n'est plus ordinaire que le concours de l'appelé par l'homme, et de l'appelé par la loi.

Dans le droit romain, tous les biens du défunt, en quelques lieux qu'ils soient situés, ne composent qu'une seule succession; l'Héritier succède *in universum jus defuncti:* dans le droit coutumier, une personne qui succède aux biens d'une contrée, est souvent exclue de ceux d'une autre, et réciproquement.

D'après une opposition aussi frappante du droit romain et du droit coutumier, il est sensible qu'il ne faut pas appliquer aveuglément à celui-ci, la défense que fait celui-là d'accepter une partie des biens d'un défunt, et de renoncer à l'autre. Le seul usage que nous puissions faire de cette règle dans nos mœurs, est de dire qu'on ne peut pas diviser l'acceptation ni la répudiation d'une hérédité à l'égard d'un même patrimoine; mais cette scission doit être permise relativement aux différens patrimoines qui composent souvent une seule succession, *quia auctoritate consuetudinis quæ distinguit patrimonia, videntur quasi duæ duorm hominum hereditates:* ce sont les termes de Dumoulin, sur l'art. 121 de l'ancienne coutume de Paris. Aussi n'est-il pas extraordinaire de voir dans une même coutume, un Héritier accepter la succession immobilière, et renoncer à la succession mobilière; c'est ce qui est permis dans tous les pays où les meubles sont chargés de toutes les dettes personnelles, et où par conséquent ils forment un patrimoine séparé des immeubles. On en voit tous les jours des exemples dans les coutumes d'Anjou, du Maine, du Hainaut, de Flandre, d'Artois et dans plusieurs autres. Celles du bailliage de Lille en contient même une disposition expresse: *et peut* (dit-elle, tit. 2, art. 3), *un Héritier appréhender portion d'hoirie, et répudier l'autre;* ce qui signifie, selon Le Bouck, qu'une même personne peut laisser deux successions, l'une mobilière, l'autre immobilière, et que par conséquent on peut accepter l'une et répudier l'autre: le principe de l'indivisibilité de la qualité d'Héritier, n'est pas blessé par cette scission; car l'Héritier ne divise pas l'hérédité, il fait seulement son choix dans les différentes successions qui lui sont offertes par la loi.

D'après cela, rien de plus aisé que de répondre aux deux objections de Boullenois.

Prétendre que la qualité d'Héritier est inhérente à la personne, pour en conclure que celui qui est Héritier dans un endroit, l'est partout, c'est équivoquer sur les termes. Sans doute, la qualité d'Héritier réside dans la personne; mais elle ne forme pas pour cela une qualité *personnelle*, en prenant ce mot dans le sens qu'on lui donne dans les questions mixtes: autrement il faudrait dire que celui qui est Héritier dans la coutume du domicile du défunt, doit l'être dans toutes les autres où les biens sont situés, quoiqu'il n'y soit pas appelé, ce qui serait absurde.

C'est d'ailleurs une erreur de dire qu'il n'y a qu'une succession, lorsque plusieurs coutumes appellent une même personne à la qualité d'Héritier. Deux raisons évidentes vont prouver le contraire.

Premièrement, chaque coutume donne au vivant la saisine des biens que le mort avait dans son territoire, c'est cette saisine seule qui fait l'Héritier: on est donc Héritier chaque fois qu'on est saisi par une coutume; et dès-là, autant de coutumes, autant d'hérédités.

Secondement, lorsque plusieurs coutumes se réunissent pour déférer à une même personne la qualité d'Héritier, elles ne s'accordent pas pour cela sur la nature et la quotité des avantages dont elles le saisissent, ni sur la manière dont il doit contribuer au payement des dettes. Qu'un homme, par exemple, meure *intestat*, laissant des biens dans les coutumes de Paris, d'Artois et du chef-lieu de Mons, et pour Héritiers une petite-fille née de son fils aîné prédécédé, et trois fils cadets: il y aura trois différens partages à faire dans sa succession; les biens roturiers des coutumes de Paris et d'Artois seront partagés également entre les quatre têtes: mais dans ceux de Mons, chacun des trois cadets prendra double part contre sa nièce: à l'égard des fiefs, la fille de l'aîné prendra le préciput et la moitié de ceux de Paris, la totalité de ceux d'Artois, à la réserve d'un quint, et rien dans ceux du Hainaut, qui appartiendront aux mâles, suivant le choix que chacun d'eux en fera dans l'ordre de son âge. Il est donc impossible de renfermer tous ces biens dans l'unité d'une même succession, et quoiqu'il s'agisse de succéder à une seule personne, il se trouve nécessairement autant de successions distinctes et séparées, qu'il y a de coutumes différentes.

[[Art. XI. *Quelles sont sur l'incompatibilité dont il s'agit, les dispositions des lois nouvelles?*

V. Donation, sect. 3, §. 3 et 4; *Portion disponible*, *Rapport à succession et Réserve.*]]

§. XI. *De l'incapacité qui résulte de l'acceptation d'une donation entre-vifs.*

On vient de voir tout ce qui concerne l'incompatibilité des titres d'Héritier et de légataire; il y a encore un autre principe plus généralement admis, du moins en ligne directe descendante: c'est qu'on ne peut pas être Héritier et donataire, ce qui n'a cependant lieu, comme l'observe Dumoulin sur l'art. 107 de l'ancienne coutume de Paris, que quand le fils donataire a des concurrens pour succéder. On trouvera aux mots *Rapports à succession*, toutes les questions qui sont relatives à cette espèce d'incompatibilité.

§. XII. *De l'incapacité qui résulte, pour les enfans, de l'acceptation du douaire.*

La qualité de *douairier* forme encore, dans un enfant, obstacle à ce qu'il puisse prendre celle d'*Héritier.* L'art. 251 de la coutume de Paris porte formellement que *nul ne peut être héritier et douairier ensemble, pour le regard du douaire coutumier ou préfix.* C'est aussi ce que décident les coutumes de Normandie, art. 399 et 401; de Calais, art. 52; de Melun, art. 239; de Mantes, art. 141; de Senlis, art. 178; de Valois, art. 110; et cette disposition forme le droit commun de tous les pays où les enfans ont droit au douaire de leur mère: la raison en est, dit Lebrun, que si l'on considère le douaire comme une créance, elle se confond dans la qualité d'Héritier; et que si on le regarde comme un titre lucratif, il ne peut pas concourir avec la succession qui est de la même nature.

Ricard, sur l'article cité de la coutume de Paris, a conclu avec raison de cette incompatibilité, que l'enfant qui a accepté le douaire, ne peut demander, même à ses frères et à ses sœurs, un supplément de légitime, qu'après toutes les dettes payées; et que le douaire est une véritable dette de la succession du père. Chopin, Bacquet, Charondas et Lebrun, enseignent la même doctrine; et l'art. 239 de la coutume de Melun l'adopte virtuellement.

Cette incompatibilité n'a lieu que dans la même succession: ainsi, un enfant peut être douairier dans la succession de son père, et Héritier dans celle de sa mère.

On peut même réunir ces deux qualités dans une seule succession, pourvu que ce soit *sub diverso respectu*: c'est ce qui arrive lorsqu'un fils qui a accepté l'hérédité de son père, succède dans la suite à son frère qui s'était tenu au douaire: dans ce cas, il est évident que le fils est Héritier de son chef, et douairier du chef de son frère, ce qui n'a rien de contraire aux principes: on peut voir une espèce semblable dans la loi 14, D. *de acquirendâ vel omittendâ hereditate.*

Il n'y a point de doute qu'un mineur ne puisse, après avoir opté le douaire, revenir à la succession, et réciproquement, en prouvant qu'il a été lésé par son premier choix.

Mais un majeur qui est évincé du douaire, peut-il encore se porter Héritier? Cette question, comme l'observe Lebrun, ne peut avoir lieu par rapport au douaire préfix, parce que celui-ci est sujet à garantie, soit de la part des créanciers qui l'ont assigné, soit de la part de ceux d'entre les enfans qui ont accepté la succession. A l'égard du douaire coutumier, dit le même auteur, comme c'est un titre universel et une quotité dans les propres, l'éviction des biens sujets à ce douaire n'empêche point que l'enfant ne soit toujours douairier; c'est ainsi que, suivant la loi 119, D. *de verborum significatione*, l'éviction des biens héréditaires n'efface pas la qualité d'Héritier.

Peut-on être Héritier dans une coutume, et douairier dans une autre? Lebrun soutient la négative, et la fonde sur les mêmes moyens dont il appuie le système de l'incapacité d'être Héritier dans une coutume, et légataire dans une autre, lorsqu'elles sont toutes deux d'incompatibilité. Nous pensons comme cet auteur, et comme tous les autres, mais par une raison différente, et beaucoup plus simple. Demander si l'on peut être Héritier dans une coutume, et douairier dans une autre, c'est (en considérant le douairier sous son véritable point de vue, c'est-à-dire, comme une dette que le père doit à ses enfans du chef de leur mère), c'est, disons-nous, demander si l'on peut être Héritier dans une coutume, et exercer dans une autre les créances qu'on avait contre le défunt, question dont la négative est incontestable, puisque les dettes d'un homme se répandent sur tous ses biens, en quelque lieu qu'ils soient situés.

Sur la question de savoir si la qualité d'Héritier bénéficiaire est incompatible avec celle de douairier, *V. douaire.*

[[Tout cela est aujourd'hui sans objet: les enfans n'ont plus de douaire coutumier; et le douaire préfix ne peut plus leur être stipulé propre. *V. Douaire*, sect. 4, §. 6.]]

SECTION. VII. *Des droits attachés à la qualité d'Héritier.*

I. L'Héritier représente universellement la personne de celui à qui il succède; c'est pourquoi Justinien définit l'hérédité: *Successio in universum jus quod quis tempore mortis habuit.*

Les effets de cette représentation universelle sont, à l'égard de l'Héritier, de deux sortes: les uns actifs, les autres passifs.

II. Les effets actifs consistent en ce que l'Héritier est saisi de tous les biens, droits et actions qui appartenaient au défunt, et qui n'ont pas été éteints par sa mort.

Nous disons, *qui n'ont pas été éteints par sa mort*: car tous les droits d'un défunt ne se transmettent pas à son Héritier: il y en a qui sont attachés à la personne, et qui finissent avec elle, tels sont d'abord les droits d'usufruit, d'usage ou d'habitation.— Remarquez cependant que si un usufruitier ou un usager cédait son droit à un autre, et que le cessionnaire vînt à mourir avant le cédant, les Héritiers du cessionnaire continueraient de jouir durant la vie du cédant. C'est ce que décide le §. dernier de la loi 8, D. *de commodo et periculo rei venditæ.*

On observe la même chose à l'égard de toutes les dispositions qui étaient limitées à la personne du défunt. C'est ainsi que, suivant la loi 8, D. *de liberatione legatâ*, un testateur ayant défendu à son Héritier d'agir contre Lucius Titius son débiteur, l'Héritier de celui-ci ne laisse pas d'être tenu de la dette entière: *Quoties enim*, dit la loi, *cohæret personæ id quod legatur, veluti personalis servitus, ad heredem ejus non transit.*

L'exclusion des filles dotées nous fournit un autre exemple de ce principe: les coutumes qui établissent cette exclusion, permettent de réserver la fille dotée et ses descendans; mais il faut que la réserve soit expresse pour ceux-ci; car, lorsqu'elle n'est faite que pour la fille, ses propres enfans, si elle prédécède son père et sa mère, n'en peuvent pas profiter. Il y en a un arrêt du 28 avril 1635, rendu sur l'art. 27 du chap. 12 de la coutume d'Auvergne. — [[Au surplus, des dispositions des coutumes qui prononçaient cette exclusion, ont été abrogées par la loi du 8 avril 1791. *V. Exclusion coutumière.*]]

De droit commun, la faculté de renoncer à la communauté passe aux Héritiers de la femme, et ils peuvent l'exercer comme elle l'exercerait si elle était encore vivante au moment du décès de son mari : il en est autrement dans les Pays-Bas; on y regarde cette faculté comme purement personnelle, et les Héritiers de la femme n'en jouissent point. — [[Ils en jouissent aujourd'hui dans toute la France. *V. Acceptation de communauté.*]]

La fiction stipulée ou établie par la loi au profit de quelqu'un, par des motifs qui lui sont personnels, ne passe point non plus à ses Héritiers; c'est pourquoi lorsqu'un mineur, qui a aliéné des propres par le ministère de son tuteur, vient à mourir avant l'âge de majorité, et que son Héritier, mineur comme lui, décède aussi avant le même âge, le prix de l'aliénation qui avait été propre dans la première succession, n'est plus qu'un meuble dans la seconde, parce que les fictions ne s'étendent pas hors du cas pour lequel elles ont été introduites. *V.* l'art. 17 du chap. 122 des chartes générales du Hainaut. — [[Cette fiction est aujourd'hui sans objet. *V. Subrogation de chose.*]]

A l'égard des priviléges personnels du défunt, il faut examiner quelle en a été la cause. — S'ils ne sont fondés que sur la faveur particulière due à sa personne, sans aucun rapport à ses biens, ils ne passent point à ses Héritiers. C'est ainsi que le privilége accordé par les lois romaines aux pères, aux maris, aux patrons, aux soldats, etc., de n'être point tenus au-delà de ce qu'ils pouvaient payer, leurs alimens réservés, était absolument borné à leurs personnes, et ne se transmettait point à leurs Héritiers. — Mais les priviléges accordés à la personne par quelque autre motif que la faveur particulière qui peut lui être due, et qui ont pour objet la conservation de ses biens, ne s'éteignent point avec elle; ils passent à ses Héritiers avec les autres droits successifs. Tel est le bénéfice de la restitution des mineurs, l'exception du sénatus-consulte Velléien, et celle du sénatus-consulte Macédonien, dont la principale cause est la lésion ou la surprise que souffrent les mineurs, les femmes et les fils de famille. — On peut voir, sur cette distinction, les lois 68 et 196, D. *de regulis juris*; les lois 16, 17 et 18, D. *de re judicatâ*; la loi 6, D. *de restitutionibus in integrum*; et la loi 2, C. *de temporibus in integrum restitutionum.*

Le droit d'un donateur, de révoquer une donation pour cause d'ingratitude; celui d'un mari, d'intenter contre sa femme l'action d'adultère; celui d'un citoyen quelconque, de se pourvoir en réparations des injures qui lui ont été faites ou dites, ne passe point régulièrement à ses Héritiers. *V. Adultère, Ingratitude* et *Injure.*

III. Les effets passifs de la qualité d'Héritiers sont les obligations de payer les dettes contractées par le défunt, d'acquitter les fondations qu'il a légitimement ordonnées, de faire délivrance des legs universels ou particuliers, de supporter ou d'acquitter un douaire, un don mutuel ou quelque autre usufruit; de remplir enfin tous les engagemens dont le défunt était tenu, ou dont il a valablement chargé son Héritier. *V. Charges, Délit, Dettes, Don mutuel, Douaire, Légataire, Obligation, Usufruit, etc.*

Nous n'ajouterons ici qu'une question relative à une matière déjà discutée en partie sous le mot *Confusion* : c'est de savoir si une Héritière instituée sous la condition de rendre, après son décès, non-seulement la succession, mais même un don que le testateur lui avait fait par son contrat de mariage, a nécessairement confondu, par son acceptation, le droit qu'elle avait à ce don; ou si elle peut se servir des lettres de bénéfice d'inventaire qu'elle a obtenues, pour reprendre ce même don en rendant l'hérédité.

On se rappelle sans doute que cette question s'est élevée en 1625, dans une espèce détaillée ci-dessus, sect. 2, §. 3.

Voici les moyens qu'employait pour la négative l'Héritier substitué du comte d'Alou : — « Non-seulement un testateur peut imposer à son legs telle condition qui lui plaît, mais même il peut léguer la chose d'autrui ou celle de son Héritier; aussi, dans la loi 63, D. *de legatis* 2.°, le jurisconsulte Paul dit que lorsqu'un mari institue sa femme son Héritière, et qu'il la charge de rendre ce qu'il lui avait donné pour un titre antérieur, elle est obligée de rendre tout ce qu'elle tient de son mari. Tous les auteurs du pays du droit écrit sont du même avis. — C'est aussi le sentiment de Ricard, *des Donations*, part. 3, n. 816 : *Ce qui est contenu* (dit-il), *dans une donation entre-vifs, peut être compris par le donateur qui fait son testament dans le fidéicommis; et il peut obliger son héritier de rendre, non-seulement les biens compris dans le fidéicommis, mais ceux contenus dans des donations précédentes. En ce cas, le donataire ne peut diviser la volonté du défunt, c'est-à-dire, accepter le profit de la disposition testamentaire, et s'exempter des charges qui y sont imposées*; et il ajoute : *le testateur ne dispose pas du contenu des donations précédentes, comme lui appartenantes encore en quelque sorte, puisque l'héritier peut renoncer à son fidéicommis, et s'en tenir aux donations; mais il ne fait que ce que tout testateur peut faire, puisqu'il est permis de léguer la chose d'autrui. Les biens des donations précédentes ne sont point compris dans le nombre des biens dont le fidéicommis est composé, mais ils sont dans la condition imposée au fidéicommis.* — L'engagement que prend un Héritier, lorsqu'il accepte une succession, a trois caractères essentiels, et qui ne peuvent être anéantis. — Il est irrévocable; celui qui a pris la qualité d'Héritier, le sera toujours. — Il est universel; l'Héritier est tenu de toutes les charges, et notamment de celles que le testateur peut avoir imposées par son testament. — Il est indivisible; de sorte que l'Héritier doit accepter le tout, ou répudier le tout. Il a eu la liberté d'accepter ou de refuser; mais du moment qu'il a accepté, il s'est soumis aux conditions imposées à son institution : il faut qu'il rende l'hérédité et ce qui lui avait été donné; autrement, ce serait séparer la condition de l'institution, ce qui est impossible. Son acceptation a formé un contrat qu'il ne peut résoudre : il n'a profité de la libéralité du testateur qu'à de certaines conditions; il doit donc les remplir : — Ces principes ne peuvent être contestés, mais on prétend qu'ils ne peuvent s'appliquer à la question, parce que la dame d'Alou n'a accepté l'hérédité de son mari que par bénéfice d'inventaire. Il faut donc montrer que le bénéfice d'inventaire ne va pas jusqu'à l'exempter d'une condition imposée à son institution; et que, de quelque façon qu'elle ait accepté, elle est toujours tenue de la remplir. — Il est vrai que le bénéfice d'inventaire sert à l'Héritier contre les créanciers de la succession, mais c'est tout l'effet qu'il peut avoir; car, à l'égard de toute autre personne, il est vraiment Héritier, et autant Héritier que l'Héritier pur et simple : par exemple, par rapport à ses cohéritiers, il n'est point dispensé des rapports; par rapport aux fidéicommissaires, il est obligé d'accomplir la condition de son institution. A leur égard, sa qualité est irrévocable, il est toujours Héritier; elle est indivisible, il doit accomplir la condition, puisqu'il a accepté l'institution, et qu'il n'a pu l'accepter sans la condition. — L'Héritier par bénéfice d'inventaire est tellement l'Héritier pur et simple à l'égard de tout autre que des créanciers, qu'il ne peut retirer l'héritage de la succession qui a été vendue, qu'il ne peut être douairier et Héritier par bénéfice d'inventaire. Bacquet, *des Droits de justice*, chap. 15, n.° 31, dit que cette maxime, *on ne peut être légataire et Héritier*, a lieu à l'égard de l'Héritier par bénéfice d'inventaire. S'il n'était pas vraiment Héritier, il pourrait être douairier, légataire et donataire en ligne directe. — L'Héritier par bénéfice d'inventaire étant vraiment Héritier, la maxime de droit doit avoir lieu à son égard : *semel Heres nunquam desinit esse Heres*. Si cette qualité est ineffaçable, elle n'a pu être détruite par une renonciation postérieure à son acceptation, et après avoir joui et recueilli le profit du fidéicommis : cette renonciation n'a d'autre effet que de lui donner la faculté d'abandonner ses biens aux créanciers, et d'être quitte en rendant compte; mais elle n'éteint point la qualité d'Héritier qu'on a prise : du moment que l'on a été Héritier, on l'est toujours. Si on est Héritier, on ne peut jamais l'être qu'aux conditions qui ont été imposées à l'institution ». — Telle était la défense de l'Héritier substitué.

Les Héritiers de la dame d'Alou répondaient : — « Dans les principes de droit, l'acceptation de l'hérédité n'opère pas la confusion des créances qui sont dues à l'Héritier institué, par la succession. La confusion ne dure qu'autant de temps que l'institué possède le fidéicommis; mais en le restituant au fidéicommissaire, la dette que l'institué avait à recouvrer contre le testateur, se déduit sur la masse de la succession, et cela est si vrai, que si l'Héritier a fait la restitution sans déduire ce qui lui était dû, l'action qu'il avait, n'est pas éteinte; mais il a droit de recouvrer ce qui lui était dû par le défunt, par forme de répétition, et comme ayant plus payé qu'il ne devait (Ricard, *des Substitutions*, titre 3, ch. 12, part. 2, n.° 71; les lois romaines, qui sont le principe de ce sentiment, y sont citées). Un Héritier pur et simple confondrait, mais un Héritier grevé n'est jamais un Héritier pur et simple; un Héritier pur et simple est celui qui reste maître de la propriété; un Héritier grevé n'est proprement qu'un usufruitier, et il n'est pas juste que le bien propre d'un Héritier soit confondu dans une succession qu'il est obligé de restituer. Il est indubitable, selon ces principes, que les lettres de bénéfice d'inventaire ne sont pas nécessaires pour qu'un Héritier grevé ne confonde pas. Il n'est pas nécessaire même qu'il ait fait un inventaire relativement au substitué: l'Héritier grevé n'est point obligé de faire inventaire; le substitué est en droit de le faire, s'il n'y en a point eu; il peut demander contre l'institué de faire preuve que le dernier a plus reçu qu'il ne lui rend; mais l'institué n'a pas confondu, faute d'inventaire. L'inventaire n'est nécessaire que contre les créanciers, afin qu'il ne soit pas tenu au-delà des forces ».

Ces moyens (dit l'Épine de Grainville) s'appliquaient à des créances autres que le don de 60,000 livres contenu dans la disposition du comte d'Alou. Les moyens contraires n'ont pas paru assez considérables pour les rapporter; et ces principes furent jugés certains.

A l'égard de la somme de 60,000 livres, les Héritiers de la dame d'Alou disaient « qu'elle n'avait point confondu, au moyen de la qualité d'Héritière bénéficiaire qu'elle avait prise : il est vrai (ajoutaient-ils) que le sieur d'Alou ne l'avait instituée qu'à condition de rendre tout ce qu'elle tenait de lui, et même ce qu'il lui avait donné par contrat de mariage. Mais cette disposition ne pouvait avoir lieu qu'au cas qu'elle eût été Héritière pure et simple; alors elle aurait confondu, parce qu'elle aurait accepté la succession purement et simplement, et par conséquent la condition qui y était imposée. — Mais en se servant du bénéfice d'inventaire, elle a empêché la confusion; elle s'est réservé à discuter et à exercer sa créance; c'est un des principaux effets du bénéfice d'inventaire. — Mais peut-elle se servir de ce bénéfice à l'égard de sa créance, puisque le sieur d'Alou l'a confondue dans le fidéicommis? Le bénéfice d'inventaire est une faculté que la loi même donne; c'est ce que l'on voit dans la loi *Scimus*, C. *de jure deliberandi*. C'est pourquoi dans les pays de droit écrit, on n'a pas besoin de lettres du prince pour s'en servir; et selon Lebrun, dans nos coutumes qui autorisent le bénéfice d'inventaire, on n'a pas non plus besoin de lettres. Ce privilége est un droit commun, tout Héritier peut s'en servir; il est même de droit public. — L'Héritier ne le tient pas de la volonté du testateur, mais de celle de la loi : le testateur ne peut donc pas le lui interdire. La loi l'a introduit afin que les successions ne soient point abandonnées. Sans ce bénéfice, un Héritier craindrait de risquer son propre bien, s'il était obligé d'accepter purement et simplement; une grande partie des successions seraient confiées à des curateurs; les créanciers n'auraient ni la même confiance ni la même sûreté avec un curateur, qu'aucun motif n'engage à prendre un soin exact des effets communs. Au lieu qu'un Héritier que cette faculté garantit des périls d'une acceptation pure et simple, s'en sert avec avantage pour les créanciers, puisqu'il est porté par honneur, par respect pour la mémoire du défunt, et même par son propre intérêt, à bien administrer les affaires de la succession. — Il suffit que le bénéfice de ce privilége ne tourne pas au profit seulement de l'Héritier, et qu'il intéresse les créanciers et le public, pour qu'un testateur ne puisse en interdire l'usage. Le sieur d'Alou n'a donc pu ordonner que la somme de 60,000 liv. qu'il avait donnée à sa femme, serait confondue dans le fidéicommis, puisque l'effet de cette disposition était de lui rendre inutile le bénéfice d'inventaire, de l'obliger d'accepter purement et simplement, et par conséquent de lui interdire l'usage de ce privilége, ou de répudier la succession et de la laisser vacante. C'est l'inconvénient auquel la loi a voulu remédier en introduisant le bénéfice d'inventaire ».

« Par ces moyens (dit de l'Epine de Grainville), on a pensé, à l'égard des créances qui ne sont pas comprises dans la condition de l'institution, qu'un Héritier grevé ne les confond pas, et qu'il peut les exercer en rendant le fidéicommis, quoiqu'il n'ait pas fait inventaire; qu'à l'égard de celles que le testateur a confondues lui-même dans l'institution, un Héritier grevé peut même, en ce cas, se servir du bénéfice d'inventaire; et qu'au moyen de l'exercice de cette faculté qu'on ne peut lui interdire, il ne confond pas ». — Ces motifs ont dicté l'arrêt du 4 juillet 1725, rapporté ci-dessus, section 2, §. 3.

V. Déshérence, Dévolution, Enfant chéri, Enregistrement (droit d'), Indignité, Institution d'Héritier, Institution contractuelle, Légitime, Légataire, Legs, Nécessité jurée, Licitation, Propres, Quint, Rapport, Renonciation, Succession, Testament, etc.

* HERM, HERMES ou ERMES. La coutume du Bourbonnais, art. 331, dit que *les terres* Hermes *et vacans sont au seigneur justicier.* Elle entend par-là les terres en friche, qui ne sont occupées par personne. On trouve le mot *Herema,* employé de la même manière dans la loi 4, C. *de censibus,* et dans une foule de chartes. *V.* le *Glossaire du droit français,* au mot *Ermes* (G. D. C.). *

* HERMAPHRODITE. C'est celui qu'on dit réunir l'un et l'autre sexe.

Les physiciens modernes pensent unanimement que l'existence des véritables Hermaphrodites est une supposition gratuite. Si la nature s'égare quelquefois dans la production de l'homme, elle ne va jamais jusqu'à des métamorphoses, des confusions de substances et des assemblages parfaits des deux sexes. Celui qu'elle a donné à la naissance, ou même à la conception, ne se change point dans un autre: il n'y a personne en qui les deux sexes soient parfaits, c'est-à-dire, qui puisse engendrer en soi comme femme, et hors de soi comme homme. La nature ne confond jamais pour toujours ni ses véritables marques, ni ses véritables sceaux: elle montre à la fin ce caractère qui distingue le sexe; et si, de temps à autre, elle le voile à quelques égards dans l'enfance, elle le déclare indubitablement dans l'âge de puberté.

Tout cela se trouve exactement vrai pour l'un et l'autre sexe; témoin la prétendue fille italienne, qui devint homme du temps de Constantin, au rapport d'un père de l'église; témoin encore Marie Germain, dont parle Ambroise Paré, laquelle, après avoir sauté un fossé, parut homme à la même heure, et ne se trouva plus du sexe sous lequel on l'avait connue.

Les prétendus hommes Hermaphrodites qui ont l'écoulement menstruel, ne sont que des véritables filles dont Columbus dit avoir examiné les parties naturelles, internes, sans y avoir trouvé rien d'essentiel qui fût différent des parties naturelles des autres femmes. Ce petit corps rond, caverneux, si sensible, qui est situé à la partie antérieure de la vulve, a presque toujours fait qualifier d'Hermaphrodites, des filles qui, par un jeu de la nature, avaient ce corps assez long pour en abuser.

Une fille, connue sous le nom de Marguerite Malaure, en qui le sexe masculin paraissait dominer, aurait infailliblement passé pour un Hermaphrodite, sans M. Saviard. On lui avait donné ordre à Toulouse de porter un habit d'homme; et comme on la trouva encore, cinq ans après, vêtue d'un habit de fille, elle fut punie de prison. Enfin, par sentence du 21 juillet 1691, les capitouls de Toulouse lui enjoignirent de se nommer Arnaud Malaure, et de s'habiller en homme, avec défense de prendre le nom et l'habit de femme, à peine du fouet. — Après cette sentence, Marguerite Malaure vint à Paris en habit d'homme, et croyait elle-même qu'elle était Hermaphrodite: elle disait qu'elle avait les parties naturelles des deux sexes, et qu'elle était en état de se servir des unes et des autres. Elle se produisait dans les assemblées publiques et particulières de médecins et de chirurgiens; et elle se laissait examiner pour une légère gratification, à ceux qui en avaient la curiosité. — Parmi ces curieux qui l'examinaient, il y en eut sans doute plusieurs qui, manquant de lumières suffisantes pour bien juger de son état, se laissèrent entraîner à l'opinion la plus commune qu'elle leur inspirait, de la regarder comme un Hermaphrodite. Il y eut même des médecins et des chirurgiens d'un grand nom qui assurèrent hautement qu'elle était véritablement telle qu'elle se disait être, et justifièrent par leurs certificats, qu'on peut avoir acquis beaucoup de réputation en médecine et en chirurgie, sans avoir un grand fonds de connaissances solides et de véritable capacité. — Enfin, M. Saviard se trouvant presque le seul homme de l'art qui fût incrédule, se rendit aux pressantes sollicitations que lui firent ses confrères d'examiner ce prodige en leur présence: il ne l'eut pas plutôt vu, qu'il leur déclara que ce garçon avait une descente de matrice: en conséquence, il réduisit cette descente, et la guérit parfaitement. Ainsi, l'énigme inexplicable d'Hermaphrodite dans ce sujet, se trouva développée plus clair que le jour. Marguerite Malaure, rétablie de sa maladie, présenta au roi une requête pour obtenir la permission de reprendre l'habit de femme, nonobstant la sentence des capitouls de Toulouse ; et cette permission lui fut accordée.

Il y a néanmoins des jeux de la nature fort singuliers sur les parties naturelles ; et l'on en a eu un exemple bien frappant dans le prétendu Hermaphrodite qu'on vit à Paris en 1765. Cet individu, né du mariage de Jean-Baptiste Grand-Jean et de Claudine Cordier, fut baptisé comme fille à Grenoble en 1732, sous le nom d'Anne Grand-Jean ; et se maria comme garçon à Chambéry, en 1761, avec Françoise Lambert. Le sexe le plus apparent de cet être extraordinaire, fut, au premier moment de son existence, le sexe féminin ; il vit les filles avec indifférence jusqu'à l'âge de quatorze ans : ce fut alors qu'il éprouva l'instinct du plaisir, et qu'il sentit naître des passions qui n'appartiennent point au sexe dont on l'avait cru d'abord. Enfin, cet individu, qui n'était point obligé d'être naturaliste, prit le vêtement convenable au sexe dominant chez lui, c'est-à-dire, les attributs de la masculinité : ainsi, l'âge et des facultés trompeuses l'appelèrent à l'état de mari : mais des circonstances plus singulières les unes que les autres, déterminèrent les magistrats de Lyon à décréter de prise de corps le prétendu Hermaphrodite. — On le mit dans un cachot les fers aux pieds ; et on finit par le condamner à être attaché au carcan, avec un écriteau portant ces mots : *Profanateur du sacrement de mariage* ; à être ensuite fouetté par l'exécuteur de la haute justice, et à un bannissement perpétuel. Sur l'appel de la sentence, Grand-Jean fut transféré à Paris. — On observera ici que tout l'ensemble de Grand-Jean paraissait être un mélange des deux sexes dans la même imperfection : il n'avait point de barbe, mais ses jambes étaient velues ; sa gorge, plus considérable que ne l'est communément celle d'un homme, n'était point délicate et sensible au toucher, comme celle des femmes ; les mamelons en étaient gros et sans aréole : sa voix était celle d'un garçon qui arrive à l'adolescence : son espèce de mentule, qui sortait des grandes lèvres, au-dessus du méat urinaire, était longue de cinq doigts, de l'épaisseur d'un doigt ; susceptible d'érection, et demeurait ferme dans l'acte du coït : on y distinguait, vers l'orifice, deux espèces de testicules, et vers son sommet, une sorte de gland avec son prépuce : comme ce gland n'était point perforé, il n'en pouvait sortir aucune matière séminale. Quant au reste de la vulve, l'entrée était très-étroite, et il n'en sortait aucun écoulement menstruel ni séminal, etc. — Le défenseur de l'accusé établit qu'étant dans la bonne foi, il n'y avait eu de sa part aucune profanation du sacrement de mariage, et par conséquent point de délit. Enfin, le parlement ayant considéré l'état de l'accusé dans le physique, dans le droit et dans le fait, n'aperçut en lui qu'un individu que la nature elle-même avait trompé ; et par arrêt du 10 janvier 1765, la sentence de la sénéchaussée de Lyon fut infirmée quant aux peines prononcées contre Anne Grand-Jean ; le mariage qu'elle avait contracté avec Françoise Lambert, fut déclaré nul et abusif ; et il lui fut enjoint de reprendre l'habit de femme. (M. GUYOT.) *

[[HIÉRARCHIE JUDICIAIRE. C'est la subordination qui est entre les diverses autorités dont se compose l'organisation judiciaire.

I. Avant le sénatus-consulte du 16 thermidor an 10, cette subordination était restreinte : elle consistait uniquement dans le droit qu'avaient les tribunaux d'appel de réformer les jugemens des tribunaux inférieurs ; dans celui qu'avait la cour de cassation d'annuller les jugemens en dernier ressort qui violaient les lois ; dans celui dont était investie la même cour de connaître des prises à partie et de faire les premiers actes d'instruction en matière de forfaiture ; enfin dans le droit de surveillance qui appartenait aux procureurs-généraux sur les officiers de police judiciaire et sur les directeurs du jury. (*V. Officier de police judiciaire*, *Forfaiture*, *Prise à partie*, *Cassation* et *Appel.*)

II. Le sénatus-consulte du 16 thermidor an 10 a singulièrement perfectionné cette partie de notre droit public. On a vu aux mots *Censure et Grand-Juge*, *Ministre de la justice*, quelles sont les dispositions des art. 81 et 82 de cette loi constitutionnelle. Voici les autres :

« *Art.* 83. Les tribunaux d'appel ont droit de surveillance sur les tribunaux civils de leur ressort, et les tribunaux civils sur les juges de paix de leur arrondissement.

» 84. Le commissaire du gouvernement près le tribunal de cassation surveille les commissaires près les tribunaux d'appel et les tribunaux criminels. — Les commissaires près les tribunaux d'appel surveillent les commissaires près les tribunaux civils ».

Plusieurs arrêts de la cour de cassation ont jugé que les tribunaux civils ne peuvent, en vertu du droit de surveillance qu'ils ont sur les juges de paix, ni leur faire des injonctions par jugement, ni ordonner, lorsqu'ils infirment leurs décisions, que leurs jugemens infirmatifs seront transcrits, ou que mention en sera faite en marge des jugemens infirmés, ni faire biffer sur les registres des juges de paix, les motifs des jugemens qu'ils infirment. *V.* mon *Recueil de questions de droit*, aux mots *Hiérarchie judiciaire*.

III. La loi du 20 avril 1810 attribue aux cours impériales un droit de discipline et de censure sur les membres des tribunaux de première instance. *V. Discipline.*]]

* HOIR. Ce mot, qui signifie *héritier*, s'applique ordinairement aux enfans et aux petits-enfans.

Dans la coutume de la Rue d'Indre, locale de celle du Blaisois, on appelle *Hoir de quenouille*, la fille qui est héritière. *V. Héritier.* (M. GUYOT.) *

* HOIRIE. Héritage, Succession. On dit, *donner en avancement d'Hoirie*, pour dire, avancer à un enfant, à condition que, dans le partage après la mort du donateur, il tiendra compte de l'avance à ses cohéritiers. *V. Rapport à succession.* (M. GUYOT.) *

* HOLLANDAIS. Ce sont les habitans des sept Provinces-Unies des Pays-Bas, reconnues libres et indépendantes par les traités conclus à Trèves en 1607 et en 1609.

Par le traité de Madrid du 14 janvier 1526, et par celui de Cambray du 3 août 1529, le droit d'aubaine fut aboli entre les sujets du royaume de France, et ceux de l'empereur Charles-Quint, qui était alors souverain des Provinces-Unies.

La guerre ayant recommencé en 1535 entre les deux puissances, cette convention fut annullée; mais elle fut rétablie par le traité de paix conclu à Crépy le 18 septembre 1544, et subsista jusqu'en 1551, que la guerre recommença.

La même convention a encore été annullée et rétablie différentes fois dans la suite, relativement aux Hollandais : enfin par le traité de paix conclu à Aix-la-Chapelle, le 18 octobre 1748, il a été dit que les traités antérieurs, et particulièrement ceux de Madrid de 1667 et 1670, celui de Nimègue de 1678, celui de Riswick de 1697, celui d'Utrecht de 1713, celui de Baden de 1714, celui de la Haye de 1717, celui de Londres de 1718, et celui de Vienne de 1738, serviraient de base et de fondement à la paix, et qu'ils seraient observés à l'avenir, en ce qu'il n'y aurait pas été dérogé par le traité d'Aix-la-Chapelle. Or, ce traité n'ayant point dérogé à l'exemption du droit d'aubaine, qui avait été précédemment stipulé en faveur des Hollandais, ils doivent en jouir sans difficulté en France.

C'est en conformité de ce traité que, par arrêt du 28 juillet 1755, le parlement de Paris a jugé que les Français et les Hollandais devaient réciproquement être admis à recueillir les successions tant mobilières qu'immobilières de leurs parens morts en France ou en Hollande. — Cet arrêt, rendu au profit du sieur Jabach, naturalisé Hollandais, à qui les immeubles que ses parens avaient laissés en France, ont été adjugés, a été inutilement attaqué par le receveur du domaine : le conseil a débouté celui-ci de sa demande en cassation.

Par un autre arrêt du 26 janvier 1760, le même parlement a confirmé une sentence, par laquelle le châtelet avait déclaré le sieur Krabbe, Hollandais, résidant en France, et la demoiselle Krabbe, Hollandaise, habiles à recueillir la succession de leurs parens français. — Il fut produit dans cette affaire une délibération des Etats-généraux de Hollande, du 28 août 1758, par laquelle il était justifié qu'à titre de réprocité, les Français succédaient en Hollande à leurs parens hollandais. *V. Héritier* et *Succession*. (M. GUYOT.) *

[[Aujourd'hui, la Hollande est réunie à l'empire français. La réunion en a été prononcée, pour une partie, par le sénatus-consulte du 24 avril 1810 ; et pour le restant, par le sénatus-consulte du 13 décembre de la même année.]]

* HOMICIDE. [[On appelle ainsi, et l'action de tuer un homme, et la personne qui commet cette action.]]

I. C'est à Numa Pompilius qu'on a attribué la première loi que les Romains aient eue sur l'Homicide : elle a été insérée dans le *Code Papyrien*. Suivant cette loi, quiconque avait tué un homme de guet-apens, était puni de mort comme Homicide ; mais s'il ne l'avait tué que par hasard et par imprudence, il en était quitte pour immoler un bélier par forme d'expiation. La première partie de cette loi de Numa contre les assassinats volontaires, fut transportée dans les douze tables, après avoir été adoptée par les décemvirs.

Tullus Hostilius fit aussi une loi pour la punition des Homicides ; ce fut à l'occasion du meurtre commis par un des Horaces : il ordonna que les affaires qui concernaient les meurtres, seraient jugées par les décemvirs ; et que si celui qui aurait été condamné, appelait de leur sentence au tribunal du peuple, cet appel aurait lieu comme étant légitime ; mais que si par l'événement la sentence venait à être confirmée, le coupable serait pendu à un arbre, après avoir été fustigé ou dans la ville ou hors des murs. La procédure qu'on tenait en cas d'appel, est très-bien détaillée par Terrasson, dans son *Histoire de la jurisprudence romaine*, sur la seizième loi du Code Papyrien, qui fut formée de cette loi de Tullus Hostilius.

La loi que Sempronius Gracchus fit dans la suite, sous le nom de loi *Sempronia de Homicidiis*, ne changea rien à celle de Numa et de Tullus Hostilius.

Mais Lucius Cornélius Sylla, étant dictateur l'an de Rome 673, fit une loi connue sous le nom de la loi *Cornelia de Sicariis*. — Quelque temps après la loi des douze tables, les meurtriers furent appelés *Sicarii*, du mot *Sica*, qui signifiait une petite épée recourbée qu'on cachait sous sa robe. Cette espèce de poignard était défendue, et l'on dénonçait aux triumvirs ceux qu'on en trouvait saisis, à moins que cet instrument ne fût nécessaire au métier de celui qui le portait.

Suivant cette loi Cornélia, si le meurtrier était élevé en dignité, on l'exilait seulement ; si c'était une personne de moyen état, on le condamnait à perdre la tête ; enfin, si c'était un esclave, on le crucifiait, ou bien on l'exposait aux bêtes sauvages.

Dans la suite, il parut injuste que le commun du peuple fût puni plus rigoureusement que les personnes élevées en dignité ; c'est pourquoi il fut résolu que la peine de mort serait générale pour toutes les personnes qui se rendraient coupables de meurtre ; et quoique Cornélius Sylla n'ait point été l'auteur de tous les changemens que sa loi éprouva, néanmoins toutes les nouvelles dispositions qu'on y ajouta en divers temps, furent confondues avec la loi *Cornelia de Sicariis*.

On tenait pour sujets aux rigueurs de la loi *Cornelia de Sicariis*, non-seulement ceux qui avaient effectivement tué quelqu'un, mais aussi celui qui, à dessein de tuer, s'était promené avec un dard, ou qui avait préparé du poison, qui en avait eu ou vendu : il en était de même de celui qui avait porté faux témoignage contre quelqu'un, et du magistrat qui avait reçu de l'argent pour une affaire capitale.

Les sénatus-consultes mirent aussi au nombre des meurtriers, ceux qui châtraient quelqu'un, soit par un esprit de débauche, soit pour en faire trafic, ou qui circoncisaient leurs enfans, à moins que ce ne fussent des Juifs; enfin, tous ceux qui faisaient des sacrifices contraires à l'humanité.

On exceptait seulement de la loi Cornélia ceux qui tuaient un transfuge, ou quelqu'un qui commettait violence, et singulièrement celui qui attentait à l'honneur d'une femme.

Chez les Francs et les Germains, l'Homicide pouvait se soustraire à la peine, en payant aux parens du défunt une composition qui était proprement l'estimation du dommage causé par sa mort.

II. Mais aujourd'hui on tient pour maxime en France, que toute personne qui tue quelqu'un, est digne de mort. Le crime est plus ou moins grave selon les circonstances; l'assassinat prémédité est de tous les Homicides le plus atroce: aussi n'accorde-t-on point de lettres de grâce à ceux qui en sont auteurs ou complices.

L'édit de Henri II, du mois de juillet 1557, prononce en ce cas la peine de mort sur la roue, sans que cette peine puisse être commuée; cela est confirmé par l'ordonnance de Blois, qui défend d'accorder pour ce crime des lettres de grâce.

L'article suivant, concernant ceux qui se louent pour tuer, battre et outrager, veut que la seule machination et attentat soit puni de mort, quoique ce crime n'ait point eu l'effet projeté.

On accorde des lettres de rémission pour les Homicides involontaires, ou qui sont commis dans la nécessité d'une légitime défense de la vie. — « Les lois condamnent les violences (dit Lemaître dans ses plaidoyers); mais lorsqu'elles défendent d'en faire, elles permettent de les repousser; elles veulent que les hommes écoutent et respectent cette défense dans le commerce paisible et tranquille qu'ils ont ensemble, mais elles les en dispensent, lorsque l'on commet contre eux des actes d'hostilité; elles se taisent dans le bruit des armes, et elles ne leur commandent pas alors d'attendre leur protection et leur secours, et de remettre à être vengés par elles, parce que les innocens souffriraient une mort injuste, avant qu'elles fussent venues pour en faire souffrir une juste à ceux qui seraient coupables ».

On accorde aussi, sans difficulté, des lettres de rémission, au mari qui tue sa femme surprise en adultère: il y a beaucoup d'exemples de pareils Homicides, et de lettres de rémission obtenues en conséquence. Il est même d'usage que quand le mari a négligé, en cas pareil, de demander des lettres de grâce, on ordonne qu'il se retirera par-devers le prince pour les obtenir.

Henrys, en rapportant un arrêt du parlement de Paris rendu sur un Homicide de cette nature, observe que la cour fit quelque difficulté d'entériner les lettres de grâce que le mari avait obtenues, parce qu'il avait tendu un piége à sa femme, et avait feint un voyage pour la surprendre.

Si pour se venger, un mari tuait sa femme adultère, ou l'amant de sa femme, ou tous les deux, hors du cas de flagrant délit, il serait dans le cas d'être puni de mort, comme pour un autre Homicide volontaire; cependant quand l'adultère est prouvé, on ne refuse guère la grâce qu'on demande en cas pareil.

Quand quelqu'un vient à être tué dans une dispute qui s'est élevée entre plusieurs particuliers sans que l'on connaisse l'auteur de l'Homicide, on ne prononce la peine de mort contre aucun: l'incertitude en fait exempter ceux qui peuvent être coupables.

Observez néanmoins qu'il en serait différemment, si l'homicide avait été commis de propos délibéré, et en conséquence d'un complot. On condamnerait alors à la peine ordinaire de l'Homicide, tous ceux qui s'y seraient trouvés présens, soit que le défunt fût mort d'une ou de plusieurs blessures, et soit qu'il eût été frappé par tous les complices ou seulement par un seul.

Au reste, tous ceux qui ont été présens à un Homicide dont on ne connaît pas l'auteur, doivent être condamnés solidairement aux dommages et intérêts résultans du délit.

On tient en général pour maxime en matière d'Homicide, que le simple attentat non suivi d'effet, ne doit pas être puni de mort, même lorsque cet attentat est accompagné d'un acte extérieur; mais cette règle ne s'applique point à l'Homicide ou assassinat de guet-apens: ici, le simple attentat manifesté par quelque acte extérieur, doit être puni du dernier supplice, comme on l'a déjà dit précédemment.

III. On ne regarde point comme coupables d'Homicide les archers, les huissiers, ou autres, qui, étant porteurs d'un décret de prise de corps, ou d'un ordre de justice contre un accusé, viennent à le tuer, parce qu'il leur résiste à main armée.

Il en est de même à l'égard des employés des fermes du roi, lorsqu'ils tuent des contrebandiers qui leur font violence ou rébellion.

On peut pareillement tuer impunément un voleur qui, pendant la nuit, est surpris brisant une porte, perçant un mur, escaladant des fenêtres, ou forçant quelque serrure au-dedans d'une maison; mais à l'égard des voleurs de jour, on ne peut les tuer impunément que dans le cas où ils se défendent à main armée, et que l'on court risque de sa vie en voulant les arrêter. Au reste, celui qui tuerait un voleur de jour, dans d'autres circonstances, serait à la vérité punissable; mais on ne prononcerait pas contre lui la peine de mort.

On ne punit pas l'Homicide qu'on a commis pour défendre une personne qui, si elle n'eût pas été secourue, aurait été en danger d'être tuée par l'agresseur. Cette règle doit surtout être observée lorsqu'il a été question de défendre la vie de sa femme, de son fils, de son père, de son maître, et même d'un voisin, d'un ami, etc.

Lorsque celui qui étant sur la défensive et voulant se défaire de celui qui l'attaque, tue, au lieu de cet agresseur, une autre personne qui, par exemple, s'est présentée pour séparer les combattans, il ne doit pas être puni de la peine ordinaire de l'Homicide. Tel est l'avis de plusieurs criminalistes.

L'Homicide que commet quelqu'un par accident sans aucune faute ni imprudence de sa part, ne doit pas être puni. C'est pourquoi, si un maçon travaillant à un bâtiment, vient à laisser tomber une pierre qui tue quelque personne, il ne doit être prononcé aucune peine contre lui, quand il a pris la précaution de mettre un signal pour avertir du danger de passer dans cet endroit. *V. Couvreur.*

Il en serait de même à l'égard de l'Homicide que commettrait quelqu'un en écrasant du poids de sa personne, un passant sur lequel il aurait été précipité par accident.

De même encore on ne punirait pas celui qui tirant à l'arquebuse dans le lieu destiné à cet exercice, viendrait à tuer un passant sans en avoir eu l'intention.

Lorsqu'un Homicide a été commis par imprudence et sans dessein, on ne punit pas de mort le coupable, mais on prononce contre lui une peine relative aux circonstances et à la qualité de l'imprudence.

Les médecins, les chirurgiens et les apothicaires qui, par une ignorance ou impéritie grossière occasionnent la mort d'un malade, doivent être punis comme Homicides, ou du moins on doit leur infliger quelque peine corporelle. Mais une telle ignorance ne se présume point, il faut la prouver contre celui qu'on accuse.

Les mères et les nourrices, qui par imprudence, suffoquent ou laissent suffoquer, au lit, les enfans qu'elles nourrissent, doivent être punies, non pas de la peine ordinaire de l'Homicide, mais d'une autre peine proportionnée aux circonstances et à la qualité du fait. Charondas rapporte un arrêt rendu au parlement de Toulouse, le dernier février 1566, par lequel une nourrice qui avait imprudemment suffoqué l'enfant qu'un docteur en droit lui avait confié, fut condamnée à faire amende honorable devant la porte du père de l'enfant, à être ensuite fouettée et bannie de Toulouse pour cinq ans, avec défense de se charger à l'avenir de nourrir aucun enfant.

Lorsque celui qui frappe une personne, vient à la tuer sans en avoir eu le dessein, il doit être puni comme coupable d'un Homicide commis par imprudence. Tel serait le cas où un coup de pied donné à quelqu'un, lui aurait occasionné une chute dont il serait mort,

[[IV. Le Code pénal de 1810 distingue avec beaucoup de précision les différentes espèces d'Homicides. Voici comment il s'explique :

« Art. 295. L'Homicide commis volontairement est qualifié meurtre.

» 296. Tout meurtre commis avec préméditation ou de guet-apens, est qualifié assassinat.

» 297. La préméditation consiste dans le dessein formé, avant l'action, d'attenter à la personne d'un individu déterminé, ou même de celui qui sera trouvé ou rencontré, quand même ce dessein serait dépendant de quelques circonstances ou de quelque condition.

» 298. Le guet-apens consiste à attendre plus ou moins de temps, dans un ou divers lieux, un individu, soit pour lui donner la mort, soit pour exercer sur lui des actes de violence.

» 299. Est qualifié parricide le meurtre des pères, ou mères légitimes, naturels ou adoptifs, ou de tout autre ascendant légitime.

» 300. Est qualifié infanticide le meurtre d'un enfant nouveau-né.

» 301. Est qualifié empoisonnement tout attentat à la vie d'une personne, par l'effet de substances qui peuvent donner la mort plus ou moins promptement, de quelque manière que ces substances aient été employées ou administrées, et quelles qu'en aient été les suites.

» 302. Tout coupable d'assassinat, de parricide, d'infanticide et d'empoisonnement, sera puni de mort, sans préjudice de la disposition particulière contenue en l'art. 13 relativement au parricide.

» 303. Seront punis, comme coupables d'assassinat, tous malfaiteurs, quelle que soit leur dénomination, qui, pour l'exécution de leurs crimes, emploient des tortures ou commettent des actes de barbarie.

» 304. Le meurtre emportera la peine de mort, lorsqu'il aura précédé, accompagné ou suivi un autre crime ou délit. En tout autre cas, le coupable de meurtre sera puni de la peine des travaux forcés à perpétuité.

» 319. Quiconque, par maladresse, imprudence, inattention, négligence ou inobservation des règlemens, aura commis involontairement un Homicide, ou en aura involontairement été la cause, sera puni d'un emprisonnement de trois mois à deux ans, et d'une amende de 50 à 500 francs.

» 321. Le meurtre, ainsi que les blessures et les coups, sont excusables, s'ils ont été provoqués par des coups ou violences graves envers les personnes.

» 322. Les crimes et délits mentionnés au précédent article, sont également excusables, s'ils ont été commis en repoussant, pendant le jour, l'escalade ou l'effraction des clôtures, murs ou entrée d'une maison ou d'un appartement habité ou de leurs dépendances. Si le fait est arrivé pendant la nuit, ce cas est réglé par l'art. 329.

» 323. Le parricide n'est jamais excusable.

» 324. Le meurtre commis par l'époux sur l'épouse, ou par celle-ci sur son époux, n'est pas excusable, si la vie de l'époux ou de l'épouse qui a commis le meurtre, n'a pas été mise en péril dans le moment même où le meurtre a eu lieu. Néanmoins dans le cas d'adultère, prévu par l'art. 336, le meurtre commis par l'époux sur son épouse, ainsi que sur le complice, à l'instant où il les surprend en flagrant délit dans la maison conjugale, est excusable.

» 326. Lorsque le fait d'excuse sera prouvé, s'il s'agit d'un crime emportant la peine de mort, ou celle des travaux forcés à perpétuité, ou celle de la déportation, la peine sera réduite à un emprisonnement d'un an à cinq ans; s'il s'agit de tout autre crime, elle sera réduite à un emprisonnement de six mois à deux ans. Dans ces deux premiers cas, les coupables pourront de plus être mis, par l'arrêt ou le jugement, sous la surveillance de la haute-police pendant cinq ans au moins et dix ans au plus. S'il s'agit d'un délit, la peine sera réduite à un emprisonnement de six jours à six mois.

» 327. Il n'y a ni crime ni délit, lorsque l'Homicide, les blessures et les coups étaient ordonnés par la loi et commandés par l'autorité légitime.

» 328. Il n'y a ni crime ni délit, lorsque l'Homicide, les blessures et les coups étaient commandés par la nécessité actuelle de la légitime défense de soi-même ou d'autrui.

» 329. Sont compris dans les cas de nécessité actuelle de défense, les deux cas suivans: — 1.° Si l'Homicide a été commis, si les blessures ont été faites, ou si les coups ont été portés, en repoussant, pendant la nuit, l'escalade ou l'effraction des clôtures, murs ou entrée d'une maison ou d'un appartement habité ou de leurs dépendances; — 2.° Si le fait a eu lieu en se défendant contre les auteurs de vols ou de pillages exécutés avec violence. »

V. Poison, Assassin, Parricide, Avortement, Grossesse, Complice, Tentative de crime et *Blessé*, §. 15.]]

V. Au reste, c'est une maxime certaine, que le meurtrier ne peut aucunement profiter des biens de celui auquel il a donné la mort, soit qu'il en soit l'héritier présomptif, ou qu'il en soit donataire; et cette décision doit avoir lieu à l'égard de toute espèce d'Homicide, sans distinguer s'il a été volontaire ou nécessaire, ou accidentel. — Le parlement de Paris a jugé conformément à cette règle, par arrêt rendu le 10 avril 1603, dans l'espèce suivante: le sieur Ménalori ayant trouvé sa femme en adultère, la tua ainsi que son amant, et obtint des lettres de rémission, qui furent entérinées: mais sur la question de savoir s'il devait recueillir la donation que sa femme lui avait faite par son contrat de mariage, l'arrêt cité décida qu'il ne pouvait rien prétendre dans les biens de sa femme. *V. Indignité.*

VI. C'est au ministère public à poursuivre l'Homicide, relativement à la vindicte publique; mais les parens du défunt ont une action pour raison des dommages et intérêts résultans de l'Homicide.

Cette action appartient en premier lieu à la veuve, lors même qu'elle n'est point héritière de son mari, et qu'elle a renoncé à la communauté. Brodeau rapporte un arrêt du 11 mai 1646, qui l'a ainsi jugé.

Les intérêts civils qu'une veuve obtient en pareils cas, ne peuvent être saisis par les créanciers de son mari; et si elle vient à se remarier, elle n'est point obligée de les réserver aux enfans de son premier mari. La raison en est que c'est un bien qui lui est propre.

Ce que nous venons de dire de la veuve dont on a tué le mari, doit pareillement s'appliquer au mari dont la femme a été tuée.

L'action dont il s'agit, appartient aussi aux enfans du défunt concurremment avec la veuve, quand même ils ne seraient pas héritiers de leur père, qu'ils auraient renoncé à sa succession, ou qu'il les aurait déshérités.

Cette même action passe aux enfans naturels et illégitimes, par préférence aux autres parens, lorsqu'il n'y a point d'enfans légitimes: mais les bâtards incestueux ou adultérins ne jouissent pas de ce droit.

Au défaut des enfans, les petits-enfans doivent être admis à exercer l'action relative aux dommages et intérêts résultans de l'Homicide de leur aïeul.

Les ascendans peuvent aussi agir pour raison de l'Homicide de leur fils ou petit-fils.

La même règle s'applique au beau-père, à la belle-mère, au gendre et à la bru.

Les frères et les sœurs peuvent pareillement poursuivre l'Homicide de leur frère; et ils doivent tous être admis conjointement à partager la réparation entre eux, quand même ils ne seraient pas héritiers de leur frère, ou qu'il n'y en aurait que quelques-uns qui le fussent.

Les oncles, les tantes et les neveux du défunt, sont encore fondés à poursuivre l'Homicide commis en sa personne.

Au défaut des parens dont on vient de parler, les autres ne peuvent pas agir, à moins qu'ils ne soient héritiers du défunt. Au surplus, *V. Réparation civile.*

VII. Suivant le droit romain et l'ancien droit français, la veuve et l'héritier présomptif de celui qui avait été tué, étaient obligés de poursuivre l'Homicide, sinon ils devaient être privés de la succession du défunt. Divers arrêts rapportés par Maynard, par Automme et par Louet, avaient jugé en continuité de cette règle; mais le parlement de Paris a depuis établi, à cet égard, une nouvelle jurisprudence: Bardeau rapporte un arrêt du 30 juillet 1680, par lequel cette cour a réformé une sentence du bailliage d'Yenville, qui avait déclaré la veuve et les enfans de Simon le Maire, indignes d'exercer aucun droit dans sa succession, parce qu'ils avaient refusé de se rendre parties civiles contre l'auteur de l'assassinat de ce particulier. Cette décision est fondée sur ce que la punition des crimes ne concerne aujourd'hui que le ministère public, et que les particuliers n'ayant d'autre droit que celui de conclure à une réparation civile, on ne peut pas les empêcher d'y renoncer. *Unicuique licet juri in favorem suum introducto renuntiare.* (M. Guyot.)*

[[On a toujours jugé le contraire dans les pays de droit écrit. Quant à la législation actuelle sur ce point, *V. Indignité.*]]

HOMMAGE. *V. Foi et Hommage.*

HOMMES-COTTIERS. On appelle ainsi dans plusieurs coutumes de la Belgique, les propriétaires des héritages tenus en censive.

Cette qualité seule les rend habiles à siéger à la cour du seigneur censier dont ils relèvent, pour y juger toutes les causes de leurs pairs et compagnons, qui n'excèdent pas les bornes de leur compétence. Mais il faut, pour cela, qu'ils soient appelés et conjurés par le chef de la juridiction; et ce chef s'appelle, en certains endroits, bailli; en d'autres, mayeur; en d'autres, prévôt, etc.

Les hommes-cottiers proprement dits n'ont que l'exercice de la basse justice. L'art. 1 de la coutume d'Artois porte expressément que « le seigneur foncier, à cause de sa seigneurie, qui est basse justice, à congnoissance et judicature par ses Hommes-cottiers, de tout de qui concerne la dessaisine et saisine des héritages de lui tenus et mouvans ».

Gosson fait, sur cet article, plusieurs observations remarquables.

La coutume, dit-il, en donnant la basse justice au seigneur foncier, lui donne sans doute en même temps les choses sans lesquelles cette justice ne peut pas être exercée. Il peut donc établir un bailli, un lieutenant, un procureur, un greffier, un sergent, en un mot, tous les officiers nécessaires pour aider les Hommes-cottiers dans l'administration de la justice.

Quoique cet article, continue Gosson, ne parle que de la dessaisine et saisine, on peut néanmoins agir devant les Hommes-cottiers, par *mise de fait* sur un héritage roturier; et si quelqu'un voulait attaquer ou empêcher la permission prise par cette voie, ce serait devant eux qu'il faudrait plaider.

Par la même raison, il leur est permis de décerner des commissions de mise de fait, et de connaître de la validité ou suffisance des titres sur lesquels elles sont fondées.

Par conséquent (c'est toujours Gosson qui parle), ils peuvent connaître incidemment de la validité des contrats et des testamens qui donnent lieu à la dessaisine et saisine ou à la mise de fait : *Adeò, in hâc parte, latè patet fundiaria jurisdictio.*

Les Hommes-cottiers diffèrent-ils des échevins des seigneurs?

Il est certain que ces derniers doivent être Hommes-cottiers, c'est-à-dire, censitaires du seigneur au nom duquel ils rendent la justice, parce que, dans la Belgique, la juridiction seigneuriale est attachée à la glèbe : ainsi, en considérant le mot *Homme-cottier* dans sa signification générale, on peut dire que tous les échevins sont Hommes-cottiers, mais que tous les Hommes-cottiers ne sont pas échevins; ou, si l'on veut, que les échevins sont des Hommes-cottiers à qui le seigneur a donné des commissions, et fait prêter serment pour rendre la justice à leurs pairs-cottiers.

Pourquoi donc trouve-t-on en certains endroits des Hommes-cottiers qui, bien que sermentés et munis de commissions de leur seigneur, se bornent à la qualité d'Hommes-cottiers, sans prendre celle d'échevins? C'est parce que ces endroits sont soumis à deux seigneurs dont l'un a la haute ou moyenne justice, et l'autre la basse : les officiers du premier s'appellent échevins, et exercent, en cette qualité, toutes les fonctions dont nous avons parlé au mot *Echevins;* mais les officiers du second retiennent le nom d'Hommes-cottiers, afin qu'on puisse les distinguer d'avec les autres. Ce n'est pas cependant qu'ils ne puissent aussi acquérir par l'usage le droit de se qualifier d'*échevins;* car c'est de l'usage que dépendent ces dénominations, comme le prouve l'art. 4 du ch. 130 des chartes générales de Hainaut; et du reste, quelque qualité que prennent les Hommes-cottiers proprement dits, leur pouvoir n'en est ni plus ni moins étendu.

V. Conjure, Cotterie, Devoirs de Loi, Echevins, Hommes de Fief, Mayeur, Mise de fait, etc.

[[Les justices seigneuriales étant abolies par les lois des 4 août 1789 et 7 septembre 1790, il n'existe plus d'Hommes-cottiers.]]

HOMMES DE FIEF. Ces termes synonymes de *vassaux*, de *feudataires*, de *pairs*, sont principalement employés dans les coutumes de la Belgique, pour désigner les propriétaires de fiefs, ou leurs représentans, en tant qu'ils remplissent dans la cour de leur seigneur dominant, les fonctions de la justice.

I. Tout le monde sait combien est ancien et respectable le droit d'être jugé par ses pairs : on le trouve établi dès le commencement du gouvernement féodal.

« La cause de l'institution des pairs de France (dit du Tillet) sera assez connu, quand sera entendu que les fiefs, étant devenus héréditaires et patrimoniaux en ce royaume, suivant l'usage écrit des fiefs des Lombards, en chacun fief dominant fut établi certain nombre de vassaux appelés pairs, ou francs Hommes de fiefs, chargés de tenir la cour du seigneur, et juger les causes féodales, ayant, pour raison de ce, grandes prérogatives et noblesse...... Lesdits vassaux jugeant furent nommés pairs, parce qu'ils avaient pareille jurisdiction, autorité, prééminence, priviléges et charges l'un comme l'autre ».

Cette dernière observation n'est pas bien exacte : il est plus naturel et plus conforme aux anciens monumens de notre droit public, de dire que les Hommes de fiefs ont été qualifiés de pairs, parce qu'ils étaient égaux en tout point à ceux qu'ils jugeaient, de manière que chaque vassal pouvait être tantôt juge, et tantôt partie. C'est ce que fait entendre l'art. 3 d'une charte donnée en 1315, par Louis X, pour les bailliages d'Amiens et d'Artois : *Toute personne noble* (porte cet article), *sera jugée par les Hommes de la châtellenie, c'est-à-dire, ses égaux, tenans du fief dans lequel elle résidera.*

« Cette forme de juger les causes féodales par les pairs de fiefs (continue du Tillet), est ancienne en France, pour le regard de la jurisdiction des vassaux ». (C'est ce qu'il justifie par une sentence de 929.) « Le doute (ajoute-t-il), est de savoir en quel temps la justice souveraine du roi commença d'avoir des pairs pour juger les causes des fiefs mouvans immédiatement de la couronne ». Il fixe cette époque au règne de Hugues Capet; dès-lors, suivant lui, les pairs ont eu séance à la cour du roi, et ils y ont été admis à l'imitation de ce qui se pratiquait dans toutes les justices inférieures du royaume.

On voit par-là que la forme d'administrer la justice par les Hommes de fiefs, n'était point particulière aux seigneurs, puisque le roi s'en servait lui-même dans son parlement. Voici un fait qui prouve que la même chose avait lieu dans les siéges royaux subalternes.

« Les Hommes de fiefs de la châtellenie de Lille (dit du Tillet), avaient accoutumé, en cas de discord ou doute, ès causes qu'ils avaient à juger, avoir recours au comte de Flandre, ou sa chambre, pour être conseillés et aidés ». (C'est ce qu'on appelle encore en Flandre et en Hainaut, prendre *charge d'enquête. V.* ces mots.) Depuis que le roi Philippe-le-Bel tint ladite châtellenie, ils demandèrent qu'ils pussent avoir recours au parlement ès cas susdits. Par arrêt du parlement de la Toussaint 1316, ils en furent refusés, pour ce que desdits Hommes de fiefs et de la cour de Flandre, on appelait audit parlement, et leur fut baillé le sénéchal de Lille pour les conseiller ».

C'est une erreur de croire, comme du Tillet paraît l'avoir fait, que les pairs ou Hommes de fiefs ne jugeaient que les causes purement féodales : ils jugeaient toutes les causes dont la cour qu'ils composaient, avait droit de connaître. C'est ce que Bouquet justifie par ce passage du cartulaire de l'abbaye de Saint-Bertin : *Per quos, de furibus, de latrociniis, ac prorsùs de omni lege et forefacturâ tam maximâ quàm infirmâ, placitaret.*

Les Hommes de fiefs étaient obligés de jurer dans la cour du roi ou du seigneur, sous peine de saisie de leurs fiefs et d'établissement de gardiens. Les assises de Jérusalem disent que, sans ces voies rigoureuses, le seigneur ne pourrait contraindre ses Hommes à prendre connaissance des causes portées en sa cour, et qu'il ne pourrait même la tenir faute d'un nombre suffisant de juges.

Il était cependant permis aux Hommes de fiefs de prendre plusieurs délais pour juger ; mais, dit Beaumanoir, « Quant ils ont pris tous ces respits, li seigneur les doit tenir en prison, tant que ils ayent jugié ».

Le seigneur, ni même son bailli ou sénéchal, n'avait pas le pouvoir de juger avec les Hommes de fiefs. « Nul (dit encore Beaumanoir), ne peut faire jugement en sa cour, en sa querelle, ne en l'autrui, pour deux resons : la première reson pour che que un Hom seul, en se personne, ne peut jugier ; à inchoix en convient, ou deux, ou trois, ou quatre au moins autres que le seigneur ; la seconde reson pour che que le coustume de Biauvoisins est tele que li seigneurs ne jugent pas en leur cour ; mès leurs Hommes jugent ».

Ainsi, un seigneur qui avait voix délibérative dans la cour de son suzerain, n'avait dans la sienne que la voix excitative, c'est-à-dire, le droit de semoncer ses Hommes pour leur faire rendre un jugement.

La justice et la manière de l'administrer dépendaient du territoire de chaque seigneurie. « Bien sçachent (dit Beaumanoir), tuit li Hommes qui sont tenus à juger en le cour de aucun seigneur, que ils ne sont tenus à faire jugement fors de che qui meut de la chastellerie de lequelle leur hommage descent ; car, si li sire a pluriex chastelleries, il ne peut pas prendre ses Hommes d'une chastellerie pour juger en l'autre ».

Bouquet conclut de ces autorités et de plusieurs autres, qu'il n'était point au pouvoir des parties de se choisir des juges ; mais que la qualité du fief décidait, et de leur nombre, et de leur qualité ; que le seigneur et son bailli assemblait les pairs ; qu'il requérait le jugement ; qu'il pouvait y être présent ; mais qu'il ne jugeait pas.

II. Toutes les provinces n'ont pas eu la même attention à se maintenir dans le droit d'être jugées par leurs pairs. Les Hommes de fiefs ne se souciaient guère de remplir les fonctions pénibles de juges : insensiblement ils laissèrent usurper leurs places par des avocats et des praticiens ; et les inconvéniens qui en résultèrent, servirent de motif pour créer des conseillers dans tous les bailliages de France, et par ce moyen, introduire la vénalité dans les mêmes siéges.

Dans le temps de ces révolutions, les provinces de Flandre et d'Artois étaient séparées de la couronne ; celles du Hainaut et du Cambrésis n'y étaient pas encore unies ; aussi ont-elles conservé plus soigneusement que les autres leur ancien droit sur la matière que nous traitons ici. Ce n'est donc pas par l'habitude où l'on est de voir les choses sur un autre pied dans le reste du royaume, qu'il faut juger de l'administration de la justice dans ces quatre provinces ; la forme en est toute différente au moins dans la plupart des siéges inférieurs.

III. En Artois, la justice se rend encore dans tous les bailliages royaux par les vassaux ou Hommes de fiefs relevant du roi, à cause de son comté d'Artois.

Un placard de Charles-Quint, du 14 décembre 1546, rendu pour la gouvernance d'Arras, ordonne, art. 20, que les procès conclus en droit se mettront ès mains du gouverneur, son lieutenant et *Hommes*, pour voir s'ils sont bien instruits avant de les distribuer, et que le rapport en sera fait *pardevant lesdits hommes de fiefs, auxquels seuls compète et appartient la judicature, tant en matière criminelle que civile, à la conjure de notredit gouverneur ou son lieutenant.*

L'art. 24 du procès-verbal dressé par M. Le Vayer en 1647, sur les priviléges, usages et juridictions d'Artois, et déposé à la bibliothèque du roi, porte que la gouvernance d'Arras est composée, entre autres, de *plusieurs Hommes de fiefs, tenans et relevans de sa majesté.* L'art. 25 ajoute que ces *Hommes de fiefs, ou ceux desservans en leurs noms, ont la juridiction ordinaire et perpétuelle de sa majesté ;* et en cette qualité, dit l'art. 27, *leur appartient la connaissance de tous différends, procès et actions entre et contre les sujets de ladite gouvernance, et la décision et judicature d'iceux, à la conjure, du sieur gouverneur ou son lieutenant, en toutes matières civiles et criminelles, et en tous cas, sauf ceux expressément réservés par privilége à MM. du conseil d'Artois.*

Depuis la réunion de l'Artois à la couronne, le roi a créé différens offices dans les bailliages et gouvernances d'Artois ; mais ceux qui en sont pourvus, ne peuvent pas juger, à moins qu'ils n'aient la qualité d'Hommes de fiefs, soit comme propriétaires de biens féodaux, soit en desservant ceux de quelques vassaux du roi. C'est ce qui résulte de l'arrêt du conseil du 2 novembre 1700, rendu contradictoirement entre les grands baillis, les officiers titulaires, les propriétaires des fiefs et les états d'Artois.

Les officiers de la gouvernance d'Arras ont tenté, dans les derniers temps, de s'affranchir de la nécessité d'être Hommes de fiefs : ils voulaient juger sans cette qualité essentielle ; et loin de convoquer des Hommes de fiefs pour remplir le nombre des juges nécessaire, ils prétendaient qu'il leur suffisait de se faire assister par de simples gradués : mais M. le chancelier a remédié à ces désordres par une lettre du 9 novembre 1769, portant entre autres choses : — « Que les officiers de la gouvernance reçoivent les sujets qui leur seront présentés par les propriétaires des fiefs mouvans du château d'Arras, pour desservir lesdits fiefs, conformément aux lois et usages de la province; qu'ils les admettent au serment sur leur simple nomination.......; que les officiers de la gouvernance évoquent, suivant l'usage ancien, soit les propriétaires de ces fiefs, soit leurs représentans, pour assister aux jugemens des affaires civiles et criminelles, et pour y compléter le nombre des juges fixé par les art. 2 et 3 de l'arrêt du 2 novembre 1700, sans pouvoir en appeler d'autres......, qu'en conformité dudit arrêt, le lieutenant général, en l'absence du grand bailli, en fera les fonctions, et sera notamment tenu de conjurer et de convoquer les officiers et Hommes de fiefs; et ne pourra, en ce cas, faire les fonctions de juge ».

Les juridictions seigneuriales de l'Artois sont formées sur le modèle des siéges royaux dont on vient de parler : la justice s'y rend, tantôt par les Hommes de fiefs, tantôt par les échevins ou Hommes-cottiers, suivant la nature des matières.

Les art. 1, 2, 4 et 12 de la coutume d'Artois contiennent là-dessus une règle très-simple.—L'art. 1 porte que « le seigneur foncier, à cause de sa seigneurie qui est basse justice, a connaissance et judicature par ces Hommes-cottiers, de tout ce qui concerne la dessaisine et saisine des héritages de lui tenus et mouvans ». — L'art. 2 ajoute que le seigneur foncier ne peut connaître des délits dont la peine excède cinq sous d'amende, à l'exception néanmoins de l'infraction de sa justice dont l'amende est de soixante sous parisis. — Suivant l'art. 4, le seigneur vicomtier a, « par ses Hommes féodaux, la connaissance et punition de sang, jusqu'à soixante sous parisis inclusivement et du larron jusques à la mort ; et autres punitions au-dessous inclusivement, sauf le bannissement ». — L'art. 12 donne au seigneur haut-justicier, *connaissance par ses Hommes*, de tous crimes et fourfaitures, même de *rapt, meurtre, larcin, et de tous autres crimes.*

Il résulte de ces différens textes, que lorsqu'un seigneur est tout à la fois foncier, vicomtier et haut-justicier, ce sont ses Hommes de fiefs qui exercent la juridiction dans le cas de haute ou de moyenne justice, et que ses Hommes-cottiers l'exercent pareillement dans le cas de basse justice.

Il y a néanmoins certains endroits où les Hommes de fiefs jugent aussi des cas de basse justice. L'art. 1 de la coutume d'Audrwicq et pays de Bredenarde, locale de celle du bailliage de Saint-Omer, porte que, « pour maintenir et garder sa justice, le roi a bailli, lieutenant-général, procureur, receveur, greffiers et autres officiers, à la conjure duquel bailli ou son lieutenant, les Hommes de fiefs jugent de tous cas appartenans à justice ordinaire, haute, moyenne et basse...... ». — L'art. 1 de la coutume de Tournehem, qui est aussi locale de celle du bailliage de Saint-Omer, porte également que « les Hommes de fiefs de ladite châtellenie connaissent et jugent des cas appartenans, et tels que peuvent compéter à seigneur haut, moyen et bas justicier ».

Il y a au contraire des coutumes qui attribuent aux échevins, ou Hommes-cottiers, l'exercice de la haute et moyenne justice. L'art. 3 de celle d'Audrwicq dit que, « dans la ville d'Audrwicq, il y a encore mayeur et échevins, lesquels, conjointement avec le bailli dudit pays, son lieutenant, et le procureur du roi, connaissent de toutes matières civiles et criminelles des habitans de ladite ville et banlieue d'Audrwicq ». L'art. 4 ajoute que « les mayeur et échevins de la ville d'Audrwicq ont, de toute ancienneté, privilége d'exercer toute justice, haute, moyenne et basse en ladite ville et banlieue, et ce, à la conjure du bailli et de son lieutenant ». — L'art. 1 de la coutume d'Hesdin s'explique à peu près dans les mêmes termes.

IV. La constitution de la Flandre approche assez sur cette matière de celle d'Artois : la seule différence qu'on remarque entre ces deux provinces, est qu'on ne trouve point dans la première, comme dans la seconde, des juridictions royales ordinaires exercées par des Hommes de fiefs; car, quoique le bailliage de la Salle de Lille et la cour féodale de Cassel exercent la justice du roi, on ne doit cependant pas les considérer comme siéges royaux proprement dits, puisque le premier ne peut connaître que des matières purement réelles, et que le second n'a pas plus d'autorité qu'une juridiction purement seigneuriale.

Du reste, les seigneurs de Flandre exercent à peu près leur justice de la même manière que ceux d'Artois, c'est-à-dire qu'en général leurs Hommes de fiefs connaissent de tout ce qui appartient à la haute et moyenne justice, et que leurs échevins connaissent de tout ce qui est réservé à la basse (1); mais cette règle souffre presque autant d'exceptions dans cette province que dans l'autre ; les échevins de Dunkerque, de Bourbourg, de Gravelines, de Bergues-Saint-Winock, de la prévôté de Saint-Donat, de Pitgam, d'Ekelsbecque, de Ledrynghem, de Zuytkote, d'Houdtschote, de Douay, de Lille, etc., exercent la haute, moyenne et basse justice, de la même manière que l'exercent ailleurs les Hommes de fiefs.

V. En Cambresis, les baillis et Hommes de fiefs n'ont proprement que l'exercice de la haute justice ; celle de la moyenne et de la basse appartient régulièrement aux mayeurs et échevins. On trouve néanmoins en cette province quelques échevinages qui ont droit de haute justice, et quelques juridictions féodales, au contraire, qui exercent toutes les fonctions de la moyenne et de la basse. « Ce sont, (dit Desjaunaux, dans son *Commentaire sur la coutume de Cambray*, les titres qui doivent justifier ces usages extraordinaires qui s'éloignent du commun ».

VI. En Hainaut, les baillis ont seuls la connaissance des actions personnelles et des crimes ; les

(1) L'art. 1 de la coutume de la châtellenie de Lille porte même à ce sujet que les Hommes de fiefs d'un seigneur haut-justicier peuvent connaître *des abus de lois faits et commis par les échevins*. Les mots *abus de loi* signifient, dans cette coutume, l'action d'excéder les bornes du pouvoir dont on est revêtu.

Hommes de fiefs n'interviennent que dans les devoirs de loi et les actions réelles; encore, dans ce cas, ne font-ils rien qu'à la conjure des baillis.

Observez cependant que cette restriction des fonctions des Hommes de fiefs n'a lieu que dans les justices seigneuriales ; car la cour souveraine de Mons et la juridiction consulaire de Valenciennes sont encore composées d'Hommes de fiefs. — Les art. 4, 6 et 7 du chap. 1 des chartes générales, porte que la cour souveraine de Mons sera composée d'un grand bailli, et de douze *féodaux*, dont deux devront être nobles et *féodaux en fonds*, et les autres *féodaux en fonds*, *ou bien sur plume*. — L'art. 1 de l'édit du mois de janvier 1718, portant création d'une juridiction consulaire à Valenciennes, exige que les juges et consuls de ce tribunal soient Hommes de fiefs : il leur imprime même cette qualité, « à l'effet de quoi (ajoute-t-il) ils seront suivant l'usage, adhérités et investis par la plume, pour ce qui regarde leur juridiction seulement, afin que leurs jugemens soient reconnus pour titres authentiques, ainsi que les jugemens émanés des autres tribunaux desdits pays ».

Ces dispositions doivent paraître obscures à ceux qui ne sont pas familiarisés avec les lois et les usages du Hainaut : essayons de les éclaircir.

La qualité d'Homme de fief, considérée dans son origine, ne peut dériver que de la glèbe. On ne doit, à proprement parler, la donner qu'à celui qui possède un fief; mais cette règle a reçu de l'usage deux exceptions remarquables.

D'abord, on permit aux vassaux qui avaient de justes raisons pour se dispenser du service des plaids, de se faire représenter à la cour de leur seigneur, par des personnes capables de remplir leurs fonctions; c'est ce que nous apprend Beaumanoir, qui écrivait vers l'an 1283 : « Nul, pour service qu'il ait, n'est escusé de faire jugement en la cour, et il la doit faire d'ouvrages; més s'il y a aucun loïal ensoins, envoir y pot Homme qui, selon son état, pot représenter sa personne ».

Dans la suite, la faculté de s'acquitter par procureur du service des plaids, a été regardée comme de droit commun; et de là est venue la distinction qu'on a faite des *Hommes de fiefs tangibles*, qualité qu'on a donnée à ceux qui possédaient des fiefs, d'avec les *Hommes de fiefs desservans*, ou *par dénomination*.

Cette dénomination se fait ou dans l'acte de foi et hommage, ou par un acte particulier; et dans l'un et l'autre cas, l'Homme de fief desservant fait le serment entre les mains du bailli, et promet de desservir le fief quand il en sera requis : par-là, il devient habile à intervenir dans les actes de justice avec ses pairs et compagnons, quand le bailli l'appelle.

Cette première dérogation aux principes de la justice féodale, a été suivie en quelques endroits d'une autre encore plus considérable: on a créé des Hommes de fiefs sans leur donner de fiefs, à peu près comme nous voyons encore des ducs sans duchés, et des comtes sans comtés. L'érection de ces vassaux fictifs s'est toujours faite au moyen d'une plume dont on leur a donné l'investiture; et de là est venue, pour eux, la dénomination d'*Hommes de fiefs de plume*, qualité qu'on leur a donnée pour les distinguer des *Hommes de fiefs en fonds*, ou *Hommes de fiefs terriers*.

VII. L'abbaye de Saint-Aubert de Cambray est en possession d'avoir des vassaux de cette espèce, pour exercer sa justice dans toutes les terres qui lui appartiennent.

Quelques-uns ont prétendu que cet usage pouvait être étendu à tout le Cambresis; mais cette idée nous paraît contraire au texte même de la coutume de cette province. L'art. 73 du tit. 1 permet au *vassal ayant seigneurie, d'emprunter du seigneur ou bailli dont il tient son fief, Homme de fief de son seigneur, pour, avec le bailli dudit vassal, faire vest et desvest, tenir plaids tant au civil qu'au criminel, et faire tous autres devoirs.* Il est certain que la coutume n'aurait ni prévu ni accordé cette faculté, s'il était au pouvoir des seigneurs ou de leurs baillis de créer des Hommes de fiefs *de plume*.

Il a été un temps où l'on regardait à Cambray tous les avocats comme Hommes de fiefs nés, et comme habiles, en cette qualité, à juger toutes les affaires à la conjure du bailli. Pour justifier cet usage, on alléguait les ordonnances qui donnent le droit aux gradués de remplacer les juges royaux en cas d'absence ou d'empêchement. Mais 1.° il n'y a aucune loi qui permette de remplacer des Hommes de fiefs par des avocats : les coutumes supposent même que cela est défendu, puisqu'elles accordent à un seigneur qui n'a pas assez d'Hommes de fiefs, d'en créer de nouveaux par sous-inféodation, ou d'en emprunter de son suzerain. 2.° Les juridictions royales sont tout-à-fait différentes des juridictions féodales : celles-ci ont retenu leur ancienne constitution et leurs règles primitives; mais il n'y a que les pairs et compagnons qui puissent siéger à la cour du seigneur; et comme dit Loiseau, « la seigneurie ne consiste pas proprement en la personne, ains en un héritage; et elle est attribuée à la personne, non à cause d'elle, ains de l'héritage ».

C'est en faisant valoir ces réflexions que l'abbaye de Saint-Sépulcre a obtenu à Douay, le 22 décembre 1772, un arrêt qui a rétabli dans leur première vigueur les principes de l'ordre des juridictions en Cambresis. Le sieur Henrici, bailli-général de cette abbaye, demandait la nullité d'une délibération capitulaire qui lui faisait défense de convoquer pour tenir les plaids et passer les devoirs de loi, d'autres personnes que les Hommes de fiefs créés tout récemment par sous-inféodation : il fondait sa demande sur l'usage où étaient tous les chefs de justices féodales du Cambresis de prendre des avocats au lieu d'Hommes de fiefs pour juger les affaires qui s'y présentaient; mais l'arrêt cité n'a eu aucun égard à ce moyen, et a ordonné l'exécution de l'acte capitulaire.

VIII. L'usage dans lequel l'abbaye de Saint-Aubert s'est maintenue en Cambresis, a aussi pénétré dans le Hainaut. On connaît même dans cette province, deux sortes d'*Hommes de fiefs de plume* : les uns sont établis pour exercer les actes de juridiction qui les concernent : les autres sont créés pour instrumenter et recevoir des contrats et les autres actes volontaires.

Les Hommes de fiefs de plume qui sont juges par leur institution, ne peuvent pas recevoir de contrats ni d'autres actes; c'est pourquoi l'édit cité du mois de janvier 1718, en créant les juges et consuls de Valenciennes, Hommes de fiefs, déclare qu'ils n'auront cette qualité que pour ce qui regarde leur juridiction.— Réciproquement, les Hommes de fiefs *de plume*, dont les fonctions sont de recevoir des contrats, ne peuvent ni juger, ni être présens, soit à des devoirs de loi, soit à d'autres actes de juridiction, à moins qu'ils n'aient pour cela une attribution particulière. *V.* ci-après l'arrêt du parlement de Flandre, du 18 juin 1774.

Un point intéressant est de savoir par qui les Hommes de fiefs de l'une ou de l'autre espèce, peuvent être créés.

Il n'y a point de difficulté par rapport aux juges et consuls de Valenciennes : le roi déclare lui-même, dans l'art. 1 de l'édit de 1718, qu'ils les crée *Hommes de fiefs* : c'est donc du roi qu'ils tiennent cette qualité. La seule formalité qu'ils aient à observer pour l'acquérir, lorsqu'ils sont élus, est de se faire *investir par la plume* : c'est de l'abbé de Saint-Jean de Valenciennes, qu'ils reçoivent cette investiture.

Les conseillers de la cour souveraine de Mons sont créés Hommes de fiefs par les titres mêmes de leurs offices, et ils sont investis de cette qualité par la compagnie.

On demande si les seigneurs peuvent avoir des Hommes de fiefs *de plume* pour passer les devoirs de loi des fiefs tenus d'eux; et si c'est à eux qu'appartient le droit de les établir ?

Quelques personnes m'ont assuré que l'affirmative ne souffrait aucun doute sur l'un et sur l'autre point dans l'usage du Hainaut. J'ignore si cet usage est observé dans quelques seigneuries de cette province; mais je sais qu'il y en a une infinité d'autres où l'on n'en a pas même d'idée : et il est facile de faire voir que ce prétendu usage n'est qu'un abus contraire à l'esprit des chartes générales.

En effet, l'art. 17 du chap. 60 porte que le grand bailli du prince (représenté, à cet égard par le parlement de Douay, dans le Hainaut français), a seul pouvoir « de bailler aux seigneurs vassaux ou hauts-justiciers. Hommes de fiefs par emprunt, soit pour servir aux plaids, ou pour instruire procès, passer convens et œuvres de loi pour fiefs tenus d'eux ». — Il est sensible que si les seigneurs avaient le droit de créer des Hommes de fiefs par *investiture de plume*, ils ne seraient pas obligés, lorsqu'il leur en manque pour exercer leur justice, de recourir au grand-bailli, et d'en emprunter de lui; il serait plus naturel et plus expédient de donner eux-mêmes des commissions d'Hommes de fiefs aux premiers venus.

L'art. 1 du chap. 4 n'est pas moins remarquable : il porte que les *seigneurs pairs* du Hainaut qui régulièrement ne peuvent aliéner ni changer leurs *pairies* qu'avec l'assistance de deux autres *seigneurs pairs*, peuvent, sans cette formalité, et *sans payer droit seigneurial créer Hommes de fiefs pour tenir cour et siége de plaids.* — Le législateur établit très-clairement dans cet article, que les seigneurs peuvent se procurer des Hommes de fiefs par sous-inféodation : c'est ce que suppose évidemment l'exemption des droits seigneuriaux qu'il leur accorde pour le cas où ils font la création dont il parle; car cette exemption ne pouvait être susceptible de doute que dans le cas d'un démembrement de fief par sous-inféodation; il n'en pouvait être question dans le cas d'une création d'Hommes de fiefs par *investiture de plumes.* D'après cela, ne peut-on pas dire que la loi permettant aux seigneurs de se procurer des Hommes de fiefs *terriers*, est censé leur refuser le pouvoir d'en créer de fictifs? Cette conséquence ne serait peut-être pas bien certaine, si le texte dont elle sort, était isolé; mais rapprochons de ce texte l'obligation que l'article 17 du chap. 60 impose aux seigneurs de recourir à l'emprunt, toutes les fois qu'il leur manque des Hommes de fiefs, et notre proposition se trouvera placée dans le plus grand jour.

Enfin, ce qui montre le peu de consistance de l'usage que l'on oppose à ces raisons, c'est que très-souvent les baillis du Hainaut qui manquent d'Hommes de fiefs terriers, se font autoriser par le parlement de Flandre, à leur substituer des Hommes de fiefs instrumentans, et que cette permission ne leur est jamais accordée que sous des réserves très-strictes : témoin, entre autres, l'arrêt suivant :

« Supplie Antoine-Joseph Aufrere, bailli des terre et seigneuries de Villers-messire-Nicole et des fiefs en mouvans, disant que la plupart de ceux qui possèdent des fiefs relevans dudit Villers, sont étrangers, et que d'autres sont très-éloignés de la juridiction; en sorte que, pour tenir les plaids à la cour féodale, et recevoir les actes de déshéritance, adhéritance et autres, il n'est pas possible de les assembler. A ces causes, il a recours à l'autorité souveraine de la cour; ce considéré, il vous plaise autoriser Louis Dugoty, Pierre Montier, Jean-Joseph Spilleux, Simon Michel, Louis Aufrere, Michel Baudry, Philippe Devaux, Antoine-Félix Tressoigne et Auguste-François-Xavier-Guislain Aufrere, Hommes de fiefs du Hainaut, d'assister à tous les plaids qui se tiendront en ladite cour, et recevoir tous actes de déshéritances, adhéritances et tous autres actes qu'il conviendra, lesquels auront le même effet que s'ils étaient Hommes de fiefs terriers.

» Vu la présente requête, conclusions du procureur-général du roi, ouï le rapport de M. de Sars de Curgies, conseiller; la cour autorise ce qui se requiert, provisionnellement et pour les cas seulement èsquels les Hommes de fiefs terriers des seigneuries dont il s'agit, et non étrangers, auront prévenu le bailli d'icelle qu'ils ne peuvent remplir leurs fonctions, pour cause de maladie ou autre légitime empêchement, et en prêtant en outre, par ceux qui rempliront lesdites fonctions, le serment en tel cas requis et accoutumé, pardevant le bailli desdites seigneuries; fait le 18 juin 1774 ».

A l'égard des Hommes de fiefs, faisant les fonctions de notaires, c'est à la cour souveraine de Mons dans le Hainaut autrichien, et au parlement de Douay dans le Hainaut français, qu'appartient privativement à tous autres, le pouvoir de les créer et de les investir par la plume. M. le duc d'Orléans est, à la vérité, en possession d'en nommer pour sa terre franche et baronnie d'Estroeng près d'Avesnes; mais les personnes à qui il donne des commissions de cette espèce, sont obligées de se faire examiner et recevoir au parlement de Douay, avant de pouvoir exercer aucune fonction.

Les Hommes de fiefs dont il s'agit ici, avaient autrefois le droit de recevoir toutes sortes de contrats; et leur signature, jointe à leur scel, suffisait pour rendre ces actes exécutoires dans tout le Hainaut. C'est ce qu'annoncent ces termes de l'art. 2 du chap. 109 des chartes générales : *Toutes obligations, pour être exécutoires, doivent être connues et passées pardevant Hommes de fiefs*...... Cette jurisprudence subsiste encore dans le Hainaut autrichien; mais elle a été modifiée dans le Hainaut français, par un édit du mois d'avril 1675. Le roi a créé par cette loi un certain nombre de notaires pour cette province; et pour concilier ce nouvel établissement avec les usages du pays, il a voulu que chaque notaire fût Homme de fief, et qu'il fût tenu, en instrumentant, de se faire accompagner d'un Homme de fief simple. — « D'autant (y est-il dit) qu'en notre pays et comté de Hainaut, suivant et conformément aux chartes d'icelui les actes et contrats, personnels se reçoivent par des Hommes de fiefs, au nombre prescrit par lesdites chartes; pour d'autant moins déroger dudit usage, voulons et ordonnons que dorénavant, tous actes et contrats qui seront faits dans l'étendue dudit pays et comté de Hainaut, du ressort de notre conseil souverain de Tournay (*aujourd'hui parlement de Flandre*); soient reçus par un notaire Homme de fief, qui instrumentera èsdites qualités de notaire Homme de fief, assisté d'un autre Hommes de fief seulement....... Défendons et interdisons à tous autres Hommes de fiefs dudit pays de Hainaut, de recevoir aucun acte et contrat, de leur chef et sans l'intervention desdits notaires Hommes de fiefs, à peine de nullité et de tous dépens, dommages et intérêts des parties ».

L'édit du mois de février 1692, portant création de nouvelles charges de notaires, pour le ressort du parlement de Flandre, renferme les mêmes dispositions. « Créons...... deux cents notaires royaux.... entre lesquels ceux qui seront établis en Hainaut, seront aussi Hommes de fiefs...... Défendons à tous autres qu'auxdits notaires, de recevoir et passer aucun contrat...... N'entendons néanmoins déroger aux droits des Hommes de fiefs en Hainaut, qui pourront recevoir des actes à l'ordinaire, à la charge de se faire assister par un des notaires royaux...... »

Ces deux édits laissent indécise une question très-intéressante. L'art. 10 du chap. 109 des chartes générales porte que, quand les parties contractantes, ou l'une d'elles, ne savent ou ne peuvent pas écrire, il doit y avoir trois Hommes de fiefs présens à la passation des actes. On demande si, dans le Hainaut français, il faut encore, en ces sortes de cas, trois Hommes de fiefs, y compris le notaire?

Voici comment Dumées répond à cette question: — Louis XIV, en établissant des notaires royaux, a dérogé le moins qu'il a été possible aux usages de la province du Hainaut. *Et d'autant qu'en notre pays et comté de Hainaut, suivant et conformément aux chartes d'icelui, les actes et contrats personnels se reçoivent par des Hommes de fiefs, au nombre prescrit par lesdites chartes, pour d'autant moins déroger audit usage, voulons*.... Il semble qu'on peut conclure de là avec certitude, que la présence de trois Hommes de fiefs, y compris le notaire Homme de fief, soit encore nécessaire dans les cas ci-dessus mentionnés ».

Cette opinion est aussi adoptée par Raparlier, dans ses observations sur le ch. 32 des chartes générales. Voici comment il s'explique : « En Hainaut, tous les notaires royaux ont la qualité d'Hommes de fiefs, et ils prennent ces deux qualités, lorsqu'ils reçoivent ou qu'ils passent certains actes; en sorte que deux notaires et féodaux du Hainaut peuvent recevoir valablement les testamens de ceux qui savent signer : mais pour ce qui concerne les testamens de ceux qui ne savent ou qui ne peuvent signer, ils doivent s'assurer un troisième Homme de fief, parce que cela est nécessaire pour rendre les obligations de pareilles personnes exécutoires ».

Remarquez que les édits de 1675 et 1692 n'ont pas été exécutés dans les villes et dépendances d'Avesnes, de Landrecies et du Quesnoi : le roi y avait créé antérieurement des notaires, par un édit du mois de novembre 1661; et comme il leur avait attribué le même pouvoir et les mêmes fonctions qu'aux notaires de l'intérieur du royaume, ces officiers ont adopté l'usage le plus ordinaire de se faire assister de deux témoins dans tous les actes qu'ils passent. — On ne pourrait même pas, sans une loi nouvelle et expresse, les assujettir à la nécessité de se faire recevoir Hommes de fiefs, et de se faire assister d'Hommes de fiefs, lorsqu'ils instrumentent : car les édits de 1675 et 1692 n'ont pu avoir lieu que pour les villes où ils ordonnaient l'établissement des notaires dont ils portaient création. — Ainsi, dans les trois villes dont nous venons de parler, et dans leurs dépendances, il ne doit plus se trouver d'Hommes de fiefs *instrumentans*; ou s'il s'en trouve encore, leur ministère n'est point essentiel à la passation des actes notariés.

Il y a quelques autres cantons en Hainaut où l'on observe un usage tout différent : ce sont ceux qui ont été cédés à la France par le traité des limites du 16 mai 1769. Les Hommes de fiefs de ces endroits continuent d'y instrumenter dans la forme prescrite par les chartes générales, c'est-à-dire, sans adjonction de notaires : ils y sont même autorisés par un arrêt rendu à Douay le 17 juin 1774, jusqu'à ce qu'il ait plu au roi de créer des notaires pour ces cantons.

V. Beaumanoir, Dutillet, les coutumes de Flandre, traduites par Legrand; le premier titre de la coutume de la châtellenie de Lille, avec les notes qu'y ont faites les anciens praticiens, imprimées en 1774; les chartes générales du Hainaut; Dumées, *Jurisprudence du Hainaut français*; Bossu, *Histoire de Mons, etc.*

V. aussi les articles *Conjure.*, *Echevins*, *Grand-Bailli*, *Hainaut*, *Jurés de Cattel*, *Notaire*, *Valenciennes, etc.*

[[Les Hommes de fiefs, considérés comme *offi-*

ciers des justices féodales, ont été supprimés avec ces justices, par les lois du 4 août 1789 et 7 septembre 1790.

Considérés comme *officiers instrumentans*, ils ont été supprimés par la loi du 29 septembre 1791 sur le notariat.]]

* HOMOLOGATION. Approbation, confirmation par autorité de justice, ou jugement qui ordonne l'exécution de quelque acte.

C'est ainsi que, tous les jours, on homologue un contrat d'union, de direction, d'attermoiement passé entre les créanciers. L'homologation est même indispensable pour la confection de ces sortes d'actes; et on ne peut les opposer à des créanciers, qu'après que cette formalité a été remplie. *V. Faillite* et *Banqueroute*.

On fait aussi homologuer un grand nombre d'autres actes, tels que des sentences arbitrales et des avis de parens.

[Il arrive souvent que, pour assurer l'exécution d'un acte qui intéresse l'église, des mineurs, ou une substitution, on le fait homologuer, soit au parlement auquel ressortit, soit à la juridiction ordinaire dont dépend le lieu du domicile des parties ou de la situation des biens.

On demande si, pour faire révoquer un acte qui a été ainsi homologué, il faut prendre contre le jugement d'Homologation les mêmes voies de droit que s'il était contradictoire, c'est-à-dire, s'il faut en appeler, lorsque c'est une sentence, et l'attaquer par requête civile, quand c'est un arrêt?

L'ordonnance de 1747 a prévu cette question par rapport aux transactions faites par des héritiers grevés de fidéicommis; et elle a décidé que, lorsque ces actes auraient été homologués au parlement, sur les conclusions des gens du roi, ils ne pourraient être rétractés que par requête civile, dans la forme prescrite par le tit. 35 de l'ordonnance de 1667.

Mais cette disposition ne peut pas servir de règle générale, 1.° parce qu'elle ne porte que sur les transactions, actes toujours favorables, et que la justice ne détruit jamais qu'avec un extrême regret; 2.° parce que, de droit commun, les transactions faites par des héritiers grevés de fidéicommis, lient les substitués, même sans le secours de l'Homologation, et que, si le législateur a fait dépendre de cette formalité la vertu que les lois romaines avaient attribuée aux simples actes dont il s'agit (*V. Substitution fidéicommissaire*), il n'a pas dû pour cela se relâcher sur la nécessité de les entretenir quand ils seraient homologués.

La question reste donc entière pour les autres actes; et voici comment Dunod la décide dans son *Traité de l'aliénation des biens d'église*, pag. 22 : « J'ai vu soutenir qu'il était nécessaire d'appeler des décrets qui autorisent les aliénations des biens d'église, et des sentences qui les homologuent. *Mais cette prétention a été condamnée par les arrêts du parlement de Besançon*; et elle n'est pas fondée. Le décret et l'Homologation, en ce cas, sont des actes de juridiction volontaire, qui peuvent être révoqués par le tribunal même qui les a faits, lorsqu'il est mieux informé, et que l'on procède pardevant lui par la voie contentieuse. Il en est comme des décrets que l'on donne pour l'aliénation des biens des mineurs, et des envois en possession que l'on accorde aux héritiers institués, lorsqu'on publie les testamens ».

L'exemple que donne ici Dunod, est justifié par une expérience journalière, en même temps que par le texte des lois. Tous les jours, un tuteur aliène le bien de son pupille, sous les formalités requises; le pupille sera-t-il dans la suite non-recevable à s'en plaindre, sous prétexte que l'aliénation aura été autorisée par le juge? Non, sans doute, la justice s'empressera au contraire de réparer l'erreur involontaire qu'on lui a surprise : c'est ce que décide nettement la loi 5, C. *de prædiis minorum* (1).

Ainsi, point de fin de non-recevoir à tirer d'une simple Homologation. La surprise qui a été faite en cette matière à la religion des juges, est toujours réparable; c'est même entrer dans les vues du bien public qui animent les tribunaux, que de la leur découvrir : et pourquoi des magistrats éclairés et intègres, se croiraient-ils offensés, lorsqu'on leur prouve qu'ils ont accordé une Homologation qu'ils devaient refuser? n'a-t-on pas vu souvent les cours rectifier, en vertu de lettres de rescision ou de requête civile des méprises, dont les lumières les plus éprouvées, les intentions les plus pures, la patience la plus infatigable, ne garantissent pas toujours les compagnies souveraines? et si les cours en usent ainsi à l'égard de leurs arrêts contradictoires, à combien plus forte raison doivent-elles en user de même relativement à des arrêts d'Homologation, arrêts qui s'accordent toujours avec facilité, parce que l'on sait qu'ils ne forment aucun obstacle aux réclamations que les parties peuvent élever dans la suite?

C'est ce qui a été jugé par un arrêt du parlement de Metz du 5 juillet 1713.

Il avait été passé, le 10 décembre 1640, entre l'abbé et les religieux de Saint-Evre, un acte en forme de transaction, par lequel le premier cédait aux seconds différens biens de sa mense, moyennant par eux la décharger et acquitter de tout ce qu'elle devait tant en capitaux qu'arrérages. — Les deux parties avaient obtenu conjointement, le 17 du même mois, un arrêt du parlement de Metz qui homologuait cette transaction; et comme la meilleure partie des biens abandonnés était située en Lorraine, ils avaient fait rendre à la cour souveraine de Nancy, un pareil arrêt d'Homologation, le 19 août 1641. — Cet acte fut exécuté jusqu'en 1704. A cet époque, Claude-François de Chastenet de Puységur, abbé de Saint-Evre, prétendit qu'il était nul dans la forme et au fond : qu'on n'y avait pas observé les formalités requises pour l'aliénation des biens ecclésiastiques; qu'on l'avait fait sans nécessité, sans utilité; et qu'il contenait une lésion énorme. — L'affaire portée aux requêtes du palais de Metz, les religieux se retranchèrent sur l'arrêt d'Homologation du 17 décembre

(1) *Etsi præses provinciæ decreverit alienandum vel obligandum pupilli prædium; tamen actionem pupillo, si falsis allegationibus circumventam religionem ejus probare possit, senatus reservavit, quam exercere tu quoque non vetaberis.*

1640 : l'abbé, de son côté, y forma opposition ; par ce moyen, la contestation fut évoquée au parlement. — Là, les religieux soutinrent que l'abbé était non-recevable, parce que l'arrêt du 17 décembre 1640, en homologuant l'aliénation, l'avait, disaient ils, rendue irrévocablement légitime. — L'abbé répondait que cet arrêt n'ayant point été rendu avec lui, il était en droit d'y former opposition ; que cette voie lui était ouverte par ordonnance, et qu'il pouvait s'en servir dans tous les temps, de la même manière que dans tous les temps on peut se pourvoir contre une aliénation vicieuse, par voie de nullité. « Quelle force (ajoutait-il), peut avoir une Homologation contre un successeur? et comment prétendre qu'elle a pu réparer le vice de l'acte homologué? Il en est ici comme d'une confirmation qu'on demande au pape, et qu'il accorde de son propre mouvement, sans connaissance de cause : il est certain qu'elle ne fortifie pas le droit de l'impétrant ; *nihil de novo dat*, dit Dumoulin, *nihil novi juris confert.* C'est en quoi elle diffère de celle qui intervient par voie des commissaires que le pape délègue pour informer, et pour confirmer véritablement le titre en connaissance de cause ». — Après une plaidoirie contradictoire, et un appointement en droit, il a été rendu le 5 juillet 1713, un arrêt dont voici le dispositif : « Notredite cour a reçu ledit Chastenet opposant à l'arrêt du 17 décembre 1640 ; faisant droit sur son opposition, ordonne que ledit arrêt sera rapporté ; et en conséquence, ayant égard aux lettres par lui obtenues, et icelles entérinant, a remis les parties au même et semblable état qu'elles étaient avant le traité du 10 dudit mois de décembre 1640.... ».]

[[*V.* le Code Napoléon, art. 448, 458, 467 et 1314 ; le Code de procédure civile, art. 885, 886, 887, 888, 889, 955 et 982 ; *Conventions matrimoniales*, §. 2 ; *Garantie*, §. 7, n. 2 ; et *Transaction.*]]

Pour faire homologuer un acte quelconque, on doit présenter une requête au juge compétent, pour prononcer sur la demande ; le juge rend en conséquence, si la chose lui paraît juste, une ordonnance, portant que l'acte dont il s'agit sera homologué avec les parties qui l'ont souscrit, et que celles qui ont refusé de le souscrire, seront assignées, pour être ordonné avec elles ce qu'au cas appartiendra. (M. Guyot.) *

* HONNEUR. Action, démonstration extérieure, par laquelle on fait connaître la vénération, le respect, l'estime qu'on a pour la dignité ou pour le mérite de quelqu'un.

On appelle *Honneurs militaires*, les Honneurs que les troupes rendent au saint sacrement, au roi, aux princes du sang, aux maréchaux de France, aux gouverneurs, aux lieutenans-généraux des provinces, aux lieutenans-généraux des armées du roi, etc.

Ces honneurs sont fixés et déterminés par le tit. 27 de l'ordonnance du 1.er mars 1768.

Les Honneurs qui doivent être rendus dans un port de mer au saint sacrement, au roi, aux princes du sang, à l'amiral de France, au vice-amiral, au lieutenant-général des armées navales, au chef d'escadre, et au capitaine de vaisseau, lorsque ces officiers commandent dans le port, sont réglés par le tit. 13 de l'ordonnance de la marine, du 25 mars 1765. (M. Guyot.) *

[[*V.* le décret impérial du 24 messidor an 12, relatif aux cérémonies publiques, aux préséances et aux *Honneurs civils et militaires.*]]

* HONORAIRE. (*Officier ou magistrat.*) On donne ce nom aux juges, qui, après avoir exercé les fonctions de leurs charges pendant un certain nombre d'années, vendent leurs offices, et obtiennent des provisions du roi qui leur conservent les prérogatives et les droits dont ils jouissaient lorsqu'ils étaient titulaires.

L'usage de conserver aux anciens magistrats les honneurs de leurs charges, quoiqu'ils les aient vendues, tire son origine des Romains. Ce peuple législateur accordait à ses anciens consuls, préteurs, etc., des privilèges particuliers : on continuait de leur donner le titre de leur charge, l'ancien consul était appelé *ex-consul*, et l'ancien préteur *ex-prætor.*

Comme les fonctions des magistrats ne finissent en France qu'à leur mort, ou par la vente de leurs charges, c'est une faveur du roi de permettre aux anciens titulaires de continuer d'exercer les fonctions des offices qu'ils ne possèdent plus ; mais depuis l'édit du mois d'août 1669, cette grâce est toujours accordée aux officiers qui ont exercé pendant vingt ans ; ils sont néanmoins obligés d'obtenir, suivant cette loi, des lettres de vétérance en grande chancellerie.

Les officiers Honoraires n'acquièrent aucun privilége nouveau par les lettres de vétérance qu'ils obtiennent ; ces lettres les maintiennent seulement dans l'exercice des prérogatives dont ils jouissaient lorsqu'ils étaient titulaires ; mais il n'y est fait aucune mention des droits particuliers qui peuvent appartenir à chaque officier vétéran.

Les magistrats Honoraires ont droit d'entrée, de séance et de voix délibérative : voilà à quoi se bornent leurs fonctions ; car ils n'ont ni gages, ni épices, ni émolumens ; les honneurs et les prérogatives attachés à leurs charges, leur sont seulement conservés.

Plusieurs cours, entre autres le parlement de Bourgogne, avaient arrêté que la voix des Honoraires ne pourrait faire ni empêcher partage : le parlement de Dijon avait même, depuis l'édit de 1669, ôté le droit de voix délibérative aux vétérans ; mais Louis XV, par un arrêt de son conseil du 4 juillet 1722, revêtu de lettres-patentes du 20 du même mois, a ordonné que les conseillers-Honoraires du parlement de Bourgogne auraient entrée, séance et voix délibérative, tant à l'audience et à la chambre du conseil, qu'aux autres assemblées particulières et générales de cette cour. (M. Desessarts.) *

[[L'usage des lettres de vétérance avait cessé en 1790 avec la vénalité des offices.

Mais il a été rétabli, avec quelques modifications par le décret impérial du 2 octobre 1807, dont voici les dispositions :

« *Art.* 1. Ceux de nos officiers, dans nos cours de cassation, d'appel, de justice criminelle, ou dans nos tribunaux de première instance, que la cécité, la surdité ou d'autres infirmités graves mettraient hors d'état d'exercer leurs fonctions, seront admis à prendre leur retraite.

» 2. Lorsque ceux qui se trouveront dans l'un des cas ci-dessus déterminés, négligeront de demander leur retraite, nos présidens et nos procureurs généraux en donneront avis à notre grand-juge, ministre de la justice, qui, après avoir demandé les observations de celui auquel on propose d'accorder une retraite, nous en fera son rapport, pour être statué par nous ainsi qu'il appartiendra.

» 3. Les officiers de nos cours et tribunaux, en retraite, conserveront leur titre, leur rang et leurs prérogatives honorifiques, sans néanmoins pouvoir exercer leurs fonctions: ils continueront d'être portés sur le tableau, et d'assister aux cérémonies publiques.

» 4. Lesdits officiers jouiront en outre d'une pension qui sera fixée par nos ordres pour chaque cas particulier.... ».

L'art. 77 de la loi du 20 avril 1810, porte: «Après trente ans d'exercice, les présidens et conseillers de nos cours impériales qui auront bien mérité dans l'exercice de leurs fonctions, pourront se retirer avec le titre de président ou de conseiller Honoraire, lorsque nous leur aurons fait expédier nos lettres pour ce nécessaires: ils continueront de jouir des honneurs et priviléges attachés à leur état; ils pourront assister, avec voix délibérative, aux assemblées de chambre et audiences solennelles.... ».]]

» HONORAIRES. C'est une rétribution accordée pour des services rendus. On emploie le mot *Honoraires*, lorsqu'il est question de personnes qui cultivent les sciences; ainsi, quand il s'agit de payer un avocat, un médecin, on se sert du terme *Honoraires*. On en fait aussi usage pour désigner les rétributions qui appartiennent aux ecclésiastiques.

[[§. I. *Des Honoraires des Avocats.*

On a dit à l'article *Avocat*, §. 13, que les avocats ont action et justice pour leurs Honoraires: cette assertion est-elle exacte?

Elle ne l'était pas dans l'ancien droit romain. Non-seulement alors les avocats n'avaient point d'action pour leurs Honoraires, mais il leur était même défendu de rien recevoir à ce titre de leurs cliens, *ne ob causam orandam pecuniam penumve accipiant*: c'était un des chefs de la loi *Cincia*, ainsi nommée du tribun du peuple Marcus Cincius Alimentus, qui la proposa et la fit recevoir sous le consulat de Marcus Cornelius Cethegus et de Publius Sempronius Tuditanus, l'an de Rome 549 (1).

On ne tarda pas à s'apercevoir que cette loi produisait un effet tout contraire à celui qu'on en avait attendu; et par un sénatus-consulte dont on ne connaît pas la date précise, mais dont il est parlé dans les lettres de Pline le jeune (1), il fut permis aux avocats de recevoir de leurs cliens, après la plaidoirie et le jugement de leurs causes, les Honoraires que ceux-ci voulaient bien leur offrir, soit en argent comptant, soit en promesses et obligations.

L'empereur Néron alla plus loin: il permit aux avocats de se faire payer d'avance (2); et cette permission fut maintenue par les lois subséquentes, sauf qu'elles y ajoutèrent la défense de recevoir pour chaque cause plus de 100 sous d'or, somme qui répondait à deux livres pesant d'or (3), ou, ce qui est la même chose, à quatre marcs d'or, qui valent aujourd'hui 3,464 francs. — C'est ce que nous apprend Ulpien dans la loi 1, D. *de extraordinariis cognitionibus*.

Mais ni le sénatus-consulte que cite Pline le jeune, ni l'édit de Néron, ne donnèrent aux avocats une action pour se faire payer des Honoraires qu'on ne leur avait pas expressément promis.

Voyons si cette action leur a été donnée par les lois subséquentes, c'est-à-dire, par les lois du Digeste, par celles du Code, et par les Novelles, en un mot, par les lois qui forment actuellement ce qu'on appelle le corps du droit romain.

Le Digeste ne nous offre, sur les Honoraires des avocats, que deux lois; et la plus étendue, comme la plus importante, est précisément celle que nous venons de citer.

Ulpien, des écrits duquel les compilateurs du Digeste l'ont tirée, commence, dans cette loi, par dire que les présidens des provinces sont dans l'usage de faire droit sur les demandes en payement de salaires, qui sont formées devant eux, mais seulement par les maîtres d'études libérales, tels que les rhéteurs, les grammairiens, les géomètres: *Præses provinciæ de mercedibus jus dicere solet, sed præceptoribus tantùm studiorum liberalium; liberalia autem studia accipimus, quæ græci* ἐλευθέρια *appellant: rhetores continebuntur, grammatici, geometræ.*

Il ajoute, §. 1, 2 et 3, qu'on doit à cet égard assimiler les médecins et les sages-femmes aux professeurs.

En est-il de même, dit-il, §. 4, des philosophes? *An et philosophi professorum numero sint?* Non, parce qu'encore que la philosophie appartienne en quelque sorte à la religion, ceux qui la professent doivent avoir pour premier principe le mépris de tout salaire: *Et non putem; non quia non religiosa res est, sed quia hoc primum profiteri eos oportet, mercenariam operam spernere.*

Par la même raison, dit encore Ulpien, §. 5, les présidens des provinces ne doivent pas écouter les demandes que les professeurs de droit civil s'ingéreraient de former contre leurs élèves. La science du droit civil est sans doute infiniment respectable, mais elle ne doit pas être estimée au poids de l'or; et ce serait l'avilir que d'admettre un professeur de

(1) Cicéron, *de Oratore*, liv. 2. Le même, *ad Atticum*, *epist. ult.* Tite-Live, liv. 43 et 44. Tacite, liv. 11, 13 et 15. Antonius Augustinus, *de legibus et senatûs-consultis*.

(1) Lib. 5, epist. ult.

(2) Suétone, vie de Néron, ch. 17.

(3) Budæus, *de asse*, lib. 5.

cette science à demander en justice un Honoraire qui a dû lui être offert à l'entrée de son cours; car il est des choses qu'on peut recevoir décemment, et qu'il serait indécent de demander : *Proindè ne juris quidem civilis professoribus jus dicent : est quidem res sanctissima civilis sapientia; sed quæ pretio mercenario non sit æstimanda, nec dehonestanda dùm in judicio honos petitur, qui in ingressu sacramenti offerri debuit : quædam enim tametsi honestè accipiantur, inhonestè tamen petuntur.*

Dans les §. 6, 7 et 8, Ulpien établit que les présidens des provinces doivent donner action aux maîtres de jeux littéraires, quoiqu'ils ne soient pas professeurs des sciences libérales, aux libraires, aux notaires, aux calculateurs; qu'ils ne doivent pas la donner aux ouvriers ou artisans, sans doute parce que ceux-ci ont, pour se faire payer, l'action appelée en droit *locati conducti*; enfin, qu'ils doivent la donner aux assesseurs des magistrats pour le payement de leurs épices; et nous verrons bientôt contre qui ces assesseurs pouvaient agir à cet effet.

Dans le §. 9, il décide que les présidens des provinces peuvent connaître des réclamations formées contre tous ceux qu'il vient de passer en revue; et il en donne pour raison que les empereurs Marc-Aurèle et Verrus ont permis de connaître des réclamations qui seraient formées contre les avocats : *Sed adversus ipsos omnes cognoscere præses debet, quia ut adversùs advocatos adeantur divi fratres rescripserunt.*

Vient ensuite le §. 10, qui est consacré aux avocats, et voici ce qu'y dit Ulpien. — Pour les Honoraires des avocats, le juge doit avoir égard à la nature de chaque affaire, aux talens de l'orateur qui l'a défendue, et à l'usage local du barreau dans lequel il a plaidé. C'est d'après ces bases qu'il doit taxer ce qui est dû à l'avocat, sans néanmoins pouvoir excéder la somme déterminée par la loi : *In Honorariis advocatorum ita versari judex debet, ut pro modo litis, proque advocati facundiâ, et fori consuetudine et judicii in quo erat acturus, æstimationem adhibeat : dummodò licitum Honorarium quantitas non egrediatur.* Telle est la règle que nous trace un rescrit des empereurs Marc-Aurèle et Commode, lequel est ainsi conçu : Si Julius Maternus que vous avez choisi pour avocat de votre cause, est prêt à remplir l'engagement qu'il a pris de vous défendre, vous ne pouvez répéter de l'argent que vous lui avez avancé, que ce qui excède le maximum de la loi : *Ita enim rescripto imperatoris nostri et patris ejus continetur; verba rescripti ita se habentur : si Julius Maternus quem patronum causæ tuæ esse voluisti fidem susceptam exhibere paratus est, eam duntaxat pecuniam, quæ modum legitimum egressa est, repetere debes.*

Si, continue Ulpien, §. 12, il a été promis un Honoraire à un avocat, ou s'il a été fait entre lui et son client un pacte sur le procès, voyons s'il pourra demander en justice l'exécution de la promesse ou du pacte : *Si cui cautum est Honorarium, vel si quis de lite pactus est, videamus an petere possit.* Voici ce que contient, sur les pactes, un rescrit des empereurs Marc-Aurèle et Commode : *Et quidem de pactis ita rescriptum ab imperatore nostro et divo patre ejus* : si vous avez fait avec votre client un pacte par lequel vous vous êtes associé au gain de son procès, ce pacte est contraire aux bonnes mœurs; mais si après qu'une cause a été plaidée, il vous a été promis pour votre Honoraire une somme qui ne soit pas excessive, vous pouvez exiger cette somme, pourvu que, jointe à ce que vous aviez reçu précédemment, elle ne s'élève pas au-dessus du taux légal : *Litis causâ malo more pecuniam tibi promissam ipse quoque profiteris; sed hoc ita jus est, si, suspensâ lite, societatem futuri emolumenti cautio pollicetur : si verò post causam actam, cauta est Honoraria summa, peti poterit usque ad probabilem quantitatem; et si nomine palmarii cautum sit; sic tamen ut computetur id quod datum est, cum eo quod debetur neutrumque compositum licitam quantitatem excedat* : et l'on entend en cette matière par taux légal, la somme de cent sous d'or par chaque cause : *Licita autem quantitas intelligitur pro singulis causis usque ad centum aureos.*

L'empereur Sévère, c'est encore Ulpien qui parle, §. 13, a déclaré que les héritiers d'un avocat qui avait reçu d'avance un Honoraire, n'étaient pas obligés de le rendre à son client, parce qu'il n'avait pas tenu à lui qu'il n'eût plaidé la cause : *Divus Severus ab heredibus advocati, mortuo eo, prohibuit mercedem repeti, quia per ipsum non steterat quominùs causam ageret.*

Quelle conséquence devons-nous tirer de ces différens textes ? Sans contredit, il en résulte que les avocats peuvent recevoir les Honoraires que leur offrent volontairement les parties qu'ils ont défendues ou qu'ils s'apprêtent à défendre. Il en résulte également que tout avocat peut demander en justice l'exécution de la promesse qui, après la plaidoirie, *post causam actam*, lui a été faite d'une certaine somme, pour lui tenir lieu d'Honoraire.

Mais peut-on en conclure que les voies judiciaires soient ouvertes à un avocat contre son client qui ne lui a point fait, après la plaidoirie, de promesse déterminée ? Elles ne l'étaient certainement pas dans l'ancien droit romain : la loi *Cincia* et le sénatusconsulte dont Pline fait mention, ne laissent là-dessus aucun doute; et il est aisé de se convaincre qu'il n'est, à cet égard, dérogé en rien à cette loi et à ce sénatusconsulte, par les textes du Digeste que nous venons de parcourir.

En effet, le seul de ces textes qui pourrait être pris dans un sens contraire à ce que nous avançons, est le §. 10, dans lequel Ulpien dit qu'en taxant les Honoraires des avocats, le juge doit prendre en considération la nature de chaque affaire, les talens individuels de l'avocat qui en a été chargé, et l'usage du lieu où il l'a plaidée. — Mais observons bien qu'en s'expliquant ainsi, Ulpien ne fait pas une loi; qu'il ne parle pas en législateur, qu'il ne parle qu'en jurisconsulte; et que conséquemment nous ne pouvons regarder ces paroles que comme l'interprétation des lois sous l'empire desquelles il vivait. — Or, ces lois que portaient-elles? Il nous l'apprend lui-même dans les §. 12 et 13. Elles portaient deux choses : la première que les avocats ne pouvaient jamais recevoir, comme on ne pouvait jamais leur promettre, plus de 100 sous d'or pour la plaidoirie d'une cause; la seconde, qu'ils ne pouvaient cependant pas toujours recevoir, comme on ne pouvait pas toujours leur promettre, 100 sous d'or; que la somme de 100 sous était le maximum auquel il leur était permis d'atteindre; et que sans aller toujours jusqu'à ce maximum, le juge devait les ramener d'office à ce qu'il estimait leur être légitimement dû, *usque ad probabilem quantitatem*, est-il dit dans le rescrit des empereurs Marc-Aurèle et Commode, qui est inséré dans le §. 12. — On sent, d'après cela, ce qu'entend Ulpien dans le §. 10, quand il détermine les bases sur lesquelles le juge doit asseoir la taxe des Honoraires des avocats. Il entend, non pas que les avocats ont action dans tous les cas indistinctement pour leurs Honoraires, mais que lorsqu'il s'agit de savoir, ou s'ils ont trop reçu, ou si les promesses souscrites à leur profit sont excessives, le juge doit s'y prendre de telle et telle manière pour décider la question. — Voilà tout ce que dit Ulpien dans le §. 10, il est impossible d'y voir autre chose; et ce qui prouve qu'il ne porte pas plus loin sa pensée, c'est 1.° qu'il ne s'explique ainsi qu'à la suite immédiate du §. 9, dans lequel il a rappelé un rescrit impérial qui autorise les juges à prendre connaissance des exactions dont les avocats pourraient se rendre coupables; c'est 2.° qu'après avoir établi comment doit procéder le juge pour connaître s'il y a excès dans les Honoraires avancés ou promis à un avocat, il cite à l'appui de sa proposition et comme la confirmant dans tous ses points, un rescrit impérial qui se borne à décider qu'un client ne peut répéter sur la somme dont il a fait l'avance à son avocat, que ce qui se trouve excéder le taux légal, *modum legitimum*. — On ne peut donc pas inférer du §. 10 de loi dont il s'agit, que les avocats aient action pour leurs Honoraires, hors le cas où il leur en a été fait par écrit une promesse formelle.

Nous savons bien que la plupart des interprètes en ont tiré une conséquence toute différente. — Mais, 1.° Brodeau qui se range à leur opinion, dans son Commentaire sur la coutume de Paris, art. 125, convient que le célèbre Jean de Lacoste, *Joannes à Costâ*, est *d'avis contraire en ses doctes récitations sur le titre des Décrétales* DE POSTULANDO. — 2.° Raviot sur Périer, tom. 1, pag. 124, soutient également, d'après la loi dont il s'agit, « qu'on ne donnait à Rome aucune action aux avocats pour demander leurs Honoraires, quoique pour pareilles causes, les médecins eussent le droit de se pourvoir en justice ». — 3.° Cujas, que l'on cite principalement comme sectateur de l'opinion contraire, la justifie par une raison assez étrange et qui prouverait assez que partageant la vanité qu'ont presque toujours eue les professeurs de droit de se regarder comme très-supérieurs aux avocats, il se faisait une sorte de plaisir d'humilier dans ses écrits les orateurs du barreau. — En expliquant dans son Commentaire sur le troisième livre des Réponses de Papinien, la loi 7, D. *mandati*, qui donne au mandataire auquel un salaire a été promis par son commettant, une action extraordinaire pour s'en faire payer, il dit qu'il y a entre le mandataire et l'avocat cette différence, que le mandataire à qui il n'a été rien promis, ne peut rien exiger; au lieu que l'avocat peut exiger même l'Honoraire qu'on ne s'est pas obligé de lui payer, parce que le ministère de l'un est gratuit, que celui de l'autre ne l'est pas : *Quare maximè distat procurator ab advocato; nam advocato Honorarii petitio est, etiamsi cautum non fuerit; et ratio differentiæ est quia officium procuratoris constituitur mandato quod est gratuitum, avocati officium non est gratuitum.* On voit par-là, continue-t-il, quelle distance il y a des fonctions des mandataires à celles des avocats, des avocats qui, suivant l'expression de Sénèque le tragique dans Hercule en fureur, vendent dans un barreau tumultueux, leurs paroles, leur colère et leurs emportemens chicaniers, et ne sont pas, comme les mandataires, conduits par l'amitié, mais par l'avidité du gain : *Hinc manifestum est quàm distet officium procuratoris ab officio advocatorum, qui, ut Seneca ait in Hercule furente,*

> *Clamosi rabiosa fori jurgia vendunt,*
> *Iras et verba locant;*

Nec ducuntur amicitiâ, ut procuratores, sed quæstu. — C'est assez dire que Cujas n'a pas examiné de sang-froid la question qui nous occupe, et qu'il ne l'a résolue que par des épigrammes.

Mais il y a dans le Digeste une autre loi qui parle encore des Honoraires des avocats, et à laquelle nous devons nous arrêter : c'est la 38.e, D. *locati conducti*. Voici ce qu'elle porte : celui qui a loué son travail pour un temps déterminé, doit recevoir son salaire en entier, s'il n'a pas tenu à lui qu'il n'ait travaillé pendant tout ce temps : *Qui operas suas locavit totius temporis mercedem accipere debet, si per eum non stabit, quominùs operas præstet.*

L'avocat ne doit pas non plus rendre les Honoraires qu'il a reçus, s'il n'a pas tenu à lui qu'il n'ait plaidé la cause dont ils sont la récompense anticipée : *Advocati quoque, si per eos non steterit quominùs causam agant, Honoraria reddere non debent.*

On est sans doute frappé de la différence que cette loi établit entre l'ouvrier qui a loué son travail, et l'avocat qui s'est chargé d'une cause. — L'un doit recevoir son salaire, lors même qu'il n'a pas travaillé, pourvu qu'on ne puisse pas lui imputer le défaut de travail; et par conséquent il a, dans ce cas, une action pour exiger son salaire, si on le lui refuse. — L'autre a bien le droit de garder les Honoraires qu'il a reçus, lorsque ce n'est pas par sa faute qu'il n'a point plaidé; mais ce droit est le seul que la loi lui confère. — La loi suppose donc qu'il n'a point d'action pour se faire payer les Honoraires qu'on ne lui a pas avancés; elle prouve donc plus contre que pour le système que je combats.

Il y a encore dans le Digeste une autre loi que plusieurs auteurs invoquent à l'appui de ce système : c'est la 4.e du titre *de extraordinariis cognitionibus*; et voici comment elle est conçue : *Divus Antonius pius rescripsit, juris studiosis, qui salaria petebant, hæc exigere posse.* Mais Cujas lui-même prouve très-clairement, dans son Commentaire sur la loi 4, D. *de officio assessorum*, laquelle est tirée du 4.e livre des Réponses de Papinien, que, par *juris studiosi*, le rescrit de l'empereur Antonin ne désigne nullement les avocats, soit plaidans, soit consultans; qu'il ne désigne que les assesseurs des présidens de provinces ou de leurs lieutenans; qu'en effet, ces assesseurs sont expressément qualifiés de *juris studiosi* dans la loi 1, D. *de officio assessorum*; que d'autres lois les appellent *comites*; qu'ils étaient portés dans les états du trésor impérial; et que c'est contre les agens du garde-général de ce trésor, que la loi 4, D. *de extraordinariis cognitionibus*, leur permet, à défaut de payement de leurs salaires, d'implorer l'autorité du magistrat.

Ainsi, nous pouvons tenir pour très-constant qu'il n'y a dans le Digeste, aucune loi qui, hors le cas d'une promesse postérieure à la plaidoirie, donne expressément aux avocats une action pour leurs Honoraires. Voyons si les lois du Code leur sont à cet égard plus favorables.

Le Code ne nous offre que trois textes où il soit question des Honoraires des avocats : ce sont la loi 4, *de condictione ob causam datorum*, la loi 6, §. 2, *de postulando*, et la loi 13, §. 9, *de judiciis*.

La première qui a été faite en 260 par les empereurs Valérien et Gallien, ne décide qu'une seule chose, savoir, que celui qui ayant emprunté d'un avocat une somme modique, lui a souscrit une reconnaissance portant une somme plus forte, d'après l'assurance que cet avocat lui avait donnée de plaider pour lui, peut, en cas d'inaccomplissement de cette promesse, demander que sa reconnaissance soit réduite à la somme qui lui a été réellement comptée : *Si cùm exiguam pecuniam reverà susciperes, longè majorem te accepisse cavisti, eo quòd tibi patrocinium adversarius repromitteret; cùm dicas fidem promissi non secutam, ut libereris obligatione ejus quod non acceptum, propter speratum patrocinium, spopondisti, per condictionem consequeris.* — Tout ce qui résulte de ce texte, c'est que les avocats romains étaient dans l'usage de se faire payer leurs Honoraires d'avance; et cet usage que nous avons déjà vu confirmé par les lois du Digeste, loin de prouver que les avocats romains avaient une action pour leurs Honoraires, semble prouver au contraire qu'ils ne pouvaient pas, en thèse générale, demander leurs Honoraires en justice.

La seconde loi, qui est de l'an 368, et a pour auteurs les empereurs Valentinien et Valens, déclare nulle toute espèce de pacte qu'un avocat pourrait faire avec son client : *Præterea nullum cum eo litigatore contractum quem in propriam recepit fidem, ineat advocatus; nullam conferat pactionem*; et Godefroy, dans sa note sur cette loi, observe qu'elle s'étend même aux pactes qui auraient pour objet les Honoraires de l'avocat : *nullum neque pactum neque contractum de lite seu mercede*; ce qu'il justifie par l'abrégé des Basiliques, dont le rédacteur a ainsi rendu en langue grecque, la disposition des empereurs Valentinien et Valens. — Aussi Raviot sur Périer, t. 1, p. 364, n'hésite-t-il pas à dire, d'après cette loi, que « de telles pactions (par lesquelles un avocat conviendrait d'une certaine somme en général pour ses Honoraires) sont nulles, parce qu'elles ne sont pas honnêtes. Elles sont (ajoute-t-il), contre l'honneur et par conséquent contre le devoir de la profession. Ce qu'un avocat reçoit pour récompense de son travail, s'appelle *Honoraires*. Il faut donc que tout y respire le désintéressement et l'honneur : autrement, celui qui agit contre son institut, et contre les règles de son état, ne fait rien qui soit autorisé par la loi; elle ne donne point d'action en pareil cas; elle refuse son ministère et sa puissance; elle ne donne au plus qu'une exception, parce qu'elle ne donne pareillement point d'action au client qui a payé, pour répéter ce qu'il devait naturellement en vertu de sa promesse ». — La loi citée ne fait donc que confirmer le rescrit des empereurs Sévère et Antonin, rapporté dans le §. 12 de la loi 1, D. *de extraordinariis actionibus*, qui, en ordonnant l'exécution des pactes que les avocats font avec leurs cliens pour leurs Honoraires, restreint expressément sa disposition aux pactes qui sont faits *post causam actam*. — Et il est à remarquer que cette même loi est expressément confirmée par le chap. 14 des établissemens de saint Louis. Après avoir rappelé quelques-uns des devoirs des *avocats* et *avant-parliers*, saint Louis ajoute : *Et si ne doit fère nul marchié à celui pour qui il plaide, plet pendant, car droït le défend en code*, de postulando, *en la loi qui commence* quisquis vult esse causidicus; *et ce appartient à loyal avocat, si comme ladite loi le dit.*

La troisième loi est émanée de Justinien, et il faut convenir qu'à la première vue, elle paraît justifier l'opinion de nos antagonistes. — Après avoir établi divers moyens de répression contre les parties et même contre les juges, qui, par leurs lenteurs affectées, prolongent les procès au-delà de certains termes, Justinien prévoit le cas où ni les juges ni les parties n'étant en faute, il n'y aurait de reproche à faire qu'aux avocats de celles-ci. Il permet en ce cas au juge de condamner les avocats à une amende de 2 liv. d'or, et d'exprimer dans leurs jugemens qu'ils les y condamnent pour avoir mal à propos reculé la décision des affaires. *Illo procul dubio observando, ut si neque per alterutram litigantium partem, nec per judicem steterit, quò minus lis suo marte decurrat, sed per patronos causarum; licentia detur judici et eos duarum auri librarum pœnâ afficere.... Ipso videlicet judice in suâ sententiâ hoc ipsum manifestante, quòd per patronos causarum, vel fugientis, vel agentis, dilatio facta est, vel per omnes, vel per quosdam ex his.* Le juge, continue Justinien, doit contraindre les avocats qui se sont chargés d'une cause, de la mener à fin, s'ils n'en sont empêchés par la loi ou par un juste motif; et faire en sorte que, par leurs injustes refus, une cause n'éprouve point de retards : *Necessitate advocatis imponendâ ex quo litem peragendam susceperint, eam usque ad terminum, nisi lex vel justa causa impediat, implere, ne ex eorum recusatione fiat causæ dilatio.* Bien entendu qu'il sera fourni par les cliens qui en ont la faculté, des Honoraires à leurs avocats; et que les cliens qui s'y refuseront, y seront contraints par voie d'exécution; de peur que par des machinations de cette espèce, ils ne parviennent à traîner leurs causes en longueur : *Honorariis scilicet à clientibus qui dare possunt, disertissimis togatis omnimodo præstandis; et si cessaverint, per exécutores negotiorum exigendis, ne per hujusmodi machinationem causæ *merita protrahantur* ; à moins que le client n'aime mieux se choisir lui-même un autre avocat : *nisi ipse litigator alium pro alio patronum eligere maluerit.* — Voilà tout ce que dit Justinien ; et il est aisé de sentir que sa disposition relative aux Honoraires des avocats, n'est pas aussi générale qu'elle le paraît au premier abord. Justinien ne veut point que dans tous les cas où un client refuse des Honoraires à son défenseur, le juge interpose son autorité pour le contraindre à les payer ; il veut seulement que le juge l'y contraigne, non sur la demande de l'avocat, mais d'office, lorsque, ne recevant pas les Honoraires qui lui sont dus et se défiant de la loyauté de son client, l'avocat déclare ne vouloir plus continuer l'instruction qu'il a commencée ; et pourquoi veut-il qu'en ce cas, le client soit contraint ? C'est afin que l'ingratitude du client envers son avocat, ne soit pas pour lui un moyen de reculer indéfiniment la décision du procès : *Ne per hujusmodi machinationem causæ merita protrahantur.* C'est donc à ce cas que doit être restreinte la loi de Justinien : et c'est ce qu'il manifeste lui-même bien clairement, par la liberté qu'il laisse au client de se soustraire, par le choix d'un autre défenseur, aux contraintes dont le payement des Honoraires de son avocat est l'objet : *nisi ipse litigator alium pro alio patronum eligere maluerit.* — Aussi trouvons-nous dans *Brillon*, au mot *Avocat*, n.° 28, une note du célèbre jurisconsulte Le Cœur, qui, après avoir analysé toutes les dispositions que nous venons de rappeler de la loi dont il s'agit, en tire cette conséquence. « Ainsi les avocats ont une action *dans ce cas*, pour leurs Honoraires ». — *Dans ce cas !* le jurisconsulte Le Cœur et Brillon lui-même reconnaissent donc que la loi ne doit pas être étendue hors de ce cas.

On cite encore, comme donnant aux avocats, une action pour leurs Honoraires, la loi 4, C. *de advocatis diversorum judicum.* — Mais elle ne contient pas un mot sur les Honoraires des avocats ; elle ne parle que des appointemens des avocats du fisc, et elle ordonne seulement que ces officiers les toucheront, ainsi que les assesseurs, le 1.er janvier de chaque année : *Jubemus viros clarissimos fisci pro tempore patronos fori celsitudinis, solemni die festivitatis kalendarum januariarum ipsius tantùm modo anni per quem tale peragunt officium, inter spectabiles sacri nostri consistorii comites divinâ nostræ serenitatis manu puncti consequi solatia.*

Quant aux Novelles, on en invoque une, c'est la 124.me, ch. 1 ; mais que porte-t-elle ? Une seule chose : c'est que les plaideurs doivent, à l'entrée de chaque cause, jurer sur les Evangiles que, pour le succès de leur affaire, ils n'ont rien donné, rien promis, et qu'ils ne donneront ni ne promettront rien, soit aux juges, soit à toute autre personne, leurs propres avocats exceptés : *Tangentes sacra Evangelia jurare quod nihil penitùs judicibus aut patrocinii causâ ipsis vel alii cuicumque personæ pro hâc causâ, quolibet modo, dederunt aut promiserunt, aut postea dabunt....; exceptis iis quæ propriis advocatis pro patrocinio præstant.* — Que veut-on conclure de là ? que les avocats peuvent *recevoir* des Honoraires de leurs cliens ? Personne n'en doute. Qu'ils peuvent *exiger* ces Honoraires de leurs cliens, et actionner ceux-ci pour les contraindre à les leur payer ? Assurément la Novelle de Justinien ne dit rien moins que cela.

Toute l'économie du droit romain sur les Honoraires des avocats, se réduit donc à ces trois points : — Permission de les recevoir de la main bénévole qui les offre, soit avant, soit après la plaidoirie ; — Faculté de se les faire promettre après la plaidoirie et le jugement, par des écrits qui produisent une action en justice ; — Ordre aux juges de les faire payer d'office dans le cas où le client veut forcer un avocat qui a commencé sa défense, à la terminer. — Donc le droit romain est muet sur l'action que voudrait intenter un avocat pour les Honoraires d'une cause qu'il a menée à fin, et après le jugement de laquelle on ne lui a pas signé une promesse de les acquitter ; — Donc aucune disposition du droit romain ne serait violée par un jugement qui, dans cette hypothèse, déciderait que l'avocat n'a point d'action.

Voyons maintenant si les ordonnances de nos anciens monarques ont été, sur cette matière, plus loin que le droit romain. — On en allègue quatre : celle de Philippe-le-Hardi, du 25 octobre 1274 ; celle de Charles VII, du mois d'avril 1453, art. 45 ; celle de Blois, du mois de mai 1579, art. 161 ; et celle du mois d'avril 1667, tit. 31, art. 10. — Examinons successivement ces lois.

L'ordonnance de Philippe-le-Hardi veut d'abord que les avocats reçoivent un salaire proportionné à l'étendue de chaque affaire et à leur expérience, de manière cependant qu'il ne s'élève jamais au-dessus de 30 livres tournois : *Circa advocatorum verò salaria duximus statuendum quòd pro modo litis et advocatorum peritiâ, competens salarium recipiatur, ita tamen quod pro quâcumque causâ movendâ, pro totâ causâ triginta librarum Turonensium unius advocati salarium non excedat.* — Elle ajoute que les avocats s'engageront par serment de ne jamais rien recevoir de plus, soit directement, soit indirectement, même à titre de pension, de présent ou gratification : *Jurabunt etiam advocati quòd nec pensionis, servitii, muneris aut gratiæ cujuscumque nomine vel prætextu, per se vel per alium quâcumque arte vel ingenii quocumque colore excogitato seu excogitando, sine fraude aliquâ, nihil ultra summam recipiet prætaxatam.* Enfin, elle déclare parjure et infâme de plein droit, tout avocat qui sera convaincu d'avoir outrepassé cette mesure ; elle ordonne qu'il demeurera interdit à perpétuité des fonctions du barreau ; et elle réserve au roi ainsi qu'aux juges, le pouvoir de lui infliger d'autres peines : *Si quis verò ordinationes et statuta hujusmodi, nec et juramentum præstitum violare præsumpserit, postquàm constiterit ita esse in prædictis curiis, is notâ perjurii et infamiæ, nullâ aliâ expectatâ sententiâ, ab advocationis officio sit exclusus ; aliàs nihilominùs prout nobis seu aliis nostris judicibus in quorum curiis deliquerit, videbitur puniendus.* — Tout cela n'est, comme l'on voit, qu'une amplification des §. 10 et 12 de la loi 1, D. *de extraordinariis cognitionibus.*

A l'imitation de cette loi, Philippe-le-Hardi fixe un *maximum* pour les Honoraires des avocats; il défend aux avocats de l'excéder; il autorise même implicitement les juges à forcer les avocats de rendre ce qu'ils ont reçu au-dessus de ce taux, pour des affaires qui ne comportent pas un travail que l'on puisse évaluer à 30 liv. tournois; mais il ne dit pas que les avocats pourront exiger, soit cette somme, soit une somme moindre; il dit seulement que les avocats ne pourront recevoir que cette somme ou une somme moindre, lorsqu'il y aura lieu: il ne donne pas aux avocats l'action que les lois romaines leur refusent.

A l'égard de l'ordonnance de Charles VII, du mois d'avril 1453, voici ce qu'elle porte, art. 45; — « Pour obvier aux fraudes, feintes et recèlemens que pourraient faire les procureurs, tant pour le salaire des avocats et autres dépenses et mises qui sont à faire pour la déduction des causes, et lesquelles dépenses désirons être rescindées et modérées le plus que faire se pourra; nous voulons et ordonnons que un chacun procureur soit tenu de bailler et montrer l'état de ce qu'il aura reçu de ses parties, en prenant certification et quittance de tout ce qu'il aura baillé, outre la somme de 20 sous tournois, en faisant foi d'icelles tant auxdites parties qu'à ceux qui taxeront lesdits dépens; et défendons auxdits procureurs qu'ils ne demandent, exigent ou reçoivent aucune chose desdites parties, sous couleur de divers dons ou autres dépenses extraordinaires, qui ne seront nécessaires et justes pour la déduction de la cause; et ne voulons par les parties ou procureurs être fait payement aux avocats pour écritures, salvations et contredits, avant la cause plaidée et dûment introduite, pour procéder auxdites écritures et autres choses nécessaires; et pareillement voulons et ordonnons les salaires desdits avocats, tant pour plaidoiries, écritures que autrement, être réduits à telle modération et honnêteté, en regard aux ordonnances et observances anciennes, et pauvreté de notre pauvre peuple, que nul n'ait cause de s'en plaindre envers nous ni notredite cour ».

Que résulte-t-il de cet article? Deux choses: — La première, que les parties ne sont pas obligées de faire aux avocats l'avance de leurs Honoraires, et que les procureurs ne peuvent rien exiger d'elles, sous le prétexte de payer aux avocats des écritures et des plaidoiries non encore faites: — La seconde, que les avocats doivent, dans la fixation de leurs Honoraires, se renfermer dans de justes bornes et éviter que des plaintes n'en soient portées au roi ou au parlement.

Mais peut-on inférer, soit de l'une, soit de l'autre disposition, que les avocats puissent agir en justice pour les Honoraires qu'on leur refuse? Non certes. — De ce qu'un avocat ne peut pas se faire payer d'avance, il ne s'ensuit pas que son travail achevé, il ait une action contre un client ingrat et déloyal. — De ce qu'un avocat ne peut pas se faire payer extrajudiciairement plus qu'il ne lui est dû, de ce qu'en se faisant payer extrajudiciairement plus qu'on ne lui doit, il s'expose à des réclamations, il ne s'ensuit pas qu'il puisse poursuivre en justice le payement de ce qui lui est dû réellement; et c'est ici le cas de cette belle réflexion d'Ulpien, par rapport aux professeurs de droit: *Quædam enim tametsi honestè accipiantur, inhonestè tamen petuntur.*

L'ordonnance de Blois du mois de mai 1579, porte seulement, art. 161, que « les avocats et procureurs seront tenus signer les délibérations, inventaires et autres écritures qu'ils feront pour les parties, et, au-dessous de leur seing, écrire et parapher de leur main ce qu'ils auront reçu pour leur salaire, et ce, sur peine de concussion ».

Mais que peut-on raisonnablement conclure de là? Ce que cet article ordonne aux avocats pour leurs Honoraires, l'art. 159 l'ordonne également aux juges pour leurs épices: « Tous juges (y est-il dit) seront tenus d'écrire et parapher de leurs mains tout ce qu'ils auront reçu des parties pour épices......., sur peine de concussion et privation de leurs offices ». — Or, il est constant que les juges, dans le temps où ils pouvaient recevoir des épices, n'avaient point d'action pour les exiger. L'art. 7 de l'édit du mois de mars 1673 en contenait une disposition expresse: et elle avait été renouvelée par des arrêts de règlement du parlement de Paris, des 23 avril 1704 et 13 mai 1714, rapportés, l'un dans le Recueil d'arrêts d'Augeard, l'autre dans le Recueil chronologique de Jousse, à l'ordre de leurs dates. — Donc pareillement, de ce que l'art. 161 de l'ordonnance de Blois enjoint aux avocats de mettre au bas de leurs écritures la note des Honoraires qu'ils ont reçus, il ne s'ensuit nullement que les avocats soient recevables à demander en justice les Honoraires qu'on refuse de leur payer.

Reste l'ordonnance de 1667, qui, en renouvelant l'art. 161 de l'ordonnance de Blois, veut, tit. 31, art. 10, que les avocats soient *tenus de mettre le reçu au bas de leurs écritures*, et qui par conséquent est tout aussi insignifiant sur notre question que l'art. 161 de l'ordonnance de Blois elle-même.

Il n'y a donc rien dans tout ce qu'on a cité de nos anciennes ordonnances, qui déroge au droit romain sur les Honoraires des avocats, rien qui autorise les avocats à demander en justice le payement de leurs Honoraires.

Mais sont-ce là toutes les dispositions de nos anciennes ordonnances sur cette matière? N'en omet-on pas quelques-unes qui pourraient être plus favorables aux avocats?

Celle de Louis XII, du mois de juin 1510, nous présente, art. 48, une disposition ainsi conçue: « Pour ce que souvent est advenu que plusieurs greffiers, *avocats* et procureurs de notre royaume, mesmement ès pays de droit écrit, ont long-temps attendu à se faire payer des actes, registres et grosses des procès par eux reçus, et ont mis dette sur autre, tellement que quelquefois leur a convenu faire vendre, crier et subhaster les biens et héritages des parties pour lesquelles ils avaient reçu lesdits procès, dont ils ont été détraits; pour à quoi obvier, avons ordonné et ordonnons que désormais lesdits greffiers ne pourraient demander le salaire à eux dû pour lesdits procès par eux reçus, sinon qu'ils le demandent trois ans après lesdits procès finis; les autres ordonnances de nosdits prédécesseurs faites sur moindre temps demeurant en leur force et vertu ». — Mais que résulte-t-il de cet article? Deux choses y sont à distinguer, le préambule et le dispositif.

Dans le préambule, les *avocats* sont, ainsi que les *procureurs*, placés sur la même ligne que les *greffiers;* ils y sont, comme ceux-ci, supposés avoir une action pour exiger leurs Honoraires; et comme ceux-ci, ils y sont représentés abusant de leur droit d'agir contre les parties qui ont employé leur ministère, pour les vexer et les ruiner par des demandes tardives et accumulées.

Mais dans le dispositif, tel du moins qu'il est imprimé dans le Recueil de Néron et dans celui de Génois, le législateur ne parle plus que des greffiers: ce n'est qu'aux greffiers qu'il fixe, pour agir, un terme de trois ans; et il garde le silence sur le temps dans lequel les avocats doivent intenter leurs actions.

Que conclure d'une différence aussi singulière entre le dispositif et le préambule? Rien de plus simple: ou c'est par une faute d'impression que les avocats sont omis dans le dispositif, ou ils y ont été réellement omis par le législateur.

Au premier cas, il est évident que le législateur, en ordonnant que les avocats *ne pourront demander le salaire à eux dû, sinon qu'ils le demandent trois ans après les procès finis*, est censé déclarer, ou plutôt déclare de la manière la plus formelle, que les avocats peuvent, dans les trois ans qui suivent la fin de chaque procès, poursuivre en justice le payement de leurs Honoraires.

Au deuxième cas, le législateur n'apporte pas, il est vrai, de remède à l'abus que les avocats font de leur droit d'agir, en l'exerçant trop tard, et en mettant, comme il le dit, *dette sur autre;* mais il reconnaît que ce droit leur appartient, et qu'il n'aurait point à s'en plaindre si l'exercice n'en était pas accompagné d'abus.

Ainsi, dans l'un comme dans l'autre cas, il interprète les lois romaines et les ordonnances précédentes dans le sens qui favorise le plus, sinon la délicatesse, du moins les intérêts des avocats; et dans l'un comme dans l'autre, il donne aux avocats, ou plutôt il suppose, il proclame que les avocats ont par les lois antérieures, le droit d'agir en justice contre leurs cliens.

Ce n'est pas tout. L'ordonnance rendue par François I.er, en octobre 1535, pour la ci-devant Provence, renferme un article qui, en renouvelant, avec quelques modifications, celui de l'ordonnance de 1510 que nous venons d'examiner, l'étend expressément aux avocats: c'est l'art. 13 du ch. 18.

Voici comment il est conçu: « Et quant aux salaires des vacations desdits greffiers, ils n'en pourront faire demande ou poursuite après un an d'iceux salaires réservés; *et le semblable des avocats*, procureurs, commissaires, notaires, sergens ou autres officiers et praticiens. Et si ne pourront les vivans demander arrérages de leurs pensions de plus de trois ans passés, eu égard au temps de leurs demandes; et au regard des héritiers des trépassés, ils seront tenus d'en faire demande dans l'an du trépas; et s'ils attendent plus d'un an, ils n'en pourront faire poursuite que de deux ans; et s'ils attendent deux ans, ils n'en pourront faire poursuite que d'un an; et s'ils attendent autres trois ans, ils n'en pourront jamais faire poursuite ».

Ainsi, distinction bien marquée entre les avocats qui travaillent passagèrement pour des parties, et les avocats abonnés à tant par an pour certaines clientelles; ceux-là n'ont qu'un an pour actionner leurs cliens en justice; et le législateur en doute si peu, qu'il les prive de cette action, en cas qu'ils négligent de l'exercer dans les délais déterminés.

Du reste, que cette disposition de l'ordonnance de 1635 ait été constamment observée en Provence, c'est ce que justifient les autorités les plus précises.

Le président de Bésieux, pag. 135, rapporte un arrêt du parlement d'Aix, du 18 mai 1626, qui, sur le fondement de cette disposition même, réforma une sentence par laquelle des Honoraires demandés depuis plus de deux ans *à die cessati officii*, avaient été adjugés *ad longum* à un avocat de Forcalquier, nommé Bonadona.

Et le président de Régusse, dans son Recueil d'arrêts de règlement de la même cour, page 8, dit, au sujet de la déclaration du 15 décembre 1611 qui décharge les avocats après cinq ans de toute réclamation de sacs et de pièces: « Quel tort (cette loi) fait-elle aux parties? Si les avocats doivent demander leurs Honoraires dans un certain temps, après lequel ils sont non-recevables, n'est-il pas juste aussi qu'ils ne soient plus tenus des sacs après cinq ans »?

Veut-on maintenant des preuves que la jurisprudence des arrêts a toujours été conforme à la conséquence qui résulte si naturellement des articles cités des ordonnances de 1510 et 1535?

Beaumanoir, qui écrivait sous Philippe-le-Hardi, peu de temps après la publication de l'ordonnance de ce prince, du 23 octobre 1274, et par conséquent à une époque bien antérieure aux règnes de Louis XII et de François I.er, Beaumanoir, dans ses *coutumes de Beauvoisis*, ch. 5, nous apprend que de son temps on ne faisait aucune difficulté, soit de regarder comme valables les pactes que les avocats faisaient avec leurs cliens pour leurs Honoraires, ce qui pourtant était contraire au droit romain et aux établissemens de Saint-Louis, soit d'admettre les avocats à demander en justice les Honoraires qu'ils n'avaient pas eu la précaution de faire régler par des conventions expresses.

Les termes de cet auteur sont précieux: Li avocats, par cette coutume, puent prendre de la partie pour qui il plaident, le salaire convenancé, ne mes (*pourvu*) qu'ils ne passent pour une querelle (*pour un procès*) trente livres par l'établissement de notre roi Philippe (*ordonnance du 23 octobre 1274.*)

Et se il ne font point de marchié à chaux (*avec eux*) pour qui il plaident, et doivent être payés par journées, selonc che que il vaut, et selon leur estat, et che que la querelle est grant ou petite; car il n'est pas resons que un avocat qui va à un cheval, doive avoir aussi grant journée comme chil qui va à deux chevaux, ou à trois, ou à plus; ni que chil qui peut fet, ait autant comme chil qui fet assez, ne que chil qui plede pour petite querelle, comme chil qui plede pour la grant. Et quant plet est entre l'avocat et chely pour qui il a plédié pour che que il ne se peut accorder don salaire qui ne fut pas convenancé, estimation doit être faite par le juge selonc che que i void que resons est ».

Dumoulin, dans son Commentaire sur la règle de chancellerie *de veresimili notitiâ*, n. 53, dit que Jacques Maréchal, avocat sous les rois Charles VII, Charles VIII et Louis XII, obtint, par arrêt du parlement de Paris, 60 livres parisis pour un mémoire de peu d'étendue : *habitâ ratione, non ad brevem, sed ad doctam et resolutariam scripturam, modumque litis et eminentem scientiam advocati.*

Brodeau, sur l'art. 125 de la coutume de Paris, rapporte deux arrêts de la même cour, du mois de septembre 1612 et du 15 septembre 1629, qui ont fait droit à des demandes d'avocats nommés *La Caille* et *Arragon*, en payement de leurs Honoraires.

Brillon au mot *Avocat*, n. 28, transcrit un mémoire publié de son temps, dans lequel sont cités trois autres arrêts sans date, le premier, qu'on appelle *l'arrêt fameux de défunt M.e Jacques Lambin, qui lui adjuge 1,200 liv. pour douze rôles d'écritures; le second, rendu en faveur de M.e Fouassier, qui lui adjuge par préférence ses Honoraires, sur le prix provenant des effets de la succession d'un gentilhomme de la maison de Rambures; le troisième qui adjugea à M.e Jacques Lhommeau, 8,000 livres contre la succession de l'évêque de Langres.*

Ajoutons que de nos jours, en 1786, le parlement de Paris condamna le duc d'Aiguillon à payer 25,000 livres d'Honoraires à Linguet, son ci-devant avocat.

Il est cependant à remarquer que l'ordre des avocats au parlement de Paris regardait cette jurisprudence comme contraire à sa dignité et aux vrais principes. Brillon, à l'endroit cité, nous fournit à ce sujet une anecdote qui mérite d'être recueillie : « M. Gobé, avocat au conseil, plaidait aux requêtes de l'hôtel, le 23 février 1702. Au fond, il s'agissait de payement d'Honoraires. M. Panard, ancien avocat, prit la parole pour demander acte du désaveu qu'il faisait, au nom de ses confrères, d'une demande d'Honoraires pour lesquels ils n'avaient point d'action. La sentence qui intervint, donna acte du désaveu ».

Aussi était-il de règle constante que tout avocat au parlement de Paris qui demandait ses Honoraires en justice, encourait *ipso facto* la radiation du tableau. Mais le parlement ne statuait pas moins sur sa demande. *V. Avocats*, §. 13.

Jugeait-on de même dans les autres parlemens?

Pour celui de Toulouse, écoutons Albert, dans son Recueil d'arrêts, au mot *Avocat*: — « Aujourd'hui, les avocats peuvent prendre tout ce qu'on leur donne; néanmoins il est certain qu'on ne doit pas exiger cet Honoraire, ni intenter procès pour cela : *Honor non pecuniâ æstimatur* (loi 16, D. *de muneribus*). C'est un plus honnête parti que tous les avocats doivent prendre, parce que autrement c'est avilir la profession : *vilia sunt quæ pretium habent.* Et il est indigne que *quæstus fiat quod gloriâ solebat*, (suivant l'expression de Pline, liv. 39). C'est pourquoi la cour, le 13 janvier 1648, en adjugeant en audience certains frais à un avocat de Carcassonne, nommé Ducup, lui refusa l'action pour *l'Honoraire*, qui est le mot dont la cour se servit par l'arrêt. Il est vrai qu'en cette affaire, il y avait cette circonstance que Ducup était oncle de sa partie adverse; mais cet arrêt distinguant l'Honoraire du reste du compte de Ducup, fit voir que la parenté ne fut pas le motif de la cour. Ce qui se confirme par le consentement universel de tous les avocats de cette cour, où l'un d'eux, depuis peu, ayant présenté une requête pour demander cet Honoraire, tous les autres le méprisèrent, et il passa pour ridicule au palais. En effet, la cour nous donne un bel exemple en elle-même, car elle n'exige point les épices ».

Cette manière de juger se concevrait facilement, si l'ordonnance de 1510 n'avait pas été enregistrée au parlement de Toulouse; alors, en effet, le parlement de Toulouse n'aurait eu d'autre loi à consulter sur les Honoraires des avocats, que le droit romain; et nous avons démontré que les lois romaines, sainement entendues, ne donnaient point d'action aux avocats pour leurs Honoraires. Mais l'ordonnance de 1510 contient plusieurs articles qui ne concernent que le parlement de Toulouse, et dès-là, on ne peut pas raisonnablement supposer qu'elle n'y ait point été enregistrée. Aussi le président Maynard, liv. 6, chap. 87, atteste-t-il expressément l'avoir lui-même vérifiée, ainsi que celle de 1512, sur les registres de cette cour. Il ajoute cependant qu'elles n'y sont pas observées, ce qui, pour notre objet, revient à peu près au même.

Le parlement de Bordeaux n'était pas aussi rigoureux; trouvant dans l'art. 48 de l'ordonnance de 1510, une reconnaissance formelle, de la part du législateur, que les avocats pouvaient agir en justice pour les Honoraires, il partait de là pour accueillir les demandes des avocats contre leurs cliens; et il n'écoutait même pas les exceptions que les cliens opposaient à ces demandes, sous le prétexte qu'elles étaient excessives. — « Quelque excessifs (dit Salviat, pag. 167), que paraissent aux parties les Honoraires fixés par ces messieurs, le parlement a assez d'égard envers la compagnie, pour ne les modérer jamais. On trouve plusieurs arrêts qui ont rejeté les plaintes à ce sujet sans examiner si elles étaient fondées. Le plus sûr est de s'adresser à la compagnie même, qui s'empressera toujours de rendre justice à qui elle sera due ».

Le parlement de Grenoble ne voyait dans l'ordonnance de 1510 que ce qui y est réellement écrit : une reconnaissance expresse du droit que les avocats ont de demander leurs Honoraires en justice, et la restriction aux greffiers de l'obligation de demander leurs vacations dans les trois ans.—En conséquence, il jugeait constamment, et que les avocats pouvaient demander leurs Honoraires en justice, et qu'on ne pouvait à cet égard leur opposer d'autre prescription que celle de trente ans. C'est ce que prouvent quatre arrêts des 27 avril 1633, 10 mai 1654, 7 septembre 1666 et 13 juin 1668, cités par Chorier, pages 103 et 104.—Il a fait plus. Au mépris des lois romaines, et contre la disposition d'un arrêt du parlement de Bretagne, du 17 novembre 1609, que nous a conservé Sauvageau sur Dufail, liv. 2, ch. 172, il a, par deux arrêts de décembre 1458 et du 13 juin 1628, que rapporte Chorier au même endroit, déclaré valables des conventions faites, *pendente lite*, entre des avocats et leurs cliens, pour la fixation des Honoraires que ceux-ci devaient payer à ceux-là.

Le parlement de Douay, le conseil souverain de Barbant, le conseil souverain de Mons et le grand-conseil des Malines, donnaient également action aux avocats pour leurs Honoraires; et cela ne pouvait pas être autrement, puisque le placard de Charles-Quint, du 4 octobre 1540, renfermait absolument la même disposition que l'art. 13 du chap. 18 de l'ordonnance de François I.er, du mois d'octobre 1535, sauf qu'elle étendait à deux ans le délai pour agir, que celle-ci limitait à une année.]]

§. II. *Des Honoraires des médecins.*

Les médecins ont une action pour se faire payer de leurs visites et de leurs consultations. Cette action leur est accordée par [[les lois romaines, ainsi qu'on l'a vu plus haut, §. 1, et par]] l'art. 125 de la coutume de Paris: mais cette dernière loi ne leur donne qu'un an pour faire usage de cette action : après ce temps, elle veut qu'ils soient déclarés non-recevables; cependant, malgré la prescription prononcée par la loi, les médecins peuvent demander l'affirmation en justice des personnes dont ils prétendent être créanciers. —[[Les art. 2272 et 2275 du Code Napoléon renouvellent et confirment ces dispositions.]]

Les visites des médecins sont ordinairement taxées au châtelet de Paris à 40 sous chacune.

Par un arrêt du conseil du 23 janvier 1742, les Honoraires des médecins, dans les affaires qui s'instruisent aux frais du roi, ont été fixés à 5 livres par jour, pour les voyages qu'ils sont obligés de faire: leur rapport est compris dans cette somme. Le même arrêt n'accorde que 50 sous aux médecins pour leurs visites et leurs rapports dans le lieu de leur résidence.

§. III. *Des Honoraires des ecclésiastiques.*

Les canons renferment les défenses les plus précises de rien exiger pour l'administration des sacremens et pour les autres fonctions ecclésiastiques; ils permettent seulement de recevoir ce qu'on offre volontairement.

Conformément aux anciens canons de l'Eglise, le concile de Trente défend expressément de rien recevoir pour la *collation des ordres*, ni pour les lettres *de dimissoire*.

Dans le concile tenu à Narbonne, en 1609, il a été défendu, sous peine d'excommunication, de recevoir plus d'un Honoraire pour une seule messe.

L'ordonnance d'Orléans contient aussi sur cette matière les défenses les plus formelles : « Défendons, y est-il dit, à tous prélats, gens d'église et curés, de permettre qu'il soit exigé aucune chose pour l'administration des sacremens, sépulture et toutes autres choses spirituelles, nonobstant les prétendues louables coutumes et commune usance, laissant toutefois à la discrétion et volonté d'un chacun de donner ce que bon lui semblera ».

Il résulte de cette loi, que les fidèles étaient déjà dans l'usage de donner aux curés quelques rétributions pour les récompenser de leurs peines; mais cette rétribution était libre et dépendait entièrement de la volonté de chacun.

Comme les curés n'avaient point d'autres revenus que ces offrandes, et que leur subsistance était incertaine, l'ordonnance de Blois dérogea à la disposition de l'ordonnance d'Orléans : « Nous voulons (porte-t-elle) et ordonnons que les curés, tant des villes qu'autres, soient conservés ès droits d'oblation et autres droits paroissiaux qu'ils ont accoutumé de percevoir, selon les anciennes et louables coutumes, nonobstant l'ordonnance d'Orléans, à laquelle nous avons dérogé et dérogeons pour ce regard ».

Depuis cette loi, on a admis comme une règle certaine, que les ecclésiastiques avaient droit d'exiger des Honoraires pour leurs fonctions, conformément à l'usage et à leur possession. Enfin, le règlement des Honoraires a été attribué par l'art. 27 de l'édit de 1695, aux archevêques et aux évêques : « Le règlement de l'Honoraire des ecclésiastiques (y est-il dit), appartiendra aux archevêques et évêques, et les juges d'église connaîtront des procès qui pourront naître sur ce sujet entre des personnes ecclésiastiques. Exhortons les prélats, et néanmoins leur enjoignons d'y apporter toute modération convenable, et pareillement aux rétributions de leurs officiaux, secrétaires et greffiers des officialités ».

Suivant cet article, les juges ecclésiastiques ne sont compétens que lorsque les contestations relatives aux Honoraires s'élèvent entre des ecclésiastiques; car si les différends naissent entre un laïc et un ecclésiastique, ils doivent être portés devant les juges séculiers. (M. Désessarts.)*

[[L'art. 5 de la loi du 18 germinal an 10 porte que « toutes les fonctions ecclésiastiques seront gratuites, sauf les oblations qui seraient autorisées et fixées par les règlemens ».

L'art. 69 ajoute : « Les évêques rédigeront les projets de règlement relatifs aux oblations que les ministres du culte sont autorisés à recevoir pour l'administration des sacremens. Les projets de règlemens rédigés par les évêques, ne pourront être publiés, ni autrement mis à exécution, qu'après avoir été approuvés par le gouvernement ». *V. Sépulture.*]]

HOOFMAN. Mot flamand composé de *Hoof*, qui veut dire *tête*, *chef*, et de *Man*, qui signifie *homme* : ainsi *Hoofman* signifie littéralement un *chef-homme*, un *capitaine*, etc. C'est à peu près ce qu'on exprimait autrefois par *chevetin*. Monstrelet rapporte un acte de l'an 1436, dans lequel il est fait mention des *chevetins de la bourgeoisie de Bruges*.

Dans l'usage actuel le mot *Hoofman* a deux significations différentes, suivant qu'on l'emploie pour désigner un officier de ville ou de campagne.

Dans la plupart des villes de la Flandre flamande, il y a des confréries appelées *gilden*, dont les chefs portent le titre d'*Hoofmans* : ce sont eux qui président aux assemblées, qui marchent à la tête des confrères dans les cérémonies publiques, qui maintiennent l'ordre et la police dans leurs corps respectifs, etc. — [[Les confréries et par conséquent leurs Hoofmans sont supprimées. *V. Confrérie.*]]

A la campagne, les *Hoofmans* des paroisses sont des officiers établis par le magistrat ou *collége* dont ces paroisses dépendent : leurs fonctions se bornent à l'administration des communautés; ils président aux assemblées; ils veillent sur la gestion des asséeurs ou collecteurs; en un mot, ils dirigent toutes les affaires communes, à la charge d'en rendre compte au magistrat ou *collége* qui les a établis. — On voit par là que les *Hoofmans* de cette seconde espèce sont à peu près ce qu'on appelle *syndics* dans quelques provinces du royaume.

[[Les Hoofmans ont été supprimés avec les anciennes municipalités, par l'art. 1 de la loi du 14 décembre 1789.]]

HOPITAL. Maison fondée, destinée pour recevoir les pauvres, les malades, les y loger, les nourrir, les traiter par charité.

[[Les Hôpitaux portent aujourd'hui le nom d'*Hospices civils*. On a rendu compte à l'article *Fondation*, n.° 6, des différentes lois qui ont été rendues sur les biens de ces établissemens, en 1790, en 1793, en l'an 2, et des inconvéniens qu'a entraînés l'incorporation de ces biens au domaine national, avec faculté à tout particulier de les soumissionner et de s'en rendre adjudicataire.

Il nous reste à parler ici des mesures qui ont été prises pour réparer ces désastres, et de tout ce qui concerne le régime actuel des hospices.

§. I. *Réintégration des hospices dans leurs anciennes propriétés; mesures prises pour le remplacement de celles qu'ils ont perdues, et pour leur en procurer de nouvelles.*

I. Par l'art. 5 de la loi de 16 vendémiaire an 5, « les hospices civils sont conservés dans la jouissance de leurs biens et des rentes et redevances qui leur sont dues par le trésor public et par des particuliers ».

L'art. 6 de la même loi ajoute que « ceux desdits biens qui ont été vendus en vertu de la loi du 23 messidor an 2, qui est définitivement rapportée par la présente, en ce qui concerne les hospices civils, leur seront remplacés en biens nationaux du même produit ».

Mais suivant l'art. 7, ce remplacement ne peut être opéré, pour chaque hospice, *qu'en vertu d'une loi expresse*.

II. En renouvelant les dispositions d'un arrêté du gouvernement, du 15 brumaire an 9, la loi du 4 ventôse de la même année a ouvert aux hospices un moyen d'améliorer leur sort. Voici ses termes.

« *Art.* 1. Toutes rentes appartenant à la république, dont la reconnaissance et le payement se trouveraient interrompus, et tous domaines nationaux qui auraient été usurpés par des particuliers, sont affectés aux besoins des hospices les plus voisins de leur situation.

» 2. Les administrations des hospices recevront les avis que leur en donneront les préfets, sous-préfets, maires, notaires, et autres fonctionnaires et citoyens qui auront connaissance de rentes ou domaines de cette espèce; et à leur première requête, les commissaires du gouvernement près les tribunaux seront tenus d'en poursuivre la restitution au profit desdits hospices ».

Ces dispositions ont été expliquées par divers arrêtés du gouvernement, qui le sont eux-mêmes par un avis du conseil d'Etat du 30 avril 1807, que l'Empereur a revêtu de son approbation le 31 mai suivant, et dont voici les termes :

« Le conseil d'Etat qui, sur le renvoi ordonné par sa majesté, a pris connaissance, 1.° d'un rapport du ministre de l'intérieur, en date du 8 avril 1806; 2.° de celui du ministre des cultes, du 18 juin 1806; 3.° de celui du ministre des finances, du 4 mars 1807, par lesquels les ministres proposent ou discutent les quatre questions suivantes : — 1.° Les biens des fabriques que les hospices ont découverts depuis la loi du 13 brumaire an 2 qui les déclare nationaux, jusqu'à l'arrêté du 7 thermidor an 11, qui les rend aux fabriques, appartiennent-ils aux hospices par le fait seul de la découverte, et sans qu'ils en aient été envoyés en possession? — 2.° Peut-on ranger parmi les domaines usurpés, et en conséquence appliquer les dispositions de la loi du 4 ventôse an 9, à des biens de fabriques dont la rente a cessé, à la vérité, d'être servie à la régie, mais dont le bail ne remonte pas plus haut qu'à l'année 1786? — 3.° L'arrêté du 7 thermidor an 11, lequel met en réserve *les rentes destinées aux hospices, qui, à cette époque, ne leur auront pas encore été transportées par un transfert légal*, est-il applicable à toute espèce de rentes attribuées aux hospices, soit en payement de leurs créances sur le gouvernement, en vertu de l'arrêté du 15 brumaire an 9, soit à titre de découverte, en vertu de la loi du 4 ventôse an 9? — 4.° La décision du gouvernement du 7 nivôse an 12, qui restreint l'attribution des hospices aux rentes que leurs propres agens découvriraient, peut-elle s'appliquer aux rentes découvertes *antérieurement* par les préposés de la régie, et lorsque l'arrêté du 15 brumaire an 9 imposait à ces préposés le devoir de poursuivre la restitution de ces rentes au profit des hospices?

» Estime que la première question est clairement résolue par l'art. 1 de l'arrêté du 7 thermidor an 11, où on lit *que les biens des fabriques non aliénés, ainsi que les rentes dont elles jouissaient et dont le transfert n'a pas été fait, sont rendus à leur destination*; d'où il suit que tout immeuble ou rente provenant de fabriques, de confréries, de fondations ou de *fabriques d'anciens chapitres*, dont l'aliénation ou le transfert n'avait pas été consommé antérieurement à la promulgation des arrêtés des 7 thermidor an 11, 18 nivôse an 12, 15 ventôse et 28 messidor an 13, retourne aux fabriques et doit leur être restitué, quelles qu'aient été les démarches préliminaires des hospices pour en obtenir la jouissance; et que ces démarches leur donnent seulement le droit de répéter contre les fabriques le remboursement des frais faits pour parvenir à la découverte et à l'envoi en possession desdits biens;

» Sur la seconde question, que la loi du 4 ventôse an 9 a affecté aux hospices les rentes célées et les domaines usurpés; que l'arrêté du 27 frimaire an 11 a défini ce qu'on devait entendre par *rentes célées*; et que, s'il restait quelque doute sur l'expression de *domaines usurpés*, il serait levé par l'art. 6 de l'arrêté du 7 messidor an 9, qui autorise les hospices à poursuivre tous fermiers, locataires, concessionnaires et autres jouissant *à quelque titre que ce soit*, s'ils n'ont pas déclaré, conformément à l'art. 37 des décrets des 7 et 11 août 1790, comment et en vertu de quoi ils jouissent, et s'ils n'ont pas représenté et fait parapher leurs titres; que la date et la nature du titre sont ici indifférentes, puisque, *quel qu'il soit*, il suffit qu'il n'ait point été déclaré en exécution de la loi de 1790, qu'il ne soit point rappelé aux registres de la régie, et que le service de la rente ait été interrompu pendant les délais déterminés pour caractériser l'espèce d'usurpation qui donne ouverture au droit des hospices;

» Sur la troisième question, que l'arrêté du 7 thermidor an 11, lorsqu'il a suspendu le transfert des rentes au profit des hospices, n'a frappé que sur les capitaux de rentes servies à la régie et bien connues, qui avaient été affectées au payement de leur dette arriérée par l'arrêté du 15 brumaire an 9; suspension motivée par la circonstance où ces rentes avaient été précédemment, et par arrêté du 27 prairial an 8, affectées au rachat des rescriptions émises par la trésorerie, et qu'on avait juste raison de craindre que ces rentes ne suffissent pas à l'une et à l'autre destination; mais qu'on ne doit pas confondre ces rentes servies à la régie des domaines, connues, et qui avaient une affectation précédente, avec des rentes inconnues et souvent douteuses, auxquelles il était bien impossible de donner une affection, et qui appartiennent aux hospices par le fait seul de la découverte constatée, à moins qu'elles ne proviennent de fabriques;

» Sur la quatrième question, que l'on ne peut, dans aucun cas, attribuer aux Hospices une rente dont le service aurait été interrompu, mais qui aurait été découverte par un agent du domaine, puisque la découverte a dû être constatée sur-le-champ par une inscription aux registres de la régie; et que l'une des conditions essentielles de l'abandon d'une rente aux hospices, c'est qu'il ne s'en trouve aucune mention sur ces registres. Les préposés de la régie ne se trouvent point compris parmi les fonctionnaires publics prévus par l'art. 5 de l'arrêté du 15 brumaire an 9. Jamais on n'a entendu leur imposer le devoir de rechercher des rentes au profit des hospices, ni les dispenser de celui d'en rechercher au profit de la régie ».

La dernière décision de cet *avis* est encore fortifiée par un décret impérial du 11 janvier 1808: — « NAPOLÉON....., sur le rapport de notre ministre des finances; — vu la réclamation de l'administration des domaines, contre un arrêté du conseil de préfecture de l'Aisne, du 7 messidor an 12, qui a autorisé la commission des hospices de Château-Thierry à poursuivre devant les tribunaux détenteurs de la maison dite *la Galère*, sise en cette ville, en payement d'une rente de 300 francs, créée sur cette maison par les ci-devant religieuses Trinitaires de Cerfroit, et pour laquelle l'administration avait décerné une contrainte, et contre le jugement du tribunal de première instance de l'arrondissement de Château-Thierry, du 2 floréal an 13, qui a condamné ces détenteurs à passer titre nouvel de la rente dont il s'agit, à ladite commission des hospices, et à lui payer cinq années d'arrérages de ladite rente; — considérant que lesdits arrêt et jugement sont contraires aux dispositions de la loi du 4 ventôse an 9, et aux arrêtés et décrets du gouvernement relatifs à l'abandon aux hospices, des rentes par eux découvertes et inconnues à l'administration des domaines; — notre conseil d'Etat entendu, nous avons décrété et décrétons ce qui suit: — *Art.* 1. L'arrêté du conseil de préfecture de l'Aisne, du 7 messidor an 12, est annullé, et le jugement précité, du 2 floréal an 13, est déclaré comme non avenu; en conséquence, l'administration des domaines reprendra la possession de ladite rente de 300 francs, néanmoins sans restitution des arrérages. — 2. Notre grand-juge, ministre de la justice, et nos ministres des finances et de l'intérieur, sont chargés, chacun en ce qui le concerne, de l'exécution du présent décret ».

La loi du 4 ventôse an 9 ne s'explique pas littéralement sur les rentes que les hospices avaient anciennement constituées au profit de corporations aujourd'hui supprimées, et qui, devenues nationales par l'effet de la suppression de ces corporations, n'avaient cependant pas été perçues par la régie des domaines, ni même portées dans ses sommiers avant la publication de cette loi.

Mais il est évidemment dans son esprit de libérer les hospices de ces rentes; et c'est ce qu'a décidé, en faveur de l'administration des hospices d'Anvers, un décret impérial, du 20 juillet 1807, motivé sur ce « que l'administration des hospices, qui est débitrice desdites rentes, ne peut se les servir à elle-même; et que leur extinction procure à ces établissemens le même avantage qu'un envoi en possession ».

§. II. *Effets des remboursemens faits aux hospices, tant avant la loi du 9 fructidor an 3, qui a sursis, pour la première fois, à la vente de leurs biens autorisée par celle du 23 messidor an 2, que depuis, et jusqu'à celle du 16 vendémiaire an 5.*

I. L'arrêté du gouvernement, du 14 fructidor an 10, porte, art. 1, que « les remboursemens faits dans les caisses nationales antérieurement à la promulga tion de la loi du 9 fructidor an 3, des créances et des rentes foncières et constituées, originairement dues aux pauvres et aux Hôpitaux, sont valables ».

L'art. 2 du même arrêté veut qu'il soit « statué par l'autorité administrative sur toutes les contestations qui pourraient s'élever en matière de remboursement de créances et rentes appartenantes aux pauvres et aux Hôpitaux ».

Doit-on regarder comme valables les remboursemens qui ont été faits, avant la loi du 23 messidor an 2, non dans les caisses de l'État, mais dans celles des hospices eux-mêmes, sans l'autorisation des corps administratifs?

J'ai soutenu l'affirmative, pour les remboursemens de rentes constituées, dans un plaidoyer du 11 vendémiaire an 10, qui est rapporté dans mon *Recueil de Questions de droit*, au mot *Remboursement*; et le gouvernement a consacré cette opinion, même pour les remboursemens de rentes foncières, par un arrêté du 22 ventôse an 12, qui est ainsi conçu:

« Le gouvernement de la république, sur le rapport du ministre de l'intérieur; — Vu les arrêtés du conseil de préfecture du département du Lot, des 21 et 24 floréal an 11, qui annullent les remboursemens faits en 1793 à l'hospice de Martel, par les cit. Montel et Gramat, des rentes dues par eux à cet établissement, motivé sur ce que le montant desdits remboursemens n'a pas été versé dans les caisses nationales, mais dans celles de l'hospice, sans l'autorisation voulue par l'art. 7 du tit. 4 de la loi du 5 novembre 1790; — Vu l'arrêté du 4 fructidor an 10, portant que les remboursemens faits dans les caisses nationales antérieurement à la loi du 9 fructidor an 3, des créances et des rentes foncières et constituées dues aux pauvres et aux hospices, sont valables; — Considérant que cette disposition de l'arrêté a eu pour principal objet d'arrêter sur le passé un retour et des recherches trop reculées, et à la fois contraires aux vues du gouvernement et à la tranquillité des familles; et que son application aux remboursemens qui ont été effectués dans les caisses mêmes des hospices, et qui ont servi à pourvoir à leurs besoins est conforme au but et à l'esprit dans lequel a été pris l'arrêté précité; — Le conseil d'État entendu, arrête ce qui suit: — Art. 1. Les arrêtés du conseil de préfecture du département du Lot, l'un du 21 floréal an 11, qui déclare nul le remboursement fait le 24 août 1793, devant Cluzeau, notaire, par le cit. Montel, officier de santé, d'une somme de 1,423 livres, entre les mains des administrateurs de l'hospice de Martel; l'autre, le 24 du même mois de floréal, qui déclare nul le versement fait par le cit. Barthélemi Gramat, le 25 août 1793, de la somme de 540 livres entre les mains des administrateurs du même hospice, sont annullés ».

II. A l'égard des remboursemens postérieurs à la loi du 9 fructidor an 3, mais antérieurs à celle du 16 vendémiaire an 5, voici ce que décide un avis du conseil d'Etat du 21 ventôse an 13, approuvé par l'Empereur le 23 du même mois:

« Le conseil d'État qui, d'après le renvoi de sa majesté l'Empereur, a entendu le rapport des section des finances et de législation sur celui du grand-juge ministre de la justice, relatif à la question de savoir si, d'après le décret impérial du 7 messidor an 12, il y a lieu de confirmer tous les remboursemens de sommes dues aux hospices, qui ont été faits dans les caisses nationales antérieurement à la loi du 16 vendémiaire an 5, quoique depuis la publication de la loi du 9 fructidor an 3; — Considérant que la raison de douter sur cette question, se tire de la disposition d'un arrêté du gouvernement, rendu sur le rapport du ministre de l'intérieur, le 24 ventôse an 12, par lequel a été déclaré nul le remboursement fait dans une caisse nationale par le sieur Judicis, postérieurement à la loi du 9 fructidor an 3, d'une créance due à l'hospice de Martel, département du Lot; que, dans une circulaire adressée aux préfets, cette décision a été annoncée comme consacrant en principe qu'à partir du 9 fructidor an 3, la loi du 23 messidor an 2 s'est trouvée paralysée dans son exécution, tant à l'égard des biens qu'à l'égard de toutes autres ressources faisant partie de la dotation des hospices; et que dès-lors, les établissemens d'humanité ont dû jouir, comme les autres citoyens, du bénéfice de la loi du 25 messidor an 3, qui suspend la faculté de rembourser; — Considérant qu'on ne peut établir qu'une jurisprudence erronée, toutes les fois que l'on veut déduire des principes généraux de décisions qui ne statuent que sur des cas particuliers; que, par conséquent, ce n'est point par des inductions tirées, soit de l'arrêté du 24 ventôse an 12, soit du décret impérial du 7 messidor suivant, mais par le texte et l'esprit des lois rendues sur la matière, que la question présentée dans le rapport du grand-juge ministre de la justice, doit être résolue; — Considérant que la loi du 23 messidor an 2 avait déclaré tout l'actif des Hôpitaux et établissemens de bienfaisance réuni au domaine national, pour être administré et vendu comme les autres domaines nationaux; que la loi du 9 fructidor an 3 n'a prononcé autre chose que la suspension de la vente des biens provenant des hospices, comme elle aurait pu suspendre celle de toute autre classe de domaines nationaux; que, par cette loi, ni les immeubles, ni les créances actives des hospices, n'ont cessé de faire partie de la propriété nationale; que, quand on étendrait à l'une et à l'autre espèce la dénomination générique *biens*, la nation n'avait fait que s'interdire à elle-même la faculté de les mettre hors de sa main *par vente*; que la loi du 25 messidor an 3 n'a suspendu la faculté de rembourser qu'entre particuliers, et non vis-à-vis de la nation; que la république n'a cessé d'exercer tous les droits ci-devant appartenant aux hospices que par la loi du 16 vendémiaire an 5, qui leur a rendu la pleine administration de leurs biens et revenus, pour être gérés, sous la surveillance qu'elle a établie, par ses commissaires administrateurs; — Est d'avis qu'il y a lieu de déclarer que tous remboursemens de rentes ou obligations contractées au profit d'établissemens de bienfaisance, ont pu être valablement faits à la république, dans l'intervalle qui s'est écoulé entre les lois des 25 messidor an 3 et 16 vendémiaire an 5 ».

§. III. *Les hospices peuvent-ils, en vertu de la loi*

du 4 ventôse an 9, se faire payer les rentes dues à l'État, et dont l'État ne cessait de jouir à cette époque, que parce qu'elles avaient été, comme seigneuriales, frappées de suppression par la loi du 17 juillet 1793 ?

Non. *V.* l'arrêté du gouvernement, du 9 fructidor an 11, rapporté dans mon *Recueil de Questions de droit*, au mot *Hospice*.

§. IV. *Administration des biens des hospices; formes et durée des baux; nomination, fonctions, devoirs et obligations des receveurs.*

I. La loi du 16 vendémiaire an 5 porte, art. 1, que « les administrations municipales auront la surveillance immédiate des hospices civils établis dans leur arrondissement, (et qu') elles nommeront une commission composée de cinq citoyens résidans dans le canton, qui éliront entre eux un président et choisiront un secrétaire ».

L'art. 2 de la même loi ajoute que, « dans les communes où il y a plus d'une administration municipale, cette commission sera nommée par celle du département (représentée aujourd'hui par le préfet) ».

« Chaque commission (continue l'art. 3), nommera, hors de son sein, un receveur qui lui rendra compte tous les trois mois; elle remettra ce compte à l'administration municipale, qui l'adressera, dans la décade, avec son avis, à l'administration centrale (aujourd'hui au préfet) du département, pour être approuvé, s'il y a lieu ».

La loi du 16 messidor an 7 donne à ces dispositions des développemens qu'il importe de connaître. Après avoir, par ses deux premiers articles, confirmé les art. 1 et 2 de la loi du 16 vendémiaire an 5, elle ajoute :

« *Art.* 3. La nomination des commissions administratives, faites par les administrations municipales, sera soumise à l'approbation de l'administration centrale. Les contestations qui s'élèveraient à ce sujet, seront décidées par le ministre de l'intérieur. — La nomination desdites commissions, faites par les administrations centrales, conformément à l'article précédent, sera soumise à son approbation.

» 4. Les membres des commissions administratives sont renouvelés aux mêmes époques et dans la même proportion que les administrations municipales : ils peuvent être continués indéfiniment. — Ce renouvellement aura lieu dans la première décade après l'installation des administrations centrales.

» 5. Toute destitution prononcée contre un ou plusieurs membres de ces commissions, n'aura son effet qu'autant qu'elle sera approuvée par l'administration centrale, et confirmée par le ministre de l'intérieur. —Jusque-là, il ne pourra être procédé à aucun remplacement.

» 6. Les commissions sont exclusivement chargées de la gestion des biens, de l'administration intérieure, de l'admission et du renvoi des indigens.

» 7. Les employés des hospices seront à la nomination des commissions; ils pourront être remplacés par elles.

» 8. Tout marché pour fourniture d'alimens, ou autres objets nécessaires aux hospices civils, sera adjugé au rabais dans une séance publique de la commission, en présence de la majorité des membres, après affiches mises un mois avant la publication, à peine de nullité. L'adjudicataire fournira le cautionnement qui sera déterminé dans le cahier des charges. Le marché n'aura son exécution qu'après avoir été approuvé par l'autorité qui a la surveillance immédiate.

» 9. Les comptes à rendre par le receveur aux commissions, seront transmis par elles dans le délai de trois décades, avec leur avis, à l'administration qui exerce la surveillance immédiate. — Les commissions rendront elles-mêmes, à cette administration, compte de leur gestion tous les trois mois.

» 10. Tout arrêté pris par les commissions, sera adressé, dans la décade, à l'administration exerçant la surveillance immédiate.

» 11. Ceux relatifs à la partie du service journalier, auront leur exécution provisoire.

» 12. L'administration qui a la surveillance immédiate, statuera sur tous les arrêtés soumis à son approbation dans le délai de deux mois.

» 13. Le directoire fera introduire dans les hospices, des travaux convenables à l'âge et aux infirmités de ceux qui y sont entretenus.

» 14. Les deux tiers du produit du travail seront versés dans la caisse des hospices; le tiers restant sera remis en entier aux indigens, soit chaque décadi, soit à la sortie, suivant les réglemens qui seront faits par les commissions administratives ».

L'article suivant est relatif aux baux des biens des hospices. *V.* sur cette matière, *Bail*, §. 18, et *Ferme* (*Bail à*).

II. La nomination des receveurs des hospices est déléguée, comme on l'a vu plus haut, par la loi du 16 vendémiaire an 5, aux commissions administratives de ces établissemens.

Ceux de ces receveurs qui n'exercent pas gratuitement leurs fonctions sont assujettis à un cautionnement. Voici ce que porte à ce sujet l'arrêté du gouvernement du 16 germinal an 12 :

« *Art.* 1. Les receveurs des Hôpitaux et autres établissemens de charité, qui reçoivent des appointemens ou taxations, fourniront, sur la fixation qui en sera arrêtée par les préfets, un cautionnement en numéraire, qui ne pourra excéder le douzième des diverses parties de recettes qui leur sont confiées, et ne pourra être au-dessous de 500 f. — Ces cautionnemens seront versés dans la caisse du mont-de-piété de la ville où est l'hospice; et, s'il n'y a pas de mont-de-piété dans la ville, dans celle d'un des monts-de-piété du département indiqué par le préfet; ou, s'il n'y a pas de mont-de-piété dans le département, dans la caisse du mont-de-piété des Hôpitaux de Paris. — Les monts-de-piété dans la caisse desquels les fonds seront versés, en payeront chaque année l'intérêt, au taux moyen des emprunts faits dans l'année par chaque établissement. — Ils seront tenus de justifier, dans un mois, aux préfets de leurs départemens, de l'exécution de cette disposition; faute de quoi ils pourront être remplacés.

» 2. Chaque administration de mont-de-piété transmettra dans trois mois, au ministre de l'intérieur, l'état des cautionnemens versés dans sa caisse en vertu de l'article précédent; et elle ne pourra en rembourser le montant qu'en vertu d'une décision spéciale du ministre, si ce n'est en cas de mort ou démission du receveur, et après reddition et approbation de ses comptes devant et par qui de droit.

» 3. S'il s'établit un mont-de-piété dans une ville ou dans un département dont les receveurs des hospices auraient versé les fonds à un autre mont-de-piété, les administrateurs de ce dernier en feront faire le versement au nouvel établissement, dans lequel ils devront être déposés aux termes de l'article 1er.

» 4. Les cautionnemens ne pourront être versés en aucun cas dans les caisses des maisons de prêt tenues par des particuliers, quand elles seraient établies sous le titre de mont-de-piété, mais seulement dans les caisses des établissemens confiés à l'administration publique ».

L'arrêté du gouvernement du 19 vendémiaire an 12 détermine ainsi les devoirs des receveurs, relativement aux poursuites à exercer pour la recette et perception des revenus des hospices :

« *Art.* 1. Les receveurs des communes et les receveurs des revenus des Hôpitaux, bureaux de charité, maisons de secours et autres établissemens de bienfaisance, sous quelque dénomination qu'ils soient connus, seront tenus de faire, sous leur responsabilité respective, toutes les diligences nécessaires pour la recette et la perception desdits revenus, et pour le recouvrement des legs et donations, et autres ressources affectées au service de ces établissemens; de faire faire, contre tous les débiteurs en retard de payer, et à la requête de l'administration à laquelle ils sont attachés, les exploits, significations, poursuites et commandemens nécessaires; d'avertir les administrateurs de l'échéance des baux; d'empêcher les prescriptions; de veiller à la conservation des domaines, droits, priviléges et hypothèques, de requérir à cet effet l'inscription au bureau des hypothèques, de tous les titres qui en sont susceptibles, et de tenir registre desdites inscriptions et autres poursuites et diligences.

» 2. Pour faciliter aux receveurs l'exécution des obligations qui leur sont imposées par l'article précédent, ils pourront se faire délivrer par l'administration dont ils dépendent, une expédition en forme de tous les contrats, titres nouvels, déclarations, baux, jugemens, et autres actes concernant les domaines dont la perception leur est confiée, ou se faire remettre par tous dépositaires lesdits titres et actes, sous leur récépissé.

» 3. On fixera dans le délai de trois mois, et dans les formes établies, la somme qui devra être allouée à chaque comptable pour le travail dont il est chargé, et la responsabilité qui lui est imposée par le présent arrêté.

» 4. Chaque mois, les administrateurs s'assureront des diligences des receveurs par la vérification de leurs registres.

» 5. Seront, au surplus, lesdits receveurs soumis aux dispositions des lois relatives aux comptables des deniers publics et à leur responsabilité ».

Un décret impérial du 11 thermidor an 12 porte que « les receveurs des établissemens de charité ne pourront, dans les cas où elle ne serait point ordonnée par les tribunaux, donner main-levée des oppositions formées pour la conservation des droits des pauvres et des hospices, ni consentir aucune radiation, changement ou limitation d'inscriptions hypothécaires, qu'en vertu d'une décision spéciale du conseil de préfecture, prise sur une proposition formelle de l'administration et l'avis de comité consultatif établi près de chaque arrondissement communal, en exécution de l'arrêté du 7 messidor an 9 ».

V. Comptable, Contrainte par corps, Hypothèque et *Inscription hypothécaire.*

§. V. *Les biens des hospices sont-ils nationaux? En quel sens le sont-ils? — Est-ce au pouvoir judiciaire ou à l'autorité administrative qu'appartient la connaissance d'une demande en indemnité formée contre un hospice par un fermier de cet établissement? — Quelles sont les formalités qui doivent précéder les poursuites judiciaires contre un hospice, pour dettes? — Quel est l'effet de l'omission de ces formalités?*

Le 24 octobre 1774, les administrateurs de l'Hôpital de Chantilly, procédant avec le consentement du prince de Condé, *fondateur et dotateur dudit Hôpital et à la charge de sa ratification*, afferment, à la chaleur des enchères, au sieur André Fortier, pour le terme de neuf ans, à commencer par la récolte de 1778, *les revenus utiles seulement du marquisat de Larrey et de la baronnie de Nesle, leurs circonstances et dépendances, sans rien retenir ni réserver de ce qui appartient audit Hôpital pour par l'adjudicataire en jouir, faire et disposer pendant ledit temps de neuf années, tout ainsi que ledit Hôpital a droit d'en jouir, et que le fermier actuel en jouit ou doit jouir.*

Par un article extrait du bail, il est dit que « l'adjudicataire ne pourra prétendre aucune diminution ni indemnité pour quelque cause ou prétexte que ce soit, cas prévus ou non prévus, grêles, gelées, sécheresse, stérilité, famine, défaut d'énonciation de choses ou droits, manque de mesure des terres ou prés, droits non payés en tout ou en partie, quoique le fond soit ou non contesté, les administrateurs n'entendant affermer que les droits qui appartiennent et dépendent desdites terres; et au cas qu'il y ait des contestations pour lesdits droits, l'adjudicataire en avertira les administrateurs, pour être pourvu à leur conservation et faire ce qui sera nécessaire ».

Un autre article porte que, « s'il survient des contestations entre l'adjudicataire, les administrateurs et autres sur les clauses et exécutions du présent bail, l'adjudicataire sera tenu de s'en rapporter au conseil de M. le prince de Condé ».

Le 26 novembre suivant, le prince de Condé donne son approbation à ce bail.

En 1776, un procès s'élève entre la commune de Poinson et vingt-sept particuliers qui, depuis vingt et quelques années, s'étaient mis en possession et avaient fait le défrichement d'une montagne contenant 491 journaux, et située entre les biens communaux de ce village et les bois de Larrey. La commune réclame cette montagne comme faisant partie de ses propriétés communales. Les vingt-sept particuliers soutiennent qu'elle n'y a aucun droit. — Une sentence de la justice de Larrey, du 26 février 1779, déclare la commune non-recevable.

La commune de Poinson appelle de cette sentence au bailliage de Châtillon-sur-Seine. Le prince de Condé et les administrateurs de l'Hôpital de Chantilly interviennent sur cet appel, et réclament la montagne litigieuse, comme faisant partie du domaine du marquisat de Larrey. — Dans l'intervalle, les vingt-sept particuliers détenteurs de la montagne avaient reconnu qu'effectivement elle en faisait partie; et en conséquence, dès 1778, les administrateurs de l'Hôpital leur avaient acensé, moyennant un droit de tierce ou champart et 15 à 20 sous de cens par arpent, les différentes portions qu'ils en avaient respectivement défrichées et mises en valeur.

Le 15 mars 1780, sentence du bailliage de Châtillon-sur-Seine, qui reçoit le prince de Condé et les administrateurs de l'Hôpital parties intervenantes; leur donne acte de la déclaration qu'ils ont faite dans l'instance, de prendre le fait et cause des intimés; et statuant sur l'appel de la commune, dit qu'il a été bien jugé.

La commune se rend encore appelante de cette sentence au parlement de Dijon. Mais par arrêt du 2 janvier 1781, l'appellation est, par défaut, mise au néant; et cet arrêt, faute d'opposition, demeure définitif.

Quelques années après, le sieur Fortier est poursuivi par les administrateurs de l'Hôpital, comme débiteur de fermages arriérés. Il soutient ne rien devoir, et prétend au contraire qu'une indemnité lui est due à raison de la non-jouissance des 491 journaux de terre aliénés en 1778 par baux à cens, au préjudice de son bail.

Par sentence du 17 juillet 1787, le bailliage de Châtillon-sur-Seine déclare que les fermages dus par le sieur Fortier, s'élèvent à 208,062 livres; qu'à compte de cette somme il a payé 207,438 liv. 13 s.; qu'ainsi il redoit 623 livres 7 sous. — « Prononçant ensuite sur la demande dudit sieur Fortier en indemnité de la non-jouissance des terrains acensés, condamne l'Hôpital à l'indemniser, à dire d'experts, de cette non-jouissance, à compter du 2 janvier 1781, jour de l'arrêt qui a maintenu l'Hôpital dans la propriété de ces terrains ».

Les administrateurs appellent de cette sentence, en tant qu'elle les condamne à indemniser le sieur Fortier; et le sieur Fortier en appelle aussi incidemment en ce qu'elle ne lui adjuge d'indemnité qu'à compter du 2 janvier 1781.

La cause portée par ces deux appels au parlement de Dijon, y reste indécise. — Le 13 pluviôse an 11, le sieur Fortier en reprend les erremens devant la cour d'appel de la même ville.

Le 1.er germinal suivant, arrêt qui, avant faire droit, ordonne que, dans le mois, les administrateurs rapporteront l'autorisation qu'ils ont dû obtenir du conseil de préfecture du département de l'Oise, tant pour suivre leur appel, que pour défendre à celui du sieur Fortier; sinon, que ce délai passé, et sans qu'il soit besoin d'autre jugement, il sera permis au sieur Fortier de se pourvoir lui-même pour obtenir cette autorisation.

Le mois se passe en effet sans que les administrateurs se fassent autoriser; et le sieur Fortier obtient, à leur défaut, l'autorisation du conseil de préfecture.

Le 8 fructidor an 11, arrêt qui, statuant sur l'appel des administrateurs, dit qu'il a été bien jugé; et statuant sur celui du sieur Fortier, réforme la sentence des premiers juges et reporte son indemnité au commencement du bail. Les motifs de cet arrêt sont — Que le bailleur doit livrer au preneur la chose louée, et l'en mettre en pleine et entière jouissance, à défaut de quoi il doit l'indemniser; — Que le bail fait à Fortier, comprend tout ce qui dépend et compose les revenus utiles; — Qu'il est constant qu'il n'a pas joui des terres réclamées, quoiqu'elles fissent partie des objets compris au bail, puisque les administrateurs en ont disposé par l'aliénation qu'ils ont faite; — Que cette aliénation étant l'acte le plus caractéristique de la propriété, il suit évidemment que, Fortier a été évincé de la jouissance des terres par le fait de ses bailleurs; — Que les administrateurs objectent en vain que Fortier a eu connaissance de ces acensemens, et que, ne s'y étant pas opposé, il est non-recevable à s'en plaindre; — Que cette allégation des administrateurs n'est pas exacte, et que la conséquence qu'ils en tirent est fausse; qu'en effet, Fortier n'a eu connaissance des acensemens que plus d'un an après qu'ils ont été faits; mais, eût-il connu ces acensemens, il ne pouvait ni s'y opposer, ni les empêcher; il n'avait d'autre droit que celui qu'il exerce aujourd'hui, de réclamer l'indemnité qui lui est due pour sa non-jouissance; — Que les administrateurs soutiennent encore inutilement que Fortier s'est contenté des cens et de la tierce affectés sur les terrains en question par les actes d'acensement, et que la jouissance lui en a été plus utile que la culture même de ces terres; — Qu'ils ne rapportent effectivement aucune preuve de ce fait quant aux cens, et Fortier l'a toujours dénié, à l'exception néanmoins de 25 francs pour un droit de moulin à vent qu'il est convenu avoir reçu; — Qu'à l'égard de la tierce, il l'a perçue, et il en est toujours convenu, sur celles de ces terres situées sur le finage de Larrey qui étaient grevées d'une tierce générale; mais il prétend n'avoir rien perçu sur les terres situées sur le finage de Poinson ; — Qu'au surplus, si les administrateurs vérifient qu'il a perçu tous les cens et toutes les tierces, ce sera une compensation à faire avec ses dommages-intérêts, lors de l'expertise qui aura lieu pour les estimer; — Que ces allégations écartées, il demeure démontré que les administrateurs ont disposé en 1778 d'objets qu'ils avaient affermés à Fortier en 1774 ; qu'ainsi il lui est dû une indemnité pour cette non-jouissance ; — Que l'indemnité n'étant que le remplacement de la jouissance, elle doit avoir lieu pendant tout le temps de la non-jouissance; que c'est ce qu'exprime bien clairement la loi 24, D. *locati conducti*, et ce qu'enseigne Domat, *lois civiles*, liv. 1, tit. 4, sect. 6 ; — Que c'est depuis les acensemens faits par l'hospice, que Fortier a été troublé; qu'il doit donc être indemnisé à compter de ces accensemens.

Les administrateurs de l'hospice de Chantilly se pourvoient contre cet arrêt en règlement de juges, et subsidiairement en cassation. — Ils soutiennent que la cour d'appel de Dijon a entrepris, en jugeant cette affaire, sur les attributions du conseil de préfecture, à qui la loi du 28 pluviôse an 8 délègue la connaissance du *contentieux des domaines nationaux ;* qu'en effet, on doit ranger dans la classe des domaines nationaux, les biens dont le gouvernement abandonne la jouissance aux hospices; que d'ailleurs les accensemens faits en 1778 par le bureau de l'Hôpital de Chantilly étaient des actes administratifs; et qu'il n'appartenait pas aux tribunaux d'*apprécier* des actes de cette nature; que la cour d'appel de Dijon a donc violé la loi du 5 novembre 1790, celle du 28 pluviôse an 8, et les principes consacrés par l'arrêté des consuls du 5 fructidor an 9; — Mais qu'elle a fait plus encore, et qu'au fond elle a foulé aux pieds la loi que les parties s'étaient imposée à elles-mêmes par les clauses du bail de 1774; — Qu'en un mot, il y a lieu, en statuant par règlement de juges, d'annuller d'emblée l'arrêt du 8 fructidor an 11 et de renvoyer les parties devant l'autorité administrative; ou qu'au moins, c'est le cas d'admettre la requête des administrateurs comme demande en cassation.

Le 22 messidor an 12, arrêt de la cour des requêtes, par lequel, « attendu qu'il résulterait seulement des moyens que peut présenter l'affaire, que les règles prescrites par la loi du 5 novembre 1790 pour les actions à intenter contre la république n'auraient pas été observées, et qu'en supposant que cette inobservation pût entraîner l'annullation de l'arrêt attaqué, ce ne pourrait être que par voie de cassation, et non pas par règlement de juges; la cour rejette la demande en règlement de juges formée par les administrateurs de l'Hôpital de Chantilly ; mais faisant droit sur la demande en cassation de l'arrêt de la cour d'appel de Dijon du 8 fructidor an 11, admet le mémoire, et permet aux administrateurs citer André Fortier ».

La cause est en conséquence portée à la section civile.

« Les moyens de cassation qui vous sont proposés par les administrateurs de l'hospice de Chantilly (ai-je dit à l'audience de cette section, le 22 prairial an 13), présentent à votre examen trois questions principales: 1.º la cour d'appel de Dijon a-t-elle jugé compétemment ? — 2.º A-t-elle jugé régulièrement? 3.º A-t-elle jugé conformément à la loi du contrat?

» La première question est déjà préjugée pour l'affirmative, par l'arrêt de la section des requêtes du 22 messidor an 12 ; cependant nous la regarderons comme encore entière, et nous la discuterons de nouveau comme telle.

» Sur quoi les administrateurs de l'hospice de Chantilly fondent-ils la prétendue incompétence de la cour d'appel de Dijon ? Sur trois moyens. — Premièrement, disent-ils, le bail à ferme du 24 octobre 1774 et les baux à cens de 1778 sont des actes de pure administration; et sous ce rapport il n'y avait que l'autorité administrative qui pût connaître des différends auxquels ils ont donné lieu entre les parties. — Secondement, par une clause expresse du bail de 1774, les parties s'étaient soumises, pour toutes les contestations qui pouvaient en naître, au jugement du conseil du ci-devant prince de Condé; ce conseil à la vérité n'existe plus ; mais il est nécessairement remplacé par l'administration supérieure du département dans lequel est situé l'hospice de Chantilly. — Troisièmement, les biens affectés aux hospices, n'appartiennent pas à ces établissemens; ce sont de vrais domaines nationaux; et il est notoire que les fermiers des domaines nationaux ne peuvent obtenir que de l'autorité administrative, les indemnités qu'ils prétendent leur être dues pour défaut de jouissance. — Reprenons successivement chacun de ces moyens.

» Le bail à ferme de 1774 et les baux à cens de 1778 sont des actes de pure administration: oui, mais de quelle administration ? Bien certainement ils n'ont aucun rapport avec l'administration générale de l'Etat. Ce ne sont donc que des actes d'administration particulière, et en quelque sorte domestique. Or, où est-il écrit que de pareils actes sont hors de la juridiction des tribunaux? Et où n'est-il pas écrit, au contraire, qu'aux tribunaux seuls en appartient la connaissance ? Qu'un simple citoyen fasse un bail de son domaine, ce sera assurément de sa part un acte d'administration; cependant qui est-ce qui oserait contester au pouvoir judiciaire le droit de prononcer sur les difficultés résultantes de ce bail ? — A la place d'un simple citoyen, mettons un corps de communauté d'habitans; ce sera encore la même chose. Les communes ne sont dans l'Etat que des êtres moraux; elles ont bien quelques priviléges, comme en ont aussi les pupilles, les mineurs, les femmes mariées ; mais si dans l'administration de leurs biens, elles font quelques actes qui occasionnent des procès, elles seront, pour raison de ces actes, justiciables des tribunaux, ni plus ni moins que les femmes mariées, les mineurs et les pupilles. — La commune d'Anoud, département des Vosges, avait, par une délibération du 21 frimaire an 10, concédé à Georges Vincent le droit de faire dériver de son héritage, les eaux d'un pâtis communal que Joseph Valderey était en possession immémoriale de faire dériver sur le sien. Joseph Valderey s'était pourvu en complainte contre Georges Vincent, un jugement en dernier ressort du tribunal civil de Saint-Dié l'avait renvoyé à se pourvoir devant l'autorité administrative, sous le prétexte que la concession faite par la commune d'Anoud à Georges Vincent, *constituait véritablement un acte administratif, dont la réformation ne pouvait appartenir à l'autorité judiciaire.* Mais ce jugement vous ayant été dénoncé, vous l'avez cassé sans la moindre hésitation, par arrêt du 16 prairial an 12, au rapport de M. Vergès.

» Et pourquoi n'en serait-il pas, à cet égard, des hospices comme des communes? Les hospices ne sont-ils pas aux hospices, ce que la partie est au tout? les hospices ne sont-ils pas dans les communes, comme les communes elles-mêmes sont dans l'Etat? Eh! ne voyons-nous pas tous les jours, les hospices plaider dans les tribunaux, comme les communes, comme les particuliers? Ne les y voyons-nous pas plaider sur les actes que leurs administrateurs ont faits, soit pour la règle, soit pour la disposition de leurs biens? Le 28 messidor an 4, les administrateurs de l'hospice de Pazay avaient reçu de Jacques Brigaud le remboursement d'une rente qu'il devait à cet établissement. Lésé par ce remboursement qui avait été fait en mandats territoriaux, l'hospice en demanda la moitié, le 17 germinal an 5. Mais devant qui la demanda-t-il? devant l'autorité administrative? Point du tout. Il la demande devant les tribunaux; et un jugement en dernier ressort ayant accueilli sa réclamation, vous avez cassé ce jugement, le 11 vendémiaire an 10, au rapport de M. Delacoste, non pas comme rendu incompétemment (1), mais comme ayant violé au fond les lois relatives aux remboursemens en papier-monnaie.

» Qu'importe au surplus que, dans notre espèce, le bail de 1774 renfermât une clause de soumission au jugement du conseil du ci-devant prince de Condé? cette classe n'était qu'un compromis par lequel le conseil du ci-devant prince de Condé était constitué arbitre des contestations à naître entre l'hospice de Chantilly et le sieur Fortier; et non-seulement il était libre aux deux parties de résilier ce compromis, comme en effet elles l'ont résilié en plaidant l'une contre l'autre au bailliage de Châtillon-sur-Seine, même pendant qu'existait encore le conseil du ci-devant prince de Condé; mais il leur est devenu depuis impossible de l'exécuter, puisque ce conseil a cessé d'exister du moment où son chef a été rayé de la liste des citoyens français.

» Sans doute, la qualité de premier surveillant, d'administrateur en chef de l'hospice de Chantilly, a passé, dans le nouvel ordre des choses, de la tête du ci-devant prince de Condé sur celle de l'autorité administrative? Mais que peut-on raisonnablement inférer de là? rien autre chose si ce n'est que les parties auraient pu continuer à l'autorité administrative, le compromis qu'elles avaient passé au ci-devant prince de Condé dans la personne de son conseil. Mais ce compromis ne pouvait pas être plus obligatoire pour elles envers l'autorité administrative, qu'il ne l'avait été envers le ci-devant prince de Condé. Elles ont eu le droit de ne pas l'exécuter envers l'une, comme elles avaient eu le droit de ne pas l'exercer envers l'autre. Elles ont donc pu plaider à la cour d'appel de Dijon, depuis que l'autorité administrative était devenue la surveillante légale de l'hospice de Chantilly, comme elles avaient pu plaider au bailliage de Chantilly, pendant que l'Hospice de Chantilly était encore sous la surveillance du ci-devant prince de Condé.

» Pour soutenir le contraire comme ils le font, les administrateurs de l'hospice de Chantilly sentent bien qu'il leur faut aller plus loin: ils sentent bien qu'il faut qu'ils aillent jusqu'à prétendre que tous les hospices sans distinction ont, dans l'Etat, une existence toute différente de celle des communes dont ils font partie. Aussi n'y manquent-ils pas, et ils ne craignent pas de vous dire que les hospices ne font qu'un avec la nation; que leurs biens sont, à tous égards, nationaux; et qu'à tous égards, les actions qui les concernent, doivent suivre le même cours que les actions dans lesquelles la nation est partie par l'organe du gouvernement.

» Mais ce sont là des paradoxes, et rien de plus. Dans tous les temps, les hospices ont été considérés dans l'Etat comme des corporations qui tenaient, à la vérité, leur existence de la volonté du souverain, mais qui, une fois admises et reconnues par le souverain même, possédaient, administraient et plaidaient comme de simples particuliers. — C'est ce que prouve bien clairement l'ordonnance de 1667, lorsqu'elle dit, tit. 2, art. 12, que *l'Hôtel-Dieu, le grand Bureau des pauvres, l'Hôpital-Général de Paris et autres personnes et communautés qui ont droit de plaider en première instance dans les cours de parlement, pourront y faire donner les assignations sans arrêt ni commission de chancellerie.* — C'est ce que prouve encore la même ordonnance, quand elle déclare, art. 35, tit. 7, que les *Hôpitaux et les communautés tant laïques qu'ecclésiastiques, séculières et régulières, auront un an pour obtenir et faire signifier les requêtes civiles, à compter du jour des significations qui leur auront été faites au lieu ordinaire des bureaux des Hôpitaux, ou aux syndics et procureurs des communautés.* — C'est ce que prouve enfin la déclaration du 12 décembre 1698, lorsqu'après avoir déterminé la composition des bureaux d'administration des Hôpitaux, elle veut, art. 12, qu'*il ne puisse être entrepris aucun bâtiment ni ouvrage nouveau, intenté ni soutenu* AUCUN PROCÈS, *fait aucun emprunt ni acquisition, sans une délibération préalable prise dans l'assemblée générale.*

» Cet état des choses est-il changé? il ne pourrait l'avoir été que par des dispositions bien expresses; car la loi du 21 septembre 1792 ordonne formellement l'exécution de toutes les lois non abrogées jusqu'alors. — Or, quel changement nos lois nouvelles ont-elles opéré dans l'ancienne manière d'exister des Hôpitaux? elles ne l'ont changée qu'en un seul point: c'est qu'elles ont placé les Hôpi-

(1) Il aurait fallu le casser comme tel, s'il eût été rendu depuis l'arrêté du gouvernement du 14 fructidor an 10. V. ci-devant, §. 2.

taux sous la surveillance immédiate des municipalités; et qu'elles les ont subordonnées, pour certains objets, aux administrations supérieures, comme les municipalités le sont elles-mêmes.

» La loi du 5 novembre 1790 a commencé ce changement, et il a été complété par celles des 16 vendémiaire an 5 et 16 messidor an 7.

» La première de ces lois contient sur les Hôpitaux trois articles exprès, le 1.er, le 13.e et le 14e.

» Voici comment est conçu le premier : « L'assemblée nationale décrète qu'elle entend par biens » nationaux, 1.° tous les domaines de la couronne; » 2.° tous les biens des apanages; 3.° tous les biens » du clergé; 4.° tous les biens des séminaires diocé» sains. L'assemblée *ajourne ce qui concerne*, 1.° les » biens des fabriques; 2.° les biens des fondations » établies dans les églises paroissiales; 3.° les biens » des colléges; 4.° *les biens des Hôpitaux*, maisons » de charité et autres établissemens destinés au sou» lagement des pauvres ». — Que signifie cet ajournement? une chose bien simple: c'est que les biens des Hôpitaux pourraient être, si le législateur le jugeait à propos, rangés dans la classe des propriétés nationales; mais que le législateur ne croit pas devoir encore les y ranger effectivement, qu'il les laisse dans leur ancien état; que par conséquent, ces biens doivent toujours être regardés comme des propriétés distinctes du domaine national; et que les Hôpitaux doivent continuer de les posséder, de les régir, de les administrer, comme ils les ont possédés, régis et administrés de tout temps, c'est-à-dire, en leur qualité de corporations autorisées par la volonté souveraine, et, à ce titre, capables d'intenter et de soutenir en justice tous les procès que pourra occasionner, soit la propriété, soit la régie et administration de ces mêmes biens.

Et voilà pourquoi l'art. 12 de cette loi ordonne que provisoirement l'administration des Hôpitaux restera dans les mains de ceux à qui elle a été confiée jusqu'à présent. — Voilà pourquoi aussi l'art. 14 porte que les administrations des biens des Hôpitaux « Seront tenues, jusqu'à ce qu'il y ait été » autrement pourvu, de rendre leurs comptes tous » les ans, en présence du conseil-général de la com» mune, ou de ceux de ses membres qu'il voudra » déléguer, pour être vérifiés par le directoire de » district, et arrêtés par celui du département ».

» C'est dans le même esprit que, par l'art. 1.er de la loi du 16 vendémiaire an 5, il est dit que « les » administrations municipales auront la surveil» lance immédiate des hospices civils établis dans » leurs arrondissemens »....

» Enfin, c'est pour mettre le dernier trait à cette partie de la législation, qu'a été faite la loi du 16 messidor an 7.

» Dans toutes ces dispositions, il n'y a évidemment rien qui déroge aux anciens principes d'après lesquels les Hôpitaux étaient réputés corporations, et, comme tels, capables d'agir et d'être actionnés en justice, non par l'organe et dans la personne des agens chargés d'intenter et de soutenir les procès qui intéressent directement la nation, mais par l'organe et dans la personne de leurs propres administrateurs. Donc ces anciens principes n'ont reçu, des lois nouvelles, aucune espèce d'atteinte. Donc ils subsistent encore. Donc l'hospice de Chantilly a pu agir en justice contre le sieur Fortier, comme le sieur Fortier a pu agir lui-même en justice contre l'hospice de Chantilly. Donc la cour d'appel de Dijon n'a pas dû se déclarer incompétente ni renvoyer les parties devant l'autorité administrative.

» Il n'y aurait qu'un moyen de renverser ces conséquences : ce serait de prouver que les biens des hospices sont véritablement nationaux, et que les hospices ne les possèdent qu'au nom de la nation. Mais comment parviendra-t-on à le prouver?

» Les biens des hospices sont sans doute nationaux, en ce sens que la nation peut se les approprier et en disposer, comme elle l'a fait (pour un temps qui n'a pas été de longue durée), par l'organe de la convention nationale. — Mais dans ce sens, les biens du clergé étaient aussi nationaux avant la loi du 2 novembre 1789; et cependant alors le clergé les possédait comme siens, il les administrait comme siens, il les revendiquait ou les défendait en justice comme siens. — Dans ce sens, les biens des Hôpitaux eux-mêmes étaient déjà nationaux à la même époque; et cependant alors aussi les Hôpitaux en étaient généralement réputés propriétaires; alors aussi les Hôpitaux les administraient en leur nom; alors aussi les Hôpitaux intentaient et soutenaient en justice toutes les contestations auxquelles la propriété et la jouissance de ces biens pouvaient donner lieu.

» Mais certes, les biens des hospices ne sont pas aujourd'hui considérés comme nationaux, à l'effet que les hospices ne soient capables ni de les administrer en leur nom, ni d'agir ou d'être actionnés en justice contre et par les particuliers qui peuvent y prétendre quelque droit; et non-seulement il n'y a aucune loi qui leur imprime ce caractère spécial de *nationalité*, mais il y en a une qui le leur dénie quant à présent: c'est la loi du 5 novembre 1790, dont l'art. 1.er ajourne indéfiniment la question de savoir si les biens des hospices seront mis au nombre des propriétés nationales.

» Aussi avez-vous jugé formellement, par l'arrêt déjà cité du 11 vendémiaire an 10, que les lois relatives au remboursement des rentes dues à la nation, n'avaient pas pu être appliquées par le tribunal civil du département de la Côte-d'Or, au remboursement que Jacques Brigand avait fait en messidor an 4, d'une rente constituée dont il était redevable à l'hospice de Pazay; et vous avez cassé le jugement de ce tribunal, *attendu*, entre autres motifs, que *les rentes dues aux Hôpitaux ne pouvaient être, à l'époque de messidor an 4, considérées comme biens nationaux proprement dits.*

(1) *V.* ci-devant, §. 54.

» Mais, dit-on, il existe deux lettres des ministres de la justice et de l'intérieur, l'une sans date, l'autre du 2 prairial an 8, qui déclarent *illégales* les poursuites exercées dans les tribunaux contre les hospices, *pour le payement des dettes de ces établissemens;* et c'est sur ce fondement que, par un arrêté du 11 messidor an 12, le préfet du département de la Côte-d'Or a élevé un conflit d'attributions, *relativement à la saisie judiciaire faite sur les biens de l'hospice de Chantilly, situés à Larrey, à la requête du sieur Fortier, en vertu d'un jugement rendu à son profit par le tribunal d'appel séant à Dijon.* — Ici, MM., les demandeurs confondent des choses, qu'il est pourtant bien facile de distinguer; ils confondent le droit d'actionner en justice un Hôpital, avec les formalités qui doivent précéder l'exercice de ce droit; ils confondent la manière d'exécuter un jugement rendu contre un Hôpital, avec le droit de provoquer ce jugement.

» Les hospices, par cela seul qu'ils sont sous la surveillance immédiate des municipalités, participent à tous les priviléges des communes que les municipalités administrent. Ils ne sont même, à proprement parler, que des sections de ces communes, et, comme nous l'avons déjà dit, il n'y a entre eux et les communes dans lesquelles ils sont établis, d'autre différence que celle qui existe entre la partie et le tout. — Or, quoique les communes soient bien constamment sujettes à être poursuivies devant les tribunaux pour raison de leurs dettes, elles ne peuvent cependant pas y être poursuivies de fait, sans une permission préalable de l'autorité administrative de qui elles dépendent. — Quoique les communes puissent être condamnées par les tribunaux à payer les dettes qu'elles ont légitimement contractées, on ne peut cependant pas saisir leurs biens en vertu de ces condamnations. — Et d'où cela vient-il? le voici.

D'une part, le pouvoir judiciaire, quoique très-compétent pour connaître des actions intentées contre les communes par leurs créanciers, ne peut exercer sa compétence à cet égard, qu'après le préliminaire prescrit par l'édit du mois d'août 1683; et vous savez que, semblable à ce qu'a depuis ordonné la loi du 5 novembre 1790, relativement aux actions à intenter contre la nation, cet édit fait défense « aux créanciers des communautés d'in-
» tenter contre elles, en la personne des maire et
» échevins, syndics, capitouls, jurats et consuls;
» aucune action, même pour emprunts légitimes,
» qu'après qu'ils en auront obtenu la permission par
» écrit des sieurs intendans et commissaires départis
» en chacune généralité, dont ils feront donner copie
» avec l'exploit de demande, à peine de nullité de
» toutes les procédures qui pourraient être faites au
» préjudice, et des jugemens rendus en consé-
» quence ». Ainsi, nul doute qu'on ne doive considérer comme prématurée, et par conséquent illégale, toute poursuite judiciaire qui est dirigée contre une commune, et, par la même raison, aussi contre un hospice, sans la permission préalable de l'autorité qui est aujourd'hui subrogée aux intendans; et, il n'en faut pas douter, c'est là tout ce qu'ont voulu dire les ministres de la justice et de l'intérieur dans les lettres qu'on vous rapporte. — Une seule difficulté pouvait rester là-dessus à l'époque où ces lettres ont été écrites: c'était de savoir si l'édit du mois d'août 1683 était encore en vigueur. Mais cette difficulté a été levée par l'arrêté du gouvernement du 17 vendémiaire an 10: « Les consuls de la ré-
» publique (y est-il dit), vu l'édit du mois d'août
» 1683......, sur le rapport du ministre de l'inté-
» rieur, le conseil d'État entendu, arrêtent; les
» créanciers des communes ne pourront intenter
» contre elles aucune action, qu'après qu'ils en au-
» ront obtenu la permission par écrit du conseil de
» préfecture, sous les peines portées par l'édit du
» mois d'août 1683 ».

» D'un autre côté, quand les communes ont été attraites, par la permission de l'autorité administrative, devant les tribunaux compétens, et que des jugemens de condamnation y ont été rendus contre elles, ce n'est pas par la saisie de leurs biens que l'on doit procéder à l'exécution de ces jugemens; et le mode de cette exécution est entièrement réservé à l'autorité administrative. — Les biens des communes ne peuvent être aliénés qu'en vertu d'une loi spéciale; et ce serait violer ouvertement ce principe, que d'autoriser le porteur d'un jugement obtenu contre une commune, à faire saisir et vendre ses biens communaux. Aussi trouvons-nous au Journal des Audiences, un arrêt de la cour des aides de Paris, du 23 avril 1651, qui déclare nulle la saisie réelle des biens de la commune de Saint-Souplet. — Et la preuve qu'il n'appartient qu'à l'autorité administrative de déterminer, dans sa sagesse, la manière d'exécuter de pareils jugemens, cette preuve est écrite en toutes lettres dans un arrêté du gouvernement, du 11 brumaire an 11. — Par cet arrêté, le gouvernement considère qu'il n'appartient qu'à l'autorité administrative de régler la manière dont les dépenses des communes doivent être acquittées; que les tribunaux ont consommé leur pouvoir, lorsqu'ils ont prononcé des condamnations contre des communes autorisées à plaider; qu'aucune loi ne leur attribue le droit de répartir le montant des condamnations entre les habitans; et qu'enfin la loi du 10 vendémiaire an 4, tit. 5, art. 8 et 9, attribue textuellement aux municipalités la répartition, entre les habitans, des dommages et intérêts auxquels les communes ont été condamnées. En conséquence, statuant sur un conflit de juridiction élevé entre le tribunal de première instance de Fontenay et le préfet du département de la Vendée, le gouvernement déclare comme non avenues les dispositions de deux jugemens qui ordonnaient que dix des principaux habitans de la commune de Cralliers seraient tenus de faire l'avance des condamnations prononcées contre cette commune; « Et si (ajoute-t-il), pour l'exécution des
» condamnations prononcées, il y a lieu de faire

» une répartition entre les habitans, il y sera pourvu » par l'autorité administrative ».

» Telles sont les deux règles auxquelles est subordonnée la compétence des tribunaux, pour connaître des actions intentées contre les communes, et par conséquent aussi contre les hospices, par leurs créanciers; 1.° nécessité de la permission préalable de l'autorité administrative, et afin que les communes et les hospices ne soient pas exposés à des poursuites évidemment vexatoires, et afin qu'ils ne soutiennent pas contre les créanciers évidemment légitimes, des procès injustes et ruineux; 2.° attribution exclusive et spéciale à l'autorité administrative, du mode d'exécution des jugemens obtenus légalement contre les communes et les hospices par leurs créanciers.

» Ces deux règles avaient été violées dans l'espèce sur laquelle est intervenu l'arrêté du gouvernement du 9 ventôse an 10, que les demandeurs font ici valoir bien mal à propos. — La dame Tornatori avait fait assigner les administrateurs des hospices de Marseille devant le tribunal de première instance de la même ville, pour les faire condamner à lui payer les arrérages d'une rente viagère que lui devait l'un de ces établissemens; elle les y avait fait assigner directement et sans la permission préalable du conseil de préfecture : première irrégularité. — Après avoir obtenu contre eux, le 3 messidor an 9, un jugement qui les condamnait à la payer, elle avait fait pratiquer, en vertu de ce jugement, une saisie-arrêt entre les mains des locataires de maisons appartenant aux hospices : seconde irrégularité, contre laquelle les administrateurs de l'hospice avaient élevé une réclamation assurément très-bien fondée, mais qu'un deuxième jugement, du 2 vendémiaire an 10, avait proscrite. — Là-dessus, conflit de la part du préfet; et que prononce le gouvernement? « Considérant que, d'après les lois des » 16 vendémiaire an 5 et 16 messidor an 7, les » fonctions des commissaires administrateurs des » hospices civils sont de même nature que celles » des administrations municipales, *qu'elles en sont* » *une dépendance*; que les arrêtés desdits commis- » saires sont soumis à l'approbation de l'autorité ad- » ministrative, ayant la surveillance immédiate; » que, par ces motifs, les actions contre les com- » missaires administrateurs des hospices, ne peu- » vent être intentées que suivant les règles établies » pour les actions à intenter contre la république; » — Le conseil d'état entendu (les consuls) arrêtent » ce qui suit : les jugemens rendus le 3 messidor » an 9 et le 2 vendémiaire an 10, par le tribunal de » première instance séant à Marseille, au profit de » la femme Tornatori, contre les commissaires ad- » ministrateurs des hospices civils de cette com- » mune, sont considérés comme non-avenus, ainsi » que les saisies-arrêts et toutes procédures, sauf à » ladite femme Tornatori à se pourvoir devant l'au- » torité administrative ».

» Pourquoi cette réserve accordée à la femme Tornatori? Le gouvernement veut-il dire par-là que l'autorité administrative est seule compétente pour connaître de la créance réclamée par cette femme contre les hospices de Marseille? Non, il veut dire seulement que l'autorité administrative doit prendre connaissance des prétentions de cette femme, avant que celle-ci puisse les porter en justice; il veut dire seulement que les tribunaux ne pourront connaître des prétentions de cette femme, qu'après qu'elle aura obtenu de l'autorité administrative la permission de les leur soumettre. Et pour nous convaincre que c'est dans ce sens, dans ce seul sens, que l'arrêté doit être entendu, nous n'avons pas besoin de sortir de l'arrêté même. — Il est énoncé dans son préambule, que les administrations d'hospices sont une dépendance des administrations municipales; et que, *par ces motifs*, on ne peut diriger contre elles aucune action, *qu'en suivant les règles établies pour les actions à intenter contre la république*. Or, les règles pour les actions à intenter contre la république, quelles sont-elles? Nous l'avons déjà dit, elles sont les mêmes que les règles pour les actions à intenter contre les communes; car l'art. 15 du tit. 3 de la loi du 5 novembre 1790 n'a fait qu'étendre à celles-là les dispositions qu'avait consacrées pour celles-ci l'édit du mois d'août 1683. C'est donc comme si le préambule de l'arrêté disait : « Les administrations d'hos- » pices sont une dépendance des administrations » municipales; donc (*par ces motifs*), on ne peut » agir contre les hospices qu'après avoir fait ce qu'on » est tenu de faire avant d'agir contre les commu- » nes ». Mais de quelles actions à intenter contre les hospices est-il question dans le préambule de l'arrêté? Il est question uniquement des actions qui tendent à faire condamner les hospices au payement de leurs dettes. Le préambule de l'arrêté suppose donc manifestement, ou plutôt il établit en propres termes, qu'en se conformant aux règles établies pour les actions à intenter contre la république, les créanciers d'un hospice peuvent le poursuivre devant les tribunaux; et, en cela, il établit une très-grande différence entre la république et les hospices. Car la république ne peut jamais être actionnée devant les tribunaux par ses créanciers, elle ne peut jamais l'être que par ceux qui ont à revendiquer sur elle des propriétés ou des droits réels invendus; ce n'est donc que pour les formalités préalables aux poursuites judiciaires, que l'arrêté assimile les hospices à la république; il ne dit donc pas que les hospices ne seront passibles de poursuites judiciaires, que dans le cas où la république l'est elle-même; mais il dit, et rien de plus, que les hospices ne peuvent être assignés devant les tribunaux en payement de leurs dettes, qu'après l'accomplissement des préliminaires requis pour pouvoir assigner la république devant les tribunaux en délaissement d'immeubles ou de droits réputés tels, dont elle prétend avoir la propriété; il dit, et rien de plus, que les tribunaux, toujours et dans tous les cas, incompétens pour connaître d'actions personnelles à intenter contre la république, ne sont compétens pour connaître d'actions de la même nature à intenter contre les hospices, que lorsque ceux à qui appartiennent ces actions, ont observé les règles auxquelles ils seraient astreints envers la république, s'ils voulaient la poursuivre par action réelle. — Donc l'arrêté, en réservant à la femme Tornatori la faculté de se pourvoir devant l'autorité administrative, n'entend pas autre chose sinon que la femme Tornatori devra s'adresser à l'autorité administrative, avant de pouvoir de nouveau agir en justice contre les hospices de Marseille; donc il n'entend pas interdire aux tribunaux la connaissance des prétentions de la femme Tornatori après qu'elle les aura soumises à l'autorité administrative; donc c'est sans raison et contre toute apparence de raison, que les administrateurs de l'hospice de Chantilly, cherchent à induire de cet arrêté que la cour d'appel de Dijon était incompétente *ratione materiæ*, pour connaître de l'action intentée contre eux par le sieur Fortier (1).

» Mais ici se présente la seconde question de la cause : si la cour d'appel de Dijon n'était pas absolument incompétente, si elle n'était pas incompétente *ratione materiæ*, ne l'était-elle pas du moins relativement à l'état où se trouvait devant elle l'affaire qu'elle avait à juger, et en y statuant dans cet état, n'a-t-elle pas violé les règles auxquelles était subordonné l'exercice de sa compétence?

» A cet égard, il est certain que si, à l'époque où avait été rendue la sentence dont l'appel était porté devant la cour de Dijon, la législation sur les hospices eût été la même qu'à l'époque où cette cour a prononcé, cette cour n'eût pas eu d'autre parti à prendre que d'annuller la sentence elle-même et toute la procédure qui l'avait précédée.

» Dans cette hypothèse, en effet, le sieur Fortier eût dû se faire autoriser par le conseil de préfecture du département de l'Oise, pour agir en indemnité de non-jouissance contre l'hospice de Chantilly, et le défaut de cette autorisation préalable aurait lié les mains aux juges de première instance.

» Mais, vous ne l'avez pas oublié, messieurs, c'est en 1787 que les premiers juges ont été saisis de l'action du sieur Fortier, et y ont fait droit par la sentence dont l'appel a été ensuite déféré à la cour d'appel de Dijon. Or, en 1788, y avait-il une loi qui obligeât le sieur Fortier d'obtenir, préalablement à toutes poursuites judiciaires, la permission de l'autorité administrative pour actionner l'hospice de Chantilly? Non. Ce n'est qu'en vendémiaire an 5, ou si l'on veut, en novembre 1790, que les hospices ont été placés sous la surveillance immédiate des municipalités; ce n'est qu'à ces époques, que les administrations des hospices ont été déclarées n'être que des dépendances des administrations municipales; ce n'est par conséquent qu'à ces époques, qu'a pu leur être appliquée la disposition de l'édit du mois d'août 1683. — Et cela est si vrai, qu'avant ces époques, les hospices n'avaient d'autre loi sur les conditions requises de leur part pour intenter ou soutenir des procès, que l'art. 12 de la déclaration du 12 décembre 1698, lequel n'exigeait à cet effet, qu'une délibération des administrateurs, prise en assemblée générale.

(1) Depuis la prononciation de ce plaidoyer, le conseil d'état a soumis à un nouvel examen le principe consigné dans l'arrêté du 9 ventôse an 10, et il a reconnu (ce qu'avait déjà jugé l'arrêt de la section des requêtes, rapporté ci-devant, page 719), que le défaut d'accomplissement préalable des formalités prescrites par l'édit du mois d'août 1683, ne rend pas les tribunaux incompétens pour connaître des poursuites intentées contre les communes et les hospices, mais opère seulement, en faveur des hospices et des communes, une nullité que les tribunaux ont le droit et qu'il est de leur devoir de prononcer.

C'est ce qui résulte d'une foule de décrets impériaux, notamment de celui du 17 mai 1806, qui annulle un arrêté par lequel le préfet du département du Pô avait revendiqué une action intentée contre un hospice devant le tribunal civil de Turin, sans l'autorisation préalable du conseil de préfecture. En voici un autre du 23 avril 1807, qui confirme de nouveau cette maxime : « Napoléon.......... sur le rapport de notre ministre de l'intérieur; — Vu le jugement rendu le 29 avril 1806, par le tribunal de première instance séant à Bordeaux, qui prononce la mise en cause de la commission administrative des hospices de cette ville, dans une action dirigée contre le sieur Tendé, directeur de l'hospice de Bienfaisance, par le sieur Effinger, pour divers ouvrages de menuiserie par lui exécutés dans ledit hospice, et dont il réclame le payement; — Vu l'arrêté du 7 juin suivant, par lequel le préfet du département de la Gironde, élève par le conflit d'attributions et revendique l'affaire, comme étant du ressort de l'autorité administrative; — Vu notre décret du 10 brumaire an 14, relatif aux formalités à remplir pour procéder aux reconstructions ou réparations de bâtimens appartenans à des hospices ou établissemens de charité; — Vu aussi les autres pièces jointes, et notamment la délibération de la commission administrative des hospices de Bordeaux, du 1.er vendémiaire an 14, contenant acceptation de l'offre faite au nom de plusieurs personnes charitables, de pourvoir aux réparations de la chapelle, et mention que l'hospice ne supporterait que le quart des dépenses, *les trois autres quarts demeurant à la charge des personnes qui en réclament la confection*; — Considérant qu'il s'agit de salaires d'ouvriers, et que les tribunaux sont évidemment compétens en cette matière, lors même que la demande est dirigée contre une administration locale, sauf, en ce cas, la remise préalable du mémoire du demandeur pour être examiné par voie administrative avant l'introduction de l'instance; et qu'à défaut de cette remise préalable, la compétence judiciaire ne cesse point, mais que les juges peuvent, ou l'ordonner d'office, ou annuller les poursuites qui l'auraient précédée; — Qu'au surplus, et dans l'espèce particulière, le sieur Effinger poursuit le sieur Tendé comme personnellement obligé, prétention qui, bien ou mal fondée, n'offre, quant à présent, que la matière d'une contestation entre particuliers; — Notre conseil d'état entendu, nous avons décrété et décrétons ce qui suit : — *Art.* 1. L'arrêté du 7 juin 1806, par lequel le préfet de la Gironde élève le conflit d'attributions, dans la contestation d'entre le sieur Effinger, menuisier, et le sieur Tendé, directeur de l'hospice civil de Bordeaux, est annullé. — 2. Notre grand-juge, ministre de la justice, et notre ministre de l'intérieur, sont chargés, chacun en ce qui le concerne, de l'exécution du présent décret ».

V. encore le décret du 8 octobre 1808, rapporté dans le plaidoyer du 29 décembre suivant, au mot *Successions*, sect. 1, §. 2, art. 3.

» Dira-t-on qu'au moins, il n'est pas prouvé qu'une pareille délibération eût été prise avant la sentence de 1787, par les administrateurs de l'hospice de Chantilly? Mais si cela n'est pas prouvé, le contraire ne l'est pas non plus. Et peut-on présumer que les administrateurs de l'hospice de Chantilly eussent omis d'alléguer le défaut de cette autorisation devant la cour d'appel, si véritablement cette délibération n'eût pas existé? Il y a plus. Si cette délibération n'existait pas, les administrateurs de l'hospice de Chantilly chercheraient au moins à vous donner, par la production de la sentence de 1787, une preuve négative de son existence; ils vous diraient au moins, cette sentence à la main, que du silence qu'elle garde sur cette délibération, on doit conclure que cette délibération n'a jamais été prise. Eh bien! la sentence de 1787 n'est pas produite par les administrateurs; et certes, ne pas la produire, c'est reconnaître qu'elle a été rendue régulièrement. Comment en effet peut-on se flatter de vous faire juger irrégulière, une sentence qu'on ne vous met pas sous les yeux? Comment, en accusant la cour d'appel de Dijon de n'avoir pas déclaré irrégulière une sentence que l'on n'avait pas arguée devant elle d'irrégularité, peut-on espérer de vous faire accueillir une accusation aussi hasardée, tandis qu'on n'en rapporte pas le titre matériel?

» Disons donc que la sentence de 1787 a été rendue régulièrement, eu égard à la législation qui alors gouvernait les hospices, et bornons-nous à examiner si la cour de Dijon a pu, en considérant, ainsi qu'elle le devait, cette sentence comme régulière, statuer sur l'appel qui en était interjeté devant elle.

» Que fallait-il pour qu'elle pût y statuer? Il fallait, d'après les nouvelles lois, que le conseil de préfecture du département de l'Oise autorisât, soit les administrateurs de l'hospice à défendre aux poursuites dirigées contre eux devant la cour d'appel par le sieur Fortier, soit le sieur Fortier lui-même à les poursuivre devant cette cour. — Or, les demandeurs conviennent eux-mêmes, qu'avant que la cour d'appel rendît son jugement définitif, il était intervenu, sur la demande du sieur Fortier, un arrêté du conseil de préfecture du département de l'Oise, qui remplissait ce double objet. — Le sieur Fortier avait donc satisfait, en obtenant cet arrêté, et à l'édit du mois d'août 1683, qui assujettit les créanciers des communes à se munir d'une permission de l'intendant avant de se pourvoir en justice, et à l'art. 15 du titre 3 de la loi du 5 novembre 1790, d'après lequel aucune action ne peut être intentée contre la république, qu'au préalable on ne se soit adressé, par simple mémoire, à l'administration départementale, *pour donner une décision.*

» Inutile d'objecter que le sieur Fortier n'avait pas obtenu cet arrêté dès le principe de l'instance d'appel. L'instance d'appel était commencée et pendante au parlement de Dijon, long-temps avant que les nouvelles lois eussent rendu cet arrêté nécessaire. Il n'est devenu nécessaire qu'à l'époque où cette instance, interrompue depuis 1790, a été reprise par le sieur Fortier devant la cour d'appel, c'est-à-dire, en l'an 11; et certainement il a suffi, pour la régulariser, que l'autorisation précédât, comme de fait elle a précédé, le rapport à la suite duquel est intervenu le jugement définitif. C'est ainsi que par arrêt du 15 janvier 1731, rendu sur les conclusions de M. l'avocat-général Chauvelin, et rapporté dans la nouvelle édition de Denizart, au mot *Communauté d'habitans*, §. 4, n. 8, le parlement de Paris, ayant à statuer sur une affaire dans laquelle était partie une commune qui n'était pas légalement autorisée, ordonna, avant faire droit, que cette commune serait tenue de rapporter une autorisation en bonne forme.

» Voilà donc nos deux premières questions résolues contre les demandeurs: compétence de la cour d'appel de Dijon, régularité de l'arrêt de cette cour. Reste à savoir si la loi du contrat a été respectée par cet arrêt.

» Qu'un bailleur soit obligé de faire jouir son fermier de tous les objets compris dans son bail, c'est un principe qui ne peut être révoqué en doute, et auquel les deux parties rendent également hommage.

» Que, par suite de ce principe, le fermier ait droit à une indemnité, lorsque, par le fait du bailleur, il est privé de la jouissance d'une partie des objets qui lui ont été affermés, c'est ce que l'on ne peut pas contester davantage, et c'est ce que, dans le fait, on ne conteste pas.

» Tout cela posé, comment les administrateurs de l'hospice de Chantilly peuvent-ils se plaindre d'un arrêt qui les condamne à indemniser le sieur Fortier de la non-jouissance des quatre cent quatre-vingt-onze journaux de terre dont il s'agit? C'est, disent-ils, que ces quatre cent quatre-vingt-onze journaux de terre n'étaient pas compris dans le bail du sieur Fortier.

» Mais le bail du sieur Fortier énumère-t-il pièce à pièce toutes les terres que l'hospice de Chantilly lui afferme? Non, il n'en désigne même aucune; il les embrasse toutes sous la dénomination collective de *revenus utiles du marquisat de Larrey et de la baronnie de Nesle, circonstances et dépendances, sans rien retenir ni réserver de ce qui appartient audit Hôpital*; c'est par conséquent ce que les jurisconsultes romains appellent un bail *per aversionem.*

» Dès-lors, de trois choses l'une: ou les quatre cent quatre-vingt-onze journaux de terre, à l'époque de la passation du bail du sieur Fortier, n'appartenaient pas à l'hospice de Chantilly, comme *dépendances* de la seigneurie de Larrey; ou ils ont été exceptés de ce bail par une clause expresse, ou ils ont été compris ni plus ni moins que les autres biens dont le sieur Fortier a joui sans difficulté.

» Or, 1.° il est constant qu'à l'époque de la passation du bail du sieur Fortier, les quatre cent quatre-vingt-onze journaux de terre faisaient partie du domaine de la seigneurie de Larrey : c'est un point jugé par une sentence de 1780, et par un arrêt de 1781 ; c'est même ce que l'hospice de Chantilly avait reconnu dès 1778, par l'aliénation qu'il avait faite de ces quatre cent quatre-vingt-onze journaux, à la charge de cens et de tierces ou champarts envers cette seigneurie. — Nous disons *par l'aliénation qu'il avait faite*, car c'est l'hospice lui-même qui a fait cette aliénation ; l'arrêt attaqué le constate formellement, et il est bien étonnant que l'on vienne ici vous dire, sans en rapporter l'ombre de preuve, que c'était le ci-devant prince de Condé qui avait acensé les quatre cent quatre-vingt-onze journaux de terre.

» 2.° Il est également certain que le bail du sieur Fortier n'excepte que les quatre cent quatre-vingt-onze journaux de la généralité des objets qu'il embrasse. A la vérité, le fermier auquel succédait le sieur Fortier, n'avait pas joui de ces quatre cent quatre-vingt-onze journaux ; mais où est la preuve qu'il n'avait pas eu le droit d'en jouir ? Et remarquons bien que l'hospice afferme au sieur Fortier, non-seulement tout ce dont *jouit* le fermier actuel, mais encore tout ce dont il *doit jouir*, mais encore, et ceci est tranchant, tout ce dont *ledit Hôpital a droit de jouir* lui-même. Enfin ce qui exclut manifestement toute exception, c'est que l'hospice déclare en toutes lettres ne *rien retenir ni réserver de ce qui lui appartient*.

» Il faut donc nécessairement reconnaître que les quatre cent quatre-vingt-onze journaux sont compris dans le bail ; et de là la conséquence non moins nécessaire, que la cour d'appel de Dijon n'a violé au fond aucune loi ; qu'elle a, au contraire, bien jugé.

» Par ces considérations, nous espérons qu'il y a lieu de rejeter la requête des demandeurs ».

Arrêt du 22 prairial an 13, au rapport de M. Schwendt, qui, « Attendu, sur le premier moyen, que l'arrêt de la section des requêtes, qui, en admettant le pourvoi, a rejeté la demande en règlement de juges formée par les administrateurs de l'hospice et fondée sur l'incompétence des tribunaux, est irrévocable et ne peut être revisé ; qu'il n'existe aucune loi en vigueur qui déclare les biens des hospices domaines de la nation, ni qui empêche les administrateurs, qui, aux termes de la loi du 16 messidor an 7, sont des agens des administrations municipales, de poursuivre et défendre devant les tribunaux les actions résultantes des propriétés des hospices, après autorisation préalable de l'autorité administrative dans les formes prescrites par la loi du 29 vendémiaire an 5, et sauf à cette autorité à régler le mode d'exécution des condamnations qui pourraient être prononcées contre eux ; et que les administrateurs ont été autorisés par le conseil de préfecture à plaider de la manière prescrite par cette loi ; attendu, sur le deuxième moyen, qu'il ne présente qu'une vaine allégation qui n'est pas justifiée ni même vraisemblable, d'après la marche des premières procédures, et qu'au surplus, il est aujourd'hui sans objet d'après les autorisations obtenues : attendu, sur le troisième moyen, que la cour d'appel de Dijon n'a pu violer aucune loi en condamnant les administrateurs à indemniser le fermier de la non-jouissance de cent soixante-huit hectares cinquante-quatre ares trente-deux centiares, dès qu'elle avait reconnu en fait, d'une part, que le défendeur avait droit de jouir de tout ce dont l'Hôpital jouissait et devait jouir ; et de l'autre que l'Hôpital avait en effet disposé de cette quantité de terrain à son préjudice ; rejette la demande des administrateurs de l'hospice de Chantilly en cassation de l'arrêt de la cour d'appel de Dijon.... ».

Cet arrêt n'a pas désarmé les administrateurs de l'hospice de Chantilly : ils se sont adressés au préfet du département de la Côte-d'Or, qui, par un arrêté du 11 messidor an 13, a revendiqué l'affaire sur laquelle la cour d'appel de Dijon avait prononcé. Mais le conflit ayant été porté au conseil d'état, il est intervenu, le 5 juin 1806, un décret impérial ainsi conçu :

« Napoléon, sur le rapport de notre ministre de l'intérieur ; vu une sentence rendue le 17 juillet 1788, par le bailliage de Châtillon-sur-Seine, entre l'hospice de Chantilly et le sieur Fortier, son fermier, portant que le sieur Fortier sera indemnisé, à dire d'experts, pour la non-jouissance de quatre cent quatre-vingt-onze journaux de terre ; — Vu un jugement de la cour d'appel de Dijon, du 8 thermidor an 11, qui, après s'être fait représenter l'arrêté du conseil de préfecture de l'Oise, qui autorise l'hospice à plaider, confirme la sentence du bailliage de Châtillon, et adjuge au sieur Fortier une indemnité pour sa non-jouissance ; — Vu l'arrêt de la cour de cassation qui rejette le pourvoi des administrateurs de l'hospice de Chantilly ; — Vu l'arrêté du préfet de la Côte-d'Or, du 11 messidor an 13, qui élève le conflit : — Considérant qu'il n'existe actuellement aucune loi en vigueur qui déclare nationales les dettes des hospices ; — Considérant que lorsque les administrateurs de l'hospice de Chantilly se sont présentés devant la cour d'appel de Dijon, ils y étaient autorisés par le conseil de préfecture ; — Considérant néanmoins que les personnes qui ont obtenu des condamnations contre les hospices, doivent s'adresser à l'administration, pour qu'elle règle le mode d'exécution de ces condamnations ; — Notre conseil d'état entendu, nous avons décrété et décrétons ce qui suit : — *Art.* 1. L'arrêté du préfet du département de la Côte-d'Or, du 11 messidor an 13, qui élève le conflit dans la contestation entre le sieur Fortier et l'hospice de Chantilly est annullé. — 2. Le sieur Fortier se pourvoira devant l'administration pour le mode d'exécution des jugemens qu'il a obtenus. — 3. Notre grand-juge, ministre de la justice et notre ministre de l'intérieur sont chargés, chacun en ce qui le concerne, de l'exécution du présent décret ».

L'art. 2 de ce décret est conforme à la règle rappelée ci-devant page 722, ainsi que dans l'arrêt du 22 prairial an 13, et sous les mots *Communauté d'habitans*, n.° 8.

§. VI. *Des donations en faveur des hospices. Droit des hospices aux effets mobiliers des personnes qui y meurent.*

I. A ce que nous avons dit sur le premier objet, sous le mot *Donation*, sect. 3, §. 2, il faut ajouter que, par la loi du 7 pluviôse an 12, « les droits à percevoir au profit du trésor public pour la transcription ordonnée par l'art. 939 du Code civil, des actes de donation et d'acceptation d'immeubles susceptibles d'hypothèques, ainsi que de la notification de l'acceptation faite par acte séparé aux bureaux des hypothèques dans l'arrondissement desquels les biens donnés sont situés, et le droit d'enregistrement desdites donations, sont modérés, en ce qui concerne les pauvres et les hôpitaux, au droit fixe d'un franc pour l'enregistrement, et d'un franc pour la transcription, sans préjudice des droits dévolus au conservateur ».

II. Le legs fait à un hospice d'une somme d'argent, peut-il être acquitté en inscriptions sur le grand-livre de la dette publique, produisant un revenu égal à l'intérêt de cette somme, calculé sur le pied de cinq pour cent ?

Cette question est traitée dans le réquisitoire et jugée par l'arrêt du 8 fructidor an 13, rapportés à l'article *Legs*, sect. 5, §. 2, n. 1.

III. Sur le second objet, il existe un avis du conseil d'état du 14 octobre 1809, que l'Empereur a revêtu de son approbation le 3 novembre suivant, et qui est ainsi conçu :

« Le conseil d'état, qui, d'après le renvoi ordonné par sa majesté, a entendu le rapport des sections des finances et de législation sur celui du ministre des finances, présentant la question de savoir si l'administration des domaines est en droit de réclamer les effets mobiliers d'une personne décédée dans un hospice, et dont la succession est tombée en déshérence ;

» Vu 1.° l'édit du mois de juillet 1566, rendu pour l'hôpital du Saint-Esprit, à Paris, portant que, dans le cas de décès des enfans pendant qu'ils sont nourris et entretenus audit hôpital, les biens meubles et choses qui sont réputées mobilières, qu'ils auront ou qui leur seront échus, appartiendront à cet hôpital, et que les héritiers de ces enfans ne pourront y prendre ; 2.° un autre édit du mois d'avril 1656, portant (art. 44), que l'hôpital général de Paris a droit, à l'exclusion des collatéraux, aux biens meubles des pauvres qui décéderont tant audit hôpital que dehors ; 3.° des lettres-patentes du 13 septembre 1744, suivant lesquelles le mobilier qui, dans la maison des Incurables, se trouvera appartenir aux malades, appartiendra, en ce cas de décès, à l'hôpital, quelque disposition qu'ils en aient faite ; 4.° un jugement du tribunal de première instance de la Seine, du 24 nivôse an 7, prononcé contre les héritiers du sieur Morondat, évêque de Babylone, décédé aux Incurables, lequel atteste la possession de l'administration des hospices dans le droit de recueillir à son profit les effets mobiliers des malades décédés dans ses établissemens ;

» Vu les art. 1 et 3 de la loi du 1.er décembre 1790, portant que les biens et effets meubles ou immeubles demeurés vacans et sans maître, et ceux des personnes qui décèdent sans héritiers légitimes, ou dont les successions sont abandonnées, appartiendront à l'État ;

Vu l'art. 768 du Code Napoléon, ainsi conçu : *A défaut de conjoint survivant, la succession est acquise à l'État ;*

» Vu pareillement les observations et mémoires, tant de l'administration des domaines que de l'administration des Hospices civils de Paris ;

» Considérant que les droits de l'État sur les successions tombées en déshérence ont été reconnus de tout temps, et que la loi du 1.er décembre 1790 et le Code civil n'ont fait que confirmer ce principe incontestable ; que néanmoins les édits et les lettres-patentes susénoncés ont établi en faveur des hospices une exception pour les effets apportés par les malades décédés dans ces établissemens ; que cet avantage a toujours été considéré comme un léger dédommagement des dépenses occasionnées par les malades ; qu'il s'exerce même contre les héritiers du défunt ; que ce n'est point à titre de succession qu'il est réclamé par les hospices ; que conséquemment il n'atténue en rien le principe de succession établi en faveur de l'État par l'art. 768 du Code civil et par les lois antérieures ; qu'aucun des édits et lettres-patentes, invoqués par l'administration des hospices n'a été nommément révoqué ; qu'enfin, les hospices n'ont pas cessé de jouir du droit qui leur est attribué par ces lois ;

» Considérant que si le droit accordé aux hospices sur les effets mobiliers des malades décédés, a pour objet principal de les indemniser des dépenses que ces malades ont occasionnées, le même motif n'existe plus pour les malades ou valides qui ont été soignés et entretenus à leurs frais ; qu'en outre, la règle ne peut s'appliquer aux militaires, pour lesquels il existe des dispositions particulières ;

» Est d'avis, 1.° que les effets mobiliers apportés par les malades décédés dans les hospices, et qui y ont été traités gratuitement, doivent appartenir auxdits hospices, à l'exclusion des héritiers, et du domaine en cas de déshérence ; 2.° qu'à l'égard des malades ou personnes valides, dont le traitement et l'entretien ont été acquittés de quelque manière que ce soit, les héritiers et légataires peuvent exercer leurs droits sur tous les effets apportés dans les hospices par lesdites personnes malades ou valides; et que, dans le cas de déshérence, les mêmes effets doivent appartenir aux hospices, au préjudice du domaine; 3.° qu'il ne doit être rien innové à l'égard des militaires décédés dans les hospices ».

§. VII. *Privilége dont jouissent les hospices par rapport au mode de preuve de l'existence des rentes qui leur ont été abandonnées par l'Etat, et que possédaient ci-devant, soit des corporations aujourd'hui supprimées, soit des particuliers qui ont encouru la confiscation de leurs biens.*

Les hospices jouissent à cet égard du même privilége que l'État lui-même; il en sera parlé sous les mots *Rente foncière*, §. II, n. 10.

Au surplus, *V. Ajournement*, n. 17; *Chasse*, §. 5; *Futaie*, §. 4; *Main-Morte (gens de)*, *Requête civile*, *Tutelle officieuse*, *Fondations*, *Lits des hôpitaux*, *Succession*, sect. 2, §. 1, etc.]]

[[HOPITAL MILITAIRE. *V. Officier de santé*, et les lois des 7 avril, 4 septembre et 11 novembre 1792, et 19 août et 2 septembre 1793, 13 et 19 pluviôse, 3 et 7 ventôse an 2, 4 brumaire an 4, 13 floréal an 5, et 11 frimaire an 6; les arrêtés du Gouvernement des 4 germinal an 8, 4 frimaire, 15 nivôse, 7 pluviôse, 11 floréal et 7 messidor an 9, 9 frimaire an 12, etc.]]

*HORS DE COUR. C'est, en matière civile, un jugement par lequel les parties sont renvoyées et mises hors de procès. Un tel jugement se prononce souvent lorsqu'une demande ne présente qu'un objet sans intérêt, ou peu digne de l'attention de la justice.

I. En matière criminelle, *Hors de Cour* signifie qu'il n'y a pas assez de preuves pour asseoir une condamnation.

Il suit de cette définition, qu'il y a une grande différence entre le jugement qui prononce un Hors de Cour, et celui qui renvoie l'accusé absous et le décharge de l'accusation.

Dans le premier cas, on n'adjuge point de dommages et intérêts à l'accusé, et l'on peut dire qu'il manque quelque chose au rétablissement de son honneur: dans le second cas, on déclare l'innocence de l'accusé, et on lui adjuge des dommages et intérêts. (M. GUYOT.)*

II. Peut-on, en mettant un accusé *Hors de Cour*, le condamner aux dépens de l'instruction faite contre lui?

J'ai vu, dans les tribunaux de Flandre et d'Artois, plusieurs exemples de l'affirmative: mais cette pratique est un abus intolérable. Ecoutons M. le chancelier d'Aguesseau dans sa lettre du 5 février 1730: « J'ai toujours compris la force du terme, *mettre un accusé Hors de Cour et de procès*: mais c'est en attachant à cette forme de prononcer le même sens que vous y donnez, qu'il m'a paru extraordinaire d'y joindre une condamnation de dépens; parce qu'après tout, quoique, suivant ce style, l'accusé ne soit pas expressément déchargé de l'accusation, il est vrai de dire néanmoins, qu'il n'est pas non plus condamné; et il faudrait, dans la règle, qu'il le fût, pour prononcer contre lui une condamnation de dépens, qui n'est régulièrement que la suite et l'accessoire d'une condamnation principale. La formule de mettre les parties Hors de Cour et de procès, suppose, à la vérité, qu'il y a eu quelque doute dans l'esprit des juges; mais le doute produit bien plus naturellement une compensation de dépens qu'une condamnation, surtout lorsque cette condamnation même n'est fondée que sur un mauvais usage tel que celui de votre province, sur les dépens auxquels les accusés sont condamnés, quoiqu'ils n'aient été poursuivis qu'à la requête de la partie publique ».

M. d'Aguesseau a écrit la même chose au parlement de Grenoble, le 18 septembre 1734: L'usage de condamner les accusés aux dépens, lorsqu'ils n'ont point de partie civile, est contraire aux véritables règles de l'ordre public, et même à la disposition des ordonnances. J'espère que le roi le réformera incessamment par une déclaration qui vous sera envoyée dans le cours du parlement prochain. — Cet usage est encore plus insoutenable, lorsqu'on met les accusés Hors de Cour, et ce qui porte l'irrégularité jusqu'au dernier degré, est d'ordonner qu'un accusé, contre lequel on n'a trouvé aucune preuve suffisante pour le condamner, demeurera en prison jusqu'à ce qu'il ait payé des dépens qui ne peuvent emporter la contrainte par corps, même en matière criminelle, que lorsqu'ils sont la suite d'une condamnation principale ».

III. Au reste, il ne faut pas toujours prendre à la lettre cette maxime de droit criminel, que le *Hors de Cour* emporte une espèce de déshonneur, et rend, en quelque sorte, *infâme de fait* celui à l'égard duquel il est prononcé.

C'est ce qui a été reconnu de nos jours dans plusieurs occasions remarquables.

Un avocat célèbre, M. Gerbier, avait été décrété d'assigné pour être ouï, et ensuite mis *Hors de Cour*. Il a consulté l'ordre des avocats sur l'arrêt qui contenait cette disposition. Les députés se sont assemblés le 21 avril 1777, et ont été d'avis, que ce *Hors de Cour* ne blessant ni son honneur, ni sa délicatesse, il n'y avait lieu à délibérer.

Toute la France retentit encore du célèbre arrêt rendu au parlement de Paris, le 13 avril 1778, entre les sieurs de Queyssat et le sieur Damade. Les premiers se trouvant mis, par cet arrêt, *Hors de Cour* sur une accusation d'assassinat, ont cru, du premier abord, que ce prononcé portait atteinte à leur honneur. Après avoir inutilement tenté la voie de cassation, ils se sont adressés à M. le maréchal de Broglie, qui a écrit pour eux à M. le garde des sceaux, le 24 juillet 1778, un billet conçu en ces termes: — « J'ai témoigné à M. le garde des sceaux, prendre trop d'intérêt à MM. de Queyssat, pour qu'il puisse douter du chagrin avec lequel j'ai appris que la requête en cassation, qu'ils avaient présentée au conseil, n'y a point été admise : j'avais espéré que ce tribunal, où tant d'infortunés ont trouvé la fin de leurs peines, terminerait celles de ces braves officiers, et dissiperait les nuages que l'arrêt rendu contre eux semblait avoir jetés sur leur honneur ; ils ne peuvent craindre que cet honneur soit en aucune façon altéré, ni dans l'esprit de leurs chefs, ni dans celui de leurs égaux, qui, comme moi, connaissent leurs services, leur bravoure distinguée, et la délicatesse de leurs sentimens : mais leur désespoir est extrême, de croire qu'une partie de la nation pour a douter de leur innocence : il serait affreux pour eux qu'on pût les soupçonner d'un crime : et c'est ce qui les a fait recourir au conseil, pour faire casser un arrêt qu'ils regardaient comme déshonorant : le conseil les a déboutés, et l'on m'assure que le motif même qui l'a décidé, a été que l'arrêt du parlement ne renfermait aucune disposition qui pût être regardée comme flétrissante. — S'il en était autrement, et si le *Hors de Cour* pouvait porter sur l'accusation d'assassinat, tout recours et toute voie de s'en laver leur serait-elle donc interdite ? et le chef de la justice pourrait-il laisser dans une aussi affreuse situation, des officiers qui réunissent les suffrages de tout ce que le militaire a de plus distingué ? Ignorant les moyens de justification qui peuvent leur être ouverts, je m'adresse à M. le garde des sceaux pour les connaître ; il est sans doute touché du sort de ces gentilshommes malheureux, et il voudrait sûrement le faire cesser. Je lui demande avec instance de venir à leur secours ». — M. le garde des sceaux a répondu le 27 du même mois en ces termes : « L'honneur de MM. de Queyssat ne peut souffrir en aucune manière, ni de l'arrêt du parlement, ni de celui du conseil, qui les a déboutés de leur requête en cassation. Le parlement a jugé que les plaintes en accusation d'assassinat n'étaient pas fondées. En effet, les charges et informations ne présentaient pas la moindre trace d'un crime de cette nature ; il ne s'agissait que d'une rixe, qui ne pouvait jamais conduire qu'à une condamnation de dommages et intérêts, et à des précautions pour éviter à d'honnêtes gens qui peuvent conserver quelque ressentiment les uns contre les autres, l'occasion de se trouver ensemble. L'ensemble des dispositions de l'arrêt du parlement, et surtout le *Hors de Cour*, ne peuvent donc être considérés comme portant sur l'accusation d'assassinat, puisque le parlement, en évoquant le principal, et en jugeant à l'audience, a décidé, après la lecture même des informations faites par M. l'avocat-général, qu'il n'y avait qu'une simple rixe. Le conseil ne pouvait pas prononcer la cassation d'un arrêt du parlement, qui ne renfermait aucune contravention aux ordonnances. Vous voyez, M. le maréchal, que rien ne peut altérer l'estime que MM. de Queyssat ont acquise de leurs supérieurs et de leurs égaux, non plus que l'intérêt touchant que vous prenez à leur sort, ainsi que les personnes distinguées dans le militaire, qui leur ont témoigné dans cette circonstance une véritable considération, et que rien ne peut les empêcher d'employer au service du roi, une bravoure dont je suis persuadé qu'ils ne feront usage à l'avenir que contre les ennemis de sa majesté.

A cet exemple se joint une sentence rendue, en très-grande connaissance de cause, par les prévôts et échevins de Lille, le 8 juillet 1782, et dont il n'y a pas eu d'appel ; les circonstances en sont assez remarquables.

M.e Le Dieu, avocat à Lille, étant en instance contre Pierre D......, marchand dans la même ville, celui-ci publia un mémoire où était insérée une note ainsi conçue : « On comprendra difficilement comment un homme de l'état de M.e Le Dien, qui, à la plus grande probité (*vir probus*), doit joindre la plus extrême délicatesse de sentiment, ait pu se résoudre à semer ainsi la division entre deux époux, et à donner, comme je prouverai tout à l'heure qu'il l'a fait, conseil et aide à l'un pour dépouiller l'autre. Mais cette conduite de M.e Le Dien n'aura plus rien d'étonnant, lorsqu'on saura qu'il s'oublie, ou se méconnaît assez, pour laisser subsister un *Hors de Cour* prononcé à sa charge sur la plainte qui fut donnée contre lui, lorsqu'il m'attaqua en tournant le coin de la rue d'Angleterre et de celle de Saint-Pierre, et qu'il fondit sur moi, tenant à la main une épée qu'il avait tirée de la canne où elle était cachée : car M.e Le Dien ne peut ignorer que le *Hors de Cour*, en matière criminelle, emporte une infamie de fait. Voici ce que dit M. de Vouglans en ses *Lois criminelles de France*, liv. 2, tit. 4, chap. 5, n. 1, en traitant *des peines simplement infamantes de fait : Nous avons cru devoir faire une clause particulière de celles-ci, en ce qu'elles ne sont, de leur nature, ni infamantes, ni pécuniaires : nous les appelons néanmoins infamantes de fait, parce qu'elles font, sur l'honneur du condamné, de certaines impressions qui, sans le flétrir entièrement, ne laissent pas de le ternir ; de manière que l'estime des honnêtes gens s'en trouve notablement diminuée. Nous mettons de ce nombre l'admonition, etc.*, A QUOI IL FAUT AJOUTER LE HORS DE COUR ».

M.e Le Dien s'est pourvu en suppression de cette note. Voici en substance ce que j'ai dit pour lui dans une consultation qui a été signée d'un très-grand nombre d'avocats.

« Il est de toute fausseté que, dans les circonstances où M.e Le Dien s'est trouvé placé, le *Hors de Cour* dont parle si mal à propos Pierre D......, lui ait inféré une infamie quelconque. Dans le fait, M.e Le Dien, qui venait d'apprendre la mort de son père, alla, le 22 juillet 1782, vers six heures du soir, en instruire le sieur Capron, son beau-frère, celui-ci le pria de souper, et M.e Le Dien l'accepta. Vers sept heures et demie, on vint chercher M.e Le Dien, pour aller parler à une personne qui l'attendait chez lui. M.e Le Dien sortit un instant après, et prit son chemin par la rue Saint-Pierre : au coin de cette rue et de celle d'Angleterre, il rencontra le sieur D.... qui, dès qu'il le vit, s'élança sur lui, en criant : *Coquin, je te tiens*, et lui porta un coup de canne, que M.e Le Dien para avec une petite canne qu'il avait à la main, et dans laquelle se trouvait un carlet : Pierre D.... voulant redoubler, M.e Le Dien recula deux pas, et se mit en garde avec le carlet qu'il tira de sa canne, mais sans en porter aucun coup. La rixe n'alla pas plus loin ; il survint du monde ; l'agresseur et l'offensé se séparèrent : c'est cette rixe que Pierre D.... a eu la hardiesse de présenter, dans une plainte, comme un guet-apens, quoiqu'il y eût visiblement joué le rôle d'assaillant.

» Sur cette plainte, quatre témoins ont été entendus. Si, d'après l'information, on eût vu autre chose qu'une simple rixe, si l'on y eût aperçu l'ombre de ce qui s'appelle vraiment un crime, il est certain que les juges ne s'en fussent pas tenus à un décret aussi léger, et que M.e Le Dien aurait été décrété de prise de corps. Du reste, à la confrontation, les témoins ont été forcés de convenir qu'ils ignoraient quel avait été l'agresseur, et deux ont déclaré avoir vu Pierre D.... aller à M.e Le Dien la canne levée, le quatrième n'a été ni recolé ni confronté.

» Ce n'est pas tout : M.e Le Dien a été admis à prouver, et a prouvé effectivement, que depuis le 29 septembre 1780, Pierre D.... n'avait cessé de se répandre en injures et en menaces contre lui ; et que la rixe du 2 juillet 1782 n'avait pas eu d'autre moteur que Pierre D....

» D'après cette preuve, sentence est intervenue, qui a mis M.e Le Dien *Hors de Cour sans dépens*.

» Si ce jugement eût pu ternir tant soit peu l'honneur et la réputation de M.e Le Dien, il en aurait interjeté appel, et il y aurait été d'autant plus obligé que la moindre tache dans un avocat est généralement regardée comme un obstacle à toute communication entre ses confrères et lui : aussi ne s'en est-il point tenu là-dessus à ses propres lumières ; il a consulté ses confrères eux-mêmes : et tous l'ont assuré qu'il ne pouvait résulter du *Hors de Cour*, dont il s'agissait, la moindre impression défavorable à son honneur.

» C'est en effet ce que se persuadera fermement tout esprit sage et impartial, qui prendra la peine de réfléchir sur les circonstances de la rixe du 2 juillet 1781, sur la marche de la procédure qui a suivi cette rixe, et enfin sur les principes de la matière.

» *Les circonstances de la rixe* déposent uniformément en faveur de M.e Le Dien : on l'a déjà dit : c'est au milieu de deux grandes rues, entre sept ou huit heures du soir, en plein été, au sortir d'une maison où il s'était engagé à souper, et courant à la hâte dans la sienne, où quelqu'un l'attendait, que M.e Le Dien fait la rencontre de Pierre D....., et c'est Pierre D..... qui l'attaque en s'avançant sur lui la canne levée ; et ce Pierre D..... est un homme qui, depuis près d'un an, ne fait qu'injurier et menacer M.e Le Dien ; et tout cela est prouvé par les témoignages les plus précis ! et l'on prétendrait en faire sortir une tache flétrissante, qui ne permît plus à M.e Le Dien de lever les yeux devant un homme de bien ! Ce sont là des absurdités dont l'exposé seul est une réfutation victorieuse.

» *La marche de la procédure* n'est pas moins favorable à M.e Le Dien. Sur les dépositions des quatre témoins qui ne présentaient pas d'autre idée que celle d'une simple rixe, il intervient une sentence qui décrète M.e Le Dien d'assigné pour être ouï. C'est déjà juger qu'il ne peut échoir contre lui ni peine afflictive, ni peine infamante ; et ce jugement, on l'a porté, non sur le degré des preuves, mais d'après le corps de délit que présentaient les charges : car, dit M. d'Aguesseau, *c'est le titre de l'accusation, et non pas le titre de la preuve qui doit décider de la nature du décret.* — Encore une fois, le décret d'assigné, pour être ouï, est donc pour M.e Le Dien une assurance préliminaire que la procédure dans laquelle il va entrer, ne peut donner lieu à la moindre condamnation qui flétrisse son honneur.

» Il comparaît donc, et c'est pour recevoir de la bouche même des juges une confirmation authentique de cette vérité : les juges lui demandent s'il veut *prendre droit par les charges*, c'est-à-dire qu'ils l'assurent positivement qu'il n'a ni peine afflictive ni peine infamante à craindre, même d'après le corps de délit dont il est accusé : car on sait que le juge ne peut prononcer une peine de l'une ou de l'autre nature, sans avoir préalablement réglé le procès à l'extraordinaire.

» M.e Le Dien pouvait donc en toute sécurité s'en rapporter aux charges, et laisser juger d'après ce qu'elles contenaient : dès que le corps de délit, qui en était l'objet, ne pouvait, même étant prouvé, lui attirer la plus légère flétrissure, il ne risquait rien de laisser subsister les doutes que les informations pouvaient jeter sur son compte, relativement à la manière dont la rixe s'était élevée.

» Ce parti était le plus court, mais ce n'était point le plus noble : la délicatesse de M.e Le Dien ne lui a pas permis de s'y tenir ; il a articulé ses faits justificatifs, et a demandé d'en faire preuve.

» Les choses en cet état, si Pierre D..... eût été partie civile, on n'aurait pas manqué de civiliser la procédure : mais il ne l'était point, il a donc fallu ordonner le récollement et la confrontation ; c'était le seul moyen de mettre l'accusé à portée de faire sa preuve, parce que, d'un côté, on ne peut renvoyer à fins civiles, quand le ministère public est seul partie ; et de l'autre, la preuve des faits justificatifs ne peut être admise ni ordonnée que par le vu du procès.

» Ainsi, rien dans le règlement à l'extraordinaire qui ne s'accorde avec les préjugés favorables qui résultent, et de la légèreté du décret décerné contre M.e Le Dien, et de la proposition qui lui avait été faite dans son interrogatoire, de prendre droit par les charges.

» Enfin, *les principes de la matière* écartent de ce *Hors de Cour* toute idée de flétrissure, de tache avilissante, d'infamie de fait.

» Qu'un *Hors de Cour* prononcé après un décret de prise de corps, et, sur une accusation qui présente un corps de délit sujet à des peines afflictives ou infamantes, ternisse l'honneur de l'accusé en indiquant un homme présumé coupable, qui n'échappe que par le scrupule des juges, tout le monde en convient; et il ne fallait pas que Pierre D..... en allât chercher la preuve dans les lois criminelles de M. de Vouglans.

» Mais ce dont on ne convient pas, et ce que Pierre D...... ne persuadera à personne de sensé, c'est qu'*un Hors de Cour* prononcé sur un corps de délit dont la preuve la plus complète n'attirerait pas même une condamnation infamante, puisse inférer une infamie de fait, et imprimer sur l'accusé une tache quelconque.

» Par quelle bizarrerie, en effet, un jugement qui met Hors de Cour, n'importe par quel motif, produirait-il une infamie que n'infligerait point celui qui, sur des preuves suffisantes, prononcerait une punition véritable et proprement dite? Non, un *Hors de Cour* porté dans des circonstances semblables à celles où s'est trouvé M.e Le Dien, ne peut avoir un effet aussi funeste, et à la fois aussi ridicule. Pour qu'il *infâme de fait*, il faut que le titre de l'accusation soit infamant lui-même. Une simple rixe, et encore une rixe dans laquelle l'accusé n'est point l'agresseur, ne peut en aucun cas être suivie d'une condamnation infamante; à plus forte raison donc n'en résulte-t-il pas d'infamie, soit de droit, soit de fait, lorsqu'elle se termine par un *Hors de Cour*. Mettre *Hors de Cour*, en pareil cas, c'est juger qu'il n'y avait point matière à accusation, et rien de plus.

» Eh quoi! dès le commencement de la procédure, on décide, en ne décrétant M.e Le Dien que d'assigné pour être ouï, que les preuves consignées dans les informations ne présentent point un corps de délit de nature à provoquer une peine infamante; et on le diffamerait en le mettant *Hors de Cour*, après qu'il a atténué ces preuves par son interrogatoire, qu'il les a détruites par la confrontation, qu'il a vérifié de la manière la plus précise tous les faits justificatifs qui concouraient à le laver entièrement! Non, une contradiction aussi absurde, aussi choquante, ne peut pas se soutenir.

» En vain Pierre D.... cherche-t-il à s'appuyer sur l'autorité de M. de Vouglans. D'abord en appliquant, comme ils font, la doctrine de ce criminaliste, ils l'exposent, au moins de la part de ceux qui pourraient ne pas la vérifier, au reproche d'être tombé dans une grande erreur.

» Mais M. de Vouglans n'a point dit simplement, comme Pierre D.... *à quoi il faut ajouter le* HORS DE COUR; il a dit: *à quoi il faut ajouter le* HORS DE COUR DONT NOUS VENONS DE PARLER DANS LE CHAPITRE PRÉCÉDENT. Or le *Hors de Cour* dont il est parlé dans le chapitre précédent, est celui qui suppose *quelque commencement de preuve contre l'accusé*, qui *emporte avec lui des soupçons légitimes*, qui *équivaut au plus ample informé*, qui enfin, a été *imaginé comme un sage tempérament pour les cas où il n'y a point assez de preuves, pour asseoir une condamnation, ni pour absoudre entièrement l'accusé, et principalement pour lui sauver la question préparatoire*.

» Assurément, il n'y a rien de tout cela qui convienne au *Hors de Cour* prononcé dans le procès de M.e Le Dien: tout ce que ce Hors de Cour a jugé, c'est qu'il n'y avait point matière à accusation et que la rixe dont il s'agissait n'était point un crime. Ainsi, outre la méchanceté et l'irréflexion, on peut encore reprocher de la mauvaise foi à Pierre D.....; tronquer un auteur en le citant, c'est toujours une faute très-grave; mais le tronquer dans la vue de diffamer un honnête homme, c'est un crime qui provoque hautement l'animadversion de la justice ».

D'après ces moyens, auxquels M. de Vouglans lui-même a joint son suffrage par une lettre qu'il m'a fait l'honneur de m'écrire, le siége échevinal de Lille a rendu, le 8 juillet 1782, la sentence qui suit: — « Avons, à bonne et mûre délibération du conseil, déclaré et déclarons que, dans l'espèce du procès criminel intenté contre M.e Le Dien, le *Hors de Cour* prononcé par notre sentence du 8 août 1781, n'emporte aucune infamie; ordonnons que la note mise au bas de la page 4 du mémoire imprimé pour Pierre D..., dans la cause contre la veuve W.... et autres, sera rayée, par le greffier de ce siége, sur l'un des exemplaires dudit mémoire, et qu'il en sera tenu acte, dont copie sera remise au demandeur; condamnons ledit Pierre D.... aux dépens ».

[[IV. On ne peut plus, dans un procès de grand criminel, mettre un accusé Hors de Cour. *V. Doute*, n. 2.

Il en est de même en matière correctionnelle.

Jean-Antoine Ruffet et sa femme, traduits, sur une plainte en spoliation d'hérédité, devant le tribunal correctionnel de Paris, y sont acquittés et obtiennent des dommages-intérêts contre les plaignans. — Sur l'appel, arrêt du 7 ventôse an 10, par lequel, *considérant que, s'il n'est pas suffisamment prouvé que les prévenus aient commis la spoliation dont il s'agit, il est constant aussi qu'ils n'ont pas détruit d'une manière satisfaisante les imputations qui leur ont été faites*, la cour de justice criminelle du département de la Seine, décharge les plaignans des dommages-intérêts obtenus contre eux par les prévenus, et condamne ceux-ci envers le trésor public à la moitié des dépens. Ruffet et sa femme se pourvoient en cassation, et par arrêt du 18 germinal suivant, au rapport de M. Genevois; — « Vu l'art. 1 de la loi du 18 germinal an 7, ainsi que l'art. 188 et la sixième disposition de l'art. 456 du Code des délits et des peines; considérant qu'il résulte des articles de lois précités, 1.° que le tribunal doit donner à son jugement une base certaine et positive, soit en déclarant les faits qu'il reconnaît constans, soit en rejetant ceux qui ne lui sont pas prouvés, et que sa décision ne doit point avoir pour appui un simple doute; 2.° que les frais de la poursuite et punition des délits devant être à la charge de celui qui a été condamné à une peine quelconque, il est bien évident que celui qui est absous n'en doit supporter aucune partie; 3.° que toute usurpation de pouvoir de la part des tribunaux doit être réprimée par l'annullation de leurs jugemens; — Attendu, 1.° que le tribunal criminel, après avoir déclaré qu'il n'était pas suffisamment prouvé que les mariés Ruffet eussent spolié la succession dont il s'agit, au lieu de prononcer purement et simplement l'absolution qui devait être la conséquence d'une telle déclaration, a jugé à propos d'y ajouter, *que néanmoins il était constant que lesdits mariés Ruffet n'avaient pas détruit d'une manière satisfaisante les imputations qui leur ont été faites par la plainte*, et que par ce moyen le jugement a fixé, pour ainsi dire, le sceau de la culpabilité sur les mariés Ruffet, en laissant subsister, à leur égard, le soupçon du délit, et en lui donnant, en quelque sorte, une existence permanente; ce qui est évidemment une contravention à la règle prescrite dans l'art. 188 du Code des délits et des peines, d'après laquelle la déclaration sur le fait qui doit servir de base au jugement, doit être positive et certaine, soit qu'il y ait conviction ou non-conviction, la loi ne permettant pas que cette déclaration soit réduite à l'expression d'un simple doute; — 2.° que le tribunal criminel du département de la Seine, après avoir déclaré que le délit imputé aux mariés Ruffet, n'était pas suffisamment prouvé, les a condamnés en la moitié des frais faits par le commissaire du gouvernement pour la poursuite du délit, quoique le jugement ne prononce, à leur égard, aucune peine quelconque; ce qui est une fausse application de la loi du 18 germinal an 7, et une usurpation de pouvoir, puisque la loi n'autorise les tribunaux à prononcer cette condamnation aux dépens que contre ceux qui auront été condamnés à une peine quelconque; — Par ces motifs, le tribunal casse et annulle.... ».]]

[[HORS DE LA CONSTITUTION. L'acte constitutionnel du 22 frimaire an 8 porte, art. 92 : « Dans le cas de révolte à main armée, ou de troubles qui menacent la sûreté de l'état, la loi peut suspendre, dans les lieux et pour le temps qu'elle détermine, l'empire de la constitution. Cette suspension peut être provisoirement déclarée dans les mêmes cas, par un arrêté du gouvernement, le corps législatif étant en vacances, pourvu que ce corps soit convoqué au plus court terme par un article du même arrêté ».

En exécution de cet article, une loi du 23 nivôse an 8 a suspendu « l'empire de la constitution, pendant les trois mois qui suivraient sa publication, dans les lieux des douzième, treizième, quatorzième et vingt-deuxième divisions militaires, auxquels le gouvernement croirait nécessaire d'appliquer cette mesure ».

Une autre loi du 22 frimaire an 9 a suspendu « l'empire de la Constitution, jusqu'à la paix maritime, dans les départemens du Golo et du Liamone (formant l'île de Corse); et dans toutes les îles du territoire français européen, distantes du continent de deux myriamètres et demi ».

Et, « vu cette loi », un arrêté du gouvernement, du 15 pluviôse de la même année, a déclaré « l'île de Belle-Isle mise Hors de la Constitution ».

Le 27 fructidor an 10, le gouvernement a pris, relativement à l'île de Corse, un arrêté ainsi conçu :

« *Art.* 1. A dater du 1.er brumaire an 11, les départemens du Golo et du Liamone rentreront sous l'empire de la Constitution. — 2. L'administrateur général cessera ses fonctions. — 3. Dans le courant de vendémiaire, les tribunaux qui sont annullés par la loi qui met des départemens Hors de l'empire de la Constitution, seront réorganisés.... ».

V. Constitution, droits Civils, droits Politiques, Émigration et Français.]]

[[HORS DE LA LOI. Mettre quelqu'un Hors de la Loi, c'est déclarer que la loi ne le protège plus, et qu'il n'a plus droit à la garantie sociale.

Une loi du 19 mars 1793 avait mis Hors de la Loi les auteurs des révoltes, attroupemens et émeutes contre-révolutionnaires.

Une autre, du 27 du même mois, avait mis Hors de la Loi tous les ennemis de la révolution.

Une autre, du 1.er août suivant, avait confisqué les biens des personnes mises Hors de la Loi.

Une autre, du 16 vendémiaire an 2, avait déclaré qu'en cas d'arrestation d'une personne mise Hors de la Loi, elle devait être traduite devant le tribunal criminel du lieu *pour faire exécuter la loi*, c'est-à-dire, pour l'envoyer à l'échafaud sans aucun examen.

Mais ces lois, effet du système de terreur, ont cessé avec leur cause.

Le 17 frimaire an 3, la convention a suspendu provisoirement tous les décrets de mise Hors de la Loi rendus jusqu'à cette époque.

Le 22 germinal suivant, elle a rapporté celui du 27 mars 1793.

Le même jour, elle a pareillement rapporté tous les décrets qui avaient prononcé des mises Hors de la Loi individuelles, par suite ou à l'occasion des événemens du 31 mai et du 2 juin 1793.

Le 4 germinal an 5, le corps législatif a levé le

séquestre apposé sur les biens des individus qui avaient été mis Hors la Loi, à raison des conspirations et révoltes du 9 thermidor an 2.

Enfin, le 14 fructidor suivant, il a annullé tous les décrets et arrêtés prononçant des mises Hors de la Loi ».]]

[[HOSPICE CIVIL. *V. Hôpital.*]]

HOTEL-DE-VILLE. *V. Commune.*

HOTEL-DIEU. *V. Hôpital.*

HOTEL DU JUGE. C'est la maison que le juge occupe. *V. Audience*, n.° 8, et *Référé.*

HOTELIER ou AUBERGISTE. C'est celui qui tient une auberge ou hôtellerie, et qui par conséquent fait profession de loger les voyageurs.

Il y a quatre choses à examiner par rapport aux aubergistes : — 1.° Les formalités qu'ils ont à remplir pour être admis à cette profession, ou pour la quitter; — 2.° Leurs devoirs relativement à la police, et leur obligation envers le public; — 3.° Les obligations que contractent envers eux les personnes qu'ils reçoivent ou logent, et les actions qui en naissent; — 4.° Leurs engagemens envers ces personnes, et les actions auxquelles ces engagemens donnent lieu.

§. I. *Des formalités nécessaires pour être admis à la profession d'aubergiste, ou pour la quitter.*

Cette profession, dans son origine, était libre à tout le monde; mais comme elle exige une probité reconnue, il y a long-temps qu'on n'en permet plus l'exercice qu'à ceux qui y sont autorisés par le juge auquel appartient la police du lieu. C'est ce que supposent clairement ces termes de la déclaration de Charles IX, du 25 mars 1567 : *Les Hôteliers et Cabaretiers qui auront eu la permission des juges des lieux de tenir hôtelleries et cabarets......*

Des vues fiscales ont fait introduire dans une grande partie du royaume, une formalité de plus. Henri III, voulant « Empêcher que des gens inconnus, sans aveu et de mauvaise vie, s'immisçassent de tenir hôtelleries ou auberges », ordonna, par son édit du mois de mars 1577, que tous ces particuliers seraient tenus de prendre des lettres de permission de sa majesté, sur lesquelles, après avoir justifié aux officiers royaux ordinaires des lieux, de leurs bonne vie et mœurs, et prêté serment de bien et dûment observer les ordonnances, ils seraient par eux admis à jouir de ces permissions, avec défenses à tous autres de s'immiscer à tenir hôtelleries ou auberges, sans en avoir pris.

Louis XIII porta, en janvier 1627, un édit qui devait rendre héréditaires, moyennant finance, les permissions que celui du mois de mars 1577 avait rendues indispensables aux aubergistes.

Cet édit fut enregistré à la cour des aides de Paris, le 8 mai suivant; mais il ne fut pas exécuté.

L'édit même du mois de mars 1577 était presque demeuré sans exécution; et Louis XIV se crut obligé de le renouveler par un autre du mois de mars 1693, dont voici les dispositions :

« Voulons et nous plaît, qu'à l'avenir aucune personne ne puisse tenir hôtellerie, loger en chambre garnie, traiter, donner à manger et à boire en gargotte ou autrement, dans notre ville, faubourgs et banlieue de Paris, ni dans toutes les villes, bourgs, routes, grands chemins et lieux de notre obéissance, sans avoir pris nos lettres de permission, signées par l'un de nos amés et féaux conseillers secrétaires, et scellées de notre grand sceau, qui leur seront expédiées sur les quittances du trésorier de nos revenus casuels, contrôlées des sommes qu'ils auront payées pour cet effet, auxquelles ils seront modérément taxés, et aux deux sous pour livres d'icelle, par les rôles qui seront arrêtés en notre conseil; — Lesquelles sommes ils seront tenus de payer un mois après la publication qui sera faite de notre présent édit; — Sans que ceux qui tiennent présentement des hôtelleries, auberges, chambres garnies, et qui donnent à manger et à boire, puissent, sous prétexte d'abandonnement, s'exempter de prendre nosdites lettres de permission; — A tous lesquels nous enjoignons très-expressément de continuer à tenir leurs maisons garnies de toutes les choses nécessaires pour y pouvoir recevoir nos sujets et les étrangers, conformément aux ordonnances faites sur le fait de la police, et d'observer exactement ce qui leur est ordonné par icelles, même par l'édit de 1577, sur les peines y portées. — Voulons et ordonnons que, sur nos lettres de permission, ils soient reçus sans payer aucuns frais ni droits de réception, par nos juges ordinaires ou autres des lieux, après avoir justifié d'attestations suffisantes de leurs bonne vie et mœurs, et prêté serment pardevant eux de bien et dûment observer nos ordonnances; — Et que leurs veuves, enfans, héritiers, même ceux au profit desquels ils en pourront disposer, en puissent jouir pleinement, paisiblement et héréditairement, sans être tenus d'obtenir de nouvelles lettres de permission de nous, après avoir fait pareillement apparoir à nos juges ordinaires, ou autres des lieux, d'attestations suffisantes de leurs bonne vie et mœurs, et prêté serment. — Pourront les propriétaires des maisons destinées pour servir d'hôtelleries, auberges, et à loger en chambre garnie, lever et acquérir nos lettres de permission pour les affermer avec leurs maisons, ou en disposer ainsi que bon leur semblera. — Leur permettons, pour la commodité publique, de mettre telles enseignes que bon leur semblera, avec une inscription qui contiendra les qualités portées par leurs lettres de permission, sans que, pour raison de ce, nos voyers puissent prétendre aucun droit pour la première fois seulement. — Défendons à toutes personnes, autres que ceux qui auront nos lettres de permission, de tenir hôtelleries, auberges, maisons et chambres garnies, de loger et donner à manger et boire, à peine de 300 livres d'amende, dont moitié appartiendra au dénonciateur, et l'autre moitié à celui qui sera par nous chargé du recouvrement de la finance qui proviendra desdites lettres de permission ».

Cet édit a été enregistré au parlement de Paris, le 24 avril 1693; à celui de Rouen le 7; à celui de Grenoble le 23, et à celui de Besançon le 26 mai de la même année.

[[Il est abrogé par la loi du 2 mars 1791, rapportée à l'article *Corps d'arts et métiers.*]]

Celui qui s'établit Hôtelier (dit l'auteur du *Code de la Police*, titre 8, §. 3, t. 1, pag. 260, édit. de 1767), contracte l'obligation de servir le public en toute occasion, et c'est pourquoi il ne peut quitter son hôtellerie sans une permission de justice. Cet auteur cite, pour preuve de son assertion, la déclaration de Charles IX, du 25 mars 1567; mais cette loi ne dit pas absolument ce qu'il lui fait dire: elle porte que « les Hôteliers et cabaretiers qui auront eu permission des juges des lieux, de tenir hôtelleries et cabarets, ne pourront les *quitter et délaisser dedans l'an qu'ils l'auront prise, s'il n'y avait juste occasion et excuse légitime prouvée en justice*; mais seront contraints de continuer pour le moins jusqu'à la fin de l'an ». Il est clair qu'à prendre ce texte à la lettre, on ne peut en conclure autre chose, si ce n'est qu'un aubergiste qui n'a pas encore exercé pendant un an sa profession, ne peut pas la quitter sans une permission de justice.

Mais il existe d'autres lois qui sont plus générales. Par l'article 7 de la déclaration donnée à Saint-Prix, le 17 octobre 1540, Henri II s'explique en ces termes: « et pour autant qu'aucuns desdits Hôteliers pourraient, à l'occasion et en contempt (mépris) de notre présente ordonnance, abandonner et délaisser leurs hôtelleries, ou les faire fermer, sans y vouloir dorénavant recevoir les hôtes, nous leur défendons très-étroitement et sous peine de confiscation de corps et de biens, qu'ils n'ayent à icelles délaisser et abandonner; mais à les tenir garnies de ce qui y sera nécessaire, suivant cette ordonnance, et y recevoir et recueillir lesdits hôtes, ainsi qu'ils ont accoutumé ».

L'art. 8 ajoute: « et là où aucuns d'eux les voudraient délaisser, et que ce fût pour cause ou occasion juste et légitime, seront tenus, *un an devant*, en avertir nos officiers des lieux pour entendre lesdites causes, et s'ils les connaissent raisonnables, leur permettre d'ainsi le faire; à quoi nous enjoignons à nosdits officiers d'avoir l'œil et regard, et ce sous peine de privation de leurs offices.

La déclaration donnée à Blois le 31 mars 1572, contient quelque chose de semblable: « et au cas qu'aucuns Hôteliers voudraient, par monopole, laisser leurs hôtelleries, voulons qu'ils soient contraints les continuer comme auparavant, et ce par saisie de tous et chacun leurs biens, et par prison ».

[[Toutes ces dispositions sont tombées en désuétude.]]

§. II. *Des devoirs des aubergistes, relativement à la police, et de leurs obligations envers le public.*

I. Il est défendu aux aubergistes de la campagne de recevoir chez eux des contrebandiers, ou de prendre en dépôt leurs marchandises; et si ceux-ci se procurent de force l'entrée de leurs maisons, ils sont tenus, dans les vingt-quatre heures au plus tard, d'en avertir le juge le plus prochain ou les officiers de la maréchaussée, et les brigades des fermes, le tout à peine de 1,000 livres d'amende pour la première fois, et de bannissement en cas de récidive. C'est ce que porte l'article 7 de la déclaration du 2 avril 1729.

[[Aujourd'hui, l'aubergiste chez lequel on saisirait des marchandises prohibées, serait puni comme complice de contrebande. *V. Complice*, *Délit*, §. 7, *Douanes* et *Marchandises anglaises.* Mais il n'encourrait aucune peine pour n'avoir pas dénoncé les contrebandiers logés chez lui.]]

II. Par l'article 101 de l'ordonnance d'Orléans de 1560, il est défendu aux aubergistes « de retenir et loger dans leurs maisons, plus d'une nuit, gens sans aveu et inconnus »; et il leur est enjoint de les dénoncer à la justice, à peine de prison et d'amende arbitraire.

L'article 360 de l'ordonnance de Blois défend également « à tous taverniers et cabaretiers de recevoir et héberger en leurs maisons, gens sans aveu plus d'une nuit, sous peine de galères, et leur enjoint, sous pareilles peines, de le venir révéler à justice ».

Un arrêt de règlement du parlement de Provence du 10 décembre 1733, rapporté dans le recueil de M. le président de Régusse, « fait inhibition et défenses à tous hôtes, cabaretiers et autres tenant bouchons, de donner retraite à des mendians, à peine de 300 liv. d'amende pour la première fois, et de peine exemplaire pour la seconde ».

Pour l'exécution de ces règlemens, on a assujéti dans presque toutes les villes les aubergistes à tenir des registres fidèles de tous ceux qui arrivent chez eux.

Suivant l'arrêt du conseil rendu pour la capitale, le 22 décembre 1708, ceux qui donnent à loger en chambres garnies, doivent avoir au-devant de leurs maisons un écriteau qui en contienne l'indication, et tenir deux registres pour y inscrire les noms des personnes qu'ils logent, leurs pays et leurs qualités. L'un de ces registres doit être remis chaque mois au commissaire de quartier, et l'autre doit être représenté aux inspecteurs de police, lors de leurs visites.

L'édit du mois de mars 1740, portant création de vingt offices d'inspecteurs de police de la ville de Paris, veut, art. 4, que ces officiers « se transportent tous les jours chez les aubergistes, et ceux qui logent en chambres garnies, et qu'ils se fassent représenter l'un des deux registres qu'ils doivent tenir, contenant de suite et sans aucun blanc, le nom, surnom, pays, qualité et profession de ceux auxquels ils donneront à loger dans leurs maisons, et le jour de leur arrivée et de leur départ; lequel registre ils visiteront et parapheront à chaque visite, à peine, contre les refusans, de 300 liv. d'amende; le tout sans préjudice du registre double que lesdits aubergistes et ceux qui donnent à loger, sont obligés de tenir et de remettre le dernier jour de chacun mois aux commissaires du châtelet pour être signé par eux; lesquels deux registres seront au surplus, avant que d'y rien inscrire, cotés et paraphés par première et dernière par l'ancien commissaire de chaque quartier, et sans préjudice au surplus des déclarations que lesdits aubergistes et ceux qui logent en chambres garnies doivent faire auxdits sieurs commissaires, dans ce jour, de ceux qui seront arrivés chez eux ».

Il y a un arrêt du parlement de Bretagne du 22 août 1761, qui enjoint pareillement « à tous aubergistes, cabaretiers, à ceux qui louent des chambres garnies et des lits aux passans, et à toutes personnes qui logent des étrangers, d'avoir des livres chiffrés et millésimés, et de faire dans vingt-quatre heures leurs déclarations. Ordonne qu'aux frais de la communauté de la ville, et à la diligence des officiers de police, il sera établi des boîtes dans tous les quartiers, qui seront attachées à la porte des sergens de quartier, où lesdits aubergistes et autres qui logent, déposeront leurs déclarations dans les vingt-quatre heures, dès qu'ils auront reçu quelqu'un chez eux.... ».

Houard, dans son *Dictionnaire du Droit Normand,* article *Cabaretiers,* dit qu'aux termes d'un arrêt du parlement de Rouen du 15 juillet 1766, tous cabaretiers, aubergistes, et autres tenant des chambres garnies dans les villes et bourgs de la province de Normandie, doivent avoir des registres cotés et paraphés, tous les mois, *gratis*, par les commissaires de police, pour y écrire les noms, surnoms, qualités et pays des étrangers qui logent chez eux, le jour de leurs arrivée, celui de leur départ, le lieu où ils doivent se rendre, sous peine de 50 livres d'amende ».

Houard ajoute fort judicieusement : « Il ne serait pas moins essentiel que ce règlement fût étendu aux campagnes: c'est principalement dans leurs auberges que les gens sans aveu se réfugient: le registre pourrait être paraphé et inspecté par les syndics ou les curés ».

[[Le vœu de cet auteur est rempli par la loi du 22 juillet 1791; et voici ce qu'elle porte, tit. 1, art. 5: « Dans les villes et dans les campagnes, les aubergistes, maîtres d'hôtels garnis et logeurs, seront tenus d'inscrire de suite et sans aucun blanc, sur un registre en papier timbré et paraphé par un officier municipal ou un commissaire de police, les noms, qualités, domicile habituel, date d'entrée et de sortie de tous ceux qui coucheront chez eux, même une seule nuit; de représenter ce registre, tous les quinze jours, et en outre, toutes les fois qu'ils en seront requis, soit aux officiers municipaux, soit aux officiers de police, ou aux citoyens commis par la municipalité ». *V.* l'arrêté du directoire exécutif du 2 germinal an 4, art. 9.

L'art. 6 de la loi citée punissait les contraventions à l'article précédent, d'une amende égale au quart des droits de patente des Hôteliers contrevenans, et déclarait ceux-ci civilement responsables des délits commis par ceux qui logeraient dans leurs maisons.

Des ces deux dispositions, l'art. 73 du Code pénal de 1810 renouvelle ainsi la seconde :

« Les aubergistes et Hôteliers convaincus d'avoir logé, plus de vingt-quatre heures, quelqu'un qui, pendant son séjour, aurait commis un crime ou un délit, seront civilement reponsables des restitutions, des indemnités et des frais adjugés à ceux à qui ce crime ou ce délit aurait causé quelque dommage, faute par eux d'avoir inscrit sur leur registre le nom, la profession et le domicile du coupable; sans préjudice de leur responsabilité, dans le cas des art. 1592 et 1593 du Code civil ».

Quant à la première disposition, l'art. 465 du même Code y substitue la suivante :

« Seront punis d'une amende depuis six francs jusqu'à dix francs inclusivement... 2.° les aubergistes, Hôteliers, logeurs ou loueurs de maisons garnies, qui auront négligé d'inscrire de suite, sans aucun blanc, sur un registre tenu régulièrement, les noms, qualités, domicile habituel, dates d'entrée et de sortie de toute personne qui aurait couché ou passé une nuit dans leurs maisons; ceux d'entr'eux qui auraient manqué à représenter ce registre aux époques déterminées par les règlemens, ou lorsqu'ils en auraient été requis, aux maires, adjoints, officiers ou commissaires de police, ou aux citoyens commis à cet effet, le tout sans préjudice des cas de responsabilité mentionnés en l'art. 73 du présent Code, relativement aux crimes ou aux délits de ceux qui ayant logé ou séjourné chez eux, n'auraient pas été régulièrement inscrits ».

L'art. 154 du même Code punit d'un emprisonnement de six jours au moins et d'un mois au plus, « les logeurs ou aubergistes qui sciemment inscrivent sur leurs registres, sous des noms faux ou supposés, les personnes logées chez eux ».]]

III. Il ne dépend pas des aubergistes de recevoir et loger qui il leur plaît seulement. Leurs maisons sont en quelque sorte publiques; et tout homme qui n'est point de la classe de ceux auxquels les lois défendent de donner retraite, a droit, pour son argent, de s'y introduire et héberger. Les art. 19, 20 et 21 de la déclaration de Charles IX du 20 janvier 1593, contiennent à cet égard des dispositions qui trouvent naturellement ici leur place :

« Là où aucuns Hôteliers, en fraude et au mépris de cette notre ordonnance, refuseront de recevoir et loger ceux qui s'adresseront en leurs maisons, s'il y a plainte faite devant les juges, ils seront tenus sur l'heure de se transporter sur le lieu, et voir si l'hôtellerie sera pleine, ou autrement connaître la cause dudit refus : laquelle n'étant légitime, et qu'il soit trouvé que l'Hôtelier par malice aurait refusé de loger le complaignant, en ce cas sera ledit Hôtelier condamné sur-le-champ en dix livres tournois d'amende envers ledit complaignant, et pareille amende envers nous.

» Et si les juges des lieux, soit royaux ou autres, étaient refusans de pourvoir promptement aux plaintes, et se transporter sur les lieux à l'heure de la dénonciation, ou y envoyer personne qui puisse faire même office qu'eux, seront condamnés en 100 livres d'amende envers le complaignant, et en tous dépens, dommages et intérêts de la poursuite; laquelle, ensemble tous autres pour raison de la présente ordonnance, se pourront faire devant nous et de notre conseil privé.

» Et afin que tous puissent faire apparaître des réquisitions qu'ils auront faites auxdits juges, et de leurs réponses, pareillement des sommations qu'ils auront faites aux Hôteliers et taverniers, enjoignons à tous notaires publics des villes, bourgs et villages, qui en seront requis, d'accompagner les complaignans devant lesdits juges ou autres où ils les voudront mener, pour leur faire et délivrer actes de leursdites réquisitions : sur peine de 50 livres d'amende contre les notaires qui seront refusans, et de 100 livres contre les juges empêchant lesdits notaires d'expédier les actes dont ils seraient requis ».

IV. Les aubergistes sont sujets, comme marchands de vin, à la visite et aux droits dus aux inspecteurs et contrôleurs créés par l'édit du mois de février 1745. C'est ce qu'a jugé un arrêt du parlement de Paris du 16 juin 1756, sur les conclusions de M. l'avocat-général Joly de Fleury.

[[*V.* la loi du 24 avril 1806, art. 35.]]

V. Il s'est présenté au parlement de Flandre une espèce fort singulière.

Le 14 février 1782, le nommé Mallet, sergent de la prévôté de Lille, se rend avec deux témoins à l'hôtel de la Cloche de la même ville, pour y recevoir ou protester un billet à ordre qu'un particulier du village de Waterlos avait promis de payer ce jour-là dans cette auberge. Il s'introduit de lui-même dans la cuisine; et sur la réponse de la femme de l'aubergiste, que le débiteur du billet lui était inconnu et ne lui avait pas remis de fonds, il se dispose à rédiger son protêt sur la table. La femme de l'aubergiste lui dit qu'elle a besoin de cette table, qu'elle ne prétend pas qu'il s'en serve pour écrire son protêt, que sa cuisine n'est pas un bureau, qu'il peut aller verbaliser dans la cour, etc. — Mallet réplique par quelques mauvais propos et se retire. Mais un instant après, vient un autre sergent qui, à la requête de Mallet, interpelle la femme de l'aubergiste de lui déclarer si on peut entrer dans sa cuisine pour écrire la réponse au protêt. Cette femme répète « que la cour est là pour écrire; que sa cuisine n'est point un bureau, etc. » — Là-dessus, procès-verbal du sergent Mallet. — Cinq ou six jours après, Mallet fait assigner l'aubergiste et sa femme au siége échevinal de Lille, pour se voir faire défense *de le troubler à l'avenir dans ses fonctions*, et enjoindre au contraire de lui *donner tous moyens nécessaires à l'exercice d'icelles, et notamment un abri convenable, une table et de la lumière.* — Sentence du 11 juin 1782, qui adjuge ces conclusions à Mallet avec dépens. — Appel au parlement de Flandre. On disait pour l'aubergiste, qu'aucune loi n'oblige des personnes de sa profession de donner chambre, table et lumière aux huissiers qui viennent chez elles protester des billets de commerce pour lesquels des inconnus ont, sans les prévenir, fait élection de domicile dans leurs auberges. — Par arrêt rendu le 11 juillet 1783, à la première chambre, la cour a mis l'appellation et ce dont était appel au néant, émendant, a mis sur la demande principale les parties hors de cour; et néanmoins a condamné le sergent Mallet à un tiers des dépens, le surplus compensé.

§. III. *Des obligations que contractent envers les aubergistes les personnes qu'ils reçoivent chez eux, et des actions qui en naissent.*

I. Les personnes qui ont logé dans une auberge, sont incontestablement tenues de payer le gîte et la nourriture qu'ils y ont reçus.

Une déclaration du 19 novembre 1546, rapportée par Fontanon, tome 1, page 1008, fait défenses aux pages, serviteurs des princes et autres suivant la cour, de sortir des hôtelleries sans payer les aubergistes.

Il y avait autrefois des taxes fixes pour le prix des vivres dans les auberges. On en trouve de très-détaillées dans les déclarations des 1.er juin 1552, 17 octobre 1540, 26 décembre 1546, 20 janvier 1563, 5 juillet 1564 et 31 mars 1532, qui sont toutes rapportées par le même auteur, tome 1, pages 930, 931, 932, 937, 939 et 952.

Mais ces taxes sont devenues inutiles par l'augmentation du prix des denrées; et il y a deux siècles qu'il n'en a pas été fait de nouvelle.

II. Les aubergistes sont distingués, par rapport à leurs fournitures, d'avec les cabaretiers. Ceux-ci n'ont pas d'action pour ce qui ne leur est pas payé comptant. Il n'en est pas de même des premiers. *V. Hôtellerie.*

Si un aubergiste est en même temps cabaretier, on distingue par qui a été faite chez lui la dépense dont il poursuit le payement. Si c'est par des personnes domiciliées, on le déclare non-recevable. Si c'est par des voyageurs et passans, on accueille sa demande. Cette distinction est autorisée par l'art. 327 de la coutume de Melun.

III. Est-il vrai, comme l'annoncent les nouveaux éditeurs du Dénizart, qu'un aubergiste soit cru à son affirmation sur ce qui lui est dû par ceux qu'il a logés? Nous ne saurions adopter un pareil sentiment.

D'abord, la règle générale est que toute demande doit être prouvée pour être admise : *Actore non probante, reus absolvi debet, etiamsi nihil ipse probaverit.* Ensuite, il est très-rare de trouver crédit dans une auberge, et l'on n'en sort presque jamais sans avoir payé; la présomption est donc contre l'aubergiste : il faudrait, pour écarter cette présomption, qu'il eût retenu en gage quelque effet de celui qu'il prétend être son débiteur : s'il ne l'a point fait, comment l'écouterait-on? C'est à lui à s'imputer sa trop grande facilité : *Jura vigilantibus subveniunt.* Autrement, il n'y a pas de voyageur qui ne fût exposé à payer deux fois la même dépense.

L'arrêt que rapportent les auteurs cités, a été motivé par une circonstance particulière. — Le sieur Lespinasse, de Bordeaux, était venu loger chez Rollet, aubergiste à Lyon; et y avait séjourné deux ans. Il avait auparavant logé quelques mois chez le nommé Martin, aubergiste dans la même ville, à qui il avait fait, en sortant de chez lui, un billet de 66 livres pour restant de nourriture et logement, sous le cautionnement de Rollet, qui depuis acquitta le billet. — Rollet n'étant pas payé, forma sa demande contre Lespinasse, qui soutint avoir acquitté, non-seulement sa nourriture et son logement, mais encore le billet de 66 livres. — Par sentence de la sénéchaussée de Lyon, Lespinasse fut condamné à payer le tout, en affirmant par Rollet qu'il n'avait rien reçu. Sur l'appel, M. l'avocat-général Joly de Fleury insista particulièrement sur la mauvaise foi de Lespinasse, qui osait soutenir qu'il avait remboursé à Rollet le billet de 66 livres, tandis que ce billet existait encore entre les mains de celui-ci; il conclut de là qu'il avait été bien jugé : et par arrêt du mercredi 4 septembre 1765, la sentence fut confirmée avec amende et dépens. — On voit clairement que cet arrêt n'a déféré l'affirmation à l'aubergiste, que parce que la mauvaise foi de Lespinasse ne permettait pas qu'on s'en rapportât à son serment.

IV. Un aubergiste a-t-il action contre un père dont il a nourri l'enfant?

Cette question dépend des principes dont on trouvera le développement sous les noms *Puissance paternelle.* Nous nous bornerons ici à retracer deux arrêts du parlement de Normandie, des 1.er septembre 1514 et 19 août 1729.

Le premier fait défense « à tous Taverniers, Hôteliers et autres personnes, de quelque qualité qu'elles soient, de bailler ou prêter, ou faire bailler ou prêter, directement ou indirectement, aucuns deniers, denrées ou marchandises, aux enfans étant fils de famille, ou autres sous-âgés, étant mineurs d'ans, sans le consentement et autorité de leurs parens, tuteurs, curateurs ou gardiens, sous peine de perdre les deniers, denrées ou marchandises qu'ils leur auront baillés ou fait bailler, de quelque manière que ce soit, et être contre eux procédé selon et ainsi que de droit et par raison ».

Le second arrêt a été rendu en faveur du sieur Aubry, seigneur de Cauverville, Vanecroy, et autres lieux, contre Jean-Baptiste Bichot, aubergiste à Rouen. — Celui-ci avait donné retraite au fils du sieur Aubry, qui, par esprit de libertinage, avait quitté la maison paternelle. Après sa mort, il attaqua le père en payement de trois années de nourriture. — Sentence du bailliage de Rouen, du 4 février 1729, qui réduit la prétention de Bichot à 1,000 livres pour une année, et le quartier courant de la nourriture fournie au fils du sieur Aubry. — Appel par le sieur Aubry et par Bichot. La cause portée à l'audience, le sieur Aubry faisait principalement valoir la pension de 900 livres qu'il avait toujours payée à son fils, et ce fait était reconnu par Bichot. — M. l'avocat-général Le Chevalier dit que, « quelque favorable que fût l'action pour le payement des alimens, néanmoins cette faveur ne pouvait militer contre un père, pour les alimens et pour la fourniture de vin faite à son fils majeur, sans son aveu et sans son agrément, par un aubergiste informé de la pension annuelle que le père payait à son fils, ainsi que des sujets de mécontentement du père contre le fils. Quand ces motifs particuliers (ajoutait ce magistrat), ne se présenteraient pas tels qu'ils sont dans l'espèce qui s'offre aujourd'hui à décider, le bien public s'opposerait à l'introduction d'une action semblable, de la part des aubergistes contre les pères; ce serait donner ouverture aux fils de famille de se soustraire à l'obéissance et au respect qu'il doivent à leurs parens : ce serait leur faciliter la voie et leur faire naître le désir de quitter la maison paternelle pour se retirer dans une auberge, afin d'y mener un genre de vie plus libre et plus licencieux, et pour s'y soutenir, d'avoir recours à des emprunts usuraires, etc. ». D'après ces considérations, M. l'avocat-général a estimé qu'il y avait lieu de décharger le sieur Aubry des condamnations prononcées contre lui; de mettre, sur l'appel de Bichot, l'appellation au néant avec amende; et faisant droit sur ses conclusions, ordonner que l'arrêt de règlement, du 1.er septembre 1514 serait répudié au bailliage de Rouen. — Ces conclusions ont été suivies de point en point par l'arrêt cité.

§. IV. *Des obligations des aubergistes envers les personnes qu'ils logent et reçoivent chez eux.*

I. Dès le moment qu'un voyageur, un étranger, est reçu dans une hôtellerie, il se forme une convention entre lui et l'aubergiste. Il s'oblige de payer sa dépense et les soins du maître. Celui-ci s'oblige de le loger, de garder ses chevaux, équipages et autres effets.

II. On trouve sous les mots *Hôtellerie* et *Vol*, un grand nombre d'arrêts sur la question de savoir en quel cas un aubergiste est responsable des effets qui ont été volés ou perdus dans sa maison.

Dans l'espèce de celui du 7 juillet 1724, qui est rapporté au premier de ces articles, les sieurs Barbier et Mazai demandaient que la femme de l'aubergiste fût condamnée solidairement avec lui. La sentence les avait déboutés de leurs conclusions à cet égard. Mais sur l'appel, on considéra que la femme participe aux profits, qu'elle est obligée aux mêmes soins que son mari; qu'on ignore si elle est commune en biens avec lui; qu'on ne doit la connaître que comme Hôtellière, puisqu'elle en fait les fonctions; et par l'arrêt cité, les sieurs Barbier et Mazai obtinrent la solidarité contre la femme. — Ils demandaient aussi la contrainte par corps, mais ils ne furent pas écoutés, par la raison qu'ils ne pouvaient imputer à l'aubergiste que de la négligence.

Le même motif a fait rendre récemment au parlement de Toulouse un arrêt assez remarquable. — Un marchand de porcs s'étant arrêté dans l'auberge du nommé Caubon, au village de Touget en Gascogne, y vendit ses porcs à un autre marchand, à tant le quintal. Il fut question après le souper de peser ces animaux. Une romaine s'étant trouvée trop courte, le propriétaire des porcs alla dans le village emprunter un levier; de retour à l'auberge, il n'y trouva plus que cinq porcs au lieu de six qu'il avait; alors il se répandit en injures contre l'aubergiste, qu'il accusa d'avoir soustrait celui qui manquait. L'aubergiste mit ce marchand à la porte, quoiqu'il fût minuit, sans néanmoins le maltraiter. — Le marchand rendit plainte devant le juge de Mauvaisein, contre l'aubergiste, 1.° pour soustraction d'un cochon; 2.° pour éjection de sa personne dans la rue pendant la nuit. — Information, décret de prise de corps contre l'aubergiste, appel au parlement de Toulouse, arrêt de défenses à la charge de se remettre dans les prisons de la cour pour subir interrogatoire, et sur le surplus renvoi à l'audience. — L'aubergiste disait qu'en thèse générale, il n'est pas permis de prendre la voie criminelle contre un Hôtelier, pour les pertes faites chez lui par ceux qu'il loge; que dans le fait, il n'y avait nulle preuve qu'il fût l'auteur de la soustraction du cochon, qu'il était au contraire en état de prouver que ce cochon s'était échappé de lui-même, et avait fait deux lieues pour retrouver son ancien gîte. — Arrêt du 21 février 1783, qui casse le décret de prise de corps et tout ce qui l'a précédé, évoquant, relâche l'aubergiste, avec dépens, dommages et intérêts.

III. Il est à remarquer qu'on ne doit pas appliquer aux effets qu'on laisse entre les mains d'un aubergiste en partant de chez lui, la rigueur des règles établies relativement aux dépôts nécessaires que font dans sa maison les voyageurs et passans qu'il reçoit. A cet égard, dit Aublet de Maubuy, *Traité des dépôts*, page 206, « il ne devient plus que dépositaire volontaire, parce que c'est un acte purement volontaire de la part des parties; l'Hôtelier ne devient dépositaire que parce qu'il le veut; la confiance qu'on lui donne en ce cas, n'est pas une suite de sa profession. Il n'est plus astreint qu'aux obligations du dépositaire volontaire; et en cas de difficulté sur la remise du dépôt, il n'y a que sa déclaration. Je l'ai vu juger ainsi en 1765, sur délibéré, au rapport de M. Renaud d'Yrval (conseiller au parlement de Paris); quoique l'hôte convînt avoir ouvert de lui-même la valise en l'absence du déposant. La raison était qu'il y avait dans la valise une drogue qui, s'échauffant, infectait la chambre. En vain on opposait qu'il aurait dû, pour constater le fait, appeler un commissaire; qu'ayant ouvert la valise, lui ou ceux de la maison en avaient détourné les effets : il affirma qu'il n'y avait alors que ce qu'il représentait et offrait de remettre. Le déposant fut déclaré non-recevable. Il y avait entre le dépôt fait et la réclamation, un laps de trois ans. Celui que je défendais était néanmoins lieutenant-colonel ».

V. Dépôt, Hôtellerie, Vol, etc.

* HOTELLERIE. Maison où les voyageurs et les passans sont logés et nourris pour de l'argent; et l'on appelle *hôtelier* celui qui tient une Hôtellerie.

L'hôtelier est tenu du fait des personnes de sa famille et de celui de ses domestiques, selon les fonctions qui leur sont commises; ainsi, quand un voyageur donne aux domestiques qui ont les clefs des chambres, une valise ou d'autres effets, ou qu'il met son cheval dans l'écurie à la garde du palefrenier, le maître doit en répondre. Cette décision est fondée sur la loi 1, §. dernier, D. *Nautæ, Cauponii, Stabularii.*

Mais si un voyageur remet, en arrivant dans une Hôtellerie, un sac d'argent à un enfant, ou à une servante, hors de la vue du maître ou de la maîtresse, ceux-ci ne seront pas obligés de répondre d'un effet de cette conséquence.

Au surplus, l'hôtelier doit garder ou faire garder, avec tout le soin possible, les choses que le voyageur a rapportées dans l'Hôtellerie. C'est pourquoi il est tenu non-seulement de ses fautes, mais encore de la moindre négligence, soit de sa part, soit de celle de ses gens.

Papon rapporte un arrêt, du 10 juin 1775, par lequel le parlement de Paris condamna la maîtresse d'une Hôtellerie à rendre à un marchand de Lyon une bourse qu'il lui avait donnée à garder, et qui avait été ensuite perdue ou volée.

Par un autre arrêt du 27 février 1584, que rapporte La Rocheflavin, le parlement de Toulouse condamna un hôtelier de Rabastens à payer la valeur de la marchandise qu'un voiturier avait déchargée dans l'étable de l'Hôtellerie, et qu'on lui avait ensuite volée, quoiqu'il eût fermé à clef la porte de cette étable. Les voleurs s'étaient introduits dans l'étable par un trou qu'ils avaient fait au mur.

Par un autre arrêt du 14 juin 1616, que rapporte Bérault sur la coutume de Normandie, le parlement de Rouen déclara un hôtelier responsable d'un vol de marchandises qui avait été fait à des voituriers dans la cour de l'Hôtellerie; et il fut ordonné que ces voituriers seraient crus à leur serment, relativement à la qualité de ces marchandises.

Par un autre arrêt du 3 mai 1695, que rapporte M. Desjaunaux, le parlement de Flandre condamna un hôtelier d'Ypres à rendre à un lieutenant de cavalerie deux pistolets qui lui avaient été pris dans l'Hôtellerie.

Par un autre arrêt du 21 juin 1718, un hôtelier de Langais fut condamné à restituer à des marchands les marchandises qu'ils disaient leur avoir été volées dans des balles, quoiqu'il n'y eût d'autre preuve du vol que la déclaration de ces marchands, et que l'hôtelier déclarât qu'il n'avait aucunement été instruit de ce qu'il y avait dans ces balles. Le serment fut déféré à ces marchands relativement à l'objet du vol.

Par un autre arrêt du 7 juillet 1724, le parlement de Paris condamna Jean Chartier et sa femme, hôteliers sur la route d'Orléans, à payer solidairement au sieur Barbier de la Serre, chanoine d'Agen, et au sieur de Mazac, curé d'Aiguillon en Agenois, environ deux mille livres qu'ils déclarèrent, sous serment, leur avoir été volées dans l'Hôtellerie. Il y avait dans l'affaire cette circonstance, que quand le procureur fiscal s'était rendu à l'Hôtellerie pour y entendre les plaignans, il avait dressé procès-verbal d'une ouverture faite à une cloison, par laquelle il était possible qu'un enfant de douze à quatorze ans se fût introduit dans la pièce où l'on prétendait que le vol avait été fait.

Il y a néanmoins des arrêts qui ont débouté divers particuliers des demandes qu'ils avaient formées contre des hôteliers, pour leur faire payer des vols faits dans leurs Hôtelleries.

Papon en rapporte un des grands jours de Clermont, par lequel un hôtelier a été déchargé d'un vol fait en son Hôtellerie, attendu que l'auteur du vol était le valet du plaignant.

Par un autre arrêt, du 29 novembre 1664, le parlement de Paris a jugé qu'un hôtelier n'était pas responsable du vol fait à des voyageurs dans son Hôtellerie, par des personnes qui n'étaient point ses domestiques. On prétendait dans cette espèce que le vol avait été commis par un passant, auquel on avait donné un lit dans la chambre même où était logée la personne volée.

Par un autre arrêt du 27 août 1677, rapporté au Journal des Audiences, un hôtelier de Sézanne en Brie, ou ses héritiers, furent déchargés du vol d'argent que Charlotte Pensard, servante de l'Hôtellerie, avait fait à Nicolas Desrues, huissier à cheval au Châtelet de Paris. Plusieurs des juges étaient d'avis contraire. Les circonstances qui paraissent avoir déterminé l'arrêt, sont que Desrues avait été averti de ne pas laisser son argent dans sa chambre, attendu qu'elle n'était pas assez bien fermée, et que l'hôtelier avait fait condamner sa servante à être pendue pour raison de vol.

Par un autre arrêt du 3 février 1687, rapporté au Recueil de Boniface, le parlement de Provence a jugé que l'hôtelier n'était pas responsable d'un vol fait à un voyageur, par un autre voyageur, dans l'Hôtellerie, lorsque la chose volée n'avait pas été déposée entre les mains de l'hôtelier.

Le nommé Bernard, hôtelier à Rennes, ayant été actionné pour représenter des marchandises qu'on avait déposées, depuis quinze jours, entre les mains de sa servante, soutint que, quoiqu'il fût responsable de l'équipage d'un voyageur, des ballots d'un voiturier, et de la fidélité de ses domestiques en ce qui concernait leur service ordinaire, il ne devait pas être tenu des dépôts qu'on leur confiait. Le parlement de Bretagne adopta ces moyens; et par arrêt du 6 décembre 1691, il déchargea l'hôtelier de la demande formée contre lui.

Par un autre arrêt du 7 décembre 1700, rapporté au Recueil d'Augeard, le parlement de Paris jugea qu'un hôtelier n'était pas responsable des pierreries qu'on avait mises chez lui sans en faire la déclaration.

Enfin, par un autre arrêt, rendu le 4 avril 1727, entre les sieurs Despati, contrôleur du grenier à sel de Clamecy, et Née de Durville, lieutenant de l'élection du même lieu, demandeurs contre Charles Guitté, hôtelier à Saint-Pierre-le-Moûtier, défendeur, les parties ont été mises hors de cour et de procès relativement aux effets que les demandeurs répétaient, et qu'ils prétendaient leur avoir été volés dans l'Hôtellerie. — Le motif qui détermina l'arrêt, fut que, lors de la plainte, il avait été constaté qu'il n'y avait aucune fracture à la porte ni aux murs des chambres que les demandeurs occupaient depuis plusieurs jours, et dont ils avaient toujours eu les clefs.

Il résulte des différentes décisions qu'on vient de rapporter, que les juges se déterminent communément par les circonstances dans les affaires de la nature de celles dont il s'agit. En effet, s'il est nécessaire pour le maintien de l'ordre public, d'assujétir les hôteliers à répondre des choses que les voyageurs apportent dans les Hôtelleries, on ne doit pas pour cela ajouter aveuglément foi à l'assertion des personnes qui se plaignent d'avoir été volées : il convient en cas pareil que, pour prononcer contre un hôtelier, les circonstances soient telles, qu'on ne puisse se dispenser de présumer la vérité du vol, soit par la nature du fait, soit par la qualité des parties, surtout lorsque les plaignans sont gens d'une probité reconnue.

[[Voici ce que contient, sur cet objet, le Code Napoléon :

« *Art.* 1952. Les aubergistes ou hôteliers sont responsables, comme dépositaires, des effets apportés par le voyageur qui loge chez eux. Le dépôt de ces sortes d'effets doit être regardé comme un dépôt nécessaire.

» 1953. Ils sont responsables du vol ou du dommage des effets du voyageur, soit que le vol ait été fait ou que le dommage ait été causé par les domestiques et préposés de l'Hôtellerie, ou par des étrangers allant et venant dans l'Hôtellerie.

» 1954. Ils ne sont pas responsables des vols faits avec force armée ou autre force majeure ».

Les hôteliers sont-ils responsables des accidens qui arrivent aux chevaux qu'ils logent dans leurs écuries? *V. Dommage.*]]

L'hôtelier a un privilége sur les effets des voyageurs, relativement aux dettes contractées envers lui pour les dépenses qu'ils ont faites dans l'Hôtellerie. La coutume de Paris a sur cet objet une disposition précise. Voici ce que porte l'art. 175 : « Dépens d'hôtelage, livrés par hôtes à pélerins ou à leurs chevaux, sont privilégiés, et viennent à préférer devant tout autre sur les biens et chevaux hôtelés; et les peut, l'hôtelier, retenir jusqu'à payement; et si aucun autre créancier les voulait enlever, l'hôtelier a juste cause de soi opposer ».

[[Le Code Napoléon, art. 2102, n.° 5, met au rang des créances privilégiées « les fournitures d'un aubergiste, sur les effets du voyageur qui ont été transportés dans son auberge».]]

Observez néanmoins que l'hôtelier ne doit pas retenir l'habillement d'un voyageur pour la dépense que celui-ci a faite: c'est l'avis de Tronçon et de Lemaître. [[Il paraît même justifié par la restriction que fait le Code Napoléon du privilége dont il s'agit, *aux effets qui ont été* TRANSPORTÉS *dans l'auberge.*]] — Il y a d'ailleurs un arrêt du 18 mars 1595, qui a condamné un hôtelier *à aumôner aux prisonniers de la conciergerie du palais une somme de dix écus*, parce qu'il avait retenu les habits d'un voyageur qui était ensuite mort de froid. (M. GUYOT.) *

HOUILLE. On appelle ainsi *le charbon de terre.*

La nature de la Houille, relativement à la distinction des biens en meubles et immeubles, en féodaux et roturiers, est clairement déterminée par les chartes générales du Hainaut.

L'art. 12 du ch. 122 de ces lois, porte : « Toutes pierres, *charbons*, mines de fer et autres métaux étant en terre, seront réputés pour héritages; et séparés de terre, seront tenus pour meubles».

L'art. 13 du même chapitre mérite une attention particulière : « Droit de charbonnage généralement sera tenu pour héritage; néanmoins y succèderont les enfans à égale portion, autant la fille que le fils; et en pourront les héritiers puissans d'aliéner, disposer par vente, transport ou avis de père et mère, sans payer droit seigneurial, ne fût qu'il soit tenu en fief, auquel cas la loi générale des fiefs aura lieu, et en sera dû le droit seigneurial ».

Pour entendre parfaitement ce texte, il faut le rapprocher du ch. 130, dont l'art. 1.er attribue au seigneur haut-justicier *l'avoir en terre non extrayé;* et dont l'art. 2 ajoute que , *par avoir en terre non extrayé, sont entendues choses trouvées en terre, comme charbon, pierres et semblables ; et au regard des mines de fer, l'on se réglera comme du passé.*

Il est aisé de sentir que le *droit de charbonnage* dont parle l'art. 13 du ch. 122, n'est point le droit qui est attaché à la qualité de seigneur haut-justicier; car on voit, par cet article, qu'il peut n'être pas féodal dans la personne de celui à qui il appartient; et certainement il serait féodal, il le serait même nécessairement, s'il était considéré comme faisant partie d'un fief haut-justicier, et existant dans la personne du seigneur. Il faut donc entendre cet article, du *droit de charbonnage* concédé par le seigneur haut-justicier à un particulier qui entreprend l'exploitation d'une mine de Houille. — Si la concession est pure et simple, ce droit se partage entre tous les héritiers, sans prérogative d'âge ni de sexe; mais si la concession en est faite à titre de fief et par sous-inféodation, il se règle comme les fiefs, tant en succession qu'en toute autre matière; et dans l'un et l'autre cas, il est regardé comme un immeuble véritable, pourvu cependant, comme l'observe Raparlier sur le ch. 122 des chartes générales, que ce droit ne soit pas accordé à titre de bail, c'est-à-dire pourvu que le seigneur n'en ait pas limité l'exercice à un certain temps; car en ce cas, il ne pourrait passer que pour un bail à ferme; et l'on voit par l'art. 8 du chapitre cité des chartes générales, qu'un bail est toujours meuble en Hainaut, quelque long qu'il soit.

[[*V.* les articles *Entrecens et Mine.*]]

* HOUPION. On appelle ainsi les cimes et branchages des arbres.

Quand on accorde des arbres pour bâtir, celui pour lequel on les délivre ne doit en prendre que ce qui est nécessaire à l'usage auquel ils sont destinés. Le surplus, qu'en termes d'eaux et forêts on nomme *Houpion*, doit être vendu avec les mêmes formalités que les châblis.

C'est ce que prescrivent les ordonnances de juillet 1736, art. 24; de septembre de la même année, art. 14, 15, 19 et 20; de mars 1638, art. 23; de septembre 1402, art. 23; et de mars 1515, art. 40, dont les dispositions à cet égard ont été confirmées par l'ordonnance de 1669.

Pour empêcher le divertissement de ces Houpions, l'art. 5 du tit. 21 de cette ordonnance défend aux bûcherons d'en disposer, à peine d'amende arbitraire et de restitution du double de la valeur, dont l'entrepreneur devient responsable; et même s'il avait pris, dans les arbres qui lui ont été délivrés, quelque chose au-delà de ce qui est destiné à l'usage pour lequel ils lui ont été accordés, il en serait également responsable. C'est pour le vérifier qu'il lui est enjoint, par la même ordonnance, de donner au garde-marteau et au garde du canton un état du nombre des arbres délivrés, de leur hauteur, grosseur et qualité, du temps qu'ils ont été enlevés, et du nom de ceux qui les ont fait transporter.

Sur le même principe, les engagistes, usufruitiers et douairières, à qui l'on a accordé des arbres pour les réparations des bâtimens dépendans de l'engagement, de l'usufruit ou du douaire, ne peuvent point disposer des Houpions de ces arbres, dont ils ne doivent prendre que les longueurs nécessaires à l'usage auquel ils sont obligés de les employer. *V. Châblis* et *Menus marchés*. (M. Henriquez.) *

* HUISSIER. Officier de justice établi pour assigner les parties devant les tribunaux, signifier et mettre à exécution les jugemens et les autres commissions émanées du juge.

§. I. *Des Huissiers en général.*

I. Les Huissiers ont été ainsi nommés, parce que ce sont eux qui gardent l'*huis*, ou porte du tribunal. Le principal objet de cette fonction est de tenir la porte close, lorsqu'on délibère au tribunal; d'empêcher qu'aucun étranger n'y entre sans la permission du juge, et même qu'on n'écoute auprès de la porte les délibérations de la compagnie qui doivent être secrètes; de faire entrer ceux qui sont mandés au tribunal, et d'en faire sortir ceux qui y causent du trouble.

Ceux qui faisaient la fonction d'Huissiers et de sergens chez les Romains étaient appelés *apparitores, cohortales executores, statores, cornicularii, officiales.*

En France, on les appelait tous anciennement *servientes*, d'où l'on a fait en français, *sergent.*

Dans la suite, on distingua entre les sergens ceux qui étaient de service au tribunal. Ceux-ci furent appelés *Huissiers*, à cause qu'ils étaient, comme on l'a dit, chargés de la garde des portes.

Enfin, le titre d'*Huissier* a été donné à la plupart des sergens, quoiqu'ils ne fissent point de service auprès du juge. Et l'on appelle *Huissiers audienciers* ceux qui sont de service à l'audience, pour les distinguer des autres Huissiers ou sergens.

II. Les Huissiers doivent être laïcs. Joly rapporte une ordonnance de Charles VIII, du 23 octobre 1525, qui défend aux clercs, même à ceux qui n'ont que la simple tonsure, de posséder des offices d'Huissiers.

III. Les offices d'Huissiers étant vénaux dans les justices royales, ces officiers ne peuvent exercer leurs fonctions qu'en vertu des provisions qu'ils ont obtenues du roi. Un arrêt du conseil du 16 septembre 1681, fait défense à tout Huissier ou sergent royal de faire aucun exploit, s'il n'en a permission de sa majesté, à peine d'être puni comme faussaire; et un autre arrêt du conseil du 25 septembre 1718 fait défense d'exercer aucun office d'Huissiers sans provisions. Ainsi les juges ne peuvent point recevoir d'Huissiers sur de simples démissions.

[[La vénalité des offices d'Huissiers a été supprimée par l'art. 1 de la loi du 29 janvier 1791.

L'art. 13 de la même loi a autorisé les Huissiers alors existans, à continuer leurs fonctions en vertu de leurs anciennes immatricules.

Cette disposition a été maintenue par l'art. 27 de la loi du 19 vendémiaire an 4.

Mais, par l'art. 3 de l'arrêté du gouvernement du 22 thermidor an 8, rendu en exécution de l'art. 96 de la loi du 27 ventôse précédent, qui attribue au premier Consul (aujourd'hui Empereur), le droit exclusif de nommer les Huissiers sur la présentation du tribunal auquel ils doivent être attachés, il est dit qu'immédiatement après l'enregistrement de l'arrêté du premier Consul « portant nomination des nouveaux Huissiers, tous les anciens Huissiers, autres que ceux compris dans cet arrêté, n'auront plus aucun caractère public et cesseront leurs fonctions ».]]

IV. L'ordonnance d'Orléans veut que les Huissiers ne puissent être reçus avant l'âge de vingt-cinq ans : mais, suivant l'édit du mois de juin 1708 et la déclaration du 22 décembre 1699, il suffit que les Huissiers des juridictions consulaires soient âgés de vingt-deux ans, et ceux de police, de vingt ans.

[[*V.* la loi du 31 janvier 1793, rapportée à l'article *Garde des Bois*, sect. 1, §. 2; et l'art. 121 du décret impérial du 6 juillet 1810.]]

V. Les Huissiers marchent devant le tribunal, lorsqu'il est en corps ou par députés, et aussi devant les premiers officiers, lorsqu'ils entrent au siége ou qu'ils en sortent; afin de leur faire porter honneur et respect, et pour empêcher qu'on ne les arrête dans leur passage, c'est pourquoi ils frappent de leur baguette, afin de faire faire place.

Outre la garde des portes, les Huissiers sont chargés particulièrement de faire faire silence, ou de faire sortir ceux qui font du bruit à l'audience, ou qui n'y viennent pas en habit décent; ils ont même le droit d'emprisonner ceux qui causent du trouble dans l'audience. — [[Mais *V. Audience*, §. 3.]]

Les Huissiers ont le droit de donner les assignations, les ajournemens, et de faire toutes les significations, commandemens, saisies et exécutions qui peuvent être requis ou ordonnés dans le ressort où ces officiers sont établis.

Les Huissiers exécutent les décrets rendus en matière criminelle, font les procès-verbaux de perquisition, les emprisonnemens, les saisies et annotations des biens, etc. [[*V. Arrestation.*]]

Il y a quelques actes que les notaires ont droit de faire concurremment avec les Huissiers. Tels sont, suivant l'ordonnance du mois de mars 1673, tit. 5, art. 8, les protêts des lettres ou billets de change. [[*V. Protêt.*]]

VI. Les Huissiers sont obligés d'exercer leurs fonctions eux-mêmes, sans pouvoir commettre d'autres personnes à leurs places, ni faire signifier leurs exploits par leurs clercs, à peine de faux. C'est ce qui résulte de divers règlemens, et particulièrement d'une ordonnance du mois de mars 1356; d'une autre du mois de mars 1498; d'une autre du mois d'octobre 1535; d'un arrêt du parlement de Paris, du 27 juin 1568; d'un autre arrêt de la même cour, du 7 septembre 1654, etc. [[*V. Exploit.*]]

VII. Suivant l'ordonnance de 1670, la déclaration du 28 mars 1720 et plusieurs autres règlemens, les Huissiers ne peuvent être ni geoliers, ni guichetiers, ni archers de maréchaussées, ni cabaretiers, ni solliciteurs de procès.

[[La loi du 24 vendémiaire an 3, qui détermine l'incompatibilité entre diverses fonctions judiciaires et administratives, est muette sur celles d'Huissiers; et sur ce fondement, le tribunal civil de Beaune avait jugé, le 14 pluviôse an 10, qu'il était par-là dérogé à l'art. 5 de la loi du 6 mars 1791, qui déclare les fonctions des greffiers des juges de paix incompatibles avec celles d'Huissiers des tribunaux ordinaires. Mais ce jugement a été cassé, sur mon réquisitoire, par arrêt de la cour de cassation du 6 prairial an 10. *V.* mon *Recueil des Questions de droit*, au mot *Huissier*, §. 3.]]

VIII. L'ordonnance de Moulins, l'édit d'Amboise et l'ordonnance de Blois défendent, sous peine de la vie, et sans aucune espérance de grâce, d'outrager ou excéder les Huissiers ou sergens, lorsqu'ils font quelques exploits de justice. — Jourdain de Lille, fameux par ses brigandages sous Charles IV, fut pendu en 1322, pour avoir tué un Huissier qui l'ajournait au parlement de Paris. — Edouard II, comte de Beaujeu, fut décrété de prise-de-corps et emprisonné à la conciergerie, pour avoir fait jeter par la fenêtre un Huissier qui était venu lui signifier un décret; il fut même obligé, pour obtenir sa liberté, de céder ses états à Louis II, duc de Bourbon. — En 1367, le prince de Galles ayant empêché un Huissier, qui venait l'ajourner, de faire son devoir, fut déclaré contumace et rebelle par le parlement; et les terres que son père et lui tenaient en Aquitaine, furent déclarées confisquées. — [[*V. Offense à la loi* et *Rébellion.*]]

En cas de résistance ou de rébellion, les Huissiers peuvent appeler à leur secours les habitans des villes et villages; et ceux-ci sont tenus de leur prêter la main, sous peine d'amende arbitraire. Telles sont les dispositions de l'art. 33 de l'ordonnance de Moulins. — [[*V.* la loi du 27 juillet 1791, art. 8, 14, 42 et 43.]]

Les Huissiers peuvent aussi, pour l'exécution des ordres de justice, demander main-forte aux gouverneurs des provinces, aux baillis, etc.; et en cas de refus, ils doivent en dresser procès-verbal, et l'envoyer au procureur-général du parlement dans le ressort duquel ils exploitent. C'est ce qui résulte de l'art. 15 du tit. 10 de l'ordonnance du mois d'août 1670. — [[*V.* la loi du 27 juillet 1791, art. 22.

IX. L'art. 5 de l'ordonnance du mois de mai 1568 veut que les Huissiers résident dans le lieu où ils sont établis pour exercer leurs charges, à peine de suspension de leur état pour la première fois, et de privation pour la seconde.

Divers arrêts, tant du conseil que du parlement de Paris, des 4 août 1648, 2 janvier 1665, 9 mars 1691, 15 juin 1694 et 13 décembre 1755, ont enjoint sous différentes peines aux Huissiers et sergens royaux de se retirer dans les lieux où ils étaient immatriculés, et d'y faire leur résidence.

X. Les Huissiers qui refusent d'obéir au juge, et de lui prêter leur ministère pour l'exécution des ordres de justice, peuvent être condamnés à l'amende, et même interdits, si la désobéissance est considérable. C'est ce qui résulte de plusieurs règlemens, et particulièrement d'un édit du mois de novembre 1554.

Par arrêt du 8 avril 1767, le parlement de Paris a ordonné que tous les Huissiers ou sergens royaux demeurans dans l'étendue des bailliages ou sénéchaussées du ressort de la cour, de quelque juridiction qu'ils dépendissent, seraient tenus d'obéir sans difficulté aux mandemens des lieutenans-criminels, et à ceux du substitut du procureur-général du roi, pour faire le service nécessaire, relativement à l'instruction et au jugement des procès criminels, même à l'exécution des jugemens rendus contre les condamnés, à peine d'amende pour la première fois, et d'interdiction de leurs fonctions en cas de récidive.

[[L'Empereur, à qui appartient le droit exclusif de nommer les Huissiers, a aussi, et par une suite nécessaire, le droit de les révoquer. Mais les tribunaux n'en sont pas moins autorisés à les suspendre ou interdire. *V.* l'arrêt de la Cour de cassation du 22 germinal an 11, rapporté dans mon *Recueil de Questions de droit*, au mot *Huissier*, §. 2; le Code de procédure civile, art. 132, 307, 562 et 1031; et l'art. 66 du décret impérial du 16 février 1806.]]

Suivant la déclaration du 9 août 1764, donnée sur l'ordonnance de 1667, et plusieurs autres règlemens, les Huissiers sont obligés, sous peine de tous dépens, dommages et intérêts, de prêter leur ministère aux parties qui veulent les employer, à moins qu'ils ne soient malades, ou qu'ils n'aient quelque autre excuse légitime pour s'en dispenser. Boniface rapporte un arrêt du 20 décembre 1640, qui a condamné un Huissier à l'amende pour avoir refusé d'exécuter une commission. — [[Aujourd'hui, un pareil refus ne pourrait plus être puni que de l'interdiction. *V.* le Code de procédure civile, art. 507.]]

[Par la même raison, lorsqu'un Huissier s'est chargé d'une exécution, il ne peut la différer sans s'exposer aux dommages-intérêts qui pourraient résulter de son retard. — Le président Desjaunaux, tome 1, §. 77, rapporte un arrêt du parlement de Flandre du 8 octobre 1695, qui juge « qu'un Huissier chargé de l'exécution d'un acte, s'en rend responsable en la différant, à moins qu'il ne donne avis à sa partie de l'impossibilité où il se trouve de remplir sa commission ». C'est aussi ce que porte l'art. 13 du règlement de la même cour du 16 septembre 1672, communément appelé l'*Ordonnance des Huissiers*. — Un arrêt du conseil souverain d'Alsace, du 14 mai 1751, « ordonne que tous Huissiers ou sergens du ressort, chargés d'actes exécutoires, seront tenus, les formalités de l'ordonnance remplies, de procéder sans délai par saisie et exécution, ou d'avertir dans le mois, en cas de carence et d'insolvabilité, en rendant les pièces, à peine de tous dépens, dommages et intérêts, même du dû, s'il y a négligence »].

XI. Les Huissiers sont tenus de donner aux parties un récépissé des pièces qu'elles leur ont confiées. Ils doivent particulièrement donner quittance de l'argent qu'ils ont reçu des parties qui les ont employés. Ils sont d'ailleurs tenus, sous peine d'interdiction, et de plus grande peine le cas échéant, d'annoter, au bas de leurs procès-verbaux ou exploits tout ce qui leur a été payé pour ces objets. C'est ce qu'ont ordonné différentes lois, et particulièrement l'ordonnance d'Orléans, le règlement du 10 janvier 1587, celui du 24 mai 1603, les édits de mai 1568 et janvier 1573, l'ordonnance de Blois, l'édit de Melun, l'ordonnance de 1667, l'arrêt de réglement du parlement de Dijon du 11 décembre 1747, etc. — [[*V.* l'article 67 du Code de procédure civile, et l'art. 66 du décret impérial du 16 février 1807.]]

Plusieurs ordonnances, entre autres celle du mois d'août 1589, et celle d'Orléans, ont défendu aux Huissiers, sous peine de privation de leur état et de punition corporelle, de rien prendre au-delà de leurs salaires, même les choses qui leur auraient été offertes volontairement. [*V.* les art. 64 et 86 du décret impérial du 18 juin 1811, et *Concussion.*

Un arrêt du parlement de Paris, du 15 janvier 1684, porte qu'ils ne pourront prendre directement ni indirectement aucune promesse ou obligation sous leur nom ou sous le nom d'autres personnes, pour le payement de leurs salaires, à peine d'interdiction et des dommages et intérêts des parties.

Par un autre arrêt du 20 juin 1662, rapporté au Recueil des chartes des notaires, la même cour a fait défense à tout Huissier ou sergent de recevoir et passer aucune quittance, contrat ou acte volontaire, par forme d'accord ou autrement, quand même les parties l'auraient désiré, et d'entreprendre sur les fonctions des notaires, à peine de faux et d'amende arbitraire. — [[Mais *V. Acte sous seing-privé,* §. 1.]]

L'art. 23 de l'arrêt de réglement du 15 mai 1714, rendu pour le comté de Pontchartrain, porte que les Huissiers ne pourront, sous peine d'interdiction et de tous dépens, dommages et intérêts des parties, accorder du délai à un débiteur, à moins qu'ils n'y aient été autorisés par le créancier.

Un arrêt des grands jours de Poitiers, du 14 décembre 1579, veut qu'aussitôt que les Huissiers ont rempli leurs commissions, ils délivrent aux parties qui les ont employés les pièces et les deniers qu'ils ont reçus pour elles, à peine d'interdiction pour la première fois, et de privation de leur état pour la seconde. [*V.* le Code civil, art. 2060.]

Deux arrêts, l'un rendu au parlement de Provence le 18 mai 1639, rapporté par Boniface, et l'autre rendu au parlement de Paris, le 12 mai 1705, rapporté au Journal des Audiences, ont jugé que les Huissiers étaient garans des nullités d'ordonnances qu'ils commettaient dans leurs exploits, et devaient être condamnés aux dépens, dommages et intérêts des parties qui les avaient employés, surtout en matière de retrait lignager.

[[*V.* l'art. 71 du Code de procédure civile, et *Nullité,* §. 5.]]

XII. Les Huissiers ou sergens qui se rendent coupables d'excès ou de mauvais traitemens, lors des exécutions ou emprisonnemens qu'ils font, doivent être punis de peine arbitraire, selon la qualité du fait et des personnes. L'édit d'Amboise veut qu'en cas pareil, un Huissier soit privé de son office, et même puni corporellement, s'il y échet.

Boniface rapporte un arrêt du 27 mars 1642, par lequel un Huissier a été condamné à l'amende pour avoir outragé la partie qu'il exécutait. [[*V.* le Code pénal de 1810.]]

XIII. Les Huissiers qui exigent de l'argent de quelqu'un pour ne pas l'emprisonner, ou pour ne pas saisir ses meubles, ou pour ne pas l'établir gardien ou commissaire à une saisie, doivent pareillement être punis d'une peine proportionnée à la qualité du délit. Leprêtre rapporte un arrêt du parlement de Paris, du 20 mars 1602, par lequel un Huissier a été condamné à l'amende honorable et au bannissement, pour avoir exigé de l'argent de plusieurs paysans, sous les menaces de les établir commissaires.

La Rocheflavin rapporte un autre arrêt du 3 janvier 1567, par lequel le parlement de Toulouse a condamné à l'amende et au bannissement trois Huissiers ou sergens qui, au lieu d'exécuter la contrainte qu'un marchand leur avait remise pour exécuter et emprisonner un débiteur, avaient averti ce débiteur.

[[Aujourd'hui, un Huissier qui recevrait de l'argent d'une partie pour ne pas exercer contre elle les contraintes dont il est chargé, encourrait la peine du carcan. *V.* le Code pénal de 1810, art. 177.]]

Les ordonnances d'avril 1453 et d'octobre 1535 enjoignent aux juges de punir, selon l'exigence des cas, des Huissiers ou sergens qui commettent des abus ou malversations dans les exécutions qu'ils font.

Par arrêt du 31 juillet 1755, le même Delaunai, Huissier à cheval, qui s'était adjugé des meubles qu'il vendait, a été condamné à l'amende honorable et à neuf années de galères.

[[Aujourd'hui, un Huissier ne pourrait plus, en pareil cas, qu'être condamné à des dommages-intérêts et suspendu de ses fonctions, sauf au roi à le révoquer.]]

Lorsque la malversation d'un Huissier n'est pas de nature à mériter une peine afflictive ou infamante, les juges doivent procéder sommairement à la punition de l'Huissier sur les plaintes qui leur sont portées par les parties. [[*V. Discipline.*]]

XIV. Les Huissiers ou sergens qui font des actes sans pouvoir ou procuration, peuvent être désavoués comme les procureurs; et si ce désaveu se trouve fondé, ils doivent être condamnés à indemniser de tous dépens, dommages et intérêts, la partie au nom de laquelle ils ont agi. [*V. Désaveu.*]

XV. Les Huissiers ne peuvent point exploiter dans les affaires où ils ont intérêt, ni dans celles qui concernent leurs parens ou alliés au second ou au troisième degré. — La Rocheflavin rapporte un arrêt du 12 mai 1548, par lequel le parlement de Provence a condamné un Huissier, appelé Lacroix, à cent sous d'amende, pour s'être chargé d'un procès de l'oncle de sa femme, et lui a fait défense, ainsi qu'aux autres Huissiers, de se charger des procès, soit civils, soit criminels, de leurs parens ou alliés, sous peine d'amende arbitraire et de privation de leurs offices. — Par un autre arrêt du 23 octobre 1704, le parlement de Paris a condamné Pierre Gilet, Huissier à cheval au châtelet, à trois livres d'amende, à être interdit pendant six semaines, et aux dépens, dommages et intérêts, pour avoir emprisonné son beau-frère. — Par un autre arrêt du 6 septembre 1721, la même cour a déclaré nul un exploit fait à la requête de Claude Lefèvre, par un Huissier qui était son parent au troisième degré.

[[L'art. 66 du Code de procédure civile porte que « l'Huissier ne pourra instrumenter *pour* ses parens et alliés, et ceux de sa femme, en ligne directe à l'infini, ni *pour* ses parens et alliés collatéraux, jusqu'au degré de cousin issu de germain inclusivement, le tout à peine de nullité ».

Mais les Huissiers des juges de paix ne sont pas compris dans cette disposition. L'art. 4 du même Code décide seulement que « l'Huissier de la justice de paix ne pourra instrumenter pour ses parens en ligne directe, ni pour ses frères, sœurs et alliés au même degré ».]]

XVI. Les Huissiers sont tenus de faire, pour les fermes du roi, tout exploit et signification de la première réquisition. Par une ordonnance de M. l'intendant de Lyon, du 8 février 1723, il a été enjoint aux sergens, Huissiers et archers, de faire, à la première réquisition du fermier du contrôle, des actes et droits y joints, dans trois jours au plus tard à Lyon, et dans huit jours pour la campagne, tous exploits, actes, commandemens, saisies et contraintes, moyennant salaire raisonnable, sinon qu'ils demeureraient interdits et condamnés à 500 livres d'amende.

Par ordonnance de M. l'intendant de Paris, du 5 décembre 1733, deux Huissiers de Meaux ont été interdits de leurs fonctions pendant trois mois, pour avoir refusé de signifier une contrainte à d'autres Huissiers de la même ville, et il a été enjoint aux Hommes et sergens de faire, pour le service de la ferme des domaines, toutes les significations, exploits et autres actes du fait de leurs charges ou commissions, à la première réquisition des préposés et commis du fermier des domaines, et droits y joints, à peine d'interdiction pour six mois, et de plus grande peine, s'il y échéait.

[[La loi du 29 fructidor an 5 porte que « les Huissiers sont tenus de faire les significations de tous actes et jugemens relatifs aux délits forestiers, à peine de destitution ».

Mais les gardes des bois de l'état partagent avec eux le droit de faire des significations. *V. Garde des bois*, sect. 1, §. 3.

Il en est de même en matière de droits réunis : les préposés de l'administration de ces droits peuvent donner eux-mêmes les assignations sur les procès-verbaux qu'ils ont dressés. *V.* le décret impérial du 1.er germinal an 13, art. 28.

L'art. 18 du tit. 13 de la loi du 22 août 1791, sur les douanes, autorise les préposés de la régie à « faire, pour raison du service des douanes nationales, tous exploits et actes de justice que les Huissiers ont accoutumé de faire. Ils pourront toutefois (ajoute-t-il), se servir de tel Huissier que bon leur semblera, notamment pour les ventes d'objets saisis, confisqués ou abandonnés ». *V. Procès-verbal.*]]

XVII. La déclaration du roi du 1.er mars 1731 restreint les Huissiers à n'exercer leurs fonctions que dans l'étendue des juridictions où ils sont immatriculés, à peine de nullité et de 500 livres d'amende.

[[Trois arrêts de la cour de cassation, des 16 floréal an 9, 14 vendémiaire et 12 nivôse an 10, ont déclaré nuls des exploits faits par des Huissiers hors de leurs arrondissemens. *V.* ci-après, §. 2.]]

XVIII. Il est permis aux Huissiers, par une déclaration du 18 juillet 1615, de porter des pistolets et d'autres armes pour la sûreté de leurs personnes, lorsqu'ils vont à la campagne exercer leurs fonctions.

XIX. Suivant divers arrêts du conseil, des 21 mars 1676, 4 novembre 1766, 25 octobre 1768 et 14 mai 1771, les Huissiers ou sergens doivent tenir des registres paraphés par les premiers juges des siéges où ils sont immatriculés, pour y faire mention sommaire de tous les exploits qu'ils délivrent, ainsi que du bureau où ils ont fait contrôler ces exploits : ils sont obligés de donner communication de ces registres au fermier et à ses commis à la première réquisition, à peine de 100 livres d'amende pour chaque contravention. *V. Répertoire.* (M. GUYOT.) *

[[XX. En quel sens et dans quels cas les Huissiers sont-ils considérés comme fonctionnaires publics? Voici ce que décide, sur ce point, un avis du conseil d'état du 3 nivôse an 13, approuvé le 5 du même mois par l'empereur.

« Le conseil d'état qui, d'après le renvoi de S. M. l'empereur, a entendu le rapport de la section de l'intérieur sur celui du grand-juge, ministre de la justice, relativement à une lettre à lui adressée par un juge de paix du canton de Duffel, département des Deux-Nèthes, en date du 26 frimaire an 13, sur cette double question : 1.° si les Huissiers sont fonctionnaires publics; et 2.° dans quels cas ils doivent ou ne doivent point être astreints à payer le droit de passage établi sur le pont de Duffel sur la Nèthe; — Vu l'arrêté du 14 fructidor an 10, qui exempte du droit de péage sur le pont de Duffel les fonctionnaires publics dans l'exercice de leurs fonctions; — Considérant que l'exercice des fonctions d'Huissiers ne commence qu'aux domiciles des particuliers auxquels ils ont à notifier quelque acte de leur ministère, et non au moment où ils sortent de leurs maisons pour s'y rendre ou pour aller vaquer à leurs propres affaires; — Est d'avis que les Huissiers doivent, à la vérité, être regardés comme fonctionnaires publics; mais que l'exercice de leurs fonctions n'étant manifeste que lorsqu'ils accompagnent quelque prévenu ou condamné, le corps entier, ou quelque membre du tribunal auquel ils sont attachés, marchant pour leur service, ils doivent, dans tout autre cas, être assujétis, comme les simples particuliers, au droit de péage ».

XXI. On trouvera sous les mots *Ajournement*, *Exploit*, *Droits litigieux*, *Consignation*, *Prescription*, *Patente*, *Faux*, *Cautionnement des employés et fonctionnaires publics*, *Exécution*, *Mandat d'arrêt*, *Contrainte par corps*, *Gardien*, *Saisie*, etc., beaucoup d'autres règles communes à tous les Huissiers.

§. II. *Des Huissiers du conseil d'état.*

Par l'art. 51 du décret impérial du 22 juillet 1806, concernant les affaires contentieuses portées au conseil d'état, il est dit que « les significations d'avocat à avocat, et celles aux parties ayant leur demeure à Paris, seront faites par des Huissiers au conseil ».

§. III. *Des Huissiers de la cour de cassation.*

L'art. 70 de la loi du 27 ventôse an 8 porte : « il y aura, auprès du tribunal de cassation, huit Huissiers, qu'il nommera et pourra révoquer. Ils instrumenteront exclusivement pour les affaires de la compétence du tribunal de cassation, dans l'étendue seulement du lieu de sa résidence; ils pourrront instrumenter, concurremment avec les autres Huissiers, dans tout le département de la résidence du tribunal de cassation ».

§. IV. *Des Huissiers des cours impériales.*

Ces Huissiers ont été créés par l'art. 96 de la loi du 27 ventôse an 8 : « il sera établi (porte cet article) près de chaque tribunal de première instance, *près de chaque tribunal d'appel*, près de chaque tribunal criminel, un nombre fixe d'Huissiers, qui sera réglé par le gouvernement : ils seront nommés par le premier Consul (aujourd'hui Empereur), sur la présentation de ce même tribunal ».

Un Huissier d'une cour impériale peut-il exploiter dans tout son ressort? ou ne le peut-il que dans l'arrondissement du tribunal de première instance du lieu où réside cette cour?

La cour impériale de Nismes avait infirmé, par arrêt du 3 germinal an 10, un jugement du tribunal de premièr instance d'Uzès, qui, sur la réclamation du sieur Bon, avait annullé un commandement que le sieur Ganjoux lui avait fait signifier à Uzès même, par un Huissier de cette cour; et elle avait motivé cette arrêt sur ce qu'il ne paraissait pas « que l'arrêté du gouvernement du 22 thermidor an 8 eût dérogé au droit commun, d'après lequel les Huissiers avaient droit d'exploiter dans tout le ressort des tribunaux auxquels ils étaient attachés; que cette dérogation serait contraire à l'équité; que les Huissiers des tribunaux d'appel, ayant été soumis à un cautionnement plus fort que celui des autres Huissiers, devaient être traités plus favorablement: que d'ailleurs, d'autre part, l'arrêté du 22 thermidor an 8, ne prononçait pas la nullité des exploits faits par les Huissiers des tribunaux d'appel hors de l'arrondissement du tribunal de première instance, et que, d'une part, les Huissiers près le tribunal d'appel de Nismes étant en possession publique et constante d'exploiter dans toute l'étendue du ressort de ce tribunal, le commandement du 12 prairial an 7 devrait être maintenu d'après la loi *Barbarius Philippus* ».

Mais le sieur Bon s'étant pourvu en cassation, arrêt est intervenu le 13 brumaire an 12, au rapport de M. Riolz, par lequel, « Vu l'art. 44 de la constitution portant : *Le gouvernement propose les lois et fait les règlemens nécessaires pour assurer leur exécution;* l'art. 96 de la loi du 27 ventôse an 8...., et l'art. 7 de l'arrêté des consuls du 22 thermidor an 8, portant : *Les Huissiers seront chargés exclusivement, 1.° du service personnel près leurs tribunaux respectifs, 2.° des significations d'avoué à avoué, aussi près leurs tribunaux respectifs, ils feront concurremment tous autres exploits, mais seulement dans le ressort du tribunal de première instance;* Attendu, en premier lieu, que la partie de l'art. 7 de l'arrêté qui concerne le service personnel et les significations d'avoué à avoué, s'appliquant aux Huissiers des tribunaux de première instance, l'emploi du pronom *ils* dans la dernière partie en nécessite évidemment la même application; d'où il suit que l'Huissier du tribunal d'appel de Nismes qui a signifié hors du ressort du tribunal de première instance de cette ville, le commandement dont il s'agit au procès, était sans pouvoir pour faire cette signification; attendu, en second lieu, que la disposition de la loi du 4 germinal an 2, qui veut que l'inobservation des nouvelles lois entraîne la peine de nullité, quand elle n'y serait pas exprimée, doit recevoir son application aux réglemens faits pour l'exécution de ces lois; attendu enfin que la possession dans laquelle le jugement attaqué dit que l'usage où sont les Huissiers du tribunal d'appel de Nismes de faire des significations hors du tribunal de première instance, loin d'être un motif pour valider ces significations, en est un puissant de réprimer cet abus, par l'exemple d'une annullation: le tribunal casse et annulle.... ».

La question s'est représentée depuis, mais dans une circonstance particulière. — Le 13 fructidor an 11, arrêt de la cour d'appel de Pau qui annulle une expertise faite sous l'autorité du ci-devant tribunal civil du département des Landes, entre le sieur Etcheveri et la dame Bordenave, et ordonne qu'il en sera fait une nouvelle sur les lieux pardevant un des membres de cette cour délégué à cet effet. — En exécution de cet arrêt, un commissaire de la cour d'appel se transporte sur les lieux, accompagné d'un Huissier de sa compagnie. — Cet Huissier, quoique hors de l'arrondissement du tribunal de première instance de Pau, signifie à la dame Bordenave, en son domicile, l'arrêt du 13 fructidor an 11, et les diverses ordonnances que rend le commissaire. — La dame Bordenave demande la nullité de ces significations. — Le 1.er thermidor an 13, arrêt qui les déclare valables, « attendu que s'agissant de l'exécution d'un arrêt de la cour, et des ordonnances de son commissaire, l'Huissier avait qualité, dans ce cas, pour exploiter dans tout le ressort de ladite cour; et que, d'autre part, l'arrêté des consuls du 22 thermidor an 8, qui, pour les significations à faire, circonscrit les Huissiers dans le ressort du tribunal de première instance, ne prononce pas la peine de nullité de celles qu'ils font hors dudit ressort ». — La dame Bordenave se pourvoit en cassation, et prouve très-bien que tout Huissier qui instrumente hors de son territoire, n'instrumente que comme simple particulier; qu'ainsi, la peine de nullité est de plein droit sous-entendue dans l'arrêté du gouvernement du 22 thermidor an 8. Mais restait la circonstance qui formait le premier motif de l'arrêt de la cour d'appel de Pau, et cette circonstance a paru décisive: par arrêt du 22 juillet 1806, au rapport de M. Lasaudade, « considérant que s'agissant de l'exécution d'un arrêt de la cour d'appel de Pau et d'ordonnances de son commissaire, l'Huissier, près cette cour, avait qualité pour les signifier; la cour rejette... ».

§. V. *Des Huissiers des cours d'assises et des cours spéciales.*

Une loi du 29 septembre 1791 avait attribué aux présidens des cours de justice criminelle le droit de nommer les Huissiers de ces cours.

Cette attribution fut changée par la loi du 19 vendémiaire an 4: l'art. 27 de cette loi conféra à tous les juges des cours de justice criminelle le droit de concourir à la nomination et à la révocation des Huissiers, dont il fixa le nombre à deux par section.

On a vu au paragraphe précédent, que, par l'art. 66 de la loi du 27 ventôse an 8, la nomination des Huissiers des cours de justice criminelle était réservée à l'Empereur.

La suppression des cours de justice criminelle a nécessité là-dessus de nouvelles dispositions. Voici celles que contient le décret impérial du 6 juillet 1810.

« Art. 116. Dans les lieux où il y a une cour d'appel et une cour de justice criminelle, les Huissiers immatriculés dans l'une ou l'autre de ces cours, seront exclusivement chargés, 1.° du service près la cour impériale; 2.° des significations d'avoué à avoué près la même cour; 3.° des exploits en matière criminelle. — Ils pourront instrumenter, en matière civile, concurremment avec les Huissiers du tribunal de première instance, et dans l'étendue du ressort de ce tribunal. Cependant ceux qui seront spécialement chargés du service criminel, ne pourront instrumenter hors du canton de leur résidence, sans un mandement exprès de notre procureur général.

» 117. Dans les lieux où il n'y a point de cour d'appel, les Huissiers attachés aux cours de justice criminelle, seront exclusivement chargés du service personnel près la cour d'assises et la cour spéciale, ainsi que de tous exploits en matière criminelle. Ils seront tenus de se faire immatriculer au tribunal de première instance; et ils pourront instrumenter, en matière civile, concurremment avec les Hussiers de ce tribunal, mais dans l'étendue seulement du canton de leur résidence.

» 118. A l'avenir, les Huissiers qui devront faire le service près les cours d'assises et les cours spéciales des départemens autres que celui où siége la cour impériale, seront désignés par le procureur impérial criminel, de concert avec le président, parmi les Huissiers du tribunal de première instance. En cas de dissentiment, il en sera référé au procureur-général: jusqu'à ce qu'il ait statué, les Huissiers désignés par le procureur impérial criminel, seront tenus de faire le service près la cour d'assises et spéciale, ainsi que tous les exploits en matière criminelle ».

V. Le décret impérial du 18 juin 1811.

§. VI. *Des Huissiers des tribunaux de première instance.*

La cour de cassation, les cours impériales, les cours d'assises et les cours spéciales n'ont que des Huissiers audienciers; les tribunaux de première instance en ont de deux sortes: des Huissiers audienciers et des Huissiers ordinaires.

Les Huissiers audienciers sont chargés par l'art. 7 de l'arrêté du gouvernement du 22 thermidor an 8, du service personnel du tribunal auquel ils sont attachés, attribution qui embrasse, suivant l'art. 152 du décret impérial du 16 février 1807, contenant le tarif des frais et dépens, 1.° l'appel de chaque cause sur le rôle; 2.° la publication du cahier des charges dans toute espèce de vente judiciaire, soit lors de l'adjudication provisoire, soit lors de l'adjudication définitive.

Ils ont de plus, comme on l'a vu au §. 4, le droit exclusif de faire toutes les significations d'avoué à avoué; et ils doivent seuls, hors le cas indiqué au

§. 3, faire en matière criminelle et correctionnelle, toutes celles qui sont requises par le ministère public, dans le lieu de leur résidence.

Pour toutes les autres fonctions dépendantes de l'état d'Huissiers, les Huissiers ordinaires ont la concurrence avec les audienciers.

Les art. 27 et 66 et l'art. 152 du décret impérial du 16 février 1807 détermine le tarif des exploits, procès-verbaux et vacations, tant des Huissiers ordinaires que des Huissiers audienciers, et du ressort de la cour d'appel de Paris; et un autre décret du même jour déclare ce tarif commun, sauf quelques réductions, aux Huissiers des autres ressorts.

V. les décrets impériaux des 30 mars 1808, 18 août 1810 et 18 juin 1811.

§. VII. *Des Huissiers des tribunaux de commerce.*

Le code de commerce porte, liv. 4, art. 10, qu'*il y aura près de chaque tribunal.......... des Huissiers nommés par le gouvernement. Leurs droits* (ajoute-t-il), *vacations et devoirs, seront fixés par un règlement d'administration publique.*

§. VIII. *Des Huissiers des justices de paix.*

Dans les premiers temps de leur institution, les juges de paix ruraux n'avaient point d'Huissiers.

Les citations étaient données devant eux, en vertu de cédules qu'ils délivraient, et qui étaient notifiées par le greffier de la municipalité du domicile des parties assignées, ou par celui qui était commis pour le remplacer. Ainsi l'avait réglé la loi du 14 octobre 1790, tit. 1, art. 5.

Il n'en était pas de même des juges de paix des villes. L'art. 3 du tit. 10 de la même loi les autorisait à « commettre un des Huissiers ordinaires domiciliés dans leur arrondissement, ou au moins dans la ville pour être attachés au service de leur juridiction »; et l'art. 5. voulait que les citations fussent faites « par le ministère de leur Huissier, dans la forme ordinaire des exploits ».

En confirmant cette dernière disposition, l'art. 13 de la loi du 6-27 mars 1791 porte que, « les citations et jugemens des juges de paix seront signifiés par eux (leurs Huissiers), et non par autres, à peine d'amende de six livres, qui sera prononcée par le juge de paix, dont moitié applicable à son Huissier, l'autre moitié sera versée dans la caisse du receveur des amendes ». — Mais du reste, cette loi ne parle encore que des *Huissiers des juges de paix dans les villes;* et, par-là, elle maintient implicitement l'article de la loi du 14 octobre 1790, qui laisse les juges de paix ruraux sans Huissiers.

L'art. 27 de la loi du 19 vendémiaire an 4 en dispose autrement. Après avoir dit qu'il y aura « auprès de chaque tribunal non divisé en sections, et de chaque section de tribunal, deux Huissiers, nommés irrévocables par le tribunal », elle ajoute : « Il n'y aura qu'un seul Huissier pour chaque justice de paix, lequel ne pourra instrumenter que dans le ressort de sa justice »; ce qui suppose tout à la fois et que chaque juge de paix, soit de ville, soit de campagne, aura un Huissier, et qu'il pourra non-seulement le nommer lui-même, mais encore le révoquer.

Ces dispositions sont modifiées par les articles suivans de la loi du 28 floréal an 10 :

« 3. Chaque juge de paix nommera un Huissier au moins, et deux au plus. — La première nomination pourra porter sur ceux qui ont exercé ou exercent actuellement les fonctions simples d'Huissiers près des justices de paix, ou sur les Huissiers déjà reçus par les tribunaux d'appel, criminels ou de première instance, pourvu qu'ils résident dans le ressort de la justice de paix.

» 6. A l'avenir, les juges de paix ne pourront prendre leurs Huissiers que dans cette dernière classe.

» 7. Si cependant il n'y a pas d'Huissiers de cette qualité résidant dans le canton, le juge de paix pourra nommer tous autres citoyens, lesquels n'entreront néanmoins en exercice qu'après que le tribunal de première instance, s'étant fait rendre compte de leurs mœurs et de leur capacité, aura confirmé leur nomination ».

Est-il dérogé par cette loi à la disposition de l'art. 27 de celle du 19 vendémiaire an 4, qui défend aux Huissiers ordinaires de faire aucun exploit *pour les justices de paix et bureaux de conciliation*?

Le tribunal de première instance de Bellesme avait jugé que non, les 12 fructidor an 10 et 6 thermidor an 11; mais ces deux jugemens ont été cassés, sur mon réquisitoire, le 10 brumaire an 12. *V.* mon *Recueil de Questions de Droit*, aux mots *Huissiers de juge de paix*, §. 2.

Cette décision est confirmée bien clairement par l'art. 4 du Code de procédure civile, lequel porte que « la citation (devant le juge de paix) sera donnée par l'Huissier de la justice de paix du domicile du défendeur; en cas d'empêchement, par celui qui sera commis par le juge »; et par l'art. 52 du même Code, qui veut que la citation en conciliation soit « donnée par un Huissier de la justice de paix du défendeur ».

Le juge de paix peut-il prononcer en tribunal de police l'amende à laquelle on a vu plus haut que doit être condamné tout Huissier ordinaire qui fait une citation devant une justice de paix, ou qui signifie un de ses jugemens?

Voici ce que nous offre sur cette question le *Bulletin criminel* de la cour de cassation, à la date du 7 novembre 1806 :

« Corbin, en sa qualité d'Huissier, avait signifié un jugement du tribunal de paix du canton de Neuilly. L'Huissier attaché à ce tribunal n'avait pas réclamé contre cette signification. — L'adjoint au maire de la commune de Passy, près Paris, remplissant les fonctions du ministère public près le tribunal de simple police, avait fait citer Corbin devant ce tribunal pour le faire condamner à l'amende de six francs, comme ayant empiété sur les droits de l'Huissier attaché au tribunal de paix, et par là encouru la peine prononcée par la loi du 6-27 mars 1791, confirmée par celle du 19 vendémiaire an 4. — Corbin n'ayant pas comparu sur cette citation, le tribunal, faisant droit des conclusions du ministère public, donne défaut, et pour le profit, *attendu que le défaillant avait, au mépris des lois citées, fait ladite signification, qui est attribuée par les mêmes lois exclusivement aux Huissiers des juges de paix, il le condamna en l'amende de six francs, dont moitié serait versée dans la caisse du domaine, et l'autre applicable à l'Huissier du tribunal, et aux dépens.* — Sur l'opposition formée par Corbin, et sur les moyens d'incompétence fournis par lui à l'appui de cette opposition, second jugement qui l'en déboute. — Incompétence et excès de pouvoir que la cour de cassation a réprimés par l'arrêt qui suit :

» Ouï le rapport de M. Delacoste et M. Giraud pour le procureur-général-impérial ; vu l'art. 456, n.° 6, du Code des délits et des peines; l'art. 163 du même Code; l'art. 13 de la loi du 6-27 mars 1791, et l'art. 7 de celle du 19 vendémiaire an 4; attendu que, d'après la disposition du dernier article cité, c'est le juge de paix en justice de paix ordinaire, qui doit prononcer la condamnation de l'amende encourue par l'Huissier qui, n'étant point celui que la loi attache à sa juridiction, se permet d'en faire les significations; qu'aucune loi postérieure n'a donné cette attribution aux tribunaux de police; que le tribunal de police de Neuilly, en condamnant l'Huissier Corbin à l'amende prononcée par le susdit article 13 de la loi du 27 mars 1791, à raison de la contravention prévu par cet article, a commis conséquemment un excès de pouvoir, et violé les règles de compétence établies par la loi : que tous les actes faits devant ce tribunal, à raison du même fait, sont frappés du même vice et de la même nullité; d'après ces motifs, la cour casse et annulle.... ».

Les Huissiers des juges de paix qui ne sont pas Huissiers ordinaires, ce qui peut encore arriver dans le cas prévu par l'art. 7 de la loi du 28 floréal an 10, peuvent-ils, dans l'arrondissement de ces juges, donner assignation, soit devant le tribunal d'arrondissement, soit devant une cour impériale? Il y a dans mon *Recueil de Questions de droit*, aux mots *Huissiers de justice de paix*, §. 1, un plaidoyer où j'ai établi l'affirmative, et à la suite duquel la section des requêtes a rendu, le 19 vendémiaire an 12, un arrêt qui a admis un recours en cassation contre un jugement par lequel le tribunal civil du département du Mont-Tonnerre en avait décidé autrement.

Je dois ajouter ici que cet arrêt a été suivi, à la section civile, d'un arrêt contradictoire du 15 brumaire an 13, au rapport de M. Lasaudade, par lequel, « vu l'art. 224 du règlement sur l'ordre judiciaire, publié dans les quatre départemens de la rive gauche du Rhin, le 4 pluviôse an 6 (et calqué sur l'art. 27 de la loi du 19 vendémiaire an 4); considérant que Sébastien Schlosser, à qui les deux actes ont été signifiés, étant domicilié dans le canton de Nersen; et que ces significations ont pu lui être faites valablement audit domicile par l'Huissier du juge de paix du même canton; la cour casse et annulle...... ».

Les exploits des Huissiers des juges de paix sont tarifés, pour le ressort de la cour impériale de Paris, par les art. 21, 22 et 23 du décret impérial du 16 février 1807, qu'un autre décret du même jour rend commun, à quelques réductions près, aux ressorts des autres cours.

D'après l'art. 166 du Code des délits et des peines, du 3 brumaire an 4, « les Huissiers du juge de paix, servent auprès du tribunal de police ».]]

* **HUISSIER-PRISEUR.** On appelle ainsi des officiers qui ont le droit de faire, privativement à tout autre, les prisées et estimations des biens-meubles, ainsi que les ventes publiques, tant volontaires que forcées des mêmes biens.

I. Ces officiers ont été créés, dans les juridictions royales, par un édit du mois de février 1556, par un autre édit du mois de mars 1[illegible], les offices de priseurs et vendeurs de meubles furent unis aux offices de sergens royaux ordinaires, pour ne faire à l'avenir qu'un seul et même corps.

Par un autre édit du mois d'octobre 1696, Louis XIV désunit les fonctions des priseurs-vendeurs de meubles, créées par les édits antérieurs, et créa de nouveaux offices de jurés priseurs-vendeurs de biens-meubles, pour être établis dans toutes les villes et bourgs du royaume du ressort immédiat des justices royales, à l'exception de la ville et banlieue de Paris, avec faculté de faire seuls, et à l'exclusion de tous autres, la prise et exposition en ventes de toutes sortes de biens-meubles, soit après les inventaires, soit par autorité de justice.

La finance de ces offices ayant paru trop modique à Louis XV, il les supprima par un édit du mois de février 1771, à l'exception de ceux de la ville et de la banlieue de Paris, à l'égard desquels il ne fut rien innové : il en créa de nouveau dans toutes les justices royales du royaume; et par l'art. 6 de cette loi, il leur attribua, « conformément audit édit d'octobre 1696, quatre deniers pour livre du prix des ventes seulement, lesquels ils retiendraient, par leurs mains, sur les deniers provenans dudit prix, deux sous six deniers pour chaque rôle de grosse de leurs procès-verbaux, et pareil droit de deux sous six deniers pour l'enregistrement de chacune des oppositions qui seraient faites à la délivrance des deniers provenans desdites ventes, non compris le contrôle et le coût du papier timbré, desquelles oppositions ils feraient mention dans leurs procès-verbaux, et demeureraient garans; et en outre pour chaque vacation de prisée dans les cas où elle aurait lieu, et qu'il en aurait été dressé procès-verbal, trente sous, sans préjudice des exploits qu'ils feraient comme Huissiers, desquels ils seraient payés comme Huissiers ».

Des lettres-patentes du 7 juillet de la même année 1771, ordonnèrent qu'il serait sursis, jusqu'à nouvel ordre, à la vente et à la levée des offices de jurés-priseurs-vendeurs de meubles nouvellement créés ; en conséquence, les notaires, greffiers, Huissiers ou sergens royaux, furent autorisés à faire, lorsqu'il en serait requis, les prisées et ventes de biens-meubles, nonobstant les dispositions de l'art. 9 de l'édit du mois de février précédent, auquel il fut dérogé à cet égard. Les mêmes lettres-patentes attribuèrent à ces officiers les vacations et droits réglés par l'art. 6 de cet édit, à l'exception néanmoins des quatre deniers pour livres du montant de ventes, que le roi se réserva, et que cependant ils furent tenus de percevoir pour en compter au profit de sa majesté. Il fut en même temps fait défense aux contrôleurs des actes de contrôler aucun procès-verbal de vente de meubles, qu'il ne leur eût été justifié du payement des quatre deniers pour livre dont il s'agit, à peine d'en demeurer personnellement garans et responsables : cette loi défendit en outre à toute personne autre que les notaires, greffiers, Huissiers ou sergens royaux, sous les peines portées par l'art. 9 de l'édit rapporté ci-devant, de s'immiscer à faire des prisées et ventes de biens-meubles.

D'autres lettres-patentes du 17 août de la même année 1771 rétablirent, sous le titre d'Huissiers ou sergens royaux, les anciens jurés-priseurs-vendeurs des biens-meubles, que l'édit du mois de février précédent avait supprimés. — « Voulons (porte l'art. 1 de ces lettres-patentes); que les pourvus desdits offices puissent, en vertu de leurs anciennes provisions, faire tous exploits, significations, contraintes, procès-verbaux et autres fonctions, telles et ainsi qu'elles appartiennent aux autres Huissiers et sergens royaux, créés et établis dans les sénéchaussées, bailliages et autres justices de notre royaume, et ce jusqu'à ce que nous jugions à propos de vendre les offices d'Huissier-priseur créés par notre édit du mois de février dernier. — Les jurés-priseurs (ajoute l'art. 2), commués en Huissiers ou sergens royaux, continueront de faire, lorsqu'ils en seront requis, les prisées et ventes des biens meubles de la même manière que les notaires, greffiers, Huissiers et sergents royaux y ont été autorisés par nos lettres-patentes du 7 juillet de la présente année....... ».

D'autres lettres-patentes du 16 avril 1772 ont maintenu dans leurs fonctions les jurés-priseurs-vendeurs de biens-meubles qui avaient été établis dans la province de Hainaut par l'édit d'octobre 1696.

L'art. 1 de ces lettres-patentes porte qu'ils « continueront de faire seuls, et à l'exclusion de tous autres, dans toute l'étendue de ladite province, les prisées, expositions et ventes de tous biens-meubles, soit qu'elles soient faites volontairement ou par autorité de justice, en quelque sorte et manière que ce puisse être, et sans aucune exception, conformément aux dispositions de l'édit du mois d'octobre 1696; à la charge par eux de compter des quatre deniers pour livre de toutes les ventes de meubles qu'ils feront, entre les mains de ceux qui seront préposés à cet effet ».

L'art. 5 fait « très-expresses inhibitions et défenses à toutes personnes, autres que lesdits priseurs-vendeurs, de faire les prisées, expositions et ventes de biens-meubles, en quelque manière que ce soit, même celles ordonnées par les sièges des amirautés, à peine de 1,000 liv. d'amende ».

Enfin, l'objet pour lequel avait eu lieu la surséance de la vente des offices de jurés-priseurs, ordonnée par l'édit de février 1771, s'étant trouvé rempli, c'est-à-dire que la perception qui avait été faite du produit de ces offices pendant un temps au profit du roi, ayant mis le gouvernement à portée de connaître la valeur des mêmes offices, la surséance dont on vient de parler a été levée par un arrêt du conseil du 25 novembre 1780.

Le roi ayant, par la suite, été informé que les droits de vacations et autres, attribués aux jurés-priseurs-vendeurs de biens meubles dans les ressorts des différens bailliages du royaume, variaient suivant les usages locaux, les règlemens et les autorisations des juges, sa majesté a jugé devoir rendre uniforme, par une loi générale, la perception de ces droits : en conséquence elle a donné, le 3 janvier 1782, des lettres-patentes, que le parlement de Paris a enregistrées le 11 du même mois, et dont l'art. 1 porte « que les jurés-priseurs, en titre d'office, percevront trois livres pour chaque vacation de trois heures par eux employée, soit à la prisée, soit à la vente des meubles, outre les quatre deniers pour livre du prix desdites ventes seulement, et leurs frais de voyage, tels qu'ils sont fixés pour les Huissiers; et qu'il leur sera payé six sous pour chacun rôle de grosse de leurs procès-verbaux, pareils six sous pour l'enregistrement de chacune des oppositions qui seront faites à la délivrance des deniers provenans desdites ventes, et trente sous par chaque extrait de leurs procès-verbaux ; non compris dans lesdits droits, le remboursement du contrôle et du coût du papier timbré ».

Observer que, s'étant élevé une contestation entre les Huissiers de la prévôté de l'hôtel du roi et les Huissiers-priseurs du châtelet, le conseil d'état a rendu un arrêt, le 17 octobre 1767, par lequel les Huissiers de la prévôté de l'hôtel ont été confirmés dans le droit exclusif de faire les ventes de meubles dans les maisons royales.

Un Huissier-priseur ayant, dans une vente après décès, adjugé à la veuve du défunt, commune en biens et gardienne des scellés, divers effets dont elle était restée débitrice, prétendit que les créanciers qui voulaient le faire compter du prix de ces effets, devaient les répéter à cette veuve ; mais par arrêt du 25 novembre 1763, le parlement de Paris jugea qu'il était obligé de représenter la totalité du prix des effets vendus, sauf son action contre la veuve à qui il avait fait crédit (M. GUYOT.)*

[[II. Les offices d'Huissiers-priseurs ayant été supprimés en 1790, la loi du 21-26 juillet de la même année a pourvu, en ces termes, à l'exercice de leurs fonctions :

« Art. 1. Les notaires, greffiers, Huissiers et sergens sont autorisés à faire les ventes des meubles dans tous les lieux où elles étaient ci-devant faites par les jurés-priseurs.

» 2. Les procès-verbaux de vente et de prisée faits par les officiers ci-dessus désignés, ne seront soumis qu'aux mêmes droits de contrôle que ceux des jurés-priseurs.

» 3. Il ne pourra être perçu par lesdits officiers que deux sous six deniers du rôle de grosse des procès-verbaux ; deux sous six deniers pour enregistrement d'une opposition, et une liv. dix sous par vacation de prisée, conformément à l'art. 6 de l'édit de février 1791, et ce, sans préjudice des conventions particulières qui pourront modifier ou abonner ces droits.

» 4. Les quatre deniers pour livre du prix des ventes seront versées par les officiers qui les auront faites, dans les mains des contrôleurs des actes, lesquels en compteront à la régie des domaines ».

Les quatre deniers pour livre dont cette loi maintenait la perception, ont été supprimés par l'art. 1 de la loi du 5-19 décembre 1790, qui y a substitué un droit d'enregistrement.

Le 17 septembre 1793, la convention nationale a rendu, sur cette matière, une loi ainsi conçue :

« Art. 1. Les notaires, greffiers et Huissiers sont autorisés à faire les prisées et ventes de meubles dans toute l'étendue de la république.

» 2. En conséquence, les Huissiers-priseurs de Paris, et les Huissiers ci-devant de l'hôtel cesseront les fonctions attribuées à leur office. Néanmoins, ceux d'entr'eux qui avaient le droit d'exercer les autres fonctions d'Huissier, auront la faculté de les remplir concurremment avec ces derniers.

» 3. Il ne pourra être perçu à Paris par lesdits officiers, lorsqu'ils procéderont aux ventes, que trois liv. par vacation, dont la durée sera de trois heures, et cinq sous pour l'enregistrement d'une opposition. Il leur sera accordé en outre les deux tiers du prix des vacations pour l'expédition du procès-verbal de chaque séance, sans y comprendre le droit d'enregistrement et de timbre.

» 4. Les officiers publics qui rempliront les mêmes fonctions dans les départemens, ne pourront également y percevoir que les deux tiers du prix des vacations, ainsi qu'elles sont fixées par la loi du 21 juillet 1790. La convention nationale rapporte l'art. 8 de cette même loi, qui les autorisait à percevoir deux sous six deniers par rôle de grosse des procès-verbaux ».

III. Cette loi a donné lieu à un arrêté du directoire exécutif du 12 fructidor an 4, qui trouve naturellement ici sa place :

« Le directoire exécutif, après avoir entendu le rapport du ministre de la justice, sur les abus résultans du droit que des particuliers s'arrogent dans quelques cantons, de faire des ventes publiques de meubles et effets mobiliers ; considérant que l'art. 1 de la loi du 17 septembre 1793, en autorisant les notaires, greffiers et Huissiers de faire des ventes publiques, a suffisamment fait connaître que ce droit ne pouvait être exercé par des citoyens ni même par des fonctionnaires publics qui ne seraient ni Huissiers, ni greffiers, ni notaires; que l'intention de cette loi est encore plus clairement manifestée par l'exception qu'elle établit, art. 2, en faveur de ceux d'entre les Huissiers-priseurs qui avaient le droit d'exercer les autres fonctions d'Huissiers, et à qui elle accorde, par cette raison, la faculté de les remplir, concurremment avec les Huissiers, greffiers et notaires, faculté qu'il serait illusoire et sans objet d'accorder par une disposition expresse, si elle appartenait de droit à tous les individus ; — Considérant que cette vérité acquiert encore un nouveau degré d'évidence, lorsqu'on réfléchit que par la loi qui vient d'être citée, ainsi que par celle du 26 juillet 1790, les notaires, les greffiers et [illegible] Huissiers ont été subrogés aux droits des ci-devant Huissiers-priseurs, à qui une foule de réglemens, et notamment l'édit de février 1771, avaient attribué celui de faire *seuls, et à l'exclusion de tous autres, la prisée, exposition et vente de tous biens-meubles, soit qu'elles fussent faites volontairement, après inventaires, ou par autorité de justice, en quelque sorte et manière que ce pût être et sans aucune exception ;* Considérant qu'il est instant d'assurer au trésor public le recouvrement de tous les droits d'enregistrement et de timbre, auxquels sont assujétis les prisées, inventaires et ventes publiques de meubles et effets mobiliers, et qu'éludent presque toujours les citoyens qui, sans caractère légal, se permettent de procéder à ces actes ; arrête ce qui suit :

» 1. Conformément aux lois des 26 juillet 1790 et 17 septembre 1793, et aux règlemens antérieurs, maintenus provisoirement par le décret de la convention nationale du 21 septembre 1792, il est défendu à tous autres que les notaires, greffiers et Huissiers, de s'immiscer dans les prisées, estimations et ventes publiques de meubles et effets mobiliers soit qu'elles soient faites volontairement après inventaire, ou par autorité de justice, en quelques sorte et manière que ce puisse être, et sans aucune exception.

» 2. Les contrevenans seront poursuivis devant les tribunaux, à la requête et diligence des commissaires du directoire exécutif près les administrations, pour être condamnés aux amendes portées par les réglemens non abrogés, sans préjudice des dommages-intérêts des notaires, greffiers et Huissiers, pour raison desquels ceux-ci se pourvoiront contre eux ainsi qu'ils aviseront ».

A cet arrêté en a succédé un autre du 27 nivôse an 5, qui est ainsi conçu :

» Le directoire exécutif, vu l'art. 2 de son arrêté du 12 fructidor an 4, portant que les contrevenans au droit exclusif des notaires, Huissiers et greffiers, de faire les prisées et ventes publiques de meubles et effets mobiliers, seront poursuivis devant les tribunaux, à la requête et diligence des commissaires du directoire exécutif près les administrations, *pour être condamnés aux amendes portées par les règlemens non abrogés;* — Considérant qu'il importe au recouvrement des droits d'enregistrement et de timbre, de remettre sous les yeux des citoyens et des autorités constituées, les règlemens qui ont déterminé ces ventes; que l'art. 11 de la loi du 12 vendémiaire an 4 autorise le directoire exécutif à faire publier les lois anciennes ou récentes, lorsqu'il le juge convenable; et que la loi du 21 septembre 1791 maintient expressément, jusqu'à la révocation, toutes les lois anciennes non encore abrogées; — Considérant que la loi du 26 juillet 1790 et 17 septembre 1793 ayant subrogé les notaires, Huissiers et greffiers aux ci-devant Huissiers-priseurs, dans toutes les attributions relatives aux prisées et ventes de meubles qu'elles n'ont pas formellement exceptées, il en résulte que les dispositions pénales, qui ont été portées précédemment contre les contrevenans au droit exclusif des Huissiers-priseurs, de faire les prisées et ventes de meubles, doivent être republiées pour être appliquées aux contrevenans au même droit transmis aux notaires, greffiers et Huissiers; — Vu en conséquence,

« 1.° L'édit du mois de février 1771, portant ce qui suit : « *Art.* 5. Lesdits jurés-priseurs-vendeurs » de meubles feront seuls et à l'exclusion de tous » autres, dans toute l'étendue du ressort du bail» liage, sénéchaussée, et autre justice du lieu de leur » établissement, la prisée, exposition et vente de » tous les biens-meubles, soit qu'elles soient faites » volontairement, après les inventaires, ou par au» torité de justice, en quelque sorte et manière que » ce puisse être, et sans aucune exception; rece» vront les deniers provenant desdites ventes, quand » même les parties y appeleraient d'autres Huis» siers, et jouiront de la faculté d'exploiter, dans » le cas d'exécution et vente de meubles, concur» remment avec les autres Huissiers, dans l'étendue » de leur ressort; — 9. Faisons très-expresses in» hibitions et défenses à tous notaires, greffiers, » Huissiers et sergens de quelque juridiction que » ce soit, même des amirautés, de s'immiscer à l'a» venir de faire lesdites prisées, expositions et ventes » de meubles, en quelque manière que ce soit, à » peine de 1,000 liv. d'amende, et aux contrôleurs » des exploits, de contrôler aucuns procès-verbaux » et prisées de ventes desdits biens-meubles, qui » seraient faits par autres que lesdits jurés-priseurs, » à peine de pareille somme; et lesdites amendes, » applicables moitié à l'hôtel du lieu, et l'autre » moitié aux pourvus desdits offices, ne pourront » être modérées ni réputées comminatoires »;

» 2.° Les lettres-patentes du 16 juillet 1771, lesquelles ordonnent « qu'il soit sursis à la levée » et vente des offices de jurés-priseurs-vendeurs de » biens-meubles, créés par l'édit du mois de février » dernier, jusqu'à ce qu'autrement il ait été ordonné; » en conséquence, que les notaires, greffiers, Huis» siers ou sergens puissent faire valablement, lors» qu'ils en seront requis, les prisées et ventes de » biens-meubles, en se conformant aux édits, décla» rations, arrêts et règlemens rendus à ce sujet; dé» rogeant, quant à ce seulement, aux dispositions » de l'édit du mois de février dernier; faisons dé» fense à toutes personnes autres que les notaires, » greffiers, Huissiers ou sergens, de s'immiscer à » faire les prisées et ventes de biens-meubles sous » les peines portées par l'art. 9 de notredit édit »;

» 3.° L'arrêt du ci-devant conseil d'État, du 21 août 1775, lequel ordonne que « conformément à » l'art. 5 de l'édit du mois de février 1771, et aux » lettres-patentes du 7 juillet suivant, il ne pourra » être procédé à aucune exposition publique et vente » à l'encan de meubles et effets mobiliers, soit » qu'elles soient faites volontairement, soit après les » inventaires, soit devant le juge, ou par autorité » de justice, en quelque sorte et manière que ce » puisse être et sans aucune exception, par d'autres » que par les notaires, greffiers, Huissiers ou ser» gens; fait très-expresses inhibitions et défenses à » toutes personnes, même aux propriétaires de » meubles et effets mobiliers qui seront encore » existans, et de pareilles amendes contre les con» trevenans »;

» 4.° L'arrêt du ci-devant conseil d'État, du 13 novembre 1778, qui ordonne que « l'édit du » mois de février 1771, les lettres-patentes du 7 » juillet de la même année, les arrêts du 21 août » 1772 et 22 juin 1775, seront exécutées selon leur » forme et teneur; fait en conséquence défenses à » toutes personnes sans caractère, même aux pro» priétaires, héritiers ou autres, de faire personnel» lement l'exposition, vente ou adjudication à l'en» can, d'aucuns biens meubles à eux appartenans » ou à d'autres, à peine de confiscation de meubles, » et de mille livres d'amende; leur enjoint d'y faire » procéder, par tel notaire, greffier, Huissier ou » sergent que bon leur semblera, lesquels seront » tenus, sous les mêmes peines, de dresser des pro» cès-verbaux en forme et sur papier timbré, des» dites ventes, et de comprendre dans lesdits pro» cès-verbaux tous les articles exposés en vente, tant » ceux par eux adjugés, soit en totalité ou sur » simple échantillon; que ceux retirés ou livrés » par les propriétaires ou héritiers pour le prix de » l'enchère ou de la prisée, lesquelles amendes ci» dessus ordonnées ne pourront, en aucun cas, être » remises ou modérées par les juges ».

» Après avoir entendu le ministre de la justice, arrête que les dispositions ci-dessus seront, avec le présent arrêté, réimprimées et publiées de nouveau, pour être exécutées selon leur forme et teneur, jusqu'à ce que, par le corps législatif, il en ait été autrement ordonné ».

IV. Ces dispositions ne sont plus applicables aux ventes de meubles qui se font à Paris. La loi du 27 ventôse an 9 contient, relativement à ces ventes, des dispositions ainsi conçues :

« *Art.* 1er. A compter du 1.er floréal prochain, les prisées des meubles et ventes publiques aux enchères d'effets mobiliers, qui auront lieu à Paris, seront faites exclusivement par des commissaires-priseurs-vendeurs de meubles. — Ils auront la concurrence pour les ventes de même nature qui se feront dans le département de la Seine.

» 2. Il est défendu à tous particuliers, à tous autres officiers publics, de s'immiscer dans lesdites opérations qui se feront à Paris, à peine d'amende qui ne pourra excéder le quart du prix des objets prisés ou vendus.

» 3. Lesdits commissaires-priseurs-vendeurs de meubles pourront recevoir toute déclaration concernant lesdites ventes, recevoir et viser toutes les oppositions qui y seront formées, introduire devant les autorités compétentes tous référés auxquels leurs opérations pourront donner lieu, et citer, à cet effet, les parties intéressées devant lesdites autorités.

» 4. Toute opposition, toute saisie-arrêt formées entre les mains des commissaires-priseurs-vendeurs, relatives à leurs fonctions, toute signification de jugement prononçant la validité desdites opposition ou saisie-arrêt, seront sans effet, à moins que l'original desdites opposition, saisie-arrêt ou signification du jugement n'ait été visé par le commissaire-priseur-vendeur, ou, en cas d'absence ou de refus, par le syndic desdits commissaires.

» 5. Les commissaires-priseurs-vendeurs auront la police dans les ventes, et pourront faire toute réquisition pour y maintenir l'ordre.

» Il sera alloué auxdits commissaires, pour frais de prisée, 6 francs par chaque vacation de trois heures.

» 7. Il leur sera alloué, pour tous frais de vente, vacations à ladite vente, rédaction de minute et première expédition de procès-verbal, droits de clercs et tous autres droits, non compris les déboursés faits pour annoncer la vente et en acquitter les droits, savoir : 8 francs pour 100 francs, lorsque le produit de la vente s'élèvera jusqu'à 1,000 francs; 7 pour 100, lorsque le produit s'élèvera jusqu'à 4,000 francs; et 5 pour 100, lorsque le produit s'élèvera au-dessus de 4,000 francs.

» 8. Le nombre des commissaires-priseurs-vendeurs sera de quatre-vingts.

» 9. Ils seront nommés par le premier consul, sur une liste de candidats qui sera soumise au gouvernement par le tribunal de première instance du département de la Seine, devant lequel les commissaires nommés prêteront serment.

» 10. Ils auront une chambre de discipline, qui sera organisée par un réglement; ils seront sous la surveillance du commissaire du gouvernement établi près le tribunal. — Ils verseront au trésor public, et par forme de cautionnement, une somme de 10,000 francs, dont il sera payé un intérêt, conformément à la loi du 9 frimaire an 9.

» 11. Le tribunal ne pourra admettre à la prestation du serment, que ceux qui justifieront de la quittance dudit cautionnement : le jugement qui donnera acte du serment, mentionnera la quittance (1) ».

V. Les courtiers de commerce peuvent-ils, sans

---

(1) Le réglement annoncé par l'art. 10 de cette loi, a été fait par le gouvernement le 29 germinal de la même année; en voici les termes :

« *Art.* 1er. Les dispositions contenues au réglement du 13 frimaire an 9, relatif aux avoués (*V. Chambre des avoués*), sont déclarées communes aux commissaires-priseurs-vendeurs de meubles, créés par la loi du 27 ventôse dernier, sauf les modifications ci-après.

» 2. La chambre des commissaires-priseurs vendeurs sera composée d'un président, d'un syndic, d'un rapporteur, d'un secrétaire, d'un trésorier et de dix autres membres.

» 4. Les membres de la chambre [illegible] nommés par l'assemblée générale des commissaires-priseurs-vendeurs, réunis à cet effet dans le local qui, pour la première fois, sera indiqué à chacun des membres par le commissaire du gouvernement près le tribunal de première instance.

» 5. Les membres de la chambre seront renouvelés tous les ans par tiers.

» 8. Chaque commissaire-priseur-vendeur sera tenu de faire, au secrétariat, déclaration de toutes les ventes dont il sera chargé, vingt-quatre heures au moins avant le commencement de la vente, et d'indiquer les jour, lieu et heure où elles se feront, ainsi que le nom des requérans. Le commissaire qui négligerait cette déclaration, payera 3 francs pour la première fois, 10 francs pour la seconde, et 25 francs pour la troisième. Ces déclarations seront reçues moyennant 1 franc, et seront portées, jour par jour, sur un registre ouvert à cet effet, signé et paraphé par le président.

» 9. Les membres composant la chambre de discipline, pourront se transporter dans les ventes, inspecter les procès-verbaux, les parapher, s'ils le jugent convenable.

» 10. Il y aura une bourse commune, dans laquelle entreront les deux cinquièmes des droits alloués aux commissaires, et produits par chaque vente. Les fonds de cette bourse commune seront affectés, comme garantie spéciale, au payement des deniers produits par les ventes, et seront saisissables.

» 11. Les commissaires-priseurs spécialement attachés à l'établissement du mont-de-piété, étant soumis personnellement à une garantie sur les prêts, pourront, par un traité particulier passé entre eux et les autres commissaires, régler la somme que les premiers verseront dans la bourse commune, par forme d'abonnement. — Le traité sera soumis à l'homologation du tribunal de première instance, sur les conclusions du commissaire du gouvernement.

» 12. La répartition des émolumens de bourse commune sera faite, par portion égale entre eux, de deux mois en deux mois.

» 13. Les commissaires-priseurs-vendeurs auront, dans l'exercice de leurs fonctions, l'habit complet noir, chapeau à la française, et une ceinture de soie noire ».

l'adjonction d'un commissaire-priseur à Paris, et d'un notaire, huissier ou greffier dans les autres villes, procéder à une vente publique de meubles? *V. Vente*, §. 8, n. 3.

VI. Quelles sont, relativement au droit d'enregistrement, les obligations des officiers qui remplacent aujourd'hui les huissiers-priseurs? *V. Enregistrement* (droit d'), §. 47; et *Vente*, §. 9, n. 5 et 6.]]

HUMIERS. Ce terme est fréquemment employé dans la coutume du pays de Liége, et il y désigne le droit que le survivant de deux époux conserve sur ses biens frappés de dévolution au profit de ses enfans. *V. Dévolution coutumière*, §. 2.

La coutume de Liége admet la *dévolution*, comme beaucoup d'autres coutumes des Pays-Bas; et la plupart des dispositions qu'elle renferme sur cet objet, lui sont communes avec elles: ainsi, dans cette coutume, comme dans les autres, la dévolution n'affecte point les meubles, mais seulement les immeubles; l'époux survivant ne peut plus disposer des biens dévolus; il ne peut pas même les partager entre ceux de ses enfans à qui la dévolution en est acquise, autrement que la coutume ne le prescrit: l'appréhension de ces sortes de biens n'oblige qu'aux dettes contractées avant ou pendant le mariage, et nullement à celles qu'a contractées le survivant, après la dissolution du mariage; les époux peuvent déroger à la dévolution, tant qu'elle n'est pas engendrée, et cela, soit par contrat de mariage, soit par testament conjonctif.

Mais, outre ces principes, la coutume de Liége en renferme d'autres qui lui sont propres: nous allons les parcourir succinctement.

Dans les autres coutumes de dévolution, ce lien n'affecte proprement que les immeubles du survivant; il est inutile pour les biens du prédécédé, dont la propriété n'a jamais résidé sur la tête du survivant. — Dans la coutume de Liége, au contraire, la dévolution tombe également sur les biens des deux époux, attendu que par le mariage, et en vertu du droit de *main-plévie*, il ne se fait qu'une seule masse, qu'un seul patrimoine des biens des deux époux qui en sont tous deux propriétaires, le mari *actu*, la femme *habitu*, en sorte que le tout appartient au survivant par une espèce de droit de *non-décroissement. V. Main-plévie.*

Dans les autres coutumes de dévolution, le survivant ne commence à avoir les mains liées qu'à l'instant même du décès du premier mourant. — Dans celle de Liége, la dernière maladie de la femme opère une espèce de dévolution qui empêche le mari de disposer à titre gratuit et au préjudice de ses enfans; « l'homme ayant sa femme au lit mortel (dit l'art. 30 du chap. 6), ne peut faire transport valable de ses héritages, si ce n'est pour payer ses dettes faites du vivant de sa femme, ou pour nécessité de son corps, et de prison, sans fraude, ni malenghien.... ».

Dans les autres coutumes de dévolution, les enfans, quoique assurés de posséder un jour les biens dévolus, n'en sont pas pour cela propriétaires; le père ou la mère ne cesse pas de l'être. — La coutume de Liége, au contraire, ne répute plus les parens propriétaires dès le moment de la dévolution, elle les traite seulement d'usufruitiers: « où il y a enfant de leur lit (dit l'art. 15 du ch. 11), tous biens immeubles demeurent affectés à leurs enfans en propriété, l'usufruit en demeurant au survivant, soit père ou mère.....

Il faut néanmoins convenir que cette différence ne consiste guère que dans les mots: car cette propriété que la coutume accorde aux enfans, n'est en eux qu'une expectative, une sorte de vocation à un fidéicommis conditionnel, qui s'évanouit, s'ils meurent avant leur parent usufruitier; ils sont alors réputés n'avoir jamais vécu, et on les regarde, suivant l'expression de l'art. 36 du chap. 11, comme *fleurs sans fruits.*

De ce principe résultent plusieurs conséquences:

La première, que cette propriété apparente qu'ont les enfans sur les biens qui leur sont dévolus, n'est point cessible.

La seconde, que les enfans ne peuvent disposer de cette même propriété, ni entre-vifs, ni à cause de mort, *encore*, dit l'art. 26 du chap. 6, *que, par traité de mariage, leur aurait été promis d'y succéder*, parce que, comme l'observe Méan (*ad jus civile Leodiensium*, obs. 481), *proprietas quæ erat consuetudinaria ab intestato, manet etiam talis, postquàm pacto dotali promissa est.*

Néanmoins, la disposition ou la vente que ferait un enfant, des biens dont il est ainsi propriétaire en expectative, deviendrait efficace, s'il survivait à son père, et il a été jugé à Liége, le 27 janvier 1633, que le créancier qui avait obtenu hypothèque sur un bien dévolu pendant la vie du parent usufruitier, devait être préféré à celui qui ne l'avait obtenu qu'après sa mort.

Une troisième conséquence est que l'enfant propriétaire en expectative, mourant sans descendant, ne transmet rien à ses héritiers *ab intestat*; et qu'au contraire, sa part appartient à ses frères et à ses sœurs, *jure non decrescendi.* C'est ce que décide l'art. 21 du chap. 6.

Une quatrième conséquence est que, si tous les enfans propriétaires en expectative mouraient sans laisser d'enfans, le parent usufruitier demeurerait maître absolu des biens dévolus, et cela en vertu du droit de main-plévie: « et mourant tous (dit l'art. 36 du chap. 11), le parent survivant est fait maître absolu de tous leurs biens... ». Cependant, ajoute l'art. 31, s'il y avait des enfans d'un second ou autre mariage déjà dissous, la propriété coutumière des enfans décédés passerait à ceux-ci, parce que, comme le remarque Méan, obs. 131, *filii secundi matrimonii, non extantibus liberis ex primo, censentur ex primo; secundum matrimonium censetur primum, respectu tertii.*

Une cinquième conséquence, c'est que, si l'enfant propriétaire marié décède sans laisser d'enfans, il ne transmet à sa femme aucun droit, soit actuel, soit expectatif sur les biens dévolus. C'est la décision de l'art. 35 du chap. 11.

Mais quel est le sort de la dévolution, lorsque l'enfant qui meurt avant le père usufruitier, laisse des enfans? Alors ceux-ci succèdent de plein droit et de leur chef, aux biens qui avaient été ainsi dévolus; et ce qu'il y a de remarquable, c'est que leur mère survivante ne peut pas en prétendre l'usufruit; car, suivant l'art. 33 du chap. 11 de la coutume, *Humier ne tombe sur Humier*, c'est-à-dire, un usufruitier ne peut remplacer un autre usufruitier; et dès que, dans notre espèce, la jouissance de l'aïeul est finie, elle se réunit à la propriété des petits-enfans. A quel titre en effet le conjoint du fils prédécédé la demanderait-il? Celui-ci est censé n'avoir jamais existé: il n'a par conséquent pu rien transmettre à sa femme; ses enfans, en succédant à leur aïeul, ne représentent point sa personne, mais son degré, ou pour mieux dire, ils entrent dans ce degré, comme s'il n'avait jamais été rempli par leur père, et qu'il eût toujours été vide.

Mais cette règle ne concerne pas l'enfant propriétaire, qui se trouve veuf avec enfans, à l'époque de la mort de son parent usufruitier; malgré la maxime, *Humier ne tombe sur Humier*, il lui succède quant à l'usufruit; et s'il n'en est pas de même, quant à la propriété, c'est qu'elle est, suivant l'art. 34 du chap. 11, subdévolue à ses enfans par la mort de son conjoint; en un mot, le sens de la règle dont il s'agit est, selon Méan, obs. 63, n. 8, *quòd ususfructus successionis posteà accedentis, à latere conjugis præmortui, usufructui successionis jam delatæ non incidat, et in superstitis conjugis, tanquam extraneæ, personâ non concurrat.*

La mort du parent usufruitier n'est pas le seul moyen qui puisse rendre l'enfant propriétaire, maître absolu du bien dévolu en sa faveur, la cession que lui ferait son père de son usufruit, produirait le même effet, c'est ce que la coutume de Liége appelle *cession d'Humiers* de la part de celui-ci, et *advestur d'Humiers* dans la personne de l'enfant.

La mère usufruitière, dès qu'elle a convolé en secondes noces, ne peut faire cette cession sans l'autorité de son mari, ni le mari sans le consentement de sa femme; c'est ce que portent les art. 24 et 25 du chap. 6.

Pour que cette cession soit valable, il faut, 1.° que l'enfant en faveur de qui elle est faite, soit émancipé; s'il est encore soumis à la puissance paternelle, la cession est nulle; c'est la disposition textuelle des art. 19 et 20 du même chapitre.

2.° Il faut qu'elle soit faite devant une justice compétente: mais cette seconde condition n'est requise qu'à l'effet d'adhériter l'enfant de l'usufruit qui lui est cédé; car elle n'en est pas moins valable sans cette formalité, entre le cessionnaire et le cédant; c'est la remarque de Méan, obs. 635, n. 9.

Les enfans propriétaires ne peuvent forcer leur parent usufruitier à leur faire cession d'Humiers, comme de son côté, le parent usufruitier ne peut pas forcer ses enfans propriétaires à accepter cette cession, pour les faire consentir à l'aliénation qu'il voudrait faire des biens dévolus.

Le plein domaine et le pouvoir de disposer du bien dévolu que donne à l'enfant propriétaire la cession d'Humiers qui lui est faite par son parent usufruitier, ne s'étendent pas cependant à toute sorte d'effets; ils ne l'autorisent qu'à disposer par des actes onéreux, tels que la vente, l'hypothèque, la dot, etc., encore faut-il que l'aliénation qui en est faite, même à ces titres, soit nécessitée par des besoins urgens, et que l'enfant n'ait pas d'autres biens pour pourvoir à ses besoins; autrement elle serait réputée frauduleuse, et censée faite au préjudice de ses frères et sœurs.

Il n'y a qu'un seul cas où l'enfant devenu, par la cession d'Humiers, maître absolu du bien dévolu, peut en disposer à titre gratuit; c'est, lorsqu'il a acquis cette cession ou advesture d'Humiers, à titre onéreux, par exemple, lorsqu'il a compté effectivement une somme d'argent, soit à son père, soit à sa mère survivant, ou qu'il a *purgé la saisine* (1) prise sur lui, ou que cette cession lui a été faite par contrat de mariage.

Il y a plus: c'est que si l'enfant a purgé la saisine prise sur son père, la cession d'Humiers se fait *ipso jure*, comme le remarque Méan, obs. 185, n. 3. Il en est de même si le parent usufruitier donne en mariage à son fils certains biens dévolus; il est alors censé lui céder *ses Humiers*, et cette donation, suivant l'art. 18 du chap. 11, équivaut pour le fils à une adhéritance ou *véture*; mais il faut pour cela qu'elle ne comprenne que la part qui peut appartenir à l'enfant donataire: car une semblable donation ne peut nuire aux droits qu'ont les autres enfans sur ces biens, ni même empêcher l'enfant donataire de réclamer sa part dans les autres biens dévolus qu'on ne lui donne pas en mariage.

L'enfant qui a été *advesti des Humiers*, à titre onéreux, peut faire, des biens qui lui ont été cédés, telle disposition qu'il lui plaît: vente, donation, testament, tout lui est permis; et s'il meurt sans en avoir disposé, il les transmet, au préjudice

(1) Dans la coutume de Liége, lorsqu'on a hypothéqué sur un immeuble, on peut, à défaut de payement, demander la *saisine*, c'est-à-dire, la possession et jouissance de ce bien; cette saisine peut se purger par le payement, pourvu que ce soit dans l'année, si c'est le débiteur lui-même qui le fait, ou pendant toute la vie du parent usufruitier, si ce sont ses enfans. Quand la saisine n'a point été purgée dans ce terme, le créancier acquiert incommutablement le domaine de l'immeuble saisi. [[*V.* mon *Recueil de Questions de droit*, article *Purgement de saisine.*]]

de ses frères, à ses héritiers *ab intestat*, même à sa femme en vertu du droit de main-plévie; et c'est la différence qui existe entre sa condition et celle de l'enfant qui n'a été *advesti des Humiers*, qu'à titre gratuit; car, à la mort de celui-ci, les biens qui lui ont été cédés, retournent à ses frères par droit de non-décroissement, comme s'il n'y avait pas eu de cession d'Humiers; c'est ce que décide l'art. 21 du chap. 6.

Si le parent usufruitier peut faire cession de ses Humiers à son enfant propriétaire, celui-ci, par contre-coup, peut *per fictionem brevis manûs*, faire cession de sa propriété à son parent usufructuaire; c'est le sentiment de Méan, obs. 187, n. 11, et cet auteur en rapporte un jugement du conseil ordinaire de Liége, du 30 janvier 1653. — On dit, *per factionem brevis manûs;* car la propriété coutumière des enfans n'étant ni cessible ni transmissible, on présume, lorsqu'ils la cèdent à leur parent, que celui-ci leur a fait auparavant cession de ses Humiers; *cùm proprietarius*, dit le jurisconsulte qu'on vient de citer, *fructuario proprietatem cedit, multò magis brevi manu censetur antè ususfructus proprietario cessus unâ cum proprietate ad fructuarium reverti.*

Cette cession de la propriété du père au fils se présume de plein droit, lorsque le premier, pour son usufruit, et le second, pour sa propriété, obligent ou transportent conjointement un immeuble dévolu; c'est ce que porte l'art. 23 du chap. 6.

Pour qu'une telle cession soit valable, il faut, 1.° que l'enfant qui l'a faite, soit émancipé; car s'il doit l'être pour recevoir la cession d'Humiers qui lui est faite, à plus forte raison, doit-il l'être pour céder sa propriété, puisqu'il s'agit, en ce cas, de perdre des droits qui lui sont acquis; 2.° il est essentiel que la cession soit faite à titre onéreux; car autrement elle serait réputée en fraude des droits d'expectative qu'ont les autres enfans sur les biens dévolus; de fortes présomptions de libéralité feinte suffiraient même pour faire annuller une pareille cession.

La coutume de Liége n'est pas la seule qui se serve du terme d'*Humiers*, pour désigner le droit de jouissance que le survivant des époux a sur les biens dévolus à ses enfans; l'ancienne coutume de Namur, décrétée le 2 mai 1582, s'en sert aussi dans l'art. 76, mais elle diffère de celle de Liége en un point: celle-ci défend absolument à l'enfant propriétaire, *non advesti des Humiers*, de vendre et d'aliéner le bien qui lui est dévolu; au lieu que celle-là le lui permet, sans l'usufruit du survivant des époux.

[[*V. Dévolution coutumière*, §. 2, n. 25.]]

On a prétendu à Mons, au commencement de ce siècle, que la règle *Humier ne tombe sur Humier*, introduite, comme nous venons de le voir, dans le pays de Liége, par l'art. 33 du chap. 11 de cette coutume, avait aussi lieu en Hainaut, et, en conséquence, qu'un mari survivant n'avait pas le droit de jouir, à titre d'entravestissement de sang, de certaines rentes sur communautés, qui, étant substituées avec la clause qu'elles tiendraient nature de main-ferme, étaient échues à sa femme en nue propriété seulement. Dans le fait, l'usufruit de ces biens était toujours resté entre les mains de l'aïeule; et les petits-enfans étaient émancipés, lors du décès de celle-ci; mais, malgré ces circonstances, le conseil souverain de Mons a décidé que cette règle n'était pas admise en Hainaut. On n'en trouve en effet aucune trace ni dans les chartes générales, ni dans la coutume du chef-lieu de Mons. — D'ailleurs l'art. 5 du chap. 32 de la première de ces deux lois, et l'art. 3 du chap. 36 de la seconde, qui bornent au temps que dure la puissance paternelle, le droit des pères et des mères de jouir des biens échus à leurs enfans, n'a lieu que pour ceux qui proviennent de ligne collatérale: quant à ceux qui échoient en ligne directe, ces articles supposent que les pères et mères en ont l'usufruit pendant toute leur vie. Aussi la question a-t-elle été jugée deux fois en faveur du survivant, la première en 1709, et la seconde, en février 1727.

[[*V. Entravestissement*, section 3.]]

* **HYPOTHÈQUE.** C'est le droit qu'un créancier a dans la chose qui appartient ou qui a appartenu à son débiteur, et dont l'effet consiste à suivre cette chose dans quelques mains qu'elle passe, afin de la faire vendre et d'être payé sur le prix.

[[On parlera d'abord des Hypothèques telles qu'elles existaient avant la loi du 9 messidor an 3; et ce sera l'objet de la première section de cet article.

On retracera ensuite dans la deuxième section, les changemens que la loi du 9 messidor an 3, celle du 11 brumaire an 7 et le Code Napoléon ont successivement apportés à cette partie aussi vaste qu'importante de notre jurisprudence; et l'on y traitera les principales questions que ces changemens ont fait ou pourront faire naître.

Section I. *Des Hypothèques, telles qu'elles existaient avant la loi du 9 messidor an 3.*]]

§. I. *Notions générales. Division de la matière de cette section.*

L'Hypothèque est une espèce de gage, la chose hypothéquée étant obligée au payement de la dette. Elle a de commun avec le gage proprement dit, 1.° que l'une et l'autre sont accordés aux créanciers pour sûreté de leurs créances; 2.° que l'une et l'autre affectent la chose qui y est sujette, et qu'on ne peut pas engager la même chose à un second créancier au préjudice du premier.

L'Hypothèque diffère du gage proprement dit, 1.° en ce que le terme d'Hypothèque s'applique aux immeubles, et celui de gage aux meubles; — 2.° en ce que l'Hypothèque donne aux créanciers le droit de suivre la chose hypothéquée en quelques mains qu'elle passe, et de forcer le détenteur à la délaisser pour être vendue: si mieux il n'aime acquitter la dette, ce qui est à son choix; au lieu que, suivant le droit commun, le meuble n'a pas de suite par Hypothèque; 3.° en ce que, de droit commun, l'Hypothèque se constitue sans tradition, et comprend seulement l'obligation tacite de délaisser la chose hypothéquée, à défaut de payement de la part du débiteur, tandis que le gage ne peut subsister sans tradition, et qu'en conséquence, le créancier n'a de sûreté que quand il est en possession de la chose engagée. *V. Gage.*

[[A quels caractères reconnaît-on si un droit est foncier, ou simplement hypothécaire? *V.* le plaidoyer et l'arrêt du 25 thermidor an 13, rapportés à l'article *Gains nuptiaux*, §. 7.]]

A ne considérer l'Hypothèque que par rapport à son effet, on peut dire qu'il n'y en a qu'une espèce; car l'effet de toute Hypothèque est de donner au créancier un droit dans les immeubles de son débiteur pour sûreté de sa dette.

Mais si on la considère par rapport à la manière de la constituer, on en peut distinguer de quatre sortes: 1.° celle qui résulte des actes passés devant notaires, ou, dans les pays de nantissement, des formalités de la dessaisine et de la saisine; 2.° celle qui résulte des jugemens; [3.° celle qui, dans quelques provinces, s'acquiert par saisie, mise de fait ou plainte à la loi;] 4.° celle que la loi a établie.

On divise encore l'Hypothèque en simple et en privilégiée. — l'Hypothèque simple ne donne au créancier d'autre préférence que celle de sa date, suivant la règle: *le premier en date est payé le premier.*—L'Hypothèque privilégiée ne suit pas l'ordre des dates; mais elle fait que le créancier est préféré à tous les autres, même antérieurs, parce que le privilége a son fondement dans la cause de l'obligation.

L'Hypothèque se divise encore en générale et en spéciale, en principale et en subsidiaire.

[Avant d'entrer dans l'examen de ces différentes espèces d'Hypothèques, nous verrons quelles personnes peuvent obliger leurs biens, quelles choses sont susceptibles d'Hypothèque, et quelles sont les dettes pour lesquelles chacun peut ou doit hypothéquer son bien.

Outre ces objets, que nous discuterons dans les §. 2 à 9, nous examinerons, dans les §. 10 à 16, quels sont les effets de l'Hypothèque, tant principale que subsidiaire, et ce que c'est que l'action hypothécaire; —si l'Hypothèque donnée ou acquise pour le capital, soit d'une créance ordinaire, soit d'une rente, s'étend aux intérêts ou arrérages; — si les dépens du procès qu'un créancier hypothécaire a été obligé de soutenir pour établir sa créance, participent à l'Hypothèque du principal; — quelles sont les causes qui éteignent une Hypothèque valablement acquise; — quel est l'ordre qui s'observe dans la distribution du prix des biens hypothéqués; — si, pour se dispenser du remboursement d'une rente, le débiteur qui en a aliéné l'Hypothèque spéciale, est fondé à offrir des sûretés à l'acquéreur de l'héritage grevé de cette Hypothèque; — si le défaut d'opposition au sceau des lettres de ratification, purge l'Hypothèque de la rente foncière.]

§. II. *Des personnes qui peuvent hypothéquer leurs biens.*

I. L'Hypothèque étant toujours l'accessoire de quelque contrat, et ayant pour objet de donner au créancier une sûreté pour son payement, et ce payement ne pouvant s'effectuer malgré le débiteur que par la vente de l'immeuble hypothéqué, il en résulte que l'Hypothèque tend à une aliénation, et qu'il n'y a que ceux qui sont capables de contracter et d'aliéner, qui puissent hypothéquer leurs biens.

Le mineur que la loi regarde comme n'ayant pas un jugement assez sain pour se conduire dans ses affaires, ne peut s'obliger ni hypothéquer ses biens; mais le peut-il avec l'assistance de son tuteur? Le tuteur peut-il, sans avis de parens et sans décret du juge, hypothéquer les biens de son mineur? — On peut dire que la constitution d'Hypothèque est une espèce d'aliénation, et que le tuteur ne peut pas vendre les immeubles de son pupille sans décret du juge rendu en connaissance de cause; que s'il pouvait hypothéquer, il ferait indirectement, et par le moyen d'un créancier, ce que la loi défend de faire directement. — Cependant il faut convenir que le mineur s'oblige valablement avec l'assistance de son tuteur: or, si l'obligation est valable, on n'en peut pas retrancher l'Hypothèque, ni priver un créancier légitime de sa sûreté, d'autant que le mineur a la faculté de se faire restituer contre son obligation, si ses biens ont été hypothéqués sans nécessité, et si la cause de l'obligation n'a pas tourné à son profit. La loi accorde au tuteur une Hypothèque tacite sur les biens des mineurs, pour les avances qui lui sont allouées dans son compte de tutelle; d'où il suit que le tuteur peut les hypothéquer, quoiqu'il ne puisse pas les vendre.

[[Cette doctrine ne paraît pas exacte. *V.* mon *Recueil de questions de droit*, au mot *Hypothèque*, §. 4.]]

III. En pays coutumier, les femmes sont soumises à la puissance maritale; elles sont incapables de faire aucun acte ni aucun contrat, et par conséquent d'hypothéquer leurs biens, si elles ne sont autorisées de leur mari.

Cette règle et les exceptions qui la modifient, sont développées à l'article *Autorisation maritale.*

A l'égard du pays de droit écrit, on sait que la loi *Julia*, qui fait la matière du titre *de fundo dotali*, au Digeste, défend aux maris d'hypothéquer la dot de leurs femmes, même de leur consentement. Cette loi est suivie dans tous les parlemens des pays de droit écrit; elle l'était même autrefois au parlement de Paris, pour le pays de droit écrit de son ressort; mais elle a été abrogée pour le Lyonnais, le Forez et le Beaujolais, par la déclaration du mois d'avril 1664, qui a permis aux maris d'aliéner et d'hypothéquer la dot de leurs femmes, pourvu que ce fût du consentement de celles-ci.

Quant aux biens paraphernaux, c'est-à-dire, qui ne sont pas compris dans la dot, il était permis aux femmes, par les lois romaines, de les hypothéquer pour leurs affaires particulières, même sans le consentement de leurs maris. Cela s'observe encore aux parlemens de Toulouse, d'Aix, de Bordeaux; mais dans les pays de droit écrit du ressort du parlement de Dijon, il faut que la femme soit autorisée par son mari, pour qu'elle puisse hypothéquer ses biens paraphernaux. — [[A l'égard des pays de droit écrit du ressort du parlement de Paris. *V. Paraphernal.*]]

Suivant le sénatus-consulte Velléin, les femmes ne pouvaient non plus s'obliger ni hypothéquer leurs biens pour un autre.

Cette loi fut observée par toute la France jusqu'à l'ordonnance de 1606, qui déclara valables les obligations des femmes en faveur des tiers, quoiqu'elles n'eussent pas renoncé au sénatus-consulte Velléin. Cette ordonnance a été enregistrée au parlement de Paris et à celui de Dijon; c'est pourquoi dans les pays de droit écrit du ressort de ces deux parlemens, les femmes peuvent hypothéquer leurs biens en s'obligeant pour un tiers, même pour leurs maris.

Le sénatus-consulte Velléin est suivi dans les autres parlemens de droit écrit, et dans celui de Rouen. [[*V. Sénatus-consulte Velléin.*]]

IV. En pays de droit écrit, les enfans même majeurs, qui sont soumis à la puissance paternelle, ne peuvent, d'après le sénatus-consulte Macédonien, hypothéquer leurs biens présens ni à venir pour cause de prêt; les obligations qu'ils contractent sont nulles, et ne peuvent avoir d'effet, même après que la puissance paternelle a cessé, à moins que le créancier ne prouve que l'argent qu'il a prêté a tourné au profit du père; car, dans ce cas, le fils n'aurait été que l'agent de son père; le père serait censé avoir emprunté par le ministère de son fils. [[*V. Puissance paternelle.*]]

V. L'église ne peut constituer de droits réels sur ses biens, ni, par conséquent, les hypothéquer que pour cause de nécessité. Quant aux règles à observer pour constater la nécessité, on met de la différence entre les corps et les simples bénéficiers.

Les chapitres, colléges et communautés empruntent valablement à rente ou autrement, lorsqu'ils s'obligent, en vertu d'une délibération en bonne forme, ou avec la permission des supérieurs réguliers, suivant que les statuts des différens ordres le requièrent.

Les simples bénéficiers ne peuvent engager les biens de leur bénéfice sans cause, soit par nécessité, soit pour l'utilité du bénéfice en lui-même; et il faut qu'ils observent les solennités requises pour l'aliénation des biens de l'église. [[*V. Aliénation.*]]

VI. Les communautés d'habitans ne peuvent engager ni hypothéquer leurs biens patrimoniaux et d'octroi, ni emprunter aucune somme de deniers, si ce n'est en cas de peste, logement et ustensiles des troupes et réédifications des nefs des églises; l'emprunt même pour ces causes doit être autorisé par un arrêt du conseil rendu sur l'avis de l'intendant auquel les communautés sont obligées de communiquer leurs délibérations. [[*V. Communauté d'habitans.*]]

[VII. Il y a des personnes qui, sans être ni mineures, ni interdites [ni soumises à la puissance maritale ou paternelle, ni bénéficiers, ni gens de main-morte, ne laissent pas d'avoir les mains liées pour hypothéquer leurs biens.

Ces personnes sont les faillis et banqueroutiers. Leur incapacité à cet égard remonte même dix jours au-delà de l'ouverture de leur faillite ou banqueroute. C'est ce que décident la déclaration du 18 novembre 1702, rapportée à l'article *Faillite* et *Banqueroute*, et celle du 27 mars 1718, que l'on trouvera ci-après, §. 7. — Ni l'une ni l'autre loi n'avait été envoyée au parlement de Bretagne. Mais il y a été suppléé par des lettres-patentes du 24 juin 1768, que cette cour a enregistrées le 4 août suivant.]

§. III. *Des biens qui sont susceptibles d'hypothèque.*

I. Les immeubles réels sont le siége le plus fixe et le plus certain de l'Hypothèque, parce qu'ils ne peuvent être dénaturés, et que le créancier peut toujours les reconnaître et les suivre en quelques mains qu'ils passent.

Les meubles au contraire sont périssables, faciles à dénaturer, aisés à confondre : le débiteur qui les conserve toujours en sa possession, peut les aliéner; on peut facilement en dérober la trace aux créanciers; c'est pourquoi nous ne suivons pas, à l'égard des meubles, les dispositions du droit romain; au contraire, c'est une règle certaine parmi nous, que meuble n'a pas de suite par Hypothèque.

Les parlemens de Rouen, de Rennes et de Toulouse admettent cependant l'Hypothèque de meubles, mais cette Hypothèque est très-imparfaite; elle ne donne pas aux créanciers le droit de suite, quand le débiteur les a mis hors de ses mains; seulement quand ils ont été saisis sur le débiteur, le prix s'en distribue aux créanciers par ordre d'Hypothèque.

II. Non-seulement on peut hypothéquer le corps des immeubles, mais même les droits réels qui en dépendent. Ainsi, on peut hypothéquer une rente foncière, un droit de champart, etc., parce que ces droits sont des espèces de domaines directs, établis sur les héritages, et qui les représentent.

On peut de même hypothéquer un droit d'usufruit. Si les créanciers le font vendre, le prix s'en distribuera par ordre d'Hypothèque : mais si, au lieu de le vendre, les créanciers jugent qu'il leur soit plus avantageux de continuer à percevoir les fruits, les deniers en provenans seront-ils distribués par ordre d'Hypothèque? On dira que le droit des créanciers se borne à de simples fruits dont on ne peut jouir qu'après qu'ils ont été séparés de la terre : lorsque par cette séparation, ils sont devenus meubles, le prix qui en provient ne présente que des meubles, et doit par conséquent être distribué entre tous les créanciers. On peut répondre qu'un droit d'usufruit affecte la chose; que c'est un droit dans la chose, et, par conséquent, un droit réel comme celui de la propriété. Si l'usufruitier n'a pas la disposition de l'immeuble, le propriétaire ne peut pas non plus en disposer au préjudice de l'usufruitier. Pendant la saisie réelle, et jusqu'à la vente par décret, le débiteur est toujours propriétaire. Le prix des baux judiciaires, qui représente les fruits des héritages saisis, se distribue par ordre d'Hypothèque : or, on peut considérer ces baux judiciaires comme une espèce d'usufruit momentané; d'où l'on peut conclure que les deniers qui proviennent d'un droit d'usufruit, depuis la saisie réelle, doivent être distribués par ordre d'Hypothèque.

III. Les bois de haute futaie sont hypothéqués avec le fonds sur lequel ils sont plantés, parce qu'alors ils ne sont qu'un avec ce fonds; mais ils ne peuvent pas être hypothéqués séparément du fonds; car quoiqu'à certains égards ils soient regardés comme des immeubles; que le mari soit obligé de faire remploi de ceux qui appartenaient à sa femme et qui ont été vendus pendant la communauté, comme d'un propre; que ces bois n'appartiennent ni à l'usufruitier, ni à l'emphytéote; que les gens de main-morte ne puissent les vendre sans observer les formalités nécessaires pour la vente des immeubles, et qu'ils soient obligés de faire emploi du prix; ce ne sont que des fruits de la terre, tardifs à la vérité; et comme ils ne peuvent être vendus qu'en les coupant et en les séparant du sol, ce qui les rend meubles, ils n'ont pas de suite par Hypothèque, et le prix s'en distribue comme d'un meuble.

IV. Les rentes constituées ne sont, de leur nature, ni meubles ni immeubles. A l'égard du créancier, c'est une obligation de payer une certaine somme à cause d'un capital qu'il a payé et dont il ne peut exiger le remboursement. A l'égard du débiteur, c'est une obligation de payer une certaine somme, à cause du capital qu'il a reçu, si mieux il n'aime rembourser ce capital. Comme ce capital produit des intérêts qu'on peut comparer à des fruits civils, aux loyers d'une maison, et qu'anciennement on ne pouvait constituer de rente sans assignats sur quelque héritage, cela les a fait réputer immeubles dans certaines coutumes, comme à Paris, à Orléans, etc. Dans ces coutumes les rentes constituées sont susceptibles d'Hypothèque; dans d'autres, comme à Troyes, elles sont réputées meubles, et n'ont pas de suite par Hypothèque.

C'est la coutume du domicile du créancier qui détermine si la rente doit être réputée meuble ou immeuble. Il faut en excepter les rentes sur le roi, qui sont réglées, non par la coutume du domicile du créancier, mais par celle de Paris, où les bureaux sont établis.

La nature de la rente change quand le créancier change de domicile. Supposez un rentier domicilié à Paris, où les rentes constituées sont réputées immeubles : s'il va s'établir à Troyes, sa rente devient meuble; mais ce changement de domicile ne change pas la nature de la rente à l'égard de celui qui avait acquis Hypothèque pendant que le débiteur était domicilié à Paris, parce qu'il ne doit pas dépendre de la volonté d'un particulier de changer la condition de son créancier, et de préjudicier à un tiers.

V. Les offices forment une autre espèce de bien, qui a ses règles particulières, et qu'on ne peut bien entendre, si l'on ne connaît leur nature et les différentes opérations de finance, par le moyen desquelles ils sont entrés dans le commerce.

L'office considéré en lui-même, abstraction faite de la finance qui y est attachée, est une fonction publique que le roi donne pouvoir à quelqu'un de remplir. Loyseau le définit, *dignité avec fonction publique;* parce que tout officier doit jouir de la considération attachée à son état, considération qui doit être fondée sur l'opinion, l'estime et la confiance du public; ce qui fait que ceux qui ne sont pas bien famés, sont incapables de posséder des offices.

L'office n'étant autre chose que le pouvoir d'exercer des fonctions publiques, et toute fonction publique étant une émanation de l'autorité souveraine, il n'y a que le roi qui puisse créer des officiers.

Tout office demande une aptitude et une capacité propres pour en remplir les fonctions, qui sont plus ou moins étendues, plus ou moins considérables. Il est par conséquent de l'intérêt public que ces fonctions ne soient pas confiées indistinctement à toutes sortes de personnes. Il ne suffit pas que le sujet jouisse d'une bonne réputation, il faut encore qu'il ait la science et le génie nécessaires pour remplir son état. L'office considéré en lui-même n'est donc pas un objet de commerce, dont la propriété puisse être transmise par la volonté des simples particuliers, et en vertu d'un traité fait entre eux. Il faut que celui qui veut remplir un office, ait recours à l'autorité du roi, et qu'il en obtienne des provisions, ou de ceux qui ont reçu du roi le pouvoir d'en donner : il faut encore qu'il se fasse recevoir; car ce n'est que par la réception qu'il est jugé capable, et qu'il est vraiment fait officier; jusqu'à ce moment, il n'a qu'une espérance qui peut s'évanouir; car s'il n'est pas reçu après l'examen, ses provisions lui deviennent inutiles.

Les offices considérés sous ce rapport, n'ont tous qu'une même nature, parce qu'ils ne consistent tous qu'en fonctions publiques; mais considérés par rapport à la finance, on en distingue quatre espèces différentes; les offices domaniaux, les offices qui tombent aux parties casuelles, les offices héréditaires, et les offices de la maison du roi.

Les offices domaniaux sont ceux qui ont été déclarés faire partie du domaine, et qui ont été aliénés avec faculté perpétuelle de rachat. — Ces sortes d'offices peuvent être possédés par des femmes, des enfans, qui en commettent l'exercice à des personnes capables d'en faire les fonctions. Ils sont réputés immeubles comme les rentes constituées, et sont susceptibles d'Hypothèque.

Les principes relatifs aux offices sujets à tomber aux parties casuelles, sont plus compliqués : leur nature a fait long-temps la matière d'un problême qui a été résolu par l'édit du mois de février 1683. L'Hypothèque, dont ils sont susceptibles, est la plus faible sûreté, qui demande le plus de précaution, qui exige du créaucier, qui veut conserver son droit, une attention et une surveillance continuelles. Malgré toutes ces précautions, le créancier, même privilégié, court encore des risques : le titulaire peut commettre quelques délits dans l'exercice de son office, des faits de charges donnant lieu à des dommages et intérêts, qui sont préférés sur le prix de l'office au préjudice du bailleur de fonds. *V. Fait de charge.*

Quoi qu'il en soit, il n'y a que la finance des offices qui soit dans le commerce. A ne les considérer que par rapport à cette finance, il semble qu'ils devraient être réputés meubles. Cependant comme l'office produit des émolumens et des profits au titulaire, les rédacteurs de la coutume de Paris en ont fait une espèce particulière de biens tout-à-la-fois meuble et immeuble. Ils ont dit, art. 95 :

« Office vénal est réputé immeuble, et a suite par Hypothèque, quand il est saisi sur le débiteur par autorité de justice, par avant résignation admise et provision faite au profit d'un tiers, et peut être crié et adjugé par décret; et toutefois les deniers provenans de l'adjudication, sont sujets à contribution comme meubles entre les créanciers opposans qui viennent pour ce regard à déconfiture au sou la livre ».

L'édit du mois de février 1683 a levé l'ambiguité de cet article de la coutume : il a ordonné qu'après la saisie réelle enregistrée, le titulaire de l'office ne pourrait traiter qu'en présence des saisissans et des opposans à la saisie réelle, et que le traité, fait par l'officier serait nul, s'il n'était homologué avec les créanciers.

Il a établi deux ordres de créanciers, et a distingué les opposans au sceau de ceux qui auraient négligé d'y former opposition. Les opposans au sceau sont préférés à tous les autres créanciers, et les deniers provenans de la vente de l'office sont d'abord distribués entre eux, suivant l'ordre ordinaire, savoir, les privilégiés sur l'office sont colloqués par préférence, ensuite les hypothécaires suivant la date de leur Hypothèque. Les chirographaires, en cas de déconfiture, contribuent entre eux; et s'il reste des deniers après que les opposans au sceau ont été payés, ils sont distribués dans le même ordre aux créanciers opposans à la saisie réelle seulement.

Depuis l'édit de 1683, les offices ont donc été susceptibles d'une véritable Hypothèque : Hypothèque qui ne donne, comme on l'a déjà dit, qu'une faible sûreté, puisqu'il faut que le créancier veille sans cesse en formant tous les ans opposition au sceau ; car le sceau des provisions purge les Hypothèques. Il faut encore qu'il veille au payement du centième denier; car si le débiteur ne l'acquitte pas tous les ans, et si le créancier ne le paye pas, le débiteur court risque de perdre une partie de sa finance, et le créancier d'être privé de son droit.

Pour prévenir cette perte, il a été permis aux créanciers, par l'arrêt du conseil du 6 juillet 1772, de payer le centième denier pour leurs débiteurs; et il a été dit que les créanciers auraient, à cause de ce payement, un privilége sur le prix de l'office.

Le même arrêt du conseil accorde encore aux créanciers privilégiés sur les offices une faveur particulière. Il est assez ordinaire que la veuve et les enfans du titulaire dont l'office est tombé aux parties casuelles, obtiennent la préférence et une remise sur la finance. Cette préférence et cette remise sont des grâces personnelles, dont les enfans profitent sans se porter héritiers; cependant le roi ordonne que s'il se trouvait des créanciers privilégiés sur des offices tombés vacans, et qu'il n'y eût pas d'ailleurs dans la succession de l'officier décédé de quoi les remplir de leurs créances privilégiées, les enfans et plus proches parens ne pourront profiter de la préférence et faveur qui leur est accordée, qu'à la charge de faire état à ses créanciers du bénéfice qui proviendra de la remise accordée sur la taxe de ces offices, et sans qu'ils puissent y rien prétendre qu'après que les créanciers seront remplis de leurs créances privilégiées.

Les veuves qui n'ont pas renoncé à la communauté, jouissent pour moitié de la remise que le roi accorde sur la finance. Celles qui ne sont pas communes en biens, ou qui ont renoncé à la communauté, n'y prennent aucune part, à moins que leur dot ne se trouve constituée sur ces offices, ou qu'il n'y ait pas d'ailleurs dans la succession de leurs maris de quoi les remplir : mais dans tous les cas, les enfans ne sont pas tenus envers elles au-delà de la moitié du bénéfice de la remise.

L'hérédité qui avait été attribuée à certains offices, a été révoquée par l'art. 20 de l'édit du mois de février 1771.

Les offices de la maison du roi ou des princes, les gouvernemens de province, et tous ceux qui sont de la même nature, c'est-à-dire, auxquels il n'y a pas de finance annexée, ne sont pas susceptibles d'Hypothèque, quoique le roi en accorde souvent la survivance et des brevets de retenue.

[[Toutes ces notions se rapportent, comme l'on voit, à un ordre de choses qui était détruit, même avant les changemens opérés dans le régime hypothécaire, par la loi du 9 messidor an 3. *V. Office.*]]

§. IV. *Des dettes pour lesquelles on peut hypothéquer son bien, et de celles qui, par leur nature, obligent à l'Hypothèque.*

I. On peut hyothéquer son bien pour quelque dette que ce soit, pourvu qu'elle ne soit pas contraire aux lois ou aux bonnes mœurs. On le peut, non-seulement pour sa propre dette, mais pour celle d'autrui.

On le peut aussi pour une dette conditionnelle, dont l'événement est encore en suspens; en sorte que si la condition arrive, l'Hypothèque aura de même que l'obligation un effet rétroactif.

[C'est ce que décide la loi 11, §. 1, D. *qui potiores in pignoribus;* mais, remarquons-le bien, cette rétroaction n'a lieu que dans les cas où la condition de laquelle dépend la dette, est du nombre de celle que les lois appellent casuelles ou mixtes. Car, ajoutent-ils, si elle était *potestative*, l'Hypothèque serait nulle, ou du moins demeurerait telle tant que l'obligation ne serait pas formée; et ce moment arrivé, il ne serait pas permis de remonter au-delà, pour donner à l'Hypothèque qui commencerait seulement de naître, une date plus ancienne.

C'est ce qu'enseigne notamment Grivel, conseiller au parlement de Franche-Comté, dans sa décision 133 : *Regulare est*, dit-il, *in omni credito, ut Hypotheca (quæ accedit obligationi conditionali), existente demùm conditione, trahatur retrò ad diem contractûs, dummodo conditio sit casualis vel mixta, non autem merè potestativa et à solâ voluntate ipsius debitoris dependens.*

Grivel cite à l'appui de cette doctrine, deux textes qui paraissent en effet la justifier.

Le premier est la loi 4, D. *quæ res obligari pignori non possunt.* Dans le fait qui en est l'objet, Titius, comptant recevoir sous peu de Mœvius une somme d'argent à titre de prêt, lui en a donné une reconnaissance anticipée, et lui a accordé une hypothèque sur certains effets. Il a ensuite vendu quelques-uns de ces effets, et cette vente faite, il a touché des mains de Mœvius les deniers que celui-ci était convenu de lui prêter. Question de savoir si Titius peut former contre l'acquéreur qui a contracté dans l'intervalle de l'obligation au prêt, une demande en déclaration d'Hypothèque? La loi répond : « comme il a été au pouvoir du débiteur, après avoir fait son billet, de ne pas recevoir l'argent, le lieu de l'hypothèque n'a été formé que du moment que les deniers ont été comptés. Et c'est pourquoi l'Hypothèque n'a frappé que sur les choses qui étaient dans la propriété du débiteur, à l'instant de la numération des deniers ».

Le second texte est le §. 1 de la loi première, D. *qui potiores in pignoribus.* L'espèce et la décision en sont absolument les mêmes que dans la loi dont on vient de transcrire les termes.

Mais il n'y a rien de plus positif sur cette question que le §. 1 de la loi 9 du dernier des titres cités:

« Celui qui n'est créancier (hypothécaire) que sous une condition (y est-il dit), doit primer celui qui n'est devenu créancier que postérieurement, pourvu que la condition ne soit pas de nature à ne pouvoir être accomplie malgré le débiteur. *Si modò non ea conditio sit, quæ invito debitore impleri non possit* ». [[*V. mon Recueil de questions de droit*, au mot *Hypothèque*, §. 3.]]

Il ne faut pourtant pas étendre trop loin cette décision. Je promets une dot à une femme qui se marie, l'époux s'oblige par le contrat de mariage de m'en faire la restitution après la mort de sa femme; et pour me rassurer sur l'effet de son obligation, il m'engage tous ses biens : quelque temps après, il donne Hypothèque à un tiers. Et ce n'est que postérieurement qu'il reçoit les deniers dotaux que je m'étais engagé à lui compter. Certainement il était bien maître de ne pas les recevoir. Dira-t-on pour cela que mon Hypothèque ne doit dater que du jour qu'il les a reçus? Non, répond la loi 1, D. *qui potiores in pignoribus*, parce qu'il ne pouvait pas décemment ne pas tendre les mains quand je lui ai apporté l'argent que j'avais promis; et que le refuser aurait été manquer à sa femme, qui a droit, pendant le mariage, de profiter avec lui des intérêts de la dot.

Cette espèce peut nous conduire à la décision d'une difficulté sur laquelle je trouve la jurisprudence du parlement de Flandre en opposition avec celle du parlement de Paris. — Un particulier a donné à un procureur une procuration générale pour toutes les affaires qu'il pourrait avoir dans le tribunal auquel cet officier est attaché. On demande si par-là le procureur a pu acquérir une Hypothèque, et si cette Hypothèque remonte au temps de la date de la procuration?

Le parlement de Flandre a jugé que non. Voici les termes dans lesquels Pollet, part. 3, §. 58, nous retrace l'arrêt.

« Théry de Baillart avait donné une procuration au sieur Simon dit Dombry, procureur aux siéges subalternes de la ville de Tournai, pour occuper en toutes ses causes; et il avait donné tous ses biens en Hypothèque, pour sûreté de payement des salaires dudit Simon. Pierre Rousseau, créancier de Théry, qui avait pris Hypothèque depuis la procuration, contestait à Simon la préférence pour les salaires mérités depuis son Hypothèque. Par arrêt du 9 juillet 1703, infirmatif d'une sentence des prévôt et jurés de Tournai, la préférence a été adjugée à Rousseau. L'arrêt est fondé sur ce que l'Hypothèque pour une dette qui n'existe pas encore, et qu'il est au pouvoir de celui qui donne l'Hypothèque, de créer ou de ne pas créer, ne peut commencer que du jour que la dette a été créée ».

Le parlement de Flandre a donc pensé que parce

qu'il est libre à un particulier de renoncer à ses droits et de ne jamais plaider, on doit regarder la procuration générale qu'il donne pour ses procès à venir, comme un engagement dépendant d'une condition purement potestative. — Mais on vient de le voir par la loi 1, D. *qui potiores in pignoribus*, ce n'est pas à la lettre, c'est dans un sens moral, que l'on doit entendre les textes qui décident que l'Hypothèque d'une dette subordonnée à une condition potestative, ne naît et ne doit dater que du jour que la condition est remplie. Certainement il ne m'est pas aussi libre de plaider ou de ne pas plaider; lorsqu'on m'attaque ou qu'on enfreint mes droits, qu'il me l'est de recevoir ou de ne pas recevoir l'argent qu'on s'est offert de me prêter. Dans ce dernier cas, la condition est vraiment et à proprement parler *postestative*. Dans l'autre, elle n'a pas moralement ce caractère.

Aussi trouvons-nous dans le Journal des Audiences, deux arrêts du parlement de Paris, qui contredisent formellement celui du parlement de Flandre dont nous venons de rappeler l'espèce. — Le premier a été rendu en 1672, à la première chambre des enquêtes, au rapport de M. Sevin. — Le second est intervenu dans la même chambre, le 19 juin 1674, et il a décidé, après un *consultis classibus*, et par forme de règlement, que « les procureurs ont hypothèque pour le remboursement de leurs avances, du jour de la procuration générale des parties, et pour les frais et salaires du jour de chaque procuration spéciale; s'il n'y en a point, du jour de l'expédition de chaque affaire ». — La distinction que ce règlement fait entre les avances et les salaires, n'est fondée sur aucune loi antérieure, mais elle est très-raisonnable : en ne donnant, aux procureurs d'hypothèques pour leurs salaires, que du jour de chaque procuration spéciale ou de l'expédition de chaque affaire, on les empêche d'abuser d'une procuration générale pour engager leurs cliens dans de mauvais procès.

II. Nous avons une loi en France qui déroge, pour certaines dettes, à la faculté que le droit romain accordait aux créanciers de prendre Hypothèque avant l'échéance de leurs créances. C'est la déclaration du 2 janvier 1717 : elle porte « que toutes personnes qui auront obtenu précédemment, ou obtiendront ci-après des sentences, jugemens ou arrêts sur l'exploit d'assignation donné avant l'échéance des billets ou lettres de change, et de toute autre sorte de billets ou promesses de marchands, négocians, banquiers et autres particuliers faisant trafic et commerce de denrées et marchandises ne pourront prétendre avoir acquis, ni acquérir en vertu desdites sentences, jugemens ou arrêts, aucune Hypothèque sur les biens et effets, tant des débiteurs que des endosseurs : comme aussi qu'aucune Hypothèque n'a pu, ni même ne pourra être à l'avenir valablement acquise par aucun acte de reconnaissance fait par-devant notaires ou autrement, en quelque forme que ce soit, desdits billets, lettres de promesses, avant l'expiration du terme auquel le payement en doit être fait; et que ceux qui auront obtenu lesdites sentences, jugemens ou arrêts, ou actes de reconnaissance, ne pourront être employés que comme créanciers chirographaires dans les ordres ou instances de préférence et distribution de deniers, sauf à eux, après l'échéance, d'user des voies prescrites par les ordonnances pour acquérir une Hypothèque sur les biens et effets des débiteurs ou endosseurs ».

III. Reste à voir s'il y a des dettes dont la nature oblige le débiteur qui en est tenu, de les assurer par une Hypothèque.

Je crois que, dans l'intérieur de la France, il n'existe point de pareilles dettes. Ce serait d'ailleurs bien inutilement qu'on en éleverait la question; car il n'est point d'obligation, soit verbale, soit sous seing-privé, qu'on ne puisse rendre hypothécaire, soit en la faisant avouer ou reconnaître en justice, soit en obtenant une sentence qui la tienne pour reconnue.

Dans la Belgique, toutes ces ressources manquent. Ni les reconnaissances judiciaires d'écritures, ni les sentences, ni les actes notariés n'y donnent Hypothèque. Ainsi, un contrat, qui, dans ces provinces, n'impose pas expressément au débiteur la nécessité d'hypothéquer son bien, doit, à la rigueur, demeurer perpétuellement en pure personnalité.

Mais, on le sent, cette rigueur appliquée aux constitutions de rente, dégénérerait souvent en injustice, et deviendrait un asile pour la mauvaise foi, si on ne la faisait pas fléchir en faveur de ce genre d'obligations : car il résulterait de là qu'une personne qui aurait eu la complaisance de placer une somme considérable en rente, ne pourrait jamais faire hypothéquer sa créance, et que, par conséquent elle et ses héritiers demeureraient perpétuellement exposés à tous les risques d'insolvabilité qui peuvent survenir, non-seulement dans la fortune du débiteur originaire, mais même dans celle de ses représentans les plus éloignés.

Il n'est donc pas étonnant que la jurisprudence belgique ait, en cette matière, dérogé aux principes qui ne permettent pas d'obliger un débiteur à donner hypothèque quand il ne s'y est pas engagé en contractant.

Cette jurisprudence est attestée par Deghewiet, *institutions au droit belgique*, part. 2, tit. 5, §. 10, art. 3 : « il a été question (dit cet auteur), de savoir si le débiteur d'une rente purement personnelle, peut être tenu de donner Hypothèque, quand l'acte ne le porte point? Le parlement de Flandre, par arrêt du 5 novembre 1699, entre Nicolas-Joseph Crespin et Pierre Mayole, d'Hazebrouck, a condamné le débiteur à donner Hypothèque dans le terme de six semaines, ou de rembourser le capital. M. Heindercix, dans ses mémoires, dit que cela a été décidé de même, encore bien qu'il ne parut point au procès aucune raison particulière de changement de fortune ou autre semblable, par rapport au débiteur. Mais il ajoute que si le débiteur avait fait voir que, lors de la constitution de la rente, il n'était point en état de donner Hypothèque, la cour n'en aurait pas décidé de même. Ainsi, sans cette circonstance particulière, la jurisprudence introduite par ledit arrêt doit être suivie; et les officiers du présidial de la Flandre flamande s'y sont conformés par sentence du 5 février 1732, entre M.e Antoine de Winther, prêtre, et le sieur Louis-Alexandre Hardevust. »

Cette jurisprudence a même été appliquée par un arrêt tout récent, à une coutume qui, par une dérogation particulière au droit commun de la Belgique, accorde aux sentences la même Hypothèque tacite qu'elles produisent dans l'intérieur du royaume. — Cette coutume est celle de Lille. Voici le fait.

Le sieur Pierre Dupont, marchand, s'était obligé par acte sous seing-privé, de payer à la dame de Wallers, sa belle-mère, une rente viagère de 300 liv. Après avoir exécuté quelque temps cette obligation, Pierre Dupont a cherché des prétextes pour s'en dispenser à l'avenir. La dame de Wallers s'est pourvue au siége échevinal, et a demandé, non-seulement l'exécution de l'acte, mais encore que le sieur Dupont fût tenu de lui donner Hypothèque. — Le sieur Dupont répondait, 1.° que l'acte n'était pas obligatoire; 2.° qu'en tout cas, il ne s'était pas soumis, en le faisant, à hypothéquer son bien pour en assurer l'exécution. Il pouvait ajouter (mais il ne le faisait pas), que la demande d'une Hypothèque était d'autant plus déplacée, que la dame de Wallers venant à obtenir gain de cause, elle deviendrait, par cela seule et de plein droit, sa créancière hypothécaire. — Par sentence des prévôts et échevins de Lille, le sieur Dupont a été condamné à exécuter l'acte et à donner Hypothèque. — Appel. Par arrêt du 12 ou 13 décembre 1782, la sentence a été confirmée. J'écrivais, dans cette affaire, pour la dame de Wallers.]

[[Il a été rendu un arrêt semblable, le 28 juillet 1785. *V.* mon *Recueil de Questions de droit*, au mot *Hypothèque*, §. 9.]]

§. V. *De l'Hypothèque qui résulte des actes passés devant notaires. Division de l'Hypothèque en générale et spéciale. Des actes passés en pays étranger. Maximes particulières aux pays de nantissement.*

I. Suivant notre droit français, l'Hypothèque procède du titre plutôt que de la convention. On nomme conventionnelle celle qui résulte d'un contrat. Elle est tellement d'usage, qu'elle serait suppléée quand on aurait omis de la stipuler; elle comprend tous les biens présens et à venir.

Il arrive quelquefois qu'on Hypothèque spécialement une certaine maison ou un certain héritage; mais cette Hypothèque ne donne pas plus de droit au créancier que l'Hypothèque générale; elle lui est même désavantageuse, en ce qu'on peut obliger ce créancier à discuter les biens qui lui sont spécialement hypothéqués, avant de se venger sur les autres. En effet, on peut considérer l'effet de l'Hypothèque spéciale dans trois circonstances différentes : 1.° par rapport aux créanciers antérieurs; 2.° par rapport au débiteur; 3.° par rapport aux créanciers postérieurs.

Les créanciers antérieurs exercent leurs droits sur tous les biens indistinctement, leur débiteur n'ayant pas pu leur préjudicier par une constitution d'Hypothèque spéciale postérieure.

Le débiteur peut avoir intérêt à forcer son créancier à discuter l'immeuble qui lui a été spécialement hypothéqué; par exemple, si cet immeuble n'était qu'une simple roture, et que le créancier eût saisi réellement un fief, une terre titrée, dont le débiteur porte le nom. Mais les créanciers postérieurs n'ont pas d'intérêt à demander la discussion dont ils doivent avancer les frais, et qui retarde les poursuites, et par conséquent les moyens d'être payés.

Pour éviter les embarras et les longueurs qu'entraîne ordinairement cette discussion, on stipule que l'Hypothèque spéciale ne dérogera pas à la générale; et par-là, l'Hypothèque spéciale n'est plus qu'une simple désignation des objets, qui sert à les faire connaître au créancier, sans le gêner dans la discussion des biens du débiteur. Cette dérogation est même si ordinaire, que Domat pense qu'elle doit toujours être sous-entendue.

II. Il ne suffit pas que l'obligation, pour produire Hypothèque, soit constatée par l'écriture des parties, et que la date soit certaine par le contrôle ou par la mort du débiteur; l'acte qui la contient doit être authentique; et, pour qu'un acte soit authentique, il faut qu'il ait été reçu par un notaire et deux témoins, ou par deux notaires dans l'étendue de leur ressort. Ne confondez pas le titre authentique avec le titre exécutoire. L'authenticité est une qualité intrinsèque de l'acte; c'est la foi qui lui est due, la certitude qu'il donne de sa date et des conventions des parties. Cette foi et cette certitude résultent du caractère de l'officier qui a reçu l'acte. La qualité de titre exécutoire est intrinsèque : elle dépend de la forme. Un acte est authentique aussitôt qu'il est reçu par le notaire, et quoiqu'il ne soit encore qu'en minute; mais il n'est exécutoire que quand il est transcrit en forme de grosse, intitulé du nom du juge, et revêtu du sceau de la juridiction. L'Hypothèque résulte de l'authenticité, elle est acquise du jour que l'acte est daté, et non pas du jour qu'il a été mis en forme exécutoire.

On sent bien que l'Hypothèque donnant un droit dans la chose qui fait préférer le plus ancien créancier, on ne devait pas laisser au pouvoir du débiteur d'accorder Hypothèque sur ces biens par un écrit sous seing-privé, de favoriser un second créancier qui n'aurait consenti à prêter son argent qu'en lui donnant par l'antidate la priorité d'Hypothèque; on ne pouvait pas laisser au débiteur les moyens de commettre la fraude, de préjudicier à un tiers, et de détruire un droit qui était déjà acquis. Mais il n'est pas aussi aisé de rendre raison pourquoi, quand la date est certaine, soit par le contrôle, soit par la mort du débiteur, le créancier n'a pas Hypothèque du jour de la mort du débiteur; car les contrats sont volontaires dans leur principe: l'Hypothèque n'est qu'une sûreté pour le créancier; c'est un accessoire du contrat; les notaires ne sont que les rédacteurs de la volonté des parties. Il semble que quand il n'y a pas lieu de craindre la fraude, on devrait donner aux actes sous seing-privé toute l'étendue que les parties ont voulu leur donner, et en assurer l'exécution. Cette nécessité d'avoir recours aux notaires pour acquérir Hypothèque, fait que l'on confond souvent le titre exécutoire avec le tire authentique. Mais la confusion cessera si l'on veut faire attention à ce qui se pratiquait anciennement. L'invention de l'Hypothèque a précédé de beaucoup l'établissement du contrôle, et naturellement aucun créancier ne devait compter sur la mort de son débiteur pour assurer sa créance. Les contractans se retiraient devant le juge, lequel commettait des notaires pour rédiger les conventions des parties, comme il commettait des greffiers pour rédiger les sentences. De là la ressemblance qui se trouve dans la forme des contrats et dans celle des sentences dont les grosses doivent être également intitulées du nom du juge, et scellées du sceau de la juridiction. Les notaires sont donc, comme les greffiers, des officiers de justice; et c'est vraisemblablement par cette raison que les actes des notaires sont exécutoires comme les sentences. Dans les besoins d'état, on chercha à tirer profit des notariats comme des greffes; on les déclara dépendans du domaine. Philippe-le-Bel, par une ordonnance de 1302, interdit aux baillis et sénéchaux la faculté de créer des notaires; on donna à ferme les notariats et les greffes, ensuite on les aliéna; enfin, on en créa tant, qu'en 1510, Louis XII fut obligé d'en réduire le nombre. François I.er, par son ordonnance de 1535, art. 5, déclara nuls tous traités concernant les héritages, rentes et autres matières réelles qui ne seraient pas reçus par des notaires royaux. Cette ordonnance devait rendre inutile le ministère des notaires des seigneurs; cependant il ne paraît pas qu'elle ait été suivie. Les notaires des justices seigneuriales sont restés en possession de recevoir tous les contrats de vente, d'échange, et de donner l'Hypothèque. L'ordonnance de 1542 a confirmé aux seigneurs le droit de tabellionage et de sceau dans l'étendue de leur justice.

III. Pour qu'une obligation produise Hypothèque, il faut que le notaire l'ait reçue dans l'étendue de son ressort, parce que, comme officier public, sa capacité est bornée par ses provisions, qu'elle cesse hors des limites de son territoire, et qu'il n'est plus hors de ces limites qu'un homme privé.

Mais, par un privilége particulier, les notaires du châtelet de Paris, d'Orléans et de Montpellier, ont le droit d'instrumenter et de recevoir des actes dans toute l'étendue du royaume.

IV. Les notaires subalternes peuvent-ils recevoir des actes entre personnes qui ne sont pas domiciliées dans leur ressort, et leurs actes emportent-ils Hypothèque sur tous les biens qu'elles ont dans le royaume? La jurisprudence a long temps varié sur cette question; mais elle est à présent fixée; et l'on juge, au parlement de Paris, que leurs actes emportent Hypothèque par tout le royaume, pourvu qu'ils les aient reçus dans l'étendue de leur territoire. Quoique les contractans ne soient pas domiciliés dans le détroit de la juridiction où ils sont immatriculés, le ministère des notaires est toujours volontaire, et on peut leur appliquer les principes de la compétence par rapport aux juges, lesquels, dans les matières qui sont de leur compétence, peuvent connaître des causes entre personnes qui ne sont pas leurs justiciables, pourvu que ces personnes se présentent volontairement, et consentent à plaider devant eux.

C'est ainsi que la question a été jugée par arrêt du 14 juillet 1672. — Dans l'espèce, Etienne et David Verdale, habitans de la ville de Niort, avaient emprunté du sieur de Bourneuf une somme de 2,630 livres; l'obligation avait été passée devant un notaire du marquisat de Fors en Poitou, lieu du domicile du créancier. — Depuis l'obligation, Etienne Verdale donna en échange au sieur Dumeslier des héritages hypothéqués à la créance du sieur de Bourneuf, pour une maison sise à Niort. Le contrat en fut passé par-devant des notaires royaux. — Le sieur de Bourneuf fils étant aux droits de son père, fit assigner le sieur Dumeslier, acquéreur, en déclaration d'Hypothèque, par-devant le juge de Niort. Ce juge le débouta de sa demande, sur le fondement que l'obligation ayant été reçue par des notaires subalternes, elle n'avait pu lui donner Hypothèque sur des biens situés hors l'étendue du ressort du notaire. Appel à la cour. — Pour l'appelant, on disait qu'une obligation passée devant un notaire subalterne dans son ressort, avait Hypothèque du jour de sa date, soit que l'une des parties contractantes fut domiciliée dans le district du notaire, soit que ni l'une ni l'autre n'y fussent domiciliées. On prouvait cette proposition par trois moyens: 1.° par le pouvoir des notaires en général; 2.° par la disposition de la coutume de Poitou; 3.° par la jurisprudence des arrêts. — Le pouvoir d'un notaire royal ou subalterne ne dépend pas du domicile des parties; c'est la provision de cet officier, son institution et sa réception qui impriment en lui cette qualité publique, et le rendent capable de recevoir des contrats entre toutes sortes de personnes, pourvu qu'il instrumente dans son ressort: c'est là qu'on peut le considérer comme un juge dans son tribunal; alors ses contrats portent Hypothèque, même hors de son détroit, et entre parties qui n'y sont pas domiciliées. — Il faut distinguer, dans un contrat, la convention, l'Hypothèque et l'exécution. La convention sous seing-privé oblige les particuliers entr'eux; mais pour que ces conventions aient leur effet envers des tiers, il faut l'intervention des notaires; et, pour l'exécution, il faut donner à l'acte la forme prescrite par les ordonnances, et le revêtir du sceau. — Le sceau d'une juridiction subalterne n'est exécutoire que dans le ressort de la juridiction; mais l'Hypothèque s'étend sur tous les biens du royaume: la raison de cette différence est que l'Hypothèque est l'accessoire de l'obligation; qu'elle naît de la convention expresse ou tacite; qu'il suffit qu'on puisse donner une foi entière à l'acte, parce que ce n'est que pour assurer la date et prévenir les fraudes, qu'on est obligé de recourir aux notaires, qui ne sont que les ministres de la loi, pour rédiger la volonté des parties. — Quant à l'exécution, il faut recourir à l'autorité publique, parce que personne ne peut se faire justice, et qu'on ne peut employer de force légitime que celle de l'autorité publique: or, l'autorité de ces justices subalternes ne s'étend que dans leur ressort. On ne peut donc pas régler l'extension de l'Hypothèque sur celle de l'exécution, puisque l'une et l'autre n'ont rien de commun, et se gouvernent par des maximes si différentes. On ne nie pas que le contrat du notaire subalterne ne puisse produire Hypothèque; on veut seulement restreindre cette faculté à de certaines limites; mais si cette prétention avait lieu, il faudrait que les seigneurs n'eussent obtenu leur juridiction de nos rois qu'avec cette réserve. Or, comme on ne voit pas cette exception particulière, on doit suivre le droit commun, qui veut que tous les notaires, comme personnes publiques, donnent Hypothèque par leurs contrats, en quelques lieux que les contractans soient domiciliés et que leurs biens soient situés, sans faire distinction entre les notaires royaux et les subalternes, puisqu'ils doivent tous leur institution à une même puissance, les premiers immédiatement, et les autres médiatement, par la concession des justices que le roi a faite aux seigneurs. — On argumentait des dispositions particulières de la coutume de Poitou, et on citait un arrêt rapporté par Bouguier, qui avait jugé qu'un contrat passé par un notaire subalterne entre personnes qui n'étaient pas de son ressort, produisait Hypothèque, dont Bouguier donne deux raisons: la première, que l'Hypothèque dépend de la convention des parties, et procède du contrat, lequel étant du droit des gens à raison de la liberté et du commerce, doit avoir son effet sur les biens des contractans qui ont subi la juridiction volontaire du lieu où ils ont été passés; la seconde, que ce serait retrancher grandement la liberté de contracter par ceux qui se trouveraient ensemble prêts à passer un contrat dans un certain endroit. On citait encore un autre arrêt du 30 août 1638, rendu *consultis classibus*. — Pour l'intimé, on soutenait que les notaires subalternes n'ont aucun pouvoir hors leur territoire, ni entre personnes qui n'y sont pas domiciliées. Il ne paraît pas, disait-on, que les rois aient jamais donné aux seigneurs le droit de créer des notaires; ils ont seulement souffert cette usurpation: mais quand cette tolérance et longue possession seraient des titres suffisans pour autoriser l'établissement des notaires subalternes, il ne s'en suivrait pas de là qu'ils pussent donner Hypothèque, puisque c'est un droit réservé aux notaires royaux par l'ordonnance de François I.er, de l'an 1535. — Quand les seigneurs auraient la faculté de créer ces officiers, ils ne pourraient donner Hypothèque qu'entre leurs justiciables. Si quelques arrêts leur ont permis d'affecter des biens hors de leur ressort, c'est que l'action personnelle, comme la plus noble, doit emporter l'hypothécaire; c'est tout l'avantage qu'on peut leur donner: aussi est-il juste qu'on fasse quelque différence entre les notaires royaux et les subalternes. L'ordonnance de 1539 les a distingués: elle a déterminé que les obligations passées sous scel royal, seraient exécutoires par tout le royaume; et quant à celles qui sont passées sous sceaux authentiques, qu'elles seraient exécutoires contre les obligés et sur tous leurs biens, quelque part qu'ils fussent saisis. — Le terme *exécutoire* qui se trouve dans l'ordonnance, emporte avec soi l'exécution parée et l'Hypothèque, puisque la véritable exécution d'un contrat consiste dans l'Hypothèque, et dans la faculté de se faire payer sur les immeubles de l'obligé. — Les principales raisons de l'intimé roulaient sur des équivoques, aussi on n'y eut pas égard. La sentence du juge de Niort fut infirmée, et la demande en déclaration d'Hypothèque jugée valable.

[Il avait été rendu auparavant, et il a été rendu depuis, une foule d'autres arrêts, tantôt semblables, tantôt contraires. On les trouvera tous rassemblés dans le détail que nous allons donner des moyens qui ont été employés sur la même question, lors d'un arrêt du 17 août 1739, qui enfin, a fixé la jurisprudence pour le parti déjà adopté en 1672.

Le procès était entre le sieur de Barbançon, défendeur, et le sieur Pierre-Hubert de Fontaine, demandeur. — Le sieur de Fontaine qui représentait la demoiselle de Crecy, créancière de la maison du Prat de Barbançon, demandait à être colloquée dans l'ordre des biens de la maison du Prat, du jour de l'obligation qui avait été passée au profit de la demoiselle de Crecy. — Le 1.er juin 1626, Louis-Antoine du Prat avait passé au profit de la demoiselle de Crecy une obligation de 16,000 livres. L'obligation avait été passée devant le notaire de la seigneurie de Grosbois: aucune des parties n'était justiciable de cette seigneurie, ni domiciliée dans l'étendue de la justice. — Le 25 juillet 1627, il avait été rendu au Châtelet une sentence qui avait condamné aux intérêts du principal; et le 21 mars 1628, une transaction passée entre les parties, avait converti l'obligation en contrat de constitution. — Par l'ordre fait entre les créanciers, et homologué par arrêt du 29 décembre 1694, les représentans de la demoiselle de Crecy n'avaient été colloqués que du jour de la sentence du Châtelet, du 20 juillet 1627. — Le sieur de Fontaine, qui la représentait, était opposant; et demandait à être colloqué du 1.er juin 1626, jour de l'obligation. On soutenait qu'il ne devait être colloqué que du jour de la sentence du Châtelet, parce que l'obligation ayant été passée par un notaire subalterne, n'emportait point d'Hypothèque.

Pour appuyer cette prétention, le sieur de Barbançon disait que les ordonnances et la jurisprudence, tant antérieure que postérieure à l'obligation de 1626, avaient décidé que les actes passés devant un notaire subalterne entre personnes non domiciliées, ne produisaient point d'Hypothèque; et que cette décision était d'autant plus respectable, qu'elle était conforme aux véritables principes sur la matière des Hypothèques.

A l'égard des principes, il prétendait que la convention des parties ne suffisait pas seule pour former d'Hypothèque; qu'il était nécessaire que l'officier public, qui a le caractère de l'imprimer, intervînt et rédigeât la convention; qu'il était encore certain que le roi avait seul le droit de communiquer à ces officiers ce caractère d'autorité publique; qu'à la vérité, il avait bien voulu céder une partie de cette puissance publique à quelques seigneurs qui possèdent des justices patrimoniales; et qu'ainsi ils pouvaient constituer des officiers, et entr'autres des notaires, qui avaient un caractère public; mais que ce caractère donné par un seigneur particulier, ne rendait point un notaire officier public à tous égards, et envers toutes les personnes; que leur pouvoir avait les mêmes limites que la seigneurie; que c'était un caractère respectif, le notaire d'une seigneurie n'étant qu'une personne privée à l'égard de ceux qui en sont indépendans; qu'il suivait de ces principes qu'un notaire subalterne qui prête son ministère à des personnes étrangères à la seigneurie, ne pouvait assujétir leurs immeubles à l'Hypothèque; que les preuves de la jurisprudence conforme à ces principes, se trouvaient dans tous les livres. — « M. Louet (ajoutait-il), sous la lettre N, en rapporte un arrêt du 3 avril 1604. Il donne pour motif à cet arrêt, que n'étant que notaires subalternes, et de seigneurs particuliers, ils n'ont pouvoir et juridiction volontaire qu'entre les sujets du seigneur. — Brodeau atteste que la même chose avait été jugée par un autre arrêt du 2 mai 1561. — Le même rapporte encore trois arrêts postérieurs à celui de Louet; le premier, du 19 mars 1611; le second, du 22 novembre 1610, et le troisième du 8 juin 1612. — Mornac, sur la loi dernière, D. *de jurisdictione omnium judicum*, cite aussi cet arrêt. — Brodeau en rapporte encore un du 20 mars 1614, qui a jugé qu'un contrat reçu par un notaire du seigneur en son ressort, mais entre personnes non domiciliées, ne pouvait préjudicier aux autres créanciers, soit antérieurs ou postérieurs, et qu'un tiers-acquéreur ne pouvait être poursuivi en vertu d'un pareil acte. — Joly, dans son *Recueil d'édits de création d'offices*, tom. 2, tit. 41, pag. 171, rapporte un arrêt du conseil du 17 août 1610, qui fait défense aux notaires subalternes non royaux de passer aucun acte, sinon dans leur territoire et entre personnes domiciliées. — Tous ces arrêts ont précédé l'obligation de 1626. Ceux qui ont été rendus depuis, sont conformes aux premiers. — Dufresne (*Journal des Audiences*, tom. 1, liv. 5, chap. 4), en rapporte un qu'a rendu la quatrième chambre des enquêtes, les autres chambres consultées : il est du 9 février 1646. — Dans le second tome du même Journal, on en trouve quatre, des 10 juillet 1660, 20 août 1675, 18 septembre 1694 et 2 septembre 1690. Ces arrêts sont conformes aux ordonnances anciennes et nouvelles. — L'ordonnance de 1535 porte, chap. 19, art. 5 : « Déclarons tous traités concernant vente ou réalité, qui dorénavant ne seront pas reçus par nos notaires, être nuls et de nulle valeur, en ce qui concernera lesdits héritages, ventes ou réalités ». — Il n'est pas douteux que l'Hypothèque ne soit un droit réel; et que lorsque le roi dit, *nos notaires*, il ne veuille dire les notaires royaux. — Ainsi, cette ordonnance était encore plus rigoureuse contre les notaires de seigneurs, que la jurisprudence ne l'est aujourd'hui, puisqu'elle leur refusait le pouvoir d'imprimer l'Hypothèque aux contrats qu'ils passaient. — Il est vrai que cette rigueur a été adoucie par l'ordonnance de 1539; mais elle ne l'a été que dans un cas, lorsque les actes sont passés entre personnes domiciliées. C'est la disposition de l'art. 66. — La disposition de la coutume de Paris se réunit à ces ordonnances. Elle porte, art. 165, que les contrats passés sous sceaux authentiques, ne pourront être mis à exécution, qu'au cas que les parties aient été, lors de l'acte, domiciliées dans le lieu où il a été passé. — Ces anciennes ordonnances ont depuis été confirmées par de nouvelles; et on a toujours restreint le pouvoir des officiers des seigneurs. — Il y a eu un arrêt de règlement du conseil, du 25 août 1635, conforme à celui du 7 août 1619. — La déclaration du mois de décembre 1692, fait défenses à tous notaires, de passer aucun acte, sinon dans leurs territoires, entre personnes et sujets y demeurans. — Les mêmes défenses ont été renouvelées par la déclaration du 17 septembre 1697, par l'édit d'octobre 1705, et par un arrêt du conseil du 20 août 1707. — Ainsi, tout se réunit en faveur du sieur de Barbançon : maxime, jurisprudence, et lois émanées de la puissance souveraine ».

Voici maintenant quels étaient les moyens du sieur de Fontaine. — « Le sieur de Barbançon (disait-il), rapporte un assez grand nombre d'autorités, pour prouver que les notaires des seigneurs ne peuvent imprimer l'Hypothèque aux actes qu'ils passent entre personnes non domiciliées. Le sieur de Fontaine en rapporte aussi de conformes à l'opinion contraire. Ces différens témoignages prouvent seulement que la jurisprudence a pu varier à ce sujet. Mais elle s'est fixée depuis, et l'on reconnaît facilement que sa variation n'a eu d'autre cause que la confusion que l'on faisait de l'exécution de l'acte et de l'Hypothèque qui en résulte; depuis qu'on a distingué l'un et l'autre, la jurisprudence est devenue certaine. — En effet, il faut considérer dans un acte deux qualités différentes, l'exécution et l'Hypothèque. C'est le sceau dont l'acte est revêtu, qui lui acquiert le droit d'exécution. Mais aussi comme ce sceau est celui de la juridiction dans laquelle l'acte a été passé, il ne peut donner à l'exécution de l'acte plus d'étendue que les limites de la juridiction n'en ont elles-mêmes: et si l'on voulait exécuter l'acte au-delà de ces mêmes bornes, ce serait proroger la juridiction, ce qui porterait atteinte au patrimoine des seigneurs, et dérangerait l'ordre public. — C'est à ce seul caractère d'exécution, qu'on doit appliquer les dispositions de l'art. 66 de l'ordonnance de 1539, et de l'art. 166 de la coutume de Paris: l'un et l'autre portent seulement que les contrats passés sous scel authentique, ne pourront être mis à exécution qu'au cas que les parties aient été, lors de l'acte, domiciliées, dans le lieu où il a été passé. — L'Hypothèque a beaucoup plus d'étendue; et on lui en a donné une considérable, parce qu'elle est bien plus importante; elle tire son origine du droit des gens, et elle fait la sûreté du commerce des hommes. — La seule convention des parties reçue et rédigée par la personne publique, la produit selon nos lois. — La convention est la première cause de l'Hypothèque; si les lois exigent, pour la rendre valable, la présence de l'officier public, c'est qu'elles n'ont point voulu admettre d'autres preuves ni d'autre témoignage, de cette même convention. Mais ce même officier concourt seulement à la forme, et il n'en est pas l'auteur. — Dès que la seule qualité d'officier public suffit pour rendre une pareille convention authentique et capable de produire Hypothèque, les notaires des seigneurs ont ce droit, lorsqu'ils instrumentent dans leur territoire, comme les notaires royaux; parce qu'au moyen de la concession du roi, les seigneurs particuliers ont le pouvoir, par les provisions qu'ils leur donnent, de leur imprimer ce caractère d'officier public. — Et puisqu'ils sont officiers publics dans leur territoire, ils le sont à l'égard de toutes personnes; et le témoignage qu'ils rendent de la convention des parties, quoique non domiciliées, est aussi authentique que si elles étaient domiciliées, pourvu que l'acte soit passé dans leur territoire; et ils impriment Hypothèque sur tous les biens des contractans, quelque part qu'ils soient situés. — Ce sont ces principes qui ont fait rendre plusieurs arrêts contraires à ceux que le sieur de Barbançon a rapportés, et dans les mêmes temps qu'ont été rendus ceux dont il se sert; et ce sont ces mêmes principes qui enfin ont fixé la jurisprudence. — Malgré les arrêts cités par le sieur de Barbançon, et les variations de la jurisprudence, on trouve cependant assez d'arrêts qui prouvent que lors de l'obligation de 1626, les notaires de seigneurs donnaient Hypothèque aux actes qu'ils passaient, et que depuis, la jurisprudence l'a encore plus formellement établi. — Le 6 juin 1614, il a été jugé à la première chambre des enquêtes, par un arrêt de réglement, que les notaires des seigneurs pouvaient recevoir ou passer contrats et obligations indifféremment avec les notaires royaux des lieux, en toutes sortes de personnes, quoique demeurantes hors de leur territoire, pourvu que lesdits contrats et obligations fussent passés dans les ressorts et limites du territoire. Cet arrêt est rapporté par Brodeau sur Louet, lettre N, §. 10, n.° 3. — Theveneau, sur les ordonnances, liv. 2, tit. 18, art. 2, sur ces mots, *au-dedans du détroit*, en rapporte deux de 1615 et de 1617. — Brodeau, au même lieu, en rapporte un qui a été rendu le 30 janvier 1624, et conforme aux conclusions de M. Talon. Tous ces arrêts ont précédé l'obligation de 1626, et prouvent que la jurisprudence était telle qu'on le soutient. — Voici ceux qui ont été rendus depuis. — Bouguier, lettre C, n.° 7, en cite un du 8 septembre 1627, à son rapport. — Mais les derniers arrêts ont absolument fixé la jurisprudence. Il y en a un du 4 février 1711, dans le dictionnaire des arrêts de Brillon, au mot *Notaires*, n.° 83; — celui du 28 juillet 1731, au rapport de M. Torpanne; — celui du 15 avril 1734, au rapport de M. Titon; — et celui du 13 juin 1739, au rapport de M. Lorencher, sur les conclusions des gens du roi, en faveur des notaires subalternes de Saint-Valery. — Il ne reste plus qu'à prouver que le sieur Barbançon ne peut tirer aucun moyen des anciennes ordonnances qu'il cite. — Celle de 1535 n'a point pour objet d'ôter aux notaires des seigneurs la faculté de passer des contrats qui concernent vente d'héritage et réalité, etc. L'art. 5 du tit. 19 de cette ordonnance, est une répétition de l'art. 21 de l'ordonnance du mois de décembre 1490. — Le roi, par l'un et par l'autre, n'a entendu, priver de cette faculté que les notaires apostoliques, et lorsque le roi dit, *nos notaires*, il comprend tous les notaires laïcs, en excluant que les apostoliques. La preuve de cette interprétation est que depuis cette ordonnance de 1535, les notaires subalternes ont toujours passé les contrats qu'on prétend que l'ordonnance leur interdit. — Celle de 1539 ne rend point aux notaires ce que celle de 1535 leur avait ôté; elle règle seulement l'exécution des actes que ces notaires pouvaient passer; elle décide qu'un contrat ne peut être exécuté sur les biens, s'il ne produit point Hypothèque. — Ce qu'on appelle le règlement du 30 juin 1609, n'est point un règlement, c'est un bail fait par le roi à un traitant; un pareil arrêt n'est point une ordonnance. A l'égard des autres arrêts du conseil, ou déclarations, qui n'ont eu pour objet que des opérations de finances, on sait qu'ils ne font pas un grand effet sur la jurisprudence ».

Sur ces moyens, arrêt du 17 août 1739, à la quatrième chambre des enquêtes, qui a jugé (suivant le témoignage de l'Epine de Grainville, l'un des magistrats qui l'ont rendu), « qu'un acte passé par un notaire de seigneur dans son territoire, produisait Hypothèque, quoique les parties ne fussent pas domiciliées dans ce même territoire, et que le sieur de Fontaine devait avoir Hypothèque pour le principal, du premier juin 1626, jour de l'obligation ».]

V. Avant l'édit du mois de décembre 1691, les notaires ecclésiastiques étaient commis par les archevêques et évêques, chacun dans leur diocèse; et comme la juridiction ecclésiastique ne s'étend pas sur le temporel, les archevêques et évêques ne pouvaient pas donner aux notaires qu'ils commettaient le droit d'hypothéquer les immeubles sur lesquels ils n'avaient ni pouvoir ni autorité. L'édit du mois de décembre 1681 a supprimé ces notaires, et en a créé d'autres royaux et apostoliques, dont les actes scellés d'un scel aux armes du roi en placard de cire rouge, portent Hypothèque comme ceux des autres notaires royaux.

[VI. Les contrats passés par les juifs devant leurs rabins, qui exercent entre eux toutes les fonctions de notaires, emportent-ils Hypothèque? *V. Juif.*

VII. Pour qu'un contrat passé devant notaire donne une Hypothèque réciproque aux deux parties, est-il nécessaire qu'elles l'aient toutes deux souscrit expressément, ou ne suffit-il point qu'il existe, de la part de l'une d'elles, une acceptation implicite? Par exemple, un mandataire qui dépose sa procuration dans l'étude d'un notaire, ou qui substitue quelqu'un en son lieu et place, ne donne-t-il pas suffisamment à entendre qu'il accepte cette procuration, et dès-là ne doit-on pas regarder ses biens comme hypothéqués à son commettant.

On cite pour la négative un arrêt rendu au parlement de Paris, le 4 juin 1723, au rapport de M. Pucelle: il a, dit-on, jugé que des quittances authentiques de remboursement, données par un mandataire en vertu de procurations notariées, n'avaient produit aucune Hypothèque en faveur des mandans; et il a préféré à ceux-ci des créanciers dont l'Hypothèque était postérieure en date à ces quittances authentiques. Mais cet arrêt, dans quelle espèce a-t-il été rendu?

Louis Le Blanc et Suzanne Arbault, sa femme, avaient acquis, pendant leur communauté, plusieurs rentes sur l'hôtel-de-ville, et n'ayant point d'enfans, ils s'étaient fait un don mutuel. Le mari est mort le premier; et par-là, le don mutuel s'est ouvert au profit de la veuve. — En 1679, le gouvernement a remboursé les rentes sur l'hôtel-de-ville; la veuve en a reçu les principaux, tant en son nom, comme propriétaire de la moitié des rentes acquises pendant sa communauté, que comme fondée de procuration de Pierre et Anne Le Blanc, héritiers de son mari, leur frère. — Cette veuve a contracté différentes dettes en 1685; elle est décédée peu de temps après. — En 1690, transaction entre ses héritiers et ceux de son mari, contenant partage et liquidation des biens de la communauté qui avait existé entre les deux époux: on y explique et ce que la veuve doit à la succession de son mari, soit à cause des remboursemens qu'elle a reçus, soit d'ailleurs, dont on compose un total, et ce que la succession du mari doit à celle de sa veuve; et après une opération assez confuse de ces dettes respectives, on rend la succession de la veuve débitrice, envers celle du mari, de neuf mille sept cents livres dix sous quatre deniers: les héritiers de la veuve s'obligent au payement de cette somme, sans que le véritable titre de cette créance soit spécifié, sans qu'il soit dit que les héritiers du mari demeurent *conservés aux droits, priviléges et Hypothèques* qu'ils pouvaient avoir avant cette transaction. — Les choses en cet état, contestation entre les héritiers du mari, comme créanciers des neuf mille sept cents livres, et les créanciers envers lesquels la veuve s'était obligée en 1685, pour savoir qui d'entr'eux seront préférés sur les immeubles que la veuve a laissés dans sa succession. — Les créanciers de 1685 soutenaient que la préférence leur appartenait, 1.° parce que les sommes dues par la veuve à la succession de son mari, soit à cause des remboursemens qu'elle avait reçus du gouvernement, soit d'ailleurs, ayant été confondues dans la transaction, il était impossible de reconnaître en 1723 ce qui, dans les neuf mille sept cents livres formant le finito de la transaction, provenait des remboursemens de 1679; 2.° parce que les héritiers du mari n'avaient plus leurs anciennes créances de 1679, contre la veuve; qu'ils n'avaient qu'une créance nouvelle, consistante en un reliquat fixe par la transaction de 1690; que cette transaction était leur unique titre de créance; que leur Hypothèque ne remontait qu'à ce titre, et qu'elle était conséquemment postérieure à celle des autres créanciers de 1685; 3.° parce que les remboursemens reçus par la veuve en 1679, pour le compte des héritiers du mari, n'avaient pas pu rendre ceux-ci créanciers hypothécaires de celle-là; que la veuve n'ayant pas figuré personnellement dans la procuration notariée des héritiers du mari, et ne l'ayant pas acceptée formellement par un acte de la même nature, tout ce qu'elle avait fait en vertu de cet acte, n'avait pu produire, de sa part et au profit des héritiers du mari, que des dettes chirographaires. — Cette défense a triomphé; mais des trois moyens qui la composaient, quel est celui qui a déterminé l'arrêt? C'est ce que l'arrêt même ne permet pas de pénétrer. On ne peut donc pas dire qu'il ait jugé notre question.

Mais un arrêt qui la décide nettement, c'est celui qui a été rendu, *consultis classibus*, le 27 août 1730, au rapport de M. Lossendière, conseiller à la troisième chambre des enquêtes. Voici le fait.

Le 12 juillet 1725, procuration devant notaires, donnée par le sieur de Lepinay, pour recevoir ses arrérages de rentes sur l'hôtel-de-ville de Paris, à un sieur Carrel, qui recevait ces sortes de rentes pour le public. Cette procuration portait pouvoir au constitué de se substituer qui bon lui semblerait. — Le même jour, au pied de la procuration, devant les mêmes notaires, acte par lequel le sieur Carrel fait le dépôt de sa procuration, et nomme, pour le remplacer, les sieurs Thureault et Asseline. — Cependant le sieur Carrel ne s'est pas interdit la faculté de recevoir par lui-même. Il a même reçu, sur ses quittances, depuis cette substitution et sans l'avoir révoquée, les rentes du sieur de Lepinay, son commettant. — Il s'agissait de savoir si, pour le recouvrement de ces rentes, les enfans du sieur de Lepinay avaient Hypothèque, et de quel jour ils l'avaient, sur les immeubles du sieur Carrel, acquis par le sieur Fournier. — Les premiers juges, après un mûr examen, avaient accordé aux enfans Hypothèque sur les biens acquis par le sieur Fournier, *du jour et en vertu du dépôt et de l'exécution* que le sieur Carrel avait faits de la procuration qu'il tenait du sieur de Lepinay. — Le sieur Fournier ayant interjeté appel de cette sentence, on établissait, pour en soutenir le bien-jugé, deux propositions : la première, que le sieur Carrel avait accepté devant notaires la procuration, et s'était obligé, par cette acceptation, envers le sieur de Lepinay ; la seconde, que de l'acceptation du sieur Carrel, il résultait une Hypothèque sur ses biens, du 12 juillet 1725, jour de l'acte contenant le dépôt de la procuration et de la nomination des sieurs Thureault et Asseline pour le remplacer.

Voici comment on justifiait la première proposition. — « Un mandataire ne dépose une procuration que dans l'intention de l'exécuter : cette intention, aussi sensiblement marquée par le dépôt, opère le même effet que l'exécution même, c'est-à-dire que l'acceptation par le mandataire est prouvée aussi bien par le seul dépôt que par l'exécution même de la procuration. La procuration portant pouvoir en général au mandataire d'en nommer un ou plusieurs autres, si le mandataire nomme quelqu'un sans s'exclure soi-même expressément, il exécute la procuration, et conséquemment l'accepte ».

On opposait à cela une objection spécieuse. Le mandat (disait-on) est un contrat synallagmatique : il consiste en obligations réciproques de deux personnes, du constituant et du constitué. Ces obligations réciproques doivent être expresses. Celle du constituant, dans l'espèce présente, se trouve à la vérité dans la procuration, mais il n'y en a point d'exprimé de la part de Carrel, constitué, ni dans la procuration, puisque Carrel n'y a point paru, ni dans l'acte qui en contient le dépôt et la nomination de celui-ci.

« Il est vrai (répondaient les enfans du sieur de Lepinay), que le mandat est un contrat synallagmatique ; il est vrai aussi qu'il requiert les obligations réciproques du constituant et du constitué ; mais il n'est pas nécessaire que ces obligations se rencontrent dans un même acte, ni qu'elles soient réciproquement contractées dans le même moment. De deux personnes qui sont réciproquement obligées sur un même objet, l'une sera valablement obligée par un acte, et au moment qu'elle l'aura passé, quoique l'autre, qui est aussi obligée, ne se soit obligée que depuis, et par un acte différent et postérieur à l'autre. C'est le consentement qui oblige, ce ne sont point les mots. *Obligationes fiunt ex consensu.* Les mots servent bien à indiquer, à expliquer, à prouver ce consentement ; mais si ce consentement paraît, s'il est avoué et reconnu, s'il est prouvé d'ailleurs, l'obligation est contractée. — Dans l'espèce présente, le constituant et Carrel se sont réciproquement obligés, mais par des actes différens, et dans une même matinée. Le constituant s'est obligé par la procuration, et dans le moment même de l'acte qui la contient. Son obligation est exprimée dans l'acte. Carrel, constitué, s'est obligé le même jour, dans la même matinée ; mais postérieurement, par l'acceptation qu'il a faite de la procuration en la déposant. Il a témoigné, par l'action même du dépôt, qu'il l'avait acceptée. Si ce n'avait pas été son intention, et si elle eût été au contraire, il devait, ou renvoyer la procuration au constituant sans la déposer, ou, en la déposant, déclarer qu'il entendait ne point l'accepter. Il est aussi convenu de cette acceptation en nommant, dans l'acte de dépôt les sieurs Thureault et Asseline pour recevoir, sans s'exclure de cette faculté ni se l'interdire à soi-même expressément. L'action du dépôt, la nomination, sont deux faits qui prouvent incontestablement l'acceptation par Carrel, de la procuration, qui contiennent en cette preuve même une reconnaissance, de la part de Carrel, de cette acceptation, et qui enveloppent nécessairement l'obligation de Carrel, accessoire indispensable de cette acceptation. — Inutilement a-t-on prétendu que Carrel, en nommant les sieurs Thureault et Asseline, a lui-même abdiqué la procuration : Carrel, par la procuration, pouvait constituer et substituer, c'est-à-dire s'exclure en mettant quelqu'un à sa place : il pouvait aussi s'associer quelqu'un sans s'exclure. C'est ce qu'il a fait en nommant les sieurs Thureault et Asseline : donc il se les est associés, et ne s'est point exclu, puisque, depuis la constitution et substitution, il a reçu lui-même, sur ses quittances, les rentes de son mandant. — Ainsi, l'acte contenant le dépôt et la nomination, renferme aussi une reconnaissance de la part de Carrel, qu'il a eu intention d'accepter la procuration et de l'exécuter, qu'il l'a acceptée, qu'il l'a exécutée ; qu'il s'est obligé en l'acceptant, en reconnaissant cette acceptation, en exécutant cette procuration envers le père des intimés, qui l'avait constitué ».

D'après une réponse aussi décisive, il ne restait plus qu'à établir la seconde proposition. Voici ce que disaient à cet égard, les enfans du sieur de Lepinay.

« L'Hypothèque ne subsiste point qu'il n'y ait des obligations subsistantes ; elle ne subsiste qu'autant qu'elle accompagne quelque obligation ; mais elle ne dérive point de l'obligation ; elle ne dérive que de l'authenticité dont les obligations peuvent être accompagnées. — Ces obligations sont contenues dans des actes sous seings-privés, ou dans des actes authentiques, ou dérivent des lois, des coutumes, des ordonnances, des jugemens. Si les obligations sont contenues dans des actes sous seings-privés, elles n'emportent point d'Hypothèque sur les biens de l'obligé, encore que l'obligé l'eût accordée dans l'acte sous seing-privé. Toutes les autres obligations emportent Hypothèque. L'authenticité réside proprement dans le sceau du prince. On n'admet point de lois, d'ordonnances, de coutumes, de jugemens qui ne soient revêtus de ce sceau. Les notaires royaux l'apposent aussi sur leurs actes : c'est ce sceau du prince qui imprime l'authenticité. — Les obligations réciproques entre le père des intimés et Carrel sont authentiques, parce qu'elles sont contenues dans des actes authentiques passés devant notaires. — Celle du père des intimés envers Carrel est authentique, puisque la procuration qui la contient l'est. Celle de Carrel est authentique, puisqu'elle a été, ou contractée, ou reconnue dans l'acte contenant le dépôt et la nomination, acte qui est authentique. — Dès là, les deux obligations réciproques emportent Hypothèque : Carrel l'avait sur les biens du père des intimés du moment de sa procuration. Le père des intimés l'a eue sur les biens de Carrel du moment que la preuve de l'acceptation et de l'obligation de Carrel, qui consiste dans le dépôt et la nomination qu'il a faite, s'est trouvée écrite dans un acte authentique, du moment même de cet acte de dépôt et de nomination qui a été passé devant notaires ».

Ces moyens paraissaient sans réplique. Cependant on y opposait une objection : — « Il y a deux sortes d'Hypothèques (disait-on), la conventionnelle et la tacite. La conventionnelle n'accompagne que les obligations expressément contenues aux actes. La tacite n'a lieu que dans les vingt-six cas exprimés par les lois romaines. Le mandat n'est point du nombre de ces vingt-six cas. L'obligation de Carrel n'est point expressément portée dans l'acte contenant le dépôt et la nomination faite par Carrel ; donc cet acte n'a point donné Hypothèque au père des intimés contre Carrel ».

Les intimés répondaient : — « La distinction de l'Hypothèque conventionnelle et de l'Hypothèque tacite sera bonne, si l'on veut, dans le droit romain ; mais elle ne l'est point parmi nous, qui ne l'avons point reçue. Un principe incontestable dans nos mœurs est, que l'Hypothèque naît de l'authenticité, et non pas de la convention. Le porteur d'un billet, d'une obligation sous seings-privés, dans lesquels le débiteur aura donné Hypothèque contre lui-même, n'a point d'Hypothèque ; ce n'est pas à dire qu'il n'y a point d'Hypothèque convenue ; mais, c'est-à-dire qu'il ne subsiste d'Hypothèque convenue qu'autant que la convention se trouve dans un acte authentique. C'est en ce sens que nous entendons l'Hypothèque conventionnelle, que nous distinguons de l'Hypothèque légale, laquelle accompagne, quoique non convenue, toutes les obligations, soit contenues dans des actes authentiques, soit dérivantes de lois, de coutumes, d'ordonnances, de jugemens. — L'obligation de Carrel est contenue dans l'acte de dépôt et de nomination, qui est un acte authentique. Si l'Hypothèque ne se trouvait pas convenue dans cet acte, l'authenticité seule de cet acte, qui contient cette obligation, rendrait cette obligation de Carrel accompagnée d'Hypothèque, et ce serait une Hypothèque légale ; mais cette Hypothèque est expressément convenue dans cet acte, qui parle et met dans la bouche de Carrel les mots *promettant, etc.*, *obligeant, etc.* — Il n'est pas douteux que ces termes emportent Hypothèque générale et expresse sur tous les biens de celui qui promet et s'oblige, et cela pour l'exécution et l'accomplissement de toutes les obligations de sa part, qui ont été contractées et reconnues dans l'acte. Il n'y a personne qui ne convienne que ces mots *promettant*, *obligeant*, sont une clause dispositive, qui est du nombre des conventions mêmes, et fait partie de la substance du contrat. — C'est en effet sur le fondement que ces termes *promettant, obligeant*, contiennent une clause dispositive, et font partie de la substance du contrat, suivant le témoignage de nos auteurs, que sont intervenus deux arrêts rendus, l'un à la cinquième chambre des enquêtes, le 17 novembre 1587, par lequel le lot d'un cohéritier se trouvant entre les mains d'un acquéreur, fut déclaré hypothéqué à la garantie de l'autre lot : l'autre, à la première chambre des enquêtes, le 13 août 1608, par lequel l'Hypothèque a été accordée pour les intérêts d'une obligation, *du jour de l'acte* contenant cette obligation. Par conséquent, il est évident que cette Hypothèque est expressément convenue de la part de Carrel par ces mots *promettant, etc.*, *obligeant, etc.*, qui se trouvent dans l'acte contenant le dépôt et la nomination qu'il a faits, et cette Hypothèque expresse accompagne l'obligation de Carrel, soit contractée, soit reconnue dans cet acte envers le père des intimés. — C'est mal à propos qu'on prétend que cette obligation de Carrel n'est pas expressément portée dans cet acte. Ce ne sont point les mots, ce sont les faits mêmes qui rendent un consentement, une acceptation, une obligation expresse. Les mots ne servent qu'à expliquer, qu'à prouver cette acceptation, ce consentement, cette obligation. Et y a-t-il donc rien qui exprime davantage que les faits ? Le dépôt, la nomination faits par Carrel, sans s'exclure, sans s'interdire à soi-même la faculté de recevoir comme constitué, ce sont des faits, et des faits qui parlent ici, qui sont décisifs : on ne dépose point une procuration qu'on ne veut point accepter : ou, si on la dépose, on déclare qu'on ne l'accepte point. On ne l'exécute point soi-même ; ou, si on l'exécute dans une partie, on déclare en même temps qu'on ne veut pas l'exécuter dans le reste. C'est un devoir à remplir de la part du mandataire que de renvoyer au mandant sa procuration, quand il ne veut pas l'accepter; de déclarer qu'il ne veut pas l'accepter, quoiqu'il en fasse le dépôt, et de s'expliquer qu'il n'entend point l'exécuter davantage quand il l'exécute en partie. *Déposer une procuration, l'exécuter*, c'est l'avoir acceptée; c'est s'être obligé envers le mandant, car le mandataire n'a point accepté, que son acceptation même ne l'ait obligé. La preuve de cette acceptation, et de cette obligation qui y est attachée, consiste dans le dépôt et dans la nomination contenus dans l'acte.— Cet acte, qui contient cette obligation expresse, étant authentique, il en est résulté une Hypothèque du jour de cet acte, sur les biens de Carrel, au profit du père des intimés, quoiqu'il n'ait point paru dans l'acte, parce que de même que l'obligation avec Hypothèque a été valablement contractée par le mandant en l'absence, et cependant au profit du mandataire, de même aussi l'obligation avec Hypothèque aura-t-elle été valablement contractée par le mandataire, au profit, quoiqu'en l'absence du mandant. La procuration signée du mandant et du mandataire, emporte, de l'aveu de l'appelant, obligation et Hypothèque réciproque sur leurs biens du jour de l'acte: il en est de même de la procuration signée du mandant seul, qui est déposée et acceptée par le mandataire dans un acte authentique: elle emporte Hypothèque sur les biens du mandataire du jour de l'acte *du dépôt et de l'acceptation* qu'il en a faits. C'est le même effet; nulle différence, parce que dans le dernier cas, la convention et les engagemens réciproques sont formés; c'est le sentiment des auteurs, et le résultat des savantes conférences qui se sont tenues chez M. le premier président de Lamoignon ».

Autre objection. — « Est-il juste (disait le sieur Fournier), de donner au mandant, sur les biens du mandataire qui aura bien accepté tacitement la procuration, mais qui n'aura touché en conséquence les deniers du mandant, que long-temps après, une préférence d'Hypothèque sur celle des créanciers légitimes envers qui le mandataire sera obligé depuis cette acceptation tacite de la procuration, mais avant d'avoir touché aucun denier du mandant en vertu de cette procuration? Quel préjudice pour la société! quel tort cela ne fera-t-il pas au commerce? On craindra de contracter avec un homme qu'on saura être chargé de procurations».

Les principes établis plus haut sur les obligations et les Hypothèques, détruisaient cette objection. Mais les enfans du sieur de Lépinay allaient plus loin. Voici ce qu'ils ajoutaient: — « Il n'y a point d'obligation qui n'ait une date certaine: les conventionnelles, comme les légales, en ont une également: il en est de même de l'Hypothèque; qu'elle soit conventionnelle ou légale, elle a également une date: on considère les obligations et les Hypothèques, non pas eu égard à ce qui arrivera dans la suite, mais eu égard à ce qui se rencontre au moment de leur principe et de leur naissance. Il y a des conventions, des contrats (et le mandat est du nombre), à l'égard desquels l'obligation subsiste, sans que l'action subsiste, ni même doive subsister sitôt; *nata quidem est obligatio statim, sed non etiam actio*, dit Cujas. L'Hypothèque est jointe à ces sortes d'obligations, dès qu'elles sont contenues dans des actes authentiques, ou qu'elles naissent des lois, des coutumes, des ordonnances, des jugemens; et cette Hypothèque y est jointe, avant même que l'action soit ouverte: l'Hypothèque d'un créancier sur un débiteur qui a terme, et dont le terme n'est pas encore échu, est préférable à l'Hypothèque postérieure d'un autre créancier, dont la créance est exigible contre ce même débiteur. — On ne juge pas par des inconvéniens, mais par les règles et les principes. — Mais ces prétendus inconvéniens, que l'appelant affecte d'envisager, ne sont que des chimères. — Si, de son aveu, la procuration signée du mandant et du mandataire, emporte, du jour de sa date, Hypothèque réciproque sur leurs biens, c'est une conséquence nécessaire (ainsi qu'il a été établi d'après le principe et le sentiment des auteurs), que celle qui est signée du mandant seule, mais déposée et acceptée par le mandataire dans un acte authentique, opère le même effet sur les biens de ce mandataire, *du jour de son acceptation*, faite par cet acte, telle est la question du procès. — La société et le commerce peuvent-ils souffrir de ce qu'on rejette une prétendue différence et diversité d'effets dans ces deux cas, seule ressource de l'appelant? N'est-il pas sensible, au contraire, que les mandats sont les contrats les plus lians de la société, et les plus ordinaires dans le commerce; et que conséquemment ils doivent être maintenus avec toutes les sûretés possibles en général, pour ceux qui les contractent réciproquement, et en particulier à l'égard de ceux qui, moyennant une rétribution, remplissent une fonction publique, fonction nécessaire, fonction de confiance ».

Sur ces moyens respectifs, que nous avons puisés dans les mémoires des parties, la troisième chambre des enquêtes a cru devoir renvoyer la question à un *consultis classibus*. En conséquence, conformément à ce qui avait été observé dans le *consultis classibus* de 1639, dont il est fait mention par les annotateurs de Leprêtre, deux conseillers de la grande-chambre et deux de chacune des quatre autres chambres, se sont transportés à la troisième; et là, il est intervenu, le 27 août 1740, un arrêt par lequel la sentence dont était appel, a été confirmée.—Il a donc été jugé que le mandant a Hypothèque sur les biens du mandataire, du jour que celui-ci a déposé sa procuration et a substitué en son lieu et place.

VIII. Les actes passés devant notaires en pays étranger, emportent-ils Hypothèque en France?

Cette question est une des plus controversées qui se trouvent dans notre jurisprudence.

On dit pour l'affirmative, que, si, en France, les actes notariés emportent Hypothèque, ce n'est pas en vertu d'une loi particulière, mais d'une convention présumée. Or, ajoute-t-on, le droit des gens veut que toutes les conventions expresses ou tacites, qui n'ont rien de contraire à la raison ni aux bonnes mœurs, soient exécutées dans toutes les contrées où elles peuvent l'être. Ainsi, la communauté de biens qu'on est censé contracter lorsqu'on se marie dans un endroit où elle a lieu, n'embrasse pas seulement les biens situés en France, mais encore ceux que les époux peuvent acquérir hors du royaume. Pourquoi donc la promesse d'Hypothèque qu'on est censé faire dans un pays étranger, en contractant devant les officiers qui y sont revêtus d'un caractère public, n'aurait-elle pas son effet sur les biens du royaume? — Inutilement oppose-t-on que les sceaux étrangers n'ont point d'autorité en France. Tout ce qu'on peut inférer de là, c'est que les contrats passés hors du royaume ne peuvent être mis à exécution parmi nous, sans avoir été préalablement scellés du scel royal, ou déclarés exécutoires par un tribunal français. Mais ce préliminaire rempli, ils doivent emporter Hypothèque du jour même de leur date; car si on les regarde comme authentiques, on doit exécuter toutes les conventions qu'ils contiennent ou qu'ils sont censés contenir. — Ainsi, il ne faut pas confondre l'Hypothèque attachée au contrat avec l'exécution du contrat: le contrat emporte Hypothèque; mais il n'a d'exécution que sous certaines conditions. — Tel est au surplus l'avis de Chopin sur la coutume d'Anjou, liv. 3, tit. 3, ch. 3, n. 11; de Loiseau, *Traité des offices*, liv. 1, ch. 6, n. 104; de Leprêtre, centurie 4, ch. 80, n. 10; de La Thaumassière, dans ses *Décisions*, liv. 1, ch. 48; de Basnage, *Traité des Hypothèques*, ch. 12; du président Bouhier, sur la coutume de Bourgogne, ch. 26, n. 13. — Les arrêts qui ont adopté cette opinion, sont en grand nombre. Nous ne parlons pas encore de ceux qui ont pour objet les contrats de mariage: il en sera particulièrement question ci-après. Nous n'avons en vue dans ce moment que les arrêts rendus sur les actes ordinaires. Ils sont rapportés par Bouguier, lettre C, §. 7, et Leprêtre à l'endroit cité.

L'opinion contraire ne manque pas non plus d'autorités: elle est soutenue par Malicottes, sur la coutume du Maine, art. 186; Brodeau, sur celle de Paris, art. 105; Ricard, sur le même art.; Lemaître, sur l'art. 165 de la même coutume. — Elle est aussi adoptée par l'art. 25 des arrêtés de M. de Lamoignon, titre *des Hypothèques*. — On cite d'ailleurs trois arrêts qui la confirment: l'un de 1617, rapporté par Brodeau, sur la coutume de Paris, art. 107, 164, 165; et par Mornac, sur la loi dernière, D. *de jurisdictione;* l'autre de 1621, qui nous a été conservé par Montholon, chap. 136; le troisième de 1627, que rapporte encore Brodeau aux endroits cités. — Enfin, l'art. 121 de l'ordonnance de 1629 décide la question en ces termes: « Les jugemens rendus, contrats et obligations reçus ès-royaumes et souverainetés étrangères, pour quelque cause que ce soit, n'auront aucune Hypothèque et exécution en notredit royaume; ainsi tiendront les contrats lieu de simples promesses..... ».

Pour prendre un parti dans ce choc d'autorités, il faut commencer par mettre à l'écart le ressort du parlement de Dijon. La jurisprudence de cette cour est fixée depuis trop long-temps en faveur de l'opinion qui accorde l'Hypothèque aux actes passés en pays étranger, pour qu'en Bourgogne il soit permis de la critiquer, ou nécessaire de la justifier. M. Bouhier, chap. 26, n. 13, dit qu'on sifflerait à Dijon celui qui entreprendrait de la combattre. Cette manière de parler de la part d'un magistrat aussi profondément instruit des maximes de sa compagnie, annonce bien clairement que la jurisprudence dont il s'agit, y est au-dessus de toute contradiction. Aussi a-t-elle été, pour ainsi dire, irrévocablement consacrée par une des modifications que le parlement de Bourgogne a mises, par son arrêt du 10 septembre 1629, à l'ordonnance de la même année: « Ce jour (porte cet arrêt), les chambres assemblées, les ordonnances du roi du mois de janvier dernier parachevées de voir, ont été vérifiées sous les modifications qui en suivent, s'avoir.... que le 121.e article concernant Hypothèque et exécution des contrats et obligations reçus ès-royaumes et souverainetés étrangères, n'aura lieu en cette province ».

C'est ainsi que l'arrêt est rapporté dans le recueil de Néron. Mais Thibaut, *Traité des criées*, p. 266, nous le présente sous une face un peu différente, et cette différence fait croire, ou que Néron a supprimé une partie des termes dont s'était servi le parlement, ou qu'il existe sur cette matière deux arrêts de cette cour. Quoi qu'il en soit, voici comment s'explique Thibaut: « L'art. 121 de l'ordonnance de 1629 a été modifié en ces termes: *cet article n'aura lieu en cette province, d'autant qu'elle confine ez pays de Savoye, Suisse, Genève, Lorraine, comté de Bourgogne et cité de Besançon, et que s'il était observé, les susdits voisins useraient du même droit dans leurs pays, ce qu'ils n'ont fait jusqu'à présent; et, par ce moyen, les sujets de sa majesté en ce ressort seraient privés de tout commerce, mais particulièrement au regard de ceux dudit comté de Bourgogne et cité de Besançon, à cause de la neutralité qui est entre les deux Bourgognes, et que ceux du comté ne sont tenus pour aubain; ains régnicoles, recueillent toutes successions audit duché, comme au semblable les sujets du roi audit comté.* Il ne faut donc pas confondre les contrats passés dans les pays exceptés par l'arrêt d'enregistrement, avec ceux qui viennent des autres souverainetés; ces derniers se trouvent entièrement soumis à la disposition de l'ordonnance de 1629; ainsi, on ne doit les regarder que comme de simples promesses aux termes de l'article, dont l'exécution est de la compétence du juge des lieux. Les autres portent hypothèque comme s'ils avaient été reçus dans les provinces même, avec cette différence néanmoins, qu'on doit les faire déclarer exécutoires, et en poursuivre l'exécution au bailliage, et non à la chancellerie ».

Nous trouvons dans le recueil d'arrêts de Perier, question 209, une observation de Raviot, qui confirme tout ce que dit ici Thibaut: « l'ordonnance de 1629 (dit-il), fut enregistrée en ce parlement avec très-humbles remontrances et modifications sur cet article : la modification à laquelle il a plu au roi de ne rien retrancher, regarde principalement le comté de Bourgogne et cité de Besançon, dont les sujets étaient continuellement en relation et en commerce avec ceux du duché, de sorte qu'il était de l'intérêt de ceux-ci que les actes faits dans cette souveraineté portassent Hypothèque dans le duché, et que réciproquement les actes faits dans le duché produisissent le même effet dans le comté; mais à présent que cette raison cesse, la modification s'évanouit : ou du moins elle n'aurait lieu que pour les pays limitrophes, et non pour ceux qui sont plus éloignés ».

Quoi qu'il en soit, et la Bourgogne à part, il semble que l'opinion suivant laquelle les contrats reçus en pays étranger, n'emportent pas Hypothèque en France, est la mieux appuyée, la plus régulière, doit prévaloir.

Nous disons d'abord qu'elle est la mieux appuyée. En effet, peut-on une plus grande autorité en cette matière, que l'art. 121 de l'ordonnance de 1629? Nous savons que, pendant plus d'un siècle, on n'osait pas la citer à Paris; mais depuis quelque temps, on lui a rendu la faveur que méritaient la plupart de ses dispositions, et tous les jours on l'invoque au palais comme une loi nationale. Personne n'ignore d'ailleurs qu'elle a été enregistrée aux parlemens de Toulouse, de Grenoble et de Bordeaux; et que ces cours n'y ont mis, quant à l'art. 121, aucune espèce de modification.

Nous avons ajouté que cette opinion est aussi la plus régulière; et c'est ce que Boullenois, dans son *Traité de la personnalité et de la réalité des lois et des coutumes*, tome 1, page 630, nous paraît avoir démontré en peu de mots. — « Je ne vois nulle difficulté (dit cet auteur), à décider que l'Hypothèque de simple convention tacite et présumée ne s'acquiert pas sur des biens situés dans une domination étrangère. Ma raison est que cette Hypothèque ne peut être fondée que sur cette maxime admise dans le droit civil, qui est que les clauses qui sont de convention ordinaire, et qui font la sûreté de la convention principale, sont toujours présumées sous-entendues dans les contrats; et par conséquent, sont dans la volonté et dans la convention des parties. Or, cette maxime n'est point du droit des gens, *neque jure gentium primævo, neque de jure gentium secundario* : c'est, à la vérité, une maxime équitable, et qui vient au secours de ceux, ou qui ne sont pas instruits, ou qui contractent avec trop de sécurité. Mais une telle maxime ne saurait avoir lieu de droit général dans toutes les nations; elle doit être renfermée dans les lieux où elle a été admise, et pour les contrats passés entre ceux qui sont soumis aux lois, et aux maximes du lieu du contrat (1) ».

(1) [[*V.* mon *Recueil de Questions de droit*, aux mots *Divorce*, §. 6, et *Jugement*, §. 14.]]

IX. Cette doctrine admet cependant plusieurs exceptions.

X. Par un traité entre le roi de France et le roi de Sardaigne, qui a été revêtu de lettres-patentes enregistrées au parlement de Paris, le 24 septembre 1760, on a donné une Hypothèque réciproque dans les états des deux monarques, aux actes publics, soit arrêts, jugemens, sentences, soit contrats ou autres instrumens. Il avait été fait des traités semblables avec la Lorraine aux mois de janvier 1618 et juillet 1738; (1) mais ils sont devenus inutiles par la réunion de cette province à la couronne.

XI. Quelques auteurs prétendent que le reliquat du compte d'une tutelle exercée dans un pays étranger, doit en France, être colloqué en ordre d'Hypothèque, du jour que le tuteur a été nommé à ses fonctions.

La cour souveraine (aujourd'hui parlement) de Nancy l'a ainsi jugé en 1769, mais le cas était particulier. En voici les circonstances, telles que nous les avons extraites des mémoires respectifs des parties.

La baronnie de Fénétrange, autrefois fief régalien de l'empire, limitrophe du duché de Lorraine, appartenait par indivis aux souverains de cette province, pour les quatre cinquièmes, à titre d'acquisition, et au prince de Salm-Salm pour le surplus. Ce n'est qu'en 1751 que cette terre a été cédée au roi Stanislas, de l'agrément du roi, en contre-échange d'autres terres situées dans la principauté de Senonnes. — Le sieur Guillemin, entrepreneur des réparations des salines de Lorraine, étant décédé en 1713, laissant quatre enfans, le sieur Klein, avocat à Fénétrange, qui avait épousé une des filles majeures du sieur Guillemin, fut établi curateur de ces enfans, par acte tutélaire de Nancy, le 17 mai de la même année. Le sieur Chaxel, avocat à Sarreguemines, épousa une fille du défunt, encore en minorité. Les parties comptèrent amiablement, le 15 janvier 1725. Le 19 juillet 1728, le sieur Klein fit à son beau-frère, au bas du compte, une promesse de 4,786 fr. barrois dont il était reliquataire, et décéda, quelques années après, débiteur du sieur Chaxel. Il laissait une succession obérée; ses enfans y renoncèrent, et sa veuve répudia pareillement la communauté. — Le 22 mai 1762, le sieur Chaxel présenta requête au bailliage de Fénétrange, et y demanda 1.° la reconnaissance de la signature du défunt; 2.° la condamnation de la somme de 4,786 francs, portés dans l'arrêté de compte de 1728, avec les intérêts, sauf à déduire ceux qui avaient été reçus; 3.° que l'acte de tutelle de 1713, fût déclaré exécutoire et hypothécaire contre le curateur à la succession vacante, comme il l'était contre le défunt. Il y avait eu interruption de prescription depuis 1728 jusqu'au jour de la demande. — Le bailliage fit droit sur les deux pre-

(1) [[*V.* le *Recueil* cité dans la note précédente aux mots *Inscription hypothécaire*, §. 2.]]

miers chefs de cette requête, mais il refusa l'Hypothèque demandée. Le sieur Chaxel appela de cette sentence, et obtint un arrêt par défaut, le 18 février 1763, qui, en réformant la sentence du juge de Fénétrange, lui adjugea toutes ses conclusions. — Les héritiers du sieur Pierrard, notaire royal à Fénétrange, créancier de la succession, en vertu d'un acte authentique passé dans ce ressort, le 15 novembre 1749, crurent devoir former opposition à cet arrêt. Ils fondaient cette opposition, 1.° sur la nature de l'Hypothèque, dans sa cause et dans ses effets; 2.° sur l'état politique du duché de Lorraine et de la baronnie de Fénétrange, par rapport au duché de Lorraine à l'époque de l'acte tutélaire de 1713.

« L'Hypothèque (disaient-ils) est un droit réel, imprimé par une loi générale de l'État ou par l'autorité souveraine et politique du gouvernement, dont un acte particulier d'engagement est revêtu : il ne dépend pas des particuliers de la constituer par la convention seule, mais elle naît d'une source publique que les sujets ne peuvent reconnaître que dans celui-là seul qui a droit de lui donner ce caractère. Un acte de tutelle fait dans un pays étranger, n'a pas de caractère dans une autre souveraineté, parce qu'on n'en connaît aucun dans des juges étrangers. Déclarez que vous hypothéquez tous vos biens; faites constater la date de cette déclaration par le contrôle, par le serment des parties, par le témoignage des personnes les plus qualifiées : il n'en résultera aucune Hypothèque, si cette déclaration n'est faite par-devant le ministre établi par l'autorité publique pour la recevoir, et si elle n'est munie des marques de l'autorité publique que le gouvernement y a consacrées. C'est pour cela qu'elle ne peut être constituée que dans le même État où la loi commande; elle ne s'étend pas hors de son territoire. Le système du sieur Chaxel serait de faire dériver l'Hypothèque du droit des gens, tandis qu'elle n'est que du droit civil par les principes les plus constans. L'engagement personnel est de la première espèce; l'Hypothèque est de la seconde. Brodeau, sur Louet, lettre H, §. 15, n. 3 et suiv., rapporte des arrêts du parlement de Paris, qui ont refusé en France l'Hypothèque, précisément sur des actes de tutelle passés en Lorraine ».

Le sieur Chaxel répondait : « par le droit universel des nations, par le droit commun, il suffit de s'immiscer dans une tutelle, pour que, dès ce moment, les biens du tuteur soient hypothéqués pour sûreté de l'administration. Le pupille demande son Hypothèque, non en vertu d'un contrat ou d'un acte quelconque, mais en vertu de la gestion qu'on a faite de ses biens, et il la demande du jour qu'a commencé cette gestion. C'est moins ici une Hypothèque à laquelle le droit de chaque contrée pourrait donner des bornes, qu'un privilége de la tutelle, reçu et adopté partout. — Il faut que les habitans de Fénétrange suivent une loi; car je ne m'imagine pas qu'ils veuillent jouir de l'odieux privilége de vivre sans loi. Mais sera-ce le droit commun qui les régira? Il accorde l'Hypothèque aux mineurs. Sera-ce le droit romain? il l'accorde également; et il leur donne même un privilége. Sera-ce la coutume de Lorraine? elle veut que les biens du tuteur soient, dans le temps de l'entremise, *affectés à la satisfaction*. Qu'on nomme une coutume ou locale, ou générale, qui ne contienne pas des dispositions semblables? — Quoi! parce qu'un tuteur sera citoyen de Fénétrange, sujet des ducs de Lorraine, dans le temps même de l'indivision de leur souveraineté avec le prince de Salm-Salm, et que malheureusement le pupille sera Lorrain, ce tuteur gérera impunément, et comme il lui plaira, les biens du pupille, sans hypothéquer les siens pour la sûreté de l'administration? Reliquataire de son mineur, il sera le maître, en contractant avec des créanciers postérieurs, d'ôter à ce mineur une Hypothèque, une sûreté, que toutes les lois lui accordent? — D'après la maxime écrite dans les coutumes de nantissement, *nulle Hypothèque sans saisine*, les sectateurs aveugles de la lettre de ces coutumes, prétendaient que l'Hypothèque légale du mineur sur les biens de son tuteur, ne pouvant être nantie ni ensaisinée, elle ne pouvait être reçue : la question agitée dans plusieurs tribunaux, ils décidèrent tous unanimement (1) en faveur des mineurs, sur deux principes : le premier, que l'Hypothèque légale du mineur étant de droit commun, et, en quelque sorte, du droit des gens, nulle coutume n'était censée et ne pouvait y donner atteinte : le second, que le nantissement et la saisine n'étant exigés par les coutumes que pour rendre les Hypothèques publiques, celle qui est acquise au mineur, procédant de la loi qui doit être connue à tout le monde, était assez manifeste pour n'avoir pas besoin d'autres solennités ».

Le sieur Chaxel argumentait aussi de la situation de la baronnie de Fénétrange, qui est enclavée dans la Lorraine, des alliances des familles, de la conformité des mœurs et des lois qui ont rendu, de tout temps, le commerce fréquent et nécessaire entre les Lorrains et les habitans de Fénétrange. Avant 1752 (disait-il), on les regardait comme régnicoles, parce qu'avant cette époque, ils étaient déjà sujets des ducs. Il soutenait « que les actes passés en Lorraine, en 1713, avaient dû emporter Hypothèque à Fénétrange du jour de leur date, ou au moins depuis 1735 et 1736, époque de la signature des préliminaires du traité de Vienne; que par l'art. 1.er de ces préliminaires, l'empereur et l'empire consentaient à la réunion à la couronne de France de ce qui pouvait relever de l'empire, dans tout ce que possédaient les ducs de Lorraine, et il concluait de là que l'empereur avait renoncé aux droits qu'il avait pu avoir à Fénétrange, que cette partie avait été unie par-là au duché de Lorraine, et que l'empereur avait cédé au roi le droit suzerain qu'il avait sur la part du prince de Salm-Salm, comme il lui avait abandonné ceux dont il jouissait sur les ducs

(1) *Unanimement!* c'est une grande erreur. *V. Nantissement*, §. 2, art. 4 et 5.

de Lorraine. Le sieur Chaxel inférait de là, que si son Hypothèque n'avait pas pu avoir effet depuis 1713 jusqu'en 1735 ou jusqu'en 1736, du moins avait-elle dû commencer à en avoir à cette dernière date ».

Les héritiers Pierrard répondaient que, quoique les ducs de Lorraine fussent souverains pour partie de la baronnie de Fénétrange, cette terre ne faisait cependant point partie de leur duché, mais que la souveraineté de l'une n'avait aucune relation à l'autre; que cela était de notoriété, puisque la co-souveraineté qui était entre le duc de Lorraine et le prince de Salm, avait des tribunaux souverains qui lui étaient propres; que la chose n'était pas sans exemple; que Charles V avait été empereur d'Allemagne et roi d'Espagne, Henri III roi de France et roi de Pologne; que cependant l'Allemagne et l'Espagne, la France et la Pologne, pour avoir appartenu au même prince, n'avaient point d'autres relations entre elles : que jamais les ducs de Lorraine, en vertu de leur souveraineté sur Fénétrange, n'avaient tenté d'étendre leurs ordonnances pour la Lorraine sur cette baronnie : qu'ils n'y avaient jamais fait de lois, ni établi des impositions sans le concours de leur co-souverain; que l'empire, en abandonnant ses droits sur les portions qu'avait la maison de Lorraine dans la baronnie de Fénétrange, n'avait pas eu intention de donner atteinte à la portion indivise du prince de Salm-Salm, puisque la chose n'était pas nommément exprimée, et qu'il n'était pas à présumer que l'empire eût voulu ni pu préjudicier aux droits d'un tiers; que cette conséquence était si sensible, que le roi Stanislas lui-même n'avait pas pris plus d'autorité sur la terre de Fénétrange depuis son avènement jusqu'au traité de 1751, que les ducs ses prédécesseurs ne s'en étaient attribué avant le traité de Vienne; qu'enfin, ce prince l'avait toujours regardée respectivement au duché de Lorraine, comme un état étranger à celui-ci; qu'ainsi, tous les actes, faits par les souverains, devaient servir d'exemple à ceux qui étaient passés par les sujets.

Nonobstant ces raisons, la cour souveraine de Nancy, par arrêt du 12 août 1763, a débouté les héritiers Pierrard de leur opposition, et les a condamnés aux dépens.

XII. Les contrats de mariage passés en pays étrangers, semblent jouir, par rapport à l'Hypothèque sur les biens situés en France, d'un privilége plus constant et mieux reconnu que les comptes de tutelle. Du moins Boullenois (*Loc. cit.*, page 631), ne balance nullement à plier en leur faveur, l'opinion qu'il soutient relativement aux actes ordinaires: « C'est un contrat (dit cet auteur) qui n'est pas d'un royaume, d'une nation; ce n'est pas un contrat borné à l'Europe, c'est un contrat des quatre parties du monde; et il semble que tous les souverains soient intéressés à renoncer à leurs propres droits, pour donner à ces contrats toute la faveur qu'on peut imaginer ».

Cependant la question souffre encore de grandes difficultés. On en jugera par les moyens qui ont été employés, pour l'une et l'autre opinion, dans un procès terminé par un arrêt de la première chambre des enquêtes du parlement de Paris, du 22 août 1737; voici le fait qui y a donné lieu.

En 1699, contrat de mariage passé à Liége, devant notaires, entre le sieur Borier, trésorier de l'extraordinaire des guerres, et la demoiselle de Bellevaux, fille du directeur des postes de Liége même. Dot de la future, 6,000 liv.; douaire préfix, 300 liv. de rente, ou le capital au denier vingt; — préciput, 1,500 liv. — En 1720, le sieur Ricart prête au sieur Borier, une somme de 7,200 liv. — En 1721, décès du sieur Borier. — La demoiselle de Bellevaux, sa veuve, renonce à la communauté, fait accepter la succession par bénéfice d'inventaire, à ses enfans mineurs, et obtient contre eux une sentence, le 29 novembre 1721, par laquelle elle se fait adjuger ses reprises et conventions matrimoniales, son deuil, et une autre somme pour frais de labours et semences qu'elle prétendait avoir faits dans la terre de Villette, qui était un bien de la succession du sieur Borier. — Le 10 février 1723, elle obtient une autre sentence contre la succession bénéficiaire de son mari, qui lui adjuge une certaine somme pour frais de couches: elle était enceinte au moment où son mari était mort. — La terre de Villette est ensuite saisie réellement à la requête d'un créancier particulier du défunt. — Le sieur Ricart obtient aussi, mais postérieurement à la veuve Borier, contre la succession bénéficiaire de son mari, des condamnations, pour raison de ses créances, et forme opposition à la saisie réelle.

Il s'élève, au sujet de cette saisie réelle, des contestations qui sont terminées par un arrêt du 28 avril 1730, lequel « ordonne que la terre de Villette demeurera en pleine propriété à la veuve Borier, pour l'estimation qui en sera faite par experts convenus devant le plus prochain juge royal, ou nommés d'office, sur le prix de laquelle estimation la veuve Borier retiendra les sommes à elle bien et légitimement dues, suivant la liquidation qui en sera faite, après toutefois que déduction aura été faite sur les sommes qui lui seront adjugées par la liquidation du prix des meubles dont elle s'est rendue adjudicataire, et des sommes par elle reçues sur le prix des baux judiciaires; et que le surplus du prix sera par elle consigné à la diligence et poursuite de Ricart, pour être délivré à qui il appartiendra ».

En exécution de cet arrêt, la veuve Borier fait assigner le sieur Ricart devant le juge de Torcy, plus prochain juge royal, à l'effet de convenir d'experts pour procéder à l'estimation de la terre de Villette.

Elle donne un état de ses créances, et demande qu'il lui soit adjugé 6,000 liv. pour sa dot, 6,000 liv. pour son douaire, 1,500 liv. de préciput, 3,784 liv. pour frais de deuil et de couches, et 2,000 et tant de livres pour frais de labours et semences.

Le sieur Ricart soutient que, par rapport aux 6,000 liv. de dot, cet article doit être rayé, parce que ces 6,000 liv. n'ont point été payées au sieur Borier. — La veuve Borier prétend au contraire qu'elles ont été payées par l'effet d'une compensation entre le sieur Borier et le sieur de Bellevaux père qui avait promis les 6,000 livres. Mais sa prétention est condamnée, et il est jugé par sentence et par arrêt confirmatif, que cette compensation n'a pas eu lieu, que par conséquent la dot n'a point été payée, et qu'ainsi la veuve Borier est mal fondée dans sa demande de ces 6,000 liv.

Quant aux 6,000 liv. de douaire et aux 1,500 liv. de préciput, le sieur Ricart soutient que la veuve Borier ne peut retenir ni l'une ni l'autre de ces deux sommes, sur le prix de l'estimation de la terre de Villette, parce qu'elle n'a Hypothèque ni pour son douaire ni pour son préciput, attendu que son contrat de mariage a été passé en pays étranger. Et à l'égard des autres sommes qu'elle demande, il soutient également qu'elle n'a aucune préférence sur lui.

Sur cette contestation, sentence du juge de Torcy, du 6 septembre 1731, qui, par rapport aux 6,000 livres de douaire, ordonne qu'elles demeureront compensées avec les sommes que la dame Borier a touchées elle-même ou par ses fondés de pouvoirs, tant du commissaire aux saisies réelles, que de l'huissier qui a procédé à la vente des effets de la succession du feu sieur Borier. A l'égard des 1,500 liv. du préciput, et des autres sommes qu'elle réclame pour deuil, frais de couches et de labours et semences, elle en est déboutée. Au surplus, il est ordonné, en exécution de l'arrêt du 28 avril 1730, que la dame Borier sera mise en possession de la terre de Villette, moyennant la somme de 24,000 liv. à laquelle cette terre a été estimée, en consignant néanmoins la somme entière entre les mains du receveur des consignations, pour être distribuée et en être usé conformément à l'arrêt de la cour.

Les parties ont respectivement interjeté appel de cette sentence: — La dame Borier, en ce que cette sentence ordonnait que la terre de Villette ne lui appartiendrait qu'après la consignation de la somme entière de 24,000 liv., et ne lui adjugeait point les sommes qu'elle avait demandées pour deuil, frais de couches, de labours et semences; — le sieur Ricart, en ce que les 6,000 liv. de douaire préfix, portées par le contrat de mariage de la dame Borier, lui avaient été adjugées, et en ce qu'elle n'en avait pas été déboutée, quant à présent, sauf à elle à se pourvoir avec les créanciers non hypothécaires, à la distribution qui sera faite du prix de l'estimation, après que ce prix aurait été consigné.

Ces appels respectifs ont donné lieu à deux questions: La première, si le contrat de mariage de la dame Borier, passé à Liége en 1699, lui donnait Hypothèque pour son douaire sur les biens de son mari, situés en France; la seconde, si les sentences qu'elle avait obtenues contre la succession bénéficiaire de son mari, pour raison de ses autres créances, lui donnaient la préférence sur le sieur Ricart qui, étant aussi créancier du défunt sieur Borier, ne s'était pourvu contre sa succession que postérieurement à la dame Borier sa veuve.

La dame Borier soutenait l'affirmative de ces deux questions, le sieur Ricart la négative.

Sur la première question, les moyens de la dame Borier, pour prouver le bien-jugé de la sentence, en ce qu'elle lui avait adjugé son douaire, consistaient à dire que les contrats de mariage, quoique passés en pays étranger, emportent Hypothèque en France. — « Telle est (ajoutait-elle), la jurisprudence des arrêts. Leprêtre, centurie 4, ch. 80, en rapporte deux; le premier, du 8 août 1598, rendu en faveur de Barbe Philippe, veuve de Diego-Nimes Devora, opposante, par lequel il fut dit qu'elle serait mise en ordre du jour et date de son contrat de mariage passé dans la ville d'Anvers, le 4 avril 1583; le second, du 13 août 1601, par lequel la femme fut mise en ordre, du jour de son contrat de mariage passé en Sicile ». — Mais le moyen principal de la dame Borier était de dire que cette question d'Hypothèque était jugée par l'arrêt du 28 avril 1730; que cet arrêt avait expressément décidé que le contrat de mariage de la dame Borier, quoique passé à Liége, emportait Hypothèque, puisque, par cet arrêt intervenu sur le vu de son contrat de mariage qui était produit, il avait été ordonné que la terre de Villette appartiendrait en pleine propriété à la dame Borier, en déduction de ses créances résultantes de ce contrat de mariage, suivant la liquidation qui en serait faite. — Tels étaient les moyens employés par la veuve Borier sur la première question. A l'égard de la seconde, *V.* ci-après, §. 6, n. 5.

De son côté, le sieur Ricart ne contestait point à la dame Borier que son contrat de mariage ne fût un acte authentique, c'est-à-dire, de ces actes auxquels la foi est due par provision, et qui sont réputés vrais jusqu'à inscription de faux.

« On convient (disait-il) que par le droit des gens, ce qui est authentique dans un pays, l'est chez toutes les nations. La nécessité du commerce qui exige que les personnes d'une nation contractent avec celles d'une autre nation, exige aussi qu'il y ait dans chaque état des moyens établis pour assurer la vérité des conventions, et que ces moyens produisent leur effet en tout pays. C'est à chaque nation à déterminer les conditions et les formes par lesquelles l'authenticité peut être acquise dans son territoire; mais ces formes une fois déterminées, les actes qui en sont revêtus, doivent porter partout leur authenticité. — Il ne s'agit donc pas de savoir si le contrat de mariage de la dame Borier est authentique ou non, s'il lui constitue un titre légitime de créance contre la succession du feu sieur Borier. Il n'y a à ce sujet aucune contestation. — Mais il y a bien de la différence entre l'Hypothèque et l'authenticité. — L'Hypothèque est un pur effet du droit civil, et par conséquent elle ne saurait avoir lieu sur des biens français, qu'en conséquence d'actes passés en France, et non en vertu d'actes passés sur le territoire d'une domination étrangère. — Le droit des gens, infiniment simple dans ses principes, ne distingue celui qui a droit à une chose, que par la possession réelle et actuelle : la propriété et tout droit ressemblant ou participant à la propriété, ne peuvent être acquis et conservés autrement que par la tradition suivie de la possession. *Traditionibus et usucapionibus, non nudis pactis, dominia rerum transferuntur.* Voilà la maxime du droit des gens, qui ne connaît point d'ailleurs de fictions par lesquelles on puisse acquérir droit sur une chose dont on ne prend pas possession. — Aussi a-t-on été très-long-temps dans le droit romain, sans avoir aucune idée de l'Hypothèque : on ne connaissait que le gage qui se faisait avec dépossession du débiteur, et en mettant la chose engagée entre les mains du créancier : l'Hypothèque ne fut inventée que dans un âge assez avancé du droit civil. Insensiblement on introduisit trois manières différentes de l'acquérir : la simple convention écrite et signée des parties et d'un certain nombre de témoins, l'autorité du prêteur, et l'autorité de la loi seule en certains cas, comme de dot et de tutelle ; mais toujours est-il vrai que l'hypothèque ne fut admise que par une espèce de subtilité, et, pour ainsi dire, de rafinement propre au droit civil, et contraire à la grande simplicité du droit des gens. — En France, nous avons été encore plus lents à recevoir cette fiction. Les Français, autrefois uniquement occupés du métier de la guerre, n'avaient qu'un droit simple, et étaient bien éloignés de s'occuper d'une invention aussi subtile que celle de l'Hypothèque. La dissertation serait trop ample, si l'on expliquait ici le progrès de notre jurisprudence sur cette matière, et comment peu à peu on renonça à la nécessité d'une tradition effective de la chose qu'on voulait engager à la sûreté d'un créancier, en y substituant des traditions feintes et imaginaires : ce qu'il y a de certain, c'est qu'en suivant ce progrès, on voit que, parmi nous, l'Hypothèque a son principe productif dans l'autorité publique appliquée aux actes, avec certaines formes, et par certains officiers que le prince a revêtus d'un caractère propre ; en effet, la simple convention écrite et signée de trois témoins n'a jamais emporté d'Hypothèque chez nous comme chez les Romains. Les jugemens, même avant l'ordonnance de Moulins, ne l'emportaient pas, de quelque autorité qu'ils fussent. — Entre les différentes personnes qui ont dans ce royaume un caractère d'autorité publique, ou ce qu'on appelle en termes de droit, *manum publicam*, il y en a très-peu qui aient droit de conférer l'Hypothèque aux actes qu'ils reçoivent. Les juges ecclésiastiques et leurs notaires, les officiers même de justices ordinaires, hors certains cas qui sont dans l'étendue de leurs fonctions, enfin tous les officiers de différentes espèces, dont le pouvoir est limité à une certaine nature d'actes, ne sauraient la conférer, ils ne peuvent faire usage de l'autorité qui leur a été confiée, que dans les termes, et relativement à la fin pour laquelle elle leur a été confiée. Ceux que le prince a revêtus d'un caractère propre, sont les seuls qui puissent donner l'Hypothèque. On ne peut donc contester que l'Hypothèque ne soit un pur effet du droit civil, et même un effet très-restreint, emprunté seulement du droit romain qui nous en avait donné l'exemple. — Si donc l'Hypothèque ne descend point du droit des gens, et est un pur effet du droit civil ; si elle a son principe dans l'autorité publique, appliqué aux actes par des officiers d'une certaine qualité ; si la seule convention des parties, quelqu'expresse et quelqu'authentique qu'elle puisse être, n'a jamais suffi parmi nous pour produire Hypothèque, il est impossible qu'un acte passé en pays étranger, et par un officier institué par une puissance étrangère, emporte Hypothèque sur des biens français. Le droit civil ne communique point ses effets d'une nation à l'autre ; l'autorité publique, dont chaque potentat est revêtu, ne s'étendant point au-delà de son territoire, celle des officiers qu'il institue, doit recevoir les mêmes limites, et cesser au même endroit ; les actes émanés de ses officiers, doivent, pour ainsi dire, perdre toute la *force civile* sur la frontière. Pour que des actes passés en pays étranger, eussent Hypothèques en France, il faudrait que le roi eût communiqué quelque portion de son autorité aux officiers des puissances étrangères, et qu'il leur eût donné un caractère semblable à celui qu'il donne à certains officiers de son royaume. Cela ne se peut supposer. Il faut donc conclure que les actes passés en pays étranger, étant reçus par des ministres incapables d'appliquer à leurs actes le caractère d'autorité publique essentiel parmi nous pour la formation de l'Hypothèque, ils n'en peuvent jamais produire aucune. — On objecte que, si la nécessité du commerce exige qu'on puisse facilement contracter en pays étranger, la même nécessité exige aussi qu'on puisse donner des sûretés pour l'exécution des engagemens qu'on y contracte ; que comme dit Leprêtre, *personne ne voudrait commettre son bien sur une promesse réduite en simple personnalité ;* et par conséquent, que l'Hypothèque est du droit des gens, et essentielle au commerce des nations. — On répond que l'obligation réelle n'est point essentielle aux contrats, et que ce n'est qu'un accessoire, sans lequel ils peuvent parfaitement subsister. En effet, l'Hypothèque a été long-temps inconnue des Romains ; elle l'était dans notre ancien droit français. Il y a peut-être encore bien des Etats policés où elle n'est point connue, sans cependant que le commerce en souffre. Il y a bien de la différence entre ce qui est de la nécessité du commerce, et ce qui n'est pour lui que de plus grande utilité. Il est de la nécessité du commerce que les contrats passés en pays étranger, emportent une obligation personnelle, et aient une exécution *parable :* mais il n'est point essentiel à ces conventions d'être munies des avantages que donne l'Hypothèque, d'emporter préférence sur les créanciers postérieurs, ni d'avoir l'exécution *parée ;* l'obligation personnelle et toutes les suites sont du droit des gens, l'obligation réelle n'en est point. — Tout cela se confirme par une foule d'autorités. Brodeau, sur l'art. 107 de la coutume de Paris, dit que *les actes et contrats passés en pays étranger*, MÊME LES CONTRATS DE MARIAGE, *quoique dépendant du droit des gens, n'emportent point d'Hypothèque, soit expresse, soit tacite, sur les biens situés en France, et sont tenus pour dettes privées.* Sur l'art. 164, n. 9, et dans ses notes sur Louet, lettre H, §. 5, il persiste dans cet avis, et rapporte quatre ou cinq arrêts intervenus dans le cas de jugemens rendus hors du royaume. — Montholon, §. 136, rapporte un arrêt prononcé en robes rouges, au mois de septembre 1618, par lequel il a été jugé qu'un contrat de mariage passé en Lorraine, n'emportait aucune Hypothèque sur les biens de France. L'espèce était toute semblable à celle dont il s'agit, c'était une femme qui contestait sur la préférence avec les créanciers de son mari, et qui prétendait passer avant eux, pour ses reprises et conventions matrimoniales. — Malicostes, sur la coutume du Maine, art. 186, dit : *tous contrats passés hors du royaume*, MÊME LES CONTRATS DE MARIAGE ET ACTES DE TUTELLE, *ne portent Hypothèque, soit expresse, soit tacite, sur les biens de France.* — Enfin, les arrêtés de M. de Lamoignon, qui sont des lois projetées sur les principes de la jurisprudence du parlement, portent, art. 25 du titre *des Hypothèques*, que *les actes et jugemens passés et rendus en pays étranger, n'emportent Hypothèque en France, quoique ce fût contrats de mariage et actes de tutelle ; mais que l'Hypothèque n'aura lieu que du jour de la célébration du mariage, et de la gestion de la tutelle.* — Quelques auteurs ont cru qu'on pouvait distinguer les contrats de mariage passés en pays étranger d'avec les autres contrats. — Il faut convenir que les contrats de mariage ont une faveur singulière ; mais cette faveur ne peut aller jusqu'à faire fléchir les règles du droit public, ni l'emporter sur celle de l'autorité souveraine, qui demande en quelque sorte d'être appelée pour la constitution de l'Hypothèque. *La faveur des contrats de mariage* nil mutat (dit Montholon, §. 136), *étant opposés à icelle les droits de souveraineté, lesquels prépondèrent et passent la faveur des particuliers, comme fait la faveur du public celle des personnes privées.* — L'ordonnance de 1629 qui porte ces termes, *pour quelque cause que ce soit*, l'arrêté de M. de Lamoignon, et presque tous les auteurs qu'on vient de citer, s'élèvent contre cette distinction. — Ce qui peut y avoir donné lieu, c'est un arrêt du 13 août 1601, l'un de ceux qu'oppose la dame Borier, rendu à la chambre de l'édit, au rapport de M. Menard, par lequel une femme mariée en pays étranger, fut colloquée dans l'ordre des biens de son mari, pour raison de sa dot. Mais il faut prendre garde que, si l'Hypothèque a été accordée à cette femme, ça été moins par la force de son contrat qui n'en pouvait produire aucune, que par la force de la loi même de ce royaume, qui donne à la femme une Hypothèque tacite pour ses deniers dotaux. — En effet, il faut faire différence entre la dot et les autres conventions matrimoniales, telles que le douaire préfix et le préciput. La dot ne manque jamais d'Hypothèque, parce que à défaut d'Hypothèque résultante du contrat, il y a une Hypothèque légale qui a lieu de plein droit, et indépendamment de toute convention, et qui tire son origine de la loi unique, au Code, *de rei uxoriæ actione*, que nous avons reçue en France ; mais les autres conventions matrimoniales n'ont pas le même privilége, et la raison pour laquelle elles sont traitées moins favorablement que la dot et n'ont point d'Hypothèque légale, c'est parce que la dot est une vraie créance, au lieu que les autres conventions sont des gains nuptiaux. — Il en doit être, parmi nous, du douaire préfix et du préciput de la femme, comme il en était dans le droit romain de la donation à cause de noces, et des conventions matrimoniales autres que la dot. Aucune de nos lois n'accorde l'Hypothèque tacite à ces sortes de conventions. La femme ne peut tirer l'Hypothèque que de son douaire préfix et de son préciput, que du contrat dans lequel ils ont été stipulés, et si ce contrat est tel qu'il ne puisse par lui-même produire Hypothèque, ayant été reçu par un officier sans caractère suffisant, la femme se trouvera sans Hypothèque, puisque, d'un côté, son contrat ne sera pas capable de la produire, et que d'un autre côté, la loi ne suppléera point au défaut du contrat. — Tronçon, sur l'art. 165 de la coutume de Paris, dit précisément que les femmes mariées en pays étranger, ne peuvent être colloquées par Hypothèque que pour leurs deniers dotaux ; *car, pour les donations*, ajoute-t-il, *préciputs, et gains nuptiaux*, extra causam dotis, *qui lui ont été promis par contrat de mariage, elle n'a aucune Hypothèque tacite en France.* — Lemaître, en examinant notre question par rapport aux contrats de mariage, dit que, si on colloque la femme dans l'ordre d'Hypothèque pour raison de sa dot, *ce n'est qu'en vertu du droit civil qui lui donne une Hypothèque tacite pour ce sujet, et qui est universellement reçu en ce point, à cause de la faveur de la dot ; son contrat ne lui sert que pour assurer ce qu'elle a apporté ; et la preuve manifeste de cette vérité*, ajoute-t-il, *c'est qu'elle n'a point d'Hypothèque pour ses autres conventions.* — Avec cette distinction, on trouve encore la solution d'un autre arrêt opposé par la dame Borier, rendu le 8 août 1598, entre la veuve et les créanciers du sieur Diego, laquelle avait été mariée à Anvers, et fut néanmoins colloquée hypothécairement pour quatre cents ducats qu'elle avait apportés en dot. Car ceux qui rapportent cet arrêt, ne marquent point que cette veuve ait été colloquée pour ses autres conventions. — Enfin, la dame Borier objecte que la question d'Hypothèque est jugée par la disposition de l'arrêt du 28 avril 1730, qui lui permet de prendre la terre de Villette pour l'estimation, et de prélever sur le prix ce qui pourrait lui être dû pour ses reprises et conventions matrimoniales ; que si la cour n'avait pas jugé que son contrat lui constituât une Hypothèque, et la rendît la première et la plus ancienne créancière de son mari, elle ne lui aurait pas donné la faculté de prendre les biens pour leur estimation, l'usage étant de ne donner cet avantage qu'aux créanciers privilégiés ou les premiers en Hypothèque, et dont les créances sont capables d'absorber la valeur des biens. — Cette objection est encore facile à détruire. — Quand la cour suspend par un arrêt l'effet d'une poursuite des criées, et permet à un créancier de prendre des biens pour l'estimation, si mieux n'aiment les autres, porter ces biens à si haut prix, etc., c'est une grâce qu'elle fait à ce créancier contre le vœu des règles ordinaires. Cette grâce peut être fondée sur différentes considérations ; quelquefois elle est fondée sur ce que les biens ne sont pas d'un assez grand prix pour souffrir les frais d'un décret, ou sur ce qu'ils sont de nature à dépérir dans les longueurs de ce décret ; souvent aussi cette grâce est fondée sur ce que les frais d'un décret feraient préjudice à celui qui est notoirement le premier créancier, soit par son privilége, soit par son Hypothèque, sans profiter aux autres créanciers ; et ce cas est le plus ordinaire. Mais quelquefois aussi le motif de cette grâce se tire de la personne du créancier, quand c'est une veuve qui reste chargée d'enfans, dont la dot et les reprises périclitent ; quand ce sont des enfans à qui il convient de conserver une terre d'affection, un ancien propre de famille, on leur donne assez facilement la faculté de prendre les biens pour l'estimation, parce que le bénéfice qu'ils peuvent trouver dans cette faculté, ne doit pas causer aux autres créanciers une grande jalousie, attendu que les frais du décret leur auraient vraisemblablement coûté autant qu'il peut y avoir dans ce bénéfice. Mais dans ces derniers cas, la grâce ne doit point nuire aux autres créanciers, quant à leur Hypothèque ; et il ne s'ensuit pas que dans l'ordre du prix de l'estimation, la veuve ou les enfans qui ont pris les biens pour l'estimation, puissent forcer tous les obstacles, et passer devant les créanciers antérieurs. Contens du premier avantage qu'on leur a donné, ils doivent rapporter aux autres créanciers ce qui leur représente la chose, le prix total de l'estimation. — C'est sans doute sur quelque considération de cette dernière espèce, que M. Daverdoing, rapporteur de l'arrêt de 1730, s'est déterminé à faire adjuger à la dame Borier la terre de Villette pour l'estimation : mais il n'y a pas lieu de croire pour cela que la cour ait regardé la dame Borier comme première créancière, ni qu'elle ait eu intention de juger les questions d'Hypothèque. Si la cour avait eu cette intention, elle n'aurait pas manqué de le marquer dans son arrêt, et d'exprimer que c'était au titre de première et plus ancienne créancière qu'elle déférait. On doit interpréter les oracles de la cour de la manière la plus honorable et la plus conforme à la justice et aux saines maximes, suivant lesquelles elle cherche toujours à les rendre ; la cour s'en serait écartée, si elle avait donné les effets du droit civil à un contrat passé sous une domination étrangère, si elle avait donné autorité à un ministre et à un sceau étranger sur des biens français ».

D'après ces moyens respectifs des parties, arrêt est intervenu à la première chambre des enquêtes, au rapport de M. Chol de Torpane, le 23 août 1737, qui a jugé que la dame Borier n'avait point d'Hypothèque pour les créances résultantes de son contrat de mariage, et a par conséquent été beaucoup plus loin que ne l'avait voulu M. le premier président de Lamoignon, puisque ce magistrat, dans ses arrêtés, ne refusait l'Hypothèque qu'au contrat de mariage, et l'accordait à la bénédiction nuptiale, quoique donnée en pays étranger.

Nous disons que l'arrêt a jugé ce point, et nous le disons d'après un jurisconsulte contemporain, dont Boullenois (*loc. cit.*, pag. 626), rapporte le témoignage en ces termes : « Défunt M.e Sicault, mon confrère, qui était habile homme, et *fort exact* à recueillir les décisions du palais, m'a assuré, qu'en la première chambre des enquêtes, il avait été jugé par arrêt du 23 août 1737, qu'un contrat de mariage passé en pays étranger, n'avait pas d'Hypothèque en France ».

Cependant, plus bas (pag. 633), le même auteur prétend que l'arrêt ne juge nullement la question : « Cet arrêt (dit-il), ayant été levé à l'occasion d'une contestation considérable dont nous allons parler, on trouva dans le vu de cet arrêt, qu'entre les mêmes parties, il était intervenu précédemment un arrêt du 28 avril 1730, qui avait expressément ordonné que la femme serait colloquée sur le prix des biens de son mari situés en France, pour ses reprises et conventions matrimoniales, par Hypothèque du jour de son contrat de mariage ; mais que cet arrêt ayant ordonné qu'il serait procédé à la liquidation des reprises et droits de la France, devant un juge commis, il avait été prouvé, en y procédant, que la femme avait été payée de son douaire et de son préciput par les effets qu'elle avait eus de la succession de son mari ; et à l'égard de la dot, la femme n'ayant pu justifier que son mari en avait été payé, ces considérations décisives donnèrent lieu à l'arrêt de 1737, qui déboute la femme de ses prétentions, mais qui ne juge nullement la question de l'Hypothèque ».

Mais, ne craignons pas de le dire, Boullenois n'avait pas bien lu cet arrêt, lorsqu'il s'expliquait ainsi : à la vérité, il était intervenu, en première instance, une sentence du 6 septembre 1731, par laquelle, « faisant droit sur les prétentions et demandes de la dame Borier, concernant ses reprises et conventions matrimoniales, à l'égard de la somme de 6,000 livres par elle répétée pour sa dot, elle avait été déboutée, de même que de 1,500 livres pour son préciput ; et, en ce qui concernait la somme de 6,000 livres pour son douaire, il avait été ordonné que cette somme serait et demeurerait compensée avec les sommes qu'elle avait touchées, tant du commissaire aux saisies réelles de Donchery, que de l'huissier qui avait procédé à la vente des effets de la succession du sieur Borier ». Mais, 1.° quand l'arrêt aurait confirmé cette sentence, il aurait toujours jugé que la dame Borier ne devait pas avoir d'Hypothèque pour son préciput, puisqu'à cet égard le premier juge avait *débouté;* et cependant le préciput faisait, aussi bien que le douaire préfix, partie des stipulations portées au contrat de mariage passé à Liége en 1699. 2.° Il y a plus : la sentence même n'a pas subsisté, et l'arrêt l'a infirmée, notamment au chef qui, en admettant une compensation, jugeait que la dame Borier avait Hypothèque pour son douaire. Nous avons dit plus haut, et il est prouvé par le vu, que la dame Borier en avait appelé; « 1.° en ce qu'il avait été ordonné qu'elle consignerait la somme entière de 24,000 livres, prix de l'estimation de la terre de Villette; 2.° en ce qu'elle avait été déboutée de la somme de 6,000 livres pour sa dot; 3.° en ce qu'elle avait été pareillement déboutée de la somme de 1,500 livres pour son préciput; 4.° en ce qu'à l'égard des 6,000 livres pour le capital de son douaire, il avait été ordonné que cette somme serait et demeurerait compensée avec les sommes qu'elle avait touchées, etc. ». Mais de son côté, le sieur Ricart était aussi appelant, et concluait à ce que « la sentence fût mise au néant, en ce qu'elle ordonnait compensation avec les sommes reçues par la veuve; émendant, qu'il fût ordonné qu'elle serait tenue de rapporter lesdites sommes...... ». L'arrêt a adopté ces dernières conclusions : il met l'appellation au néant, « en ce que la créance prétendue par ladite Marguerite-Louise de Bellevaux, a été déclarée exécutoire contre la succession et les héritiers dudit François Borier son mari; émendant quant à ce, décharge la succession dudit Borier des condamnations contre elle prononcées; en conséquence, déboute ladite de Bellevaux de sa demande en restitution de la somme de 6,000 livres d'une part, pour sa dot, sauf à elle à se pourvoir contre Jacques de Bellevaux son père, pour raison de ladite dot, ainsi qu'elle avisera bon être; comme aussi la déboute de sa demande pour la somme de 300 livres de rente pour son douaire, pour celle de 1,500 livres pour son préciput........, par privilége et préférence aux créanciers dudit Borier son mari, *sauf à elle à se pourvoir contre l'héritier dudit Borier, ainsi qu'elle avisera* ».

Il n'est donc pas vrai que la dame Borier a été déboutée de son douaire, parce qu'elle en avait précédemment touché la valeur comme créancière hypothécaire. Ce qu'elle avait perçu antérieurement, elle a été obligée de le rapporter aux créanciers; l'arrêt ne lui a laissé qu'une action simple contre l'héritier bénéficiaire de son mari; et par-là, il a bien justement jugé qu'elle n'avait pas d'Hypothèque.

Aussi est-il présenté sous cet aspect par Rousseaud de Lacombe, dans sa *Jurisprudence civile*, au mot *Hypothèque*, sect. 2, n. 5. Cet auteur le cite comme jugeant *in terminis*, « qu'un contrat de mariage passé à Liége, n'emportait point Hypothèque en France ».

Ne croyons pas pourtant que cet arrêt ait fixé la jurisprudence. La question s'est représentée plusieurs fois depuis; et les diverses décisions qu'elle a reçues, prouvent seulement le besoin qu'on a sur cette matière, d'une loi du souverain.

Le 22 octobre 1714, contrat de mariage passé à Turin, en présence du roi de Sardaigne, entre le prince et la princesse de Carignan. — M. de Carignan possédait de grands biens en France. Après son décès, des créanciers parurent; et il s'éleva entre eux et la princesse sa veuve, des contestations au sujet de l'Hypothèque que celle-ci prétendait du jour de son contrat de mariage, pour ses reprises et conventions matrimoniales. — La question fut amplement discutée; il y eut de part et d'autre des mémoires très-approfondis; et par arrêt rendu le 4 septembre 1744, à la troisième chambre des enquêtes, où les parties avaient été renvoyées, le parlement de Paris prononça en faveur de la princesse de Carignan. — Les créanciers s'étant pourvus en cassation au conseil, la question a été examinée de nouveau. — La princesse de Carignan avait en sa faveur une circonstance bien favorable. Ce n'était pas une Hypothèque *présumée* qu'elle prétendait, comme munie d'un acte public; c'était une Hypothèque vraiment conventionnelle. Le contrat de mariage renfermait, de la part des contractans, une obligation réciproque de tous leurs biens présens et à venir. — D'un autre côté, les créanciers réclamaient la loi de réciprocité; ils prouvaient qu'en Savoie on ne donnait pas alors d'Hypothèque à nos contrats; et par cette raison, ils soutenaient qu'il n'était pas naturel que nous rendissions les contrats de Savoie hypothécaires en France. Peu importe, disaient-ils, que les principes demandent que partout on accorde la même Hypothèque; puisque la réciprocité manque en Savoie, ce défaut fait cesser les principes. Ces moyens respectifs ont d'abord partagé le conseil; enfin, le parti des créanciers l'a emporté d'une voix, et l'arrêt du parlement de Paris a été cassé le 18 mars 1748.

Voici une espèce qui a été jugée depuis au parlement de Lorraine.

Henri Labatte et Anne Dupuis, tous deux comédiens dans une troupe de campagne, se sont engagés par un contrat de mariage passé le 26 mars 1742, devant les notaires de la ville d'Avignon. Ce contrat a été suivi le même jour, de la bénédiction nuptiale. — Henri Labatte est mort à Metz, au mois de novembre 1773. Sa veuve a demandé son augment de dot, et a prétendu en être payée par préférence aux autres créanciers. — La cause portée au parlement de Nancy, les créanciers soutenaient que le contrat de mariage ne pouvait pas produire d'Hypothèque en France. — M. Lacrételle, défenseur de la veuve, répondait en ces termes :

« Quelle est la nature de l'Hypothèque? quels sont ses effets? — L'Hypothèque est un rempart inventé par la prudence contre la mauvaise foi. La nature avait fait les hommes pour s'unir : ils n'ont pu vivre ensemble sans contracter entre eux des engagemens; ils n'ont pu s'engager sans chercher à se tromper : l'intérêt qui avait formé leurs liens, en était un garant suspect. — On a donc imaginé ce droit bizarre en apparence, mais sage en effet, qui fait que le bien dont nous jouissons, appartient réellement à un autre. Il est l'effort le mieux conçu d'une propriété jalouse et inquiète. — Mais la société, en l'admettant, en a utilement limité l'usage. On a vu surtout que destiné à rendre vain le signe commun de la propriété, il devait avoir, comme la possession qui est ce signe, une publicité. — Et l'on a voulu que tout acte privé, tout acte qui n'admet que des parties et non des témoins, tout acte dont la date et la réalité sont des secrets renfermés entre les personnes qui l'ont souscrit, ne pût prétendre à l'Hypothèque. — On l'a réservée pour les conventions reçues par des officiers publics, pour les engagemens que l'on contracte avec la loi même, qui manifeste toutes ses œuvres, et pour les condamnations qu'elle prononce. — Le caractère primordial et essentiel de l'Hypothèque, c'est donc de porter l'empreinte de l'intention des parties, et de n'être appliquée que par un acte certain et connu : il n'en faut pas davantage pour qu'elle opère son effet. — Or, ces idées expliquent la question que nous agitons. N'y a-t-il pas partout des officiers publics, créés par le souverain, surveillés par les magistrats, et destinés à imprimer l'Hypothèque aux actes qu'ils reçoivent? — Quand ceux qui résident chez des étrangers, disent : nous avons assisté à une convention; elle est sincère, ou bien les paroles qu'on a prononcées devant nous ne l'étaient pas : parlent-ils moins sûrement, moins hautement que les nôtres? — Pourquoi donc ne donnerions-nous pas un effet à leur témoignage, quand nous ne pouvons lui refuser notre croyance? Les différentes nations ne doivent-elles pas se traiter mutuellement avec cette déférence? Serait-ce une inimitié aveugle, une incompatibilité sans remède, qui les feraient ainsi agir contre elles-mêmes. — Non, il s'en faut bien qu'un principe si peu réfléchi soit consacré dans le droit public de l'Europe. Nous occupons parmi les nations, un rang trop distingué, pour qu'il ne soit pas tout-à-la-fois de notre intérêt et de notre gloire, de donner l'exemple de cette utile condescendance; aussi ce n'est point du tout une maxime en France, qu'un contrat passé chez l'étranger, ne jouit pas chez nous du privilége de l'Hypothèque. — Je sais que l'opinion que je propose, est combattue par plusieurs auteurs, et même par quelques arrêts. Je ne me perdrai pas dans cette discussion; mais, s'il me fallait entrer dans le champ des citations, où, après l'ennui, l'on ne trouve souvent que l'erreur, je ne serais pas embarrassé de combattre à armes égales. Au reste, ma victoire même serait peu utile dans ce moment. L'unique point que j'ai besoin de prouver, c'est que le contrat d'où dérivent les droits de ma partie, passé à Avignon, peut, par cette raison même, emporter Hypothèque en France. — En effet, le comtat Venaissin, dont Avignon est la capitale, a été abandonné, en 1348, à Clément V, par Jeanne Ire, princesse de Naples et comtesse de Provence. — Avignon a été l'asile et le siége de cinq pontifes de l'église; et c'est par son nom qu'on désigne un des plus longs schismes qui aient jamais troublé l'église. —Cette ville était déjà fameuse sous une autre sorte d'empire. Aussi ancienne que Marseille, elle partageait sa grandeur pendant que les provinces où nous vivons, étaient encore ensevelies dans les vastes ténèbres de la barbarie. — Mais cette double illustration n'a jamais fait que la rendre plus précieuse à la puissance à qui les révolutions des empires et les traités l'ont acquise. — Jamais la France n'a confirmé l'aliénation qui en a été faite : elle a toujours défendu, elle maintient encore sa souveraineté dans cette ville, en même temps qu'elle en laisse l'exercice au premier pontife de l'église. — En 1763, le parlement d'Aix a rendu un arrêt qui déclare *le comtat d'Avignon être de l'ancien domaine et dépendance du comté de Provence, et n'avoir pu en être aliéné, et ordonne que le roi en sera remis en possession.* — Ce pays est donc réputé du domaine de la France : il est situé dans son enclave. — Aussi ses habitans ne sont-ils distingués de nous par le retranchement d'aucun de nos priviléges. Ils sont régnicoles chez nous; ils peuvent prétendre à nos offices, à nos bénéfices; leur archevêque est au nombre des évêques de France; les agens généraux du clergé lui adressent les ordres du roi comme aux autres prélats; leur université est assimilée à celle de Paris; elle a un droit qui constitue la fraternité la plus entière; elle peut nommer des gradués à nos patrons. Ainsi, les contrats passés à Avignon, sont censés l'être en France. Celui de la veuve Labatte a donc pu affecter la succession de son mari. — D'ailleurs, les créanciers du sieur Labatte ne trouvent aucun avantage dans cette question, parce que la faveur que nos lois accordent à tous les droits du mariage, repousse leur prétention. — C'est en effet une vérité certaine qu'une femme doit avoir Hypothèque pour ses droits matrimoniaux, du jour de la célébration du mariage, s'il n'y a pas eu de contrat, ou si le contrat par quelque vice extrinsèque, ne peut pas opérer cet effet. — Si l'Hypothèque n'est autre chose qu'un droit accordé pour sûreté d'un engagement, si elle n'a besoin que d'être fondée sur une convention expresse, et d'être notifiée à tous ceux à qui elle pourrait nuire, tout oblige de la supposer ici, et rien n'empêche de l'admettre. — Une femme qui remet entre les mains d'un époux ce qu'elle destine à leur subsistance commune, qui reçoit en même temps le prix de ce sacrifice, et un bienfait offert par la plus juste affection, est censée avoir vou-

prendre toutes les précautions pour s'assurer des droits ou des avantages aussi importans. — D'un autre côté, son mari, forcé dans le compte qu'il doit de la dot, libre dans ses dons, mais jaloux de les éterniser, doit les chérir aussi, ces mêmes précautions, auxquelles d'ailleurs il ne pouvait se refuser. — Il ne manque donc que la proclamation et une époque précise à leur engagement, pour le rendre susceptible de l'Hypothèque. Et cette publicité, cette date, il les reçoit par la solennité que l'église ajoute au mariage, qu'elle rend plus auguste en le sanctifiant ».

Sur ces raisons, qui sûrement n'étaient pas toutes sans réplique, le parlement de Nancy, par arrêt du mois de janvier 1775, a ordonné que la veuve Labatte serait colloquée en ordre d'Hypothèque du jour de son contrat de mariage.

XIII. Il y a, suivant plusieurs jurisconsultes, une autre exception à la maxime qui refuse toute Hypothèque aux contrats passés hors du royaume; et elle tombe, disent-ils, sur le cas où, par acte fait en pays étranger, le débiteur a hypothéqué expressément ses biens.

On a déjà remarqué que cette circonstance n'a pas empêché le conseil du roi de casser l'arrêt du parlement de Paris de 1744, qui avait donné en France un effet hypothécaire à un contrat de mariage passé en Piémont. Mais comme on a vu en même temps qu'une raison particulière avait pu motiver cet arrêt, nous ne croyons pas pouvoir nous dispenser de rappeler les motifs sur lesquels se fondent les partisans de l'avis que combattaient les créanciers du prince de Carignan. Voici comment s'explique l'un d'eux, Boullenois (*loc. cit.*, page 631):

« Il paraîtrait que, par le droit même des gens, l'Hypothèque conventionnelle expresse dût avoir lieu partout. — Je sais qu'on m'opposera d'abord que l'Hypothèque est de l'invention des Grecs; que le droit civil l'a admise, en déférant à l'autorité du préteur; que Cujas l'a nommément exceptée de tous les contrats introduits par le droit des gens, et que c'est l'autorité du préteur qui lui a donné de l'efficacité. *Hæc obligatio efficax ex jure pretorio*, dit-il, sur la loi 5, D. *de justitiâ et jure*. — Mais, sans remonter à la première origine de l'Hypothèque conventionnelle expresse, sans examiner si elle se tire des Grecs, des Romains ou de nations plus reculées encore, sans m'embarrasser si c'est le préteur qui lui a donné cours, et l'a rendue utile et efficace, sans discuter s'il ne faut pas distinguer l'action d'Hypothèque qui s'intente contre le débiteur possesseur de la chose hypothéquée, dont l'origine est assez obscure, d'avec l'action hypothécaire qui s'intente contre le tiers détenteur dont l'origine est due au préteur Servius, je me renferme dans un point. L'Hypothèque est une convention, c'est une sûreté convenue entre les parties pour l'accomplissement des choses auxquelles elles se sont engagées; c'est un droit qu'elles ont accordé sur les biens dont elles sont propriétaires. *Sola conventio format Hypothecam*, dit Dumoulin, art. 1, ch. 70 de l'ancienne coutume de Paris, en parlant des actes passés par-devant les notaires épiscopaux. Cette convention ne sera pas du droit des gens, si l'on veut; mais elle doit être exécutée par le droit des gens, parce que le droit des gens veut que toutes les conventions qui sont sages, raisonnables et de bonne foi, qui par conséquent ne sont, ni contre les bonnes mœurs, ni contre une loi prohibitive, soient nécessairement exécutées : toutes ces sortes de conventions, encore même qu'elles tirent leur origine du droit civil, deviennent comme conventions, sujettes au droit des gens; c'est ce qui a fait dire à Vinnius qu'il n'y avait aucune obligation qu'on pût dire purement et simplement être du droit civil, mais seulement à quelques égards, en tant que le droit civil y avait attaché une forme et une manière de les contracter. *Illud interim hic affirmare ausim nullam obligationem dici posse simpliciter et absolutè esse juris civilis, sed duntaxat, quatenus nimirum non nisi sub certo modo et formâ ex consensu obligatio jure civili producitur*. — Mais, pour la constitution d'Hypothèque conventionnelle expresse, nous ne croyons pas qu'il y ait d'autres formes requises que celles qui sont nécessaires pour constater la convention; et cette forme dépend de ce que les lois ou les parties contractent, requièrent pour assurer la vérité de toutes les conventions : cette forme observée, il y a une convention, et le droit des gens veut qu'elle soit exécutée ».

Nous ne nous permettrons aucune réflexion sur cet avis. Seulement nous observerons avec Boullenois lui-même, qu'il ne doit pas avoir lieu quand il s'agit d'Hypothèque sur ses biens situés dans les coutumes de nantissement, c'est-à-dire, dans celles qui ne permettent d'hypothéquer les immeubles que par certaines formalités réelles. En effet, si un contrat passé, par exemple, à Paris ou à Lyon, ne peut pas, de lui-même, étendre sur un héritage situé dans l'une de ces coutumes, l'Hypothèque qu'il produit tant dans le lieu de sa confection que dans tous les lieux où il existe une jurisprudence semblable, à bien plus forte raison, un contrat passé hors de France ne le pourra-t-il point.

XIV. Mais quelles sont ces coutumes? Avant l'édit du mois de juin 1771, dont il sera parlé ci-après, §. 13, on en comptait un très-grand nombre dans le ressort du parlement de Paris. Telles étaient celles de Vermandois, Châlons, Reims, Valois, Amiens, Boulonnais, Ponthieu, Montreuil. Il ne suffisait pas alors, dans ces coutumes, d'avoir un titre passé devant notaire, il fallait encore, pour acquérir Hypothèque, le faire nantir dans la juridiction du lieu où étaient situés les biens. Ce nantissement était une espèce de mise en possession fictive; et l'on n'était pas colloqué dans l'ordre, suivant la date de son contrat, mais suivant celle de son nantissement. Aujourd'hui, tout cela est changé; et il n'y a plus une seule des coutumes citées, dans lesquelles les contrats notariés n'aient, par rapport à l'Hypothèque, le même effet qu'ils opèrent dans celles de Paris, d'Orléans, de Normandie, etc.

Mais l'ancien usage s'est conservé dans le ressort du parlement de Flandre et du conseil provincial d'Artois. L'édit de 1771 n'est exécuté ni dans l'un ni dans l'autre de ces tribunaux; et le nantissement est encore nécessaire dans le ressort de l'un et de l'autre, pour donner Hypothèque.

Pour ne pas nous répéter inutilement ici, nous nous contenterons de renvoyer à ce que nous avons dit sur cette matière aux articles *Devoirs de loi*, *Nantissement*, *Rapport à loi*, *Reconnaissance échevinale* et *Scel aux connaissances*.

Nous ajouterons seulement qu'il y a dans la Châtellenie de Lille une manière d'acquérir Hypothèque, sans employer aucune des formalités du nantissement proprement dit. Elle consiste à faire revêtir le contrat du scel du bailliage de Lille. C'est ce que nous apprend une ordonnance de Philippe II, roi d'Espagne, du 10 janvier 1592, loi peu connue, et qu'il est, par cette raison, nécessaire de transcrire ici :

« A notre gouverneur de Lille, ou son lieutenant audit Lille, salut. Sur diverses remontrances à nous faites dès l'an 1589, de l'inutile dépense qu'était soutenue jusques ores, par la multiplicité des procès et litiges, longueurs, distance et diversité de procédures, résultant de la pratique des mains-assises et mises de fait en vertu des commissions qui s'obtenaient en notre gouvernance dudit Lille, sur les biens et héritages de ceux qui étaient obligés, et ce pour induire et soutenir l'Hypothèque sur lesdits biens, après l'aliénation desquels par vente volontaire ou par décret, demeuraient par années entières les deniers provenans des prix nantis ès mains du dépositaire, se suscitant diverses contentions par contradiction des Hypothèques et reconnaissance de la vraie désignation des abouts et confins des biens que l'on disait hypothéqués, bonne partie desdits litiges causée pour ne se trouver les devoirs requis à la création desdites Hypothèques, par les susdits moyens de main-assise ou mise de fait dûment observés, ou lesdits biens obligés et hypothéqués non clairement spécifiés, désignés ni consignés, voire se trouvaient ordinairement les plus anciennes desdites Hypothèques débattues sur la variation et changement desdits confins, à la grande foule de nos sujets et la ruine de plusieurs d'iceux, et au seul avantage et profit des ministres de justice ; à quoi désirant qu'il fût pourvu et empêcher l'ultérieure continuation de choses de tel préjudice, sans y remédier ; nous, pour y parvenir, aurions été requis d'ordonner et déclarer, que le scel du *souverain bailliage* (1) de Lille, apposé aux contrats et obligations, fut de constitution de rentes ou autres, louées et passées par-devant les auditeurs du souverain bailliage de Lille, qui sont en nombre de douze (1), créérait et engendrerait Hypothèque dès l'instant de la laudation et passation, comme fait le *scel aux connaissances* des maïeurs et échevins de notredite ville, de contrats passés par-devant iceux. Nous, pour plus mûrement pourvoir, aurions fait communiquer cet expédient aux états de notredite ville et Châtellenie de Lille, Douai et Orchies, lesquels, par leur rescription du susdit an 89 en juin, auraient déclaré que de telle introduction résulterait un grand bien au public, avec retranchement de frais de diversité de procédures; et qu'en considération de tel grand bénéfice, que octroyerions en ce à nos sujets, le droit dudit scel qui se levait et prenait à notre profit, pourrait être redoublé, et qu'au paiement d'icelui seraient assujétis tous contrats qui seraient passés par-devant lesdits auditeurs. De même auraient été consultés les bailli, hommes de fiefs et conseil de notre *bailliage* (2) dudit Lille, et diverses fois été ouïs sur cette même besogne les lieutenans et autres officiers de la gouvernance, comme aussi les présidens et gens de notre chambre des comptes audit Lille, et subsécutivement les président et gens de notre grand-conseil à Malines. Finalement nous, ayant le tout fait visiter en nos conseaux privés et des finances, avons, par la délibération de notre très-cher et très-amé bon neveu le duc de Parme, etc., par provision et forme d'essai, et pour éprouver si ce remède serait de relief et soulagement à nos sujets, ordonné et ordonnons par ces présentes, que toutes obligations quelles elles soient, allouées et passées dorénavant par-devant lesdits auditeurs, et sous le scel du souverain bailliage dudit Lille, créeront Hypothèque sur tous fiefs et héritages et biens y adhérans, ores qu'ils seraient réputés pour meubles, situés en la Châtellenie dudit Lille, ou y ressortissans, appartenans ou qui appartiendraient depuis aux personnes obligées, et ce dès l'instant que lesdites obligations seraient passées comme dit est; et que de même les reconnaissances et actes de prononciation d'exécution desdites lettres, par-devant le gouverneur dudit Lille, ou son lieutenant, gardien dudit scel, et sous lui, par les héritiers desdits obligés, leurs veuves demeurées ès biens et dettes d'iceux, ou bien autres successeurs à titre singulier ou universel, créeraient semblable Hypothèque; et que lesdits officiers de la gouvernance auront l'autorité de faire lesdites reconnaissances, et prononcer sur l'exécution où que soient résidens les héritiers desdits biens ; et que des susdites reconnaissances et actes de prononciation sera tenue note par bon registre par le greffier de notre gouvernance, auquel chacun pourra avoir recours à la conservation du droit de toute personne à qui

(1) Ces termes sont, à Lille et à Douay, synonymes de *gouvernance*.

(1) *V. Auditeur.*

(2) C'est le bailliage de la salle de Lille, tribunal qui n'a rien de commun avec le *souverain bailliage*.

le fait pourrait toucher; et qu'en vertu de telle obligation et réponse, les seigneurs de qui seront tenus les fiefs, héritages et biens y adhérans, pourront, sur la note des registres et sans autre adjudication, poursuivre et faire liquider les droits seigneuriaux qui leur pourraient être à ce regard dus, et leur compéter et appartenir. Ordonnant pour ce auxdits auditeurs ayant fait signer les minutes des instrumens de contrats par eux reçus sous ledit scel, les porter au greffier du bailliage avec le droit de maille, dès le lendemain de la passation, si elle est advenue en ladite ville de Lille, et dans le tiers jour au plus tard, si c'est hors d'icelle, pour incontinent y être registrées par ordre, suivant les dates, par ledit greffier du bailliage, et signées par lesdits auditeurs, en avérant lesdites signatures mises sur lesdites minutes; en chargeant ledit greffier de faire bonne et sûre garde d'icelles minutes, pour y avoir recours où besoin serait. Et à peine de par l'auditeur défaillant à ce que dessus, fourfaire son état, et le greffier omettant la registrature, de l'amender arbitrairement. Comme aussi seront punissables lesdits greffiers, s'ils refusaient communiquer lesdits registres ou en bailler extrait à qui jurerait en avoir besoin. Le tout moyennant salaire de trois patars. — Sans par-ce que dessus empêcher que ceux qui se voudront servir de ce bénéfice et privilége du scel, ainsi désireront d'en suivre l'ancienne forme de relation d'Hypothèque, le puissent faire et s'en aider comme ci-devant. Et en reconnaissance de ce bien, sera dorénavant payé à notre profit pour le droit du susdit scel, qui soulait être ci-devant d'une maille pour florin, deux deniers artois. Lequel droit l'on déclare devoir être préalablement levé de tous autres contrats passés sous ledit scel et par-devant lesdits auditeurs, et ce au fœur de la somme y désignée. Duquel droit le greffier du bailliage rendra compte à notre profit en la manière accoutumée. Et afin que de notre ordonnance personne ne puisse prétendre cause d'ignorance, ains s'aider et prévaloir du bénéfice et privilége du scel y mentionné, nous vous mandons, etc. ».

Il est à remarquer que l'Hypothèque acquise par cette voie, ne s'étend pas sur les biens situés hors de la châtellenie de Lille. — Il est vrai que, par les lettres-patentes du 14 mars 1783, qui attribuent à la gouvernance de Lille la juridiction royale ordinaire sur les lieux du Tournaisis enclavés dans la châtellenie de Lille que l'impératrice reine de Hongrie a cédée au roi par les conventions des limites des 16 mai 1769 et 29 décembre 1779, le roi avait déclaré « que l'ordonnance du 10 septembre 1591, concernant l'Hypothèque tacite du bailliage de Lille, aurait, relativement aux biens situés dans les susdits enclavemens, la même exécution que pour les autres biens de ladite châtellenie ». — Mais le parlement de Flandre, en enregistrant cette loi, le 8 mai 1783, a arrêté « qu'il serait sursis, sous le bon plaisir du roi, à l'exécution de l'ordonnance de 1591, dans les lieux et enclavemens mentionnés ès-dites lettres-patentes, jusqu'à ce qu'il ait plu audit seigneur roi de faire connaître plus particulièrement sa volonté sur les représentations qui lui seront faites à cet égard ».

XV. Avant de terminer ce paragraphe, jetons un coup-d'œil sur une question qui peut se présenter fréquemment.

Nous avons vu que les contrats notariés passés dans l'intérieur de la France, n'emportent pas Hypothèque sur les biens situés, soit dans le ressort du parlement de Flandre, soit dans celui du conseil d'Artois; et que, pour leur donner cet effet, il est indispensable qu'ils soient nantis *ou réalisés*. Doit-on, par réciprocité, regarder des contrats notariés qui se passent en Artois ou en Flandre, comme incapables de produire Hypothèque sur les biens situés dans l'intérieur de la France?

Non. Ceux qui contractent en Flandre ou en Artois devant notaires, n'ont pas moins l'intention de se donner toutes les sûretés possibles, que s'ils contractaient à Paris : il est vrai que cette intention est sans effet, par rapport aux biens de la Flandre ou de l'Artois, et cela parce que la loi qui régit ces biens, résiste à toute Hypothèque purement contractuelle; mais elle n'en doit pas moins avoir lieu sur les biens situés dans les coutumes où l'Hypothèque générale s'acquiert sans le secours du nantissement. En vain opposerait-on le principe qu'on est toujours censé se conformer à la loi du lieu où l'on contracte : ce principe admet constamment une exception dans le cas où la loi est prohibitive. C'est ce que prouve clairement Voët, sur le Digeste, liv. 1, tit. *de statutis*. Ainsi, que les Hypothèques contractuelles soient rejetées en Flandre et en Artois, cela n'empêche pas que ceux qui contractent dans l'une ou l'autre province, ne soient, par là même, censés hypothéquer les biens qu'ils possèdent dans les pays où elles sont admises.

Aussi a-t-il été jugé par un arrêt de la seconde chambre des enquêtes du parlement de Paris, du 24 mai 1700, qu'un contrat de mariage, passé à Arras le 31 octobre 1669, emportait Hypothèque sur les biens que l'un des contractans avait laissés dans la coutume de Paris. Cet arrêt est rapporté par Maillart, sur la coutume d'Artois, art. 74.]

[[*V. Enregistrement (droit d')*, §. 4, tom. 4, pag. 690.

XVI. Remarquez, au surplus, que l'abolition des justices seigneuriales et la suppression de tous les anciens tribunaux, avaient fait cesser l'Hypothèque par nantissement plusieurs années avant l'introduction du régime hypothécaire actuel. Mais qu'y avait-on substitué? *V. Devoir de loi*, §. 4.]]

§. VI. *De l'Hypothèque qui résulte des jugemens.*

I. L'Hypothèque judiciaire est purement de notre droit français; elle était inconnue dans le droit romain; car il ne faut pas la confondre avec le gage judiciaire qui est reçu parmi nous. Le gage judiciaire ne s'acquérait dans le droit romain, que par la saisie des biens du débiteur, faite par un exécuteur ou appariteur que le magistrat commettait à cet effet. On entend de même parmi nous, par gage judiciaire, les immeubles saisis réellement, à l'administration desquels il a été établi un commissaire, et dont il a été fait des baux en justice. Les meubles deviennent de même par la saisie et l'établissement du gardien un gage judiciaire.

L'Hypothèque judiciaire procède du jugement, sans exécution ni appréhension de fait. Le débiteur demeure, comme à l'égard de l'Hypothèque conventionnelle, en possession de la chose hypothéquée; au lieu que le gage judiciaire ne peut s'acquérir, à moins que le débiteur ne soit dépossédé, et ses biens mis sous la main et l'autorité de la justice; car tant qu'on n'a pas établi de commissaire ou de gardien aux biens saisis, le débiteur n'est pas dépossédé, et il n'y a pas de gage judiciaire. — Quand on dit que le débiteur doit être dépossédé, on n'entend parler que d'une dépossession de fait; car jusqu'à la vente, le débiteur conserve toujours la possession de droit : il peut prescrire, intenter la complainte, et il rentre dans tous ses droits en payant ses créanciers.

L'Hypothèque judiciaire comprend tous les biens présens et à venir, au lieu que le gage judiciaire ne comprend que ceux qui ont été saisis.

II. Les obligations sous seing-privé emportent Hypothèque du jour qu'elles ont été reconnues en justice, ou tenues pour reconnues, même par une sentence par défaut. Si le débiteur dénie sa signature, le créancier qui la fait vérifier a Hypothèque du jour de la dénégation. C'est la disposition expresse de l'art. 95 de l'ordonnance de 1539.

III. Les sentences des officiaux et les jugemens rendus en pays étranger ne donnent pas Hypothèque sur les biens des condamnés situés en France : les premières, parce que les officiaux n'ont pas d'autorité sur le temporel; les secondes, parce que les juges étrangers n'ont pas d'autorité en France.

IV. Pothier, dans ses *OEuvres posthumes*, dit que les sentences des arbitres ne portent Hypothèque que du jour de l'homologation. La raison qu'il en donne, est que les arbitres n'ont aucune autorité publique, et par conséquent que leurs sentences ne peuvent produire Hypothèque jusqu'à ce qu'elles aient reçu cette autorité par l'homologation. Je crois au contraire que l'Hypothèque doit remonter à la date du compromis passé devant notaires; car c'est de cet acte que résulte le pouvoir des arbitres et l'obligation des parties : c'est par cet acte qu'elles se sont engagées à exécuter ce qui serait décidé par les arbitres. Le notaire qui a reçu le compromis, lui donne le caractère d'authenticité qui produit l'Hypothèque. — [[*V.* mon *Recueil de Questions de droit*, au mot *Hypothèque*, §. 2; et ci-après sect. 2, §. 2, art. 3.]]

[V. Le créancier d'une succession qui est jacente ou appréhendée par bénéfice d'inventaire, peut-il, en obtenant sentence contre elle, pendant qu'elle est dans cet état, acquérir une Hypothèque valable, et se faire, en vertu de ce titre, colloquer avant les autres créanciers chirographaires ?

Cette question a beaucoup d'affinité avec celle de savoir si, dans certaines coutumes de nantissement, une mise de fait exploitée sur une hérédité jacente, peut emporter Hypothèque. On verra à l'article *Mise de fait*, que la jurisprudence du parlement de Flandre est très-incertaine sur celle-ci. Quant à la première, elle est décidée par l'arrêt du parlement de Paris, du 23 août 1737, rapporté dans le paragraphe précédent, n. 12.

On se rappelle en effet, que la dame veuve Borier, après la mort de son mari, avait obtenu contre l'héritier bénéficiaire de celui-ci, deux sentences des 29 novembre 1721 et 10 février 1723, qui avaient pour objet ses reprises et conventions matrimoniales et quelques autres créances particulières. En vertu de ces sentences, la dame Borier prétendait se faire colloquer avant le sieur Ricart, qui n'avait obtenu condamnation contre l'héritier bénéficiaire, que long-temps après elle.

« Ce moyen subsidiaire (disait le sieur Ricart), est facile à refuter. C'est une maxime constante, enseignée par Lebrun, *Traité des successions*, liv. 4, chap. 2, sect. 1, n. 12, que l'instant de la mort d'un homme fixe tous les droits actifs et passifs de la succession, tant par rapport à ses héritiers, que par rapport à ses créanciers, et à l'égard des créanciers, leur état est fixé principalement, parce qu'il n'y a plus de personne contre laquelle ils puissent diriger aucune action pour acquérir un droit nouveau; ils ne peuvent plus agir que contre un curateur à la succession, qui n'est qu'un nom, ou contre l'héritier, qui, à la vérité, représente, et à certains égards, tient lieu de la personne même du défunt : mais le bénéfice de séparation, qui a lieu de plein droit en faveur des créanciers, le met à couvert des suites de cette représentation, et de tout ce qu'un d'entre eux pourrait faire collusoirement avec cet héritier en fraude des autres. Ce bénéfice met les créanciers du défunt en droit de se faire rendre ses biens francs et quittes de toutes les charges que l'héritier peut y avoir imposées, et tels que s'ils n'eussent jamais été dans sa main. — C'est pourquoi, après la mort d'un débiteur, ses créanciers ne peuvent plus acquérir d'Hypothèque sur ses biens, en tant qu'ils sont biens de l'héritier; et conséquemment les sentences obtenues par les plus diligens d'entre eux, ne leur peuvent servir que contre les biens personnels de l'héritier, et nullement contre ceux du défunt. — En effet, quels inconvéniens n'y aurait-il pas à donner Hypothèque sur les biens du défunt, aux créanciers les plus diligens? Dès qu'un débiteur aurait les yeux fermés, ses créanciers seraient obligés de fondre avec empressement sur la succession, pour prendre leurs sûretés; et leur sort dépendrait de la bonne volonté d'un héritier ou d'un greffier qui donnerait la préférence à son gré. Ces inconvéniens se sentent parfaitement dans le cas de banqueroute ; et c'est pour cela que par une jurisprudence constante, confirmée par la déclaration du 18 novembre 1702, les sentences obtenues depuis la banqueroute ouverte, et même dix jours auparavant, ne donnent lieu à aucune préférence entre les créanciers du banqueroutier. — Ainsi, toute la diligence dont a usé la dame Borier, en obtenant, la première, des sentences contre la succession bénéficiaire du feu sieur Borier, ne lui a pu procurer aucune Hypothèque sur la terre de Villette, relativement à Ricart et aux autres créanciers du défunt ».

Sur ces raisons, l'arrêt du 23 août 1737 a jugé que la dame Borier n'avait acquis aucune Hypothèque par les sentences qu'elle avait obtenues après le décès de son mari contre la succession bénéficiaire. On a seulement excepté, par un motif de pure humanité, des frais de couches qu'elle répétait, et qui lui ont été accordés avec Hypothèque du 11 février 1723, jour de la sentence qui les lui avait adjugés.

§. VII. *De l'Hypothèque qui s'acquiert par saisie, clain, arrêt, mise de fait, plainte à loi, etc.*

Il y a plusieurs coutumes dans la Belgique où l'on acquiert Hypothèque sur un bien, par cela seul qu'on le saisit, soit par *clain* ordinaire, soit par mise de fait, soit par plainte à loi.

Il est inutile de répéter ici tout ce que nous avons dit là-dessus aux mots *Clain*, *Main-assise*, *Mise de fait*, *Plainte à loi et Ville d'arrêt.*

Mais il reste sur cette matière une question fort importante : c'est de savoir si la disposition des déclarations de 1702 et de 1718, qui annullent les Hypothèques acquises dans les dix jours antérieurs à l'ouverture d'une faillite, doit s'appliquer à celles qui résultent des *saisies ?*

Un arrêt du parlement de Flandre, du 31 octobre 1721, a jugé pour l'affirmative. La contestation était entre le curateur à la faillite de Marie-Angélique Var, intimée, et Jean-François Mulier, appelant d'une sentence des consuls de Lille, du 28 février 1719, qui avait décidé de même.

La question s'est représentée neuf ans après, et a donné lieu à une discussion fort approfondie. Voici le fait :

Charles François Mourette, marchand à Douay, est tombé en faillite le 17 février 1726 ; le scellé a été apposé le même jour sur ses meubles et effets. — Le 8 du même mois, Charles-Martin Desbuissons, marchand à Lille, l'un de ses créanciers, avait fait exploiter une mise de fait sur vingt rasières et une coupe de terre, que Mourette possédait à Oignies, en Artois. — Le 29 mars suivant, le sieur Henry, libraire à Lille, et les autres créanciers de Mourette, hors le sieur Desbuissons, ont signé un contrat d'atermoiement, par lequel ils lui ont fait remise de la moitié de ses dettes, moyennant l'abandonnement qu'il leur faisait des biens d'Oignies. — Le sieur Desbuissons, poursuivi pour voir homologuer ce contrat, a répondu qu'il avait Hypothèque, et qu'ainsi il n'était pas tenu de souscrire aux remises que les créanciers formant les trois quarts en somme, avaient jugé à propos de faire à leur débiteur commun. — Sentence du siège échevinal de Douay, du 16 août 1727, qui déboute les créanciers unis de Mourette, de leur demande en homologation. Appel à la gouvernance. — Le 18 février 1728, sentence confirmative. — La cause portée par un second appel au parlement de Flandre, on disait, pour soutenir la décision des deux premiers tribunaux, que le seul préambule de la déclaration du 27 mars 1718 prouvait clairement que les Hypothèques acquises par saisies et mises de fait, n'étaient pas comprises dans la règle des dix jours.

« Voici, ajoutait-on, comment est conçu ce préambule : *L'application que nous avons continuellement à tout ce qui peut être avantageux au commerce de notre royaume, aurait donné lieu aux négocians de nous représenter que rien ne peut contribuer plus efficacement à rendre le commerce florissant, que la fidélité et la bonne foi; et que quoiqu'il ait été fait plusieurs réglemens sur ce sujet..., il ne laisse pas de se commettre souvent de très-grands abus dans les faillites des marchands, par des cessions, transports, obligations, et autres actes frauduleux, soit d'intelligence avec quelques-uns de leurs créanciers, ou pour supposer de nouvelles dettes, et par des sentences qu'ils laissent rendre contre eux à la veille de leur faillite, à l'effet de donner Hypothèque et préférence aux uns, au préjudice des autres ; ce qui cause des procès entre les véritables et anciens créanciers, etc. ; que ces difficultés cesseraient, et qu'il y aurait moins de lieu à la fraude, s'il y avait une règle uniforme pour tout le royaume, et un temps prescrit dans lequel les cessions, transports, et tous autres actes qui se feraient par les marchands débiteurs, seraient déclarés nuls, même les sentences qui seraient rendues contre eux. A ces causes*, etc. — L'objet du législateur dans cette déclaration est donc d'entretenir *la fidélité* et *la bonne foi* dans le commerce, et de réprimer les *abus* qui s'y commettent, soit par des actes frauduleux que font les débiteurs, *d'intelligence avec quelques-uns de leurs créanciers*, soit par les sentences qu'ils LAISSENT RENDRE *contre eux à la veille de leur faillite* ; actes et sentences que ces débiteurs passent ou laissent rendre, *à l'effet de donner Hypothèque et préférence* à quelques créanciers vrais ou faux, au préjudice des autres. — Dans tout ceci, le législateur borne ses vues aux actes qui sont *du fait des marchands obérés* ; à ces actes, *qu'ils passent eux-mêmes* en fraude, à ces actes, qui, dans la plus grande partie du royaume, emportent Hypothèque, et auxquels les débiteurs concourent par leur propre volonté. — C'est ce que prouvent surtout ces derniers mots : *Que ces difficultés cesseraient, et qu'il y aurait moins de lieu à la fraude, s'il y avait une règle uniforme pour tout le royaume, et un temps prescrit dans lequel les cessions, transports, et tous autres actes qui se feraient par les marchands débiteurs, seraient nuls.* — Il est donc bien clair que le préambule de la déclaration ne frappe que sur les actes notariés et les sentences, et qu'il ne s'y agit ni expressément ni virtuellement des saisies et mises de fait. — Cela posé, voyons ce que porte la déclaration elle-même : *Avons dit et déclaré..... que toutes cessions et transports sur les biens des marchands qui font faillite, seront nuls et de nulle valeur, s'ils ne sont faits dix jours au moins avant la faillite publiquement connue, comme aussi les actes et obligations qu'ils passeront pardevant notaires, au profit de quelques-uns de leurs créanciers, ou pour contracter de nouvelles dettes; ensemble les sentences qui seront rendues contre eux, n'acquerront aucune Hypothèque ni préférence sur les créanciers chirographaires, si lesdits actes et obligations ne sont passés, et si lesdites sentences ne sont rendues pareillement dix jours au moins avant la faillite publiquement connue.* — Tout ce dispositif est borné et déterminé aux actes que les marchands débiteurs *passeront*, c'est-à-dire, aux actes qui seront de leur fait, aux actes où le concours du débiteur et du créancier est nécessaire, aux actes auxquels ces marchands obérés se prêtent frauduleusement par leur silence et leur contumace affectée : c'est-à-dire encore, aux sentences *qu'ils laissent rendre* contre eux, par collusion, quand ils ne peuvent plus tenir contre leurs créanciers : en un mot, le dispositif de la déclaration est exactement relatif à son préambule et à ses objets; et c'est par ces mêmes objets, limités dans le préambule, qu'il faut fixer et limiter aussi le dispositif. — Suivant la déclaration, la fraude se présume toujours, quand l'acte emportant Hypothèque, est du fait du marchand débiteur, et a été passé dans les dix jours qui précèdent la faillite, et c'est à cause de la fraude présumée dans ces sortes d'actes dépendans de la volonté d'un débiteur dérangé et prêt à faillir, que le roi déclare qu'ils n'acquerront aucune Hypothèque ni préférence, sa majesté ne voulant point que le sort des créanciers d'un marchand qui se trouve dans un état violent, dépende de son fait et de ses manœuvres. — Mais il n'y a nulle présomption de fraude, quand un créancier, légitime, et dont la créance est contractée long-temps avant le dérangement de son débiteur, use des moyens que nos coutumes autorisent pour assurer sa créance et acquérir Hypothèque par l'effet de la loi coutumière, sans qu'il soit besoin du fait ou du consentement du débiteur. En ce cas, le créancier use simplement de ses droits; tous les autres créanciers peuvent en user comme lui; et s'il les prévient, nos coutumes le récompensent de sa vigilance, en le préférant à ceux qui ont négligé les mêmes moyens de réaliser leurs créances. — Aucun des créanciers de Mourette n'était empêché de pratiquer des mises de fait; c'est donc librement qu'ils se sont laissés prévenir par Desbuissons : sur quoi donc fonder une présomption de fraude, dans le fait de Desbuissons » ?

Tels étaient les moyens de l'intimé. Voici ce que répondaient les créanciers unis de Mourette, par l'organe de M. Patou, l'un des avocats les plus instruits de son temps.

« Il faut avouer que la grande attention des Romains n'a point été pour le commerce. Parmi une infinité de lois qu'ils ont faites, il y en a peu qui règlent les devoirs et les obligations des marchands entre eux, et qui, par des précautions utiles et nécessaires, pourvoient aux besoins particuliers que demande le commerce. Uniquement occupés des affaires publiques et domestiques, les Romains n'ont point porté leurs vues sur les avantages qu'un commerce bien policé procure à un État, ou du moins ils n'ont point cru qu'il dût être réglé par d'autres lois que par celles qu'ils avaient établies pour les autres affaires civiles. — On ne peut pas cependant disconvenir que le commerce ne mérite des attentions particulières, et qu'il y faut des lois plus étroites et plus sévères, si l'on veut y conserver la bonne foi et la confiance qui en sont l'ame, et en bannir jusqu'aux moindres soupçons de fraude. — Ce soin était réservé à Louis XIV, qui, connaissant l'importance du commerce pour le royaume, n'a rien négligé pour le perfectionner, pour l'étendre et pour le faire fleurir; témoin l'ordonnance du mois de mars 1673. Ce code renferme tout ce qu'on peut désirer de plus utile pour le commerce, tant en gros qu'en détail : c'est l'ouvrage des plus savans magistrats et des plus habiles négocians. — Mais quelques précautions qu'on ait prises alors pour ne rien omettre, le temps et les circonstances ont donné lieu à des interprétations; et l'on a été obligé, selon les occasions, d'avoir recours à de nouveaux remèdes. — C'est dans cette vue qu'a été portée la déclaration du 27 mars 1718, dont la fin principale est d'empêcher les abus et les inconvéniens qui arrivent dans les faillites des marchands, et de rendre égale, autant qu'il est possible, la condition des créanciers. — Deux observations générales sur cette loi, et sur toutes celles qui regardent le commerce: — La première, qu'elles établissent un droit nouveau, sur lequel les lois romaines n'ont pas disposé spécialement; — Et la seconde, qu'elles forment un droit commun et général pour tout le royaume sur le fait du commerce. — Il ne faut donc point interpréter ces lois à la rigueur; quoique contraires en certains points au droit Romain, elles ne sont point odieuses, et elles ne méritent point les bornes étroites qu'on veut leur prescrire; mais au contraire, elles doivent recevoir toutes les explications et extensions que l'équité et la raison permettent de leur donner. — Il en est de ces lois comme des coutumes; il y en a de générales qui, en abrogeant le droit romain, établissent un droit nouveau et commun, comme *le mort saisit le vif, institution d'héritier n'a lieu*, la règle *paterna paternis, materna maternis*, et autres. Ces dispositions de coutumes, quoiqu'elles ne soient pas conformes au droit romain, ne laissent pas d'être favorables, et loin qu'elles soient asservies à une interprétation littérale et rigoureuse, il est constant, selon les sentimens des auteurs, qu'on peut y suppléer suivant les règles de la raison et de l'équité. (*Méthode pour l'intelligence des coutumes, règle* 11) — Si les coutumes, qui forment un droit nouveau et commun, reçoivent toutes les extensions que l'équité permet de leur donner, sans être renfermées dans la spécialité des cas et des personnes, les lois établies pour le commerce, n'étant pas moins favorables, méritent aussi d'être interprétées avec les mêmes avantages. — Ainsi, quoique la déclaration du 27 mars 1718 ne parle que des cessions et transports, des obligations passées pardevant notaires, et des sentences rendues contre les débiteurs, il est juste cependant de l'étendre jusqu'aux saisies et mises de fait. Cette interprétation est conforme à l'esprit de la déclaration; elle est même nécessaire pour prévenir plusieurs abus qui pourraient arriver dans les faillites. — Quelle apparence de permettre ces saisies dans les dix jours de la faillite? Il dépendra alors du débiteur d'avertir, avant sa retraite, certains créanciers, et de leur faire prendre des Hypothèques. — Par ce moyen, il n'y a point de débiteur qui ne puisse éluder la juste précaution prise par la loi, pour empêcher des préférences entre des créanciers du même ordre: il n'y en a point qui ne puisse favoriser l'un au préjudice des autres. — Mais pourquoi la déclaration n'a-t-elle point parlé également des saisies et des mises de fait? Son silence, dira-t-on, à cet égard, en doit faire l'exclusion. — C'est qu'en France, les mises de fait sont inconnues, et qu'on n'y pratique aucune saisie, à moins que ce ne soit par exécution, pour laquelle il faut ou sentence ou contrat grossoyé; au lieu que nous avons ici plusieurs moyens de saisir, même sans titre, comme la mise de fait en Artois et à Lille, la saisie par clain, la plainte à loi, etc. — Si la déclaration avait été faite particulièrement pour la Flandre ou pour l'Artois, il est hors de doute que les saisies et mises de fait y eussent été comprises expressément, mais la loi ayant été faite pour tout le royaume, on s'est plus arrêté à ce qui arrive communément dans le royaume, qu'aux usages particuliers d'une province. — Quoi qu'il en soit, ces usages particuliers ne laissent pas d'être compris dans la disposition de la loi sinon expressément, du moins virtuellement, et par une juste interprétation tirée de la loi même. — Le grand objet de la loi est d'empêcher les intelligences secrètes et frauduleuses entre le débiteur et le créancier. — Ces intelligences ne sont pas moins à craindre dans les saisies et mises de fait: un débiteur, à la veille de sa faillite, peut avertir secrètement un créancier de prendre ses assurances, et par-là lui procurer une préférence sur les autres. — La loi fait plus: elle déclare que les sentences rendues contre les débiteurs, n'acquerront aucune Hypothèque, si elles ne sont rendues dix jours avant leur faillite. — La loi parle des sentences en général, et elle comprend les contradictoires comme les volontaires. — Or, si une sentence rendue contradictoirement dix jours avant la faillite du débiteur, n'acquiert aucune Hypothèque au créancier, comment croire qu'une saisie ou mise de fait, qui n'est point encore décrétée, puisse lui procurer cet avantage? — La sentence contradictoire se rend toujours *invito debitore*; et souvent c'est l'ouvrage de plusieurs années, et la fin d'une longue procédure: le créancier qui l'obtient, peut dire avec bien plus de raison, qu'il a veillé à temps à ses intérêts: cependant si cette sentence n'est antérieure de dix jours à la faillite, elle lui est inutile, et ne produit aucun effet pour l'Hypothèque. — La déclaration de 1718 a voulu rendre la condition des créanciers égale: elle présume que tout ce qui arrive, ou qui se fait dans un temps aussi voisin de la faillite, est suspect; et qu'il y a de la fraude et du mystère, quoique l'acte ait toutes les apparences de bonne foi et de sûreté. Cette présomption est si forte, qu'elle ne reçoit aucune preuve contraire. — Ce n'est point assez d'examiner les termes d'une loi; il en faut pénétrer l'esprit et la raison: les termes n'en sont que la figure; mais la raison en est l'ame, et la partie principale qui la compose. *Scire leges non est verba earum tenere, sed vim ac potestatem* (loi 17, D. de legibus). *Non possunt*, dit la loi 12 du même titre, *omnes articuli sigillatim aut legibus aut senatus-consultis comprehendi; sed cùm in aliquâ causâ sententia earum manifesta est, is qui jurisdictioni præest, ad similia procedere, atque ita jus dicere debet. Verbum*, dit encore la loi 6, §. 1, D. de verborum significatione, *ex legibus sic accipiendum est, tam ex legum sententiâ quàm ex verbis.* — La raison de la loi milite ici toute entière: la mise de fait de l'intimé peut avoir été concertée entre lui et Mourette, au préjudice des autres créanciers; et cela suffit, selon la loi, pour la rendre sans effet, si la faillite suit dans les dix jours. — L'intimé a beau dire qu'il l'a fait exploiter malgré le débiteur, et à son insu: la loi présume le contraire; elle ne l'écoute point; et sa présomption, qui est *juris et de jure*, doit l'emporter sur tous ses discours. — Cette présomption a bien lieu dans une sentence contradictoire, où toutes les apparences sont pour le créancier qui l'obtient; à plus forte raison dans une saisie ou mise de fait, où il est encore plus facile de s'entendre avec le débiteur, sans qu'on le sache; mais plus l'intelligence est facile et le secret impénétrable, plus la loi doit y pourvoir, et anéantir ces actes qui font tort aux autres et ruinent la confiance qui doit régner dans le commerce ».

Ces moyens étaient aussi solides que lumineusement exprimés. Par arrêt du 23 octobre 1730, le parlement de Flandre « a mis l'appellation et sentence dont a été appelé, au néant; émendant, a ordonné à Desbuissons de se conformer au contrat d'accord, fait par la pluralité des créanciers avec ledit Mourette, le 29 mars 1726 »: et pour ne laisser aucun doute sur le motif qui l'avait déterminé, la cour a pris la précaution de mettre dans le vu de l'arrêt, ces mots: *vu la déclaration du 27 mars 1718.*

Le sieur Desbuissons n'a pas craint d'attaquer cet arrêt. Il s'est pourvu en révision, voie qui, au parlement de Flandre, équivaut à un appel aux chambres assemblées. Mais quel a été le fruit de cette tentative? — Par arrêt du 15 mai 1733, au rapport de M. de Laverdure d'Allennes, les chambres assemblées *ont déclaré qu'erreur n'était intervenue dans l'arrêt du 23 octobre 1730*, et ont condamné le sieur Desbuissons à l'amende et aux dépens de la révision.]

§. VIII. *De l'Hypothèque légale.*

I. La loi seule, en certains cas, donne aussi une Hypothèque au créancier sur les biens de son débiteur. On appelle aussi cette Hypothèque *tacite*, parce qu'elle a son fondement dans la loi sans le secours d'aucune convention.

II. Telle est celle qui appartient au mineur pour le reliquat de son compte, du jour que le tuteur a accepté la charge. Les mineurs ont la même Hypothèque sur les biens de ceux qui, n'ayant pas été légitimement nommés tuteurs, en ont fait les fonctions du jour qu'ils se sont immiscés.

En Normandie, pour que le mineur conserve son Hypothèque sur les biens de son tuteur du jour de la tutelle, il faut, suivant l'art. 76 du règlement du parlement de Rouen de 1673 pour les tutelles, qu'il forme contre son tuteur sa demande à fin de reddition de compte dans les dix ans du jour de sa majorité, autrement il n'aurait plus d'Hypothèque sur les biens de son tuteur que du jour de sa demande.

Il faut observer que, dans cette coutume, ceux qui ont nommé le tuteur, sont garans de son administration; et que la pupille, après avoir discuté les biens de son tuteur, a un recours subsidiaire contre chacun des nominateurs qui sont obligés personnellement pour leur part et portion au payement du reliquat; mais s'il a laissé passer dix ans sans demander son compte, il perd ce recours subsidiaire, et ne peut plus agir contre les nominateurs.

En Bretagne, les nominateurs sont aussi garans du tuteur. Suivant Sauvageau, il suffit pour leur décharge, qu'il ait été solvable au temps de la nomination.

Le parlement de Paris n'accorde l'Hypothèque au tuteur sur les biens de son pupille, que du jour de la clôture du compte.

Dans les pays de droit écrit et au parlement de Normandie, l'Hypothèque est réciproque entre le mineur et le tuteur, avec cette exception, qu'en Normandie, suivant l'art. 77 du règlement qu'on vient de citer, le tuteur doit former sa demande dans les trois ans du jour que le compte a été apuré : les trois ans expirés, il n'a plus Hypothèque que du jour qu'il a commencé ses poursuites pour être payé.

III. Les administrateurs et les marguilliers comptables sont, par rapport aux hôpitaux et aux fabriques, ce que les tuteurs sont par rapport aux pupilles. Tous les biens qu'ils ont au moment qu'ils entrent en fonctions, et ceux qu'ils acquièrent par la suite, sont tacitement hypothéqués au payement du reliquat de leur compte.

L'église a de même une Hypothèque tacite sur les biens des bénéficiers, pour les dégradations qu'ils ont occasionnées, et pour les réparations qu'ils ont négligé de faire dans les biens dépendans de leurs bénéfices.

IV. L'art. 17 du tit. 2 de l'ordonnance du mois d'août 1747, accorde au substitué une Hypothèque tacite sur les biens libres du grevé qui a négligé de faire emploi ou remploi des sommes mobilières qu'il a touchées, tant pour les capitaux qui sont dus au substitué, que pour ses dépens, dommages et intérêts, à compter du jour que le grevé a recueilli les biens substitués.

Cette Hypothèque a lieu, à l'égard du grevé, de ses héritiers, donataires ou légataires, quoique la substitution n'ait pas été insinuée, publiée, ni enregistrée, parce que ces sortes de personnes ne peuvent pas opposer le défaut d'insinuation; mais cette Hypothèque est inefficace à l'égard des créanciers et des acquéreurs à titre onéreux, parce qu'une substitution qui n'a été ni publiée ni enregistrée, n'a pas d'effet à leur égard.

V. En pays coutumier, la femme qui s'est mariée sans avoir auparavant réglé ses conventions par un contrat, a une Hypothèque tacite sur les biens de son mari, du jour de la célébration de son mariage. — On suit cependant un ordre particulier pour ses reprises, suivant le degré de faveur qu'on y a attaché; elle est d'abord colloquée pour sa dot. — Dans certains cas, le douaire passe avant le remploi des propres; dans d'autres, il ne vient qu'après. — On distingue si l'aliénation a été volontaire, ou si elle a été forcée. — Au premier cas, quand la femme a vendu ses propres conjointement avec son mari, elle n'est colloquée pour son remploi qu'après le douaire, parce que le douaire étant propre aux enfans, on n'a pas voulu les priver d'une dernière ressource que la loi leur assure. — Au second cas, lorsque le mari a reçu le rachat des rentes, comme on ne peut rien imputer à la femme qui n'a pu forcer son mari à faire emploi, elle est colloquée comme pour sa dot. — Ensuite vient l'indemnité pour les dettes que la femme a contractées avec son mari; et, en dernier lieu, le préciput.

On ne peut s'empêcher d'observer que cette Hypothèque pour l'indemnité de la femme, du jour du contrat ou de la célébration, est une porte ouverte aux fraudes, par le moyen de laquelle on peut avantager des créanciers postérieurs, au préjudice des premiers; car les créanciers postérieurs qui ont la femme pour obligée, sont colloqués sur ses reprises, qu'elle exerce jusqu'à ce qu'elle sorte indemne. On épuise par-là tous les biens du mari; et les créanciers qui n'ont pas la femme pour obligée, sont frustrés, quoique antérieurs à ceux qui sont payés. C'est pourquoi il est prudent de ne pas contracter avec un homme marié, à moins que la femme ne consente à s'obliger avec lui, ou que ce ne soit pour quelque cause privilégiée.

En Normandie et en Bretagne, la femme n'a Hypothèque sur les biens de son mari, pour le remploi de ses propres aliénés, que du jour de l'aliénation.

Suivant la jurisprudence du parlement de Toulouse, la femme a, pour la restitution de sa dot, une Hypothèque privilégiée sur les biens de son mari; et elle est préférée aux autres créanciers même antérieurs au mariage. (*V. Dénonce.*) Dans les autres pays de droit écrit, elle n'a Hyphothèque pour sa dot et ses autres gains nuptiaux, que du jour de la célébration, quand il n'y a pas de contrat de mariage.

L'ordonnance du mois d'août 1747 accorde à la femme un recours subsidiaire, à défaut de biens libres, et une Hypothèque tacite sur les biens de son mari grevés de substitution, pour la restitution de sa dot, et pour son douaire ou autre droit qui en tient lieu, suivant l'usage des différens pays, et pour les intérêts qui lui en sont dus. Mais ce recours subsidiaire et cette Hypothèque tacite n'ont lieu qu'en certains cas. *V. Substitution fidéicommissaire.*

VI. Le roi a une Hypothèque tacite sur les biens dont les comptables étaient propriétaires, à l'époque de leurs provisions, ou de leurs commissions, s'ils ne sont pas en titre d'office. Il a de plus un privilége sur le prix de l'office, sur les meubles et sur les immeubles que le comptable a acquis depuis sa gestion. *V. Comptable.*

Les comptables exercent les mêmes droits et la même Hypothèque sur les biens de leurs commis.

VII. La confiance qu'on est forcé de donner aux officiers publics, a fait établir une Hypothèque tacite sur le prix de leurs offices, pour ce qui regarde les faits de leur charge. *V. Fait de charge.*

VIII. La question si, dans un procès criminel, la partie civile a, pour ses dommages et intérêts, une Hypothèque tacite sur les biens du condamné, du jour du délit, ou seulement du jour de sa condamnation, quoique traitée par nombre d'auteurs, est encore très-douteuse. Il est certain que celui qui commet un crime ou un délit, s'oblige par le seul fait à le réparer. Par cette raison, quelques auteurs ont décidé que l'Hypothèque sur les biens du condamné, est acquise du jour du délit. D'autres ont pensé que l'obligation seule ne produisait pas Hypothèque, mais qu'il fallait que cette obligation fût rendue publique par les procédures; en conséquence, ils n'accordent l'Hypothèque que depuis que les procédures ont rendu le délit public. Mais leur décision n'a aucun fondement; car il n'est pas nécessaire, pour acquérir Hypothèque, que l'obligation soit rendue publique. D'autres, fondant leur décision sur les dispositions de l'ordonnance de Moulins, pensent que l'Hypothèque n'est acquise que par le jugement de condamnation.

Mornac dit que les jurisconsultes de son temps distinguaient les crimes graves, et accordaient l'Hypothèque tacite du jour qu'ils avaient été commis, et la refusaient pour les délits plus légers. Mais cette distinction des crimes graves ne change rien à la nature de l'obligation; elle opère bien pour faire infliger une peine plus ou moins forte; la réparation sera de même proportionnée: cette distinction sera toujours indifférente à la question de savoir quand l'Hypothèque commencera à avoir cours; car le plus ou le moins ne fait rien, et la décision doit être la même pour une grande comme pour une petite somme.

Il y en a qui ont distingué les vols des autres crimes; et regardant les voleurs comme des espèces d'administrateurs du bien d'autrui, ils ont décidé que les immeubles des voleurs qui se sont rendus administrateurs par un crime, devaient être hypothéqués, tant pour la restitution de ce qui avait été volé, que pour les dommages et intérêts, du jour des premières procédures.

Regarder un voleur comme un administrateur du bien d'autrui, c'est confondre toutes les idées. En effet, on appelle voleur, celui qui prend le bien d'autrui pour en faire son profit; et l'on appelle administrateur, celui qui gère pour un autre et qui doit rendre compte. C'est le crime qui donne lieu aux réparations civiles; pour le vol comme pour les autres crimes, cette distinction du vol n'est donc qu'une subtilité.

Nous croyons devoir rejeter toutes ces distinctions intermédiaires, et réduire la question à ce point: ou il faut accorder l'Hypothèque tacite pour les réparations civiles, du jour que le crime a été commis, ou rejeter absolument l'Hypothèque tacite, pour n'accorder que celle qui résulte du jugement de condamnation, aux termes des ordonnances de 1539 et de Moulins.

La coutume de Bretagne, art. 178, décide en termes exprès, que les biens de celui qui a commis un délit, sont hypothéqués à la réparation, du jour que le délit a été commis.

Il paraît juste d'étendre la disposition de cette coutume à celles qui n'en ont pas. Y a-t-il rien de plus juste en effet, que d'accorder à un créancier toute la sûreté qu'il peut avoir pour le payement de ce qui lui est dû? On peut dire que c'est l'esprit de notre droit français, qui ne refuse l'Hypothèque aux obligations sous seing-privé; encore, quand l'écriture a été déniée, nos ordonnances donnent Hypothèque, du jour de la dénégation. Pourquoi la refuserait-on pour les réparations civiles, du jour que le crime a été commis? On ne peut pas craindre la fraude, puisque ces réparations ne peuvent être adjugées qu'après que le procès a été instruit et le coupable convaincu de son crime. Quelques arrêts, à la vérité, sont contraires à notre opinion, mais aussi on en peut citer plusieurs qui y sont favorables (1).

La même difficulté subsistait autrefois pour les amendes auxquelles les criminels sont condamnés envers le roi. D'anciens arrêts avaient fait remonter l'Hypothèque pour l'amende, au jour que le crime avait été commis. Cette jurisprudence avait été confirmée par une déclaration du roi, du 21 mars 1671, et par un édit du mois de février 1691; mais ces dispositions ont été abrogées par une déclaration du 13 juillet 1700, d'après laquelle le roi n'a Hypothèque sur les biens des condamnés, que du jour du jugement de condamnation. [[*V. Amende*, §. 8.]]

Il semble d'abord qu'on peut appliquer la même décision aux dommages et intérêts et aux réparations civiles; car ils ont une source commune. L'amende est une réparation publique envers le roi, comme les dommages et intérêts sont des réparations envers les particuliers du crime qui a été commis. Cependant il y a beaucoup de différence à faire entre ces deux espèces de réparations: car les dommages et intérêts sont dus en vertu du quasi-contrat auquel le crime a donné lieu, et qui produit une obligation personnelle contre le coupable: obligation qui peut subsister avec l'Hypothèque, quoiqu'elle ne soit pas encore liquidée, et qu'elle ne doit l'être que par le jugement de condamnation, de même que l'Hypothèque du mineur sur les biens de son tuteur, subsiste du jour de l'acte de tutelle, celle de la femme sur les biens de son mari, et celle du substitué sur les biens du grevé, quoique la créance du mineur ne puisse être liquidée que par le compte de tutelle; celle de la femme, après la dissolution du mariage ou de la communauté; et celle du substitué, lors de

(1) [[Je ne connais pas ces prétendus arrêts; et s'il y en a, je ne crains pas de dire qu'ils ont mal jugé. Point d'Hypothèque légale sans loi expresse qui l'établisse. Voilà la règle. Or, quelle autre loi que la coutume de Bretagne a jamais accordé Hypothèque pour la réparation d'un délit, à compter du jour même où le délit a été commis? V. ci-après, sect. 2, §. 2, art. 4, n. 2.]]

l'ouverture de la substitution. Le particulier, pour ses dommages et intérêts, est préféré au roi, parce que l'amende est une peine, et qu'une peine ne peut subsister qu'après qu'elle a été infligée : il ne suffit pas qu'elle ait été encourue. Ce qui prouve évidemment cette distinction, c'est que si le coupable meurt pendant l'instruction du procès, on ne condamne pas ses héritiers à l'amende, comme on les condamne aux dommages et intérêts de la partie civile.

IX. Dans les partages, tous les lots sont garans les uns des autres; et chacun a une Hypothèque tacite sur les lots de ses copartageans, encore que le partage soit sous seing-privé, et qu'on ait omis de la stipuler, parce qu'elle est de la nature de l'acte; de même que la garantie est une suite et une conséquence du contrat d'échange. Les partages sont même des espèces d'échange; car pendant l'indivision, chacun a droit pour partie sur le tout et sur chaque partie du tout : pour faire cesser l'indivision, les partageans s'abandonnent les droits qu'ils avaient sur les lots les uns des autres. — Ceci s'éclaircira par un exemple. Supposez une succession dans laquelle il se trouve une maison à la ville, une ferme à la campagne, et deux héritiers pour la partager : chacun d'eux a droit pour moitié dans la maison et dans la ferme. Si, lors du partage, l'un prend la maison et l'autre la ferme, celui qui prend la maison abandonne les droits qu'il avait pour moitié sur la ferme, et l'autre les droits qu'il avait pour moitié dans la maison. Il se fait donc entre eux une espèce d'échange, qui renferme toujours la condition tacite, que chacun jouira paisiblement des biens compris dans son lot. Si l'un d'eux souffre éviction, la condition du partage manque à son égard, et il a son recours contre son copartageant. Ce droit de recours est même quelque chose de plus que l'Hypothèque; le défaut de la condition fait revivre son droit de propriété sur l'héritage échu au lot de son copartageant, jusqu'à concurrence de ce qui lui manque pour être égalé à lui.

Cette Hypothèque tacite ne s'étend que sur les biens qui ont été partagés; et pour avoir Hypothèque sur les autres, il faut que le partage ait été fait en justice ou pardevant notaires.

X. En Normandie, suivant l'art. 136 des placités, toute obligation porte Hypothèque du jour du décès de l'obligé, quoiqu'elle n'ait été reconnue en justice, ni pardevant notaire, ni contrôlée. Les biens de l'héritier sont aussi hypothéqués; les contrats et jugemens qui étaient exécutoires contre le défunt, le sont de même contre lui et sur ses biens, sans qu'il soit nécessaire de les faire déclarer tels.

Dans les parlemens de Bordeaux, Toulouse, Grenoble et Provence, les biens de l'héritier sont tacitement hypothéqués par le seul fait de l'appréhension de l'hérédité.

Au contraire, suivant la jurisprudence du parlement de Paris, le créancier du défunt n'a d'Hypothèque sur les biens de l'héritier, que du jour qu'il a fait déclarer ses titres exécutoires contre lui, ou que cet héritier les a reconnus en passant un titre nouvel devant notaires. Les créanciers chirographaires n'acquièrent Hypothèque qu'après avoir fait reconnaître leurs créances en justice avec l'héritier.

XI. La jurisprudence du parlement de Paris diffère encore de celle du parlement de Rouen sur l'Hypothèque de la caution qui a payé pour le débiteur principal. Au parlement de Paris, la caution a Hypothèque sur tous les biens du principal débiteur, tant pour le principal que pour les intérêts, du jour du cautionnement passé devant notaires; par la raison que le cautionnement emporte avec lui une obligation tacite de la part du principal obligé, de rembourser la caution de ce qu'elle sera obligée de payer. Au parlement de Rouen, on ne donne à la caution qui a payé des arrérages pour le principal débiteur, Hypothèque que du jour des payemens; encore faut-il que la caution n'ait payé que sur la poursuite du créancier, qu'elle ait dénoncé cette poursuite au principal obligé, et qu'il lui ait été donné acte de cette dénonciation en justice; autrement elle n'aurait Hypothèque pour ses intérêts que du jour qu'elle en aurait formé la demande.

XII. Les légataires sont, pour leur legs, une Hypothèque tacite sur les biens du défunt; mais ils ne peuvent exercer cette Hypothèque qu'après que toutes les dettes même chirographaires de la succession ont été acquittées. *V. Légataire.*

XIII. Le vendeur a pour le payement de son prix, une Hypothèque privilégiée sur la chose qu'il a vendue.

XIV. Les ouvriers ont aussi une Hypothèque privilégiée sur la partie des bâtimens auxquels ils ont travaillé, le charpentier sur la charpente, le couvreur sur la couverture, ainsi des autres : mais ils sont obligés, pour constater leurs ouvrages, d'en rapporter des procès-verbaux de visite et de réception.

[*V.* au mot *Ouvrier*, n. 3, un arrêt tout récent sur la question de savoir si ce privilége a lieu, en faveur des ouvriers, sur le prix des bâtimens dû à l'entrepreneur pour le compte duquel ils ont travaillé.

XV. Il y a des pays où l'on ne connaît presque aucune Hypothèque tacite. L'édit perpétuel de 1611 suppose que, dans la Flandre, l'Artois, le Hainaut et les autres provinces belgiques, il n'y a point d'autre Hypothèque tacite que celle du fisc. Mais Voyez ce qui est dit à ce sujet sous le mot *nantissement*, §. 2.

§. IX. *De l'Hypothèque simple et de l'Hypothèque privilégiée. Différence entre celle-ci et le privilége proprement dit.*

On sait quelle est la différence des Hypothèques simples d'avec les Hypothèques privilégiées.

Les premières suivent dans les distributions de biens, l'ordre de leurs dates respectives; et la plus ancienne marche avant toutes les autres. C'est ainsi qu'un mineur n'a d'Hypothèque tacite sur les biens de son tuteur, que du jour de la nomination de celui-ci.

Il n'en est pas de même des Hypothèques privilégiées. Leur préférence ne dépend pas de l'ordre du temps, mais de la nature du privilége qui les accompagne; et le créancier hypothécaire privilégié prime toujours les hypothécaires simples.

Nous avons parlé dans le §. 8, de différentes Hypothèques privilégiées. Quelques auteurs modernes confondent ces Hypothèques avec les priviléges proprement dits. C'est une méprise qu'un peu de connaissance des lois romaines leur aurait épargnée.

Vinnius (*Quæstiones juris selectæ*, liv. 2, ch. 4), va jeter un grand jour sur cette matière. — Il y a, dit-il, deux sortes de créanciers : les uns sont chirographaires, c'est-à-dire, n'ont qu'une action personnelle sans Hypothèque; les autres sont hypothécaires. Dans l'une et l'autre classe, il en est de simples et de privilégiés; en sorte que, dans la première, les uns sont simples chirographaires, les autres chirographaires privilégiés; et que dans la seconde, les uns sont hypothécaires simples, et les autres hypothécaires privilégiés. *Creditorum alii sunt chirographarii, id est, qui, citra Hypothecam, personalem tantùm actionem habent; alii, hypothecarii : et in utroque genere quidam privilegiarii, quidam puri et simplices, vel chirographarii, vel hypothecarii.* —Les chirographaires viennent tous au marc la livre, quoique leurs créances respectives soient de différentes dates, suivant la loi 6, C. *de bonis auctoritate judicis*, au Code : *puri chirographarii inter se concurrunt : omnes pares sunt, etsi alii alios tempore præcedant.* Loi 6, C. *de bonis autorit. jud.* — Si avec les chirographaires simples, il se rencontre des chirographaires privilégiés, c'est-à-dire, qui ont un privilége personnel, ceux-ci seront préférés à ceux-là. Mais entre privilégiés qui viennent au même titre, l'ordre du temps ne donne aucune préférence, suivant la loi 32, *de rebus auctoritate judicis*, au Digeste; *Quòd si cùm chirographariis simplicibus concurrant ejusdem generis creditores, sed privilegiarii, id est, privilegium personale exigendi habentes, hi illis, potiores sunt. Inter ipsos autem privilegiarios ejusdem tituli, licet diversi temporis, nulla prælatio est.* Loi 32, D. *de rebus autorit. jud.* — Du reste, il y a une grande différence entre n'avoir qu'un privilége personnel, et avoir une Hypothèque; car ceux qui ont Hypothèque, soit tacite, soit expresse, sont préférés à tous les chirographaires privilégiés. *Multum autem interest utrum quis tantùm habeat personale privilegium exigendi, an verò Hypothecam sive pignus. Nam qui Hypothecam habent, sive, tacitam, sive expressam, præferuntur omnibus creditoribus, qui privilegium exigendi duntaxat habent.*

On voit déjà que les priviléges personnels, c'est-à-dire, ceux qui ne sont pas accompagnés d'Hypothèques, n'ont effet que contre les créanciers chirographaires. La loi 9, C. *qui potiores in pignore*, confirme ce principe : *Eos*, dit-elle, *qui acceperunt pignora, cùm in rem actionem habeant, privilegiis omnibus quæ personalibus actionibus competunt præferri constat.* Cette décision est claire, et la raison que la loi en donne elle-même, est aussi simple que décisive. Les créanciers hypothécaires, dit-elle, sont préférés aux chirographaires privilégiés, parce qu'ils ont droit à la chose, *cùm in rem actionem habeant.* En effet, l'Hypothèque dépossède en quelque sorte le débiteur ; elle distrait de sa fortune la chose hypothéquée; et par conséquent les simples privilégiés ne peuvent plus la compter *in bonis* du débiteur commun, tant que les hypothécaires ne sont pas payés.

C'est aussi ce qu'enseigne Desjaunaux sur l'art. 39 du tit. 25 de la coutume du Cambresis. « La cession des biens, dit-il, n'empêche pas que les *dettes privilégiées* ne soient entièrement acquittées *après la décharge des Hypothèques* ».

Il n'y a que deux exceptions à cette règle: l'une est pour les frais de justice, l'autre pour les frais funéraires. Ces deux objets sont préférés aux Hypothèques, parce que le bien public l'exige ainsi ; mais une fois acquittés, ils font place aux dettes hypothécaires : et ce n'est qu'après celles-ci que viennent les priviléges dénués d'Hypothèque. Ecoutons Matthœus, *de auctionibus*, liv. 1, chap. 19, n. 10, et chap. 20, n. 1 : *dimisso funerante* HYPOTHECARII VENIUNT. . . . SEQUENTUR *chirographarii. . . . ex his quoque alii privilegiarii sunt, alii sine privilegio.* Voët dit la même chose sur le Digeste, liv. 20, tit. 4, n. 36 : *Post hypothecarios creditores chirographarii* SEQUENTUR INTER QUOS PRIVILEGIATUS *non privilegiato, et magis privilegiatus minùs privilegiato præfertur.* — De là le principe établi par ces deux auteurs, que le privilége accordé par les lois romaines à celui qui a prêté son argent pour l'achat ou la construction d'un vaisseau, ne peut avoir effet que contre les créanciers chirographaires.

Il est, nous le savons, des lois qui préfèrent le créancier privilégié au créancier hypothécaire. Mais dans quel cas? Lorsque le premier a lui-même une Hypothèque, jamais autrement. C'est ce que dit Matthœus, que nous venons de citer : *Dimisso funerante, hypothecarii veniunt ; quorum alii Hypothecam tantùm, alii Hypothecam simul et privilegium habent : ex quibus hi illis haud dubiè potiores sunt.*

Nous trouvons dans le droit romain, deux textes qui justifient encore bien clairement ce que nous avançons : ce sont la loi 17, C. *de pignoribus*; et la loi 7, C. *qui potiores in pignoribus.* Elles portent que le créancier, dont l'argent a servi à l'acquisition du bien décrété, précède même les hypothécaires antérieurs, lorsqu'il a eu la précaution de se stipuler une Hypothèque; mais que dans le cas contraire, il ne peut être colloqué qu'après eux.

On oppose la loi 6, D. *qui potiores in pignoribus* : mais que dit cette loi? rien qui ne confirme nos principes. Pesons-en bien les termes : *Si quis in merecedes* SIBI OBLIGATAS *crediderit, vel ut salvæ fiant, vel ut naulum exsolvatur, potentior erit, licèt posterior sit.*

On voit clairement que le créancier postérieur à qui cette loi donne la préférence sur des marchandises, parce qu'il les a conservées, avait, avant de pourvoir à leur conservation, une Hypothèque expresse sur ces mêmes marchandises : *Si in merecedes sibi obligatas crediderit.* Ainsi, tout ce que prouve cette loi, c'est que le créancier qui a tout-à-la-fois une Hypothèque et un privilége, doit être colloqué avant celui qui n'a qu'une Hypothèque, quoique antérieure.]

§. X. *Des effets de l'Hypothèque. De l'action hypothécaire. De l'hypothécaire subsidiaire et de ses effets.*

I. L'effet de l'Hypothèque est que les biens du débiteur sont engagés à ses créanciers, pour sûreté de leur dû : engagement qui donne aux créanciers le droit de les suivre en quelques mains qu'ils passent; d'où naît l'action hypothécaire.

Cette action peut être considérée sous trois rapports différens : 1.° à l'égard du débiteur; 2.° à l'égard de la veuve ou de ses héritiers; 3.° à l'égard du tiers détenteur.

Par rapport au débiteur, notre pratique est différente de celle des Romains. Suivant le droit romain, le créancier était obligé d'intenter contre le débiteur, l'action hypothécaire, par laquelle il concluait à ce que celui-ci fût tenu de lui abandonner les biens hypothéqués, pour les vendre, et être payé sur le prix.

Suivant notre jurisprudence, le créancier porteur d'un titre exécutoire, peut, après un commandement, faire saisir réellement les immeubles de son débiteur, et en poursuivre la vente par décret. Quand l'exécution se fait hors du ressort de la juridiction du notaire qui a reçu l'acte, ou du juge qui a rendu le jugement, il faut obtenir permission du juge du lieu où se fait l'exécution, ou des lettres de *pareatis*, lesquelles s'accordent sans connaisance de cause, pourvu que le titre soit revêtu des formalités extrinsèques nécessaires pour le rendre exécutoire d'ailleurs. [[*V. Exécution parée.*]]

A l'égard de la veuve, il faut distinguer si elle est obligée conjointement avec son mari, si elle est commune, ou si elle a renoncé à la communauté.

Si la veuve s'est obligée conjointement avec son mari, on peut procéder directement contre elle, par saisie de ses immeubles, comme on aurait fait contre son mari, parce qu'elle est de même principale obligée.

Si elle ne s'est pas obligée personnellement, et qu'elle ne le soit qu'en qualité de commune, il faut faire déclarer les titres exécutoires contre elle, avant de pouvoir saisir réellement les immeubles échus dans son lot. Il en est de même à l'égard des héritiers; parce que, suivant le droit commun de la France, les titres ne sont exécutoires que contre ceux qui ont été parties aux actes. [[*V. Exécution parée.*]]

Si la veuve a renoncé à la communauté, on ne peut la considérer que comme une étrangère et comme tout autre tiers détenteur, supposé qu'on lui ait abandonné quelque immeuble de la succession en payement de ses reprises.

A l'égard du tiers détenteur, on ne peut pas faire déclarer les titres du débiteur exécutoires contre lui, parce qu'il n'est pas obligé personnellement, et qu'il n'y a que les biens qu'il possède qui soient obligés. Il faut donc intenter contre lui l'action hypothécaire proprement dite.

II. Cette action peut avoir deux objets, ou plutôt il y a deux sortes d'actions hypothécaires.

L'une tend à conserver Hypothèque, et empêcher le cours de la prescription. Dans ce cas, le créancier assigne le tiers détenteur, à l'effet seulement de voir déclarer les immeubles qu'il possède affectés à sa créance. Cette espèce d'action hypothécaire est désignée dans nos auteurs sous le nom d'*action d'interruption.*

L'autre a pour objet, non-seulement de faire déclarer les immeubles hypothéqués, mais encore de faire condamner le tiers détenteur à les délaisser pour être vendus, et le créancier payé sur le prix, si mieux n'aime le tiers détenteur acquitter la dette. *V. Déclaration d'Hypothèque.*

Cette action est purement réelle; elle ne peut être intentée que contre celui qui possède *animo domini*, comme propriétaire, et non contre ceux qui n'ont qu'une possession précaire, comme les fermiers, les locataires, les séquestres, etc.

Lorsque le débiteur a constitué un usufruit au propre d'un tiers et a aliéné le corps de l'héritage à un autre, on peut intenter l'action hypothécaire contre le propriétaire de l'héritage et contre l'usufruitier; mais on ne pourrait pas l'intenter contre l'usufruitier seul, [[si ce n'est à l'effet de lui faire délaisser son usufruit, si mieux il n'aime acquitter sa dette.]]

Il en est de même lorsque l'héritage a été donné à bail emphythéotique, ou à rente foncière, depuis la constitution d'Hypothèque. Le créancier peut agir, tant contre le propriétaire du domaine direct, que contre ceux qui ont le domaine utile, parce que tous ses droits sont réels, susceptibles d'Hypothèques, qu'ils diminuent la valeur des héritages qui en sont chargés, et que le débiteur ne peut changer la condition de son créancier, de quelque manière qu'il aliène son héritage.

Le tiers détenteur n'étant pas obligé personnellement, ne peut être condamné qu'à délaisser l'héritage dans l'état où il se trouve. [[*V. Délaissement par Hypothèque*, et ci-après sect. 2, §. 2, art. 5.]]

Le tiers détenteur peut proposer contre la demande en déclaration d'Hypothèque, l'exception de discussion. *V. Discussion.*

[[III. Quelquefois, lorsque, par une Hypothèque spéciale, on affecte un immeuble à la sûreté d'une créance, on y ajoute subsidiairement l'affectation d'autres immeubles. Il est évident qu'alors le créancier ne peut se pourvoir sur les biens affectés subsidiairement, qu'après la discussion de l'Hypothèque principale.

Mais pour la validité des poursuites qu'il est dans le cas de faire sur les biens affectés subsidiairement, est-il nécessaire qu'il signifie préalablement au débiteur le jugement intervenu sur l'ordre du prix de la vente de l'immeuble hypothéqué en première ligne? Un arrêt du parlement de Flandre, du 25 juin 1785, a jugé que non. *V.* mon *Recueil de Questions de droit*, au mot *Hypothèque*, §. 14.]]

[§. XI. *L'Hypothèque donnée ou acquise pour le capital, soit d'une créance ordinaire, soit d'une rente, s'étend-elle aux intérêts ou arrérages ?*

Examinons d'abord la question pour les intérêts des créances ordinaires.

Les raisons pour et contre à cet égard sont proposées par Basnage, dans son *Traité des Hypothèques*, chap. 13. Voici ses termes :

« Au parlement de Rouen, on adjuge rarement les intérêts d'une obligation pour prêt. Quand il y a lieu de condamner aux intérêts, l'Hypothèque n'en remonte pas au jour de l'obligation : on ne la donne que du jour de la demande. Les raisons sont que les intérêts n'étant pas dus par la nature de l'obligation, mais pour la peine du retardement et pour la contumace du débiteur, on ne peut en avoir Hypothèque que du jour de la contumace, c'est-à-dire, du jour que la demande en a été faite en jugement; et quand même la clause, *à peine de tous dépens, dommages et intérêts*, y serait, elle est de style, et n'est pas considérable, parce que les intérêts ne sont pas dus *ipso jure*, en vertu de la clause, mais seulement en vertu de la condamnation intervenue sur la demande: en effet, ils seraient dus quand même la clause n'y serait pas. Il implique contradiction que l'Hypothèque pour ces intérêts puisse courir avant qu'ils soient nés ou dus; et il est encore plus injuste qu'ils soient préférés au créancier, qui a contracté avant que le débiteur, par sa contumace, ait donné ouverture à la demande et à la condamnation de ces intérêts; et suivant ces raisons, par l'art. 150 du règlement de 1666, les intérêts qui sont adjugés par le retardement, ne sont dus et n'ont Hypothèque que du jour de la demande.—Par la jurisprudence du parlement de Paris, l'Hypothèque des intérêts adjugés remonte au jour de l'obligation, parce que l'obligation est la vraie cause de l'intérêt; et quoique suivant l'ordonnance, les intérêts soient plutôt dus en vertu de la demande, qu'en vertu de l'obligation, ils ne sont cependant qu'accessoires, et ne peuvent être dus ni demandés sans une obligation précédente ».

Ce que dit ici Basnage, par rapport au parlement de Paris, est justifié par plusieurs arrêts émanés de cette cour.

Brodeau, sur Louet, lettre N, §. 7, nous en fournit un arrêt du 20 février 1610.

Auparavant on jugeait (Basnage suppose même qu'on juge encore au parlement de Paris), que l'Hypothèque du capital ne s'étendait aux intérêts, que dans le cas où l'on avait employé dans le contrat la clause, *à peine de tous dépens, dommages et intérêts*. Bouchel, dans sa *Bibliothèque civile*, au mot *Hypothèque*, rapporte un arrêt du 5 juillet 1593, qui, sur le défaut de cette clause, n'a colloqué les intérêts d'une créance hypothécaire, que du jour de la demande.

Aujourd'hui, dit l'Épine de Grainville (*Recueil d'arrêts*, pag. 214), « on ne pense pas que cette clause soit nécessaire ». Et en effet, nous lisons dans la collection de Bouguier, lettre H, §. 6, que, « par arrêt donné à la première chambre des enquêtes, au rapport de M. Leroy, le 18 août 1608, prononcé le 30 en suivant, *deux de MM. les conseillers de chacune chambre appelés au jugement du procès, et vus tous les arrêts contraires*, il a été jugé, en infirmant une sentence des requêtes du palais, que l'Hypothèque pour les intérêts avait lieu du jour de l'obligation, bien que la clause ordinaire, *à peine de tous dépens, dommages et intérêts*, ne fût point insérée ». Dans l'espèce de l'arrêt du 17 août 1739, rapporté ci-devant, §. 5, n. 4, il n'y avait également dans l'acte du 1.er juin 1626, dont le sieur de Fontaine demandait l'exécution, aucun terme qui approchât de la clause dont il s'agit. Cependant, il a été jugé que les intérêts adjugés postérieurement à cet acte, devaient avoir la même Hypothèque que le principal. *V.* au surplus, *Intérêts*, §. 5.

En fait d'arrérages de rente, la question est plus simple et se juge partout de même. Nos contrats de constitution peuvent être comparés, relativement aux intérêts qu'ils produisent, à ce que les Romains appelaient, *stipulation usuraire*. Or, il est certain que chez eux les intérêts d'une obligation quelconque étaient colloqués au même rang que le principal. Cela est prouvé par la loi 12, §. *Sciendum*, et par la loi 18, D. *de his qui potiores in pignoribus et in hypothecis habentur*. Il en doit donc être de même parmi nous des arrérages de rentes. C'est aussi ce qu'établissait M. de Corberon, procureur-général du parlement de Metz, dans une cause jugée sur ses conclusions, le 23 mai 1692 : « Il est constant dans le droit (disait-il), que les *arrérages* ou intérêts marchent de pas égal pour l'Hypothèque, avec le capital, parce qu'ils en sont réputés les accessoires; et que l'obligation pour le principal et pour les intérêts, naissent d'une même cause et d'un même contrat, ils dérivent tous d'une même source, et dépendent d'un même principe; de sorte que le créancier qui est le premier en Hypothèque pour le capital, l'est aussi pour tous les arrérages, même pour ceux qui sont échus depuis les dernières dettes contractées ».

§. XII. *Les dépens du procès qu'un créancier hypothécaire a été obligé de soutenir pour établir sa créance, participent-ils à l'Hypothèque du principal?*

Les différens arrêts que les parlemens ont rendus sur cette question, ne présentent que variétés et contradictions. En cette matière comme en beaucoup d'autres, ce qui est vérité au midi de la France, est erreur au nord, et ce qui est approuvé ici, est condamné là.

Au parlement de Paris, les dépens ont la même Hypothèque que la dette principale. C'est ce qu'ont décidé deux anciens arrêts, l'un du 14 août 1581, rapporté par Papon, liv. 11, tit. 3, chap. 13; l'autre, du 6 juin 1598, qui se trouve dans le Recueil de Louet, lettre D, §. 42.

On juge de même au parlement de Grenoble. Basset, tom. 1, liv. 2, tit. 31, chap. 2 et 3, et tom. 2, liv. 2, tit. 11, chap. 2, en rapporte trois arrêts : le premier, du 18 février 1615; le second, du 10 juin de la même année; le troisième, du 11 janvier 1624.

Telle est aussi la jurisprudence du parlement de Provence. Duperrier, tom. 2, nous en fournit un arrêt de l'année 1631. La question s'est présentée en 1642, à la cour des aides d'Aix; et par arrêt du 24 octobre, ce tribunal, se conformant à la maxime du parlement, a jugé qu'un collecteur avait la même Hypothèque pour les dépens que pour la taille due par les biens.

L'opinion contraire est reçue depuis long-temps au parlement de Toulouse. D'Olive, liv. 4, ch. 21, dit « qu'il a été douté à l'égard des dépens, que la caution a payés au créancier principal, s'il les faut allouer au même rang que le principal, et qu'il a été jugé (par arrêts des 7 juillet et 4 août 1638) qu'en la distribution des biens du débiteur, les dépens ne sont alloués que du jour de la condamnation ».

La même règle est établie au parlement de Bordeaux. Ecoutons La Peyrere, lettre H, n. 653, édition de 1725 : « Les dépens adjugés en exécution d'un contrat ne prennent point Hypothèque du jour du contrat, bien qu'il y ait clause pénale de tous dépens, dommages et intérêts. Autre chose est des dommages et intérêts résultans de l'essence du contrat..... J'ai toujours vu juger dans notre ressort, conformément à cette décision ».

Le parlement de Normandie s'est imposé à lui-même une loi semblable; voici ce que porte l'art. 148 du règlement de 1666 : « Les dépens des procédures faites pour recouvrer le payement d'une dette, n'ont pas l'Hypothèque de la dette, mais seulement du jour de l'action, à la réserve des frais du saisissant, qui sont pris en privilége sur les choses saisies ».

Pollet, partie 3, §. 53, nous apprend qu'il a été rendu, de son temps, au parlement de Flandre, un arrêt qui va beaucoup plus loin : « les dépens d'un procès contradictoire, soutenu par le créancier poursuivant le décret de son Hypothèque, *contre le débiteur opposant au décret* (dit-il), n'ont point le privilége de l'Hypothèque, et passent pour simple dette. Arrêt rendu au rapport de M. de Buissy, le 12 janvier 1692, entre Jean Vanwel, appelant des gens de loi de Stavele, et Jacques Wouters, intimé ». — Dans cette espèce, les dépens dont il s'agissait étaient ce que le règlement de Normandie appelle *frais du saisissant*, puisqu'il avait fallu faire débouter le débiteur de son opposition, pour passer outre au décret. Ainsi, ou il faut convenir que l'arrêt a mal jugé, ou il faut dire, ce que personne n'oserait certainement hasarder, que la jurisprudence du parlement de Flandre, refuse aux frais de saisie et de décret, le privilége que tous les peuples leur accordent.]

§. XIII. *Des causes qui éteignent l'Hypothèque.*

L'Hypothèque s'éteint 1.° par l'anéantissement de la chose hypothéquée; 2.° par la confusion ou consolidation, lorsque le créancier hypothécaire acquiert la propriété de la chose hypothéquée; 3.° par la résolution du droit de celui qui a constitué l'Hypothèque; 4.° par l'extinction de la dette pour laquelle l'Hypothèque a été constituée; 5.° par la remise expresse ou tacite de l'Hypothèque; 6.° par la prescription; 7.° par le décret; 8.° par les lettres de ratification; 9.° par l'appropriance en Bretagne; 10.° par les lettres de purge dans la Belgique.

Nous ne parlerons ici que des huit premières causes. Les deux autres sont la matière des articles *Appropriance et Purge.*

I. Lorsque la chose hypothéquée vient à périr, l'Hypothèque s'éteint avec elle; car l'Hypothèque étant un droit dans la chose, un accident, un accessoire de la chose, elle ne peut subsister sans le principal. Par exemple, si j'ai Hypothèque sur une rente constituée, et que cette rente soit rachetée avant que j'aie formé opposition entre les mains du débiteur, je n'ai aucun recours contre ce débiteur; car il est de l'essence des rentes constituées, que les débiteurs les puissent racheter quand il leur plaît; et le créancier n'a pu, en hypothéquant sa rente, préjudicier au débiteur.

Le créancier hypothécaire n'a d'autre moyen, en ce cas, pour conserver son droit, que de faire opposition entre les mains du débiteur de la rente. Cette opposition n'empêche pas le débiteur de faire son remboursement; mais il est obligé d'y appeler le créancier opposant, lequel peut demander que les deniers du remboursement soient consignés, jusqu'à ce qu'il en soit fait emploi pour sûreté de sa créance.

Le sceau des provisions purge les Hypothèques sur les offices; et elles périssent réellement pour les créanciers qui ont négligé d'y former opposition; car, comme on l'a établi plus haut, ce n'est pas l'office en lui-même, mais seulement la finance qui est dans le commerce. Or, cette finance n'est plus qu'une somme mobilière, exigible et non susceptible d'Hypothèque, quand le créancier a négligé de former son opposition avant le sceau des provisions.

L'Hypothèque affecte toute la chose et chaque partie de la chose hypothéquée; c'est pourquoi, si la chose est périe en partie, ce qui reste est encore hypothéqué à la totalité de la dette. Par exemple, si une maison a été incendiée, le sol et les débris demeurent toujours hypothéqués; les matériaux restés sur la place conservent toujours l'impression de l'Hypothèque, lorsqu'ils paraissent destinés à la reconstruction de l'édifice, parce que, suivant Pothier, leur destination les fait considérer comme partie de l'immeuble dont ils ont été séparés.

II. L'Hypothèque s'éteint par la confusion, lorsque le créancier acquiert la chose qui lui était hypothéquée; car l'Hypothèque est nécessairement un droit dans la chose d'autrui, qui fait que cette chose nous est obligée comme une espèce de caution ou de gage, pour sûreté de ce qui nous est dû. Or, une chose ne peut tout à la fois appartenir et servir de gage à la même personne.

Mais pour que la confusion opère l'extinction de l'Hypothèque, il faut que l'acquisition soit irrévocable : car si elle vient à être résolue, de quelque manière que ce soit, par une cause qui lui soit antérieure, le droit du créancier reprend sa force. Par exemple, si, ayant acheté une maison, un parent lignager a exercé sur moi le retrait; si m'ayant donné un héritage, la donation a été révoquée par survenance d'enfans; si je l'ai acquis à la charge de réméré, et que le réméré ait été exercé, ou que les biens soient chargés d'une substitution qui s'est ouverte; dans tous ces cas, l'Hypothèque que j'avais sur ces héritages, renaît, parce que l'acquisition que j'en avais faite, a été révoquée par une cause antérieure à mon contrat d'acquisition. *V. Confusion et Subrogation.*

III. Mais que doit-on décider si la résolution naît d'une cause postérieure au contrat d'acquisition, comme si une donation est révoquée pour cause d'ingratitude ?

Pothier décide que l'Hypothèque ne revivra pas, parce qu'en ce cas le donataire est dépouillé par son fait. Il est vrai que l'Hypothèque a été détruite irrévocablement par la confusion; mais comme la dette n'a pas laissé de subsister, elle prendra un nouvel être par une autre raison : c'est que la propriété retournant au débiteur, les biens compris dans la donation recevront l'impression de l'Hypothèque, comme s'il les eût acquis de tout autre étranger, parce que l'Hypothèque générale s'acquiert dans notre droit sans convention, sans stipulation, et par la seule force du titre.

Il faut décider de même, quoique le donateur ne rentre pas en possession des biens compris dans la donation révoquée, comme s'il a vendu ou cédé ses droits à un tiers, qui ait fait déclarer la donation révoquée; car quoique le donateur n'ait pas pris la possession réelle et corporelle de ses biens, il avait un droit acquis qu'il a cédé : or ce droit était immobilier, puisqu'il tendait à avoir des héritages; il était par conséquent susceptible d'Hypothèque, et a reçu l'impression de celle du donataire. Le nouvel acquéreur ou le cessionnaire n'a pu agir que comme étant au droit du donateur, que comme un mandataire en sa propre cause : après le jugement qui a déclaré la donation révoquée, le droit du donateur s'est réalisé, et l'Hypothèque est restée sur la chose.

[[Au reste, *V.* dans mon *Recueil de Questions de droit*, à l'article *Résolution*, §. 1, l'explication de cette règle si triviale, et souvent si mal entendue: *resoluto jure dantis, resolvitur jus accipientis.*]]

IV. L'Hypothèque s'éteint par l'anéantissement de la dette principale.

Il y a cependant quelques exceptions à cette règle.

1.° Lorsqu'on détruit la première obligation pour en substituer aussitôt une autre, comme dans la novation, on peut réserver, pour l'exécution de la seconde obligation, la même Hypothèque qu'avait la première. [[*V. Délégation.*]]

2.° Lorsqu'un tiers détenteur paye un créancier et se fait subroger à ses droits, la dette est éteinte à l'égard du créancier, et les biens du tiers détenteur sont libérés de l'Hypothèque; mais l'obligation et l'Hypothèque subsistent toujours à l'égard du principal débiteur contre lequel le tiers détenteur a son recours. *V. Subrogation.*

La compensation opère aussi l'extinction parfaite de la dette et de l'Hypothèque. Mais pour que la compensation ait lieu, il faut que la somme qu'on veut compenser soit exigible, qu'elle soit liquide, c'est-à-dire qu'elle soit constante, et ne puisse être contestée légitimement. *V. Compensation.*

[[L'Hypothèque du douaire de la veuve d'un homme condamné à mort avec confiscation de tous ses biens, s'éteint-elle par le payement (fait au domaine public, en vertu d'un jugement d'ordre), de la portion du prix de l'immeuble frappé de cette Hypothèque, qui équipollait au capital du douaire même? *V. Confiscation,* §. 1, n. 14.]]

V. L'Hypothèque ne peut survivre à la dette principale dont elle est l'accessoire; mais elle peut être détruite, quoique l'obligation principale subsiste encore. Ceci arrive lorsque le créancier a remis son droit à l'acquéreur de l'immeuble qui y était sujet; lorsqu'il a dissimulé frauduleusement pour tromper l'acquéreur ou un créancier postérieur, comme si un particulier avait vendu un héritage franc et quitte d'Hypothèque, quoiqu'il fût déjà hypothéqué à une autre personne, qui était partie au contrat. La dissimulation de ce créancier doit être comparée à la fraude; et il sera privé de son droit d'Hypothèque sur les biens vendus, non par la présomption de la remise de son droit, mais parce qu'il est complice du stellionat, et que par cette raison il doit être condamné, solidairement avec le débiteur, aux dommages et intérêts de l'acquéreur. Or, comme ce serait sa demande à fin de déclaration d'Hypothèque qui donnerait lieu aux dommages et intérêts, il ne peut la former contre l'acquéreur.

Hors le cas d'une dissimulation frauduleuse de l'espèce de celle qu'on vient de rapporter, le créancier hypothécaire n'est pas censé avoir remis son droit pour avoir été présent et avoir signé un contrat qui contient une nouvelle Hypothèque au profit d'un tiers.

Il est censé avoir fait une remise tacite de son Hypothèque, lorsqu'il a consenti à l'aliénation de la chose hypothéquée, sans en faire une réserve expresse; par la raison que le débiteur n'ayant pas besoin du consentement de son créancier pour aliéner ses héritages avec la charge des Hypothèques, le consentement du créancier ne peut paraître requis et donné pour une autre fin que pour remettre son Hypothèque. Mais il faut que ce consentement soit formel; il ne suffirait pas qu'il eût signé l'acte : la simple signature pourrait être regardée comme une surprise qui n'aurait pas d'effet.

Lorsque le premier créancier a consenti que le débiteur obligeât la chose déjà hypothéquée à un second, on ne présume pas en ce cas qu'il ait voulu remettre absolument son droit, mais seulement céder l'avantage de la priorité au nouveau créancier.

VI. L'Hypothèque s'éteint par la prescription.

Suivant la jurisprudence du parlement de Paris, conforme aux dispositions du droit romain, lorsque l'action hypothécaire est jointe à l'action personnelle, elle ne se prescrit que par quarante ans. — Lorsqu'elle n'est point accompagnée de l'action personnelle, elle se prescrit par trente ans, c'est-à-dire qu'un tiers détenteur ne peut plus, après trente ans, être assigné en déclaration d'Hypothèque, quoiqu'il ne représente pas de titre. — S'il a titre et bonne foi, il prescrit dans la coutume de Paris, par dix ans entre présens, et par vingt ans entre absens.

L'Hypothèque peut être prescrite, quoique la dette principale subsiste, lorsque le tiers détenteur a joui pendant le temps déterminé par la coutume sans interruption.

La prescription ne court pas contre ceux qui ne peuvent agir; tels que la femme pendant la vie de son mari, ou les enfans du vivant de leur père, qui ne peuvent agir pour la conservation de leur douaire; car tant que le mari est vivant, il est incertain si le douaire aura lieu; c'est un droit éventuel; c'est un gain de survie qui ne doit avoir son effet qu'en cas de prédécès du père. Il serait contre les bonnes mœurs, qu'une femme ou des enfans prissent des précautions pour s'assurer l'exercice de leur droit; ces précautions présageraient la mort d'une personne dont ils doivent souhaiter la vie.

On peut appliquer la même décision au substitué, attendu qu'il n'a qu'une simple espérance, qui peut s'évanouir s'il meurt avant le grevé.

La prescription ne court pas contre les mineurs, quoique pourvus de tuteurs; car le mineur ne peut agir par lui-même à cause de la faiblesse de son âge, et la négligence de son tuteur ne peut pas lui préjudicier.

Quoique l'Eglise soit à certains égards considérée comme les mineurs, cependant on prescrit contre elle par quarante ans.

[[On trouvera dans mon *Recueil de Questions de droit*, au mot *Hypothèque*, §. 13, de plus grands développemens sur toute cette matière.]]

Dans quelques coutumes, comme Anjou, Touraine, Maine, Lodunois, celui qui a possédé pendant cinq ans avec titre et bonne foi, prescrit contre l'Hypothèque à laquelle l'immeuble qu'il a acquis, était assujéti : on appelle cette prescription le *tenement de cinq ans;* elle court contre les absens et même contre l'église. *V. Tenement de cinq ans.*

VII. L'Hypothèque est encore purgée par le décret: le créancier qui n'y a pas formé opposition, est censé, par une présomption de droit que les jurisconsultes appellent *juris et de jure,* avoir eu connaissance de la vente, et avoir fait remise de son droit; et il est déchu de son Hypothèque. *V. Opposition aux criées.*

Cette sûreté, qu'on trouve dans les acquisitions par décret, a fait dire qu'il n'y a pas de propriété plus solide que celle qu'on acquiert par cette voie; et pour se procurer le même avantage, on a introduit les décrets volontaires pour purger les Hypothèques, à l'exemple des décrets forcés. Ensuite, on a remarqué que les longueurs et les formalités du décret volontaire gênaient le commerce des rentes sur le roi, lesquelles se trouvaient quelquefois tellement divisées, que les frais absorbaient souvent une grande partie du capital. On a trouvé plus commode d'établir les lettres de ratification, dont le sceau opère le même effet que celui des offices, et purge les Hypothèques.

VIII. Depuis, à l'exemple de ces lettres, il en a été établi d'autres pour purger les Hypothèques des immeubles tant réels que fictifs, par l'édit du mois de juin 1771, qui a abrogé la formalité des décrets volontaires.

[On a déjà vu, §. 5, n. 14, que cet édit n'est exécuté ni dans le ressort du parlement de Flandre, ni dans celui du conseil d'Artois.

Il ne l'est pas davantage dans le ressort du parlement de Bretagne (*V. Appropriance*), ni dans celui du parlement d'Aix, ni dans ceux des conseils souverains de Perpignan et de Colmar.]

Les lettres de ratification diffèrent, quant à la forme, des décrets volontaires; mais au fond elles produisent les mêmes effets : au contraire, quoiqu'elles paraissent convenir, quant à la forme, avec le sceau des offices, au fond elles renferment des différences essentielles.

Voyons d'abord en quoi elles conviennent avec les décrets volontaires, qu'on ne peut bien connaître sans entrer dans l'examen sommaire des motifs qui ont donné naissance à la solennité des décrets forcés dont ils étaient l'image.

Un débiteur, en s'obligeant, oblige tous ses biens; de là cette maxime, qu'il n'y a de biens que ce qui reste après les dettes payées. Un débiteur ne peut se regarder comme possédant tranquillement, puisqu'à chaque instant ses créanciers peuvent le dépouiller. Il n'est pas du sujet qu'on traite ici d'entrer dans le détail des conditions qu'un créancier doit remplir; mais seulement de pénétrer les raisons qui ont fait établir les décrets et les formalités qu'ils renferment.

Faute de payement, le créancier fait saisir réellement les immeubles de son débiteur; on établit un commissaire au régime de ces biens; on en fait des baux : la justice les tient sous sa main, et les possède pour la sûreté des créanciers jusqu'à l'adjudication. Lors de l'adjudication, la justice vend pour le débiteur; elle fait ce qu'il devrait faire lui-même pour payer ses dettes.

La justice vendant pour le débiteur, il semble qu'elle ne devrait pas transporter à l'acquéreur plus de droit que le débiteur, s'il eût vendu lui-même. Mais le décret annonce que le débiteur penche vers sa ruine, et qu'on ne doit pas avoir confiance en lui. Si la vente par décret ne mettait les acquéreurs à l'abri de toute éviction, il ne se présenterait personne pour acquérir; ou s'il se présentait quelqu'un, il ne se déterminerait qu'autant qu'il trouverait dans la vilité du prix, de quoi s'indemniser des hasards qu'il consentirait de courir, ce qui causerait un préjudice notable aux débiteurs et aux créanciers.

Il a donc fallu, pour l'intérêt public, mettre les adjudicataires à l'abri de toute éviction, mais d'un autre côté, il fallait ménager les intérêts de ceux qui avaient des droits dans ces biens; cela a donné lieu aux criées, dont le but est d'annoncer au public que les héritages du particulier dénommé sont à vendre par décret; de faire connaître ces héritages, et d'avertir ceux qui ont quelque intérêt de veiller à la conservation de leurs droits. Les criées faisaient donc une des principales formalités des décrets. Ces criées demandaient la plus grande attention; la moindre omission pouvait faire annuller toute la procédure.

L'édit du mois de février 1771 a établi une règle beaucoup plus simple, et qui remplit le même objet.

Par l'art. 8, il est dit : « Sera tenu l'acquéreur, avant le sceau desdites lettres de ratification, de déposer au greffe du bailliage ou sénéchaussée, dans le ressort duquel seront situés les héritages vendus, le contrat de vente d'iceux; comme aussi le greffier dudit bailliage et sénéchaussée sera tenu, dans les trois jours dudit dépôt, d'insérer dans un tableau qui sera à cet effet placé dans l'auditoire, un extrait dudit contrat, quant à la translation de propriété seulement, prix et condition d'icelle, lequel restera exposé pendant deux mois; et avant l'expiration de ce délai ne pourront être obtenues sur ledit contrat aucunes lettres de ratification ».

On voit que, si les solennités pour parvenir à l'obtention des lettres de ratification, diffèrent, quant à la forme, de celles des décrets, elles remplissent le même objet. L'exposition du contrat portant aliénation, annonce aux créanciers que les biens sujets à leur Hypothèque, sont vendus, et les avertit de veiller à la conservation de leurs droits. Cette publicité équivaut à une interpellation; elle met les créanciers hypothécaires en demeure; elle fait présumer qu'ils ont eu connaissance de la vente; ils ne peuvent plus prétexter de cause d'absence ni d'ignorance; et lorsqu'ils ont négligé de former opposition au sceau des lettres de ratification, ils sont censés avoir remis leurs droits par une présomption *juris et de jure*. Leur négligence est comparée à la fraude; et l'ignorance qu'ils allégueraient est, aux yeux de la loi, si crasse, qu'elle est intolérable: *Si eo tempore quo prædium distrahebatur, programmate admoniti creditores, cùm præsentes essent, jus suum executi non sunt; possunt videri obligationem pignoris omisisse.* (Loi 6, C. *de remissione pignoris.*)

On peut obtenir des lettres de ratification sur toutes sortes de contrats translatifs de propriété, comme vente, échange, inféodation, accensement, bail à rente, emphytéose, donation, dation en payement.

Cette faculté est accordée à tous les acquéreurs à titre particulier; mais elle est inutile aux acquéreurs à titre universel. L'héritier ne peut pas purger les Hypothèques sur les biens dépendans d'une succession qui lui est échue, par la raison qu'il est obligé personnellement, et qu'il représente le défunt. En cela il n'y a pas de différence entre l'héritier pur et simple, et l'héritier par bénéfice d'inventaire; parce que tant que l'héritier bénéficiaire tire du profit d'une succession, et qu'il n'a pas rendu compte, il est considéré comme héritier pur et simple. Mais si un héritier bénéficiaire a acquis un héritage dépendant de la succession, il peut, comme tout autre étranger, obtenir des lettres de ratification sur son acquisition. Il est évident que cette question ne peut naître que quand il a acquis par licitation; car s'il est seul, il ne peut se vendre à lui-même; et s'il a acquis en vertu d'un décret forcé, il n'a pas besoin de lettres de ratification.

Il est indifférent que la licitation ait été faite à l'amiable entre les cohéritiers seulement, ou que les étrangers aient été admis à enchérir; car dans l'un et dans l'autre cas, les raisons sont les mêmes. A la vérité, l'héritier qui s'est rendu adjudicataire, était vendeur pour la part qu'il avait par indivis dans l'immeuble vendu; mais la vente était forcée. Toutes les fois qu'on possède par indivis un immeuble qui ne peut se partager sans détérioration, un des propriétaires peut forcer ses copropriétaires à le vendre par licitation. Le prix dépend toujours de la volonté des tiers intéressés; et la circonstance qu'on a admis des étrangers à enchérir, ne change rien à la nature de l'acte. L'héritier bénéficiaire, adjudicataire par licitation, possède en vertu d'un titre particulier: il peut donc purger les Hypothèques sur son acquisition; et dans le cas où il est tenu de rendre compte, il n'est obligé de rapporter que la portion du prix dont il a profité.

Ce qu'on vient de dire de l'héritier bénéficiaire, s'applique également au légataire universel. Ils ont cela de commun, que ni l'un ni l'autre ne sont tenus des dettes au-delà des forces de la succession. Ils diffèrent seulement en ce que l'héritier n'a ce privilége que par une exception qui déroge à la nature de son titre, au lieu que le légataire universel a ce privilége par sa qualité seule, parce que son titre procède de la libéralité du défunt, et qu'il répugne à l'idée d'une libéralité qu'elle puisse être à charge à celui qui en est l'objet.

La veuve ne peut avoir recours aux lettres de ratification pour purger les Hypothèques des immeubles qu'elle possède comme commune, parce qu'en cette qualité, elle est obligée personnellement, jusqu'à concurrence de ce qu'elle profite de la communauté; mais rien n'empêche qu'elle n'en obtienne pour purger les Hypothèques de ceux qui lui ont été abandonnés en payement de ses reprises.

IX. Les lettres de ratification s'obtiennent, à l'égard des immeubles réels et des rentes foncières, dans les chancelleries établies près les bailliages et les sénéchaussées, dans le ressort desquels les immeubles sont situés; et à l'égard des rentes constituées, dans les chancelleries des justices où les vendeurs sont domiciliés.

[[La loi du 7 septembre 1790, en prononçant la suppression des bailliages et des sénéchaussées, a dû pourvoir à l'établissement des chancelleries près les tribunaux de district que la loi du 24 août précédent avait créés pour remplacer ces juridictions; et c'est ce qu'elle a fait en ces termes:

« *Art.* 22. Quant aux chancelleries créées par l'édit du mois de juin 1771, près les siéges royaux, il en sera provisoirement établi une près de chacun des tribunaux de district, à l'effet de sceller les lettres de ratification pour tout son ressort.

» 23. En conséquence, lorsque, dans le ressort d'un tribunal de district, il ne se trouvera qu'une desdites chancelleries, elle sera transférée près ce tribunal. — S'il s'en trouve plusieurs, le plus ancien des conservateurs des Hypothèques, et le plus ancien des greffiers expéditionnaires, seront de préférence admis à l'exercice de la chancellerie qui sera établie près le tribunal de district. — Dans l'un et l'autre cas, l'office de garde des sceaux sera, en vertu du présent décret, et sans qu'il soit besoin de provisions ni de commissions particulières, exercé gratuitement, à tour de rôle et suivant l'ordre du tableau, par les juges du tribunal de district, le tout sauf à statuer par la suite ce qu'il appartiendra pour le département de Paris, et sans rien innover à l'égard des anciens ressorts des cours supérieures qui n'ont pas enregistré l'édit du mois de juin 1771 ».

Ces dispositions ayant éprouvé dans leur exécution des difficultés qui n'avaient pas été prévues, l'assemblée constituante les a ainsi expliquées par une loi du 27 janvier 1791:

« *Art.* 1. La disposition dudit décret par laquelle les plus anciens d'entre les conservateurs des Hypothèques et greffiers expéditionnaires de chancelleries des anciennes juridictions royales, sont appelés, dans les cas y mentionnés, à exercer de préférence les chancelleries établies près les tribunaux de district, ne pouvant s'entendre que de ceux desdits conservateurs ou greffiers qui seraient en titre d'office, les administrateurs des droits d'Hypothèques demeurent libres de choisir, ainsi qu'ils jugeront à propos, entre ceux qui ne sont pourvus que de simples commissions, sans être astreints au rang d'ancienneté.

» 2. Il ne pourra, à compter de la publication du présent décret, être scellé aucune lettre de ratification dans les tribunaux de district, que quatre mois après cette époque, pendant lequel temps les créanciers qui auront fait signifier des oppositions et de nouvelles élections de domiciles ou autres actes, entre les mains des conservateurs établis près les ci-devant bailliages, sénéchaussées ou autres juridictions royales, seront tenus de les renouveler, savoir, pour les immeubles réels, entre les mains du conservateur établi près le tribunal de district de leur situation; et pour les immeubles fictifs, entre les mains du conservateur établi près le tribunal de district du domicile du débiteur; le tout sans payer aucun droit d'enregistrement, en justifiant de l'opposition formée depuis trois ans au bailliage, sénéchaussée ou juridiction royale.

» 3. Ne pourront néanmoins les oppositions ainsi renouvelées gratuitement, durer au-delà du temps que devaient durer les oppositions formées depuis trois ans aux bailliages, sénéchaussées ou autres juridictions royales supprimées, à l'effet de quoi il sera fait mention de la date de ces dernières par le conservateur des Hypothèques, tant dans l'enregistrement qu'il fera des nouvelles, que dans les originaux de celles-ci dans les visa dont ils seront par lui revêtus, et dans les certificats qui en seront délivrés.

» 4. Les acquéreurs qui auront fait exposer leurs contrats d'acquisition en l'auditoire du ci-devant bailliage, sénéchaussée ou juridiction royale de la situation des immeubles réels, et du domicile du vendeur, pour les immeubles fictifs, sans avoir obtenu de lettres de ratification : ensemble ceux dont les contrats se trouvaient exposés lorsque les tribunaux de district sont entrés en activité, seront tenus, si fait n'a été, d'en faire un nouveau dépôt au greffe du tribunal de district, pour l'extrait en être exposé pendant deux mois au tableau de l'auditoire.

» 5. Les registres, minutes et autres actes existans dans les chancelleries des bailliages, sénéchaussées ou autres juridictions royales, dans les lieux où il n'y a pas actuellement de tribunaux de district, seront déposés à la chancellerie du tribunal de district de l'arrondissement dans lequel existaient lesdits bailliages, sénéchaussées ou juridictions royales, après inventaire fait entre le conservateur de la chancellerie où doit s'en faire le dépôt, et le commissaire du roi du tribunal près lequel existe cette chancellerie; il sera remis une expédition de cet inventaire au secrétariat de la municipalité du lieu d'où lesdits registres, minutes et autres actes, auront été transférés.

» 6. Les droits ci-devant attribués à l'office de garde des sceaux desdites chancelleries, seront provisoirement perçus au profit du trésor public, et il en sera rendu compte avec les autres droits des Hypothèques ».

Les tribunaux de district ayant été supprimés par la loi du 19 vendémiaire an 4, et remplacés par les tribunaux civils de département, de nouvelles dispositions sont devenues nécessaires; et de là, la loi du 21 nivôse de la même année, dont voici les termes :

« 1. Les lettres de ratification sur acquisitions faites ou à faire *avant le* 1.er *germinal prochain* (1), seront scellées au tribunal civil du département de la situation des biens, dans la forme qui était suivie aux tribunaux des ci-devant districts.

» 2. Les registres, minutes et autres actes existans aux chancelleries des tribunaux de districts, et dans les bureaux des conservateurs des Hypothèques, seront inventoriés par les dépositaires actuels, à la diligence et sous la surveillance des commissaires du directoire exécutif auprès des administrations de canton, qui les feront transférer respectivement, sans délai, aux chancelleries des tribunaux civils de département, et chez les conservateurs anciens existans dans les communes du siége desdits tribunaux de département.

» 3. Les lettres de ratification seront minutées par le conservateur en exercice, et délivrées par le greffier expéditionnaire auprès du tribunal civil du département : ce conservateur en percevra les droits, et y joindra les certificats d'opposition ou de non-opposition, conformément aux registres et actes dont il aura reçu le dépôt.

» 4. Sera aussi joint à l'appui des lettres de ratification, le certificat délivré par le greffier du siége, de l'exposition du contrat au tableau de l'auditoire pendant les deux mois prescrits.

» 5. Dans les cas où l'exposition n'aurait eu lieu au tableau de l'auditoire du tribunal du ci-devant district, que pendant une partie des deux mois prescrits, l'exposition sera faite au tribunal civil du département, pour le temps qui manquerait au complément desdits deux mois; et il en sera fait mention à la nouvelle exposition, sans qu'on puisse exiger de nouveaux droits.

» 6. Les oppositions aux Hypothèques qui n'auront pas été faites jusqu'à ce jour, seront reçues au bureau du conservateur, dans le lieu du siége du tribunal civil du département, jusqu'à l'établissement du nouveau régime hypothécaire, à peine de nullité.

» 7. Dans les lieux où les lettres de ratification ne sont pas établies, les Hypothèques seront purgées, jusqu'à la même époque de l'établissement d'un nouveau régime, dans la forme qui y aura été suivie jusqu'à présent, sauf que les fonctions attribuées à cet égard aux tribunaux de district, seront remplies par les tribunaux civils de département ».]]

X. Pour que les acquéreurs puissent être assurés du

---

(1) Ce terme qui avait été ainsi fixé, parce qu'on s'attendait alors à la mise en activité très-prochaine du nouveau régime hypothécaire établi par la loi du 9 messidor an 3, a été successivement prorogé jusqu'à la publication de la loi du 11 brumaire an 7, qui a définitivement aboli l'usage des lettres de ratification. [[*V.* ci-après, sect. 2, §. 1 et 2.]]

domicile de celui qui a vendu la rente constituée, l'édit du mois de juin 1771, veut, art. 11, qu'il soit tenu de justifier de son domicile, pendant les trois dernières années qui auront précédé la vente, et de faire certifier ce domicile, soit par le contrat de vente, soit par un acte séparé passé devant notaires, et signé de deux témoins connus et domiciliés.

Lorsque les immeubles ou les héritages sujets aux rentes foncières, sont situés dans le ressort de différens bailliages ou sénéchaussées, il faut déposer un extrait du contrat d'acquisition au greffe de chacune des juridictions où ressortissent ces immeubles, et obtenir des lettres de ratification dans chacune des chancelleries qui y sont établies; faute de quoi les acquéreurs seraient sujets aux hypothèques des créanciers des vendeurs, à cause des immeubles qui se trouveraient situés dans l'étendue des bailliages où les lettres de ratification n'auraient pas été scellées. Il faut excepter de cette règle les fiefs, à l'égard desquels il suffit d'obtenir des lettres dans la chancellerie établie près la juridiction où ressortit le chef-lieu.

XI. L'effet des lettres de ratification est de purger les Hypothèques de ceux qui ont négligé de former opposition au sceau, de même que le sceau des provisions purge les Hypothèques sur les offices. Nous observerons cependant que, quoique le sceau des lettres de ratification soit comparé à celui des provisions des offices, ils diffèrent essentiellement l'un de l'autre. — Les immeubles réels et les rentes sont dans le commerce; la propriété s'en transmet en vertu du contrat passé entre le vendeur et l'acquéreur, et par la volonté seule des contractans: les lettres de ratification n'opèrent rien quant au contrat en lui-même; il n'a pas besoin de confirmation pour être valable; il se soutient par sa propre force; les lettres ne font qu'en assurer l'exécution et garantir l'acquéreur des troubles que les créanciers hypothécaires pourraient apporter à sa jouissance. Les créanciers sont mis en demeure par la publicité qu'on a donnée au contrat, et les lettres sont le complément des formalités requises pour opérer la libération des héritages. — Il n'en est pas de même des offices. Le roi peut refuser la démission du titulaire, quand il juge ses services nécessaires pour le bien public; car un office est une charge publique; et le refus du roi est plus honorable qu'il ne cause de chagrin à celui qui l'éprouve. Le roi peut aussi refuser des provisions à celui qui a traité; car quoiqu'on ne puisse obtenir des provisions qu'après le traité, il faut que celui qui se présente, soit jugé par le roi capable de remplir les fonctions qui doivent lui être confiées. Les offices ne sont donc pas proprement dans le commerce, comme on l'a déjà prouvé plus haut. Le titulaire qui veut vendre, remet son office dans la main du roi. L'office y rentre comme dans sa source et sa cause primitive. Le roi le confère au résignataire ou à tout autre, seulement à condition par le nouveau pourvu, d'accomplir le traité fait avec le résignant, à la charge des oppositions, s'il y en a au sceau. Mais le résignant ne transfère pas la propriété à son résignataire; comme dans la vente des immeubles le vendeur la transfère à l'acquéreur. — Dans la vente des offices, ce sont les provisions qui rendent le titulaire propriétaire, au lieu que les lettres de ratification ne transfèrent par de propriété à l'acquéreur, elles effacent seulement les impressions de l'hypothèque sur les biens qu'il a acquis.

XII. Les lettres de ratification purgent les Hypothèques de toutes personnes, des mineurs, des interdits, des absens, des gens de main-morte, des femmes en puissance de mari, sauf le recours de ces personnes contre les tuteurs, curateurs, les administrateurs ou les maris qui ont négligé de former opposition au sceau. [[*V.* mon *Recueil de questions de droit*, au mot *Hypothèque*, §. 12.]]

Elles ne purgent pas les droits qui ne sont pas ouverts, comme le douaire, pendant la vie du mari, ni l'hypothèque du substitué, pendant la vie du grevé.

[[Purgeaient-elles la dot, l'augment, et le douaire conventionnel dans les pays où il n'y avait pas de douaire coutumier? *V. Lettres de ratification*, n. 2 et 3.]]

Elles ne purgent pas la propriété ni les autres vices qui peuvent se rencontrer dans l'aliénation; ainsi, on peut, après le sceau des lettres, intenter contre les acquéreurs toute action en revendication, demander la nullité et la rescision des contrats.

Comme le roi n'est pas censé lui accorder de privilège contre lui-même, les lettres de ratification ne purgent pas les Hypothèques qu'il a sur les biens des comptables, à moins que les contrats d'acquisition n'aient été signifiés aux procureurs généraux des chambres des comptes, dans le ressort desquelles les immeubles vendus sont situés, et que les acquéreurs n'aient obtenu leur consentement par écrit sur la grosse du contrat pour lequel les lettres de ratification doivent être expédiées; et les procureurs généraux ne peuvent donner leur consentement à l'expédition des lettres de ratification, qu'après qu'il leur a été justifié de l'appurement des comptes du vendeur.

XIII. Pour empêcher l'effet des lettres de ratification, il est nécessaire de former opposition au sceau entre les mains du conservateur des Hypothèques. L'opposition doit contenir les noms de baptême, de famille, la qualité et la demeure du créancier opposant et du débiteur, avec élection de domicile dans le lieu où est situé le bureau du conservateur des Hypothèques. Cette élection de domicile ne cesse pas par le décès du procureur chez lequel il a été élu, et ne peut être changée que par une nouvelle dans le même lieu.

Le conservateur des Hypothèques doit avoir un registre en papier timbré, dont les feuillets doivent être cotés par premier et dernier, et paraphés à chaque page par le lieutenant général du siége, ou autre officier, suivant l'ordre du tableau, sur lequel il doit inscrire, sans aucun blanc ni interlignes, toutes les oppositions formées entre ses mains, à peine de faux, de 1500 liv. d'amende et de tous dépens, dommages et intérêts des parties.

L'opposition doit être datée et visée par le conservateur, qui doit faire mention si elle est faite avant ou après midi. En cas de changement de domicile, la nouvelle élection doit être enregistrée à la marge de l'opposition, et visée par le conservateur, de même que l'opposition, à peine de nullité.

Les conservateurs sont tenus de délivrer, à toute réquisition, des extraits de leurs registres, contenant le jour et la date des oppositions, le registre, ainsi que le feuillet où elles auront été enregistrées, et s'il n'y a pas d'opposition d'en donner un certificat.

Avant de présenter au sceau les lettres, les conservateurs des Hypothèques doivent faire mention, sur le repli, s'il y a des oppositions; en ce cas, les lettres sont scellées à la charge des oppositions subsistantes; et s'il y avait quelques oppositions subsistantes avant le sceau, dont les conservateurs n'auraient pas fait mention, ils en seraient responsables envers l'opposant qui n'aurait pas été colloqué utilement dans l'ordre jusqu'à concurrence de la valeur de l'immeuble mentionné aux lettres.

En cas de vente par décret forcé, les oppositions faites entre les mains des conservateurs des Hypothèques, valent comme si elles étaient faites au décret; et les saisissans sont obligés de dénoncer, au moins un mois avant l'adjudication, leur saisie réelle aux opposans, aux domiciles par eux élus, à peine de nullité de la procédure du décret envers les créanciers qui auront formé leur opposition entre les mains des conservateurs des Hypothèques, et de tous dépens, dommages et intérêts des mêmes créanciers.

Les syndics des créanciers unis, en faisant en leur qualité opposition au sceau, conservent les droits de tous les créanciers.

XIV. Avant l'édit de 1771, les créanciers délégués par le contrat d'acquisition qui donnait lieu à un décret volontaire, étaient dispensés de former opposition à ce décret pour venir en ordre d'Hypothèque sur le prix de l'immeuble décrété. En effet l'acquéreur connaissant nécessairement leurs créances, il était obligé de les conserver par le même acte qui lui transmettait l'immeuble; ainsi une jurisprudence uniforme avait établi que *la délégation dans le contrat valait opposition*, et que le décret ne purgeait rien à l'égard du créancier délégué. Des arrêts des 24 mars 1676 (*Journal des Audiences*), 1.er août 1686, 9 août 1690 (*Journal du Palais*), 17 juillet 1758, (notes sur l'acte de notoriété du châtelet, du 12 juillet 1701), l'avaient ainsi jugé. Ce n'était plus une question.

Mais quand l'édit cité eut paru et qu'on eut lu dans l'art. 15 que *tous ceux* qui prétendraient droit de privilège ou Hypothèque, seraient tenus de former leur opposition, et dans l'art. 7, que les lettres de ratification purgeraient à l'égard de *tous ceux* qui auraient négligé de la former; alors s'élevèrent au palais deux opinions également respectables par le nom des jurisconsultes qui les soutenaient.

Les uns s'arrêtant à la lettre de la loi, pensaient qu'elle abrogeait entièrement l'ancienne jurisprudence, admise pour les décrets volontaires; que la délégation dans le contrat ne valait plus opposition; qu'il fallait que *tous* les créanciers, même les délégués, formassent opposition, pour conserver leurs droits; ils se fondaient sur ce que l'art. 7 porte que les lettres de ratification purgeront les immeubles, *ainsi et de même que les acquéreurs des offices.... sont libérés par l'effet des provisions*; or, suivant la déclaration du roi, du 17 juin 1703, interprétative de l'édit de février 1683, concernant la vente des offices, art. 1, « *tous créanciers*, *même ceux qui auront été délégués* par le contrat de vente...., seront tenus de s'opposer au sceau des lettres de provisions, pour la conservation de leurs droits. »

Les autres soutenaient que les lettres de ratification ayant été substituées aux décrets volontaires, la jurisprudence introduite pour ceux-ci, devait s'appliquer à celles-là; que l'édit n'avait pas pu entendre que les créanciers délégués seraient compris dans cette déchéance générale, prononcée contre les non-opposans, parce que l'objet de l'opposition n'étant que d'instruire l'acquéreur de l'existence de la dette, cet objet était rempli plus directement encore par la délégation portée au contrat.

Ces doutes ont été fixés par deux arrêts uniformes rendus au parlement de Paris les 21 juin et 6 juillet 1779. Ils ont adopté la seconde des opinions que nous venons d'exposer, et ont par conséquent jugé que la délégation dans le contrat valait opposition.

[[Cette opinion est incontestable, du créancier délégué par le contrat, à l'acquéreur; et elle a été confirmée, dans ce sens, par un arrêt de la cour de cassation du 28 ventôse an 8. Mais elle ne peut pas se soutenir, du créancier délégué par le contrat, aux créanciers opposans; et dans ce sens, la cour de cassation l'a proscrite par deux arrêts des 7 floréal an 4 et 17 pluviôse an 5. *V.* mon *Recueil de Questions de droit*, aux mots *Stipulation pour autrui.*]]

XV. L'acquéreur est-il obligé de s'opposer au sceau pour la conservation des Hypothèques résultantes de son contrat d'acquisition?

Cette question a été agitée plusieurs fois avant l'édit du mois de février 1771, qui a abrogé les décrets volontaires; et il a été jugé par différens arrêts que l'acquéreur n'était pas obligé de former opposition au décret qu'il faisait poursuivre sur lui-même.

C'est une erreur, dit Laurière, sur l'art. 134 de la coutume de Paris, de soutenir que l'acquéreur est obligé de s'opposer à son propre décret, pour conserver ses Hypothèques. Si cela était, il faudrait dire que l'acquéreur, en faisant un décret volontaire sur lui, agirait contre lui-même, puisqu'il agirait pour purger la chose des Hypothèques qu'il a dessus, et dont il a besoin pour se défendre contre les créanciers postérieurs à lui, s'il s'en trouvait qui fussent opposans à son décret.

Il arriverait encore qu'en faisant faire son décret et s'y opposant, il demanderait en même temps et l'extinction et la conservation de ses propres Hypothèques, ce qui serait absurde. Il faut donc tenir pour principe incontestable, ajoute l'auteur cité, que l'acquéreur qui fait un décret volontaire sur lui agit uniquement à deux fins: la première, de faire autoriser, homologuer ou confirmer son contrat d'acquisition et en même temps ses Hypothèques; et la seconde, de purger la chose acquise des Hypothèques des autres créanciers qui lui font obstacle.

La preuve de ce qu'on avance ici, se tire de la clause qu'on met toujours dans les décrets volontaires, que c'est, « *pour jouir par l'acquéreur des fonds adjugés conformément à l'acquisition qu'il en a faite;* lequel contrat, avec la présente adjudication, ne lui servira que d'un seul et même titre d'acquisition ».

Or, de ce que le contrat d'acquisition et le décret volontaire n'étaient qu'un seul et même titre, et de ce que le décret portait et ordonnait que l'acquéreur jouirait du fonds acquis, conformément à son contrat, il suit évidemment que le décret ne faisait autre chose, comme on l'a dit, que confirmer et homologuer le contrat d'acquisition et par conséquent les Hypothèques que l'acquéreur y avait stipulées en sa faveur, et qu'il s'y était réservées. Cela étant, comment eût-il été possible que le décret volontaire eût confirmé tellement le contrat d'acquisition, qu'il n'eût été avec lui qu'un seul et même titre, si le décret eût détruit et purgé les Hypothèques réservées et stipulées par le contrat? On trouve un arrêt du 24 mars 1676, un second du 1.er août 1686, et une sentence du 15 décembre 1721, qui ont jugé que l'acquéreur n'était pas tenu de s'opposer à son décret : ces raisons et ces décisions s'appliquent également aux lettres de ratification qui sont établies en faveur des acquéreurs, et pour suppléer aux décrets volontaires.

XVI. L'opposition au sceau a l'effet de la demande en déclaration d'Hypothèque ou de l'action d'interruption; elle arrête celui du sceau; elle empêche que l'Hypothèque ne soit purgée à l'égard de l'opposant qui demeure conservé dans tous ses droits.

XVII. L'art. 9 de l'édit du mois de juin 1771 accorde à tous les créanciers légitimes du vendeur le droit de se présenter au greffe, pour y faire recevoir une soumission d'augmenter le prix de la vente au moins d'un dixième du prix principal; et dans le cas de surenchère par un autre créancier du vendeur, d'un vingtième en sus du prix principal par chaque surenchérisseur, ensemble de restituer à l'acquéreur les frais et loyaux coûts, et du tout donner bonne et suffisante caution, qui doit être reçue pardevant le lieutenant-général ou autre officier du siége, suivant l'ordre du tableau. Cette loi accorde pareillement la faculté à l'acquéreur de conserver l'objet vendu, en parfournissant le plus haut prix auquel il a été porté.

Les décrets volontaires devenaient forcés, comme personne ne l'ignore, lorsqu'un créancier surenchérissait; mais un décret volontaire était une vente forcée simulée, que la surenchère rendait réelle, et le créancier qui surenchérissait devenait acquéreur. — L'édit du mois de février 1771, en changeant la forme, a conservé la chose. Le créancier qui enchérit, exerce une espèce de retrait sur l'acquéreur; et comme ce retrait a pour fondement son Hypothèque sur la chose, et qu'il n'enchérit que pour avoir son payement, l'édit accorde à l'acquéreur la faculté de conserver son acquisition en parfournissant le plus haut prix. Cette disposition est fondée sur les principes de la matière hypothécaire et de l'équité naturelle; car le créancier ayant un droit dans la chose vendue, le débiteur n'a pas pu, en l'aliénant au-dessous de sa valeur, préjudicier à son créancier.

[[Un arrêt de la cour de cassation du 29 germinal an 11 a jugé que les créanciers du vendeur avaient le droit de surenchérir jusqu'au sceau des lettres de ratification, et après les deux mois de l'exposition publique. *V.* mon *Recueil de Questions de droit*, article *Lettres de ratification*, §. 4.]]

Il n'y a que les créanciers hypothécaires ou privilégiés qui soient reçus à enchérir, parce qu'il n'y a qu'eux qui aient le droit de suivre la chose en quelques mains qu'elle passe. Les chirographaires n'ont pas le même droit, puisqu'ils n'ont pas pris les mêmes précautions pour se procurer leur sûreté. Si tous les créanciers indistinctement étaient admis à enchérir, comme l'art. 9 de l'édit du mois de février 1771, pris dans toute l'étendue des termes, semble l'annoncer, la prévoyance de l'acquéreur qui a cherché à se procurer une jouissance paisible, tournerait contre lui-même; car s'il n'eût pas pris de lettres de ratification, les créanciers chirographaires ne pourraient pas le troubler dans sa jouissance, ni soutenir que la vente a été faite à vil prix, à moins que le débiteur ne fût en banqueroute et qu'on ne prouvât la fraude.

[[Cette opinion n'est pas sans contradicteurs. *V. Lettres de ratification*, n. 1.]]

XVIII. Les créanciers hypothécaires qui veulent enchérir, doivent faire leur soumission au greffe avant le sceau des lettres de ratification; car à l'égard des créanciers, les lettres confirment la vente dans tout son contenu.

XIX. Lorsque l'aliénation est faite à titre de vente, et que le prix est payable aussitôt après le sceau des lettres de ratification, les oppositions au sceau équivalent à une saisie-arrêt entre les mains de l'acquéreur.

Mais si l'aliénation n'est pas faite moyennant un prix, que ce soit à titre d'échange, de donation, d'inféodation ou de bail à rente foncière, ou si elle est faite moyennant un prix pour lequel l'acquéreur a constitué une rente, il faut de deux choses l'une, ou que les lettres ne soient scellées qu'après avoir obtenu les mains-levées des opposans, ce qui paraît plus régulier, ou si les lettres sont scellées à la charge des oppositions, que les créanciers soient conservés dans leurs droits, et puissent intenter l'action hypothécaire, comme s'il n'y eût pas eu de lettres de ratification.

Il n'est pas prudent d'en obtenir dans ce dernier cas, avant d'avoir eu la main-levée des oppositions, parce que ces lettres n'empêcheraient pas que le donataire ne fût évincé, et il courrait risque de perdre les frais, que l'obtention de ces lettres lui aurait occasionnés.

XX. Le créancier d'une rente constituée, opposant au sceau des lettres de ratification, peut-il exiger son remboursement? On peut dire que, suivant la nature des rentes constituées, le débiteur ne peut pas être forcé à en faire le remboursement; que le créancier est conservé dans son Hypothèque au moyen de son opposition au sceau, et qu'il ne risque rien, puisqu'il a deux obligés au lieu d'un. Cependant il faut convenir que la condition du créancier est changée; qu'on la rendrait par-là plus pénible, puisqu'il faudrait qu'il veillât à la fois sur plusieurs débiteurs, et qu'on n'a pu lui en donner un autre malgré lui; enfin, que, suivant l'édit du mois de février 1771, le sceau des lettres de ratification doit produire le même effet que le sceau des provisions des offices : or, c'est un point constant que le sceau, à l'égard des offices, fait que le remboursement est forcé, et que cela s'observait de même lors des décrets volontaires. *V. ci-après*, §. 15.

XXI. Entre les créanciers opposans au sceau, les privilégiés sont les premiers payés sur le prix de la vente. Après les privilégiés, les hypothécaires sont colloqués suivant l'ordre et le rang de leurs Hypothèques; et s'il reste des deniers après l'entier payement des créanciers privilégiés et hypothécaires, la distribution s'en fait entre les créanciers chirographaires opposans, par préférence aux créanciers privilégiés et hypothécaires qui ont négligé de faire opposition.

[[*V.* au surplus *Déclaration d'Hypothèque* et *Lettres de ratification.*]]

§. XIV. *Observation sur l'ordre qui s'observe dans les distributions des biens.*

Lorsque dans une discussion de biens, on a fait l'ordre avant la contribution, on ne laisse pas de faire entrer fictivement dans la contribution les créanciers hypothécaires utilement colloqués pour le montant de leurs créances; et l'on distribue la somme qui leur revient aux créanciers hypothécaires, sur lesquels les fonds provenans du prix des immeubles ont manqué.

Cette jurisprudence est fondée sur ce qu'anciennement le créancier était obligé de discuter les meubles du débiteur, avant de saisir réellement ses immeubles; que la nécessité de discuter les meubles n'a été abrogée par l'ordonnance de 1539, qu'en faveur des créanciers, et pour ôter aux débiteurs l'occasion de faire une multitude de chicanes; et sur ce que, quand un homme est en faillite, et qu'il y a déconfiture, tous les créanciers ont un droit égal sur le mobilier; tous doivent donc entrer dans la contribution, et les créanciers hypothécaires prennent d'autant moins dans le prix des immeubles. Quand on a suivi une autre marche, et qu'on a commencé par l'ordre, on donne aux créanciers hypothécaires sur lesquels les fonds manquent, et qui souffriraient par conséquent de cette interversion, la part que les premiers auraient prise dans la contribution; et l'on répare par-là le préjudice que les derniers souffriraient. [[*V. Faillite* et *Banqueroute*, sect. 2; et *Ordre de créanciers.*]]

§. XV. *Pour être dispensé de rembourser et amortir le capital d'une rente, le débiteur qui a aliéné un héritage hypothéqué spécialement à cette rente, est-il fondé à offrir des sûretés à l'acquéreur de cet héritage?*

Cette question s'est présentée au parlement de Normandie dans l'espèce suivante.

Le 26 juillet 1719, les sieurs Helouin, frères, constituèrent 800 livres de rente au profit du sieur et de la dame Duchemin; et dans le contrat de constitution, il fut dit que les 16,000 livres de capital seraient employées à l'achat de l'office de lieutenant-général au bailliage de Saint-Sauveur-Landelin, avec cette clause, *à la voir et prendre* (la rente de 800 livres) *spécialement et par privilége, attendu l'emploi ci-après, sur ledit office, item pour Hypothèque, sur les terres des Periers et dépendances, et généralement sur tous les autres biens immeubles, présens et à venir.* — Cette rente se trouva réduite à 325 livres lors du système des billets de banque, mais toujours au capital de 16,000 liv. — La dame Helouin de Sainte-Susanne, devenue héritière des sieurs Helouin, vendit, en 1776, la terre des Periers au sieur Chantepie, sans lui déclarer qu'elle était affectée à la rente constituée en 1719. — Le 26 juin de la même année, les sieurs de La Romeries et Doublé qui étaient devenus propriétaires de cette rente, intentèrent action, tant contre la dame de Sainte-Susanne, que contre le sieur de Chantepie: contre la dame de Sainte-Susanne, pour l'obliger à leur donner un acte de revalidation, ou titre nouveau, à ses frais; et contre le sieur de Chantepie, pour *sister* à l'acte, et reconnaître que la terre des Periers resterait spécialement hypothéquée à la rente. — Le sieur de Chantepie forma de son chef une demande contre la dame de Sainte-Susanne, pour qu'elle fût tenue de le décharger de toute inquiétude; et en conséquence d'amortir la rente de 325 livres, faute par elle de lui avoir déclaré que la terre des Periers était grevée d'une rente, hypothéquée par spécialité. — La dame de Sainte-Susanne prétendit, 1.° qu'il n'y avait que l'office d'affecté à la rente, et que la terre n'y était affectée que par Hypothèque générale; 2.° que quand la terre des Periers serait affectée à la rente par spéciale Hypothèque, elle ne serait pas tenue de l'amortir, dès que l'art. 532 de la coutume (1) donne au créancier le droit de contraindre le possesseur de l'héritage de lui passer titre nouveau, sans distinguer si l'héritage est affecté à la rente par Hypothèque spéciale, ou seulement par Hypothèque générale; parce que la déclaration d'Hypothèque n'est ni une dépossession, ni une éviction, qui serait le cas où le possesseur de l'héritage affecté à la rente, pourrait forcer son vendeur de l'amortir, parce que autrement l'acquéreur serait tenu de l'amortir lui-même, afin d'éviter sa dépossession ou son éviction. — Tout ce que le sieur de Chantepie pourrait donc exiger, ce serait d'obli-

(1) Cet article est ainsi conçu : « Le créancier peut contraindre le possesseur de l'héritage qui lui est hypothéqué, soit à titre particulier, ou droit universel et successif, à lui passer titre nouveau, faire reconnaissance de la dette, et que son héritage y est obligé ».

ger la dame de Sainte-Susanne à lui garantir son éviction. Or, de ce côté, il n'a rien à craindre. La dame de Sainte-Susanne possède encore 30,000 liv. de rente : elle offre en outre la caution d'un autre propriétaire qui jouit de 20,000 liv. de rente, affectées à sa garantie. — Si la rente était au denier 20, la dame de Sainte-Susanne l'amortirait sans difficulté; mais elle est presque au denier 50. C'est donc un tort réel que le sieur de Chantepie veut lui faire, sans un prétexte raisonnable. — Le sieur de Chantepie disait en réponse : de deux choses l'une; ou la terre des Periers est affectée spécialement, ou elle n'est affectée que par Hypothèque générale. — Si elle est spécialement affectée, il peut être forcé par les créanciers de passer un titre nouveau : c'est un trouble de leur part, dont la dame de Sainte-Susanne lui doit garantie; cela résulte de l'art. 15 de l'ordonnance de 1553 (1), du sentiment de Pothier, dans son *Traité du contrat de vente*, n. 239; de celui de Domat, dans ses *Lois civiles*, liv. 3, tit. 1, sect. 1, art. 21. — Si, au contraire, la terre des Periers n'est affectée à la rente que par Hypothèque générale, le sieur de Chantepie n'est point obligé de donner un titre nouveau, c'est à la dame de Sainte-Susanne à établir ce point contre les créanciers de la rente; si elle n'y réussit point, elle est obligée d'amortir la rente, parce qu'il n'est pas en son pouvoir d'aggraver la condition de son acquéreur; et l'acquéreur a le droit d'empêcher qu'une terre, qu'il a achetée comme libre, devienne affectée à une rente aussi onéreuse. — Les sieurs de la Romeries et Doublé disaient : suivant la loi 2, C. *de pignoribus*, et les notes de Godefroi sur cette loi, les mots *nominatim* et *specialiter* sont synonymes; et ceux de *spéciale Hypothèque*, signifient la dénomination particulière de la chose hypothéquée. Le mot *item* qui se trouve dans le contrat de 1719, désigne que la terre des Periers est affectée à la rente, de la même manière que l'office. Nous avons donc une action contre le sieur de Chantepie, pour l'obliger à passer un titre nouveau à notre profit.

Par arrêt du 28 juillet 1778, la dame de Sainte-Susanne a été condamnée à amortir la rente : on lui a seulement accordé le terme de deux ans, pour y satisfaire.

§. XVI. *Les lettres de ratification purgent-elles l'Hypothèque de la rente foncière?*

Plusieurs jurisconsultes, et entre autres Brohard dans son *Commentaire sur l'édit des Hypothèques* du mois de juin 1771, avaient pensé que l'Hypothèque d'une rente foncière n'était pas purgée par le défaut d'opposition au sceau des lettres de ratification : mais le parlement de Paris a jugé le contraire dans l'espèce suivante. — Il s'agissait d'une rente foncière de 12 livres non rachetable. L'acquéreur du domaine, sujet à cette rente, n'en avait point été chargé par son contrat, et ses lettres de ratification avaient été scellées sans opposition. Le sieur Arnauld, créancier de la rente, a formé sa demande en payement au siége de Niort, il y a été déclaré non-recevable pour n'avoir pas formé opposition. — Appel de sa part. Il a été défendu par M. Aujollet qui a cherché surtout à établir que le droit du créancier de rente foncière, est une propriété dans l'héritage sujet à la rente : il a invoqué les art. 7 et 34 de l'édit des Hypothèques. — M. Fromentin, défenseur de la demoiselle de La Teraudière, laquelle avait acquis le domaine sujet à la rente, a répondu que le droit du créancier de rente foncière n'était rien moins qu'une propriété; que s'il conservait une espèce de propriété directe, la propriété utile était passée toute entière au preneur, tellement que si l'héritage souffre une diminution, quelque considérable qu'elle soit, la perte retombe sur le premier sans aucune diminution de la rente; tellement encore que celui-ci peut disposer de l'héritage sujet à la rente, comme bon lui semble; et que tant qu'il paye la rente, on ne peut porter aucune atteinte à sa propriété; qu'au surplus, quand il serait vrai que le créancier de rente foncière eût une espèce de propriété dans l'héritage sujet à la rente, il n'en résulterait rien; que l'édit des Hypothèques n'a considéré ce droit du créancier de rente foncière que comme un simple privilége et Hypothèque; et que la lettre et l'esprit de l'édit se réunissent pour assujétir le créancier de rente foncière à former opposition au sceau des lettres de ratification. — Il s'est fondé d'abord sur le préambule de l'édit et sur l'art. 37, qui portent que les lettres de ratification tiendront lieu des décrets volontaires; ces décrets purgeaient les rentes foncières, dont les lettres de ratification doivent également les purger. — Il s'est fondé ensuite sur les termes formels de l'art. 7 : il a dit que les derniers mots de cet article, *sans que néanmoins lesdites lettres de ratification puissent donner aux acquéreurs, relativement à la propriété, droits réels, fonciers, servitudes et autres, plus de droit que n'en avaient les vendeurs,* que ces mots ne voulaient dire autre chose, sinon, que si quelqu'un vendait une propriété, ou un droit foncier qui ne lui appartînt point, les lettres de ratification ne donneraient pas à l'acquéreur plus de droit que n'en avait le vendeur; et en effet, les lettres de ratification sont nulles pour acquérir un droit qui n'existe point; mais elles doivent purger, à défaut d'opposition, tout droit réel ou foncier qui existe. — Quant à l'art. 34 qui porte : *Les seigneurs féodaux ou censiers ne seront point tenus non plus de former opposition, pour raison des fonds, cens, rentes foncières et autres droits seigneuriaux et féodaux sur les héritages étant dans leurs censives*, la réponse était facile : quels sont ceux qui sont dispensés de former opposition? Ce sont les seigneurs censiers ou féodaux; et pour raison de quoi le sont-ils? Pour les cens, rentes foncières et autres droits seigneuriaux : cette loi n'a donc aucune application aux simples rentes foncières : et de là il résulte que les créanciers de ces sortes de rentes, doivent nécessairement former opposition; par cela seul qu'ils ne sont point nommés, ils sont exceptés. — On a ajouté qu'il n'y avait aucune espèce

(1) Voici cet article : « Les vendeurs sont tenus de déclarer les charges, rentes, Hypothèques spéciales dont les héritages par eux vendus seront chargés, sous peine d'être tenus pour faux vendeurs de ce qui sera de leur fait, et dont ils auront connaissance, et pour ce punis des peines de droit ».

de raison pour dispenser le créancier de rente foncière de former opposition au sceau des lettres de ratification ; qu'il est instruit de la vente de même que tous les autres créanciers du vendeur; et qu'à l'égard de l'acquéreur qu'on a chargé d'aucune rente, dont les lettres sont scellées sans opposition, qui, en conséquence, a payé son prix, et dont le vendeur est quelquefois insolvable, il serait de la dernière injustice de le faire payer une seconde fois, lorsqu'il avait la plus grande raison de croire, d'après les termes du préambule de l'édit et des art. 7 et 15, qu'il était valablement libéré, et que sa propriété était à l'abri de toute atteinte.

Sur ces moyens respectifs, arrêt est intervenu le 6 avril 1781, à l'audience de la grand'chambre, qui a confirmé la sentence du siége de Niort, et par-là, a jugé formellement que les lettres de ratification purgent les rentes foncières à défaut d'opposition. (M. Laforest.) *

[[On prétend que cet arrêt a été suivi d'un autre du 12 juin 1787, qui a jugé de même. Mais cette jurisprudence était contraire au véritable esprit de l'édit de 1771. *V.* le plaidoyer et l'arrêt du 12 pluviôse an 11 (1), rapportés dans mon *Recueil de Questions de droit*, article *Lettres de ratification*, §. 3.

Section II. *Des Hypothèques telles qu'elles ont été régies par les lois des 9 messidor an 3 et 11 brumaire an 7, et qu'elles le sont par le Code Napoléon.*

Les inconvéniens du secret dans lequel notre ancienne jurisprudence laissait ensevelies toutes les Hypothèques, étaient vivement sentis par tous ceux qui n'en profitaient pas; et ils devenaient encore plus frappans par la comparaison des avantages qui résultaient, pour les provinces belgiques, du système qu'elles avaient adopté de ne reconnaître aucune Hypothèque qui ne portât le double caractère de *spécialité* et de *publicité*.

De là, différens projets qui furent présentés à l'assemblée constituante pour adapter ce système à toute la France, en la dégageant de tout ce qui tenait à la féodalité et aux justices seigneuriales abolies par les lois du 4 août 1789.

L'assemblée constituante, trop occupée des grands objets de sa mission, pour discuter ces nouveaux plans, les renvoya à l'assemblée législative, qui chargea un de ses comités de lui en rendre compte.

Ce comité lui en fit le rapport, mais elle se sépara sans avoir pris aucune détermination.

Enfin, le 9 messidor an 3, la convention nationale porta sur cette matière, une loi tout-à-fait nouvelle, et qu'il importe d'autant plus de faire connaître ici, qu'elle sort encore de règle, ainsi qu'on le verra ci-après, §. 2, par les art. 37, 44 et 55 de la loi du 11 brumaire an 7, pour les inscriptions hypothécaires qui ont été prises avant son abrogation.

§. I. *Dispositions de la loi du 9 messidor an 3 sur les Hypothèques.*

« Tit. I. *Des Hypothèques pour l'avenir.* Art. 1. A compter du 1.er nivôse prochain, l'Hypothèque aura lieu et sera réglée suivant les principes et le mode d'exécution déterminé au présent décret.

» Chap. 1. *Principes sur les Hypothèques.* Art. 2. L'Hypothèque est un droit réel sur les biens de l'obligé ou du débiteur, accordé au créancier pour sûreté des engagemens contractés envers lui.

» 3. Il n'y a d'Hypothèque que celle résultante

(1) Cet arrêt n'a pas empêché que la question ne se représentât dans l'espèce suivante.

Le 21 juillet 1763, bail à rente passé par Simon Duval à Adrien-Alexandre Duval, d'une moitié de maison située à Meaux, moyennant 125 liv. de rente *foncière*.

Le 22 décembre 1778, cette maison est vendue par décret forcé; et le sieur Jacob s'en rend adjudicataire. Il la revend, en 1791, au sieur Castellas. Celui-ci prend, sur cette acquisition, des lettres de ratification qui sont scellées sans opposition.

En 1794, il revend la maison; et elle passe des mains de l'acquéreur, aux enfans Bataille, sur qui elle est vendue par licitation.

Le sieur Cardon, leur créancier, provoque l'ordre du prix de cette dernière vente.

La dame Sauvage, devenue seule créancière de la rente foncière de 125 liv., se présente dans cet ordre, et demande sa collation pour le capital et les arrérages échus de sa rente.

Le créancier poursuivant et les enfans Bataille s'opposent à cette collocation, sur le fondement que les lettres de ratification prises par le sieur Castellas, ayant été scellées sans opposition de la part de la dame Sauvage, l'immeuble a, dès-lors, été purgé de la rente dont il s'agit.

Le 11 août 1808, jugement du tribunal civil de Meaux qui déclare que les lettres de ratification ont purgé la rente foncière, et rejette en conséquence la dame Sauvage de l'ordre, « attendu que les décrets volontaires qui étaient en usage avant l'édit des Hypothèques de 1771, purgeaient les rentes foncières, lorsqu'il n'y avait pas d'opposition : que les lettres de ratification, qui leur ont été substituées par l'édit de 1771, ont par conséquent le même effet; et que ni la dame Sauvage, ni ses auteurs, n'ont formé d'opposition au sceau des lettres de ratification obtenues par Castellas ».

Appel, et le 6 mai 1809, arrêt de la cour de Paris, qui met l'appellation au néant.

La dame Sauvage se pourvoit en cassation; et le 12 juin 1811, arrêt au rapport de M. Boyer, par lequel, « vu l'art. 7 de l'édit de juin 1771; et attendu qu'il résulte de cet article, que, sous l'empire de cet édit, les droits fonciers étaient formellement exceptés de l'effet qu'il attribuait aux lettres de ratification de purger, à l'égard des créanciers du vendeur qui négligeraient de former opposition au sceau desdites lettres; seulement les priviléges et Hypothèques établis sur les immeubles vendus; attendu que toute rente foncière constituée, comme dans l'espèce, *in alienatione fundi*, était incontestablement au nombre des *droits fonciers* dont parle l'article précité de l'édit, et qu'ainsi, en décidant que la rente foncière due aux demandeurs en cassation, et affectée sur l'immeuble vendu au sieur Castellas en 1791, et passée depuis dans les mains des défendeurs, avait été purgée par les lettres de ratification obtenues par ledit Castellas et scellées sans opposition de la part des créanciers de ladite rente, l'arrêt attaqué a formellement contrevenu audit article; par ces motifs, la cour casse et annulle... ».

d'actes authentiques inscrits dans les registres publics ouverts à tous les citoyens.

» 4. En quelques mains que la chose grevée d'Hypothèque soit passée, le créancier hypothécaire a droit de la suivre, et à défaut de payement ou d'exécution des obligations stipulées ou prononcées à son profit, de la faire vendre et d'en toucher le prix jusqu'à concurrence du montant de ses créances hypothécaires, suivant leur ordre de priorité, et dans les formes ci-après.

» §. 1. *Des biens susceptibles d'Hypothèques.* Art. 5. Sont seuls susceptibles d'Hypothèques, — 1.° La propriété des biens territoriaux étant dans le commerce, ou pouvant être aliénés, de leurs accessoires inhérens ou établis à perpétuelle demeure, ensemble des fruits non recueillis, des bois non coupés, et des servitudes foncières; — 2.° L'usufruit des mêmes biens résultant seulement des baux emphytéotiques, lorsqu'il reste encore vingt-cinq années de jouissance.

» 6. A l'égard des biens-meubles, ils ne peuvent être l'objet d'aucune Hypothèque, sans préjudice toutefois du droit de suite pour cause de revendication.

» §. 2. *Des personnes sur les biens desquelles l'Hypothèque peut être acquise.* Art. 7. L'Hypothèque est volontaire ou forcée.

» Sect. 1. *De l'Hypothèque volontaire.* Art. 8. Tout citoyen, s'il est majeur, a droit d'hypothéquer ses biens présens et à venir, soit en personne, soit par son fondé de procuration spéciale.

» 9. A l'égard des majeurs interdits, des mineurs émancipés ou en tutelle, leurs biens ne peuvent être hypothéqués que sur avis de parens, ou conseil de famille, pour les causes et dans les formes établies par les lois.

» Sect. 2. *De l'Hypothèque forcée.* Art. 10. Il résulte en faveur du créancier, Hypothèque sur les biens présens et à venir de son débiteur contre lequel il est intervenu, soit un jugement de reconnaissance, d'écrit privé ou de condamnation, soit une sentence, arbitrale rendue exécutoire.

» 11. Néanmoins, les jugemens rendus dans les dix jours antérieurs à la faillite, banqueroute ou cessation publique de payement d'un commerçant, ne sont point susceptibles d'Hypothèque.

» 12. Ne sont pareillement susceptibles d'aucune Hypothèque, les condamnations obtenues contre l'hérédité acceptée sous bénéfice d'inventaire, ou le curateur à la succession vacante.

» §. 3. *Des créances donnant Hypothèque.* Art. 13. Toutes les créances résultantes de transactions et engagemens, et les dommages résultans de délits, sont susceptibles de conférer Hypothèque.

» 14. Néanmoins, les arrérages de rentes foncières et constituées, perpétuelles ou viagères, les intérêts des capitaux qui en produisent, ne seront susceptibles de conférer Hypothèque que pour une année et le terme courant.

» 15. A l'égard des frais et dépens en matière litigieuse, de ceux de mise à exécution, et autres accessoires, ils ne peuvent conférer Hypothèque qu'après avoir été liquidés.

» 16. Il n'y a plus d'Hypothèque indéfinie: en conséquence, tout titre de créance ou portant obligation, doit en déterminer le montant, à défaut de quoi il ne peut déférer Hypothèque.

» §. 4. *Des actes qui confèrent Hypothèque, et de leur inscription.* Art. 17. Nulle obligation ou titre de créance ne peut conférer Hypothèque, s'il n'est fait par acte public de la juridiction volontaire ou contentieuse, ou si, étant par écrit privé, il n'a été reconnu par acte ou jugement public: en conséquence, il n'y a plus d'Hypothèque tacite.

» 18. Quant aux actes publics, passés hors du territoire français, ils sont privés de la faculté de conférer Hypothèque, s'ils ne sont reconnus en France par acte authentique: ce dernier est celui d'où résulte Hypothèque en faveur du créancier.

» 19. Les actes de la nature mentionnée aux deux articles précédens donnent Hypothèque de plein droit et sans avoir besoin d'être exprimée, sur les biens présens et à venir des obligés et condamnés, et ceux de leurs héritiers. — Et néanmoins l'Hypothèque n'est acquise définitivement que par la formalité de l'inscription de ces actes qui est faite dans le registre pour ce destiné, par le conservateur des Hypothèques ou son agent, proposé à cet effet pour chaque arrondissement, et qui est tenu d'en donner récépissé au créancier; après quoi, il répond de la conservation de l'Hypothèque.

» 20. Le créancier qui veut faire inscrire son titre, est tenu d'en fournir, sur papier timbré, signé du fonctionnaire public qui l'a reçu, ou qui est dépositaire de la minute, un extrait contenant le bordereau de ses créances, et déposer cet extrait entre les mains du conservateur dans l'arrondissement duquel sont situés les biens sur lesquels le créancier se propose de faire frapper son Hypothèque.

» 21. Il est pareillement tenu d'y joindre aussi, en papier timbré, le double dudit bordereau, au bas duquel le conservateur des Hypothèques donne son récépissé, après en avoir fait l'inscription sur ses registres.

» §. 5. *Du rang et de l'ordre des Hypothèques.* Art. 22. Tout acte de la juridiction volontaire ou contentieuse, même le jugement susceptible d'appel, donne Hypothèque du jour de sa date, s'il est inscrit dans le mois; passé lequel délai, l'Hypothèque n'existe et n'a rang que du jour de son inscription.

» 23. En cas de vente judiciaire de la chose hypothéquée, et d'insuffisance du prix pour acquitter toutes les créances hypothécaires dont elle est grevée, le prix est distribué d'abord au plus ancien créancier, jusqu'à concurrence du montant de sa créance hypothécaire; ensuite à celui qui a rang après le premier, et successivement jusqu'à épuisement du prix. — Dans le concours de deux Hypothèques acquises le même jour, l'heure décide de l'antériorité.

» 24. A l'exception de la contribution foncière pour une année échue et celle courante, et du bailleur du fonds pour le prix qui lui en est dû, il n'y a plus d'Hypothèque privilégiée, ni qui puisse avoir aucune préférence sur celles plus anciennes, et néanmoins les créanciers hypothécaires n'ont droit au prix de la vente des fruits non recueillis et des bois non coupés, que sous la déduction des frais de récolte et de coupe, ou à la charge de les payer aux ouvriers qui y auront été employés.

» §. 6. *De l'étendue de l'Hypothèque.* Art. 25. Le créancier peut faire inscrire son titre partout où il le juge convenable, même dans les arrondissemens où son débiteur n'aurait aucune propriété territoriale.

» 26. L'Hypothèque inscrite s'étend sur tous les biens présens et à venir de l'obligé ou condamné, situés dans l'arrondissement du bureau où l'inscription a été faite.

» 27. A l'égard des héritages purs et simples de l'obligé ou condamné, leurs biens particuliers n'en répondent que du jour de l'inscription faite nominativement sur eux.

» 28. Si l'héritier n'a accepté que sous bénéfice d'inventaire, il n'y a point d'Hypothèque sur ses biens particuliers pour raison des créances hypothécaires de son auteur.

» 29. Lorsque les biens du débiteur ou de ses héritiers purs et simples, situés dans un ou plusieurs arrondissemens où l'inscription a eu lieu, sont suffisans pour répondre de la créance, le débiteur a le droit de faire rayer et supprimer, aux frais et dépens du créancier, contradictoirement avec lui, l'inscription de son Hypothèque qui aurait été faite ailleurs.

» 30. Les biens du débiteur sont présumés suffisans lorsque, sur leur capital ou prix vénal, il reste un quart libre de toute Hypothèque.

» 31. Tout citoyen, sur les biens duquel il aura été fait une inscription d'Hypothèque mal fondée en tout ou en partie, a droit de la faire supprimer, ou réduire aux frais et dépens de celui qui l'aura requise, lequel répondra, en outre, de ses dommages et intérêts.

» §. 7. *De la déclaration foncière des biens.* Art. 32. Tout créancier hypothécaire, dont le titre de créance est inscrit, a le droit d'exiger de son débiteur, propriétaire de biens territoriaux, la preuve qu'il a fait et déposé séparément pour chaque commune dans les formes prescrites par la loi de ce jour, la déclaration foncière de ceux situés dans l'arrondissement du bureau de la conservation dans lequel l'inscription a eu lieu, et que les résultats sont consignés audit bureau sur le livre de raison des Hypothèques.

» 33. Faute par le débiteur d'en justifier dans le mois de la sommation qui lui en aura été faite à personne ou domicile, à la requête du créancier, la dette en principal et accessoires est exigible de plein droit, nonobstant les termes accordés, ou l'aliénation des capitaux.

» 34. S'il y a insuffisance de biens, et que, dans le même délai, le débiteur ne puisse en désigner d'autres, la dette est encore exigible jusqu'à concurrence du déficit d'Hypothèque.

» 35. Le créancier cesse d'avoir droit à l'exigibilité accordée par les deux articles précédens, s'il y a renoncé.

» Chap. 2. *De l'Hypothèque sur soi-même.* Art. 36. Au nombre des diverses manières de conférer volontairement Hypothèque, est comprise celle qui accorde à tout propriétaire de biens et droits susceptibles d'Hypothèque, la faculté de prendre Hypothèque sur lui-même, pour un temps déterminé, qui ne peut excéder dix années par la voie de cédules hypothécaires, jusqu'à concurrence néanmoins de trois quarts de la valeur capitale ou prix vénal de ses biens présens désignés dans la cédule, y compris le montant des Hypothèques dont ils sont déjà grevés.

» Dans le cas où il use de cette faculté, 1.° le conservateur des Hypothèques, chargé d'en faire la délivrance, est garant de la valeur capitale annoncée par la cédule, et du montant des créances hypothécaires antérieures; — 2.° Cette cédule hypothécaire est transmissible, non point au porteur innommé, mais par la voie de l'endossement à ordre; elle forme un titre exécutoire contre le citoyen qui l'a souscrite au profit de celui à l'ordre duquel elle est passée; —3.° il n'y a aucun recours de garantie d'un endosseur à l'autre, excepté seulement en cas de faux....... (1).

» Chap. 3. *De la vente et cession des créances hypothécaires et des oppositions en sous-ordre.* Art. 84. La vente ou cession de créances hypothécaires, autres néanmoins que celles résultantes de cédules, ne pourra avoir lieu que par acte authentique.

» 85. Néanmoins le cessionnaire ou adjudicataire n'en devient propriétaire, et ne peut profiter de l'Hypothèque qui y est attachée, qu'après avoir notifié et fait enregistrer son titre au bureau du conservateur qui a reçu l'inscription; faute de quoi, toute libération antérieure du débiteur ou de l'acquéreur de la chose hypothéquée, est valable, sauf le recours du cessionnaire contre son cédant, s'il y a lieu.

» §. 1. *Des oppositions en sous-ordre au premier degré.* Art. 86. Tout créancier légitime a droit de former en personne ou par son fondé de procuration spéciale, et sans ministère d'aucun huissier, entre les mains du conservateur des Hypothèques, opposition sur son débiteur propriétaire des créances hypothécaires inscrites, mais non de cédules hypothécaires.

» 87. L'opposant en sous-ordre est tenu d'élire domicile dans le lieu de la résidence du conservateur des Hypothèques, sous peine de nullité.

» 88. Il est tenu registre de ces oppositions.

» 89. L'effet desdites oppositions en sous-ordre est

(1) Cet article n'ayant reçu aucune espèce d'exécution, il est inutile de transcrire ici ceux qui n'en sont dans la loi que l'organisation et le développement.

d'empêcher le débiteur sur qui elles sont formées, de recevoir le prix desdites créances hypothécaires inscrites au préjudice de l'opposant, son créancier légitime. En conséquence, tout payement du prix de la vente, soit de la créance hypothécaire, soit de la chose hypothéquée, et qui aurait été fait postérieurement à l'opposition, est nul et de nul effet, jusqu'à concurrence du montant de la créance hypothécaire qui serait venue en ordre utile.

» 90. Dans le concours de plusieurs opposans en sous-ordre sur un même débiteur, en cas d'insuffisance pour les solder, il n'y a lieu à aucune distinction, aucune préférence ni ordre d'Hypothèque sur les deniers qui lui appartiennent, lesquels doivent être distribués entre eux au marc la livre.

» §. 2. *Des oppositions en sous-ordre aux degrés ultérieurs.* Art. 91. Il ne peut être reçu ni admis au bureau de la conservation des Hypothèques, à peine de nullité, aucune opposition en sous-ordre ultérieur, ou sur l'opposant en sous-ordre.

» Chap. 4. *De la revendication des biens territoriaux.* Art. 92. Aucune revendication de la propriété des biens territoriaux ne pourra être portée devant les juges et arbitres, si la demande en éviction n'a été préalablement notifiée au conservateur des Hypothèques dans l'arrondissement duquel les biens sont situés : défenses sont faites à tous tribunaux, juges de paix et arbitres, d'y statuer, sans que la preuve de cette notification leur ait été apportée, à peine de nullité de leurs jugemens, et des dommages des parties intéressées, ainsi que des créanciers hypothécaires et porteurs de cédules.

» 93. Cette notification n'est valable qu'autant qu'elle a été consignée par le conservateur des Hypothèques sur le registre à ce destiné, et qu'elle a été précédée de la déclaration foncière faite et déposée, soit par le possesseur actuel, soit, s'il n'y en a point de lui, par le demandeur en éviction; faute de quoi, il est défendu au conservateur de l'enregistrer.

» 94. Il n'est pas nécessaire, pour cette notification, du ministère d'aucun officier de justice.

» 95. Les Hypothèques inscrites, et les cédules requises avant ladite notification, ont leur pleine et entière exécution sur la chose hypothéquée, sauf le recours du propriétaire contre celui qui les avait consenties.

» 96. Celles postérieures sont nulles et de nul effet à l'égard de la chose revendiquée, si elle est adjugée au demandeur en éviction.

» 97. Lorsque la vente de la chose revendiquée sera poursuivie par le détenteur, faute de payement de ses dettes hypothécaires, et comprise dans les publications et affiches indicatives de ladite vente, le demandeur en éviction sera tenu de faire toutes diligences, et d'appeler le poursuivant au domicile élu, pour faire vider la contestation dans les vingt-cinq jours de l'apposition des affiches; faute de quoi faire dans ledit délai, l'adjudication en sera valablement faite; et, s'il y a lieu à indemnité, elle ne pourra, à l'égard des créanciers, s'élever au-delà du prix de la chose, ni avoir une Hypothèque antérieure au jour de la notification d'éviction, sauf son recours contre le saisi.

» 98. Toute demande en revendication de biens territoriaux, qui se trouvera mal fondée, donne ouverture aux dommages et intérêts du propriétaire ou de ses créanciers; et les dommages ne peuvent être fixés par les juges ou arbitres, au-dessous du cinquantième de la valeur capitale de l'objet contesté, à peine de nullité et de cassation de leurs jugemens.

» Chap. 5. *De l'expropriation des biens territoriaux.* Art. 99. Nulle expropriation de biens territoriaux, volontaire ou forcée, entre-vifs et à quelque titre que ce soit, ne peut avoir lieu, à peine de nullité, si elle n'a pas été précédée de la déclaration foncière des biens qui en sont l'objet, faite et déposée dans les formes prescrites, soit par le propriétaire, soit, à son défaut, par le créancier poursuivant.

» 100. La loi ne reconnaît pareillement aucune expropriation de biens territoriaux, faite verbalement ou par écrit privé; elles doivent être reçues devant les officiers publics, à peine de nullité.

» 101. Lesdits officiers sont tenus de se faire représenter ladite déclaration foncière, de l'indiquer suffisamment, d'énoncer sa date et le jour de son dépôt, dans les actes d'expropriation qu'ils sont chargés de rédiger par écrit, et d'y faire mention de la valeur, tant en revenu net annuel qu'en capital ou prix vénal, exprimé par ladite déclaration foncière, à l'égard des biens qui font l'objet desdites expropriations; le tout à peine de nullité et des dommages des parties intéressées.

» 102. Défenses sont faites aux percepteurs des droits d'enregistrement de donner à ces actes la formalité de l'enregistrement, si les conditions prescrites dans l'article précédent, n'ont point été remplies, à peine de répondre pareillement des dommages des parties intéressées, et de destitution en cas de récidive.

» 103. Toutes créances hypothécaires deviennent exigibles, nonobstant les termes accordés, ou l'aliénation des capitaux, s'il y a expropriation volontaire ou forcée des biens qui leur servent d'Hypothèque.

» §. 1. *De l'expropriation volontaire.* Art. 104. Il n'y a que le consentement formel des créanciers hypothécaires qui puisse faire passer leur Hypothèque d'une propriété sur l'autre : en conséquence les échanges, permutations, partages et autres expropriations semblables ne pourront, de leur nature, produire cet effet.

» 105. En toute expropriation volontaire, onéreuse ou à titre gratuit, celui au profit duquel elle est consentie, ne peut devenir propriétaire incommutable des biens territoriaux qui en sont l'objet, que sous les deux conditions suivantes; — 1.° De notifier et déposer expédition de son contrat, dans le mois de sa date, à chaque bureau de la conservation des Hypothèques, dans l'arrondissement duquel les biens sont situés; — 2.° De payer et acquitter, dans le cours du mois suivant, toutes les créances hypothécaires et cédules du fait de son auteur, ayant une date antérieure, ou de déposer leur montant à la caisse du receveur de district en présence du conservateur, ou lui dûment appelé; et en outre de faire l'avance de la radiation des inscriptions et cédules, sauf son recours.

» 106. Faute de la première condition, les Hypothèques du fait de son auteur, postérieures audit contrat, sont bien et valablement acquises sur les biens étant l'objet de ladite expropriation, jusqu'au jour de la notification.

» 107. Faute de la seconde, il n'est pas, à l'égard des créanciers hypothécaires, présumé propriétaire de la chose hypothéquée; et ils ont le droit, nonobstant son contrat et la notification d'icelui, d'en poursuivre la vente au plus offrant et dernier enchérisseur, dans les formes prescrites par le §. 2 ci-après.

» 108. Il est tenu registre des notifications prescrites par l'art. 105, pour lesquelles il n'est pas nécessaire d'employer le ministère d'aucun huissier, et qui peuvent être faites par le porteur dudit contrat.

» 109. Les bailleurs de fonds créanciers, soit de l'usufruit, soit de la totalité ou de partie du prix des biens territoriaux dont ils seront expropriés, à quelque titre que ce soit, ne pourront conserver leurs droits et Hypothèques tant sur lesdits biens que sur ceux de leurs acquéreurs, cessionnaires ou donataires, que par la voie de l'inscription, dans les formes et délais prescrits à l'égard de tous autres créanciers.

» §. 2. *De l'expropriation forcée*. Art. 110. Tout créancier hypothécaire, et tout porteur de cédules hypothécaires, dont la créance est exigible, ne peut recourir à la chose hypothéquée et en poursuivre la vente, qu'après vingt jours du commandement, par lequel le débiteur aura été, à la requête du créancier, constitué en demeure de payer......

» Chap. 7. *De l'extinction des Hypothèques*. Art. 209. L'Hypothèque s'éteint avec la dette qui en est le principe: la dette s'éteint par la renonciation du créancier, par le payement volontaire ou forcé, par la novation, par la prescription.

» 210. Toute renonciation tacite ou conjecturale à la créance ou à son droit d'Hypothèque de la part du créancier, est inadmissible; la loi ne reconnaît d'autres renonciations que celles qui sont expresses et faites ou par acte public, ou par déclaration sur le registre du conservateur.

» 211. Le payement total de la créance hypothécaire anéantit l'Hypothèque; mais l'Hypothèque subsiste jusqu'à concurrence de ce qui reste dû, et le payement n'est pas final.

» 212. La même règle a lieu en cas de compensation entière ou partielle, reconnue par acte public, ou déclarée par jugement, entre le créancier et le débiteur.

» 213. La novation substitue une dette à la place d'une autre; elle doit être expresse et par acte public: dans tous les cas, l'Hypothèque de la dette substituée ne peut remonter au-delà du mois de son inscription.......

» 217. Les créances résultantes de cédules hypothécaires sont prescrites par le laps de dix années, à compter du jour de leur réquisition, même à l'égard des mineurs, des interdits, des absens et de tout autre, sauf leur recours, s'il y a lieu, contre leurs tuteurs, curateurs et autres administrateurs. — L'inscription desdites cédules cesse pareillement d'avoir lieu après le même délai, sans qu'elle puisse être renouvelée.

» 218. Quant aux autres créances, soit présentes, soit futures, elles ne seront présumées acquittées par la voie de la prescription que dans le temps et sous les conditions prescrites par les lois, coutumes et statuts observés en chaque localité, lesquels seront exécutés jusqu'à ce que, par le Code civil, il y ait été statué uniformément pour toute la république.

» 219. Néanmoins l'inscription des créances mentionnées en l'article précédent, n'aura pas plus de durée que celle des cédules hypothécaires, si elle n'est renouvelée avant l'expiration de dix années; faute de quoi, les inscriptions seront considérées comme non avenues.

» 220. Lorsque l'Hypothèque est éteinte par l'une des causes mentionnées au...... présent chapitre, celui dont les biens en étaient grevés, a le droit d'en faire cesser l'inscription sur les registres du conservateur des Hypothèques, en lui rapportant les actes authentiques, volontaires ou forcés, intervenus avec le créancier, en justifiant de l'extinction de la dette.

» 221. S'il n'y a clause contraire dans lesdits actes, les frais de radiation sont à la charge du débiteur.

» 222. Aucune radiation de cédules ne peut être faite avant dix années de leur date, si elles ne sont rapportées en original au conservateur, biffées et annulées en sa présence.

» Chap. 8. *Du nombre et de la publicité des registres*. Art. 223. Il y aura, pour chaque arrondissement d'Hypothèque, — Un registre du dépôt des déclarations foncières et procès-verbaux d'expertise; — Un autre registre pour celui des actes translatifs de propriété, volontaires et forcés, et dans lequel seront portées les notifications de revendication de propriété; — Un autre registre pour les inscriptions journalières des créances hypothécaires, réquisition de cédules, et délivrance desdites cédules; — Un autre registre pour la notification des cessions et créances hypothécaires et oppositions en sous-ordre; — Un autre registre pour l'enregistrement des radiations d'inscriptions de créances et de cédules hypothécaires; — Le livre de raison des Hypothèques à double partie, contenant, sur la première, le relevé par extrait des deux premiers registres, et sur la seconde, le relevé aussi par extrait des trois registres suivans: — La table alphabétique du livre de raison; — Et un registre de la délivrance de tous les extraits et expéditions, et de la recette journalière des salaires.

» 224. Tous ces registres et livre de raison seront préalablement cotés et paraphés en toutes leurs pages, sans frais, par l'un des juges du tribunal de district, suivant l'ordre du tableau. Ils seront reliés et en papier libre.

» 225. Lesdits registres seront écrits, jour par jour, de suite et sans aucun blanc; nulle rature n'y sera faite sans avoir été approuvée; les renvois seront signés; aucune relation d'enregistrement de dépôt ou d'inscription ne pourra être faite sur les expéditions et actes délivrés aux parties, qu'après avoir été consignés sur lesdits registres: le tout à peine par les conservateurs d'en répondre, de destitution si le cas l'exige, et même d'être renvoyés devant les tribunaux criminels, en cas de faux ou de prévarication.

» 226. Les six registres, le livre de raison, et la table, mentionnés en l'art. 223, seront publics et ouverts à tous les citoyens, avec les précautions de sûreté convenables pour en garantir l'intégrité et la conservation; et à la charge par tous ceux qui voudront les consulter, de payer les salaires du surveillant suivant le tarif.

» 227. A l'égard des déclarations foncières, procès-verbaux d'expertise, et autres translatifs de propriété, les conservateurs ne pourront être contraints d'en donner communication ouverte; ils seront tenus seulement d'en délivrer, sans difficulté et à quelque personne que ce soit, toutes les expéditions qui leur seront demandées, moyennant le salaire fixé par le tarif.

» 228. En aucun cas ni sous aucun prétexte, les registres, le livre de raison, table et autres titres et papiers déposés au bureau de la conservation des Hypothèques, ne pourront en être déplacés, ni recevoir aucune apposition de scellés, même en matière d'accusation en faux matériel et vérification d'écriture. — Défenses sont faites à tous tribunaux, juges, corps administratifs et municipaux, et autres fonctionnaires publics, d'ordonner lesdits déplacemens ou scellés, à tous huissiers et autres de mettre à exécution leurs jugemens et arrêtés, aux conservateurs et leurs agens d'y déférer, à peine de nullité, de 10,000 livres d'amende contre chacun des contrevenans, des dommages des parties intéressées, et de destitution, s'il y a lieu; sauf aux juges et parties intéressées à se transporter audit bureau, pour y constater, sans déplacement et sans nuire au service, l'état des registres et pièces argués de faux, et y faire toutes autres vérifications requises et nécessaires.

» Chap. 9. *Des bureaux de la conservation des Hypothèques.* Art. 229. Il y aura en chaque district, dans la commune où le tribunal civil est établi, un bureau de la conservation des Hypothèques, et à Paris un bureau de la conservation générale des Hypothèques.

» §. I. *Des bureaux en chaque district.* Art. 230. Le bureau de la conservation des Hypothèques en chaque district, sera divisé en autant d'arrondissemens qu'il existe de bureaux de la perception des droits d'enregistrement. — Les registres seront tenus séparément pour chacun de ces arrondissemens, sans aucun mélange de l'un à l'autre.

» 231. Le bureau de la conservation des Hypothèques sera composé, 1.° d'un conservateur qui aura seul la signature des cédules hypothécaires pour tous les arrondissemens; 2.° du nombre nécessaire d'agens à sa nomination et destitution, et à chacun desquels il affectera un ou plusieurs arrondissemens contigus, suivant les localités et les besoins de service.

» 232. Le conservateur sera responsable de tout le travail du bureau, sauf son recours contre les agens.

» 233. Il correspondra avec le conservateur général à Paris, et sera sous sa direction et surveillance.

» 234. Le traitement annuel du conservateur de district et de ses agens, sera déterminé par le conservateur général, sous l'approbation du gouvernement.

» 235. La nomination du conservateur de district sera faite par le conservateur général, qui aura droit de le destituer.

» 236. Il ne pourra être choisi pour remplir les fonctions de conservateur de district, et celles attribuées à ses agens, que des citoyens âgés de plus de vingt-cinq ans, intelligens et capables, et qui puissent, soit par eux-mêmes, soit par autrui, fournir, aussitôt et dans les formes qu'elle sera demandée, une caution en immeubles, francs et quittes de toutes Hypothèques; elle sera fixée par le gouvernement.

» 237. Leurs fonctions sont incompatibles avec celles de percepteurs de droit d'enregistrement, de juges, de greffiers, de membres des directoires, agens nationaux et secrétaires des administrations de département et district.

» 238. Dans les dix jours de la publication du présent décret, les citoyens qui se destineront à remplir les fonctions de conservateur des Hypothèques, seront tenus de se présenter au directoire de district, et de s'inscrire sur un double cahier destiné à cet usage, dans lequel ils indiqueront leurs noms, prénoms, âge, lieu de naissance, domicile actuel, les professions qu'ils ont exercées depuis dix années, et le montant du cautionnement qu'ils seront en état de fournir.

» 239. Ceux des citoyens actuellement revêtus de fonctions publiques, qui voudraient aussi concourir, auront la faculté de le faire, nonobstant tous décrets contraires; à la charge néanmoins, en cas de nomination et de l'incompatibilité prononcée par l'art. 237, de cesser à l'instant tout exercice de leurs précédentes fonctions.

» 240. A l'expiration du délai mentionné en l'art. 238, le cahier de présentation sera fermé, et l'agent national du district en adressera sur-le-champ un double au conservateur général à Paris.

» 241. Le conservateur ne pourra entrer en exercice de ses fonctions qu'après avoir fait enregistrer sa commission tant au greffe du tribunal civil qu'au secrétariat de l'administration de district, et signé le procès-verbal qui en sera rédigé. — Il en sera usé de même par les agens du conservateur pour les commissions qu'ils recevront de lui.

» 242. Lorsque le conservateur des Hypothèques voudra obtenir des cédules sur les biens situés dans l'étendue du district où il exerce ses fonctions, lesdites cédules seront signées par l'un de ses agens; mais elles ne pourront être requises, expédiées ou délivrées que sur approbation formelle du conservateur général à Paris, dont sera fait mention aux registres, sous peine de destitution tant du conservateur que de son agent, et de la responsabilité de celui-ci envers les parties intéressées.

» 243. Les directoires de district seront chargés de procurer au conservateur un local sûr et commode pour l'établissement de ses bureaux, et le dépôt des titres et papiers de la conservation des Hypothèques. Les loyers en seront payés sur le produit du tarif.

» §. II. *Du bureau de la conservation générale.* Art. 244. Le bureau de la conservation générale des Hypothèques à Paris sera administré par un conservateur général, lequel aura la nomination et destitution de tous les agens et employés qui en feront le service.

» 245. Les produits du tarif pourvoiront au traitement du conservateur général, et de ses agens et employés, à tous les frais d'administration de ses bureaux, ainsi qu'aux traitemens et frais de bureau des conservateurs de district et de leurs agens. — En cas d'insuffisance, il y sera statué par le corps législatif et par augmentation du tarif, s'il y a lieu, d'après le compte que lui en rendra le gouvernement.

» 246. Le conservateur général sera sous la surveillance du gouvernement.

» 247. Sa nomination sera faite par le corps législatif, sur la présentation du gouvernement.

» 248. Les fonctions du conservateur général et de tous les agens employés dans ses bureaux, sont incompatibles avec toutes celles salariées aux frais du trésor public, même avec celles des notaires publics et autres officiers ministériels de la juridiction volontaire ou contentieuse.

» 249. Il sera destiné à cet établissement un édifice national à Paris.

» 250. Le conservateur national des Hypothèques n'aura point à payer le loyer de cet édifice; mais toutes les réparations d'entretien seront à sa charge.

» 251. Pour l'exécution des dispositions contenues au présent chapitre, ainsi que pour tous les cas qui n'y auraient pas été prévus, le gouvernement est autorisé, sur la demande du conservateur général, à prendre tous arrêtés nécessaires.

» Chap. 10. *Du recours des parties intéressées contre les conservateurs des Hypothèques.* Art. 252. La responsabilité encourue par les conservateurs de district envers les parties intéressées, dans les cas déterminés au présent décret, sera exercée contre eux sur tous leurs biens présens et à venir, et concurremment contre leurs cautions, jusqu'à concurrence du montant de leur cautionnement.

» 253. Les parties intéressées qui auraient à exercer ces recours de garantie, se pourvoiront contre lesdits conservateurs et leurs cautions, d'abord devant le tribunal de paix, et, s'il y a lieu, devant le juge de paix dans l'arrondissement duquel le bureau de la conservation sera établi, sauf l'appel devant le tribunal de district, qui y statuera en dernier ressort. —Néanmoins, l'action en recours ne pourra être exercée qu'après quinzaine de l'avertissement que les parties intéressées en auront donné au conservateur général à Paris, par lettre chargée à la poste, et dont elles pourront se faire donner récépissé.

» 254. En cas d'insuffisance de biens desdits conservateurs et du montant de leur cautionnement, il y sera pourvu par le conservateur général, d'abord sur les produits du tarif jusqu'à épuisement, ensuite sur ses propres biens; à l'effet de quoi il sera tenu de fournir, soit par lui-même, soit par autrui, une caution en immeubles, francs et quittes de toutes Hypothèques, dont le montant et les autres conditions seront déterminés par le gouvernement.

» TIT. II. *Des Hypothèques pour le passé.* Art. 255. A compter du jour de la publication du présent décret, les créanciers hypothécaires, avec ou sans privilége, auront jusqu'au 1.er nivôse prochain exclusivement, pour faire inscrire leurs titres de créances au bureau de la conservation des Hypothèques, établi en chaque district par le chap. 9 du tit. 1er.

» 256. Au moyen de cette inscription dans ledit délai, ils conserveront leur Hypothèque à la date à laquelle elle était obtenue, en exécution des lois antérieures au présent décret.

» 257. Ceux desdits titres de créances hypothécaires, qui n'auraient point été inscrits avant ledit jour 1.er nivôse prochain, n'obtiendront Hypothèque que du jour de ladite inscription; et il n'y aura plus aucun privilége pour les créances qui jouissaient de cet avantage.

» 258. L'inscription de ces titres aura lieu suivant les formes établies par les art. 20 et 21; et néanmoins l'extrait des actes constitutifs ou récognitifs de l'Hypothèque simple ou privilégiée, pourra être fait, d'après les grosses ou expéditions, par tous notaires publics, sur ce requis, quoique non dépositaires des minutes, des originaux des contrats, à la charge de l'enregistrement dudit extrait au bureau et dans les délais prescrits par le décret du 5 décembre 1790.

» 259. Le bordereau mentionné aux mêmes articles, contiendra tous les arrérages et intérêts dus et exigibles, ainsi que leurs termes de payemens, ensemble les frais et dépens, mises d'exécution et autres accessoires qui se trouveront légitimement dus aux créanciers.

» 260. A l'égard des créances hypothécaires indéfinies, ceux qui y ont droit, seront tenus d'en déterminer le montant précis et de le consigner dans le bordereau desdites créances; à défaut de quoi, elles ne pourront être inscrites; et défenses sont faites aux conservateurs de les recevoir ni admettre dans leurs registres, à peine de nullité, et des intérêts du grevé d'Hypothèque.

» 261 Les Hypothèques acquises au profit de l'un des époux contre l'autre, en vertu, soit des actes et contrats publics ou privés, soit des lois générales de l'État, soit du droit écrit dans les pays qui l'admettent, soit des coutumes et statuts, seront inscrites à la diligence de celui qui y aura droit, sans qu'il soit nécessaire à la femme mariée, même celle mineure, de recourir à l'autorisation de son mari, nonobstant toutes lois et coutumes contraires.

» 262. Quant aux Hypothèques acquises au profit des pupilles et interdits contre leurs tuteurs et curateurs, elles pourront être valablement inscrites à la diligence de leurs parens ou amis; et dans les pays où les parens sont garans de la solvabilité des tuteurs ou curateurs élus, cette garantie continuera d'avoir lieu, comme par le passé, pour toutes les Hypothèques antérieures audit jour 1.er nivôse prochain.

» 263. Lorsque l'Hypothèque acquise ne résultera d'aucun acte public écrit, ou qu'il ne se trouvera point en la possession de celui qui y a droit, le créancier pourra y suppléer par une déclaration du montant et de la date de son Hypothèque, qu'il sera tenu de faire devant un notaire public....

» 264. Tous usufruitiers de biens-immeubles et tous appelés à recueillir un usufruit sous une condition échue, seront pareillement tenus de faire inscrire le titre constitutif ou récognitif dudit usufruit avant le 1.er nivôse prochain, passé lequel délai, l'usufruit répondra subsidiairement des Hypothèques de celui auquel appartient la nue propriété, et qui seraient acquises au profit de ses créanciers dans l'intervalle du 1.er nivôse prochain au jour de l'inscription dudit usufruit.

» 265. Les tuteurs, curateurs et autres administrateurs, soit publics, soit privés, qui auraient négligé de faire inscrire, dans ledit délai, les titres de créances hypothécaires, appartenans à leurs pupilles, interdits, et aux biens et droits dont ils ont la gestion et l'administration, seront garans et responsables du défaut de conservation desdites Hypothèques.

» 266. En cas d'inscriptions exagérées ou mal fondées, les grevés d'Hypothèque auront le droit de les faire réduire ou supprimer, conformément aux art. 29, 30 et 31, à la charge par eux de faire et déposer préalablement la déclaration foncière de leurs biens dans les formes prescrites par la loi de ce jour.

» 267. Dans tous les autres cas, les créanciers hypothécaires, antérieurs au 1.er nivôse prochain, ne pourront exiger de leurs débiteurs la preuve de dépôt de ladite déclaration foncière, et user de la faculté accordée par le §. 7, chap. 1 du tit. 1.er, si ce n'est après le 30 ventôse suivant.

» Chap. 1. *Des privilèges*. Art. 268. Les créances hypothécaires inscrites avant le 1.er nivôse prochain conserveront le privilège qui y est attaché, à la charge néanmoins, 1.° d'en indiquer l'objet dans l'extrait et le bordereau dont le dépôt est prescrit par l'art. 20; 2.° de distinguer ledit bordereau par le mot *privilège* placé en marge, et de le faire signer par le conservateur des Hypothèques sur le double qui doit être remis au créancier d'après l'art. 21; faute de quoi, la créance sera rangée dans la classe de celles hypothécaires pures et simples.

» Chap. 2. *De l'extinction des privilèges*. Art. 269. Le débiteur d'une créance hypothécaire privilégiée pourra, même avant le 1.er nivôse prochain, s'en libérer par la voie de l'emprunt sur cédules avec subrogation de l'Hypothèque privilégiée à la date où elle était acquise.

» 270. Tout débiteur qui voudra user de cette faculté, sera tenu de faire et déposer préalablement la déclaration de tous les biens territoriaux qu'il possède dans l'étendue de la commune où la chose grevée du privilège, est située.

» 271. Si le créancier privilégié n'a point encore requis l'inscription de son titre, il sera tenu de le faire dans les dix jours de la sommation du débiteur, contenant la notification de l'acte du dépôt de sa déclaration foncière; après lequel délai, et faute de ce faire, le titre du créancier pourra être inscrit à la réquisition du débiteur.

» 272. En faisant la réquisition de cédules pour cet objet, le débiteur sera tenu de justifier, 1.° des lettres de ratification expédiées sur son contrat, et de la main-levée des oppositions qui y sont survenues; 2.° qu'il a payé de ses propres deniers, et sans aucune subrogation de privilège, la moitié de la valeur capitale de l'objet; le tout sous peine par le conservateur d'en répondre.

» 273. Les justifications prescrites en l'article précédent, ne pourront être exigées à l'égard des domaines nationaux.

» 274. Ces cédules donneront Hypothèque privilégiée en faveur du porteur, à la date à laquelle elle avait été acquise; et il en sera fait mention expresse tant dans le corps de la cédule que dans la relation d'enregistrement.

» 275. Elles ne pourront être délivrées qu'après la radiation de l'inscription de la créance privilégiée, conformément à l'art. 215.

» Chap. 3. *Cessation de l'ancien régime des Hypothèques*. Art. 276. Toutes les lois, coutumes et usages observés antérieurement au présent décret, sur les Hypothèques, lettres de ratification, appropriances, nantissemens, œuvres de loi, criées et ventes d'immeubles par décret forcé, ne seront plus applicables qu'aux Hypothèques acquises et aux expropriations de biens volontaires ou forcées qui auront lieu avant le 1.er nivôse prochain, sans que néanmoins les créanciers hypothécaires et privilégiés puissent se dispenser de l'inscription de leurs titres, sous les peines portées en l'art. 257.

» 277. Les conservateurs des Hypothèques, gardes des sceaux et greffiers expéditionnaires des lettres de ratification, établis par l'édit de juin 1771, et la déclaration du 24 novembre suivant, continueront, pour les expropriations antérieures audit jour 1.er nivôse prochain seulement, d'exercer leurs fonctions jusqu'au 1.er germinal suivant, passé lequel délai, elles sont et demeurent supprimées ».

Telles étaient les dispositions du Code hypothécaire du 9 messidor an 3 : elles devaient, comme on l'a vu par le premier article, être exécutées à compter du 1.er nivôse an 4; mais on ne tarda pas à reconnaître qu'elles avaient besoin d'être remaniées; et dès le 26 frimaire an 4, une loi déclara que « le terme du 1.er nivôse (suivant), indiqué dans les art. 1, 255, 264, 268 et 276 du décret du 3 messidor an 3, (était) prorogé au 1.er germinal (alors) prochain; (et que) le terme du 30 ventôse, indiqué dans l'art. 267, ne serait fixé qu'après un nouveau rapport sur l'ensemble du système hypothécaire ».

Cette prorogation fut étendue, par une seconde loi du 19 ventôse suivant, jusqu'au 1.er messidor; et par une troisième du 19 prairial, jusqu'au 1.er fructidor de la même année.

Cette troisième loi ajouta à cette mesure deux dispositions importantes, que voici :

» *Art.* 2. La loi du 21 nivôse dernier (rapportée ci-devant, sec. 1, §. 13, n. 9), continuera d'être exécutée jusqu'à la même époque (1.er fructidor an 4).

» 3. Dans les lieux où l'édit de 1771 reçoit son exécution, aucunes lettres de ratification ne pourront être scellées qu'à la charge des oppositions ou inscriptions qui auraient été formées, tant auprès de l'ancien conservateur des Hypothèques, que du nouveau créé par la loi du 9 messidor.

» 4. Dans les lieux où les lettres de ratification ne sont pas etablies, les acquéreurs d'immeubles auront la faculté d'en purger les Hypothèques, soit en se conformant aux lois et usages suivis jusqu'à ce jour, soit en remplissant les obligations prescrites par l'art. 105 de la loi du 9 messidor, concernant le dépôt du contrat d'acquisition et le payement du prix ».

Le 24 thermidor an 4, quatrième loi qui proroge jusqu'au 1.er brumaire an 5, le terme indiqué par celle du 19 prairial; et ordonne que « ladite loi du 19 prairial continuera d'être exécutée jusqu'à la même époque ».

Le 28 vendémiaire an 5, cinquième loi qui proroge indéfiniment ce terme, et ordonne l'exécution de la loi du 19 prairial, « jusqu'à la publication de la loi qui statuera définitivement sur les modifications dont celle du 9 messidor est susceptible ».

La loi promise par cette dernière disposition, a encore tardé plus de deux ans à paraître : c'est celle qui fait l'objet du §. suivant.

§. II. *Système hypothécaire de la loi du 11 brumaire an 7.*

Nous diviserons ce paragraphe en plusieurs articles : — Le premier contiendra les dispositions de la loi du 11 brumaire an 7; — le second présentera celles des lois qui ont déterminé le mode de son exécution, et fixé les termes de l'inscription des créances hypothécaires antérieures; — et l'on traitera dans les autres, les principales questions auxquelles ces différentes lois ont donné lieu.

Art. I. *Texte de la loi du 11 brumaire an 7.*

« Tit. 1. *Des Hypothèques et privilèges pour l'avenir.* Chap. 1. *Des Hypothèques et priviléges.* Art. 1. L'Hypothèque est un droit réel sur les immeubles affectés au payement d'une obligation. — Le privilége sur les immeubles est le droit d'être préféré aux autres créanciers, quoique antérieurs en Hypothèque.

» 2. L'Hypothèque ne prend rang, et les priviléges sur les immeubles n'ont d'effet, que par leur inscription dans des registres publics à ce destinés, sauf les exceptions autorisées par l'art. 11.

» 3. L'Hypothèque existe, mais à la charge de l'inscription, — 1.° Pour une créance consentie par acte notarié; — 2.° pour celle résultante d'une condamnation judiciaire; — 3.° pour celles qui résultent d'un acte privé dont la signature aura été reconnue ou déclarée telle par un jugement; — 4.° pour celles auxquelles la loi donne le droit d'Hypothèque.

» 4. Toute stipulation volontaire d'Hypothèque doit indiquer la nature et la situation des immeubles hypothéqués; elle ne peut comprendre que des biens appartenans au débiteur lors de la stipulation; mais elles s'étend à toutes les améliorations qui y surviendront. — L'hypothèque judiciaire ne peut affecter que les biens appartenans au débiteur lors du jugement. — Quant aux hypothèques que les femmes ont droit d'exercer sur les biens de leurs maris, et à toutes autres Hypothèques légales, elles frappent, au moment même de l'inscription, sur tous les biens appartenans au débiteur, et situés dans l'arrondissement du bureau où se fait l'inscription. — Le créancier peut aussi, par des inscriptions ultérieures, mais sans préjudice de celles antérieures à la sienne, faire porter son Hypothèque sur les biens qui écboiraient à son débiteur, ou qu'il acquerrait par la suite.

» 5. L'inscription qui serait faite dans les dix jours avant la faillite, banqueroute ou cessation publique de payement d'un débiteur, ne confère point Hypothèque.

» Chap. 2. *Des biens susceptibles d'Hypothèque.* Art. 6. Sont seuls susceptibles d'Hypothèque, — 1.° Les biens territoriaux transmissibles, ensemble leurs accessoires inhérens; — 2.° L'usufruit, ainsi que la jouissance à titre d'emphythéose des mêmes biens, pour le temps de leur durée.

» 7. Les rentes constituées, les rentes foncières et les autres prestations que la loi a déclarées rachetables, ne pourront plus à l'avenir être frappées d'Hypothèque.

» Il n'est rien innové par la présente aux dispositions de l'ordonnance de la marine, du mois d'août 1681, concernant le droit de suite et les priviléges auxquels les navires et bâtimens de mer continueront d'être affectés, même dans les mains d'un nouvel acquéreur, pour les cas qui y sont exprimés, et sans qu'il soit besoin d'inscription.

» Chap. 3. *Des personnes qui peuvent consentir Hypothèque.* Art. 9. Peuvent seuls consentir Hypothèque sur des biens, ceux qui ont capacité pour les aliéner.

» 10. Les biens des mineurs, ceux des majeurs interdits et des absens auxquels il a été nommé un curateur, ne peuvent être hypothéqués que pour les causes et dans les formes établies par les lois, ou en vertu d'un jugement.

» Chap. 4. *Des priviléges dispensés de l'inscription, et de ceux de bâtisse.* Art. 11. Il y a privilége sur les immeubles, sans qu'il soit nécessaire d'aucune inscription. — 1.° Pour frais de scellé et inventaire; — 2.° Pour une année échue et celle courante de la contribution foncière; — 3.° Pour frais de dernière maladie et inhumation; — 4.° Pour une année d'arrérages et ce qu'il y a d'échu sur l'année courante des gages des domestiques. — Les priviléges pour frais de scellé et inventaire, pour ceux de dernière maladie et inhumation, et pour les gages des domestiques, ne seront exercés sur les immeubles que subsidiairement et en cas d'insuffisance du mobilier pour acquitter ces créances : leur effet, dans les lieux où ils n'étaient point admis, ne pourra préjudicier aux Hypothèques antérieures à la publication de la présente.

» 12. Il y a aussi privilége en faveur des ouvriers et de leurs cessionnaires, mais seulement jusqu'à concurrence de la plus-value existante au moment de l'aliénation d'un immeuble, quand cette plus-value a pour origine les constructions, réparations et autres impenses que ces ouvriers y auraient faites, et lorsqu'avant le commencement des travaux il aura été dressé un procès-verbal qui constate l'état dudit immeuble, l'utilité de ces ouvrages, et qu'il aura été procédé à leur réception deux mois au plus tard après leur confection. — Ces procès-verbaux seront dressés par des experts nommés d'office par le juge de paix du canton où l'immeuble est situé, et en présence du commissaire du directoire exécutif près l'administration municipale du même arrondissement.

» 13. Le procès-verbal qui constate les ouvrages à faire doit être inscrit avant le commencement des réparations, et le privilége n'a d'effet que par cette inscription. — Celui de réception des ouvrages doit être également inscrit, à l'effet de déterminer le *maximum* de la créance privilégiée.

» Chap. 5. *De l'effet des priviléges et Hypothèques.* Art. 14. Les cranciers ayant privilége ou hypothèque sur un immeuble, peuvent le suivre en quelques mains qu'il se trouve, pour être payés et colloqués sur le prix, dans l'ordre suivant: — 1.° Les créanciers privilégiés désignés en l'art. 11, avant tous les autres, et en observant entre eux l'ordre indiqué par le même article; — 2.° Les ouvriers, les entrepreneurs, leurs cessionnaires, lorsqu'ils se seront conformés aux dispositions des art. 12 et 13, jusqu'à concurrence seulement de la plus-value résultante des constructions, réparations et améliorations; — 3.° Les précédens propriétaires, ou leurs ayans-cause, dont les droits auront été maintenus selon les formes indiquées par la présente pour ce qui leur restera dû du prix, ou pour les charges qui en tiendront lieu; — 4.° Les créanciers hypothécaires: suivant la priorité de leurs inscriptions; et en cas de concours de plusieurs inscriptions faites le même jour, et d'insuffisance des fonds pour en payer intégralement les causes, par contribution entre les créanciers qui les auraient requises: — Le tout sans préjudice du droit qu'ont les créanciers des personnes décédées et les légataires, de demander la distinction et la séparation des patrimoines, conformément aux lois.

» 15. La vente, soit volontaire, soit forcée, de l'immeuble grevé, ne rend point exigibles les capitaux aliénés ni les autres créances non échues. — En conséquence, l'acquéreur et l'adjudicataire jouiront des mêmes termes et délais qu'avaient les précédens propriétaires de l'immeuble, pour acquitter les charges et dettes hypothécaires inscrites.

» Chap. 6. *Du mode d'inscription des droits d'Hypothèque et privilége.* Art. 16. Les inscriptions seront faites au bureau de la conservation des Hypothèques de la situation des biens sur lesquels le créancier entend exercer son Hypothèque ou privilége.— Si l'inscription de la même créance a été faite dans plusieurs bureaux, l'Hypothèque n'a rang sur les biens situés dans chacun d'eux, que du jour où l'inscription y a été effectuée.

» 17. A cet effet, le créancier représente, soit par lui-même, soit par un tiers, l'original en brevet ou une expédition du titre, pour toutes Hypothèques autres que celles légales, et y joint deux Bordereaux écrits sur papier timbré, dont l'un peut être porté sur l'expédition du titre. Ils contiennent, — 1.° Les nom, prénoms, profession et domicile du créancier, et élection de domicile, pour lui dans l'étendue du bureau où l'inscription est faite; — 2.° Les nom, prénoms, profession et domicile du débiteur, ou une désignation individuelle et spéciale assez précise pour que le conservateur des Hypothèques puisse reconnaître et distinguer dans tous les cas l'individu grevé; — 3.° La date du titre, ou à défaut de titre, l'époque à laquelle l'Hypothèque a pris naissance; — 4.° Le montant des capitaux et accessoires, et l'époque de leur exigibilité; — 5.° L'indication de l'espèce et de la situation des biens sur lesquels il entend conserver son Hypothèque ou privilége. — Cette dernière disposition n'est point applicable aux Hypothèques légales, ni à celles résultant d'un jugement; leurs inscriptions sont faites sans qu'il soit besoin de désignation des biens grevés. — Les inscriptions à faire sur les biens d'une personne décédée, pourront l'être sur la simple dénomination du défunt. — Le requérant sera tenu de déclarer la somme en numéraire à laquelle il évalue les rentes et prestations pour lesquelles il s'inscrit.

» 18. Le conservateur fait mention, sur un registre, du contenu aux bordereaux; et remet au requérant tant l'expédition du titre, que l'un des bordereaux, au pied duquel il certifie avoir fait l'inscription.

» 19. Le créancier inscrit pour un capital produisant des intérêts, a droit de venir, pour deux années d'arrérages, au même rang d'Hypothèque que pour son capital.

» 20. Il est loisible à celui qui a requis l'inscription, ainsi qu'à ses héritiers et cessionnaires, de changer, par déclaration sur le registre des Hypothèques, le domicile élu, à la charge d'en indiquer un autre dans l'étendue du bureau. — Les actions auxquelles les inscriptions donneront lieu contre le créancier, seront intentées par exploits faits à sa personne, ou à son dernier domicile indiqué par le registre, et ce, nonobstant le décès du créancier et de celui chez lequel le domicile aurait été élu.

» 21. Tout droit d'Hypothèque légale ou conventionnelle. — 1.° Au profit de la nation, sur les comptables de deniers publics, pour raison de leur gestion, et sur leurs cautions à l'égard des biens servant de cautionnement; — 2.° Au profit des mineurs, des interdits et des absens, sur leurs tuteurs, curateurs et administrateurs, aussi pour raison de leur gestion; — 3.° Des époux, pour raison de leurs conventions et droits matrimoniaux éventuels qui ne seraient encore ni ouverts ni déterminés; — Sera, nonobstant les dispositions de l'art. 17, inscrit sur la simple représentation de deux bordereaux contenant

— 1.° Les nom, prénoms, profession et domicile du requérant, ainsi que le domicile par lui ou pour lui élu dans l'étendue du bureau où l'inscription sera requise; — 2.° Les nom, prénoms, profession et domicile du débiteur, ou une désignation suffisante, telle qu'elle est indiquée par l'art. 17; — 3.° La nature du droit qu'il s'agit de conserver, et l'époque où il a pris naissance, sans être tenu d'en déterminer le montant. — Ces inscriptions seront reçues sans aucune avance des salaires du conservateur, et sauf son recours contre le grevé.

» 22. Les commissaires du directoire exécutif près les administrations centrales de département, requerront d'office les inscriptions indéfinies sur les comptables publics, et sur leurs cautions à l'égard des biens servant de cautionnement. — A l'égard des inscriptions sur les tuteurs et curateurs, le subrogé tuteur et les parens ou amis qui concourront à la nomination, sont tenus chacun individuellement, et sous leur responsabilité solidaire, de les requérir ou de veiller à ce qu'elles soient faites en temps utile, à la diligence de l'un d'eux. — Celles au profit des époux mineurs, pour raison de leurs conventions et droits matrimoniaux, seront requises par les père, mère et tuteur, sous l'autorité desquels les mineurs contracteront mariage, sous peine aussi par ceux-ci de répondre du préjudice qui en résulterait. — En cas de retard, les inscriptions mentionnées au présent article, seront requises par le commissaire du directoire exécutif près les administrations municipales.

» 23. Les inscriptions conservent l'Hypothèque et le privilége pendant dix années, à compter du jour de leur date : leur effet cesse si ces inscriptions n'ont été renouvelées avant l'expiration de ce délai. — Néanmoins leur effet subsiste, savoir, sur les comptables publics et privés dénommés en l'art. 21, et sur les cautions des comptables publics, jusqu'à l'apurement définitif des comptes, et six mois au-delà; et sur les époux, pour tous leurs droits et conventions de mariage, soit déterminés, soit éventuels, pendant tout le temps du mariage, et une année après.

» 24. Les frais des inscriptions sont à la charge du débiteur, s'il n'y a eu stipulation contraire. — Les tuteurs et curateurs des mineurs, des interdits et des absens, peuvent employer en dépense, dans le compte de leur gestion, les frais qu'ils auront payés pour celles faites sur eux, à l'effet de conserver les Hypothèques indéfinies des administrés.

» Chap. 7. *De la radiation des inscriptions.* Art. 25. Les inscriptions sont radiées sur la justification du consentement des parties intéressées, ou du jugement exécutoire qui l'aurait ordonné. — Dans l'un et l'autre cas, ceux qui requièrent la radiation, sont tenus de déposer au bureau de la conservation des Hypothèques, l'expédition de l'acte authentique du consentement, ou celle du jugement.

» TIT. 2. *Du mode de consolider et purger les expropriations.* Art. 26. Les actes translatifs de biens et droits susceptibles d'Hypothèques, doivent être inscrits dans les registres du bureau de la conservation des Hypothèques, dans l'arrondissement duquel les biens sont situés. — Jusque-là, ils ne peuvent être opposés au tiers qui auraient contracté avec le vendeur, et qui se seraient conformés aux dispositions de la présente.

» 27. Le conservateur des Hypothèques certifie, au bas de l'expédition qu'il rend à l'acquéreur, la transcription qu'il en a faite.

» 28. La transcription prescrite par l'art. 26 transmet à l'acquéreur les droits que le vendeur avait à la propriété de l'immeuble, mais avec les dettes et Hypothèques dont cet immeuble est grevé.

» 29. Lorsque le titre de mutation constate qu'il est dû au précédent propriétaire et à ses ayans-cause, soit la totalité ou partie du prix, soit des prestations qui en tiennent lieu, la transcription conserve à ceux-ci le droit de préférence sur les biens aliénés; à l'effet de quoi, le conservateur des Hypothèques fait inscription sur ses registres des créances non encore inscrites qui en résulteraient, sans préjudice néanmoins du privilége accordé par l'art. 12.

» 30. Si le prix exprimé dans le contrat, est insuffisant pour acquitter toutes les charges et Hypothèques, l'acquéreur, pour se dispenser d'en payer l'intégralité, et se garantir de l'effet des poursuites autorisées par l'art. 14, est tenu de notifier, dans le mois de la transcription de l'acte de mutation, aux créanciers, aux domiciles par eux élus, — 1.° Son contrat d'acquisition; — 2.° Le certificat de transcription qu'il en a requis; — 3.° L'état des charges et Hypothèques dont est grevée la propriété, avec déclaration qu'il acquittera sur-le-champ celles échues et celles à échoir, dans les mêmes termes et de la même manière qu'elles ont été constituées; mais le tout jusqu'à concurrence seulement du prix stipulé dans son acte.

» 31. Lorsque l'acquéreur a fait cette notification dans le délai prescrit, tout créancier dont les titres ont été inscrits, peut requérir la mise aux enchères et adjudication publique de l'immeuble, à la charge, 1.° de le déclarer à l'acquéreur dans le mois de la notification par lui faite; 2.° de se soumettre de porter ou faire porter le prix au moins à un vingtième en sus de celui stipulé dans le contrat. — Cette réquisition est signifiée, tant à l'acquéreur qu'au vendeur, par exploit dont l'original, ainsi que les copies, seront signés du créancier ou de son fondé de pouvoir, lequel, en ce cas, sera tenu de donner copie de sa procuration, le tout à peine de nullité.

» 32. Faute de la déclaration et soumission dans ledit délai, la valeur de l'immeuble demeure fixée définitivement au prix stipulé par le contrat d'acquisition; et l'acquéreur sera en conséquence libéré de toutes choses et Hypothèques, en payant ledit prix aux créanciers qui seront en ordre de le recevoir.

» 33. En cas de revente sur enchères, elle a lieu, suivant les formes déterminées pour les expropriations forcées, à la diligence, soit de l'acquéreur, soit du créancier qui l'aura requise; le poursuivant énoncera dans les affiches la quotité du prix porté au contrat, et la somme en sus à laquelle le créancier s'est obligé de le porter ou faire porter.

» 34. Le tiers adjudicataire restitue à l'acquéreur les frais et loyaux coûts du premier contrat, et de sa transcription sur les registres des Hypothèques, ensemble ceux par lui faits pour parvenir à la revente, le tout en sus du prix de l'adjudication.

» 35. L'acquéreur qui préférerait de solder toutes les créances, a son recours contre le vendeur pour remboursement de ce qu'il aura payé ou devra payer en sus du prix stipulé par le contrat de vente, et pour les intérêts de cet excédant, à compter du jour des payemens.

» 36. Les diligences autorisées par les art. 30, 31, 32 et 33, ne préjudicient en rien à l'action personnelle que les créanciers non remboursés conservent contre les vendeurs.

» Tit. 3. *Dispositions relatives aux Hypothèques, priviléges, et mutations du passé, et aux aliénations des rentes constituées.* Art. 37. Les droits d'Hypothèque ou privilége existans lors de la publication de la présente, qui n'auraient pas encore été inscrits en exécution et dans les formes de la loi du 9 messidor an 3, le seront pour tout délai dans les trois mois qui suivront ladite publication.

» 38. Les inscriptions déjà faites, ainsi que celles qui le seraient dans ledit délai, conserveront aux créanciers leur Hypothèque ou privilége, et le rang que leur assignaient les lois antérieures.

» 39. Les Hypothèques qui n'auraient pas été inscrites avant l'expiration des trois mois, n'auront effet qu'à compter du jour de l'inscription qui en serait requise postérieurement. — Dans le même cas, les priviléges dégénéreront en simple Hypothèque, et n'auront rang que du jour de leur inscription.

» 40. Pour requérir l'inscription des droits antérieurs à la présente, le créancier ou le tiers agissant en son nom, ne sera point obligé de représenter l'expédition du titre de sa créance. — L'inscription sera faite sur la simple représentation de deux bordereaux contenant les indications prescrites par les art. 17 et 21. — Celles à faire sur les biens d'une personne décédée, pourront l'être sur la simple dénomination du défunt. — Le requérant sera tenu de déclarer la somme en numéraire à laquelle il évalue les rentes et prestations pour lesquelles il s'inscrit.

» 41. A l'égard des inscriptions au profit des mineurs, des interdits, des absens, sur leurs tuteurs, curateurs et administrateurs, elles seront faites à la diligence du subrogé tuteur ou curateur, à peine de demeurer responsable du préjudice qui résulterait du défaut ou retard d'inscription. A défaut de subrogé tuteur, les parens ou amis qui auront concouru à la nomination du tuteur ou curateur, chacun individuellement et sous leur responsabilité solidaire, seront tenus de requérir les mêmes inscriptions, ou de veiller à ce qu'elles soient faites en temps utile, à la diligence de l'un d'eux. — Celles des époux encore mineurs, pour raison de leurs conventions et droits matrimoniaux, seront faites à la diligence des père, mère ou tuteur, sous l'autorisation duquel le mariage aurait été contracté. A défaut du subrogé tuteur ou curateur, et en cas de prédécès desdits père, mère ou tuteur, sous l'autorisation desquels le mariage aurait été contracté, les inscriptions seront faites à la diligence des parens et amis qui ont concouru à la tutelle ou curatelle, à peine, par chacun des susnommés, de demeurer solidairement responsables de tout préjudice. — Si les inscriptions mentionnées au présent article, n'ont point été requises dans les deux mois de la publication de la présente par les personnes chargées de le faire, elles le seront par le commissaire du directoire exécutif près les administrations municipales.

» 42. Les inscriptions pour les droits d'Hypothèque ou privilége acquis avant la promulgation de la présente sur les rentes constituées, les rentes foncières et autres prestations de cette nature, déclarées rachetables par les lois, seront faites, savoir, — Sur les rentes foncières et prestations réelles, au bureau des Hypothèques de la situation des immeubles sur lesquels elles ont été créées; — Et sur les rentes constituées, au bureau du dernier domicile du créancier desdites rentes.

» 43. Dans les lieux où l'Hypothèque générale était admise par les lois antérieures, et n'aurait pas été restreinte par les conventions des parties, les inscriptions déjà faites et celles qui auront lieu dans le délai prescrit par l'art. 37, pour toute créance antérieure à la publication de la présente, en conservent le rang sur les biens présens et à venir du débiteur, situés dans l'étendue du bureau où elles auront été requises, sans que le créancier soit obligé de désigner la nature ni la situation des immeubles.

» 44. Les possesseurs d'immeubles qui n'auraient pas encore accompli toutes les formalités prescrites par les lois et usages antérieurs pour consolider leurs propriétés et en purger les charges et Hypothèques, y suppléeront par la transcription de l'acte de mutation. — Les dépôts d'actes d'expropriation déjà faits dans les formes prescrites par l'art. 105 de la loi du 9 messidor an 3, tiendront lieu de cette transcription.

» 45. Pour purger les Hypothèques et priviléges qui existeraient en vertu des anciennes lois sur les rentes foncières, sur les prestations réelles déclarées rachetables, ainsi que sur les rentes constituées, les nouveaux possesseurs feront transcrire leurs titres, savoir, pour les rentes foncières et prestations réelles, au bureau des Hypothèques de la situation des immeubles sur lesquels elles ont été créées; et quant aux rentes constituées, au bureau du domicile actuel du précédent propriétaire.

» 46. Toutes mutations antérieures à la publication de la présente, dont les actes auront été déposés avant ladite publication, ou transcrits dans les trois mois suivans, ne seront purgées que des charges et Hypothèques non inscrites au registre de la conservation avant l'expiration desdits trois mois.

» 47. Si la transcription des mutations mentionnées aux art. 44 et 46, n'est faite qu'après l'expiration des trois mois qui suivront la publication de la présente, l'immeuble qui en est l'objet, demeure grevé des charges et Hypothèques consenties par les précédens propriétaires avant leur expropriation, et qui seraient inscrites avant cette transcription. — A l'égard des rentes constituées, elles demeurent grevées de celles desdits charges et Hypothèques inscrites dans les divers bureaux où les précédens propriétaires sur lesquels elles n'auraient point été purgées, auraient eu leur domicile.

» 48. En cas d'insuffisance du prix de la vente pour l'acquit intégral des charges et Hypothèques, l'acquéreur peut user de la faculté accordée par l'art. 30, sauf aux créanciers à requérir, si bon leur semble, l'adjudication aux enchères, suivant l'art. 31.

» 49. Il n'est rien innové pour les mutations antérieures à la présente, aux lois et usages qui auraient pu obliger le nouveau propriétaire à la représentation et au payement de son prix, ni aux droits et actions des créanciers, soit pour l'exiger, soit pour suivre l'immeuble dans les mains du tiers possesseur.

» 50. Dans le cas où les mutations de rentes constituées n'auraient lieu que postérieurement à la publication de la présente, le nouveau possesseur sera tenu des Hypothèques inscrites dans le délai prescrit par l'art. 37, tant sur le dernier propriétaire que sur ceux antérieurs, dans les divers bureaux où ils auraient eu leur domicile, et qui se trouveraient encore subsistantes sur lesdites rentes lors de la transcription de l'acte de mutation.

» Tit. 4. *De la publicité des registres des bureaux de la conservation des Hypothèques.* — Art. 51. Les conservateurs des Hypothèques sont tenus de délivrer, quand ils en sont requis, la copie des actes transcrits sur leurs registres, ainsi que l'état des inscriptions subsistantes, ou le certificat qu'il n'en existe aucune.

» 52. Ils sont responsables du préjudice qu'occasionneraient, — 1.° Le défaut de mention sur leur registre des transcriptions d'actes de mutation et des inscriptions requises en leurs bureaux; — 2.° L'omission qu'ils feraient, dans les certificats qui leur seraient demandés pour constater les inscriptions existantes, de l'une ou de plusieurs de celles requises antérieurement, à moins que, dans ce dernier cas, l'erreur ne provienne d'une désignation insuffisante qui ne pourrait leur être imputée.

» 53. Au moyen de la responsabilité prononcée par l'article précédent, l'immeuble à l'égard duquel le conservateur aurait omis une ou plusieurs des charges inscrites, en demeure affranchi dans les mains du nouveau possesseur, pourvu qu'il ait requis un certificat depuis la transcription de l'acte de mutation, sauf néanmoins aux créanciers le droit de faire colloquer leurs créances suivant le rang qui leur appartient, tant que le prix n'a point été payé au vendeur, ou que l'ordre et distribution n'en a point été fait entre les autres créanciers. — Le conservateur sera subrogé de droit aux actions que les créanciers qu'il aurait été obligé de payer, avaient contre le débiteur originaire.

» 54. Dans aucun cas, les conservateurs des Hypothèques ne pourront refuser ni retarder les transcriptions d'actes de mutation, les inscriptions ou la délivrance des certificats, qui seront requis conformément aux lois, à peine de répondre des dommages-intérêts des parties.

» 55. Il sera incessamment statué sur l'organisation du bureau général et des bureaux particuliers de la conservation des Hypothèques; jusqu'à cette époque, le service sera provisoirement continué, d'après les dispositions de la présente, par ceux actuellement établis en exécution de la loi du 9 messidor an 3, et conformément à ce qu'elle prescrit à cet égard.

» 56. Les deux lois du 9 messidor an 3, sur le régime hypothécaire et sur les déclarations foncières, ensemble toutes les lois, coutumes et usages antérieurs sur les constitutions d'Hypothèques, et sur les moyens de consommer et consolider les aliénations d'immeubles, et d'en purger les Hypothèques, demeurent abrogés.

» 57. La présente sera réimprimée et envoyée par les administrations centrales de département à celles municipales, qui la feront publier et afficher dans leurs arrondissemens respectifs.

» 58. Il sera statué incessamment, par une loi particulière, sur les modifications dont la présente est susceptible pour son exécution dans les colonies ».

Art. II. *Dispositions des lois qui ont déterminé le mode d'exécution de celle du 11 brumaire an 7, et fixé les termes de l'inscription des créances hypothécaires antérieures.*

I. On vient de voir que, par l'art. 55 de la loi du 11 brumaire an 7, il était dit qu'il serait incessamment statué sur l'organisation de la conservation des Hypothèques; et que jusqu'à cette époque, le service serait provisoirement continué par les conservateurs établis en exécution de la loi du 9 messidor an 3.

Cette disposition a nécessité deux lois nouvelles: l'une du 9 ventôse an 7, concernant les fonctions des conservateurs provisoires, et les droits qu'ils étaient autorisés à percevoir, tant pour le trésor public que pour eux-mêmes; l'autre, du 21 du même mois, qui a déterminé l'organisation définitive de la conservation des Hypothèques.

La première de ces lois ne contenant que des dispositions transitoires, il serait inutile de la retracer ici. — La seconde, au contraire, est encore dans toute sa vigueur: le Code civil ne l'a modifiée en aucun point; et, par cette raison, il importe que nous la transcrivions toute entière :

« Tit. 1. *De la conservation des Hypothèques.* Chap. 1. *Disposition générale.* Art. 1. La conservation des Hypothèques est remise à la régie nationale de l'enregistrement; elle en confiera l'exécution aux receveurs de l'enregistrement, dans les lieux et suivant les formes qui vont être ci-après déterminés.

» Chap. 2. *Etablissement des bureaux des Hypothèques.* Art. 2. Il y aura un bureau de la conservation des Hypothèques par chaque arrondissement de tribunal de police correctionnelle. Il sera placé dans la commune où siége le tribunal. — Si, dans le même arrondissement, le tribunal civil et le tribunal de police correctionnelle siégent dans deux communes différentes, le bureau sera placé dans la commune où siégera le tribunal civil.

» Chap. 3. *De l'institution des agens des Hypothè-*

ques, et de leurs fonctions. Art. 3. Les préposés de la régie à la conservation des Hypothèques, seront chargés, 1.° de l'exécution des formalités civiles prescrites pour la conservation des Hypothèques et la consolidation des mutations de propriétés immobilières; 2.° de la perception des droits établis au profit du trésor public sur chacune de ces formalités.

» 4. Avant d'entrer en exercice, chaque préposé fera enregistrer sa commission au greffe du tribunal civil du département; il y prêtera le serment prescrit par la loi du 19 fructidor an 5 (aujourd'hui par le sénatus-consulte du 28 floréal an 12), et celui de remplir avec fidélité et exactitude les fonctions qui lui sont confiées.

» Chap. 4. *Des cautionnemens que doivent fournir les préposés aux Hypothèques.* Art. 5. Le préposé fournira en outre un cautionnement en immeubles. Il sera payé pour l'enregistrement dudit cautionnement un droit fixe d'un franc. — Le cautionnement sera reçu par le tribunal civil de la situation des biens, contradictoirement avec le commissaire du directoire exécutif près le même tribunal.

» 6. Le préposé sera tenu de faire recevoir son cautionnement et d'en justifier à la régie nationale, dans le mois de l'enregistrement de sa commission; il déposera, dans le même délai, une expédition de la réception dudit cautionnement au greffe du tribunal civil dans l'arrondissement duquel il remplira ses fonctions.

» 7. L'inscription du cautionnement sera faite à la diligence et aux frais du préposé. — Elle subsistera pendant toute la durée de sa responsabilité, sans avoir besoin d'être renouvelée.

» 8. Le cautionnement ci-dessus demeure spécialement et exclusivement affecté à la responsabilité du préposé à la conservation des Hypothèques, pour les erreurs et omissions dont la loi le rend garant envers les citoyens. — Cette affectation subsistera pendant toute la durée des fonctions, et dix années après, passé lequel délai, les biens servant de cautionnement seront affranchis de plein droit de toutes actions de recours qui n'auraient point été intentées dans cet intervalle.

» 9. Les préposés à la conservation des Hypothèques auront domicile dans le bureau où ils rempliront leurs fonctions, pour les actions auxquelles leur responsabilité pourrait donner lieu. — Ce domicile est de droit; il durera aussi long-temps que la responsabilité des préposés: toutes poursuites à cet égard pourront y être dirigées contre eux, quand même ils seraient sortis de place, ou contre leurs ayans-cause.

» 10. Le passage d'un bureau dans un autre n'emportera point l'obligation d'un nouveau cautionnement. Celui déjà fourni subsistera pour le nouveau bureau, sauf à suppléer, s'il y a lieu.

» 11. Le cautionnement sera, — de 20,000 fr. pour une population de cinquante mille individus et au-dessous; — de 30,000 fr. pour une population de cinquante mille à cent mille individus; — de 40,000 fr. pour une population de cent mille à cent cinquante mille individus; — de 50,000 fr. pour une population de cent cinquante mille à deux cent mille individus, et au-dessus. — Il sera de 100,000 fr. pour la commune de Paris.

» Chap. 5. *De l'empêchement des préposés, et de la vacance des bureaux.* Art. 12. En cas d'absence ou d'empêchement d'un préposé, il sera suppléé par le vérificateur ou l'inspecteur de l'enregistrement dans le département, ou bien, à son défaut, par le plus ancien surnuméraire du bureau. — Le préposé demeurera garant de cette gestion, sauf son recours contre ceux qui l'auront remplacé.

» 13. S'il y a vacance d'un bureau, par mort ou autrement, le cas de démission excepté, il sera rempli provisoirement par le vérificateur ou l'inspecteur de l'enregistrement, ou bien, à leur défaut, par le plus ancien surnuméraire du bureau. — Ils demeureront responsables de leur gestion. La régie pourvoira sur-le-champ à la place vacante.

» 14. Nul préposé démissionnaire ne pourra quitter ses fonctions avant l'installation de son successeur, à peine de répondre de tous dommages et intérêts auxquels la vacance momentanée du bureau pourrait donner lieu.

» Chap. 6. *Du traitement des préposés aux Hypothèques.* Art. 15. Le traitement des préposés à la conservation des Hypothèques est réglé ainsi qu'il suit: — 1.° Ils auront sur la recette des droits d'Hypothèque, jointe aux autres recettes dont ils sont chargés, les remises accordées sur les droits d'enregistrement et autres, par le tarif compris à l'art. 9 de la loi du 14 août 1793; — 2.° il leur sera payé par les requérans, pour les actes qu'ils délivreront, en outre le papier timbré, les sommes énoncées au tarif suivant; savoir: — 1.° pour l'inscription de chaque droit d'Hypothèque ou privilége, quel que soit le nombre des créanciers, si la formalité est requise par le même bordereau, 50 centimes; — 2.° pour la transcription de chaque acte de mutation, par rôle d'écriture contenant vingt-cinq lignes à la page, et dix-huit syllabes à la ligne, 25 c.; — 3.° pour chaque déclaration de changement de domicile, 25 c.; — 4.° pour l'inscription de chaque notification de procès-verbaux d'affiches, 1 fr.; — 5.° pour chaque radiation d'inscription, 50 c.; — 6.° pour chaque extrait d'inscription, ou certificat qu'il n'en existe aucune, 50 c.; — 7.° pour les copies collationnées des actes déposés ou transcrits dans les bureaux des Hypothèques, pour chaque rôle de feuille de papier de vingt-cinq lignes à la page, et dix-huit syllabes à la ligne, 25 c. (1)

» Chap. 7. *Des registres destinés à recevoir les actes du nouveau régime hypothécaire.* Art. 16. Les registres servant à recevoir les actes du nouveau régime hypothécaire, seront en papier timbré; les préposés les feront coter et parapher à chaque

(1) Ce tarif est élevé et amplifié par un décret impérial du 21 septembre 1810.

feuillet, par le président de l'administration municipale du lieu. — Cette formalité sera remplie dans les trois jours de la présentation des registres, et sans frais.

» 17. Les actes seront datés et consignés de suite, sans blanc, et jour par jour ; ils seront numérotés suivant le rang qu'ils tiendront dans les registres, et signés du préposé.

» 18. Outre les registres mentionnés en l'art. 16, les préposés tiendront un registre sur papier libre, dans lequel seront portés par extrait, au fur et à mesure des actes, sous le nom de chaque grevé, et à la case qui lui sera destinée, les inscriptions à sa charge, les transcriptions, les radiations et les autres actes qui les concernent, ainsi que l'indication des registres où chacun de ces actes sera porté, et les numéros sous lesquels ils y seront consignés.

» Tit. 2. *De la perception des droits d'Hypothèque*. Chap. 1. *De l'établissement des droits d'Hypothèque*. Art. 19. Il sera perçu, au profit du trésor public, conformément à l'art. 62 de la loi du 9 vendémiaire an 6, un droit sur l'inscription des créances hypothécaires, et sur la transcription des actes emportant mutation de propriété immobilière.

» Chap. 2. *Du droit d'inscription*. Art. 20. Le droit sur l'inscription des créances hypothécaires, sera, 1.° d'un pour deux mille du capital de chaque créance hypothécaire antérieure à la promulgation de la loi du 11 brumaire dernier; 2.° d'un pour mille du capital des créances postérieures à ladite époque.

» 21. Il ne sera payé qu'un seul droit d'inscription pour chaque créance, quel que soit d'ailleurs le nombre des créanciers requérans et celui des débiteurs grevés.

» 22. S'il y a lieu à inscription d'une même créance dans plusieurs bureaux, le droit sera acquitté en totalité dans le premier bureau; il ne sera payé, pour chacune des autres inscriptions, que le simple salaire du préposé, sur la représentation de la quittance constatant le payement entier du droit, lors de la première inscription. — En conséquence, le préposé dans le premier bureau sera tenu de délivrer à celui qui payera le droit, indépendamment de la quittance au pied du bordereau d'inscription, autant de *duplicata* de ladite quittance qu'il lui en sera demandé. — Il sera payé au préposé vingt centimes pour chaque *duplicata*, en outre le papier timbré.

» 23. L'inscription des créances appartenant à la république, aux hospices civils et aux autres établissemens publics, sera faite sans avance du droit d'Hypothèque et des salaires des préposés.

» 24. Toutes les fois que l'inscription aura lieu sans avance du droit et des salaires, le préposé sera tenu, 1.° d'énoncer, tant sur les registres que sur le bordereau à remettre au requérant, que les droits et salaires sont dus; 2.° d'en poursuivre le recouvrement sur les débiteurs dans les deux décades après la date de l'inscription. Les poursuites s'exerceront suivant les formes établies pour le recouvrement des droits d'enregistrement.

» Chap. 3. *Du droit de transcription*. Art. 25. Le droit sur la transcription des actes emportant mutation de propriétés immobilières, sera d'un et demi pour cent du prix intégral desdites mutations, suivant qu'il aura été réglé à l'enregistrement.

» 26. Si le même acte donne lieu à transcription dans plusieurs bureaux, le droit sera acquitté ainsi qu'il est porté à l'art. 22 ci-dessus pour les inscriptions.

» 27. Hors les cas d'exception prononcés par la présente loi et par celle du 11 brumaire dernier, les droits et salaires dus pour les formalités hypothécaires seront payés d'avance par les requérans.— Les préposés en expédieront quittance au pied des actes et certificats par eux remis et délivrés; chaque somme y sera mentionnée séparément et en toutes lettres ».

La loi du 6 messidor an 7 explique ou plutôt modifie en ces termes l'art. 20 de celle qu'on vient de lire:

« *Art.* 1. L'inscription *indéfinie*, qui a pour objet la conservation d'un simple droit d'Hypothèque *éventuel* sans créance existante n'est point sujette au droit proportionnel établi par les lois des 9 vendémiaire an 6 et 21 ventôse an 7.

» 2. Si le droit *éventuel* qui a donné lieu à l'inscription *indéfinie*, se convertit en créance réelle, le droit proportionnel est dû sur le capital de la créance.

» 3. L'enregistrement d'aucune transaction ou quittance de payement de ladite créance ne peut être requis, que le droit proportionnel d'inscription n'ait été préalablement acquitté.

» 4. Les comptables publics qui fournissent des cautionnemens en immeubles, sont sujets à l'inscription hypothécaire.

» 5. L'inscription n'a lieu que jusqu'à concurrence de la valeur du cautionnement fourni, et sur les immeubles qui en sont l'objet. — Elle est *indéfinie* (1).

» 6. Les commissaires du directoire exécutif près les administrations, requièrent d'office les inscriptions *indéfinies* sur les comptables publics ci-dessus désignés, sauf l'exception résultant de l'art. 7 de la loi du 21 ventôse dernier.

» 7. Les receveurs de l'enregistrement sur les lieux délivrent, sur récépissé, aux commissaires du directoire exécutif, le papier timbré nécessaire pour la confection des bordereaux des inscriptions hypothécaires qu'ils sont chargés de requérir..... ».

II. Les art. 37 et 47 de la loi du 11 brumaire an 7 avaient fixé à trois mois le délai dans lequel les Hypothèques et les mutations antérieures (à l'égard

(1) Et par conséquent elle n'est sujette à aucun droit d'Hypothèque, tant qu'elle demeure telle. Mais elle n'est pas pour cela affranchie du droit proportionnel d'enregistrement. *V. Cautionnement des employés et fonctionnaires publics*, n. 6.

desquelles n'avaient pas été observées les formalités déterminées par la loi du 9 messidor an 3), devraient être, les unes *inscrites*, les autres *transcrites* au bureau des Hypothèques de la situation des biens, pour pouvoir conserver aux créanciers et aux acquéreurs les avantages que leur avaient assurés les lois sous lesquelles ils avaient contracté.

Mais on a bientôt reconnu que ce délai était trop court. — En conséquence, le 16 pluviôse an 7, loi qui le proroge de trois mois, à compter du jour de sa publication. — Le 17 germinal an 7, autre loi qui accorde une nouvelle prorogation, et la fixe à deux mois.

L'administration du département du Liamone, ayant omis d'exécuter l'art. 57 de la loi du 11 brumaire an 7, qui en ordonnait la réimpression et l'affiche dans tous les arrondissemens municipaux, il en est résulté que cette loi a été ignorée de la plupart des créanciers et acquéreurs qui avaient intérêt de se conformer à ce qu'elle leur prescrivait par les art. 37 et 47; devaient-ils être victimes de cette ignorance involontaire? La loi du 19 frimaire an 8 a décidé que non; et leur a accordé, pour se mettre en règle, un délai de sept mois, à compter du jour de sa publication.

III. Bientôt après, une autre prorogation est devenue nécessaire pour les créanciers et les acquéreurs des personnes qui, pendant les délais fixés par les lois qu'on vient de rappeler, étaient inscrites sur la liste des émigrés. Voici ce qu'a statué à leur égard la loi du 16 ventôse an 9:

« *Art.* 1. Des délais accordés par les art. 37 et 47 de la loi du 11 brumaire an 7, et par les lois des 16 pluviôse et 17 germinal même année, pour l'inscription des droits d'Hypothèques ou de privilége, sont prorogés en faveur des créanciers hypothécaires d'individus inscrits sur la liste des émigrés, et dont les biens avaient été séquestrés.

» 2. Lesdites inscriptions pourront être faites par les créanciers, dans les trois mois, à partir du jour où la radiation du prévenu d'émigration aura été légalement constatée.

» 3. Ce jour sera pour l'avenir celui où l'individu rayé aura, dans le département ou les départemens de la situation des biens restitués, fait prononcer, par le préfet, la levée du séquestre.

» 4. A l'effet de fixer et assurer la date de l'arrêté qui prononcera la levée du séquestre, il sera, dans chaque préfecture, tenu un registre en forme authentique, ouvert au public, dans lequel seront inscrits par ordre de dates et de numéros, sans aucun blanc, interligne ni lacune, les arrêtés qui auront prononcé la levée du séquestre.

» 5. Lorsque la radiation aura été prononcée, et le séquestre levé antérieurement à la publication de la présente loi, le délai des trois mois courra en faveur des créanciers hypothécaires des individus rayés, à compter du jour de la promulgation de la présente loi.

» 6. Tout porteur de créance spécifiée en l'art. 1, qui se sera fait inscrire dans le délai fixé par les art. 2 et 5, conservera ses droits à la date de ses titres.

» 7. Les inscriptions qui seront faites en vertu des dispositions ci-dessus, ne pourront nuire aux droits des créanciers qui, porteurs d'un titre souscrit par l'individu rayé, postérieurement à sa radiation, auraient, antérieurement à la promulgation de la présente, fait inscrire leur créance dans les formes voulues par la loi.

» 8. Toute poursuite en expropriation forcée contre les individus rayés désignés dans la présente loi, restera suspendue pendant le délai indiqué par les art. 2 et 5 ci-dessus.

» 9. Toutes ventes et aliénations antérieures à la promulgation de la présente, faites par lesdits individus, et qui n'étant pas encore transcrites, ne le seraient que dans ledit délai, ne seront purgées que des charges et Hypothèques non inscrites aux registres de la conservation, avant l'expiration des trois mois. Il en sera de même des ventes ou aliénations postérieures à la promulgation de la présente, qui ne seraient transcrites que dans lesdits trois mois.

» 10. Les dispositions contenues en la présente loi, ne seront point applicables aux créanciers des individus qui auraient été rayés, et dont les séquestres auraient été levés avant le 11 brumaire an 7, à moins que les arrêtés de radiation n'aient été rapportés, et les séquestres apposés de nouveau depuis cette époque ».

Art. III. *Questions sur les lois rapportées dans les deux articles précédens, et d'abord sur le n.° 2 de l'art. 3 de la loi du 11 brumaire an 7:*

Une sentence arbitrale rendue entre associés pour fait de commerce, peut-elle, sans avoir été homologuée ni signifiée, servir de titre pour prendre une inscription hypothécaire sur les biens du condamné? Le peut-elle, notamment lorsqu'elle a été enregistrée au bureau du percepteur des droits d'enregistrement, et déposée au greffe du tribunal qui doit l'homologuer?

Non. *V.* le plaidoyer et l'arrêt de la cour de cassation, du 25 prairial an 11, rapportés dans mon *Recueil de Questions de droit*, au mot *Hypothèque*, §. 1.

Art. IV. *Questions sur le n.° 3 de l'art. 3 de la loi du 11 brumaire an 7:*

1.° *Peut-on prendre une inscription hypothécaire en vertu d'un acte sous seing-privé reconnu devant un officier public quelconque?*

2.° *Le peut-on en vertu d'un billet sous seing-privé reconnu devant un juge de paix siégeant en bureau de conciliation?*

3.° *Le peut-on en vertu d'un billet sous seing-*

privé reconnu devant un juge de paix, sans que le procès-verbal de celui-ci exprime s'il a agi comme conciliateur ou comme juge ?

I. Le 18 thermidor an 10, procès-verbal du juge de paix du canton de Maestricht, section du nord, ainsi conçu : Pardevant nous..., juge de paix... sont volontairement comparus Guillaume Smal, aubergiste; François Rouwyser, négociant; et Jean Loyens, prêtre..., lesquels nous ont déclaré reconnaître leurs signatures apposées au bas d'un acte sous seing-privé, en date du 14 janvier 1798, enregistré le 15 courant...., contenant une création de rente au capital de 3,000 florins, argent de Liége, au profit de Madame Anne Sorissen, veuve de feu Conrad-Mathieu Albrechts, domiciliée en cette ville, et à charge dudit Guillaume Smal, pour laquelle somme et intérêts ledit François Rouwyser est caution, et Jean Loyens arrière-caution; déclarant les comparans tenir ledit acte sous seing-privé comme s'il eût été passé et signé par eux devant notaire. Dont et de tout ce que dessus nous avons donné acte à ladite dame veuve Albrechts, pour lui servir et valoir comme il appartiendra; et ont lesdits comparans Guillaume Smal, François Rouwyser et Pierre Loyens, signé avec nous et notre greffier, à Maestricht, en date que dessus. *Signé* Smal, Rouwyser, Loyens; P. Jessé, juge de paix, et Paulissen, greffier.

Le 21 du même mois, la veuve Albrechts prend, en vertu de ce procès-verbal, une inscription hypothécaire sur une maison située à Maestricht, et appartenant à François Rouwyser.

Le 29 fructidor suivant, Pierre Wevelinchooven s'inscrit sur la même maison, en vertu d'un jugement du 6 du même mois, qui condamne François Rouwyser à lui payer une somme de 1,545 livres tournois.

Le 3 nivôse an 11, cette maison est vendue; un ordre s'établit, et il s'agit de savoir qui de la veuve Albrechts ou du sieur Wevelinchooven, doit être colloqué le premier, sur la portion du prix que n'ont pas absorbée les inscriptions prises antérieurement par des tiers?

Le 17, Wevelinchooven soutient que l'inscription de la veuve Albrechts est nulle; que le procès-verbal du juge de paix, du 18 thermidor an 10, ne peut pas être considéré comme un jugement portant reconnaissance de l'obligation sous seing-privé du 14 février 1798, qu'ainsi on ne peut pas appliquer à cet acte la disposition du n.° 3 de l'art. 3 de la loi du 11 brumaire an 7, sur le régime hypothécaire.

Le 15 floréal an 11, jugement par lequel, — « Vu l'art. 3, n.° 3, de la loi du 11 brumaire an 7; — considérant que des termes formels de cet article, il résulte que la seule condition exigée pour qu'un acte privé produise Hypothèque au moyen de l'inscription, c'est que la signature en ait été *reconnue ou déclarée telle par un jugement*; qu'il est évident que cette disposition offrant l'alternative ou de la reconnaissance, ou d'un jugement qui y supplée, l'accomplissement de l'une ou de l'autre de ces deux formalités suffit seule, et sans le concours de l'autre, pour remplir le vœu de la loi : — considérant qu'il n'y a aucun motif pour étendre l'application de ces mots, *par un jugement*, au premier membre de la phrase, tandis que les raisons se multiplient pour la restreindre au second; — Qu'en effet cette interprétation ne blesse pas moins les règles de la grammaire, que les principes de la jurisprudence. Comment attribuer au législateur cette expression vicieuse, une *signature reconnue par un jugement?* Comme si un jugement pouvait jamais être un aveu qui est essentiellement le fait de la partie; qu'elle n'est pas moins en opposition avec les maximes consacrées par la jurisprudence, puisqu'elle tendrait à donner aux tribunaux des attributions qui résistent directement au principe de leur institution, en ce qu'elle forcerait des citoyens d'y recourir, pour se faire rendre une justice qu'on ne leur refuserait pas, tandis que leur établissement a pour unique objet le maintien des droits de chacun, contre les atteintes que l'injustice et la mauvaise foi voudraient y porter; — que cette interprétation contrarie d'autant plus essentiellement les vues du législateur, qu'elle tend à multiplier à pure perte les procès que celui-ci ne cherche qu'à prévenir ou à diminuer; — que dans le doute, s'il pouvait y en avoir dans l'espèce, entre les deux sens donnés à la loi, celui-là devrait être préféré, qui est le plus conforme à l'équité, à la raison, aux notions reçues, et non celui qui les renversant toutes, présenterait dans son exécution les plus grands inconvéniens; — que la loi sans exiger d'autres formalités, indique au porteur d'un acte privé, deux voies également simples, également suffisantes, pour se procurer des droits d'hypothèques : la reconnaissance de la signature, s'il peut l'obtenir de la bonne foi de son débiteur; s'il ne le peut pas, un jugement qui y supplée, en déclarant cette signature reconnue ou censée telle; — considérant que la reconnaissance opérée devant un juge de paix, offre sans contredit tous les caractères exigés par l'article cité, puisque ce fonctionnaire, comme tous les officiers publics, s'il ne confère pas aux actes qu'il reçoit des effets exécutoires, leur imprime néanmoins le sceau de l'authenticité (*Pothier, Traité des obligations*, n. 296); — considérant que si, d'après l'opinion du commentateur Hua, l'Hypothèque dérive d'un *titre constant et authentique*, l'on ne peut la refuser à un acte privé qui par sa reconnaissance effectuée devant le juge de paix, ou tout autre officier public, a certainement acquis les deux qualités; considérant que rien dans la loi relative aux attributions des juges de paix, n'indique, soit formellement, soit virtuellement, l'exclusion des effets hypothécaires pour la reconnaissance qu'ils auraient reçue d'une signature privée; que cette question n'y a été ni traitée ni prévue; que ce n'est nullement du droit de juridiction que résulte le caractère hypothécaire, puisque les actes des notaires, qui n'en ont aucun en sont incontestablement revêtus; que les droits d'Hypothèque prenant uniquement leur source dans la loi, ils n'ont rien d'incompatible avec la qualité *d'officier public conciliateur;* — considérant que ce système est d'autant plus conforme à l'équité, qu'en le rejettant, le porteur d'un acte privé reconnu devant la justice de paix, serait privé des droits d'Hypothèque qu'il obtient naturellement par l'inscription; tandis qu'en l'admettant, personne n'en souffre aucun tort, l'inscription du créancier par un acte privé faisant suffisamment connaître ses droits à tous ceux qui y auraient intérêt; — considérant que l'un ne peut se défendre de voir dans la thèse de Wevelinchooven, une inconséquence palpable, puisqu'après avoir établi que c'est au caractère *exécutoire* que la loi a attaché le droit d'Hypothèque, il se montre plus sévère qu'elle encore, en exigeant exclusivement un jugement qui constate la reconnaissance de la signature d'un acte privé, au lieu de se borner du moins à un acte notarié qui est incontestablement exécutoire; — considérant que ce raisonnement est d'ailleurs nécessairement vicieux; qu'il n'est aucune raison d'exiger un titre exécutoire pour l'Hypothèque, les droits d'exécution et d'Hypothèque n'ayant rien de commun entre eux, pourquoi les uns seraient-ils le principe, la source nécessaire des autres? que l'on ne peut donc aucunement accorder à Wevelinchooven la préférence qu'il réclame sur la dame Albrechts, le titre de celle-ci réunissant les qualités requises pour être susceptible d'Hypothèque, et ayant reçu la formalité de l'inscription avant celui de Wevelinchooven »; — le tribunal de première instance de Maestricht déclare valable l'inscription prise par la dame Albrechts, et ordonne que celle-ci sera colloquée avant son adversaire.

Appel. Par arrêt du 29 thermidor an 11, la cour d'appel de Liége, adoptant les motifs des premiers juges, déclare qu'il a été bien jugé. — Recours en cassation.

« Vous avez à décider (ai-je dit à l'audience de la section civile, le 22 décembre 1806), si l'arrêt que vous dénonce le demandeur, a fait une juste ou une fausse application du n.° 3 du 3.e article de la loi du 11 brumaire an 7; et cette question nous paraît en renfermer trois: la première, si en supposant que l'acte du juge de paix de Maestricht, du 18 thermidor an 10, pût être considéré comme un procès-verbal de conciliation, il aurait érigé le billet sous seing-privé, auquel il se rapporte, en titre susceptible d'inscription au bureau des Hypothèques; la seconde, si dans la supposition que cet acte puisse être envisagé comme un jugement du tribunal de paix, il a pu en résulter une Hypothèque à la charge de l'inscription; la troisième, si dans le fait, cet acte doit être rangé dans la classe des jugemens, ou s'il appartient à celle des procès-verbaux de conciliation.

» Pour nous fixer sur le premier de ces trois points, nous devons nous bien pénétrer du texte et de l'esprit de l'art. 3 de la loi du 11 brumaire an 7: « L'Hypothèque existe (porte-t-il), mais à la » charge de l'inscription; 1.° pour une créance con» sentie par acte notarié; 2.° pour celle résultant » d'une condamnation judiciaire; 3.° pour celle qui » résulte d'un acte privé dont la signature aura été » reconnue ou déclarée telle par un jugement; » 4.° pour celles auxquelles la loi donne le droit » d'Hypothèque ».

» Arrêtons-nous d'abord au premier numéro de cet article, *pour une créance consentie par acte notarié.* Quel est le sens de ces termes? Le législateur veut-il dire par-là que tout acte notarié emportera de plein droit Hypothèque sur tous les biens du débiteur, à la charge de l'inscription? Entend-il par-là maintenir la disposition des anciennes ordonnances, qui attachait une Hypothèque à tout contrat passé devant notaire, en y ajoutant seulement la nécessité de l'inscrire dans un bureau public?

» Au premier aspect, on serait tenté de croire que telle est son intention. — Mais si de cet article, nous passons au quatrième, nous demeurerons bientôt convaincus que ce n'est là qu'une fausse apparence: « Toute stipulation volontaire » d'Hypothèque (y est-il dit), doit indiquer la na» ture et la situation des immeubles hypothéqués: » elle ne peut comprendre que des biens apparte» nans au débiteur lors de la stipulation..... L'Hy» pothèque judiciaire ne peut affecter que les biens » appartenans au débiteur lors du jugement. Quant » aux Hypothèques légales, elles frappent, au mo» ment même de l'inscription, sur tous les biens » appartenans au débiteur, et situés dans l'arron» dissement du bureau où se fait l'inscription ».

» Il résulte clairement de cet article, que l'Hypothèque conventionnelle diffère de l'Hypothèque judiciaire et de l'Hypothèque légale, en ce que la première n'a lieu qu'au moyen d'une stipulation, par laquelle le débiteur affecte nommément tels ou tels biens à sa dette, tandis que la seconde s'imprime d'elle-même sur tous les biens que le débiteur possède au moment de sa condamnation; tandis que la troisième frappe également de plein droit sur tous les biens que le débiteur possède au moment où naît la créance à laquelle la loi la déclare inhérente. — Donc, pour qu'un débiteur puisse, en contractant devant notaire, être censé donner ses biens en Hypothèque, il faut qu'il le dise expressément, il faut même qu'il désigne spécifiquement les biens qu'il consent d'hypothéquer; donc les contrats notariés ne produisent plus d'eux-mêmes et *ipso facto,* l'Hypothèque que les anciennes ordonnances en faisaient dériver; donc il n'y a plus que les condamnations judiciaires et certaines créances privilégiées, qui emportent de plein droit Hypothèque, à la charge de l'inscription.

» Tel est évidemment l'esprit de la loi du 11 brumaire an 7; et quand nous ne le trouverions pas exprimé dans le Code Napoléon en caractères plus prononcés, quand nous n'aurions pas la certitude que le Code Napoléon n'a fait là-dessus que développer en d'autres termes, les dispositions de cette loi, cette loi seule serait par elle-même assez claire sur ce point, pour ne pas permettre de douter que telle ne soit son intention.

» Cela posé, il nous sera facile de saisir le véritable sens des dispositions qui, dans le troisième article de cette loi, donnent lieu à la discussion ouverte devant vous. — Après avoir établi, n.° 1, que l'Hypothèque existe, à la charge de l'inscription *pour une créance consentie par un acte notarié*, c'est-à-dire, comme nous venons de le voir, par une créance à laquelle le débiteur a, par un acte devant notaire, affecté nommément tels ou tels biens; après avoir dit, n.° 2, que l'Hypothèque existe pareillement à la charge de l'inscription; *pour une créance résultant d'une condamnation judiciaire*, ou, ce qui est la même chose, que toute condamnation judiciaire emporte de plein droit une Hypothèque générale qui n'a besoin, pour avoir son effet, que d'être inscrite; la loi ajoute, n.° 3, que l'Hypothèque existe encore, à la charge de l'inscription, pour toute créance *résultant d'un acte privé dont la signature aura été reconnue ou déclarée telle par un jugement;* mais elle ne dit pas si cette Hypothèque a lieu de plein droit, comme celle qui résulte d'une condamnation judiciaire, ou si elle n'a lieu qu'autant qu'elle a été accordée et spécialisée par le débiteur dans un acte privé ainsi reconnu ou jugé tel. Et c'est de son silence sur cette question, que dérive toute la difficulté sur la signification qu'elle attache aux mots, *dont la signature aura été reconnue.*

» Ce silence n'est cependant pas tellement absolu, que l'on ne puisse facilement y suppléer par interprétation.

» Qu'est-ce, dans le sens de la loi, qu'une *créance résultante d'un acte privé dont la signature a été déclarée reconnue par un jugement?* C'est assurément la même chose que ce qui, dans le n.° 2 de l'article dont il s'agit, est qualifié de *créance résultant d'une condamnation judiciaire.* Car c'est une véritable *condamnation judiciaire,* qu'un jugement qui tient pour reconnue la signature d'un acte privé. Ainsi nul doute que ce jugement n'emporte Hypothèque, à la charge de l'inscription, et qu'il ne l'emporte de plein droit, sans stipulation *ad hoc*, sur tous les biens que le débiteur possède au moment où la reconnaissance de sa signature est déclarée par le juge.

» Qu'est-ce, dans le sens de la loi, qu'une *créance résultant d'un acte privé dont la signature a été* RECONNUE? Cela dépend du point de savoir si cette expression *reconnue,* doit, dans la première partie du n.° 3, être prise isolément, ou si elle se lie avec la seconde partie du même numéro, si elle fait corps avec les mots, *ou déclarée telle par un jugement.*

» Mais d'abord s'il y a sur ce point quelque ambiguïté dans la structure grammaticale de la loi, il n'en peut du moins résulter aucun embarras dans l'application de la loi même.

» Et en effet, si le mot *reconnue* fait corps avec les expressions suivantes, *ou déclarée telle par un jugement,* si la loi est censée dire, *reconnue par un jugement,* il est bien évident que, par-là, elle assimile la signature reconnue par un jugement à la signature qu'un jugement déclare reconnue; il est bien évident que la créance résultant d'un acte privé dont la signature a été reconnue par un jugement, est comme la créance résultant d'un acte privé dont un jugement a déclaré la signature reconnue, placée sur la même ligne que la condamnation judiciaire; il est par conséquent bien évident que l'Hypothèque que la loi déclare dériver de cette créance, à la charge de l'inscription, existe de plein droit, n'a pas besoin de stipulation spéciale, et frappe, même malgré le débiteur, sur les biens qu'il possède au moment de la prononciation du jugement qui reconnaît sa signature.

» Si, au contraire, le mot *reconnue* doit être pris isolément, s'il ne se lie en aucune manière avec les expressions qui le suivent, *ou déclarée telle par un jugement,* si enfin il doit s'entendre de toute reconnaissance qui se fait devant un officier public quelconque, et surtout devant un notaire, il est bien évident que la créance résultant d'un acte privé dont la signature a été ainsi reconnue, ne peut pas avoir plus d'effet que la créance dont il est parlé dans le premier numéro de l'article, que la créance directement *consentie par acte notarié;* il est bien évident que la reconnaissance faite devant notaire, de la signature apposée à un acte privé, ne peut pas donner au créancier plus de droit qu'il n'en aurait, si, au lieu de s'obliger envers lui par un acte privé, et de reconnaître ensuite sa signature devant notaire, son débiteur eût, dès le principe, passé devant notaire le titre constitutif de son obligation; et il est, par une conséquence nécessaire, bien évident qu'une telle reconnaissance n'emporte pas Hypothèque de plein droit; qu'il ne peut d'une telle reconnaissance, dériver qu'une Hypothèque conventionnelle; et que si en signant une telle reconnaissance, le débiteur n'a pas expressément et spécialement hypothéqué ses biens, il est impossible de prendre une inscription hypothécaire en vertu d'une telle reconnaissance.

» Ainsi en supposant, dans notre espèce, que l'acte du juge de paix de Maestricht, du 18 thermidor an 10, doive être considéré comme un procès-verbal de conciliation, nul motif, nul prétexte même plausible, pour prétendre qu'il en a dérivé de plein droit une Hypothèque susceptible d'inscription. — Car, de deux choses l'une : ou le mot *reconnue* a, dans le troisième numéro de l'art. 3, la première des deux significations que nous venons de lui prêter successivement, ou c'est dans la seconde qu'il doit être entendu. — Au premier cas, nous dirons qu'un juge de paix siégeant en bureau de conciliation, ne forme pas un tribunal; que par suite, un procès-verbal de conciliation n'est pas un jugement; que dès-lors, l'acte du 18 thermidor an 10 ne peut pas avoir l'effet d'un jugement par lequel une signature est reconnue; et que par une conséquence ultérieure, cet acte ne peut pas emporter Hypothèque. — Au second cas, nous dirons qu'un juge de paix siégeant en bureau de conciliation, est bien un officier public; mais que ce n'est pas un officier public ayant caractère légal pour recevoir des actes volontaires; que les actes faits devant lui, ne sont pas des actes notariés; et que voulût-on, à toute force, assimiler à un acte notarié le procès-verbal du 18 thermidor an 10, toujours resterait-il que ce procès-verbal ne contient, de la part des débiteurs qui l'ont signé, aucune clause qui affecte spécialement tels ou tels de leurs biens à la sûreté de leur dette; qu'ainsi, ni ce procès-verbal ni l'obligation privée dont il déclare la signature reconnue, ne peuvent, sous aucun rapport, être rangés dans la classe des titres hypothécaires.

» Mais du reste est-il donc bien difficile de discerner dans la manière dont est conçu le n.° 3 du troisième article de la loi du 11 brumaire an 7, quel est le sens que donne le législateur au mot *reconnue*? Est-il donc bien difficile de s'assurer que des deux sens qu'on pourrait lui prêter, c'est le premier qui doit prévaloir; et qu'en disant *reconnue ou déclarée telle par un jugement*, le législateur est censé avoir dit: *Reconnue par un jugement, ou qu'un jugement a déclarée et tenue pour reconnue?*

» 1.° Le mot *reconnue* est tellement lié avec les expressions qui le suivent, *ou déclarée telle par un jugement;* il forme tellement avec elles un seul et même corps de phrase, que l'on ne peut pas l'en détacher, que l'on ne peut pas l'isoler, sans le rendre insignifiant, ou du moins sans lui donner une signification si vague, que, par son étendue indéfinie, elle tombe dans l'absurdité la plus complète. En effet, prenez ce mot isolément, détachez-le des expressions qui le suivent, faites dire au législateur que la signature *reconnue* équivaut, en fait d'Hypothèque, à la signature *déclarée telle par un jugement*, quelles seront les limites dans lesquelles vous renfermerez une disposition aussi singulièrement construite? Direz-vous que cette disposition doit s'entendre uniquement de la signature reconnue devant notaires? Mais de quel droit le direz-vous? De quel droit restreindrez-vous ainsi une expression qui, par elle-même, peut également s'appliquer aux signatures reconnues devant un maire, devant un préfet, devant un receveur de l'enregistrement, devant un officier des forêts, devant un préposé des douanes ou des droits réunis, devant un huissier, devant un témoin quelconque? Et si vous ne pouvez pas, en isolant ainsi le mot *reconnue*, lui donner un sens moins général; si vous ne pouvez pas, en le détachant ainsi du reste de la phrase, vous dispenser de l'étendre à toutes les espèces possibles de reconnaissance, n'est-il pas clair, plus clair que le jour, que ce n'est pas dans ce sens que le législateur l'a entendu; que, dans la pensée du législateur, il est modifié par les termes dont il est suivi; qu'enfin le législateur ne l'emploie que pour désigner une reconnaissance judiciaire, une reconnaissance faite volontairement devant le juge?

» On vous parle des règles de la jurisprudence et de celles de la grammaire, et l'on dit que les unes et les autres sont blessées par cette interprétation. Mais y pense-t-on sérieusement?

» Les seules règles de jurisprudence que nous puissions ici prendre pour guides, sont celles qui s'accordent avec le système de la loi du 11 brumaire an 7. Or, dans ce système, l'Hypothèque ne peut avoir que trois sources: la stipulation notariée avec désignation spéciale des biens à hypothéquer, la solennité des jugemens, la disposition de la loi. C'est donc contrarier, c'est donc bouleverser ce système, que de vouloir faire résulter une Hypothèque de la simple reconnaissance, même devant notaire, d'un acte privé qui ne contient aucune stipulation hypothécaire, qui ne désigne aucun bien sur lequel cette stipulation doive porter.

» Et quant aux règles de la grammaire, où a-t-on vu qu'elles s'opposent à ce que nous rapportions le mot *reconnue* aux mots *par jugement?* Sans doute, lorsqu'un débiteur, par acte privé, reconnaît sa signature devant le juge, ce n'est pas le jugement qui constitue sa reconnaissance; mais s'il ne la constitue pas, il la déclare, il la constate; et c'en est assez pour que l'on puisse dire que sa signature est reconnue par jugement, comme on peut dire, comme on dit tous les jours qu'un tel s'est obligé par acte notarié, quoique l'acte notarié ne constitue pas son obligation et n'en forme que la preuve authentique.

» 2.° Si le mot *reconnue* avait, dans le 3.e n.° de l'art. 3, le sens isolé que lui prête l'arrêt de la cour d'appel de Liége, il devrait être et il serait séparé du restant de ce même n.°, par un signe disjonctif; il devrait exister et il existerait réellement une virgule entre le restant de ce n.° et l'expression *reconnue*. — Ce n'est pas que l'existence d'une virgule entre l'un et l'autre, prouvât quelque chose contre notre interprétation; car la virgule n'est pas toujours, elle est même rarement un obstacle à la liaison des idées exprimées par les mots qu'elle sépare. Mais du moins toutes les fois qu'il y a séparation entre les idées exprimées par les mots dont se compose une phrase, il y a nécessairement une virgule entre les mots qui expriment ces idées. — Or, dans l'édition officielle de la loi du 11 brumaire an 7, point de virgule entre le mot *reconnue* et les mots *ou déclarée telle par un jugement;* et dès qu'il n'en existe point dans cette édition, les tribunaux doivent tenir pour constant qu'il n'y en a effectivement pas.

» Nous avons cependant cru devoir remonter plus haut: nous nous sommes adressés au garde des archives nationales, pour savoir si dans ce que nous appelions la *minute de la loi*, il y avait une virgule entre les mots dont il s'agit : et voici ce qu'il nous a répondu le 11 de ce mois : « La minute de la résolution sur le régime hypothécaire, » annexée au procès-verbal du conseil des cinq-cents, » du 24 thermidor an 6, et signée *Jacqueminot* » (rapporteur) et *Duplantier* (secrétaire), porte, » art. 3, n.° 3 : *reconnue, ou déclarée telle*...., avec » virgule entre *reconnue* et *ou*. Mais cette virgule ne » se trouve point dans la copie de ce même procès- » verbal signé du président et des secrétaires. — » Au procès-verbal du conseil des anciens, séance » du 29 thermidor an 6, est annexée la résolution » sur le régime hypothécaire, apportée dans le cours » de cette séance par un messager d'Etat du conseil » des cinq-cents, munie du sceau de ce dernier con- » seil, et revêtue des signatures de ses secrétaires et » de son président. Cet acte authentique sur lequel » seul le conseil des anciens a délibéré, et qu'il a » approuvé le 11 brumaire an 7, porte aussi art. 3, » n.° 3, *reconnue, ou déclarée telle* avec la virgule. » Mais cette virgule a encore été omise dans la copie » ou mise au net du procès-verbal du conseil des » anciens, signée de son président et de ses secré- » taires. — La virgule manque aussi dans l'exem- » plaire authentique de la loi du 11 brumaire an 7, » déposé aux archives par le ministre de la justice, » et signé *Lambrechts* ».

» Il résulte de ces détails, que, dans le conseil des cinq-cents comme dans le conseil des anciens, on a attaché très-peu d'importance à ce qu'il y eût ou n'y eût pas de virgule entre les mots *reconnue* et *ou déclarée telle par un jugement*. Mais il en résulte aussi qu'il n'existe réellement pas de virgule dans les actes qui forment véritablement la minute de la loi. Car, pour le conseil des cinq-cents, la minute de la loi ne consistait pas dans l'écrit remis sur le bureau par le rapporteur et contre-signé par un secrétaire seulement ; elle consistait uniquement dans l'écrit qui était revêtu de la signature du président et des quatre secrétaires, c'est-à-dire, dans le procès-verbal. Et de même, pour le conseil des anciens, la minute de la loi ne consistait que dans le procès-verbal où la résolution du conseil des cinq-cents était transcrite avec l'approbation du conseil des anciens lui-même, attestée par les signatures de ses quatre secrétaires et de son président. Ce qui d'ailleurs est décisif, c'est que dans l'expédition qui a été transmise de la loi au directoire exécutif ; que le directoire exécutif a fait passer au ministre de la justice, et dont le ministre de la justice a remis une ampliation aux archives nationales, il y a absence de virgule tout aussi bien que dans le procès-verbal du conseil des cinq-cents, tout aussi bien que dans le procès-verbal du conseil des anciens.

» 3.° S'il pouvait encore rester quelques doutes sur le sens de l'art. 3 de la loi du 11 brumaire an 7, l'art. 4 suffirait pour les dissiper. Dans l'art. 4, la loi revient sur les différentes espèces d'Hypothèques dont elle a parlé dans les quatre numéros qui composent l'art. 3 ; et pour déterminer clairement leurs effets, elle leur donne à chacune un nom particulier. Or, combien en distingue-t-elle, et quelles sont les dénominations dont elle se sert pour les distinguer? Elle n'en distingue que trois, et elle les appelle *volontaire, judiciaire, légale* : l'Hypothèque *volontaire* qui résulte des créances consenties par actes notariés, avec affectation spéciale des biens expressément désignés par les débiteurs ; l'Hypothèque *judiciaire* que les jugemens produisent de plein droit : l'Hypothèque *légale* que la loi seule crée par sa toute-puissance. — Dans cette nomenclature, le législateur oublie-t-il l'Hypothèque dont il s'est occupé dans le 3.e n.° de l'art. 3? Non, et il serait ridicule de le supposer. Pourquoi donc ne donne-t-il pas à cette Hypothèque une dénomination particulière et qui lui soit tout-à-fait propre? C'est évidemment parce que, dans sa manière de parler, *l'Hypothèque judiciaire* est celle qui fait l'objet du n.° 3, comme celle qui fait l'objet du n.° 2 du 5.e article : c'est évidemment parce qu'il regarde l'Hypothèque dont il s'est occupé dans le n.° 3, du même œil que l'Hypothèque dont il s'est occupé dans le n.° 2 ; en un mot, c'est évidemment parce qu'à ses yeux, *la créance résultant d'un acte privé dont la signature a été reconnue ou déclarée telle par un jugement*, est véritablement une *créance résultant d'une condamnation judiciaire*.

» 4.° Nous avons déjà dit que le Code Napoléon n'a fait, sur la définition, la nature et la distinction des Hypothèques, que traduire en termes plus clairs les dispositions de la loi du 11 brumaire an 7. Or, voici comment il définit l'Hypothèque judiciaire : c'est, dit-il, art. 2123, celle qui « résulte des juge- » mens, soit contradictoires, soit par défaut, défi- » nitifs ou provisoires, en faveur de celui qui les a » obtenus ; elle résulte aussi *des reconnaissances ou* » *vérifications, faites en jugement*, des signatures » apposées à un acte obligatoire sous seing-privé ». — On voit que dans l'intention du Code civil, *les reconnaissances* d'écrits privés *faites en jugement*, sont, aussi bien que *les vérifications faites en jugement* de ces écrits, parfaitement assimilées, quant aux effets hypothécaires, à des condamnations judiciaires proprement dites ; et puisque le Code civil n'a rien innové en cette matière, il faut bien demeurer d'accord qu'en cette matière, la loi du 11 brumaire an 7 disposait absolument comme le Code civil.

» Mais, encore une fois, si dans le n.° 3 du 3.e article de la loi du 11 brumaire an 7, il n'est question que des signatures de billets privés reconnues par des jugemens, comment pourra-t-on, toujours dans la supposition que l'acte du juge de paix de Maestricht, du 18 thermidor an 10, pût être regardé comme un procès-verbal de conciliation, donner au billet dont il contient la reconnaissance, l'effet d'un titre hypothécaire? Dans cette supposition, l'acte du 18 thermidor an 10 n'est point un jugement. Il n'emporte donc pas Hypothèque de plein droit, même à la charge de l'inscription ; il y a donc, dans cette supposition, erreur manifeste dans l'arrêt qui vous est dénoncé; cet arrêt doit donc, si cette supposition est exacte, être cassé sans ménagement.

» Maintenant examinons quel doit être le sort de cet arrêt dans la supposition contraire, c'est-à-dire, dans la supposition que l'acte du 18 thermidor an 10 ne soit pas un procès-verbal de conciliation, mais un jugement.

» A la première vue, il semble qu'ainsi envisagé, l'acte du 18 thermidor an 10 a dû, sans difficulté, convertir en titre hypothécaire l'obligation sous seing-privé dont il constate la reconnaissance: il semble que, par cela seul que cet acte est un jugement, la question est résolue en faveur de la dame Albrechts; et que l'arrêt dont elle défend les dispositions doit, quoique très-mal motivé, être maintenu sans la moindre hésitation.

» Nous ne prétendons pas nous élever contre cette manière de voir. Cependant nous devons vous soumettre la raison qu'il y a d'en douter.

» Quand la loi du 11 brumaire an 7 dit que l'Hypothèque existe, à la charge de l'inscription, pour une *créance résultant d'un acte privé dont la signature a été reconnue* ou tenu pour reconnue *par un jugement*, entend-elle que tout jugement qui, même rendu par un tribunal incompétent, *ratione materiæ*, pour condamner le débiteur d'une obligation sous seing-privé, constate la reconnaissance de la signature apposée à cette obligation, peut être inscrit comme emportant Hypothèque de plein droit? Entend-elle que si, devant une cour de justice criminelle, ou devant un conseil de guerre, un accusé produit pour sa défense une obligation sous seing-privé souscrite à son profit par la partie plaignante, et que la partie plaignante reconnaisse avoir effectivement signé cette obligation, le jugement qui constatera cette reconnaissance, pourra être inscrit au bureau des Hypothèques? Non certainement; et pourquoi? Parce que ni la cour de justice criminelle ni le conseil de guerre n'ont le pouvoir de condamner la partie plaignante au payement de l'obligation; parce que, si la reconnaissance faite en justice d'une obligation sous seing-privé, tient de la loi l'effet d'emporter Hypothèque, ce n'est qu'en considération de ce que le jugement qui donne acte de cette reconnaissance, est une sorte de condamnation; parce que c'est tellement à une condamnation qu'elle assimile ce jugement, qu'il est dans son esprit comme dans son texte, de n'admettre que trois espèces d'Hypothèques: l'Hypothèque conventionnelle, l'Hypothèque judiciaire, l'Hypothèque légale; et que l'Hypothèque qu'elle fait résulter de la reconnaissance faite en justice d'un écrit privé, n'appartenant ni à la classe des Hypothèques conventionnelles, ni à la classe des Hypothèques légales, il faut bien qu'on la range dans la classe des Hypothèques judiciaires, parce que, du moment que l'Hypothèque résultant de la reconnaissance faite en justice d'un écrit privé, ne peut être considérée que comme le produit d'une condamnation, il est impossible de concevoir l'idée d'une Hypothèque qui s'attacherait à un écrit privé, par le seul effet de sa reconnaissance devant un tribunal incompétent pour condamner le signataire de cet écrit à en payer le montant; en un mot, parce que là où il ne peut pas y avoir de condamnation, il ne peut pas non plus y avoir d'Hypothèque par l'effet de la reconnaissance.

» Nous savons bien que, sous l'ancien régime hypothécaire, plusieurs auteurs, et notamment Basnage, sur l'art. 546 de la coutume de Normandie, tenaient pour maxime que les reconnaissances de cédules devant des tribunaux d'exception, tels que les requêtes du palais, les élections, les consulats en matière étrangère au commerce, emportaient Hypothèque, tout aussi bien que si elles eussent été faites devant des tribunaux ordinaires, et que cette opinion pouvait, jusqu'à un certain point, être justifiée par l'art. 10 de l'ordonnance de Roussillon du mois de janvier 1563.

» Mais 1.° cette opinion n'était pas, à beaucoup près, sans contradicteurs; et nous trouvons dans le Recueil de Bouvot, tome 2, art. *Schedule*, quest. 6, un arrêt du parlement de Dijon, du 16 juin 1616, qui l'a proscrite formellement.

» 2.° Il y avait pour faire accueillir cette opinion sous l'ancien régime hypothécaire, une raison qui n'est plus aujourd'hui d'aucun poids: c'est qu'alors l'Hypothèque était, de plein droit, inhérente à tout acte authentique, et qu'un acte privé devenait nécessairement authentique, dès qu'il était reconnu devant un officier public quelconque; au lieu que, de nos jours, l'authenticité d'un titre ne suffit pas seule pour le rendre susceptible d'inscription; et qu'il faut de plus, ou que ce soit un acte notarié et qu'il contienne expressément la stipulation d'Hypothèque avec désignation spécifique des biens à hypothéquer, ou que ce soit une condamnation judiciaire.

» Mais si de là il suit que, dans la législation actuelle, la reconnaissance faite d'un billet privé devant un tribunal incompétent pour en condamner le signataire, ne peut pas conférer Hypothèque ni par conséquent être inscrite, comment la dame Albrechts aurait-elle pu acquérir Hypothèque, comment aurait-elle pu prendre inscription, en vertu de la reconnaissance passée à son profit, le 18 thermidor an 10, devant le juge de paix de Maestricht? le juge de paix de Maestricht aurait-il pu condamner les signataires de l'obligation sous seing-privé, qui est l'objet de cette reconnaissance? Non, le montant de cette obligation excédait de beaucoup les limites de sa compétence. Dès-lors, point de condamnation possible de sa part; dès-lors, point d'effet hypothécaire à donner à la reconnaissance faite devant lui.

» Voilà, messieurs, l'objection qui se présente naturellement à l'esprit, lorsqu'envisageant le procès-verbal du juge de paix de Maestricht comme un jugement, on vient à considérer que c'est du moins un jugement qui sort du cercle des attributions de ce magistrat. Mais cette objection est-elle aussi bien fondée qu'elle le paraît au premier coup d'œil?

» Rappelons-nous d'abord qu'il y a deux sortes d'incompétences, l'incompétence absolue et l'incompétence rélative : — L'incompétence absolue, qui ne peut être couverte ni par le consentement ni par le fait des parties intéressées ; telle est celle des tribunaux criminels et des conseils de guerre, pour connaître des obligations contractuelles : — L'incompétence rélative, qui cesse à l'instant même où les parties intéressées consentent à procéder, ou procèdent de fait sans réclamation, devant les juges qu'elles auraient le droit de décliner ; telle est celle d'un tribunal de première instance devant lequel est assigné en payement d'une obligation contractuelle, un défendeur qui n'est pas domicilié dans son ressort.

» Ainsi, que la reconnaissance faite d'un écrit privé devant une cour de justice criminelle ou devant un conseil de guerre, ne puisse pas être considérée, quant aux effets hypothécaires, comme une reconnaissance faite en jugement, cela est incontestable.

» Mais qu'un débiteur par acte sous seing-privé reconnaisse sa signature devant un tribunal civil qui n'est pas celui de son domicile, bien sûrement sa reconnaissance emportera Hypothèque ; bien sûrement le jugement qui donnera acte de sa reconnaissance, sera susceptible d'inscription.

» Il ne reste donc plus qu'à savoir s'il en est d'un juge de paix, relativement aux sommes qui excèdent les bornes de ses attributions, comme d'un tribunal civil ordinaire, relativement aux personnes non domiciliées dans son ressort ; si l'incompétence du premier est, pour ces sommes, aussi absolue que celle des tribunaux criminels et des conseils de guerre ; ou si, comme celle du second, elle n'est que relative ; enfin, pour nous servir des termes consacrés par les lois en cette matière, si la juridiction de l'un est, comme celle de l'autre, *susceptible de prorogation.*

» La règle générale est que l'on ne peut proroger la juridiction d'un juge incompétent par soi, qu'autant que ce juge est investi d'une autorité qui lui donnerait le droit de connaître de l'objet litigieux entre ses propres justiciables.

» Ainsi, on peut bien, dans les affaires commerciales, proroger la juridiction d'un tribunal de commerce dans l'arrondissement duquel on n'a ni acquis un domicile, ni passé contrat et reçu livraison, ni promis de payer. Mais vainement se soumettrait-on à la juridiction d'un tribunal de commerce pour une affaire purement civile ; la soumission serait nulle, et le jugement qui interviendrait en conséquence, serait entaché d'excès de pouvoir. Quelle en est la raison ? c'est que la faculté de se soumettre à la juridiction qui appartient à un juge, ne renferme pas celle de l'investir d'une juridiction qu'il n'a pas. C'est, comme l'établit d'Argentrée sur l'art. 11 de la coutume de Bretagne, parce que la prorogation de la juridiction présuppose nécessairement l'existence de la juridiction elle-même ; *jurisdictionem ergo*, dit ce grand jurisconsulte, *subsistere oportet in personâ ejus cujus cognitio prorogatur. . . . Cùm jurisdictionem dicimus, intellige similem ei quæ prorogatur. . . judicem esse oportet ; atque adeò similem jurisdictionem habere ; et de judice ordinario intellige jurisdictionem contensiosam habente... ; quare de criminali causâ in judicem similem non prorogabitur ; nec contra ; nec officialium qui ad certas causas deputati sunt ; quales sunt præpositi mercatorum, qui nuper sese consules appellaverunt.*

» Et de là il paraît naturel de conclure que, si la juridiction des juges de paix peut être prorogée dans les matières dont la loi leur attribue la connaissance ; que, si l'on peut, dans ses matières, et comme le décide expressément l'art. 10 de la loi du 14-26 octobre 1790, se soumettre à leur juridiction, lorsqu'on n'y est sujet, ni à raison du domicile, ni à raison de la situation des objets du litige ; il en doit être tout autrement dans les matières dont la loi ne leur attribue la connaissance, ni entre leurs propres justiciables, ni sur les biens situés dans leurs cantons respectifs ; et telle est effectivement la conséquence qu'a tirée de ces principes, le savant auteur du *Traité de la Compétence des juges de paix*, page 50.

» Cependant, si nous nous reportons aux lois romaines, c'est-à-dire, aux lois dans lesquelles ont été puisées toutes les règles de la prorogation de juridiction, nous y trouverons écrites, dans les caractères les plus lumineux, des décisions diamètralement contraires à cette conséquence.

» La loi 28, D. *ad municipalem*, s'occupant des juges municipaux qui, comme nos juges de paix, n'étaient institués que pour connaître des actions dont l'objet ne s'élevait pas au-dessus d'une mince valeur, décide que ces juges peuvent connaître, entre les parties qui y consentent, des actions qui ont pour objet des valeurs plus fortes : *inter convenientes, et de re majori apud magistratus municipales agetur.*

» La loi 74, §. 1, D. *de judiciis*, étend cette décision à tous les juges dont les attributions sont bornées aux affaires d'une certaine valeur : *judex qui ad certam summam judicare jussus est, etiam de re majori judicare potest, si inter litigatores conveniat.*

» Voilà des textes clairs, précis, et dont il n'y a aucune raison, aucun prétexte de ne pas faire l'application aux juges de paix. Ces textes ont échappé à l'auteur que nous venons de citer, et dont vous connaissez tout l'excellent esprit. Mais nous avons cru pouvoir les lui rappeler ; et ils ont donné lieu, de sa part, à une explication que nous croyons devoir mettre sous vos yeux.

» La voici, telle qu'il nous l'a remise le 27 mars dernier : « Je serais disposé à penser qu'il faut distin» guer les juges délégués pour juger jusqu'à une cer» taine somme, *usque ad certam summam*, de ceux dont l'attribution est de juger un certain genre d'affaires, *certum genus causarum*. — Les juges de commerce appartiennent à la seconde classe, et ceux de paix tont à-la-fois à l'une et à l'autre. — La disposition de la loi qui leur attribue la connaissance des actions personnelles, lorsque l'objet de la demande n'excède pas la somme de 100 liv., les place dans la première; et le texte de la même loi qui leur confère le droit de prononcer sur les actions possessoires, les range dans la deuxième. — Que sous ce second rapport, leur juridiction ne puisse pas être prorogée, c'est-à-dire, que les parties ne puissent pas par leur consentement, les rendre habiles à statuer sur une demande au pétitoire, autrement que comme arbitres, je n'en fais aucun doute. — Mais lorsque la demande a pour objet une somme qui excède le taux fixé par la loi, c'est-à-dire, une somme au-dessus de 100 liv., le consentement des parties peut-il conférer au juge de paix le pouvoir de les juger? Cette question est plus difficile à résoudre. — La première idée qui se présente, est qu'un juge n'est revêtu de ce caractère que lorsqu'il agit dans le cercle de ses attributions; qu'au-delà, il n'est plus qu'une personne privée; qu'à la loi seule appartient de conférer l'autorité publique; et que cette règle étant puisée dans la nature des choses, il est indifférent pour son application, que le juge soit délégué *ad certam summam*, ou bien *ad certum genus causarum*. — Je réponds que la différence entre ces deux positions est très-grande. — Lorsqu'un juge est limité à un certain genre d'affaires, toutes les autres lui sont absolument étrangères; les lui soumettre, ce ne serait pas étendre, proroger sa juridiction, ce serait bien réellement en créer une nouvelle et la lui conférer. — Au contraire, lorsque l'on porte devant un juge de paix, une demande afin de payement de 200 liv., déjà investi du pouvoir de juger jusqu'à concurrence de la moitié de cette somme, il a, par ses attributions légales, le germe, le principe de l'autorité qui lui est nécessaire pour rendre un jugement sur le total. Pour l'habiliter à rendre ce jugement, il ne faut donc pas, comme dans le cas précédent, la création d'une juridiction nouvelle: il suffit d'étendre, de développer un principe existant; en un mot, il suffit de proroger une juridiction légalement établie; et l'on sent que la loi doit se prêter plus facilement à l'extension d'un pouvoir qui est son ouvrage, qu'à la création d'une autorité à laquelle elle serait entièrement étrangère. — Aussi lisons-nous dans les lois romaines: *judex*, *qui usque ad certam summam judicare jussus est, etiam de re majori judicare potest, si inter litigatores conveniat*. Cette distinction entre le juge délégué *ad certam summam*, et celui délégué *ad certum genus causarum*, concilie et donne l'intelligence des deux textes de Voët, sous le n. 85 du tit. 1, de son *Commentaire sur le Digeste*... Voilà mes réflexions, je souhaite que vous leur trouviez un peu de solidité ».

» Vous reconnaissez, messieurs, dans cette explication, la justesse d'idées, le tact sûr qui caractérisent toutes les opinions du magistrat que sa modestie nous empêche de désigner ici par le nom qu'il a rendu si recommandable et si cher au barreau: et puisqu'il n'a pas dédaigné de s'appuyer sur l'autorité d'un jurisconsulte savant et judicieux comme lui, permettez-nous de vous retracer les propres paroles de ce jurisconsulte.

» Voët, à l'endroit cité dans la note que nous venons d'avoir l'honneur de vous lire, commence par établir, d'après deux textes qu'il rappelle du droit romain et du droit canonique, que l'on peut, par reconvention, proroger la juridiction d'un juge délégué ou institué seulement pour connaître d'un genre déterminé d'affaires, pourvu que l'objet de la reconvention rentre dans le cercle des matières qui lui sont attribuées: *Nihil interest utrùm judex ordinarius an delegatus sit, aut etiam certis tantùm causis judicandis constitutus, quoties reconventio ex tali causâ sit, quæ ejus potestati et cognitioni commissa est*. Cependant, ajoute-t-il, on ne peut pas user de reconvention devant un tel juge, pour des objets qui sont étrangers aux attributions dans lesquelles la loi circonscrit sa compétence. Ainsi, supposez un juge établi spécialement pour juger des causes féodales ou possessoires, on ne pourrait pas agir devant lui par reconvention pour des objets qui ne tiendraient ni à la féodalité ni aux complaintes: *Non tamen indulgendum est reconventionem fieri apud eos de talibus causis quæ nec ex speciali quidem jurisdictionis prorogatione possent per eos determinari, veluti si.... de re feudali apud judicem feudalem impetitus, eumdem de negotio ad judicis ordinarii cognitionem pertinente, tentaret vicissim interpellare: idemque est in causis omnibus quæ judicum ordinariorum jurisdictioni subductæ, peculiarem ex legis auctoritate judicem sortitæ sunt..., veluti in Hollandiâ alibique de causâ possessionis*. — Mais, continue Voët, si la juridiction du juge n'est limitée que respectivement à la valeur des sommes, comme elle peut suivant la loi 28, D. *ad municipalem*, et la loi 74, §. 1, *de judiciis*, être prorogée par les plaideurs pour des sommes plus fortes, elle peut aussi être étendue à des sommes plus fortes par le moyen de la reconvention: *Quòd si quantitatis intuitu, judicis potestas limitata sit, uti, ex prorogatione per litigatores factâ, etiam de majori quantitate judicare potuit, ita et reconventione*.

» Voilà bien la distinction entre le juge délégué *ad certum genus causarum*, et le juge délégué *ad certam summam*. La juridiction du premier n'est prorogeable que dans les matières où elle n'est en défaut qu'à raison du domicile ou de la situation des objets litigieux; celle du second l'est indéfiniment.

» Ainsi, s'agit-il d'une action réelle? le juge de paix pourra du consentement des parties, en connaître au possessoire, quoique les biens soient situés hors de son canton; mais il n'en pourra pas connaître au pétitoire. S'agit-il d'une action personnelle? le juge de paix en connaîtra entre les parties qui y consentiront, quoique la valeur de l'objet de cette action s'élève au-dessus de 100 fr. C'est le résultat de la doctrine de Voët; c'est celui des deux lois romaines que nous avons citées; et nous devons ajouter que c'est pareillement celui des arrêts rendus, sous l'ancien régime, par rapport aux juges nommés *châtelains*, qui, dans certaines contrées, ne pouvaient connaître que des sommes très-modiques. — « Si les châtelains (dit Papon, liv. 7, tit. 7, » n. 32), n'ayant juridiction que jusqu'à 60 sous, » connaissent plus avant de la prorogation et volonté » des parties, leurs procédures sont bonnes. Ça » été l'opinion de Salicetti, sur la loi *in certâ ra-* » *tione*, et vaut à ce le texte de la loi 74, §. 1, D. » *de judiciis*; et ainsi par plusieurs arrêts de Gre- » noble a été jugé, lesquels sont allégués par Guy- » pape, quest. 285 ». — Le président Favre, dans son Code, liv. 3, tit. 22, déf. 46, nous apprend que bien que, par les statuts de Savoie, la juridiction des châtelains fût restreinte aux causes de 5 florins, elle pouvait être étendue au-delà par la prorogation des parties: *Castellaneorum jurisdicto infima, non usque adeò statuti nostri auctoritate definita est* (*quamvis coarctata sit ad summam quinque florenorum*), *ut nec ullo etiam expresso colitigatorum consensu prorogari possit: potest enim*, et le sénat de Chambéry, ajoute-t-il, l'a ainsi jugé le 21 mars 1596.

» Enfin, messieurs, dans un arrêt de la section des requêtes, du 3 frimaire an 9, rendu au rapport de M. Muraire et sur nos conclusions, nous trouvons les mêmes principes consignés parmi les motifs du rejet d'un recours en cassation formé contre un jugement du tribunal civil du département de la Dyle, qui avait confirmé un jugement intervenu au tribunal de paix du canton de Wavres, sur une action personnelle dont l'objet excédait de beaucoup la somme de 100 fr.: attendu (porte cet arrêt), *qu'on ne peut pas dire que l'incompétence des juges de paix fût absolue et telle qu'aucun acquiescement n'ait pu la couvrir, et qu'elle ait pu être proposée en état de cause, puisque, si, dans le fait, l'objet du procès excédait les attributions ordinaires d'un juge de paix, elle n'était pas étrangère à sa juridiction, il avait aptitude à en connaître, etc.* (1).

» Et qu'on ne dise pas qu'au moins il en doit être autrement dans les affaires dont le taux excède, non-seulement le taux de la compétence des juges de paix de première instance, mais encore le taux de la compétence des tribunaux d'arrondissement en dernier ressort. Qu'on ne dise pas que si, dans ces affaires, la juridiction du juge de paix pouvait être prorogée en première instance, il en résulterait que sur l'appel, le tribunal d'arrondissement auquel il ressortit, devrait juger en dernier ressort au-dessus de 1,000 fr.

» Oui, sans doute, tel serait le résultat du consentement des parties à plaider, dans ce cas, en première instance devant le juge de paix; mais qu'y aurait-il d'extraordinaire, qu'y aurait-il d'illégal dans ce résultat? En prorogeant en première instance la juridiction du juge de paix, les parties prorogeraient nécessairement celle du tribunal d'arrondissement pour le cas d'appel; en adoptant le principe, elles adopteraient nécessairement la conséquence; et c'est ainsi que lorsqu'aux termes de l'art. 10 de la loi du 14 octobre 1790, des parties consentent à plaider en matière personnelle devant un autre juge de paix que celui de leur domicile, ou en matière réelle devant un autre juge de paix que celui de la situation des biens, elles sont, par cela seul, censées consentir à ce qu'en cas d'appel, la contestation soit portée devant le tribunal d'arrondissement de ce juge, tribunal qui cependant peut leur être absolument étranger.

» Aussi, quoique, dans l'affaire jugée à la section des requêtes, le 3 frimaire an 9, il s'agit d'une somme bien supérieure à 1,000 fr., l'arrêt que nous citions tout-à-l'heure, a-t-il déclaré *in terminis* que la juridiction du juge de paix du canton de Wavres avait pu être prorogée: ce qui, en d'autres termes, signifiait, et que ce juge avait pu connaître lui-même du différend des parties, et que, par suite, le tribunal civil du département de la Dyle, qui n'aurait pu, en première instance, connaître de ce même différend qu'à la charge de l'appel, avait pu et dû le juger en dernier ressort.

» Mais, après tout, si ce résultat de la faculté de proroger la juridiction des juges de paix, pouvait avoir quelques inconvéniens en thèse générale, il n'en offrirait du moins aucun dans notre espèce particulière; et la raison en est extrêmement simple: c'est qu'ici, il ne pouvait pas y avoir lieu à l'appel. De quoi en effet auraient pu appeler les parties qui figurent dans le procès-verbal du juge de paix de Maestricht, du 18 thermidor an 10? D'un acte qui ne fait qu'énoncer leurs propres dires, leurs propres aveux? Mais elles y auraient été évidemment non-recevables. La loi 1.re, D. *de confessis*, déclare que *confessus pro judicato est*, et que *suâ quodammodo sententiâ damnatur*; et de là Voët, tit. *de appellationibus*, n.° 6, tire avec beaucoup de raison la conséquence, que *confesso in causis civilibus, atque ita secundùm proprium confessionem condemnato non patet provocatio; cùm nullæ, confessi intuitu, partes sint judicis in cognoscendo, sed tantùm in condemnando, dùm confessus pro condemnato est.*

» Nous devons donc tenir pour très-constant que, si l'acte du juge de paix de Maestricht, du 18 thermidor an 10, porte le caractère d'un jugement, il a pu servir de base à l'inscription prise par la défenderesse au bureau des Hypothèques; et que, par suite, la cour d'appel de Liége, tout en motivant très-mal son arrêt, a cependant très-bien jugé.

» Mais ici se présente notre troisième question: est-ce comme procès-verbal de conciliation, est-ce comme jugement, que l'on doit considérer

(1) *V. Prorogation de juridiction*, n. 1.

l'acte du juge de paix de Maestricht, du 18 thermidor an 10?

» Pour que l'on pût le considérer comme procès-verbal de conciliation, il faudrait que les parties y eussent montré l'intention de se concilier sur une demande à porter devant le tribunal d'arrondissement. Mais cette intention, rien ne l'y manifeste, rien ne l'y exprime, et il est bien évident qu'elle n'y peut pas être suppléée. Toutes les fois que les parties comparaissent devant un officier public qui réunit deux qualités, quelle est celle de ces deux qualités en laquelle on doit supposer qu'elles se présentent devant lui? C'est, sans contredit, en la qualité que désigne l'acte constatant leur comparution. Or, quelle est la qualité que désigne, dans le juge de paix de Maestricht, l'acte du 18 thermidor an 10? Est-ce celle de juge de paix siégeant en bureau de conciliation? Est-ce celle de conciliateur? Non: c'est celle de juge de paix purement et simplement; c'est par conséquent celle de juge proprement dit; c'est donc comme jugement, que nous devons considérer l'acte dont il est ici question.

» Dira-t-on que, par le fait, il y a eu conciliation entre les parties, et que, dès-là, c'est en sa qualité de conciliateur qu'elles sont censées avoir abordé le juge de paix? Mais prenons garde à une chose. — Ce que les parties ont fait devant le juge de paix de Maestricht, elles auraient pu le faire devant le tribunal d'arrondissement de la même ville: elles auraient pu se présenter devant le tribunal d'arrondissement de Maestricht, les unes pour déclarer qu'elles reconnaissaient leurs signatures; l'autre pour demander acte de cette reconnaissance. Dans cette hypothèse, il y aurait certainement eu conciliation entre elles; et cependant le procès-verbal qui constaterait leur comparution et leurs dires respectifs, aurait incontestablement entre elles tout l'effet d'un jugement. Pourquoi donc n'en serait-il pas de même dans le cas arrivé? Encore une fois, elles se sont présentées devant le juge de paix, en sa qualité de juge de paix même. C'est donc devant un juge proprement dit, qu'elles se sont présentées; c'est donc devant un juge proprement dit, que les débiteurs ont reconnu leurs signatures, c'est donc à un juge proprement dit que la créancière a demandé, c'est donc d'un juge proprement dit qu'elle a obtenu acte de leur reconnaissance. L'acte du juge de paix, du 18 thermidor an 10, doit donc être considéré comme un jugement, ni plus, ni moins que le serait un acte semblable, qui eût été rédigé à l'audience du tribunal d'arrondissement.

» Dira-t-on qu'il n'y a point de jugement là où il n'y a point eu de contestation. — Mais dans tous les temps, on a mis au rang des jugemens les condamnations qualifiées de *volontaires*. Dans tous les temps, on a assimilé à un jugement, l'écrit par lequel un juge donne acte aux parties de leurs demandes et consentemens mutuels. Dans tous les temps, en un mot, on a réputé condamné à payer, le débiteur qui reconnaissait sa dette en justice: *Confessus pro judicato est, qui quodammodò suâ sententiâ damnatur,* dit la loi déjà citée du titre *de confessis*, au Digeste.

» Dira-t-on, enfin, que, dans notre espèce, il n'y a point eu de citation, et que tout jugement suppose une citation préalable? — Mais, d'une part, ce serait une grande erreur. La citation n'est nécessaire, même dans les tribunaux d'arrondissement, même dans les cours supérieures, qu'à l'égard des parties qui ne comparaissent pas volontairement; et à combien plus forte raison n'en doit-il pas être de même dans les justices de paix, surtout d'après l'art. 10 de la loi du 14 octobre 1790, qui dit en termes exprès que les *parties pourront s'y présenter volontairement et sans citation?* — D'un autre côté, ce que dit l'art. 10 de la loi du 14 octobre 1790, ce que l'art. 7 du Code de procédure civile répète, pour les justices de paix, aucune autre loi ne le dit pour les bureaux de conciliation. Donc en comparaissant volontairement et sans citation devant le juge de paix de Maestricht, la défenderesse et ses débiteurs ont usé d'une faculté qu'ils ne trouvaient écrite dans la loi que relativement aux juges de paix considérés comme magistrats; donc il est naturel de penser que, bien qu'ils eussent pu agir de même, nonobstant le silence de la loi, en considérant le juge de paix de Maestricht comme simple conciliateur, ce n'est cependant pas comme simple conciliateur, mais comme magistrat qu'ils l'ont considéré: car on doit bien plutôt supposer qu'ils ont suivi littéralement le texte de la loi, qu'on ne doit croire qu'ils y ont ajouté par interprétation.

Enfin, messieurs, s'il y avait des doutes sur la nature de l'acte du 18 thermidor an 10, la raison, l'équité, les principes du droit demanderaient que ces doutes fussent résolus en faveur du parti le plus propre à conserver à cet acte et à l'inscription hypothécaire, dont il est la base, les effets que la défenderesse a dû en attendre. *Quoties in actionibus aut in exceptionibus, ambigua oratio est, commodissimum est id accipi quo res de quâ agitur, magis valeat quàm pereat:* ce sont les termes de la loi 12, D. *de rebus dubiis;* et la loi 21 du même titre dit encore: *Semper in dubiis id agendum est, ut quàm tutissimo loco sit res bonâ fide contracta.*

» Par ces considérations, nous estimons qu'il y a lieu de rejeter la demande en cassation et de condamner le demandeur à l'amende ».

Arrêt du 22 décembre 1806, au rapport de M. Bailly, par lequel, — « Vu l'art. 3 de la loi du 11 brumaire an 7, sur le régime hypothécaire, qui porte: *l'Hypothèque existe, mais à la charge d'inscription,* 1.° *pour une créance consentie par acte* NOTARIÉ; 2.° *pour celle résultante d'une condamnation* JUDICIAIRE; 3.° *pour celle qui résulte d'un acte privé, dont la signature aura été reconnue ou déclarée telle* PAR UN JUGEMENT; 4.° *pour celles auxquelles la loi donne le droit d'Hypothèque;* considérant que le mot *jugement*, qui termine le n.° 3 de cet article, se rapporte aux deux membres de l'alternative *reconnue ou déclarée telle ;* d'où il résulte que, pour emporter Hypothèque à charge d'inscription, une *reconnaissance* de signature privée doit *nécessairement* être faite par jugement; considérant, en fait, que l'acte du 18 thermidor an 10, qui, sur la *reconnaissance* de signatures, *volontairement* faite par les débiteurs de la dame Albrechts, se borne à *en donner acte* à cette veuve, *pour lui servir et valoir comme il appartiendra*, ne fait mention nulle part qu'elle ait été *présente* à cette reconnaissance, ni qu'elle en ait requis acte en *jugement ;* et qu'on ne peut aucunement envisager comme *jugement* en faveur de cette dame, le procès-verbal d'un juge de paix, qui ne pouvait être autorisé, que par la *présence et le consentement formel de la créancière* et des débiteurs à se constituer *juge* et à prononcer comme tel, dans une matière qui sortait de ses attributions et de sa compétence ordinaire et légale; et qu'ainsi, l'acte du 18 thermidor an 10 ne pouvait, ni servir de base à une inscription hypothécaire, ni par conséquent autoriser et motiver la collocation de la dame Albrechts, comme créancière hypothécaire, dans l'ordre du montant de l'adjudication de la maison du sieur Rouwyser; par ces motifs, la cour casse et annulle le jugement du tribunal d'appel de Liége, dudit jour 29 thermidor an 11, pour contravention au n.° 3 dudit art. 3 de la loi du 11 brumaire an 7....».

II. *Des cohéritiers peuvent-ils prendre inscription sur les biens de leur cohéritier, sur le seul fondement qu'il s'est emparé de leurs portions héréditaires, qu'il en a joui seul, et qu'il est comptable envers eux, tant des fruits qu'il en a perçus, que des dégradations qu'il y a causées ?*

En l'an 5 (1797), Dominique Laroche meurt à Massevaux, dans la maison de Joseph Erhard, son parent et l'un de ses héritiers présomptifs.

Joseph Erhard devant à la succession du défunt une somme de 2,450 fr., ses cohéritiers le poursuivent en payement de leurs quotes parts, tant dans cette somme que dans le surplus de l'hérédité, consistant uniquement en meubles et en titres de créance. Il répond que la dette de 2,450 f. est plus qu'absorbée par la pension qu'il a fournie au défunt, et que celui-ci lui a, non-seulement vendu ses meubles, mais encore cédé tous ses titres.

Le 28 brumaire an 7, jugement du tribunal civil du département du Haut-Rhin, qui met les parties hors de cour.

Mais, sur l'appel, ce jugement est infirmé, le 19 messidor suivant, par le tribunal civil du département des Vosges. En même temps, les actes dont se prévaut Joseph Erhard, sont annullés; et il est ordonné, avant faire droit, qu'il sera dressé un inventaire de la succession de Dominique Laroche, sauf aux parties à y faire valoir leurs prétentions respectives.

Ce jugement est exécuté; et le 19 germinal an 8, le tribunal civil du département des Vosges en rend un autre, qui, après avoir fixé à 500 fr. par année la pension fournie par Joseph Erhard à Dominique Laroche, ordonne que, déduction faite de cette pension, ainsi que des frais de maladie et de funérailles, il sera procédé au partage du restant de la succession, sauf à informer sur le recélé articulé par les cohéritiers de Joseph Erhard.

Dans l'intervalle de ces deux jugemens, les cohéritiers de Joseph Erhard prennent, le 7 pluviôse an 8, au bureau des Hypothèques de Belfort, une inscription ainsi conçue : « Droit d'Hypothèque au profit de Marie-Eve Forgelen, veuve de Joseph Golfuet; de Mathias Golfuet, de Strasbourg; la première demeurant à Gueberville; Marie-Elisabeth; Marie-Hélène et Hélène Erhard, filles majeures; et Etienne Haufftulle, au nom de Marguerite Erhard sa femme; les quatre derniers demeurans à Massevaux, héritiers de feu Laroche dudit lieu, qui élisent domicile à celui du sieur Paris, homme de loi, demeurant à Belfort; contre Joseph Erhard, marchand tanneur audit Massevaux, canton de ce nom, département du Haut-Rhin; pour sûreté des créances qui pourront résulter aux requérans de la liquidation et gestion de la succession de feu ledit Dominique Laroche, de laquelle ledit Erhard est encore détenteur, indéfinie sur tous les biens présens et à venir appartenans audit Joseph Erhard, situés dans l'étendue de ce bureau ».

Le 10 thermidor an 10, Antoine Erhard prend, dans le même bureau, en vertu d'une obligation notariée, du 12 janvier 1790, une inscription hypothécaire sur tous les biens présens et à venir de Joseph Erhard, pour une somme de 4,320 fr.

Le 28 août 1806, jugement du tribunal de première instance de Belfort, qui, vidant l'interlocutoire prononcé par le jugement du tribunal civil du département des Vosges, du 19 germinal an 8, condamne Joseph Erhard à payer à ses cohéritiers une somme de 7,844 fr. 98 cent. pour leurs portions dans la succession de Dominique Laroche.

Quelque temps après, Joseph Erhard vend ses biens; et un procès-verbal d'ordre s'ouvre entre les créanciers inscrits.

Question de savoir qui doit être colloqué au premier rang, ou des cohéritiers de Joseph Erhard, inscrits le 7 pluviôse an 8, ou des héritiers d'Antoine Erhard, inscrits le 10 thermidor an 10.

Les héritiers d'Antoine Erhard soutiennent que l'inscription du 7 pluviôse an 8 est nulle, 1.° parce qu'elle n'est fondée sur aucun titre hypothécaire; 2.° parce qu'elle ne détermine, ni le montant, ni l'époque de l'exigibilité de la créance qu'elle a pour objet, ni l'époque à laquelle la prétendue Hypothèque qu'elle tend à conserver, a pris naissance; 3.° parce qu'elle ne distingue pas la profession des *inscrivans*.

Le 11 avril 1808, jugement du tribunal de première instance de Belfort, qui déclare valable l'inscription du 7 pluviôse an 8, « attendu que Dominique Laroche, étant décédé chez Joseph Erhard, l'un de ses héritiers, qui, au détriment de ses cohéritiers, s'est emparé, sous différent prétexte, de la succession, s'en est constitué *le garant et administrateurs* que les héritiers Laroche ayant eu un long procès à soutenir contre lui pour faire liquider cette succession, ils ont pu valablement requérir, sur les biens dudit Joseph Erhard, l'inscription du 7 pluviôse an 8, pour sûreté des créances qui pourraient résulter à leur profit de ladite liquidation; que cette Hypothèque prise sur lui comme administrateur de la succession de feu Laroche, est purement légale; que son effet est de frapper, au moment où elle a eu lieu, sur tous les biens appartenans à Joseph Erhard dans l'arrondissement de Belfort; qu'elle résulte des termes des art. 4 et 17 de la loi du 11 brumaire an 7, dans l'esprit de laquelle il est d'assurer les Hypothèques légales sur toute espèce d'administrateur de biens d'autrui, surtout lorsque, comme dans l'espèce présente, il existe des femmes sous puissance maritale, même des mineurs, intéressés à la chose administrée; attendu que la loi, dans une inscription pour Hypothèque légale, dispense à-la-fois de déterminer la somme pour laquelle on s'inscrit, et de spécifier les biens sur lesquels l'Hypothèque frappe; attendu, enfin, que la qualité des filles Erhard et la profession d'Etienne Kauffhtulles, quatre des inscrivans, sont suffisamment désignées dans l'inscription, autant qu'on en peut juger par l'extrait du bureau des Hypothèques, le bordereau original n'étant pas rapporté ».

Les héritiers d'Antoine Erhard appellent de ce jugement; mais, par arrêt du 18 novembre 1809, la cour de Colmar le confirme, « attendu que les intimés cohéritiers de Dominique Laroche, conjointement avec Joseph Erhard, qui s'était emparé de la succession de celui-ci à leur préjudice, avaient sur les biens dudit Erhard une Hypothèque tacite, à raison de l'administration qu'avait eue ce dernier de ladite succession; que cela résulte évidemment des art. 4, 17 et 21 de la loi du 11 brumaire an 7, sur le régime hypothécaire; que l'inscription des intimés, parmi lesquels il y avait des femmes mariées et des mineurs, prise le 7 pluviôse an 8, dans l'intervalle des deux jugemens rendus par le ci-devant tribunal civil des Vosges, est revêtue de toutes les formalités dont elle pouvait être susceptible alors; qu'en effet, prise pour sûreté des créances qui pourraient résulter de la liquidation et gestion de la succession Laroche, c'était assez annoncer que l'Hypothèque remontait à l'époque du décès dudit Laroche, arrivé en l'an 5; que, si cette inscription ne fait pas mention du montant de la créance, c'est que les intimés étaient dans l'impossibilité de l'articuler, puisque la quotité ne pouvait résulter que d'une liquidation qui était ordonnée, mais non faite; que de même il ne leur a pas été possible d'indiquer l'époque de l'exigibilité par la même raison ».

Recours en cassation de la part des héritiers d'Antoine Erhard.

« L'arrêt qui vous est dénoncé par les demandeurs (ai-je dit à l'audience de la section civile, le 11 novembre 1811), doit-il être cassé, en tant qu'il juge que les cohéritiers de Joseph Erhard avaient acquis, avant leur inscription du 7 pluviôse an 8, une Hypothèque légale sur ses propres biens, par cela seul qu'il s'était emparé de la succession commune, et était, par là, devenu comptable envers eux de la gestion qu'il en avait faite? Doit-il être cassé, en tant qu'il juge que leur inscription du 7 pluviôse an 8 a pu valoir, sans une expression formelle de l'époque à laquelle leur prétendu droit hypothécaire avait pris naissance? Telles sont les deux questions que cette affaire présente à l'examen de la cour.

». Sur la première, il est un principe constant: c'est que tout arrêt qui crée une Hypothèque que la loi ne reconnaît pas, doit être cassé, parce qu'en la créant, il viole nécessairement, ou la loi qui veut qu'à défaut d'Hypothèque, tous les créanciers d'un même débiteur soient colloqués, sur ses biens, au marc le franc de leurs créances; ou la loi qui veut que le créancier muni d'une Hypothèque légitime, soit colloqué avant le créancier qui prétend le primer en vertu d'une Hypothèque antérieure, mais qui n'a réellement aucune Hypothèque.

» Nous n'avons donc ici, pour résoudre notre première question, qu'un point à examiner: c'est de savoir si, avant le Code Napoléon, le seul fait de la gestion des affaires d'autrui emportait Hypothèque légale sur les biens du gérant.

» Il l'emportait sans contredit, au moins hors des pays de nantissement, sur les biens du tuteur à l'égard des mineurs, sur les biens du curateur à l'égard de l'interdit, sur les biens du comptable à l'égard du trésor public, sur les biens de l'administrateur judiciaire à l'égard de l'absent, sur les biens du mari à l'égard de la femme; et c'est ce que fait clairement entendre l'art. 21 de la loi du 11 brumaire an 7.

» Il l'emportait également, dans les pays de droit écrit, sur les biens du père à l'égard de ses enfans majeurs, lorsqu'il avait l'usufruit et la légitime administration de leurs propriétés adventives; sur les biens des maires, échevins et syndics à l'égard des communes; sur les biens des administrateurs des fabriques, des hôpitaux, des collèges, à l'égard de ces établissemens. Cela résultait, pour les fils de famille, de la loi 6, §. dernier, C. *de bonis fine liberis*; pour les communes et les établissemens publics, de la loi 3, C. *de jure reipublicœ*, et de la loi dernière C. *quo quisque ordine conveniatur* (1).

»Mais ce sont là des cas absolument particuliers; et il est clair que, si, de droit commun, la gestion des affaires d'autrui eût emporté Hypothèque légale sur les biens du gérant, il n'eût point fallu de lois spéciales pour hypothéquer légalement au profit des mineurs, des interdits, des absens, des fils de famille, de l'état, des communes et des établisse-

(1) *V.* A Sande, *decisiones senatûs frisici*, liv. 3, tit. 12, défi. 1; et Matthæus, *de auctionibus*, liv. 1, chap. 19, n. 50 et 58.

mens publics, les biens de leurs administrateurs respectifs ; il est clair qu'en déclarant qu'il y avait Hypothèque légale dans ces cas particuliers, les lois spéciales que nous venons de citer, ont implicitement déclaré qu'il en était autrement de droit commun : *inclusio unius est exclusio alterius ; qui de uno dicit, de altero negat.*

» Aussi, comme l'observe un célèbre jurisconsulte d'Utrecht, Matthæus (1), a-t-on universellement réprouvé, comme paradoxe, l'opinion de quelques auteurs allemands qui avaient prétendu que les biens d'un associé gérant étaient légalement hypothéqués à ses associés non gérans.

» Aussi Pothier établit-il, dans son *Traité des mandats*, n.° 66, que *le mandant n'a point hypothèque* (de plein droit) *sur les biens du mandataire.*

» Et inutilement voudrait-on distinguer le cas où la gestion des affaires d'autrui a eu lieu malgré le propriétaire, du cas où elle n'a eu lieu qu'en exécution d'un contrat entre le propriétaire et le gérant ; inutilement prétendrait-on que, dans notre espèce, les biens de Joseph Erhard ont été légalement hypothéqués au profit de ses héritiers, parce que c'est malgré ses cohéritiers qu'il a détenu et géré la succession commune.

» Nous savons bien que l'on peut, que l'on doit même regarder la conduite de Joseph Erhard, envers ses cohéritiers, comme une sorte de vol, comme un délit. Nous savons bien qu'avant le Code Napoléon, quelques auteurs avaient voulu ériger en règle générale, la disposition de l'art. 178 de la coutume de Bretagne, suivant lequel les biens de celui qui avait commis un délit, étaient hypothéqués aux dommages-intérêts de la partie lésée, du jour où le délit avait été commis. Nous savons bien que Catellan, liv. 6, chap. 31, rapporte une sentence arbitrale par laquelle trois magistrats du parlement de Toulouse, du nombre duquel il était, décidèrent que la demoiselle Capdeville, envers qui Théophile Castets s'était rendu coupable *d'une violente et téméraire mise en possession*, devait être colloquée, *pour la légitime valeur des choses enlevées, du jour de l'enlèvement.*

» Mais cette doctrine, sur quoi était-elle fondée? sur des subtilités qui n'avaient pas même le mérite d'être spécieuses. Ecoutons Catellan.

» *Les obligations se contractent en commettant des crimes ; de ces obligations naissent diverses actions, comme il est dit aux instituts :* de obligationibus quæ ex delicto nascuntur. *Par conséquent les peines contenues dans ces obligations, sont dues du jour du crime qui produit ces obligations.* — Oui, les dommages-intérêts qui sont dus à la partie lésée par un délit, lui sont dus par le délinquant, à compter du jour où le délit a été commis ; mais est-ce à dire pour cela que les biens du délinquant lui sont hypothéqués à compter de ce jour? La dette qui dérive d'un contrat même verbal ou sous seing-privé, est certainement due au créancier du jour où elle est contractée ; cependant oserait-on dire que les biens du débiteur sont hypothéqués, à compter de ce jour, au créancier d'une pareille dette?

» *La condamnation ordonnée par le juge*, dit encore Catellan, *n'est qu'une déclaration de la peine encourue par le crime, et a un effet rétroactif.* — La condamnation au payement d'une dette résultant d'un contrat verbal ou sous seing-privé, n'est aussi qu'une *déclaration* de la dette elle-même, et elle a aussi un effet rétroactif contre la personne du débiteur. Cependant, on ne s'est jamais avisé de soutenir qu'une pareille condamnation emportât Hypothèque au profit du créancier, à compter du jour où la dette avait pris naissance. Et pourquoi en serait-il autrement de la condamnation au payement d'une dette résultant d'un délit?

» *Il est décidé*, continue Catellan, *par la loi* 15, D. de donationibus, *que la donation faite après un crime capital, ne vaut pas si la condamnation a suivi ; ce qui ayant été établi pour la succession du fisc, doit avoir lieu à plus forte raison pour l'indemnité de celui dont le bien a été dérobé ou enlevé.* — Mais d'où cela vient-il? du principe établi par les lois 6, §. 11, et 17, §. 1, D. *de his quæ in fraudem creditorum*, que toute donation faite en fraude des créanciers même chirographaires du donateur, peut être révoquée par ceux-ci, bien que le donataire ait été de bonne foi en l'acceptant. Et qu'est-ce que cela peut avoir de commun avec notre question?

» *Si les promesses privées*, c'est toujours Catellan qui parle, *ne portent Hypothèque que du jour de l'aveu* qui est fait en justice, *c'est à cause des fraudes et des antidates qu'on pourrait pratiquer ; on peut même imputer à celui qui n'a pris qu'une promesse privée, de n'avoir pas stipulé un contrat public, ce qui ne convient point à celui qui a été volé ou spolié de son bien.* — Mais qui est-ce qui ne sait pas que, si les obligations sous seing-privé n'emportent Hypothèque que du jour de la reconnaissance qui en est faite en justice, c'est uniquement parce que ce n'est que de ce jour-là qu'elles sont revêtues du sceau de l'autorité publique, qui seule peut rendre un titre hypothécaire? et ne sent-on pas que, si la loi qui ne permet pas de faire remonter plus haut l'Hypothèque des obligations sous seing-privé, n'avait pour motif que la crainte des fraudes et des antidates, il faudrait du moins accorder Hypothèque à ces obligations, du jour où leur date est devenue certaine par la mort de ceux qui les ont signées ; système qui, à la vérité, a été converti en loi, pour la Normandie, par l'art. 136 des placités de 1666, mais que l'on n'a jamais osé mettre en avant dans aucun pays, et que condamne la jurisprudence de tous les temps?

» Au surplus, rien ne prouve mieux l'incohérence de l'opinion de Catellan, que la distinction que ce magistrat se trouve obligé, pour la soutenir, de faire entre l'Hypothèque du prix de la chose volée,

(1) *Loc. cit.*, n. 57.

et celle des dommages-intérêts dus à la personne qui a été victime du vol. Suivant lui, l'Hypothèque du prix de la chose volée remonte au jour où le vol a été commis; et nous venons de voir qu'à cet égard, la doctrine ne repose sur aucune base solide. Mais l'Hypothèque des dommages-intérêts ne prend rang que du jour de la condamnation; et c'est ainsi que l'a jugé la sentence arbitrale que nous citions tout à l'heure. Pourquoi donc cette différence entre les dommages-intérêts et le prix de la chose volée? Assurément le voleur ne contracte pas moins, par son délit, l'obligation d'indemniser la personne qu'il vole, des démarches qu'elle aura à faire, des frais qu'elle aura à débourser, pour se ressaisir de sa chose, que l'obligation de lui restituer la chose même ou de lui en rendre la valeur? Il ne peut donc exister aucune raison de traiter l'une de ces obligations avec plus de faveur que l'autre sous le rapport hypothécaire.

» Aussi Catellan n'en donne-t-il aucune; mais il se rabat à dire que du moins on ne peut refuser l'Hypothèque pour la restitution du prix de la chose volée, du jour de la plainte et de l'information, parce que la plainte et l'information sont des actes publics; et qu'à partir de cette époque, l'obligation du voleur acquiert une publicité qui doit suffire pour lui donner Hypothèque. Mais quoi! la demande qu'un créancier par acte sous seing-privé, forme contre son débiteur, n'est-elle pas aussi un acte public? et cependant, ce n'est point du jour où cette demande est formée, que le créancier acquiert Hypothèque: il ne l'acquiert que du jour où l'obligation sous seing-privé est reconnue ou tenue pour reconnue en justice; et où un jugement en donne acte. Et quel prétexte y aurait-il pour attribuer à une plainte en matière criminelle, un effet que ne produit pas un exploit d'ajournement en matière civile?

» Mais, dit Catellan, *puisque j'ai une hypothèque sur les biens de celui qui a exigé de mes débiteurs ce qu'ils me devaient et en a fait quittance publique, et ce du jour de cette quittance contenant réception de ma dette, quoiqu'il n'ait pas contracté avec moi ni consenti aucune obligation en ma faveur, par cette raison seulement qu'il a reçu ce qui m'appartenait et que cela est prouvé par un acte public; il s'ensuit que je dois avoir hypothèque sur celui qui a volé ou enlevé mon bien du jour du vol et enlèvement, ou du moins du jour de la plainte et des informations qui le prouvent.* — Deux réponses.

» 1.° Il n'est écrit nulle part que l'Hypothèque sur les biens de celui qui a reçu induement, par acte public, ce qui était dû à un autre, prenne date, pour la restitution de ce qu'il a reçu, du jour de la quittance qu'il en a donnée au débiteur; il y a même de très-fortes raisons pour soutenir le contraire.

» 2.° Quand nous admettrions ce prétendu principe, la conséquence qu'en tire Catellan, n'en serait pas plus exacte. Celui qui reçoit, par acte public, ce qui ne lui est pas dû, s'oblige virtuellement, par cet acte même, à le restituer. Son obligation a donc, dès-lors, un caractère d'authenticité. Il ne serait donc pas étonnant que, dès-lors, elle produisît Hypothèque; mais celui qui vole le bien d'autrui, est-ce par un acte public qu'il contracte l'obligation de le rendre au propriétaire? non certainement. Donc point d'authenticité dans son obligation; donc point d'Hypothèque, même à partir du jour où son obligation est prouvée par une plainte et par une information. Car, la preuve qui résulte de la plainte et de l'information, n'est que préparatoire: elle est sujette à contradiction de la part du prévenu; le prévenu peut la débattre, il peut l'atténuer, il peut la détruire, par une preuve contraire; et comme ce n'est que du jugement de condamnation qu'elle reçoit son complément, ce n'est aussi que par le jugement de condamnation qu'elle devient un titre hypothécaire. — C'est ainsi que lorsque, par un contrat verbal dont la loi autorise la preuve par témoins, vous vous êtes obligé à me payer une somme déterminée, j'acquiers Hypothèque sur vos biens, non du jour où j'ai formé ma demande, non du jour où j'ai fait procéder à mon enquête, mais seulement du jour où le juge trouvant ma demande bien fondée et mon enquête concluante, vous a condamné à me payer cette somme.

» Par-là, se résoud l'argument qu'emploie un autre écrivain (1) pour justifier la doctrine de Catellan: l'art. 93 de l'ordonnance de 1539, dit-il, porte que, *si aucun est ajourné en connaissance de cédule, coupure ou conteste déniant sa cédule, et par après elle est prouvée par le créancier, l'hypothèque courra et aura lieu du jour de ladite dénégation ou contestation.* Pourquoi donc refuserait-on l'Hypothèque pour les réparations civiles, du jour où le crime a été commis?

» Pourquoi? par deux raisons également simples et tranchantes.

» La première, parce que, pour raisonner conséquemment, il faudrait dire que, de même que l'Hypothèque d'une obligation sous seing-privé, déniée d'abord en justice et reconnue ensuite par un jugement, prend sa date, non du jour de la demande formée par un exploit d'ajournement, mais seulement du jour de la dénégation qu'a faite l'ajourné de sa signature; de même aussi l'Hypothèque des dommages-intérêts dus à raison d'un délit, devrait prendre sa date, non comme le prétend l'auteur cité, du jour où le délit a été commis, non, comme Catellan le soutient subsidiairement, du jour de la plainte et de l'information, mais seulement du jour où le prévenu, traduit devant le juge d'instruction, a nié le délit.

» La seconde, parce que c'est par une disposition exorbitante du droit commun, que l'art. 93 de l'ordonnance de 1539 fait remonter au jour de la déné-

(1) V. ci-dessus, sect. 1, §. 8, n. 8.

gation du débiteur par acte sous seing-privé, l'Hypothèque de sa dette; parce qu'à ne consulter que les vrais principes, il n'y a pas plus de raison pour faire remonter au jour de la dénégation du débiteur, l'Hypothèque résultant d'une condamnation fondée sur une obligation sous seing-privé, que pour y faire remonter l'Hypothèque résultant d'une condamnation fondée sur un contrat verbal prouvé par témoins, parce que les dispositions exorbitantes du droit commun, doivent être restreintes rigoureusement aux cas pour lesquels le législateur les a faites; parce qu'en conséquence on ne pourrait pas inférer raisonnablement de l'art. 93 de l'ordonnance de 1539, que l'Hypothèque d'une condamnation fondée sur une obligation résultant d'un délit, doit remonter au jour où le délit a été nié par le prévenu; enfin, parce qu'aucun des sectateurs du système que nous combattons, n'a songé à tirer une pareille induction de cet article.

» Disons donc que, sous l'ancien droit, comme sous le Code Napoléon, l'Hypothèque, pour la réparation civile d'un délit, ne s'acquérait que par le jugement qui déclarait le délit constant, et en condamnait l'auteur à le réparer.

» Disons par conséquent que, sous la loi du 11 brumaire an 7, comme sous le Code Napoléon, la partie lésée par un délit, ne pouvait s'inscrire sur les biens du prévenu, qu'en vertu du jugement qu'elle obtenait contre celui-ci; et que toute inscription qu'elle prenait sur le prévenu, avant de l'avoir fait condamner, était nulle.

» Disons, par une conséquence ultérieure, que si la cour de Colmar a dû considérer comme un délit, la gestion que Joseph Erhard avait faite de la totalité de la succession de Dominique Laroche, du moins elle n'a pas pu, sans violer les lois fondamentales du régime hypothécaire, déclarer valable l'inscription prise par les cohéritiers de Joseph Erhard, à une époque où il n'avait encore obtenu contre lui aucune condamnation.

» Mais, objectent les défendeurs, la loi 19, §. 1, D. *de rebus auctoritate judicis possidendis*, décide que le pupille a, sur les biens de celui qui, n'étant pas son tuteur, en a pris la qualité et a géré ses biens comme tel, le même privilége qu'il aurait sur les biens de son tuteur véritable : *si quis, cùm tutor non esset, pro tutore negotia gessit, privilegio locum esse manifestum est.*

» Sans doute, on peut, et c'est l'opinion assez générale des interprètes du droit romain, on peut appliquer les décisions explicatives du privilége que les lois du Digeste accordaient au pupille, à l'Hypothèque tacite que les lois du Code y ont substituée.

» Mais, 1.° Est-ce comme tuteur de ceux des défendeurs qui étaient alors en minorité, que Joseph Erhard a géré la succession de Dominique Laroche?

» Vous le savez, messieurs, il ne l'a gérée qu'en son propre et privé nom; il ne l'a gérée que comme sa chose personnelle; il ne l'a gérée qu'en usurpateur du bien d'autrui.

» Or, le privilége attribué au mineur par la loi citée, sur les biens de celui qui a administré ses affaires à l'ombre d'une tutelle qui ne lui avait pas été déférée légalement, a-t-il lieu sur les biens de celui qui, sans prendre la qualité de tuteur, et agissant pour son propre compte, a envahi le patrimoine du mineur, et en a usé ou disposé comme de sa propre chose?

» Non, très-certainement non. Le pupille (dit le président Favre, dans son Code, liv. 8, tit. 7, déf. 2, d'après un arrêt du sénat de Chambéry, du mois d'avril 1595), le pupille a une Hypothèque tacite sur les biens de celui qui, n'étant pas son tuteur, en a pris faussement la qualité et a régé ses biens comme tel. Mais il n'en est pas de même de celui qui, n'étant pas tuteur et sans en prendre la qualité, s'est emparé des biens du pupille : *non idem est in eo qui, cùm tutor non esset, nec se pro tutore gerent vellet, tamen bona pupilli invasit.* A la vérité, il ne mérite pas plus de ménagement que s'il avait pris, quoique faussement, la qualité de tuteur, pour s'immiscer dans l'administration de ces biens; mais ce n'est qu'à la gestion à titre de tuteur qu'est accordée l'Hypothèque tacite; elle ne l'est point à la personne du pupille, et par cela seul qu'il est pupille : *et si enim multo minùs dignus hic est cùm quo mitiùs agatur, tamen tota tutelæ causa, non etiam pupilli persona illa est quæ taciti pignoris privilegium meretur.* Autrement, il faudrait dire que les biens de tous ceux qui sont obligés envers un pupille, soit par un contrat, soit par un quasi-contrat, sont grevés à son profit d'une Hypothèque tacite; ce qui serait une grande erreur : *alioqui dicendum esset omnium qui pupillo ex contractu, vel quasi contractu obligarentur, bona quoque omnia pignoris post obligatum iri; quod falsum est.*

» 2.° Quand nous accorderions aux défendeurs, que ceux d'entre eux qui étaient en minorité au moment où Joseph Erhard s'est emparé de la succession de Guillaume Laroche, ont, par cela seul, acquis une Hypothèque légale sur ses biens, à quelle conséquence cette supposition nous conduirait-elle?

» A celle-ci seulement : c'est que l'arrêt dont on vous demande la cassation, devrait être maintenu dans l'intérêt des mineurs; mais qu'il devrait être cassé dans l'intérêt des autres parties.

» Prétendre, comme le font les défendeurs, que l'Hypothèque du mineur doit, à raison de son indivisibilité, profiter à leurs consorts majeurs, c'est un paradoxe qui n'a de remarquable que son absurdité.

» L'Hypothèque est sans doute indivisible, en ce sens que le créancier à qui elle appartient, peut l'exercer sur chacune des parties, comme sur la totalité, du bien qu'elle affecte : *tota in toto et tota in singulis partibus.* Mais elle n'est certainement pas indivisible, en ce sens qu'elle doive se commupiquer d'une portion d'une créance à une autre, et qu'un créancier qui n'a, par lui-même, ni Hypothèque conventionnelle, ni Hypothèque judiciaire, ni Hypothèque légale, puisse se faire colloquer comme hypothécaire, sous prétexte qu'il a pour associé dans sa créance, un particulier qui, pour sa portion, a une Hypothèque qu'il doit, ou à une stipulation expresse, ou à un jugement, ou à la loi.

» Par-là tombe également le moyen que les défendeurs cherchent à tirer de la circonstance que, parmi eux, se trouvent des femmes mariées.

» D'une part, si cette circonstance pouvait justifier l'arrêt attaqué, dans l'intérêt des femmes mariées dont il s'agit, elle ne pourrait du moins pas le soustraire à la cassation dans l'intérêt des autres défendeurs.

» D'un autre côté, les femmes mariées ont bien une Hypothèque légale pour leurs droits matrimoniaux et leurs reprises, sur les immeubles de leurs maris; mais cette Hypothèque ne s'étend, ni jusqu'aux immeubles de ceux qui gèrent leurs affaires, comme receveurs ou mandataires particuliers, et par le seul effet de la confiance que leurs maris ont en eux, ni et encore moins sur les immeubles de ceux qui s'emparent de leurs biens et s'en approprient les revenus.

» Il n'y a donc ni raison ni prétexte qui puisse excuser la cour de Colmar du reproche d'avoir violé la loi, en déclarant valable une inscription qui ne reposait sur aucune espèce de titre hypothécaire.

» Mais supposons pour un moment que cette inscription n'ait pas dû être annullée par le motif que nous venons d'exposer : supposons qu'elle ait été prise pour conserver une Hypothèque véritablement légale : n'a-t-elle pas, au moins, dû être annullée par la raison qu'elle n'indique pas l'époque à laquelle est née la prétendue Hypothèque qu'elle tend à conserver? c'est la deuxième question que nous avons annoncée en commençant; et deux mots suffisent pour la résoudre.

» L'art. 17 de la loi du 11 brumaire an 7 exige que chaque inscription contienne, entr'autres choses, *la date du titre, ou à défaut de titre, l'époque à laquelle l'Hypothèque a pris naissance.* Ainsi, lorsque l'Hypothèque que l'on veut inscrire, dérive d'une obligation notariée ou d'un jugement, il faut que l'inscription indique la date du jugement ou de l'obligation, parce que c'est cette date qui fixe celle de l'Hypothèque conventionnelle ou judiciaire; mais s'il s'agit d'une Hypothèque purement légale, et par conséquent d'une Hypothèque qui dérive, non d'un titre tel qu'une obligation ou un jugement, mais de la loi seule, il faut que l'inscription indique la date du fait auquel la loi attache un effet hypothécaire; et cette indication est tellement de rigueur, que l'art. 21 l'exige même dans les inscriptions prises pour conserver les Hypothèques légales du trésor public, des mineurs, des interdits, des absens et des femmes mariées, quoique d'ailleurs elle dispense ces inscriptions de plusieurs des formalités communes aux autres Hypothèques légales, aux Hypothèques judiciaires, et aux Hypothèques conventionnelles.

» Or, dans l'inscription que les cohéritiers de Joseph Erhard ont prise le 7 pluviôse an 8, pas un mot de l'époque à laquelle a pris naissance leur prétendue Hypothèque légale sur les biens de leur débiteur. Dès-là, comment la cour de Colmar a-t-elle pu juger cette inscription valable?

» C'est, a-t-elle dit, parce que cette inscription étant *prise pour la sûreté des créances qui pourraient résulter des liquidation et gestion de la succession Laroche, c'était assez annoncer que l'Hypothèque remontait à l'époque du décès dudit Laroche, arrivé en l'an 5.*

» Mais lorsqu'une inscription est prise pour la sûreté de la gestion d'un comptable du trésor public, pour la sûreté de la gestion d'un tuteur ou curateur, pour la sûreté des deniers dotaux d'une femme mariée, elle fait assez connaître que l'Hypothèque remonte au moment où le comptable est entré en fonctions, au moment où le tuteur a été nommé, au moment où la femme a épousé son mari. Pourquoi donc, même dans ce cas, l'art. 21 de la loi du 11 brumaire an 7 exige-t-il que l'inscription exprime, non par relation à un acte ou fait antérieur, mais en termes précis et formels, l'époque à laquelle l'Hypothèque a pris naissance? c'est sans contredit parce que la loi veut qu'en consultant le registre du conservateur, le public connaisse cette époque, sans être obligé de recourir à d'autres renseignemens; c'est sans contredit parce qu'aux yeux de la loi, la désignation positive de cette époque tient essentiellement au système de la publicité des Hypothèques.

» La cour de Colmar n'a donc pas pu suppléer, dans l'inscription des cohéritiers de Joseph Erhard, par une équipollence très-imparfaite d'ailleurs, une désignation qu'elle n'aurait pas pu, d'après l'art. 21 de la loi du 11 brumaire an 7, suppléer dans une inscription prise pour le trésor public, pour un mineur, pour un interdit, pour un absent, pour une femme mariée.

» La cour de Colmar a donc violé, même dans la supposition la plus favorable à son arrêt, les art. 17 et 21 de la loi du 11 brumaire an 7, comme elle a violé, en jugeant que les cohéritiers de Joseph Erhard avaient une Hypothèque légale, les lois qui déclarent qu'il n'y a d'Hypothèque légale que dans les cas et pour les objets qu'elles déterminent elles-mêmes.

» Et par ces considérations, nous estimons qu'il y a lieu de casser et annuller son arrêt ».

Arrêt du 11 novembre 1811, au rapport de M. Cochard, par lequel, « attendu 1.° que l'art. 3 de la loi du 11 brumaire an 7, en déterminant les différentes manières d'acquérir l'Hypothèque, ne reconnaît que les Hypothèques conventionnelles, les Hypothèques légales et les Hypothèques judiciaires; attendu 2.° que l'art. 21 de la même loi caractérise les divers faits auxquels il attache le privilége de l'Hypothèque légale, et qu'il ne l'attribue qu'à la nation sur les comptables de deniers publics à raison de leur gestion; aux mineurs, aux interdits et aux absens sur leurs tuteurs, curateurs et administrateurs aussi pour raison de leur gestion; et enfin aux époux pour raison de leurs conventions et droits matrimoniaux éventuels; — attendu 3.° qu'en accordant la même Hypothèque légale et tacite aux cohéritiers de celui qui s'est ingéré dans l'administration d'une succession commune, la cour d'appel de Colmar a étendu ce privilége à un cas non prévu par ladite loi, et qu'elle a créé une disposition législative qui n'existe pas; d'où il suit qu'elle a excédé ses pouvoirs, et qu'elle a en même temps contrevenu auxdits art. 3 et 21 ci-dessus cités; — attendu 4.° que l'inscription prise par les cohéritiers de Joseph Erhard, de Massevaux, qui s'était entremis seul dans la succession de Dominique Laroche, qui lui était commune avec eux, pour la sûreté et la garantie des droits qu'ils auraient à exercer sur les biens dudit Joseph Erhard, après la liquidation du compte qu'il aurait à leur rendre de l'administration de ladite succession, ne contenait pas d'ailleurs toutes les formalités prescrites à peine de nullité par l'art. 17 de la même loi du 11 brumaire an 7, pour rendre les inscriptions valables, en ce qu'elle ne rappelait, ni la date du titre, ni le montant de la créance pour laquelle elle avait été faite, ni l'époque de son exigibilité; ce qui rendait ladite inscription nulle aux termes dudit art. 17; Par ces motifs, la cour casse et annulle.... ».

Art. V. *Autres questions sur le n.° 3 de l'art. 3 de la loi du 11 brumaire an 7, et sur plusieurs autres points relatifs au régime hypothécaire :*

1.° *Peut-on prendre inscription en vertu d'un contrat sous seing-privé, reconnu en justice par un fondé de pouvoir muni d'une simple procuration sous seing-privé? Le peut-on, lorsque, sur cette reconnaissance, il est intervenu des jugemens émanés de tribunaux exerçant, non la juridiction contentieuse, mais la juridiction volontaire? Le peut-on, lorsque la procuration sous seing-privé a été donnée par un noble, dans un temps et dans un pays où les procurations* ad lites *des personnes de cette caste, étaient réputées authentiques?*

2.° *Dans la partie du département de la Roër, qui était ci-devant régie par la coutume de Gueldres, l'Hypothèque constituée sur un fief avec l'autorisation du seigneur suzerain, s'éteignait-elle de plein droit, au profit du débiteur et au préjudice du créancier, par le laps de temps que le seigneur suzerain avait fixé à sa durée? Le seigneur suzerain pouvait-il en proroger la durée par son seul consentement et sans autres formalités? Les Hypothèques constituées avec l'autorisation du seigneur suzerain, pour un espace de temps pendant lequel les lois relatives à l'abolition du régime féodal, ont été publiées dans ce pays, ont-elles pu, après l'expiration de ce temps, être conservées par des inscriptions hypothécaires.*

3.° *Un tiers-acquéreur poursuivi par l'action hypothécaire et condamné, comme tel, par un jugement en dernier ressort, à payer le montant de la créance hypothéquée, peut-il se faire un moyen de cassation de ce qu'on ne lui a pas laissé l'option du délaissement auquel il n'avait pas conclu? Peut-il encore exercer cette option après le jugement?*

4.° *Lorsque l'Hypothèque est située dans un pays où le prêt à intérêts est défendu, et que le contrat a été passé dans un pays où ce prêt est autorisé, quel est l'effet de l'action hypothécaire exercée sur un tiers-possesseur? Celui-ci peut-il demander que les intérêts payés jusqu'au jour de l'action, soient imputés sur le principal, conformément à la loi du lieu de la situation de l'Hypothèque? ou bien doit-on suivre, à cet égard, la loi du lieu du contrat?*

5.° *Quel est, à cet égard, l'effet d'un jugement qui, en réalisant par la voie du nantissement, l'Hypothèque accordée par le contrat, a improuvé, comme usuraire, la clause qui permettait au créancier de répéter son capital?*

Le 30 avril 1683, Léopold, prince de Dietrichstein et du Saint-Empire, et Marie-Dorothée, son épouse, née princesse de Salm, tous deux domiciliés à Vienne en Autriche, passent en cette ville un acte sous leurs signatures privées et le sceau de leurs armes, par lequel ils reconnaissent devoir à Frédéric Heerman, baron de Zuydtwick, la somme de 25,000 rixdalers ou patagons, qu'il leur a fournie, savoir, 276 rixdalers et 4 escalins en argent comptant, et le surplus en acquittant pour eux diverses dettes qu'ils énumèrent, toutes produisant intérêts, et hypothéquées sur leur terre de Wachtendonck, située dans la Gueldres. — Ils s'obligent de payer dans la ville d'Utrecht, à commencer du 1.er janvier 1694, l'intérêt des 25,000 rixdalers à 4 pour cent, mais sous la condition que cet intérêt sera de 6 et un quart pour cent, dans le cas où il ne serait pas payé dans les six semaines de chaque échéance. — Ils promettent de rembourser le capital à la volonté du créancier, mais une année seulement après l'avertissement qu'il leur en aura donné. — Pour sûreté de leurs engagemens tant en capital qu'en intérêts, ils affectent et hypothèquent la terre de Wachtendonck, avec toutes ses dépendances féodales et allodiales. — Ils consentent que cette Hypothèque *soit réalisée, expédiée et enregistrée devant sa majesté royale, le gouverneur et les pairs de fief de la principauté de Gueldres, ainsi que de droit;* et ils donnent à cet effet tout pouvoir à Guillaume Diecker, bailli de leur terre de Wachtendonck.

Le 21 mai 1695, le conseil souverain de Gueldres accorde, au nom du roi d'Espagne, les *lettres d'octroi* qui, d'après le droit féodal du pays, étaient nécessaires pour autoriser tout vassal à hypothéquer son fief.

Le même jour, Guillaume Diecker, en vertu du pouvoir consigné dans l'acte du 30 avril 1683, et des lettres d'octroi dont on vient de parler, comparaît devant la cour féodale de Gueldres et déclare « donner et mettre en Hypothèque, pour ladite somme capitale de 25,000 rixdalers, ainsi que pour les intérêts, la terre de Wachtendonck, fief provenant de nous comme duc de Gueldres (c'est le roi d'Espagne qui parle), d'après le droit du fief de Gueldres, avec toutes ses dépendances, sans en excepter la moindre chose; pour qu'au défaut de payement, le crédirentier se puisse indemniser sur lesdits biens hypothéqués, d'après le droit des fiefs et les coutumes de ce pays, jusqu'à ce qu'il soit entièrement contenté; tant pour le capital que pour les intérêts échus et les dépens; le débirentier renonçant à tous les placards, priviléges, indults, exemptions et bénéfices de droit qui pourraient être contraires aux présentes; ce que ledit M. Frédéric Héerman de Zuydtwick, ici présent, a accepté en tout ». — Guillaume Diecker prie ensuite le gouverneur de Gueldres, président de la cour féodale, « d'agréer et consentir *ces obligation et constitution de rente et réalisation d'icelle;* lequel, ayant accueilli sa très-humble demande, y a consenti en notre nom, *excepté toutes les clauses usuraires et spécialement celle relative à la répétition du capital de la part du crédirentier,* insérée et mentionnée dans l'obligation ci-dessus; *mais seulement pour six années consécutives, à dater de cejourd'hui,* à l'expiration desquelles le débirentier sera tenu d'acquitter et décharger les biens fiefs ci-dessus mentionnés; et à la charge que lesdits biens fiefs soient et resteront assujétis aux services et à la foi et hommage, de la même manière que s'ils n'étaient point grevés ou chargés, sauf tous droits et justes prétentions ».

A l'expiration des six ans fixés par cet acte pour la durée de l'Hypothèque, le prince de Dietrichstein et son épouse obtiennent de nouvelles *lettres d'octroi* et font faire une nouvelle *réalisation;* et ce double renouvellement se répète tant par eux que par le prince de Ligne, leur successeur, de six années en six années, jusqu'en 1751.

En 1751, la terre de Wachtendonck est vendue par décret forcé sur le prince de Ligne. Jean-Joseph Vanderlinden-Hoogworsth s'en rend adjudicataire, moyennant 20,000 rixdalers, *et à la charge d'une somme capitale de 25,000 patagons ou rixdalers, au profit des héritiers du sieur Héerman van Zuydtwick.*

L'adjudicataire fait pareillement renouveler tous les six ans les lettres d'octroi et la réalisation; et par-là, conserve entre ses mains, en payant les intérêts convenus par l'acte de 1683, le capital de 25,000 rixdalers dû à la famille van Zuydtwick. — Le dernier renouvellement se fait le 21 mai 1794, *avec effet rétroactif jusqu'au 21 mai 1792.*

Le 19 prairial an 8, Engelbert Héerman van Zuydtwick prend, comme créancier du prince et de la princesse de Dietrichstein, par acte du 30 avril 1683, une inscription hypothécaire au bureau de Clèves sur la terre de Wachtendonck, *qui est présentement* (porte l'inscription) *entre les mains du sieur Linden Hoogworsth.*

Le 13 ventôse an 9, il fait signifier à Jean-Joseph Chaislain Vanderlinden-Hoogworsth, propriétaire de la terre de Wachtendonck, demeurant à Bruxelles, un acte par lequel il le somme de lui payer les intérêts échus, et lui déclare son intention d'exiger dans un an le remboursement du capital de 25,000 rixdalers.

Le 19 prairial suivant, il le fait citer en conciliation devant le juge de paix de la situation de la terre de Wachtendonck.

A défaut de conciliation, il le fait assigner, le 24 thermidor suivant, devant le tribunal de première instance de Cologne pour se voir condamner, — 1.° au payement de 1370 rixdalers, argent de Hollande, pour restant d'intérêts dus à 4 pour 100, et échus en 1787, 1788, 1789, 1790 et 1791; — 2.° au payement de 15,624 rixdalers, même argent, pour intérêts à 6 et un quart pour 100, échus depuis 1792; — 3.° au payement des intérêts de l'une et de l'autre somme depuis la demande judiciaire; — 4.° au remboursement du capital de 25,000 rixdalers dans le délai indiqué par la sommation du 13 ventôse an 9; — 5.° au payement des intérêts de ce capital, à compter du 13 ventôse an 10; — Pour voir ordonner en outre qu'à défaut de prompt payement des intérêts échus, ou en cas d'insuffisance des revenus de la terre de Wachtendonck, il sera saisi et exécuté dans tous ses biens meubles et immeubles; et qu'à défaut de remboursement du capital au 13 ventôse an 10, il sera procédé à la vente de la terre de Wachtendonck, par expropriation forcée.

Le sieur Vanderlinden comparaît sur cette assignation, et soutient — 1.° que la créance est éteinte par le payement des intérêts échus depuis 1751 jusqu'en 1787; qu'en effet, la coutume de Gueldres, part. 4, tit. 1, §. 10, porte: *quiconque ne faisant ni négoce, ni commerce, et n'est en société avec marchands, en partageant profit ou perte, est prohibé de mettre son argent à certain intérêt, sous la réserve ou dans l'intention de pouvoir redemander son capital; ceci ne sera d'aucun effet ni valeur, mais les intérêts payés seront comptés sur le capital et à la diminution d'icelui;* que la même coutume, part. 2, tit. 2, §. 3, porte encore: *la constitution de rente sera réputée contrat usuraire; et tout ce qui aurait été perçu en vertu de cette constitution, sera imputé et déduit sur le capital, de la même manière que s'il eût placé son argent à usure ou profit déterminé, contre reconnaissance purement chirographaire, aussi souvent que les acheteurs des rentes se seraient conditionné ou réservé en des documens d'échevins, que la rente à en rendre ou revenus doivent être rédimés à un certain terme ou à bon plaisir;* — 2.° qu'en supposant la créance non éteinte, le capital de 25,000 rixdalers ne serait pas exigible, puisque *l'octroi hypothécaire* du 21 mai 1695 a excepté de la réalisation toutes les *clauses usuraires* de l'acte du 30 avril

1683, et notamment celle qui autorisait le créancier à se faire rembourser le principal; — 3.° que, quand même le remboursement serait exigible, l'action du demandeur serait toujours prématurée à cet égard, puisque son avertissement n'avait précédé sa demande judiciaire que de cinq mois et dix jours; — 4.° que le demandeur ne peut répéter que les intérêts de cinq ans, et que cela résulte de la coutume de Gueldres qui porte, part. 2, tit. 2, §. 2, art. 8 et 9: *personne, soit séculier ou prêtre, demeurant dans ou hors de la province, qui possède des revenus ou rentes affectées sur des maisons, Hypothèques ou biens-fonds situés dans la province, ne peut les laisser arriérer plus long-temps que cinq ans; celui qui les laisserait plus long-temps arriérer que cinq ans, tous les arrérages antérieurs sont éteints; et le possesseur des rentes n'aura plus de droit de demander plus d'arrérages que de cinq ans soit de l'Hypothèque, soit de son possesseur, soit des arrières-Hypothèques ou des autres quelconques;* — 5.° que les intérêts échus depuis 1792, ne peuvent être dus qu'à 4 pour 100, parce qu'avant cette époque, ils n'ont jamais été payés qu'à ce taux; et qu'ainsi il a été, à cet égard, dérogé par la possession au contrat du 30 avril 1683; — 6.° que la demande des intérêts des intérêts est contraire à toutes les lois.

Dans le cours de l'instruction qui s'engage sur ces moyens de défense, s'élève incidemment la question de savoir si cet en argent de Gueldres ou en argent de Hollande, que doivent être évalués les rixdalers ou patagons énoncés dans l'acte du 30 avril 1683.

Le 2 germinal an 10, jugement contradictoire du tribunal de première instance de Cologne, qui « condamne 1.° le défendeur à payer la somme principale redemandée de 25,000 patagons, et ce provisoirement au cours de Gueldres, en prenant le patagon à 76 sous de Clèves, faisant 125,000 fr. de France; 2.° le condamne à payer les intérêts arriérés depuis l'année 1792 jusqu'en 1801, à raison de 1,000 patagons par an de la même valeur, et sauf ceux échus depuis et les courans, faisant la somme ultérieure de 36,102 francs cinquante centimes; 3.° déclare le demandeur recevable à la preuve qu'il a fourni l'argent (en 1683) à une valeur plus grande que celle à lui adjugée dans les §. 1 et 2 ci-dessus, à laquelle preuve il lui pose à cet effet terme au 7 floréal prochain, en lui réservant jusque-là sa prétention à ce sujet, tant par rapport au principal que concernant les intérêts à compter de l'année 1787 jusqu'ici ».

Le sieur Van Zuydtwick fait la preuve à laquelle il est admis; et en conséquence, le 11 floréal an 10, second jugement qui « condamne à présent le défendeur à rembourser au demandeur le capital de 25,000 patagons, faisant en argent de France la somme de 128,588 francs 50 centimes; à lui en payer les intérêts, à dater de l'an 1792 jusqu'en 1801, sauf les ultérieurs et courans, montans à la somme de 51,428 francs; comme aussi à lui payer la valeur plus haute des intérêts des années 1787 à 1792, payés dans une valeur moindre, montans à la somme de 6,850 francs; de sorte que pour trois patagons et demi, lui seront comptées trois couronnes (écus de six livres) de France, montant le tout à la somme de 186,866 francs 50 centimes ».

Le sieur Vanderlinden appelle de ces deux jugemens; et le 20 thermidor an 12, arrêt de la cour d'appel de Trèves, qui pose ainsi les questions à juger: — « Quant à la forme, la demande formée le 9 ventôse an 9, en remboursement du capital porté par l'acte du 30 avril 1683, était-elle prématurée; et les deux jugemens des 2 germinal et 11 floréal an 10, qui ont ordonné ce remboursement, sont-ils susceptibles d'être réformés? — Au fond, 1.° quelle est la nature du contrat passé à Vienne le 30 avril 1683? 2.° Sous l'empire de quelles lois les clauses de ce contrat ont-elles dû recevoir leur exécution? 3.° Ce même contrat a-t-il éprouvé quelque altération »?

Et statuant ensuite sur ces trois questions, — « Attendu, sur la forme, que l'appelant avait soutenu, quant au fond, l'extinction de la dette par l'imputation des intérêts sur le capital; qu'il était en demeure de payer les intérêts depuis plusieurs années; que l'intimé ayant le droit, en vertu de l'obligation primitive, d'exiger le remboursement dudit capital, en prévenant le débiteur un an auparavant, avait pu, par son exploit du 13 ventôse an 9, tendant au payement des intérêts, demander en même temps ledit remboursement, pour être effectué à l'expiration de l'année seulement; que les jugemens des 2 germinal et 11 floréal an 10, qui l'ont ordonné, ayant donc été rendus plus d'une année après l'expiration du délai fixé, ont pu valablement prononcer sur un droit dont le capital était d'ailleurs contesté; qu'ainsi, la demande de l'intimé à cet égard ne peut être regardée comme prématurée; et les jugemens qui en ont été la suite, ne peuvent en ce cas (de ce chef) être réformés; — la cour rejette cette exception. — En ce qui touche le fond, — attendu, sur la première question, que par l'acte contracté à Vienne en 1683, le prince de Diétrichstein et la dame de Salm, son épouse, ont reconnu devoir à Frédéric Héerman, baron de Zuydtwick, 25,000 rixdalers, à l'effet, entre autres motifs, d'éteindre diverses obligations portant intérêt, la majeure partie à six un quart pour cent, et remboursables à époques fixes; que cette obligation a été contractée sous les conditions de payer, etc.; qu'il résulte des termes, clauses et conditions de ce contrat, et de l'intention manifeste des contractans, qu'il a été stipulé un véritable prêt à intérêt, avec faculté expresse de la part du prêteur, de redemander son capital; que ce contrat ne peut donc être véritablement considéré qu'en cette dite qualité, et non comme une constitution de rente emportant aliénation de la somme capitale; — attendu, sur la seconde question, que le contrat prénommé a été passé à Vienne, lieu du domicile des débiteurs, sous l'empire des lois romaines, qui permettent le prêt à intérêt; que ce contrat étant donc devenu obligatoire à Vienne, les lois de ce pays, et non celles de la situation des biens hypothéqués, doivent nécessairement en fixer les droits et les effets respectifs; d'où il suit que les intérêts qui ont été payés, ne pouvaient être considérés par le débiteur comme illégitimes, et être imputés sur le principal; qu'il n'y a pas non plus lieu à la réduction des intérêts à cinq ans, les principes sur les constitutions de rentes étant inapplicables à l'espèce; — attendu, sur la troisième question, que les familles de Ligne et de Vanderlinden-Hoogworst, devenues successivement propriétaires de la terre de Wachtendonck, représentant en cette qualité le premier débiteur, ont rempli les conditions portées au contrat primitif, en payant jusqu'en 1787 les intérêts de la somme principale; et que *les lettres d'octroi*, par elles sollicitées et obtenues du seigneur suzerain, n'ont pu porter atteinte aux droits respectifs des parties et aux obligations mutuellement contractées, non plus qu'à la nature du contrat; qu'en admettant, au surplus, que l'effet desdites lettres d'octroi eût pu suspendre l'exigibilité du capital, cet effet avait entièrement cessé le 21 mai 1798, époque de l'échéance du dernier octroi; que l'on doit donc nécessairement conclure que le contrat n'a point éprouvé d'altération; que tous les droits du créancier ont été conservés; et qu'il peut en conséquence en poursuivre l'exercice, en vertu de l'inscription faite au bureau des Hypothèques de Clèves, le 19 prairial an 8; — en ce qui concerne la fixation de la valeur des rixdalers ou patagons, attendu qu'il est constaté au procès qu'anciennement et en remontant à l'époque du prêt, la valeur du patagon ou rixdaler était calculée sur le pied de trois patagons et demi pour trois couronnes de France; que les capitaux, avant 1756, étaient remboursés dans cette même valeur; qu'il n'est point contesté d'ailleurs par le débiteur, que les payemens des intérêts antérieurs à 1787, aient été faits sur le pied desdits trois patagons et demi pour trois couronnes de France, ainsi que le porte le jugement de première instance, du 11 floréal an 10; — par ces motifs, la cour dit qu'il a été bien jugé... ».

Le sieur Vanderlinden se pourvoit en cassation, et soutient que cet arrêt doit être annullé, 1.° parce qu'il ne contient pas le résultat des faits de la cause et des moyens des parties, ce qui est contraire à l'art. 15 du tit. 5 de la loi du 24 août 1790; 2.° parce qu'il a admis une action hypothécaire exercée contre un tiers-détenteur en vertu d'une inscription prise sur les signataires de l'acte sous seing-privé du 30 avril 1683, ce qui est contraire aux art. 3 et 17 de la loi du 11 brumaire an 7; 3.° parce qu'il a condamné le sieur Vanderlinden, quoiqu'il ne soit que tiers-détenteur, à payer le capital et les intérêts, sans lui laisser l'option, du moins quant au capital, de le payer ou de s'affranchir de cette condamnation en abandonnant à son adversaire l'immeuble sur lequel la créance a été hypothéquée; ce qui est contraire à la loi 16, §. 3, D. *de pignoribus et Hypothecis*, à la loi 2, C. *si unus ex pluribus heredibus*, et à différens articles de la coutume de Gueldres; 4.° parce qu'il l'a condamné à payer une créance éteinte depuis long-temps par l'effet de l'imputation des intérêts sur le principal; ce qui est contraire aux dispositions de la coutume de Gueldres concernant les prêts à intérêts et les constitutions de rentes; 5.° parce qu'il l'a condamné à rembourser le capital de la créance, ce qui est contraire à la loi que les parties se sont imposée, tant par *les octrois hypothécaires* que par le décret d'adjudication de 1751; 6.° parce qu'il a approuvé une demande formée et une condamnation obtenue pour le remboursement, avant l'échéance du terme fixé par l'acte du 30 avril 1683, si toutefois il pouvait y avoir lieu de rembourser le capital; ce qui est contraire à la maxime, consacrée par plusieurs lois romaines, *qui a terme ne doit rien*; 7.° parce qu'il a adjugé plus de cinq années d'intérêts, et que, par-là, il a violé les dispositions expresses de la coutume; 8.° parce qu'en adjugeant ces intérêts, il n'a pas autorisé le débiteur à y imputer le montant de la contribution foncière qu'il avait payée à l'acquit du créancier.

« Le premier de ces moyens (ai-je dit à l'audience de la section des requêtes le 14 messidor an 13), n'est pas de nature à exiger une longue discussion. Que veut l'art. 15 du tit. 5 de la loi du 24 août 1790? Que la rédaction des jugemens, tant sur l'appel qu'en première instance, contienne quatre parties distinctes: que, dans la première, les noms et les qualités des parties soient énoncés; que, dans la seconde, les questions de fait et de droit qui constituent le procès, soient posées avec précision; que, dans la troisième, soit exprimé le résultat des faits reconnus ou constatés par l'instruction et les motifs qui auront déterminé les juges; que la quatrième enfin contienne le dispositif du jugement. — Or, tout cela ne se trouve-t-il pas dans l'arrêt attaqué? 1.° Il énonce les noms et les qualités des parties; 2.° il pose avec précision toutes les questions de fait et de droit qui constituent le procès; 3.° il présente, dans la première partie de ses motifs sur le fond, le résultat des faits reconnus et constatés par l'instruction; 4.° il contient un dispositif qui confirme les jugemens du tribunal de première instance; — Il est donc parfaitement régulier. — Peu importe que, dans sa rédaction, les motifs ne soient pas séparés du résultat des faits; la loi permet de les confondre, puisqu'elle veut que le résultat des faits et les motifs composent la troisième partie de chaque jugement; et l'on sent d'ailleurs que cette confusion devient, en quelque sorte, nécessaire, toutes les fois que, comme ici, les motifs sont puisés dans le résultat même des faits.

» Le second moyen est plus spécieux. — Il est certain que c'est par action hypothécaire, que le sieur van Zuydtwick s'est pourvu contre le demandeur au tribunal civil de Cologne; et qu'il n'a pas pu agir hypothécairement contre le demandeur, si au préalable il n'avait pas acquis une Hypothèque sur la terre de Wachtendonck. — Or, cette Hypothèque, le sieur van Zuydtwick l'avait-il précédemment acquise? Le demandeur soutient que non, et voici à quoi se réduisent tous les raisonnemens qu'il fait pour le prouver. — Ou le sieur van Zuydtwick a pris son inscription du 19 prairial an 8, en vertu de l'Hypothèque qu'il avait acquise par la réalisation du 21 mai 1695, renouvelée de six ans en six ans jusques et y compris le 21 mai 1792; ou il ne l'a prise qu'en vertu de l'acte sous seing-privé du 30 avril 1683. — Au premier cas, l'inscription est nulle, parce qu'elle a pour base une *réalisation* qui n'était accordée que pour six ans, et qui par conséquent s'était éteinte de plein droit dès le 21 mai 1798, jour correspondant au 1.er prairial an 6. Et d'ailleurs, quand même l'effet de cette *réalisation* eût encore existé le 19 prairial an 8, le sieur van Zuydtwick n'aurait pas pu s'en prévaloir pour demander le remboursement du capital, puisque la *réalisation* elle-même dérogeait à la clause de l'acte du 30 avril 1683, qui autorisait le créancier à répéter son capital, en avertissant une année à l'avance. — Au second cas, l'inscription est encore nulle, elle l'est même évidemment, par deux raisons: la première, parce que, aux termes de l'art. 3 de la loi du 11 brumaire an 7, on ne peut prendre inscription que pour les créances résultantes, soit d'actes notariés, soit de jugemens, soit d'actes privés dont la signature a été reconnue en justice; la seconde, parce que le sieur van Zuydtwick n'a pas pris son inscription sur le sieur Vanderlinden, possesseur actuel de la terre de Wachtendonck, mais sur le prince et la princesse de Dietrichstein, débiteurs primitifs.

» Il faut l'avouer, à la première vue, ce dilemme paraît sans réplique. Mais en l'examinant de près, vous le trouverez faux dans ses deux branches.

» Et d'abord pour nous convaincre que le sieur van Zuydtwick a pu prendre inscription le 19 prairial an 8, en vertu de l'Hypothèque que lui avaient auparavant conférée la réalisation du 21 mai 1695 et les prorogations dont elle avait été suivie jusqu'en 1792, il ne faut que nous reporter aux maximes qui, avant l'abolition du régime féodal, régissaient la matière des Hypothèques sur les fiefs situés dans la Gueldres.

» Les fiefs de la Gueldres avaient cela de commun avec les autres biens de la même contrée, qu'ils ne pouvaient être aliénés ni hypothéqués qu'au moyen des formalités du *nantissement*, ou, ce qui est la même chose, de la *réalisation*. Mais ils avaient cela de particulier, que le nantissement ne pouvait être accordé sur aucun acte qui tendait à les aliéner ou hypothéquer, que préalablement le seigneur de qui ils relevaient, n'eût, par lui-même, ou par un agent muni d'un pouvoir *ad hoc*, donné son consentement à leur aliénation ou Hypothèque. Cela venait de ce que, dans les Gueldres, on observait, dans tous les points où l'usage n'y avait pas dérogé, ce qu'on appelle *le droit commun des fiefs*, c'est-à-dire, le Code *de usibus feudorum*, qui se trouve à la suite du corps du droit romain, et dont plusieurs dispositions défendent au vassal d'aliéner ou d'hypothéquer son fief, sans le consentement de son suzerain. On ne se contentait même pas, à cet effet, d'un consentement tacite ou présumé; il fallait un consentement formel, une autorisation proprement dite: *ut feuda*, dit Frédéric à Sande, dans son commentaire sur les coutumes féodales de la Gueldres, traité 2, tit. 2, ch. 4, §. 2, *ut feuda creditoribus realiter obligentur, præter factum vassalli, insuper et domini consensus et auctoritas requiritur; neque hic admittimus exceptionem doctoribus probatam, si quis, domino præsente nec contradicente, suum prædium obligaverit: nos insuper consensum expressum requirimus.* — Et voilà pourquoi nous lisons dans l'acte de *réalisation* du 21 mai 1695, qu'avant de se présenter à la cour féodale de Ruremonde, le fondé de pouvoir du prince de Dietrichstein et de son épouse avait obtenu du roi d'Espagne, représenté par le conseil souverain de Gueldres, des *lettres d'octroi* qui permettaient à ses commettans d'hypothéquer leur terre de Wachtendonck.

» En consentant ainsi à ce qu'on hypothéquât les fiefs de leurs mouvances, les seigneurs suzerains n'ignoraient pas qu'ils pouvaient préjudicier à leurs droits: les fiefs pouvaient s'ouvrir à leur profit; et dans ce cas, les Hypothèques auxquelles ils avaient donné leur assentiment, conservaient tout leur effet contre eux. *An dominus*, dit à Sande, à l'endroit cité, ch. 5, n. 11, *obtinere possit Hypothecas, quibus ille suum assensum accommodavit? non posse defendunt communiter doctores*; et il ajoute qu'on l'a ainsi jugé, même dans le cas où le seigneur n'avait consenti à l'Hypothèque que sous la réserve de ses propres droits, *salvo jure suo*; parce que cette clause *ea non comprehendit de quibus nominatim in instrumento cavetur, sed reliqua tantùm ibidem non expressa, ne alioquin repugnantia, contradictio ac fraus inducatur.*

» De là est venu, pour les seigneurs suzerains, l'usage de ne consentir aux actes d'Hypothèque, que pour un temps limité, et le plus communément pour six ans, terme dans lequel ils obligeaient les vassaux qui passaient ces actes, de se libérer envers leurs créanciers, afin que, ce terme passé, les fiefs fussent totalement dégrevés envers ceux-ci.

» Il est vrai que, les six ans étant sur le point d'expirer, les seigneurs suzerains se prêtaient facilement à renouveler leurs *octrois*; mais comment les renouvelaient-ils? Par de simples lettres signées d'eux ou de leurs greffiers, et sans que, pour conserver l'Hypothèque à la prorogation de laquelle ils consentaient, il fût besoin d'un nouvel acte de réalisation de la part de la cour féodale: *Porrò* (c'est encore à Sande qui parle, ch. 4, §. 2, n. 15), *jus Hypothecæ vel annui reditûs super prædio feudati plerumque solùm in sexennium indulgeri solet; quod tempus deindè dominus, ad vassalli preces simplici rescripto, per se vel actuarium subsignato, profert, sine parium vel judicialium testimonio; idque validè sic fieri, priore termino adhuc durante, nullum est dubium.*

» Il y a plus. Lorsque les six ans étaient expirés sans renouvellement de l'octroi, le seigneur suzerain pouvait encore, par un octroi accordé après ce terme et sans nouvelle réalisation, conserver l'Hypothèque constituée par son vassal, quoique dans l'acte de réalisation que celui-ci avait passé devant la cour féodal, il eût été expressément stipulé que l'Hypothèque ne durerait que six ans. *Item quæritur*, dit encore à Sande, n. 16, *si ipsa prædii obligatio vel reditûs constitutio, ex auctoritate et consensu domini, cùm certâ temporis præfinitione facta sit, an, illo tempore expleto, simplici consensûs protelatione, sine novâ obligatione vel constitutione, satis creditori sit cautum? Quod non videtur, cùm consensus ad certum tempus limitatus, ipso elapso, finitus sit, et absque eo ne momento quidem jus pignoris in prædio feudali consistere possit.* Telle est sa raison de douter; mais voici sa raison de décider: *Contrà autem facit, quòd personarum et prædiorum obligationes atque onera ad certum tempus contracta, per temporis lapsum ipso jure non expirent; quia quod jus quis in personâ vel in re cœpit habere, id certis modis desinit habere, inter quos modos non est tempus. Si tamen post temporis lapsum quis agat, per pacti vel doli exceptionem occurretur...... sed illa pacti vel doli exceptio denuò elidetur, replicatione novi consensûs; atque hanc sententiam ex ratione juris veriorem puto.* Tel est même, continue notre auteur, la jurisprudence de la chambre impériale de Wetzlaer et des échevinages de Saxe: *Quam et imperialis cameræ et Saxioniæ scabinatuum præjudiciis probatam legimus apud Danielem Mollerum.*

» De là, que devons-nous conclure? C'est que la limitation de la durée de l'Hypothèque au terme de six ans, n'avait lieu que pour l'intérêt du seigneur suzerain; que lui seul était recevable à en exciper; et que conséquemment du vassal au créancier, comme du créancier à un autre créancier postérieur en réalisation, l'Hypothèque subsistait toujours après l'expiration des six années. — C'est ce qu'établit Lambert Goris, fils d'un chancelier de Gueldres, dans ses *adversaria juris subcisiva ad lucem consuetudinis ducatûs Gelriæ*, traité 3, chap. 11. De l'usage, dit-il, où sont parmi nous les seigneurs de fixer un terme de six ans pour la libération des Hypothèques féodales auxquelles ils donnent leur consentement dans les constitutions de rentes, naît tout naturellement, dans les ordres de créanciers, la question de savoir si, ce terme expiré, l'Hypothèque consentie par un seigneur, subsiste encore, ou si elle s'éteint: *Quandò porrò apud nos moris jam sit recepti ut, in annui reditûs constitutione, Hypothecæ feudali liberandæ à domino præfiniatur sexennium, meritò in concursu creditorum controverti potest de eâ quæstione, quatenùs videlicet dicto tempore elapso, idem ille domini consensus aut duret aut extinguatur.* Il cite pour la négative quelques docteurs italiens et allemands. Mais (ajoute-t-il), l'équité veut que, relativement au créancier, l'Hypothèque conserve toute sa force; et que, dans le concours de ceux qui lui disputent la préférence, il ne souffre pas de la négligence du débiteur qui n'a pas demandé la prorogation du terme de six ans, sauf cependant le droit du seigneur suzerain, qui peut en user contre son vassal. *Attamen æquius benigniusque existimo, respectu creditoris, durare etiam jus pignoris aut Hypothecæ, nec, concurrentibus pluribus, nocere eidem debere, si sexennii concessi prorogatio, negligentiâ debitoris, à domino petita non fuerit, salvo tamen eidem domino jure suo, quo uti adversùs vassallum possit.* C'est ce qu'ont expressément décidé les réformateurs de la coutume de la province d'Over-Issel, voisine de celle de Gueldres: *Atque ita disertò caverunt reformatores juris transisulanici*, part. 2, tit. 24, §. 14. C'est aussi ce que soutient Daniel Moller, qui en rapporte plusieurs arrêts: *Et propter æquitatem applaudit Daniel Moller, lib.* 4, *semestr. cap.* 24, *ubi ita aliquoties judicatum refert.* Et cette opinion est suffisamment justifiée par les règles de droit qui nous disent que *alienam conditionem meliorem quidem etiam ignorantis et inviti nos facere posse, deteriorem non posse*; que *factum cuique suum, non adversario nocere*; que *non debere alteri per alterum iniquam conditionem inferri*; que *non debere aliquem alterius odio prægravari.* Il n'y aura même plus de doute, si l'on considère que ce n'est pas au créancier mais au vassal débiteur, qu'est imposée par le suzerain, dans ses lettres d'octroi, l'obligation de libérer l'Hypothèque dans le terme de six ans; qu'il ne se passe rien à cet égard entre le suzerain et le créancier; et que par conséquent on ne peut pas faire retomber sur le créancier la faute ou la négligence du vassal qui n'a pas fait renouveler son octroi: *Quod magis obtinebit, si consideretur liberationem sive reluitionem Hypothecæ feudalis non creditori, sed ipsi vassallo à domino injungi; imò nihil negotii inter dominum ac creditorem agi; adeòque huic imputari non debere aut posse, si ille culpâ aut negligentiâ vassalli sui læsus fuerit.* Enfin, il est notoire que, dans les cours féodales de la Gueldres, on n'observe pas à la rigueur les dispositions du droit commun des fiefs; et nos ancêtres ont mieux aimé, par la simple impulsion de l'équité naturelle, imposer au débiteur le soin de solliciter, auprès du seigneur la prorogation de l'octroi, sans que le créancier eût à s'en mêler en rien: *Tum notum quoque est, in curiis nostris feudalibus, tam rigidè non servari placita juris communis feudorum, quandò hâc in parte majoribus nostris placuit æquitas, quæ justâ conniventiâ, securo creditore, onus petendi prorogationem dominici consensûs curæ debitorum transmittit.* S'il en était autrement, que de procès viendraient inonder les tribunaux! et l'on ne sent que trop combien il importe à la société de ne pas multiplier les procès: *Quod ni ita fiat, ecce tibi litium unò anno et horno immensam segetem, quas amputari potiùs quàm multiplicari reipublicœ cùm primis interest.* — Ainsi parle l'un des jurisconsultes les plus estimés de la Gueldres : il est, comme vous le voyez, parfaitement d'accord avec à Sande ; et leur doctrine a encore l'avantage, comme ils l'attestent tous deux, d'être confirmée par la jurisprudence des arrêts.

» Comment, d'après cela, le demandeur peut-il soutenir ici que l'Hypothèque du sieur Vanzuydtwick était éteinte, lorsque celui-ci a pris son inscription au bureau de Clèves? Ell eût été éteinte, sans doute, au profit du seigneur suzerain, si, à l'expiration des six ans qui avaient commencé à courir le 21 mai 1792, il eût encore existé des seigneurs dans la Gueldres ; si, à cette époque, la Gueldres n'eût pas été affranchie du régime féodal. Mais alors même, elle aurait encore subsisté dans l'intérêt du sieur Vanzuydtwick, et contre le demandeur ; pourquoi? Parce que la durée n'en avait été limitée à six ans, qu'en faveur du suzerain ; parce que le suzerain aurait seul eu qualité pour en alléguer l'extinction ; parce que le suzerain aurait pu, même après les six ans, la proroger par un nouvel octroi ; parce que, pour donner effet à cette prorogation, il n'aurait pas été nécessaire que le sieur Vanzuydtwick fît faire un nouvel acte de nantissement ; parce que le consentement du suzerain aurait levé le seul obstacle qui eût pu s'opposer à l'action hypothécaire du sieur Vanzuydtwick.

» Eh bien, ce que le suzerain eût pu faire à l'expiration des six ans, la loi l'a fait pour lui. En abolissant le régime féodal, la loi a dispensé les ci-devant vassaux de la nécessité d'obtenir le consentement de leurs ci-devant suzerains, soit pour créer, soit pour proroger des Hypothèques sur leurs fiefs. Elle a donc elle-même prorogé l'Hypothèque que l'octroi du 21 mai 1792 avait limitée à six ans. Le sieur Vanzuydtwick avait donc encore une hypothèque, après comme avant, le 21 mai 1792.

» Et ne serait-il pas étrange, ne serait-il pas absurde, que le demandeur eût pu, par son propre fait, par sa négligence à faire renouveler la réalisation, se libérer de l'Hypothèque qui affectait son bien? car il a beau dire aujourd'hui que le soin de ce renouvellement ne le regardait pas, et que c'était au créancier à veiller lui-même pour la conservation de son Hypothèque : vous venez de voir Lambert Goris attester que, dans l'usage général de la Gueldres, le débiteur était seul chargé du renouvellement de l'octroi seigneurial ; et il fallait bien que cela fût ainsi, puisque si l'octroi seigneurial n'eût pas été renouvelé, le débiteur eût été obligé de rembourser le capital de la créance à laquelle il avait hypothéqué son fief. Aussi lisons-nous dans le jugement de premère instance, du 2 germinal an 10, que c'est le demandeur lui-même qui, depuis son acquisition de 1751 jusqu'en 1792, a constamment sollicité et obtenu de six années en six années, le renouvellement de l'octroi originairement accordé par le conseil souverain de Gueldres.

» Mais, dit le demandeur, si le sieur Vanzuydtwick avait encore une Hypothèque le 1.er prairial an 8, s'il a pu faire inscrire cette Hypothèque le 19 prairial an 8, du moins il résulte de là qu'il n'a pas pu conclure au remboursement du capital de sa créance, puisque, par l'acte même de la réalisation primitive, il était dérogé à la clause du contrat du 30 avril 1683, qui autorisait le prêteur à se faire rembourser en avertissant une année à l'avance.

» En quoi donc l'acte de réalisation de l'Hypothèque avait-il dérogé à cette clause? Il y avait dérogé, en ce qu'au lieu de laisser le débiteur assujéti à rembourser le capital dans l'année de l'avertissement que lui en donnerait le créancier, il l'avait obligé de faire ce remboursement dans l'espace des six années qui suivraient la réalisation. Or, ces six années étaient certainement écoulées, lorsque le sieur Vanzuydtwick a intenté sa demande ; elles l'étaient même depuis trois ans, deux mois et vingt-quatre jours ; le capital était donc exigible, lorsque le sieur Vanzuydtwick en a demandé le remboursement.

» Mais c'est trop nous arrêter à la supposition que le sieur Vanzuydtwick n'a pris inscription le 19 prairial an 8, qu'en vertu de l'Hypothèque dont la réalisation, opérée d'abord le 21 mai 1695, avait été renouvelée de six ans en six ans jusqu'en 1792. Il est temps de revenir à la vérité ; car il est énoncé en toutes lettres dans le jugement de première instance, du 2 germinal an 10, confirmé par l'arrêt attaqué, que le sieur Vanzuydtwick n'a pris inscription le 19 prairial an 8, que sur le contrat passé à Vienne, le 30 avril 1683 ; et de là il suit évidemment qu'il a pris cette inscription, non pour conserver l'Hypothèque qu'il avait précédemment acquise par réalisation, mais pour en acquérir une nouvelle.

» Or, a-t-il pu acquérir une nouvelle Hypothèque par cette inscription? Déjà nous avons annoncé que l'affirmative n'était pas douteuse ; et en effet, que vous dit-on pour la combattre?

» On vous cite d'abord l'art. 3 de la loi du 11 brumaire an 7, aux termes duquel on ne peut prendre inscription pour des créances résultantes d'actes privés, si la signature n'en a été préalablement reconnue en justice.

» Il est vrai que le contrat du 30 avril 1683 a été passé sous seings-privés ; mais qu'il n'ait pas été reconnu en justice avant l'inscription du 19 prairial an 8, c'est ce que le demandeur ne peut pas soutenir sérieusement. — Il avait été reconnu, le 21 mai 1695, devant le conseil souverain de Gueldres ; il l'avait été, le même jour, devant la cour féodale de Ruremonde ; il l'avait été depuis de six ans en six ans, jusqu'en 1792, soit devant la même cour féodale, soit devant celle qu'y avait substituée le roi de Prusse, après que la partie de la Gueldres dans laquelle est située la terre de Wachtendonck, lui eut été cédée par la maison d'Autriche ; il l'avait été enfin par le décret de 1751, qui n'avait adjugé la terre de Wachtendonck au père du demandeur, qu'à la charge de la créance du sieur Vanzuydtwick.

» Qu'importe, au surplus, que ni le prince de Dietrichstein ni son épouse n'aient comparu personnellement devant le conseil souverain de Gueldres ni devant la cour féodale de Ruremonde? qu'importe que, devant l'un comme devant l'autre tribunal, ils n'aient reconnu le contrat du 30 avril 1683, que par le ministère de leur fondé de pouvoir?

» D'abord, il n'est écrit nulle part que leurs successeurs, que le prince de Ligne, que le demandeur lui-même, n'aient pas comparu en personne soit devant la cour féodale de la Gueldres autrichienne, soit devant la cour féodale de la Gueldres prussienne, pour requérir les diverses prorogations d'Hypothèques qu'ils ont obtenues jusqu'en 1792.

» Ensuite, on ne peut pas aujourd'hui mettre en question si le conseil souverain de Gueldres, si les cours féodales des deux parties de la Gueldres ont bien ou mal procédé, en autorisant, en accordant la réalisation du contrat du 30 avril 1683, et par suite en imprimant à ce contrat un caractère d'authenticité, sans lequel il n'eût pas été susceptible de réalisation : ce que ces trois tribunaux ont fait à cet égard, est irrévocablement couvert du voile de la chose jugée.

» Ce n'est pas tout. Le décret d'adjudication de 1751 a encore donné à ce contrat un nouveau degré d'authenticité. En chargeant l'adjudicataire de la créance stipulée par ce contrat, il a nécessairement revêtu ce contrat du sceau de l'autorité de la justice. Il l'a évidemment élevé au rang des actes judiciaires, il l'a par conséquent tiré de nouveau de la classe des actes privés.

» Enfin, n'y eût-il ici que la reconnaissance faite le 21 mai 1695, au nom du prince de Dietrichstein et de son épouse, par leur fondé de pouvoir, elle serait encore suffisante, par cela seul qu'elle a été faite en justice, et que la procuration de leur fondé de pouvoir était insérée dans un acte revêtu, non-seulement de leurs signatures, mais encore du sceau de leurs armes. Car, dans la Gueldres, comme dans la Hollande, comme dans toute la Belgique, les nobles avaient le privilége de rendre authentiques, par leurs signatures et le sceau de leurs armes, les procurations qu'ils donnaient pour comparaître, en leur nom, devant les tribunaux. C'est ce qu'attestent pour la Gueldres, à Sande, dans son traité *de Effestucatione* (du Nantissement), chap. 4, n. 9; pour la Hollande, Groeneweghen, *de Legibus abrogatis*, sur la loi 65, D. *de Procuratoribus;* pour toute la Belgique, Demalthe, dans son *Traité des nobles dans les tribunaux*, chap. 3, §. 4, et Deghewiet, dans ses *Institutions au droit belgique*, part. 4, tit. 1, §. 5, art. 3.

» On vous cite, en second lieu, l'art. 17 de la même loi du 11 brumaire an 7, qui détermine la forme des inscriptions hypothécaires; et l'on soutient que, d'après cet article, l'inscription prise par le sieur Vanzuydtwick, le 19 prairial an 8, aurait dû être annullée.

» Pourquoi donc aurait-elle dû, suivant le demandeur, être annullée d'après cet article? Parce qu'elle n'est pas prise sur le demandeur lui-même, possesseur actuel de la terre de Wachtendonck; parce qu'elle n'est prise que sur le prince de Dietrichstein et son épouse.

» Mais que veut l'art. 17 de la loi du 11 brumaire an 7? Il veut que l'inscription contienne, 1.° le nom du créancier, 2.° le nom du débiteur, 3.° la date du titre, 4.° le montant de la créance, 5.° l'indication de l'immeuble sur lequel le créancier entend conserver son Hypothèque. — Or, tout cela ne se rencontre-t-il pas dans l'inscription du 19 prairial an 8? Très-certainement, elle désigne le créancier, elle désigne la date du titre, elle désigne le montant de la créance, elle désigne l'immeuble hypothéqué. — Ne désigne-t-elle pas aussi le débiteur? ne nomme-t-elle pas en toutes lettres le prince de Dietrichstein et son épouse, les débiteurs directs du sieur Vanzuydtwick? ne nomme-t-elle pas aussi le sieur Vanderlinden, qui, par l'adjudication de 1751, s'était chargé, envers les sieurs Vanzuydtwick, de la dette du prince et de la princesse de Dietrichstein? En déclarant par son inscription, que la terre de Wachtendonck *est présentement entre les mains du cit. Linden-Hoogwost*, le sieur Vanzuydtwick n'a-t-il pas déclaré suffisamment qu'il entendait prendre Hypothèque sur le possesseur actuel de cette terre?

» Tout se réunit donc pour démontrer que le sieur Vanzuydtwick a valablement pris inscription le 19 prairial an 8, en vertu du contrat du 30 avril 1683; et par-là tombe le deuxième moyen de cassation du demandeur.

» Le troisième, vous ne l'avez pas oublié, consiste à dire que l'arrêt attaqué, en condamnant le demandeur à rembourser le capital, sans lui laisser l'option d'abandonner la terre de Wachtendonck, a violé deux lois romaines et un article de la coutume de Gueldres.

» A cet égard, nous n'examinerons pas si le demandeur ayant acquis la terre de Wachtendonck à la charge de la créance dont il s'agit; si s'étant, par-là, assujéti personnellement à cette créance, il serait recevable à se libérer de cette créance par la voie du déguerpissement. Nous observons seulement, comme l'a déjà fait M. le rapporteur, qu'il n'a parlé de déguerpissement, ni en première instance, ni en cause d'appel; et que, par une suite nécessaire, cette voie, si elle ne lui est pas fermée par le titre même de son acquisition, lui est encore ouverte, et qu'il peut la prendre pour se soustraire à la condamnation dont il se plaint. Car il en est du déguerpissement, comme de toutes les exceptions qui n'attaquent point le jugement, mais tendent seulement à en empêcher ou à en modifier l'exécution. C'est ainsi qu'on peut, après avoir été condamné à payer une somme, ou prouver qu'on l'a déjà payée, ou opposer en compensation une somme pareille dont on est créancier, ou exciper des saisies-arrêts qu'on a entre les mains, ou réclamer le bénéfice de cession de biens, etc.

» Le quatrième moyen est déjà réfuté en partie, par les développemens dans lesquels nous sommes entrés sur le second. Le demandeur prétend que la cour d'appel de Trèves aurait dû imputer sur le capital, les intérêts payés depuis 1731; et qu'en ne le faisant pas, elle a violé les dispositions de la coutume de Gueldres, concernant le prêt et la constitution de rente. Mais on sent que ce système ne peut plus se soutenir, dès que le sieur Vanzuydtwick a pu prendre inscription en vertu du contrat du 30 avril 1683.

» En effet, quelle est la nature de ce contrat? C'est un simple prêt à intérêts. Si donc le prêt à intérêts dont il renferme la reconnaissance, a été légitime dans son principe, quel obstacle pourrait s'opposer à son entière exécution? et sous quel prétexte voudrait on que les intérêts qui ont été payés en vertu de ce contrat, fussent imputés sur le principal?

» C'est, dit-on, que la coutume de Gueldres ne permettait pas le prêt à intérêts entre particuliers non marchands; c'est qu'elle voulait expressément que les intérêts payés indûment en vertu d'une obligation de ce genre, fussent imputés sur le capital; c'est qu'elle voulait la même chose par rapport aux arrérages des rentes constituées avec la réserve, de la part du créancier, de répéter le capital quand il lui plairait.

» Mais d'abord, est-ce dans la Gueldres qu'a été passé le contrat du 30 avril 1683? Non : ce contrat a été passé à Vienne en Autriche, à Vienne, lieu du domicile des débiteurs, à Vienne, où il est constant, où le demandeur lui-même reconnaît que le prêt à intérêts a toujours été permis.

» Et vainement le demandeur prétend-il que ce contrat ne renferme pas la véritable obligation des débiteurs; que ce n'est, de leur part, qu'une simple reconnaissance des sommes qui leur ont été avancées par le sieur Vanzuydtwick; et, que tout en signant cette reconnaissance, ils se sont engagés d'en passer le contrat en forme devant la cour féodale de Gueldres. — L'acte du 30 avril 1683 dément toutes ces assertions; il contient, non-seulement la reconnaissance des sommes que le sieur Vanzuydtwick a prêtées au prince et à la princesse de Dietrichstein, mais encore l'obligation personnelle de ceux-ci d'en payer les intérêts et d'en rembourser le capital. On y trouve donc tout ce qui caractérise essentiellement un contrat; le contrat qu'il renferme, a donc été passé à Vienne. — Il est vrai qu'à la fin de cet acte on lit : *Nous avons obligé et hypothéqué, obligeons et hypothéquons spécialement notre seigneurie de Wachtendonck; et afin que cette constitution d'hypothèque et obligation soit passée pardevant le lieutenant et les hommes de fiefs de sa majesté dans la principauté de Gueldres, de la manière et dans la forme qu'il appartiendra, constituons Guillaume Dicker*.................. Mais ce n'est là évidemment qu'une clause accessoire au contrat; qu'une clause qui sans doute garantit l'exécution des engagemens des débiteurs, mais qui n'ajoute rien à leur vertu obligatoire; qu'une clause sans laquelle les débiteurs ne seraient pas moins obligés personnellement.

» Plus vainement le demandeur se retranche-t-il sur ce que le sieur Vanzuydtwick n'a point signé l'acte du 30 avril 1683, sur ce qu'il n'a comparu que dans le jugement de réalisation du 21 mai 1695.

» Le sieur Vanzuydtwick n'a point signé l'acte du 30 avril 1683, parce qu'il ne s'obligeait à rien par cet acte, parce que cet acte n'était pas un contrat synallagmatique, parce que le prince et la princesse de Dietrichstein étaient seuls liés par cet acte; et c'est certainement à Vienne que cet acte a été passé; c'est certainement à Vienne qu'il a reçu la vie, comme c'est à Paris qu'est censé fait, comme c'est à Paris que se fait réellement, tout billet par lequel une personne domiciliée ou non dans cette ville, déclare y avoir reçu d'un tel une somme d'argent qu'elle promet de lui rendre, soit à sa première réquisition, soit dans un délai désigné.

» Cela posé, pour savoir si les intérêts stipulés par l'acte du 30 avril 1683, sont légitimes, quelle est la loi que nous devons consulter? est-ce celle du lieu où sont situés les biens sur lesquels s'intente l'action du créancier? est-ce celle du lieu où le débiteur a son domicile?

» Il est, à cet égard, un principe bien simple: c'est que pour juger de la légitimité d'une stipulation relative aux droits qui naissent d'un contrat, au moment où il se passe, on doit toujours suivre la loi du lieu du contrat même : *In concernentibus contractum et emergentibus tempore contractûs, spectatur locus in quo contrahitur*, dit Dumoulin sur l'ancienne coutume de Paris, §. 12, glose 7, n. 35, 36 et 37. Il suffit donc que la loi du lieu du contrat autorise les stipulations d'intérêts, pour que ces stipulations soient légitimes; et c'est ce que décide expressément la loi 1.re, D. *de usuris et fructibus*. Le taux des intérêts, dit-elle, doit être réglé d'après l'usage du lieu où le contrat a été passé, pourvu que cet usage ne soit pas en opposition avec la loi de ce même lieu : *Cùm judicio bonæ fidei disceptatur, arbitrio judicis usurarum modus ex more regionis ubi contractum est, constituitur, ita tamen ut legem non offendat;* et Godefroy, dans ses notes sur cette loi, a soin de remarquer que sa décision est applicable, même au cas où la demande est formée dans un lieu où il existe une loi différente, *etiam si in alio loco agatur*.

» A la vérité les auteurs ne sont pas d'accord sur ce qu'on doit entendre en cette matière, par le *lieu du contrat*. Les uns prétendent que c'est celui où l'acte matériel qui contient les conventions des parties, a été rédigé et signé : les autres que c'est celui où l'emprunteur s'est obligé de faire ses payemens. Mais il est inutile de nous arrêter à cette controverse, parce qu'ici la loi de la ville d'Utrecht, où les emprunteurs se sont obligés de faire leurs payemens, et la loi de la ville de Vienne où ils ont contracté leur obligation, sont en parfaite harmonie l'une avec l'autre; et que, par l'une comme par l'autre, la stipulation des intérêts est permise dans le simple prêt.

» Du reste, tous les jurisconsultes qui ont traité la question, et tous les arrêts qui l'ont jugée, s'accordent sur le principe que, pour décider si des intérêts conventionnels sont légitimes ou non, l'on ne doit s'attacher qu'à la loi du lieu où le contrat a été passé, n'importe dans quel sens doivent s'entendre ces mots, *lieu du contrat*.

» Rodemburg, dans son Traité *de Jure quod oritur ex statutorum diversitate*, tit. 4, part. 2, ch. 2, n. 5 et 6, s'explique là-dessus en ces termes (nous nous servons de la traduction de Boullenois): « L'état et la condition des personnes dépend, à » la vérité, de la loi du domicile; mais cependant en ce qui regarde le lieu de l'obligation, » et pour déterminer ceux qui sont obligés, nous » envisageons les lois du lieu où l'engagement se » passe. C'est ainsi que nous estimons une obligation nulle et illicite, quand les lois du lieu où » elle se passe s'y opposent. Par exemple, si le prêt, » quant aux intérêts, excède le juste taux de ceux » permis dans le lieu du domicile, on a décidé que » ces intérêts auront valablement cours, en cas que » ce prêt soit fait dans un lieu ou de pareils intérêts » sont permis ».

» Boullenois, dans son *Traité des statuts réels et personnels*, tom. 2, pag. 472, dit également que, « quand il s'agit de décider si des conventions faites » au sujet des droits qui naissent *ex naturâ et tempore contractûs*, sont légitimes ou non, il faut » suivre la loi du lieu où se passe le contrat.....; » c'est pourquoi (continue-t-il) s'il s'agit de régler la légitimité du taux des rentes, et que, » dans le lieu de la passation du contrat, le taux » soit différent de celui qui se paye, soit dans le » domicile du débiteur, soit dans le domicile du » créancier, *soit enfin dans le lieu où les biens hypothéqués sont situés*, le taux convenu sera » jugé très-légitime, s'il est conforme à la loi du » lieu où le contrat a été passé. C'est la disposition de la loi 1.re, D. *de usuris;* et je croirais que » cela aurait lieu, encore que les parties eussent, » de dessein prémédité, contracté dans un lieu » plutôt que dans un autre. Nous avons vu de nos » jours, qu'étant défendu de contracter des rentes » à un taux plus fort que le denier 30, ceux qui » voulaient emprunter à constitution au denier 20, » envoyaient des procurations pour passer les procurations à Pontoise, du ressort du département » de Normandie, où l'édit n'avait pas été enregistré. Que si l'une des parties était domiciliée dans » le lieu même du contrat, le taux qui aurait été » convenu conformément à la loi du lieu, devrait, » à plus forte raison, subsister, soit qu'il fût à » l'avantage du créancier contre le débiteur, ou » du débiteur contre le créancier; parce que la stipulation étant légitime, par la loi seule du lieu » où l'on contracte, elle l'est, à plus forte raison, » quand elle se trouve d'accord avec celle du domicile de l'une des parties....; (et sur ce fondement) » il fut jugé par arrêt (du parlement de Paris, en » 1648), qu'un contrat de constitution passé au » profit d'un domicilié de Normandie, par-devant » les notaires de Normandie, dans lequel l'intérêt » était stipulé au denier 14, qui avait lors cours » en cette province, n'a pu être attaqué comme » usuraire, sous prétexte que le débiteur était domicilié en une province où le taux était alors au » denier 18 ».

» Le même auteur, dans ses *Dissertations sur les questions qui naissent de la contrariété des lois et des coutumes*, page 328, cite un autre arrêt du 26 avril 1643, « lors duquel M. Briquet, avocat-général, » plaida pour maxime que les intérêts se payaient » selon le taux de la coutume des lieux où l'on » prend l'argent; en conséquence de quoi, l'on » confirma une constitution au denier 14, faite à » Alençon, au profit d'un homme qui y était domicilié, par un particulier demeurant au Maine, où » le taux des rentes était fixé au denier 16 ».

» A la page 337 du même ouvrage, Boullenois nous retrace un arrêt du grand conseil, qui donne une nouvelle sanction à ce principe. — Par billet sous seing-privé, du 21 mai 1695, daté de Varsovie, l'abbé de Polignac, ambassadeur de France en Pologne, avait reconnu avoir emprunté des religieuses de l'Adoration du Saint-Sacrement de cette ville, la somme de 900 rixdalers, qu'il s'était obligé de rendre sans faute à la Saint-Jean prochaine, c'est-à-dire le 24 juin suivant. « Les religieuses n'ayant » pu être payées, elles apprirent que leur débiteur » (à son retour en France) avait fait un abandonnement d'une partie de ses revenus à ses » créanciers, pour les toucher entre eux par contribution au sou la livre; elles voulurent être » comprises dans cette contribution, tant pour leur » principal que pour leurs intérêts, du jour de la » Saint-Jean 1695, encore qu'elles n'eussent pas » formé de demande, et soutinrent même que les » intérêts devaient être adjugés à raison de 7 pour » 100, et voici sur quoi elles se fondaient. En Pologne, il est permis de stipuler, lors d'un prêt » de deniers, l'intérêt à 7 pour 100; et il court de » droit, dès l'expiration du délai accordé par le » prêt. Il est vrai qu'il n'y avait pas eu de stipulation d'intérêts par la promesse, mais le délai était » couru du 2 mai à la Saint-Jean; et les religieuses » qui comptaient que cet argent leur serait rendu » au temps marqué, n'avaient pas cru devoir prendre cette précaution. Au surplus, le prêt avait » été fait à Varsovie, et devait être rendu à Varsovie même. — Les créanciers contestèrent les intérêts demandés par les religieuses, et le débiteur » était joint à eux. — La cause fut plaidée contradictoirement au grand conseil (où l'abbé de Po-

» lignac, alors cardinal, avait ses causes commises); » et par arrêt du 10 septembre 1717, il fut dit que » les religieuses seraient payées des intérêts, à » compter de la Saint-Jean 1695, et ce à raison de » 7 pour 100 ».

» Péléus, dans ses *Actions forenses*, liv. 4, *action* 86, nous fournit un arrêt semblable et beaucoup plus ancien du parlement de Paris. « Quatre » hommes (dit-il) s'étaient obligés solidairement » en une rente au denier 10, suivant la coutume de » Normandie. Deux d'iceux étaient demeurans en » Normandie; ils y avaient leurs biens. Les deux » autres demeuraient au ressort de Paris, mais » avaient *grande partie* de leurs biens en Normandie. Le contrat fut fait en Normandie, en la ville » Gisors. Le créancier demeurait aussi en Normandie. Ceux qui demeuraient à Paris, poursuivis » pour le payement de cette rente, voulurent faire » casser le contrat comme usuraire, n'étant les rentes » légitimes par l'ordonnance qu'au denier 12. Mais » au contraire, on remontra que le créancier et » deux des coobligés demeuraient en Normandie et y » avaient leurs biens, que les deux autres même y » en avaient beaucoup, que le contrat était fait en » Normandie, et partant que la constitution faite » suivant la coutume de la province, était bonne et » valable; et ainsi fut jugé par arrêt au mois de mars » 1598 ». — Vous voyez, messieurs, que, dans cette espèce, le parlement de Paris ne s'est pas arrêté à la loi du lieu où était située la partie des biens hypothéqués par le contrat, sur laquelle le créancier exerçait son action, et qu'il n'a considéré que la loi du lieu où le contrat avait été passé.

» C'est ce qu'a encore jugé le même parlement, par un arrêt que rapporte Challines, dans sa *Méthode générale pour l'intelligence des coutumes de France*, pag. 296. Il s'agissait d'une rente constituée en Normandie au denier 14, à une époque où les constitutions n'étaient admises dans le ressort du parlement de Paris qu'au denier 18. Le débiteur demeurait en Picardie, et c'était aussi en Picardie qu'étaient situés ses biens. A défaut de payement des arrérages échus, le créancier, qui était domicilié en Normandie, l'avait fait assigner devant le bailliage d'Amiens. Ce tribunal, dit Challines, « avait pensé que le contrat de constitution étant fait en Normandie, ne pouvait subsister à l'égard du débiteur, parce qu'il demeurait au bailliage d'Amiens; et que le contrat ne pouvait être exécuté sur les biens situés hors de la province de Normandie; mais il s'était trompé, parce que, pour la validité d'un contrat, il faut suivre la coutume du lieu où il est passé, et non pas du domicile des parties contractantes ou de la situation des héritages. « En conséquence, par un *arrêt célèbre*, du 8 décembre » 1655, conforme aux conclusions de M. l'avocat » général Talon, la sentence du bailliage d'Amiens » fut infirmée; et le débiteur condamné à payer et » continuer la rente sur le pied du denier 14. Un » contrat qui est valable en un lieu (dit encore à » ce sujet Challines) ne peut être illégitime en » l'autre; et par conséquent, il est exécutoire sur » tous les biens de l'obligé, sans distinction des » lieux ni de la qualité des biens..... (parce que) » dans les contrats, l'obligation principale est pure » personnelle, et l'hypothécaire n'est qu'accessoire ».

» Nous trouvons la même jurisprudence établie au parlement de Toulouse. Par un contrat passé à Pau, où le prêt à intérêts était autorisé, un Béarnais avait prêté à un autre Béarnais une somme de 15,000 livres, sous le cautionnement solidaire d'un Languedocien. La caution poursuivie pour l'exécution de ce contrat, devant les juges de son domicile, prétendit ne pas devoir les intérêts échus avant la demande judiciaire, parce que telle était la règle observée en Languedoc. Mais, dit Catellan, livre 5, chap. 11, « par arrêt du 7 mai 1655, il fut jugé » que les intérêts étaient dus par la caution, même » *ante moram*, par la seule stipulation, conformément à la coutume de Pau, quoique la caution » fût domiciliée dans le ressort du parlement de » Toulouse, et qu'elle ne se fût pas soumise nommément à la coutume de Pau ».

» Le parlement de Dijon jugeait absolument de même. Le prêt à intérêts était prohibé dans la partie de son ressort que l'on appelait *Bourgogne;* mais il était permis dans celle qui était connue sous le nom *de Pays de Bresse, Bugey* et *Valmorey;* et de là naissait fréquemment, dans les procès portés devant cette cour, la question qui nous occupe ici : or, comment la décidait-elle? Nous l'apprenons par ce passage de Raviot sur Perrier, tome 2, page 50 : « Le parlement de Dijon donna, le » 17 novembre 1705, sa certification, portant » que la stipulation d'intérêts vaut entre gens » non domiciliés en Bresse, et qui contractent en » Bresse ».

» Voici un arrêt de révision du parlement de Douai, qui met le sceau à cette jurisprudence. Nous le tirons du Recueil du président Desjaunaux, t. 3, §. 96. — Le 6 juin 1621, Thomas de Thienne avait passé en Hollande, au profit de Michelle et Marie Vanhetteren, une obligation de 3,200 florins, qu'il avait promis d'acquitter dans un an; sinon, d'en payer l'intérêt au denier 16. Thomas de Thienne, René, son fils, et Louis, son petit-fils, comte de Romberque, avaient payé exactement les intérêts jusqu'en 1636. En 1696, la baronne de Raversbergue, héritière de Michelle et de Marie Vanhetteren, fit assigner le comte de Romberque au bailliage d'Ypres pour se voir condamner au payement de treize années d'intérêts, et au remboursement du capital. Le comte de Rombergue soutint que l'obligation souscrite par son aïeul, était un simple prêt à intérêts, et conséquemment usuraire; et il demanda qu'imputation faite de tous les intérêts payés jusqu'en 1686, la baronne de Raversbergue fût condamnée à lui restituer ce qu'elle et ses auteurs avaient reçu au-dessus du capital. Sur ces prétentions respectives, sentence du 24 janvier 1703, qui déclare l'obligation usuraire, ordonne l'imputation des intérêts payés sur le principal et avant faire droit sur la demande en restitution de l'excédant, admet le comte de Romberque à faire preuve de sa qualité d'héritier de Réné et de Thomas de Thienne. — Appel au parlement de Douai, de la part de la baronne de Ravresbergue; et le 13 juillet 1706, arrêt qui, après partage porté de la quatrième chambre à la première, confirme la sentence. — La baronne de Raversbergue profite du privilége que donnent les lois du pays, elle demande une révision; et le 3 mai 1709, chambres assemblées, arrêt qui déclare erroné celui du 18 juillet 1706, infirme la sentence du bailliage d'Ypres, admet la baronne de Raversbergue à vérifier deux points contestés dans la cause, savoir, que l'obligation avait été passée en Hollande, et qu'en Hollande les contrats de cette nature étaient autorisés par les lois; et conséquemment juge, de la manière la plus positive, que, pour décider de la légitimité des intérêts d'un simple prêt, il ne faut consulter que la loi du lieu où l'acte a été passé.

» A toutes ces autorités, le demandeur oppose la doctrine de Voët sur le Digeste, titre *de rebus creditis*, n.° 29; et effectivement, Voët, tout en convenant que c'est par la loi du lieu du contrat que l'on doit juger de la légitimité ou de l'illégitimité des intérêts d'un capital prêté sans aliénation, soutient qu'il en est autrement, lorsque, pour sûreté du prêt, il a été donné une Hypothèque par nantissement ou réalisation; et qu'en ce cas, on ne doit s'arrêter qu'à la loi du lieu où sont situés les immeubles Hypothéqués: *Si quæratur cujus loci leges spectandæ sint in questione utrùm mutuum post acceptas usuras repeti possit, nec ne, discendum est, in simplici quidem mutuo locum contractûs inspici oportere, qualis est etiam ille in quem solutio destinata est.... ast ubi pro mutuo res immobilis solemniter coràm lege loci pignori obligata fuit, verius est inspici oportere leges loci in quo immobilia, Hypothecæ vinculo affecta, sita sunt, eo quod tralatitium est immobilia secundùm leges loci in quo existunt, regi.*

» Mais, en raisonnant ainsi, Voët manque évidemment à son exactitude ordinaire: il confond deux choses très-différentes l'une de l'autre: il confond la manière d'acquérir Hypothèque en vertu d'une obligation, et les effets que doit produire l'obligation hypothéquée. — Sans doute, pour savoir si l'Hypothèque s'acquiert de plein droit, ou si elle exige quelques formalités, on ne doit consulter que la loi du lieu de la situation des biens. Ainsi, une obligation contractée devant notaires à Paris, avant la loi du 11 brumaire an 7, n'aurait pas emporté Hypothèque sur des biens situés dans un pays de nantissement; et, au contraire, une obligation contractée devant notaires, à la même époque, dans un pays de nantissement, aurait emporté Hypothèque sur les biens que le débiteur eût possédés à Paris. — Mais pour déterminer les effets résultans d'une obligation hypothéquée de la manière prescrite par la loi de la situation des biens, on ne doit consulter que la loi à laquelle l'obligation elle-même est soumise. Ainsi, est-il question de savoir si l'obligation hypothéquée a été contractée par une personne capable? On s'attachera uniquement à la loi du domicile de cette personne. Est-il question de savoir si cette obligation contractée par une personne capable, contient des clauses illicites? On s'en rapportera uniquement à la loi du lieu du contrat.

Déjà vous avez vu que telle est la décision expresse de Challine et de Boullenois; déjà vous avez vu que le parlement de Paris l'a ainsi jugé par ses arrêts de 1598 et de 1655; et c'est ce qu'on jugeait aussi dans les pays de nantissement, c'est ce qu'enseignaient aussi les jurisconsultes de ces pays, Voët excepté. Ecoutons Burgundus, *ad consuetudinem Flandriæ*, n.° 9 et 10: De savoir si une stipulation est licite ou ne l'est pas, c'est un point qui se règle par la même loi que la forme du contrat, et conséquemment par la loi du lieu où l'obligation se passe: *Licita verò sit an illicita stipulatio, à formâ quoque videtur proficisci; et ideò ejusdem legibus dirigitur quibus ipsa forma, et ad locum contractûs collimare oportet.* C'est pourquoi le taux des intérêts ne doit être réglé que par la loi du lieu où les parties ont contracté: *Quare et usurarum modus is constituendus est, qui in regione in quâ contractus est legitimè celebratus.* Et sur ce fondement, il a été jugé par le conseil de Flandre, dans une instance où j'écrivais, qu'une rente constituée au denier 12, en France, devait avoir sa pleine exécution parmi nous, quoique pour sûreté de cette rente, il eût été donné une Hypothèque en Flandre, où l'on n'admet que les rentes à six pour cent: *Et cùm reditus duodenarius in Galliâ stipulatus, in controversiam incidisset, patrocinante me judicatum est in curiâ Flandriæ valere pactum; nec obesse quod in Flandriâ ubi reditus constitutus sive Hypothecæ impositus proponeretur, usuras semisse graviores stipulare non liceat;* car, en cette matière, on ne doit pas avoir égard à l'Hypothèque, qui ne touche en rien à la substance de l'obligation, et n'est que l'accessoire extrinsèque d'une stipulation légitime en soi: *Quia ratio Hypothecæ non habetur, quæ hâc in re nihil conferens ad substantiam obligationis, tantùm extrinsecùs accedit legitimæ obligationi.*

» Disons donc que c'est ou par la loi de Vienne ou par celle d'Utrecht, ce qui revient au même pour le résultat, et non par la loi de la Gueldres, que l'on doit ici juger de la légitimité des intérêts payés par le demandeur au sieur Vanzuydtwick; qu'ainsi, ces intérêts ont été payés très-légitimement; et que la cour d'appel de Trèves n'a fait, en le jugeant ainsi, qu'une juste application des principes.

» Mais du moins, dit le demandeur, et c'est son cinquième moyen, si l'arrêt que j'attaque, a bien jugé à cet égard, il a certainement violé la loi du contrat, en me condamnant à rembourser le capital. Il n'importe que, par l'acte du 30 avril 1683, le sieur Vanzuydtwick se soit réservé le droit d'exiger ce remboursement : cette réserve avait été abrogée par l'acte de réalisation du 21 mai 1695, et par tous ceux qui l'avaient suivi de six ans en six ans; elle l'avait encore été spécialement par le décret d'adjudication de 1751; elle ne pouvait donc plus être d'aucun effet pour le sieur Vanzuydtwick.

» Observons d'abord que le décret d'adjudication de 1751 ne dit pas à beaucoup près, ce que le demandeur lui fait dire. Il charge l'adjudicataire *d'un capital de 25,000 patagons au profit des héritiers de Frédéric Héerman Vanzuydtwick ;* mais ce capital est-il exigible ou ne l'est-il pas ? Le décret d'adjudication est muet là-dessus ; et l'on sent ce que signifie son silence; pour qu'un capital soit exigible, il n'est pas nécessaire que l'exigibilité en soit expressément stipulée ; il n'est besoin de stipulation que pour l'aliéner.

» Ensuite, il est bien vrai que, par les actes de réalisation du 21 mai 1695 et des années subséquentes, la cour féodale de Gueldres avait improuvé la clause de l'acte du 30 avril 1683, qui autorisait le créancier à répéter son capital après une année d'avertissement. Mais que peut-on aujourd'hui conclure de là ? Rien autre chose, si ce n'est que cette clause de l'acte du 30 avril 1683 n'a pas été réalisée ; et certainement en lui refusant la réalisation, la cour féodale de Gueldres ne l'a pas annullée. La cour féodale de Gueldres était bien maîtresse de ne pas réaliser cette clause, mais la déclarer nulle, elle ne le pouvait pas; elle n'était point juge de sa validité. En procédant à un acte de réalisation, elle exerçait une juridiction purement gracieuse ou volontaire ; et elle ne pouvait pas, sans réquisition expresse des parties, passer de l'exercice de cette juridiction, à l'exercice de la juridiction contentieuse. Pour qu'il y ait lieu à l'exercice de la juridiction contentieuse, il faut qu'une demande soit formée, que sur cette demande il y ait eu citation, et que la partie citée ait répondu ou valablement encouru le défaut de répondre. Or, ici, nous ne voyons rien de tout cela. Donc point d'annullation de la clause relative à la répétition du capital; donc simple refus de réaliser cette clause.

» Mais de ce que cette clause n'a pas été réalisée le 21 mai 1695, de ce qu'elle ne l'a pas été depuis de six années en six années, de ce qu'elle ne l'a pas été enfin le 21 mai 1792, que s'ensuit-il? Sans doute, il s'ensuit que, tant que ces réalisations sexennales ont eu leur effet, le sieur Vanzuydtwick n'a pas pu se pourvoir hypothécairement sur la terre de Wachtendonck, pour retirer son capital. Mais ces réalisations étant expirées, et l'on est forcé de convenir qu'elles le sont toutes, comment pourraient-elles aujourd'hui empêcher le sieur Vanzuydtwick d'exiger son remboursement, et de l'exiger par l'action hypothécaire? — D'une part, non-seulement elles ne l'en empêchent point, mais elles lui en donnent formellement le droit, puisqu'elles portent toutes que le débiteur sera tenu de rembourser dans les six ans auxquels la durée de chacune est limitée. — De l'autre, le sieur Vanzuydtwick a pu, en vertu de la loi du 11 brumaire an 7, prendre une inscription hypothécaire sur la terre de Wachtendonck ; l'acte du 30 avril 1683 l'y autorisait, et il l'a fait. Il a donc aujourd'hui, sur la terre de Wachetendonck, une Hypothèque qui affecte toutes les clauses de l'acte du 30 avril 1683, et par conséquent celle qui lui permet de se faire rembourser après une année d'avertissement. Il peut donc aujourd'hui se faire rembourser par l'action hypothécaire.

» Ceci nous conduit naturellement au sixième moyen du demandeur, lequel, comme vous vous le rappelez, tend à établir que la cour d'appel de Trèves a violé les lois romaines qui interdisent toute action au créancier à terme ; qu'en effet, suivant le contrat du 30 avril 1683, le sieur Vanzuydtwick ne pouvait exiger son remboursement qu'un an après en avoir averti le débiteur ; que n'ayant donné son avertissement que le 13 ventôse an 9, il n'avait pu agir que le 13 ventôse an 10 ; que cependant il avait agi dès le 24 thermidor an 9; que conséquemment son action était prématurée. — Deux réponses.

» 1.° Ce n'est pas seulement du contrat du 30 avril 1683, que le sieur Vanzuydtwick tient la faculté d'exiger le remboursement du capital; il la tient encore des actes de réalisation qui obligent le débiteur d'effectuer ce remboursement dans le terme de six années, et qui l'y obligent sans avertissement préalable de la part du créancier. Or, au moment où le sieur Vanzuydtwick a intenté son action, il y avait plus de trois ans que le terme de six ans accordé par le dernier acte de réalisation, était expiré. Le sieur Vanzuydtwick a donc pu agir alors sans avertissement préalable ; c'est donc par pure surabondance qu'avant d'agir, il a donné un avertissement au débiteur ; il n'a donc pas été tenu d'attendre, pour agir, qu'il se fût écoulé une année après cet avertissement : *Quod abundat non vitiat, utile non vitiatur per inutile.*

» 2.° En nous renfermant dans le contrat du 30 avril 1683, il nous sera encore bien facile de justifier l'arrêt attaqué. — Sans doute, le sieur Vanzuydtwick n'aurait pas pu, d'après ce contrat, exiger que le capital lui fût remboursé avant le 13 ventôse an 10. Mais dans les circonstances où il se trouvait, n'a-t-il pas pu, avant le 13 ventôse an 10, demander que le sieur Vanderlinden fût condamné à le lui rembourser à cette époque ? Nous savons bien qu'on dit vulgairement, *qui a terme ne doit rien ;* mais que signifie cet axiome ? il ne signifie certainement pas qu'avant l'échéance de la dette à terme, il n'est rien dû au créancier ; il signifie seulement que, tant que le terme n'est pas échu, le créancier ne peut pas se faire payer : il signifie seulement que, tant que le terme n'est pas échu, le créancier n'a point d'action pour exiger le payement actuel de ce qui lui en est dû. Mais de là résulte-t-il que le créancier ne peut pas, avant l'échéance du terme, demander que la dette lui soit payée quand le terme sera échu? Il faut distinguer. Ou le débiteur à terme n'a rien fait qui puisse donner de l'inquiétude au créancier, ou il a tenu envers celui-ci une conduite qui l'avertit de se mettre en garde et de veiller à la conservation de ses droits. — Au premier cas, le créancier est sans action quelconque; et c'est ce qui résulte de la loi 9, *de rebus creditis*, au Digeste: *Cæterùm si in diem sit vel sub conditione obligatio, ante diem vel conditionem non potero agere.* Aussi Jean à Sande établit-il dans son Recueil d'arrêts du sénat de Frise, liv. 1, tit. 4, déf. 3, que *si dies necdùm effluxit, creditor ad solutionem antè agens et plus tempore petens, repellitur declaraturque eo tempore non admittendus, etiamsi libello suo adjecerit clausulam differendæ executionis usquè dùm dies venerit; quia hoc casu non est in quo judicium de præsenti fundetur, ex quo petitio pro futuro tempore pendeat: et hic est constans curiæ nostræ stylus.* — Au second cas, le créancier à terme peut agir, et pourquoi? parce que, de l'aveu de tout le monde, les actions purement conservatoires lui appartiennent ni plus ni moins que si sa créance était échue; parce qu'on ne peut considérer que comme purement conservatoire, l'action qu'il intente à l'effet de faire dire qu'un tel qui nie être son débiteur, ou qui, en l'avouant, se conduit de manière à faire craindre pour sa solvabilité, lui doit telle somme payable à tel terme, et qu'à l'échéance de ce terme, il sera tenu de la payer. — Or, non-seulement le sieur Vanzuydtwick trouvait dans le retard où était le demandeur d'acquitter les intérêts arriérés depuis plus de neuf ans, un juste motif de prendre ses mesures à l'avance, pour que, l'année de son avertissement expirée, le demandeur ne vînt pas lui contester l'exigibilité de son capital; mais il avait encore, dans la manière dont le demandeur s'était expliqué devant le bureau de conciliation, la preuve indubitable que celui-ci la lui contesterait en effet. — Le sieur Vanzuydtwick a donc pu intenter son action avant l'expiration de l'année de l'avertissement. La cour impériale de Trèves n'a donc violé aucune loi, en ne déclarant pas cette action prématurée.

» Pour la faire déclarer telle, le demandeur avait deux moyens très-simples: c'était, ou de reconnaître que le capital était en effet exigible après l'année de l'avertissement, et de se soumettre à le rembourser dès que cette année serait écoulée; ou de se borner à dire que, tant que cette année ne serait pas écoulée, il n'avait rien à répondre. — Dans ces deux cas sans doute, il eût pu soutenir que le sieur Vanzuydtwick s'était pourvu trop tôt, et le faire condamner aux dépens.

» Mais ce n'est ni dans l'un ni dans l'autre de ces cas que le demandeur s'est placé: il a prétendu, au contraire, ne devoir ni intérêts ni capital, même à terme; et ce qu'il y a de bien remarquable, c'est que, pendant qu'il opposait cette double exception aux poursuites de son adversaire, l'année de l'avertissement est parvenue à sa fin, sans qu'il eût changé de système; c'est que sa défense a toujours été la même après, comme avant, l'expiration de cette année; c'est que le rapport du procès n'a été fait qu'après l'expiration de cette année, à l'audience du tribunal civil de Cologne; c'est qu'à cette audience, le sieur Vanzuydtwick a repris les conclusions de son exploit du 24 thermidor an 9, et que très-certainement à cette époque, il avait le droit de conclure au remboursement du principal.

» On n'oserait sûrement pas dire qu'un créancier à terme doit être traité moins favorablement qu'un créancier sous condition: il est même évident qu'il y a de plus fortes raisons pour empêcher celui-ci d'agir avant l'échéance de la condition de laquelle dépend sa créance, que pour empêcher celui-là d'agir avant l'échéance du terme auquel sa créance sera exigible. Cependant il est certain que, si un créancier conditionnel a intenté sa demande avant l'accomplissement de la condition, et que la condition vienne à s'accomplir pendant l'instance, le débiteur devra être condamné purement et simplement, comme si l'action n'eût pas été prématurée dans son principe. C'est ce qu'enseignent Gomez, dans ses *Variæ Resolutiones*, tome 2, chap. 11, n. 25, et Voët, tit. *de judiciis*, n. 26.

» Il y a même une loi qui le décide ainsi expressément; et ce qui tranche toute difficulté, c'est qu'elle déclare sa disposition commune au créancier à terme et au créancier sous condition: *Quòd si in diem sit debitor vel sub conditione...., non debere eum damnari;* REI PLANÈ JUDICATÆ *tempus spectandum est an dies venerit: quod et in stipulatione conditionali erit dicendum.* Ce sont les termes de la loi 16, D. *de petitione hereditatis*.

» Le sixième moyen du demandeur est donc, à tous égards, insoutenable: voyons si le septième est mieux fondé. — La coutume de Gueldres, dit le demandeur, porte que *personne qui possède des revenus ou rentes affectés sur des maisons, Hypothèques ou biens-fonds situés dans la province, ne peut les laisser arriérer plus long-temps que cinq ans.* Cette coutume a donc été violée par l'arrêt de la cour impériale de Trèves, puisqu'il me condamne à payer, et un supplément d'arrérages pour les années 1787, 1788, 1789, 1790 et 1791, et la totalité des arrérages échus depuis et y compris l'an 1792.

» Sur ce moyen, nous observons d'abord que la disposition de la coutume de Gueldres invoquée par le demandeur, est inapplicable au supplément d'arrérages qu'il est condamné à payer pour les années 1787, 1788, 1789 et 1790. — En effet, le demandeur n'est condamné à ce supplément, que par suite de la réserve que le sieur Vanzuydtwick en avait faite dans les quittances de ces quatre années; et vous vous rappelez, messieurs, quel avait été l'objet de cette réserve. — Depuis 1751 jusqu'en 1786 inclusivement, le demandeur avait toujours payé l'intérêt des 25,000 rixdalers évalués au cours de Hollande, c'est-à-dire, à raison de 18 liv. tournois de France pour 3 rixdalers et demi. En 1787, il prétendit ne devoir payer qu'au cour de Clèves, c'est-à-dire, à raison de 76 sous le rixdaler; et effectivement il ne paya plus qu'à ce taux; mais en même temps il consentit que le sieur Vanzuydtwick se réservât, par ses quittances, le droit de faire juger que le payement devait se faire au taux ancien. Qu'est-il résulté de là? une promesse implicite, de la part du demandeur, de fournir le supplément d'arrérages auquel il pourrait, par la suite, être condamné; et par conséquent une renonciation également implicite, mais certainement très-efficace, à la prescription de cinq ans.

» Quant aux arrérages échus postérieurement à l'année 1791, il est une première question à examiner : c'est celle de savoir si la disposition de la coutume de Gueldres leur est applicable, en les considérant comme intérêts de simple prêt.

» Cette disposition, telle qu'elle est conçue dans son texte original, ne frappe que sur les *rentes :* ainsi l'ont déclaré le tribunal de première instance et la cour d'appel; et assurément le témoignage de magistrats à qui est aussi familière la langue dans laquelle est écrite la coutume de Gueldres, doit être pour nous une autorité irréfragable sur ce point. — Or, peut-on étendre aux intérêts d'un simple prêt, une prescription qui n'est établie textuellement que pour les arrérages de rentes?

» La question s'est souvent présentée dans l'ancien territoire français, relativement à l'ordonnance de Louis XII, du mois de juin 1510, dont l'art. 71, qui, sans doute, a servi de modèle à la coutume de Gueldres, porte que les créanciers *de rentes volantes et Hypothèque ne pourront demander les arrérages que de cinq ans ;* et l'on a d'abord jugé sans la moindre hésitation, que les intérêts, soit judiciaires, soit conventionnels, n'étaient pas compris dans cet article.

» Louis XIII tenta de réformer cette jurisprudence, au moins pour les intérêts judiciaires; de là l'art. 150 de l'ordonnance de 1629, qui déclare que *l'interpellation ou demande d'une somme principale, ou qu'elle eût été suivie de sentence, ou que lesdits intérêts soient adjugés par sentence ou arrêt, n'acquérera intérêt pour plus de cinq ans, si elle n'est continuée et réitérée.* — Mais on sait quel a été le sort de cette ordonnance dans la plupart de nos anciens tribunaux; on sait même que ceux qui en avaient enregistré purement et simplement l'art. dont il s'agit, ne l'ont jamais exécuté : témoin, entr'autres, le parlement de Dijon, qui, par arrêt du 8 avril 1680, condamna un débiteur d'intérêts judiciaires à les payer depuis dix-huit ans; et Perrier, qui rapporte cet arrêt, quest. 211, nous apprend que, le même jour, le premier président lui dit *que l'art.* 150 *de l'ordonnance de* 1629 *ne s'observait point.* Raviot, dans ses observations sur le même auteur, quest. 194, n. 9, assure que la même chose avait été jugée le 26 juin 1674, après un *consultis classibus.*

» On sent bien qu'il en devrait être de même, et à plus forte raison, des intérêts conventionnels, puisque l'ordonnance de 1629 n'en avait point parlé. Cependant, il paraît qu'à cet égard, la jurisprudence du parlement de Dijon a varié. — Raviot, à l'endroit que nous venons de citer, n. 10, dit que deux arrêts des 25 août 1675 et 22 août 1682 ont jugé soumis au *quinquennium*, les intérêts des obligations passées en Bresse, où, comme nous l'avons déjà vu, le prêt à intérêts était permis. Mais il ajoute aussitôt : « D'autres arrêts postérieurs ont jugé que le *quinquennium* n'avait pas lieu pour ces obligations qui » ne sont pas des rentes. Il y en a un du 30 avril » 1681, entre Abraham Gilet et le sieur Faguet, » un autre du 5 janvier 1684, au rapport de M. Fevret, entre les religieuses de Nantua et Diane » Robin ». — Il y a plus. On trouve sous la même question, un arrêt du 21 mars 1679, qui, en confirmant une sentence par laquelle la partie qui en soutenait le bien-jugé, n'avait obtenu que cinq années d'intérêts d'une obligation, chargea le premier président d'avertir les avocats, comme il le fit après la prononciation, *que la cour aurait adjugé vingt-cinq années à l'intimé s'il eût appelé de la sentence ; et que ce n'était point le cas où l'ordonnance voulait qu'on les modérât à cinq ans.* — Dunod, dans son *Traité des prescriptions*, part. 2, chap. 7, rapporte un arrêt du parlement de Besançon du 11 mars 1694, qui a pareillement jugé que les intérêts, dans les cas où ils ont été légitimement stipulés, ne sont pas prescriptibles par le laps de cinq ans, et qu'on peut en demander jusqu'à vingt-neuf années d'arrérages.

» C'en est assez sans doute pour établir que la cour d'appel de Trèves n'a pas violé la coutume de Gueldres, en jugeant que les intérêts d'un simple prêt n'étaient pas compris dans la disposition de cette loi concernant la prescription des arrérages de rentes. Mais ici s'élève une deuxième question, c'est celle de savoir si la cour d'appel de Trèves a pu considérer comme intérêts d'un simple prêt, si elle a pu en conséquence affranchir de la prescription quinquennale, les arrérages qui avaient couru pendant la durée de la dernière réalisation, ou, en d'autres termes, dans l'intervalle du 21 mai 1792 au 21 mai 1798 ou 1.er prairial an 6; et au premier aspect, il semble qu'à cet égard, elle a mal jugé.

» On peut dire en effet, que ce n'est pas comme intérêts d'un simple prêt, mais comme intérêts d'une simple rente qu'ont couru ces arrérages; que, dès qu'ils ont couru comme intérêts d'une rente; ils ont, par cela même, subi la loi du *quinquennium ;* qu'une fois éteints par la prescription comme intérêts d'une rente, ils n'ont pas pu revivre comme intérêts d'un simple prêt; qu'ainsi, le sieur Vanzuydtwick a bien pu, par son exploit du 24 thermidor an 9, demander comme intérêts d'un simple prêt, les arrérages qui n'étaient échus que depuis cinq ans; mais qu'il n'a pas pu alors demander comme tels les arrérages dont l'échéance remontait au-delà du 24 thermidor an 4. Cet argument (que le demandeur ne vous propose cependant pas), est très-spécieux; mais il ne roule véritablement que sur une confusion de mots que nous avons déjà eu l'occasion d'éclaircir, en discutant le cinquième moyen de cassation.

» Que faudrait-il pour que les arrérages dont il s'agit, eussent pu courir comme intérêts d'une rente, et conséquemment être prescrits pendant la durée de la dernière réalisation de l'Hypothèque accordée par l'acte du 30 avril 1683? Il faudrait que l'acte du 30 avril 1683 eût été dénaturé par la réalisation de l'Hypothèque qu'il accorde au prêteur; il faudrait que, par cette réalisation, l'acte du 30 avril 1683 eût été converti, de simple prêt qu'il était par lui-même, en contrat de constitution de rente. Or, nous avons déjà vu que l'acte du 30 avril 1683 était resté, après sa réalisation, ce qu'il était auparavant; que, simple prêt avant sa réalisation, il n'était pas devenu contrat de rente après; que la cour féodale de Gueldres avait bien refusé d'en réaliser la clause qui permettait au créancier de répéter son capital, mais qu'elle n'avait ni annullé ni pu annuller cette clause; et qu'elle avait si peu entendu faire de cet acte un contrat de simple prêt, qu'elle avait elle-même obligé le débiteur de rembourser le capital dans le délai de six ans. — Ce n'est donc pas comme intérêts d'une rente, qu'ont couru les arrérages dont il est ici question; ils n'ont donc couru que comme intérêts d'un simple prêt; la prescription de cinq ans n'a donc pas pu les atteindre.

» Reste le huitième et dernier moyen du demandeur : c'est celui qui résulte de la prétendue violation des lois relatives à la retenue de la contribution foncière, c'est-à-dire, sans doute, des articles 98, 99, 100 et 101 de la loi du 3 frimaire an 7.

» Que portent donc ces articles? Trois choses : que, pour les intérêts stipulés antérieurement à la loi du 22 novembre 1790, on se réglera, par rapport à la retenue ou non-retenue de la contribution foncière, sur les dispositions des anciennes lois concernant la retenue ou non-retenue des impositions qui avaient lieu à l'époque de la passation des contrats; qu'à l'avenir, les stipulations entre les contractans sur la retenue de la contribution foncière, seront entièrement libres; que la retenue sera toujours censée réservée, quand les contrats ne porteront pas la condition expresse de non-retenue.

» Sans contredit, de ces trois dispositions, la dernière serait violée par l'arrêt de la cour d'appel de Trèves, s'il s'agissait ici d'intérêts provenans d'un contrat passé depuis la publication de la loi du 3 frimaire an 7. — La première le serait également, si le demandeur eût prouvé devant la cour d'appel de Trèves, que, par les lois qui régissaient le contrat du 30 avril 1683, à l'époque de sa passation, tous les débiteurs d'intérêts étaient autorisés à retenir les impositions qui avaient lieu à cette époque.

» Mais ce n'est ni dans l'une ni dans l'autre hypothèse que nous nous trouvons ici. — D'une part, le contrat que l'arrêt attaqué condamne le demandeur à exécuter, est d'une date qui précède de plus d'un siècle la loi du 3 frimaire an 7. — De l'autre, le demandeur n'a ni prouvé ni même articulé que les lois sous l'empire desquelles ce contrat a été passé, accordassent aux débiteurs la retenue des impositions. Ainsi, bien loin de violer la loi de frimaire an 7, la cour d'appel de Trèves n'a fait que se conformer à son texte littéral; et son arrêt eût dû être cassé si elle eût jugé autrement, comme a été cassé, le 26 germinal dernier, au rapport de M. Ruperou, un arrêt de la cour d'appel de Metz, du 14 fructidor an 11, qui avait autorisé le sieur Couturier, demeurant à Luxembourg, à retenir la contribution foncière sur une rente qu'il avait constituée en cette ville le 19 décembre 1774 (1).

» En dernière analyse, vous voyez, messieurs, que la cour d'appel de Trèves a respecté toutes les lois qu'on lui reproche d'avoir enfreintes; et nous estimons en conséquence qu'il y a lieu de rejeter la requête du demandeur ».

Arrêt du 14 messidor an 13, au rapport de M. Sieyes, qui, — « attendu 1.° que les moyens des parties et les faits de la cause sont énoncés dans l'arrêt, et amplement déduits dans les motifs; 2.° que le titre de 1683, quoique sous seing-privé, avait acquis, par sa transcription dans la formalité de l'octroi devant la cour de Ruremonde, et par le décret d'adjudication, toute la reconnaissance et l'authenticité voulues par l'art. 3 de la loi de brumaire an 7; 3.° que, si l'arrêt n'a pas réservé au réclamant l'option dont il est question, c'est que le réclamant lui-même ne l'avait pas demandé; mais que son droit à cet égard, est resté intact comme résultant de la loi; 4.° que la stipulation des intérêts d'un prêt à jour, était autorisée par les lois du lieu où l'acte avait été passé; que les lois de la Gueldres autorisaient l'Hypothèque prise sur les biens affectés au moyen de la formalité des octrois et de la condition de non-exigibilité pendant leur durée; qu'en 1798, époque à laquelle il a été constaté que le dernier octroi expirait, le débiteur ne se libérant point, les lois du lieu du contrat, comme celles régissant alors la Gueldres, ne s'opposaient nullement, ni à l'inscription pour assurer le capital et les intérêts, ni à la demande en remboursement du capital même; 5.° que le renouvellement successif des octrois n'a pu changer, par ses restrictions temporaires, ni la nature, ni les dispositions du contrat primitif; que les adjudicataires se sont soumis à en remplir les obligations résultantes, comme faisant partie du prix intégral de la terre; que le réclamant

(1) *V. Contributions publiques*, §. 4.

devait personnellement sur ses biens les intérêts échus comme représentés par les fruits perçus, et ne pouvait faire cesser les intérêts à venir que par le payement effectif ou par le déguerpissement; 6.° que, si la demande en remboursement du capital a été portée devant les tribunaux avant l'expiration des douze mois de l'avis donné, ce n'a été que par suite de sa dénégation de la dette, mais toutefois, fut-il dit, pour n'avoir son effet qu'après le terme expiré ainsi qu'il fût ordonné; 7.° que les principes invoqués relativement aux constitutions de rentes dans la ci-devant Gueldres, se trouvaient sans application à l'espèce, comme l'a dit l'arrêt attaqué, quant aux intérêts échus d'un prêt, intérêts reconnus d'ailleurs par le réclamant n'avoir pas été payés par suite de la dénégation du capital même; 8.° que la question de la validité ou invalidité de l'inscription prise sur les débiteurs dénommés au contrat et non sur le possesseur actuel de la terre, n'a été présentée ni en première instance, ni sur l'appel; et qu'elle ne pouvait, dans l'espèce, être alléguée comme une violation de l'art. 17 de la loi de brumaire an 7; 9.° que, si même devant les deux tribunaux, la réduction des intérêts en prélèvement des impositions avait été demandée, les juges, en la refusant, n'auraient point contrevenu à la loi, s'agissant d'un titre ancien et en franchise; Rejette le pourvoi, etc. ».

Art. VI. *Questions sur les numéros 3 et 4 de l'art. 3, et sur l'art. 29 de la loi du 11 brumaire an 7.*

1.° *Le vendeur peut-il conserver son Hypothèque privilégiée par une simple inscription hypothécaire, ou ne peut-il la conserver que par la transcription du contrat de vente?*

2.° *Que doit-on décider à cet égard, lorsque le contrat de vente a été passé sous seing-privé, et n'a pas encore été reconnu en justice?*

Le 16 germinal an 8, acte sous seing-privé, par lequel le sieur Lagrange vend au sieur Dargeneuil le domaine du Rey, franc et quitte de toutes dettes, charges et Hypothèques, à raison de 1150 francs la *sextérie*, payable en quatre termes de quatre ans chacun, dont le premier commencera le premier fructidor prochain, époque avant laquelle il sera fait, aux frais de l'acquéreur, un arpentage de biens pour la fixation du prix total. — Le sieur Lagrange se réserve son habitation jusqu'au 8 vendémiaire an 9, dans les édifices qui font partie du domaine, les meubles non cloués, une grande cuve, six barriques à son choix, les fruits de l'année non encore perçus, *et l'Hypothèque générale et spéciale sur les fonds vendus jusqu'au parfait payement.* — Sous ces conditions, il se démet de tous les biens compris dans la vente, il en saisit le sieur Dargeneuil, et il consent que celui-ci en prenne possession réelle et personnelle, quand bon lui semblera. — Quelques jours après, le domaine est arpenté; et il est reconnu contenir 35 sextéries; ce qui en porte le prix à 40,250 francs.

Le 1.er floréal suivant, le contrat est enregistré au bureau de Montflanquin.

Le 9 du même mois, contrat notarié par lequel le sieur Dargeneuil vend à Louise Itier, pour la somme de 20,000 francs, le domaine du Rey qu'il déclare avoir acheté, le 16 germinal précédent, du sieur Lagrange. Il reconnaît avoir reçu d'elle cette somme comptant. Il la charge de laisser au sieur Lagrange les objets que celui-ci s'est réservés, et qu'il détaille; mais il se tait sur l'Hypothèque qui fait partie des réserves du sieur Lagrange, ainsi que sur le payement ou non-payement du prix de son acquisition.

Le 15 du même mois, le sieur Lagrange et le sieur Dargeneuil comparaissent sans citation devant le juge de paix du canton de Montflanquin et ses assesseurs, et reconnaissent respectivement leurs signatures apposées au bas de l'acte du 16 germinal. Le juge de paix leur donne acte de leurs reconnaissances, et en dresse procès-verbal.

Le lendemain 16, le sieur Lagrange fait inscrire l'acte du 16 germinal au bureau des Hypothèques d'Agen, pour conserver son Hypothèque sur le domaine du Rey, et sur les autres biens que le sieur Dargeneuil peut posséder dans l'arrondissement de ce bureau.

Le 18 du même mois, il prend, en vertu du même acte, une autre inscription au bureau de Villeneuve.

Le 5 prairial suivant, Louise Itier fait inscrire au même bureau son contrat du 9 floréal, à l'effet, dit-elle, d'acquérir Hypothèque sur les biens du sieur Dargeneuil, son vendeur, pour la somme de 20,000 francs, prix de la vente qu'il lui a faite du domaine du Rey.

Par exploit du 6 du même mois, Louise Itier fait signifier au sieur Lagrange son contrat d'acquisition du 9 floréal, et le prévient que, le 11, elle se mettra en possession des biens que lui a vendus le sieur Dargeneuil.

Le 11, le sieur Lagrange fait signifier à Louise Itier un acte d'opposition à sa mise en possession.

Le 15 messidor, Louise Itier fait citer le sieur Lagrange au bureau de paix du canton de Villeréal, pour se concilier sur la demande qu'elle se propose d'intenter contre lui, afin de l'obliger à la faire jouir des biens acquis par elle du sieur Dargeneuil, ou à lui restituer la somme de 20,000 francs. — Le sieur Lagrange comparaît sur cette citation, et les parties ne se concilient pas.

Le 11 thermidor, Louise Itier fait transcrire son contrat au bureau des Hypothèques d'Agen.

Le 22 du même mois, le sieur Lagrange obtient au tribunal de première instance de Villeneuve, un jugement qui, du consentement du sieur Dargeneuil, assigné à cet effet et représenté par son avoué, homologue le procès-verbal du juge de paix du canton de Montflanquin du 15 floréal, portant reconnaissance de l'acte sous seing-privé du 16 germinal.

Le 21 et le 22 brumaire an 9, Louise Itier, après une nouvelle tentative de conciliation devant le bureau de paix, fait assigner les sieurs Lagrange et Dargeneuil au tribunal d'Agen, pour se voir condamner, l'un, à lui laisser prendre possession du domaine du Rey; l'autre, à la garantir et indemniser de tout événement.

Le 22 vendémiaire an 10, jugement qui « ordonne que le contrat du 9 floréal an 8 sortira son plein droit et entier effet; qu'en conséquence, Louise Itier sera, par le premier huissier ou notaire requis, mise en possession des objets y compris, en présence de Lagrange et de Dargeneuil, ou eux dûment appelés; pour par elle en jouir et les posséder exempts de l'Hypothèque et du privilége prétendus par Lagrange...; déclare le jugement commun à Dargeneuil, et, moyennant ce, n'y avoir lieu à prononcer sur la garantie réclamée par Louise Itier ».

Appel de la part du sieur Lagrange; et le 12 floréal an 12, arrêt par lequel, — « Considérant, 1.° que la loi du 11 brumaire an 7 veut, art. 14, que les droits des précédens propriétaires soient maintenus selon les formes indiquées par cette loi; que l'art. 29 de la même loi s'exprime ainsi : *lorsque le titre de mutation constate qu'il est dû au précédent propriétaire ou à ses ayans-cause, soit la totalité ou partie du prix, soit des prestations qui en tiendront lieu, la transcription conserve à ceux-ci le droit de préférence sur les biens aliénés; à l'effet de quoi le conservateur des Hypothèques fait inscription sur ses registres des créances non encore inscrites qui en résulteraient;* qu'il résulte de ces dispositions, que la loi du 11 brumaire an 7 a voulu que la transcription de l'acte de vente conservât seule le privilége du vendeur sur les biens vendus: ce qui est développé d'une manière lumineuse par l'art. 2108 du Code civil, qui s'exprime ainsi : *le vendeur privilégié conserve son privilége par la transcription du titre qui a transféré la propriété à l'acquéreur, et qui constate que la totalité ou partie du prix lui est due. A l'effet de quoi, la transcription du contrat faite par l'acquéreur, vaudra inscription pour le vendeur; sera néanmoins le conservateur des Hypothèques, sous peine de tous dommages et intérêts envers les tiers, tenu de faire d'office l'inscription sur son registre, des créances résultant de l'acte translatif de propriété, tant en faveur du vendeur que des prêteurs qui pourront aussi faire faire, si elle ne l'a été, la transcription du contrat de vente, à l'effet d'acquérir l'inscription de ce qui leur est dû sur le prix;* — Considérant, 2.° que si la loi n'eût pas exigé, pour la conservation du privilége du vendeur, la transcription de l'acte de vente, elle n'aurait pas ordonné, art. 29, que le conservateur des Hypothèques, en procédant à la transcription du titre de mutation, ferait inscription des créances qui en résulteraient en faveur du vendeur, et aurait laissé au vendeur le soin de faire, si bon lui semblait, une inscription aux formes voulues par la loi; qu'il n'a été fait aucune transcription de l'acte de vente du 16 germinal an 8; et qu'à défaut de cette transcription, Lagrange n'a pas pu acquérir l'inscription requise par l'art. 29 de la loi du 11 brumaire an 7; que Lagrange sachant que Dargeneuil n'avait pas fait faire cette transcription, doit s'imputer de ne l'avoir point fait faire lui-même, à l'effet d'acquérir l'inscription qui lui était nécessaire pour la conservation de son privilége; qu'il lui était d'autant plus facile de faire faire cette transcription, qu'on peut transcrire les actes sous seing-privé, dès qu'ils sont enregistrés, sans même que les signatures aient été avérées, parce que ces actes, en ce qu'ils transfèrent la propriété et confèrent au vendeur un privilége, ne sont point assujétis aux formalités voulues par la loi, pour les actes qui confèrent simplement Hypothèque: que le tribunal de cassation l'a ainsi décidé le 23 messidor an 10.......; — Considérant, 3.° que l'inscription faite par Lagrange, le 16 floréal an 8, est dans la forme purement hypothécaire; et que dès-lors, il devait se conformer à l'art. 3 de la loi du 11 brumaire an 7; que cet article veut que l'Hypothèque résulte d'un acte privé dont la signature aura été reconnue ou déclarée telle par jugement; que Lagrange ne s'est pas conformé à cette disposition, parce que les signatures de la police du 11 floréal an 8 n'ont été ni reconnues ni déclarées telles par jugement; que les bureaux de conciliation n'ont aucun pouvoir de juridiction volontaire ni contentieuse; que leurs fonctions se bornent uniquement à terminer les procès prêts à naître; qu'ils peuvent seulement dresser procès-verbal sommaire des dires, aveux et dénégations sur les points de fait, sans que leurs procès-verbaux, même en cas de transaction, emportent la force d'exécution des conventions respectivement accordées; qu'il est nécessaire, pour les ramener à exécution, de l'autorité des tribunaux, et que, par conséquent, les procès-verbaux faits par les bureaux de paix, n'ont pas l'authenticité requise par la loi pour transférer l'Hypothèque; qu'il en est des procès-verbaux faits devant les bureaux de paix, comme des décisions arbitrales, qui n'emportent Hypothèque qu'autant qu'elles sont revêtues de l'ordonnance judiciaire; que le texte de la loi veut clairement qu'il n'y ait que les actes privés dont les signatures ont été reconnues en jugement, ou qui ont été déclarées telles par jugement après vérification d'écritures, conformément à ce qui est prescrit par les ordonnances, qui puissent conférer l'Hypothèque à la charge de l'inscription; que Lagrange lui-même le reconnut en obtenant, le 22 thermidor an 8, un jugement du tribunal de Villeneuve, qui, en homologuant le procès-verbal de conciliation du 15 floréal an 8, lors duquel Dargeneuil et lui avaient reconnu leurs signatures, déclara leurs signatures pour avérées; — Considérant, 4.° que malgré toutes les subtilités dont Lagrange a voulu environner la cause, il lui échappa de rendre hommage aux principes qui viennent d'être établis, puisqu'il s'exprime ainsi, page 23 de son mémoire en griefs: *Il résulte de ce qui a été dit, que l'acte de vente consenti par Lagrange, le 16 germinal an 8, doit avoir tout son effet, entre lui et Dargeneuil, du moment qu'il eût reçu sa perfection, et cela indépendamment de sa transcription sur le registre du conservateur; et de là on pourrait conclure que dès-lors il fut bien libre à Dargeneuil de disposer de la propriété qui lui avait été transférée; qu'en effet, par l'acte du 9 floréal, il en fit à son tour la translation sur la tête de Louise Itier; que celle-ci ayant fait transcrire son titre, sans que, dans notre hypothèse, Lagrange eût fait inscrire son privilége, se trouve avoir consolidé et payé son acquisition à l'égard de ce précédent propriétaire: la conclusion serait juste*, ajoute-t-on, *si Louise Itier n'avait rien à s'imputer;* — Considérant, 5.° que si le dol fait exception à toutes les lois et à toutes les règles, il faut que le dol et la fraude soient bien constatés; qu'il n'est pas prouvé que, par une collusion entre Louise Itier et Dargeneuil, celui-ci se soit dispensé de faire transcrire son contrat au bureau des Hypothèques, pour éviter que le conservateur fît une inscription d'office en faveur de Lagrange; que Dargeneuil a fait ce qu'il a voulu, sans que Louise Itier fût obligée de lui demander compte de sa conduite; et qu'il n'est pas loisible à Lagrange d'inculper Louise Itier de ce qu'ils ont l'un et l'autre donné trop de confiance à Dargeneuil, et de ce qu'il n'a pas lui-même pris les mesures que lui prescrivait la loi pour s'assurer son privilége; qu'on ne peut pas alléguer en preuve de la fraude, que Louise Itier s'est fait donner quittance du prix de la vente, quoiqu'elle sût bien par la police de vente faite par Lagrange, que le prix des objets vendus n'avait point été payé par Dargeneuil; parce qu'il était libre à Lagrange de se fier à Dargeneuil et de faire avec lui les accords qu'il voulait; que Louise Itier elle-même se fia à Dargeneuil, puisqu'après avoir passé le contrat du 9 floréal, elle ne s'empressa pas d'en faire la transcription au bureau des Hypothèques, qui seule pouvait la mettre à l'abri de toute supercherie et éviter toute inscription qui aurait pu lui devenir funeste; que loin de faire faire une transcription précipitée qu'on ne devait pas omettre voulant pratiquer une fraude, elle fit signifier à Lagrange, le 6 prairial an 8, son contrat par lequel elle l'avertissait qu'elle avait payé le total du prix à Dargeneuil, et par-là elle mettait Lagrange dans le cas de prendre toutes ses mesures pour ne rien perdre s'il était de bonne foi; et que cependant elle ne fit faire la transcription de son contrat au bureau des Hypothèques que le 11 thermidor suivant, c'est-à-dire, deux mois et cinq jours après la signification faite à Lagrange, et plus de trois mois après sa confection; qu'il paraît résulter de tout cela et des autres faits constans au procès, d'après les assertions des parties, qu'elle ne se détermina à faire transcrire son contrat que quand elle apprit que Dargeneuil se rendait insolvable par des actes simulés, et que Dargeneuil avait comparu volontairement devant le juge de paix de Montflanquin pour reconnaître sa signature apposée au bas de la police de vente du 16 germinal, et encore qu'en vertu de cette prétendue avération, Lagrange avait fait une inscription hypothécaire le 16 floréal; qu'il paraît résulter de tout cet ensemble qu'il y a eu concert entre Lagrange et Dargeneuil, d'autant plus que si ce dernier eût été d'intelligence avec Louise Itier, il n'aurait pas été naturel qu'il se fût rendu volontairement aux désirs de Lagrange, pour déjouer son intrigue; — Considérant, 6.° que s'il était question de présumer un concert entre Dargeneuil et l'une des parties, les actes du procès le feraient retomber plutôt sur la tête de Lagrange: parce que dès qu'il le désire, Dargeneuil paraît avec lui devant le juge de paix de Montflanquin pour reconnaître sa signature, et qu'aussitôt qu'il le désire aussi, Dargeneuil fait paraître un avoué au tribunal de Villeneuve pour consentir à l'homologation du procès-verbal du juge de paix, et à l'avération judiciaire de la police du 16 germinal an 8; que, d'un autre côté, Lagrange n'a jamais pris de conclusions contre Dargeneuil, quelque pressantes instances qu'on lui ait faites à ce sujet; et que même Lagrange s'est bien faiblement défendu de certaines inculpations qu'on lui a faites; — Considérant, 7.° qu'en supposant qu'on ne puisse inculper la bonne foi d'aucune des parties, les juges doivent prononcer en faveur de celle qui s'est conformée à la loi; que Lagrange doit s'imputer de s'être borné à faire une simple inscription hypothécaire qui se trouve nulle comme ayant été faite en vertu d'un titre qui n'avait pas l'authenticité requise par la loi, au lieu de faire faire la transcription de son titre, au moyen de laquelle il eût été fait d'office, par le conservateur des Hypothèques, une inscription qui, dans ce cas, n'avait pas besoin de l'authenticité du titre; — Le tribunal (d'appel d'Agen) démet Lagrange de son appel, ordonne que le jugement du tribunal de première instance.... sortira son plein et entier effet; donne défaut contre Dargeneuil, et pour le profit, déclare le présent jugement commun avec lui... ».

Le sieur Lagrange se pourvoit en cassation.

« L'arrêt dont se plaint le sieur Lagrange (ai-je dit à l'audience de la section civile, le 6 juillet 1807), a, suivant lui, violé, de trois manières différentes, les dispositions de la loi du 11 brumaire an 7. Il les a violées, en jugeant qu'en vertu du procès-verbal du juge de paix du canton de Montflanquin du 15 floréal an 8, considéré comme simple procès-verbal de conciliation, le sieur Lagrange n'avait pas pu faire inscrire, sur le domaine du Rey, l'Hypothèque conventionnelle qu'il s'y était réservée en le vendant au sieur d'Argeneuil; il les a violées, en décidant que ce même procès-verbal n'équipollait pas à un jugement, et n'avait pas conféré au sieur Lagrange une Hypothèque judiciaire, susceptible d'inscription; il les a violées enfin, en jugeant que le sieur Lagrange n'avait pas pu, même abstraction faite du procès-verbal du juge de paix de Montflanquin, et dans la supposition que son acte de vente sous seing-privé ne fût pas encore reconnu valablement, conserver par une inscription, le privilége que la loi lui donnait sur le domaine du Rey.

» Sur le premier de ces trois moyens, il est à remarquer qu'en effet le sieur Lagrange s'était réservé par son acte de vente du 16 germinal an 8, une Hypothèque spéciale sur le domaine du Rey. Mais s'il eût été réduit à se prévaloir de cette réserve, aurait-il pu être censé avoir réellement acquis sur le domaine du Rey, une Hypothèque conventionnelle? Il paraît convenir lui-même que non, et ce serait bien vainement qu'il soutiendrait le contraire. L'Hypothèque conventionnelle ne peut, suivant le premier n.º de l'art. 3 de la loi du 11 brumaire an 7, auquel est conforme l'art. 2127 du Code Napoléon, être stipulée que *par un acte notarié;* et le sieur Lagrange n'avait stipulé la sienne que par un acte sous seing-privé.

» Mais le sieur Lagrange avait fait reconnaître son acte sous seing-privé devant le juge de paix du canton de Montflanquin et ses assesseurs, et là-dessus il s'élève deux questions : la première, si c'est comme bureau de conciliation, ou comme tribunal, qu'ont procédé le juge de paix du canton de Montflanquin et ses assesseurs; la seconde, si dans le cas où ils n'auraient procédé que comme bureau de conciliation, leur procès-verbal pourrait avoir, en cette matière, l'effet d'un acte notarié.

» La première question se trouve résolue par la manière dont le sieur Lagrange lui-même a qualifié le procès-verbal du juge de paix, lorsqu'il en a demandé l'homologation au tribunal de Villeneuve. Il a expressément qualifié cet acte de *procès-verbal de conciliation;* et dès-là, il est clair qu'en comparaissant avec le sieur Dargeneuil devant le juge de paix du canton de Montflanquin, ce n'était pas devant un tribunal, mais devant un bureau de conciliation qu'il avait entendu comparaître; et sans doute, on ne fera pas un crime à la cour d'appel d'Agen, d'avoir donné à un acte assez équivoque par lui-même, la même interprétation que lui avait donnée le sieur Lagrange à une époque où il était encore pénétré de l'esprit qui l'avait conduit devant le juge de paix.

» La seconde question n'est pas plus difficile à résoudre. Dès que le juge de paix et ses assesseurs n'avaient procédé que comme bureau de conciliation, quel moyen existait-il pour le sieur Lagrange, de faire juger qu'il avait sur le domaine du Rey une Hypothèque conventionnelle? Une Hypothèque conventionnelle, nous l'avons déjà dit, ne peut, aux termes de la loi du 11 brumaire an 7, être stipulée que par un acte passé devant notaire; et certainement on ne peut pas assimiler à un acte passé devant notaires, un acte reçu pas un bureau de conciliation. En matière de formes constitutives d'Hypothèque, la loi n'admet point l'équipolence, et, par cela seul qu'elle exige précisément une forme déterminée, elle est nécessairement censée exclure toutes les autres. La question d'ailleurs n'est plus entière : vous l'avez jugé contre le système du sieur Lagrange, par arrêt du 22 décembre 1806.

» Le deuxième moyen de cassation du sieur Lagrange trouve d'avance sa réfutation dans ce que nous venons de dire sur le procès-verbal du juge de paix de Montflanquin et de ses assesseurs. Cet acte ne pouvant pas être considéré comme un jugement, cet acte ne pouvant être considéré que comme un un procès-verbal de conciliation, il est clair qu'il n'a pas pu en résulter une Hypothèque judiciaire; et qu'en le décidant ainsi, la cour d'appel d'Agen n'a violé aucune des dispositions de la loi du 11 brumaire an 7.

» Mais reste le troisième moyen qui nous paraît digne d'une toute autre considération que les deux précédens.

» Il est constant, et la cour d'appel d'Agen a reconnu elle-même, que le sieur Lagrange tenait de la loi, indépendamment de toute stipulation, une Hypothèque privilégiée sur le domaine qu'il avait vendu au sieur Dargeneuil.

» Or, pour faire inscrire une Hypothèque légale, pour faire inscrire un privilége, est-il nécessaire de représenter au conservateur, soit un acte passé devant notaire, soit un jugement? Non certes; la loi du 11 brumaire an 7 n'exige nulle part une pareille formalité, qui d'ailleurs serait souvent impraticable. Il y a plus : l'art. 17 de cette loi, qui est placé sous le chapitre du *mode d'inscription des droits d'hypothèque et privilége*, déclare expressément que cette formalité est inutile pour les Hypothèques qui ne sont ni conventionnelles ni judiciaires : *à cet effet* (porte-t-il), c'est-à-dire, à l'effet d'obtenir une inscription, *le créancier représente l'original en brevet ou une expédition du titre, pour toutes Hypothèques autres que celles légales, etc.*

» Comment donc la cour d'appel d'Agen a-t-elle pu déclarer nulle l'inscription du sieur Lagrange?

» Le sieur Lagrange n'avait-il pas une Hypothèque légale et privilégiée? Encore une fois, il n'y avait sur ce point aucune difficulté, et il ne pouvait y en avoir aucune, puisque l'art. 14 de la loi du 11 brumaire an 7, n. 3, veut expressément que l'on colloque en ordre de privilége *les précédens propriétaires ou leurs ayans-cause, dont les droits auront été maintenus selon les formes indiquées par la présente, pour ce qui leur restera dû du prix.*

» Le sieur Lagrange ne pouvait-il pas conserver son privilége par une inscription? Non-seulement il le pouvait, mais c'était la voie que lui traçait à cet effet l'art. 2 de la loi : *l'Hypothèque ne prend rang, et les priviléges sur les immeubles n'ont effet, que par leur inscription dans les registres publics.*

» Cette voie n'était pourtant pas exclusive. La loi, pour favoriser d'autant plus le vendeur qui n'avait pas reçu son prix, pour d'autant mieux assurer ses droits, pour marquer avec d'autant plus d'éclat l'intérêt qu'elle mettait à la conservation de son privilége, voulait, art. 29, que son privilége fût conservé par le seul effet de la transcription de l'acte de vente, constatant que son prix n'était pas encore payé.

» Mais de là s'ensuit-il, comme l'a jugé la cour d'appel d'Agen, qu'à défaut par l'acquéreur de faire transcrire l'acte de vente, le vendeur ne pût pas prendre une inscription? L'art. 29 de la loi ne dit rien de semblable ; et dès qu'il ne le dit pas en termes exprès, il laisse évidemment subsister pour le vendeur, la faculté accordée par l'art. 2 à tout créancier privilégié de faire lui-même inscrire son privilége.

» Point du tout, objecte la cour d'appel d'Agen. L'acquéreur ne faisant pas transcrire l'acte de vente, c'était au vendeur à en requérir lui-même la transcription : il n'avait pas d'autre moyen de conserver son privilége; et c'est ainsi que l'art. 29 de la loi du 11 brumaire an 7 a été interprété par l'art. 2108 du Code Napoléon.

» Que d'erreurs, que de paralogismes dans ce peu de mots!

» D'abord, il n'est pas vrai que, sous le régime hypothécaire de l'an 7, le vendeur eût la faculté de faire transcrire son contrat de vente. Qu'était-ce que la transcription sous ce régime? Rien autre chose qu'une prise de possession publique et solennelle du bien vendu. Et certainement le vendeur ne pouvait pas prendre, au nom de l'acquéreur, possession d'un bien dont il lui avait fait la vente, il ne pouvait pas se faire à lui-même, comme représentant l'acquéreur, la tradition de ce bien. Aussi la loi du 11 brumaire ne parlait-elle, relativement à la transcription, que de l'acquéreur; aussi supposait-elle manifestement que l'acquéreur seul avait qualité pour requérir la transcription ; *le conservateur des Hypothèques*, disait-elle, art. 27, *certifie au bas de l'expédition* QU'IL REND A L'ACQUÉREUR, *la transcription qu'il en a faite*.

» D'un autre côté, l'art. 2108 du Code Napoléon ne dit pas qu'à défaut de transcription faite par l'acquéreur, il n'y aura pour le vendeur d'autre moyen conservatoire de son privilége, que de requérir lui-même la transcription de son contrat. Il dit seulement qu'en ce cas, le vendeur *pourra faire faire la transcription, à l'effet d'acquérir l'inscription de ce qui lui est dû sur le prix ;* et en lui accordant cette faculté, il ne déroge pas à l'art. 2106, qui veut qu'*entre les créanciers, les priviléges ne produisent d'effet, à l'égard des immeubles, qu'autant qu'ils sont rendus publics par inscription sur les registres du conservateur des Hypothèques, de la manière déterminée par la loi, et à compter du jour de la date de cette inscription, sous les seules exceptions qui suivent ;* en lui accordant cette faculté, qui est pour lui une exception au mode général d'inscription des priviléges, en ce qu'elle le dispense de la représentation des bordereaux dont il est question dans l'art. 2148, il ne lui ôte pas celle de se replacer dans le droit commun, en prenant une inscription à l'instar de tout autre créancier privilégié.

» Et combien ne serait pas absurde l'interprétation contraire que l'on voudrait donner à l'art. 2108 du Code Napoléon! Supposons que, par un contrat de vente, l'acquéreur ait hypothéqué, pour sûreté du prix, non seulement le bien qu'on lui a vendu, mais encore tous ses autres biens spécialement désignés, assurément en prenant inscription en vertu de ce contrat non encore transcrit, le vendeur acquerra une Hypothèque effective sur tous les biens de l'acquéreur ; et il ne l'acquerrait pas sur son propre bien, sur le bien qu'il vient de vendre, sur le bien dont le prix ne lui est pas payé? Ce serait, nous ne craignons pas de le dire, le comble de la déraison ; et c'est calomnier le Code Napoléon, que de lui prêter une absurdité aussi choquante.

» Mais, après tout, il n'est pas ici question de ce qu'a voulu l'art. 2108 du Code Napoléon : nous n'avons pas ici d'autre boussole que la loi du 11 brumaire an 7; et nous avons démontré que la loi du 11 brumaire an 7, non-seulement n'oblige pas le vendeur de faire transcrire son contrat pour conserver son privilége, mais même ne l'y autorise pas, mais même fait entendre clairement que cette voie lui est interdite.

» Et le sieur Lagrange aura perdu son Hypothèque légale, il aura perdu son privilége, pour n'avoir pas lu dans le texte de la loi du 11 brumaire an 7, ce qui n'y est pas écrit : pour n'avoir pas deviné que le Code Napoléon viendrait, quatre ans après lui, permettre ce que la loi du 11 brumaire an 7, lui défendait implicitement; pour avoir suivi, en prenant une simple inscription, la marche que la loi du 11 brumaire an 7 lui avait tracée? Le sieur Lagrange, pour n'avoir pas été plus sage que la loi du 11 brumaire an 7, pour avoir obéi strictement à la loi du 11 brumaire an 7, verra son bien passer dans des mains étrangères, sans en recevoir le prix! Cette froide, disons mieux, cette atroce injustice ne vous sera pas vainement dénoncée; vous vous empresserez de la réparer, en cassant l'arrêt que vous dénonce le sieur Lagrange; et c'est à quoi nous concluons ».

Arrêt du 6 juillet 1807, au rapport de M. Oudart, par lequel, « Vu les l'art. 2 et 29 de la loi du 11 brumaire an 7; attendu qu'il suit de l'art. 2, que le précédent propriétaire conserve son privilége en faisant faire inscription de son titre; qu'il suit de l'art. 29, qu'à son défaut, le conservateur est tenu de faire inscription de sa créance immédiatement après la transcription du titre d'aliénation, lorsque le titre constate que le prix lui en est dû, et que la créance n'est pas inscrite ; que la loi permet de transcrire un acte de vente sous signature privée, dûment enregistré, ce qui est reconnu par l'avis du conseil d'état, du 12 floréal an 13; que le conservateur est tenu, sur la représentation d'un tel acte, comme sur celui d'un acte notarié, de faire inscription de la créance non inscrite du précédent propriétaire; et qu'à plus forte raison, le précédent propriétaire peut directement ce que peut le conservateur qui, en ce cas, n'est que le mandataire légal et forcé du précédent propriétaire ; que la loi du 11 brumaire an 7 n'exige point que le précédent propriétaire qui prend inscription, présente préalablement à la transcription le titre d'aliénation ; qu'il résulte de l'art. 27 que c'est à l'acquéreur qu'il appartient de faire transcrire le contrat de vente, et que c'est à lui que l'expédition transcrite est remise ; que le tribunal d'appel séant à Agen, en jugeant que, faute de transcription préalable, l'inscription faite de la créance du demandeur, est comme non-avenue, a violé l'art. 2 et faussement appliqué l'art. 29 de la loi du 11 brumaire an 7 ; la cour casse et annulle..... ».

Art. VI bis. *Questions sur l'art. 4 de la loi du 11 brumaire an 7.*

I. *Peut-on prendre une inscription hypothécaire en vertu d'une obligation que le fondé de pouvoir du débiteur par acte sous seing-privé, a souscrite devant notaire ? Le peut-on, après que le débiteur a ratifié devant notaires, soit le pouvoir sous seing-privé en vertu duquel a été souscrite l'obligation, soit l'obligation elle-même.*

V. le plaidoyer et l'arrêt du 3 juin 1811, rapportés ci-après, art. 10, n. 5.

II. *Une femme non séparée de biens peut-elle prendre une inscription hypothécaire sur un conquêt de la communauté ?*

En 1779, le sieur Platz vend un immeuble au sieur Weilbrenna, de Frankental, marié et vivant en communauté avec son épouse.

Le 19 brumaire an 9, après la publication de la loi du 11 brumaire an 7 dans le département du Mont-Tonnerre, la dame Weilbrenna prend, pour la sûreté de ses deniers dotaux, une inscription hypothécaire sur cet immeuble.

Le sieur Platz en prend également une pour conserver son privilége de vendeur ; mais il ne la prend qu'après la dame Weilbrenna, et postérieurement à l'expiration des délais fixés tant par les art. 37, 38 et 39 de cette loi, que par les lois subséquentes qui les ont prorogés.

Les choses en cet état, l'immeuble vendu par le sieur Platz au sieur Weilbrenna, est vendu par expropriation forcée sur celui-ci.

Question de savoir laquelle des deux inscriptions doit être colloquée avant l'autre.

Le 9 fructidor an 11, arrêt de la cour de Trèves qui juge en faveur du sieur Platz, « attendu 1.° qu'il ne conste pas que la femme Weilbrenna soit séparée de biens d'avec son mari ; 2.° que la maison dont il s'agit, est un acquêt fait constant la communauté et est un effet de communauté ; 3.° que le sieur Platz, comme vendeur, a conservé une Hypothèque tacite du jour de la vente jusqu'à parfait payement, d'après le §. 4, tit. 17, part. 2, du droit statutaire palatin ».

Mais la dame Weilbrenna se pourvoit en cassation ; et le 16 fructidor an 13, au rapport de M. Schwendt, « vu les art. 1 et 2, tit. 1, et l'art. 39, tit. 3 de la loi du 11 brumaire an 7, sur le régime hypothécaire ; considérant, en droit, qu'il résulte de ces dispositions, 1.° que tout privilége qui n'a pas été conservé au désir et dans le délai prescrit par cette loi, dégénère en simple Hypothèque ; 2.° que cette Hypothèque ne prend rang et n'acquiert d'effet que du jour de son inscription, nonobstant tous statuts locaux, lesquels sont formellement abrogés par l'article 56 de la même loi ; 3.° que les femmes en puissance de mari ont le droit de conserver leurs Hypothèques par la voie de l'inscription, sans distinction si elles sont communes ou séparées de biens, ni si leurs inscriptions portent sur des biens personnels du mari ou sur des conquêts de communauté ; 4.° qu'il ne peut être préjudicié au rang que l'inscription assure à leur Hypothèque par aucune créance postérieurement inscrite ; ce qui est en parfaite harmonie avec les dispositions du Code civil, et notamment avec le §. 3 de l'art. 2195 ; considérant, en fait, que la régularité et l'antériorité de l'inscription de la demanderesse sur celle du défendeur, n'étaient pas contestées ; que néanmoins l'arrêt attaqué accorde la priorité d'effet et la préférence du rang au défendeur ; la cour casse l'arrêt de la cour d'appel de Trèves, du 9 fructidor an 11...... »

Art. VII. *Questions sur l'art. 5 de la loi du 11 brumaire an 7.*

I. *Pouvait-on, sous l'empire de cette loi, prendre Hypothèque sur les biens d'une succession vacante ou acceptée sous bénéfice d'inventaire ?*

La négative est établie dans un plaidoyer, et elle a été consacrée par un arrêt de la cour de cassation, du 4 thermidor an 12, rapporté dans mon *Recueil de Questions de droit*, aux mots *Succession vacante*, §. 1.

II. *L'art. 5 de la loi du 11 brumaire an 7 est-il applicable aux inscriptions prises pour conserver des Hypothèques acquises avant la publication de cette loi ? — Ces Hypothèques peuvent-elles, à l'égard des biens d'une faillite ou déconfiture ouverte avant la publication de cette loi, être conservées sans inscription hypothécaire ?*

Ces deux questions ont entre elles une grande affinité.

La première a été jugée négativement par un arrêt de la section des requêtes de la cour de cassation du 17 décembre 1807 : la seconde l'a été de même par un arrêt de la section civile de la même cour, du 5 avril 1808. Nous rapporterons les deux arrêts sous les mots *Inscription hypothécaire*, §. 9.

Art. VIII. *Question sur l'art. 6 de la loi du 11 brumaire an 7. — Les Hypothèques qui, avant cette loi, frappaient sur les meubles, ont-elles été anéanties par elle ?*

On a vu plus haut, sect. 1, §. 3, que, dans les pays de droit écrit, dans la coutume de Normandie et dans celle de Bretagne, le prix des meubles se distribuait par ordre d'Hypothèque, comme celui des biens-fonds.

La demoiselle Champelanne s'était mariée à Nantes en 1784, sous l'empire de cette jurisprudence; et conséquemment elle avait acquis, par son contrat de mariage, une Hypothèque sur les meubles présens et à venir de son mari (le sieur Guichard.) — Par contrat notarié du 15 frimaire an 10, le sieur Guichard s'était, *conjointement et solidairement avec la dame Champelanne, son épouse*, engagé à rembourser, dans dix mois, au sieur Joulin une somme de 54,000 fr. qu'il lui devait pour argent prêté. — Il avait fait faillite quelques jours après; et ses créanciers s'étant unis, il leur avait fait un abandon de tous ses biens meubles et immeubles.— Le sieur Joulin et quelques autres créanciers envers lesquels la dame Guichard s'était obligée personnellement ont réclamé, comme exerçant ses droits, l'Hypothèque qu'elle avait, selon eux, sur les meubles de son mari, pour l'indemnité qui lui était due à raison des engagemens qu'elle avait contractés pour lui.— Les syndics des créanciers unis ont soutenu que cette Hypothèque était abolie par l'art. 6 de la loi du 11 brumaire an 7.

Sur cette contestation, jugement du tribunal de première instance de Nantes, du 3 floréal an 13, qui prononce en faveur des sieurs Joulin et consorts, « attendu que les Hypothèques anciennes frappaient, en Bretagne, sur les meubles comme sur les immeubles; que les lois nouvelles n'ont point enlevé aux femmes le droit qui leur était acquis par leur contrat de mariage; qu'en disposant qu'à l'avenir *les biens territoriaux seraient seuls susceptibles d'Hypothèque*, et que les meubles n'auraient point de suite par cette voie, ces lois ne contiennent aucune disposition qui détruise la convention de libération sous laquelle les femmes se sont mariées; que cette convention doit conséquemment recevoir son exécution; et que l'Hypothèque s'est conservée sur les meubles, sans inscription et sans autre formalité ».

Les syndics appellent de ce jugement; et il est réformé par arrêt de la cour d'appel de Rennes du 19 mars 1806, « attendu que le droit d'Hypothèque sur les meubles, résultant d'un statut local particulier à la ci-devant Bretagne et à quelques autres portions du territoire français, était inconnu dans le reste de la France; que la loi du 11 brumaire an 7, qui a fixé la législation sur l'Hypothèque des créances antérieures, n'a conservé que celles dont les titres seraient inscrits dans les délais et suivant les formes qu'elle a prescrites; et qu'en établissant la publicité et la spécialité des Hypothèques, elle a anéanti celles qui frappaient sur les meubles; que si le législateur avait eu l'intention de conserver l'Hypothèque sur les meubles pour les créances antérieures à la loi, il en aurait fait exception, ainsi qu'il l'a fait à l'égard des rentes foncières et des rentes constituées; qu'à supposer que l'Hypothèque sur les meubles pour les créances antérieures à la loi, n'ait pas été abolie, le défaut d'inscription du contrat de mariage de la dame Guichard, que la loi prescrivait de faire, l'avait fait évanouir; qu'il serait en effet difficile d'expliquer comment la dame Guichard qui, par le défaut d'inscription de son titre, aurait perdu le droit d'Hypothèque sur les immeubles de son mari, aurait néanmoins conservé l'Hypothèque sur ses meubles; et que ce serait attribuer des effets contraires au même principe ».

Les sieurs Joulin et consorts se pourvoient en cassation. Mais par arrêt du 17 mars 1807, au rapport de M. Rousseau, et après un délibéré, — « Attendu que, dans la désignation des seuls biens que la loi du 11 brumaire an 7 déclare susceptibles d'Hypothèque, les meubles n'y sont pas compris, ce qui détermine leur exclusion; — Que suivant la même loi, art. 3, tit. 1.er, l'Hypothèque existe seulement à la charge d'inscription, pour toutes les créances auxquelles la loi donne Hypothèque; — Que s'occupant au tit. 3. du mode de conserver les droits hypothécaires préexistans même sur une espèce de biens réputés meubles dans certaines parties de la France, tels que les rentes constituées, elle ne parle aucunement des simples Hypothèques sur les meubles, qu'elle venait d'abolir; — Qu'il résulte de la combinaison de ces diverses dispositions, et de l'ensemble de la loi, que les Hypothèques sur les meubles n'ont plus lieu tant pour le passé que pour l'avenir....; la cour rejette..... ».

Art. IX. *Question sur l'art. 14 de la loi du 11 brumaire an 7 : — Les créanciers et les légataires d'un défunt avaient-ils besoin, sous l'empire de cette loi, d'inscriptions hypothécaires pour la conservation de leurs droits, en cas qu'ils demandassent la séparation des patrimoines ?*

V. l'article *Séparation des patrimoines.*

Art. X. *Questions sur l'art. 17 de la loi du 11 brumaire an 7.*

I. *Le cessionnaire d'une créance hypothécaire, peut-il la faire inscrire sous le nom de son cédant, sans faire mention du transport par lequel celui-ci l'en a rendu propriétaire? Le peut-il, après la mort de son cédant? Dans l'un et l'autre cas, l'inscription est-elle valable et conserve-t-elle l'Hypothèque ?*

Oui. *V.* l'arrêt de la cour de cassation du 15 vendémiaire an 13, rapporté au mot *Confusion*, §. 5.

C'est ce qui a encore été jugé dans l'espèce que voici.

Le 14 janvier 1792, acte devant notaires à Paris par lequel le sieur Lesénéchal de Carcado reconnaît devoir au sieur Nauroy une somme de 200,000 liv. pour argent prêté, promet de la lui rembourser le 1.er janvier 1797, avec intérêts à 5 pour 100, et affecte à l'exécution de cette promesse, 1.° sa terre de Carcado située en Bretagne; 2.° celles du Faures et d'Abby, près de Rambouillet; 3.° tous ses autres biens présens et à venir.

Le même jour, acte sous seing-privé par lequel le sieur Nauroy reconnaît que c'est des deniers et pour le compte du sieur de Bausset qu'il a fait au sieur de Carcado le prêt dont on vient de parler; qu'en conséquence, il ne prétend rien dans l'obligation du sieur de Carcado; que cette créance appartient toute entière au sieur de Bausset, à qui il n'a fait que prêter son nom; et il déclare subroger celui-ci dans tous les droits, actions et Hypothèques résultant du contrat notarié.

Le 24 ventôse an 3, cet acte est enregistré. Le 13 nivôse an 5, le sieur Nauroy le dépose dans l'étude d'un notaire.

En vertu de cet acte, le sieur de Bausset forme sur le sieur de Carcado, des oppositions dans tous les bureaux d'Hypothèque de la situation de ces biens; et le sieur de Carcado étant mort peu de temps après, il fait assigner sa veuve, en lui notifiant le même acte, pour voir déclarer le contrat du 15 janvier 1792 exécutoire contre elle, en sa qualité de tutrice de ses enfans mineurs, héritiers bénéficiaires de leur père.

Le 22 floréal an 5, jugement du tribunal civil du département de la Seine, qui prononce conformément à ses conclusions.

Le 1.er floréal an 7, le sieur de Bausset prend en son nom une inscription hypothécaire au bureau des Hypothèques de Dourdan sur tous les biens de la succession du sieur de Carcado; et il la prend en vertu de l'acte du 14 janvier 1792, sans y énoncer que l'effet de cet acte lui a été transmis par le sieur Nauroy.

Le 26 août 1808, il renouvelle cette inscription, en vertu du même acte, *et de plus* (ajoute-t-il), *au moyen de la déclaration faite au profit dudit sieur de Bausset par le sieur Nauroy, ci-dessus désigné.*

Au mois de septembre suivant, les terres de Faures et d'Abby sont vendues 628,000 fr.

A défaut de sur-enchère, un procès-verbal d'ordre est ouvert entre les créanciers inscrits.

Le sieur de Bausset s'y présente, et se fait colloquer à l'Hypothèque du 14 janvier 1792.

La veuve de Carcado s'oppose à cette collocation, et soutient que la première inscription du sieur de Bausset est nulle, attendu qu'il l'a requise en vertu d'un titre souscrit au profit du sieur Nauroy dont il avait pu devenir cessionnaire, mais qui était originairement créancier; et qu'il n'aurait pu la requérir valablement, qu'en énonçant l'acte qui lui avait rendu ce titre propre.

Le 28 février 1810, jugement du tribunal de première instance du département de la Seine, par lequel, « en ce qui touche le sieur de Bausset, attendu que, lors de son inscription du 1.er floréal an 7, il était propriétaire du montant de l'obligation consentie le 14 janvier 1792, par le sieur de Carcado au profit du sieur Nauroy; qu'ainsi, l'inscription contient le nom du créancier, celui du débiteur et la date du titre où l'Hypothèque a pris naissance; qu'il est indifférent que l'inscription ne fasse aucune mention de l'acte déclaratif du 24 ventôse an 3, parce que la loi du 11 brumaire an 7 n'exige pas l'énonciation des actes ou des événemens au moyen desquels la créance ou la dette sont devenues la propriété ou l'obligation de personnes autres que le créancier ou le débiteur originaire; que cette filiation, nécessaire à justifier pour établir le droit du créancier à la collocation de sa créance inscrite, est inutile pour la publicité de l'Hypothèque; attendu que la notification au débiteur de la déclaration de Nauroy était nécessaire pour faire reconnaître le sieur de Bausset pour créancier, et empêcher des payemens à son préjudice; mais qu'elle était inutile pour conférer audit sieur de Bausset le droit de conserver l'Hypothèque attachée à sa créance; que néanmoins cette notification avait été faite le 13 floréal an 5 au domicile élu dans l'obligation même, lequel domicile était en même temps celui où le sieur de Carcado était décédé, en sorte que le moyen manque par le fait et par le droit; le tribunal maintient la collocation dudit sieur de Bausset.... ».

Appel de la part de la dame de Carcado. Par arrêt du 28 juillet de la même année, la cour de Paris, « adoptant les motifs des premiers juges, met l'appellation au néant ».

La dame de Carcado se pourvoit en cassation contre cet arrêt, et le dénonce comme violant l'art. 17 de la loi du 11 brumaire an 7, qui exige (ce que fait pareillement l'art. 2148 du Code Napoléon) que toute inscription hypothécaire énonce le nom du créancier.

« Une seule question (ai-je dit à l'audience de la section des requêtes, le 4 avril 1811), se présente, dans cette affaire, à votre examen. Pour la validité d'une inscription hypothécaire prise par le propriétaire d'une créance qui ne l'était pas encore ou n'était pas encore censée l'être au moment où le titre en a été passé, est-il nécessaire que le nom de la personne au profit de laquelle ce titre a été souscrit, y soit relaté, et qu'elle énonce en même temps l'acte en vertu duquel la créance a changé de mains? Le tribunal de première insatnce et la cour de Paris ont jugé que non; et il s'agit de savoir si, par-là, ils ont violé, comme le prétend la demanderesse, l'art. 17 de la loi du 11 brumaire an 7.

» Que veut cet article? il veut, entre autres choses, que l'inscription contienne, 1.° *les nom, prénoms, profession et domicile du créancier, et élection de domicile pour lui dans l'étendue du bureau où elle est faite;* 2.° *les nom, prénoms, profession et domicile du débiteur*..... 3.° *la date du titre, ou, à défaut du titre, l'époque à laquelle l'Hypothèque a pris naissance;* 4.° *le montant des capitaux et accessoires...;* et il ajoute que *les inscriptions à faire sur les biens d'une personne décédée, pourront l'être sur la simple dénomination du défunt.*

» Pesons bien ces différentes dispositions, combinons-les attentivement entre elles; et bientôt nous en verrons jaillir des traits de lumière qui répandront, sur la question proposée, le jour de l'évidence même.

» Et d'abord, remarquons, que le *créancier* dont l'art. 17 exige que l'inscription énoncé le nom, les prénoms, la profession et le domicile est le même individu de la part duquel il veut que l'inscription contienne *élection de domicile dans l'étendue du bureau où elle est faite.* Cela résulte des mots *et élection de domicile pour lui;* car ces termes *pour lui,* se rapportent nécessairement au *créancier* dont la loi vient de parler.

» De là suit une conséquence qui est ici fort importante : c'est que, si la personne au profit de laquelle le titre de créance a été originairement souscrit, n'existe plus et se trouve représentée par des héritiers, on peut, au lieu d'insérer dans l'inscription hypothécaire, son nom, son prénom, sa profession et son domicile, y insérer le nom, le prénom, la profession et le domicile de l'héritier qui la représente ; et la preuve en est qu'en ce cas, ce n'est point pour le créancier décédé, mais pour ses héritiers, que doit être faite l'élection de domicile dans l'étendue du bureau. A quoi servirait en effet une élection de domicile pour un homme mort? Très-certainement elle ne remplirait pas le but de la loi. Quel est le but de la loi, en prescrivant l'élection de domicile pour le créancier qui s'inscrit? C'est de faciliter au débiteur le moyen de le faire assigner, soit en nullité, soit en radiation, soit en réduction de son inscription hypothécaire; c'est de faciliter aux tiers-acquéreurs de l'immeuble hypothéqué, les moyens de lui faire notifier leurs contrats d'acquisition ; c'est enfin de faciliter aux autres créanciers inscrits les moyens de l'appeler au procès-verbal d'ordre. Or, il est bien évident que tout cela serait sans objet, que tout cela serait même dérisoire, si l'on en faisait l'application à un créancier qui n'existerait plus au moment de l'inscription.

» Mais une fois qu'il est reconnu que, dans le cas où la personne au profit de laquelle le titre de créance a été originairement souscrit, n'existe plus au moment où l'inscription est prise, on peut se dispenser de faire figurer dans l'inscription, son nom, son prénom, sa profession et son domicile, et se contenter d'y énoncer le nom, le prénom, la profession et le domicile de son héritier, notre question n'est-elle pas résolue? Si un héritier peut prendre en son nom, et sans rappeler le nom du défunt, une inscription hypothécaire en vertu d'un titre de créance souscrit originairement au profit du défunt même, conçoit-on comment un cessionnaire pourrait n'avoir pas la même faculté à l'égard du titre de créance souscrit originairement au profit de son cédant? Pourquoi, dans le cas que nous venons de supposer, un héritier peut-il s'inscrire en son nom et sans rappeler le nom du défunt? parce que c'est dans ses mains que la créance réside au moment où il s'inscrit; parce qu'en ce moment, il est *créancier;* parce que la loi n'exige, dans l'inscription, que la mention du *créancier* actuel. Eh bien ! le cessionnaire d'une créance est évidemment dans la même position, au moment où il la fait inscrire au bureau des Hypothèques : cette créance est sa chose, il en est propriétaire, il est par conséquent le *créancier* dont parle l'art. 17 de la loi. Il suffit donc qu'il énonce, dans l'inscription hypothécaire, son propre nom, son propre prénom, sa propre profession, son propre domicile.

» Ajoutons qu'il en est, dans l'inscription hypothécaire, de la mention du nom, du prénom, de la profession et du domicile du débiteur, comme de la mention du nom, du prénom, de la profession et du domicile du créancier; et que l'art. 17 exige l'une tout aussi rigoureusement que l'autre. Or, lorsqu'au moment de l'inscription, le débiteur qui a souscrit le titre de créance que l'on inscrit, n'existe plus et se trouve remplacé par un héritier, est-il indispensablement nécessaire d'énoncer dans l'inscription, son nom, son prénom, sa profession, son domicile? Non : il est, à la vérité, libre au créancier de les y énoncer en effet; l'art. 17 lui en accorde expressément la faculté; mais de cela seul que c'est pour lui une faculté, et non un devoir, il suit tout naturellement qu'il peut, au lieu du nom, du prénom, de la profession et du domicile du débiteur qui a souscrit le titre de créance, énoncer le nom, le prénom, la profession et le domicile de son héritier. Donc, et par la même raison, il n'est pas nécessaire que l'inscription énonce le nom, le prénom, la profession et le domicile du créancier au profit duquel le titre hypothécaire a été originairement souscrit; et il suffit qu'elle énonce le nom, le prénom, la profession et le domicile du successeur de ce créancier.

» Sans doute, il faut que l'inscription rappelle le titre en vertu duquel on s'inscrit; mais faut-il qu'elle en retrace tout le contenu? Faut-il notamment qu'elle énonce le nom du débiteur qui l'a souscrit et le nom du créancier au profit duquel ce débiteur s'est obligé? L'art. 17 n'en dit pas le mot : il veut seulement qu'elle énonce *la date du titre* et le *montant* de la créance. C'est donc ajouter à la loi que d'y exiger de plus la mention du créancier et du débiteur originaires, lorsqu'au moment de l'inscription, la créance a changé de mains, lorsqu'au moment de l'inscription, le débiteur est remplacé par un successeur quelconque.

» Aussi, Messieurs, le 5 ventôse an 13, en maintenant, au rapport de M. Genevois, un arrêt de la cour de Nancy attaqué par les sieurs de Ludres, avez-vous expressément déclaré que *l'inscription ayant pour but unique la conservation des droits résultans du contrat* qui en est la base, *peu importe qu'elle soit faite sous le nom du premier propriétaire de la créance, ou sous le nom de ses cessionnaires.*

» Par ces considérations, nous estimons qu'il y a lieu de rejeter le recours de la demanderesse, et de la condamner à l'amende de 150 fr. ».

Arrêt du 4 avril 1811, au rapport de M. Vallée, par lequel, « attendu que, pour la validité d'une inscription hypothécaire, l'art. 17 de la loi du 11 brumaire an 7 exige, 1.° que le titre de la créance y soit mentionné; 2.° que les nom, prénom, profession et domicile du créancier y soient énoncés; que ces deux formalités sont contenues dans l'inscription prise par le sieur de Bausset; la cour rejette le pourvoi de la dame Pechard St.-Julien, veuve du sieur de Carcado Molac, tant en son nom qu'en sa qualité, contre l'arrêt de la cour d'appel de Paris, en date du 28 juillet 1810..... ».

II. *Une inscription prise par l'usufruitier d'une créance, sous son nom individuel, sans pouvoir ni mention du propriétaire, conserve-t-elle l'Hypothèque de celui-ci?*

Le 21 décembre 1784, arrêt du parlement de Paris, qui déclare la dame Fillemain séparée de corps d'avec le sieur Lemaigre, son mari. — En vertu de cet arrêt, elle renonce à la communauté, et se réserve l'exercice de son douaire, qui, par son contrat de mariage, est fixé à une rente de 1000 liv., dont le fonds sera propre à ses enfans.

Le 15 pluviôse an 6, le sieur Lemaigre vend divers immeubles. — Après la publication de la loi du 11 brumaire an 7, et avant que les acquéreurs aient fait transcrire leurs contrats, la dame Fillemain fait inscrire l'Hypothèque qu'elle a acquise par son contrat de mariage pour son douaire.

Question de savoir si, par cette inscription, elle a conservé cette Hypothèque, non-seulement pour elle-même, à raison de l'usufruit de la rente, mais encore pour ses enfans, à raison du capital. — Ceux-ci soutiennent l'affirmative.

Le tribunal de Joigny, en procédant à l'ordre du prix des immeubles vendus en l'an 6, ordonne que la dame Fillemain sera colloquée en son nom personnel seulement, à la date de son inscription; et le douaire n'étant pas encore ouvert, il autorise les créanciers inscrits après elle, à toucher le capital du douaire, en donnant caution de servir la rente de 1000 livres, le cas échéant. — Sur l'appel des enfans, arrêt de la cour de Paris, du 4 ventôse an 13, qui confirme ce jugement, « attendu qu'aux termes de l'art. 17 de la loi, ceux-ci n'auraient pu conserver leur Hypothèque que par une inscription prise en leur nom ».

Recours en cassation contre cet arrêt. — « Les juges de première instance et d'appel (dit le défenseur des enfans), ont contrevenu à la coutume de Paris, qui définit le douaire, et à la loi du 11 brumaire an 7, qui n'exige jamais deux inscriptions pour la même Hypothèque, en ce qu'ils ont déclaré que l'inscription faite par la dame Fillemain, pour raison de son douaire, n'avait pas conservé en faveur de ses enfans l'Hypothèque du fonds de ce douaire. — Qu'est-ce que le douaire? Une part des biens du mari, attribuée, par la loi ou par la convention en usufruit à la femme et communément en propriété aux enfans. — Dans un mariage, il n'y a pas deux droits de douaire; il n'y en a qu'un, dont il y a saisine de plein droit en faveur des enfans (*Coutume de Paris*, art. 256). — La femme est saisie immédiatement à la mort de son mari, de la même chose dont les enfans seront saisis après elle; et elle doit la leur conserver; — Donc, en point de droit, dès qu'il y avait inscription du douaire, son Hypothèque entière était conservée; — La rente ne pouvait subsister que subordonnément et comme accessoire; et c'était du principal que l'Hypothèque était d'abord assurée; — Donc la cour d'appel n'a pu restreindre l'effet de l'inscription à l'usufruit en faveur de la dame Fillemain.

Par arrêt du 4 frimaire an 14, au rapport de M. Sieyes, « attendu qu'en fait, la dame Lemaigre n'a pris inscription que pour sa rente viagère de 1000 livres de douaire préfix, et que nulle inscription n'existe en faveur des enfans; qu'en droit, et d'après le régime hypothécaire de la loi de brumaire an 7, l'inscription devait être formelle; qu'il n'y a nulle induction à tirer de ce qui se pratiquait avant ladite loi, ni de ce qui pourrait concerner l'inscription de l'usufruitier dans les choses individuelles; que la loi de brumaire an 7, ni l'article précité de la coutume de Paris, ne peuvent être invoqués au contraire; la cour rejette...... ».

V. le plaidoyer et l'arrêt du 5 mai 1809, rapportés en note à l'article *Inscription hypothécaire* §. 5, n. 8.

III. *Une inscription hypothécaire est-elle nulle, par cela seul qu'on y a omis l'énonciation du titre et la date à laquelle l'Hypothèque a pris naissance? — Si elle est nulle, la nullité peut-elle en être couverte par la circonstance que le créancier qui la conteste, avait eu, par d'autres voies, connaissance du titre et de la date de l'Hypothèque qui en est l'objet? La régularité du bordereau resté entre les mains du créancier qui a pris l'inscription, peut-elle suppléer aux omissions faites dans l'inscription elle-même sur le registre du conservateur.*

Le 25 germinal an 11, le sieur Conne prend au bureau de Liége une inscription pour conserver une ancienne Hypothèque sur les biens de la dame Piette; il présente à cet effet au conservateur, deux bordereaux dans lesquels le titre et la date de cette Hypothèque sont exactement renseignés. Mais le conservateur ne porte sur son registre ni la mention du titre ni celle de sa date; il y énonce seulement que l'Hypothèque du sieur Conne résulte *d'anciennes payes décenniales*, ce qui se réfère à l'art. 7 du chap. 7 de la coutume de Liége, et signifie que la dame Piette ayant payé pendant dix ans la rente due au sieur Conne, ses biens sont, par cela seul, hypothéqués à la continuation de cette rente. (*V. Nantissement.*)

Le 21 prairial an 7, la demoiselle Lahaye prend, sur les mêmes biens, une inscription pour conserver une Hypothèque également antérieure à la loi du 11 brumaire, mais moins ancienne que celle du sieur Conne.

Les biens de la dame Piette sont vendus par expropriation forcée; et alors s'élève la question de savoir qui du sieur Conne ou de la demoiselle Lahaye doit être colloqué au premier rang.

Le sieur Conne réclame la priorité, comme étant à la fois le plus ancien en titre, le plus ancien en Hypothèque et le plus ancien en inscription. — La demoiselle Lahaye soutient que l'inscription du sieur Conne est nulle, par le défaut de mention du titre qui l'a constituée et de la date de ce titre. — Le sieur Conne répond, 1.° que l'art. 17 de la loi du 11 brumaire an 7 n'attache pas expressément la peine de nullité à l'omission des formalités qu'elle prescrit, et que cette peine ne peut pas être supplée; 2.° que ce n'est pas sa faute si le conservateur n'a pas enregistré la mention du titre et de la date de son Hypothèque; qu'il a consigné cette mention dans ses deux bordereaux; et que, par-là, il a suffisamment rempli le vœu de la loi; 3.° que dans un procès jugé en l'an 7, avant les inscriptions des 25 germinal et 21 prairial de la même année, entre les mêmes parties, à raison des mêmes titres et relativement à la distribution du prix d'autres biens de la dame Piette, le sieur Conne a donné à la demoiselle Lahaye pleine connaissance, et de la date de son contrat et de l'époque à laquelle son Hypothèque avait pris naissance ; qu'ainsi, l'omission faite dans l'inscription du 25 germinal an 7, du titre et de la date de l'Hypothèque du sieur Conne, n'a pu causer aucun préjudice à la demoiselle Lahaye.

Sur cette contestation, arrêt de la cour d'appel de Liége, du 10 prairial an 12, qui, en réformant un jugement par lequel l'inscription du sieur Conne est déclarée nulle, et la préférence accordée à la demoiselle Lahaye, ordonne que le sieur Conne sera colloqué au premier rang, « attendu, 1.° que les bordereaux du sieur Conne étant en règle, il a satisfait à tout ce que la loi exigeait de lui, et qu'on ne peut lui opposer le fait du conservateur; 2.° qu'il n'y a au reste, rien à reprocher à ce conservateur; car la loi ne l'obligeait pas de copier littéralement les bordereaux sur son registre, mais seulement d'en *mentionner* le contenu ; ce qui annonce qu'il n'était tenu qu'à en extraire ce qui lui paraissait essentiel, et non à rapporter minutieusement toutes les énonciations qui s'y trouvaient; 3.° que l'omission sur le registre de la date de l'Hypothèque du sieur Conne, est tout-à-fait indifférente; d'abord, parce que la demoiselle Lahaye pouvait se faire délivrer copie de ce bordereau, et suppléer ainsi à l'insuffisance du registre; ensuite parce que le sieur Conne s'était inscrit pour conserver une Hypothèque anciennement acquise par des *payes décennales*, c'est-à-dire, par le payement à lui fait pendant dix ans d'une rente : or le registre annonçant que l'inscription était prise en vertu de ces *payes décennales*, la date de l'Hypothèque était parfaitement connue de la demoiselle Lahaye, puisque l'arrêt rendu contradictoirement avec elle en l'an 7, lui apprenait que la dernière de ces payes avait eu lieu et que l'Hypothèque avait pris naissance en 1779; 4.° enfin, qu'on ne peut prononcer la nullité d'un acte, que d'après un texte précis de la loi; et qu'il n'en est aucun qui prononce littéralement que l'inscription dont il s'agit, soit nulle ».

La demoiselle Lahaye se pourvoit en cassation; et par arrêt contradictoire du 22 avril 1807, au rapport de M. Zangiacomi, « vu les art. 2, 17 et 18 de la loi du 11 brumaire an 7; considérant que les formalités qui tiennent à la substance des actes, sont de rigueur, et doivent, même dans le silence de la loi, être observées à peine de nullité; que ce principe vrai en toute matière, reçoit plus particulièrement son application dans l'espèce où il s'agit de lois hypothécaires, dont la stricte exécution intéresse essentiellement l'ordre public; considérant qu'aux termes de l'art. 18 ci-dessus, il faut pour la validité d'une inscription hypothécaire, que le registre du conservateur *fasse mention du contenu des bordereaux*, et par conséquent mention de ce que les bordereaux contiennent, aux termes de l'art. 17, touchant *la date du titre, et à défaut de titres*, touchant *l'époque à laquelle l'Hypothèque a pris naissance ;* considérant que cette énonciation de la date du titre ou de l'Hypothèque est de l'essence d'une inscription; car s'il importe au public de connaître celles qui sont prises sur un immeuble, il ne lui importe pas moins de pouvoir vérifier si elles ont une cause légitime ; ce qu'il ne peut faire qu'autant qu'il existe dans un registre public une indication précise, non-seulement du titre de créance, mais de sa date ou de celle de l'hypothèque, à défaut de titre; considérant que l'inscription faite par Conne sur le registre du conservateur, ne renferme aucune de ces indications prescrites par la loi; considérant que le bordereau de Conne ne peut suppléer à l'insuffisance du registre; puisque d'une part, l'art. 2 ci-dessus déclare que *l'Hypothèque ne prend rang que par son inscription dans le registre du conservateur ;* puisque, d'autre part, nul article de la loi n'oblige le conservateur à délivrer copie des bordereaux qu'il détient; considérant qu'il est indifférent que l'arrêt intervenu en l'an 7 entre les parties, ait fait connaître à la demoiselle Lahaye et compagnie la date de l'Hypothèque de Conne; car dès qu'il est établi que l'inscription de Conne est nulle à l'égard des créanciers régulièrement inscrits, elle ne peut être validée par aucune considération; la cour casse et annulle.......».

IV. *Une inscription est-elle valable, lorsqu'elle donne une fausse date au titre qui en forme la base, et qu'elle est prise sous le nom des héritiers du créancier, sans énoncer leurs noms, prénoms, professions et domiciles ?*

Le 13 novembre 1777, sentence du châtelet de Paris qui condamne le sieur Robec à rendre un compte aux héritiers du sieur Guillauden, sinon à leur payer la somme de 348,994 liv. — Le 12 août 1786, arrêt du parlement de Paris qui confirme cette sentence. — En 1787, faillite de Robec, abandonnement de ses biens à ses créanciers, contrat d'union et nomination de syndics.

Le 18 germinal an 7, les héritiers du sieur Guillauden prennent, au bureau de Saint-Brieux, par le ministère du sieur Lefebvre, leur agent, une inscription hypothécaire pour la conservation de l'Hypothèque qu'ils ont acquise par la sentence du 13 novembre 1777; mais dans leurs bordereaux et par suite dans l'inscription, cette sentence est datée du 13 octobre 1777; et dans l'inscription comme dans leurs bordereaux, il n'est fait mention ni de leurs noms et prénoms individuels, ni de leurs professions, ni de leurs domiciles; ils n'y paraissent que sous la dénomination collective d'*héritiers du sieur Guillauden.*

Le 21 ventôse an 13, jugement du tribunal de première instance de Saint-Brieux, qui, sur la réclamation des créanciers unis de Robec, et d'après l'art. 17 de la loi du 11 brumaire an 7, déclare cette inscription nulle, « attendu qu'elle a été faite en vertu d'un titre qui n'existait pas, et que d'ailleurs les héritiers Guillauden, au nom desquels elle est prise, n'y sont pas désignés ». — Appel. — Par arrêt du 7 nivôse an 14, la cour de Rennes met l'appellation au néant.

Les héritiers Guillauden se pourvoient en cassation, et soutiennent que cet arrêt a fait une fausse application de l'art. 17 de la loi du 11 brumaire an 7.

— Sans doute, disent-ils, les formalités qui tiennent à la substance de l'inscription, sont de rigueur; et leur omission emporte la peine de nullité, quoique la loi ne prononce pas textuellement cette peine. Mais il n'en est pas, il n'en peut pas être de même, des formalités purement relatives à la conservation des droits individuels des divers créanciers ; elles sont sans aucune importance quant au fond de l'inscription. Et leur omission, lorsqu'elle n'a pas nui aux intérêts des autres créanciers du débiteur contre lequel l'inscription a été prise, ne peut pas vicier l'inscription elle-même. — Or, ni la fausse date donnée dans nos bordereaux au titre de notre Hypothèque, ni le silence qui y a été gardé sur nos noms, prénoms, professions et domiciles, n'ont nui aux autres créanciers de Robec. — Il y a donc excès de pouvoir dans l'arrêt qui annulle notre inscription.

Les créanciers unis répondent que l'art. 17 de la loi proscrit toute distinction entre les diverses formalités auxquelles il assujétit l'inscription hypothécaire; qu'en les plaçant toutes sur la même ligne, il fait assez voir qu'il attache à toutes une importance égale; que la preuve qu'il est dans son intention qu'elles soient toutes remplies, à peine de nullité, est clairement écrite dans la loi du 5 septembre 1807 (rapportée aux mots *Inscription hypothécaire*); que la cour de cassation en avait jugé de même avant cette loi par son arrêt du 4 frimaire an 14 (rapporté au mot *Bordereau*); que d'ailleurs, rien n'est plus substantiel dans une inscription hypothécaire que l'énonciation, soit du titre de créance, puisque sans ce titre il n'y a point d'Hypothèque, soit de la date du titre hypothécaire, puisque le rang de l'Hypothèque ne peut être fixé que par cette date; qu'aussi l'arrêt de la cour de cassation du 22 avril 1807 (rapporté au n.° précédent), a-t-il jugé que *l'énonciation de la date du titre ou de l'Hypothèque est de l'essence d'une inscription*; qu'il entre également dans la substance de l'inscription hypothécaire, de désigner d'une manière précise le créancier qui la prend, puisqu'il n'y a rien de plus important pour les autres créanciers et pour le débiteur lui-même, que de ne pas se méprendre sur la personne de ce créancier.

Par arrêt du 7 septembre 1807, au rapport de M. Zangiacomi, « considérant que les formalités qui tiennent à la substance des actes, doivent être exécutées à peine de nullité; alors même que la loi ne prononce pas cette peine; qu'il est évidemment de l'essence d'une inscription hypothécaire, de contenir les énonciations prescrites par les art. 40 et 17 de la loi du 11 brumaire an 7, relativement aux personnes qui s'inscrivent, et à la date du titre dont elles se prévalent; que dans l'espèce, ces énonciations étant, soit omises, soit erronées, dans l'inscription que Lefebvre a prise, la contravention à la loi et la nullité de cette inscription sont manifestes, la cour rejette.... »

Nous reviendrons sur cet arrêt à l'article *Inscription hypothécaire*, §. 5, n. 8.

V. *Une inscription hypothécaire est-elle nulle, faute de mention de la profession du créancier, lorsqu'il n'est pas prouvé que le créancier avait, au moment où il l'a prise, une profession quelconque? — peut-elle être annullée sous le prétexte qu'elle a été prise par le créancier sous un nom qui n'était pas le sien, lorsque d'ailleurs c'est sous ce nom que le créancier a contracté?*

Ces deux questions se sont présentées, avec celle qui est indiquée ci-dessus, art. 6 *bis*, n. 1, dans l'espèce suivante.

Le 25 floréal an 8, acte notarié par lequel le sieur Breuillé, en vertu d'une procuration sous seing-privé du sieur de la Woëstine, en date du 3 du même mois, reconnaît que celui-ci « doit bien et légitimement à *Charlotte-Sophie Renneville, fille majeure*, demeurant à Paris, rue Blanche, n. 4, à ce présente et acceptante, la somme de 160,000 francs, pour le montant d'une pareille somme, résultant, en principal, des reconnaissances et arrêtés particuliers dudit la Woëstine à rendre et payer à ladite Renneville....., à sa première volonté et réquisition...., auquel payement le comparant, audit nom, a affecté, obligé et hypothéqué spécialement tous les biens, droits et propriétés à lui appartenans dans les départemens du Nord et de la Lys, consistant notamment, pour le département du Nord, dans les terres labourables situées à Walincourt, à Sévigny, à Prémont, à Crevecœur et à Derclessard, *aussi les bois dits de Walincourt, de la contenance d'environ neuf cents hectares....* »

Le 1.er prairial suivant, la demoiselle Renneville prend au bureau des Hypothèques établi alors à Douay, pour tout le département du Nord, une inscription hypothécaire ainsi conçue: « Du 1.er prairial an 8 de la république, au profit de la cit. Charlotte-Sophie Renneville, fille majeure, demeurant à Paris, rue Blanche, n. 4, qui élit domicile au bureau des Hypothèques à Douay, contre Charles-Ghislain-Antoine-François-Paul-Armand de la Woëstine, natif de Bruxelles, pour sûreté d'une créance de la somme de 183,000 francs de principal, résultant d'une obligation passée devant Rouen et son confrère, notaires à Paris, du 25 floréal an 8, sur les terres labourables dudit la Woëstine, situées à Walincourt, Sévigny, Prémont, Crevecœur et Derclessard, ainsi que sur les bois dits de Walincourt, de la contenance d'environ neuf cents hectares ».

Le 29 prairial, an 9, le sieur de la Woëstine ratifie devant notaires l'acte passé en son nom le 25 floréal an 8, déclare l'approuver en *tout son contenu;* et reconnaît que les *arrêtés* énoncés dans cet acte, lui ont été remis par la demoiselle Renneville.

Le 3 messidor suivant, la demoiselle Renneville cède au sieur Boucly une somme de 25,000 francs à prendre sur les premiers deniers qui proviendront de sa créance sur le sieur de la Woëstine.

Le 26 messidor an an 11, le sieur de la Woëstine vend ses bois de Walincourt à la demoiselle Renneville, moyennant la somme de 80,000 francs à valoir sur celle qu'il lui doit.

Ce prix est élevé, par suite d'une surenchère,

à 212,100 francs; et sur la demande de la demoiselle Renneville, un procès-verbal d'ordre est ouvert pour en régler la distribution.

La demoiselle Renneville conclut à ce qu'elle y soit colloquée pour le montant de sa créance, telle qu'elle est inscrite au bureau des hypothèques.

Le sieur Boucly intervient et demande que, sur la collocation de la demoiselle Renneville, il soit admis à prélever la somme de 25,000 fr. qu'elle lui a cédée.

Le sieur Petizeau, créancier du sieur de la Woëstine, inscrit postérieurement à la demoiselle Renneville, conclut à ce que celle-ci soit rejetée de l'ordre, 1.° parce que l'obligation du 26 floréal an 8 est simulée, frauduleuse et nulle; 2.° parce que, dans l'inscription prise en vertu de cette obligation, le 1.er prairial suivant, la prétendue demoiselle Renneville a pris un nom qui n'est pas le sien, son vrai nom étant *Dufayel*.

Le 7 thermidor an 12, jugement par lequel le tribunal civil de l'arrondissement de Cambray, *avant faire droit, admet le sieur Petizeau à vérifier, selon droit, ce qu'il trouvera convenir à ses intentions, la demoiselle Renneville entière en preuve contraire.*

Le 18 décembre 1806, le sieur Petizeau fait procéder à une enquête qui tend uniquement à prouver que, dans l'inscription du 1.er prairial an 8, la prétendue créancière dont il attaque le titre, a substitué à son nom de *Dufayel* celui de *Renneville*.

Le 14 août 1807, intervention du sieur Boucly.

Le 29 du même mois, la cause est reportée à l'audience, où le sieur Petizeau, en persistant dans ses précédens moyens, soutient que l'inscription de la soi-disant demoiselle Renneville est encore nulle, *faute de mention tant de la profession de l'inscrivante que du domicile du sieur de la Woëstine.*

Le même jour, jugement qui, « avant faire droit et sans préjudice à celui des parties, ordonne qu'à la diligence de la poursuivante, il sera fait apport au greffe, 1.° des reconnaissances et arrêtés particuliers énoncés en l'acte notarié du 25 floréal an 8; 2.° De la procuration originale, déposée à Rouen, notaire, le 23 dudit mois; ordonne en outre à la poursuivante de produire la copie authentique de son acte de naissance ou de justifier de sa possession des noms de *Charlotte-Sophie Renneville*, si ces noms ne sont pas ceux avec lesquels elle est née; de prouver aussi que la régie et l'administration des biens de la Woëstine par Breuillé, en vertu de ladite procuration, étaient marquées par plusieurs et autres actes étrangers à elle poursuivante; enfin d'établir et justifier de l'époque à laquelle elle a été poursuivie dans ses biens par ses créanciers ou prétendus tels; partie adverse entière en preuve contraire et en contredit; dépens réservés ».

La demoiselle Renneville ne fait rien de ce que lui ordonne ce jugement; elle se borne à s'en rapporter à ce qu'elle appelle *les justifications faites par le sieur Boucly, qu'elle offre d'affirmer sincères et véritables.*

De son côté, le sieur Boucly produit 1.° l'obligation du 25 floréal an 8; 2.° la ratification du 29 prairial an 9, contenant, de la part du sieur de la Woëstine, la déclaration *que la demoiselle Renneville lui a précédemment remis les reconnaissances et arrêtés particuliers mentionnés en son obligation, dont décharge;* 3.° quelques autres pièces dont il est inutile de rappeler le contenu.

Mais, ni de part ni d'autre, on ne voit paraître, ni l'acte de naissance de la demoiselle Renneville, ni la procuration sous seing-privé du 3 floréal an 8.

La cause, en cet état, revient à l'audience du 3 mai 1808. Là, le sieur Petizeau conclut à ce que la créance de la soi-disant demoiselle Renneville soit déclarée frauduleuse et simulée; et subsidiairement à ce que son inscription soit annullée, tant à raison de la substitution du nom de Renneville à celui de Dufayel, qu'à raison du défaut de mention de la profession de la prétendue créancière et du domicile du débiteur.

Par jugement du même jour, le tribunal civil de Cambray, s'attachant aux conclusions principales du sieur Petizeau, et croyant inutile de s'occuper de ses conclusions subsidiaires, déclare les actes des 25 floréal an 8 et 29 prairial an 9 frauduleux, nuls et de nul effet; en conséquence déboute la demoiselle Renneville et le sieur Boucly de leurs demandes en collocation.

Le 22 juin suivant, le sieur Boucly appelle de ce jugement à la cour de Douay, et intime le sieur Petizeau.

Le 16 mars 1809, un avoué se constitue, sur cet appel, pour la demoiselle Renneville.

La cause portée à l'audience, le sieur Boucly conclut à l'infirmation du jugement, et à ce qu'il soit dit qu'il sera colloqué dans l'ordre, *selon ses droits.*

La demoiselle Renneville demande qu'il plaise à la cour, *en lui donnant acte de ce qu'elle adhère à l'appel interjeté par le sieur Boucly*, mettre l'appellation et ce dont est appel au néant; émendant, ordonner que, conformément à ses titres et à l'art. 32 de la loi du 11 brumaire an 7, elle sera colloquée dans l'ordre au rang que lui assigne son inscription hypothécaire.

Le sieur Petizeau se borne à conclure « à ce qu'il plaise à la cour, en adoptant les motifs des premiers juges, mettre l'appellation au néant, avec amende et dépens ». Mais dans sa plaidoirie, il continue de soutenir « que le nom de Renneville n'étant pas celui de l'appelante, son inscription hypothécaire prise sous ce faux nom, doit être déclarée nulle ».

Par arrêt du 30 mars 1809, « après avoir entendu contradictoirement les parties en leurs conclusions et plaidoiries respectives, et après en avoir délibéré conformément à la loi; considérant que les actes des 25 floréal an 8 et 29 prairial an 9 n'étant détruits par aucune preuve de fraude, doivent être exécutés; que la demoiselle Renneville ayant pris, dans son inscription hypothécaire, le même nom que lui avait donné le sieur de la Woëstine dans l'obligation, et qu'elle prenait habituellement dans tous ses actes, son inscription est aussi valable que son titre; la cour met le jugement dont est appel, au néant; émendant, déclare les actes des 25 floréal an 8 et 29 prairial an 9 bons et valables; ordonne en conséquence que la demoiselle Renneville et le sieur

Boucly seront colloqués suivant l'ordre de leur inscription hypothécaire ».

Le sieur Petizeau se pourvoit en cassation contre cet arrêt.

Trois moyens de cassation (ai-je dit à l'audience de la section civile, le 3 juin 1811), vous sont proposés par le demandeur : contravention à l'autorité de la chose jugée, en ce que la demoiselle Renneville a été reçue appelante du jugement du tribunal civil de Cambray du 3 mai 1808, quoique, dans le fait, elle n'en eût pas appelé dans les trois mois de la signification qui lui en avait été faite légalement ; quoique d'ailleurs elle n'en eût pas interjeté elle-même un appel proprement dit, et qu'elle n'eût fait qu'adhérer à l'appel du sieur Boucly; violation de l'art. 473 du Code de procédure, en ce que la cour de Douay a statué sur l'appel du jugement définitif du 3 mai 1808, sans statuer en même temps sur l'appel du jugement interlocutoire du 29 août 1807; violation de l'art. 17 de la loi du 11 brumaire an 7, en ce que l'inscription de la demoiselle Renneville a été jugée valable, quoiqu'elle fourmillât de nullités résultantes de cet article même.

» Sur le premier de ces trois moyens, il y a deux choses à distinguer : la forme dans laquelle la demoiselle Renneville s'est rendue appelante, et l'époque où elle a paru comme telle devant la cour de Douay.

» La forme dans laquelle la demoiselle Renneville s'est rendue appelante, est sans doute irrégulière; car bien que, la cause d'appel une fois liée devant la cour de Douay entre le sieur Boucly et le sieur Petizeau, la demoiselle Renneville ne fût plus strictement obligée, pour appeler elle-même, de signifier à la personne ou au domicile du sieur Petizeau, un acte d'appel contenant assignation : bien qu'elle pût le faire par une voie plus simple, celle de l'intervention, elle ne pouvait cependant pas intervenir par un simple acte d'avoué, elle ne pouvait intervenir que par une requête contenant ses moyens et conclusions : l'art. 339 du Code de procédure est là-dessus très-positif.

» Mais ce défaut de forme a pu être couvert par le silence du sieur Petizeau, et il l'a été en effet. Le sieur Petizeau ne peut donc pas s'en faire devant vous une ouverture de cassation.

» Quant à l'époque où la demoiselle Renneville a déclaré adhérer à l'appel du sieur Boucly, elle est sans contredit postérieure de plus de trois mois à la signification qui lui avait été faite du jugement contre lequel cet appel était dirigé; et nous ne doutons pas, nous l'avons même démontré dans une autre occasion, et vous l'avez jugé implicitement le 3 brumaire an 10 (1), que, si l'exploit de cette signification eût été mis sous les yeux de la cour de Douay, la cour de Douay n'eût dû, d'office, et quoique le sieur Petizeau conclût simplement à la confirmation du jugement du 3 mai 1808, déclarer la demoiselle Renneville déchue de la faculté d'appeler, et, par suite, non-recevable dans son intervention.

» Mais il ne paraît pas que l'exploit de signification du jugement du 3 mai 1808, que le sieur Petizeau vous représente aujourd'hui, ait été produit devant la cour de Douay. Dès-là, rien n'a pu avertir la cour de Douay que ce jugement avait acquis, à l'égard de la demoiselle Renneville, l'autorité de la chose jugée. La cour de Douay n'a donc pas pu contrevenir à l'autorité de la chose jugée, en recevant l'adhésion de la demoiselle Renneville à l'appel du sieur Boucly. Vous ne pouvez donc, sous aucun rapport, accueillir le premier moyen de cassation du sieur Petizeau.

» Le deuxième moyen n'a pour base qu'une supposition purement gratuite, ou pour mieux dire, qu'une supposition démentie par l'arrêt attaqué. . .

» Le troisième moyen mérite-t-il une attention plus sérieuse ?

» Vous ne regardez sans doute pas comme une nullité, dans l'inscription hypothécaire de la soi-disant demoiselle Renneville, l'énonciation qui y a été faite, pour désigner celle-ci, d'un nom qui n'est pas le sien; car si le nom de Renneville n'est pas celui qui a été donné à cette femme par son acte de naissance, c'est du moins celui sous lequel l'avait désignée le sieur de la Woëstine dans l'obligation qu'il avait souscrite à son profit par le ministère de son fondé de pouvoir, et dans la ratification qu'il avait faite lui-même de cette obligation. Il y a plus : c'est sous ce nom que la soi-disant demoiselle Renneville était connue dans la société; c'est sous ce nom, comme le dit la cour de Douay, qu'elle paraissait *dans tous les actes*. Elle a donc pu s'inscrire sous ce nom au bureau des Hypothèques. Peut-être même n'aurait-elle pas pu s'y inscrire valablement sous un autre nom ; car enfin, quel est le but de l'inscription hypothécaire? C'est, entr'autres choses, de faire connaître le créancier qui s'inscrit. Or, le ferait-elle bien connaître, si elle le désignait sous un autre nom que celui qu'il porte habituellement? Le ferait-elle bien connaître, si, en le désignant par son véritable nom, elle laissait ignorer celui sous lequel il a traité avec son débiteur, celui sous lequel journellement il stipule et s'oblige, il paye et reçoit, il assigne et est assigné, il obtient et subit des condamnations en justice. — Et vainement s'écrie-t-on que la soi-disant demoiselle Renneville, en changeant de nom sans la permission du gouvernement, a contrevenu aux lois? Sa contravention l'expose sans doute aux poursuites du ministère public. Mais aucun particulier n'a le droit de la lui reprocher. Aucun particulier n'a le droit de s'en prévaloir, pour faire annuller les actes dans lesquels elle l'a commise.

» Vous ne serez sûrement pas plus touchés du défaut de mention de la profession de la demoiselle Renneville, dans l'inscription hypothécaire dont il s'agit. Car, sans examiner si, en thèse générale, la mention de la profession du créancier qui s'inscrit, est une des formalités substantielles de l'inscription, il est certain que cette mention n'est et ne peut être requise, que de la part du créancier qui a vérita-

(1) *V.* mon *Recueil des Questions de droit*, au mot *Appel*, §. 9.

blement une profession; il est certain que le créancier qui n'a point de profession, s'inscrit valablement dès qu'à sa profession près, il énonce tout ce qu'exige le n. 1 de l'art. 17 de la loi du 11 brumaire an 7. Or, la demoiselle Renneville avait-elle une profession à l'époque où elle s'est inscrite au bureau des Hypothèques? Rien ne l'annonce, rien ne le fait présumer; et bien loin de là, nous voyons que le demandeur lui-même a, dans son exploit de signification du jugement du 3 mai 1808, qualifié la demoiselle Renneville de *fille majeure sans profession*.

» Enfin, il ne nous paraît pas que l'inscription hypothécaire de la demoiselle Renneville puisse être annullée sur le fondement qu'il n'y est pas fait mention du domicile du sieur de la Woëstine. — A la vérité, le n. 2 de l'art. 17 de la loi du 11 brumaire an 7 veut que chaque inscription contienne *les nom, prénom, profession* ET DOMICILE *du débiteur*; mais il ajoute que ces différentes énonciations peuvent être remplacées par *une désignation individuelle et spéciale assez précise, pour que le conservateur des Hypothèques puisse reconnaître et distinguer, dans tous les cas, l'individu grevé*. Et nous ne craignons pas d'assurer que, dans le département du Nord, dans ce département où le sieur de la Woëstine est si généralement connu comme le seul fils du ci-devant marquis de la Woëstine de Becelaër, qui y était domicilié dans la commune de Walincourt, et y a laissé une très-grande fortune, il n'est personne qui, à la vue d'une inscription hypothécaire prise sur des biens possédés à Walincourt même, par *Charles-Ghislain-Antoine-François-Paul-Armand de la Woëstine, natif de Bruxelles*, ne sache, d'une manière positive, quel est le débiteur à qui appartiennent ces biens, quel est le débiteur dont les biens sont par cette inscription frappés d'Hypothèque

» Mais, indépendamment de la fausseté du nom sous lequel la soi-disant demoiselle Renneville s'est inscrite, indépendamment du silence de son inscription hypothécaire sur sa profession, indépendamment du défaut de mention du domicile du sieur de la Woëstine dans cette inscription, n'existe-t-il pas dans cette inscription un vice qui en emporte la nullité radicale?

» L'art. 3 de la loi du 11 brumaire an 7, sous lequel a été prise l'inscription de la demoiselle Renneville, ne permet d'inscrire au bureau des Hypothèques que quatre sortes de créances, savoir, les créances consenties par des actes notariés, les créances résultant de condamnations judiciaires, les créances constatées par des actes privés reconnus en justice, les créances auxquelles la loi donne le droit d'Hypothèque.

» Or, la créance que la demoiselle Renneville a fait inscrire, le 1.er prairial an 8, au bureau des Hypothèques établi alors à Douay pour tout le département du Nord, ne résultait, ni d'une condamnation judiciaire, ni d'un acte privé reconnu en justice; elle n'était pas d'ailleurs du genre de celles que la loi déclarait, de plein droit, hypothécaires. Il ne reste donc plus qu'à savoir si elle avait, à cette époque, relativement au sieur de la Woëstine, le caractère d'une créance consentie par un acte notarié.

» Devant la section des requêtes, nous avons cru pouvoir soutenir que non, et voici par quels motifs.

» A cette époque (avons-nous dit), le sieur de la Woëstine n'avait pas encore ratifié devant notaire l'obligation qui le constitue débiteur de la demoiselle Renneville. Cette obligation ne reposait alors, de sa part, que sur une procuration sous seing-privé par laquelle il avait autorisé son agent d'affaires à liquider et arrêter la dette.

» Qu'importe qu'en vertu de cette procuration, l'agent du sieur de la Woëstine ait liquidé et arrêté, devant notaires, la somme dont celui-ci se trouvait redevable envers la demoiselle Renneville? il n'a pas pu, par-là, rendre authentique, à l'égard de son commettant, une obligation que celui-ci n'avait consentie que par un acte privé; et cela est si vrai que, d'une part, la demoiselle Renneville n'aurait pas pu prendre contre le sieur de la Woëstine, en vertu de cette obligation, la voie d'exécution parée; que, de l'autre, dans le cas, assurément très-possible, où le sieur de la Woëstine eût dénié sa signature apposée au bas de sa procuration, il aurait fallu la faire vérifier en justice, et que, jusque-là, l'effet de l'obligation consentie par son agent devant notaire, eût été suspendu ni plus ni moins que si cette obligation n'eût été elle-même qu'un acte passé sous le seul seing de son agent.

» La demoiselle Renneville n'aurait donc pu faire inscrire l'obligation du 25 floréal an 8, qu'après la ratification dont le sieur de la Woëstine l'a revêtue devant notaires, le 29 prairial an 9. L'inscription qu'elle en a fait faire le 1.er prairial an 8, est donc radicalement nulle.

» Et qu'on ne dise pas que la nullité de cette inscription a été réparée par la ratification du 29 prairial an 9.

» Sans doute, la demoiselle Renneville aurait pu, après la ratification du 29 prairial an 9, renouveler utilement son inscription; sans doute elle aurait pu faire inscrire à la fois et l'obligation du 29 prairial an 9 et l'obligation du 25 floréal an 8; sans doute, elle eût, par ce moyen, acquis Hypothèque pour l'avenir, et primé tous ceux qui se seraient inscrits désormais sur les mêmes biens.

» Mais prétendre que la ratification du 29 prairial an 9 ait seule, et de plein droit, effacé la nullité primitive de l'inscription de la demoiselle Renneville, c'est un véritable paradoxe. Autant vaudrait soutenir que l'inscription prise en vertu d'un simple acte sous seing-privé, peut être validée par la ratification subséquente de cet acte devant notaire; doctrine qu'aucun jurisconsulte n'oserait professer, qu'aucun magistrat n'oserait consacrer par un jugement.

» On peut, nous le savons, opposer à ce moyen, que le sieur Petizeau ne l'a plaidé ni en première instance ni en cause d'appel.

» Mais nous répondrons à l'avance que les juges étaient tenus de le suppléer, parce que c'est un moyen de droit; parce que les faits dont il dérive, étaient constatés par des pièces que les juges avaient sous les yeux, et qu'ils ont dû consulter eux-mêmes, surtout dans la délibération en chambre du conseil qui a précédé la prononciation de leur arrêt; parce que le sieur Petizeau pouvait se borner à demander la nullité de l'inscription de la demoiselle Renneville, et s'en rapporter à la prudence des juges sur l'application des textes de la loi qui en commandaient l'annullation.

» Et de là nous devons conclure avec la loi du 7 nivôse an 5, que la nullité que nous venons de relever, *frappant l'acte qui forme le titre fondamental de l'action* de la demoiselle Renneville, donne ouverture à la cassation, bien qu'elle n'ait pas été proposée devant la cour de Douay, et qu'elle ne peut pas, comme certaines nullités de simple procédure, être écartée par la fin de non-recevoir qu'établit l'art. 4 de la loi du 4 germinal an 2.

» Voilà, MM., comment nous avons raisonné devant la section des requêtes. Mais en raisonnant ainsi, nous n'avions pas sous les yeux l'acte du 25 floréal an 8; cet acte ne nous était alors connu que par le compte qui en était rendu dans le jugement du 3 août 1808, et dans l'arrêt attaqué.

» Aujourd'hui, cet acte est produit en expédition authentique; et nous y lisons que la procuration sous seing-privé du sieur de la Woëstine du 3 du même mois, avait été *par ledit de la Woëstine en personne réalisée et confirmée en toutes ses dispositions, pour sortir son plein et entier effet sans exception, suivant l'acte passé devant Rouen, l'un des notaires soussignés qui en a la minute, et son collègue, le 23 floréal de l'an 8.*

» Vous voyez, MM., que la procuration sous seing-privé du sieur de la Woëstine avait été convertie en procuration notariée, deux jours avant l'acte par lequel le fondé de pouvoir du sieur de la Woëstine a hypothéqué en son nom les biens sur lesquels a été prise, le 1.er prairial suivant, l'inscription sur laquelle vous avez ici à prononcer. Vous voyez par conséquent que l'acte portant constitution d'Hypothèque sur les biens du sieur de la Woëstine au profit de la demoiselle Renneville, a, relativement au sieur de la Woëstine, tous les caractères d'une obligation notariée. Vous voyez, par une conséquence ultérieure, que les considérations qui nous avaient déterminés, devant la section des requêtes, à requérir l'admission du recours du sieur Petizeau, reposaient sur une fausse supposition.

» En inutilement vient-on vous dire qu'aux termes de l'art. 3 de la loi du 11 brumaire an 7, un acte sous seing-privé ne peut, relativement à la faculté de prendre inscription, être valablement reconnu qu'en jugement.

» Il résulte bien de cette partie de l'art. 3 de la loi du 11 brumaire an 7, que, pour pouvoir inscrire une Hypothèque comme judiciaire, comme acquise de plein droit par la seule autorité de la justice, il faut représenter, ou un jugement de condamnation, ou un acte sous seing-privé reconnu devant le juge.

» Mais assurément il serait absurde de conclure de là que, pour pouvoir inscrire une Hypothèque comme conventionnelle, comme accordée volontairement par un débiteur, il ne suffit pas que le débiteur ait reconnu lui-même devant notaire l'acte sous seing-privé par lequel il avait précédemment consenti à ce que ses biens fussent hypothéqués.

» Nous estimons qu'il y a lieu de rejeter la requête du demandeur, et de le condamner à l'amende ».

Arrêt du 3 juin 1811, au rapport de M. Boyer, par lequel, « attendu, sur le premier moyen de cassation, que rien ne justifiant qu'il ait été proposé en cause d'appel, ni qu'il ait même été donné connaissance aux juges de la signification du jugement de première instance faite à la demoiselle Renneville, et qui seule a pu faire courir, à son égard, le délai de l'appel, les juges ont pu, sans contrevenir à aucune loi, recevoir ladite demoiselle Renneville appelante de ce même jugement; attendu, sur le second, qu'il repose sur une fausse application de l'art. 473 du Code de procédure civile, en ce que cet article donne bien aux juges d'appel la faculté de statuer définitivement au fond, lorsque la matière y est disposée, encore qu'ils ne soient saisis que de l'appel d'un jugement interlocutoire, mais ne leur ôte pas celle de statuer de même sur le fond, lorsque, comme dans l'espèce, ils sont saisis de l'appel tant du jugement définitif de première instance, que des jugemens interlocutoires qui l'ont précédé; attendu, sur le troisième, 1.° que l'arrêt attaqué s'est parfaitement conformé à la loi du 11 brumaire an 7, en validant une inscription hypothécaire dans laquelle l'inscrivante avait pris le même nom que celui sous lequel elle était désignée dans l'obligation qui y servait de base; 2.° que, d'un autre côté, la mention de la profession de l'inscrivante n'eût pu être nécessaire, aux termes de la même loi, que dans le cas où l'inscrivante aurait eu véritablement une profession connue, ce qui ne se rencontrait pas dans l'espèce; attendu enfin, sur le moyen présenté à la barre de la cour, et pris de ce que l'inscription de la demoiselle Renneville n'aurait pas été faite en vertu d'un acte authentique, que ce moyen manque en fait, puisque l'obligation du 25 floréal an 8, qui a servi de fondement à cette inscription, avait été passée devant notaire, en vertu d'une procuration souscrite par le sieur de la Woëstine lui-même, chez le même notaire, avec reconnaissance et confirmation de sa part de tous les pouvoirs y contenus; par ces motifs, la cour rejette... ».

V. sur la première question, l'arrêt du 1.er octobre 1810, rapporté en note aux mots *Inscription hypothécaire*, §. 5, n. 7.

Art. XI. *Question sur l'art. 19 de la loi du 11 brumaire an 7 : — La disposition de cet article qui veut que les intérêts d'une créance hypothécaire ne soient colloqués que pour deux ans, au même rang que le principal, est-elle applicable aux intérêts échus avant cette loi et provenans de créances hypothéquées antérieurement?*

V. le plaidoyer et l'arrêt du 13 thermidor an 12, rapportés ci-après, art. 14, n. 1.

Art. XII. *Questions sur les art. 26 et 28 de la loi du 11 brumaire an 7 : — Sous l'empire de cette loi, l'acquéreur qui avait fait transcrire son con-*

trat, mais dont le vendeur n'avait pas fait transcrire le sien, pouvait-il être poursuivi hypothécairement par ceux des créanciers de celui-ci, qui, avant sa transcription, n'avaient pas fait inscrire leurs titres.

Le 28 novembre 1778, contrat notarié par lequel Grelet et sa femme constituent au profit de Robineau une rente de 150 livres, avec Hypothèque sur tous leurs biens présens et à venir. — Le 21 vendémiaire an 9, Grelet et sa femme vendent deux pièces de pré à Lemaigre, moyennant 4040 francs, dont 1040 francs leur sont payés comptant, et le surplus doit rester entre les mains de l'acquéreur pour le service de la rente due à Robineau. — Lemaigre ne fait pas transcrire son contrat. — Le 15 pluviôse an 10, sans faire mention de cette rente, il revend les deux pièces de pré, avec tous ses autres biens, à son fils, à sa fille et à son gendre. — Le 18 du même mois, ceux-ci font transcrire leur contrat au bureau des Hypothèques de la situation des biens. — Robineau forme contre eux une demande en déclaration d'Hypothèque. — Ils lui opposent qu'il n'a pris, avant la transcription de leur titre, aucune espèce d'inscription. — Il répond que les enfans Lemaigre n'ont acquis de leur père que les mêmes droits qu'il avait lui-même. « Or, ajoute-t-il, Lemaigre père était, par son propre contrat, obligé au service de ma rente. Qu'importe que les enfans Lemaigre aient fait transcrire leur contrat? Lemaigre père n'avait pas fait transcrire le sien; et cela me suffit. Avant la loi du 11 brumaire an 7, et d'après l'édit du mois de juin 1771, on ne pouvait purger les Hypothèques que par des lettres de ratification. Ces lettres qui remplaçaient les décrets volontaires, n'ajoutaient rien à la vente; elles ne faisaient qu'assurer aux acquéreurs la propriété libre des fonds par eux acquis, en payant le prix aux opposans; alors ils étaient assurés de n'être plus recherchés par des créanciers du vendeur, et de n'être plus exposés à payer plusieurs fois la valeur de leur acquisition. Il n'en a pas été de même des transcriptions ordonnées par le Code du 11 brumaire an 7. Tant que la transcription n'était pas effectuée, l'acquéreur n'était pas saisi légalement; et le vendeur n'était pas non plus dessaisi par la loi, puisqu'il pouvait encore vendre et hypothéquer valablement, tant que le premier acquéreur n'avait pas fait transcrire son contrat. La seconde vente était préférée à la première non transcrite, si celle-là avait été suivie de la transcription, les biens vendus étaient frappés d'une Hypothèque stipulée postérieurement à la première vente, si le créancier avait pris une inscription avant la transcription: telles sont les dispositions de l'art. 26, qui assujettit impérativement les acquéreurs à faire transcrire leurs contrats. L'art. 28 explique l'effet de cette transcription : c'est de transmettre à l'acquéreur les droits qu'avait le vendeur à la propriété de l'immeuble; sans cette transcription, point de transmission, point de tradition légale des fonds vendus. Cela posé, le sieur Lemaigre, premier acquéreur, n'ayant pas fait transcrire son contrat du 21 vendémiaire an 9, comme il y était obligé par l'art. 26, la propriété des deux pièces de pré ne lui a pas été transmise. Quel effet, après cela, a dû produire la transcription faite par les seconds acquéreurs? C'est, comme le dit l'art. 28, de leur transmettre les droits du vendeur : mais ce dernier, faute de transcription, n'avait pas reçu la transmission du droit de propriété sur les deux pièces de pré : la transcription faite par les seconds acquéreurs, ne pouvant leur transmettre que les droits de leur vendeur, qui n'en avait pas, il ne leur a donc pas transmis la propriété de ces prés ».

Sur ces débats, jugement du 2 germinal an 13, par lequel le tribunal de première instance de Joigny déboute Robineau de sa demande, « attendu que la transcription du second acquéreur sans la transcription du premier, doit produire le même effet que si le premier était transcrit ».

Robineau appelle de ce jugement: par arrêt du 29 août 1806, la cour de Paris, « adoptant les motifs du jugement de première instance, dit qu'il a été bien jugé ».

Recours en cassation, fondé sur les moyens déjà présentés tant en première instance qu'en cause d'appel; et le 28 mai 1807, arrêt, au rapport de M. Sieyès, qui, « attendu que Robineau, créancier du premier vendeur, réclamait, du chef de celui-ci seulement, le prix restant dû du bien vendu; qu'il n'avait pris aucune inscription; que les enfans Lemaigre, seconds acquéreurs, avaient fait transcrire leur acte et rempli toutes les formalités prescrites par la loi de brumaire an 7, au tit. 2 *du mode de consolider et purger les expropriations* ; et qu'il n'existe dans cette loi aucune disposition expresse qui les rendît responsables du défaut de transcription des titres du précédent vendeur; rejette le pourvoi..... ».

Art. XIII. *Question sur l'art. 29 de la loi du 11 brumaire an 7 : — Les créanciers délégués par le vendeur à son acquéreur, sont-ils, dans le sens de ce texte, les* ayant-cause *du vendeur même; et en conséquence, doivent-ils jouir de l'effet de l'inscription d'office qui est prise au profit du vendeur?*

Le sieur Boutry-Rouvel vend au sieur Bazin-Duclos le domaine d'Arclais : il reçoit comptant 12,936 livres; charge l'acheteur de payer, à son acquit, aux sieurs Halbout et Hayes, non présens au contrat, une somme de 15,200 liv. qu'il leur doit; et donne crédit pour le surplus. — Le contrat est transcrit au bureau des Hypothèques; et le conservateur fait l'inscription d'office. — Peu de temps après, s'ouvre un ordre pour la distribution du prix entre les créanciers du sieur Boutry-Rouvel. — Les sieurs Halbout et Hayes prétendent être colloqués à la date de la transcription du contrat, attendu, disent-ils, qu'elle a été immédiatement suivie d'une inscription d'office, qui, aux termes de l'art. 29 de la loi, a conservé le privilége du vendeur, non-seulement pour lui, mais encore pour ses *ayant-cause*, et par conséquent pour les créanciers qu'il a délégués à son acquéreur. — Les créanciers chirographaires du sieur Boutry-Rouvel combattent cette prétention. — Les sieurs Halbout et Hayes prennent alors des conclusions subsidiaires contre le sieur Bazin-Duclos : ils demandent que, dans le cas où il serait jugé que l'inscription d'office ne doit pas leur profiter contre les créanciers chirographaires, le sieur Bazin-Duclos soit condamné personnellement à leur payer le montant des délégations portées par son contrat, délégations (disent-ils), qu'il a acceptées et qui l'ont constitué notre débiteur personnel. — Le sieur Bazin-Duclos répond qu'il n'a accepté les délégations que dans la supposition que les titres des créanciers délégués étaient à la fois valables et efficaces; que, si les créanciers délégués se trouvaient, par le résultat des débats ouverts entre eux et les autres créanciers, avoir moins de droit qu'il ne leur en avait supposé, il ne pourrait pas être tenu de leur faire un payement qui tournerait à son préjudice.

Le 16 germinal an 13, arrêt de la cour d'appel de Caen, qui, en réformant un jugement du tribunal de première instance de Falaise, refuse la préférence aux sieurs Halbout et Hayes, et décharge le sieur Bazin-Duclos de leur demande subsidiaire, « attendu 1.° que la clause du contrat relative aux créanciers du sieur Boutry-Rouvel, ne comporte que de simples indications qui n'ont attribué aux créanciers indiqués aucun droit d'action contre l'acquéreur, ni de préférence sur les sommes exprimées dans ses indications ; 2.° que, par la transcription, la propriété de l'immeuble vendu a été transmise à l'acquéreur, seulement avec les dettes et Hypothèques légalement conservées ; 3.° qu'aux termes de l'art. 29 de la loi du 11 brumaire an 7, les inscriptions d'office ne doivent être faites que pour les sommes dues au précédent propriétaire de l'immeuble vendu, lorsqu'elles sont constatées par le titre de mutation et qu'elles ne peuvent profiter qu'à lui ou à ses ayant-causes; 4.° que celles invoquées par les sieurs Hayes et Halbout, ne se trouvent pas dans le cas prévu par la loi; 5.° que les indications énoncées au contrat, ne peuvent avoir d'autre effet que celui de mettre les créanciers indiqués à la place du vendeur ; et que les inscriptions d'office faites sous ce rapport, ne peuvent attribuer aux sieurs Hayes et Halbout plus de droit, vis-à-vis de l'acquéreur, que n'en aurait le vendeur lui-même; que conséquemment l'acquéreur serait fondé à leur opposer l'exception du payement constaté par l'acte de mutation, comme il pourrait l'opposer au vendeur, s'il lui demandait tout ou partie du prix du contrat ».

Les sieurs Halbout et Hayes se pourvoient en cassation, et emploient deux moyens : violation de la loi du contrat par lequel le sieur Bazin-Duclos s'était obligé d'acquitter leurs créances; violation de l'art. 29 de la loi du 11 brumaire an 7.

Par arrêt contradictoire du 22 avril 1807, au rapport de M. Vallée, « attendu, sur le premier moyen, que la clause du contrat relative aux créances des demandeurs, n'est qu'une simple indication de payement; qu'ainsi, la cour d'appel de Caen a pu juger, dans l'espèce, et sans violer la loi du contrat, que le sieur Bazin-Duclos n'était pas tenu de représenter aux créanciers indiqués les 12,936 livres qu'il avait données au vendeur ; sur le deuxième moyen, que, suivant l'art. 29 de la loi du 11 brumaire an 7, les créances que le conservateur doit inscrire, sont, non pas toutes celles mentionnées dans l'acte que l'on présente à la transcription, mais celles-là seulement qui emportent un droit de préférence par leur nature; tel celui du vendeur pour ce qui lui reste dû du prix; tel celui du prêteur de fonds pour le payement du bien acquis, et qui est subrogé au droit du vendeur; que, dans l'espèce, les demandeurs, simples créanciers indiqués, n'ont, par-là même, aucun droit de préférence; que, dès-lors, en jugeant que les créances des sieurs Hayes et Halbout n'étaient pas dans le cas d'être inscrites d'office, et que l'inscription faite à leur profit par le conservateur, ne pouvait leur servir, l'arrêt attaqué n'est en contravention ni à l'art. 29 de la loi du 11 brumaire an 7, ni à aucune autre loi ; la cour rejette.... ».

Art. XIV. *Questions sur l'art. 37 de la loi du 11 brumaire an 7.*

I. *Le créancier hypothécaire, qui, avant la loi du 11 brumaire an 7, avait formé au bureau des Hypothèques, une opposition à la charge de laquelle un acquéreur avait fait sceller des lettres de ratification, a-t-il eu besoin, pour conserver son Hypothèque, de prendre une inscription dans les délais fixés par l'art. 37 de cette loi et par celle du 17 germinal suivant ?*

Le 24 janvier 1791, Alexis-Dominique Boistouzet décède, laissant une veuve et quatre enfans, Charles-François, Etiennette-Catherine, Joséphine-Irénée-Claire-Alexandrine et Françoise-Louise.

Le 4 juillet 1792, transaction entre la mère et les enfans. Par cet acte, Charles-François Boistouzet s'oblige de payer toutes les dettes de la succession du père commun. — Il s'engage de payer des pensions à sa mère et à ses sœurs. — Et il affecte à cette double obligation la terre de Loulans et d'Ornezans, qu'il possédait, non comme héritier de son père, mais en vertu d'une ancienne substitution de famille.

Le 5 juin 1793, les demoiselles Boistouzet forment une opposition aux Hypothèques sur Charles-François Boistouzet, leur frere.

Le 5 juillet suivant, Charles-François Boistouzet vend la terre de Loulans et d'Ornezans aux sieurs Barou de Saint-Didier, moyennant 1,000,000 livres.

Les acquéreurs prennent des lettres de ratification; elles sont scellées à la charge de l'opposition des demoiselles Boistouzet.

Le 21 nivôse an 7, les demoiselles Boistouzet prennent au bureau des Hypothèques une inscription contre Charles-François Boistouzet, à l'effet de conserver l'Hypothèque qui leur était acquise par le traité du 4 juillet 1792.

Le 12 et le 22 germinal suivant, les sieurs Delamalle et Legay, créanciers personnels de Barou, prennent contre lui des inscriptions, l'un pour une somme de 50,000 fr., l'autre pour une somme presque aussi considérable.

Les demoiselles Boistouzet, de leur côté, ne se contentent pas de l'inscription qu'elles avaient prise le 21 nivôse an 7, contre leur frère; le 8 messidor an 8, elles en prennent une seconde contre Barou et Saint-Didier pour le montant de leurs pensions; et le 20 fructidor suivant, elles en prennent contre eux une troisième, pour la somme de 75,000 fr., montant des dettes de la succession de leur père, desquelles elles sont garantes.

Le 30 prairial an 10, le sieur Barou vend au sieur Le Roi-Dallarde la moitié qui lui appartient des terres de Loulans et d'Ornezans, moyennant 200,000 fr. Ce contrat est transcrit, et il se trouve plusieurs inscriptions sur Barou, notamment celle des demoiselles Boistouzet, celle du sieur Delamalle, celle du sieur Legay.

Le 28 fructidor an 10, le sieur Saint-Didier vend au même l'autre moitié de la terre de Loulans, moyennant 200,000 fr.; le contrat est transcrit, et il se trouve sur le vendeur deux seules inscriptions, celle des demoiselles Boistouzet, et une autre inscription prise par Pierre-Antoine Saint-Didier.

Le tout est notifié aux créanciers inscrits; il ne survient aucune surenchère. — Les demoiselles Boistouzet provoquent l'ordre, devant le tribunal civil de l'arrondissement de Vesoul.

Le 20 pluviôse an 11, jugement, qui distinguant les créanciers communs et les créanciers personnels des deux acquéreurs, colloque, 1.° les demoiselles Boistouzet, comme créancières ayant Hypothèque sur la totalité de la terre, moitié sur le prix de la vente Barou, moitié sur le prix de la vente Saint-Didier; 2.° le sieur Delamalle sur le prix de la vente Barou; 3.° le sieur Legay sur le même prix; 4.° Pierre-Antoine Saint-Didier, après les demoiselles Boistouzet, sur le prix de la vente Saint-Didier.

Les sieurs Delamalle et Legay appellent de ce jugement.

Par arrêt du 7 fructidor an 11, la cour d'appel de Besançon commence par l'ordre du prix de la vente Barou, du 30 prairial an 10, et elle juge que les demoiselles Boistouzet n'ayant point pris d'inscription sur Barou dans le délai prescrit par la loi du 11 brumaire an 7; et n'ayant pris cette inscription que le 8 messidor an 8, doivent être colloquées après les sieurs Delamalle et Legay, qui avaient pris inscription les 12 et 22 germinal an 7.

Vient ensuite l'ordre du prix de la vente Saint-Didier, du 28 fructidor an 10. Dans cet ordre, l'arrêt colloque, 1.° Pierre-Antoine Saint-Didier, qui avait conservé son ancienne Hypothèque, par une inscription faite dans le délai utile; 2.° les demoiselles Boistouzet, d'abord pour les dettes de la succession de leur père en principal, arrérages et frais, ensuite pour leurs pensions.

Le sieur Saint Didier se pourvoit en cassation.

« Le premier moyen de cassation du demandeur, (ai-je dit à l'audience de la section des requêtes, le 13 thermidor an 12), est dirigé contre la disposition de l'arrêt du 7 fructidor an 11, qui accorde la préférence aux Hypothèques des sieurs Delamalle et Legay, créanciers personnels du sieur Barou sur celles des demoiselles Boistouzet, créancières de Charles-François Boistouzet, leur frère; et cela sur le fondement que les demoiselles Boistouzet n'avaient pas conservé l'ancien rang de leur Hypothèque, par des inscriptions prises dans les trois mois de la publication de la loi du 11 brumaire an 7, contre les sieurs Barou et Saint-Didier.

» A cette disposition, le demandeur oppose, 1.° que, dans le fait, les demoiselles Boistouzet avaient pris, le 21 nivôse an 7, et par conséquent dans les trois mois de la publication de la loi du 11 brumaire précédent, une inscription sur le sieur Boistouzet, leur frère; que, par-là, elles avaient conservé leur Hypothèque dans son rang primitif; qu'elles devaient en conséquence être colloquées avec les sieurs Delamalle et Legay, et qu'en jugeant le contraire, la cour d'appel de Besançon a violé l'art. 37 de la loi du 11 brumaire; 2.° que, quand même les demoiselles Boistouzet n'auraient pris aucune inscription dans les trois mois de la publication de la loi du 11 brumaire, ou, ce qui est la même chose, quand leur inscription du 21 nivôse an 7 serait sans effet contre Barou et Saint-Didier, elles n'en auraient pas moins conservé leur Hypothèque primordiale sur ceux-ci, parce qu'elles avaient formé sur leur frère, le 4 juin 1793, une opposition au bureau des Hypothèques établi par l'édit de juin 1771; parce que les lettres de ratification de Barou et Saint-Didier n'avaient été scellées qu'à la charge de cette opposition; parce que de cette double circonstance, l'art. 49 de la loi du 11 brumaire an 7 faisait résulter en faveur des demoiselles Boistouzet, la dispense d'une nouvelle inscription pour conserver leur Hypothèque.

» Ainsi, le premier moyen de cassation du demandeur se divise en deux branches; et il vous offre dans la première, la question de savoir si des lettres de ratification ayant été, avant la loi du 11 brumaire an 7, scellées à la charge de l'opposition d'un créancier hypothécaire du vendeur, ce créancier a pu conserver le rang de son hypothèque, en prenant dans le délai fixé par l'art. 37 de la loi citée, une inscription sur le vendeur lui-même; ou s'il n'a pas dû pour cela prendre une inscription sur l'acquéreur qui avait obtenu des lettres de ratification?

» Mais cette question, y a-t-il lieu de l'agiter devant vous? Il nous paraît évident que non: elle n'a pas été agitée devant la cour d'appel, la cour d'appel ne l'a donc pas jugée. Et pourquoi la cour d'appel ne l'a-t-elle pas jugée? Pourquoi ne l'a-t-on pas agitée devant elle? Parce que les demoiselles Boistouzet n'avaient pas produit leur inscription du 21 nivôse an 7; parce qu'elles ne s'en étaient pas prévalues; parce qu'elles l'avaient tacitement abandonnée, sur le fondement sans doute qu'elles y avaient reconnu quelque irrégularité. — Le premier moyen de cassation du demandeur porte donc à faux dans sa première branche.

» Examinons maintenant ce moyen dans la seconde branche, et voyons si, par l'art. 49 de la loi du 11 brumaire an 7, les demoiselles Boistouzet étaient dispensées de prendre une inscription pour conserver le rang de l'Hypothèque à la charge de laquelle avaient été scellées les lettres de ratification des sieurs Barou et Saint-Didier.

» Que porte donc l'art. 49 de la loi du 11 brumaire

an 7? Le voici : *Il n'est rien innové, pour les mutations antérieures à la présente, aux lois et usages qui auraient pu obliger le nouveau propriétaire à la représentation et au payement de son prix, ni aux droits et actions des créanciers, soit pour l'exiger, soit pour suivre l'immeuble dans les mains du tiers possesseur.*

» A la lecture de cette disposition, une première idée se présente d'elle-même à l'esprit le moins attentif : c'est qu'elle ne dit ni expressément ni d'une manière implicite, ce que le demandeur prétend lui faire dire ; c'est que, relativement aux créanciers hypothécaires dont les Hypothèques ont été précédemment conservées par des oppositions sur un nouvel acquéreur, elle ne déroge nullement à l'obligation que leur imposent les art. 37, 38 et 39, de prendre des inscriptions pour maintenir ces Hypothèques dans le rang que leur assignaient les lois anciennes ; c'est, en un mot, que, dans l'art. 49, il n'est point du tout question du prétendu effet que l'on suppose aux lettres de ratification précédemment scellées à la charge d'oppositions, de tenir lieu des inscriptions nouvelles qu'exigent les art. 37, 38 et 39.

» Quel est donc l'objet de l'art. 49? dans quel esprit a-t-il été fait? et quelle a été l'intention du législateur, en le rédigeant tel qu'il est conçu? Nous l'apprendrons facilement, si nous voulons prendre la peine de remonter à sa généalogie...... (*Ici, j'ai placé le développement dans lequel j'étais précédemment entré dans mon* Recueil de Questions de droit, *au mot* Hypothèque, §. 6, *pour établir que l'art. 49 de la loi du 11 brumaire an 7 n'avait pas eu d'autre objet que d'apposer une exception à l'art. 15 de la même loi.*)

» Comment donc a-t-on pu imaginer que, par cet article, le corps législatif avait voulu conserver le rang des Hypothèques à la charge desquelles avaient été précédemment scellées des lettres de ratification, sans que, pour cela, il fût nécessaire de prendre des inscriptions dans le délai déterminé par l'art. 37? — Bien évidemment le corps législatif n'a pensé à rien de semblable en décrétant l'art. 49. Il ne s'est occupé que d'une exception limitative de l'art. 15, et c'est à cette exception seule qu'il s'est attaché.....

» Le quatrième moyen des demandeurs offre à votre examen la question de savoir si la disposition de l'art. 19 de la loi du 11 brumaire an 7, qui veut que les intérêts d'une créance hypothécaire ne soient colloqués que pour deux ans au même rang que le principal, est applicable aux créances dont l'Hypothèque était antérieure à cette loi?

» Le demandeur soutient l'affirmative, et il attaque, sur ce fondement, la disposition de l'arrêt de la cour d'appel de Besançon du 7 fructidor an 11, qui, dans l'ordre du prix du domaine de Loulans, colloque les créanciers de feu Boistouzet père, non-seulement pour les capitaux de leurs créances, mais encore pour tous les intérêts qui en étaient arriérés depuis plus de deux ans ; il prétend que, par-là, on a violé l'art. 19 de la loi du 11 brumaire an 7.

» Ce moyen de cassation serait décisif et sans réplique, s'il était ici question, ou d'arrérages et d'intérêts de créances qui n'eussent acquis Hypothèque que depuis la publication de la loi du 11 brumaire an 7 ; ou d'arrérages et d'intérêts échus depuis la même époque. Alors, en effet, le tribunal d'appel de Besançon n'eût pas pu, sans contrevenir à l'art. 19 de cette loi, communiquer à plus de deux années de ces intérêts et arrérages, l'Hypothèque des capitaux qui les auraient produits.

Mais l'art. 19 de la loi du 11 brumaire an 7, ne dispose que pour les Hypothèques qui seront créées d'après les nouvelles règles qu'elle établit ; il ne s'occupe point des Hypothèques créées antérieurement : ce n'est que dans les art. 37 et suivans qu'il est question de celles-ci. Or, ni par l'art. 37, ni par aucun de ceux qui le suivent, il n'est dit que les anciennes Hypothèques ne vaudront que pour deux années d'arrérages antérieurs ; et non-seulement ces articles ne le disent pas, ils ne pourraient même pas le dire sans rétroactivité.

» Le législateur était bien le maître, en fondant un nouveau régime hypothécaire, d'ordonner qu'à l'avenir l'Hypothèque que l'on acquerrait pour un capital, ne s'étendrait aux intérêts ou arrérages que jusqu'à la concurrence de deux années. Mais il ne pouvait pas toucher aux Hypothèques déjà existantes ; il ne pouvait pas plus en diminuer les effets qu'il ne pouvait les éteindre absolument. — Si donc, avant la loi du 11 brumaire an 7, l'Hypothèque donnée ou acquise pour le capital, s'étendait à toutes les années exigibles des intérêts ou arrérages échus, il n'y a nul doute que les Hypothèques créées avant la loi du 11 brumaire an 7, et qui ont été conservées par les moyens indiqués par les art. 37 et suivans de cette loi, ne doivent encore jouir du même avantage pour les intérêts et arrérages échus antérieurement.

» Or, quel était à cet égard l'état de la jurisprudence avant la loi du 11 brumaire an 7?

» Dans le droit romain, les intérêts conventionnels étaient toujours colloqués au même rang que l'obligation principale. Cela est prouvé par la loi 12, §. *Sciendum*, et par la loi 18, D. *Qui potiores in pignoribus* ; et sur ce fondement on n'avait jamais douté parmi nous, avant la loi du 11 brumaire an 7, que l'on ne dût étendre l'Hypothèque du capital d'une rente à tous ses arrérages, et celle d'une somme exigible à tous les intérêts qu'elle avait pu produire d'après des conventions légales..... (*V. ci-devant*, sect. 1, §. 11.)

» La cour d'appel de Besançon n'a donc fait, en étendant à tous les arrérages et intérêts qui étaient dus aux créanciers de la succession Boistouzet, les Hypothèques acquises à ceux-ci avant la loi du 11 brumaire an 7, que se conformer à une règle du droit romain, qui avait pour elle toute la force d'une loi proprement dite, et à une jurisprudence qui n'avait jamais varié depuis près de deux siècles. — Nous ne pouvons donc que requérir la confirmation de son arrêt en cette partie....

» Par ces considérations, nous estimons qu'il y a lieu de rejeter la requête des demandeurs..... ».

Arrêt du 13 thermidor an 12, au rapport de M. Oudot, qui, « attendu, sur le premier moyen, que le vœu de la loi du 11 brumaire an 7 est qu'une inscription soit faite sur le propriétaire des fonds hypothéqués à une créance pour la conservation de l'Hypothèque; que l'inscription faite à la requête des filles de Dominique Boistouzet, le 21 nivôse an 7, sur Charles Boistouzet, leur frère, ne pouvant avoir l'effet de leur conserver la date de leur Hypothèque sur le sieur Barou, propriétaire des biens hypothéqués, au préjudice des sieurs Delamalle et Legay, qui avaient eux-mêmes fait inscrire leur créance sur ledit Barou, l'arrêt attaqué, loin d'avoir contrevenu à la loi du 11 brumaire an 7, s'y est exactement conformé.....; attendu, sur le quatrième moyen, qu'il s'agissait d'intérêts échus avant la promulgation de cette loi du 11 brumaire; et que d'ailleurs il n'y a point eu de contestation sur la quotité de ces intérêts ni en cause principale, ni en cause d'appel...; la cour rejette le pourvoi.... ».

On voit que cet arrêt ne s'explique pas formellement sur la seconde branche du premier moyen de cassation du sieur Barou; mais il ne la condamne pas moins par son résultat.

A l'égard du motif sur lequel il fonde le rejet de la première branche du même moyen, *V.* ci-après, art. 16, n. 2.

II. *Le privilége qui, à l'époque de la publication de la loi du 11 brumaire an 7, appartenait au vendeur d'un immeuble précédemment aliéné, s'est-il éteint, faute par celui-ci de l'avoir fait inscrire au bureau des Hypothèques dans le délai fixé par l'art. 37?*

Cette question a été jugée pour l'affirmative par un arrêt de la cour de cassation, du 26 février 1806, qui est rapporté à l'article *Garantie des créances,* n. 3.

Elle l'avait été de même par un autre arrêt de la même cour, du 16 fructidor an 13, dont voici l'espèce.

En 1779, le sieur Platz vend au sieur Weilbrenner une maison située dans le Palatinat, et sur le prix de laquelle celui-ci reste débiteur d'une somme de 2,750 florins. — A défaut de payement de cette somme, il poursuit l'expropriation forcée de la maison. — Le 19 brumaire an 9, la dame Weilbrenner prend sur cette maison une inscription hypothécaire pour la conservation de ses apports. — Le sieur Platz prend également inscription, pour la conservation de son privilége, mais après la dame Weilbrenner. — Question de savoir laquelle des deux créances doit primer l'autre. — Jugement du tribunal civil du département du Mont-Tonnerre, qui prononce en faveur de la dame Weilbrenner. — Le sieur Platz appelle de ce jugement; et par arrêt du 9 fructidor an 11, la cour d'appel de Trèves, « attendu qu'il ne conste pas que Catherine Landemann (femme Weilbrenner) soit séparée de biens de son mari; qu'au contraire elle a été défendue au tribunal de Mont-Tonnerre, par lui, comme poursuivant les droits de sa femme en cette cause; que la maison dont il s'agit, est un acquêt fait constant la communauté, et qu'elle est un effet de communauté; que le vendeur a conservé une Hypothèque tacite du jour de la vente jusqu'au parfait payement, conformément au §. 4, tit. 17, partie 2.e du droit statuaire palatin, ainsi conçu : *un bien vendu restera tacitement hypothéqué au vendeur, jusqu'au parfait payement;* dit qu'il a été mal jugé.... ».

La dame Weilbrenner se pourvoit en cassation contre cet arrêt; et le 16 fructidor an 13, au rapport de M. Schwendt, « vu les art. 2 et 4, tit. 1.er, et art. 39, tit. 3, de la loi du 11 brumaire an 7, sur le régime hypothécaire, portant : Art. 2. *L'Hypothèque existe, mais à la charge de l'inscription.....;* Art. 4. *Quant aux Hypothèques que les femmes ont droit d'exercer sur les biens de leurs maris, et à toutes autres Hypothèques légales, elles frappent au moment même de l'inscription, sur tous les biens appartenans au débiteur et situés dans l'arrondissement du bureau où se fait l'inscription. Le créancier peut aussi, par des inscriptions ultérieures, mais sans préjudice de celles antérieures à la sienne, faire porter son Hypothèque sur les biens qui écherraient à son débiteur ou qu'il acquerrait par la suite;* Art. 39. *Les Hypothèques qui n'auraient pas été inscrites avant l'expiration des trois mois, n'auront effet qu'à compter du jour de l'inscription qui en serait requise postérieurement. Dans le même cas, les priviléges dégénéreront en simple Hypothèque et n'auront rang que du jour de leur inscription;* considérant en droit qu'il résulte de ces dispositions, 1.° que tout privilége qui n'a pas été conservé au désir et dans le délai prescrit par cette loi, dégénère en simple Hypothèque; 2.° que cette Hypothèque ne prend rang et n'acquiert d'effet que du jour de son inscription, nonobstant tous statuts locaux, lesquels sont formellement abrogés par l'art. 56 de la même loi; 3.° que les femmes en puissance de mari ont le droit de conserver leurs Hypothèques par la voie de l'inscription, sans distinction si elles sont communes ou séparées de biens, ni si leurs inscriptions portent sur des biens personnels du mari ou sur des conquêts de communauté; 4.° qu'il ne peut être préjudicié au rang que l'inscription assure à leur Hypothèque, par aucune créance postérieurement inscrite; ce qui est en parfaite harmonie avec les dispositions du Code civil, et notamment avec le §. 3 de l'art. 2195; considérant en fait que la régularité et l'antériorité de l'inscription de la demanderesse sur celle du défendeur n'étaient pas contestées; que néanmoins, par l'arrêt attaqué, la priorité d'effet et la préférence de rang ont été accordées au défendeur; la cour casse et annulle.... ».

Voici un autre arrêt du même jour, mais d'une autre section (de celle des requêtes), qui met le sceau à cette jurisprudence.

Le 14 novembre 1792, Antoine Desfours vend aux sieurs Fauchier et Paillard, une maison située dans la ville de Lyon, moyennant une rente de 2,000 livres, au principal de 50,000 livres. — En l'an 5, le sieur Fauchier achète la portion du sieur Paillard, et s'oblige à servir seul la rente. — Tant que les deux acquéreurs jouissent par indivis, ils n'obtiennent point de lettres de ratification. — Fauchier, devenu seul propriétaire, ne fait transcrire ni le contrat primitif ni celui de l'an 5. — De son côté, le sieur Desfours ne prend d'inscription, pour la sûreté de sa créance, que le 22 germinal an 8. — Bientôt après, les créanciers du sieur Fauchier font procéder à l'expropriation de la maison dont il s'agit. — Le sieur Desfours intervient au procès-verbal d'ordre; il demande et obtient sa collocation avant tous les autres créanciers, pour le capital et les arrérages de la rente.— Les autres créanciers appellent du jugement d'ordre; et par arrêt du 14 messidor an 12, motivé sur les art. 37, 38 et 39 de la loi du 11 brumaire an 7, la cour d'appel de Lyon ordonne que le sieur Desfours ne sera colloqué qu'à la date de son inscription. — Le sieur Desfours se pourvoit en cassation, et soutient, 1.º que, par cet arrêt, les articles cités de la loi du 11 brumaire an 7 sont appliqués à faux; 2.º qu'il a été contrevenu à l'édit du mois de juin 1771; que le contrat de vente étant antérieur à la loi du 11 brumaire an 7, cette loi n'aurait pu en régir le privilége, qu'autant qu'il eût été transcrit depuis sa publication; et que ce contrat n'ayant pas été transcrit, l'édit du mois de juin 1771 a conservé sur lui toute son autorité. — Par arrêt du 16 fructidor an 13, au rapport de M. Delacoste, « Attendu qu'il est constaté et reconnu par le demandeur, que l'acquéreur Fauchier n'avait pas fait transcrire l'acte de vente à lui consenti en l'an 5; que l'adjudicataire du même fonds en l'an 9, n'a pas non plus fait transcrire le jugement d'adjudication sur expropriation forcée; que les créanciers avaient fait inscrire leurs titres dans le délai prescrit par les lois de messidor an 3 et du 11 brumaire an 7; que le demandeur, au contraire, n'a fait inscrire son titre que le 22 germinal an 8, plus d'un an après la publication de la dernière de ces lois, et plus de huit mois après l'expiration du dernier délai accordé par la loi du 17 germinal an 7; qu'il est par-là constaté et reconnu que l'inscription d'office prescrite par l'art. 29 de la loi du 11 brumaire an 7, *pour ce qui était dû au précédent propriétaire*, n'a pu avoir lieu; et que ce précédent propriétaire n'a pas suppléé à cette transcription, par une inscription en temps utile pour conserver, sur le prix de l'adjudication, son droit d'Hypothèque privilégiée ou de préférence; attendu que, dans ce cas, les art. 2, 37, 38 et 39 de ladite loi étaient impératifs, et seuls applicables à l'espèce, notamment le dernier de ces articles, en ce qu'il décide que les Hypothèques non inscrites dans le délai, n'auront d'effet qu'à compter du jour de l'inscription requise postérieurement, et que, dans ce cas, les priviléges dégénéreront en simples Hypothèques, et n'auront rang que du jour de leur inscription; que l'arrêt attaqué, en appliquant ces dispositions de la loi, loin de les avoir faussement appliquées, en a fait une juste application; attendu enfin, que la même loi, par son art. 56, a déclaré que toutes lois et usages antérieurs étaient abrogés; et que par-là, elle ne permettait pas aux juges de prendre les dispositions de l'édit de 1771 pour base de leur décision; la cour rejette..... ».

La question s'est encore représentée depuis, dans une espèce qui offrait une difficulté de plus en ce que le contrat de vente du bien sur lequel le vendeur avait eu originairement privilége, avait été transcrit depuis la publication du titre *des priviléges et Hypothèques* du Code Napoléon. Voici les faits:

Le 5 novembre 1790, la demoiselle d'Elvemont vend au sieur Desbordeaux le domaine de Latourette, et laisse entre les mains de celui-ci une somme de 25,000 livres pour laquelle il lui constitue une rente de 1,250 livres. Mort de la demoiselle d'Elvemont, laissant un héritier à qui elle impose la charge de délivrer à la dame Binet la moitié de cette rente. Cette délivrance est effectuée par un transport dûment notifié au sieur Desbordeaux.

Le 6 floréal an 7, l'épouse du sieur Desbordeaux prend une inscription sur le domaine de Latourette. Le 16 thermidor an 12, le sieur Desbordeaux fait transcrire le contrat de vente du 5 novembre 1790. Le 9 vendémiaire an 13, la dame Binet et son mari prennent une inscription pour leur rente de 625 l., faisant partie de celle de 1,250 liv. réservée par la venderesse. Peu de temps après, le domaine de Latourette est vendu; et alors s'ouvre un procès-verbal d'ordre, dans lequel la dame Desbordeaux, d'une part, et la dame Binet de l'autre, se disputent la préférence, celle-ci comme exerçant le privilége de la demoiselle d'Elvemont, venderesse du sieur Desbordeaux, celle-là comme inscrite avant la dame Binet.

Le 10 messidor an 13, jugement du tribunal de première instance d'Evreux qui prononce en faveur de la dame Desbordeaux, « attendu que la transcription faite le 16 thermidor an 12, n'a conservé au vendeur aucun droit de préférence sur les créanciers personnels de l'acquéreur inscrits antérieurement; que l'inscription de la dame Desbordeaux a été prise avant la transcription du titre de mutation, et l'inscription requise par les sieur et dame Binet; et que ceux-ci subrogés à la venderesse, n'ayant pas rempli les conditions qui leur étaient imposées par la loi du 11 brumaire an 7, art. 37, leur privilége, aux termes de l'art. 39, a dégénéré en simple Hypothèque; que le domaine de Latourette, dont le contrat d'acquisition n'a été transcrit que le 16 thermidor an 12, ne peut être grevé que des Hypothèques inscrites avant cette transcription; et que le privilége des sieur et dame Binet, dégénéré en simple Hypothèque, n'ayant été inscrit qu'après la transcription, ils ne peuvent obtenir la préférence sur la dame Desbordeaux, dont le droit était acquis antérieurement par l'inscription qu'elle a prise en floréal an 7..... ».

La dame Binet appelle de ce jugement. Le 2 mai 1808, arrêt de la cour de Rouen, qui met l'appellation au néant.

Recours en cassation contre cet arrêt.

« Suivant l'art. 37 de la loi du 11 brumaire an 7 (dit la dame Binet), les priviléges et Hypothèques qui existaient déjà, devaient être inscrits dans un délai déterminé. L'art. 38 attribuait aux inscriptions prises dans ce délai, l'effet de conserver aux créanciers leurs Hypothèques ou priviléges, et le rang que leur assignaient les lois antérieures. Et l'art. 39 déclare que les priviléges non inscrits dans le délai prescrit, *dégénéreront en simple Hypothèque, et n'auront rang que du jour de leur inscription.* — Mais 1.º ces articles ne s'appliquent pas au privilége du vendeur sur l'immeuble aliéné: ce privilége est essentiellement différent des autres priviléges: il participe à la propriété, le vendeur devant en effet être réputé propriétaire jusqu'au payement intégral du prix de la vente; ce *droit de préférence* ainsi qualifié par l'art. 29 de la même loi, pour le distinguer des autres priviléges, se conserve par la transcription du contrat; ce droit n'est donc pas soumis à la formalité de l'inscription; et par conséquent les juges de première instance et d'appel n'ont pu déclarer celui dont il s'agit, dégénéré en simple Hypothèque, pour n'avoir pas été inscrit dans le délai prescrit par la loi du 11 brumaire an 7.—2.° Lors même que les art. 37, 38 et 39 seraient applicables au privilége du vendeur, les juges de première instance et d'appel n'avaient pu me priver de celui qui m'appartenait, comme étant subrogée aux droits de la venderesse : l'art. 39 n'aurait fait dégénérer ce privilége en simple Hypothèque, pour n'avoir pas été inscrit en temps utile, que dans le cas où l'acquéreur eût *purgé* son acquisition, ou par des lettres de ratification, ou par la transcription; ce qu'il n'avait pas fait. — Et sur ce point, les art. 29, 44 et 47 de la même loi sont très-positifs. L'art. 29 attribue à la transcription l'effet de conserver le *droit de préférence* du vendeur. L'art. 44 porte que les possesseurs d'immeubles qui n'auraient pas encore accompli toutes les formalités prescrites par les lois et usages antérieurs, pour consolider leurs propriétés et en purger les charges, y suppléeront dans trois mois par la transcription de l'acte de mutation. Et l'art. 47 déclare que, si l'acquéreur n'a pas fait transcrire dans ce délai, l'immeuble restera grevé des charges et Hypothèques consenties par les précédens propriétaires, et inscrites avant la transcription postérieure. — De ces dispositions résultent deux conséquences : la première, que le titre de mutation antérieur à l'an 7, devait, s'il n'avait pas encore été purgé, être *transcrit*; la seconde, que, comme la transcription conserve le privilége du vendeur, mon droit de préférence n'avait pu recevoir aucune atteinte, puisqu'il n'y avait pas eu de transcription. — La loi de brumaire an 7 a été substituée à l'édit de 1771, qui conservait, pendant trente ans, les droits du vendeur, s'il n'y avait pas eu de lettres de ratification. Cette loi n'a pas entendu non plus, lorsque la mutation n'a pas été purgée, subordonner à une inscription particulière, la conservation du droit de préférence du vendeur, droit qui, participant à la propriété, ne peut se perdre que par la prescription. — Enfin, la cour d'appel, en refusant à la transcription faite en l'an 12, l'effet de conserver le privilége du vendeur, a violé l'art. 2108 du Code Napoléon. Cet article porte que *le vendeur privilégié conserve son privilége par la transcription du titre qui a conféré la propriété à l'acquéreur, et qui constate que la totalité ou partie du prix lui est due*. C'est cette disposition qui doit régler l'effet de la transcription du titre de mutation dont il s'agit, parce que cette transcription a été faite sous l'empire du Code Napoléon; quoique faite seulement en l'an 12, elle n'était pas tardive : il n'y avait pas de délai fatal pour la faire, et par conséquent elle a conservé mon privilége de vendeur. Qu'on ouvre le nouveau *Répertoire de jurisprudence*, aux mots *Privilége de créance*, sect. 5, n.° 5, on y verra que la transcription est nécessaire pour la conservation du privilége du vendeur, mais qu'il n'y a aucun délai fatal pour l'accomplissement de cette formalité; qu'en quelque temps que la formalité de la transcription soit remplie, le privilége du vendeur est conservé dans son intégrité, et que par conséquent ce privilége ne peut jamais dégénérer en simple Hypothèque (1) ».

Par arrêt du 17 mai 1809, au rapport de M. Poriquet, « attendu, sur le moyen tiré de la violation de l'art. 2108 du Code Napoléon et de l'art. 29 de la loi du 11 brumaire an 7, que ces deux articles étaient également inapplicables à la cause, le premier, parce qu'il s'agissait de déterminer les effets de l'inscription prise par la défenderesse, sous l'empire de la loi de brumaire an 7; le second, parce que l'art. 29 de la loi de brumaire ne concerne que les mutations à faire à l'avenir, et que s'agissant, dans l'espèce, d'un privilége qu'on faisait résulter d'une mutation antérieure à la publication de cette loi, c'était dans le tit. 3 de cette même loi, que la cour d'appel a dû, comme elle l'a fait, chercher les motifs de décision; attendu, sur le moyen tiré de la fausse application des art. 37, 38 et 39, compris dans ce tit. 3, que ces articles portent littéralement que les priviléges existans seront inscrits dans le délai de trois mois; que les priviléges non inscrits dans ce délai, dégénéreront en simples Hypothèques, qui n'auront rang qu'à compter du jour de l'inscription; que, sous cette dénomination générale de *priviléges*, la loi comprend évidemment le privilége des vendeurs comme tous les autres, puisqu'elle ne fait à cet égard aucune distinction, puisque d'ailleurs le privilége du vendeur n'est pas au nombre de ceux que, par ses art. 11 et 12, elle a dispensés de la formalité de l'inscription; attendu enfin, que l'art. 39 prononce d'une manière absolue l'extinction des priviléges non inscrits dans les délais fixés; et que la transcription faite postérieurement à ces mêmes délais, ne saurait produire l'effet de rendre l'existence à un droit que la loi avait anéanti; la cour rejette...... ».

III. *Celui qui ayant sur un immeuble situé en pays de nantissement, et passé dans les mains d'un tiers-acquéreur, une Hypothèque antérieure à la loi du 11 brumaire an 7, ne l'a pas fait inscrire dans le délai fixé par ce texte, en est-il déchu sans retour, dans la circonstance où le tiers acquéreur avait, avant la loi dont il s'agit, fait transcrire son contrat au greffe du tribunal, conformément à la loi du 19 septembre 1790 ?*

Une rente foncière, affectée sur les moulins de Gournay, dans le département du Pas-de-Calais, pays de nantissement, appartenait par indivis au chapitre d'Aire, au sieur Duval et au sieur Enlart. — Le 19 floréal an 6, le sieur Gonse, propriétaire des moulins de Gournay, les vend au sieur Legrand, qui fait, dès le 22 du même mois, transcrire son contrat au greffe du tribunal civil du département, et par-là assure à son acquisition le même effet qu'elle eût eu sous le régime féodal, si elle eût été suivie de devoirs de loi.

---

(1) Cette citation était exacte, mais mal appliquée. La doctrine établie aux mots *Privilége de créance*, sect. 5, n. 5, n'est relative qu'au Code Napoléon; et dans l'espèce que nous rappelons ici, il s'agissait des dispositions transitoires de la loi du 11 brumaire an 7.

(*V. Devoirs de loi*, §. 4.) — Cinq ans après, la régie de l'enregistrement et des domaines, exerçant, au nom de l'État, les droits du chapitre d'Aire, décerne contre le sieur Legrand une contrainte en payement des arrérages échus de la rente foncière. — Le sieur Legrand forme opposition à cette contrainte, sur le fondement que la rente est seigneuriale, et par conséquent abolie par la loi du 17 juillet 1793; et cependant appelle en garantie le sieur Gonse, son vendeur. Cette opposition est portée devant le tribunal de première instance de Saint-Omer. Là, interviennent les sieurs Duval et Enlart, qui adhèrent à la demande de la régie. — Le 19 floréal an 11, jugement qui déclare la rente purement foncière, et en ordonne le payement. — Sur l'appel, le sieur Legrand et le sieur Gonse, son garant, emploient un nouveau moyen: ils opposent aux demandeurs le défaut d'inscription hypothécaire prise de leur part avant la transcription du contrat au greffe du tribunal civil du département du Pas-de-Calais; et ils en concluent que les demandeurs sont déchus de toute Hypothèque. — Pour écarter cette question, la régie et les sieurs Enlart et Duval croient devoir prendre, le 10 nivôse an 12, une inscription hypothécaire sur les moulins de Gournay. — Le 11 fructidor, suivant, arrêt de la cour d'appel de Douay, qui, « attendu, 1.° que, d'après les dispositions de l'art. 2 de la loi du 11 brumaire an 7, il est de principe que l'Hypothèque ne prend rang, et que les privilèges n'ont d'effet que par leur inscription sur les registres à ce destinés; 2.° qu'aux termes de l'art. 21, les Hypothèques légales sont soumises à l'inscription; que l'administration des domaines et les sieurs Duval et Enlart n'ont pas fait inscrire leurs droits sur les moulins, dans les délais fixés par l'art. 37 de la loi du 11 brumaire an 7; et qu'aux termes de l'art. 39 de cette loi, les Hypothèques non inscrites avant l'expiration de ces délais, n'ont d'effet que du jour de l'inscription postérieure; qu'il suit de ces dispositions, que les droits d'Hypothèque ou privilège dont s'agit, étaient anéantis pour le passé; qu'ils n'existaient donc pas dans le temps où l'action réelle avait été poursuivie contre l'acquéreur; 3.° que si la même loi donne un effet pour l'avenir aux inscriptions prises après l'expiration des délais fixés, cela ne peut être, à l'égard des acquéreurs, que contre ceux qui n'auraient pas encore acquis les droits réels de la propriété; qu'il serait contraire aux principes, que les créanciers de la rente dont il s'agit, eussent pu acquérir une Hypothèque toute nouvelle sur un bien ayant cessé d'appartenir à leur débiteur, lorsque celui-ci était dépouillé de tous ses droits réels et personnels, et que l'acquéreur avait obtenu, par la transcription de son contrat au greffe du tribunal, l'ensaisinement en vertu de la loi du 19-27 septembre 1790; 4.° qu'il résulte de ces principes que l'inscription prise par l'administration des domaines et les sieur Duval et Enlart, le 18 nivôse an 12, n'avait pu grever d'Hypothèque un bien dans lequel l'acquéreur était lui-même réalisé le 22 floréal an 6; que dans le cas même où cette réalisation n'aurait point mis d'obstacle à leur nouvelle Hypothèque »; dit qu'il a été mal jugé, émendant, déclare la régie, le sieur Duval et le sieur Enlart non-recevables. — Ceux-ci se pourvoient en cassation; et par arrêt contradictoire du 20 frimaire an 14, au rapport de M. Schwendt, « vu l'art. 105 de la loi du 9 messidor an 3, et les art. 39, 44, 45, 46 et 47 de celle du 11 brumaire an 7; — Considérant en droit, 1.° qu'aucune disposition de cette loi ne déclare anéanties ni éteintes, en faveur du débiteur et de ses ayant-cause, les Hypothèques anciennes non inscrites dans les délais qu'elle a fixés; qu'elle en reconnaît au contraire l'existence, en en suspendant seulement l'effet, et en subordonnant, en faveur des créanciers diligens, le rang qu'elles doivent prendre dans l'ordre des créances hypothécaires, à la date de leur inscription postérieure à ces délais; qu'elle ne fait aucune exception pour le cas où le fonds hypothéqué aurait passé en d'autres mains qu'en celles du débiteur originaire; 2.° que la transcription sur les registres de la conservation des Hypothèques, ordonnée par les lois des 9 messidor an 3 et 11 brumaire an 7 et l'art. 2181 du Code civil, ne transmet à l'acquéreur que les droits que le vendeur avait à la propriété de l'immeuble, avec les charges dont il était grevé, et ne purge pas les Hypothèques établies antérieurement sur l'immeuble; considérant en fait que l'Hypothèque ancienne de la rente dont s'agit, n'est pas contestée; qu'ainsi, l'Hypothèque existante n'a jamais été légalement purgée; que les demandeurs ont pris inscription, et par-là rétabli l'effet et donné rang à leur Hypothèque, qui n'a jamais cessé d'exister, et qui, ainsi, ne peut être considérée comme nouvelle; qu'enfin, l'acquéreur n'avait pas lui-même fait transcrire son titre de propriété sur le registre de la conservation des Hypothèques, avant l'inscription prise par les demandeurs, et suivant le vœu de l'art. 105 de la loi du 9 messidor an 3, qui, par l'art. 276, a fait cesser tout ancien régime des Hypothèques; considérant enfin, que la fin de non-recevoir prononcée sans réserve contre les défendeurs, par l'arrêt attaqué, et nécessairement liée au motif énoncé, fondé sur l'extinction de l'Hypothèque, à défaut d'inscription dans les trois mois; la cour casse et annulle..... ».

ART. XV. *Question sur les art.* 38, 39 *et* 43 *de la loi du* 11 *brumaire an* 7: — *En cas de concours entre les créanciers du vendeur et ceux de l'acquéreur qui n'a pas fait transcrire son contrat, comment se détermine la préférence? Se détermine-t-elle par l'ordre des anciennes Hypothèques, ou par celui des inscriptions?*

En 1793, le sieur Lambert vend au sieur Belleville une maison située à Marseille, et grevée d'Hypothèques au profit de ses enfans, créanciers des reprises de leur mère. — Le 17 thermidor an 3, le sieur Belleville revend cette maison au sieur Paret. — Le 26 prairial an 7 et le 18 ventôse an 8, le sieur Andrieux et la dame Bourlier, créanciers personnels du sieur Paret, prennent sur lui des inscriptions hypothécaires. — Le 4 pluviôse an 9, les enfans Lambert en prennent une sur leur père, premier vendeur, et sur le sieur Paret, comme acquéreur de la maison. — En l'an 12, le sieur Paret, dont le contrat n'est pas en core transcrit, revend la maison au sieur Martin, qui, après la transcription de son titre, met le prix de la vente en distribution, et requiert l'ouverture de l'ordre.—Question de savoir qui des enfans Lambert ou de la dame Bourlier et du sieur Andrieux, doivent être colloqués les premiers.

La dame Bourlier et le sieur Andrieux réclament la priorité, et se fondent sur les art. 37, 38, 39 et 43 de la loi du 11 brumaire an 7, qui règlent le rang des anciennes Hypothèques par la date de leur inscription, et ne leur conservent leur date primordiale qu'autant qu'elles ont été inscrites dans les délais fixés par l'art. 37 et par la loi du 17 germinal suivant.

Les enfans Lambert répondent : — « Sans doute, c'est par la date de l'inscription que souvent l'ordre des Hypothèques est réglé. Mais dans quelles circonstances? c'est lorsque le concours n'est établi qu'entre les créanciers de la même personne; par exemple, entre les créanciers du possesseur actuel, ou entre les créanciers d'un ancien propriétaire. Ainsi, entre les créanciers du sieur Paret, les premiers inscrits doivent être préférés; et si le sieur Lambert, ancien propriétaire de la maison, avait eu plusieurs créanciers, le rang entre eux aurait été déterminé par la date de leurs inscriptions. Mais lorsque la question de priorité s'élève entre les créanciers du possesseur actuel et ceux d'un ancien propriétaire, et que l'acquéreur n'a pas fait transcrire son contrat, ce n'est plus par la date des inscriptions qu'il faut se déterminer, parce que les créanciers du possesseur n'avaient, de même que lui, que des droits incertains et résolubles, droits qui se sont évanouis par l'effet de l'inscription des anciennes Hypothèques. En effet, les art. 44 et 45 de la loi du 11 brumaire an 7 donnaient aux possesseurs d'immeubles réels ou fictifs, le droit de consolider leurs propriétés et de purger les anciennes Hypothèques par la transcription de leur contrat. Donc, s'ils ne le faisaient pas transcrire, les Hypothèques établies par les anciens propriétaires, conservaient toute leur force et ne perdaient aucun de leurs avantages. C'est ce qui est développé et formellement établi par l'art. 47. C'est donc la transcription seule qui pouvait anéantir les Hypothèques consenties par les anciens propriétaires; jusqu'à ce qu'elle eût lieu, l'immeuble *demeurait grevé* des anciennes Hypothèques; et par conséquent ces Hypothèques étaient indépendantes de l'inscription des créances nouvelles. Sous l'empire des lois anciennes, c'était également une maxime qu'entre créanciers hypothécaires non privilégiés, chacun était colloqué à la date de son Hypothèque; cependant cette règle cessait d'être observée, précisément dans un cas pareil au nôtre. Suivant la loi du 11 brumaire an 7, l'acquéreur, avant la transcription de son contrat, n'avait qu'un immeuble grevé d'Hypothèques, et dont la valeur diminuait du montant de la somme hypothéquée. L'Hypothèque de ses anciens créanciers personnels, quelle qu'en fût la date, ne pouvait donc l'emporter sur l'Hypothèque plus récente des créanciers du vendeur; à plus forte raison, ceux-là dont l'Hypothèque est postérieure à la vente, ne peuvent-ils pas obtenir la priorité sur les créanciers du vendeur, puisqu'il n'exerce que les droits de l'acquéreur, et que l'acquéreur ne pouvant pas être considéré comme véritable propriétaire avant la transcription de son contrat, les Hypothèques consenties par les anciens propriétaires, sont encore subsistantes ».

Sur ces moyens respectifs, arrêt de la cour d'appel d'Aix, du 15 pluviôse an 13, qui, « attendu que, suivant les dispositions des art. 37, 38, 39 et 43 de la loi du 11 brumaire an 7, les anciennes créances non inscrites dans les trois mois qui ont suivi la publication de cette loi, ne prennent rang que du jour de leur inscription; que c'est donc la date de l'inscription des Hypothèques qui règle l'ordre et le rang entre elles; et que par conséquent, d'un côté, l'inscription de la créance des enfans Lambert n'ayant pas été faite dans les trois mois; et, de l'autre, cette inscription étant postérieure à celle prise par les créanciers du sieur Paret, celles-ci qui ont la priorité, doivent aussi avoir la préférence »; confirme le jugement du tribunal de première instance de Marseille, qui colloque le sieur Andrieux et la dame Bourlier avant les enfans Lambert.

Les enfans Lambert se pourvoient en cassation, et reproduisent les raisons qu'ils ont inutilement fait valoir devant la cour d'appel et les premiers juges. Mais par arrêt du 13 brumaire an 14, au rapport de M. Genevois, « attendu que la cour d'appel, en subordonnant absolument à *l'inscription* le rang qu'a dû conserver l'Hypothèque des demandeurs sur l'immeuble dont il s'agit, loin d'avoir par-là contrevenu à la loi du 11 brumaire an 7, s'est au contraire exactement conformée aux différentes dispositions de cette loi, rejette...... ».

L'arrêt de Desfours du 16 fructidor an 13, rapporté ci-devant, art. 14, n. 2, avait déjà jugé la même chose.

Art. XVI. *Question sur l'art. 40 de la loi du 11 brumaire an 7.*

I. *Pour conserver, par une inscription postérieure à cette loi, une Hypothèque qui existait avant sa publication, suffit-il de rappeler dans le bordereau le titre de la créance dont cette Hypothèque tend à assurer l'effet; ou est-il nécessaire, dans le cas où la créance n'était pas hypothécaire par elle-même, d'y rappeler l'acte qu'il l'a rendue telle?*

J'ai établi dans un plaidoyer, et il a été jugé par un arrêt de la cour de cassation, du 4 thermidor an 12, rapporté dans mon *Recueil de Questions de droit*, aux mots *Succession vacante*, §. 1, qu'une telle inscription est nulle, si elle n'indique pas expressément la date du titre qui a rendu hypothécaire la créance qui ne l'était pas dans son principe.

II. *Des lettres de ratification ayant été scellées à la charge de l'opposition d'un créancier hypothécaire du vendeur, ce créancier a-t-il pu conserver le rang de son Hypothèque, en prenant, dans le délai fixé par l'art. 37 de la loi citée, une inscription sur le vendeur lui-même; ou n'a-t-il pas dû pour cela prendre une inscription sur l'acquéreur qui avait obtenu les lettres de ratification ?*

L'art. 40 de la loi du 11 brumaire an 7 porte, comme on l'a vu plus haut, art. 2, que l'inscription des Hypothèques acquises avant la publication de cette loi, sera faite *sur la simple représentation de deux bordereaux, contenant les indications prescrites par les art.* 17 *et* 21. C'est donc aux art. 17 et 21 que nous devons recourir pour savoir lequel, ou du vendeur, ou de l'acquéreur, le créancier doit désigner dans son inscription.

Or, l'art. 17, n. 2, et l'art. 21, même n°, veulent que chaque inscription contienne *le nom, prénom, profession et domicile du* DÉBITEUR, *ou une désignation individuelle et spéciale, assez précise pour que le conservateur des Hypothèques puisse reconnaître et distinguer dans tous les cas, l'individu grevé;* et ils ajoutent tous deux, n. 3, que l'inscription doit en même temps contenir *la date du titre, ou à défaut du titre, l'époque à laquelle l'Hypothèque a pris naissance.*

Rapprochons ces mots essentiellement corrélatifs, *époque où l'Hypothèque a pris naissance, titre, débiteur,* et demandons-nous à nous-mêmes, quel est celui que cette dernière expression désigne, quel est celui qu'il faut, comme *débiteur,* nommer dans l'inscription? Si nous écoutons bien ce sens intime qui ne trompe jamais, il nous répondra que c'est celui qui s'est obligé à *l'époque où l'Hypothèque a pris naissance;* celui qui s'est obligé par le *titre* constitutif de l'Hypothèque, en un mot le *débiteur* direct et primordial, tel qu'est, dans notre hypothèse, le vendeur.

La loi n'a pas pu, en disposant ainsi, ne pas se dire à elle-même que très-souvent le débiteur direct et primordial ne serait plus, au moment de l'inscription propriétaire de l'objet hypothéqué; qu'il l'aurait dans l'intervalle de son obligation primitive à l'inscription, transféré à un tiers qui lui-même l'aurait transmis à d'autres. Et sans doute en prévoyant ce cas, elle aurait pu exiger que l'inscription désignât, outre le débiteur direct et primordial, le possesseur actuel du bien, surtout si, par des lettres de ratification scellées à la charge d'une opposition, par une délégation, par une obligation de payement, par une convention quelconque, il avait pris sur lui la charge de l'Hypothèque. Mais ce que la loi eût pu exiger pour ce cas, elle ne l'a pas exigé en effet; elle a par conséquent voulu que, même dans ce cas, le débiteur direct et primordial fût seul nommé dans l'inscription. — Et elle a eu de très-bonnes raisons pour le vouloir ainsi : car assujettir le créancier à désigner dans son inscription le possesseur actuel, c'eût été la plupart du temps, l'exposer à des méprises qu'il n'aurait pas été en son pouvoir d'éviter. Quelquefois, il est vrai, le possesseur actuel eût pu être connu du créancier; et c'est ce qui serait arrivé singulièrement si le créancier fût précédemment intervenu dans quelque acte par lequel le possesseur actuel se fût chargé hypothécairement de sa créance. Mais aussi le plus souvent, le créancier n'aurait pas su même que l'objet hypothéqué avait changé de main; il aurait cru de bonne foi que l'objet hypothéqué était encore dans la possession de son débiteur. Il n'aurait conséquemment pu nommer que son débiteur dans l'inscription. — Et c'est pour ne pas le réduire à l'impossible, et c'est pour ne pas lui faire perdre des droits légitimes, en lui imposant des conditions qu'il eût souvent été hors d'état de remplir, que, par une disposition générale et qui, comme telle, embrasse nécessairement tous les cas, elle n'a exigé de lui que la désignation du débiteur direct et primordial.

Quelle raison y aurait-il d'ailleurs d'entendre le mot *débiteur* dans les art. 17 et 21 de la loi du 11 brumaire an 7, autrement que dans le premier article de la seconde loi du même jour, celle qui a pour objet les *expropriations forcées?* L'art. 1 de la seconde loi du 11 brumaire an 7 porte que *nul ne peut poursuivre la vente forcée d'un immeuble, qu'en vertu d'un titre exécutoire, et après un intervalle de trente jours, à partir de celui du commandement qu'il est tenu de faire à son* DÉBITEUR. Eh bien! on a prétendu que dans cet article, le mot *débiteur* ne devait s'entendre du débiteur direct et primordial, que dans le cas où l'immeuble était encore en sa possession à l'époque du commandement; et qu'il devait, dans le cas contraire, s'entendre du tiers-acquéreur de l'immeuble affecté à la créance du poursuivant. Mais ce système a été proscrit par la cour de cassation, et voici dans quelle espèce. — Jean-Claude Raymond et Joseph Hibord avaient sur François Raymond, une créance à laquelle celui-ci avait hypothéqué un immeuble. François Raymond ayant vendu cet immeuble à Jean-Louis Lybord, Jean-Claude Raymond et Joseph Hibord firent un commandement à Jean-Louis Lybord, acquéreur; et à défaut de payement, l'exproprièrent. Jean-Louis Lybord interjeta appel du jugement d'expropriation, et ce jugement fut annullé par la cour d'appel de Grenoble. Recours en cassation de la part des deux créanciers; mais le 6 messidor an 13, arrêt, au rapport de M. Doutrepont, par lequel, la cour, attendu que, selon l'art. 1 de la loi du 11 brumaire an 7, sur les expropriations forcées, nul ne peut poursuivre la vente forcée d'un immeuble, que trente jours après le commandement qu'il était tenu de faire à son débiteur : que, dans l'espèce, le commandement n'a pas été fait au débiteur, mais à Jean-Louis Lybord, qui était détenteur des biens contre lesquels l'expropriation forcée était dirigée, mais qui n'était pas débiteur de la somme due par la succession de François Raymond aux demandeurs; d'où il résulte que l'arrêt dénoncé, loin d'avoir violé la loi, en annullant la vente forcée dont il s'agit, s'y est parfaitement conformé; rejette..... ».

On objectera sans doute qu'il y a, pour entendre le mot *débiteur* dans les art. 17 et 21 de la première loi du 11 brumaire an 7, autrement que dans le premier article de la seconde loi du même jour, une raison toute particulière; que le but de l'inscription hypothécaire, dans le système de la première loi, est de faire connaître au public les Hypothèques qui existent sur les biens de chaque propriétaire, et, par-là, d'empêcher qu'un homme de mauvaise foi ne trompe, soit de nouveaux créanciers, en leur hypothéquant des biens déjà grevés au-delà de ce qu'ils valent, soit des acquéreurs, en leur vendant ces mêmes biens comme libres; que la loi suppose donc que le débiteur contre lequel on prend une inscription, est encore propriétaire des biens sur lesquels on s'inscrit; que, s'il ne l'était plus, une inscription prise contre lui, serait sans objet et ne servirait à rien; que, dans ce cas, il faut donc, pour remplir le but de la loi, prendre l'inscription contre le possesseur actuel.

Mais cette objection ne prouve rien par cela seul qu'elle prouve trop : elle tend en effet à prouver que l'inscription contre le débiteur primordial dépossédé, serait nulle même alors que sa dépossession serait ignorée du créancier qui s'inscrit. Et certainement la loi n'a pas eu, elle n'a pas pu avoir une pareille intention.

Il ne faut pas croire au surplus que le but de la loi ne soit pas rempli par une inscription dans laquelle il n'y a de désigné nommément que le débiteur primordial, même dépossédé antérieurement. Il suffit, pour se convaincre du contraire, de réfléchir à la manière dont procède tout homme qui traite avec le possesseur actuel d'un immeuble. — Il s'assure d'abord que cet immeuble lui appartient, et il lui fait pour cela représenter son titre d'acquisition. Ensuite, il apprend par ce titre, ou, si ce titre ne lui dit rien là-dessus, il se fait donner des renseignemens qui lui apprennent quels ont été les précédens possesseurs de ce bien. Ces connaissances acquises, il va consulter le registre des Hypothèques; et les tables qui accompagnent chacun de ces registres, lui indiquant les noms des précédens possesseurs, il lui est bien facile de constater s'il existe du chef de ceux-ci, des Hypothèques non encore rayées ni purgées. — Ainsi, nul doute que les inscriptions où ne sont rappelés que les noms de ceux des précédens possesseurs qui ont originairement contracté la dette pour laquelle ces inscriptions ont été prises, ne soient conformes, non-seulement à la disposition littérale des art. 17 et 21 de le loi du 11 brumaire an 7, mais encore à l'esprit général et au vrai système de cette loi.

Ajoutons que cette loi elle-même le décide ainsi textuellement. Elle porte, art. 44, que *les possesseurs d'immeubles qui n'auraient pas encore accompli toutes les formalités prescrites par les lois et usages antérieurs pour consolider leur propriété et en purger les charges et Hypothèques, y suppléeront par la transcription de l'acte de mutation*; et l'art. 47 ajoute : *Si la transcription des mutations mentionnées aux art. 44 et 46, n'est faite qu'après l'expiration de trois mois qui suivront la publication de la présente, l'immeuble qui en est l'objet, demeure grevé des charges et* HYPOTHÈQUES CONSENTIES PAR LES PRÉCÉDENS PROPRIÉTAIRES *avant leur expropriation, et qui seraient* INSCRITES *avant cette transcription. A l'égard des rentes constituées, elles demeurent grevées de celles desdites charges et Hypothèques* INSCRITES DANS LES DIVERS BUREAUX OU LES PRÉCÉDENS PROPRIÉTAIRES *sur lesquelles elles n'auraient point été purgées*, AURAIENT EU LEUR DOMICILE. — Bien certainement, dans le cas prévu par ces articles, c'est sous les noms, sous les seuls noms des *précédens propriétaires*, que les Hypothèques consenties par eux doivent être inscrites; et il n'est nullement nécessaire d'énoncer dans leurs inscriptions, les noms des possesseurs actuels. Et s'il s'élevait là-dessus le moindre nuage, il serait bientôt dissipé par celle des dispositions que nous venons de rappeler, qui indique où doivent être prises, dans ce cas, les inscriptions dont l'objet est de conserver les Hypothèques acquises, avant la publication de la loi, sur des rentes constituées. Ces inscriptions doivent être prises dans les bureaux où étaient domiciliés les *précédens propriétaires* sur qui les Hypothèques n'ont pas été purgées, et qui par conséquent avaient consenti ces Hypothèques, ou en d'autres termes, dans les bureaux où étaient domiciliés les débiteurs directs et primordiaux qui avaient hypothéqué à leurs dettes des rentes constituées dont ils étaient créanciers. — Or, c'est bien là le signe le moins équivoque de l'inutilité dont est, en ce cas, la mention du nom du possesseur actuel dans l'inscription; car on ne doit mentionner dans une inscription, que le nom de celui contre qui on la prend; et il est très-constant que, pour prendre inscription sur une rente constituée, il faut s'adresser au bureau du domicile de celui contre lequel on veut s'inscrire. Si donc c'est au bureau du domicile du précédent propriétaire qui a consenti l'Hypothèque, que l'on doit s'adresser pour prendre inscription, il est clair que ce n'est que contre lui que l'on est tenu de s'inscrire; il est clair par conséquent que c'est son nom seul qui doit être énoncé dans l'inscription. — Ainsi répétons-le sans craindre la plus faible contradiction, dans le cas prévu par les art. 44 et 47 de la loi du 11 brumaire, il n'est pas nécessaire de rappeler dans l'inscription, le nom du possesseur actuel, il suffit d'y rappeler le nom du précédent propriétaire qui a consenti l'Hypothèque, le nom du débiteur primitif avec lequel on a contracté directement. — Et pourquoi n'en serait-il pas de même dans tout autre cas? Pourquoi n'en serait-il pas de même, lorsqu'au lieu d'une ancienne Hypothèque sur une rente constituée, il s'agit d'une ancienne Hypothèque sur un immeuble réel?

C'est ainsi au surplus que la question a été jugée par la cour de cassation; et voici dans quelles circonstances.

Le 14 juillet 1786, Charles Demaillé vend la terre d'Entrasmes à Jean-Louis Demaillé, son frère, moyennant 400,000 liv. — Il meurt quelque temps après; sa succession est abandonnée, et un curateur y est établi. — Le 2 septembre 1792, Jean-Louis Demaillé, acquéreur, décède à son tour. — Le 31 juillet 1793, son héritière vend la terre d'Entrasmes à la dame Daumont, moyennant 1,100,000 livres. — La dame Daumont fait afficher son contrat au bureau des Hypothèques. — Le 18 octobre 1793, le curateur à la succession vacante de Charles Demaillé y forme opposition pour le prix de la vente du 14 juillet 1786. — Le 22 nivôse an 2, les lettres de ratification de la dame Daumont sont scellées à la charge de cette opposition. — Dans le courant de la même année et de l'an 3, la dame Daumont paye la totalité de son prix, partie à l'héritière, partie aux créanciers de Jean-Louis Demaillé; et laisse en arrière le curateur à la succession vacante de Charles Demaillé. — Le 11 messidor an 6, elle marie sa fille au sieur Soubeyran, et lui constitue en dot la terre d'Entrasmes. — Survient la loi du 11 brumaire an 7. — Le 13 germinal suivant, le curateur à la succession vacante de Charles Demaillé prend sur la terre d'Entrasmes une inscription contre Jean-Louis Demaillé, acquéreur primitif de cette terre, pour se conserver l'Hypothèque résultante du contrat du 14 juillet 1786. — Le 13 brumaire et le 15 germinal an 9, le sieur Soubeyran et son épouse s'obligent pour une somme de 162,000 francs qu'ils hypothèquent spécialement sur la terre d'Entrasmes, et cette obligation est inscrite sur-le-champ. — Le 26 fructidor suivant, le sieur Soubeyran et son épouse vendent la terre d'Entrasmes, au sieur Dumas. — Le sieur Dumas fait transcrire son contrat. — Le 11 germinal an 10, le curateur à la succession vacante de Charles Demaillé fait assigner le sieur Dumas en déclaration d'Hypothèque. — Le sieur Dumas cite en garantie le sieur et la dame Soubeyran, qui, de leur côté, font citer en arrière-garantie la dame Daumont. — Les porteurs des obligations des 13 brumaire et 15 germinal an 9 interviennent. — Et tous opposent au curateur la nullité prétendue de son inscription, nullité qu'ils font résulter de ce que cette inscription n'a été prise, ni contre les sieurs et dame Soubeyran, possesseurs de la terre d'Entrasmes à l'époque du 13 germinal an 7, ni même contre la dame Daumont, qui, par le sceau de ses lettres de ratification chargées de l'opposition du curateur, était devenue personnellement débitrice du prix de la vente de 1786. — Le 5 fructidor an 11, jugement du tribunal de première instance du département de la Seine, qui, sans s'arrêter à cette exception, déclare la terre d'Entrasmes affectée et hypothéquée au payement de la créance de la succession de Charles Demaillé. — Appel; et le 9 fructidor an 12, arrêt qui met l'appellation au néant. — Recours en cassation. M. Daniels, portant la parole sur cette affaire, a observé que la dame Daumont n'ayant point consigné le prix de son acquisition, et l'ayant payée extrajudiciairement, en partie à l'héritière de son vendeur, en partie à des créanciers de celui-ci qui ne pouvaient être colloqués qu'après la succession de Charles Demaillé, l'affaire rentrait précisément dans le cas prévu par les art. 44, 46 et 47 de la loi du 11 brumaire an 7; qu'en conséquence, puisque ni la dame Daumont, ni le sieur et dame Soubeyran n'avaient fait transcrire leurs contrats dans les trois mois qui avaient suivi la publication de cette loi, on devait, d'après l'art. 47, regarder comme valable l'inscription que le curateur avait prise sur le débiteur primordial de la succession de Charles Demaillé; qu'ainsi, l'arrêt attaqué, loin de contrevenir à la loi, n'avait fait que s'y conformer. — Et sur ces observations, arrêt du 30 floréal an 13, au rapport de M. Sieyes, qui, « attendu que, dans l'espèce particulière, toutes les formalités prescrites par les art. 44 et 46 de la loi du 11 brumaire an 7, n'avaient pas été remplies par les acquéreurs de Jean-Louis Demaillé; et qu'ainsi, les tribunaux ont pu, sans violer cette loi, accorder à l'opposition aux lettres de ratification et à l'inscription prise le 13 germinal an 7, l'effet qu'ils leur ont attribué; rejette.... ».

On citait, dans cette affaire, de la part des demandeurs en cassation, l'arrêt de la même section du 13 thermidor an 12 (rapporté ci-devant, art. 14, n. 1), qui paraissait avoir jugé le contraire, en rejetant la demande du sieur S.-Didier en cassation du jugement du tribunal d'appel de Besançon du 7 fructidor an 11, par lequel les sieurs Delamalle et Legay, inscrits postérieurement aux demoiselles Boistouzet, avaient été colloqués avant elles, sur le fondement, disait-on, que les demoiselles Boistouzet, dans leur incription qui était datée du 21 nivôse an 7, au lieu de rappeler le nom du propriétaire actuel, n'avait rappelé que celui de leur débiteur primitif. — Mais la vérité est que la cour d'appel de Besançon n'avait colloqué les sieurs Delamalle et Legay avant les demoiselles Boistouzet, que parce que les demoiselles Boistouzet n'avaient pas produit leur inscription du 21 nivôse an 7, et que conséquemment elles avaient été et dû être considérées par cette cour comme n'ayant point fait inscrire leur Hypothèque à cette date. Cette circonstance, que je n'ai pas manqué, comme on l'a vu plus haut, de faire valoir en portant la parole sur le recours du sieur S.-Didier, rendait absolument oiseuse la question que nous agitons ici; et quoique l'arrêt qui a rejeté ce recours, paraisse, dans sa rédaction, motivé uniquement sur la nullité prétendue de l'inscription des demoiselles Boistouzet, il n'en est pas moins vrai que, dans son prononcé à l'audience, il l'avait été sur le défaut de production de cette pièce. Aussi la section des requêtes elle-même ne s'y est-elle pas arrêtée, lorsqu'on est venu le lui opposer dans l'affaire du curateur à la succession vacante de Charles Demaillé.

Art. XVII. *Question sur l'art. 43 de la loi du 11 brumaire an 7: — Une Hypothèque accordée avant cette loi sur tous les biens présens et à venir du débiteur, mais qui n'a pas été inscrite dans le délai fixé par l'art. 43, a-t-elle perdu son efficacité primordiale, ou seulement son rang d'ancienneté?*

V. le plaidoyer du 7 décembre 1807, rapporté au mot *Enregistrement* (droit d'), §. 4.

Art. XVIII. *Question sur l'art. 47 de la loi du 11 brumaire an 7.*

I. *Le créancier qui, muni, en pays de nantissement, d'un titre par lequel son débiteur lui accordait Hypothèque sur tous ses biens présens et à venir, a fait inscrire ce titre au bureau des Hypothèques, sous l'empire de la loi du 9 messidor an 3, et dans la forme prescrite par cette loi, a-t-il, par-là, acquis une Hypothèque véritable, et doit-il primer l'inscription prise par un créancier postérieur sous l'empire de la loi du 11 brumaire an 7?*

Par contrat passé devant notaire à Lille, le 25 novembre 1784, le sieur Rozet constitue au profit du sieur Delespière, une rente à laquelle il affecte tous ses biens présens et à venir. — Le 27 novembre suivant, le sieur Delespière remplit, devant les bailli et hommes de fiefs de Hautbourdin, toutes les formalités nécessaires pour *réaliser*, sur les biens situés dans cette seigneurie, l'Hypothèque que lui a promise son débiteur. — Le 13 ventôse an 4, informé que le sieur Rozet a depuis acquis d'autres biens dans la ci-devant seigneurie d'Emmerin, le sieur Delespière prend, au bureau des Hypothèques établi à Lille en vertu de la loi du 9 messidor an 3, une inscription tendante à acquérir Hypothèque sur ces biens, en même temps qu'à conserver celle qu'il a précédemment acquise sur ceux de Hautbourdin. — Le 26 ventôse an 7, le sieur Damman-Vandewale, prend, en vertu d'un jugement qu'il a obtenu contre le sieur Rozet, le 12 du même mois, une inscription hypothécaire sur tous les biens possédés par celui-ci dans l'arrondissement de Lille, arrondissement dans lequel est comprise la commune d'Emmerin. — Les biens d'Emmerin sont vendus par expropriation forcée. Question de savoir si l'inscription du 17 ventôse an 4 est valable, et si elle doit primer celle du 26 ventôse an 7. — Le 18 frimaire an 12, jugement par lequel le tribunal de première instance de Lille, « considérant que la loi du 9 messidor an 3, relative au régime hypothécaire, a été successivement ajournée jusqu'à celle du 11 brumaire an 7, et que cette dernière loi n'a déclaré valables que les inscriptions à fin de conserver prises suivant les formes prescrites par la première, déclare que le sieur Delespière, par son inscription prise le 13 ventôse an 4, n'a pu acquérir Hypothèque sur les biens que Rozet avait acquis à Emmerin depuis la passation du contrat de 1784, mais seulement que, par cette inscription; il a pu conserver les droits qu'il avait sur les biens situés à Hautbourdin, en vertu dudit contrat ». — Mais sur l'appel, arrêt de la cour de Douay, du 4 messidor suivant, qui infirme ce jugement et colloque le sieur Delespière avant le sieur Damman-Vandewale, « attendu qu'en accordant trois mois à ceux qui n'avaient pas fait inscrire leurs droits d'Hypothèque ou priviléges, *en exécution et dans les formes de la loi du* 9 *messidor an* 3, pour prendre cette inscription, l'art. 37 de la loi du 11 brumaire an 7 a regardé comme valables toutes les inscriptions prises dans les formes prescrites par celle du 9 messidor an 3 ». — Recours en cassation contre cet arrêt, sur le fondement que l'art. 37 de la loi du 11 brumaire an 7 n'a validé les inscriptions prises conformément à la loi du 9 messidor an 3, qu'autant qu'elles auraient eu pour objet de conserver des Hypothèques précédemment acquises. — Mais par arrêt du 8 floréal an 13, au rapport de M. Pajon, « attendu qu'il résulte de la combinaison des diverses dispositions de la loi du 9 messidor an 3, et autres qui en ont successivement prorogé l'exécution, et notamment de l'art. 37 de celle du 11 brumaire an 7, qu'elle a attendu valider toutes les inscriptions faites jusqu'à l'époque, et même qui pourraient l'être dans les trois mois, de sa publication, des droits d'Hypothèque ou priviléges existans lors de ladite publication, en exécution et dans les formes de ladite loi du 9 messidor de l'an 3, sans aucune espèce de distinction; d'où il suit que la cour d'appel de Douay en rejetant celle proposée par le demandeur, sur le fondement que les inscriptions prises par Delespière, ne l'avaient point été conformément aux lois anciennes en matière d'Hypothèque, n'a fait qu'une juste application dudit art. 37 de la loi du 11 brumaire, et n'a violé aucune de celles appliquées à la matière; la cour rejette ».

Il ne pouvait y avoir aucune difficulté de cette affaire, parce que la loi du 9 messidor an 3 admettait l'Hypothèque générale des biens présens et à venir. *V.* le n.° suivant.

II. *A-t-on pu, sous l'empire de la loi du* 10 *brumaire an* 7, *faire inscrire sur des biens situés en pays de nantissement, une Hypothèque générale sur les biens présens et à venir, accordée précédemment par un contrat qui n'avait pas été suivi des formalités nécessaires pour le réaliser?*

La négative me paraît résulter de deux dispositions de la loi du 11 brumaire an 7.

D'une part, en effet, cette loi n'autorisait la stipulation d'Hypothèque par acte notarié, et ne permettait de l'inscrire, qu'autant qu'elle *indiquât la nature et la situation des immeubles hypothéqués* (art. 4); et de là il suit évidemment que sous l'empire de cette loi, on ne pouvait pas, en vertu d'une stipulation d'Hypothèque générale sur tous les biens présens et à venir, acquérir par inscription une Hypothèque *nouvelle*; ou, ce qui est la même chose, créer par inscription une Hypothèque qui n'existait pas encore.

D'un autre côté, l'art. 43 permettait bien d'inscrire les Hypothèques générales sur les biens présens et à venir, qui résultaient de créances contractées avant la publication de la loi; mais il ne le permettait que *dans les lieux où l'Hypothèque générale était admise par les lois antérieures*. Il ne le permettait donc pas dans les lieux où les lois antérieures ne reconnaissaient que l'Hypothèque spéciale.

Eh! comment aurait-il pu le permetre dans ceux-ci? Il n'aurait pas pu le faire sans se mettre en contradiction avec les art. 37, 38, 39, 40 et 42, desquels il résulte très-clairement que les Hypothèques antérieures à la loi ne peuvent être inscrites, qu'autant qu'elles sont déjà acquises, qu'autant qu'elles existent déjà.

C'est ainsi, au surplus, que la question a été jugée par deux arrêts de la cour de cassation, que l'on trouvera l'un sous le mot *Surenchère*, n. 5; l'autre dans mon *Recueil de Questions de droit*, au mot *Nantissement*, §. 2.

III. *L'Hypothèque dont une rente foncière étant grevée avant la loi du* 11 *brumaire an* 7, *a-t-elle pu être inscrite depuis l'expiration des délais déterminés par l'art.* 37 *et par la loi du* 17 *germinal suivant; et l'inscription qui en a ainsi été faite peut-elle nuire au tiers qui ayant acquis la rente après la promulgation de la loi, n'avait pas encore fait transcrire son contrat à l'époque de cette inscription?*

Le 13 mars 1778, contrat de mariage entre le sieur Sabran et la demoiselle Coste-Champeron. Par cet acte, la future épouse est constituée créancière du futur époux, d'une somme de 150,000 livres, avec Hypothèque sur tous ses biens présens et à venir. — Le 17 juin 1789, le sieur Sabran baille un moulin à locatairie perpétuelle, moyennant une rente foncière de 1400 livres et six paires de chapons. — Le 12 pluviôse an 10, il vend cette rente au sieur Rouzet-Folmond, qui ne fait pas transcrire son contrat. — Le 15 germinal suivant, la dame Sabran prend sur la même rente une inscription hypothécaire pour conserver l'Hypothèque qu'elle a acquise par son contrat de mariage. — Le sieur Rouzet-Folmond, poursuivi en conséquence par la dame Sabran, demande incidemment la nullité de cette inscription.

Le 22 germinal an 12, le tribunal de première instance de Pamiers déclare l'inscription valable, et motive ainsi son jugement : — « La loi du 18 décembre 1790, concernant le rachat des rentes foncières, n'a rien changé à leur nature d'immeubles fictifs. L'art. 7 de la loi du 11 brumaire an 7 est le seul qui ait mobilisé ces rentes pour l'avenir seulement; mais cette loi leur a conservé leur qualité d'immeubles fictifs pour le passé, ainsi qu'il résulte des art. 42 et 45; c'est-à-dire qu'aujourd'hui un titre hypothécaire, postérieur à la publication de la loi du 11 brumaire an 7, ne peut affecter ces rentes; mais un titre antérieur les affecte en conformité des anciennes lois, étant constant dans le droit qu'antérieurement à la loi du 11 brumaire an 7, ces sortes de rentes, regardées comme des immeubles fictifs, étaient susceptibles d'Hypothèque. — D'après l'art. 26, tous actes translatifs de biens et droits susceptibles d'Hypothèque, doivent être transcrits au bureau des Hypothèques de la situation desdits biens et droits. Cette transcription opère seule la transmission de la propriété envers l'acquéreur à l'égard des créanciers du vendeur, lequel, relativement à ceux-ci, est toujours considéré comme propriétaire, nonobstant la mutation, jusqu'à cette transcription. Cette disposition est impérative pour tous actes de mutation postérieurs à cette loi. — D'après l'art. 45, pour purger les priviléges et Hypothèques qui existaient en vertu des anciennes lois sur les rentes foncières, les titres translatifs de la propriété de ces rentes, soit qu'ils fussent postérieurs ou antérieurs à la loi, ont dû être transcrits au bureau de la situation des immeubles sur lesquels elles étaient créées. — Les propriétaires des droits d'Hypothèque ou de privilége acquis avant la loi sur les rentes foncières, ont dû, à leur tour, d'après l'art. 42, inscrire ces droits au bureau des Hypothèques. — Ainsi, ces deux articles portent des obligations corrélatives aux acquéreurs de ces rentes et aux créanciers qui ont des droits d'Hypothèque acquis sur ces rentes, que chacun d'eux doit remplir à peine de déchéance. Vouloir limiter la disposition de l'art. 45 aux actes d'aliénation desdites rentes antérieurs à la loi, c'est évidemment en méconnaître l'esprit. Son vœu, prononcé dans toutes ses dispositions au chap. 3, est de maintenir en leur entier les Hypothèques existantes d'après les lois antérieures sur toute espèce de biens, et de n'innover que pour l'avenir. Ce vœu serait manqué, puisqu'une Hypothèque acquise en vertu des lois antérieures sur une rente foncière, serait inutilement inscrite, lorsque le titre de l'aliénation serait postérieur à la loi, et que son inscription ne produirait d'effet que lorsque la mutation serait antérieure. La loi n'a point fait cette distinction, qui est contraire à son objet : *ubi lex non distinguit, nec nos distinguere debemus*. — Il suit de là, 1.° que Rouzet a dû faire transcrire, quand bien même son titre de mutation eût été antérieur à la loi, ainsi qu'il résulte de la disposition de l'art. 44; 2.° que les créanciers à leur tour ont dû inscrire leurs créances. — Et quoique la demanderesse ait pris son inscription postérieurement aux délais successifs accordés aux créanciers, même à ceux des émigrés, il n'en résulte autre chose à son préjudice, si ce n'est sa déchéance de l'ancien rang assigné par les lois antérieures à cette créance. L'art. 39 ne lui accorde rang que du jour de l'inscription. C'est la seule peine que la loi a prononcée. Elle est fondée sur deux motifs; 1.° pour ne pas nuire aux droits d'autres créanciers qui auraient pris des inscriptions antérieures, et qui ont contracté avec le débiteur commun, sous la foi qu'ils n'étaient primés par aucun autre; 2.° pour punir le créancier qui n'a pas voulu profiter de la faveur de la loi pour conserver l'intégrité de son droit ».

Le sieur Rouzet-Folmond appelle de ce jugement.

Et le 29 mai 1806, « considérant que la rente dont il s'agit, n'ayant été vendue que postérieurement à la loi de brumaire an 7 qui, à l'art. 7, déclare ces sortes de rentes non passibles d'Hypothèque à l'avenir, elle avait été vendue dans sa condition présente, c'est-à-dire, mobilisée, tant à l'égard des créanciers du vendeur, venus postérieurement, qu'à l'égard du débiteur de la rente; qu'à la vérité, la même loi du 11 brumaire, ayant égard aux droits acquis résultans d'un titre ancien, a déclaré que ladite rente est encore un immeuble fictif en faveur des créanciers antérieurs à ladite loi, mais à la charge par eux de faire leur inscription dans le délai; que, dans le cas contraire, la condition de ces créanciers est en tout semblable à celle des créanciers venus postérieurement, puisque d'après l'art. 39, leur Hypothèque ne peut avoir d'effet que du jour où l'inscription a été postérieurement requise; d'où la conséquence que puisque l'inscription de la demanderesse n'est que du 15 germinal an 10, elle ne peut avoir d'effet, d'après l'art. 3, qu'à compter de ce jour, 15 germinal; or, à cette époque, la rente n'était plus susceptible d'Hypothèque, parce qu'elle était mobilisée par la loi du 11 brumaire an 7, et à compter de la publication de cette loi; que, par défaut d'inscription dans le délai de droit, la rente ayant cessé d'être immeuble fictif à l'égard de toutes personnes, et le sieur Rouzet, l'ayant acquise dans cet état, il n'a point été tenu de faire transcrire son contrat; et si, dans l'art. 45, la loi parle des transcriptions nécessaires pour purger les Hypothèques préexistantes aux ventes faites de ces mêmes rentes, cette formalité n'y est établie que pour les mutations faites antérieurement à la loi; ce qui se prouve, et par le frontispice du tit. 3, et par la disposition des art. 44 et 46, où il est parlé des nouveaux possesseurs à l'instant de la promulgation de la loi. Or, l'art. 47 ne se référant qu'aux mutations énoncées dans les art. 44 et 46, s'il y est parlé des inscriptions déjà faites sur les rentes constituées, il est ajouté *où les précédens propriétaires avaient leur domicile;* ce qui prouve que ces articles ne reçoivent leur application et n'exigent la formalité de la transcription, que pour les aliénations de rentes faites antérieurement à la loi. Cette interprétation s'étaie encore de l'art. 50 où il est question des rentes constituées, aliénées postérieurement à la loi. L'article statue dans ce cas, que l'inscription n'a d'effet qu'autant qu'elle est faite dans le délai prescrit; ce qui, par la règle des inclusions, interdit tout effet à celles faites postérieurement. Au surplus, s'il n'est parlé dans cet article que des rentes constituées et non des rentes foncières, on peut prétendre que le mot *rente constituée* a été employé là d'une manière générique; et qu'ainsi, il faut l'étendre à toute espèce de rente, à la rente foncière. C'est donc maintenant en vertu de l'art. 50, que la rente foncière dont il s'agit, acquise postérieurement à la loi, est dégrevée de l'Hypothèque, parce que l'inscription de la dame Coste n'a pas été faite dans le délai de cette loi; la cour (d'appel de Toulouse) dit qu'il a été mal jugé, déclare l'inscription nulle et ordonne qu'elle sera rayée ».

La dame Sabran se pourvoit en cassation contre cet arrêt, et le dénonce comme violant ou appliquant à faux les art. 7, 26, 39, 44, 45, 46, 47 et 50 de la loi du 11 brumaire an 7.

» Cette loi (dit son défenseur), établit clairement quatre principes essentiels. 1.° Ce n'est pas l'inscription qui donne l'Hypothèque : elle ne sert qu'à la conserver. Ce qui fait naître l Hypothèque, ce qui la confère réellement, c'est le titre de la créance : l'*Hypothèque existe, mais à la charge de l'inscription* (art. 3.) 2.° La seule peine infligée à l'inscription faite hors du délai légal, consiste dans la perte du rang qu'aurait eu l'Hypothèque d'après le titre originaire, si des créanciers postérieurs en date ont été plus diligens; à cette peine près, *elles auront effet à compter du jour de l'inscription* (art. 39.) 3.° L'Hypothèque créée sur les rentes foncières et les rentes constituées avant la publication de la loi, n'a point été abolie. *Elles ne pourront plus à l'avenir être frappées* d'Hypothèque, dit l'art. 7, c'est-à-dire, on ne pourra plus créer d'Hypothèque sur ces rentes. Ce n'est pas l'inscription, on le répète, qui *frappe une chose d'Hypothèque*, c'est le titre. 4.° L'acquéreur d'un bien ou droit susceptible d'Hypothèque, n'a d'autre moyen de consolider sa propriété et de la purger de ce lien, que la transcription (art. 26.)

» Si la loi s'était arrêtée là, il n'y aurait pas de procès entre les parties. L'Hypothèque de la demanderesse remonte à son contrat de mariage, antérieur à la loi. Elle a donc existé; la loi n'a pas voulu la supprimer. Pour la conserver, elle n'a imposé à la demanderesse que la charge de l'inscription dans les trois mois; la demanderesse a différé l'inscription jusqu'après le délai écoulé. Elle a perdu son rang; mais son Hypothèque, toujours existante sur la rente, a eu son effet dès le jour de l'inscription, bien que tardive, et elle l'a eu sur la rente et contre le possesseur de la rente qui n'avait pas fait transcrire son acquisition. Ces règles sont pleines d'équité; pour s'en écarter, pour enlever surtout un droit acquis, il faut trouver dans la loi des exceptions conçues dans des termes aussi clairs que la règle.

» Or, est-il vrai que la loi ait admis une exception relativement aux rentes foncières grevées d'Hypothèques avant la loi, mais aliénées à des tiers postérieurement à la loi? Est-il vrai que le créancier a dû faire son inscription dans le délai de trois mois, à peine, non-seulement de perdre son rang, mais encore d'être déchu de plein droit de son Hypothèque? Est-il vrai que l'acquéreur de cette rente a été affranchi de l'obligation de transcrire, qui a consolidé sa propriété par cela seul que le délai fixé aux inscriptions, se trouvait écoulé lors de son acquisition?

» Non-seulement il n'y a rien dans la loi qui établisse un pareil système d'une manière concluante, mais les raisons qui le proscrivent sont très-prépondérantes.

» La difficulté naît des dispositions consignées dans la partie de la loi intitulée : *Dispositions relatives aux Hypothèques et aux mutations du passé, et aux aliénations des rentes constituées.* Dans l'examen de ces dispositions, il ne faut pas perdre de vue les quatre principes précédemment établis, dont se forme l'économie de la loi, et dont il paraît qu'elle s'est bornée dans ce titre à faire l'application. Il ne faut pas perdre de vue que la règle générale concernant l'effet des inscriptions tardives, est placée sous ce même titre. Il ne faut pas perdre de vue enfin que l'intitulé a deux parties, 1.° *Hypothèques et mutations du passé;* 2.° *aliénation des rentes constituées.* On reviendra sur l'effet de cette distinction.

» L'art. 42 ne fait autre chose qu'indiquer les différens bureaux où les Hypothèques anciennes des rentes foncières et constituées seront inscrites. On y remarque une grande différence. La rente foncière y suit la condition des immeubles. L'Hypothèque doit être inscrite dans le lieu de la situation de l'immeuble soumis à la rente. Au contraire, la rente constituée, moins constante, moins fixe, plus versatile, suit la condition des immeubles, c'est-à-dire, la personne et le domicile du créancier. Mais, jusqu'ici, nul changement aux principes posés précédemment à l'égard du temps et des effets de l'inscription, qui ait aggravé, quant aux rentes, la peine de l'inscription tardive.

» L'art. 44 ne parle que des acquéreurs d'immeubles. On les soumet à la transcription.

» L'art. 45 étend la nouvelle obligation aux nouveaux possesseurs de rentes foncières et constituées. Elles méritaient un article distinct, à raison de la différence du lieu où la transcription devait être faite. Cet article est évidemment applicable au sieur Rouzet-Folmond; il est devenu *nouveau possesseur* d'une rente foncière soumise à une Hypothèque *qui exis-*

tait en vertu des anciennes lois. Il faut bien faire attention à ces mots : *Hypothèques qui existeraient*. L'art. 7, déjà cité, dit : *L'Hypothèque existe*. Le sieur Rouzet a dû transcrire *pour purger les Hypothèques* qui existeraient ; et elles pouvaient exister indépendamment de l'inscription, pour n'avoir d'effet qu'à compter de l'inscription qui pourrait encore en être faite, même après le délai légal.

» Jusqu'ici nulle différence entre les immeubles et les rentes ; et si la loi en a formé deux articles distincts, 44 et 45, ce n'a été, on le répète, que relativement au lieu de l'inscription.

» L'art. 46 paraît vraiment déplacé. Il ne concerne que les mutations qui avaient déjà eu lieu avant la publication de la loi, mais sa disposition paraît embrasser et les immeubles et les rentes : elle porte que la transcription faite dans les trois mois, ne purge que les Hypothèques non inscrites dans ce délai.

» L'art. 47 n'a pas dérogé aux principes précédens. Déjà les art. 37, 38 et 39, qui sont incontestablement applicables aux rentes foncières, qui sont placés sous le titre *des Hypothèques du passé*, avaient établi la règle que l'inscription, bien que tardive, donnait effet à l'Hypothèque ancienne. Déjà l'art. 45 avait imposé à l'acquéreur d'une rente la formalité de la transcription, il voulait purger cette rente d'une Hypothèque existante. Or, l'on ne trouve rien dans l'art. 47, qui établisse que l'Hypothèque sur une rente est absolument perdue, relativement à un nouveau possesseur, si elle n'est pas inscrite dans les trois mois. L'art. 47 a deux parties ; toutes les deux sont régies par les mots : *Si la transcription n'est faite qu'après les trois mois....* ; que l'on retranche la partie qui parle des immeubles, et on lira, *Si la transcription n'est faite qu'après les trois mois, les rentes constituées demeurent grevées de celles desdites Hypothèques inscrites dans les divers bureaux, etc.* La loi ne dit pas : *inscrites dans les trois mois* ; elle ne dit rien d'équivalent. L'on ne doit donc pas ajouter à la loi. On doit l'entendre, comme elle s'était déjà exprimée à l'art. 39. Il n'est donc pas vrai que l'art. 47 ait établi une différence entre l'Hypothèque assise sur l'immeuble et celle assise sur une rente, de manière que l'immeuble seul, et non pas la rente, demeure encore grevé d'Hypothèque, malgré l'inscription tardive, pourvu qu'elle ait précédé la transcription.

» Il y a d'ailleurs une observation bien importante à faire sur ce même article.

» Il paraît que dans la première distribution des articles de la loi du 11 brumaire an 7, l'article indiqué dans le bulletin sous le n.° 46, était le 47.e ; et que celui qui est aujourd'hui numéroté 47, était le 46e. Voilà pourquoi les procès-verbaux du conseil des cinq-cents et du conseil des anciens offrent dans la rédaction de cet article les expressions : *mentionnés aux deux articles précédens*, c'est-à-dire, aux art. 44 et 45.

» Il paraît également que depuis on jugea que cet art. 47, connu dans le bulletin sous le n.° 46, serait mieux placé, s'il suivait immédiatement l'art. 44, c'est-à-dire, s'il était le 45.e ; et si, par suite, celui qui est connu sous le n.° 45, était au n.° 46, et si le 46.e devenait le 47e.

En conséquence, et supposant le changement fait, on réforma la rédaction de cet ancien art. 46, devenu le 47.e, et on substitua aux expressions, *mentionnés aux deux articles précédens*, celle-ci, *mentionnés aux art. 44 et 46*.

» Malheureusement, ce nouveau classement des articles fut mal exécuté ; au lieu de porter cet ancien art. 47 immédiatement après l'art. 44 pour en faire le 45e, on le plaça après ce dernier, et on en fit le 46.e ; de là est résultée l'erreur que l'on découvre dans le bulletin.

» La preuve que cette conjecture n'est pas hasardée, se tire, 1.° de la différence qui se trouve entre la rédacsion de l'art. 47, tel qu'il est sorti des mains du législateur, et qu'il se trouve dans les procès-verbaux des deux conseils ; et la rédaction qu'offre le bulletin qui n'a été imprimé que deux mois après ; — 2.° de ce que l'art. 46 du bulletin ne peut être gouverné par l'art. 47 : il contient en effet une disposition législative complète et indépendante de tous les articles qui pouvaient le suivre ; — 3.° enfin, de ce que l'art. 47 doit nécessairement se référer à deux articles précédens ; et qu'il ne s'en trouve pas d'autres que l'art. 45 qui devait être le 46e.

» Pour peu qu'on veuille supposer un instant l'art. 46 du bulletin à la place de l'art. 45, et respectivement l'art. 45 à celle de l'art. 46, sur-le-champ l'ordre et l'harmonie règnent, la pensée du législateur est fidèlement rendue ; et on voit clairement qu'il a voulu assimiler en tout point les rentes foncières aux propriétés réelles, et que les unes et les autres fussent grevées de toutes les Hypotèques anciennes qui seraient inscrites avant la transcription des actes de mutation.

» Au surplus, l'argument que l'on veut tirer de l'art. 47, ne prouverait rien, parce qu'il prouverait trop. Car, en l'entendant dans un sens favorable au défendeur, il s'ensuivrait que la déchéance de l'Hypothèque aurait lieu, non-seulement en faveur de celui qui a acquis la rente, postérieurement à la loi et après les délais fixés pour l'inscription, mais encore en faveur de celui qui l'aurait acquise antérieurement à la loi ; ce que le défendeur n'ose pas soutenir, et ce qui d'ailleurs blesserait tous les principes d'équité.

» Quant à l'article 50, il faut observer ; 1.° qu'il est conçu d'une manière trop obscure pour qu'on puisse en induire une exception aux règles établies précédemment ; 2.° que, quand bien même l'on voudrait donner à cet article le sens dans lequel la cour de Toulouse l'a entendu, cela ne pourrait être applicable qu'aux rentes constituées, et non aux rentes foncières, dont l'article ne fait aucune mention. Il existait entre ces deux espèces de rentes une si grande différence, qu'on ne peut argumenter de l'une à l'autre. La rente constituée n'était qu'une créance personnelle qui n'avait aucune situation : elle n'était régie que par la loi du domicile du créancier, et c'est cette loi qui régiait si on devait les réputer meubles ou immeubles ; elle changeait de nature, et d'immeuble qu'elle était, devenait meuble, lorsque le propriétaire domicilié sous une coutume qui réputait ces sortes de rentes immeubles, transférait son domicile sous une coutume qui les réputait meubles. Les mutations des rentes constituées n'étaient pas soumises au droit de centième denier comme les mutations de rentes foncières. 3.° Au surplus l'art. 50 ne dit point que le nouveau possesseur *ne sera tenu que des Hypothèques inscrites*. Il dit seulement qu'il sera tenu des Hypothèques inscrites dans le délai légal, lors de la transcription de l'acte de mutation. Si l'art. 50 avait voulu imposer au créancier ayant Hypothèque sur des rentes foncières l'obligation d'inscrire dans les trois mois, à peine de perdre son droit, il eût été absolument inutile de parler de transcription.. Car pourquoi l'acquéreur eût-il transcrit ? Est-ce pour purger la rente des Hypothèques qu'on inscrirait dans les trois mois ? Mais dans ce cas, la transcription ne pouvait affranchir la rente. Est-ce pour la purger des inscriptions qu'on ferait après le délai? Mais dans cette hypothèse, la transcription lui était encore inutile, puisque, sans cette formalité, la rente se trouvait libre de plein droit ».

A ces moyens de cassation, le sieur Rouzet-Folmond, défendeur, n'oppose qu'une amplification des motifs de l'arrêt attaqué.

Par arrêt du 3 août 1807, au rapport de M. Botton - Castellamonte, « vu les art. 2, 3, 7, 26, 39, 42, 45, 46, 47, et 50 de la loi du 11 brumaire an 7; et attendu qu'il résulte de l'ensemble de ces dispositions, d'une part, que, pour conserver l'Hypothèque acquise en vertu des anciennes lois, à l'égard de l'acquéreur de la chose hypothéquée, le créancier n'a été soumis qu'à la formalité de l'inscription dans le délai de la loi, ou même après le délai écoulé, pourvu que l'inscription précédât la transcription de l'acte de mutation; et d'autre part, que l'acquéreur des biens ou des droits soumis à des Hypothèques existantes en vertu des anciennes lois, n'a pu les purger que par la transcription; attendu que l'on ne trouve dans la loi de brumaire an 7, aucune disposition qui ait dérogé à ces principes, relativement aux anciennes Hypothèques sur les rentes foncières dont il s'agit et dont l'aliénation serait postérieure à la publication de la loi; attendu qu'il est constant que la demanderesse a fait inscrire l'Hypothèque en question, et que le défendeur n'a point fait transcrire son acquisition; d'où il suit que la cour d'appel de Toulouse, en décidant que la demanderesse était déchue du droit d'Hypothèque, par cela seul que l'inscription en avait été prise hors des délais, a violé les art. 3, 26, 39, et 45, faussement appliqué les art. 47 et 50 précités, et commis un excès de pouvoir, en appliquant à la demanderesse une peine qui n'est pas prononcée par la loi; la cour casse et annulle..... ».

Art. XIX. *Question sur l'art. 49 de la loi du 11 brumaire an 7 : — Dans les pays où, avant cette loi, le tiers-possesseur poursuivi en déclaration d'Hypothèque, pouvait opposer au créancier le défaut de discussion préalable d'autres tiers-possesseurs dont les titres d'acquisition étaient plus récens que le sien, le créancier hypothécaire a-t-il pu, depuis cette loi, faire exproprier un tiers-acquéreur, sans avoir préalablement discuté les autres tiers-acquéreurs plus récens en date ?*

Il l'a pu incontestablement; et j'en ai développé les raisons dans mon *Recueil de Questions de droit*, au mot *Hypothèque*, §. 6.

Art. XX. *Question sur l'art. 53 de la loi du 11 brumaire an 7 : — Le certificat que le conservateur des Hypothèques délivre à l'acquéreur d'un immeuble, après la transcription de son contrat, purge-t-il tellement les Hypothèques dont il ne fait pas mention, que le créancier dont l'Hypothèque y est omise, ne puisse pas la faire valoir contre l'acquéreur, en lui faisant, dans le délai accordé à celui-ci pour signifier son contrat aux créanciers inscrits, la notification d'un second certificat qui la désigne ?*

V. l'arrêt de la cour de cassation, du 9 nivôse an 14 rapporté au mot *Conservateur*, §. 6.

Art. XXI. *Question sur la loi du 16 ventôse an 9 : — L'inscription hypothécaire prise en vertu d'un titre antérieur à la loi du 11 brumaire an 7, sur les biens invendus d'un émigré, avant sa radiation, est-elle valable et conserve-t-elle son effet à compter du jour de sa date, après que l'émigré a obtenu, soit un arrêt du gouvernement qui le raye de la liste, soit un brevet d'amnistie en vertu du sénatus-consulte du 6 floréal an 10 ?*

J'ai établi l'affirmative dans mon *Recueil de Questions de droit*, au mot *Hypothèque*, §. 7.]]

* [[§. III. *Dispositions du Code Napoléon sur les Hypothèques* (1).

Art. I. *Notions générales. Division de la matière.*

I. « Quiconque s'est obligé personnellement est tenu de remplir son engagement sur tous ses biens mobiliers et immobiliers, présens et à venir ». *Code Napoléon*, *art.* 2092.

« Les biens du débiteur sont le gage commun de ses créanciers; et le prix s'en distribue entre eux par contribution, à moins qu'il n'y ait entre les créanciers des causes légitimes de préférence ». *art.* 2093.

« Les causes légitimes de préférence, sont les priviléges et les Hypothèques ». *art.* 2094.

Ces trois articles présentent la théorie des Hypothèques avec une précision et une netteté admirables.

Toute obligation personnelle peut se résoudre définitivement en celle de payer une somme détermi-

(1) Ce paragraphe appartient à M. Tarrible, maître des comptes, ci-devant tribun.

née, et le débiteur peut être contraint à acquitter toutes les sommes dues, par la vente forcée de ses biens, quelle que soit leur nature, et quelle que soit l'époque à laquelle ils lui adviennent.

Le prix de ces biens doit être distribué entre tous les créanciers indistinctement, à moins qu'il n'y ait entre eux des causes légitimes de préférence.

Ce sont ces causes légitimes de préférence qui portent le nom de priviléges et d'Hypothèques. Les préférences ont lieu dans chacune des distributions successives, lors même que le prix des biens serait plus que suffisant, pour acquitter toutes les dettes: mais elles sont surtout d'une très-grande importance, lorsque le prix des biens n'égale pas le montant des dettes.

Cette exposition, toute succincte qu'elle est, nous découvre la nature et les effets généraux de l'Hypothèque.

L'Hypothèque peut être définie l'affectation particulière d'un bien appartenant au débiteur, pour la sûreté de l'exécution de ses engagemens.

Elle établit un droit accessoire à celui qui résulte d'une obligation principale, en telle sorte qu'il ne peut y avoir d'Hypothèque qu'autant qu'il y a une obligation principale à laquelle l'Hypothèque trouve à se rattacher.

L'Hypothèque est un droit dans la chose, *jus in re*, qui affecte la chose elle-même, et qui consiste principalement à assurer au créancier qui en est investi, la préférence sur d'autres créanciers, dans la distribution du prix de la chose hypothéquée.

La préférence est plus ou moins étendue, selon la cause de la créance; et c'est cette différence entre les causes, qui constitue celle que la loi met entre les Hypothèques proprement dites, et les priviléges qui, par leur nature et leurs effets, ne sont eux-mêmes que des Hypothèques privilégiées, c'est-à-dire, des Hypothèques qui placent la créance dans un ordre de préférence plus avantageux que celui qui est réglé pour les Hypothèques ordinaires.

L'Hypothèque ne déplace pas la propriété de la chose hypothéquée: elle n'en déplace pas même la possession, du moins le plus souvent; l'une et l'autre continuent de rester dans la main du débiteur dont le bien est grevé d'Hypothèque.

Il est aisé d'apercevoir que l'Hypothèque considérée isolément dans les rapports qu'elle établit entre le débiteur et le créancier, n'est d'aucune utilité pour ce dernier; en effet, tandis que la chose hypothéquée reste sur la tête du débiteur, le créancier hypothécaire peut en provoquer la vente pour être payé sur le prix. Un créancier non hypothécaire a, tout de même, le droit de contraindre son débiteur à l'exécution de ses engagemens, en faisant vendre ses biens, et en s'en faisant délivrer le prix, à concurrence de sa créance. L'Hypothèque ne prend de l'efficacité dans la main du créancier hypothécaire, que dans le cas où il suit la chose hypothéquée contre le tiers qui l'a acquise; et dans celui où, se trouvant en concurrence avec divers créanciers du même débiteur, il réclame la préférence que lui assigne son titre.

Le caractère et les effets généraux tracés à grands traits dans cette première définition, se développeront encore mieux par un exposé très-resserré de l'origine et des progrès de la législation sur cette matière.

II. Dans les premiers temps de la législation romaine, on ne connaissait d'autre sûreté que celle du gage. Le débiteur donnait en gage à son créancier une chose mobilière ou immobilière, qui devait être restituée au débiteur lorsqu'il acquitterait la dette, ou qui, en défaut, devait être vendue pour procurer le payement.

Lorsqu'il était convenu que les fruits de l'immeuble livré au créancier, se compenseraient avec les intérêts de la dette, le contrat prenait le nom d'*antichrèse*, mais sans dénaturer le contrat du gage qui conservait toujours son caractère relativement au principal.

Les anciens docteurs employaient quelquefois le nom de fiduce, *fiducia*, à la place de celui de *pignus*. Heineccius, dans son ouvrage *de Antiq. Rom.*, liv. 1, tit. 12, §. 9, en explique la raison avec sa lucidité ordinaire. La fiduce était un contrat générique, dont on faisait usage dans le cas d'une *mancipation* ou aliénation faite sous la condition que la chose aliénée serait restituée à son ancien propriétaire. Ainsi, les créanciers, non contens de posséder le gage, se faisaient consentir cette aliénation fictive appelée *mancipation*, en se soumettant néanmoins à restituer le gage, lorsqu'ils recevraient leur remboursement.

Il est sensible que, dans ces premiers temps, le gage était constamment spécial; qu'il conférait au créancier un droit dans la chose avec la possession; que, si le créancier perdait la possession, il pouvait la revendiquer dans quelque main qu'elle eût passé; qu'à l'aide de ces deux avantages, le créancier avait toutes les sûretés qu'il pouvait désirer; et qu'il ne pouvait jamais se trouver en concurrence avec d'autres créanciers du même débiteur, dans la distribution du prix du gage.

Mais, dans la suite, on permit au débiteur d'établir, en faveur du créancier, un droit dans la chose qu'il obligeait pour la sûreté du payement, sans qu'il fût tenu de se dessaisir de la possession de cette même chose, ni d'en faire la tradition au créancier. Ce droit était de la même nature que celui qui était constitué sur le gage proprement dit: il produisait la même action contre les possesseurs de la chose obligée. La seule différence consista dès-lors en ce qu'on conserva spécialement le nom de *gage* à l'engagement d'une chose surtout mobilière, lorsqu'elle était délivrée au créancier; et qu'on donna le nom particulier d'*Hypothèque* à l'engagement d'une chose sans tradition. — C'est ce que l'empereur Justinien explique très-bien dans ses Institutes, titre *de actionibus*, §. 7: *quasi-serviana autem est, quâ creditores pignora Hypothecasve persequuntur. Inter pignus et Hypothecam (quantum ad actionem hypothecariam attinet) nihil interest: nam de quâ re inter creditorem et debitorem convenerit, ut si pro debito obligata, utraque hac appelatione continetur. Sed in aliis differentia est. Nam pignoris appellatione eam propriè rem contineri dicimus, quæ simul etiam traditur creditori, maximè si mobilis sit : et eam quæ sine traditione nudâ conventione tenetur, proprie Hypothecæ appellatione contineri dicemus.*

Quand une fois on eut admis la possibilité d'affecter une chose du droit réel de l'Hypothèque, sans tradition de la chose engagée, le système des Hypothèques s'étendit et acquit un plus grand développement.

L'Hypothèque put être ou spéciale ou générale, ou l'un et l'autre à la fois : elle put même s'étendre aux biens à venir : *Ut specialiter rebus Hypothecæ nomine datis, cætera etiam bona debitoris quæ nunc habet et quæ posteà acquisierit, perinde atque si specialiter hæ res fuissent obligatæ.* Loi 15, §. 1, D. *de pignoribus et Hypothecis.*

Il s'établit une distinction entre l'Hypothèque simple et l'Hypothèque privilégiée. L'ordre de préférence fut réglé, quant à la première, par la priorité : *Sicut prior es tempore, ita potior es jure* (loi 4, D. *qui pot. in pign. hab.*) ; et quant à la seconde, par la cause : *Privilegia non ex tempore estimantur, sed ex causâ.* (Loi 32, D. *reb. auct. jud. possid.*)

On acquit l'Hypothèque de trois manières : par la convention : *Contrahitur Hypotheca per pactum conventum* (loi 4, D. *de pign. et Hypoth.*) ; par l'autorité de la loi, sans convention expresse : *Quasi id tacitè convenit* (loi 4, D. *in quib. cau. pign. vel Hyp. tac. contrah.*) ; et enfin par l'autorité des jugemens : *Pignus quod à judicibus datur et prætorium nuncupatur* (loi dernière, C. *de præt. pign.*).

Le créancier fut autorisé, ainsi que nous l'avons dit, à suivre et revendiquer la chose hypothéquée des mains de tout possesseur. Mais on l'obligea de discuter les biens possédés par le débiteur avant que d'agir sur les biens aliénés. *Sed neque ad res debitorum quæ ab aliis detinentur, veniat prius antequam transeat viam super personalibus.* (Novelle 4, ch. 2.)

III. Cette législation se transmit en France, et particulièrement dans les pays méridionaux, avec quelques modifications. Les meubles ne furent plus susceptibles d'Hypothèque, ou du moins ils ne furent plus assujétis au droit de suite, à cause de la difficulté de suivre ce genre de biens dans les mutations rapides auxquelles ils sont exposés.

L'Hypothèque légale et l'Hypothèque judiciaire continuèrent de prendre leur source, comme auparavant, dans l'autorité de la loi ou des jugemens ; mais la stipulation cessa de suffire pour établir l'Hypothèque conventionnelle : il fallut de plus que ces stipulations fussent insérées dans un contrat passé devant notaires ; ou plutôt ces actes seuls, par le simple effet de leur authenticité, produisirent l'Hypothèque, soit qu'elle eût été formellement stipulée, soit qu'elle ne l'eût pas été.

Cependant quelques contrées, et spécialement la Belgique, avaient conservé l'usage du *nantissement* ou de la *saisine* pour la constitution des Hypothèques conventionnelles. Ces formes, soit qu'elles eussent pris leur origine dans la féodalité, ou qu'elles fussent des traces de l'ancienne *mancipation* des Romains, consistaient dans une espèce de tradition feinte que le débiteur faisait au créancier de l'immeuble hypothéqué, à l'aide d'une inscription dans les registres publics.

Son effet était d'acquérir au créancier, sur l'immeuble dont il était nanti, un droit réel qui empêchait que le même immeuble pût être engagé ou aliéné au préjudice de sa créance ; et qui le faisait préférer même aux créanciers antérieurs par titres authentiques, mais qui n'avaient pas rempli la forme du nantissement.

Ces formes imprimaient aux Hyphothèques un caractère de publicité et de spécialité qui ménageait à celui qui voulait contracter avec une personne, des moyens sûrs et faciles de savoir si l'immeuble offert était libre, et s'il présentait une responsabilité suffisante.

L'inconvénient contraire était attaché aux Hypothèques tacites résultant des contrats authentiques. Ces contrats, quoique publics, étaient répandus dans tant de dépôts, que celui qui se proposait de faire une acquisition ou un prêt, ne pouvait se promettre de recueillir, par lui-même, tous les renseignemens nécessaires à sa sûreté, et qu'il était réduit à s'en rapporter à des apparences de fortune souvent trompeuses.

Un édit du mois de mars 1673 voulut étendre à toute la France les avantages de la législation particulière des provinces belgiques ; mais il fut révoqué par un autre édit rendu l'année suivante.

Il ne resta plus, pour remédier aux inconvéniens dont nous avons parlé, que le décret volontaire, dont l'usage s'était introduit dans quelques parlemens.

Ce décret volontaire, qui n'était qu'un simulacre d'expropriation forcée, fournissait aux acquéreurs un moyen très-dispendieux de purger les Hypothèques dont les immeubles étaient grevés ; mais les prêteurs continuèrent de rester exposés aux mêmes risques.

L'édit de 1771 ne procura pas à ces derniers de plus grandes sûretés. Il se contenta de substituer les lettres de ratification aux décrets volontaires, c'est-à-dire, de ménager aux acquéreurs un moyen aussi sûr et beaucoup plus économique de purger les Hypothèques.

La loi du 9 messidor de l'an 3 proposa un système nouveau, mais si mal digéré, que cette loi, pendant plus de quatre ans de règne, ne reçut jamais sa pleine exécution.

Vint enfin la loi du 11 brumaire de l'an 7, qui embrassa et développa, dans sa plénitude, la théorie de la publicité et de la spécialité : des formes simples et expéditives pourvurent à la sûreté des acquéreurs et des créanciers.

Cependant, lors de la discussion du Code civil, on remit encore en problème les avantages de la spécialité et de la publicité, ainsi qu'on peut s'en convaincre en lisant le procès-verbal du conseil d'Etat. Le système de la loi du 11 brumaire de l'an 7 prévalut ; mais il reçut les modifications que le respect dû au droit de propriété fit juger nécessaires.

IV. Dans le cours de tous ces changemens, l'Hypothèque a toujours conservé son caractère primitif; elle a toujours été, et elle est encore, un droit réel sur les biens du débiteur, tendant à assurer l'exécution d'une obligation principale. Les lois rendues sur cette matière n'ont jamais eu d'autre but que celui de régler l'exercice de ce droit, et d'en déterminer l'efficacité.

Nous allons exposer le régime hypothéciare tel qu'il est établi par le Code Napoléon, et expliquer les différentes dispositions de ce Code sur cette matière.

Pour mettre dans notre exposé l'ordre, la suite et la liaison dont il peut être susceptible d'après la forme de ce livre, nous le diviserons en deux parties principales, les priviléges et les Hypothèques.

Nous renverrons sous les mots *Privilége de créance*, l'explication de tout ce qui peut concerner les priviléges proprement dits.

Quant aux Hypothèques, nous avons annoncé que leur système repose principalement sur la publicité qui ressort elle-même de l'inscription sur des registres publics, et nous ferons la sous-division de cette matière en deux articles, *Hypothèque* et *Inscription hypothécaire*.

Nous examinerons ici, 1.° quelle est la nature de l'Hypothèque, quel est son objet, et combien il y en a de genres; 2.° quelle doit être la nature des biens susceptibles d'Hypothèques; 3.° combien il y a d'espèces d'Hypothèques légales, et comment elles s'établissent; 4.° ce que c'est que l'Hypothèque judiciaire, et comment elle s'établit; 5.° ce que c'est que l'Hypothèque conventionnelle, et comment elle s'acquiert.

Nous expliquerons sous les mots *Inscription hypothécaire*, 1.° ce que c'est que l'inscription; 2.° comment elle est nécessaire pour donner à l'Hypothèque son complément ou son efficacité; 3.° comment l'Hypothèque légale des femmes et des mineurs est exceptée de cette règle; 4.° quelles sont les circonstances où l'inscription ne peut plus être prise utilement; 5.° quelles sont les formes de l'inscription; 6.° quels sont les effets de l'Hypothèque entre créanciers; 7.° quels sont les effets de l'Hypothèque contre le tiers-détenteur; 8.° comment les Hypothèques subissent ou une réduction ou leur extinction.

Nous avons cherché dans ce plan analytique, à nous rapprocher le plus possible de celui que le législateur a suivi dans le titre *des Priviléges et Hypothèques;* et quoiqu'il ne soit pas parfaitement le même, nous n'en serons pas moins exacts à placer dans ce cadre et dans l'ordre qui nous paraîtra le meilleur, toutes les dispositions que le Code Napoléon renferme sur cette matière.

Nous prévenons nos lecteurs, que nous rencontrerons sur notre chemin des difficultés très-ardues; et que nous checherons à les résoudre, autant qu'il nous sera possible, par les seules raisons tirées du texte même de la loi.

ART. II. *De la nature de l'Hypothèque, de son objet et de ses divers genres.*

I. « L'Hypothèque (a dit l'art. 2114 du Code Napol.), est un droit réel sur les immeubles affectés à l'acquittement d'une obligation. Elle est de sa nature indivisible, et subsiste en entier sur tous les immeubles affectés sur chacun et sur chaque portion de ces immeubles. Elle les suit dans quelques mains qu'ils passent ».

Cet article justifie pleinement les idées générales que nous avons données au commencement de ce paragraphe, sur la nature et l'objet des Hypothèques en général.

Tous les biens d'un débiteur, selon l'art. 2093, sont le gage commun de ses créanciers; et le prix s'en distribue entre eux par contribution, à moins qu'il n'y ait entre les créanciers des causes légitimes de préférence.

Tout créancier est intéressé à obtenir cette préférence; et il l'obtient à l'aide d'un droit sur les immeubles, qui, lorsqu'il est établi selon les formes légales, lui donne le pouvoir de faire vendre les immeubles affectés, soit sur la tête du débiteur, soit sur la tête de tout autre possesseur, et de se faire payer sur le prix, de tout ce qui lui est dû, par préférence aux créanciers qui n'ont pas le même droit, ou qui n'ont qu'un rang inférieur : ce droit se nomme *Hypothèque*.

L'Hypothèque est donc un droit réel sur les immeubles du débiteur. Ce droit n'est pas celui de la propriété qui continue de rester sur la tête du débiteur, mais celui de faire vendre le bien-affecté, pour en appliquer le prix au payement de la dette.

Ce même droit est accessoire à celui qui dérive d'une obligation principale; puisqu'en effet il n'a d'autre but que celui d'assurer l'acquittement d'une obligation principale, il ne peut exister sans elle.

Mais de quelque nature que soit l'obligation, qu'elle soit pure et simple ou subordonnée à une condition, qu'elle soit positive ou indéterminée dans sa valeur, elle peut devenir l'objet d'une Hypothèque.

On peut invoquer à ce sujet l'art. 2132 du Code Napoléon qui, quoique appliqué particulièrement au cas d'une Hypothèque conventionnelle, ne doit pas moins s'étendre à tous les genres d'Hypothèque. Cet article est ainsi conçu : « L'Hypothèque conventionnelle n'est valable qu'autant que la somme pour laquelle elle est consentie, est certaine et déterminée par l'acte; si la créance résultant de l'obligation, est conditionnelle pour son existence, ou indéterminée dans sa valeur, le créancier ne pourra requérir l'inscription dont il sera parlé ci-après, que jusqu'à concurrence d'une valeur estimative par lui déclarée expressément, et que le débiteur aura droit de faire réduire, s'il y a lieu ».

Nous donnerons quelques nouveaux développemens à cette disposition, lorsque nous parlerons ci-après, art. 6, *des Hypothèques conventionnelles*.

L'Hypothèque ne peut être établie que sur des immeubles, par les raisons que nous expliquerons dans l'art. 3, en traitant de la nature des biens susceptibles d'Hypothèque.

L'Hypothèque est, de sa nature, indivisible; et elle subsiste en entier sur la totalité et sur chaque partie des immeubles affectés.

Ce principe se retrouve dans ce vieux adage : *Est tota in toto et tota in quâlibet parte.* Et il reçoit son application surtout dans le cas indiqué par l'art. 1221 du Code Napoléon, où le débiteur décède laissant plusieurs héritiers. L'obligation personnelle se divise alors entre les héritiers, c'est-à-dire que chacun n'est obligé personnellement de payer qu'une part de la dette correspondante à la part qu'il prend dans la succession; mais l'immeuble hypothéqué reste toujours affecté pour la totalité de la dette, soit que, par l'effet du partage, il se trouve tout entier dans le lot d'un seul des héritiers, soit qu'il se trouve divisé entre plusieurs.

Le même principe reçoit encore son application dans le cas où le débiteur encore vivant a conservé tous les biens hypothéqués, comme dans celui où il les a aliénés en tout ou en partie; c'est-à-dire que, dans ces divers cas, le créancier hypothécaire est en droit de poursuivre la vente, ou de la totalité, ou d'une partie des immeubles hypothéqués, et d'exiger, sur le prix, le payement de la totalité de sa créance, s'ils peuvent y suffire.

Néanmoins cette règle a ses exceptions, lorsqu'il s'agit d'une demande en réduction ou en discussion, comme nous le ferons connaître ailleurs.

L'Hypothèque donne au créancier hypothécaire le droit de suivre l'immeuble affecté dans toutes mains où il passe : et ce droit, qui tient à sa nature réelle, est un des avantages les plus éminens du gage hypothécaire. Tous les biens du débiteur forment le gage commun de ses créanciers; mais les créanciers simples ou chirographaires ne peuvent poursuivre la vente de ce gage qu'autant qu'il reste dans la main du débiteur; il leur échappe dès l'instant où la propriété en est transférée à un tiers.

Ce droit de suite n'est pas seulement actif; il est encore passif, et il n'a pas moins d'importance sous ce dernier aspect. Ce droit que nous appelons *passif*, consiste en ce que, du moment où une Hypothèque sur un immeuble est établie et consolidée par l'inscription, cette Hypothèque ne peut être purgée à la suite d'une aliénation volontaire ou forcée, sans que le créancier soit personnellement appelé, pour veiller à ce que le prix soit porté à sa vraie valeur, et à ce que, dans la distribution de ce même prix, il soit colloqué dans le rang que son titre lui assigne.

Enfin, l'Hypothèque donne au créancier hypothécaire la préférence sur le créancier cédulaire, et même sur le créancier dont l'Hypothèque n'a qu'un rang inférieur, dans la distribution du prix de l'immeuble hypothéqué.

II. On lit dans l'art. 2113, que l'Hypothèque n'a lieu que dans les cas et suivant les formes autorisées par la loi. On pourrait induire de ce texte, que toutes les Hypothèques sont *légales*, dans ce sens qu'elles dérivent toutes de l'autorité de la loi, et qu'elles ne prennent leur efficacité que par l'accomplissement des conditions qu'elle a prescrites : mais dans le langage législatif, on a consacré le nom d'*Hypothèque légale* à la désignation d'un certain genre d'Hypothèque.

L'Hypothèque est donc, ou légale, ou judiciaire, ou conventionnelle. L'Hypothèque légale est celle qui résulte de la loi; l'Hypothèque judiciaire est celle qui résulte des jugemens ou actes judiciaires; l'Hypothèque conventionnelle est celle qui dépend des conventions et de la forme extérieure des actes et des contrats.

Cette division et ces définitions qui nous sont fournies par les art. 2116 et 2117, ne font qu'indiquer les trois genres dans lesquels toutes les Hypothèques rentrent. Nous les analyserons séparément dans les trois paragraphes qui leur sont destinés. Mais nous allons interrompre ces explications pour nous occuper de la nature des biens sur lesquels l'Hypothèque peut être constituée.

ART. III. *Quelle doit être la nature des biens susceptibles d'Hypothèque.*

I. Les seuls biens susceptibles d'Hypothèque, d'après l'art. 2118 du Code Nap., sont 1.° les biens immobiliers qui sont dans le commerce, et leurs accessoires réputés immobiliers; 2.° l'usufruit des mêmes biens et accessoires, pendant le temps de sa durée.

II. Il est facile de distinguer les biens qui sont dans le commerce d'avec ceux qui n'y sont pas.

L'art. 538 du Code Napoléon désigne ces derniers sous le nom de biens *qui ne sont pas susceptibles d'une propriété privée* : et il met dans ce rang les chemins, routes et rues à la charge de l'État, les fleuves et rivières navigables ou flottables, les rivages, lais et relais de la mer, les ports, les havres, les rades, et généralement toutes les portions du territoire national qui ne sont pas susceptibles d'une propriété privée. Le même article ajoute que tous ces biens sont considérés comme des dépendances du domaine public. — L'art. 540 déclare aussi que les portes, murs, fossés et remparts des places de guerre et des forteresses, font partie du domaine public.

Les eaux courantes, autres que les fleuves et rivières navigables, peuvent être mises dans la même catégorie; car, bien que les eaux, à leur passage, puissent être utilisées pour l'avantage des propriétés voisines, suivant l'art. 644 du Code, elles doivent, d'après le même article, être rendues à leur cours ordinaire, au point où elles sortent des propriétés de celui qui s'en est servi; ce qui prouve qu'elles ne sont pas susceptibles d'une propriété privée proprement dite.

C'est à ce signe d'insusceptibilité d'une propriété privée, que nous rattachons la distinction entre les biens qui sont dans le commerce et ceux qui n'y sont pas : il est plus caractéristique que celui de la dépendance du domaine public, dans laquelle sont placés les objets désignés dans les art. 538 et 540 du Code Napoléon. Il y a en effet d'autres biens qui appartiennent à l'État ou au domaine public, et qui néanmoins ne sont insusceptibles ni d'une propriété privée, ni de l'impression de l'Hypothèque. Tels sont les domaines ruraux, les édifices et les autres biens de ce genre, qui appartiennent à l'État. Ces biens, tandis qu'ils restent dans la même main, sont administrés et ne peuvent être aliénés que dans les formes et suivant les règles qui leur sont particulières, ainsi que le dit l'art. 537. Toute imposition d'Hypothèque est étrangère, dans le fait, au plan actuel de cette administration; mais rien n'empêche que ces biens ne puissent être vendus à de simples particuliers, en observant les formes prescrites; et que ces mêmes biens, dont le commerce était plutôt suspendu qu'il n'était interdit, ne puissent ensuite être hypothéqués sur la tête des nouveaux acquéreurs.

Ces explications suffiront, sans doute, pour faire reconnaître quels sont les biens qui sont hors du commerce, et discerner en conséquence quels sont ceux qui sont dans le commerce et susceptibles d'Hypothèque.

III. Il pourra y avoir plus de difficulté à bien définir ce que la loi entend pas *biens immobiliers et leurs accessoires réputés immeubles.*

Pour bien éclaircir ce point important, nous remonterons encore à la source de la distinction des biens tracés dans les art. 516 et suivans du Code Napoléon.

Tous les biens, dit l'art. 516, *sont meubles ou immeubles. Les biens*, poursuit l'art. 517, *sont immeubles, ou par leur nature, ou par leur destination, ou par l'objet auquel ils s'appliquent.*

Les art. 518, 519, 520, 521 et 523 déclarent qu'on doit mettre dans le premier rang les fonds de terre, les bâtimens, les moulins à vent ou à eau, fixés sur piliers, les tuyaux servant à la conduite des eaux dans une maison ou autre héritage, les récoltes pendantes par les racines, les fruits des arbres non recueillis, les arbres non abattus.

Vient ensuite, dans l'art. 524, l'analyse des *immeubles par destination*, qui consistent dans les objets que le propriétaire d'un fonds y a placés pour le service de l'exploitation de ce fonds, tels que les animaux attachés à la culture, les ustensiles aratoires, les semences données aux fermiers ou colons partiaires, les pigeons des colombiers, les lapins des garennes, les ruches à miel, les poissons des étangs, les pressoirs, chaudières, alambics, cuves et tonnes, les ustensiles nécessaires à l'exploitation des forges, papeteries et autres usines, les pailles et engrais, et tous effets mobiliers que le propriétaire a attachés au fonds à perpétuelle demeure.

Enfin, sous le nom d'*immeubles par l'objet auquel ils s'appliquent*, l'art. 526 désigne l'usufruit des choses immobilières, les servitudes ou services fonciers, et les actions qui tendent à revendiquer un immeuble.

IV. Nous croyons reconnaître, d'après cette analyse, que les *biens immobiliers* dont parle notre article, sont ceux que l'on appelle *immeubles par leur nature*, et que *leurs accessoires réputés immeubles*, ne sont autre chose que les biens désignés sous le nom d'*immeubles par destination*. Nous tirons de là cette conséquence, que les immeubles par leur nature et les immeubles par destination sont seuls susceptibles d'Hypothèque.

V. Mais qu'en sera-t-il de cette troisième espèce de biens, appelés *immeubles par l'objet auquel ils s'appliquent*, et particulièrement des servitudes ou services fonciers, et des actions qui tendent à revendiquer un immeuble? Cette question mérite d'être éclaircie.

Les servitudes ou services fonciers, pris isolément, ne sont pas susceptibles d'Hypothèque.

On ne peut concevoir en effet qu'une servitude foncière puisse devenir isolément le siége d'une Hypothèque; une servitude foncière active est inhérente au fonds dominant, et ne peut en être séparée sans s'évanouir. Si le propriétaire de ce fonds contracte une dette, il pourra hypothéquer le fonds tel qu'il se comporte, avec la servitude active qui y est jointe: mais il ne pourra hypothéquer isolément la servitude active de passage, de lumière, ou autre. Ce gage serait tout-à-fait illusoire. S'il fallait en venir à faire vendre la servitude hypothéquée, personne ne pourrait l'acheter, attendu que le propriétaire du fonds servant ne devant la servitude qu'au seul fonds dominant, ne pourrait être obligé de la fournir à toute autre personne que celle du possesseur du fonds dominant. Il est donc bien certain qu'une servitude foncière prise isolément, ne peut, par la nature des choses, devenir la base d'une Hypothèque.

Pour ce qui concerne les actions qui tendent à revendiquer un immeuble, il faut distinguer celles qui sont fondées sur le droit absolu de propriété, d'avec celles qui émanent du droit de recouvrer une propriété aliénée.

Le propriétaire d'un immeuble a été dépossédé par violence depuis plus d'an et jour: un héritier légitime dont l'existence était ignorée, reparaît et trouve les biens de la succession dans les mains d'un héritier plus reculé, et non successible; il est clair que ce propriétaire dépossédé, cet héritier reconnu, ont, chacun de son côté, une action fondée sur le pur droit de propriété pour revendiquer les immeubles qui leur appartiennent.

Mais l'action du vendeur lésé tendante à faire rescinder la vente, l'action du vendeur sous faculté de réméré tendante à exercer le rachat, ne sont pas de la même nature, quoiqu'elles aient pour but le délaissement d'un immeuble. — Dans les premières, le demandeur qui intente l'action, est déjà propriétaire du fonds revendiqué; sa propriété est fondée sur des titres que nous supposons incontestables. Il ne demande au défendeur que le délaissement du fonds ou l'abandon de la simple possession. — Dans les secondes, au contraire, la propriété du fonds a été aliénée par des contrats légitimes. Les anciens propriétaires ont la faculté de faire résoudre le contrat; mais cette résolution est elle-même subordonnée à certaines conditions dont l'accomplissement est nécessaire pour en opérer le succès.

Après avoir établi cette distinction, nous retracerons les dispositions de l'art. 2125, qui est ainsi conçu: « Ceux qui n'ont sur l'immeuble qu'un droit suspendu par une condition, ou résoluble dans certains cas, ou sujet à rescision, ne peuvent consentir qu'une Hypothèque soumise aux mêmes conditions, ou à la même rescision. »

Cela posé, nous raisonnons ainsi. L'action, en elle-même, n'est pas susceptible d'Hypothèque; mais l'immeuble qui en est l'objet, peut très-bien être grevé d'Hypothèque par celui auquel l'action appartient.

L'action, en elle-même, disons-nous, n'est pas susceptible d'Hypothèque; elle n'est qu'un droit incorporel, qui n'est ni ne peut être un *bien immobilier.* Bien plus, il est des cas où l'action, dans son issue, ne produit que des sommes pécuniaires qui, certainement, ne peuvent jamais devenir le siége d'une Hypothèque : telle est l'action en rescision de la vente d'un immeuble pour cause de lésion de plus des sept douzièmes, lorsque l'acquéreur se détermine, comme il en a le droit, à suppléer le juste prix.

L'immeuble, au contraire, qui fait l'objet de l'action, est la véritable matière passible d'Hypothèque. Il peut être hypothéqué directement par celui auquel l'action appartient, sauf les modifications qui peuvent résulter de la nature de l'action ou de sa cause. Le propriétaire, dont le titre de propriété est bien établi, et qui n'a à recouvrer que la possession, peut établir une Hypothèque actuelle et positive sur l'immeuble à revendiquer; et cette Hypothèque ne sera subordonnée à aucune condition. Un immeuble vendu sous faculté de réméré, ou au-dessous des cinq douzièmes de sa valeur, peut être aussi hypothéqué directement par le vendeur. Mais comme la résolution de la vente et le retour de la propriété dans la main du vendeur, sont subordonnés à diverses conditions, telles que l'exercice de l'action dans les délais prescrits, le remboursement préalable des sommes reçues par le vendeur, l'existence de la lésion, l'adhésion de l'acquéreur à la rescision de la vente et au délaissement de l'immeuble, l'Hypothèque consentie par le vendeur sur cet immeuble, sera nécessairement soumise aux mêmes conditions.

Il pourrait arriver que l'acquéreur sous faculté de rachat, et l'acquéreur à vil prix, imposassent eux-mêmes des Hypothèques sur l'immeuble acquis dans l'intervalle du contrat à la résolution, tandis que les vendeurs respectifs en établiraient, de leur côté, dans ce même intervalle; et l'on verrait alors l'exemple assez étrange de l'établissement de plusieurs Hypothèques dans le même temps, sur les mêmes fonds et par diverses personnes : mais tous les inconvéniens disparaissent, lorsqu'on considère que ces Hypothèques sont nécessairement subordonnées à des conditions corrélatives, qui ne peuvent s'accomplir à l'égard de l'une, sans faillir à l'égard de l'autre.

Supposons, en effet, que, dans le cas d'une vente à vil prix, la lésion soit reconnue, et que l'acheteur se détermine à délaisser l'immeuble, il est manifeste que l'Hypothèque imposée par cet acheteur, s'évanouira; tandis que celle que le vendeur aurait mise de son côté sur le même immeuble depuis l'aliénation et avant la rescision, se consolidera et aura son effet du jour de l'établissement de l'Hypothèque.— Dans la supposition contraire où le résultat de la vérification ferait connaître qu'il n'était pas intervenu de lésion, les Hypothèques imposées par l'acquéreur, tiendront; et celles imposées par le vendeur, seront purement illusoires.

L'action en elle-même, qui n'est autre chose que le droit de poursuivre ce qui est dû, ne peut donc jamais devenir la base d'une Hypothèque : l'Hypothèque ne peut être établie que sur l'immeuble même qui fait l'objet de l'action. — Elle sera parfaitement établie, lorsque l'action se trouvera fondée sur un titre de propriété absolue. Si le succès de l'action, au contraire, se trouve subordonné à des vérifications à faire, à des restitutions à opérer, ou à toute autre condition, l'Hypothèque, de quelle part qu'elle émane, restera subordonnée aux mêmes conditions.

Quoique celui à qui appartient l'action, ne soit pas en possession actuelle de l'immeuble qui en fait l'objet, cet immeuble ne sera pas regardé comme un bien à venir qui, selon l'art. 2129, ne peut être hypothéqué par le débiteur. Les biens à venir, dans le sens de ce dernier article, sont ceux sur lesquels le débiteur n'a aucun droit actuel; ce qu'on ne peut pas dire dans le cas où ce débiteur a le droit de réclamer le délaissement d'un immeuble, soit en vertu d'un titre de propriété, soit en vertu de l'action en réméré ou en lésion.

VI. Nous avons vu plus haut que les accessoires réputés immeubles, ne sont autre chose que cette espèce de biens appelés *immeubles par destination*, dont nous avons fait l'énumération; notre article nous apprend que ces accessoires réputés immeubles, sont susceptibles d'Hypothèque, comme les immeubles eux-mêmes. Mais l'empreinte de l'Hypothèque, sur ce genre de biens, aura-t-elle la même force et les mêmes effets? Leur nature primitive et indélébile s'oppose à cette identité. On ne peut se dissimuler, ainsi que nous l'avons remarqué ailleurs, que des animaux attachés à la culture d'un fonds par le propriétaire, des ustensiles consacrés à l'exploitation d'une manufacture, ne sont pas des immeubles; s'ils sont réputés tels, c'est parce qu'ils sont, pour ainsi dire, incorporés avec le fonds dont la production ne peut se soutenir qu'avec leur secours : mais cette fiction ne peut subsister qu'autant que l'union de ces objets avec le fonds subsistera elle-même. C'est ce que l'art. 522 du Code Napoléon prononce disertement en parlant des animaux que le propriétaire du fonds livre au fermier pour la culture : «ils sont censés immeubles, tant qu'ils demeurent attachés au fonds, par l'effet de la convention ». — Cette disposition s'applique nécessairement à tous les autres objets attachés à un fonds pour la culture ou l'exploitation. Ces objets, quoique mobiliers par leur nature, seront censés ou réputés immeubles, tant qu'ils demeureront attachés au fonds; et l'effet de cette fiction sera que, pendant le même temps, ils seront soumis aux mêmes règles que les vrais immeubles : ainsi, ces meubles seront susceptibles d'Hypothèque, comme l'immeuble auquel ils resteront attachés; leur expropriation, s'il y a lieu, sera suivie, d'après la même forme; la distribution du prix se fera de la même manière.

Mais si le propriétaire, libre administrateur de ses biens, détachait des animaux ou des ustensiles de son fonds, pour les vendre ou les transporter de toute autre manière à un tiers, le lien de la dépendance serait rompu; la destination serait changée; l'objet cesserait d'être appliqué à la culture ou à l'exploitation du fonds auquel il avait été uni; il reprendrait, au même instant, sa nature primitive de meuble, et il ne pourrait plus être saisi dans la main du tiers-acquéreur.

Cette séparation du meuble d'avec l'immeuble, ne pourrait être regardée que comme une dégradation commise sur l'immeuble hypothéqué; et si, par l'effet de cette dégradation, l'immeuble devenait insuffisant pour la sûreté du créancier, ce dernier n'aurait d'autre droit que celui de poursuivre son remboursement, ou d'obtenir un supplément d'Hypothèque, aux termes de l'art. 2131.

Nous n'avons parlé que des animaux, des ustensiles et de ces objets qui, même pendant leur union avec le fonds, conservent cette qualité distinctive de meubles qui consiste à pouvoir être transportés d'un lieu à un autre; mais la même décision devrait encore s'appliquer aux matériaux incorporés dans un bâtiment, quoique, pendant l'incorporation, ils soient fixes et immobiles comme le sol sur lequel repose le bâtiment. Le propriétaire d'une maison, qui l'a soumise à l'Hypothèque, n'en conserve pas moins la possession et la libre administration de la maison hypothéquée; rien ne l'empêche de démolir sa maison et d'en vendre les matériaux. Ces matériaux, dès l'instant de leur démolition, cesseraient d'être empreints de l'Hypothèque; ils ne pourraient être suivis par les créanciers hypothécaires, dans la main de l'acheteur; et la démolition ne donnerait aux créanciers hypothécaires d'autre droit que celui que nous avons déjà énoncé, d'exiger leur remboursement ou un supplément d'Hypothèque.

En portant encore plus loin nos raisonnemens, nous pourrions dire que ces espèces de biens ne peuvent être grevés d'Hypothèque isolément; qu'elles ne peuvent l'être qu'avec le fonds dont elles forment actuellement un accessoire. Que signifierait, en effet, une Hypothèque imposée isolément sur les animaux servant à la culture d'un fonds, ou sur les matériaux composant la toiture d'un édifice? Elle serait totalement opposée à la nature de ce droit et à l'esprit de la loi. Des animaux, des matériaux même, dans leur état d'incorporation avec l'édifice, n'ont ni cette fixité, ni cette immobilité sur laquelle doit reposer le gage hypothécaire. Lorsque la loi a voulu déterminer quels seraient les biens susceptibles d'Hypothèque, elle a désigné principalement les vrais immeubles; si elle a étendu ses regards jusque sur les immeubles attachés au fonds, ce n'est qu'en les considérant comme des accessoires de ce même fonds; elle a voulu que l'Hypothèque imposée sur le fonds, atteignît les accessoires qui s'y trouvaient actuellement attachés; mais elle n'a ni voulu ni entendu que l'on pût séparer les accessoires du principal, et établir, sur ces accessoires fugitifs, une Hypothèque dont l'existence est nécessairement liée avec l'immobilité de l'objet sur lequel elle est assise.

Le résultat de nos réflexions est donc que les accessoires réputés immeubles, sont susceptibles d'Hypothèque dans ce sens, qu'ils sont enveloppés dans l'Hypothèque imposée sur l'immeuble auquel ils se trouvent attachés; qu'ils restent soumis à l'Hypothèque, tandis qu'ils restent unis au fonds hypothéqué; mais que dès l'instant où ils sont séparés du fonds par une cause quelconque, pour passer dans d'autres mains que celles du propriétaire, ils perdent leur immobilité fictive; que l'impression de l'Hypothèque dont ils étaient grevés, s'évanouit, et qu'ils ne peuvent plus être suivis dans des mains étrangères.

VII. L'usufruit des biens immobiliers et de leurs accessoires réputés immeubles, est aussi passible d'Hypothèque pendant le temps de sa durée; mais il faut se faire des idées justes d'une Hypothèque imposée sur un usufruitier. Le débiteur usufruitier n'a que la jouissance, pour un temps borné, des immeubles et des accessoires réputés immeubles. Il ne peut offrir en gage à ses créanciers que le droit qu'il a lui-même. L'Hypothèque imposée sur un usufruit, reposera donc sur l'immeuble; mais au lieu d'embrasser la valeur intégrale de l'immeuble, il sera restreint à la valeur de la jouissance du même immeuble pendant le temps de la durée de l'usufruit. L'Hypothèque sur un usufruit ne peut, par sa nature, avoir la même consistance que l'Hypothèque sur la propriété; elle s'atténue à mesure que l'usufruit approche de son terme. Le créancier ayant Hypothèque sur un usufruit d'immeubles, peut bien suivre cet usufruit dans toutes les mains où il passera; il peut le faire vendre et se faire colloquer dans la distribution du prix, au rang que lui assigneront son Hypothèque et son inscription; mais il ne peut faire vendre la jouissance que pour le temps qui lui restera à courir sur la tête de l'usufruitier; et si l'usufruit a pris fin avant que les poursuites soient consommées par une adjudication, son Hypothèque s'évanouira avec l'usufruit sur lequel elle reposait.

VIII. *Les meubles n'ont pas de suite par Hypothèque.* Ces expressions sont celles de l'art. 2119.

L'article précédent, en déclarant que les biens immobiliers qui sont dans le commerce, et leurs accessoires réputés immeubles, sont seuls susceptibles d'Hypothèque, déclare, d'une manière implicite, mais bien certaine, que les meubles ne sont pas susceptibles de cette charge. — Cette réflexion pourrait mener à croire que les termes dans lesquels cet article est conçu, expriment mal la pensée du législateur. On pourrait dire, en effet, que si aucune Hypothène ne peut être établie sur des meubles, il est inutile de rechercher si le droit de suite, qui est un attribut propre de l'Hypothèque, peut être appliqué aux meubles. — Mais saisissons bien l'intention de la loi.

En règle générale, les meubles ne sont pas susceptibles d'Hypothèque, et conséquemment leur prix se distribue par contribution entre tous les créanciers, sans distinction entre les hypothécaires et les cédulaires. Néanmoins nous verrons sous l'article *Privilége de créance*, qu'il y a des priviléges sur les meubles; et que l'effet de ce privilége est d'attribuer aux créanciers qui en sont nantis, une préférence sur les autres créanciers dans la distribution du prix.

Nous avons vu aussi, sous le n. 6, que les animaux et les ustensiles attachés au fonds pour son exploitation, quoiqu'ils soient évidemment meubles par leur nature, sont cependant réputés immeubles par destination, tant qu'ils restent attachés au fonds, et que, comme tels, ils sont passibles d'Hypothèque, conjointement avec le fonds même.

Cependant, ni les meubles affectés d'un privilége, ni les meubles réputés immeubles par destination, ne peuvent être suivis dans la main d'un tiers, lorsqu'ils ont été aliénés par le débiteur, si on excepte les meubles garnissant la maison ou la ferme qui peuvent être saisis et revendiqués dans la main des tiers, par le propriétaire de la maison ou de la ferme, lorsqu'ils ont été déplacés sans son consentement.—C'est donc à ces meubles affectés d'un privilége, ou réputés immeubles par destination, que s'applique avec exactitude la règle consignée dans l'art. 2119, portant que les meubles n'ont pas de suite par Hypothèque.

IX. Les navires et les autres bâtimens de mer sont meubles. Cependant l'intérêt du commerce a porté le législateur à les excepter par l'art. 2120, des règles générales, et à faire, à leur égard, des dispositions particulières, qui, sous certains rapports, les assimilent aux immeubles.

Les meubles, en général, ne sont pas susceptibles d'Hypothèque, et ne peuvent être suivis dans des mains étrangères, en vertu de ce droit. Les navires, au contraire, sont affectés aux dettes du vendeur, et spécialement à celles que la loi déclare privilégiées. C'est la disposition littérale de l'art. 190 du Code de commerce, dont le sens est encore mieux développé par l'art. 196 du même Code, qui est ainsi conçu : « La vente volontaire d'un navire en voyage, ne préjudicie pas aux créanciers du vendeur. En conséquence, le navire, ou son prix, continue d'être le gage desdits créanciers, qui peuvent même, s'ils le jugent convenable, attaquer la vente pour cause de fraude ».

On voit, disons-nous, par ces deux textes, que le navire est affecté aux dettes du propriétaire; que cette affectation donne aux créanciers le droit de provoquer la vente du navire et de s'en faire distribuer le prix, non-seulement tandis qu'il continue d'être dans les mains du débiteur, mais encore lorsqu'il en est sorti par vente ou de toute autre manière.

Ces créances, qui jouissent d'un privilége sur les navires, et l'ordre dans lequel elles sont colloquées, sont tracées dans l'art. 191. Les suivans indiquent la manière dont ces diverses créances doivent être justifiées pour jouir du privilége que la loi leur promet, et le mode d'extinction de ces priviléges. Enfin, l'art. 197 et suivans règlent les formes à suivre pour la saisie et la vente des navires. *V. Navire.*

Art. IV. *Des Hypothèques légales et de leurs diverses espèces.*

I. L'art. 2121 du Code Napoléon est ainsi conçu : « Les droits et créances auxquels l'Hypothèque légale est attribuée, sont, — Ceux de femmes mariées, sur les biens de leur mari; — Ceux des mineurs et interdits, sur les biens de leur tuteur; — Ceux de l'Etat, des communes et des établissemens publics, sur les biens des receveurs et administrateurs comptables ».

L'Hypothèque, dit l'art. 2116, est ou légale, ou judiciaire, ou conventionnelle. Le législateur a commencé dans l'article suivant, l'analyse de ces trois sortes d'Hypothèques; mais il l'a ensuite interrompue, pour désigner les biens susceptibles ou insusceptibles d'Hypothèque. Il l'a reprise dans la sect. 1 et suivante du chap. 3 : nous suivrons son exemple; nous expliquerons avec lui, quelles sont les diverses espèces d'Hypothèques qui peuvent être rangées sous chacune de ces trois dénominations; comment elles s'établissent; quels sont les biens qu'elles frappent : et nous renverrons, comme lui, à d'autres parties de cet ouvrage, l'explication des effets que les diverses Hypothèques produisent, soit relativement aux autres créanciers, soit relativement aux tiers-détenteurs.

L'Hypothèque légale est celle que la loi attache directement et de sa propre autorité, à certaines créances, sans le secours d'un jugement ni d'une stipulation expresse. Elle a son fondement, ainsi que l'a dit l'orateur du gouvernement, dans la protection spéciale que méritent les créanciers auxquels elle est accordée.

Cet article attribue l'Hypothèque légale aux créances suivantes : à celles des femmes mariées, sur les biens de leur mari; à celles des mineurs et interdits, sur les biens de leur tuteur; enfin, à celles de l'Etat, des communes et des établissemens publics, sur les biens des receveurs et administrateurs comptables. Nous allons les reprendre séparément.

II. L'Hypothèque légale est attachée d'abord aux créances de la femme mariée, sur les biens de son mari. Ces expressions sont aussi générales qu'elles puissent être. Toutes les créances que la femme a sur son mari, au moment de l'accomplissement du mariage, toutes celles qu'elle pourra acquérir sur lui jusqu'à la dissolution du mariage, sont investies du droit de l'Hypothèque légale. Il n'y a nulle distinction à faire entre ces créances, ni à raison de leur cause, ni à raison des formes du titre constitutif, ni à raison de leur date, ni à raison du régime sous lequel les époux sont mariés.

Les créances des femmes sur leurs maris peuvent avoir des causes diverses, comme les apports faits lors du mariage, la perception faite par le mari des sommes échues à la femme pendant le mariage par donation, testament ou succession, le défaut de remploi des immeubles aliénés, les récompenses et indemnités dues à la femme dans tous les cas déterminés par le Code, au titre *du contrat de mariage*. L'Hypothèque légale s'applique indistinctement à toutes ces créances, ainsi que le dit nominativement l'art. 2135, n. 2. Ce dernier article, lui-même, n'est pas limitatif : il désigne diverses espèces de créances pour indiquer avec précision l'époque à laquelle doit se rapporter le rang assigné à chacune de ces créances particulières. — Ainsi, la réception que le mari se trouverait avoir faite pendant le mariage d'une somme appartenante à sa femme, non par donation, testament, ou succession, mais en vertu d'une obligation quelconque antérieure au mariage, enfanterait contre le mari une créance passible d'Hypothèque légale. — Il faudrait en dire de même d'une créance que la femme aurait eue sur son mari lui-même, avant leur mariage. — La véritable raison qui a fait introduire l'Hypothèque légale en faveur des femmes, milite dans ce dernier cas, comme dans tous les autres. Le législateur, en effet, a déclaré que les époux se doivent mutuellement fidélité, services, assistance, ajoutons et une confiance sans bornes. D'un autre côté, il a mis la femme sous la protection du mari, et il l'a soumise à l'obéissance envers lui. Rien ne serait plus contraire à cette harmonie, à cette confiance, qui doit régner entre deux époux, que les précautions sévères qu'un créancier ordinaire prend contre son débiteur, et qui présentent, par leur nature, un caractère de défiance, et même d'hostilité. Le législateur a donc voulu affranchir la femme timide et circonspecte de cette pénible nécessité : il a pris ses intérêts sous sa sauve-garde. Il lui a accordé une Hypothèque, qui comme nous le verrons plus bas, lui donne des sûretés plus fortes encore que celles que pourrait prendre le créancier le plus âpre et le plus vigilant; mais il est clair que dès l'instant où le mariage est accompli, la femme entre dans cet état de dépendance qui exige de sa part des ménagemens, et qui lui rend nécessaires les secours conservateurs de la loi. Il faut donc qu'elle puisse en jouir pour les créances qu'elle avait sur son mari avant le mariage, tout comme pour celles qu'elle acquiert, soit au moment du mariage même, soit pendant le cour de sa durée.

Toutes ces créances, quelle que soit la forme du titre constitutif, participent au même avantage, pourvu qu'elles se trouvent suffisamment établies d'après les règles générales. Il n'est pas non plus nécessaire qu'un contrat de mariage ait été passé entre les époux; le mariage établit entre les époux les mêmes rapports, soit qu'il ait été précédé ou non d'un contrat. D'ailleurs, l'art. 1393 déclare qu'à défaut de stipulations spéciales, qui dérogent au régime de la communauté ou le modifient, les règles établies dans la première partie du chap. 2 du titre du *contrat du mariage,* formeront le droit commun de la France.

Enfin, l'Hypothèque légale s'applique indifféremment aux créances des femmes, soit qu'elles soient mariées sous le régime de la communauté, soit qu'elles soient mariées sous le régime dotal. Elle a lieu dans l'un et l'autre régime et dans toutes les modifications dont ils sont susceptibles. Ainsi, la clause de l'exclusion de la communauté, celle de la séparation des biens, celle par laquelle la femme mariée sous le régime dotal, se réserve des paraphernaux, n'empêchent pas que la femme ne jouisse de l'Hypothèque légale, même à l'égard des créances relatives aux biens exclus de la communauté ou de la constitution dotale. Le titre d'épouse, en un mot, suffit à la femme pour exercer sur les biens de son mari, tous les droits résultans de l'Hypothèque légale à raison de toutes les créances qu'elle peut avoir sur lui. La loi n'en exige pas davantage, et l'on ne peut rien ajouter à sa disposition. — Nous donnerons sous le §. 3 de l'article *Inscription hypothécaire,* de nouveaux développemens sur les effets et l'application de l'Hypothèque légale des femmes.

III. Les mineurs et les interdits ont aussi une Hypothèque légale sur les biens de leur tuteur. Cette Hypothèque s'applique à toutes les créances que le mineur ou l'interdit ont sur leur tuteur, et qui résultent de la gestion de ce dernier, ainsi que s'exprime l'art. 2135, n. 1.

Il ne faut pas trop restreindre la signification de cette dernière expression, et ne comprendre dans le nombre des dettes du tuteur passibles d'Hypothèques légales, que celles qui ont pour objet le reliquat des sommes effectivement reçues. Le mineur et l'interdit ont Hypothèque légale à raison de toutes les créances qu'ils ont sur leur tuteur, soit qu'elles dérivent du défaut d'emploi utile des sommes par lui réellement perçues, soit qu'elles résultent d'indemnités dues par le tuteur, pour omission de recette, négligence, mauvaise administration ou autre cause quelconque. Ils doivent même avoir Hypothèque légale pour les créances qu'ils avaient sur le tuteur avant l'acceptation de la tutelle. Toutes ces créances, et la dernière elle-même, rentrent effectivement dans la gestion du tuteur. Le tuteur, débiteur du mineur avant l'acceptation de la tutelle, a dû, dans le cours de sa gestion, verser dans la caisse du mineur les sommes dont il était débiteur, ou bien prendre contre lui-même, et au nom du mineur, les sûretés que l'intérêt de ce dernier pouvait exiger. Ainsi, cette même gestion ajoute à sa dette un nouveau lien qui donne prise à l'Hypothèque légale.

Cet article n'attribue nominativement l'Hypothèque légale qu'aux créances des mineurs et des interdits sur les biens de leurs *tuteurs.* — L'art. 395 du Code Napoléon prévoit le cas où la tutelle sera conservée à la mère remariée, et il donne au second mari le nom de *co-tuteur.* L'art. 417 du même Code prévoit aussi le cas où le mineur domicilié en France, possédera des biens dans les colonies, ou réciproquement. Il veut que l'administration spéciale de ces biens soit donnée à un *pro-tuteur.* Il n'y a nul doute que les fonctions désignées sous ce nom, ne soient de véritables tutelles. Les mêmes articles déclarent, à l'égard du co-tuteur, qu'il devient solidairement responsable, avec sa femme, de la gestion postérieure au mariage; et à l'égard du pro-tuteur, que le tuteur et le pro-tuteur sont indépendans, et non responsables l'un envers l'autre pour leur gestion respective. Il est donc manifeste que les immeubles des co-tuteurs et des pro-tuteurs sont soumis à l'Hypothèque légale de la même manière que ceux des tuteurs ordinaires.

Mais on pourrait demander si les subrogés-tuteurs et les curateurs sont soumis à la même Hypothèque.

Pour résoudre cette question, il faut examiner de près la nature des fonctions des subrogés-tuteurs et des curateurs, et les comparer à celles des fonctions des tuteurs.

Les tuteurs ont deux fonctions distinctes : la surveillance de la personne remise sous leur tutelle, et l'administration directe de ses biens. La surveillance de la personne ne peut engager que leur responsabilité morale. C'est l'administration directe des biens, le maniement des deniers du mineur ou de l'interdit, qui les oblige à rendre compte de leur gestion et qui engage leur responsabilité pécuniaire. C'est pour la garantie de cette même gestion, que la loi soumet leurs biens à l'Hypothèque légale.

Les fonctions du subrogé-tuteur et du curateur sont bien différentes. Celles du subrogé-tuteur sont définies dans l'art. 420 du Code Napoléon : elles consistent, en général, à agir pour les intérêts du mineur ou de l'interdit, lorsqu'ils se trouvent en opposition avec ceux du tuteur. Elles sont, de plus, réglées en détail par plusieurs textes du Code, dans les divers cas où elles doivent s'exercer. Ainsi, l'art. 446 charge le subrogé-tuteur de provoquer la destitution du tuteur qui s'est rendu indigne de la tutelle; l'art. 451 le charge d'assister à l'inventaire qui doit être fait par le tuteur; l'art. 452 le charge d'assister à la vente des meubles; l'art. 2137 le charge, sous sa responsabilité personnelle et sous peine de tous dommages et intérêts, de veiller à ce que les inscriptions soient prises sans délai sur les biens du tuteur, pour raison de sa gestion, même de faire faire ces inscriptions. — Mais aucune de ces fonctions ne met dans la main du subrogé-tuteur une gestion effective, un maniement réel des deniers du mineur. La responsabilité dont il est chargé par l'art. 2137, a moins pour objet, ainsi que nous le verrons en examinant cet article sous les mots *Inscription hypothécaire*, la conservation des intérêts du mineur qui sont sous la sauve-garde de la loi, que la conservation des intérêts des tiers qui pourraient contracter inconsidérément avec le tuteur. — Si l'on joint à ces motifs le silence de la loi au sujet de la soumission des biens des subrogés-tuteurs à l'Hypothèque légale, on sera convaincu que les subrogés-tuteurs ne sont nullement soumis à cette mesure. — Une preuve encore plus décisive de cette vérité résulte des observations du tribunat sur l'art. 2135 du Code Napoléon, rapportées dans la *conférence du Code civil*, tom. 7, p. 177. On y voit que le conseil d'Etat, dans la première rédaction de l'art. 2135, avait proposé d'établir l'Hypothèque légale, non-seulement au *profit des mineurs et interdits, sur les immeubles appartenans à leur tuteur, à raison de sa gestion, du jour de l'acceptation de la tutelle*, mais encore *sur les immeubles du subrogé-tuteur, pour le cas où, d'après les lois, il devient responsable, et à compter du jour de son acceptation ;* et que cette seconde disposition fut supprimée sur l'observation du tribunat, *qu'il est de l'intérêt de la société de dégager autant qu'il est possible, les immeubles des Hypothèques, qu'il n'y a pas de nécessité d'imprimer l'Hypothèque légale sur les biens du subrogé-tuteur; que, pour la sûreté de sa responsabilité à cet égard, il est raisonnable de se contenter de l'action que le mineur peut exercer contre lui, lorsqu'il y a lieu à réclamer cette responsabilité ; qu'on devrait craindre d'ailleurs que les citoyens ne fissent tous leurs efforts pour éloigner d'eux les fonctions de subrogés-tuteurs, s'ils devaient être grevés d'une Hypothèque aussi générale.*

Il en est de même des curateurs. Les fonctions des curateurs sont déterminées, suivant les divers cas dans plusieurs textes du Code. L'art. 480 veut qu'un curateur assiste le mineur émancipé qui reçoit le compte de la tutelle. L'art. 482 veut que le curateur assiste le mineur émancipé qui reçoit un capital mobilier et qui en donne décharge, et même que le curateur surveille l'emploi du capital reçu. Les art. 499 et 513 disent que les faibles d'esprit et les prodigues, auxquels il est donné un conseil, ne pourront plaider, transiger, emprunter, recevoir un capital mobilier, ni en donner décharge, aliéner, ni grever leurs biens d'Hypothèque, sans l'assistance de la personne préposée pour ce conseil, laquelle n'est elle-même qu'une espèce de curateur.

Ces curateurs, comme l'on voit, n'administrent pas directement : ils ne gèrent pas, ils ne reçoivent ni n'emploient les fonds du mineur ou de l'interdit. Ils assistent le mineur et l'interdit, et l'éclairent simplement de leur conseil. Cette nuance distinctive se retrouve jusques dans la disposition de l'art. 482, qui, en chargeant le curateur d'assister le mineur émancipé auquel on rembourse un capital mobilier, le charge en même temps de surveiller l'emploi du capital reçu; car la surveillance de l'emploi, de la part du curateur, suppose nécessairement que ce même emploi est fait par le mineur en personne. Le curateur ne peut donc, d'après la nature de ses fonctions, être tenu directement envers le mineur d'aucune dette positive qui devienne l'objet d'une Hypothèque légale. Aussi l'art. 2121 n'accorde-t-il nullement cette Hypothèque légale sur les biens des *curateurs*, mais seulement sur les biens du *tuteur ;* aussi le législateur, qui connaît la propriété des termes, n'accorde-t-il l'Hypothèque légale qu'aux *interdits*, qui, quelle que soit la cause de l'interdiction, sont réellement pourvus d'un *tuteur ;* et nullement aux faibles d'esprit ou aux prodigues, qui n'ont pas de tuteur, mais auxquels on se contente de donner un conseil pour les assister et les éclairer dans leurs affaires principales.

Concluons donc que l'Hypothèque légale n'est établie que sur les immeubles de ceux qui étant chargés d'une tutelle effective, gèrent et administrent par eux-mêmes les biens et les affaires d'un mineur ou d'un interdit; et que cette mesure de précaution ne regarde nullement les subrogés-tuteurs, les curateurs, les personnes chargées, en qualité de conseil, de prêter leur assistance aux prodigues ou aux faibles d'esprit.

IV. La troisième espèce d'Hypothèque légale est celle qui est attribuée aux créanciers de l'Etat, des communes et des établissemens publics, sur les biens des receveurs et administrateurs comptables.

Nous ferons, sur cette troisième espèce d'Hypothèque légale et sur les personnes qui y sont assujéties, des observations semblables à celles que nous avons déjà faites au sujet des tuteurs. Il y a dans l'administration générale des fonctionnaires qui manient réellement les deniers publics; il y en a d'autres qui dirigent seulement la recette et l'emploi de ces mêmes deniers, sans les manier eux-mêmes. Les premiers sont seuls comptables et soumis à l'Hypothèque légale, les seconds ne sont pas assujétis à cette charge.

La distinction que nous avons faite, est appuyée sur la vraie signification du mot *comptable* et sur l'autorité de la loi. Ferrière, dans son *Dictionnaire de droit et de pratique*, désigne sous le nom de *comptables, financiers ou gens d'affaires*, ceux qui manient ou qui ont manié les deniers publics ou ceux du roi.

La loi du 16 septembre 1807, concernant l'organisation de la cour des comptes, confirme cette distinction d'une manière encore plus précise.

L'art. 11, relatif à la compétence, porte que la cour sera chargée du jugement des comptes des recettes du trésor, des receveurs généraux de départemens, et des régies et administrations des contributions indirectes, des dépenses du trésor, des payeurs généraux, des payeurs d'armées, des divisions militaires, des arrondissemens maritimes et des départemens, des recettes et des dépenses des fonds et revenus spécialement affectés aux dépenses des départemens et des communes, dont les budjets sont arrêtés par l'Empereur.

L'art. 18 de la même loi déclare que la cour ne pourra, en aucun cas, s'attribuer de juridiction sur les *ordonnateurs*, ni refuser aux payeurs l'allocation des payemens par eux faits, sur des ordonnances revêtues des formalités prescrites, et accompagnées des acquits des parties prenantes et des pièces que l'ordonnateur aura prescrit d'y joindre.

Le vrai *comptable* est donc celui qui, soit en recevant les deniers publics, soit en en faisant l'emploi, manie réellement des deniers publics, et qui est comme tel, soumis à la juridiction du tribunal établi pour le jugement des comptes.

Celui qui dirige les recettes ou l'emploi, est appelé *ordonnateur*; celui-là n'est nullement comptable, et le tribunal des comptes ne peut s'attribuer sur lui aucune juridiction; ses opérations peuvent donner lieu à une censure; mais cette censure, ainsi que les prévarications qui la déterminent, sont étrangères aux formes et aux règles de la comptabilité proprement dite.

Lors donc que la loi soumet à l'Hypothèque légale les biens des *receveurs et administrateurs comptables*, elle n'entend comprendre sous cette dénomination, que les seules personnes qui manient les deniers publics, soit en les recevant, soit en les employant.

La même disposition comprend aussi littéralement ceux qui manient les deniers des communes et des établissemens publics : mais elle s'arrête là, et nous ne devons pas l'étendre plus loin.

Il y a plusieurs autres personnes qui sont réellement *comptables*, en prenant ce mot dans son acception générique. Tels sont les séquestres, les gardiens, les héritiers sous bénéfice d'inventaire, les curateurs à une succession vacante, les syndics d'une faillite et les autres administrateurs de ce genre : tous ceux-là manient des deniers d'autrui et doivent un compte de leur recette et de leur emploi : mais aucune loi n'ayant soumis leurs biens à l'Hypothèque légale envers les personnes auxquelles le compte doit être rendu, celles-ci ne peuvent la réclamer, et elles doivent chercher leur sûreté dans les moyens généraux qui sont ouverts à tous les créanciers.

V. L'art. 2121 du Code Napoléon n'attribue l'Hypothèque légale qu'aux seules créances que nous venons d'analyser. Il y a cependant d'autres Hypothèques qu'on peut appeler *légales*, puisqu'elles sont établies par la seule autorité de la loi, sans l'intervention d'aucun jugement ni d'aucune stipulation.

Ainsi, les priviléges sur les immeubles, comme nous le verrons au mot *Privilége de créance*, ont leur unique fondement dans l'autorité de la loi; et leur existence est indépendante de toute stipulation expresse et d'un jugement.

Nous parlerons sous le même mot, du *droit de rétention*; qui, sans porter le nom de privilége ou d'Hypothèque, en produit pourtant les effets. Ce droit dérive aussi de la seule autorité de la loi, sans l'intervention d'un jugement ni d'une stipulation expresse.

Il y a enfin une autre Hypothèque qui est dans le même cas, c'est celle dont il est fait mention dans l'art. 1017 du Code Napoléon, lequel est ainsi conçu : « Les héritiers du testateur, ou autres débiteurs d'un legs seront personnellement tenus de l'acquitter, chacun au prorata de la part et portion dont ils profiteront dans la succession. Ils en seront tenus *hypothécairement* pour le tout, jusqu'à concurrence de la valeur des immeubles de la succession dont ils seront détenteurs ».

Les personnes quelconques qui sont chargées d'un legs, sont, sans doute, personnellement tenues de l'acquitter. Mais les immeubles de la succession dont elles sont détentrices, sont de plus frappés d'une Hypothèque, pour la sûreté de l'acquittement du legs. Cette Hypothèque, (dont il sera plus amplement parlé au mot *Légataire*, §. 6, n. 12, et suivans), existe d'après l'article cité, sans qu'il soit nécessaire qu'elle ait été imposée expressément par le testateur, ni qu'elle ait été créée par un jugement. Elle ne peut donc qu'être légale, puisqu'il n'y a pas un quatrième genre d'Hypothèques, et puisque, à l'instar des Hypothèques qualifiées de *légales*, elle est établie par la seule autorité de la loi.

Nous ferons cependant, au sujet de cette Hypothèque, quelques observations qui tiennent à sa cause.

Elle ne peut avoir son effet contre les créanciers de la succession, puisqu'en effet le legs ne peut être dû ni acquitté qu'après que tous les créanciers de la succession, tant hypothécaires ou privilégiés que cédulaires, ont été payés intégralement. L'Hypothèque attachée à ce legs est sans force contre ces mêmes créanciers. Cette hypothèque ne peut donc servir au légataire que contre les créanciers personnels des héritiers chargés du legs, ou contre les tiers-acquéreurs qui auraient acquis de ces mêmes héritiers des immeubles faisant partie de la succession.

D'un autre côté, pour bien saisir le sens de l'art. 1017, il faut savoir que le legs d'une somme peut être mis à la charge, ou des héritiers légitimes, ou des légataires universels, ou des légataires à titre universels, ou bien, enfin, des légataires de certains immeubles à titre particulier. Lors donc que l'article déclare que les *héritiers* du testateur *ou autres débiteurs d'un legs* seront personnellement tenus de l'acquitter chacun au prorata de sa part dans la succession, et qu'ils seront tenus hypothécairement pour le tout, jusqu'à concurrence de la valeur des immeubles de la succession dont ils seront détenteurs, il désigne les héritiers sous le nom qui leur est propre; et il désigne, sous le nom d'*autres débiteurs du legs*, les légataires universels, les légataires à titre universel; et les légataires de certains immeubles à titre particulier, qui, d'après les dispositions du testament, se trouvent chargés d'acquitter la somme léguée. Il fait comprendre de plus, que l'Hypothèque ne frappe que sur les immeubles de la succession, qui, d'après les mêmes dispositions, sont dévolus à ceux qui sont chargés de l'acquittement de la somme léguée.

Un exemple achevera de mettre le sens de cet article dans tout son jour. Un testateur, dont la fortune comprend plusieurs domaines, voulant donner une partie de sa fortune à des étrangers, et laisser le surplus à ses héritiers, fait un testament par lequel il lègue à Jean et à Pierre un de ses biens appelé *le domaine de Coutance*, à la charge de payer à Ursule, leur sœur, une somme de 10,000 francs, à titre de legs; et il nomme Paul son légataire à titre universel de la moitié du surplus de tous ses immeubles. Les vrais et seuls débiteurs personnels du legs de 10,000 fr. envers Ursule, sont ses deux frères, Jean et Pierre; et ils sont personnellement tenus de l'acquitter chacun pour moitié. L'Hypothèque attribuée à la créance résultante du legs de 10,000 fr. en faveur d'Ursule, ne peut atteindre, ni la moitie des immeubles de la succession dévolue à Paul légataire à titre universel, ni l'autre moitié de ces immeubles restans aux héritiers naturels; elle ne frappe que sur les seuls immeubles du domaine de Coutance légué à Jean et à Pierre, attendu qu'ils sont seuls chargés de l'acquittement du legs, et qu'ils ne peuvent devenir détenteurs que de ce seul domaine. Mais cette Hypothèque embrassera indivisiblement tous les immeubles composant le domaine de Coutance; en telle sorte que, si, par l'effet d'un arrangement passé entre les deux frères, le domaine entier est adjugé à un seul, celui-ci sera tenu hypothécairement de la totalité de la somme de 10,000 fr.

Si nous avons supposé que le legs particulier à acquitter consistait en une somme déterminée, ce n'a été que pour présenter notre espèce d'une manière plus claire et plus intelligible: les mêmes dispositions seraient applicables au cas où le legs à acquitter comprendrait un meuble, une prestation en deniers, ou tout autre objet qui, ne se trouvant pas en nature dans la partie de la succession dévolue aux débiteurs du legs, devrait être procurée et fournie par ces derniers.

Une semblable disposition pourrait se retrouver dans une donation entre-vifs; c'est-à-dire que deux donataires d'un immeuble pourraient être chargés de payer, à titre de don, une somme de 10,000 fr. à un tiers. L'immeuble donné serait-il hypothéqué de plein droit pour la sûreté de l'acquittement de cette somme? Il y a sans doute une très-grande analogie entre les deux cas: mais, attendu que, d'après l'art. 2115, l'Hypothèque n'a lieu que dans les cas et suivant les formes autorisées par la loi; attendu que l'article cité ne parle que des dispositions testamentaires et nullement des dispositions entre-vifs; attendu que les donations entre-vifs, par leur forme et leur nature, se rapprochent des contrats et des conventions, nous devons répondre que l'Hypothèque n'aurait pas lieu dans le cas proposé, à moins qu'elle n'eût été formellement stipulée dans l'acte de donation.

VI. Nous avons cru devoir mettre au rang des Hypothèques légales, les Hypothèques privilégiées, et les autres droits que nous venons d'analyser, par cela seul qu'ils s'établissent par la seule autorité de la loi. Nous n'ignorons pas d'ailleurs les différences très-grandes qui existent entre ces divers droits et les Hypothèques légales, spécifiées dans l'art. 2121. Nous ferons remarquer ces différences à mesure que l'occasion s'en présentera: et l'art. 2122 nous en fournit une première.

Cet article est ainsi conçu: « Le créancier qui a une Hypothèque légale, peut exercer son droit sur tous les immeubles appartenans à son débiteur, et sur ceux qui pourront lui appartenir dans la suite, sous les modifications qui seront ci-après exprimées. »

Le législateur ne désigne dans cet article que les Hypothèques légales qu'il a spécifiées dans l'article précédent: et en effet, ces Hypothèques sont les seules de ce genre, qui embrassent les biens présens et à venir du débiteur. Celles auxquelles nous avons donné la même dénomination, par les raisons déduites plus haut, ne jouissent nullement de cet avantage. Les priviléges, le droit de rétention, les Hypothèques établies en faveur du légataire sur certains immeubles de la succession, sont, au contraire, bornés à ce seul objet.

L'extension des Hypothèques légales dont il est question ici, a pour cause l'indétermination des créances auxquelles elle est attribuée. En effet, les créances qui peuvent appartenir à la femme sur son mari, au mineur ou à l'interdit sur le tuteur, à l'Etat, aux communes ou aux établissemens publics sur les comptables, ne peuvent, par la manière dont elles se forment, présenter aucune mesure fixe. Si ces créances peuvent, d'un côté, se réduire à rien, elles peuvent, de l'autre, prendre un accroissement indéfini: et l'on a cru, par cette raison, devoir donner au gage la plus grande extension possible, en l'assignant sur tous les biens présens et futurs du débiteur.

Les immeubles présens sont ceux que le débiteur possède au moment où son obligation présumée prend naissance. Ce moment, à l'égard du mari, est celui du mariage; à l'égard du tuteur, celui de l'acceptation de la tutelle, et à l'égard du comptable, celui de sa nomination.

Il ne faut pas perdre de vue que, d'après la loi du 5 septembre 1807, dont les dispositions se trouvent au mot *Comptable*, les droits du trésor public sur les biens actuels que le comptable possède au moment de son entrée en exercice, restent dans l'état d'une simple Hypothèque légale; mais, que le droit sur les immeubles acquis depuis à titre onéreux, par le comptable ou par sa femme, sans justification de la propriété des deniers, est converti en un privilége dont les effets sont détaillés dans la même loi.

Enfin, les modifications dont parle l'art. 2122 sont

celles qui sont réglées par les art. 2140, 2141 et 2161. Nous en développerons les motifs et le but aux mots *Inscription hypothécaire*, §. 8.

ART. V. *Des Hypothèques judiciaires.*

I. L'art. 2123 s'exprime ainsi : « L'Hypothèque judiciaire résulte des jugemens, soit contradictoires, soit par défaut, définitifs ou provisoires, en faveur de celui qui les a obtenus. Elle résulte aussi des reconnaissances ou vérifications, faites en jugement, des signatures apposées à un acte obligatoire sous seing-privé.—Elle peut s'exercer sur les immeubles actuels du débiteur, et sur ceux qu'il pourra acquérir, sauf aussi les modifications qui seront ci-après exprimées. — Les décisions arbitrales n'emportent Hypothèque qu'autant qu'elles sont revêtues de l'ordonnance judiciaire d'exécution.—L'Hypothèque ne peut pareillement résulter des jugemens rendus en pays étrangers, qu'autant qu'ils sont déclarés exécutoires par un tribunal français, sans préjudice des dispositions contraires, qui peuvent être dans les lois politiques ou dans les traités ».

La seconde espèce d'Hypothèque est donc celle qui résulte des jugemens.

II. Tout acte judiciaire fait devant les juges n'est pas un jugement : et tout jugement n'engendre pas une Hypothèque.

Le procès-verbal de conciliation est fait devant le juge de paix : néanmoins ce procès-verbal, lors même qu'il contiendrait une obligation, de la part de l'une des parties, de payer à l'autre une certaine somme, n'est pas un jugement, et ne confère nullement une Hypothèque au créancier. *Les conventions des parties*, dit l'art. 54 du Code de la procédure civile, *insérées au procès-verbal* (de conciliation), *ont force d'obligation privée*. Ce texte seul prouve tout à la fois, 1.° que le procès-verbal de conciliation n'est qu'un contrat ou une convention, quoiqu'il soit passé devant un officier public qui a la qualité de juge, et dont la présence imprime à l'acte un caractère de vérité et même d'authenticité; 2.° que cette convention, malgré ses formes authentiques, ne peut engendrer son Hypothèque, quand bien même elle serait formellement stipulée, puisque l'Hypothèque conventionnelle, suivant l'art. 2127 du Code Napoléon, ne peut être consentie que par acte passé en forme authentique devant deux notaires, ou devant un notaire et deux témoins, et que le juge de paix n'a point la qualité de notaire. *V.* ci-devant §. 2, art. 4.

Il y a dans la procédure civile un très-grand nombre d'actes qui se font devant les juges ou qui émanent d'eux, tels que les enquêtes, les ordonnances d'instruction, etc., qui ne sont pas non plus des jugemens, et qui, conséquemment, ne sauraient produire une Hypothèque.

III. Mais nous avons dit encore que tout jugement n'engendre pas une Hypothèque. Il faut expliquer notre pensée.

L'art. 2114 nous a appris que l'Hypothèque en général est un droit réel sur les immeubles affectés à l'acquittement d'une obligation. L'art. 2180 nous dira que les Hypothèques s'éteignent par l'anéantissement de l'obligation principale. — Il résulte de l'esprit de ces deux textes, que l'Hypothèque, ainsi que nous l'avons dit plus haut, n'est qu'un droit accessoire à celui résultant d'une obligation principale, et ayant pour but d'assurer l'acquittement de cette obligation. Il en résulte, en dernière analyse, que l'Hypothèque ne peut exister, sans une obligation principale à laquelle elle puisse se rattacher.

Cela posé, nous devons dire que les jugemens qui imposent à l'une des parties une obligation envers l'autre, ou qui déclarent légitime une obligation préexistante, engendrent seuls l'Hypothèque judiciaire.

Quel que soit l'objet de l'obligation, qu'elle consiste à donner, à faire ou à ne pas faire quelque chose, l'effet est le même. Lorsqu'un jugement impose en effet une obligation, ou cette obligation consiste à donner une somme déterminée, et alors l'objet de l'Hypothèque concomitante ne peut être équivoque, ou elle consiste à faire ou ne pas faire quelque chose; et comme cette obligation, selon l'art. 1142 du Code Napoléon, se résout en dommages-intérêts, en cas d'inexécution de la part du débiteur, celui-ci se trouvera, en dernière analyse, obligé à payer une somme de la même manière que celui qui est directement condamné à payer une somme fixe, et conséquemment l'Hypothèque aura aussi un objet positif. A la vérité, cet objet restera indéterminé dans sa valeur, jusqu'à ce qu'un nouveau jugement rendu sur la preuve de l'inexécution, ait liquidé les dommages et intérêts : mais une créance indéterminée dans sa valeur, n'en est pas moins susceptible d'Hypothèque, pourvu qu'elle soit fondée sur un titre capable de lui conférer ce droit, ainsi que le porte l'art. 2131.

D'après ces principes, il faudra mettre au rang des jugemens produisant obligation et Hypothèque judiciaire, la reconnaissance et vérification faite devant les tribunaux, des signatures apposées à des actes obligatoires sous seing-privé. Indépendamment de la disposition textuelle de l'art. 2123 à ce sujet, cet acte est nominativement appelé *jugement*, par l'art. 194 du Code de la procédure civile. Ce jugement ajoute quelque chose à l'obligation préexistante, puisqu'il en atteste la vérité qui, auparavant, était incertaine par le défaut d'authenticité.

Cependant il faut observer que la simple vérification ou reconnaissance de la signature apposée au bas d'un acte obligatoire sous seing-privé, n'emporte pas condamnation actuelle de payer la somme due. Elle n'en produit pas moins une Hypothèque judiciaire, suivant le texte précis de notre article : mais cette considération a donné lieu à deux dispositions subséquentes, qu'il est utile de faire connaître.

L'une est dans l'art. 193 du Code de la procédure civile : cet article porte que, si le défendeur ne dénie pas la signature, tous les frais relatifs à la reconnaissance et à la vérification, même à ceux de l'enregistrement de l'écrit, seront à la charge du demandeur.

Cette disposition très-rigoureuse pour le créancier, et très-indulgente pour le débiteur, avait pour cause tacite, la possibilité que la reconnaissance fût provoquée avant l'échéance de l'obligation. Le législateur ne voulait pas qu'un créancier qui s'était contenté d'une obligation privée, et qui n'avait aucun nouveau sujet de défiance sur la solvabilité de son débiteur, pût, contre l'intention primitive des parties, exposer à des frais considérables ce débiteur, qui pouvait fort bien avoir la volonté et les moyens de payer au temps prescrit et d'éteindre ainsi son obligation comme il l'avait d'abord formée, c'est-à-dire, sans frais et sans formalités. Pour sauver le débiteur confessant sa signature, de ce préjudice non mérité, le législateur avait donc rejeté sur le créancier tous les frais de la procédure, même ceux de l'enregistrement.

La seconde disposition annoncée a mis ces motifs à découvert; et si elle a tempéré, à certains égards, la sévérité de la première, elle l'a portée plus loin sur d'autres points. Cette seconde disposition est dans la loi du 3 septembre 1807, qui est ainsi conçue : — *Art.* 1. Lorsqu'il aura été rendu un jugement sur une demande en reconnaissance d'obligation sous seing-privé, formée avant l'échéance ou l'exigibilité de ladite obligation, il ne pourra être pris aucune inscription hypothécaire en vertu de ce jugement, qu'à défaut de payement de l'obligation, après son échéance ou son exigibilité, à moins qu'il n'y ait eu stipulation contraire. — 2. Les frais relatifs à ce jugement, ne peuvent être répétés contre le débiteur, que dans le cas où il aura dénié sa signature. — Les frais d'enregistrement seront à la charge du débiteur, tant dans le cas dont il vient d'être parlé, que lorsqu'il aura refusé de se libérer après l'échéance ou l'exigibilité de la dette ».

Cette loi, comme la précédente, rejette, sans retour, sur le créancier, les frais de la reconnaissance ou de la vérification, lorsque le débiteur confesse sa signature; elle ne les fait supporter au débiteur que lorsqu'il oppose à sa signature une dénégation mensongère. Elle dispose de même relativement aux frais de l'enregistrement. Cependant la répétition des droits d'enregistrement de la part du créancier, n'est pas définitivement déniée; elle reste en suspens jusqu'à ce que les événemens fassent connaître si le débiteur a été exact ou non à payer au terme. S'il a payé au terme, il est affranchi de toute restitution. S'il a refusé de payer après l'échéance du terme, il doit restituer les droits d'enregistrement seulement, et non les frais de la reconnaissance qui restent toujours irrépétables, lorsqu'il a confessé sa signature.

Mais il faut bien remarquer que toutes ces dispositions ont lieu au cas exprimé dans le principe, où le créancier provoque la reconnaissance ou la vérification avant l'échéance de l'obligation : d'où l'on doit conclure *à contrario*, que si cette provocation n'était faite qu'après l'échéance de l'obligation, tous les frais, tant de la reconnaissance que de l'enregistrement, seraient répétables contre le débiteur, sans distinguer s'il avait confessé ou s'il avait dénié sa signature.

On voit là deux modifications apportées à l'art. 193 du Code de la procédure civile. Cet article rejetait irrémissiblement sur le créancier les frais de l'enregistrement, lorsque le débiteur avait confessé sa signature. La loi du 3 septembre 1807 l'autorise à les répéter, si le débiteur, après l'échance, refuse de s'acquitter. D'un autre côté, la loi 193 du Code de procédure ne distinguait pas le cas où la reconnaissance était provoquée avant le terme de l'obligation, d'avec celui où elle était provoquée après le terme; et il mettait indifféremment les frais à la charge du créancier, si le débiteur ne déniait pas sa signature. La loi du 3 septembre accorde implicitement au créancier la répétition des frais de la reconnaissance, lorsqu'elle n'a été provoquée qu'après l'échéance du terme; et cela, soit que le débiteur ait confessé, soit qu'il ait dénié sa signature.

Cette loi ne se borne pas là : elle reconnaît bien que la reconnaissance ou la vérification, quoique provoquée avant l'échéance de l'obligation, est un jugement susceptible de produire une Hypothèque judiciaire; mais elle suspend l'effet de cette Hypothèque, en interdisant au créancier la faculté de prendre aucune inscription avant l'échéance ou l'exigibilité : d'où il suit que si, au mépris de cette défense absolue, le créancier prenait une inscription, la radiation pourrait en être demandée tant par le débiteur que par les autres créanciers.

IV. Les décisions arbitrales sont aussi des jugemens : mais elles n'emportent Hypothèque, qu'autant qu'elles sont revêtues de l'ordonnance judiciaire d'exécution (1).

V. Il en est de même des jugemens rendus en pays étrangers. L'Hypothèque ne peut résulter de ces jugemens, qu'autant qu'ils ont été déclarés exécutoires par un tribunal français. Cette règle reçoit exception dans les cas où les lois politiques, ou bien les traités avec la nation à laquelle appartient le tribunal qui a rendu le jugement, portent que les jugemens réciproques, émanés des tribunaux de l'une des nations seront exécutoires dans le territoire de l'autre, sans qu'il soit nécessaire de les faire revêtir de la formalité énoncée. Cette exception est en accord parfait avec la disposition générale de l'art. 11 du Code Napoléon, portant que l'étranger jouira, en France, des mêmes droits civils, que ceux qui sont ou seront accordés aux Français par les traités de la nation à laquelle cet étranger appartiendra.

VI. Ce que nous avons dit, touchant les dispositions obligatoires que doivent renfermer les jugemens pour emporter Hypothèque judiciaire, est commun aux décisions arbitrales et aux jugemens rendus en

(1) Peut-on prendre une inscription hypothécaire en vertu d'une condamnation prononcée ou d'une contrainte décernée par une autorité administrative? *V. Inscription hypothécaire*, §. 11. (*Note de l'éditeur.*)

pays étrangers, ainsi qu'aux jugemens portant vérification ou reconnaissance de la signature apposée au bas d'un acte sous seing-privé.

VII. L'Hypothèque judiciaire a cela de commun avec l'Hypothèque légale, qu'elle peut s'exercer sur les immeubles actuels du débiteur, et sur ceux qu'il pourra acquérir; elle est soumise aussi aux réductions autorisées par l'Art. 2161. Il est cependant bon d'observer que cette similitude se borne à rendre passibles d'Hypothèque, les immeubles que le débiteur possède au moment où il est déclaré débiteur, et ceux qu'il pourra acquérir dans la suite.

Mais il y a cette différence entre l'Hypothèque judiciaire et l'Hypothèque légale des femmes et des mineurs, que l'Hypothèque judiciaire ne peut atteindre que les biens qui appartenaient au débiteur, au moment du jugement, et qui lui appartiennent encore au moment de l'inscription qui doit former le complément du titre hypothécaire; au lieu que l'inscription faite par la femme ou par le mineur, fait reporter l'Hypothèque sur les biens qui appartenaient au débiteur, à l'époque du mariage ou de l'acceptation de la tutelle, ainsi que nous l'expliquerons plus amplement aux mots *Inscription hypothécaire*, §. 3.

ART. VI. *Des Hypothèques conventionnelles.*

I. Les Hypothèques conventionnelles sont les plus fréquentes et les plus nombreuses, à cause de la variété et de la multiplicité des causes qui en déterminent la stipulation. Aussi le législateur s'est-il étudié à leur appliquer, avec plus d'exactitude et de précision, sa grande théorie de la *spécialité* et de la *publicité*.

La publicité a pour but de constater le droit de l'Hypothèque, et de le rendre ostensible à tous ceux qui peuvent avoir intérêt à le connaître.—Nous traiterons cette partie importante sous les mots *Inscription hypothécaire*.

La spécialité tend à fixer l'Hypothèque sur un objet déterminé, et à prévenir, autant que possible, la confusion, ou du moins les embarras qui naissent de la cumulation de plusieurs Hypothèques sur le même immeuble. Nous allons en trouver l'explication dans l'analyse des Hypothèques conventionnelles.

Nous verrons dans cette analyse, 1.° quels sont ceux qui peuvent consentir des Hypothèques conventionnelles; 2.° pour quelles obligations elles peuvent être consenties; 3.° quelle doit être la forme des actes qui les constituent; 4.° sur quels immeubles elles peuvent être établies.

Cet ordre n'est pas exactement suivi dans la série des articles dont se compose la section du Code Napoléon, qui règle cette sorte d'Hypothèque; mais comme il nous paraît le plus naturel, nous chercherons à y ramener les diverses dispositions répandues dans la même section.

II. *Les Hypothèques conventionnelles ne peuvent être consenties que par ceux qui ont la capacité d'aliéner les immeubles qu'ils y soumettent.* Ce sont les termes de l'art. 2124.

L'Hypothèque conventionnelle est celle qui émane d'une convention. Cette Hypothèque qui consiste, comme les autres espèces, dans l'affectation d'un immeuble, à l'acquittement d'une obligation, n'est qu'un lien de plus ajouté à celui de l'obligation principale; il faut donc premièrement que celui qui consent une Hypothèque conventionnelle, ait la capacité de consentir l'obligation principale qui lui sert de base. Il faut de plus qu'il ait la capacité d'aliéner les immeubles qu'il veut soumettre à cette Hypothèque.

Cette double capacité n'est pas toujours réunie sur la même personne. Nous citerons, par exemple, le mineur émancipé : il peut, selon l'art. 481, faire tous les actes qui ne sont que de pure administration, et consentir toutes les obligations qui y sont relatives, sans être restituables envers ces actes. Mais il ne peut, d'après l'art. 484, vendre ni aliéner ses immeubles, sans observer les formalités prescrites au mineur non émancipé. Il ne pourra conséquemment, consentir une Hypothèque conventionnelle, sans observer les mêmes formalités, lors même que cette Hypothèque accompagnerait une obligation relative à un acte d'administration pure et simple. L'inscription d'une Hypothèque conventionnelle sur un immeuble, n'est point l'aliénation actuelle de cet immeuble, puisque la propriété continue de résider sur la tête du débiteur; néanmoins elle établit, sur l'immeuble hypothéqué, une charge réelle qui l'accompagne dans toutes les mains où il passe; et elle entraîne l'aliénation forcée du même immeuble, si, par défaut de moyens ou autrement, le débiteur manque d'acquitter son obligation. C'est ce qui a fait mettre sur la même ligne la capacité d'aliéner et celle d'hypothéquer. — Par la même raison, le mineur émancipé qui peut, dans certains cas et sous certaines formes, aliéner ses biens immeubles, pourra aussi les hypothéquer dans les mêmes cas et avec les mêmes formes.

Ces mêmes principes s'appliquent aux femmes mariées et à ceux qui ont été pourvus d'un conseil, soit à cause de la faiblesse de leur esprit, soit à cause de leur prodigalité. Ils ne sont pas absolument incapables de s'obliger; mais ils ne peuvent grever leurs immeubles d'Hypothèques conventionnelles, sans être autorisés, les unes de leur mari, les autres de leur conseil. L'art. 217 du Code Napoléon le prescrit ainsi à l'égard des femmes, et les art. 499 et 513 à l'égard des faibles d'esprit et des prodigues pourvus d'un conseil.

Ceux qui sont incapables de consentir une obligation, le sont, par les mêmes raisons, avons-nous dit, de consentir une Hypothèque sur leurs immeubles. Mais lorsqu'un propriétaire est atteint de cette incapacité, on remet les biens entre les mains d'un administrateur, qui gère et agit pour lui. Cet administrateur pourra-t-il hypothéquer conventionnellement les immeubles de celui dont il administre les affaires? L'art. 2126 va répondre à cette question;

« Les biens (porte-t-il) des mineurs, des interdits, et ceux des absens, tant que la possession n'en est déférée que provisoirement, ne peuvent être hypothéqués que pour les causes et dans les formes établies par la loi, ou en vertu de jugement ».

On voit que ce texte sort de la question, et qu'il dépasse les limites de notre hypothèse, qui est circonscrite dans les termes d'une Hypothèque conventionnelle.

Sans doute les immeubles des mineurs, des interdits et des absens sont soumis à l'Hypothèque judiciaire; ils le sont pareillement aux Hypothèques légales, dans les mêmes cas où ces Hypothèques frapperaient les biens d'un majeur. La raison en est toute simple. De cela seul qu'un mineur est marié, ou qu'un jugement prononce contre lui une condamnation, la loi établit une Hypothèque sur ses immeubles, sans que sa volonté ou son consentement puissent avoir aucune influence ni pour seconder ni pour empêcher l'effet de ces Hypothèques: il est donc fort indifférent, dans ce cas, de s'occuper de la capacité du mineur ou du degré de pouvoir du tuteur. Mais cet examen devient nécessaire, lorsqu'il s'agit d'une Hypothèque conventionnelle, qui prend sa source immédiate dans la convention et dans le consentement nécessaire pour la former.

Pour résoudre la difficulté avec netteté, il faut remonter aux règles générales qui concernent l'administration des biens d'autrui, et distinguer les mineurs et les interdits, d'avec les absens dont les biens sont remis provisoirement en la possession de leurs héritiers présomptifs.

Le tuteur ne peut pas hypothéquer les immeubles du mineur par une convention émanée de son pur mouvement; mais il le peut avec les conditions prescrites par les art. 457 et 458 du Code, et qui consistent, 1.° en ce que le tuteur doit être préalablement autorisé par un conseil de famille; 2.° que cette autorisation ne sera accordée que pour cause d'une nécessité absolue, ou d'un avantage évident; 3.° que cette autorisation sera précédée d'un compte sommaire rendu par le tuteur, qui constate que les deniers, effets mobiliers et revenus du mineur, sont insuffisans; 4.° que la délibération du conseil de famille relative à cet objet, ne sera exécutée qu'après que le tuteur en aura demandé et obtenu l'homologation devant le tribunal civil de première instance, qui y statuera, en la chambre du conseil, et après avoir entendu l'organe du ministère public.—L'Hypothèque conventionnelle consentie par le tuteur, avec toutes les formes, le sera donc valablement.

Il n'en sera pas de même des héritiers présomptifs, qui ne jouissent des biens d'un absent qu'en vertu de l'envoi en possession provisoire. L'art. 128 déclare que ceux-là ne peuvent aliéner ni hypothéquer les immeubles de l'absent; et il ne met à sa défense ni restriction ni modification. Par cet ordre, les héritiers présomptifs envoyés en possession provisoire des biens de l'absent, n'ayant aucun pouvoir d'emprunter, ni d'hypothéquer les immeubles, même pour acquitter les dettes de l'absent, les créanciers de celui-ci n'auront d'autre moyen de se procurer la sûreté hypothécaire, que celui de poursuivre leurs droits contre les possesseurs provisoires, conformément à l'art. 134 du Code Napoléon, et d'obtenir devant les tribunaux une condamnation qui leur procurera une Hypothèque judiciaire.

Les syndics d'une faillite, les curateurs aux successions vacantes, même les héritiers sous bénéfice d'inventaire, ont l'administration des biens des faillis et de ceux dépendans de ces successions; mais ils ne peuvent consentir aucune Hypothèque conventionnelle : non-seulement la loi ne leur en accorde pas le pouvoir, mais encore l'art. 2146, dont nous parlerons plus bas, déclare sans effet les inscriptions d'une Hypothèque précédemment consentie par le failli ou par le défunt en personne, si ces inscriptions n'ont été faites, à l'égard du failli, que dans le délai pendant lequel les actes faits avant l'ouverture des faillites, sont déclarés nuls; et si elles n'ont été prises que depuis l'ouverture des successions, lorsqu'il s'agit de successions vacantes ou acceptées sous bénéfice d'inventaire.

L'administration des biens des interdits est confiée à des tuteurs, et entièrement assimilée à celle des mineurs par l'art. 505 du Code Napoléon.

Ainsi, en nous résumant, le vrai sens de l'art. 2126, dont nous avons rapporté d'avance les dispositions, est que les tuteurs des mineurs et des interdits peuvent soumettre à une Hypothèque conventionnelle les immeubles soumis à leur administration, mais avec les formes que nous avons rappelées; que les héritiers présomptifs envoyés en possession provisoire des biens d'un absent, ne peuvent consentir aucune Hypothèque conventionnelle sur les immeubles de ce dernier; mais que ces immeubles sont encore passibles d'Hypothèque judiciaire.

III. Toute Hypothèque conventionnelle doit avoir pour cause une obligation. Ce principe que nous avons démontré devoir s'appliquer à tous les genres d'Hypothèque, est particulièrement confirmé par l'art. 2132, pour ce qui concerne l'Hypothèque conventionnelle. La première partie de cet article semble même exiger que la dette soit liquide, certaine et déterminée, puisqu'elle déclare que l'Hypothèque conventionnelle n'est valable, qu'autant que la somme pour laquelle elle est consentie, est certaine et déterminée par l'acte. Cependant la seconde partie du même article reconnaît implicitement que les obligations conditionnelles pour leur existence, ou indéterminées dans leur valeur, peuvent être l'objet d'une Hypothèque conventionnelle; et elle déclare que, dans ce cas, le créancier ne pourra requérir inscription que jusqu'à concurrence d'une valeur estimative par lui déclarée. Cette possibilité est encore plus positivement établie par l'art. 2163. Cet article soumet à la réduction les créances qui, en ce qui concerne l'Hypothèque à établir pour leur sûreté, n'ont pas été réglées par la convention, et qui par leur nature sont conditionnelles, éventuelles ou indéterminées. Ce texte prouve jusqu'à l'évidence, que l'on peut stipuler validement une Hypothèque conventionnelle à raison d'une créance conditionnelle, éventuelle ou indéterminée. Ainsi, l'obligation indéterminée de l'ouvrier qui s'est engagé à faire un ouvrage, sera susceptible d'Hypothèque conventionnelle; ainsi, l'obligation subordonnée à l'événement d'une condition, même suspensive, celle, par exemple, du fournisseur qui s'engage à fournir des vivres à l'équipage d'un navire, s'il revient de son voyage actuel, est pareillement susceptible d'une Hypothèque conventionnelle : seulement l'Hypothèque suivra le sort de l'obligation principale; en telle sorte que la condition venant à manquer, l'obligation et l'Hypothèque s'évanouiront tout à la fois, et que l'obligation incertaine venant à prendre dans la suite une détermination fixe, l'Hypothèque se fixera à la même valeur.

Mais une Hypothèque conventionnelle ne saurait subsister, si elle est stipulée isolément, et n'est appliquée à aucun objet; car il ne peut y avoir Hypothèque s'il n'y a obligation, et il ne peut y avoir d'obligation, si elle n'a un objet certain qui forme la matière de l'engagement, suivant l'art. 1108 du Code Napoléon.

Il ne faut pas confondre avec ce cas celui où un emprunteur consentirait actuellement une Hypothèque pour sûreté du remboursement d'un prêt de 10,000 francs qui doit lui être fait par un tel. Il y a, dans ce cas, une obligation légitime pour cause de prêt. A la vérité, cette obligation est subordonnée à la condition que le prêt sera réalisé. De plus, l'accomplissement de cette condition potestative dépend de la volonté de celui qui doit faire le prêt; mais l'obligation peut très-bien être subordonnée à une condition potestative de la part du créancier : elle n'est nulle que dans le cas prévu par l'art. 1174, où elle a été contractée sous une condition potestative de la part de celui qui s'oblige. Une pareille obligation rentrerait donc dans la classe des obligations conditionnelles, et elle pourrait, comme telle, devenir l'objet d'une Hypothèque conventionnelle (1).

IV. L'art. 2127 déclare que « l'Hypothèque conventionnelle ne peut être consentie que par acte passé en forme authentique devant deux notaires ou devant un notaire et deux témoins ».

Cette forme est simple et précise. L'Hypothèque conventionnelle ne peut être consentie que par acte authentique devant notaire. Des ministres, autres que les notaires, ont bien le droit de constater dans leurs actes les obligations qu'une partie contracte envers l'autre. Les juges de paix sont les ministres des procès-verbaux de conciliation qui peuvent renfermer des obligations de l'une des parties envers l'autre. Les juges ordinaires sont les ministres des interrogatoires et autres actes judiciaires par lesquels l'un des colitigeans se confesse obligé envers l'autre; mais les obligations consignées dans des actes de ce genre, quoique volontaires, ne peuvent être accompagnées, dans les mêmes actes, d'une soumission valable à l'Hypothèque conventionnelle. Ce droit est exclusivement réservé aux actes par-devant notaires : eux seuls peuvent légitimer la stipulation d'une Hypothèque conventionnelle (1).

Il faut remarquer que l'acte constitutif de l'Hypothèque conventionnelle, est textuellement soumis à cette forme, et que l'article ne parle nullement de l'acte constitutif de la créance; rien n'empêche cependant que ces deux actes ne soient séparés; et dans ce cas, le titre de la créance serait en vain passé devant notaire, si l'acte constitutif de l'Hypothèque ne l'était aussi; tandis qu'au contraire un débiteur par acte sous seing-privé, pourrait très-bien ajouter une Hypothèque conventionnelle consentie par acte authentique devant notaire, à son obligation privée, sans en changer la forme, du moins extérieure; car il faut convenir d'ailleurs, que l'Hypothèque ne pouvant, d'un côté, être établie que par acte authentique, et devant, d'un autre côté, être appliquée à l'obligation antérieure, cette obligation, privée dans son principe, prendrait un caractère d'authenticité par l'insertion de son contenu dans l'acte authentique constitutif de l'Hypothèque. Ces observations sont justifiées par le texte de l'art. 2129.

V. Il y a, dans tous les pays civilisés, des officiers

(1) Ne dépend-elle pas plutôt de la volonté de celui qui doit recevoir le prêt qui a été promis? *V.* ci-devant, sect. 1, §. 4, n. 1, et mon *Recueil de Questions de droit*, au mot *Hypothèque*, §. 3. (*Note de l'éditeur.*)

(1) De là, le décret impérial du 29 mai 1811, lequel est ainsi conçu :

« Napoléon......, sur le rapport de notre grand-juge ministre de la justice; vu l'arrêté du préfet de la Seine, du 19 février dernier, par lequel il revendique, pour cause de compétence administrative, l'affaire pendante par appel à la cour impériale de Paris, entre le sieur Pénavère, poursuivant ordre et distribution du prix de deux maisons situées à Paris, et vendues sur le sieur Boursier, d'une part, et les créanciers inscrits sur ledit sieur Boursier, d'autre part; vu le jugement du tribunal de première instance de la Seine, du 20 août 1810, qui, entre autres dispositions, rejette de l'ordre la collocation faite au profit du sieur Roulot, sur le motif que son titre, bien qu'authentique, n'a point été passé par-devant notaire, et n'a pu, quoique inscrit, conférer l'Hypothèque conventionnelle; vu l'arrêt de la cour impériale de Paris, du 14 mars dernier, par lequel elle surseoit à faire droit sur l'appel jusqu'après la décision à intervenir sur le conflit; vu l'acte de remplacement du 13 septembre 1806, fait par le préfet, et par lequel le sieur Boursier s'engage à payer au sieur Roulot la somme de 4,400 francs, *pour sûreté de laquelle il affecte et hypothèque une maison située à Paris;* lequel acte a été inscrit au bureau des hypothèques à Paris, le 4 octobre suivant; considérant que, pour acquérir l'Hypothèque conventionnelle, le sieur Roulot devait faire passer l'acte dont il s'agit par-devant notaire; et que, dans tous les cas, l'affaire était du ressort des tribunaux;

Notre conseil d'Etat entendu, nous avons décrété et décrétons ce qui suit :

« Art. 1. L'arrêté du préfet de la Seine du 19 février dernier est annulé.

» 2. Notre grand-juge ministre de la justice est chargé de l'exécution du présent décret, qui sera inséré au Bulletin des lois ».

publics dont les fonctions sont analogues à celles des notaires en France; mais un contrat, quoique passé en pays étranger, devant ces officiers publics, et avec toutes les solennités établies par la loi du pays, n'a néanmoins ni le caractère ni les effets d'un acte authentique passé en France devant notaire. Il ne peut pas plus que les jugemens rendus en pays étrangers, conférer l'Hypothèque sur les biens de France. Cependant, l'exception qui a lieu pour les jugemens est commune aux contrats; de manière que les contrats passés en pays étranger, peuvent établir une Hypothèque sur des immeubles situés en France, lorsque les traités passés avec la nation étrangère, accordent ce droit réciproque aux contrats passés en France. Cette décision s'appuie sur le texte de l'art. 2128.

VI. L'art. 2129 continue ainsi: « Il n'y a d'Hypothèque conventionnelle valable, que celle qui, soit dans le titre constitutif de la créance, soit dans un acte authentique postérieur, déclare spécialement la nature et la situation de chacun des immeubles, actuellement appartenans au débiteur, sur lesquels il consent l'Hypothèque de la créance. Chacun de tous ses biens présens peut être nominativement soumis à l'Hypothèque. — Les biens à venir ne peuvent pas être hypothéqués ».

L'art. 2118 nous a appris que les immeubles qui sont dans le commerce, et leurs accessoires réputés immeubles, sont seuls susceptibles d'Hypothèque. Mais tous les biens de ce genre qui se trouvent dans la main d'un débiteur, ne peuvent pas être soumis collectivement à l'Hypothèque conventionnelle; il faut, pour établir valablement cette Hypothèque, qu'indépendamment des autres conditions déjà expliquées, le débiteur déclare spécialement la nature et la situation de chacun des immeubles sur lesquels ils consentent à établir l'Hypothèque de la créance.

Cette disposition constitue la spécialité sur laquelle le législateur a fondé, en grande partie, le perfectionnement de son système hypothécaire. Dans l'ancienne législation, les actes publics contenant obligation, emportaient, par eux-mêmes et sans le secours de la stipulation, une Hypothèque générale sur les biens présens et à venir du débiteur. Il était néanmoins permis de stipuler une Hypothèque spéciale qui n'était d'aucune utilité, puisqu'elle ne dérogeait pas à l'Hypothèque générale; et elle devenait quelquefois incommode et même funeste au créancier, en ce qu'il était obligé de discuter l'immeuble soumis à l'Hypothèque spéciale avant que d'attaquer les autres biens frappés de l'Hypothèque générale.

Le législateur, en rejetant l'Hypothèque générale du cercle des stipulations conventionnelles, a eu plusieurs objets en vue.

1.° Il a voulu prémunir le débiteur contre la facilité avec laquelle il se serait prêté à consentir des Hypothèques générales, sans considérer qu'une semblable Hypothèque nuirait essentiellement, et à son crédit, et à l'intérêt général, qui consiste à favoriser les transmissions.

2.° Il a voulu prévenir la cumulation de plusieurs Hypothèques sur le même immeuble, et par suite, les inconvéniens d'une discussion difficile et dispendieuse.

3.° Il a voulu seconder les effets salutaires de la publicité qui se manifeste bien mieux, lorsque les registres désignent tout à la fois et la personne du débiteur et l'immeuble taxativement soumis à l'Hypothèque, qu'il ne pourrait le faire si la désignation de l'Hypothèque errait vaguement sur tous les biens présens et à venir du débiteur.

Les Hypothèques conventionnelles ne sont pas les seules qui soient soumises à la spécialité; la plupart des priviléges, les Hypothèques des légataires sur les immeubles de la succession, le droit de retention sont spéciaux par leur nature, ainsi que nous l'avons remarqué plus haut.

Il n'eût pas été possible d'appliquer la même mesure aux Hypothèques judiciaires et aux Hypothèques légales; mais l'inscription à laquelle ces Hypothèques sont assujéties, n'embrassant que les immeubles situés dans l'arrondissement du bureau des Hypothèques, rend plus facile la reconnaissance des biens frappés de l'Hypothèque, et la rapproche ainsi, en quelque sorte, de la spécialité.

Un débiteur peut hypothéquer, par le même acte, plusieurs immeubles, il peut même hypothéquer tous ceux qu'il possède: mais, pour remplir le vœu de la loi et la condition de la spécialité, il devra déclarer la nature et la situation de chacun des immeubles. La déclaration de la situation doit se faire en désignant la commune et l'arrondissement où l'immeuble est situé.

Quant à *la nature de l'immeuble*, on entend communément par cette expression l'état de la superficie. Le législateur y a attaché ce sens: et ce qui le prouve encore mieux, c'est l'expression différente, mais plus significative encore, dont il s'est servi dans l'art. 2148, qui règle les formalités de l'inscription, et met au nombre de ces formalités la désignation du bien hypothéqué. L'inscription, est-il dit au n.° 5 de cet article, doit contenir *l'indication de l'espèce et de la situation des biens* sur lesquels le créancier entend conserver son privilége ou son Hypothèque. Les *espèces*, quand il s'agit d'immeubles, ne peuvent être différenciées que par les surfaces. Ainsi, les bâtimens, les cours, les prés, les bois, les vignes, les terres labourables, les terrains incultes, forment les diverses espèces d'immeubles. Il faut donc désigner l'immeuble hypothéqué par sa situation et par sa nature ou son espèce, c'est-à-dire, par l'état de sa superficie.

La même désignation doit être répétée pour chacun des immeubles hypothéqués; mais qu'est-ce qu'on entendra par cet immeuble individuel, qui devra être désigné séparément? Comprendra-t-on, sous cette dénomination chaque pièce de pré, de vigne, de bois, etc.? ou bien y comprendra-t-on l'ensemble de pièces de diverse nature, formant continuité, et environné de propriétés étrangères? Nous pensons que la constitution de l'Hypothèque conventionnelle ne doit être asservie ni à l'une ni à l'autre de ces désignations. Si l'on veut hypothéquer un domaine composé de bâtimens, de diverses pièces de bois, de vignes, de terres labourables, dont les unes sont contiguës et les autres séparées, il suffira de désigner le domaine par son nom, les diverses natures de biens qui le composent et leur situation. Il sera vrai de dire, en effet, que l'indication de la situation des immeubles, et celle de leur nature ou espèce, sont faites; et qu'ainsi le vœu de la loi est littéralement rempli. Cependant, nous avons supposé que les diverses natures de biens qui composent le domaine, avaient été exactement énumérées : car, si, dans cette énumération, l'on avait omis les bois, on pourrait en conclure que l'intention des parties a été de ne soumettre à l'Hypothèque que les bâtimens, les prés, les vignes, les terres labourables; et qu'elles avaient voulu en excepter les bois, quoique dépendans du même domaine : et, quand bien même les expressions de l'acte présenteraient une intention contraire, on dirait encore, avec raison, que l'Hypothèque ne serait pas valablement établie sur le bois, attendu que cette nature de biens ne se trouverait pas désignée.

L'immeuble sur lequel l'Hypothèque est consentie, doit appartenir actuellement au débiteur, et c'est là une autre condition à laquelle notre article soumet la validité de l'Hypothèque conventionnelle. On aperçoit une concordance parfaite entre notre article et l'art. 2204, qui déclare que le créancier peut poursuivre l'expropriation des biens immobiliers et de leurs accessoires réputés immeubles, appartenans en propriété à son débiteur. Quoique la constitution d'Hypothèque et l'expropriation forcée soient des choses différentes, elles ont cependant entre elles des rapports intimes, puisque l'expropriation forcée est le but final de l'Hypothèque, dans le cas où l'obligation ne sera pas acquittée à son terme.

L'esprit de la loi, en exigeant que l'immeuble sur lequel l'Hypothèque conventionnelle est établie, appartienne actuellement et en propriété au débiteur, est d'exclure les biens à venir qui ne sont pas susceptibles d'une désignation précise et déterminée. Ainsi, la dernière disposition de cet article qui déclare que les biens à venir ne peuvent pas être hypothéqués, n'est, en quelque sorte, qu'un corollaire de la première.

Sous le nom de *biens à venir*, non susceptibles d'Hypothèque, il faut comprendre ceux que l'on envisage abstractivement comme pouvant arriver au débiteur, sans qu'il entrevoie ni quels pourront être ces biens, ni par quel moyen il pourra les acquérir. Nous verrons néanmoins, tout à l'heure, des exceptions à cette règle.

On doit comprendre encore sous le nom de *biens à venir*, ceux sur lesquels le débiteur n'a aucun droit actuel, mais seulement expectatif.

Ainsi, un débiteur, successible d'une personne vivante, ne peut hypothéquer éventuellement les biens de cette succession non ouverte. Rien ne peut promettre que le successible sera apte à recueillir cette succession, lors de son ouverture, ni que les biens qui existent aujourd'hui dans la main de l'auteur de la succession, s'y retrouveront encore lors de son décès : indépendamment de cette incertitude qui ne peut se concilier avec la fixité que doit avoir une Hypothèque conventionnelle, une autre raison morale proscrit cette convention : elle est prise de l'art. 1130, qui ne permet, ni de renoncer à une succession non ouverte, ni de faire aucune stipulation sur une pareille succession, même avec le consentement de celui de la succession duquel il s'agit.

Mais le législateur ne considère pas comme bien à venir celui à la propriété duquel le débiteur a un droit éventuel, sans qu'il en ait la propriété actuelle et absolue. C'est ce genre de droit, qui est indiqué dans l'art. 2125; « ceux qui n'ont sur l'immeuble (y est-il dit) qu'un droit suspendu par une condition, ou résoluble dans certains cas, ou sujet à rescision, ne peuvent consentir qu'une Hypothèque soumise aux mêmes conditions, ou à la même rescision ». — Ceux-là peuvent donc consentir valablement une Hypothèque sur l'immeuble, pourvu qu'elle soit subordonnée aux mêmes conditions qui régissent leur propre droit à l'immeuble. — Ainsi, comme nous l'avons dit ailleurs, le donataire d'un immeuble, sous condition qu'il se mariera avec une telle personne, peut hypothéquer cet immeuble, à condition que l'Hypothèque n'aura lieu qu'autant que le mariage projeté s'accomplira. — Un immeuble vendu sous faculté de rachat, peut être hypothéqué, soit par le vendeur, soit par l'acheteur, pendant le temps fixé pour l'exercice du rachat. Mais l'Hypothèque demeurera subordonnée, à l'égard du premier, au cas où le rachat sera exercé; et, à l'égard du second, au cas où le rachat n'aura pas lieu. — Un immeuble vendu à un prix inférieur à sa juste valeur, pourra être hypothéqué aussi tant par le vendeur que par l'acquéreur, pendant le délai accordé pour invoquer la rescision du contrat pour cause de lésion, à condition que l'Hypothèque consentie n'aura son effet, savoir, de la part du vendeur, qu'autant que la lésion sera reconnue, et que l'acheteur se résoudra à abandonner l'immeuble plutôt que de payer le supplément du prix; et de la part de l'acheteur, que dans les cas inverses.

Tel est le vrai sens de l'art. 2125 que nous avons déjà expliqué (art. 3, n. 4). Nous répétons encore ici que, dans toutes ces hypothèses, ce n'est pas l'action tendante à revendiquer l'immeuble, mais l'immeuble lui-même qui est la matière susceptible d'Hypothèque. On ne veut pas dire, par-là, que le débiteur qui a une action de ce genre, ne puisse la vendre et l'aliéner, ni que ses créanciers ne puissent l'exercer en son nom, et en recueillir le bénéfice pour l'appliquer au payement de leurs créances : mais le débiteur ne peut faire un gage hypothécaire de cette action, qui n'est elle-même qu'un droit incorporel, et qui n'a pas les qualités propres à recevoir l'empreinte d'une Hypothèque, par cela même qu'elle n'a pas une consistance déterminée et immobilière, et qu'elle n'a pas une situation fixe.

Nous avons supposé, avec le texte de la loi, que l'immeuble hypothéqué appartient au débiteur : l'on sent très-bien, en effet, que le débiteur qui veut donner Hypothèque à son créancier, ne peut établir que sur les immeubles qui lui sont propres. — Mais la loi n'a pas entendu, par-là, interdire à un tiers la faculté de soumettre son immeuble propre à l'Hypothèque, pour la sûreté du payement de l'obligation consentie par le débiteur personnel. Toute personne peut cautionner un débiteur. La soumission qu'un tiers fait de son immeuble à l'Hypothèque, pour la sûreté de l'acquittement de l'obligation consentie par le débiteur personnel, est une espèce de cautionnement. Le cautionnement, en effet, est susceptible de toutes modifications; et rien ne peut faire révoquer en doute la validité d'une convention, par laquelle un tiers consentirait à ce que son immeuble fût hypothéqué pour la sûreté d'une dette étrangère, sans qu'il entendît néanmoins se soumettre personnellement à payer cette même dette. Cette Hypothèque, si elle était d'ailleurs conforme aux autres règles, serait parfaitement établie; elle pourrait être inscrite au bureau de la situation de l'immeuble, en vertu de l'obligation principale et de la soumission du propriétaire du fonds hypothéqué : elle donnerait au créancier le droit de suivre l'immeuble hypothéqué dans toutes les mains, et celui de le faire vendre à défaut de payement, sur la tête du propriétaire, sans néanmoins que le créancier pût contraindre personnellement ce tiers à acquitter la dette.—Un acquéreur qui achète un fonds déjà hypothéqué, et qui ne veut pas purger ses Hypothèques, consent indirectement à ce que l'immeuble qu'il a acquis, demeure hypothéqué pour la dette du vendeur : il consent à ce que, à défaut de payement, de la part de ce dernier, cet immeuble soit vendu sur sa tête, et que le produit en soit employé au payement de la dette, ainsi que nous le dirons sous le §. 7 de l'art. *Inscription hypothécaire*. — La charge qui est assurée par l'acquéreur sur l'immeuble dont il est devenu propriétaire, peut être imposée par un tiers sur un immeuble qui lui a toujours appartenu : et les effets seront les mêmes dans les deux cas. Nous concluons de là que le propriétaire d'un immeuble peut très-légitimement hypothéquer son immeuble pour la dette d'un tiers; et que cette hypothèque, pourvu qu'elle soit d'ailleurs établie selon les formes prescrites dans cette section, aura tout l'effet attribué aux Hypothèques conventionnelles établies par le débiteur sur ses biens propres.

VII. La règle qui déclare que les biens à venir ne peuvent être hypothéqués, n'est pas tellement absolue, qu'elle ne comporte des modifications et des exceptions. Le législateur a prévu le cas où l'emprunteur n'aurait pas actuellement des immeubles libres suffisans pour répondre de la dette : il n'a pas voulu que l'impuissance de soumettre à l'Hypothèque conventionnelle des biens à venir, pût nuire à son crédit : et il lui a permis, par l'art. 2130, de consentir, en exprimant l'insuffisance des biens actuels, à ce que chacun des immeubles qu'il acquerra par la suite, demeure affecté, à mesure des acquisitions, pour la sûreté de la dette.

Il suffit, dans ce cas, que l'insuffisance soit exprimée, dans l'acte constitutif de l'Hypothèque; et il n'est nullement nécessaire qu'elle soit constatée par des appréciations ou d'autres procédures qui ne pouvaient entrer dans les desseins de la loi.

La déclaration de l'insuffisance doit émaner du débiteur, ainsi que le dit notre texte; et cette déclaration légitime la soumission des biens à venir à l'Hypothèque. Ainsi, quand bien même il serait postérieurement reconnu que cette déclaration était infidèle, et que le débiteur avait, à l'époque de l'obligation, des biens présens et libres, suffisans pour assurer le payement de sa dette, la constitution de l'Hypothèque sur les biens postérieurement acquis, n'en serait pas moins valablement établie, et ces derniers biens seraient seuls soumis à l'Hypothèque, sans qu'il fût permis au créancier d'exiger une extension d'Hypothèque sur les biens existans à l'époque de l'obligation; car, ce créancier s'étant contenté de recevoir pour gage les biens qui seraient acquis postérieurement, doit s'en tenir aux termes de son contrat.

VIII. L'Hypothèque conventionnelle ne peut atteindre, avons-nous dit, que les biens qui y sont spécialement soumis par la convention des parties. Mais l'art. 2131 prévoit le cas où l'immeuble assujetti à l'Hypothèque, viendrait à périr ou à subir des dégradations, telles qu'il ne pût plus offrir une sûreté suffisante au créancier : il veut que, dans ce cas, le créancier puisse, ou poursuivre dès à présent son remboursement, ou obtenir un supplément d'Hypothèque.

Si ce supplément d'Hypothèque est fourni volontairement par le débiteur, sans jugement préalable, l'Hypothèque nouvellement fournie sera de la même nature que la primitive : elle sera conventionnelle, comme l'Hypothèque consentie originairement est devenue insuffisante : il faudra conséquemment que le débiteur ait la capacité d'aliéner; que l'obligation pour laquelle l'Hypothèque primitive a été consentie, subsiste encore en tout ou en partie; que le supplément d'Hypothèque soit fourni par un acte authentique devant notaire; qu'enfin cette Hypothèque supplémentaire soit établie sur des immeubles appartenans au débiteur, et spécialement désignée.

Cette seconde Hypothèque ne prendra son existence que de l'acte dans lequel elle sera consentie, et elle ne pourra avoir rang que du jour de l'inscription au bureau de la situation des biens, sans que jamais son effet puisse remonter au jour de la constitution de l'Hypothèque primitive. Cette rétroactivité serait diamétralement opposée aux principes du régime hypothécaire adoptés par le Code Napoléon.

Dans le même cas où le débiteur fournira volontairement un supplément d'Hypothèque, il est évident que la déclaration d'insuffisance, de la part du débiteur, suffira pour légitimer la stipulation de l'Hypothèque supplémentaire, puisque rien n'empêcherait que le débiteur ne fournît une nouvelle

Hypothèque, lors même que le premier immeuble hypothéqué serait suffisant et n'aurait subi ni dépérissement ni dégradation.

Mais si, comme il arrivera le plus souvent, le débiteur refuse de fournir spontanément une Hypothèque supplémentaire, et conteste les causes qui peuvent y donner lieu, cette circonstance amenera des résultats bien différens. Il faudra faire juger d'abord, s'il y a eu dépérissement ou dégradation de l'immeuble hypothéqué originairement; et, en second lieu, si la dégradation a tellement diminué la valeur de cet immeuble, qu'elle soit devenue insuffisante pour la sûreté de la dette. Lorsque, par des vérifications préalables, le tribunal aura constaté la réalité des causes qui nécessitent un supplément d'Hypothèque, il condamnera le débiteur, ou à fournir l'Hypothèque supplémentaire, ou à rembourser dès à présent. Si le débiteur fournit le supplément d'Hypothèque, cette Hypothèque nouvelle sera conventionnelle, comme si elle eût été consentie spontanément. Mais s'il s'obstine encore à refuser le supplément, sous quelque prétexte que ce soit, la disposition alternative du jugement aura seule son effet: le débiteur demeurera condamné par le jugement à rembourser, dès à présent, le montant de sa dette; et il résultera nécessairement de cette condamnation une Hypothèque judiciaire, qui, par sa nature même, affectera la totalité des biens présens et à venir du débiteur jusqu'au remboursement effectif.

Cette extension d'Hypothèque ne peut convenir, ni aux Hypothèques légales, ni aux Hypothèques judiciaires, puisque leur application aux biens présens et à venir leur donne toute la latitude dont elles peuvent être susceptibles. Elle ne peut non plus convenir aux privilèges qui sont invariablement fixés sur les immeubles auxquels ils s'appliquent; de manière qu'aucune convention ni aucun jugement ne pourraient étendre le privilége à un immeuble différent de celui que la loi avait originairement affecté.

Il n'y a donc que l'Hypothèque conventionnelle qui soit susceptible de cette extension, dans les cas déterminés par les art. 2130 et 2131. Et cette disposition est fondée sur ce que l'Hypothèque conventionnelle est une espèce de cautionnement, et que le débiteur qui l'a fournie une première fois, est censé avoir consenti à le renouveler ou à l'étendre, lorsque le premier cautionnement est devenu insuffisant.

IX. La sûreté acquise aux créanciers par une Hypothèque conventionnelle, ne peut être diminuée, ni par des accidens fortuits, ni par le fait du débiteur: elle peut, au contraire, être augmentée par les améliorations survenues à l'immeuble hypothéqué, lors même que ces améliorations n'auraient pas été faites dans ce dessein. L'art. 2133 dit, en effet, que l'Hypothèque acquise s'étend à toutes les améliorations survenues à l'immeuble hypothéqué. Cette disposition est générale, c'est-à-dire qu'elle s'applique, non-seulement aux Hypothèques conventionnelles, mais encore aux Hypothèques légales et judiciaires, et même aux priviléges. Elle est absolue, lorsque l'amélioration est le produit du hasard, ou qu'elle a été faite aux dépens du débiteur: mais elle est susceptible de modifications, lorsque l'amélioration a été faite par un tiers.

L'art. 2103, n. 4, nous en fournit un exemple. Lorsqu'un architecte construit un édifice sur le fonds d'autrui, après avoir rempli les formalités voulues par la loi, l'augmentation de valeur résultante de la construction, ne profite pas immédiatement aux créanciers en faveur desquels le fonds était antérieurement hypothéqué. Cette augmentation de valeur est affectée par privilége à la créance de l'architecte.

Nous en verrons un second exemple sous les mots *Privilége de créance*, dans le cas où un tiers possesseur fait des améliorations utiles sur un fonds qui ne lui appartient pas. Le tiers auquel on demande le délaissement, est en droit de retenir l'immeuble amélioré jusqu'au remboursement du prix de ces améliorations; et, conséquemment, les créanciers du vrai propriétaire ayant Hypothèque sur ce même fonds, ne pourront pas prétendre que leur Hypothèque doit s'étendre sur les améliorations.

Art. VII. *Observation commune aux Hypothèques de toutes les espèces.*

Les Hypothèques, avons-nous dit, sont légales, judiciaires ou conventionnelles. Les Hypothèques legales dérivent de la seule autorité de la loi dans les cas qu'elle détermine. Les Hypothèques judiciaires résultent des jugemens. L'Hypothèque conventionnelle s'établit par une convention passée en forme authentique devant notaire, dans laquelle le débiteur ayant la capacité d'aliéner ses immeubles, désigne les dettes pour lesquelles il donne Hypothèque et l'immeuble qu'il soumet à cette charge.

Cependant le vœu de la loi n'est pas entièrement rempli par l'accomplissement de ces formes. Elle veut de plus que les Hypothèques soient rendues publiques par la voie de l'inscription dans un registre ouvert à tous ceux qui peuvent avoir intérêt à connaître leur existence.

Nous réservons cette matière pour l'article *Inscription hypothécaire*.

Au surplus, *V. Expropriation forcée*, *Saisie immobilière*, *Ordre de créanciers*, *Subrogation de personne*, *Tiers-détenteur*, *Déclaration d'Hypothèque*, *Délaissement par Hypothèque*, *Radiation des Hypothèques et Transcription.*]] *

FIN DU TOME CINQUIÈME.